LES GRANDS DICTIONNAIRES LAROUSSE

LE DICTIONNAIRE DES SYNONYMES ET DES CONTRAIRES

LES GRANDS DICTIONNAIRES LAROUSSE

LE DICTIONNAIRE DES SYNONYMES ET DES CONTRAIRES

LAROUSSE
DICTIONNAIRES

21, rue du Montparnasse 75283 Paris Cedex 06

Direction éditoriale
Frédéric Haboury

Réalisation lexicographique et éditoriale
Christine Ouvrard

Révision
Hélène Houssemaine-Florent
Bruno Durand

Informatique éditoriale et composition
Philippe Cazabet

Direction artistique
Ulrike Meindl

Conception typographique
Jérôme Faucheux

Fabrication
Marlène Delbeken

ISBN 978-2-03-584166-7

Avant-propos

Fort de son savoir-faire éditorial et lexicographique, Larousse propose à ses lecteurs son nouveau *Dictionnaire des synonymes et des contraires.*
Au concept lui-même, fruit d'une méthodologie déjà bien rôdée, de nombreux enrichissements sont aujourd'hui apportés.

Une nomenclature élargie

Toujours principalement axé sur les mots de la langue courante, le *Dictionnaire des synonymes et des contraires* s'est néanmoins étendu aux vocabulaires spécialisés, tels ceux des sciences naturelles ou de la médecine qui figurent traditionnellement dans les dictionnaires à caractère encyclopédique.

Ainsi, certains termes qui sont des « appellations » différentes, des « noms usuels de », des « autres noms de » figurent désormais dans ce dictionnaire. Pour exemple, la plante communément et joliment appelée « amour-en-cage » a d'autres noms plus scientifiques : le dictionnaire les répertorie avec leur définition, qu'il s'agisse du « physalis » ou de l'« alkékenge » ou du « coqueret ».

De quoi satisfaire également tous les amateurs de mots-croisés !

Une aide à l'écriture

Fidèles à notre démarche de clarté et de précision, nous amenons l'utilisateur qui, au fil de l'écriture, a un « mot au bout de sa plume »... à trouver, de la façon la plus rapide, celui qui sera le plus juste et le plus approprié ou, celui qui lui permettra d'éviter une répétition dans sa phrase.

Une consultation simple et rapide

C'est l'ordre alphabétique strict des entrées qui prévaut, sans aucun renvoi d'un mot à un autre.

Chacune de ces entrées est suivie d'un ou de plusieurs sens définis de façon concise, afin de permettre l'approche la plus directe possible du ou des synonymes correspondants à chaque nuance de sens.

Toujours dans un souci de précision, nous avons choisi non pas de donner de longues listes de synonymes et de contraires regroupés les uns derrière les autres par ordre alphabétique, mais de présenter ces termes, sous chaque sens, classés par niveaux de langue. Cela pour éviter les maladresses de langage : mots et expressions sont identifiés comme familiers, populaires ou argotiques, ce qui permet à l'utilisateur de choisir le registre dans lequel il s'exprime.

Garant de l'enrichissement permanent de notre capacité d'expression, ce dictionnaire contient un très grand nombre d'expressions et locutions, synonymes ou contraires de mots d'entrées, regroupées en fin d'ouvrage sous la forme d'un index, prétexte à une jolie promenade buissonnière à travers notre langue.

Différent des autres dans son contenu et sa méthodologie, ce *Dictionnaire des synonymes et des contraires*, ouvrage de référence pour un usage pratique et quotidien, est un outil rigoureux et complet, donnant à lui seul toute la mesure de la richesse d'une langue aux infinies subtilités.

L'ÉDITEUR

Dictionnaire

A

abaissant *adjectif* Qui abaisse. SYN. avilissant, dégradant, dépréciatif, déshonorant, honteux, humiliant, infamant, rabaissant. – LITTÉRAIRE : ignominieux, vil. CONTR. *ennoblissant, flatteur, glorieux, honorable, laudatif, noble.*

abaissement *nom masculin* État de ce qui est abaissé. SYN. affaiblissement, amoindrissement, baisse, chute, déclin, diminution, rapetissement, réduction, régression. CONTR. *amélioration, augmentation, élévation, exhaussement, hausse, montée, relèvement, surélévation, surhaussement.* ■ Fait de s'abaisser à. SYN. aplatissement, asservissement, avilissement, décadence, déchéance, dégradation, humiliation. CONTR. *dignité, élévation, ennoblissement.*

abaisser *verbe* Incliner vers le bas. SYN. baisser, descendre, incliner, pencher, rabattre. CONTR. *élever, lever, monter, relever.* ■ Diminuer l'importance de. SYN. baisser, diminuer, rabaisser, rabattre, rapetisser, réduire, surbaisser. CONTR. *exhausser, hausser, monter, rehausser, relever, surélever, surhausser.* ■ Mettre à un niveau inférieur. SYN. avilir, dégrader, humilier, mortifier, ravaler, réduire, traîner dans la boue. – LITTÉRAIRE : rabaisser. CONTR. *ennoblir, exalter, faire valoir, flatter, glorifier, louer.* – LITTÉRAIRE : *louanger, magnifier.*

abaisser (s') *verbe pronominal* Perdre de sa dignité. SYN. s'avilir, courber le dos, courber le front, courber l'échine, s'humilier, s'incliner, plier le genou, plier l'échine, se rabaisser. – FAMILIER : s'aplatir, toucher le fond. – LITTÉRAIRE : déchoir, se prosterner, se prostituer. – POPULAIRE : s'écraser. CONTR. *s'élever, s'ennoblir, se hausser.*

abalone *nom masculin* Gros mollusque à coquille. SYN. haliotide, oreille-de-mer, ormeau, ormet, ormier.

abandon *nom masculin* Action de céder quelque chose. SYN. cession, dessaisissement, don, donation, sacrifice. CONTR. *acquisition, adoption, appropriation, conquête, possession.* ■ Fait de s'abandonner. SYN. épanchement, incurie, indolence, inertie, laisser-aller, mollesse, nonchalance, relâchement. – LITTÉRAIRE : expansion, fléchissement. CONTR. *dynamisme, froideur, méfiance, raideur, réserve, retenue, rigidité.* ■ Fait de ne pas persévérer dans. SYN. abdication, abjuration, capitulation, défection, démission, désertion, désistement, forfait, rejet, reniement, renoncement, retrait. – FAMILIER : enterrement de première classe. – LITTÉRAIRE : renonciation, répudiation. CONTR. *acharnement, assiduité, engagement, obstination, persévérance, persistance, résistance, ténacité.* ■ Action d'abandonner quelqu'un. SYN. trahison. – FAMILIER : lâchage. – LITTÉRAIRE : délaissement. CONTR. *aide, appui, assistance, dévouement, garde, protection, secours.*

abandonné *adjectif* Qui n'est plus habité. SYN. désert, déserté, inhabité, solitaire. CONTR. *peuplé, plein, surpeuplé.* ■ Laissé sans protection. SYN. délaissé, esseulé, négligé, seul. CONTR. *adopté, choyé, entouré.* ■ Qui n'est plus en usage. SYN. caduc, désuet, obsolète, périmé, vétuste. CONTR. *actuel, moderne, usité, usuel, en vogue.*

abandonnement *nom masculin* Action de renoncer à. SYN. abandon, cession. ■ LITTÉRAIRE. État d'une personne délaissée. SYN. délaissement, isolement. ■ LITTÉRAIRE. Dérèglement des mœurs. SYN. licence. CONTR. *ascétisme, austérité, ordre, rigueur.* ■ LITTÉRAIRE. Mouvement irréfléchi. SYN. emportement. CONTR. *flegme, mesure, pondération, réserve.*

abandonner *verbe* Quitter un lieu. SYN. déserter, évacuer, quitter. CONTR. *gagner, occuper, rester.* ■ Céder quelque chose. SYN. céder, confier, laisser, livrer. CONTR. *conserver, garder, prendre, ramasser.* – LITTÉRAIRE : *s'arroger.* ■ S'éloigner de quelqu'un. SYN. brûler la politesse à, délaisser, se détacher, s'éloigner, faire faux bond, fausser compagnie, laisser tomber, oublier, prendre congé, trahir. – FAMILIER : lâcher, laisser en plan, laisser en rade, larguer, planter, plaquer. **CONTR.** *accompagner, aider, appuyer, assister, s'occuper de, rallier, seconder, secourir, suivre.* – FAMILIER : *s'accrocher aux basques, se pendre aux basques.* ■ Renoncer à poursuivre. **SYN.** abjurer, se démettre, se départir, se désister, se dessaisir, faire une croix sur, lâcher la proie pour l'ombre, lâcher pied, lâcher prise, laisser tomber, passer la main, renoncer, se retirer sous sa tente, sacrifier. – FAMILIER : faire ceinture, faire son deuil de, lâcher les pédales, laisse béton, laisser courir, laisser en plan, laisser en rade, se ranger des voitures, rendre son tablier , reprendre ses billes. – LITTÉRAIRE : immoler, résigner. **CONTR.** *s'adonner, adopter, s'atteler, conserver, obséder, poursuivre.* ■ Arrêter volontairement. **SYN.** abdiquer, arrêter, baisser les bras, battre en retraite, capituler, céder, déclarer forfait, démissionner, déposer les armes, donner sa langue au chat, s'incliner, jeter le manche après la cognée, jeter l'éponge, se rendre, suspendre. – FAMILIER : dételer, envoyer tout promener. **CONTR.** *s'accrocher, s'acharner, achever, continuer, s'embarquer, se lancer, lutter, persévérer.*

abandonner (s') *verbe pronominal* Se laisser aller à. **SYN.** s'adonner à, s'enfoncer, laisser libre cours à, se livrer à, se porter, succomber à, suivre. **CONTR.** *refuser, résister.* ■ LITTÉRAIRE. Se confier sans retenue. **SYN.** se confier, être en veine de, se livrer, ouvrir son cœur, s'ouvrir. – FAMILIER : débiter son chapelet , dévider, vider son sac. – LITTÉRAIRE : s'épancher. **CONTR.** *être sur ses gardes, se fermer, se méfier, se renfermer, se tenir sur ses gardes.*

abasourdi *adjectif* Totalement déconcerté. **SYN.** ahuri, atterré, bouche bée, coi, consterné, ébahi, éberlué, effaré, étonné, hébété, interdit, médusé, pantois, renversé, stupéfait, suffoqué, tombé de la lune, tombé des nues. – FAMILIER : assis, baba, comme deux ronds de flan, époustouflé, estomaqué, groggy, scié, sidéré, soufflé. – LITTÉRAIRE : ébaubi. – POPULAIRE : sur le cul.

abasourdir *verbe* LITTÉRAIRE. Étourdir par un grand bruit. **SYN.** abrutir, assourdir, étourdir. – FAMILIER : casser les oreilles. ■ Provoquer de la stupeur. **SYN.** ahurir, anéantir, assommer, confondre, consterner, couper le souffle, déconcerter, ébahir, éberluer, effarer, épouvanter, étonner, frapper, hébéter, interloquer, renverser, saisir, stupéfier, suffoquer, surprendre. – FAMILIER : asseoir, en boucher un coin, catastropher, couper le sifflet, ébouriffer, épater, époustoufler, estomaquer, scier, sidérer, souffler. – LITTÉRAIRE : ébaubir. – POPULAIRE : couper la chique.

abasourdissement *nom masculin* État de stupéfaction. **SYN.** ahurissement, ébahissement, effarement, étonnement, saisissement, stupéfaction, stupeur, surprise. – FAMILIER : épatement.

abâtardir *verbe* LITTÉRAIRE. Faire dégénérer. **SYN.** appauvrir, avilir, dégrader, diminuer, ravaler. – LITTÉRAIRE : émasculer, rabaisser. **CONTR.** *légitimer.* – LITTÉRAIRE : *régénérer.*

abâtardir (s') *verbe pronominal* LITTÉRAIRE. Perdre de ses qualités. **SYN.** s'avilir, décliner, dégénérer, se dégrader. **CONTR.** *s'affermir.*

abâtardissement *nom masculin* LITTÉRAIRE. Fait de s'abâtardir. **SYN.** altération, décadence, dégradation. – LITTÉRAIRE : corruption, dégénérescence, émasculation, rabougrissement. **CONTR.** *amélioration.*

abattement *nom masculin* État de quelqu'un qui est abattu. **SYN.** abrutissement, accablement, affaissement, affliction, anéantissement, asthénie, atonie, découragement, dépression, désespoir, ennui, épuisement, faiblesse, fatigue, morosité, torpeur, tristesse. – FAMILIER : écœurement, éreintement. – LITTÉRAIRE : atterrement, prostration. **CONTR.** *ardeur, dynamisme, énergie, enthousiasme, euphorie, excitation, hilarité, tonus, vigueur.* ■ Somme déduite. **SYN.** décharge, déduction, défalcation, dégrèvement, diminution, exonération, réduction, remise, ristourne. **CONTR.** *surtaxe.*

abattre *verbe* Faire tomber quelque chose. **SYN.** culbuter, démanteler, démolir, détruire, jeter bas, précipiter, renverser. **CONTR.** *bâtir, édifier, élever, relever, soutenir.* ■ Ôter à quelqu'un ses forces. **SYN.** accabler, affaiblir, atteindre, atterrer, briser, décourager, démoraliser, déprimer, désespérer, désoler, épuiser, étourdir, lasser, terrasser. – FAMILIER : catastropher, claquer, écœurer. – LITTÉRAIRE : annihiler. **CONTR.** *affermir, animer, chauffer, encourager, enhardir, fortifier, ranimer, réconforter, remonter.* – FAMILIER : *ravigoter, requinquer.* – LITTÉRAIRE : *vivifier.* ■ Ruiner l'importance de. **SYN.** anéantir, briser, broyer, écraser, renverser. – LITTÉRAIRE : rabaisser, rabattre. **CONTR.** *raffermir, relever, renforcer.* ■ Tuer quelqu'un, un animal. **SYN.** achever, assassiner, assommer, exécuter, faucher, fusiller, massacrer, supprimer, tuer. – FAMILIER : dégommer, liquider, trucider. – LITTÉRAIRE : occire. – POPULAIRE : buter, déquiller, descendre, flinguer, ratatiner, rectifier, refroidir, zigouiller. ■ ***Abattre de la besogne,*** l'exécuter rapidement. **SYN.** bosser, boulonner, cravacher, travailler, trimer. **CONTR.** *chômer.*

abattre (s') *verbe pronominal* Tomber d'un coup. **SYN.** s'affaisser, s'affaler, crouler, s'écrouler, s'effondrer, tomber. – FAMILIER : s'allonger, chuter, s'étaler. ■ Se précipiter sur. **SYN.** fondre, se jeter sur, se ruer. ■ Atteindre quelqu'un. SYN. affecter, frapper, toucher.

abattu *adjectif* Qui a perdu ses forces morales. SYN. accablé, affligé, anéanti, découragé, démoralisé, déprimé, effondré, épuisé, fatigué, fourbu, harassé, las, morne, prostré, sans ressort, sombre, triste, usé. – FAMILIER : groggy, H.S., kaput, K.-O., lessivé, mort, raplapla, vidé. CONTR. *allègre, confiant, dynamique, euphorique, gai, joyeux, optimiste.*

abbaye *nom féminin* Communauté de religieux. SYN. cloître, couvent, monastère, prieuré.

abbé *nom masculin* Ecclésiastique. SYN. curé, prêtre, vicaire.

abbevillien *nom masculin* Période du paléolithique ancien. SYN. préchelléen.

abc *nom masculin* Livre où l'on apprenait à lire. SYN. abécédaire, alphabet. ■ Base d'un art, d'une science. SYN. b.a-ba, premiers éléments, rudiments.

abcès *nom masculin* Amas de pus. SYN. bubon, furoncle, phlegmon, pustule. – FAMILIER : clou.

abdication *nom féminin* Action d'abdiquer. SYN. abandon, capitulation, démission, renoncement. – LITTÉRAIRE : renonciation. CONTR. *continuité, maintien, résistance.*

abdiquer *verbe intransitif* Ne plus vouloir agir. SYN. abandonner, baisser les bras, capituler, céder, déclarer forfait, démissionner, se désister, jeter l'éponge, renoncer, se résigner. CONTR. *s'accrocher, s'acharner, lutter, ne pas démordre de, persévérer, résister.*

abdiquer *verbe transitif* Renoncer à une fonction. SYN. abandonner, se démettre de, se départir, quitter, sacrifier. CONTR. *conserver, garder, maintenir.*

abdomen *nom masculin* Partie inférieure du tronc. SYN. ventre.

abducteur *adjectif et nom masculin* ***Muscle abducteur,*** qui produit un mouvement d'abduction. CONTR. *adducteur.*

abduction *nom féminin* Mouvement par lequel un membre s'écarte sur le côté. CONTR. *adduction.*

abécédaire *nom masculin* Livre où l'on apprenait à lire. SYN. abc, alphabet.

abélien *adjectif* Dont le résultat ne change pas si on change l'ordre. SYN. commutatif.

aberrant *adjectif* Qui va contre la logique. SYN. abracadabrant, absurde, bancal, biscornu, boiteux, déraisonnable, extravagant, faux, illogique, incohérent, inconséquent, inepte, insensé, irrationnel, paradoxal, sans queue ni tête, saugrenu, stupide, ubuesque. CONTR. *cohérent, judicieux, logique, raisonnable, raisonné, rationnel, sensé.*

aberration *nom féminin* Grave erreur de jugement. SYN. absurdité, contresens, égarement, énormité, erreur, folie, illusion, incohérence, incongruité, inconséquence, ineptie, stupidité. – LITTÉRAIRE : errement, fourvoiement. CONTR. *bon sens.*

abêtir *verbe* Rendre stupide. SYN. abrutir, animaliser, encroûter, hébéter. CONTR. *cultiver, élever, éveiller.* – LITTÉRAIRE : *façonner.*

abêtissant *adjectif* Qui rend stupide. SYN. abrutissant. CONTR. *exaltant, excitant, passionnant.*

abêtissement *nom masculin* Action d'abêtir, de s'abêtir. SYN. abrutissement, gâtisme, hébétement, hébètement. – LITTÉRAIRE : hébétude.

abhorré *adjectif* LITTÉRAIRE. Que l'on a en horreur. SYN. détesté, exécré. CONTR. *adoré, aimé, bien-aimé, chéri, de prédilection.*

abhorrer *verbe* LITTÉRAIRE. Éprouver de l'aversion pour. SYN. abominer, avoir en horreur, avoir horreur de, détester, exécrer, haïr, maudire, ne pas pouvoir souffrir, répugner à. – FAMILIER : ne pas pouvoir encaisser, ne pas pouvoir sentir, ne pas pouvoir voir, ne pas pouvoir voir en peinture, vomir. – LITTÉRAIRE : avoir en abomination, honnir. – POPULAIRE : ne pas pouvoir blairer, ne pas pouvoir encadrer, ne pas pouvoir piffer, ne pas pouvoir sa(c)quer. CONTR. *adorer, aimer, bénir, chérir, se complaire, se plaire à, raffoler.* – LITTÉRAIRE : *affectionner.*

abiétacée *nom féminin* Arbre résineux. SYN. pinacée.

abîme *nom masculin* Désaccord profond. SYN. barrière, fossé, séparation. – LITTÉRAIRE : océan. ■ Gouffre très profond. SYN. abysse, aven, précipice, puits. – LITTÉRAIRE : barathre, barathrum.

abîmé *adjectif* En mauvais état. SYN. accidenté, délabré, détérioré, endommagé, gâté. – FAMILIER : bousillé, esquinté. – POPULAIRE : nase, naze. CONTR. *intact.*

abîmer *verbe* Mettre en mauvais état. SYN. altérer, casser, dégrader, délabrer, démolir, détériorer, détraquer, endommager, gâter. – ARGOTIQUE : niquer. – FAMILIER : amocher, bousiller, déglinguer, escagasser, esquinter, massacrer. – LITTÉRAIRE : corrompre, ruiner. – POPULAIRE : bigorner, ratatiner. CONTR. *arranger, conserver, préserver, rajuster, réparer.* – FAMILIER : *rabibocher, rafistoler, retaper.* ■ FAMILIER. Dire du mal de quelqu'un. SYN. couvrir de boue, critiquer, descendre en flammes, dire pis que pendre, médire, tailler en pièces, traîner dans la boue. – FAMILIER : assaisonner, casser du sucre sur (le dos de), cracher sur, débiner, déblatérer, démolir, éreinter, esquinter, étriller, habiller pour l'hiver, tailler un costard, tailler une veste. – LITTÉRAIRE : clabauder, dauber, fustiger, satiriser. CONTR. *flatter, louer.* – LITTÉRAIRE : *louanger.*

abîmer (s') *verbe pronominal* Être endommagé. SYN. s'altérer, se dégrader, se détériorer, se détraquer, se gâter, se putréfier, souffrir, s'user. ■ LITTÉRAIRE. Plonger dans. SYN. s'immerger, se perdre, se plonger, sombrer. – LITTÉRAIRE : s'anéantir.

abiotique *adjectif* Indépendant des êtres vivants. CONTR. *biotique.*

abject *adjectif* Qui inspire le dégoût. SYN. abominable, affreux, atroce, avilissant, bas, dégoûtant, dégradant, déshonorant, détestable, écœurant, hideux, honteux, horrible, ignoble, immonde, inavouable, indigne, infâme, infect, innommable, lâche, laid, méprisable, nauséabond, odieux, ordurier, puant, répugnant, répulsif, révoltant, scandaleux, sordide, vilain. – LITTÉRAIRE : exécrable, ignominieux, nauséeux, turpide, vil. – POPULAIRE : dégueulasse. CONTR. *beau, bien, digne, élevé, estimable, grandiose, honorable, noble, pur, respectable.* – LITTÉRAIRE : *relevé.*

abjectement *adverbe* De façon abjecte. SYN. abominablement, affreusement, atrocement, bassement, hideusement, honteusement, horriblement, ignoblement, odieusement, sordidement. – LITTÉRAIRE : ignominieusement, vilainement, vilement. CONTR. *bien, dignement, noblement.* – LITTÉRAIRE : *sublimement.*

abjection *nom féminin* Dégradation morale. SYN. avilissement, bassesse, dégradation, ignominie, indignité, infamie, laideur. – LITTÉRAIRE : hideur, horreur, opprobre, turpitude, vilenie. CONTR. *beauté, dignité, honneur, noblesse, probité, pureté.* – LITTÉRAIRE : *élévation.*

abjuration *nom féminin* Action d'abjurer. SYN. abandon, apostasie, reniement, rétractation. – LITTÉRAIRE : renonciation. CONTR. *conversion, fidélité, persévérance.*

abjurer *verbe* Renoncer à une religion. SYN. apostasier, jeter le froc aux orties, quitter le froc, quitter l'habit, renier. ■ Renoncer solennellement à. SYN. abandonner, se dédire, laisser, se rétracter. CONTR. *confirmer, conserver, garder.*

ablation *nom féminin* Action d'enlever un organe. SYN. amputation, arrachage, avulsion, énucléation, éradication, évulsion, excision, exérèse, extirpation, extraction. CONTR. *greffe.*

ablaut *nom masculin* Changement du timbre d'une voyelle. SYN. apophonie.

abnégation *nom féminin* Sacrifice de soi. SYN. acceptation, altruisme, apostolat, désintéressement, détachement, dévouement, oblativité, oubli de soi, renoncement, sacrifice. – LITTÉRAIRE : renonciation. CONTR. *arrivisme, égocentrisme, égoïsme.*

aboiement *nom masculin* Bruit produit en aboyant. SYN. clabaudage, hurlement, jappement.

abolir *verbe* Annuler une loi, une coutume. SYN. abroger, anéantir, annihiler, annuler, balayer, broyer, casser, déclarer nul et non avenu, dénoncer, détruire, dissoudre, effacer, éteindre, frapper de nullité, gommer, infirmer, invalider, phagocyter, rayer, rendre caduc, rendre nul, résilier, révoquer, supprimer. – FAMILIER : liquider. CONTR. *créer, ériger, établir, fonder, instaurer, instituer, promulguer, renforcer.*

abolition *nom féminin* Action d'abolir. SYN. abrogation, anéantissement, annulation, cessation, destruction, dissolution, élimination, extinction, invalidation, liquidation, résiliation, révocation, suppression, suspension. CONTR. *conservation, établissement, instauration, maintien, promulgation.*

abominable *adjectif* Qui suscite l'horreur. SYN. abject, affreux, atroce, effrayant, effroyable, épouvantable, haïssable, horrible, ignoble, innommable, inqualifiable, insupportable, monstrueux, odieux, répugnant, révoltant. – LITTÉRAIRE : exécrable, nauséeux. CONTR. *adorable, aimable, attachant, attirant, attrayant, charmant, séduisant, sympathique.* ■ Qui provoque le dégoût. SYN. écœurant, exécrable, fétide, horrible, infect, insoutenable, intolérable, nauséabond, puant. CONTR. *délicieux, exquis, joli, magnifique, succulent.* ■ Extrêmement désagréable. SYN. affreux, damné, détestable, exécrable, infect, maudit, mauvais. – FAMILIER : atroce, imbuvable, satané. CONTR. *agréable, beau, bien, cher, chéri, excellent, exquis, idéal, parfait.* – FAMILIER : *possible.*

abominablement *adverbe* De façon horrible. SYN. abjectement, affreusement, atrocement, épouvantablement, hideusement, horriblement, ignoblement, monstrueusement, odieusement. CONTR. *admirablement, adorablement, divinement, magnifiquement, merveilleusement.* – LITTÉRAIRE : *sublimement.* ■ Marque l'intensité. SYN. affreusement, beaucoup, bien, effroyablement, énormément, exceptionnellement, excessivement, extraordinairement, follement, fort, fortement, horriblement, immensément, immodérément, incroyablement, infiniment, mortellement, particulièrement, prodigieusement, profondément, puissamment, terriblement, très, trop, vertigineusement. – FAMILIER :

atrocement, bigrement, bougrement, diablement, drôlement, fameusement, fichtrement, fichûment, formidablement, joliment, méchamment, rudement, tout plein. – LITTÉRAIRE : diantrement, furieusement. – POPULAIRE : foutrement, salement, vachement. – VIEUX : fièrement.

abomination *nom féminin* Chose abominable. SYN. atrocité, horreur, infamie, monstruosité. ■ Dégoût intense pour. SYN. aversion, haine, horreur, phobie, répulsion. – LITTÉRAIRE : détestation, exécration. CONTR. *amour, attirance, attraction, attrait.* – LITTÉRAIRE : *appétit.*

abominer *verbe* Avoir de la répulsion pour. SYN. avoir en horreur, avoir horreur de, détester, exécrer, haïr, répugner à. – FAMILIER : vomir. – LITTÉRAIRE : abhorrer, avoir en abomination, honnir. CONTR. *admirer, affectionner, aimer, bénir, chérir, se complaire, idolâtrer, se plaire à, raffoler, rechercher.*

abondamment *adverbe* En grande quantité. SYN. en abondance, amplement, beaucoup, colossalement, comme quatre, comme s'il en pleuvait, considérablement, copieusement, à discrétion, énormément, à flots, à foison, généreusement, en (grand) nombre, grandement, largement, longuement, massivement, à la pelle, plantureusement, pleinement, à profusion, en quantité, richement, à satiété, à souhait, surabondamment, à tour de bras, en veux-tu en voilà, à volonté. – FAMILIER : à gogo, jusqu'à plus soif, en pagaille, à revendre, à tire-larigot. – LITTÉRAIRE : à l'envi. CONTR. *chichement, au compte-gouttes, guère, modérément, parcimonieusement, peu.*

abondance *nom féminin* Grande quantité de quelque chose. SYN. affluence, débauche, foison, foisonnement, multiplicité, pléthore, profusion, surabondance. – LITTÉRAIRE : luxuriance. CONTR. *absence, carence, déficience, insuffisance, maigreur, manque, pénurie, raréfaction, rareté.* – LITTÉRAIRE : *disette.* ■ Ressources importantes. SYN. aisance, opulence, richesse. CONTR. *austérité, dénuement, disette, famine, frugalité, gêne, indigence, misère, pauvreté.*

abondant *adjectif* Qui est en grande quantité. SYN. ample, copieux, dense, diffus, dru, étoffé, exubérant, fécond, fertile, foisonnant, fort, fourmillant, fourni, généreux, large, luxuriant, nombreux, plantureux, riche, substantiel, touffu, volumineux. – LITTÉRAIRE : opulent. CONTR. *aride, clairsemé, dénué de, dépourvu de, étroit, insuffisant, maigre, mince, misérable, parcimonieux, pauvre, rare, réduit, sec, stérile.* – FAMILIER : *chiche.*

abonder *verbe* Se trouver en abondance. SYN. affluer, couler à flots, déborder, foisonner, fourmiller, grouiller, pulluler, regorger, surabonder. – FAMILIER : fleurir. CONTR. *se faire rare, manquer, se raréfier.*

abord *nom masculin* Attitude de quelqu'un. SYN. accès, accueil, approche, contact, extérieur, réception. ■ Action d'aborder un lieu. SYN. accès, approche, entrée. ■ ***Au premier abord,*** au premier regard. SYN. à première vue, sur le coup, sur le moment. – LITTÉRAIRE : de prime abord. ■ LITTÉRAIRE. ***Dès l'abord,*** dès le premier instant. SYN. aussitôt, d'emblée, d'entrée de jeu, immédiatement, instantanément, dans le moment même, sur-le-champ, tout de suite. – LITTÉRAIRE : incontinent.

abordable *adjectif* Qui est d'un prix accessible. SYN. avantageux, bon marché, compétitif, économique, raisonnable. CONTR. *cher, coûteux, inabordable, inaccessible.* ■ Où l'on peut aborder. SYN. accessible, accostable. CONTR. *inabordable, inapprochable.* ■ Qui est d'un abord facile. SYN. accessible, accueillant, affable, aimable, approchable, avenant, facile, gracieux, ouvert. – LITTÉRAIRE : hospitalier. CONTR. *distant, inabordable, inaccessible, inapprochable.* ■ Qui est facile à comprendre. SYN. accessible, assimilable, clair, compréhensible, intelligible. CONTR. *ardu, inabordable, inaccessible.*

aborder *verbe* Arriver à un lieu par la mer. SYN. accéder à, accoster, atteindre, gagner, parvenir, toucher. CONTR. *appareiller, déborder, lever l'ancre, partir, quitter.* ■ S'approcher de quelqu'un. SYN. accoster, arrêter, faire des avances, parler. – FAMILIER : accrocher, agrafer, harponner. CONTR. *s'écarter, s'éloigner, éviter.* ■ Commencer l'étude d'un sujet. SYN. agiter, attaquer, ébaucher, entreprendre, esquisser, évoquer, traiter, en venir à. CONTR. *finir.*

abords *nom masculin pluriel* Alentours d'un lieu. SYN. alentours, environs, parages, voisinage.

aborigène *adjectif et nom* Originaire du pays où il vit. SYN. autochtone, indigène, natif, naturel, originaire. CONTR. *allogène, étranger, naturalisé.*

abortif *adjectif et nom masculin* Qui provoque l'avortement. SYN. – RARE : contragestif.

aboucher *verbe* Joindre bout à bout. SYN. abouter, agréger, ajuster, coller, emboîter, joindre, raccorder, rapprocher, réunir, serrer. CONTR. *désassembler, désunir, disjoindre, écarter, éloigner, entrouvrir, ouvrir, séparer.*

aboucher (s') *verbe pronominal* Se mettre en rapport avec. SYN. s'acoquiner. – LITTÉRAIRE : s'accointer.

aboudikro *nom masculin* Très grand arbre d'Afrique. SYN. sapelli.

abouter *verbe* Joindre par les bouts. SYN. aboucher, adapter, ajointer, ajuster, emboîter, joindre, raccorder, réunir. CONTR. *désassembler, désunir, disjoindre, écarter, séparer.*

abouti *adjectif* Mené à bien. SYN. accompli, achevé, conclu, concret, consommé, effectif, effectué, exécuté, fini, palpable, positif, réalisé, réussi. CONTR. *abandonné, inabouti, inaccompli, inachevé, ineffectué, inexécuté, lacunaire, partiel.*

aboutir *verbe* Se terminer quelque part. SYN. aller, s'arrêter, conduire à, déboucher, finir à, mener à, tomber dans. CONTR. *commencer à, partir de, provenir de, venir de.* ■ Avoir pour résultat. SYN. s'achever par, conduire à, déboucher, mener à. ■ Avoir une issue favorable. SYN. se concrétiser, se matérialiser, porter ses fruits, prendre forme, réussir. CONTR. *avorter, capoter, échouer, s'écrouler, faire long feu, manquer, péricliter, tomber à plat.* – FAMILIER : *faire chou blanc, faire fiasco, finir en eau de boudin, louper, rater, tomber à l'eau, tomber dans le lac.* – POPULAIRE : *finir en couille, foirer, partir en couille.*

aboutissement *nom masculin* Conséquence d'une action. SYN. accomplissement, achèvement, bout, conclusion, concrétisation, conséquence, couronnement, dénouement, épilogue, fin, fruit, issue, résultat, suite, terme. – LITTÉRAIRE : consommation, extrémité, parachèvement, terminaison. CONTR. *commencement, début, départ, ébauche, entrée, esquisse, naissance, origine, prémices.*

aboyer *verbe* Crier, en parlant du chien. SYN. clabauder, japper. ■ FAMILIER. Crier après quelqu'un. SYN. crier contre, fulminer contre, hurler, injurier, invectiver, tonitruer, vitupérer contre. – POPULAIRE : pousser un coup de gueule, pousser une gueulante.

abra *nom féminin* Mollusque bivalve. SYN. syndesmie.

abracadabrant *adjectif* Dont le caractère bizarre stupéfie. SYN. aberrant, absurde, ahurissant, baroque, biscornu, bizarre, étonnant, étrange, extravagant, farfelu, incohérent, incroyable, insensé, insolite, rocambolesque, saugrenu, singulier, stupéfiant, ubuesque. – FAMILIER : délirant, dingue, tordu. – LITTÉRAIRE : fantasque, funambulesque. CONTR. *banal, normal, quelconque, raisonnable, rationnel, sensé.*

abrasin *nom masculin* Plante oléagineuse. SYN. aleurite.

abrasion *nom féminin* Destruction d'une zone cutanée. SYN. dermabrasion.

abrégé *nom masculin* Forme réduite d'un texte. SYN. aperçu, esquisse, raccourci, résumé. – FAMILIER : topo. CONTR. *délayage, développement, intégralité, totalité.* ■ Ouvrage qui résume un point. SYN. condensé, digest, épitomé, mémento, précis, résumé, sommaire. – LITTÉRAIRE : compendium. – VIEUX : notice. CONTR. *somme.* ■ ***En abrégé,*** en peu de mots. SYN. brièvement, sommairement, succinctement.

abrègement *nom masculin* Action d'abréger. SYN. raccourcissement, réduction. CONTR. *allongement.*

abréger *verbe* Raccourcir quelque chose. SYN. alléger, condenser, contracter, diminuer, écourter, raccourcir, ramasser, réduire, resserrer, résumer, schématiser, synthétiser, tronquer. CONTR. *allonger, amplifier, augmenter, développer, éterniser, étirer, étoffer, prolonger, rallonger.*

abreuver *verbe* Faire boire des animaux. SYN. désaltérer. CONTR. *altérer, assoiffer.* ■ Donner à satiété. SYN. accabler, combler, imprégner, inonder, pénétrer, saturer. – LITTÉRAIRE : gorger. CONTR. *enlever, ôter, priver, retirer.*

abri *nom masculin* Lieu qui protège. SYN. asile, cache, hangar, nid, oasis, protection, refuge, remise, retraite, toit. – LITTÉRAIRE : antre, gîte, havre, port. – POPULAIRE : planque.

abrité *adjectif* À l'abri des intempéries. SYN. couvert, protégé. CONTR. *exposé, venté, venteux.*

abriter *verbe* Mettre à l'abri de quelque chose. SYN. couvrir, défendre, garantir, garer, prémunir, préserver, protéger, recouvrir, sauvegarder. CONTR. *exposer à.* ■ Avoir des occupants. SYN. accueillir, coucher, donner asile, héberger, loger. CONTR. *déloger.*

abriter (s') *verbe pronominal* Se mettre à l'abri. SYN. se couvrir, se garantir, se garer, se prémunir, se préserver, se protéger, se réfugier. CONTR. *s'exposer.*

abrogation *nom féminin* Action d'abroger. SYN. abolition, annulation, cassation, dissolution, infirmation, rescision, révocation, rupture, suppression. CONTR. *confirmation, établissement, promulgation.*

abroger *verbe* Abolir une loi, un décret. SYN. abolir, annuler, casser, déclarer nul et non avenu, dénoncer, dissoudre, frapper de nullité, infirmer, invalider, rendre caduc, résilier, révoquer, supprimer. CONTR. *confirmer, instituer, promulguer, ratifier.*

abrotone *nom féminin* Plante aromatique. SYN. aurone, citronnelle.

abrupt *adjectif* À pente très raide. SYN. escarpé, montant, pentu, à pic, raide, rapide. – LITTÉRAIRE : ardu, raboteux. CONTR. *plat.* ■ Qui est brutal. SYN. bourru, brusque, brutal, cassant, coupant, dur, expéditif, revêche, rude, sec. CONTR. *affable, aimable, câlin, civil, doux, gentil, poli.*

abruptement *adverbe* De façon abrupte. SYN. agressivement, brusquement, brutalement, cavalièrement, crûment, durement, ex abrupto, rudement, sèchement, vertement. – LITTÉRAIRE : vivement. CONTR. *délicatement, doucement.*

abruti *adjectif* Qui a des difficultés à saisir. SYN. ahuri, hébété, stupide. – FAMILIER : dans le cirage, ensuqué. – LITTÉRAIRE : torpide. – POPULAIRE : dans les vapes. CONTR. *éveillé, intelligent, vif.*

abruti *nom* FAMILIER. Personne sans intelligence. SYN. âne, âne bâté, balourd, benêt, idiot, ignorant, imbécile, innocent, lourdaud, maladroit, niais, nigaud, nul, nullité, sot, sotte. – FAMILIER : andouille, animal, ballot, bécasse, bêta, bûche, buse, cloche, crétin, cruche, dinde, empaillé, empoté, gaffeur, gourde, jacques, noix, oie, serin. – LITTÉRAIRE : nicodème. – POPULAIRE : banane, con, conard, connard, cornichon, couillon, gland, manche, nouille, patate, truffe.

abrutir *verbe* Rendre stupide. SYN. abêtir, ahurir, anesthésier, assourdir, étourdir, hébéter. CONTR. *élever, éveiller, exalter, réveiller.* ■ Mettre dans un état d'accablement. SYN. accabler, écraser, encroûter, étourdir, surcharger.

abrutissant *adjectif* Qui abrutit. SYN. abêtissant, assourdissant, étourdissant. – FAMILIER : assommant. CONTR. *exaltant, excitant, passionnant.*

abrutissement *nom masculin* Action d'abrutir, fait d'être abruti. SYN. abattement, abêtissement, apathie, gâtisme, hébétement, hébètement, torpeur. – LITTÉRAIRE : hébétude. CONTR. *effervescence, éveil, excitation, fébrilité, nervosité.*

abscons *adjectif* Très difficile à comprendre. SYN. abstrait, ardu, cabalistique, compliqué, énigmatique, ésotérique, hermétique, impénétrable, inaccessible, incompréhensible, inintelligible, insaisissable, obscur. – LITTÉRAIRE : abstrus, amphigourique, nébuleux, opaque, sibyllin, ténébreux. – POPULAIRE : imbitable. CONTR. *accessible, clair, compréhensible, évident, intelligible, limpide, lumineux.*

absence *nom féminin* Fait de ne pas se trouver quelque part. SYN. défection, disparition, éclipse, éloignement, exil. CONTR. *présence.* ■ Fait de manquer. SYN. carence, défaut, défection, déficience, inexistence, manque, omission, pénurie, vacance. – LITTÉRAIRE : disette. CONTR. *abondance, affluence, débordement, excès, foisonnement, luxe, pléthore, profusion, surabondance.* ■ Brève perte de mémoire. SYN. amnésie, défaillance, distraction, inattention, lacune, oubli, trou, trou de mémoire. CONTR. *attention.*

absent *adjectif* Qui semble ailleurs. SYN. absorbé, dans les nuages, dans sa bulle, détaché, distrait, inattentif, indifférent, lointain, dans la lune, négligent, préoccupé, rêveur, tête en l'air. CONTR. *attentif, présent.* ■ Qui fait défaut. SYN. défaillant, manquant. CONTR. *présent.*

absenter (s') *verbe pronominal* S'éloigner momentanément d'un lieu. SYN. déserter, disparaître, être de sortie, s'évanouir, fausser compagnie, manquer à l'appel, partir, prendre congé, quitter, se retirer, se volatiliser. – FAMILIER : s'éclipser, filer, lever le camp, lever le pied, lever le siège, se sauver. – POPULAIRE : jouer la fille de l'air, se tirer. CONTR. *être présent, rester.* – LITTÉRAIRE : *demeurer.*

absinthe *nom féminin* Liqueur de couleur verte. SYN. – ARGOTIQUE : cressonnée, fée aux yeux verts, mastic (vert), train direct (pour Charenton).

absolu *adjectif* Qui n'admet aucune exception. SYN. aveugle, complet, entier, formel, intégral, radical, total. CONTR. *fragmentaire, incomplet, partiel.* ■ Arrivé à un degré extrême. SYN. complet, idéal, intégral, suprême. – LITTÉRAIRE : souverain. CONTR. *approximatif, limité, relatif.* ■ Se dit d'un pouvoir illimité. SYN. arbitraire, autocratique, autoritaire, despotique, dictatorial, exclusif, omnipotent, souverain, total, totalitaire, tyrannique. CONTR. *large, laxiste, libéral.* ■ Qui n'admet pas la contradiction. SYN. autoritaire, catégorique, entier, exprès, impérieux, intransigeant, péremptoire. CONTR. *conciliant, tolérant.*

absolument *adverbe* D'une manière absolue. SYN. assurément, certainement, complètement, coûte que coûte, diamétralement, entièrement, exactement, foncièrement, formellement, indéniablement, indiscutablement, nécessairement, parfaitement, pleinement, quoi qu'il en coûte, radicalement, rigoureusement, strictement, totalement, tout à fait, à tout prix, à toute force, véritablement, vraiment. – FAMILIER : carrément. CONTR. *en aucun cas, à aucun prix, en aucune façon, éventuellement, pas du tout, pas le moins du monde, relativement, pour rien au monde, en rien, pour tout l'or du monde.*

absolution *nom féminin* Pardon des péchés. SYN. grâce, pardon, rémission. CONTR. *punition.*

absolutisme *nom masculin* Pouvoir sans limite. SYN. autocratie, autoritarisme, caporalisme, césarisme, despotisme, dictature, omnipotence, tyrannie. – LITTÉRAIRE : prépotence.

absorbant *adjectif* Qui occupe entièrement l'esprit. SYN. accaparant, captivant, exigeant, passionnant, prenant. – LITTÉRAIRE : dévorant. CONTR. *inintéressant, insignifiant, rebutant.*

absorbé *adjectif* Qui est tout à ses préoccupations. SYN. absent, concentré, distrait, lointain, méditatif, pensif, préoccupé, pris, songeur. – LITTÉRAIRE : contemplateur. CONTR. *disponible.*

absorber *verbe* Laisser pénétrer. SYN. boire, s'imbiber de, s'imprégner de, se pénétrer de, pomper. CONTR. *dégorger, rejeter.* ■ Ingérer quelque chose. SYN. avaler, boire, consommer, déglutir, dévorer, engloutir, ingérer, ingurgiter, manger, prendre. – POPULAIRE : s'envoyer, se farcir. CONTR. *cracher, évacuer, expectorer, régurgiter, rejeter, restituer, vomir.* – FAMILIER : *rendre.* ■ Faire disparaître. SYN. dévorer, engloutir, éponger, résorber. – LITTÉRAIRE : dissiper. CONTR. *amplifier.* ■ Occuper l'esprit de quelqu'un. SYN. accaparer, monopoliser, prendre, tenir. – LITTÉRAIRE : posséder.

absorber (s') *verbe pronominal* Être entièrement occupé à. SYN. s'enfoncer, s'immerger, se livrer, se plonger, sombrer. CONTR. *se dissiper.*

absorption *nom féminin* Action d'absorber. SYN. assimilation, prise.

absoudre *verbe* Remettre une faute à quelqu'un. SYN. acquitter, blanchir, excuser, pardonner. CONTR. *condamner, punir, venger.*

abstenir (s') *verbe pronominal* Renoncer à quelque chose. SYN. éviter, s'interdire, se passer de, se priver de, se refuser, renoncer à. CONTR. *ne pas pouvoir s'empêcher de, prendre, user de.* ■ Éviter de faire quelque chose. SYN. se défendre de, se dispenser de, s'empêcher, éviter, se garder de, se garer, se retenir de. CONTR. *agir, s'aviser de, se décider, intervenir, se mêler, participer à, prendre part à.*

abstention *nom féminin* Action de s'abstenir d'agir. SYN. inaction, non-engagement, non-participation. CONTR. *action, immixtion, ingérence, intervention, participation.*

abstinence *nom féminin* Action de se priver d'aliments. SYN. ascèse, diète, jeûne, maigre. CONTR. *débauche, excès, goinfrerie, voracité.* – FAMILIER : *bombance, ripaille.*

abstinent *adjectif* Qui pratique l'abstinence. SYN. ascétique, austère, sobre, spartiate. – LITTÉRAIRE : frugal, tempérant. CONTR. *débauché, glouton, goulu, gourmand, intempérant, vorace.* – FAMILIER : *goinfre.*

abstraction *nom féminin* Vue de l'esprit. SYN. concept, idée, notion. CONTR. *réalité.* ■ Être, chose purement imaginaire. SYN. entité, théorie. – LITTÉRAIRE : spéculation. ■ ***Abstraction faite de,*** en ne tenant pas compte de. SYN. excepté, hormis, hors, sauf, si. ■ ***Faire abstraction de,*** laisser de côté. SYN. écarter, éliminer, exclure, négliger, omettre.

abstraire *verbe* Considérer à part. SYN. isoler, séparer.

abstraire (s') *verbe* S'isoler par la pensée. SYN. se détacher, s'éloigner, s'exclure, s'isoler, se murer. – FAMILIER : être dans sa bulle, s'extraire.

abstrait *adjectif* Qui est le résultat de l'abstraction. SYN. conceptuel, idéal, spirituel. CONTR. *concret, réel.* ■ Privé de réalité concrète. SYN. abscons, hermétique, spéculatif, subtil, théorique. – LITTÉRAIRE : abstrus. CONTR. *concret, matériel, positif, réel.*

abstrus *adjectif* LITTÉRAIRE. Difficile à comprendre. SYN. abscons, abstrait, cabalistique, ésotérique, impénétrable, inaccessible, incompréhensible, inintelligible, obscur. – LITTÉRAIRE : amphigourique, opaque, sibyllin. CONTR. *clair, limpide, lumineux.*

absurde *adjectif* Qui est contraire à la raison. SYN. aberrant, abracadabrant, contradictoire, à dormir debout, faux, fou, illogique, inadmissible, incohérent, inconséquent, incroyable, inepte, injustifié, irrationnel, irréaliste, irréfléchi, paradoxal, sans queue ni tête, ubuesque. – FAMILIER : dément, loufoque. CONTR. *conséquent, juste, logique, normal, raisonnable, raisonné, rationnel, sensé, suivi, sûr.* ■ Qui se montre déraisonnable. SYN. déraisonnable, extravagant, fou, insensé, ridicule, saugrenu, sot, stupide. CONTR. *judicieux, sage, sensé.*

absurdement *adverbe* De façon absurde. SYN. déraisonnablement, illogiquement, irrationnellement. CONTR. *logiquement, raisonnablement, rationnellement.*

absurdité *nom féminin* Caractère de ce qui est absurde. SYN. aberration, extravagance, folie, illogisme, inadmissibilité, incohérence, incongruité, inconséquence, irrationalité, non-sens. – FAMILIER : loufoquerie. CONTR. *bon sens, cohérence, logique, raison, sagesse.* ■ Action ou parole absurde. SYN. ânerie, bêtise, énormité, extravagance, folie, idiotie, ineptie, niaiserie, sornette, sottise, stupidité. CONTR. *vérité.*

abura *nom masculin* Bois africain tendre et léger. SYN. bahia.

abus *nom masculin* Usage excessif de quelque chose. SYN. exagération, excès, intempérance, outrance. CONTR. *mesure, modération, pondération.* ■ Fait d'outrepasser certains droits. SYN. excès, illégalité, injustice. CONTR. *justice.*

abuser *verbe transitif* Profiter de la crédulité de quelqu'un. SYN. attraper, berner, donner le change, duper, égarer, exploiter, faire avaler des couleuvres, faire marcher, faire voir la lune en plein midi, induire en erreur, leurrer, mystifier, piéger, rouler dans la farine, surprendre, tromper. – **FAMILIER** : avoir, blouser, embobeliner, embobiner, empaumer, entortiller, feinter, flouer, mener en bateau, pigeonner, posséder, promener, refaire, rouler. – **LITTÉRAIRE** : amuser, en faire accroire, gruger, illusionner. – **POPULAIRE** : arnaquer, baiser, couillonner, entuber, niquer. **CONTR.** *détromper, guider, instruire, renseigner.*

abuser *verbe transitif indirect* User mal de quelque chose. **SYN.** profiter de. – **LITTÉRAIRE** : mésuser de. ■ Aller au-delà de ce qui est correct. **SYN.** dépasser la mesure, dépasser les bornes, dépasser les limites, exagérer, ne pas y aller avec le dos de la cuillère, se tailler la part du lion, y aller fort. – **FAMILIER** : charger la barque, charger la mule, pousser, pousser (trop loin) le bouchon. – **POPULAIRE** : attiger, charrier, charrier dans les bégonias, chier dans la colle.

abuser (s') *verbe pronominal* Commettre une erreur. **SYN.** se bercer de, faire erreur, s'illusionner, se leurrer, se méprendre, ne pas voir plus loin que le bout de son nez, se tromper. – **FAMILIER** : croire au Père Noël, être à côté de la plaque, se ficher le doigt dans l'œil, se fourrer le doigt dans l'œil. – **LITTÉRAIRE** : se fourvoyer. – **POPULAIRE** : se foutre le doigt dans l'œil, se gourer, se mettre le doigt dans l'œil.

abusif *adjectif* Qui est exagéré. **SYN.** démesuré, excessif, exorbitant, extravagant, outrancier, outré. – **FAMILIER** : astronomique, raide. **CONTR.** *honnête, modéré, normal.* ■ Qui est répréhensible. **SYN.** arbitraire, excessif, immodéré, injuste, léonin, usurpatoire, usurpé. **CONTR.** *équitable, juste.* ■ Se dit d'un mot mal employé. **SYN.** impropre, incorrect. **CONTR.** *convenable, correct, normal, propre.* ■ Qui maintient dans une dépendance. **SYN.** accapareur, exclusif, possessif.

abusivement *adverbe* De façon abusive. **SYN.** démesurément, exagérément, excessivement, illégitimement, immodérément, impunément, indûment, irrégulièrement, outrageusement, trop. **CONTR.** *à bon droit, à juste titre, légitimement, modérément.*

abyssal *adjectif* FAMILIER. Très profond. **SYN.** illimité, incommensurable, infini, insondable, profond.

abysse *nom masculin* Fond océanique. **SYN.** abîme, gouffre, profondeur.

acacia *nom masculin* ***Faux acacia,*** arbre dont les fleurs donnent le miel d'acacia. **SYN.** robinier.

académicien *nom* Membre de l'Académie française. **SYN.** – **FAMILIER** : immortel.

académique *adjectif* Qui ne s'écarte pas des règles. **SYN.** conformiste, conventionnel, convenu, doctoral, emphatique, étudié, guindé, pompeux. **CONTR.** *aisé, naturel, simple.*

acajou *nom masculin* ***Noix d'acajou,*** fruit de l'anacardier. **SYN.** anacarde, noix de cajou.

acalèphe *nom masculin* Méduse sans voile. **SYN.** acraspède, scyphozoaire.

acalyptère *nom masculin* Type de mouche. **SYN.** holométope. – **VIEUX** : haplostomate.

acanthozoïde *nom masculin* Variété d'animal marin. **SYN.** dactylozoïde.

acardine *nom masculin* Animal marin très primitif. **SYN.** inarticulé.

acariâtre *adjectif* D'une humeur querelleuse. **SYN.** aigri, bilieux, bougon, bourru, coléreux, désagréable, difficile, grincheux, hargneux, irascible, ombrageux, renfrogné, revêche. – **FAMILIER** : impossible, ronchon, ronchonneur, rouspéteur. – **LITTÉRAIRE** : acrimonieux, atrabilaire, colérique, rêche. **CONTR.** *accommodant, affable, agréable, aimable, commode, doux, exquis, facile, jovial, liant, sociable.* – **LITTÉRAIRE** : *amène, débonnaire.*

acaricide *nom masculin* Médicament contre les acariens. **SYN.** antiacarien.

accablant *adjectif* Qui accable physiquement. **SYN.** caniculaire, écrasant, épuisant, étouffant, fatigant, irrespirable, lourd, oppressant, pénible, rude, suffocant, surchauffé, terrassant, torride. – **FAMILIER** : claquant, tuant. **CONTR.** *doux, frais, léger, revigorant, tempéré, tonifiant, vivifiant.* ■ Qui accable moralement. **SYN.** affligeant, atterrant, attristant, décourageant, éprouvant, pénible, pesant, terrassant. **CONTR.** *innocentant.*

accablé *adjectif* Qui est moralement atteint. **SYN.** abattu, affligé, anéanti, atterré, attristé, consterné, découragé, démoralisé, déprimé, effondré, épuisé, morne, prostré, sans ressort, sombre, triste, usé. – **FAMILIER** : groggy, vidé. **CONTR.** *allègre, confiant, content, dynamique, euphorique, gai, joyeux, optimiste.*

accablement *nom masculin* État d'une personne abattue. **SYN.** abattement, affliction, anéantissement, apathie, consternation, découragement, dépression, désespoir, désolation, épuisement, fatigue, inertie, lassitude, morosité, torpeur. – **FAMILIER** : éreintement. – **LITTÉRAIRE** : brisement, prostration. **CONTR.** *allant, enthousiasme, entrain, euphorie, exaltation.*

accabler *verbe* Peser moralement sur quelqu'un. **SYN.** affliger, atterrer, briser, décourager, démoraliser, déprimer, désespérer, désoler, étouffer, fatiguer, oppresser. – **FAMILIER** : catastropher. – **LITTÉRAIRE** : annihiler, contrister. **CONTR.** *animer, consoler, réconforter, regonfler, remonter.* ■ Faire peser une charge sur quelqu'un. **SYN.** bourrer, charger, écraser, étreindre, grever, opprimer, presser, surcharger. – LITTÉRAIRE : gorger. CONTR. *alléger, débarrasser, décharger, délivrer, libérer, soulager.* ■ Assaillir quelqu'un de paroles. SYN. abreuver, assaillir, couvrir, presser, submerger. – FAMILIER : bombarder. ■ Humilier quelqu'un. SYN. accuser, charger, condamner, confondre, humilier. – FAMILIER : aplatir. CONTR. *innocenter.* ■ Peser physiquement sur quelqu'un. SYN. abattre, abrutir, anéantir, assommer, étourdir, foudroyer, terrasser. CONTR. – FAMILIER : *ragaillardir, ravigoter, requinquer.*

accalmie *nom féminin* Calme momentané du vent. SYN. bonace, éclaircie, embellie, rémission, trouée. CONTR. *affraîchie, aggravation, exacerbation, recrudescence, regain.* ■ Diminution d'une activité. SYN. calme, embellie, interruption, paix, pause, rémission, rémittence, répit, repos, sursis, suspension, tranquillité, trêve. – LITTÉRAIRE : relâche. CONTR. *activité, agitation, bataille, crise, excitation, pointe.*

accaparant *adjectif* Qui accapare. SYN. absorbant. – LITTÉRAIRE : dévorant.

accaparé *adjectif* Très occupé. SYN. bousculé, pris. CONTR. *disponible.*

accaparement *nom masculin* Action d'accumuler des denrées. SYN. emmagasinage, emmagasinement, entreposage, monopolisation, stockage. ■ Action d'accaparer. SYN. exclusivité, mainmise, monopolisation.

accaparer *verbe* Amasser un bien. SYN. accumuler, monopoliser, truster. CONTR. *distribuer, répandre.* ■ Prendre entièrement pour soi. SYN. s'approprier, centraliser, concentrer, s'emparer. – FAMILIER : rafler. – LITTÉRAIRE : s'arroger. CONTR. *distribuer, partager, répartir.* ■ Prendre tout le temps de quelqu'un. SYN. absorber, monopoliser, occuper, prendre, retenir. – LITTÉRAIRE : posséder.

accéder *verbe* Atteindre un lieu. SYN. aborder, approcher, arriver, atteindre, déboucher dans, entrer, gagner, parvenir, pénétrer. CONTR. *sortir.* ■ Arriver à une situation supérieure. SYN. atteindre, gagner, parvenir. ■ Satisfaire une demande. SYN. acquiescer à, condescendre à, consentir à, se prêter à, répondre à, souscrire à. CONTR. *s'opposer à, refuser, rejeter, repousser.*

accélérateur *nom masculin* Pédale d'accélération. SYN. – FAMILIER : champignon. ■ Petite pompe électrique. SYN. circulateur.

accélération *nom féminin* Fait de devenir plus rapide. SYN. activation, augmentation, intensification, poussée, recrudescence, redoublement. CONTR. *décélération, ralentissement.*

accéléré *adjectif* Qui est de plus en plus rapide. SYN. augmenté, pressé, redoublé. CONTR. *freiné, lent, ralenti.*

accélérer *verbe intransitif* Augmenter la vitesse d'un véhicule. SYN. – FAMILIER : appuyer sur le champignon, mettre le pied au plancher, mettre les gaz. – POPULAIRE : mettre (toute) la gomme. CONTR. *décélérer, faire du surplace, freiner, lever le pied, ralentir.* ■ Aller plus vite. SYN. se dépêcher, se hâter, mettre les bouchées doubles, passer la surmultipliée, passer la vitesse supérieure, presser le pas, se presser. – FAMILIER : s'activer, foncer, gazer, mettre les gaz. – LITTÉRAIRE : presser. – POPULAIRE : bomber, bourrer, se grouiller, se magner le cul (le popotin), se magner, se manier le cul (le popotin), se manier, pédaler. CONTR. *atermoyer, s'attarder, freiner, piétiner, ralentir, traîner.*

accélérer *verbe transitif* Rendre plus rapide. SYN. activer, aggraver, brusquer, hâter, précipiter, presser. CONTR. *arrêter, atermoyer, freiner, modérer, ralentir, retarder.*

accent *nom masculin* Ton indiquant un sentiment. SYN. empreinte, manière, note, ton. ■ Façon d'articuler les mots. SYN. accentuation, inflexion, intonation, modulation, parler, parole, prononciation, timbre, tonalité.

accentuation *nom féminin* Action d'accentuer. SYN. accent, accroissement, aggravation, amplification, exacerbation, exaspération, insistance, intensification, renforcement. CONTR. *adoucissement, atténuation, diminution, émoussement, modération.*

accentué *adjectif* Devenu plus intense. SYN. accusé, appuyé, insistant, marqué, prononcé, redoublé, souligné, soutenu. CONTR. *inaccentué.*

accentuer *verbe* Prononcer un mot en le soulignant. SYN. marteler, ponctuer, rythmer, scander. ■ Faire ressortir quelque chose. SYN. accuser, appuyer, dessiner, intensifier, mettre en avant, mettre en évidence, mettre en relief, mettre en valeur, mettre l'accent sur, renforcer, souligner, valoriser. CONTR. *adoucir, affaiblir, atténuer, couvrir, dissimuler, effacer, masquer.* ■ Intensifier une sensation. SYN. accroître, aggraver, ajouter à, augmenter, aviver, élever, exagérer, exaspérer, forcer, intensifier, radicaliser, renforcer, souligner. CONTR. *apaiser, atténuer, banaliser, calmer, diminuer, émousser, étouffer, minimiser, modérer, relâcher, restreindre, soulager, supprimer.*

accentuer (s') *verbe pronominal* Devenir plus intense. SYN. s'accroître, s'accuser, s'aggraver, augmenter, se confirmer, s'intensifier, monter, se renforcer. CONTR. *s'atténuer, s'effacer, s'estomper.*

acceptable *adjectif* Qui peut être accepté. SYN. admissible, plausible, recevable, supportable, tenable, tolérable, valable, vraisemblable. – FAMILIER : possible. CONTR. *inacceptable, inadmissible, intolérable, irrecevable.* ▪ Dont on peut se contenter. SYN. convenable, correct, décent, gentil, honnête, honorable, mangeable, moyen, passable, présentable, satisfaisant, suffisant. – FAMILIER : potable. CONTR. *insuffisant.*

acceptation *nom féminin* Action d'accepter quelque chose. SYN. accord, acquiescement, adhésion, agrément, approbation, assentiment, autorisation, consentement, permission. CONTR. *refus, veto.* – LITTÉRAIRE : *répudiation.* ▪ Action d'accepter l'adversité. SYN. abnégation, résignation, soumission. CONTR. *contestation, protestation, rébellion, rejet, révolte.*

accepter *verbe* Donner son accord pour. SYN. acquiescer à, agréer, assumer, dire oui, jouer le jeu, se plier à, se prêter à, signer des deux mains. CONTR. *décliner, dédaigner, se défendre de, se dérober, récuser, refuser, rejeter.* – LITTÉRAIRE : *répudier.* ▪ Consentir à subir quelque chose. SYN. admettre, se dévouer, endurer, prendre son parti de, se résigner à, se soumettre, supporter, tolérer. CONTR. *lutter contre, s'opposer à, se rebeller.* ▪ Considérer comme juste. SYN. adhérer à, admettre, approuver, souscrire à. CONTR. *condamner, contester, décliner, protester, refuser, réprouver, se révolter.* ▪ Admettre quelqu'un. SYN. accueillir, adopter, agréer, recevoir. CONTR. *bannir, dédaigner, écarter, éliminer, exclure, excommunier, interdire, refuser, rejeter, repousser, répudier.* – FAMILIER : *blackbouler.* ▪ Consentir à agir. SYN. condescendre à, daigner, se résoudre à, vouloir bien. CONTR. *dédaigner, se défendre de, faire des difficultés, faire des embarras, refuser, renâcler.* – FAMILIER : *rechigner.*

acception *nom féminin* Signification particulière d'un mot. SYN. sens, signification.

accès *nom masculin* Manifestation d'un sentiment. SYN. attaque, bouffée, crise, élan, flambée, poussée. ▪ Possibilité d'accéder à. SYN. abord, accession, approche, contact. ▪ Ce qui permet d'entrer quelque part. SYN. chemin, entrée, ouverture, passage. CONTR. *issue, sortie.* ▪ ***Par accès,*** de façon irrégulière. SYN. par à-coups, alternativement, épisodiquement, inégalement, par instants, par intermittence, par intervalles, irrégulièrement, par moments, occasionnellement, sporadiquement, de temps à autre, de temps en temps, variablement. CONTR. *constamment, continuellement, fréquemment, à longueur de temps, en permanence, régulièrement, sans arrêt, sans cesse, sans discontinuer, sans interruption, sans relâche, sans souffler, sans trêve, toujours, à tout instant, à tout propos.* – LITTÉRAIRE : *continûment.*

accessible *adjectif* Que l'on peut comprendre. SYN. abordable, assimilable, clair, compréhensible, explicite, facile, intelligible, perceptible, simple. – LITTÉRAIRE : pénétrable. CONTR. *abscons, ardu, difficile, hermétique, impénétrable, inabordable, inaccessible, incompréhensible, inintelligible, obscur.* – LITTÉRAIRE : *nébuleux, opaque, sibyllin, ténébreux.* ▪ Que l'on peut facilement aborder. SYN. accueillant, affable, approchable, engageant, liant, ouvert, perméable, réceptif, sensible, traitable. – LITTÉRAIRE : amène. CONTR. *distant, fermé, hautain, inabordable, indifférent, insensible, réfractaire, sourd.*

accession *nom féminin* Action d'accéder à quelque chose. SYN. accès, admission, arrivée, avènement, élévation, nomination, promotion, titularisation. CONTR. *démission, départ.*

accessoire *adjectif* Qui s'ajoute. SYN. accidentel, additionnel, anecdotique, annexe, auxiliaire, complémentaire, contingent, épisodique, incident, insignifiant, marginal, mineur, négligeable, second, secondaire, subalterne, subsidiaire, superflu, supplémentaire. – LITTÉRAIRE : superfétatoire. CONTR. *capital, cardinal, central, décisif, dominant, élémentaire, essentiel, fondamental, important, maître, majeur, premier, primordial, principal, vital.*

accessoire *nom masculin* Objet qui s'ajoute à un élément principal. SYN. composant, détail, garniture, ornement, rouage.

accessoirement *adverbe* De façon accessoire. SYN. accidentellement, éventuellement, incidemment. CONTR. *fondamentalement.*

accident *nom masculin* Événement malheureux. SYN. accrochage, avatar, catastrophe, drame, incident, malheur, mésaventure, revers, tragédie. – FAMILIER : pépin, tuile. ▪ Événement inattendu. SYN. accroc, à-coup, aléa, complication, contretemps, épisode, imprévu, incident, péripétie. – FAMILIER : anicroche.

accidenté *adjectif* Se dit d'un sol inégal. SYN. inégal, montagneux, mouvementé, vallonné, varié. CONTR. *égal, plan, plat, uni, uniforme.* ▪ Qui a subi un accident. SYN. abîmé, détérioré, endommagé. CONTR. *intact.*

accidentel *adjectif* Qui n'est pas prévu. SYN. accessoire, casuel, contingent, fortuit, imprévu, inattendu, inopiné, momentané, occasionnel, passager. CONTR. *fatal, fréquent, habituel, inéluctable, inévitable, nécessaire, normal, préparé.*

accidentellement *adverbe* Par hasard. SYN. accessoirement, fortuitement, incidemment, inopinément, occasionnellement. – VIEUX :

impromptu. CONTR. *fréquemment, habituellement, volontairement.*

accidenter *verbe* LITTÉRAIRE. Rendre mouvementé. SYN. agiter, troubler. CONTR. *aplanir, égaliser.* ▪ Causer un dommage. SYN. détériorer, endommager. – FAMILIER : amocher, esquinter.

accipitriforme *nom masculin* Type d'oiseau rapace diurne. SYN. falconiforme.

acclamation *nom féminin* Cri d'approbation. SYN. applaudissement, ban, bravo, hourra, hurrah, ovation, vivat. CONTR. *huée, quolibet, sifflet, tollé.*

acclamer *verbe* Saluer par une acclamation. SYN. applaudir, faire un triomphe, ovationner. CONTR. *conspuer, huer, siffler.*

acclimatation *nom féminin* Action d'acclimater. SYN. accoutumance, adaptation, habitude. CONTR. *inaccoutumance.*

acclimatement *nom masculin* Adaptation d'un organisme à un climat. SYN. accommodat, accoutumance, adaptation, morphose, somation. CONTR. *inaccoutumance.*

acclimater *verbe* Adapter quelque chose à un milieu. SYN. accoutumer, adapter, enraciner, familiariser, habituer, implanter. CONTR. *arracher, dépayser, déraciner, dérouter, désacclimater.*

acclimater (s') *verbe pronominal* S'habituer à un milieu nouveau. SYN. s'adapter, se faire à, se familiariser avec, s'habituer. – LITTÉRAIRE : s'accommoder.

accointance *nom féminin* Lien entretenu avec quelqu'un. SYN. affinité, attaches, commerce, fréquentation, lien, rapport, relation. – LITTÉRAIRE : liaison. CONTR. *détachement, éloignement, séparation.*

accointer (s') *verbe pronominal* LITTÉRAIRE. Se lier avec quelqu'un. SYN. s'aboucher, s'acoquiner, s'attacher à. CONTR. *se détacher, s'éloigner, se séparer.*

accolade *nom féminin* Geste amical. SYN. embrassade, enlacement. – LITTÉRAIRE : embrassement.

accolé *adjectif* Placé à côté de. SYN. attaché, contigu, joint, juxtaposé, lié. CONTR. *dissocié, séparé.*

accoler *verbe* Placer côte à côte. SYN. accoupler, adjoindre, ajouter, joindre, juxtaposer, lier, relier, souder, unir. CONTR. *disjoindre, dissocier, séparer.*

accommodant *adjectif* Avec qui on peut s'entendre. SYN. arrangeant, de bonne composition, commode, complaisant, conciliant, coulant, facile, flexible, indulgent, maniable, souple, souple comme un gant, tolérant, vivable. – LITTÉRAIRE : débonnaire, traitable. CONTR. *acariâtre, agressif, autoritaire, belliqueux, buté, despotique, difficile, exigeant, ferme, intraitable, intransigeant, irréconciliable, pointilleux, querelleur, rigide, strict, têtu, tranchant, vétilleux.* – FAMILIER : *bagarreur.* – LITTÉRAIRE : *raide.* – VIEUX : *chicaneur, chicanier.*

accommodat *nom masculin* Adaptation d'un organisme à un climat. SYN. acclimatement, morphose, somation. CONTR. *inaccoutumance.*

accommodement *nom masculin* Ce qui termine un différend. SYN. accord, arrangement, compromis, concession, conciliation, consensus, entente, médiation, modus vivendi, rapprochement, transaction.

accommoder *verbe* LITTÉRAIRE. Adapter quelque chose à. SYN. accorder, agencer, ajuster, aménager, approprier, arranger, conformer, installer. ▪ Préparer un aliment. SYN. apprêter, assaisonner, cuisiner, mitonner.

accommoder (s') *verbe pronominal* LITTÉRAIRE. S'adapter à quelque chose. SYN. s'acclimater à, s'accoutumer, s'adapter à, composer, se conformer à, s'habituer, se mettre en accord, se plier à, se ranger à. – LITTÉRAIRE : s'accorder. CONTR. *se déshabituer.* – LITTÉRAIRE : *se désaccoutumer.* ▪ Accepter ce qui se présente. SYN. s'arranger de, se contenter de, se faire à, faire contre mauvaise fortune bon cœur, se faire une raison, en prendre son parti, se résigner, se satisfaire de, supporter. CONTR. *protester contre, refuser, se soustraire.*

accompagnement *nom masculin* Action d'accompagner quelqu'un. SYN. compagnie, société. ▪ Ce qui accompagne un mets. SYN. garniture.

accompagner *verbe* Aller avec quelqu'un dans un lieu. SYN. chaperonner, conduire, convoyer, escorter, flanquer, guider, mener, suivre. – FAMILIER : s'accrocher aux basques, ne pas quitter d'une semelle, se pendre aux basques. CONTR. *abandonner, délaisser, laisser, quitter.* ▪ Joindre quelque chose à. SYN. associer, assortir, compléter. CONTR. *enlever, ôter, retirer, retrancher, soustraire.* ▪ Être associé à quelque chose. SYN. s'adjoindre, s'ajouter à, aller de pair avec, compléter, se joindre à.

accompagner (s') *verbe pronominal* Avoir comme corollaire. SYN. amener, entraîner.

accompli *nom masculin* Forme verbale indiquant une action achevée. SYN. parfait, perfectif.

accompli *adjectif* Qui est terminé. SYN. de A à Z, de A jusqu'à Z, de bout en bout, clos, conclu, effectif, exécuté, fait, fini, passé, réalisé, révolu. – FAMILIER : sonné. CONTR. *inaccompli,* *inachevé*. – LITTÉRAIRE : *irréalisé*. ■ Qui est parfait. SYN. achevé, complet, consommé, excellent, exemplaire, expert, fieffé, fini, modèle, rêvé. CONTR. *inexpérimenté, novice*.

accomplir *verbe* Mener à sa fin. SYN. achever, s'acquitter de, atteindre, boucler, conclure, consommer, effectuer, finir, mener à bien, mener à bonne fin, mener à son terme, parachever, parfaire, terminer. – LITTÉRAIRE : clore. CONTR. *commencer, ébaucher, esquisser, interrompre*. ■ Réaliser un projet. SYN. s'acquitter de, commettre, concrétiser, se conformer à, exaucer, exécuter, faire, perpétrer, se plier à, procéder à, réaliser, remplir, satisfaire à.

accomplir (s') *verbe pronominal* Être réalisé. SYN. arriver, se faire, s'opérer, se produire, se réaliser.

accomplissement *nom masculin* Action de mener à sa fin. SYN. aboutissement, achèvement, conclusion, concrétisation, couronnement, dénouement, épilogue, exécution, fin, réalisation. – LITTÉRAIRE : consommation, parachèvement. CONTR. *commencement, ébauche, échec, esquisse*.

accord *nom masculin* Harmonie entre des personnes. SYN. affinité, concorde, connivence, ensemble, entente, harmonie, identité, intelligence, paix. CONTR. *antagonisme, bataille, brouille, collision, conflit, désaccord, désunion, différend, discussion, dispute, dissension, divergence, divorce, mésentente, querelle, rupture*. – FAMILIER : *accrochage, bagarre, bisbille*. – LITTÉRAIRE : *chicane, discorde, disparate, dissentiment, dissonance, mésintelligence*. – VIEUX : *brouillerie*. ■ Approbation donnée à une action. SYN. acceptation, acquiescement, adhésion, agrément, assentiment, autorisation, aval, consentement, feu vert, permission, soutien. – LITTÉRAIRE : aveu, suffrage. CONTR. *contestation, opposition, protestation, refus, rejet, veto*. ■ Arrangement entre deux parties. SYN. accommodement, alliance, arrangement, compromis, consensus, contrat, convention, entente, gentleman's agreement, marché, modus vivendi, pacte, traité. CONTR. *antinomie, conflit, désaccord, discordance, divergence, litige*. – LITTÉRAIRE : *discorde*. ■ Correspondance entre plusieurs choses. SYN. adéquation, alliance, compatibilité, concordance, conformité, correspondance, harmonie, ressemblance, unité. – LITTÉRAIRE : accordance. CONTR. *antinomie, contradiction, contraste, décalage, discordance, disparité, disproportion, dissonance, incompatibilité, opposition*. ■ ***D'un commun accord,*** tous étant du même avis. SYN. conjointement, ensemble, unanimement.

accordance *nom féminin* LITTÉRAIRE. Conformité entre deux choses. SYN. accord, compatibilité, concordance, conformité, correspondance, harmonie.

accordé *adjectif* Qui est en accord avec. SYN. adéquat, approprié, assorti, harmonieux. ■ Qui sonne juste. SYN. juste. CONTR. *désaccordé, discordant*.

accordéon *nom masculin* Instrument de musique. SYN. – ARGOTIQUE : boîte à punaises, soufflet à punaises. – FAMILIER : piano à bretelles, piano du pauvre.

accorder *verbe* Mettre des choses en harmonie. SYN. adapter, ajuster, apparier, approprier, assortir, conformer, harmoniser, proportionner, rapprocher. – LITTÉRAIRE : accommoder. CONTR. *dépareiller, désassortir, opposer*. ■ Donner quelque chose. SYN. adjuger, allouer, attribuer, concéder, consentir, décerner, distribuer, donner, doter, gratifier, octroyer, procurer. CONTR. *refuser, retirer*. ■ Reconnaître pour vrai. SYN. admettre, avouer, concéder, convenir que, reconnaître. CONTR. *dénier, refuser, rejeter, repousser*. ■ FAMILIER. ***Accorder ses violons,*** se mettre d'accord. SYN. s'arranger, composer, se concerter, s'entendre, s'organiser. – LITTÉRAIRE : s'accorder.

accorder (s') *verbe pronominal* Être en harmonie avec. SYN. s'adapter, aller avec, s'appareiller, s'assortir, cadrer, coïncider, se concilier, concorder, convenir, correspondre, s'harmoniser, répondre. – FAMILIER : coller. – LITTÉRAIRE : s'accommoder. CONTR. *contraster, détonner, s'éloigner, jurer, s'opposer, trancher*. ■ LITTÉRAIRE. Se mettre d'accord avec. SYN. agir de concert, s'arranger, se coaliser, se donner le mot, s'entendre, faire bon ménage, faire cause commune, fraterniser, se lier, pactiser, se passer le mot, se rapprocher, se réconcilier, renouer, se solidariser, trouver un terrain d'entente, s'unir. – FAMILIER : accorder ses violons. CONTR. *s'affronter, se brouiller, se quereller*. ■ Se donner quelque chose. SYN. s'adjuger, s'allouer, s'attribuer, se donner, se gratifier de, s'offrir. CONTR. *s'interdire, se refuser*.

accorte *adjectif féminin* LITTÉRAIRE. Gracieuse et aimable. SYN. agréable, aimable, avenant, engageant, enjoué, gentil, gracieux. CONTR. *déplaisant, désagréable, disgracieux, laid, lourd, rébarbatif*.

accostable *adjectif* Où l'on peut accoster. SYN. abordable, accessible. CONTR. *inabordable, inaccessible*.

accoster *verbe* Se mettre à quai. SYN. aborder, arriver, parvenir, toucher. CONTR. *appareiller, s'éloigner, lever l'ancre, partir, quitter*.

▪ S'approcher de quelqu'un pour lui parler. SYN. aborder, arrêter. – FAMILIER : accrocher, agrafer. CONTR. *s'écarter de, s'éloigner de, éviter, fuir.*

accoter *verbe* Appuyer quelque chose d'un côté. SYN. adosser, appuyer.

accotoir *nom masculin* Appui pour les bras sur un siège. SYN. accoudoir, appui-bras, bras.

accouchement *nom masculin* Action d'accoucher. SYN. couches, délivrance, parturition. – LITTÉRAIRE : enfantement. – VIEUX : gésine.

accoucher *verbe* Mettre un enfant au monde. SYN. délivrer, donner le jour, engendrer, mettre au monde. – ARGOTIQUE : cracher le marmot. – LITTÉRAIRE : enfanter. – POPULAIRE : pondre. ▪ FAMILIER. Produire quelque chose. SYN. créer, engendrer. – FAMILIER : pondre. – LITTÉRAIRE : enfanter.

accoudoir *nom masculin* Partie latérale d'un siège. SYN. accotoir, appui-bras, bras.

accouplement *nom masculin* Union du mâle et de la femelle. SYN. appariement, coït, copulation, saillie.

accoupler *verbe transitif* Solidariser deux éléments. SYN. accoler, appareiller, apparier, coupler. CONTR. *dépareiller, désaccoupler, désolidariser, séparer.*

accoupler (s') *verbe pronominal* S'unir pour la reproduction. SYN. s'apparier. ▪ S'unir sexuellement. SYN. faire l'amour. – FAMILIER : copuler, coucher, forniquer, fricoter. – POPULAIRE : baiser, coïter, s'envoyer en l'air, niquer.

accourir *verbe* Arriver en hâte. SYN. affluer, arriver, bondir, courir, débouler, surgir. – LITTÉRAIRE : survenir. CONTR. *flâner, tarder, traîner.* – FAMILIER : *lambiner.*

accoutrement *nom masculin* Habillement ridicule. SYN. défroque, déguisement. – FAMILIER : attifement, fagotage, harnachement. – LITTÉRAIRE : affublement.

accoutrer *verbe* Habiller quelqu'un bizarrement. SYN. affubler, costumer, déguiser, équiper. – FAMILIER : attifer, fagoter, ficeler. – LITTÉRAIRE : vêtir.

accoutrer (s') *verbe pronominal* S'habiller bizarrement. SYN. s'affubler, se vêtir. – FAMILIER : s'attifer.

accoutumance *nom féminin* Fait de s'accoutumer à. SYN. acclimatation, acclimatement, accommodation, adaptation, coutume, habitude, manie, pli, routine. – FAMILIER : train-train. CONTR. *apprentissage, dépaysement, désaccoutumance, désadaptation, inaccoutumance.* ▪ Atténuation de l'effet d'un médicament. SYN. assuétude, dépendance. CONTR. *désaccoutumance.*

accoutumé *adjectif* Qui est habituel. SYN. commun, familier, habituel, ordinaire, rituel. – LITTÉRAIRE : coutumier. CONTR. *anormal, étrange, inaccoutumé, inhabituel, insolite.*

accoutumer *verbe* Faire prendre une habitude. SYN. acclimater, adapter, faire, familiariser, habituer, plier. – LITTÉRAIRE : façonner, rompre à. CONTR. *déshabituer, libérer.* – LITTÉRAIRE : *désaccoutumer.*

accoutumer (s') *verbe pronominal* Prendre une habitude. SYN. s'adapter, se faire à, se familiariser, s'habituer, prendre le pli, en prendre son parti. – FAMILIER : se mettre dans le bain. – LITTÉRAIRE : s'accommoder. CONTR. *se déshabituer.* – LITTÉRAIRE : *se désaccoutumer.*

accrédité *adjectif* Qui est reconnu. SYN. admis, autorisé, officiel, permis, répandu. CONTR. *contesté, controversé, discuté.*

accréditer *verbe* Rendre croyable. SYN. autoriser, confirmer, diffuser, établir, introduire, propager, répandre, valider. CONTR. *contredire, démentir, désavouer, discréditer.*

accro *adjectif et nom* POPULAIRE. Passionné pour. SYN. enragé, entiché, fanatique, féru. – FAMILIER : fan, fana.

accroc *nom masculin* Déchirure dans un tissu. SYN. déchirure, trou. ▪ FAMILIER. Atteinte à quelque chose. SYN. entorse, transgression, violation. ▪ Incident fâcheux. SYN. accident, à-coup, complication, contretemps, difficulté, embarras, incident, obstacle. – FAMILIER : anicroche, histoire, os.

accrochage *nom masculin* Action d'accrocher quelque chose. SYN. fixation, pendaison, suspension. CONTR. *décrochage, décrochement.* ▪ Accident de voiture. SYN. accident, carambolage, choc, collision, heurt, tamponnage, tamponnement, télescopage. ▪ FAMILIER. Divergence de vues. SYN. altercation, dispute, explication, friction, frottement, querelle. – FAMILIER : grabuge. – POPULAIRE : engueulade. CONTR. *accord, entente, paix.* ▪ Combat inopiné. SYN. coup de main, échauffourée, embuscade, engagement, escarmouche, mêlée, rencontre, rixe.

accroche-cœur *nom masculin* Petite mèche sur le front. SYN. boucle, guiche.

accrocher *verbe* FAMILIER. Arrêter quelqu'un au passage. SYN. aborder, accoster, arrêter, retenir. – FAMILIER : agrafer, agripper, harponner. CONTR. *s'éloigner, éviter, fuir.* ▪ Attacher avec un crochet. SYN. attacher, clouer, fixer, pendre, rattacher, suspendre. CONTR. *décrocher, dépendre.* ▪ Heurter légèrement. SYN. cogner, rencontrer, tamponner, télescoper. ▪ Renvoyer l'éclat de la lumière. SYN. attraper, capter, réfléchir, refléter.

■ Attraper quelque chose. **SYN.** agripper, amarrer, empoigner, harponner, retenir, saisir.

accrocher (s') *verbe pronominal* Se retenir à quelque chose. **SYN.** s'agripper à, se cramponner, se fixer, se rattraper, se suspendre, se tenir à. ■ Être tenace. **SYN.** s'acharner, batailler, se battre, se démener, s'échiner, s'escrimer, persévérer. – **FAMILIER** : en vouloir. **CONTR.** *abandonner, abdiquer, baisser les bras, capituler, déclarer forfait, jeter l'éponge, renoncer.* – **FAMILIER** : *laisser tomber.* ■ Avoir une altercation. **SYN.** chercher des noises à, chercher noise à, se disputer, s'expliquer, se quereller. – **FAMILIER** : se bagarrer, se chamailler, chercher des poux dans la tête. – **POPULAIRE** : chercher des crosses à, s'engueuler.

accrocheur *adjectif* FAMILIER. Qui attire l'attention. **SYN.** aguicheur, raccrocheur, racoleur. ■ FAMILIER. Qui est tenace. **SYN.** acharné, combatif, entêté, opiniâtre, persévérant, tenace, têtu. **CONTR.** *indifférent, indolent, mou, nonchalant.*

accroire *verbe* LITTÉRAIRE. ***En faire accroire,*** faire croire quelque chose. **SYN.** abuser, mentir, tromper.

accroissement *nom masculin* Augmentation en quantité, en valeur. **SYN.** accentuation, aggravation, agrandissement, amplification, augmentation, croissance, développement, élargissement, essor, expansion, extension, gonflement, grossissement, intensification, multiplication, progression, recrudescence, redoublement. **CONTR.** *allégement, amoindrissement, atrophie, compression, décroissance, diminution, limitation, perte, ralentissement, réduction, suppression.*

accroître *verbe* Rendre quelque chose plus grand. **SYN.** agrandir, ajouter à, arrondir, augmenter, développer, élever, enrichir, étendre, grossir, multiplier. **CONTR.** *amoindrir, atrophier, circonscrire, diminuer, écourter, limiter, réduire, restreindre, supprimer.* ■ Amplifier un état. **SYN.** accentuer, aggraver, amplifier, aviver, exacerber, exaspérer, intensifier, renforcer. **CONTR.** *alléger, amenuiser, apaiser, atténuer, calmer, comprimer, émousser, modérer, soulager.*

accroître (s') *verbe pronominal* Devenir plus important. **SYN.** s'accentuer, s'accuser, aller crescendo, s'amplifier, croître, s'élever, s'étendre, faire tache d'huile, fructifier, gagner du terrain, grandir, grossir, se multiplier, prendre de l'ampleur. **CONTR.** *s'atténuer, baisser, décliner, décroître, dépérir, diminuer, mollir.*

accueil *nom masculin* Action, manière d'accueillir. **SYN.** abord, accès, bienvenue, hébergement, hospitalité, réception, traitement. **CONTR.** *bannissement.*

accueillant *adjectif* Qui fait bon accueil. **SYN.** abordable, affable, aimable, ami, avenant, bienveillant, civil, convivial, cordial, engageant, hospitalier, liant, obligeant, ouvert, paternel, sociable, sympathique. – **LITTÉRAIRE** : amène. **CONTR.** *amer, arrogant, distant, fermé, froid, glacial, hautain, inabordable, inaccessible, inhospitalier, rébarbatif, revêche, rude.* – **LITTÉRAIRE** : *farouche, hostile.*

accueillir *verbe* Avoir telle réaction face à. **SYN.** accepter, admettre, apprendre, prendre, recevoir. ■ Admettre dans un groupe. **SYN.** accepter, admettre, agréger, prendre, recevoir. **CONTR.** *bannir, chasser, congédier, se défaire, écarter, éconduire, exclure, excommunier, refuser, rejeter, repousser.* – **FAMILIER** : *blackbouler, débarquer, déboulonner.* ■ Donner l'hospitalité. **SYN.** abriter, faire les honneurs de la maison, héberger, loger, réceptionner, recevoir, recevoir à bras ouverts, recueillir, souhaiter la bienvenue, tendre les bras, tenir maison ouverte, tenir table ouverte, traiter. – **FAMILIER** : cueillir. **CONTR.** *battre froid, faire grise mine à, fermer la porte au nez.* – **FAMILIER** : *faire la soupe à la grimace.*

acculer *verbe* Placer dans une fâcheuse situation. **SYN.** condamner à, conduire, contraindre, forcer, obliger, pousser, réduire. – **LITTÉRAIRE** : astreindre. ■ Pousser dans un coin. **SYN.** coincer, presser, serrer. – **FAMILIER** : rencogner.

accumulation *nom féminin* Action d'accumuler ; son résultat. **SYN.** addition, agglomération, agglutination, amas, amoncellement, avalanche, cascade, concentration, cumul, débauche, déferlement, déluge, empilement, entassement, flot, flux, groupement, monceau, multitude, nuée, pléiade, pluie, quantité, rassemblement, réunion, superposition, tas. **CONTR.** *dispersion, dissémination, émiettement, éparpillement.*

accumuler *verbe* Mettre ensemble en grand nombre. **SYN.** amasser, amonceler, emmagasiner, empiler, engranger, entasser, ramasser, rassembler, réunir, superposer. – **FAMILIER** : collectionner. **CONTR.** *disperser, disséminer, éparpiller, répandre.* ■ Amasser des richesses. **SYN.** accaparer, capitaliser, économiser, épargner, thésauriser, truster. **CONTR.** *dépenser, dilapider, gaspiller, prodiguer.*

accumuler (s') *verbe pronominal* S'ajouter les uns aux autres. **SYN.** s'amasser, s'amonceler, s'empiler, s'entasser, se rassembler, se superposer.

accusateur *adjectif* Qui constitue une accusation. **SYN.** dénonciateur, désapprobateur, diffamateur, réprobateur. – **LITTÉRAIRE** : improbateur.

accusateur *nom* Personne qui accuse quelqu'un. **SYN.** calomniateur, délateur, dénonciateur, détracteur, diffamateur. – LITTÉRAIRE : révélateur. CONTR. *défenseur, protecteur, soutien.*

accusation *nom féminin* Action d'accuser quelqu'un. SYN. attaque, blâme, charge, critique, délation, diffamation, grief, imputation, reproche, réquisitoire. CONTR. *apologie, défense, excuse, justification, louange, plaidoyer.* ▪ Fait de déférer en justice. SYN. inculpation, plainte, poursuite. CONTR. *acquittement, décharge, défense, non-lieu.*

accusé *adjectif* Qui est accentué. SYN. appuyé, caractérisé, fort, marqué, prononcé, souligné, typé. CONTR. *fin, subtil.*

accusé *nom* Personne accusée d'un crime. SYN. inculpé, prévenu.

accusé *nom masculin* ***Accusé de réception,*** avis de réception. SYN. récépissé, reçu.

accuser *verbe* Déférer quelqu'un en justice. SYN. attaquer, citer, inculper, poursuivre. CONTR. *acquitter, blanchir, innocenter, réhabiliter.* ▪ Reprocher à quelqu'un une faute. SYN. accabler, attaquer, blâmer, charger, confondre, critiquer, dénoncer, faire grief de, imputer, incriminer, reprocher à, taxer. – FAMILIER : fustiger. CONTR. *décharger, défendre, disculper, excuser, innocenter, justifier, laver.* ▪ Faire ressortir quelque chose. SYN. accentuer, dessiner, exagérer, indiquer, marquer, montrer, révéler, signaler, souligner, trahir. – LITTÉRAIRE : témoigner. CONTR. *atténuer, cacher, dissimuler, estomper, masquer.*

accuser (s') *verbe pronominal* S'avouer coupable. SYN. avouer, confesser, passer aux aveux. CONTR. *se laver les mains de.* ▪ Être mis en relief. SYN. s'accentuer, s'accroître, s'intensifier, se renforcer. CONTR. *disparaître, s'effacer, s'estomper.*

acéphale *nom masculin* Mollusque à coquille à deux valves. SYN. bivalve, lamellibranche.

acerbe *adjectif* Qui est agressif. SYN. acéré, acide, agressif, aigre, aigri, amer, âpre, blessant, caustique, cuisant, dur, à l'emporte-pièce, incisif, mordant, sanglant, sarcastique, vert, vif. – FAMILIER : saignant. – LITTÉRAIRE : âcre, acrimonieux, atrabilaire, épigrammatique, fielleux, piquant, vénéneux, venimeux. CONTR. *agréable, aimable, bienveillant, doux.* – LITTÉRAIRE : *amène.*

acerbité *nom féminin* LITTÉRAIRE. Caractère acerbe. SYN. agressivité, aigreur, amertume. – LITTÉRAIRE : âcreté, fiel. CONTR. *amabilité, bienveillance, douceur.* – LITTÉRAIRE : *accortise, aménité.*

acerdèse *nom féminin* Oxyde de manganèse. SYN. manganite.

acéré *adjectif* Dont la pointe est aiguisée. SYN. affilé, affûté, aigu, coupant, fin, piquant, pointu, tranchant. CONTR. *émoussé.* ▪ D'une vivacité blessante. SYN. acerbe, agressif, blessant, caustique, cuisant, à l'emporte-pièce, incisif, mordant, sanglant, vif. – FAMILIER : saignant. – LITTÉRAIRE : épigrammatique, piquant, vénéneux, venimeux. CONTR. *bienveillant, doux, indulgent, suave.*

acérer *verbe* Rendre tranchant. SYN. affûter, aiguiser. CONTR. *émousser.*

acétabulum *nom masculin* Cavité articulaire. SYN. cotyle.

acétaldéhyde *nom masculin* Composé chimique. SYN. éthanal.

acétamide *nom masculin* Amide de l'acide acétique. SYN. éthanamide.

acétone *nom féminin* Produit solvant. SYN. diméthylcétone, propanone.

acétose *nom féminin* Maladie métabolique des vaches. SYN. cétose.

acétylcholinestérase *nom féminin* Enzyme capable d'inhiber l'acétylcholine. SYN. cholinestérase.

acétylcholinolytique *adjectif et nom masculin* Substance inhibant l'action de l'acétylcholine. SYN. anticholinergique, cholinolytique, parasympatholytique.

acétylcholinomimétique *adjectif et nom masculin* Qui reproduit les effets de l'acétylcholine. SYN. cholinomimétique.

acétylène *nom masculin* Hydrocarbure gazeux. SYN. éthyne.

achalandage *nom masculin* Ensemble de clients. SYN. clientèle. ▪ VIEUX. Ensemble de marchandises. SYN. approvisionnement, stock.

achalandé *adjectif* Se dit d'un magasin fourni. SYN. approvisionné, fourni, pourvu. ▪ Où il y a du monde. SYN. fréquenté, passant.

achalander *verbe* Fournir un magasin en marchandises. SYN. approvisionner, fournir, pourvoir.

acharné *adjectif* D'une ardeur opiniâtre. SYN. ardent, chaud, coriace, désespéré, enragé, entêté, forcené, frénétique, furieux, implacable, inlassable, obstiné, opiniâtre, patient, persévérant, tenace, terrible, têtu. – FAMILIER : accrocheur. – LITTÉRAIRE : farouche. CONTR. *inconstant, inégal, léger, négligent, tiède.*

acharnement *nom masculin* Action de s'acharner. SYN. animosité, ardeur, aveuglement, combativité, détermination, entêtement, frénésie, insistance, obstination, persévérance, persistance, rage, résistance, résolution, ténacité, volonté. – LITTÉRAIRE : opiniâtreté, pugnacité. CONTR. *abandon, indolence, mollesse, velléité.*

acharner (s') *verbe pronominal* Lutter avec ténacité. SYN. s'accrocher, avoir la tête dure, se battre, s'efforcer, s'entêter, s'escrimer, s'évertuer, s'ingénier, insister, s'obstiner, persévérer, poursuivre. – FAMILIER : avoir une tête de cochon, se tuer à, en vouloir. – LITTÉRAIRE : s'opiniâtrer. CONTR. *abandonner, délaisser, laisser, négliger, quitter, renoncer à.*

achat *nom masculin* Action d'acheter. SYN. acquisition. CONTR. *cession, vente.* ■ Chose achetée. SYN. acquisition, courses, emplette, provisons.

acheminement *nom masculin* Action d'acheminer. SYN. convoiement, convoyage, envoi, expédition, routage, transfèrement, transfert, transport. – LITTÉRAIRE : translation. CONTR. *renvoi.* ■ Action de s'acheminer. SYN. expédition, marche, progression.

acheminer *verbe* Diriger vers. SYN. amener, canaliser, conduire, envoyer, expédier, transférer, transporter.

acheminer (s') *verbe pronominal* Être en route vers. SYN. aller, avancer, cheminer, se diriger, s'orienter, se porter vers, se rapprocher, se rendre, tendre.

achète *nom masculin* Animal tel que la sangsue. SYN. hirudinée.

acheter *verbe* Obtenir contre paiement. SYN. acquérir, acquitter, s'offrir, payer, se payer. CONTR. *aliéner, céder, vendre.* ■ S'assurer la complicité de. SYN. circonvenir, payer, soudoyer, suborner. – FAMILIER : arroser, graisser la patte. – LITTÉRAIRE : corrompre, stipendier.

acheteur *nom* Personne, groupe qui achète. SYN. acquéreur, cessionnaire, client, consommateur, demandeur, preneur. CONTR. *cédant, vendeur.*

achevé *adjectif* Qui est parfait. SYN. accompli, beau, complet, consommé, excellent, fieffé, fini, impeccable, parfait, suprême. – FAMILIER : fameux, au poil, soigné. CONTR. *brut, imparfait, inaccompli, inachevé, incomplet, informe, rudimentaire.* ■ FAMILIER. Totalement épuisé. SYN. anéanti, à bout de force, à bout de souffle, brisé, épuisé, exténué, fatigué, fourbu, harassé, K.-O., las, mort de fatigue, recru, rendu, rompu, surmené, usé. – FAMILIER : au bout du rouleau, cassé, claqué, éreinté, esquinté, fini, flapi, H.S., kaput, lessivé, mort, moulu, à plat, pompé, à ramasser à la petite cuillère, raplapla, sur les genoux, tué, vanné, vidé. – POPULAIRE : cané, crevé, rétamé, sur les rotules. CONTR. *délassé, dispos, frais, frais et dispos, reposé.* – FAMILIER : *en forme, frais comme un gardon, frais comme une rose, increvable, en pleine forme.* – VIEUX : *gaillard.*

achèvement *nom masculin* Fait de s'achever. SYN. aboutissement, accomplissement, clôture, conclusion, dénouement, exécution, expiration, extinction, fin, finition, perfection, terme. – LITTÉRAIRE : consommation, parachèvement, terminaison. CONTR. *amorce, commencement, début, départ, ébauche, esquisse, genèse, inachèvement, naissance.*

achever *verbe* Finir une action commencée. SYN. accomplir, boucler, clôturer, compléter, conclure, conduire à son terme, finir, mener à bien, mener à bonne fin, mettre la dernière main à, mettre un point final à, mettre un terme à, parachever, parfaire, terminer, tourner la page, venir à bout de. – LITTÉRAIRE : clore. CONTR. *amorcer, attaquer, commencer, ébaucher, entamer, entreprendre, se mettre à, mettre en train.* ■ FAMILIER. Épuiser totalement. SYN. affaiblir, anéantir, briser, exténuer, fatiguer, harasser, surmener, vider. – FAMILIER : assommer, claquer, crever, éreinter, esquinter, tuer, vanner. CONTR. *remonter, revigorer, stimuler.* – FAMILIER : *requinquer.* ■ Porter les derniers coups. SYN. abattre, donner le coup de grâce, éliminer, supprimer, tuer. – POPULAIRE : descendre, flinguer. CONTR. *épargner.*

achever (s') *verbe pronominal* Arriver à son terme. SYN. s'arrêter, cesser, expirer, finir, passer, prendre fin, se terminer, toucher à sa fin. CONTR. *s'amorcer, commencer, débuter.* ■ Avoir pour fin. SYN. aboutir, déboucher sur.

achigan *nom masculin* Au Canada, perche noire. SYN. black-bass.

achoppement *nom masculin* ***Pierre d'achoppement,*** difficulté sur laquelle on bute. SYN. difficulté, écueil, entrave, obstacle, os, traverse.

achopper *verbe* Être arrêté par un obstacle. SYN. buter contre, échouer, se heurter à, porter, rencontrer, trébucher. – LITTÉRAIRE : chopper. CONTR. *franchir.*

achrome *adjectif* Non pigmenté. SYN. achromique.

achromie *nom féminin* Absence de pigmentation de la peau. SYN. dépigmentation, leucodermie.

achromique *adjectif* Non pigmenté. SYN. achrome.

achylie *nom féminin* Absence de sécrétion d'acide chlorhydrique. SYN. anachlorhydropepsie.

acide *adjectif* Dont la saveur est aigre. SYN. acidulé, âcre, aigre, aigrelet, sur, suret. CONTR. *doux, sucré.* ■ Qui blesse. SYN. acerbe, blessant, caustique, incisif, mordant, vert. – LITTÉRAIRE :

âcre, acrimonieux, épigrammatique, piquant. CONTR. *agréable, aimable, doucereux, mielleux, paterne.*

acide *nom masculin* ***Acide acétylsalicylique,*** médicament contre la douleur et la fièvre. SYN. aspirine. ■ ***Acide aminé,*** substance organique. SYN. aminoacide.

acide-cétone *nom masculin* Composé organique. SYN. cétoacide.

acidimétrie *nom féminin* Dosage des acides. SYN. protométrie.

acidophile *adjectif* Qui fixe les colorants acides. SYN. éosinophile.

acidulé *adjectif* Qui est légèrement acide. SYN. aigre, aigrelet, sur, suret.

acisperme *nom masculin* Plante d'origine exotique. SYN. coréopsis.

acmé *nom masculin* LITTÉRAIRE. Point le plus élevé. SYN. apogée, comble, couronnement, paroxysme, pinacle, point culminant, sommet, summum, zénith. – LITTÉRAIRE : faîte.

acmite *nom féminin* Silicate de fer et de sodium. SYN. aegyrine.

acolyte *nom masculin* Complice d'une mauvaise action. SYN. aide, allié, auxiliaire, camarade, compagnon, comparse, complice. – LITTÉRAIRE : affidé. – VIEUX : compère.

acompte *nom masculin* Somme versée par avance. SYN. arrhes, à-valoir, avance, provision.

acoquinement *nom masculin* Liaison à caractère douteux. SYN. concubinage, fréquentation. – POPULAIRE : collage.

acoquiner (s') *verbe pronominal* Se lier avec une personne. SYN. s'aboucher, fréquenter, se lier. – FAMILIER : flirter. – LITTÉRAIRE : s'accointer. – POPULAIRE : se coller. CONTR. *se détacher, s'éloigner, se séparer.*

à-côté *nom masculin* Élément accessoire. SYN. détail, digression, épisode, parenthèse. CONTR. *essentiel, principal.* ■ Gain, dépense supplémentaire. SYN. appoint, avantage, complément, supplément. – FAMILIER : extra.

à-coup *nom masculin* Sursaut dans un mouvement. SYN. raté, saccade, secousse, soubresaut. ■ Incident fâcheux. SYN. accident, accroc, complication, contretemps, ennui. – FAMILIER : anicroche, enquiquinement, pépin. – POPULAIRE : emmerdement. ■ ***Par à-coups,*** de façon intermittente. SYN. alternativement, épisodiquement, irrégulièrement, occasionnellement, sporadiquement, variablement.

acouphène *nom masculin* Sensation sonore désagréable. SYN. bourdonnement d'oreille.

acquéreur *nom masculin* Personne qui acquiert un bien. SYN. acheteur, cessionnaire, client, preneur. CONTR. *cédant, donateur, vendeur.*

acquérir *verbe* Devenir propriétaire d'un bien. SYN. acheter, obtenir, se procurer, recueillir. CONTR. *aliéner, céder, se défaire, transmettre, vendre.* ■ Arriver à obtenir. SYN. assimiler, conquérir, emporter, gagner, remporter. CONTR. *aliéner, perdre.* ■ Procurer quelque chose à quelqu'un. SYN. attirer, concilier, gagner.

acquiescement *nom masculin* Action d'acquiescer. SYN. acceptation, accord, adhésion, agrément, approbation, assentiment, autorisation, consentement. – LITTÉRAIRE : suffrage. CONTR. *objection, opposition, protestation, refus, résistance.*

acquiescent *adjectif* RARE. Qui acquiesce. SYN. approbateur, approbatif. CONTR. *désapprobateur.*

acquiescer *verbe* Consentir sans réserve. SYN. accéder à, accepter, adhérer à, agréer, approuver, céder, déférer à, donner sa bénédiction, entériner, se prêter à, souscrire à. CONTR. *s'opposer à, protester contre, refuser, réfuter, résister à.* ■ Dire oui. SYN. approuver, opiner de la tête, opiner du bonnet, opiner du chef.

acquis *adjectif* Indiscutablement prouvé. SYN. connu, démontré, incontesté, reconnu. CONTR. *contesté.* ■ Qui n'existe pas à la naissance. CONTR. *congénital, héréditaire, infus, inné.* – LITTÉRAIRE : *natif, originaire.* ■ Entièrement gagné à. SYN. dévoué, partisan.

acquis *nom masculin* Ensemble de connaissances. SYN. bagage, capital, connaissances, savoir.

acquisition *nom féminin* Action d'acquérir un bien. SYN. annexion, appropriation, obtention, saisie. CONTR. *abandon, aliénation, cession, vente.* ■ Action d'acquérir un savoir. SYN. apprentissage, assimilation. ■ Ce qui a été acquis. SYN. achat, emplette.

acquit *nom masculin* Reconnaissance d'un paiement. SYN. décharge, quittance, récépissé, reçu.

acquittement *nom masculin* Action de payer ce que l'on doit. SYN. paiement, règlement, remboursement, versement. ■ Déclaration de non-culpabilité. SYN. non-lieu. CONTR. *accusation, condamnation.*

acquitter *verbe* Payer ce que l'on doit. SYN. acheter, s'acquitter, débourser, décaisser, dépenser, financer, honorer, se libérer de, liquider, payer, régler, rembourser, solder, verser. – FAMILIER : cracher, se fendre, mettre la main à la poche. – **POPULAIRE** : les aligner, les allonger, cracher au bassinet, douiller, les lâcher, raquer. CONTR. *devoir, emprunter.* ■ Déclarer non coupable. SYN. absoudre, amnistier, blanchir, disculper, innocenter, laver, pardonner. CONTR. *accuser, condamner.*

acquitter (s') *verbe pronominal* Se débarrasser d'une dette. SYN. s'affranchir, se débarrasser, se dégager, se libérer, payer, régler, rembourser. CONTR. *faillir à, manquer à.* ■ Remplir une tâche. SYN. accomplir, boucler, exécuter, mener à bien, mener à bonne fin, mettre un point final à, remplir, satisfaire à. CONTR. – **LITTÉRAIRE** : *faillir à.*

acraspède *adjectif* Méduse sans voile. SYN. acalèphe, scyphozoaire.

âcre *adjectif* Qui a une saveur, une odeur forte. SYN. acide, aigre, amer, âpre, irritant, piquant, sur. CONTR. *doux, exquis, suave.* ■ LITTÉRAIRE. Qui est blessant. SYN. acerbe, acide, aigre, amer, âpre, cassant, grinçant, incisif, mordant, offensant. – **LITTÉRAIRE** : piquant. CONTR. *aimable, délicieux, doux, mielleux.*

âcrement *adverbe* LITTÉRAIRE. De façon mordante. SYN. amèrement, âprement.

âcreté *nom féminin* Caractère âcre. SYN. aigreur, amertume, âpreté. CONTR. *douceur, fadeur.* – **LITTÉRAIRE** : *suavité.* ■ LITTÉRAIRE. Caractère blessant. SYN. aigreur, amertume, âpreté. – **LITTÉRAIRE** : acerbité, fiel, maussaderie. CONTR. *amabilité, bienveillance, douceur.* – **LITTÉRAIRE** : *aménité.*

acrimonie *nom féminin* Caractère agressif. SYN. aigreur, amertume, âpreté, causticité, hargne. – **FAMILIER** : grogne, rogne. – **LITTÉRAIRE** : fiel, maussaderie. CONTR. *affabilité, bienveillance, courtoisie, douceur, gentillesse.* – **LITTÉRAIRE** : *aménité.*

acrimonieux *adjectif* LITTÉRAIRE. Qui montre de l'acrimonie. SYN. acariâtre, acerbe, acide, agressif, aigre, aigri, amer, âpre, blessant, caustique, hargneux, mordant, virulent. – **FAMILIER** : teigneux. – **LITTÉRAIRE** : atrabilaire, épigrammatique, fielleux, piquant, vénéneux, venimeux. CONTR. *affable, aimable, bienveillant, doux, gentil.* – **LITTÉRAIRE** : *amène.*

acroamatique *adjectif* RARE. Qui, en raison de sa complexité, se transmet oralement. SYN. ésotérique.

acrobate *nom masculin* Artiste de cirque. SYN. danseur de corde, équilibriste, fildeferiste, funambule, trapéziste, voltigeur.

acrobatie *nom féminin* Procédé ingénieux. SYN. artifice, astuce, manœuvre, pirouette, stratagème, tour, tour de passe-passe. ■ Exercice réalisé par un acrobate. SYN. saut périlleux, voltige.

acrocine *nom masculin* Coléoptère aux pattes antérieures démesurées. SYN. arlequin de Cayenne.

acroléine *nom féminin* Liquide volatile suffocant. SYN. aldéhyde acrylique.

acromyodé *nom masculin* Oiseau passereau chanteur. SYN. oscine.

acte *nom masculin* Fait d'agir. SYN. action, agissement, fait, geste, mouvement. ■ Décision d'un groupe. SYN. démarche, initiative, mesure, œuvre, opération.

acteur *nom* Artiste de cinéma ou de théâtre. SYN. comédien, interprète. CONTR. *spectateur.* ■ Personne qui participe à. SYN. artisan, intervenant, participant, protagoniste. CONTR. *spectateur, témoin.*

actif *adjectif* Qui est plein d'énergie. SYN. affairé, ardent, énergique, remuant, vif, vivant. – **LITTÉRAIRE** : allant, diligent, prompt, vaillant. CONTR. *amorphe, apathique, atone, calme, désœuvré, inactif, indolent, inerte, lent, lymphatique, mou, oisif, végétatif.* – **LITTÉRAIRE** : *endormi.* ■ Qui donne des résultats. SYN. agissant, efficace, efficient, expéditif, florissant, radical. CONTR. *inactif, inefficace, inopérant.* ■ Qui joue un rôle effectif. SYN. combatif, dynamique, entreprenant, militant, occupé, zélé. CONTR. *fainéant, inoccupé, nonchalant, oisif, passif.* – **FAMILIER** : *cossard, faignant, feignant, flemmard.* – **LITTÉRAIRE** : *contemplateur.* ■ ***Forme, voix active,*** dans laquelle le sujet du verbe est l'agent. CONTR. *passif.*

actinie *nom féminin* Polype marin. SYN. anémone de mer, ortie de mer.

actinite *nom féminin* Lésion cutanée due à la lumière. SYN. lucite.

actinotriche *nom masculin* Pièce qui soutient la nageoire des poissons. SYN. cératotriche.

action *nom féminin* Faculté d'agir. SYN. activité. CONTR. *abstention, apathie, carence, inaction, inertie.* ■ Manifestation d'activité. SYN. acte, agissement, entreprise, fait, geste, lutte, manœuvre, œuvre, opération. ■ Effet produit sur. SYN. effet, efficacité, influence, portée. CONTR. *inefficacité.* – **LITTÉRAIRE** : *stérilité.* ■ Engagement militaire. SYN. attaque, bataille, choc, combat, coup de main, engagement, escarmouche, opération. ■ Exercice d'un droit en justice. SYN. instance, poursuite, procédure, procès.

actionner *verbe* Mettre en mouvement. SYN. agiter, ébranler, faire fonctionner, manier, manipuler, manœuvrer, mettre en branle, mettre en marche, mouvoir. CONTR. *arrêter, immobiliser, neutraliser, paralyser.*

activement *adverbe* De façon active. SYN. efficacement, énergiquement, expéditivement, intensivement, promptement, rapidement, sans relâche, sans répit, sérieusement, vivement. – LITTÉRAIRE : diligemment. CONTR. *mollement, nonchalamment, paresseusement, passivement.* – LITTÉRAIRE : *tièdement.*

activer *verbe* Rendre plus rapide. SYN. attiser, aviver, intensifier, stimuler. CONTR. *ralentir.* ■ Hâter l'exécution de. SYN. accélérer, bousculer, brusquer, hâter, précipiter, stimuler. – LITTÉRAIRE : presser. CONTR. *arrêter, atermoyer, calmer, freiner, ralentir, retarder.*

activer (s') *verbe pronominal* Montrer une grande activité. SYN. s'affairer, se démener, se dépenser, se donner du mal, se donner un mal de chien, s'échiner, s'escrimer, se fatiguer, se multiplier, ne pas ménager sa peine, ne pas plaindre sa peine, remuer ciel et terre, se remuer. – FAMILIER : s'agiter, se couper en quatre, s'esquinter, mettre de l'huile de coude, se mettre en quatre, en mettre un bon coup, en mettre un coup, en mettre un vieux coup, n'avoir pas les deux pieds dans le même sabot, ne pas chômer. CONTR. *s'amuser, dormir, fainéanter, musarder, paresser, se prélasser, prendre son temps, traîner.* – FAMILIER : *buller, flemmarder, lambiner, lanterner, lézarder, tirer sa flemme, traînailler, traînasser.* – LITTÉRAIRE : *muser.* – POPULAIRE : *glander, ne pas en fiche une rame, tirer au cul, tirer au flanc.* ■ FAMILIER. Se hâter d'agir. SYN. accélérer, courir, se dépêcher, se hâter, mettre les bouchées doubles, passer la surmultipliée, passer la vitesse supérieure, se précipiter, presser le mouvement, se presser. – POPULAIRE : se grouiller, se magner le cul (le popotin), se magner, se manier le cul (le popotin), se manier. CONTR. *ralentir, tarder, temporiser.*

activité *nom féminin* Faculté d'agir. SYN. action. CONTR. *apathie, délassement, désœuvrement, fainéantise, inertie, mollesse, nonchalance, oisiveté, paresse, passivité.* – FAMILIER : *flemme.* ■ Action dans un domaine défini. SYN. affaire, besogne, occupation, tâche, travail. CONTR. *congé, inaction, inactivité, inoccupation, non-activité, récréation, repos.* ■ Dynamisme dans un secteur. SYN. affairement, agitation, allant, animation, dynamisme, mouvement, vie. CONTR. *accalmie, asphyxie, calme, carence, léthargie, paix, tranquillité.* – LITTÉRAIRE : *assoupissement.*

actualisation *nom féminin* Action d'actualiser. SYN. mise à jour, modernisation, rénovation.

actualiser *verbe* Rendre actuel. SYN. mettre à jour, moderniser, rénover.

actualité *nom féminin* Ce qui apppartient au moment présent. SYN. contemporanéité, modernisme, modernité. CONTR. *ancienneté, antériorité, vétusté.* ■ Événements actuels. SYN. nouveauté. – FAMILIER : actu.

actualités *nom féminin pluriel* Journal filmé. SYN. informations, journal, nouvelles. – FAMILIER : infos.

actuel *adjectif* Qui a lieu dans le moment présent. SYN. courant, en cours, effectif, existant, en vigueur. CONTR. *ancien, antécédent, antérieur, éloigné, lointain, passé, premier, primitif, virtuel.* ■ Qui convient au moment présent. SYN. contemporain, frais, de l'heure, à jour, du jour, moderne, présent. CONTR. *abandonné, anachronique, ancestral, antique, archaïque, caduc, désuet, inactuel, passé, vétuste, vieilli, vieillissant, vieillot, vieux.* – LITTÉRAIRE : *suranné.*

actuellement *adverbe* Dans les circonstances présentes. SYN. aujourd'hui, en ce moment, dans l'immédiat, à l'heure actuelle, à l'heure qu'il est, pour l'heure, pour l'instant, de nos jours, maintenant, au moment où je vous parle, pour le moment, à présent, présentement. – FAMILIER : au jour d'aujourd'hui. CONTR. *anciennement, autrefois, à l'avenir, bientôt, hier, jadis, prochainement.* – FAMILIER : *naguère.*

acuité *nom féminin* Qualité de ce qui est aigu. SYN. clairvoyance, discernement, finesse, justesse, lucidité, pénétration, perspicacité, pertinence, profondeur, sûreté. – LITTÉRAIRE : vivacité. CONTR. *aveuglement, faiblesse.* – LITTÉRAIRE : *cécité.* ■ Caractère intense. SYN. force, intensité, puissance.

aculéate *nom masculin* Type d'insecte hyménoptère. SYN. porte-aiguillon.

adage *nom masculin* Énonciation d'une règle. SYN. aphorisme, apophtegme, devise, dicton, formule, maxime, pensée, précepte, proverbe. – LITTÉRAIRE : sentence.

adamantinome *nom masculin* Tumeur des maxillaires. SYN. améloblastome, amélome.

adaptabilité *nom féminin* Capacité de s'adapter à. SYN. flexibilité, souplesse.

adaptation *nom féminin* Action d'adapter à. SYN. ajustement, appropriation, harmonisation, modification. CONTR. *inadaptation.* ■ Action de s'adapter. SYN. acclimatation, acclimatement, accoutumance, apprentissage, habitude, pratique. CONTR. *désadaptation.*

adapté *adjectif* Qui convient à. SYN. ad hoc, adéquat, ajusté, approprié, assorti, de circonstance, commode, compatible, concordant, conforme, correspondant, de saison, vrai. – VIEUX : idoine. CONTR. *hors de propos, impropre, inadapté, inadéquat.*

adapter *verbe* Ajuster une chose à une autre. SYN. abouter, ajuster, apparier, arranger, assembler, joindre, unir. CONTR. *détacher, disjoindre, diviser, séparer.* ■ Mettre en accord. SYN. accorder, ajuster, aménager, approprier, conformer, harmoniser, moderniser, modifier, transposer.

adapter (s') *verbe pronominal* Être approprié. SYN. s'accorder, aller avec, s'appliquer à, cadrer, convenir, se prêter. ■ Se mettre en harmonie avec. SYN. s'acclimater à, s'accoutumer à, s'assimiler, se conformer à, se faire à, se familiariser, s'habituer à, se mettre au diapason, se plier à. – LITTÉRAIRE : s'accommoder.

addenda *nom masculin invariable* Notes à la fin d'un ouvrage. SYN. addition, appendice, complément, supplément.

additif *nom masculin* Article additionnel. SYN. addition, amendement, apostille, note.

addition *nom féminin* Action d'ajouter. SYN. accumulation, adjonction, ajout. CONTR. *déduction, défalcation, diminution, retranchement, soustraction, suppression.* ■ Ce qui est ajouté à quelque chose. SYN. addenda, additif, ajout, ajouté, annexe, appendice, complément, supplément. ■ Note de dépenses. SYN. compte, facture, note. – FAMILIER : douloureuse.

additionnel *adjectif* Qui est ajouté. SYN. accessoire, annexé, complémentaire, supplémentaire.

additionner *verbe* Ajouter quelque chose pour modifier. SYN. allonger, couper, étendre. – FAMILIER : baptiser. ■ Calculer un total. SYN. sommer, totaliser. CONTR. *retrancher, soustraire.*

adducteur *adjectif et nom masculin* ***Muscle adducteur,*** qui produit un mouvement d'adduction. CONTR. *abducteur.*

adduction *nom féminin* Mouvement par lequel un membre se remet dans sa position. CONTR. *abduction.*

adénite *nom féminin* Inflammation d'un ganglion lymphatique. SYN. lymphadénite.

adepte *nom* Membre d'une secte. SYN. adorateur, disciple, fidèle, membre, recrue, sectateur. CONTR. *détracteur, ennemi, opposant.* ■ Partisan d'une doctrine. SYN. adhérent, affilié, inconditionnel, militant, partisan, prosélyte, sympathisant, tenant. – LITTÉRAIRE : sectateur, séide, zélateur. CONTR. *adversaire, détracteur, ennemi, opposant.*

adéquat *adjectif* Qui convient parfaitement. SYN. accordé, ad hoc, adapté, approprié, assorti, beau, bon, de circonstance, compatible, concordant, conforme, convenable, correspondant, équivalent, pertinent, propre, de saison, topique. – LITTÉRAIRE : congruent. – VIEUX : idoine. CONTR. *déplacé, impropre, inadapté, inadéquat, incongru, mauvais, opposé.* – LITTÉRAIRE : *dissonant.*

adéquation *nom féminin* Conformité à quelque chose. SYN. accord, cohérence, compatibilité, concordance, conformité, convergence, correspondance, identité, ressemblance, similitude, unité. – LITTÉRAIRE : congruence, convenance. CONTR. *discordance, inadéquation, opposition.*

adhérent *adjectif* Qui se colle. SYN. collant, gluant, soudé, tenace, visqueux.

adhérent *nom* Membre d'une organisation. SYN. adepte, affilié, cotisant, inscrit, membre, militant, partisan, recrue. – LITTÉRAIRE : affidé, sectateur. CONTR. *adversaire, détracteur, ennemi, opposant.*

adhérer *verbe* Coller à une surface. SYN. attacher, coller à, se fixer, tenir à. CONTR. *se décoller de, se détacher de.* ■ Partager une opinion. SYN. accepter, acquiescer, applaudir à, approuver, croire à, épouser, être gagné à, se rallier à, se ranger à, souscrire à, suivre. CONTR. *combattre, décliner, refuser, réfuter, rejeter, repousser.* ■ S'inscrire à un parti. SYN. s'affilier, s'enrôler, entrer à, participer à, se rallier à, souscrire à, suivre. – LITTÉRAIRE : embrasser. CONTR. *démissionner, quitter, se séparer de.*

adhésif *adjectif* Qui permet de coller. SYN. collant.

adhésion *nom féminin* Action d'adhérer à un projet. SYN. acceptation, accord, acquiescement, agrément, approbation, assentiment, cautionnement, consentement, croyance. – LITTÉRAIRE : suffrage. CONTR. *barrage, désapprobation, objection, opposition, refus, rejet, résistance.* – LITTÉRAIRE : *répudiation.* ■ Action d'adhérer à un parti. SYN. admission, affiliation, appartenance, conversion, inscription, ralliement. CONTR. *démission, retrait, séparation.*

ad hoc *locution adjectivale* D'une manière qui convient. SYN. adapté, adéquat, approprié, conforme, convenable, correspondant, pertinent, positif. – VIEUX : idoine. CONTR. *impropre, inadapté, inadéquat.*

adiantum ou **adiante** *nom masculin* Fougère aux fins pétioles noirs. SYN. cheveu-de-Vénus.

adieu *nom masculin* Action de renoncer à. SYN. renoncement, renonciation, au revoir.

adieu ! *interjection* Formule de salutation. SYN. au revoir ! – FAMILIER : bye bye !, salut !, tchao ! – RÉGION. : bonjour ! CONTR. *bonjour !*

adipeux *adjectif* Bouffi de graisse. SYN. corpulent, empâté, gras, gros, obèse, replet, rond.

– FAMILIER : grassouillet, rondouillard. **CONTR.** *cachectique, décharné, maigre, sec, squelettique.* – LITTÉRAIRE : *émacié, étique.*

adiposité *nom féminin* État de ce qui est adipeux. **SYN.** embonpoint, obésité, rondeur. – FAMILIER : rotondité. **CONTR.** *cachexie, maigreur, minceur.*

adjacent *adjectif* Voisin de quelque chose. **SYN.** attenant, avoisinant, collé, contigu, frontalier, limitrophe, mitoyen, proche, tangent, voisin. – LITTÉRAIRE : jouxtant. **CONTR.** *distant, écarté, éloigné, lointain, opposé, reculé.*

adjoindre *verbe* Ajouter une chose à une autre. **SYN.** accoler, additionner, agréger, agrémenter, ajouter, annexer, associer, combiner, greffer, incorporer, joindre, rajouter, unir, verser. **CONTR.** *biffer, déduire, défalquer, désunir, détacher, disjoindre, enlever, isoler, ôter, retirer, retrancher, séparer.*

adjoindre (s') *verbe pronominal* Prendre quelqu'un avec soi. **SYN.** s'associer, s'attacher, prendre. **CONTR.** *se séparer.* ■ Venir en plus de. **SYN.** accompagner, s'ajouter, se greffer.

adjoint *nom masculin* Personne associée à une autre. **SYN.** aide, assistant, associé, auxiliaire, bras droit, collaborateur, second.

adjonction *nom féminin* Action d'adjoindre un élément. **SYN.** addition, ajout, association, incorporation, intégration, réunion. **CONTR.** *défalcation, retranchement, soustraction, suppression.* ■ Ce qui est adjoint. **SYN.** supplément, surcroît.

adjuger *verbe* Attribuer quelque chose à quelqu'un. **SYN.** accorder, allouer, assigner, attribuer, conférer, donner, gratifier de. – LITTÉRAIRE : impartir. **CONTR.** *dénier, refuser.*

adjuger (s') *verbe pronominal* S'approprier quelque chose. **SYN.** s'accorder, s'allouer, s'assigner, s'attribuer, se conférer, se décerner, se gratifier de, monopoliser, s'octroyer, usurper. **CONTR.** *déléguer.*

adjuration *nom féminin* Action d'adjurer. **SYN.** demande, invocation, obsécration, prière, sollicitation. – LITTÉRAIRE : conjuration, imploration, objurgation, supplication.

adjurer *verbe* Supplier quelqu'un d'agir. **SYN.** demander, invoquer, se jeter aux genoux de, se jeter aux pieds de, prier, sommer, supplier. – LITTÉRAIRE : conjurer, enjoindre, implorer.

adjuvant *nom masculin* LITTÉRAIRE. Ce qui stimule. **SYN.** auxiliaire, stimulant.

admettre *verbe* Accueillir, laisser entrer. **SYN.** accepter, adopter, agréer, autoriser, introduire, prendre, recevoir. **CONTR.** *bannir, chasser, éconduire, exclure, excommunier, interdire, refuser, rejeter, renvoyer, repousser.* – FAMILIER : *blackbouler, débarquer.* ■ Agréer un candidat. **SYN.** agréer, agréger. **CONTR.** *ajourner, éliminer, exclure, refuser.* – FAMILIER : *recaler.* ■ Reconnaître comme vrai. **SYN.** accepter, accorder, acquiescer, approuver, avouer, concéder, concevoir, confesser, consentir, convenir, croire à, entériner, se soumettre, souscrire à. **CONTR.** *contester, contrer, discuter, s'insurger, nier, s'opposer, refuser, réfuter, rejeter, repousser, se révolter.* – LITTÉRAIRE : *répudier.* ■ Tolérer quelque chose. **SYN.** accepter, autoriser, endurer, excuser, passer, permettre, souffrir, supporter, tolérer. **CONTR.** *interdire, réprouver.*

administrateur *nom* Personne qui gère. **SYN.** gérant, ordonnateur, régisseur.

administration *nom féminin* Action d'administrer des affaires. **SYN.** conduite, direction, gérance, gestion, gouvernement, maniement, pilotage, tenue. ■ Ensemble des services publics. **SYN.** fonction publique.

administrer *verbe* Gérer des affaires. **SYN.** conduire, diriger, être à la barre, gérer, gouverner, mener, mener le bal, mener le jeu, piloter, régenter, régir. – FAMILIER : mener la danse. ■ FAMILIER. Infliger une correction. **SYN.** appliquer, asséner ou assener, décocher, donner. – FAMILIER : ficher, flanquer. – POPULAIRE : balancer, foutre.

admirable *adjectif* Digne d'admiration. **SYN.** adorable, beau, ça vaut un coup de chapeau !, épatant, excellent, grandiose, incomparable, inouï, magnifique, merveilleux, parfait, ravissant, sensationnel, splendide, sublime, superbe. – FAMILIER : c'est à se mettre à genoux, époustouflant, formidable, terrible. – POPULAIRE : bœuf. **CONTR.** *affreux, catastrophique, détestable, effroyable, épouvantable, horrible, ignoble, indigne, infect, mauvais, méprisable, nul, odieux, piteux.* – FAMILIER : *atroce.*

admirablement *adverbe* De façon admirable. **SYN.** bien, divinement, magnifiquement, merveilleusement, splendidement, superbement. – LITTÉRAIRE : sublimement. **CONTR.** *abominablement, affreusement, atrocement, épouvantablement, hideusement, horriblement, ignoblement, monstrueusement.* ■ De manière intense. **SYN.** exceptionnellement, extraordinairement, follement, immensément, incroyablement, infiniment, mortellement, parfaitement, prodigieusement, profondément, puissamment, remarquablement, supérieurement, suprêmement, terriblement, tout à fait, très, vraiment. – FAMILIER : bigrement, bougrement, diablement, drôlement, épatamment, fameusement, fichtrement, formidablement, joliment, méchamment. – LITTÉRAIRE : diantrement, excellemment, furieusement. – POPULAIRE : vachement.

admirateur *nom* Personne qui montre son admiration. SYN. adorateur, amateur, connaisseur, dilettante, inconditionnel. – FAMILIER : fan, fana, groupie. CONTR. *critique, détracteur, profane, railleur.* – LITTÉRAIRE : *contempteur.*

admiratif *adjectif* Qui manifeste l'admiration. SYN. adoratif, extasié. CONTR. *dédaigneux, méprisant, moqueur, railleur.*

admiration *nom féminin* Sentiment de ravissement. SYN. adoration, éblouissement, emballement, émerveillement, engouement, enthousiasme, exaltation, extase, transport. – LITTÉRAIRE : idolâtrie. CONTR. *critique, dédain, dégoût, dénigrement, horreur, mépris, moquerie, raillerie.* – LITTÉRAIRE : *exécration.*

admirer *verbe* Éprouver de l'admiration. SYN. adorer, aduler, aimer, applaudir, célébrer, contempler, crier (au) miracle, s'émerveiller, s'engouer, s'enthousiasmer pour, être à genoux devant, s'extasier sur, goûter, mettre sur un piédestal, se passionner pour, porter au pinacle, porter aux nues, vénérer. – FAMILIER : s'emballer. – LITTÉRAIRE : s'ébaubir, idolâtrer, se pâmer, priser. – POPULAIRE : zyeuter. CONTR. *abominer, critiquer, décrier, dédaigner, dénigrer, déprécier, détester, exécrer, mépriser, mésestimer, se moquer, railler.* – FAMILIER : *éreinter, esquinter.* – LITTÉRAIRE : *abhorrer, déchirer, moquer.*

admis *adjectif* Reconnu comme vrai. SYN. accrédité, adopté, avoué, reconnu, reçu. CONTR. *controversé.* ■ Qui est permis. SYN. autorisé, loisible, permis. CONTR. *excepté, exclu, refusé.*

admissibilité *nom féminin* Qualité de ce qui est admissible. SYN. crédibilité, recevabilité. CONTR. *inadmissibilité.*

admissible *adjectif* Qui est valable. SYN. acceptable, convenable, correct, croyable, passable, plausible, possible, probable, recevable, satisfaisant, supportable, tolérable, valable, vraisemblable. CONTR. *impossible, inacceptable, inadmissible, inconcevable, incroyable, insupportable, intolérable, irrecevable.*

admissible *nom* Personne qui a réussi un examen. CONTR. *ajourné, refusé.* – FAMILIER : *collé, recalé.*

admission *nom féminin* Action d'admettre quelqu'un. SYN. accession, adhésion, affiliation, agrément, entrée, initiation, introduction, réception. CONTR. *ajournement, élimination, exclusion, expulsion, radiation, refus, rejet, renvoi.* – FAMILIER : *éjection, recalage.*

admittatur *nom masculin* Certificat de l'autorité ecclésiastique. SYN. celebret.

admonestation *nom féminin* LITTÉRAIRE. Réprimande sévère. SYN. avertissement, coup de semonce, gronderie, leçon, rappel à l'ordre, remontrance, réprimande, semonce, sermon. – LITTÉRAIRE : admonition, mercuriale, objurgation. CONTR. *compliment, congratulation, éloge, félicitation, louange.*

admonester *verbe* LITTÉRAIRE. Faire une réprimande sévère. SYN. avertir, blâmer, chapitrer, corriger, gronder, houspiller, morigéner, rappeler à l'ordre, réprimander, sermonner. – FAMILIER : attraper, disputer, enguirlander, passer un savon, sonner les cloches à. – LITTÉRAIRE : fustiger, gourmander, moraliser, quereller, semoncer, tancer, vitupérer. – POPULAIRE : engueuler, remonter les bretelles. CONTR. *complimenter, féliciter.* – LITTÉRAIRE : *congratuler, louanger.*

admonition *nom féminin* LITTÉRAIRE. Avertissement fait à quelqu'un. SYN. avertissement, coup de semonce, leçon, monition, observation, rappel à l'ordre. – LITTÉRAIRE : admonestation. CONTR. *compliment, congratulation, félicitation.*

adolescent *adjectif* Relatif à l'adolescence. SYN. nubile, pubère.

adolescent *nom* Garçon, fille dans l'adolescence. SYN. éphèbe, jeune, jeune fille, jeune homme, jouvenceau, mineur. – FAMILIER : boutonneux, teen-ager.

adonis *nom masculin* Jeune homme très beau. SYN. apollon, éphèbe. – LITTÉRAIRE : cupidon. ■ Papillon diurne. SYN. belargus.

adonner *verbe intransitif* En parlant du vent, être favorable à la marche. SYN. culer. CONTR. *refuser.*

adonner (s') *verbe pronominal* Se livrer à une activité. SYN. s'abandonner à, s'appliquer à, s'attacher à, se consacrer à, se donner à, s'employer à, s'engouer de, être amateur de, se livrer à, s'occuper, se passionner pour, pratiquer, vaquer à, se vautrer dans, se vouer à. – FAMILIER : s'emballer pour. – LITTÉRAIRE : cultiver. CONTR. *abandonner, dédaigner, délaisser, se détourner de, s'écarter de, éviter, laisser, négliger, quitter, repousser.*

adopté *adjectif* Qui est approuvé. SYN. accepté, admis. CONTR. *abandonné, controversé.*

adopter *verbe* Faire siennes les idées de quelqu'un. SYN. accepter, admettre, approuver, épouser, imiter, se rallier, suivre. – LITTÉRAIRE : embrasser. CONTR. *abandonner, rejeter.* – LITTÉRAIRE : *répudier.* ■ Choisir quelque chose pour soi. SYN. choisir, élire, opter pour, plébisciter, préférer, prendre, sélectionner, utiliser. CONTR. *bannir, chasser, écarter, refouler, refuser, rejeter, renvoyer, repousser.* ■ Approuver un projet, une loi. SYN. accepter, entériner, ratifier, voter. CONTR. *combattre, refuser, rejeter, repousser.* – FAMILIER : *retoquer.*

adoption *nom féminin* Action d'adopter par un vote. SYN. ratification, sanction, vote. CONTR. *abandon, éviction, exclusion, rejet, renvoi.* – LITTÉRAIRE : *bannissement, répudiation.*

adorable *adjectif* Au charme extrême. SYN. admirable, attrayant, avenant, beau, charmant, délicieux, exquis, incomparable, joli, merveilleux, mignon, parfait, plaisant, ravissant. – FAMILIER : chou, épatant. CONTR. *abominable, affreux, détestable, effroyable, épouvantable, haïssable, ignoble, infect, odieux, répugnant.* – LITTÉRAIRE : *exécrable.*

adorablement *adverbe* De façon adorable. SYN. agréablement, délicieusement, joliment. – LITTÉRAIRE : exquisément. CONTR. *abominablement, affreusement, épouvantablement, ignoblement, monstrueusement, odieusement.*

adorant *nom masculin* Statue d'une personne qui prie. SYN. orant.

adorateur *nom* Personne qui adore une divinité. SYN. adepte, disciple, fidèle. CONTR. *blasphémateur.* ■ Personne qui admire quelqu'un. SYN. admirateur, bénisseur, courtisan, fervent, fidèle. – LITTÉRAIRE : adulateur, complimenteur, thuriféraire. CONTR. *détracteur.* – LITTÉRAIRE : *contempteur.*

adoratif *adjectif* LITTÉRAIRE. Porté à adorer. SYN. admiratif, fervent.

adoration *nom féminin* Action d'adorer une divinité. SYN. amour, culte, dévotion, piété, vénération. CONTR. *blasphème.* – LITTÉRAIRE : *malédiction.* ■ Amour passionné. SYN. admiration, déification, fétichisme, passion, vénération. – LITTÉRAIRE : adulation, dévotion, idolâtrie, piété, religion. CONTR. *animosité, antipathie, aversion, dédain, haine, hostilité, inimitié, mépris, répulsion.* – LITTÉRAIRE : *exécration.*

adoré *adjectif* Aimé passionnément. SYN. bienaimé, chéri. CONTR. *détesté, exécré.* – LITTÉRAIRE : *abhorré.*

adorer *verbe* Rendre des honneurs à une divinité. SYN. honorer, idolâtrer, vénérer. – LITTÉRAIRE : révérer. CONTR. *blasphémer, maudire.* ■ Aimer passionnément. SYN. admirer, aduler, aimer, aimer à la folie, chérir, couver des yeux, couver du regard, être à genoux devant, être fou de, idolâtrer, mettre sur un piédestal, n'avoir d'yeux que pour, porter au pinacle, porter aux nues, raffoler, vénérer. – LITTÉRAIRE : affectionner, encenser. CONTR. *abominer, avoir en horreur, avoir horreur de, dédaigner, détester, être à couteaux tirés avec, exécrer, haïr, mépriser, ne pas pouvoir souffrir, prendre en grippe, répugner.* – FAMILIER : *avoir dans le nez, ne pas pouvoir encaisser, ne pas pouvoir sentir, ne pas pouvoir voir, ne pas pouvoir voir en peinture, vomir.* – LITTÉRAIRE : *abhorrer, avoir en abomination.* – POPULAIRE : *ne pas pouvoir blairer, ne pas pouvoir encadrer, ne pas pouvoir piffer, ne pas pouvoir sa(c)quer.*

adossé *adjectif* Représenté dos à dos. CONTR. *affronté.*

adosser *verbe* Placer contre quelque chose. SYN. accoter, appuyer.

adoucir *verbe* Rendre quelque chose plus doux. SYN. amollir, assouplir, édulcorer, ramollir. CONTR. *durcir.* ■ Donner de la douceur à une attitude. SYN. arrondir les angles, atténuer, corriger, diluer, édulcorer, fléchir, humaniser, modérer, radoucir. – LITTÉRAIRE : mitiger, tempérer. CONTR. *accentuer, agacer, aggraver, exagérer, radicaliser.* ■ Diminuer l'intensité de quelque chose. SYN. affaiblir, alléger, amortir, apaiser, assoupir, atténuer, baisser, bercer, calmer, cicatriser, émousser, endormir, estomper, réduire, soulager. – LITTÉRAIRE : lénifier, panser. CONTR. *aggraver, aigrir, aviver, exacerber, exalter, exaspérer, exciter, irriter.*

adoucir (s') *verbe* Devenir plus doux. SYN. s'amollir, s'assagir, s'assouplir, se calmer, mettre de l'eau dans son vin, se radoucir. – LITTÉRAIRE : s'assoupir. CONTR. *s'emporter.*

adoucissant *adjectif* Qui adoucit la peau. SYN. apaisant, calmant, émollient, lénifiant. – LITTÉRAIRE : lénitif. CONTR. *irritant.*

adoucissement *nom masculin* Action d'adoucir quelque chose. SYN. affaiblissement, allégement, amortissement, apaisement, atténuation, décharge, diminution, soulagement. CONTR. *accentuation, aggravation, augmentation, durcissement, exacerbation, excitation, irritation.*

adoxus *nom masculin* Insecte parasite de la vigne. SYN. bromius, écrivain, eumolpe, gribouri.

adrénaline *nom féminin* Hormone produite par la glande surrénale. SYN. épinéphrine.

adrénergique *adjectif et nom masculin* Qui stimule le système nerveux. SYN. sympathomimétique. CONTR. *adrénolytique, sympathicolytique, sympatholytique.*

adrénocorticotrophine *nom féminin* Hormone sécrétée par l'antéhypophyse. SYN. corticostimuline, corticotrophine.

adrénolytique *adjectif et nom masculin* Qui bloque l'action du système nerveux. SYN. sympathicolytique, sympatholytique. CONTR. *adrénergique, sympathomimétique.*

adresse *nom féminin* Habileté physique. SYN. agilité, aisance, art, dextérité, habileté, maestria, maîtrise, précision, souplesse, talent, tour de main, virtuosité. – LITTÉRAIRE : prestesse. CONTR. *balourdise, gaucherie, inaptitude, inhabileté, lourdeur, maladresse.* ■ Habileté intellectuelle. SYN. astuce, brio, diplomatie, doigté, entregent, finesse, industrie, ingéniosité, intelligence, ruse, savoir-faire, subtilité, tact.

adresse *nom féminin* Fait de s'adresser à. SYN. allocution, communication, déclaration, discours, manifeste, message, proclamation.

adresser *verbe* Envoyer un signe, un sourire à. SYN. dédier, destiner, réserver. ■ Envoyer quelque chose, quelqu'un. SYN. expédier, poster, transmettre. – LITTÉRAIRE : dépêcher. CONTR. *recevoir.* ■ Dire quelque chose à quelqu'un. SYN. articuler, énoncer, proférer, prononcer. CONTR. *recevoir.*

adresser (s') *verbe pronominal* Aller trouver quelqu'un. SYN. avoir recours à, faire appel à, recourir à, se tourner vers. ■ Être destiné à quelqu'un. SYN. s'appliquer à, concerner, intéresser, regarder. ■ Parler à quelqu'un. SYN. apostropher, interpeller, parler à.

adret *nom masculin* Versant le plus ensoleillé d'une vallée. SYN. endroit, soulane. CONTR. *ubac.*

adroit *adjectif* Qui manifeste de l'adresse. SYN. agile, entraîné, expert, habile, précis, preste, souple. – FAMILIER : chevronné, dégourdi. CONTR. *balourd, gauche, inhabile, lourd, lourdaud, maladroit, malhabile.* ■ Qui fait preuve de finesse. SYN. astucieux, avisé, diplomate, diplomatique, fin, futé, habile, ingénieux, malin, politique, rusé, subtil, tactique. – LITTÉRAIRE : industrieux, insinuant. CONTR. *gauche, impolitique, inhabile.*

adroitement *adverbe* De façon adroite. SYN. bien, diplomatiquement, élégamment, finement, habilement, ingénieusement, savamment. – LITTÉRAIRE : expertement. CONTR. *gauchement, lourdement, maladroitement, malhabilement.*

adulaire *nom féminin* Pierre fine. SYN. pierre de lune.

adulateur *nom* LITTÉRAIRE. Personne qui flatte. SYN. adorateur, applaudisseur, bénisseur, courtisan, flatteur. – LITTÉRAIRE : caudataire, complimenteur, encenseur, flagorneur, laudateur, louangeur, thuriféraire. CONTR. *critique, dénigreur, dépréciateur, détracteur, médisant.* – LITTÉRAIRE : *censeur.*

adulation *nom féminin* LITTÉRAIRE. Flatterie excessive. SYN. cajolerie, flatterie, obséquiosité. – LITTÉRAIRE : courtisanerie, encens, flagornerie. CONTR. *blâme, censure, critique, désapprobation, médisance, reproche.*

aduler *verbe* Admirer passionnément. SYN. adorer, chérir, choyer, complimenter, courtiser, couver des yeux, couver du regard, flatter, idolâtrer, porter au pinacle, porter aux nues. – LITTÉRAIRE : encenser, louanger. CONTR. *blâmer, critiquer, décrier, médire, reprendre.* – FAMILIER : *éreinter, esquinter.* – LITTÉRAIRE : *censurer, déchirer, honnir.*

adulte *adjectif* Qui fait preuve de maturité. SYN. grand, mature, responsable. – LITTÉRAIRE : viril. CONTR. *enfant, immature, infantile, petit, puéril.*

adulte *nom* Personne âgée de plus de vingt ans. SYN. grande personne, majeur. CONTR. *enfant, jeune, mineur.*

adultération *nom féminin* Action d'adultérer quelque chose. SYN. altération, falsification, mutilation. – LITTÉRAIRE : corruption.

adultère *nom masculin* Liaison extraconjugale. SYN. infidélité, trahison, tromperie. CONTR. *fidélité.*

adultérer *verbe* Falsifier quelque chose. SYN. altérer, avilir, dénaturer, falsifier, fausser, frelater, gâter. – LITTÉRAIRE : corrompre. CONTR. *améliorer, épurer, purger, purifier.*

adultérin *adjectif* Né d'un adultère. SYN. bâtard, illégitime. CONTR. *légitime.*

advection *nom féminin* Mouvement horizontal de l'air. CONTR. *convection.*

advenir *verbe* Arriver par hasard. SYN. arriver, avoir lieu, intervenir, se passer, se présenter, se produire, résulter, survenir, se voir.

adventice *adjectif* Qui s'ajoute. SYN. contingent, occasionnel, second, secondaire, supplémentaire. CONTR. *essentiel, fondamental, primordial, principal, vital.*

adversaire *nom* Personne opposée à. SYN. antagoniste, combattant, compétiteur, concurrent, contradicteur, ennemi, objecteur, opposant, rival. CONTR. *allié, ami, camarade, collaborateur, complice, défenseur, partenaire, partisan, soutien.*

adverse *adjectif* LITTÉRAIRE. Qui s'oppose à. SYN. contraire, ennemi, opposé. CONTR. *allié, ami, associé, favorable.*

adversité *nom féminin* LITTÉRAIRE. Sort contraire. SYN. détresse, épreuve, fatalité, malchance, malédiction, malheur. – LITTÉRAIRE : disgrâce, infortune, misère. – POPULAIRE : poisse. CONTR. *bonheur, chance, fortune, prospérité.* – LITTÉRAIRE : *félicité.*

aède *nom masculin* Poète chanteur. SYN. barde, rhapsode.

aegocère *nom masculin* Antilope à l'aspect chevalin. SYN. hippotrague.

aegyrine *nom féminin* Silicate de fer et de sodium. SYN. acmite.

aération *nom féminin* Action d'aérer. SYN. ventilation.

aérer *verbe* Renouveler l'air. SYN. éventer, ventiler.

aérer (s') *verbe pronominal* Aller se promener au-dehors. SYN. changer d'air, se changer les idées, s'oxygéner, prendre l'air, prendre le frais, respirer. – FAMILIER : se mettre au vert.

aérien *adjectif* Qui se trouve dans l'air. CONTR. *aquatique, maritime, souterrain, terrestre.* ■ LITTÉRAIRE. Léger comme l'air. SYN. impalpable, irréel, léger, subtil, vaporeux. – LITTÉRAIRE : arachnéen, éthéré, immatériel. CONTR. *épais, gros, grossier, lourd.*

aérobie *adjectif et nom masculin* Qui ne peut vivre qu'en présence d'oxygène. CONTR. *anaérobie.*

aérodynamique *adjectif* Qui a une forme fuselée. SYN. caréné.

aéroélectronique *nom féminin* Électronique appliquée à l'aviation. SYN. avionique.

aéroembolisme *nom masculin* Formation de bulles gazeuses dans le sang. SYN. dysbarisme.

aéroglisseur *nom masculin* Véhicule à coussin d'air. SYN. hovercraft.

aérolithe *nom masculin* VIEUX. Corps céleste qui tombe sur la Terre. SYN. météorite.

aéronef *nom masculin* Appareil de navigation aérienne. SYN. avion. – FAMILIER : coucou, zinc. – VIEUX : aéroplane.

affabilité *nom féminin* Qualité d'une personne affable. SYN. amabilité, complaisance, courtoisie, empressement, facilité, gentillesse, obligeance, politesse, prévenance. – LITTÉRAIRE : accortise, aménité, civilité, gracieuseté, liant, urbanité. CONTR. *acrimonie, aigreur, amertume, brusquerie, brutalité, dédain, dureté, fierté, froideur, grossièreté, hauteur, impolitesse, morgue, sécheresse.* – FAMILIER : *muflerie.* – LITTÉRAIRE : *discourtoisie, sauvagerie.*

affable *adjectif* Qui accueille aimablement. SYN. abordable, accessible, accueillant, agréable, avenant, charmant, courtois, délicat, empressé, engageant, gentil, gracieux, hospitalier, liant, obligeant, poli, serviable, sociable, sympathique. – LITTÉRAIRE : amène, civil, urbain. CONTR. *abrupt, acariâtre, aigre, aigri, amer, arrogant, bilieux, blessant, bougon, bourru, brusque, brutal, cassant, caustique, cinglant, désagréable, désobligeant, difficile, discourtois, distant, dur, fier, hautain, impoli, intraitable, offensant, querelleur, rébarbatif, revêche, rogue, sec.* – FAMILIER : *frais.* – LITTÉRAIRE : *acrimonieux, altier, atrabilaire, disgracieux.*

affabulateur *nom* Personne qui affabule. SYN. fabulateur, menteur, mythomane.

affabuler *verbe intransitif* Présenter des faits de façon imaginaire. SYN. délirer, divaguer, fabuler, inventer, mentir. – FAMILIER : fantasmer, raconter des bobards, raconter des histoires, raconter des salades. – LITTÉRAIRE : broder, controuver. – POPULAIRE : raconter des craques.

affacturage *nom masculin* Transfert de créances commerciales. SYN. factoring.

affadir *verbe* Rendre fade. SYN. affaiblir, édulcorer, ternir. CONTR. *assaisonner, colorer, épicer, relever.*

affadissant *adjectif* Qui affadit. SYN. amollissant, débilitant, écœurant.

affaibli *adjectif* Devenu faible. SYN. amoindri, anémié, anémique, chancelant, débile, défaillant, diminué, étiolé, exsangue, fatigué. – FAMILIER : raplapla. CONTR. *revigoré.* – FAMILIER : *ragaillardi.*

affaiblir *verbe* Diminuer la résistance de quelque chose. SYN. adoucir, affadir, affaisser, altérer, amoindrir, amollir, appauvrir, atténuer, briser, diluer, diminuer, ébranler, édulcorer, émousser, entamer, fragiliser, modérer, nuire, relâcher, saper, tempérer. CONTR. *accentuer, affermir, amplifier, asseoir, augmenter, consolider, exaspérer, fortifier, intensifier, raffermir, rallumer, raviver, rehausser, renforcer.* – LITTÉRAIRE : *exalter.* ■ Rendre quelqu'un plus faible. SYN. abattre, amoindrir, amollir, avachir, débiliter, épuiser, étioler, fatiguer, miner, ramollir. – FAMILIER : achever, lessiver. – LITTÉRAIRE : aveulir, émasculer. CONTR. *armer, fortifier, regonfler, relever, remonter, rétablir, revigorer, tonifier.* – FAMILIER : *ravigoter, requinquer.* – VIEUX : *réconforter.*

affaiblir (s') *verbe pronominal* Devenir plus faible. SYN. baisser, décliner, décroître, dépérir, diminuer, s'étioler, faiblir, tomber. – LITTÉRAIRE : déchoir, se mourir. CONTR. *s'amplifier, augmenter, s'endurcir, se fortifier, grossir, s'intensifier, se relever, se remettre, se remonter, se renforcer, reprendre, se rétablir.* – FAMILIER : *se requinquer, se retaper.*

affaiblissant *adjectif* Qui affaiblit. SYN. amollissant, débilitant, déprimant, fatigant. – FAMILIER : tuant. CONTR. *fortifiant, réparateur, tonifiant.*

affaiblissement *nom masculin* Action d'affaiblir, de s'affaiblir. SYN. abaissement, adoucissement, affaissement, amenuisement, amoindrissement, amollissement, amortissement, appauvrissement, asthénie, atténuation, attiédissement, baisse, décadence, déclin, défaillance, dégradation, dépérissement, ébranlement, effacement, émoussement, étiolement, faiblesse, fatigue, ramollissement, relâchement. CONTR. *affermissement, consolidation, durcissement, exagération, guérison, raffermissement, renforcement, rétablissement, stabilisation.* – LITTÉRAIRE : *élévation.*

affaiblisseur *nom masculin* Dispositif qui diminue une puissance électrique. SYN. atténuateur.

affaire *nom féminin* Ce dont quelqu'un doit s'occuper. SYN. activité, cas, devoir, obligation, travail. ▪ Ce qui relève de quelque chose. SYN. point, problème, question. ▪ Source de difficultés. SYN. aventure, complication, difficulté, embarras, ennui, épisode, souci. – FAMILIER : comédie, enquiquinement, histoire. ▪ Fait scandaleux. SYN. démêlé, événement, scandale. ▪ Situation délictueuse. SYN. cause, litige, procès. ▪ Engagement militaire. SYN. attaque, bataille, combat. ▪ Entreprise commerciale. SYN. boîte, commerce, entreprise, maison. ▪ Transaction commerciale. SYN. coup, marché, opération, transaction.

affairé *adjectif* Qui a beaucoup d'occupations. SYN. actif, agité, bousculé, empressé, occupé, pris, surchargé. – LITTÉRAIRE : industrieux. CONTR. *désœuvré, inactif, inoccupé, oisif.*

affairement *nom masculin* Fait d'être affairé. SYN. activité, agitation, fièvre, occupation, presse. CONTR. *désœuvrement, fainéantise, inaction, inoccupation, oisiveté.* – FAMILIER : *flemme.*

affairer (s') *verbe pronominal* S'occuper activement. SYN. s'activer, se démener, se dépenser, se donner du mal, se donner un mal de chien, s'échiner, s'empresser, s'escrimer, se fatiguer, se multiplier, ne pas ménager sa peine, ne pas plaindre sa peine, se remuer. – FAMILIER : s'agiter, se couper en quatre, se décarcasser, se défoncer, s'éreinter, s'esquinter, se mettre en quatre. CONTR. *s'amuser, dormir, fainéanter, musarder, paresser, se prélasser, prendre son temps, traîner.* – FAMILIER : *buller, flemmarder, lambiner, lanterner, lézarder, tirer sa flemme.* – LITTÉRAIRE : *muser.* – POPULAIRE : *glander, ne pas en fiche une rame, tirer au cul, tirer au flanc.*

affaires *nom féminin pluriel* Effets personnels. SYN. effets, habits, vêtements. – POPULAIRE : fringues. ▪ ***Toutes affaires cessantes,*** avant de rien faire d'autre. SYN. à la hâte, hâtivement, immédiatement, instantanément, au plus vite, promptement, rapidement, tambour battant, en toute hâte, vite. – FAMILIER : dare-dare, illico, illico presto, rapido presto, rapidos, subito presto. – LITTÉRAIRE : diligemment.

affaissement *nom masculin* Accablement moral. SYN. abattement, affaiblissement, dépression, épuisement, langueur, subsidence. – FAMILIER : éreintement. – LITTÉRAIRE : prostration. CONTR. *dynamisme, énergie, entrain, force, fougue, robustesse, soulèvement, vigueur.* ▪ État de ce qui s'affaisse. SYN. éboulement, écroulement, effondrement, glissement, tassement.

affaisser *verbe* Diminuer l'énergie de quelqu'un. SYN. abattre, affaiblir, amoindrir, débiliter, déprimer. CONTR. *affermir, consolider, fortifier, raffermir.*

affaisser (s') *verbe pronominal* Tomber sous le poids de quelque chose. SYN. s'abattre, s'affaler, s'avachir, baisser, crouler, s'ébouler, s'écrouler, s'effondrer, fléchir, tomber. – FAMILIER : s'allonger, chuter, s'étaler. CONTR. *se redresser, se relever.* ▪ Diminuer de stature. SYN. se courber, se tasser, se voûter. CONTR. *se redresser.*

affaler (s') *verbe pronominal* Se laisser tomber sur quelque chose. SYN. s'abattre, s'affaisser, s'avachir, crouler, s'écrouler, s'effondrer, tomber. – FAMILIER : chuter. CONTR. *se redresser, se relever.*

affamé *adjectif* Qui a très faim. SYN. famélique, insatiable. CONTR. *gavé, rassasié, satisfait.* – FAMILIER : *calé, gonflé comme une outre, plein comme un œuf, plein comme une outre.* – LITTÉRAIRE : *repu.* ▪ Qui a très envie de. SYN. anxieux de, assoiffé, avide, demandeur, désireux, épris de, gourmand, impatient. CONTR. *blasé, désintéressé, détaché, indifférent, insouciant, saturé.* – LITTÉRAIRE : *repu.*

affamer *verbe* Faire souffrir de la faim. CONTR. *alimenter, assouvir, nourrir, rassasier, repaître, restaurer.* – VIEUX : *sustenter.*

affectation *nom féminin* Destination à un usage déterminé. SYN. assignation, attribution, destination, imputation, usage. CONTR. *désaffectation.* ▪ Action d'assigner un poste. SYN. mutation, nomination.

affectation *nom féminin* Manque de naturel. SYN. apprêt, étalage, façons, faux-semblant, manières, mièvrerie, mines, ostentation, pose, recherche, simagrées, sophistication. – FAMILIER : chichi, chiqué. – LITTÉRAIRE : afféterie, compassement, mignardise. CONTR. *aisance, bonhomie, naturel, simplicité, sincérité, spontanéité.*

affecté *adjectif* Qui manque de naturel. SYN. alambiqué, ampoulé, apprêté, arrangé, artificiel, calculé, cérémonieux, collet monté, compassé, composé, contourné, empesé, emphatique, étudié, factice, faux, feint, forcé, guindé, hypocrite, maniéré, mièvre, pompeux, précieux, prétentieux, recherché, sophistiqué, théâtral, travaillé. – FAMILIER : gnangnan. – LITTÉRAIRE : affété, grimacier, mignard, minaudier. CONTR. *aisé, authentique, bonhomme, coulant, cru, franc,* *naturel, simple, sincère, spontané, véridique, véritable, vrai.* – LITTÉRAIRE : *rustique.*

affecter *verbe transitif* Destiner à un usage précis. SYN. appliquer, assigner, attacher, attribuer, consacrer, imputer, réserver. CONTR. *désaffecter.* ■ Mettre quelqu'un à un poste. SYN. choisir, désigner, nommer. – FAMILIER : parachuter. CONTR. *déplacer, muter, renvoyer, révoquer.*

affecter *verbe transitif* Feindre des sentiments. SYN. afficher, se donner, faire mine de, faire montre de, faire parade de, faire semblant, feindre, jouer, montrer, se piquer de, simuler. – FAMILIER : faire de l'esbroufe, faire du chiqué. – POPULAIRE : faire de l'épate, se la jouer. ■ Prendre telle ou telle forme. SYN. offrir, présenter, revêtir.

affecter *verbe transitif* Concerner quelqu'un, quelque chose. SYN. atteindre, frapper, regarder, toucher. ■ Peiner quelqu'un. SYN. affliger, attrister, blesser, bouleverser, chagriner, frapper, impressionner, marquer, navrer, troubler. – LITTÉRAIRE : rembrunir.

affectif *adjectif* Qui relève du sentiment. SYN. émotif, émotionnel, sentimental, viscéral. CONTR. *cérébral, conceptuel, intellectuel, mental.*

affection *nom féminin* Attachement pour quelqu'un. SYN. amitié, amour, attachement, penchant, prédilection, préférence, sympathie, tendresse. – LITTÉRAIRE : dévotion, inclination, sentiment. CONTR. *antipathie, aversion, désaffection, détachement, éloignement, froideur, haine, hostilité, indifférence, inimitié.* – LITTÉRAIRE : *exécration.*

affection *nom féminin* Trouble de l'organisme. SYN. mal, maladie, trouble.

affectionner *verbe* LITTÉRAIRE. Avoir de l'affection pour. SYN. aimer, avoir un faible pour, chérir, tenir à. CONTR. *détester, exécrer, haïr, maudire.* – LITTÉRAIRE : *abhorrer.* ■ LITTÉRAIRE. Apprécier quelque chose. SYN. adorer, aimer, apprécier, se complaire, goûter, s'intéresser à, raffoler de. CONTR. *abominer, détester, exécrer, haïr.* – LITTÉRAIRE : *abhorrer.*

affectivité *nom féminin* Ensemble des sentiments. SYN. fibre, sensibilité. – FAMILIER : feeling.

affectueusement *adverbe* De façon affectueuse. SYN. amicalement, câlinement, gentiment, tendrement. CONTR. *durement, froidement, sèchement, sévèrement.*

affectueux *adjectif* Qui montre de l'affection. SYN. ami, amical, cajoleur, câlin, caressant, doux, fraternel, sensible, tendre. – LITTÉRAIRE : aimant. CONTR. *dur, froid, haineux, impitoyable, indifférent, malveillant, mauvais, sévère.* – FAMILIER : *sans-coeur.*

afférent *adjectif* Qui conduit à. CONTR. *efférent.*

afférer *verbe* Revenir à quelqu'un. SYN. incomber, revenir.

affermage *nom masculin* Action de donner ou prendre à ferme. SYN. amodiation. – VIEUX : afferme.

affermer *verbe transitif* Donner ou prendre à ferme. SYN. amodier.

affermir *verbe* Rendre plus stable. SYN. ancrer, asseoir, consolider, corroborer, renforcer. CONTR. *affaisser, délabrer, ébranler, ébrécher, saper.* ■ Rendre plus résolu. SYN. assurer, confirmer, conforter, consolider, fortifier, raffermir. CONTR. *abattre, affaiblir, amollir, ébranler, miner, ruiner.*

affermir (s') *verbe pronominal* Devenir plus stable. SYN. s'ancrer, s'enraciner, s'installer. – LITTÉRAIRE : s'invétérer. CONTR. *chanceler, dégénérer.* – LITTÉRAIRE : *s'abâtardir, défaillir.*

affermissement *nom masculin* Action d'affermir. SYN. consolidation, raffermissement, renforcement, stabilisation. CONTR. *affaiblissement, amollissement, délabrement, ébranlement, ramollissement, ruine.*

affété *adjectif* Qui est maniéré. SYN. affecté, apprêté, étudié, maniéré, précieux, prétentieux, recherché. – LITTÉRAIRE : mignard, minaudier. CONTR. *naturel, sans façons, simple, spontané.*

afféterie *nom féminin* LITTÉRAIRE. Manières affectées. SYN. affectation, apprêt, grimaces, maniérisme, mièvrerie, minauderie, mines, pose, préciosité, recherche, simagrée, singerie, sophistication. – FAMILIER : chichi. – LITTÉRAIRE : mignardise. CONTR. *aisance, naturel, simplicité.*

afficher *verbe* Annoncer par des affiches. SYN. exposer, placarder, publier. ■ Montrer un sentiment. SYN. affecter, arborer, déployer, étaler, exhiber, exprimer, faire montre de, laisser paraître, manifester, prodiguer, prouver, révéler, témoigner. – LITTÉRAIRE : respirer. CONTR. *cacher, camoufler, dissimuler, rentrer.* – LITTÉRAIRE : *taire, voiler.*

afficher (s') *verbe pronominal* Se montrer en public. SYN. s'exhiber, parader, paraître, se pavaner. – FAMILIER : crâner, faire de l'esbroufe, se faire voir, plastronner. – LITTÉRAIRE : se commettre. – POPULAIRE : faire de l'épate. CONTR. *se cacher.*

affidé *nom* LITTÉRAIRE. Personne dévouée à quelqu'un. SYN. acolyte, comparse, complice. – VIEUX : compère.

affilé *adjectif* Se dit d'une intelligence vive. SYN. aigu, incisif, pénétrant, perçant, vif. CONTR. *émoussé.* ■ Qui est bien aiguisé. SYN. acéré, affûté, coupant, tranchant. CONTR. *émoussé.*

affiler *verbe* Aiguiser un outil. SYN. affûter, aiguiser, repasser. CONTR. *émousser, épointer.*

affileur *nom masculin* Celui qui aiguise. SYN. affûteur, aiguiseur, émouleur, polisseur, rémouleur, repasseur.

affiliation *nom féminin* Action de s'affilier. SYN. adhésion, admission, appartenance, entrée, incorporation, intégration.

affilié *nom* Membre d'une association. SYN. adepte, adhérent, cotisant, inscrit, membre, militant, partisan, recrue. – LITTÉRAIRE : sectateur.

affilier (s') *verbe pronominal* S'inscrire à une association. SYN. adhérer, s'enrôler, entrer, fusionner, se joindre, se rallier.

affiloir *nom masculin* Appareil à aiguiser. SYN. aiguisoir.

affiné *adjectif* Rendu plus pur. SYN. épuré. CONTR. *brut, grossier.*

affiner *verbe* Rendre plus fin. SYN. amincir. CONTR. *alourdir, endurcir, épaissir.* ▪ Rendre plus pur. SYN. châtier, épurer, purifier. – LITTÉRAIRE : raffiner.

affinité *nom féminin* Harmonie naturelle. SYN. accointance, accord, attirance, attraction, attrait, cohésion, communauté, communion, sympathie. – LITTÉRAIRE : inclination. CONTR. *antipathie, différence, opposition.* ▪ Ressemblance entre deux espèces. SYN. analogie, concordance, corrélation, correspondance, filiation, rapport, ressemblance. CONTR. *antagonisme, différence, opposition.*

affirmatif *adjectif* Qui marque l'affirmation. SYN. assertif, positif. CONTR. *dubitatif, interrogatif, négatif.* ▪ Qui soutient quelque chose. SYN. catégorique, net, sûr.

affirmation *nom féminin* Action d'affirmer. SYN. allégation, annonce, assertion, assurance, attestation, confirmation, déclaration, dire. CONTR. *contestation, démenti, dénégation, doute, interrogation, négation, réfutation, rétractation.*

affirmativement *adverbe* De façon affirmative. SYN. nettement, positivement. CONTR. *négativement.*

affirmé *adjectif* Qui se manifeste nettement. SYN. décidé, déterminé, ferme, résolu, sûr de soi. CONTR. *faible, malléable.*

affirmer *verbe* Assurer la véracité de. SYN. alléguer, assurer, attester, avancer, certifier, déclarer, donner sa main à couper, donner sa tête à couper, garantir, jurer, jurer ses grands dieux que, mettre sa main au feu, prétendre, proclamer, soutenir, tenir pour certain. – FAMILIER : soutenir mordicus. CONTR. *contester, contredire, démentir, douter, nier.* ▪ Énoncer avec force. SYN. confirmer, consolider, décréter, reconnaître, vouloir. – LITTÉRAIRE : proclamer haut et fort. ▪ Manifester un trait de caractère. SYN. démontrer, exprimer, extérioriser, montrer, prouver. CONTR. *cacher, dissimuler, taire.*

affleurer *verbe* Arriver au niveau d'une surface. SYN. émerger, sortir. – LITTÉRAIRE : poindre, pointer.

affliction *nom féminin* Peine profonde. SYN. abattement, accablement, chagrin, consternation, désespoir, désolation, détresse, deuil, douleur, peine, tourment, tristesse. – LITTÉRAIRE : désespérance, plaie. CONTR. *allégresse, consolation, contentement, gaieté, joie, ravissement, réjouissance, satisfaction.* – LITTÉRAIRE : *exultation.*

afflictions *nom féminin pluriel* LITTÉRAIRE. Épreuves douloureuses. SYN. épreuves, tribulations, vicissitudes.

affligé *adjectif* Qui éprouve de la peine. SYN. abattu, accablé, attristé, chagriné, consterné, contrarié, désespéré, désolé, éploré, éprouvé, malheureux, navré, tourmenté. – LITTÉRAIRE : chagrin, marri. CONTR. *allègre, gai, heureux, joyeux, réjoui.*

affligeant *adjectif* Qui afflige. SYN. accablant, atterrant, attristant, chagrinant, consternant, déplorable, désolant, douloureux, éprouvant, lamentable, malheureux, navrant, pénible, regrettable, triste. CONTR. *consolant, divertissant, égayant, gai, heureux, réconfortant, réjouissant.*

affliger *verbe* Causer une peine profonde. SYN. accabler, affecter, atteindre, attrister, bouleverser, chagriner, consterner, désespérer, désoler, frapper, navrer, peiner, torturer, tourmenter. – LITTÉRAIRE : contrister. CONTR. *consoler, contenter, ravir, réjouir, soulager.*

affliger (s') *verbe pronominal* Éprouver de la peine. SYN. en avoir gros sur le cœur, se désespérer, se désoler. – POPULAIRE : en avoir gros sur la patate. CONTR. *s'applaudir, exulter, jubiler, se réjouir.*

affluence *nom féminin* Flot de personnes en un lieu. SYN. abondance, afflux, flot, flux, foule, monde, multitude, profusion, surabondance. – VIEUX : presse. CONTR. *absence, carence, insuffisance, manque, pénurie, raréfaction.*

affluent *nom masculin* Cours d'eau qui se jette dans un autre. SYN. tributaire.

affluer *verbe* Aller en grand nombre quelque part. SYN. abonder, accourir, arriver, confluer, converger, déferler, se jeter, se presser. CONTR.

s'éloigner, partir, se retirer. ■ Couler vers un point. SYN. inonder. CONTR. *refluer.*

afflux *nom masculin* Arrivée en nombre. SYN. affluence, arrivée, convergence, débordement, déferlement, flot, flux, ruée, vague. CONTR. *reflux.*

affolant *adjectif* Qui affole. SYN. alarmant, bouleversant, effarant, effrayant, épouvantable, inquiétant, terrible, terrifiant, troublant. CONTR. *rassurant, sécurisant, tranquillisant.*

affolé *adjectif* Qui a perdu son sang-froid. SYN. apeuré, bouleversé, effaré, égaré, hagard, terrifié, terrorisé, tremblant, troublé. – LITTÉRAIRE : épeuré, pantelant. CONTR. *calme, rassuré, serein, tranquille.* – LITTÉRAIRE : *rasséréné.*

affolement *nom masculin* Fait de s'affoler. SYN. agitation, bouleversement, désarroi, désordre, effarement, effarouchement, effroi, égarement, épouvante, fièvre, frayeur, panique, peur, terreur, trouble. – LITTÉRAIRE : alarme. CONTR. *apaisement, calme, flegme, paix, sérénité, tranquillité.* – LITTÉRAIRE : *quiétude.*

affoler *verbe* Rendre comme fou de peur. SYN. apeurer, atterrer, aveugler, effarer, effaroucher, effrayer, égarer, épouvanter, faire peur, horrifier, inquiéter, paniquer, terrifier, terroriser. CONTR. *apaiser, calmer, rassurer, sécuriser, tranquilliser.* – LITTÉRAIRE : *rasséréner.* ■ Troubler les sens. SYN. affrioler, aguicher, bouleverser, provoquer, troubler. – FAMILIER : allumer, émoustiller.

affoler (s') *verbe pronominal* Devenir comme fou. SYN. s'alarmer, se démonter, paniquer, perdre contenance, perdre la raison, perdre la tête, perdre la tramontane, perdre son sang-froid, perdre son self-control, trembler. – FAMILIER : être aux cent coups, perdre la boule, perdre la boussole, perdre le nord, perdre les pédales. CONTR. *se contrôler, garder son sang-froid, garder son self-control, se maîtriser, se reprendre.*

affouiller *verbe* Creuser la berge, la côte. SYN. dégrader, éroder, fouiller, miner, raviner, ronger, saper. – LITTÉRAIRE : fouir.

affraîchie *nom féminin* Augmentation de la force du vent. SYN. aggravation, recrudescence, regain. CONTR. *accalmie, bonace, éclaircie, embellie, rémission.*

affranchi *adjectif* Libéré d'une servitude. SYN. dégagé, émancipé, exempté, indépendant, libéré, libre. CONTR. *asservi, esclave, prisonnier.* – LITTÉRAIRE : *captif.*

affranchi *nom* Personne de condition libre. CONTR. *esclave, hilote, ilote, prisonnier, serf.*

affranchir *verbe* Rendre libre, indépendant. SYN. dégager, délier, délivrer, émanciper, exempter, libérer. CONTR. *asservir, contraindre, courber, dominer, plier, soumettre, tyranniser.* – LITTÉRAIRE : *assujettir, astreindre, domestiquer, enchaîner.* ■ POPULAIRE. Mettre au courant. SYN. initier, renseigner. – POPULAIRE : rencarder.

affranchir (s') *verbe pronominal* Se libérer d'une contrainte. SYN. s'acquitter, se dégager, s'émanciper, se libérer, rompre, se soustraire. CONTR. *s'astreindre, s'inféoder, se plier.*

affranchissement *nom masculin* Action d'affranchir. SYN. délivrance, émancipation, libération, liberté. CONTR. *asservissement, assujettissement, charge, contrainte, domestication, esclavage, soumission.* – LITTÉRAIRE : *joug, servitude, tyrannie.*

affres *nom féminin pluriel* LITTÉRAIRE. Vive inquiétude. SYN. agitation, angoisse, anxiété, crainte, effroi, horreur, peur, tourment. – LITTÉRAIRE : transes. – VIEUX : alarmes.

affreusement *adverbe* Indique un très haut degré. SYN. abominablement, beaucoup, bien, effroyablement, énormément, exceptionnellement, excessivement, extraordinairement, follement, fort, fortement, horriblement, immensément, immodérément, incroyablement, infiniment, mortellement, parfaitement, particulièrement, prodigieusement, profondément, puissamment, supérieurement, terriblement, très, trop, vertigineusement. – FAMILIER : atrocement, bigrement, bougrement, diablement, drôlement, fameusement, fichtrement, fichûment, formidablement, joliment, méchamment, rudement, sacrément, tout plein. – LITTÉRAIRE : diantrement, furieusement. – POPULAIRE : foutrement, salement, vachement. – VIEUX : fièrement. CONTR. *faiblement, guère, légèrement, modérément, peu.* ■ De façon affreuse. SYN. abjectement, abominablement, atrocement, épouvantablement, hideusement, horriblement, laidement, monstrueusement, odieusement. CONTR. *admirablement, adorablement, délicieusement, divinement, magnifiquement, merveilleusement.* – LITTÉRAIRE : *sublimement.*

affreux *adjectif* Qui suscite l'horreur. SYN. abject, abominable, atroce, bas, cruel, damné, dantesque, dégoûtant, effrayant, effroyable, épouvantable, honteux, horrible, horrifiant, ignoble, infâme, infect, laid, monstrueux, répugnant, révoltant, terrible. – LITTÉRAIRE : horrifique, vil. CONTR. *admirable, beau, magnifique, splendide, sublime.* ■ Qui est très laid. SYN. difforme, hideux, horrible, inélégant, laid, monstrueux, repoussant, vilain. – FAMILIER : moche. – POPULAIRE : à chier, à dégueuler. CONTR. *adorable, agréable,* *attirant, attrayant, avenant, beau, charmant, élégant, exquis, gracieux, joli, plaisant, ravissant.* – FAMILIER : *croquignolet.* ■ Qui cause du désagrément. SYN. abominable, atroce, catastrophique, détestable, exécrable, horrible, lamentable, mauvais, sinistre. – FAMILIER : déplorable, sale, satané. CONTR. *aimable, beau, bon, délicieux, exquis, extraordinaire, formidable, gentil, magnifique, merveilleux, riant, splendide, superbe.* – FAMILIER : *chic, chouette.*

affriolant *adjectif* Qui excite le désir. SYN. aguichant, aguicheur, alléchant, appétissant, attirant, désirable, émoustillant, engageant, excitant, séduisant, tentant. – FAMILIER : sexy. – LITTÉRAIRE : affriandant. – POPULAIRE : bandant. CONTR. *dégoûtant, écœurant, repoussant, répugnant.*

affrioler *verbe* Attirer quelqu'un. SYN. allécher, attirer, exciter. – LITTÉRAIRE : affriander. CONTR. *rebuter.* ■ Exciter le désir. SYN. affoler, aguicher, exciter, provoquer. – FAMILIER : allumer, émoustiller. – LITTÉRAIRE : affriander.

affriquée *adjectif féminin et nom féminin* Type de consonne. SYN. mi-occlusive.

affront *nom masculin* Acte ou parole de mépris. SYN. blessure, gifle, honte, humiliation, ignominie, insulte, mortification, offense, outrage, rebuffade. – LITTÉRAIRE : avanie, camouflet, flétrissure, injure, opprobre, soufflet. CONTR. *bienfait, compliment, congratulations, éloge, hommage, honneur, louange.* – LITTÉRAIRE : *encens.*

affronté *adjectif* Représenté face à face. CONTR. *adossé.*

affrontement *nom masculin* Action d'affronter. SYN. antagonisme, choc, combat, conflit, guerre, heurt, lutte, opposition.

affronter *verbe* Aborder courageusement. SYN. agresser, attaquer, braver, combattre, défier, s'exposer à, faire face, faire front, résister, risquer. – LITTÉRAIRE : fronder, rompre en visière. CONTR. *biaiser, se dérober, éluder, escamoter, esquiver, éviter, fuir, reculer, se soustraire à.*

affronter (s') *verbe pronominal* Se heurter avec violence. SYN. se battre, se colleter, en découdre, s'empoigner, se heurter, lutter, se mesurer à, s'opposer. – FAMILIER : se bagarrer, se frotter, se tabasser. – LITTÉRAIRE : ferrailler. CONTR. *s'esquiver, s'éviter, se retirer.*

affublement *nom masculin* LITTÉRAIRE. Habillement étrange. SYN. accoutrement, vêtement. – FAMILIER : attifement, fagotage.

affubler *verbe* Vêtir d'une façon bizarre. SYN. accoutrer, déguiser, travestir. – FAMILIER : attifer, fagoter, ficeler. – LITTÉRAIRE : vêtir.

affubler (s') *verbe pronominal* S'habiller d'une façon ridicule. SYN. s'accoutrer, se déguiser, se vêtir. – FAMILIER : s'attifer. – POPULAIRE : se fringuer.

affûtage *nom masculin* Action d'affûter. SYN. affilage, aiguisage, émoulage, repassage.

affûté *adjectif* Bien aiguisé. SYN. acéré, affilé, aiguisé, coupant, tranchant. CONTR. *émoussé, épointé.*

affûter *verbe* Rendre tranchant un outil. SYN. acérer, affiler, aiguiser, appointer, émoudre, repasser, tailler. CONTR. *émousser, épointer.*

affûteur *nom* Spécialiste de l'affûtage. SYN. affileur, aiguiseur, émouleur, polisseur, rémouleur, repasseur.

affûtiaux *nom masculin pluriel* VIEUX. Objets sans valeur. SYN. affiquets, babioles, colifichets, fanfreluches.

afghan *nom masculin* Langue parlée en Afghanistan. SYN. pachto.

afro-asiatique *adjectif et nom masculin* Se dit d'une famille de langues. SYN. chamito-sémitique.

after-shave *nom masculin invariable* Lotion adoucissante. SYN. après-rasage.

agaçant *adjectif* Qui agace. SYN. crispant, déplaisant, énervant, exaspérant, excédant, insupportable, irritant, lancinant, stressant. – FAMILIER : embêtant, empoisonnant, enquiquinant, horripilant, rageant, vexant. – POPULAIRE : emmerdant, gonflant. CONTR. *agréable, apaisant, calmant, doux, reposant.*

agacé *adjectif* Qui ressent de l'agacement. SYN. contrarié, énervé, exaspéré, fâché, irrité, mécontent. CONTR. *apaisé, calme, détendu, serein.* – FAMILIER : *cool.*

agacement *nom masculin* Sentiment d'énervement. SYN. contrariété, crispation, énervement, exaspération, impatience, irritation, mécontentement. – FAMILIER : horripilation. – LITTÉRAIRE : hérissement. CONTR. *apaisement, calme, paix, patience, tranquillité.* – LITTÉRAIRE : *repos.*

agacer *verbe* Provoquer l'énervement. SYN. assommer, crisper, échauffer la bile, échauffer la tête, échauffer le sang, échauffer les oreilles, énerver, exaspérer, hérisser, impatienter, irriter. – FAMILIER : barber, bassiner, casser les pieds, courir sur le haricot, courir sur le système, embêter, enquiquiner, escagasser, faire suer, horripiler, insupporter, porter sur les nerfs, taper sur le système, taper sur les nerfs. – LITTÉRAIRE : importuner, soûler. – POPULAIRE : canuler, casser les bonbons, cavaler, emmerder, faire chier, gonfler, pomper. CONTR. *adoucir, apaiser, calmer.* ■ Provoquer quelqu'un par jeu. SYN. aguicher, exciter, provoquer, taquiner. – **FAMILIER** : allumer, asticoter, chatouiller, titiller.

agacerie *nom féminin* LITTÉRAIRE. Provocation pour séduire. **SYN.** avances, coquetterie, minauderie.

agame *adjectif* Relatif à la parthénogenèse. **SYN.** parthénogénétique.

agami *nom masculin* Oiseau d'Amérique du Sud. **SYN.** oiseau-trompette.

agape *nom féminin* Repas festif. **SYN.** banquet, festin. – **POPULAIRE** : gueuleton.

agar-agar *nom masculin* Substance extraite d'algues. **SYN.** gélose.

agaric *nom masculin* Champignon comestible, à lames rosées. **SYN.** pratelle, psalliote.

agathis *nom masculin* Arbre résineux d'Australie. **SYN.** dammara.

age *nom masculin* Pièce de la charrue. **SYN.** flèche.

âge *nom masculin* Intervalle de temps. **SYN.** époque, ère, période, siècle, temps. – **LITTÉRAIRE** : saison.

âgé *adjectif* Qui a un certain âge. **SYN.** vieux. – **VIEUX** : vieillot. **CONTR.** *jeune, petit.*

agencement *nom masculin* Action d'agencer. **SYN.** ajustement, aménagement, arrangement, association, enchaînement, installation, mise en place, ordonnancement, placement, rangement. **CONTR.** *bouleversement, dérangement, désordre, désorganisation, perturbation.* ■ État de ce qui est agencé. **SYN.** architecture, canevas, combinaison, composition, contexture, dispositif, disposition, distribution, économie, ordonnance, organisation.

agencer *verbe* Arranger un ensemble. **SYN.** ajuster, aménager, arranger, articuler, assembler, bâtir, combiner, composer, construire, coordonner, disposer, distribuer, dresser, enchaîner, fabriquer, installer, mettre en place, ordonnancer, ordonner, organiser, placer, répartir, structurer. – **LITTÉRAIRE** : accommoder, ourdir. **CONTR.** *bouleverser, démonter, déranger, désagencer, désorganiser, perturber.*

agencer (s') *verbe pronominal* Être organisé. **SYN.** s'ajuster, s'arranger, s'articuler, se combiner, s'organiser. – **FAMILIER** : se goupiller.

agenda *nom masculin* Carnet prédaté. **SYN.** bloc, bloc-notes, calendrier, calepin, carnet, éphéméride, mémento.

agenouiller (s') *verbe pronominal* Se soumettre servilement. **SYN.** s'aligner, capituler, céder, courber le dos, courber le front, courber l'échine, être à la solde de, être à plat ventre, s'incliner, s'inféoder, mettre les pouces, obtempérer, plier, plier le genou, plier l'échine, se prosterner, se résigner, se soumettre, trouver son maître. – **FAMILIER** : s'aplatir, caler, être raplapla devant, faire des courbettes. – **LITTÉRAIRE** : baisser pavillon, se courber, mettre pavillon bas, ployer. – **POPULAIRE** : baisser sa culotte, baisser son froc, baisser son pantalon, s'écraser. **CONTR.** *s'insurger, se rebeller, résister, tenir tête.*

agent *nom masculin* Ce qui est à l'origine de. **SYN.** cause, facteur, origine. – **LITTÉRAIRE** : ferment, principe. **CONTR.** *conséquence, effet, résultat.* ■ Personne à l'origine d'une action. **SYN.** âme, auteur, cause, cheville ouvrière, initiateur, instigateur, instrument, moteur, organisateur, promoteur.

agent *nom masculin* Agent de police. **SYN.** gardien de la paix, gendarme, îlotier, policier. – **ARGOTIQUE** : bourre, condé, poulaga, roussin. – **FAMILIER** : hirondelle, shérif. – **LITTÉRAIRE** : argousin. – **POPULAIRE** : cogne, flic, flicaillon, keuf, perdreau, poulet, vache. – **VIEUX** : sergent de ville. ■ Personne qui remplit des missions. **SYN.** commissionnaire, émissaire, gérant, mandataire, messager, négociateur, représentant. – **LITTÉRAIRE** : suppôt.

agglomérant *nom masculin* Substance qui agglomère. **SYN.** agglutinant, liant.

agglomérat *nom masculin* Éléments agglomérés. **SYN.** agglomération, agglutination, agrégat, assemblage, conglomérat, masse.

agglomération *nom féminin* Action de réunir en un tout. **SYN.** accumulation, agglomérat, agglutination, amas, assemblage, attroupement, concentration, entassement, masse, tas. **CONTR.** *désagrégation, dispersion, dissémination, dissociation, dissolution, éparpillement, séparation.* ■ Groupe d'habitations. **SYN.** bourg, bourgade, centre, cité, ensemble, hameau, localité, village, ville.

agglomérer *verbe* Réunir en une masse. **SYN.** agglutiner, agréger, amalgamer, conglomérer. **CONTR.** *disperser, disséminer, éparpiller.*

agglomérer (s') *verbe pronominal* Se réunir en une masse. **SYN.** s'agglutiner, s'entasser, se grouper, se masser. **CONTR.** *se disperser, se disséminer, s'égailler.*

agglutinant *nom masculin* Substance agglutinante. **SYN.** agglomérant, liant.

agglutination *nom féminin* Action d'agglutiner, de s'agglutiner. **SYN.** accumulation, agglomérat, agglomération, concentration, rassemblement. **CONTR.** *désagrégation, dispersion, dissémination, dissociation, dissolution, éparpillement, séparation.*

agglutiner *verbe* Réunir en un tout. SYN. agglomérer, agréger, amalgamer, coller, conglomérer, entasser, lier, mêler, réunir, souder, unir. CONTR. *disperser, disséminer, dissocier, séparer.*

agglutiner (s') *verbe pronominal* Se réunir en une masse. SYN. s'agglomérer, s'entasser, se grouper, se masser. CONTR. *se disperser, se disséminer, s'égailler.*

aggravant *adjectif* Qui aggrave. CONTR. *atténuant.*

aggravation *nom féminin* Action d'aggraver, de s'aggraver. SYN. accélération, accentuation, accroissement, amplification, augmentation, exacerbation, exaspération, intensification, montée, pourrissement, poussée, progrès, progression, rechute, recrudescence, redoublement, renforcement. – LITTÉRAIRE : empirement. CONTR. *accalmie, adoucissement, allégement, amélioration, amoindrissement, atténuation, décroissance, diminution, guérison, rémission, répit, soulagement.* – LITTÉRAIRE : *assoupissement.*

aggravée *nom féminin* Inflammation du pied d'un animal. SYN. engravée.

aggraver *verbe* Rendre plus grave. SYN. accélérer, accentuer, accroître, ajouter à, alourdir, amplifier, augmenter, aviver, envenimer, étendre, exacerber, exaspérer, exciter, intensifier, redoubler, renforcer. CONTR. *adoucir, alléger, améliorer, apaiser, atténuer, calmer, consoler, corriger, diminuer, guérir, réduire, soulager.*

aggraver (s') *verbe pronominal* Devenir plus grave. SYN. s'accentuer, aller de mal en pis, augmenter, battre de l'aile, se compliquer, dégénérer, se détériorer, empirer, s'envenimer, se gâter, pourrir, prendre mauvaise tournure, prendre un mauvais tour. – FAMILIER : sentir le brûlé, sentir le roussi, tourner à l'aigre, tourner au vinaigre. CONTR. *aller de mieux en mieux, s'améliorer, s'arranger, s'atténuer, se calmer.* – FAMILIER : *se tasser.* – LITTÉRAIRE : *s'assoupir.*

agile *adjectif* Qui a de la souplesse. SYN. adroit, alerte, léger, leste, preste, rapide, souple. – LITTÉRAIRE : véloce. CONTR. *empêtré, engourdi, gauche, lent, lourd, maladroit, pesant.* – FAMILIER : *empoté, pataud.* ■ Prompt à comprendre. SYN. alerte, éveillé, leste, rapide, vif. – LITTÉRAIRE : prompt. CONTR. *lent, lourd.*

agilement *adverbe* Avec agilité. SYN. lestement, prestement, souplement. CONTR. *lourdement, pesamment.*

agilité *nom féminin* Souplesse dans les mouvements. SYN. adresse, aisance, flexibilité, légèreté, mobilité, rapidité, souplesse. – LITTÉRAIRE : prestesse, vélocité, vivacité. CONTR. *gaucherie, indolence, lenteur, lourdeur, maladresse, mollesse.* ■ Vivacité intellectuelle. SYN. légèreté, rapidité. – LITTÉRAIRE : promptitude. CONTR. *lenteur, lourdeur, pesanteur.*

agir *verbe* Entrer ou être en action. SYN. s'agiter, se démener, entreprendre, exécuter, faire acte de, intervenir, mettre à exécution, se mettre à l'œuvre, mettre en branle, mettre en chantier, mettre en œuvre, mettre en pratique, mettre la main à la pâte, s'occuper, opérer, passer à l'acte, réagir, se remuer, travailler. CONTR. *s'abstenir, attendre, dormir, hésiter, projeter, temporiser.* – FAMILIER : *se tâter.* ■ Adopter une attitude. SYN. se comporter, se conduire, faire, procéder, s'y prendre. ■ Exercer une action sur. SYN. déteindre sur, faire de l'effet, impressionner, infléchir, influencer, influer, inspirer, se répercuter, retentir.

agissant *adjectif* Qui agit. SYN. actif, ardent, énergique, entreprenant, fort, zélé. – LITTÉRAIRE : allant. CONTR. *apathique, faible, hésitant, inactif, indolent, inerte, lymphatique, mou, passif.* ■ Qui a une efficacité sur. SYN. efficace, efficient, influent, puissant. CONTR. *inefficace, infructueux, inopérant, inutile, vain.*

agissements *nom masculin pluriel* Façons d'agir blâmables. SYN. intrigues, machinations, manèges, manigances, manœuvres, menées, pratiques, tractations, trafic. – FAMILIER : combines, cuisine, fricotage, grenouillage, micmacs, tripotages. – LITTÉRAIRE : errements. – POPULAIRE : magouillage, magouille.

agitateur *nom* Personne qui suscite des troubles. SYN. émeutier, factieux, insurgé, meneur, mutin, perturbateur, putschiste, rebelle, séditieux, terroriste, trublion. – LITTÉRAIRE : excitateur, fomentateur. – VIEUX : remueur. CONTR. *conciliateur, pacificateur.*

agitation *nom féminin* Action d'agiter, de s'agiter. SYN. activité, affairement, animation, bouillonnement, bousculade, grouillement, mouvement, pétulance, remue-ménage, tourbillonnement. – FAMILIER : chahut, tohu-bohu. – LITTÉRAIRE : branle, hourvari, tourbillon, turbulence. CONTR. *accalmie, calme, immobilité, paralysie, repos.* ■ Trouble profond. SYN. affolement, anxiété, bouleversement, confusion, désarroi, échauffement, effervescence, égarement, émotion, énervement, excitation, exubérance, fébrilité, inquiétude, malaise, nervosité, surexcitation, tourment, turbulence. – LITTÉRAIRE : affres, émoi. CONTR. *apaisement, ataraxie, calme, délassement, imperturbabilité, indolence, langueur, mollesse, paix, placidité, recueillement, repos, sérénité, torpeur.* – LITTÉRAIRE : *quiétude.* ■ Mouvement de contestation. SYN. anarchie, bouillonnement, convulsion, désordre, ébullition, effervescence, émeute, fièvre, frénésie, insurrection, mouvement, perturbation, remous, révolte, révolution, secousse, sédition, soulèvement, trouble, tumulte. – LITTÉRAIRE : fomentation. CONTR. *calme, ordre, pacification, paix, silence, tranquillité.*

agité *adjectif* Qui manifeste de l'agitation. SYN. affairé, dissipé, énervé, excité, fiévreux, houleux, mouvant, mouvementé, nerveux, orageux, pétulant, remuant, surexcité, tourmenté, trépidant, troublé, turbulent. – LITTÉRAIRE : effervescent, tempétueux, tourbillonnant, tumultueux. CONTR. *calme, dormant, doux, immobile, inactif, indolent, languissant, nonchalant, pacifique, paisible, placide, plat, posé, reposant, sage, serein, tranquille.*

agité *nom* Personne qui s'agite sans cesse. SYN. excité, instable, nerveux, stressé. CONTR. *calme, paresseux.*

agiter *verbe* Remuer en tous sens. SYN. actionner, balancer, brandir, mouvoir, remuer, secouer. CONTR. *arrêter, bloquer, immobiliser, paralyser, retenir, stopper.* ■ Discuter de. SYN. aborder, débattre de, délibérer, examiner, traiter. ■ Inquiéter quelqu'un. SYN. affoler, alarmer, angoisser, atteindre, bouleverser, ébranler, émouvoir, enfiévrer, exciter, frapper, perturber, préoccuper, remuer, retourner, secouer, tourmenter, tracasser, transporter, travailler, troubler. – FAMILIER : émotionner, révolutionner, turlupiner. – VIEUX : soucier. CONTR. *apaiser, calmer, rassurer, tranquilliser.* – LITTÉRAIRE : *rasséréner.* ■ Inciter à la révolte. SYN. ameuter, déchaîner, échauffer, exciter, remuer, soulever. – LITTÉRAIRE : enflammer. CONTR. *apaiser, calmer, pacifier.*

agiter (s') *verbe pronominal* Faire des mouvements divers. SYN. bouger, bouillonner, se dandiner, se débattre, se déchaîner, se démener, se dépenser, se dissiper, s'énerver, être sur des charbons ardents, faire les cent pas, frétiller, gesticuler, ne pas tenir en place, remuer, se secouer, se trémousser. – FAMILIER : brasser de l'air, être sous pression, être sur les dents, gigoter. – LITTÉRAIRE : s'animer. CONTR. *se calmer, dormir, s'immobiliser, se prélasser, se reposer.* ■ FAMILIER. Se mettre à agir. SYN. s'activer, s'affairer, agir, se donner du mal, se donner un mal de chien, s'échiner, se fatiguer, se multiplier, ne pas ménager sa peine, ne pas plaindre sa peine, remuer ciel et terre, se remuer. – FAMILIER : se couper en quatre, se défoncer, s'éreinter, s'esquinter, mettre de l'huile de coude, se mettre en quatre, mettre le paquet, en mettre un bon coup, en mettre un coup, en mettre un vieux coup, n'avoir pas les deux pieds dans le même sabot, se secouer. CONTR. *fainéanter, musarder, paresser, prendre son temps, traîner.* – FAMILIER : *buller, flemmarder, lambiner, lanterner, lézarder.* – LITTÉRAIRE : *muser.* – POPULAIRE : *glander, ne pas en fiche une rame, tirer au cul, tirer au flanc.*

agnat *nom masculin* Celui qui est parent par les hommes. CONTR. *cognat.*

agnathe *nom masculin* Vertébré primitif. SYN. cyclostome.

agnation *nom féminin* Parenté par les hommes. CONTR. *cognation.*

agnus-castus *nom masculin invariable* Arbrisseau méditerranéen. SYN. gattilier.

agonie *nom féminin* Disparition lente de quelque chose. SYN. décadence, déclin, dégradation, déliquescence, dépérissement, ruine. – LITTÉRAIRE : couchant, dégénérescence.

agonisant *adjectif* Qui est à l'agonie. SYN. moribond, mourant. – LITTÉRAIRE : expirant.

agoniser *verbe* Être à l'agonie. SYN. avoir un pied dans la tombe, décliner, s'éteindre, être à la dernière extrémité, être à l'article de la mort, expirer, mourir, passer, rendre l'âme. – ARGOTIQUE : chasser les mouches. – FAMILIER : sa dernière heure est arrivée, sentir le sapin. – LITTÉRAIRE : être aux portes de la mort, rendre le dernier soupir.

agrafe *nom féminin* Attache pour vêtement. SYN. attache, broche, fermail, fibule.

agrafer *verbe* Attacher un vêtement. SYN. accrocher, épingler, fixer, rattacher. CONTR. *dégrafer.* ■ Assembler à l'aide d'agrafes. SYN. fixer. CONTR. *défaire.* ■ FAMILIER. Retenir quelqu'un pour lui parler. SYN. aborder, accoster. – FAMILIER : accrocher, agripper. CONTR. *éviter, fuir.* ■ POPULAIRE. Arrêter quelqu'un. SYN. appréhender, attraper, capturer, prendre. – FAMILIER : boucler, choper, coffrer, coincer, cueillir, embarquer, épingler, harponner, pincer, piquer, ramasser. – POPULAIRE : alpaguer, coiffer, emballer.

agrandir *verbe* Rendre plus grand, plus important. SYN. accroître, amplifier, arrondir, augmenter, développer, grossir. CONTR. *diminuer, rapetisser, réduire, resserrer, restreindre.* ■ Faire paraître plus grand. SYN. accroître, allonger, augmenter, dilater, élargir, étendre, évaser. CONTR. *couper, diminuer, rapetisser, réduire, resserrer.*

agrandir (s') *verbe pronominal* Devenir plus grand. SYN. croître, se développer, se dilater, s'élargir, s'étendre. CONTR. *diminuer.*

agrandissement *nom masculin* Action d'agrandir, de s'agrandir. SYN. accroissement, augmentation, croissance, développement, élargissement, extension. CONTR. *diminution, limitation, raccourcissement, rapetissement, réduction.*

agréable *adjectif* Avec qui on a plaisir à être. SYN. affable, aimable, attachant, attentionné, attirant, avenant, charmant, courtois, engageant, gentil, gracieux, liant, obligeant, plaisant, séduisant, sociable, sympathique. – LITTÉRAIRE : amène. CONTR. *abominable, acariâtre, agaçant, antipathique, bourru, déplaisant, désagréable, désobligeant, détestable, difficile, ennuyeux, infect, insupportable, odieux, pénible, rebutant, repoussant, revêche.* – FAMILIER : *assommant, casse-pieds, embêtant, empoisonnant, enquiquinant, impossible, raseur, rasoir.* – LITTÉRAIRE : *atrabilaire.* – POPULAIRE : *emmerdant.* ▪ Qui procure un certain plaisir. SYN. attrayant, beau, bon, charmant, commode, confortable, cosy, délicieux, doux, exquis, plaisant, ragoûtant, savoureux, suave, succulent, vivable, voluptueux. – FAMILIER : bath, chouette. – LITTÉRAIRE : délectable. CONTR. *acerbe, acide, affreux, aigre, amer, aride, astreignant, atroce, austère, blessant, contraignant, criard, déplaisant, désagréable, disgracieux, dur, écœurant, effrayant, ennuyeux, fâcheux, horrible, incommode, inconfortable, infect, laid, maudit, mauvais, rebutant, rude, sec, triste.* – FAMILIER : *assommant, barbant, embêtant, enquiquinant, sale.* – POPULAIRE : *canulant, emmerdant.*

agréablement *adverbe* De façon agréable. SYN. adorablement, bien, délicieusement, gentiment, gracieusement, joliment. CONTR. *atrocement, désagréablement, sèchement.*

agréer *verbe transitif* Donner son agrément à. SYN. accepter, accueillir, acquiescer, admettre, applaudir à, apprécier, approuver, donner son accord, donner son aval, goûter, recevoir, signer des deux mains, souscrire à. CONTR. *décliner, récuser, refuser, rejeter, repousser.* – FAMILIER : *blackbouler, retoquer.*

agréer *verbe transitif indirect* Convenir à quelqu'un. SYN. arranger, contenter, convenir, intéresser, plaire, satisfaire, sourire, suffire. – FAMILIER : aller, chanter, revenir. – LITTÉRAIRE : seoir. CONTR. *déplaire.*

agrégat *nom masculin* Réunion d'éléments. SYN. agglomérat, conglomérat.

agréger *verbe* Admettre dans un groupe. SYN. accueillir, adjoindre, affilier, associer, attacher, incorporer, intégrer, recevoir, réunir, unir. CONTR. *chasser, désunir, détacher, disjoindre, dissocier, écarter, rejeter, séparer.* ▪ Réunir en un tout. SYN. agglomérer, agglutiner, assembler, attacher, conglomérer. CONTR. *désagréger, dissocier, éparpiller, séparer.*

agrément *nom masculin* Action d'autoriser. SYN. acceptation, accord, acquiescement, adhésion, admission, approbation, assentiment, autorisation, consentement, permission. – LITTÉRAIRE : suffrage. CONTR. *barrage, blâme, condamnation, désapprobation, désaveu, opposition, refus, réprobation, veto.* ▪ Qualité qui rend plaisant. SYN. attrait, bonheur, charme, douceur, gentillesse, grâce, plaisir, séduction. CONTR. *contrariété, désavantage.* ▪ Ce qui agrémente. SYN. amusement, embellissement, enjolivement, enjolivure, fanfreluche, garniture, ornement. – LITTÉRAIRE : fioriture.

agrémenter *verbe* Pourvoir d'ornements. SYN. adorner, décorer, égayer, émailler, embellir, enjoliver, garnir, ornementer, orner, rehausser. – LITTÉRAIRE : parer. CONTR. *déparer, dépouiller.* ▪ Donner plus d'attrait. SYN. enrichir, étayer, étoffer. – LITTÉRAIRE : relever. CONTR. *déparer, enlaidir, gâter, ternir.*

agrès *nom masculin pluriel* Ce qui sert à la manœuvre d'un navire. SYN. gréement.

agresser *verbe* Commettre une agression. SYN. affronter, assaillir, attaquer, attenter à, braver, défier, se dresser contre, prendre à partie, tomber à bras raccourcis sur. – FAMILIER : sauter sur, tomber sur le poil, voler dans les plumes. – POPULAIRE : rentrer dans le chou, rentrer dans le lard, rentrer dans le mou, rentrer dedans, tomber sur le paletot. CONTR. *défendre, protéger, soutenir.*

agresseur *adjectif* Qui agresse. SYN. assaillant, attaquant. CONTR. *protecteur.*

agresseur *nom* Personne qui agresse. SYN. assaillant, attaquant, insulteur, offenseur. CONTR. *offensé, outragé, victime.*

agressif *adjectif* Qui choque. SYN. provocant, provocateur, violent. CONTR. *discret, effacé, sobre.* ▪ Qui manifeste de l'agressivité. SYN. acerbe, acéré, aigre, batailleur, belliqueux, caustique, coléreux, combatif, hargneux, hostile, menaçant, mordant, offensif, querelleur, violent, virulent. – FAMILIER : teigneux. – LITTÉRAIRE : acrimonieux, épigrammatique. CONTR. *accommodant, bienveillant, calme, doux, inoffensif, modéré, pacifique, paisible, pondéré.*

agressivement *adverbe* De façon agressive. SYN. abruptement, brutalement, rudement, violemment. CONTR. *calmement, doucement.*

agressivité *nom féminin* Caractère violent. SYN. acrimonie, animosité, combativité, hargne, hostilité, inimitié, malveillance, véhémence, violence. – LITTÉRAIRE : acerbité. CONTR. *bienveillance, cordialité, courtoisie, mesure, modération, pondération.*

agreste *adjectif* De la campagne. SYN. bucolique, campagnard, idyllique, paysan, rural, rustique. – LITTÉRAIRE : champêtre, pastoral. CONTR. *citadin, urbain.*

agricole *adjectif* Qui concerne l'agriculture. SYN. agraire, paysan, rural. – LITTÉRAIRE : rustique.

agriculteur *nom* Personne qui cultive le sol. SYN. cultivateur, exploitant agricole, fermier, paysan.

agriffer (s') *verbe pronominal* LITTÉRAIRE. Se retenir à. SYN. s'accrocher, s'agripper, se cramponner, se raccrocher, se retenir, se tenir.

agripaume *nom féminin* Plante vivace à fleurs pourpres. SYN. cardiaque.

agripper *verbe* Saisir fermement. SYN. accrocher, attraper, empoigner, happer, prendre, rattraper, saisir. CONTR. *lâcher.* ■ FAMILIER. Accoster quelqu'un. SYN. – FAMILIER : accrocher, agrafer, épingler, harponner. CONTR. *éviter, fuir.*

agripper (s') *verbe pronominal* S'accrocher fermement. SYN. s'accrocher, se cramponner, se raccrocher, se rattraper, se retenir, se tenir. – LITTÉRAIRE : s'agriffer.

agrobiologie *nom féminin* Agriculture sans engrais ni pesticides. SYN. agriculture biologique.

agrocarburant *nom masculin* Carburant à base de végétaux. SYN. biocarburant.

aguerri *adjectif* Plus résistant. SYN. blindé, endurant, endurci, résistant, robuste. CONTR. *affaibli, défaillant, déficient, vulnérable.*

aguerrir *verbe* Habituer des militaires aux dangers. SYN. dresser, entraîner, exercer. – LITTÉRAIRE : rompre à. CONTR. *aveulir.* ■ Accoutumer à des choses pénibles. SYN. cuirasser, endurcir, fortifier, insensibiliser, prémunir, vacciner. – FAMILIER : blinder. – LITTÉRAIRE : retremper, tremper. CONTR. *amollir.*

aguerrir (s') *verbe pronominal* S'habituer à des choses pénibles. SYN. se cuirasser, s'endurcir. – FAMILIER : se blinder.

aguichage *nom masculin* Procédé publicitaire. SYN. teasing.

aguichant *adjectif* Qui cherche à séduire. SYN. affriolant, agaçant, alléchant, attirant, canaille, émoustillant, engageant, excitant, provocant, provocateur, séduisant, sensuel, suggestif, troublant. – FAMILIER : sexy. – LITTÉRAIRE : affriandant. CONTR. *froid, rebutant, repoussant.*

aguiche *nom féminin* Accroche publicitaire. SYN. teaser.

aguicher *verbe* Chercher à séduire. SYN. affrioler, agacer, allécher, exciter, provoquer, racoler, troubler. – FAMILIER : allumer, émoustiller. – LITTÉRAIRE : affriander. CONTR. *rabrouer, rebuter, repousser.*

aguicheur *adjectif* Qui aguiche. SYN. affriolant, raccrocheur, racoleur. – FAMILIER : accrocheur, sexy.

ahuri *adjectif* Rendu stupide. SYN. abasourdi, abruti, bouche bée, coi, ébahi, éberlué, effaré, étonné, hébété, interdit, interloqué, médusé, pantois, renversé, saisi, stupéfait, suffoqué, surpris, tombé de la lune, tombé des nues. – FAMILIER : baba, bleu, comme deux ronds de flan, époustouflé, estomaqué, scié, sidéré, soufflé. – LITTÉRAIRE : ébaubi. – POPULAIRE : sur le cul. CONTR. *impassible, imperturbable, serein.*

ahurir *verbe* Faire perdre la tête à quelqu'un. SYN. abrutir. – LITTÉRAIRE : abasourdir. CONTR. *rassurer, remettre.* – LITTÉRAIRE : *rasséréner.* ■ Frapper d'étonnement. SYN. abasourdir, confondre, consterner, couper le souffle, déconcerter, décontenancer, ébahir, éberluer, effarer, étonner, interloquer, méduser, renverser, saisir, stupéfier, suffoquer, surprendre. – FAMILIER : asseoir, en boucher un coin, couper le sifflet, ébouriffer, époustoufler, estomaquer, scier, sidérer, souffler. – POPULAIRE : couper la chique.

ahurissant *adjectif* Qui ahurit. SYN. abracadabrant, atterrant, confondant, déconcertant, déroutant, effarant, étonnant, étourdissant, extraordinaire, fracassant, saisissant, stupéfiant, suffocant, surprenant. – FAMILIER : ébouriffant, énorme, époustouflant, renversant, sciant, sidérant, soufflant. CONTR. *banal, quelconque.*

ahurissement *nom masculin* État de quelqu'un qui est ahuri. SYN. abasourdissement, ébahissement, effarement, étonnement, saisissement, stupéfaction, stupeur, surprise. – FAMILIER : épatement.

aï *nom masculin* Mammifère arboricole édenté. SYN. bradype, paresseux, unau.

aide *nom* Personne qui seconde quelqu'un. SYN. acolyte, adjoint, apprenti, assistant, associé, auxiliaire, bras droit, collaborateur, commis, complice, manœuvre, second, suppléant. – FAMILIER : sous-verge.

aide *nom féminin* Action d'aider quelqu'un. SYN. appui, assistance, bons offices, collaboration, concours, contribution, coopération, coup de main, coup de pouce, intervention, main-forte, participation, renfort, secours, service, soutien. – LITTÉRAIRE : faveur. CONTR. *abandon.* – FAMILIER : *lâchage.* – LITTÉRAIRE : *délaissement.* ■ Secours financier. SYN. appoint, aumône, charité, participation, secours, subside, subvention.

CONTR. *dommage, entrave, gêne, préjudice, tort.*

aide-mémoire *nom masculin* Abrégé d'une matière. SYN. mémento, résumé. – LITTÉRAIRE : vade-mecum.

aider *verbe transitif* Apporter son concours à quelqu'un. SYN. appuyer, assister, collaborer, coopérer, donner un coup de main, donner un coup de pouce, encourager, épauler, favoriser, obliger, porter secours, prêter assistance, prêter la main à, prêter main-forte, prêter une main secourable, rendre service, seconder, secourir, soutenir, tendre la main, tendre la perche, tendre une main secourable, venir à la rescousse. – FAMILIER : dépanner, donner un coup d'épaule, pistonner. CONTR. *abandonner, délaisser, desservir, léser, s'opposer à.* ■ Apporter un soutien financier. SYN. renflouer, secourir, soulager, soutenir, subvenir à, subventionner. – FAMILIER : dépanner, remettre à flot. CONTR. *couler, léser, perdre, ruiner.*

aider *verbe transitif indirect* Contribuer à quelque chose. SYN. concourir à, contribuer, favoriser, participer. CONTR. *compliquer, contrarier, contrecarrer, desservir, entraver, gêner.*

aïeul *nom* LITTÉRAIRE. Grand-parent. SYN. ancêtre, ancien, ascendant, devancier, grand-mère, grand-père. CONTR. *descendant.*

aïeux *nom masculin pluriel* LITTÉRAIRE. Ancêtres. SYN. ascendants, devanciers, prédécesseurs. – LITTÉRAIRE : parents, pères. CONTR. *descendants.*

aigle *nom masculin* FAMILIER. Esprit supérieur. SYN. cerveau, génie, gloire, intelligence, prodige, virtuose. – FAMILIER : as, champion, crack, grosse tête, tête. – LITTÉRAIRE : lumière, phénix. CONTR. *nul, nullité.* – FAMILIER : *nullard, zéro.* ■ Pupitre élevé, dans une église. SYN. lutrin.

aiglefin *nom masculin* Poisson voisin de la morue. SYN. églefin, morue noire.

aigre *adjectif* Qui est acide. SYN. acide, acidulé, âcre, amer, rance, râpeux, sur, suret, suri. CONTR. *doux, suave, sucré.* ■ Au son criard. SYN. aigu, grinçant, perçant. CONTR. *agréable, délicieux, doux, suave.* ■ Se dit d'un froid saisissant. SYN. cuisant, froid, glacial, mordant, piquant, violent. ■ Se dit de paroles vives. SYN. acerbe, agressif, amer, âpre, blessant, cinglant, grinçant, mordant. – LITTÉRAIRE : âcre, acrimonieux. CONTR. *affable, agréable, aimable, bienveillant, mielleux.* – LITTÉRAIRE : *amène, onctueux.*

aigre-doux *adjectif* D'une saveur aigre et douce. SYN. acidulé, aigrelet, sur, suret.

aigrefin *nom masculin* Individu malhonnête. SYN. bandit, canaille, crapule, escroc, filou, forban, requin, voleur. – FAMILIER : empileur, faisan, fricoteur, fripouille, margoulin. – LITTÉRAIRE : chevalier d'industrie, pirate. – POPULAIRE : arnaqueur. – VIEUX : brigandeau, fripon, gredin, malandrin. ■ Poisson voisin de la morue. SYN. aiglefin, églefin, morue noire.

aigrelet *adjectif* Légèrement aigre. SYN. acide, acidulé, aigre-doux, sur, suret, suri.

aigreur *nom féminin* État de ce qui est aigre. SYN. acidité, âcreté. CONTR. *douceur.* – LITTÉRAIRE : *suavité.* ■ Sentiment d'amertume. SYN. acrimonie, animosité, dépit, humeur, rancœur, ressentiment. – LITTÉRAIRE : acerbité, âcreté, fiel. CONTR. *affabilité, amabilité, bienveillance, douceur.* – LITTÉRAIRE : *aménité.*

aigri *adjectf* Devenu amer. SYN. acariâtre, acerbe, amer, désenchanté, irascible, irritable, irrité, revêche. – LITTÉRAIRE : acrimonieux, chagrin. CONTR. *affable.* – LITTÉRAIRE : *amène.*

aigrir *verbe* Rendre quelqu'un amer. SYN. assombrir, indisposer, irriter, ulcérer. CONTR. *adoucir, calmer.* – LITTÉRAIRE : *rasséréner.*

aigu *adjectif* Qui se termine en pointe. SYN. acéré, affilé, effilé, pointu, tranchant. CONTR. *ébréché, émoussé, épointé.* ■ Au son perçant. SYN. aigre, clair, criard, strident, suraigu. CONTR. *bas, caverneux, grave, sourd.* – LITTÉRAIRE : *sépulcral.* ■ Qui est pénétrant. SYN. fin, incisif, lucide, ouvert, pénétrant, perçant, subtil, vif. CONTR. *éteint, lourd, lourdaud, obtus, terne.* ■ Qui survient brusquement. CONTR. *chronique.* ■ Qui est au paroxysme. SYN. cuisant, vif, violent. CONTR. *diffus, latent, sourd.*

aiguillat *nom masculin* Petit requin vivipare. SYN. émissole.

aiguille *nom féminin* Montagne effilée. SYN. corne, crête, dent, flèche, pic. ■ Tige de suspension d'un faux plafond. SYN. pendart, suspente.

aiguiller *verbe* Orienter dans une direction. SYN. canaliser, centrer, concentrer, diriger, guider, orienter.

aiguillette *nom féminin* Poisson à la tête prolongée d'un long bec. SYN. orphie.

aiguillonner *verbe* Piquer les bœufs. SYN. éperonner, fouetter. ■ Stimuler quelqu'un. SYN. aiguiser, animer, attiser, encourager, enhardir, éperonner, exciter, piquer, pousser, provoquer, ranimer, soutenir, stimuler, surexciter. – FAMILIER : allumer. – LITTÉRAIRE : enflammer. CONTR. *apaiser, assouvir, briser, calmer, étouffer, freiner, lasser, modérer, ralentir, refroidir.* – LITTÉRAIRE : *tempérer.*

aiguillonnier *nom masculin* Insecte aux antennes démesurées. SYN. saperde.

aiguisage *nom masculin* Action d'aiguiser. **SYN.** affilage, affûtage, repassage.

aiguisé *adjectif* Rendu tranchant. **SYN.** affilé, affûté, coupant, fin, tranchant. **CONTR.** *émoussé.*

aiguiser *verbe* Rendre tranchant. **SYN.** acérer, affiler, affûter, émorfiler, émoudre, polir, repasser. **CONTR.** *émousser, épointer.* ■ Rendre plus vif. **SYN.** aiguillonner, attiser, aviver, exaspérer, exciter, fouetter, piquer, ranimer, stimuler, surexciter. – LITTÉRAIRE : enflammer. **CONTR.** *assouvir, atténuer, calmer, éteindre, freiner, modérer.*

aiguiseur *nom* Personne qui aiguise. **SYN.** affileur, affûteur, émouleur, polisseur, rémouleur, repasseur.

aiguisoir *nom masculin* Outil pour aiguiser. **SYN.** affiloir.

ail *nom masculin* ***Ail d'Espagne,*** espèce d'ail. **SYN.** rocambole.

ailante *nom masculin* Grand arbre de l'Extrême-Orient. **SYN.** vernis du Japon.

aile *nom féminin* ***Donner des ailes,*** inspirer de l'enthousiasme. **SYN.** émerveiller, enchanter, enthousiasmer, exalter, ravir, réjouir, séduire, subjuguer. – FAMILIER : emballer. – LITTÉRAIRE : transporter.

ailer *verbe* LITTÉRAIRE. Emplir d'enthousiasme. **SYN.** enthousiasmer, exalter, ravir, transporter.

ailleurs *adverbe* ***Être ailleurs,*** penser à autre chose. **SYN.** avoir l'esprit ailleurs, être absent, être dans la lune, n'écouter que d'une oreille, planer, rêvasser, rêver. – LITTÉRAIRE : songer. **CONTR.** *écouter.*

ailurope *nom masculin* Mammifère végétarien. **SYN.** panda.

aimable *adjectif* Qui manifeste de la gentillesse. **SYN.** abordable, accueillant, affable, agréable, avenant, bienveillant, complaisant, courtois, gentil, obligeant, prévenant, sociable. – LITTÉRAIRE : amène. **CONTR.** *abrupt, acariâtre, acerbe, aigre, amer, antipathique, arrogant, bilieux, blessant, brutal, cassant, déplaisant, désagréable, désobligeant, distant, dur, froid, hautain, impoli, offensant, rébarbatif, revêche, rogue, rude, sec.* – LITTÉRAIRE : *âcre, acrimonieux, atrabilaire.* ■ Qui s'attire la sympathie. **SYN.** attirant, attrayant, charmant, engageant, exquis, liant, plaisant, séduisant, sociable, sympathique. – LITTÉRAIRE : civil. **CONTR.** *abominable, affreux, antipathique, bourru, désagréable, détestable, difficile, grognon, haïssable, horrible, méchant, querelleur, rebutant, renfrogné, repoussant.* – FAMILIER : *impossible, pénible.*

aimablement *adverbe* De façon aimable. **SYN.** complaisamment, gentiment, gracieusement, obligeamment. – LITTÉRAIRE : civilement. **CONTR.** *brusquement, brutalement, froidement, rudement, sèchement.*

aimant *adjectif* LITTÉRAIRE. Porté à aimer. **SYN.** affectueux, câlin, caressant, sensible, tendre. **CONTR.** *froid, indifférent, ingrat, insensible, sec.*

aimer *verbe* Avoir de l'affection pour. **SYN.** adorer, chérir, s'engouer, tenir à, vénérer. – LITTÉRAIRE : affectionner, idolâtrer, révérer. **CONTR.** *abominer, détester, être à couteaux tirés avec, exécrer, haïr, ne pas pouvoir souffrir, prendre en grippe.* – FAMILIER : *avoir dans le nez, ne pas pouvoir encaisser, ne pas pouvoir sentir, ne pas pouvoir voir, ne pas pouvoir voir en peinture, vomir.* – LITTÉRAIRE : *abhorrer.* – POPULAIRE : *ne pas pouvoir blairer, ne pas pouvoir encadrer, ne pas pouvoir piffer, ne pas pouvoir sa(c)quer.* ■ Éprouver de l'amour. **SYN.** s'amouracher, s'enticher, s'éprendre, être amoureux de, être épris de. – ARGOTIQUE : être morgane de. – FAMILIER : avoir dans la peau, avoir le (un) béguin pour, être mordu de, en pincer pour, en tenir pour, se toquer de. – VIEUX : brûler pour. ■ Avoir du goût pour quelque chose. **SYN.** admirer, adorer, apprécier, avoir le coup de foudre pour, se complaire, s'engouer, être féru de, goûter, se plaire à, prendre plaisir à, raffoler. – FAMILIER : être mordu de, mordre à. – LITTÉRAIRE : affectionner, priser. **CONTR.** *avoir en horreur, avoir horreur de, dédaigner, détester, exécrer, haïr, maudire, mépriser, répugner.* – LITTÉRAIRE : *avoir en abomination.*

aîné *nom* Enfant né le premier. **SYN.** premier-né. **CONTR.** *benjamin, cadet, dernier-né, puîné.* ■ Personne plus âgée qu'une autre. **SYN.** ancêtre, devancier, doyen. – LITTÉRAIRE : vétéran.

ainsi *adverbe* Introduit un développement. **SYN.** de cette façon, de cette manière, comme cela, de la sorte.

ainsi que *conjonction* Indique la comparaison. **SYN.** comme, de la même façon que, de la même manière que, de même que.

air *nom masculin* Mélange gazeux constituant l'atmosphère. **SYN.** atmosphère, éther, oxygène. ■ Ce mélange en tant qu'il se déplace. **SYN.** bise, brise, souffle, vent.

air *nom masculin* Aspect extérieur. **SYN.** allure, apparence, aspect, attitude, contenance, dehors, expression, extérieur, façade, façon, genre, manière, mine, port. – FAMILIER : dégaine, touche. – LITTÉRAIRE : enveloppe, masque, tournure.

air *nom masculin* Mélodie instrumentale. **SYN.** aria, ariette, mélodie, refrain.

airain *nom masculin* VIEUX. Alliage de cuivre et d'étain. **SYN.** bronze.

aisance *nom féminin* Manière naturelle d'agir. **SYN.** assurance, brio, décontraction, facilité, liberté, naturel, spontanéité. **CONTR.** *affectation, apprêt, contrainte.* – LITTÉRAIRE : *afféterie, compassement.* ■ Situation de fortune. **SYN.** abondance, bien-être, confort, opulence, prospérité, richesse. – LITTÉRAIRE : aise. **CONTR.** *besoin, dénuement, détresse, difficulté, embarras, gêne, indigence, misère, pauvreté.* – POPULAIRE : *débine.* ■ Agilité dans les mouvements. **SYN.** adresse, agilité, légèreté, souplesse. **CONTR.** *gaucherie, gêne, lourdeur, maladresse, peine, pesanteur.*

aisances *nom féminin pluriel* VIEUX. ***Cabinets, lieux d'aisances,*** local réservé aux besoins naturels. **SYN.** cabinets, feuillées, latrines, lavabos, petits coins, toilettes, waters, W.-C. – FAMILIER : pipi-room, tinette, vécés. – POPULAIRE : chiottes, goguenots, gogues. – VIEUX : commodités, garde-robe, water-closets.

aise *nom féminin* LITTÉRAIRE. Sentiment de bien-être. **SYN.** bien-être, bonheur, contentement, détente, joie, satisfaction. **CONTR.** *contrainte, embarras, gêne, malaise.*

aisé *adjectif* Que l'on fait sans mal. **SYN.** c'est un jeu d'enfant, commode, enfantin, facile, faisable, pratique, simple. – FAMILIER : ce n'est pas la mer à boire, c'est de la rigolade, c'est du gâteau, c'est du tout cuit, pas sorcier. – POPULAIRE : c'est du billard. **CONTR.** *ardu, compliqué, délicat, difficile, dur, embarrassant, laborieux, malaisé, pénible, rude.* – FAMILIER : *calé.* – LITTÉRAIRE : *difficultueux.* ■ Qui est détendu. **SYN.** coulant, dégagé, désinvolte, fluide, inné, naturel, spontané. **CONTR.** *académique, affecté, apprêté, contraint, empesé, emprunté, étudié, guindé.* – LITTÉRAIRE : *raboteux.* ■ Qui vit dans l'aisance. **SYN.** cossu, fortuné, nanti, opulent, possédant, privilégié, prospère, riche. – FAMILIER : argenté. – POPULAIRE : friqué, rupin. **CONTR.** *démuni, indigent, miséreux, modeste, nécessiteux, pauvre, ruiné.* – FAMILIER : *désargenté, sans-le-sou.* – LITTÉRAIRE : *impécunieux.* – POPULAIRE : *fauché, raide.* – VIEUX : *besogneux.*

aisément *adverbe* Sans effort. **SYN.** comme dans du beurre, comme par enchantement, commodément, en douceur, facilement, haut la main, sans difficulté, sans effort, sans encombre, sans peine, en souplesse, en un tour de main, volontiers. – FAMILIER : comme sur des roulettes, les doigts dans le nez. – VIEUX : en un tournemain. **CONTR.** *difficilement, laborieusement, malaisément, péniblement.* ■ Sans difficulté financière. **SYN.** à l'aise, confortablement, largement. **CONTR.** *chichement, misérablement, pauvrement.*

aises *nom féminin pluriel* Bien-être matériel. **SYN.** commodités, confort.

aisseau *nom masculin* Planchette en forme de tuile. **SYN.** bardeau.

aissette *nom féminin* Outil de tonnelier. **SYN.** asse. ■ Marteau de couvreur. **SYN.** asseau, assette, essette.

ajmalicine *nom féminin* Composé organique tiré du rauwolfia. **SYN.** raubasine.

ajointer *verbe* Joindre bout à bout. **SYN.** abouter, rabouter.

ajour *nom masculin* Vide pratiqué dans une étoffe. **SYN.** jour.

ajournement *nom masculin* Action de remettre à plus tard. **SYN.** atermoiements, prorogation, remise, renvoi, report, sursis. **CONTR.** *hâte, précipitation.* ■ Action de refuser un candidat. **SYN.** refus. **CONTR.** *admission, réussite.*

ajourner *verbe* Différer une action. **SYN.** atermoyer, décaler, proroger, reculer, reculer pour mieux sauter, remettre, renvoyer, reporter, repousser, retarder, surseoir, suspendre. **CONTR.** *anticiper, avancer, hâter, précipiter, rapprocher.* ■ Refuser quelqu'un à un examen. **SYN.** refuser. – FAMILIER : coller, étendre, recaler, retoquer. **CONTR.** *admettre, recevoir.*

ajout *nom masculin* Ce qui est ajouté. **SYN.** addendum, addition, adjonction, complément, correction, supplément. **CONTR.** *retranchement, soustraction, suppression.*

ajouté *nom masculin* Texte ajouté à un manuscrit. **SYN.** addition, ajout, complément, correction. **CONTR.** *suppression.*

ajouter *verbe transitif* Mettre quelque chose en plus. **SYN.** accoler, additionner, adjoindre, inclure, insérer, interpoler, joindre, rajouter, unir, verser. – LITTÉRAIRE : suppléer. **CONTR.** *biffer, décompter, déduire, défalquer, diminuer, ôter, prélever, rabattre, retirer, retrancher, soustraire.*

ajouter *verbe transitif indirect* Rendre plus intense. **SYN.** accentuer, accroître, aggraver, augmenter, grossir, intensifier, redoubler. **CONTR.** *alléger, amoindrir, apaiser, calmer, diminuer.*

ajouter (s') *verbe pronominal* Venir en plus de quelque chose. **SYN.** accompagner, s'adjoindre à, compléter, se greffer à, grossir, se joindre à, s'unir à. **CONTR.** *se déduire, se défalquer, se soustraire.*

ajusté *adjectif* Serré à la taille. **SYN.** cintré, collant, juste, moulant, serré. **CONTR.** *ample, bouffant, lâche, large, vague.*

ajustement *nom masculin* Action d'ajuster. SYN. adaptation, agencement, alignement, aménagement.

ajuster *verbe* Adapter une chose à une autre. SYN. aboucher, accorder, adapter, agencer, aligner, aménager, approprier, assembler, bâtir, concilier, conformer, emboîter, encastrer, enchâsser, harmoniser, joindre, proportionner, régler, unifier, uniformiser. – LITTÉRAIRE : accommoder. CONTR. *démonter, désajuster, désassembler.*

ajustoir *nom masculin* Petite balance à plateaux. SYN. trébuchet.

ajut ou **ajust** *nom masculin* Nœud pour joindre deux cordages. SYN. nœud de vache.

akan *nom masculin* Langue africaine. SYN. twi.

alacrité *nom féminin* LITTÉRAIRE. Gaieté vive. SYN. allant, allégresse, enjouement, entrain, gaieté. CONTR. *indolence, langueur, mollesse, nonchalance.* – LITTÉRAIRE : *alanguissement.*

alambiqué *adjectif* Raffiné jusqu'à être obscur. SYN. affecté, compliqué, maniéré, précieux, recherché, sophistiqué, subtil, tourmenté. – FAMILIER : tarabiscoté. – LITTÉRAIRE : quintessencié. CONTR. *naturel, simple, spontané.*

alangui *adjectif* LITTÉRAIRE. Dans un état de langueur. SYN. amorphe, apathique, atone, avachi, endormi, indolent, langoureux, languissant, lymphatique, mou, nonchalant, prostré. – LITTÉRAIRE : languide, mourant, torpide. CONTR. *dynamique, éveillé, vif.*

alanguir *verbe* Enlever de l'énergie à quelqu'un. SYN. amollir. CONTR. *ranimer, revigorer.*

alanguissement *nom masculin* LITTÉRAIRE. État de langueur. SYN. amollissement, engourdissement, indolence, langueur, mollesse, nonchalance, torpeur. – LITTÉRAIRE : ensommeillement. CONTR. *allant, entrain, pétulance.* – LITTÉRAIRE : *alacrité, vivacité.*

alarmant *adjectif* Qui cause de l'inquiétude. SYN. affolant, angoissant, effarouchant, effrayant, grave, inquiétant, menaçant, préoccupant, sérieux, sinistre. – FAMILIER : tragique. CONTR. *rassurant, sécurisant, tranquillisant.*

alarme *nom féminin* Signal qui prévient d'un danger. SYN. alerte, sirène, tocsin. ■ LITTÉRAIRE. Vive inquiétude. SYN. affolement, angoisse, anxiété, appréhension, effroi, frayeur, inquiétude, peur, souci, trouble. CONTR. *paix, sang-froid, sérénité.* – LITTÉRAIRE : *quiétude.*

alarmer *verbe* Plonger dans l'inquiétude. SYN. agiter, angoisser, apeurer, effrayer, émouvoir, faire peur, inquiéter, mettre en émoi, paniquer, préoccuper, tourmenter, tracasser. – FAMILIER : turlupiner. – VIEUX : soucier. CONTR. *rassurer, sécuriser, tranquilliser.* – LITTÉRAIRE : *rasséréner.*

alarmer (s') *verbe pronominal* Éprouver une vive inquiétude. SYN. s'affoler, avoir peur, craindre, s'effrayer, s'émouvoir, se faire du mauvais sang, se faire un sang d'encre, s'en faire, s'inquiéter, se manger les sangs, paniquer, se ronger les sangs, se tourmenter, se tracasser, trembler. – FAMILIER : se biler, être aux cent coups, se faire de la bile, se faire des cheveux (blancs). – POPULAIRE : avoir la pétoche, baliser, se faire de la mousse, se faire du mouron, se faire vieux. CONTR. *se tranquilliser.*

alarmiste *adjectif* Qui répand l'inquiétude. SYN. démoralisant, inquiétant, pessimiste. CONTR. *optimiste, rassurant.*

albacore *nom masculin* Thon blanc. SYN. germon.

albâtre *nom masculin* ***Verre d'albâtre,*** opaline de verre gris blanchâtre. SYN. pâte de riz.

albigeois *nom masculin* Membre d'un mouvement religieux du Moyen Âge. SYN. cathare.

albinisme *nom masculin* Dépigmentation de la peau ou des poils. CONTR. *mélanisme.*

alcalin *adjectif* Qui présente les caractères d'une base. SYN. basique.

alcalinité *nom féminin* Qualité d'un milieu dont le pH est supérieur à 7. SYN. basicité.

alcane *nom masculin* Hydrocarbure saturé. SYN. paraffine.

alcarazas *nom masculin* Cruche en terre poreuse. SYN. gargoulette.

alcène *nom masculin* Hydrocarbure dérivant des alcanes. SYN. oléfine.

alchimie *nom féminin* LITTÉRAIRE. Transformation miraculeuse. SYN. magie.

alcool *nom masculin* Boisson alcoolisée. SYN. eau-de-vie, spiritueux. – ARGOTIQUE : pousse-au-crime. – FAMILIER : bibine, bistouille, goutte, tord-boyaux. – POPULAIRE : gnole.

alcoolé *nom masculin* Préparation à base d'alcool. SYN. teinture alcoolique.

alcoolification *nom féminin* Fermentation alcoolique. SYN. alcoolisation.

alcoolique *nom* Personne qui boit avec excès. SYN. buveur, dipsomane, éthylique, ivrogne. – ARGOTIQUE : biberonneur. – FAMILIER : boit-sans-soif, éponge, pilier de bar, pilier de cabaret, pochard, sac à vin, soiffard, soûlographe. – POPULAIRE : alcoolo, picoleur, pochetron, poivrot, soûlard, soûlaud, soûlot. – VIEUX : biberon. CONTR. *abstinent.* – LITTÉRAIRE : *tempérant.*

alcoolisation *nom féminin* Fermentation alcoolique. SYN. alcoolification.

alcoolisme *nom masculin* Dépendance à l'égard de l'alcool. SYN. éthylisme, ivrognerie. ■ Abus de boissons alcooliques. SYN. ébriété, griserie, ivresse. - VIEUX : enivrement. CONTR. *sobriété.*

alcoomètre *nom masculin* Instrument de mesure d'un liquide en alcool. SYN. pèse-alcool. - VIEUX : pèse-esprit.

alcoylation *nom féminin* Fixation d'un radical alcoyle sur une molécule. SYN. alkylation.

alcoyle *nom masculin* Radical univalent. SYN. alkyle.

aldéhyde *nom masculin* ***Aldéhyde acrylique,*** liquide volatile suffocant. SYN. acroléine.

aléa *nom masculin* Risque encouru. SYN. accident, aventure, chance, hasard, imprévu, tribulations, vicissitudes.

aléatoire *adjectif* Soumis au hasard. SYN. conjectural, contingent, douteux, éventuel, hypothétique, improbable, incertain. - LITTÉRAIRE : chanceux. CONTR. *assuré, automatique, certain, mathématique, sûr, vraisemblable.* ■ Qui comporte des risques. SYN. aventuré, aventureux, hasardé, hasardeux, périlleux, problématique, risqué.

alentours *nom masculin pluriel* Lieux qui entourent. SYN. abords, environnement, environs, parages, proximité, voisinage. - LITTÉRAIRE : approches. ■ ***Aux alentours de,*** dans un espace situé autour. SYN. auprès de, autour de, du côté de, aux environs de, près de, à proximité de, vers, dans le voisinage. CONTR. *loin de.*

alerte *adjectif* Qui a des mouvements rapides. SYN. agile, allègre, fougueux, fringant, ingambe, léger, leste, preste, vert. - LITTÉRAIRE : allant, rapide. - VIEUX : gaillard. CONTR. *ankylosé, engourdi, indolent, inerte, lent, lourd, mou, pesant.* ■ D'une vive intelligence. SYN. éveillé, pénétrant, sémillant, vif. - LITTÉRAIRE : délié. CONTR. *balourd, endormi, laborieux, lent, lourd.*

alerte *nom féminin* Signal qui prévient d'un danger. SYN. alarme, sirène, tocsin. ■ Menace d'un danger. SYN. avertissement, mise en garde, signal, signe, symptôme.

alerte ! *interjection* Sert à prévenir d'un danger. SYN. attention !, gare !, sauve qui peut ! - FAMILIER : gaffe ! - POPULAIRE : chaud devant !, vingt-deux !

alertement *adverbe* De façon alerte. SYN. agilement, lestement, prestement. CONTR. *lourdement, pesamment.*

alerter *verbe* Avertir d'un danger. SYN. ameuter, avertir, aviser, informer, prévenir, tirer la sonnette, tirer le signal d'alarme.

aleurite *nom masculin* Plante oléagineuse. SYN. abrasin.

alexandrin *nom masculin* Vers de douze syllabes. SYN. dodécasyllabe.

alexie *nom féminin* Trouble de la lecture. SYN. cécité verbale.

alfa *nom masculin* Herbe d'Afrique du Nord et d'Espagne. SYN. spart, sparte.

algarade *nom féminin* Altercation vive. SYN. altercation, dispute, escarmouche, passe d'armes, prise de bec, querelle, scène, sortie. - FAMILIER : accrochage, attrapade, empoignade. - LITTÉRAIRE : avanie, joute oratoire. - POPULAIRE : coup de gueule, engueulade, gueulante.

algonkien *nom masculin* Famille de langues amérindiennes. SYN. algonquin. ■ Ère géologique. SYN. protérozoïque.

algonquin *nom masculin* Famille de langues amérindiennes. SYN. algonkien.

alibi *nom masculin* Raison alléguée. SYN. couverture, excuse, motif, prétexte. ■ LITTÉRAIRE. Moyen d'échapper à. SYN. diversion, palliatif.

aliboron *nom masculin* LITTÉRAIRE. Âne. SYN. baudet, bourricot.

aliboufier *nom masculin* Arbrisseau fournissant le benjoin. SYN. styrax.

aliénation *nom féminin* Action d'aliéner un bien. SYN. cession, perte. CONTR. *acquisition, annexion, appropriation, conservation.* ■ Fait d'être soumis à. SYN. allégeance, asservissement, assujettissement, dépendance, inféodation, soumission, subordination. - LITTÉRAIRE : sujétion.

aliéné *nom* Malade mental. SYN. dément, désaxé, déséquilibré, forcené, fou.

aliéner *verbe* Transmettre un bien. SYN. céder, donner, transmettre, vendre. CONTR. *acheter, acquérir, annexer, s'approprier, conserver, garder.*

aliéner (s') *verbe pronominal* Perdre sa liberté. SYN. s'asservir, s'assujettir, s'inféoder. ■ Détourner de soi. SYN. se mettre à dos. CONTR. *amadouer, gagner.*

aliéniste *nom* VIEUX. Spécialiste en psychiatrie. SYN. psychiatre.

aligner *verbe* Mettre en conformité. SYN. ajuster, mettre au même niveau, mettre sur le même plan, ranger. ■ POPULAIRE. ***Les aligner,*** s'acquitter de ce qu'on doit. SYN. s'acquitter, débourser, décaisser, payer, régler, rembourser, verser. - FAMILIER : cracher, se fendre, mettre la main à la poche. – POPULAIRE : les allonger, banquer, casquer, douiller, les lâcher, raquer.

aligner (s') *verbe pronominal* Se ranger sur la même ligne. SYN. se mettre en rang, se ranger. CONTR. *se débander.* ■ Se conformer à quelque chose. SYN. se conformer, se modeler sur, observer, se plier, se régler sur, respecter, se soumettre, suivre. CONTR. *agir à sa guise, contrevenir à, déroger à, enfreindre, n'en faire qu'à sa tête, passer outre.* – POPULAIRE : *s'asseoir sur.*

aliment *nom masculin* Ce qui nourrit. SYN. comestible, denrée, mets, nourriture, pâture, pitance, subsistance.

alimentation *nom féminin* Action d'absorber des aliments. SYN. nutrition. CONTR. *diète, jeûne.* ■ Produits servant à alimenter. SYN. aliment, mets, nourriture, vivres. – POPULAIRE : bouffe. ■ Action d'approvisionner en. SYN. approvisionnement, fourniture, ravitaillement. ■ ***Alimentation entérale,*** par voie digestive. SYN. gavage, nutrition entérale. ■ ***Alimentation parentérale,*** par voie intraveineuse. SYN. nutrition parentérale.

alimenter *verbe* Procurer des aliments. SYN. engraisser, entretenir, gaver, nourrir, restaurer. – LITTÉRAIRE : repaître. – VIEUX : sustenter. CONTR. *affamer, sevrer.* ■ Fournir ce qui est nécessaire. SYN. approvisionner, fournir, pourvoir, ravitailler. CONTR. *débiter, dégarnir.*

alimenter (s') *verbe pronominal* Absorber des aliments. SYN. absorber, avaler, consommer, déguster, grignoter, ingérer, ingurgiter, manger, se nourrir, se rassasier, se restaurer. – ARGOTIQUE : briffer. – FAMILIER : casser la croûte, casser la graine, manger un morceau, se mettre quelque chose sous la dent, se sustenter. – LITTÉRAIRE : se repaître. – POPULAIRE : becqueter, becter, bouffer, boulotter, croûter, grailler, se mettre quelque chose dans le cornet. CONTR. *jeûner, mourir de faim, mourir d'inanition, tomber d'inanition.* – FAMILIER : *n'avoir rien à se mettre sous la dent.*

aliquante *adjectif* Qui n'est pas contenu un nombre exact de fois dans. CONTR. *aliquote.*

aliquote *adjectif* Qui est contenu un nombre exact de fois dans. CONTR. *aliquante.*

alisma *nom masculin* Herbe des marais très commune. SYN. flûteau, plantain d'eau.

alkanna *nom féminin* Plante dont la racine contient un colorant. SYN. orcanette.

alkékenge *nom féminin* Plante ornementale. SYN. amour-en-cage, coqueret, physalis.

alkylation *nom féminin* Fixation d'un radical alcoyle sur une molécule. SYN. alcoylation.

alkyle *nom masculin* Radical univalent. SYN. alcoyle.

allache *nom féminin* Poisson voisin de la sardine. SYN. alose, sardinelle.

allanite *nom féminin* Silicate naturel. SYN. orthite.

allant *adjectif* LITTÉRAIRE. Qui a de l'entrain. SYN. actif, agissant, alerte, fougueux, fringant, leste, sémillant, vif. – VIEUX : gaillard. CONTR. *inactif, indolent, inerte, lent, mou, nonchalant.*

allant *nom masculin* Caractère dynamique. SYN. activité, ardeur, dynamisme, entrain, fougue, mordant, vie, vitalité. – LITTÉRAIRE : alacrité, vivacité. CONTR. *accablement, apathie, indolence, inertie, langueur, lassitude, mollesse, nonchalance.* – LITTÉRAIRE : *alanguissement.*

allantoïdien *nom masculin* Vertébré dont l'embryon est enveloppé d'un amnios. SYN. amniote.

alléchant *adjectif* Qui attire. SYN. affriolant, aguichant, appétissant, attirant, attrayant, engageant, ragoûtant, séduisant, tentant. – FAMILIER : sexy. CONTR. *dégoûtant, écœurant, rebutant, repoussant, répugnant.*

allèchement *nom masculin* LITTÉRAIRE. Ce qui attire. SYN. amorce, appât, attraction, attrait, séduction, tentation. CONTR. *antipathie, aversion, dégoût, répulsion.*

allécher *verbe* Attirer par l'odeur, le goût. SYN. amorcer, appâter, attirer. CONTR. *dégoûter, écœurer, répugner.* ■ Attirer par des promesses. SYN. affrioler, aguicher, appâter, attirer, engager, gagner, séduire, tenter, titiller. – FAMILIER : émoustiller. CONTR. *éloigner, rebuter, repousser.* – FAMILIER : *révulser.*

alléculidé *nom masculin* Type de coléoptère. SYN. cistélidé.

allée *nom féminin* Chemin dans un parc, un bois. SYN. chemin, laie, layon, promenade. ■ ***Allées et venues,*** déplacements de personnes. SYN. passage, va-et-vient.

allégation *nom féminin* Enoncé d'un fait. SYN. affirmation, assertion, déclaration, dire, imputation, prétexte, propos, thèse.

allégeance *nom féminin* Obligation de fidélité. SYN. dépendance, obédience, obéissance, soumission, subordination. – LITTÉRAIRE : sujétion, vassalité. CONTR. *indépendance, suzeraineté.*

allégement *nom masculin* Diminution de charge. SYN. décharge, dégrèvement, diminution, exonération, réduction. CONTR. *accroissement, aggravation, alourdissement, appesantissement, augmentation, intensification, surcharge.* ■ Action de soulager. SYN. adoucissement, atténuation, délivrance, soulagement.

allèger *verbe* Rendre moins lourd. SYN. décharger, délester, diminuer, réduire. CONTR. *accabler, accroître, aggraver, alourdir, appesantir, augmenter, charger, écraser, grever, lester.* ■ Atténuer la douleur de quelqu'un. SYN. abréger, adoucir, amenuiser, amoindrir, apaiser, assoupir, atténuer, calmer, diminuer, endormir, modérer, réduire, soulager. CONTR. *accroître, aggraver, ajouter à, alourdir, approfondir, augmenter.*

allégir *verbe* Diminuer l'épaisseur d'une pièce de bois. SYN. amenuiser, élégir.

allégorie *nom féminin* Représentation d'une idée. SYN. apologue, fable, image, métaphore, mythe, parabole, personnification, symbole.

allégorique *adjectif* Qui relève de l'allégorie. SYN. emblématique, métaphorique, symbolique.

allégoriquement *adverbe* De façon allégorique. SYN. figurativement, métaphoriquement, symboliquement.

allègre *adjectif* Plein d'entrain. SYN. alerte, dispos, enjoué, euphorique, gai, guilleret, jovial, joyeux, léger, réjoui, vif. – LITTÉRAIRE : folâtre. CONTR. *abattu, accablé, affligé, anéanti, engourdi, indolent, languissant, morose, mou, triste.* – LITTÉRAIRE : *chagrin.*

allègrement *adverbe* Avec entrain. SYN. gaiement, jovialement, joyeusement. – VIEUX : gaillardement. CONTR. *tristement.*

allégresse *nom féminin* Joie vive. SYN. béatitude, enjouement, enthousiasme, euphorie, gaieté, hilarité, jubilation, réjouissance. – LITTÉRAIRE : alacrité, exultation, félicité, liesse. CONTR. *affliction, bouderie, chagrin, détresse, ennui, mélancolie, morosité, tristesse.* – FAMILIER : *cafard.* – LITTÉRAIRE : *maussaderie.*

alléguer *verbe* Citer une autorité. SYN. citer, faire valoir, invoquer, mentionner, produire, rapporter, se référer à. ■ Mettre en avant. SYN. affirmer, apporter, arguer, s'autoriser de, avancer, faire état de, invoquer, objecter, opposer, prétendre, prétexter, se prévaloir de, vouloir.

allène *nom masculin* Type d'hydrocarbure. SYN. propadiène.

aller *verbe* Se rendre en un lieu. SYN. s'acheminer, approcher, s'approcher, cheminer, se diriger, faire route vers, se promener, se rendre, se transporter. CONTR. *quitter, rester, se retirer, venir de.* ■ Se déplacer pour faire quelque chose. SYN. s'acheminer, partir pour, sortir. ■ Avoir telle destination. SYN. aboutir, arriver, conduire, mener. ■ Être en harmonie avec quelque chose. SYN. s'accorder, s'adapter, s'associer, cadrer, correspondre, s'harmoniser. – LITTÉRAIRE : seoir. CONTR. *trancher.* ■ Convenir à quelqu'un. SYN. agréer, arranger, convenir, plaire, sourire. – FAMILIER : être dans les cordes de, revenir. – LITTÉRAIRE : être du ressort de. – POPULAIRE : botter.

aller (s'en) *verbe pronominal* Quitter un lieu. SYN. s'absenter, bouger, déguerpir, dire au revoir, s'échapper, s'éloigner, s'enfuir, s'envoler, s'esquiver, fausser compagnie, fuir, partir, prendre congé, prendre la clef des champs, prendre la fuite, prendre le large, quitter, se retirer, se sauver, sortir, vider le plancher. – FAMILIER : débarrasser le plancher, décamper, détaler, s'éclipser, ficher le camp, filer, gagner le large, lever le camp, lever le pied, lever le siège, prendre la poudre d'escampette, prendre ses cliques et ses claques, vider les lieux. – POPULAIRE : se barrer, se calter, se carapater, se casser, changer de paroisse, se débiner, déblayer le terrain, décaniller, dégager, se faire la malle, se faire la paire, foutre le camp, gicler, jouer la fille de l'air, mettre les bouts, mettre les voiles, se tailler, se tirer. – VIEUX : s'esbigner. CONTR. *arriver, attendre, entrer, regagner, rester, revenir, venir.* ■ Ne pas laisser de trace. SYN. disparaître, s'effacer, partir, passer. CONTR. *rester.* ■ Approcher de la mort. SYN. agoniser, avoir un pied dans la tombe, chasser les mouches, décéder, décliner, sa dernière heure est arrivée, s'éteindre, être à la dernière extrémité, être à l'article de la mort, être aux portes de la mort, expirer, mourir, partir, passer, rendre l'âme, sentir le sapin. – LITTÉRAIRE : rendre le dernier soupir, trépasser. CONTR. *vivre.*

allergie *nom féminin* Réaction de l'organisme à. SYN. anaphylaxie, intolérance. CONTR. *anergie.* ■ Aversion instinctive. SYN. animosité, antipathie, aversion, dégoût, hostilité, inimitié, malveillance, prévention, répugnance, répulsion. CONTR. *adoration, affection, affinité, attirance, attraction, bienveillance, goût, inclination, penchant, prédilection, préférence, sympathie.*

alliage *nom masculin* Mélange de métaux. SYN. amalgame, association, combinaison, composé, mélange.

alliance *nom féminin* Accord entre des personnes. SYN. accord, association, coalition, collaboration, communion, concorde, coopération, entente, harmonie, pacte, rapprochement, solidarité, union. – LITTÉRAIRE : ligue. CONTR. *désaccord, désunion, divorce, mésentente, rupture, scission, séparation.* – LITTÉRAIRE : *mésintelligence.* ■ Combinaison de choses différentes. SYN. amalgame, assortiment, combinaison, composé, connexion, harmonisation, mariage, mélange, rapprochement, union. – LITTÉRAIRE : conjugaison. CONTR. *antagonisme, concurrence,* *opposition.* ▪ ***Alliance de mots,*** figure de style. SYN. oxymore.

allié *nom* Personne qui apporte un soutien. SYN. acolyte, ami, appui, associé, auxiliaire, compagnon, compère, complice, partenaire. CONTR. *adversaire, antagoniste, compétiteur, concurrent, ennemi, opposant, rival.*

allier *verbe* Réunir des choses différentes. SYN. amalgamer, apparenter, assembler, associer, combiner, concilier, conjuguer, joindre, liguer, marier, mélanger, mêler, unir. – LITTÉRAIRE : réunir. CONTR. *disjoindre, dissocier, distinguer, séparer.*

allier (s') *verbe pronominal* Faire alliance avec. SYN. s'accorder, s'associer, se coaliser, s'entendre, se fédérer, se grouper, se joindre, se lier, se liguer, marcher la main dans la main, se marier, se rapprocher, se solidariser, s'unir. CONTR. *se brouiller, rompre, se séparer de.*

allocation *nom féminin* Ce qui est alloué à quelqu'un. SYN. attribution, indemnité, pension, prestation, provision, soutien, subside, subvention.

allocentrisme *nom masculin* Tendance à tout centrer sur autrui. CONTR. *égocentrisme.*

allocution *nom féminin* Discours officiel. SYN. adresse, communication, conférence, déclaration, discours, exposé. – FAMILIER : laïus, speech, topo. – LITTÉRAIRE : harangue.

allogène *adjectif et nom* D'arrivée récente dans un lieu. CONTR. *aborigène, autochtone, indigène.*

allogreffe *nom féminin* Greffe où le greffon est pris sur un sujet de même espèce. SYN. allotransplantation, homogreffe, homotransplantation. CONTR. *hétérogreffe, xénogreffe.*

allongé *adjectif* Devenu plus long. SYN. effilé, fuselé, mince, oblong. CONTR. *court, ramassé, recroquevillé, replié, rond, trapu.*

allongement *nom masculin* Déformation par étirement. SYN. élongation, étirage. CONTR. *contraction, raccourcissement.* ▪ Augmentation de longueur. SYN. étirement, extension, grandissement, prolongation, prolongement. CONTR. *abrègement, diminution, limitation, réduction.*

allonger *verbe intransitif* Devenir plus long en durée. SYN. augmenter, croître, rallonger. CONTR. *décroître, diminuer, raccourcir, rapetisser, réduire.*

allonger *verbe transitif* Augmenter la longueur. SYN. agrandir, distendre, étirer, prolonger, rallonger. CONTR. *abréger, couper, diminuer, écourter, limiter, raccourcir, rapetisser, réduire.* ▪ Étirer un membre. SYN. avancer, coucher, étendre, tendre. CONTR. *contracter, plier, recroqueviller.* ▪ FAMILIER. Porter un coup. SYN. assener. – FAMILIER : ficher, flanquer. ▪ Diluer une préparation. SYN. additionner, couper, délayer, diluer, éclaircir, étendre. – FAMILIER : baptiser. ▪ POPULAIRE. ***Les allonger,*** s'acquitter de ce qu'on doit. SYN. s'acquitter, débourser, décaisser, payer, régler, rembourser, verser. – FAMILIER : cracher, mettre la main à la poche. – POPULAIRE : les aligner, banquer, casquer, douiller, les lâcher, raquer.

allonger (s') *verbe pronominal* S'étendre de tout son long. SYN. se coucher, s'étendre. CONTR. *se lever, se relever.* ▪ Devenir plus long. SYN. grandir, se prolonger. CONTR. *diminuer, se ramasser, se rapetisser, se recroqueviller, se replier.* ▪ FAMILIER. Tomber par terre. SYN. s'abattre, s'affaisser, s'écrouler. – FAMILIER : chuter. – LITTÉRAIRE : choir.

allopathie *nom féminin* Type de traitement médical. CONTR. *homéopathie.*

allosome *nom masculin* Chromosome sexuel. SYN. gonosome, hétérochromosome, hétérosome. CONTR. *autosome.*

allothérien *nom masculin* Petit mammifère fossile. SYN. multituberculé.

allotransplantation *nom féminin* Greffe où le greffon est pris sur un sujet de même espèce. SYN. allogreffe, homogreffe, homotransplantation.

allouer *verbe* Attribuer une somme d'argent. SYN. accorder, adjuger, assigner, attribuer, céder, concéder, consentir, distribuer, donner, doter, gratifier, octroyer. – LITTÉRAIRE : impartir. CONTR. *refuser, retirer.*

allumé *adjectif* POPULAIRE. Qui est fou. SYN. dément, dérangé, désaxé, déséquilibré, fou. – FAMILIER : braque, cinglé, détraqué, dingue, fada, fêlé, frappé, loufoque, maboul, malade, marteau, piqué, ravagé, tapé, timbré, toc-toc, toqué, zinzin. – POPULAIRE : azimuté, barge, barjo, barjot, branque, brindezingue, chtarbé, cinoque, cintré, déjanté, dingo, folingue, fondu, frapadingue, givré, jeté, louf, louftingue, ouf, sinoc, sinoque, siphonné, tordu.

allumer *verbe* Mettre le feu à. SYN. attiser, brûler, enflammer, incendier. – LITTÉRAIRE : embraser. CONTR. *éteindre, étouffer.* ▪ Éclairer un lieu. SYN. illuminer, ouvrir la lumière. – LITTÉRAIRE : embraser. CONTR. *éteindre, fermer.* ▪ FAMILIER. Exciter quelqu'un. SYN. affoler, affrioler, aguicher, aiguillonner, attiser, déchaîner, éperonner, exaspérer, exciter, inspirer, provoquer, soulever. – FAMILIER : émoustiller. – LITTÉRAIRE : enflammer. CONTR. *apaiser, assoupir, calmer, refroidir.*

allure *nom féminin* Manière de se déplacer. SYN. démarche, mouvement, pas. ■ Vitesse de déplacement. SYN. régime, train, vitesse. ■ Rythme d'activité. SYN. cadence, train, vitesse. ■ Manière de se tenir. SYN. air, attitude, comportement, contenance, façon, genre, maintien, manière, port, prestance, style, tenue. – FAMILIER : dégaine, touche. – LITTÉRAIRE : tournure. ■ Aspect de quelque chose. SYN. apparence, configuration, couleur, dehors, extérieur. – LITTÉRAIRE : enveloppe. ■ Évolution des choses. SYN. tour, tournure.

allusif *adjectif* Qui contient une allusion. SYN. implicite, indirect, insinué, sous-entendu, voilé. – RARE : allusionnel. CONTR. *explicite.*

allusion *nom féminin* Référence implicite. SYN. évocation, insinuation, sous-entendu, suggestion. ■ ***Faire allusion à,*** faire référence à. SYN. évoquer, insinuer, parler, sous-entendre, suggérer.

allusivement *adverbe* De façon allusive. SYN. implicitement, indirectement. CONTR. *catégoriquement, explicitement.*

alme *nom féminin* Pâturage alpestre. SYN. alpage, alpe.

alone *nom masculin* Arbre dont le fruit contient le kapok. SYN. kondroti.

alopécie *nom féminin* Chute des cheveux ou des poils. SYN. pelade, psilose.

alors *adverbe* Indique le temps. SYN. à ce moment-là, en ce temps-là, à cette époque. ■ Introduit la conséquence. SYN. en ce cas, dans ces conditions, donc.

alors que *conjonction* Marque une opposition. SYN. bien que, pendant que, quoique, tandis que. – LITTÉRAIRE : cependant que. ■ LITTÉRAIRE. Marque un rapport de temps. SYN. comme, lorsque, quand.

alose *nom féminin* Poisson voisin de la sardine. SYN. allache, sardinelle.

alourdir *verbe* Rendre lourd. SYN. aggraver, appesantir, charger, engourdir, épaissir, grossir, lester, surcharger. CONTR. *alléger, décharger, délester, soulager.*

alourdir (s') *verbe pronominal* Devenir plus lourd. SYN. s'empâter, épaissir, s'étoffer, forcir, grossir, prendre du poids. – FAMILIER : s'arrondir, peser un âne mort. CONTR. *maigrir, mincir.*

alourdissement *nom masculin* Fait de rendre plus lourd. SYN. appesantissement, épaississement. CONTR. *allégement.*

alpage *nom masculin* Pâturage d'été. SYN. alpe, herbage, pacage, pâturage, pâture, prairie.

alpaguer *verbe* POPULAIRE. Arrêter quelqu'un. SYN. appréhender, arrêter, attraper, capturer, harponner. – FAMILIER : choper, cueillir, embarquer, ramasser. – POPULAIRE : agrafer, emballer.

alpe *nom féminin* Pâturage alpestre. SYN. alme, alpage.

alsine *nom féminin* Petite herbe à fleurs blanches. SYN. stellaire.

altazimutal *adjectif* Qui mesure les azimuts. SYN. azimutal.

alter ego *nom masculin* Personne de confiance. SYN. bras droit, collaborateur, double, lieutenant, semblable.

altérabilité *nom féminin* Propriété de ce qui peut être altéré. CONTR. *inaltérabilité.*

altérable *adjectif* Qui peut être altéré. SYN. changeable, corruptible, fragile, périssable. CONTR. *inaltérable, incorruptible.*

altération *nom féminin* Modification des traits, de la voix. SYN. bouleversement, changement, décomposition, dégradation, délabrement, détérioration, trouble. CONTR. *impassibilité, indifférence.* ■ Changement complet. SYN. adultération, corruption, déformation, dénaturation, falsification, mutilation, travestissement. – LITTÉRAIRE : abâtardissement, viciation. CONTR. *amélioration, conservation, intégrité, restauration.*

altercation *nom féminin* Querelle violente. SYN. algarade, discussion, dispute, explication, prise de bec, querelle, rixe, scène. – FAMILIER : accrochage, attrapade, bagarre, empoignade, grabuge. – POPULAIRE : engueulade.

altéré *adjectif* Dont la nature est modifiée. SYN. changé, modifié, transformé. CONTR. *inaltéré, intact, naturel.*

altérer *verbe transitif* Détériorer quelque chose. SYN. abîmer, affecter, attaquer, avarier, décomposer, dégrader, détériorer, endommager, entamer, gâter, putréfier, ronger, ruiner, ternir. – LITTÉRAIRE : corrompre, flétrir. CONTR. *améliorer, assainir, bonifier, conserver, préserver.* ■ Changer la nature de quelque chose. SYN. adultérer, brouiller, changer, contaminer, contrefaire, défigurer, déformer, déguiser, dénaturer, falsifier, fausser, forcer, maquiller, pervertir, trahir, troubler, truquer. – LITTÉRAIRE : vicier. CONTR. *restaurer, restituer, rétablir.*

altérer *verbe transitif* Donner soif. SYN. assoiffer. – FAMILIER : donner la pépie. CONTR. *abreuver, désaltérer.*

altérer (s') *verbe pronominal* Subir des dégradations. SYN. s'abîmer, se dégrader, se détériorer, se détraquer, pourrir, se putréfier. ■ Perdre de ses qualités. SYN. s'abîmer, s'aggraver, aller de mal en pis, battre de l'aile, se compliquer, se dégrader, se détériorer, se détraquer, s'envenimer, se gâter, ne pas s'arranger, prendre une mauvaise tournure, souffrir. – FAMILIER : sentir le brûlé, sentir le roussi, tourner à l'aigre, tourner au vinaigre. – POPULAIRE : partir en couille. CONTR. *aller de mieux en mieux, s'améliorer, s'arranger.*

altérite *nom féminin* Roche due à l'altération d'une autre. SYN. régolite.

altérité *nom féminin* Qualité de ce qui est autre. SYN. différence, discordance, disjonction, disparité, dissemblance, dissimilitude, dualité. CONTR. *identité.*

alternance *nom féminin* Succession régulière. SYN. alternative, périodicité, roulement, série, succession, suite, variation. CONTR. *continuité.* ▪ ***En alternance,*** chacun à son tour. SYN. alternativement, successivement, tour à tour, à tour de rôle. CONTR. *constamment, continuellement.* – LITTÉRAIRE : *continûment.*

alternatif *adjectif* Qui se répète. SYN. périodique, rythmique, successif. CONTR. *concomitant, continu, simultané, synchrone, synchronique.*

alternative *nom féminin* Succession d'états opposés. SYN. alternance, passage, variation. ▪ Obligation de choisir entre deux possibilités. SYN. choix, dilemme.

alternativement *adverbe* En alternant. SYN. par accès, par à-coups, l'un après l'autre, épisodiquement, par instants, par intermittence, par intervalles, irrégulièrement, par moments, sans relâche, sans répit, sporadiquement, successivement, de temps à autre, de temps en temps, tour à tour, variablement. CONTR. *assidûment, constamment, continuellement, ensemble, immuablement, indéfiniment, invariablement, à longueur de temps, en permanence, régulièrement, sans arrêt, sans cesse, sans discontinuer, sans intermission, sans interruption, sans relâche, simultanément, à l'unisson.* – LITTÉRAIRE : *continûment.*

alterner *verbe* Être à la suite l'un de l'autre. SYN. succéder à, se succéder. ▪ Faire tour à tour quelque chose. SYN. se relayer, se remplacer.

altier *adjectif* LITTÉRAIRE. Qui est dédaigneux. SYN. arrogant, condescendant, distant, fier, hautain, impérieux. – LITTÉRAIRE : orgueilleux. CONTR. *affable, humble, modeste, simple.*

altisurface *nom féminin* Piste d'atterrissage en altitude. SYN. avisurface.

alto *nom masculin* Voix de femme la plus grave. SYN. contralto.

altruisme *nom masculin* Souci désintéressé d'autrui. SYN. abnégation, bonté, charité, désintéressement, générosité, humanité, philanthropie, solidarité. CONTR. *égocentrisme, égoïsme, individualisme.*

altruiste *adjectif* Empreint d'altruisme. SYN. bon, charitable, généreux, humanitaire, philanthrope, philanthropique. CONTR. *égocentrique, égoïste, individualiste, intéressé.* – LITTÉRAIRE : *égotiste.*

aluminisation *nom féminin* Dépôt d'une couche d'aluminium sur un miroir. SYN. aluminiage, aluminure.

alumnat *nom masculin* Noviciat, dans certaines congrégations. SYN. juvénat.

alvéole *nom féminin* LITTÉRAIRE. Cavité. SYN. compartiment, excavation.

amabilité *nom féminin* Politesse affable. SYN. affabilité, attention, bonté, complaisance, courtoisie, gentillesse, obligeance, prévenance. – LITTÉRAIRE : accortise, aménité, civilité, gracieuseté. – RARE : bénévolence. CONTR. *aigreur, amertume, brusquerie, brutalité, grossièreté, hargne, hauteur, impolitesse, méchanceté, rudesse.* – FAMILIER : *muflerie.* – LITTÉRAIRE : *acerbité, âcreté, discourtoisie, maussaderie, sauvagerie.*

amabilités *nom féminin pluriel* Attentions délicates. SYN. gentillesses, politesses, prévenances. – LITTÉRAIRE : gracieusetés.

amadine *nom féminin* Petit passereau africain. SYN. cou-coupé.

amadouer *verbe* Gagner quelqu'un par des flatteries. SYN. apaiser, apprivoiser, charmer, circonvenir, se concilier, enjôler, flatter, gagner, séduire. – FAMILIER : embobiner. CONTR. *s'aliéner, brusquer, cabrer, choquer, heurter, perdre.*

amaigrir *verbe* Rendre maigre. SYN. dessécher, maigrir. CONTR. *engraisser, faire grossir.* ▪ Diminuer l'épaisseur de. SYN. allégir, amenuiser, dégraisser, dégrossir, désépaissir, élégir. CONTR. *épaissir.*

amaigrir (s') *verbe pronominal* Devenir moins gros. SYN. fondre comme neige au soleil, maigrir. – FAMILIER : fondre. – LITTÉRAIRE : s'émacier. CONTR. *s'empâter, engraisser, forcir, grossir.*

amaigrissant *adjectif* Qui fait maigrir. SYN. amincissant, hypocalorique. CONTR. *grossissant.*

amaigrissement *nom masculin* Fait de maigrir. SYN. amincissement, atrophie, dépérissement. – LITTÉRAIRE : émaciation. CONTR. *bouffissure, engraissement, grossissement, prise de poids.*

amalgame *nom masculin* Mélange d'éléments. SYN. alliage, alliance, assemblage, brassage, cocktail, combinaison, composé, enchevêtrement, fusionnement, imbrication, mélange, rapprochement, réunion, union. - VIEUX : pêle-mêle.

amalgamer *verbe* Mélanger des choses différentes. SYN. agglomérer, agglutiner, allier, assembler, associer, brasser, combiner, confondre, croiser, enchevêtrer, entrelacer, entremêler, fondre, fusionner, incorporer, marier, mélanger, mêler, panacher. CONTR. *disjoindre, dissocier, séparer.*

amalgamer (s') *verbe pronominal* Se fondre en un tout. SYN. se combiner, s'enchevêtrer, s'entremêler, se fondre.

amande *nom féminin* ***Amande de mer,*** mollusque bivalve comestible. SYN. pétoncle. ■ Auréole ovale entourant le Christ. SYN. mandorle.

amanite *nom féminin* ***Amanite des Césars,*** champignon au chapeau jaune-orangé. SYN. oronge. ■ ***Amanite tue-mouches,*** amanite au chapeau rouge à taches blanches. SYN. fausse oronge.

amant *nom* Homme aimé en dehors du mariage. SYN. ami, amoureux, compagnon, concubin, petit ami. - POPULAIRE : jules. - VIEUX : galant.

amarante *nom féminin* Plante ornementale aux fleurs rouges. SYN. passe-velours, queue-de-renard, vulpin. ■ ***Bois d'amarante,*** bois rouge vineux. SYN. acajou de Cayenne.

amarillose *nom féminin* Infection contagieuse des pays tropicaux. SYN. fièvre amarile, fièvre jaune.

amarrer *verbe* Attacher avec des cordes. SYN. accrocher, ancrer, arrimer, attacher, fixer. CONTR. *détacher.*

amaryllis *nom féminin* Plante à grandes fleurs d'un rouge éclatant. SYN. lis Saint-Jacques.

amas *nom masculin* Accumulation de choses. SYN. accumulation, agglomération, agglutination, amoncellement, concentration, empilement, entassement, fatras, masse, monceau, montagne, paquet, pile, quantité, ramassis, superposition, tas. CONTR. *disséminement, éparpillement.*

amasser *verbe* Réunir en grande quantité. SYN. accumuler, amonceler, assembler, concentrer, empiler, entasser, ramasser, rassembler, recueillir, réunir. - FAMILIER : collectionner. - LITTÉRAIRE : moissonner. CONTR. *disperser, disséminer, éparpiller, étaler.* ■ Économiser pour s'enrichir. SYN. accumuler, capitaliser, économiser, entasser, épargner, mettre de côté, thésauriser. - FAMILIER : mettre à gauche. CONTR. *dépenser, dilapider, gaspiller, manger, prodiguer.* - LITTÉRAIRE : *dissiper.* - POPULAIRE : *boulotter.*

amasser (s') *verbe pronominal* Se trouver en grand nombre. SYN. s'accumuler, s'amonceler, s'assembler, s'empiler, s'entasser, se rassembler, se superposer. CONTR. *se disperser, se disséminer, s'éparpiller, s'étaler.*

amassette *nom féminin* Lame pour racler une pâte. SYN. coupe-pâte, raclette.

amateur *adjectif* Qui a du goût pour quelque chose. SYN. amoureux, connaisseur, curieux, féru, friand, passionné, porté.

amateur *nom masculin* Personne non professionnelle. CONTR. *professionnel, spécialiste, technicien.* ■ Personne qui a du goût pour. SYN. admirateur, amoureux, collectionneur, connaisseur, gourmet, passionné. - VIEUX : curieux. ■ Personne qui manque de sérieux. SYN. dilettante, fantaisiste. - FAMILIER : touche-à-tout.

amateurisme *nom masculin* Fait de manquer d'application. SYN. dilettantisme. - FAMILIER : fumisterie. CONTR. *professionnalisme, sérieux.*

amazone *nom féminin* Femme qui monte à cheval. SYN. cavalière.

ambages *nom féminin pluriel* LITTÉRAIRE. ***Sans ambages,*** sans détours. SYN. nettement, rondement, simplement, tout haut.

ambassade *nom féminin* Mission d'un ambassadeur. SYN. délégation, députation, légation, mission.

ambassadeur *nom* Représentant d'un État. SYN. diplomate, émissaire, envoyé, légat, plénipotentiaire. ■ Personne chargée d'une mission. SYN. messager, représentant.

ambiance *nom féminin* Contexte dans lequel on se trouve. SYN. atmosphère, climat, environnement, milieu.

ambigu *adjectif* Dont l'interprétation est incertaine. SYN. ambivalent, amphibologique, confus, imprécis, incertain, incompréhensible, indécis, obscur. - FAMILIER : fumeux. - LITTÉRAIRE : opaque, sibyllin. CONTR. *clair, distinct, ferme, formel, net.* ■ Qui laisse planer un doute. SYN. confus, douteux, embarrassé, énigmatique, équivoque, évasif, vague. CONTR. *catégorique, explicite, franc, univoque.*

ambiguïté *nom féminin* Caractère de ce qui est ambigu. SYN. ambivalence, amphibologie, double sens, énigme, équivoque, incertitude, obscurité. CONTR. *clarté, franchise, netteté, précision.*

ambigument *adverbe* De façon ambiguë. SYN. par énigmes. CONTR. *catégoriquement, clairement, franchement, nettement.*

ambisexué *adjectif* À la fois masculin et féminin. SYN. androgyne, bisexué, hermaphrodite.

ambitieux *adjectif* Qui a de l'ambition. SYN. arriviste, audacieux, intrigant, opportuniste, présomptueux, téméraire. CONTR. *désintéressé, humble, indifférent, modeste, simple, timoré.*

ambitieux *nom* Personne qui a de l'ambition. SYN. arriviste, audacieux, carriériste, intrigant, jeune loup, opportuniste.

ambition *nom féminin* Désir de parvenir à quelque chose. SYN. aspiration, but, dessein, prétention, souhait, visée, vœu, vues. ■ Désir de gloire. SYN. arrivisme, carriérisme, convoitise. CONTR. *humilité, indifférence, modestie.*

ambitionner *verbe* Chercher à obtenir. SYN. aspirer à, avoir de la suite dans les idées, avoir des visées, avoir une idée derrière la tête, briguer, convoiter, désirer, s'efforcer de, escompter, lorgner, prétendre à, se proposer de, rechercher, souhaiter, tendre à, travailler à, viser, vouloir. – FAMILIER : avoir les dents longues, avoir les dents qui raclent (rayent) le parquet (le plancher), guigner, reluquer, en vouloir. CONTR. *dédaigner, se désintéresser de, faire fi de, mépriser.*

ambivalence *nom féminin* Caractère de ce qui a deux aspects. SYN. ambiguïté, dualisme, dualité. CONTR. *unicité, unité.*

ambivalent *adjectif* Qui a un double sens. SYN. ambigu, double, à double tranchant. CONTR. *univoque.*

amblyope *adjectif et nom* Qui ne voit pas bien. SYN. malvoyant.

ambre *nom masculin* ***Ambre jaune,*** résine fossile. SYN. succin.

ambulacraire *adjectif* ***Pied ambulacraire,*** ventouse locomotrice des échinodermes. SYN. podie, podion.

ambulacre *nom masculin* Zone du test des échinodermes. SYN. radius.

ambulant *adjectif* Qui se déplace. SYN. errant, itinérant, mobile, nomade, vagabond. – LITTÉRAIRE : voyageur. CONTR. *casanier, fixe, immobile, sédentaire, stable.*

âme *nom féminin* LITTÉRAIRE. Siège de l'activité psychique. SYN. cœur, conscience, esprit, for intérieur, moi, pensée. CONTR. *corps.* ■ Être humain. SYN. créature, être, habitant, homme, individu, personne. – LITTÉRAIRE : humain. ■ Qualités morales d'une personne. SYN. cœur, esprit. ■ Personne qui anime une action. SYN. agent, animateur, artisan, cerveau, cheville ouvrière, instigateur, moteur, pivot, promoteur, protagoniste. – FAMILIER : locomotive. – LITTÉRAIRE : ouvrier. ■ ***Grandeur d'âme,*** élévation morale. SYN. magnanimité. CONTR. *abjection, bassesse.* ■ ***Rendre l'âme,*** mourir. SYN. agoniser, s'en aller, décéder, disparaître, s'endormir, s'éteindre, expirer, finir, partir, passer de vie à trépas, perdre la vie, périr, quitter la scène, succomber. – ARGOTIQUE : calancher. – FAMILIER : monter au ciel, passer l'arme à gauche, y rester. – LITTÉRAIRE : exhaler le dernier soupir, rendre le dernier soupir, trépasser. – POPULAIRE : avaler son bulletin de naissance, caner, casser sa pipe, claboter, clamecer, clamser, claquer, crever. – VIEUX : avaler sa chique. CONTR. *vivre.*

améliorable *adjectif* Qui peut être amélioré. SYN. corrigible, perfectible.

amélioration *nom féminin* Action d'améliorer, de s'améliorer. SYN. aménagement, amendement, bonification, correction, embellie, embellissement, mieux, perfectionnement, progrès, progression. CONTR. *aggravation, altération, dégradation, détérioration, pourrissement, régression.* – LITTÉRAIRE : *abâtardissement, dégénérescence, empirement.*

améliorer *verbe* Rendre meilleur. SYN. abonnir, bonifier, corriger, embellir, épurer, fignoler, optimaliser, optimiser, perfectionner, rectifier, rénover. – LITTÉRAIRE : amender, ciseler, régénérer. CONTR. *adultérer, aggraver, altérer, dégrader, détériorer, endommager, gâter.*

améliorer (s') *verbe pronominal* Devenir meilleur. SYN. s'amender, se bonifier, se corriger, se perfectionner, progresser, se transformer. CONTR. *s'aggraver, s'altérer, dégénérer, se dégrader, se détériorer, empirer, rétrograder.*

améloblastome *nom masculin* Tumeur des maxillaires. SYN. adamantinome, amélome.

aménagement *nom masculin* Action d'aménager un lieu. SYN. agencement, ajustement, arrangement, distribution, équipement, installation, mise en place, ordonnancement, organisation. CONTR. *bouleversement, dérangement, désorganisation.*

aménager *verbe* Arranger un lieu. SYN. adapter, agencer, ajuster, arranger, disposer, distribuer, équiper, installer, ordonnancer, ordonner, organiser, ranger, régler. – LITTÉRAIRE : accommoder. CONTR. *bouleverser, déranger, désorganiser, dévaster, saccager.*

amende *nom féminin* Sanction pécuniaire. SYN. contravention. – FAMILIER : contredanse, papillon, P.-V. – POPULAIRE : prune.

amendement *nom masculin* Modification apportée à un projet. SYN. additif, amélioration, correction, modification, perfectionnement, retouche, révision.

amender *verbe transitif* LITTÉRAIRE. Rendre quelqu'un meilleur. SYN. améliorer, corriger, perfectionner. – LITTÉRAIRE : redresser. CONTR. *avilir, dégrader,* *gâter, pervertir.* – LITTÉRAIRE : *corrompre, vicier.* ■ Incorporer une substance au sol. SYN. améliorer, bonifier, fertiliser. – LITTÉRAIRE : féconder. CONTR. *appauvrir, épuiser, stériliser.*

amender *verbe transitif* Modifier un texte. SYN. assainir, assouplir, rectifier. – LITTÉRAIRE : redresser, réformer, régénérer.

amender (s') *verbe pronominal* Devenir meilleur. SYN. s'améliorer, s'assagir, se corriger, se ranger.

amène *adjectif* LITTÉRAIRE. Qui est agréable. SYN. accessible, accueillant, affable, aimable, avenant, courtois, délicat, doux, engageant, exquis, gentil, gracieux, hospitalier, liant, obligeant, sociable, sympathique. CONTR. *acariâtre, acerbe, aigre, amer, bougon, bourru, brutal, cassant, cinglant, déplaisant, désobligeant, dur, farouche, hargneux, maussade, querelleur, rébarbatif, revêche, sec.* – FAMILIER : *frais.* – LITTÉRAIRE : *acrimonieux, atrabilaire, disgracieux, fielleux, malgracieux.*

amener *verbe* Provoquer la venue de quelqu'un. SYN. faire venir, pousser. CONTR. *écarter, éloigner.* ■ Conduire vers un lieu. SYN. acheminer, apporter, conduire, déposer, descendre, importer, mener, mettre, porter, transporter. – FAMILIER : emmener. CONTR. *raccompagner, ramener, reconduire, remmener.* ■ Être à l'origine de. SYN. appeler, causer, créer, déclencher, déterminer, engendrer, entraîner, faire naître, occasionner, opérer, procurer, produire, provoquer, soulever, susciter. ■ Pousser quelqu'un à une action. SYN. conduire, déterminer, encourager, inciter, persuader, porter, pousser, prédisposer, résoudre.

aménité *nom féminin* LITTÉRAIRE. Politesse. SYN. affabilité, amabilité, courtoisie, douceur, gentillesse, hospitalité, obligeance, sociabilité. – LITTÉRAIRE : accortise, civilité, liant. CONTR. *acrimonie, aigreur, amertume, arrogance, brusquerie, brutalité, dureté, hauteur, rudesse, sécheresse.* – LITTÉRAIRE : *acerbité, âcreté, maussaderie, sauvagerie.*

amenuisement *nom masculin* Fait de diminuer. SYN. affaiblissement, baisse, diminution, ralentissement, raréfaction. CONTR. *augmentation, élargissement.* ■ Fait de devenir plus petit. SYN. amincissement. CONTR. *épaississement, grossissement.*

amenuiser *verbe* Rendre plus mince. SYN. alléger, allégir, amincir, dégrossir, effiler, élégir, émincer, rétrécir. CONTR. *augmenter, épaissir, grossir, renforcer.* ■ Rendre moins important. SYN. diminuer, réduire. – LITTÉRAIRE : rétrécir. CONTR. *accroître, gonfler, grossir.*

amenuiser (s') *verbe pronominal* Devenir moins important. SYN. s'amoindrir, baisser, décroître, diminuer, s'effriter, fondre comme neige au soleil, rapetisser, se réduire. CONTR. *augmenter, croître, grandir.*

amer *adjectif* Qui a une saveur aigre. SYN. âcre, aigre. CONTR. *agréable, doux, suave, sucré.* ■ Qui éprouve du ressentiment. SYN. acerbe, aigre, aigri, haineux. – LITTÉRAIRE : acrimonieux, chagrin, fielleux, marri. CONTR. *accueillant, affable, aimable, enjoué.* – LITTÉRAIRE : *amène.* ■ Qui cause de la tristesse. SYN. cruel, cuisant, douloureux, grinçant, pénible. CONTR. *agréable, charmant, délicieux, doux, heureux.* ■ Se dit d'un propos blessant. SYN. acerbe, aigre, âpre, blessant, haineux, offensant, sarcastique. – FAMILIER : saumâtre. – LITTÉRAIRE : âcre, acrimonieux, fielleux. CONTR. *agréable.*

amèrement *adverbe* Avec amertume. SYN. cruellement, fortement, profondément. – LITTÉRAIRE : vivement.

amérindien *adjectif* Des premiers habitants du continent américain. SYN. indien.

amertume *nom féminin* Saveur amère. SYN. âcreté, aigreur. CONTR. *douceur.* – LITTÉRAIRE : *suavité.* ■ Ressentiment. SYN. acrimonie, aigreur, âpreté, dépit, morosité, rancœur. – LITTÉRAIRE : acerbité, âcreté, fiel, navrement. CONTR. *affabilité, amabilité, contentement, joie, satisfaction.* – LITTÉRAIRE : *aménité.*

ameublement *nom masculin* Ensemble des meubles d'une pièce. SYN. décoration, mobilier.

ameuter *verbe* Exciter des personnes contre. SYN. agiter, déchaîner, exciter, liguer, soulever. – LITTÉRAIRE : enflammer. CONTR. *apaiser, calmer, pacifier.* ■ Faire accourir. SYN. alerter, attrouper, rassembler. CONTR. *démobiliser, disperser.*

ami *adjectif* Qui est bienveillant. SYN. accueillant, affectueux, allié, amical, fraternel, intime. CONTR. *ennemi, hostile, malveillant.* – LITTÉRAIRE : *adverse.* ■ Qui est lié d'amitié avec. SYN. – FAMILIER : copain, copine. CONTR. *antagoniste, brouillé, ennemi.*

ami *nom* Personne aimée. SYN. amant, amoureuse, amoureux, bon ami, bonne amie, chéri, chérie, concubin, concubine, maîtresse, petit ami, petite amie. – FAMILIER : flirt. – POPULAIRE : jules, mec. ■ Personne pour qui on a de l'amitié. SYN. camarade, compagne, compagnon, connaissance, intime. – FAMILIER : copain, copine. – POPULAIRE : pote, poteau. CONTR. *adversaire, antagoniste, ennemi, opposant, rival.*

amiante *nom masculin* Matière minérale filamenteuse. SYN. asbeste.

amical *adjectif* Qui manifeste de l'amitié. SYN. affectueux, ami, chaleureux, cordial, familier, fraternel, intime, sympathique. CONTR. *antipathique, froid, haineux, hostile, inamical, malveillant.*

amicalement *adverbe* De façon amicale. SYN. affectueusement, chaleureusement, cordialement.

amidonnage *nom masculin* Action d'amidonner. SYN. empesage.

amidonner *verbe* Empeser le linge. SYN. empeser.

amidopyrine *nom féminin* Médicament analgésique et antipyrétique. SYN. aminophénazone.

amincir *verbe* Rendre plus mince. SYN. affiner, allégir, amenuiser, désépaissir, effiler, élégir, rapetisser. CONTR. *épaissir, étoffer.* ■ Faire paraître plus mince. SYN. maigrir, mincir. CONTR. *grossir.*

amincir (s') *verbe pronominal* Devenir plus mince. SYN. maigrir. – FAMILIER : fondre. CONTR. *s'empâter, s'étoffer, forcir, grossir.* – FAMILIER : *se remplumer.*

amincissant *adjectif* Qui amincit. SYN. amaigrissant. CONTR. *grossissant.*

amincissement *nom masculin* Fait de s'amincir. SYN. affinement, amaigrissement, amenuisement, désépaississement, diminution, ténuité. CONTR. *élargissement, épaississement, grossissement.*

aminoacide *nom masculin* Substance organique. SYN. acide aminé.

aminoglycoside *nom masculin* Antibiotique bactéricide. SYN. aminoside. – RARE : oligosaccharide.

aminophénazone *nom féminin* Médicament analgésique et antipyrétique. SYN. amidopyrine.

aminoside *nom masculin* Antibiotique bactéricide. SYN. aminoglycoside. – RARE : oligosaccharide.

amitié *nom féminin* Sentiment d'affection. SYN. affection, attachement, camaraderie, complicité, confraternité, cordialité, entente, familiarité, fraternisation, fraternité, intimité, sympathie. CONTR. *animosité, antipathie, aversion, désaffection, haine, hostilité, inimitié.*

ammocète *nom féminin* Larve de la lamproie. SYN. chatouille, lamprillon.

ammodorcade *nom féminin* Petite antilope. SYN. dibatag.

ammophile *nom masculin* Plante utilisée pour fixer les dunes. SYN. gourbet, oyat.

amnésie *nom féminin* Perte de la mémoire. SYN. absence, défaillance, oubli, trou, trou de mémoire.

amniote *nom masculin* Vertébré dont l'embryon est enveloppé d'un amnios. SYN. allantoïdien.

amnistier *verbe* Accorder une grâce à quelqu'un. SYN. acquitter, blanchir, gracier, libérer, pardonner. CONTR. *condamner.*

amocher *verbe* FAMILIER. Abîmer quelque chose. SYN. abîmer, dégrader, détériorer, endommager. – FAMILIER : bousiller, déglinguer, esquinter, massacrer. – POPULAIRE : bigorner, péter, ratatiner.

amodiation *nom féminin* Action de donner ou prendre à ferme. SYN. affermage. – VIEUX : afferme.

amodier *verbe* Louer une terre. SYN. affermer.

amoindri *adjectif* Qui a perdu ses forces. SYN. abattu, affaibli, diminué, fatigué, recru, rendu, rompu. – FAMILIER : claqué, lessivé, raplapla, vidé. CONTR. *revigoré.* – FAMILIER : *ragaillardi.*

amoindrir *verbe* Diminuer l'importance de quelque chose. SYN. affaiblir, alléger, atrophier, atténuer, entamer, rapetisser, réduire, restreindre. CONTR. *accroître, ajouter à, amplifier, augmenter, broder, embellir, exagérer, grandir, grossir, intensifier.* ■ Enlever des forces à quelqu'un. SYN. abattre, affaiblir, amollir, avachir, débiliter, diminuer, épuiser, étioler, fatiguer, miner, ramollir. – FAMILIER : lessiver. – LITTÉRAIRE : aveulir. CONTR. *armer, fortifier, regonfler, remettre, remonter, rétablir, revigorer, tonifier.* – FAMILIER : *ragaillardir, ravigoter, refaire, requinquer.* – VIEUX : *réconforter.*

amoindrir (s') *verbe pronominal* Perdre de son importance. SYN. s'amenuiser, baisser, décroître, diminuer, s'effriter, rapetisser, se réduire. CONTR. *s'amplifier, augmenter, croître, grandir, s'intensifier, se renforcer.* ■ Perdre de ses forces. SYN. s'affaiblir, baisser, décliner, dépérir, s'étioler, faiblir. CONTR. *s'endurcir, se fortifier, se relever, se remettre, se remonter, reprendre, se rétablir.* – FAMILIER : *se requinquer, se retaper.*

amoindrissement *nom masculin* Fait d'être amoindri. SYN. abaissement, affaiblissement, atrophie, diminution, réduction, restriction. CONTR. *accroissement, amplification, augmentation, extension, rétablissement.*

amollir *verbe* Rendre mou. SYN. affaiblir, alanguir, attendrir, avachir, ramollir. – LITTÉRAIRE : aveulir, émasculer. CONTR. *affermir, aguerrir, durcir, raffermir, raidir.* – LITTÉRAIRE : *tremper.*

amollir (s') *verbe pronominal* Devenir mou. SYN. s'adoucir, s'attendrir, fondre, mollir. CONTR. *durcir, s'endurcir.*

amollissant *adjectif* Qui amollit. SYN. affadissant, affaiblissant, débilitant, déprimant, lénifiant, ramollissant. - LITTÉRAIRE : dissolvant, lénitif. CONTR. *excitant, fortifiant, réparateur, stimulant, tonifiant, tonique, vivifiant.*

amollissement *nom masculin* Fait de s'amollir. SYN. affaiblissement, avachissement, avilissement, ramollissement, relâchement. - LITTÉRAIRE : alanguissement, émasculation. CONTR. *affermissement, durcissement, endurcissement, raffermissement, raidissement, renforcement.*

amonceler *verbe* Mettre des objets en tas. SYN. échafauder, empiler, entasser, ramasser, superposer. CONTR. *déblayer, disperser, disséminer, éparpiller.* ■ Réunir en grand nombre. SYN. accumuler, amasser, empiler, entasser. - FAMILIER : collectionner.

amonceler (s') *verbe pronominal* Se réunir en grand nombre. SYN. s'accumuler, s'amasser, s'assembler, s'empiler, s'entasser, se rassembler, se superposer. CONTR. *se disperser, se disséminer, s'éparpiller, s'étaler.*

amoncellement *nom masculin* Action d'amonceler. SYN. accumulation, amas, concentration, échafaudage, empilement, entassement, fatras, masse, monceau, montagne, pile, superposition, tas. CONTR. *dispersion, dissémination, éparpillement.*

amont *nom masculin* Ce qui est du côté de la source. CONTR. *aval.*

amorce *nom féminin* Ce qui sert à attirer les poissons. SYN. aiche, appât, boëte, boette, boitte, bouette, èche, esche, fleurette, graissin, gueulin, hameçon, leurre, vermée. - LITTÉRAIRE : allèchement. ■ Phase initiale d'une action. SYN. attaque, commencement, début, déclenchement, départ, ébauche, embryon, esquisse, origine, ouverture, préliminaires, prélude, prémices. CONTR. *achèvement, conclusion, couronnement, fin, réalisation.*

amorcer *verbe* Commencer quelque chose. SYN. attaquer, s'attaquer à, s'atteler à, commencer, déclencher, donner le coup d'envoi, ébaucher, engager, entamer, entreprendre, esquisser, mettre en branle, mettre en chantier, mettre en œuvre, mettre en route, mettre en train, ouvrir, poser la première pierre. - FAMILIER : débuter, démarrer, emmancher. CONTR. *achever, arrêter, cesser, clôturer, conclure, finir, terminer.* - LITTÉRAIRE : *clore.* ■ Attirer les poissons. SYN. aicher, appâter, écher, escher, ferrer.

amorcer (s') *verbe pronominal* Commencer à se manifester. SYN. commencer, débuter, démarrer, s'ébaucher, entrer en action, s'esquisser, prendre, prendre corps, prendre effet, voir le jour. - FAMILIER : s'emmancher. CONTR. *s'achever, cesser, finir, prendre fin, se terminer.*

amorphe *adjectif* Qui manque d'énergie. SYN. apathique, atone, avachi, endormi, inconsistant, indolent, languissant, lymphatique, mollasson, mou, passif, veule. - FAMILIER : mollasse. - LITTÉRAIRE : alangui, torpide. CONTR. *actif, bouillant, combatif, dynamique, énergique, entreprenant, passionné, remuant, résolu, tonique, vif, vivant.* - LITTÉRAIRE : *pugnace.*

amorti *adjectif* Moins intense. SYN. mat, sourd. CONTR. *fort, haut.*

amortir *verbe* Atténuer un bruit, un choc. SYN. adoucir, affaiblir, assourdir, atténuer, baisser, diminuer, étouffer. - LITTÉRAIRE : feutrer, ouater, voiler. CONTR. *amplifier, augmenter, intensifier.* ■ Diminuer la violence d'un sentiment. SYN. adoucir, apaiser, assoupir, calmer, diminuer, émousser, estomper, éteindre, freiner, modérer, tempérer. CONTR. *attiser, aviver, déchaîner, exciter, provoquer, réveiller, stimuler.* - LITTÉRAIRE : *enflammer.*

amortissement *nom masculin* Action d'amortir. SYN. adoucissement, affaiblissement, assourdissement, atténuation. CONTR. *amplification, augmentation, intensification.*

amour *nom masculin* Adhésion à un idéal. SYN. adoration, culte. - LITTÉRAIRE : dévotion, piété. ■ Goût très vif pour quelque chose. SYN. attachement, culte, fascination, fièvre, goût, inclination, intérêt, passion, penchant, propension. CONTR. *animosité, antipathie, aversion, dédain, désaffection, haine, horreur, hostilité, indifférence, prévention.* - LITTÉRAIRE : *abomination, exécration.* ■ Inclination pour une personne. SYN. affection, amitié, attachement, coup de foudre, tendresse. - LITTÉRAIRE : entichement, flamme, piété, sentiment. CONTR. *animosité, antipathie, aversion, haine.* ■ Liaison amoureuse. SYN. amourette, aventure, idylle, intrigue, passade. - FAMILIER : béguin, flirt, tocade, toquade. ■ ***Faire l'amour,*** accomplir l'acte sexuel. SYN. - ARGOTIQUE : artiller, faire tutu-panpan, faire zizi-panpan. - FAMILIER : copuler, coucher avec, forniquer, fricoter. - LITTÉRAIRE : connaître. - POPULAIRE : baiser, coïter, s'envoyer en l'air, faire la bête à deux dos.

amouracher (s') *verbe pronominal* FAMILIER. Éprouver un amour soudain. SYN. aimer, s'engouer, s'enticher, s'éprendre. - FAMILIER : avoir dans la peau, avoir le (un) béguin pour, courir le guilledou, s'emballer, flasher sur, en pincer pour, en tenir pour, se toquer. - LITTÉRAIRE : s'enamourer. - VIEUX : se coiffer.

amour-en-cage *nom masculin* Plante ornementale. SYN. alkékenge, coqueret, physalis.

amourette *nom féminin* Graminée à épillets tremblotants. SYN. brize, langue-de-femme.

amourette *nom féminin* Amour passager. SYN. aventure, badinage, caprice, idylle, intrigue, liaison, passade. – FAMILIER : béguin, flirt, tocade, toquade. CONTR. *passion.*

amoureusement *adverbe* Avec amour. SYN. passionnément, sensuellement, tendrement. CONTR. *brutalement, froidement, sèchement.*

amoureux *adjectif* Qui éprouve de l'amour. SYN. entiché, épris, fou, toqué. – ARGOTIQUE : morgane. – VIEUX : coiffé. CONTR. *détaché, haineux, indifférent.* ■ Qui est propre à l'amour. SYN. ardent, câlin, érotique, lascif, passionné, sensuel, sentimental, voluptueux. – FAMILIER : chaud. CONTR. *frigide, froid.* ■ Qui est passionné par. SYN. amateur, féru, fervent, fou, friand, gourmand, passionné. – FAMILIER : mordu, toqué.

amoureux *nom* Personne qui courtise quelqu'un. SYN. amant, chevalier servant, petit(e) ami(e), prétendant, soupirant. – FAMILIER : béguin, flirt. – LITTÉRAIRE : sigisbée. – VIEUX : galant.

amour-propre *nom masculin* Sentiment de sa propre valeur. SYN. dignité, fierté, orgueil. ■ Opinion trop flatteuse de soi. SYN. fatuité, présomption, prétention. – LITTÉRAIRE : fierté, infatuation. CONTR. *humilité, modestie.*

amovible *adjectif* Qui peut être enlevé. SYN. mobile. CONTR. *inamovible.*

ampélidacée *nom féminin* Arbrisseau tel que la vigne. SYN. vitacée.

amphibien *nom masculin* Vertébré anamniote à peau nue. SYN. – VIEUX : batracien.

amphibiotique *adjectif* Qui effectue des migrations saisonnières. SYN. amphidrome.

amphibologie *nom féminin* Énoncé ambigu. SYN. ambiguïté, double sens, équivoque, obscurité.

amphibologique *adjectif* À double sens. SYN. ambigu, équivoque. CONTR. *univoque.*

amphidrome *adjectif* Qui effectue des migrations saisonnières. SYN. amphibiotique.

amphigouri *nom masculin* LITTÉRAIRE. Langage embrouillé. SYN. galimatias, sabir. – FAMILIER : baragouin, charabia. – LITTÉRAIRE : pathos.

amphigourique *adjectif* LITTÉRAIRE. Embrouillé. SYN. abscons, confus, ésotérique, fumeux, hermétique, inaccessible, incompréhensible, inintelligible, insondable, obscur. – LITTÉRAIRE : abstrus, nébuleux, opaque, sibyllin. CONTR. *clair, limpide, lumineux, précis.*

amphimixie *nom féminin* Fusion du gamète mâle et du gamète femelle. SYN. caryogamie.

amphineure *nom masculin* Mollusque marin primitif. SYN. loricate.

amphiprion *nom masculin* Poisson des récifs coralliens. SYN. poisson-clown.

amphistomose *nom féminin* Gastro-entérite des ruminants. SYN. paramphistomose.

amphithéâtre *nom masculin* Édifice à gradins. SYN. cirque, hémicycle.

amphore *nom féminin* Vase à deux anses. SYN. jarre.

ample *adjectif* Se dit d'un vêtement large. SYN. bouffant, flottant. – LITTÉRAIRE : vaste. CONTR. *ajusté, étriqué, étroit, exigu, juste, moulant, rétréci, serré.* ■ Qui a de la puissance. SYN. abondant, copieux, étendu, grand, plein, riche, volumineux. CONTR. *bref, maigre, mince, modeste, pauvre, petit, rare, restreint.* – FAMILIER : *rikiki, riquiqui.*

amplement *adverbe* De façon plus que suffisante. SYN. abondamment, en abondance, beaucoup, bien, colossalement, comme s'il en pleuvait, considérablement, copieusement, à discrétion, énormément, à flots, à foison, généreusement, grandement, largement, massivement, à la pelle, plantureusement, pleinement, à profusion, en quantité, richement, à satiété, à souhait, surabondamment, à tour de bras, en veux-tu en voilà, à volonté. – FAMILIER : à gogo, jusqu'à plus soif, en pagaille, à revendre, à tire-larigot. – LITTÉRAIRE : à l'envi. CONTR. *guère, modestement, petitement, peu.*

ampleur *nom féminin* Qualité d'un vêtement large. SYN. largeur, volume. CONTR. *étroitesse, petitesse.* ■ Portée de quelque chose. SYN. amplitude, développement, dimension, envergure, étendue, grandeur, immensité, retentissement, richesse. CONTR. *insignifiance.*

ampliation *nom féminin* Copie à valeur d'original. SYN. copie, duplicata, expédition, fac-similé, grosse.

amplification *nom féminin* Action d'amplifier. SYN. accentuation, accroissement, aggravation, développement, élargissement, exagération, extension, grossissement, intensification. CONTR. *amoindrissement, amortissement, diminution, émoussement, rapetissement, réduction, résumé.*

amplifier *verbe* Accroître l'importance de quelque chose. SYN. aggraver, agrandir, augmenter, développer, élargir, étendre, grossir, hausser, intensifier. CONTR. *abréger, absorber, affaiblir, amoindrir, amortir, assourdir, baisser, borner, circonscrire, diminuer, étouffer, modérer, réduire, restreindre.* – LITTÉRAIRE : *rétrécir.* ■ Développer outre mesure. SYN. broder, exagérer, grossir, monter en épingle, outrer. – FAMILIER : délayer, faire tout un cinéma de, en faire (tout) un fromage, en faire tout un plat, en faire une pendule, en faire une piscine, forcer la dose, forcer la note, en rajouter. – LITTÉRAIRE : enfler. CONTR. *amoindrir, minimiser, réduire, résumer, simplifier, sous-estimer.* – LITTÉRAIRE : *rabaisser.*

amplifier (s') *verbe pronominal* Devenir plus important. SYN. s'accroître, augmenter, s'élargir, grandir, s'intensifier, monter, prendre de l'ampleur. CONTR. *s'affaiblir, baisser.*

ampli-syntoniseur *nom masculin* Élément d'une chaîne haute-fidélité. SYN. ampli-tuner.

amplitude *nom féminin* Étendue considérable. SYN. ampleur, grandeur, portée. CONTR. *insignifiance.*

ampli-tuner *nom masculin* Élément d'une chaîne haute-fidélité. SYN. ampli-syntoniseur.

ampoule *nom féminin* Lésion de la peau. SYN. bulle, cloque, phlyctène.

ampoulé *adjectif* Plein d'emphase. SYN. affecté, boursouflé, déclamatoire, emphatique, grandiloquent, guindé, hyperbolique, pédantesque, pompeux, prétentieux, redondant, ronflant, théâtral. – LITTÉRAIRE : enflé. CONTR. *clair, familier, naturel, négligé, simple, sobre, spontané.*

amputation *nom féminin* Action d'enlever un membre. SYN. ablation, mutilation.

amputer *verbe* Enlever un membre. SYN. châtrer, couper, enlever, estropier, mutiler, retrancher. ■ Retrancher un élément. SYN. diminuer, écourter, mutiler. – VIEUX : tronquer.

amulette *nom féminin* Objet porte-bonheur. SYN. fétiche, gri-gri, mascotte, porte-bonheur, talisman.

amusant *adjectif* Qui divertit. SYN. attrayant, badin, distrayant, divertissant, égayant, gai, original, plaisant, récréatif, réjouissant, spirituel. – FAMILIER : folichon, fun. – LITTÉRAIRE : drolatique, drôlet. CONTR. *banal, désagréable, ennuyeux, fastidieux, plat, soporifique.* – FAMILIER : *assommant, casse-pieds, embêtant, empoisonnant, enquiquinant, rasant, rasoir, soûlant, tuant.* – POPULAIRE : *canulant, suant.* ■ Qui fait rire. SYN. burlesque, comique, drôle, risible. – FAMILIER : cocasse, impayable, marrant, rigolo, roulant. – POPULAIRE : bidonnant. CONTR. *funèbre, lugubre, rébarbatif, rebutant, sérieux, sinistre, triste.* – FAMILIER : *cafardeux.*

amusement *nom masculin* Action d'amuser, de s'amuser. SYN. batifolage, délassement, distraction, divertissement, jeu, loisir, récréation, réjouissances. – LITTÉRAIRE : égaiement. ■ Sentiment de gaieté. SYN. agrément, délices, joie, plaisir, réjouissance. CONTR. *ennui.*

amuser *verbe* Rendre quelqu'un gai. SYN. délasser, dérider, désennuyer, désopiler, distraire, divertir, égayer, récréer, réjouir. CONTR. *attrister, chagriner, fatiguer.* – LITTÉRAIRE : *rembrunir.* ■ Faire plaisir à quelqu'un. SYN. enchanter, ravir. CONTR. *assommer, ennuyer, fatiguer, lasser.* – FAMILIER : *barber, bassiner, embêter, enquiquiner, raser.* – LITTÉRAIRE : *importuner.* – POPULAIRE : *emmerder.* ■ LITTÉRAIRE. Détourner l'attention de quelqu'un. SYN. abuser, duper, feinter, leurrer, mystifier, occuper, tromper.

amuser (s') *verbe pronominal* Prendre du bon temps. SYN. se distraire, se divertir, s'en donner à cœur joie, se donner du bon temps, faire la fête, faire la vie, jouer, mener joyeuse vie, s'offrir du bon temps, se payer du bon temps. – ARGOTIQUE : faire la teuf. – FAMILIER : faire la bombe, faire la bringue, faire la fiesta, faire la java, faire la noce, faire la nouba, s'en payer une tranche. – LITTÉRAIRE : s'égayer, folâtrer, se récréer. – POPULAIRE : déconner, s'éclater, faire la bamboula, faire la foire, se marrer, prendre son pied. – VIEUX : bambocher. CONTR. *s'ennuyer.* – FAMILIER : *se barber, s'embêter, s'enquiquiner, se raser.* – POPULAIRE : *s'emmerder.* ■ Rire de quelqu'un. SYN. se moquer, persifler, plaisanter, railler, rire de. – FAMILIER : blaguer, chambrer, se ficher, rigoler. – LITTÉRAIRE : brocarder, se gausser, se jouer. – POPULAIRE : charrier, se foutre. CONTR. *respecter.* ■ Perdre son temps. SYN. badiner, flâner, musarder, traîner. – FAMILIER : baguenauder, batifoler, lambiner, lanterner, traînasser. – LITTÉRAIRE : badauder, muser. CONTR. *s'activer, s'affairer, se démener, se presser, se remuer.*

amusette *nom féminin* FAMILIER. Distraction anodine. SYN. bagatelle, billevesée, distraction, fantaisie, frivolité, futilité. – LITTÉRAIRE : hochet.

amuseur *nom* Personne qui amuse. SYN. animateur, bouffon, boute-en-train, farceur, plaisantin. – FAMILIER : blagueur. CONTR. *rabat-joie.* – FAMILIER : *bonnet de nuit, éteignoir.*

amygdale *nom féminin* Organe situé dans le pharynx. SYN. tonsille.

amygdalite *nom féminin* Inflammation des amygdales. SYN. tonsillite.

amyle *nom masculin* Radical de chimie organique. SYN. pentyle.

an *nom masculin* Mesure de l'âge. SYN. année. – LITTÉRAIRE : printemps. – POPULAIRE : balai, berge, bougie, pige.

anabas *nom masculin* Poisson à respiration aérienne. SYN. perche grimpeuse.

anabiose *nom féminin* Réhydratation d'un organisme végétal. SYN. reviviscence.

anabiotique *adjectif* Doué de reviviscence. SYN. reviviscent.

anacarde *nom masculin* Fruit de l'anacardier. SYN. noix d'acajou, noix de cajou.

anacardiacée *nom féminin* Arbre ou arbuste tropical. SYN. térébinthacée.

anacardier *nom masculin* Arbre fruitier des régions chaudes. SYN. espavel.

anachlorhydropepsie *nom féminin* Absence de sécrétion d'acide chlorhydrique. SYN. achylie.

anachorète *nom masculin* Moine vivant dans la solitude. SYN. ermite, solitaire. CONTR. *cénobite.*

anachorétique *adjectif* Relatif aux anachorètes. SYN. érémitique. CONTR. *cénobitique.*

anachronique *adjectif* En retard sur son époque. SYN. ancien, antédiluvien, antique, archaïque, arriéré, attardé, démodé, dépassé, désuet, périmé, poussiéreux. – FAMILIER : out, ringard. – LITTÉRAIRE : suranné. CONTR. *actuel, contemporain, ultramoderne.*

anaconda *nom masculin* Grand serpent voisin du boa. SYN. eunecte.

anadrome *adjectif* Qui remonte les fleuves pour y pondre. SYN. potamotoque. CONTR. *catadrome.*

anaérobie *adjectif et nom masculin* Qui peut vivre en l'absence d'oxygène. CONTR. *aérobie.*

analectes *nom masculin pluriel* Recueil d'extraits d'œuvres. SYN. anthologie, chrestomathie, florilège, morceaux choisis, spicilège.

analepsie *nom féminin* Retour des forces après une maladie. SYN. rétablissement. CONTR. *rechute.*

analeptique *adjectif et nom masculin* Médicament stimulant. SYN. fortifiant, reconstituant, remontant, stimulant, tonique.

analgésique *adjectif et nom masculin* Médicament antidouleur. SYN. antalgique, calmant, sédatif.

analogie *nom féminin* Caractères communs. SYN. affinité, apparentement, assimilation, communauté, concordance, conformité, connexion, corrélation, correspondance, équivalence, filiation, identité, parenté, rapport, rapprochement, réciprocité, ressemblance, similarité, similitude. – LITTÉRAIRE : connexité. CONTR. *contradiction, contraste, différence, disproportion, dissemblance, divergence, opposition.*

analogue *adjectif* Semblable à quelque chose. SYN. apparenté, approchant, assimilable, comparable, conforme, connexe, équivalent, identique, parallèle, pareil, proche, ressemblant, similaire, uniforme, voisin. – FAMILIER : c'est bonnet blanc et blanc bonnet, c'est du pareil au même, c'est kif-kif (bourricot), c'est tout comme. CONTR. *autre, contraire, différent, disparate, disproportionné, dissemblable, distinct, divergent, divers, hétérogène, opposé.*

analphabète *adjectif et nom* Qui ne sait ni lire ni écrire. SYN. illettré.

analycité *nom féminin* Propriété d'un énoncé analytique. SYN. analyticité.

analyse *nom féminin* Opération de l'esprit. SYN. approfondissement, décomposition, exploration. CONTR. *combinaison, synthèse.* ■ Étude qui explique quelque chose. SYN. compte-rendu, critique, enquête, étude, examen, exposé, résumé. – VIEUX : notice.

analyser *verbe* Faire une étude approfondie. SYN. considérer, décomposer, disséquer, éplucher, étudier, examiner, inventorier, passer au crible, passer en revue, raisonner, regarder. – FAMILIER : anatomiser. CONTR. *effleurer, survoler.* ■ Dégager l'essentiel d'un texte. SYN. condenser, résumer, synthétiser. ■ Mener la cure psychanalytique de. SYN. psychanalyser.

analyste *nom* Praticien de la psychanalyse. SYN. psychanalyste.

analyticité *nom féminin* Propriété d'un énoncé analytique. SYN. analycité.

analytique *adjectif* Qui procède par analyse. CONTR. *synthétique.* ■ Relatif à la psychanalyse. SYN. psychanalytique.

analytiquement *adverbe* De façon analytique. CONTR. *synthétiquement.*

ananchytes *nom masculin* VIEUX. Oursin fossile. SYN. échinocorys.

anaphrodisiaque *adjectif et nom masculin* Qui diminue le désir sexuel. CONTR. *aphrodisiaque.*

anaphylaxie *nom féminin* Forme d'allergie aiguë. SYN. allergie, intolérance, sensibilisation. – VIEUX : idiosyncrasie. CONTR. *immunisation, immunité.*

anaplasique *adjectif* Qui n'est plus différencié (cellules). SYN. indifférencié.

anarchie *nom féminin* État de désordre. SYN. agitation, chaos, confusion, désordre, gâchis. – FAMILIER : bazar, foutoir, pagaïe, pagaille. – POPULAIRE : chienlit. CONTR. *autoritarisme, discipline, ordre, organisation.*

anarchique *adjectif* Qui n'obéit à aucune règle. SYN. désordonné, désorganisé. – POPULAIRE : bordélique. CONTR. *ordonné, rationnel, réglé.*

anarthrie *nom féminin* Difficulté à articuler des sons. SYN. dysarthrie.

anastome *nom masculin* Cigogne dont le bec ne se ferme pas entièrement. SYN. bec-ouvert.

anastrophe *nom féminin* Renversement de l'ordre des mots. SYN. inversion.

anathématiser *verbe* Frapper d'anathème. SYN. blâmer, envoyer à tous les diables, envoyer au diable, envoyer aux cinq cents diables, mettre au ban, réprouver, stigmatiser, vitupérer. – LITTÉRAIRE : flétrir, fustiger, maudire. CONTR. *applaudir à, approuver, célébrer, exalter, glorifier, louer, vanter.*

anathème *nom* Personne frappée d'anathème. SYN. excommunié, maudit, réprouvé.

anathème *nom masculin* Condamnation sévère. SYN. excommunication, réprobation. – LITTÉRAIRE : imprécation, malédiction, opprobre.

anatidé *nom masculin* Oiseau aquatique aux pattes palmées. SYN. anséridé.

anatife *nom masculin* Crustacé marin qui se fixe aux objets flottants. SYN. bernacle.

anatomie *nom féminin* Forme extérieure du corps. SYN. corps, physique, plastique.

ancestral *adjectif* Qui remonte à un passé lointain. SYN. ancien, antédiluvien, antique, archaïque, atavique, héréditaire, millénaire, séculaire, vieux. – LITTÉRAIRE : immémorial. CONTR. *actuel, moderne, nouveau, récent.*

ancêtre *nom* Ascendant d'une personne. SYN. aîné, parent, souche. – LITTÉRAIRE : aïeul. CONTR. *descendant.* ▪ Initiateur lointain d'une idée. SYN. ancien, devancier, père, prédécesseur. CONTR. *disciple, héritier, successeur.*

ancêtres *nom masculin pluriel* Ceux qui ont vécu avant. SYN. ascendance, ascendants. – LITTÉRAIRE : aïeux, parents. CONTR. *descendants, postérité.*

anchorelle *nom féminin* Crustacé qui vit fixé aux branchies des poissons. SYN. clavelle.

anchusa *nom féminin* Plante herbacée velue. SYN. buglosse.

ancien *adjectif* Qui existe depuis longtemps. SYN. âgé, anachronique, ancestral, antédiluvien, archaïque, arriéré, long, poussiéreux, séculaire, vétuste, vieillot, vieux. – LITTÉRAIRE : immémorial, suranné. CONTR. *frais, jeune, neuf, nouveau, présent, récent.* – FAMILIER : *ultramoderne.* ▪ Qui a existé autrefois. SYN. antique, d'autrefois, caduc, démodé, dépassé, désuet, éloigné, inactuel, obsolète, passé, premier, reculé. CONTR. *actuel, contemporain, inédit, moderne, présent.* ▪ Qui n'est plus en fonction. SYN. antérieur, ex (suivi du titre désignant l'activité). CONTR. *nouveau.*

ancien *nom* Prédécesseur. SYN. devancier, père, précurseur. – LITTÉRAIRE : vétéran. CONTR. *commençant, débutant, jeune, néophyte, nouveau.* – FAMILIER : *bizut, bizuth, bleu.*

anciennement *adverbe* À une époque lointaine. SYN. autrefois, jadis, dans le passé, par le passé, au temps jadis, dans le temps. – FAMILIER : naguère. CONTR. *actuellement, aujourd'hui, dernièrement, maintenant, nouvellement, à présent, présentement, récemment.*

ancienneté *nom féminin* État de ce qui est ancien. SYN. antiquité, archaïsme, vétusté. – LITTÉRAIRE : vieillesse. CONTR. *actualité, nouveauté.*

ancistrodon *nom masculin* Serpent piscivore venimeux. SYN. mocassin.

ancrer *verbe* Fixer solidement quelque chose. SYN. affermir, asseoir, enraciner, implanter. – LITTÉRAIRE : river. ▪ Immobiliser un bateau. SYN. amarrer, jeter l'ancre, mouiller. CONTR. *appareiller, lever l'ancre.*

ancrer (s') *verbe pronominal* Se fixer solidement. SYN. s'affermir, s'enraciner, s'établir, se fixer, s'implanter, s'installer. – LITTÉRAIRE : s'invétérer.

andouille *nom féminin* FAMILIER. Personne idiote. SYN. âne, âne bâté, balourd, benêt, butor, demeuré, idiot, ignorant, imbécile, innocent, lourdaud, maladroit, niais, nigaud, nul, nullité, rustre, sot, sotte. – FAMILIER : abruti, animal, ballot, bécasse, bêta, bûche, buse, cloche, crétin, cruche, dinde, empaillé, empoté, gaffeur, ganache, gourde, jacques, noix, oie, rustaud, saucisse, serin. – LITTÉRAIRE : nicodème. – POPULAIRE : banane, con, conard, conasse, connard, connasse, conneau, corniaud, cornichon, couillon, courge, enflé, enflure, enfoiré, gland, manche, nouille, œuf, patate, taré, tête de nœud, trou du cul, truffe.

androgyne *adjectif et nom masculin* Qui tient des deux sexes. SYN. bisexué, hermaphrodite. CONTR. *dioïque.* ▪ Aux fleurs mâles et femelles sur le même pied. SYN. monoïque. CONTR. *dioïque.*

âne *nom masculin* Mammifère équidé. SYN. baudet, bourricot, bourriquet. – FAMILIER : bourrique. ▪ Personne ignorante. SYN. âne bâté, balourd, benêt, cancre, idiot, ignare, ignorant, imbécile, innocent, lourdaud, maladroit, niais, nigaud, nul, nullité, sot, sotte. – FAMILIER : abruti, andouille, ballot, bécasse, bêta, bûche, buse, cloche, crétin, cruche, dinde, empaillé, empoté, gaffeur, gourde, jacques, noix, oie, serin. – LITTÉRAIRE : nicodème. – POPULAIRE : banane, bourrique, con, conard, connard, cornichon, couillon, gland, manche, nouille, patate, truffe. CONTR. *intelligent, savant.*

anéanti *adjectif* Qui a perdu ses forces morales. SYN. abattu, accablé, affligé, atterré, attristé, brisé, consterné, découragé, démoralisé, déprimé, effondré, épuisé, exténué, morne, prostré, sans ressort, sombre, triste, usé. – FAMILIER : groggy, vidé. CONTR. *allègre, confiant, content, dynamique, euphorique, gai, joyeux, optimiste.* ■ Qui est écrasé de fatigue. SYN. à bout de force, à bout de souffle, brisé, épuisé, exténué, fatigué, fourbu, harassé, K.-O., las, mort de fatigue, recru, rendu, rompu, surmené, usé. – FAMILIER : achevé, au bout du rouleau, cassé, claqué, éreinté, esquinté, fini, flapi, H.S., kaput, lessivé, mort, moulu, à plat, pompé, à ramasser à la petite cuillère, raplapla, sur les genoux, tué, vanné, vidé. – POPULAIRE : cané, crevé, rétamé, sur les rotules. CONTR. *délassé, dispos, frais, frais et dispos, reposé.* – FAMILIER : *en forme, frais comme un gardon, frais comme une rose, increvable, en pleine forme.* – VIEUX : *gaillard.*

anéantir *verbe* Réduire à rien. SYN. abolir, annihiler, annuler, balayer, décimer, démanteler, désintégrer, détruire, écraser, exterminer, extirper, faucher, neutraliser, phagocyter, ravager, renverser, rompre, ruiner, saper, supprimer, triompher, vaincre. – FAMILIER : liquider. CONTR. *conserver, créer, édifier, entretenir, fonder, garder, maintenir, rehausser, remettre, renforcer.* – LITTÉRAIRE : *réédifier.* ■ Écraser quelqu'un. SYN. abasourdir, abattre, accabler, assommer, atterrer, briser, confondre, démoraliser, épuiser, exténuer, fatiguer, harasser, paralyser, surmener, vider. – FAMILIER : achever, aplatir, claquer, crever, démolir, écœurer, éreinter, esquinter, pomper, tuer. – LITTÉRAIRE : annihiler. CONTR. *encourager, enflammer, exalter, fortifier, réconforter, regonfler, restaurer, rétablir, revigorer, stimuler.* – FAMILIER : *requinquer.* – LITTÉRAIRE : *vivifier.*

anéantir (s') *verbe pronominal* Disparaître entièrement. SYN. s'écrouler, s'effondrer, sombrer. ■ LITTÉRAIRE. Se donner tout entier à. SYN. se livrer, se perdre. – LITTÉRAIRE : s'abîmer.

anéantissement *nom masculin* Fait d'être accablé. SYN. abattement, accablement, découragement, dépression, écrasement, épuisement, fatigue. – FAMILIER : éreintement. – LITTÉRAIRE : brisement. ■ Action d'anéantir. SYN. abolition, annihilation, destruction, disparition, écroulement, effondrement, engloutissement, extermination, extinction, extirpation, renversement, ruine. CONTR. *conservation, continuité, maintien, préservation, sauvegarde.*

anecdote *nom féminin* Bref récit. SYN. histoire, historiette.

anecdotique *adjectif* Qui tient de l'anecdote. SYN. accessoire, circonstanciel, conjoncturel. CONTR. *capital, essentiel, fondamental, majeur.*

anémiant *adjectif* Qui provoque une anémie. SYN. débilitant, déprimant, fatigant. – LITTÉRAIRE : dissolvant. CONTR. *fortifiant, réparateur, tonifiant, tonique, vivifiant.*

anémier *verbe* Rendre anémique. SYN. affaiblir, appauvrir, débiliter, épuiser, étioler. CONTR. *fortifier, revigorer, tonifier.*

anémique *adjectif* Qui souffre d'anémie. SYN. affaibli, asthénique, chlorotique, lymphatique. ■ Qui est affaibli. SYN. débile, déficient, étiolé, exsangue, faible, pauvre. CONTR. *dru, fort, pétulant, plein, vigoureux.*

anémone *nom féminin* ***Anémone de mer,*** polype marin. SYN. actinie, ortie de mer.

ânerie *nom féminin* Parole, acte stupide. SYN. absurdité, balourdise, bêtise, idiotie, imbécillité, ineptie, niaiserie, sottise, stupidité. – FAMILIER : blague, boulette, crétinerie. – POPULAIRE : connerie. CONTR. *culture, érudition, intelligence, savoir.*

anesthésiant *adjectif et nom masculin* Qui anesthésie. SYN. anesthésique.

anesthésier *verbe* Rendre quelqu'un insensible. SYN. abrutir, endormir, insensibiliser. CONTR. *exciter, réveiller.*

anesthésiologiste *nom* Spécialiste d'anesthésiologie. SYN. anesthésiste-réanimateur.

anesthésique *adjectif et nom masculin* Médicament qui anesthésie. SYN. anesthésiant.

anesthésiste-réanimateur *nom* Spécialiste d'anesthésiologie. SYN. anesthésiologiste.

aneth *nom masculin* Plante aromatique à feuilles vert foncé. SYN. faux anis.

aneurine *nom féminin* VIEUX. Vitamine présente dans les levures, les céréales. SYN. thiamine, vitamine antinévritique.

anfractueux *adjectif* Qui est sinueux. SYN. découpé, entaillé.

anfractuosité *nom féminin* Cavité profonde et irrégulière. SYN. cavité, concavité, creux, crevasse, crique, échancrure, excavation, renfoncement, trou.

angéite *nom féminin* Inflammation de la paroi des vaisseaux sanguins. SYN. vascularite.

angélique *adjectif* Relatif aux anges. SYN. archangélique. – LITTÉRAIRE : céleste, séraphique. CONTR. *diabolique, satanique.* – LITTÉRAIRE : *mephistophé-*

lique. ■ Qui a les qualités d'un ange. SYN. idéal, idyllique, parfait, pur. CONTR. *démoniaque.*

angine *nom féminin* ***Angine de poitrine,*** douleur thoracique. SYN. angor.

angioblastome *nom masculin* Tumeur cérébrale vasculaire. SYN. hémangioblastome.

angiosperme *nom féminin* Plante dont les graines fécondées sont dans un fruit clos. SYN. plante à fleurs. CONTR. *gymnosperme.*

angiotensine *nom féminin* Hormone à grand pouvoir vasoconstricteur. SYN. hypertensine.

anglaiser *verbe* Sectionner les muscles abaisseurs de la queue d'un cheval. SYN. niqueter.

angle *nom masculin* Façon de voir. SYN. aspect, côté, éclairage, facette, jour, optique, perspective, point de vue, rapport. ■ Encoignure. SYN. coin, coude.

angoissant *adjectif* Qui cause de l'angoisse. SYN. alarmant, dramatique, grave, inquiétant, menaçant, oppressant, préoccupant, sinistre, sombre, stressant, triste. – POPULAIRE : flippant. CONTR. *apaisant, rassurant, sécurisant, tranquillisant.*

angoisse *nom féminin* Anxiété profonde. SYN. anxiété, appréhension, crainte, désarroi, désespoir, effroi, épouvante, frayeur, hantise, inquiétude, peur, préoccupation. – LITTÉRAIRE : affres, alarme, transes. CONTR. *béatitude, bien-être, paix, sécurité, sérénité, tranquillité.* – LITTÉRAIRE : *quiétude, repos.*

angoissé *adjectif* Qui éprouve de l'angoisse. SYN. anxieux, inquiet, préoccupé, soucieux, stressé, tendu, tourmenté, tracassé. CONTR. *béat, confiant, tranquille.* – LITTÉRAIRE : *quiet.*

angoisser *verbe* Causer de l'angoisse. SYN. agiter, alarmer, effrayer, épouvanter, faire peur, inquiéter, oppresser, paniquer. – VIEUX : soucier. CONTR. *apaiser, calmer, rassurer, sécuriser, tranquilliser.* – LITTÉRAIRE : *rasséréner.*

angoisser (s') *verbe pronominal* Être anxieux. SYN. avoir des sueurs froides, avoir la peur au ventre, avoir l'estomac noué, avoir une boule sur l'estomac. – FAMILIER : être au trente-sixième dessous, être aux cent coups, être dans tous ses états. – POPULAIRE : baliser, flipper.

angor *nom masculin* Douleur thoracique. SYN. angine de poitrine.

angraecum *nom masculin* Variété d'orchidée. SYN. faam.

anguiforme *adjectif* Qui a la forme d'un serpent. SYN. serpentiforme.

anguillulose *nom féminin* Maladie parasitaire. SYN. strongyloïdose.

anguleux *adjectif* Maigre et allongé. SYN. en lame de couteau, taillé à la serpe, taillé au rasoir.

anhélation *nom féminin* RARE. Respiration difficile. SYN. dyspnée, halètement.

anhéler *verbe* Respirer avec peine. SYN. avoir le souffle court, s'essouffler, être à bout de souffle, être hors d'haleine, haleter, suffoquer. – FAMILIER : souffler comme un bœuf, souffler comme un phoque. – LITTÉRAIRE : panteler. CONTR. *reprendre haleine, respirer.*

anhydre *adjectif* Qui ne contient pas d'eau. CONTR. *hydraté.*

anicroche *nom féminin* FAMILIER. Petit obstacle. SYN. accident, accroc, à-coup, contretemps, ennui, incident, obstacle, tiraillement. – FAMILIER : enquiquinement, histoire, pépin, tirage.

animadversion *nom féminin* LITTÉRAIRE. Antipathie déclarée. SYN. aversion, hostilité, inimitié. CONTR. *goût, prédilection, préférence, sympathie.* – LITTÉRAIRE : *inclination.*

animal *adjectif* Propre à l'animal. SYN. bestial, inné, instinctif. CONTR. *conscient, réfléchi.*

animal *nom masculin* FAMILIER. Personne grossière. SYN. balourd, brute, imbécile, lourdaud. – FAMILIER : abruti, ballot. ■ Être animé, dépourvu du langage. SYN. bête. – POPULAIRE : bestiau. CONTR. *minéral, végétal.*

animaliser *verbe* Rabaisser quelqun à l'état d'animal. SYN. abêtir, abrutir. CONTR. *civiliser, élever, relever.*

animalité *nom féminin* Comportement bestial. SYN. bestialité.

animateur *nom* Personne qui organise une activité. SYN. âme, chef, dirigeant, moteur, promoteur, protagoniste.

animation *nom féminin* Ardeur mise dans une action. SYN. chaleur, enthousiasme, entrain, exaltation, excitation, fougue, passion. – LITTÉRAIRE : flamme, vivacité. CONTR. *flegme, froideur, impassibilité, langueur.* ■ Grande activité. SYN. agitation, mouvement, trépidation, vie. CONTR. *calme, engourdissement, léthargie, marasme, paralysie, torpeur.*

animé *adjectif* Où règne de l'animation. SYN. mouvementé, orageux, trépidant, vivant. CONTR. *calme, froid, silencieux, triste, uniforme.* ■ Où il y a du monde. SYN. passant, populeux. CONTR. *désert, vide.* ■ Qui bouge. SYN. mobile, mouvant. CONTR. *inanimé, inerte.*

animer *verbe* Pousser quelqu'un à agir. SYN. aiguillonner, armer, encourager, éperonner, éveiller, exciter, galvaniser, guider, inspirer, soulever, stimuler, vivifier. – LITTÉRAIRE : enflammer, exalter. CONTR. *abattre, accabler, décourager, déprimer, engourdir, paralyser, refroidir, retenir.*

animer (s') *verbe pronominal* LITTÉRAIRE. Prendre vie. SYN. s'agiter. CONTR. *s'éteindre, se figer.* ▪ Devenir vif. SYN. s'enflammer. CONTR. *s'apaiser, se calmer.* – LITTÉRAIRE : *s'assoupir.*

animosité *nom féminin* Sentiment d'hostilité. SYN. allergie, antipathie, haine, hostilité, inimitié, malveillance, prévention, rancune, ressentiment. – LITTÉRAIRE : détestation, fiel. CONTR. *adoration, amitié, amour, sympathie.* – LITTÉRAIRE : *inclination.* ▪ Violence dans l'attitude. SYN. acharnement, agressivité, aigreur, âpreté, véhémence, virulence. CONTR. *bienveillance, complaisance, cordialité, sympathie.*

anion *nom masculin* Ion de charge électrique négative. CONTR. *cation.*

anis *nom masculin* ***Faux anis,*** plante aromatiqe à feuilles vert foncé. SYN. aneth.

ankh *adjectif* ***Croix ankh,*** croix suspendue à une anse. SYN. croix ansée.

ankylose *nom féminin* Ralentissement de l'activité. SYN. inactivité, paralysie, stagnation. CONTR. *activité.*

ankylosé *adjectif* Qui est engourdi. SYN. gourd. CONTR. *alerte, souple.*

ankyloser *verbe* Réduire une activité. SYN. engourdir, rouiller. CONTR. *réveiller, stimuler.*

ankyloser (s') *verbe pronominal* Perdre son dynamisme. SYN. se rouiller, se scléroser. CONTR. – LITTÉRAIRE : *s'éveiller.*

annales *nom féminin pluriel* Ouvrage chronologique. SYN. chroniques, mémoires.

annaliste *nom masculin* Personne qui écrit des annales. SYN. chroniqueur, mémorialiste.

annelé *adjectif* ***Colonne annelée,*** dont le fût est orné de bagues. SYN. bagué.

anneler *verbe* Passer un anneau dans le nez d'un animal. SYN. boucler, ferrer.

annexe *adjectif* Qui se rattache à quelque chose. SYN. accessoire, additionnel, auxiliaire, complémentaire, connexe, marginal, second, subalterne, subsidiaire. CONTR. *premier, primordial, principal, vital.*

annexe *nom féminin* Bâtiment complémentaire. SYN. dépendance, filiale, succursale.

annexer *verbe* Faire passer sous une dépendance. SYN. incorporer, rattacher. CONTR. *aliéner, céder.* ▪ Faire entrer dans. SYN. adjoindre, englober, incorporer, joindre, rattacher, réunir. CONTR. *détacher, séparer.*

annexion *nom féminin* Action d'annexer. SYN. adjonction, incorporation, rattachement, réunion. CONTR. *cession, sécession, séparation.*

annihilation *nom féminin* Action d'annihiler. SYN. anéantissement, extinction, ruine.

annihiler *verbe* Réduire à rien. SYN. abolir, anéantir, annuler, balayer, broyer, détruire, dissoudre, éradiquer, foudroyer, neutraliser, phagocyter, réduire à néant, ruiner, supprimer. CONTR. *confirmer, consolider, valider.* ▪ LITTÉRAIRE. Anéantir la volonté de quelqu'un. SYN. abattre, accabler, anéantir, briser, broyer, détruire, paralyser.

annonce *nom féminin* Ce qui laisse prévoir un événement. SYN. avant-goût, indice, préfiguration, prélude, présage, prologue, promesse, signal, signe précurseur, symptôme. – LITTÉRAIRE : prodrome. ▪ Action d'annoncer quelque chose. SYN. affirmation, communication, déclaration, notification, proclamation. ▪ Avis par lequel on fait savoir. SYN. avis, bulletin, communiqué, dépêche, faire-part, publication.

annoncer *verbe* Faire savoir quelque chose. SYN. apprendre, avertir de, aviser de, claironner, clamer, communiquer, crier sur les toits, déclarer, dire, faire part, informer, instruire, notifier, proclamer, publier, révéler, signaler. – FAMILIER : carillonner. – VIEUX : trompeter. CONTR. *cacher, dissimuler, taire.* ▪ Indiquer quelque chose par avance. SYN. augurer, indiquer, marquer, précéder, prédire, préfigurer, préluder à, pronostiquer, signaler. – LITTÉRAIRE : présager. ▪ Être le signe certain de quelque chose. SYN. attester, déceler, dénoter, laisser deviner, prédire, promettre, révéler. – LITTÉRAIRE : présager.

annonciateur *adjectif* Qui annonce. SYN. avant-coureur, précurseur. CONTR. *consécutif à, rétrospectif.*

annotation *nom féminin* Appréciation écrite. SYN. apostille, commentaire, exégèse, glose, notation, note, remarque, scolie.

annoter *verbe* Écrire des notes sur un texte. SYN. apostiller, commenter, gloser, marginer.

annulable *adjectif* Qui peut être annulé. SYN. rescindable, résiliable, résoluble. CONTR. *définitif, inattaquable, indestructible.*

annulation *nom féminin* Action d'annuler. SYN. abolition, abrogation, cassation, dissolution, extinction, infirmation, invalidation, levée, rédhibition, rescision, résiliation, retrait, révocation, rupture, suppression. CONTR. *confirmation, consécration, conservation, consolidation, maintien, ratification, validation.*

annuler *verbe* Déclarer quelque chose nul. SYN. abolir, abroger, anéantir, annihiler, casser, déclarer nul et non avenu, décommander, dénoncer, détruire, dissoudre, éteindre, infirmer, invalider, rapporter, rescinder, résilier, résoudre, retirer, révoquer, rompre, supprimer. – LITTÉRAIRE : rétracter, vicier. CONTR. *confirmer, consacrer, consolider, maintenir, ratifier, valider.*

anode *nom féminin* Électrode d'entrée du courant. CONTR. *cathode.*

anodin *adjectif* Sans danger. SYN. bénin, inactif, inefficace, inoffensif, inopérant, léger. – LITTÉRAIRE : véniel. CONTR. *dangereux, fort, mauvais, méchant, nocif, puissant, redoutable, violent.* ▪ Sans intérêt. SYN. banal, effacé, falot, insignifiant, léger, petit, quelconque, terne. CONTR. *brillant, caractérisé, considérable, écrasant, grave, important, notable, sérieux.*

anodonte *nom masculin* Grande moule d'eau douce. SYN. moule d'étang.

anomalie *nom féminin* Ce qui s'écarte de la norme. SYN. bizarrerie, contresens, défaut, déviation, difformité, étrangeté, exception, irrégularité, monstruosité, particularité, singularité. CONTR. *conformité, normalité, régularité.*

anonymat *nom masculin* Fait de ne pas être connu. SYN. clandestinité. – LITTÉRAIRE : obscurité. CONTR. *célébrité, réputation.*

anonyme *adjectif* Sans personnalité. SYN. banal, classique, insignifiant, ordinaire, quelconque, traditionnel. CONTR. *original, pittoresque, rare, spécial.*

anonymement *adverbe* En gardant l'anonymat. SYN. incognito, obscurément, secrètement.

anormal *adjectif* Contraire à la norme. SYN. atypique, bizarre, étrange, exceptionnel, extraordinaire, inaccoutumé, inexplicable, inhabituel, insolite, inusité, irrégulier, monstrueux, paradoxal. – FAMILIER : pathologique. CONTR. *accoutumé, familier, habituel, normal, ordinaire.* ▪ Contraire à l'ordre juste des choses. SYN. aberrant, absurde, illogique, injuste, insensé, irrationnel, singulier, surprenant. CONTR. *équitable, juste, légitime, logique, naturel, normal.*

anormalement *adverbe* De façon anormale. SYN. bizarrement, curieusement, étrangement. CONTR. *correctement, normalement.*

anorthosite *nom féminin* Roche plutonique. SYN. plagioclasite.

anosmatique *adjectif* Qui a peu ou pas d'odorat. SYN. microsmatique.

ansé *adjectif* ***Croix ansée,*** croix suspendue à une anse. SYN. croix ankh.

ansérìdé *nom masculin* Oiseau aquatique aux pattes palmées. SYN. anatidé.

ansérine *nom féminin* Plante vivace à fleurs jaunes ou blanches. SYN. patte-d'oie, potentille, quintefeuille. ▪ Herbe voisine de l'épinard. SYN. chénopode.

antagonisme *nom masculin* État d'opposition. SYN. affrontement, choc, collision, combat, concurrence, conflit, divergence, duel, incompatibilité, lutte, opposition, rivalité, rupture, zizanie. – LITTÉRAIRE : dissonance. CONTR. *accord, affinité, alliance, concordance, concorde, correspondance, entente, harmonie, union, unité.*

antagoniste *adjectif* Qui s'oppose à quelque chose. SYN. contradictoire, contraire, discordant, divergent, opposé. CONTR. *concordant, correspondant.*

antagoniste *nom* Personne en lutte avec une autre. SYN. adversaire, combattant, ennemi, opposant, rival. CONTR. *allié, ami, associé, défenseur.*

antalgique *adjectif et nom masculin* Médicament antidouleur. SYN. analgésique, calmant, sédatif.

antarctique *adjectif* Relatif au pôle Sud. SYN. austral, polaire. CONTR. *arctique, boréal, nord.*

antécambrien *nom masculin* VIEUX. Période géologique. SYN. précambrien.

antécédent *adjectif* Qui est antérieur. SYN. antérieur, passé, précédent, préexistant. CONTR. *actuel, consécutif, futur, postérieur, ultérieur.* – LITTÉRAIRE : *subséquent.*

antédiluvien *adjectif* Très ancien. SYN. anachronique, ancestral, antique, archaïque, démodé. – LITTÉRAIRE : suranné. CONTR. *d'avant-garde, dernier cri, à la mode, moderne, à la page, ultramoderne.*

antéislamique *adjectif* Antérieur à l'islam. SYN. préislamique.

antémémoire *nom féminin* Zone de mémoire d'un ordinateur. SYN. cache.

antennaire *nom féminin* Plante cotonneuse de montagne. SYN. pied-de-chat.

antennate *nom masculin* Arthropode muni d'antennes. SYN. mandibulate.

antependium *nom masculin* Décor de la face antérieure d'un autel. SYN. frontal.

antérieur *adjectif* Qui précède. SYN. ancien, antécédent, précédent, précité, préexistant, premier, susdit, susnommé. CONTR. *actuel, futur, postérieur, présent, suivant, ultérieur.* - LITTÉRAIRE : *subséquent.*

antérieurement *adverbe* À une époque antérieure. SYN. auparavant, avant, précédemment. CONTR. *après, ensuite, postérieurement, ultérieurement.*

antériorité *nom féminin* Caractère antérieur. SYN. ancienneté, préexistence, priorité. CONTR. *actualité, postériorité.*

anthémis *nom féminin* Plante herbacée aromatique. SYN. camomille.

anthericum *nom masculin* Plante bulbeuse à fleurs blanches. SYN. phalangère.

anthologie *nom féminin* Recueil d'extraits d'œuvres. SYN. analectes, choix, chrestomathie, extraits, florilège, morceaux choisis, spicilège. CONTR. *intégrale.*

anthophile *adjectif* Qui vit sur les fleurs. SYN. floricole.

anthozoaire *nom masculin* Invertébré marin. SYN. - VIEUX : coralliaire.

anthropophage *adjectif et nom* Qui mange la chair humaine. SYN. cannibale.

anthropophagie *nom féminin* Comportement d'anthropophage. SYN. cannibalisme.

antiacarien *nom masculin* Médicament contre les acariens. SYN. acaricide.

antiatomique *adjectif* Qui protège des effets d'une explosion nucléaire. SYN. paranucléaire.

anticancéreux *nom masculin* Médicament utilisé dans le traitement du cancer. SYN. antimitotique, antinéoplasique, cytostatique.

antichambre *nom féminin* Pièce qui en précède une autre. SYN. hall, salle d'attente, vestibule.

anticholinergique *adjectif et nom masculin* Qui inhibe l'action de l'acétylcholine. SYN. acétylcholinolytique, cholinolytique, parasympatholytique.

anticipation *nom féminin* Action d'imaginer l'avenir. SYN. conjecture, extrapolation, préfiguration, prévision, prophétie.

anticipé *adjectif* Qui arrive plus tôt que prévu. SYN. avancé, devancé, hâtif, précoce, prématuré. CONTR. *tardif.*

anticiper *verbe* Faire avant la date prévue. SYN. avancer, décaler, devancer, hâter, précipiter, prévenir. - LITTÉRAIRE : préjuger. CONTR. *ajourner, différer, repousser, retarder, suspendre.*

anticlinal *nom masculin* Pli dont la convexité est tournée vers le haut. CONTR. *synclinal.*

anticonformisme *nom masculin* Opposition aux usages établis. SYN. indépendance, individualisme, originalité. CONTR. *conformisme, conservatisme, traditionalisme.*

anticonstitutionnel *adjectif* Contraire à la Constitution. SYN. inconstitutionnel.

anticorps *nom masculin* Protéine sécrétée en réaction à un antigène. SYN. immunoglobuline.

anticryptogamique *adjectif et nom masculin* Propre à détruire les champignons parasites. SYN. fongicide.

antidate *nom féminin* Date antérieure. CONTR. *postdate.*

antidater *verbe* Inscrire une date antérieure à la date. CONTR. *postdater.*

antidote *nom masculin* Remède à un poison. SYN. contrepoison. - VIEUX : alexipharmaque. ■ Ce qui permet d'enrayer un mal. SYN. dérivatif, exutoire, panacée, préservatif, remède, soulagement.

antiémétique *nom masculin* Médicament contre la nausée. SYN. antivomitif.

antienne *nom féminin* LITTÉRAIRE. Répétition continuelle. SYN. chanson, leitmotiv, rengaine, romance, scie. - FAMILIER : couplet, disque, refrain, ritournelle.

antifongique *nom masculin* Médicament contre les mycoses. SYN. antimycosique, fongicide, fungistatique.

antigalactique *adjectif* Qui supprime la sécrétion du lait. SYN. antilaiteux.

antigénicité *nom féminin* Degré ou qualité d'un antigène. SYN. immunogénicité.

antilaiteux *adjectif* Qui supprime la sécrétion du lait. SYN. antigalactique.

antilogie *nom féminin* LITTÉRAIRE. Contradiction entre deux idées. SYN. antinomie, contradiction, dichotomie, opposition, paradoxe.

antilogique *adjectif* Qui manque de logique. SYN. aberrant, absurde, antirationnel, illogique, incohérent, irrationnel, stupide. CONTR. *cohérent, logique, rationnel, sensé.*

antimalarique *adjectif et nom masculin* Médicament contre le paludisme. SYN. antipaludéen, antipaludique.

antimitotique *nom masculin* Substance employée dans le traitement des tumeurs. SYN. anticancéreux, antinéoplasique, cytostatique.

antimycosique *adjectif et nom masculin* Médicament contre les mycoses. SYN. antifongique, fongicide.

antinéoplasique *nom masculin* Substance employée dans le traitement des tumeurs. SYN. anticancéreux, antimitotique, cytostatique.

antinévritique *adjectif* ***Vitamine antinévritique,*** vitamine présente dans les levures, les céréales. SYN. thiamine. – VIEUX : aneurine.

antinomie *nom féminin* Contradiction entre deux idées. SYN. contradiction, dichotomie, opposition, paradoxe. – LITTÉRAIRE : antilogie. CONTR. *accord, harmonie.*

antinomique *adjectif* Qui relève de l'antinomie. SYN. antithétique, contradictoire, contraire, incompatible, opposé. CONTR. *cohérent, concordant.*

antipaludéen *nom masculin* Médicament contre le paludisme. SYN. antimalarique, antipaludique.

antipathie *nom féminin* Aversion instinctive. SYN. allergie, animosité, dégoût, haine, hostilité, inimitié, malveillance, prévention, répugnance, répulsion. – LITTÉRAIRE : fiel. CONTR. *adoration, affection, affinité, amitié, amour, attirance, attraction, bienveillance, goût, penchant, prédilection, préférence, sympathie.* – LITTÉRAIRE : *allèchement, idolâtrie, inclination.*

antipathique *adjectif* Qui inspire de l'antipathie. SYN. déplaisant, désagréable, détestable, haïssable, inamical, odieux, rebutant. CONTR. *agréable, aimable, amical, bienveillant, cordial, engageant, plaisant, séduisant, sympathique.*

antiperspirant *adjectif* Qui combat la transpiration. SYN. antisudoral.

antipode *nom masculin* Ce qui est à l'opposé. SYN. antithèse, contraire, contrepartie, contre-pied, inverse, opposé.

antiprotectionniste *adjectif* Opposé au protectionnisme. SYN. libéral.

antipsorique *adjectif et nom masculin* Qui combat la gale. SYN. antiscabieux.

antipsychotique *adjectif et nom masculin* Médicament utilisé dans le traitement des psychoses. SYN. neuroleptique.

antipyrétique *adjectif et nom masculin* Qui combat la fièvre. SYN. fébrifuge.

antipyrine *nom féminin* Médicament contre la fièvre. SYN. phénazone.

antiquaille *nom féminin* VIEUX. Objet ancien de peu de valeur. SYN. vieillerie.

antiquaire *nom* VIEUX. Spécialiste d'archéologie. SYN. archéologue.

antique *adjectif* Qui remonte à l'Antiquité. SYN. ancestral, ancien, antédiluvien, archaïque, éloigné, millénaire, reculé, séculaire, vénérable. – LITTÉRAIRE : immémorial. CONTR. *actuel, contemporain, jeune, moderne, nouveau, récent.* ■ Très vieux. SYN. anachronique, arriéré, attardé, caduc, démodé, désuet, vénérable, vieillot, vieux comme Hérode, vieux comme le monde, vieux comme Mathusalem. – LITTÉRAIRE : suranné. – VIEUX : rococo. CONTR. *dernier cri, à la mode, moderne, à la page.* – FAMILIER : *in.*

antiquité *nom féminin* Caractère très ancien. SYN. ancienneté, archaïsme, vétusté. – LITTÉRAIRE : vieillesse. CONTR. *nouveauté.*

antirationnel *adjectif* Opposé à la raison. SYN. absurde, antilogique, illogique. CONTR. *logique, raisonnable, rationnel.*

antireligieux *adjectif* Hostile à la religion. SYN. anticlérical. – LITTÉRAIRE : impie. CONTR. *pieux.*

antiscabieux *adjectif* Qui combat la gale. SYN. antipsorique.

antisepsie *nom féminin* Élimination des microbes. SYN. asepsie, désinfection, stérilisation.

antiseptique *adjectif* Utilisé pour l'antisepsie. SYN. désinfectant, stérilisant.

antisérum *nom masculin* Sérum aux anticorps de spécificité connue. SYN. immun-sérum.

antisismique *adjectif* Qui résiste aux séismes. SYN. parasismique.

antispasmodique *adjectif et nom masculin* Qui calme les spasmes. SYN. spasmolytique.

antisudoral *adjectif* Qui combat la transpiration. SYN. antiperspirant.

antithèse *nom féminin* Ce qui est le contraire de. SYN. antipode, contraire, contrepartie, contre-pied, inverse, négation, opposé.

antithétique *adjectif* Qui forme une antithèse. SYN. antinomique, contraire, incompatible, inconciliable, inverse, opposé.

antivomitif *nom masculin* Médicament contre la nausée. SYN. antiémétique.

antonyme *nom masculin* Mot de sens contraire. SYN. contraire. CONTR. *synonyme.*

antre *nom masculin* LITTÉRAIRE. Excavation naturelle. SYN. caverne, tanière, terrier. ■ LITTÉRAIRE. Lieu où l'on s'isole. SYN. abri, asile, refuge, repaire. – LITTÉRAIRE : tanière.

anus *nom masculin* Orifice extérieur du rectum. SYN. derrière. – ARGOTIQUE : fion. – FAMILIER : fondement, trou de balle. – POPULAIRE : cul, trou du cul.

anxiété *nom féminin* Inquiétude pénible. SYN. agitation, angoisse, appréhension, crainte, effroi, incertitude, inquiétude, préoccupation, souci. – LITTÉRAIRE : affres, alarme, transes. CONTR. *ataraxie, béatitude, bien-être, confiance, paix, placidité, sérénité, tranquillité.* – LITTÉRAIRE : *quiétude, repos.*

anxieux *adjectif* Qui attend avec impatience. SYN. avide de, désireux de, empressé, impatient de, préoccupé. ■ Qui manifeste de l'anxiété. SYN. angoissé, inquiet, préoccupé, soucieux, tendu, tourmenté, tracassé. – FAMILIER : bileux. CONTR. *calme, confiant, indifférent, philosophe, placide, serein, tranquille.* – FAMILIER : *cool.* – LITTÉRAIRE : *quiet.*

anxiolytique *adjectif et nom masculin* Qui calme la douleur, l'excitation. SYN. analgésique, antalgique, calmant, sédatif, tranquillisant. CONTR. *excitant, stimulant.* – VIEUX : *analeptique.*

aoûtat *nom masculin* Acarien piqueur. SYN. rouget, trombidion, vendangeon.

apaisant *adjectif* Qui apaise. SYN. adoucissant, calmant, conciliateur, consolant, délassant, lénifiant, rassurant, réconfortant, reposant, sécurisant, tranquillisant. – LITTÉRAIRE : lénitif. CONTR. *agaçant, angoissant, énervant, éprouvant, épuisant, éreintant, exaspérant, excédant, excitant, irritant, provocant, stressant.* – FAMILIER : *horripilant.*

apaisé *adjectif* Qui a retrouvé le calme. SYN. détendu. – LITTÉRAIRE : rasséréné. CONTR. *agacé, énervé, exaspéré.* – LITTÉRAIRE : *tumultueux.* ■ Dont le besoin est assouvi. SYN. assouvi, contenté, satisfait. CONTR. – LITTÉRAIRE : *inapaisé, inassouvi.*

apaisement *nom masculin* Action d'apaiser. SYN. adoucissement, pacification, réconfort, soulagement. ■ Fait de s'apaiser. SYN. calme, détente, embellie, paix, rémission, sérénité, tranquillité. – LITTÉRAIRE : quiétude, repos. CONTR. *affolement, agacement, agitation, bouillonnement, bouleversement, déchaînement, énervement, exacerbation, exaspération, fermentation, irritation, provocation, surexcitation.* – LITTÉRAIRE : *fomentation, inassouvissement.*

apaiser *verbe* Ramener au calme. SYN. adoucir, amadouer, assagir, assoupir, bercer, calmer, consoler, désarmer, désénerver, endormir, modérer, pacifier, radoucir, rassurer, sécuriser, tranquilliser. – LITTÉRAIRE : lénifier, rasséréner. CONTR. *affoler, agacer, agiter, ameuter, angoisser, apeurer, attiser, bouleverser, échauffer, effrayer, énerver, enfiévrer, envenimer, exaspérer, exciter, fâcher, inquiéter, irriter, paniquer, provoquer, soulever, surexciter, terrifier, terroriser.* – LITTÉRAIRE : *allumer, enflammer, exalter.* ■ Assouvir un besoin. SYN. assouvir, contenter, étancher, éteindre, rassasier, satisfaire, soulager, tromper. CONTR. *accentuer, accroître, aggraver, aiguillonner, attiser, augmenter, aviver, déchaîner, entretenir, éveiller, exacerber, intensifier, raviver, réveiller.*

apaiser (s') *verbe pronominal* Revenir au calme. SYN. s'assagir, se calmer, se contenir, se modérer, tomber. – LITTÉRAIRE : s'assoupir, se rasséréner. CONTR. *s'animer, bouillonner, se déchaîner, s'enflammer, faire rage.* – LITTÉRAIRE : *s'embraser, fermenter.*

apanage *nom masculin* ***Avoir l'apanage de,*** avoir l'exclusivité de quelque chose. SYN. exclusivité, monopole, privilège. ■ ***Être l'apanage de,*** appartenir en propre à quelqu'un. SYN. prérogative, privilège, propre. – LITTÉRAIRE : lot.

aparté *nom masculin* Conversation discrète. SYN. conciliabule, messe basse, tête-à-tête. – VIEUX : chuchoterie.

apathie *nom féminin* Manque de réaction. SYN. abrutissement, accablement, ataraxie, calme, fatalisme, indolence, inertie, insensibilité, langueur, lenteur, léthargie, lymphatisme, mollesse, nonchalance, paresse, passivité, tiédeur, torpeur, veulerie. – FAMILIER : flemme. – LITTÉRAIRE : assoupissement, somnolence. CONTR. *action, activité, allant, dynamisme, effervescence, émotivité, énergie, entrain, exaltation, excitation, frénésie, hyperémotivité, hypersensibilité, impétuosité, pétulance, sensibilité, turbulence.* – LITTÉRAIRE : *pugnacité, vivacité.*

apathique *adjectif* Qui fait preuve d'apathie. SYN. amorphe, atone, endormi, fataliste, indifférent, indolent, inerte, lent, léthargique, lymphatique, mollasson, mou, nonchalant, passif, tiède, veule. – FAMILIER : mollasse. CONTR. *actif, agissant, ardent, belliqueux, bouillant, bouillonnant, combatif, déchaîné, dynamique, émotif, énergique, enthousiaste, excité, fougueux, hyperémotif, hypersensible, impatient, impétueux, irritable, passionné, pétulant, tonique, vif, violent, vivant.* – FAMILIER : *émotionnable.* – LITTÉRAIRE : *pugnace, volcanique.*

apatosaure *nom masculin* Très grand dinosaure. SYN. brontosaure.

apercevable *adjectif* Que l'on peut apercevoir. SYN. discernable, perceptible, visible. CONTR. *imperceptible, indiscernable, invisible.*

apercevoir *verbe* Voir soudainement. SYN. aviser, découvrir, rencontrer, visualiser. ■ Voir plus ou moins nettement. SYN. discerner, distinguer, entrapercevoir, entrevoir, percevoir. ■ Comprendre quelque chose. SYN. constater, déceler, découvrir, pénétrer, remarquer, se rendre compte.

apercevoir (s') verbe pronominal Prendre conscience de. SYN. s'aviser, comprendre, constater, découvrir, noter, observer, remarquer, se rendre compte, saisir, surprendre, voir.

aperçu nom masculin Vue synthétique. SYN. abrégé, avant-goût, coup d'œil, échantillon, esquisse, exemple, idée, notion, résumé.

apesanteur nom féminin Disparition des effets de la pesanteur. SYN. impesanteur.

apétale adjectif Qui n'a pas de pétales. SYN. monochlamydé.

à-peu-près nom masculin Approche imprécise. SYN. approximation. CONTR. *exactitude, justesse, précision.*

apeuré adjectif Qui a peur. SYN. affolé, atterré, effarouché, effrayé, épouvanté, paniqué, terrifié, terrorisé, tremblant. – LITTÉRAIRE : épeuré. CONTR. *rassuré, serein, tranquille.* – LITTÉRAIRE : *rasséréné.*

apeurement nom masculin LITTÉRAIRE. Fait de prendre peur. SYN. affolement, panique.

apeurer verbe Faire peur à quelqu'un. SYN. affoler, alarmer, donner la chair de poule, effrayer, épouvanter, faire froid dans le dos, glacer le sang (dans les veines), intimider, paniquer, terrifier, terroriser. – POPULAIRE : fiche les jetons, foutre les boules, foutre les jetons. CONTR. *apaiser, calmer, rassurer.* – LITTÉRAIRE : *rasséréner.*

aphaniptère nom masculin Insecte tel que les puces. SYN. siphonaptère.

aphasie nom féminin Absence d'expression verbale. SYN. mutisme, mutité.

aphélie nom masculin Point où un astre est le plus éloigné du Soleil. CONTR. *périhélie.*

aphidien ou **aphidé** ou **aphidoïde** nom masculin Petit insecte qui suce la sève. SYN. puceron.

aphorisme nom masculin Énoncé succinct d'une vérité. SYN. adage, apophtegme, axiome, dicton, formule, maxime, précepte, proverbe. – LITTÉRAIRE : sentence.

aphrodisiaque adjectif et nom masculin Qui stimule le désir sexuel. CONTR. *anaphrodisiaque.*

aphrodite nom féminin Ver marin au corps ovale et bombé. SYN. souris de mer, taupe de mer.

apical adjectif Situé au sommet d'un organe. CONTR. *basal.*

apitoiement nom masculin Fait de s'apitoyer. SYN. attendrissement, commisération, pitié. – LITTÉRAIRE : compassion. CONTR. *dureté, froideur, impassibilité, indifférence, insensibilité, sécheresse.* – LITTÉRAIRE : *endurcissement.*

apitoyer verbe Susciter la pitié. SYN. attendrir, bouleverser, crever le cœur, émouvoir, fendre l'âme, fendre le cœur, fléchir, remuer, toucher. – FAMILIER : émotionner, prendre aux tripes. – LITTÉRAIRE : prendre aux entrailles. CONTR. *cuirasser, endurcir.* – FAMILIER : *blinder.*

apitoyer (s') verbe pronominal Avoir pitié. SYN. s'attendrir, compatir, s'émouvoir, plaindre, pleurer. CONTR. *se durcir, se raidir.*

aplanir verbe Rendre une surface plane. SYN. débosseler, écrêter, égaliser, lisser, niveler, planer. CONTR. *bosseler, bossuer, courber.* – LITTÉRAIRE : *accidenter.* ■ Supprimer les difficultés. SYN. arranger, faciliter, lever, ménager, supprimer. CONTR. *augmenter, compliquer, renforcer, soulever.*

aplati adjectif Se dit d'un nez court et plat. SYN. camus, écrasé, épaté, plat. – VIEUX : camard. CONTR. *aquilin, arqué, bombé, bourbonien, busqué, droit.*

aplatir verbe Rendre plat. CONTR. *boucler, gonfler, redresser, soulever.* ■ FAMILIER. Vaincre quelqu'un. SYN. accabler, anéantir, briser, confondre, écraser, humilier. – LITTÉRAIRE : rabaisser. CONTR. *aider, épargner, ménager, soulager.*

aplatir (s') verbe pronominal FAMILIER. S'humilier devant quelqu'un. SYN. s'abaisser, s'avilir, baisser le front, capituler, courber le dos, courber le front, courber l'échine, être à la botte de, être à plat ventre, faire profil bas, s'incliner, se mettre à plat ventre, mettre les pouces, plier le genou, plier l'échine, ramper. – FAMILIER : caler, cirer les bottes, cirer les pompes, être raplapla devant, être un paillasson. – LITTÉRAIRE : baisser pavillon, se courber, mettre pavillon bas, se prosterner. – POPULAIRE : baisser sa culotte, baisser son froc, baisser son pantalon, s'écraser. CONTR. *s'enorgueillir, se faire valoir, se glorifier, se vanter.* – FAMILIER : *se faire mousser.*

aplatissement nom masculin Action de s'aplatir. SYN. abaissement, bassesse, humiliation, servilité, soumission. CONTR. *arrogance, gonflement, hauteur, morgue.* – LITTÉRAIRE : *jactance.* ■ État de ce qui est aplati. SYN. compression, écrasement, platitude. CONTR. *redressement, soulèvement.*

aplomb nom masculin Équilibre entre forces opposées. SYN. équilibre, stabilité. CONTR. *déséquilibre, instabilité.* ■ Confiance en soi. SYN. assurance, autorité, sang-froid. CONTR. *embarras, gêne, réserve, retenue, timidité.* ■ Hardiesse effrontée. SYN. audace, désinvolture, effronterie, front, hardiesse, impertinence, impudence, impudeur, sans-gêne. – FAMILIER : culot, toupet. – LITTÉRAIRE : crânerie, sans-façon. CONTR. *déférence, modestie.*

apoastre *nom masculin* Distance maximale entre deux astres. CONTR. *périastre.*

apocalyptique *adjectif* Grandiose et terrifiant. SYN. dantesque, effroyable, épouvantable, terrifiant.

apocryphe *adjectif* Qui n'est pas authentique. SYN. faux, inauthentique, prétendu, supposé. – LITTÉRAIRE : controuvé. CONTR. *authentique, canonique, officiel, reconnu, vrai.*

apocyte *nom masculin* Cellule végétale allongée. SYN. article.

apogée *nom masculin* Point où un astre est le plus éloigné de la Terre. CONTR. *périgée.* ▪ Plus haut degré atteint par. SYN. apothéose, comble, maximum, paroxysme, point culminant, sommet, summum, zénith. – LITTÉRAIRE : acmé, faîte, période.

apologie *nom féminin* Défense de quelqu'un, de quelque chose. SYN. éloge, glorification, justification, louanges, panégyrique, plaidoyer. – LITTÉRAIRE : dithyrambe. CONTR. *accusation, attaque, blâme, calomnie, censure, charge, condamnation, critique, dénigrement, diatribe, diffamation, pamphlet, réquisitoire, satire.* – FAMILIER : *débinage.* – LITTÉRAIRE : *catilinaire, philippique.*

apologiste *nom* Personne qui fait une apologie. SYN. avocat, défenseur. – LITTÉRAIRE : laudateur, louangeur, panégyriste, prôneur. CONTR. *critique.* – LITTÉRAIRE : *censeur, contempteur.*

apologue *nom masculin* Court récit moralisant. SYN. allégorie, fable, parabole.

apomorphe *adjectif* Dérivé par rapport à son état ancestral. CONTR. *plésiomorphe.*

apomorphine *nom féminin* Produit à action vomitive puissante. SYN. déhydromorphine.

apophonie *nom féminin* Changement du timbre d'une voyelle. SYN. ablaut.

apophtegme *nom masculin* Parole mémorable. SYN. adage, aphorisme, axiome, devise, maxime, pensée, précepte. – LITTÉRAIRE : sentence.

apostasie *nom féminin* Abandon d'une doctrine. SYN. abjuration, reniement. CONTR. *conversion.*

apostasier *verbe* Faire acte d'apostasie. SYN. abjurer, renier. CONTR. *se convertir.*

apostat *nom masculin* Personne qui a apostasié. SYN. déserteur, hérésiarque, hérétique, parjure, renégat. CONTR. *fidèle.*

a posteriori *locution adjectivale* En partant de ce qui vient après. CONTR. *a priori.*

apostille *nom féminin* Addition en marge. SYN. additif, annotation, nota bene, note.

apostolat *nom masculin* Activité désintéressée. SYN. abnégation, dévouement, prosélytisme.

apostropher *verbe* S'adresser brutalement à. SYN. s'adresser à, appeler, héler, interpeller, invectiver.

apothéose *nom féminin* Divinisation d'un mortel. SYN. consécration, déification, glorification, triomphe. ▪ Triomphe d'une action. SYN. apogée, bouquet, exaltation, summum. – LITTÉRAIRE : faîte.

apôtre *nom masculin* Personne au service d'une cause. SYN. avocat, champion, défenseur, tenant. – LITTÉRAIRE : intercesseur, prôneur, souteneur.

apparaître *verbe* Devenir visible. SYN. se manifester, naître, paraître, se peindre, percer, poindre, sortir, surgir, survenir, transparaître, se voir. – FAMILIER : fleurir. – LITTÉRAIRE : éclore, pointer, sourdre. CONTR. *se cacher, se dérober, disparaître, se dissimuler, se dissiper, s'éclipser, s'effacer, s'estomper, s'évanouir.* ▪ Se manifester à l'esprit. SYN. se déclarer, se dégager, se faire jour, se former, s'offrir, se présenter, se profiler, se révéler, survenir, venir. ▪ Se présenter sous tel aspect. SYN. s'avérer, avoir l'air, se montrer, paraître, sembler.

apparat *nom masculin* Éclat particulier. SYN. cérémonie, décorum, éclat, faste, luxe, magnificence. – LITTÉRAIRE : pompe, splendeur. CONTR. *austérité, simplicité.*

appareil *nom masculin* Dispositif formé d'un assemblage de pièces. SYN. dispositif, engin, instrument, machine, outil, ustensile. – FAMILIER : bidule.

appareillade *nom féminin* Appariement des perdrix. SYN. accouplement.

appareillage *nom masculin* Action d'appareiller. CONTR. *accostage, mouillage.*

appareiller *verbe* Quitter le port. SYN. déborder, gagner le large, lever l'ancre, prendre la mer, prendre le large. CONTR. *aborder, accoster, amarrer, ancrer, jeter l'ancre, mouiller.*

appareiller (s') *verbe pronominal* Être en harmonie. SYN. s'accorder, s'harmoniser. CONTR. *contraster, détonner, jurer, trancher.*

apparemment *adverbe* D'après les apparences. SYN. en apparence, extérieurement, superficiellement. CONTR. *intimement.* ▪ Selon toute vraisemblance. SYN. censément, certainement, probablement, sans doute, visiblement, vraisemblablement. CONTR. *effectivement, foncièrement, en réalité, réellement.*

apparence *nom féminin* Aspect extérieur. SYN. air, allure, aspect, couleur, écorce, extérieur, façade, faux-semblant, mine, ostentation, semblant, simulacre. – FAMILIER : tape-à-l'œil, touche. – LITTÉRAIRE : dehors, enveloppe, masque, tournure. CONTR. *essence, fond, matière, réalité, substance, vérité.*

apparent *adjectif* Qui est clairement perceptible. SYN. évident, manifeste, ostensible, sensible, tangible, visible. CONTR. *caché, impénétrable, inapparent, intime, invisible, latent, secret.* ■ Qui ne correspond pas à la réalité. SYN. artificieux, extérieur, fallacieux, faux, feint, illusoire, prétendu, simulé, soi-disant, spécieux, superficiel. CONTR. *crédible, croyable, effectif, profond, réel, véritable, vrai, vraisemblable.*

apparenté *adjectif* Qui a des traits communs avec. SYN. analogue, approchant, comparable, proche, voisin. CONTR. *éloigné, lointain.*

apparenter *verbe* Faire ressembler à. SYN. allier, rapprocher, rattacher, relier. CONTR. *détacher, diviser, séparer.*

apparenter (s') *verbe pronominal* Avoir des traits communs avec. SYN. approcher de, correspondre à, équivaloir à, évoquer, participer de, rappeler, se rattacher à, ressembler, tenir de, tirer sur. – FAMILIER : être du même acabit, être du même tonneau. – LITTÉRAIRE : ressortir. – RARE : approximer. CONTR. *contraster, détonner, différer, se distinguer de, jurer, s'opposer à, trancher.*

appariement *nom masculin* Action d'apparier. SYN. accouplement.

apparier *verbe* Mettre par paire. SYN. accorder, accoupler, adapter, appareiller, assortir, coupler, marier. CONTR. *dépareiller, déparier, désapparier.*

apparition *nom féminin* Action d'apparaître. SYN. arrivée, éclosion, émergence, manifestation, naissance, venue. – LITTÉRAIRE : floraison. CONTR. *disparition, éclipse, fin, sortie.* ■ Manifestation visible. SYN. esprit, fantôme, revenant, spectre, vision. ■ Arrivée inattendue. SYN. entrée, irruption, survenue. – LITTÉRAIRE : surgissement, survenance. CONTR. *disparition.*

appartenance *nom féminin* Fait d'appartenir à un groupe. SYN. adhésion, affiliation, inscription.

appartenir *verbe impersonnel* Revenir à quelqu'un. SYN. concerner, convenir à, dépendre de, incomber, relever de. – LITTÉRAIRE : ressortir. ■ Se rattacher à. SYN. dépendre de, faire partie de, se rapporter à.

appât *nom masculin* Ce qui attire un animal. SYN. aiche, amorce, boëte, boette, boitte, bouette, èche, esche, fleurette, graissin, gueulin, hameçon, leurre, vermée. ■ Ce qui excite la cupidité. SYN. attrait, convoitise, séduction, tentation. – LITTÉRAIRE : allèchement. CONTR. *aversion, dégoût, répulsion.* – LITTÉRAIRE : *horreur.*

appâter *verbe* Attirer avec un appât. SYN. aicher, amorcer, écher, escher, ferrer. ■ Attirer quelqu'un. SYN. accrocher, allécher, amorcer, attirer, séduire, solliciter, tenter. – LITTÉRAIRE : affriander. CONTR. *dégoûter, écarter, éloigner, repousser.*

appauvrir *verbe* Rendre pauvre. SYN. affaiblir, épuiser, stériliser. – LITTÉRAIRE : abâtardir. CONTR. *amender, enrichir, fortifier, vivifier.* – LITTÉRAIRE : *féconder.*

appeau *nom masculin* Instrument qui imite le cri des animaux pour les attirer. SYN. pipeau. ■ LITTÉRAIRE. Ce qui sert à attirer. SYN. amorce, appât, leurre.

appel *nom masculin* Invitation à venir. SYN. prière, proclamation, signal, signe, sollicitation. ■ Action d'inciter à agir. SYN. excitation, exhortation, incitation, invitation, invite, provocation. ■ Attirance pour quelque chose. SYN. attirance, attrait, fascination, sollicitation. ■ ***Sans appel,*** sur quoi on ne reviendra pas. SYN. définitif, irrémédiable, irrévocable.

appeler *verbe transitif* Héler quelqu'un. SYN. apostropher, contacter, haranguer, interpeller, invectiver. CONTR. *chasser, éconduire, expulser, repousser.* ■ Faire venir. SYN. convoquer, demander, inviter, mobiliser, recruter. – LITTÉRAIRE : mander. CONTR. *bannir, chasser, éconduire, expulser, repousser.* ■ Nommer quelqu'un à un état. SYN. destiner, promouvoir, vouer. CONTR. *congédier, éloigner, licencier, remercier, renvoyer.* ■ Entraîner quelque chose. SYN. amener, apporter, attirer, commander, déterminer, faire naître, impliquer, nécessiter, prédisposer, prêter à, provoquer, réclamer, requérir. ■ Donner un nom à quelqu'un. SYN. baptiser, dénommer, intituler, nommer, qualifier, surnommer. CONTR. *débaptiser.* ■ Passer un coup de téléphone. SYN. donner un coup de fil, passer un coup de fil, téléphoner. – FAMILIER : bigophoner. ■ Pousser quelqu'un à agir. SYN. engager, exhorter, inciter, inviter.

appeler *verbe transitif indirect* Faire appel à. SYN. s'adresser à, invoquer, s'en remettre à, solliciter.

appeler (s') *verbe pronominal* Avoir comme nom. SYN. se dénommer, s'intituler, se nommer.

appelette *nom féminin* Petite application interactive, en informatique. SYN. appliquette.

appellation *nom féminin* Façon d'appeler. SYN. dénomination, désignation, mot, nom, qualification, vocable.

appendice *nom masculin* Ensemble de remarques. SYN. addenda, addition, complément, supplément.

appesantir *verbe* Rendre plus pesant. SYN. accabler, alourdir, engourdir. CONTR. *alléger.*

appesantir (s') *verbe pronominal* Parler trop longuement d'un sujet. SYN. s'acharner, s'attarder, continuer, s'entêter, insister, mettre l'accent sur, s'obstiner, s'opiniâtrer, persévérer, persister.

appesantissement *nom masculin* Fait de devenir plus pesant. SYN. alourdissement, engourdissement, lourdeur. CONTR. *allégement, légèreté.*

appétence *nom féminin* Désir instinctif. SYN. appétit, besoin, convoitise, envie. CONTR. *dégoût.* – LITTÉRAIRE : *inappétence.*

appétissant *adjectif* Qui excite l'appétit. SYN. alléchant, ragoûtant. CONTR. *dégoûtant, écœurant, nauséabond, rebutant, répulsif.* ■ Qui provoque le désir. SYN. affriolant, attirant, engageant, provocant, séduisant. – FAMILIER : sexy. – LITTÉRAIRE : affriandant. CONTR. *rebutant, repoussant.*

appétit *nom masculin* LITTÉRAIRE. Désir de quelque chose. SYN. aspiration, avidité, besoin, convoitise, passion, soif. – FAMILIER : fringale. – LITTÉRAIRE : faim. CONTR. *dégoût, horreur, répugnance, répulsion.* – LITTÉRAIRE : *inappétence.* ■ Désir de manger. SYN. appétence, faim. CONTR. *anorexie, inappétence, satiété.*

applaudir *verbe* Approuver entièrement. SYN. adhérer, admirer, agréer, bénir, exalter, se féliciter de, se réjouir de. CONTR. *anathématiser, blâmer, condamner, réprouver.* – LITTÉRAIRE : *flétrir, vitupérer.* ■ Battre des mains. SYN. acclamer, ovationner. CONTR. *conspuer, huer, siffler.*

applaudir (s') *verbe pronominal* Se féliciter de quelque chose. SYN. se féliciter, se flatter, se louer, se réjouir. CONTR. *s'affliger, s'attrister, déplorer, se désoler, se repentir, se reprocher, s'en vouloir.*

applaudissement *nom masculin* Action d'applaudir. SYN. acclamation, bravo, encouragement, ovation, vivat. CONTR. *blâme, huée, sifflet, tollé.*

application *nom féminin* Mise en pratique. SYN. exécution, pratique, réalisation, utilisation. CONTR. *théorie.* ■ Attention portée à une action. SYN. assiduité, concentration, conscience, effort, sérieux, vigilance, zèle. – LITTÉRAIRE : contention. CONTR. *dissipation, distraction, étourderie, inattention, incurie, irréflexion, laisser-aller, négligence, nonchalance, paresse, relâchement.* – LITTÉRAIRE : *inapplication.*

appliqué *adjectif* Qui s'applique. SYN. assidu, attentif, concentré, consciencieux, sérieux, soigneux, studieux, travailleur, zélé. – LITTÉRAIRE : laborieux. CONTR. *dissipé, distrait, étourdi, inappliqué, inattentif, indolent, insouciant, irrégulier, négligent, nonchalant, paresseux, rétif.*

appliquer *verbe* Donner avec force. SYN. assener, asséner, donner. – FAMILIER : administrer, ficher, flanquer. – POPULAIRE : coller, foutre. ■ Mettre une chose sur une autre. SYN. apposer, appuyer, étaler, étendre, imprimer, mettre, passer, placer. CONTR. *écarter, effacer, enlever, ôter.* ■ Mettre en œuvre. SYN. exécuter, mettre à exécution, réaliser. CONTR. *négliger.* ■ Faire usage d'une faculté. SYN. affecter, attacher, consacrer, employer, pratiquer, utiliser.

appliquer (s') *verbe pronominal* Porter son attention sur. SYN. s'adonner, s'attacher, se concentrer sur, s'efforcer, s'employer, s'escrimer, s'évertuer, s'exercer, s'ingénier, se livrer, s'occuper, tâcher, travailler à. – LITTÉRAIRE : cultiver. CONTR. *se désintéresser, se dissiper, négliger, paresser, se relâcher.* ■ Convenir bien à. SYN. s'adresser, concerner, intéresser, se rapporter, viser.

appliquette *nom féminin* Petite application interactive, en informatique. SYN. appelette.

appoint *nom masculin* Aide complémentaire. SYN. à-côté, aide, apport, appui, complément, contribution, secours, supplément.

appointements *nom masculin pluriel* Rémunération fixe. SYN. émoluments, gain, mois, paie, paye, rémunération, rétribution, salaire, traitement. – VIEUX : gages.

appointer *verbe* Verser des appointements. SYN. payer, rémunérer, rétribuer.

appontement *nom masculin* Plate-forme au bord de l'eau. SYN. débarcadère, embarcadère, quai.

apport *nom masculin* Ce qu'on apporte. SYN. appoint, concours, contribution, cotisation, participation.

apporter *verbe* Porter quelque chose jusqu'à un lieu. SYN. importer, introduire, porter, transporter. – FAMILIER : amener, emmener. CONTR. *emporter, remporter.* ■ Donner quelque chose. SYN. alléguer, fournir, procurer. CONTR. *enlever, ôter, reprendre, retirer.* ■ Être la cause de quelque chose. SYN. amener, appeler, causer, créer, déclencher, déterminer, engendrer, entraîner, faire naître, occasionner, produire, provoquer, susciter.

apposer *verbe* Appliquer quelque chose sur. SYN. appliquer, mettre, poser. CONTR. *enlever, lever, ôter.*

appréciable *adjectif* Qui peut être évalué. SYN. dosable, évaluable. CONTR. *imperceptible, inappréciable, innombrable.* ■ Digne d'être estimé. SYN. considérable, estimable, important, large, notable, sensible, substantiel. – FAMILIER : rondelet. CONTR. *dédaignable, dérisoire, infime, insensible, mesquin, mineur, modique, négligeable, petit.*

appréciateur *nom* LITTÉRAIRE. Personne qui apprécie. SYN. arbitre, connaisseur, expert, juge.

appréciatif *adjectif* Qui exprime une appréciation. SYN. estimatif.

appréciation *nom féminin* Action d'apprécier quelque chose. SYN. estimation, évaluation, supputation. ■ Jugement critique. SYN. avis, notation, note, observation, opinion, position, sens, vue.

apprécier *verbe* Déterminer la valeur de. SYN. calculer, considérer, estimer, évaluer, expertiser, jauger, mesurer, noter, peser, soupeser, supputer. ■ Estimer quelqu'un, quelque chose. SYN. agréer, aimer, estimer, faire grand cas de, goûter, honorer, juger, savourer. – FAMILIER : avoir à la bonne, kiffer, ne pas cracher sur. – LITTÉRAIRE : affectionner, priser. CONTR. *condamner, critiquer, décrier, dédaigner, dénigrer, déprécier, maudire, méconnaître, médire, mépriser, mésestimer, rabaisser, ravaler.* – FAMILIER : *éreinter, esquinter.* – LITTÉRAIRE : *déchirer.*

appréhender *verbe transitif* Arrêter quelqu'un. SYN. arrêter, attraper, capturer, s'emparer de, prendre, se saisir de. – FAMILIER : choper, coffrer, coincer, cueillir, embarquer, épingler, harponner, pincer, piquer, ramasser. – POPULAIRE : agrafer, alpaguer, emballer, gauler. CONTR. *lâcher, relâcher, relaxer.*

appréhender *verbe transitif* Saisir par la pensée. SYN. comprendre, concevoir, entendre, pénétrer, percevoir, saisir. ■ Craindre quelque chose. SYN. avoir peur, craindre, se faire du mauvais sang, se faire du souci, se faire du tracas, s'inquiéter, redouter, se tourmenter, se tracasser. – FAMILIER : se biler, se faire de la bile, se faire des cheveux (blancs). – POPULAIRE : baliser, se faire de la mousse, se faire du mouron. CONTR. *attendre, braver, espérer.*

appréhension *nom féminin* Action de saisir par la pensée. SYN. compréhension, connaissance, pénétration, perception, vision. ■ Fait d'être inquiet. SYN. angoisse, anxiété, crainte, inquiétude, malaise, peur. – LITTÉRAIRE : alarme. CONTR. *attente, confiance, espoir, sérénité, tranquillité.* – LITTÉRAIRE : *quiétude.*

apprendre *verbe* Acquérir la connaissance de. SYN. assimiler, découvrir, étudier, se faire la main, se faire les dents, faire ses classes, s'initier à, s'instruire, mémoriser, retenir, travailler. – FAMILIER : bûcher, se mettre dans le bain, potasser. CONTR. *désapprendre, ignorer, oublier.* ■ Faire acquérir une connaissance. SYN. enseigner, exercer à, expliquer, former, inculquer, initier, instruire, montrer. ■ Communiquer une information. SYN. annoncer, avertir, aviser, communiquer, dire, faire savoir, indiquer, instruire de, révéler. CONTR. *cacher, dissimuler, passer sous silence, taire.*

apprenti *nom* Personne qui apprend. SYN. aide, commençant, débutant, élève, manœuvre, nouveau, novice. – FAMILIER : bizut, bizuth, bleu, écolier, grouillot. – POPULAIRE : arpète, arpette. CONTR. *expert, instructeur, maître, moniteur, patron, professeur.*

apprentissage *nom masculin* Situation d'un apprenti. SYN. épreuve, essai, expérience. CONTR. *maîtrise, qualification.* ■ Action d'apprendre. SYN. acquisition, adaptation, assimilation, façonnage, façonnement, formation, initiation, instruction, préparation. CONTR. *accoutumance, habitude, pli, pratique, routine.*

apprêt *nom masculin* Manières apprêtées. SYN. affectation, maniérisme, pose, préciosité, préparation, recherche, sophistication. – LITTÉRAIRE : afféterie, compassement. CONTR. *aisance, naturel, négligé, simplicité, spontanéité.*

apprêté *adjectif* Dépourvu de naturel. SYN. académique, affecté, artificiel, cérémoniel, cérémonieux, compassé, contraint, empesé, étudié, factice, gourmé, guindé, maniéré, mièvre, pompeux, précieux, recherché, travaillé. – LITTÉRAIRE : affété. CONTR. *aisé, coulant, naturel, négligé, simple, spontané.*

apprêter *verbe* Préparer un mets. SYN. accommoder, assaisonner, composer, confectionner, cuisiner, disposer, dresser, ordonner, organiser, parer.

apprêter (s') *verbe pronominal* Être sur le point de. SYN. se disposer, se préparer. CONTR. *attendre.* ■ Faire des préparatifs de toilette. SYN. se pomponner, se préparer. – FAMILIER : s'arranger, se mettre sur son trente-et-un. – LITTÉRAIRE : se parer. CONTR. *se déshabiller, se dévêtir, se laisser aller, se négliger.*

apprêts *nom masculin pluriel* Dispositions prises. SYN. préparatifs, préparation.

apprivoisable *adjectif* Que l'on peut apprivoiser. SYN. domesticable. CONTR. *inapprivoisable, indomptable, intraitable.*

apprivoisé *adjectif* Qui a été domestiqué. SYN. domestiqué, dressé, familier. CONTR. *farouche, féroce, indompté, sauvage.*

apprivoiser *verbe* Rendre un animal moins farouche. SYN. acclimater, affaiter, domestiquer, dresser. CONTR. *assauvagir.* ▪ Rendre quelqu'un plus doux. SYN. adoucir, amadouer, civiliser, conquérir, humaniser. CONTR. *cabrer, effarer, effaroucher, effrayer.*

approbateur *adjectif* Qui témoigne d'une approbation. SYN. approbatif. – RARE : acquiescent. CONTR. *désapprobateur, réprobateur.*

approbateur *nom* Personne qui approuve. CONTR. *censeur, contradicteur, détracteur.*

approbatif *adjectif* Qui marque l'approbation. SYN. approbateur. – RARE : acquiescent. CONTR. *accusateur, critique, réprobateur.*

approbation *nom féminin* Action d'approuver. SYN. acceptation, acquiescement, adhésion, agrément, assentiment, autorisation, cautionnement, confirmation, consentement, permission. – LITTÉRAIRE : aveu, suffrage. CONTR. *barrage, blâme, censure, condamnation, contradiction, dénigrement, désapprobation, désaveu, objection, opposition, protestation, refus, rejet, réprobation, veto.* – LITTÉRAIRE : *répudiation.*

approchable *adjectif* Qu'on peut approcher. SYN. abordable, accessible. CONTR. *inabordable, inaccessible, inapprochable.*

approchant *adjectif* Proche de. SYN. analogue, apparenté, approché, approximatif, comparable, équivalent, proche, ressemblant, similaire, voisin. CONTR. *contraire, différent, dissemblable, distinct, éloigné, exact, inverse, opposé, précis.*

approche *nom féminin* Proximité d'un moment. SYN. arrivée, imminence, proximité, venue. – LITTÉRAIRE : voisinage. CONTR. *éloignement, recul.* ▪ Manière d'accueillir. SYN. abord, accès, accueil.

approché *adjectif* Approximatif. SYN. approchant, approximatif, proche, voisin. CONTR. *exact, précis.*

approcher *verbe transitif* Mettre plus près de. SYN. avancer, rapprocher. CONTR. *écarter, éloigner, retirer.* ▪ Pouvoir rencontrer quelqu'un. SYN. contacter, côtoyer, fréquenter. – LITTÉRAIRE : coudoyer. CONTR. *éviter, fuir, quitter.*

approcher *verbe transitif indirect* Venir auprès de. SYN. accéder à, aller vers, arriver à, atteindre, se diriger vers, gagner, venir à. CONTR. *contourner, s'éloigner, éviter, faire le tour de, fuir, reculer.* ▪ Être près de parvenir à. SYN. atteindre, friser, frôler, se rapprocher de. CONTR. *s'éloigner.* ▪ Être comparable à. SYN. s'apparenter, avoisiner, confiner à, égaler, se rapprocher, ressembler à, rivaliser avec. – RARE : approximer. CONTR. *se différencier de, différer de, se distinguer de, s'écarter de, s'éloigner de.*

approcher (s') *verbe pronominal* Venir près de. SYN. aller vers, arriver, atteindre, se diriger vers, gagner, se rapprocher, venir à. – POPULAIRE : se radiner. CONTR. *s'éloigner, éviter, fuir.*

approches *nom féminin pluriel* LITTÉRAIRE. Abords d'un lieu. SYN. accès, alentours, environs, parages, voisinage.

approfondi *adjectif* Poussé très loin. SYN. détaillé, fouillé, minutieux, savant, sérieux. – LITTÉRAIRE : soigneux. CONTR. *élémentaire, grossier, rudimentaire, simpliste, sommaire, succinct, superficiel.*

approfondir *verbe* Rendre plus intense. SYN. accroître, assombrir, augmenter, épaissir, intensifier, obscurcir. CONTR. *alléger.* ▪ Examiner plus avant. SYN. creuser, étudier, explorer, fouiller, méditer, mûrir, passer au crible, passer au peigne fin, pénétrer, pousser, réfléchir, scruter, sonder. CONTR. *effleurer, glisser sur, survoler.*

approfondissement *nom masculin* Action d'approfondir. SYN. analyse, étude, examen, exploration, méditation, recherche.

appropriation *nom féminin* Action d'approprier une chose à une autre. SYN. adaptation, concordance. – LITTÉRAIRE : convenance. CONTR. *inadaptation.* ▪ Action de s'approprier quelque chose. SYN. acquisition, conquête. CONTR. *abandon, aliénation, désappropriation, dessaisissement, renonciation.*

approprié *adjectif* Qui convient. SYN. accordé, en accord, ad hoc, adapté, adéquat, ajusté, assorti, de circonstance, cohérent, compatible, conforme, convenable, judicieux, juste, pertinent, propre, de saison. – VIEUX : idoine. CONTR. *boiteux, déplacé, hors de propos, impropre, inadapté, inadéquat, inapproprié.* – LITTÉRAIRE : *dissonant.*

approprier *verbe* Adapter quelque chose à un emploi. SYN. accorder, adapter, ajuster, conformer, proportionner. – LITTÉRAIRE : accommoder.

approprier (s') *verbe pronominal* Faire sien. SYN. accaparer, s'adjuger, assimiler, s'attribuer, capter, confisquer, s'emparer, monopoliser, occuper, s'octroyer, piller, plagier, se saisir de, usurper, voler. – LITTÉRAIRE : s'arroger. CONTR. *aliéner, céder, déléguer, se dépouiller, se dessaisir.*

approuver *verbe* Donner raison à. SYN. abonder dans le sens de, acquiescer à, adhérer à, agréer, applaudir, appuyer, donner raison, être d'accord, louer, opiner de la tête, opiner du bonnet, opiner du chef, prendre parti pour, signer des deux mains, souscrire à, soutenir. – LITTÉRAIRE : applaudir des deux mains à. CONTR. *anathématiser, attaquer, blâmer, condamner, contredire, critiquer, décrier, démentir, désapprouver, désavouer, se dresser contre, s'élever contre, s'insurger, interdire, rejeter, réprouver, vitupérer contre.* – LITTÉRAIRE : *censurer.* ■ Autoriser par décision administrative. SYN. accepter, acquiescer à, admettre, adopter, agréer, autoriser, cautionner, confirmer, donner carte blanche, donner le feu vert, donner son accord, donner son aval, donner un blanc-seing à, entériner, ratifier, valider. CONTR. *se dresser contre, s'élever contre, s'insurger, s'opposer à, protester contre, refuser, réfuter, repousser.*

approvisionné *adjectif* Muni du nécessaire. SYN. achalandé, assorti, fourni, garni, monté, pourvu, rassorti, réassorti. CONTR. *dégarni, démuni, dépourvu, désapprovisionné, maigre, pauvre.*

approvisionnement *nom masculin* Action d'approvisionner. SYN. alimentation, ravitaillement. CONTR. *disette, pénurie.* ■ Ce qui approvisionne. SYN. fourniture, provision, ravitaillement, réserve, stock. – VIEUX : achalandage.

approvisionner *verbe* Fournir des provisions. SYN. achalander, alimenter, fournir, garnir, pourvoir en, ravitailler. CONTR. *débiter, dégarnir.*

approvisionner (s') *verbe pronominal* Se fournir en provisions. SYN. se fournir, prendre, se procurer, se ravitailler.

approximatif *adjectif* Peu précis. SYN. approchant, approché, boiteux, brut, général, grossier, imparfait, imprécis, relatif, vague. – ARGOTIQUE : pifométrique. CONTR. *absolu, exact, juste, littéral, parfait, précis, rigoureux, scrupuleux, strict.*

approximation *nom féminin* Approche imprécise. SYN. à-peu-près, imprécision. CONTR. *exactitude, justesse, précision.*

approximativement *adverbe* De façon approximative. SYN. aux alentours de, autour de, environ, en gros, grossièrement, grosso modo, imparfaitement, à peu près, sensiblement, à vue de nez. – FAMILIER : dans ces eaux-là, dans les, au doigt mouillé, au pifomètre. – LITTÉRAIRE : quelque. – POPULAIRE : au pif. CONTR. *exactement, fidèlement, mathématiquement, précisément, scrupuleusement, strictement.*

approximer *verbe* RARE. Se rapprocher de. SYN. s'apparenter à, ressembler. CONTR. *différer, se distinguer de, s'opposer à.*

appui *nom masculin* Ce qui assure la stabilité. SYN. étai, soutien, support. – LITTÉRAIRE : tuteur. ■ Aide apportée par quelqu'un. SYN. aide, appoint, assistance, concours, coopération, encouragement, épaulement, intervention, main-forte, parrainage, participation, patronage, protection, recommandation, réconfort, recours, renfort, secours, soutien. – FAMILIER : piston. – LITTÉRAIRE : faveur. CONTR. *abandon, hostilité.* – FAMILIER : *lâchage.* – LITTÉRAIRE : *délaissement.*

appui-bras *nom masculin* Appui pour les bras sur un siège. SYN. accotoir, accoudoir, bras.

appui-livres *nom masculin* Accessoire pour maintenir des livres debout. SYN. serre-livres.

appui-tête *nom masculin* Dispositif pour protéger la nuque. SYN. repose-tête.

appuyé *adjectif* Qui insiste. SYN. accentué, accusé, fort, insistant, prononcé. CONTR. *délicat, faible, fragile, léger.*

appuyer *verbe transitif* Faire peser une chose sur une autre. SYN. accoter, adosser, appliquer, coller, fixer, maintenir, plaquer, poser, presser, reposer. CONTR. *enlever, ôter, relever, retirer, soulever.* ■ Fonder une chose sur une autre. SYN. asseoir, baser, corroborer, étayer, fonder, renforcer, vérifier. CONTR. *réfuter.* ■ Soutenir quelqu'un, quelque chose. SYN. aider, approuver, assister, cautionner, conforter, défendre, donner carte blanche, donner un blanc-seing à, encourager, favoriser, parrainer, patronner, porter assistance, pousser, prêter assistance, prêter main-forte, privilégier, protéger, recommander, seconder, soutenir, valoriser. – FAMILIER : épauler, pistonner. CONTR. *abandonner, briser, contrecarrer, contredire, délaisser, démentir, desservir, infirmer, négliger.* – FAMILIER : *lâcher, laisser tomber.* – LITTÉRAIRE : *censurer.*

appuyer *verbe transitif indirect* Insister sur quelque chose. SYN. accentuer, faire ressortir, souligner. CONTR. *effleurer, glisser sur, passer.*

appuyer (s') *verbe pronominal* Compter sur quelqu'un. SYN. se fier à, se reposer sur, tabler sur. ■ FAMILIER. Faire seul une tâche. SYN. – FAMILIER : se coltiner, s'enfiler. – POPULAIRE : s'envoyer, se farcir, se taper. ■ Se fonder sur quelque chose. SYN. s'autoriser de, se fonder sur, se servir de, tabler sur.

âpre *adjectif* Qui a un caractère de violence. SYN. acerbe, bourru, brutal, chaud, cruel, dur, farouche, implacable, rude, sauvage, sévère, terrible, virulent. – LITTÉRAIRE : acrimonieux. CONTR. *mielleux, modéré.* ■ Désagréable à l'oreille, au goût. SYN. âcre, aigre, amer, perçant, raboteux, rêche, rude, rugueux. CONTR. *doucereux, doux, moelleux, onctueux, suave, sucré.* ■ Difficile à supporter. SYN. aigre, cuisant, mordant, pénétrant, perçant, rigoureux, rude. – LITTÉRAIRE : âcre, piquant. CONTR. *clément, doux, tiède.* ■ ***Âpre au gain,*** avide de profits. SYN. avide, insatiable, intéressé. – LITTÉRAIRE : cupide, rapace.

âprement *adverbe* De façon violente. SYN. farouchement, rudement.

après *adverbe* Indique une relation temporelle. SYN. ensuite, plus tard, postérieurement, puis, ultérieurement. CONTR. *d'abord, antérieurement, auparavant, avant, immédiatement, instantanément, au préalable, préalablement, précédemment, tout de suite.* – FAMILIER : *illico.* ■ Indique une relation spatiale. SYN. au-delà, plus loin. – FAMILIER : derrière. CONTR. *en avant, devant.*

après-rasage *adjectif invariable et nom masculin* Lotion adoucissante. SYN. after-shave.

âpreté *nom féminin* Qualité de ce qui est âpre. SYN. âcreté, amertume, aspérité, verdeur. – LITTÉRAIRE : rudesse. CONTR. *douceur, moelleux.* – LITTÉRAIRE : *suavité.* ■ Caractère agressif. SYN. acrimonie, aigreur, animosité, ardeur, dureté, fureur, rage, rigueur, rudesse, sévérité, violence, virulence. – LITTÉRAIRE : acerbité, âcreté, fiel, vivacité. CONTR. *douceur, modération, tiédeur.* – LITTÉRAIRE : *civilité, clémence, urbanité.*

a priori *locution adjectivale* En partant de ce qui est avant. CONTR. *a posteriori.*

a priori *nom masculin invariable* Opinion préconçue. SYN. parti pris, préconception, préjugé.

à-propos *nom masculin invariable* Ce qui vient au bon moment. SYN. opportunité, pertinence, présence d'esprit. CONTR. *balourdise.*

apte *adjectif* Qui a des dispositions pour. SYN. bon à, capable de, compétent, doué, habile, mûr, propre à, qualifié, susceptible de. CONTR. *impropre, inapte, incapable.* – POPULAIRE : *infichu, infoutu.*

aptéryx *nom masculin* Oiseau ratite de Nouvelle-Zélande. SYN. kiwi.

aptitude *nom féminin* Disposition à faire quelque chose. SYN. capacité, compétence, faculté, génie, habilité, penchant, prédisposition, propension, qualité, talent. CONTR. *inaptitude, incapacité, insuffisance.*

aptyalisme *nom masculin* Absence de sécrétion salivaire. SYN. asialie.

apyre *adjectif* Inaltérable au feu. SYN. incombustible, infusible, ininflammable. CONTR. *combustible, fusible.*

aquaplaning *nom masculin* Dérapage d'un véhicule dû à l'eau. SYN. hydroplanage.

aquatique *adjectif* Qui vit dans l'eau. SYN. aquacole, aquatile, aquicole. CONTR. *aérien, terrestre.*

aquatubulaire *adjectif* Fait de tubes que parcourt l'eau. SYN. multitubulaire.

aquilin *adjectif* Se dit d'un nez fin et recourbé. SYN. arqué, bourbonien, busqué, recourbé. CONTR. *aplati, camus, droit, écrasé, épaté.* – VIEUX : *camard.*

aquosité *nom féminin* Caractère aqueux. CONTR. *siccité.*

arabette *nom féminin* Plante au feuillage argenté. SYN. corbeille-d'argent.

arable *adjectif* Qui peut être labouré. SYN. cultivable, labourable.

arachnéen *adjectif* LITTÉRAIRE. Très léger. SYN. délicat, fin, léger, ténu. – LITTÉRAIRE : aérien, délié, éthéré. CONTR. *épais, gros, grossier.*

araignée *nom féminin* ***Araignée d'eau,*** insecte qui court à la surface de l'eau. SYN. gerris. ■ ***Araignée de mer,*** grand crabe. SYN. maïa.

araliacée *nom féminin* Plante telle que le lierre. SYN. hédéracée.

aranéidé *nom masculin* Type d'araignée. SYN. argiopidé.

aranéomorphe *nom masculin* Groupe d'araignées supérieures. SYN. labidognathe.

arapaïma *nom masculin* Poisson d'eau douce du Brésil. SYN. pirarucu.

araschnia *nom féminin* Variété de papillon. SYN. carte géographique.

arasement *nom masculin* Action d'araser. SYN. nivellement.

araser *verbe* Mettre de niveau. SYN. écrêter, niveler.

arbitrage *nom masculin* Action d'arbitrer. SYN. bons offices, conciliation, médiation, règlement. – LITTÉRAIRE : entremise.

arbitraire *adjectif* Sans limite. SYN. absolu, autocratique, despotique, dictatorial, discrétionnaire, omnipotent, totalitaire. CONTR. *libéral.* ■ Qui dépend du bon plaisir de. SYN. artificiel, fantaisiste, gratuit, hasardeux, immotivé, injustifié, partial. CONTR. *exact, fondé, justifié, motivé, objectif, réel, vrai.* ■ Qui enfreint la loi. SYN. abusif, despotique, illégal, injuste, irrégulier, tyrannique. CONTR. *droit, équitable, fondé, juste, légal, légitime, objectif.*

arbitraire *nom masculin* Autorité abusive. SYN. autoritarisme, despotisme, illégalité, injustice. – LITTÉRAIRE : tyrannie. CONTR. *équité, justice, légalité.*

arbitrairement *adverbe* De façon arbitraire. SYN. gratuitement, injustement, subjectivement, tendancieusement. CONTR. *légalement, objectivement.*

arbitre *nom masculin* Personne qui tranche un différend. SYN. conciliateur, intermédiaire, juge, médiateur, pacificateur. – LITTÉRAIRE : appréciateur. ▪ Personne qui impose sa volonté. SYN. autorité, expert, maître, référence.

arbitrer *verbe* Trancher un différend. SYN. accorder, arranger, concilier, décider, départager, faire pencher la balance, juger, prendre parti, se prononcer, régler, solutionner, statuer, trancher. CONTR. *balancer, hésiter, tergiverser.* – FAMILIER : *se tâter.*

arborer *verbe* Montrer ouvertement. SYN. afficher, déployer, étaler, exhiber, montrer, porter. CONTR. *cacher, dissimuler.*

arbre *nom masculin* ***Arbre à pain,*** arbre à gros fruits. SYN. artocarpus. ▪ ***Arbre de Judée,*** arbrisseau aux fleurs paraissant avant les feuilles. SYN. gainier.

arbre-poison *nom masculin* Arbre au suc très toxique. SYN. mancenillier.

arbustif *adjectif* Composé d'arbustes. SYN. frutescent.

arcanes *nom masculin pluriel* LITTÉRAIRE. Choses secrètes. SYN. mystères, secrets.

arcanson *nom masculin* Résidu de térébenthine. SYN. colophane.

arc-boutant *nom masculin* Bout du sabot. SYN. barre.

arc-bouter *verbe* Soutenir une construction. SYN. épauler, étayer, soutenir.

arc-doubleau *nom masculin* Arc séparant deux voûtes. SYN. doubleau.

archaïque *adjectif* Qui est périmé. SYN. anachronique, ancestral, ancien, antédiluvien, antique, arriéré, démodé, dépassé, désuet, hors d'âge, obsolète, primitif, retardataire, séculaire, vétuste, vieilli, vieillot, vieux. – ARGOTIQUE : square. – FAMILIER : fossile, out, ringard. – LITTÉRAIRE : obsolescent, suranné. CONTR. *actuel, contemporain, à la mode, moderne, nouveau, à la page, récent, rénové, ultramoderne, usuel.*

archaïsme *nom masculin* Caractère très ancien. SYN. ancienneté, antiquité. – LITTÉRAIRE : désuétude, obsolescence, vieillesse. CONTR. *modernisme, modernité, nouveauté.*

archangélique *adjectif* Propre à l'archange. SYN. angélique, divin, pur. – LITTÉRAIRE : céleste. CONTR. *diabolique, satanique.*

archet *nom masculin* Branche à fruit sur un pied de vigne. SYN. arquet, aste.

archétype *nom masculin* Modèle idéal. SYN. canon, idéal, modèle, moule, original, principe, prototype, spécimen, type. – VIEUX : exemplaire. CONTR. *copie, imitation.*

archevêché *nom masculin* Étendue de la juridiction d'un archevêque. SYN. métropole.

archimandrite *nom masculin* Supérieur d'un monastère orthodoxe. SYN. higoumène.

architectonica *nom féminin* Mollusque des mers chaudes. SYN. solarium.

architecture *nom féminin* Ossature d'une œuvre. SYN. agencement, charpente, composition, configuration, ordonnance, squelette, structure. – LITTÉRAIRE : texture, trame.

arctia *nom féminin* Nom générique des papillons nommés écailles. SYN. chelonia.

arctique *adjectif* Relatif au pôle Nord. SYN. boréal, nord, nordique, polaire, septentrional. CONTR. *antarctique, austral, sud.*

arctocèbe *nom masculin* Mammifère africain insectivore. SYN. dormeur, paresseux.

ardéiforme *nom masculin* Oiseau échassier longiligne. SYN. ciconiiforme.

ardemment *adverbe* Avec ardeur. SYN. chaudement, courageusement, fortement, fougueusement, à mourir, passionnément, au plus haut degré, au plus haut point, à un point inimaginable, profondément, vivement. CONTR. *faiblement, froidement, mollement.* – LITTÉRAIRE : *tièdement.*

ardent *adjectif* LITTÉRAIRE. Qui brûle. SYN. brûlant, chaud, de plomb, torride. CONTR. *frais, froid, glacé, glacial, tiède.* – FAMILIER : *réfrigéré.* ▪ Qui manifeste de l'ardeur. SYN. acharné, actif, agissant, avide, bouillant, chaleureux, dynamique, emporté, empressé, endiablé, enflammé, enthousiaste, éperdu, exalté, exubérant, fervent, fougueux, impétueux, passionné, pétulant, tout feu tout flammes, véhément, vibrant, zélé. – FAMILIER : chaud. – LITTÉRAIRE : dévorant, effervescent, inflammable, prompt, volcanique. CONTR. *apathique, calme, endormi, engourdi, éteint, flegmatique, froid, indifférent, indolent, inerte, insensible, languissant, lymphatique, mou, nonchalant, tiède.* ▪ Qui a l'éclat du feu. SYN. éclatant, flambant. – LITTÉRAIRE : flamboyant.

CONTR. *blafard, blanchâtre, blême, éteint, fané, pâle, passé, terne.*

ardeur *nom féminin* Caractère fougueux. **SYN.** allant, dynamisme, élan, empressement, énergie, enthousiasme, entrain, ferveur, fièvre, fougue, frénésie, impétuosité, jeunesse, pétulance, vie. – LITTÉRAIRE : sève, vitalité. **CONTR.** *abattement, ataraxie, engourdissement, fainéantise, indolence, inertie, langueur, mollesse, nonchalance, paresse, relâchement.* – FAMILIER : *flemme.* ■ Caractère acharné de quelque chose. **SYN.** acharnement, âpreté, fanatisme, fureur, impétuosité, mordant, sérieux, véhémence, vigueur, violence. – LITTÉRAIRE : vivacité. **CONTR.** *douceur, modération, retenue, tiédeur.* ■ LITTÉRAIRE. Chaleur extrême. **SYN.** – LITTÉRAIRE : touffeur. **CONTR.** *fraîcheur, froid, froideur, tiédeur.*

ardu *adjectif* Difficile à résoudre. **SYN.** abscons, compliqué, délicat, difficile, dur, épineux, malaisé, pénible, rude. – FAMILIER : calé, coton, trapu, vache. **CONTR.** *abordable, accessible, aisé, c'est un jeu d'enfant, clair, commode, enfantin, facile, limpide, pas sorcier, simple.* – FAMILIER : *ce n'est pas la mer à boire, c'est de la rigolade, c'est du gâteau, c'est du tout cuit.* – POPULAIRE : *c'est du billard.* ■ LITTÉRAIRE. Qui est escarpé. **SYN.** abrupt, malaisé, raboteux, raide, rude. **CONTR.** *plan, plat.*

arécacée *nom féminin* Plante telle que le palmier. **SYN.** palmacée.

arène *nom féminin* Espace circulaire sablé. **SYN.** cirque, lice.

aréomètre *nom masculin* Instrument pour mesurer la densité d'un liquide. **SYN.** densimètre.

argent *nom masculin* Monnaie en pièces ou billets. **SYN.** espèces, espèces sonnantes et trébuchantes, liquidités, numéraire. – ARGOTIQUE : artiche, braise, carbure, douille, foin, grisbi, pèze, trèfle, tune. – FAMILIER : blé, ferraille, mitraille, ronds, sous, thune. – POPULAIRE : flouse, flouze, fraîche, fric, oseille, pépettes, picaillons, pognon. ■ Richesse d'une personne. **SYN.** bien, capital, économies, épargne, fonds, fortune, pécule, ressources. – FAMILIER : magot. – POPULAIRE : galette.

argenté *adjectif* FAMILIER. Qui a de l'argent. **SYN.** aisé, cossu, cousu d'or, fortuné, huppé, nanti, privilégié, riche. – FAMILIER : plein aux as. – POPULAIRE : friqué, rupin. **CONTR.** *démuni, gêné, indigent, malheureux, miséreux, nécessiteux, pauvre, ruiné.* – FAMILIER : *désargenté, fauché, fauché comme les blés, sans le sou.* – LITTÉRAIRE : *impécunieux.* – POPULAIRE : *raide.* – VIEUX : *besogneux, disetteux.*

argentin *adjectif* LITTÉRAIRE. Au son clair. **SYN.** clair. – LITTÉRAIRE : cristallin.

argentite *nom féminin* Sulfure naturel d'argent. **SYN.** argyrite, argyrose.

argentopyrite *nom féminin* Sulfure naturel de fer et d'argent. **SYN.** sternbergite.

argiopidé *nom masculin* Type d'araignée. **SYN.** aranéidé.

argot *nom masculin* Vocabulaire particulier. **SYN.** jargon, langue verte, parler.

argousier *nom masculin* Arbuste épineux des lieux sablonneux. **SYN.** hippophaé.

arguer *verbe* Tirer comme conséquence. **SYN.** argumenter, conclure, déduire, inférer. ■ Prendre comme prétexte. **SYN.** alléguer, s'autoriser de, avancer, faire état de, invoquer, objecter, prétexter, se prévaloir.

argule *nom masculin* Crustacé parasite des poissons d'eau douce. **SYN.** branchioure, pou des poissons.

argument *nom masculin* Ce qui appuie une affirmation. **SYN.** argumentation, démonstration, preuve, raison, raisonnement.

argumentateur *nom* LITTÉRAIRE. Personne qui argumente. **SYN.** discuteur, ergoteur, polémiste, raisonneur, ratiocineur. – FAMILIER : discutailleur, disputailleur.

argumentation *nom féminin* Ensemble d'arguments. **SYN.** démonstration, dialectique, raisonnement.

argumenter *verbe* Présenter des arguments. **SYN.** arguer, avancer, donner du grain à moudre à, expliquer, justifier, raisonner. – FAMILIER : parlementer. ■ Discuter sans fin. **SYN.** chicaner, discourir, disserter, épiloguer, ergoter. – FAMILIER : discutailler, disputailler, jacasser, laïusser, parlementer, pinailler, tchatcher. – LITTÉRAIRE : controverser, ratiociner, vétiller. ■ Tirer des conséquences d'un raisonnement. **SYN.** conclure, déduire, inférer.

argutie *nom féminin* Subtilité de langage. **SYN.** distinguo, finesse, subtilité. – FAMILIER : finasserie. – LITTÉRAIRE : chicane.

argyrisme *nom masculin* Intoxication par les sels d'argent. **SYN.** argyrose.

argyrite *nom féminin* Sulfure naturel d'argent. **SYN.** argentite, argyrose.

argyroplocé *nom féminin* Papillon dont la chenille est nuisible. **SYN.** olethreutes.

argyrose *nom féminin* Sulfure naturel d'argent. **SYN.** argentite, argyrite. ■ Intoxication par les sels d'argent. **SYN.** argyrisme.

aria *nom féminin* Ligne mélodique. SYN. air, mélodie.

aria *nom masculin* LITTÉRAIRE. Souci imprévu. SYN. contrariété, embarras, ennui, tracas, tracasserie. – FAMILIER : enquiquinement. – POPULAIRE : emmerdement.

aride *adjectif* Dépourvu d'humidité. SYN. dénudé, désertique, déshérité, desséché, improductif, infécond, infertile, maigre, nu, pauvre, sec, stérile. CONTR. *abondant, fertile, foisonnant, humide, productif, riche.* – LITTÉRAIRE : *fécond, généreux, gras, plantureux.* ■ Qui est difficile. SYN. austère, ingrat, rébarbatif, rebutant, sévère. CONTR. *agréable, attrayant, passionnant, riant.*

aridité *nom féminin* État de ce qui est aride. SYN. improductivité, infécondité, maigreur, pauvreté, sécheresse, siccité, stérilité. – LITTÉRAIRE : infertilité. CONTR. *exubérance, fertilité, humidité, productivité, richesse.* – LITTÉRAIRE : *fécondité.*

arion *nom masculin* Variété de limace. SYN. loche.

aristarque *nom masculin* LITTÉRAIRE. Critique sévère. SYN. censeur.

aristocrate *nom* Membre de l'aristocratie. SYN. gentilhomme, noble, patricien, seigneur. CONTR. *bourgeois, prolétaire, roturier.* – LITTÉRAIRE : *plébéien.*

aristocratie *nom féminin* Classe des nobles. SYN. noblesse. – LITTÉRAIRE : gentilhommerie. CONTR. *bourgeoisie, peuple, prolétariat, roture.* ■ LITTÉRAIRE. Élite. SYN. dessus du panier, fine fleur, fleur. – FAMILIER : crème, gratin.

aristocratique *adjectif* Propre à l'aristocratie. SYN. distingué, élégant, noble, raffiné. CONTR. *bourgeois, canaille, fruste, grossier, simple, vulgaire.*

aristocratiquement *adverbe* De façon aristocratique. CONTR. *démocratiquement.*

aristotélicien *adjectif et nom* Partisan de la philosophie d'Aristote. SYN. péripatéticien.

aristotélisme *nom masculin* Doctrine d'Aristote. SYN. péripatétisme.

arithmomancie *nom féminin* Divination au moyen des nombres. SYN. arithmosophie, numérologie, numérosophie.

arithmosophie *nom féminin* Divination au moyen des nombres. SYN. arithmomancie, numérologie, numérosophie.

arlequin *nom masculin* VIEUX. Homme versatile. SYN. fantoche, marionnette, pantin. – FAMILIER : girouette, guignol, polichinelle. – LITTÉRAIRE : protée. – VIEUX : sauteur. ■ ***Arlequin de Cayenne,*** coléoptère aux pattes antérieures démesurées. SYN. acrocine.

arlequins *nom masculin pluriel* VIEUX. Assortiment de restes de repas. SYN. reliefs, restes. – FAMILIER : rogatons. – VIEUX : desserte, gringuenaude.

armada *nom féminin* FAMILIER. Grand nombre d'êtres, de choses. SYN. armée, avalanche, bataillon, cascade, chapelet, déluge, flot, foule, horde, infinité, kyrielle, légion, masse, multitude, myriade, nuée, pléiade, quantité, ramassis, tas, tripotée, troupe, troupeau. – FAMILIER : cargaison, flopée, foultitude, paquet, pelletée, peuple, régiment, ribambelle. – LITTÉRAIRE : averse, essaim. CONTR. *atome, bribe, brin, escouade, parcelle, poignée.*

armature *nom féminin* Assemblage qui soutient. SYN. carcasse, charpente, contexture, ossature, squelette, structure. – LITTÉRAIRE : texture, trame.

armé *adjectif* Prêt à affronter. SYN. cuirassé, paré, pourvu.

armée *nom féminin* Grand nombre d'êtres, de choses. SYN. avalanche, bande, bataillon, cascade, chapelet, débordement, déferlement, déluge, fatras, flot, foule, grêle, horde, infinité, kyrielle, légion, masse, meute, monceau, multitude, myriade, nuée, pléiade, pluie, quantité, ramassis, tas, torrent, troupe, troupeau. – FAMILIER : armada, cargaison, cohorte, flopée, foultitude, pelletée, peuple, régiment, ribambelle, tapée, tripotée. – LITTÉRAIRE : averse, essaim. CONTR. *atome, bribe, brin, escouade, parcelle, poignée.*

armer *verbe* Pourvoir d'armes. SYN. militariser. CONTR. *démilitariser, désarmer, pacifier.* ■ Mettre en état de résister à. SYN. blinder, endurcir, fortifier, munir, prémunir. CONTR. *affaiblir, débiliter, épuiser, saper.* – FAMILIER : *démolir.*

armer (s') *verbe pronominal* Se prémunir contre un danger. SYN. s'endurcir, se fortifier, se garantir, s'immuniser, se munir.

armes *nom féminin pluriel* Marques distinctives représentées sur un écu. SYN. armoiries, blason.

armistice *nom masculin* Arrêt des hostilités. SYN. cessez-le-feu, suspension d'armes, trêve. CONTR. *guerre, hostilités.*

armoire *nom féminin* Meuble de rangement. SYN. placard.

armoiries *nom féminin pluriel* Marques distinctives représentées sur un écu. SYN. armes, blason.

armorial *adjectif* Relatif aux armoiries. SYN. nobiliaire.

armure *nom féminin* LITTÉRAIRE. Moyen de protection. SYN. bouclier, carapace. – LITTÉRAIRE : cuirasse.

A.R.N.-polymérase *nom féminin* Enzyme permettant la synthèse de l'A.R.N. SYN. transcriptase.

arnaque *nom féminin* POPULAIRE. Fait d'escroquer. SYN. carambouillage, carambouille, escroquerie, fraude, grivèlerie, indélicatesse, malhonnêteté, malversation, tricherie, vol. – FAMILIER : estampage, truandage, truanderie. – LITTÉRAIRE : duperie, imposture. – POPULAIRE : entubage. – VIEUX : filouterie.

arnaquer *verbe* POPULAIRE. Abuser de la crédulité de. SYN. dépouiller, duper, escroquer, exploiter, tromper, voler. – FAMILIER : empaumer, empiler, estamper, étriller, flouer, plumer, posséder, promener, refaire, rouler, tondre, truander. – LITTÉRAIRE : gruger. – POPULAIRE : baiser, couillonner, entuber.

arnaqueur *nom* POPULAIRE. Personne qui escroque. SYN. aigrefin, charlatan, escroc, filou, forban, fraudeur, voleur. – FAMILIER : carambouilleur, empileur, estampeur, faisan, fripouille, margoulin. – LITTÉRAIRE : pirate. – VIEUX : brigandeau, coquin, fripon, gredin.

arole ou **arolle** *nom masculin* Pin qui croît dans les Alpes. SYN. pin cembro.

aromatique *adjectif* Qui donne une odeur, un goût. SYN. embaumant, odorant, odoriférant. CONTR. *infect, malodorant, méphitique, pestilentiel, puant.*

aromatiser *verbe* Donner du goût, une odeur. SYN. assaisonner, condimenter, parfumer.

arôme *nom masculin* Principe odorant. SYN. bouquet, effluve, émanation, exhalaison, fumet, odeur, parfum. – LITTÉRAIRE : fragrance, senteur. CONTR. *infection, pestilence, puanteur, relent.*

arpenter *verbe* Parcourir à grands pas. SYN. faire les cent pas, marcher, parcourir, sillonner.

arpenteuse *nom féminin et adjectif* Chenille des phalènes. SYN. géomètre.

arqué *adjectif* En forme d'arc. SYN. aquilin, bombé, bourbonien, busqué, cambré, cintré, convexe, courbe, courbé, tors, voûté. – LITTÉRAIRE : tortu. CONTR. *aplati, droit, plan.*

arquer (s') *verbe pronominal* Prendre la forme d'un arc. SYN. se cambrer, se casser, fléchir, se voûter.

arquet *nom masculin* Branche à fruit sur un pied de vigne. SYN. archet, aste.

arrachage *nom masculin* Action d'arracher. SYN. ablation, arrachement, avulsion, déracinement, éradication, extirpation, extraction. CONTR. *enracinement, plantation.*

arrachement *nom masculin* LITTÉRAIRE. Peine causée par une séparation. SYN. déchirement. – LITTÉRAIRE : déchirure.

arrache-pied (d') *locution adverbiale* Avec acharnement. SYN. durablement, farouchement, fermement, inébranlablement, obstinément, opiniâtrement, résolument. – FAMILIER : mordicus. – LITTÉRAIRE : tenacement. CONTR. *par intermittence, à la légère, légèrement, mollement, négligemment, tièdement.*

arracher *verbe* Détacher avec effort. SYN. déchirer, déraciner, déterrer, extirper, extraire, rompre. CONTR. *attacher, coller, enfoncer, enraciner.* ■ Prendre brutalement. SYN. détourner, écarter, emporter, ôter, prendre, retirer, soustraire, tirer. – LITTÉRAIRE : ravir. CONTR. *confier, donner.* ■ Obtenir avec peine. SYN. extorquer, forcer, soutirer, surprendre.

arrangé *adjectif* Organisé à l'avance. SYN. concerté, ménagé, organisé. CONTR. *impromptu, improvisé.*

arrangeable *adjectif* Qui peut être arrangé. SYN. accommodable, réparable. CONTR. *inaccommodable, irréparable.*

arrangeant *adjectif* Avec qui on s'arrange. SYN. accommodant, commode, complaisant, compréhensif, conciliant, coulant, facile, flexible, indulgent, ouvert, tolérant, vivable. – LITTÉRAIRE : traitable. CONTR. *buté, difficile, dur, exigeant, ferme, intraitable, intransigeant, irréconciliable, têtu.* – VIEUX : *chicaneur, chicanier.*

arrangement *nom masculin* Action d'arranger. SYN. agencement, aménagement, assortiment, composition, disposition, distribution, installation, ordonnance, ordre. CONTR. *bouleversement, chaos, dérangement, désordre.* ■ Accord amiable. SYN. accommodement, compromis, compromission, concession, conciliation, consensus, convention, modus vivendi, règlement. CONTR. *brouille, contestation, désaccord, dispute, procès, querelle.*

arranger *verbe* Mettre en ordre. SYN. coordonner, disposer, mettre en place, ordonner, ranger. – FAMILIER : attifer. CONTR. *bouleverser, défaire, déplacer, déranger, désorganiser, mélanger.* – FAMILIER : *chambarder, chambouler.* ■ Modifier pour adapter à sa destination. SYN. agencer, aménager, combiner, embellir, recomposer, refaire, transformer. – LITTÉRAIRE : accommoder. CONTR. *abîmer, défigurer, enlaidir.* ■ Remettre en état de marche. SYN. raccommoder, régler, réparer, restaurer. – FAMILIER : bidouiller, bricoler, rabibocher, rafistoler, retaper. CONTR. *abîmer, briser, casser, dérégler, détériorer.* – FAMILIER : *bousiller, esquinter.* ■ Organiser quelque chose. SYN.

adapter, calculer, combiner, concerter, construire, coordonner, élaborer, fabriquer, faciliter, machiner, ménager, mettre au point, mettre sur pied, orchestrer, préparer, régler. – FAMILIER : goupiller. CONTR. *bouleverser, dérégler, désorganiser.* ▪ Régler un problème. SYN. accommoder, aplanir, arbitrer, concilier, faciliter, régler. CONTR. *brouiller, compliquer, désorganiser, mêler, troubler.* ▪ Satisfaire quelqu'un. SYN. agréer, aller, contenter, convenir, plaire, satisfaire, suffire. CONTR. *déplaire, mécontenter.*

arranger (s') *verbe pronominal* Prendre ses dispositions. SYN. s'organiser. – FAMILIER : se débrouiller. ▪ Se mettre d'accord. SYN. arriver à composition, couper la poire en deux, s'entendre, pactiser, parlementer, transiger, trouver un terrain d'entente, venir à composition. – FAMILIER : accorder ses violons. – LITTÉRAIRE : s'accorder. CONTR. *se battre, se brouiller, se disputer, se quereller.* ▪ Se contenter de. SYN. s'accommoder, se contenter, se résigner, se satisfaire. ▪ Évoluer favorablement. SYN. aller de mieux en mieux, se calmer. – FAMILIER : se tasser. CONTR. *s'aggraver, aller de mal en pis, s'altérer, se compliquer, dégénérer, empirer.*

arrestation *nom féminin* Action d'arrêter quelqu'un. SYN. capture, emprisonnement, incarcération, rafle. CONTR. *élargissement, libération.*

arrêt *nom masculin* Action d'arrêter, de s'arrêter. SYN. escale, halte, immobilisation, pause, repos. CONTR. *marche, mouvement.* ▪ Cessation d'une action. SYN. blocage, cessation, clôture, coupure, fermeture, fin, interruption, suspension. – LITTÉRAIRE : halte. CONTR. *avancement, continuation, continuité, cours, déclenchement, évolution, marche, mouvement, poursuite, prolongation, recommencement, reprise.* ▪ Endroit où s'arrête un véhicule. SYN. station, terminus. ▪ Décision d'une juridiction. SYN. arrêté, décret, jugement, règlement, sentence, verdict. ▪ ***Sans arrêt,*** de façon continuelle. SYN. assidûment, constamment, continuellement, éternellement, immuablement, indéfiniment, invariablement, journellement, à longueur de temps, non-stop, en permanence, perpétuellement, régulièrement, sans cesse, sans discontinuer, sans intermission, sans interruption, sans relâche, sans répit, sans souffler, sans trêve, toujours, à tout bout de champ, à tout instant, tout le temps, à tout propos. – LITTÉRAIRE : continûment, sempiternellement. CONTR. *par accès, alternativement, épisodiquement, exceptionnellement, par instants, par intermittence, par intervalles, irrégulièrement, jamais, momentanément, occasionnellement, parfois, provisoirement, quelquefois, rarement, sporadiquement, temporairement, de temps à autre, de temps en temps, variablement.* – LITTÉRAIRE : *transitoirement.*

arrêté *adjectif* Qui est fixé. SYN. déterminé, entendu, ferme, fixe, fixé, immuable, inébranlable, irrévocable, réglé. CONTR. *flottant, flou, incertain, indéterminé, vague.*

arrêté *nom masculin* Décision prise par une autorité. SYN. arrêt, décision, règlement, verdict.

arrête-bœuf *nom masculin invariable* Plante épineuse des champs. SYN. bugrane.

arrêter *verbe* Empêcher d'aller plus loin. SYN. aborder, accoster, assujettir, bloquer, immobiliser, mater, paralyser, retenir, stopper. – FAMILIER : accrocher. CONTR. *débloquer, dégager.* ▪ Faire cesser le fonctionnement. SYN. couper, fermer. CONTR. *actionner, agiter, mettre en marche, ouvrir.* ▪ Suspendre une action. SYN. abandonner, cesser, clôturer, conclure, couper court à, en demeurer là, dire adieu à, jeter le manche après la cognée, jeter l'éponge, mettre fin à, mettre un frein à, mettre un point final à, mettre un terme à, quitter, renoncer, rompre, stopper, suspendre, terminer, tirer un trait sur, tirer une croix sur. – LITTÉRAIRE : clore. CONTR. *accélérer, activer, déclencher, engager, hâter.* ▪ Interrompre un processus. SYN. borner, circonscrire, couper, endiguer, enrayer, intercepter, interrompre, juguler, stopper. CONTR. *amorcer, continuer, débloquer, développer, entretenir, perpétuer, poursuivre, pousser, propager, reprendre.* ▪ Appréhender par autorité de justice. SYN. appréhender, attraper, capturer, s'emparer, emprisonner, incarcérer, prendre. – FAMILIER : choper, coffrer, coincer, cueillir, embarquer, épingler, harponner, pincer, piquer, ramasser. – POPULAIRE : agrafer, alpaguer, cravater, emballer, gauler. CONTR. *élargir, libérer, relâcher, relaxer.* ▪ Décider de façon définitive. SYN. convenir, décider, déterminer, fixer, régler. – LITTÉRAIRE : trancher. CONTR. *dissuader, empêcher, interdire.*

arrêter (s') *verbe pronominal* Séjourner quelque part. SYN. descendre, faire escale, faire étape, faire halte, faire une pause, rester, séjourner, stationner, stopper. – LITTÉRAIRE : demeurer. CONTR. *continuer, s'ébranler, faire route vers, partir, passer.* ▪ Ne pas aller au-delà de. SYN. aboutir, s'achever, se dénouer, finir, prendre fin, se terminer, toucher à sa fin. CONTR. *avancer, bondir, continuer, démarrer, se poursuivre, progresser, reprendre, suivre son cours.* ▪ Cesser de faire quelque chose. SYN. s'abstenir, cesser, se démettre, en demeurer là, déposer les armes, se désaccoutumer, se déshabituer, se désister, fermer la parenthèse, laisser tomber, se retenir, se retirer sous sa tente, se retirer, tourner la page. CONTR. *s'accélérer, continuer, évoluer, se* *poursuivre, reprendre.* ■ Porter son attention sur. SYN. s'attarder à. CONTR. *effleurer, glisser sur, survoler.*

arrhes *nom féminin pluriel* Somme d'argent. SYN. acompte, à-valoir, provision.

arrière *nom masculin* Partie postérieure de quelque chose. SYN. queue. CONTR. *avant, devant, façade, front, tête.*

arriéré *adjectif* En retard sur son époque. SYN. anachronique, ancien, antique, archaïque, d'arrière-garde, attardé, barbare, démodé, désuet, périmé, retardataire, rétrograde, sous-développé, vieillot, vieux. – FAMILIER : fossile, out, retardé, ringard. – LITTÉRAIRE : suranné. CONTR. *avancé, dans le coup, évolué, jeune, à la mode, moderne, à la page, précoce, dans le vent.* – FAMILIER : *branché, in, tendance.*

arrière-faix *nom masculin invariable* Ce qui reste dans l'utérus après l'expulsion du fœtus. SYN. délivre.

arrière-fond *nom masculin* Partie la plus secrète de. SYN. tréfonds.

arrière-gorge *nom féminin* Partie du pharynx derrière les amygdales. SYN. oropharynx.

arrière-goût *nom masculin* Souvenir qui reste de quelque chose. SYN. réminiscence, résurgence. – LITTÉRAIRE : relent.

arrière-grand-mère *nom féminin* Mère du grand-père ou de la grand-mère. SYN. bisaïeule.

arrière-grand-père *nom masculin* Père du grand-père ou de la grand-mère. SYN. bisaïeul.

arrière-neveu *nom masculin* Fils, fille du neveu ou de la nièce. SYN. petite-nièce, petit-neveu.

arrière-pays *nom masculin* Région desservie par un port, une voie navigable. SYN. hinterland.

arrière-pensée *nom féminin* Pensée non exprimée. SYN. calcul, combinaison, dessein, idée derrière la tête, intention, plan, projet, réticence, sous-entendu, visée.

arrière-saison *nom féminin* Saison qui suit l'été. SYN. automne, été indien.

arrière-train *nom masculin* POPULAIRE. Partie comprenant les fesses. SYN. fesses, siège. – FAMILIER : croupe, croupion, fessier, fondement, postérieur. – LITTÉRAIRE : séant. – POPULAIRE : baba, baigneur, cul, derche, lune, pétard, popotin.

arrimage *nom masculin* Action d' arrimer. SYN. assujettissement, fixation. CONTR. *désarrimage.*

arrimer *verbe* Fixer un chargement. SYN. accorer, amarrer, assujettir, assurer, caler, fixer.

arrivage *nom masculin* Arrivée massive. SYN. afflux, débarquement, incursion, invasion, irruption.

arrivant *nom* Personne qui arrive. CONTR. *partant.*

arrivée *nom féminin* Action d'arriver. SYN. accession, afflux, apparition, entrée, incursion, intrusion, survenance, venue. CONTR. *départ.* ■ Fait de se produire. SYN. approche, avènement, commencement, début, éclosion, émergence, imminence, naissance, survenue. – LITTÉRAIRE : surgissement, voisinage. CONTR. *fin.*

arriver *verbe* Parvenir à destination. SYN. aborder, accéder, accoster, atteindre, être rendu, gagner, jeter l'ancre, mettre pied à terre, parvenir, rallier, toucher terre. – LITTÉRAIRE : toucher. CONTR. *s'en aller, appareiller, lever l'ancre, partir, repartir.* ■ Venir vers un lieu. SYN. accourir, affluer, aller, approcher, s'approcher de, atteindre, débouler, faire irruption, se rendre, venir. – FAMILIER : débarquer. – LITTÉRAIRE : survenir. – POPULAIRE : s'abouler, pointer son nez, se pointer, se radiner, se ramener, rappliquer. CONTR. *s'en aller, déguerpir, se détourner, s'écarter, s'éloigner, s'enfuir, s'envoler, s'évanouir, fuir, quitter, se retirer.* ■ Atteindre un certain niveau. SYN. atteindre, s'élever, gagner, monter, parvenir. ■ Réussir socialement. SYN. émerger, faire carrière, faire son chemin, se faire une place au soleil, s'imposer, percer, se pousser, prendre du galon. – FAMILIER : faire son trou. – LITTÉRAIRE : parvenir. CONTR. *échouer, rater, sombrer.* ■ Réussir à faire quelque chose. SYN. finir par, parvenir, réussir à. CONTR. *échouer, manquer.* – FAMILIER : *rater.* ■ Avoir lieu. SYN. s'accomplir, advenir, se manifester, se passer, se présenter, se produire, se réaliser, survenir, se voir.

arriviste *adjectif* Qui veut réussir à tout prix. SYN. ambitieux, intrigant, opportuniste, présomptueux. CONTR. *désintéressé, modeste.*

arriviste *nom* Personne qui veut réussir. SYN. ambitieux, audacieux, carriériste, intrigant, jeune loup, opportuniste.

arrogance *nom féminin* Attitude hautaine. SYN. condescendance, dédain, fatuité, hauteur, impudence, insolence, morgue, orgueil, présomption, prétention, suffisance, supériorité. – LITTÉRAIRE : fierté, outrecuidance, superbe. CONTR. *affabilité, aplatissement, bienveillance, bonhomie, déférence, humilité, modestie, platitude, simplicité, soumission.* – LITTÉRAIRE : *aménité.*

arrogant *adjectif* Qui fait preuve d'arrogance. SYN. blessant, condescendant, dédaigneux, fier, hautain, impertinent, impudent, méprisant, prétentieux, provocant, puant, rogue, suffisant, supérieur. – LITTÉRAIRE : altier, fat, insolent. CONTR. *accueillant, affable, aimable, bonhomme, courtois, déférent, familier, humble, modeste, plat, respectueux, simple.* – LITTÉRAIRE : *révérencieux.*

arrogant *nom* Personne hautaine. SYN. cuistre, fier, impudent, insolent, pédant, prétentieux. – LITTÉRAIRE : fat.

arroger (s') *verbe pronominal* LITTÉRAIRE. S'attribuer indûment quelque chose. SYN. accaparer, s'approprier, s'attribuer, monopoliser, s'octroyer, revendiquer, usurper. CONTR. *abandonner, décliner, dédaigner, refuser, repousser.*

arrondi *adjectif* Qui a une forme ronde. SYN. circulaire, convexe, courbe, sphérique. CONTR. *plat, pointu.*

arrondir *verbe* Augmenter quelque chose. SYN. accroître, agrandir, compléter, épaissir, étendre, gonfler, grossir, parfaire. CONTR. *amoindrir, diminuer, disperser, dissiper, réduire, retrancher.*

arrondir (s') *verbe pronominal* FAMILIER. Prendre de l'embonpoint. SYN. s'alourdir, s'empâter, épaissir, s'étoffer, forcir, grossir.

arrosage *nom masculin* Action d'arroser. SYN. aspersion. CONTR. *assèchement, dessèchement, drainage.*

arroser *verbe* Répandre de l'eau sur. SYN. asperger, doucher, éclabousser, humecter, inonder, mouiller, noyer, tremper. – FAMILIER : rincer, saucer. CONTR. *assécher, dessécher, drainer, éponger, essuyer, étancher, sécher.* ■ Irriguer un lieu. SYN. irriguer. – LITTÉRAIRE : baigner. ■ FAMILIER. Corrompre quelqu'un. SYN. acheter, payer, soudoyer, suborner. – FAMILIER : graisser la patte. – LITTÉRAIRE : stipendier.

arsenal *nom masculin* Grande quantité de choses variées. SYN. assortiment, attirail, batterie, collection, jeu, liste, panoplie, réserve.

arsenic *nom masculin* ***Arsenic blanc,*** oxyde d'arsenic. SYN. anhydride arsénieux.

arsénié *adjectif* Qui contient de l'arsenic. SYN. arsénifère.

arsénieux *adjectif masculin* ***Anhydride arsénieux,*** oxyde d'arsenic. SYN. arsenic blanc.

arsénifère *adjectif* Qui contient de l'arsenic. SYN. arsénié.

arsénopyrite *nom féminin* Arséniosulfure naturel de fer. SYN. mispickel.

arsouille *nom* POPULAIRE. Mauvais garçon. SYN. canaille, chenapan, crapule, filou, gredin, vaurien, vermine, voyou. – FAMILIER : fripouille. – POPULAIRE : frappe, gouape, malfrat.

art *nom masculin* Talent pour faire quelque chose. SYN. adresse, dextérité, don, génie, habileté, maestria, métier, pouvoir, savoir-faire, style, talent, technique. – FAMILIER : chic. – LITTÉRAIRE : faire. CONTR. *gaucherie, maladresse.*

arthropode *nom masculin* Animal à articulations externes. SYN. – VIEUX : articulé.

artichaut *nom masculin* ***Artichaut d'Espagne,*** variété de courge. SYN. bonnet-de-prêtre, pâtisson.

article *nom masculin* Subdivision d'un texte. SYN. alinéa, chapitre, paragraphe, point, titre. ■ Écrit faisant partie d'une publication. SYN. chronique, papier, rubrique. – VIEUX : notice. ■ Sujet dont on parle. SYN. chapitre, point, question. ■ Objet destiné à la vente. SYN. denrée, marchandise, objet, produit, ustensile. ■ Cellule végétale allongée. SYN. apocyte.

articulation *nom féminin* Manière de prononcer les sons. SYN. élocution, parler, parole, prononciation.

articulé *nom masculin* VIEUX. Animal à articulations externes. SYN. arthropode.

articuler *verbe transitif* Émettre des sons. SYN. énoncer, marteler, proférer, prononcer. CONTR. *balbutier, bredouiller, marmonner, marmotter.* – FAMILIER : *bafouiller, baragouiner.* ■ Assembler des pièces. SYN. agencer, aménager. CONTR. *désarticuler, disloquer.*

artifice *nom masculin* Manière d'agir qui tend à tromper. SYN. acrobatie, ficelle, ingéniosité, procédé, rouerie, ruse, stratagème, subterfuge. – FAMILIER : astuce, roublardise, truc. – LITTÉRAIRE : habileté.

artificiel *adjectif* Qui se substitue à un élément naturel. SYN. d'emprunt, fabriqué, factice, de fantaisie, faux, postiche, préfabriqué, en trompe-l'œil. – LITTÉRAIRE : emprunté. CONTR. *authentique, naturel, réel, véritable, vrai.* ■ Qui est arbitraire. SYN. livresque, spécieux, subjectif. CONTR. *objectif, positif, réel.* ■ Qui manque d'authenticité. SYN. affecté, apprêté, de commande, composé, contraint, contrefait, emprunté, étudié, feint, forcé, frelaté, outré, simulé, sophistiqué, stéréotypé, surfait. CONTR. *authentique, franc, instinctif, naturel, originel, primitif, profond, pur, sincère, spontané, véritable, vrai.*

artificiellement *adverbe* De façon factice. SYN. faussement. CONTR. *naturellement.*

artificieusement *adverbe* LITTÉRAIRE. Avec ruse. SYN. – LITTÉRAIRE : fallacieusement, spécieusement. CONTR. *franchement, naïvement, sincèrement, spontanément, vrai.*

artificieux *adjectif* LITTÉRAIRE. Qui vise à tromper. SYN. astucieux, captieux, fourbe, hypocrite, perfide, retors, rusé, spécieux, trompeur. – LITTÉRAIRE : cauteleux, fallacieux. CONTR. *direct, droit, franc, naïf, sincère, spontané.*

artisan *nom* Personne à l'origine de. SYN. acteur, âme, auteur, cause, promoteur, responsable. – LITTÉRAIRE : ouvrier.

artiste *adjectif* Qui a le sentiment du beau. SYN. artistique, bohème.

artiste *nom* Personne qui interprète des œuvres. SYN. acteur, comédien, interprète. ■ Personne qui aime les arts. SYN. esthète, virtuose.

artistement *adverbe* Avec goût. SYN. artistiquement, délicatement, esthétiquement. – LITTÉRAIRE : précieusement.

artistique *adjectif* Fait avec art. SYN. beau, esthétique. CONTR. *disgracieux, inesthétique, laid.*

artistiquement *adverbe* De façon artistique. SYN. artistement, esthétiquement.

artocarpus *nom masculin* Arbre à gros fruits. SYN. arbre à pain.

arum *nom masculin* Plante herbacée. SYN. gouet.

arvicoliné *nom masculin* Rongeur tel que le campagnol. SYN. microtiné.

arythmie *nom féminin* Trouble du rythme cardiaque. SYN. dysrythmie.

as *nom masculin* FAMILIER. Personne qui excelle dans une activité. SYN. cerveau, chef, génie, gloire, prodige, virtuose. – FAMILIER : aigle, cacique, champion, crack. – LITTÉRAIRE : lumière, phénix. CONTR. *incapable, nul, nullité, raté.* – FAMILIER : *zéro.* ■ FAMILIER. ***Plein aux as,*** très riche. SYN. aisé, cossu, cousu d'or, fortuné, nanti, privilégié, riche, richissime. – FAMILIER : argenté. – POPULAIRE : friqué, rupin. CONTR. *désargenté, ruiné.*

asaret *nom masculin* Herbe aux feuilles en forme de cœur. SYN. oreille-d'homme.

asbeste *nom féminin* Matière minérale filamenteuse. SYN. amiante.

ascendance *nom féminin* Ensemble des ascendants. SYN. ancêtres, filiation, ligne, lignée. CONTR. *descendance.* ■ Origine. SYN. racines, souche. – LITTÉRAIRE : extraction.

ascendant *nom* Parent dont on descend. SYN. ancêtre, ancien, souche. – LITTÉRAIRE : aïeul, parent. CONTR. *descendant.*

ascendant *nom masculin* Influence exercée sur quelqu'un. SYN. autorité, domination, empire, emprise, fascination, importance, mainmise, pouvoir, prise, puissance, règne. – LITTÉRAIRE : crédit.

ascendeur *nom masculin* Appareil employé en alpinisme et en spéléologie. SYN. autobloqueur.

ascension *nom féminin* Fait de s'élever. SYN. élévation, escalade, montée, progrès, progression. CONTR. *chute, décadence, déchéance, déclin, descente.*

ascensionner *verbe* VIEUX. Faire l'ascension de. SYN. escalader, grimper, se hisser, monter. CONTR. *descendre, dévaler.*

ascèse *nom féminin* Privations en signe de repentir. SYN. abstinence, macération, mortification, pénitence.

ascète *nom* Personne qui pratique l'ascèse. CONTR. *débauché, épicurien, jouisseur.* – LITTÉRAIRE : *sybarite.*

ascétique *adjectif* Propre à l'ascétisme. SYN. austère, érémitique, monacal, spartiate. – LITTÉRAIRE : frugal. CONTR. *épicurien, hédoniste, libertin, sensuel, voluptueux.* – LITTÉRAIRE : *dissolu.*

ascétisme *nom masculin* Doctrine morale axée sur l'ascèse. SYN. stoïcisme. CONTR. *épicurisme, hédonisme, matérialisme.* ■ Vie de privations. SYN. austérité, puritanisme, tempérance. CONTR. *débauche, excès, intempérance, libertinage, sensualité, sybaritisme.* – LITTÉRAIRE : *débridement.*

asclépiade ou **asclepias** *nom féminin* Plante aux fleurs à odeur de vanille. SYN. dompte-venin.

asepsie *nom féminin* Élimination des microbes. SYN. antisepsie, désinfection, stérilisation.

aseptique *adjectif* Exempt de tout germe. SYN. stérile. CONTR. *septique.*

aseptisé *adjectif* À l'abri des difficultés extérieures. SYN. – LITTÉRAIRE : ouaté.

aseptiser *verbe* RARE. Rendre aseptique. SYN. désinfecter, stériliser. CONTR. *contaminer, infecter, souiller.*

asexué *adjectif* Dépourvu de sexe. CONTR. *sexué.*

asialie *nom féminin* Absence de sécrétion salivaire. SYN. aptyalisme.

asile *nom masculin* Lieu où l'on peut s'abriter. SYN. abri, logis, oasis, protection, refuge, retraite, sanctuaire, toit. – LITTÉRAIRE : antre, gîte, havre, port.

asocial *adjectif* Inadapté à la vie sociale. SYN. inadapté, misanthropique. – FAMILIER : ours. CONTR. *sociable.*

aspect *nom masculin* Apparence extérieure. SYN. air, allure, apparence, dehors, extérieur, image, physionomie, style. - **FAMILIER** : dégaine, look, touche. - **LITTÉRAIRE** : tournure. ▪ Chacune des faces d'un sujet. **SYN.** angle, côté, couleur, facette, forme, jour, perspective, point de vue, rapport, vue.

asperger *verbe* Mouiller quelqu'un, quelque chose. **SYN.** arroser, doucher, éclabousser, humecter, inonder, mouiller, tremper. - **FAMILIER** : rincer, saucer. **CONTR.** *sécher.*

aspergès *nom masculin* Instrument pour envoyer de l'eau bénite. **SYN.** aspersoir, goupillon.

aspergillaire *adjectif* ***Truffe aspergillaire,*** variété d'aspergillose pulmonaire. **SYN.** aspergillome.

aspergillome *nom masculin* Variété d'aspergillose pulmonaire. **SYN.** truffe aspergillaire.

aspérité *nom féminin* Rugosité d'une surface. **SYN.** âpreté, inégalité, saillie. **CONTR.** *égalité, poli.*

asperseur *nom masculin* Petit arroseur rotatif. **SYN.** sprinkler.

aspersion *nom féminin* Action de verser de l'eau sur. **SYN.** affusion, arrosage. - **RARE** : arrosement.

aspersoir *nom masculin* Instrument pour envoyer de l'eau bénite. **SYN.** aspergès, goupillon.

asphaltage *nom masculin* Action d' asphalter. **SYN.** bitumage.

asphalte *nom masculin* Revêtement des chaussées et trottoirs. **SYN.** bitume, macadam.

asphalter *verbe* Couvrir d'asphalte. **SYN.** bitumer, goudronner, macadamiser.

asphaltier *nom masculin* Navire pour le transport du bitume. **SYN.** bitumier.

asphyxiant *adjectif* Qui asphyxie. **SYN.** délétère, étouffant, irrespirable, suffocant. **CONTR.** *respirable, salubre.*

asphyxie *nom féminin* Paralysie d'un secteur d'activité. **SYN.** blocage, engourdissement, étouffement, immobilisme, inertie, marasme, oppression, paralysie, sclérose, stagnation, torpeur. - **LITTÉRAIRE** : étranglement. **CONTR.** *activité, dynamisme.*

asphyxier *verbe* Paralyser une activité. **SYN.** bloquer, entraver, étouffer, étrangler, immobiliser, paralyser, stopper. **CONTR.** *animer.*

aspiran *nom masculin* Cépage noir du Languedoc. **SYN.** ribeyrenc.

aspirant *nom* Personne qui aspire à un titre. **SYN.** candidat, postulant.

aspiration *nom féminin* Action d'aspirer. **SYN.** inhalation, inspiration. **CONTR.** *expiration.* ▪ Élan vers un idéal. **SYN.** ambition, attente, besoin, but, désir, dessein, espoir, impulsion, mouvement, rêve, souhait, velléité, visée, vœu. - **LITTÉRAIRE** : appétit. **CONTR.** *méfiance, refoulement, répulsion.*

aspirer *verbe transitif* Absorber l'air, un gaz. **SYN.** humer, inhaler, inspirer, pomper, priser, renifler, respirer. **CONTR.** *exhaler, expirer, souffler.*

aspirer *verbe transitif indirect* Désirer profondément. **SYN.** ambitionner, appeler de tous ses vœux, avoir à cœur de, avoir envie de, briguer, brûler de, chercher, convoiter, désirer, griller de, mourir d'envie de, nourrir de folles espérances, postuler, prétendre à, rêver de, souhaiter, viser, vouloir. - **LITTÉRAIRE** : soupirer après. **CONTR.** *faire fi de, mépriser, négliger, renoncer.*

aspirine *nom féminin* Médicament contre la douleur et la fièvre. **SYN.** acide acétylsalicylique.

assacu *nom masculin* Arbre dont le fruit s'ouvre en projetant les graines. **SYN.** sablier.

assagir *verbe* Rendre quelqu'un sage. **SYN.** apaiser, calmer. - **LITTÉRAIRE** : rasséréner. **CONTR.** *débaucher, dévergonder, dissiper.* ▪ Calmer quelque chose. **SYN.** atténuer, contenir, diminuer, modérer, tempérer. **CONTR.** *attiser, aviver, déchaîner, exaspérer, exciter.*

assagir (s') *verbe pronominal* Devenir sage. **SYN.** s'adoucir, s'amender, se calmer, se ranger. **CONTR.** *se débaucher, se dévergonder, se dissiper.*

assagissement *nom masculin* Action d' assagir. **SYN.** amendement, apaisement, modération. **CONTR.** *déchaînement, dévergondage, dissipation.*

assaillant *nom* Personne qui attaque. **SYN.** agresseur, assiégeant, attaquant, offenseur. **CONTR.** *défenseur.*

assaillir *verbe* Attaquer quelqu'un. **SYN.** agresser, attaquer, foncer sur, fondre sur, se jeter sur, se précipiter sur, se ruer sur, sauter sur, tomber à bras raccourcis sur. - **FAMILIER** : tomber sur le poil, voler dans les plumes. - **LITTÉRAIRE** : presser. - **POPULAIRE** : rentrer dans le chou, rentrer dans le lard, rentrer dans le mou, rentrer dedans, tomber sur le paletot. **CONTR.** *défendre, délivrer, protéger, résister, riposter, soutenir.* ▪ Accabler quelqu'un. **SYN.** assiéger, hanter, harceler, miner, obnubiler, obséder, poursuivre, presser, ronger, talonner, tourmenter. - **FAMILIER** : bombarder.

assainir *verbe* Rendre sain. **SYN.** assécher, désinfecter, épurer, expurger, nettoyer, purger, purifier. **CONTR.** *altérer, gâter, infecter, infester, polluer, pourrir.* - **LITTÉRAIRE** : *corrompre, empoisonner, souiller, vicier.* ▪ Ramener à la normale. **SYN.** amender, épurer, normaliser, purifier. - **LITTÉRAIRE** : régénérer. **CONTR.** *altérer, avilir,* *dégrader, dévoyer, pervertir.* – LITTÉRAIRE : *corrompre, vicier.*

assainissement *nom masculin* Action d'assainir. SYN. assèchement, désinfection, épuration, nettoyage, normalisation, purification, redressement, stabilisation. – LITTÉRAIRE : régénération. CONTR. *altération, dégradation, dépravation, infection.* – LITTÉRAIRE : *corruption.*

assainisseur *nom masculin* Produit qui supprime les mauvaises odeurs. SYN. désodorisant.

assaisonné *adjectif* Dont le goût est relevé. SYN. épicé, relevé. CONTR. *fadasse, fade.*

assaisonnement *nom masculin* Ingrédients pour assaisonner. SYN. aromates, condiments, épices.

assaisonner *verbe* Relever le goût d'un plat. SYN. accommoder, apprêter, aromatiser, condimenter, corser, épicer, parfumer, pimenter, poivrer, relever. CONTR. *affadir, édulcorer.* ■ FAMILIER. Critiquer vivement. SYN. accuser, attaquer, calomnier, condamner, contester, critiquer, décrier, dénigrer, déprécier, désapprouver, descendre en flammes, diffamer, dire pis que pendre, matraquer, médire, pourfendre, s'en prendre à, reprendre, reprocher, réprouver, stigmatiser, tirer à boulets rouges sur, tomber à bras raccourcis sur, traîner dans la boue. – ARGOTIQUE : dézinguer. – FAMILIER : abîmer, baver sur, casser du sucre sur (le dos de), chiner, cracher sur, débiner, déblatérer contre, démolir, éreinter, esquinter, étriller, habiller pour l'hiver, tailler un costard, tailler une veste, taper sur, voler dans les plumes. – LITTÉRAIRE : censurer, clabauder, dauber sur, déchirer, flétrir, fronder, fustiger, rompre en visière, satiriser, vilipender, vitupérer contre. – POPULAIRE : cartonner, flinguer. – VIEUX : tympaniser.

assassin *nom masculin* Auteur d'un meurtre. SYN. criminel, égorgeur, massacreur, meurtrier, tueur. – FAMILIER : boucher. – LITTÉRAIRE : homicide, sicaire.

assassinat *nom masculin* Action d'assassiner. SYN. attentat, crime, homicide, meurtre, suppression.

assassiner *verbe* Commettre un meurtre. SYN. abattre, égorger, éliminer, envoyer ad patres, exécuter, massacrer, supprimer, tuer. – FAMILIER : faire passer le goût du pain, liquider, ôter le goût du pain, trucider. – LITTÉRAIRE : faire passer de vie à trépas, immoler, occire. – POPULAIRE : buter, descendre, faire la peau, flinguer, ratatiner, rectifier, refroidir, zigouiller. – VIEUX : suriner.

assaut *nom masculin* Action d'attaquer. SYN. attaque, charge, choc, combat, incursion, offensive, raid. CONTR. *défense, défensive, riposte.*

asse *nom féminin* Outil de tonnelier. SYN. aissette.

asseau *nom masculin* Marteau de couvreur. SYN. aissette, assette, essette.

asséché *adjectif* Privé d'eau. SYN. aride, desséché, sec. CONTR. *détrempé, humide, mouillé, trempé.*

assèchement *nom masculin* Action d'assécher. SYN. assainissement, dessèchement, dessication, drainage. CONTR. *arrosage, inondation, irrigation.*

assécher *verbe* Priver un sol de son eau. SYN. assainir, dessécher, drainer, sécher. CONTR. *arroser, humidifier, inonder, irriguer, mouiller, nourrir, noyer, tremper.* – LITTÉRAIRE : *baigner.* ■ Mettre à sec un bassin. SYN. épuiser, tarir, vider. CONTR. *remplir.*

assemblage *nom masculin* Action d'assembler des éléments. SYN. agglomération, ajustage, combinaison, jointure, jonction, montage. CONTR. *démontage, désassemblage, désunion, disjonction, dislocation.* ■ Réunion inattendue. SYN. agglomérat, amalgame, amas, association, assortiment, brassage, collection, fatras, fusion, mariage, mélange, rapprochement.

assemblée *nom féminin* Réunion de personnes en un lieu. SYN. assistance, auditoire, cercle, compagnie, corps, parterre, public, rassemblement. – FAMILIER : société.

assembler *verbe* Réunir des choses distinctes. SYN. adapter, agencer, agréger, ajuster, allier, amalgamer, amasser, composer, coordonner, emboîter, joindre, jointoyer, marier, monter, raccorder, rassembler, relier, riveter, souder. CONTR. *défaire, démonter, désassembler, disjoindre, disloquer, disséminer, éparpiller, séparer.* ■ LITTÉRAIRE. Réunir des personnes. SYN. associer, attrouper, brasser, concentrer, convoquer, grouper, lier, masser, mélanger, rassembler. CONTR. *désunir, disperser, disséminer, séparer.*

assembler (s') *verbe pronominal* Se retrouver en un même lieu. SYN. s'amasser, s'amonceler, s'attrouper, se coaliser, s'entasser, se grouper, se rassembler, se regrouper, se réunir. CONTR. *se disperser, se dissiper, s'égailler, s'éparpiller, s'évanouir, se séparer.*

assembleuse *nom féminin* Machine textile. SYN. doubleuse, réunisseuse.

asséner ou **assener** *verbe* Porter un coup à quelqu'un. SYN. appliquer, décocher, lancer, mettre. – FAMILIER : administrer, allonger, ficher, flanquer. – POPULAIRE : balancer, coller, foutre.

assentiment *nom masculin* Acte par lequel on approuve. SYN. acceptation, accord, acquiescement, adhésion, agrément, approbation, autorisation, consentement, permission. – LITTÉRAIRE : suffrage. CONTR. *barrage, désapprobation, désaveu, objection, opposition, protestation, refus, rejet, résistance, veto.* – LITTÉRAIRE : *répudiation.*

asseoir *verbe* Donner du poids à. SYN. affermir, ancrer, appuyer, assurer, baser, bâtir, consolider, établir, fonder, renforcer. CONTR. *affaiblir, ébranler, renverser, ruiner.* ■ FAMILIER. Frapper de surprise. SYN. abasourdir, ahurir, ébahir, éberluer, étonner, méduser, renverser, stupéfier, suffoquer, surprendre. – FAMILIER : couper le sifflet, ébouriffer, épater, époustoufler, estomaquer, scier, sidérer, souffler. – POPULAIRE : couper la chique.

assermenté *adjectif* Qui avait adhéré à la Constitution civile du clergé. SYN. constitutionnel, jureur. CONTR. *insermenté, réfractaire.*

assertion *nom féminin* Ce que l'on affirme. SYN. affirmation, allégation, attestation, dire, propos. CONTR. *dénégation.*

asservi *adjectif* Totalement sous la coupe de. SYN. esclave, prisonnier, tributaire. – LITTÉRAIRE : captif. CONTR. *affranchi, émancipé, indépendant.*

asservir *verbe* Priver de sa liberté. SYN. bâillonner, domestiquer, dominer, juguler, mater, museler, opprimer, régir, soumettre, tyranniser. – LITTÉRAIRE : assujettir, dompter, enchaîner. CONTR. *affranchir, délivrer, émanciper, libérer.*

asservissant *adjectif* Qui asservit. SYN. assujettissant, astreignant, contraignant, tyrannique.

asservissement *nom masculin* État de dépendance. SYN. aliénation, carcan, dépendance, esclavage, humilité, obédience. – LITTÉRAIRE : astreinte, chaînes, joug, servilité, servitude, sujétion, vassalité. CONTR. *autonomie, indépendance, liberté.* – LITTÉRAIRE : *délivrance.* ■ Action d'asservir. SYN. abaissement, assujettissement, domestication, domination, inféodation, maîtrise, oppression, soumission, subordination. CONTR. *affranchissement, émancipation, libération, rachat.*

assette *nom féminin* Marteau de couvreur. SYN. aissette, asseau, essette.

assez *adverbe* FAMILIER. Exprime l'irritation. SYN. – FAMILIER : la barbe !, ça suffit !, crotte (de bique) !, suffit ! – POPULAIRE : basta !, la ferme !, ta gueule !, vos gueules !, n'en jetez plus ! ■ Indique la quantité suffisante. SYN. autant qu'il faut, suffisamment. CONTR. *exagérément, excessivement, insuffisamment, peu, trop.* ■ Indique l'intensité. SYN. particulièrement, pas mal, passablement, plutôt. CONTR. *beaucoup, fort, fortement, très.*

assidu *adjectif* Qui est très zélé. SYN. appliqué, attentif, empressé, fidèle, patient, ponctuel, scrupuleux, sérieux, vigilant. – LITTÉRAIRE : diligent. CONTR. *inconstant, infidèle, léger, négligent, vagabond.* ■ Qui est fait sans discontinuité. SYN. constant, continu, continuel, incessant, régulier, soutenu, suivi. CONTR. *discontinu, exceptionnel, interrompu, irrégulier, rare, relâché.*

assiduité *nom féminin* Application constante. SYN. application, constance, empressement, ponctualité, régularité, ténacité, zèle. – LITTÉRAIRE : diligence. CONTR. *abandon, fantaisie, indifférence, inexactitude, infidélité, insouciance, irrégularité, laisser-aller, négligence, paresse, relâchement.* – LITTÉRAIRE : *délaissement.*

assiduités *nom féminin pluriel* Empressement auprès d'une femme. SYN. galanterie.

assidûment *adverbe* Avec assiduité. SYN. constamment, continuellement, immuablement, indéfiniment, invariablement, journellement, à longueur de temps, non-stop, en permanence, perpétuellement, régulièrement, sans arrêt, sans cesse, sans discontinuer, sans intermission, sans interruption, sans relâche, sans répit, sans souffler, sans trêve, toujours, tout le temps. – LITTÉRAIRE : continûment, sempiternellement. CONTR. *par accès, alternativement, épisodiquement, exceptionnellement, par instants, par intermittence, par intervalles, irrégulièrement, momentanément, occasionnellement, parfois, provisoirement, quelquefois, rarement, sporadiquement, temporairement, de temps à autre, de temps en temps, variablement.* – LITTÉRAIRE : *transitoirement.*

assiégeant *adjectif* et *nom* Qui assiège. SYN. assaillant, attaquant. CONTR. *défenseur.*

assiéger *verbe* Faire le siège de. SYN. assaillir, attaquer, bloquer, cerner, donner l'assaut, encercler, enfermer, engager les hostilités, entourer, envahir, envelopper, investir, passer à l'offensive, prendre d'assaut. CONTR. *battre en retraite, lever le siège, reculer, se replier, se retirer.* ■ Harceler quelqu'un. SYN. assaillir, poursuivre, presser, relancer, talonner. – FAMILIER : bombarder. CONTR. *dédaigner, ignorer.*

assiette *nom féminin* Caractère équilibré. SYN. équilibre, stabilité, tenue. ■ Base qui assure la stabilité. SYN. assise, fondation, fondement, platée, soubassement. ■ Pièce de vaisselle à fond plat. SYN. – ARGOTIQUE : écuelle, tuile. – FAMILIER : gamelle. – POPULAIRE : auge.

assigner *verbe* Attribuer quelque chose à quelqu'un. SYN. désigner, destiner, fixer, imposer. – LITTÉRAIRE : impartir. ■ Affecter des fonds à une dépense. SYN. adjuger, affecter, allouer, attribuer, destiner, imputer. ■ Citer en justice. SYN. citer, convoquer, sommer, traduire.

assimilable *adjectif* Qui peut être compris. SYN. abordable, accessible, clair, compréhensible, digeste, intelligible. CONTR. *inassimilable.* ■ Que l'on peut comparer. SYN. analogue, comparable, similaire. CONTR. *différent, dissemblable, inassimilable.* ■ Que l'on peut digérer. SYN. digeste, digestible, léger. CONTR. *inassimilable.*

assimilation *nom féminin* Action d'intégrer. SYN. absorption, fusion, incorporation, intégration. CONTR. *discrimination, rejet, ségrégation.* – LITTÉRAIRE : *répudiation.* ■ Fait de comparer à. SYN. analogie, comparaison, équivalence, parallèle, rapprochement, similitude. CONTR. *distinction, séparation.*

assimiler *verbe* Mettre sur le même plan. SYN. comparer, confondre, identifier, ramener à, rapprocher. CONTR. *différencier, dissocier, distinguer, séparer.* ■ Intégrer quelqu'un, un groupe. SYN. fondre, incorporer. CONTR. *discriminer, éliminer, isoler, rejeter.* ■ Saisir par la pensée. SYN. acquérir, apprendre, s'approprier, comprendre, s'imprégner de, intégrer, pénétrer, saisir. – FAMILIER : digérer. – LITTÉRAIRE : embrasser. – POPULAIRE : entraver, piger.

assimiler (s') *verbe pronominal* Se fondre dans un groupe. SYN. s'adapter, se familiariser, s'identifier, s'incorporer, s'intégrer, se rapprocher. CONTR. *se différencier, se distinguer.*

assis *adjectif* Solidement fondé. SYN. assuré, ferme, inébranlable, solide, stable. CONTR. *branlant, chancelant, flottant, fluctuant, instable.* ■ FAMILIER. Vivement surpris. SYN. abasourdi, ahuri, bouche bée, coi, ébahi, éberlué, étonné, interdit, interloqué, médusé, pantois, renversé, stupéfait, suffoqué, surpris, tombé de la lune, tombé des nues. – FAMILIER : baba, comme deux ronds de flan, épaté, époustouflé, estomaqué, scié, sidéré, soufflé. – LITTÉRAIRE : ébaubi.

assise *nom féminin* Base solide. SYN. assiette, fond, fondation, fondement, pied, racine, soubassement.

assistance *nom féminin* Personnes présentes en un lieu. SYN. assemblée, auditoire, cercle, compagnie, galerie, parterre, public, rassemblement, salle. ■ Action d'aider quelqu'un. SYN. aide, appui, charité, concours, main-forte, protection, secours, soutien. CONTR. *abandon.* – FAMILIER : *lâchage.* – LITTÉRAIRE : *délaissement.*

assistant *nom* Personne qui assiste quelqu'un. SYN. adjoint, aide, auxiliaire, collaborateur, second.

assister *verbe* Seconder quelqu'un. SYN. aider, appuyer, collaborer, donner un coup de main, épauler, prêter la main à, prêter main-forte, soutenir. – FAMILIER : donner un coup d'épaule. CONTR. *desservir, entraver, gêner, nuire.* ■ Secourir quelqu'un. SYN. aider, défendre, obliger, porter assistance, prêter assistance, prêter une main secourable, protéger, réconforter, soulager, tendre la main, tendre la perche, tendre une main secourable, venir à la rescousse. CONTR. *abandonner, délaisser, négliger, oublier.*

association *nom féminin* Action d'associer. SYN. adjonction, affiliation, agencement, assemblage, combinaison, connexion, fusion, incorporation, mariage, mélange, rapprochement. – LITTÉRAIRE : conjugaison. CONTR. *disjonction, dispersion, dissociation, division, scission, séparation.* ■ Groupement de personnes. SYN. amicale, club, coalition, comité, compagnie, consortium, fédération, groupement, organisation, organisme, parti, trust, union. – LITTÉRAIRE : ligue. ■ Action de s'associer. SYN. alliance, collaboration, coopération, liaison, participation. CONTR. *rupture.*

associé *nom* Personne liée à une autre. SYN. adjoint, allié, auxiliaire, collaborateur, compagnon, partenaire. CONTR. *antagoniste, concurrent, rival.*

associer *verbe* Réunir pour une action commune. SYN. adjoindre, grouper, rassembler, réunir. – LITTÉRAIRE : assembler. CONTR. *désunir, disséminer, éparpiller.* ■ Mettre ensemble. SYN. adjoindre, agréger, allier, amalgamer, assortir, attacher, enchaîner, grouper, incorporer, joindre, lier, marier, mélanger, mêler, relier, unir. – LITTÉRAIRE : confondre, réunir. CONTR. *désunir, disjoindre, dissocier, isoler, séparer.*

associer (s') *verbe pronominal* S'unir à quelqu'un pour une action. SYN. s'allier, se coaliser, collaborer, coopérer, être de mèche avec, fusionner, se joindre à, partager, participer à, prendre part à, se solidariser. CONTR. *se brouiller, se désolidariser, se désunir, se dissocier, s'isoler, s'opposer à, rivaliser, se séparer.* ■ Former harmonie avec. SYN. s'accorder, aller avec, s'assortir, se combiner, s'harmoniser, se marier, se mêler, s'unir. CONTR. *détonner, se heurter, hurler, jurer.*

assoiffé *adjectif* Avide de quelque chose. SYN. affamé, avide, impatient, insatiable. CONTR. – LITTÉRAIRE : *repu.*

assoiffer *verbe* Donner soif. SYN. altérer. – FAMILIER : donner la pépie. CONTR. *abreuver, désaltérer.*

assombrir *verbe* Rendre sombre. SYN. brunir, foncer, noircir, obscurcir, opacifier, ternir. – LITTÉRAIRE : enténébrer, obombrer. CONTR. *blanchir, éclaircir, illuminer.* – LITTÉRAIRE : *brillanter.* ■ Rendre moins gai. SYN. aigrir, attrister, chagriner, consterner, peiner. – LITTÉRAIRE : rembrunir.

CONTR. *dérider, divertir, égayer, ensoleiller, ravir, réjouir.* – LITTÉRAIRE : *éclairer.*

assombrir (s') *verbe pronominal* Devenir sombre. SYN. se brouiller, se couvrir, se gâter, noircir, s'obscurcir. CONTR. *se découvrir, se dégager, s'éclaircir, se lever.* ■ Devenir triste. SYN. s'attrister, broyer du noir, ne pas avoir le moral, se renfrogner, voir tout en noir. – FAMILIER : avoir le blues, avoir le bourdon, avoir le moral à zéro, avoir le moral dans les baskets, avoir le moral dans les chaussettes. – LITTÉRAIRE : se rembrunir. CONTR. *se dérider, s'épanouir.*

assombrissement *nom masculin* Fait de s'assombrir. SYN. noircissement, obscurcissement. CONTR. *éclaircissement, éclairement, éclat, luminosité.*

assommant *adjectif* FAMILIER. Qui ennuie. SYN. endormant, ennuyeux, étourdissant, fastidieux, indigeste, inintéressant, insipide, lassant, monotone, mortel, soporifique, tuant. – FAMILIER : abrutissant, barbant, casse-pieds, embêtant, empoisonnant, enquiquinant, rasant, rasoir, soûlant, tannant. – LITTÉRAIRE : assassinant. – POPULAIRE : canulant, chiant, chiatique, emmerdant, suant. CONTR. *agréable, amusant, captivant, distrayant, enthousiasmant, excitant, intéressant, plaisant, récréatif, réjouissant.* – FAMILIER : *emballant, folichon.*

assommé *adjectif* Qui a reçu un coup. SYN. groggy, K.-O., sonné.

assommer *verbe* Frapper d'un coup violent. SYN. étourdir, matraquer. – FAMILIER : estourbir, laisser sur le carreau, sonner. ■ Accabler quelqu'un. SYN. abasourdir, abattre, accabler, anéantir, fatiguer, paralyser. – FAMILIER : achever. CONTR. *ranimer, revigorer.* – LITTÉRAIRE : *vivifier.* ■ Fatiguer par un excès de. SYN. agacer, ennuyer, escagasser, excéder, lasser. – FAMILIER : barber, barbifier, bassiner, casser les pieds, embêter, empoisonner, enquiquiner, prendre la tête , raser, tanner. – LITTÉRAIRE : importuner, soûler. – POPULAIRE : canuler, casser les bonbons, emmerder, faire braire, faire chier, gonfler, pomper. CONTR. *amuser, captiver, distraire, enthousiasmer, intéresser, réjouir.*

assorti *adjectif* En accord. SYN. adapté, adéquat, approprié, conforme, harmonieux, proportionné. CONTR. *dépareillé.*

assortiment *nom masculin* Échantillons formant un ensemble. SYN. alliance, arrangement, assemblage, batterie, choix, cocktail, collection, échantillonnage, éventail, gamme, jeu, lot, mélange, palette, panoplie, sélection. – LITTÉRAIRE : panaché.

assortir *verbe* Mettre en harmonie. SYN. accorder, apparier, associer, combiner, conformer, harmoniser, marier, nuancer. CONTR. *dépareiller, désassortir.* ■ Accompagner quelque chose de. SYN. compléter, fournir, munir, pourvoir.

assortir (s') *verbe pronominal* Être en harmonie avec. SYN. s'accorder, aller ensemble, s'associer, cadrer, coïncider, concorder, correspondre, être dans la note, s'harmoniser.

assoupi *adjectif* Dont l'activité est diminuée. SYN. endormi, léthargique. – LITTÉRAIRE : ensommeillé, somnolent. CONTR. *dynamique.*

assoupir *verbe* Plonger dans le sommeil. SYN. endormir. CONTR. *réveiller.* – LITTÉRAIRE : *éveiller.* ■ Atténuer un état. SYN. adoucir, alléger, amortir, apaiser, engourdir, éteindre, étouffer. CONTR. *attiser, exalter, exciter, ranimer, raviver, stimuler.* – LITTÉRAIRE : *allumer, enflammer.*

assoupir (s') *verbe pronominal* Sombrer dans le sommeil. SYN. s'endormir, sommeiller, somnoler. CONTR. *s'éveiller, se réveiller.* – FAMILIER : *émerger.* ■ LITTÉRAIRE. Devenir plus calme. SYN. s'adoucir, s'amortir, s'apaiser, s'atténuer, s'estomper, s'éteindre, s'étouffer. CONTR. *s'aggraver, s'animer, augmenter, empirer, s'intensifier, se ranimer, se raviver.*

assoupissant *adjectif* Qui assoupit. SYN. endormant, narcotique, soporifique. CONTR. *dopant, exaltant, excitant, stimulant.*

assoupissement *nom masculin* Fait de s'assoupir. SYN. endormissement, léthargie, sommeil, somnolence. CONTR. *éveil, réveil.* ■ LITTÉRAIRE. Perte d'intensité. SYN. atténuation, engourdissement, étouffement. – LITTÉRAIRE : somnolence. CONTR. *aggravation, augmentation, exaltation, excitation, intensification, turbulence.* ■ LITTÉRAIRE. Perte de dynamisme. SYN. apathie, hébétement, hébètement, langueur, léthargie, paralysie, stupeur, torpeur. – LITTÉRAIRE : hébétude. CONTR. *activité, dynamisme.*

assouplir *verbe* Rendre plus souple. SYN. relâcher. – LITTÉRAIRE : déraidir. CONTR. *contracter, durcir, endurcir, raidir.* – LITTÉRAIRE : *bander.* ■ Rendre moins strict. SYN. adoucir, aménager, amender, atténuer, corriger. CONTR. *durcir, intensifier, radicaliser, rigidifier.* – LITTÉRAIRE : *raidir.*

assouplir (s') *verbe pronominal* Devenir plus souple. SYN. s'adoucir, mettre de l'eau dans son vin. CONTR. *durcir, s'endurcir.*

assourdi *adjectif* Devenu moins sonore. SYN. bas, étouffé, feutré, mat, silencieux, sourd. – LITTÉRAIRE : ouaté. CONTR. *clair, claironnant, éclatant, fort, retentissant, sonore.*

assourdir *verbe* Fatiguer par excès de bruit. SYN. abrutir, crever le tympan, étourdir. – FAMILIER : casser les oreilles. – LITTÉRAIRE : abasourdir, soûler. ■ Rendre un bruit moins intense. SYN. amortir, atténuer, éteindre, étouffer. – LITTÉRAIRE : feutrer, ouater. CONTR. *amplifier, grossir, intensifier.* – LITTÉRAIRE : *exalter.*

assourdissant *adjectif* Qui rend sourd. SYN. abrutissant, bruyant, étourdissant, fracassant, retentissant, tonitruant, vrombissant. – LITTÉRAIRE : tonnant. CONTR. *silencieux.*

assourdissement *nom masculin* Action d'atténuer un bruit. SYN. amortissement, étouffement. – LITTÉRAIRE : étranglement. CONTR. *amplification, intensification.*

assouvi *adjectif* Dont l'envie est satisfaite. SYN. rassasié, satisfait. – LITTÉRAIRE : repu. CONTR. *insatiable, insatisfait, vorace.* – LITTÉRAIRE : *inapaisé, inassouvi.*

assouvir *verbe* Satisfaire un désir. SYN. apaiser, calmer, combler, contenter, étancher, éteindre, rassasier. – LITTÉRAIRE : repaître. CONTR. *aiguillonner, aiguiser, amplifier, attiser, enflammer, exciter, fouetter, intensifier, raviver, stimuler.* – LITTÉRAIRE : *exalter.*

assouvissement *nom masculin* Action d'assouvir. SYN. contentement, satiété, satisfaction. CONTR. *avidité, exaltation, excitation, insatiabilité, insatisfaction, surexcitation.* – LITTÉRAIRE : *inassouvissement.*

assuétude *nom féminin* Assujettissement à une drogue. SYN. accoutumance, dépendance.

assujettir *verbe* LITTÉRAIRE. Placer sous sa domination. SYN. asservir, avoir la haute main sur, avoir tous pouvoirs sur, dicter sa loi, dominer, lier, opprimer, plier, soumettre, tyranniser. – LITTÉRAIRE : dompter, garrotter. CONTR. *affranchir, délivrer, émanciper, libérer.* ■ Obliger quelqu'un à. SYN. charger, condamner, contraindre, forcer, réduire. – LITTÉRAIRE : astreindre. CONTR. *décharger, dégager, dispenser, exempter, exonérer.* ■ Fixer quelque chose. SYN. arrêter, arrimer, assurer, attacher, atteler, caler, coincer, immobiliser. CONTR. *décoincer, délier, détacher, ébranler.*

assujettissant *adjectif* Qui rend dépendant. SYN. asservissant, astreignant, contraignant, exigeant, pesant, strict, tyrannique. CONTR. *distrayant, léger, modéré.*

assujettissement *nom masculin* Action d'assujettir. SYN. aliénation, asservissement, dépendance, soumission, subordination, sujétion. CONTR. *affranchissement, émancipation, indépendance, libération, liberté.* – LITTÉRAIRE : *délivrance.* ■ LITTÉRAIRE. Contrainte. SYN. carcan, esclavage, lien, oppression. – LITTÉRAIRE : astreinte, chaînes, joug, sujétion. CONTR. *exemption, exonération.*

assumer *verbe* Prendre en charge. SYN. accepter, endosser. – POPULAIRE : assurer. CONTR. *se décharger de, laisser tomber, refuser, rejeter, repousser.*

assurance *nom féminin* Garantie formelle. SYN. affirmation, attestation, engagement, gage, garantie, parole, preuve, promesse. – LITTÉRAIRE : foi. CONTR. *démenti, dénégation, hypothèse, réfutation.* ■ Confiance en soi. SYN. aisance, aplomb, audace, certitude, fermeté, hardiesse, sang-froid, self-control. – FAMILIER : toupet. – LITTÉRAIRE : crânerie, intrépidité. CONTR. *confusion, crainte, défiance, doute, embarras, gêne, hésitation, incertitude, indécision, méfiance, perplexité, timidité.* – LITTÉRAIRE : *vacillation.*

assuré *adjectif* Qui est garanti. SYN. certain, évident, garanti, immanquable, incontestable, indéniable, indubitable, inévitable, infaillible, positif, sûr. CONTR. *aventureux, branlant, casuel, contestable, contingent, douteux, éventuel, faillible, flottant, hasardé, hasardeux, hypothétique, improbable, incertain, précaire, problématique.* ■ Qui est sûr de soi. SYN. confiant, convaincu, décidé, ferme, résolu, solide. CONTR. *chancelant, craintif, déconfit, défiant, dubitatif, embarrassé, fragile, hésitant, oscillant, perplexe, peureux, timide, timoré.* – POPULAIRE : *trouillard.*

assurément *adverbe* Indique la grande probabilité. SYN. conteste (sans), à coup sûr, évidemment, immanquablement, incontestablement, indéniablement, indiscutablement, indubitablement, inéluctablement, inévitablement, inexorablement, infailliblement, mathématiquement, nécessairement, sans aucun doute, sûrement, vraiment. – LITTÉRAIRE : sans contredit. CONTR. *éventuellement, probablement.* ■ Renforce un énoncé. SYN. certainement, effectivement, en effet, manifestement, sans doute. – FAMILIER : positivement. ■ Indique une réponse affirmative. SYN. absolument, bien entendu, bien sûr, certainement, évidemment, oui, parbleu !, pardi !, parfaitement – FAMILIER : dame !, et comment !, ouais. – LITTÉRAIRE : certes – POPULAIRE : affirmatif ! CONTR. *non, peut-être.*

assurer *verbe* Maintenir solidement. SYN. affermir, arrimer, assujettir, attacher, caler, coincer, consolider, étayer, fixer, immobiliser, retenir. ■ Garantir un bénéfice à quelqu'un. SYN. asseoir, pourvoir à, procurer, valoir. ■ Mettre à l'abri du danger. SYN. consolider, ménager, préserver, protéger, sauvegarder. CONTR. *aventurer, compromettre, exposer, hasarder, jouer, risquer.* ■ Affirmer à quelqu'un que. SYN. affirmer, certifier, jurer, parier, prédire, soutenir. – LITTÉRAIRE : gager. CONTR. *contester, nier.* ■ Être le garant de quelque chose. SYN. attester, confirmer, garantir, promettre, répondre de, témoigner de. CONTR. *contredire, démentir.*

assurer (s') *verbe pronominal* Se garantir quelque chose. SYN. se ménager, se pourvoir, se réserver. ■ Chercher la confirmation de. SYN. constater, contrôler, veiller à, vérifier. CONTR. *se désintéresser de, négliger.*

aste *nom masculin* Branche à fruit sur un pied de vigne. SYN. archet, arquet.

astéracée *nom féminin* Plante aux fleurs serrées en capitule. SYN. composée.

asthénie *nom féminin* État de faiblesse. SYN. abattement, adynamie, affaiblissement, atonie, déficience, étiolement, faiblesse, fatigue, hyposthénie. – LITTÉRAIRE : exténuation. CONTR. *force, hypersthénie, vigueur.*

asthénique *adjectif* Qui concerne l'asthénie. SYN. anémique, hyposthénique. CONTR. *vigoureux.*

asticoter *verbe* FAMILIER. Taquiner quelqu'un. SYN. agacer, énerver, exaspérer, harceler, pousser à bout, taquiner, tarabuster. – FAMILIER : chatouiller, chatouiller l'épiderme, titiller. – LITTÉRAIRE : importuner.

astien *nom masculin* Étage de l'ère tertiaire. SYN. plaisancien.

astiquage *nom masculin* Action d'astiquer. SYN. briquage, fourbissage, récurage.

astiquer *verbe* Faire briller. SYN. briquer, brosser, cirer, faire reluire, fourbir, frotter, lustrer, polir. – LITTÉRAIRE : brillanter. CONTR. *salir, ternir.*

astral *adjectif* Relatif aux astres. SYN. cosmique, sidéral, zodiacal. – LITTÉRAIRE : céleste.

astreignant *adjectif* Qui astreint. SYN. asservissant, assujettissant, contraignant, exigeant, strict, tyrannique. CONTR. *agréable, doux, modéré.*

astreindre *verbe* LITTÉRAIRE. Contraindre quelqu'un à. SYN. acculer, assujettir, atteler, condamner, contraindre, engager, forcer, mettre au pied du mur, mettre dans l'obligation de, mettre en demeure, obliger, plier, réduire, soumettre. – LITTÉRAIRE : enchaîner. CONTR. *affranchir, décharger, dégager, dispenser, exempter, libérer, relever.*

astreindre (s') *verbe pronominal* Se contraindre à quelque chose. SYN. s'atteler à, s'obliger, se plier, se soumettre. CONTR. *s'affranchir, se dispenser, se libérer.*

astreinte *nom féminin* LITTÉRAIRE. Obligation rigoureuse. SYN. asservissement, charge, contrainte, esclavage, joug, obligation, servitude, subordination, sujétion. – LITTÉRAIRE : assujettissement, chaînes, lien. CONTR. *libération, liberté.*

astringent *nom masculin* Produit astringent. CONTR. *laxatif.*

astrobiologie *nom féminin* Étude de la vie en dehors de la Terre. SYN. bioastronomie, exobiologie.

astrologue *nom* Personne qui pratique l'astrologie. SYN. devin, mage.

astronaute *nom* Occupant d'un engin spatial. SYN. cosmonaute, spationaute, taïkonaute.

astronomique *adjectif* FAMILIER. Très élevé. SYN. abusif, démesuré, exorbitant, fabuleux, fantastique, fou, immodéré, inabordable, insensé. – FAMILIER : faramineux, salé. CONTR. *bas, insignifiant, modéré.*

astuce *nom féminin* Manière habile d'agir. SYN. adresse, dextérité, finesse, ingéniosité, malice, rouerie, ruse. – FAMILIER : débrouillardise, roublardise. – LITTÉRAIRE : habileté, matoiserie. CONTR. *candeur, droiture, franchise, ingénuité, loyauté, naïveté, niaiserie, simplicité, sincérité.* ■ FAMILIER. Trouvaille ingénieuse. SYN. artifice, recette, stratagème, tour de passe-passe. – FAMILIER : combine, ficelle, truc. ■ FAMILIER. Jeu de mots. SYN. bon mot, boutade, calembour.

astucieusement *adverbe* De façon astucieuse. SYN. élégamment, finement, habilement, ingénieusement, intelligemment, spirituellement, subtilement. CONTR. *gauchement, maladroitement, malhabilement, stupidement.* – LITTÉRAIRE : *niaisement.*

astucieux *adjectif* Qui fait preuve d'astuce. SYN. adroit, déluré, fin, futé, génial, habile, ingénieux, intelligent, inventif, judicieux, malin, roué, rusé, subtil, tactique. – FAMILIER : combinard, débrouillard, dégourdi, roublard. – LITTÉRAIRE : artificieux, industrieux, matois. CONTR. *balourd, candide, droit, franc, grossier, ingénu, naïf, niais, simple, stupide.* – FAMILIER : *lourd.*

asymétrie *nom féminin* Absence de symétrie. SYN. dissymétrie, irrégularité. CONTR. *harmonie, régularité, symétrie.*

asymétrique *adjectif* Dépourvu de symétrie. SYN. biscornu, dissymétrique, irrégulier. CONTR. *régulier, symétrique.*

asynchrone *adjectif* Qui n'est pas synchrone. SYN. alternatif, successif. CONTR. *concomitant, simultané, synchrone, synchronique.*

ataca *nom masculin* Arbrisseau des tourbières à baies rouges. SYN. atoca, canneberge.

ataraxie *nom féminin* Quiétude de l'âme. SYN. apathie, détachement, impassibilité, imperturbabilité, indifférence, nirvana, nirvâna, paix, philosophie, placidité, sérénité. – LITTÉRAIRE : quiétude, repos. CONTR. *agitation, anxiété, bouleversement, désarroi, émotivité, hypersensibilité, inquiétude, surexcitation, trouble.*

atavique *adjectif* Relatif à l'atavisme. SYN. ancestral, génétique, héréditaire, séculaire.

atavisme *nom masculin* Habitudes ancestrales. SYN. hérédité, héritage.

atèle *nom masculin* Singe arboricole d'Amérique du Sud. SYN. singe-araignée.

atermoiements *nom masculin pluriel* Fait de remettre à plus tard. SYN. ajournement, délai, faux-fuyant, hésitation, tergiversation. CONTR. *célérité, hâte, précipitation, presse.* – LITTÉRAIRE : *diligence.*

atermoyer *verbe* Différer pour gagner du temps. SYN. ajourner, différer, faire traîner les choses, hésiter, reculer, reculer pour mieux sauter, remettre, renvoyer, retarder, surseoir à, temporiser, tergiverser. – FAMILIER : lanterner, se tâter. CONTR. *accélérer, activer, brusquer, se dépêcher, hâter, se hâter, précipiter, se précipiter, presser, presser le mouvement, presser le pas, se presser.* – LITTÉRAIRE : *faire diligence.* – POPULAIRE : *se grouiller.*

athée *adjectif* Qui nie l'existence de Dieu. SYN. incrédule, incroyant, irréligieux, non croyant, païen. – LITTÉRAIRE : impie. – VIEUX : libertin. CONTR. *bigot, croyant, déiste, dévot, mystique, pieux, pratiquant, religieux, théiste.* – FAMILIER : *bondieusard.*

athée *nom* Personne incroyante. SYN. incrédule, incroyant, libre penseur, non-croyant, païen. – LITTÉRAIRE : impie, mécréant. – VIEUX : esprit fort. CONTR. *bigot, croyant, dévot, mystique, pratiquant.* – FAMILIER : *bondieusard, calotin, grenouille de bénitier, punaise de sacristie, rat d'église.*

athéisme *nom masculin* Attitude de l'athée. SYN. incrédulité, incroyance, irréligion, irréligiosité, matérialisme. – LITTÉRAIRE : impiété. CONTR. *croyance, déisme, dévotion, foi, mysticisme, panthéisme, religion, théisme.* – FAMILIER : *bigoterie, bigotisme.*

athériniforme *nom masculin* VIEUX. Type de poisson marin. SYN. béloniforme.

athlétique *adjectif* Très musclé. SYN. fort, musculeux, puissant, vigoureux. – FAMILIER : costaud. – POPULAIRE : balaise, balèze. CONTR. *chétif, débile, fragile, malingre.*

atlante *nom masculin* Statue masculine soutenant un entablement. SYN. télamon.

atmosphère *nom féminin* Climat dans lequel on vit. SYN. air, ambiance, climat, environnement, milieu.

atoca *nom masculin* Arbrisseau des tourbières à baies rouges. SYN. ataca, canneberge.

atome *nom masculin* Très petite quantité de. SYN. bribe, brin, doigt, goutte, grain, gramme, larme, miette, nuage, once, parcelle, pointe, poussière, soupçon, teinte, trace. – FAMILIER : lichette. – LITTÉRAIRE : liard, ombre. CONTR. *armée, avalanche, cascade, déluge, flot, flux, foule, infinité, kyrielle, masse, monceau, montagne, multitude, myriade, nuée, pléiade, pluie, tas, torrent.* – FAMILIER : *armada, cargaison, flopée, foultitude, paquet, pelletée, ribambelle, tapée.* – LITTÉRAIRE : *averse, essaim, océan.*

atomiseur *nom masculin* Appareil pour pulvériser. SYN. bombe, pulvérisateur, spray, vaporisateur.

atone *adjectif* Se dit d'un regard sans vie. SYN. éteint, inexpressif, morne, terne, vide. CONTR. *pétillant, vif.* ■ Qui manque d'énergie. SYN. amorphe, apathique, indolent, inerte, léthargique, lymphatique, mollasson, mou, passif. – FAMILIER : mollasse. – LITTÉRAIRE : alangui. CONTR. *actif, bouillant, dynamique, énergique, tonique, vivant.*

atonie *nom féminin* Défaut d'énergie. SYN. abattement, asthénie, dépression, épuisement, hypotonie, indolence, langueur, léthargie, mollesse, nonchalance, passivité, tiédeur, torpeur. CONTR. *chaleur, dynamisme, énergie, vigueur, vitalité.* – LITTÉRAIRE : *vivacité.*

atout *nom masculin* Chance de réussir. SYN. avantage, mérite, plus.

atrabilaire *adjectif* LITTÉRAIRE. Qui est irritable. SYN. acariâtre, acerbe, aigre, coléreux, irascible, renfrogné, revêche. – LITTÉRAIRE : acrimonieux, colérique, misanthrope, tempétueux. CONTR. *affable, agréable, aimable, avenant, gentil.* – LITTÉRAIRE : *amène.*

atroce *adjectif* Très dur à supporter. SYN. abominable, affreux, douloureux, effrayant, effroyable, épouvantable, féroce, horrible, insupportable, intolérable, terrible. – FAMILIER : infernal. CONTR. *agréable, exquis, léger, supportable.* – FAMILIER : *excellent.* – LITTÉRAIRE : *délectable.* ■ Qui révolte. SYN. abject, abominable, affreux, barbare, cruel, effrayant, effroyable, épouvantable, horrible, ignoble, infâme, inhumain, innommable, inqualifiable, monstrueux, noir, odieux, révoltant, sauvage, sordide. – LITTÉRAIRE : turpide. CONTR. *policé, raffiné.* ■ FAMILIER. Très désagréable. SYN. abominable, affreux, exécrable, hideux, horrible. – FAMILIER : satané. CONTR. *admirable, agréable, beau, bon, excellent, joli.*

atrocement *adverbe* De façon atroce. SYN. abjectement, abominablement, affreusement, cruellement, épouvantablement, férocement, hideusement, horriblement, ignoblement, monstrueusement, odieusement, sauvagement. CONTR. *admirablement, agréablement, divinement, magnifiquement, merveilleusement.* – LITTÉRAIRE : *sublimement.* ■ FAMILIER. De manière intense. SYN. abominablement, affreusement, beaucoup, bien, effroyablement, épouvantablement, exceptionnellement, excessivement, extraordinairement, follement, fort, fortement, horriblement, immensément, immodérément, incroyablement, infiniment, mortellement, parfaitement, particulièrement, prodigieusement, profondément, puissamment, supérieurement, terriblement, tout à fait, très, trop, vertigineusement. – FAMILIER : bigrement, bougrement, diablement, drôlement, fameusement, fichtrement, fichûment, formidablement, joliment, méchamment, rudement, tout plein. – LITTÉRAIRE : diantrement, furieusement. – POPULAIRE : foutrement, salement, vachement. CONTR. *aucunement, faiblement, guère, légèrement, modérément, peu.*

atrocité *nom féminin* Caractère atroce. SYN. barbarie, cruauté, férocité, inhumanité, sauvagerie. – LITTÉRAIRE : horreur. CONTR. *amabilité, bonté, cordialité, douceur, gentillesse, humanité, tendresse.* – LITTÉRAIRE : *clémence.* ■ Action qui fait horreur. SYN. crime, monstruosité, noirceur. ■ Propos calomnieux. SYN. abomination, calomnie, horreur, infamie. – LITTÉRAIRE : vilenie. CONTR. *compliment, politesse.*

atrophie *nom féminin* Réduction de l'activité. SYN. amoindrissement, dégradation, dépérissement, diminution. CONTR. *accroissement, augmentation, croissance, développement, intensification.* ■ Diminution de poids et de volume. SYN. amaigrissement, hypotrophie. CONTR. *hypertrophie.*

atrophié *adjectif* Atteint d'atrophie. SYN. étiolé. CONTR. *hypertrophié.*

atrophier *verbe* Diminuer quelque chose. SYN. amoindrir, dégrader, éteindre, étioler, étouffer, rabougrir, racornir. CONTR. *accroître, augmenter, développer, exalter.*

atrophier (s') *verbe pronominal* Subir une atrophie. SYN. décroître, dépérir. CONTR. *se fortifier, s'hypertrophier.* ■ Perdre de sa force. SYN. s'éteindre, s'étioler, se paralyser, régresser. CONTR. *croître, se développer.*

attachant *adjectif* Qui touche la sensibilité. SYN. agréable, attirant, attractif, captivant, délicieux, intéressant, palpitant, passionnant, prenant, séduisant. CONTR. *banal, ennuyeux, fastidieux, inintéressant, insignifiant, rébarbatif, terne.* – FAMILIER : *assommant, enquiquinant.* – POPULAIRE : *canulant.*

attache *nom féminin* Ce qui sert à attacher. SYN. lien.

attachement *nom masculin* Sentiment d'affection. SYN. affection, amitié, amour, fidélité, goût, intérêt, passion, sympathie, tendresse. – LITTÉRAIRE : inclination, sentiment. CONTR. *aversion, dégoût, détachement, indifférence, répulsion, rupture.*

attacher *verbe* Fixer à quelque chose. SYN. accrocher, adhérer, agrafer, agréger, amarrer, assujettir, assurer, boucler, boutonner, enchaîner, entrelacer, épingler, ficeler, fixer, joindre, lacer, lier, ligaturer, ligoter, maintenir, nouer, rattacher, relier, retenir, souder, suspendre, tenir. – LITTÉRAIRE : river. CONTR. *arracher, défaire, déficeler, dégrafer, délier, dénouer, désenchaîner, détacher, écarter, libérer, séparer.* ■ Lier quelqu'un par un engagement. SYN. affecter, associer, atteler, engager, intéresser, subordonner. – LITTÉRAIRE : astreindre. CONTR. *dégoûter, éloigner, rebuter, repousser.*

attacher (s') *verbe pronominal* Éprouver des sentiments. SYN. s'engouer, s'enthousiasmer, s'enticher, tenir à. – FAMILIER : s'emballer pour, se toquer. – LITTÉRAIRE : s'accointer. CONTR. *se détacher, s'éloigner, se séparer.* ■ Se consacrer à une action. SYN. s'acharner, s'adonner, s'appliquer, s'atteler, se concentrer sur, se donner, s'employer, s'escrimer, s'évertuer, s'exercer, s'ingénier, se livrer, s'obstiner, s'occuper, se passionner, travailler à. – LITTÉRAIRE : s'opiniâtrer. CONTR. *renoncer.*

attaches *nom féminin pluriel* Relations avec quelqu'un. SYN. accointance, fréquentation, lien. – LITTÉRAIRE : liaison, nœud. – VIEUX : commerce.

attaquant *nom* Personne qui attaque. SYN. agresseur, assaillant, assiégeant, offenseur. CONTR. *défenseur, protecteur.*

attaque *nom féminin* Action d'attaquer. SYN. action, affaire, agression, assaut, atteinte, attentat, choc, incursion, offensive. CONTR. *contre-attaque, contre-offensive, défense, protection, résistance, riposte.* ■ Critique adressée à. SYN. accusation, calomnie, charge, condamnation, coup, coup de boutoir, coup de corne, coup de dent, coup de patte, critique, dénigrement, diatribe, imputation, provocation, réquisitoire. – FAMILIER : débinage, éreintement. CONTR. *apologie, éloge, justification, louange.* ■ Atteinte subite d'un mal. SYN. accès, ictus, poussée. ■ Ce qui forme le début de. SYN. amorce, début.

attaquer *verbe* Lancer une offensive. SYN. affronter, agresser, assaillir, assiéger, attenter à, charger, déterrer la hache de guerre, donner l'assaut, engager les hostilités, foncer sur, fondre sur, frapper, se jeter sur, monter en ligne, passer à l'offensive, se ruer sur, sauter sur, tomber sur. – FAMILIER : aller au casse-pipe, tomber sur le poil. – POPULAIRE : rentrer dans le chou, rentrer dans le lard, rentrer dans le mou, rentrer dedans, tomber sur le paletot. CONTR. *chasser, contre-attaquer, défendre, enterrer la hache de guerre, protéger, refouler, rejeter, se replier, repousser, résister, riposter.* ■ Critiquer quelqu'un, quelque chose. SYN. accuser, calomnier, condamner, contester, critiquer, décrier, dénigrer, déprécier, désapprouver, descendre en flammes, dire pis que pendre, gloser sur, incriminer, matraquer, pourfendre, prendre à partie, s'en prendre à, réprouver, stigmatiser, tirer à boulets rouges sur, tomber à bras raccourcis sur. – ARGOTIQUE : dézinguer. – FAMILIER : abîmer, assaisonner, casser du sucre sur (le dos de), chiner, cracher sur, débiner, déblatérer contre, démolir, éreinter, esquinter, étriller, habiller pour l'hiver, tailler un costard, tailler une veste, taper sur, voler dans les plumes. – LITTÉRAIRE : censurer, clabauder, dauber sur, déchirer, flétrir, fronder, fustiger, rompre en visière, satiriser, vilipender, vitupérer contre. – POPULAIRE : cartonner, flinguer. – VIEUX : tympaniser. CONTR. *approuver, flatter, louer, soutenir.* ■ Endommager une matière. SYN. altérer, atteindre, corroder, détériorer, entamer, léser, miner, mordre, ronger. – FAMILIER : manger. CONTR. *conserver, fortifier, protéger.* ■ Commencer une action. SYN. aborder, amorcer, engager, entamer, entreprendre, ouvrir. – FAMILIER : débuter. CONTR. *achever, boucler, clôturer, finir, terminer.*

attaquer (s') *verbe pronominal* Affronter sans hésiter. SYN. s'affronter, défier, prendre à partie, s'en prendre à, provoquer. CONTR. *se dérober, éluder, esquiver, éviter, fuir.* ■ Entreprendre quelque chose. SYN. amorcer, s'atteler à, commencer, s'embarquer dans, se lancer, se mettre à, mettre le doigt dans l'engrenage, mettre le pied à l'étrier. CONTR. *achever, finir, mettre un point final à, terminer.*

attardé *adjectif* En retard sur son époque. SYN. anachronique, antique, arriéré, démodé, désuet, périmé, vieillot. – LITTÉRAIRE : suranné. CONTR. *à la mode, moderne, nouveau, novateur, à la page.*

attardé *nom* Personne intellectuellement déficiente. SYN. arriéré, débile, demeuré, innocent. – FAMILIER : retardé.

attarder (s') *verbe pronominal* Rester longtemps quelque part. SYN. avoir le temps, avoir tout son temps, prendre son temps, rester, séjourner, traîner. – FAMILIER : s'éterniser, lambiner, lanterner. CONTR. *se dépêcher, se hâter, se précipiter, se presser.* – POPULAIRE : *se grouiller.* ■ Perdre son temps sur. SYN. s'appesantir sur, s'endormir sur, s'éterniser sur. CONTR. *accélérer.*

atteindre *verbe* Gagner un lieu. SYN. aborder, accéder, approcher, s'approcher, arriver à, joindre, parvenir à, rallier, toucher. CONTR. *dépasser, distancer, quitter.* ■ Arriver près de quelqu'un. SYN. contacter, rattraper, rejoindre, toucher. ■ Parvenir à un but. SYN. accomplir, faire mouche, mettre dans le mille, réaliser, réussir, taper (en plein) dans le mille, triompher de. CONTR. *échouer, manquer, rater.* – FAMILIER : *louper.* ■ Blesser quelqu'un. SYN. abattre, affecter, affliger, agiter, attaquer, bouleverser, ébranler, frapper, froisser, heurter, inquiéter, léser, meurtrir, offenser, offusquer, prendre à partie, remuer, toucher. – LITTÉRAIRE : piquer. CONTR. *contenter, flatter, ménager.*

atteinte *nom féminin* Douleur physique. SYN. effet, mal. ■ Fait de causer un dommage. SYN. attaque, attentat, blessure, choc, coup, dommage, entreprise, insulte, outrage, préjudice. ■ ***Porter atteinte à,*** causer un préjudice à. SYN. compromettre, desservir, discréditer, faire du tort, léser, nuire, perdre, porter préjudice à. – VIEUX : préjudicier à.

atteler *verbe* Mettre quelqu'un à une tâche. SYN. assujettir, astreindre, attacher, lier, river.

atteler (s') *verbe* Entreprendre un travail. SYN. s'attacher à, s'attaquer à, se charger de, commencer, s'embarquer dans, entreprendre, se lancer dans, se livrer à, se mettre à, mettre le doigt dans l'engrenage, mettre le pied à l'étrier, s'occuper. – FAMILIER : entrer dans la danse. CONTR. *abandonner, renoncer.*

attenant *adjectif* Qui est contigu à un lieu. SYN. adjacent, avoisinant, limitrophe, mitoyen, touchant, voisin. – LITTÉRAIRE : jouxtant. – VIEUX : joignant. CONTR. *distant, écarté, éloigné, lointain, reculé.*

attendre *verbe* Rester longtemps quelque part. SYN. croupir, faire antichambre, languir, patienter. – FAMILIER : faire le pied de grue, faire le planton, faire le poireau, lanterner, mariner, mijoter, moisir, poireauter. – VIEUX : croquer le marmot. CONTR. *agir, s'en aller, partir.* ■ Compter sur quelque chose, quelqu'un. SYN.

escompter, espérer, prévoir, se promettre, souhaiter, tabler sur.

attendre (s') *verbe pronominal* Considérer comme probable. SYN. croire, escompter, se figurer, imaginer, penser, pressentir, présumer, prévoir. CONTR. *s'étonner, n'en pas revenir.*

attendrir *verbe* Rendre plus tendre. SYN. amollir, ramollir. CONTR. *durcir.* ■ Émouvoir quelqu'un. SYN. aller droit au cœur, apitoyer, bouleverser, crier grâce, demander grâce, faire jouer la corde sensible, fendre l'âme, fendre le cœur, fléchir, humaniser, pleurer misère, remuer, tomber aux genoux de, toucher, troubler. – LITTÉRAIRE : crier miséricorde, implorer miséricorde. CONTR. *cuirasser, déshumaniser, endurcir.* – FAMILIER : *blinder.* – LITTÉRAIRE : *raidir.*

attendrir (s') *verbe pronominal* Éprouver de l'émotion pour. SYN. s'apitoyer, avoir la larme à l'œil, avoir les larmes aux yeux, avoir un faible pour, compatir, déplorer, s'émouvoir, fondre, s'humaniser, plaindre. CONTR. *se durcir, s'endurcir, se raidir.*

attendrissant *adjectif* Qui attendrit. SYN. bouleversant, émouvant, poignant, touchant. CONTR. *dur, froid, impitoyable, inflexible, sec, sévère.*

attendrissement *nom masculin* Fait de s'attendrir. SYN. apitoiement, bouleversement, commisération, émoi, pitié. CONTR. *dureté, froideur, impassibilité, indifférence, insensibilité, sécheresse.* – LITTÉRAIRE : *endurcissement.*

attendu *adjectif* Prévu avec certitude. SYN. prévisible, prévu. CONTR. *fortuit, imprévu, inattendu, inespéré, inopiné, soudain, surprenant.*

attendu que *locution conjonctive* Indique le motif. SYN. comme, étant donné que, du fait que, dans la mesure où, puisque, pour la raison que, vu que.

attentat *nom masculin* Acte criminel. SYN. agression, assassinat, attaque, atteinte, crime, délit, infraction, offense, outrage. – LITTÉRAIRE : forfait.

attentatoire *adjectif* Qui porte atteinte à. SYN. dommageable, préjudiciable. CONTR. *bénéfique, bien, bienfaisant.*

attente *nom féminin* Action de compter sur. SYN. aspiration, espérance, espoir, expectative, perspective, prévision, souhait, vœu.

attenter *verbe* Porter atteinte à. SYN. agresser, attaquer. CONTR. *défendre, protéger.*

attentif *adjectif* Qui prête attention. SYN. appliqué, assidu, concentré, consciencieux, méticuleux, minutieux, observateur, précautionneux, préoccupé de, prudent, regardant, soigneux, soucieux de, vigilant. – LITTÉRAIRE : diligent. CONTR. *absent, dissipé, distrait, étourdi, inattentif, négligent.* ■ Qui marque de la prévenance. SYN. attentionné, complaisant, empressé, fidèle, galant, patient, prévenant, protecteur, serviable, zélé. – LITTÉRAIRE : secourable, tutélaire. CONTR. *brusque, dur, impitoyable, indifférent, insensible, rude.*

attention *nom féminin* Capacité à se concentrer. SYN. application, concentration, focalisation, réflexion, soin, tension d'esprit, vigilance. – LITTÉRAIRE : contention. CONTR. *absence, dissipation, distraction, étourderie, inadvertance, inattention, irréflexion.* – LITTÉRAIRE : *inapplication.* ■ Marque d'intérêt. SYN. amabilité, courtoisie, déférence, délicatesse, égard, gentillesse, intérêt, ménagement, obligeance, précaution, prévenance, soin, sollicitude. – LITTÉRAIRE : gracieuseté. CONTR. *brutalité, grossièreté, impertinence, indifférence, méchanceté, négligence, rudesse.* – FAMILIER : *rosserie.* – LITTÉRAIRE : *vilenie.*

attentionné *adjectif* Qui est plein d'attentions. SYN. agréable, attentif, complaisant, empressé, gentil, prévenant, protecteur, serviable. – LITTÉRAIRE : tutélaire. CONTR. *brusque, brutal, égoïste, fruste, grossier, indifférent.* – FAMILIER : *rosse.*

attentiste *adjectif et nom* Qui pratique une politique d'attente. SYN. opportuniste.

attentivement *adverbe* Avec attention. SYN. consciencieusement, méticuleusement, précautionneusement, soigneusement. CONTR. *distraitement, étourdiment.*

atténuant *adjectif* Qui atténue. CONTR. *aggravant.*

atténuateur *nom masculin* Dispositif qui diminue une puissance électrique. SYN. affaiblisseur.

atténuation *nom féminin* Action d'atténuer. SYN. adoucissement, affaiblissement, allégement, amortissement, diminution, émoussement, inactivation, modération, réduction. – LITTÉRAIRE : assoupissement. CONTR. *accentuation, aggravation, augmentation, exagération, exaltation, exaspération, intensification, renforcement.*

atténué *adjectif* Devenu moins fort. SYN. diffus, doux, faible. CONTR. *cru, fort, vif, violent.*

atténuer *verbe* Rendre moins intense. SYN. adoucir, affaiblir, alléger, amoindrir, amortir, assagir, assouplir, assourdir, baisser, calmer, consoler, corriger, diluer, diminuer, édulcorer, émousser, estomper, éteindre, étouffer, modérer, ralentir, relâcher, soulager. – LITTÉRAIRE : tempérer, voiler. CONTR. *accentuer, accroître, accuser, aggraver, aiguiser, augmenter, aviver, exacerber, exagérer, exaspérer, intensifier,* *nourrir, radicaliser, rallumer, raviver, rehausser, renforcer, réveiller.*

atténuer (s') *verbe pronominal* Être moins important. SYN. se calmer, diminuer, faiblir, pâlir, se ralentir, tomber. – LITTÉRAIRE : s'assoupir. CONTR. *s'accentuer, s'accroître, s'aggraver, s'intensifier.*

atterrant *adjectif* Qui atterre. SYN. accablant, affligeant, ahurissant, attristant, consternant. CONTR. *encourageant, exaltant, réconfortant, réjouissant, stimulant.*

atterré *adjectif* Totalement consterné. SYN. abasourdi, accablé, affligé, ahuri, anéanti, coi, consterné, effaré, effondré, hébété, interdit, interloqué, médusé, pantois, renversé, stupéfait, suffoqué, tombé de la lune, tombé des nues. – FAMILIER : comme deux ronds de flan, estomaqué, scié, sidéré, soufflé. – POPULAIRE : sur le cul.

atterrement *nom masculin* LITTÉRAIRE. Accablement extrême. SYN. abattement, consternation. CONTR. *soulagement.*

atterrer *verbe* Jeter dans la consternation. SYN. abattre, accabler, anéantir, consterner, démoraliser, terrifier, terroriser. – FAMILIER : catastropher. CONTR. *encourager, exalter, rassurer, réconforter, regonfler, réjouir, remonter.* – FAMILIER : *ragaillardir, ravigoter, requinquer.*

atterrir *verbe* FAMILIER. Arriver inopinément. SYN. échouer. ■ Se poser sur le sol. CONTR. *décoller.*

attestation *nom féminin* Action d'attester un fait. SYN. affirmation, assertion, assurance, certificat, confirmation, déclaration, garantie, marque, signe, témoignage. CONTR. *contestation, démenti, dénégation, désaveu, infirmation, négation, réfutation.*

attesté *adjectif* Qui est prouvé. SYN. authentifié, certifié, connu, établi, validé, vérifié. CONTR. *faux, présumé, prétendu.*

attester *verbe* Certifier l'exactitude de. SYN. affirmer, assurer, certifier, garantir, jurer, soutenir, valider. CONTR. *contester, contredire, infirmer, nier.* ■ Être la preuve de. SYN. confirmer, démontrer, faire foi, indiquer, marquer, montrer, prouver, révéler, témoigner de. – LITTÉRAIRE : témoigner. CONTR. *démentir, dénier, désavouer.*

attiédir *verbe* LITTÉRAIRE. Rendre tiède. SYN. radoucir, tiédir. – LITTÉRAIRE : tempérer. CONTR. *accroître, aviver, intensifier, rallumer.*

attiédissement *nom masculin* LITTÉRAIRE. Fait de devenir tiède. SYN. affaiblissement, refroidissement. CONTR. *exaltation, réveil.*

attifement *nom masculin* FAMILIER. Manière d'être attifé. SYN. accoutrement. – FAMILIER : fagotage. – LITTÉRAIRE : affublement.

attifer *verbe* FAMILIER. Habiller de façon ridicule. SYN. accoutrer, affubler, arranger, déguiser. – FAMILIER : fagoter, ficeler. – LITTÉRAIRE : vêtir. – POPULAIRE : fringuer.

attifer (s') *verbe pronominal* FAMILIER. S'habiller de façon ridicule. SYN. s'accoutrer, s'affubler, se déguiser, se vêtir. – FAMILIER : être fichu comme l'as de pique. – POPULAIRE : se fringuer.

attiger *verbe* POPULAIRE. Aller au-delà de ce qui est correct. SYN. abuser, dépasser la mesure, dépasser les bornes, dépasser les limites, exagérer, ne pas y aller avec le dos de la cuillère, se tailler la part du lion, y aller fort. – FAMILIER : charger la barque, charger la mule, pousser, pousser (trop loin) le bouchon. – POPULAIRE : charrier, charrier dans les bégonias, chier dans la colle.

attirail *nom masculin* Matériel nécessaire à une activité. SYN. arsenal, équipement, outillage. – FAMILIER : barda, bataclan, bazar, fourbi, fourniment. – POPULAIRE : bastringue. – VIEUX : saint-frusquin.

attirance *nom féminin* Force qui attire. SYN. appel, attrait, charme, fascination, séduction. ■ Sentiment de celui qui est attiré. SYN. affinité, attraction, attrait, élan, envie, fascination, goût, inclination, intérêt, penchant, propension, sympathie, tendance. – FAMILIER : faible. CONTR. *allergie, antipathie, aversion, dégoût, désaffection, écœurement, haine, répugnance, répulsion.* – LITTÉRAIRE : *abomination.*

attirant *adjectif* Qui attire, séduit. SYN. affriolant, agréable, aguichant, aimable, alléchant, appétissant, attachant, attractif, attrayant, captivant, délicieux, désirable, engageant, enviable, excitant, fascinant, gracieux, passionnant, prenant, séduisant, sympathique, tentant. – FAMILIER : émoustillant. – POPULAIRE : bandant. CONTR. *abominable, affreux, dégoûtant, déplaisant, désagréable, écœurant, rébarbatif, rebutant, repoussant, répugnant, répulsif.*

attirer *verbe* Susciter l'intérêt de quelqu'un. SYN. accrocher, affrioler, allécher, appâter, avoir du goût pour, avoir un faible pour, charmer, être sous le charme, fasciner, frapper, plaire, séduire, solliciter, tenter, trouver à son goût. CONTR. *blaser, dégoûter, écarter, écœurer, effaroucher, éloigner, rebuter, repousser, répugner.* – FAMILIER : *révulser.* ■ Être la cause de. SYN. appeler, causer, coûter, entraîner, occasionner, procurer, provoquer, susciter, valoir.

attirer (s') *verbe pronominal* Provoquer en retour. SYN. se concilier, encourir, s'exposer, gagner.

attiser *verbe* Rendre plus violent. SYN. activer, aiguillonner, aiguiser, aviver, déchaîner, éperonner, exacerber, fomenter, fouetter, piquer, rallumer, ranimer, raviver, réchauffer, réveiller, soutenir. – LITTÉRAIRE : allumer, embraser, enflammer, exalter. CONTR. *amortir, apaiser, assagir, assoupir, assouvir, calmer, diminuer, étouffer, freiner, modérer.*

attitré *adjectif* Qui est réservé à. SYN. patenté, en titre. CONTR. *occasionnel.*

attitude *nom féminin* Manière de se tenir. SYN. air, maintien, port, pose, position, posture, tenue. – FAMILIER : dégaine. ■ Comportement avec les autres. SYN. allure, comportement, conduite, contenance, dehors, extérieur, genre, manières, réaction. – LITTÉRAIRE : enveloppe.

attouchement *nom masculin* Action de toucher. SYN. caresse, contact, effleurement, frôlement.

attractif *adjectif* Qui plaît, séduit. SYN. attachant, attirant, attrayant, captivant, charmeur, engageant, ensorcelant, fascinant, prenant, séduisant, tentant. CONTR. *rébarbatif, rebutant, repoussant.*

attraction *nom féminin* Fait d'éveiller l'intérêt de. SYN. attirance, attrait, fascination, séduction. – LITTÉRAIRE : allèchement. CONTR. *antipathie, aversion, dégoût, éloignement, répugnance, répulsion.* – LITTÉRAIRE : *abomination.* ■ Distraction dans un lieu public. SYN. divertissement, numéro, tour.

attrait *nom masculin* Ce qui attire. SYN. agrément, appât, appel, attraction, charme, enchantement, ensorcellement, grâce, séduction. – LITTÉRAIRE : allèchement, blandices. ■ Fait d'être attiré par. SYN. attirance, fascination, goût, inclination, penchant, propension, tentation. CONTR. *dégoût, éloignement, haine, répulsion.* – LITTÉRAIRE : *abomination.*

attraits *nom masculin pluriel* LITTÉRAIRE. Tout ce qui rend séduisant. SYN. agrément, appas, charmes, sex-appeal.

attrapade *nom féminin* FAMILIER. Dispute bruyante. SYN. algarade, altercation, friction, frottement, prise de bec, querelle. – FAMILIER : empoignade. – POPULAIRE : engueulade.

attrape *nom féminin* Petite plaisanterie. SYN. farce, mystification, tour. – FAMILIER : bateau, blague, canular, niche.

attrape-mouche *nom masculin* Petite plante qui se nourrit d' insectes. SYN. dionée.

attrape-nigaud *nom masculin* Ruse grossière. SYN. leurre, piège. – FAMILIER : attrape-gogo. – POPULAIRE : attrape-couillon.

attraper *verbe* Saisir avec la main. SYN. agripper, capter, empoigner, prendre, saisir. CONTR. *lâcher, relâcher.* ■ Abuser de la crédulité de quelqu'un. SYN. abuser, berner, duper, faire marcher, se jouer de, leurrer, mystifier, piéger, surprendre. – FAMILIER : avoir, bluffer, embobiner, empaumer, entourlouper, flouer, mener en bateau, pigeonner, posséder, promener, rouler. – LITTÉRAIRE : gruger. – POPULAIRE : baiser, couillonner, entuber, refaire. ■ FAMILIER. Faire des reproches à. SYN. chapitrer, gronder, houspiller, rappeler à l'ordre, reprendre, réprimander, sermonner, sonner les cloches à, tirer les oreilles. – FAMILIER : disputer, enguirlander, secouer. – LITTÉRAIRE : admonester, gourmander, morigéner, semoncer, tancer. – POPULAIRE : chauffer, engueuler, passer un savon, remonter les bretelles. CONTR. *approuver, complimenter, féliciter, flatter, louer, récompenser.* – LITTÉRAIRE : *louanger.* ■ Se saisir de quelqu'un. SYN. appréhender, arrêter, capturer, prendre, se saisir de, surprendre. – FAMILIER : choper, coffrer, cueillir, embarquer, épingler, harponner, pincer, piquer, ramasser. – POPULAIRE : agrafer, alpaguer. CONTR. *relâcher, relaxer.*

attrayant *adjectif* Qui attire. SYN. adorable, agréable, aimable, alléchant, attirant, attractif, beau, captivant, charmant, délicieux, désirable, engageant, ensorcelant, fascinant, gracieux, joli, plaisant, prenant, séduisant, tentant. – FAMILIER : craquant. CONTR. *abominable, affreux, déplaisant, désagréable, pénible, rébarbatif, rebutant, repoussant, sec.*

attribuable *adjectif* Qui peut être attribué. SYN. imputable.

attribuer *verbe* Donner à quelqu'un. SYN. accorder, adjuger, affecter, allouer, assigner, conférer, consacrer, décerner, destiner, distribuer, octroyer, répartir, réserver. – LITTÉRAIRE : impartir. CONTR. *ôter, refuser, reprendre, retirer.* ■ Faire revenir quelque chose à quelqu'un. SYN. imputer, prêter, rapporter, reconnaître. CONTR. *contester, dénier.*

attribuer (s') *verbe pronominal* Faire sien. SYN. s'accorder, s'adjuger, s'approprier, s'octroyer, se tailler la part du lion, usurper. – LITTÉRAIRE : s'arroger. CONTR. *décliner, dédaigner, se dépouiller, refuser, repousser.*

attribut *nom masculin* Ce qui est le propre de. SYN. apanage, caractère, caractéristique, particularité, prérogative, privilège, propre, propriété, symbole, trait.

attribution *nom féminin* Action d'attribuer. SYN. adjudication, affectation, allocation, assignation, distribution, octroi, répartition. CONTR. *confiscation, refus, reprise, retrait.*

attributions *nom féminin pluriel* Pouvoirs associés à un poste. SYN. domaine, prérogatives, privilèges, rôle.

attristant *adjectif* Qui attriste. SYN. accablant, affligeant, atterrant, chagrinant, consternant, déplorable, désolant, lugubre, navrant, triste. CONTR. *consolant, divertissant, égayant, gai, plaisant, réconfortant, réjouissant, risible.* – FAMILIER : *cocasse.*

attristé *adjectif* Devenu triste. SYN. accablé, affligé, anéanti, chagriné, désespéré, malheureux, peiné. – LITTÉRAIRE : chagrin. CONTR. *content, gai, heureux, hilare, joyeux.*

attrister *verbe* Rendre triste. SYN. affecter, affliger, assombrir, briser le cœur, chagriner, consterner, désespérer, désoler, fendre l'âme, fendre le cœur, navrer, peiner. – LITTÉRAIRE : contrister, rembrunir. CONTR. *amuser, consoler, dérider, distraire, divertir, égayer, enchanter, ravir, réconforter, réjouir.*

attrister (s') *verbe pronominal* Devenir triste à cause de. SYN. s'assombrir, se rembrunir. CONTR. *s'applaudir, exulter, jubiler, se réjouir.*

attroupement *nom masculin* Rassemblement de personnes. SYN. agglomération, foule, groupement, rassemblement.

attrouper *verbe* Rassembler des gens. SYN. ameuter, grouper, liguer, rassembler. – LITTÉRAIRE : assembler. CONTR. *disperser.*

attrouper (s') *verbe pronominal* Former un rassemblement. SYN. s'agglutiner, s'assembler, se grouper, se masser, se presser, se rassembler, se regrouper. CONTR. *se débander, se disperser, se disséminer, s'égailler, s'égrener, s'éparpiller.* – LITTÉRAIRE : *essaimer.*

aubaine *nom féminin* Avantage inespéré. SYN. bonheur, chance, occasion, opportunité, providence. – FAMILIER : filon. CONTR. *malchance.* – FAMILIER : *déveine, pépin, tuile.*

aube *nom féminin* Première lueur du jour. SYN. aurore, matin, petit jour, point du jour, pointe du jour. CONTR. *coucher, crépuscule, soir.* – LITTÉRAIRE : *brune, déclin du jour.* ■ Début de quelque chose. SYN. commencement, début, naissance, printemps, seuil. – LITTÉRAIRE : enfance. CONTR. *fin, soir.* – LITTÉRAIRE : *couchant, extrémité.*

aubépine *nom féminin* Arbrisseau épineux à fleurs odorantes. SYN. épine blanche.

aubun *nom masculin* Cépage rouge rustique du Sud-Est. SYN. counoise.

aucunement *adverbe* En aucune façon. SYN. à aucun prix, jamais, nullement, pas du tout, pas le moins du monde. CONTR. *(à) cent pour cent, bien, considérablement, extrêmement, follement, foncièrement, fort, fortement, grandement, immensément, infiniment, au plus haut degré, au plus haut point, prodigieusement, puissamment, suprêmement, terriblement, vraiment.* – FAMILIER : *bigrement, bougrement, diablement, drôlement, fameusement, fichtrement, fichûment, formidablement, superlativement.* – LITTÉRAIRE : *au dernier point, diantrement, furieusement.* – POPULAIRE : *sacrément, vachement.*

audace *nom féminin* Courage illimité. SYN. aisance, assurance, courage, décision, détermination, hardiesse, héroïsme, témérité. – FAMILIER : cran. – LITTÉRAIRE : crânerie, intrépidité, vaillance, valeur. CONTR. *crainte, embarras, gêne, honte, lâcheté, peur, poltronnerie, timidité.* – LITTÉRAIRE : *caponnerie, couardise, pusillanimité.* ■ Attitude insolente. SYN. aplomb, effronterie, front, impertinence, impudence, insolence. – FAMILIER : culot, toupet. CONTR. *déférence, humilité, modestie, réserve, respect, retenue.*

audacieusement *adverbe* Avec audace. SYN. effrontément, hardiment, impudemment. CONTR. *craintivement, humblement, respectueusement, timidement.*

audacieux *adjectif* Qui a du courage. SYN. aventureux, brave, courageux, décidé, énergique, entreprenant, hardi, héroïque, imprudent, intrépide, résolu, téméraire. – FAMILIER : casse-cou. – LITTÉRAIRE : vaillant, valeureux. CONTR. *craintif, lâche, peureux, poltron, timide, timoré.* – FAMILIER : *froussard.* – LITTÉRAIRE : *couard, pusillanime.* – POPULAIRE : *trouillard.* – VIEUX : *capon.* ■ Qui montre de l'insolence. SYN. ambitieux, effronté, impertinent, impudent, insolent. – FAMILIER : culotté. CONTR. *gêné, honteux, modeste, réservé, respectueux.* – LITTÉRAIRE : *révérencieux.*

audacieux *nom* Personne qui a de l'audace. SYN. ambitieux, arriviste, courageux, intrépide, opportuniste. – FAMILIER : casse-cou, risque-tout. CONTR. *lâche, peureux, poltron, timide.* – FAMILIER : *femmelette, froussard.* – LITTÉRAIRE : *couard.* – POPULAIRE : *trouillard.* – VIEUX : *capon.*

au-dedans *adverbe* Au fond de soi-même. SYN. en son for intérieur, intérieurement. CONTR. *extérieurement.*

audible *adjectif* Que l'on peut entendre. SYN. clair, distinct, intelligible, perceptible, sonore. CONTR. *inaudible.*

audience *nom féminin* Entretien accordé par quelqu'un. SYN. consultation, entrevue, rendez-vous. ■ Intérêt porté par le public à. SYN. attention, réputation, retentissement. – LITTÉRAIRE : renom, renommée.

audition *nom féminin* Perception des sons. SYN. écoute, oreille, ouïe. CONTR. *surdité.*

auditoire *nom masculin* Personnes réunies pour l'audition de. SYN. assemblée, assistance, audience, auditeurs, galerie, parterre, public, salle, spectateurs.

augmentatif *adjectif et nom masculin* Qui renforce le sens d'un mot. CONTR. *diminutif.*

augmentation *nom féminin* Fait d'augmenter. SYN. accélération, accroissement, aggravation, agrandissement, développement, dilatation, élargissement, élévation, gonflement, grossissement, hausse, intensification, majoration, montée, relèvement, surcroît. – LITTÉRAIRE : enchérissement. CONTR. *abaissement, adoucissement, allégement, amenuisement, amoindrissement, amortissement, atrophie, atténuation, baisse, chute, compression, décroissance, dépréciation, diminution, émoussement, limitation, ralentissement, raréfaction, réduction.* – LITTÉRAIRE : *assoupissement.*

augmenter *verbe intransitif* Devenir plus grand. SYN. s'accentuer, s'aggraver, aller crescendo, aller croissant, s'amplifier, croître, s'élever, s'étendre, faire tache d'huile, grandir, s'intensifier, monter, monter en flèche, se multiplier, prendre de l'ampleur, prendre du volume. CONTR. *s'assoupir, baisser, décliner, décroître, dépérir, diminuer, faiblir, se modérer, mollir, régresser.* – LITTÉRAIRE : *défaillir.*

augmenter *verbe transitif* Rendre plus grand, plus important. SYN. accélérer, accentuer, accroître, aggraver, agrandir, ajouter à, allonger, amplifier, approfondir, développer, élargir, élever, épaissir, étendre, exalter, grandir, grossir, hausser, intensifier, multiplier, redoubler, relever, renchérir, renforcer. CONTR. *amoindrir, aplanir, atrophier, atténuer, baisser, circonscrire, décroître, diminuer, émousser, limiter, modérer, réduire, relâcher, supprimer.*

augure *nom masculin* Signe annoncé. SYN. auspices, prédiction, prémonition, présage, pressentiment, signe. ■ FAMILIER. Personnage qui prédit l'avenir. SYN. devin, oracle, prophète, vaticinateur.

augurer *verbe* Tirer une conséquence. SYN. annoncer, conjecturer, prédire, pressentir, présumer, prévoir, promettre, pronostiquer, prophétiser, supposer. – LITTÉRAIRE : préjuger, présager.

auguste *adjectif* LITTÉRAIRE. Qui est imposant. SYN. digne, grand, majestueux, noble, sacré, saint, solennel, vénérable. – LITTÉRAIRE : olympien. CONTR. *bas, méprisable, mesquin, vulgaire.* – LITTÉRAIRE : *vil.*

aujourd'hui *adverbe* Au temps où nous vivons. SYN. actuellement, en ce moment, dans la conjoncture actuelle, dans l'état actuel des choses, dans l'immédiat, à l'époque actuelle, à l'heure actuelle, à l'heure qu'il est, pour l'heure, pour l'instant, de nos jours, maintenant, au moment où je vous parle, à notre époque, à présent, présentement, par les temps qui courent. – FAMILIER : au jour d'aujourd'hui. CONTR. *anciennement, autrefois, jadis, dans le passé, par le passé.* ■ Le jour où nous sommes. SYN. ce jour. CONTR. *demain, hier.*

aumône *nom féminin* Don à un pauvre. SYN. charité, obole, offrande, secours.

aumônière *nom féminin* Sac plat qui servait de bourse. SYN. escarcelle.

aunée *nom féminin* Plante herbacée des régions tempérées. SYN. inule.

auparavant *adverbe* Avant ce moment-là. SYN. d'abord, antérieurement, avant, plus tôt, au préalable, préalablement, précédemment. CONTR. *après, postérieurement, ultérieurement.*

auprès de *préposition* À proximité de. SYN. aux alentours de, autour de, contre, à côté de, aux environs de. CONTR. *loin de.* ■ En comparaison de. SYN. comparativement, en proportion de, proportionnellement à, par rapport à, en regard de, relativement à.

aura *nom féminin* LITTÉRAIRE. Atmosphère spirituelle. SYN. charisme, éclat, émanation, magnétisme, rayonnement. – LITTÉRAIRE : halo. – VIEUX : fluide.

aurantiacée *nom féminin* Plante telle que les agrumes. SYN. rutacée.

auréole *nom féminin* Cercle lumineux. SYN. couronne, éclat, gloire, halo, nimbe. ■ Tache circulaire sur une étoffe. SYN. cerne.

auréoler *verbe* LITTÉRAIRE. Entourer d'une auréole. SYN. cercler. – LITTÉRAIRE : ceindre, couronner, nimber.

aurone *nom féminin* Plante aromatique. SYN. abrotone, citronnelle.

aurore *nom féminin* Lueur qui précède le lever du jour. SYN. aube, matin, point du jour, pointe du jour. CONTR. *coucher, crépuscule, soir, tombée du jour.* – LITTÉRAIRE : *brune, déclin du jour.* ■ LITTÉRAIRE. Début de quelque chose. SYN. commencement, ébauche, esquisse, naissance, prémices, seuil. – LITTÉRAIRE : enfance. CONTR. *déclin, fin, terme.* – LITTÉRAIRE : *couchant, crépuscule, extrémité.*

auspice *nom masculin* Présage tiré du vol d'oiseaux. SYN. augure, présage. ■ Circonstance favorable ou non. SYN. circonstance, conjoncture. ■ Appui dont on bénéficie. SYN. appui, patronage, protection, soutien, tutelle. - LITTÉRAIRE : égide.

aussi *adverbe* Indique une égalité. SYN. à l'avenant, également, dans la même mesure, de même, pareillement. - VIEUX : mêmement. CONTR. *inégalement.* ■ Indique une addition. SYN. en outre, de plus, en plus, qui plus est, de surcroît. - FAMILIER : par-dessus le marché. ■ Exprime le degré extrême. SYN. pour...que, quelque...que, si...que.

aussitôt *adverbe* Sans le moindre retard. SYN. d'emblée, d'entrée de jeu, immédiatement, à l'instant, instantanément, dans le moment même, promptement, sans délai, sans retard, sans tarder, séance tenante, sur l'heure, sur-le-champ, tout de suite. - FAMILIER : illico, illico presto, subito presto. - LITTÉRAIRE : dès l'abord, incontinent. - POPULAIRE : aussi sec.

austère *adjectif* Au caractère sévère. SYN. bourru, dur, rigide, rigoriste, rigoureux, sévère, spartiate, strict. - LITTÉRAIRE : raide. CONTR. *conciliant, indulgent, libéral, tolérant.* ■ Dépourvu d'ornement. SYN. âpre, aride, nu, sec, sévère. CONTR. *agréable, charmant, doux, plaisant, riant, riche.* ■ Qui suit une morale stricte. SYN. ascétique, monacal, puritain, rude. - LITTÉRAIRE : frugal. CONTR. *épicurien, leste, sensuel, voluptueux.* - LITTÉRAIRE : *dissolu.*

austérité *nom féminin* Caractère austère. SYN. ascèse, ascétisme, gravité, puritanisme, rigidité, rigorisme, rigueur. - LITTÉRAIRE : sévérité, stoïcisme. CONTR. *débauche, facilité, frivolité, hédonisme, indulgence, liberté, relâchement, sensualité.* - LITTÉRAIRE : *abandonnement, débridement, dissolution.* ■ Caractère dépouillé. SYN. dépouillement, nudité, simplicité, sobriété. CONTR. *abondance, apparat, richesse.* - LITTÉRAIRE : *bouffissure.*

austral *adjectif* Situé au sud. SYN. antarctique, méridional. CONTR. *arctique, boréal, nord, septentrional.*

austronésien *adjectif et nom masculin* Se dit d'une famille de langues. SYN. - VIEUX : malayo-polynésien.

auteur *nom masculin* Personne qui est à l'origine de. SYN. concepteur, créateur, faiseur, fondateur, initiateur, inventeur, père, promoteur. - LITTÉRAIRE : fabricant, instaurateur. ■ Personne qui accomplit une action. SYN. agent, artisan, coupable, instigateur, responsable. ■ Créateur d'une œuvre. SYN. écrivain, femme de lettres, homme de lettres, littérateur.

authenticité *nom féminin* Caractère authentique. SYN. réalité, validité, véracité. - LITTÉRAIRE : véridicité. CONTR. *contrefaçon, falsification, inexactitude.* ■ Caractère sincère. SYN. justesse, objectivité, profondeur, sincérité, valeur, vérité. - LITTÉRAIRE : véracité. CONTR. *fausseté, inauthenticité, infidélité.*

authentifié *adjectif* Reconnu comme tel. SYN. attesté, certifié, connu, établi, officiel, validé, vérifié. CONTR. *présumé, prétendu.*

authentifier *verbe* Certifier l'authenticité. SYN. certifier, garantir, légaliser. - VIEUX : authentiquer. CONTR. *contrefaire, falsifier.*

authentique *adjectif* Dont la vérité est incontestable. SYN. avéré, effectif, établi, évident, exact, inattaquable, incontestable, indéniable, indubitable, notoire, officiel, positif, réel, sûr, textuel, vrai. CONTR. *discutable, douteux, faux, forgé, illusoire, imaginaire, incertain, irréel, présumé, prétendu, supposé.* - LITTÉRAIRE : *emprunté, fallacieux.* ■ D'une entière sincérité. SYN. franc, juste, sincère, spontané, véridique, véritable. - LITTÉRAIRE : vrai. CONTR. *affecté, artificiel, clinquant, de commande, composé, conventionnel, étudié, fabriqué, factice, forcé, mensonger, simulé, sophistiqué.* - LITTÉRAIRE : *tortu.* ■ Dont l'origine est indubitable. SYN. certifié, officiel, prouvé, vérifié. CONTR. *apocryphe, artificiel, contrefait, factice, falsifié, faux, imité, inauthentique, postiche.* - LITTÉRAIRE : *controuvé.*

autoadhésif *adjectif* Qui adhère sans être humecté. SYN. autocollant.

autoamputation *nom féminin* Mutilation réflexe d'un organe. SYN. autotomie.

autobloqueur *nom masculin* Appareil employé en alpinisme et en spéléologie. SYN. ascendeur.

autocaravane *nom féminin* Véhicule aménagé pour servir d'habitation. SYN. camping-car, motor-home.

autochtone *adjectif et nom* Originaire du pays où il vit. SYN. aborigène, indigène, natif, originaire. CONTR. *étranger, immigrant, immigré.* - VIEUX : *aubain.*

autocollant *adjectif* Qui adhère sans être humecté. SYN. autoadhésif.

autocrate *nom* Monarque au pouvoir absolu. SYN. despote, dictateur, maître, tyran. - LITTÉRAIRE : dominateur.

autocratie *nom féminin* Pouvoir détenu par un seul homme. SYN. absolutisme, autoritarisme, césarisme, despotisme, dictature, omnipotence, tyrannie. CONTR. *démocratie, libéralisme.*

autocratique *adjectif* Qui relève de l'autocratie. SYN. absolu, arbitraire, autoritaire, despotique, dictatorial, tyrannique. CONTR. *constitutionnel, démocratique, libéral, républicain.*

autogreffe *nom féminin* Greffe à partir d'un greffon prélevé sur le sujet lui-même. SYN. autoplastie.

autoïque *adjectif* Qui se reproduit sur le même hôte. SYN. monoxène. CONTR. *hétéroïque, polyxème.*

automate *nom masculin* Personne qui agit comme une machine. SYN. machine, marionnette, robot. – FAMILIER : pantin.

automatique *adjectif* Qui se fait machinalement. SYN. inconscient, instinctif, involontaire, machinal, mécanique, réflexe, spontané, stéréotypé. CONTR. *conscient, délibéré, intentionnel, réfléchi, volontaire.* ▪ Qui se fait de manière invariable. SYN. systématique. CONTR. *aléatoire, douteux, hypothétique, incertain.*

automatiquement *adverbe* De façon automatique. SYN. mécaniquement, par principe, systématiquement. CONTR. *volontairement.*

automédication *nom féminin* Prise de médicaments sans avis médical. SYN. autoprescription.

automne *nom masculin* Saison qui suit l'été. SYN. arrière-saison.

automobile *nom féminin* Véhicule routier. SYN. auto, voiture. – FAMILIER : bagnole, clou, guimbarde, pot de yaourt, tacot, tape-cul, teuf-teuf, trottinette, veau. – POPULAIRE : bahut, caisse, chignole, chiotte, poubelle, tas de boue, tire.

automotrice *nom féminin* Véhicule ferroviaire à moteur thermique. SYN. autorail, micheline, motrice.

autonome *adjectif* Qui jouit de l'autonomie. SYN. indépendant, libre. CONTR. *dépendant, inféodé, soumis, subordonné.*

autonomie *nom féminin* Capacité à être indépendant. SYN. indépendance, liberté, souveraineté. CONTR. *asservissement, dépendance, hétéronomie, soumission.*

autonomiste *adjectif* et *nom* Favorable à l'autonomie. SYN. dissident, indépendantiste, sécessionniste, séparatiste.

autonyme *nom masculin* Mot, signe qui se désigne lui-même. SYN. autoréférent.

autoplastie *nom féminin* Greffe à partir d'un greffon prélevé sur le sujet lui-même. SYN. autogreffe.

autoprescription *nom féminin* Prise de médicaments sans avis médical. SYN. automédication.

autopsie *nom féminin* Examen d'un cadavre. SYN. nécropsie.

autorail *nom masculin* Véhicule ferroviaire à moteur thermique. SYN. automotrice, micheline.

autoréférent *nom masculin* Mot, signe qui se désigne lui-même. SYN. autonyme.

autorisation *nom féminin* Action d'autoriser. SYN. acceptation, accord, acquiescement, agrément, approbation, assentiment, consentement, habilitation, permission, possibilité. – LITTÉRAIRE : aveu. CONTR. *défense, interdiction, prohibition, refus, veto.* ▪ Document qui autorise. SYN. bon, laissez-passer, licence, permis, pouvoir, sauf-conduit.

autorisé *adjectif* Que l'on a le droit de faire. SYN. accrédité, légal, légitime, licite, loisible, permis, reconnu, réglementaire, régulier, toléré. CONTR. *clandestin, défendu, délictueux, frauduleux, illégal, illicite, interdit, prohibé, proscrit.* ▪ Qui fait autorité. SYN. compétent, confirmé, fondé, officiel, qualifié, reconnu. CONTR. *fantaisiste, officieux.*

autoriser *verbe* Donner la permission de. SYN. admettre, approuver, consentir à, donner carte blanche, donner le feu vert, donner les pleins (tous) pouvoirs, donner mandat à, donner un blanc-seing à, fermer les yeux sur, habiliter, permettre, tolérer. CONTR. *défendre, empêcher, interdire, prohiber, proscrire, refuser.* – LITTÉRAIRE : *contraindre.* ▪ Rendre possible. SYN. accréditer, justifier, légitimer, permettre. CONTR. *condamner, exclure.*

autoriser (s') *verbe pronominal* Se fonder sur un appui pour. SYN. alléguer, s'appuyer, arguer de, invoquer, prétexter, se prévaloir de, se recommander de, se servir de. ▪ Se donner le droit de. SYN. se permettre, prendre la liberté de. CONTR. *s'interdire, se refuser.*

autoritaire *adjectif* Qui ne supporte pas la contradiction. SYN. absolu, autocratique, despotique, dictatorial, entier, intolérant, sectaire, totalitaire, tyrannique. – LITTÉRAIRE : raide. CONTR. *accommodant, bonasse, bonhomme, conciliant, coulant, débonnaire, faible, falot, indulgent, large, laxiste, libéral, soumis, tolérant.* ▪ Qui manifeste l'autorité. SYN. cassant, catégorique, coupant, énergique, ferme, impératif, impérieux, péremptoire, tranchant. – FAMILIER : pète-sec. CONTR. *accommodant, conciliant, douceâtre, doucereux, mielleux.* – FAMILIER : *patelin.* – LITTÉRAIRE : *onctueux, paterne.*

autoritarisme *nom masculin* Pratique autoritaire. SYN. absolutisme, autocratie, caporalisme, césarisme, despotisme, dictature, totalitarisme. – LITTÉRAIRE : tyrannie. CONTR. *anarchie, faiblesse, libéralisme, scepticisme.*

autorité *nom féminin* Pouvoir de commander. SYN. commandement, domination, puissance, souveraineté, tutelle. CONTR. *dépendance,* *soumission, subordination.* – LITTÉRAIRE : *sujétion.* ▪ Le pouvoir politique. SYN. administration, gouvernement. ▪ Qualité qui permet de se faire obéir. SYN. aplomb, ascendant, assurance, détermination, fermeté, poigne. CONTR. *humilité, modestie, timidité.* ▪ Influence dont jouit quelqu'un. SYN. empire, emprise, influence, poids, pouvoir, réputation. – LITTÉRAIRE : crédit. CONTR. *discrédit.*

autorités *nom féminin pluriel* Représentants de l'État. SYN. notabilités, notables, officiels.

autoroute *nom féminin* ***Autoroute de l'information,*** réseau télématique à haut débit. SYN. inforoute.

autotomie *nom féminin* Mutilation réflexe d'un organe. SYN. autoamputation.

autotrophe *adjectif* Qui se nourrit d'aliments non organiques. CONTR. *hétérotrophe.*

autour de *préposition* Indique la périphérie. SYN. aux alentours de, aux environs de. ▪ Indique le voisinage immédiat. SYN. auprès de, près de, à proximité de, dans le voisinage. ▪ Indique l'approximation. SYN. approximativement, environ, à peu près.

autre *adjectif* Qui présente une différence. SYN. différent, dissemblable, distinct, divergent. CONTR. *analogue, identique, même, pareil, semblable, similaire, voisin.*

autrefois *adverbe* Dans le temps passé. SYN. anciennement, au bon vieux temps, jadis, dans le passé, par le passé, au temps jadis, dans le temps. – FAMILIER : il y a belle lurette. CONTR. *actuellement, aujourd'hui, dans l'avenir, demain, un jour, maintenant, à présent.*

autrement *adverbe* D'une autre façon. SYN. différemment. CONTR. *identiquement, pareillement.* – LITTÉRAIRE : *semblablement.* – VIEUX : *mêmement.* ▪ À un plus haut degré. SYN. beaucoup plus, bien plus, infiniment plus. – FAMILIER : drôlement. ▪ Dans le cas contraire. SYN. sans quoi, sinon.

autunite *nom féminin* Phospahate d'uranium et de calcium. SYN. uranite.

auxiliaire *adjectif* Qui s'ajoute à autre chose. SYN. accessoire, annexe, complémentaire. CONTR. *premier, primordial, principal, vital.*

auxiliaire *nom* Personne qui apporte son aide. SYN. acolyte, adjoint, aide, allié, assistant, associé, complice, second, soutien. – LITTÉRAIRE : adjuvant.

avachi *adjectif* Devenu mou. SYN. déformé, flasque, flétri. – FAMILIER : fatigué. CONTR. *dur, neuf, raide.* ▪ Qui a perdu tout dynamisme. SYN. amorphe, indolent, inerte, lymphatique, mollasson, mou. – FAMILIER : mollasse. – LITTÉRAIRE : alangui. – POPULAIRE : ramollo. CONTR. *décidé, dynamique, énergique, ferme, résolu.*

avachir *verbe* Faire perdre toute énergie. SYN. affaiblir, amollir. – FAMILIER : ramollir. – LITTÉRAIRE : aveulir. CONTR. *exalter, ragaillardir, réconforter, revigorer.* – LITTÉRAIRE : *vivifier.*

avachir (s') *verbe pronominal* Perdre sa forme. SYN. s'affaisser, s'effondrer. ▪ Se laisser aller dans. SYN. s'affaler. CONTR. *se redresser, se relever.*

avachissement *nom masculin* Manque d'énergie. SYN. amollissement, veulerie. – LITTÉRAIRE : aveulissement. CONTR. *régénération.*

aval *nom masculin* Approbation donnée à. SYN. acceptation, accord, adhésion, agrément, appui, assentiment, caution, consentement.

aval *nom masculin* Partie plus près de l'embouchure ou du confluent. CONTR. *amont.*

avalaison *nom féminin* Descente des anguilles de l'amont vers l'aval. SYN. dévalaison.

avalanche *nom féminin* Grande quantité de choses. SYN. accumulation, amas, armée, cascade, chapelet, déluge, fatras, flot, foule, grêle, infinité, kyrielle, légion, masse, monceau, montagne, multitude, myriade, nuée, pléiade, pluie, quantité, tas, torrent. – FAMILIER : armada, cargaison, flopée, foultitude, pelletée, régiment, ribambelle, tapée. – LITTÉRAIRE : averse, essaim. CONTR. *atome, bribe, brin, goutte, gramme, larme, lueur, miette, nuage, once, parcelle, peu, pointe, soupçon.* – LITTÉRAIRE : *liard, ombre.* – POPULAIRE : *chouia.*

avaler *verbe* Faire descendre par le gosier. SYN. absorber, boire, déglutir, prendre, vider. – FAMILIER : siffler. CONTR. *cracher, expectorer.* ▪ Absorber un aliment. SYN. engloutir, engouffrer, ingérer, ingurgiter, manger, prendre. – FAMILIER : s'enfiler, enfourner. – POPULAIRE : boulotter, s'envoyer. CONTR. *rejeter, vomir.* – FAMILIER : *rendre.*

avaliser *verbe* Soutenir une action. SYN. cautionner, garantir.

à-valoir *nom masculin invariable* Paiement partiel. SYN. acompte, arrhes, avance, provision.

avaloire *nom féminin* Pièce du harnais permettant au cheval de reculer. SYN. reculement.

avance *nom féminin* Action d'avancer. SYN. avancée, marche, progression. CONTR. *recul, repli, retraite.* ▪ Action de faire avant. SYN. anticipation, devancement, prématurité. CONTR. *retard.* ▪ Somme avancée. SYN. acompte, à-valoir, provision. ▪ Avantage acquis sur quelqu'un. CONTR. *handicap, recul, régression, retard, rétrogradation.* ▪ ***En avance,*** avant l'heure, la date prévue. SYN.

avant l'heure, avant terme, plus tôt que prévu, prématurément, tôt. – LITTÉRAIRE : précocement.

avancé *adjectif* Sur le point de se gâter. SYN. avarié, blet, faisandé. CONTR. *frais.* ■ Qui est en avance. SYN. anticipé, précoce, prématuré. CONTR. *arriéré, tardif.* – FAMILIER : *retardé.*

avancée *nom féminin* Fait d'avancer, de s'avancer. SYN. avance, avancement, progression. CONTR. *recul, repli.*

avancement *nom masculin* Action de s'avancer. SYN. avancée, saillie. CONTR. *creux, renfoncement.* ■ Action de progresser. SYN. cours, développement, élévation, marche, perfectionnement, progrès, progression, promotion. CONTR. *arrêt, piétinement, recul, retard, stagnation.*

avancer *verbe intransitif* Faire des progrès. SYN. aller de l'avant, faire du chemin, faire son chemin, gagner, gagner du terrain, progresser. CONTR. *s'arrêter, piétiner, reculer, régresser, rétrograder, stagner, tourner en rond.* ■ Faire saillie. SYN. déborder, dépasser, saillir, surplomber. ■ Se mouvoir vers l'avant. SYN. s'acheminer, cheminer, marcher, se mettre en branle, se mettre en marche, se mouvoir. CONTR. *s'arrêter, s'éloigner, reculer, se replier, se retirer.*

avancer *verbe transitif* Porter en avant. SYN. allonger, approcher, présenter, rapprocher, tendre. CONTR. *éloigner, reculer, retirer.* ■ Déplacer une date avant le moment prévu. SYN. anticiper, décaler, hâter, précipiter, rapprocher. CONTR. *ajourner, différer, reculer, repousser, retarder, suspendre.* ■ Mettre en avant une idée. SYN. affirmer, alléguer, arguer, énoncer, hasarder, invoquer, opposer, prétendre, prétexter, soutenir.

avancer (s') *verbe pronominal* Sortir de sa réserve. SYN. s'aventurer, se compromettre, s'engager, se hasarder, se risquer. CONTR. *se replier.*

avances *nom féminin pluriel* Premières démarches vers quelqu'un. SYN. approches, ouvertures, propositions. ■ Tentatives pour séduire. SYN. coquetterie, minauderie. – LITTÉRAIRE : agacerie.

avançon *nom masculin* Partie d'une ligne qui porte l'hameçon. SYN. monture.

avanie *nom féminin* LITTÉRAIRE. Affront public. SYN. affront, algarade, brimade, gifle, humiliation, ignominie, mortification, offense, outrage, tracasserie, vexation. – LITTÉRAIRE : camouflet, injure, opprobre, soufflet. CONTR. *cajolerie, compliment, congratulations, flatterie, louange.* – LITTÉRAIRE : *encens.*

avant *adverbe* Indique l'antériorité. SYN. d'abord, antérieurement, auparavant, autrefois, devant, jadis, loin, plus tôt, au préalable, préalablement, précédemment. CONTR. *après, ensuite, postérieurement, puis, à la suite, ultérieurement.* – FAMILIER : *derrière.*

avant *nom masculin* Partie antérieure de quelque chose. SYN. nez, proue. CONTR. *arrière, derrière, poupe.*

avant *préposition* Indique une relation temporelle. SYN. antérieurement à, plus tôt que, préalablement à. CONTR. *après, postérieurement à, ultérieurement à.* ■ Indique une relation spatiale. SYN. devant, en-deçà de, plus près que. CONTR. *après.* ■ Indique un degré supérieur. SYN. au-dessus de. CONTR. *au-dessous de.*

avantage *nom masculin* Ce qui constitue un profit. SYN. à-côté, atout, bénéfice, bien, bienfait, faveur, fruit, intérêt, profit, utilité. CONTR. *désavantage, dommage, handicap, inconvénient, préjudice, revers de la médaille.* – LITTÉRAIRE : *détriment.* ■ Fait de l'emporter. SYN. prérogative, primauté, privilège, supériorité, suprématie, talent. ■ ***Tirer avantage de,*** tirer parti de. SYN. avoir recours à, cultiver, exploiter, mettre à profit, profiter, recourir à, se servir de, tirer profit, utiliser.

avantager *verbe* Faire profiter quelqu'un d'un avantage. SYN. faire la part belle à, favoriser, privilégier. CONTR. *défavoriser, désavantager, déshériter, frustrer, handicaper, léser, nuire, pénaliser.* ■ Mettre en valeur quelqu'un. SYN. embellir, flatter. – LITTÉRAIRE : seoir. CONTR. *enlaidir.*

avantageusement *adverbe* De façon avantageuse. SYN. favorablement, heureusement, honorablement, utilement. CONTR. *déplorablement, désagréablement, désastreusement, fâcheusement, malencontreusement, tristement.*

avantageux *adjectif* Qui offre un profit. SYN. bénéfique, bon, fructueux, intéressant, profitable, rentable, salutaire, utile. CONTR. *désavantageux, dommageable, fâcheux, mauvais, préjudiciable.* ■ Dont le prix est intéressant. SYN. abordable, bon marché, compétitif, économique. CONTR. *cher, extravagant, onéreux.* ■ Qui flatte quelqu'un. SYN. élogieux, favorable, flatteur. CONTR. *défavorable.* ■ Qui tire vanité de ses qualités. SYN. conquérant, faraud, important, orgueilleux, poseur, présomptueux, prétentieux, puant, suffisant, vaniteux. – LITTÉRAIRE : fat, outrecuidant, triomphateur. CONTR. *humble, modeste, simple.*

avant-coureur *adjectif* Qui annonce un événement. SYN. annonciateur, précurseur. CONTR. *consécutif, rétrospectif.*

avant-dernier *adjectif et nom* Qui est immédiatement avant le dernier. SYN. pénultième.

avant-fossé *nom masculin* Fossé d'une fortification. SYN. contre-fossé.

avant-garde *nom féminin* ***D'avant-garde,*** en avance sur son temps. SYN. avant la lettre, d'avenir, de pointe, en pointe. CONTR. *d'arrière-garde.*

avant-goût *nom masculin* Première impression. SYN. aperçu, idée, préambule, préface, préfiguration, préliminaires, prélude, prémices, prologue. – FAMILIER : échantillon. CONTR. *arrière-goût, réminiscence, souvenir.*

avant-propos *nom masculin invariable* Courte introduction. SYN. avertissement, avis, introduction, notice, préambule, préface, prologue. CONTR. *conclusion, épilogue, fin, postface.*

avant-scène *nom féminin* Partie de la scène en avant du rideau. SYN. proscenium. CONTR. *arrière-scène.*

avare *adjectif* Qui n'aime pas dépenser. SYN. intéressé, parcimonieux, regardant, thésauriseur. – FAMILIER : chiche, chien, pingre, radin, rapiat, rat. – LITTÉRAIRE : avaricieux, ladre, lésineur. CONTR. *dépensier, dilapidateur, gaspilleur, généreux, large, prodigue.* – LITTÉRAIRE : *dissipateur, libéral.*

avare *nom* Personne qui n'aime pas dépenser. SYN. thésauriseur. – FAMILIER : grigou, grippe-sou, pingre, radin, rapiat, rat. – LITTÉRAIRE : harpagon, ladre, lésineur. CONTR. *dépensier, dilapidateur, gaspilleur.* – FAMILIER : *panier percé.* – LITTÉRAIRE : *dissipateur.*

avarice *nom féminin* Attachement aux richesses. SYN. parcimonie. – FAMILIER : pingrerie, radinerie, radinisme. – LITTÉRAIRE : ladrerie, lésinerie. – POPULAIRE : mégotage. – VIEUX : chicheté. CONTR. *charité, dissipation, gaspillage, générosité, libéralité, prodigalité.* – LITTÉRAIRE : *largesse, magnificence.*

avaricieux *adjectif* LITTÉRAIRE. Qui fait preuve d'avarice. SYN. avare, intéressé, mesquin, parcimonieux, regardant, thésauriseur. – FAMILIER : chiche, chien, pingre, radin, rapiat, rat. – LITTÉRAIRE : ladre, lésineur. CONTR. *dépensier, dilapidateur, gaspilleur, généreux, large, prodigue.* – LITTÉRAIRE : *dissipateur, libéral.*

avarie *nom féminin* Dégât matériel. SYN. dégât, détérioration, dommage, endommagement, sinistre.

avarié *adjectif* Qui est gâté. SYN. avancé, blet, décomposé, faisandé, gâté, pourri, putréfié. – LITTÉRAIRE : corrompu, putride. CONTR. *frais, intact, sain.*

avarier *verbe* Causer une avarie. SYN. détériorer, endommager. ■ Gâter un produit. SYN. altérer, gâcher, gâter, pourrir, putréfier. – LITTÉRAIRE : corrompre. CONTR. *bonifier, conserver, préserver.*

avarier (s') *verbe pronominal* S'abîmer sous l'effet de. SYN. se perdre, pourrir, se putréfier. CONTR. *se conserver.*

avatar *nom masculin* Événement fâcheux. SYN. accident, contretemps, coup dur, écueil, empêchement, incident, mésaventure, revers. – FAMILIER : pépin, tuile. CONTR. *aubaine, chance.* ■ Fait de changer quelque chose. SYN. changement, évolution, métamorphose, transformation.

avec *préposition* Marque l'accompagnement. SYN. en compagnie de. ■ Indique la relation. SYN. à l'égard de, envers, vis-à-vis de.

aven *nom masculin* Puits naturel, en région calcaire. SYN. bétoire, gouffre.

avenant *adjectif* D'un abord agréable. SYN. abordable, accueillant, adorable, affable, agréable, aimable, charmant, courtois, engageant, exquis, gracieux, hospitalier, liant, sociable, sympathique. – LITTÉRAIRE : accorte, amène. CONTR. *affreux, bilieux, désagréable, disgracieux, distant, ingrat, puant, rébarbatif, rebutant, renfrogné, revêche, rogue, rude, sec.* – LITTÉRAIRE : *atrabilaire.*

avenant *nom masculin* ***À l'avenant,*** en accord avec ce qui précède. SYN. aussi, également, de même, pareillement, semblablement. CONTR. *à l'inverse, à l'opposé.*

avènement *nom masculin* Fait d'accéder à. SYN. accession, promotion. ■ Fait d'être établi. SYN. arrivée, commencement, établissement, venue. CONTR. *fin, mort.*

avenir *nom masculin* Le temps à venir. SYN. futur, lendemain, postérité, prospective. CONTR. *passé, présent.* ■ Situation future. SYN. carrière, destin, destinée, sort. – LITTÉRAIRE : fortune. ■ ***À l'avenir,*** à partir de maintenant. SYN. désormais, dorénavant, un de ces jours, tôt ou tard, ultérieurement. – FAMILIER : un de ces quatre. CONTR. *actuellement.*

aventure *nom féminin* Événement imprévu. SYN. aléa, épisode, histoire, péripétie. ■ Entreprise risquée. SYN. affaire, histoire, imprudence, incident, mésaventure, tentative. ■ Liaison amoureuse. SYN. amour, amourette, caprice, histoire, intrigue, passade. – FAMILIER : flirt, tocade, toquade. ■ ***À l'aventure,*** sans but précis. SYN. à l'aveuglette, à la fortune du pot, au hasard, au petit bonheur (la chance).

aventuré *adjectif* Affirmé sans preuves. SYN. aléatoire, hasardeux, risqué, téméraire. CONTR. *certain, sûr.*

aventurer *verbe* Exposer à des risques. SYN. compromettre, exposer, hasarder, jouer, risquer. CONTR. *assurer, étayer.*

aventurer (s') *verbe pronominal* Courir un risque. SYN. s'avancer, s'aviser, se compromettre, s'embarquer, s'engager sur un terrain glissant, s'engager, se hasarder, se jeter, jouer avec le feu, se lancer, oser, se risquer, tenter le diable, travailler sans filet. – LITTÉRAIRE : se commettre.

aventureusement *adverbe* De façon aventureuse. SYN. dangereusement, imprudemment. CONTR. *prudemment, sagement, sûrement.*

aventureux *adjectif* Qui aime l'aventure. SYN. audacieux, hardi, imprudent, téméraire. – FAMILIER : casse-cou. CONTR. *circonspect, prudent, réfléchi, sage, sérieux.* ■ Qui comporte des risques. SYN. aléatoire, dangereux, hasardeux, imprudent, osé, risqué. – LITTÉRAIRE : chanceux, difficultueux. – POPULAIRE : casse-gueule. CONTR. *assuré, calme, certain, serein, sûr, tranquille.*

aventurier *nom* Personne qui recourt à l'intrigue. SYN. chevalier d'industrie, intrigant.

avéré *adjectif* Reconnu comme vrai. SYN. authentique, certain, confirmé, démontré, établi, exact, fondé, inattaquable, incontestable, indéniable, indubitable, irrécusable, irréfutable, juste, notoire, officiel, reconnu, sûr, véridique, véritable, vrai. CONTR. *contestable, douteux, faux, hypothétique, inexact, présumé, prétendu, supposé.*

avérer (s') *verbe pronominal* Révéler son caractère. SYN. apparaître, se manifester, se montrer, passer pour, se révéler, sembler.

avers *nom masculin* Côté d'une monnaie qui contient l'effigie. SYN. droit, face. CONTR. *envers, revers.*

averse *nom féminin* Pluie subite. SYN. déluge, giboulée, grain, ondée. – FAMILIER : douche. – POPULAIRE : rincée, saucée. ■ LITTÉRAIRE. Grande quantité de choses. SYN. avalanche, cascade, chapelet, déluge, fatras, flot, flux, foule, grêle, infinité, kyrielle, légion, masse, monceau, multitude, myriade, nuée, pléiade, pluie, quantité, tas, torrent. – FAMILIER : armada, cargaison, flopée, foultitude, pelletée, ribambelle, tapée. – LITTÉRAIRE : essaim. CONTR. *atome, bribe, brin, doigt, filet, goutte, grain, gramme, larme, lueur, miette, nuage, once, parcelle, peu, pointe, soupçon, trace.* – LITTÉRAIRE : *liard, ombre, trait.* – POPULAIRE : *chouia.*

aversion *nom féminin* Antipathie violente. SYN. allergie, dégoût, haine, horreur, hostilité, inimitié, prévention, répugnance, répulsion, ressentiment. – LITTÉRAIRE : abomination, animadversion, exécration. CONTR. *adoration, affection, amitié, amour, attachement, attirance, attraction, goût, intérêt, penchant, prédilection, préférence, propension, sympathie.* – LITTÉRAIRE : *allèchement, idolâtrie, inclination, sentiment.*

averti *adjectif* Qui est informé. SYN. avisé, au courant, initié, instruit, préparé, prévenu, prudent, sage. CONTR. *étourdi, ignorant, imprudent, irréfléchi, malavisé.* ■ Qui est connaisseur. SYN. compétent, éclairé, exercé, expérimenté, expert, habile, qualifié. – FAMILIER : chevronné. CONTR. *apprenti, débutant, inexpérimenté, néophyte.* – LITTÉRAIRE : *inexpert.* ■ Qui connaît les réalités de la vie. SYN. dégourdi, éveillé. – FAMILIER : dessalé. CONTR. *ingénu, innocent, naïf.*

avertir *verbe* Informer quelqu'un de. SYN. alerter, annoncer, apprendre, attirer l'attention sur, aviser, faire savoir, informer, instruire, mettre au courant, mettre au fait, mettre en garde, prévenir, signaler. – LITTÉRAIRE : admonester. CONTR. *cacher, dissimuler, occulter, taire.*

avertissement *nom masculin* Action d'avertir quelqu'un. SYN. alerte, avis, conseil, menace, mise en garde, présage, recommandation, signe, suggestion. ■ Rappel à l'ordre. SYN. blâme, leçon, observation, remontrance, réprimande. – LITTÉRAIRE : admonestation, admonition, objurgation. ■ Petite introduction. SYN. avant-propos, avis, introduction, notice, préambule, préface, prologue. CONTR. *conclusion, épilogue, postface.*

aveu *nom masculin* LITTÉRAIRE. Fait de permettre quelque chose. SYN. accord, approbation, autorisation, consentement, permission. CONTR. *défense, interdiction, opposition, refus, veto.* ■ Fait d'avouer. SYN. confession, confidence, déclaration, reconnaissance, révélation. CONTR. *dénégation, rétractation.*

aveuglant *adjectif* Qui aveugle. SYN. cru, éblouissant, éclatant. – LITTÉRAIRE : fulgurant. CONTR. *doux, éteint, pâle, terne.* ■ Dont l'évidence est claire. SYN. éclatant, évident, flagrant, patent. CONTR. *douteux, imperceptible, incertain, insaisissable.*

aveugle *adjectif* Qui est irrationnel. SYN. absolu, fanatique, fou. CONTR. *lucide, prudent, raisonnable, raisonné, rationnel.* ■ Sans limite. SYN. absolu, entier, total. CONTR. *borné, limité.* ■ Qui manque de jugement. SYN. borné, buté, obnubilé, obtus. CONTR. *clairvoyant, lucide.*

aveuglement *nom masculin* Manque de discernement. SYN. acharnement, égarement, entêtement, erreur, folie, inconscience, partialité. – FAMILIER : démence. – LITTÉRAIRE : cécité, fourvoiement, obnubilation. CONTR. *acuité, clairvoyance, discernement, flair, lucidité, objectivité, perspicacité, prudence, sagacité, sagesse.*

aveuglément *adverbe* Sans réflexion. SYN. en aveugle, à l'aveuglette, obstinément, passionnément, passivement, à tâtons. CONTR.

calmement, lucidement, objectivement, prudemment, sciemment.

aveugler *verbe* Empêcher de voir. SYN. éblouir. ■ Priver quelqu'un de sa lucidité. SYN. affoler, égarer, obnubiler. CONTR. *détromper, éclairer, guider, illuminer.* ■ Colmater une ouverture. SYN. boucher, calfater, colmater, étouper, murer, obstruer, obturer.

aveugler (s') *verbe pronominal* Manquer de jugement. SYN. s'abuser, avoir des œillères, avoir un bandeau sur les yeux, se faire des illusions, s'illusionner, se leurrer, se méprendre, prendre des vessies pour des lanternes, se tromper. – FAMILIER : croire au Père Noël, ne pas voir plus loin que le bout de son nez.

aveuglette (à l') *locution adverbiale* De façon fortuite. SYN. à l'aventure, en aveugle, aveuglément, à la fortune du pot, au hasard, à la légère, au petit bonheur (la chance), à pile ou face. – FAMILIER : au pifomètre. – POPULAIRE : au flan, au pif. CONTR. *lucidement, objectivement, prudemment, sciemment.* ■ Sans y voir. SYN. à tâtons.

aveulir *verbe* LITTÉRAIRE. Rendre veule. SYN. affaiblir, amollir, avachir. – FAMILIER : ramollir. CONTR. *aguerrir, galvaniser, revigorer.* – LITTÉRAIRE : *régénérer, vivifier.*

aveulissement *nom masculin* LITTÉRAIRE. Fait de s'aveulir. SYN. avachissement. CONTR. *durcissement.* – LITTÉRAIRE : *régénération.*

avicula *nom féminin* Mollusque marin à coquille nacrée. SYN. pteria.

avide *adjectif* Qui manifeste de la cupidité. SYN. âpre, insatiable. – LITTÉRAIRE : cupide, rapace. CONTR. *désintéressé, généreux, large, prodigue.* ■ Qui fait preuve d'avidité. SYN. affamé, anxieux de, assoiffé, demandeur, désireux, épris de, friand, gourmand, impatient. CONTR. *blasé, détaché, indifférent, insouciant, saturé.* – LITTÉRAIRE : *repu.* ■ Qui est très attentif. SYN. ardent, passionné. CONTR. *inattentif, indifférent.*

avidement *adverbe* Avec avidité. SYN. gloutonnement, impatiemment, voracement.

avidité *nom féminin* Désir ardent de quelque chose. SYN. boulimie, convoitise, désir, élan, envie, frénésie, gloutonnerie, impatience, rage, soif, voracité. – FAMILIER : fringale. – LITTÉRAIRE : appétit, cupidité, faim, insatiabilité, passion, rapacité. CONTR. *assouvissement, désintéressement, détachement, générosité, indifférence.*

avili *adjectif* Qui est méprisable. SYN. bas, déchu, méprisable. – LITTÉRAIRE : corrompu. CONTR. *élevé.* – LITTÉRAIRE : *fier.*

avilir *verbe* Rendre méprisable. SYN. abaisser, adultérer, débaucher, déconsidérer, dégrader, dépraver, déprécier, déshonorer, diminuer, discréditer, humilier, profaner, rapetisser, ravaler, salir, tenir pour moins que rien. – LITTÉRAIRE : abâtardir, corrompre, flétrir, prostituer, rabaisser, souiller, vilipender. CONTR. *assainir, élever, embellir, ennoblir, poétiser, réhabiliter, relever, revaloriser.* – LITTÉRAIRE : *amender, régénérer.*

avilir (s') *verbe pronominal* Perdre sa dignité. SYN. s'abaisser, dégénérer, se dégrader, se déprécier, se dévaluer, être à plat ventre, s'humilier, se mettre à plat ventre, se rabaisser, ramper. – FAMILIER : s'aplatir, être raplapla devant, être un paillasson. – LITTÉRAIRE : s'abâtardir, baisser le front, courber le front, se courber, déchoir, se prosterner, se prostituer, se ravaler. CONTR. *s'élever, se hausser, monter, se relever, renchérir.*

avilissant *adjectif* Qui avilit. SYN. abaissant, abject, bas, dégradant, déshonorant, honteux, humiliant, ignoble, immonde, inavouable, indigne, infamant, infâme, rabaissant, vexatoire. – LITTÉRAIRE : ignominieux. CONTR. *digne, ennoblissant, glorieux, honorable, noble.*

avilissement *nom masculin* Action d'avilir, fait de s'avilir. SYN. abaissement, abjection, amollissement, aplatissement, bassesse, corruption, décadence, déchéance, dégradation, discrédit, humiliation, ignominie, indignité, profanation. – LITTÉRAIRE : déconsidération, dégénérescence, prostitution, rabaissement, turpitude, vénalité, vilenie. CONTR. *dignité, ennoblissement, réhabilitation, relèvement.* – LITTÉRAIRE : *élévation.* ■ VIEUX. Fait de perdre de sa valeur. SYN. baisse, dépréciation, dévaluation. CONTR. *enchérissement, hausse, revalorisation.*

aviné *adjectif* En état d'ivresse. SYN. enivré, gai, gris, ivre, pris de boisson. – FAMILIER : éméché, imbibé, parti, plein comme un œuf, plein comme une outre, pompette, saoul, schlass, soûl, soûl comme un Polonais, soûl comme une bourrique, soûl comme une grive. – POPULAIRE : beurré, beurré comme un p'tit Lu, beurré comme une tartine, blindé, bourré, bourré comme une cantine, chargé, cuit, noir, paf, pété, pinté, plein comme une barrique, raide, rétamé, rond, rond comme une barrique, rond comme une queue de pelle, torché. – VIEUX : brindezingue. CONTR. *sobre.* – FAMILIER : *à jeun.*

avion *nom masculin* Appareil de navigation aérienne. SYN. aéronef. – FAMILIER : coucou, zinc. – VIEUX : aéroplane.

avionique *nom féminin* Électronique appliquée à l'aviation. SYN. aéroélectronique.

avipelvien *nom masculin* Dinosaure végétarien. SYN. ornithischien.

aviron *nom masculin* Longue pièce pour faire avancer une embarcation. SYN. rame.

avis *nom masculin* Courte préface. SYN. avant-propos, avertissement, introduction, préambule, préface. CONTR. *conclusion, postface.* ■ Ce que quelqu'un pense sur. SYN. appréciation, critique, croyance, façon de penser, idée, impression, jugement, opinion, pensée, point de vue, sens, sentiment, vue. ■ Information au public. SYN. annonce, communication, communiqué, déclaration, faire-part, note, notice, proclamation. ■ Opinion d'un jury. SYN. avertissement, conseil, indication, instruction, notification, recommandation, sentence, suggestion, verdict.

avisé *adjectif* Qui est prudent. SYN. adroit, averti, circonspect, clairvoyant, diplomate, éclairé, fin, habile, perspicace, politique, prévoyant, prudent, sagace, sage, sensé. – FAMILIER : dégourdi. CONTR. *étourdi, imprévoyant, imprudent, inconséquent, inconsidéré, inhabile, irréfléchi, léger, malavisé, malhabile.* – FAMILIER : *bébête, bêta.*

aviser *verbe transitif* Apercevoir soudain. SYN. apercevoir, découvrir, distinguer, remarquer. – FAMILIER : viser.

aviser *verbe transitif* Informer quelqu'un de. SYN. alerter, annoncer, apprendre, avertir, communiquer, donner avis, faire part, faire savoir, indiquer, informer, instruire, prévenir. – FAMILIER : briefer. CONTR. *cacher, taire.*

aviser *verbe transitif indirect* Réfléchir à quelque chose. SYN. approfondir, creuser, étudier, examiner, parer à, penser, réfléchir, songer à. – FAMILIER : faire marcher sa matière grise.

aviser (s') *verbe pronominal* S'apercevoir de quelque chose. SYN. s'apercevoir, constater, découvrir, observer, remarquer, se rendre compte. ■ Oser témérairement. SYN. s'aventurer à, essayer de, se hasarder à, se mêler de, oser, se permettre de, se risquer à, tenter de. – FAMILIER : ne pas manquer de souffle. – POPULAIRE : ne pas manquer d'air. CONTR. *s'abstenir de, éviter, se garder de.*

avisurface *nom féminin* Piste d'atterrissage en altitude. SYN. altisurface.

avitaillement *nom masculin* Action d'avitailler. SYN. approvisionnement, ravitaillement.

avitailler *verbe* Fournir un navire. SYN. approvisionner, ravitailler.

avitailleur *nom masculin* Type de navire pétrolier. SYN. mazouteur.

avitaminose *nom féminin* Carence de vitamines dans l'organisme. CONTR. *hypervitaminose.*

avivage *nom masculin* Traitement pour raviver les couleurs. SYN. ravivage.

aviver *verbe* Donner de l'éclat à. SYN. accentuer, colorer, intensifier, raviver, renforcer. – LITTÉRAIRE : empourprer, enluminer. CONTR. *adoucir, amortir, atténuer, décolorer, estomper, flétrir, tamiser, ternir.* ■ Rendre plus vif. SYN. accroître, activer, aggraver, aiguiser, attiser, envenimer, éperonner, éveiller, exacerber, exaspérer, exciter, fomenter, ranimer, raviver, réchauffer, réveiller, surexciter. – LITTÉRAIRE : enflammer, exalter. CONTR. *apaiser, assagir, calmer, cicatriser, diminuer, effacer, émousser, éteindre, étouffer, gommer, modérer, radoucir, refroidir, soulager.* – LITTÉRAIRE : *attiédir.*

avocat *nom* Personne qui intercède pour. SYN. apologiste, apôtre, champion, défenseur, tenant. – LITTÉRAIRE : intercesseur, souteneur.

avoir *nom masculin* Ensemble des biens possédés. SYN. bien, capital, crédit, fortune, possession, propriété, ressource, richesse. CONTR. *débit, dette, doit, passif.*

avoir *verbe* FAMILIER. Abuser de la confiance de quelqu'un. SYN. abuser, bercer de paroles, berner, duper, égarer, faire avaler des couleuvres, faire marcher, induire en erreur, leurrer, se moquer de, mystifier, piéger, rouler dans la farine, triompher de, tromper. – FAMILIER : attraper, blouser, bluffer, embobiner, empaumer, empiler, feinter, ficher dedans, flouer, mener en bateau, mettre dedans, monter un bateau, pigeonner, posséder, refaire, rouler. – LITTÉRAIRE : en faire accroire, gruger, se jouer de. – POPULAIRE : arnaquer, baiser, couillonner, entuber, faire un enfant dans le dos, foutre dedans, niquer. ■ Posséder un bien, une qualité. SYN. contenir, détenir, disposer de, jouir de, obtenir, occuper, présenter, recueillir. ■ Être dans tel état physique. SYN. éprouver, ressentir. ■ ***Avoir à,*** devoir faire quelque chose. SYN. devoir, être dans l'obligation de, être tenu de.

avoisinant *adjectif* Situé dans le voisinage. SYN. adjacent, attenant, contigu, environnant, limitrophe, mitoyen, proche, rapproché, voisin. – LITTÉRAIRE : circonvoisin, jouxtant. CONTR. *distant, écarté, éloigné, lointain, reculé.*

avoisiner *verbe* Être voisin d'un lieu. SYN. border, confiner à, côtoyer, longer, toucher à. – LITTÉRAIRE : coudoyer, jouxter. CONTR. *être distant, être éloigné.* ■ Atteindre presque un nombre. SYN. approcher de, confiner à, côtoyer, friser, frôler.

avortement *nom masculin* Développement incomplet. SYN. échec, faillite, insuccès. – FAMILIER : fiasco.

avorter *verbe* Ne pas aboutir. **SYN.** achopper, capoter, craquer, échouer, s'écrouler, s'effondrer, faire long feu, manquer. - **FAMILIER** : faire chou blanc, faire fiasco, finir en eau de boudin, louper, rater, tomber à l'eau, tomber dans le lac. - **POPULAIRE** : finir en couille, foirer, merder, partir en couille. **CONTR.** *aboutir, marcher, réussir.*

avorton *nom masculin* Être chétif. **SYN.** gnome, nabot, nain. - **FAMILIER** : freluquet, homoncule, homuncule, mauviette, microbe, moustique. **CONTR.** *gaillard, hercule.*

avouable *adjectif* Qui peut être avoué. **SYN.** honnête, honorable. **CONTR.** *coupable, honteux, inavouable.*

avoué *adjectif* Reconnu tel. **SYN.** admis, connu, déclaré. **CONTR.** *caché, clandestin, dissimulé, occulte, secret.*

avouer *verbe* Reconnaître une mauvaise action. **SYN.** s'accuser, décharger sa conscience. - **FAMILIER** : accoucher, lâcher le morceau, lâcher le paquet. - **POPULAIRE** : baisser sa culotte, baisser son froc, baisser son pantalon, cracher le morceau, se déboutonner, manger le morceau, se mettre à table. **CONTR.** *cacher, se défendre de, démentir, dissimuler, nier, taire.* ■ Reconnaître comme vrai. **SYN.** accorder, admettre, concéder, confesser, convenir, décréter, reconnaître, révéler. **CONTR.** *contester, dénier, disconvenir, refuser, rejeter.*

avulsion *nom féminin* Action d'arracher. **SYN.** ablation, arrachage, arrachement, extirpation, extraction.

axe *nom masculin* Direction générale. **SYN.** ligne, pôle, principe.

axer *verbe* Organiser autour d'un axe. **SYN.** centrer, concentrer, diriger, orienter.

axifuge *adjectif* Qui se développe en s'éloignant de l'axe. **SYN.** centrifuge.

axiome *nom masculin* Énoncé indiscuté. **SYN.** aphorisme, apophtegme, maxime, postulat, principe, proverbe, vérité. - **LITTÉRAIRE** : sentence.

axone *nom masculin* Prolongement du neurone. **SYN.** - **VIEUX** : cylindraxe.

ayuntamiento *nom masculin* Conseil municipal, en Espagne. **SYN.** cabildo.

azidothymidine *nom féminin* Médicament antiviral. **SYN.** Azt, zidovudine.

azimutal *adjectif* Qui mesure les azimuts. **SYN.** altazimutal.

azimuté *adjectif* POPULAIRE. Complètement fou. **SYN.** dément, dérangé, désaxé, déséquilibré, fou. - **FAMILIER** : braque, cinglé, détraqué, dingue, fada, fêlé, frappé, loufoque, maboul, malade, marteau, piqué, ravagé, tapé, timbré, toc-toc, toqué, zinzin. - **POPULAIRE** : allumé, barge, barjo, barjot, branque, brindezingue, chtarbé, cinoque, cintré, déjanté, dingo, folingue, fondu, frapadingue, givré, jeté, louf, louftingue, ouf, sinoc, sinoque, siphonné, tordu.

azotate *nom masculin* Sel de l'acide nitrique. **SYN.** nitrate.

azotite *nom masculin* VIEUX. Sel ou ester de l'acide nitreux. **SYN.** nitrite.

Azt *nom masculin* Médicament antiviral. **SYN.** azidothymidine, zidovudine.

azurite *nom féminin* Carbonate naturel de cuivre bleu. **SYN.** chessylite.

B

b.a.-ba *nom masculin* Connaissance élémentaire. SYN. abc, base, fondement, premiers éléments, rudiments.

baba *adjectif* FAMILIER. Frappé d'étonnement. SYN. abasourdi, ahuri, bouche bée, coi, ébahi, éberlué, effaré, étonné, hébété, interdit, interloqué, médusé, pantois, renversé, stupéfait, suffoqué, tombé de la lune, tombé des nues. – FAMILIER : assis, comme deux ronds de flan, épaté, époustouflé, estomaqué, groggy, scié, sidéré, soufflé. – LITTÉRAIRE : ébaubi. CONTR. *impassible, imperturbable.*

babésiellose ou **babésiose** *nom féminin* Maladie parasitaire des mammifères. SYN. piroplasmose.

babil *nom masculin* LITTÉRAIRE. Bavardage continuel. SYN. babillage, caquetage, jacassement. – FAMILIER : jacasserie, papotage, parlote, parlotte. – LITTÉRAIRE : prolixité, ramage.

babillage *nom masculin* Action de babiller. SYN. bavardage, caquetage, gazouillis, jacassement. – FAMILIER : jacasserie, papotage, parlote, parlotte. – LITTÉRAIRE : babil, ramage.

babillard *adjectif* VIEUX. Qui parle beaucoup. SYN. bavard, prolixe, verbeux, volubile. CONTR. *muet, réservé, silencieux, taciturne.*

babiller *verbe* Parler de choses futiles. SYN. bavarder, caqueter, gazouiller, jaser. – FAMILIER : jacasser, papoter, tchatcher.

babiole *nom féminin* Petit objet sans valeur. SYN. bibelot, bricole, colifichet, fanfreluche. – ARGOTIQUE : broquille. – FAMILIER : rogaton. ■ Chose négligeable. SYN. bagatelle, bêtise, broutille, détail, frivolité, futilité, misère, rien, vétille. – FAMILIER : faribole. – LITTÉRAIRE : brimborion.

baboen *nom masculin* Arbre d'Amérique tropicale. SYN. virola, yayamadou.

bâbord *nom masculin* Côté gauche d'un navire. CONTR. *tribord.*

babotte *nom féminin* Insecte très nuisible à la luzerne. SYN. colaspidème, négril.

babouin *nom masculin* Singe au museau allongé. SYN. cynocéphale.

bac *nom masculin* Type de récipient. SYN. auge, bassin, cuve.

bacchanale *nom féminin* LITTÉRAIRE. Débauche bruyante. SYN. beuverie, fête, orgie. – LITTÉRAIRE : saturnales.

bacchante *nom féminin* Prêtresse de Dionysos. SYN. ménade, thyiade.

bacillariophycée *nom féminin* Algue unicellulaire des mers et des eaux douces. SYN. diatomée.

back-office *nom masculin* Département d'une société de Bourse. SYN. post-marché.

bâclage *nom masculin* FAMILIER. Action de bâcler. SYN. sabotage. – FAMILIER : bousillage, massacre. CONTR. *peaufinage.* – FAMILIER : *fignolage.* – LITTÉRAIRE : *parachèvement.*

bâclé *adjectif* FAMILIER. Vite et mal fait. SYN. hâtif. – FAMILIER : expédié, ni fait ni à faire. CONTR. *consciencieux, fignolé, fini, minutieux, sérieux, soigné.* – POPULAIRE : *chiadé.* – VIEUX : *perlé.*

bâcler *verbe* FAMILIER. Faire sans soin. SYN. gâcher, négliger, saboter. – FAMILIER : bousiller, cochonner, expédier, massacrer, sabrer, saccager, torcher, torchonner. – POPULAIRE : saloper. CONTR. *fignoler, parachever, parfaire, peaufiner, polir, soigner.* – FAMILIER : *chiader.* – LITTÉRAIRE : *ciseler.* – VIEUX : *perler.*

bactériale *nom féminin* Bactérie ne formant pas de spores. SYN. eubactériale.

bactériophage *nom masculin* Virus infectant les bactéries. SYN. phage.

badaud *nom* Promeneur curieux. SYN. curieux, flâneur, passant. – VIEUX : musard.

badauder *verbe* LITTÉRAIRE. Se promener sans but. SYN. s'amuser, déambuler, flâner, musarder, se promener, traîner, vagabonder. – **FAMILIER** : baguenauder, se baguenauder, se balader, traînailler, traînasser, traîner ses bottes, traîner ses guêtres. – **LITTÉRAIRE** : vaguer. – **POPULAIRE** : vadrouiller.

badauderie *nom féminin* LITTÉRAIRE. Comportement de badaud. SYN. flânerie. – **LITTÉRAIRE** : musardise.

badigeonner *verbe* Enduire d'un vernis. SYN. barbouiller, enduire, étaler, étendre, laquer, peindre, vernir.

badin *adjectif* Qui est enjoué. SYN. amusant, enjoué, gai, guilleret, léger, mutin, plaisant, railleur, spirituel. – **LITTÉRAIRE** : folâtre. CONTR. *grave, mélancolique, sérieux, sévère, sombre, triste.*

badinage *nom masculin* Action de badiner. SYN. jeu, plaisanterie. – **LITTÉRAIRE** : badinerie, marivaudage. CONTR. *gravité, réserve, sérieux, sévérité.*

badiner *verbe* Prendre les choses légèrement. SYN. s'amuser, jouer, se moquer, plaisanter, prendre à la légère. – **FAMILIER** : blaguer, galéjer, prendre à la rigolade, rigoler. – **LITTÉRAIRE** : folâtrer, marivauder. CONTR. *prendre au sérieux.*

baffe *nom féminin* POPULAIRE. Coup à la figure. SYN. claque, gifle, tape. – **FAMILIER** : calotte, taloche. – **LITTÉRAIRE** : soufflet. – **POPULAIRE** : avoine, beigne, mandale, tarte, torgnole. – **VIEUX** : mornifle.

bafouer *verbe* Traiter avec raillerie. SYN. fouler aux pieds, se moquer, offenser, railler, ridiculiser. – **LITTÉRAIRE** : brocarder, se gausser de, outrager, vilipender. CONTR. *exalter, honorer, respecter.* – **LITTÉRAIRE** : *encenser.*

bafouillage *nom masculin* FAMILIER. Élocution embrouillée. SYN. bredouillage, bredouillement, bredouillis.

bafouille *nom féminin* POPULAIRE. Écrit envoyé à quelqu'un. SYN. billet, lettre, mot. – **FAMILIER** : poulet. – **LITTÉRAIRE** : missive. – **POPULAIRE** : babillarde.

bafouillement *nom masculin* FAMILIER. Élocution embrouillée. SYN. bredouillage, bredouillement, bredouillis.

bafouiller *verbe* FAMILIER. Parler de façon confuse. SYN. balbutier, bégayer, bredouiller, marmonner, marmotter. – **FAMILIER** : baragouiner. CONTR. *articuler, énoncer.*

bafouilleur *nom et adjectif* FAMILIER. Qui bafouille. SYN. bredouilleur. – **FAMILIER** : baragouineur.

bâfrer *verbe* POPULAIRE. Manger goulûment. SYN. avaler la mer et les poissons, avoir un bon coup de fourchette, avoir un estomac d'autruche, se bourrer, dévorer, engloutir, engouffrer, faire honneur à un plat, se gaver, ingurgiter. – **ARGOTIQUE** : briffer. – **FAMILIER** : s'en donner jusqu'à la garde, s'empiffrer, s'enfiler, enfourner, faire bombance, manger comme quatre, manger comme un ogre, s'en mettre jusque-là, s'en mettre plein la panse, ne pas se laisser abattre, ripailler. – **POPULAIRE** : bouffer, bouffer comme un chancre, boulotter, s'en fourrer jusque-là, se goinfrer, manger à s'en faire péter la sous-ventrière, manger comme un chancre, s'en mettre plein la gueule, s'en mettre plein la lampe, morfaler. – **VIEUX** : goinfrer. CONTR. *grignoter.* – **FAMILIER** : *chipoter, picorer.*

bâfreur *nom* POPULAIRE. Personne qui bâfre. SYN. glouton, goulu. – **FAMILIER** : goinfre. – **POPULAIRE** : bouffeur, boustifailleur.

bagage *nom masculin* Ensemble de connaissances. SYN. acquis, connaissances, culture, érudition, formation, instruction, savoir, science.

bagage *nom masculin* Nécessaire de voyage. SYN. affaires, équipement, fourniment. – **FAMILIER** : attirail, barda, fourbi.

bagarre *nom féminin* Échange de coups. SYN. affrontement, collision, coup, échauffourée, pugilat, rixe. – **ARGOTIQUE** : baroud, baston, rififi, riflette. – **FAMILIER** : grabuge. – **POPULAIRE** : castagne. ■ FAMILIER. Vive compétition. SYN. action, bataille, combat, coups, lutte, mêlée. ■ FAMILIER. Violente discussion. SYN. altercation, dispute, passe d'armes, prise de bec, querelle. – **FAMILIER** : bisbille, chamaille, chamaillerie, empoignade. – **LITTÉRAIRE** : chicane. CONTR. *accord, entente, harmonie.*

bagarrer (se) *verbe pronominal* FAMILIER. Se battre avec quelqu'un. SYN. s'accrocher, s'affronter, se battre, se colleter, combattre, en découdre, s'empoigner, être aux prises avec, lutter, se mesurer, se prendre aux cheveux, en venir aux mains. – **ARGOTIQUE** : se bastonner, se chicorer. – **FAMILIER** : se crêper le chignon, s'étriper, s'expliquer, se tabasser. – **LITTÉRAIRE** : ferrailler, guerroyer, jouter. – **POPULAIRE** : se bigorner. ■ FAMILIER. Lutter pour quelque chose. SYN. batailler, se battre, se démener, s'échiner, s'épuiser, s'escrimer à, se multiplier, rivaliser. – **FAMILIER** : se défoncer, s'esquinter. ■ FAMILIER. Se disputer avec quelqu'un. SYN. s'accrocher, chercher des noises à, chercher noise à, se disputer, se quereller. – **FAMILIER** : se chamailler, chercher des poux dans la tête. – **POPULAIRE** : se bouffer le nez, chercher des crosses à.

bagarreur *adjectif* FAMILIER. Qui aime la bagarre. SYN. batailleur, belliqueux, combatif, offensif, querelleur, violent. – **LITTÉRAIRE** : pugnace. – **RARE** : bataillard. CONTR. *accommodant, calme, conciliant, pacifique, paisible.*

bagatelle *nom féminin* Occupation futile. SYN. enfantillage, fadaise, futilité, niaiserie, rien. – FAMILIER : amusette. – LITTÉRAIRE : superfluité. ■ Chose sans gravité. SYN. babiole, bêtise, broutille, enfantillage, frivolité, misère, niaiserie, plaisanterie, rien, vétille. – FAMILIER : bricole, faribole, fichaise, gaudriole. – LITTÉRAIRE : brimborion, hochet, poussière. – POPULAIRE : foutaise.

bagnard *nom masculin* Personne internée dans un bagne. SYN. forçat, galérien.

bagnole *nom féminin* FAMILIER. Automobile. SYN. auto, voiture. – FAMILIER : clou, guimbarde, pot de yaourt, tacot, tape-cul, teuf-teuf, trottinette, veau. – POPULAIRE : bahut, caisse, chignole, chiotte, poubelle, tas de boue, tire.

bagou ou **bagout** *nom masculin* FAMILIER. Grande facilité de parole. SYN. verbiage, verve, volubilité. – FAMILIER : bla-bla, caquet, loquacité, tchatche. – LITTÉRAIRE : faconde, prolixité, verbosité. – POPULAIRE : jactance. CONTR. *laconisme.* – LITTÉRAIRE : *taciturnité.*

bague *nom féminin* Anneau ouvragé. SYN. alliance, chevalière, jonc, marquise. – POPULAIRE : bagouse.

bagué *adjectif* ***Colonne baguée,*** dont le fût est orné de bagues. SYN. annelé.

baguenauder (se) *verbe pronominal* FAMILIER. Se promener sans but. SYN. s'amuser, déambuler, flâner, musarder, se promener, traîner, vagabonder. – FAMILIER : baguenauder, se balader, traînailler, traînasser, traîner ses bottes, traîner ses guêtres. – LITTÉRAIRE : badauder, muser, vaguer. – POPULAIRE : vadrouiller. CONTR. *se hâter, se presser.*

baguette *nom féminin* Petit bâton mince. SYN. badine, cravache, verge.

baguettisant *nom masculin* Homme censé découvrir les sources. SYN. sourcier.

bahia *nom masculin* Bois africain tendre et léger. SYN. abura.

baie *nom féminin* Échancrure du littoral. SYN. anse, calanque, crique, fjord, golfe.

baigner *verbe intransitif* Être plongé dans un liquide. SYN. être imbibé, être imprégné, macérer, mariner, nager, tremper.

baigner *verbe transitif* Plonger dans l'eau. SYN. immerger, laver, noyer, plonger, tremper. ■ LITTÉRAIRE. Border de ses eaux. SYN. arroser, irriguer. CONTR. *assécher.* ■ LITTÉRAIRE. Envelopper de tous côtés. SYN. entourer, imprégner, inonder, pénétrer.

baigner (se) *verbe pronominal* Aller dans l'eau pour nager. SYN. nager, se tremper. – FAMILIER : faire trempette. ■ Faire sa toilette. SYN. se laver, prendre un bain. – FAMILIER : faire ses ablutions.

bailleur *nom* Personne qui donne un bien en location. SYN. loueur. CONTR. *preneur.*

bâillonner *verbe* Réduire au silence. SYN. asservir, couper court à, étouffer, faire le black-out sur, faire taire, museler, opprimer, vassaliser. – LITTÉRAIRE : enchaîner, garrotter.

baiser *nom masculin* Action de poser ses lèvres sur. SYN. – ARGOTIQUE : baveux, palot, smack. – FAMILIER : bec, bécot, bise, bisou, bizou, mimi, poutou. – POPULAIRE : patin, pelle.

baiser *verbe intransitif* POPULAIRE. Accomplir l'acte sexuel. SYN. faire l'amour. – ARGOTIQUE : artiller, faire tutu-panpan, faire zizi-panpan. – FAMILIER : copuler, coucher avec, forniquer, fricoter. – LITTÉRAIRE : connaître. – POPULAIRE : coïter, s'envoyer en l'air, faire la bête à deux dos.

baiser *verbe transitif* Poser ses lèvres sur quelqu'un. SYN. bécoter, embrasser. – FAMILIER : bisouiller, bisouter. – VIEUX : baisoter. ■ POPULAIRE. Duper quelqu'un. SYN. abuser, attraper, bercer de paroles, berner, duper, égarer, faire avaler des couleuvres, faire marcher, induire en erreur, leurrer, se moquer de, mystifier, piéger, rouler dans la farine, tromper. – FAMILIER : avoir, blouser, embobiner, empaumer, feinter, ficher dedans, flouer, mener en bateau, mettre dedans, monter un bateau, pigeonner, posséder, promener, refaire, rouler. – LITTÉRAIRE : en faire accroire, gruger, se jouer de. – POPULAIRE : arnaquer, couillonner, entuber, faire un enfant dans le dos, foutre dedans, niquer.

baisse *nom féminin* Fait de baisser. SYN. abaissement, affaiblissement, amenuisement, chute, déclin, décroissance, décrue, dépréciation, descente, diminution, effondrement, essoufflement, ralentissement, réduction, régression, tassement. – VIEUX : avilissement. CONTR. *augmentation, développement, élévation, envolée, exhaussement, gonflement, grandissement, hausse, majoration, montée, recrudescence, relèvement, renchérissement, renouveau.*

baisser *verbe intransitif* Aller plus bas. SYN. descendre, refluer. – LITTÉRAIRE : régresser. CONTR. *monter, remonter.* ■ Diminuer de valeur. SYN. s'avilir, chuter, décliner, décroître, se déprécier, se dévaloriser, se dévaluer, diminuer, s'effondrer, fléchir, tomber. – FAMILIER : dégringoler. CONTR. *s'accroître, s'amplifier, augmenter, croître, enchérir, grandir, grossir, s'intensifier, monter, renchérir.* ■ Perdre de sa vigueur. SYN. s'affaiblir, s'affaisser, s'amenuiser, décliner, décroître, dégénérer, dépérir, s'éteindre, faiblir, mollir, perdre, péricliter, se ralentir, rétrograder. – FAMILIER : se ramollir. – LITTÉRAIRE : défaillir. CONTR. *s'améliorer, se fortifier, progresser.*

baisser *verbe transitif* Faire aller vers le bas. SYN. abaisser, coucher, courber, descendre, fléchir, incliner, pencher, rabattre. – LITTÉRAIRE : rabaisser. CONTR. *dresser, élever, hausser, hisser, lever, monter, rehausser, relever, remonter, retrousser.* ■ Diminuer l'intensité, la valeur. SYN. adoucir, amortir, atténuer, ralentir, réduire. CONTR. *amplifier, augmenter, élever, forcer, intensifier, majorer, réévaluer, revaloriser.* ■ ***Baisser les bras,*** s'avouer vaincu. SYN. abandonner, capituler, fléchir, renoncer. – FAMILIER : flancher.

baisser (se) *verbe pronominal* Se courber vers le bas. SYN. s'incliner, se pencher, se ployer. CONTR. *se hausser, se redresser.*

bakchich *nom masculin* FAMILIER. Argent donné pour un service. SYN. commission, dessous-de-table, gratification, pot-de-vin, pourboire, ristourne.

bal *nom masculin* Réunion où l'on danse. SYN. surprise-partie. – FAMILIER : boum, sauterie, surboum. – POPULAIRE : pince-fesses. ■ Lieu où l'on danse. SYN. dancing, guinguette. – POPULAIRE : bastringue.

balade *nom féminin* FAMILIER. Fait de se promener. SYN. équipée, excursion, flânerie, marche, promenade, randonnée, sortie, tour. – FAMILIER : virée. – LITTÉRAIRE : déambulation. – POPULAIRE : vadrouille.

balader *verbe* FAMILIER. ***Envoyer balader,*** éconduire vivement. SYN. chasser, éconduire, houspiller, maltraiter, rabrouer, remettre à sa place, repousser, rudoyer. – FAMILIER : envoyer bouler, envoyer paître, envoyer promener, envoyer sur les roses, remballer, rembarrer. – LITTÉRAIRE : remiser. – POPULAIRE : envoyer chier, envoyer dinguer, envoyer péter, envoyer se faire cuire un œuf, envoyer se faire foutre. – VIEUX : envoyer se faire lanlaire.

balader (se) *verbe pronominal* FAMILIER. Aller çà et là. SYN. changer d'air, déambuler, flâner, marcher, musarder, prendre l'air, prendre le frais, se promener. – FAMILIER : baguenauder, se baguenauder. – LITTÉRAIRE : badauder, muser. – POPULAIRE : partir en vadrouille.

baladin *nom masculin* Comédien ambulant. SYN. bateleur, saltimbanque.

balaeniceps *nom masculin* Oiseau échassier au bec en forme de sabot. SYN. bec-en-sabot.

balafre *nom féminin* Entaille au visage. SYN. blessure, cicatrice, coupure, entaille, estafilade, lacération, taillade.

balafrer *verbe* Marquer d'une balafre. SYN. blesser, cisailler, couper, dilacérer, écorcher, entailler, entamer, inciser, lacérer, scarifier, taillader.

balai *nom masculin* FAMILIER. ***Coup de balai,*** renvoi massif de personnes. SYN. congédiement, débauchage, épuration, exclusion, expulsion, licenciement, limogeage, mise à pied, nettoyage, purge, radiation, révocation. – FAMILIER : dégraissage, lessivage, lessive.

balai-brosse *nom masculin* Balai à brosse de chiendent. SYN. lave-pont.

balaise *adjectif* POPULAIRE. Grand et fort. SYN. athlétique, corpulent, fort, herculéen, robuste, vigoureux. – FAMILIER : costaud. – POPULAIRE : baraqué. CONTR. *chétif, débile, frêle, maigrelet, maigriot, maladif, malingre.* – FAMILIER : *maigrichon.*

balance *nom féminin* Petit filet pour la pêche. SYN. caudrette, pêchette. ■ Différence entre le débit et le crédit d'un compte. SYN. solde. ■ POPULAIRE. Personne qui dénonce. SYN. délateur, dénonciateur, fourbe, indicateur, judas, rapporteur. – FAMILIER : cafard, cafardeur, mouchard. – POPULAIRE : cafteur, mouton. ■ ***Mettre en balance,*** peser le pour et le contre. SYN. comparer, confronter, faire un parallèle, mettre en face, mettre en parallèle, mettre en regard, opposer, rapprocher.

balancé *adjectif* POPULAIRE. ***Bien balancé,*** qui a un corps harmonieusement bâti. SYN. bien bâti, bien découplé, bien fait, bien proportionné, harmonieux. – POPULAIRE : bien roulé. CONTR. *contrefait, difforme, disgracieux, disproportionné.*

balancement *nom masculin* Mouvement d'un corps. SYN. ballottement, battement, bercement, brimbalement, dandinement, dodelinement, oscillation, tortillement, vacillement, va-et-vient. – LITTÉRAIRE : branle, ondoiement, vacillation. CONTR. *arrêt, blocage, immobilisation.* ■ État harmonieux. SYN. balance, équilibre, harmonie, pondération. CONTR. *déséquilibre.*

balancer *verbe intransitif* Être indécis. SYN. atermoyer, dire tantôt blanc tantôt noir, flotter, fluctuer, hésiter, s'interroger, ne pas savoir ce qu'on veut, ne pas savoir sur quel pied danser, osciller, tâtonner, tergiverser. – FAMILIER : lanterner, se tâter. – LITTÉRAIRE : vaciller. – POPULAIRE : avoir le cul entre deux chaises. – VIEUX : être entre le zist et le zest. CONTR. *arbitrer, choisir, décider, se décider, se déterminer à, opter, se prononcer, statuer.*

balancer *verbe transitif* Faire osciller quelque chose. SYN. ballotter, branler, cahoter, dodeliner, ébranler, mouvoir, remuer, secouer. CONTR. *immobiliser.* ■ Faire équilibre à quelque chose. SYN. compenser, contrebalancer, corriger, équilibrer, neutraliser. ■ POPULAIRE. Congédier brutalement quelqu'un. SYN. chasser, congédier, débaucher, se défaire de, démettre, destituer, éconduire, envoyer à tous les diables, envoyer au diable, envoyer aux cinq cents diables, expulser, licencier, limoger, mettre à la porte, radier, refouler, rejeter, remercier, renvoyer, révoquer, se séparer de. – FAMILIER : balayer, blackbouler, débarquer, déboulonner, dégommer, envoyer bouler, envoyer paître, envoyer valser, ficher à la porte, flanquer à la porte, flanquer dehors, sabrer, vider. – POPULAIRE : envoyer aux pelotes, envoyer chier, envoyer dinguer, envoyer péter, foutre à la porte, lourder, virer. CONTR. *embaucher, engager, garder.* ■ POPULAIRE. Asséner un coup à quelqu'un. SYN. assener, asséner, décocher, lancer. – FAMILIER : administrer, ficher, flanquer. – POPULAIRE : coller, foutre. ■ POPULAIRE. Se débarrasser de quelque chose. SYN. se dessaisir de, jeter, jeter au rebut, mettre au rebut. – FAMILIER : bazarder, larguer, liquider, mettre au rancart. – POPULAIRE : virer. CONTR. *conserver, garder.* ■ POPULAIRE. Dénoncer à la police. SYN. accuser, dénoncer, indiquer, livrer, nommer, signaler, trahir. – FAMILIER : cafarder, moucharder, vendre. – POPULAIRE : cafter, donner.

balancer (se) *verbe pronominal* Se mouvoir d'un côté et de l'autre. SYN. se dandiner, se déhancher, flotter, onduler, tanguer, se tortiller. – LITTÉRAIRE : baller. ■ POPULAIRE. Ne pas tenir compte de. SYN. se moquer. – FAMILIER : se ficher. – POPULAIRE : se foutre.

balancier *nom masculin* Pièce qui oscille autour d'un axe. SYN. pendule.

balançoire *nom féminin* Siège suspendu sur lequel on se balance. SYN. escarpolette. ■ LITTÉRAIRE. Propos en l'air. SYN. baliverne, bêtise, billevesée, calembredaine, enfantillage, fadaise, futilité, mystification, niaiserie, puérilité, sornettes, vétille. – FAMILIER : boniment, faribole, fichaise, salades. – LITTÉRAIRE : superfluité. – POPULAIRE : foutaise.

balayer *verbe* Faire disparaître. SYN. abolir, anéantir, annihiler, chasser, écraser, emporter, pulvériser, refouler, rejeter, repousser, ruiner. CONTR. *conserver, garder.* ■ FAMILIER. Se défaire de quelqu'un. SYN. chasser, congédier, débaucher, se défaire de, démettre, destituer, éconduire, évincer, expulser, licencier, limoger, mettre à la porte, radier, refouler, rejeter, remercier, renvoyer, révoquer, se séparer de. – FAMILIER : blackbouler, débarquer, déboulonner, dégommer, ficher à la porte, flanquer à la porte, flanquer dehors, sabrer, vider. – POPULAIRE : foutre à la porte, lourder, virer. CONTR. *embaucher, engager, garder.*

balayures *nom féminin pluriel* Déchets ramassés avec un balai. SYN. détritus, immondices.

balbutier *verbe* Parler confusément. SYN. bégayer, bredouiller, marmonner, marmotter, maronner, murmurer. – FAMILIER : bafouiller, baragouiner. CONTR. *articuler.*

baleine *nom féminin* ***Baleine à bosse,*** cétacé à longues nageoires. SYN. jubarte, mégaptère. ■ ***Baleine blanche,*** grand cétacé voisin du narval. SYN. bélouga.

baleinoptère ou **balénoptère** *nom masculin* Cétacé à nageoire dorsale. SYN. rorqual.

balèze *adjectif* POPULAIRE. Grand et fort. SYN. athlétique, corpulent, fort, herculéen, robuste, vigoureux. – FAMILIER : costaud. – POPULAIRE : baraqué. CONTR. *chétif, débile, frêle, maigrelet, maigriot, maladif, malingre.* – FAMILIER : *maigrichon.*

baliser *verbe intransitif* POPULAIRE. Éprouver une vive inquiétude. SYN. s'alarmer, appréhender, avoir des sueurs froides, avoir froid dans le dos, avoir la chair de poule, avoir la peur au ventre, avoir peur, craindre, s'effrayer, être plus mort que vif, redouter, trembler, trembler comme une feuille. – FAMILIER : avoir chaud aux fesses, avoir la colique, avoir la frousse, ne plus avoir un poil de sec, serrer les fesses. – POPULAIRE : les avoir à zéro, avoir la chiasse, avoir la pétoche, avoir la trouille, avoir le trouillomètre à zéro, avoir les chocottes, avoir les foies, avoir les grelots, avoir les jetons, faire dans sa culotte, faire dans son froc, fouetter.

baliser *verbe transitif* Indiquer par des balises. SYN. flécher, jalonner, marquer, piqueter, signaliser.

balisier *nom masculin* Plante ornementale. SYN. canna.

baliste *nom féminin* Machine de guerre pour lancer des projectiles. SYN. catapulte.

baliverne *nom féminin* Propos futile. SYN. billevesée, calembredaine, enfantillage, fadaise, frivolité, futilité, inutilité, niaiserie, puérilité, rien, sornettes, vétille. – FAMILIER : boniment, faribole, fichaise, rigolade, salades. – LITTÉRAIRE : balançoire, superfluité. – POPULAIRE : foutaise.

balle *nom féminin* Projectile d'une arme à feu. SYN. chevrotine, plomb. – ARGOTIQUE : bastos, berlingot, dragée, valda. – POPULAIRE : praline, pruneau.

baller *verbe* LITTÉRAIRE. Avoir un mouvement d'oscillation. SYN. balancer, ballotter, brimbaler, bringuebaler, brinquebaler, dodeliner, osciller, pendre. – FAMILIER : tanguer.

ballerina *nom féminin* ***Prima ballerina,*** échelon le plus haut, dans un corps de ballet. SYN. étoile.

ballonné *adjectif* Qui a le ventre distendu. SYN. gonflé, gros. CONTR. *plat.*

ballonner *verbe* Distendre le ventre. SYN. bouffir, boursoufler, distendre, enfler, gonfler.

ballot *adjectif* FAMILIER. Dénué de sens. SYN. absurde, crétin, idiot, inepte, inintelligent, malencontreux, nul, sot, stupide. – FAMILIER : bête, tarte. CONTR. *astucieux, fin, futé, habile, intelligent, malin, pénétrant, perspicace, sagace, subtil.*

ballot *nom masculin* FAMILIER. Personne bête. SYN. âne, âne bâté, benêt, idiot, ignorant, imbécile, innocent, lourdaud, maladroit, nigaud, nul, rustre, sot. – FAMILIER : abruti, andouille, bêta, bûche, buse, cloche, crétin, cruche, dadais, empoté, gaffeur, jacques, oie, rustaud, serin. – POPULAIRE : banane, con, conard, connard, cornichon, couillon, gland, manche, nouille, patate, truffe. CONTR. *futé, malin.*

ballottement *nom masculin* Fait de ballotter. SYN. balancement, brimbalement, cahot, oscillation, tangage. CONTR. *immobilisation.*

ballotter *verbe intransitif* Être agité en tous sens. SYN. brimbaler, bringuebaler, brinquebaler, cahoter, chanceler, se dandiner, dodeliner, osciller. – FAMILIER : tanguer. – LITTÉRAIRE : baller.

ballotter *verbe transitif* Agiter en tous sens. SYN. balancer, bringuebaler, brinquebaler, remuer, secouer, tirailler. – VIEUX : brimbaler.

ballottine *nom féminin* Petite galantine roulée. SYN. dodine.

balourd *adjectif* Qui a un esprit grossier. SYN. bête, épais, fruste, gauche, inepte, lourdaud, maladroit, obtus, rustre, sot, stupide. – FAMILIER : bouché, empoté, gaffeur, lourd, pataud, rustaud. – LITTÉRAIRE : rustique. – POPULAIRE : lourdingue. CONTR. *astucieux, fin, futé, habile, intelligent, malin, pénétrant, perspicace, sagace, spirituel, subtil.*

balourd *nom* Personne sans finesse. SYN. butor, cuistre, goujat, imbécile, lourdaud, malappris, malotru, mufle, ostrogoth, sot. – FAMILIER : animal, bûche, buse, cruche, empaillé, empoté, gaffeur, malpoli, paltoquet, pataud. – POPULAIRE : pignouf. CONTR. *malin, rusé.*

balourdise *nom féminin* Défaut de celui qui est balourd. SYN. bêtise, ignorance, inintelligence, lourdeur, sottise, stupidité. – LITTÉRAIRE : ganacherie, nigauderie. CONTR. *adresse, à-propos, délicatesse, esprit, finesse, intelligence, pertinence, subtilité.* ■ Parole, acte de balourd. SYN. ânerie, bêtise, faute, impair, maladresse, sottise, stupidité. – FAMILIER : blague, boulette, gaffe.

balsamine *nom féminin* Plante dont le fruit éclate en projetant les graines. SYN. impatiente, ne-me-touchez-pas.

baluchithérium *nom masculin* Très grand mammifère herbivore fossile. SYN. indricothérium.

balustrade *nom féminin* Clôture à jour. SYN. barrière, bastingage, garde-corps, garde-fou, parapet, rambarde.

balzac *nom masculin* Cépage noir à maturité tardive. SYN. catalan, mataro, mourvèdre.

bambin *nom* Petit enfant. SYN. gamin, gamine, petit. – ARGOTIQUE : gnard, gniard. – FAMILIER : bout de chou, bout de zan, chérubin, gosse, marmot, mioche, moutard, petiot, petiote, pitchoun, pitchounet, poussin, puce. – POPULAIRE : chiard, lardon, loupiot, loupiote, môme, mouflet.

bambochard *nom* FAMILIER. Personne qui aime la fête. SYN. débauché, libertin, noctambule. – FAMILIER : bambocheur, bringueur, fêtard, noceur. – VIEUX : viveur.

bamboche *nom féminin* VIEUX. Partie de plaisir. SYN. fête. – FAMILIER : bombance, bombe, bringue, fiesta, java, noce, nouba. – POPULAIRE : bamboula, foire.

bambocher *verbe* FAMILIER. Faire la fête. SYN. s'amuser, s'en donner à cœur joie, faire la noce, faire les quatre cents coups, faire ripaille, festoyer, jeter son bonnet par-dessus les moulins, se payer du bon temps. – FAMILIER : faire bombance, faire la bombe, faire la bringue, faire la fiesta, faire la java, faire la nouba, mener une vie de patachon, s'en payer une tranche. – POPULAIRE : faire la bamboula, faire la foire.

bambocheur *nom* FAMILIER. Personne qui aime la fête. SYN. débauché, libertin, noctambule. – FAMILIER : bambochard, bringueur, fêtard, noceur. – VIEUX : viveur.

bamboula *nom féminin* POPULAIRE. Grande fête. SYN. fête. – ARGOTIQUE : teuf. – FAMILIER : bombe, bringue, fiesta, java, noce, nouba, ribouldingue. – POPULAIRE : foire. – VIEUX : bamboche.

banal *adjectif* Qui ne s'écarte pas de l'ordinaire. SYN. anodin, commun, conventionnel, habituel, ordinaire, prosaïque, rebattu, usuel. – FAMILIER : bateau. – LITTÉRAIRE : trivial. CONTR. *abracadabrant, ahurissant, curieux, déroutant, étonnant, excentrique, exceptionnel, extraordinaire, extravagant, fort, grave, inédit, insolite, mémorable, miraculeux, nouveau, paradoxal, particulier, pittoresque, retentissant, saillant, spectaculaire, surprenant.* – FAMILIER : *ébouriffant, énorme.* ■ Qui manque d'originalité. SYN. anonyme, fade, falot, impersonnel, inintéressant, insignifiant, insipide, neutre, pauvre, petit, plat, quelconque, terne, usé, vulgaire. – FAMILIER : fadasse. – LITTÉRAIRE : incolore. CONTR. *amusant, attachant, chic, choisi, coloré, délicat, éblouissant, élégant, fantastique, hardi, intéressant, original, passionnant, personnel, rare, recherché, remarquable, singulier, supérieur, unique.* – FAMILIER : *fabuleux.* – LITTÉRAIRE : *distingué.*

banalement *adverbe* De façon banale. SYN. communément, couramment, prosaïquement, vulgairement. CONTR. *exceptionnellement, extraordinairement, particulièrement, rarement.*

banaliser (se) *verbe pronominal* Devenir banal. SYN. courir les rues, être sur toutes les bouches, se généraliser, ne pas être extraordinaire. CONTR. *se démarquer, se différencier, se distinguer, se particulariser, se singulariser, sortir de l'ordinaire, sortir de l'ornière, sortir des sentiers battus, sortir du commun, sortir du lot.*

banalité *nom féminin* Caractère banal. SYN. fadeur, impersonnalité, inconsistance, inintérêt, insignifiance, insipidité, médiocrité, platitude, prosaïsme, uniformité. – LITTÉRAIRE : pauvreté. CONTR. *brillant, chic, couleur, éclat, élévation, exception, finesse, hardiesse, intérêt, nouveauté, originalité, pittoresque, profondeur.* ■ Propos, idée sans originalité. SYN. cliché, évidence, généralité, lieu commun, poncif, stéréotype, truisme. CONTR. *fantaisie.*

bancal *adjectif* Qui est mal établi. SYN. aberrant, biscornu, boiteux, erroné, incorrect, inexact, instable. – FAMILIER : bancroche. – LITTÉRAIRE : tortu. CONTR. *correct, exact, précis.*

bancroftose *nom féminin* Maladie due à une infestation par des filaires. SYN. wuchéreriose.

bande *nom féminin* Groupe de personnes. SYN. armée, bataillon, clan, compagnie, coterie, équipe, foule, gang, groupe, ramassis, troupe. – FAMILIER : clique, cohorte, flopée, maffia, tripotée. – LITTÉRAIRE : essaim, phalange. ■ Groupe d'animaux. SYN. banc, colonie, harde, horde, meute, troupeau.

bander *verbe* LITTÉRAIRE. Tendre ses muscles. SYN. contracter, raidir. CONTR. *assouplir, détendre, relâcher.*

banderole *nom féminin* Bande d'étoffe. SYN. bannière, enseigne, étendard, fanion, flamme, oriflamme, pavillon.

bandit *nom masculin* Individu qui pratique le vol. SYN. gangster, malfaiteur, truand. – LITTÉRAIRE : brigand, pirate. – POPULAIRE : malfrat. – VIEUX : gredin. ■ Homme malhonnête. SYN. aigrefin, brigand, canaille, chenapan, crapule, filou, forban, fraudeur, gredin, pourri, requin, scélérat, vaurien, voleur. – FAMILIER : faisan, fripouille, margoulin. – VIEUX : apache, brigandeau, flibustier, fripon, malandrin.

banditisme *nom masculin* Ensemble d'actes criminels. SYN. criminalité, délinquance.

banneton *nom masculin* Petite corbeille où l'on met le pain à lever. SYN. paneton.

bannette *nom féminin* Panier d'osier. SYN. corbeille, corbillon.

banni *adjectif et nom* Expulsé de sa patrie. SYN. exilé, proscrit.

bannière *nom féminin* Drapeau rectangulaire. SYN. banderole, enseigne, étendard, pavillon.

bannir *verbe* Condamner quelqu'un à l'exil. SYN. chasser, déporter, excommunier, exiler, expatrier, expulser, proscrire, refouler, reléguer. CONTR. *accueillir.* ■ Tenir quelqu'un éloigné. SYN. chasser, écarter, éliminer, évincer, exclure, expulser, mettre à l'index, mettre au ban, mettre en quarantaine, rejeter. – FAMILIER : blackbouler, sabrer. CONTR. *accueillir, admettre.* ■ Rejeter quelque chose. SYN. écarter, éliminer, éloigner, exclure, interdire, ôter, proscrire, rayer, refouler, refuser, repousser, supprimer. CONTR. *accepter, adopter, appeler.*

bannissement *nom masculin* Action de bannir quelqu'un. SYN. déportation, exil, expatriation, expulsion, ostracisme, relégation. CONTR. *accueil, hospitalité, rappel.* ■ LITTÉRAIRE. Action d'écarter ce qui nuit. SYN. interdiction, proscription, rejet. CONTR. *adoption.*

banqueroute *nom féminin* Échec total. SYN. culbute, débâcle, déconfiture, désastre, faillite, krach, naufrage, ruine. – FAMILIER : fiasco. CONTR. *réussite, succès, triomphe, victoire.*

banquet *nom masculin* Grand repas. SYN. agape, festin. – POPULAIRE : gueuleton.

banqueter *verbe* Prendre part à un banquet. SYN. festoyer. – FAMILIER : faire bombance, faire bonne chère, faire ripaille, ripailler. – POPULAIRE : gueuletonner.

bantoustan *nom masculin* Territoire attribué aux Bantous. SYN. homeland.

baptiser *verbe* FAMILIER. Ajouter de l'eau à du vin. SYN. additionner, allonger, diluer, mouiller. ■ Administrer le baptême. SYN. ondoyer. ■ Donner un nom. SYN. appeler, dénommer, intituler, nommer, prénommer, qualifier, surnommer. CONTR. *débaptiser.*

bar *nom masculin* Débit de boissons. SYN. buvette, café. – FAMILIER : bistro, bistrot, troquet, zinc. – POPULAIRE : bistroquet, caboulot, mastroquet.

baragouin *nom masculin* FAMILIER. Langage incompréhensible. SYN. galimatias, sabir. – FAMILIER : charabia, embrouillamini, jargon. – LITTÉRAIRE : amphigouri, pathos.

baragouiner *verbe* FAMILIER. Parler de façon confuse. SYN. avaler ses mots, balbutier, bredouiller, jargonner, marmonner, marmotter, parler dans sa barbe. – FAMILIER : bafouiller. CONTR. *articuler, énoncer.*

baragouineur *nom* FAMILIER. Personne qui baragouine. SYN. bafouilleur.

baraque *nom féminin* FAMILIER. Maison inconfortable. SYN. bouge, cabane, cahute, masure, nid à rats, taudis. – FAMILIER : bicoque, boutique. – LITTÉRAIRE : galetas. – POPULAIRE : cambuse, casbah, gourbi, taule, turne.

baraqué *adjectif* POPULAIRE. Qui a une forte carrure. SYN. athlétique, corpulent, fort, herculéen, râblé, robuste, trapu, vigoureux. – FAMILIER : costaud. – POPULAIRE : balaise, balèze. CONTR. *filiforme, fluet, frêle, longiligne, maigrelet, maigriot, malbâti.* – FAMILIER : *maigrichon.*

barathre ou **barathrum** *nom masculin* LITTÉRAIRE. Gouffre. SYN. abîme.

baratin *nom masculin* FAMILIER. Discours destiné à séduire. SYN. phrases, sornettes, verbiage. – FAMILIER : bla-bla, bobard, boniment, laïus, salades.

baratiner *verbe* FAMILIER. Faire du baratin. SYN. endormir, enjôler, mettre dans la tête, monter la tête . – FAMILIER : bourrer le crâne, embobiner, entortiller, monter le bourrichon.

baratineur *nom* FAMILIER. Personne qui baratine. SYN. bavard, beau parleur, discoureur, phraseur. – FAMILIER : laïusseur, pie. – LITTÉRAIRE : péroreur.

barbacane *nom féminin* Ouverture verticale étroite. SYN. chantepleure.

barbant *adjectif* FAMILIER. Qui est ennuyeux. SYN. ennuyeux, fastidieux, fatigant, lassant, monotone, soporifique. – FAMILIER : assommant, casse-pieds, embêtant, empoisonnant, endormant, enquiquinant, rasant, rasoir, soûlant, tannant, tuant. – POPULAIRE : canulant, chiant, chiatique, emmerdant, suant. CONTR. *agréable, distrayant, excitant, intéressant, passionnant, plaisant, réjouissant, séduisant, tentant.* – FAMILIER : *folichon.*

barbaque *nom féminin* POPULAIRE. Mauvaise viande. SYN. – POPULAIRE : bidoche, carne.

barbare *adjectif* Qui agit avec cruauté. SYN. atroce, brutal, cruel, féroce, impitoyable, implacable, inhumain, rustre, sadique, sanguinaire, sauvage. CONTR. *bon, charitable, civilisé, doux, humain.*

barbare *nom* Personne cruelle. SYN. sauvage, vandale.

barbarie *nom féminin* Attitude cruelle. SYN. atrocité, brutalité, cruauté, férocité, inhumanité, monstruosité, perversité, sadisme, sauvagerie. – LITTÉRAIRE : tyrannie. CONTR. *délicatesse, douceur, humanité.* ■ Manque de civilisation. SYN. grossièreté, sauvagerie, vandalisme. – LITTÉRAIRE : rudesse, rusticité. CONTR. *civilisation, délicatesse, politesse, raffinement.*

barbarisme *nom masculin* Emploi fautif d'un mot. SYN. impropriété, incorrection.

barbe *nom féminin* Poils du bas du visage. SYN. barbiche, barbichette, collier, duvet. ■ Excédent de métal sur une pièce moulée. SYN. barbure, bavure.

barbeau *nom masculin* Plante à fleurs bleues. SYN. bleuet, bluet.

barbe-de-bouc *nom féminin* Champignon à chapeau muni d'aiguillons. SYN. barbe-de-chèvre, hydne, pied-de-mouton.

barbe-de-chèvre *nom féminin* Champignon à chapeau muni d'aiguillons. SYN. barbe-de-bouc, hydne, pied-de-mouton. ■ Plante aux feuilles épineuses bleuâtres. SYN. panicaut.

barbe-de-Jupiter *nom féminin* Valériane des murs et rochers. SYN. centranthe.

barber *verbe* FAMILIER. Fatiguer par un excès de. SYN. agacer, ennuyer, escagasser, excéder, fatiguer, lasser. – FAMILIER : assommer, barbifier, bassiner, casser les pieds, embêter, empoisonner, enquiquiner, faire suer, raser, tanner. – LITTÉRAIRE : importuner, soûler. – POPULAIRE : canuler, casser les bonbons, cavaler, emmerder, faire braire, faire chier, gonfler, pomper. CONTR. *amuser, charmer, distraire, divertir, intéresser, passionner, plaire, séduire, tenter.*

barber (se) *verbe pronominal* FAMILIER. Éprouver de l'ennui. SYN. s'ennuyer, errer comme une âme en peine, être comme une âme en peine, se languir de, se morfondre, trouver le temps long. – FAMILIER : avoir le blues, avoir le bourdon, se casser les pieds, s'embêter à cent sous de l'heure, s'embêter, s'empoisonner, s'ennuyer à cent sous de l'heure, s'enquiquiner, se faire suer, se raser. – POPULAIRE : s'emmerder, se faire chier. CONTR. *s'amuser, se distraire, se divertir.*

barbican *nom masculin* Oiseau grimpeur omnivore. SYN. barbu, capitonidé.

barbier *nom masculin* Poisson osseux des mers chaudes. SYN. chirurgien. ▪ Petit poisson de la forme d'un têtard. SYN. lépadogaster, porte-écuelle.

barbital *nom masculin* Barbiturique hypnotique. SYN. - VIEUX : véronal.

barbon *nom masculin* LITTÉRAIRE. Homme d'un âge plus que mûr. SYN. géronte, vieillard. - POPULAIRE : vieille baderne, vieux birbe, vieux croûton, vieux débris, vieux schnock, vieux tromblon.

barbotage *nom masculin* Action de s'agiter dans l'eau. SYN. barbotement, pataugeage. ▪ POPULAIRE. Vol de petits objets. SYN. larcin, maraudage, maraude, vol. - FAMILIER : chapardage. - POPULAIRE : fauche.

barbote ou **barbotte** *nom féminin* Poisson d'eau douce au corps allongé. SYN. loche.

barbotement *nom masculin* Action de s'agiter dans l'eau. SYN. barbotage, pataugeage.

barboter *verbe* S'agiter dans l'eau. SYN. patauger. ▪ FAMILIER. Voler quelque chose. SYN. dérober, escamoter, marauder, soustraire. - FAMILIER : carotter, chaparder, chiper, choper, écornifler, gratter, piquer, rafler, souffler, subtiliser. - POPULAIRE : chouraver, chourer, faucher, ratiboiser, ratisser. CONTR. *rendre, restituer.*

barboteur *nom et adjectif* FAMILIER. Petit voleur. SYN. voleur. - FAMILIER : chapardeur, chipeur.

barbouillage *nom masculin* Écrit illisible. SYN. barbouillis, griffonnage. - FAMILIER : gribouillage, gribouillis.

barbouiller *verbe* Couvrir d'une matière salissante. SYN. encrasser, maculer, salir, tacher. - FAMILIER : cochonner. - LITTÉRAIRE : souiller. CONTR. *débarbouiller, décrasser, laver, nettoyer.* ▪ Enduire grossièrement une surface. SYN. badigeonner, étaler, peindre. - FAMILIER : peinturer, peinturlurer. ▪ Écrire de façon confuse. SYN. gribouiller, griffonner.

barbouilleur *nom* Mauvais écrivain ou peintre. SYN. écrivailleur, écrivaillon, écrivassier, gribouilleur, griffonneur, peintraillon, plumitif. - RARE : peintureur. - VIEUX : badigeonneur.

barbouillis *nom masculin* Écrit illisible. SYN. barbouillage, griffonnage, pattes de mouche. - FAMILIER : gribouillage, gribouillis.

barbu *nom masculin* Oiseau grimpeur omnivore. SYN. barbican, capitonidé.

barbu *adjectif* Qui porte la barbe. SYN. poilu, velu. CONTR. *glabre, imberbe, lisse, rasé.*

barbule *nom féminin* Ramification des barbes d'une plume. SYN. crochet.

barbure *nom féminin* Excédent de métal sur une pièce moulée. SYN. barbe, bavure.

barda *nom masculin* FAMILIER. Équipement encombrant. SYN. attirail, bagage, chargement. - FAMILIER : bataclan, bazar, fourbi, fourniment, harnachement. - POPULAIRE : bastringue. - VIEUX : saint-frusquin.

bardane *nom féminin* Herbe au fruit muni de crochets. SYN. teigne.

barde *nom masculin* LITTÉRAIRE. Poète chanteur. SYN. aède, rhapsode.

bardeau *nom masculin* Planchette en forme de tuile. SYN. aisseau.

barder *verbe* POPULAIRE. ***Ça barde, ça va barder,*** cela devient violent. SYN. se gâter. - FAMILIER : chauffer. - POPULAIRE : péter.

baréter *verbe* Crier (éléphant). SYN. barrir.

barge *adjectif* POPULAIRE. Qui est fou. SYN. dément, dérangé, désaxé, déséquilibré, fou. - FAMILIER : braque, cinglé, détraqué, dingue, fada, frappé, loufoque, maboul, malade, marteau, piqué, ravagé, tapé, timbré, toc-toc, toqué, zinzin. - POPULAIRE : allumé, azimuté, barjo, barjot, branque, brindezingue, chtarbé, cinoque, cintré, déjanté, dingo, fêlé, folingue, fondu, frapadingue, givré, jeté, louf, louftingue, ouf, sinoc, sinoque, siphonné, tordu. CONTR. *équilibré, normal, sensé.*

barguigner *verbe* VIEUX. Être dans un état d'incertitude. SYN. atermoyer, balancer, chanceler, flotter, hésiter, s'interroger, ne pas savoir ce qu'on veut, ne pas savoir sur quel pied danser, osciller, peser le pour et le contre, tâtonner, tergiverser, y regarder à deux fois. - FAMILIER : se tâter. - VIEUX : être entre le zist et le zest. CONTR. *se décider.*

barigoule *nom féminin* Variété de lactaire. SYN. lactaire délicieux.

bariolage *nom masculin* Assemblage de couleurs. SYN. bigarrure, chamarrure, jaspure. - LITTÉRAIRE : diaprure. - VIEUX : bariolis.

bariolé *adjectif* Composé de couleurs disparates. SYN. bigarré, chamarré, moucheté, multicolore, panaché, polychrome, tacheté, tigré. - LITTÉRAIRE : diapré, versicolore. CONTR. *uni, unicolore.*

barioler *verbe* Peindre de couleurs disparates. SYN. bigarrer, chamarrer, jasper, panacher. - FAMILIER : peinturlurer. - LITTÉRAIRE : diaprer, marqueter. CONTR. *unifier, uniformiser.*

barjo ou **barjot** *adjectif* POPULAIRE. Qui est fou. SYN. dément, dérangé, désaxé, déséquilibré, fou. - FAMILIER : braque, cinglé, détraqué, dingue, fada, frappé, loufoque, maboul, malade, marteau, piqué, ravagé, tapé, timbré, toc-toc, toqué, zinzin. – POPULAIRE : allumé, azimuté, barge, branque, brindezingue, chtarbé, cinoque, cintré, déjanté, dingo, fêlé, folingue, fondu, frapadingue, givré, jeté, louf, louftingue, ouf, sinoc, sinoque, siphonné, tordu. CONTR. *équilibré, normal, sensé.*

barnum *nom masculin* ARGOTIQUE. Bruit assourdissant. SYN. charivari, esclandre, tapage, tintamarre. – FAMILIER : boucan, chahut, chambard, cirque, foire, pétard, raffut, tintouin, tohu-bohu. – LITTÉRAIRE : hourvari. – POPULAIRE : barouf, baroufe, bastringue, ramdam. – VIEUX : bacchanal, boulevari, sabbat.

baron *nom masculin* Personne très importante. SYN. grand, magnat, maître, puissant, roi, seigneur, sommité. – FAMILIER : caïd, manitou, ponte.

baroque *adjectif* Qui est excentrique. SYN. abracadabrant, biscornu, bizarre, étrange, extravagant, hurluberlu, insolite, saugrenu, singulier. – FAMILIER : bizarroïde, braque. – LITTÉRAIRE : fantasque. CONTR. *classique, normal, ordinaire.*

baroud *nom masculin* ARGOTIQUE. Lutte armée. SYN. bataille, combat, mêlée. – VIEUX : échauffourée.

barouf ou **baroufe** *nom masculin* POPULAIRE. Bruit assourdissant. SYN. charivari, tapage, vacarme. – ARGOTIQUE : barnum. – FAMILIER : boucan, chahut, chambard, raffut. – LITTÉRAIRE : hourvari. – POPULAIRE : bastringue, foin, ramdam. ▪ POPULAIRE. Protestation tapageuse. SYN. éclat, esclandre, scandale, scène. – FAMILIER : chambard, grabuge, pétard, raffut. – POPULAIRE : foin.

barque *nom féminin* Petit bateau. SYN. canot, embarcation.

barracuda *nom masculin* Grand poisson marin carnassier. SYN. bécune.

barrage *nom masculin* Action de faire obstacle. SYN. blocage, obstacle, obstruction, opposition, refus, rejet, veto. CONTR. *adhésion, agrément, approbation, assentiment.*

barre *nom féminin* Forme de relief géographique. SYN. hogback. ▪ Bout du sabot. SYN. arc-boutant. ▪ ***Barre oblique, barre de fraction,*** élément de séparation, en informatique. SYN. slash.

barrer *verbe* Fermer un passage. SYN. barricader, bloquer, boucher, condamner, couper, empêcher, entraver, interdire, obstruer, stopper. CONTR. *débloquer, décoincer, dégager.* ▪ Marquer d'un trait. SYN. biffer, caviarder, effacer, ôter, raturer, rayer, retrancher, sabrer.

barrer (se) *verbe pronominal* POPULAIRE. S'en aller rapidement. SYN. battre en retraite, déguerpir, déloger, disparaître, s'enfuir, s'esquiver, fausser compagnie, filer à l'anglaise, fuir, partir, plier bagages, prendre la clef des champs, prendre la fuite, prendre le large, se retirer, se sauver. – FAMILIER : débarrasser le plancher, décamper, détaler, ficher le camp, filer, gagner le large, lever le camp, lever le pied, lever le siège, prendre la poudre d'escampette, prendre la tangente, prendre ses cliques et ses claques, prendre ses jambes à son cou, vider le plancher, vider les lieux. – POPULAIRE : se calter, se carapater, se casser, cavaler, se cavaler, se débiner, décaniller, se faire la malle, se faire la paire, foutre le camp, jouer la fille de l'air, mettre les bouts, mettre les voiles, se tailler, se tirer. – VIEUX : s'esbigner. CONTR. *rester.* – LITTÉRAIRE : *demeurer.*

barricadé *adjectif* Enfermé quelque part. SYN. cantonné, claquemuré, cloîtré, confiné, isolé, muré, retiré, séquestré. – FAMILIER : bouclé. – LITTÉRAIRE : reclus.

barricader *verbe* Fermer un accès. SYN. barrer, boucher, fermer. – FAMILIER : boucler. – LITTÉRAIRE : clore. CONTR. *ouvrir.*

barricader (se) *verbe pronominal* S'enfermer quelque part. SYN. se cadenasser, se calfeutrer, se cantonner, se claquemurer, se claustrer, se cloîtrer, s'enfermer, s'isoler, se murer, se replier, se retrancher, se verrouiller. CONTR. *s'ouvrir à, sortir.*

barrière *nom féminin* Ce qui forme clôture. SYN. balustrade, bastingage, cloison, palissade, séparation. ▪ Ce qui constitue un obstacle. SYN. abîme, fossé, mur.

barrique *nom féminin* Récipient en bois pour conserver des boissons. SYN. fût, futaille, tonneau.

barrir *verbe* Crier (éléphant). SYN. baréter.

barrot *nom masculin* Élément transversal d'un pont de navire. SYN. – VIEUX : bau.

bas *adjectif* Peu élevé. SYN. aplati, court, petit. CONTR. *abrupt, élevé, escarpé, haut, montagneux, surélevé.* ▪ Incliné vers le bas. SYN. affaissé, baissé, penché. CONTR. *haut.* ▪ Se dit d'un son grave. SYN. assourdi, caverneux, grave, voilé. – LITTÉRAIRE : sépulcral. CONTR. *aigu, claironnant, élevé, fort, tonitruant.* ▪ Qui est moindre en valeur. SYN. faible, humble, inférieur, infime, médiocre, modéré, modique. CONTR. *considérable, élevé, exagéré, excessif.* – FAMILIER : *astronomique.* ▪ Qui est méprisable. SYN. abject, affreux, avili, avilissant, dégoûtant, dégradant, honteux, ignoble, infamant, infâme, laid, méprisable, vilain. – LITTÉRAIRE : vil. CONTR. *digne, grandiose, noble, respectable, sublime, vénérable.* – FAMILIER : *beau.* – LITTÉRAIRE : *auguste, relevé.*

bas *nom masculin* Fondement de quelque chose. SYN. base, dessous, fond, pied, racine. CONTR. *cime, comble, dessus, faîte, haut, sommet, tête.*

bas *nom masculin* ***Bas de laine,*** petite épargne. SYN. cagnotte, économies, épargne, pécule, réserve. – FAMILIER : magot. – POPULAIRE : éconocroques.

basane *nom féminin* Jambière pour monter à cheval. SYN. fausse botte, houseau.

basané *adjectif* Qui a la peau hâlée. SYN. bistre, bronzé, brun, bruni, doré, hâlé, tanné. – LITTÉRAIRE : cuivré. CONTR. *blafard, blême, pâle.*

bascophone *adjectif et nom* Qui parle basque. SYN. euskarophone.

bas-côté *nom masculin* Vaisseau latéral d'une église. SYN. collatéral.

bascule *nom féminin* Dispositif électronique. SYN. multivibrateur.

basculer *verbe* Tomber quelque part. SYN. capoter, chavirer, culbuter, se renverser, rouler, tomber à la renverse, verser. – FAMILIER : dégringoler.

base *nom féminin* Support d'un objet. SYN. assiette, assise, fondation, fondement, socle, soubassement. CONTR. *comble, couronnement, dessus, haut.* ▪ Partie inférieure d'un corps. SYN. bas, bout, dessous, pied, racine. CONTR. *cime, faîte, sommet.* ▪ Principe fondamental. SYN. b.a.-ba, centre, éléments, fond, fondement, noyau, pierre angulaire, pivot, principe, rudiments.

baser *verbe* Faire reposer sur. SYN. appuyer, asseoir, bâtir, échafauder, établir, fonder, installer.

bas-fond *nom masculin* Fond éloigné de la surface de l'eau. CONTR. *haut-fond.*

bas-fonds *nom masculin pluriel* Personnes les plus misérables. SYN. racaille. – LITTÉRAIRE : cloaque, lie, rebut. CONTR. *dessus du panier, élite, fine fleur.*

basicité *nom féminin* Qualité d'un milieu dont le pH est supérieur à 7. SYN. alcalinité.

basification *nom féminin* Formation d'une croûte océanique nouvelle. SYN. océanisation.

basique *adjectif* Qui présente les caractères d'une base. SYN. alcalin.

basocytose *nom féminin* Augmentation du nombre des basocytes. SYN. basophilie.

basque *adjectif et nom* Du Pays basque. SYN. eskuarien, euskarien, euskérien.

basques *nom féminin pluriel* FAMILIER. ***S'accrocher, se pendre aux basques de,*** suivre partout. SYN. accompagner, coller, emboîter le pas, escorter, marcher sur les pas de, ne pas quitter d'une semelle, poursuivre, talonner. CONTR. *abandonner, délaisser, faire faux bond, fausser compagnie, lâcher, quitter.* – FAMILIER : *planter, plaquer.*

bas-relief *nom masculin* Sculpture adhérant à un fond. CONTR. *haut-relief.*

bas-rouge *nom masculin* Chien de berger à poil court. SYN. beauceron.

basse *nom féminin* ***Basse continue,*** basse instrumentale ininterrompue. SYN. continuo. ▪ ***Basse chantante,*** timbre de voix masculine. SYN. basse-taille.

bassement *adverbe* De façon vile. SYN. abjectement, grossièrement, honteusement, ignoblement, indignement, laidement, méprisablement, petitement, sordidement, vulgairement. – LITTÉRAIRE : servilement, vilainement, vilement. CONTR. *bien, dignement, élégamment, honorablement, noblement, respectablement.*

bassesse *nom féminin* Manque d'élévation morale. SYN. abjection, aplatissement, avilissement, compromission, dégradation, laideur, petitesse, servilité, vénalité. – LITTÉRAIRE : hideur, pleutrerie, turpitude, vilenie. CONTR. *beauté, dignité, générosité, grandeur, magnanimité, noblesse, pureté.* – LITTÉRAIRE : *délicatesse, élévation, fierté, sublimité.* ▪ Action déshonorante. SYN. ignominie, indignité, infamie, lâcheté, mesquinerie, platitude. – LITTÉRAIRE : pleutrerie, turpitude, vilenie. CONTR. *action d'éclat, haut fait.*

basse-taille *nom féminin* Timbre de voix masculine. SYN. basse chantante.

bassin *nom masculin* Récipient peu profond. SYN. bassine, cuvette. ▪ Pièce d'eau. SYN. bac, citerne, cuve, piscine, vasque. ▪ Partie d'un port. SYN. darce, darse, dock, rade.

bassinant *adjectif* FAMILIER. Qui importune. SYN. ennuyeux, fatigant. – FAMILIER : casse-pieds, collant, embêtant, enquiquinant, rasant, rasoir, soûlant. – POPULAIRE : canulant, emmerdant, suant.

bassine *nom féminin* Récipient large et profond. SYN. cuvette.

bassiner *verbe* FAMILIER. Importuner quelqu'un par ses propos. SYN. agacer, ennuyer, fatiguer, lasser. – FAMILIER : assommer, barber, casser les pieds, embêter, empoisonner, enquiquiner, faire suer, prendre la tête, raser, tanner. – LITTÉRAIRE : soûler. – POPULAIRE : canuler, casser les bonbons, emmerder, faire chier, gonfler, pomper. CONTR. *amuser, délasser, distraire, divertir, intéresser, plaire, réjouir.*

bassinoire *nom féminin* Instrument contenant de la braise. SYN. chauffe-pieds, chaufferette.

bassiste *nom* Musicien qui joue de la contrebasse. SYN. contrebasse, contrebassiste.

basta ! *interjection* POPULAIRE. Indique l'agacement. SYN. – FAMILIER : assez !, la barbe !, ça suffit !, crotte (de bique) !, suffit ! – POPULAIRE : la ferme !

bastingage *nom masculin* Ce qui empêche de tomber. SYN. balustrade, barrière, garde-corps, garde-fou, rambarde.

bastion *nom masculin* Soutien solide de quelque chose. SYN. bouclier, citadelle, forteresse, retranchement, sanctuaire. – LITTÉRAIRE : rempart.

bastringue *nom masculin* POPULAIRE. Bal populaire. SYN. dancing, guinguette. ■ POPULAIRE. Désordre bruyant. SYN. charivari, tapage, tintamarre. – ARGOTIQUE : barnum. – FAMILIER : boucan, chahut, chambard, raffut, tintouin, tohu-bohu. – POPULAIRE : barouf, baroufe, ramdam. – VIEUX : boulevari, sabbat. CONTR. *calme, silence.* ■ POPULAIRE. Ensemble d'objets divers. SYN. attirail. – FAMILIER : barda, bataclan, bazar, fourbi, fourniment. – VIEUX : saint-frusquin.

bataclan *nom masculin* FAMILIER. Attirail encombrant. SYN. – FAMILIER : barda, bazar, fourbi, fourniment. – POPULAIRE : bastringue. – VIEUX : saint-frusquin.

bataille *nom féminin* Combat entre deux armées. SYN. action, affaire, combat, guerre, hostilités, lutte, offensive, opération. – ARGOTIQUE : baroud. – LITTÉRAIRE : feu. – VIEUX : échauffourée. CONTR. *concorde, paix.* ■ Lutte réelle ou simulée. SYN. affrontement, conflit, duel, échauffourée, mêlée, pugilat, rixe. – ARGOTIQUE : rififi. – FAMILIER : bagarre. – POPULAIRE : baston, castagne. CONTR. *accalmie, accord, calme, entente.*

batailler *verbe* En venir aux mains. SYN. s'accrocher, se battre, se colleter, combattre, en découdre, s'empoigner, lutter, se prendre aux cheveux. – ARGOTIQUE : se bastonner, se chicorer. – FAMILIER : se bagarrer, se crêper le chignon, s'étriper, se tabasser. – LITTÉRAIRE : ferrailler, guerroyer, jouter. ■ Lutter pour une idée. SYN. argumenter, se battre, se débattre, disputer, s'escrimer. – FAMILIER : se bagarrer, se décarcasser.

batailleur *adjectif* Qui aime la bataille. SYN. agressif, belliciste, belliqueux, combatif, offensif, querelleur. – FAMILIER : bagarreur. – LITTÉRAIRE : martial, pugnace. – RARE : bataillard. CONTR. *calme, pacifique, paisible.*

bataillon *nom masculin* Troupe nombreuse. SYN. armée, bande, flot, flux, foule, horde, kyrielle, légion, masse, meute, multitude, myriade, nuée, pléiade, ramassis, tas, troupe, troupeau. – FAMILIER : armada, cohorte, flopée, foultitude, peuple, régiment, ribambelle, tapée, tripotée. – LITTÉRAIRE : essaim, fourmilière. CONTR. *poignée, quarteron.*

bataillonnaire *nom masculin* Soldat des bataillons d'Afrique. SYN. – ARGOTIQUE : bat' d'Af', joyeux.

bâtard *adjectif* Né hors du mariage. SYN. adultérin, illégitime, naturel. CONTR. *légitime, reconnu.* ■ Issu d'un croisement. SYN. hybride, mâtiné. CONTR. *pur, racé.*

bâtard *nom* Animal issu d'un croisement. SYN. corniaud, corniot, hybride.

batcave *nom masculin* Courant de musique rock. SYN. rock gothique.

bat' d'Af' *nom masculin* ARGOTIQUE. Soldat des bataillons d'Afrique. SYN. bataillonnaire. – ARGOTIQUE : joyeux.

bâté *adjectif* ***Âne bâté,*** personne sotte. SYN. âne, balourd, benêt, idiot, ignorant, imbécile, innocent, lourdaud, maladroit, niais, nigaud, nul, nullité, sot, sotte. – FAMILIER : abruti, andouille, bécasse, bêta, bûche, buse, cloche, crétin, cruche, dinde, empaillé, empoté, gaffeur, gourde, jacques, noix, oie, serin. – LITTÉRAIRE : nicodème. – POPULAIRE : banane, con, conard, connard, cornichon, couillon, gland, manche, nouille, patate, truffe.

bateau *nom masculin* Bâtiment de navigation. SYN. bâtiment, embarcation, navire, paquebot, vaisseau. – FAMILIER : rafiot. – LITTÉRAIRE : esquif, nacelle. ■ FAMILIER. Histoire destinée à tromper. SYN. attrape. – FAMILIER : blague, bobard, canular. – POPULAIRE : craque. CONTR. *vérité.* ■ FAMILIER. ***Monter un bateau, mener en bateau,*** inventer une histoire. SYN. berner, duper, faire avaler des couleuvres, faire marcher, leurrer, se moquer de, mystifier, piéger, rouler dans la farine, tromper. – FAMILIER : embobiner, feinter, flouer, pigeonner, posséder. – LITTÉRAIRE : en faire accroire, se jouer de. – POPULAIRE : couillonner, entuber, niquer.

bateau-usine *nom masculin* Bateau aménagé pour le traitement du poisson. SYN. navire-usine.

batée *nom féminin* Auge servant au lavage des sables. SYN. pan.

bateleur *nom* Artiste forain. SYN. baladin, banquiste, saltimbanque.

batelier *nom masculin* Professionnel de la navigation fluviale. SYN. marinier.

bathoïde *nom masculin* Poisson tel que la raie. SYN. batoïde, hypotrème.

bâti *nom masculin* Couture provisoire. SYN. faufilure.

bâti *adjectif* Qui a telle constitution physique. SYN. charpenté, conformé, constitué, taillé. – FAMILIER : fichu. – POPULAIRE : balancé, foutu.

batifolage *nom masculin* Action de batifoler. SYN. amusement, divertissement, ébats.

batifoler *verbe* S'ébattre avec joie. SYN. s'amuser, cabrioler, s'ébattre, faire le (petit) fou, gambader, jouer. ■ FAMILIER. Tourner autour des femmes. SYN. papillonner. – FAMILIER : flirter. – LITTÉRAIRE : folâtrer, marivauder.

bâtiment *nom masculin* Construction destinée à abriter. SYN. bâtisse, édifice, immeuble. ■ Engin de navigation. SYN. bateau, navire, paquebot, vaisseau.

bâtir *verbe* Élever une construction. SYN. construire, créer, édifier, ériger. CONTR. *abattre, démanteler, démolir, détruire, raser.* ■ Baser une chose sur une autre. SYN. asseoir, constituer, échafauder, établir, fonder, former, instaurer, instituer. – LITTÉRAIRE : élever. CONTR. *renverser.* – LITTÉRAIRE : *ruiner.* ■ Assembler deux morceaux de tissu. SYN. faufiler. CONTR. *débâtir, défaufiler.* ■ Agencer un texte. SYN. ajuster, assembler, fabriquer, façonner.

bâtissable *adjectif* Où l'on peut construire. SYN. constructible. CONTR. *inconstructible.*

bâtisse *nom féminin* Bâtiment sans caractère. SYN. construction, édifice, immeuble, maison.

bâtisseur *nom masculin* Personne qui construit. SYN. créateur, fondateur. – LITTÉRAIRE : constructeur. CONTR. *destructeur.*

bâtissoir *nom masculin* Outil de tonnellerie. SYN. martinet.

batoïde *nom masculin* Poisson tel que la raie. SYN. hypotrème.

bâton *nom masculin* Morceau de bois. SYN. badine, baguette, canne, matraque, trique, verge.

bâton-d'or *nom masculin* Plante à fleurs parfumées. SYN. giroflée, matthiole, quarantaine, violier.

bâton-du-diable *nom masculin* Insecte dont le corps ressemble à une brindille. SYN. phasme.

batracien *nom masculin* VIEUX. Vertébré anamniote à peau nue. SYN. amphibien.

battage *nom masculin* FAMILIER. Publicité excessive. SYN. bruit, pilonnage, tapage. – FAMILIER : tam-tam. – POPULAIRE : ramdam. CONTR. *silence.*

battant *adjectif* Se dit d'une forte pluie. SYN. cinglant, violent.

battant *nom* Personne très combative. SYN. combatif, entêté, obstiné, opiniâtre. – FAMILIER : accrocheur, bagarreur, fonceur.

battellement *nom masculin* Bord inférieur d'un toit. SYN. doublis.

battement *nom masculin* Série de chocs répétés. SYN. frappement, martèlement, tambourinage, tambourinement, tapotage, tapotement. ■ Mouvement alternatif rapide. SYN. balancement, cillement, clignement, clignotement, frémissement, papillonnement. ■ Intervalle de temps. SYN. pause, répit, trêve.

batterie *nom féminin* Série d'éléments. SYN. arsenal, assortiment, collection, échantillonnage, éventail, gamme, jeu, lot, palette, panel, panoplie.

batteries *nom féminin pluriel* Moyens habiles de réussir. SYN. dispositions, manigances, manœuvres, préparatifs.

battre *verbe intransitif* Venir heurter quelque chose. SYN. claquer, frapper.

battre *verbe transitif* Frapper quelqu'un. SYN. abîmer le portrait, arranger le portrait, brutaliser, cingler, corriger, écharper, frapper, malmener, maltraiter, molester, rouer de coups, taper. – FAMILIER : casser la figure, étriper, passer à tabac, rosser, tabasser, talocher. – LITTÉRAIRE : fouailler, violenter. – POPULAIRE : casser la gueule, cogner, dérouiller, faire une grosse tête, faire une tête au carré. ■ Agiter pour mélanger. SYN. brouiller, fouetter, mêler, tourner. ■ Vaincre un ennemi. SYN. anéantir, défaire, écharper, écraser, tailler en pièces, triompher de, vaincre. – FAMILIER : enfoncer, étriller, piler. CONTR. *capituler, être vaincu.* ■ Être supérieur à quelqu'un. SYN. avoir le dessus, coiffer au poteau, dépasser, détrôner, devancer, distancer, écraser, l'emporter, surclasser, surpasser, triompher de. – FAMILIER : avoir. – POPULAIRE : faire la pige à. CONTR. *capituler.*

battre (se) *verbe pronominal* Se frapper mutuellement. SYN. s'accrocher, batailler, se colleter, combattre, en découdre, s'empoigner, lutter, se mesurer, en venir aux mains. – ARGOTIQUE : se bastonner, se chicorer. – FAMILIER : se bagarrer, s'étriper, s'expliquer, se tabasser. – LITTÉRAIRE : ferrailler, guerroyer, jouter. CONTR. *s'arranger, s'entendre, fraterniser, se réconcilier, sympathiser.* – LITTÉRAIRE : *s'accorder.* ■ Lutter pour quelque chose, quelqu'un. SYN. s'accrocher, s'acharner, combattre, se débattre, se démener, se dépenser, s'échiner, s'épuiser, s'escrimer, s'exténuer, se fatiguer, se multiplier, peiner, se remuer. – FAMILIER : se bagarrer, se décarcasser, se défoncer, s'éreinter, s'esquinter, se mettre en quatre, se tuer. CONTR. *capituler.*

bau *nom masculin* VIEUX. Élément transversal d'un pont de navire. SYN. barrot.

baudroie *nom féminin* Poisson à bouche énorme. SYN. lotte de mer.

bauge *nom masculin* Logement très sale. SYN. bouge, nid à rats, réduit, taudis. – FAMILIER : cagibi, écurie. – LITTÉRAIRE : chenil, galetas, tanière. – POPULAIRE : gourbi.

baume *nom masculin* LITTÉRAIRE. ***Mettre du baume au cœur,*** atténuer une peine. SYN. consoler, réconforter. – LITTÉRAIRE : panser.

bauquet *nom masculin* Ligne de pêche. SYN. bocain.

bavard *adjectif* Qui parle beaucoup. SYN. loquace, prolixe, verbeux, volubile. – FAMILIER : causant. – VIEUX : babillard. CONTR. *bref, concis, laconique, muet, silencieux, taciturne.* – VIEUX : *compendieux.* ■ Qui ne peut garder un secret. SYN. cancanier, indiscret, jaseur. – FAMILIER : jacasseur, jacassier. – VIEUX : potinier. CONTR. *discret, réservé, secret.*

bavard *nom* Personne qui parle beaucoup. SYN. causeur, discoureur, phraseur. – ARGOTIQUE : robinet d'eau tiède. – FAMILIER : baratineur, crécelle, jacasseur, jacassier, laïusseur, moulin à paroles, pie. – LITTÉRAIRE : parleur. – POPULAIRE : jaspineur. ■ Personne indiscrète. SYN. commère, jaseur. – FAMILIER : concierge, perroquet. – POPULAIRE : pipelette.

bavardage *nom masculin* Action de bavarder. SYN. babillage, caquetage, jacassement, verbiage. – FAMILIER : jacasserie, papotage. – LITTÉRAIRE : loquacité, prolixité, verbosité. CONTR. *mutisme, silence.* – LITTÉRAIRE : *taciturnité.* ■ Discours de bavard. SYN. conversation, discours, dissertation, palabre. – FAMILIER : causette, discutaillerie, laïus, parlote, parlotte. – POPULAIRE : jactance. – VIEUX : chuchoterie. ■ Propos indiscrets. SYN. bruit, cancan, commérage, indiscrétion, médisance, on-dit, qu'en-dira-t-on. – FAMILIER : potin, racontar, ragot. CONTR. *discrétion.*

bavarder *verbe* Parler abondamment. SYN. babiller, caqueter, causer, converser, dialoguer, discourir. – FAMILIER : avoir du bagou, avoir la langue bien affilée, avoir la langue bien déliée, avoir la langue bien pendue, avoir une sacrée tapette, discuter le bout de gras, discuter le coup, faire la causette, faire un brin de causette, jacasser, papoter, piapiater, tailler une bavette, tchatcher. – LITTÉRAIRE : deviser, s'entretenir, jaboter. – POPULAIRE : dégoiser. CONTR. *avoir avalé sa langue, avoir perdu sa langue, fermer sa bouche, ne dire mot, ne pas desserrer les dents, ne pas dire un mot, ne pas piper, ne souffler mot, se taire.* – FAMILIER : *fermer son bec.* – POPULAIRE : *fermer sa boîte, fermer sa gueule.* ■ Parler de manière indiscrète. SYN. jaser. – FAMILIER : blablater, cancaner, commérer, faire la gazette, ne pas avoir sa langue dans sa poche, papoter, potiner.

bavasser *verbe* FAMILIER. Faire des commérages. SYN. bavarder, caqueter, jaser, médire. – FAMILIER : avoir la langue bien affilée, avoir la langue bien déliée, avoir la langue bien pendue, baver, cancaner, casser du sucre sur (le dos de), causer, commérer, déblatérer sur, jacasser, ne pas avoir sa langue dans sa poche, papoter, piapiater, potiner, tchatcher. – LITTÉRAIRE : jaboter. – VIEUX : pépier. CONTR. *se taire.*

bave *nom féminin* LITTÉRAIRE. Propos calomnieux. SYN. – LITTÉRAIRE : clabauderie, venin.

baver *verbe transitif indirect* FAMILIER. Tenir des propos venimeux. SYN. calomnier, critiquer, décrier, dénigrer, diffamer, dire pis que pendre, être mauvaise langue, gloser sur, jaser, médire, salir, traîner dans la boue. – FAMILIER : abîmer, assaisonner, baver sur, cancaner, casser du sucre sur (le dos de), causer, commérer, cracher sur, débiner, déblatérer contre, démolir, éreinter, esquinter, étriller, habiller pour l'hiver, potiner. – LITTÉRAIRE : clabauder, dauber sur, jaboter, vilipender. – POPULAIRE : tailler un costard, tailler une veste. CONTR. *défendre, glorifier, justifier, louer, soutenir.* ■ FAMILIER. ***En baver (des ronds de chapeau),*** se donner beaucoup de mal. SYN. se donner du mal, s'échiner, s'épuiser, s'escrimer, s'exténuer, se fatiguer, peiner. – FAMILIER : s'éreinter, s'esquinter, suer. – POPULAIRE : se crever, marner, ramer.

baveuse *nom féminin* Poisson d'eau douce à grosse tête. SYN. blennie.

bavure *nom féminin* Tache dans une impression. SYN. marque, trace, traînée. ■ Erreur regrettable. SYN. bêtise, bévue, faux pas, impair, maladresse, sottise. – FAMILIER : boulette, bourde, gaffe. ■ Excédent de métal sur une pièce moulée. SYN. barbe, barbure.

bayer *verbe* FAMILIER. ***Bayer aux corneilles,*** rester à ne rien faire. SYN. se la couler douce, fainéanter, musarder, ne rien faire de ses dix doigts, paresser, se prélasser, se rouler les pouces, se tourner les pouces, traîner. – FAMILIER : buller, flemmarder, lézarder, ne pas en fiche une rame, tirer sa flemme. – LITTÉRAIRE : muser. – POPULAIRE : glander, glandouiller, se les rouler, tirer au cul, tirer au flanc. – VIEUX : clampiner. CONTR. *s'activer, s'affairer, se démener, se dépenser, donner un coup de collier, s'échiner, s'épuiser, s'escrimer, s'exténuer, se fatiguer, s'occuper, se presser, se remuer, travailler.* – FAMILIER : *s'agiter, bûcher, se décarcasser, se défoncer, s'éreinter, s'esquinter, mettre de l'huile de coude, se mettre en quatre, mettre le paquet, en mettre un bon coup, en mettre un coup, en mettre un vieux coup, se tuer.* – POPULAIRE : *bosser, boulonner.*

bazar *nom masculin* FAMILIER. Ensemble d'objets quelconques. SYN. attirail. – FAMILIER : barda, bataclan, fourbi, fourniment. – POPULAIRE : bastringue. – VIEUX : saint-frusquin. ▪ FAMILIER. Lieu ou objets en désordre. SYN. bric-à-brac, capharnaüm, fatras, fouillis, souk. – FAMILIER : chantier, méli-mélo. – POPULAIRE : bordel, foutoir.

bazarder *verbe* FAMILIER. Vendre à bas prix. SYN. brader, casser les prix, se débarrasser, discompter, discounter, solder. – FAMILIER : balancer, liquider.

béat *adjectif* Calme et heureux. SYN. content, ravi, réjoui, satisfait, serein. CONTR. *angoissé, anxieux, inquiet, tourmenté.*

béatitude *nom féminin* Bonheur sans mélange. SYN. allégresse, contentement, euphorie, extase, joie, nirvana, nirvâna, ravissement. – LITTÉRAIRE : félicité. CONTR. *angoisse, anxiété, inquiétude, malheur, peine, tourment, trouble.*

beau *adjectif* Se dit de paroles trompeuses. SYN. faux, mensonger, menteur, trompeur. – LITTÉRAIRE : fallacieux. CONTR. *authentique, profond, sincère, vrai.* ▪ Qui provoque le plaisir. SYN. adorable, agréable, attrayant, charmant, délicieux, enchanteur, esthétique, exquis, joli, merveilleux, plaisant, radieux, ravissant, riant, séduisant, splendide, superbe. – FAMILIER : bath, chouette. – POPULAIRE : jojo. CONTR. *abominable, affreux, chétif, difforme, disgracié, disgracieux, hideux, inesthétique, informe, ingrat, laid, malingre, mauvais, vilain.* – FAMILIER : *atroce, moche, sale.* ▪ Qui provoque l'admiration. SYN. admirable, bien, brillant, digne, distingué, éblouissant, élégant, éminent, estimable, grand, haut, honorable, magnanime, magnifique, merveilleux, noble, passionnant, profond, remarquable, sublime, supérieur. – FAMILIER : chic. CONTR. *abject, bas, commun, déplaisant, désagréable, détestable, effroyable, épouvantable, honteux, horrible, ignoble, infâme, médiocre, méprisable, minable, ordinaire, piètre, piteux, pitoyable, profond, quelconque, repoussant, vulgaire.* – LITTÉRAIRE : *vil.* ▪ Qui est réussi. SYN. adéquat, approprié, bon, heureux. CONTR. *défavorable, défectueux, déplorable, désavantageux, fâcheux, malencontreux, malheureux, manqué, mauvais, médiocre, minable, piètre, pitoyable, raté.* ▪ Qui exprime le haut degré. SYN. achevé, consommé, coquet, élevé, énorme, fabuleux, fameux, fieffé, florissant, fort, fructueux, gros, important, lucratif, prospère. – FAMILIER : magistral, sacré. CONTR. *faible, humble, menu, mince, misérable, modeste, modique, pauvre, petit.* ▪ FAMILIER. Conforme à la bienséance. SYN. bien, bienséant, civil, convenable, correct, décent, digne, élégant, estimable, généreux, honorable, poli. – FAMILIER : joli. CONTR. *abject, bas, choquant, déplacé, honteux, ignoble, impoli, inconvenant, incorrect, infâme, méprisable, misérable.* – LITTÉRAIRE : *malséant, vil.*

beauceron *nom masculin* Chien de berger à poil court. SYN. bas-rouge.

beaucoup *adverbe* Marque la quantité. SYN. abondamment, en abondance, amplement, colossalement, comme s'il en pleuvait, considérablement, copieusement, à discrétion, énormément, à flots, à foison, généreusement, grandement, immodérément, largement, libéralement, massivement, à la pelle, pleinement, à profusion, en quantité, richement, à satiété, à souhait, surabondamment, à torrents, à tour de bras, en veux-tu en voilà, à volonté. – FAMILIER : à gogo, jusqu'à plus soif, des masses, en pagaille, à revendre, à tire-larigot. – LITTÉRAIRE : à l'envi, plantureusement. – POPULAIRE : bésef, bézef. CONTR. *au compte-gouttes, faiblement, guère, légèrement, modérément, moyennement, à peine, peu.* ▪ Marque le nombre. SYN. bien des, bon nombre de, une masse de, nombre de, plein de, quantité de. – FAMILIER : pas mal de, un tas de. – LITTÉRAIRE : force, maint. – VIEUX : moult. CONTR. *peu.* ▪ Marque l'intensité. SYN. au-delà de toute expression, comme jamais, comme pas deux, comme quatre, démesurément, effroyablement, énormément, éperdument, excessivement, extraordinairement, extrêmement, à la folie, follement, fort, fortement, grandement, hautement, horriblement, immensément, incroyablement, infiniment, intensément, mortellement, à mourir, passionnément, au plus haut degré, au plus haut point, à un point inimaginable, prodigieusement, puissamment, singulièrement, suprêmement, terriblement, vertigineusement, vigoureusement, violemment, vivement. – FAMILIER : bigrement, bougrement, comme ce n'est pas permis, comme une bête, diablement, drôlement, fameusement, faut voir comme, fichtrement, fichûment, formidablement, joliment, méchamment, à mort, rudement, tout plein. – LITTÉRAIRE : diantrement, furieusement. – POPULAIRE : foutrement, salement. – VIEUX : fièrement. CONTR. *doucement, faiblement, laconiquement, légèrement, médiocrement, modérément, moyennement, passablement, succinctement.*

beau-fils *nom masculin* Époux de la fille. SYN. gendre.

beauté *nom féminin* Qualité de ce qui est beau. SYN. charme, éclat, esthétique, grâce, harmonie, magnificence. – LITTÉRAIRE : joliesse, somptuosité, splendeur, vénusté. CONTR. *difformité, disgrâce, laideur, monstruosité.* – LITTÉRAIRE : *hideur.* ▪ Caractère admirable. SYN. beau, générosité, grandeur, magnanimité, noblesse. – LITTÉRAIRE :

élévation. CONTR. *abjection, bassesse, ignominie, turpitude, vulgarité.* – LITTÉRAIRE : *vilenie.* ■ Femme très belle. SYN. belle, déesse. – LITTÉRAIRE : vénus. CONTR. *laideron.* – FAMILIER : *guenon.* – POPULAIRE : *boudin, cageot, mocheté, pochetée.*

bébé *nom masculin* Tout petit enfant. SYN. nourrisson, nouveau-né, poupard, poupon, tout-petit. – FAMILIER : bout de chou, bout de zan, marmot, mioche, moutard. – POPULAIRE : lardon, mouflet. – VIEUX : marmouset.

bébête *adjectif* FAMILIER. Qui montre de la niaiserie. SYN. bête, enfant, infantile, niais, puéril, sot, stupide. – FAMILIER : ballot, bêta, crétin, tarte. CONTR. *avisé, fin, futé, malin, rusé, spirituel.*

bécasse *nom féminin* FAMILIER. Femme sotte. SYN. idiote, imbécile, nigaude, sotte. – FAMILIER : andouille, bécassine, bêtasse, bûche, buse, cloche, crétine, cruche, dinde, empaillée, empotée, godiche, gourde, oie. – POPULAIRE : nouille.

bécassine *nom féminin* FAMILIER. Jeune fille naïve. SYN. oie blanche, sotte. – FAMILIER : bécasse, dinde, oie. CONTR. *effrontée.*

bec-de-jar *nom masculin* Coquillage servant d'appât de pêche. SYN. clauque.

bec-de-perroquet *nom masculin* Excroissance osseuse. SYN. ostéophyte.

bec-en-sabot *nom masculin* Oiseau échassier au bec en forme de sabot. SYN. balaeniceps.

bêche-de-mer *nom masculin* Langue à base d'anglais et de mélanésien. SYN. bichlamar.

bêche-de-mer *nom féminin* Animal invertébré des mers chaudes. SYN. biche-de-mer, trépang, tripang.

bêcher *verbe* FAMILIER. Critiquer avec malveillance. SYN. dénigrer, jaser, médire. – FAMILIER : baver sur, débiner, déblatérer sur. – LITTÉRAIRE : clabauder sur. CONTR. *flatter, justifier, louer, soutenir.* – LITTÉRAIRE : *encenser, flagorner.* ■ FAMILIER. Avoir une attitude hautaine. SYN. se croire sorti de la cuisse de Jupiter, faire l'important, jauger, prendre de grands airs, prendre des airs de grandeur, toiser. – FAMILIER : crâner, frimer, se pousser du col. – POPULAIRE : ne pas se prendre pour de la merde, péter plus haut que son cul, ramener sa fraise, la ramener.

bêcheur *adjectif* FAMILIER. Qui est prétentieux. SYN. fanfaron, hautain, rogue, suffisant. – FAMILIER : chichiteux, crâneur. – LITTÉRAIRE : outrecuidant. CONTR. *humble, modeste, réservé.*

bêcheur *nom masculin* FAMILIER. Homme prétentieux. SYN. fanfaron, faraud, poseur, prétentieux, snob, vantard. – FAMILIER : crâneur, m'as-tu-vu.

bêcheuse *nom féminin* FAMILIER. Femme prétentieuse. SYN. mijaurée, pimbêche. – POPULAIRE : chochotte.

bec-jaune *nom masculin* Jeune homme inexpérimenté. SYN. blanc-bec, novice. – LITTÉRAIRE : béjaune.

bécot *nom masculin* FAMILIER. Petit baiser. SYN. – FAMILIER : bise, bisou, bizou, mimi, poutou.

bec-ouvert *nom masculin* Cigogne dont le bec ne se ferme pas entièrement. SYN. anastome.

becqueter ou **becter** *verbe* POPULAIRE. Avaler de la nourriture. SYN. consommer, manger, se nourrir, se restaurer. – ARGOTIQUE : briffer. – FAMILIER : casser la croûte, casser la graine, s'empiffrer, manger un morceau, se mettre quelque chose sous la dent, se sustenter. – POPULAIRE : bâfrer, bouffer, boulotter, croûter, se goinfrer, se mettre quelque chose dans le cornet, morfaler.

bécune *nom féminin* Grand poisson marin carnassier. SYN. barracuda.

bedaine *nom féminin* FAMILIER. Gros ventre. SYN. – FAMILIER : bedon, brioche, panse. – POPULAIRE : bide, bidon, buffet.

bedon *nom masculin* FAMILIER. Ventre rebondi. SYN. – FAMILIER : bedaine, brioche, panse. – POPULAIRE : bide, bidon, buffet.

bedonnant *adjectif* FAMILIER. Qui prend du ventre. SYN. ventru. – FAMILIER : pansu, ventripotent. CONTR. *élancé, maigre, mince, svelte.* – FAMILIER : *maigrichon.*

bégayer *verbe* Parler de manière confuse. SYN. balbutier, bredouiller. – FAMILIER : bafouiller, ça se bouscule au portillon.

bégueule *adjectif* FAMILIER. Qui montre de la pruderie. SYN. prude, pudibond, puritain. CONTR. *coquin, débauché, déluré, dévergondé, libre.* – FAMILIER : *affranchi, dessalé.* – LITTÉRAIRE : *dissolu.*

bégueulerie *nom masculin* Façons d'une personne bégueule. SYN. pruderie, pudibonderie. – LITTÉRAIRE : pudicité. CONTR. *dévergondage, libertinage.* – LITTÉRAIRE : *licence.*

béguin *nom masculin* FAMILIER. Personne aimée. SYN. amoureux, chéri. – FAMILIER : flirt. ■ FAMILIER. Amour passager. SYN. amourette, caprice, fantaisie, passade. – FAMILIER : flirt, tocade, toquade.

béhaviorisme *nom masculin* Courant de la psychologie scientifique. SYN. comportementalisme.

béhavioriste *adjectif* et *nom* Du béhaviorisme. SYN. comportementaliste.

beige *adjectif* De couleur brun très clair. SYN. bis, écru, sable.

beigne *nom féminin* POPULAIRE. Tape sur la joue. SYN. claque, gifle. – FAMILIER : calotte, taloche. – LITTÉRAIRE : soufflet. – POPULAIRE : baffe, jeton, mandale, pêche, tarte, torgnole. – VIEUX : mornifle.

béjaune *nom masculin* LITTÉRAIRE. Jeune homme inexpérimenté. SYN. blanc-bec, novice. – LITTÉRAIRE : bec-jaune.

belargus *nom masculin* Papillon diurne. SYN. adonis.

bêler *verbe intransitif* Pousser son cri (mouton, chèvre). SYN. chevroter. ▪ Parler d'une façon geignarde. SYN. geindre, gémir.

bélître *nom masculin* VIEUX. Grossier personnage. SYN. butor, cuistre, goujat, malappris, malotru, mufle, ostrogoth, rustre. – FAMILIER : malpoli, paltoquet, rustaud. – LITTÉRAIRE : faquin, soudard. – POPULAIRE : pignouf. – VIEUX : coquin, maraud.

belladone *nom féminin* Plante très vénéneuse. SYN. belle-dame.

belle *nom féminin* FAMILIER. La femme aimée. SYN. amie, bien-aimée, bonne amie, chérie, maîtresse. – FAMILIER : dulcinée, flirt.

belle-dame *nom féminin* Plante très vénéneuse. SYN. belladone.

belle-de-jour *nom féminin* Plante grimpante ornementale. SYN. liseron, volubilis.

belle-d'un-jour *nom féminin* Plante bulbeuse à fleurs décoratives éphémères. SYN. hémérocallis.

belle-fille *nom féminin* Femme du fils. SYN. bru.

belle-mère *nom féminin* Deuxième épouse du père. SYN. – VIEUX : marâtre.

bellicisme *nom masculin* Recours à la force dans un conflit. CONTR. *non-violence, pacifisme.*

belliciste *adjectif* Qui a recours à la force. SYN. batailleur, belliqueux, guerrier, militariste. – FAMILIER : va-t-en-guerre. CONTR. *non violent, pacifiste.*

belliqueux *adjectif* Qui aime la guerre. SYN. batailleur, belliciste, combatif, guerrier, offensif. – FAMILIER : va-t-en-guerre. – LITTÉRAIRE : martial. CONTR. *amorphe, apathique, flegmatique, lymphatique, mou, non violent, pacifiste.* ▪ Qui aime les querelles. SYN. agressif, polémique, violent. – FAMILIER : bagarreur. – LITTÉRAIRE : pugnace. CONTR. *accommodant, calme, conciliant, doux, pacifique, paisible.*

belluaire *nom masculin* Gladiateur qui affrontait les bêtes fauves. SYN. bestiaire.

béloniforme *nom masculin* Type de poisson marin. SYN. – VIEUX : athériniforme.

bélouga *nom masculin* Grand cétacé voisin du narval. SYN. baleine blanche.

bénéfice *nom masculin* Avantage tiré de quelque chose. SYN. bienfait, fruit, intérêt, privilège, profit. CONTR. *désavantage, dommage, handicap, inconvénient, méfait, préjudice.* – LITTÉRAIRE : *détriment.* ▪ Profit réalisé. SYN. gain, lucre, rapport, recette, revenu. – FAMILIER : boni. CONTR. *déficit, perte.*

bénéficiaire *adjectif* Qui produit un bénéfice. SYN. fructueux, lucratif, payant, rémunérateur, rentable. CONTR. *déficitaire.*

bénéficier *verbe* Tirer avantage de quelque chose. SYN. disposer de, jouir de, profiter, tirer parti, user de, utiliser. CONTR. *perdre.* ▪ Profiter à quelqu'un. SYN. rapporter, servir. CONTR. – LITTÉRAIRE : *pâtir, souffrir.*

bénéfique *adjectif* Qui procure un avantage. SYN. avantageux, bienfaisant, bon, faste, favorable, fructueux, heureux, payant, productif, utile. CONTR. *attentatoire, catastrophique, contraire, défavorable, fâcheux, maléfique, malheureux, mauvais, nocif, pernicieux, préjudiciable.*

benêt *adjectif masculin* D'une simplicité naïve. SYN. balourd, naïf, niais, niaiseux, nigaud, simplet, sot. – FAMILIER : bêta, godiche, neuneu, nunuche. – POPULAIRE : cucul (la praline), nouille.

benêt *nom masculin* Personne d'une simplicité naïve. SYN. dadais, idiot, imbécile, naïf, niais, nigaud, sot. – FAMILIER : abruti, bêta, bûche, buse, cruche, gobe-mouches, gobeur, gogo, noix, poire, serin. – LITTÉRAIRE : nicodème. – POPULAIRE : cornichon, nouille. CONTR. *futé, malin.* – FAMILIER : *dégourdi.*

bénévole *adjectif* Fait sans obligation. SYN. désintéressé, gracieux, gratuit, volontaire. CONTR. *forcé, payant, payé, rétribué.*

bénévolement *adverbe* De façon bénévole. SYN. gracieusement, gratis, gratuitement. – POPULAIRE : gratos.

béni *adjectif* Favorisé par le sort. SYN. bienheureux, heureux. CONTR. *maléfique, malencontreux, malheureux, maudit.* – LITTÉRAIRE : *calamiteux.*

bénignement *adverbe* LITTÉRAIRE. Avec bienveillance. SYN. favorablement. CONTR. *défavorablement.*

bénignité *nom féminin* LITTÉRAIRE. Fait d'être bienveillant. SYN. bienveillance, bonté, magnanimité. – LITTÉRAIRE : mansuétude. CONTR. *causticité.*

bénin *adjectif* Qui n'est pas grave. SYN. anodin, doux, inoffensif, léger, petit. – LITTÉRAIRE : véniel. CONTR. *cuisant, dangereux, grave, important,* *maléfique, mauvais, redoutable, sérieux, sévère, violent.*

bénir *verbe* Appeler la protection de Dieu. SYN. consacrer, sacrer. ▪ Louer quelqu'un. SYN. applaudir, exalter, glorifier, louer. – LITTÉRAIRE : encenser. CONTR. *abominer, détester, exécrer, haïr.* – LITTÉRAIRE : *abhorrer.* ▪ Se féliciter de. SYN. applaudir des deux mains à, glorifier, louer, remercier. CONTR. *maudire.*

bénisseur *nom* Personne qui flatte. SYN. adorateur, applaudisseur, courtisan, flatteur. – FAMILIER : lèche-bottes. – LITTÉRAIRE : adulateur, complimenteur, encenseur, flagorneur, laudateur, louangeur, thuriféraire. CONTR. *critique, dénigreur, dépréciateur, détracteur.* – LITTÉRAIRE : *contempteur.*

benjamin *nom masculin* Le plus jeune. SYN. cadet, dernier-né. – FAMILIER : tardillon. – VIEUX : puîné. CONTR. *aîné, doyen.*

benoît *adjectif* LITTÉRAIRE. D'une douceur hypocrite. SYN. doucereux, hypocrite, mielleux, sournois. – LITTÉRAIRE : cafard, patelin, paterne. CONTR. *direct, droit, franc, sincère.*

benthos *nom masculin* Organismes vivant au fond des eaux. SYN. necton, plancton.

benzofuranne *nom masculin* Composé trouvé dans les goudrons de houille. SYN. coumarone.

béotien *adjectif* Qui a l'esprit grossier. SYN. fruste, inculte, lourdaud, rudimentaire, rustre, simpliste. CONTR. *brillant, cultivé, délicat, éclairé, fin, raffiné, spirituel, subtil.*

béotien *nom* Personne qui manque de finesse. SYN. lourdaud, profane, rustre, sauvage. – LITTÉRAIRE : philistin.

béquille *nom féminin* Bâton sur lequel on s'appuie pour marcher. SYN. canne.

ber *nom masculin* Charpente de bateau. SYN. berceau.

berçante *nom féminin* Fauteuil à bascule. SYN. berceuse, rocking-chair.

berceau *nom masculin* Petit lit. SYN. bercelonnette, berceuse, moïse. ▪ Voûte de feuillage. SYN. charmille, pergola, tonnelle. ▪ Charpente de bateau. SYN. ber.

bercement *nom masculin* Action de bercer. SYN. balancement, oscillation.

bercer *verbe* Tromper par de belles paroles. SYN. berner, duper, enjôler, flatter, leurrer, tromper. – FAMILIER : embobiner. CONTR. *détromper.* – LITTÉRAIRE : *désabuser.* ▪ Ramener au calme. SYN. adoucir, apaiser, calmer, endormir.

bercer (se) *verbe pronominal* Se faire des illusions. SYN. s'abuser, bâtir des châteaux en Espagne, se faire des idées, s'illusionner, se leurrer, rêver en couleurs, se tromper.

berceuse *nom féminin* Fauteuil à bascule. SYN. berçante, rocking-chair.

berge *nom féminin* Bord d'un cours d'eau. SYN. bord, rivage, rive. – LITTÉRAIRE : grève.

berger *nom masculin* ***Berger allemand,*** chien de garde. SYN. chien-loup. ▪ ***Berger de Brie,*** chien de berger à poil long. SYN. briard. ▪ ***Berger d'Ecosse,*** chien de berger écossais. SYN. colley.

berger *nom* Personne qui garde les moutons. SYN. pasteur. – LITTÉRAIRE : pastoureau, pâtre.

bergerie *nom féminin* Bâtiment pour loger les moutons. SYN. bercail. ▪ Poésie pastorale. SYN. bucolique, églogue, idylle, pastorale, pastourelle.

bergeronnette *nom féminin* Petit passereau à longue queue. SYN. hochequeue, lavandière.

bernacle *nom féminin* Crustacé marin qui se fixe aux objets flottants. SYN. anatife.

bernard-l'ermite *nom masculin invariable* Crustacé à l'abdomen mou. SYN. pagure.

berner *verbe* Tromper en racontant des balivernes. SYN. abuser, attraper, bercer de paroles, duper, égarer, faire avaler des couleuvres, faire marcher, faire voir la lune en plein midi, induire en erreur, leurrer, se moquer de, mystifier, piéger, rouler dans la farine, tromper. – FAMILIER : avoir, blouser, embobiner, empaumer, feinter, ficher dedans, flouer, mener en bateau, mettre dedans, monter un bateau, pigeonner, posséder, promener, refaire, rouler. – LITTÉRAIRE : en faire accroire, gruger, se jouer de. – POPULAIRE : arnaquer, baiser, couillonner, entuber, foutre dedans, niquer. CONTR. *détromper, éclairer, instruire.* – LITTÉRAIRE : *désabuser.*

bernique ou **bernicle** *nom féminin* Mollusque à la coquille conique. SYN. chapeau chinois, patelle.

besace *nom féminin* Sac fendu formant deux poches. SYN. – VIEUX : bissac.

besogne *nom féminin* Travail imposé à quelqu'un. SYN. activité, occupation, œuvre, opération, ouvrage, tâche, travail. – LITTÉRAIRE : labeur, office. – POPULAIRE : boulot. CONTR. *détente, distraction, oisiveté, pause, récréation, relâche, repos.*

besogneux *adjectif* VIEUX. Qui est dans la gêne. SYN. démuni, gêné, humble, miséreux, nécessiteux, pauvre. – FAMILIER : désargenté. – LITTÉRAIRE : impécunieux. – POPULAIRE : fauché. CONTR. *aisé, cossu, fortuné, opulent, riche.* – FAMILIER : *argenté.* – POPULAIRE : *friqué.*

besoin *nom masculin* Nécessité impérieuse. SYN. appétence, aspiration, désir, envie, exigence, soif. - LITTÉRAIRE : appétit, faim. CONTR. *dégoût, écœurement, indifférence, répugnance, satiété.* - LITTÉRAIRE : *inappétence.* ■ État de pauvreté. SYN. dénuement, gêne, indigence, misère, pénurie. - LITTÉRAIRE : impécuniosité. - POPULAIRE : débine, dèche, mouise, purée. - VIEUX : mistoufle, mouscaille, pouillerie. CONTR. *aisance, bien-être, fortune, luxe, opulence, prospérité, richesse.* ■ ***Avoir besoin de,*** être dans la nécessité de. SYN. commander, contraindre, demander, exiger, imposer, nécessiter, réclamer, requérir, vouloir. CONTR. *dispenser.*

bestiaire *nom masculin* Gladiateur qui affrontait les bêtes fauves. SYN. belluaire.

bestial *adjectif* Qui ressemble à une bête. SYN. animal, brutal, grossier, inhumain, primitif, sauvage. CONTR. *cultivé, délicat, humain, raffiné, sophistiqué.*

bestialité *nom féminin* Caractère bestial. SYN. animalité, brutalité, férocité, sauvagerie. CONTR. *délicatesse, humanité, idéalisme, raffinement, spiritualité.* - LITTÉRAIRE : *élévation.*

bêta *adjectif* FAMILIER. Un peu niais. SYN. benêt, bête, idiot, inepte, niais, nigaud, puéril, simplet, sot, stupide. - FAMILIER : bébête, crétin, godiche. - POPULAIRE : cucul (la praline), nouille. CONTR. *avisé, éveillé, fin, futé, malin, rusé, spirituel.* - LITTÉRAIRE : *madré.*

bêta *nom* FAMILIER. Personne niaise. SYN. âne, âne bâté, benêt, idiot, ignorant, imbécile, innocent, maladroit, niais, nigaud, nul, sot. - FAMILIER : abruti, andouille, ballot, bûche, buse, cloche, crétin, cruche, empaillé, empoté, jacques, jobard, noix, oie, poire, serin. - LITTÉRAIRE : nicodème. - POPULAIRE : banane, con, conard, connard, cornichon, couillon, gland, manche, nouille, patate, truffe. - VIEUX : jocrisse. CONTR. *futé, malin.* - LITTÉRAIRE : *madré.*

bétail *nom masculin* Animaux d'élevage. SYN. bestiaux, bêtes, cheptel, troupeau.

bête *nom féminin* Être animé autre que l'homme. SYN. animal. - POPULAIRE : bestiau. ■ ***Bête à bon Dieu, bête à Martin,*** petit insecte. SYN. coccinelle.

bête *adjectif* Qui manque d'intelligence. SYN. balourd, borné, idiot, imbécile, inepte, inintelligent, malavisé, nul, obtus, sot, stupide. - FAMILIER : ballot, bébête, bêta, bouché, crétin, débile, lourd. - POPULAIRE : con, couillon, nouille, taré. CONTR. *fin, finaud, futé, ingénieux, intelligent, perspicace, sagace, spirituel, subtil.*

bêtement *adverbe* De façon bête. SYN. idiotement, sottement, stupidement. - LITTÉRAIRE : niaisement. CONTR. *habilement, intelligemment, spirituellement, subtilement.*

bêtise *nom féminin* Manque d'intelligence. SYN. balourdise, idiotie, imbécillité, ineptie, inintelligence, lourdeur, niaiserie, nullité, sottise, stupidité. - FAMILIER : crétinerie, crétinisme, débilité, jobarderie. - LITTÉRAIRE : ganacherie, nigauderie. CONTR. *esprit, finesse, ingéniosité, intelligence, subtilité.* ■ Action, propos irréfléchis. SYN. absurdité, ânerie, bavure, bévue, calembredaine, erreur, folie, idiotie, imbécillité, impair, ineptie, insanité, maladresse, niaiserie, sottise, stupidité. - FAMILIER : blague, boulette, bourde, carabistouille, gaffe, jobarderie, jobardise. - LITTÉRAIRE : balançoire. - POPULAIRE : connerie, couillonnade. - VIEUX : balourdise. ■ Chose futile. SYN. babiole, bagatelle, broutille. - FAMILIER : bricole.

bêtisier *nom masculin* Recueil d'erreurs comiques. SYN. sottisier.

bétoine *nom masculin ou nom féminin* Plante vivace à tige velue. SYN. ortie puante.

bétoire *nom féminin* Puits naturel. SYN. aven.

bétonner *verbe* Au football, jouer la défense à outrance. SYN. jouer la couverture, jouer le béton.

bétonneur *nom masculin* VIEUX. Au football, défenseur. SYN. libero.

bette *nom féminin* Plante potagère à grosses côtes. SYN. blette, carde, poirée.

beuglement *nom masculin* Cri des bovins. SYN. meuglement, mugissement. ■ FAMILIER. Cri puissant. SYN. braillement, hurlement, rugissement, vocifération. CONTR. *silence.*

beugler *verbe* Pousser des beuglements. SYN. meugler, mugir. ■ FAMILIER. Pousser de grands cris. SYN. crier comme un damné, crier comme un putois, crier comme un sourd, crier comme un veau, hurler, rugir, vociférer. - FAMILIER : brailler. - LITTÉRAIRE : éructer. - POPULAIRE : bramer, gueuler. CONTR. *chuchoter, murmurer, susurrer.*

beurré *adjectif* POPULAIRE. Qui a trop bu. SYN. enivré, gris, ivre. - FAMILIER : imbibé, parti, plein comme un œuf, plein comme une outre, saoul, schlass, soûl, soûl comme un Polonais, soûl comme une bourrique, soûl comme une grive. - POPULAIRE : blindé, bourré, bourré comme une cantine, chargé, cuit, noir, paf, pété, pinté, plein comme une barrique, raide, rétamé, rond, rond comme une barrique, rond comme une queue de pelle, torché. - VIEUX : brindezingue.

beuverie *nom féminin* Réunion où l'on boit beaucoup. SYN. débauche, ivrognerie, orgie. - FAMILIER :

soûlerie, soûlographie. – LITTÉRAIRE : bacchanale. – VIEUX : ribote.

bévue *nom féminin* Méprise grossière. SYN. bavure, bêtise, erreur, étourderie, faute, faux pas, maladresse, méprise, quiproquo, sottise. – FAMILIER : blague, boulette, bourde, gaffe, impair, maldonne, perle. CONTR. *subtilité.*

biacide *nom masculin* Corps possédant deux fonctions acide. SYN. diacide.

biais *nom masculin* Moyen détourné. SYN. détour, faux-fuyant, finasserie, ruse, subterfuge, subtilité, truchement. ■ Petite bande de tissu cousue au bord d'un vêtement. SYN. ganse, liseré, passepoil.

biaiser *verbe* User de biais. SYN. composer, louvoyer, manœuvrer, ruser, temporiser, tergiverser, tourner autour du pot. – FAMILIER : feinter, finasser. CONTR. *affronter, aller droit au but.*

bibasique *adjectif* Qui possède deux fois la fonction base. SYN. dibasique.

bibelot *nom masculin* Petit objet décoratif. SYN. babiole. – FAMILIER : bricole.

bibine *nom féminin* FAMILIER. Boisson de mauvaise qualité. SYN. piquette. – FAMILIER : vinasse. – POPULAIRE : gros qui tache, picrate.

biceps *nom masculin* Muscle de l'avant-bras. SYN. biscoteau, biscoto.

biche-de-mer *nom féminin* Animal invertébré des mers chaudes. SYN. bêche-de-mer, trépang, tripang.

bichlamar *nom masculin* Langue à base d'anglais et de mélanésien. SYN. bêche-de-mer.

bichlorure *nom masculin* Composé à deux atomes de chlore. SYN. dichlorure.

bichonner *verbe* FAMILIER. Entourer de soins. SYN. cajoler, câliner, choyer, couver, dorloter, entourer, gâter. – FAMILIER : chouchouter. CONTR. *brusquer, brutaliser.* ■ FAMILIER. Parer avec soin. SYN. apprêter, arranger, pomponner. CONTR. *négliger.*

bichonner (se) *verbe pronominal* FAMILIER. S'arranger avec soin. SYN. se pomponner. – LITTÉRAIRE : se parer.

bicoque *nom féminin* FAMILIER. Petite maison. SYN. cabane, cahute, maisonnette, masure, réduit. – FAMILIER : baraque, boutique. – POPULAIRE : gourbi.

bicyclette *nom féminin* Véhicule à deux roues. SYN. cycle, deux-roues, vélocipède, V.T.T. – FAMILIER : bécane, clou, vélo. ■ Sport de la bicyclette. SYN. la petite reine.

bide *nom masculin* POPULAIRE. Ventre. SYN. bedaine, bedon, brioche, panse. – POPULAIRE : bidon, buffet. ■ POPULAIRE. Échec complet. SYN. déconfiture, défaite, faillite, gifle, insuccès, revers. – FAMILIER : claque, fessée, fiasco, four, loupé, pelle, pile, piquette, plantage, plongeon, raclée, ratage, veste. – POPULAIRE : déculottée, flop, gamelle, volée. CONTR. *réussite, succès, victoire.*

bidoche *nom féminin* POPULAIRE. Mauvaise viande. SYN. – POPULAIRE : barbaque, carne.

bidon *adjectif masculin* FAMILIER. Qui leurre. SYN. erroné, factice, fantaisiste, faux, inauthentique, inexact, inventé, mensonger, menteur, simulé, trompeur, truqué. – LITTÉRAIRE : fallacieux. CONTR. *authentique, conforme, vrai.*

bidon *nom masculin* POPULAIRE. Ventre. SYN. – FAMILIER : bedaine, bedon, brioche, panse. – POPULAIRE : bide, buffet.

bidonnant *adjectif* POPULAIRE. Qui amuse. SYN. amusant, comique, désopilant, drôle, hilarant, inénarrable. – FAMILIER : crevant, impayable, marrant, rigolo, roulant, tordant. – POPULAIRE : gondolant, poilant.

bidonner (se) *verbe pronominal* POPULAIRE. Rire beaucoup. SYN. éclater de rire, rire, rire à gorge déployée, rire aux éclats, rire aux larmes. – FAMILIER : se dilater la rate, s'offrir une pinte de bon sang, se payer une pinte de bon sang, rigoler, rire à ventre déboutonné, rire comme un bossu, rire comme une baleine, se taper le derrière par terre, se tenir les côtes, se tordre de rire, se tordre. – POPULAIRE : se boyauter, se fendre la gueule, se fendre la pêche, se fendre la pipe, se fendre la poire, se gondoler, se marrer, se poiler. CONTR. *bouder, pleurer, sangloter.* – FAMILIER : *faire la tête.*

bidule *nom masculin* FAMILIER. Objet quelconque. SYN. chose. – FAMILIER : engin, machin, truc.

biélorusse *adjectif et nom* De Biélorussie. SYN. – VIEUX : blanc-russe.

bien *adjectif invariable* Conforme à ce qui est attendu. SYN. convenable, correct, digne, honnête, parfait, satisfaisant. CONTR. *détestable, fâcheux, haïssable, mal, malencontreux, odieux.* ■ Qui est agréable. SYN. beau, bon, excellent, joli, pas mal. CONTR. *abominable, désagréable, exécrable, laid, mauvais, vilain.* ■ Conforme à une norme morale. SYN. digne, distingué, honorable, louable, sérieux. CONTR. *abject, bas, indigne, infâme, méprisable.* – LITTÉRAIRE : *vil.*

bien *adverbe* De manière satisfaisante. SYN. admirablement, adroitement, agréablement, convenablement, heureusement, impeccablement, magistralement, parfaitement, prodigieusement, remarquablement, supérieurement. – FAMILIER : formidablement. – LITTÉRAIRE : excellemment, expertement. CONTR. *fâcheusement,* *gauchement, imparfaitement, insuffisamment, mal, maladroitement, malencontreusement.* - LITTÉRAIRE : *piètrement.* ▪ Conformément à la morale. SYN. dignement, élégamment, gentiment, gracieusement, habilement, heureusement, honnêtement, honorablement, noblement, proprement, raisonnablement. CONTR. *bassement, ignoblement, mal.* - LITTÉRAIRE : *vilainement, vilement.* ▪ Marque l'intensité. SYN. abominablement, affreusement, amplement, beaucoup, effroyablement, extraordinairement, extrêmement, fort, fortement, grandement, hautement, horriblement, immensément, immodérément, incroyablement, infiniment, intensément, profondément, puissamment, terriblement, très, violemment, vivement. - FAMILIER : atrocement, bigrement, bougrement, diablement, drôlement, fameusement, fichtrement, fichûment, joliment, méchamment, rudement. - LITTÉRAIRE : diantrement, furieusement. - POPULAIRE : foutrement, vachement. CONTR. *faiblement, médiocrement, peu, sommairement.* ▪ Précise une indication. SYN. assurément, notablement, particulièrement, réellement, sûrement, véritablement, vraiment. CONTR. *vaguement.*

bien *nom masculin* Ce qui est conforme à la morale. CONTR. *mal.* ▪ Ce qui est profitable. SYN. bienfait, chance, faveur, félicité, grâce, prospérité, soulagement. CONTR. *coup, désavantage, dommage, épreuve, infortune, malheur, préjudice, tort.* - LITTÉRAIRE : *détriment.* ▪ Ce que quelqu'un possède. SYN. argent, avoir, capital, domaine, fortune, héritage, patrimoine, possession, propriété, richesse.

bien-aimé *adjectif* Que l'on affectionne. SYN. adoré, aimé, cher, chéri, favori, de prédilection. - LITTÉRAIRE : affectionné. CONTR. *détesté.* - LITTÉRAIRE : *abhorré.*

bien-aimé *nom masculin* Homme aimé. SYN. adoré, amoureux, chéri. - LITTÉRAIRE : aimé.

bien-aimée *nom féminin* Femme aimée. SYN. adorée, chérie. - FAMILIER : belle, dulcinée. - LITTÉRAIRE : aimée.

bien-être *nom masculin invariable* État agréable. SYN. bonheur, euphorie, joie, jouissance, plaisir, volupté. - LITTÉRAIRE : aise, félicité, quiétude. - RARE : bien-aise. CONTR. *angoisse, anxiété, détresse, gêne, inquiétude, malaise, peine, souffrance, tourment.* - LITTÉRAIRE : *misère.* ▪ Aisance matérielle. SYN. aisance, opulence, richesse. CONTR. *besoin, dénuement, gêne, indigence, misère, pauvreté.* - LITTÉRAIRE : *impécuniosité.*

bienfaisance *nom féminin* Fait d'être bienfaisant. SYN. charité, philanthropie.

bienfaisant *adjectif* LITTÉRAIRE. Qui aime faire le bien. SYN. bon, charitable, généreux, humain, philanthrope. CONTR. *cruel, dur, égoïste, inhumain, malfaisant, malveillant, méchant.* ▪ Qui a une action positive. SYN. bénéfique, faste, heureux, salutaire. CONTR. *attentatoire, catastrophique, ennemi, maléfique, malfaisant, mauvais, nocif, nuisible, pernicieux, regrettable.*

bienfait *nom masculin* Acte de bonté à l'égard de. SYN. cadeau, charité, faveur, générosité, service. - LITTÉRAIRE : présent. CONTR. *affront, dommage, offense, outrage, préjudice, tort.* - LITTÉRAIRE : *forfait, injure.* ▪ Conséquence positive. SYN. avantage, bénéfice, bien, bonheur, joie, profit, utilité. - LITTÉRAIRE : don. CONTR. *crime, mal, méfait.*

bienfaiteur *nom* Personne qui donne quelque chose. SYN. donateur, mécène, père, protecteur.

bien-fondé *nom masculin* Fait d'être solidement établi. SYN. bon droit, justesse, légitimité, opportunité, pertinence. CONTR. *légèreté.*

bienheureux *adjectif* Qui est très heureux. SYN. béni, enchanté, heureux, ravi. - FAMILIER : chanceux. CONTR. *damné, malheureux, maudit.* - LITTÉRAIRE : *infortuné.* ▪ Qui arrive opportunément. SYN. faste, opportun, propice. CONTR. *damné, funeste, maudit, néfaste.*

biennal *adjectif* Qui revient tous les deux ans. SYN. bisannuel.

bien-pensant *adjectif et nom* Dont les convictions sont conformes à l'ordre. SYN. conformiste. CONTR. *non-conformiste.*

bien que *conjonction* Indique la concession. SYN. alors que, quoique, tandis que.

bienséance *nom féminin* Ce qu'il convient de dire ou faire. SYN. convenance, correction, courtoisie, décence, discrétion, étiquette, honnêteté, politesse, pudeur, savoir-vivre. - LITTÉRAIRE : urbanité, usage. CONTR. *crudité, cynisme, grossièreté, impertinence, impolitesse, impudeur, incongruité, inconvenance, incorrection, indécence, inélégance, sans-gêne.* - LITTÉRAIRE : *discourtoisie, sans-façon.*

bienséant *adjectif* Conforme à la bienséance. SYN. convenable, correct, courtois, décent, digne, honnête, poli. - FAMILIER : beau. - LITTÉRAIRE : civil, séant. CONTR. *choquant, cru, déplacé, discourtois, immodeste, impertinent, impoli, incongru, inconvenant, incorrect, indécent, inopportun, osé.* - LITTÉRAIRE : *déshonnête, incivil, malséant, malsonnant.*

bientôt *adverbe* Dans peu de temps. SYN. avant peu, dès que possible, incessamment, d'un instant à l'autre, d'un moment à l'autre, prochainement, rapidement, sans tarder, sous peu, tôt, vite, vivement. – FAMILIER : incessamment sous peu. CONTR. *lentement, tardivement.*

bienveillance *nom féminin* Disposition favorable. SYN. bonté, charité, complaisance, compréhension, cordialité, générosité, gentillesse, indulgence, magnanimité, obligeance, sympathie, tolérance. – LITTÉRAIRE : bénignité, clémence, débonnaireté, faveur, mansuétude. – RARE : bénévolence. CONTR. *acrimonie, agressivité, aigreur, animosité, antipathie, arrogance, causticité, cruauté, dureté, férocité, hostilité, incompréhension, inflexibilité, inhumanité, malveillance, rigidité, rigueur, violence.* – LITTÉRAIRE : *acerbité, âcreté, sévérité.*

bienveillant *adjectif* Qui montre de la bienveillance. SYN. accueillant, aimable, ami, bon, bonhomme, brave, charitable, clément, complaisant, compréhensif, conciliant, cordial, doux, favorable, généreux, gentil, humain, indulgent, magnanime, obligeant, paternel, propice. – LITTÉRAIRE : débonnaire, paterne, secourable. CONTR. *acerbe, acéré, agressif, aigre, antipathique, caustique, cruel, désobligeant, dictatorial, dur, exigeant, féroce, fier, hostile, inamical, malintentionné, malveillant, mauvais, méchant, noir, rancunier, rude, sévère, vif.* – FAMILIER : *chien.* – LITTÉRAIRE : *acrimonieux, fielleux, piquant, venimeux.*

bienvenu *adjectif* Qui vient opportunément. SYN. opportun, propice, à propos. – LITTÉRAIRE : séant. CONTR. *fâcheux, hors de propos, inopportun, intempestif, malencontreux, malvenu.* – LITTÉRAIRE : *importun.*

bière *nom féminin* Coffre dans lequel on met le corps d'un mort. SYN. cercueil. – ARGOTIQUE : costume de sapin, redingote de sapin.

biergol *nom masculin* Type de combustible. SYN. diergol.

biface *nom masculin* Outil taillé sur ses deux faces. SYN. coup-de-poing.

biffer *verbe* Barrer d'un trait. SYN. barrer, effacer, enlever, ôter, raturer, rayer, retrancher, sabrer, supprimer. CONTR. *adjoindre, ajouter, incorporer, inscrire, introduire, rajouter.*

biffure *nom féminin* Ce qui est biffé. SYN. correction, rature.

bifteck *nom masculin* Tranche de bœuf à griller. SYN. steak.

bifurcation *nom féminin* Point où deux voies se croisent. SYN. carrefour, croisement, embranchement, entrecroisement, fourche. CONTR. *jonction, raccordement.*

bifurquer *verbe* Se diviser en deux. SYN. diverger, se séparer. – VIEUX : fourcher. CONTR. *se raccorder, se rejoindre, se réunir.* ■ Dévier de la direction initiale. SYN. se détourner, diverger, s'orienter.

bigarade *nom féminin* Orange utilisée en confiserie. SYN. orange amère.

bigarré *adjectif* Aux couleurs variées. SYN. bariolé, chamarré, jaspé, moucheté, multicolore, panaché, polychrome, tacheté. – LITTÉRAIRE : diapré, versicolore. CONTR. *uni, unicolore.* ■ Formé d'éléments disparates. SYN. composite, divers, hétéroclite, hétérogène, mêlé, panaché. CONTR. *homogène, uniforme.*

bigarrer *verbe* Marquer de couleurs variées. SYN. barioler, chamarrer, jasper, panacher. – LITTÉRAIRE : diaprer, marqueter. CONTR. *unifier, uniformiser.*

bigarrure *nom féminin* Assemblage de couleurs variées. SYN. bariolage, chamarrure, jaspure, marbrure. – LITTÉRAIRE : diaprure. – VIEUX : bariolis. ■ Réunion d'éléments disparates. SYN. disparité, diversité, hétérogénéité, variété. CONTR. *homogénéité.*

bigleux *adjectif* Qui louche. SYN. loucheur, strabique. – VIEUX : bigle.

bignon *nom masculin* Petit filet de pêche. SYN. trouble, troubleau, truble.

bigorneau *nom masculin* Petit mollusque à coquille noire pointue. SYN. littorine, vigneau, vignot.

bigorner *verbe* POPULAIRE. Endommager par un choc. SYN. abîmer, cabosser, emboutir, endommager, tamponner. – FAMILIER : amocher, esquinter. – POPULAIRE : emplafonner.

bigot *adjectif* Qui fait preuve de bigoterie. SYN. croyant, dévot, pieux, religieux. – FAMILIER : bondieusard. CONTR. *athée, incrédule, incroyant, irréligieux.* – LITTÉRAIRE : *impie.*

bigot *nom* Personne dévote. SYN. dévot, momier. – FAMILIER : bondieusard, calotin, grenouille de bénitier, punaise de sacristie, rat d'église. – LITTÉRAIRE : cafard, cagot, tartufe, tartuffe. – POPULAIRE : cul béni. CONTR. *athée.* – LITTÉRAIRE : *impie, mécréant.*

bigoterie *nom féminin* FAMILIER. Dévotion étroite. SYN. dévotion, momerie. – FAMILIER : bigotisme, bondieuserie. – LITTÉRAIRE : cagoterie, pharisaïsme, tartuferie, tartufferie. CONTR. *athéisme, incroyance, libre-pensée.*

bigotisme *nom masculin* FAMILIER. Dévotion étroite. SYN. dévotion, momerie. – FAMILIER : bigoterie, bondieuserie. – LITTÉRAIRE : cagoterie, pharisaïsme, tartuferie, tartufferie. CONTR. *athéisme, incroyance, libre-pensée.*

bigramme *nom masculin* Groupe de deux lettres. SYN. digramme.

bigrement *adverbe* FAMILIER. De façon intense. SYN. abominablement, affreusement, beaucoup, bien, considérablement, effroyablement, énormément, épouvantablement, excessivement, extraordinairement, extrêmement, fabuleusement, follement, fort, fortement, grandement, hautement, horriblement, immensément, immodérément, incroyablement, infiniment, mortellement, parfaitement, particulièrement, prodigieusement, profondément, puissamment, singulièrement, souverainement, supérieurement, terriblement, tout à fait, très, trop, vertigineusement. – FAMILIER : atrocement, bougrement, diablement, drôlement, fameusement, fichtrement, fichûment, formidablement, joliment, méchamment, rudement, sacrément. – LITTÉRAIRE : diantrement, furieusement. – POPULAIRE : foutrement, salement, vachement. – VIEUX : fièrement. CONTR. *aucunement, faiblement, médiocrement, modérément, peu.*

biguanide *nom masculin* Base à action antidiabétique. SYN. diguanide.

bijou *nom masculin* Objet de parure précieux. SYN. joyau. ■ Ce qui est d'une finition soignée. SYN. chef-d'oeuvre, merveille, perle, splendeur.

bijouterie *nom féminin* Art ou commerce du bijoutier. SYN. joaillerie, orfèvrerie.

bijoutier *nom* Personne qui tient une bijouterie. SYN. joaillier, orfèvre.

bilan *nom masculin* Résultat d'une opération. SYN. conséquences, effets, inventaire, récapitulatif, revue. ■ ***Bilan de santé,*** examen médical complet. SYN. check-up.

bilatéral *adjectif* Qui concerne les deux côtés. SYN. réciproque, symétrique. CONTR. *multilatéral, unilatéral.*

bile *nom féminin* Liquide sécrété par le foie. SYN. fiel.

biler (se) *verbe pronominal* FAMILIER. Se faire du souci. SYN. s'alarmer, se faire du mauvais sang, se faire du souci, se faire du tracas, se faire un sang d'encre, s'en faire, s'inquiéter, se manger les sangs, se miner, se préoccuper, se ronger les sangs, se soucier, se tourmenter, se tracasser. – FAMILIER : être aux cent coups, se faire de la bile, se faire des cheveux (blancs), se frapper, se mettre martel en tête. – POPULAIRE : se faire de la mousse, se faire du mouron, se faire vieux. CONTR. *ne pas se soucier de, prendre à la légère.* – FAMILIER : *prendre à la rigolade.* – LITTÉRAIRE : *n'avoir cure de.*

bileux *adjectif* FAMILIER. Qui s'inquiète facilement. SYN. anxieux, soucieux, tourmenté, tracassé. CONTR. *insouciant.*

bilharzie *nom féminin* Ver parasite du sang de l'homme. SYN. schistosome.

bilharziose *nom féminin* Infection parasitaire. SYN. schistosomiase.

bilieux *adjectif* Qui est irascible. SYN. acariâtre, coléreux, hargneux, renfrogné, revêche, sombre. – FAMILIER : soupe au lait, teigneux. – LITTÉRAIRE : chagrin, colérique, misanthrope. CONTR. *affable, aimable, avenant, charmant, engageant, insouciant, jovial, optimiste, sympathique.*

biligenèse *nom féminin* Élaboration de la bile par le foie. SYN. cholépoïèse.

billage *nom masculin* Projection de billes à l'aide d'une turbine. SYN. grenaillage.

bille *nom féminin* FAMILIER. Visage. SYN. figure, minois, tête, visage. – FAMILIER : binette, bouille, frimousse, trogne. – POPULAIRE : gueule, portrait, trombine, tronche.

biller *verbe transitif* Projeter des billes sur une pièce. SYN. grenailler.

billet *nom masculin* Monnaie en papier. SYN. coupure. – ARGOTIQUE : image. – POPULAIRE : biffeton, bifton, fafiot. ■ Petit imprimé constatant un droit. SYN. bulletin, contremarque, coupon, ticket, titre. ■ Lettre très courte. SYN. dépêche, mot, pli. – FAMILIER : poulet. – LITTÉRAIRE : missive. – POPULAIRE : bafouille.

billevesée *nom féminin* Propos vide de sens. SYN. baliverne, calembredaine, chimère, fadaise, niaiserie, sornette, sottise. – FAMILIER : amusette, boniment, faribole, fichaise. – POPULAIRE : foutaise. – VIEUX : calinotade.

billonneuse *nom féminin* Charrue utilisée pour butter. SYN. butteur, butteuse, buttoir.

binard *nom masculin* Chariot bas. SYN. fardier.

binette *nom féminin* FAMILIER. Visage. SYN. figure, minois, tête, visage. – FAMILIER : bille, bouille, frimousse, trogne. – POPULAIRE : bobine, fiole, gueule, trombine, tronche.

binocle *nom masculin* Paire de lunettes sans branches. SYN. face-à-main, lorgnon, pince-nez.

bioastronomie *nom féminin* Étude de la vie en dehors de la Terre. SYN. astrobiologie, exobiologie.

biocarburant *nom masculin* Carburant à base de végétaux. SYN. agrocarburant.

biogaz *nom masculin invariable* Gaz produit par la décomposition de la matière organique. SYN. biométhane.

biogène *adjectif* Qui permet le développement de la vie. SYN. biotique.

biologique *adjectif* ***Agriculture biologique,*** sans engrais ni pesticides. SYN. agrobiologie.

biomagnétisme *nom masculin* Réactivité des êtres vivants aux champs magnétiques. SYN. mesmérisme.

biométhane *nom masculin* Gaz produit par la décomposition de la matière organique. SYN. biogaz.

biostasie *nom féminin* Absence d'érosion. CONTR. *rhexistasie.*

biotique *adjectif* Lié à l'activité des êtres vivants. SYN. biogène. CONTR. *abiotique.*

biovulaire *adjectif* Qui provient de deux œufs différents. SYN. bivitellin, dizygote. CONTR. *monozygote, uniovulaire, univitellin.*

bioxyde *nom masculin* VIEUX. Oxyde qui renferme deux atomes d'oxygène. SYN. dioxyde.

bipasse *nom masculin* Tuyauterie de dérivation. SYN. by-pass.

biphényle *nom masculin* Hydrocarbure pour la conservation des agrumes. SYN. diphényle.

bipôle *nom masculin* Réseau électrique à deux bornes. SYN. dipôle, monoporte.

biquet *nom* Petit de la chèvre. SYN. cabri, chevreau. – FAMILIER : bicot.

bis *adjectif* De couleur brun clair. SYN. beige, écru, sable.

bisannuel *adjectif* Qui revient tous les deux ans. SYN. biennal.

bisbille *nom féminin* FAMILIER. Querelle futile. SYN. brouille. – FAMILIER : chamaille, chamaillerie, fâcherie. – LITTÉRAIRE : chicane. – VIEUX : brouillerie, chicanerie. CONTR. *accord, entente, harmonie, réconciliation.* – FAMILIER : *raccommodement.*

biscornu *adjectif* De forme irrégulière. SYN. asymétrique, bancal, baroque, hétéroclite, inégal, irrégulier, tordu. CONTR. *régulier.* ■ De caractère absurde. SYN. aberrant, abracadabrant, bizarre, extravagant, farfelu, saugrenu. – FAMILIER : bizarroïde, tordu. CONTR. *judicieux, logique, raisonnable, sensé.*

bise *nom féminin* FAMILIER. Action d'embrasser. SYN. baiser. – FAMILIER : bécot, bisou, bizou, mimi. – POPULAIRE : poutou.

bise *nom féminin* Vent froid. SYN. air, brise, souffle, vent.

biseau *nom masculin* Bord d'un objet taillé en oblique. SYN. chanfrein.

bisexualité *nom féminin* Présence des organes reproducteurs des deux sexes. SYN. hermaphrodisme. CONTR. *gonochorisme.* ■ Pratique sexuelle avec les deux sexes. CONTR. *homosexualité.*

bisexué *adjectif* À la fois masculin et féminin. SYN. ambisexué, androgyne, hermaphrodite.

bisexuel *adjectif* Qui pratique la bisexualité. SYN. – ARGOTIQUE : jazz-tango, à voile et à vapeur.

bisquer *verbe* FAMILIER. Éprouver du dépit. SYN. enrager, pester. – FAMILIER : fumer, maronner, rager, râler.

bissac *nom masculin* VIEUX. Sac fendu formant deux poches. SYN. besace.

bistre *adjectif invariable* Brun jaunâtre. SYN. basané, bronzé, doré, hâlé, tanné.

bistro ou **bistrot** *nom masculin* FAMILIER. Café, restaurant modeste. SYN. bar, brasserie, buvette, estaminet, gargote, taverne. – FAMILIER : boui-boui, troquet. – POPULAIRE : bistroquet, mastroquet. – VIEUX : cabaret. ■ FAMILIER. Patron de café. SYN. bistrotier, buvetier, cafetier, limonadier. – FAMILIER : bougnat. – POPULAIRE : mastroquet, pinardier. – VIEUX : cabaretier.

bistrotier *nom* Personne qui tient un bistrot. SYN. buvetier, cafetier. – FAMILIER : bistro, bistrot, bougnat. – POPULAIRE : mastroquet, pinardier. – VIEUX : cabaretier, limonadier.

bisulfure *nom masculin* Qui a deux atomes de soufre liés. SYN. disulfure.

bithématisme *nom masculin* Utilisation de deux thèmes musicaux différents. SYN. dithématisme.

bitume *nom masculin* Revêtement des chaussées et trottoirs. SYN. asphalte, macadam.

bitumer *verbe* Couvrir de bitume. SYN. asphalter, goudronner, macadamiser.

bitumier *nom masculin* Navire pour le transport du bitume. SYN. asphaltier.

bivalent *adjectif* Qui a une double signification. SYN. double. – LITTÉRAIRE : duel.

bivalve *nom masculin* Mollusque à coquille à deux valves. SYN. acéphale, lamellibranche.

bivitellin *adjectif* Qui provient de deux œufs différents. SYN. biovulaire, dizygote. CONTR. *monozygote, uniovulaire, univitellin.*

bivouac *nom masculin* Lieu de stationnement militaire. SYN. camp, campement.

bizarre *adjectif* Qui sort de l'ordinaire. SYN. abracadabrant, anormal, baroque, biscornu, curieux, déconcertant, drôle, étonnant, étrange, extraordinaire, insolite, paradoxal, singulier, spécial, stupéfiant, surprenant. – ARGOTIQUE : zarbi. – FAMILIER : bizarroïde, invraisemblable. – LITTÉRAIRE : fantasque. CONTR. *clair, classique,* *logique, naturel, normal, ordinaire, rationnel, régulier, simple.* ■ Au comportement anormal. SYN. déséquilibré, excentrique, extravagant, fantasque, farfelu, incohérent, incompréhensible, insensé, saugrenu. – FAMILIER : fêlé, loufoque, tordu. – POPULAIRE : fondu. CONTR. *équilibré, judicieux, raisonnable, sage, sensé.*

bizarrement *adverbe* De façon bizarre. SYN. anormalement, curieusement, drôlement, étrangement, extraordinairement. – LITTÉRAIRE : singulièrement. CONTR. *normalement.*

bizarrerie *nom féminin* Caractère bizarre. SYN. anormalité, étrangeté, excentricité, extravagance, fantaisie. – FAMILIER : loufoquerie. CONTR. *égalité, régularité.* ■ Chose bizarre. SYN. anomalie, curiosité, fantaisie, paradoxe, singularité. – LITTÉRAIRE : baroquerie, étrangeté.

bizarroïde *adjectif* FAMILIER. Qui a un caractère étrange. SYN. baroque, biscornu, bizarre, curieux, insolite, singulier. – FAMILIER : loufoque. CONTR. *clair, judicieux, naturel, normal, raisonnable, sensé.*

bizut ou **bizuth** *nom masculin* FAMILIER. Nouveau dans un domaine. SYN. apprenti, néophyte, nouveau, novice. – FAMILIER : bleu. CONTR. *ancien.* – LITTÉRAIRE : *vétéran.*

bla-bla *nom masculin invariable* FAMILIER. Discours destiné à éblouir. SYN. bagout, phrases, verbiage. – FAMILIER : bagou, baratin, bobard, boniment.

black-bass *nom masculin invariable* Poisson des rivières et des lacs américains. SYN. achigan, perche noire.

blackbouler *verbe* FAMILIER. Écarter quelqu'un. SYN. bannir, chasser, congédier, se défaire de, démettre, destituer, éliminer, évincer, licencier, limoger, mettre à la porte, radier, refuser, remercier, renvoyer, repousser, révoquer, se séparer de. – FAMILIER : balayer, débarquer, déboulonner, dégommer, envoyer bouler, envoyer paître, envoyer valser, ficher à la porte, flanquer à la porte, flanquer dehors, sabrer, vider, virer. – POPULAIRE : balancer, envoyer aux pelotes, envoyer dinguer, envoyer péter, foutre à la porte, lourder. – VIEUX : envoyer se faire lanlaire. CONTR. *accepter, accueillir, admettre, agréer, recevoir.*

blafard *adjectif* D'un blanc terne. SYN. blanc, blanchâtre, blême, cireux, exsangue, fade, hâve, livide, pâle, plombé, terreux, verdâtre, vert. CONTR. *basané, bronzé, coloré, cru, éclatant, frais, hâlé, rosé, rouge, rougeaud, vif.* – LITTÉRAIRE : *rubicond, vermeil.*

blageon *nom masculin* Poisson des torrents et des lacs. SYN. soffie.

blague *nom féminin* FAMILIER. Histoire plaisante. SYN. histoire. – FAMILIER : bobard, boniment, galéjade, joyeuseté. – POPULAIRE : craque. CONTR. *vérité.* ■ FAMILIER. Verve railleuse. SYN. badinerie, bouffonnerie, drôlerie, espièglerie, facétie, galéjade, malice. – FAMILIER : rigolade. CONTR. *sérieux.* ■ FAMILIER. Farce aux dépens de. SYN. facétie, farce, mystification, pantalonnade, plaisanterie, tour. – FAMILIER : attrape, bateau, canular, entourloupe, entourloupette, niche. ■ FAMILIER. Action irréfléchie. SYN. balourdise, bêtise, bévue, erreur, impair, maladresse, sottise. – FAMILIER : ânerie, boulette, bourde, fumisterie, gaffe.

blaguer *verbe intransitif* FAMILIER. Dire des blagues. SYN. s'amuser, badiner, plaisanter. – FAMILIER : galéjer, rigoler.

blaguer *verbe transitif* FAMILIER. Railler quelqu'un. SYN. s'amuser, faire des gorges chaudes de, faire marcher, mettre en boîte, se moquer de, persifler, plaisanter, railler, rire aux dépens de, rire de, taquiner. – FAMILIER : chambrer, chiner. – LITTÉRAIRE : brocarder, se gausser de, satiriser. – POPULAIRE : charrier.

blagueur *adjectif* FAMILIER. Qui veut plaisanter. SYN. espiègle, facétieux, goguenard, gouailleur, ironique, narquois, railleur, taquin. – LITTÉRAIRE : moqueur. CONTR. *sérieux, sévère.*

blagueur *nom* FAMILIER. Personne qui aime plaisanter. SYN. amuseur, bouffon, farceur, joyeux luron, plaisantin. – FAMILIER : joyeux drille. – LITTÉRAIRE : moqueur. – VIEUX : loustic.

blain *nom masculin* Poutre dans un pressoir. SYN. mouton.

blâmable *adjectif* Qui mérite le blâme. SYN. condamnable, coupable, critiquable, déplorable, fautif, répréhensible, réprouvable. – LITTÉRAIRE : incriminable. CONTR. *excusable, louable, pardonnable, recommandable.* – LITTÉRAIRE : *irrépréhensible.*

blâme *nom masculin* Jugement défavorable. SYN. accusation, censure, condamnation, critique, désapprobation, désaveu, réprobation. – LITTÉRAIRE : improbation, opprobre. CONTR. *apologie, applaudissement, approbation, compliment, éloge, flatterie, louange, panégyrique.* – LITTÉRAIRE : *adulation.* ■ Sanction disciplinaire. SYN. avertissement, remontrance, réprimande, semonce. CONTR. *encouragement, félicitations.*

blâmer *verbe* Condamner durement. SYN. accuser, anathématiser, critiquer, désapprouver, désavouer, faire grief de, incriminer, jeter la pierre, réprouver, stigmatiser. – LITTÉRAIRE : flageller, flétrir, fustiger, vitupérer. CONTR. *aduler, applaudir, approuver, complimenter, défendre, exalter, louer, pardonner, tolérer, vanter.*

– LITTÉRAIRE : *chanter, louanger.* ■ Infliger un blâme. SYN. reprendre, sermonner. – LITTÉRAIRE : admonester, semoncer. CONTR. *encourager, excuser, féliciter.* – LITTÉRAIRE : *congratuler.*

blanc *adjectif* Qui a la couleur de la neige. SYN. argenté, blanchâtre, crème, laiteux, livide. – LITTÉRAIRE : chenu, éburné, éburnéen, ivoirin, lacté, lactescent, lilial, neigeux, opalescent, opalin, ventre-de-biche. CONTR. *bronzé, brun, coloré, noir.* ■ Qui est pâle. SYN. blafard, blanchâtre, blême, cadavérique, exsangue, livide, terreux. – FAMILIER : pâlichon, pâlot. CONTR. *bronzé, bruni, hâlé.*

blanc-bec *nom masculin* Jeune homme sans expérience. SYN. novice. – LITTÉRAIRE : bec-jaune, béjaune.

blanchaille *nom féminin* Tout petit poisson que l'on rejette à l'eau. SYN. fretin.

blanchâtre *adjectif* D'une couleur pâle. SYN. blafard, blanc, blême, livide. – LITTÉRAIRE : lacté, lactescent, opalescent, opalin. CONTR. *ardent, coloré, éclatant, sombre, vif.* – LITTÉRAIRE : *vermeil.*

blanchir *verbe* Rendre blanc quelque chose. SYN. décolorer. CONTR. *assombrir, noircir, teindre, teinter.* ■ Ramener à la propreté. SYN. laver, lessiver, nettoyer. CONTR. *salir, tacher.* – LITTÉRAIRE : *souiller.* ■ Disculper quelqu'un. SYN. absoudre, acquitter, amnistier, décharger, innocenter, justifier, réhabiliter. CONTR. *accuser, charger, éclabousser, incriminer, noircir.*

blanchissant *adjectif* Qui commence à blanchir. SYN. – VIEUX : blanchoyant.

blanc-russe *adjectif* et *nom* VIEUX. De Biélorussie. SYN. biélorusse.

blandices *nom féminin pluriel* LITTÉRAIRE. Charmes trompeurs. SYN. attrait, envoûtement, fascination, tentation.

blasé *adjectif* Qui est revenu de tout. SYN. dégoûté, désabusé, fatigué, indifférent, lassé, rassasié, saturé, sceptique. CONTR. *affamé, avide, enthousiaste, entiché, fervent, intéressé, passionné.*

blasement *nom masculin* LITTÉRAIRE. État d'une personne blasée. SYN. dégoût, satiété. CONTR. *enthousiasme, euphorie, griserie, ivresse.* – LITTÉRAIRE : *enivrement.*

blaser *verbe* Rendre quelqu'un indifférent. SYN. dégoûter, lasser, rassasier. – LITTÉRAIRE : désabuser. CONTR. *attirer, enthousiasmer, exalter.*

blason *nom masculin* Écu armorié. SYN. armes. ■ Étude des armoiries. SYN. héraldique.

blasphémateur *nom* Personne qui blasphème. SYN. sacrilège. – LITTÉRAIRE : impie, profanateur. CONTR. *adorateur, bénisseur, fidèle.* – LITTÉRAIRE : *glorificateur.*

blasphématoire *adjectif* Qui constitue un blasphème. SYN. sacrilège. – LITTÉRAIRE : impie.

blasphème *nom masculin* Parole outrageante. SYN. insulte, juron, sacrilège. – LITTÉRAIRE : impiété, imprécation. – VIEUX : jurement.

blasphémer *verbe* Proférer des blasphèmes. SYN. injurier, insulter, profaner, renier. CONTR. *craindre, honorer, respecter, vénérer.*

blatte *nom féminin* Insecte aplati de mœurs nocturnes. SYN. cafard, cancrelat, meunier.

blé *nom masculin* Plante herbacée annuelle. SYN. froment. ■ POPULAIRE. Argent. SYN. espèces, espèces sonnantes et trébuchantes, liquidités, numéraire. – ARGOTIQUE : braise, grisbi, pèze, thune, trèfle, tune. – FAMILIER : ferraille, mitraille, ronds, sous. – POPULAIRE : flouse, flouze, fraîche, fric, galette, oseille, pépettes, picaillons, pognon. ■ ***Blé noir,*** céréale à tige rougeâtre. SYN. sarrasin.

bled *nom masculin* FAMILIER. Village retiré. SYN. coin, pays. – FAMILIER : patelin, trou.

blême *adjectif* Qui est pâle. SYN. blafard, blanc, blanchâtre, bleu, cireux, exsangue, fade, hâve, livide, pâle, plombé, terreux, verdâtre, vert. – FAMILIER : pâlichon, pâlot. CONTR. *ardent, basané, bronzé, coloré, frais, rosé, rouge, rougeaud, vif.* – LITTÉRAIRE : *rubicond, vermeil.*

blêmir *verbe* Devenir blême. SYN. être blanc comme la mort, être blanc comme un linge, être pâle comme la mort, être pâle comme un cachet d'aspirine, être pâle comme un linge, être pâle comme une endive, pâlir, verdir. CONTR. *rosir, rougir.*

blêmissant *adjectif* LITTÉRAIRE. D'une blancheur sans éclat. SYN. blafard, livide. CONTR. *ardent, éclatant, rougeoyant.*

blende *nom féminin* Sulfure naturel de zinc. SYN. sphalérite.

blennie *nom féminin* Poisson d'eau douce à grosse tête. SYN. baveuse.

blennorragie *nom féminin* Infection sexuellement transmissible. SYN. gonococcie, gonorrhée. – ARGOTIQUE : chtouille. – POPULAIRE : chaude-pisse.

blépharoblaste *nom masculin* Corpuscule basal. SYN. mastigosome.

blépharoptôse *nom féminin* Affaissement de la paupière. SYN. ptôsis.

blessant *adjectif* Qui blesse moralement. SYN. acerbe, acéré, aigre, amer, arrogant, cassant, choquant, cinglant, coupant, désobligeant, dur, humiliant, injurieux, insolent, insultant, malveillant, mortifiant, offensant, outrageant, sanglant, sec, vexant. – FAMILIER : saignant. – LITTÉRAIRE : acrimonieux, piquant. CONTR. *affable, agréable, aimable, charmant, conciliant, flatteur.*

blessé *adjectif* LITTÉRAIRE. Atteint dans sa dignité. SYN. choqué, froissé, heurté, mortifié, offusqué, outragé, ulcéré, vexé. – LITTÉRAIRE : offensé, piqué. CONTR. *consolé, content, heureux, satisfait.*

blesser *verbe* Frapper en faisant une plaie. SYN. balafrer, contusionner, couper, écharper, entailler, frapper, léser, taillader. – FAMILIER : amocher. CONTR. *panser, protéger, soigner.* ▪ Meurtrir légèrement. SYN. écorcher, égratigner, entamer, irriter. ▪ Causer une sensation désagréable. SYN. affecter, déchirer, écorcher. CONTR. *caresser, charmer, enchanter, fasciner, ravir.* ▪ Affecter douloureusement quelqu'un. SYN. choquer, désobliger, froisser, heurter, humilier, meurtrir, mortifier, offenser, offusquer, piquer au vif, scandaliser, toucher, ulcérer, vexer. – LITTÉRAIRE : piquer. CONTR. *chatouiller l'amour-propre, consoler, flatter, séduire.* ▪ LITTÉRAIRE. Porter atteinte à quelque chose. SYN. contrevenir à, enfreindre, faire tort, nuire, préjudicier, transgresser, violer. CONTR. *avantager, respecter.*

blesser (se) *verbe pronominal* LITTÉRAIRE. Être froissé de quelque chose. SYN. se formaliser, se froisser, s'offusquer, se scandaliser. – LITTÉRAIRE : s'offenser.

blessure *nom féminin* Lésion du corps. SYN. balafre, coupure, égratignure, entaille, éraflure, estafilade, excoriation, lésion, plaie, taillade. – FAMILIER : bobo. ▪ Atteinte morale profonde. SYN. affront, coup, froissement, gifle, mortification, offense, traumatisme, vexation. – LITTÉRAIRE : avanie, camouflet, déchirure, plaie.

blet *adjectif* Qui est trop mûr. SYN. avancé, avarié, pourri. CONTR. *frais, vert.*

blette *nom féminin* Plante potagère à grosses côtes. SYN. bette, carde, poirée.

bleu *adjectif* Qui est de la couleur du ciel. SYN. lavande, pervenche, pétrole, turquoise. – LITTÉRAIRE : azur, azuré, azurin, céruléen. ▪ Dont la peau devient pâle. SYN. blême, livide, vert. CONTR. *coloré.* ▪ Se dit d'une cuisson. SYN. saignant. CONTR. *cru, cuit, à point.*

bleu *nom* FAMILIER. Nouveau venu. SYN. apprenti, commençant, débutant, néophyte, novice, recrue. – FAMILIER : bizut, bizuth, écolier. CONTR. *ancien, expert.* – LITTÉRAIRE : *vétéran.*

bleu *nom masculin* Squale de haute mer, très vorace. SYN. peau-bleue, requin bleu. ▪ FAMILIER. Marque sur la peau. SYN. contusion, ecchymose, hématome, meurtrissure, noirceur. ▪ ***Bleu céleste,*** pigment minéral bleu. SYN. céruléum.

bleuâtre *adjectif* Qui tire sur le bleu. SYN. bleuté, plombé.

bleuet *nom masculin* Plante à fleurs bleues. SYN. barbeau, bluet.

bleuir *verbe* Devenir livide. SYN. blêmir, verdir.

bleuté *adjectif* Qui a des reflets bleus. SYN. bleuâtre. – LITTÉRAIRE : azur, azuré, azurin.

blindé *adjectif* FAMILIER. Qui s'est endurci. SYN. aguerri, cuirassé, endurci, de glace, immunisé, de marbre, trempé, vacciné. – FAMILIER : de bois. CONTR. *désarmé, sensible, vulnérable.* ▪ POPULAIRE. Complètement ivre. SYN. aviné, enivré, ivre, pris de boisson. – FAMILIER : imbibé, parti, plein comme un œuf, plein comme une outre, saoul, schlass, soûl, soûl comme un Polonais, soûl comme une bourrique, soûl comme une grive. – POPULAIRE : beurré, beurré comme un p'tit Lu, beurré comme une tartine, bourré, bourré comme une cantine, chargé, cuit, noir, paf, pété, pinté, plein comme une barrique, raide, rétamé, rond, rond comme une barrique, rond comme une queue de pelle, torché. – VIEUX : brindezingue. CONTR. *à jeun, sobre.*

blinder *verbe* FAMILIER. Rendre insensible. SYN. aguerrir, armer, cuirasser, endurcir. – LITTÉRAIRE : retremper, tremper. CONTR. *apitoyer, attendrir.*

blinder (se) *verbe pronominal* FAMILIER. Se rendre insensible à. SYN. s'aguerrir, se cuirasser, s'endurcir.

bloc *nom masculin* Ensemble indivisible. SYN. coalition, front, masse, totalité, tout. CONTR. *élément, fragment, morceau, parcelle, partie, tronçon.* ▪ ***En bloc,*** sans entrer dans le détail. SYN. de A à Z, de A jusqu'à Z, de bout en bout, complètement, dans son entier, en entier, de fond en comble, à fond, globalement, en gros, in extenso, intégralement, jusqu'au bout, de part en part, totalement, en totalité. CONTR. *en détail, individuellement, isolément, en partie, partiellement.*

blocage *nom masculin* Action de bloquer. SYN. arrêt, asphyxie, barrage, engorgement, immobilisation, obstruction, paralysie. CONTR. *évolution, marche, mouvement.*

block *nom masculin* Au volley-ball, opposition à un smash. SYN. contre.

blockhaus *nom masculin invariable* Petit ouvrage fortifié. SYN. bunker, casemate, fortin.

blondinet *adjectif et nom* Aux cheveux blonds. SYN. blondin.

bloquer *verbe* Empêcher quelque chose de bouger. SYN. arrêter, asphyxier, caler, coincer, endiguer, immobiliser, maintenir, retenir, serrer, stabiliser. CONTR. *débloquer, desserrer.* ■ Rendre une voie impraticable. SYN. barrer, embouteiller, engorger, neutraliser, obstruer, obturer, paralyser. CONTR. *dégager.* ■ Interdire la hausse d'un prix. SYN. geler, immobiliser. CONTR. *dégeler, échelonner, libérer.*

bloqueur *nom masculin* Appareil utilisé en alpinisme. SYN. frein.

blottir (se) *verbe pronominal* Se replier sur soi-même. SYN. se pelotonner, se ramasser, se recroqueviller, se tapir. CONTR. *s'allonger, se détendre, s'étirer.* ■ Chercher le contact de. SYN. se presser contre, se serrer contre.

blouse *nom féminin* Corsage boutonné. SYN. chemisette, chemisier.

blue-jean *nom masculin* Pantalon de toile en coton croisé. SYN. jean, jeans.

bluet *nom masculin* Plante à fleurs bleues. SYN. barbeau, bleuet.

bluette *nom féminin* LITTÉRAIRE. Amour éphémère. SYN. caprice, fantaisie, passade. – FAMILIER : tocade, toquade.

bluff *nom masculin* Attitude destinée à faire illusion. SYN. charlatanisme, comédie, fanfaronnade, intimidation, mystification, vantardise. – FAMILIER : bidonnage, chiqué, esbroufe, fla-fla, frime. – LITTÉRAIRE : forfanterie, hâblerie. – POPULAIRE : épate. CONTR. *modestie, sincérité, vérité.* – LITTÉRAIRE : *effacement.*

bluffer *verbe intransitif* Essayer d'en imposer. SYN. cabotiner, faire le fanfaron, faire le malin, faire l'important, faire l'intéressant, parader, prendre un air entendu, se vanter. – FAMILIER : bêcher, crâner, faire de l'esbroufe, faire du chiqué, frimer, jeter de la poudre aux yeux, plastronner. – LITTÉRAIRE : fanfaronner. – POPULAIRE : faire de l'épate, ramener sa fraise, la ramener.

bluffer *verbe transitif* FAMILIER. Chercher à tromper. SYN. éblouir, faire avaler des couleuvres, faire marcher, feinter, intimider, tromper. – FAMILIER : épater, noyer le poisson. – LITTÉRAIRE : en faire accroire, illusionner. – POPULAIRE : bourrer le mou. – VIEUX : esbroufer.

bluffeur *nom* Personne qui bluffe. SYN. faiseur, fanfaron, faraud, hâbleur, imposteur, mythomane, vantard. – FAMILIER : frimeur. – VIEUX : esbroufeur.

boarmie *nom féminin* Phalène aux ailes festonnées. SYN. grisaille.

bobard *nom masculin* FAMILIER. Propos mensonger. SYN. histoire, mensonge, rumeur. – FAMILIER : baratin, bateau, bla-bla, blague, boniment, canard. – POPULAIRE : craque. CONTR. *vérité.*

bocain *nom masculin* Ligne de pêche. SYN. bauquet.

bodybuilding *nom masculin* Gymnastique qui développe les muscles. SYN. culturisme. – FAMILIER : gonflette.

bœuf *nom masculin* ***Bœuf musqué,*** ruminant proche du bœuf et du mouton. SYN. ovibos.

bœuf *adjectif invariable* POPULAIRE. Qui surprend. SYN. admirable, colossal, étonnant, fabuleux, fantastique, inouï, monstrueux, phénoménal, prodigieux. – FAMILIER : énorme, faramineux, monstre. CONTR. *dérisoire, infime, insignifiant, minime, minuscule, négligeable.*

bogue *nom masculin* Anomalie de fonctionnement d'un ordinateur. SYN. bug.

bohème *adjectif* En marge de la société. SYN. artiste, fantaisiste, non conformiste. CONTR. *bourgeois, casanier, formaliste, organisé, réglé.*

bohémien *nom* Personne nomade. SYN. gipsy, gitan, manouche, romanichel, tsigane, tzigane.

boire *verbe* Ingérer un liquide. SYN. s'abreuver, absorber, avaler, consommer, se désaltérer, étancher sa soif, ingurgiter, lever son verre, porter un toast, prendre, vider. – FAMILIER : s'enfiler, lamper, prendre un pot, siffler, siroter. – POPULAIRE : s'envoyer, se rincer la dalle, se rincer le gosier. ■ Absorber avec excès de l'alcool. SYN. avoir une bonne descente, s'enivrer, se griser, noyer son chagrin (dans l'alcool). – FAMILIER : avoir un penchant pour la bouteille, biberonner, lever le coude, picoler, se soûler. – POPULAIRE : s'arsouiller, se beurrer, se bitturer, se bourrer, se charger, se cuiter, descendre, écluser, s'envoyer, faire cul sec, s'en jeter un derrière la cravate, ne pas sucer que des glaçons, se péter la gueule, se pinter, se piquer le nez, se poivrer, prendre une bitture, prendre une cuite. – VIEUX : chopiner, licher, se noircir. CONTR. *s'abstenir.* ■ S'imprégner d'un liquide. SYN. absorber, s'imbiber, pomper, prendre. CONTR. *dégorger, rejeter.*

bois *nom masculin* Lieu couvert d'arbres. SYN. bocage, bosquet, forêt, futaie.

boisé *adjectif* Couvert d'arbres. SYN. touffu. CONTR. *déboisé, découvert, dénudé, nu.*

boiser *verbe* Planter d'arbres. SYN. planter. CONTR. *déboiser, dépeupler, essarter.*

bois-gentil *nom masculin* Arbrisseau à baies toxiques. SYN. daphné, garou, sainbois.

boisson *nom féminin* Liquide que l'on boit. SYN. breuvage, consommation, rafraîchissement.

boîte *nom féminin* FAMILIER. Lieu de travail. SYN. entreprise, établissement, maison, société.

boitement *nom masculin* Action de boiter. SYN. boiterie, boitillement, claudication. – RARE : clochement.

boiter *verbe* Marcher de manière irrégulière. SYN. boitiller, traîner la jambe. – FAMILIER : avancer clopin-clopant, clopiner, traîner la patte. – LITTÉRAIRE : claudiquer. – VIEUX : clocher. ■ Manquer de cohérence. SYN. – FAMILIER : clocher.

boiterie *nom féminin* Action de boiter. SYN. boitement, boitillement, claudication. – RARE : clochement.

boiteux *adjectif* Qui manque de stabilité. SYN. bancal, branlant, chancelant, fragile, instable, précaire. CONTR. *durable, ferme, solide, stable, sûr.* ■ Qui n'est pas logique. SYN. aberrant, approximatif, bâtard, faux, illogique, incohérent, incomplet. CONTR. *approprié, droit, judicieux, juste, logique, pertinent.* ■ Qui boite. SYN. claudicant, éclopé, estropié. – VIEUX : bancroche. CONTR. *ingambe, valide.*

boitillant *adjectif* Qui boite légèrement. SYN. – FAMILIER : clopinant. – LITTÉRAIRE : claudicant.

boitiller *verbe* Boiter légèrement. SYN. traîner la jambe. – FAMILIER : avancer clopin-clopant, clopiner, traîner la patte. – LITTÉRAIRE : claudiquer. – VIEUX : clocher.

bokmål *nom masculin* Une des deux formes du norvégien. SYN. dano-norvégien, riksmål. CONTR. *nynorsk.*

bombance *nom féminin* FAMILIER. Repas copieux. SYN. festin. – FAMILIER : ripaille. – POPULAIRE : gueuleton. – VIEUX : bamboche. CONTR. *abstinence.* ■ FAMILIER. ***Faire bombance,*** faire un repas de fête. SYN. bambocher, banqueter, festoyer. – FAMILIER : ripailler. – POPULAIRE : bâfrer.

bombarder *verbe* Attaquer avec des bombes. SYN. canonner, pilonner. ■ FAMILIER. Harceler quelqu'un. SYN. accabler, assaillir, assiéger, cribler, mitrailler, presser. ■ FAMILIER. Nommer à un poste. SYN. catapulter. – FAMILIER : parachuter, propulser.

bombe *nom féminin* FAMILIER. Grande fête. SYN. – ARGOTIQUE : teuf. – FAMILIER : bringue, fiesta, java, noce, nouba, ribouldingue. – POPULAIRE : bamboula, foire. – VIEUX : bamboche.

bombé *adjectif* Qui a une forme arrondie. SYN. arqué, busqué, cambré, convexe, courbe, protubérant, rebondi, renflé, saillant, ventru. CONTR. *aplati, concave, creux, écrasé, épaté, plat.* – LITTÉRAIRE : *cave.*

bombement *nom masculin* Fait d'être bombé. SYN. boursouflure, convexité. CONTR. *concavité.*

bomber *verbe intransitif* POPULAIRE. Aller très vite. SYN. accélérer, passer la surmultipliée, passer la vitesse supérieure, se presser. – FAMILIER : appuyer sur le champignon, foncer, gazer, mettre le pied au plancher, mettre les gaz, speeder. – POPULAIRE : bourrer, se grouiller, se magner, se manier, mettre (toute) la gomme, pédaler, tracer.

bomber *verbe transitif* Rendre convexe. SYN. cintrer, courber, gonfler, renfler. ■ ***Bomber le torse, la poitrine,*** avoir une attitude fière. SYN. s'afficher, faire la roue, faire l'important, en mettre plein la vue, parader, se pavaner, se rengorger. – FAMILIER : crâner, frimer, jouer au petit soldat, plastronner. – LITTÉRAIRE : fanfaronner. – POPULAIRE : ramener sa fraise, la ramener.

bôme *nom féminin* Pièce du gréement d'un voilier. SYN. gui.

bon *nom* ***Bon à rien,*** personne incompétente. SYN. ignare, ignorant, incapable, mauvais, nul, nullité, raté. – FAMILIER : ganache, minable, nullard, propre-à-rien, zéro. – POPULAIRE : jean-foutre.

bon *adjectif* Qui a les qualités pour. SYN. apte, capable, doué, fort, mûr. CONTR. *impropre, inapte, mauvais.* ■ Qui a de grandes qualités. SYN. consciencieux, excellent, formidable, intéressant, louable, parfait, remarquable, satisfaisant, sérieux, solide, valable. CONTR. *défectueux, déplorable, détestable, lamentable, mauvais, médiocre, minable, nul.* ■ Conforme à la norme. SYN. adéquat, convenable, correct. CONTR. *erroné, impropre, inadéquat, incorrect, mauvais, piteux.* ■ Qui est satisfaisant. SYN. avantageux, faste, favorable, fructueux, heureux, lucratif, rémunérateur, rentable, sûr. CONTR. *défavorable, dommageable, fâcheux, funeste, inquiétant, mauvais.* ■ Qui procure de l'agrément. SYN. agréable, charmant, délectable, délicieux, enviable, exquis. CONTR. *affreux, déplaisant, désagréable, écœurant, infect, mauvais, pénible.* – FAMILIER : *atroce.* ■ Qui marque un degré important. SYN. abondant, complet, considérable, grand, gros, important, plein, sérieux. – FAMILIER : solide. CONTR. *dérisoire, faible, minime, négligeable, petit.* ■ Qui est porté à faire le bien. SYN. altruiste, bienveillant, charitable, dévoué, humain, indulgent, obligeant, philanthrope, secourable, sensible, sentimental, serviable, tendre. – LITTÉRAIRE : bienfaisant. CONTR. *barbare, cruel, dur, égoïste, féroce, immoral, impitoyable, impur, indigne, inflexible, inhumain, injuste, malfaisant, malin, malintentionné, malveillant, méchant, pervers.* – LITTÉRAIRE : *fielleux.*

■ FAMILIER. Qui est naïf. SYN. bonasse, bonhomme, brave, gentil. – FAMILIER : chic. – LITTÉRAIRE : débonnaire, paterne. CONTR. – FAMILIER : *sale.* ■ Qui a un effet favorable sur. SYN. bénéfique, efficace, excellent, favorable, profitable, salutaire, utile. – LITTÉRAIRE : souverain. CONTR. *inutile, mauvais, nocif, nuisible, pernicieux, préjudiciable, superflu, vain.*

bonace *nom féminin* Calme plat. SYN. accalmie, calme, embellie. CONTR. *bourrasque, grain, ouragan.*

bonasse *adjectif* D'une bonté excessive. SYN. bonhomme, faible, naïf, simple. – FAMILIER : bon. – LITTÉRAIRE : débonnaire, paterne. – VIEUX : boniface. CONTR. *autoritaire, dur, énergique, impitoyable, sévère.*

bonasserie *nom féminin* LITTÉRAIRE. Caractère d'une personne bonasse. SYN. bienveillance, bonhomie, rondeur, simplicité. – LITTÉRAIRE : débonnaireté.

bon-chrétien *nom masculin* Variété de poire. SYN. williams.

bond *nom masculin* Mouvement d'un corps élastique. SYN. cabriole, cahot, rebond, saut. – LITTÉRAIRE : bondissement. ■ Progrès rapide. SYN. boom, envolée, essor, explosion, impulsion, pas, poussée. CONTR. *effondrement, récession.*

bondé *adjectif* Qui est entièrement rempli. SYN. comble, complet, débordant, encombré, foisonnant, fourmillant, grouillant, noir de monde, plein, rempli, surchargé. – FAMILIER : bourré, truffé. CONTR. *vide.*

bonder *verbe* Remplir au maximum. SYN. bourrer, combler, remplir. – LITTÉRAIRE : emplir.

bondieusard *nom* FAMILIER. Personne très dévote. SYN. bigot. – FAMILIER : calotin, grenouille de bénitier, punaise de sacristie, rat d'église. – LITTÉRAIRE : cafard, cagot, tartufe, tartuffe. CONTR. *athée, incrédule.* – LITTÉRAIRE : *impie.*

bondieuserie *nom féminin* FAMILIER. Dévotion outrée. SYN. – FAMILIER : bigoterie, bigotisme. – LITTÉRAIRE : cagoterie, pharisaïsme, tartuferie, tartufferie.

bondir *verbe* S'élancer quelque part. SYN. accourir, courir, s'élancer, galoper, se précipiter, se ruer, sauter, voler. – FAMILIER : foncer. CONTR. *s'arrêter, s'immobiliser.* ■ Sursauter sous le coup d'une émotion. SYN. sauter, se soulever, sursauter, tressaillir. – LITTÉRAIRE : tressauter.

bondissement *nom masculin* LITTÉRAIRE. Action de bondir. SYN. bond, cabriole, envolée, gambade, saut.

bondonnière *nom féminin* Outil pour percer une bonde. SYN. losse, lousse.

bonheur *nom masculin* Circonstance favorable. SYN. bonne fortune, chance. – FAMILIER : veine. – LITTÉRAIRE : heur. CONTR. *déboire, malchance, malheur.* – FAMILIER : *déveine, enquiquinement, guigne, tuile.* – LITTÉRAIRE : *infortune.* ■ État de complète satisfaction. SYN. allégresse, béatitude, bien-être, contentement, euphorie, idéal, prospérité. – LITTÉRAIRE : délectation, félicité. CONTR. *chagrin, détresse, douleur, enfer, malheur, peine.* – LITTÉRAIRE : *adversité.* ■ Joie liée à une circonstance. SYN. agrément, aubaine, avantage, bienfait, délice, douceur, joie, plaisir, ravissement, régal, satisfaction, volupté. CONTR. *calamité, catastrophe, désastre, difficulté, épreuve.* ■ ***Par bonheur,*** par chance. SYN. Dieu merci, Dieu soit loué, grâce à Dieu, heureusement, par un heureux hasard.

bonhomie *nom féminin* Caractère bienveillant. SYN. bienveillance, familiarité, rondeur, simplicité. – LITTÉRAIRE : bonasserie, débonnaireté. CONTR. *affectation, arrogance, condescendance, hauteur, intransigeance, morgue, suffisance.* – LITTÉRAIRE : *outrecuidance, sévérité.*

bonhomme *adjectif* Qui montre de la bonhomie. SYN. bienveillant, bonasse, brave, candide, familier, simple. – FAMILIER : bon. – LITTÉRAIRE : débonnaire, patelin. – VIEUX : boniface. CONTR. *affecté, arrogant, autoritaire, condescendant, hautain, ombrageux, sévère, suffisant.* – LITTÉRAIRE : *outrecuidant.*

bonhomme *nom masculin* FAMILIER. Homme quelconque. SYN. – FAMILIER : citoyen, gaillard, particulier, pistolet, type. – POPULAIRE : zig, zigue.

boni *nom masculin* Supplément de salaire. SYN. bonification, gratification, guelte, prime. CONTR. *déficit, perte.*

bonification *nom féminin* Somme allouée. SYN. boni, gratification, rabais, remise, ristourne.

bonification *nom féminin* Action d'améliorer quelque chose. SYN. amélioration, amendement, perfectionnement.

bonifier *verbe* Améliorer la qualité de. SYN. abonnir, amender, fertiliser. CONTR. *altérer, avarier, dégrader, détériorer, gâter.* ■ Rendre plus agréable. SYN. améliorer, perfectionner, transformer.

bonifier (se) *verbe pronominal* Acquérir de la qualité. SYN. s'améliorer, se développer, s'épanouir, se faire, mûrir, progresser. CONTR. *se dégrader, se détériorer.*

boniment *nom masculin* FAMILIER. Propos destiné à tromper. SYN. baliverne, billevesée, fadaises, histoire, mensonge, sornettes. – FAMILIER : baratin, bla-bla, bobard, salades. – POPULAIRE : craque. CONTR. *vérité.*

bonite *nom féminin* Poisson voisin du maquereau. SYN. pélamide.

bonjour ! *interjection* Formule de salutation. SYN. adieu !, salut ! CONTR. *adieu !, bonsoir !, au revoir !* – FAMILIER : *bye !, bye bye !, ciao !, salut !, tchao !*

bonne *nom féminin* Employée aux travaux du ménage. SYN. bonne à tout faire, domestique, employée de maison, servante. – LITTÉRAIRE : camériste, chambrière, soubrette.

bonnement *adverbe* ***Tout bonnement,*** sans équivoque. SYN. certainement, évidemment, incontestablement, indéniablement, indiscutablement, indubitablement, inéluctablement, inévitablement, inexorablement, infailliblement, manifestement, nettement, réellement, sans conteste, sans détour, simplement.

bonnet *nom masculin* FAMILIER. ***Bonnet de nuit,*** personne morose. SYN. rabat-joie. – FAMILIER : éteignoir, pisse-froid. – POPULAIRE : pisse-vinaigre. CONTR. *amuseur, boute-en-train, joyeux luron.* – FAMILIER : *joyeux drille.*

bonnet-de-prêtre *nom masculin* Variété de courge. SYN. artichaut d'Espagne, pâtisson.

bonsoir ! *interjection* Formule de salutation. SYN. adieu !, au revoir !, salut ! CONTR. *bonjour !*

bonté *nom féminin* Disposition à être bon. SYN. altruisme, amabilité, bienveillance, charité, complaisance, compréhension, douceur, générosité, gentillesse, humanité, indulgence, magnanimité, obligeance, philanthropie, tolérance. – LITTÉRAIRE : bénignité, clémence, compassion, mansuétude, miséricorde. CONTR. *atrocité, cruauté, dureté, égoïsme, férocité, inhumanité, méchanceté, noirceur, rigueur, rudesse.* – LITTÉRAIRE : *inclémence.*

bonus *nom masculin* Réduction d'une prime d'assurance. CONTR. *malus.*

boom *nom masculin* Développement rapide. SYN. bond, envolée, essor, expansion, explosion, pas, poussée, saut. CONTR. *effondrement, krach, récession.* – FAMILIER : *dégringolade.*

booster *verbe* FAMILIER. Donner une impulsion à. SYN. développer, donner un coup de fouet, galvaniser, pousser, propulser, renforcer, stimuler.

boqueteau *nom masculin* Petit bois. SYN. bosquet.

borassus ou **borasse** *nom masculin* Palmier d'Inde et d'Afrique. SYN. rônier.

borborygme *nom masculin* FAMILIER. Bruit confus. SYN. gargouillement, gargouillis.

bord *nom masculin* Bande de terre longeant la mer. SYN. berge, côte, grève, littoral, plage, rivage, rive. ■ Partie extrême d'une surface. SYN. bordure, commencement, contour, côté, encadrement, extrémité, limite, lisière, périphérie, pourtour, rebord, seuil, tranche. CONTR. *centre, fond, intérieur, milieu.*

bordeaux *adjectif* Rouge violacé. SYN. grenat, pourpre.

bordée *nom féminin* Décharge simultanée. SYN. canonnade, feu, rafale, salve, tir, volée. ■ FAMILIER. Indique une suite de choses. SYN. cascade, chapelet, kyrielle. – FAMILIER : pelletée.

bordel *nom masculin* POPULAIRE. Grand désordre. SYN. désordre, imbroglio. – FAMILIER : bazar, cirque, embrouillamini, micmac, pagaïe, pagaille, pastis, souk. – POPULAIRE : bin's, boxon, chienlit, foutoir, merdier.

border *verbe* Occuper le bord de quelque chose. SYN. avoisiner, borner, ceinturer, cercler, encadrer, flanquer, longer. – LITTÉRAIRE : jouxter. ■ Garnir d'une bordure. SYN. festonner, galonner, lisérer, ourler, souligner.

bordure *nom féminin* Ce qui marque le bord. SYN. bord, contour, encadrement, entourage, limite, liseré, lisière, orée, périphérie, pourtour.

boréal *adjectif* De la moitié nord. SYN. arctique, nord, nordique, septentrional. CONTR. *antarctique, austral, sud.*

borne *nom féminin* Ce qui limite quelqu'un. SYN. frein, limite. ■ Ce qui délimite quelque chose. SYN. bord, bordure, confins, contour, frontière, jalon, limite, périmètre, seuil, terme.

borné *adjectif* Qui a des idées étroites. SYN. bête, étriqué, étroit, faible, idiot, incapable, inepte, inintelligent, médiocre, obtus, petit, stupide. – FAMILIER : bouché, limité. CONTR. *brillant, clairvoyant, intelligent, ouvert, pénétrant, perspicace, profond, remarquable, sagace, subtil, supérieur.* ■ Qui a des limites. SYN. fini, limité, partiel, restreint, rétréci. CONTR. *étendu, illimité, infini, large.* – LITTÉRAIRE : *vaste.*

borner *verbe* Indiquer une limite. SYN. border, circonvenir, délimiter, enserrer, entourer, limiter, terminer. ■ Enfermer une action dans des limites. SYN. arrêter, cantonner, circonscrire, circonvenir, localiser, modérer, réduire, resserrer, restreindre. – LITTÉRAIRE : rétrécir. CONTR. *amplifier, élargir, étendre, généraliser, ouvrir, propager.*

borner (se) *verbe pronominal* Fixer des limites à sa propre action. SYN. se contenter de, se restreindre à, s'en tenir à. ■ Consister seulement en. SYN. se cantonner à, se confiner dans, se limiter à, se réduire à.

bornite *nom féminin* Sulfure naturel de fer et de cuivre. SYN. érubescite.

borofluorure *nom masculin* Composé du bore et du fluor. **SYN.** fluoborate.

borréliose *nom féminin* Maladie infectieuse transmise par une tique. **SYN.** maladie de Lyme.

bosquet *nom masculin* Petit bois. **SYN.** boqueteau.

bosse *nom féminin* Saillie du dos. **SYN.** cyphose, gibbosité. ▪ Élévation sur une surface. **SYN.** butte, éminence, hauteur, inégalité, saillie. **CONTR.** *cavité, concavité, creux, dépression.* ▪ Gonflement dû à un coup. **SYN.** boursouflure, contusion, enflure, grosseur, protubérance, tuméfaction. – LITTÉRAIRE : gibbosité, proéminence.

bosselé *adjectif* Déformé par des bosses. **SYN.** accidenté, cabossé. – LITTÉRAIRE : bossu. – VIEUX : bossué. **CONTR.** *égal, plan, plat, uni.*

bosseler *verbe* Déformer par des bosses. **SYN.** cabosser. – VIEUX : bossuer. **CONTR.** *aplanir, débosseler, niveler.*

bosser *verbe intransitif* POPULAIRE. Travailler dur. **SYN.** abattre de la besogne, se donner un mal de chien, peiner, travailler. – FAMILIER : en baver (des ronds de chapeau), bûcher, cravacher, mettre de l'huile de coude, en mettre un bon coup, en mettre un coup, en mettre un vieux coup, trimer. – POPULAIRE : boulonner, marner, turbiner. **CONTR.** *chômer, fainéanter, musarder, paresser, se prélasser, se reposer, se rouler les pouces, se tourner les pouces.* – FAMILIER : *buller, se la couler douce, flemmarder, tirer sa flemme.* – LITTÉRAIRE : *muser.* – POPULAIRE : *glander, ne pas en fiche une rame, se les rouler, tirer au cul, tirer au flanc.*

bosser *verbe transitif* FAMILIER. Étudier une matière. **SYN.** préparer, travailler. – FAMILIER : bûcher, potasser. – VIEUX : piocher.

bosseur *nom et adjectif* POPULAIRE. Qui travaille beaucoup. **SYN.** travailleur. – FAMILIER : bûcheur. – POPULAIRE : chiadeur, polard. **CONTR.** *fainéant, paresseux.* – FAMILIER : *cossard, faignant, feignant, flemmard.* – POPULAIRE : *glandeur.*

bossu *adjectif* LITTÉRAIRE. Qui présente des saillies. **SYN.** bosselé, cabossé. – VIEUX : bossué. **CONTR.** *égal, plan, plat, uni.*

bossuer *verbe* VIEUX. Déformer par des bosses. **SYN.** bosseler, cabosser. **CONTR.** *aplanir, débosseler.*

bothrops *nom masculin* Crotale sans sonnette. **SYN.** fer-de-lance, trigonocéphale.

botte *nom féminin* Chaussure haute. **SYN.** boots, bottillon, bottine, cuissarde.

botter *verbe* Frapper le ballon avec le pied. **SYN.** shooter, tirer.

boubouler *verbe* Pousser son cri (hibou). **SYN.** huer.

boucan *nom masculin* FAMILIER. Vacarme assourdissant. **SYN.** bruit, charivari, tapage, tintamarre, tumulte, vacarme. – ARGOTIQUE : barnum. – FAMILIER : chahut, chambard, foire, pétard, potin, raffut, tintouin. – LITTÉRAIRE : hourvari. – POPULAIRE : barouf, baroufe, bastringue, bousin, foin, ramdam. – VIEUX : boulevari, sabbat. **CONTR.** *calme, silence.*

boucané *adjectif* LITTÉRAIRE. Bruni par le soleil. **SYN.** bronzé, bruni, hâlé, tanné.

boucaud *nom masculin* Variété de crevette. **SYN.** boucot, crevette grise.

bouchage *nom masculin* Action de boucher. **SYN.** colmatage, fermeture.

bouche *nom féminin* Cavité buccale. **SYN.** – FAMILIER : bec. – POPULAIRE : clapet, gueule, margoulette. ▪ ***Fine bouche,*** personne qui apprécie ce qui est bon. **SYN.** amateur, connaisseur, expert, gastronome, gourmet. – FAMILIER : fine gueule.

bouché *adjectif* Sans visibilité. **SYN.** assombri, bas, chargé, couvert, gris, obscurci. **CONTR.** *clair.* ▪ FAMILIER. Qui comprend lentement. **SYN.** bête, borné, étriqué, étroit, idiot, incapable, inepte, inintelligent, médiocre, obtus, stupide. – FAMILIER : ballot, limité, lourd. **CONTR.** *brillant, clairvoyant, intelligent, ouvert, pénétrant, perspicace, profond, remarquable, sagace, subtil, supérieur.*

bouchée *nom féminin* ***Mettre les bouchées doubles,*** aller plus vite. **SYN.** abattre de la besogne, cravacher. – FAMILIER : bosser, bûcher, mettre de l'huile de coude, en mettre un bon coup, en mettre un coup, en mettre un vieux coup. – POPULAIRE : boulonner, marner, turbiner.

boucher *nom masculin* Homme sanguinaire. **SYN.** assassin, bourreau, criminel, massacreur.

boucher *verbe* Fermer une ouverture. **SYN.** aveugler, calfater, colmater, combler, condamner, étancher, obturer. – LITTÉRAIRE : clore. **CONTR.** *déboucher, percer.* ▪ Barrer un passage. **SYN.** barricader, condamner, couper, embouteiller, encombrer, engorger, fermer, obstruer, paralyser. **CONTR.** *débarrasser, déblayer, dégager, libérer, ouvrir.* ▪ FAMILIER. ***En boucher un coin,*** épater. **SYN.** abasourdir, ahurir, couper le souffle, ébahir, éberluer, étonner, en imposer, interloquer, en mettre plein la vue, renverser, stupéfier, suffoquer, surprendre. – FAMILIER : asseoir, bluffer, couper le sifflet, ébouriffer, épater, époustoufler, estomaquer, scier, sidérer, souffler. – POPULAIRE : couper la chique.

boucherie *nom féminin* Grande tuerie. **SYN.** carnage, hécatombe, immolation, massacre.

bouches *nom féminin pluriel* Embouchure d'un fleuve. SYN. delta.

bouche-trou *nom masculin* Personne qui en remplace une autre. SYN. intérimaire, remplaçant, substitut, suppléant.

bouchon *nom masculin* Ce qui maintient un hameçon en surface. SYN. flotteur. ■ Saturation d'un réseau. SYN. embouteillage, encombrement.

bouchonner *verbe* FAMILIER. Ne pas avancer. SYN. faire du surplace, piétiner, stagner. CONTR. *rouler.*

boucle *nom féminin* Mèche de cheveux. SYN. accroche-coeur, anglaise, bouclette, frisette, frisottis, frisure, ondulation. – VIEUX : frison. ■ Méandre d'un cours d'eau. SYN. courbe, méandre.

bouclé *adjectif* Qui a des boucles. SYN. cranté, frisé, frisottant, ondulé, permanenté. CONTR. *débouclé, défrisé, plat, raide.* ■ FAMILIER. Enfermé quelque part. SYN. barricadé, cantonné, claquemuré, cloîtré, confiné, isolé, muré, retiré, séquestré. – LITTÉRAIRE : reclus.

boucler *verbe intransitif* Former des boucles. SYN. friser, frisotter, onduler. – LITTÉRAIRE : moutonner. CONTR. *s'aplatir, raidir.*

boucler *verbe transitif* Fermer avec une boucle. SYN. agrafer, attacher, fermer. CONTR. *déboucler, défaire, dégrafer, détacher.* ■ FAMILIER. Enfermer quelqu'un de force. SYN. barricader, cadenasser, claquemurer, claustrer, cloîtrer, confiner, consigner, écrouer, emprisonner, enfermer, incarcérer, interner, parquer, séquestrer. – FAMILIER : coffrer, harponner, mettre à l'ombre. – LITTÉRAIRE : reclure. – POPULAIRE : agrafer, emballer. CONTR. *délivrer, libérer, sortir.* ■ Entourer une zone. SYN. cerner, encercler, envelopper, fermer, verrouiller. CONTR. *débloquer.* ■ Mener à son terme quelque chose. SYN. accomplir, achever, s'acquitter de. – LITTÉRAIRE : consommer. CONTR. *attaquer, commencer, entamer, entreprendre, mettre en train.* ■ Passer un anneau dans le nez d'un animal. SYN. anneler, ferrer.

bouclier *nom masculin* Moyen de protection. SYN. bastion, carapace, paravent. – LITTÉRAIRE : armure, cuirasse, rempart.

boucot *nom masculin* Variété de crevette. SYN. boucaud, crevette grise.

bouder *verbe intransitif* Manifester son mécontentement. SYN. renâcler, se renfrogner. – FAMILIER : faire la tête, rechigner. – POPULAIRE : faire la gueule, faire la tronche. CONTR. – FAMILIER : *rigoler.* – POPULAIRE : *se bidonner.*

bouderie *nom féminin* Action de bouder. SYN. désaccord, froid. – FAMILIER : fâcherie. – LITTÉRAIRE : dissentiment. – POPULAIRE : rogne. CONTR. *allégresse, bonne humeur, enjouement, entrain.*

boudeur *adjectif* Qui boude. SYN. bougon, fâché, grincheux, grognon, maussade, morose, renfrogné, revêche. – FAMILIER : ronchon, ronchonneur, rouspéteur. CONTR. *cordial, enjoué, enthousiaste, gai, joyeux, réjoui.*

boudeur *nom* Personne qui boude. SYN. bougon, grincheux, grognon. – FAMILIER : râleur, ronchon, ronchonneur, rouspéteur.

boudiné *adjectif* FAMILIER. En forme de boudin. SYN. bouffi, enflé, gonflé. ■ FAMILIER. Qui est trop serré. SYN. bridé, engoncé, gainé, moulé, sanglé, serré, tenu. – FAMILIER : saucissonné.

boue *nom féminin* Terre détrempée. SYN. bourbe, bourbier, vase. – FAMILIER : bouillasse, gadoue. – LITTÉRAIRE : fange.

boueux *nom masculin* FAMILIER. Préposé aux ordures ménagères. SYN. éboueur.

boueux *adjectif* Qui est plein de boue. SYN. bourbeux, limoneux, marécageux, vaseux. – LITTÉRAIRE : fangeux.

bouffant *adjectif* Qui bouffe. SYN. ample, gonflant. CONTR. *ajusté, aplati, collant, étriqué, étroit, plat, serré.*

bouffe *nom féminin* POPULAIRE. Ce qu'on mange. SYN. cuisine, mangeaille, manger, nourriture, repas. – ARGOTIQUE : graille. – FAMILIER : casse-croûte, fricot. – POPULAIRE : bectance, boustifaille, frichti, tambouille. – VIEUX : bouffetance.

bouffée *nom féminin* Accès subit d'un sentiment. SYN. accès, crise, explosion, flambée, poussée. – LITTÉRAIRE : souffle.

bouffer *verbe intransitif* Prendre du volume. SYN. bomber, gonfler. CONTR. *s'aplatir, coller, retomber.*

bouffer *verbe transitif* POPULAIRE. Avaler de la nourriture. SYN. avaler la mer et les poissons, avoir un bon coup de fourchette, avoir un estomac d'autruche, avoir une faim de loup, se bourrer, engloutir, engouffrer, faire honneur à un plat, se gaver, ingurgiter, manger. – ARGOTIQUE : briffer. – FAMILIER : casser la croûte, casser la graine, s'en donner jusqu'à la garde, s'empiffrer, s'enfiler, enfourner, manger comme quatre, manger comme un ogre, s'en mettre jusque-là, s'en mettre plein la panse, ne pas se laisser abattre, ripailler. – LITTÉRAIRE : faire bonne chère. – POPULAIRE : bâfrer, becqueter, becter, boulotter, croûter, s'en fourrer jusque-là, se goinfrer, grailler, gueuletonner, manger à s'en faire péter la sous-ventrière, manger comme un chancre, s'en mettre plein la gueule, s'en mettre plein la lampe, se mettre quelque chose dans le cornet, morfaler. CONTR. *jeûner.*

bouffeur *nom* POPULAIRE. Gros mangeur. SYN. glouton, goulu, gourmand. – FAMILIER : goinfre. – LITTÉRAIRE : gargantua. – POPULAIRE : bâfreur, boustifailleur, morfal, morfale, morfalou.

bouffi *adjectif* Qui est enflé. SYN. adipeux, boursouflé, enflé, gonflé, gras, gros, joufflu, soufflé, tumescent, turgescent. – FAMILIER : boudiné. – VIEUX : mafflu. CONTR. *creux, maigre, maigrelet, maigriot, menu, mince, squelettique.* – FAMILIER : *maigrichon.* – LITTÉRAIRE : *émacié.* ■ Qui tire vanité de. SYN. enflé, gonflé, infatué. – LITTÉRAIRE : boursouflé. CONTR. *humble, modeste.*

bouffir *verbe* Enfler de façon disgracieuse. SYN. se boursoufler, enfler, gonfler, se tuméfier. CONTR. *dégonfler, désenfler, maigrir, mincir.*

bouffissure *nom féminin* Gonflement de la peau. SYN. boursouflage, boursouflure, enflure, intumescence, poche, tuméfaction, tumescence, turgescence. CONTR. *amaigrissement, amincissement, dégonflement.* ■ LITTÉRAIRE. Caractère ampoulé. SYN. emphase, grandiloquence. – LITTÉRAIRE : pompe. CONTR. *austérité, simplicité.*

bouffon *adjectif* Qui prête à rire. SYN. burlesque, comique, extravagant, facétieux, grotesque. – FAMILIER : cocasse. CONTR. *austère, grave, précieux, puritain.*

bouffon *nom masculin* Personnage ridicule. SYN. pantin. – FAMILIER : polichinelle. – LITTÉRAIRE : histrion. – POPULAIRE : zouave. ■ Acteur qui doit faire rire. SYN. amuseur, clown, comique, pitre.

bouffonnerie *nom féminin* Caractère bouffon. SYN. burlesque, comique, drôlerie. CONTR. *gravité, sérieux, tristesse.* ■ Action, parole bouffonne. SYN. clownerie, drôlerie, facétie, farce, pantalonnade, pitrerie. – FAMILIER : blague, joyeuseté. – LITTÉRAIRE : arlequinade, pasquinade.

bouge *nom masculin* Logement sordide. SYN. bauge, masure, nid à rats, réduit, taudis. – FAMILIER : baraque, bicoque, porcherie. – LITTÉRAIRE : chenil, galetas, tanière. – POPULAIRE : gourbi. ■ Établissement malfamé. SYN. gargote. – FAMILIER : boui-boui.

bougeotte *nom féminin* FAMILIER. ***Avoir la bougeotte,*** ne pas rester en place. SYN. s'agiter, bouger, frétiller, gesticuler, remuer, se tortiller, se trémousser. – FAMILIER : gigoter. CONTR. *être immobile, s'immobiliser.*

bouger *verbe intransitif* Manquer de solidité. SYN. branler, remuer, vaciller. ■ Remuer sur place. SYN. s'agiter, frétiller, gesticuler, se mouvoir, remuer, se remuer, se secouer, se trémousser. – FAMILIER : avoir la bougeotte, gigoter. CONTR. *être immobile, s'immobiliser.* ■ Quitter le lieu où l'on est. SYN. s'en aller, se déplacer, s'éloigner, se mouvoir. CONTR. *rester.* – LITTÉRAIRE : *demeurer.*

bouger *verbe transitif* Déplacer quelque chose. SYN. déranger, mouvoir, remuer, transporter.

bougon *adjectif* Qui a l'habitude de bougonner. SYN. acariâtre, boudeur, grincheux, grognon, hargneux, morose, revêche. – FAMILIER : râleur, ronchon, ronchonneur, rouspéteur. – LITTÉRAIRE : chagrin. CONTR. *affable, cordial, engageant, gracieux.* – LITTÉRAIRE : *amène.*

bougon *nom* Personne qui bougonne. SYN. boudeur, grincheux, grognon. – FAMILIER : râleur, ronchon, ronchonneur, rouspéteur.

bougonnement *nom masculin* Action de bougonner. SYN. grognement, grommellement, marmonnement. – FAMILIER : grogne, rouspétance.

bougonner *verbe* FAMILIER. Murmurer entre ses dents avec mauvaise humeur. SYN. être de mauvaise humeur, être d'une humeur de chien, être d'une humeur de dogue, grogner, grommeler, marmonner, marmotter, maugréer, pester. – FAMILIER : être de mauvais poil, être mal luné, grognonner, maronner, râler, ronchonner, rouspéter. – POPULAIRE : rouscailler. – VIEUX : rogner, rognonner. CONTR. *être bien disposé, être de bonne humeur, sourire.* – FAMILIER : *être bien luné, être de bon poil.*

bougre *nom masculin* Individu quelconque. SYN. diable. – FAMILIER : gaillard, gars, type.

bougrement *adverbe* FAMILIER. De manière intense. SYN. (à) cent pour cent, abominablement, affreusement, beaucoup, bien, considérablement, effroyablement, énormément, épouvantablement, exceptionnellement, excessivement, extraordinairement, extrêmement, fabuleusement, follement, fort, fortement, grandement, hautement, horriblement, immensément, immodérément, incroyablement, infiniment, mortellement, parfaitement, particulièrement, prodigieusement, profondément, puissamment, singulièrement, supérieurement, terriblement, très, trop, vertigineusement. – FAMILIER : atrocement, bigrement, diablement, drôlement, fameusement, fichtrement, fichûment, formidablement, joliment, méchamment, à mort, rudement, sacrément, tout plein. – LITTÉRAIRE : diantrement, furieusement. – POPULAIRE : foutrement, salement, vachement. – VIEUX : fièrement. CONTR. *aucunement, faiblement, médiocrement, modérément, peu.*

boui-boui *nom masculin* FAMILIER. Restaurant médiocre. SYN. bouge, gargote, taverne. – POPULAIRE : bousin, caboulot. – VIEUX : beuglant, bouillon.

bouillant *adjectif* Qui bout. SYN. brûlant, chaud. CONTR. *froid, gelé, glacé, tiède.* – FAMILIER : *réfrigéré.* ■ Qui est plein d'ardeur. SYN. ardent, emporté, enthousiaste, explosif, fébrile, fiévreux, fougueux, frénétique, impatient, impétueux, impulsif, passionné, pétillant, pétulant, remuant, tout feu tout flammes, véhément, vif. – LITTÉRAIRE : embrasé, inflammable, volcanique. CONTR. *atone, calme, doux, froid, impassible, lymphatique, mou, patient, pondéré, réservé.*

bouille *nom féminin* FAMILIER. Visage. SYN. figure, minois, tête, visage. – FAMILIER : bille, binette, frimousse, trogne. – POPULAIRE : gueule, portrait, trombine, tronche.

bouillie *nom féminin* FAMILIER. ***En bouillie,*** complètement écrasé. SYN. écrasé, en marmelade, en morceaux, en pièces. – FAMILIER : en capilotade, en compote.

bouillir *verbe* Être animé d'un sentiment vif. SYN. bouillonner, brûler, écumer, enrager, être hors de soi, être sur des charbons ardents, fulminer, piaffer, trépigner. – FAMILIER : être sous pression, être sur le gril.

bouillon-blanc *nom masculin* Plante couverte d'un duvet. SYN. molène.

bouillonnant *adjectif* Qui est en effervescence. SYN. déchaîné, fébrile, fiévreux, frénétique, surchauffé, surexcité, survolté. – LITTÉRAIRE : effervescent, tumultueux. CONTR. *apathique, calme, lymphatique, morose, placide, posé.*

bouillonnement *nom masculin* État de ce qui bouillonne. SYN. agitation, ébullition, effervescence, excitation, fermentation, fièvre, grouillement, ouragan, surexcitation, tempête, trépidation. – LITTÉRAIRE : orage, tourbillon, tumulte, turbulence. CONTR. *apaisement, calme, sérénité, tranquillité.* – LITTÉRAIRE : *quiétude.*

bouillonner *verbe* Être en effervescence. SYN. s'agiter, bouillir, écumer, être comme un ours en cage, être sur des charbons ardents, s'exalter. – FAMILIER : être dans tous ses états, être sous pression, être sur les dents. – LITTÉRAIRE : fermenter. CONTR. *s'apaiser, se calmer, se poser.*

boulaie *nom féminin* Terrain planté de bouleaux. SYN. boulinière.

boule *nom féminin* Objet sphérique. SYN. disque, globe, sphère.

boule-de-neige *nom féminin* Plante à fleurs blanches rondes. SYN. obier.

bouler (se) *verbe pronominal* VIEUX. Se rouler en boule. SYN. se lover, se pelotonner, se ramasser, se recroqueviller. CONTR. *s'étendre, s'étirer.*

bouletage *nom masculin* Transformation en boulettes. SYN. pelletisation.

boulette *nom féminin* FAMILIER. Parole, action maladroite. SYN. balourdise, bavure, bêtise, bévue, erreur, impair, maladresse. – FAMILIER : ânerie, blague, bourde, gaffe.

bouleversant *adjectif* Qui bouleverse. SYN. affolant, déchirant, dramatique, émouvant, empoignant, impressionnant, pathétique, poignant, remuant, saisissant, touchant, tragique, troublant. CONTR. *rassurant, tranquillisant.*

bouleversement *nom masculin* Action de bouleverser. SYN. altération, branle-bas, changement, dérangement, désordre, modification, renversement, révolution, ruine, saccage. – FAMILIER : chambard, chambardement, chamboulement. CONTR. *agencement, aménagement, arrangement, ordonnancement, ordre.* ■ Profonde perturbation. SYN. affolement, agitation, choc, commotion, convulsion, ébranlement, émotion, perturbation, remous, saisissement, secousse, soubresaut, trouble. – LITTÉRAIRE : émoi. CONTR. *apaisement, ataraxie, calme, paix.* – LITTÉRAIRE : *quiétude.*

bouleverser *verbe* Mettre en complet désordre. SYN. bousculer, déplacer, déranger, dérégler, désorganiser, mettre sens dessus dessous, perturber, révolutionner. – FAMILIER : chahuter, chambarder, chambouler. CONTR. *agencer, aménager, arranger, disposer, ordonner, organiser, ranger.* ■ Troubler profondément quelqu'un. SYN. affecter, affoler, agiter, apitoyer, atteindre, attendrir, chavirer, commotionner, ébranler, émouvoir, empoigner, fendre l'âme, fendre le cœur, frapper, heurter, impressionner, inquiéter, interpeller, perturber, remuer, retourner, saisir, secouer, toucher. – FAMILIER : chambouler, émotionner, prendre aux tripes, révolutionner, tourneboulér. – LITTÉRAIRE : prendre aux entrailles. CONTR. *apaiser, calmer.* – LITTÉRAIRE : *rasséréner.*

boulimie *nom féminin* Désir insatiable de. SYN. avidité, frénésie, soif. – FAMILIER : fringale. – LITTÉRAIRE : faim.

boulinière *nom féminin* Terrain planté de bouleaux. SYN. boulaie.

boulonner *verbe* POPULAIRE. Travailler beaucoup. SYN. abattre de la besogne, se donner un mal de chien, travailler. – FAMILIER : en baver (des ronds de chapeau), bûcher, cravacher, se défoncer, mettre de l'huile de coude, en mettre un bon coup, en mettre un coup, en mettre un vieux coup, trimer. – POPULAIRE : bosser, se crever, marner, turbiner. CONTR. *chômer, fainéanter, musarder, paresser, se prélasser, se reposer,* *se rouler les pouces, se tourner les pouces.* – FAMILIER : *buller, se la couler douce, flemmarder, tirer sa flemme.* – LITTÉRAIRE : *muser.* – POPULAIRE : *glander, ne pas en fiche une rame, se les rouler, tirer au cul, tirer au flanc.*

boulot *adjectif* FAMILIER. Petit et rondelet. SYN. potelé, ramassé, trapu. – FAMILIER : courtaud, grassouillet, rond, rondouillard. CONTR. *élancé, long, longiligne, mince, svelte.*

boulot *nom masculin* POPULAIRE. Travail à accomplir. SYN. besogne, ouvrage, tâche. ■ POPULAIRE. Emploi rémunéré. SYN. métier, travail. – FAMILIER : business, job, taf. – POPULAIRE : turbin, turf.

boulotter *verbe* POPULAIRE. Manger beaucoup de. SYN. avaler, se bourrer, engloutir, engouffrer, se gaver, ingurgiter. – ARGOTIQUE : briffer. – FAMILIER : s'en donner jusqu'à la garde, s'empiffrer, enfourner, s'en mettre jusque-là, s'en mettre plein la panse. – POPULAIRE : bâfrer, becqueter, becter, bouffer, s'en fourrer jusque-là, se goinfrer, s'en mettre plein la gueule, s'en mettre plein la lampe. ■ POPULAIRE. Dépenser sans mesure. SYN. croquer, dilapider. – FAMILIER : manger. – LITTÉRAIRE : dissiper. – POPULAIRE : bouffer. CONTR. *amasser, économiser, épargner, mettre de côté.*

bouquet *nom masculin* Touffe de fleurs. SYN. botte, faisceau, gerbe. ■ Parfum d'un vin. SYN. arôme, fumet, odeur, saveur. – LITTÉRAIRE : fragrance, senteur. ■ Fin d'un spectacle. SYN. apothéose, couronnement.

bouquin *nom masculin* FAMILIER. Livre. SYN. œuvre, ouvrage, parution, publication, volume.

bouran *nom masculin* Tempête de neige, en Sibérie. SYN. buran, purga.

bourbe *nom féminin* Boue noire et épaisse. SYN. boue, limon, vase. – FAMILIER : gadoue. – LITTÉRAIRE : fange.

bourbeux *adjectif* Qui est plein de bourbe. SYN. boueux, limoneux, marécageux, vaseux. – LITTÉRAIRE : fangeux. CONTR. *clair, filtré, limpide.*

bourbier *nom masculin* Lieu très bourbeux. SYN. cloaque, marais, marécage. – LITTÉRAIRE : égout, sentine. ■ Situation difficile. SYN. guêpier, impasse, mauvais pas. – FAMILIER : pastis, sac de nœuds, sac d'embrouilles.

bourbonien *adjectif* Se dit d'un nez arqué. SYN. aquilin, arqué, busqué. CONTR. *aplati, camus, écrasé, épaté.* – VIEUX : *camard.*

bourcette *nom féminin* Plante qui se mange en salade. SYN. boursette, doucette, mâche.

bourde *nom féminin* FAMILIER. Petite maladresse. SYN. bavure, bêtise, bévue, erreur, impair, méprise, sottise. – FAMILIER : blague, boulette, gaffe, perle. ■ FAMILIER. Histoire inventée. SYN. mensonge. – FAMILIER : blague, bobard. – POPULAIRE : craque.

bourdon *nom masculin* FAMILIER. Idées noires. SYN. – FAMILIER : blues, cafard. – LITTÉRAIRE : spleen.

bourdonnement *nom masculin* Bruit sourd et continu. SYN. frou-frou, grondement, ronflement, ronronnement, vrombissement. – FAMILIER : ronron. – LITTÉRAIRE : bruissement, chuchotement, chuchotis, friselis. ■ Murmure de voix humaines. SYN. brouhaha, chuchotement, murmure, rumeur. – LITTÉRAIRE : bruissement, susurrement. ■ ***Bourdonnement d'oreille,*** sensation sonore désagréable. SYN. acouphène.

bourdonner *verbe* Émettre un son grave et continu. SYN. corner, gronder, ronfler, ronronner, vrombir. ■ Faire entendre un bruit confus. SYN. bruisser, chuchoter, frémir, murmurer, susurrer. – LITTÉRAIRE : bruire.

bourg *nom masculin* Gros village. SYN. agglomération, localité, village. – FAMILIER : patelin.

bourgade *nom féminin* Petit bourg. SYN. agglomération, localité, village. – FAMILIER : patelin.

bourgeois *adjectif* Relatif aux bourgeois. CONTR. *aristocratique, noble.* ■ Qui tient à son confort. SYN. conformiste, matérialiste, prosaïque, terre à terre. – FAMILIER : pantouflard, pot-au-feu. CONTR. *aventureux.* – FAMILIER : *risque-tout.* ■ Qui est conservateur. SYN. conventionnel, formaliste. CONTR. *bohème.*

bourgeois *nom* Personne de la classe moyenne. CONTR. *aristocrate, noble.* ■ VIEUX. Individu sans idéal. SYN. béotien. – LITTÉRAIRE : philistin, roturier. – VIEUX : épicier.

bourgeon *nom masculin* Petite formation végétale. SYN. bouton, œil, pousse.

bourgette *nom féminin* Petit poisson des fonds sableux. SYN. buhotte.

bourgmestre *nom* En Belgique, maire d'une commune. SYN. maïeur, mayeur.

bourlinguer *verbe* FAMILIER. Voyager beaucoup. SYN. aller par monts et par vaux, courir le monde, voyager. – FAMILIER : naviguer, rouler sa bosse. – LITTÉRAIRE : pérégriner.

bourrage *nom masculin* FAMILIER. ***Bourrage de crâne,*** propagande intensive. SYN. endoctrinement, intoxication, matraquage, propagande. – FAMILIER : intox, intoxe.

bourraque *nom féminin* Filet à crevettes. SYN. crevettier, crevettière, haveneau, havenet, pousseux.

bourrasque *nom féminin* Coup de vent violent. SYN. cyclone, grain, ouragan, rafale, tempête, tornade, tourbillon. – LITTÉRAIRE : tourmente. CONTR. *bonace, calme, embellie.* ■ LITTÉRAIRE. Incident brusque. SYN. tempête, tumulte. – LITTÉRAIRE : orage, tourmente, turbulence. CONTR. *paix, tranquillité.* – LITTÉRAIRE : *quiétude.*

bourratif *adjectif* FAMILIER. Qui bourre l'estomac. SYN. nourrissant, nutritif.

bourré *adjectif* FAMILIER. Qui est plein de. SYN. bondé, comble, complet, débordant, encombré, farci, foisonnant, fourmillant, gorgé, grouillant, noir de monde, plein, rempli. – FAMILIER : pourri, truffé. CONTR. *dégagé, dénué, dépourvu, désert, déserté, exempt, inoccupé, vide.* ■ POPULAIRE. Complètement ivre. SYN. aviné, enivré, ivre, pris de boisson. – FAMILIER : imbibé, parti, plein comme un œuf, plein comme une outre, pompette, saoul, schlass, soûl, soûl comme un Polonais, soûl comme une bourrique, soûl comme une grive. – POPULAIRE : beurré, beurré comme un p'tit Lu, beurré comme une tartine, blindé, chargé, cuit, noir, paf, pété, pinté, plein comme une barrique, raide, rétamé, rond, rond comme une barrique, rond comme une queue de pelle, torché. – VIEUX : brindezingue. CONTR. *à jeun, sobre.*

bourreau *nom masculin* Celui qui infligeait la peine de mort. SYN. exécuteur des hautes œuvres. CONTR. *victime.* ■ Personne cruelle. SYN. boucher, meurtrier, tortionnaire. CONTR. *martyr, victime.* ■ FAMILIER. ***Bourreau des cœurs,*** séducteur. SYN. coureur, don Juan, dragueur, séducteur, tombeur.

bourreler *verbe* Tourmenter quelqu'un. SYN. dévorer, miner, ronger, tenailler, torturer. – LITTÉRAIRE : crucifier, supplicier. CONTR. *apaiser, calmer, délivrer, libérer.*

bourrelet *nom masculin* Renflement de chair. SYN. – LITTÉRAIRE : proéminence. – POPULAIRE : pneu, poignée d'amour.

bourrer *verbe intransitif* POPULAIRE. Aller très vite. SYN. accélérer. – FAMILIER : foncer, gazer, speeder. – POPULAIRE : bomber, tracer.

bourrer *verbe transitif* Remplir au maximum. SYN. bonder, combler, remplir. – LITTÉRAIRE : emplir. CONTR. *désemplir, vider.* ■ Faire trop manger. SYN. gaver, gorger, rassasier. – LITTÉRAIRE : repaître. CONTR. *priver, restreindre.* ■ Encombrer l'esprit de. SYN. accabler, farcir, gorger, saturer, surcharger, truffer. – LITTÉRAIRE : repaître.

bourrer (se) *verbe pronominal* Manger avec excès. SYN. avaler la mer et les poissons, avoir un bon coup de fourchette, avoir un estomac d'autruche, dévorer, engloutir, engouffrer, faire honneur à un plat, se gaver, ingurgiter. – ARGOTIQUE : briffer. – FAMILIER : s'en donner jusqu'à la garde, s'empiffrer, s'enfiler, enfourner, manger comme quatre, manger comme un ogre, s'en mettre jusque-là, s'en mettre plein la panse, ne pas se laisser abattre. – POPULAIRE : bâfrer, bouffer, bouffer comme un chancre, boulotter, s'en fourrer jusque-là, se goinfrer, manger à s'en faire péter la sous-ventrière, manger comme un chancre, s'en mettre plein la gueule, s'en mettre plein la lampe, morfaler. – VIEUX : goinfrer. CONTR. *grignoter.* – FAMILIER : *chipoter, picorer.* ■ POPULAIRE. Boire jusqu'à l'ivresse. SYN. s'enivrer, se soûler. – FAMILIER : boire comme un Polonais, boire comme un trou, boire comme une éponge. – POPULAIRE : s'arsouiller, se beurrer, se bitturer, se charger, se cuiter, se gorgeonner, se péter la gueule, picoler, se pinter, se piquer le nez, se poivrer, prendre une bitture, prendre une cuite. – VIEUX : se noircir.

bourriche *nom féminin* Panier à huîtres. SYN. cloyère.

bourricot *nom masculin* Petit âne. SYN. bourriquet.

bourrin *nom masculin* POPULAIRE. Mauvais cheval. SYN. bidet. – POPULAIRE : canasson.

bourriquet *nom masculin* Petit âne. SYN. bourricot.

bourru *adjectif* Qui a un caractère brusque. SYN. abrupt, acariâtre, âpre, brusque, désagréable, maussade, morose, rébarbatif, renfrogné, revêche, rude, sec. – LITTÉRAIRE : malgracieux. CONTR. *affable, agréable, aimable, cajoleur, câlin, charmant, complaisant, courtois, doux, plaisant, riant, sociable.* – LITTÉRAIRE : *amène, débonnaire.*

bourse *nom féminin* Petit sac souple. SYN. aumônière, escarcelle, porte-monnaie. ■ ***Sans bourse délier,*** sans qu'il en coûte rien. SYN. gracieusement, gratis, gratuitement, pour rien, à titre gracieux. – FAMILIER : à l'œil, pour pas un rond.

bourse-à-pasteur *nom féminin* Plante à fruit en forme de cœur aplati. SYN. capselle.

boursette *nom féminin* Plante qui se mange en salade. SYN. bourcette, doucette, mâche.

boursicoter *verbe* Jouer en Bourse. SYN. spéculer.

boursouflage *nom masculin* Fait de se boursoufler. SYN. bouffissure, boursouflure, enflure.

boursouflé *adjectif* Qui est enflé. SYN. bouffi, cloqué, gondolé, soufflé, tumescent, turgescent. CONTR. *creux, dégonflé, maigre, menu, plat, squelettique, uni.* – FAMILIER : *maigrichon.* – LITTÉRAIRE : *émacié.* ■ Plein d'emphase. SYN. ampoulé, déclamatoire, emphatique, grandiloquent, hyperbolique, pompeux, prolixe, ronflant. CONTR. *concis, familier, laconique, naturel, simple, spontané.*

boursoufler *verbe* Distendre quelque chose. SYN. ballonner, bouffir, dilater, gonfler, souffler, tuméfier. – LITTÉRAIRE : enfler. CONTR. *dégonfler.*

boursoufler (se) *verbe pronominal* Être enflé par endroits. SYN. bouffir, se dilater, se tuméfier. CONTR. *désenfler.*

boursouflure *nom féminin* Partie boursouflée. SYN. bombement, bosse, bouffissure, boursouflage, cloque, enflure, intumescence, soufflure, soulèvement, tuméfaction, tumescence, turgescence. CONTR. *creux, dépression.* ■ Caractère grandiloquent. SYN. emphase, enflure, grandiloquence. – LITTÉRAIRE : amphigouri, pathos, pompe. CONTR. *naturel, simplicité.*

bouschet *nom masculin* Cépage du midi de la France. SYN. mourastel.

bousculade *nom féminin* Poussée qui bouscule. SYN. agitation, remous, tourbillon. ■ Précipitation désordonnée. SYN. cohue, confusion, mêlée, presse, remue-ménage. – FAMILIER : chahut, pagaïe, pagaille.

bousculé *adjectif* Sollicité de tous côtés. SYN. absorbé, accaparé, affairé, débordé, occupé, pris.

bousculer *verbe* Heurter quelqu'un, quelque chose. SYN. cogner, culbuter, malmener, percuter, pousser, renverser. ■ Changer totalement. SYN. bouleverser, déranger, révolutionner, secouer. – FAMILIER : chahuter, chambarder, chambouler. CONTR. *ménager, respecter.* ■ Inciter quelqu'un à se presser. SYN. activer, brusquer, rudoyer. – FAMILIER : secouer. – LITTÉRAIRE : presser. CONTR. *ralentir, retarder.*

bousculer (se) *verbe pronominal* Se pousser en tous sens. SYN. se caramboler, se presser.

bousillage *nom masculin* FAMILIER. Action de bousiller. SYN. destruction, détérioration, gâchage. – FAMILIER : bâclage, massacre.

bousiller *verbe* FAMILIER. Mal exécuter un travail. SYN. gâcher, saboter. – FAMILIER : bâcler, cochonner, massacrer, sabrer, saccager. – POPULAIRE : saloper. CONTR. *ciseler, fignoler, parfaire, polir, soigner.* – FAMILIER : *lécher.* – VIEUX : *perler.* ■ FAMILIER. Endommager quelque chose. SYN. abîmer, briser, casser, démanteler, démolir, détériorer, détraquer, disloquer, emboutir, saboter. – ARGOTIQUE : dézinguer. – FAMILIER : amocher, déglinguer, démantibuler, esquinter, fusiller. – POPULAIRE : foutre en l'air, péter, ratatiner. CONTR. *arranger, réparer.* – FAMILIER : *rabibocher, rafistoler, retaper.* ■ FAMILIER. Tuer quelqu'un. SYN. abattre, achever, assassiner, éliminer, envoyer ad patres, exécuter, fusiller, massacrer, supprimer, tuer. – ARGOTIQUE : dézinguer. – FAMILIER : descendre, faire passer le goût du pain, liquider, ôter le goût du pain, trucider. – LITTÉRAIRE : faire passer de vie à trépas, occire, raidir. – POPULAIRE : buter, faire la peau, flinguer, ratatiner, rectifier, refroidir, zigouiller. – VIEUX : suriner.

bousin *nom masculin* POPULAIRE. Petit cabaret. SYN. gargote, taverne. – FAMILIER : boui-boui. ■ POPULAIRE. Grand bruit. SYN. remue-ménage, tapage, tumulte, vacarme. – FAMILIER : boucan, raffut, tohu-bohu. – POPULAIRE : ramdam. – VIEUX : boulevari, sabbat. CONTR. *calme, silence.*

boustifailleur *nom masculin* POPULAIRE. Personne qui mange beaucoup. SYN. glouton, goulu. – FAMILIER : goinfre. – LITTÉRAIRE : bouffeur, gargantua. – POPULAIRE : bâfreur, gueulard, morfal, morfale, morfalou.

bout *nom masculin* Extrémité d'un corps, d'un espace. SYN. bas, base, extrémité, fond, limite, queue. ■ Fin d'une durée. SYN. aboutissement, achèvement, cessation, conclusion, extinction, fin, issue, terme, terminus. – LITTÉRAIRE : terminaison. CONTR. *commencement, début, naissance.* ■ Morceau de quelque chose. SYN. bribe, brin, fragment, lambeau, parcelle, section, segment, soupçon, tronçon. CONTR. *intégralité, totalité.* ■ ***Bout à bout,*** l'un à la suite de l'autre. SYN. en enfilade, à la suite. CONTR. *distant, écarté, éloigné.* ■ FAMILIER. ***Bout de chou, bout de zan,*** petit enfant. SYN. bambin, enfant, gamin, gamine, petit. – FAMILIER : chérubin, gosse, marmot, mioche, moustique, moutard, petiot, petiote, pitchoun, pitchounet, poussin, puce. – POPULAIRE : lardon, loupiot, mône, mouflet. – VIEUX : marmouset.

boutade *nom féminin* Propos vif et imprévu. SYN. mot, paradoxe, plaisanterie, pointe, raillerie. – FAMILIER : astuce. – LITTÉRAIRE : brocard, saillie.

bout-dehors *nom masculin* Pièce de mâture. SYN. boute-hors.

boute-en-train *nom masculin invariable* Personne qui met les autres en joie. SYN. amuseur, animateur, comique, joyeux luron. – FAMILIER : joyeux drille. – VIEUX : loustic. CONTR. *rabat-joie, trouble-fête.* – FAMILIER : *bonnet de nuit, éteignoir.*

boutefeu *nom masculin* VIEUX. Personne qui suscite des querelles. SYN. provocateur. – LITTÉRAIRE : excitateur. CONTR. *conciliateur, médiateur, pacificateur.*

boute-hors *nom masculin invariable* Pièce de mâture. SYN. bout-dehors.

bouteille *nom féminin* Récipient allongé. SYN. fiasque, fillette, litre. – FAMILIER : chopine. – POPULAIRE : cadavre, litron. ■ Engin de pêche. SYN. carafe.

bouteroue *nom féminin* Borne ou arc métallique. SYN. chasse-roue.

bouteur *nom masculin* Engin de terrassement. SYN. bulldozer.

boutique *nom féminin* Local où se tient un commerce. SYN. commerce, échoppe, magasin. ■ FAMILIER. Lieu de travail. SYN. – ARGOTIQUE : bahut. – FAMILIER : baraque, bicoque, boîte. – POPULAIRE : crémerie, turne.

boutiquier *nom* Personne qui tient une boutique. SYN. commerçant, marchand, négociant.

bouton *nom masculin* État d'une fleur avant l'éclosion. SYN. bourgeon, œil. ■ Petite lésion de la peau. SYN. papule, pustule.

boutonneux *adjectif* Qui a des boutons. SYN. buboneux, pustuleux. – RARE : bourgeonneux.

boutonnière *nom féminin* Dépression due à l'érosion. SYN. bray. ■ Petite incision dans la peau. SYN. cicatrice, coupure, entaille.

bouvier *nom* Personne qui conduit les bœufs. SYN. vacher.

bow-window *nom masculin* Fenêtre en saillie. SYN. oriel.

boxe *nom féminin* ***Boxe américaine,*** sport de combat qui s'inspire de la boxe. SYN. full-contact.

boyaux *nom masculin pluriel* FAMILIER. Viscères de l'homme. SYN. entrailles, intestins, tripaille. – FAMILIER : tripe.

boycotter *verbe* Refuser quelque chose. SYN. censurer, écarter, interdire, isoler, mettre à l'index. CONTR. *encourager, soutenir.*

brachycéphale *adjectif et nom* Qui a le crâne aussi large que long. CONTR. *dolichocéphale.*

brachymélie *nom féminin* Malformation congénitale. SYN. micromélie.

brachysome *adjectif et nom* Dont le corps est trapu. SYN. bréviligne.

bradage *nom masculin* Action de brader. SYN. braderie.

brader *verbe* Vendre à bas prix. SYN. brocanter, casser les prix, se débarrasser, discompter, discounter, liquider, solder. – FAMILIER : bazarder, sacrifier.

braderie *nom féminin* Action de brader. SYN. bradage.

bradycardie *nom féminin* Ralentissement des battements du cœur. CONTR. *tachycardie.*

bradype *nom masculin* Mammifère arboricole édenté. SYN. aï, paresseux, unau.

braillard *adjectif et nom* FAMILIER. Qui braille. SYN. criard, hurleur. – FAMILIER : brailleur. – POPULAIRE : gueulard.

braillement *nom masculin* Action de brailler. SYN. clameur, cri, hurlement, vocifération. – FAMILIER : beuglement.

brailler *verbe* FAMILIER. Crier, pleurer très fort. SYN. hurler, vociférer. – FAMILIER : beugler. – POPULAIRE : bramer, chialer, gueuler. CONTR. *chuchoter, murmurer, susurrer.* ■ FAMILIER. Chanter mal et fort. SYN. s'égosiller. – FAMILIER : braire. – POPULAIRE : beugler.

brailleur *adjectif* FAMILIER. Qui braille. SYN. criard, hurleur. – FAMILIER : braillard. – POPULAIRE : gueulard. CONTR. *silencieux.*

brainstorming *nom masculin* Recherche d'idées originales. SYN. remue-méninges.

bramer *verbe* POPULAIRE. Crier, pleurer fort. SYN. s'égosiller, hurler, rugir, vociférer. – FAMILIER : beugler, brailler. – POPULAIRE : gueuler. CONTR. *chuchoter, murmurer, susurrer.*

brancard *nom masculin* Appareil pour transporter un blessé. SYN. civière.

branchage *nom masculin* Ensemble des branches d'un arbre. SYN. frondaison, ramure. – LITTÉRAIRE : branchure, ramée.

branche *nom féminin* Activité particulière. SYN. champ, discipline, domaine, partie, section, spécialité. – FAMILIER : rayon.

branché *adjectif* FAMILIER. Qui est à la mode. SYN. dernier cri, dernière mode, dans le vent, en vogue. – FAMILIER : câblé, dans le coup, in, tendance. CONTR. *arriéré, démodé, dépassé, obsolète, vieux jeu.* – FAMILIER : *out, ringard.* – LITTÉRAIRE : *suranné.* – VIEUX : *rococo.*

brancher *verbe* Diriger quelqu'un sur. SYN. aiguiller, diriger, guider, orienter. CONTR. *désorienter, détourner, égarer.*

branchette *nom féminin* LITTÉRAIRE. Petite branche. SYN. rameau, ramille, ramule.

branchioure *nom masculin* Crustacé parasite des poissons d'eau douce. SYN. argule, pou des poissons.

branchu *adjectif* Garni de branches. SYN. feuillu, touffu.

brandir *verbe* Agiter en l'air. SYN. actionner, agiter, lever, mouvoir, remuer, secouer.

branlant *adjectif* Qui n'est pas stable. SYN. ballottant, boiteux, brimbalant, bringuebalant, brinquebalant, chancelant, croulant, instable, oscillant, titubant. – LITTÉRAIRE : vacillant. CONTR.

assis, assuré, ferme, fixe, fort, inébranlable, solide, stable.

branle *nom masculin* LITTÉRAIRE. Mouvement d'oscillation. SYN. agitation, balancement, branlement, brimbalement, mouvement, tremblement. ■ ***Mettre en branle,*** commencer à exécuter. SYN. amorcer, attaquer, s'attaquer à, s'atteler à, commencer, déclencher, donner le coup d'envoi, ébaucher, engager, entamer, entreprendre, esquisser, se lancer, mettre en chantier, mettre en œuvre, mettre en route, ouvrir. – FAMILIER : débuter, démarrer, emmancher.

branle-bas *nom masculin invariable* Grande agitation. SYN. bouleversement, chaos, confusion, remue-ménage. – FAMILIER : chambardement, tohu-bohu.

branler *verbe intransitif* Être instable. SYN. bouger, chanceler, osciller, tituber, vaciller. – FAMILIER : tanguer.

branler *verbe transitif* Remuer quelque chose. SYN. balancer, bouger, hocher, mouvoir, remuer, secouer.

branque *adjectif* POPULAIRE. Qui est fou. SYN. dément, dérangé, désaxé, déséquilibré, fou. – FAMILIER : braque, cinglé, détraqué, dingue, fada, frappé, loufoque, maboul, malade, marteau, piqué, ravagé, tapé, timbré, toc-toc, toqué, zinzin. – POPULAIRE : allumé, azimuté, barge, barjo, barjot, brindezingue, chtarbé, cinoque, cintré, déjanté, dingo, fêlé, foldingue, folingue, fondu, frapadingue, givré, jeté, louf, louftingue, ouf, sinoc, sinoque, siphonné, tordu. CONTR. *équilibré, normal, sensé.*

branquignol *nom masculin* POPULAIRE. Personne loufoque. SYN. excentrique, farfelu, original. – FAMILIER : dingue, hurluberlu, numéro, olibrius.

brante *nom féminin* Oie marine. SYN. cravant.

braque *adjectif* FAMILIER. Un peu fou. SYN. baroque, dément, dérangé, désaxé, déséquilibré, fantasque, farfelu, fou. – FAMILIER : cinglé, détraqué, dingue, fada, fêlé, frappé, loufoque, maboul, malade, marteau, piqué, ravagé, tapé, timbré, toc-toc, toqué, zinzin. – POPULAIRE : allumé, azimuté, barge, barjo, barjot, branque, brindezingue, chtarbé, cinoque, cintré, déjanté, dingo, folingue, fondu, frapadingue, givré, jeté, louf, louftingue, ouf, sinoc, sinoque, siphonné, tordu. CONTR. *équilibré, normal, sensé.*

braquer *verbe* Orienter les roues d'un véhicule. SYN. obliquer, tourner, virer. ■ Diriger sur un objectif. SYN. diriger, orienter, pointer. CONTR. *détourner, écarter.* ■ FAMILIER. Rendre quelqu'un hostile. SYN. buter, cabrer, dresser, monter. – LITTÉRAIRE : raidir.

braquer (se) *verbe pronominal* FAMILIER. Manifester de l'entêtement. SYN. se buter, se cabrer, camper sur ses positions, insister, ne pas démordre de, ne rien vouloir entendre, ne rien vouloir savoir, s'obstiner, se raidir, rester sur ses positions, tenir tête. – FAMILIER : avoir une tête de cochon, ne pas lâcher le morceau. – LITTÉRAIRE : s'opiniâtrer.

bras *nom masculin* Appui pour les bras. SYN. accotoir, accoudoir, appui-bras. ■ LITTÉRAIRE. Ce qui aide. SYN. aide, appui, force, protection. ■ ***Bras droit,*** principal collaborateur. SYN. adjoint, alter ego, assistant, associé, collaborateur, second. ■ ***À tour de bras,*** en grande abondance. SYN. abondamment, amplement, beaucoup, colossalement, comme s'il en pleuvait, considérablement, copieusement, à discrétion, énormément, à flots, à foison, généreusement, grandement, grassement, largement, massivement, notablement, à la pelle, pleinement, à profusion, en quantité, richement, à satiété, à souhait, surabondamment, en veux-tu en voilà, à volonté. – FAMILIER : à gogo, jusqu'à plus soif, en pagaille, à revendre, à tire-larigot. – LITTÉRAIRE : à l'envi, plantureusement. CONTR. *chichement, au compte-gouttes, mesquinement, modérément, parcimonieusement, pauvrement, petitement, peu.*

brasier *nom masculin* Foyer de chaleur. SYN. feu, fournaise, incendie.

brassage *nom masculin* Fait d'être mêlé. SYN. amalgame, assemblage, fusion, mélange, métissage.

brasser *verbe* Mêler en remuant. SYN. amalgamer, malaxer, mélanger, pétrir.

brassier *nom masculin* VIEUX. Ouvrier qui travaillait de ses bras. SYN. manœuvre, manouvrier.

bravache *nom masculin* Personne qui affecte la bravoure. SYN. faiseur, fanfaron, faraud, hâbleur. – FAMILIER : frimeur. – LITTÉRAIRE : capitan, fier-à-bras, matamore, rodomont. – VIEUX : tranche-montagne.

bravade *nom féminin* Attitude, action de défi. SYN. défi, fanfaronnade, provocation, suffisance, vantardise. – LITTÉRAIRE : crânerie, forfanterie, hâblerie, rodomontade. CONTR. *humilité, modestie, réserve, retenue.*

brave *adjectif* Bon et honnête. SYN. bienveillant, bon, bonhomme, généreux, honnête, serviable. – FAMILIER : chic, chouette, excellent. – LITTÉRAIRE : débonnaire, secourable. CONTR. *féroce, malhonnête, mauvais, méchant.* – FAMILIER : *sale.* ■ Qui dénote la bravoure. SYN. hardi, héroïque. – LITTÉRAIRE : crâne. CONTR. *craintif, lâche, timoré.* ■ Qui fait preuve de courage. SYN. audacieux, courageux, intrépide, téméraire. – LITTÉRAIRE :

preux, vaillant, valeureux. CONTR. *lâche, peureux, pleutre, poltron, timoré.* – FAMILIER : *froussard.* – LITTÉRAIRE : *couard, pusillanime.* – POPULAIRE : *trouillard.* – VIEUX : *capon.*

brave *nom masculin* Personne qui affronte le danger. SYN. héros. – LITTÉRAIRE : paladin, preux. CONTR. *lâche, peureux, pleutre, poltron.* – FAMILIER : *femmelette, froussard, mauviette.* – LITTÉRAIRE : *couard.* – POPULAIRE : *trouillard.* – VIEUX : *capon.*

bravement *adverbe* LITTÉRAIRE. Avec bravoure. SYN. chèrement, courageusement, fièrement, héroïquement, intrépidement, vaillamment. – LITTÉRAIRE : crânement, hardiment, valeureusement. CONTR. *craintivement, lâchement, peureusement, timidement.* ■ FAMILIER. Sans hésitation. SYN. délibérément, résolument, simplement.

braver *verbe* Affronter sans peur. SYN. affronter, attendre de pied ferme, défier, s'exposer, relever le gant, résister. CONTR. *appréhender, craindre, éviter, fuir.* ■ Défier avec insolence. SYN. défier, faire fi de, mépriser, se moquer de, narguer, provoquer. CONTR. *honorer, observer, respecter, se soumettre.* – LITTÉRAIRE : *révérer.*

bravo *nom masculin* LITTÉRAIRE. Assassin à gages. SYN. tueur à gages. – LITTÉRAIRE : sicaire, spadassin. ■ Cri d'approbation. SYN. acclamation, applaudissement, ovation, vivat. CONTR. *huée, sifflet, tollé.*

bravoure *nom féminin* Caractère courageux. SYN. audace, cœur, courage, hardiesse, héroïsme, intrépidité, sang-froid, témérité. – FAMILIER : cran. – LITTÉRAIRE : vaillance, valeur. CONTR. *lâcheté, peur, poltronnerie.* – FAMILIER : *frousse.* – LITTÉRAIRE : *caponnerie, couardise, pleutrerie, pusillanimité.* – POPULAIRE : *trouille.*

bray *nom masculin* Dépression due l'érosion. SYN. boutonnière.

brèche *nom féminin* Ouverture faite dans un mur. SYN. cassure, entaille, éraflure, percée, trou, trouée. – LITTÉRAIRE : lézarde. ■ Trou dans une ligne de défense. SYN. percée.

bredouillage *nom masculin* Action de bredouiller. SYN. bredouillement, bredouillis, grommellement, marmonnement. – FAMILIER : bafouillage, bafouillement.

bredouillement *nom masculin* Paroles confuses. SYN. bredouillage, bredouillis, grommellement, marmonnement. – FAMILIER : bafouillage, bafouillement.

bredouiller *verbe* Parler de façon confuse. SYN. balbutier, bégayer, grommeler, marmonner, marmotter. – FAMILIER : bafouiller, baragouiner. CONTR. *articuler, énoncer.*

bredouillis *nom masculin* Paroles confuses. SYN. bredouillage, bredouillement, grommellement, marmonnement. – FAMILIER : bafouillage, bafouillement.

bref *adjectif* De courte durée. SYN. court, fugace, fugitif, instantané, momentané, petit, rapide. – LITTÉRAIRE : prompt, succinct. CONTR. *grand, long, profond, prolongé.* – FAMILIER : *longuet.* – LITTÉRAIRE : *pérenne.* ■ Exprimé en peu de mots. SYN. concis, court, elliptique, laconique, lapidaire, ramassé, sec, sommaire, succinct. – LITTÉRAIRE : compendieux. CONTR. *bavard, diffus, étendu, long, prolixe, redondant, verbeux.* – FAMILIER : *délayé.*

bref *adverbe* Pour conclure. SYN. enfin, finalement, en résumé, somme toute, en somme, tout compte fait, pour tout dire. – FAMILIER : en un mot comme en cent, en un mot comme en mille, en un mot. ■ ***En bref,*** en peu de mots. SYN. en abrégé, brièvement, laconiquement, en raccourci, rapidement, en résumé, sommairement, en substance, succinctement. – FAMILIER : en un mot comme en cent, en un mot comme en mille, en un mot.

bretailleur *nom masculin* Celui qui était toujours prêt à se battre à l'épée. SYN. bretteur, ferrailleur. – VIEUX : spadassin.

bretelle *nom féminin* Courroie qui sert à porter. SYN. bandoulière, courroie, lanière, sangle.

bretteur *nom masculin* Celui qui était toujours prêt à se battre à l'épée. SYN. bretailleur, ferrailleur. – VIEUX : spadassin.

breuvage *nom masculin* Liquide que l'on boit. SYN. boisson.

bréviligne *adjectif et nom* Dont le corps est trapu. SYN. brachysome. CONTR. *longiligne.*

brévité *nom féminin* Caractère d'un son bref. SYN. brièveté.

briard *nom masculin* Chien de berger à poil long. SYN. berger de Brie.

bribe *nom féminin* Reste de nourriture. SYN. miette. – FAMILIER : rogaton. – LITTÉRAIRE : reliefs. ■ Fragment d'un tout. SYN. débris, éclat, lambeau, morceau, parcelle. CONTR. *intégralité, totalité.* ■ Petite quantité de. SYN. atome, brin, doigt, goutte, grain, gramme, larme, miette, nuage, once, parcelle, pointe, poussière, soupçon, teinte, trace. – LITTÉRAIRE : liard, ombre. CONTR. *armée, avalanche, cascade, déluge, flot, foule, infinité, kyrielle, masse, monceau, montagne, multitude, myriade, nuée, pléiade, pluie, tas, torrent.* – FAMILIER : *armada, cargaison, flopée, foultitude, paquet, pelletée, ribambelle, tapée.* – LITTÉRAIRE : *averse, océan.*

bric et de broc (de) *locution adverbiale* De toutes provenances. SYN. dépareillé, désassorti, hétéroclite, hétérogène.

bric-à-brac *nom masculin invariable* Amas d'objets disparates. SYN. capharnaüm, fatras, fouillis, ramassis. – FAMILIER : bazar, méli-mélo. – POPULAIRE : foutoir.

bricolage *nom masculin* Réparation provisoire. SYN. – FAMILIER : bidouillage, rafistolage.

bricole *nom féminin* Chose sans importance. SYN. babiole, bagatelle, broutille, détail, frivolité, misère, rien, vétille. – FAMILIER : faribole. – LITTÉRAIRE : brimborion.

bricoler *verbe* FAMILIER. Réparer sommairement. SYN. arranger, rapiécer, réparer, restaurer. – FAMILIER : bidouiller, rabibocher, rafistoler, rapetasser, retaper.

bride *nom féminin* Pièce de harnais. SYN. guide, licol, licou, longe, rêne. ■ ***À bride abattue, à toute bride,*** à une grande vitesse. SYN. bon train, comme une flèche, expéditivement, à fond de cale, à fond de train, à fond la caisse, à la hâte, hâtivement, au pas de course, au plus vite, précipitamment, prestement, promptement, rapidement, rondement, sur les chapeaux de roue, tambour battant, à tombeau ouvert, à toute allure, à toute hâte, à toute vitesse, toutes affaires cessantes, à un train d'enfer, ventre à terre, vite, vivement. – FAMILIER : dare-dare, rapido presto, rapidos, subito presto, à toute vapeur, à toute(s) pompe(s). – LITTÉRAIRE : diligemment. – POPULAIRE : à tout berzingue, à toute barde, à toute berzingue. CONTR. *doucement, insensiblement, interminablement, lentement, longuement, mollement, nonchalamment, posément.*

bridé *adjectif* Qui marque une retenue excessive. SYN. compassé, gourmé, guindé. CONTR. *décontracté, désinvolte, libre, naturel, spontané.*

brider *verbe* Serrer trop. SYN. comprimer, engoncer, entraver, gainer, mouler, sangler, serrer. ■ Empêcher de se manifester. SYN. comprimer, contenir, contrôler, endiguer, enrayer, entraver, étouffer, freiner, maîtriser, mater, modérer, refouler, refréner, réfréner, réprimer, retenir, vaincre. CONTR. *débrider, encourager, exciter, libérer, permettre.* – LITTÉRAIRE : *exalter.*

briefer *verbe* FAMILIER. Informer par un bref exposé. SYN. annoncer, apprendre, avertir, aviser, dire, éclairer, éclairer la lanterne de, exposer, faire connaître, faire part, faire savoir, fixer, indiquer, informer, instruire, mettre au courant, mettre au fait, porter à la connaissance de, prévenir, renseigner, signaler. – FAMILIER : tuyauter. – LITTÉRAIRE : signifier.

brièvement *adverbe* En peu de mots. SYN. en abrégé, en bref, laconiquement, en raccourci, rapidement, en résumé, sèchement, sommairement, en substance, succinctement. – FAMILIER : en un mot comme en cent, en un mot comme en mille, en un mot. CONTR. *abondamment, amplement, longtemps, longuement.*

brièveté *nom féminin* Courte durée. SYN. fugitivité, immédiateté, instantanéité, rapidité, soudaineté. – LITTÉRAIRE : fulgurance, promptitude. CONTR. *durée, éternité, lenteur, longueur, pérennité.* – LITTÉRAIRE : *perpétuité.* ■ Caractère succinct. SYN. concision, laconisme, sobriété. CONTR. *verbiage.* – FAMILIER : *délayage.* – LITTÉRAIRE : *faconde, prolixité, verbosité.* ■ Caractère d'un son bref. SYN. brévité.

briffer *verbe* ARGOTIQUE. Prendre de la nourriture. SYN. s'alimenter, se bourrer, dévorer, engloutir, engouffrer, se gaver, ingurgiter, manger, se nourrir. – FAMILIER : s'empiffrer, enfourner. – POPULAIRE : bâfrer, becqueter, becter, bouffer, boulotter, se goinfrer.

brigand *nom masculin* Homme malhonnête. SYN. aigrefin, bandit, canaille, crapule, filou, gangster, gredin, malfaiteur, pillard, pourri, truand, vaurien, voleur, voyou. – FAMILIER : fripouille, ripou. – LITTÉRAIRE : pirate. – POPULAIRE : malfrat. – VIEUX : brigandeau, coquin, malandrin. ■ FAMILIER. Enfant espiègle. SYN. chenapan, coquin, garnement, polisson, vaurien, voyou. – FAMILIER : affreux jojo, diable, filou, fripon, fripouille, galopin, lascar, (petite) peste, poison, sacripant. – VIEUX : galapiat, mâtin.

brigandage *nom masculin* Vol à main armée. SYN. déprédation, pillage. – LITTÉRAIRE : rapine. ■ Action malhonnête. SYN. forfaiture. – VIEUX : filouterie.

briguer *verbe* Chercher à obtenir. SYN. ambitionner, aspirer à, convoiter, poursuivre, prétendre à, rechercher, solliciter, viser, vouloir.

brillant *adjectif* Qui brille. SYN. chatoyant, éclatant, étincelant, luisant, lumineux, pétillant, reluisant, resplendissant, rutilant, scintillant. – LITTÉRAIRE : flamboyant, fulgurant, nitescent. CONTR. *éteint, gris, mat, pâle, terne, terni.* ■ Qui fait vive impression. SYN. beau, doué, éminent, génial, illustre, insigne, intelligent, supérieur, talentueux. – LITTÉRAIRE : distingué. CONTR. *borné, effacé, falot, moyen, nul, plat, quelconque, simple, sot, triste.* – FAMILIER : *limité.* ■ Qui est remarquable. SYN. éblouissant, éclatant, extraordinaire, fastueux, magnifique, prestigieux, remarquable, riche, splendide. CONTR. *anodin, déplorable, désastreux, lamentable, médiocre, morne, ordinaire, pauvre, pitoyable, plat, simple, vulgaire.*

brillant *nom masculin* Éclat de ce qui brille. SYN. chatoiement, clarté, feu, luisant, lumière, luminosité, lustre, miroitement, scintillement. – LITTÉRAIRE : fulgurance. CONTR. *matité, pâleur.* ▪ Qualité remarquable. SYN. brio, éclat, faste, magnificence, prestige, rayonnement, vernis. – LITTÉRAIRE : lustre, splendeur. CONTR. *fadeur, lourdeur, médiocrité, pâleur, platitude.*

brillanter *verbe* LITTÉRAIRE. Rendre brillant. SYN. astiquer, faire reluire, lustrer. CONTR. *assombrir, obscurcir, ternir.*

briller *verbe* Émettre une vive lumière. SYN. chatoyer, éclairer, étinceler, luire, miroiter, rayonner, reluire, scintiller. – LITTÉRAIRE : flamboyer, fulgurer, resplendir. CONTR. *s'éteindre, pâlir.* ▪ Manifester avec intensité. SYN. étinceler, s'illuminer, s'irradier, pétiller. – LITTÉRAIRE : flamber, resplendir. CONTR. *s'assombrir, s'obscurcir.* ▪ Se distinguer par telle qualité. SYN. éblouir, exceller, s'illustrer, se recommander, réussir, se signaler, triompher. – FAMILIER : avoir de l'esprit comme quatre, avoir de l'esprit jusqu'au bout des ongles, ne pas être le dernier des imbéciles. CONTR. *ne rien valoir.* – FAMILIER : *ne pas valoir tripette, ne pas valoir un clou, ne rien casser.* – POPULAIRE : *ne pas casser des briques.*

brimade *nom féminin* Épreuve imposée aux nouveaux. SYN. bizutage. ▪ Mesure vexatoire. SYN. tracasserie, vexation. – LITTÉRAIRE : avanie, camouflet, soufflet. CONTR. *cajolerie, câlinerie.*

brimbalant *adjectif* Qui oscille. SYN. ballant, ballottant, branlant, bringuebalant, brinquebalant, cahotant, oscillant. CONTR. *fixe, stable.*

brimbalement *nom masculin* Action de brimbaler. SYN. balancement, ballottement, oscillation, roulis, tangage. – LITTÉRAIRE : branle.

brimbaler *verbe* Se balancer de droite à gauche. SYN. ballotter, bringuebaler, brinquebaler, cahoter.

brimbelle *nom féminin* Baie noire comestible. SYN. myrtille.

brimborion *nom masculin* LITTÉRAIRE. Objet de peu de valeur. SYN. babiole, bagatelle, bricole, broutille.

brimer *verbe* Faire subir des épreuves. SYN. bizuter. ▪ Faire subir des vexations. SYN. humilier, mortifier, persécuter, rabaisser, ravaler. – FAMILIER : tarabuster.

brin *nom masculin* Partie mince et allongée. SYN. bout, brindille, fétu, filament. ▪ Petite quantité. SYN. atome, bribe, doigt, filet, goutte, grain, gramme, larme, miette, nuage, once, parcelle, pointe, soupçon, teinte, trace. – FAMILIER : lichette. – LITTÉRAIRE : liard, ombre. – POPULAIRE : chouia. CONTR. *armée, avalanche, cascade, déluge, flot, foule, infinité, kyrielle, masse, monceau, montagne, multitude, myriade, nuée, pléiade, pluie, tas, torrent.* – FAMILIER : *armada, cargaison, flopée, foultitude, paquet, pelletée, ribambelle, tapée.* – LITTÉRAIRE : *averse, océan.*

bringue *nom féminin* FAMILIER. Grande fête. SYN. – ARGOTIQUE : teuf. – FAMILIER : bombe, fiesta, java, noce, nouba, ribouldingue. – POPULAIRE : bamboula, foire. – VIEUX : bamboche.

bringuebaler *verbe* Secouer de droite à gauche. SYN. ballotter, brinquebaler, cahoter, osciller, tanguer. – LITTÉRAIRE : baller. – VIEUX : brimbaler.

bringueur *nom* FAMILIER. Personne qui fait la bringue. SYN. – FAMILIER : bambochard, bambocheur, fêtard, noceur. – VIEUX : cascadeur, viveur.

brinquebaler *verbe* Secouer de droite à gauche. SYN. ballotter, bringuebaler, cahoter, osciller, tanguer. – LITTÉRAIRE : baller. – VIEUX : brimbaler.

brio *nom masculin* Vivacité brillante. SYN. adresse, aisance, allant, ardeur, brillant, fougue, maestria, panache, pétulance, virtuosité. – LITTÉRAIRE : alacrité. CONTR. *fadeur, gaucherie, inhabileté, lourdeur, maladresse, monotonie, platitude.*

brioche *nom féminin* FAMILIER. Ventre rebondi. SYN. ventre. – FAMILIER : bedaine, bedon, panse. – POPULAIRE : bide, bidon.

briquage *nom masculin* Action de briquer. SYN. astiquage, récurage.

briquer *verbe* Nettoyer en frottant. SYN. astiquer, fourbir, frotter, lustrer, polir. – LITTÉRAIRE : vernir. CONTR. *salir.*

bris *nom masculin* Action de briser. SYN. cassage, casse, cassement, fracture.

brisant *nom masculin* Obstacle pour les vagues. SYN. brise-lames, digue, écueil, estacade, jetée, môle, récif.

briscard *nom masculin* Soldat chevronné. SYN. grognard, soudard, vétéran.

brise *nom féminin* Vent peu violent. SYN. air, bise, souffle. – LITTÉRAIRE : zéphyr.

brisé *adjectif* Fatigué au plus haut point. SYN. anéanti, à bout de force, à bout de souffle, épuisé, exténué, fatigué, fourbu, harassé, K.-O., las, mort de fatigue, recru, rendu, rompu, surmené, usé. – FAMILIER : achevé, au bout du rouleau, cassé, claqué, éreinté, esquinté, fini, flapi, H.S., kaput, lessivé, mort, moulu, à plat, pompé, à ramasser à la petite cuillère, raplapla, sur les genoux, tué, vanné, vidé. – POPULAIRE : cané, crevé, rétamé, sur les rotules. CONTR. *délassé, dispos, frais, frais et dispos,* *fringant, reposé, vigoureux.* – FAMILIER : *en forme, frais comme un gardon, frais comme une rose, increvable, en pleine forme.* – VIEUX : *gaillard.*

brise-fer *nom masculin invariable* Personne maladroite. SYN. brise-tout.

brise-lames *nom masculin invariable* Ouvrage qui protège un port. SYN. brisant, digue, estacade, jetée, môle.

brisement *nom masculin* LITTÉRAIRE. Fait d'être brisé. SYN. accablement, anéantissement, épuisement, fatigue, lassitude. – FAMILIER : éreintement.

briser *verbe transitif* Mettre en pièces. SYN. abîmer, broyer, casser, défaire, démanteler, démolir, détériorer, détraquer, dévaster, disloquer, emboutir, éventrer, fracasser, fracturer, pulvériser, saboter. – ARGOTIQUE : dézinguer. – FAMILIER : bousiller, déglinguer, démantibuler, fusiller. – LITTÉRAIRE : rompre. – POPULAIRE : foutre en l'air, péter, ratatiner. CONTR. *arranger, conserver, consolider, raccommoder, recoller, reconstituer, réparer.* – LITTÉRAIRE : *réédifier.* ■ Fatiguer à l'excès. SYN. épuiser, exténuer, fatiguer, harasser, lasser, surmener, vider. – FAMILIER : achever, claquer, éreinter, esquinter, lessiver, pomper, tuer, vanner. – POPULAIRE : crever. CONTR. *délasser, détendre.* ■ Accabler quelqu'un. SYN. abattre, affaiblir, anéantir, décourager, démoraliser, déprimer, détruire. – FAMILIER : aplatir. CONTR. *aiguillonner, appuyer, réconforter, remettre, remonter, stimuler.* – FAMILIER : *requinquer.* ■ Faire cesser quelque chose. SYN. anéantir, annihiler, casser, détruire, enrayer, étouffer, interrompre, phagocyter, renverser, ruiner.

briser *verbe transitif indirect* Cesser toute relation avec. SYN. arrêter, couper court à, rompre. CONTR. *continuer, reprendre.*

briser (se) *verbe pronominal* Se mettre en morceaux. SYN. se casser, craquer, se fracturer, lâcher, se rompre. – FAMILIER : péter.

brise-tout *nom masculin invariable* Personne maladroite. SYN. brise-fer.

brise-vent *nom masculin invariable* Ce qui protège les plantes du vent. SYN. coupe-vent.

brisquard *nom masculin* Soldat chevronné. SYN. grognard, soudard, vétéran.

brisque *nom féminin* Jeu de cartes. SYN. mariage.

brisure *nom féminin* LITTÉRAIRE. Fêlure dans un objet brisé. SYN. cassure, craquelure, éclat, faille, fendillement, fissure, fracture.

brize *nom féminin* Graminée à épillets tremblotants. SYN. amourette, langue-de-femme.

brocante *nom féminin* Commerce du brocanteur. SYN. – POPULAIRE : chine.

brocard *nom masculin* LITTÉRAIRE. Plaisanterie offensante. SYN. boutade, flèche, lazzi, moquerie, persiflage, pique, pointe, quolibet, raillerie, sarcasme, vexation. – LITTÉRAIRE : épigramme, trait. – POPULAIRE : vanne.

brocarder *verbe* LITTÉRAIRE. Railler ironiquement. SYN. s'amuser, faire des gorges chaudes de, mettre en boîte, se moquer de, persifler, railler, rire aux dépens de, rire de. – FAMILIER : blaguer, chambrer, chiner. – LITTÉRAIRE : se gausser de, satiriser. – POPULAIRE : charrier. CONTR. *complimenter, flatter.* – LITTÉRAIRE : *encenser, flagorner.*

broche *nom féminin* Bijou que l'on fixe à un vêtement. SYN. agrafe, fermail, fibule.

brochoir *nom masculin* Marteau de maréchal-ferrant. SYN. mailloche.

brochure *nom féminin* Petit ouvrage broché. SYN. fascicule, opuscule, plaquette.

broder *verbe* Amplifier un récit. SYN. affabuler, amplifier, développer, enjoliver, exagérer, grossir, inventer, monter en épingle. – FAMILIER : en rajouter. CONTR. *amoindrir, minimiser, minorer, schématiser.*

broiement *nom masculin* Action de broyer. SYN. broyage.

bromius *nom masculin* Insecte parasite de la vigne. SYN. adoxus, écrivain, eumolpe, gribouri.

broncher *verbe* Manifester son désaccord. SYN. bouger, protester, remuer, sourciller. CONTR. *accepter, s'accommoder, acquiescer, approuver, s'arranger de, consentir, se résigner, supporter.*

brontosaure *nom masculin* Très grand dinosaure. SYN. apatosaure.

bronzage *nom masculin* Fait d'être bronzé. SYN. brunissement, hâle.

bronze *nom masculin* Alliage de cuivre et d'étain. SYN. – VIEUX : airain.

bronzé *adjectif* Dont le teint a foncé au soleil. SYN. basané, bistre, brun, bruni, hâlé, tanné. – LITTÉRAIRE : boucané, cuivré. CONTR. *blafard, blanc, blême, pâle.* ■ ***Maladie bronzée,*** caractérisée par une pigmentation de la peau. SYN. maladie d'Addison.

bronzer *verbe* Donner une couleur brune. SYN. boucaner, brunir, hâler, noircir, tanner.

broquille *nom féminin* ARGOTIQUE. Objet sans valeur. SYN. babiole, bagatelle, bricole, colifichet.

brosse *nom féminin* FAMILIER. ***Passer la brosse à reluire,*** abreuver de flatteries. SYN. aduler, caresser dans le sens du poil, courtiser, faire des ronds de jambe, flatter, manier l'encensoir, passer la main dans le dos. – FAMILIER : cirer les bottes, cirer les pompes, faire de la lèche, faire du plat, lécher les bottes, passer de la pommade. – LITTÉRAIRE : encenser, flagorner, louanger. – POPULAIRE : lécher le cul. CONTR. *dédaigner, mépriser.*

brosser *verbe* Frotter avec une brosse. SYN. astiquer, coiffer, épousseter. ■ Frotter un animal. SYN. bouchonner, étriller. ■ Ébaucher quelque chose. SYN. brouillonner, camper, décrire, dépeindre, esquisser, peindre à grands traits, planter le décor, représenter. – LITTÉRAIRE : croquer, portraiturer.

brouhaha *nom masculin* Bruit de voix confus. SYN. bourdonnement, rumeur, tapage, tumulte.

brouillamini *nom masculin* FAMILIER. Confusion inextricable. SYN. chaos, enchevêtrement, imbroglio. – FAMILIER : embrouillamini, méli-mélo, micmac, salmigondis. – VIEUX : pêle-mêle.

brouillard *nom masculin* Confusion dans les idées. SYN. flou, incertitude, obscurité. – LITTÉRAIRE : nébulosité, ténèbres, vague. ■ Nuage près du sol. SYN. brume, nébulosité, smog. – FAMILIER : brouillasse, purée de pois. – VIEUX : broue, brouée.

brouillasse *nom féminin* FAMILIER. Brouillard qui tombe en gouttelettes fines. SYN. bruine, crachin.

brouille *nom féminin* Mésentente passagère. SYN. désaccord, désunion, zizanie. – FAMILIER : bisbille, fâcherie, froid. – LITTÉRAIRE : chicane, discorde, mésintelligence. – VIEUX : brouillerie. CONTR. *accord, arrangement, entente, harmonie, rapprochement, réconciliation.* – FAMILIER : *raccommodement.*

brouillé *adjectif* Qui est couvert. SYN. assombri, chargé, embrumé, menaçant, nébuleux, nuageux. CONTR. *clair, dégagé, radieux.* ■ Qui est confus. SYN. diffus, flou, imprécis, troublé, vague. CONTR. *clair, distinct, lucide, net.* ■ Fâché avec. SYN. en désaccord, désuni. – FAMILIER : en bisbille. CONTR. *ami, uni.*

brouillement *nom masculin* État de ce qui est brouillé. SYN. confusion, imbroglio. – FAMILIER : embrouillage, embrouillement.

brouiller *verbe* Mettre en désordre. SYN. déranger, dérégler, désorganiser, embrouiller, emmêler, enchevêtrer, mélanger, mêler. CONTR. *classer, débrouiller, démêler, organiser, ranger.* ■ Rendre trouble, confus. SYN. altérer, perturber, troubler. – LITTÉRAIRE : confondre. CONTR. *clarifier, éclaircir.* ■ Désunir des personnes. SYN. désunir, diviser, fâcher, séparer. CONTR. *réconcilier, réunir, unir.* – FAMILIER : *rabibocher, raccommoder.*

brouiller (se) *verbe pronominal* Devenir confus. SYN. s'embrouiller, s'emmêler, se mélanger, s'obscurcir. CONTR. *se clarifier.* ■ Se fâcher avec quelqu'un. SYN. se disputer, se fâcher, rompre. – FAMILIER : couper les ponts. CONTR. *s'allier, s'arranger, s'associer, s'entendre, fraterniser, se rapprocher, se réconcilier, renouer.* – FAMILIER : *se rabibocher, se raccommoder.* – LITTÉRAIRE : *s'accorder.* ■ Devenir couvert. SYN. s'assombrir, se couvrir, se dégrader, se détériorer, se gâter, s'obscurcir, se voiler. CONTR. *se dégager, s'éclaircir.*

brouillerie *nom féminin* VIEUX. Petit désaccord. SYN. brouille, fâcherie, zizanie. – FAMILIER : bisbille, froid. – LITTÉRAIRE : discorde. CONTR. *accord, entente, harmonie, réconciliation.* – FAMILIER : *raccommodement.*

brouillon *adjectif* Qui manque d'ordre. SYN. confus, désordonné, fumeux, imprécis, vague. – LITTÉRAIRE : nébuleux. CONTR. *clair, méthodique, méticuleux, ordonné, organisé.*

brouillon *nom masculin* Première forme d'un écrit. SYN. canevas, ébauche, esquisse, premier jet, schéma.

brouillonner *verbe* Écrire au brouillon. SYN. brosser, ébaucher, esquisser. CONTR. *fignoler, parfaire, peaufiner.* – FAMILIER : *lécher.* – LITTÉRAIRE : *ciseler.* – VIEUX : *perler.*

broussailles *nom féminin pluriel* Arbustes épineux. SYN. buisson, fourré, hallier.

broussailleux *adjectif* Couvert de broussailles. SYN. buissonneux, fourni, touffu. CONTR. *pelé.* – LITTÉRAIRE : *chauve.*

broussin *nom masculin* Saillie sur une branche, un tronc. SYN. exostose, loupe.

broutille *nom féminin* Objet, fait peu important. SYN. babiole, bagatelle, bêtise, bricole, fadaise, misère, plaisanterie, rien, vétille. – ARGOTIQUE : broquille. – FAMILIER : faribole, fichaise. – LITTÉRAIRE : brimborion, peccadille. – POPULAIRE : foutaise.

broyage *nom masculin* Action de broyer. SYN. broiement.

broyer *verbe* Réduire en poudre. SYN. casser, concasser, écraser, égruger, moudre, mouliner, piler, pulvériser, triturer. – FAMILIER : écrabouiller. ■ Réduire à néant. SYN. abattre, anéantir, annihiler, briser, démanteler, désagréger, désintégrer, détruire, dévaster, écraser, éradiquer, mettre en charpie, mettre en miettes, mettre en morceaux, mettre en pièces, phagocyter, raser, ravager, renverser, rompre, saborder. – FAMILIER : enfoncer, passer à la moulinette, réduire en bouillie. – LITTÉRAIRE : abolir, mettre à sac, ruiner. – VIEUX : saccager. CONTR. *préserver, protéger, sauver.* ■ ***Broyer du noir,*** être déprimé. SYN. cafarder, déprimer, être au trente-sixième dessous, ne pas avoir le moral, ne voir que le revers de la médaille, voir tout en noir. – FAMILIER : avoir le blues, avoir le bourdon, avoir le moral à zéro, avoir le moral dans les baskets, avoir le moral dans les chaussettes, toucher le fond. CONTR. *avoir le moral, positiver, prendre la vie du bon côté, prendre les choses du bon côté, voir tout en rose.* – FAMILIER : *être en pleine forme.* – POPULAIRE : *avoir la pêche, péter le feu.*

bru *nom féminin* Femme du fils. SYN. belle-fille.

brucelles *nom féminin pluriel* Pinces fines à ressort. SYN. précelles.

brucellose *nom féminin* Maladie infectieuse. SYN. fièvre de Malte, fièvre ondulante, mélitococcie.

bruine *nom féminin* Petite pluie fine. SYN. crachin. – FAMILIER : brouillasse.

bruire *verbe* LITTÉRAIRE. Faire entendre un murmure. SYN. bourdonner, bruisser, chuchoter, frémir, frissonner, susurrer. – LITTÉRAIRE : gazouiller, murmurer. CONTR. *hurler, tonitruer, tonner.*

bruissant *adjectif* LITTÉRAIRE. Qui bruit. SYN. bourdonnant, frémissant, palpitant.

bruissement *nom masculin* LITTÉRAIRE. Bruit faible et confus. SYN. bourdonnement, frémissement, froissement, frou-frou. – LITTÉRAIRE : chuchotement, chuchotis, friselis, frisson, gazouillement, murmure, susurrement.

bruisser *verbe* Faire un bruissement. SYN. bourdonner, chuchoter, frémir, frissonner, susurrer. – LITTÉRAIRE : bruire, gazouiller, murmurer. CONTR. *hurler, tonitruer, tonner.*

bruit *nom masculin* Ensemble des sons perceptibles. SYN. son, sonorité, timbre. ■ Grand vacarme. SYN. charivari, esclandre, tapage, tintamarre, tohu-bohu, vacarme. – FAMILIER : boucan, chahut, chambard, foire, pétard, raffut, sabbat, tintouin. – LITTÉRAIRE : hourvari. – POPULAIRE : barouf, baroufe, ramdam. CONTR. *calme, silence.* ■ Nouvelle répandue dans le public. SYN. bavardage, commérage, on-dit, ouï-dire, rumeur. – FAMILIER : canard, cancan, potin, racontar, ragot.

brûlant *adjectif* Qui est très chaud. SYN. bouillant, surchauffé, torride. – LITTÉRAIRE : ardent. CONTR. *frais, froid, gelé, glacé, refroidi, tiède.* – FAMILIER : *réfrigéré.* ■ Qui montre de l'ardeur. SYN. ardent, enflammé, fervent, passionné. – LITTÉRAIRE : dévorant, embrasé. CONTR. *endormi, flegmatique, impassible, indifférent, insensible, tiède.* ■ Qu'il faut traiter avec prudence. SYN. dangereux, délicat, épineux, périlleux, risqué. – LITTÉRAIRE : scabreux. CONTR. *aisé, clair, facile, simple.*

brûlé *adjectif* Qui a brûlé. SYN. calciné, consumé, roussi. – POPULAIRE : cramé.

brûle-parfum *nom masculin* Vase dans lequel on fait brûler des parfums. SYN. cassolette.

brûle-pourpoint (à) *locution adverbiale* Sans ménagement. SYN. brusquement, brutalement, crûment, ex abrupto, fougueusement, inopinément, au pied levé, sans crier gare, sèchement, soudain, soudainement, subitement, sur-le-champ, tout à coup, tout d'un coup. – FAMILIER : bille en tête, subito. – LITTÉRAIRE : au débotté. – VIEUX : impromptu. CONTR. *par degrés, doucement, graduellement, lentement, pas à pas, petit à petit, peu à peu, pied à pied, progressivement.*

brûler *verbe intransitif* Se consumer par le feu. SYN. flamber. – LITTÉRAIRE : s'embraser. – POPULAIRE : cramer. ■ Éprouver un désir très vif. SYN. aspirer à, avoir hâte de, bouillir, désirer, griller, mourir d'envie de. – FAMILIER : crever d'envie de. CONTR. *dédaigner, se désintéresser, faire fi de, répugner.*

brûler *verbe transitif* Endommager par le feu. SYN. calciner, carboniser, consumer, faire flamber, incendier, roussir. – LITTÉRAIRE : embraser. – POPULAIRE : cramer. CONTR. *éteindre.* ■ Abîmer quelque chose. SYN. corroder, endommager, ronger. ■ Soumettre à l'action du feu. SYN. griller, torréfier. ■ Causer une sensation de brûlure. SYN. cuire, griller. CONTR. *geler, glacer, rafraîchir, refroidir.* ■ Discréditer quelqu'un. SYN. compromettre, desservir, éclabousser, perdre.

brume *nom féminin* Brouillard léger. SYN. nébulosité, nuage.

brumeux *adjectif* Couvert de brume. SYN. embruiné, nébuleux, nuageux, vaporeux, voilé. – LITTÉRAIRE : fumeux. CONTR. *clair, ensoleillé, limpide, lumineux, radieux, transparent.* ■ Qui manque de clarté. SYN. confus, embrouillé, flou, fumeux, nuageux, trouble, vague, voilé. – FAMILIER : cafouilleux, vaseux, vasouillard. – LITTÉRAIRE : fuligineux, nébuleux, sibyllin. CONTR. *clair, limpide, lumineux, net, précis.*

brun *adjectif* Se dit d'une peau foncée. SYN. basané, bistre, boucané, brique, bronzé, doré, hâlé. CONTR. *blanc, pâle.*

bruni *adjectif* Dont le teint a foncé au soleil. SYN. basané, bronzé, hâlé, tanné. – LITTÉRAIRE : cuivré. CONTR. *blanc, pâle.*

brunir *verbe intransitif* Devenir brun. SYN. bronzer, hâler.

brunir *verbe transitif* Rendre brun. SYN. assombrir, foncer, hâler, obscurcir, tanner. – LITTÉRAIRE : ombrer. CONTR. *blanchir, décolorer, éclaircir.*

brunissoir *nom masculin* Outil des orfèvres. SYN. polissoir.

brusque *adjectif* Qui manifeste de la brutalité. SYN. abrupt, bourru, brutal, cassant, expéditif, heurté, nerveux, sec, vif, violent. – LITTÉRAIRE : raide. CONTR. *affable, attentif, attentionné, cajoleur, câlin, complaisant, doux, prévenant.* – LITTÉRAIRE : *onctueux.* ■ Qui arrive soudainement. SYN. brutal, foudroyant, fulgurant, imprévu, inattendu, inopiné, précipité, rapide, soudain, subit. – LITTÉRAIRE : prompt. CONTR. *graduel, lent, progressif.*

brusquement *adverbe* De façon soudaine. SYN. à brûle-pourpoint, de but en blanc, ex abrupto, à l'improviste, inopinément, au pied levé, précipitamment, sans crier gare, soudain, soudainement, subitement, sur-le-champ, du tac au tac, tout à coup, tout d'un coup, en trombe. – FAMILIER : bille en tête, subito, tout de go. – LITTÉRAIRE : au débotté. – POPULAIRE : aussi sec. – VIEUX : impromptu, tout à trac. CONTR. *par degrés, graduellement, lentement, pas à pas, petit à petit, peu à peu, pied à pied, progressivement.* ■ De façon brusque. SYN. abruptement, brutalement, durement, farouchement, fermement, nerveusement, rudement, sèchement, vertement. – LITTÉRAIRE : vivement. CONTR. *aimablement, délicatement, doucement, gentiment, posément.*

brusquer *verbe* Traiter avec rudesse. SYN. bousculer, maltraiter, rabrouer, rudoyer. CONTR. *amadouer, cajoler, câliner, caresser, choyer, flatter, ménager.* – FAMILIER : *bichonner, chouchouter, prendre des gants.* ■ Hâter une action. SYN. accélérer, activer, hâter, précipiter. – FAMILIER : expédier. – LITTÉRAIRE : presser. CONTR. *atermoyer, éloigner, ralentir, retarder.*

brusquerie *nom féminin* Attitude brusque. SYN. brutalité, raideur, rudesse, sécheresse. CONTR. *affabilité, amabilité, cajolerie, câlinerie, chatterie, diplomatie, douceur, ménagement, prévenance.* – LITTÉRAIRE : *aménité.* ■ Caractère soudain. SYN. précipitation, rapidité, soudaineté. – LITTÉRAIRE : vivacité. CONTR. *lenteur.*

brut *adjectif* Qui n'a pas subi de transformation. SYN. écru, fruste, grossier, naturel, primitif, pur, sauvage, vierge. CONTR. *affiné, dégrossi, façonné, formé, industriel, manufacturé, soigné, travaillé, usiné.* ■ Brutal et sauvage. SYN. barbare, farouche, fruste, grossier, inculte, rude, rustre. CONTR. *civilisé, cultivé, doux, évolué, poli, raffiné.* ■ Donné sans commentaire. SYN. approximatif, élémentaire, grossier. CONTR. *achevé, élaboré, exact, fouillé, net, précis.*

brutage *nom masculin* Dégrossissement du diamant brut. SYN. débrutage.

brutal *adjectif* Qui manifeste de la violence. SYN. âpre, barbare, bestial, cruel, dur, implacable, méchant, rude, sauvage, sévère, violent. – LITTÉRAIRE : sanguinaire. CONTR. *affable, aimable, attentionné, cajoleur, câlin, délicat, doucereux, doux, humain, mielleux.* – LITTÉRAIRE : *amène, paterne.* ■ Qui arrive de façon soudaine. SYN. brusque, cinglant, cru, entier, ferme, fort, foudroyant, franc, fulgurant, instantané, rapide, sec, subit, terrible. CONTR. *faible, graduel, léger, lent, progressif.*

brutalement *adverbe* De façon inopinée. SYN. à brûle-pourpoint, brusquement, crûment, ex abrupto, fougueusement, inopinément, au pied levé, sans crier gare, sèchement, soudain, soudainement, subitement, sur-le-champ, tout à coup, tout d'un coup. – FAMILIER : bille en tête, subito. – LITTÉRAIRE : au débotté. – VIEUX : impromptu, tout à trac. CONTR. *par degrés, doucement, graduellement, lentement, pas à pas, petit à petit, peu à peu, pied à pied, progressivement.* ■ De façon brutale. SYN. abruptement, agressivement, brusquement, durement, farouchement, fermement, manu militari, rudement, sauvagement, vertement, violemment. – LITTÉRAIRE : vivement. CONTR. *aimablement, amoureusement, courtoisement, délicatement, doucement, gentiment.*

brutaliser *verbe* Traiter avec brutalité. SYN. battre, employer la manière forte, en faire voir de toutes les couleurs, frapper, malmener, maltraiter, molester, rosser, rudoyer, taper, user de violence. – FAMILIER : faire passer un mauvais quart d'heure, ne pas y aller avec le dos de la cuillère, tabasser, tarabuster. – LITTÉRAIRE : violenter. – POPULAIRE : rentrer dans le chou, rentrer dans le lard, rentrer dans le mou, rentrer dedans. CONTR. *cajoler, câliner, caresser, choyer, couver, flatter, ménager.* – FAMILIER : *bichonner, chouchouter.*

brutalité *nom féminin* Caractère violent. SYN. bestialité, cruauté, dureté, férocité, fureur, inhumanité, rudesse, sauvagerie, violence. CONTR. *affabilité, amabilité, attention, cajolerie, câlinerie, chatterie, délicatesse, douceur, gentillesse.* – LITTÉRAIRE : *aménité.* ■ Caractère soudain. SYN. brusquerie, crudité, sécheresse, soudaineté. – LITTÉRAIRE : vivacité. CONTR. *lenteur.* ■ Acte brutal. SYN. barbarie, sévices, violences. CONTR.

attentions, ménagement, prévenance. – LITTÉRAIRE : *délicatesse.*

bruyamment *adverbe* Avec grand bruit. SYN. à cor et à cri, fort, fortement. – LITTÉRAIRE : tumultueusement. CONTR. *doucement, silencieusement, en sourdine.* – FAMILIER : *sans tambour ni trompette.*

bruyant *adjectif* Qui fait beaucoup de bruit. SYN. assourdissant, fracassant, grondant, mugissant, retentissant, ronflant, sonore, tapageur, tonitruant, vrombissant. – LITTÉRAIRE : tonnant. CONTR. *silencieux.* ■ Où il y a beaucoup de bruit. SYN. résonnant. – LITTÉRAIRE : tumultueux. CONTR. *calme, feutré, insonore, paisible, tranquille.* – LITTÉRAIRE : *ouaté.*

bryophyte *nom féminin* Végétal voisin des mousses. SYN. – VIEUX : muscinée.

bryozoaire *nom masculin* Petit animal marin vivant fixé en colonies. SYN. ectoprocte.

buboneux *adjectif* Couvert de pustules. SYN. boutonneux, pustuleux.

bucarde *nom féminin* Petit mollusque comestible. SYN. coque.

bûche *nom féminin* FAMILIER. Personne stupide. SYN. âne, âne bâté, balourd, benêt, idiot, ignorant, imbécile, innocent, lourdaud, maladroit, niais, nigaud, nul, nullité, sot, sotte. – FAMILIER : abruti, andouille, ballot, bécasse, bêta, buse, cloche, crétin, cruche, dinde, empaillé, empoté, gaffeur, gourde, jacques, noix, oie, serin. – LITTÉRAIRE : nicodème. – POPULAIRE : banane, con, conard, connard, cornichon, couillon, gland, manche, nouille, patate, truffe. CONTR. *malin, rusé.* ■ Gros morceau de bois. SYN. rondin.

bûcher *verbe* FAMILIER. Étudier avec ardeur. SYN. apprendre, étudier, préparer, travailler. – FAMILIER : cravacher, potasser, trimer. – POPULAIRE : bosser, boulonner. – VIEUX : piocher. CONTR. *chômer, fainéanter, musarder, paresser, se prélasser, se reposer, se rouler les pouces, se tourner les pouces.* – FAMILIER : *buller, se la couler douce, flemmarder, tirer sa flemme.* – LITTÉRAIRE : *muser.* – POPULAIRE : *glander, ne pas en fiche une rame, se les rouler, tirer au cul, tirer au flanc.*

bûcheur *nom* FAMILIER. Travailleur acharné. SYN. bête à concours. – POPULAIRE : bosseur, chiadeur. – VIEUX : piocheur. CONTR. *fainéant, paresseux.* – FAMILIER : *faignant, feignant.* – POPULAIRE : *glandeur.*

bucolique *adjectif* Relatif à la vie des bergers. SYN. agreste, campagnard, rural. – LITTÉRAIRE : champêtre, pastoral, rustique.

bug *nom masculin* Anomalie de fonctionnement d'un ordinateur. SYN. bogue.

buglosse *nom féminin* Plante herbacée velue. SYN. anchusa.

bugrane *nom féminin* Plante épineuse des champs. SYN. arrête-bœuf.

buhotte *nom féminin* Petit poisson des fonds sableux. SYN. bourgette.

buisson *nom masculin* Arbuste ou groupe d'arbustes. SYN. broussailles, fourré, hallier, taillis.

buisson-ardent *nom masculin* Arbuste méditerranéen épineux. SYN. pyracantha.

buissonneux *adjectif* Couvert de buissons. SYN. broussailleux, fourni, touffu.

bulbe *nom masculin* Organe végétal souterrain. SYN. oignon.

bulldozer *nom masculin* Engin de terrassement. SYN. bouteur.

bulle *nom féminin* Lésion de la peau. SYN. ampoule, cloque, phlyctène. ■ Élément d'une bande dessinée. SYN. phylactère.

buller *verbe* FAMILIER. Rester à ne rien faire. SYN. fainéanter, flâner, musarder, ne rien faire de ses dix doigts, paresser, se prélasser, se rouler les pouces, se tourner les pouces, traîner. – FAMILIER : avoir la cosse, avoir les côtes en long, avoir les pieds nickelés, avoir un poil dans la main, bayer aux corneilles, se la couler douce, être mou du genou, faire du lard, faire le lézard, flemmarder, lézarder, ne pas en fiche une rame, tirer sa flemme, traînailler, traînasser, traîner les pieds. – LITTÉRAIRE : muser. – POPULAIRE : avoir les doigts de pied en éventail, coincer la bulle, glander, glandouiller, se les rouler, tirer au cul, tirer au flanc. – VIEUX : clampiner. CONTR. *s'activer, s'affairer, se démener, se dépenser, donner un coup de collier, s'échiner, s'épuiser, s'escrimer, s'exténuer, se fatiguer, s'occuper, se presser, se remuer.* – FAMILIER : *s'agiter, bûcher, se décarcasser, se défoncer, s'éreinter, s'esquinter, mettre de l'huile de coude, se mettre en quatre, mettre le paquet, en mettre un bon coup, en mettre un coup, en mettre un vieux coup, se tuer.* – POPULAIRE : *bosser, boulonner.*

bulletin *nom masculin* Information officielle. SYN. annonce, communiqué, proclamation, rapport. ■ Document écrit. SYN. acte, billet, carnet, certificat, journal, périodique, revue. – VIEUX : feuille.

bunker *nom masculin* Petit ouvrage fortifié. SYN. blockhaus, casemate, fortin.

bupreste *nom masculin* Insecte à livrée métallique. SYN. richard.

buran *nom masculin* Tempête de neige, en Sibérie. SYN. bouran, purga.

bureaucrate *nom* Employé de bureau. SYN. – ARGOTIQUE : cul de plomb. – FAMILIER : gratte-papier, rond-de-cuir, scribe, scribouillard.

burlesque *adjectif* D'un comique extravagant. SYN. amusant, bouffon, drôle, farfelu, grotesque, héroï-comique, ridicule, risible, saugrenu, vaudevillesque. – FAMILIER : cocasse. – LITTÉRAIRE : funambulesque. CONTR. *digne, dramatique, grave, pondéré, sérieux, sévère, tragique.*

burlesquement *adverbe* De façon burlesque. SYN. cocassement, comiquement, grotesquement, ridiculement. CONTR. *dramatiquement, gravement, sérieusement, tragiquement.*

bursite *nom féminin* Inflammation d'une bourse séreuse. SYN. hygroma.

buse *nom féminin* FAMILIER. Personne stupide. SYN. âne, âne bâté, balourd, benêt, idiot, ignorant, imbécile, innocent, lourdaud, maladroit, niais, nigaud, nul, nullité, rustre, sot, sotte. – FAMILIER : abruti, andouille, ballot, bécasse, bêta, bûche, cloche, crétin, cruche, dinde, empaillé, empoté, gaffeur, gourde, jacques, lourd, noix, oie, rustaud, serin. – LITTÉRAIRE : nicodème. – POPULAIRE : banane, con, conard, connard, cornichon, couillon, gland, manche, nouille, patate, truffe. CONTR. *malin, rusé.*

busqué *adjectif* De courbure convexe. SYN. aquilin, arqué, bombé, bourbonien, convexe, courbé, recourbé. CONTR. *aplati, camus, droit, écrasé, épaté.*

buste *nom masculin* Partie supérieure du corps humain. SYN. torse, tronc. ■ Poitrine de femme. SYN. poitrine, seins. – LITTÉRAIRE : gorge.

but *nom masculin* Point matériel que l'on vise. SYN. cible, objectif, point de mire. CONTR. *point de départ.* ■ Objectif d'une action. SYN. ambition, aspiration, dessein, fin, finalité, idéal, intention, motivation, objectif, objet, projet, visée, vue. ■ Résultat escompté d'une action. SYN. destination, mission, terme, vocation. ■ ***De but en blanc,*** sans précaution. SYN. à brûle-pourpoint, brusquement, ex abrupto, inopinément, sans crier gare, soudain, soudainement, subitement, du tac au tac, tout à coup, tout d'un coup. – FAMILIER : bille en tête, subito, tout de go. – VIEUX : impromptu, tout à trac.

butanone *nom féminin* Solvant industriel. SYN. méthyl-éthyl-cétone.

buté *adjectif* Qui se bute. SYN. entêté, fermé, obstiné, opiniâtre, récalcitrant, tenace, têtu, têtu comme un âne, têtu comme une mule. – FAMILIER : braqué, cabochard, tête de cochon, tête de pioche. – POPULAIRE : tête de lard. CONTR. *accommodant, arrangeant, conciliant, coulant, docile, ouvert, souple.*

butée *nom féminin* Ouvrage de maçonnerie. SYN. culée. – VIEUX : boutée.

buter *verbe transitif* Provoquer le rejet chez quelqu'un. SYN. cabrer, dresser, monter. – FAMILIER : braquer. – LITTÉRAIRE : raidir. ■ POPULAIRE. Tuer quelqu'un. SYN. abattre, assassiner, éliminer, envoyer ad patres, exécuter, massacrer, supprimer, tuer. – ARGOTIQUE : dézinguer. – FAMILIER : bousiller, faire passer le goût du pain, ôter le goût du pain, trucider. – LITTÉRAIRE : faire passer de vie à trépas, occire, raidir. – POPULAIRE : descendre, faire la peau, flinguer, ratatiner, rectifier, refroidir, zigouiller. – VIEUX : suriner.

buter *verbe transitif indirect* Heurter le pied contre. SYN. cogner, heurter, trébucher. – LITTÉRAIRE : chopper contre. ■ Être arrêté par une difficulté. SYN. achopper sur, se heurter à, rencontrer, tomber sur un bec. – FAMILIER : tomber sur un os. – LITTÉRAIRE : chopper contre. CONTR. *passer outre, persévérer, résister, tenir.*

buter (se) *verbe pronominal* Manifester de l'entêtement. SYN. s'accrocher, s'acharner, camper sur ses positions, s'entêter, ne pas démordre de, ne rien vouloir entendre, ne rien vouloir savoir, s'obstiner, se raidir, rester sur ses positions, tenir tête. – FAMILIER : avoir une tête de cochon, se braquer, ne pas lâcher le morceau. – LITTÉRAIRE : s'opiniâtrer.

butin *nom masculin* Ce qu'on prend à l'ennemi. SYN. capture, conquête, prise, proie, rapine. – LITTÉRAIRE : dépouilles, trophée. ■ Produit d'une recherche. SYN. récolte.

butiner *verbe* Chercher çà et là des choses. SYN. glaner. – LITTÉRAIRE : grappiller.

butoir *nom masculin* Obstacle à l'extrémité d'une voie ferrée. SYN. heurtoir.

butor *nom masculin* Grossier personnage. SYN. balourd, cuistre, goujat, lourdaud, malappris, malotru, mufle, ostrogoth, ours mal léché, paysan du Danube, rustre, sans-gêne, sauvage. – FAMILIER : foutriquet, malpoli, paltoquet, rustaud. – LITTÉRAIRE : faquin, soudard. – POPULAIRE : jean-foutre, pignouf. – VIEUX : bélître, coquin, maraud, maroufle. CONTR. *gentleman.* – LITTÉRAIRE : *gentilhomme.*

butte *nom féminin* Légère élévation de terrain. SYN. bosse, colline, coteau, dune, éminence, hauteur, mamelon, monticule, tertre. – VIEUX : élévation. CONTR. *creux, vallon.*

butter *verbe* Accumuler de la terre au pied d'une plante. SYN. chausser.

buttoir *nom masculin* Charrue utilisée pour butter. SYN. billonneuse, butteur, butteuse.

buvable *adjectif* Qui peut se boire. SYN. absorbable, potable. CONTR. *imbuvable.* ■ FAMILIER. Qui est acceptable. SYN. convenable, passable, satisfaisant, tolérable. – FAMILIER : possible, potable. CONTR. *inacceptable, insupportable, intolérable.* – FAMILIER : *imbuvable, impossible.*

buvette *nom féminin* Endroit où l'on sert à boire. SYN. bar, buffet, cabaret, café, estaminet. – FAMILIER : bistro, bistrot, troquet, zinc. – POPULAIRE : caboulot, mastroquet.

buveur *nom* Personne qui boit avec excès. SYN. alcoolique, dipsomane, éthylique, ivrogne. – ARGOTIQUE : biberonneur. – FAMILIER : boit-sans-soif, éponge, pilier de bar, pilier de cabaret, pochard, sac à vin, soiffard, soûlographe. – POPULAIRE : alcoolo, picoleur, pochetron, poivrot, soûlard, soûlaud, soûlot. – VIEUX : biberon. CONTR. *abstinent, sobre.*

buveuse *nom féminin* Papillon d'été. SYN. cosmotriche.

buvoter *verbe* FAMILIER. Boire à petits coups. SYN. – FAMILIER : siroter.

bye bye ! *interjection* FAMILIER. Formule de salutation. SYN. adieu !, bonsoir !, au revoir ! – FAMILIER : salut !, tchao ! CONTR. *bonjour !*

by-pass *nom masculin invariable* Tuyauterie de dérivation. SYN. bipasse.

byzantin *adjectif* Se dit de propos futiles. SYN. futile, inutile, oiseux, stérile. – LITTÉRAIRE : vain. CONTR. *efficace, essentiel, profond.*

C

cabale *nom féminin* Manœuvres contre quelqu'un. SYN. coalition, complot, conjuration, conspiration, intrigue, menées. – LITTÉRAIRE : brigue. ■ Personnes qui participent à une cabale. SYN. clan, coterie, faction. – FAMILIER : clique. – LITTÉRAIRE : ligue.

cabaler *verbe* LITTÉRAIRE. Faire une cabale. SYN. agir en sous-main, comploter, conspirer, intriguer, manigancer. – FAMILIER : grenouiller. – LITTÉRAIRE : conjurer.

cabaleur *nom* LITTÉRAIRE. Personne qui conspire. SYN. comploteur, conjuré, conspirateur.

cabalistique *adjectif* Qui est mystérieux. SYN. abscons, ésotérique, hermétique, obscur. – LITTÉRAIRE : abstrus, sibyllin, ténébreux. CONTR. *clair, intelligible, limpide, lisible.*

cabane *nom féminin* Petite maison rudimentaire. SYN. baraque, cahute, carbet, case, chaumière, hutte, loge, maisonnette, masure, paillote. – FAMILIER : bicoque. – POPULAIRE : cambuse, gourbi. – VIEUX : chaumine. ■ POPULAIRE. Établissement pénitentiaire. SYN. prison. – ARGOTIQUE : ballon. – POPULAIRE : taule, tôle, trou.

cabaret *nom masculin* VIEUX. Débit de boissons. SYN. bar, brasserie, café, estaminet, gargote. – FAMILIER : bistro, bistrot, boui-boui, troquet, zinc. – POPULAIRE : bistroquet, caboulot, mastroquet. – VIEUX : taverne. ■ Établissement de spectacles. SYN. boîte, boîte de nuit, café-concert, caveau, night-club. – POPULAIRE : beuglant.

cabaretier *nom* VIEUX. Personne qui tenait un café. SYN. bistrotier, buvetier, cafetier, limonadier. – FAMILIER : bistro, bistrot, bougnat. – POPULAIRE : mastroquet, pinardier.

cabiai *nom masculin* Gros rongeur des marécages. SYN. capybara.

cabildo *nom masculin* Conseil municipal, en Espagne. SYN. ayuntamiento.

cabinets *nom masculin pluriel* Lieu réservé aux besoins naturels. SYN. feuillées, latrines, lavabos, petit(s) coin(s), toilettes, waters, W.-C. – FAMILIER : pipi-room, tinette, vécés. – POPULAIRE : chiottes, goguenots, gogues. – VIEUX : commodités, garde-robe, lieux d'aisances, water-closets.

câblodistribution *nom féminin* Transmission par réseau câblé. SYN. télédistribution.

cabochard *adjectif* FAMILIER. Qui n'en fait qu'à sa tête. SYN. buté, entêté, frondeur, indiscipliné, obstiné, opiniâtre, récalcitrant, tenace, têtu, têtu comme un âne, têtu comme une mule. – FAMILIER : braqué, tête de cochon, tête de pioche. – POPULAIRE : tête de lard. CONTR. *docile, maniable, obéissant, soumis, souple.*

cabosser *verbe* Déformer par des bosses. SYN. bosseler. – POPULAIRE : bigorner. – VIEUX : bossuer. CONTR. *débosseler.*

cabotin *nom* Personne qui frime. SYN. comédien, faiseur, fanfaron, faraud, hâbleur, snob. – FAMILIER : cabot, frimeur, m'as-tu-vu. – LITTÉRAIRE : histrion. – VIEUX : esbroufeur.

cabotinage *nom masculin* Attitude du cabotin. SYN. bluff, charlatanisme, fanfaronnade, vantardise. – FAMILIER : chiqué, esbroufe. – LITTÉRAIRE : forfanterie, rodomontade. – POPULAIRE : épate. CONTR. *naturel, simplicité, sincérité, spontanéité.*

cabotiner *verbe* Faire le cabotin. SYN. bomber la poitrine, bomber le torse, faire des embarras, faire des façons, faire des manières, faire des mines, faire des ronds de jambe, faire du genre, faire la roue, faire l'important, jouer la grande scène du deux, minauder, se pavaner, prendre de grands airs. – FAMILIER : faire de l'esbroufe, faire du chiqué, frimer, plastronner. – POPULAIRE : faire de l'épate, se la jouer, ne pas se prendre pour de la merde.

caboulot *nom masculin* POPULAIRE. Petit café. SYN. bar, estaminet, gargote. – FAMILIER : bistro, bistrot, boui-boui, troquet. – POPULAIRE : bistroquet, mastroquet. – VIEUX : cabaret.

cabrer *verbe* Provoquer le rejet chez quelqu'un. SYN. buter, dresser, monter, révolter. – FAMILIER : braquer. – LITTÉRAIRE : raidir. CONTR. *amadouer, apprivoiser, se concilier, conquérir, désarmer, gagner.*

cabrer (se) *verbe pronominal* S'opposer avec vigueur à. SYN. se braquer, s'emporter, se hérisser, s'insurger, protester, se raidir, se rebeller, se révolter, se soulever. – FAMILIER : se rebiffer, ruer dans les brancards. – LITTÉRAIRE : regimber. CONTR. *céder, fléchir, obéir, plier, se plier, se soumettre.* – POPULAIRE : *s'écraser.*

cabri *nom masculin* Petit de la chèvre. SYN. biquet, chevreau. – FAMILIER : bicot.

cabriole *nom féminin* Action de rouler sur soi-même. SYN. culbute, pirouette, roulade. – FAMILIER : galipette. ■ Saut agile. SYN. bond, entrechat, gambade, sautillement. – LITTÉRAIRE : bondissement. ■ FAMILIER. Moyen de se tirer d'affaire. SYN. dérobade, échappatoire, pirouette, retournement, volte-face. – LITTÉRAIRE : palinodie.

cabrioler *verbe* Faire des cabrioles. SYN. batifoler, caracoler, s'ébattre. – LITTÉRAIRE : folâtrer.

cache *nom masculin* Zone de mémoire d'un ordinateur. SYN. antémémoire.

cache *nom féminin* Lieu secret. SYN. abri, cachette. – POPULAIRE : planque.

caché *adjectif* Qui n'apparaît pas. SYN. clandestin, dissimulé, furtif, inapparent, larvé, masqué, occulte, secret, sourd, souterrain. – LITTÉRAIRE : subreptice, tapi. – POPULAIRE : planqué. CONTR. *apparent, déclaré, découvert, évident, flagrant, manifeste, notoire, ostensible, patent, public, transparent, visible.* ■ Qui n'est pas exprimé clairement. SYN. contenu, implicite, indirect, latent, rentré, sous-entendu, sous-jacent, tu. – LITTÉRAIRE : sibyllin. CONTR. *avoué, catégorique, explicite, franc, net, ostensible.*

cache-col *nom masculin invariable* Longue écharpe étroite. SYN. cache-nez, écharpe.

cachectique *adjectif* Très amaigri. SYN. décharné. – LITTÉRAIRE : émacié, étique. CONTR. *adipeux, gras, gros, obèse.*

cache-nez *nom masculin invariable* Longue écharpe étroite. SYN. cache-col, écharpe.

cacher *verbe* Soustraire à la vue. SYN. camoufler, couvrir, dissimuler, éclipser, escamoter, masquer, occulter. – LITTÉRAIRE : dérober, voiler. – POPULAIRE : planquer. CONTR. *arborer, découvrir, démasquer, étaler, exhiber, exposer, montrer.* ■ Ne pas exprimer quelque chose. SYN. dissimuler, étouffer, occulter, passer sous silence, refouler, taire. – LITTÉRAIRE : celer. CONTR. *affirmer, annoncer, apprendre, avertir, aviser, avouer, colporter, confesser, confier, déclarer, démasquer, dénoncer, dévoiler, dire, divulguer, ébruiter, exprimer, faire savoir, révéler.* – FAMILIER : *déballer.* – LITTÉRAIRE : *déceler.* ■ Masquer quelque chose. SYN. camoufler, couvrir, déguiser, dissimuler, noyer, recouvrir, renfermer. – LITTÉRAIRE : renfoncer. CONTR. *afficher, dénoter, exprimer, manifester, marquer, montrer, offrir, révéler, trahir.*

cacher (se) *verbe pronominal* Se soustraire aux regards. SYN. se camoufler, se dérober, se dissimuler, s'embusquer, se murer, se retirer, se tapir. – LITTÉRAIRE : se bauger. – POPULAIRE : se planquer. CONTR. *s'afficher, apparaître, s'exhiber, se manifester, se montrer.* ■ Tenir quelque chose secret. SYN. camoufler, dissimuler. CONTR. *divulguer, étaler, révéler.*

cachet *nom masculin* Empreinte laissée sur quelque chose. SYN. estampille, griffe, label, marque, sceau, tampon, timbre. ■ Marque distinctive. SYN. caractère, empreinte, griffe, note, patte, style. – LITTÉRAIRE : sceau, touche. ■ Rétribution d'un service. SYN. émoluments, honoraires, pige, rémunération. – POPULAIRE : cacheton. ■ Préparation médicamenteuse. SYN. comprimé, gélule, pastille, pilule.

cacheter *verbe* Fermer en collant. SYN. sceller. CONTR. *décacheter, desceller, ouvrir.*

cache-théière *nom masculin invariable* Enveloppe qui recouvre une théière. SYN. cosy, couvre-théière.

cachette *nom féminin* Lieu propre à cacher, à se cacher. SYN. cache, repaire. – LITTÉRAIRE : tanière. – POPULAIRE : planque. ■ ***En cachette,*** en se cachant. SYN. clandestinement, furtivement, incognito, obscurément, officieusement, secrètement, en secret, sournoisement, sous le manteau, en tapinois. – LITTÉRAIRE : sourdement, subrepticement. CONTR. *franchement, officiellement, ouvertement, publiquement.*

cachexie *nom féminin* Affaiblissement extrême. SYN. consomption, dépérissement.

cachot *nom masculin* Cellule d'un prisonnier. SYN. oubliettes. – LITTÉRAIRE : geôle. – POPULAIRE : mitard. – VIEUX : basse-fosse, cul-de-basse-fosse.

cachotterie *nom féminin* FAMILIER. Secret peu important. SYN. dissimulation, mystère. CONTR. *confidence, franchise, sincérité.*

cachottier *adjectif* FAMILIER. Qui aime faire des mystères. SYN. caché, dissimulé, mystérieux. – LITTÉRAIRE : réticent, secret. CONTR. *direct, franc, ouvert, sincère.*

cacique *nom masculin* FAMILIER. Premier à un concours. SYN. cerveau, génie. – FAMILIER : as, champion, crack, fort en thème. – LITTÉRAIRE : lumière.

cacochyme *adjectif* VIEUX. Qui a une constitution faible. SYN. maladif, malingre, rachitique, souffreteux. – LITTÉRAIRE : valétudinaire. CONTR. *robuste, sain, valide, vigoureux.*

cacophonie *nom féminin* Mots, sons peu harmonieux. SYN. charivari, discordance, dissonance, tintamarre, vacarme. – FAMILIER : tohu-bohu. CONTR. *calme, consonance, euphonie, harmonie.* – LITTÉRAIRE : *symphonie.*

cacophonique *adjectif* Relatif à la cacophonie. SYN. discordant, dissonant. CONTR. *euphonique, harmonieux.*

cadavéreux *adjectif* Qui tient du cadavre. SYN. cadavérique, exsangue, livide, plombé, terreux. CONTR. *coloré, éclatant, frais, rosé.* – LITTÉRAIRE : *vermeil.*

cadavérique *adjectif* Qui tient du cadavre. SYN. cadavéreux, exsangue, livide, plombé, terreux. CONTR. *coloré, éclatant, frais, rosé.* – LITTÉRAIRE : *vermeil.*

cadavre *nom masculin* Corps mort. SYN. charogne, corps, mort, restes. – LITTÉRAIRE : dépouille, dépouille mortelle. – POPULAIRE : macchabée.

caddie *nom masculin* Celui qui porte les clubs, au golf. SYN. cadet.

cadeau *nom masculin* Ce qu'on offre à quelqu'un. SYN. bienfait, don, gratification, largesses, libéralité, offrande, souvenir. – LITTÉRAIRE : présent. – VIEUX : gracieuseté.

cadenasser *verbe* Enfermer dans un lieu clos. SYN. claquemurer, claustrer, cloîtrer, écrouer, emprisonner, incarcérer, interner, séquestrer, verrouiller. – FAMILIER : boucler. – LITTÉRAIRE : reclure. – VIEUX : chambrer. CONTR. *délivrer, libérer, relâcher, relaxer, sortir.*

cadence *nom féminin* Rythme régulier. SYN. allure, mouvement, tempo, vitesse.

cadencé *adjectif* Qui suit une certaine cadence. SYN. eurythmique, régulier, rythmé. CONTR. *discontinu, inégal, intermittent, irrégulier, saccadé.*

cadencer *verbe* LITTÉRAIRE. Donner du rythme. SYN. marteler, ponctuer, rythmer, scander.

cadet *nom masculin* Celui qui porte les clubs, au golf. SYN. caddie.

cadet *nom* Enfant qui vient après l'aîné. SYN. junior. – VIEUX : puîné. CONTR. *aîné.* ■ Dernier des enfants. SYN. benjamin, dernier-né. CONTR. *aîné.*

cadre *nom masculin* Milieu dans lequel on vit. SYN. cercle, compagnie, contexte, décor, entourage, environnement, paysage, sphère. ■ Ce qui borne une action. SYN. domaine, limite, orbite, rayon, sphère. ■ Construction d'un ouvrage. SYN. canevas, charpente, encadrement, ossature, schéma. – LITTÉRAIRE : trame.

cadrer *verbe* Être en accord avec quelque chose. SYN. s'accorder, s'adapter, aller, s'assortir, coïncider, concorder, convenir, correspondre, être au diapason, s'harmoniser, se marier, se prêter à. – FAMILIER : coller. CONTR. *choquer, contrarier, contrecarrer, contredire, détonner, jurer, s'opposer à.*

cadreur *nom* Techicien chargé de la caméra. SYN. cameraman.

caduc *adjectif* Qui tombe chaque année. CONTR. *persistant.* ■ Qui ne dure qu'un temps. SYN. éphémère, fragile, périssable, précaire, transitoire. CONTR. *durable, éternel, immuable, impérissable, indestructible, persistant.* – LITTÉRAIRE : *pérenne.* ■ Qui n'est plus valable. SYN. abandonné, ancien, antique, archaïque, démodé, dépassé, désuet, inactuel, nul, obsolète, périmé, vétuste. – FAMILIER : out, ringard. – LITTÉRAIRE : obsolescent, suranné. CONTR. *actuel, moderne, neuf, nouveau, récent, vivace.*

caducifolié *adjectif* Qui perd ses feuilles en hiver. SYN. décidu. CONTR. *sempervirent.*

caducité *nom féminin* Caractère nul d'un acte juridique. SYN. nullité. CONTR. *continuité, éternité, pérennité.*

cafard *nom* LITTÉRAIRE. Faux dévot. SYN. bigot. – FAMILIER : bondieusard. – LITTÉRAIRE : cagot, pharisien, sycophante, tartufe, tartuffe. CONTR. *dévot, mystique, religieux.* ■ FAMILIER. Personne qui dénonce. SYN. délateur, dénonciateur, fourbe, judas, rapporteur. – ARGOTIQUE : balance. – FAMILIER : cafardeur, mouchard. – POPULAIRE : cafteur, mouton.

cafard *nom masculin* Insecte aplati de mœurs nocturnes. SYN. blatte, cancrelat, meunier. ■ FAMILIER. Idées noires. SYN. dépression, mélancolie, neurasthénie, papillons noirs, pessimisme, tristesse, vague à l'âme. – FAMILIER : blues. – LITTÉRAIRE : spleen. – POPULAIRE : bourdon. CONTR. *allégresse, élan, enthousiasme, gaieté, joie.*

cafardage *nom masculin* FAMILIER. Action de cafarder. SYN. délation, dénonciation. – FAMILIER : mouchardage. – POPULAIRE : caftage.

cafarder *verbe intransitif* Avoir le cafard. SYN. broyer du noir, être au trente-sixième dessous, ne pas avoir le moral, ne voir que le revers de la médaille, voir tout en noir. – FAMILIER : avoir le blues, avoir le bourdon, avoir le moral à zéro, avoir le moral dans les baskets, avoir le moral dans les chaussettes, déprimer. CONTR. *avoir* *le moral, positiver, prendre la vie du bon côté, prendre les choses du bon côté, voir tout en rose.* – FAMILIER : *avoir la frite, être en pleine forme.* – POPULAIRE : *avoir la pêche, péter le feu.*

cafarder *verbe transitif* FAMILIER. Dénoncer quelqu'un. SYN. dénoncer. – ARGOTIQUE : balancer. – POPULAIRE : cafter. ■ FAMILIER. Rapporter en dénonçant. SYN. rapporter. – FAMILIER : moucharder.

cafardeur *nom* FAMILIER. Personne qui cafarde. SYN. délateur, dénonciateur, fourbe, hypocrite, rapporteur. – ARGOTIQUE : balance. – FAMILIER : cafard, mouchard. – POPULAIRE : cafteur, mouton.

cafardeux *adjectif* FAMILIER. Qui donne le cafard. SYN. funèbre, lugubre, maussade, morne, sinistre, triste. CONTR. *amusant, plaisant, réjouissant.* – FAMILIER : *marrant, rigolo.* ■ Qui dénote la tristesse. SYN. mélancolique, morose, noir, nostalgique, sombre, triste. – LITTÉRAIRE : chagrin. CONTR. *enthousiaste, gai, joyeux, radieux.*

café *nom masculin* Boisson à base de fèves de caféier. SYN. express, expresso. – FAMILIER : jus, jus de chaussette, noir, petit noir. – POPULAIRE : caoua. ■ Lieu où l'on sert des boissons. SYN. bar, brasserie, buvette, débit de boissons, estaminet. – FAMILIER : bistro, bistrot, troquet, zinc. – POPULAIRE : bistroquet, caboulot, mastroquet. – VIEUX : cabaret.

caféine *nom féminin* Alcaloïde stimulant du système nerveux. SYN. guaranine, méthylbromine.

cafetier *nom* VIEUX. Personne qui tient un café. SYN. bistrotier, buvetier, cabaretier, limonadier, patron, tenancier. – FAMILIER : bistro, bistrot. – VIEUX : mastroquet.

cafouillage *nom masculin* FAMILIER. Déroulement confus. SYN. confusion, désordre, désorganisation, embrouillamini, micmac, pastis, perturbation. – FAMILIER : bazar, cafouillis, pagaïe, pagaille. – POPULAIRE : bin's, bordel, merdier. CONTR. *ordonnance, ordre.*

cafouiller *verbe* FAMILIER. Agir d'une manière confuse. SYN. s'embrouiller, s'emmêler, s'empêtrer, ne plus savoir à quel saint se vouer, se tromper. – FAMILIER : s'emberlificoter, s'emmêler les pieds, s'entortiller. – POPULAIRE : s'emmêler les crayons, s'emmêler les pédales, s'emmêler les pinceaux. CONTR. *se dépêtrer, savoir s'y prendre, savoir y faire, s'en sortir, se tirer d'affaire, s'en tirer.* – FAMILIER : *se débrouiller, se dépatouiller.* – POPULAIRE : *se démerder.*

cafouilleur *adjectif et nom* FAMILIER. Qui cafouille. SYN. confus, filandreux, fumeux, nébuleux. CONTR. *clair, direct, limpide, lumineux.*

cafouilleux *adjectif* FAMILIER. Qui cafouille. SYN. confus, filandreux, fumeux. – LITTÉRAIRE : nébuleux. CONTR. *clair, direct, limpide, lumineux.*

cafouillis *nom masculin* FAMILIER. Fonctionnement confus. SYN. confusion, désordre, désorganisation, embrouillamini, micmac, pastis, perturbation. – FAMILIER : bazar, cafouillage, pagaïe, pagaille. – POPULAIRE : bin's, bordel, merdier. CONTR. *ordonnance, ordre.*

cafter *verbe* POPULAIRE. Rapporter ce que fait quelqu'un. SYN. rapporter, trahir. – ARGOTIQUE : balancer. – FAMILIER : cafarder, moucharder.

cafteur *nom* POPULAIRE. Personne qui cafte. SYN. délateur, dénonciateur, fourbe, hypocrite, indicateur, judas, rapporteur. – ARGOTIQUE : balance. – FAMILIER : cafard, cafardeur, mouchard. – POPULAIRE : mouton.

cageot *nom masculin* Emballage léger à claire-voie. SYN. cagette, clayette, plateau.

cageret *nom masculin* Claie pour égoutter les fromages. SYN. cagerotte, caget, caserel, caseret, caserette.

cagette *nom féminin* Emballage léger à claire-voie. SYN. cageot, clayette, plateau.

cagibi *nom masculin* FAMILIER. Petit réduit. SYN. appentis, bauge, débarras, placard, réduit, soupente. – LITTÉRAIRE : galetas. – POPULAIRE : gourbi.

cagot *nom* LITTÉRAIRE. Faux dévot. SYN. bigot, hypocrite. – FAMILIER : bondieusard, calotin. – LITTÉRAIRE : cafard, tartufe, tartuffe. CONTR. *dévot, mystique, religieux.*

cagoterie *nom féminin* LITTÉRAIRE. Dévotion excessive. SYN. – FAMILIER : bigoterie, bigotisme, bondieuserie. – LITTÉRAIRE : tartuferie, tartufferie.

cahin-caha *locution adverbiale* FAMILIER. Tant bien que mal. SYN. comme ci comme ça, difficilement, péniblement. – FAMILIER : clopin-clopant, couci-couça. CONTR. *comme sur des roulettes.*

cahot *nom masculin* Bond que fait une voiture. SYN. ballottement, saccade, saut, secousse, soubresaut.

cahotant *adjectif* Qui fait des cahots. SYN. brimbalant, bringuebalant, brinquebalant.

cahoter *verbe* Être secoué par des cahots. SYN. balancer, ballotter, brimbaler, bringuebaler, brinquebaler, sauter, tanguer.

cahoteux *adjectif* Qui provoque des cahots. SYN. inégal, raboteux. CONTR. *égal, lisse, plat, uni.*

cahute *nom féminin* Habitation misérable. SYN. cabane, hutte, taudis. – FAMILIER : baraque, bicoque. – LITTÉRAIRE : tanière.

caïd *nom masculin* FAMILIER. Homme puissant. SYN. baron, magnat. – FAMILIER : grand manitou, gros bonnet, grosse légume, manitou.

caille-lait *nom masculin invariable* Plante herbacée. SYN. croisette, gaillet, mollugine.

cailler *verbe* Se former en caillots. SYN. coaguler, se figer. – RARE : caillebotter. ■ POPULAIRE. Avoir très froid. SYN. claquer des dents, être gelé, être glacé, être transi, geler, grelotter. – FAMILIER : être frigorifié, peler de froid. – POPULAIRE : se cailler les miches, se les geler, se peler. CONTR. – FAMILIER : *crever de chaud.*

caillot *nom masculin* Masse de substance coagulée. SYN. coagulum.

caillou *nom masculin* Petite pierre. SYN. caillasse, galet, gravier.

cailloutage *nom masculin* Action de caillouter. SYN. empierrement.

caillouter *verbe* Garnir de cailloux. SYN. empierrer.

caillouteux *adjectif* Plein de cailloux. SYN. graveleux, pierreux, rocailleux.

caisse *nom féminin* Emballage rigide. SYN. boîte, boîtier, cageot, caisson, coffre, coffret, colis, malle.

cajeputol *nom masculin* Constituant de l'eucalyptus. SYN. cinéol.

cajoler *verbe* Être tendre avec quelqu'un. SYN. câliner, caresser, choyer, couver, dorloter, faire des câlins, gâter, pouponner. – FAMILIER : bichonner, chouchouter, faire des mamours, mignoter. CONTR. *brusquer, brutaliser, malmener, rudoyer.* – FAMILIER : *tarabuster.*

cajolerie *nom féminin* Manières, paroles caressantes. SYN. câlin, câlinerie, caresse, chatterie, flatterie, tendresse. – FAMILIER : mamours. – LITTÉRAIRE : gâterie. CONTR. *bourrade, brimade, brusquerie, brutalité, coup, sévices, violence.* – LITTÉRAIRE : *avanie.*

cajoleur *adjectif* Qui cajole. SYN. affectueux, câlin, caressant, enjôleur, flatteur, tendre. – LITTÉRAIRE : flagorneur. CONTR. *bourru, brusque, brutal, dur, rébarbatif, revêche, rude, sec.*

cajou *nom masculin* ***Noix de cajou,*** fruit de l'anacardier. SYN. anacarde, noix d'acajou.

cal *nom masculin* Durcissement de la peau du pied. SYN. callosité, durillon, œil-de-perdrix.

calaison *nom féminin* Enfoncement d'un bateau dans l'eau. SYN. tirant d'eau.

calamar *nom masculin* Mollusque voisin de la seiche. SYN. calmar, encornet.

calamine *nom féminin* Silicate hydraté naturel de zinc. SYN. hémimorphite.

calamité *nom féminin* Malheur public. SYN. cataclysme, catastrophe, désastre, fléau, tragédie. – FAMILIER : plaie. – LITTÉRAIRE : lèpre. ■ Infortune personnelle. SYN. épreuve, malheur. – LITTÉRAIRE : misère. CONTR. *bénédiction, bonheur, chance, joie, plaisir.* – LITTÉRAIRE : *félicité.*

calamiteux *adjectif* LITTÉRAIRE. Qui a le caractère d'une calamité. SYN. catastrophique, désastreux, fatal, funeste, malheureux. CONTR. *béni, faste, heureux.*

calamus *nom masculin* Axe creux d'une plume d'oiseau. SYN. tuyau.

calanque *nom féminin* Type de crique. SYN. baie, crique, golfe.

calcédoine *nom féminin* Agate rouge. SYN. cornaline.

calciner *verbe* Brûler complètement. SYN. brûler, carboniser, consumer, griller. – LITTÉRAIRE : embraser. – POPULAIRE : cramer.

calcitonine *nom féminin* Hormone qui fixe le calcium. SYN. thyrocalcitonine.

calcul *nom masculin* Action de prévoir. SYN. arrière-pensée, combinaison, desseins, détermination, estimation, évaluation, intention, intrigue, manigances, manœuvres, menées, plan, politique, prévision, spéculation, supputation. CONTR. *désintéressement, hasard, imprévoyance, improvisation, spontanéité.*

calculable *adjectif* Qui peut se calculer. SYN. chiffrable, estimable, évaluable, prévisible. CONTR. *imprévisible, incalculable, indénombrable, innombrable.*

calculateur *adjectif* Qui calcule. SYN. intrigant, opportuniste. – FAMILIER : combinard. CONTR. *imprévoyant, impulsif, irréfléchi, primesautier, spontané.*

calculé *adjectif* Qui a été combiné. SYN. combiné, concerté, étudié, fixé, intentionnel, intéressé, mesuré, mûri, prémédité, préparé, réfléchi. CONTR. *imprévisible, impromptu, improvisé, naturel, spontané.*

calculer *verbe* Effectuer un calcul. SYN. chiffrer, compter, dénombrer. – LITTÉRAIRE : nombrer. ■ Évaluer quelque chose. SYN. apprécier, comptabiliser, déterminer, estimer, établir, évaluer, mesurer, peser. ■ Combiner quelque chose. SYN. avoir une idée derrière la tête, concerter, mesurer, mettre sur pied, orchestrer, peser, préméditer, préparer, prévoir, pronostiquer, réfléchir, supputer. – FAMILIER : arranger. – LITTÉRAIRE : délibérer. CONTR. *improviser.*

calé *adjectif* FAMILIER. Très instruit. SYN. fort, savant. – FAMILIER : ferré, fortiche, trapu. CONTR. *ignare,* *ignorant.* – VIEUX : *illettré.* ■ FAMILIER. Qui offre des difficultés. SYN. ardu, compliqué, délicat, difficile, dur, malaisé. – FAMILIER : coton. CONTR. *aisé, c'est un jeu d'enfant, clair, élémentaire, enfantin, facile, simple.* – FAMILIER : *ce n'est pas la mer à boire, c'est de la rigolade, c'est du gâteau, c'est du tout cuit, pas sorcier.* – POPULAIRE : *c'est du billard.* ■ FAMILIER. Qui a bien mangé. SYN. gavé, nourri, plein, rassasié. – FAMILIER : gonflé comme une outre, plein comme un œuf, plein comme une outre. – LITTÉRAIRE : repu. CONTR. *affamé.*

calebas *nom masculin* Cordage qui fait descendre une voile. SYN. halebas.

calembredaine *nom féminin* Histoire extravagante. SYN. baliverne, bêtise, billevesée, fadaise, sornette, sottise. – FAMILIER : faribole.

calendrier *nom masculin* Tableau des jours de l'année. SYN. agenda, almanach, éphéméride. ■ Emploi du temps. SYN. planning, programme.

calendula *nom masculin* Fleur des jardins d'un jaune vif. SYN. souci.

calepin *nom masculin* Petit carnet. SYN. agenda.

caler *verbe intransitif* FAMILIER. Céder devant une difficulté. SYN. baisser les bras, capituler, déclarer forfait, s'incliner, laisser tomber, reculer, renoncer, se soumettre. – FAMILIER : se dégonfler, flancher. – POPULAIRE : caner, canner. CONTR. *résister, tenir.*

caler *verbe transitif* Immobiliser quelque chose. SYN. arrimer, assujettir, assurer, bloquer, coincer, fixer, maintenir. CONTR. *débloquer, décaler, desserrer.*

caler (se) *verbe pronominal* S'installer confortablement. SYN. se carrer, s'étaler, s'installer, se pelotonner.

calfater *verbe* Rendre étanche. SYN. aveugler, boucher, colmater, étancher, étouper, obturer.

calfeutrer (se) *verbe pronominal* Rester enfermé volontairement. SYN. se cantonner, se claquemurer, se claustrer, se cloîtrer, se confiner, s'enfermer, se murer, se terrer. CONTR. *partir, sortir.*

calibre *nom masculin* Importance de quelque chose. SYN. ampleur, dimension, envergure, importance, taille.

caliciforme *adjectif* En forme de cloche. SYN. campaniforme.

câlin *adjectif* Qui manifeste de la tendresse. SYN. affectueux, amoureux, cajoleur, caressant, enjôleur, tendre. – LITTÉRAIRE : aimant. CONTR. *abrupt, bourru, brusque, brutal, revêche, rogue, rude, sec.*

câlin *nom masculin* Caresse tendre. SYN. cajolerie, câlinerie, chatterie. – FAMILIER : mamours.

câlinement *adverbe* De façon affectueuse. SYN. affectueusement, amoureusement, tendrement. CONTR. *brusquement, brutalement, durement, rudement.*

câliner *verbe* Faire des câlins. SYN. cajoler, caresser, choyer, couver, dorloter, pouponner. – FAMILIER : bichonner, chouchouter, mignoter. CONTR. *brusquer, brutaliser, malmener, maltraiter, rudoyer.*

câlinerie *nom féminin* Manières câlines. SYN. cajolerie, câlin, caresse, chatterie. – FAMILIER : mamours. – LITTÉRAIRE : gâterie. CONTR. *bourrade, brimade, brusquerie, brutalité, coup, sévices, violence.*

calixtin *nom masculin* Partisan de la communion sous les deux espèces. SYN. utraquiste.

calleux *adjectif* Qui a des callosités. SYN. raboteux, râpeux, rêche, rugueux. CONTR. *doux, fin, lisse, satiné, soyeux.*

callicèbe *nom masculin* Petit singe d'Amérique du Sud. SYN. titi.

callimorphe *nom féminin* Beau papillon nocturne. SYN. écaille.

callionyme *nom masculin* Poisson à fortes épines dorsales. SYN. dragonnet.

callosité *nom féminin* Durcissement de la peau du pied. SYN. cal, durillon.

calmant *nom masculin* Substance qui calme la douleur, l'anxiété. SYN. analgésique, antalgique, anxiolytique, sédatif, tranquillisant. CONTR. *excitant, stimulant.* – VIEUX : *analeptique.*

calmant *adjectif* Qui apaise. SYN. adoucissant, apaisant, délassant, lénifiant, reposant, tranquillisant. – LITTÉRAIRE : lénitif, rassérénant. CONTR. *agaçant, énervant, exaspérant, excitant, inquiétant, irritant, provocant, stimulant, stressant, troublant.* – FAMILIER : *horripilant.*

calmar *nom masculin* Mollusque voisin de la seiche. SYN. calamar, encornet.

calme *adjectif* Sans agitation. SYN. paisible, silencieux, tranquille. – FAMILIER : pépère. – LITTÉRAIRE : quiet. – POPULAIRE : peinard. CONTR. *actif, animé, bruyant, houleux, mouvementé, orageux, remuant, troublé, turbulent.* – LITTÉRAIRE : *tumultueux.* ■ Qui se maîtrise. SYN. apaisé, détendu, doux, équilibré, gentil, impassible, imperturbable, modéré, patient, placide, pondéré, posé, serein. – FAMILIER : cool. – LITTÉRAIRE : limpide, rassis. CONTR. *affolé, agacé, agité, agressif, anxieux, ardent, aventureux, batailleur, belliqueux, bouillant, bouillonnant, coléreux, déchaîné, délirant, emporté, endiablé, exalté, exaspéré, excité, fébrile, fiévreux, fougueux,* *furieux, impatient, impulsif, irascible, irritable, irrité, nerveux, surexcité, survolté, violent.* – FAMILIER : *bagarreur.* – LITTÉRAIRE : *colérique, effervescent, impétueux, volcanique.*

calme *nom masculin* Immobilité de la mer. SYN. accalmie, bonace, embellie. CONTR. *bourrasque, cyclone, orage, ouragan, tempête.* ■ Absence d'agitation. SYN. apaisement, paix, silence, tranquillité. – LITTÉRAIRE : quiétude, repos. CONTR. *activité, agitation, bouillonnement, bruit, cacophonie, charivari, mouvement, tapage, tintamarre, tumulte, vacarme.* – FAMILIER : *boucan, chahut, raffut, tintouin.* – LITTÉRAIRE : *turbulence.* ■ Absence de nervosité. SYN. apathie, assurance, flegme, impassibilité, imperturbabilité, inertie, léthargie, maîtrise, patience, placidité, retenue, sang-froid, self-control, sérénité. CONTR. *affolement, agacement, colère, déchaînement, égarement, emportement, énervement, exaspération, excitation, fougue, frénésie, fureur, impatience, irascibilité, irritabilité, irritation, nervosité, surexcitation, véhémence.* – FAMILIER : *horripilation.* – LITTÉRAIRE : *courroux, impétuosité.* ■ Absence de trouble. SYN. ordre, paix, sécurité. – LITTÉRAIRE : quiétude. CONTR. *bouleversement, désordre, ébullition, effervescence, fébrilité, révolution, secousse, trouble, violence.*

calmement *adverbe* De façon calme. SYN. doucement, froidement, mollement, paisiblement, patiemment, placidement, posément, sagement, sereinement, à tête reposée, tranquillement. – POPULAIRE : calmos, peinardement, pénardement. CONTR. *agressivement, coléreusement, fébrilement, fiévreusement, fougueusement, impatiemment, nerveusement, précipitamment.* – FAMILIER : *dare-dare.* – LITTÉRAIRE : *tumultueusement.*

calmer *verbe* Faire cesser un état d'agitation. SYN. apaiser, assagir, consoler, désarmer, désénerver, détendre, mater, pacifier, tranquilliser. – LITTÉRAIRE : dompter, rasséréner. CONTR. *affoler, agacer, agiter, ameuter, angoisser, apeurer, bouleverser, déchaîner, effrayer, énerver, enfiévrer, enflammer, exaspérer, exciter, surexciter.* ■ Rendre moins intense. SYN. adoucir, alléger, amortir, arrondir les angles, assouvir, atténuer, cicatriser, diminuer, endormir, modérer, neutraliser, soulager. – LITTÉRAIRE : lénifier, panser, tempérer. CONTR. *accentuer, accroître, activer, aggraver, aiguillonner, attiser, aviver, intensifier, irriter, réveiller, stimuler.*

calmer (se) *verbe pronominal* Diminuer en intensité. SYN. s'adoucir, s'apaiser, s'atténuer, se dissiper, s'éteindre, s'évanouir, tomber. CONTR. *se déchaîner, s'exaspérer, monter, se réveiller.* ■ Retrouver son calme. SYN. s'assagir, se contenir, se détendre, se modérer, se rasséréner, se remettre, se tenir coi. CONTR. *s'agiter, s'animer, s'échauffer, s'emporter, s'énerver, s'inquiéter, se troubler.*

calomniateur *nom* Personne qui calomnie. SYN. accusateur, détracteur, diffamateur. – LITTÉRAIRE : sycophante.

calomnie *nom féminin* Fausse accusation. SYN. attaque, dénigrement, diffamation. – FAMILIER : débinage, éreintage, éreintement. – LITTÉRAIRE : clabauderie, venin. CONTR. *apologie, éloge, glorification, louange.*

calomnier *verbe* Attaquer par des calomnies. SYN. attaquer, décrier, dénigrer, diffamer, éclabousser l'honneur de, médire, salir, salir la réputation de, traîner dans la boue. – FAMILIER : baver sur, casser du sucre sur (le dos de), cracher sur, débiner, déblatérer sur, éreinter, esquinter, étriller. – LITTÉRAIRE : noircir. CONTR. *défendre, disculper, exalter, glorifier, innocenter, justifier, laver, louer.* – FAMILIER : *blanchir.* – LITTÉRAIRE : *chanter, louanger.*

calomnieux *adjectif* Qui constitue une calomnie. SYN. diffamant, diffamatoire, méchant. – LITTÉRAIRE : fielleux, vénéneux, venimeux. CONTR. *dithyrambique, élogieux, flatteur, juste, laudatif.*

calotte *nom féminin* FAMILIER. Tape sur la tête. SYN. claque, gifle. – FAMILIER : taloche. – LITTÉRAIRE : soufflet. – POPULAIRE : baffe, beigne, mandale, tarte, torgnole.

calotter *verbe* FAMILIER. Donner une tape sur la tête. SYN. claquer, gifler. – LITTÉRAIRE : souffleter. – VIEUX : talocher.

calque *nom masculin* Reproduction de quelque chose. SYN. copie, démarquage, fac similé, imitation, plagiat.

calquer *verbe* Imiter servilement. SYN. copier, démarquer, imiter, reproduire, singer. – LITTÉRAIRE : plagier. – POPULAIRE : pomper. CONTR. *différencier.*

calter (se) *verbe* POPULAIRE. S'en aller rapidement. SYN. battre en retraite, déguerpir, disparaître, s'enfuir, s'esquiver, fausser compagnie, filer à l'anglaise, fuir, partir, plier bagages, prendre la clef des champs, prendre la fuite, prendre le large, se retirer, se sauver. – FAMILIER : débarrasser le plancher, décamper, détaler, ficher le camp, filer, filer comme un zèbre, lever le camp, lever le pied, lever le siège, prendre la poudre d'escampette, prendre ses cliques et ses claques, prendre ses jambes à son cou, vider le plancher, vider les lieux. – POPULAIRE : se barrer, se carapater, se casser, cavaler, se cavaler, se débiner, décaniller, se faire la malle, se faire la paire, foutre le camp, jouer la fille de l'air, mettre les bouts, mettre les voiles, se tailler, se tirer.

calvaire *nom masculin* Souffrance morale. SYN. douleur, enfer, martyre, supplice, torture. – LITTÉRAIRE : croix, géhenne.

calycanthe *nom masculin* Arbuste ornemental d'Amérique du Nord. SYN. pompadour.

camarade *nom* Compagnon de travail. SYN. acolyte, ami, collègue, compagne, compagnon, condisciple, confrère, congénère. – FAMILIER : copain, copine, poteau. – POPULAIRE : pote. CONTR. *adversaire, ennemi, rival.*

camaraderie *nom féminin* Entente entre camarades. SYN. amitié, confraternité, fraternité, intimité, solidarité. CONTR. *désaccord, mésentente, rivalité.* – LITTÉRAIRE : *mésintelligence.*

camard *adjectif* VIEUX. Se dit d'un nez écrasé. SYN. aplati, camus, écrasé, épaté. CONTR. *aquilin, bourbonien, long, pointu.*

camarilla *nom féminin* LITTÉRAIRE. Personnes influentes. SYN. cercle, chapelle, clan, club, coterie, église, faction, gang. – FAMILIER : clique, maffia, mafia. – LITTÉRAIRE : phalange.

cambodgien *nom masculin* Langue parlée par les Khmers. SYN. khmer.

cambré *adjectif* Qui forme un arc. SYN. arqué, bombé, creusé, recourbé. CONTR. *droit, plan, plat.*

cambriolage *nom masculin* Action de cambrioler. SYN. vol. – ARGOTIQUE : casse. – POPULAIRE : fric-frac.

cambrioler *verbe* Dévaliser un lieu. SYN. dévaliser, voler.

cambrioleur *nom* Personne qui cambriole. SYN. malfaiteur, voleur. – FAMILIER : monte-en-l'air, souris d'hôtel. – LITTÉRAIRE : dévaliseur.

cambrure *nom féminin* Partie cambrée. SYN. courbe, courbure.

caméléon *nom masculin* Personne versatile. SYN. pantin. – FAMILIER : polichinelle. – LITTÉRAIRE : protée. – VIEUX : sauteur.

camelote *nom féminin* FAMILIER. Mauvais produit. SYN. pacotille. – FAMILIER : cochonnerie, toc. – POPULAIRE : saloperie.

camembert *nom masculin* Fromage au lait de vache. SYN. – ARGOTIQUE : coulant, puant. – FAMILIER : qui pue. – POPULAIRE : calendos.

cameraman *nom masculin* Techicien chargé de la caméra. SYN. cadreur.

camion *nom masculin* Véhicule pour transporter des charges lourdes. SYN. poids lourd. – POPULAIRE : bahut, gros cul.

camomille *nom féminin* Plante herbacée aromatique. SYN. anthémis.

camouflage *nom masculin* Action de camoufler. SYN. déguisement, dissimulation, maquillage, travestissement. – LITTÉRAIRE : masque. CONTR. *affichage, étalage, exhibition.*

camoufler *verbe* Dissimuler quelque chose. SYN. cacher, couvrir, déguiser, dissimuler, enfouir, envelopper, escamoter, maquiller, masquer, recouvrir, travestir. – FAMILIER : passer au bleu. – LITTÉRAIRE : dérober, habiller, voiler. – POPULAIRE : planquer. CONTR. *afficher, démasquer, étaler, exposer, montrer, révéler.*

camoufler (se) *verbe pronominal* Rester inaperçu. SYN. se cacher, se dissimuler, s'embusquer, se tapir. – POPULAIRE : se planquer.

camouflet *nom masculin* LITTÉRAIRE. Action, parole qui offense. SYN. affront, blessure, brimade, gifle, humiliation, mortification, offense, outrage, rebuffade, vexation. – LITTÉRAIRE : avanie, injure, opprobre, soufflet.

camp *nom masculin* Lieu de stationnement militaire. SYN. bivouac, campement, cantonnement, quartier. ■ Parti opposé à un autre. SYN. clan, coterie, faction, groupe.

campagnard *adjectif* Relatif à la campagne. SYN. agreste, bucolique, paysan, rural. – LITTÉRAIRE : champêtre, pastoral, rustique. CONTR. *citadin, urbain.*

campagne *nom féminin* Plaine découverte. SYN. champagne, openfield. ■ Région non urbaine. SYN. – POPULAIRE : brousse, cambrousse. CONTR. *ville.* ■ Expédition militaire. SYN. expédition, offensive, opération. ■ Action pour se faire connaître. SYN. matraquage. – FAMILIER : battage, tam-tam.

campaniforme *adjectif* En forme de cloche. SYN. caliciforme.

campement *nom masculin* Lieu de stationnement militaire. SYN. bivouac, camp, cantonnement.

camper *verbe intransitif* Établir un camp militaire. SYN. bivouaquer, cantonner.

camper *verbe transitif* Représenter à grands traits. SYN. brosser, décrire, dépeindre, donner un aperçu de, esquisser, peindre à grands traits, planter le décor, saisir. – LITTÉRAIRE : croquer, portraiturer.

camper (se) *verbe pronominal* Prendre une attitude assurée. SYN. se dresser, se poster. – FAMILIER : se planter.

camping-car *nom masculin* Véhicule aménagé pour servir d'habitation. SYN. autocaravane, motor-home.

camus *adjectif* Se dit d'un nez court et plat. SYN. aplati, écrasé, épaté. – VIEUX : camard. CONTR. *aquilin, bourbonien, busqué, long, pointu.*

canaille *adjectif* Vulgaire et polisson. SYN. coquin, faubourien, peuple, populacier, populaire, voyou. – LITTÉRAIRE : crapuleux. – VIEUX : poissard. CONTR. *aristocratique, distingué, noble, précieux, raffiné.*

canaille *nom féminin* VIEUX. Gens méprisables. SYN. pègre, populace, racaille. – LITTÉRAIRE : vermine. ■ Individu malhonnête. SYN. aigrefin, bandit, brigand, crapule, filou, forban, gangster, gredin, pourri, scélérat, vaurien, voyou. – FAMILIER : fripouille, ripou. – LITTÉRAIRE : pirate. – POPULAIRE : arsouille, fumier, ordure, raclure, salaud, saligaud, salopard, salopiau, salopiaud, salopiot. – VIEUX : coquin, misérable.

canaillerie *nom féminin* LITTÉRAIRE. Acte malhonnête. SYN. crapulerie, gauloiserie, inconvenance, indélicatesse, malhonnêteté, polissonnerie, vulgarité. – FAMILIER : friponnerie, fripouillerie. – LITTÉRAIRE : coquinerie, gaillardise, scélératesse.

canal *nom masculin* Voie d'eau pour la navigation. SYN. chenal, passe.

canaliser *verbe* Rassembler et diriger. SYN. acheminer, aiguiller, centraliser, concentrer, endiguer, grouper, orienter, réunir. CONTR. *disperser, éparpiller.*

canapé-lit *nom masculin* Canapé transformable en lit. SYN. convertible.

canard *nom masculin* FAMILIER. Fausse nouvelle. SYN. bruit, rumeur. – FAMILIER : bobard, cancan. – POPULAIRE : craque. CONTR. *vérité.* ■ FAMILIER. Mauvais journal. SYN. – FAMILIER : feuille de chou, torchon.

canardeau *nom masculin* Petit du canard. SYN. caneton.

canasson *nom masculin* POPULAIRE. Cheval médiocre. SYN. – FAMILIER : rosse. – LITTÉRAIRE : rossinante. – POPULAIRE : bourrin, tocard, toquard. – VIEUX : carcan, carne, haridelle.

cancan *nom masculin* FAMILIER. Bavardage malveillant. SYN. bruit, commérage, indiscrétion, médisance, on-dit, qu'en-dira-t-on. – FAMILIER : canard, débinage, potin, racontar, ragot. – LITTÉRAIRE : clabaudage, clabauderie.

cancaner *verbe* FAMILIER. Faire des commérages. SYN. bavarder, caqueter, jaser, médire. – FAMILIER : avoir la langue bien affilée, avoir la langue bien déliée, avoir la langue bien pendue, bavasser, baver, casser du sucre sur (le dos de), causer, commérer, débiner, déblatérer sur, jacasser, ne pas avoir sa langue dans sa poche, papoter, potiner, tchatcher. – LITTÉRAIRE : clabauder, jaboter. – VIEUX : cailleter, pépier.

cancanier *adjectif* Qui fait des cancans. SYN. bavard, indiscret, jaseur, médisant, papotier. – FAMILIER : jacasseur, jacassier. – LITTÉRAIRE : clabaudeur. – VIEUX : potinier.

cancel *nom masculin* VIEUX. Clôture basse, dans une église. SYN. chancel.

cancérigène *adjectif* Qui peut provoquer un cancer. SYN. cancérogène, carcinogène, oncogène.

cancérogenèse *nom féminin* Naissance d'un cancer. SYN. carcinogenèse, oncogenèse.

cancérologie *nom féminin* Étude et traitement des cancers. SYN. carcinologie, oncologie.

cancre *nom* FAMILIER. Mauvais élève. SYN. âne, nul, nullité. – FAMILIER : zéro.

cancrelat *nom masculin* Insecte aplati de mœurs nocturnes. SYN. blatte, cafard, meunier.

candélabre *nom masculin* Grand chandelier. SYN. flambeau, torchère.

candeur *nom féminin* Caractère candide. SYN. crédulité, ignorance, ingénuité, innocence, naïveté, pureté, simplicité. – LITTÉRAIRE : fraîcheur. CONTR. *astuce, cynisme, dissimulation, fausseté, fourberie, hypocrisie, malice, noirceur, vice.* – LITTÉRAIRE : *cautèle, sournoiserie.*

candidat *nom* Personne qui se présente à. SYN. concurrent, prétendant.

candide *adjectif* D'une grande innocence. SYN. bonhomme, crédule, ingénu, innocent, jeune, naïf, pur, simple. – LITTÉRAIRE : frais, virginal. CONTR. *astucieux, cynique, déluré, dissimulé, faux, fourbe, hypocrite, incrédule, malicieux, retors, rusé, sournois, vicieux.* – FAMILIER : *ficelle.* – LITTÉRAIRE : *cauteleux.*

candidement *adverbe* De façon candide. SYN. ingénument, innocemment, naïvement, simplement, sincèrement. CONTR. *faussement, hypocritement, sournoisement.*

candidose *nom féminin* Infection mycosique. SYN. moniliase, moniliose.

canebière *nom féminin* Champ où l'on cultive le chanvre. SYN. chènevière.

caner *verbe* POPULAIRE. Reculer devant un danger. SYN. reculer. – FAMILIER : caler, se dégonfler, flancher, prendre la tangente. – POPULAIRE : se déballonner. CONTR. *continuer, persévérer, persister, poursuivre, résister.*

caneton *nom masculin* Petit du canard. SYN. canardeau.

canevas *nom masculin* Plan d'un ouvrage. SYN. agencement, brouillon, cadre, carcasse, contexture, croquis, ébauche, esquisse, ossature, plan, schéma, squelette, structure, synopsis. – LITTÉRAIRE : trame.

caniculaire *adjectif* Très chaud. SYN. accablant, brûlant, étouffant, suffocant, surchauffé, torride. CONTR. *clément, doux, frais, froid, glacé, tempéré, tiède.*

caniveau *nom masculin* Rigole servant à l'écoulement des eaux. SYN. ruisseau.

canna *nom masculin* Plante ornementale. SYN. balisier.

canne *nom féminin* Bâton sur lequel on s'appuie pour marcher. SYN. béquille. ■ ***Canne à pêche,*** perche pour pêcher. SYN. gaule.

canneberge *nom féminin* Arbrisseau des tourbières à baies rouges. SYN. ataca, atoca.

canner *verbe* POPULAIRE. Reculer devant un danger. SYN. reculer. – FAMILIER : caler, se dégonfler, flancher, prendre la tangente. – POPULAIRE : se déballonner. CONTR. *continuer, persévérer, persister, poursuivre, résister.*

cannibale *adjectif et nom* Qui mange la chair humaine. SYN. anthropophage.

canon *nom masculin* Modèle idéal. SYN. archétype, modèle, norme, prototype, standard, type. – LITTÉRAIRE : parangon.

canonicat *nom masculin* Dignité de chanoine. SYN. chanoinie.

canonnade *nom féminin* Série de coups de canon. SYN. bordée, feu, salve, tir, volée.

canonner *verbe* Tirer au canon. SYN. bombarder, pilonner.

canot *nom masculin* Embarcation non pontée. SYN. barque, chaloupe, youyou. – LITTÉRAIRE : esquif, nacelle.

canthare *nom masculin* Poisson des côtes de France. SYN. cantre, daurade grise, dorade grise, griset.

cantinière *nom féminin* Femme qui tenait la cantine d'un régiment. SYN. vivandière.

cantonais *nom masculin* Dialecte chinois. SYN. yue.

cantonné *adjectif* Isolé dans un lieu. SYN. barricadé, claquemuré, cloîtré, confiné, isolé, muré, retiré, séquestré. – FAMILIER : bouclé. – LITTÉRAIRE : reclus.

cantonnement *nom masculin* Lieu où cantonne une troupe. SYN. bivouac, camp, campement, quartiers.

cantonner *verbe intransitif* S'installer quelque part. SYN. bivouaquer, camper.

cantonner *verbe transitif* Limiter à une certaine activité. SYN. borner, confiner, reléguer.

cantonner (se) *verbe pronominal* Se tenir à l'écart. SYN. se barricader, se cadenasser, se calfeutrer, se claquemurer, se cloîtrer, se confiner, s'enfermer. ■ Se limiter à quelque chose. SYN. se borner à, se contenter de, se réduire à, s'en tenir à. CONTR. *déborder, dépasser, se répandre.*

cantre *nom masculin* Poisson des côtes de France. SYN. canthare, daurade grise, dorade grise, griset.

canulant *adjectif* POPULAIRE. Qui importune. SYN. ennuyeux, fatigant, mortel. – FAMILIER : assommant, barbant, bassinant, embêtant, empoisonnant, enquiquinant, rasant, rasoir, tannant, tuant. – POPULAIRE : chiant, emmerdant, suant. CONTR. *agréable, amusant, attachant, charmant, intéressant, sympathique.*

canular *nom masculin* FAMILIER. Action, propos qui mystifie. SYN. attrape, farce, mystification, plaisanterie, supercherie, tromperie. – FAMILIER : bateau, blague, fumisterie, niche. – LITTÉRAIRE : duperie, imposture.

canuler *verbe* POPULAIRE. Ennuyer quelqu'un par ses propos. SYN. agacer, assommer, ennuyer, escagasser, excéder, fatiguer, lasser. – FAMILIER : barber, barbifier, bassiner, casser les pieds, embêter, empoisonner, enquiquiner, prendre la tête, raser, tanner. – LITTÉRAIRE : importuner. – POPULAIRE : casser les bonbons, cavaler, emmerder, faire braire, faire chier, gonfler, pomper.

caouanne *nom féminin* Tortue marine carnivore. SYN. caret.

caoutchouc *nom masculin* Plante d'appartement. SYN. ficus.

cap *nom masculin* Pointe de terre. SYN. bec, pointe, promontoire.

capable *adjectif* Qui a le pouvoir d'agir. SYN. apte à, en état de, fait pour, de force à, à même de, propre à, susceptible de, taillé, de taille à. CONTR. *impuissant, inapte, incapable.* – POPULAIRE : *infichu de, infoutu de.* ■ Qui a des compétences. SYN. bon, compétent, doué, efficace, expérimenté, expert, habile, intelligent, qualifié, valable. CONTR. *incapable, incompétent, inexpérimenté, maladroit, malhabile, mauvais.*

capacité *nom féminin* Aptitude à faire, à comprendre. SYN. aptitude, compétence, disposition, don, étoffe, faculté, habilité, savoir, talent, valeur, vertu. CONTR. *ignorance, impossibilité, impuissance, inaptitude, incapacité, incompétence.* ■ Puissance dans un domaine. SYN. force, moyen, possibilité, potentiel, pouvoir. CONTR. *carence, impossibilité, impuissance, insuffisance.* ■ Quantité contenue par. SYN. contenance, volume.

capage *nom masculin* Action de caper. SYN. robage.

cape *nom féminin* Étoffe rouge du matador. SYN. muleta. ■ Vêtement sans manches. SYN. pèlerine. ■ Feuille de tabac qui enveloppe un cigare. SYN. robe.

caper *verbe* Poser la cape d'un cigare. SYN. rober.

capharnaüm *nom masculin* Lieu en désordre. SYN. bric-à-brac, fouillis. – FAMILIER : bazar, chantier, souk. – POPULAIRE : bordel, foutoir.

capilotade *nom féminin* ***En capilotade,*** complètement écrasé. SYN. en bouillie, en compote, en marmelade.

capital *adjectif* Qui est très important. SYN. cardinal, central, crucial, décisif, dominant, essentiel, fondamental, important, indispensable, majeur, prédominant, premier, prépondérant, primordial, principal, radical, vital. CONTR. *accessoire, anecdotique, dérisoire, épisodique, infime, insignifiant, mineur, minime, négligeable, petit, secondaire, subalterne, subsidiaire, superflu.* – LITTÉRAIRE : *superfétatoire.*

capital *nom masculin* Somme d'argent. SYN. actif, argent, avoir, bien, économies, fonds, fortune, richesse. – FAMILIER : magot. CONTR. *passif.* ■ Ensemble de ressources. SYN. acquis, fonds, patrimoine, trésor.

capitale *nom féminin* Lettre plus grande que les autres. SYN. majuscule. CONTR. *minuscule.*

capitaliser *verbe* Amasser de l'argent. SYN. accumuler, amasser, entasser, thésauriser. CONTR. *dépenser, dilapider, gaspiller.*

capitaliste *nom* Personne riche. SYN. possédant, riche. CONTR. *pauvre.*

capitan *nom masculin* LITTÉRAIRE. Personne qui se vante. SYN. bravache, faiseur, fanfaron, faraud. – FAMILIER : frimeur. – LITTÉRAIRE : fier-à-bras, hâbleur, matamore, rodomont. – VIEUX : tranche-montagne.

capiteux *adjectif* Qui monte à la tête. SYN. enivrant, excitant, grisant. CONTR. *léger.*

capiton *nom masculin* Rembourrage protecteur. SYN. capitonnage, rembourrage, rembourrure.

capitonidé *nom masculin* Oiseau grimpeur omnivore. SYN. barbican, barbu.

capitonnage *nom masculin* Rembourrage protecteur. SYN. capiton, rembourrage, rembourrure.

capitonner *verbe* Garnir d'un capiton. SYN. doubler, matelasser, rembourrer.

capitulard *adjectif* Qui fuit les difficultés. SYN. lâche, pleutre. – FAMILIER : froussard. – LITTÉRAIRE : couard, pusillanime. – VIEUX : capon. CONTR. *entreprenant, hardi, intrépide, résolu, téméraire.*

capitulation *nom féminin* Action de capituler. SYN. abandon, abdication, reddition. CONTR. *persistance, résistance, ténacité, triomphe, victoire.*

capituler *verbe* Se rendre à l'ennemi. SYN. abdiquer, baisser pavillon, battre en retraite, déposer les armes, hisser le drapeau blanc, livrer les clefs de la ville, mettre bas les armes, mettre pavillon bas, rendre les armes, se rendre. CONTR. *se défendre, résister, triompher, vaincre.* ■ Céder complètement. SYN. abandonner, abdiquer, baisser les bras, céder, déclarer forfait, démissionner, fléchir, s'incliner, plier, se rendre, renoncer, se soumettre. – FAMILIER : s'aplatir, caler. – LITTÉRAIRE : ployer, succomber. CONTR. *s'accrocher, se battre, s'entêter, s'obstiner, se raidir, résister.*

capon *adjectif* VIEUX. Qui montre de la lâcheté. SYN. capitulard, lâche, peureux, pleutre, poltron. – FAMILIER : froussard. – LITTÉRAIRE : couard, pusillanime. CONTR. *audacieux, brave, courageux, hardi, héroïque, intrépide, téméraire.* – LITTÉRAIRE : *crâne, impavide, vaillant.*

capon *nom* VIEUX. Personne lâche. SYN. capitulard, lâche, peureux, pleutre, poltron. – FAMILIER : femmelette, froussard, mauviette. – LITTÉRAIRE : couard. – POPULAIRE : dégonflé, trouillard. CONTR. *audacieux, brave, courageux, intrépide.* – FAMILIER : *risque-tout.*

caponnerie *nom féminin* LITTÉRAIRE. Attitude du capon. SYN. crainte, lâcheté, poltronnerie. – FAMILIER : frousse. – LITTÉRAIRE : couardise, pleutrerie, pusillanimité. CONTR. *audace, bravoure, courage, hardiesse, intrépidité, témérité, vaillance.*

caporalisme *nom masculin* Régime politique militaire. SYN. absolutisme, césarisme, despotisme, dictature, militarisme. – LITTÉRAIRE : tyrannie. CONTR. *libéralisme.* ■ Forme étroite d'autorité. SYN. autoritarisme. – LITTÉRAIRE : tyrannie. CONTR. *libéralisme.*

capote *nom féminin* FAMILIER. ***Capote (anglaise),*** dispositif contraceptif. SYN. préservatif. – VIEUX : condom.

capoter *verbe* Ne pas aboutir. SYN. achopper, avorter, échouer, s'écrouler, s'effondrer, faire long feu, manquer, tomber à plat. – FAMILIER : faire chou blanc, faire fiasco, finir en eau de boudin, louper, rater, tomber à l'eau, tomber dans le lac. – POPULAIRE : finir en couille, foirer, merder, partir en couille. **CONTR.** *aboutir, marcher, réussir.*

capricant *adjectif* LITTÉRAIRE. Qui est fantasque. **SYN.** inégal, irrégulier, saccadé, sautillant. **CONTR.** *régulier.*

capriccio *nom masculin* Morceau de forme libre. **SYN.** caprice.

caprice *nom masculin* Désir soudain et irréfléchi. **SYN.** coup de tête, envie, extravagance, fantaisie, lubie, saute d'humeur, volte-face. – LITTÉRAIRE : foucade. ■ Amour passager. **SYN.** amourette, aventure, déjeuner de soleil, engouement, feu de paille, passade. – FAMILIER : béguin, flirt, toquade. – LITTÉRAIRE : bluette, tocade. ■ Changement soudain. **SYN.** fantaisie, frasque, fredaine, incartade, vicissitude. – LITTÉRAIRE : inconstance. **CONTR.** *constance, uniformité.* ■ Morceau de forme libre. **SYN.** capriccio.

capricieux *adjectif* Sujet à des changements brusques. **SYN.** changeant, fluctuant, inégal, instable, irrégulier, précaire, variable. – LITTÉRAIRE : inconstant. **CONTR.** *constant, égal, figé, fixe, immuable, invariable, réglé, régulier, tenace, uniforme.* ■ Qui agit par caprice. **SYN.** bizarre, extravagant, fantaisiste, fantasque, inconstant, lunatique, versatile, volage. – LITTÉRAIRE : ondoyant. **CONTR.** *obstiné, persévérant, posé, raisonnable, sage.*

capricorne *nom masculin* Insecte aux longues antennes. **SYN.** cérambycidé, longicorne.

capriné *nom masculin* Ruminant à cornes en arrière. **SYN.** oviné.

capripède *adjectif* Qui a des pieds de chèvre. **SYN.** – LITTÉRAIRE : chèvre-pied.

capselle *nom féminin* Plante à fruit en forme de cœur aplati. **SYN.** bourse-à-pasteur.

capsidé *nom masculin* Punaise terrestre carnassière. **SYN.** miridé.

capsule *nom féminin* Organe contenant les spores chez les mousses. **SYN.** sporange, urne.

capter *verbe* Obtenir quelque chose par ruse. **SYN.** s'approprier, attraper, extorquer, intercepter, soutirer. **CONTR.** *perdre.* ■ Retenir l'attention de quelqu'un. **SYN.** accrocher, s'attacher, captiver, se concilier, conquérir, gagner, retenir, séduire, surprendre, tenir. **CONTR.** *assommer, désintéresser, endormir, ennuyer.* – FAMILIER : *embêter, raser.*

capteur *nom masculin* Organe de détection. **SYN.** détecteur, senseur.

captieux *adjectif* Qui cherche à tromper. **SYN.** insidieux, mensonger, sophistiqué, spécieux, trompeur. – LITTÉRAIRE : artificieux, fallacieux. **CONTR.** *correct, fondé, franc, honnête, juste, sincère, vrai.*

captif *adjectif* LITTÉRAIRE. Privé de liberté. **SYN.** asservi, esclave, prisonnier. **CONTR.** *affranchi, épanoui, libéré, libre.*

captivant *adjectif* Qui captive. **SYN.** absorbant, attachant, attirant, attractif, attrayant, charmeur, délicieux, enchanteur, ensorcelant, enthousiasmant, envoûtant, fascinant, intéressant, palpitant, passionnant, prenant, séduisant. – FAMILIER : emballant. **CONTR.** *désagréable, ennuyeux, inintéressant, rébarbatif, rebutant, repoussant, soporifique, terne.* – FAMILIER : *assommant, casse-pieds, embêtant, enquiquinant, rasant, rasoir, soûlant.* – POPULAIRE : *emmerdant.*

captiver *verbe* Retenir l'attention. **SYN.** attacher, capter, charmer, conquérir, ensorceler, envoûter, fasciner, frapper, gagner, hypnotiser, intéresser, passionner, ravir, séduire, subjuguer. – LITTÉRAIRE : enchanter. **CONTR.** *assommer, dégoûter, endormir, ennuyer.* – FAMILIER : *embêter, enquiquiner, raser.* – POPULAIRE : *emmerder.*

captivité *nom féminin* État de prisonnier. **SYN.** incarcération, internement, réclusion. **CONTR.** *liberté.* – LITTÉRAIRE : *délivrance.*

capture *nom féminin* Action de capturer. **SYN.** arrestation, coup de filet, prise. **CONTR.** *libération.* ■ Ce qui est capturé. **SYN.** butin, conquête, prise, proie, trophée.

capturer *verbe* Se rendre maître de. **SYN.** appréhender, arrêter, attraper, s'emparer de, prendre, se saisir de, surprendre. – FAMILIER : choper, coffrer, cueillir, embarquer, épingler, harponner, pincer, piquer, ramasser. – POPULAIRE : agrafer, alpaguer, emballer. **CONTR.** *lâcher, libérer, relâcher.*

capuchonné *adjectif* Qui porte un capuchon. **SYN.** encapuchonné.

capucin *nom masculin* Petit singe d'Amérique centrale. **SYN.** saï.

capybara *nom masculin* Gros rongeur des marécages. **SYN.** cabiai.

caquet *nom masculin* FAMILIER. Bavardage intempestif. **SYN.** jacassement, verbiage. – FAMILIER : bagou, bagout, jacasserie. – LITTÉRAIRE : faconde, verbosité. **CONTR.** *mutisme, silence.*

caquetage *nom masculin* Bavardage futile. **SYN.** bavardage, jacassement. – FAMILIER : jacasserie, papotage, parlote, parlotte. – LITTÉRAIRE : babil, ramage.

caqueter *verbe* Tenir des propos futiles. **SYN.** babiller, bavarder, jaser. – FAMILIER : avoir la langue bien affilée, avoir la langue bien déliée, avoir la langue bien pendue, bavasser, commérer, jacasser, papoter, potiner, tchatcher. – LITTÉRAIRE : jaboter. – VIEUX : cailleter, pépier.

caracoler *verbe* Se mouvoir avec vivacité. SYN. cabrioler, gambader. – LITTÉRAIRE : folâtrer.

caractère *nom masculin* Marque distinctive. SYN. attribut, caractéristique, essence, particularité, propre, propriété, qualité, trait. – LITTÉRAIRE : facture, visage. ■ Aspect original. SYN. cachet, chic, classe, couleur, empreinte, originalité, relief, style, tonalité. ■ Façon d'être. SYN. humeur, individualité, nature, naturel, personnalité, psychologie, tempérament, type. ■ Aptitude à s'affirmer. SYN. décision, détermination, énergie, fermeté, opiniâtreté, résolution, ressort, ressource, ténacité, volonté. – FAMILIER : cran. CONTR. *impersonnalité, mollesse.*

caractérisation *nom féminin* Action de caractériser. SYN. définition, détermination, particularisation, spécification.

caractérisé *adjectif* Bien marqué. SYN. accusé, marquant, typique. CONTR. *anodin, effacé, falot, insignifiant, terne.*

caractériser *verbe* Définir par un caractère distinctif. SYN. distinguer, individualiser, marquer, montrer, particulariser, préciser, qualifier, signaler, singulariser, spécifier.

caractéristique *adjectif* Qui caractérise. SYN. déterminant, distinctif, dominant, essentiel, marquant, particulier, personnel, propre, représentatif, révélateur, significatif, spécifique, symptomatique, typé, typique. CONTR. *général, quelconque.*

caractéristique *nom féminin* Ce qui constitue le caractère distinctif. SYN. attribut, caractère, indice, marque, nature, particularité, propriété, qualité, trait.

carafe *nom féminin* Engin de pêche. SYN. bouteille.

carambolage *nom masculin* FAMILIER. Heurt entre véhicules. SYN. accrochage, collision, tamponnement, télescopage.

caramboler (se) *verbe pronominal* Subir un carambolage. SYN. s'accrocher, se bousculer, se heurter, se tamponner, se télescoper. – POPULAIRE : se rentrer dedans.

carapace *nom féminin* Ce qui isole quelqu'un. SYN. blindage. – LITTÉRAIRE : armure, cuirasse, rempart.

carapater (se) *verbe pronominal* POPULAIRE. Partir rapidement. SYN. battre en retraite, déguerpir, déloger, disparaître, s'enfuir, s'esquiver, fausser compagnie, fuir, partir, plier bagages, prendre la clef des champs, prendre la fuite, prendre le large, se retirer, se sauver. – FAMILIER : débarrasser le plancher, décamper, détaler, ficher le camp, filer, filer comme un zèbre, gagner le large, lever le camp, lever le pied, lever le siège, prendre la poudre d'escampette, prendre la tangente, prendre ses cliques et ses claques, prendre ses jambes à son cou, vider le plancher, vider les lieux. – POPULAIRE : se barrer, se caleter, se calter, se casser, cavaler, se cavaler, se débiner, décaniller, se faire la malle, se faire la paire, foutre le camp, jouer la fille de l'air, mettre les bouts, mettre les voiles, se tailler, se tirer.

carassin *nom masculin* Poisson d'eau douce. SYN. cyprin, poisson rouge.

carbamide *nom masculin* Substance formée dans le foie. SYN. urée.

carbocyclique *adjectif* Formé uniquement d'atomes de carbone. SYN. homocyclique, isocyclique.

carbonarisme *nom masculin* Mouvement politique des carbonaros. SYN. charbonnerie.

carbone *nom masculin* ***Dioxyde de carbone,*** combinaison du carbone avec l'oxygène. SYN. gaz carbonique. ■ ***Carbone 14,*** isotope radioactif du carbone. SYN. radiocarbone.

carbonique *adjectif* ***Anhydride carbonique, gaz carbonique,*** combinaison de carbone et d'oxygène. SYN. dioxyde de carbone.

carboniser *verbe* Brûler complètement. SYN. calciner, griller. – POPULAIRE : cramer.

carbure *nom masculin* ***Carbure d'hydrogène,*** composé de carbone et d'hydrogène. SYN. hydrocarbure.

carbutamide *nom masculin* Médicament antidiabétique de synthèse. SYN. glybutamide.

carbylamine *nom féminin* Composé chimique. SYN. isonitrile.

carcan *nom masculin* Ce qui contraint. SYN. asservissement, contrainte, esclavage. – LITTÉRAIRE : assujettissement, chaînes, fers, joug, lien, sujétion, tyrannie. CONTR. *liberté.* ■ VIEUX. Mauvais cheval. SYN. – FAMILIER : rosse. – LITTÉRAIRE : rossinante. – POPULAIRE : canasson, tocard, toquard. – VIEUX : carne, haridelle.

carcasse *nom féminin* LITTÉRAIRE. Squelette d'un animal. SYN. ossature. ■ Armature de quelque chose. SYN. canevas, charpente, châssis, ossature, schéma. – LITTÉRAIRE : trame.

carcéral *adjectif* Relatif aux prisons. SYN. pénitentiaire.

carcinogène *adjectif et nom masculin* Qui peut provoquer un cancer. SYN. cancérigène, cancérogène, oncogène, oncogénique.

carcinogenèse *nom féminin* Transformation en cancer. SYN. cancérogenèse, oncogenèse.

carcinologie *nom féminin* Étude et traitement des cancers. SYN. cancérologie, oncologie.

carcinome *nom masculin* Tumeur maligne. SYN. épithélioma.

carcinosarcome *nom masculin* Tumeur maligne rare. SYN. épithéliosarcome.

cardamine *nom féminin* Plante des prés humides. SYN. cressonnette.

carde *nom féminin* Plante potagère à grosses côtes. SYN. bette, blette, poirée.

cardiaque *nom féminin* Plante vivace à fleurs pourpres. SYN. agripaume.

cardigan *nom masculin* Veste en maille. SYN. gilet, tricot.

cardinal *adjectif* De première importance. SYN. capital, décisif, essentiel, fondamental, maître, majeur, primordial, principal, vital. CONTR. *accessoire, dérisoire, insignifiant, minime, négligeable, second, secondaire, subsidiaire.*

cardine *nom féminin* Poisson plat. SYN. limandelle.

cardiomyopathie *nom féminin* Atteinte du myocarde. SYN. myocardiopathie.

cardiotonique *adjectif et nom masculin* Médicament renforçant les contractions du cœur. SYN. tonicardiaque.

carence *nom féminin* Manque de quelque chose. SYN. absence, déficience, indigence, insuffisance, pénurie, privation. – LITTÉRAIRE : disette. CONTR. *abondance, affluence, excès, pléthore, profusion, richesse, surabondance.* ■ Fait de manquer à ses obligations. SYN. défaut, démission, impuissance, inaction, insuffisance, lacune. CONTR. *action, activité, capacité, présence.*

caréné *adjectif* Qui a une forme fuselée. SYN. aérodynamique.

caressant *adjectif* Qui montre de la tendresse. SYN. affectueux, cajoleur, câlin, tendre. – LITTÉRAIRE : aimant. – POPULAIRE : papouilleur, peloteur, tripoteur. CONTR. *dur, froid, indifférent, insensible.* ■ Qui a la douceur d'une caresse. SYN. doux, enjôleur, suave, tendre. CONTR. *dur, rogue, rude, sec.*

caresse *nom féminin* Geste tendre. SYN. attouchement, cajolerie, câlin, câlinerie, chatouillement, chatterie, effleurement, étreinte, frôlement. – FAMILIER : mamours. – POPULAIRE : papouilles. CONTR. *brutalité.*

caresser *verbe* Faire des caresses. SYN. cajoler, câliner, chatouiller, flatter, lutiner. – POPULAIRE : peloter, tripoter. CONTR. *battre, brusquer, brutaliser, châtier, frapper, rudoyer.* – POPULAIRE : *cogner.* ■ Toucher à peine. SYN. effleurer, frôler, lécher, raser. ■ Entretenir une idée. SYN. envisager, nourrir, programmer, projeter, se promettre, songer à.

caret *nom masculin* Tortue marine carnivore. SYN. caouanne.

carex *nom masculin* Herbe vivace des lieux humides. SYN. laîche.

car-ferry *nom masculin* Navire pour le transport des passagers et de leurs voitures. SYN. ferry, transbordeur.

cargaison *nom féminin* Marchandises transportées. SYN. charge, chargement, fret. ■ FAMILIER. Grande quantité de choses. SYN. armée, avalanche, cascade, chapelet, débordement, déferlement, déluge, fatras, flot, flux, foule, grêle, infinité, kyrielle, masse, monceau, multitude, myriade, nuée, pléiade, pluie, provision, quantité, tas, torrent. – FAMILIER : armada, flopée, foultitude, paquet, pelletée, régiment, ribambelle, tapée. – LITTÉRAIRE : averse, essaim. CONTR. *atome, bribe, brin, doigt, goutte, grain, gramme, larme, lueur, miette, nuage, once, parcelle, peu, pointe, soupçon, trace.* – LITTÉRAIRE : *liard, ombre, trait.* – POPULAIRE : *chouia.*

caricatural *adjectif* Qui déforme la réalité. SYN. grotesque, outré, ridicule, risible. CONTR. *exact, fidèle, juste.*

caricature *nom féminin* Représentation déformante de la réalité. SYN. charge, imitation, parodie, pastiche, simulacre.

caricaturer *verbe* Représenter en caricature. SYN. bafouer, charger, contrefaire, défigurer, outrer, parodier, pasticher, ridiculiser, stigmatiser. – LITTÉRAIRE : satiriser.

carillonner *verbe intransitif* Sonner le carillon. SYN. sonnailler, sonner, tinter. – LITTÉRAIRE : tintinnabuler.

carillonner *verbe transitif* FAMILIER. Faire savoir à grand bruit. SYN. annoncer, apprendre, avertir de, aviser de, claironner, clamer, corner, crier sur les toits, déclarer, dire, faire part, informer, instruire, notifier, révéler, signaler, tambouriner. – LITTÉRAIRE : emboucher la trompette de, proclamer. – VIEUX : trompeter.

carme *nom masculin* Variété de pigeon. SYN. pigeon-hirondelle.

carmin *adjectif* D'un rouge éclatant. SYN. grenat. – LITTÉRAIRE : vermeil.

carminé *adjectif* Rouge vif. SYN. cerise, empourpré.

carnage *nom masculin* Massacre sanglant. SYN. boucherie, extermination, hécatombe, immolation, tuerie. – LITTÉRAIRE : saignée.

carnassier *adjectif* Qui se nourrit de proies animales vivantes. SYN. carnivore.

carnassière *nom féminin* Sac pour mettre le gibier. SYN. carnier, gibecière.

carne *nom féminin* POPULAIRE. Viande dure. SYN. – POPULAIRE : barbaque, bidoche. ■ VIEUX. Mauvais cheval. SYN. – FAMILIER : rosse. – LITTÉRAIRE : rossinante. – POPULAIRE : canasson, tocard, toquard. – VIEUX : carcan, haridelle.

carnet *nom masculin* Petit cahier. SYN. agenda, calepin, livret, répertoire.

carnier *nom masculin* Sac pour mettre le gibier. SYN. carnassière, gibecière.

carnivore *adjectif* Qui se nourrit de proies animales vivantes. SYN. carnassier.

carottage *nom masculin* FAMILIER. Fait de voler. SYN. vol. – FAMILIER : chapardage. – LITTÉRAIRE : rapine. – POPULAIRE : fauche.

carotter *verbe* FAMILIER. Soutirer par ruse. SYN. escamoter, escroquer, extorquer, grappiller, voler. – FAMILIER : barboter, chaparder, chiper, choper, écornifler, gratter, manger la grenouille, piquer, rafler, souffler, subtiliser. – POPULAIRE : faucher, ratiboiser. CONTR. *rendre, restituer.*

carpophage *adjectif* Qui se nourrit de fruits. SYN. frugivore.

carraire *nom masculin* Chemin pour le passage des moutons. SYN. draille.

carrare *nom masculin* Marbre blanc fin. SYN. luna.

carré *adjectif* Qui est franc. SYN. décidé, direct, droit, fair-play, franc, franc du collier, intègre, loyal, net, sincère, sport. – LITTÉRAIRE : probe. – VIEUX : rond. CONTR. *déloyal, louche, retors, rusé.* – FAMILIER : *roublard.* – LITTÉRAIRE : *madré, tortu.*

carreau *nom masculin* FAMILIER. ***Se tenir à carreau,*** faire très attention. SYN. être sur le qui-vive, être sur ses gardes, garder ses distances, se méfier, ne dormir que d'un œil, rester sur son quant-à-soi, se tenir sur ses gardes, se tenir sur son quant-à-soi. – FAMILIER : faire gaffe. – LITTÉRAIRE : se défier, se garder de. CONTR. *avoir confiance, compter sur, se fier, s'en remettre à.* – LITTÉRAIRE : *s'abandonner, se confier.*

carrefour *nom masculin* Lieu où se croisent des routes. SYN. bifurcation, croisement, embranchement, entrecroisement, étoile, fourche, intersection, jonction, patte-d'oie, rond-point. – LITTÉRAIRE : confluent, croisée.

carrelet *nom masculin* Poisson de mer plat. SYN. plie. ■ Filet de pêche. SYN. échiquier.

carrément *adverbe* Avec franchise. SYN. catégoriquement, à découvert, directement, fermement, franchement, nettement, ouvertement, résolument, rondement, sans hésitation, sincèrement. – FAMILIER : bille en tête. – LITTÉRAIRE : hardiment, nûment. – POPULAIRE : franco. CONTR. *mollement, timidement.* – LITTÉRAIRE : *tièdement.* ■ FAMILIER. D'une manière complète. SYN. absolument, complètement, entièrement, parfaitement, radicalement. CONTR. *légèrement, modérément, à peine, vaguement.*

carrer (se) *verbe pronominal* S'installer confortablement. SYN. se caler, s'étaler.

carrière *nom féminin* ***Faire carrière,*** gravir les échelons hiérarchiques. SYN. arriver, se distinguer, s'élever, émerger, faire son chemin, faire son trou, se faire un nom, se faire une place au soleil, gagner son bâton de maréchal, s'imposer, monter, percer, réussir. – LITTÉRAIRE : parvenir.

carrossable *adjectif* Où les voitures peuvent rouler. SYN. praticable. CONTR. *impraticable, inaccessible.*

carrure *nom féminin* Forte personnalité. SYN. classe, envergure, stature, valeur. – FAMILIER : gabarit.

carte *nom féminin* ***Cartes sur table,*** sans rien cacher. SYN. franchement, honnêtement, loyalement, sincèrement, sportivement.

cartel *nom masculin* Entente entre des entreprises. SYN. consortium, trust.

cartésien *adjectif* Qui a un esprit rationnel. SYN. logique, méthodique, rationnel. CONTR. *confus, irrationnel.*

carthaginois *adjectif et nom* De Carthage. SYN. punique.

cartulaire *nom masculin* Recueil de titres et privilèges d'une communauté. SYN. chartrier.

caryer *nom masculin* Arbre de l'Amérique du Nord. SYN. hickory.

caryocinèse *nom féminin* Mode de division de la cellule. SYN. mitose.

caryogamie *nom féminin* Fusion du gamète mâle et du gamète femelle. SYN. amphimixie.

caryopse *nom masculin* Fruit des céréales. SYN. grain.

cas *nom masculin* Ce qui se produit. SYN. conjoncture, événement, éventualité, fait, hypothèse, occurrence, possibilité, situation. ■ Situation particulière. SYN. affaire, cause, état de choses, occasion, position.

casanier *adjectif* Qui aime rester chez soi. SYN. sédentaire. – FAMILIER : pantouflard, pot-au-feu. – LITTÉRAIRE : reclus. CONTR. *ambulant, bohème, mobile, nomade.* – LITTÉRAIRE : *voyageur.*

cascade *nom féminin* Chute d'eau. SYN. cataracte, saut. ▪ Grande abondance de choses. SYN. avalanche, chapelet, débordement, déferlement, déluge, fatras, flot, foule, grêle, infinité, kyrielle, masse, monceau, multitude, myriade, nuée, pléiade, pluie, quantité, série, succession, tas, torrent. – FAMILIER : armada, bordée, cargaison, flopée, foultitude, paquet, pelletée, régiment, ribambelle, tapée. – LITTÉRAIRE : averse, essaim, séquelle. CONTR. *atome, bribe, brin, doigt, goutte, grain, gramme, larme, lueur, miette, nuage, once, parcelle, peu, pointe, soupçon, trace.* – LITTÉRAIRE : *liard, ombre, trait.* – POPULAIRE : *chouia.*

case *nom féminin* Espace dans un meuble. SYN. casier, cellule, compartiment, division. ▪ Habitation dans les pays chauds. SYN. cabane, hutte, paillote.

casemate *nom féminin* Petit ouvrage fortifié. SYN. blockhaus, bunker, fortin.

caser *verbe* Placer quelque chose. SYN. installer, loger, ranger, remiser, répartir. – FAMILIER : enfourner, fourrer. – POPULAIRE : coller. CONTR. *ôter, retirer.* ▪ Procurer un emploi à quelqu'un. SYN. établir, placer.

caseret *nom masculin* Claie pour égoutter les fromages. SYN. cageret, cagerette, cagerotte, caget, caserel.

caserne *nom féminin* Bâtiment affecté au logement des militaires. SYN. cantonnement, casernement, quartier.

casernement *nom masculin* Action de caserner. SYN. encasernement.

caserner *verbe* Installer dans une caserne. SYN. encaserner.

cash *adverbe* FAMILIER. En versant la totalité. SYN. comptant, rubis sur l'ongle. – FAMILIER : recta. CONTR. *à crédit.*

casier *nom masculin* Élément de rangement. SYN. case, compartiment, division.

casquer *verbe* POPULAIRE. Donner de l'argent. SYN. acquitter, s'acquitter, débourser, décaisser, dépenser, financer, payer, régler, verser. – FAMILIER : cracher, se fendre, mettre la main à la poche. – POPULAIRE : les aligner, les allonger, cracher au bassinet, douiller, les lâcher, raquer.

cassage *nom masculin* Action de casser. SYN. bris, casse, cassement.

cassant *adjectif* FAMILIER. Qui demande un effort. SYN. éprouvant, épuisant, esquintant, exténuant, fatigant, foulant, harassant, pénible, rude. – FAMILIER : claquant, crevant, éreintant, tuant, usant. CONTR. *facile, reposant.* ▪ Qui se casse aisément. SYN. fragile, friable. CONTR. *incassable, résistant, solide.* ▪ D'une raideur tranchante. SYN. abrupt, autoritaire, blessant, brusque, catégorique, coupant, dictatorial, dur, impérieux, péremptoire, rigide, sec, tranchant. – LITTÉRAIRE : âcre. CONTR. *affable, aimable, engageant, flexible, gentil, malléable, souple.* – LITTÉRAIRE : *amène, onctueux.*

casse *nom féminin* Arbuste des régions chaudes. SYN. cassier, séné.

casse *nom féminin* Action de casser. SYN. bris, cassage, cassement, démolition, destruction, détérioration.

cassé *adjectif* Courbé sous l'effet de l'âge. SYN. tassé, voûté. ▪ FAMILIER. Très fatigué. SYN. anéanti, à bout de course, à bout de force, à bout de souffle, brisé, épuisé, exténué, fatigué, fourbu, harassé, K.-O., mort de fatigue, à plat, recru, rendu, rompu, usé. – FAMILIER : achevé, au bout du rouleau, claqué, déjeté, éreinté, esquinté, fini, flapi, H.S., kaput, lessivé, mort, moulu, pompé, à ramasser à la petite cuillère, raplapla, sur les genoux, tué, vanné, vidé. – POPULAIRE : cané, crevé, rétamé, sur les rotules.

casse-cou *adjectif invariable* FAMILIER. Qui s'expose au danger. SYN. audacieux, aventureux, hardi, intrépide, téméraire. CONTR. *circonspect, craintif, peureux, pleutre, précautionneux, prudent, sage, timoré.* – LITTÉRAIRE : *pusillanime.* – POPULAIRE : *trouillard.*

casse-cou *nom invariable* FAMILIER. Personne qui s'expose au danger. SYN. audacieux, imprudent, intrépide, kamikaze. – FAMILIER : risque-tout. CONTR. *poltron.* – FAMILIER : *femmelette, froussard, mauviette.* – LITTÉRAIRE : *couard.* – POPULAIRE : *trouillard.* – VIEUX : *capon.*

casse-croûte *nom masculin* FAMILIER. Repas sommaire. SYN. collation, en-cas, mâchon. – ARGOTIQUE : casse-dalle, casse-graine. – FAMILIER : dînette.

casse-gueule *adjectif invariable* POPULAIRE. Qui expose au danger. SYN. dangereux, délicat, hasardeux, imprudent, périlleux, redoutable, risqué. CONTR. *sûr.*

cassement *nom masculin* Action de casser. SYN. bris, cassage, casse.

casse-pieds *adjectif invariable* FAMILIER. Qui est ennuyeux. SYN. ennuyeux, fatigant, insipide. – FAMILIER : assommant, barbant, bassinant, embêtant, empoisonnant, enquiquinant, rasant, rasoir, soûlant, tannant, tuant.

– POPULAIRE : chiant, chiatique, emmerdant. CONTR. *agréable, amusant, captivant, délassant, distrayant, divertissant, intéressant, passionnant, plaisant, réjouissant, tentant.*

casse-pieds *nom invariable* FAMILIER. Personne qui importune. SYN. gêneur, indiscret, intrus, trouble-fête. – FAMILIER : crampon, empêcheur de danser en rond, empêcheur de tourner en rond, empoisonneur, enquiquineur, pot de colle, raseur. – LITTÉRAIRE : fâcheux, importun. – POPULAIRE : casse-bonbons, casse-couilles, emmerdeur. – RARE : ardélion.

casse-pierre *nom masculin* Plante qui pousse sur les murs. SYN. pariétaire, passe-muraille, perce-muraille.

casser *verbe* Mettre en morceaux. SYN. abîmer, briser, broyer, concasser, défaire, démanteler, démolir, détériorer, détraquer, dévaster, disloquer, emboutir, éventrer, fracasser, fracturer, mutiler, saboter. – ARGOTIQUE : dézinguer. – FAMILIER : bousiller, déglinguer, démantibuler, fusiller. – LITTÉRAIRE : rompre. – POPULAIRE : foutre en l'air, péter, ratatiner, rétamer. CONTR. *arranger, consolider, raccommoder, réparer.* – FAMILIER : *rabibocher, rafistoler, retaper.* ■ Procéder à l'annulation de. SYN. abolir, abroger, annuler, dissoudre, infirmer, invalider, résilier, rompre, supprimer. CONTR. *confirmer, entériner, valider.* ■ Faire perdre sa situation à quelqu'un. SYN. démettre, déposer, destituer, limoger, révoquer. – FAMILIER : débarquer, dégommer, sabrer. – POPULAIRE : sacquer, saquer. CONTR. *nommer, promouvoir.* – FAMILIER : *propulser.* ■ ***Casser les prix,*** vendre au rabais. SYN. brader, discounter, liquider, solder. – FAMILIER : bazarder, sacrifier.

casser (se) *verbe pronominal* POPULAIRE. Quitter brusquement un lieu. SYN. battre en retraite, déguerpir, disparaître, s'enfuir, s'esquiver, fausser compagnie, filer à l'anglaise, fuir, partir, plier bagages, prendre la clef des champs, prendre la fuite, prendre le large, se retirer, se sauver. – FAMILIER : débarrasser le plancher, décamper, détaler, ficher le camp, filer, lever le camp, lever le pied, lever le siège, prendre la poudre d'escampette, prendre ses cliques et ses claques, prendre ses jambes à son cou, vider le plancher, vider les lieux. – POPULAIRE : se barrer, se calter, se carapater, cavaler, se cavaler, se débiner, décaniller, se faire la malle, se faire la paire, foutre le camp, jouer la fille de l'air, mettre les bouts, mettre les voiles, se tailler, se tirer. – VIEUX : s'esbigner. ■ Se mettre en morceaux. SYN. se briser, céder, craquer, se fracturer, lâcher, se rompre. – FAMILIER : claquer, péter. – LITTÉRAIRE : rompre.

cassette *nom féminin* Petit coffre. SYN. coffret, écrin.

casse-vitesse *nom masculin invariable* Dos-d'âne en travers d'une chaussée. SYN. ralentisseur.

cassidaire *nom féminin* Mollusque gastropode marin. SYN. morio.

cassie *nom féminin* Acacia cultivé sur la Côte d'Azur. SYN. cassier.

cassier *nom masculin* Acacia cultivé sur la Côte d'Azur. SYN. cassie. ■ Arbuste des régions chaudes. SYN. casse, séné.

cassis *nom masculin* Brusque dénivellation. SYN. dos-d'âne. CONTR. *dos-d'âne.* ■ Groseillier à fruits noirs. SYN. cassissier.

cassissier *nom masculin* Groseillier à fruits noirs. SYN. cassis.

cassolette *nom féminin* Vase dans lequel on fait brûler des parfums. SYN. brûle-parfum.

cassure *nom féminin* Endroit où un objet est cassé. SYN. brèche, coupure, faille, fêlure, fente, fissure, fracture, lézarde. – LITTÉRAIRE : brisure. CONTR. *soudure.* ■ Interruption brutale. SYN. blessure, faille, fissure, rupture. – LITTÉRAIRE : fêlure, lézarde.

castel *nom masculin* Petit château. SYN. gentilhommière, manoir.

castelperronien *nom masculin* Début du paléolithique supérieur. SYN. châtelperronien.

castrat *nom masculin* Homme émasculé. SYN. châtré, eunuque.

castrer *verbe transitif* Enlever les organes génitaux. SYN. châtrer, émasculer, stériliser. – FAMILIER : couper.

casuel *adjectif* Qui peut arriver ou non. SYN. accidentel, conditionnel, contingent, éventuel, fortuit, incertain, occasionnel. CONTR. *assuré, certain, inévitable, sûr.*

cataclysmal *adjectif* LITTÉRAIRE. De la nature d'un cataclysme. SYN. cataclysmique.

cataclysme *nom masculin* Bouleversement dans une situation. SYN. calamité, catastrophe, crise, désastre, fléau, ouragan, raz de marée, séisme, tempête, tornade.

cataclysmique *adjectif* De la nature d'un désastre. SYN. catastrophique. – LITTÉRAIRE : calamiteux, cataclysmal.

catadrome *adjectif* Qui descend en mer pour se reproduire. SYN. thalassotoque. CONTR. *anadrome, potamotoque.*

cataire *nom féminin* Plante à odeur forte. SYN. chataire, herbe-aux-chats, nepeta.

catalan *nom masculin* Cépage noir à maturité tardive. SYN. balzac, mataro, mourvèdre.

catalogue *nom masculin* Liste énumérative. SYN. dénombrement, énumération, état, glossaire, index, inventaire, nomenclature, recueil, registre, répertoire, rôle, table.

cataloguer *verbe* Classer des éléments. SYN. classifier, dénombrer, inventorier, recenser, répertorier. CONTR. *déclasser.* ■ FAMILIER. Classer quelqu'un dans une catégorie. SYN. juger, mettre au nombre de, ranger.

catananche *nom féminin* Plante des sols arides. SYN. cupidone.

catapulte *nom féminin* Machine de guerre pour lancer les projectiles. SYN. baliste.

catapulter *verbe* Placer à un poste plus élevé. SYN. élever, jeter, lancer, porter, promouvoir. – FAMILIER : bombarder, propulser.

catastrophe *nom féminin* Événement funeste. SYN. accident, calamité, cataclysme, coup dur, désastre, drame, épreuve, fatalité, fléau, malheur, revers, sinistre, tragédie. – FAMILIER : tuile. – LITTÉRAIRE : infortune. CONTR. *bonheur, chance.* ■ ***En catastrophe,*** d'urgence. SYN. brusquement, diligemment, expéditivement, à la hâte, en hâte, hâtivement, au plus vite, précipitamment, promptement, rapidement, rondement, sans crier gare, soudainement, en toute hâte, à la va-vite, vite, vivement. – FAMILIER : dare-dare, en quatrième vitesse. – VIEUX : tout à trac.

catastropher *verbe* FAMILIER. Provoquer la consternation. SYN. abasourdir, abattre, accabler, atterrer, confondre, consterner, effondrer.

catastrophique *adjectif* Qui a le caractère d'une catastrophe. SYN. affreux, désastreux, dramatique, effroyable, épouvantable, fatal, funeste, malheureux, terrible, tragique, triste. – LITTÉRAIRE : calamiteux. CONTR. *bénéfique, bienfaisant, heureux, opportun, propice.* ■ Particulièrement mauvais. SYN. affligeant, détestable, épouvantable, lamentable, minable, navrant, piteux, pitoyable. – FAMILIER : déplorable. – LITTÉRAIRE : calamiteux. CONTR. *admirable, bon, convenable, excellent, incomparable, parfait, remarquable, satisfaisant.*

catéchiser *verbe* Faire adopter une doctrine. SYN. convertir, endoctriner, persuader.

catéchisme *nom masculin* Résumé dogmatique d'une doctrine. SYN. bible, credo, dogme, évangile.

catéchumène *nom* Aspirant à une initiation quelconque. SYN. adepte, convaincu, converti, néophyte, partisan, prosélyte, sympathisant.

catégorie *nom féminin* Personnes, choses de même nature. SYN. classe, espèce, famille, genre, groupe, ordre, rang, série, sorte.

catégorique *adjectif* Qui a une opinion bien arrêtée. SYN. autoritaire, direct, doctrinaire, dogmatique, franc, péremptoire, tranchant. CONTR. *conciliant, hésitant, indécis.* ■ Qui est exprimé avec force. SYN. absolu, affirmatif, cassant, explicite, exprès, formel, impératif, net, radical, tranché. CONTR. *ambigu, conditionnel, équivoque, évasif, indirect, voilé.*

catégoriquement *adverbe* De façon nette. SYN. carrément, clairement, énergiquement, formellement, franchement, nettement, radicalement, résolument. – POPULAIRE : franco. CONTR. *allusivement, ambigument, évasivement.*

cathartique *adjectif* Qui purifie. SYN. – LITTÉRAIRE : purificatoire.

cathèdre *nom féminin* Siège de l'évêque. SYN. chaire.

cathode *nom féminin* Électrode de sortie du courant. CONTR. *anode.*

catilinaire *nom féminin* LITTÉRAIRE. Discours violent. SYN. diatribe, réquisitoire, satire. – LITTÉRAIRE : factum, philippique. CONTR. *apologie.* – LITTÉRAIRE : *dithyrambe.*

catimini (en) *locution adverbiale* En se cachant. SYN. en cachette, à la dérobée, discrètement, furtivement, officieusement, secrètement, sur la pointe des pieds, en tapinois. – FAMILIER : en douce. – LITTÉRAIRE : sourdement. CONTR. *franchement, ouvertement.*

cation *nom masculin* Ion de charge électrique positive. CONTR. *anion.*

catir *verbe* Donner du lustre à un tissu. SYN. lustrer. CONTR. *décatir.*

catocale *nom féminin* Beau papillon de nuit. SYN. lichénée.

cauchemar *nom masculin* Ce qui tourmente. SYN. hantise, obsession, tourment.

cauchemardesque *adjectif* FAMILIER. Qui tient du cauchemar. SYN. effrayant, effroyable, épouvantable, hallucinant, horrifiant, terrible, terrifiant. – LITTÉRAIRE : horrifique.

cauchemardeux *adjectif* FAMILIER. Qui tient du cauchemar. SYN. effrayant, effroyable, épouvantable, hallucinant, horrifiant, terrible, terrifiant. – LITTÉRAIRE : horrifique.

caudataire *nom masculin* LITTÉRAIRE. Personne servile. SYN. courtisan, flatteur. – LITTÉRAIRE : adulateur, complimenteur, encenseur, flagorneur, laudateur, louangeur, thuriféraire. CONTR. *critique, dénigreur, dépréciateur, détracteur, médisant.* – LITTÉRAIRE : *censeur.*

caudrette *nom féminin* Filet en forme de poche. SYN. balance.

causant *adjectif* FAMILIER. Qui parle volontiers. SYN. bavard, causeur, communicatif, loquace, prolixe, volubile. – LITTÉRAIRE : disert. CONTR. *muet, ours, silencieux, taciturne.*

causatif *adjectif* Qui indique que le sujet fait faire l'action. SYN. factitif.

cause *nom féminin* Ce qui produit quelque chose. SYN. agent, explication, facteur, fondement, germe, mobile, moteur, motif, origine, raison, source, sujet. – LITTÉRAIRE : principe, ressort. CONTR. *conséquence, contrecoup, effet, répercussion, résultat, suite.* ▪ Affaire de justice. SYN. affaire, cas, litige, procès. ▪ ***À cause de,*** pour ce motif. SYN. compte tenu de, eu égard à, du fait de, en raison de, vu.

causer *verbe intransitif* S'entretenir avec quelqu'un. SYN. bavarder, caqueter, chatter, converser, dialoguer, discourir, discuter, disserter, parler, tchatter. – FAMILIER : avoir la langue bien affilée, avoir la langue bien déliée, avoir la langue bien pendue, discuter le bout de gras, discuter le coup, faire la causette, faire un brin de causette, jacasser, papoter, potiner, tailler une bavette, tchatcher. – LITTÉRAIRE : deviser, rompre des lances avec. – POPULAIRE : jaspiner. – VIEUX : pépier. CONTR. *monologuer, soliloquer, se taire.* ▪ FAMILIER. Parler avec malveillance. SYN. calomnier, dénigrer, diffamer, dire pis que pendre, être mauvaise langue, jaser, médire, salir, traîner dans la boue. – FAMILIER : bavasser, baver, cancaner, casser du sucre sur (le dos de), commérer, cracher, débiner, déblatérer sur, éreinter, esquinter, étriller, habiller pour l'hiver, ne pas avoir sa langue dans sa poche, potiner. – LITTÉRAIRE : clabauder, jaboter, vilipender. – POPULAIRE : tailler un costard, tailler une veste. – VIEUX : cailleter.

causer *verbe transitif* Être la cause de quelque chose. SYN. amener, apporter, attirer, coûter, créer, déclencher, déterminer, donner, donner lieu à, donner matière à, engendrer, entraîner, faire naître, induire, motiver, occasionner, prêter à, procurer, produire, provoquer, soulever, susciter, valoir. CONTR. *découler, dériver, s'ensuivre, procéder de, résulter de, venir de.* – LITTÉRAIRE : *ressortir de.*

causerie *nom féminin* Petite conférence. SYN. conférence, discours. CONTR. *monologue.* ▪ Entretien sans prétention. SYN. conciliabule, conversation, dialogue, entretien.

causette *nom féminin* FAMILIER. Petite conversation. SYN. bavardage, chat, entretien. – FAMILIER : papotage, parlote, parlotte. ▪ FAMILIER. ***Faire la causette,*** converser familièrement avec quelqu'un. SYN. bavarder, causer, converser, dialoguer, discuter. – FAMILIER : discuter le bout de gras, discuter le coup, papoter, tailler une bavette, tchatcher. – LITTÉRAIRE : deviser, s'entretenir.

causeur *adjectif* Qui parle volontiers. SYN. bavard, jaseur, loquace, prolixe, volubile. – FAMILIER : causant, jacasseur, jacassier. – LITTÉRAIRE : disert. – POPULAIRE : jaspineur. CONTR. *muet, silencieux, taciturne.*

causeur *nom* Personne qui parle volontiers. SYN. bavard, discoureur. – FAMILIER : pie. – LITTÉRAIRE : parleur. – POPULAIRE : pipelette.

causticité *nom féminin* Caractère mordant. SYN. acrimonie, mordant, virulence. CONTR. *bienveillance, douceur.* – LITTÉRAIRE : *bénignité, mansuétude.*

caustique *adjectif* Qui corrode. SYN. corrodant, corrosif. ▪ Qui montre de la causticité. SYN. acerbe, acéré, acide, agressif, à l'emporte-pièce, incisif, moqueur, mordant, narquois, railleur, satirique, vif, virulent. – FAMILIER : saignant. – LITTÉRAIRE : acrimonieux, épigrammatique, piquant, poivré. CONTR. *affable, bienveillant, doucereux, doux, flatteur, louangeur.* – LITTÉRAIRE : *amène, débonnaire.*

cautèle *nom féminin* LITTÉRAIRE. Finesse mêlée de ruse. SYN. rouerie. – FAMILIER : roublardise. – LITTÉRAIRE : matoiserie, sournoiserie. CONTR. *candeur, franchise, ingénuité, naïveté.*

cauteleux *adjectif* LITTÉRAIRE. Qui montre de la cautèle. SYN. perfide, retors, roué, rusé, sournois. – LITTÉRAIRE : artificieux, madré, matois, tortu. – VIEUX : finasseur, finassier. CONTR. *candide, droit, franc, loyal, naïf, sincère.*

caution *nom féminin* Garantie d'un engagement. SYN. cautionnement, gage, nantissement. ▪ Personne qui s'engage. SYN. garant, répondant. ▪ Garantie morale. SYN. parrainage, patronage, protection, recommandation, soutien.

cautionnement *nom masculin* Dépôt servant de garantie. SYN. caution, gage. ▪ Soutien apporté à. SYN. adhésion, approbation.

cautionner *verbe* Donner son appui à. SYN. approuver, appuyer, avaliser, garantir, parrainer, patronner, répondre de, soutenir. CONTR. *désapprouver, désavouer.*

cavalcade *nom féminin* FAMILIER. Course agitée. SYN. marathon. – FAMILIER : corrida.

cavaler *verbe intransitif* POPULAIRE. Partir rapidement. SYN. battre en retraite, déguerpir, disparaître, s'enfuir, s'esquiver, fausser compagnie, filer à l'anglaise, fuir, partir, plier bagages, prendre la clef des champs, prendre la fuite, prendre le large, se retirer, se sauver. – FAMILIER : débarrasser le plancher, décamper, détaler, ficher le camp, filer, filer comme un zèbre, mettre les voiles, prendre la poudre d'escampette, prendre la tangente, prendre ses cliques et ses claques, prendre ses jambes à son cou. – POPULAIRE : se barrer, se calter, se carapater, se casser, se cavaler, se débiner, décaniller, se faire la malle, se faire la paire, foutre le camp, jouer la fille de l'air, mettre les bouts, se tailler, se tirer. ■ POPULAIRE. Se dépêcher de faire. SYN. courir, galoper. – FAMILIER : filer, foncer, speeder, trotter. – POPULAIRE : avoir le feu aux fesses.

cavaler *verbe transitif* POPULAIRE. Ennuyer quelqu'un par ses propos. SYN. agacer, ennuyer, escagasser, excéder, fatiguer, lasser. – FAMILIER : assommer, barber, barbifier, bassiner, casser les pieds, embêter, empoisonner, enquiquiner, faire suer, prendre la tête, raser, tanner. – LITTÉRAIRE : importuner. – POPULAIRE : canuler, casser les bonbons, emmerder, faire braire, faire chier, gonfler, pomper.

cavalier *adjectif* Qui montre du sans-gêne. SYN. désinvolte, effronté, familier, hardi, impertinent, incorrect, indélicat, inélégant, insolent, leste, libre, mal élevé. – FAMILIER : culotté, gonflé, sans gêne. – LITTÉRAIRE : irrévérencieux. CONTR. *cérémonieux, déférent, emprunté, gêné, grave, respectueux.* – LITTÉRAIRE : *révérencieux.*

cavalier *nom masculin* Homme qui accompagne une femme. SYN. chevalier servant, danseur, partenaire.

cavalière *nom féminin* Femme qui monte à cheval. SYN. amazone.

cavalièrement *adverbe* De façon insolente. SYN. abruptement, crûment, effrontément, impertinemment, impoliment, insolemment, sans vergogne. – LITTÉRAIRE : irrespectueusement, irrévérencieusement. – VIEUX : irrévéremment. CONTR. *délicatement, poliment, respectueusement.* – LITTÉRAIRE : *révérencieusement.*

cave *nom féminin* Pièce en sous-sol. CONTR. *comble, grenier.*

caver *verbe* LITTÉRAIRE. Creuser le sol. SYN. creuser, évider, excaver, miner.

caverne *nom féminin* Cavité naturelle. SYN. grotte, tanière. – LITTÉRAIRE : antre.

caverneux *adjectif* Dont le son est grave. SYN. bas, grave, profond, sourd. – LITTÉRAIRE : sépulcral. CONTR. *aigu, clair, éclatant, haut, perçant, plein, sonore, strident.* – LITTÉRAIRE : *cristallin.*

caviarder *verbe* Supprimer un passage. SYN. censurer, effacer, sabrer.

cavité *nom féminin* Espace vide. SYN. alvéole, anfractuosité, concavité, creux, dépression, enfoncement, excavation, fosse, niche, trou, vide. CONTR. *bosse, butte, éminence, saillie.*

cavum *nom masculin* Arrière-cavité des fosses nasales. SYN. nasopharynx, rhinopharynx.

cébiste *nom* Utilisateur de la citizen band. SYN. cibiste.

cécité *nom féminin* LITTÉRAIRE. Aveuglement de l'esprit. SYN. égarement, entêtement. – LITTÉRAIRE : fourvoiement, obnubilation. CONTR. *acuité, clairvoyance, discernement, lucidité, pénétration, perspicacité, sagacité.* ■ ***Cécité verbale,*** trouble de la lecture. SYN. alexie.

cédant *nom* Personne qui cède son droit. SYN. vendeur. CONTR. *acheteur, acquéreur, cessionnaire.*

céder *verbe intransitif* Ne pas tenir. SYN. se casser, craquer, lâcher, se rompre, sauter. – LITTÉRAIRE : ployer, rompre. CONTR. *résister, tenir.* ■ S'avouer vaincu. SYN. abandonner, abdiquer, baisser pavillon, capituler, fléchir, s'incliner, lâcher pied, mettre pavillon bas, plier, se rendre, renoncer. – FAMILIER : flancher. CONTR. *lutter, s'obstiner, se rebeller, résister, se révolter, tenir, tenir bon, vaincre.* – FAMILIER : *se rebiffer, tenir le choc, tenir le coup.* ■ Accepter un compromis. SYN. composer, s'incliner, obéir, obtempérer, renoncer, se résigner, se soumettre, transiger, trouver un terrain d'entente. – POPULAIRE : s'écraser.

céder *verbe transitif* Abandonner quelque chose à quelqu'un. SYN. aliéner, se dessaisir de, donner, laisser, livrer, transmettre. – FAMILIER : filer, passer. CONTR. *conserver, garder, se réserver.* ■ Vendre un bien. SYN. aliéner, allouer, concéder, se dessaisir, octroyer, revendre, transférer, vendre. CONTR. *acheter, acquérir, annexer, s'approprier, conserver, garder.*

céder *verbe transitif indirect* Ne pas résister à. SYN. consentir, s'incliner, se prêter à, se rendre à, se soumettre, succomber. CONTR. *défier, s'insurger, lutter, s'opposer, résister.*

ceindre *verbe* LITTÉRAIRE. Entourer une partie du corps. SYN. ceinturer, cerner, encadrer, encercler, enclore, enlacer, enserrer, entourer, envelopper. – LITTÉRAIRE : auréoler, couronner, nimber.

ceinturer *verbe* Entourer un lieu, un espace. SYN. border, cercler, cerner, encadrer, encercler, enclore, enserrer, envelopper, environner. – LITTÉRAIRE : ceindre, clore, enceindre. ■ Saisir quelqu'un par la taille. SYN. enlacer, enserrer, étreindre. CONTR. *lâcher, relâcher.*

célébrant *nom et adjectif* Celui qui célèbre un office liturgique. SYN. officiant.

célébration *nom féminin* Action de célébrer quelque chose. SYN. cérémonie, commémoration.

célèbre *adjectif* Connu de tous. SYN. consacré, culte, glorieux, historique, illustre, légendaire, marquant, mémorable, notoire, populaire, proverbial, renommé, réputé, à succès, en vogue. – LITTÉRAIRE : fameux. CONTR. *ignoré, inconnu, méconnu, obscur, oublié.*

célébrer *verbe* Fêter un événement. SYN. commémorer, solenniser. ■ Louer solennellement. SYN. chanter, exalter, glorifier, honorer, prôner, vanter. – LITTÉRAIRE : encenser, magnifier, sanctifier. CONTR. *anathématiser, critiquer, décrier, déprécier, diffamer, discréditer, ravaler.* – FAMILIER : *éreinter, esquinter.* – LITTÉRAIRE : *dauber, déchirer, vilipender.*

celebret *nom masculin* Certificat de l'autorité ecclésiastique. SYN. admittatur.

célébrité *nom féminin* Grand renom. SYN. éclat, gloire, notoriété, popularité, renommée, réputation, vogue. – FAMILIER : cote. CONTR. *anonymat, incognito, oubli.* – LITTÉRAIRE : *obscurité.* ■ Personne célèbre. SYN. étoile, figure, gloire, idole, personnage, personnalité, sommité, star, vedette. – FAMILIER : ténor.

celer *verbe* LITTÉRAIRE. Tenir secret. SYN. cacher, déguiser, dissimuler, masquer, occulter, passer sous silence, taire. CONTR. *colporter, confier, découvrir, dévoiler, divulguer, exhiber, exprimer, montrer, proclamer, révéler, trahir.* – FAMILIER : *déballer.* – LITTÉRAIRE : *déceler.*

célérité *nom féminin* Rapidité dans une action. SYN. empressement, hâte, précipitation, rapidité, vitesse. – LITTÉRAIRE : diligence, prestesse, promptitude, vélocité, vivacité. CONTR. *atermoiements, lenteur, nonchalance.*

céleste *adjectif* LITTÉRAIRE. Relatif au ciel. SYN. astral. CONTR. *terrestre.* ■ LITTÉRAIRE. Qui cause le ravissement. SYN. angélique, archangélique, divin, paradisiaque. – LITTÉRAIRE : séraphique. CONTR. *diabolique.* – LITTÉRAIRE : *infernal, mephistophélique.*

célibataire *nom* Personne qui vit dans le célibat. SYN. fille, garçon, vieille fille, vieux garçon. CONTR. *marié.*

cella *nom féminin* Chambre d'une divinité dans un temple. SYN. naos.

cellule *nom féminin* Pièce servant à isoler quelqu'un. SYN. cachot, oubliettes. – LITTÉRAIRE : geôle. – POPULAIRE : bloc, mitard. – VIEUX : basse-fosse, cul-de-basse-fosse. ■ Groupe de personnes proches. SYN. clan, clique, noyau.

célosie *nom féminin* Plante d'ornement à fleurs rouges. SYN. crête-de-coq.

cénacle *nom masculin* Groupe restreint de personnes. SYN. cercle, chapelle, clan, club, colonie, coterie, faction.

cendreux *adjectif* Qui a la couleur de la cendre. SYN. grisâtre, plombé, terreux.

cénobite *nom masculin* Moine vivant en communauté. CONTR. *anachorète, ermite.*

cénobitique *adjectif* Relatif aux cénobites. CONTR. *anachorétique, érémitique.*

censé *adjectif* Considéré comme devant être. SYN. présumé, prétendu, supposé, tenu de.

censément *adverbe* En apparence. SYN. apparemment, probablement, sans doute, théoriquement, vraisemblablement. CONTR. *effectivement, réellement.*

censeur *nom masculin* LITTÉRAIRE. Personne qui critique. SYN. critique, dénigreur, dépréciateur, détracteur, juge. – LITTÉRAIRE : contempteur. CONTR. *adulateur, apologiste, flatteur, panégyriste.* – LITTÉRAIRE : *caudataire, complimenteur, encenseur, flagorneur, laudateur, louangeur, prôneur, thuriféraire.*

censure *nom féminin* Action de critiquer. SYN. blâme, condamnation, critique, désaveu, réprobation. CONTR. *apologie, approbation, dithyrambe, flatterie, louange, panégyrique.* – LITTÉRAIRE : *adulation.* ■ Action d'interdire. SYN. interdiction, mise à l'index, prohibition, proscription. CONTR. *appui, soutien.*

censurer *verbe* LITTÉRAIRE. Critiquer vivement. SYN. blâmer, condamner, désapprouver, réprouver. CONTR. *aduler, approuver, exalter, flatter, louer, prôner, vanter.* – LITTÉRAIRE : *encenser.* ■ Interdire quelque chose. SYN. boycotter, caviarder, classer X, interdire, ixer, mettre à l'index, prohiber, proscrire. CONTR. *appuyer, soutenir.*

cent *adjectif numéral* ***(À) cent pour cent,*** d'une façon totale. SYN. absolument, complètement, au dernier degré, entièrement, exclusivement, extraordinairement, extrêmement, foncièrement, fortement, grandement, hautement, intégralement, pleinement, au plus haut degré, au plus haut point, profondément, puissamment, radicalement, sans limite, sans réserve, sans restriction, supérieurement, suprêmement, totalement, tout à fait, très. – FAMILIER : carrément, fichtrement, formidablement, positivement, superlativement, tout plein. CONTR. *faiblement, guère, nullement, peu.*

centime *nom masculin* Très petite somme d'argent. SYN. maravédis. – FAMILIER : rond, sou. – LITTÉRAIRE : liard. – POPULAIRE : kopeck, radis.

central *adjectif* Qui est au centre. SYN. médian. CONTR. *excentrique, périphérique.* ■ Qui est le plus important. SYN. capital, crucial, décisif, essentiel, fondamental, maître, majeur, primordial, principal. CONTR. *accessoire, second, secondaire.*

centralisation *nom féminin* Action de centraliser. SYN. canalisation, concentration. CONTR. *décentralisation, dispersion.*

centraliser *verbe* Rassembler en un centre unique. SYN. canaliser, concentrer. CONTR. *décentraliser.*

centranthe *nom masculin* Valériane des murs et rochers. SYN. barbe-de-Jupiter.

centre *nom masculin* Milieu d'un espace. CONTR. *bord, extrémité, périphérie, pourtour.* ■ Lieu d'où rayonnent des activités. SYN. cœur, foyer, pôle, siège. ■ Personne qui a un rôle capital. SYN. âme, cerveau, cheville ouvrière, pivot. ■ Point essentiel. SYN. base, clef de voûte, cœur, fondement, nœud, noyau, pierre angulaire, pivot, vif du sujet. ■ Lieu important par son activité. SYN. agglomération, cité, ville, zone.

centrer *verbe* Orienter vers quelque chose. SYN. aiguiller, axer, concentrer, diriger. CONTR. *détourner.*

centrifuge *adjectif* Qui se développe en s'éloignant de l'axe. SYN. axifuge. ■ Qui tend à éloigner du centre. CONTR. *centripète.*

centrine *nom féminin* Petit requin de la Méditerranée. SYN. humantin.

centripète *adjectif* Dirigé vers le centre. CONTR. *centrifuge.*

centupler *verbe* Augmenter considérablement. SYN. décupler, multiplier.

cépée *nom féminin* Touffe de jeunes pousses d'un arbre. SYN. trochée.

cependant *adverbe* Marque une opposition. SYN. néanmoins, pourtant, toutefois.

céphalée *nom féminin* Mal de tête. SYN. céphalalgie, migraine.

céphaloptère *nom masculin* Grande raie de l'Atlantique. SYN. manta, mante, raie manta.

cépole *nom féminin* Poisson de la Méditerranée. SYN. demoiselle, jarretière.

cérambycidé *nom masculin* Insecte coléoptère aux longues antennes. SYN. capricorne, longicorne.

cératotriche *nom masculin* Pièce qui soutient la nageoire des poissons. SYN. actinotriche.

cerceau *nom masculin* Ce qui maintient les douves d'un fût. SYN. cercle.

cercle *nom masculin* Figure géométrique. SYN. circonférence, rond. ■ Objet en forme de cercle. SYN. anneau, boucle, cerceau, disque. – LITTÉRAIRE : orbe. ■ Groupe de personnes. SYN. assemblée, assistance, cénacle, chapelle, clan, club, compagnie, société. – LITTÉRAIRE : camarilla. ■ Entourage de quelqu'un. SYN. cadre, groupe, milieu, proches, sphère.

cercler *verbe* Entourer d'un cercle. SYN. border, ceinturer, clore, encadrer, encercler, enclore, enserrer. – LITTÉRAIRE : auréoler, ceindre, enceindre.

cercocèbe *nom masculin* Grand singe herbivore. SYN. mangabey.

cercueil *nom masculin* Coffre dans lequel on met le corps d'un mort. SYN. bière. – ARGOTIQUE : costume de sapin, redingote de sapin.

cérébral *adjectif* Qui concerne l'esprit. SYN. intellectuel, mental, psychique. CONTR. *affectif, physique, sensuel, somatique.*

cérébralité *nom féminin* LITTÉRAIRE. Activité du cerveau. SYN. esprit, intellect.

cérémonial *nom masculin* Règles propres à une cérémonie. SYN. décorum, étiquette, protocole, rite, rituel. ■ VIEUX. Règles de politesse. SYN. – LITTÉRAIRE : cérémonie, civilité, solennité. CONTR. *laisser-aller, sans-gêne, simplicité.* – LITTÉRAIRE : *sans-façon.*

cérémonie *nom féminin* Célébration solennelle. SYN. commémoration, fête, liturgie, rite, rituel, solennité. ■ LITTÉRAIRE. Politesses excessives. SYN. – LITTÉRAIRE : civilité, solennité. – VIEUX : cérémonial. CONTR. *désinvolture, laisser-aller, sans-gêne.* – LITTÉRAIRE : *sans-façon.* ■ Manières affectées. SYN. apparat, façons, manières. – FAMILIER : chichi, tralala. CONTR. *naturel, simplicité, spontanéité.*

cérémoniel *adjectif* Relatif à une cérémonie. SYN. apprêté, solennel. CONTR. *naturel, simple, spontané.*

cérémonieux *adjectif* Plein de cérémonie. SYN. affecté, apprêté, compassé, formaliste, gourmé, guindé, hiératique, obséquieux, pincé, pompeux, protocolaire, solennel. CONTR. *cavalier, désinvolte, familier, simple, spontané.*

cerf-voliste *nom* Personne qui pratique le cerf-volant. SYN. lucaniste, lucanophile.

cerisier *nom masculin* ***Cerisier des oiseaux,*** cerisier sauvage au bois de couleur brunâtre. SYN. merisier.

cerne *nom masculin* Tache circulaire sur une étoffe. SYN. auréole. ■ Poche sous les yeux. SYN. – POPULAIRE : valoche.

cerner *verbe* Marquer d'un trait le contour de. SYN. encadrer, encercler, entourer. – LITTÉRAIRE : auréoler, nimber. ■ Entourer comme d'un cercle.

SYN. assiéger, bloquer, boucler, ceinturer, encercler, enclore, enserrer, environner, investir. – LITTÉRAIRE : ceindre. ▪ Délimiter une question. SYN. borner, circonscrire, circonvenir, limiter. CONTR. *élargir, étendre.*

certain *adjectif* Dont on ne peut douter. SYN. avéré, établi, évident, exact, fiable, flagrant, formel, incontestable, indéniable, indiscutable, indubitable, irrécusable, irréfutable, manifeste, net, palpable, patent, positif, sûr, tangible – FAMILIER : officiel !. – LITTÉRAIRE : irréfragable. CONTR. *contestable, discutable, douteux, faux, hasardeux, hypothétique, illusoire, improbable, incertain, invraisemblable, réfutable, supposé, suspect.* – LITTÉRAIRE : *vacillant.* ▪ Qui ne manquera pas d'arriver. SYN. assuré, déterminé, fatal, forcé, immanquable, inéluctable, infaillible, obligatoire, prévisible, sûr. – FAMILIER : couru (d'avance). CONTR. *aléatoire, aventureux, casuel, chimérique, conjectural, contingent, douteux, éventuel, hasardeux, improbable, incertain.* – LITTÉRAIRE : *chanceux.*

certainement *adverbe* Exprime une affirmation. SYN. absolument, d'accord, assurément, bien entendu, bien sûr, certes, évidemment, naturellement, parfaitement, sûrement. CONTR. *peut-être.* ▪ De façon certaine. SYN. à coup sûr, évidemment, à l'évidence, fatalement, forcément, immanquablement, incontestablement, indéniablement, indiscutablement, indubitablement, inéluctablement, inévitablement, inexorablement, infailliblement, manifestement, nécessairement, obligatoirement, sans conteste, sûrement, de toute évidence, visiblement. – LITTÉRAIRE : sans contredit. CONTR. *éventuellement, peut-être, probablement.*

certes *adverbe* LITTÉRAIRE. Marque une affirmation. SYN. assurément, bien entendu, bien sûr, certainement, évidemment, oui, parbleu !, pardi !, parfaitement – FAMILIER : et comment !

certificat *nom masculin* Écrit qui atteste un fait. SYN. acte, attestation, bulletin, diplôme, justificatif, pièce, témoignage.

certifié *adjectif* Garanti comme vrai. SYN. attesté, authentifié, authentique, officiel, vérifié. CONTR. *faux.*

certifier *verbe* Garantir par une certification. SYN. authentifier, garantir, légaliser. – VIEUX : authentiquer. ▪ Affirmer quelque chose à quelqu'un. SYN. affirmer, assurer, attester, confirmer, dire, garantir, jurer, promettre, soutenir. CONTR. *contester, démentir, infirmer, nier.*

certitude *nom féminin* Ce qui est certain. SYN. évidence, vérité. CONTR. *chimère, conjecture, hypothèse, illusion, improbabilité, obscurité, soupçon, utopie.* ▪ Fait d'être sûr de la réalité de. SYN. assurance, conviction, croyance, foi, persuasion. CONTR. *doute, incertitude, perplexité, scepticisme.*

céruléen *adjectif* LITTÉRAIRE. Qui est de la couleur du ciel. SYN. bleu. – LITTÉRAIRE : azur, azuré.

céruléum *nom masculin* Pigment minéral bleu. SYN. bleu céleste.

cérumen *nom masculin* Substance grasse de l'oreille. SYN. – FAMILIER : cire.

cérure *nom féminin* Variété de papillon. SYN. harpye.

cerveau *nom masculin* Siège des facultés mentales. SYN. cervelle, esprit, tête. – FAMILIER : crâne, matière grise, méninges. – POPULAIRE : ciboulot, citron. ▪ Personne très intelligente. SYN. génie, gloire, prodige, reine, roi, virtuose. – FAMILIER : aigle, as, cacique, champion, crack, grosse tête. – LITTÉRAIRE : lumière, phénix. CONTR. *incapable, nul, nullité, raté.* – FAMILIER : *zéro.* ▪ Chef de bande. SYN. âme, leader, meneur, porte-drapeau, tête, tête pensante.

cervelle *nom féminin* Siège des facultés mentales. SYN. cerveau, esprit, tête. – FAMILIER : crâne, matière grise, méninges. – POPULAIRE : ciboulot. ▪ ***Tête sans cervelle, cervelle de moineau,*** personne étourdie. SYN. distrait, écervelé, étourdi, évaporé, tête de moineau. – FAMILIER : étourneau, hurluberlu, passoire, tête de linotte.

césarisme *nom masculin* Pouvoir dictatorial. SYN. absolutisme, autocratie, autoritarisme, caporalisme, despotisme, dictature, totalitarisme, tyrannie. CONTR. *démocratie, libéralisme.*

cessation *nom féminin* Action de mettre fin à. SYN. abolition, arrêt, clôture, fermeture, fin, interruption, suppression, suspension. CONTR. *continuation, continuité, durée, maintien, poursuite, prolongation, recommencement, reprise.*

cesse *nom féminin* ***Sans cesse,*** sans arrêt. SYN. constamment, continuellement, éternellement, invariablement, non-stop, perpétuellement, sans discontinuer, sans intermission, sans interruption, sans relâche, sans répit, toujours, tout le temps. – LITTÉRAIRE : continûment, sempiternellement. CONTR. *alternativement, épisodiquement, irrégulièrement, occasionnellement, sporadiquement, variablement.*

cesser *verbe intransitif* Arriver à son terme. SYN. s'achever, s'arrêter, expirer, finir, s'interrompre, mourir, passer, prendre fin, se terminer. CONTR. *continuer, durer, persister, se poursuivre, recommencer, reprendre.*

cesser *verbe transitif* Mettre fin à une action. SYN. achever, arrêter, circonscrire, clôturer, conclure, couper court à, endiguer, enrayer, interrompre, juguler, mettre un frein à, mettre un point final à, mettre un terme à, retenir, stopper, suspendre. – LITTÉRAIRE : clore. CONTR. *amorcer, continuer, déclencher, développer, perpétuer, poursuivre, pousser, reprendre.*

cessez-le-feu *nom masculin invariable* Arrêt des hostilités. SYN. armistice, suspension d'armes, trêve.

cessible *adjectif* Qui peut ou doit être cédé. SYN. négociable, transférable, transmissible, vendable. CONTR. *incessible, incommunicable, invendable.* – LITTÉRAIRE : *inaliénable.*

cession *nom féminin* Action de céder quelque chose. SYN. abandon, aliénation, délaissement, transmission, vente. CONTR. *achat, acquisition, annexion.*

cessionnaire *nom* Personne à qui l'on fait une cession. SYN. acheteur, acquéreur, bénéficiaire. CONTR. *cédant, vendeur.*

cétane *nom masculin* Hydrocarbure saturé. SYN. hexadécane.

cétoacide *nom masculin* Composé organique. SYN. acide-cétone.

cétose *nom féminin* Maladie métabolique des vaches. SYN. acétose.

châble *nom masculin* Couloir en montagne. SYN. dévaloir.

chabler *verbe* Battre à coups de perche. SYN. gauler.

chafouin *adjectif* Sournois et rusé. SYN. dissimulé, fourbe, hypocrite, perfide, sournois. – FAMILIER : faux jeton. – LITTÉRAIRE : cafard. CONTR. *droit, franc, ouvert.*

chagrin *adjectif* LITTÉRAIRE. Qui éprouve de la tristesse. SYN. affecté, affligé, attristé, cafardeux, chagriné, dépité, désolé, maussade, morne, morose, navré, peiné, sombre, taciturne, triste. CONTR. *content, enchanté, gai, heureux, radieux, ravi, rayonnant, réjoui, riant, rieur.* ■ LITTÉRAIRE. Porté au mécontentement. SYN. bilieux, bougon, contrarié, ennuyé, grincheux, grognon, renfrogné, revêche. – LITTÉRAIRE : marri. CONTR. *allègre, enjoué, enthousiaste, gai, guilleret, jovial, satisfait.*

chagrin *nom masculin* Souffrance morale. SYN. affliction, déplaisir, désolation, douleur, malheur, peine, tourment, tristesse. – LITTÉRAIRE : navrement. CONTR. *allégresse, bonheur, consolation, contentement, gaieté, joie, plaisir, réjouissance, satisfaction.*

chagrinant *adjectif* Qui chagrine. SYN. affligeant, attristant, désolant, navrant. CONTR. *consolant, enchanteur, heureux, joyeux, réjouissant.* – LITTÉRAIRE : *riant.*

chagriné *adjectif* Qui a du chagrin. SYN. affecté, affligé, attristé, cafardeux, malheureux, navré, peiné, sombre, triste. – LITTÉRAIRE : chagrin. CONTR. *content, enchanté, gai, heureux, radieux, ravi, rayonnant, réjoui, riant, rieur.*

chagriner *verbe* Causer du chagrin. SYN. affecter, affliger, assombrir, attrister, briser le cœur, consterner, désoler, fendre l'âme, fendre le cœur, navrer, peiner. – LITTÉRAIRE : contrister, rembrunir. CONTR. *amuser, charmer, consoler, dérider, égayer, enthousiasmer, réjouir.* ■ Causer du déplaisir. SYN. contrarier, déplaire, ennuyer, fâcher, mécontenter, tourmenter, tracasser. – FAMILIER : chicaner, chiffonner, embêter, turlupiner. – POPULAIRE : emmerder. – VIEUX : soucier. CONTR. *contenter, satisfaire.*

chahut *nom masculin* FAMILIER. Grand vacarme. SYN. charivari, esclandre, remue-ménage, tapage, tintamarre, tumulte, vacarme. – ARGOTIQUE : barnum. – FAMILIER : boucan, chambard, cirque, foire, pétard, potin, raffut, tintouin, tohu-bohu. – LITTÉRAIRE : hourvari. – POPULAIRE : barouf, baroufe, bastringue, ramdam. – VIEUX : bacchanal, boulevari, sabbat. CONTR. *calme, ordre, paix, silence, tranquillité.*

chahuter *verbe* Traiter sans ménagement. SYN. bousculer, conspuer, huer, malmener, siffler.

chaîne *nom féminin* Série ininterrompue de faits. SYN. enchaînement, engrenage, filiation, série, succession, suite.

chaînes *nom féminin pluriel* LITTÉRAIRE. Liens de dépendance. SYN. asservissement, carcan, entrave, esclavage, servitude, sujétion. – LITTÉRAIRE : assujettissement, astreinte, fers, joug, lien, nœud, tyrannie. CONTR. *émancipation, indépendance, liberté.*

chaînon *nom masculin* Anneau d'une chaîne. SYN. anneau, maillon.

chaintre *nom féminin ou nom masculin* Extrémité d'un champ en labour. SYN. fourrière.

chair *nom féminin* Aspect de l'épiderme. SYN. carnation, teint. ■ Instinct sexuel. SYN. sens, sensualité. CONTR. *âme, esprit.* ■ ***Bien en chair,*** un peu gras. SYN. gras, gros, potelé, rebondi, replet. – FAMILIER : dodu, grassouillet, rondelet, rondouillard.

chaire *nom féminin* Siège à dossier et accotoirs. SYN. – VIEUX : chayère. ■ Siège de l'évêque. SYN. cathèdre.

chalcolite *nom féminin* Minéral de couleur verte. SYN. torbernite.

chalcolithique *adjectif* et *nom masculin* Début de l'utilisation du cuivre. SYN. énéolithique.

chaleur *nom féminin* Qualité de ce qui est chaud. SYN. canicule, fournaise. – LITTÉRAIRE : touffeur. CONTR. *fraîcheur, froid, froidure, tiédeur.* ■ Ardeur des sentiments. SYN. emballement, entrain, ferveur, feu, fièvre, fougue, frénésie, impétuosité, passion, pétulance, véhémence, violence. – LITTÉRAIRE : flamme, transport. CONTR. *atonie, calme, flegme, froideur, impassibilité, indifférence, langueur, prostration, torpeur.*

chaleureusement *adverbe* De façon chaleureuse. SYN. amicalement, à bras ouverts, chaudement, cordialement. CONTR. *fraîchement, froidement.* – LITTÉRAIRE : *tièdement.*

chaleureux *adjectif* Qui montre de l'enthousiasme. SYN. ardent, chaud, empressé, enflammé, enthousiaste, fervent, vif. CONTR. *flegmatique, tiède.* ■ Qui montre de la sympathie. SYN. amical, convivial, cordial, sympathique. – LITTÉRAIRE : vrai. CONTR. *froid, glacé, glacial, hautain, inaccessible, inamical, rogue, tiède.* – FAMILIER : *frais.*

chalut *nom masculin* Filet de pêche. SYN. traille.

chamaille *nom féminin* FAMILIER. Petite dispute. SYN. discussion, querelle. – FAMILIER : bagarre, bisbille, discutaillerie, fâcherie. – LITTÉRAIRE : chicane.

chamailler (se) *verbe pronominal* FAMILIER. Se disputer pour peu. SYN. s'accrocher, se disputer, se quereller. – FAMILIER : se bagarrer, se chicaner. – POPULAIRE : se bouffer le nez, s'engueuler. CONTR. *s'entendre, fraterniser.*

chamaillerie *nom féminin* FAMILIER. Petite dispute. SYN. discussion, querelle. – FAMILIER : bagarre, bisbille, discutaillerie, fâcherie. – LITTÉRAIRE : chicane.

chamarré *adjectif* Aux couleurs variées. SYN. bariolé, bigarré, multicolore, panaché, polychrome, tacheté. – LITTÉRAIRE : versicolore. CONTR. *sobre, uni, unicolore.*

chambard *nom masculin* FAMILIER. Grand désordre. SYN. bouleversement, renversement, révolution. – FAMILIER : chambardement. – LITTÉRAIRE : chamboulement. ■ FAMILIER. Protestations tapageuses. SYN. chahut, charivari, esclandre, tapage, tintamarre. – FAMILIER : foire, raffut, tintouin, tohu-bohu. – LITTÉRAIRE : hourvari. – POPULAIRE : barouf, baroufe, ramdam. – VIEUX : boulevari, sabbat.

chambardement *nom masculin* FAMILIER. Action de bouleverser. SYN. bouleversement, désordre, remue-ménage, renversement, révolution. – FAMILIER : chambard, chamboulement.

chambarder *verbe* FAMILIER. Mettre un lieu en désordre. SYN. dévaster, mettre sens dessus dessous, renverser, retourner, saccager. – FAMILIER : chambouler. CONTR. *arranger, ranger.* ■ FAMILIER. Déranger complètement. SYN. bouleverser, bousculer, déranger, désorganiser, renverser, révolutionner. – FAMILIER : chambouler.

chambouler *verbe* FAMILIER. Mettre un lieu en désordre. SYN. bousculer, dévaster, mettre sens dessus dessous, renverser, retourner, saccager. – FAMILIER : chambarder. CONTR. *arranger, ranger.* ■ FAMILIER. Déranger quelque chose. SYN. bouleverser, changer, déranger, désorganiser, renverser, révolutionner. – FAMILIER : chambarder. ■ FAMILIER. Boulerverser quelqu'un. SYN. bouleverser, ébranler, perturber, remuer, retourner, secouer, toucher, troubler. – FAMILIER : tourneboûler.

chambre *nom féminin* Pièce où l'on couche. SYN. – ARGOTIQUE : carrée, taule, turne. – POPULAIRE : cambuse, piaule.

chambrer *verbe* VIEUX. Garder quelqu'un enfermé. SYN. cadenasser, claquemurer, claustrer, cloîtrer, confiner, consigner, isoler, séquestrer. ■ FAMILIER. Se moquer de quelqu'un. SYN. s'amuser, faire des gorges chaudes de, mettre en boîte, se moquer de, persifler, plaisanter, railler, rire aux dépens de, rire de, taquiner. – FAMILIER : blaguer, chiner. – LITTÉRAIRE : brocarder, se gausser de, satiriser. – POPULAIRE : charrier.

chambrière *nom féminin* LITTÉRAIRE. Femme de chambre. SYN. servante.

chameau *nom masculin* FAMILIER. Personne méchante. SYN. peste, vipère. – FAMILIER : poison, rosse, teigne. – POPULAIRE : charogne, garce, peau de vache, punaise, salaud, saligaud, salopard, salope, salopiau, salopiaud, salopiot, vache.

chamito-sémitique *adjectif* et *nom masculin* Se dit d'une famille de langues. SYN. afro-asiatique.

chamois *nom masculin* Mammifère des montagnes d'Europe. SYN. isard.

chamoisine *nom féminin* Tissu velouté pour essuyer. SYN. peau de chamois.

champ *nom masculin* Domaine d'activité. SYN. branche, cercle, espace, étendue, sphère. – LITTÉRAIRE : région. ■ ***À tout bout de champ,*** à chaque instant. SYN. constamment, continuellement, fréquemment, invariablement, à longueur de temps, régulièrement, toujours, à tout instant, tout le temps, à tout propos. – LITTÉRAIRE : continûment, sempiternellement. CONTR. *par accès, épisodiquement, exceptionnellement, par instants, par intermittence, par intervalles, irrégulièrement, par moments, occasionnellement, parfois, provisoirement, quelquefois, rarement, sporadiquement, temporairement, de temps à autre, de temps en temps, variablement.* – LITTÉRAIRE : *transitoirement.*

champagne *nom féminin* Plaine découverte. SYN. campagne, openfield.

champêtre *adjectif* LITTÉRAIRE. Qui se rapporte à la campagne. SYN. agreste, bucolique, campagnard, paysan, rural. – LITTÉRAIRE : pastoral, rustique. CONTR. *citadin, urbain.*

champignonner *verbe* FAMILIER. Se développer rapidement. SYN. grouiller, se multiplier, proliférer, pulluler.

champignonniste *nom* Spécialiste de la culture du champignon. SYN. myciculteur.

champion *nom* Personne qui gagne. SYN. challenger, gagnant, recordman, vainqueur. CONTR. *lanterne rouge, perdant.* ■ Personne qui soutient une cause. SYN. apôtre, avocat, défenseur, partisan, pilier, soutien, tenant. – LITTÉRAIRE : intercesseur, souteneur. ■ FAMILIER. Personne qui se distingue. SYN. cerveau, chef, génie, gloire, prodige, reine, roi, virtuose. – FAMILIER : aigle, as, cacique, crack. – LITTÉRAIRE : lumière, phénix. CONTR. *incapable, nul, nullité, raté.* – FAMILIER : *zéro.*

chançard *adjectif* POPULAIRE. Qui a de la chance. SYN. heureux. – FAMILIER : chanceux, veinard, verni. CONTR. *malchanceux, malheureux.* – FAMILIER : *guignard.* – LITTÉRAIRE : *infortuné.*

chance *nom féminin* Possibilité qu'une chose se produise. SYN. éventualité, occasion, opportunité, possibilité, probabilité. ■ Sort favorable. SYN. aubaine, bonheur, bonne étoile, coup de veine, heureux hasard, providence. – FAMILIER : baraka, bol, coup de pot, pot, veine. – LITTÉRAIRE : bonne fortune, étoile, fortune. CONTR. *avatar, calamité, catastrophe, déboire, malchance, mauvais œil.* – FAMILIER : *déveine, guigne.* – LITTÉRAIRE : *adversité, infortune.* – POPULAIRE : *poisse, scoumoune.* – VIEUX : *guignon.*

chancel *nom masculin* Clôture basse, dans une église. SYN. cancel.

chancelant *adjectif* Qui chancelle. SYN. boiteux, branlant, croulant, flageolant, instable, oscillant, titubant, trébuchant. – LITTÉRAIRE : vacillant. CONTR. *assis, ferme.* ■ Mal assuré. SYN. affaibli, débile, défaillant, faible, flottant, fragile, incertain, périclitant, précaire, vulnérable. CONTR. *consolidé, durable, solide, stable.*

chanceler *verbe* Vaciller sur ses pieds. SYN. avoir les jambes en coton, branler, chavirer, flageoler, n'avoir plus de jambes, ne plus sentir ses jambes, ne plus tenir sur ses jambes, osciller, tituber, trébucher, trembler, trembloter, vaciller. – FAMILIER : tanguer. ■ Menacer de s'altérer. SYN. battre de l'aile, fléchir, mollir, plier, se relâcher. – FAMILIER : avoir du plomb dans l'aile. – LITTÉRAIRE : faiblir, ployer. CONTR. *s'affermir.*

chanceux *adjectif* LITTÉRAIRE. Qui dépend de la chance. SYN. aléatoire, aventureux, hasardeux, incertain, problématique, risqué. CONTR. *assuré, certain, sûr.* ■ FAMILIER. Qui a de la chance. SYN. bienheureux, heureux, né coiffé, né sous une bonne étoile, tombé dans la marmite. – FAMILIER : veinard, verni. – POPULAIRE : chançard. CONTR. *malchanceux, malheureux.* – FAMILIER : *guignard.* – LITTÉRAIRE : *infortuné.*

chancre *nom masculin* LITTÉRAIRE. Ce qui corrompt une société. SYN. fléau. – LITTÉRAIRE : lèpre.

chandail *nom masculin* Vêtement qu'on enfile par la tête. SYN. laine, pull, pull-over, tricot.

chandelier *nom masculin* Support pour bougies. SYN. candélabre, flambeau, torchère.

chanfrein *nom masculin* Bord d'un objet taillé en oblique. SYN. biseau.

change *nom masculin* ***Donner le change,*** abuser de la confiance de. SYN. abuser, bercer de paroles, leurrer, mentir, mystifier, rouler dans la farine, tromper. – FAMILIER : mener en bateau, pigeonner, refaire, rouler. – LITTÉRAIRE : en faire accroire, se jouer de. – POPULAIRE : bourrer le mou.

changé *adjectif* Devenu différent. SYN. altéré, différent, méconnaissable, modifié, transformé. CONTR. *inaltéré, inchangé, intact.*

changeable *adjectif* Qui peut être changé. SYN. altérable, modifiable, transformable. CONTR. *constant, immuable, inaltérable, inchangeable, invariable, stable.*

changeant *adjectif* Sujet au changement. SYN. capricieux, divers, flottant, fluctuant, inégal, mobile, mouvant, variable, varié. – LITTÉRAIRE : ondoyant, vacillant. CONTR. *constant, durable, égal, immuable, invariable, permanent, perpétuel, régulier, stable.* ■ Dont la couleur varie. SYN. chatoyant, miroitant, moiré. CONTR. *fixe, identique, inaltérable, permanent, uniforme.* ■ Qui ne s'en tient pas longtemps à. SYN. fantasque, inconstant, influençable, instable, léger, papillonnant, versatile, volage. – LITTÉRAIRE : ondoyant. – VIEUX : mobile. CONTR. *conséquent, constant, ferme, fidèle, inflexible, obstiné, opiniâtre, patient, persévérant, tenace.*

changement *nom masculin* Passage d'un état à un autre. SYN. altération, déplacement, évolution, fluctuation, métamorphose, modification, mutation, permutation, remplacement, renouvellement, réorganisation, substitution, transformation, variation. – LITTÉRAIRE : transmutation. CONTR. *continuation, maintien, permanence, prolongation.* – LITTÉRAIRE : *fixité.* ■ Bouleversement de l'ordre établi. SYN. bouleversement, innovation, nouveauté, réforme, remaniement, revirement, rupture, volte-face.

CONTR. *constance, continuité, égalité, immobilisme, immobilité, inertie, invariabilité, permanence, persévérance, persistance, régularité, stabilité, stagnation.* – LITTÉRAIRE : *immuabilité.*

changer *verbe intransitif* Être remplacé par. **SYN.** céder la place, échanger, passer la main, permuter. ■ Devenir différent. **SYN.** évoluer, fluctuer, se métamorphoser, se modifier, se transformer, varier. **CONTR.** *demeurer, se maintenir, persister, rester, subsister.*

changer *verbe transitif* Céder une chose pour une autre. **SYN.** échanger, monnayer, troquer. **CONTR.** *conserver, garder.* ■ Remplacer par. **SYN.** muter, renouveler, varier. **CONTR.** *maintenir, perpétuer.* ■ Opérer une transformation. **SYN.** convertir, métamorphoser, transmuer, transmuter. – LITTÉRAIRE : muer, transformer. ■ Rendre différent. **SYN.** altérer, déguiser, métamorphoser, modifier, réformer, rénover, transformer. – FAMILIER : chambouler.

chanoinie *nom féminin* Dignité de chanoine. **SYN.** canonicat.

chanson *nom féminin* Composition musicale. **SYN.** chant, mélodie, ritournelle. – ARGOTIQUE : beuglante, goualante. ■ Propos répétés sans cesse. **SYN.** radotage, scie. – FAMILIER : couplet, disque, refrain, rengaine, ritournelle. – LITTÉRAIRE : antienne.

chansons *nom féminin pluriel* Propos, actes sans importance. **SYN.** bagatelles, balivernes, contes, sornettes. – FAMILIER : fariboles.

chant *nom masculin* LITTÉRAIRE. Cri des oiseaux. **SYN.** gazouillement, gazouillis, ramage, roucoulement, stridulation. ■ Composition vocale. **SYN.** cantique, chanson, mélopée, romance.

chantepleure *nom féminin* Ouverture verticale étroite. **SYN.** barbacane.

chanter *verbe intransitif* Faire entendre un chant. **SYN.** faire des vocalises, pousser la chansonnette, vocaliser. ■ Produire des sons modulés. **SYN.** gazouiller, pépier, roucouler, siffler, striduler. ■ ***Faire chanter,*** exercer un chantage. **SYN.** braver, défier, intimider, menacer, provoquer.

chanter *verbe transitif* FAMILIER. Raconter des bêtises. **SYN.** conter, débiter, raconter. – FAMILIER : déballer. ■ Faire entendre un chant. **SYN.** chantonner, entonner, fredonner. ■ LITTÉRAIRE. Faire l'éloge de. **SYN.** célébrer, exalter, glorifier, louer. – LITTÉRAIRE : louanger, magnifier. **CONTR.** *blâmer, calomnier, critiquer, décrier, dénigrer, médire.* – FAMILIER : *éreinter, esquinter.* – LITTÉRAIRE : *déchirer, vitupérer.*

chanter *verbe transitif indirect* FAMILIER. Être à la convenance de quelqu'un. **SYN.** agréer, convenir, plaire, sourire. **CONTR.** *déplaire.*

chanterelle *nom féminin* Champignon comestible, au chapeau en entonnoir. **SYN.** girolle.

chanteur *nom* ***Chanteur de charme,*** qui chante des chansons sentimentales. **SYN.** crooner.

chantier *nom masculin* FAMILIER. Lieu en désordre. **SYN.** capharnaüm, désordre, fouillis. – FAMILIER : bazar, cirque, souk. – POPULAIRE : foutoir.

chantignole *nom féminin* Pièce de bois d'une charpente. **SYN.** échantignole.

chaos *nom masculin* Amas désordonné. **SYN.** enchevêtrement, fatras. – FAMILIER : salmigondis. **CONTR.** *arrangement, ordonnance.* ■ État de confusion. **SYN.** anarchie, branle-bas, désordre, imbroglio, incohérence, perturbation, tumulte. – FAMILIER : brouillamini. **CONTR.** *équilibre, harmonie, ordre.*

chaotique *adjectif* Qui tient du chaos. **SYN.** bouleversé, confus, décousu, désordonné, incohérent. **CONTR.** *clair, équilibré, harmonieux, ordonné, réglé.*

chapardage *nom masculin* FAMILIER. Action de chaparder. **SYN.** filoutage, larcin, maraudage, maraude, vol. – FAMILIER : carottage. – POPULAIRE : barbotage, fauche.

chaparder *verbe* FAMILIER. Voler quelque chose. **SYN.** escamoter, grappiller, marauder, soustraire. – FAMILIER : barboter, carotter, chiper, écornifler, piquer, rafler, subtiliser. – LITTÉRAIRE : dérober. – POPULAIRE : chauffer, ratiboiser.

chapardeur *nom* FAMILIER. Personne qui chaparde. **SYN.** maraudeur, voleur. – FAMILIER : barboteur, chipeur.

chapeau *nom masculin* Coiffure rigide. **SYN.** – ARGOTIQUE : bada, bitos. – FAMILIER : bibi. – LITTÉRAIRE : couvre-chef. – POPULAIRE : galure, galurin. ■ ***Chapeau chinois,*** mollusque à la coquille conique. **SYN.** bernicle, bernique, patelle. ■ ***Sur les chapeaux de roue,*** très vite. **SYN.** bon train, à bride abattue, comme une flèche, expéditivement, à fond de cale, à fond de train, à fond la caisse, hâtivement, en moins de deux, au pas de course, promptement, rapidement, tambour battant, à tombeau ouvert, à toute allure, à toute bride, à toute hâte, en toute hâte, à toute vitesse, toutes affaires cessantes, à toutes jambes, à un train d'enfer, ventre à terre, vite, en vitesse. – FAMILIER : dare-dare, en quatrième vitesse, rapido presto, rapidos, à toute vapeur. – LITTÉRAIRE : diligemment. – POPULAIRE : à tout berzingue, à toute barde, à toute berzingue, à toute(s) pompe(s). CONTR. *lentement, tranquillement.*

chapeauter *verbe* FAMILIER. Être à la tête de. SYN. coiffer, superviser.

chapelet *nom masculin* Suite de personnes. SYN. brochette, colonne, cordon, cortège, enfilade, file, flux, foule, grappe, guirlande, haie, procession, rang, rangée, succession. – FAMILIER : ribambelle. – LITTÉRAIRE : essaim, séquelle, théorie. ■ Série de choses. SYN. armée, avalanche, cascade, défilé, déluge, file, flot, grêle, infinité, kyrielle, pluie, série, succession, tirade, volée. – FAMILIER : armada, bordée, cargaison, foultitude, ribambelle. – LITTÉRAIRE : averse.

chapelle *nom féminin* Petit groupe très fermé. SYN. cénacle, cercle, clan, club, coterie, faction, secte. – FAMILIER : clique. – LITTÉRAIRE : camarilla.

chapelure *nom féminin* Pain émietté utilisé pour paner. SYN. panure.

chaperon *nom féminin* Personne qui en accompagne une autre. SYN. – VIEUX : duègne.

chapitre *nom masculin* Division d'un écrit. SYN. article, section. ■ Sujet abordé. SYN. matière, point, question, terrain, thème.

chapitrer *verbe* Rappeler à l'ordre. SYN. avertir, corriger, gronder, houspiller, morigéner, rappeler à l'ordre, reprendre, réprimander, sermonner, tirer les oreilles. – FAMILIER : attraper, disputer, enguirlander, passer un savon, sonner les cloches à. – LITTÉRAIRE : admonester, fustiger, gourmander, moraliser, quereller, semoncer, tancer. – POPULAIRE : engueuler, remonter les bretelles. CONTR. *féliciter, flatter, louer.* – LITTÉRAIRE : *congratuler, louanger, magnifier.*

chaptalisation *nom féminin* Ajout de sucre au moût de raisin. SYN. sucrage.

charabia *nom masculin* FAMILIER. Langage inintelligible. SYN. galimatias, sabir. – FAMILIER : baragouin, jargon, petit-nègre. – LITTÉRAIRE : amphigouri.

charade *nom féminin* Petite énigme. SYN. devinette, logogriphe.

charale *nom féminin* Plante sans graines. SYN. charophyte.

charbon *nom masculin* ***Être sur des charbons ardents,*** être impatient ou inquiet. SYN. bouillir, bouillonner, s'énerver, se faire du mauvais sang, se faire du souci, se faire du tracas, fulminer, s'impatienter, perdre patience, piaffer, ronger son frein, se tourmenter, se tracasser, trépigner. – FAMILIER : être sous pression, être sur le gril, être sur les dents, se faire de la bile. – POPULAIRE : se faire de la mousse, se faire du mouron.

charbonnerie *nom féminin* Mouvement politique des carbonaros. SYN. carbonarisme.

charcuterie *nom féminin* Produit du charcutier. SYN. – FAMILIER : cochonnaille.

chardon *nom masculin* ***Chardon aux ânes,*** herbe coriace, aux feuilles épineuses. SYN. onopordon, pet-d'âne. ■ ***Chardon argenté,*** chardon cultivé en jardin. SYN. silybe.

charge *nom féminin* Ce qui est porté. SYN. cargaison, chargement, fardeau, fret, poids. – LITTÉRAIRE : faix. ■ Ce qui pèse sur quelqu'un. SYN. contrainte, devoir, fardeau, obligation, poids, responsabilité. – LITTÉRAIRE : astreinte. CONTR. *affranchissement, débarras, délivrance, soulagement.* ■ Indice de culpabilité. SYN. accusation, imputation, présomption. CONTR. *décharge, défense, excuse, justification.* ■ Fonction confiée à quelqu'un. SYN. devoir, dignité, mandat, métier, ministère, mission, office, poste, profession, service. ■ Attaque d'une troupe. SYN. assaut, offensive, raid, sortie. ■ Portrait, dessin exagéré. SYN. caricature, dénigrement, parodie, satire. CONTR. *apologie, éloge, louange.*

chargé *adjectif* Couvert de nuages. SYN. bouché, brouillé, nébuleux, nuageux, voilé. CONTR. *clair, dégagé.* ■ POPULAIRE. Qui est ivre. SYN. aviné, enivré, gris, ivre, pris de boisson. – FAMILIER : éméché, imbibé, parti, plein comme un œuf, plein comme une outre, pompette, saoul, schlass, soûl, soûl comme un Polonais, soûl comme une bourrique, soûl comme une grive. – POPULAIRE : beurré, beurré comme un p'tit Lu, beurré comme une tartine, blindé, bourré, bourré comme une cantine, cuit, noir, paf, pété, pinté, plein comme une barrique, raide, rétamé, rond, rond comme une barrique, rond comme une queue de pelle, torché. – VIEUX : brindezingue. CONTR. *à jeun, sobre.*

chargement *nom masculin* Ensemble des choses chargées. SYN. cargaison, charge, fardeau, fret. – FAMILIER : barda. – LITTÉRAIRE : faix.

charger *verbe* Placer une charge sur. SYN. alourdir, arrimer, assujettir, embarquer, lester, surcharger. CONTR. *alléger, débarquer, décharger, délester, désarrimer, soulager.* ■ Témoigner contre quelqu'un. SYN. accabler, accuser, condamner, confondre, incriminer, taxer. CONTR. *blanchir, disculper, innocenter, justifier, laver.* ■ Attaquer violemment. SYN. s'élancer sur, foncer sur, fondre sur, se jeter sur, se ruer sur. CONTR. *se dérober, esquiver, éviter, fuir.* ■ Confier à quelqu'un une mission. SYN. déléguer, préposer à. CONTR. *dispenser, exempter, libérer.* ■ Grossir exagérément. SYN. caricaturer, dramatiser, exagérer, forcer, outrer, parodier.

charger (se) *verbe pronominal* Prendre en charge. SYN. s'atteler, se consacrer, endosser, s'occuper, revendiquer. – FAMILIER : se coltiner. – POPULAIRE : s'envoyer, se farcir, se taper. CONTR. *récuser, rejeter.* ■ POPULAIRE. Se rendre ivre. SYN. boire, se griser. – FAMILIER : boire comme un Polonais, boire comme un trou, boire comme une éponge, rouler sous la table, se soûler. – POPULAIRE : s'arsouiller, se beurrer, se bitturer, se bourrer la gueule, se bourrer, se cuiter, se péter la gueule, picoler, se pinter, se piquer le nez, se poivrer, prendre une bitture, prendre une cuite. – VIEUX : se noircir.

chargeur-transporteur *nom masculin* Engin de chargement. SYN. tractochargeur.

chargeuse-pelleteuse *nom féminin* Engin automoteur. SYN. tractopelle.

chariot *nom masculin* Voiture pour transporter des charges. SYN. char, charrette, fardier, fourgon.

charitable *adjectif* Qui montre de la bienveillance. SYN. altruiste, bienveillant, bon, compatissant, généreux, humain, humanitaire, indulgent, philanthrope, philanthropique, serviable. – LITTÉRAIRE : bienfaisant, secourable. CONTR. *barbare, dur, égoïste, féroce, impitoyable, inhumain, insensible, méchant.*

charitablement *adverbe* De façon charitable. SYN. généreusement, humainement.

charité *nom féminin* Fait d'être charitable. SYN. aide, altruisme, assistance, bienfaisance, bienfait, bienveillance, bonté, complaisance, désintéressement, générosité, humanité, libéralité, philanthropie, pitié, secours, solidarité. CONTR. *cruauté, dureté, égoïsme, inhumanité, insensibilité.*

charivari *nom masculin* Bruit assourdissant. SYN. cacophonie, concert, tapage, tintamarre, tumulte, vacarme. – ARGOTIQUE : barnum. – FAMILIER : boucan, chahut, chambard, foire, pétard, potin, raffut, tintouin, tohu-bohu. – LITTÉRAIRE : hourvari. – POPULAIRE : barouf, baroufe, bastringue, ramdam. – VIEUX : bacchanal, boulevari, sabbat. CONTR. *calme, silence.*

charivarique *adjectif* LITTÉRAIRE. Qui est discordant, heurté. SYN. criard, discordant, disparate, heurté. – LITTÉRAIRE : dissonant. CONTR. *assorti, harmonieux.*

charlatan *nom masculin* Personne qui trompe quelqu'un. SYN. escroc, forban, gredin, imposteur. – FAMILIER : fripouille. – POPULAIRE : arnaqueur. – VIEUX : banquiste, esbroufeur, fripon. ■ Médecin sans compétence. SYN. guérisseur, rebouteur, rebouteux. – VIEUX : médicastre.

charlatanisme *nom masculin* Procédé de charlatan. SYN. bluff, cabotinage. – FAMILIER : esbroufe. – VIEUX : banquisme.

charlot *nom masculin* POPULAIRE. Homme peu sérieux. SYN. clown, farceur, pantin, plaisantin. – FAMILIER : fumiste, guignol, loustic, polichinelle. – POPULAIRE : rigolo. – VIEUX : sauteur.

charmant *adjectif* Plein de charme. SYN. adorable, affable, agréable, aimable, attrayant, avenant, beau, bon, délicieux, enchanteur, exquis, gentil, gracieux, joli, mignon, plaisant, ravissant, riant, séduisant, sympathique. – FAMILIER : craquant, croquignolet, épatant. CONTR. *abominable, affreux, amer, austère, blessant, bourru, déplaisant, désagréable, détestable, disgracieux, ennuyeux, hideux, horrible, importun, laid, malencontreux, méchant, odieux, pénible, rebutant, renfrogné, répugnant, répulsif, vilain.* – FAMILIER : *enquiquinant, tuant.* – POPULAIRE : *canulant, suant.*

charme *nom masculin* Pouvoir magique. SYN. ensorcellement, envoûtement, incantation, magnétisme, maléfice, sort, sortilège. – LITTÉRAIRE : enchantement, talisman. ■ Attrait exercé sur quelqu'un. SYN. agrément, attirance, attrait, délice, fascination, intérêt, magie, plaisir, séduction, tentation. – LITTÉRAIRE : suavité. CONTR. *dégoût, déplaisir, désagrément, ennui, répugnance, répulsion.* ■ Grâce séduisante. SYN. glamour, séduction. – LITTÉRAIRE : joliesse. CONTR. *disgrâce, laideur.*

charmé *adjectif* Qui est heureux de. SYN. enchanté, ravi. CONTR. *désolé.* – FAMILIER : *embêté.*

charmer *verbe* LITTÉRAIRE. Soumettre à un pouvoir magique. SYN. ensorceler, envoûter, hypnotiser. – LITTÉRAIRE : enchanter, magnétiser. ■ Tenir sous le charme. SYN. amadouer, attirer, captiver, conquérir, émerveiller, enchanter, enivrer, enjôler, ensorceler, envoûter, fasciner, griser, plaire, ravir, régaler, séduire, subjuguer, transporter. – LITTÉRAIRE : réjouir. CONTR. *blesser, chagriner, choquer, décevoir, dégoûter, déplaire, désillusionner, endormir, ennuyer, repousser, répugner.* – FAMILIER : *barber, embêter, enquiquiner, révulser.* – LITTÉRAIRE : *désenchanter.* – POPULAIRE : *emmerder.*

charmeur *adjectif* Qui séduit par quelque attrait. SYN. attractif, captivant, enchanteur, enjôleur, gracieux, prenant, séducteur, séduisant. – FAMILIER : embobelineur. – LITTÉRAIRE : fascinateur. CONTR. *rébarbatif, rebutant.*

charmeur *nom* Personne qui cherche à séduire. SYN. séducteur. – FAMILIER : tombeur. ■ LITTÉRAIRE. Personne qui jette un charme. SYN. enchanteur, ensorceleur.

charnel *adjectif* LITTÉRAIRE. Qui concerne le corps. SYN. corporel, physique. CONTR. *mental, moral, psychologique.* – LITTÉRAIRE : *incorporel.* ■ Qui se rapporte aux plaisirs des sens. SYN. érotique, luxurieux, physique, sensuel, sexuel, voluptueux. – LITTÉRAIRE : concupiscent. CONTR. *immatériel, platonique, spirituel.*

charnellement *adverbe* LITTÉRAIRE. De façon charnelle. SYN. corporellement, physiquement. – LITTÉRAIRE : sensuellement.

charnu *adjectif* Qui a une chair abondante. SYN. gras, gros, plantureux, plein, potelé, pulpeux, rebondi, replet, rond. – FAMILIER : dodu, rondelet, rondouillard. CONTR. *décharné, efflanqué, maigre, maigrelet, maigriot, sec, squelettique.* – FAMILIER : *maigrichon.* – LITTÉRAIRE : *émacié, étique.*

charogne *nom féminin* POPULAIRE. Sale individu. SYN. méchant, peste. – FAMILIER : chameau, poison, rosse, teigne. – POPULAIRE : garce, peau de vache, punaise, salaud, saligaud, salopard, salope, salopiau, salopiaud, salopiot, vache.

charophyte *nom masculin* Plante sans graines. SYN. charale.

charpente *nom féminin* Combinaison d'éléments. SYN. architecture, armature, bâti, cadre, châssis, constitution, ossature, structure. – LITTÉRAIRE : texture, trame. ■ Parties osseuses du corps. SYN. ossature, squelette. – LITTÉRAIRE : carcasse.

charpenté *adjectif* Qui a une forte corpulence. SYN. bâti, découplé, taillé.

charpenter *verbe* Donner une structure à. SYN. agencer, composer, ordonnancer, ordonner, organiser, structurer. ■ Tailler les pièces de bois d'une charpente. SYN. menuiser.

charrette *nom féminin* Véhicule à deux roues. SYN. carriole, chariot.

charrier *verbe intransitif* POPULAIRE. Aller au-delà de ce qui est correct. SYN. abuser, dépasser la mesure, dépasser les bornes, dépasser les limites, exagérer, ne pas y aller avec le dos de la cuillère, se tailler la part du lion, y aller fort. – FAMILIER : charger la barque, charger la mule, pousser, pousser (trop loin) le bouchon. – POPULAIRE : attiger, charrier dans les bégonias, chier dans la colle.

charrier *verbe transitif* POPULAIRE. Se moquer de quelqu'un. SYN. s'amuser, faire des gorges chaudes de, faire marcher, mettre en boîte, se moquer de, persifler, plaisanter, railler, rire aux dépens de, rire de, taquiner. – FAMILIER : blaguer, chambrer, chiner, se ficher de. – LITTÉRAIRE : brocarder, se gausser de, satiriser. – POPULAIRE : se foutre de. ■ Entraîner dans son cours. SYN. emporter, rouler, transporter.

chartrier *nom masculin* Recueil de titres et privilèges d'une communauté. SYN. cartulaire.

chasse *nom féminin* Action de chasser un animal. SYN. battue, pistage, poursuite, traque. ■ Fait de rechercher quelque chose. SYN. poursuite, recherche. – LITTÉRAIRE : quête.

châsse *nom féminin* Coffre précieux. SYN. reliquaire.

chasser *verbe* Repousser quelque chose. SYN. balayer, disperser, écarter, pousser, refouler, repousser. CONTR. *attirer.* ■ Faire partir d'un lieu. SYN. déloger, dénicher, écarter, éloigner, excommunier, exiler, expulser, reconduire, refouler, rejeter, repousser. – FAMILIER : débusquer, virer. ■ Congédier quelqu'un. SYN. bannir, congédier, se défaire de, démettre, déposer, destituer, éconduire, envoyer à tous les diables, envoyer au diable, envoyer aux cinq cents diables, exclure, expulser, licencier, limoger, mettre à la porte, rejeter, remercier, renvoyer, révoquer, se séparer de. – FAMILIER : balayer, blackbouler, débarquer, déboulonner, dégommer, démissionner, envoyer bouler, envoyer paître, envoyer valser, ficher à la porte, flanquer à la porte, flanquer dehors, sabrer, vider. – POPULAIRE : balancer, envoyer aux pelotes, envoyer chier, envoyer dinguer, envoyer péter, foutre à la porte, lourder, sacquer, saquer, virer. – VIEUX : envoyer se faire lanlaire. CONTR. *accueillir, admettre, adopter, agréger, appeler, embaucher, engager, garder, recevoir.* ■ Faire disparaître quelque chose. SYN. balayer, bannir, disperser, dissiper, effacer, extirper, gommer, repousser. CONTR. *appeler, évoquer, garder, introduire.*

chasse-roue *nom masculin* Borne ou arc métallique. SYN. bouteroue.

châssis *nom masculin* Cadre fixe ou mobile. SYN. bâti, caisse, carcasse, charpente, encadrement.

chaste *adjectif* Qui exclut les rapports sexuels. SYN. abstinent, continent, immaculé, ingénu, innocent, pur, sage, vertueux, vierge. CONTR. *érotique, lascif, lubrique, luxurieux, sensuel, voluptueux.* – LITTÉRAIRE : *concupiscent, libidineux.* ■ Qui manifeste de la pudeur. SYN. candide, décent, innocent, platonique, pudique, réservé. CONTR. *débauché, dévergondé, impudique, leste, libertin, licencieux, obscène, paillard, polisson, relâché, vicieux.* – FAMILIER : *olé olé.* – LITTÉRAIRE : *corrompu, dissolu, impur.*

chastement *adverbe* De façon chaste. SYN. pudiquement. – LITTÉRAIRE : purement.

chasteté *nom féminin* Fait d'être chaste. SYN. abstinence, célibat, continence, pureté, sagesse, tempérance, vertu. CONTR. *débauche, dépravation, lascivité, libertinage, lubricité, luxure, sensualité, vice.* – LITTÉRAIRE : *concupiscence, impureté, licence, stupre.* ■ Caractère chaste. SYN. décence, pudeur, pudibonderie, réserve. – LITTÉRAIRE : pudicité. CONTR. *impudeur, indécence, obscénité.*

chat *nom masculin* Échange de propos sur Internet. SYN. causette, clavardage.

chat *nom masculin* Mammifère carnivore. SYN. matou. – FAMILIER : minet, minette, minou, mistigri. – POPULAIRE : greffier.

châtaigne *nom féminin* POPULAIRE. Coup de poing. SYN. coquard, gnon, jeton, mandale, marron, pêche, prune, ramponneau, taloche, torgnole. ■ ***Châtaigne de mer,*** échinoderme au test couvert de piquants. SYN. hérisson de mer, oursin.

chataire *nom féminin* Plante à odeur forte. SYN. cataire, herbe-aux-chats, nepeta.

château *nom masculin* Demeure seigneuriale. SYN. palais. ■ Grande et belle maison. SYN. gentilhommière, manoir. – LITTÉRAIRE : castel. ■ Demeure féodale fortifiée. SYN. bastide, bastille, château fort, citadelle, forteresse.

châtelperronien *nom masculin* Début du paléolithique supérieur. SYN. castelperronien.

chat-huant *nom masculin* Oiseau rapace nocturne. SYN. hulotte.

châtié *adjectif* LITTÉRAIRE. Exprimé en termes choisis. SYN. choisi, correct, soigné, soutenu. CONTR. *relâché.*

châtier *verbe* Prendre soin de son langage. SYN. affiner, corriger, épurer, peaufiner, polir, reprendre, soigner, travailler. – FAMILIER : ciseler, lécher. – LITTÉRAIRE : raffiner. ■ LITTÉRAIRE. Punir sévèrement. SYN. condamner, corriger, frapper, punir, réprimer, sanctionner, sévir. CONTR. *flatter, louer, récompenser.* – LITTÉRAIRE : *encenser.*

châtiment *nom masculin* LITTÉRAIRE. Peine sévère. SYN. condamnation, correction, expiation, peine, pénitence, punition, répression, sanction. CONTR. *pardon, récompense.*

chatoiement *nom masculin* Reflet brillant et changeant. SYN. brillant, éclat, feu, luisant, marbrure, miroitement, papillotage, papillotement, reflet, scintillement. – LITTÉRAIRE : diaprure, flamboiement, moire, rayonnement.

chatonner *verbe* Mettre bas (chatte). SYN. chatter.

chatouille *nom féminin* Larve de la lamproie. SYN. ammocète, lamprillon.

chatouille *nom féminin* FAMILIER. Caresse qui chatouille. SYN. – FAMILIER : chatouillis, guili-guili.

chatouillement *nom masculin* Action de chatouiller. SYN. chatouille. – LITTÉRAIRE : titillation. ■ Léger picotement. SYN. démangeaison, irritation. – FAMILIER : fourmis.

chatouiller *verbe* Faire des attouchements légers. SYN. caresser, titiller. ■ Produire un léger picotement. SYN. démanger, gratter, irriter, picoter, piquer. – FAMILIER : grattouiller. CONTR. *adoucir, calmer.* ■ FAMILIER. Provoquer quelqu'un. SYN. agacer, énerver, harceler, piquer au vif, pousser à bout, taquiner, tarabuster. – FAMILIER : asticoter, titiller. – LITTÉRAIRE : importuner.

chatouilleux *adjectif* Qui se vexe facilement. SYN. délicat, irascible, irritable, ombrageux, susceptible.

chatoyant *adjectif* Qui chatoie. SYN. brillant, changeant, luisant, lumineux, papillotant, reluisant. – LITTÉRAIRE : diapré, moiré, ondoyant.

chatoyer *verbe* Avoir des reflets changeants. SYN. briller, étinceler, luire, miroiter, papilloter, pétiller, reluire, scintiller. – LITTÉRAIRE : flamber, poudroyer.

chat-pard *nom masculin* Grand chat sauvage. SYN. serval.

châtré *nom masculin* Homme émasculé. SYN. castrat, eunuque.

châtrer *verbe* Enlever les organes génitaux. SYN. castrer, émasculer, stériliser. – FAMILIER : couper.

chatter *verbe intransitif* Participer à un chat. SYN. bavarder, causer, communiquer, converser, dialoguer, discourir, discuter, disserter, parler, tchatter. – FAMILIER : discuter le bout de gras, discuter le coup, faire la causette, faire un brin de causette, papoter, potiner, tailler une bavette, tchatcher. – LITTÉRAIRE : deviser, s'entretenir.

chatter *verbe intransitif* Mettre bas (chatte). SYN. chatonner.

chatterie *nom féminin* Caresse insinuante et douce. SYN. cajolerie, câlin, câlinerie. – LITTÉRAIRE : gâterie. CONTR. *brusquerie, brutalité.* ■ Friandise délicate. SYN. douceur, gâterie, gourmandise.

chat-tigre *nom masculin* Chat sauvage d'Amérique du Sud. SYN. margay.

chaud *adverbe* ***Avoir chaud,*** avoir une sensation de chaleur. SYN. étouffer, être en nage, transpirer. – FAMILIER : avoir des vapeurs, cuire. CONTR. *avoir froid.* – POPULAIRE : *cailler.* ■ ***Ne faire ni chaud ni froid,*** être indifférent. SYN. être égal, indifférer. CONTR. *compter, impressionner, préoccuper, toucher, troubler.*

chaud *adjectif* Qui a une température élevée. SYN. bouillant, brûlant, caniculaire, étouffant, torride. CONTR. *clément, doux, frais, froid, gelé,* *glacé, glacial, tempéré, tiède.* ■ Qui montre de l'ardeur. SYN. ardent, chaleureux, enflammé, enthousiaste, fervent, fougueux, passionné, tout feu tout flammes, zélé. – FAMILIER : emballé. – LITTÉRAIRE : volcanique. CONTR. *calme, flegmatique, hésitant, impassible, indécis, indifférent, mou, timide.* ■ Marqué par une forte animation. SYN. acharné, âpre, dur, rude, vif, violent. CONTR. *anodin, insignifiant, léger.* ■ FAMILIER. Qui est sensuel. SYN. amoureux, lascif, lubrique, paillard, passionné, sensuel, voluptueux. – LITTÉRAIRE : ardent, libidineux. CONTR. *frigide, froid.*

chaude *nom féminin* VIEUX. Feu vif. SYN. flambée.

chaudement *adverbe* Avec ardeur. SYN. ardemment, chaleureusement, courageusement, fortement, fougueusement, passionnément, au plus haut degré, au plus haut point, profondément, vivement. CONTR. *fraîchement, froidement.* – LITTÉRAIRE : *tièdement.*

chaude-pisse *nom féminin* POPULAIRE. Maladie sexuellement transmissible. SYN. blennorragie, gonococcie, gonorrhée.

chaudrée *nom féminin* Soupe de poissons. SYN. cotriade.

chauffe-pieds *nom masculin invariable* Instrument contenant de la braise. SYN. bassinoire, chaufferette.

chauffer *verbe intransitif* Devenir chaud. SYN. réchauffer, tiédir. CONTR. *se rafraîchir, refroidir.* ■ Produire de la chaleur. SYN. brûler. – FAMILIER : cogner, taper. – LITTÉRAIRE : darder.

chauffer *verbe transitif* Rendre chaud ou plus chaud. SYN. réchauffer, tiédir. CONTR. *congeler, frigorifier, glacer, rafraîchir, réfrigérer, refroidir.* ■ Stimuler quelqu'un. SYN. encourager, enhardir, exciter. CONTR. *abattre, anéantir, décourager.* ■ Enthousiasmer un groupe. SYN. déchaîner, électriser, exalter, exciter, galvaniser, survolter. – LITTÉRAIRE : embraser, enflammer. CONTR. *glacer, pétrifier, réfrigérer, refroidir.* ■ POPULAIRE. Voler quelque chose. SYN. rafler. – FAMILIER : barboter, chaparder, chiper, choper, piquer, subtiliser. – LITTÉRAIRE : dérober. – POPULAIRE : faucher, ratiboiser. ■ POPULAIRE. Surprendre quelqu'un. SYN. – FAMILIER : attraper, choper, coincer, épingler, pincer.

chaufferette *nom féminin* Instrument contenant de la braise. SYN. bassinoire, chauffe-pieds.

chaufournier *nom masculin* Celui qui fait marcher un four à chaux. SYN. chaulier.

chaulier *nom masculin* Celui qui fait marcher un four à chaux. SYN. chaufournier.

chaumière *nom féminin* LITTÉRAIRE. Petite maison de campagne. SYN. closerie, maisonnette, masure. – VIEUX : chaumine.

chaussée *nom féminin* Élévation de terre. SYN. digue, levée, remblai, talus. ■ Partie d'une route. SYN. rue, voie.

chausser *verbe transitif* Mettre à son pied. SYN. enfiler, mettre. CONTR. *déchausser, enlever, ôter.* ■ Accumuler de la terre au pied d'une plante. SYN. butter.

chausse-trape ou **chausse-trappe** *nom féminin* Piège insidieux. SYN. embûche, guet-apens, piège, souricière, traquenard.

chausson *nom masculin* Chaussure d'intérieur. SYN. babouche, charentaise, mule, pantoufle, savate.

chaussure *nom féminin* Objet qui recouvre le pied. SYN. soulier. – FAMILIER : godillot. – POPULAIRE : croquenot, écrase-merde, godasse, grole, grolle, pompe, tatane.

chauve *adjectif* LITTÉRAIRE. Sans végétation. SYN. dégarni, nu, pelé. CONTR. *broussailleux, herbeux, luxuriant, touffu.* ■ Qui n'a plus de cheveux. SYN. dégarni. – FAMILIER : déplumé. CONTR. *chevelu.*

chauvin *adjectif et nom* Qui manifeste un patriotisme excessif. SYN. cocardier, patriote. – FAMILIER : patriotard.

chauvinisme *nom masculin* Patriotisme exclusif. SYN. nationalisme, patriotisme.

chavirer *verbe intransitif* Se retourner, en parlant d'un bateau. SYN. s'abîmer, couler, s'enfoncer, se renverser, sombrer. ■ Ne plus être en équilibre. SYN. basculer, capoter, chanceler, culbuter, vaciller, verser.

chavirer *verbe transitif* Émouvoir vivement quelqu'un. SYN. bouleverser, ébranler, retourner, secouer, toucher. – FAMILIER : révolutionner.

chayère *nom féminin* VIEUX. Siège à dossier et accotoirs. SYN. chaire.

chayote *nom féminin* Cucurbitacée américaine. SYN. cristophine.

check-up *nom masculin invariable* Examen de santé. SYN. bilan de santé.

chef *nom masculin* Personne qui dirige. SYN. directeur, dirigeant, patron, responsable, supérieur. CONTR. *inférieur, sous-ordre, subalterne, subordonné, sujet.* – FAMILIER : *sous-fifre.* ■ Personne qui mène un groupe. SYN. animateur, cerveau, entraîneur, guide, inspirateur, instigateur, leader, maître, meneur, porte-drapeau, tête. – FAMILIER : locomotive. – LITTÉRAIRE : pilote. ■ ***Au premier***

chef, au plus haut point. SYN. avant tout, essentiellement, par excellence, prioritairement.

chef-d'œuvre *nom masculin* Ce qui est parfait en son genre. SYN. bijou, merveille, modèle, prodige, trésor.

chelonia *nom féminin* Nom générique des papillons nommés écailles. SYN. arctia.

chemin *nom masculin* Voie menant d'un lieu à un autre. SYN. accès, allée, layon, passage, piste, route, sentier. – LITTÉRAIRE : sente. ■ Trajet parcouru. SYN. itinéraire, parcours, route, trajectoire. ■ Voie pour atteindre un but. SYN. ligne, moyen, orientation, route.

chemin de fer *nom masculin* Transport sur voie ferrée. SYN. rail, train.

chemineau *nom masculin* VIEUX. Personne qui erre. SYN. mendiant, vagabond. – LITTÉRAIRE : gueux. – POPULAIRE : trimardeur.

cheminement *nom masculin* Action de cheminer. SYN. itinéraire, marche, parcours. ■ Progression régulière. SYN. évolution, marche, pas, progrès.

cheminer *verbe* Suivre un chemin. SYN. s'acheminer, aller, avancer, déambuler, marcher, se mouvoir, se promener. ■ Suivre une évolution. SYN. évoluer, faire son chemin, progresser, suivre son cours.

chemise *nom féminin* Vêtement masculin. SYN. chemisette. – POPULAIRE : liquette.

chemisier *nom masculin* Corsage boutonné. SYN. blouse.

chenal *nom masculin* Passage resserré. SYN. canal, goulet, passe.

chenapan *nom masculin* Individu sans moralité. SYN. bandit, crapule, dévoyé, gredin, vaurien, vermine, voyou. – FAMILIER : brigand, fripouille, pendard, sacripant. – POPULAIRE : arsouille, frappe, gouape. – VIEUX : coquin, garnement. ■ Enfant espiègle. SYN. garnement, polisson, vaurien, voyou. – FAMILIER : affreux jojo, brigand, coquin, diable, filou, fripon, fripouille, galopin, lascar, (petite) peste, poison, sacripant, titi. – LITTÉRAIRE : gavroche. – VIEUX : galapiat, mâtin.

chéneau *nom masculin* Rigole à la base d'un toit. SYN. gouttière.

chènevière *nom féminin* Champ où l'on cultive le chanvre. SYN. canebière.

chenil *nom masculin* LITTÉRAIRE. Logement malpropre. SYN. bauge, bouge, taudis. – LITTÉRAIRE : galetas. – POPULAIRE : gourbi.

chénopode *nom masculin* Herbe voisine de l'épinard. SYN. ansérine.

cher *adjectif* Qui est l'objet d'un grand attachement. SYN. chéri, doux, précieux. CONTR. *abominable, désagréable, détestable, exécrable, odieux.* ■ Pour qui on a de l'affection. SYN. adoré, affectionné, aimé, bien-aimé, chéri. CONTR. *détesté.* – LITTÉRAIRE : *abhorré.*

cher *adjectif* Qui est d'un prix élevé. SYN. coûteux, exorbitant, hors de prix, inabordable, prohibitif. – FAMILIER : salé. CONTR. *abordable, avantageux, bon marché.* ■ Qui exige des dépenses élevées. SYN. onéreux, ruineux. – LITTÉRAIRE : dispendieux. CONTR. *économique, gratuit.*

cher *adverbe* À un prix élevé. SYN. hors de prix, à prix d'or, au prix fort. CONTR. *bon marché.*

cherche-midi *nom masculin invariable* Punaise rouge tachetée de noir. SYN. gendarme, pyrrhocoris, soldat, suisse.

chercher *verbe* S'efforcer de trouver. SYN. explorer, fouiller, fureter, investiguer, se mettre en quête de, prospecter, rechercher. – FAMILIER : fourgonner. CONTR. *trouver.* ■ S'efforcer de faire quelque chose. SYN. aspirer à, s'essayer à, essayer de, s'évertuer à, s'ingénier à, tâcher de, tendre à, tenter de, viser à.

chercheur *adjectif* LITTÉRAIRE. Qui manifeste de la curiosité. SYN. curieux, fureteur, investigateur. – FAMILIER : fouineur.

chercheur *nom* Personne qui fait de la recherche. SYN. fondamentaliste, investigateur, prospecteur, savant.

chère *nom féminin* LITTÉRAIRE. Ensemble de mets. SYN. cuisine, nourriture, table.

chèrement *adverbe* Avec courage. SYN. bravement, courageusement, héroïquement, vaillamment. – LITTÉRAIRE : hardiment, valeureusement. ■ Moyennant de gros sacrifices. SYN. coûteusement, à grands frais. CONTR. *à moindre frais, à peu de frais.*

chéri *adjectif* Tendrement aimé. SYN. adoré, affectionné, bien-aimé, de prédilection, préféré. CONTR. *détesté.* – LITTÉRAIRE : *abhorré.* ■ Qui est l'objet d'un attachement. SYN. cher, doux, précieux. CONTR. *abominable, détestable, exécrable, odieux.*

chéri *nom* Personne tendrement aimée. SYN. ami, amoureux, bien-aimé, soupirant. – FAMILIER : béguin, flirt. ■ Personne préférée aux autres. SYN. favori, préféré. – FAMILIER : chouchou.

chérif *nom masculin* Musulman descendant de Mahomet. SYN. sayyid.

chérir *verbe* Aimer tendrement. SYN. adorer, aduler, aimer, avoir un faible pour, cajoler, choyer, dorloter. – FAMILIER : chouchouter. CONTR. *abominer,* *détester, être à couteaux tirés avec, exécrer, haïr, maudire, ne pas pouvoir souffrir, prendre en grippe.* – FAMILIER : *avoir dans le nez, ne pas pouvoir encaisser, ne pas pouvoir sentir, ne pas pouvoir voir, ne pas pouvoir voir en peinture, vomir.* – LITTÉRAIRE : *abhorrer, honnir.* – POPULAIRE : *ne pas pouvoir blairer, ne pas pouvoir encadrer, ne pas pouvoir piffer, ne pas pouvoir sa(c)quer.* ▪ Être profondément attaché à. SYN. idolâtrer, vénérer. – LITTÉRAIRE : affectionner. – VIEUX : brûler pour. CONTR. *dédaigner, détester, exécrer, haïr, mépriser.*

chernète *nom masculin* Petit arachnide aplati. SYN. pseudoscorpion.

chérubin *nom masculin* FAMILIER. Enfant gracieux. SYN. ange, angelot, bambin. – FAMILIER : poussin.

chessylite *nom féminin* Carbonate naturel de cuivre bleu. SYN. azurite.

chétif *adjectif* De faible constitution. SYN. débile, déficient, délicat, faible, fluet, fragile, frêle, maladif, malingre, rabougri, rachitique, souffreteux. – FAMILIER : faiblard. CONTR. *athlétique, fort, grand, gros, résistant, robuste, solide, vigoureux.* – FAMILIER : *costaud.* – POPULAIRE : *balaise, balèze.* – VIEUX : *gaillard.*

chétodon *nom masculin* Petit poisson des récifs. SYN. poisson-papillon.

chevaine *nom masculin* Poisson d'eau douce à ventre argenté. SYN. meunier.

cheval *nom masculin* Mammifère herbivore. SYN. bidet, destrier, haquenée, palefroi. – FAMILIER : dada, rosse. – LITTÉRAIRE : cavale, coursier, rossinante. – POPULAIRE : bourrin, canasson, tocard, toquard. – VIEUX : carne, haridelle. ▪ ***Cheval marin,*** poisson marin à tête chevaline. SYN. hippocampe.

chevaleresque *adjectif* Héroïque et généreux. SYN. magnanime, noble.

chevalier *nom masculin* ***Chevalier servant,*** homme assidu auprès d'une femme. SYN. amoureux, cavalier, prétendant, soupirant. – LITTÉRAIRE : sigisbée. – VIEUX : galant. ▪ LITTÉRAIRE. ***Chevalier d'industrie,*** individu sans scrupule. SYN. aigrefin, bandit, canaille, crapule, escroc, filou, forban, intrigant, requin, voleur. – FAMILIER : empileur, faisan, fricoteur, fripouille, margoulin. – LITTÉRAIRE : pirate. – POPULAIRE : arnaqueur. – VIEUX : brigandeau, fripon, gredin, malandrin.

chevalin *adjectif* Relatif au cheval. SYN. équin. ▪ Relatif à la viande de cheval. SYN. hippophagique.

chevauchée *nom féminin* Course rapide. SYN. cavalcade, farandole.

chevaucher *verbe* Recouvrir en partie quelque chose. SYN. déborder sur, empiéter sur, mordre sur.

chevelu *adjectif* Qui a des cheveux. CONTR. *chauve, dégarni.* – FAMILIER : *déplumé.*

chevelure *nom féminin* Ensemble des cheveux. SYN. crinière, tignasse, toison.

chevet *nom masculin* Partie du lit où l'on pose la tête. SYN. tête de lit. CONTR. *pied de lit.*

cheveu *nom masculin* Poil qui pousse sur la tête. SYN. – FAMILIER : baguette de tambour, crin, foin, poil. – POPULAIRE : tif.

cheveu-de-Vénus *nom masculin* Fougère aux fins pétioles noirs. SYN. adiantum.

cheville *nom féminin* ***Cheville ouvrière,*** personne jouant un rôle essentiel. SYN. agent, âme, centre, pivot.

chèvre *nom féminin* Mammifère ruminant. SYN. – FAMILIER : bique, biquette.

chevreau *nom masculin* Petit de la chèvre. SYN. biquet, cabri. – FAMILIER : bicot.

chèvre-pied *adjectif* LITTÉRAIRE. Qui a des pieds de chèvre. SYN. capripède.

chevrette *nom féminin* Jeune chèvre. SYN. – FAMILIER : biquette.

chevronné *adjectif* FAMILIER. Qui a de l'expérience. SYN. ancien, averti, compétent, émérite, expérimenté, expert, habile, qualifié, rompu à. CONTR. *débutant, en herbe, inexpérimenté, jeune, nouveau, novice.* – LITTÉRAIRE : *inexpert.*

chevrotant *adjectif* Dont la voix tremble. SYN. tremblant, tremblotant. CONTR. *assuré, clair, ferme.*

chez-moi, chez-soi *nom masculin invariable* Domicile personnel. SYN. foyer, home, intérieur, maison.

chiader *verbe* POPULAIRE. Travailler à fond une question. SYN. préparer. – FAMILIER : bosser, bûcher, potasser. – VIEUX : piocher. ▪ FAMILIER. Apporter un grand soin à. SYN. fignoler, peaufiner. – FAMILIER : lécher. – LITTÉRAIRE : ciseler. – VIEUX : perler. CONTR. *saboter.* – FAMILIER : *bâcler, torcher.*

chiadeur *adjectif et nom* POPULAIRE. Qui travaille beaucoup. SYN. travailleur. – FAMILIER : bûcheur. – POPULAIRE : bosseur. CONTR. *fainéant, paresseux.* – FAMILIER : *cossard, flemmard.*

chialer *verbe* POPULAIRE. Verser des larmes. SYN. éclater en sanglots, fondre en larmes, larmoyer, pleurer, pleurer à chaudes larmes, pleurer toutes les larmes de son corps, sangloter. – FAMILIER : brailler, chouiner, pleurer comme un veau, pleurer comme une fontaine, pleurer comme une Madeleine, pleurer comme une vache, pleurnicher.

chialeur *nom et adjectif* POPULAIRE. Qui pleure facilement. SYN. grincheux. – FAMILIER : geignard, pleurard, pleurnichard, pleurnicheur.

chiant *adjectif* POPULAIRE. Qui provoque l'ennui. SYN. endormant, ennuyeux, fastidieux, indigeste, inintéressant, insipide, lassant, monotone, mortel, rébarbatif, soporifique, tuant. – FAMILIER : assommant, barbant, casse-pieds, embêtant, empoisonnant, enquiquinant, rasant, rasoir, soûlant. – POPULAIRE : emmerdant, suant. CONTR. *palpitant, récréatif.* – FAMILIER : *folichon.* ▪ POPULAIRE. Qui importune. SYN. déplaisant, désagréable, fâcheux, fatigant, pénible, tracassant. – FAMILIER : casse-pieds, embêtant, empoisonnant, enquiquinant, tannant. – POPULAIRE : canulant, emmerdant.

chiasse *nom féminin* POPULAIRE. Violente diarrhée. SYN. – FAMILIER : colique. – POPULAIRE : courante. – VIEUX : foire.

chic *adjectif* Qui est élégant. SYN. alluré, coquet, élégant, pimpant, propret, sur son trente-et-un, tiré à quatre épingles. – FAMILIER : smart. – POPULAIRE : sapé. CONTR. *débraillé, décontracté, inélégant, négligé.* – FAMILIER : *fichu comme l'as de pique.* ▪ Qui est distingué. SYN. de bon goût, de bon ton, distingué, raffiné, stylé. – FAMILIER : classe, sélect. CONTR. *banal, de mauvais goût, vulgaire.* ▪ FAMILIER. Qui est réussi. SYN. formidable. – FAMILIER : chouette, épatant, extra, super. CONTR. *affreux.* – FAMILIER : *minable, moche.* ▪ FAMILIER. Qui est sympathique. SYN. bon, brave, fair-play, gentil, obligeant. – FAMILIER : chouette, sympa. CONTR. *mauvais, méchant.* – POPULAIRE : *vache.*

chic *nom masculin* Habileté à faire quelque chose. SYN. art, dextérité, doigté, habileté, maestria, maîtrise, patte, savoir-faire, talent, virtuosité. CONTR. *gaucherie, maladresse.* ▪ Allure élégante. SYN. caractère, classe, distinction, élégance, prestance, race, raffinement, style. – LITTÉRAIRE : joliesse, majesté. CONTR. *banalité, vulgarité.*

chicane *nom féminin* Difficulté soulevée dans un procès. SYN. – FAMILIER : avocasserie. – VIEUX : chicanerie. ▪ LITTÉRAIRE. Querelle de mauvaise foi. SYN. argutie, dispute, tracasserie. – FAMILIER : bisbille, chamaille, chamaillerie, chinoiserie, chipotage. – VIEUX : chicanerie. CONTR. *accord, entente.*

chicaner *verbe transitif* FAMILIER. Créer du souci à quelqu'un. SYN. causer du souci, chagriner, ennuyer, tourmenter, tracasser. – FAMILIER : causer du tintouin, chiffonner, embêter, tarabuster, turlupiner. – POPULAIRE : emmerder. ▪ FAMILIER. Critiquer quelqu'un sur un détail. SYN. chercher des noises à, chercher noise à, titiller. – FAMILIER : chercher des poux dans la tête. – POPULAIRE : chercher des crosses à.

chicaner *verbe transitif indirect* Critiquer sur des riens. SYN. chercher la petite bête, chercher midi à quatorze heures, couper les cheveux en quatre, discuter, ergoter. – FAMILIER : chinoiser, chipoter, discutailler, disputailler, pinailler. – LITTÉRAIRE : vétiller.

chicaneur ou **chicanier** *adjectif* VIEUX. Qui aime chicaner. SYN. discuteur, ergoteur, pointilleux, procédurier, querelleur, raisonneur. – FAMILIER : avocassier, discutailleur, pinailleur. – LITTÉRAIRE : processif, vétilleux. CONTR. *accommodant, arrangeant, conciliant, coulant, facile.*

chicaneur ou **chicanier** *nom* VIEUX. Personne qui chicane. SYN. discuteur, ergoteur, polémiste, procédurier. – FAMILIER : discutailleur, disputailleur, pinailleur. – LITTÉRAIRE : argumentateur.

chicha *nom féminin* Pipe orientale à long tuyau. SYN. narguilé.

chiche *adjectif* FAMILIER. Qui n'accorde une chose qu'à regret. SYN. avare, économe, mesquin, parcimonieux, regardant. – FAMILIER : chien. CONTR. *large, prodigue.* ▪ FAMILIER. Peu abondant. SYN. maigre, mesquin, mince, pauvre. CONTR. *abondant, copieux, riche.* ▪ FAMILIER. Qui répugne à dépenser. SYN. avare, intéressé, parcimonieux, regardant, thésauriseur. – FAMILIER : chien, pingre, radin, rapiat, rat. – LITTÉRAIRE : avaricieux, ladre. CONTR. *dépensier, dilapidateur, gaspilleur, généreux, large, prodigue.* – LITTÉRAIRE : *dissipateur, libéral.*

chichement *adverbe* De façon chiche. SYN. au compte-gouttes, mesquinement, modestement, parcimonieusement, pauvrement, petitement. – RARE : avarement. CONTR. *abondamment, abusivement, beaucoup, comme s'il en pleuvait, considérablement, copieusement, démesurément, à discrétion, énormément, excessivement, extraordinairement, extrêmement, fastueusement, à flots, à foison, follement, fort, fortement, généreusement, grandement, grassement, immensément, immodérément, infiniment, large, largement, libéralement, outrageusement, outre mesure, à la pelle, prodigieusement, à profusion, en quantité, richement, à satiété, à souhait, à tour de bras, trop.* – FAMILIER : *bigrement, bougrement, carrément, à gogo, en pagaille, à revendre, à tire-larigot.*

chichi *nom masculin* FAMILIER. Façon maniérée. SYN. affectation, cérémonie, coquetterie, façons, manières, minauderie, mines, simagrée, sophistication. – FAMILIER : chiqué, fla-fla. – LITTÉRAIRE : afféterie. CONTR. *franchise, naturel, rondeur, simplicité, sincérité, spontanéité.*

chichiteuse *nom féminin* FAMILIER. Femme qui fait des chichis. SYN. mijaurée, pimbêche. – FAMILIER : chipie. – POPULAIRE : chochotte.

chicon *nom masculin* Bourgeon de la chicorée. SYN. endive, witloof.

chicot *nom masculin* Souche d'un arbre coupé. SYN. moignon.

chien *adjectif* FAMILIER. Qui répugne à dépenser. SYN. avare, intéressé, parcimonieux, regardant, thésauriseur. – FAMILIER : chiche, pingre, radin, rapiat, rat. – LITTÉRAIRE : avaricieux, ladre. CONTR. *dépensier, dilapidateur, gaspilleur, généreux, large, prodigue.* – LITTÉRAIRE : *dissipateur.* ■ FAMILIER. Dur en affaires. SYN. coriace, impitoyable. CONTR. *bienveillant, doux, généreux, humain, large, libéral.*

chien *nom masculin* Animal domestique. SYN. corniaud, corniot, mâtin, molosse, roquet. – ARGOTIQUE : cador. – FAMILIER : cabot, toutou. – POPULAIRE : clébard, clebs. ■ FAMILIER. Personne servile. SYN. esclave, laquais, valet. – FAMILIER : larbin.

chien-loup *nom masculin* Chien de garde. SYN. berger allemand.

chier *verbe* POPULAIRE. ***Faire chier,*** causer de la lassitude. SYN. assommer, ennuyer, fatiguer, lasser. – FAMILIER : barber, barbifier, casser les pieds, embêter, enquiquiner, faire suer, pomper, raser. – LITTÉRAIRE : soûler. – POPULAIRE : cavaler, emmerder. CONTR. *amuser, captiver, charmer, délasser, désennuyer, distraire, divertir, égayer, intéresser, passionner, plaire, ravir, satisfaire, séduire.* ■ POPULAIRE. ***Faire chier,*** provoquer l'énervement de. SYN. agacer, ennuyer, fatiguer. – FAMILIER : bassiner, casser les pieds, embêter, empoisonner, enquiquiner, pomper, tanner. – LITTÉRAIRE : importuner, soûler. – POPULAIRE : canuler, emmerder, gonfler. ■ POPULAIRE. ***Se faire chier,*** éprouver de l'ennui. SYN. s'ennuyer, errer comme une âme en peine, être comme une âme en peine, se morfondre, trouver le temps long. – FAMILIER : avoir le blues, avoir le bourdon, se barber, se casser les pieds, s'embêter, s'empoisonner, s'enquiquiner, se faire suer, se raser. – POPULAIRE : s'emmerder. CONTR. *s'amuser, se distraire, se divertir.* ■ POPULAIRE. ***Envoyer chier,*** envoyer promener. SYN. chasser, congédier, éconduire, envoyer à tous les diables, envoyer au diable, envoyer aux cinq cents diables, rabrouer. – FAMILIER : envoyer au bain, envoyer balader, envoyer bouler, envoyer paître, envoyer promener, envoyer sur les roses, remballer, rembarrer. – POPULAIRE : envoyer aux pelotes, envoyer dinguer, envoyer péter, envoyer se faire cuire un œuf, envoyer se faire foutre. – VIEUX : envoyer se faire lanlaire.

chiffe *nom féminin* FAMILIER. ***Chiffe molle,*** personne sans énergie. SYN. endormi, loque, mollasson. – FAMILIER : emplâtre, mollasse, mollusque, mou, moule, nouille.

chiffon *nom masculin* Morceau de vieux tissu. SYN. guenille, haillon, lambeau, loque. – VIEUX : chiffe.

chiffonner *verbe* Froisser un tissu. SYN. friper, froisser, plisser. CONTR. *défroisser, déplisser, lisser.* ■ FAMILIER. Préoccuper quelqu'un. SYN. chagriner, contrarier, ennuyer, mécontenter, tourmenter, tracasser. – FAMILIER : chicaner, défriser, embêter, tarabuster, turlupiner. – POPULAIRE : emmerder.

chiffrable *adjectif* Qui peut être calculé. SYN. calculable, dénombrable, estimable, évaluable. CONTR. *incalculable, indénombrable.*

chiffre *nom masculin* Total d'une évaluation. SYN. montant, nombre, somme.

chiffrement *nom masculin* Action de coder. SYN. codage, encodage.

chiffrer *verbe* Affecter des numéros aux pages. SYN. folioter, numéroter, paginer. ■ Évaluer par des calculs. SYN. calculer, comptabiliser, compter, dénombrer, estimer, évaluer, peser, supputer.

chiffrer (se) *verbe pronominal* Atteindre tel ou tel total. SYN. coûter, s'élever à, se monter à.

chignole *nom féminin* POPULAIRE. Vieille voiture. SYN. – FAMILIER : clou, guimbarde, tacot. – POPULAIRE : bagnole, bahut, caisse, poubelle, tas de boue.

chimère *nom féminin* Idée vaine. SYN. billevesée, fantasme, fantôme, illusion, irréalité, mirage, phantasme, rêve, songerie, utopie. – LITTÉRAIRE : rêverie, songe. CONTR. *certitude, réalité.*

chimérique *adjectif* Qui se complaît dans les chimères. SYN. idéaliste, illuminé, rêveur, romanesque, utopiste, visionnaire. CONTR. *positif, pratique, réaliste.* ■ Sans fondement. SYN. fantaisiste, fou, illusoire, imaginaire, impossible, inexistant, irréalisable, irréel, mensonger, mythique, utopique, vain. – LITTÉRAIRE : lunaire. CONTR. *certain, consistant, fondé, réel, vrai.*

chinage *nom masculin* FAMILIER. Critique ironique. SYN. moquerie, persiflage, raillerie, satire.

chiner *verbe* FAMILIER. Se moquer de quelqu'un. SYN. s'amuser, faire des gorges chaudes de, faire marcher, mettre en boîte, se moquer de, persifler, railler, rire aux dépens de, rire de, taquiner. – FAMILIER : blaguer, chambrer, se ficher de. – LITTÉRAIRE : brocarder, se gausser de, satiriser. – POPULAIRE : charrier.

chineur *adjectif et nom* FAMILIER. Qui se plaît à taquiner. SYN. gouailleur, persifleur, railleur, taquin. – LITTÉRAIRE : moqueur.

chinoiser *verbe* FAMILIER. Discuter en ergotant. SYN. chercher la petite bête, chercher midi à quatorze heures, chicaner, couper les cheveux en quatre, discuter, ergoter, jouer sur les mots. – FAMILIER : discutailler, disputailler, pinailler. – LITTÉRAIRE : vétiller.

chinoiserie *nom féminin* FAMILIER. Subtilité excessive. SYN. ergotage, pinaillage, tracasserie. – FAMILIER : chipotage. – LITTÉRAIRE : chicane.

chiper *verbe* FAMILIER. Voler quelque chose. SYN. chaparder, escamoter, grappiller, marauder, prendre, soustraire, voler. – FAMILIER : barboter, carotter, choper, écornifler, piquer, rafler, souffler, subtiliser. – LITTÉRAIRE : dérober. – POPULAIRE : chauffer, faucher.

chipie *nom féminin* FAMILIER. Femme insupportable. SYN. mijaurée, minaudière, peste, pimbêche. – FAMILIER : chichiteuse, vieille toupie.

chipotage *nom masculin* FAMILIER. Discussion tatillonne. SYN. ergotage. – FAMILIER : chinoiserie. – LITTÉRAIRE : chicane. – VIEUX : chicanerie.

chipoter *verbe* FAMILIER. Manger sans appétit. SYN. avoir un appétit d'oiseau, grignoter, manger comme un moineau, manger du bout des dents. – FAMILIER : mangeotter, picorer, pignocher. CONTR. *avoir un bon coup de fourchette, se bourrer, dévorer, engloutir, engouffrer, se gaver, ingurgiter.* – FAMILIER : *s'en donner jusqu'à la garde, s'empiffrer, enfourner, manger comme quatre, manger comme un ogre, s'en mettre jusque-là, s'en mettre plein la panse.* – POPULAIRE : *bâfrer, bouffer comme un chancre, s'en fourrer jusque-là, se goinfrer, manger à s'en faire péter la sous-ventrière, manger comme un chancre, s'en mettre plein la gueule, s'en mettre plein la lampe.* ■ FAMILIER. Faire des difficultés pour des riens. SYN. chicaner, couper les cheveux en quatre, ergoter. – FAMILIER : chinoiser, pinailler. – LITTÉRAIRE : vétiller.

chiqué *nom masculin* FAMILIER. Attitude affectée. SYN. affectation, bluff, cabotinage, façons, manières, simagrée. – FAMILIER : chichi, cinéma, esbroufe, fla-fla, frime. – POPULAIRE : épate. CONTR. *naturel.*

chiquenaude *nom féminin* Petite claque. SYN. pichenette, tape, tapette.

chiropractie *nom féminin* Manipulation des vertèbres. SYN. chiropratique, vertébrothérapie.

chirurgie *nom féminin* ***Chirurgie dentaire,*** étude des dents et de leur traitement. SYN. dentisterie, odontologie, odontostomatologie.

chirurgien *nom masculin* Poisson osseux des mers chaudes. SYN. barbier.

chirurgien-dentiste *nom masculin* Praticien qui exerce la chirurgie dentaire. SYN. dentiste. – ARGOTIQUE : chirdent.

chiton *nom masculin* Mollusque marin. SYN. oscabrion.

chleuh *nom masculin* Dialecte berbère. SYN. tachelhit.

chloasma *nom masculin* Taches brunes sur le visage. SYN. mélasma.

chloroforme *nom masculin* Anesthésique général. SYN. trichlorométhane.

chloroformer *verbe* Atténuer le sens critique. SYN. endormir, engourdir. ■ Rendre insensible à la douleur. SYN. anesthésier, endormir, insensibiliser.

chlorophyllien *adjectif* ***Assimilation chlorophyllienne,*** réaction biochimique des végétaux. SYN. photosynthèse.

choc *nom masculin* Rencontre violente entre des corps. SYN. collision, coup, frappement, heurt, percussion, tamponnage, tamponnement, télescopage. ■ Émotion violente. SYN. atteinte, bouleversement, commotion, ébranlement, saisissement, secousse, sensation, traumatisme. ■ Opposition entre des choses. SYN. affrontement, antagonisme, collision, conflit, rencontre. ■ Affrontement armé. SYN. accrochage, action, assaut, attaque, combat, mêlée.

chochotte *nom féminin* POPULAIRE. Fausse prude. SYN. mijaurée, minaudière, pimbêche. – FAMILIER : bêcheuse, chichiteuse.

chœur *nom masculin* ***En chœur,*** ensemble. SYN. de concert, concurremment, conjointement, ensemble, à la fois, de front, unanimement, à l'unisson. – LITTÉRAIRE : concomitamment, de conserve. CONTR. *alternativement, individuellement, isolément, successivement, tour à tour, à tour de rôle.*

choir *verbe* LITTÉRAIRE. Tomber par terre. SYN. s'écrouler, tomber. – FAMILIER : s'allonger, chuter, dégringoler, s'étaler, se ramasser.

choisi *adjectif* Sélectionné avec soin. SYN. de bon ton, distingué, élégant, précieux, raffiné, sélectionné, trié. – FAMILIER : sélect. – LITTÉRAIRE : châtié. CONTR. *banal, commun, courant, grossier, ordinaire, populaire, quelconque, usuel, vulgaire.*

choisir *verbe* Adopter par préférence. SYN. s'arrêter à, se décider pour, se fixer sur, jeter son dévolu sur, opter pour, s'orienter, prendre, se prononcer pour, retenir, sélectionner, trier. CONTR. *refuser.* ■ Sélectionner quelqu'un. SYN.

affecter, désigner, donner sa voix à, donner son suffrage à, élire, nommer, plébisciter. CONTR. *éliminer, exclure, refuser.* – FAMILIER : *blackbouler.* ■ Se déterminer pour telle attitude. SYN. décider, préférer. CONTR. *s'abstenir, balancer, dire tantôt blanc tantôt noir, hésiter, s'interroger, reculer, se réserver, temporiser, tergiverser.* – FAMILIER : *barguigner, se tâter.* – POPULAIRE : *avoir le cul entre deux chaises.* – VIEUX : *être entre le zist et le zest.*

choix *nom masculin* Action de choisir. SYN. adoption, cooptation, désignation, nomination, sélection, tri, triage. CONTR. *abstention, ajournement, hésitation, indécision, refus, tergiversation.* ■ Possibilité de choisir. SYN. alternative, convenance, décision, latitude, option, parti, volonté. CONTR. *contrainte, obligation.* ■ Ensemble d'éléments choisis. SYN. anthologie, assortiment, collection, éventail, florilège, jeu, panel, recueil, sélection.

cholépoïèse *nom féminin* Élaboration de la bile par le foie. SYN. biligenèse.

choléra *nom masculin* FAMILIER. Personne désagréable. SYN. peste, vipère. – FAMILIER : gale, poison.

cholinergique *adjectif et nom masculin* Qui reproduit les effets de l'acétylcholine. SYN. parasympathomimétique.

cholinestérase *nom féminin* Enzyme capable d'inhiber l'acétylcholine. SYN. acétylcholinestérase.

cholinolytique *adjectif et nom masculin* Qui inhibe l'action de l'acétylcholine. SYN. acétylcholinolytique, anticholinergique, parasympatholytique.

cholinomimétique *adjectif et nom masculin* Qui reproduit les effets de l'acétylcholine. SYN. acétylcholinomimétique.

chômage *nom masculin* Cessation d'activité. SYN. inemploi, sous-emploi. – ARGOTIQUE : chômdu. CONTR. *emploi, plein-emploi, travail.*

chômer *verbe* Ne pas travailler. SYN. se croiser les bras, se tourner les pouces. CONTR. *abattre de la besogne, travailler.* – FAMILIER : *bûcher, trimer.* – POPULAIRE : *bosser, boulonner.*

chômeur *nom* Personne au chômage. SYN. demandeur d'emploi, inactif, sans-emploi. – ARGOTIQUE : chômdu. CONTR. *actif.*

chondrichtyen *nom masculin* Poisson cartilagineux. SYN. élasmobranche, plagiostome, sélacien. CONTR. *ostéichtyen.*

choper *verbe* FAMILIER. Attraper quelque chose. SYN. capter, s'emparer de, saisir. ■ FAMILIER. Arrêter quelqu'un. SYN. appréhender, arrêter, attraper, capturer, prendre, se saisir de, surprendre. – FAMILIER : coffrer, cueillir, embarquer, épingler, harponner, pincer, piquer, ramasser. – POPULAIRE : agrafer, alpaguer, emballer. CONTR. *libérer, relâcher, relaxer.* ■ FAMILIER. Voler quelque chose. SYN. soustraire, voler. – FAMILIER : barboter, carotter, chiper, écornifler, piquer, subtiliser. – LITTÉRAIRE : dérober. – POPULAIRE : chauffer, faucher.

chopper *verbe* LITTÉRAIRE. Être arrêté par un obstacle. SYN. achopper, buter contre, se heurter à, trébucher.

choquant *adjectif* Qui choque. SYN. blessant, criant, cru, déplacé, déplaisant, grossier, impertinent, impudent, incongru, inconvenant, incorrect, indécent, inélégant, offensant, révoltant, scabreux, scandaleux, trivial, vulgaire. – LITTÉRAIRE : irrévérencieux, malséant, malsonnant. CONTR. *bienséant, convenable, correct, courtois, décent.* – FAMILIER : *beau.*

choquer *verbe* Heurter quelque chose. SYN. cogner, frapper, taper. ■ Heurter la sensibilité de quelqu'un. SYN. blesser, déplaire, désobliger, froisser, heurter, indigner, offenser, offusquer, outrer, scandaliser. – LITTÉRAIRE : piquer. CONTR. *charmer, convenir, plaire, séduire.* ■ Faire subir un traumatisme. SYN. commotionner, ébranler, secouer, traumatiser.

choquer (se) *verbe pronominal* Trouver inconvenant. SYN. s'effaroucher, se froisser, s'offusquer, se scandaliser. – FAMILIER : en apprendre de belles, en entendre de belles. – LITTÉRAIRE : s'offenser.

chordomésoblaste *nom masculin* Feuillet intermédiaire de l'embryon. SYN. mésoblaste, mésoderme.

chose *nom féminin* Toute réalité abstraite. SYN. affaire, événement, fait. ■ Tout objet concret. SYN. objet. – FAMILIER : bidule, engin, machin, truc.

chosification *nom féminin* Transformation d'un concept en réalité. SYN. réification.

chosifier *verbe transitif* Opérer une chosification. SYN. réifier.

chou *nom masculin* FAMILIER. ***Faire chou blanc,*** ne pas réussir. SYN. achopper, avorter, capoter, craquer, échouer, s'écrouler, s'effondrer, faire long feu, tomber à plat. – FAMILIER : finir en eau de boudin, louper, rater, tomber à l'eau, tomber dans le lac. – POPULAIRE : finir en couille, foirer, merder, partir en couille. CONTR. *aboutir, marcher, prospérer, réussir.*

chou *adjectif* FAMILIER. Agréable à voir. SYN. adorable, joli, mignon.

chouchou *nom* FAMILIER. Personne que l'on préfère. SYN. chéri, favori, préféré, protégé.

chouchouter *verbe* FAMILIER. Traiter avec tendresse. SYN. cajoler, câliner, choyer, couver, dorloter, entourer, gâter, soigner. – FAMILIER : bichonner, mignoter. CONTR. *brusquer, brutaliser, malmener, maltraiter, rudoyer.*

chouette *adjectif* FAMILIER. Qui est sympathique. SYN. bon, brave, gentil. – FAMILIER : chic, sympa. CONTR. *antipathique.* – FAMILIER : *vache.* ■ FAMILIER. Qui est distingué. SYN. beau, élégant. – FAMILIER : bath, chic, classe. CONTR. *moche.* ■ FAMILIER. Qui est réussi. SYN. formidable. – FAMILIER : chic, épatant, extra, super. CONTR. *affreux.*

chouia *nom masculin* POPULAIRE. Petite quantité de. SYN. brin, doigt, filet, goutte, grain, gramme, larme, lueur, miette, nuage, once, parcelle, pointe, soupçon, teinte, trace. – FAMILIER : lichette. – LITTÉRAIRE : ombre. CONTR. *avalanche, cascade, déluge, flot, flux, foule, infinité, kyrielle, masse, monceau, montagne, multitude, myriade, nuée, pluie, quantité.* – FAMILIER : *cargaison, flopée, foultitude, paquet, pelletée.* – LITTÉRAIRE : *averse.*

chouleur *nom masculin* Engin pour charger des matériaux. SYN. pelleteuse-chargeuse.

chou-navet *nom masculin* Plante voisine du navet. SYN. rutabaga.

choyer *verbe* Traiter avec tendresse. SYN. aduler, cajoler, câliner, couver, dorloter, entourer, gâter, pouponner, soigner. – FAMILIER : bichonner, chouchouter, mignoter. CONTR. *brusquer, brutaliser, délaisser, malmener, maltraiter, négliger.* ■ Entretenir une idée. SYN. caresser, cultiver, nourrir.

chrestomathie *nom féminin* Recueil de textes choisis. SYN. analectes, anthologie, extraits, florilège, morceaux choisis, spicilège.

christ *nom masculin* Représentation du Christ sur la croix. SYN. crucifix.

chromatique *adjectif* ***Gamme chromatique,*** formée d'une succession de demi-tons. CONTR. *diatonique.*

chronique *adjectif* Qui dure. SYN. constant, continuel, durable, endémique, invétéré, opiniâtre, permanent, persistant, tenace. CONTR. *aigu, momentané, passager, temporaire, transitoire.*

chroniqueur *nom masculin* Auteur d'une chronique. SYN. annaliste, feuilletoniste, historien, journaliste, mémorialiste. – VIEUX : courriériste.

chronologie *nom féminin* Succession dans le temps. SYN. calendrier, histoire.

chronotachygraphe *nom masculin* Appareil enregistreur de vitesse. SYN. mouchard.

chrysobéryl *nom masculin* Aluminate naturel de béryllium. SYN. cymophane.

chrysostome *nom masculin* Très grand poisson marin. SYN. opah.

chuchotement *nom masculin* Action de chuchoter. SYN. chuchotage, murmure. – LITTÉRAIRE : susurrement. ■ LITTÉRAIRE. Bruit léger. SYN. bourdonnement, frémissement, froissement. – LITTÉRAIRE : bruissement, chuchotis, friselis, frisson, gazouillement, murmure, susurrement.

chuchoter *verbe transitif* Parler à voix basse. SYN. glisser à l'oreille, grommeler, marmonner, marmotter, murmurer, souffler, susurrer. CONTR. *crier, s'égosiller, hurler, tonner.* – FAMILIER : *beugler, brailler.* – POPULAIRE : *bramer, gueuler.*

chuchoterie *nom féminin* VIEUX. Bavardage à voix basse. SYN. aparté, bavardage, conciliabule, messe basse.

chuchotis *nom masculin* LITTÉRAIRE. Bruit léger. SYN. bourdonnement, frémissement, froissement. – LITTÉRAIRE : bruissement, chuchotement, friselis, frisson, gazouillement, murmure, susurrement.

chut ! *interjection* Silence !. SYN. – FAMILIER : motus ! – POPULAIRE : camembert !, la ferme !, ta gueule !, vos gueules !

chute *nom féminin* Action de tomber. SYN. culbute. – FAMILIER : bûche, dégringolade. ■ Action de se détacher de son support. SYN. éboulement, éboulis, écroulement, effondrement. ■ Reste d'une matière. SYN. déchet, épluchure, résidu, rognure, scorie. ■ Diminution de valeur, d'intensité. SYN. abaissement, baisse, dépréciation, effondrement. CONTR. *augmentation, élévation, hausse.* ■ Effondrement d'un régime. SYN. débâcle, délabrement, déroute, écroulement, naufrage, renversement, ruine. CONTR. *affermissement, consolidation, redressement, relèvement, renforcement.* ■ Échec complet. SYN. banqueroute, déconfiture, faillite, insuccès, ruine. – FAMILIER : dégringolade, fiasco, four. CONTR. *réussite, succès, triomphe.* ■ Fait de dégénérer. SYN. décadence, déchéance, déliquescence, naufrage. – LITTÉRAIRE : disgrâce. CONTR. *ascension, élévation, montée.*

chuter *verbe* FAMILIER. Faire une chute. SYN. s'affaler, tomber, tomber à la renverse, tomber de tout son long, tomber les quatre fers en l'air. – FAMILIER : s'allonger, se casser la figure, dégringoler, s'étaler, prendre une bûche, prendre une pelle, ramasser une bûche, ramasser une pelle, se ramasser. – POPULAIRE : se casser la gueule, prendre un gadin, prendre une gamelle, ramasser un gadin, ramasser une gamelle, se rétamer. – VIEUX : choir. ■ Baisser notablement. SYN. descendre, s'écrouler, s'effondrer. – FAMILIER : dégringoler. CONTR. *grimper, monter.*

cibiste *nom* Utilisateur de la citizen band. SYN. cébiste.

cible *nom féminin* Objet que l'on vise. SYN. but, objectif, point de mire. ■ But à atteindre. SYN. destination, fin, finalité, objectif, visée.

ciboule *nom féminin* Plante cultivée, voisine de l'ail. SYN. cive.

ciboulette *nom féminin* Plante cultivée comme condiment. SYN. civette.

cicatrice *nom féminin* Marque laissée par une plaie. SYN. balafre, chéloïde, stigmate. – FAMILIER : boutonnière. – LITTÉRAIRE : couture.

cicatriser *verbe* Apaiser une douleur morale. SYN. adoucir, calmer, endormir, guérir. CONTR. *attiser, aviver, envenimer, exacerber, exaspérer, raviver, réveiller, rouvrir.*

cicéro *nom masculin* Unité de mesure typographique. SYN. douze.

cicérone *nom masculin* LITTÉRAIRE. Celui qui fait visiter un lieu à des touristes. SYN. guide. – VIEUX : cornac.

ciconiiforme *nom masculin* Oiseau échassier longiligne. SYN. ardéiforme.

cicutine *nom féminin* Alcaloïde de la grande ciguë. SYN. conicine.

ci-dessous *adverbe* Plus bas. SYN. infra. CONTR. *ci-dessus, supra.*

ci-dessus *adverbe* Plus haut. SYN. supra. CONTR. *ci-dessous, infra.*

ciel *nom masculin* Fond sur lequel on observe les astres. SYN. éther. – LITTÉRAIRE : azur, empyrée, firmament, nue, voûte azurée, voûte céleste, voûte éthérée, voûte étoilée. ■ Séjour de Dieu. SYN. paradis, royaume des cieux. CONTR. *enfer.*

cieux *nom masculin pluriel* LITTÉRAIRE. Le ciel. SYN. – LITTÉRAIRE : firmament, nue.

cigare *nom masculin* Rouleau de feuilles de tabac. SYN. – FAMILIER : barreau de chaise.

cigarette *nom féminin* Cylindre de tabac. SYN. – POPULAIRE : cibiche, clope, pipe, sèche.

cigarier *nom masculin* Insecte qui roule les feuilles de vigne. SYN. urbec.

cilié *nom masculin* Protozoaire porteur de cils. SYN. – VIEUX : infusoire.

ciller *verbe* Abaisser et relever les paupières. SYN. cligner, clignoter, papilloter. ■ ***Ne pas ciller,*** rester impassible. SYN. ne pas broncher, rester de marbre, sourciller. – FAMILIER : tiquer.

cime *nom féminin* Extrémité supérieure. SYN. cimier, crête, faîte, haut, pic, point culminant, pointe, sommet, tête. CONTR. *bas, base, pied, racine.* ■ LITTÉRAIRE. Ce qu'il y a de plus élevé. SYN. apogée, summum, zénith. – LITTÉRAIRE : faîte.

cimenter *verbe* Affermir quelque chose. SYN. consolider, raffermir, renforcer, resserrer, sceller. CONTR. *déchirer, délier, désunir, dissocier, diviser, ébranler, saper.*

cimetière *nom masculin* Lieu où l'on enterre les morts. SYN. nécropole. – ARGOTIQUE : boulevard des allongés, jardin des allongés. – LITTÉRAIRE : dernier asile, dernière demeure.

cimier *nom masculin* Partie supérieure d'un arbre. SYN. cime, houppier.

cinéma *nom masculin* Salle de projection. SYN. salle obscure. – FAMILIER : ciné. – POPULAIRE : cinoche. ■ FAMILIER. Manières affectées. SYN. numéro, scène, simagrée. – FAMILIER : chiqué, comédie. – POPULAIRE : cirque.

cinéol *nom masculin* Constituant de l'eucalyptus. SYN. cajeputol.

cinesthésique *adjectif* Relatif à la perception des mouvements du corps. SYN. kinesthésique.

cinglant *adjectif* Qui est vif et offensant. SYN. aigre, blessant, brutal, cruel, cuisant, dur, sanglant, sévère, vexant. CONTR. *affable, aimable, consolant, doux, réconfortant.* – LITTÉRAIRE : *amène.*

cinglé *adjectif* FAMILIER. Qui est fou. SYN. dément, dérangé, désaxé, déséquilibré, fou. – FAMILIER : braque, détraqué, dingue, fada, frappé, loufoque, maboul, malade, marteau, piqué, ravagé, tapé, timbré, toc-toc, toqué, zinzin. – POPULAIRE : allumé, azimuté, barge, barjo, barjot, branque, brindezingue, chtarbé, cinoque, cintré, déjanté, dingo, fêlé, folingue, fondu, frapadingue, givré, jeté, louf, louftingue, ouf, sinoc, sinoque, siphonné, tordu. CONTR. *équilibré, normal, sensé.*

cinglé *nom* FAMILIER. Personne qui a perdu la raison. SYN. aliéné, dément, désaxé, déséquilibré, énergumène, excentrique, forcené, fou, illuminé, maniaque, paranoïaque, schizophrène. – FAMILIER : agité du bocal, détraqué, dingue, fada, malade. – LITTÉRAIRE : barjot, furieux. – POPULAIRE : barge, barjo.

cingler *verbe intransitif* Naviguer vers. SYN. faire voile, mettre le cap sur, naviguer. – LITTÉRAIRE : voguer.

cingler *verbe transitif* Frapper quelqu'un, un animal. SYN. battre, cravacher, flageller, fouetter. – LITTÉRAIRE : fouailler.

cinoque *adjectif* POPULAIRE. Qui est fou. SYN. dément, dérangé, désaxé, déséquilibré, fou. – FAMILIER : braque, cinglé, détraqué, dingue, fada, fêlé, frappé, loufoque, maboul, malade, marteau, piqué, ravagé, tapé, timbré, toc-toc, toqué, zinzin. – POPULAIRE : allumé, azimuté, barge, barjo, barjot, branque, brindezingue, chtarbé, cintré, déjanté, dingo, folingue, fondu, frapadingue, givré, jeté, louf, louftingue, ouf, sinoc, sinoque, siphonné, tordu. CONTR. *équilibré, normal, sensé.*

cinsaut *nom masculin* Cépage du midi de la France. SYN. morterille.

cintré *adjectif* POPULAIRE. Qui est fou. SYN. dément, dérangé, désaxé, déséquilibré, fou. – FAMILIER : braque, cinglé, détraqué, dingue, fada, fêlé, frappé, loufoque, maboul, malade, marteau, piqué, ravagé, tapé, timbré, toc-toc, toqué, zinzin. – POPULAIRE : allumé, azimuté, barge, barjo, barjot, branque, brindezingue, chtarbé, cinoque, déjanté, dingo, folingue, fondu, frapadingue, givré, jeté, louf, louftingue, ouf, sinoc, sinoque, siphonné, tordu. CONTR. *équilibré, normal, sensé.*

cintrer *verbe* Donner une forme courbe à. SYN. arquer, bomber, cambrer, courber.

cirage *nom masculin* Action de cirer. SYN. astiquage, encaustiquage. ▪ FAMILIER. ***Être dans le cirage,*** avoir l'esprit brouillé. SYN. planer. – FAMILIER : être à côté de ses pompes, être à l'ouest. – POPULAIRE : être dans les vapes.

circaète *nom masculin* Grand rapace diurne. SYN. jean-le-blanc.

circoncision *nom féminin* Ablation du prépuce. SYN. posthectomie.

circonférence *nom féminin* Ligne courbe fermée. SYN. cercle, orbite, rond. ▪ Pourtour d'un espace circulaire. SYN. contour, enceinte, périmètre, périphérie, tour.

circonlocution *nom féminin* Manière indirecte de parler. SYN. détour, périphrase.

circonscription *nom féminin* Division d'un territoire. SYN. district, subdivision.

circonscrire *verbe* Délimiter quelque chose. SYN. borner, cerner, circonvenir, délimiter, limiter, localiser, restreindre. CONTR. *élargir, étendre.* ▪ Empêcher l'extension de. SYN. arrêter, enrayer, freiner, juguler, limiter, localiser, resserrer, restreindre, stopper. CONTR. *accroître, amplifier, augmenter, grossir, intensifier, propager, raviver.*

circonspect *adjectif* Qui agit avec prudence. SYN. averti, avisé, diplomate, méfiant, mesuré, modéré, posé, précautionneux, prévoyant, prudent, réfléchi, réservé, réticent, sage, sobre, timide, timoré, vigilant. – LITTÉRAIRE : rassis. CONTR. *aventureux, écervelé, étourdi, hardi, imprévoyant, imprudent, inconséquent, inconsidéré, irréfléchi, léger, malavisé, téméraire.* – FAMILIER : *casse-cou.*

circonspection *nom féminin* Caractère circonspect. SYN. diplomatie, discrétion, méfiance, ménagement, modération, pondération, précaution, prudence, réflexion, réserve, retenue, sagesse, vigilance. CONTR. *étourderie, imprudence, légèreté, témérité.*

circonstance *nom féminin* Ce qui accompagne un événement. SYN. condition, détail, donnée, fait, modalité. ▪ Occasion particulière. SYN. cas, conjoncture, moment, occurrence, situation. ▪ ***De circonstance,*** conforme à la situation. SYN. adapté, adéquat, approprié, bienvenu, bon, indiqué, judicieux, opportun, propice, à propos. – LITTÉRAIRE : séant. CONTR. *déplacé, fâcheux, hors de propos, inadapté, inadéquat, incongru, inopportun, intempestif, malencontreux, malvenu.* – LITTÉRAIRE : *dissonant, importun.*

circonstancié *adjectif* Exposé dans les détails. SYN. détaillé, précis. CONTR. *imprécis, indéterminé, schématique, vague.*

circonvenir *verbe* Délimiter une question. SYN. borner, cerner, circonscrire. CONTR. *élargir, étendre.* ▪ Manœuvrer quelqu'un. SYN. amadouer, enjôler, manipuler. – FAMILIER : embobiner, entortiller. CONTR. *détromper, éclairer, ouvrir les yeux à.*

circonvoisin *adjectif* LITTÉRAIRE. Situé tout autour. SYN. avoisinant, limitrophe, proche, voisin. CONTR. *éloigné, lointain.*

circuit *nom masculin* Parcours touristique. SYN. croisière, itinéraire, périple, randonnée, tour, tournée, voyage. – FAMILIER : virée.

circulaire *adjectif* Qui a la forme d'un cercle. SYN. arrondi, courbe, rond, sphérique. ▪ Qui décrit un cercle. SYN. giratoire, rotatif, rotatoire.

circulateur *nom masculin* Petite pompe électrique. SYN. accélérateur.

circulation *nom féminin* Déplacement de véhicules, de personnes. SYN. passage, trafic. – VIEUX : roulage. ▪ Action d'aller et venir. SYN. échanges, mouvement, roulement, va-et-vient. ▪ Fait d'être diffusé. SYN. propagation, transmission.

circuler *verbe* Être en mouvement. SYN. couler, se déplacer, se mouvoir, passer, rouler, voyager. – FAMILIER : naviguer. CONTR. *stationner.* ▪ Être diffusé. SYN. courir, se propager, se répandre.

circumnutation *nom féminin* Mouvement hélicoïdal d'une tige, d'une feuille. SYN. nutation.

cire *nom féminin* Produit pour l'entretien du bois. SYN. encaustique. ▪ FAMILIER. Substance grasse de l'oreille. SYN. cérumen.

cirer *verbe* Enduire de cire. SYN. astiquer, encaustiquer, frotter, lustrer. ▪ FAMILIER. ***Cirer les bottes,***

cirer les pompes, flatter bassement. SYN. caresser dans le sens du poil, complimenter, courtiser, faire des ronds de jambe, flatter, louer, manier l'encensoir, passer la main dans le dos. – FAMILIER : faire de la lèche, faire du plat, lécher les bottes, passer de la pommade, passer la brosse à reluire. – LITTÉRAIRE : encenser, flagorner, louanger, magnifier. – POPULAIRE : lécher le cul. CONTR. *critiquer, décrier, dénigrer, diffamer.* – FAMILIER : *cracher sur, débiner, déblatérer, éreinter, esquinter.* – LITTÉRAIRE : *brocarder, noircir, vilipender.*

cireux *adjectif* Qui est jaunâtre. SYN. blafard, blême, exsangue, hâve, livide, olivâtre, pâle, plombé, terreux, verdâtre. CONTR. *rouge, rougeaud.* – LITTÉRAIRE : *rubicond.*

ciron *nom masculin* Acarien du fromage. SYN. – VIEUX : tyroglyphe.

cirque *nom masculin* Enceinte, dans la Rome antique. SYN. amphithéâtre, arène. ■ FAMILIER. Agitation désordonnée. SYN. remue-ménage. – FAMILIER : bazar, chahut, chantier, pétaudière, souk. – POPULAIRE : bordel, foutoir, ramdam. ■ POPULAIRE. Attitude outrée. SYN. scène. – FAMILIER : cinéma, comédie, vie.

cisailler *verbe* Couper avec une cisaille. SYN. couper, tailler, trancher.

cisalpin *adjectif* En deçà des Alpes. CONTR. *transalpin.* – LITTÉRAIRE : *ultramontain.*

ciselé *adjectif* LITTÉRAIRE. Minutieusement travaillé. SYN. fini, fouillé, travaillé. – FAMILIER : léché. – VIEUX : perlé. CONTR. *grossier, vulgaire.*

ciseler *verbe* LITTÉRAIRE. Travailler finement quelque chose. SYN. fignoler, fouiller, parachever, parfaire, peaufiner, perfectionner, polir, soigner. – FAMILIER : chiader, lécher. – VIEUX : perler. CONTR. *brouillonner, saboter.* – FAMILIER : *bâcler, bousiller, torcher.*

cisjuran *adjectif* En deçà du Jura. CONTR. *transjuran.*

cispadan *adjectif* En deçà du Pô. CONTR. *transpadan.*

cisrhénan *adjectif* En deçà du Rhin. CONTR. *transrhénan.*

cistélidé *nom masculin* Type de coléoptère. SYN. alléculidé.

cistre *nom masculin* Grande herbe des hautes montagnes. SYN. méum.

citadelle *nom féminin* Ouvrage fortifié. SYN. acropole, alcazar, forteresse, fortification, oppidum, redoute. ■ Ce qui forme une défense. SYN. bastion, forteresse, retranchement. – LITTÉRAIRE : rempart.

citadin *adjectif* De la ville. SYN. urbain. CONTR. *agreste, campagnard, paysan, rural, villageois.* – LITTÉRAIRE : *champêtre, rustique.*

citation *nom féminin* Action d'assigner en justice. SYN. assignation, sommation. ■ Mots tirés d'un texte. SYN. exemple, extrait, passage.

cité *nom féminin* Ensemble d'habitations. SYN. agglomération, centre, ville. ■ ***Cité lacustre,*** village préhistorique au bord d'un lac. SYN. palafitte.

cité-dortoir *nom féminin* Agglomération suburbaine. SYN. ville-dortoir.

citer *verbe* Appeler à comparaître en justice. SYN. assigner, convoquer, déférer, sommer, traduire. – LITTÉRAIRE : mander. ■ Mentionner avec précision. SYN. alléguer, désigner, énumérer, évoquer, faire état de, indiquer, nommer, rapporter, se référer.

citérieur *adjectif* VIEUX. En deçà d'une autre région. CONTR. – VIEUX : *ultérieur.*

citerne *nom féminin* Réservoir contenant un liquide. SYN. bassin, cuve, tank.

citoyen *nom* FAMILIER. Individu quelconque. SYN. individu, quidam. – FAMILIER : bonhomme, coco, gars, gus, oiseau, particulier, pistolet, type, zèbre. – POPULAIRE : gusse, zigoto, zigue.

citron *nom masculin* ***Citron vert,*** fruit du limettier. SYN. lime, limette.

citronnelle *nom féminin* Plante aromatique. SYN. abrotone, aurone. ■ Plante à fleurs blanchâtres. SYN. mélisse.

cive *nom féminin* Plante cultivée, voisine de l'ail. SYN. ciboule.

civelle *nom féminin* Larve d'anguille. SYN. pibale.

civette *nom féminin* Plante cultivée comme condiment. SYN. ciboulette.

civière *nom féminin* Appareil pour transporter un blessé. SYN. brancard.

civil *adjectif* LITTÉRAIRE. Qui observe la politesse. SYN. affable, aimable, bienséant, de bon ton, comme il faut, correct, courtois, honnête, poli. – LITTÉRAIRE : urbain. CONTR. *abrupt, discourtois, grossier, rustre.* – LITTÉRAIRE : *incivil.* ■ Qui concerne le citoyen. SYN. laïc. CONTR. *militaire, religieux.*

civilement *adverbe* LITTÉRAIRE. Avec civilité. SYN. aimablement, courtoisement, poliment. CONTR. *grossièrement, impoliment.*

civilisation *nom féminin* Ce qui témoigne du progrès humain. SYN. culture. CONTR. *barbarie, sauvagerie.*

civilisé *adjectif* Qui connaît les bons usages. **SYN.** bien élevé, cultivé, dégrossi, évolué, poli. – LITTÉRAIRE : policé. – VIEUX : bien éduqué. **CONTR.** *barbare, brut, grossier, inculte, mal élevé, primitif, rustre, sauvage.* – VIEUX : *mal éduqué.*

civiliser *verbe* LITTÉRAIRE. Rendre quelqu'un civil. **SYN.** dégrossir, éduquer, élever. – LITTÉRAIRE : policer.

civilité *nom féminin* LITTÉRAIRE. Observation des convenances. **SYN.** affabilité, amabilité, bonnes manières, correction, courtoisie, formes, politesse, savoir-vivre. – LITTÉRAIRE : aménité, cérémonie, urbanité, usage. – VIEUX : cérémonial. **CONTR.** *grossièreté, impertinence, impolitesse, incorrection, inélégance, muflerie, sans-gêne, vulgarité.* – LITTÉRAIRE : *discourtoisie, incivilité, irrévérence, sans-façon.*

civilités *nom féminin pluriel* LITTÉRAIRE. Paroles de politesse. **SYN.** compliments, devoirs, hommages, respects, salutations.

civique *adjectif* Relatif aux devoirs du citoyen. **SYN.** patriotique. **CONTR.** *incivique.*

civisme *nom masculin* Sens civique. **SYN.** patriotisme. **CONTR.** *incivisme.*

clabauder *verbe* LITTÉRAIRE. Médire de quelqu'un. **SYN.** calomnier, critiquer, décrier, dénigrer, diffamer, dire pis que pendre, gloser sur, jaser, médire, traîner dans la boue. – FAMILIER : abîmer, assaisonner, bavasser, baver sur, cancaner, casser du sucre sur (le dos de), causer, commérer, cracher sur, débiner, déblatérer contre, démolir, éreinter, esquinter, habiller pour l'hiver, potiner. – LITTÉRAIRE : dauber sur, jaboter, vilipender. – POPULAIRE : tailler un costard, tailler une veste. – VIEUX : cailleter.

clabauderie *nom féminin* LITTÉRAIRE. Fait de médire de. **SYN.** calomnie, commérage, diffamation, médisance, qu'en-dira-t-on. – FAMILIER : cancan, débinage, potin, ragot. – LITTÉRAIRE : clabaudage.

clabaudeur *adjectif* et *nom* LITTÉRAIRE. Qui tient des propos malveillants. **SYN.** cancanier, médisant. – FAMILIER : jacasseur, jacassier. – VIEUX : potinier.

claie *nom féminin* Treillis à claire-voie. **SYN.** clayon, clisse, éclisse.

clair *adjectif* Qui brille comme la lumière. **SYN.** brillant, éclatant, étincelant, luisant, lumineux. **CONTR.** *flou, obscur, sombre.* ■ Qui laisse passer la lumière. **SYN.** dégagé, diaphane, éclairé, ensoleillé, illuminé, limpide, lumineux, pur, transparent. **CONTR.** *bouché, brumeux, chargé, fumeux, gris, nébuleux, noir, nuageux, obscur, opaque, sombre, trouble.* – LITTÉRAIRE : *fuligineux, ténébreux.* ■ Dont les éléments sont peu serrés. **SYN.** clairsemé, épars, fluide, rare. **CONTR.** *compact, dense, dru, épais, fourni, touffu.* ■ D'une couleur peu foncée. **SYN.** pâle. **CONTR.** *foncé, noir, sombre.* ■ Que l'on entend distinctement. **SYN.** aigu, articulé, audible, distinct, net, perceptible. – LITTÉRAIRE : argentin, cristallin. **CONTR.** *assourdi, caverneux, chevrotant, enroué, grave, sourd, vague, voilé.* ■ Qui exprime la franchise. **SYN.** droit, formel, franc, transparent. **CONTR.** *ambigu, équivoque, évasif, faux, louche, torve.* ■ Qui est manifeste. **SYN.** certain, évident, explicite, flagrant, net, notoire, patent, significatif. **CONTR.** *ambigu, brouillé, complexe, compliqué, douteux, épineux, incertain, problématique, sous-jacent.* ■ Qui est parfaitement intelligible. **SYN.** abordable, accessible, compréhensible, déchiffrable, facile, limpide, lumineux, net, perceptible, simple, transparent. **CONTR.** *abscons, ampoulé, ardu, bizarre, brouillon, brumeux, cabalistique, complexe, compliqué, confus, décousu, dédaléen, difficile, embrouillé, énigmatique, ésotérique, filandreux, flou, fumeux, hermétique, inaccessible, incompréhensible, indéchiffrable, indigeste, inintelligible, obscur, subtil, vague.* – FAMILIER : *bizarroïde, cafouilleux.* – LITTÉRAIRE : *abstrus, amphigourique, difficultueux, fuligineux, nébuleux, sibyllin, ténébreux.*

clairement *adverbe* De façon évidente. **SYN.** catégoriquement, distinctement, explicitement, franchement, nettement, ostensiblement, ouvertement, précisément, simplement, visiblement. – POPULAIRE : franco. **CONTR.** *ambigument, confusément, indistinctement, obscurément, vaguement.*

clair-obscur *nom masculin* Lumière tamisée. **SYN.** demi-jour, pénombre. **CONTR.** *clarté, lumière.*

claironnant *adjectif* Qui résonne fort. **SYN.** retentissant, sonore, tonitruant. – LITTÉRAIRE : tonnant. **CONTR.** *assourdi, bas, voilé.*

claironner *verbe* Annoncer à grand bruit. **SYN.** annoncer, apprendre, avertir de, aviser de, clamer, corner, crier, crier sur les toits, déclarer, dire, faire part, informer, instruire, notifier, révéler, signaler, tambouriner. – FAMILIER : carillonner. – LITTÉRAIRE : emboucher la trompette de, proclamer. – VIEUX : trompeter.

clairsemé *adjectif* Peu nombreux et dispersés. **SYN.** clair, disséminé, éparpillé, épars, espacé, maigre, rare. **CONTR.** *abondant, compact, dense, dru, épais, foisonnant, fourni, luxuriant, massif, nombreux, serré, touffu.*

clairvoyance *nom féminin* Faculté de juger avec clarté. **SYN.** acuité, compréhension, discernement, finesse, flair, intelligence, jugement, lucidité, pénétration, perspicacité, psychologie, sagacité, sagesse, sûreté. – FAMILIER : jugeote, nez. **CONTR.** *aveuglement.* – LITTÉRAIRE : *cécité.* ■ Perception extrasensorielle. **SYN.** cryptesthésie, divination, extralucidité, voyance.

clairvoyant *adjectif* Qui manifeste du discernement. **SYN.** avisé, conscient, fin, intelligent, lucide, pénétrant, perspicace, profond, sagace, subtil. **CONTR.** *aveugle, borné, obtus.* – FAMILIER : *bouché.*

clamer *verbe* Crier fort quelque chose. **SYN.** annoncer, claironner, corner, crier, s'écrier, s'égosiller, hurler, tambouriner, tonner, vociférer. – FAMILIER : carillonner. – LITTÉRAIRE : proclamer. – VIEUX : trompeter.

clameur *nom féminin* Cris tumultueux. **SYN.** braillement, huée, hurlement, rugissement, tintamarre, tollé, tumulte, vacarme, vocifération. **CONTR.** *murmure, silence.*

clan *nom masculin* Association de personnes. **SYN.** bande, cabale, camp, cellule, cénacle, cercle, chapelle, colonie, coterie, faction, front, groupe, noyau, secte, société, tribu. – FAMILIER : clique, maffia, mafia. – LITTÉRAIRE : camarilla, ligue, phalange.

clandestin *adjectif* Qui se fait en secret. **SYN.** caché, dissimulé, occulte, parallèle, secret, sourd, souterrain. – LITTÉRAIRE : subreptice. **CONTR.** *avoué, ouvert, public.* ■ Qui est contraire à la loi. **SYN.** illégal, illicite, irrégulier, prohibé. **CONTR.** *autorisé, légal, licite, permis, reconnu.*

clandestinement *adverbe* De façon clandestine. **SYN.** en cachette, en catimini, furtivement, obscurément, secrètement, en sourdine, sous le manteau, en sous-main, en tapinois. – LITTÉRAIRE : sourdement, subrepticement. **CONTR.** *légalement, licitement.*

clandestinité *nom féminin* Caractère clandestin. **SYN.** anonymat, mystère, ombre, secret.

clap *nom masculin* Instrument de repère pour un film. **SYN.** claquette.

clapier *nom masculin* Cage pour élever des lapins domestiques. **SYN.** lapinière.

clapir (se) *verbe pronominal* Se blottir dans son terrier. **SYN.** se tapir, se terrer.

clappement *nom masculin* Bruit sec. **SYN.** claquement.

claquant *adjectif* FAMILIER. Très fatigant. **SYN.** accablant, éprouvant, épuisant, esquintant, exténuant, fatigant, harassant, pénible, rude. – FAMILIER : cassant, crevant, éreintant, tuant, usant. **CONTR.** *apaisant, délassant, reposant.*

claque *nom féminin* Coup donné du plat de la main. **SYN.** gifle, tape. – FAMILIER : calotte, giroflée à cinq feuilles, taloche. – LITTÉRAIRE : soufflet. – POPULAIRE : baffe, beigne, mandale, tarte, torgnole, volée. – VIEUX : mornifle. ■ FAMILIER. Échec humiliant. **SYN.** culbute, débâcle, déconfiture, défaite, échec, gifle, insuccès, revers. – FAMILIER : fessée, fiasco, four, loupé, pile, piquette, plongeon, raclée, ratage, veste. – POPULAIRE : bide, déculottée, flop, gamelle, plantage, volée. **CONTR.** *réussite, succès, victoire.*

claqué *adjectif* FAMILIER. Très fatigué. **SYN.** anéanti, à bout de course, à bout de force, à bout de souffle, brisé, épuisé, exténué, fatigué, fourbu, harassé, K.-O., mort de fatigue, à plat, recru, rendu, rompu, surmené, usé. – FAMILIER : achevé, au bout du rouleau, cassé, déjeté, éreinté, esquinté, fini, flapi, H.S., kaput, lessivé, mort, moulu, pompé, à ramasser à la petite cuillère, raplapla, sur les genoux, tué, vanné, vidé. – POPULAIRE : cané, crevé, rétamé, sur les rotules. **CONTR.** *délassé, dispos, frais, frais et dispos, fringant, reposé.* – FAMILIER : *en forme, frais comme un gardon, frais comme une rose, increvable, en pleine forme.* – VIEUX : *gaillard.*

claquement *nom masculin* Bruit sec. **SYN.** clappement, frappement.

claquemuré *adjectif* Enfermé entre quatre murs. **SYN.** barricadé, cantonné, cloîtré, confiné, isolé, muré, retiré, séquestré. – FAMILIER : bouclé. – LITTÉRAIRE : reclus.

claquemurer *verbe* Tenir enfermé. **SYN.** cadenasser, claustrer, cloîtrer, emprisonner, enfermer. – FAMILIER : boucler. – LITTÉRAIRE : reclure. – VIEUX : chambrer.

claquemurer (se) *verbe pronominal* S'enfermer dans un lieu. **SYN.** se barricader, se calfeutrer, se cantonner, se claustrer, se cloîtrer, se confiner, s'enfermer, s'isoler, se terrer.

claquer *verbe intransitif* Produire un bruit sec. **SYN.** battre, craquer, crépiter, taper. ■ FAMILIER. Se mettre en morceaux. **SYN.** se briser, se casser, craquer, éclater, se fracturer, lâcher, se rompre. – FAMILIER : péter. – LITTÉRAIRE : rompre. ■ POPULAIRE. Cesser de vivre. **SYN.** s'en aller, décéder, disparaître, mourir, passer de vie à trépas, périr, rendre l'âme, succomber. – ARGOTIQUE : calancher. – FAMILIER : passer l'arme à gauche, y rester. – LITTÉRAIRE : rendre le dernier soupir, trépasser. – POPULAIRE : avaler son bulletin de naissance, caner, casser sa pipe, claboter, clamecer, clamser, crever, manger les pissenlits par la racine. – VIEUX : avaler sa chique.

claquer *verbe transitif* Donner une claque. **SYN.** battre, gifler, taper. – FAMILIER : calotter, talocher. – LITTÉRAIRE : souffleter. ■ FAMILIER. Fatiguer à l'excès. **SYN.** abattre, anéantir, briser, épuiser, exténuer, fatiguer, harasser, miner, user. – FAMILIER : éreinter, esquinter, lessiver, pomper, tuer, vanner, vider. – POPULAIRE : crever. CONTR. *délasser, reposer, restaurer, revigorer, stimuler.* ■ FAMILIER. Dépenser de l'argent. SYN. croquer, dilapider, engloutir, gaspiller, manger. – FAMILIER : craquer. CONTR. *amasser, économiser, épargner, garder, mettre de côté.*

claquer (se) *verbe pronominal* FAMILIER. Se fatiguer beaucoup. SYN. se battre, se démener, se dépenser, se donner du mal, se donner un mal de chien, s'échiner, s'épuiser, s'escrimer, s'exténuer, faire des pieds et des mains, se fatiguer, se multiplier, peiner, se remuer. – FAMILIER : se bagarrer, se couper en quatre, se décarcasser, se défoncer, s'éreinter, s'esquinter, se mettre en quatre, mettre le paquet, suer, suer sang et eau, se tuer à, se tuer. – POPULAIRE : se casser le cul, se crever, ramer. CONTR. *s'amuser, dormir, fainéanter, musarder, ne rien faire de ses dix doigts, paresser, se prélasser, prendre son temps.* – FAMILIER : *bayer aux corneilles, buller, flemmarder, lambiner, lanterner, lézarder, tirer sa flemme.* – LITTÉRAIRE : *muser.* – POPULAIRE : *glander, ne pas en fiche une rame, ne pas se casser, ne pas se casser le bol, ne pas se casser le cul, ne pas se casser le tronc, ne pas se fouler, ne pas se fouler la rate, tirer au cul, tirer au flanc.*

claqueter *verbe* Pousser son cri (cigogne). SYN. craqueter.

claquette *nom féminin* Instrument de repère pour un film. SYN. clap. ■ Instrument que l'on claque pour donner un signal. SYN. claquoir.

claquoir *nom masculin* Instrument que l'on claque pour donner un signal. SYN. claquette.

clarification *nom féminin* Action de clarifier un liquide. SYN. décantation, épuration, filtrage, purification. ■ Action de rendre clair. SYN. éclaircissement, élucidation, explication.

clarifier *verbe* Rendre clair, pur. SYN. décanter, éclaircir, épurer, filtrer, purifier. CONTR. *brouiller, épaissir, troubler.* ■ Rendre facile à comprendre. SYN. débrouiller, démêler, désembrouiller, éclaircir, éclairer, élucider, simplifier. CONTR. *brouiller, embrouiller, obscurcir.*

clarifier (se) *verbe pronominal* Devenir plus clair. SYN. s'éclaircir. CONTR. *se brouiller, s'embarrasser, s'embrouiller.*

clarté *nom féminin* Vive lumière. SYN. éclairage, jour, lueur, luminosité. – LITTÉRAIRE : flamme, nitescence, splendeur. CONTR. *clair-obscur, obscurité, ombre.* – LITTÉRAIRE : *ténèbres.* ■ Caractère transparent. SYN. limpidité, transparence. CONTR. – LITTÉRAIRE : *opacité.* ■ Qualité de ce qui est intelligible. SYN. compréhensibilité, compréhension, évidence, intelligibilité, limpidité, netteté, précision, simplicité. – LITTÉRAIRE : fulguration. CONTR. *ambiguïté, complexité, confusion, dédale, hermétisme, inintelligibilité, mystère, trouble.* – LITTÉRAIRE : *incompréhensibilité, nébulosité, opacité, ténèbres.*

classe *nom féminin* Ensemble de choses, de personnes. SYN. caste, catégorie, espèce, famille, genre, groupe, série. ■ Rang dans une classification. SYN. échelon, indice, niveau, ordre, qualité. ■ Caractère distingué. SYN. allure, carrure, élégance, panache, prestance, raffinement, standing, stature. – FAMILIER : chic, chien, gueule. – LITTÉRAIRE : majesté. ■ Aspect typique de quelque chose. SYN. cachet, caractère, style, type.

classement *nom masculin* Action, manière de classer. SYN. classification, disposition, hiérarchisation, ordonnancement, ordre, organisation, placement, rangement, tri. CONTR. *confusion, déclassement, désordre, fouillis.* ■ Rang attribué à quelqu'un. SYN. palmarès, place, score.

classer *verbe* Ranger par classes. SYN. cataloguer, classifier, coter, étiqueter, grouper, hiérarchiser, inventorier, ordonner, ranger, répartir, sérier, trier. CONTR. *brouiller, déclasser, déranger, mélanger, mêler.*

classicisme *nom masculin* Caractère classique. SYN. traditionalisme. CONTR. *fantaisie, modernisme, modernité.*

classification *nom féminin* Action de classifier. SYN. classement, distribution, hiérarchie.

classifier *verbe* Ranger par classes. SYN. cataloguer, classer, hiérarchiser, inventorier, ordonner, ranger, répartir, répertorier, trier. CONTR. *brouiller, déclasser, embrouiller, mélanger, mêler.*

classique *adjectif* Conforme à la tradition. SYN. B.C.B.G., conventionnel, courant, habituel, normal, rituel, routinier, sobre, strict, traditionnel, usuel. – LITTÉRAIRE : coutumier. CONTR. *baroque, bizarre, curieux, excentrique, extraordinaire, extravagant, inédit, inhabituel, moderne, moderniste, original, singulier, unique.*

clastique *adjectif* Formé de débris de roches. SYN. détritique.

claudicant *adjectif* LITTÉRAIRE. Qui boite légèrement. SYN. boitillant, clopinant.

claudication *nom féminin* Action de boiter. SYN. boitement, boiterie, boitillement. – RARE : clochement.

claudiquer *verbe* LITTÉRAIRE. Boiter légèrement. SYN. boiter, boitiller, traîner la jambe. – FAMILIER : avancer clopin-clopant, clopiner, traîner la patte. – VIEUX : clocher.

clauque *nom féminin* Coquillage servant d'appât de pêche. SYN. bec-de-jar.

clause *nom féminin* Disposition particulière. SYN. condition, convention, modalité, stipulation.

claustral *adjectif* Qui a rapport au cloître. SYN. monacal, monastique, religieux.

claustration *nom féminin* Fait d'être enfermé. SYN. enfermement, isolement. – LITTÉRAIRE : réclusion. CONTR. *liberté.*

claustrer *verbe* Enfermer dans un lieu clos. SYN. cadenasser, claquemurer, cloîtrer, confiner, consigner, emprisonner, isoler, séquestrer. – FAMILIER : boucler. – VIEUX : chambrer.

claustrer (se) *verbe pronominal* S'enfermer quelque part. SYN. se barricader, se calfeutrer, se cantonner, se claquemurer, se confiner, s'isoler, se murer, se retirer. – LITTÉRAIRE : être reclus.

clavardage *nom masculin* Échange de propos sur Internet. SYN. causette, chat.

claveau *nom masculin* Maladie infectieuse du mouton. SYN. clavelée.

claveau *nom masculin* Pierre en forme de coin. SYN. voussoir.

clavelle *nom féminin* Crustacé qui vit fixé aux branchies des poissons. SYN. anchorelle.

clavicorne *nom masculin* VIEUX. Insecte aux antennes en massues. SYN. cucujoïde.

clavier *nom masculin* LITTÉRAIRE. Possibilités dont on dispose. SYN. étendue, éventail, gamme, registre.

clayette *nom féminin* Petite claie pour égoutter les fromages. SYN. clayon, clisse. ■ Emballage léger à claire-voie. SYN. cageot, cagette, plateau.

clé ou **clef** *nom féminin* Ce qui permet de comprendre. SYN. secret, solution. ■ ***Clef de voûte,*** partie essentielle de. SYN. centre, pivot.

clémence *nom féminin* LITTÉRAIRE. Sentiment de générosité. SYN. bienveillance, bonté, humanité, indulgence, magnanimité. – LITTÉRAIRE : compassion, longanimité, mansuétude, miséricorde. CONTR. *atrocité, cruauté, dureté, rigueur, rudesse, sévérité.* – LITTÉRAIRE : *inclémence.* ■ LITTÉRAIRE. Douceur du climat. SYN. douceur, tiédeur. CONTR. *âpreté, rigueur, rudesse.* – LITTÉRAIRE : *cruauté, inclémence.*

clément *adjectif* Porté à pardonner. SYN. bienveillant, favorable, généreux, humain, indulgent, magnanime. – LITTÉRAIRE : miséricordieux. CONTR. *cruel, dur, inexorable, inflexible, rude, sévère.* – LITTÉRAIRE : *inclément.* ■ Peu rigoureux. SYN. doux. CONTR. *âpre, caniculaire, chaud, dur, rigoureux, rude, torride.*

clerc *nom masculin* LITTÉRAIRE. Personne cultivée. SYN. intellectuel, lettré, savant.

cliché *nom masculin* Banalité souvent répétée. SYN. banalité, idée toute faite, lieu commun, phrase toute faite, poncif, sentiers battus, stéréotype, truisme. CONTR. *originalité, trouvaille.*

client *nom* Personne qui achète. SYN. acheteur, acquéreur, consommateur. – VIEUX : chaland. CONTR. *commerçant, fournisseur, vendeur.*

cligner *verbe* Se fermer et s'ouvrir. SYN. ciller, clignoter, papilloter. ■ LITTÉRAIRE. Briller par intermittence. SYN. clignoter, scintiller, vaciller.

clignotant *adjectif* Qui clignote. SYN. papillotant, scintillant, tremblotant. CONTR. *fixe.*

clignotement *nom masculin* Fait de clignoter. SYN. battement, clignement.

clignoter *verbe* Se fermer à plusieurs reprises. SYN. ciller, cligner, papilloter. ■ Éclairer par intermittence. SYN. scintiller. – LITTÉRAIRE : cligner.

climat *nom masculin* Phénomènes météorologiques. SYN. air, atmosphère. ■ Circonstances dans lesquelles on vit. SYN. ambiance, atmosphère, bain, contexte, éclairage, environnement, milieu.

clin d'œil *nom masculin* Battement de paupière. SYN. clignement, œillade. ■ Référence implicite. SYN. allusion, sous-entendu. ■ ***En un clin d'œil,*** de façon rapide. SYN. activement, en deux temps, trois mouvements, en un instant, en moins de deux, au plus vite, prestement, promptement, rapidement, en un rien de temps, rondement, tambour battant, à toute allure, en toute hâte, à toute vitesse, vite, vivement. – FAMILIER : en cinq sec, dare-dare, en deux, trois coups de cuiller à pot, rapido presto, rapidos, subito presto, en un temps record, en un tour de main. – LITTÉRAIRE : diligemment. CONTR. *lentement.*

clinomètre *nom masculin* Appareil pour mesurer la pente d'un terrain. SYN. inclinomètre.

clinorhombique *adjectif* Dont l'axe de symétrie est binaire. SYN. monoclinique.

clinquant *nom masculin* Faux brillant. SYN. faste, kitsch, vernis. – FAMILIER : tape-à-l'œil, toc. CONTR. *authentique, vrai.*

clip *nom masculin* Petit film qui illustre une chanson. SYN. vidéoclip.

clique *nom féminin* , FAMILIER. Groupe de personnes. SYN. bande, chapelle, clan, colonie, coterie, faction, gang, noyau, ramassis. – FAMILIER : cohorte, maffia, mafia. – LITTÉRAIRE : camarilla, phalange.

cliques *nom féminin pluriel* FAMILIER. ***Prendre ses cliques et ses claques,*** partir à la hâte. SYN. battre en retraite, décamper, déguerpir, déloger, disparaître, s'enfuir, s'esquiver, fausser compagnie, fuir, partir, plier bagages, prendre la clef des champs, prendre la fuite, prendre le large, se retirer, se sauver. – FAMILIER : débarrasser le plancher, détaler, ficher le camp, filer, gagner le large, mettre les voiles, prendre la poudre d'escampette. – POPULAIRE : se barrer, se calter, se carapater, se casser, se cavaler, se débiner, décaniller, se faire la malle, se faire la paire, foutre le camp, jouer la fille de l'air, mettre les bouts, se tailler, se tirer.

clisse *nom féminin* Petite claie pour égoutter les fromages. SYN. clayette, clayon.

clivage *nom masculin* Fractionnement entre deux groupes. SYN. cloisonnement, démarcation, différenciation, frontière.

cloaque *nom masculin* Lieu très sale. SYN. bourbier, décharge. – LITTÉRAIRE : sentine. ■ LITTÉRAIRE. Foyer de corruption. SYN. bas-fonds. – LITTÉRAIRE : égout, marécage.

clochard *nom* Personne sans domicile. SYN. mendiant, miséreux, pouilleux, sans-abri, sans-logis, S.D.F., vagabond, va-nu-pieds. – FAMILIER : clodo, crève-la-faim. – LITTÉRAIRE : gueux.

cloche *nom féminin* Instrument qui sonne. SYN. clarine, clochette, sonnaille, sonnette. ■ POPULAIRE. Personne stupide. SYN. âne, âne bâté, balourd, benêt, butor, idiot, ignorant, imbécile, innocent, lourdaud, maladroit, niais, nigaud, nul, nullité, rustre, sot, sotte. – FAMILIER : abruti, andouille, animal, ballot, bécasse, bêta, bûche, buse, crétin, cruche, dinde, empaillé, empoté, gaffeur, ganache, gourde, jacques, noix, oie, rustaud, saucisse, serin. – LITTÉRAIRE : nicodème. – POPULAIRE : banane, con, conard, conasse, connard, connasse, conneau, corniaud, cornichon, couillon, courge, enflé, enflure, enfoiré, gland, manche, nouille, œuf, patate, taré, tête de nœud, trou du cul, truffe. ■ FAMILIER. ***Sonner les cloches,*** adresser des reproches. SYN. chapitrer, gronder, morigéner, rappeler à l'ordre, reprendre, réprimander, sermonner, tirer les oreilles. – FAMILIER : attraper, disputer, enguirlander, passer un savon. – LITTÉRAIRE : admonester, gourmander, remiser, semoncer, tancer. – POPULAIRE : engueuler, remonter les bretelles. CONTR. *complimenter, féliciter, louer.* – LITTÉRAIRE : *congratuler.* ■ POPULAIRE. ***Se taper la cloche,*** bien manger. SYN. festoyer, se régaler. – FAMILIER : s'en donner jusqu'à la garde, faire bombance, faire ripaille, s'en mettre jusque-là, s'en mettre plein la panse, ripailler. – LITTÉRAIRE : faire bonne chère. – POPULAIRE : s'en fourrer jusque-là, gueuletonner, s'en mettre plein la gueule, s'en mettre plein la lampe.

clocher *nom masculin* ***Esprit de clocher,*** attachement étroit à son village, à son milieu. SYN. chauvinisme, patriotisme.

clocher *verbe* VIEUX. Être bancal. SYN. boiter. – FAMILIER : clopiner. – LITTÉRAIRE : claudiquer. ■ FAMILIER. Aller de travers. SYN. boiter, laisser à désirer. CONTR. *cadrer, coïncider, concorder, correspondre.* – FAMILIER : *coller.*

clochette *nom féminin* Petite cloche. SYN. clarine, grelot, sonnaille, sonnette.

cloison *nom féminin* Paroi verticale. SYN. mur, séparation. ■ Ce qui sépare des secteurs. SYN. barrière, fossé, mur.

cloisonnage *nom masculin* Disposition en cloisons. SYN. cloisonnement.

cloisonnement *nom masculin* Ce qui sépare des éléments. SYN. clivage, compartimentage, division, séparation. CONTR. *décloisonnement.* ■ Disposition en cloisons. SYN. cloisonnage.

cloisonner *verbe* Séparer par des cloisons. SYN. compartimenter. CONTR. *décloisonner.* ■ Séparer en des domaines distincts. SYN. cliver, compartimenter, partager. CONTR. *décloisonner.*

cloître *nom masculin* Habitation des religieux. SYN. abbaye, chartreuse, clôture, couvent, monastère, prieuré. – VIEUX : moutier.

cloîtré *adjectif* Enfermé en un lieu. SYN. barricadé, cantonné, claquemuré, confiné, isolé, muré, retiré, séquestré. – FAMILIER : bouclé. – LITTÉRAIRE : reclus.

cloîtrer *verbe* Tenir quelqu'un enfermé. SYN. cadenasser, claquemurer, claustrer, confiner, emprisonner, enfermer, enterrer, isoler. – FAMILIER : boucler. – LITTÉRAIRE : reclure. – VIEUX : chambrer.

cloîtrer (se) *verbe pronominal* S'enfermer dans un lieu. SYN. se barricader, se calfeutrer, se cantonner, se claquemurer, se confiner, s'enfermer, s'isoler, se murer, se retirer. – LITTÉRAIRE : être reclus.

clopinant *adjectif* Qui boite légèrement. SYN. boitillant. – LITTÉRAIRE : claudicant.

clopin-clopant *locution adverbiale* FAMILIER. Avec irrégularité. SYN. comme ci comme ça, difficilement, malaisément, péniblement. – FAMILIER : cahin-caha, couci-couça, ric-rac.

clopiner *verbe* FAMILIER. Marcher avec peine. SYN. boiter, boitiller, traîner la jambe. – FAMILIER : avancer clopin-clopant, traîner la patte. – LITTÉRAIRE : claudiquer. – VIEUX : clocher.

cloque *nom féminin* Boursouflure de la peau. SYN. ampoule, bulle, phlyctène, vésicule.

clore *verbe* LITTÉRAIRE. Interdire l'accès de. SYN. barricader, boucher, fermer, murer. CONTR. *dégager, percer.* ■ LITTÉRAIRE. Entourer un lieu d'une clôture. SYN. cercler, clôturer, enclore, enfermer, fermer. – LITTÉRAIRE : enceindre. ■ LITTÉRAIRE. Mettre un terme à. SYN. accomplir, achever, arrêter, cesser, clôturer, conclure, fermer, finir, mettre un point final à, terminer, tourner la page. CONTR. *amorcer, commencer, entamer, ouvrir.* – FAMILIER : *débuter.*

clôture *nom féminin* Action de terminer quelque chose. SYN. achèvement, arrêt, cessation, conclusion, fermeture, fin. CONTR. *commencement, début, ouverture.*

clôturer *verbe* Entourer un lieu d'une clôture. SYN. cercler, enclore. – LITTÉRAIRE : clore, enceindre. ■ Mettre fin à quelque chose. SYN. achever, arrêter, cesser, finir, terminer. – LITTÉRAIRE : clore. CONTR. *amorcer, attaquer, commencer, engager, entamer, ouvrir.* – FAMILIER : *débuter.*

clouer *verbe* Réduire quelqu'un à l'immobilité. SYN. figer, immobiliser, paralyser, pétrifier. – LITTÉRAIRE : river, statufier.

clouté *adjectf* ***Passage clouté,*** passage pour les piétons. SYN. – FAMILIER : clous.

clovisse *nom féminin* Mollusque comestible bivalve. SYN. palourde.

clown *nom masculin* Artiste comique. SYN. auguste, bouffon. – FAMILIER : gugusse. – VIEUX : paillasse. ■ Personne qui se fait remarquer. SYN. bouffon, pitre. – FAMILIER : guignol, mariolle, polichinelle, singe. – LITTÉRAIRE : histrion. – POPULAIRE : charlot, zouave.

clownerie *nom féminin* Action grotesque. SYN. bouffonnerie, facétie, pitrerie, singerie.

clownesque *adjectif* Qui est ridicule. SYN. comique, grotesque. – LITTÉRAIRE : funambulesque.

cloyère *nom féminin* Panier à huîtres. SYN. bourriche.

club *nom masculin* Groupe fermé. SYN. amicale, association, cénacle, cercle, chapelle, coterie, faction, groupement, société, tribu. – LITTÉRAIRE : camarilla.

clusiacée *nom féminin* Plante qui sécrète un latex coloré. SYN. guttiféracée.

clystère *nom masculin* VIEUX. Injection d'un liquide par l'anus. SYN. lavement.

cnidaire *nom masculin* Animal aquatique. SYN. cœlentéré.

cnidoblaste *nom masculin* Cellule épidermique des cnidaires. SYN. nématoblaste.

cnidocyste *nom masculin* Vacuole du cnidoblaste. SYN. nématocyste.

coaguler *verbe intransitif* Former un caillot. SYN. se cailler, se figer, prendre. CONTR. *se fluidifier, se liquéfier.*

coaguler *verbe transitif* Transformer en une masse solide. SYN. cailler, figer, solidifier. CONTR. *fluidifier, liquidifier.*

coagulum *nom masculin* Masse de substance coagulée. SYN. caillot.

coaliser *verbe transitif* Unir dans une coalition. SYN. grouper, liguer, rassembler, réunir. CONTR. *désunir.*

coaliser (se) *verbe pronominal* Former une coalition. SYN. s'allier, s'assembler, s'associer, se concerter, s'entendre, être de mèche avec, se fédérer, se grouper, se liguer, se rassembler, se réunir, s'unir. – LITTÉRAIRE : s'accorder. CONTR. *s'opposer, rivaliser, se séparer.*

coalition *nom féminin* Défense des mêmes intérêts. SYN. alliance, association, bloc, cabale, confédération, conjuration, entente, faction, front, groupement. – LITTÉRAIRE : ligue. CONTR. *rupture, scission, séparation.*

cobamide *nom masculin* Noyau de la vitamine B12. SYN. dibencozide.

cobaye *nom masculin* Petit rongeur. SYN. cochon d'Inde.

cocagne *nom féminin* ***Pays de cocagne,*** où l'on a tout en abondance. SYN. eldorado, paradis. – LITTÉRAIRE : éden.

cocaïne *nom féminin* Substance utilisée comme stupéfiant. SYN. – ARGOTIQUE : bigornette, blanche, crack, dynamite, fée blanche, julie du Brésil, neige, renifle. – POPULAIRE : coke. – VIEUX : coco, naphtaline, reniflette, sucre.

cocardier *adjectif et nom* Qui manifeste un patriotisme étroit. SYN. chauvin, patriote. – FAMILIER : patriotard.

cocasse *adjectif* FAMILIER. D'un comique surprenant. SYN. amusant, bouffon, burlesque, comique, drôle, grotesque, hilarant, inénarrable. – FAMILIER : impayable, marrant, rigolo, roulant. – LITTÉRAIRE : ineffable. CONTR. *attristant, dramatique, grave, tragique, triste.*

cocassement *adverbe* De façon cocasse. SYN. burlesquement, drôlement, ridiculement.

cocasserie *nom féminin* Caractère cocasse. SYN. drôlerie, humour, piquant.

coccinelle *nom féminin* Petit insecte qui se nourrit de pucerons. SYN. bête à bon Dieu, bête à Martin.

coccoloba *nom masculin* Arbre des Antilles. SYN. raisinier.

cochenillier *nom masculin* Plante épineuse et charnue. SYN. nopal.

cocher *verbe* Marquer d'un trait. SYN. marquer, noter, pointer.

cochléaire *nom féminin* Crucifère utilisée comme condiment. SYN. cranson, raifort.

cochlée *nom féminin* Partie de l'oreille interne. SYN. limaçon.

cochon *nom masculin* Mammifère domestique. SYN. porc. ■ ***Cochon d'Inde,*** petit rongeur. SYN. cobaye. ■ FAMILIER. ***Tour de cochon,*** action méprisable. SYN. coup (de pied) en vache, indélicatesse, méchanceté. – **FAMILIER** : crasse, entourloupe, entourloupette, rosserie, saleté. – **LITTÉRAIRE** : perfidie, scélératesse, vilenie. – **POPULAIRE** : cochonnerie, saloperie, vacherie.

cochon *adjectif* FAMILIER. Qui est obscène. SYN. cru, débauché, dégoûtant, dépravé, égrillard, gaillard, gaulois, graveleux, grivois, inconvenant, leste, licencieux, lubrique, ordurier, paillard, pervers, polisson, pornographique, scabreux, vicieux. – **FAMILIER** : olé olé, raide, salé, vicelard. – **LITTÉRAIRE** : salace.

cochon *nom* FAMILIER. Personne malpropre. SYN. dégoûtant. – **FAMILIER** : goret, porc, sagouin. – **LITTÉRAIRE** : pourceau.

cochonnaille *nom féminin* FAMILIER. Produit du charcutier. SYN. charcuterie.

cochonner *verbe* FAMILIER. Mal exécuter un travail. SYN. gâcher, saboter. – **FAMILIER** : bâcler, bousiller, massacrer, sabrer, saccager, torchonner. – **POPULAIRE** : saloper. CONTR. *peaufiner.* – **LITTÉRAIRE** : *ciseler.* ■ FAMILIER. Salir quelque chose. SYN. barbouiller, maculer, tacher. – **LITTÉRAIRE** : crotter, souiller. – **POPULAIRE** : dégueulasser, saloper.

cochonnerie *nom féminin* POPULAIRE. Objet sans valeur. SYN. pacotille. – **FAMILIER** : camelote, saleté. ■ POPULAIRE. Parole, action obscène. SYN. gauloiserie, grivoiserie, grossièreté, obscénité. – **FAMILIER** : gaudriole, saleté. – **POPULAIRE** : cochonceté, saloperie. ■ POPULAIRE. Action déloyale. SYN. – **FAMILIER** : crasse, entourloupe, entourloupette. – **POPULAIRE** : vacherie. CONTR. *gentillesse.*

cochonnet *nom masculin* FAMILIER. Jeune porc. SYN. goret, porcelet.

cockpit *nom masculin* Partie d'un avion où se trouve le pilote. SYN. habitacle.

cocktail *nom masculin* Mélange de choses. SYN. assortiment, mélange, pot-pourri, tissu. – **LITTÉRAIRE** : panaché.

coco *nom masculin* Fibre textile. SYN. coir.

coco *nom masculin* FAMILIER. Individu bizarre. SYN. phénomène. – **FAMILIER** : citoyen, oiseau, pistolet, zèbre. – **POPULAIRE** : zigoto.

cocoter ou **cocotter** *verbe* POPULAIRE. Sentir mauvais. SYN. empester, puer, sentir le fauve. – **FAMILIER** : empoisonner, ne pas sentir la rose. – **POPULAIRE** : chlinguer, schlinguer. CONTR. *embaumer, fleurer, sentir bon.*

cocotte *nom féminin* VIEUX. Femme entretenue. SYN. – **LITTÉRAIRE** : courtisane. – **VIEUX** : demi-mondaine.

cocotte *nom féminin* Récipient avec couvercle pour la cuisson. SYN. marmite.

cocu *nom* FAMILIER. Personne qu'on trompe. SYN. dupe. – **FAMILIER** : dindon, dindon de la farce, gobe-mouches, gogo, pigeon, poire.

cocufier *verbe* FAMILIER. Rendre cocu. SYN. berner, duper, trahir, tromper.

codage *nom masculin* Action de coder. SYN. chiffrement, encodage.

codébiteur *nom* Personne endettée avec d'autres. SYN. coobligé.

codéine *nom féminin* Alcaloïde de l'opium. SYN. méthylmorphine.

coder *verbe* Procéder au codage de. SYN. chiffrer, encoder. CONTR. *déchiffrer, décoder.*

codes *nom masculin pluriel* Feux pour croiser un autre véhicule. SYN. feux de croisement.

codéthyline *nom féminin* Éther éthylique de la morphine. SYN. éthylmorphine.

codex *nom masculin* VIEUX. Recueil officiel des médicaments. SYN. pharmacopée.

codifier *verbe* Ériger en système organisé. SYN. normaliser, rationaliser, réglementer, systématiser.

codon *nom masculin* Unité formée par trois molécules biologiques. SYN. triplet.

coéchangiste *nom* Personne qui échange avec. SYN. copermutant.

coef *nom masculin* Conduit dans les marais salants. SYN. cuy.

cœlentéré *nom masculin* Animal aquatique. SYN. cnidaire.

cœliotomie *nom féminin* Ouverture chirurgicale de l'abdomen. SYN. laparotomie.

coentreprise *nom féminin* Filiale commune à deux ou plusieurs entreprises. SYN. joint-venture.

cœnurose *nom féminin* Affection parasitaire des animaux. SYN. tournis.

coercibilité *nom féminin* Qualité de ce qui est coercible. SYN. contrôle, maîtrise. CONTR. *incoercibilité.*

coercible *adjectif* Qui peut être réprimé. SYN. contrôlable. CONTR. *incoercible, incontrôlable, irrépressible, irrésistible.*

coercitif *adjectif* Qui agit par contrainte. SYN. oppressif, tyrannique.

coercition *nom féminin* Action de contraindre. SYN. contrainte, obligation, pression.

cœur *nom masculin* Organe thoracique. SYN. – ARGOTIQUE : battant, palpitant. ■ Siège des sentiments. SYN. amour, sensibilité. – LITTÉRAIRE : âme. ■ Sens moral. SYN. âme, conscience, esprit, fond, for intérieur. ■ VIEUX. Attitude courageuse. SYN. bravoure, courage, énergie. – FAMILIER : cran. – LITTÉRAIRE : vaillance, valeur. ■ Partie centrale de quelque chose. SYN. centre, foyer, milieu, noyau. – LITTÉRAIRE : sein. ■ Partie essentielle de. SYN. nœud, point névralgique, point sensible, vif du sujet. ■ ***De gaieté de cœur, de bon cœur,*** sans contrainte. SYN. de bon gré, de bonne grâce, délibérément, généreusement, volontiers. CONTR. *du bout des dents, du bout des lèvres, à contrecœur, de mauvaise grâce, à regret.*

coexistant *adjectif* Qui existe en même temps. SYN. coïncident, concomitant, simultané. CONTR. *indépendant.*

coexistence *nom féminin* Action de coexister. SYN. coïncidence, concomitance, simultanéité.

coexister *verbe* Exister simultanément. SYN. cohabiter, coïncider.

coffrer *verbe* FAMILIER. Mettre en prison. SYN. arrêter, écrouer, emprisonner, enfermer, incarcérer, mettre à l'ombre, mettre en cabane, mettre sous les verrous. – FAMILIER : boucler. CONTR. *libérer, relâcher, relaxer.*

coffret *nom masculin* Petit coffre. SYN. caisse, cassette, écrin.

cogiter *verbe* FAMILIER. Réfléchir à quelque chose. SYN. méditer, penser, réfléchir. – FAMILIER : faire marcher sa matière grise, phosphorer, se pressurer le cerveau, se pressurer les méninges, se triturer la cervelle, se triturer les méninges. – LITTÉRAIRE : songer, spéculer. – POPULAIRE : gamberger.

cognat *nom masculin* Celui qui est parent par les femmes. CONTR. *agnat.*

cognation *nom féminin* Parenté par les femmes. CONTR. *agnation.*

cognatique *adjectif* Se dit d'un mode de filiation non unilinéaire. SYN. bilatéral, indifférencié.

cogner *verbe transitif* Heurter quelque chose, quelqu'un. SYN. accrocher, bousculer, buter sur, choquer, donner contre, emboutir, enfoncer, frapper, heurter, percuter, rencontrer, tamponner, taper. ■ POPULAIRE. Frapper durement quelqu'un. SYN. abîmer le portrait, arranger le portrait, battre, frapper, rouer de coups, taper. – FAMILIER : casser la figure, passer à tabac, rosser, tabasser. – LITTÉRAIRE : violenter. – POPULAIRE : casser la gueule, castagner, dérouiller, faire une grosse tête, faire une tête au carré, rentrer dans le chou, rentrer dans le lard, rentrer dans le mou, rentrer dedans. CONTR. *câliner, caresser, flatter.*

cogner *verbe transitif indirect* Donner des coups sur. SYN. frapper, tambouriner, taper, tapoter.

cohérence *nom féminin* Caractère cohérent. SYN. adéquation, cohésion, concordance, connexion, corrélation, harmonie, homogénéité, liaison, logique, suite, unité, vraisemblance. – LITTÉRAIRE : connexité. CONTR. *absurdité, confusion, contradiction, illogisme, incohérence, inconséquence.*

cohérent *adjectif* Dont les parties s'enchaînent bien. SYN. approprié, harmonieux, homogène, logique, ordonné, rationnel, suivi. CONTR. *aberrant, antilogique, antinomique, contradictoire, décousu, désordonné, illogique, incohérent.*

cohésion *nom féminin* Lien entre des personnes. SYN. affinité, homogénéité, liaison, solidarité, unité. ■ Caractère logique. SYN. cohérence, harmonie, logique. CONTR. *confusion, décousu, incohérence.*

cohorte *nom féminin* FAMILIER. Groupe de personnes. SYN. armée, bande, bataillon, caravane, colonie, cortège, horde, légion, meute, multitude, société, troupeau. – FAMILIER : clique, régiment. – LITTÉRAIRE : camarilla, ligue, phalange.

cohue *nom féminin* Grande confusion. SYN. affairement, bousculade, désordre, mêlée, mouvement. – FAMILIER : pagaïe, pagaille. – VIEUX : presse. ■ Foule tumultueuse. SYN. flot, foule, horde. – LITTÉRAIRE : fourmilière.

coi *adjectif* Muet de stupeur. SYN. abasourdi, ahuri, atterré, bouche bée, consterné, ébahi, éberlué, effaré, étonné, hébété, interdit, interloqué, médusé, muet, pantois, pétrifié, renversé, stupéfait, suffoqué, tombé de la lune, tombé des nues. – FAMILIER : assis, baba, comme deux ronds de flan, époustouflé, estomaqué, groggy, scié, sidéré, soufflé. – LITTÉRAIRE : ébaubi.

coiffe *nom féminin* Coiffure portée autrefois par les femmes. SYN. béguin, bonnet, cornette.

coiffer *verbe transitif* Arranger les cheveux. SYN. brosser, donner un coup de peigne, peigner. CONTR. *décoiffer, dépeigner, ébouriffer.*

– LITTÉRAIRE : *écheveler*. ■ Être situé au-dessus de. SYN. sommer, surmonter, surplomber. – LITTÉRAIRE : couronner. ■ Être à la tête de. SYN. contrôler, diriger, superviser. – FAMILIER : chapeauter.

coiffer (se) *verbe pronominal* FAMILIER. Se prendre de passion pour. SYN. s'amouracher, s'engouer, s'enticher, s'éprendre de, se passionner pour. – FAMILIER : s'emballer pour, se toquer.

coiffeur *nom masculin* Professionnel de la coiffure. SYN. capilliculteur. – FAMILIER : artiste capillaire. – POPULAIRE : coupe-tifs, merlan. – VIEUX : figaro.

coiffure *nom féminin* Ce qui couvre la tête. SYN. chapeau, coiffe, feutre. – ARGOTIQUE : bitos. – FAMILIER : couvre-chef. – POPULAIRE : galure, galurin.

coin *nom masculin* Angle de plusieurs rues. SYN. croisement, intersection. ■ Petite localité. SYN. emplacement, endroit, localité, pays, place, point. – FAMILIER : bled, patelin, secteur. ■ Environs immédiats. SYN. parages, quartier, région. ■ ***Du coin de l'œil,*** à la dérobée. SYN. en catimini, discrètement, furtivement, en tapinois. – FAMILIER : en douce. – LITTÉRAIRE : subrepticement. CONTR. *à découvert, ostensiblement, ouvertement.*

coincé *adjectif* FAMILIER. Mal à l'aise en public. SYN. collet monté, guindé, inhibé, raide. CONTR. *décontracté, détendu.* – FAMILIER : *cool.*

coincer *verbe* Empêcher de bouger. SYN. assujettir, bloquer, caler, fixer, immobiliser, maintenir. – FAMILIER : rencogner. CONTR. *débloquer, décoincer.* ■ Mettre quelqu'un en difficulté. SYN. acculer, mettre au pied du mur, pousser dans ses derniers retranchements. ■ FAMILIER. Prendre en faute. SYN. arrêter, surprendre. – FAMILIER : agrafer, épingler, pincer, piquer. – POPULAIRE : chauffer.

coïncidence *nom féminin* Simultanéité de faits. SYN. coexistence, concomitance, concordance, identité, simultanéité, synchronisme. CONTR. *contradiction, écart.* ■ Concours de circonstances. SYN. conjoncture, hasard, occasion.

coïncident *adjectif* Qui se produit en même temps. SYN. coexistant, concomitant, simultané.

coïncider *verbe* Se produire en même temps. SYN. coexister. ■ S'accorder en tout point. SYN. s'accorder, cadrer, concorder, converger, correspondre, s'harmoniser, se recouper. – FAMILIER : coller. CONTR. *s'affronter, diverger.* – FAMILIER : *clocher.*

coir *nom masculin* Fibre textile. SYN. coco.

coït *nom masculin* Union du mâle et de la femelle. SYN. accouplement, copulation. ■ Rapport sexuel. SYN. – FAMILIER : fornication. – POPULAIRE : baise, partie de jambes en l'air.

coïx *nom masculin* Graminée aux grains décoratifs. SYN. larme-de-Job.

col *nom masculin* Dépression d'un relief. SYN. brèche, défilé, pas, passage, port.

colaspidème *nom féminin* Insecte très nuisible à la luzerne. SYN. babotte, négril.

colback *nom masculin* Bonnet à poil. SYN. kalpack.

colchique *nom masculin* Plante des prés. SYN. tue-chien.

colée *nom féminin* Coup du plat de la main. SYN. paumée.

colère *nom féminin* État violent et passager. SYN. emportement, exaspération, fureur, furie, rage. – FAMILIER : rogne. – LITTÉRAIRE : courroux, ire. CONTR. *calme, douceur, impassibilité, modération, sérénité.*

coléreusement *adverbe* Avec colère. SYN. furieusement, rageusement. CONTR. *calmement, tranquillement.*

coléreux *adjectif* Porté à la colère. SYN. acariâtre, bilieux, emporté, irascible, irritable, rageur, sanguin, violent. – FAMILIER : soupe au lait. – LITTÉRAIRE : atrabilaire, colérique, fulminant, tempétueux. CONTR. *calme, doux, impassible, pondéré.*

colérique *adjectif* LITTÉRAIRE. Porté à la colère. SYN. acariâtre, bilieux, coléreux, emporté, irascible, irritable, rageur, sanguin, violent. – FAMILIER : soupe au lait. – LITTÉRAIRE : atrabilaire, fulminant, tempétueux. CONTR. *calme, doux, impassible, pondéré.*

colibri *nom masculin* Très petit oiseau. SYN. oiseau-mouche.

colifichet *nom masculin* Objet de peu de valeur. SYN. babiole, bricole, fanfreluche, ornement. – ARGOTIQUE : broquille.

colimaçon *nom masculin* VIEUX. Mollusque terrestre à coquille. SYN. escargot. – VIEUX : limaçon.

colin *nom masculin* Poisson de l'Atlantique. SYN. lieu noir, merlu.

colique *nom féminin* FAMILIER. Selles trop fréquentes. SYN. diarrhée. – POPULAIRE : chiasse, courante. – VIEUX : foirade, foire.

colis *nom masculin* Objet expédié. SYN. envoi, paquet.

collaborateur *nom* Personne qui travaille avec d'autres. SYN. adjoint, aide, alter ego, assistant, associé, collègue, second. CONTR. *adversaire, concurrent.*

collaboration *nom féminin* Action de collaborer. SYN. aide, association, complicité, concours, contribution, coopération, participation.

collaborer *verbe* Travailler avec d'autres. SYN. aider, assister, s'associer à, concourir à, coopérer, participer, seconder.

collagénose *nom féminin* Maladie due à une atteinte du colagène. SYN. connectivite, maladie systémique.

collant *adjectif* Qui adhère. SYN. adhérent, adhésif, gluant, poisseux, visqueux. ■ Qui serre le corps. SYN. ajusté, étriqué, moulant, serré. CONTR. *bouffant, large, vague.* ■ FAMILIER. Qui gêne les autres. SYN. ennuyeux, envahissant. – FAMILIER : barbant, bassinant, casse-pieds, crampon, enquiquinant, pot de colle. – LITTÉRAIRE : importun. – POPULAIRE : casse-bonbons, emmerdant.

collatéral *nom masculin* Vaisseau latéral d'une église. SYN. bas-côté.

collation *nom féminin* Léger repas. SYN. en-cas, mâchon. – ARGOTIQUE : casse-dalle, casse-graine. – FAMILIER : casse-croûte, dînette.

colle *nom féminin* FAMILIER. Fait de punir un élève. SYN. consigne, retenue. ■ FAMILIER. Question embarrassante. SYN. devinette, énigme. ■ FAMILIER. ***Pot de colle,*** personne importune. SYN. gêneur. – FAMILIER : casse-pieds, crampon, empoisonneur, enquiquineur, raseur. – LITTÉRAIRE : fâcheux, importun. – POPULAIRE : emmerdeur.

collecte *nom féminin* Action de collecter. SYN. quête, ramassage, récolte.

collecter *verbe* Ramasser des choses. SYN. rassembler, recueillir, réunir. – LITTÉRAIRE : moissonner.

collectif *adjectif* Qui concerne plusieurs personnes. SYN. commun, général, public. CONTR. *individuel, particulier, personnel, privé, propre.*

collection *nom féminin* Réunion d'objets. SYN. arsenal, assemblage, assortiment, batterie, choix, échantillonnage, éventail, gamme, jeu, lot, palette, panoplie, rassemblement, recueil, série, suite, tas. – FAMILIER : ribambelle.

collectionner *verbe* Réunir des objets en collection. SYN. assembler, rassembler. ■ FAMILIER. Avoir en grand nombre. SYN. accumuler, amasser, amonceler, empiler, entasser, rassembler, thésauriser.

collectivement *adverbe* De façon collective. SYN. en chœur, d'un commun accord, de concert, ensemble, unanimement, à l'unanimité. – LITTÉRAIRE : de conserve. CONTR. *individuellement, en particulier.*

collectivité *nom féminin* Ensemble de personnes. SYN. communauté, société.

collègue *nom* Personne qui fait le même métier. SYN. camarade, collaborateur, confrère, consœur.

coller *verbe transitif* Faire adhérer. SYN. aboucher, agglutiner, conglomérer, fixer, joindre, scotcher, souder. – LITTÉRAIRE : river. CONTR. *arracher, décoller, détacher.* ■ Appliquer contre quelque chose. SYN. appuyer, plaquer. CONTR. *écarter, éloigner, retirer.* ■ FAMILIER. Faire quelque chose d'autorité. SYN. assener, asséner, mettre. – FAMILIER : envoyer, ficher, flanquer, fourrer. – POPULAIRE : balancer, foutre. ■ POPULAIRE. Importuner quelqu'un. SYN. – FAMILIER : s'accrocher aux basques, cramponner, se pendre aux basques. CONTR. *lâcher.* ■ FAMILIER. Refuser à un examen. SYN. ajourner. – FAMILIER : recaler. CONTR. *admettre, recevoir.*

coller *verbe transitif indirect* Se fixer à quelque chose. SYN. adhérer, attacher, se fixer, tenir à. CONTR. *se décoller de, se détacher de.* ■ FAMILIER. Être en accord avec. SYN. s'accorder, cadrer, coïncider, concorder, correspondre. CONTR. – FAMILIER : *clocher.*

collet *nom masculin* Sorte de nœud coulant. SYN. lacet, lacs. ■ ***Collet monté,*** qui manque de naturel. SYN. affecté, coincé, guindé, prude, pudibond. CONTR. *coquin, croustillant, gaulois.*

colleter (se) *verbe pronominal* Se battre avec quelqu'un. SYN. s'accrocher, s'affronter, se battre, en découdre, s'empoigner, se mesurer, se prendre aux cheveux, en venir aux mains. – ARGOTIQUE : se bastonner, se chicorer. – FAMILIER : se bagarrer, se crêper le chignon, s'étriper, se tabasser. – POPULAIRE : se bigorner.

colley *nom masculin* Chien de berger au museau long. SYN. berger d'Écosse.

collier *nom masculin* ***Donner un coup de collier,*** fournir un gros effort. SYN. s'activer, s'agiter, se démener, se dépenser, se remuer. – FAMILIER : se défoncer, mettre de l'huile de coude, se mettre en quatre, mettre le paquet, en mettre un bon coup, en mettre un coup, en mettre un vieux coup. – POPULAIRE : bosser, boulonner. CONTR. *se la couler douce, fainéanter, paresser, se prélasser, se tourner les pouces.* – FAMILIER : *buller, flemmarder, lézarder.* – POPULAIRE : *glander.*

colline *nom féminin* Relief de faible hauteur. SYN. butte, coteau, éminence, hauteur, mamelon, monticule, tertre. – VIEUX : élévation.

collision *nom féminin* Choc violent. SYN. accrochage, choc, heurt, impact, percussion, tamponnage, tamponnement, télescopage. – FAMILIER : carambolage. ■ Opposition d'intérêts. SYN. antagonisme, conflit, heurt. CONTR. *accord, convergence, entente.*

collocale *nom féminin* Oiseau dont on consomme le nid. SYN. salangane.

colloque *nom masculin* Réunion de spécialistes. SYN. carrefour, conférence, congrès, débat, forum, séminaire, sommet, symposium.

collusion *nom féminin* Entente secrète. SYN. complicité, connivence. – VIEUX : compérage.

collybie *nom féminin* Champignon qui pousse sur les souches d'arbres. SYN. souchette.

colmatage *nom masculin* Action de colmater. SYN. bouchage, calfatage, comblement, obturation. CONTR. *ouverture.*

colmater *verbe* Boucher une fente, une fuite. SYN. aveugler, calfater, combler, luter, obturer. ■ Arranger tant bien que mal. SYN. raccommoder, réparer. – FAMILIER : rafistoler, retaper.

colombier *nom masculin* Bâtiment pour les pigeons. SYN. pigeonnier.

colombin *nom masculin* Oiseau tel que le pigeon. SYN. columbiforme.

colombite *nom féminin* Combinaison de fer et de manganèse. SYN. niobite.

colon *nom masculin* Habitant d'une colonie. SYN. pionnier, planteur. CONTR. *indigène.*

colonie *nom féminin* Réunion de personnes. SYN. bande, cénacle, clan, coterie, faction, société. – FAMILIER : clique, cohorte. – LITTÉRAIRE : camarilla. ■ Groupe d'animaux. SYN. bande, compagnie, essaim, harde, horde, société, troupeau.

colonne *nom féminin* Support vertical. SYN. contrefort, pilastre, pilier. ■ File de personnes. SYN. chapelet, cortège. – FAMILIER : cohorte. ■ ***Colonne vertébrale,*** ensemble des vertèbres superposées. SYN. épine dorsale, rachis.

colophane *nom féminin* Résidu de térébenthine. SYN. arcanson.

colorant *nom masculin* Substance qui colore. SYN. couleur, teinture.

coloration *nom féminin* Action de colorer. SYN. coloriage. ■ État de ce qui est coloré. SYN. coloris, couleur, nuance, pigmentation, teinte, tonalité.

coloré *adjectif* Qui a une couleur. SYN. peint, teint, teinté. CONTR. *décoloré, incolore.* ■ Qui a une couleur vive. SYN. brillant, éclatant, étincelant. CONTR. *blafard, blanc, blanchâtre, blême, cadavéreux, cadavérique, gris, livide, pâle, terne, verdâtre.* – FAMILIER : *pâlichon, pâlot.* ■ Qui a tel aspect particulier. SYN. empreint, marqué, pénétré. ■ Qui a de l'éclat. SYN. expressif, imagé, original, pittoresque. CONTR. *banal, fadasse, fade, froid, impersonnel, inexpressif, morne, pauvre, plat, prosaïque, sec, terne, triste.* – LITTÉRAIRE : *incolore.*

colorer *verbe* Donner telle couleur. SYN. colorier, teinter. – FAMILIER : peinturlurer. – LITTÉRAIRE : teindre. CONTR. *décolorer.* ■ Donner plus de couleur. SYN. animer, aviver, embellir, raviver. CONTR. *affadir, pâlir, ternir.* ■ LITTÉRAIRE. Apporter une note particulière à. SYN. imprégner, marquer, nuancer. – LITTÉRAIRE : teinter.

colorier *verbe* Appliquer des couleurs. SYN. colorer, peindre, teinter.

coloris *nom masculin* Nuance de couleur. SYN. coloration, couleur, nuance, teinte, tonalité.

colossal *adjectif* Extrêmement grand. SYN. démesuré, éléphantesque, énorme, géant, gigantesque, herculéen, immense, monstrueux, monumental, titanesque. – LITTÉRAIRE : cyclopéen. CONTR. *lilliputien, minuscule, petit.* ■ Qui dépasse la normale. SYN. extraordinaire, fabuleux, prodigieux. – FAMILIER : fantastique, faramineux, monumental, phénoménal. – POPULAIRE : bœuf. CONTR. *infime.*

colossalement *adverbe* De façon colossale. SYN. abondamment, amplement, beaucoup, considérablement, copieusement, démesurément, énormément, excessivement, extraordinairement, généreusement, grandement, immensément, largement. – FAMILIER : fichtrement. – POPULAIRE : vachement. CONTR. *faiblement, guère, légèrement, moyennement, peu.*

colosse *nom masculin* Homme très fort. SYN. force de la nature, gaillard, géant, hercule. – LITTÉRAIRE : titan. CONTR. *nain.* – FAMILIER : *homoncule, homuncule.*

colporter *verbe* Faire connaître. SYN. diffuser, divulguer, ébruiter, propager, publier, répandre, véhiculer. – LITTÉRAIRE : proclamer. CONTR. *cacher, dissimuler, taire.* – LITTÉRAIRE : *celer.*

coltiner (se) *verbe pronominal* FAMILIER. Se charger d'une tâche. SYN. – FAMILIER : s'appuyer, s'enfiler, s'envoyer, se taper. – POPULAIRE : se farcir.

coltineur *nom masculin* Homme qui portait des fardeaux. SYN. débardeur, déchargeur, docker, porteur. – VIEUX : portefaix.

columbiforme *nom masculin* Oiseau tel que le pigeon. SYN. colombin.

colymbiforme *nom masculin* Oiseau tel que les plongeons et les grèbes. SYN. gaviiforme.

combat *nom masculin* Engagement militaire. SYN. action, affaire, assaut, attaque, bataille, choc, conflit, coup de main, guerre, opération. – ARGOTIQUE : baroud. – LITTÉRAIRE : feu. CONTR. *paix.* ■ Fait de se battre. SYN. affrontement, bagarre, bataille, échauffourée, escarmouche, lutte, mêlée, rixe. CONTR. *entente.* ■ Rencontre sportive. SYN. compétition, match, partie, rencontre.

■ LITTÉRAIRE. Opposition de forces. SYN. antagonisme, duel, lutte. – LITTÉRAIRE : joute. ■ Lutte en faveur de quelque chose. SYN. mobilisation.

combatif *adjectif* Qui n'hésite pas à se battre. SYN. agressif, batailleur, belliqueux, déterminé, militant, offensif. – FAMILIER : accrocheur, bagarreur. – LITTÉRAIRE : martial, pugnace. CONTR. *amorphe, apathique, pacifique, paisible.*

combativité *nom féminin* Goût du combat. SYN. acharnement, agressivité, mordant, pétulance, résistance. – LITTÉRAIRE : pugnacité. CONTR. *calme, indolence, mollesse, placidité.*

combattant *nom masculin* Celui qui combat. SYN. belligérant, guerrier, soldat. ■ Personne qui s'oppose à une autre. SYN. adversaire, antagoniste, ennemi, opposant, rival.

combattre *verbe* Faire la guerre. SYN. assaillir, assiéger, attaquer, se battre, déterrer la hache de guerre, engager les hostilités, livrer bataille, monter en ligne, passer à l'offensive. – FAMILIER : aller au casse-pipe. – LITTÉRAIRE : guerroyer. CONTR. *enterrer la hache de guerre, pactiser.* ■ S'opposer fortement à. SYN. barrer la route à, barrer le chemin à, batailler, contester, se dresser contre, s'élever contre, faire face, faire front, faire obstacle, s'inscrire en faux, lutter, récuser, réfuter, résister. – LITTÉRAIRE : guerroyer. CONTR. *adhérer à, adopter, se rallier à, se ranger à, souscrire à.*

combinaison *nom féminin* Action de réunir des éléments. SYN. agencement, alliage, assemblage, fusionnement, groupement, panachage. ■ Fait de se combiner. SYN. alliance, amalgame, association, concours, conjonction, fusion, imbrication, mariage, mélange, réunion, union. – LITTÉRAIRE : panaché. ■ Calcul pour parvenir à. SYN. dessein, machination, manigance, manœuvre, menée, plan, projet, tractations. – FAMILIER : combine, cuisine, truc. – POPULAIRE : magouille.

combinaison *nom féminin* Vêtement d'une seule pièce. SYN. bleu, cotte, salopette.

combinard *adjectif* FAMILIER. Qui use de combines. SYN. astucieux, habile, intrigant, inventif, malin, retors, roué, rusé. – FAMILIER : débrouillard, roublard. – LITTÉRAIRE : madré. CONTR. *honnête, naïf, niais.*

combine *nom féminin* FAMILIER. Moyen peu scrupuleux. SYN. agissement, dessein, intrigue, machination, manigance, manœuvre, menée, plan, projet, stratagème. – FAMILIER : astuce, cuisine, magouille, trafic, tripotage, truc.

combiné *adjectif* Formé d'éléments qui s'assemblent. SYN. composé, conjoint, conjugué, coordonné, mélangé, mêlé, panaché. ■ Organisé à l'avance. SYN. calculé, concerté. CONTR. *impromptu, improvisé.*

combiner *verbe* Organiser des choses ensemble. SYN. agencer, amalgamer, assortir, composer, conjuguer, coordonner, doser, grouper, lier, marier, mélanger, ordonner, organiser, unir. – LITTÉRAIRE : réunir. CONTR. *décomposer.* ■ Associer une chose à une autre. SYN. adjoindre, allier, fusionner, incorporer, joindre. CONTR. *disjoindre, dissocier, isoler, séparer.* ■ Préparer des combines. SYN. agir en sous-main, comploter, conspirer, intriguer, machiner, manigancer, mijoter, mitonner, monter, nourrir, orchestrer, préméditer, tisser, tramer. – FAMILIER : concocter, goupiller, grenouiller, traficoter, trafiquer. – LITTÉRAIRE : cabaler, conjurer, nouer, ourdir. ■ Prévoir quelque chose. SYN. aménager, arranger, concerter, concevoir, échafauder, élaborer, mettre au point, mettre sur pied, préparer, prévoir, projeter.

combiner (se) *verbe pronominal* Former un tout. SYN. s'agencer, s'amalgamer, s'associer, s'imbriquer, se marier, s'unir.

comble *adjectif* Plein de monde. SYN. bondé, complet, débordant, encombré, farci, foisonnant, fourmillant, grouillant, noir de monde, rempli, surchargé. – FAMILIER : bourré, truffé. CONTR. *vide.*

comble *nom masculin* Point culminant. SYN. apogée, haut, maximum, pinacle, sommet, summum, zénith. – LITTÉRAIRE : acmé, faîte. CONTR. *minimum.* ■ Faîte d'un bâtiment. SYN. grenier. CONTR. *cave.* ■ ***De fond en comble,*** dans sa totalité. SYN. complètement, entièrement, de haut en bas, intégralement, totalement. CONTR. *incomplètement, partiellement.*

comblé *adjectif* Qui est pleinement satisfait. SYN. aux anges, enchanté, ravi, satisfait. – LITTÉRAIRE : fort aise. CONTR. *déçu, insatisfait, malheureux, mécontent.*

combler *verbe* Remplir entièrement. SYN. bonder, boucher, bourrer, colmater, envahir, obturer, remblayer. – LITTÉRAIRE : emplir. CONTR. *creuser, vider.* ■ Satisfaire pleinement. SYN. contenter, enchanter, exaucer, ravir, réjouir. CONTR. *contrarier, décevoir, mécontenter.* ■ Donner à profusion. SYN. abreuver, assouvir, couvrir, gâter, rassasier. – LITTÉRAIRE : gorger. CONTR. *priver.*

combles *nom masculin pluriel* Logement sous les toits. SYN. grenier, mansarde, soupente. – LITTÉRAIRE : galetas. CONTR. *cave, fondations, sous-sol.*

combustible *adjectif* Qui peut brûler. SYN. inflammable. CONTR. *incombustible, ininflammable.*

combustion *nom féminin* Fait pour un corps de brûler. SYN. brûlage, calcination, carbonisation, ignition.

comédie *nom féminin* Pièce ou film comique. SYN. vaudeville. CONTR. *drame, tragédie.* ■ Simulation hypocrite. SYN. bluff, hypocrisie, manigance, simagrée, singerie. – FAMILIER : chiqué, cinéma, frime, salades. – LITTÉRAIRE : feinte, pantalonnade, sournoiserie. – POPULAIRE : cirque. CONTR. *naturel, sincérité.* ■ FAMILIER. Chose compliquée. SYN. affaire. – FAMILIER : histoire. ■ FAMILIER. Attitude désagréable. SYN. caprice, scène. – FAMILIER : sérénade, vie.

comédien *nom* Personne qui joue au théâtre, au cinéma. SYN. acteur, artiste. ■ Personne qui fait semblant. SYN. hypocrite, tartufe, tartuffe. – FAMILIER : cabotin. – LITTÉRAIRE : grimacier, histrion.

comestible *adjectif* Qui peut être consommé. SYN. consommable, ingérable, mangeable. CONTR. *immangeable, inconsommable.*

comète *nom féminin* ***Tirer des plans sur la comète,*** avoir des idées utopiques. SYN. affabuler, bâtir des châteaux en Espagne, délirer, déraisonner, divaguer, s'égarer, rêver. – FAMILIER : dérailler, fantasmer. – LITTÉRAIRE : extravaguer.

comique *adjectif* Propre à la comédie. CONTR. *dramatique, tragique.* ■ Qui fait rire. SYN. amusant, désopilant, drôle, gai, hilarant, inénarrable, plaisant. – FAMILIER : crevant, impayable, marrant, rigolo, roulant, tordant. – POPULAIRE : bidonnant, fendant, gondolant, poilant. CONTR. *émouvant, grave, pathétique, poignant, sérieux, sinistre, touchant, tragique, triste.* ■ Qui est ridicule. SYN. bouffon, clownesque, grotesque, loufoque, risible. – FAMILIER : cocasse.

comique *nom* Personne qui fait rire. SYN. bouffon, boute-en-train, clown, pitre. – FAMILIER : guignol. – POPULAIRE : rigolo.

comique *nom masculin* Ce qui provoque le rire. SYN. bouffonnerie, drôlerie, humour. CONTR. *gravité, sérieux, tragique.*

comiquement *adverbe* De façon comique. SYN. burlesquement, drôlement. CONTR. *dramatiquement, gravement, sérieusement, tragiquement.*

comitial *adjectif* VIEUX. Relatif à l'épilepsie. SYN. épileptique.

commande *nom féminin* ***De commande,*** non sincère. SYN. affecté, artificiel, composé, contraint, factice, faux, feint, hypocrite, simulé, stéréotypé. CONTR. *authentique, sincère, spontané, vrai.*

commandement *nom masculin* Ordre donné. SYN. consigne, injonction, instruction, ordre, oukase, prescription, sommation, ukase. ■ Pouvoir de commander. SYN. autorité, conduite, direction, leadership, pilotage. ■ Règle de conduite. SYN. impératif, loi, précepte, prescription. ■ Instances supérieures. SYN. autorités, état-major.

commander *verbe* Assurer la direction d'une action. SYN. avoir la haute main sur, conduire, diriger, être à la barre, gouverner, guider, mener, mener le bal, mener le jeu, prendre les commandes, tenir la barre. – FAMILIER : mener la danse. ■ Exercer son autorité sur. SYN. dominer, gouverner, régir. CONTR. *obéir, obtempérer, servir, se soumettre.* ■ Donner tel ordre. SYN. exiger, imposer, intimer, mettre dans l'obligation de, mettre en demeure, ordonner, prescrire, sommer. – LITTÉRAIRE : enjoindre. CONTR. *défendre, empêcher, interdire.* ■ LITTÉRAIRE. Dominer un sentiment. SYN. gouverner, maîtriser. – LITTÉRAIRE : dompter, régler. CONTR. *subir, suivre.* ■ Entraîner tel comportement. SYN. appeler, décider, demander, imposer, inspirer, nécessiter, réclamer, requérir.

commanditaire *nom* Personne qui finance un projet. SYN. parrain, parraineur, sponsor.

commanditer *verbe* Avancer des fonds. SYN. financer, sponsoriser.

comme *conjonction* Indique la comparaison. SYN. ainsi que, à l'image de, de la même façon que, de la même manière que, de même que, non moins que, pareil à, tel. – LITTÉRAIRE : à l'instar de. ■ Indique la cause. SYN. du fait que, parce que, puisque. ■ Indique le temps. SYN. au moment où, tandis que. – LITTÉRAIRE : alors que. ■ Exprime l'addition. SYN. ainsi que, et aussi. ■ En qualité de. SYN. en tant que, à titre de.

commémoration *nom féminin* Action de commémorer. SYN. célébration, cérémonie, fête.

commémorer *verbe* Célébrer le souvenir de. SYN. célébrer, fêter.

commençant *nom* Personne qui commence une activité. SYN. apprenti, débutant, néophyte, nouveau, novice. – FAMILIER : bleu. CONTR. *ancien, expert.* – LITTÉRAIRE : *vétéran.*

commencement *nom masculin* Première partie de. SYN. amorce, arrivée, aube, avènement, balbutiement, bord, début, déclenchement, démarrage, départ, ébauche, embryon, entrée, esquisse, genèse, germe, naissance, ouverture, préambule, prélude, premiers pas, seuil. – LITTÉRAIRE : aurore, enfance, matin, prémices, printemps. CONTR. *aboutissement, accomplissement, achèvement, bout, clôture, conclusion, expiration, fin, fond, issue, péroraison, sortie, terme.* – LITTÉRAIRE : *déclin, extrémité,* *terminaison.* ▪ LITTÉRAIRE. Cause première. **SYN.** fondement, origine, source.

commencer *verbe intransitif* Être à son début. **SYN.** s'amorcer, débuter, démarrer, s'ébaucher, entrer en action, naître, partir, prendre effet, voir le jour. – **FAMILIER** : s'emmancher. **CONTR.** *aboutir, s'achever, cesser, déboucher, finir, prendre fin, se terminer.*

commencer *verbe transitif* Entreprendre quelque chose. **SYN.** amorcer, attaquer, s'attaquer à, s'atteler à, déclencher, donner le coup d'envoi, ébaucher, engager, entamer, entreprendre, esquisser, étrenner, inaugurer, mettre en branle, mettre en chantier, mettre en œuvre, mettre en route, ouvrir, poser la première pierre. – **FAMILIER** : débuter, démarrer. **CONTR.** *accomplir, achever, boucler, clôturer, conclure, couronner, finir, parachever, parfaire, terminer.* – **LITTÉRAIRE** : *clore.*

commensal *nom* LITTÉRAIRE. Celui qui mange à la même table qu'un autre. **SYN.** convive, hôte.

comment *adverbe* Interroge sur la manière. **SYN.** par quel moyen, de quelle façon, de quelle manière. ▪ Marque la surprise. **SYN.** pardon ?, plaît-il ?, quoi ? – **FAMILIER** : hein ? ▪ FAMILIER. ***Et comment !,*** insiste sur une affirmation. **SYN.** assurément, bien entendu, bien sûr, évidemment, naturellement. – **LITTÉRAIRE** : certes.

commentaire *nom masculin* Propos qui explique un texte. **SYN.** annotation, exégèse, explication, glose, note, paraphrase, scolie. ▪ Interprétation de certains propos. **SYN.** cancan, commérage, observation, réflexion, remarque. – **FAMILIER** : potin, racontar, ragot.

commenter *verbe* Expliquer un texte. **SYN.** annoter, expliquer, gloser, paraphraser. ▪ Interpréter un événement. **SYN.** exposer, présenter, rendre compte. ▪ Juger de manière critique. **SYN.** blâmer, critiquer.

commérage *nom masculin* Bavardage malveillant. **SYN.** bavardage, bruit, commentaire, indiscrétion, médisance, on-dit, qu'en-dira-t-on. – **FAMILIER** : cancan, débinage, potin, racontar, ragot. – **LITTÉRAIRE** : clabaudage, clabauderie. **CONTR.** *discrétion.*

commerçant *nom* Personne qui fait du commerce. **SYN.** boutiquier, débitant, fournisseur, grossiste, marchand, négociant. **CONTR.** *client, consommateur.*

commerce *nom masculin* Achat et vente de marchandises. **SYN.** affaire, débit, échange, négoce, trafic. – **FAMILIER** : business. ▪ Établissement commercial. **SYN.** affaire, boutique, fonds de commerce, magasin, maison, société. ▪ LITTÉRAIRE. Relation avec quelqu'un. **SYN.** accointance, compagnie, contact, échange, fréquentation, rapport. – **LITTÉRAIRE** : liaison.

commère *nom féminin* VIEUX. Maîtresse femme. **SYN.** matrone, mégère, rombière, virago. ▪ Personne curieuse et bavarde. **SYN.** bavard. – **FAMILIER** : concierge, jacasseur, jacassier. – **POPULAIRE** : pipelette. – **VIEUX** : potinier.

commérer *verbe* FAMILIER. Faire des commérages. **SYN.** bavarder, caqueter, jaser, médire. – **FAMILIER** : avoir la langue bien affilée, avoir la langue bien déliée, avoir la langue bien pendue, bavasser, baver, cancaner, causer, débiner, papoter, potiner. – **LITTÉRAIRE** : clabauder, jaboter.

commettre *verbe* Accomplir une action blâmable. **SYN.** se livrer à, perpétrer. – **LITTÉRAIRE** : consommer.

commettre (se) *verbe pronominal* LITTÉRAIRE. Être vu avec quelqu'un. **SYN.** s'afficher, s'aventurer, se compromettre, s'exposer.

comminatoire *adjectif* Qui a le caractère d'une menace. **SYN.** fulminant, menaçant.

commisération *nom féminin* Sentiment de compassion. **SYN.** apitoiement, attendrissement, pitié. – **LITTÉRAIRE** : compassion, miséricorde. **CONTR.** *dureté, froideur, indifférence, inhumanité, insensibilité, sécheresse.*

commission *nom féminin* Mission que l'on confie à quelqu'un. **SYN.** délégation, mandat. ▪ Pourcentage versé à un intermédiaire. **SYN.** dessous-de-table, pourboire, rétribution. – **FAMILIER** : bakchich, pot-de-vin. ▪ Réunion de personnes. **SYN.** comité, délégation, groupe.

commissionnaire *nom* Employé chargé de petites courses. **SYN.** chasseur, coursier, groom, porteur. ▪ Intermédiaire commercial. **SYN.** agent, mandataire.

commissions *nom féminin pluriel* Achats quotidiens. **SYN.** courses, emplettes, provisions.

commode *adjectif* Qui se prête à l'usage requis. **SYN.** adapté, approprié, confortable, maniable, pratique, utile. **CONTR.** *gênant, impropre, inapproprié, incommode, inconfortable, malcommode.* ▪ Qui n'offre pas de difficulté. **SYN.** aisé, facile, simple. **CONTR.** *compliqué, délicat, difficile, malaisé.* – **FAMILIER** : *calé.* – **LITTÉRAIRE** : *difficultueux.* ▪ Qui a un caractère facile. **SYN.** accommodant, agréable, arrangeant, bien disposé, complaisant, conciliant, coulant, vivable. **CONTR.** *acariâtre, blessant, désagréable, difficile, dur, sévère.* – **FAMILIER** : *vache.*

commodément *adverbe* De façon confortable. **SYN.** aisément, confortablement, facilement, sans difficulté, sans effort, sans encombre, sans peine. – **FAMILIER** : les doigts dans le nez.

commodité *nom féminin* Caractère commode. SYN. confort, facilité. CONTR. *difficulté, inconfort.*

commodités *nom féminin pluriel* Éléments de confort. SYN. agréments, aises.

commotion *nom féminin* Trouble violent. SYN. bouleversement, choc, coup, ébranlement, émotion, saisissement, secousse, sensation, traumatisme. ■ LITTÉRAIRE. Perturbation sociale, politique. SYN. convulsion, crise, désordre, ébranlement, secousse, tempête. – LITTÉRAIRE : orage, tourmente.

commotionner *verbe* Causer un choc psychique. SYN. bouleverser, choquer, ébranler, émouvoir, frapper, remuer, retourner, secouer, traumatiser. – FAMILIER : émotionner.

commun *adjectif* Qui appartient à tous. SYN. collectif, général, impersonnel, public, unanime, universel. CONTR. *distinctif, individuel, isolé, partagé, particulier, personnel, propre, réservé, singulier, spécifique.* ■ Qui se rencontre fréquemment. SYN. accoutumé, banal, connu, courant, fréquent, habituel, ordinaire, répandu, usuel. CONTR. *curieux, étonnant, excentrique, exceptionnel, extraordinaire, extravagant, fantastique, féerique, inaccoutumé, inédit, inhabituel, insolite, introuvable, inusité, original, paradoxal, pittoresque, rare, saillant, singulier, spécial, spectaculaire.* – FAMILIER : *fabuleux.* ■ Qui manque de distinction. SYN. bas, gros, grossier, ordinaire, prosaïque, quelconque, vulgaire. – LITTÉRAIRE : plébéien, roturier, trivial. CONTR. *beau, bien, choisi, coquet, délicat, distingué, élégant, exceptionnel, fier, fin, original, précieux, raffiné, remarquable, soutenu, supérieur.* – FAMILIER : *chic, select.* – LITTÉRAIRE : *relevé.*

communal *adjectif* Qui concerne la commune. SYN. municipal.

communauté *nom féminin* Similitude dans la manière de penser. SYN. affinité, analogie, conformité, ressemblance, unité. ■ Réunion de personnes. SYN. collectivité, compagnie, confrérie, congrégation, ordre, société.

communément *adverbe* Suivant l'usage commun. SYN. banalement, couramment, fréquemment, généralement, en général, globalement, d'habitude, habituellement, d'ordinaire, ordinairement, la plupart du temps, en règle générale, souvent, traditionnellement, usuellement, volontiers, vulgairement. CONTR. *exceptionnellement, extraordinairement, particulièrement, rarement.*

communicable *adjectif* Qui peut être transmis. SYN. exprimable, traduisible. CONTR. *incommunicable, inexprimable, intraduisible.*

communicant *nom* Personne douée pour la communication. SYN. communicateur.

communicatif *adjectif* Qui se communique aux autres. SYN. contagieux, transmissible. ■ Qui exprime volontiers ses idées. SYN. confiant, démonstratif, expansif, extraverti, exubérant, ouvert. – FAMILIER : causant, parlant. CONTR. *défiant, dissimulé, fermé, impénétrable, méfiant, ours, renfermé, réservé, taciturne.* – LITTÉRAIRE : *secret.*

communication *nom féminin* Fait de communiquer avec quelqu'un. SYN. contact, correspondance, dialogue, échange, liaison, relation, transmission. – LITTÉRAIRE : commerce. ■ Exposé fait à un groupe. SYN. adresse, allocution, annonce, avis, communiqué, cours, déclaration, discours, message, rapport.

communier *verbe* Être en accord intellectuellement. SYN. s'accorder, s'entendre, être au diapason, être d'intelligence avec. – FAMILIER : être sur la même longueur d'onde.

communion *nom féminin* Parfait accord d'idées. SYN. affinité, alliance, correspondance, entente, harmonie, union, unité. CONTR. *désaccord, désunion, dissension.* – LITTÉRAIRE : *discorde, dissentiment.*

communiqué *nom masculin* Avis au public. SYN. annonce, avis, bulletin, communication, déclaration, information, message, note, proclamation.

communiquer *verbe transitif* Faire passer quelque chose. SYN. donner, envoyer, imprimer, transmettre. ■ Susciter quelque chose chez quelqu'un. SYN. inspirer, insuffler, transmettre. – LITTÉRAIRE : infuser, inoculer, instiller. ■ Faire savoir quelque chose. SYN. annoncer, apprendre, aviser, confier, dire, exprimer, faire part, informer, notifier, révéler, signaler. CONTR. *cacher, dissimuler, taire.*

communiquer *verbe transitif indirect* Comporter un passage vers. SYN. correspondre avec, donner dans, ouvrir sur. ■ Entrer en contact avec quelqu'un. SYN. chatter, correspondre, deviser, dialoguer, échanger, s'exprimer, s'ouvrir, parler, tchatter. – LITTÉRAIRE : s'entretenir.

commutateur *nom masculin* Appareil de connexion électrique. SYN. graduateur, interrupteur.

commutatif *adjectif* Dont le résultat ne change pas si on change l'ordre. SYN. abélien.

compact *adjectif* Dont les éléments sont très serrés. SYN. dense, dru, épais, ferme, fourni, resserré, serré, tassé, touffu. CONTR. *clair, clairsemé, diffus, dispersé, éparpillé, épars, ténu.*

compagne *nom féminin* Celle qui vit dans l'entourage de. SYN. amie, camarade, collègue, condisciple. – FAMILIER : copine. ■ Celle qui partage la vie de quelqu'un. SYN. concubine, conjointe, épouse, femme, maîtresse, petite amie.

compagnie *nom féminin* Personnes qui entourent quelqu'un. SYN. cadre, entourage, fréquentation, milieu, présence, société. ■ Réunion de personnes. SYN. assemblée, assistance, association, bande, cénacle, cercle, communauté, corps, équipe, société. – LITTÉRAIRE : aréopage. ■ Bande d'animaux de même espèce. SYN. colonie, harde, horde. ■ ***Fausser compagnie,*** partir furtivement. SYN. disparaître, s'échapper, s'effacer, s'esquiver, filer à l'anglaise, se retirer, se volatiliser. – FAMILIER : se défiler, s'éclipser, s'évaporer, filer, prendre la poudre d'escampette, se sauver. – POPULAIRE : jouer la fille de l'air, se tirer.

compagnon *nom masculin* Celui qui vit dans l'entourage de. SYN. acolyte, ami, associé, camarade, collègue, complice, condisciple, familier. – FAMILIER : copain. – POPULAIRE : pote. ■ Celui qui partage la vie de quelqu'un. SYN. amant, concubin, conjoint, époux, mari, petit ami.

compagnonnage *nom masculin* Qualité de compagnon. SYN. amitié, camaraderie, familiarité, intimité.

comparable *adjectif* Qui peut être comparé. SYN. analogue, apparenté, approchant, assimilable, équivalent, pareil, proche, ressemblant, semblable, similaire, voisin. CONTR. *contraire, différent, dissemblable, inassimilable, incomparable, opposé.*

comparaison *nom féminin* Action de comparer. SYN. confrontation, parallèle, rapprochement. ■ ***En comparaison (de, avec),*** eu égard à. SYN. comparativement, proportionnellement, relativement à.

comparatif *nom masculin* Degré de comparaison. CONTR. *positif, superlatif.*

comparativement *adverbe* Par comparaison avec. SYN. auprès de, en comparaison avec, en proportion de, proportionnellement à, par rapport à, en regard de, relativement à.

comparer *verbe* Établir un rapprochement entre. SYN. assimiler, confronter, faire un parallèle, mettre en balance, mettre en face, mettre en parallèle, mettre en regard, rapprocher.

comparse *nom* Complice sans rôle majeur. SYN. acolyte, figurant. – LITTÉRAIRE : affidé.

compartiment *nom masculin* Subdivision d'un objet. SYN. case, casier, cellule, division, rayon. – LITTÉRAIRE : alvéole.

compartimentage *nom masculin* Action de compartimenter. SYN. clivage, cloisonnement, division, séparation.

compartimenter *verbe* Séparer par des divisions. SYN. cliver, cloisonner, fractionner, fragmenter, morceler.

compassé *adjectif* Qui manque de spontanéité. SYN. affecté, apprêté, bridé, cérémonieux, contraint, empesé, gourmé, guindé, maniéré, pincé, raide, rigide, rigoriste, solennel. – FAMILIER : constipé. CONTR. *familier, franc, libre, naturel, simple, spontané.*

compassement *nom masculin* LITTÉRAIRE. Manque de naturel. SYN. affectation, apprêt, raideur. CONTR. *aisance, naturel, rondeur, simplicité, spontanéité.*

compassion *nom féminin* LITTÉRAIRE. Sentiment de pitié. SYN. apitoiement, bonté, commisération, humanité, pitié, sympathie. – LITTÉRAIRE : clémence, miséricorde. CONTR. *cruauté, dureté, froideur, indifférence, inhumanité, insensibilité, sécheresse.* – LITTÉRAIRE : *endurcissement.*

compatibilité *nom féminin* Caractère compatible. SYN. accord, adéquation, concordance, conformité, harmonie. – LITTÉRAIRE : accordance, convenance. CONTR. *désaccord, incompatibilité.*

compatible *adjectif* Qui peut s'accorder avec. SYN. adéquat, approprié, conciliable. – VIEUX : idoine. CONTR. *incompatible, inconciliable, opposé.*

compatir *verbe* Prendre part à la douleur d'autrui. SYN. s'apitoyer, s'attendrir, partager, plaindre.

compatissant *adjectif* Qui manifeste de la compassion. SYN. charitable, compréhensif, humain, sensible. – LITTÉRAIRE : miséricordieux. CONTR. *cruel, dur, froid, indifférent, inhumain, insensible, sec.*

compatriote *nom* Originaire du même pays. SYN. concitoyen, concitoyenne. – VIEUX : pays, payse. CONTR. *étranger.*

compendieux *adjectif* LITTÉRAIRE. Qui s'exprime brièvement. SYN. bref, concis, elliptique, laconique. – LITTÉRAIRE : succinct. CONTR. *bavard, prolixe, verbeux.* ■ LITTÉRAIRE. Exprimé en peu de mots. SYN. abrégé, bref, concis, condensé, court, lapidaire, ramassé, succinct. CONTR. *détaillé, diffus, long.* – FAMILIER : *délayé.*

compendium *nom masculin* LITTÉRAIRE. Résumé d'une science. SYN. abrégé, condensé, épitomé, précis.

compensation *nom féminin* Avantage qui compense un inconvénient. SYN. consolation, contrepartie, dédommagement, indemnisation, indemnité, réparation.

compenser *verbe* Équilibrer un effet par un autre. SYN. balancer, contrebalancer, corriger, dédommager, équilibrer, neutraliser, pondérer. – LITTÉRAIRE : suppléer.

compérage *nom masculin* VIEUX. Entente secrète entre personnes. SYN. collusion, complicité, connivence.

compère *nom masculin* VIEUX. Personne qui est de connivence. SYN. acolyte, allié, complice. – LITTÉRAIRE : affidé.

compère-loriot *nom masculin* Petit furoncle sur le bord de la paupière. SYN. orgelet.

compétence *nom féminin* Champ d'action. SYN. autorité, domaine, pouvoir, qualité, spécialité. – FAMILIER : rayon. – LITTÉRAIRE : ressort. ■ Capacité reconnue dans un domaine. SYN. aptitude, capacité, expérience, habileté, qualification, savoir, savoir-faire. CONTR. *ignorance, inaptitude, incompétence, inexpérience, inhabileté.*

compétent *adjectif* Qui a l'aptitude pour. SYN. apte, autorisé, averti, capable, connaisseur, efficace, exercé, expérimenté, expert, maître, qualifié, valable, versé. – FAMILIER : chevronné. CONTR. *ignorant, inapte, incapable, incompétent, inexpérimenté, mauvais.* – LITTÉRAIRE : *inexpert.*

compétiteur *nom* Personne opposée à d'autres. SYN. adversaire, challenger, concurrent, rival. CONTR. *allié, partenaire.*

compétitif *adjectif* Qui a sa place sur le marché. SYN. abordable, avantageux, concurrentiel, valable.

compétition *nom féminin* Recherche simultanée de. SYN. concurrence, duel, rivalité. ■ Épreuve sportive. SYN. challenge, championnat, combat, concours, critérium, lutte, match, partie, poule, rencontre. – LITTÉRAIRE : tournoi.

compilateur *nom* Personne qui compile. SYN. démarqueur, imitateur, plagiaire.

compilation *nom féminin* Action de compiler des textes. SYN. copie, démarquage, emprunt, imitation, plagiat.

compiler *verbe* Imiter des textes. SYN. copier, démarquer, piller, plagier.

complaire (se) *verbe pronominal* Trouver son plaisir dans. SYN. adorer, aimer, chérir, être heureux comme un pape, être heureux comme un poisson dans l'eau, être heureux comme un roi, être tout à la joie de, se faire une joie de, goûter, se plaire à, raffoler de. – LITTÉRAIRE : affectionner, se délecter. CONTR. *abominer, détester, exécrer, haïr.* – LITTÉRAIRE : *abhorrer.*

complaisamment *adverbe* Pour être agréable. SYN. aimablement, gentiment, obligeamment.

complaisance *nom féminin* Volonté d'être agréable. SYN. affabilité, amabilité, bienveillance, bonté, charité, gentillesse, obligeance, prévenance, serviabilité, sympathie. – LITTÉRAIRE : accortise. – RARE : bénévolence. CONTR. *animosité, cruauté, dureté, froideur, hostilité, rudesse, sécheresse.* ■ Satisfaction personnelle. SYN. contentement, satisfaction. – LITTÉRAIRE : délectation. CONTR. *humilité, modestie.* ■ Volonté de flatter. SYN. condescendance, empressement, obséquiosité. – LITTÉRAIRE : servilité.

complaisant *adjectif* Qui cherche à faire plaisir. SYN. aimable, attentif, attentionné, bienveillant, dévoué, empressé, favorable, gentil, obligeant, prévenant, serviable. CONTR. *bourru, brusque, désagréable, désobligeant, revêche.* ■ Qui est trop indulgent. SYN. accommodant, arrangeant, commode, conciliant, coulant, facile, flexible, large, laxiste, tolérant, vivable. – LITTÉRAIRE : traitable. CONTR. *difficile, dur, inflexible, intolérant, intraitable, intransigeant, rigoureux, sectaire, sévère, strict.*

complément *nom masculin* Ce qui s'ajoute à quelque chose. SYN. à-côté, addenda, ajout, appendice, appoint, rallonge, reste, solde, supplément, surcroît, surplus.

complémentaire *adjectif* Qui complète quelque chose. SYN. accessoire, additionnel, annexe, auxiliaire, subsidiaire, supplémentaire. CONTR. *initial, principal.*

complet *adjectif* À quoi rien ne manque. SYN. entier, exhaustif, intégral, total. CONTR. *composite, fragmentaire, incomplet, lacunaire, parcellaire, partiel, sommaire.* – LITTÉRAIRE : *lacuneux.* ■ Qui ne peut plus rien contenir. SYN. bondé, comble, plein, rempli. – FAMILIER : bourré. CONTR. *vide.* ■ Qui est sans restriction. SYN. absolu, entier, global, plein, profond, radical, total. CONTR. *fragmentaire, inachevé, partiel, réduit, relatif.* ■ Parfait en son genre. SYN. accompli, achevé, consommé, fieffé, idéal, parfait. CONTR. *ébauché, élémentaire, esquissé, inachevé, rudimentaire, schématique, superficiel.*

complètement *adverbe* Tout entier. SYN. de A à Z, de A jusqu'à Z, d'un bout à l'autre, de bout en bout, de la cave au grenier, entièrement, en entier, de fond en comble, à fond, de haut en bas, in extenso, intégralement, jusqu'à la garde, jusqu'au bout, de pied en cap, des pieds à la tête, pleinement, sans fin, totalement, en totalité, tout entier. – FAMILIER : tout plein. CONTR. *imparfaitement, incomplètement, partiellement, pas du tout, pas le moins du monde, peu, sommairement.* ■ Sans restriction. SYN.

(à) cent pour cent, absolument, au-delà de toute expression, corps et âme, diamétralement, directement, exclusivement, à la folie, foncièrement, littéralement, parfaitement, pleinement, au plus haut degré, au plus haut point, à un point inimaginable, profondément, radicalement, sans limite, sans réserve, strictement, totalement, tout à fait, du tout au tout, très, les yeux fermés. – FAMILIER : carrément, éperdument. CONTR. *à demi, faiblement, guère, incidemment, médiocrement, modérément, à moitié, à peine, presque.*

compléter *verbe* Mener à un état complet. SYN. achever, couronner, parachever, parfaire, terminer. CONTR. *ébaucher, esquisser.* ■ Ajouter ce qui manque. SYN. accompagner, arrondir, assortir, enrichir. – LITTÉRAIRE : suppléer. CONTR. *prélever, retrancher.*

complexe *adjectif* Difficile à comprendre. SYN. compliqué, délicat, difficile, embrouillé, emmêlé, sophistiqué. – FAMILIER : coton. – LITTÉRAIRE : difficultueux, labyrinthique. CONTR. *c'est un jeu d'enfant, clair, élémentaire, enfantin, facile, simple.* – FAMILIER : *ce n'est pas la mer à boire, c'est de la rigolade, c'est du gâteau, c'est du tout cuit, pas sorcier.* – POPULAIRE : *c'est du billard.*

complexifier *verbe* Rendre plus complexe. SYN. brouiller, chercher midi à quatorze heures, compliquer, couper les cheveux en quatre, embrouiller, emmêler, obscurcir. CONTR. *simplifier.*

complexion *nom féminin* LITTÉRAIRE. Constitution physique. SYN. nature, naturel, physique, santé, tempérament.

complexité *nom féminin* Caractère complexe. SYN. complication, difficulté. CONTR. *clarté, facilité, netteté, simplicité.*

complication *nom féminin* État de ce qui est compliqué. SYN. complexité, confusion, subtilité. CONTR. *clarté, facilité, simplicité.* ■ Difficulté nouvelle. SYN. accroc, à-coup, contretemps, difficulté, embarras, ennui, incident, obstacle. – FAMILIER : embrouille, enquiquinement, histoire. – POPULAIRE : emmerdement.

complice *nom* Personne qui participe à une action. SYN. acolyte, aide, allié, auxiliaire, compagnon, comparse, coopérateur. – FAMILIER : copain, copine. – LITTÉRAIRE : affidé. – POPULAIRE : pote. – VIEUX : compère. CONTR. *adversaire, ennemi.*

complicité *nom féminin* Participation à une action. SYN. aide, collaboration, concours, contribution, soutien. CONTR. *désaccord.* ■ Entente tacite. SYN. collusion, connivence, entente, intelligence. – VIEUX : compérage.

compliment *nom masculin* Paroles élogieuses. SYN. éloge, félicitations, flatterie, hommage, louange. – LITTÉRAIRE : civilités, congratulations. CONTR. *affront, blâme, critique, injure, médisance, observation, remontrance, réprimande, reproche, sarcasme, semonce.* – LITTÉRAIRE : *admonestation, admonition, avanie.*

complimenter *verbe* Adresser des compliments à. SYN. aduler, chanter les louanges, couvrir de fleurs, dire du bien de, donner un coup de chapeau, envoyer des fleurs à, féliciter, flatter, louer, ne pas tarir sur, passer la main dans le dos, vanter les mérites. – FAMILIER : passer de la pommade, passer la brosse à reluire. – LITTÉRAIRE : congratuler, encenser, louanger. CONTR. *blâmer, dire du mal de, injurier, invectiver, morigéner, réprimander, stigmatiser.* – FAMILIER : *attraper, enguirlander.* – LITTÉRAIRE : *admonester, brocarder.* – POPULAIRE : *engueuler.*

complimenteur *nom* LITTÉRAIRE. Personne qui fait des compliments. SYN. adorateur, applaudisseur, bénisseur, courtisan, flatteur. – FAMILIER : lèche-bottes, lécheur. – LITTÉRAIRE : adulateur, caudataire, encenseur, flagorneur, laudateur, thuriféraire. – POPULAIRE : lèche-cul. CONTR. *critique, dénigreur, dépréciateur, détracteur.* – LITTÉRAIRE : *censeur.*

compliqué *adjectif* Difficile à comprendre. SYN. abscons, ardu, complexe, confus, difficile, embrouillé, emmêlé, fumeux, touffu. – FAMILIER : calé, coton. – LITTÉRAIRE : difficultueux. CONTR. *aisé, c'est un jeu d'enfant, clair, commode, élémentaire, enfantin, facile, net, simple.* – FAMILIER : *ce n'est pas la mer à boire, c'est de la rigolade, c'est du gâteau, c'est du tout cuit, pas sorcier.* – POPULAIRE : *c'est du billard.* ■ Qui manque de simplicité. SYN. alambiqué, raffiné, sophistiqué, tourmenté. – FAMILIER : tarabiscoté. – LITTÉRAIRE : labyrinthique. CONTR. *dépouillé, simple, sobre.* – LITTÉRAIRE : *rustique.*

compliquer *verbe* Rendre difficile à comprendre. SYN. brouiller, complexifier, embrouiller, emmêler, obscurcir. CONTR. *aider, faciliter, simplifier.*

compliquer (se) *verbe pronominal* Devenir difficile. SYN. s'aggraver, aller de mal en pis, se corser, dégénérer, se dégrader, se détériorer, s'envenimer, se gâter, prendre une mauvaise tournure. – FAMILIER : tourner à l'aigre, tourner au vinaigre. CONTR. *aller de mieux en mieux, s'arranger, se simplifier.* – FAMILIER : *se tasser.*

complot *nom masculin* Action secrète menée en commun. SYN. cabale, conjuration, conspiration, intrigue, machination, menées. – FAMILIER : trafic.

comploter *verbe transitif* Préparer secrètement. **SYN.** agir en sous-main, combiner, conspirer, intriguer, machiner, manigancer, manœuvrer, mijoter, mitonner, monter, préméditer, projeter, tramer. – FAMILIER : concocter, goupiller, grenouiller, traficoter, trafiquer. – LITTÉRAIRE : cabaler, conjurer, ourdir.

comploteur *nom* Personne qui complote. **SYN.** conjuré, conspirateur. – LITTÉRAIRE : cabaleur.

comportement *nom masculin* Manière de se tenir. **SYN.** allure, attitude, conduite, contenance, maintien, manières, tenue. – LITTÉRAIRE : errements.

comportementalisme *nom masculin* Courant de la psychologie scientifique. **SYN.** béhaviorisme.

comportementaliste *adjectif et nom* Du comportementalisme. **SYN.** béhavioriste.

comporter *verbe* Renfermer quelque chose. **SYN.** se composer de, comprendre, compter, consister en, contenir, englober, inclure, présenter, renfermer. – LITTÉRAIRE : embrasser. **CONTR.** *exclure.* ■ Entraîner comme conséquence. **SYN.** admettre, impliquer.

comporter (se) *verbe pronominal* Avoir tel ou tel comportement. **SYN.** agir, se conduire, se tenir.

composant *nom masculin* Ce qui entre dans la composition de. **SYN.** accessoire, constituant, élément.

composé *adjectif* Qui manque de naturel. **SYN.** affecté, apprêté, artificiel, d'emprunt, étudié, factice, feint, recherché. **CONTR.** *authentique, naturel, simple, spontané.*

composé *nom masculin* Ensemble constitué d'éléments divers. **SYN.** alliage, alliance, amalgame, combinaison, mélange, tissu. – LITTÉRAIRE : panaché.

composée *nom féminin* Plante aux fleurs serrées en capitule. **SYN.** astéracée.

composer *verbe intransitif* Se prêter à un arrangement. **SYN.** amener à composition, arriver à composition, biaiser, céder, couper la poire en deux, s'entendre, négocier, pactiser, parlementer, traiter, transiger, trouver un terrain d'entente, venir à composition. – LITTÉRAIRE : s'accommoder.

composer *verbe transitif* Former un tout en assemblant. **SYN.** agencer, assembler, combiner, confectionner, constituer, disposer, faire, mettre en forme, ordonnancer, ordonner, organiser. **CONTR.** *décomposer, défaire, dissocier.* ■ Entrer dans la composition de. **SYN.** constituer, former. ■ Créer une œuvre. **SYN.** concevoir, écrire, élaborer, fabriquer, produire. – FAMILIER : pondre.

composite *adjectif* Formé d'éléments divers. **SYN.** bigarré, disparate, divers, hétéroclite, hétérogène, hybride, mélangé, mêlé, mixte, panaché, varié. **CONTR.** *complet, homogène, simple.*

composition *nom féminin* Action de former un tout. **SYN.** agencement, arrangement, confection, constitution, construction, formation, ordonnance, organisation. ■ Ce qui compose un corps. **SYN.** architecture, contexture, structure, teneur. – LITTÉRAIRE : texture. ■ Exercice scolaire. **SYN.** dissertation, rédaction. ■ Mélange d'éléments. **SYN.** amalgame, combiné, composé, mixture.

composter *verbe* Marquer pour valider. **SYN.** perforer, poinçonner.

compote *nom féminin* Fruits cuits. **SYN.** marmelade. ■ FAMILIER. ***En compote,*** réduit en morceaux. **SYN.** écrasé, en marmelade, en morceaux, en pièces. – FAMILIER : en bouillie, en capilotade.

compréhensibilité *nom féminin* Qualité de ce qui est compréhensible. **SYN.** clarté, compréhension, intelligibilité, limpidité. **CONTR.** *hermétisme, inintelligibilité, obscurité.* – LITTÉRAIRE : *incompréhensibilité, opacité.*

compréhensible *adjectif* Qui peut être compris. **SYN.** abordable, accessible, assimilable, clair, déchiffrable, distinct, facile, intelligible, limpide, perceptible, simple. – FAMILIER : bête comme chou, clair comme de l'eau de roche, clair comme deux et deux font quatre, clair comme le jour. – LITTÉRAIRE : pénétrable. **CONTR.** *abscons, ardu, confus, difficile, fumeux, hermétique, illisible, inaccessible, inassimilable, incompréhensible, indéchiffrable, inexplicable, inintelligible, mystérieux, nuageux, obscur, subtil, voilé.* – LITTÉRAIRE : *nébuleux, opaque, sibyllin, ténébreux.* ■ Qu'on admet facilement. **SYN.** concevable, défendable, excusable, explicable, légitime, naturel, normal. **CONTR.** *inadmissible, inconcevable, inexcusable, inexplicable, intolérable.*

compréhensif *adjectif* Qui admet le point de vue des autres. **SYN.** arrangeant, bienveillant, compatissant, humain, indulgent, large, libéral, ouvert, tolérant. **CONTR.** *dur, fermé, incompréhensif, inflexible, intolérant, intransigeant, sévère.*

compréhension *nom féminin* Intelligibilité de quelque chose. **SYN.** accès, clarté, compréhensibilité, intelligibilté, limpidité. **CONTR.** *confusion, obscurité.* ■ Aptitude à comprendre. **SYN.** clairvoyance, esprit, intelligence, lucidité, pénétration, sagacité. – FAMILIER : comprenette. **CONTR.** *incompréhension, inintelligence.* ■ Indulgence à l'égard d'autrui. SYN. bienveillance, bonté, tolérance. – LITTÉRAIRE : mansuétude. CONTR. *dureté, incompréhension, intolérance, sévérité.*

comprendre *verbe* Être composé de. SYN. admettre, avoir, comporter, compter, contenir, englober, impliquer, inclure, intégrer, receler, renfermer. – LITTÉRAIRE : embrasser. CONTR. *excepter, exclure, omettre.* ■ Saisir par l'esprit. SYN. appréhender, assimiler, concevoir, entendre, imaginer, interpréter, pénétrer, réaliser, se représenter, saisir, suivre, toucher du doigt, voir. – LITTÉRAIRE : embrasser. – POPULAIRE : bitter, entraver, piger. CONTR. – FAMILIER : *nager, y perdre son latin.* ■ Se rendre compte de. SYN. s'apercevoir, réaliser, se représenter.

comprenette *nom féminin* FAMILIER. Faculté de comprendre. SYN. compréhension, intelligence.

compresser *verbe* Serrer dans un espace restreint. SYN. comprimer, écraser, resserrer, serrer, tasser. CONTR. *décomprimer, dilater.*

compressible *adjectif* Qui peut être comprimé. SYN. comprimable. CONTR. *dilatable, incompressible.* ■ Qui est susceptible d'être diminué. SYN. réductible. CONTR. *extensible, incompressible, irréductible.*

compression *nom féminin* Réduction du volume de quelque chose. SYN. aplatissement, diminution, économie, réduction, resserrement, restriction. CONTR. *accroissement, augmentation, gonflement.* ■ Action de serrer fortement. SYN. constriction, contraction. CONTR. *dilatation, expansion.*

comprimé *nom masculin* Préparation médicamenteuse solide. SYN. cachet, gélule, pastille, pilule.

comprimer *verbe* Réduire le volume de. SYN. diminuer, réduire, restreindre. CONTR. *accroître, augmenter, étendre, gonfler.* ■ Serrer fortement. SYN. brider, compresser, presser, resserrer, sangler, serrer, tasser. CONTR. *décomprimer, dilater, écarter.* ■ Contenir un sentiment. SYN. brider, freiner, refréner, réfréner, retenir. CONTR. *afficher, débrider, étaler, exprimer, extérioriser, manifester.*

compromettant *adjectif* Qui peut causer un préjudice. SYN. aventureux, dangereux, dommageable, périlleux, préjudiciable, risqué.

compromettre *verbe* Exposer à un risque. SYN. aventurer, ébranler, ébrécher, exposer, galvauder, hasarder, jouer, risquer. CONTR. *assurer, garantir.* ■ Exposer à un préjudice. SYN. brûler, desservir, discréditer, éclabousser, impliquer, nuire, préjudicier, ternir.

compromettre (se) *verbe pronominal* S'exposer à un préjudice. SYN. s'avancer, s'aventurer, tremper dans. – FAMILIER : se mouiller. – LITTÉRAIRE : se commettre.

compromis *nom masculin* Accord après avoir transigé. SYN. accommodement, accord, arrangement, concession, conciliation, consensus, modus vivendi, transaction.

compromission *nom féminin* Concession lâche. SYN. arrangement, bassesse, concession.

comptabiliser *verbe* Calculer de façon détaillée. SYN. calculer, chiffrer, compter.

comptant *adverbe* En payant la totalité. SYN. rubis sur l'ongle. – FAMILIER : cash, recta. CONTR. *à crédit.*

compte *nom masculin* Action de compter. SYN. calcul, dénombrement, énumération, opération. ■ Résultat trouvé. SYN. décompte, dû, facture, montant, note, relevé, total. – FAMILIER : addition. ■ ***Compte tenu de,*** eu égard à. SYN. en considération de , en raison de, vu. ■ ***En fin de compte, au bout du compte, tout compte fait,*** pour conclure. SYN. bref, décidément, enfin, finalement. ■ ***Rendre compte de,*** faire un compte-rendu. SYN. commenter, décrire, dépeindre, expliquer, exposer, exprimer, parler de, raconter, rapporter, relater, retracer. ■ ***Se rendre compte,*** avoir une notion nette. SYN. s'apercevoir, s'aviser, comprendre, réaliser, se représenter. ■ ***Tenir compte de,*** prendre en considération. SYN. apprécier, considérer, envisager, étudier, examiner, peser, prendre en compte, réfléchir à.

compte-fils *nom masculin invariable* Sorte de loupe. SYN. quart-de-pouce.

compte-gouttes *nom masculin* ***Au compte-gouttes,*** avec parcimonie. SYN. chichement, mesquinement, modérément, modestement, parcimonieusement, pauvrement, petitement. – RARE : avarement. CONTR. *abondamment, abusivement, beaucoup, comme s'il en pleuvait, considérablement, démesurément, à discrétion, énormément, excessivement, extraordinairement, extrêmement, à flots, à foison, follement, fort, fortement, généreusement, grandement, immensément, immodérément, infiniment, largement, outrageusement, outre mesure, à la pelle, prodigieusement, à profusion, en quantité, à satiété, à souhait, à tour de bras, trop.* – FAMILIER : *bigrement, bougrement, carrément, à gogo, en pagaïe, en pagaille, à revendre, à tire-larigot.*

compter *verbe intransitif* Faire des calculs. SYN. calculer, regarder à la dépense. CONTR. *dilapider, gaspiller, jeter l'argent par les fenêtres.* ■ Avoir de l'importance pour quelqu'un. SYN. dater, importer, mériter considération, peser, tirer à conséquence, valoir la peine. CONTR. *indifférer.* ■ Être au nombre de. SYN. figurer, se ranger.

compter *verbe transitif* Déterminer le nombre de. SYN. calculer, chiffrer, comptabiliser, dénombrer, énumérer, évaluer, faire le compte de, faire le décompte de, recenser. ■ Être constitué de. SYN. comporter, comprendre, contenir, posséder, présenter, receler, renfermer. ■ Faire entrer dans un ensemble. SYN. comprendre, englober, inclure. CONTR. *négliger, omettre.* ■ Avoir l'intention de. SYN. envisager de, escompter, penser, prévoir, programmer, projeter de, se promettre de, se proposer de, songer à. CONTR. *renoncer.*

compter *verbe transitif indirect* Mettre son espoir en. SYN. croire en, espérer, faire confiance, se fier à, s'en remettre à, se reposer sur, tabler sur. CONTR. *douter de, se méfier.* – LITTÉRAIRE : *se défier.*

compte-rendu *nom masculin* Rapport fait sur quelque chose. SYN. analyse, exposé, historique, procès-verbal, récit, relation.

comptoir *nom masculin* Table haute d'un débit de boissons. SYN. bar. – FAMILIER : zinc.

compulser *verbe* Se référer à un texte. SYN. consulter, feuilleter, lire.

con *nom* POPULAIRE. Personne stupide. SYN. âne, âne bâté, balourd, benêt, butor, idiot, ignorant, imbécile, innocent, lourdaud, maladroit, niais, nigaud, nul, nullité, rustre, sot, sotte. – FAMILIER : abruti, andouille, animal, ballot, bécasse, bêta, bûche, buse, crétin, cruche, dinde, empaillé, empoté, gaffeur, ganache, gourde, jacques, noix, oie, rustaud, saucisse, serin. – LITTÉRAIRE : nicodème. – POPULAIRE : banane, cloche, conard, conasse, connard, connasse, conneau, corniaud, cornichon, couillon, courge, enflé, enflure, enfoiré, gland, manche, nouille, œuf, patate, taré, tête de nœud, trou du cul, truffe.

concasser *verbe* Réduire en fragments. SYN. briser, broyer, casser, écraser, égruger, moudre, piler, pulvériser.

concave *adjectif* Dont la forme est en creux. SYN. creux, incurvé, rentrant. CONTR. *bombé, convexe, protubérant, renflé, ventru.*

concavité *nom féminin* État de ce qui est concave. SYN. anfractuosité, cavité, creux, dépression, excavation. CONTR. *bombement, bosse, convexité, renflement, saillie.*

concéder *verbe* Admettre le point de vue de. SYN. accorder, admettre, avouer, consentir, convenir, reconnaître. CONTR. *contester, nier, refuser, rejeter.* ■ Accorder un droit. SYN. allouer, céder, conférer, donner, octroyer. – LITTÉRAIRE : impartir.

concentration *nom féminin* Fait d'être rassemblé. SYN. fusion, groupement, rassemblement, regroupement, réunion. CONTR. *éclatement, séparation.* ■ Effort d'attention. SYN. application, attention, focalisation, réflexion, tension. – LITTÉRAIRE : contention. CONTR. *dispersion, dissipation, distraction, inattention.* ■ Action de concentrer. SYN. accumulation, agglomération, agglutination, centralisation. CONTR. *dispersion, dissipation.*

concentré *adjectif* Qui est dense. SYN. condensé, fort, intense. CONTR. *diffus, dilué, étendu.* – FAMILIER : *délayé.* ■ Qui fixe son attention. SYN. absorbé, appliqué, attentif, réfléchi, tendu. CONTR. *distrait, inattentif.*

concentrer *verbe* Rassembler en un point. SYN. canaliser, centraliser, grouper, masser, rallier, rassembler, regrouper, réunir. – LITTÉRAIRE : assembler. CONTR. *dégrouper, disperser, disséminer, éparpiller, étaler, étendre, étirer, séparer.* ■ Occuper son esprit à. SYN. accaparer, axer, canaliser, fixer, focaliser, polariser, ramener. CONTR. *disperser, distraire, relâcher.* ■ Augmenter la densité. SYN. condenser, saturer. CONTR. *délayer, diluer, étendre.*

concentrer (se) *verbe pronominal* Fixer son attention. SYN. s'appliquer à, s'évertuer, fixer ses idées, méditer, rassembler ses idées, réfléchir. – FAMILIER : faire marcher sa matière grise. CONTR. *se disperser, se dissiper, s'éparpiller.*

concept *nom masculin* Idée générale. SYN. abstraction, idée, notion.

conception *nom féminin* Fait d'imaginer quelque chose. SYN. composition, création, élaboration, genèse, invention. – LITTÉRAIRE : enfantement. ■ Manière de voir. SYN. idée, notion, optique, pensée, philosophie, point de vue, position, représentation, théorie, vision, vue. ■ LITTÉRAIRE. Aptitude à comprendre. SYN. connaissance, intelligence, pensée.

concernant *préposition* En ce qui concerne. SYN. pour, à propos de, relativement à, au sujet de, sur, touchant.

concerner *verbe* Toucher directement. SYN. s'adresser à, s'appliquer à, avoir rapport à, avoir trait à, intéresser, se rapporter à, regarder, relever de, toucher, viser. – LITTÉRAIRE : ressortir à.

concert *nom masculin* Ensemble de bruits. SYN. cacophonie, charivari, tintamarre. – FAMILIER : sérénade, tohu-bohu. ■ LITTÉRAIRE. Harmonie entre personnes. SYN. chœur, entente, intelligence, union. CONTR. – LITTÉRAIRE : *dissentiment, dissonance.* ■ ***De concert,*** en même temps. SYN. d'un commun accord, concurremment, conjointement, ensemble, de front, simultanément, unanimement, à l'unisson. – LITTÉRAIRE : de conserve.

concerté *adjectif* Bien préparé. SYN. arrangé, calculé, combiné, étudié, organisé, prémédité, préparé. CONTR. *impromptu, irréfléchi, naturel, spontané.*

concerter *verbe* Préparer une action en commun. SYN. arranger, calculer, combiner, construire, coordonner, élaborer, machiner, manigancer, mettre au point, mettre sur pied, mijoter, mitonner, orchestrer, organiser, préparer, régler. – FAMILIER : concocter, goupiller. – LITTÉRAIRE : ourdir.

concerter (se) *verbe pronominal* S'accorder pour agir ensemble. SYN. se coaliser, se donner le mot, s'entendre, s'organiser, se passer le mot. – FAMILIER : accorder ses violons.

concession *nom féminin* Abandon d'un avantage. SYN. cession, renoncement. ■ Fait de céder sur un point. SYN. accommodement, arrangement, compromis, compromission, renoncement, renonciation.

concevable *adjectif* Qui peut se concevoir. SYN. compréhensible, imaginable, intelligible, pensable. CONTR. *impensable, inconcevable, incroyable, inimaginable, inintelligible.*

concevoir *verbe* Former des idées. SYN. combiner, composer, créer, découvrir, échafauder, élaborer, imaginer, inventer, trouver. ■ Saisir par l'esprit. SYN. admettre, appréhender, comprendre, entendre, percevoir, réaliser, se représenter, saisir, supposer, voir. – LITTÉRAIRE : embrasser. – POPULAIRE : entraver.

concierge *nom* FAMILIER. Personne qui aime les potins. SYN. bavard, commère, jaseur. – FAMILIER : jacasseur, jacassier, perroquet. – POPULAIRE : pipelette. – VIEUX : potinier.

conciliable *adjectif* Qui peut se concilier avec. SYN. compatible. CONTR. *incompatible, inconciliable.*

conciliabule *nom masculin* Discussion à voix basse. SYN. aparté, causerie, conversation, messe basse. – VIEUX : chuchoterie.

conciliant *adjectif* Avec qui on peut s'arranger. SYN. accommodant, arrangeant, bienveillant, commode, complaisant, conciliateur, coulant, indulgent, souple, vivable. – LITTÉRAIRE : traitable. CONTR. *absolu, austère, autoritaire, belliqueux, blessant, buté, catégorique, coupant, despotique, difficile, dur, entier, exigeant, impitoyable, intraitable, intransigeant, irréconciliable, têtu, vif, vindicatif.* – FAMILIER : *bagarreur, pénible.* – LITTÉRAIRE : *raide.* – VIEUX : *chicaneur, chicanier.*

conciliateur *adjectif* Propre à concilier. SYN. apaisant, arrangeant, conciliant, conciliatoire.

conciliateur *nom* Personne qui règle un conflit. SYN. arbitre, intermédiaire, médiateur, pacificateur. CONTR. *agitateur, provocateur.* – VIEUX : *boutefeu.*

conciliation *nom féminin* Action de mettre d'accord. SYN. accommodement, arbitrage, arrangement, compromis, médiation, pacification, rapprochement, transaction. CONTR. *opposition.*

conciliatoire *adjectif* Propre à concilier. SYN. apaisant, arrangeant, conciliant, conciliateur.

concilier *verbe* Mettre d'accord des personnes. SYN. arbitrer, rapprocher, réconcilier. – FAMILIER : raccommoder. CONTR. *brouiller.* ■ Rendre des choses compatibles. SYN. ajuster, arranger, conformer, harmoniser. ■ Faire bénéficier quelqu'un de. SYN. acquérir, attirer, gagner.

concilier (se) *verbe pronominal* Être compatible avec autre chose. SYN. s'accorder. CONTR. *s'opposer.* ■ Se rendre quelqu'un favorable. SYN. amadouer, s'attirer, capter, gagner. CONTR. *cabrer.*

concis *adjectif* Exprimé en peu de mots. SYN. bref, condensé, court, dense, dépouillé, elliptique, laconique, lapidaire, précis, ramassé, schématique, sobre, sommaire, succinct. – LITTÉRAIRE : compendieux, rapide. CONTR. *bavard, boursouflé, diffus, filandreux, long, prolixe, redondant, touffu, verbeux.*

concision *nom féminin* Caractère concis. SYN. brièveté, densité, dépouillement, laconisme, netteté, sobriété. CONTR. *longueur, redondance, verbiage.* – FAMILIER : *délayage.* – LITTÉRAIRE : *faconde, prolixité, verbosité.*

concitoyen *nom* Personne du même pays. SYN. compatriote. – VIEUX : pays.

concluant *adjectif* Qui établit une conclusion irréfutable. SYN. convaincant, décisif, définitif, démonstratif, indiscutable, irrésistible, péremptoire, probant. CONTR. *contestable, discutable.*

conclure *verbe* Régler par un accord. SYN. signer, traiter. ■ Terminer quelque chose. SYN. accomplir, achever, arrêter, cesser, couper court à, couronner, finir, en finir, mettre un point final à, mettre un terme à, parachever, régler, tirer le rideau, tourner la page. – LITTÉRAIRE : clore. CONTR. *amorcer, commencer, ébaucher, entamer, esquisser.* – FAMILIER : *débuter.* ■ Tirer une conclusion de. SYN. arguer, argumenter, déduire, induire, inférer, juger.

conclusion *nom féminin* Action de conclure. SYN. achèvement, clôture, fin, issue, réalisation, règlement, solution. – LITTÉRAIRE : parachèvement, terminaison. CONTR. *amorce, ébauche, naissance, ouverture, préliminaires.* ■ Partie qui termine un texte. SYN. épilogue, fin, moralité, péroraison, terme. CONTR. *avant-propos, avertissement, avis, commencement, début, exorde, exposition, introduction, préambule, préface, présentation, prologue.* ■ Conséquence logique. SYN. aboutissement, accomplissement, déduction, dénouement, épilogue, fin, résultat. CONTR. *hypothèse.*

concocter *verbe* FAMILIER. Élaborer avec soin. SYN. combiner, comploter, concerter, conspirer, machiner, manigancer, mettre au point, mettre sur pied, mijoter, mitonner, monter, nourrir, orchestrer, préméditer, tisser, tramer. – FAMILIER : goupiller, traficoter, trafiquer. – LITTÉRAIRE : nouer, ourdir.

concomitance *nom féminin* Existence simultanée. SYN. coexistence, coïncidence, simultanéité, synchronisme.

concomitant *adjectif* Qui a lieu en même temps. SYN. coexistant, coïncident, simultané, synchrone, synchronique. CONTR. *alternatif, indépendant, séparé.*

concordance *nom féminin* Conformité entre plusieurs choses. SYN. accord, adéquation, affinité, analogie, cohérence, coïncidence, compatibilité, conformité, correspondance, harmonie, parité, rapport, ressemblance, similitude, synchronisme. – LITTÉRAIRE : accordance, connexité. CONTR. *antagonisme, décalage, désaccord, déséquilibre, discordance, disparité, divergence, écart, opposition.* – LITTÉRAIRE : *disparate.*

concordant *adjectif* Qui concorde. SYN. adéquat, correspondant, homologue. CONTR. *antagoniste, antinomique, discordant.* – LITTÉRAIRE : *dissonant.*

concorde *nom féminin* Bonne entente. SYN. accord, alliance, entente, fraternité, harmonie, paix, union. CONTR. *antagonisme, bataille, conflit, désaccord, dispute, dissension, division, guerre, hostilité, mésentente, zizanie.* – LITTÉRAIRE : *discorde, dissentiment, dissonance, mésintelligence.*

concorder *verbe* Être en conformité avec. SYN. s'accorder, s'assortir, cadrer, coïncider, convenir, correspondre, s'harmoniser, recouper, répondre à. – FAMILIER : coller. CONTR. *s'affronter, contraster, se contredire, différer, s'éloigner, s'opposer.*

concourant *adjectif* Qui tend vers un même but. SYN. convergent. CONTR. *divergent.*

concourir *verbe* Tendre vers quelque chose. SYN. aider à, contribuer à, faciliter, favoriser, permettre de.

concours *nom masculin* Aide apportée par quelqu'un. SYN. apport, appui, assistance, collaboration, complicité, contribution, coopération, intervention, participation, patronage, renfort. CONTR. *opposition.* ■ Épreuve opposant des concurrents. SYN. compétition, épreuve, match. ■ ***Concours de circonstances,*** coïncidence d'événements. SYN. coïncidence, combinaison, conjonction, télescopage.

concret *adjectif* Qui est perceptible par les sens. SYN. corporel, effectif, matériel, palpable, physique, sensible, substantiel, tangible. CONTR. *abstrait, fluide, immatériel, irréel, spirituel.* – LITTÉRAIRE : *incorporel.* ■ Qui ne s'écarte pas de la réalité. SYN. consistant, positif, pratique, réaliste, réel, vrai. CONTR. *formel, hypothétique, idéal, illusoire, imaginaire, irréel, spéculatif, théorique, utopique.*

concrètement *adverbe* De façon concrète. SYN. en fait, matériellement, physiquement, pratiquement, tangiblement.

concrétisation *nom féminin* Fait de se concrétiser. SYN. aboutissement, accomplissement, couronnement, exécution, réalisation. – LITTÉRAIRE : consommation, parachèvement.

concrétiser *verbe* Rendre concret. SYN. accomplir, donner corps à, exécuter, matérialiser, objectiver, pratiquer, réaliser.

concrétiser (se) *verbe pronominal* Devenir réalité. SYN. aboutir, se matérialiser, porter ses fruits, se préciser, prendre forme, prendre tournure, se réaliser.

concubinage *nom masculin* Fait de vivre ensemble maritalement. SYN. union libre. – FAMILIER : collage.

concupiscence *nom féminin* LITTÉRAIRE. Penchant aux plaisirs sensuels. SYN. désir, envie, lubricité, luxure. – LITTÉRAIRE : convoitise. CONTR. *chasteté.*

concupiscent *adjectif* LITTÉRAIRE. Qui montre de la concupiscence. SYN. lascif, lubrique, paillard, sensuel, voluptueux. – LITTÉRAIRE : libidineux. CONTR. *chaste.*

concurremment *adverbe* En même temps. SYN. de concert, conjointement, simultanément. – LITTÉRAIRE : de conserve. CONTR. *indépendamment, individuellement, isolément, séparément.*

concurrence *nom féminin* Rivalité d'intérêts. SYN. antagonisme, compétition, lutte. CONTR. *alliance, entente, union.*

concurrent *nom* Personne qui participe à un concours. SYN. adversaire, candidat, challenger, compétiteur, participant. ■ Personne en rivalité avec une autre. SYN. adversaire, rival. CONTR. *allié, associé, collaborateur.*

concurrentiel *adjectif* Capable d'entrer en concurrence. SYN. compétitif.

concussion *nom féminin* Délit commis par un fonctionnaire. SYN. détournement, extorsion, forfaiture, malversation, prévarication. – LITTÉRAIRE : exaction, rapine. CONTR. *intégrité.*

condamnable *adjectif* Qui mérite d'être condamné. SYN. blâmable, coupable, critiquable, délictueux, fautif, indigne, punissable, répréhensible. – LITTÉRAIRE : incriminable. CONTR. *excusable, innocent, irréprochable, louable, méritoire, pardonnable, recommandable.* – LITTÉRAIRE : *irrépréhensible.*

condamnation *nom féminin* Action de condamner quelqu'un. SYN. peine, punition, sanction. – LITTÉRAIRE : châtiment. CONTR. *acquittement, amnistie, grâce, non-lieu.* ■ Action de condamner quelque chose. SYN. attaque, blâme, censure, critique, désapprobation, désaveu, réprobation. – LITTÉRAIRE : imprécation, opprobre. CONTR. *agrément, apologie, approbation, louange.*

condamner *verbe* Prononcer une peine contre. SYN. frapper, punir, sanctionner. – LITTÉRAIRE : châtier. CONTR. *absoudre, acquitter, amnistier, disculper, gracier, innocenter, réhabiliter, relaxer.* ■ Déclarer répréhensible. SYN. critiquer, désapprouver, désavouer, incriminer, interdire, mettre à l'index, proscrire, reprendre, réprouver, stigmatiser. – LITTÉRAIRE : censurer, fustiger, vitupérer. CONTR. *accepter, applaudir, apprécier, approuver, excuser, louer, recommander, tolérer.* – LITTÉRAIRE : *priser.* ■ Être la preuve de la culpabilité de. SYN. accabler, charger, perdre. ■ Obliger à quelque chose de pénible. SYN. acculer, assujettir, contraindre, forcer, imposer, obliger, réduire, vouer. – LITTÉRAIRE : astreindre. CONTR. *autoriser, permettre.* ■ Interdire l'accès à. SYN. barrer, boucher, fermer, murer, obstruer, obturer. CONTR. *ouvrir, passer.*

condensé *adjectif* Qui est abrégé. SYN. concentré, concis, dense, réduit, résumé, schématique, succinct. – LITTÉRAIRE : compendieux. CONTR. *diffus, verbeux.*

condensé *nom masculin* Résumé succinct. SYN. abrégé, précis. – LITTÉRAIRE : compendium.

condenser *verbe* Réduire à l'essentiel. SYN. abréger, concentrer, contracter, ramasser, resserrer, résumer, schématiser. CONTR. *diluer.* – FAMILIER : *délayer.*

condescendance *nom féminin* Attitude de supériorité méprisante. SYN. arrogance, dédain, hauteur, morgue, pédanterie, pédantisme, suffisance. – LITTÉRAIRE : fierté, outrecuidance, superbe. CONTR. *bonhomie, cordialité, humilité, modestie, sympathie.*

condescendant *adjectif* Qui montre de la condescendance. SYN. arrogant, dédaigneux, hautain, méprisant, rogue, supérieur. – LITTÉRAIRE : altier. CONTR. *bonhomme, chaleureux, cordial, humble, modeste.*

condescendre *verbe* Accepter de mauvaise grâce. SYN. s'abaisser à, accéder à, accepter, consentir, daigner, se plier à, se rendre. CONTR. *dédaigner, refuser.*

condiment *nom masculin* Ingrédient qui relève la saveur. SYN. aromate, assaisonnement, épice.

condimenter *verbe* Rehausser le goût. SYN. accommoder, apprêter, aromatiser, assaisonner, épicer, parfumer, pimenter. CONTR. *affadir, édulcorer.*

condisciple *nom* Personne avec qui on était à l'école. SYN. camarade, compagnon. – FAMILIER : copain. – LITTÉRAIRE : labadens.

condition *nom féminin* Situation sociale. SYN. nature, niveau, position, rang, situation, standing, statut. – LITTÉRAIRE : extraction. ■ Élément requis. SYN. circonstance, clause, critère, disposition, donnée, élément, exigence, modalité, stipulation.

conditionné *adjectif* Bien agencé. SYN. agencé, aménagé, conçu, disposé. ■ Soumis à telle influence. SYN. influencé, sous influence.

conditionnel *adjectif* Qui dépend de certaines conditions. SYN. casuel, contingent. CONTR. *catégorique, ferme, formel, inconditionnel.*

condom *nom masculin* VIEUX. Dispositif contraceptif. SYN. préservatif. – FAMILIER : capote (anglaise).

conduire *verbe* Mener vers un lieu. SYN. accompagner, acheminer, amener, convoyer, déposer, descendre, emmener, escorter, guider, introduire, mettre, orienter, piloter, transporter. ■ Aboutir à tel lieu. SYN. aller, déboucher, desservir, entraîner, mener. ■ Assurer la manœuvre de. SYN. manier, manœuvrer, mener, piloter. ■ Pousser quelqu'un à agir. SYN. acculer, amener, entraîner, porter, réduire. ■ Avoir la direction de. SYN. administrer, commander, diriger, être à la barre, gérer, gouverner, mener le bal, mener le jeu, piloter, régenter, régir. – FAMILIER : mener la danse.

conduire (se) *verbe pronominal* Agir de telle ou telle façon. SYN. agir, se comporter, se tenir.

conduite *nom féminin* Action de conduire un véhicule. SYN. maniement, manœuvre, pilotage. ■ Fait de mener une affaire. SYN. administration, commandement, direction, gestion, gouvernement, maniement. ■ Manière de se comporter. SYN. attitude, comportement, façons, manières, mœurs, pratique, tenue. – LITTÉRAIRE : errements.

condylome *nom masculin* Lésion génitale sexuellement transmissible. SYN. crête-de-coq.

confabulation *nom féminin* Récit imaginaire qui masque la réalité. SYN. paramnésie.

confection *nom féminin* Action de confectionner. SYN. composition, exécution, fabrication, façon, façonnage, façonnement, préparation.

confectionner *verbe* Procéder à la réalisation de. SYN. apprêter, composer, élaborer, exécuter, fabriquer, façonner, faire, réaliser. – FAMILIER : bidouiller, bricoler.

confédération *nom féminin* Regroupement d'intérêts. SYN. alliance, coalition. – LITTÉRAIRE : ligue.

conférence *nom féminin* Réunion de personnes. SYN. colloque, congrès, rencontre, séminaire, symposium. ■ Exposé fait devant un public. SYN. allocution, causerie, cours, débat, discours, exposé, leçon.

conférer *verbe intransitif* Avoir un entretien avec quelqu'un. SYN. causer, converser, dialoguer, discuter, parler. – LITTÉRAIRE : s'entretenir. CONTR. *se taire.*

conférer *verbe transitif* Donner quelque chose à quelqu'un. SYN. accorder, adjuger, administrer, attribuer, concéder, décerner, investir de, octroyer. CONTR. *refuser.*

confesser *verbe* LITTÉRAIRE. Déclarer publiquement. SYN. publier. – LITTÉRAIRE : proclamer. CONTR. *désavouer, renier.* ■ Avouer quelque chose. SYN. s'accuser, admettre, avouer, confier, convenir de, déclarer, reconnaître. CONTR. *cacher, dissimuler, nier, occulter, taire.* ■ FAMILIER. Obtenir des aveux. SYN. sonder, tâter.

confession *nom féminin* Action d'avouer ses fautes. SYN. aveu, confidence, reconnaissance, révélation. CONTR. *dénégation.* ■ Appartenance à une religion. SYN. croyance, culte, Église, foi, religion.

confiance *nom féminin* Fait de se fier entièrement à. SYN. espérance, foi, optimisme. – LITTÉRAIRE : crédit. CONTR. *anxiété, appréhension, crainte, défiance, doute, méfiance, soupçon, suspicion.* ■ ***De confiance,*** en qui on peut avoir confiance. SYN. certain, digne de foi, fiable, honnête, intègre, loyal, sérieux, sûr. CONTR. *suspect.*

confiant *adjectif* Qui a confiance en soi. SYN. assuré, décidé, présomptueux, sûr de soi. – LITTÉRAIRE : crâne. CONTR. *angoissé, anxieux, craintif, découragé, démoralisé, inquiet.* ■ Qui fait confiance à autrui. SYN. optimiste, rassuré, serein, tranquille. – LITTÉRAIRE : quiet, rasséréné. CONTR. *défiant, méfiant, soupçonneux, suspicieux.*

confidence *nom féminin* Communication d'un secret. SYN. aveu, confession, épanchement, révélation. CONTR. – FAMILIER : *cachotterie.*

confident *nom masculin* Double fauteuil en forme d'S. SYN. vis-à-vis.

confidentiel *adjectif* Qui doit rester secret. SYN. secret. – FAMILIER : top secret. CONTR. *connu, ouvert, public.* ■ Qui concerne peu de gens. SYN. circonscrit, limité, restreint. CONTR. *élargi, étendu.*

confidentiellement *adverbe* De façon confidentielle. SYN. en confidence, discrètement, officieusement, en privé, secrètement, en secret, sous le manteau. – FAMILIER : en douce. – LITTÉRAIRE : sourdement, subrepticement. CONTR. *à découvert, officiellement, ouvertement, en public, publiquement.*

confier *verbe* Remettre aux soins de. SYN. abandonner, livrer, prêter, remettre. CONTR. *arracher, ôter, retirer.* ■ Dire quelque chose de confidentiel. SYN. avouer, communiquer, confesser, faire part, glisser, livrer, révéler. CONTR. *cacher, dissimuler, occulter, taire.* – LITTÉRAIRE : *celer.*

confier (se) *verbe pronominal* Faire des confidences. SYN. être en veine de, se livrer, ouvrir son cœur, s'ouvrir. – FAMILIER : déballer, se déboutonner. – LITTÉRAIRE : s'abandonner, s'épancher.

configuration *nom féminin* Forme extérieure d'un ensemble. SYN. architecture, conformation, figure, forme, structure. ■ Aspect général de quelque chose. SYN. allure, physionomie, tour, tournure.

confiné *adjectif* Enfermé dans un lieu. SYN. barricadé, cantonné, claquemuré, cloîtré, isolé, muré, retiré. – FAMILIER : bouclé. – LITTÉRAIRE : reclus.

confinement *nom masculin* Fait d'être confiné. SYN. isolement. – LITTÉRAIRE : réclusion.

confiner *verbe transitif* Tenir enfermé. SYN. cantonner, claustrer, cloîtrer, enfermer, isoler, reléguer. – FAMILIER : boucler. – LITTÉRAIRE : reclure. – VIEUX : chambrer. CONTR. *libérer.*

confiner *verbe transitif indirect* Être à la limite de. SYN. approcher de, avoisiner, côtoyer, friser, se rapprocher de, toucher à. CONTR. *être loin de.*

confiner (se) *verbe pronominal* S'enfermer dans un lieu. SYN. se calfeutrer, se claquemurer, se claustrer, se cloîtrer, s'enfermer, s'isoler, se murer, se retirer. ■ Se limiter à une activité. SYN. se borner à, se cantonner, s'enfermer dans, se restreindre.

confins *nom masculin pluriel* Partie la plus éloignée. SYN. borne, extrémité, fin fond, frontière, limite, lisière.

confirmation *nom féminin* Action de confirmer quelque chose. SYN. affirmation, approbation, attestation. CONTR. *annulation, démenti, dénégation, désaveu, infirmation, réfutation, rétractation.* ▪ Ce qui entérine quelque chose. SYN. consécration, entérinement, homologation, ratification, sanction, validation. CONTR. *abrogation, annulation, invalidation.*

confirmé *adjectif* Reconnu comme exact. SYN. autorisé, avéré, éprouvé, fondé, infaillible, officiel, vérifié. CONTR. *officieux, présumé, prétendu.*

confirmer *verbe* Affirmer la validité de. SYN. approuver, assurer, certifier, corroborer, établir, garantir, maintenir, valider, vérifier. CONTR. *contredire, se dédire, démentir, infirmer, nier, réfuter.* – LITTÉRAIRE : *rétracter.* ▪ Donner la preuve de la véracité de. SYN. accréditer, attester, consacrer, démontrer, dire, entériner, étayer, homologuer, montrer, prouver, ratifier, sanctionner. CONTR. *abroger, annuler, casser, dénoncer, invalider.* ▪ Encourager quelqu'un. SYN. affermir, consolider, justifier, renforcer. CONTR. *annihiler.*

confiscation *nom féminin* Action de confisquer. SYN. embargo, mainmise, retrait, saisie. CONTR. *attribution, restitution.*

confisquer *verbe* Prendre quelque chose à quelqu'un. SYN. s'approprier, ôter, retirer, se saisir, soustraire, voler. – LITTÉRAIRE : ravir. CONTR. *remettre, rendre, restituer.*

conflit *nom masculin* Lutte armée. SYN. bataille, choc, combat, guerre, heurt, hostilités, lutte. CONTR. *paix.* ▪ Opposition d'opinions. SYN. affrontement, antagonisme, collision, débat, désaccord, différend, dissension, divergence, divorce, litige, malentendu, opposition, querelle, tiraillement, zizanie. – LITTÉRAIRE : discorde, dissentiment, dissonance. CONTR. *accord, concorde, entente, harmonie.*

confluence *nom féminin* Lieu de réunion de cours d'eau. SYN. confluent.

confluent *nom masculin* LITTÉRAIRE. Point où deux choses se rencontrent. SYN. carrefour, convergence, croisement, point de jonction. – LITTÉRAIRE : croisée. ▪ Lieu de réunion de cours d'eau. SYN. confluence.

confluer *verbe* Aller vers un même lieu. SYN. affluer, converger, se rencontrer, se réunir.

confondant *adjectif* Qui déconcerte. SYN. ahurissant, consternant, déconcertant, effarant, étonnant, frappant, marquant, saisissant, stupéfiant, surprenant. – FAMILIER : renversant, sciant, sidérant.

confondre *verbe* LITTÉRAIRE. Mêler des choses. SYN. associer, brouiller, fondre, réunir, unir. CONTR. *dissocier, séparer.* ▪ Prendre l'un pour l'autre. SYN. amalgamer, assimiler, mélanger, mettre dans le même sac, prendre des vessies pour des lanternes. – POPULAIRE : s'emmêler les crayons, s'emmêler les pédales, s'emmêler les pieds, s'emmêler les pinceaux. CONTR. *différencier, discriminer, distinguer, reconnaître.* – LITTÉRAIRE : *discerner.* ▪ Décontenancer quelqu'un. SYN. abasourdir, ahurir, anéantir, consterner, déconcerter, décontenancer, démonter, dépasser, dérouter, désorienter, étonner, interdire, interloquer, renverser, stupéfier, surprendre. – FAMILIER : catastropher, désarçonner. ▪ Prouver la culpabilité de. SYN. accabler, accuser, charger, déjouer, démasquer, perdre.

confondre (se) *verbe pronominal* Ne plus être distinct de. SYN. se fondre, fusionner, s'identifier, se rapprocher, se ressembler. CONTR. *différer, diverger.*

conformation *nom féminin* Organisation des parties du corps. SYN. configuration, constitution, forme.

conforme *adjectif* Dont la forme est semblable à. SYN. analogue, fidèle, identique, pareil, semblable. CONTR. *différent, disproportionné, dissemblable.* ▪ Qui s'accorde bien avec. SYN. ad hoc, adapté, adéquat, approprié, assorti, correspondant, fidèle. – VIEUX : idoine. CONTR. *contraire, inadapté, inadéquat, opposé.*

conformer *verbe* Rendre conforme. SYN. accorder, adapter, ajuster, approprier, assortir, concilier, proportionner. – LITTÉRAIRE : accommoder. CONTR. *différencier, opposer.*

conformer (se) *verbe pronominal* Adapter sa conduite à quelque chose. SYN. s'adapter, s'aligner, écouter, se modeler, obéir, observer, obtempérer, se plier, respecter, se soumettre, suivre. – LITTÉRAIRE : s'accommoder. CONTR. *contrevenir à, déroger, désobéir, enfreindre, manquer, s'opposer à, se soustraire, transgresser.*

conformisme *nom masculin* Respect étroit des usages. SYN. conservatisme, orthodoxie, traditionalisme. CONTR. *anticonformisme, dissidence, hérésie, indépendance, individualisme, originalité.*

conformiste *adjectif* Qui fait preuve de conformisme. SYN. académique, bien-pensant, bourgeois, conservateur, conventionnel, formaliste, orthodoxe, traditionaliste. CONTR. *anticonformiste, contestataire, dissident,* *hétérodoxe, individualiste, non conformiste, original, révolté.*

conformité *nom féminin* État de plusieurs choses semblables. SYN. analogie, parité, ressemblance, similitude. CONTR. *contraste, différence, disparité, disproportion, dissemblance.* ■ État des choses qui s'accordent. SYN. accord, adéquation, communauté, compatibilité, concordance, correspondance, parenté. – LITTÉRAIRE : accordance, convenance. CONTR. *anomalie, déformation, désaccord, incompatibilité, opposition.*

confort *nom masculin* Bien-être matériel. SYN. agréments, aisance, aises, commodités. CONTR. *inconfort.*

confortable *adjectif* Qui procure le confort. SYN. agréable, commode, cosy, vivable. CONTR. *incommode, inconfortable, invivable, malcommode.* ■ Qui procure une certaine aisance. SYN. considérable, grand, honnête, honorable, large. – FAMILIER : coquet. CONTR. *faible, insignifiant, maigre, minime, modeste.*

confortablement *adverbe* De façon confortable. SYN. aisément, commodément. CONTR. *inconfortablement.*

conforter *verbe* Rendre plus solide. SYN. affermir, fortifier, renforcer. ■ Rassurer quelqu'un. SYN. appuyer, donner du cœur au ventre, réconforter, redonner du courage, rendre courage, soutenir.

confrérie *nom féminin* Association pieuse. SYN. communauté, congrégation, corporation, corps.

confrontation *nom féminin* Action de mettre face à face. SYN. comparaison, parallèle, rencontre.

confronté *adjectif* Qui doit faire face à. SYN. en butte à, en lutte contre, aux prises avec.

confronter *verbe* Comparer des choses. SYN. collationner, comparer, mettre en balance, mettre en face, mettre en parallèle, mettre en regard, opposer, rapprocher.

confus *adjectif* Qui manque de clarté. SYN. ambigu, brouillé, brouillon, brumeux, chaotique, compliqué, décousu, désordonné, difficile, embrouillé, flottant, fumeux, illogique, imprécis, incertain, incohérent, incompréhensible, indécis, indéfini, indéfinissable, indémêlable, indéterminable, indéterminé, indiscernable, indistinct, nuageux, obscur, trouble, vague. – FAMILIER : cafouilleux, vaseux, vasouillard. – LITTÉRAIRE : amphigourique, labyrinthique, nébuleux, opaque, sibyllin. CONTR. *cartésien, clair, compréhensible, distinct, explicite, facile, formel, intelligible, limpide, lumineux, net, précis, rationnel, simple, tranché.* ■ Qui est embarrassé. SYN. déconfit, désolé, embarrassé, gêné, honteux, navré, penaud, piteux, troublé. – FAMILIER : cafouilleur. – LITTÉRAIRE : contrit. CONTR. *désinvolte, effronté.*

confusément *adverbe* D'une façon confuse. SYN. indistinctement, obscurément, vaguement. CONTR. *clairement, distinctement, explicitement, expressément, formellement, franchement, nettement, notoirement, précisément, visiblement.*

confusion *nom féminin* Action de prendre l'un pour l'autre. SYN. équivoque, erreur, imbroglio, méprise, quiproquo. CONTR. *discernement, discrimination, distinction.* ■ État de ce qui est confus. SYN. complication, emmêlement, enchevêtrement, fatras, fouillis, imbroglio, incohérence, inconséquence, mélange, obscurité. – FAMILIER : cafouillage, cafouillis, embrouillamini, méli-mélo. – LITTÉRAIRE : nébulosité. CONTR. *clarté, cohérence, cohésion, compréhension, netteté, précision.* ■ Agitation désordonnée. SYN. agitation, anarchie, bousculade, branle-bas, chaos, débandade, désordre, remue-ménage, trouble. CONTR. *classement, cohésion, harmonie, ordre.* ■ Sentiment de trouble. SYN. embarras, gêne, honte, humiliation, perturbation. – LITTÉRAIRE : émoi. CONTR. *assurance, effronterie.*

congé *nom masculin* Interruption de travail. SYN. inactivité, non-activité, relâche, repos, vacances. CONTR. *activité, travail.* ■ Résiliation d'un contrat. SYN. congédiement, licenciement, renvoi. ■ ***Donner congé,*** demander à quelqu'un de partir. SYN. congédier, remercier. CONTR. *accueillir, convier, recevoir.* ■ ***Prendre congé,*** partir de chez quelqu'un. SYN. s'absenter, s'échapper, s'esquiver, filer à l'anglaise, partir, quitter, se retirer. – FAMILIER : s'éclipser, filer, se sauver.

congédiement *nom masculin* Action de congédier. SYN. débauchage, destitution, exclusion, expulsion, licenciement, limogeage, mise à pied, radiation, renvoi, révocation. – FAMILIER : coup de balai, dégraissage.

congédier *verbe* Demander à quelqu'un de partir. SYN. donner congé, éconduire, éloigner, envoyer à tous les diables, envoyer au diable, envoyer aux cinq cents diables, fermer la porte au nez, reconduire, rejeter, repousser. – FAMILIER : envoyer au bain, envoyer balader, envoyer bouler, envoyer paître, envoyer promener, envoyer sur les roses, envoyer valser, remballer, rembarrer. – POPULAIRE : envoyer aux pelotes, envoyer chier, envoyer dinguer, envoyer péter, envoyer se faire cuire un œuf, envoyer se faire foutre. – VIEUX : envoyer se faire lanlaire. CONTR. *accueillir, convier, recevoir.* ■ Faire perdre son emploi à. SYN. chasser, débaucher, se défaire de, démettre, destituer, exclure, licencier, limoger, mettre à la porte, remercier, renvoyer, révoquer, se séparer de. - FAMILIER : balayer, blackbouler, débarquer, déboulonner, dégommer, démissionner, ficher à la porte, flanquer à la porte, flanquer dehors, sabrer, vider. - POPULAIRE : balancer, foutre à la porte, lourder, sacquer, saquer, virer. CONTR. *appeler, embaucher, engager, garder, recruter.*

congélation *nom féminin* Action de congeler. SYN. solidification. CONTR. *décongélation, dégel.*

congeler *verbe* Soumettre à l'action du froid. SYN. geler, glacer, solidifier. CONTR. *décongeler, dégeler, déglacer.*

congeler (se) *verbe pronominal* Se solidifier sous l'action du froid. SYN. figer, geler, prendre. CONTR. *fondre, se liquéfier.*

congénère *nom* Personne semblable à une autre. SYN. camarade, pair, pareil, semblable.

congénital *adjectif* Qui est présent à la naissance. SYN. héréditaire, inné, naturel. - LITTÉRAIRE : natif, originaire. CONTR. *acquis.*

congestion *nom féminin* Accumulation anormale de sang dans un organe. SYN. hyperémie, hyperhémie.

congestionné *adjectif* Dont le visage est rouge. SYN. rouge, rougeaud. - LITTÉRAIRE : rubicond.

congestionner *verbe* Encombrer un lieu. SYN. embouteiller, engorger.

conglomérer *verbe* Réunir en une seule masse. SYN. agglomérer, agglutiner, agréger, coller, souder. CONTR. *désagréger, disséminer, dissocier, éparpiller.*

congratulations *nom féminin pluriel* LITTÉRAIRE. Action de féliciter quelqu'un. SYN. compliments, félicitations. CONTR. *affront.* - LITTÉRAIRE : *admonestation, admonition, avanie.*

congratuler *verbe* LITTÉRAIRE. Féliciter quelqu'un. SYN. complimenter, couvrir de fleurs, dire du bien de, donner un coup de chapeau, envoyer des fleurs à, féliciter, louer, ne pas tarir sur, vanter les mérites. - LITTÉRAIRE : encenser, louanger. CONTR. *blâmer, chapitrer, critiquer, décrier, dire du mal de, réprimander, stigmatiser.* - FAMILIER : *éreinter, esquinter.* - LITTÉRAIRE : *admonester, déchirer.*

congrégation *nom féminin* Association de fidèles. SYN. communauté, confrérie, corps.

congrès *nom masculin* Réunion de personnes. SYN. colloque, séminaire, symposium.

conicine *nom féminin* Alcaloïde de la grande ciguë. SYN. cicutine.

conjectural *adjectif* Fondé sur des conjectures. SYN. aléatoire, hypothétique, incertain. CONTR. *certain, exact, objectif, positif.*

conjecture *nom féminin* Simple supposition. SYN. anticipation, hypothèse, induction, perspective, préconception, présomption, prévision, probabilité, pronostic, supposition. CONTR. *certitude.*

conjecturer *verbe* Estimer par conjecture. SYN. augurer, imaginer, induire, penser, poser, postuler, prédire, pressentir, présumer, présupposer, prévoir, pronostiquer, soupçonner, supposer. - LITTÉRAIRE : préjuger.

conjoint *adjectif* Fait ensemble. SYN. combiné, conjugué, lié, mêlé, uni. CONTR. *disjoint, dissocié, divisé, séparé.*

conjoint *nom masculin* Homme marié. SYN. compagnon, époux, mari.

conjointe *nom féminin* Femme mariée. SYN. compagne, épouse, femme.

conjointement *adverbe* Ensemble et en même temps. SYN. d'un commun accord, de concert, concurremment, ensemble, de front, simultanément. - LITTÉRAIRE : de conserve. CONTR. *indépendamment, individuellement, isolément, séparément.*

conjonction *nom féminin* Fait d'être mis ensemble. SYN. combinaison, jonction, rencontre, réunion, union. - LITTÉRAIRE : conjugaison. CONTR. *disjonction, dissociation, division, opposition, séparation.*

conjoncture *nom féminin* Situation donnée. SYN. auspices, cas, circonstance, coïncidence, état de choses, événements, hasard, moment, occasion, occurrence, situation.

conjugaison *nom féminin* LITTÉRAIRE. Réunion d'éléments divers. SYN. alliance, association, conjonction, coordination, réunion, union.

conjuguée *nom féminin* Algue verte d'eau douce. SYN. zygophycée.

conjuguer *verbe* Joindre des choses ensemble. SYN. allier, combiner, coordonner, grouper, joindre, unir. - LITTÉRAIRE : réunir. CONTR. *disjoindre, dissocier, diviser, éparpiller, opposer, séparer.*

conjuration *nom féminin* Fait de comploter. SYN. cabale, coalition, complot, conspiration, manœuvres, menées. ■ LITTÉRAIRE. Fait de supplier instamment. SYN. adjuration, prière. - LITTÉRAIRE : imploration, objurgation, supplication.

conjuré *nom* Personne qui conspire. SYN. comploteur, conspirateur. - LITTÉRAIRE : cabaleur.

conjurer *verbe* LITTÉRAIRE. Projeter ensemble. SYN. combiner, comploter, conspirer, intriguer, machiner, manigancer, manœuvrer, mijoter, mitonner, monter, préméditer, projeter, tramer. – FAMILIER : concocter, goupiller, grenouiller, traficoter, trafiquer. – LITTÉRAIRE : cabaler, ourdir. ■ LITTÉRAIRE. Prier instamment. SYN. adjurer, demander, supplier. – LITTÉRAIRE : implorer.

connaissance *nom féminin* Faculté de connaître. SYN. compréhension, entendement, intellect, intellection, intelligence, pénétration. – LITTÉRAIRE : conception. CONTR. *ignorance, méconnaissance.* ■ Personne que l'on connaît. SYN. ami, fréquentation, relation. CONTR. *inconnu.* ■ Manière de saisir les objets de la pensée. SYN. appréhension, perception, représentation. ■ Ce que l'on a acquis par l'étude. SYN. acquisition, expérience, pratique, savoir, science, usage. CONTR. *ignorance, inexpérience, méconnaissance.*

connaissances *nom féminin pluriel* Ensemble de ce qu'on a appris. SYN. acquis, acquisitions, bagage, culture, érudition, instruction, lumières, notions, savoir, science.

connaisseur *adjectif* Qui connaît bien une chose. SYN. averti, compétent, expert, porté, qualifié, rompu, versé.

connaisseur *nom* Personne qui s'y connaît. SYN. admirateur, amateur. – LITTÉRAIRE : appréciateur.

connaître *verbe transitif* Avoir acquis des connaissances sur. SYN. être au courant, être ferré en, posséder, pratiquer, savoir. CONTR. *donner sa langue au chat, ignorer, oublier.* ■ Faire l'expérience de. SYN. endurer, éprouver, expérimenter, ressentir, subir, supporter. ■ Faire la connaissance de quelqu'un. SYN. fréquenter, rencontrer. CONTR. *ignorer.* ■ Saisir par la pensée. SYN. comprendre, concevoir, entendre. – LITTÉRAIRE : embrasser.

connectivite *nom féminin* Maladie due à une atteinte du collagène. SYN. collagénose, maladie systémique.

connexe *adjectif* Qui se rapproche de. SYN. analogue, annexe, voisin.

connexion *nom féminin* Action de relier des éléments. SYN. alliance, association, cohérence, liaison, rapport, relation, union. – LITTÉRAIRE : connexité.

connexité *nom féminin* LITTÉRAIRE. Rapport étroit entre des choses. SYN. cohérence, concordance, connexion, corrélation, correspondance, dépendance, liaison, relation.

connivence *nom féminin* Entente secrète. SYN. collusion, complicité, intelligence. – VIEUX : compérage.

connu *adjectif* Qui jouit d'un grand renom. SYN. célèbre, illustre, renommé, réputé. – LITTÉRAIRE : fameux. CONTR. *inconnu, méconnu, obscur, oublié.* ■ Qui est su du plus grand nombre. SYN. acquis, avoué, commun, courant, déclaré, éventé, familier, notoire, rebattu, répandu. CONTR. *confidentiel, dissimulé, ignoré, inconnu, inédit, mystérieux, nouveau.*

conquérant *adjectif* Qui est présomptueux. SYN. avantageux, fier, glorieux, important, prétentieux, suffisant, triomphant, victorieux. – LITTÉRAIRE : triomphateur, vainqueur. CONTR. *docile, humble, modeste, servile, soumis.*

conquérant *nom* Personne qui soumet par les armes. SYN. conquistador, envahisseur, triomphateur, vainqueur. – LITTÉRAIRE : dominateur.

conquérir *verbe* Soumettre par les armes. SYN. s'emparer de, enlever, envahir. ■ Se rendre maître de quelque chose. SYN. acquérir, emporter, forcer, gagner, obtenir, rallier, remporter, soumettre. CONTR. *abandonner, perdre.* ■ Gagner l'estime de. SYN. apprivoiser, capter, captiver, charmer, ensorceler, envoûter, séduire, subjuguer. CONTR. *cabrer.*

conquête *nom féminin* Action de conquérir quelque chose. SYN. appropriation, assaut, capture, domestication, enlèvement, envahissement, occupation. CONTR. *abandon, perte.* ■ Personne que l'on a séduite. SYN. liaison. ■ Chose conquise. SYN. butin, prise.

consacré *adjectif* Ratifié par l'usage. SYN. conventionnel, habituel, officiel, reçu, rituel, traditionnel, usuel. ■ Qui a acquis la célébrité. SYN. célèbre, notoire.

consacrer *verbe* Rendre quelque chose durable. SYN. confirmer, entériner, ratifier, sanctionner, sceller, valider. CONTR. *annuler, infirmer, invalider.* ■ Employer totalement dans un but. SYN. affecter, appliquer, attribuer, destiner, donner, réserver, utiliser, vouer. ■ Dédier à Dieu, à un dieu. SYN. bénir, sacrer, sanctifier, vouer. CONTR. *profaner.*

consacrer (se) *verbe pronominal* Employer tout son temps à. SYN. s'adonner à, se dévouer à, se donner à, s'employer à, se jeter dans, se livrer à, s'occuper, vaquer, se vouer à. CONTR. *délaisser, se désintéresser de, se détourner de, s'écarter de.*

consciemment *adverbe* De façon consciente. SYN. délibérément, à dessein, exprès, sciemment, en toute connaissance de cause, volontairement. CONTR. *inconsciemment, involontairement.*

conscience *nom féminin* Faculté de juger de ses propres actes. SYN. honnêteté, lucidité, moralité, probité, sens moral. ■ Soin scrupuleux. SYN.

application, minutie, scrupule, sérieux, zèle. CONTR. *irréflexion, négligence.* ■ Siège des sentiments personnels. SYN. cœur. – LITTÉRAIRE : âme. ■ Connaissance de soi et du monde. SYN. perception, sens, sentiment. ■ Représentation mentale de la réalité. SYN. idée, notion, représentation. CONTR. *inconscience.*

consciencieusement *adverbe* De façon consciencieuse. SYN. attentivement, minutieusement, précieusement, religieusement, sérieusement, soigneusement.

consciencieux *adjectif* Qui a été exécuté avec application. SYN. bon, délicat, fignolé, honorable, minutieux, satisfaisant, sérieux, soigné. CONTR. *hâtif.* – FAMILIER : *bâclé, ni fait ni à faire, saboté.* – POPULAIRE : *salopé.* ■ Qui s'applique dans son travail. SYN. appliqué, attentif, méticuleux, minutieux, scrupuleux, sérieux, soigneux, travailleur, zélé. – LITTÉRAIRE : sourcilleux. CONTR. *désinvolte, fainéant, fantaisiste, négligent, paresseux.* – FAMILIER : *faignant, feignant.*

conscient *adjectif* Qui a une pleine conscience de la réalité. SYN. clairvoyant, lucide, perspicace, sagace. CONTR. *inconscient, irresponsable.* ■ Fait en connaissance de cause. SYN. intentionnel, réfléchi. CONTR. *animal, automatique, instinctif, involontaire, irréfléchi, obscur, spontané.* ■ Qui a conscience de ce qui lui arrive. SYN. lucide. CONTR. *évanoui, inconscient.*

consécration *nom féminin* Rite par lequel on consacre. SYN. dédicace, onction, ordination, sacre, sanctification. ■ Reconnaissance publique. SYN. apothéose, confirmation, sanction, triomphe, validation.

conseil *nom masculin* Avis sur ce qu'il convient de faire. SYN. avertissement, avis, exhortation, incitation, indication, instigation, mise en garde, recommandation, suggestion. – FAMILIER : tuyau. ■ Personne qui conseille. SYN. conseiller, guide, inspirateur, mentor. ■ ***Demander, prendre conseil,*** demander à quelqu'un son avis. SYN. consulter, interroger, questionner, sonder.

conseiller *nom* Personne qui donne des conseils. SYN. conseil, conseilleur, guide, inspirateur. – LITTÉRAIRE : mentor.

conseiller *verbe* Indiquer à quelqu'un ce qu'il doit faire. SYN. inciter, préconiser, prôner, recommander, souffler, suggérer. – FAMILIER : tuyauter. CONTR. *déconseiller, défendre, dissuader, interdire.* ■ Guider par des conseils. SYN. conduire, diriger, gouverner, orienter.

consensus *nom masculin* Accord entre plusieurs personnes. SYN. accommodement, accord, arrangement, compromis, modus vivendi.

consentement *nom masculin* Action de donner son accord à. SYN. acceptation, accord, acquiescement, adhésion, agrément, approbation, assentiment, autorisation, aval, permission. – LITTÉRAIRE : aveu, suffrage. CONTR. *défense, interdiction, opposition, refus, veto.*

consentir *verbe transitif* Accorder un avantage à quelqu'un. SYN. accorder, allouer, autoriser, céder, concéder, donner, octroyer. – LITTÉRAIRE : impartir. CONTR. *interdire, s'opposer à, refuser.*

consentir *verbe transitif indirect* Accepter que quelque chose se fasse. SYN. accéder à, acquiescer à, admettre, condescendre à, daigner, donner carte blanche, donner un blanc-seing à, permettre, se résoudre, se soumettre, souscrire à, vouloir. CONTR. *dédaigner, défendre, se défendre, interdire, s'opposer à, protester, refuser, résister.*

conséquence *nom féminin* Suite logique de. SYN. aboutissement, choc en retour, contrecoup, déduction, effet, fruit, impact, implication, incidence, portée, prolongement, rançon, répercussion, résultat, retentissement, retombée, sanction, séquelle, suite. CONTR. *agent, cause, condition, facteur, mobile, motif.* – LITTÉRAIRE : *principe.*

conséquent *adjectif* Qui agit avec logique. SYN. logique, raisonnable, rationnel. CONTR. *absurde, changeant, illogique, incohérent, inconséquent, instable, versatile.* ■ D'une grande importance. SYN. considérable, grand, gros, important, imposant, respectable. CONTR. *dérisoire, faible, médiocre, minime, modeste, modique, petit, simple.*

conservateur *adjectif* Qui refuse le changement. SYN. conformiste, passéiste, réactionnaire, rétrograde, routinier, traditionaliste. CONTR. *innovateur, moderniste, non conformiste, novateur, progressiste, réformiste, révolutionnaire.*

conservation *nom féminin* Action de conserver intact. SYN. entretien, garde, maintien, préservation, protection. CONTR. *abandon, abolition, aliénation, altération, anéantissement, annulation, dégradation, destruction, détérioration, dilapidation, dissolution, perte.*

conservatisme *nom masculin* Refus du changement. SYN. conformisme, passéisme, réaction, traditionalisme. CONTR. *anticonformisme, futurisme, modernisme, progressisme, réformisme.*

conserve (de) *locution* LITTÉRAIRE. Ensemble. SYN. d'un commun accord, de concert, concurremment, conjointement, ensemble, de front, simultanément. CONTR. *indépendamment, individuellement, isolément, séparément.*

conserver *verbe* Maintenir en bon état. SYN. entretenir, garder, maintenir, préserver, protéger, sauvegarder, sauver. CONTR. *abîmer, altérer, anéantir, attaquer, avarier, briser, corrompre, détériorer, modifier, putréfier.* ▪ Continuer d'avoir. SYN. détenir, garder, perpétuer, réserver, retenir, tenir. CONTR. *abandonner, abdiquer, abjurer, aliéner, balayer, céder, changer, se défaire de, se départir de, se dessaisir de, dilapider, donner, écarter, échanger, se passer de, perdre, quitter, redonner, renoncer à, sacrifier, troquer.* – LITTÉRAIRE : *dissiper.* – POPULAIRE : *balancer.*

conserver (se) *verbe pronominal* Être gardé dans son état. SYN. se garder, subsister. CONTR. *s'avarier, passer, se perdre, pourrir, se transformer.*

considérable *adjectif* Dont l'importance est grande. SYN. appréciable, bon, confortable, conséquent, élevé, énorme, grand, gros, haut, important, imposant, impressionnant, inappréciable, inestimable, innombrable, large, lourd, nombreux, notable. – FAMILIER : rondelet. – LITTÉRAIRE : vaste. CONTR. *anodin, bas, déficient, dérisoire, faible, infime, limité, malheureux, mineur, minime, modeste, modique, petit.* – FAMILIER : *court.*

considérablement *adverbe* De façon notable. SYN. colossalement, énormément, extrêmement, fabuleusement, fort, fortement, grandement, gravement, immensément, largement, notablement, particulièrement, passablement, prodigieusement, puissamment, remarquablement, sensiblement, sérieusement, singulièrement, terriblement. – FAMILIER : bigrement, bougrement, diablement, à mort. – LITTÉRAIRE : diantrement. – POPULAIRE : vachement. CONTR. *aucunement, faiblement, guère.* ▪ De façon copieuse. SYN. abondamment, en abondance, amplement, beaucoup, colossalement, comme quatre, comme s'il en pleuvait, copieusement, à discrétion, énormément, à flots, à foison, généreusement, grandement, largement, massivement, à la pelle, plantureusement, pleinement, à profusion, en quantité, richement, à satiété, à souhait, surabondamment, à tour de bras, en veux-tu en voilà, à volonté. – FAMILIER : à gogo, jusqu'à plus soif, en pagaille, à revendre, à tire-larigot. – LITTÉRAIRE : à l'envi. CONTR. *modérément, moyennement, peu.*

considérant *nom masculin* Motif d'un arrêt d'une cour. SYN. attendu.

considération *nom féminin* Bonne opinion que l'on a de quelqu'un. SYN. déférence, égard, estime, faveur, hommage, respect, vénération. CONTR. *dédain, insolence, mépris.* ▪ Idée développée. SYN. commentaire, observation, opinion, propos, réflexion, remarque.

considérer *verbe* Regarder avec attention. SYN. contempler, examiner, observer. CONTR. *ignorer, négliger.* ▪ Examiner de manière critique. SYN. analyser, apprécier, envisager, étudier, examiner, peser, prendre en compte, réfléchir à, tenir compte de. – LITTÉRAIRE : spéculer. ▪ Être d'avis que. SYN. croire, estimer, juger, penser, trouver. ▪ Avoir quelqu'un en estime. SYN. apprécier, avoir bonne opinion de, avoir une haute idée de, estimer, faire grand cas de, honorer, respecter. – LITTÉRAIRE : révérer. CONTR. *déconsidérer, dédaigner, discréditer, méconnaître, mépriser, mésestimer.*

consigne *nom féminin* Instruction donnée à quelqu'un. SYN. commandement, directive, instructions, mot d'ordre, ordre, recommandation. ▪ Punition infligée à un élève. SYN. retenue. – FAMILIER : colle.

consigner *verbe* Rapporter dans un écrit. SYN. écrire, engranger, enregistrer, ficher, inscrire, marquer, mentionner, noter, rapporter, recopier, relater, relever, retenir. CONTR. *omettre, taire.* ▪ Priver de sortie. SYN. claustrer, isoler, retenir. – FAMILIER : boucler. – VIEUX : chambrer. CONTR. *autoriser, libérer.*

consistance *nom féminin* Épaisseur d'une matière. SYN. densité, fermeté, solidité. CONTR. *inconsistance.* – LITTÉRAIRE : *flaccidité.* ▪ ***Sans consistance,*** sans motif réel. SYN. arbitrairement, gratuitement, sans fondement, sans raison, sans rime ni raison.

consistant *adjectif* Dont la fluidité est réduite. SYN. dur, épais, ferme, pâteux, solide. CONTR. *fluide, inconsistant, liquide, mou.* ▪ Qui nourrit bien. SYN. copieux, nourrissant, solide, substantiel. CONTR. *léger.* ▪ Qui a une existence réelle. SYN. concret, établi, fondé, stable, tangible, vrai. CONTR. *chimérique, immatériel, inconsistant, irréel, utopique.*

consister *verbe* Avoir pour caractère principal. SYN. se réduire à, résider en, se résumer à. ▪ Être composé de. SYN. comporter, comprendre.

consolable *adjectif* Qui peut être consolé. CONTR. *inconsolable.*

consolant *adjectif* Propre à consoler. SYN. apaisant, consolateur, réconfortant. CONTR. *affligeant, attristant, chagrinant, désespérant, désolant.*

consolation *nom féminin* Chose qui peut consoler. SYN. compensation, dédommagement. ▪ Fait de soulager un chagrin. SYN. réconfort, soulagement. CONTR. *affliction, chagrin, désespoir, désolation.*

consoler *verbe* Soulager quelqu'un qui a de la peine. SYN. rassurer, réconforter, remonter.

– LITTÉRAIRE : mettre du baume au cœur. CONTR. *accabler, affliger, attrister, blesser, chagriner, désoler, navrer, peiner, tourmenter.* ■ Apaiser un sentiment douloureux. SYN. adoucir, atténuer, calmer, diminuer, soulager. CONTR. *accroître, aggraver, augmenter.*

consolidation *nom féminin* Action de consolider. SYN. affermissement, raffermissement, renforcement. CONTR. *affaiblissement, annulation, chute.* – LITTÉRAIRE : *fléchissement.*

consolider *verbe* Donner plus de solidité. SYN. étançonner, étayer, soutenir, stabiliser. CONTR. *affaisser.* ■ Rendre plus résistant. SYN. affermir, affirmer, asseoir, assurer, cimenter, confirmer, fortifier, renforcer, resserrer. – LITTÉRAIRE : raffermir. CONTR. *affaiblir, annihiler, annuler, briser, casser, démanteler, ébranler, ébrécher.* – FAMILIER : *esquinter.*

consommable *adjectif* Que l'on peut consommer. SYN. comestible, mangeable, passable. CONTR. *inconsommable.*

consommateur *nom* Personne qui achète un produit. SYN. acheteur, client, usager.

consommation *nom féminin* LITTÉRAIRE. Action de commettre un acte. SYN. accomplissement, perpétration. ■ LITTÉRAIRE. Action d'amener à son terme. SYN. aboutissement, accomplissement, achèvement, conclusion, concrétisation, couronnement, finition. – LITTÉRAIRE : parachèvement. ■ Boisson dans un bar. SYN. boisson, rafraîchissement, verre.

consommé *adjectif* Qui a un haut degré de perfection. SYN. abouti, accompli, achevé, complet, excellent, fieffé, fini, idéal, incomparable, parfait, suprême. – FAMILIER : fameux. CONTR. *imparfait, inachevé, mauvais, médiocre.*

consommer *verbe* LITTÉRAIRE. Accomplir un acte néfaste. SYN. commettre, perpétrer. ■ Absorber un aliment. SYN. absorber, avaler, engloutir, engouffrer, ingérer, ingurgiter, manger, se nourrir de, prendre. – ARGOTIQUE : briffer. – FAMILIER : enfourner. – POPULAIRE : becqueter, becter, bouffer, boulotter. ■ Prendre une boisson. SYN. s'abreuver, absorber, avaler, boire, se désaltérer, étancher sa soif, prendre, vider. – FAMILIER : s'enfiler, lamper, siffler, siroter. – POPULAIRE : descendre, s'envoyer, se rincer la dalle, se rincer le gosier. ■ Utiliser pour faire fonctionner. SYN. dépenser, user.

consomption *nom féminin* VIEUX. Dépérissement progressif. SYN. atrophie, cachexie, épuisement. – LITTÉRAIRE : exténuation.

consonance *nom féminin* Harmonie sonore. SYN. euphonie. CONTR. *cacophonie, discordance, dissonance.* ■ Ensemble de sons. SYN. sonorité.

consortium *nom masculin* Groupement d'entreprises. SYN. association, cartel, pool, trust.

conspirateur *nom* Personne qui conspire. SYN. comploteur, conjuré. – LITTÉRAIRE : cabaleur.

conspiration *nom féminin* Action menée contre quelqu'un. SYN. cabale, complot, conjuration, intrigue, machination, manœuvres, menées.

conspirer *verbe* S'entendre pour faire quelque chose. SYN. agir en sous-main, combiner, comploter, intriguer, machiner, manigancer, mijoter, mitonner, monter, préméditer, tisser, tramer. – FAMILIER : concocter, goupiller, grenouiller. – LITTÉRAIRE : cabaler, conjurer, nouer, ourdir.

conspuer *verbe* Manifester bruyamment contre. SYN. chahuter, huer, invectiver, malmener, siffler. CONTR. *acclamer, applaudir, ovationner.*

constamment *adverbe* D'une manière constante. SYN. assidûment, continuellement, éternellement, immuablement, indéfiniment, invariablement, journellement, à longueur de temps, non-stop, en permanence, perpétuellement, régulièrement, sans arrêt, sans cesse, sans discontinuer, sans intermission, sans interruption, sans relâche, sans répit, sans souffler, sans trêve, toujours, à tout bout de champ, à tout instant, tout le temps, à tout propos. – LITTÉRAIRE : continûment, sempiternellement. CONTR. *par accès, alternativement, épisodiquement, exceptionnellement, par instants, par intermittence, par intervalles, irrégulièrement, jamais, momentanément, occasionnellement, parfois, provisoirement, quelquefois, rarement, sporadiquement, temporairement, de temps à autre, de temps en temps, variablement.* – LITTÉRAIRE : *transitoirement.*

constance *nom féminin* Grande patience. SYN. assiduité, fidélité, obstination, patience, persévérance. – LITTÉRAIRE : longanimité, opiniâtreté. CONTR. *caprice, défection, inconstance, infidélité, légèreté, mobilité, trahison.* – LITTÉRAIRE : *vacillation, variabilité, versatilité.* ■ Caractère de ce qui ne varie pas. SYN. continuité, durabilité, égalité, invariabilité, permanence, persistance, régularité. – LITTÉRAIRE : fixité, immuabilité. CONTR. *changement, fragilité, fugacité, inconstance, instabilité, irrégularité, vacillement, variabilité.*

constant *adjectif* Qui est persévérant. SYN. assidu, fidèle, obstiné, opiniâtre, patient, persévérant, stable. CONTR. *capricieux, changeant, flottant, fluctuant, inconstant, infidèle, instable, léger, lunatique, versatile, volage.* – LITTÉRAIRE : *ondoyant.* ■ Qui ne s'interrompt pas. SYN. chronique, continu, continuel, durable, égal, éternel, fixe, immuable, invariable, permanent, perpétuel, régulier, soutenu, stable, suivi. CONTR.

changeant, épisodique, flottant, fugace, intermittent, irrégulier, momentané, passager, temporaire, variable.

constatable *adjectif* Que l'on peut constater. SYN. perceptible, vérifiable, visible. CONTR. *imperceptible, invérifiable, invisible.*

constatation *nom féminin* Action de constater. SYN. constat, observation, remarque.

constater *verbe* Remarquer objectivement. SYN. apercevoir, s'apercevoir, s'aviser, découvrir, noter, observer, prendre acte, réaliser, reconnaître, relever, remarquer, se rendre compte, vérifier, voir. – LITTÉRAIRE : éprouver. ■ Consigner dans un écrit. SYN. enregistrer, établir, noter, prendre acte.

consteller *verbe* Couvrir de marques. SYN. couvrir, cribler, émailler, parsemer, semer. – LITTÉRAIRE : étoiler, piqueter.

consternant *adjectif* Qui consterne. SYN. affligeant, atterrant, attristant, confondant, désolant, navrant. CONTR. *enthousiasmant.* – FAMILIER : *emballant.*

consternation *nom féminin* Profond abattement. SYN. accablement, affliction, désespoir, désolation. – LITTÉRAIRE : atterrement. CONTR. *enthousiasme, joie.*

consterné *adjectif* Jeté dans la consternation. SYN. abasourdi, accablé, affligé, ahuri, anéanti, atterré, coi, effaré, effondré, hébété, interdit, interloqué, médusé, pantois, renversé, stupéfait, suffoqué, tombé de la lune, tombé des nues. – FAMILIER : comme deux ronds de flan, estomaqué, scié, sidéré, soufflé. – POPULAIRE : sur le cul.

consterner *verbe* Jeter dans l'abattement. SYN. abasourdir, affliger, ahurir, assombrir, atterrer, attrister, chagriner, confondre, désespérer, désoler, navrer. – FAMILIER : catastropher. – LITTÉRAIRE : contrister, rembrunir. CONTR. *égayer, enthousiasmer, réconforter, réjouir.*

constipé *adjectif* FAMILIER. Mal à l'aise. SYN. compassé, gourmé, guindé, pincé. CONTR. *naturel, simple.*

constituant *nom masculin* Ce qui entre dans la constitution de. SYN. composant, élément, ingrédient.

constituant *adjectif* Qui entre dans la composition de. SYN. composant, constitutif.

constitué *adjectif* Qui a telle constitution physique. SYN. bâti, charpenté, conformé, fait.

constituer *verbe* Créer un ensemble. SYN. bâtir, édifier, élaborer, faire, former, monter. CONTR. *défaire, démanteler, disloquer.* ■ Entrer dans la composition de. SYN. composer. ■ Établir légalement. SYN. fonder, instaurer, instituer. CONTR. *dissoudre.* ■ Être quelque chose par sa nature même. SYN. créer, présenter, représenter.

constitutif *adjectif* Qui entre dans la constitution de. SYN. constituant, essentiel, fondamental.

constitution *nom féminin* Manière dont quelque chose est constitué. SYN. charpente, composition, contexture, forme, structure, texture. ■ Action de constituer quelque chose. SYN. création, édification, élaboration, établissement, fondation, formation, instauration, institution, organisation. CONTR. *dislocation.* ■ Ensemble des caractères physiologiques. SYN. conformation, nature, organisme, santé, tempérament.

constitutionnel *adjectif et nom* Qui avait adhéré à la Constitution civile du clergé. SYN. assermenté, jureur. CONTR. *insermenté, réfractaire.*

constrictive *nom féminin* Consonne caractérisée par un bruit de friction. SYN. fricative. – VIEUX : spirante.

constructeur *nom masculin* LITTÉRAIRE. Personne qui construit. SYN. architecte, bâtisseur, édificateur, entrepreneur.

constructible *adjectif* Où l'on peut construire. SYN. bâtissable. CONTR. *inconstructible.*

constructif *adjectif* Apte à faire progresser une situation. SYN. constructeur, créateur, positif. CONTR. *destructeur, destructif, négatif, stérile.*

construction *nom féminin* Action de bâtir. SYN. édification, élévation, érection. CONTR. *démolition, destruction, renversement.* ■ Ce qui est construit. SYN. bâtiment, bâtisse, édifice, établissement, maison, monument, ouvrage. ■ Action d'agencer des éléments. SYN. composition, élaboration, établissement, exécution, fabrication.

construire *verbe* Procéder à la construction de. SYN. bâtir, édifier, élever, ériger, faire, fonder. CONTR. *démanteler, démolir, détruire, raser.* ■ Élaborer un ensemble abstrait. SYN. agencer, arranger, échafauder, établir, forger, imaginer, inventer, orchestrer, organiser.

consubstantiation *nom féminin* Présence du Christ dans l'eucharistie. SYN. impanation. CONTR. *transsubstantiation.*

consultation *nom féminin* Action de demander son avis à. SYN. enquête, interrogation, sondage, vote. ■ Recherche de renseignement. SYN. compulsation, examen.

consulter *verbe* Prendre pour guide. SYN. écouter, interroger, obéir à, questionner, se régler sur, suivre. ■ Demander à quelqu'un son avis. SYN. demander conseil, interroger, prendre conseil, questionner, sonder. ■ Chercher un renseignement. SYN. compulser, dépouiller, examiner, feuilleter, lire, se reporter à.

consumer *verbe* Détruire par le feu. SYN. brûler, calciner, corroder. ■ LITTÉRAIRE. Épuiser quelqu'un. SYN. dévorer, miner, ronger, ruiner, saper, user. – LITTÉRAIRE : ravager.

consumer (se) *verbe pronominal* LITTÉRAIRE. Perdre ses forces. SYN. dépérir, s'épuiser, languir, se ronger, s'user.

contact *nom masculin* État de deux corps qui se touchent. SYN. contiguïté, proximité. ■ Sensation sur la peau. SYN. attouchement, effleurement, frôlement. – LITTÉRAIRE : toucher. ■ Fait d'être en relation avec. SYN. communication, compagnie, fréquentation, liaison, rapport, relation. – LITTÉRAIRE : commerce. CONTR. *éloignement, séparation.*

contacter *verbe* Entrer en rapport avec quelqu'un. SYN. appeler, approcher, atteindre, joindre, rencontrer, toucher, voir. CONTR. *éviter.*

contagieux *adjectif* Qui se transmet par contagion. SYN. épidémique, transmissible. ■ Qui se transmet facilement. SYN. communicable, communicatif.

contagion *nom féminin* Transmission d'une maladie. SYN. contamination. ■ Action de transmettre. SYN. contamination, diffusion, expansion, extension, propagation.

contamination *nom féminin* Action de contaminer. SYN. contagion. ■ Propagation d'un mal. SYN. contagion, transmission.

contaminer *verbe* Transmettre une affection. SYN. infecter, transmettre. CONTR. *désinfecter, épurer, stériliser.* ■ Gagner quelque chose. SYN. altérer, dépraver, entacher, pourrir, salir. – LITTÉRAIRE : contagionner, flétrir, souiller.

conte *nom masculin* Récit imaginaire. SYN. fable, fiction, histoire, historiette. ■ Récit mensonger. SYN. fable, histoire, histoire à dormir debout, invention, mensonge. – FAMILIER : bobard. – POPULAIRE : craque. CONTR. *vérité.*

contemplateur *adjectif* LITTÉRAIRE. Qui s'absorbe dans ses pensées. SYN. absorbé, contemplatif, méditatif, pensif, rêveur, songeur.

contemplatif *adjectif* Qui se livre à la contemplation. SYN. méditatif, pensif, recueilli, rêveur, songeur. – LITTÉRAIRE : contemplateur.

contemplation *nom féminin* Action de contempler. SYN. observation. ■ Réflexion profonde. SYN. méditation, recueillement. – LITTÉRAIRE : extase, spéculation.

contempler *verbe* Regarder longuement. SYN. admirer, considérer, examiner, fixer, observer, regarder. – POPULAIRE : zieuter, zyeuter.

contemporain *adjectif* Qui appartient au temps présent. SYN. actuel, moderne, présent. CONTR. *anachronique, ancien, antique, archaïque, éloigné, inactuel, lointain, primitif, vieux.* – LITTÉRAIRE : *suranné.*

contempteur *nom* LITTÉRAIRE. Personne qui dénigre. SYN. critique, dénigreur, dépréciateur, détracteur. – LITTÉRAIRE : censeur, négateur. CONTR. *admirateur, adorateur, apologiste, bénisseur, partisan.* – LITTÉRAIRE : *laudateur, prôneur.*

contenance *nom féminin* Quantité contenue dans. SYN. capacité, jauge, tonnage, volume. ■ Manière de se tenir. SYN. air, allure, attitude, comportement, démarche, figure, maintien, mine, port, posture, tenue. – FAMILIER : dégaine, touche. – LITTÉRAIRE : tournure.

contenir *verbe* Avoir en soi. SYN. avoir, comporter, comprendre, compter, englober, inclure, posséder, présenter, receler, renfermer. – LITTÉRAIRE : enfermer. ■ Empêcher de s'étendre. SYN. contrôler, endiguer, enrayer, freiner, limiter, maintenir, réduire, réprimer, retenir, stopper. CONTR. *libérer.* ■ Réprimer un sentiment. SYN. assagir, brider, contrôler, dominer, lutter contre, maîtriser, ravaler, refouler, refréner, réfréner, rentrer, réprimer, retenir, surmonter. – LITTÉRAIRE : contraindre, dompter, renfoncer, taire. CONTR. *déchaîner, exprimer, extérioriser, manifester, montrer.* ■ Avoir telle capacité. SYN. mesurer, tenir.

contenir (se) *verbe pronominal* Maîtriser ses sentiments. SYN. se calmer, se contrôler, se dominer, se maîtriser, se modérer, se posséder, se retenir, ronger son frein. – LITTÉRAIRE : se contraindre. CONTR. *déborder, se défouler, éclater, s'emporter.* – FAMILIER : *s'emballer, exploser.*

content *adjectif* Qui éprouve de la satisfaction. SYN. béat, enchanté, fier, gai, heureux, radieux, ravi, réjoui, satisfait, triomphant. CONTR. *accablé, anéanti, attristé, chagriné, déçu, dégoûté, dépité, désolé, ennuyé, humilié, insatisfait, malheureux, mécontent, navré, sombre, triste.* – FAMILIER : *embêté.* – LITTÉRAIRE : *blessé, chagrin.*

contentement *nom masculin* Action de satisfaire un désir. SYN. assouvissement, satisfaction. CONTR. – LITTÉRAIRE : *inassouvissement, insatiabilité.* ■ Sentiment de satisfaction. SYN. béatitude, bonheur, complaisance, fierté, joie, plaisir, ravissement, satisfaction. – LITTÉRAIRE : aise, félicité. CONTR. *affliction, amertume, chagrin, contrariété, déboire, déconvenue, déplaisir, désagrément, désappointement, désespoir,* *ennui, insatisfaction, mécontentement, regret, tristesse.*

contenter *verbe* Satisfaire quelqu'un. SYN. agréer, arranger, combler, convenir, exaucer, faire la joie de, suffire. CONTR. *affliger, chagriner, contrarier, décevoir, désappointer, désoler, froisser, mécontenter.* – FAMILIER : *défriser.* ▪ Assouvir une tendance. SYN. apaiser, assouvir, rassasier, satisfaire. CONTR. *refréner, réfréner.*

contenter (se) *verbe pronominal* Limiter ses désirs à. SYN. s'accommoder de, s'arranger de, se satisfaire. ▪ Fixer des limites à son action. SYN. se borner à, se cantonner, se limiter à, se réduire à, s'en tenir à.

contentieux *nom masculin* Conflit non résolu. SYN. affaire, conflit, contestation, démêlé, différend, litige.

contentieux *adjectif* Qui donne lieu à un débat. SYN. contesté, litigieux.

contention *nom féminin* LITTÉRAIRE. Tension des facultés intellectuelles. SYN. application, attention, concentration, effort. CONTR. *distraction.*

contenu *adjectif* Qui est maîtrisé. SYN. caché, réfréné, rentré. CONTR. *débordant, débridé, effréné, illimité.* – LITTÉRAIRE : *dévergondé.*

contenu *nom masculin* Ce qui est exprimé dans un texte. SYN. matière, substance, teneur. CONTR. *forme.* ▪ Sens d'un mot. SYN. signification, signifié. ▪ Ce qui est dans un récipient. CONTR. *contenant.*

conter *verbe* Faire le récit de. SYN. débiter, dire, peindre, raconter, rapporter, relater. – FAMILIER : chanter. – LITTÉRAIRE : narrer.

contestable *adjectif* Qui peut être contesté. SYN. critiquable, discutable, douteux, incertain, litigieux, niable, récusable, réfutable, sujet à caution. CONTR. *assuré, avéré, certain, concluant, convaincant, décisif, éclatant, évident, flagrant, fondé, inattaquable, incontestable, indéniable, indiscutable, indubitable, irrécusable, irréfutable, sûr, vrai.* – LITTÉRAIRE : *irréfragable.*

contestataire *adjectif* Qui conteste. SYN. dissident, frondeur, non conformiste, protestataire, rebelle, révolté, révolutionnaire, séditieux. CONTR. *conformiste, obéissant, résigné, traditionaliste.*

contestation *nom féminin* Action de contester quelque chose. SYN. contradiction, désapprobation, discussion, objection, opposition, protestation, rébellion, refus, résistance, révolte. – LITTÉRAIRE : fronde. CONTR. *acceptation, accord, affirmation, docilité, obéissance, reconnaissance, résignation, soumission.* ▪ Divergence d'opinions. SYN. controverse, débat, démêlé, différend, dispute, litige, opposition, querelle. CONTR. *accord, arrangement.*

contesté *adjectif* Mis en question. SYN. contentieux, controversé, critiqué, litigieux. CONTR. *accrédité, acquis, indiscuté.*

conteste (sans) *locution adverbiale* De façon incontestable. SYN. assurément, certainement, évidemment, à l'évidence, incontestablement, indéniablement, indiscutablement, indubitablement, irréfutablement, manifestement, nécessairement, nettement, notoirement, parfaitement, sans aucun doute, de toute évidence. – FAMILIER : positivement. – LITTÉRAIRE : sans contredit.

contester *verbe* Remettre en cause. SYN. avoir à redire à, chercher la petite bête, combattre, contrecarrer, contredire, critiquer, démentir, dénier, désapprouver, discuter, s'élever contre, s'inscrire en faux, s'insurger, nier, s'opposer, récuser, refuser, réfuter, se révolter, se soulever, tailler des croupières à, trouver à redire à. – LITTÉRAIRE : controverser, répudier. CONTR. *accepter, admettre, affirmer, assurer, attester, attribuer, avouer, certifier, concéder, convenir, croire, reconnaître, se résigner, soutenir, vouloir.*

contexte *nom masculin* Circonstances où se situe un fait. SYN. cadre, climat, environnement, situation.

contexture *nom féminin* Organisation des parties d'un tout. SYN. agencement, armature, canevas, composition, constitution, ossature, structure. – LITTÉRAIRE : texture, trame.

contigu *adjectif* Qui touche à quelque chose d'autre. SYN. accolé, adjacent, attenant, avoisinant, bord à bord, à côté, environnant, limitrophe, mitoyen, proche, voisin. – LITTÉRAIRE : jouxtant. CONTR. *distant, écarté, loin, opposé, séparé.*

contiguïté *nom féminin* État de deux choses contiguës. SYN. contact, mitoyenneté, proximité. CONTR. *distance, écart.*

continence *nom féminin* Abstinence des plaisirs sexuels. SYN. chasteté, pureté, vertu. CONTR. *débauche, luxure, vice.* – LITTÉRAIRE : *impureté, lascivité, stupre.*

continent *adjectif* Qui fait continence. SYN. abstinent, chaste, vertueux. CONTR. *débauché, dépravé.* – VIEUX : *luxurieux.*

continental *adjectif* Relatif aux continents. CONTR. *insulaire.*

contingence *nom féminin* Caractère contingent. SYN. éventualité. CONTR. *nécessité.*

contingent *adjectif* Qui peut se produire ou non. SYN. accidentel, aléatoire, casuel, conditionnel, épisodique, éventuel, fortuit, incertain, occasionnel. CONTR. *assuré, certain, nécessaire, sûr.* ■ Qui a une importance secondaire. SYN. accessoire, adventice, subsidiaire. CONTR. *essentiel.*

contingent *nom masculin* Quantité fournie. SYN. contribution, écot, lot, quote-part.

contingentement *nom masculin* Action de contingenter. SYN. limitation, rationnement.

contingenter *verbe* Limiter des marchandises. SYN. rationner, réduire, réglementer, répartir.

continu *adjectif* Sans interruption dans le temps. SYN. d'affilée, assidu, constant, continuel, durable, incessant, non-stop, permanent, perpétuel, persistant, régulier, sempiternel, soutenu, suivi. CONTR. *alternatif, discontinu, entrecoupé, heurté, intermittent, sporadique, successif, variable.* ■ Sans interruption dans l'espace. SYN. contigu, ininterrompu. CONTR. *coupé, discontinu, divisé, interrompu.*

continuateur *nom* Personne qui continue une œuvre. SYN. disciple, héritier, successeur. CONTR. *prédécesseur.*

continuation *nom féminin* Fait de se prolonger. SYN. continuité, poursuite, prolongation, prolongement, prorogation, reprise, suite. – LITTÉRAIRE : perpétuation, perpétuité. CONTR. *arrêt, cessation, changement, fin, interruption, levée, pause, suspension.*

continuel *adjectif* Qui dure sans interruption. SYN. assidu, chronique, constant, continu, éternel, incessant, ininterrompu, permanent, perpétuel, sempiternel. CONTR. *discontinu, épisodique, intermittent, interrompu, momentané, rare, sporadique.*

continuellement *adverbe* De façon continuelle. SYN. assidûment, constamment, éternellement, immuablement, indéfiniment, invariablement, jour et nuit, journellement, à longueur de temps, du matin au soir, non-stop, en permanence, perpétuellement, sans arrêt, sans cesse, sans discontinuer, sans intermission, sans interruption, sans relâche, sans répit, sans souffler, sans trêve, sept jours sur sept, toujours, à tout bout de champ, à tout instant, tout le temps, à tout propos, vingt-quatre heures sur vingt-quatre. – LITTÉRAIRE : continûment, sempiternellement. CONTR. *par accès, alternativement, épisodiquement, exceptionnellement, par instants, par intermittence, par intervalles, irrégulièrement, occasionnellement, provisoirement, rarement, sporadiquement, de temps à autre, de temps en temps, variablement.*

continuer *verbe intransitif* Ne pas cesser de se manifester. SYN. durer, s'éterniser, se poursuivre, se prolonger. CONTR. *s'arrêter, cesser, passer, prendre fin.* ■ Persister dans une manière d'être. SYN. s'obstiner, persévérer, persister, rester, tenir. CONTR. *arrêter.*

continuer *verbe transitif* Poursuivre ce qui est commencé. SYN. donner suite à, maintenir, perpétuer, prolonger, proroger. CONTR. *abandonner, arrêter, briser, interrompre, laisser, quitter, renoncer, suspendre, terminer.* ■ Répéter une action. SYN. recommencer, reconduire. CONTR. *commencer.*

continuité *nom féminin* Caractère continu. SYN. assiduité, constance, continuation, durabilité, durée, maintien, pérennité, permanence, persévérance, persistance, régularité, stabilité. – LITTÉRAIRE : fixité, immuabilité. CONTR. *alternance, anéantissement, arrêt, caducité, cessation, changement, coupure, fin, intermittence, interruption, pause, rupture, suspension.* – LITTÉRAIRE : *discontinuité.*

continûment *adverbe* LITTÉRAIRE. De façon continue. SYN. assidûment, constamment, continuellement, durablement, éternellement, immuablement, indéfiniment, invariablement, jour et nuit, journellement, à longueur de temps, du matin au soir, non-stop, en permanence, perpétuellement, sans arrêt, sans cesse, sans discontinuer, sans intermission, sans interruption, sans relâche, sans répit, sans souffler, sans trêve, sept jours sur sept, toujours, à tout bout de champ, à tout instant, tout le temps, à tout propos, vingt-quatre heures sur vingt-quatre. – LITTÉRAIRE : sempiternellement. CONTR. *alternativement, épisodiquement, exceptionnellement, par instants, irrégulièrement, rarement, sporadiquement, de temps à autre, de temps en temps, variablement.*

continuo *nom masculin* Basse instrumentale ininterrompue. SYN. basse continue.

contorsions *nom féminin pluriel* Gestes outrés. SYN. grimaces, mines, rictus, singeries.

contour *nom masculin* Limite extérieure d'un corps. SYN. bord, bordure, borne, forme. ■ Ligne qui limite une forme arrondie. SYN. circonférence, enceinte, périmètre, périphérie, pourtour, tour. CONTR. *intérieur.* ■ Partie qui décrit une courbe. SYN. coude, ondulation, sinuosité, tournant, virage.

contourné *adjectif* Peu naturel. SYN. affecté, maniéré, précieux, recherché, tors, tortueux, tourmenté. – FAMILIER : tarabiscoté. CONTR. *direct, droit.*

contourner *verbe* Tourner autour pour éviter. SYN. éviter, faire le tour de, passer autour, tourner. CONTR. *approcher, gagner.*

contracté *adjectif* Qui est tendu. SYN. crispé, gêné, stressé, tendu. CONTR. *décontracté, dégagé, détendu.*

contracter *verbe* Adopter une attitude. SYN. acquérir, attraper, gagner, prendre. CONTR. *se défaire de, perdre.* ■ Être atteint d'une maladie. SYN. attraper. – FAMILIER : choper, ramasser. CONTR. *guérir.*

contracter *verbe* Réduire le volume, la longueur. SYN. abréger, condenser, resserrer, rétrécir, serrer. CONTR. *allonger, dilater, distendre, étendre, étirer, gonfler.* ■ Raidir un muscle. SYN. crisper, durcir, rétracter, tendre. – LITTÉRAIRE : bander. CONTR. *assouplir, décontracter, détendre, relâcher, relaxer.*

contracter (se) *verbe pronominal* Devenir nerveux. SYN. se crisper, se raidir. CONTR. *se décontracter, se relaxer.*

contraction *nom féminin* Diminution de volume par resserrement. SYN. compression, constriction, resserrement. CONTR. *dilatation, distension, expansion, relâchement.* ■ Diminution de la longueur ou du volume d'un muscle. SYN. constriction, contracture, crampe, rétraction. ■ Réduction d'une quantité. SYN. diminution, ralentissement, retrait. CONTR. *allongement, extension.* ■ Tension nerveuse. SYN. convulsion, crispation, raidissement. CONTR. *décontraction, détente.*

contracturé *adjectif* En proie à une contraction musculaire. SYN. contracté, raidi.

contradiction *nom féminin* Action de contredire une affirmation. SYN. contestation, critique, démenti, négation, objection, opposition, réfutation. CONTR. *approbation, assentiment, soutien.* ■ Action de se contredire. SYN. incohérence, inconséquence. CONTR. *cohérence.* ■ Opposition entre deux choses. SYN. antinomie, contraste, désaccord, discordance, incompatibilité. – LITTÉRAIRE : dissonance. CONTR. *accord, analogie, coïncidence, correspondance, harmonie.*

contradictoire *adjectif* Qui contredit un fait. SYN. antinomique, contraire, discordant, incompatible, opposé. ■ Qui renferme une contradiction. SYN. absurde, illogique, incohérent, inconséquent, irrationnel, paradoxal. CONTR. *cohérent, logique.*

contragestif *adjectif et nom masculin* RARE. Qui provoque l'avortement. SYN. abortif.

contraignant *adjectif* Qui astreint à quelque chose. SYN. asservissant, assujettissant, astreignant, oppressif. CONTR. *agréable, léger.*

contraindre *verbe* Obliger à faire quelque chose. SYN. acculer, assujettir, condamner, engager, exiger, forcer, imposer, mettre au pied du mur, mettre en demeure, mettre le couteau sous la gorge, pousser, réduire, soumettre. – FAMILIER : faire le forcing. – LITTÉRAIRE : astreindre. CONTR. *affranchir, dispenser.* ■ LITTÉRAIRE. Empêcher de donner libre cours à. SYN. contenir, entraver, freiner, gêner, lier, refouler, refréner, réfréner, réprimer. CONTR. *autoriser, permettre, tolérer.*

contraindre (se) *verbe pronominal* Se donner comme contrainte. SYN. se forcer, s'obliger. CONTR. *ne pas se gêner, n'en faire qu'à sa tête, en prendre à son aise.* ■ LITTÉRAIRE. Ne pas donner libre cours à. SYN. se contenir, se contrôler, se freiner, se limiter, mettre de l'eau dans son vin, se modérer, se restreindre, se retenir.

contraint *adjectif* Qui est mal à l'aise. SYN. apprêté, artificiel, compassé, embarrassé, empesé, emprunté, factice, gauche, gêné, gourmé, guindé. CONTR. *aisé, dégagé, naturel, simple.* ■ Qui est obligé de. SYN. astreint, forcé. CONTR. *libre, spontané, volontaire.*

contrainte *nom féminin* Action de forcer quelqu'un. SYN. coercition, esclavage, force, pression. CONTR. *affranchissement, émancipation, libération.* ■ Obligation créée par l'usage. SYN. carcan, charge, entrave, exigence, forcing, impératif, servitude. – LITTÉRAIRE : astreinte, sujétion. CONTR. *choix.* ■ Fait d'être embarrassé. SYN. embarras, gêne, retenue. CONTR. *aisance, liberté.* – LITTÉRAIRE : *aise.*

contraire *adjectif* Qui s'oppose à quelque chose. SYN. antagoniste, antinomique, antithétique, contradictoire, discordant, divergent, hétérogène, incompatible, inverse, opposé. – LITTÉRAIRE : adverse. CONTR. *analogue, approchant, comparable, conforme, identique, même, pareil, proche, semblable.* ■ Qui est défavorable à. SYN. dommageable, hostile, mauvais, néfaste, nocif, nuisible, pernicieux, préjudiciable. CONTR. *bénéfique, favorable, heureux, propice.*

contraire *nom masculin* Mot de sens contraire. SYN. antonyme. CONTR. *synonyme.* ■ Ce qui s'oppose à. SYN. antipode, antithèse, contrepartie, contre-pied, envers, inverse, négation, opposé. CONTR. *pendant.* ■ ***Au contraire,*** d'une manière opposée. SYN. a contrario, à l'inverse, inversement, loin de là, tant s'en faut.

contrairement à *locution prépositive* D'une manière opposée à. SYN. au contraire de, à la différence de, à l'inverse de, à l'opposé de.

contralto *nom masculin* Voix de femme la plus grave. SYN. alto.

contrariant *adjectif* Qui contrarie. SYN. déplaisant, désagréable, désolant, fâcheux. – FAMILIER : empoisonnant, saumâtre. – POPULAIRE : chiant, chiatique.

contrarié *adjectif* Ennuyé à cause d'une difficulté. SYN. affligé, agacé, dépité, désolé, ennuyé, fâché, irrité, mécontent, navré. – FAMILIER : embêté. – LITTÉRAIRE : chagrin. CONTR. *tranquille.*

contrarier *verbe* Aller à l'encontre de. SYN. contrecarrer, déranger, desservir, entraver, freiner, mettre des bâtons dans les roues, se mettre en travers du chemin, nuire, résister. CONTR. *aider, cadrer, contribuer, favoriser, seconder.* ■ Causer du mécontentement. SYN. chagriner, déplaire, ennuyer, fâcher, heurter, irriter, mécontenter, navrer, vexer. – FAMILIER : chiffonner, embêter. – LITTÉRAIRE : importuner. – POPULAIRE : emmerder. CONTR. *combler, contenter, réjouir, satisfaire.*

contrariété *nom féminin* Fait d'être contrarié. SYN. agacement, déception, déplaisir, désagrément, insatisfaction, irritation, mécontentement. CONTR. *agrément, contentement, joie, plaisir, satisfaction.* ■ Ce qui contrarie. SYN. ennui, souci, tourment, tracasserie. – FAMILIER : embêtement. – LITTÉRAIRE : aria.

contraste *nom masculin* Opposition de deux choses. SYN. antithèse, contradiction, désaccord, différence, discordance, disparité, dissemblance, dissimilitude, heurt, opposition. – LITTÉRAIRE : disparate, dissonance. CONTR. *accord, analogie, conformité, harmonie, identité, parenté, parité, ressemblance, similarité, similitude, uniformité.*

contraster *verbe* Être en opposition avec. SYN. détonner, jurer, s'opposer, ressortir, trancher. CONTR. *s'accorder, s'appareiller, s'apparenter, concorder, se fondre, s'harmoniser.*

contrat *nom masculin* Accord de volontés. SYN. compromis, convention, engagement, pacte, protocole, traité, transaction.

contravention *nom féminin* Procès-verbal d'une infraction. SYN. amende. – FAMILIER : contredanse, papillon, P.-V. – POPULAIRE : prune.

contre *nom masculin* Au volley-ball, opposition à un smash. SYN. block.

contre *préposition* Indique la proximité. SYN. auprès de, près de, sur. ■ Indique l'opposition. SYN. opposé à. CONTR. *avec, en faveur de, pour.* ■ Indique un échange. SYN. en échange de, moyennant, pour. ■ FAMILIER. ***Par contre,*** d'une manière opposée. SYN. au contraire, à l'inverse, inversement, mais, en revanche.

contre-attaque *nom féminin* Réponse à une attaque adverse. SYN. contre-offensive, riposte. CONTR. *attaque.*

contrebalancer *verbe* Faire équilibre à. SYN. balancer, compenser, équilibrer, racheter, suppléer.

contrebas (en) *locution adverbiale* À un niveau inférieur. CONTR. *en contrehaut.*

contrebassiste *nom* Musicien qui joue de la contrebasse. SYN. bassiste, contrebasse.

contrecarrer *verbe* Faire obstacle à. SYN. barrer la route à, barrer le chemin à, contester, contrarier, contredire, déjouer, déranger, desservir, heurter, neutraliser, nuire, s'opposer. CONTR. *aider, appuyer, cadrer, favoriser, obéir, seconder, soutenir.*

contre-châssis *nom masculin invariable* Seconde clôture d'une fenêtre. SYN. contre-fenêtre.

contrecoup *nom masculin* Conséquence d'un acte. SYN. choc en retour, effet, impact, incidence, réaction, rebondissement, répercussion, retentissement, retombée, ricochet, séquelle, suite. CONTR. *cause, origine.*

contre-courant *nom masculin* ***À contre-courant,*** en sens oppposé. SYN. à rebours.

contredanse *nom féminin* FAMILIER. Contravention. SYN. amende, procès-verbal. – FAMILIER : papillon, P.-V. – POPULAIRE : prune.

contredire *verbe* Dire le contraire de ce que dit quelqu'un. SYN. contester, démentir, désavouer, prendre le contre-pied de, réfuter. – LITTÉRAIRE : rompre en visière. CONTR. *accréditer, approuver, appuyer, attester, confirmer, soutenir.* ■ Être en contradiction avec. SYN. contrarier, contrecarrer, s'opposer à. CONTR. *appuyer, assurer, cadrer, confirmer, corroborer.*

contredire (se) *verbe pronominal* Tenir des propos incompatibles. SYN. faire entendre deux sons de cloche, tenir un double langage.

contredit *nom masculin* LITTÉRAIRE. ***Sans contredit,*** sans qu'on puisse réfuter. SYN. assurément, certainement, évidemment, à l'évidence, incontestablement, indéniablement, indiscutablement, indubitablement, irréfutablement, manifestement, nécessairement, nettement, notoirement, parfaitement, sans aucun doute, sans conteste, de toute évidence. – FAMILIER : positivement.

contrée *nom féminin* Étendue de pays. SYN. parages, pays, région.

contrefaçon *nom féminin* Reproduction frauduleuse. SYN. copie, faux, imitation, plagiat. CONTR. *vrai.*

contrefacteur *nom masculin* Personne qui commet une contrefaçon. SYN. faussaire, imitateur, plagiaire.

contrefaire *verbe* Imiter pour se moquer. SYN. caricaturer, copier, mimer, parodier, pasticher, singer. ■ Reproduire frauduleusement. SYN. falsifier. – LITTÉRAIRE : plagier. CONTR. *authentifier, créer.* ■ Déformer pour tromper. SYN. altérer, déguiser, dénaturer, travestir, truquer.

contrefait *adjectif* Qui présente une difformité. SYN. déjeté, difforme, disgracié, laid, malbâti. CONTR. *bien bâti, bien découplé, bien proportionné.* – POPULAIRE : *bien balancé.* ■ Imité frauduleusement. SYN. artificiel, falsifié, faux, truqué. CONTR. *authentique, vrai.*

contre-fenêtre *nom féminin* Seconde clôture d'une fenêtre. SYN. contre-châssis.

contre-filet *nom masculin* Morceau de bœuf de la région du rein. SYN. faux-filet.

contre-fossé *nom masculin* Fossé d'une fortification. SYN. avant-fossé.

contrehaut (en) *locution adverbiale* À un niveau supérieur. CONTR. *en contrebas.*

contre-offensive *nom féminin* Réponse à une attaque adverse. SYN. contre-attaque, riposte. CONTR. *attaque, offensive.*

contrepartie *nom féminin* Ce qui est contraire. SYN. antipode, antithèse, contraire, inverse, négation, opposé. ■ Ce qui compense quelque chose. SYN. compensation, dédommagement, échange, indemnité, remplacement. ■ ***En contrepartie,*** en échange. SYN. en compensation, en échange, inversement, réciproquement, en remplacement, en retour.

contre-pied *nom masculin* Ce qui est à l'opposé de. SYN. antipode, antithèse, contraire, négation, opposé.

contre-poil (à) *locution adverbiale* Dans le sens contraire. SYN. à contresens, à l'opposé, à rebours, à rebrousse-poil.

contrepoison *nom masculin* Remède à un poison. SYN. antidote. – VIEUX : alexipharmaque.

contrer *verbe* Faire obstacle à. SYN. se dresser contre, s'élever contre, faire front, s'opposer à, rejeter, repousser. CONTR. *accepter, admettre.*

contresens *nom masculin* Action ou attitude absurde. SYN. aberration, anomalie, erreur, extravagance, non-sens. ■ ***À contresens,*** dans un sens contraire. SYN. à l'envers, à l'opposé, à rebours, de travers. CONTR. *à l'endroit.*

contretemps *nom masculin* Ce qui va à l'encontre d'un projet. SYN. accident, accroc, à-coup, avatar, complication, embarras, empêchement, ennui, incident. – FAMILIER : anicroche, enquiquinement. – POPULAIRE : emmerdement. ■ ***À contretemps,*** mal à propos. SYN. inconsidérément, intempestivement, mal à propos, malencontreusement, à tort et à travers. – LITTÉRAIRE : inopportunément. CONTR. *au bon moment, au moment voulu, opportunément, à pic, à point nommé, à point, précisément, à propos, en temps utile, en temps voulu.* – FAMILIER : *pile.*

contre-ténor *nom masculin* Chanteur à voix de ténor aiguë. SYN. haute-contre.

contre-torpilleur *nom masculin* Bateau de guerre qui combattait les torpilleurs. SYN. destroyer.

contrevenir *verbe* Agir contrairement à quelque chose. SYN. déroger à, désobéir à, enfreindre, piétiner, transgresser, violer. – LITTÉRAIRE : blesser. CONTR. *s'aligner, se conformer à, obéir à, observer, obtempérer, respecter, se soumettre à, suivre.*

contrevérité *nom féminin* Affirmation contraire à la vérité. SYN. inexactitude, mensonge. – LITTÉRAIRE : imposture. CONTR. *vérité.*

contribuer *verbe* Apporter sa contribution à. SYN. aider à, avoir part à, collaborer à, concourir à, coopérer à, favoriser, participer à, permettre, prendre part à, tendre à. CONTR. *contrarier, empêcher, entraver, gêner.*

contribution *nom féminin* Fait d'aider à la réalisation de. SYN. aide, collaboration, complicité, concours, coopération, participation. ■ Part apportée. SYN. appoint, apport, contingent, cotisation, écot, part, quote-part.

contrister *verbe* LITTÉRAIRE. Rendre profondément triste. SYN. accabler, affliger, attrister, chagriner, consterner, désoler, navrer, peiner.

contrit *adjectif* LTTÉRAIRE. Qui marque le regret. SYN. confus, ennuyé, honteux, navré, penaud. – LITTÉRAIRE : repentant.

contrition *nom féminin* Regret sincère d'un péché. SYN. pénitence, repentir. – LITTÉRAIRE : componction, résipiscence.

contrôle *nom masculin* Action de vérifier quelque chose. SYN. inspection, œil, pointage, sondage, supervision, surveillance, vérification. ■ Fait d'avoir un pouvoir sur. SYN. domestication, domination, maîtrise. – LITTÉRAIRE : gouvernement.

contrôler *verbe* Soumettre à une vérification. SYN. s'assurer, éplucher, essayer, examiner, expérimenter, inspecter, passer au crible, passer au peigne fin, surveiller, vérifier. ■ Être maître de ses réactions. SYN. brider, contenir, dominer, maîtriser, surmonter, vaincre. – LITTÉRAIRE : dompter. ■ Maîtriser une situation. SYN. avoir la haute main sur, contenir, dominer, superviser.

contrôler (se) *verbe* Rester maître de soi. SYN. se contenir, se dominer, garder la tête froide, garder son sang-froid, garder son self-control, se maîtriser, se modérer, ne pas perdre la tête, s'observer, se posséder, se retenir. – LITTÉRAIRE : se contraindre. CONTR. *s'affoler, paniquer, perdre la raison, perdre la tête, perdre la tramontane, perdre le nord, perdre son sang-froid, perdre son self-control.* – FAMILIER : *perdre la boule, perdre la boussole, perdre les pédales.*

contrôleur *nom* Personne chargée de contrôler. SYN. superviseur, surveillant, vérificateur.

controuvé *adjectif* LITTÉRAIRE. Inventé de toutes pièces. SYN. fabriqué, faux, forgé, imaginaire, inauthentique, mensonger. CONTR. *authentique, exact, juste, réel, véritable, vrai.*

controverse *nom féminin* Discussion suivie sur une question. SYN. contestation, débat, discussion, dispute, explication, mêlée, polémique, querelle.

controversé *adjectif* Qui suscite une contestation. SYN. contesté, discuté. CONTR. *accrédité, admis, adopté, approuvé, indiscuté.*

controverser *verbe* LITTÉRAIRE. Mettre en discussion. SYN. argumenter, contester, débattre, discuter, ergoter. – LITTÉRAIRE : disputer.

contusion *nom féminin* Lésion de la peau. SYN. bosse, coup, ecchymose, meurtrissure. – FAMILIER : bleu. – POPULAIRE : coquard, coquart.

contusionner *verbe* Provoquer des contusions. SYN. blesser, meurtrir.

convaincant *adjectif* Qui est propre à convaincre. SYN. concluant, décisif, démonstratif, éloquent, fort, parlant, persuasif, probant. CONTR. *contestable, controversable, douteux.*

convaincre *verbe* Amener quelqu'un à faire. SYN. décider, entraîner, persuader. CONTR. *dissuader, empêcher.*

convaincu *adjectif* Sincèrement persuadé de. SYN. certain, décidé, déterminé, pénétré, persuadé, résolu. CONTR. *dubitatif, incrédule, perplexe, sceptique.*

convection *nom féminin* Mouvement vertical de l'air. CONTR. *advection.*

convenable *adjectif* Approprié à. SYN. ad hoc, adéquat, correspondant, opportun, propice, propre à, voulu, vrai. – VIEUX : idoine. CONTR. *abusif, déraisonnable, disconvenant, inadéquat, indu, inopportun, insensé, intempestif.* – LITTÉRAIRE : *dissonant.* ■ Qui est décent. SYN. acceptable, admissible, bienséant, correct, décent, digne, honnête, honorable, moral, poli, présentable, régulier. – FAMILIER : beau, sortable. – LITTÉRAIRE : séant. CONTR. *choquant, cru, déplacé, épicé, grossier, hardi, impoli, impudent, incongru, inconvenant, incorrect, indécent, insensé, leste, libre, malappris, malhonnête, malpropre, obscène, risqué, sale, scabreux.* – LITTÉRAIRE : *déshonnête, malséant, malsonnant.* ■ Dont la qualité est juste suffisante. SYN. acceptable, bon, moyen, passable, raisonnable, satisfaisant, suffisant. – FAMILIER : buvable, possible, potable. CONTR. *catastrophique, défectueux, mauvais, misérable, piètre, piteux, pitoyable, ridicule.*

convenablement *adverbe* De façon appropriée. SYN. bien, correctement, pertinemment. CONTR. *en dépit du bon sens.* ■ De façon décente. SYN. comme il faut, correctement, décemment, honnêtement, poliment. CONTR. *impudemment.* ■ De manière acceptable. SYN. bien, correctement, honorablement, raisonnablement.

convenance *nom féminin* Choix personnel. SYN. choix, goût, gré. ■ LITTÉRAIRE. Qualité de ce qui est approprié. SYN. adéquation, appropriation, compatibilité, conformité, opportunité, pertinence. CONTR. *disproportion, inadéquation.* – LITTÉRAIRE : *disconvenance.*

convenances *nom féminin pluriel* Règles du bon usage. SYN. bienséances, bonnes manières, correction, courtoisie, décence, étiquette, règles, savoir-vivre, usages. CONTR. *impertinence, inconvenance, incorrection, muflerie, sans-gêne.* – LITTÉRAIRE : *sans-façon.*

convenir *verbe* Être approprié à. SYN. s'accorder, s'adapter, aller, cadrer, concorder, correspondre, s'harmoniser, se prêter à, répondre. – LITTÉRAIRE : seoir. CONTR. *disconvenir à.* ■ Être conforme aux goûts de quelqu'un. SYN. agréer, arranger, contenter, plaire, satisfaire, sourire, suffire. – FAMILIER : chanter, dire, revenir. – LITTÉRAIRE : seoir. – POPULAIRE : botter. CONTR. *choquer, déplaire à, froisser.* ■ Accepter comme vrai. SYN. accorder, admettre, avouer, concéder, confesser, reconnaître. CONTR. *contester, se défendre de, disconvenir de, nier.* ■ Tomber d'accord sur. SYN. arrêter, décider, se déterminer à, résoudre. ■ ***Il convient de, que,*** la situation, l'usage exigent que. SYN. il appartient de, il est souhaitable, il faut, il sied de, il y a lieu de.

convenir (se) *verbe pronominal* Avoir des affinités réciproques. SYN. s'accorder, se plaire. CONTR. *se déplaire.*

convention *nom féminin* Accord passé. SYN. accord, arrangement, contrat, engagement, entente, marché, pacte, traité. ▪ Règle tacite ou explicite. SYN. clause, disposition, modalité, règle, stipulation. ▪ Règle de conduite. SYN. coutume, usage.

conventionnel *adjectif* Qui résulte d'une règle. SYN. arbitraire, convenu, factice, fictif. ▪ Conforme aux usages. SYN. académique, banal, bourgeois, classique, conformiste, consacré, formaliste, officiel, orthodoxe, rituel, routinier, stéréotypé, traditionnel. CONTR. *authentique, imprévu, libre, naturel, original, sincère, spontané, surprenant.*

convergent *adjectif* Qui tend vers un même but. SYN. concourant. CONTR. *divergent.*

converger *verbe intransitif* Se diriger vers un même point. SYN. affluer, confluer, se rejoindre, se réunir. CONTR. *diverger.* ▪ Comporter des analogies. SYN. coïncider, correspondre, se rapprocher. CONTR. *diverger, s'opposer.*

conversation *nom féminin* Échange de propos. SYN. bavardage, causerie, conciliabule, dialogue, entretien, tête-à-tête. CONTR. *monologue.* ▪ Entretien entre des responsables. SYN. dialogues, pourparlers.

conversationnel *adjectif* Doué d'interactivité. SYN. interactif.

converser *verbe intransitif* Échanger des propos. SYN. bavarder, causer, chatter, conférer, dialoguer, discourir, discuter, disserter, parler, tchatter, tenir salon. – FAMILIER : discuter le bout de gras, discuter le coup, faire la causette, faire un brin de causette, jacasser, papoter, potiner, tailler une bavette, tchatcher. – LITTÉRAIRE : deviser, s'entretenir, rompre des lances avec. – VIEUX : pépier. CONTR. *monologuer, soliloquer, se taire.*

conversion *nom féminin* Mouvement qui fait tourner. SYN. révolution, rotation. ▪ VIEUX. Changement d'une chose en une autre. SYN. métamorphose, mutation, transformation. – LITTÉRAIRE : transmutation. ▪ Changement d'opinion. SYN. ralliement, volte-face. ▪ Action d'adhérer à une religion. SYN. adhésion. CONTR. *abjuration, apostasie, reniement.*

converti *nom* Personne qui adhère à une croyance. SYN. néophyte, prosélyte.

convertible *nom masculin* Canapé transformable en lit. SYN. canapé-lit.

convertir *verbe* Amener à adopter une opinion. SYN. gagner, rallier. ▪ Faire adhérer à une religion. SYN. catéchiser, endoctriner. ▪ Changer profondément. SYN. métamorphoser, transformer, transmuer, transmuter.

convexe *adjectif* Qui présente une courbure. SYN. arqué, arrondi, bombé, busqué, courbe, rebondi, renflé. CONTR. *concave, rentrant.*

convexité *nom féminin* État de ce qui est convexe. SYN. arrondi, bombement, courbure, renflement. CONTR. *concavité, creux.*

conviction *nom féminin* État d'esprit de quelqu'un de convaincu. SYN. certitude, croyance, foi, persuasion. CONTR. *doute, incrédulité, scepticisme.* ▪ Idée à caractère fondamental. SYN. certitude, opinion, principe, vérité. CONTR. *doute.*

convier *verbe* Inviter quelqu'un. SYN. inviter, prier, solliciter. CONTR. *congédier, éloigner.* ▪ Pousser à faire quelque chose. SYN. encourager, engager, exhorter, inciter, incliner, provoquer.

convive *nom* Personne qui prend part à un repas. SYN. hôte, invité. – LITTÉRAIRE : commensal.

convivial *adjectif* Qui est d'un abord avenant. SYN. accueillant, chaleureux, hospitalier. CONTR. *inhospitalier, rébarbatif.*

convocation *nom féminin* Action de convoquer. SYN. appel, assignation, commandement, invitation, mise en demeure, ordre, oukase, sommation, ukase, ultimatum.

convoiter *verbe* Désirer ardemment une chose. SYN. ambitionner, aspirer à, briguer, couver des yeux, couver du regard, désirer, envier, lorgner, mourir d'envie de, pâlir d'envie, souhaiter, viser. – FAMILIER : guigner, loucher sur, reluquer. – LITTÉRAIRE : soupirer après. CONTR. *dédaigner, mépriser, répugner.*

convoitise *nom féminin* Désir de possession. SYN. ambition, appétence, avidité, désir, envie. – LITTÉRAIRE : appétit, cupidité, insatiabilité. CONTR. *répulsion.* ▪ LITTÉRAIRE. Désir charnel. SYN. – LITTÉRAIRE : concupiscence.

convoquer *verbe* Appeler à se réunir. SYN. rassembler, réunir. – LITTÉRAIRE : assembler. ▪ Faire venir impérativement. SYN. appeler, assigner, citer. – LITTÉRAIRE : mander.

convoyer *verbe* Accompagner un convoi. SYN. accompagner, conduire, escorter.

convulsif *adjectif* Caractérisé par des convulsions. SYN. nerveux, saccadé, spasmodique.

convulsion *nom féminin* Contraction brusque des muscles. SYN. contorsion, contracture, distorsion, spasme. ▪ Trouble violent. SYN. agitation, bouleversement, crise, ébranlement, mouvement, perturbation, remous, secousse, soubresaut, sursaut, trouble. – LITTÉRAIRE : commotion, incendie, orage. CONTR. *ordre.*

convulsivothérapie *nom féminin* Traitement par décharges électriques. SYN. électrochoc, sismothérapie.

coobligé *adjectif et nom* Personne endettée avec d'autres. SYN. codébiteur.

cool *adjectif* FAMILIER. Qui est détendu. SYN. calme, décontracté, serein. – FAMILIER : pépère, relax, relaxe. – POPULAIRE : peinard, pénard. CONTR. *affolé, agacé, agité, anxieux, énervé, exaspéré, fiévreux, inquiet, survolté.* – LITTÉRAIRE : *effervescent.*

coopération *nom féminin* Action de coopérer. SYN. aide, alliance, appui, association, collaboration, concours, contribution, participation, service, soutien. CONTR. *opposition, résistance, rivalité.*

coopérer *verbe* Prendre part à une œuvre commune. SYN. aider, apporter sa pierre à, apporter son tribut à, s'associer, collaborer, concourir à, contribuer à, se mettre de la partie, mettre la main à la pâte, mettre la main à l'ouvrage, mettre le doigt dans l'engrenage, participer, prendre une part active à, prêter la main à. CONTR. *concurrencer, empêcher, gêner, menacer, s'opposer à, paralyser.* – LITTÉRAIRE : *ruiner.*

coordination *nom féminin* Action de coordonner. SYN. combinaison, harmonisation, synchronisation. – LITTÉRAIRE : conjugaison.

coordonnant *adjectif et nom masculin* Se dit d'un terme qui sert à lier. SYN. copulatif. CONTR. *disjonctif.*

coordonner *verbe* Agencer des éléments. SYN. agencer, arranger, assembler, combiner, conjuguer, enchaîner, harmoniser, lier, orchestrer, ordonnancer, ordonner, organiser, unir. CONTR. *démanteler, déranger, désagencer, désorganiser.*

copain *nom masculin* FAMILIER. Homme dont on est proche. SYN. ami, camarade, compagnon, complice, condisciple. – POPULAIRE : pote. ■ FAMILIER. Homme aimé. SYN. amoureux, compagnon, petit ami. – FAMILIER : flirt.

copermutant *nom* Personne qui échange avec. SYN. coéchangiste.

copie *nom féminin* Reproduction d'un écrit. SYN. ampliation, compilation, double, duplicata, expédition, fac-similé, grosse, photocopie. ■ Reproduction d'une œuvre d'art. SYN. contrefaçon, emprunt, faux, imitation, plagiat. CONTR. *archétype, original.* ■ Reproduction de quelque chose. SYN. calque, réplique, simulacre. ■ Personne qui ressemble à une autre. SYN. double, jumeau, sosie. – FAMILIER : clone.

copier *verbe* Reproduire par écrit un texte. SYN. marquer, noter, recopier, relever, transcrire. ■ S'inspirer fortement d'une œuvre. SYN. calquer, compiler, démarquer, emprunter, imiter, pasticher, piller, voler. – LITTÉRAIRE : plagier. – POPULAIRE : pomper. CONTR. *créer, inventer.* ■ Imiter quelqu'un, un groupe. SYN. contrefaire, imiter, mimer, répéter, reproduire, singer, suivre.

copieusement *adverbe* En grande quantité. SYN. abondamment, en abondance, amplement, beaucoup, colossalement, comme quatre, comme s'il en pleuvait, considérablement, à discrétion, énormément, à flots, à foison, généreusement, grandement, largement, à la pelle, pleinement, à profusion, en quantité, richement, à satiété, à souhait, en veux-tu en voilà, à volonté. – FAMILIER : à gogo, jusqu'à plus soif, en pagaille, à revendre, à tire-larigot. – LITTÉRAIRE : à l'envi, plantureusement. CONTR. *chichement, guère, légèrement, peu, sobrement.*

copieux *adjectif* Qui est en grande quantité. SYN. abondant, ample, consistant, généreux, large, nourrissant, nutritif, pantagruélique, plantureux, riche, substantiel. – LITTÉRAIRE : profus. CONTR. *frugal, maigre, médiocre, parcimonieux, pauvre, petit, sobre.* – FAMILIER : *chiche.*

copine *nom féminin* FAMILIER. Femme aimée. SYN. amoureuse, compagne, petite amie. – FAMILIER : flirt. ■ FAMILIER. Femme dont on est proche. SYN. amie, camarade, compagne, complice, condisciple. – POPULAIRE : pote.

coprophile *adjectif* Qui vit dans les excréments. SYN. scatophile.

copulatif *adjectif* Se dit d'un terme qui sert à lier. SYN. coordonnant. CONTR. *disjonctif.*

copulation *nom féminin* Union du mâle et de la femelle. SYN. accouplement, coït.

copuler *verbe* S'unir pour la reproduction. SYN. s'accoupler, s'apparier. ■ S'unir sexuellement. SYN. faire l'amour. – FAMILIER : coucher, forniquer, fricoter. – POPULAIRE : baiser, coïter, s'envoyer en l'air, niquer.

coq *nom masculin* ***Coq de bruyère,*** oiseau des forêts de conifères. SYN. tétras.

coque *nom féminin* Structure rigide. SYN. armature, caisse, carcasse, châssis. ■ Petit mollusque comestible. SYN. bucarde.

coqueret *nom masculin* Plante ornementale. SYN. alkékenge, amour-en-cage, physalis.

coquet *adjectif* Dont l'aspect est soigné. SYN. élégant, esthétique, fringant, pimpant, propret, raffiné. – FAMILIER : chic. CONTR. *commun, débraillé, négligé, quelconque, sale.* ■ FAMILIER. Se dit d'une forte somme. SYN. gentil, gros, important. – FAMILIER : joli, rondelet. CONTR. *dérisoire, infime, insignifiant, minime, modeste, modique, négligeable.*

coquetière *nom féminin* Ustensile de cuisson des œufs. SYN. œufrier.

coquettement *adverbe* Avec coquetterie. SYN. élégamment. CONTR. – LITTÉRAIRE : *inélégamment.*

coquetterie *nom féminin* Manières pour aguicher. SYN. minauderie, mines, simagrée. – FAMILIER : chichi. – LITTÉRAIRE : agaceries. ■ Recherche dans l'habillement. SYN. dandysme, élégance, grâce. – FAMILIER : chic. CONTR. *laisser-aller, négligence.*

coquin *adjectif* Qui dénote un esprit grivois. SYN. canaille, croustillant, cru, égrillard, épicé, gaillard, gaulois, graveleux, grivois, leste, libertin, libre, osé, polisson, rabelaisien, salé, voyou. – FAMILIER : cochon, gras, olé olé, paillard. – LITTÉRAIRE : salace. CONTR. *collet monté, prude, pudibond, pudique.* – FAMILIER : *bégueule.*

coquin *nom* Enfant malicieux. SYN. chenapan, garnement, polisson, vaurien, voyou. – FAMILIER : affreux jojo, brigand, diable, filou, fripon, fripouille, galopin, lascar, (petite) peste, poison, sacripant. – VIEUX : galapiat, mâtin. ■ VIEUX. Personne sans scrupule. SYN. brigand, canaille, chenapan, filou, gredin, vaurien, vermine, voyou. – FAMILIER : fripouille, paltoquet, pendard, rossard, sacripant. – LITTÉRAIRE : faquin. – VIEUX : bélître, brigandeau, fripon.

cor *nom masculin* Instrument d'appel. SYN. corne, cornet. – VIEUX : olifant. ■ ***À cor et à cri,*** à grand bruit. SYN. bruyamment, fort. CONTR. *silencieusement.* – FAMILIER : *sans tambour ni trompette.*

cor *nom masculin* Callosité sur un orteil. SYN. cal, durillon, œil-de-perdrix.

coracin *nom masculin* Poisson carnivore. SYN. corb.

coralliaire *nom masculin* VIEUX. Invertébré marin. SYN. anthozoaire.

coraux *nom masculin pluriel* Colonies de polypes formant des récifs. SYN. hexacoralliaires, madréporaires.

corb *nom masculin* Poisson carnivore. SYN. coracin.

corbeille *nom féminin* Panier d'osier. SYN. bannette, corbillon.

corbeille-d'argent *nom féminin* Plante au feuillage argenté. SYN. arabette.

corbillon *nom masculin* Panier d'osier. SYN. bannette, corbeille.

corde *nom féminin* ***Faire jouer la corde sensible,*** chercher à émouvoir. SYN. apitoyer, attendrir, émouvoir, sensibiliser, toucher.

cordelière *nom féminin* Corde souple. SYN. cordon, torsade.

cordial *adjectif* Qui est très sincère. SYN. franc, loyal, profond, sincère. – LITTÉRAIRE : vrai. CONTR. *fourbe, hypocrite, perfide, sournois.* ■ Qui manifeste de la bienveillance. SYN. accueillant, amical, bienveillant, chaleureux, engageant, exquis, familier, fraternel, ouvert, sympathique. CONTR. *antipathique, boudeur, bougon, dictatorial, distant, froid, hautain, hostile, inaccessible, inamical, indifférent, insensible, malveillant, mauvais, offensant, rogue, sec.* – FAMILIER : *frais.* – LITTÉRAIRE : *farouche.*

cordialement *adverbe* De façon bienveillante. SYN. amicalement, à bras ouverts, chaleureusement. CONTR. *fraîchement, froidement, sèchement.*

cordialité *nom féminin* Bienveillance qui part du cœur. SYN. amitié, chaleur, familiarité, rondeur, sympathie. – LITTÉRAIRE : gracieuseté. CONTR. *agressivité, animosité, atrocité, fraîcheur, froideur, haine, hauteur, hostilité, malveillance, sécheresse.* – LITTÉRAIRE : *perfidie.*

cordiérite *nom féminin* Minéral. SYN. dichroïte.

cordon *nom masculin* Suite de choses, de personnes. SYN. chapelet, file, haie, ligne, rang, rangée.

cordonnet *nom masculin* Petite bande utilisée comme ornement. SYN. galon, ganse.

cordonnier *nom masculin* Artisan qui répare les souliers. SYN. – ARGOTIQUE : bouif, gnaf. – VIEUX : savetier. ■ Petit poisson des eaux douces. SYN. épinoche.

coréopsis *nom masculin* Plante d'origine exotique. SYN. acisperme.

coriace *adjectif* Se dit d'une viande très dure. SYN. racorni. CONTR. *tendre.* ■ Qui tient fermement ses positions. SYN. acharné, dur, ferme, indéracinable, obstiné, opiniâtre, résistant, solide, tenace, vivace. – FAMILIER : chien, increvable. CONTR. *facile, influençable, souple, versatile.*

corme *nom féminin* Fruit du cormier. SYN. sorbe.

cormier *nom masculin* Arbre au bois très dur. SYN. sorbier.

corn flakes *nom masculin pluriel* Flocons de semoule de maïs grillés. SYN. pétales de maïs.

cornac *nom masculin* VIEUX. Celui qui fait visiter un lieu à des touristes. SYN. guide. – LITTÉRAIRE : cicérone.

cornage *nom masculin* Bruit de respiration difficile du cheval. SYN. sifflage.

cornaline *nom féminin* Agate rouge. SYN. calcédoine.

cornard *adjectif et nom* Atteint de cornage. SYN. corneur, siffleur.

corne *nom féminin* Sommet anguleux. SYN. aiguille, dent, pic.

corner *verbe intransitif* Faire entendre un bourdonnement. SYN. bourdonner, ronfler, sonner, tinter.

corner *verbe transitif* Annoncer à grand bruit. SYN. annoncer, apprendre, avertir de, aviser de, claironner, clamer, crier sur les toits, déclarer, dire, faire part, informer, instruire, notifier, révéler, signaler, tambouriner. – FAMILIER : carillonner. – LITTÉRAIRE : emboucher la trompette de, proclamer. – VIEUX : trompeter.

corneur *adjectif* Atteint de cornage. SYN. cornard, siffleur.

cornichon *nom masculin* POPULAIRE. Personne stupide. SYN. âne, âne bâté, balourd, benêt, idiot, ignorant, imbécile, innocent, lourdaud, maladroit, niais, nigaud, nul, nullité, sot, sotte. – FAMILIER : abruti, andouille, ballot, bécasse, bêta, bûche, buse, cloche, crétin, cruche, dinde, empaillé, empoté, gaffeur, gourde, jacques, noix, oie, serin. – LITTÉRAIRE : nicodème. – POPULAIRE : banane, con, conard, connard, couillon, gland, manche, nouille, patate, truffe. CONTR. *futé, malin, rusé.* – LITTÉRAIRE : *matois.*

cornière *nom féminin* Portique formant passage couvert. SYN. couvert.

coronule *nom féminin* Tube dans la corolle de certaines fleurs. SYN. couronne.

corozo *nom masculin* Substance dure et blanche. SYN. ivoire végétal.

corporation *nom féminin* Personnes d'une même profession. SYN. confrérie, corps, ordre.

corporel *adjectif* Qui a un corps. SYN. concret, matériel. CONTR. *immatériel, spirituel.* – LITTÉRAIRE : *incorporel.* ■ Qui concerne le corps humain. SYN. physiologique, physique, terrestre. – LITTÉRAIRE : charnel. CONTR. *intellectuel, intérieur, mental, moral, psychique.*

corporellement *adverbe* Par le corps. SYN. physiquement. – LITTÉRAIRE : charnellement.

corps *nom masculin* Partie matérielle d'un être animé. SYN. anatomie, organisme. CONTR. *esprit.* – LITTÉRAIRE : *âme.* ■ Cadavre d'une personne. SYN. cadavre, mort, restes. – LITTÉRAIRE : dépouille, dépouille mortelle. ■ Toute substance matérielle. SYN. matière, objet, substance. ■ Personnes d'une même profession. SYN. assemblée, collège, compagnie, confrérie, congrégation, corporation. ■ ***À corps perdu,*** sans précaution. SYN. follement, fougueusement, furieusement, impétueusement, passionnément, vivement. ■ ***Corps et âme,*** tout entier. SYN. absolument, complètement, entièrement, intégralement, pleinement, profondément, radicalement, sans limite, sans réserve, totalement, du tout au tout, en toute confiance, les yeux fermés. – FAMILIER : carrément, éperdument.

corpulence *nom féminin* Grande taille d'une personne. SYN. carrure, embonpoint, épaisseur, grosseur, stature. CONTR. *maigreur, minceur.* – LITTÉRAIRE : *sveltesse.*

corpulent *adjectif* Qui est de forte corpulence. SYN. adipeux, épais, fort, gros, imposant, massif, obèse. – FAMILIER : costaud. – POPULAIRE : balaise, balèze, baraqué. CONTR. *décharné, effilé, élancé, fluet, frêle, maigre, mince, sec, squelettique, svelte.* – LITTÉRAIRE : *étique, gracile.*

corpuscule *nom masculin* Corps infiniment petit. SYN. grain, molécule, particule, poussière.

correct *adjectif* Qui est conforme aux règles. SYN. bon, exact, fidèle, juste, propre, pur. – LITTÉRAIRE : châtié. CONTR. *bancal, captieux, défectueux, fautif, faux, incorrect, inexact, mauvais.* – LITTÉRAIRE : *infidèle.* ■ Qui est d'une valeur acceptable. SYN. acceptable, admissible, honnête, honorable, moyen, passable, satisfaisant. – FAMILIER : possible, potable. CONTR. *inacceptable.* ■ Qui respecte les bienséances. SYN. bienséant, convenable, courtois, décent, digne, élégant, irréprochable, poli, présentable, pudique. – FAMILIER : beau, régulier. – LITTÉRAIRE : civil. CONTR. *choquant, cru, débraillé, déplacé, dépoitraillé, grossier, impertinent, impudent, impudique, incongru, inconvenant, incorrect, indécent, inopportun, libre, obscène, scabreux, vicieux.* – FAMILIER : *dépenaillé.* – LITTÉRAIRE : *déshonnête, malséant, malsonnant.*

correctement *adverbe* De façon conforme aux règles. SYN. convenablement, justement, normalement. CONTR. *fautivement, improprement, incorrectement, mal.* ■ De façon décente. SYN. convenablement, décemment, dignement, honnêtement, moralement, proprement. CONTR. *impudemment.*

correction *nom féminin* Qualité de ce qui est conforme aux règles. SYN. convenance, exactitude, fidélité, justesse, propriété, pureté, purisme. ■ Qualité d'une personne respectueuse. SYN. bienséance, courtoisie, décence, politesse, savoir-vivre. – LITTÉRAIRE : civilité, urbanité, usage. CONTR. *crudité, cynisme, goujaterie, grossièreté, impertinence, inconvenance, incorrection, indécence, inélégance, vulgarité.* ■ Ce qui rectifie une faute. SYN. biffure, rature, retouche, surcharge. ■ Modification apportée à un texte. SYN. ajout, amendement, modification, rectification, remaniement, révision. ■ Punition destinée à corriger quelqu'un. SYN. peine, punition, réprimande. – LITTÉRAIRE : châtiment. ■ Châtiment corporel. SYN. volée. – FAMILIER : frottée, rossée, tabassée, tripotée. – POPULAIRE : dégelée, dérouillée, pâtée, rouste, saucée, tannée, tournée, trempe.

corrélation *nom féminin* Dépendance réciproque. SYN. affinité, analogie, cohérence, correspondance, dépendance, interdépendance, liaison, lien, rapport, relation. – LITTÉRAIRE : connexité. CONTR. *autonomie, indépendance.*

correspondance *nom féminin* Lien étroit entre plusieurs choses. SYN. accord, adéquation, affinité, analogie, communication, communion, concordance, conformité, corrélation, dépendance, harmonie, liaison, rapport, réciprocité, relation. – LITTÉRAIRE : accordance, connexité. CONTR. *antagonisme, contradiction, désaccord, discordance, écart, opposition.* ■ Échange de lettres. SYN. courrier, relations épistolaires.

correspondant *adjectif* Qui correspond à. SYN. ad hoc, adapté, adéquat, analogique, concordant, conforme, convenable, corrélatif, équivalent, homologue. – VIEUX : idoine. CONTR. *antagoniste, discordant, dissemblable, inférieur, moindre, opposé, supérieur.*

correspondre *verbe* Avoir un rapport de conformité avec. SYN. cadrer, coïncider, concorder, convenir, converger, égaler, équivaloir, se prêter à, se rapporter, traduire. – FAMILIER : coller. CONTR. *différer, s'opposer.* ■ Avoir un rapport d'harmonie avec. SYN. s'accorder, cadrer, s'harmoniser, ressembler. CONTR. *détonner, hurler, jurer, trancher.* ■ Être en accord avec la personnalité de. SYN. aller à, cadrer avec, convenir, ressembler. – FAMILIER : coller avec, revenir. ■ Être en relation avec quelqu'un. SYN. communiquer, converser, écrire, répondre.

corridor *nom masculin* Passage entre diverses pièces. SYN. couloir, dégagement, galerie.

corriger *verbe* Faire disparaître une erreur. SYN. modifier, rectifier, réformer, remanier, réparer, reprendre, retoucher, réviser, revoir. ■ Atténuer un trait excessif. SYN. adoucir, assouplir, balancer, compenser, équilibrer, nuancer, pallier, suppléer. – LITTÉRAIRE : tempérer. CONTR. *aggraver, envenimer, exaspérer.* ■ Débarrasser quelqu'un d'un défaut. SYN. améliorer, défaire, guérir. – LITTÉRAIRE : amender, redresser. CONTR. *vicier.* ■ Punir quelqu'un. SYN. battre, chapitrer, donner une leçon, fesser, frapper, réprimander, sanctionner, sermonner, taper. – LITTÉRAIRE : admonester, châtier, fustiger, gourmander, semoncer. – POPULAIRE : dérouiller. CONTR. *féliciter, récompenser.*

corriger (se) *verbe pronominal* Se défaire d'un défaut. SYN. s'améliorer, s'amender, se guérir, se reprendre.

corrigible *adjectif* Qui peut être corrigé. SYN. améliorable, amendable, modifiable, rectifiable, réformable. – LITTÉRAIRE : redressable. CONTR. *incorrigible.*

corroborer *verbe* Renforcer une opinion. SYN. affermir, appuyer, confirmer, étayer, garantir, ratifier, renforcer, soutenir, vérifier. – LITTÉRAIRE : raffermir. CONTR. *combattre, contredire, démentir, détruire, ébranler, infirmer, invalider, miner, saper.* – LITTÉRAIRE : *ruiner.*

corroder *verbe* Entamer peu à peu quelque chose. SYN. attaquer, brûler, consumer, éroder, manger, miner, mordre, ronger, saper, user.

corrompre *verbe* LITTÉRAIRE. Provoquer le pourrissement de. SYN. abîmer, avarier, décomposer, faisander, gâter, pourrir, putréfier. CONTR. *assainir, conserver.* ■ LITTÉRAIRE. Altérer ce qui est considéré comme correct. SYN. adultérer, altérer, déformer, fausser, troubler. – LITTÉRAIRE : flétrir, frelater, prostituer. CONTR. *purifier.* ■ LITTÉRAIRE. Pervertir quelqu'un. SYN. avilir, débaucher, dégrader, dépraver, perdre, pervertir, pourrir. – LITTÉRAIRE : gangrener, vicier. CONTR. *épurer.* – LITTÉRAIRE : *amender, moraliser.* ■ LITTÉRAIRE. Séduire par des présents. SYN. acheter, payer, soudoyer, suborner. – LITTÉRAIRE : stipendier.

corrompre (se) *verbe pronominal* LITTÉRAIRE. Tomber en putréfaction. SYN. s'altérer, dégénérer, se gâter, pourrir, se putréfier.

corrompu *adjectif* LITTÉRAIRE. Qui est perverti. SYN. avili, débauché, dénaturé, dépravé, frelaté, immoral, pervers, vendu, véreux, vilain. – FAMILIER : ripou. – LITTÉRAIRE : dissolu, faisandé, impur, vil. CONTR. *honnête, intègre, pur, vierge.* – LITTÉRAIRE : *probe.* ■ LITTÉRAIRE. Qui est pourri. SYN. avarié, décomposé, faisandé, gâté, pourri, putréfié. CONTR. *frais.*

corrosif *adjectif* LITTÉRAIRE. Qui critique avec âpreté. SYN. caustique, mordant, vif, virulent.

corrupteur *adjectif* LITTÉRAIRE. Qui pervertit. SYN. destructeur, malfaisant, nuisible, pestilentiel. – LITTÉRAIRE : délétère, dépravant, pernicieux, pervertisseur.

corruptible *adjectif* Sujet à la corruption morale. SYN. vénal. CONTR. *honnête, incorruptible, intègre.* – LITTÉRAIRE : *probe.*

corruption *nom féminin* État de ce qui pourrit. SYN. décomposition, pourrissement, putréfaction. ■ LITTÉRAIRE. Altération de quelque chose.

SYN. adultération, dégradation, déliquescence. – LITTÉRAIRE : abâtardissement, prostitution. **CONTR.** *assainissement, purification.* ■ Action de pervertir ; état de perversion. **SYN.** avilissement, débauche, déchéance, dépravation, dérèglement, immoralité, perversion, pourriture, vice. – LITTÉRAIRE : dissolution, impureté, souillure, stupre, viciation. **CONTR.** *épuration, honnêteté, intégrité, moralisation, pureté.* – LITTÉRAIRE : *édification.*

corsé *adjectif* Au goût relevé. **SYN.** épicé, fort, relevé. **CONTR.** *douceâtre, fade, léger.*

corselet *nom masculin* Premier anneau du thorax des insectes. **SYN.** prothorax.

corser (se) *verbe pronominal* Devenir plus complexe. **SYN.** s'aggraver, aller de mal en pis, se compliquer, prendre une mauvaise tournure. **CONTR.** *aller de mieux en mieux, s'arranger, se simplifier.* – FAMILIER : *se tasser.*

corsite *nom féminin* Roche propre à la Corse. **SYN.** napoléonite.

cortège *nom masculin* Défilé de personnes. **SYN.** chapelet, colonne, défilé, escorte, file, procession, suite, troupe. – FAMILIER : cohorte, ribambelle. – LITTÉRAIRE : théorie.

cortex *nom masculin* Partie des hémisphères cérébraux. **SYN.** corticale, écorce.

corticostimuline *nom féminin* Hormone sécrétée par l'antéhypophyse. **SYN.** adrénocorticotrophine, corticotrophine.

cortisol *nom masculin* Hormone élaborée à partir du cholestérol. **SYN.** hydrocortisone.

corvée *nom féminin* Obligation pénible. **SYN.** obligation, pensum, servitude, tâche. **CONTR.** *plaisir.*

cosmique *adjectif* Relatif au cosmos. **SYN.** mondial, planétaire.

cosmonaute *nom* Occupant d'un engin spatial. **SYN.** astronaute, spationaute, taïkonaute.

cosmopolite *adjectif* Répandue dans le monde entier (espèce). **SYN.** ubiquiste. **CONTR.** *endémique.*

cosmotriche *nom féminin* Papillon d'été. **SYN.** buveuse.

cossard *adjectif et nom* FAMILIER. Qui montre de la paresse. **SYN.** fainéant, paresseux. – FAMILIER : faignant, feignant, flemmard, tire-au-flanc. – POPULAIRE : glandeur, tire-au-cul. **CONTR.** *actif, dynamique, studieux, travailleur.* – LITTÉRAIRE : *laborieux.* – POPULAIRE : *bosseur.*

cosse *nom féminin* Enveloppe de certains légumes. **SYN.** gousse. ■ FAMILIER. Fait de paresser. **SYN.** fainéantise, paresse. – FAMILIER : flemmardise, flemme. **CONTR.** *courage, dynamisme.*

cossu *adjectif* Qui vit dans l'aisance. **SYN.** aisé, fortuné, huppé, privilégié, riche. – FAMILIER : argenté, nanti. – POPULAIRE : rupin. **CONTR.** *gêné, humble, indigent, modeste, nécessiteux, pauvre.* – FAMILIER : *désargenté.* – VIEUX : *besogneux.* ■ Qui témoigne d'une situation aisée. **SYN.** fastueux, luxueux, riche, somptueux. **CONTR.** *misérable, modeste, pauvre.* – FAMILIER : *minable, miteux.*

costaud *adjectif* FAMILIER. Qui est résistant. **SYN.** athlétique, corpulent, fort, infatigable, robuste, vigoureux. – POPULAIRE : balaise, balèze, baraqué. **CONTR.** *chétif, débile, faible, frêle, maigrelet, maladif, malingre, rachitique.* – FAMILIER : *maigrichon.* – LITTÉRAIRE : *gracile.* ■ FAMILIER. Qui est solide. **SYN.** incassable, inusable, solide. **CONTR.** *délicat, fragile.*

costume *nom masculin* Pièces d'un habillement. **SYN.** habillement, tenue, toilette. – VIEUX : effets. ■ Vêtement d'homme. **SYN.** complet, habit. – POPULAIRE : costard.

costumer *verbe* Revêtir d'un déguisement. **SYN.** accoutrer, déguiser, travestir.

cosy *nom masculin* Enveloppe qui recouvre une théière. **SYN.** cache-théière, couvre-théière.

cosy *adjectif invariable* Qui est agréable. **SYN.** agréable, confortable, douillet. **CONTR.** *désagréable, inconfortable.*

côt *nom masculin* Cépage rouge. **SYN.** malbec.

cotation *nom féminin* Valeur d'un titre en Bourse. **SYN.** cote, cours.

cote *nom féminin* Constatation du cours d'un titre. **SYN.** cotation, cours, valeur. ■ Appréciation portée sur quelqu'un. **SYN.** faveur, notoriété, popularité, réputation, vogue. – LITTÉRAIRE : crédit, renom, renommée. **CONTR.** *discrédit.* ■ Estimation de la valeur d'une chose. **SYN.** notation, note.

côte *nom féminin* Partie d'un chemin qui monte. **SYN.** montée, raidillon, rampe. – FAMILIER : grimpette. **CONTR.** *descente, pente.* ■ Contact entre la terre et la mer. **SYN.** bord, littoral, plage, rivage, rive. – LITTÉRAIRE : grève. ■ Forme de relief dissymétrique. **SYN.** cuesta.

coté *adjectif* Qui est très apprécié. **SYN.** considéré, estimé. – LITTÉRAIRE : prisé. **CONTR.** *déconsidéré, déprécié, méprisé, mésestimé.*

côté *nom masculin* Partie latérale du corps. **SYN.** flanc. ■ Partie latérale de quelque chose. **SYN.** bord, façade, face. ■ Aspect sous lequel se présente quelque chose. **SYN.** angle, aspect, couleur, éclairage, face, facette, perspective, point de vue, tournure, versant. – LITTÉRAIRE : pan. ■ ***À côté***

(de), non loin (de). SYN. aux alentours de, auprès de, contigu, aux environs de, près, proche, à proximité de, vers, dans le voisinage.

coteau *nom masculin* Petite colline. SYN. butte, éminence, hauteur, monticule. – VIEUX : élévation.

coter *verbe* Apprécier selon une valeur. SYN. classer, estimer, évaluer, jauger, noter.

coterie *nom féminin* Personnes qui se soutiennent. SYN. bande, cabale, cénacle, chapelle, clan, colonie, faction, secte. – FAMILIER : clique, maffia, mafia. – LITTÉRAIRE : camarilla.

côtier *adjectif* Du long des côtes. CONTR. *hauturier*.

cotillon *nom masculin* VIEUX. Pièce d'habillement portée sous une jupe. SYN. – VIEUX : jupon. ■ FAMILIER. ***Courir le cotillon***, rechercher les conquêtes féminines. SYN. courir la gueuse, courir la prétantaine, courir les filles. – FAMILIER : courir la galipote, courir le guilledou, draguer.

cotir *verbe* Abîmer un fruit. SYN. meurtrir, taler.

cotisation *nom féminin* Somme versée. SYN. apport, contribution, écot, participation, quote-part, quotité.

coton *adjectif* FAMILIER. Qui est difficile. SYN. ardu, complexe, compliqué, difficile, dur, hermétique, laborieux, obscur, subtil. – FAMILIER : calé, trapu, vache. – LITTÉRAIRE : opaque. – POPULAIRE : duraille. CONTR. *accessible, aisé, c'est un jeu d'enfant, clair, compréhensible, facile, intelligible, limpide, simple*. – FAMILIER : *ce n'est pas la mer à boire, c'est de la rigolade, c'est du gâteau, c'est du tout cuit, pas sorcier*. – POPULAIRE : *c'est du billard*.

cotonneux *adjectif* Qui rappelle le coton. SYN. étouffé, sourd. – LITTÉRAIRE : ouaté. ■ Recouvert de duvet. SYN. duveteux, velouté. – LITTÉRAIRE : duveté. ■ Se dit d'un fruit sans suc. SYN. pâteux, spongieux.

côtoyer *verbe* Marcher le long de quelque chose. SYN. longer, suivre. ■ Être en contact avec quelqu'un. SYN. approcher, fréquenter. – LITTÉRAIRE : coudoyer, frayer avec. ■ Être très proche de quelque chose. SYN. avoisiner, confiner, friser, frôler, jouxter, raser. – LITTÉRAIRE : coudoyer.

cotriade *nom féminin* Soupe de poissons. SYN. chaudrée.

cotte *nom féminin* Vêtement de travail. SYN. bleu, combinaison, salopette.

cotyle *nom masculin* Cavité articulaire. SYN. acétabulum.

cou *nom masculin* Partie étroite d'un récipient. SYN. col, goulot. ■ Partie du corps. SYN. – FAMILIER : kiki. – POPULAIRE : colback. – VIEUX : col.

couac *nom masculin* FAMILIER. Son discordant. SYN. fausse note. – FAMILIER : canard.

couard *adjectif* LITTÉRAIRE. Qui manque de courage. SYN. capitulard, craintif, lâche, peureux, pleutre, poltron, timoré. – FAMILIER : froussard. – LITTÉRAIRE : pusillanime. – POPULAIRE : foireux, trouillard. – VIEUX : capon. CONTR. *audacieux, brave, courageux, hardi, intrépide, téméraire*. – LITTÉRAIRE : *crâne, impavide, vaillant, valeureux*.

couard *nom* LITTÉRAIRE. Personne lâche. SYN. capitulard, lâche, peureux, pleutre, poltron. – FAMILIER : femmelette, froussard, mauviette. – POPULAIRE : dégonflé, foireux, trouillard. – VIEUX : capon. CONTR. *audacieux, brave, courageux, intrépide*.

couardise *nom féminin* LITTÉRAIRE. Attitude lâche. SYN. lâcheté, poltronnerie. – LITTÉRAIRE : caponnerie, pleutrerie, pusillanimité. CONTR. *audace, bravoure, courage, hardiesse, intrépidité, témérité*. – FAMILIER : *cran*. – LITTÉRAIRE : *vaillance, valeur*.

couchant *nom masculin* Côté où le soleil se couche. SYN. occident, ouest. – VIEUX : ponant. CONTR. *est, levant, orient*. ■ LITTÉRAIRE. Fin de quelque chose. SYN. décadence, déchéance, déclin. – LITTÉRAIRE : crépuscule, décrépitude. CONTR. *aube*. – LITTÉRAIRE : *aurore, enfance*.

couche *nom féminin* Chacune des divisions d'un objet. SYN. étage, strate. ■ Amas d'éléments répandus sur le sol. SYN. lit. – LITTÉRAIRE : jonchée, tapis.

coucher *nom masculin* Moment où un astre disparaît. SYN. crépuscule. – LITTÉRAIRE : brune. CONTR. *aube, aurore, lever*.

coucher *verbe transitif* Placer horizontalement. SYN. allonger, étaler, étendre. ■ Incliner vers l'horizontale. SYN. baisser, courber, pencher, renverser. CONTR. *dresser, élever, ériger, lever*.

coucher (se) *verbe pronominal* Se mettre au lit. SYN. dormir. – FAMILIER : faire dodo. – POPULAIRE : se glisser dans les toiles, se pager, se pieuter. CONTR. *se lever*. ■ Se mettre à l'horizontale. SYN. s'allonger, s'étendre, se renverser. CONTR. *s'asseoir, se dresser*.

couche-tard *nom* Personne qui se couche tard. SYN. – FAMILIER : oiseau de nuit. CONTR. *couche-tôt, lève-tôt*.

couci-couça *locution adverbiale* FAMILIER. Comme ci, comme ça. SYN. difficilement, péniblement, à peu près. – FAMILIER : cahin-caha, clopin-clopant.

cou-coupé *nom masculin* Petit passereau africain. SYN. amadine.

coude *nom masculin* Angle saillant. SYN. courbe, courbure, méandre, tournant, virage. ■ FAMILIER.

Lever le coude, boire de l'alcool. SYN. avoir une bonne descente, s'enivrer, se griser. – FAMILIER : biberonner, picoler, se soûler. – POPULAIRE : s'arsouiller, se beurrer, se bitturer, se bourrer, se charger, se cuiter, descendre, écluser, faire cul sec, s'en jeter un derrière la cravate, se péter la gueule, se pinter, se piquer le nez, se poivrer, prendre une bitture, prendre une cuite. – VIEUX : chopiner, se noircir.

coudé *adjectif* En forme de coude. SYN. courbe. CONTR. *droit.*

couder *verbe* Plier en coude. SYN. courber, plier. – LITTÉRAIRE : ployer.

coudoyer *verbe* LITTÉRAIRE. Passer près de quelqu'un. SYN. croiser, rencontrer. ■ LITTÉRAIRE. Être en contact avec quelqu'un. SYN. approcher, côtoyer, fréquenter. ■ LITTÉRAIRE. Être très proche de quelque chose. SYN. avoisiner, confiner, côtoyer, friser, frôler, jouxter, raser.

coudrier *nom masculin* Arbuste dont le fruit est la noisette. SYN. noisetier.

cougouar ou **couguar** *nom masculin* Félin d'Amérique. SYN. puma.

couillon *adjectif et nom* POPULAIRE. Personne stupide. SYN. âne, âne bâté, balourd, benêt, idiot, ignorant, imbécile, innocent, lourdaud, maladroit, niais, nigaud, nul, nullité, sot, sotte. – FAMILIER : abruti, andouille, ballot, bécasse, bêta, bûche, buse, crétin, cruche, dinde, empaillé, empoté, gaffeur, gourde, jacques, noix, oie, serin. – LITTÉRAIRE : nicodème. – POPULAIRE : banane, cloche, con, conard, connard, cornichon, gland, manche, nouille, patate, taré, truffe.

couillonnade *nom féminin* POPULAIRE. Action sotte. SYN. bêtise, imbécillité, sottise. – FAMILIER : idiotie.

couillonner *verbe* POPULAIRE. Abuser de la confiance de quelqu'un. SYN. abuser, attraper, bercer de paroles, berner, duper, feinter, induire en erreur, leurrer, mystifier, piéger, rouler dans la farine, tromper. – FAMILIER : avoir, blouser, empaumer, ficher dedans, flouer, mener en bateau, mettre dedans, monter un bateau, pigeonner, posséder, promener, refaire, rouler. – LITTÉRAIRE : en faire accroire, se jouer de. – POPULAIRE : arnaquer, baiser, entuber, faire un enfant dans le dos, foutre dedans.

coulant *adjectif* Qui coule facilement. SYN. fluide, inconsistant, liquide. CONTR. *épais, gluant, solide.* ■ Se dit d'un style aisé. SYN. fluide, naturel, souple, spontané. CONTR. *affecté, apprêté, rocailleux, travaillé.* ■ Très accommodant. SYN. accommodant, arrangeant, commode, complaisant, conciliant, facile, indulgent, large, laxiste, libéral, maniable, souple, tolérant, vivable. – LITTÉRAIRE : débonnaire, traitable. CONTR. *autoritaire, despotique, dur, exigeant, intraitable, intransigeant, ombrageux, pointilleux, rigide, sévère, strict, têtu, vindicatif.* – LITTÉRAIRE : *raide.* – VIEUX : *chicaneur, chicanier.*

coulé *adjectif* Qui est discrédité. SYN. perdu. – FAMILIER : fichu, flambé, frit. – POPULAIRE : foutu.

couler *verbe intransitif* Aller au fond de l'eau. SYN. s'abîmer, chavirer, se noyer, sombrer. CONTR. *flotter, surnager.* ■ Se mouvoir d'un lieu à un autre. SYN. circuler, glisser, passer, ruisseler. ■ S'échapper de, en parlant d'un liquide. SYN. dégoutter, s'écouler, s'extravaser, gicler, jaillir, rejaillir, ruisseler, sortir, suinter. – FAMILIER : dégouliner. – LITTÉRAIRE : découler, sourdre. CONTR. *stagner.* ■ Laisser un liquide s'échapper. SYN. dégoutter, fuir, suinter. – FAMILIER : perdre.

couler *verbe transitif* Fabriquer un objet en métal. SYN. fondre, mouler. ■ Faire sombrer un bateau. SYN. engloutir, immerger, saborder. ■ Faire échouer quelque chose. SYN. perdre, ruiner, saborder, saboter, torpiller. CONTR. *aider, protéger.*

couler (se) *verbe pronominal* Se glisser quelque part. SYN. entrer, se faufiler, se glisser, s'infiltrer, pénétrer. – FAMILIER : se fourrer. – LITTÉRAIRE : s'insinuer.

couleur *nom féminin* Impression produite par la lumière. SYN. coloration, coloris, nuance, teinte, ton, tonalité. ■ Matière colorante. SYN. colorant, gouache, peinture, teinture. ■ Éclat de quelque chose. SYN. caractère, relief. CONTR. *banalité, pâleur, platitude.* ■ Apparence d'une chose. SYN. allure, aspect, côté, physionomie, tour, tournure. – LITTÉRAIRE : visage. ■ Coloration de la peau. SYN. carnation, teint. CONTR. *pâleur.* ■ VIEUX. Opinion politique de quelqu'un. SYN. bord, étiquette, tendance.

couleurs *nom féminin pluriel* Marque distinctive d'un État. SYN. drapeau, pavillon.

couleuvre *nom féminin* FAMILIER. ***Avaler des couleuvres,*** croire naïvement. SYN. prendre pour argent comptant. – FAMILIER : gober, marcher.

coulisse *nom féminin* Côté secret d'un domaine. SYN. dessous, mystère, secret.

couloir *nom masculin* Passage entre deux pièces. SYN. corridor, dégagement, galerie. ■ Vallée encaissée. SYN. défilé, gorge, passe.

coulpe *nom féminin* LITTÉRAIRE. ***Battre sa coulpe,*** regretter sincèrement. SYN. demander pardon, faire son mea-culpa, se frapper la poitrine, se repentir, se reprocher, s'en vouloir. – FAMILIER : se mordre les doigts.

coumarone *nom féminin* Composé trouvé dans les goudrons de houille. SYN. **benzofuranne.**

counoise *nom féminin* Cépage rouge rustique du Sud-Est. SYN. **aubun.**

coup *nom masculin* Choc rapide et brutal. SYN. **blessure, choc, contusion, heurt, impact.** CONTR. *cajolerie, câlinerie.* ■ Marque laissée par un coup. SYN. **ecchymose, meurtrissure.** – FAMILIER : **bleu.** – POPULAIRE : **coquard, coquart, gnon.** ■ Choc moral. SYN. **attaque, atteinte, blessure, commotion, ébranlement, outrage, préjudice, saisissement, secousse, traumatisme.** – LITTÉRAIRE : **injure.** CONTR. *bien.* ■ Action manigancée. SYN. – FAMILIER : **combine.** – POPULAIRE : **affaire.** ■ FAMILIER. Ce qui se boit. SYN. **boisson, verre.** – FAMILIER : **lampée, pot.** ■ Bruit soudain et violent. SYN. **éclat, fracas, frappement.** ■ ***À coup sûr,*** d'une manière certaine. SYN. **assurément, certainement, évidemment, fatalement, forcément, immanquablement, indubitablement, inéluctablement, inévitablement, inexorablement, infailliblement, mathématiquement, nécessairement, obligatoirement, sûrement, à tous les coups.** ■ ***À tous les coups,*** de manière inévitable. SYN. **fatalement, forcément, immanquablement, inévitablement, infailliblement, sûrement.** ■ ***Coup dur, coup du sort,*** événement pénible. SYN. **accident, avatar, épreuve, malheur, revers.** – FAMILIER : **déveine, tuile.** – LITTÉRAIRE : **infortune.** ■ ***Coup monté,*** action malveillante. SYN. **embûche, embuscade, guêpier, guet-apens, piège, traquenard.** ■ ***Coup de poing,*** coup porté avec la main fermée. SYN. – LITTÉRAIRE : **horion.** – POPULAIRE : **châtaigne, chtar, gnon, jeton, marron, pain, pêche, prune, ramponneau, tarte.** ■ ***Coup sur coup,*** l'un après l'autre. SYN. **d'affilée, successivement, de suite.** ■ FAMILIER. ***Dans le coup,*** au courant de. SYN. **moderne, dans le vent, en vogue.** – FAMILIER : **branché, câblé, in.** CONTR. *arriéré, démodé, dépassé, vieux jeu.* – FAMILIER : *out, ringard.* ■ ***Sur le coup de,*** à l'instant où. SYN. **à l'heure de, à l'instant de, au moment de, à l'occasion de.** ■ ***Tout à coup, tout d'un coup,*** de façon soudaine. SYN. **à brûle-pourpoint, brusquement, brutalement, ex abrupto, à l'improviste, inopinément, sans crier gare, soudain, soudainement, subitement.** – FAMILIER : **subito, tout de go.** – VIEUX : **impromptu, tout à trac.**

coupable *adjectif* Qui doit être blâmé. SYN. **blâmable, condamnable, délictueux, honteux, illicite, inavouable, indigne, répréhensible.** CONTR. *avouable.* ■ Qui a commis une infraction. SYN. **condamnable.** CONTR. *blanc comme neige, innocent.*

coupable *nom* Personne responsable d'un délit. SYN. **auteur, fautif, responsable.** CONTR. *acquitté, innocent.*

coupant *adjectif* Qui coupe. SYN. **acéré, affilé, affûté, aiguisé, tranchant.** CONTR. *contondant, émoussé, mousse.* ■ Qui est brutal. SYN. **abrupt, autoritaire, blessant, cassant, péremptoire, tranchant.** CONTR. *accommodant, conciliant.*

coup-de-poing *nom masculin* Outil taillé sur ses deux faces. SYN. **biface.**

coupe *nom féminin* Action de couper. SYN. **coupage, rasage, taille.** ■ Emprise de quelqu'un. SYN. **dépendance, influence, subordination.**

coupe *nom féminin* Récipient rond et sans rebord. SYN. **compotier, jatte, vasque.**

coupé *adjectif* Qui présente des à-coups. SYN. **haché, heurté, saccadé.** CONTR. *continu, ininterrompu.*

coupe-pâte *nom masculin invariable* Lame pour racler une pâte. SYN. **amassette, raclette.**

couper *verbe transitif* FAMILIER. Castrer un animal. SYN. **châtrer, hongrer, stériliser.** ■ Sectionner quelque chose. SYN. **cisailler, débiter, découper, hacher, tailler, trancher, tronçonner.** ■ Entamer les chairs. SYN. **amputer, balafrer, blesser, cisailler, écorcher, entailler, inciser, mutiler, ouvrir, taillader.** ■ Frapper vivement. SYN. **cingler, fouetter.** ■ Enlever une partie. SYN. **écourter, élaguer, émonder, ôter, raccourcir, retirer, retrancher, rogner, sabrer, supprimer, tronquer.** CONTR. *agrandir, allonger, prolonger.* ■ Diviser une chose, un lieu. SYN. **découper, fractionner, partager, scinder, segmenter.** CONTR. *réunir.* ■ Passer au travers de. SYN. **croiser, traverser.** ■ Interdire l'accès. SYN. **barrer, boucher, fermer, obstruer.** ■ Interrompre un circuit. SYN. **arrêter, débrancher, fermer.** CONTR. *allumer, brancher, ouvrir.* ■ Mélanger des liquides. SYN. **additionner, allonger, délayer, diluer, étendre, mouiller.** – FAMILIER : **baptiser.** ■ Rompre la continuité de. SYN. **arrêter, entrecouper, hacher, interrompre.** CONTR. *continuer, poursuivre, reprendre.*

couper *verbe transitif indirect* FAMILIER. Éviter quelque chose. SYN. **se dérober, se dispenser, échapper à, éluder, escamoter, esquiver, fuir, se soustraire.**

coupe-vent *nom masculin invariable* Ce qui protège les plantes du vent. SYN. **brise-vent.**

couple *nom masculin* Union d'un homme et d'une femme. SYN. **conjoints, époux, ménage.** CONTR. *célibataire.* ■ Réunion de deux personnes. SYN. **duo, paire, tandem.**

coupler *verbe transitif* Relier deux éléments. SYN. **accoupler, apparier.** CONTR. *séparer.*

couplet *nom masculin* FAMILIER. Propos répété sans cesse. SYN. **chanson, leitmotiv, rengaine, scie.** – FAMILIER : **disque, refrain, ritournelle.** – LITTÉRAIRE : **antienne.**

coupure *nom féminin* Incision de la peau. SYN. balafre, blessure, écorchure, entaille, estafilade, incision, section, taillade. – POPULAIRE : boutonnière. ■ Séparation marquée. SYN. cassure, fossé, hiatus. CONTR. *continuité.* ■ Suppression faite dans un ouvrage. SYN. rognage, suppression. – LITTÉRAIRE : retranchement. ■ Interruption d'un circuit. SYN. arrêt, débranchement, fermeture, interruption. CONTR. *allumage, branchement, ouverture.* ■ Fait de couper un mot. SYN. division, trait d'union. ■ Rupture de continuité. SYN. battement, entracte, interruption, pause, relâche, répit, trêve. CONTR. *continuation, poursuite, reprise.*

courage *nom masculin* Force de caractère. SYN. audace, bravoure, fermeté, hardiesse, héroïsme, intrépidité. – FAMILIER : cran. – LITTÉRAIRE : stoïcisme, vaillance, valeur. – VIEUX : cœur. CONTR. *lâcheté, peur, poltronnerie.* – FAMILIER : *frousse.* – LITTÉRAIRE : *couardise, pleutrerie, pusillanimité.* – POPULAIRE : *trouille.* ■ Zèle pour faire une action. SYN. énergie, résolution, ressource, volonté. CONTR. *découragement, paresse, veulerie.* – FAMILIER : *cosse.* ■ ***Prendre son courage à deux mains,*** se décider à agir. SYN. braver, s'enhardir, oser.

courageusement *adverbe* Avec bravoure. SYN. chèrement, fièrement, héroïquement, vaillamment. – LITTÉRAIRE : bravement, hardiment, valeureusement. – VIEUX : gaillardement. CONTR. *lâchement, peureusement, timidement.* ■ Avec volonté. SYN. ardemment, chaudement, énergiquement, fermement, fougueusement, passionnément, résolument, vivement. – FAMILIER : dur. CONTR. *mollement.* – LITTÉRAIRE : *tièdement.*

courageux *adjectif* Qui fait preuve de bravoure. SYN. audacieux, brave, hardi, héroïque, intrépide. – LITTÉRAIRE : vaillant, valeureux. CONTR. *craintif, lâche, peureux, pleutre, poltron, timoré.* – FAMILIER : *froussard.* – LITTÉRAIRE : *couard, pusillanime.* – POPULAIRE : *trouillard.* – VIEUX : *capon.* ■ Qui a de l'énergie. SYN. énergique, fort, travailleur, zélé. CONTR. *faible, fainéant, mou, nonchalant, paresseux.* – FAMILIER : *faignant, feignant, flemmard.*

courageux *nom* Personne qui a du courage. SYN. audacieux, brave. CONTR. *fainéant, lâche, paresseux, peureux, pleutre, poltron.* – FAMILIER : *faignant, feignant, femmelette, flemmard, froussard, mauviette, mou.* – LITTÉRAIRE : *couard.* – POPULAIRE : *dégonflé, glandeur, trouillard.* – VIEUX : *capon.*

couramment *adverbe* D'une façon naturelle. SYN. facilement, rapidement, sans difficulté. CONTR. *difficilement, mal, malaisément.* ■ D'une façon habituelle. SYN. banalement, communément, fréquemment, généralement, en général, globalement, d'habitude, habituellement, d'ordinaire, ordinairement, la plupart du temps, en règle générale, souvent, traditionnellement, usuellement, volontiers, vulgairement. CONTR. *étrangement, exceptionnellement, extraordinairement, particulièrement, rarement.*

courant *nom masculin* Électricité. SYN. – FAMILIER : jus. ■ ***Mettre, tenir au courant,*** donner des informations sur. SYN. alerter, annoncer, apprendre, avertir, aviser, dire, éclairer, édifier, exposer, faire connaître, faire part, faire savoir, fixer, informer, instruire, mettre au fait, notifier, porter à la connaissance de, prévenir, renseigner, signaler. – FAMILIER : briefer, tuyauter. – LITTÉRAIRE : signifier.

courant *adjectif* Se dit de l'eau qui s'écoule. CONTR. *croupissant, dormant, mort, stagnant.* ■ Se dit d'une période non terminée. SYN. actuel, en cours, présent. ■ Qui est habituel. SYN. familier, général, normal, ordinaire, quelconque, quotidien, simple. – FAMILIER : classique. CONTR. *choisi, dernier, étonnant, exceptionnel, extraordinaire, extravagant, inhabituel, paradoxal, particulier, spécial.* – FAMILIER : *fabuleux.* ■ Qui est utilisé couramment. SYN. commun, connu, fréquent, répandu, usité, usuel, vulgaire. CONTR. *inconnu, inusité, rare.*

courbe *adjectif* Qui s'infléchit en forme d'arc. SYN. arqué, arrondi, bombé, cintré, circulaire, convexe, coudé, courbé, galbé, incurvé. CONTR. *direct, droit, plat, rectiligne.*

courbe *nom féminin* Ligne ou forme courbe. SYN. arrondi, cambrure, coude, courbure, galbe, tournant. – LITTÉRAIRE : inflexion, orbe.

courbé *adjectif* Qui a une forme courbe. SYN. arqué, busqué, courbe, tordu, tors, voûté. CONTR. *droit.*

courber *verbe* Rendre courbe. SYN. arquer, arrondir, bomber, cintrer, couder, fléchir, gauchir, incurver, infléchir, plier, recourber, tordre. – LITTÉRAIRE : ployer. CONTR. *aplanir, défausser, dresser, redresser.* ■ Fléchir le corps en avant. SYN. baisser, coucher, incliner, pencher. CONTR. *lever, relever, renverser.* ■ Soumettre quelqu'un. SYN. fléchir, plier. CONTR. *affranchir.*

courber (se) *verbe pronominal* Prendre une forme courbe. SYN. s'incliner, s'incurver, s'infléchir, pencher, plier, se voûter. ■ LITTÉRAIRE. Se soumettre à une domination. SYN. s'abaisser, baisser le front, courber le dos, courber le front, courber l'échine, s'incliner, se mettre à plat ventre, mettre les pouces, plier le genou, plier l'échine. – FAMILIER : s'aplatir. – LITTÉRAIRE : baisser pavillon, mettre pavillon bas, se prosterner. – POPULAIRE : s'écraser.

courbette *nom féminin* Révérence obséquieuse. SYN. flatterie, révérence, ronds de jambe, salut. – FAMILIER : salamalecs.

courbine *nom féminin* Grand poisson marin. SYN. haut-bar, maigre, sciène.

courbure *nom féminin* Forme courbe d'un objet. SYN. arrondi, cintrage, convexité. ■ Partie courbe de quelque chose. SYN. cambrure, coude, courbe, galbe, ondulation. – LITTÉRAIRE : inflexion.

coureur *nom* Personne qui recherche les aventures. SYN. débauché, don Juan, enjôleur, libertin, séducteur. – FAMILIER : bourreau des cœurs, cavaleur, dragueur, tombeur.

courir *verbe intransitif* Se déplacer rapidement. SYN. fendre la bise, fendre l'air, fendre le vent, piquer un cent mètres, piquer un galop, piquer un sprint, voler. – FAMILIER : détaler, filer, filer comme un zèbre, foncer, trotter. – POPULAIRE : cavaler, jouer des flûtes, jouer des jambes, tracer. CONTR. *marcher.* ■ Faire les choses dans la hâte. SYN. se dépêcher, galoper, se hâter, se précipiter, se presser. – FAMILIER : s'activer, speeder. – POPULAIRE : avoir le feu aux fesses, cavaler. ■ Se développer librement. SYN. errer, galoper. – LITTÉRAIRE : vagabonder. ■ Être propagé. SYN. circuler, se propager, se répandre.

courir *verbe transitif* Chercher à obtenir. SYN. pour suivre, rechercher. – LITTÉRAIRE : pourchasser. ■ Tenter de séduire. SYN. courtiser. – FAMILIER : draguer.

couronne *nom féminin* Signe de la royauté. SYN. diadème. ■ Tube dans la corolle de certaines fleurs. SYN. coronule.

couronnement *nom masculin* Cérémonie d'investiture. SYN. intronisation, sacre. ■ Achèvement d'une entreprise. SYN. aboutissement, accomplissement, bouquet, concrétisation, fruit. – LITTÉRAIRE : acmé, consommation, parachèvement. CONTR. *amorce, base.*

couronner *verbe* Faire roi, reine. SYN. introniser, sacrer. CONTR. *détrôner.* ■ LITTÉRAIRE. Être disposé autour de la tête. SYN. – LITTÉRAIRE : auréoler, ceindre, nimber. ■ LITTÉRAIRE. Se trouver au-dessus de. SYN. coiffer, dominer, sommer, surmonter, surplomber. ■ Constituer l'achèvement. SYN. compléter, conclure, finir, parachever, parfaire, terminer. CONTR. *commencer.*

courriel *nom masculin* Courrier électronique. SYN. e-mail, mél. ■ Service d'envoi de messages sur Internet. SYN. messagerie électronique.

courriériste *nom* VIEUX. Journaliste chargé d'un courrier dans un journal. SYN. chroniqueur.

courroie *nom féminin* Bande d'un matériau souple. SYN. bretelle, lanière, sangle.

courroucé *adjectif* LITTÉRAIRE. Très en colère. SYN. furibond, furieux, irrité, outré. – FAMILIER : furax, furibard, en pétard. – LITTÉRAIRE : fulminant. – POPULAIRE : fumasse.

courroucer *verbe* LITTÉRAIRE. Mettre en colère. SYN. agacer, échauffer la bile, échauffer la tête, échauffer le sang, échauffer les oreilles, énerver, exaspérer, excéder, fâcher, irriter, ulcérer. – FAMILIER : insupporter, porter sur les nerfs, taper sur le système, taper sur les nerfs. – POPULAIRE : soûler. CONTR. *apaiser, calmer, désénerver, détendre, reposer.* – LITTÉRAIRE : *rasséréner.*

courroux *nom masculin* LITTÉRAIRE. Colère vive. SYN. colère, emportement, fureur, furie, indignation, irritation, rage. – LITTÉRAIRE : ire. CONTR. *calme.*

cours *nom masculin* Évolution de quelque chose. SYN. avancement, déroulement, durée, fil, marche, processus, progrès, succession, suite, tournure, train. CONTR. *arrêt.* ■ Taux d'un titre en Bourse. SYN. cotation, cote, prix, valeur. ■ Avenue longue et large. SYN. allée, mail, promenade. ■ ***En cours,*** en train d'être réalisé. SYN. actuel, existant, présent, en vigueur.

cours *nom masculin* Ouvrage didactique. SYN. manuel, mémento, traité. ■ Enseignement donné. SYN. communication, conférence, exposé, leçon, séminaire.

course *nom féminin* Action de courir. SYN. marathon, sprint. ■ Déplacement de quelque chose. SYN. marche, mouvement, trajectoire, va-et-vient. ■ Trajet effectué. SYN. parcours, trajet. – VIEUX : traite. ■ Promenade. SYN. excursion, randonnée. – FAMILIER : balade. ■ ***Au pas de course,*** en se dépêchant. SYN. bon train, à bride abattue, comme une flèche, expéditivement, à fond de cale, à fond de train, à fond la caisse, hâtivement, précipitamment, promptement, rapidement, sur les chapeaux de roue, à tombeau ouvert, à toute allure, à toute bride, à toute hâte, en toute hâte, à toute vitesse, à un train d'enfer, ventre à terre, vite. – FAMILIER : dare-dare, en quatrième vitesse, rapido presto, rapidos, subito presto, en un temps record, à toute vapeur, à toute(s) pompe(s). – LITTÉRAIRE : diligemment. – POPULAIRE : à tout berzingue, à toute barde, à toute berzingue. ■ ***En fin de course,*** sur son déclin. SYN. déclinant, faiblissant.

courses *nom féminin pluriel* Achats de denrées. SYN. achats, commissions, emplettes, marché, provisions, ravitaillement.

court *adjectif* Qui a peu d'étendue. SYN. petit, raccourci, ramassé, ras, trapu. – FAMILIER : courtaud. CONTR. *allongé, étendu, grand, haut, long.* ■ Qui a peu de durée. SYN. bref, éphémère, fugace, fugitif, momentané, passager. – LITTÉRAIRE : prompt. CONTR. *durable, éternel, long.* ■ Qui est condensé. SYN. bref, concis, laconique, ramassé, schématique, succinct. – LITTÉRAIRE : compendieux. CONTR. *diffus, filandreux, interminable, prolixe, touffu, verbeux.* – FAMILIER : *longuet.* ■ FAMILIER. Qui est insuffisant. SYN. juste, limité, maigre, mince, minuscule, pauvre, restreint, simple, sommaire, succinct. CONTR. *considérable.*

courtaud *adjectif* FAMILIER. Qui est petit et gros. SYN. râblé, ramassé, trapu. - **FAMILIER** : boulot. CONTR. *élancé, fin, mince, svelte.*

courtilière *nom féminin* Insecte orthoptère fouisseur. SYN. taupe-grillon.

courtisan *nom masculin* Homme qui cherche à plaire. SYN. adorateur, bénisseur, flatteur. - **FAMILIER** : lèche-bottes, lécheur. - **LITTÉRAIRE** : adulateur, caudataire, complimenteur, encenseur, flagorneur, louangeur. - **POPULAIRE** : lèche-cul.

courtisane *nom féminin* LITTÉRAIRE. Femme de mœurs légères. SYN. - **FAMILIER** : gourgandine. - **LITTÉRAIRE** : femme galante, fille galante, hétaïre. - **POPULAIRE** : belle-de-nuit. - **VIEUX** : cocotte, dame de petite vertu, demi-mondaine, margoton.

courtisanerie *nom féminin* LITTÉRAIRE. Attitude servile. SYN. coup d'encensoir, flatterie. - **FAMILIER** : lèche. - **LITTÉRAIRE** : adulation, encens, flagornerie.

courtiser *verbe* Chercher à gagner la faveur de. SYN. aduler, amadouer, couvrir de fleurs, faire des ronds de jambe, flatter, manier l'encensoir, passer la main dans le dos. - **FAMILIER** : caresser dans le sens du poil, cirer les bottes, cirer les pompes, faire des courbettes, faire du plat, faire du rentre-dedans, passer de la pommade, passer la brosse à reluire, prendre dans le sens du poil. - **LITTÉRAIRE** : encenser, faire sa cour, flagorner, louanger. CONTR. *dédaigner, mépriser.* ■ Faire la cour à une femme. SYN. conter fleurette, demander la main de, faire du charme. - **FAMILIER** : draguer, flirter, fréquenter. - **LITTÉRAIRE** : marivauder.

courtois *adjectif* D'une politesse raffinée. SYN. affable, agréable, aimable, avenant, bien élevé, délicat, galant, gracieux, prévenant, raffiné, stylé. - **LITTÉRAIRE** : amène, urbain. CONTR. *arrogant, bourru, dédaigneux, désagréable, discourtois, rogue.* - **LITTÉRAIRE** : *disgracieux.* ■ Qui montre de la correction. SYN. bienséant, correct, déférent, élégant, poli. - **LITTÉRAIRE** : civil. CONTR. *choquant, goujat, grossier, impertinent, impoli, impudent, inconvenant, incorrect, inélégant, insolent, malappris, mufle, rustre.* - **FAMILIER** : *malpoli.* - **LITTÉRAIRE** : *incivil, malséant, malsonnant.*

courtoisement *adverbe* De façon courtoise. SYN. galamment, gracieusement, poliment. - **LITTÉRAIRE** : civilement. CONTR. *brutalement, grossièrement, impoliment, insolemment.*

courtoisie *nom féminin* Politesse raffinée. SYN. affabilité, amabilité, bienséance, bonté, correction, distinction, élégance, galanterie, manières, prévenance. - **LITTÉRAIRE** : aménité, civilité, gracieuseté, urbanité, usage. CONTR. *acrimonie, agressivité, goujaterie, grossièreté, impertinence, impolitesse, inconvenance, incorrection, inélégance, insolence, muflerie, sans-gêne.* - **LITTÉRAIRE** : *discourtoisie, sans-façon.*

couru *adjectif* Qui est très recherché. SYN. fréquenté, sollicité, suivi. - **LITTÉRAIRE** : prisé. CONTR. *dédaigné, méprisé.* ■ FAMILIER. ***Couru (d'avance),*** prévisible. SYN. assuré, certain, fatal, forcé, immanquable, inéluctable, obligatoire, sûr.

cousette *nom féminin* VIEUX. Jeune apprentie de la couture. SYN. - **VIEUX** : arpète, arpette, midinette.

cousiner *verbe* LITTÉRAIRE. Bien s'entendre avec. SYN. se fréquenter. - **LITTÉRAIRE** : frayer avec, voisiner.

coût *nom masculin* Ce que coûte quelque chose. SYN. montant, prix, tarif.

coûter *verbe intransitif* Valoir tel prix. SYN. se chiffrer, s'élever à, se monter à, revenir à, valoir. ■ ***Coûte que coûte,*** à tout prix. SYN. absolument, contre vents et marées, envers et contre tout, de gré ou de force, quoi qu'il en coûte, à toute force, véritablement, vraiment.

coûter *verbe transitif* Demander un effort. SYN. attirer, causer, exiger, occasionner, provoquer, susciter, valoir.

coûteusement *adverbe* De façon coûteuse. SYN. chèrement, à grands frais, richement. CONTR. *à moindre frais, à peu de frais.*

coûteux *adjectif* Qui coûte cher. SYN. cher, onéreux, ruineux. - **LITTÉRAIRE** : dispendieux. CONTR. *abordable, économique, gratuit.*

coutume *nom féminin* Manière d'agir propre à un groupe. SYN. convention, habitude, mœurs, ordinaire, pratique, rite, rituel, tradition, usage. - **LITTÉRAIRE** : mode.

coutumier *adjectif* LITTÉRAIRE. Qui est habituel. SYN. accoutumé, classique, familier, ordinaire, rituel, traditionnel, usuel. CONTR. *exceptionnel, inaccoutumé, inattendu, inhabituel, insolite, inusité, nouveau.*

couvent *nom masculin* Maison religieuse. SYN. abbaye, cloître, monastère, prieuré.

couver *verbe* Entourer de soins. SYN. cajoler, câliner, choyer, dorloter, gâter, pouponner, soigner. - **FAMILIER** : bichonner, chouchouter, mignoter. CONTR. *brutaliser, rudoyer.*

couvert *nom masculin* LITTÉRAIRE. Voûte de feuillage. SYN. ombrage, ramure. - **LITTÉRAIRE** : ramée. ■ Portique formant passage couvert. SYN. cornière.

couvert *adjectif* Qui est protégé. SYN. abrité. CONTR. *découvert, nu, en plein air.* ■ Qui s'obscurcit. SYN. bouché, gris, noir, nuageux, voilé. CONTR. *clair, dégagé, radieux.*

couverture *nom féminin* Grande pièce de tissu. SYN. plaid. - **POPULAIRE** : couvrante. ■ Ce qui recouvre un cahier. SYN. couvre-livre, jaquette, liseuse, protège-cahier. ■ Ce qui sert de protection. SYN. échappatoire, excuse, garantie, masque, paravent, prétexte.

couveuse *nom féminin* Enceinte close, aseptique. SYN. incubateur.

couvre-chef *nom masculin* FAMILIER. Ce qui couvre la tête. SYN. chapeau, coiffure.

couvre-lit *nom masculin* Couverture qui recouvre un lit. SYN. dessus-de-lit.

couvre-livre *nom masculin* Couverture mobile de livre. SYN. liseuse.

couvre-théière *nom masculin* Enveloppe qui recouvre une théière. SYN. cache-théière, cosy.

couvrir *verbe* Placer une chose sur une autre. SYN. abriter, bâcher, enduire, envelopper, recouvrir. CONTR. *découvrir.* ■ Répandre en grande quantité sur. SYN. charger, combler, consteller, cribler, envahir, étaler, joncher, parsemer, paver, semer. CONTR. *déblayer, nettoyer.* ■ Mettre des vêtements à. SYN. habiller. – LITTÉRAIRE : revêtir, vêtir. CONTR. *dénuder, déshabiller, dévêtir.* ■ Dominer un bruit. SYN. éclipser, effacer, éteindre, étouffer. CONTR. *accentuer, intensifier, renforcer.* ■ Cacher quelque chose. SYN. camoufler, dissimuler, masquer. – LITTÉRAIRE : habiller, voiler. CONTR. *démasquer, dévoiler, montrer.* ■ Soutenir quelqu'un. SYN. défendre, flanquer, protéger. ■ Être répandu sur. SYN. s'étendre, recouvrir. – LITTÉRAIRE : embrasser.

couvrir (se) *verbe pronominal* Devenir menaçant. SYN. s'assombrir, se boucher, se brouiller, se charger, noircir, s'obscurcir, se voiler. CONTR. *se découvrir, se dégager, s'éclaircir, se lever.* ■ Mettre un vêtement. SYN. s'habiller, revêtir, se vêtir. CONTR. *se découvrir, se déshabiller.*

cow-pox *nom masculin invariable* Infection virale des bovins. SYN. vaccine.

coypou *nom masculin* Grand rongeur aquatique. SYN. myocastor, myopotame, ragondin.

crachat *nom masculin* Substance rejetée par la bouche. SYN. expectoration. – POPULAIRE : glaviot, graillon, molard, mollard.

crachement *nom masculin* Action de cracher. SYN. éjection, émission, projection, rejet.

cracher *verbe transitif* Lancer hors de la bouche. SYN. crachoter, expectorer. – POPULAIRE : glavioter, glaviotter, molarder, mollarder. CONTR. *absorber, avaler, engloutir.* ■ Rejeter quelque chose. SYN. éjecter, jeter, lancer, projeter. – LITTÉRAIRE : vomir. ■ FAMILIER. Verser de l'argent. SYN. acquitter, s'acquitter, débourser, décaisser, dépenser, donner, financer, payer, régler, verser. – FAMILIER : se fendre, mettre la main à la poche. – POPULAIRE : les aligner, les allonger, banquer, casquer, douiller, les lâcher, raquer. CONTR. *lésiner.* – POPULAIRE : *mégoter.* ■ FAMILIER. Prononcer avec colère. SYN. proférer. – LITTÉRAIRE : vomir.

cracher *verbe transitif indirect* FAMILIER. Dire du mal de. SYN. attaquer, calomnier, critiquer, dénigrer, descendre en flammes, diffamer, dire pis que pendre, être mauvaise langue, jaser, médire, outrager, salir, traîner dans la boue. – FAMILIER : abîmer, assaisonner, bavasser, baver sur, cancaner, casser du sucre sur (le dos de), commérer, débiner, déblatérer contre, déblatérer sur, éreinter, esquinter, étriller, habiller pour l'hiver, potiner, vomir. – LITTÉRAIRE : clabauder, jaboter, vilipender. – POPULAIRE : tailler un costard, tailler une veste. CONTR. *glorifier, louer.* – LITTÉRAIRE : *encenser, flagorner, louanger.*

crache-sang *nom masculin invariable* Insecte qui crache un liquide rouge. SYN. timarche.

crachin *nom masculin* Pluie très fine. SYN. bruine. – FAMILIER : brouillasse.

crachoter *verbe* Cracher souvent et peu à la fois. SYN. cracher. – FAMILIER : crachouiller.

crack *nom masculin* FAMILIER. Personne très compétente. SYN. cerveau, chef, génie, gloire, prodige, reine, roi, seigneur, virtuose. – FAMILIER : aigle, as, cacique, champion, fort en thème. – LITTÉRAIRE : lumière, phénix. CONTR. *incapable, nul, nullité, raté.* – FAMILIER : *zéro.*

cracker *nom masculin* Personne qui s'introduit dans un système informatique. SYN. pirate.

cracra ou **cra-cra** *adjectif invariable* FAMILIER. Assez sale. SYN. crasseux, dégoûtant, douteux, encrassé, malpropre, repoussant, répugnant, sale, taché. – LITTÉRAIRE : souillé. – POPULAIRE : crade, cradingue, crado, cradot, craspec, dégueulasse. CONTR. *propre.*

cradingue *adjectif* FAMILIER. Assez sale. SYN. crasseux, dégoûtant, encrassé, malpropre, repoussant, répugnant, sale, taché. – FAMILIER : cra-cra, cracra. – LITTÉRAIRE : souillé. – POPULAIRE : crade, crado, cradot, craspec, dégueulasse. CONTR. *propre.*

craindre *verbe* Avoir peur de. SYN. appréhender, avoir peur, s'effrayer, redouter, trembler. – POPULAIRE : baliser. CONTR. *affronter, braver, dédaigner, désirer, escompter, espérer, oser, souhaiter.* ■ Être intimidé par quelqu'un. SYN. respecter. – LITTÉRAIRE : révérer. CONTR. *bafouer, blasphémer, mépriser, narguer.*

crainte *nom féminin* Sentiment de peur. SYN. angoisse, anxiété, appréhension, effarouchement, effroi, épouvante, frayeur, inquiétude, terreur. – FAMILIER : frousse, trac. – LITTÉRAIRE : affres, pusillanimité. CONTR. *assurance, audace, confiance,* *espérance, espoir, hardiesse, intrépidité, sécurité, tranquillité.* – LITTÉRAIRE : *quiétude.*

craintif *adjectif* Qui est porté à la crainte. SYN. effarouché, inquiet, lâche, peureux, poltron, timide, timoré, tremblant. – LITTÉRAIRE : couard, pusillanime. – POPULAIRE : trouillard. CONTR. *assuré, audacieux, brave, confiant, courageux, décidé, déterminé, hardi, intrépide, résolu, téméraire.* – FAMILIER : *casse-cou.* – LITTÉRAIRE : *crâne.*

craintivement *adverbe* Avec crainte. SYN. peureusement, timidement. CONTR. *audacieusement, vaillamment.* – LITTÉRAIRE : *bravement, hardiment.* – VIEUX : *gaillardement.*

cramer *verbe intransitif* POPULAIRE. Se consumer par le feu. SYN. brûler, flamber. – LITTÉRAIRE : s'embraser.

cramoisi *adjectif* Rouge foncé. SYN. écarlate, grenat, ponceau, pourpre. ■ Qui est rouge d'émotion. SYN. écarlate, rougeaud. – LITTÉRAIRE : empourpré, enluminé, rubicond. CONTR. *pâle.*

crampon *adjectif masculin* FAMILIER. Dont on a peine à se débarrasser. SYN. ennuyeux, envahissant. – FAMILIER : barbant, bassinant, casse-pieds, collant, enquiquinant, pot de colle. – LITTÉRAIRE : importun. – POPULAIRE : casse-bonbons, emmerdant.

cramponner (se) *verbe pronominal* Tenir fermement. SYN. s'accrocher, s'agripper, se raccrocher, se rattraper, se retenir, se tenir. – LITTÉRAIRE : s'agriffer. CONTR. *lâcher.*

cran *nom masculin* FAMILIER. Attitude courageuse. SYN. audace, bravoure, courage, fermeté, sang-froid, témérité. – LITTÉRAIRE : vaillance, valeur. – VIEUX : cœur. CONTR. *lâcheté, peur, veulerie.* – LITTÉRAIRE : *couardise.* ■ FAMILIER. ***À cran, les nerfs à cran,*** très énervé. SYN. à bout de nerfs, énervé, exaspéré, sur les nerfs. – FAMILIER : en boule, horripilé, les nerfs à fleur de peau, en pelote.

crâne *adjectif* LITTÉRAIRE. Qui montre du courage. SYN. affirmé, assuré, brave, confiant, convaincu, décidé, déterminé, énergique, entreprenant, ferme, hardi, prêt, résolu, tranchant, volontaire. ■ LITTÉRAIRE. Qui dénote de la prétention. SYN. affecté, avantageux, conquérant, fier, imbu de soi-même, infatué, présomptueux, prétentieux, suffisant, supérieur, vaniteux. – FAMILIER : fiérot. – LITTÉRAIRE : insolent.

crâne *nom masculin* Cavité qui contient l'encéphale. SYN. boîte crânienne, tête. ■ FAMILIER. Siège de l'intelligence. SYN. cerveau, cervelle, tête. – FAMILIER : méninges.

crânement *adverbe* LITTÉRAIRE. Avec bravoure. SYN. résolument, vaillamment. – LITTÉRAIRE : bravement, hardiment, témérairement, valeureusement. – VIEUX : gaillardement. CONTR. *timidement.* ■ LITTÉRAIRE. Avec fierté. SYN. fièrement.

crâner *verbe* FAMILIER. Faire le fier. SYN. s'afficher, bomber la poitrine, bomber le torse, se croire sorti de la cuisse de Jupiter, faire la roue, faire l'important, en mettre plein la vue, se montrer, parader, paraître, se pavaner, poser, prendre de grands airs, prendre des airs de grandeur, se rengorger. – FAMILIER : faire de l'esbroufe, se faire mousser, frimer, jouer au petit soldat, plastronner, se pousser du col, se prendre pour le nombril du monde. – LITTÉRAIRE : fanfaronner. – POPULAIRE : faire de l'épate, se la jouer, ramener sa fraise, la ramener.

crânerie *nom féminin* LITTÉRAIRE. Qualité de bravoure. SYN. aplomb, assurance, hardiesse, intrépidité. CONTR. *timidité.* ■ LITTÉRAIRE. Attitude prétentieuse. SYN. audace, bravade, cuistrerie, fanfaronnade. – LITTÉRAIRE : forfanterie, rodomontade.

crâneur *adjectif* FAMILIER. Qui se montre prétentieux. SYN. fanfaron, faraud, hâbleur, prétentieux, suffisant, vaniteux. – FAMILIER : bêcheur. – LITTÉRAIRE : fat, outrecuidant. CONTR. *effacé, humble, modeste, réservé, timide.*

crâneur *nom* FAMILIER. Personne qui crâne. SYN. faiseur, fanfaron, faraud, hâbleur, plastronneur, poseur, prétentieux, snob, vantard. – FAMILIER : bêcheur, frimeur, m'as-tu-vu. – LITTÉRAIRE : fat, paradeur.

cranson *nom masculin* Crucifère utilisée comme condiment. SYN. cochléaire, raifort.

crapule *nom féminin* Individu sans moralité. SYN. aigrefin, bandit, brigand, canaille, chenapan, filou, forban, gangster, gibier de potence, gredin, ordure, pourri, racaille, scélérat, vaurien, voyou. – FAMILIER : fripouille, ripou. – LITTÉRAIRE : vermine. – POPULAIRE : arsouille, raclure, salaud, saligaud, salopard, salopiaud ou salopiau ou salopiot. – VIEUX : misérable.

crapulerie *nom féminin* Acte malhonnête. SYN. ignominie. – FAMILIER : friponnerie, fripouillerie. – LITTÉRAIRE : canaillerie, scélératesse, vilenie.

crapuleux *adjectif* LITTÉRAIRE. Qui relève de la débauche. SYN. débauché, dépravé. – LITTÉRAIRE : dissolu. ■ Qui est malhonnête. SYN. ignoble, infâme, sordide. ■ LITTÉRAIRE. Qui est très vulgaire. SYN. canaille, faubourien, populacier.

craquant *adjectif* Qui craque sous la dent. SYN. croquant, croustillant. CONTR. *fondant, mou.* ■ FAMILIER. Qui séduit par son charme. SYN. attrayant, délicieux, exquis, irrésistible, mignon, plaisant, séduisant.

craque *nom féminin* POPULAIRE. Propos mensonger. SYN. fanfaronnade, histoire, mensonge, vantardise. – **FAMILIER** : blague, bobard, boniment. – **VIEUX** : vanterie.

craqueler (se) *verbe pronominal* Présenter des craquelures. **SYN.** se crevasser, se fendiller, se fendre, se fissurer, se lézarder.

craquelure *nom féminin* Petite fente sur une surface. **SYN.** fêlure, fendillement, fissuration, fissure, lézarde. – **LITTÉRAIRE** : brisure.

craquer *verbe* Se briser soudainement. **SYN.** céder, crever, se déchirer, se rompre. – **FAMILIER** : péter. – **LITTÉRAIRE** : rompre. ■ Produire un bruit sec. **SYN.** claquer, crépiter, grincer. – **FAMILIER** : péter. ■ Ne pas réussir. **SYN.** avorter, crouler, échouer, s'écrouler, s'effondrer. – **FAMILIER** : louper, rater. ■ S'effondrer moralement. **SYN.** céder, lâcher, sombrer. – **FAMILIER** : flancher. – **POPULAIRE** : se déballonner. ■ POPULAIRE. Tomber sous le charme de. **SYN.** avoir un faible pour, être sous le charme, fondre.

craqueter *verbe* Pousser son cri (cigogne). **SYN.** claqueter.

crasse *adjectif* FAMILIER. Qui atteint un très haut degré. **SYN.** extrême, profond.

crasse *nom féminin* FAMILIER. Mauvais tour. **SYN.** coup (de pied) en vache, indélicatesse, méchanceté. – **FAMILIER** : entourloupe, entourloupette, rosserie, saleté, tour de cochon. – **LITTÉRAIRE** : perfidie, scélératesse, vilenie. – **POPULAIRE** : cochonnerie, saloperie, vacherie. ■ Couche de saleté. **SYN.** malpropreté, saleté. – **VIEUX** : pouillerie. **CONTR.** *propreté.*

crasseux *adjectif* Couvert de crasse. **SYN.** dégoûtant, encrassé, malpropre, repoussant, répugnant, sale, sordide, taché. – **FAMILIER** : cracra, cra-cra. – **LITTÉRAIRE** : souillé. – **POPULAIRE** : crade, cradingue, crado, cradot, craspec, dégueulasse. **CONTR.** *clair, net, propre.*

crassier *nom masculin* Monticule de déchets miniers. **SYN.** terril.

craterelle *nom féminin* Champignon comestible noir, de forme évasée. **SYN.** trompette-de-la-mort.

cravacher *verbe intransitif* FAMILIER. Faire de gros efforts. **SYN.** abattre de la besogne, se donner un mal de chien, mettre les bouchées doubles, travailler. – **FAMILIER** : bosser, bûcher, mettre de l'huile de coude, en mettre un bon coup, en mettre un coup, en mettre un vieux coup, trimer. – **POPULAIRE** : boulonner, marner, turbiner.

cravant *nom masculin* Oie marine. **SYN.** brante.

crayon *nom masculin* LITTÉRAIRE. Description à grands traits. **SYN.** ébauche, esquisse, pochade, schéma.

crayonné *adjectif* Couvert de coups de crayon. **SYN.** barbouillé, gribouillé, griffonné.

crayonner *verbe* Dessiner à la hâte. **SYN.** croquer, ébaucher, esquisser, pocher.

créancier *nom* Personne à qui l'on doit de l'argent. **CONTR.** *débiteur, emprunteur.*

créateur *adjectif* Habile à créer. **SYN.** constructif, créatif, fécond, fertile, innovateur, inventif, novateur, prolifique. **CONTR.** *infécond, pauvre, stérile.*

créateur *nom masculin* Personne qui crée. **SYN.** auteur, bâtisseur, fabricateur, faiseur, fondateur, initiateur, innovateur, inventeur, novateur, père, pionnier, promoteur. – **LITTÉRAIRE** : fabricant, forgeur, instaurateur. **CONTR.** *destructeur.*

créatif *adjectif* Qui imagine. **SYN.** créateur, imaginatif, innovateur, inventif, novateur, prolifique. **CONTR.** *infécond, pauvre, stérile.*

création *nom féminin* Action de créer quelque chose. **SYN.** conception, constitution, édification, élaboration, engendrement, établissement, fondation, instauration, institution, invention, production. **CONTR.** *destruction.* ■ Élaboration de quelque chose. **SYN.** conception, façon, formation, genèse, origine. – **LITTÉRAIRE** : enfantement. ■ Ce qui a été créé. **SYN.** œuvre, réalisation.

créativité *nom féminin* Capacité d'invention. **SYN.** fantaisie, fertilité, imagination, innovation, inventivité. – **LITTÉRAIRE** : fécondité, souffle. **CONTR.** *stérilité.*

créature *nom féminin* Être humain. **SYN.** âme, humain, individu, mortel. ■ Personne acquise à une autre. **SYN.** favori, jouet, marionnette, pantin, protégé.

crécerelle *nom féminin* Faucon à longue queue. **SYN.** émouchet.

crécher *verbe* POPULAIRE. Habiter quelque part. **SYN.** demeurer, loger, résider. – **FAMILIER** : nicher, percher.

crédibilité *nom féminin* Caractère crédible. **SYN.** admissibilité, fiabilité, vraisemblance. **CONTR.** *invraisemblance.* ■ Confiance dont bénéficie quelqu'un. **SYN.** – **LITTÉRAIRE** : créance, crédit.

crédible *adjectif* À qui on peut se fier. **SYN.** fiable, sûr. ■ Qui peut être cru. **SYN.** croyable, plausible, possible, vraisemblable. **CONTR.** *invraisemblable.*

crédit *nom masculin* LITTÉRAIRE. Estime dont jouit quelqu'un. **SYN.** ascendant, autorité, confiance, crédibilité, faveur, importance, popularité, prestige, puissance, renom, renommée, réputation, vogue. – **FAMILIER** : cote. **CONTR.** *défaveur,* *défiance, discrédit.* – LITTÉRAIRE : *déconsidération, disgrâce.* ■ Somme reçue. SYN. avoir, prêt. CONTR. *débit, dette, doit.* ■ ***À crédit,*** avec paiement différé. CONTR. *comptant, rubis sur l'ongle.* – FAMILIER : *cash, recta.*

crédit-bail *nom masculin* Contrat de louage d'un bien. SYN. leasing.

créditer *verbe transitif* Inscrire au crédit de. CONTR. *débiter.*

credo *nom masculin* Principe de conduite. SYN. catéchisme, dogme, évangile.

crédule *adjectif* Qui croit tout ce qu'on lui dit. SYN. candide, confiant, ingénu, jeune, naïf, simple, simplet. – FAMILIER : jobard. CONTR. *défiant, incrédule, lucide, méfiant, sceptique, soupçonneux, suspicieux.*

crédulité *nom féminin* Trop grande facilité à croire. SYN. candeur, confiance, ingénuité, naïveté, simplicité. – FAMILIER : jobarderie, jobardise. CONTR. *défiance, incrédulité, lucidité, méfiance, perspicacité, scepticisme.*

créer *verbe* Donner l'existence à. SYN. engendrer. – LITTÉRAIRE : enfanter. CONTR. *anéantir, annihiler, démolir, détruire.* ■ Concevoir intellectuellement. SYN. concevoir, découvrir, écrire, faire, imaginer, inventer, lancer, réaliser, trouver. – LITTÉRAIRE : élucubrer. – VIEUX : innover. CONTR. *contrefaire, copier, imiter, pasticher.* – LITTÉRAIRE : *plagier.* ■ Fonder quelque chose. SYN. bâtir, constituer, édifier, ériger, établir, instaurer, instituer, monter, organiser, ouvrir. CONTR. *démanteler, fermer, ruiner, supprimer.* – LITTÉRAIRE : *abolir.* ■ Être la cause de. SYN. amener, apporter, causer, déterminer, engendrer, entraîner, faire naître, nécessiter, occasionner, produire, provoquer, susciter. ■ Incarner un rôle. SYN. interpréter, jouer.

crémation *nom féminin* Destruction par le feu. SYN. incinération.

crème *nom féminin* FAMILIER. Ce qu'il y a de meilleur dans un groupe. SYN. dessus du panier, élite, fine fleur, fleur. – FAMILIER : gratin. – LITTÉRAIRE : aristocratie. CONTR. *bas-fonds.* – LITTÉRAIRE : *rebut.*

crépitation *nom féminin* Série de bruits vifs et secs. SYN. craquement, craquètement, craquettement, crépitement, grésillement, pétillement.

crépitement *nom masculin* Succession de bruits secs. SYN. craquement, craquètement, craquettement, crépitation, grésillement, pétillement.

crépiter *verbe* Produire des sons vifs et secs. SYN. claquer, craquer, grésiller, pétiller.

crépusculaire *adjectif* LITTÉRAIRE. Relatif au crépuscule. SYN. obscur. – LITTÉRAIRE : ténébreux. CONTR. *brillant, clair, éblouissant, étincelant, lumineux.* – LITTÉRAIRE : *ardent.*

crépuscule *nom masculin* Tombée de la nuit. SYN. coucher, soir. – FAMILIER : brune. – LITTÉRAIRE : déclin du jour. CONTR. *aube, aurore.* ■ LITTÉRAIRE. Ce qui va disparaître. SYN. déclin, fin. – LITTÉRAIRE : couchant. CONTR. *maturité, printemps.* – LITTÉRAIRE : *aurore, enfance, jeunesse.*

crescendo *adverbe* Indique une progression. SYN. par degrés, au fur et à mesure, graduellement, par paliers, pas à pas, petit à petit, peu à peu, pied à pied, progressivement. CONTR. – FAMILIER : *decrescendo.*

cresson *nom masculin* ***Cresson alénois,*** plante utilisée comme condiment. SYN. nasitort.

cressonnette *nom féminin* Plante des prés humides. SYN. cardamine.

crêt *nom masculin* Escarpement rocheux. SYN. hogback.

crête *nom féminin* Sommet montagneux. SYN. aiguille, cime, faîte.

crête-de-coq *nom féminin* Lésion génitale sexuellement transmissible. SYN. condylome. ■ Plante des prairies à fleurs jaunes. SYN. rhinanthe. ■ Plante d'ornement à fleurs rouges. SYN. célosie.

crétin *adjectif* Se dit d'un acte stupide. SYN. bête, idiot, inepte, inintelligent, sot, stupide. – FAMILIER : bébête. CONTR. *fin, intelligent.*

crétin *nom* FAMILIER. Personne stupide. SYN. âne, âne bâté, balourd, benêt, butor, demeuré, idiot, ignorant, imbécile, innocent, lourdaud, maladroit, niais, nigaud, nul, nullité, rustre, sot, sotte. – FAMILIER : abruti, andouille, animal, ballot, bécasse, bêta, bûche, buse, cloche, cruche, dinde, empaillé, empoté, gaffeur, ganache, gourde, jacques, noix, oie, rustaud, saucisse, serin. – LITTÉRAIRE : nicodème. – POPULAIRE : banane, con, conard, conasse, connard, connasse, conneau, corniaud, cornichon, couillon, courge, enflé, enflure, enfoiré, gland, manche, nouille, œuf, patate, taré, tête de nœud, trou du cul, truffe.

crétinerie *nom féminin* FAMILIER. Acte, parole de crétin. SYN. ânerie, bêtise, imbécillité, inintelligence, niaiserie, sottise, stupidité. – FAMILIER : crétinisme, idiotie. – LITTÉRAIRE : nigauderie.

crétinisme *nom masculin* FAMILIER. Profonde stupidité. SYN. bêtise, idiotie, imbécillité, inintelligence, niaiserie, sottise, stupidité. – FAMILIER : crétinerie. – LITTÉRAIRE : nigauderie.

creuser *verbe* Étudier un sujet. SYN. approfondir, aviser, étudier, examiner, fouiller, pénétrer, penser, peser, réfléchir. – FAMILIER : se casser la nénette, se casser la tête, se casser les méninges, cogiter, faire marcher sa matière grise, phosphorer, piocher, potasser, se triturer la cervelle, se triturer les méninges. ■ Produire un creux. SYN. entailler, évider, excaver, forer, fouiller, labourer, ouvrir, percer, piocher. – LITTÉRAIRE : caver, fossoyer, fouir. CONTR. *combler.*

creux *adjectif* Dont l'intérieur est vide. SYN. entaillé, évidé, foré, fouillé. CONTR. *massif, plein.* ■ Qui présente un trou. SYN. concave, incurvé, profond. CONTR. *bombé, plat, proéminent, protubérant, renflé, saillant.* ■ Qui est amaigri. SYN. hâve. – LITTÉRAIRE : émacié. CONTR. *bouffi, boursouflé, rebondi, rond.* ■ Qui est sans intérêt. SYN. futile, plat, ronflant, vide. – LITTÉRAIRE : vain. CONTR. *riche.*

creux *nom masculin* Partie vide de quelque chose. SYN. anfractuosité, cavité, concavité, cuvette, dépression, enfoncement, excavation, interstice, niche, renfoncement, trou, vide. – VIEUX : enfonçure. CONTR. *avancement, bosse, boursouflure, butte, convexité, hauteur, renflement, saillie.* – VIEUX : *élévation.*

crevant *adjectif* FAMILIER. Qui fatigue. SYN. éprouvant, épuisant, esquintant, exténuant, fatigant, harassant, rude. – FAMILIER : cassant, claquant, éreintant, pénible, tuant, usant. CONTR. *délassant, reposant.* ■ FAMILIER. Qui fait rire. SYN. désopilant, drôle, hilarant, inénarrable, à mourir de rire. – FAMILIER : impayable, marrant, rigolo, roulant, tordant. – POPULAIRE : bidonnant, fendant, gondolant, à pisser de rire, poilant. CONTR. *funèbre, lugubre, macabre, morne, mortel, sinistre, tragique, triste.* – FAMILIER : *cafardeux, glauque.*

crevasse *nom féminin* Fente dans une surface. SYN. anfractuosité, fissure, lézarde, trou.

crevasser (se) *verbe pronominal* Se marquer de crevasses. SYN. se craqueler, se fendiller, se fendre, se fissurer, se lézarder.

crevé *adjectif* POPULAIRE. Extrêmement fatigué. SYN. anéanti, à bout de course, à bout de force, à bout de souffle, brisé, épuisé, exténué, fatigué, fourbu, harassé, K.-O., mort de fatigue, à plat, recru, rendu, rompu, surmené, usé. – FAMILIER : achevé, au bout du rouleau, cassé, claqué, déjeté, éreinté, esquinté, fini, flapi, H.S., kaput, lessivé, mort, moulu, pompé, à ramasser à la petite cuillère, raplapla, sur les genoux, tué, vanné, vidé. – POPULAIRE : cané, rétamé, sur les rotules. CONTR. *délassé, dispos, frais, frais et dispos, reposé.* – FAMILIER : *en forme, frais comme un gardon, frais comme une rose, en pleine forme.* – VIEUX : *gaillard.*

crève-cœur *nom masculin invariable* LITTÉRAIRE. Peine profonde. SYN. déception, déchirement, douleur. – LITTÉRAIRE : déchirure.

crève-la-faim *nom masculin invariable* FAMILIER. Individu dans la misère. SYN. clochard, miséreux, nécessiteux, va-nu-pieds. – FAMILIER : sans-le-sou. – LITTÉRAIRE : gueux, misérable. – VIEUX : meurt-de-faim.

crever *verbe intransitif* Éclater sous une pression. SYN. céder, se déchirer, exploser, se fendre, se percer, se rompre.

crever *verbe transitif* Faire éclater. SYN. craquer, déchirer, éventrer, fendre, percer, rompre. ■ FAMILIER. Épuiser quelqu'un. SYN. anéantir, briser, épuiser, exténuer, harasser, miner, user, vider. – FAMILIER : achever, claquer, éreinter, esquinter, lessiver, pomper, tuer, vanner.

crever (se) *verbe pronominal* POPULAIRE. Se fatiguer extrêmement. SYN. se battre, se démener, se dépenser, se donner du mal, se donner un mal de chien, s'échiner, s'épuiser, s'escrimer, s'exténuer, faire des pieds et des mains, se fatiguer, se multiplier, peiner, se remuer. – FAMILIER : se bagarrer, se claquer, se couper en quatre, se décarcasser, se défoncer, s'éreinter, s'esquinter, se mettre en quatre, suer, suer sang et eau, se tuer. – POPULAIRE : se casser le cul, ramer. CONTR. *s'amuser, dormir, fainéanter, musarder, ne rien faire de ses dix doigts, paresser, se prélasser, prendre son temps.* – FAMILIER : *bayer aux corneilles, buller, flemmarder, lambiner, lanterner, lézarder, tirer sa flemme.* – LITTÉRAIRE : *muser.* – POPULAIRE : *glander, ne pas en fiche une rame, ne pas se casser, ne pas se casser le bol, ne pas se casser le cul, ne pas se casser le tronc, ne pas se fouler, ne pas se fouler la rate, tirer au cul, tirer au flanc.*

crevette *nom féminin* ***Crevette grise,*** variété de crevette. SYN. boucaud.

crevettière *nom féminin* Filet à crevettes. SYN. bourraque, crevettier, haveneau, havenet, pousseux.

cri *nom masculin* Son perçant. SYN. braillement, criaillement, exclamation, gémissement, grognement, hurlement, vagissement. ■ Paroles émises avec force. SYN. clameur, huée, tollé. CONTR. *murmure, silence.* ■ ***Dernier cri,*** qui est le plus à la mode. SYN. (à la) dernière mode, branché, moderne, ultramoderne, dans le vent, en vogue. – FAMILIER : câblé, dans le coup, in, tendance. CONTR. *antédiluvien, antique, démodé, dépassé, désuet, vieux jeu.* – FAMILIER : *out, ringard.*

criaillement *nom masculin* Bruit répété et désagréable. SYN. cri. – FAMILIER : criaillerie.

criaillerie *nom féminin* FAMILIER. Cris fréquents. SYN. criaillement, récrimination. – FAMILIER : jérémiade, piaillement, piaillerie.

criant *adjectif* Qui fait crier d'indignation. SYN. choquant, révoltant, scandaleux. ■ Qui s'impose à l'esprit. SYN. évident, flagrant, frappant, manifeste, patent, saisissant.

criard *adjectif* Qui rend un son aigre, discordant. SYN. aigu, désagréable, discordant, dissonant, perçant, strident, suraigu, tapageur. – FAMILIER : braillard, brailleur. – LITTÉRAIRE : charivarique. – POPULAIRE : gueulard. CONTR. *agréable, doux, faible, joli, mélodieux, silencieux.* ■ Qui blesse la vue. SYN. heurté, tapageur, violent, voyant. – FAMILIER : tape-à-l'œil. – LITTÉRAIRE : charivarique, dissonant. – POPULAIRE : gueulard. CONTR. *discret, harmonieux.*

crible *nom masculin* Appareil de triage. SYN. blutoir, cribleur, cribleuse, sas, tamis, van.

cribler *verbe* Passer à travers un crible. SYN. bluter, sasser, tamiser, trier. ■ Accabler de coups. SYN. percer, transpercer, trouer. – FAMILIER : bombarder. ■ Parsemer de marques. SYN. consteller, couvrir, moucheter. – LITTÉRAIRE : piqueter.

crier *verbe intransitif* Pousser un cri. SYN. hurler. – LITTÉRAIRE : mugir, rugir. ■ Parler très fort. SYN. s'égosiller, s'époumoner, hausser le ton, hurler, invectiver, protester, tempêter, tonitruer, vociférer. – FAMILIER : aboyer, brailler, braire, casser les oreilles. – LITTÉRAIRE : se récrier. – POPULAIRE : bramer, gueuler, pousser un coup de gueule, pousser une gueulante. CONTR. *chuchoter, marmonner, parler à voix basse, se taire.* – FAMILIER : *maronner.* ■ Produire un son aigre. SYN. crisser, gémir, grincer.

crier *verbe transitif* Dire avec force. SYN. chanter sur tous les tons, claironner, clamer, proférer, vociférer. – FAMILIER : aboyer, beugler. – LITTÉRAIRE : éructer, hurler, proclamer. – VIEUX : trompeter. CONTR. *chuchoter, dire à mi-voix, glisser à l'oreille, marmonner, murmurer, susurrer.*

crime *nom masculin* Acte répréhensible. SYN. atrocité, attentat, délit, indignité, méfait, sacrilège. – LITTÉRAIRE : forfait. CONTR. *bienfait.* ■ Fait de tuer quelqu'un. SYN. assassinat, homicide, meurtre.

criminalité *nom féminin* Ensemble d'actes criminels. SYN. banditisme, délinquance.

criminel *nom* Personne coupable d'un crime. SYN. assassin, boucher, massacreur, meurtrier, tueur. – LITTÉRAIRE : homicide, sicaire.

crinière *nom féminin* FAMILIER. Chevelure abondante. SYN. chevelure. – FAMILIER : tignasse, toison.

crique *nom féminin* Échancrure d'une côte. SYN. anfractuosité, anse, baie, calanque, golfe.

crise *nom féminin* Trouble violent. SYN. cataclysme, convulsion, ébranlement, perturbation. – LITTÉRAIRE : commotion. CONTR. *accalmie, relèvement.* ■ Rupture d'une situation économique. SYN. dépression, marasme, récession. CONTR. *prospérité.* ■ Manifestation d'un sentiment. SYN. accès, bouffée, élan, flambée, poussée. ■ Moment difficile d'une évolution. SYN. impasse, malaise, tension.

crispant *adjectif* FAMILIER. Qui agace. SYN. agaçant, énervant, exaspérant, excédant, irritant, lancinant, stressant. – FAMILIER : horripilant, rageant.

crispation *nom féminin* Mouvement d'impatience. SYN. agacement, énervement, exaspération, irritation. – FAMILIER : horripilation. – LITTÉRAIRE : hérissement. ■ Resserrement des muscles. SYN. contraction, spasme. CONTR. *détente.*

crispé *adjectif* Qui est tendu. SYN. contracté, énervé, gêné, stressé, tendu. CONTR. *décontracté, dégagé, détendu.*

crisper *verbe* Causer de l'agacement. SYN. agacer, énerver, exaspérer, excéder, hérisser, impatienter, irriter. – FAMILIER : horripiler, insupporter. – POPULAIRE : gonfler. CONTR. *relaxer.* ■ Contracter les muscles. SYN. resserrer, serrer. CONTR. *décontracter, détendre.*

crisper (se) *verbe pronominal* Devenir nerveux. SYN. se contracter, s'impatienter, se raidir. CONTR. *se détendre, se relaxer.*

crissement *nom masculin* Grincement aigu. SYN. grincement.

cristallin *adjectif* LITTÉRAIRE. Semblable au cristal. SYN. clair, limpide, pur, translucide, transparent. – LITTÉRAIRE : argentin. CONTR. *caverneux, mat, opaque, sourd, trouble.*

cristophine *nom féminin* Aux Antilles, cucurbitacée américaine. SYN. chayote.

critère *nom masculin* Élément de référence. SYN. indication, indice, marque, preuve. – VIEUX : critérium.

critiquable *adjectif* Qui mérite d'être critiqué. SYN. blâmable, condamnable, contestable, discutable, répréhensible. – LITTÉRAIRE : incriminable. CONTR. *inattaquable, louable, méritoire, recommandable.* – LITTÉRAIRE : *irrépréhensible.*

critique *adjectif* Qui expose à un danger. SYN. dangereux, délicat, difficile, dramatique, périlleux, préoccupant, sérieux. ■ Où une décision s'impose. SYN. crucial, décisif, grave, névralgique. ■ Qui émet des jugements sévères. SYN. dépréciateur, dépréciatif, médisant, méprisant, polémique, réprobateur, sévère. CONTR. *élogieux, laudatif.*

critique *nom féminin* Examen détaillé. SYN. analyse, avis, jugement, observation. ■ Jugement défavorable. SYN. accusation, attaque, blâme, censure, condamnation, contradiction, coup de boutoir, coup de corne, coup de dent, coup de patte, dénigrement, objection, observation, remontrance, reproche, satire, semonce. – **FAMILIER** : débinage. – **LITTÉRAIRE** : épigramme. **CONTR.** *admiration, apologie, compliment, éloge, flatterie, louange.* – **LITTÉRAIRE** : *adulation.*

critique *nom masculin* Personne dont le métier est de commenter. **SYN.** commentateur, juge, pamphlétaire, polémiste. ▪ Personne qui juge sévèrement. **SYN.** dénigreur, détracteur, médisant. – **LITTÉRAIRE** : censeur, contempteur, négateur. **CONTR.** *admirateur, apologiste, bénisseur, flatteur, panégyriste, partisan.* – **LITTÉRAIRE** : *adulateur, caudataire, complimenteur, encenseur, flagorneur, laudateur, louangeur, thuriféraire.*

critiquer *verbe* Juger de façon défavorable. **SYN.** accuser, attaquer, blâmer, condamner, contester, décrier, dénigrer, déprécier, désapprouver, descendre en flammes, dire pis que pendre, incriminer, matraquer, médire, pourfendre, s'en prendre à, reprendre, reprocher, réprouver, stigmatiser, tirer à boulets rouges sur, tomber à bras raccourcis sur. – **ARGOTIQUE** : dézinguer. – **FAMILIER** : abîmer, assaisonner, casser du sucre sur (le dos de), chiner, cracher sur, débiner, déblatérer contre, démolir, éreinter, esquinter, étriller, habiller pour l'hiver, tailler un costard, tailler une veste, taper sur, voler dans les plumes. – **LITTÉRAIRE** : censurer, clabauder, dauber sur, déchirer, flétrir, fronder, fustiger, rompre en visière, satiriser, vitupérer contre. – **POPULAIRE** : cartonner, flinguer. – **VIEUX** : tympaniser. **CONTR.** *admirer, aduler, apprécier, approuver, célébrer, exalter, féliciter, flatter, louer, prôner, recommander, vanter.* – **LITTÉRAIRE** : *chanter, congratuler, encenser, flagorner, louanger, magnifier.* ▪ Analyser une œuvre artistique. **SYN.** commenter, discuter, étudier, examiner, gloser.

croc-en-jambe *nom masculin* Manœuvre déloyale. **SYN.** croche-pied. – **FAMILIER** : croche-patte.

crochet *nom masculin* Changement de direction. **SYN.** détour, déviation. ▪ Ramification des barbes d'une plume. **SYN.** barbule.

croire *verbe transitif* Tenir quelque chose pour vrai. **SYN.** adhérer à, admettre, reconnaître. **CONTR.** *contester, démentir, réfuter.* ▪ Tenir quelqu'un pour sincère. **SYN.** écouter, se fier à, s'en rapporter à, se référer à. **CONTR.** *douter de, se méfier.* – **LITTÉRAIRE** : *se défier.* ▪ Avoir telle opinion. **SYN.** s'attendre, considérer, espérer, estimer, juger, penser, présumer, supposer. ▪ Avoir l'impression de. **SYN.** se figurer, s'imaginer, se représenter. ▪ FAMILIER. ***Croire au Père Noël,*** être naïf. **SYN.** s'abuser, s'aveugler, avoir des œillères, avoir un bandeau sur les yeux, se faire des illusions, s'illusionner, se leurrer, se méprendre, prendre des vessies pour des lanternes, se tromper. – **FAMILIER** : ne pas voir plus loin que le bout de son nez.

croire *verbe transitif indirect* Avoir confiance en. **SYN.** compter sur, espérer en, se fier. **CONTR.** *douter de, mettre en doute.*

croire (se) *verbe pronominal* Avoir telle impression. **SYN.** s'estimer, se juger, se prendre pour, se supposer, se tenir pour, se trouver. ▪ FAMILIER. Avoir une haute opinion de soi. **SYN.** ne douter de rien, se parer des plumes du paon, se vanter. – **FAMILIER** : bêcher, se faire mousser, frimer, ne pas se moucher du coude, ne pas se moucher du pied, se pousser du col. – **POPULAIRE** : se la jouer, ne pas se prendre pour de la merde, ne plus se sentir pisser, péter plus haut que son cul, la ramener. **CONTR.** *se rabaisser.*

croisé *adjectif* Qui est issu d'un croisement. **SYN.** bâtard, hybride, mâtiné, métis, métissé.

croisée *nom féminin* LITTÉRAIRE. Point de croisement. **SYN.** carrefour, entrecroisement, fourche, point de jonction. – **LITTÉRAIRE** : confluent.

croisement *nom masculin* Intersection de deux voies. **SYN.** carrefour, embranchement, entrecroisement, rond-point. – **LITTÉRAIRE** : confluent, croisée. ▪ Mélange de races. **SYN.** hybridation, métissage.

croiser *verbe* Unir des races différentes. **SYN.** hybrider, mâtiner, métisser. ▪ Passer près de quelqu'un. **SYN.** rencontrer, tomber sur, voir. – **LITTÉRAIRE** : coudoyer. ▪ Passer à travers. **SYN.** couper, franchir, traverser.

croisette *nom féminin* Plante herbacée. **SYN.** caille-lait, gaillet, mollugine.

croisière *nom féminin* Circuit maritime. **SYN.** périple, voyage.

croissance *nom féminin* Fait de croître. **SYN.** montée, pousse, poussée. – **VIEUX** : crue. **CONTR.** *atrophie, rapetissement, tassement.* ▪ Augmentation de quelque chose. **SYN.** accroissement, agrandissement, développement, élargissement, grandissement, progression. **CONTR.** *déclin, décroissance, dépérissement, diminution, recul, repli.*

croissant *adjectif* Qui augmente. **SYN.** graduel, grandissant, progressif. – **LITTÉRAIRE** : grossissant. **CONTR.** *décroissant, descendant.*

croître *verbe* Grandir progressivement. **SYN.** se développer, forcir, grandir, naître, venir. – **FAMILIER** : pousser, profiter. **CONTR.** *s'atrophier, dépérir, mourir, rapetisser, se rapetisser, régresser, se tasser.* ▪ Prendre de l'ampleur. **SYN.** s'accroître, s'agrandir, allonger, s'arrondir, augmenter, se développer, s'élargir, s'étendre, s'intensifier, monter, se multiplier, progresser.

CONTR. *s'amenuiser, s'amoindrir, baisser, décliner, décroître, diminuer, s'effilocher, faiblir, perdre, reculer, retomber, tomber.*

croix *nom féminin* LITTÉRAIRE. Souffrance morale. SYN. calvaire, martyre, supplice, torture, tourment. ■ ***Faire, tirer une croix sur,*** renoncer définitivement à. SYN. abandonner, dire adieu à, laisser, quitter, renoncer à.

crooner *nom masculin* Celui qui chante des chansons sentimentales. SYN. chanteur de charme.

croquant *adjectif* Qui croque sous la dent. SYN. craquant, croustillant. CONTR. *fondant, mou.*

croque-mitaine *nom masculin* FAMILIER. Personne très sévère. SYN. épouvantail, monstre.

croquer *verbe transitif* Dépenser sans compter. SYN. dévorer, dilapider, engloutir, engouffrer, gaspiller, manger. – FAMILIER : claquer. – LITTÉRAIRE : dissiper. – POPULAIRE : boulotter. CONTR. *amasser, économiser, épargner, garder, mettre de côté.*

croquer *verbe transitif* Dessiner à grands traits. SYN. brosser, camper, crayonner, dessiner, ébaucher, esquisser, peindre, pocher.

croquer *verbe transitif indirect* Broyer entre ses dents. SYN. mordre.

croquet *nom masculin* Petit galon tressé. SYN. serpentine.

croquignolet *adjectif* FAMILIER. Qui est mignon. SYN. charmant, gentil. – VIEUX : mignonnet. CONTR. *affreux, atroce, déplaisant.*

croquis *nom masculin* Dessin rapide. SYN. ébauche, esquisse, schéma. – POPULAIRE : crobar, crobard. ■ Description rapide. SYN. canevas, esquisse, schéma. – LITTÉRAIRE : linéaments.

crossaster *nom masculin* Variété d'étoile de mer. SYN. solaster.

crosse *nom féminin* Spirale sur le manche d'un instrument de musique. SYN. volute. ■ Sport pratiqué au Canada. SYN. lacrosse.

crosser *verbe* VIEUX. Traiter quelqu'un durement. SYN. – FAMILIER : éreinter, esquinter, étriller. – LITTÉRAIRE : déchirer. CONTR. *flatter, louer.* – LITTÉRAIRE : *encenser, flagorner.*

crotale *nom masculin* Vipère d'Amérique du Nord. SYN. serpent à sonnette.

crotter *verbe intransitif* POPULAIRE. Faire des crottes. SYN. aller à la selle, déféquer, faire caca, faire popo, faire ses besoins. – FAMILIER : faire, faire la grosse commission. – POPULAIRE : chier.

crotter *verbe transitif* LITTÉRAIRE. Salir quelque chose. SYN. encrasser, maculer, tacher. – FAMILIER : cochonner. – LITTÉRAIRE : souiller. – POPULAIRE : dégueulasser, saloper.

croulant *adjectif* Qui est prêt de sa chute. SYN. branlant, caduc, chancelant, faiblissant, mouvant, vétuste. CONTR. *ferme, fort, solide.* ■ Qui est usé par l'âge. SYN. décrépit. CONTR. *jeune, robuste, vert.* – FAMILIER : *vaillant.* – VIEUX : *gaillard.*

crouler *verbe* Tomber en s'affaissant. SYN. s'abattre, s'affaisser, s'affaler, s'ébouler, s'écrouler, s'effondrer. ■ Être réduit à rien. SYN. craquer, disparaître, s'effondrer, mourir. – LITTÉRAIRE : expirer, périr. CONTR. *résister, tenir.*

croupe *nom féminin* Sommet de forme ronde. SYN. dôme, mamelon. ■ FAMILIER. Derrière d'une personne. SYN. derrière, fesses, siège. – FAMILIER : croupion, fessier, fondement, postérieur. – LITTÉRAIRE : séant. – POPULAIRE : arrière-train, cul, lune, pétard, popotin.

croupiat *nom masculin* Cordage pour amarrer. SYN. embossure.

croupion *nom masculin* FAMILIER. Derrière d'une personne. SYN. derrière, fesses, siège. – FAMILIER : croupe, fessier, fondement, postérieur. – LITTÉRAIRE : séant. – POPULAIRE : arrière-train, cul, lune, pétard, popotin.

croupir *verbe* Se corrompre par stagnation. SYN. se décomposer, pourrir, se putréfier. ■ Rester dans un état pénible. SYN. attendre, s'encroûter, s'enliser, végéter. – FAMILIER : mariner, moisir, pourrir. – LITTÉRAIRE : stagner.

croustillant *adjectif* Qui craque sous la dent. SYN. craquant, croquant. CONTR. *rassis.* ■ Qui a un caractère grivois. SYN. coquin, cru, égrillard, épicé, gaillard, gaulois, graveleux, grivois, gueuleton, léger, leste, libertin, licencieux, osé, polisson, rabelaisien, salé. – FAMILIER : cochon, gras, olé olé, paillard, raide. – LITTÉRAIRE : poivré, salace. CONTR. *collet monté, pudibond.* – FAMILIER : *bégueule.*

croyable *adjectif* Qui peut ou doit être cru. SYN. admissible, crédible, imaginable, pensable, plausible, possible, probable, vraisemblable. CONTR. *douteux, impossible, incroyable, inimaginable, invraisemblable.*

croyance *nom féminin* Fait de croire à. SYN. adhésion, assentiment, certitude, conviction, foi, persuasion. CONTR. *doute, incrédulité, incroyance, scepticisme.* ■ Ce qu'on croit. SYN. avis, idée, opinion, pensée, position, sentiment, thèse, vue.

croyant *adjectif* Qui a la foi religieuse. SYN. pieux, pratiquant, religieux. CONTR. *agnostique, athée, incrédule, incroyant, infidèle, irréligieux, non croyant, païen, sceptique.* – LITTÉRAIRE : *impie.*

croyant *nom* Personne qui a la foi. SYN. bigot, fidèle, pratiquant. – FAMILIER : calotin, grenouille de bénitier, punaise de sacristie, rat d'église. CONTR.

athée, incroyant, libre penseur, non-croyant, païen. – LITTÉRAIRE : *impie, mécréant.*

cru *adjectif* Se dit d'une lumière vive. SYN. aveuglant, brutal, éclatant, intense, violent. – POPULAIRE : gueulard. CONTR. *adouci, atténué, blafard, blême, doux, nuancé, tamisé, tendre, voilé.* ■ Se dit d'un propos direct. SYN. franc, net, réaliste, sec. CONTR. *affecté, alambiqué, étudié, précieux, sophistiqué.* – LITTÉRAIRE : *quintessencié.* ■ Qui choque les bienséances. SYN. choquant, croustillant, égrillard, épicé, érotique, fruste, gaillard, gaulois, graveleux, grivois, grossier, hardi, impudique, inconvenant, indécent, leste, libre, licencieux, obscène, ordurier, osé, polisson, salé, scabreux, trivial, vert, vulgaire. – FAMILIER : cochon, olé olé, raide. – LITTÉRAIRE : orgiaque, poivré, salace. CONTR. *bienséant, convenable, correct, décent, digne.*

cruauté *nom féminin* Penchant à faire souffrir. SYN. barbarie, brutalité, dureté, férocité, inhumanité, méchanceté, perversité, sadisme, sauvagerie. CONTR. *bienveillance, bonté, complaisance, douceur, humanité, indulgence, pitié, sensibilité, tendresse.* – LITTÉRAIRE : *clémence, compassion, miséricorde.* ■ LITTÉRAIRE. Caractère de ce qui fait souffrir. SYN. dureté, rigueur, rudesse. – LITTÉRAIRE : inexorabilité. CONTR. *clémence.* ■ Action cruelle. SYN. atrocité, barbarie, brutalité. CONTR. *bienfait, charité.* – LITTÉRAIRE : *faveur.*

cruche *nom féminin* FAMILIER. Personne stupide. SYN. âne, âne bâté, balourd, benêt, idiot, ignorant, imbécile, innocent, maladroit, niais, nigaud, nul, sot, sotte. – FAMILIER : abruti, andouille, ballot, bécasse, bêta, bûche, buse, cloche, crétin, dadais, dinde, empaillé, empoté, godiche, gourde, jacques, noix, oie, pataud, serin. – LITTÉRAIRE : nicodème. – POPULAIRE : banane, con, conard, connard, cornichon, couillon, gland, manche, nouille, patate, truffe. CONTR. *astucieux, futé, malin.*

crucial *adjectif* Très important. SYN. capital, central, critique, décisif, essentiel, fondamental, vital.

crucifix *nom masculin* Objet représentant la crucifixion. SYN. christ, croix.

cruciverbiste *nom* Amateur de mots croisés. CONTR. *mots-croisiste, verbicruciste.*

crudité *nom féminin* Caractère choquant. SYN. brutalité, grossièreté, réalisme, truculence, verdeur. – LITTÉRAIRE : rudesse. CONTR. *bienséance, correction, décence, réserve.* – LITTÉRAIRE : *délicatesse.*

crue *nom féminin* Montée du niveau de l'eau. SYN. débordement, inondation. CONTR. *décrue.*

cruel *adjectif* Qui se plaît à faire souffrir. SYN. barbare, brutal, dur, féroce, impitoyable, implacable, inhumain, malfaisant, mauvais, méchant, sadique, sévère. CONTR. *bienveillant, bon, clément, compatissant, humain, sensible, tendre.* – FAMILIER : *excellent.* – LITTÉRAIRE : *bienfaisant.* ■ Qui exprime la cruauté. SYN. barbare, féroce, inhumain, sauvage. – LITTÉRAIRE : sanglant, sanguinaire. ■ Qui cause une souffrance. SYN. affreux, amer, âpre, atroce, cinglant, cuisant, déchirant, douloureux, épouvantable, horrible, insupportable, intolérable, mortel, navrant, pénible, rude, terrible. CONTR. *délicieux, doux.*

cruellement *adverbe* D'une façon cruelle. SYN. amèrement, atrocement, douloureusement, inhumainement, méchamment, monstrueusement, odieusement, péniblement, rudement, sauvagement, sévèrement. CONTR. *humainement.*

crûment *adverbe* Sans atténuation. SYN. abruptement, brûle-pourpoint (à), brutalement, durement, rudement, sèchement, violemment. – LITTÉRAIRE : vivement. ■ De façon osée. SYN. cavalièrement, cyniquement, effrontément, grossièrement, impertinemment, impoliment, impudemment, impudiquement, insolemment, trivialement, vulgairement. – LITTÉRAIRE : irrespectueusement, irrévérencieusement. – VIEUX : irrévéremment.

cryoclastie *nom féminin* Fragmentation des roches due au gel. SYN. gélifraction.

cryodessiccation *nom féminin* Élimination de l'eau d'un produit. SYN. lyophilisation.

cryoturbation *nom féminin* Déplacement des particules du sol due au gel. SYN. géliturbation.

cryptesthésie *nom féminin* Perception extrasensorielle. SYN. clairvoyance, extralucidité, voyance.

cryptocérate *nom masculin* Punaise aquatique. SYN. hydrocorise.

cryptococcose *nom féminin* Type de mycose. SYN. torulose.

cryptogénétique *adjectif* Dont la cause est inconnue. SYN. cryptogénique. – RARE : idiopathique.

cubitus *nom masculin* Os de l'avant-bras. SYN. ulna.

cucujoïde *nom masculin* Insecte aux antennes en massues. SYN. – VIEUX : clavicorne.

cucul *adjectif invariable* POPULAIRE. Un peu ridicule. SYN. idiot, niais, niaiseux, sot, stupide, tarte. – FAMILIER : bébête. – POPULAIRE : cucul la praline, lourdingue, nouille, tartignole.

cueillage *nom masculin* Action de cueillir des fruits. SYN. cueillette, ramassage, récolte. – LITTÉRAIRE : cueillaison.

cueille-fruits *nom masculin invariable* Outil pour cueillir les fruits. SYN. cueilloir.

cueillette *nom féminin* Action de cueillir des fruits. SYN. cueillage, ramassage, récolte. – LITTÉRAIRE : cueillaison.

cueillir *verbe* Détacher une fleur, un fruit. SYN. ramasser, récolter. – LITTÉRAIRE : moissonner. CONTR. *semer.* ■ FAMILIER. Aller chercher quelqu'un. SYN. accueillir, prendre. ■ FAMILIER. Arrêter quelqu'un. SYN. appréhender, arrêter, attraper, capturer, prendre. – FAMILIER : choper, coffrer, épingler, harponner, pincer, piquer, ramasser. – POPULAIRE : agrafer, alpaguer, emballer. CONTR. *libérer, relâcher, relaxer.*

cueilloir *nom masculin* Outil pour cueillir les fruits. SYN. cueille-fruits.

cuesta *nom féminin* Forme de relief dissymétrique. SYN. côte.

cuir *nom masculin* Faute de liaison. SYN. lapsus. – FAMILIER : pataquès. ■ POPULAIRE. Peau humaine. SYN. épiderme. – POPULAIRE : couenne.

cuirasse *nom féminin* LITTÉRAIRE. Moyen de protection. SYN. bouclier, carapace. – LITTÉRAIRE : armure, rempart.

cuirassé *adjectif* Qui s'est endurci. SYN. armé, bardé, caparaçonné, endurci, invulnérable, trempé, vacciné. – FAMILIER : blindé. CONTR. *fragile, vulnérable.*

cuirasser *verbe* Rendre insensible. SYN. aguerrir, endurcir. – FAMILIER : blinder. – LITTÉRAIRE : retremper, tremper. CONTR. *apitoyer, attendrir.*

cuirasser (se) *verbe pronominal* Se protéger contre l'adversité. SYN. s'aguerrir, s'endurcir. – FAMILIER : se blinder.

cuire *verbe* Être soumis à l'action de la chaleur. SYN. griller, mijoter, mitonner, rôtir, roussir.

cuisant *adjectif* Qui cause une vive douleur. SYN. aigu, brûlant, cinglant, féroce, lancinant, mordant, perçant, piquant, vif. CONTR. *bénin, doux, léger.* ■ Qui affecte moralement. SYN. acerbe, acéré, aigre, amer, âpre, cinglant, cruel, déchirant, douloureux, féroce, lancinant, mortel, poignant, sanglant.

cuisine *nom féminin* Plats préparés. SYN. repas. – FAMILIER : fricot, popote. – POPULAIRE : bouffe, cuistance, frichti, tambouille. ■ FAMILIER. Moyen d'arriver à ses fins. SYN. agissements, combinaison, intrigue, manigance, manœuvre. – FAMILIER : combine, grenouillage, trafic.

cuisiner *verbe* Préparer des aliments. SYN. accommoder, apprêter, faire la cuisine, mijoter, mitonner, préparer le repas. – FAMILIER : faire la popote, faire le fricot, fricoter. – POPULAIRE : faire la bouffe, faire la cuistance, faire la tambouille, préparer le frichti. ■ FAMILIER. Préparer une action avec soin. SYN. mijoter, mitonner. – FAMILIER : fricoter, traficoter, trafiquer. ■ FAMILIER. Soumettre à un interrogatoire. SYN. interroger, mettre sur la sellette, questionner. – FAMILIER : tirer les vers du nez.

cuisinette *nom féminin* Petite cuisine. SYN. kitchenette.

cuisinier *nom* Personne qui fait la cuisine. SYN. chef, coq, cordon-bleu. – POPULAIRE : cuistot. – VIEUX : maître queux.

cuistre *nom masculin* Personne suffisante. SYN. arrogant, pédant, prétentieux, vaniteux. – FAMILIER : m'as-tu-vu. – LITTÉRAIRE : fat. ■ Grossier personnage. SYN. balourd, butor, goujat, lourdaud, malappris, malotru, mufle, ostrogoth, ours mal léché, paysan du Danube, rustre, sauvage. – FAMILIER : foutriquet, malpoli, paltoquet, rustaud. – LITTÉRAIRE : faquin, soudard. – POPULAIRE : jean-foutre, pignouf. – VIEUX : bélître, coquin, maraud, maroufle.

cuistrerie *nom féminin* Attitude prétentieuse. SYN. pédanterie, pédantisme, prétention, suffisance, vantardise. – LITTÉRAIRE : crânerie, forfanterie, superbe. CONTR. *humilité, modestie.*

cuit *adjectif* FAMILIER. Qui a échoué en tout. SYN. perdu. – FAMILIER : fichu, fini, flambé, frit. – POPULAIRE : foutu. ■ POPULAIRE. Qui est ivre. SYN. aviné, enivré, gris, ivre, pris de boisson. – FAMILIER : éméché, imbibé, parti, plein comme un œuf, plein comme une outre, pompette, saoul, schlass, soûl, soûl comme un Polonais, soûl comme une bourrique, soûl comme une grive. – POPULAIRE : beurré, beurré comme un p'tit Lu, beurré comme une tartine, blindé, bourré, bourré comme une cantine, chargé, noir, paf, pété, pinté, plein comme une barrique, raide, rétamé, rond, rond comme une barrique, rond comme une queue de pelle, torché. – VIEUX : brindezingue. CONTR. *à jeun, sobre.*

cuivré *adjectif* LITTÉRAIRE. Qui a la teinte du cuivre. SYN. basané, bronzé, bruni, doré, hâlé, jaune.

cul *nom masculin* POPULAIRE. Derrière d'une personne. SYN. anus, derrière, fesses, siège. – FAMILIER : croupe, croupion, fessier, fondement, postérieur. – LITTÉRAIRE : séant. – POPULAIRE : arrière-train, derche, lune, pétard, popotin, trou de balle.

culbute *nom féminin* Action de se rouler par terre. SYN. cabriole, pirouette. – FAMILIER : galipette. ■ Fait de tomber. SYN. chute, plongeon. – FAMILIER : dégringolade. ■ Échec total. SYN. banqueroute, catastrophe, débâcle, déconfiture, défaite, déroute, échec, faillite, gifle, insuccès, malheur, revers, ruine. – FAMILIER : claque, dégringolade, fessée, fiasco, loupé, pile, piquette, plongeon, raclée, ratage, veste. – LITTÉRAIRE : infortune. – POPULAIRE : bide, déculottée, gamelle, plantage, volée. CONTR. *réussite, succès, triomphe, victoire.*

culbuter *verbe intransitif* Tomber à la renverse. SYN. basculer, capoter, chavirer, se renverser, se retourner, verser. – FAMILIER : dégringoler.

culbuter *verbe transitif* Faire tomber brusquement. SYN. abattre, bousculer, renverser, terrasser. – FAMILIER : étendre. CONTR. *redresser, relever.* ■ Mettre un ennemi en déroute. SYN. écraser, repousser, vaincre.

cul-de-sac *nom masculin* Rue sans issue. SYN. impasse.

culer *verbe intransitif* En parlant du vent, être favorable à la marche. SYN. adonner. CONTR. *refuser.*

culée *nom féminin* Ouvrage de maçonnerie. SYN. butée. – VIEUX : boutée.

culminant *adjectif* ***Point culminant,*** point le plus élevé. SYN. acmé, apogée, comble, faîte, paroxysme, sommet, summum, zénith.

culot *nom masculin* FAMILIER. Aplomb excessif. SYN. aplomb, audace, désinvolture, effronterie, front, hardiesse, impertinence, impudence, impudeur, sans-gêne. – FAMILIER : toupet. – LITTÉRAIRE : crânerie, sans-façon. CONTR. *réserve, retenue, timidité.*

culotté *adjectif* FAMILIER. Qui a de l'audace. SYN. audacieux, effronté, exagéré, téméraire. – FAMILIER : gonflé. ■ FAMILIER. Qui manque de respect. SYN. cavalier, déplacé, grossier, impertinent, insolent, osé. – FAMILIER : sans gêne. CONTR. *déférent, respectueux.* – LITTÉRAIRE : *révérencieux.*

culte *nom masculin* Pratique religieuse. SYN. confession, Église, religion. ■ Vénération pour. SYN. adoration, amour, déification, fétichisme, passion, respect, vénération. – LITTÉRAIRE : idolâtrie, piété, religion, révérence. CONTR. *indifférence, mépris.*

cultivable *adjectif* Qui peut être cultivé, labouré. SYN. arable, labourable.

cultivateur *nom* Personne qui cultive la terre. SYN. agriculteur, exploitant agricole, fermier, paysan. – LITTÉRAIRE : laboureur.

cultivé *adjectif* Qui a une bonne culture générale. SYN. civilisé, éclairé, érudit, évolué, instruit, intéressant, lettré, savant. – LITTÉRAIRE : policé. CONTR. *béotien, brut, fruste, ignare, ignorant, inculte.* – VIEUX : *illettré.*

cultiver *verbe* Développer une qualité. SYN. éduquer, exercer, façonner, former, perfectionner. ■ Faire prospérer une idée. SYN. choyer, nourrir, soigner. – LITTÉRAIRE : entretenir. ■ LITTÉRAIRE. S'intéresser à un art. SYN. s'adonner, s'appliquer à, se donner à, pratiquer, travailler. ■ Avoir des relations avec. SYN. ménager. – LITTÉRAIRE : entretenir, pratiquer.

cultiver (se) *verbe pronominal* S'enrichir par l'étude. SYN. se former, s'instruire.

culture *nom féminin* Ensemble de connaissances. SYN. bagage, connaissances, érudition, formation, instruction, savoir. – LITTÉRAIRE : science. CONTR. *ignorance, inculture.*

culturisme *nom masculin* Gymnastique qui développe les muscles. SYN. bodybuilding. – FAMILIER : gonflette.

cuon *nom masculin* Chien sauvage. SYN. dhole.

cupide *adjectif* LITTÉRAIRE. Avide d'argent. SYN. âpre au gain, insatiable, intéressé. – LITTÉRAIRE : rapace. CONTR. *charitable, désintéressé, généreux, prodigue.* – LITTÉRAIRE : *dissipateur, libéral.*

cupidité *nom féminin* LITTÉRAIRE. Désir immodéré d'argent. SYN. avidité, convoitise. – LITTÉRAIRE : rapacité. CONTR. *charité, désintéressement, générosité, prodigalité.* – LITTÉRAIRE : *largesse.*

cupidone *nom féminin* Plante des sols arides. SYN. catananche.

curable *adjectif* Qui peut être guéri. SYN. guérissable, remédiable. CONTR. *incurable, inguérissable.*

cure *nom féminin* LITTÉRAIRE. ***N'avoir cure de,*** ne pas tenir compte de. SYN. se désintéresser, faire peu de cas de, ignorer, se jouer de, mépriser, s'en moquer, n'avoir rien à faire de, rire de, se rire de. – FAMILIER : s'en battre l'œil, se contreficher, se ficher de, s'en moquer comme de colin-tampon, s'en moquer comme de l'an quarante, s'en soucier comme de l'an quarante, s'en soucier comme de sa première chemise, s'en soucier comme d'une guigne. – POPULAIRE : s'en balancer, s'en foutre, n'avoir rien à cirer de, n'avoir rien à foutre de, s'en tamponner le coquillard, s'en taper. CONTR. *s'appliquer, s'assurer de, s'évertuer, faire grand cas de, s'intéresser à, s'occuper de, se pencher sur, se préoccuper de, se soucier de, suivre.*

cure *nom féminin* Habitation du curé. SYN. presbytère.

curé *nom masculin* Membre du clergé. SYN. abbé, ecclésiastique, prêtre.

curer *verbe* Nettoyer en raclant. SYN. débourber, décaper, désenvaser, dévaser, draguer, nettoyer, racler.

curieusement *adverbe* D'une manière bizarre. SYN. bizarrement, drôlement, étrangement, extraordinairement. – LITTÉRAIRE : singulièrement. CONTR. *normalement.*

curieux *nom* Personne indiscrète. SYN. badaud, spectateur.

curieux *adjectif et nom* Qui est désireux de savoir. SYN. fouilleur, fureteur, inquisiteur, investigateur. – FAMILIER : farfouilleur, fouinard, fouineur. – LITTÉRAIRE : badaud, chercheur. CONTR. *discret.*

curieux *adjectif* Qui suscite l'étonnement. SYN. bizarre, déconcertant, drôle, étonnant, étrange, extraordinaire, extravagant, inconcevable, incroyable, inouï, original, paradoxal, piquant, pittoresque, rare, singulier, spécial, surprenant. – FAMILIER : bizarroïde, sciant. CONTR. *banal, classique, commun, inintéressant, insignifiant, ordinaire, quelconque.*

curiosité *nom féminin* Désir de savoir. SYN. indiscrétion, intérêt. CONTR. *indifférence.* – LITTÉRAIRE : *incuriosité.* ■ Caractère bizarre. SYN. bizarrerie, étrangeté, originalité, singularité. ■ Ce qui retient l'attention. SYN. bizarrerie, denrée rare, merle blanc, mouton à cinq pattes, rareté.

cuve *nom féminin* Grand récipient. SYN. bac, bassin, citerne.

cuvelage *nom masculin* Revêtement étanche d'un puits. SYN. tubage.

cuver *verbe* FAMILIER. Dormir après avoir trop bu. SYN. – LITTÉRAIRE : être dans les vignes du Seigneur. – POPULAIRE : avoir du vent dans les voiles, avoir un coup dans l'aile, avoir un coup dans le nez, n'avoir pas sucé que des glaçons.

cuvette *nom féminin* Petit récipient. SYN. bassine. ■ Partie de terrain en creux. SYN. bassin, creux, dépression.

cuy *nom masculin* Conduit dans les marais salants. SYN. coef.

cybercaméra *nom féminin* Caméra numérique miniaturisée. SYN. netcam, webcam.

cybernaute *nom* Utilisateur du réseau Internet. SYN. internaute.

cycle *nom masculin* Vélocipède. SYN. bicyclette, deux-roues, tandem, tricycle, V.T.T. – FAMILIER : bécane, vélo.

cycloïde *nom féminin* Courbe plane. SYN. trochoïde.

cyclomoteur *nom masculin* Cycle mû par un moteur. SYN. Mobylette, vélomoteur. – FAMILIER : mob.

cyclonal *adjectif* Relatif aux cyclones. SYN. cyclonique.

cyclone *nom masculin* Tourbillon de vents violents. SYN. bourrasque, ouragan, tempête, tornade, typhon. – LITTÉRAIRE : tourmente.

cyclonique *adjectif* Relatif aux cyclones. SYN. cyclonal.

cyclopéen *adjectif* LITTÉRAIRE. D'une taille démesurée. SYN. colossal, gigantesque, monstrueux, monumental. – LITTÉRAIRE : titanesque.

cyclostome *nom masculin* Vertébré primitif. SYN. agnathe.

cylindraxe *nom masculin* VIEUX. Prolongement du neurone. SYN. axone.

cymbalaire *nom féminin* Petite plante commune entre les pierres. SYN. ruine-de-Rome.

cymbalum *nom masculin* Instrument de musique à cordes. SYN. tympanon.

cymophane *nom féminin* Aluminate naturel de béryllium. SYN. chrysobéryl.

cynique *adjectif* Qui manifeste du cynisme. SYN. effronté, éhonté, hardi, immoral, impudent, insolent. CONTR. *candide, pudibond, pudique, timide.*

cyniquement *adverbe* De façon cynique. SYN. crûment, effrontément, impertinemment, impoliment, impudemment, insolemment, sans vergogne. – LITTÉRAIRE : irrespectueusement, irrévérencieusement. – VIEUX : irrévéremment.

cynisme *nom masculin* Mépris affiché pour la morale. SYN. effronterie, hardiesse, immoralité, impudence, impudeur, insolence. CONTR. *bienséance, candeur, correction, décence, modestie, pudeur, réserve, retenue, timidité.*

cynocéphale *nom masculin* Singe au museau allongé. SYN. babouin.

cynogale *nom masculin* Civette d'Indo-Malaisie. SYN. loutre-civette.

cynoglosse *nom féminin* Herbe des forêts humides des montagnes. SYN. langue-de-chien.

cynorhodon *nom masculin* Fruit charnu de l'églantier. SYN. gratte-cul.

cyprin *nom masculin* Poisson d'eau douce. SYN. carassin, poisson rouge.

cytodiérèse *nom féminin* Séparation de deux cellules. SYN. plasmodiérèse.

cytostatique *nom masculin* Substance employée dans le traitement des tumeurs. SYN. anticancéreux, antimitotique, antinéoplasique.

D

d'abord *locution adverbiale* Pour commencer. SYN. auparavant, avant, avant tout, d'emblée, d'entrée de jeu, au préalable, préalablement, en préambule, en premier lieu, premièrement, prioritairement, en priorité, tout d'abord. CONTR. *après, enfin, ensuite, à la fin, pour finir, puis.*

d'accord *locution adverbiale* Exprime le consentement. SYN. assurément, certainement, entendu, oui, soit. CONTR. *non, pas d'accord.*

dactylographier *verbe* Écrire avec une machine à écrire. SYN. taper à la machine.

dactylopodite *nom masculin* Extrémité de la patte des crustacés. SYN. transtarse.

dactylozoïde *nom masculin* Variété d'animal marin. SYN. acanthozoïde.

dada *nom masculin* FAMILIER. Occupation favorite. SYN. hobby, manie, marotte, passe-temps, passion, violon d'Ingres.

dadais *nom masculin* FAMILIER. Jeune homme gauche. SYN. benêt, maladroit, niais. – FAMILIER : ballot, cruche, empaillé, empoté, jacques, nigaud, noix, pataud, serin. – POPULAIRE : gland, manche.

d'affilée *locution adverbiale* Sans interruption. SYN. continu, coup sur coup, jour et nuit, du matin au soir, non-stop, sans arrêt, sans cesse, sans discontinuer, sans intermission, sans interruption, sans relâche, sans répit, sans souffler, sans trêve, sept jours sur sept, de suite, vingt-quatre heures sur vingt-quatre. – LITTÉRAIRE : continûment.

dah *nom masculin* Plante textile proche du jute. SYN. kenaf.

daigner *verbe* Avoir la bonté de. SYN. accepter de, condescendre à, consentir à, vouloir bien. CONTR. *dédaigner, refuser.*

d'ailleurs *locution adverbiale* Pour une autre raison. SYN. et puis, de plus, qui plus est, au reste, du reste.

dallage *nom masculin* Action de daller ; sol en dalles. SYN. carrelage, pavage, pavé, pavement.

daller *verbe* Recouvrir de dalles un sol. SYN. carreler, paver.

dame *nom féminin* Outil pour tasser. SYN. demoiselle, hie. ■ Figure du jeu d'échecs ou du jeu de cartes. SYN. reine.

dame ! *interjection* FAMILIER. Marque une conclusion. SYN. assurément, bien sûr, certainement, évidemment, oui, parbleu !, pardi !

damier *nom masculin* Surface quadrillée. SYN. échiquier, quadrillage.

dammara *nom masculin* Arbre résineux d'Australie. SYN. agathis.

damné *adjectif* Qui cause du désagrément. SYN. abominable, affreux, détestable, malencontreux, maudit. – FAMILIER : sacré, sale, satané. CONTR. *bienheureux.*

damné *nom* Personne condamnée à l'enfer. SYN. déchu, réprouvé. CONTR. *bienheureux, élu, juste, saint.* ■ LITTÉRAIRE. Personne rejetée. SYN. exclu, paria, pestiféré. – LITTÉRAIRE : maudit, réprouvé.

damner *verbe* ***Faire damner quelqu'un,*** l'irriter au plus haut point. SYN. énerver, exaspérer. – FAMILIER : faire tourner en bourrique, horripiler, insupporter. – POPULAIRE : gonfler.

dancing *nom masculin* Établissement où l'on danse. SYN. bal. – POPULAIRE : bastringue, pince-fesses.

dandinement *nom masculin* Action de se dandiner. SYN. balancement, déhanchement, dodelinement, oscillation, tortillement, trémoussement.

dandiner (se) *verbe pronominal* Balancer son corps. SYN. se balancer, se déhancher, osciller, tortiller des fesses, tortiller des hanches, se tortiller, se trémousser. – **ARGOTIQUE** : rouler des miches. – **POPULAIRE** : tortiller du popotin.

dandy *nom masculin* Homme élégant. **SYN.** gandin, incroyable, muscadin. – **LITTÉRAIRE** : petit-maître. – **VIEUX** : gommeux, milord, mirliflore.

danger *nom masculin* Ce qui constitue un risque. **SYN.** inconvénient, insécurité, menace, obstacle, péril, risque. – **LITTÉRAIRE** : écueil, traverse. **CONTR.** *sécurité, sûreté, tranquillité.*

dangereusement *adverbe* De façon dangereuse. **SYN.** aventureusement. – **LITTÉRAIRE** : périlleusement. **CONTR.** *prudemment, sagement, sûrement.*

dangereux *adjectif* Qui peut nuire. **SYN.** compromettant, dommageable, fâcheux, funeste, maléfique, nocif, nuisible, préjudiciable, redoutable, sérieux, sinistre, toxique, traître, virulent. – **LITTÉRAIRE** : perfide, pernicieux. **CONTR.** *anodin, bénin, inoffensif, salubre, salutaire.* ■ Qui expose à un risque. **SYN.** aventureux, brûlant, critique, hasardé, hasardeux, imprudent, mauvais, périlleux, risqué. – **LITTÉRAIRE** : scabreux. – **POPULAIRE** : casse-gueule. **CONTR.** *paisible, sûr, tranquille.*

danois *nom masculin* Chien de très grande taille. **SYN.** dogue allemand.

dano-norvégien *nom masculin* Une des deux formes du norvégien. **SYN.** bokmål, riksmål.

danser *verbe* Exécuter une danse. **SYN.** chalouper. – **POPULAIRE** : gambiller, guincher.

danseur *nom* Personne qui danse. **SYN.** cavalier, partenaire. ■ Personne dont la danse est le métier. **SYN.** artiste chorégraphique, ballerine, petit rat. ■ ***Danseur de corde,*** acrobate évoluant sur une corde. **SYN.** acrobate, équilibriste, fildefériste, funambule.

dantesque *adjectif* Grandiose et assez terrifiant. **SYN.** affreux, apocalyptique, atroce, effroyable, épouvantable, horrible, terrible, terrifiant.

daphné *nom masculin* Arbrisseau à baies toxiques. **SYN.** bois-gentil, garou, sainbois.

daphnie *nom féminin* Minuscule crustacé des étangs. **SYN.** puce d'eau.

d'aplomb *locution adverbiale* En position stable. **SYN.** debout, équilibré, en équilibre, stable. **CONTR.** *déséquilibré, titubant.*

d'après *préposition* En s'en rapportant à. **SYN.** selon, suivant, sur.

dard *nom masculin* Arme de jet ancienne. **SYN.** javeline, javelot, sagaie, trait.

dare-dare *locution adverbiale* FAMILIER. En toute hâte. **SYN.** bon train, à bride abattue, brusquement, en catastrophe, expéditivement, à fond de cale, à fond de train, à fond la caisse, à la hâte, en hâte, hâtivement, au pas de charge, au pas de course, au plus vite, précipitamment, prestement, promptement, rapidement, rondement, sur les chapeaux de roue, tambour battant, à tombeau ouvert, à toute allure, à toute bride, à toute hâte, en toute hâte, à toute vitesse, toutes affaires cessantes, ventre à terre, vite, en vitesse, vivement. – **FAMILIER** : en quatrième vitesse, rapido presto, rapidos, subito presto, à toute blinde, à toute vapeur, à toute(s) pompe(s). – **LITTÉRAIRE** : diligemment. – **POPULAIRE** : à tout berzingue, à toute barde, à toute berzingue, à toute bitture. – **VIEUX** : tout à trac. **CONTR.** *calmement, doucement, lentement, tranquillement.* – **FAMILIER** : *piano.*

date *nom féminin* Indication précise du moment. **SYN.** époque, jour, moment, période, temps. ■ ***Faire date,*** être un événement important. **SYN.** compter, dater, importer, laisser des traces, marquer, à marquer d'une pierre blanche.

dater *verbe* Marquer un moment important. **SYN.** compter, faire date, importer, laisser des traces, marquer.

dauber *verbe* LITTÉRAIRE. Dire du mal de. **SYN.** attaquer, calomnier, critiquer, décrier, dénigrer, déprécier, discréditer, gloser sur, jaser, médire, railler. – **FAMILIER** : abîmer, assaisonner, casser du sucre sur (le dos de), cracher sur, débiner, déblatérer, éreinter, esquinter, étriller. – **LITTÉRAIRE** : clabauder, déchirer, noircir. **CONTR.** *célébrer, glorifier, louer, vanter.* – **LITTÉRAIRE** : *encenser.*

daubeur *nom* LITTÉRAIRE. Personne qui dénigre. **SYN.** dénigreur, diffamateur. – **FAMILIER** : débineur. **CONTR.** *flatteur.* – **LITTÉRAIRE** : *encenseur, flagorneur.*

dauphin *nom masculin* Celui qui succède à quelqu'un. **SYN.** successeur.

dauphinelle *nom féminin* Herbe ornementale. **SYN.** delphinium, pied-d'alouette.

daurade *nom féminin* ***Daurade grise,*** poisson des côtes de France. **SYN.** canthare, cantre, dorade grise, griset. ■ ***Daurade rose,*** poisson de couleur gris-rose. **SYN.** dorade rose, pageot, rousseau. ■ ***Daurade royale,*** poisson à chair estimée. **SYN.** pagre.

davantage *adverbe* Indique un plus haut degré. **SYN.** encore plus, plus, plus longtemps. **CONTR.** *encore moins, moins.*

déambulation *nom féminin* LITTÉRAIRE. Marche sans but précis. SYN. flânerie, marche, promenade. – FAMILIER : balade. – LITTÉRAIRE : errance.

déambuler *verbe* Aller au hasard. SYN. cheminer, errer, flâner, marcher, musarder, se promener, vagabonder. – FAMILIER : baguenauder, se balader. – LITTÉRAIRE : badauder, muser, vaguer. – POPULAIRE : vadrouiller. CONTR. *se hâter, se presser.*

débâcle *nom féminin* Rupture des glaces. SYN. dégel. CONTR. *embâcle.* ■ Défaite d'une armée. SYN. débandade, déroute, désastre, retraite. CONTR. *victoire.* ■ Effondrement d'une affaire. SYN. banqueroute, chute, culbute, déconfiture, déliquescence, désastre, dissolution, écroulement, faillite, krach, naufrage, revers, ruine. – FAMILIER : pile, plongeon. – POPULAIRE : volée. CONTR. *épanouissement, prospérité, relèvement, réussite, succès, triomphe, victoire.*

débagouler *verbe* POPULAIRE. Proférer une suite de paroles. SYN. débiter, raconter. – FAMILIER : déballer. – POPULAIRE : dégoiser.

déballage *nom masculin* Action de sortir de son emballage. SYN. dépaquetage, désemballage. CONTR. *emballage, empaquetage.*

déballer *verbe* Sortir de son emballage. SYN. défaire, déficeler, dépaqueter, déplier, désemballer, développer, ouvrir, vider. CONTR. *emballer, empaqueter, envelopper, paqueter.* ■ FAMILIER. Dévoiler ce qu'on sait. SYN. se confier, s'ouvrir, raconter. – FAMILIER : débiter son chapelet, se déboutonner, vider son sac. – LITTÉRAIRE : s'épancher. – POPULAIRE : se débonder. CONTR. *cacher, occulter, taire.* – LITTÉRAIRE : *celer.*

déballonner (se) *verbe pronominal* POPULAIRE. Manquer d'audace. SYN. craquer, s'effondrer, reculer, renoncer. – FAMILIER : se dégonfler, flancher. – POPULAIRE : caner, canner.

débandade *nom féminin* Défaite d'une armée. SYN. débâcle, défaite, déroute, reculade, retraite. CONTR. *ralliement, victoire.* ■ Dispersion désordonnée. SYN. confusion, débâcle, déroute, fuite, panique, remue-ménage, ruée. – FAMILIER : pagaïe, pagaille.

débander (se) *verbe pronominal* Se disperser. SYN. se disséminer, s'égailler, s'égrener, s'éparpiller. – LITTÉRAIRE : essaimer. CONTR. *s'aligner, s'attrouper, se grouper, se masser, se rassembler, se regrouper, se réunir, se tasser.*

débaptiser *verbe* Changer un nom. CONTR. *appeler, baptiser, dénommer.*

débarbouiller (se) *verbe pronominal* Se laver la figure. SYN. se décrasser, se laver, se nettoyer.

débarcadère *nom masculin* Plate-forme au bord de l'eau. SYN. appontement, embarcadère, quai.

débarquement *nom masculin* Action de débarquer. SYN. déchargement. CONTR. *chargement, embarquement, rembarquement.*

débarquer *verbe* Déposer à terre. SYN. débarder, décharger, déverser. CONTR. *charger, embarquer.* ■ FAMILIER. Écarter d'un poste. SYN. bannir, casser, chasser, congédier, se défaire de, démettre, destituer, éliminer, envoyer à tous les diables, envoyer au diable, envoyer aux cinq cents diables, évincer, exclure, licencier, limoger, mettre à la porte, radier, refuser, remercier, renvoyer, repousser, révoquer, se séparer de. – FAMILIER : balayer, blackbouler, déboulonner, dégommer, démissionner, envoyer au bain, envoyer balader, envoyer bouler, envoyer paître, envoyer promener, envoyer sur les roses, envoyer valser, ficher à la porte, flanquer à la porte, flanquer dehors, sabrer, vider. – POPULAIRE : balancer, envoyer aux pelotes, envoyer chier, envoyer dinguer, envoyer péter, envoyer se faire cuire un œuf, envoyer se faire foutre, foutre à la porte, lourder, virer. – VIEUX : envoyer se faire lanlaire. CONTR. *accueillir, admettre, agréer, recevoir.*

débarrasser *verbe* Enlever ce qui encombre. SYN. déblayer, dégarnir, dépêtrer, désencombrer, désobstruer, desservir, nettoyer, vider. CONTR. *embarrasser, empêtrer, encombrer, entraver, remplir.* ■ Libérer quelqu'un de quelque chose. SYN. décharger, défaire, dégager, délivrer, soulager. CONTR. *accabler, charger, écraser, opprimer, submerger, surcharger.*

débarrasser (se) *verbe pronominal* Se séparer de quelque chose. SYN. se défaire, se démunir, se dépouiller de, se dessaisir, jeter, jeter au rebut, mettre au rebut, se séparer. – FAMILIER : balancer, bazarder, larguer, liquider, mettre au rancart. – POPULAIRE : fourguer, virer. ■ Ne plus avoir à faire quelque chose. SYN. s'acquitter, se dégager, se libérer. CONTR. *s'embarrasser.* ■ Ôter un vêtement. SYN. enlever, ôter, quitter.

débat *nom masculin* Discussion autour d'un thème. SYN. colloque, conférence, congrès, controverse, démêlé, dialogue, discussion, explication, palabre, polémique, querelle, symposium. – VIEUX : dispute. CONTR. *monologue.* ■ Conflit intérieur. SYN. conflit, contestation, délibération, litige, lutte.

débats *nom masculin pluriel* Examen d'une question. SYN. délibérations, discussions, échanges de vues, négociations, pourparlers, séance.

débattre *verbe transitif* Discuter un prix. SYN. marchander, négocier. ■ Discuter une question. SYN. agiter, discuter, examiner. – LITTÉRAIRE : controverser, disputer.

débattre *verbe transitif indirect* Discuter de quelque chose. SYN. délibérer, parler, philosopher, raisonner.

débattre (se) *verbe pronominal* Lutter pour sortir d'une situation difficile. SYN. s'agiter, batailler, se battre, combattre, se démener, se dépenser, s'échiner, lutter, résister. – FAMILIER : se décarcasser, s'esquinter. CONTR. *renoncer.* – FAMILIER : *laisser tomber.*

débauchage *nom masculin* Action de débaucher un salarié. SYN. congédiement, licenciement, mise à pied, renvoi. CONTR. *embauchage, embauche, recrutement.*

débauche *nom féminin* Grande quantité de. SYN. abondance, accumulation, étalage, luxe, profusion, surabondance. – LITTÉRAIRE : prodigalité. ■ Recherche des plaisirs sensuels. SYN. corruption, débordement, dépravation, dérèglement, dévergondage, inconduite, libertinage, lubricité, luxure, orgie, stupre. – LITTÉRAIRE : dissipation, dissolution, licence. CONTR. *abstinence, ascétisme, austérité, chasteté, continence, vertu.*

débauché *adjectif* Qui se livre à la débauche. SYN. dépravé, déréglé, dévergondé, dévoyé, libertin, licencieux, lubrique, luxurieux, paillard, vicieux. – FAMILIER : bambochard, bambocheur, cochon. – LITTÉRAIRE : corrompu, dissolu, roué. CONTR. *abstinent, ascète, chaste, rangé, régulier, sage, sérieux.* – FAMILIER : *bégueule.*

débauché *nom* Personne qui se livre à la débauche. SYN. corrompu, coureur, dévergondé, libertin. – FAMILIER : bambochard, bambocheur, cochon, noceur. – VIEUX : viveur.

débaucher *verbe* Pousser quelqu'un à la débauche. SYN. avilir, déniaiser, dépraver, dévergonder, pervertir. – LITTÉRAIRE : corrompre. CONTR. *assagir.* ■ Licencier quelqu'un. SYN. congédier, démissionner, licencier, limoger, mettre à pied, remercier, renvoyer, révoquer, suspendre. – FAMILIER : mettre à la porte, virer. – POPULAIRE : balancer. CONTR. *embaucher, employer, engager, nommer.*

débecter ou **débecqueter** *verbe* FAMILIER. Inspirer du dégoût. SYN. dégoûter, donner envie de vomir, écœurer, faire horreur, lever le cœur, répugner, révolter, scandaliser, soulever le cœur. – FAMILIER : révulser, sortir par les trous de nez.

débile *adjectif* Qui manque de vigueur. SYN. affaibli, anémique, asthénique, chancelant, chétif, défaillant, déficient, délicat, faible, fragile, frêle, lymphatique, maladif, malingre, rachitique, souffreteux. CONTR. *énergique, ferme, fort, musclé, résistant, robuste, solide, vigoureux.* – FAMILIER : *costaud.* – POPULAIRE : *balaise, balèze.* – VIEUX : *gaillard.* ■ FAMILIER. Qui manque d'intelligence. SYN. bête, idiot, imbécile, inepte, inintelligent, nul, sot, stupide. – FAMILIER : ballot, bébête, bêta, crétin. – POPULAIRE : con, couillon, taré. CONTR. *futé, ingénieux, intelligent.*

débilitant *adjectif* Qui ôte toute force. SYN. affadissant, affaiblissant, amollissant, anémiant, éprouvant, épuisant. CONTR. *fortifiant, réparateur, tonifiant, tonique, vivifiant.* ■ Qui démoralise. SYN. déprimant, désespérant, destructeur. – LITTÉRAIRE : dissolvant. CONTR. *stimulant.*

débilité *nom féminin* FAMILIER. Caractère d'une chose stupide. SYN. bêtise, idiotie, imbécillité, sottise. ■ Extrême faiblesse. SYN. fragilité. CONTR. *endurance, force, robustesse.*

débiliter *verbe* Rendre quelqu'un faible. SYN. affaiblir, amoindrir, anémier, épuiser, étioler, fatiguer. – FAMILIER : ramollir. CONTR. *endurcir, fortifier, raffermir, reconstituer, regonfler, remonter, revigorer, tonifier.* – FAMILIER : *ravigoter, requinquer.* – LITTÉRAIRE : *vivifier.* – VIEUX : *réconforter.*

débinage *nom masculin* FAMILIER. Action de dénigrer. SYN. attaque, calomnie, critique, dénigrement, médisance. – FAMILIER : cancan, commérage, éreintage, éreintement. – LITTÉRAIRE : clabaudage, clabauderie. CONTR. *apologie, éloge, glorification, louange, panégyrique.*

débine *nom féminin* POPULAIRE. État de dénuement. SYN. besoin, gêne, indigence, misère, pauvreté. – FAMILIER : panade. – LITTÉRAIRE : impécuniosité. – POPULAIRE : dèche, mouise, purée. – VIEUX : pouillerie. CONTR. *aisance, luxe, opulence, richesse.*

débiner *verbe* FAMILIER. Médire de quelqu'un. SYN. attaquer, calomnier, critiquer, décrier, dénigrer, déprécier, descendre en flammes, dire pis que pendre, médire, s'en prendre à, stigmatiser, tirer à boulets rouges sur, tomber à bras raccourcis sur, traîner dans la boue. – ARGOTIQUE : dézinguer. – FAMILIER : abîmer, assaisonner, baver sur, bêcher, cancaner, casser du sucre sur (le dos de), commérer, cracher sur, déblatérer contre, démolir, éreinter, esquinter, étriller, habiller pour l'hiver, tailler un costard, tailler une veste, taper sur, voler dans les plumes. – LITTÉRAIRE : clabauder, dauber sur, déchirer, flétrir, fustiger, noircir, rompre en visière, vilipender, vitupérer contre. – POPULAIRE : cartonner, flinguer. – VIEUX : tympaniser. CONTR. *glorifier.* – LITTÉRAIRE : *encenser, flagorner, louanger.*

débiner (se) *verbe pronominal* POPULAIRE. Partir rapidement. SYN. déguerpir, s'enfuir, fuir, prendre la fuite, se sauver. – FAMILIER : décamper, se défiler, détaler, filer, filer comme un zèbre, lever le camp, lever le pied, lever le siège, prendre la poudre d'escampette, prendre ses cliques et ses claques, prendre ses jambes à son cou.

– POPULAIRE : se barrer, se calter, se carapater, se casser, cavaler, se cavaler, décaniller, se faire la malle, se faire la paire, foutre le camp, se tailler, se tirer. – VIEUX : s'esbigner.

débineur *nom* FAMILIER. Personne qui dénigre. SYN. dénigreur, détracteur, diffamateur. – LITTÉRAIRE : daubeur, négateur. CONTR. *flatteur.* – LITTÉRAIRE : *encenseur, flagorneur.*

débit *nom masculin* Manière de parler. SYN. diction, élocution, parler, parole, verbe.

débit *nom masculin* Somme dépensée. SYN. dépense, doit, passif, sortie. CONTR. *actif, avoir, crédit.*

débitant *nom* Personne qui vend au détail. SYN. commerçant, détaillant. CONTR. *grossiste.*

débiter *verbe transitif* Porter une somme au débit de. CONTR. *alimenter, approvisionner, créditer.*

débiter *verbe transitif* Découper en morceaux. SYN. couper, découper, dépecer, détailler, diviser, équarrir, tronçonner. – FAMILIER : saucissonner. ■ Faire savoir quelque chose sur. SYN. conter, proférer, raconter. – FAMILIER : chanter, déballer, dévider, sortir. – POPULAIRE : débagouler, dégoiser. CONTR. *taire.* ■ Produire de la marchandise. SYN. commercialiser, écouler, exploiter, vendre. CONTR. *stocker.* ■ Énoncer un texte. SYN. déclamer, dire, énumérer, prononcer, raconter, réciter.

débiteur *nom* Personne qui doit quelque chose. SYN. emprunteur. CONTR. *créancier, créditeur, prêteur.*

déblaiement *nom masculin* Action de déblayer. SYN. dégagement, enlèvement.

déblatérer *verbe transitif indirect* FAMILIER. Parler avec violence contre. SYN. dénigrer, fulminer, invectiver, médire, pester, tempêter, vitupérer. – FAMILIER : abîmer, baver, casser du sucre sur (le dos de), cracher, débiner, démolir, éreinter, esquinter, étriller, habiller pour l'hiver. – LITTÉRAIRE : clabauder, dauber. – POPULAIRE : tailler un costard, tailler une veste. CONTR. *glorifier, louer.* – LITTÉRAIRE : *encenser, flagorner, louanger.*

déblayer *verbe* Débarrasser de ce qui encombre. SYN. débarrasser, débroussailler, défricher, dégager, désencombrer, désobstruer, libérer, nettoyer. CONTR. *amonceler, boucher, couvrir, embarrasser, encombrer, fermer, obstruer.*

déblocage *nom masculin* Action de débloquer. SYN. décrispation, dégagement.

débloquer *verbe intransiti* POPULAIRE. Dire des inepties. SYN. délirer, déraisonner, divaguer, s'égarer, ne pas avoir toute sa tête, perdre la raison, perdre la tête, perdre la tramontane, radoter. – ARGOTIQUE : yoyoter de la touffe. – FAMILIER : déménager, dérailler, perdre la boule, perdre la boussole, perdre le nord, perdre les pédales. – LITTÉRAIRE : extravaguer. – POPULAIRE : péter les plombs.

débloquer *verbe transitif* Dégager quelque chose. SYN. décoincer, desserrer, libérer, rouvrir. CONTR. *arrêter, barrer, bloquer, caler, coincer, geler, immobiliser.* ■ Rendre une situation moins tendue. SYN. décoincer, dégeler, détendre.

déboire *nom masculin* Échec amer. SYN. amertume, déception, déconvenue, déplaisir, désagrément, désappointement, désillusion, ennui, épreuve, mésaventure. – FAMILIER : enquiquinement, tuile. – LITTÉRAIRE : mécompte. CONTR. *bonheur, chance, contentement, joie, plaisir, réussite, satisfaction, succès.*

déboisement *nom masculin* Action de déboiser. SYN. déforestage, déforestation, défrichement, essartage, essartement. CONTR. *boisement, reboisement.*

déboiser *verbe* Enlever les arbres. SYN. défricher, dépeupler, essarter. CONTR. *boiser, planter, reboiser.*

déboîtement *nom masculin* Fait de se déboîter. SYN. disjonction, dislocation. ■ Déplacement des os d'une articulation. SYN. luxation.

déboîter *verbe* Faire sortir un os de son articulation. SYN. démettre, désarticuler, disloquer, fouler, luxer. CONTR. *remettre.*

débonnaire *adjectif* LITTÉRAIRE. Bon jusqu'à la faiblesse. SYN. accommodant, bienveillant, bonasse, bonhomme, brave, coulant, faible, indulgent, pacifique. – FAMILIER : bon. CONTR. *acariâtre, autoritaire, bourru, caustique, difficile, intraitable, intransigeant, ombrageux, redoutable, rigoureux, sévère.*

débonnaireté *nom féminin* LITTÉRAIRE. Caractère débonnaire. SYN. bienveillance, bonhomie. – LITTÉRAIRE : bonasserie. CONTR. *intransigeance.*

débordant *adjectif* Qui ne peut se contenir. SYN. débridé, effréné, envahissant, exubérant, fougueux, frénétique, impétueux, intarissable, passionné, pétulant, véhément. – FAMILIER : délirant. CONTR. *calme, contenu, paisible, placide.* ■ Qui est rempli. SYN. bondé, comble, encombré, farci, foisonnant, fourmillant, plein, rempli, riche. – FAMILIER : bourré, pourri, truffé. CONTR. *dénué, dépourvu, exempt, vide.*

débordé *adjectif* Surchargé de tâches. SYN. bousculé, occupé, pris, surchargé. CONTR. *désœuvré, disponible, surchargé.*

débordement *nom masculin* Élévation du niveau de l'eau. SYN. crue, inondation, montée. CONTR. *décrue.* ■ Grande abondance. SYN. afflux, avalanche, débauche, déluge, exubérance, flot, flux, pluie, profusion, surabondance, torrent. CONTR. *absence, manque, pénurie.* ■ Forte manifestation de. SYN. déchaînement, déferlement, effusion, envahissement, excès, explosion, tempête. – LITTÉRAIRE : débridement. CONTR. *modération.*

déborder *verbe* Avoir en abondance. SYN. abonder, foisonner, fourmiller, grouiller, pulluler, regorger, surabonder. CONTR. *manquer.* ■ Manifester avec force. SYN. se déchaîner, délirer, submerger. – FAMILIER : exploser. CONTR. *se cantonner, se contenir, se posséder.* ■ Dépasser (de tant). SYN. avancer, chevaucher, dépasser, empiéter sur, envahir, saillir, sortir, surplomber.

débosseler *verbe* Enlever des bosses. SYN. aplanir, égaliser, niveler. CONTR. *bosseler, cabosser.* – VIEUX : *bossuer.*

débotté *nom masculin* LITTÉRAIRE. ***Au débotté,*** à l'improviste. SYN. à brûle-pourpoint, brusquement, brutalement, de but en blanc, au dépourvu, fortuitement, à l'improviste, inopinément, au pied levé, sans crier gare, soudain, soudainement, subitement, par surprise. – FAMILIER : subito. – VIEUX : impromptu.

débouché *nom masculin* Marché économique. SYN. issue, ouverture, perspective, possibilité.

déboucher *verbe transitif* Enlever un bouchon. SYN. décacheter, décapsuler, décoiffer, ouvrir. CONTR. *boucher, fermer, reboucher.* ■ Débarrasser de ce qui obstrue. SYN. désengorger, désobstruer. CONTR. *boucher, engorger, obstruer.*

déboucher *verbe transitif indirect* Apparaître soudainement. SYN. se montrer, paraître, surgir. – LITTÉRAIRE : survenir. ■ Avoir son issue dans un lieu. SYN. donner dans, donner sur, finir à, mener à, ouvrir sur, tomber dans. CONTR. *commencer à, partir de, provenir de, venir de.* ■ Donner comme résultat. SYN. aboutir, s'achever par, conduire à, mener.

débouler *verbe intransitif* Venir vite de. SYN. accourir, arriver, arriver en trombe, faire irruption, surgir. – LITTÉRAIRE : survenir.

débouler *verbe transitif* FAMILIER. Descendre rapidement. SYN. descendre, dévaler. – FAMILIER : dégringoler. CONTR. *escalader, gravir, grimper, monter.*

déboulonner *verbe* FAMILIER. Chasser de sa place. SYN. bannir, chasser, congédier, se défaire de, démettre, destituer, éliminer, envoyer à tous les diables, envoyer au diable, envoyer aux cinq cents diables, évincer, exclure, licencier, limoger, mettre à la porte, radier, remercier, renvoyer, repousser, révoquer, se séparer de. – FAMILIER : balayer, blackbouler, débarquer, dégommer, démissionner, envoyer au bain, envoyer balader, envoyer bouler, envoyer paître, envoyer promener, envoyer sur les roses, envoyer valser, ficher à la porte, flanquer à la porte, flanquer dehors, sabrer, vider. – POPULAIRE : balancer, envoyer aux pelotes, envoyer chier, envoyer dinguer, envoyer péter, envoyer se faire cuire un œuf, envoyer se faire foutre, foutre à la porte, lourder, sacquer, saquer, virer. – VIEUX : envoyer se faire lanlaire. CONTR. *accueillir, nommer, promouvoir, recevoir.* – FAMILIER : *propulser.*

débourber *verbe* Enlever la boue. SYN. curer, décrotter, désenvaser, draguer, nettoyer. CONTR. *embourber, enliser.*

débourroir *nom masculin* Outil crochu pour enlever la bourre. SYN. tire-bourre.

débours *nom masculin* Argent avancé. SYN. déboursement, dépense, frais.

déboursement *nom masculin* Somme déboursée. SYN. débours, dépense. CONTR. *encaissement, remboursement.*

débourser *verbe* Dépenser de l'argent. SYN. acquitter, s'acquitter, décaisser, dépenser, payer, régler, rembourser, verser. – FAMILIER : cracher, se fendre, mettre la main à la poche. – POPULAIRE : les aligner, les allonger, banquer, casquer, douiller, les lâcher, raquer. CONTR. *empocher, encaisser, percevoir, ramasser, recevoir, rembourser, toucher.* – FAMILIER : *palper.*

déboussoler *verbe* Rendre quelqu'un hésitant. SYN. déconcerter, décontenancer, dérouter, désarçonner, désemparer, désorienter. CONTR. *rassurer.* – LITTÉRAIRE : *rasséréner.*

debout *adverbe* Posé verticalement. SYN. d'aplomb, dressé, droit, à pic, à plomb, à la verticale. CONTR. *allongé, assis, à genoux, à l'horizontale, penché, à plat ventre, sur pied.*

déboutonner (se) *verbe pronominal* Défaire ses vêtements. SYN. se défaire. ■ FAMILIER. Parler en toute franchise. SYN. se confier, se livrer, s'ouvrir, raconter. – FAMILIER : déballer, débiter son chapelet, vider son sac. – LITTÉRAIRE : s'épancher. – POPULAIRE : se débonder. CONTR. *cacher, occulter, taire.* – LITTÉRAIRE : *celer.*

débraillé *adjectif* Dont la mise est négligée. SYN. dépoitraillé, négligé. – FAMILIER : dépenaillé. – LITTÉRAIRE : haillonneux, loqueteux. CONTR. *chic, convenable, coquet, correct, élégant, propret, raffiné.* – LITTÉRAIRE : *paré.* – POPULAIRE : *sapé.* ■ D'une liberté choquante. SYN. cru, hardi, leste, polisson. CONTR. *convenable, correct, décent, réservé, strict.*

débrasage *nom masculin* Action de débraser. SYN. dessoudure.

débraser *verbe* Séparer deux pièces jointes. SYN. dessouder.

débridé *adjectif* Libéré de toute contrainte. SYN. débordant, déchaîné, démesuré, effréné, exagéré, exalté, explosif, fougueux, frénétique, impétueux, passionné, pétulant. – FAMILIER : délirant. CONTR. *contenu, discipliné, modéré, raisonnable, retenu.*

débridement *nom masculin* LITTÉRAIRE. Absence de retenue. SYN. débordement, déchaînement, dérèglement, dévergondage, écart, égarement, laisser-aller. CONTR. *ascétisme, austérité, retenue.*

débris *nom masculin* POPULAIRE. Personne que la vie a usée. SYN. épave, loque. – FAMILIER : ruine. ■ Reste de quelque chose. SYN. bribes, déchet, décombres, éclat, fragment, gravats, gravois, lambeau, miette, morceau, ordure, pièce, plâtras, rebut, résidu, rognure, tesson.

débrouillard *adjectif* FAMILIER. Qui sait se débrouiller. SYN. astucieux, déluré, futé, habile, ingénieux, malin. – FAMILIER : combinard, dégourdi. – LITTÉRAIRE : industrieux, madré. – POPULAIRE : démerdard. CONTR. – FAMILIER : *empoté, godiche, nouille.*

débrouillardise *nom féminin* FAMILIER. Aptitude à se débrouiller. SYN. astuce, habileté, ingéniosité. CONTR. *gaucherie.*

débrouille *nom féminin* FAMILIER. Art de se débrouiller. SYN. – FAMILIER : système D.

débrouiller *verbe* Remettre en ordre. SYN. démêler, désentortiller. CONTR. *emmêler, enchevêtrer.* ■ Rendre un problème intelligible. SYN. clarifier, débroussailler, déchiffrer, défricher, dégrossir, démêler, dénouer, désembrouiller, éclaircir, élucider, résoudre. CONTR. *brouiller, embrouiller, obscurcir.*

débrouiller (se) *verbe pronominal* FAMILIER. Trouver le moyen de. SYN. s'arranger pour, s'organiser. ■ FAMILIER. Se tirer d'affaire. SYN. se dépêtrer, savoir s'y prendre, savoir y faire, s'en sortir, se tirer d'affaire, tirer son épingle du jeu, s'en tirer. – FAMILIER : se dépatouiller, utiliser le système D. – POPULAIRE : se démerder. CONTR. *s'embourber, s'embrouiller, s'empêtrer, s'enchevêtrer, s'enferrer, s'enliser, être dans le pétrin, être dans une mauvaise passe, patauger.* – FAMILIER : *s'enfoncer, être dans de beaux draps, être dans la panade, ne pas être sorti de l'auberge.* – POPULAIRE : *être dans la merde.*

débroussaillage *nom masculin* Action d'enlever les broussailles. SYN. déblayage, débroussaillement, défrichement, essartage, essartement.

débroussaillement *nom masculin* Action d'enlever les broussailles. SYN. déblayage, débroussaillage, défrichement, essartage, essartement.

débroussailler *verbe* Commencer à étudier une question. SYN. déblayer, débrouiller, défricher, dégrossir. ■ Enlever les broussailles. SYN. défricher, essarter.

débrutage *nom masculin* Dégrossissement du diamant brut. SYN. brutage.

débrutir *verbe* Dégrossir un diamant. SYN. ébruter.

débucher *verbe* Faire sortir une bête du bois. SYN. débusquer.

débusquer *verbe* Faire sortir le gibier. SYN. débucher. ■ FAMILIER. Chasser de sa place. SYN. déloger, expulser.

début *nom masculin* Première phase de quelque chose. SYN. amorce, arrivée, aube, commencement, départ, ébauche, entrée en matière, exorde, naissance, origine, ouverture, premiers pas, seuil. – LITTÉRAIRE : aurore, enfance, prémices. CONTR. *aboutissement, achèvement, bout, clôture, conclusion, déclin, dénouement, expiration, fin, issue, terme.* – LITTÉRAIRE : *extrémité, terminaison.*

débutant *nom* Personne qui débute. SYN. apprenti, commençant, néophyte, nouveau, novice. – FAMILIER : bleu. CONTR. *ancien, expert.* – LITTÉRAIRE : *vétéran.*

débuter *verbe intransitif* Faire ses premier pas dans. SYN. s'attaquer, s'atteler, commencer, s'embarquer, s'engager, entreprendre, faire ses débuts, se lancer, se mettre à, mettre le doigt dans l'engrenage, mettre le pied à l'étrier. – FAMILIER : démarrer, entrer dans la danse, entrer en piste. CONTR. *abandonner, renoncer.* ■ Commencer, en parlant d'une action. SYN. s'amorcer, commencer, démarrer, s'ébaucher, entrer en action, naître, partir, prendre effet, voir le jour. – FAMILIER : s'emmancher. CONTR. *s'achever, expirer, finir, se terminer.*

débuter *verbe transitif* FAMILIER. Commencer quelque chose. SYN. amorcer, attaquer, s'attaquer à, s'atteler à, commencer, déclencher, donner le coup d'envoi, ébaucher, engager, entamer, entreprendre, inaugurer, initier, mettre en branle, mettre en chantier, mettre en œuvre, mettre en route, ouvrir, poser la première pierre. – FAMILIER : démarrer. CONTR. *accomplir, achever, boucler, clôturer, conclure, couronner, finir, parachever, parfaire, terminer.* – LITTÉRAIRE : *clore.*

débuttage *nom masculin* Dégagement du pied d'un arbre. SYN. déchaussage.

décacheter *verbe* Rompre un cachet. SYN. déboucher, ouvrir. CONTR. *cacheter, fermer, sceller.*

décadence *nom féminin* Commencement de la chute. SYN. abaissement, affaiblissement, avilissement, déchéance, déclin, décrépitude, dégradation, déliquescence, dépérissement, diminution, relâchement, ruine. – FAMILIER : dégringolade. – LITTÉRAIRE : abâtardissement, couchant, dégénérescence. CONTR. *ascension, développement, élévation, épanouissement, essor, montée, progrès, renaissance.*

décadent *adjectif* En décadence. SYN. dégénéré, déliquescent.

décadrer *verbe* Retirer de son cadre. SYN. désencadrer.

décaisser *verbe* Tirer de l'argent d'un compte. SYN. s'acquitter, débourser, payer, régler, rembourser, verser. – FAMILIER : cracher, mettre la main à la poche. – POPULAIRE : les aligner, les allonger, casquer, douiller, les lâcher, raquer. CONTR. *empocher, encaisser, percevoir, ramasser, recevoir, toucher.* – FAMILIER : *palper.*

décalage *nom masculin* Manque de concordance. SYN. désaccord, discordance, distance, écart, hiatus. – LITTÉRAIRE : dissonance. CONTR. *accord, concordance, harmonie.*

décaler *verbe* Déplacer dans le temps, l'espace. SYN. ajourner, anticiper, avancer, différer, reculer, reporter, repousser, retarder, surseoir. CONTR. *caler, synchroniser.*

décamper *verbe* FAMILIER. Partir précipitamment. SYN. s'en aller, battre en retraite, déguerpir, déloger, disparaître, s'enfuir, s'esquiver, fausser compagnie, filer à l'anglaise, fuir, partir, plier bagages, prendre la clef des champs, prendre la fuite, prendre le large, se retirer, se sauver. – FAMILIER : débarrasser le plancher, détaler, ficher le camp, filer, filer comme un zèbre, gagner le large, lever le camp, lever le pied, lever le siège, prendre la poudre d'escampette, prendre la tangente, prendre ses cliques et ses claques, prendre ses jambes à son cou, vider le plancher, vider les lieux. – POPULAIRE : se barrer, se calter, se carapater, se casser, cavaler, se cavaler, se débiner, décaniller, se faire la malle, se faire la paire, foutre le camp, jouer la fille de l'air, mettre les bouts, mettre les voiles, se tailler, se tirer. – VIEUX : s'esbigner. CONTR. *rester.* – LITTÉRAIRE : *demeurer.*

décaniller *verbe* POPULAIRE. Partir précipitamment. SYN. battre en retraite, déguerpir, déloger, disparaître, s'enfuir, s'esquiver, fausser compagnie, filer à l'anglaise, fuir, partir, plier bagages, prendre la clef des champs, prendre la fuite, prendre le large, se retirer, se sauver. – FAMILIER : débarrasser le plancher, décamper, détaler, ficher le camp, filer, gagner le large, prendre la poudre d'escampette, prendre la tangente, prendre ses cliques et ses claques, prendre ses jambes à son cou, vider le plancher, vider les lieux. – POPULAIRE : se barrer, se calter, se carapater, se casser, cavaler, se cavaler, se débiner, se faire la malle, se faire la paire, foutre le camp, jouer la fille de l'air, mettre les bouts, mettre les voiles, se tailler, se tirer. CONTR. *rester.* – LITTÉRAIRE : *demeurer.*

décantation *nom féminin* Action de décanter. SYN. clarification, éclaircissement, élucidation.

décanter *verbe* Tirer au clair quelque chose. SYN. clarifier, éclaircir. CONTR. *brouiller, embrouiller, emmêler, obscurcir.*

décapage *nom masculin* Nettoyage d'une surface. SYN. curage, décrassage, lessivage, récurage.

décaper *verbe* Nettoyer une surface. SYN. curer, décrasser, lessiver, nettoyer, récurer.

décapeuse *nom féminin* Engin de terrassement. SYN. scraper.

décapiter *verbe* Trancher la tête de quelqu'un. SYN. exécuter, guillotiner. ■ Ôter l'extrémité de. SYN. écimer, effaner, étêter. – LITTÉRAIRE : découronner.

décapsuleur *nom masculin* Instrument pour enlever les capsules des bouteilles. SYN. ouvre-bouteille.

décarcasser (se) *verbe pronominal* FAMILIER. Se donner beaucoup de mal. SYN. s'affairer, batailler, se battre, se débattre, se démener, se dépenser, se donner du mal, se donner un mal de chien, s'échiner, s'épuiser, s'escrimer, s'exténuer, faire des pieds et des mains, se fatiguer, lutter, se multiplier, ne pas ménager sa peine, ne pas plaindre sa peine, remuer ciel et terre, se remuer. – FAMILIER : se couper en quatre, se défoncer, s'éreinter, s'esquinter, mettre de l'huile de coude, se mettre en quatre, mettre le paquet, en mettre un bon coup, en mettre un coup, en mettre un vieux coup, suer, se tuer. – POPULAIRE : se casser le cul, se crever, ramer. CONTR. *s'amuser, dormir, fainéanter, musarder, ne rien faire de ses dix doigts, paresser, se prélasser, prendre son temps, renoncer.* – FAMILIER : *bayer aux corneilles, buller, flemmarder, laisser tomber, lambiner, lanterner, lézarder, tirer sa flemme.* – LITTÉRAIRE : *muser.* – POPULAIRE : *glander, ne pas en fiche une rame, ne pas se casser, ne pas se casser le bol, ne pas se casser le cul, ne pas se casser le tronc, ne pas se fouler, ne pas se fouler la rate, tirer au cul, tirer au flanc.*

décati *adjectif* Qui a perdu sa fraîcheur. SYN. fané, flétri, passé, vieilli. CONTR. *frais, jeune, juvénile.*

décédé *nom* Personne morte. SYN. défunt, disparu, mort. – LITTÉRAIRE : trépassé. CONTR. *vivant.*

décéder *verbe* Cesser de vivre. SYN. s'en aller, disparaître, s'endormir, s'éteindre, expirer, faire le grand voyage, finir, mourir, partir, passer de vie à trépas, perdre la vie, périr, rendre l'âme, succomber. – ARGOTIQUE : calancher. – FAMILIER : monter au ciel, passer l'arme à gauche, y rester. – LITTÉRAIRE : exhaler le dernier soupir, rendre le dernier soupir, trépasser. – POPULAIRE : avaler son bulletin de naissance, caner, casser sa pipe, claboter, clamecer, clamser, claquer, crever, manger les pissenlits par la racine. – VIEUX : avaler sa chique. CONTR. *être en vie, naître, vivre.*

décelable *adjectif* Qui peut être décelé. SYN. détectable, perceptible, repérable.

déceler *verbe* LITTÉRAIRE. Dévoiler ce qui était caché. SYN. deviner, pénétrer, percer, percevoir, remarquer. CONTR. *cacher, dissimuler, occulter, taire.* – LITTÉRAIRE : *celer.* ■ Repérer quelque chose. SYN. apercevoir, découvrir, détecter, saisir, trouver. ■ Être l'indice de quelque chose. SYN. annoncer, démontrer, dénoter, dévoiler, indiquer, montrer, prouver, révéler, signaler, trahir.

décélération *nom féminin* Réduction de la vitesse. SYN. ralentissement. CONTR. *accélération.*

décélérer *verbe* Réduire la vitesse. SYN. ralentir. CONTR. *accélérer.*

décemment *adverbe* De façon décente. SYN. convenablement, correctement, dignement, discrètement, proprement. CONTR. *effrontément, impudemment, indécemment.* ■ De façon raisonnable. SYN. assurément, franchement, honnêtement, logiquement, raisonnablement, vraiment.

décence *nom féminin* Respect des convenances. SYN. bienséance, chasteté, convenances, dignité, pudeur. CONTR. *crudité, hardiesse, impudeur, inconvenance, indécence.* – LITTÉRAIRE : *irrévérence.* ■ Dignité dans les manières. SYN. correction, discrétion, éducation, réserve, retenue, savoir-vivre, tact, tenue. CONTR. *cynisme, effronterie, impertinence, impudence, incorrection, inélégance.*

décent *adjectif* Conforme à la décence. SYN. bienséant, chaste, convenable, digne, présentable, pudique, sage. – FAMILIER : beau. – LITTÉRAIRE : séant, vertueux. CONTR. *choquant, cru, débraillé, éhonté, grossier, inconvenant, incorrect, indécent, libre, malpropre, obscène, osé, sale.* – LITTÉRAIRE : *déshonnête, malséant, malsonnant.* ■ Conforme aux exigences minimales. SYN. acceptable, correct, honnête, modeste. – FAMILIER : possible. CONTR. *faible, incorrect, insignifiant, insuffisant, malhonnête, médiocre, minable.*

déception *nom féminin* Fait d'être trompé dans son attente. SYN. contrariété, déboire, déconvenue, désappointement, désenchantement, désillusion. – FAMILIER : douche. – LITTÉRAIRE : crève-cœur, désabusement, mécompte. CONTR. *émerveillement, satisfaction.*

décerner *verbe* Attribuer solennellement. SYN. accorder, conférer, donner, octroyer. – LITTÉRAIRE : impartir.

décès *nom masculin* Mort d'une personne. SYN. disparition, fin, mort, perte. – LITTÉRAIRE : trépas. CONTR. *naissance.*

décevant *adjectif* Qui déçoit. SYN. décourageant, démoralisant, désespérant, frustrant. CONTR. *encourageant, réconfortant, stimulant.*

décevoir *verbe* Ne pas répondre à l'attente de. SYN. dépiter, désappointer, désillusionner, frustrer, trahir, tromper. – FAMILIER : défriser. – LITTÉRAIRE : désenchanter. CONTR. *charmer, combler, contenter, enchanter, exaucer, ravir, réjouir, satisfaire.* – LITTÉRAIRE : *transporter.*

déchaîné *adjectif* Qui fait rage. SYN. bouillonnant, démonté, effréné, explosif, forcené, frénétique, furieux, implacable, terrible, violent. – LITTÉRAIRE : dévorant, impétueux. CONTR. *calme, inerte, paisible.* ■ Très excité. SYN. débridé, échevelé, emporté, endiablé, enragé, fougueux, hystérique, surchauffé, surexcité, survolté. – LITTÉRAIRE : dévergondé, effervescent. CONTR. *apathique, calme, immobile, lymphatique, mou, placide, posé, serein, tranquille.*

déchaînement *nom masculin* Emportement extrême. SYN. débordement, déferlement, explosion, flambée, frénésie, ouragan, redoublement, tempête, violence. – LITTÉRAIRE : débridement, incendie. CONTR. *apaisement, calme, pondération, sérénité, tranquillité.*

déchaîner *verbe* Déclencher quelque chose. SYN. agiter, ameuter, attiser, chauffer, entraîner, exalter, exciter, fomenter, galvaniser, provoquer, soulever, surexciter, susciter. – LITTÉRAIRE : allumer, enflammer. CONTR. *apaiser, assagir, calmer, contenir, diminuer, éteindre, étouffer, maintenir, maîtriser, modérer, museler, retenir.* – LITTÉRAIRE : *tempérer.*

déchaîner (se) *verbe pronominal* Faire rage. SYN. déborder, déferler, se démonter, éclater, exploser. CONTR. *s'apaiser, se calmer.* ■ S'emporter contre. SYN. s'agiter, s'échauffer, s'emporter, s'exciter, fulminer, tempêter, tonner. – FAMILIER : exploser. CONTR. *se calmer, se modérer.* ■ Laisser libre cours à. SYN. s'emballer, s'enflammer, s'enthousiasmer, être tout feu tout flammes, s'exalter, s'exciter, se jeter à corps perdu dans.

déchalasser *verbe* Enlever les échalas. SYN. déficher.

déchanter *verbe* Perdre ses illusions. SYN. faire grise mine, perdre espoir, en rabattre. – FAMILIER : tomber de haut.

décharge *nom féminin* Coups tirés par une arme. SYN. rafale, salve, volée. ■ Allégement d'une charge financière. SYN. abattement, allégement, dégrèvement, exemption, exonération, réduction. ■ Allégement moral. SYN. adoucissement, apaisement, libération, soulagement. CONTR. *charge.*

décharger *verbe* Libérer sa conscience. SYN. alléger, libérer, soulager. CONTR. *accabler, alourdir.* ■ Débarrasser de son chargement. SYN. alléger, débarquer, délester, déverser. CONTR. *alourdir, charger, surcharger.* ■ Libérer quelqu'un d'une fonction. SYN. débarrasser, délier, délivrer, dispenser, exempter, libérer, soulager. CONTR. *accabler, assujettir, obliger, soumettre.* – LITTÉRAIRE : *astreindre.* ■ Dégager la responsabilité de quelqu'un. SYN. dégager, disculper, innocenter, justifier, laver. – FAMILIER : blanchir. CONTR. *accuser, imputer, incriminer.*

décharger (se) *verbe pronominal* Se libérer de quelque chose. SYN. laisser, se libérer, rejeter. CONTR. *assumer, s'embarrasser, endosser.*

décharné *adjectif* Qui est très maigre. SYN. cachectique, efflanqué, hâve, osseux, sec, squelettique. – LITTÉRAIRE : émacié, étique. CONTR. *adipeux, charnu, corpulent, empâté, gras, gros, joufflu, obèse, plantureux, replet, rond, ventru.* – FAMILIER : *dodu, grassouillet, rondouillard.* – VIEUX : *mafflu.*

déchaussage *nom masculin* Dégagement du pied d'un arbre. SYN. débuttage.

dèche *nom féminin* POPULAIRE. Manque d'argent. SYN. besoin, indigence, misère, pauvreté. – POPULAIRE : débine. – VIEUX : pouillerie.

déchéance *nom féminin* Fait de déchoir. SYN. abaissement, avilissement, chute, décadence, déclin, décrépitude, dégradation, délabrement, déliquescence, dépravation, détérioration, ignominie, indignité, misère. – LITTÉRAIRE : couchant, dégénérescence, rabaissement. CONTR. *ascension, dignité, ennoblissement, essor, grandeur, montée, progrès, renaissance.* – LITTÉRAIRE : *élévation.*

déchet *nom masculin* Ce qui tombe d'une matière. SYN. chute, débris, éclat, épluchure, raclure, rognure. ■ Partie irrécupérable. SYN. détritus, immondices, rebut, résidu. ■ Personne dans la déchéance. SYN. épave, loque. – LITTÉRAIRE : lie. CONTR. *élite.*

déchiffrable *adjectif* Qui peut être déchiffré. SYN. clair, compréhensible, lisible. CONTR. *énigmatique, illisible, incompréhensible, indéchiffrable, inexplicable, inextricable.*

déchiffrer *verbe transitif* Comprendre le sens d'une écriture. SYN. décoder, décrypter, lire. CONTR. *coder, crypter, encoder.* ■ Comprendre ce qui est obscur. SYN. débrouiller, démêler, éclaircir, élucider, expliquer, interpréter, pénétrer, percer, résoudre. CONTR. *brouiller, emmêler, obscurcir.*

déchiqueter *verbe* Mettre en pièces. SYN. charcuter, déchirer, dilacérer, lacérer, taillader.

déchirant *adjectif* Qui émeut profondément. SYN. atroce, bouleversant, cruel, cuisant, douloureux, dramatique, navrant, pathétique, perçant, poignant, tragique. CONTR. *joyeux, plaisant, réjouissant.*

déchirement *nom masculin* Grande souffrance morale. SYN. deuil, douleur. – LITTÉRAIRE : arrachement, crève-cœur, déchirure, navrement, orage, plaie.

déchirer *verbe* Diviser en morceaux en tirant. SYN. arracher, déchiqueter, dilacérer, lacérer, mettre en pièces, taillader. ■ Faire un accroc à un tissu. SYN. accrocher, trouer. CONTR. *coudre, raccommoder, recoudre.* ■ Entailler superficiellement. SYN. blesser, écorcher, égratigner, érafler, griffer, labourer, lacérer. ■ Causer une grande peine. SYN. briser, étreindre, meurtrir, torturer, tourmenter. – LITTÉRAIRE : navrer. CONTR. *réjouir.* ■ Diviser un groupe. SYN. désolidariser, désunir, partager, séparer, tirailler. CONTR. *cimenter, rassembler, réconcilier, solidariser, unir.* ■ LITTÉRAIRE. Dire du mal de quelqu'un. SYN. attaquer, calomnier, critiquer, décrier, dénigrer, déprécier, diffamer, discréditer. – FAMILIER : assaisonner, débiner, éreinter, esquinter, étriller. – LITTÉRAIRE : dauber, dépecer. – VIEUX : crosser. CONTR. *admirer, aduler, apprécier, approuver, célébrer, exalter, féliciter, flatter, louer, recommander, vanter.* – LITTÉRAIRE : *chanter, congratuler, encenser, flagorner, louanger.*

déchirer (se) *verbe pronominal* Se faire souffrir. SYN. – FAMILIER : se démolir, s'étriller. CONTR. *fraterniser, se réconcilier, se remettre, sympathiser.* – FAMILIER : *se rabibocher, se raccommoder.*

déchirure *nom féminin* Partie déchirée d'un tissu. SYN. accroc, déchiqueture, fissure, trou. ■ LITTÉRAIRE. Grande douleur morale. SYN. blessure, déchirement, deuil, douleur. – LITTÉRAIRE : arrachement, crève-cœur, navrement, plaie.

déchloruré *adjectif* Débarrassé de son chlorure de sodium. SYN. désodé.

déchoir *verbe* LITTÉRAIRE. Tomber d'un rang supérieur. SYN. se déclasser, s'enliser, rétrograder. – FAMILIER : dégringoler, s'enfoncer. CONTR. *s'élever, se hausser, monter, se réhabiliter.* ■ LITTÉRAIRE. Perdre de sa valeur. SYN. s'abaisser, s'affaiblir, s'amoindrir, s'avilir, chuter, décliner, se rabaisser.

déchu *adjectif* Qui a perdu son rang. SYN. avili, damné, déclassé, réprouvé.

décidé *adjectif* Qui fait preuve de détermination. SYN. affirmé, assuré, audacieux, certain, confiant, convaincu, déterminé, énergique, entendu, entreprenant, ferme, hardi, prêt, résolu, tranchant, volontaire. – LITTÉRAIRE : crâne. CONTR. *craintif, embarrassé, hésitant, indécis, irrésolu, perplexe, timide, velléitaire, veule.* – LITTÉRAIRE : *pusillanime.*

décidément *adverbe* Tout bien considéré. SYN. au bout du compte, bref, en définitive, effectivement, en fin de compte, finalement, en résumé, somme toute, en somme, au total, tout compte fait, pour tout dire. – FAMILIER : en un mot comme en cent, en un mot comme en mille, en un mot.

décider *verbe* Prendre l'engagement de. SYN. arrêter, choisir, convenir, décréter, fixer, jurer, prendre le parti de, régler, résoudre. ■ Choisir entre des éventualités. SYN. arbitrer, déterminer, faire pencher la balance, faire son choix, statuer, trancher. CONTR. *balancer, hésiter, tergiverser.* – FAMILIER : *se tâter.* ■ Être décisif. SYN. commander, l'emporter. ■ Inciter quelqu'un à. SYN. convaincre, entraîner, persuader, pousser.

décider (se) *verbe pronominal* Être choisi, en parlant d'une action. SYN. se régler. ■ Prendre une résolution. SYN. choisir, se déterminer, faire le saut, franchir le pas, opter pour, se prononcer pour, se résoudre à, sauter le pas. CONTR. *s'abstenir, balancer, dire tantôt blanc tantôt noir, hésiter, reculer, tergiverser.* – FAMILIER : *barguigner, se tâter.* – POPULAIRE : *avoir le cul entre deux chaises.* – VIEUX : *être entre le zist et le zest.*

décideur *nom* Personne qui a un pouvoir de décision. SYN. décisionnaire.

décidu *adjectif* Qui perd ses feuilles en hiver. SYN. caducifolié. CONTR. *sempervirent.*

décimer *verbe* Faire périr en grand nombre. SYN. anéantir, exterminer, faucher, massacrer. – LITTÉRAIRE : immoler.

décisif *adjectif* Qui résout une difficulté. SYN. concluant, convaincant, définitif, démonstratif, déterminant, incontestable, indiscutable, irréfutable, péremptoire, probant. CONTR. *contestable, discutable, douteux, faible.* ■ Se dit d'un moment capital. SYN. capital, cardinal, central, critique, crucial, déterminant, important, principal, vital. CONTR. *accessoire, négligeable, secondaire.*

décision *nom féminin* Acte établi par une autorité. SYN. arrêt, arrêté, décret, ordonnance, règlement, sentence. ■ Action de décider. SYN. choix, conclusion, intention, parti, propos, résolution. CONTR. *hésitation, tergiversation.* ■ Qualité de celui qui est résolu. SYN. audace, caractère, détermination, énergie, fermeté, hardiesse, résolution, volonté. – FAMILIER : cran. CONTR. *embarras, incertitude, indécision, indétermination, irrésolution, perplexité.*

décisionnaire *nom* Personne qui a un pouvoir de décision. SYN. décideur.

déclamateur *nom* Orateur au style ampoulé. SYN. beau parleur, discoureur, phraseur. – LITTÉRAIRE : rhéteur.

déclamatoire *adjectif* Plein d'emphase. SYN. ampoulé, boursouflé, emphatique, grandiloquent, hyperbolique, pompeux, ronflant, sentencieux, théâtral. – FAMILIER : pontifiant. CONTR. *familier, naturel, simple.*

déclamer *verbe* Dire à haute voix. SYN. débiter, dire, prononcer, réciter.

déclaration *nom féminin* Action de déclarer. SYN. affirmation, allégation, communication, manifestation, proclamation, révélation. – LITTÉRAIRE : aveu. ■ Discours par lequel on déclare. SYN. adresse, allocution, annonce, attestation, avis, communication, communiqué, dire, discours, manifeste, message, proclamation, propos.

déclaré *adjectif* Qui se manifeste clairement. SYN. avoué, certain, clair, connu, décidé, formel, manifeste, notoire, patent. CONTR. *caché, masqué, sourd.*

déclarer *verbe* Faire connaître quelque chose. SYN. affirmer, annoncer, claironner, clamer, confesser, corner, crier sur les toits, dévoiler, dire, faire part, prétendre, proclamer, publier, révéler, tambouriner. – FAMILIER : carillonner. – LITTÉRAIRE : emboucher la trompette de. – VIEUX : trompeter. CONTR. *cacher, dissimuler, nier, occulter, taire.*

déclarer (se) *verbe pronominal* Commencer à se manifester. SYN. apparaître, se déclencher, éclater, éclater au grand jour, se faire jour, se manifester, se présenter, se produire, survenir. – LITTÉRAIRE : poindre, pointer, sourdre. ■ Donner son opinion. SYN. se prononcer, voter.

déclasser *verbe* Défaire un classement. SYN. déranger. CONTR. *cataloguer, classer, classifier, disposer, ordonner, ranger.*

déclasser (se) *verbe pronominal* Occuper un rang inférieur. SYN. rétrograder. – FAMILIER : dégringoler. – LITTÉRAIRE : déchoir. CONTR. *s'élever, se hausser, se hisser, monter.*

déclenchement *nom masculin* Action de déclencher. SYN. amorce, commencement. CONTR. *arrêt, disparition.*

déclencher *verbe* Provoquer brusquement. SYN. amener, amorcer, causer, commencer, déterminer, donner le coup d'envoi, engager, entamer, entraîner, lancer, mettre en branle, mettre en chantier, mettre en œuvre, mettre en route, occasionner, opérer, produire, soulever, susciter. – FAMILIER : démarrer. CONTR. *arrêter, cesser, empêcher, entraver, stopper.*

déclencher (se) *verbe pronominal* Se mettre en mouvement. SYN. se déclarer, éclater, se produire, survenir.

déclin *nom masculin* Fait de décliner. SYN. abaissement, affaiblissement, baisse, déchéance, décroissance, dégradation, délabrement, dépérissement, détérioration, diminution, ébranlement, ralentissement, régression, ruine. – FAMILIER : dégringolade. – LITTÉRAIRE : couchant, crépuscule, décrépitude. CONTR. *ascension, croissance, développement, épanouissement, essor, force, gloire, grandeur, progrès, renaissance, renouveau.* – LITTÉRAIRE : *aurore, élévation, été.*

déclinant *adjectif* Qui perd de sa force. SYN. défaillant, expirant, faiblissant, en fin de course, pâlissant. – LITTÉRAIRE : mourant, vacillant. CONTR. *énergique, fort, vert, vif, vigoureux.* – FAMILIER : *vaillant.*

décliner *verbe intransitif* Perdre des forces. SYN. s'affaiblir, dégénérer, dépérir, s'éteindre, s'étioler, faiblir, fléchir, péricliter, régresser, tomber. – FAMILIER : baisser, dégringoler, se ramollir. – LITTÉRAIRE : s'abâtardir, déchoir, défaillir. CONTR. *s'accroître, augmenter, croître, se développer, s'élever, s'épanouir, se fortifier, progresser, rajeunir, se relever, remonter, se rétablir.* – FAMILIER : *se retaper.* ■ Laisser place à la nuit. SYN. baisser, décroître, descendre, diminuer, faiblir. CONTR. *monter.*

décliner *verbe transitif* Refuser quelque chose. SYN. dédaigner, écarter, récuser, refuser, rejeter, repousser. CONTR. *accepter, adhérer, agréer, s'attribuer, vouloir.* – LITTÉRAIRE : *s'arroger.*

déclivité *nom féminin* État de ce qui est en pente. SYN. inclinaison, pente, rampe. CONTR. *aplomb, horizontalité.*

décocher *verbe* Donner un coup avec force. SYN. assener, asséner. – FAMILIER : administrer, envoyer, ficher, flanquer. – POPULAIRE : balancer, foutre.

décodage *nom masculin* Action de décoder un énoncé. SYN. déchiffrement, décryptement. CONTR. *codage, encodage.*

décoder *verbe* Traduire un énoncé codé. SYN. déchiffrer, décrypter, lire. CONTR. *coder, crypter, encoder.*

décoiffer *verbe* Déranger la coiffure. SYN. dépeigner, ébouriffer. – LITTÉRAIRE : écheveler. CONTR. *coiffer, peigner, recoiffer, repeigner.* ■ Ôter ce qui recouvre un objet. SYN. déboucher, décacheter, décapsuler, ouvrir. CONTR. *boucher, coiffer, fermer.*

décoincer *verbe* Dégager quelque chose. SYN. débloquer, desserrer, libérer, rouvrir. CONTR. *barrer, bloquer, caler, coincer, geler.*

décollage *nom masculin* Action de décoller. SYN. élan, envol, envolée. CONTR. *atterrissage.*

décoloré *adjectif* Dont la couleur s'est effacée. SYN. fadasse, fade, fané, lavé, pâle, terni. CONTR. *coloré, sombre.*

décolorer *verbe* Enlever de la couleur. SYN. blanchir, défraîchir, déteindre, faner, ternir. CONTR. *aviver, brunir, colorer, foncer, raviver, teinter.* – LITTÉRAIRE : *teindre.*

décolorer (se) *verbe pronominal* Perdre sa couleur. SYN. déteindre, pâlir, passer, se ternir.

décombres *nom masculin pluriel* Débris d'un édifice. SYN. déblais, gravats, gravois, plâtras, restes, ruines. ■ LITTÉRAIRE. Ruines de ce qui a existé. SYN. souvenirs, vestiges. – LITTÉRAIRE : reliques.

décommander *verbe* Annuler ce qui était prévu. SYN. annuler, reporter, résilier, suspendre.

décommander (se) *verbe pronominal* Ne pas se rendre à un rendez-vous. SYN. se désister, faire faux bond. – POPULAIRE : se débiner.

décomposé *adjectif* Qui a subi un pourrissement. SYN. avarié, faisandé, pourri, putréfié. – LITTÉRAIRE : corrompu, putride. ■ Profondément modifié. SYN. bouleversé, défait, déformé.

décomposer *verbe* Diviser un tout en ses éléments simples. SYN. analyser, désagréger, désintégrer, disséquer, dissocier, scinder. CONTR. *combiner, composer.* ■ Altérer une matière. SYN. gâter, pourrir, putréfier. – LITTÉRAIRE : corrompre. ■ Modifier l'expression de quelqu'un. SYN. altérer, défaire.

décomposer (se) *verbe pronominal* S'altérer profondément. SYN. croupir, pourrir, se putréfier.

décomposition *nom féminin* Action de décomposer. SYN. analyse, dissociation. ■ Altération d'une matière. SYN. altération, corruption, faisandage, pourrissement, pourriture, putréfaction, putrescence. ■ Profonde désorganisation. SYN. déliquescence, désorganisation. – LITTÉRAIRE : décrépitude, dégénérescence.

décompte *nom masculin* Décomposition d'une somme. SYN. compte, facture. ■ Déduction à faire. SYN. déduction, défalcation, réduction, soustraction.

décompter *verbe* Soustraire une somme d'un compte. SYN. déduire, défalquer, rabattre, retenir, retrancher. CONTR. *ajouter.*

déconcentration *nom féminin* Manque de concentration. SYN. absence, dispersion, dissipation, distraction, étourderie, inadvertance, inattention, négligence, oubli. – LITTÉRAIRE : inapplication. CONTR. *application, attention, concentration, tension, vigilance.* – LITTÉRAIRE : *contention.*

déconcertant *adjectif* Qui déconcerte. SYN. ahurissant, bizarre, confondant, curieux, déroutant, embarrassant, étonnant, étrange, imprévisible, imprévu, incompréhensible, inexplicable, inquiétant, stupéfiant, surprenant, troublant. – FAMILIER : sciant, sidérant, soufflant. CONTR. *habituel, naturel, normal, ordinaire, usuel.*

déconcerter *verbe* Troubler quelqu'un. SYN. abasourdir, ahurir, confondre, déboussoler, décontenancer, démonter, démoraliser, dérouter, désarçonner, désorienter, embarrasser, étonner, interloquer, laisser pantois, prendre au dépourvu, prendre de court, surprendre, troubler. CONTR. *raffermir, rassurer, tranquilliser.* – LITTÉRAIRE : *rasséréner.*

déconfit *adjectif* Qui est décontenancé. SYN. confondu, confus, démonté, dépité, interdit, pantois, penaud. CONTR. *arrogant, assuré, audacieux, hardi, rassuré.*

déconfiture *nom féminin* Échec total. SYN. catastrophe, chute, culbute, débâcle, défaite, déroute, échec, faillite, gifle, insuccès, malheur, naufrage, revers, ruine. – FAMILIER : claque, fessée, fiasco, loupé, pile, piquette, plongeon, raclée, ratage, veste. – LITTÉRAIRE : infortune. – POPULAIRE : bide, déculottée, gamelle, plantage, volée. CONTR. *réussite, succès, triomphe, victoire.*

déconner *verbe* POPULAIRE. Dire ou faire des sottises. SYN. – FAMILIER : en dire de belles, en faire de belles, faire des siennes, en raconter de belles. – POPULAIRE : débloquer. ■ POPULAIRE. Faire la fête. SYN. s'amuser, plaisanter. – POPULAIRE : s'éclater, se marrer.

déconseiller *verbe* Conseiller de ne pas faire. SYN. décourager, détourner, dissuader. CONTR. *conseiller, engager, exhorter, inviter, préconiser, recommander.*

déconsidération *nom féminin* LITTÉRAIRE. Perte de considération. SYN. avilissement, défaveur, dévalorisation, discrédit. – LITTÉRAIRE : disgrâce, mésestime. CONTR. *considération, estime, faveur, respect, vénération, vogue.* – LITTÉRAIRE : *crédit.*

déconsidérer *verbe* Faire perdre la considération. SYN. avilir, dégrader, démonétiser, déprécier, déshonorer, diminuer, discréditer, mésestimer, rabaisser. CONTR. *considérer, estimer, rehausser, valoriser.*

décontenancer *verbe* Faire perdre contenance. SYN. ahurir, confondre, déboussoler, déconcerter, démonter, dérouter, désarçonner, désemparer, désorienter, embarrasser, interloquer, intimider, prendre au dépourvu. CONTR. *raffermir, rassurer, tranquilliser.* – LITTÉRAIRE : *rasséréner.*

décontracté *adjectif* Qui est détendu. SYN. dégagé, relâché. – FAMILIER : cool, relax, relaxe. – POPULAIRE : peinard, pénard. CONTR. *contracté, crispé, guindé, inhibé, raide, tendu.* – FAMILIER : *coincé.* ■ Habillé de façon confortable. SYN. sport. – FAMILIER : cool. CONTR. *chic, élégant, guindé, habillé.* – POPULAIRE : *fringué, sapé.*

décontracter *verbe* Détendre un muscle. SYN. décrisper, relâcher. CONTR. *contracter, crisper, raidir, tendre.* ■ Faire cesser l'anxiété. SYN. détendre, relaxer.

décontracter (se) *verbe pronominal* Être moins tendu. SYN. se détendre, se relaxer. CONTR. *se contracter.*

décontraction *nom féminin* Aisance dans le comportement. SYN. aisance, assurance, brio, désinvolture, détente, naturel, spontanéité. CONTR. *contraction, raidissement.*

déconvenue *nom féminin* Fait d'être déçu. SYN. déboire, déception, dépit, désappointement, désenchantement, désillusion. – FAMILIER : douche. – LITTÉRAIRE : mécompte. CONTR. *contentement, joie, satisfaction.*

décor *nom masculin* Ce qui sert à décorer. SYN. cadre, décoration, ornementation.

décoratif *adjectif* Qui décore. SYN. esthétique, ornemental. CONTR. *enlaidissant, laid.* ■ FAMILIER. Qui a de la prestance. SYN. éminent, intéressant, remarquable. CONTR. *banal, insignifiant, quelconque.*

décoration *nom féminin* Action de décorer. SYN. embellissement, ornementation. ■ Ensemble de ce qui décore. SYN. ameublement, décor.

■ Marque honorifique. SYN. distinction, insigne, médaille, récompense.

décorer *verbe* Orner d'éléments qui embellissent. SYN. agrémenter, égayer, embellir, enjoliver, enrichir, garnir, historier, orner. – LITTÉRAIRE : parer.

décortiquer *verbe transitif* Débarrasser de son écorce. SYN. écaler, écorcer, émonder, monder. ■ Analyser minutieusement. SYN. analyser, disséquer, éplucher, étudier, examiner, inspecter, passer au crible, passer au peigne fin, scruter. – LITTÉRAIRE : anatomiser. CONTR. *effleurer, survoler.*

décorum *nom masculin* Ensemble des règles de bienséance. SYN. cérémonial, étiquette, protocole, rite, savoir-vivre. ■ Aspect extérieur pompeux. SYN. apparat, faste, luxe, magnificence. – LITTÉRAIRE : pompe, somptuosité. CONTR. *simplicité, sobriété.*

découdre *verbe* Défaire ce qui était cousu. SYN. débâtir, défaufiler, dépiquer. CONTR. *coudre, faufiler, recoudre.* ■ ***En découdre,*** en venir aux mains avec. SYN. se battre, se colleter, s'empoigner, se heurter, lutter, se mesurer à, s'opposer. – FAMILIER : se bagarrer, se frotter, se tabasser. – LITTÉRAIRE : ferrailler.

découler *verbe* Dériver de quelque chose. SYN. dériver, émaner, s'ensuivre, naître, procéder, provenir, se rattacher, résulter, sortir, venir. – LITTÉRAIRE : ressortir. CONTR. *causer, provoquer, susciter.*

découpé *adjectif* Dont le contour a des entailles. SYN. crénelé, déchiqueté, dentelé, échancré, entaillé, festonné. – RARE : anfractueux.

découper *verbe transitif* Diviser en morceaux. SYN. couper, débiter, démembrer, dépecer, détailler, diviser, partager, sectionner, segmenter, trancher, tronçonner.

découper (se) *verbe pronominal* Trancher sur un fond. SYN. se dessiner, se détacher, se profiler, ressortir. – LITTÉRAIRE : se silhouetter.

découplé *adjectif* ***Bien découplé,*** qui a un corps harmonieusement proportionné. SYN. bien bâti, bien proportionné. – POPULAIRE : bien balancé, bien roulé. CONTR. *contrefait, difforme, disgracieux, disproportionné.*

découpure *nom féminin* Entaille dans un contour. SYN. crénelure, dentelure, échancrure, feston.

découragé *adjectif* Qui a perdu courage. SYN. abattu, accablé, anéanti, démoralisé, refroidi. – FAMILIER : écœuré. CONTR. *confiant, euphorique.*

décourageant *adjectif* Qui décourage. SYN. accablant, décevant, démoralisant, désespérant, frustrant, lassant, rebutant. – FAMILIER : dégoûtant, écœurant. CONTR. *encourageant, réconfortant, séduisant, tentant.*

découragement *nom masculin* Perte de courage. SYN. abattement, accablement, anéantissement, démoralisation, dépression, désespoir, faiblesse, lassitude. – FAMILIER : écœurement. CONTR. *courage, encouragement, énergie, espérance, espoir, fermeté, joie, jubilation, obstination, optimisme, réconfort, ténacité.*

décourager *verbe* Abattre l'énergie de. SYN. abattre, accabler, briser, dégoûter, démobiliser, démoraliser, déprimer, désespérer, fatiguer, lasser, rebuter, refroidir. – FAMILIER : doucher, écœurer. CONTR. *animer, chauffer, encourager, enhardir, exalter, exciter, galvaniser, raffermir, ranimer, réconforter, regonfler, remonter, stimuler.* – FAMILIER : *ragaillardir, ravigoter, requinquer.* ■ Détourner d'un projet. SYN. déconseiller, dissuader, refroidir, retenir. CONTR. *encourager, engager, exhorter, inciter, pousser, stimuler.*

décousu *adjectif* Qui est sans logique. SYN. chaotique, confus, désordonné, disloqué, incohérent. CONTR. *clair, cohérent, lié, logique, ordonné, suivi.*

découvert *nom masculin* ***À découvert,*** sans rien dissimuler. SYN. carrément, franchement, loyalement, ouvertement, sincèrement, en toute bonne foi, en toute franchise, vraiment, au vu et au su de. – LITTÉRAIRE : nuement, nûment. CONTR. *confidentiellement, discrètement, furtivement, hypocritement, incognito, officieusement, secrètement, subrepticement, en tapinois.*

découverte *nom féminin* Action de découvrir ce qui était caché. SYN. détection, élucidation. – FAMILIER : pêche. ■ Action de trouver quelque chose de nouveau. SYN. invention, trouvaille.

découvrir *verbe* Enlever ce qui protège. SYN. dégarnir, exhumer, exposer, relever. CONTR. *protéger.* ■ Laisser voir. SYN. démasquer, dénuder, déshabiller, dévoiler, divulguer, étaler, montrer, révéler. CONTR. *cacher, couvrir, dissimuler, masquer.* – LITTÉRAIRE : *celer.* ■ Commencer à voir au loin. SYN. apercevoir, aviser, discerner, distinguer, remarquer, repérer, sentir, voir. ■ Être le premier à trouver quelque chose. SYN. concevoir, créer, imaginer, inventer, trouver. ■ Apprendre quelque chose qui était ignoré. SYN. s'apercevoir, s'aviser, constater, déceler, dépister, détecter, deviner, éventer, mettre le doigt sur, observer, pénétrer, percer, percer à jour, repérer, saisir, sentir, trouver le pot aux roses.

découvrir (se) *verbe pronominal* S'habiller moins. SYN. se déshabiller, se dévêtir. CONTR. *se couvrir, s'habiller, se vêtir.* ■ Trouver en soi ce qu'on ignorait avoir. SYN. se montrer, se révéler. ■ Devenir plus clair. SYN. se dégager, s'éclaircir. CONTR. *s'assombrir, se couvrir.*

décrassage *nom masculin* Action de décrasser. SYN. décapage, nettoyage. CONTR. *encrassement.*

décrasser *verbe* Ôter la crasse. SYN. débarbouiller, décaper, désencrasser, laver, nettoyer. CONTR. *barbouiller, encrasser, salir, tacher.* – LITTÉRAIRE : *souiller.* ■ Tirer de l'ignorance. SYN. dégourdir, dégrossir, former, instruire. – FAMILIER : décrotter.

décrépit *adjectif* Atteint de décrépitude. SYN. sénile, usé. – FAMILIER : ramolli. CONTR. *fort, jeune, robuste, vert, vigoureux.* – VIEUX : *gaillard.* ■ Qui est délabré. SYN. croulant, déliquescent, ruiné, vétuste. CONTR. *moderne, nouveau, solide.*

décrépitude *nom féminin* Délabrement physique. SYN. déchéance, gâtisme, sénilité, usure. CONTR. *force, jeunesse, robustesse, verdeur, vigueur.* ■ LITTÉRAIRE. Décadence d'une société. SYN. décadence, déclin, décomposition, déliquescence. – LITTÉRAIRE : couchant, dégénérescence. CONTR. *essor, progrès, prospérité.*

decrescendo *adverbe* Qui va en s'affaiblissant. SYN. diminuendo. CONTR. *crescendo.*

décret *nom masculin* Acte réglementaire. SYN. arrêt, décision, règlement, verdict.

décréter *verbe* Déclarer avec autorité. SYN. affirmer, décider, édicter, jurer, se jurer, prescrire, promulguer, prononcer.

décrier *verbe* Dénoncer comme mauvais. SYN. critiquer, décaper, dénigrer, déprécier, diffamer, discréditer, traîner dans la boue. – LITTÉRAIRE : dauber, déchirer, noircir, vilipender. CONTR. *admirer, aduler, apprécier, approuver, célébrer, estimer, exalter, féliciter, flatter, louer, recommander, vanter.* – LITTÉRAIRE : *chanter, congratuler, encenser, flagorner, louanger.*

décrire *verbe* Faire la description de. SYN. brosser, camper, dépeindre, détailler, donner un aperçu de, exposer, peindre, peindre à grands traits, planter le décor, raconter, représenter, retracer, tracer. – LITTÉRAIRE : croquer, portraiturer.

décrocher *verbe* Enlever ce qui est accroché. SYN. dépendre, détacher, enlever, ôter. CONTR. *accrocher, fixer, pendre, raccrocher, suspendre.* ■ FAMILIER. Obtenir quelque chose. SYN. gagner, obtenir, se procurer, remporter.

décroissance *nom féminin* Action de décroître. SYN. baisse, déclin, diminution, ralentissement, réduction, régression. CONTR. *accroissement, aggravation, augmentation, croissance, exacerbation, grandissement, montée, recrudescence.*

décroissant *adjectif* Qui décroît. SYN. descendant. CONTR. *croissant, grandissant.*

décroître *verbe* Diminuer progressivement. SYN. s'affaiblir, s'amenuiser, s'amoindrir, s'atrophier, baisser, décliner, diminuer, s'estomper, s'éteindre, faiblir, régresser, tomber. – LITTÉRAIRE : défaillir, se mourir. CONTR. *s'accroître, allonger, augmenter, croître, s'élever, gonfler, grandir, grossir, s'intensifier, monter.*

décrotter *verbe* FAMILIER. Rendre moins ignorant. SYN. décrasser, dégrossir, former.

décrue *nom féminin* Diminution du niveau des eaux. SYN. baisse. CONTR. *crue, débordement.*

décrypter *verbe* Traduire ce qui est obscur. SYN. déchiffrer, décoder, lire.

déçu *adjectif* Qui éprouve une déception. SYN. dépité, désabusé, désappointé, désenchanté, échaudé, frustré, insatisfait, mécontent. CONTR. *comblé, content, satisfait.* ■ Qui ne s'est pas réalisé. SYN. frustré, trahi, trompé.

déculottée *nom féminin* POPULAIRE. Défaite totale. SYN. déconfiture, défaite, faillite, gifle, revers. – FAMILIER : claque, fessée, fiasco, pile, piquette, plongeon, raclée, veste. – POPULAIRE : bide, dégelée, volée.

dédaignable *adjectif* Qui mérite d'être dédaigné. SYN. méprisable, négligeable. CONTR. *appréciable, désirable, estimable.*

dédaigner *verbe* Traiter avec dédain. SYN. se désintéresser, se détourner, faire fi de, hausser les épaules, ignorer, méconnaître, mépriser, se moquer, négliger, le prendre de haut, regarder de (son) haut, regarder du haut de sa grandeur, rire de, se rire, traiter de (son) haut. CONTR. *admirer, adorer, aimer, apprécier, chérir, considérer, courtiser, s'engouer de, estimer, goûter, prendre en compte, profiter, respecter, vénérer.* ■ Refuser quelque chose. SYN. décliner, refuser, rejeter, repousser. CONTR. *accepter, s'adonner, ambitionner, s'attribuer, condescendre, consentir, convoiter, daigner, désirer, vouloir.* – LITTÉRAIRE : *s'arroger, se délecter.*

dédaigneux *adjectif* Qui manifeste du dédain. SYN. arrogant, condescendant, fier, hautain, méprisant, rogue, supérieur. CONTR. *admiratif, courtois, déférent, effacé, humble, modeste, respectueux.* – LITTÉRAIRE : *révérencieux.*

dédain *nom masculin* Mépris orgueilleux. SYN. arrogance, condescendance, dérision, hauteur, indifférence, mépris, morgue, roguerie. – LITTÉRAIRE : fierté. CONTR. *admiration, adoration, affabilité, amour, considération, déférence, égards, engouement, enthousiasme, estime, respect, vénération.*

dédale *nom masculin* Lieu où l'on peut s'égarer. SYN. écheveau, labyrinthe, méandre. – LITTÉRAIRE : repli. ■ Ensemble compliqué. SYN. enchevêtrement, lacis, maquis. CONTR. *clarté, simplicité.*

dédaléen *adjectif* Qui fait l'effet d'un dédale. SYN. embrouillé, enchevêtré, indémêlable, inextricable. – FAMILIER : entortillé. – LITTÉRAIRE : labyrinthique. CONTR. *clair, limpide, simple.*

dedans *adverbe* À l'intérieur. SYN. dans, au fond. CONTR. *à l'extérieur.*

dedans *nom masculin* Partie intérieure. SYN. intérieur. CONTR. *dehors, extérieur.*

dédier *verbe* Destiner quelque chose à. SYN. adresser, dédicacer, donner, offrir, vouer.

dédire (se) *verbe pronominal* Revenir sur une affirmation. SYN. changer d'avis, se déjuger, se désavouer, faire machine arrière, se raviser, se récuser, reprendre sa parole, se reprendre, se rétracter, revenir sur sa parole, tourner casaque. – FAMILIER : changer d'avis comme de chemise, donner un coup de canif dans le contrat, retourner sa veste. – LITTÉRAIRE : tourner bride. CONTR. *confirmer, maintenir, ne pas démordre de.* ■ LITTÉRAIRE. Ne pas tenir son engagement. SYN. se délier, manquer à, manquer à sa promesse. – LITTÉRAIRE : faillir à. CONTR. *s'acquitter, remplir, tenir sa parole, tenir sa promesse.*

dédommagement *nom masculin* Réparation d'un dommage. SYN. compensation, consolation, contrepartie, indemnisation, indemnité, réparation.

dédommager *verbe* Fournir une compensation. SYN. compenser, indemniser, payer, rembourser, réparer. – FAMILIER : payer les pots cassés.

dédoubler (se) *verbe pronominal* Se partager en deux. SYN. se diviser, se séparer. CONTR. *fusionner.*

déductif *adjectif* Qui procède par déduction. SYN. discursif, systématique. CONTR. *intuitif.*

déduction *nom féminin* Action de soustraire une somme. SYN. abattement, décompte, défalcation, réduction, remise, soustraction, suppression. CONTR. *addition.* ■ Action de déduire par raisonnement. SYN. conclusion, conséquence, synthèse. CONTR. *intuition.*

déduire *verbe* Soustraire une somme. SYN. décompter, défalquer, rabattre, retenir, retirer, retrancher, soustraire. CONTR. *adjoindre, ajouter.* ■ Tirer comme conséquence. SYN. arguer, conclure, inférer.

déesse *nom féminin* Femme très belle. SYN. beauté, reine de beauté. – LITTÉRAIRE : vénus.

défaillance *nom féminin* Fait de faire défaut. SYN. absence, déficience, éclipse, insuffisance, manque, trou. CONTR. *excès.* ■ Faiblesse physique ou morale. SYN. affaiblissement, étourdissement, évanouissement, malaise, pâmoison, syncope. – FAMILIER : coup de barre, coup de pompe. – LITTÉRAIRE : faiblesse.

défaillant *adjectif* Qui a une faiblesse. SYN. affaibli, chancelant, débile, déclinant, déficient, faible, faiblissant, tremblant. CONTR. *aguerri, énergique, ferme, fort, résistant, robuste, solide, vigoureux.* ■ Qui fait défaut. SYN. absent, manquant. CONTR. *présent.*

défaillir *verbe* LITTÉRAIRE. Perdre connaissance. SYN. chanceler, s'évanouir, tomber en pâmoison, se trouver mal. – FAMILIER : tomber dans les pommes, tourner de l'œil. – LITTÉRAIRE : faiblir, se pâmer. – POPULAIRE : tomber dans les vapes. – VIEUX : avoir ses vapeurs. CONTR. *se remettre, revenir à soi.* ■ LITTÉRAIRE. Venir à manquer. SYN. baisser, décliner, décroître, diminuer, fléchir, mollir. CONTR. *s'affermir, augmenter, redoubler, revenir.*

défaire *verbe* Remettre à l'état premier. SYN. débâtir, découdre, déficeler, délier, démolir, démonter, déplisser, détortiller. CONTR. *assembler, composer, constituer, faire.* ■ Mettre en désordre. SYN. démolir, déranger, désorganiser. CONTR. *arranger, ordonner.* ■ Sortir quelque chose d'un emballage. SYN. déballer, dépaqueter, ouvrir. – VIEUX : développer. CONTR. *emballer, empaqueter, envelopper, fermer, paqueter.* ■ Desserrer un vêtement. SYN. dégrafer, dénouer, enlever, ôter. CONTR. *agrafer, attacher, fermer, lier, mettre, nouer.* ■ Faire perdre une habitude. SYN. corriger, débarrasser, délivrer, libérer. ■ Mettre en déroute. SYN. battre, triompher, vaincre.

défaire (se) *verbe pronominal* Congédier quelqu'un. SYN. chasser, congédier, démettre, destituer, éconduire, exclure, remercier, renvoyer. – FAMILIER : blackbouler, débarquer, déboulonner, dégommer, démissionner, vider. – POPULAIRE : balancer. CONTR. *accueillir, engager, inviter, recevoir.* ■ Se débarrasser de quelque chose. SYN. se dégager, se délivrer, se dessaisir, se détacher de, se passer, perdre, renoncer, sacrifier, se séparer de. – LITTÉRAIRE : se déprendre. CONTR. *acquérir, conserver, contracter, garder, se procurer.* ■ Enlever un vêtement. SYN. se déboutonner, se déshabiller, enlever. CONTR. *mettre.*

défait *adjectif* Altéré par la fatigue. SYN. décomposé, hâve, tiré. CONTR. *reposé.*

défaite *nom féminin* Revers subi par une armée. SYN. débâcle, débandade, déconfiture, déroute. – POPULAIRE : dégelée. CONTR. *triomphe, victoire.* ■ Échec d'une entreprise. SYN.

catastrophe, culbute, débâcle, déconfiture, déroute, échec, faillite, gifle, insuccès, naufrage, revers. – FAMILIER : claque, fessée, fiasco, loupé, pile, piquette, plongeon, raclée, ratage, tannée, veste. – LITTÉRAIRE : infortune. – POPULAIRE : bide, déculottée, gamelle, plantage, volée. CONTR. *réussite, succès, triomphe, victoire.*

défalcation *nom féminin* Action de défalquer. SYN. abattement, décompte, déduction, remise, retranchement, soustraction. CONTR. *addition, adjonction.*

défalquer *verbe* Déduire d'un total. SYN. décompter, déduire, ôter, rabattre, retenir, retrancher, soustraire. CONTR. *adjoindre, ajouter.*

défausser *verbe* Redresser quelque chose. SYN. détordre. CONTR. *courber, fausser, plier, tordre.* – LITTÉRAIRE : *ployer.*

défaut *nom masculin* Ce qui perturbe un bon fonctionnement. SYN. anomalie, défectuosité, dysfonctionnement, ennui, faille, imperfection, inconvénient. – FAMILIER : loupé. ■ Manque de ce qui est nécessaire. SYN. absence, carence, insuffisance, omission, pénurie. – LITTÉRAIRE : disette. CONTR. *excès, pléthore.* ■ Imperfection matérielle. SYN. crapaud, malfaçon, paille, tache, vice. CONTR. *perfection.* ■ Imperfection physique. SYN. difformité, malformation, tare. CONTR. *perfection.* ■ Imperfection morale. SYN. déficience, indigence, tare, tort, travers, vice. CONTR. *qualité, vertu.*

défaveur *nom féminin* Perte de faveur. SYN. dévalorisation, discrédit. – LITTÉRAIRE : déconsidération, disgrâce, mésestime. CONTR. *estime, faveur, grâce, popularité, sympathie, vogue.* – LITTÉRAIRE : *crédit.*

défavorable *adjectif* Mal disposé envers quelqu'un. SYN. ennemi, hostile, opposé. CONTR. *élogieux, favorable, propice.* ■ Qui est nuisible. SYN. désavantageux, dommageable, funeste, maléfique, malsain, mauvais, néfaste, pernicieux. CONTR. *avantageux, bénéfique, bon, excellent, heureux.*

défavorisé *adjectif* Désavantagé par rapport à. SYN. lésé. CONTR. *privilégié.*

défavoriser *verbe* Traiter de façon désavantageuse. SYN. désavantager, déshériter, desservir, frustrer, handicaper, léser, plomber. CONTR. *avantager, encourager, favoriser, privilégier, protéger.*

défection *nom féminin* Action d'abandonner une cause. SYN. abandon, absence, désertion, trahison. – FAMILIER : lâchage. CONTR. *constance, fidélité, soutien.*

défectueux *adjectif* Qui a des défauts. SYN. déficient, fautif, imparfait, incorrect, insuffisant, manqué, mauvais, raté. – FAMILIER : faiblard. CONTR. *bon, convenable, correct, exact, excellent, impeccable, irréprochable, juste, parfait.*

défectuosité *nom féminin* État de ce qui est défectueux. SYN. défaut, faiblesse, faille, imperfection, insuffisance, lacune, malfaçon, manque, vice. CONTR. *excellence, mérite, perfection, qualité.*

défendable *adjectif* Qui peut être défendu. SYN. compréhensible, excusable, justifiable, soutenable. CONTR. *indéfendable, injustifiable, insoutenable.*

défendre *verbe* Assurer une protection contre. SYN. abriter, assister, garantir, préserver, protéger, sauvegarder, sauver, secourir, soutenir. CONTR. *agresser, assaillir, attaquer, exposer.* ■ Soutenir quelqu'un, quelque chose. SYN. appuyer, couvrir, disculper, intercéder, intervenir, justifier, maintenir, plaider. CONTR. *accuser, attaquer, blâmer, calomnier, incriminer, inculper, livrer, trahir, vitupérer.* – LITTÉRAIRE : *baver.* ■ Interdire quelque chose. SYN. empêcher, fermer la porte à, mettre à l'index, prohiber, proscrire. CONTR. *autoriser, commander, conseiller, consentir, ordonner, permettre, prescrire, recommander, sommer, tolérer.* – LITTÉRAIRE : *enjoindre.*

défendre (se) *verbe pronominal* Repousser une attaque. SYN. se battre, lutter, repousser, résister, riposter, tenir tête. CONTR. *capituler, mollir, reculer.* ■ Se protéger contre quelque chose. SYN. se garder, se garer, s'insurger, se prémunir, se protéger. ■ FAMILIER. Se tirer d'affaire. SYN. faire face, faire front, réagir, se rebeller, reprendre le dessus, résister. – FAMILIER : ne pas se laisser abattre, se rebiffer, remonter la pente, remonter le courant. ■ Être acceptable. SYN. se justifier, se soutenir. ■ S'empêcher de faire quelque chose. SYN. s'abstenir, désavouer, éviter, se garder de, s'interdire, nier. CONTR. *accepter, avouer, consentir, convenir, ne pas pouvoir s'empêcher de, se prêter à.*

défendu *adjectif* Qui fait l'objet d'une interdiction. SYN. illégal, illicite, interdit, prohibé, proscrit, tabou. CONTR. *autorisé, légal, licite, permis, toléré.*

défense *nom féminin* Action de défendre, de se défendre. SYN. garde, lutte, maintien, préservation, protection, réaction, résistance, riposte. CONTR. *accusation, agression, assaut, attaque, charge, offensive.* ■ Ce qui permet de défendre, de se défendre. SYN. excuse, justification, légitimation, plaidoirie, plaidoyer, sauvegarde, soutien. ■ Fait d'interdire. SYN. interdiction, prohibition, proscription. CONTR. *autorisation, consentement,* *permission.* – **LITTÉRAIRE** : *aveu.* ▪ ***Sans défense,*** sans moyens de se défendre. **SYN.** désarmé, faible, impuissant, vulnérable.

défenses *nom féminin pluriel* Dispositifs de protection. **SYN.** fortifications, retranchements. ▪ Pièces d'une serrure. **SYN.** gardes.

défenseur *nom masculin* Personne qui assure une défense. **SYN.** apologiste, apôtre, avocat, champion, gardien, partisan, pilier, protecteur, soutien, tenant. – **LITTÉRAIRE** : intercesseur, mainteneur, prôneur, souteneur, tuteur. **CONTR.** *accusateur, adversaire, agresseur, antagoniste, assaillant, attaquant, détracteur, ennemi, opposant.*

défensive *nom féminin* Stratégie de défense. **CONTR.** *assaut, attaque, offensive.*

déféquer *verbe* Expulser les matières fécales. **SYN.** aller à la selle, faire caca, faire popo, faire ses besoins. – **FAMILIER** : faire, faire la grosse commission. – **POPULAIRE** : chier, crotter.

déférence *nom féminin* Considération respectueuse. **SYN.** attention, considération, égard, estime, politesse, respect, vénération. – **LITTÉRAIRE** : révérence, urbanité, usage. **CONTR.** *aplomb, arrogance, dédain, dérision, désinvolture, effronterie, impertinence, impolitesse, insolence, mépris, mésestime.* – **LITTÉRAIRE** : *irrespect, irrévérence.*

déférent *adjectif* Qui a de la déférence. **SYN.** courtois, humble, poli, respectueux. – **LITTÉRAIRE** : révérencieux, urbain. **CONTR.** *arrogant, cavalier, dédaigneux, déplacé, effronté, familier, impertinent, impudent, inconvenant, insolent, irrévérent, rogue, supérieur.* – **FAMILIER** : *culotté.* – **LITTÉRAIRE** : *irrespectueux, irrévérencieux.*

déférer *verbe transitif* Traduire en justice. **SYN.** citer, livrer, porter. **CONTR.** *innocenter.*

déférer *verbe transitif indirect* LITTÉRAIRE. Se conformer au désir de. **SYN.** acquiescer, obtempérer, se rendre.

déferlement *nom masculin* Ce qui déferle. **SYN.** accumulation, afflux, armée, cascade, débordement, déchaînement, déluge, flot, flux, foule, inondation, invasion, multitude, myriade, ouragan, quantité, vague. – **FAMILIER** : cargaison, flopée, foultitude. – **LITTÉRAIRE** : essaim.

déferler *verbe* Se répandre avec impétuosité. **SYN.** affluer, se déchaîner, se presser, se répandre, se ruer.

défi *nom masculin* Action de défier quelqu'un. **SYN.** challenge. ▪ Refus de se soumettre. **SYN.** bravade, fanfaronnade, insulte, menace, provocation. **CONTR.** *déférence, obéissance, respect, soumission.*

défiance *nom féminin* Manque de confiance. **SYN.** doute, incrédulité, méfiance, scepticisme, soupçon, suspicion. **CONTR.** *assurance, confiance, crédulité, foi, sécurité.* – **LITTÉRAIRE** : *crédit.*

défiant *adjectif* Qui se défie. **SYN.** jaloux, méfiant, ombrageux, sceptique, soupçonneux, suspicieux. **CONTR.** *assuré, confiant, crédule, sûr.*

déficeler *verbe* Enlever la ficelle. **SYN.** déballer, défaire, délier, détacher. **CONTR.** *attacher, ficeler, lier.*

déficher *verbe* Enlever les échalas. **SYN.** déchalasser.

déficience *nom féminin* Caractère insuffisant de. **SYN.** absence, asthénie, carence, défaillance, défaut, faiblesse, fragilité, imperfection, indigence, insuffisance, lacune, manque, néant, nullité, tare. **CONTR.** *abondance, excédent, excès, foisonnement, résistance.* ▪ ***Déficience mentale,*** insuffisance du développement intellectuel. **SYN.** oligophrénie.

déficient *adjectif* Qui présente une déficience. **SYN.** diminué, faible. **CONTR.** *aguerri, fort, infatigable, résistant, robuste, solide, vigoureux.* ▪ Qui manque de solidité. **SYN.** débile, défaillant, défectueux, faible, indigent, insuffisant, mauvais, médiocre. **CONTR.** *important, suffisant.*

déficit *nom masculin* Manque important. **SYN.** perte. **CONTR.** *bénéfice, boni, excédent, gain, profit.*

déficitaire *adjectif* Qui présente un déficit. **CONTR.** *bénéficiaire, excédentaire.*

défier *verbe* Refuser de se soumettre à. **SYN.** affronter, s'attaquer, braver, menacer, narguer, s'opposer à, résister à. **CONTR.** *céder à, s'incliner devant, se soumettre à.* ▪ Inviter à se mesurer à soi. **SYN.** attendre au tournant, inciter à, mettre au pied du mur, pousser à, presser de, provoquer, relever le gant.

défier (se) *verbe pronominal* LITTÉRAIRE. Ne pas avoir confiance en. **SYN.** douter de, être sur la défensive, être sur le qui-vive, être sur ses gardes, faire attention, garder ses distances, se méfier de, rester sur son quant-à-soi, se tenir sur ses gardes, se tenir sur son quant-à-soi. – **FAMILIER** : faire gaffe, se tenir à carreau. – **LITTÉRAIRE** : se garder de. **CONTR.** *avoir confiance, compter sur, croire en, se fier à, s'en remettre à, se reposer sur.* – **LITTÉRAIRE** : *s'abandonner, se confier.*

défigurer *verbe* Donner une idée fausse de. **SYN.** altérer, caricaturer, déformer, dénaturer, falsifier, fausser, torturer, travestir. – **LITTÉRAIRE** : déshonorer. **CONTR.** *reproduire, respecter, restituer.* ▪ Enlaidir quelqu'un, quelque chose. **SYN.** abîmer, dégrader, enlaidir, estropier, mutiler. – **FAMILIER** :

massacrer. **CONTR.** *arranger, embellir, façonner, former, redresser.*

défilé *nom masculin* Passage étroit. **SYN.** col, couloir, gorge, passe. - RARE : chasme.

défilé *nom masculin* Succession continue. **SYN.** cascade, chapelet, file, multitude, myriade. - FAMILIER : cavalcade, ribambelle. - LITTÉRAIRE : séquelle, théorie. ■ Personnes qui défilent. **SYN.** cortège, manifestation, procession, revue. ■ Passage encaissé. **SYN.** canyon, gorge, gouffre. - RARE : chasme.

défiler *verbe* Se succéder régulièrement. **SYN.** se dérouler, passer. - LITTÉRAIRE : processionner.

défiler (se) *verbe pronominal* FAMILIER. Fuir ses responsabilités. **SYN.** se dérober, s'esquiver, fausser compagnie, fuir, se retirer. - FAMILIER : se dégonfler, s'éclipser, filer. - POPULAIRE : se carapater, se débiner.

défini *adjectif* Aux caractéristiques précises. **SYN.** déterminé, fixé, net, précis. **CONTR.** *indécis, indéfini, indéterminé, vague.* - FAMILIER : *vaseux, vasouillard.*

définir *verbe* Préciser les caractéristiques de. **SYN.** délimiter, déterminer, fixer, préciser, spécifier.

définissable *adjectif* Qui peut être défini. **CONTR.** *indéfinissable.*

définitif *adjectif* Fixé une fois pour toutes. **SYN.** décisif, dernier, ferme, final, fixe, immuable, irrémédiable, irrévocable, sans appel, ultime. **CONTR.** *annulable, éphémère, informe, initial, momentané, partiel, précaire, provisoire, temporaire, transitoire.*

définitive *nom féminin* ***En définitive,*** tout bien considéré. **SYN.** après tout, au bout du compte, décidément, enfin, en fin de compte, finalement, somme toute, en somme, tout compte fait, pour tout dire.

définitivement *adverbe* De façon définitive. **SYN.** irrémédiablement, irrévocablement. **CONTR.** *provisoirement, temporairement.* - LITTÉRAIRE : *transitoirement.*

déflagration *nom féminin* Violente explosion. **SYN.** détonation, explosion.

déflation *nom féminin* Baisse généralisée des prix. **CONTR.** *inflation.*

déflationniste *adjectif* Lié à la déflation. **CONTR.** *inflationniste.*

défleuri *adjectif* Qui a perdu ses feuilles. **SYN.** fané, flétri.

déflorer *verbe* Faire perdre sa virginité. **SYN.** - FAMILIER : dépuceler. ■ Enlever de la nouveauté. **SYN.** gâcher, gâter.

défoncer *verbe* Briser en enfonçant. **SYN.** emboutir, enfoncer, éventrer, labourer.

défoncer (se) *verbe pronominal* FAMILIER. Donner toute son énergie. **SYN.** s'affairer, s'agiter, se battre, se démener, se dépenser, déplacer des montagnes, se donner du mal, se donner un mal de chien, s'échiner, s'épuiser, s'escrimer, s'exténuer, faire des pieds et des mains, se multiplier, se remuer, soulever des montagnes. - FAMILIER : se bagarrer, se couper en quatre, se décarcasser, s'éreinter, s'esquinter, se mettre en quatre, mettre le paquet, en mettre un bon coup, en mettre un coup, en mettre un vieux coup, suer sang et eau, se tuer. - POPULAIRE : en baver (des ronds de chapeau), se casser le cul, se crever. **CONTR.** *s'amuser, dormir, fainéanter, musarder, ne rien faire de ses dix doigts, paresser, se prélasser, prendre son temps.* - FAMILIER : *bayer aux corneilles, buller, flemmarder, lambiner, lanterner, lézarder, tirer sa flemme.* - LITTÉRAIRE : *muser.* - POPULAIRE : *glander, ne pas en fiche une rame, ne pas se casser, ne pas se casser le bol, ne pas se casser le cul, ne pas se casser le tronc, ne pas se fouler, ne pas se fouler la rate, tirer au cul, tirer au flanc.*

défonceuse *nom féminin* Engin servant à défoncer le sol. **SYN.** ripper, rooter.

déforestation *nom féminin* Action de détruire la forêt. **SYN.** déboisement, déforestage, défrichement, essartage, essartement. **CONTR.** *boisement, reboisement.*

déformation *nom féminin* Fait de déformer quelque chose. **SYN.** altération, déviation, travestissement. **CONTR.** *conformité.* ■ Fait d'être déformé. **SYN.** gondolage, torsion.

déformé *adjectif* Qui a perdu sa forme. **SYN.** avachi, décomposé, difforme, disgracié. - FAMILIER : fatigué.

déformer *verbe* Altérer l'aspect de. **SYN.** altérer, contourner, défigurer, déguiser, distordre, forcer, gauchir, tordre. **CONTR.** *dégauchir, détordre, rectifier, redresser.* ■ Représenter de façon inexacte. **SYN.** contrefaire, défigurer, dégrader, déguiser, dénaturer, dépraver, écorcher, falsifier, fausser, maquiller, mutiler, pervertir, torturer, trahir, travestir, voiler. - LITTÉRAIRE : corrompre.

défoulement *nom masculin* Fait de se défouler. **SYN.** libération. **CONTR.** *refoulement.*

défouler (se) *verbe pronominal* Se libérer d'une tension. **SYN.** s'extérioriser. - FAMILIER : se lâcher. **CONTR.** *se contenir, se contrôler, se retenir.*

défraîchi *adjectif* Qui a perdu sa fraîcheur. **SYN.** fané, flétri, passé, terni, usagé, usé, vieux. - FAMILIER : fatigué. **CONTR.** *frais, neuf.*

défraîchir *verbe* Faire perdre sa fraîcheur. **SYN.** décolorer, faner, flétrir, ternir. **CONTR.** *raviver.*

défrayer *verbe* Payer les dépenses de. **SYN.** indemniser, rémunérer, rétribuer.

défrichement *nom masculin* Action de défricher. **SYN.** déblayage, déboisement, débroussaillage, débroussaillement, essartage, essartement.

défricher *verbe* Rendre cultivable. **SYN.** déboiser, débroussailler, essarter. **CONTR.** *laisser en friche.* ■ Déblayer une question. **SYN.** déblayer, débrouiller, dégrossir, démêler.

défriper *verbe* Faire qu'un tissu ne soit plus fripé. **SYN.** défroisser, lisser, repasser. **CONTR.** *friper, plisser.*

défriser *verbe* FAMILIER. Contrarier quelqu'un. **SYN.** décevoir, désappointer, ennuyer. – **FAMILIER** : chiffonner, embêter. – **POPULAIRE** : emmerder. **CONTR.** *contenter, satisfaire.*

défroisser *verbe* Remettre en état ce qui était froissé. **SYN.** défriper, déplisser, lisser, repasser. **CONTR.** *chiffonner, friper, froisser, plisser.*

défroque *nom féminin* Vieux vêtement. **SYN.** accoutrement, guenille. – **LITTÉRAIRE** : hardes.

défunt *adjectif* LITTÉRAIRE. Qui a cessé d'être. **SYN.** disparu, mort, oublié, passé, révolu. – **LITTÉRAIRE** : feu.

défunt *nom* Personne décédée. **SYN.** décédé, disparu, mort. – **LITTÉRAIRE** : trépassé.

dégagé *adjectif* Qui a de l'aisance. **SYN.** aisé, assuré, décontracté, désinvolte, détendu, léger, libre, naturel. **CONTR.** *contracté, contraint, crispé, embarrassé, emprunté, gêné, gourd, tendu.* ■ Sans nuages. **SYN.** clair. **CONTR.** *brouillé, chargé, couvert, nébuleux, nuageux.* ■ Libéré d'une obligation. **SYN.** affranchi, dispensé, exempt, exempté, quitte.

dégagement *nom masculin* Action d'enlever ce qui encombre. **SYN.** déblaiement, déblocage, enlèvement, extraction. ■ Fait de se répandre (odeur). **SYN.** échappement, effluve, émanation, exhalaison. ■ Espace permettant de communiquer. **SYN.** corridor, couloir, issue.

dégager *verbe* Débarrasser de ce qui encombre. **SYN.** déblayer, délivrer, désencombrer, désobstruer, libérer, retirer, sortir. **CONTR.** *barrer, bloquer, boucher, encombrer, engorger, fermer.* – **LITTÉRAIRE** : *clore.* ■ Libérer d'une obligation. **SYN.** affranchir, décharger, délier, délivrer, détacher, dispenser, relever. **CONTR.** *assujettir, obliger.* – **LITTÉRAIRE** : *astreindre.* ■ Laisser libre ou visible. **SYN.** décolleter, dénuder, montrer. ■ Faire ressortir quelque chose. **SYN.** extraire, isoler, puiser, tirer. **CONTR.** *insérer.* ■ Produire une émanation. **SYN.** émettre, exhaler, libérer, répandre. **CONTR.** *arrêter.*

dégager (se) *verbe pronominal* Se libérer d'une contrainte. **SYN.** s'acquitter, s'affranchir, se débarrasser, se défaire, se délivrer, rompre, se sortir de. – **FAMILIER** : se dépêtrer. – **LITTÉRAIRE** : se déprendre. **CONTR.** *s'embarrasser, s'empêtrer, s'engager, se lier.* ■ Se répandre. **SYN.** s'échapper, émaner, s'exhaler, jaillir. – **LITTÉRAIRE** : sourdre. ■ Ressortir de quelque chose. **SYN.** apparaître, éclater, émerger, se manifester, se montrer, sortir. ■ Être sans nuages. **SYN.** se découvrir, s'éclaircir, se lever. **CONTR.** *s'assombrir, se brouiller, se couvrir, se gâter.*

dégaine *nom féminin* FAMILIER. Façon de se tenir. **SYN.** air, allure, attitude, contenance, démarche, maintien, port. – **FAMILIER** : touche.

dégarni *adjectif* Qui a perdu ses cheveux. **SYN.** chauve. – **FAMILIER** : déplumé. **CONTR.** *chevelu.* ■ Devenu moins touffu. **SYN.** dénudé, nu, pelé. – **LITTÉRAIRE** : chauve. **CONTR.** *approvisionné, fourni, garni.*

dégarnir *verbe* Vider de ce qui garnit. **SYN.** débarrasser, déménager, démeubler, dénuder, déshabiller. **CONTR.** *alimenter, approvisionner, garnir, meubler, pourvoir.*

dégât *nom masculin* Dommage important. **SYN.** avarie, dégradation, destruction, détérioration, dévastation, dommage, endommagement, ravage, ruine, saccage. – **FAMILIER** : casse.

dégel *nom masculin* Fonte des neiges. **SYN.** débâcle, redoux. **CONTR.** *congélation, gel.* ■ Reprise des relations. **SYN.** décrispation, détente, libéralisation.

dégelée *nom féminin* POPULAIRE. Volée de coups. **SYN.** correction, volée. – **FAMILIER** : pile, raclée, rossée, tabassée, tripotée. – **POPULAIRE** : dérouillée, pâtée, peignée, rouste, tannée, torgnole, tournée, trempe. – **VIEUX** : frottée. ■ POPULAIRE. Défaite cuisante. **SYN.** raclée. – **FAMILIER** : fessée, fiasco, four, pile, piquette. – **POPULAIRE** : déculottée, veste, volée.

dégeler *verbe* Faire fondre ce qui est gelé. **SYN.** déglacer, liquéfier. **CONTR.** *congeler, figer, geler.* ■ Mettre à l'aise. **SYN.** animer, dérider, réchauffer, réveiller. – **FAMILIER** : décoincer. **CONTR.** *glacer.* ■ Rendre une situation moins tendue. **SYN.** débloquer, décoincer, détendre. **CONTR.** *bloquer, geler, immobiliser.*

dégénéré *adjectif* Qui a perdu ses qualités. **SYN.** décadent, déficient, déliquescent. – **LITTÉRAIRE** : abâtardi. – **POPULAIRE** : taré. **CONTR.** *florissant, fort, robuste, sain, vigoureux.*

dégénérer *verbe* Perdre ses qualités. **SYN.** s'avilir, baisser, décliner, se dévaluer, régresser.

– FAMILIER : se ramollir. – LITTÉRAIRE : s'abâtardir, se corrompre. CONTR. *s'améliorer, s'élever, progresser, se régénérer.* ■ Évoluer mal. SYN. s'aggraver, aller de mal en pis, se compliquer, se dégrader, s'envenimer. – FAMILIER : finir en eau de boudin, tourner à l'aigre, tourner au vinaigre. – POPULAIRE : partir en couille. CONTR. *aller de mieux en mieux, s'arranger, se calmer.* – FAMILIER : *se tasser.*

dégénérescence *nom féminin* LITTÉRAIRE. Diminution des qualités. SYN. avilissement, décadence, déchéance, décomposition, dégradation, déliquescence, dépérissement, désagrégation. – LITTÉRAIRE : abâtardissement, décrépitude, rabougrissement. CONTR. *amélioration, élévation, grossissement, progrès, redressement, relèvement.* – LITTÉRAIRE : *régénération.*

déglacer *verbe* Faire fondre la glace. SYN. dégeler. CONTR. *congeler, geler, glacer.*

déglinguer *verbe* FAMILIER. Détériorer quelque chose. SYN. abîmer, briser, casser, défaire, démanteler, démolir, dérégler, désarticuler, détériorer, détraquer, dévaster, disloquer, emboutir, éventrer, saboter. – ARGOTIQUE : dézinguer. – FAMILIER : amocher, bousiller, démantibuler, fusiller. – POPULAIRE : foutre en l'air, péter, ratatiner. CONTR. *régler, réparer.*

déglutir *verbe* Avaler quelque chose. SYN. absorber, ingérer, ingurgiter.

dégobiller *verbe* POPULAIRE. Expulser des aliments par la bouche. SYN. régurgiter, restituer, vomir. – FAMILIER : rendre. – POPULAIRE : dégueuler, gerber.

dégommer *verbe* FAMILIER. Faire perdre son emploi. SYN. casser, chasser, congédier, se défaire de, démettre, destituer, éliminer, envoyer à tous les diables, envoyer au diable, envoyer aux cinq cents diables, évincer, licencier, limoger, mettre à la porte, radier, remercier, renvoyer, repousser, révoquer, se séparer de. – FAMILIER : balayer, blackbouler, débarquer, déboulonner, démissionner, envoyer au bain, envoyer balader, envoyer bouler, envoyer paître, envoyer promener, envoyer sur les roses, envoyer valser, ficher à la porte, flanquer à la porte, flanquer dehors, sabrer, vider. – POPULAIRE : balancer, envoyer aux pelotes, envoyer chier, envoyer dinguer, envoyer péter, envoyer se faire cuire un œuf, envoyer se faire foutre, foutre à la porte, lourder, sacquer, saquer, virer. – VIEUX : envoyer se faire lanlaire. CONTR. *accueillir, admettre, agréer, recevoir.*

dégonflage *nom masculin* Action de dégonfler. CONTR. *gonflage.*

dégonflé *nom* POPULAIRE. Personne qui se dégonfle. SYN. lâche, peureux, pleutre, poltron. – FAMILIER : femmelette, froussard. – LITTÉRAIRE : couard. – POPULAIRE : foireux, trouillard. – VIEUX : capon. CONTR. *courageux.*

dégonfler *verbe* Reprendre son volume normal. SYN. désenfler. CONTR. *bouffir, enfler, gonfler.*

dégonfler (se) *verbe pronominal* FAMILIER. Manquer de courage. SYN. lâcher, laisser tomber, reculer. – FAMILIER : caler, se défiler, être une poule mouillée, flancher, prendre la tangente. – POPULAIRE : caner, canner, se déballonner, être une lavette, ne pas avoir de couilles (au cul). CONTR. *assumer, persévérer, persister.*

dégorgement *nom masculin* Écoulement d'un liquide. SYN. évacuation. – LITTÉRAIRE : épanchement.

dégorger *verbe* Déverser son propre contenu. SYN. épancher, rejeter, répandre. – LITTÉRAIRE : épandre. CONTR. *absorber, boire.*

dégoter ou **dégotter** *verbe* FAMILIER. Trouver par chance. SYN. dénicher, mettre le doigt sur, trouver. – FAMILIER : pêcher.

dégoulinade *nom féminin* FAMILIER. Trace laissée par un liquide. SYN. coulée, traînée.

dégoulinant *adjectif* FAMILIER. Qui dégouline. SYN. dégouttant, ruisselant, suintant.

dégouliner *verbe* FAMILIER. Couler en traînée. SYN. couler, dégoutter, ruisseler, suinter.

dégourdi *adjectif* FAMILIER. Qui a l'esprit éveillé. SYN. adroit, astucieux, averti, avisé, déluré, éveillé, futé, malin, rusé. – FAMILIER : débrouillard. – POPULAIRE : démerdard. CONTR. *benêt, endormi, engourdi, gauche, lourdaud, niais, simple, simplet.* – FAMILIER : *empaillé, empoté.* – LITTÉRAIRE : *ensommeillé.*

dégourdir *verbe* Tirer de l'engourdissement. SYN. déraidir. CONTR. *engourdir.* ■ Rendre moins timide. SYN. dégrossir, déniaiser, former. – FAMILIER : désencroûter, dessaler.

dégoût *nom masculin* Répugnance à l'égard de. SYN. écœurement, nausée. – LITTÉRAIRE : haut-le-cœur. CONTR. *appétence, attrait, besoin, envie, propension.* ■ Fait de ne plus avoir de goût pour. SYN. antipathie, aversion, ennui, haine, horreur, lassitude, mépris, répulsion. – LITTÉRAIRE : blasement, exécration, inappétence. CONTR. *admiration, attirance, attraction, attrait, engouement, enthousiasme, goût, inclination, penchant, sympathie.* – LITTÉRAIRE : *allèchement, appétit.*

dégoûtant *nom* Personne qui dégoûte. SYN. – FAMILIER : cochon, porc, sagouin.

dégoûtant *adjectif* Qui provoque le dégoût physique. SYN. écœurant, fétide, immonde, infect, nauséabond, rebutant, repoussant, répugnant, répulsif. – LITTÉRAIRE : nauséeux. CONTR. *alléchant,* *appétissant, attirant, exquis, ragoûtant, savoureux.* – LITTÉRAIRE : *délectable.* ■ Très sale. SYN. crasseux, malpropre, sale. – FAMILIER : cochon, cracra, cra-cra, cradingue. – POPULAIRE : dégueulasse. CONTR. *net, propre.* ■ Qui provoque la répulsion morale. SYN. abject, affreux, bas, grossier, honteux, ignoble, infâme, innommable, inqualifiable, laid, obscène, odieux, révoltant, sordide. CONTR. *affriolant, digne, honorable, louable, noble.* ■ FAMILIER. Qui démoralise. SYN. décourageant, démoralisant, révoltant. – FAMILIER : écœurant. CONTR. *encourageant.*

dégoûté *adjectif* Qui manifeste du dégoût. SYN. blasé, démoralisé, désabusé, désenchanté, fatigué, lassé, rassasié, saturé. – FAMILIER : écœuré. CONTR. *content, heureux, satisfait.*

dégoûter *verbe* Inspirer de la répugnance. SYN. donner envie de vomir, donner la nausée, écœurer, être à vomir, faire horreur, lever le cœur, rebuter, répugner, révolter, scandaliser, soulever le cœur. – FAMILIER : révulser, sortir par les trous de nez. – POPULAIRE : débecqueter, débecter, être à dégueuler. CONTR. *allécher, appâter, attirer, captiver, charmer, plaire, ravir, séduire, tenter.* ■ Ôter toute envie de. SYN. blaser, décourager, démoraliser, fatiguer, lasser, rebuter. – FAMILIER : écœurer. CONTR. *distraire, divertir, encourager, intéresser.*

dégouttant *adjectif* D'où dégoutte un liquide. SYN. ruisselant, suintant, trempé. – FAMILIER : dégoulinant.

dégoutter *verbe* Couler goutte à goutte. SYN. couler, s'égoutter, goutter, ruisseler, suer, suinter. – FAMILIER : dégouliner.

dégradant *adjectif* Qui dégrade. SYN. abaissant, abject, avilissant, bas, déshonorant, honteux, humiliant, ignoble, immonde, inavouable, indigne, infamant, infâme, rabaissant, scandaleux, vexatoire. – LITTÉRAIRE : ignominieux. CONTR. *digne, héroïque, noble, sublime.*

dégradation *nom féminin* Fait d'abîmer, d'être abîmé. SYN. altération, délabrement, déprédation, désagrégation, détérioration, dommage, endommagement, érosion, mutilation, pourrissement, pourriture, profanation, ravage, usure. – FAMILIER : sabotage. – LITTÉRAIRE : empirement, rabougrissement, rapetissement. CONTR. *amélioration, assainissement, conservation, embellissement, épanouissement, prospérité, réfection, réparation.* ■ Fait de déchoir. SYN. abaissement, abjection, affaiblissement, avilissement, bassesse, décadence, déchéance, déclin, déliquescence, dépravation, dépréciation, ignominie, perversion, pourrissement. – LITTÉRAIRE : abâtardissement, corruption, dégénérescence, prostitution, rabaissement, souillure, turpitude. CONTR. *élévation, ennoblissement, relèvement.* – LITTÉRAIRE : *régénération.*

dégrader *verbe* Détériorer quelque chose. SYN. altérer, atrophier, défigurer, déformer, délabrer, dénaturer, dérégler, détériorer, effriter, endommager, galvauder, gâter, mutiler, ravager, saboter. – FAMILIER : abîmer, amocher, esquinter. – LITTÉRAIRE : prostituer, vicier. CONTR. *améliorer, assainir, embellir.* ■ Faire tomber dans la déchéance. SYN. abaisser, avilir, déconsidérer, dépraver, déshonorer, destituer, dévaloriser, diminuer, discréditer, humilier, perdre, pervertir, pourrir, rapetisser, ravaler. – LITTÉRAIRE : abâtardir, corrompre, gangrener, rabaisser, souiller. CONTR. *bonifier, élever, ennoblir, vivifier.* – LITTÉRAIRE : *amender, régénérer.*

dégrader (se) *verbe pronominal* Se détériorer progressivement. SYN. s'abîmer, s'altérer, dépérir, se détériorer, se détraquer, s'étioler, pourrir, se putréfier. CONTR. *s'améliorer.* ■ Évoluer défavorablement. SYN. se compliquer, dégénérer, se détériorer, empirer, s'envenimer, se gâter. – FAMILIER : finir en eau de boudin, tourner à l'aigre, tourner au vinaigre. – POPULAIRE : partir en couille. CONTR. *s'améliorer, se bonifier.* ■ Perdre de sa dignité. SYN. s'abaisser, s'avilir. – LITTÉRAIRE : s'abâtardir, se prosterner, se prostituer.

dégrafer *verbe* Ouvrir un vêtement, un bijou. SYN. défaire, détacher. CONTR. *agrafer, attacher, boucler, fermer.*

dégraissage *nom masculin* Action de dégraisser. SYN. déshuilage, détachage, écumage, nettoyage. ■ FAMILIER. Diminution de personnel. SYN. congédiement, débauchage, exclusion, licenciement, limogeage, mise à pied, radiation, renvoi, révocation. – FAMILIER : coup de balai, lessivage, lessive. CONTR. *embauchage, embauche.*

degré *nom masculin* Échelon dans une hiérarchie. SYN. étage, étape, gradation, grade, niveau, palier, phase. ■ ***Par degrés,*** de façon progressive. SYN. crescendo, doucement, au fur et à mesure, graduellement, insensiblement, lentement, par paliers, pas à pas, petit à petit, peu à peu, pied à pied, progressivement. CONTR. *brusquement, brutalement, expéditivement, hâtivement, promptement, rapidement, soudain, soudainement, subitement.* – FAMILIER : *subito.* – LITTÉRAIRE : *diligemment.*

dégrèvement *nom masculin* Diminution d'une taxe. SYN. abattement, allégement, décharge, exemption, exonération, réduction, remise.

dégrever *verbe* Diminuer une taxe. SYN. décharger, dispenser, exempter, exonérer. CONTR. *assujettir, charger, écraser, grever, imposer, surcharger, taxer.*

dégringolade *nom féminin* FAMILIER. Chute brutale. SYN. chute, vol plané. – FAMILIER : bûche. ■ FAMILIER. Brusque baisse. SYN. culbute, débâcle, effondrement, krach. CONTR. *boom, envolée.* ■ FAMILIER. Déchéance accélérée. SYN. décadence, déclin.

dégringoler *verbe intransitif* FAMILIER. Tomber soudainement. SYN. basculer, culbuter, rouler, tomber, tomber à la renverse, tomber de tout son long, tomber les quatre fers en l'air. – FAMILIER : s'allonger, se casser la figure, chuter, s'étaler, prendre une bûche, prendre une pelle, ramasser une bûche, ramasser une pelle, se ramasser. – LITTÉRAIRE : choir. – POPULAIRE : se casser la gueule, prendre un gadin, prendre une gamelle, ramasser un gadin, ramasser une gamelle, se rétamer. ■ FAMILIER. Perdre de sa valeur. SYN. baisser, chuter, descendre, s'écrouler, s'effondrer, tomber. CONTR. *grimper, monter, remonter.* ■ FAMILIER. Déchoir rapidement. SYN. se déclasser, décliner, péricliter, rétrograder. – FAMILIER : s'enfoncer. – LITTÉRAIRE : déchoir. CONTR. *grimper, monter, remonter.*

dégringoler *verbe transitif* FAMILIER. Descendre rapidement. SYN. dévaler. – FAMILIER : débouler. CONTR. *escalader, grimper, monter, remonter.*

dégriser *verbe* Faire cesser l'ivresse. SYN. désenivrer. – POPULAIRE : dessoûler. CONTR. *enivrer, griser.* – FAMILIER : *soûler.* ■ Décevoir quelqu'un. SYN. désappointer, désillusionner, détromper, refroidir. – LITTÉRAIRE : désenchanter. CONTR. *enthousiasmer, exalter, griser, soulever.*

dégrossir *verbe* Commencer à éclaircir une question. SYN. débrouiller, débroussailler, défricher, démêler. ■ Rendre moins ignorant. SYN. décrasser, dégourdir, éduquer, former, polir. – FAMILIER : décrotter, désencroûter. – LITTÉRAIRE : civiliser. ■ Diminuer l'épaisseur de. SYN. amaigrir, amenuiser.

dégrouiller (se) *verbe pronominal* POPULAIRE. Faire vite. SYN. accélérer, agir, courir, se dépêcher, s'empresser, se hâter, passer la surmultipliée, passer la vitesse supérieure, se précipiter, presser le mouvement, presser le pas, se presser, se remuer. – FAMILIER : s'activer, faire vinaigre, foncer, speeder. – POPULAIRE : faire fissa, se grouiller, se magner le cul (le popotin), se magner, se manier le cul (le popotin), se manier. CONTR. *tarder.*

dégrouper *verbe* Séparer des personnes, des choses. SYN. démembrer, désunir, diviser, fractionner, scinder, subdiviser. CONTR. *concentrer, grouper, regrouper.*

déguenillé *adjectif* Vêtu de guenilles. SYN. miteux, pouilleux. – FAMILIER : dépenaillé. – LITTÉRAIRE : guenilleux, haillonneux, loqueteux.

déguerpir *verbe* Partir précipitamment. SYN. battre en retraite, déloger, disparaître, s'enfuir, s'esquiver, fausser compagnie, filer à l'anglaise, fuir, partir, plier bagages, prendre la clef des champs, prendre la fuite, prendre le large, se retirer, se sauver. – FAMILIER : débarrasser le plancher, décamper, détaler, ficher le camp, filer, filer comme un zèbre, gagner le large, lever le camp, lever le pied, lever le siège, prendre la poudre d'escampette, prendre la tangente, prendre ses cliques et ses claques, prendre ses jambes à son cou, vider le plancher, vider les lieux. – POPULAIRE : se barrer, se calter, se carapater, se casser, cavaler, se cavaler, se débiner, décaniller, se faire la malle, se faire la paire, foutre le camp, jouer la fille de l'air, mettre les bouts, mettre les voiles, se tailler, se tirer. – VIEUX : s'esbigner. CONTR. *arriver, s'installer.*

dégueulasse *adjectif* POPULAIRE. D'une grande saleté. SYN. crasseux, dégoûtant, immonde, malpropre, repoussant, répugnant, sale, sordide. – FAMILIER : cra-cra, cracra ou cra-cra. CONTR. *propre.* ■ POPULAIRE. Répugnant moralement. SYN. abject, ignoble, immonde, infamant, infâme, odieux, répugnant, révoltant. – FAMILIER : écœurant. – LITTÉRAIRE : ignominieux.

dégueuler *verbe* POPULAIRE. Recracher ce qu'on a mangé. SYN. rendre, vomir. – POPULAIRE : dégobiller, gerber.

déguisé *adjectif* Revêtu d'un déguisement. SYN. costumé, masqué, travesti.

déguisement *nom masculin* Action de se déguiser. SYN. accoutrement, travestissement. ■ Action de cacher quelque chose. SYN. camouflage, dissimulation, maquillage, travestissement. ■ Costume pour se déguiser. SYN. travesti. – LITTÉRAIRE : masque.

déguiser *verbe* Mettre un déguisement. SYN. accoutrer, affubler, costumer, travestir. – FAMILIER : attifer. ■ Modifier pour tromper. SYN. altérer, cacher, camoufler, changer, contrefaire, déformer, dissimuler, envelopper, fausser, maquiller, masquer, travestir. – FAMILIER : truquer. – LITTÉRAIRE : celer, farder. CONTR. *démasquer, dévoiler, révéler.*

déguster *verbe* Manger, boire avec plaisir. SYN. goûter, se régaler, savourer. – FAMILIER : siroter. – LITTÉRAIRE : se délecter. ■ LITTÉRAIRE. Apprécier beaucoup une œuvre. SYN. savourer. – FAMILIER : se gargariser. ■ POPULAIRE. Souffrir beaucoup. SYN. endurer, subir, supporter. – FAMILIER : écoper, encaisser, prendre, ramasser, trinquer. – POPULAIRE : dérouiller, morfler.

déhanchement *nom masculin* Fait de se dandiner. SYN. dandinement, tortillement.

déhancher (se) *verbe pronominal* Marcher en balançant les hanches. SYN. se balancer, se dandiner, tortiller des fesses, tortiller des hanches, se tortiller. – ARGOTIQUE : rouler des miches. – POPULAIRE : tortiller du popotin.

dehors *nom masculin* Apparence extérieure. SYN. air, allure, apparence, aspect, attitude, extérieur, façade, façons, maintien, manières, mine, surface. – LITTÉRAIRE : enveloppe, masque, superficie. CONTR. *dedans, fond, intérieur.* ■ ***En dehors de,*** à l'exception de. SYN. excepté, hormis, hors, sauf. ■ ***Mettre dehors,*** mettre à la porte. SYN. bannir, chasser, congédier, se défaire de, éconduire, exclure, expulser, licencier, limoger, rejeter, remercier, renvoyer, révoquer, se séparer de. – FAMILIER : balayer, blackbouler, débarquer, dégommer, envoyer balader, envoyer bouler, envoyer paître, ficher à la porte, flanquer à la porte, flanquer dehors, sabrer, vider. – POPULAIRE : balancer, foutre à la porte, lourder, sacquer, saquer, virer. ■ ***Dehors !,*** invitation à sortir. SYN. – FAMILIER : oust !, ouste !, raouste !

déhydromorphine *nom féminin* Produit à action vomitive puissante. SYN. apomorphine.

déification *nom féminin* Action de déifier. SYN. adoration, apothéose, culte, divinisation, vénération. – LITTÉRAIRE : idolâtrie.

déité *nom féminin* LITTÉRAIRE. Être divin. SYN. divinité.

déjanté *adjectif* FAMILIER. Qui a perdu la raison. SYN. dément, dérangé, désaxé, déséquilibré, fou. – FAMILIER : braque, cinglé, détraqué, dingue, fada, fêlé, frappé, loufoque, maboul, malade, marteau, piqué, ravagé, tapé, timbré, toc-toc, toqué, zinzin. – POPULAIRE : allumé, azimuté, barge, barjo, barjot, branque, brindezingue, chtarbé, cinoque, cintré, dingo, fêlé, folingue, fondu, frapadingue, givré, jeté, louf, louftingue, ouf, sinoc, sinoque, siphonné, sonné, tordu.

déjection *nom féminin* Matière fécale évacuée. SYN. crotte, étron, excrément, fèces, selle, selles. – FAMILIER : caca. – POPULAIRE : colombin, merde. ■ LITTÉRAIRE. Ce qu'il y a de plus méprisable. SYN. racaille. – LITTÉRAIRE : lie, rebut. – POPULAIRE : raclure.

déjeté *adjectif* FAMILIER. Diminué par les soucis, l'âge. SYN. cassé, courbé, tordu, voûté. ■ Qui est déformé. SYN. contourné, contrefait, dévié, faussé, gauchi.

déjouer *verbe* Faire échouer quelque chose. SYN. confondre, contrecarrer, dépister, enrayer, entraver, esquiver, juguler, tromper.

déjuger (se) *verbe pronominal* Revenir sur sa décision. SYN. changer d'avis, se dédire, se désavouer, se raviser, se rétracter, revenir sur sa parole. CONTR. *confirmer, maintenir, ne pas démordre de.*

délabré *adjectif* En mauvais état. SYN. abîmé, dégradé, démoli, détérioré, endommagé, ruiné, en ruine, vétuste, vieux. – FAMILIER : esquinté.

délabrement *nom masculin* Dégradation de quelque chose, de quelqu'un. SYN. altération, chute, déchéance, déclin, décrépitude, dégradation, déliquescence, dépérissement, désagrégation, détérioration, diminution, ruine, usure, vétusté. CONTR. *affermissement.*

délabrer *verbe* Mettre en mauvais état. SYN. abîmer, dégrader, démolir, détériorer, détraquer, endommager, fissurer, mutiler, saboter. – FAMILIER : esquinter. CONTR. *affermir, consolider.*

délacer *verbe* Défaire le lacet. SYN. dénouer, desserrer. CONTR. *lacer.*

délai *nom masculin* Temps supplémentaire accordé. SYN. atermoiement, remise, répit, sursis, temps. ■ ***Sans délai,*** sans retard. SYN. immédiatement, incessamment, instantanément, promptement, sans attendre, sans tarder, séance tenante, soudain, soudainement, sous peu, sur l'heure, sur-le-champ, tout de suite. – FAMILIER : illico, illico presto, subito, subito presto. – LITTÉRAIRE : incontinent. ■ ***Dernier délai,*** dernière limite. SYN. – FAMILIER : dernier carat.

délaissé *adjectif* Laissé à l'abandon. SYN. abandonné, esseulé, seul.

délaissement *nom masculin* LITTÉRAIRE. Action de délaisser. SYN. abandon, isolement, trahison. – FAMILIER : lâchage. – LITTÉRAIRE : abandonnement. CONTR. *aide, appui, assistance, secours, soutien.* ■ Abandon d'un bien ou d'un droit. SYN. cession, renonciation.

délaisser *verbe* Ne plus se préoccuper de. SYN. abandonner, déserter, se détacher, se détourner de, s'éloigner de, négliger, quitter. – FAMILIER : lâcher, plaquer. CONTR. *accompagner, s'acharner, s'adonner, aider, appuyer, assister, choyer, se consacrer, entourer, entretenir, garder, gâter, s'occuper, secourir, soutenir.*

délassant *adjectif* Qui délasse. SYN. apaisant, calmant, détendant, distrayant, récréatif, reposant, tranquillisant. CONTR. *éprouvant, épuisant, esquintant, exténuant, fatigant, harassant.* – FAMILIER : *casse-pieds, claquant, crevant, embêtant, empoisonnant, éreintant, tuant, usant.* – POPULAIRE : *emmerdant.*

délassé *adjectif* Qui est moins tendu. SYN. détendu, dispos, frais et dispos, reposé. – FAMILIER : frais comme un gardon, frais comme une rose.

CONTR. *anéanti, brisé, épuisé, éreinté, exténué, fatigué, fourbu, harassé, recru, rendu, rompu.* – FAMILIER : *achevé, claqué, esquinté, lessivé, moulu, pompé, raplapla.* – POPULAIRE : *crevé.*

délassement *nom masculin* Action de se délasser. SYN. détente, évasion, loisir, relâchement, relaxation, répit, repos. – FAMILIER : farniente. CONTR. *activité, agitation, fatigue, travail.* ■ Occupation qui délasse. SYN. amusement, distraction, divertissement, jeu, loisir, passe-temps, récréation.

délasser *verbe* Faire cesser la fatigue. SYN. amuser, changer les idées, défatiguer, détendre, distraire, relaxer, reposer. CONTR. *briser, épuiser, fatiguer, harasser, lasser, surmener.* – FAMILIER : *claquer.*

délasser (se) *verbe pronominal* Prendre du repos. SYN. se détendre, se distraire, se divertir, s'évader, recharger ses accus, recharger ses batteries, se relaxer, se reposer, souffler un peu. – LITTÉRAIRE : s'égayer, se ressourcer. CONTR. *s'épuiser, se fatiguer.*

délateur *nom* Personne qui dénonce. SYN. accusateur, calomniateur, dénonciateur, indicateur, rapporteur, traître. – FAMILIER : cafard, cafardeur, mouchard. – LITTÉRAIRE : sycophante. – POPULAIRE : balance, cafteur, donneur.

délation *nom féminin* Fait de dénoncer. SYN. accusation, dénonciation. – FAMILIER : cafardage, mouchardage.

délavé *adjectif* D'une couleur affaiblie. SYN. fadasse, fade, lavé, pâle, terni. CONTR. *sombre, soutenu.*

délayage *nom masculin* FAMILIER. Propos diffus. SYN. longueurs, redondance, remplissage, verbiage. – FAMILIER : bavardages. – LITTÉRAIRE : prolixité, verbosité. CONTR. *brièveté, concision, laconisme.*

délayer *verbe* Mélanger avec un liquide. SYN. allonger, couper, diluer, dissoudre, étendre, fondre. CONTR. *concentrer, épaissir.* ■ FAMILIER. Exprimer de façon diffuse. SYN. amplifier, étaler, étirer, paraphraser. – FAMILIER : tartiner. CONTR. *condenser, raccourcir, ramasser, resserrer, schématiser.*

délébile *adjectif* LITTÉRAIRE. Qui peut s'effacer. SYN. effaçable, lavable. CONTR. *indélébile, ineffaçable.*

délectable *adjectif* LITTÉRAIRE. Dont on se délecte. SYN. agréable, bon, délicat, délicieux, exquis, fameux, savoureux, suave, succulent. – LITTÉRAIRE : ineffable. CONTR. *atroce, dégoûtant, détestable, écœurant, exécrable, insipide, mauvais, rebutant, repoussant.*

délectation *nom féminin* LITTÉRAIRE. Plaisir intense. SYN. bonheur, délice, jouissance, ravissement, régal, volupté.

délecter (se) *verbe pronominal* LITTÉRAIRE. Prendre un plaisir extrême. SYN. adorer, aimer, chérir, se complaire, déguster, s'en donner à cœur joie, être heureux comme un pape, être heureux comme un poisson dans l'eau, être heureux comme un roi, être tout à la joie de, faire ses délices de, se faire une joie de, goûter, jouir de, s'en lécher les babines, se plaire à, raffoler de, se régaler, se réjouir, savourer. – LITTÉRAIRE : affectionner, être bien aise de, être fort aise de, se repaître. CONTR. *dédaigner, détester, mépriser, négliger.*

délégation *nom féminin* Groupe de personnes mandatées. SYN. ambassade, commission, mission. ■ Acte écrit qui constate un mandat. SYN. pouvoir, procuration.

délégué *nom* Personne qui a reçu une mission. SYN. chargé, émissaire, envoyé, mandataire, parlementaire, porte-parole, représentant.

déléguer *verbe* Envoyer quelqu'un en mission. SYN. charger, députer, détacher, envoyer, mandater. – LITTÉRAIRE : dépêcher. ■ Confier un pouvoir à quelqu'un. SYN. léguer, transférer, transmettre. CONTR. *s'adjuger, s'approprier.*

délester *verbe* Réduire une charge. SYN. alléger, décharger, soulager. CONTR. *alourdir, charger.* ■ FAMILIER. Dévaliser quelqu'un. SYN. dépouiller, détrousser, dévaliser, voler. – FAMILIER : plumer, tondre.

délétère *adjectif* Qui attaque la santé. SYN. asphyxiant, insalubre, malfaisant, malsain, nocif, nuisible, pernicieux, toxique. CONTR. *salubre, salutaire.* ■ LITTÉRAIRE. Qui corrompt l'esprit. SYN. diabolique, maléfique, malsain, néfaste, nuisible. – LITTÉRAIRE : corrupteur, pernicieux. CONTR. *sain.*

délibération *nom féminin* Examen d'une question. SYN. débat, délibéré, discussion. ■ LITTÉRAIRE. Mûre réflexion. SYN. méditation, réflexion.

délibéré *adjectif* Très réfléchi. SYN. intentionnel, prémédité, réfléchi, volontaire, voulu. CONTR. *automatique, involontaire, irréfléchi, spontané.*

délibérément *adverbe* De façon intentionnelle. SYN. de bon cœur, de bon gré, de bonne grâce, consciemment, exprès, fermement, de gaieté de cœur, intentionnellement, de plein gré, de propos délibéré, résolument, sciemment, volontairement. – FAMILIER : bravement. CONTR. *contraint et forcé, par erreur, par hasard, par inadvertance, incidemment, involontairement, de mauvaise grâce, par mégarde.*

délibérer *verbe intransitif* Discuter en vue d'une décision. SYN. se concerter, se consulter, débattre.

■ LITTÉRAIRE. Réfléchir avant de décider. **SYN.** calculer, méditer. – FAMILIER : cogiter.

délibérer *verbe transitif* Examiner une question. **SYN.** agiter, débattre de, discuter, étudier, examiner, méditer, parler de, traiter. – LITTÉRAIRE : spéculer.

délicat *adjectif* Qui plaît par son raffinement. **SYN.** délicieux, distingué, exquis, fin, gracieux, précieux, raffiné, recherché, savoureux, sophistiqué, stylé, suave, subtil, succulent. – LITTÉRAIRE : délectable. **CONTR.** *banal, commun, exécrable, gros, infect, lourd, massif, mauvais, quelconque, vulgaire.* – LITTÉRAIRE : *rustique.* ■ Qui manifeste de la fragilité. **SYN.** chétif, débile, douillet, faible, fragile, frêle, grêle, maladif, malingre, menu, sensible, tendre, ténu, vulnérable. – FAMILIER : faiblard. – LITTÉRAIRE : arachnéen. **CONTR.** *dur, endurant, fort, incassable, infatigable, résistant, robuste, solide, vif, vigoureux.* – FAMILIER : *costaud.* – LITTÉRAIRE : *trapu.* ■ Difficile à gérer. **SYN.** ardu, brûlant, complexe, critique, difficile, dur, embarrassant, épineux, inconfortable, malaisé, périlleux, précaire, risqué. – FAMILIER : calé, trapu. – LITTÉRAIRE : difficultueux, scabreux. – POPULAIRE : casse-gueule. **CONTR.** *aisé, commode, facile, simple.* ■ Qui manifeste du tact. **SYN.** affable, courtois, discret, doux, élégant, gentil, prévenant. – LITTÉRAIRE : amène. **CONTR.** *béotien, bestial, brutal, épais, fruste, grossier, indélicat, rude, sauvage.* ■ Qui est scrupuleux. **SYN.** consciencieux, pointilleux. – FAMILIER : chatouilleux. **CONTR.** *indélicat, malpropre.*

délicatement *adverbe* Avec délicatesse. **SYN.** artistement, finement. – LITTÉRAIRE : précieusement. **CONTR.** *grossièrement, sauvagement.* ■ Avec précaution. **SYN.** discrètement, doucement, prudemment, soigneusement. **CONTR.** *abruptement, brusquement, brutalement, cavalièrement, énergiquement, fortement, pesamment, rudement, violemment.*

délicatesse *nom féminin* Qualité de ce qui est délicat. **SYN.** finesse, fragilité, légèreté, raffinement, subtilité. – LITTÉRAIRE : joliesse, suavité, succulence. **CONTR.** *lourdeur, pesanteur, résistance, robustesse.* ■ Qualité d'une personne délicate. **SYN.** attention, discrétion, distinction, douceur, élégance, finesse, galanterie, gentillesse, légèreté, prévenance, raffinement, subtilité, tact. **CONTR.** *balourdise, barbarie, bestialité, brutalité, crudité, dureté, goujaterie, grossièreté, impertinence, impolitesse, incorrection, indélicatesse, inélégance, vulgarité.* – LITTÉRAIRE : *endurcissement, rudesse.*

délice *nom masculin* Très vif plaisir. **SYN.** bonheur, enchantement, joie, jouissance, plaisir, ravissement, régal, volupté. – LITTÉRAIRE : délectation, félicité.

délicieusement *adverbe* D'une façon délicieuse. **SYN.** adorablement, agréablement, joliment. **CONTR.** *affreusement, horriblement.*

délicieux *adjectif* Extrêmement agréable. **SYN.** adorable, attachant, attirant, attrayant, captivant, charmant, divin, enchanteur, fascinant, joli, merveilleux, prenant. – FAMILIER : craquant, excellent. **CONTR.** *abominable, affreux, cruel, déplaisant, désagréable, détestable, hideux, horrible, laid, mauvais, méchant, rebutant, repoussant.* – FAMILIER : *pénible.* – LITTÉRAIRE : *âcre.* ■ Qui excite les sens ou l'esprit. **SYN.** bon, délicat, enivrant, excellent, exquis, fameux, grisant, savoureux, suave, succulent. – FAMILIER : c'est à se mettre à genoux, c'est à tomber par terre, c'est du nanan, le petit Jésus en culotte de velours, aux petits oignons. – LITTÉRAIRE : délectable. **CONTR.** *âcre, aigre, amer, fade, insipide, nauséabond, puant.*

délictuel ou **délictueux** *adjectif* Qui a le caractère d'un délit. **SYN.** condamnable, coupable, illégal, illicite, punissable, répréhensible. **CONTR.** *autorisé, légal, légitime, permis.*

délié *adjectif* LITTÉRAIRE. Qui est d'une grande minceur. **SYN.** effilé, filiforme, fin, grêle, menu, mince, svelte. – LITTÉRAIRE : arachnéen. **CONTR.** *gras, trapu.* ■ LITTÉRAIRE. Se dit d'un esprit fin. **SYN.** alerte, fin, souple, subtil, vif. **CONTR.** *épais, grossier, lourd.*

délier *verbe* Défaire un lien. **SYN.** défaire, déficeler, dénouer, désenchaîner, détacher. **CONTR.** *attacher, cimenter, enchaîner, garrotter, lier.* ■ Libérer quelqu'un d'une contrainte. **SYN.** affranchir, décharger, dégager, délivrer, émanciper, libérer, relever. **CONTR.** *assujettir, engager, ligoter, réduire.* – LITTÉRAIRE : *garrotter, river.*

délimitation *nom féminin* Ce qui délimite. **SYN.** démarcation, frontière, limitation.

délimiter *verbe* Fixer les limites de quelque chose. **SYN.** borner, cerner, circonscrire, circonvenir, définir, déterminer, fixer, limiter, marquer, resserrer, restreindre.

délimiteur *nom masculin* Symbole utilisé en informatique. **SYN.** séparateur.

délinquance *nom féminin* Ensemble d'actes délictueux. **SYN.** banditisme, criminalité.

déliquescence *nom féminin* Décadence complète. **SYN.** chute, débâcle, décadence, décomposition, dégradation, délabrement, dépravation, désagrégation, détérioration, effondrement, pourriture, ruine. – LITTÉRAIRE : corruption, dégénérescence. **CONTR.** *épanouissement, prospérité.* ■ État d'affaiblissement extrême. **SYN.** déchéance, diminution, gâtisme, sénilité. – LITTÉRAIRE : décrépitude.

déliquescent *adjectif* Qui est en pleine décadence. SYN. décadent, dégénéré, dépravé. – LITTÉRAIRE : corrompu. CONTR. *prospère, puissant.* ■ Qui est très affaibli. SYN. décrépit, gâteux, sénile. – FAMILIER : ramolli. – LITTÉRAIRE : mourant. CONTR. *jeune, juvénile, vert.* – VIEUX : *gaillard.*

délirant *adjectif* Qui est très excité. SYN. échevelé, effréné, exubérant, frénétique, passionné, surexcité, survolté. CONTR. *calme, froid, impassible, imperturbable, sage, tranquille.* ■ FAMILIER. Qui dépasse les limites. SYN. abracadabrant, débordant, débridé, démentiel, désordonné, extravagant, fou, insensé, outrancier, outré, ubuesque, vertigineux. – FAMILIER : dément, dingue. CONTR. *mesuré, modéré, raisonnable, sobre.*

délire *nom masculin* Trouble psychique. SYN. divagation, égarement, élucubration, folie, hallucination, hystérie, insanité. – FAMILIER : démence. ■ Agitation extrême. SYN. exaltation, fièvre, frénésie, griserie, ivresse. – LITTÉRAIRE : exultation, transport. CONTR. *calme.* – LITTÉRAIRE : *sobriété.*

délirer *verbe* Être atteint d'un délire. SYN. déraisonner, divaguer, s'égarer, halluciner, ne pas avoir toute sa tête, perdre la raison, perdre la tête, perdre la tramontane. – ARGOTIQUE : yoyoter de la touffe. – FAMILIER : dérailler, perdre la boule, perdre la boussole, perdre le nord, perdre les pédales. – LITTÉRAIRE : péter les plombs. – POPULAIRE : débloquer. ■ Manifester de l'exaltation. SYN. déborder, exulter, jubiler, se pâmer. ■ FAMILIER. Croire en l'impossible. SYN. affabuler, bâtir des châteaux en Espagne, déraisonner, s'égarer, se faire des illusions, rêver, tirer des plans sur la comète. – FAMILIER : dérailler, fantasmer. – LITTÉRAIRE : extravaguer.

délivrance *nom féminin* LITTÉRAIRE. Action de rendre la liberté. SYN. émancipation, libération. CONTR. *asservissement, assujettissement, captivité, détention, emprisonnement, esclavage, servitude.* ■ Action de délivrer d'une contrainte. SYN. affranchissement, allégement, débarras, soulagement. CONTR. *accablement, charge, oppression.*

délivre *nom masculin* Ce qui reste dans l'utérus après l'expulsion du fœtus. SYN. arrière-faix.

délivrer *verbe* Rendre la liberté. SYN. affranchir, émanciper, libérer, relâcher, relaxer. CONTR. *asservir, cadenasser, écrouer, emprisonner, enfermer, garder, incarcérer, lier, soumettre, vassaliser.* – FAMILIER : *boucler.* – LITTÉRAIRE : *assujettir, domestiquer, enchaîner.* ■ Débarrasser d'une contrainte. SYN. débarrasser, décharger, défaire, dégager, délier, dépêtrer, dispenser, guérir, libérer, soulager. CONTR. *accabler, charger, écraser, oppresser, opprimer, surcharger.*

déloger *verbe intransitif* Quitter un lieu. SYN. déguerpir, s'enfuir, filer à l'anglaise, fuir, partir, plier bagages, prendre la clef des champs, prendre la fuite, prendre le large, se retirer, se sauver. – FAMILIER : débarrasser le plancher, décamper, détaler, ficher le camp, filer, gagner le large, prendre la poudre d'escampette, prendre la tangente, prendre ses cliques et ses claques, prendre ses jambes à son cou, vider le plancher, vider les lieux. – POPULAIRE : se barrer, se calter, se carapater, se casser, se cavaler, décaniller, se faire la malle, se faire la paire, foutre le camp, jouer la fille de l'air, mettre les bouts, mettre les voiles, se tailler, se tirer.

déloger *verbe transitif* Faire quitter son logement. SYN. expulser. CONTR. *abriter, héberger, loger.* ■ Obliger l'adversaire à évacuer. SYN. chasser. – FAMILIER : débusquer.

déloyal *adjectif* Qui manque de loyauté. SYN. faux, fourbe, hypocrite, indélicat, malhonnête, parjure, perfide, sournois, traître. – LITTÉRAIRE : félon, infidèle. CONTR. *carré, droit, fair-play, fiable, fidèle, franc, honnête, loyal, scrupuleux, sincère.* – FAMILIER : *régulier.* – LITTÉRAIRE : *probe.* – VIEUX : *rond.*

déloyauté *nom féminin* Manque de loyauté. SYN. duplicité, fausseté, fourberie, hypocrisie, malhonnêteté, mauvaise foi, traîtrise. – LITTÉRAIRE : félonie, infidélité, perfidie, sournoiserie, vilenie. CONTR. *bonne foi, droiture, fidélité, franchise, honnêteté, loyauté, probité, rectitude, sincérité.* – LITTÉRAIRE : *véracité.* ■ Acte déloyal. SYN. forfaiture, trahison. – LITTÉRAIRE : félonie, fourberie, improbité, infidélité, sournoiserie.

delphinium *nom masculin* Herbe ornementale. SYN. dauphinelle, pied-d'alouette.

delta *nom masculin* Embouchure d'un fleuve. SYN. bouches.

déluge *nom masculin* Pluie torrentielle. SYN. averse, orage, trombe d'eau. ■ Grande abondance. SYN. accumulation, armée, avalanche, cascade, chapelet, débordement, déferlement, fatras, flot, flux, foule, grêle, kyrielle, légion, luxe, masse, mer, monceau, multitude, myriade, nuée, pléiade, pléthore, pluie, profusion, prolifération, quantité, tas, torrent. – FAMILIER : armada, cargaison, cohorte, flopée, foultitude, paquet, pelletée, régiment, ribambelle, tapée. – LITTÉRAIRE : averse, essaim, océan. CONTR. *atome, bribe, brin, doigt, goutte, grain, gramme, larme, lueur, miette, nuage, once, parcelle, peu, pointe, soupçon, trace.* – LITTÉRAIRE : *liard, ombre, trait.* – POPULAIRE : *chouia.*

déluré *adjectif* Qui a l'esprit vif. SYN. astucieux, espiègle, éveillé, malin. – FAMILIER : débrouillard, dégourdi. CONTR. *attardé, benêt, engourdi, gauche.* – FAMILIER : *bébête, empaillé, empoté, godiche.* ■ Qui a des manières trop libres. SYN. effronté, fripon. – FAMILIER : dessalé. – LITTÉRAIRE : roué. CONTR. *candide, ingénu, naïf, prude.* – FAMILIER : *bégueule.*

démagnétisation *nom féminin* Action de démagnétiser. SYN. désaimantation.

démagnétiser *verbe* Détruire l'aimantation. SYN. désaimanter.

demain *adverbe* À l'avenir. SYN. dans le futur. CONTR. *aujourd'hui, autrefois, hier, maintenant, dans le passé, par le passé.*

demande *nom féminin* Action de demander quelque chose. SYN. adjuration, instance, prière, réclamation, requête, revendication, sollicitation, vœu. CONTR. *offre.* ■ Question posée. SYN. interrogation, question. CONTR. *réponse.*

demandé *adjectif* Qui est très désiré. SYN. recherché, réclamé, sollicité. – LITTÉRAIRE : prisé.

demander *verbe* Faire savoir ce qu'on veut. SYN. adjurer, mendier, prier, quémander, revendiquer, solliciter, souhaiter, vouloir. – LITTÉRAIRE : conjurer, implorer, quêter. CONTR. *offrir.* ■ Avoir besoin de. SYN. appeler, commander, exiger, imposer, mériter, nécessiter, réclamer, requérir. CONTR. *refuser.* ■ Poser une question. SYN. interroger, questionner, se renseigner. CONTR. *répondre.*

demandeur *nom* Personne qui demande. SYN. acheteur, client. ■ ***Demandeur d'emploi,*** personne au chômage. SYN. chômeur, inactif, sans-emploi. – ARGOTIQUE : chômdu.

demandeur *adjectif* Qui demande. SYN. avide, solliciteur.

démangeaison *nom féminin* Envie de se gratter. SYN. chatouillement, prurit.

démanger *verbe* Donner envie de se gratter. SYN. chatouiller, gratter, irriter. – FAMILIER : grattouiller.

démantèlement *nom masculin* Action de détruire. SYN. démolition, destruction, dislocation, renversement, ruine. CONTR. *reconstruction, redressement, réfection, relèvement.* – LITTÉRAIRE : *réédification.*

démanteler *verbe* Détruire un ensemble organisé. SYN. abattre, anéantir, démolir, détruire, disloquer, raser. CONTR. *bâtir, consolider, constituer, construire, créer, organiser, reconstruire, relever, réparer, restaurer.* – LITTÉRAIRE : *réédifier.*

démantibuler *verbe* FAMILIER. Mettre un objet en pièces. SYN. démolir, détraquer, disloquer. – FAMILIER : déglinguer. CONTR. *monter.*

démarcation *nom féminin* Nette séparation. SYN. clivage, délimitation, distinction, frontière, limitation, limite, lisière.

démarchage *nom masculin* Action de démarcher. SYN. colportage, porte-à-porte, vente à domicile.

démarche *nom féminin* Manière de marcher. SYN. allure, contenance, maintien, mouvement, port. – FAMILIER : dégaine, touche. ■ Intervention auprès de quelqu'un. SYN. approche, avances, tentative.

démarquage *nom masculin* Action de démarquer un écrit. SYN. calque, compilation, décalque, emprunt, pillage, plagiat.

démarquer *verbe* Copier une œuvre en l'altérant. SYN. calquer, compiler, copier, imiter, pasticher, piller, pirater, plagier. – POPULAIRE : pomper.

démarquer (se) *verbe pronominal* Prendre ses distances. SYN. se différencier, se distinguer, être à part, se singulariser.

démarrage *nom masculin* Fait de démarrer. SYN. commencement, départ, mise en route.

démarrer *verbe intransitif* Prendre le départ. SYN. s'ébranler, se mettre en branle, se mettre en marche, se mettre en route, partir. CONTR. *s'arrêter, rester, stopper.* – LITTÉRAIRE : *demeurer.* ■ Commencer à fonctionner. SYN. commencer, débuter, partir. – FAMILIER : s'emmancher. CONTR. *s'arrêter, expirer, se terminer.*

démarrer *verbe transitif* FAMILIER. Mettre en train quelque chose. SYN. amorcer, attaquer, s'attaquer à, s'atteler à, commencer, déclencher, donner le coup d'envoi, engager, entamer, entreprendre, lancer, mettre en branle, mettre en chantier, mettre en œuvre, mettre en route. – FAMILIER : débuter.

démasquer *verbe* Montrer sous son vrai jour. SYN. confondre, dévoiler, livrer, montrer, révéler, trahir. – FAMILIER : épingler. – LITTÉRAIRE : déshabiller. ■ Dévoiler quelque chose. SYN. découvrir, démontrer, éventer, montrer, pénétrer, révéler. CONTR. *cacher, camoufler, couvrir, déguiser, dissimuler, envelopper, masquer, travestir.* – LITTÉRAIRE : *dérober, farder, voiler.*

d'emblée *locution adverbiale* Du premier coup. SYN. d'abord, aussitôt, d'entrée de jeu, immédiatement, incessamment, à l'instant, instantanément, dans le moment même, promptement, sans délai, sans retard, sans tarder, séance tenante, sur l'heure, sur-le-champ, tout de suite. – FAMILIER : illico, illico presto, subito presto. – LITTÉRAIRE : dès l'abord, incontinent.

démêlage *nom masculin* Action de démêler. SYN. débrouillage, débrouillement, démêlement.

démêlé *nom masculin* Conflit entre deux parties. SYN. affaire, contestation, débat, différend, discussion, dispute, dissension, litige, querelle. – LITTÉRAIRE : discorde.

démêlement *nom masculin* Action de démêler. SYN. débrouillage, débrouillement, démêlage.

démêler *verbe* Mettre en ordre ce qui est emmêlé. SYN. débrouiller, dénouer, désentortiller. CONTR. *brouiller, embrouiller, emmêler, enchevêtrer.* ■ Éclaircir une situation. SYN. clarifier, débrouiller, déchiffrer, défricher, dégrossir, désembrouiller, discerner, distinguer, éclaircir, élucider, expliquer, résoudre, solutionner. CONTR. *brouiller, embrouiller, emmêler, enchevêtrer, obscurcir.*

démembrement *nom masculin* Action de démembrer. SYN. division, lotissement, morcellement, partage. – LITTÉRAIRE : dépeçage, dépècement. CONTR. *remembrement, unification.*

démembrer *verbe* Diviser un tout en parties. SYN. découper, dégrouper, dépecer, désagréger, disloquer, diviser, fractionner, lotir, morceler, partager, séparer. CONTR. *remembrer, unifier.*

déménagement *nom masculin* Action de déménager. CONTR. *emménagement, installation.*

déménager *verbe* Changer de domicile. SYN. – FAMILIER : changer de crémerie, mettre la clé sous la porte. CONTR. *emménager, s'installer.* ■ FAMILIER. Ne plus avoir toute sa raison. SYN. avoir l'esprit dérangé, avoir une araignée dans le plafond, déraisonner, divaguer, ne pas avoir toute sa tête, perdre la raison, perdre la tête, perdre la tramontane, radoter. – ARGOTIQUE : avoir un cafard dans la tirelire, avoir une chauve-souris dans le beffroi, yoyoter de la touffe. – FAMILIER : avoir un grain, avoir une case en moins, dérailler, perdre la boule, perdre la boussole, perdre le nord, perdre les pédales, travailler du chapeau. – LITTÉRAIRE : extravaguer. – POPULAIRE : débloquer, péter les plombs.

démence *nom féminin* FAMILIER. Conduite insensée. SYN. aberration, aveuglement, délire, divagation, égarement, extravagance, folie, insanité. – LITTÉRAIRE : déraison. CONTR. *lucidité, raison.* ■ Trouble mental. SYN. aliénation mentale, dérangement, folie.

démener (se) *verbe pronominal* Se donner beaucoup de mal. SYN. s'accrocher, s'activer, s'affairer, s'agiter, se battre, se débattre, se dépenser, se donner du mal, se donner un mal de chien, s'échiner, s'épuiser, s'escrimer, s'exténuer, faire des pieds et des mains, se fatiguer, lutter, se multiplier, ne pas ménager sa peine, ne pas plaindre sa peine, remuer ciel et terre, se remuer. – FAMILIER : se bagarrer, se couper en quatre, se décarcasser, se défoncer, s'éreinter, s'esquinter, mettre de l'huile de coude, se mettre en quatre, mettre le paquet, en mettre un bon coup, en mettre un coup, en mettre un vieux coup, n'avoir pas les deux pieds dans le même sabot, suer, se tuer, en vouloir. – POPULAIRE : se casser le cul, se crever, ramer. CONTR. *s'amuser, dormir, fainéanter, musarder, ne rien faire de ses dix doigts, paresser, se prélasser, prendre son temps.* – FAMILIER : *bayer aux corneilles, buller, flemmarder, lambiner, lanterner, lézarder, tirer sa flemme.* – LITTÉRAIRE : *muser.* – POPULAIRE : *glander, ne pas en fiche une rame, ne pas se fouler, ne pas se fouler la rate, tirer au cul, tirer au flanc.*

dément *adjectif* Atteint de démence. SYN. dérangé, désaxé, déséquilibré, fou. – FAMILIER : braque, cinglé, déjanté, détraqué, dingue, fada, fêlé, frappé, loufoque, maboul, malade, marteau, piqué, ravagé, tapé, timbré, toc-toc, toqué, zinzin. – LITTÉRAIRE : barjot, furieux. – POPULAIRE : allumé, azimuté, barge, barjo, branque, brindezingue, chtarbé, cinoque, cintré, dingo, folingue, fondu, frapadingue, givré, jeté, louf, louftingue, ouf, sinoc, sinoque, siphonné, tordu. CONTR. *équilibré, sensé.* ■ FAMILIER. Qui est extravagant. SYN. absurde, démentiel, déraisonnable, extravagant, fou, insensé, saugrenu, ubuesque. – FAMILIER : délirant, dingue. – POPULAIRE : dingo. CONTR. *raisonnable, réfléchi, sage, sensé.*

dément *nom* Personne atteinte de démence. SYN. aliéné, déséquilibré, énergumène, forcené, fou, fou furieux, illuminé, paranoïaque, psychopathe, psychotique, schizophrène. – FAMILIER : agité du bocal, cinglé.

démenti *nom masculin* Ce qui dément quelque chose. SYN. contradiction, dénégation, désaveu, infirmation, négation, réfutation. CONTR. *affirmation, assurance, attestation, confirmation.*

démentiel *adjectif* Qui relève de la démence. SYN. absurde, déraisonnable, extravagant, fou, insensé, ubuesque. – FAMILIER : délirant, dément, dingue, monstre. – POPULAIRE : dingo. CONTR. *équilibré, raisonnable, réfléchi, sage, sensé.*

démentir *verbe* Contredire quelqu'un, quelque chose. SYN. contredire, désavouer, infirmer, réfuter. CONTR. *approuver, appuyer, confirmer, corroborer, croire.* ■ Nier l'exactitude d'un fait. SYN. contester, nier. CONTR. *accréditer, affirmer, assurer, attester, avouer, certifier.*

démerdard *adjectif et nom* POPULAIRE. Qui sait se tirer d'affaire. SYN. futé, malin. – FAMILIER : débrouillard, dégourdi. CONTR. *engourdi, maladroit.* – FAMILIER : *empoté.*

démerder (se) *verbe pronominal* POPULAIRE. Se tirer d'embarras. SYN. se dépêtrer, savoir s'y prendre, savoir y faire, s'en sortir, se tirer d'affaire, tirer son épingle du jeu, s'en tirer. – FAMILIER : se débrouiller, se dépatouiller, utiliser le système D. CONTR. *s'embourber, s'embrouiller, s'empêtrer, s'enchevêtrer, s'enferrer, s'enliser, être dans le pétrin, être dans une mauvaise passe, patauger.* – FAMILIER : *s'enfoncer, être dans de beaux draps, être dans la panade, ne pas être sorti de l'auberge.* – POPULAIRE : *être dans la merde.*

démesure *nom féminin* Manque de mesure. SYN. exagération, excès, hypertrophie, outrance. – LITTÉRAIRE : intempérance. CONTR. *mesure, modération, pondération, sagesse.* – LITTÉRAIRE : *sobriété.*

démesuré *adjectif* Qui dépasse la norme. SYN. colossal, disproportionné, écrasant, énorme, extrême, gigantesque, illimité, immense, incommensurable, infini, interminable, monstrueux. – LITTÉRAIRE : titanesque, vaste. CONTR. *limité, normal, petit.* ■ Qui est excessif. SYN. abusif, débridé, effréné, exagéré, exorbitant, extravagant, immodéré, insensé, outrancier, outré, pléthorique, vertigineux. CONTR. *modéré, raisonnable.*

démesurément *adverbe* De façon démesurée. SYN. abusivement, beaucoup, colossalement, énormément, exagérément, excessivement, immodérément, monstrueusement, outrageusement, outre mesure, trop, vertigineusement. CONTR. *faiblement, légèrement, modérément, moyennement, peu, raisonnablement, sobrement.*

démettre *verbe* Faire sortir un os de son articulation. SYN. déboîter, désarticuler, disloquer, fouler, luxer. CONTR. *remettre.* ■ Obliger à quitter une fonction. SYN. bannir, casser, chasser, congédier, se défaire de, destituer, détrôner, éliminer, envoyer à tous les diables, envoyer au diable, envoyer aux cinq cents diables, évincer, licencier, limoger, mettre à la porte, radier, remercier, renvoyer, révoquer, se séparer de. – FAMILIER : balayer, blackbouler, débarquer, déboulonner, dégommer, démissionner, envoyer au bain, envoyer balader, envoyer bouler, envoyer paître, envoyer promener, envoyer sur les roses, envoyer valser, ficher à la porte, flanquer à la porte, flanquer dehors, sabrer, vider. – POPULAIRE : balancer, envoyer aux pelotes, envoyer chier, envoyer dinguer, envoyer péter, envoyer se faire cuire un œuf, envoyer se faire foutre, foutre à la porte, lourder, sacquer, saquer, virer. – VIEUX : envoyer se faire lanlaire. CONTR. *accueillir, admettre, agréer, recevoir.*

démettre (se) *verbe pronominal* Quitter sa fonction. SYN. abandonner, abdiquer, démissionner, quitter. – LITTÉRAIRE : résigner. CONTR. *demeurer, occuper, rester.*

démeubler *verbe* Vider un local de ses meubles. SYN. dégarnir, déménager, vider.

demeure *nom féminin* LITTÉRAIRE. Lieu où l'on habite. SYN. domicile, foyer, habitation, logement, maison, nid, résidence. – LITTÉRAIRE : logis. ■ ***Mettre en demeure,*** demander de manière impérative. SYN. commander, exiger, imposer, intimer, ordonner, sommer. – LITTÉRAIRE : enjoindre.

demeuré *nom* Personne stupide. SYN. attardé, imbécile, innocent. – FAMILIER : andouille, crétin. – POPULAIRE : taré. – VIEUX : idiot.

demeurer *verbe* LITTÉRAIRE. Rester quelque part. SYN. s'arrêter, rester. CONTR. *s'absenter, bouger, démarrer, s'enfuir, partir, sortir.* – FAMILIER : *décamper, s'éclipser.* – POPULAIRE : *se barrer, décaniller.* ■ Loger quelque part. SYN. s'établir, habiter, loger, résider, séjourner, vivre. – FAMILIER : nicher, percher. – POPULAIRE : crécher. ■ Persister dans un certain état. SYN. durer, subsister, se tenir. CONTR. *changer, se démettre.*

demi *adjectif* ***À demi,*** en partie. SYN. imparfaitement, insuffisamment, à moitié, partiellement, sommairement. CONTR. *complètement, entièrement, intégralement, pleinement, profondément.* – FAMILIER : *fin.*

demi-bas *nom masculin invariable* Chaussette montant jusqu'au genou. SYN. mi-bas.

demi-grossiste *nom masculin* Commerçant en demi-gros. SYN. semi-grossiste.

demi-jour *nom masculin* Lumière tamisée. SYN. clair-obscur, pénombre. CONTR. *clarté, lumière.*

démilitarisation *nom féminin* Action de démilitariser. SYN. désarmement. CONTR. *armement, militarisation, réarmement.*

démilitariser *verbe* Arrêter toute activité militaire. SYN. désarmer. CONTR. *armer, militariser.*

demi-mondaine *nom féminin* VIEUX. Femme entretenue. SYN. – FAMILIER : cocotte. – LITTÉRAIRE : courtisane.

démission *nom féminin* Action de se démettre d'une charge. SYN. départ, résignation. – LITTÉRAIRE : renonciation. CONTR. *accession, adhésion.* ■ Incapacité de remplir un rôle. SYN. abandon, abdication, carence, renoncement, trahison. – FAMILIER : lâchage. – LITTÉRAIRE : fléchissement.

démissionner *verbe intransitif* Renoncer à une fonction. SYN. abandonner, se démettre, se retirer. – FAMILIER : rendre son tablier. CONTR. *adhérer.* ■ Renoncer à assurer son rôle. SYN. abandonner, abdiquer, renoncer. ■ S'avouer vaincu. SYN. capituler. CONTR. *continuer, s'imposer, se maintenir.*

démissionner *verbe transitif* FAMILIER. Obliger à donner sa démission. **SYN.** chasser, congédier, se défaire de, démettre, déposer, destituer, éliminer, évincer, limoger, mettre à la porte, radier, refuser, remercier, renvoyer, révoquer, se séparer de. – FAMILIER : balayer, débarquer, déboulonner, dégommer, ficher à la porte, flanquer à la porte, flanquer dehors, sabrer, vider. – POPULAIRE : foutre à la porte, lourder, sacquer, saquer, virer. **CONTR.** *accueillir, admettre, agréer, recevoir.*

démobilisation *nom féminin* Renvoi des militaires chez eux. **SYN.** libération. **CONTR.** *appel, enrôlement, mobilisation.*

démobiliser *verbe* Renvoyer des militaires chez eux. **SYN.** libérer. **CONTR.** *appeler, enrôler, incorporer, mobiliser, réquisitionner.* ■ Enlever toute combativité. **SYN.** décourager, démoraliser. **CONTR.** *mobiliser, rallier.*

démocratique *adjectif* Conforme à la démocratie. **SYN.** populaire. **CONTR.** *autocratique, dictatorial, totalitaire, tyrannique.*

démocratiser *verbe* Rendre accessible à tous. **SYN.** généraliser, populariser, vulgariser.

démodé *adjectif* Qui est dépassé. **SYN.** anachronique, ancien, antédiluvien, antique, archaïque, arriéré, attardé, caduc, dépassé, désuet, kitsch, obsolète, périmé, poussiéreux, rococo, vieilli, vieillot, vieux, vieux jeu. – ARGOTIQUE : square. – FAMILIER : fossile, out, retardé, rétro, ringard. – LITTÉRAIRE : obsolescent, suranné. – POPULAIRE : cucul (la praline). **CONTR.** *en cours, dernier cri, à la mode, à la page, dans le vent, en vogue.* – FAMILIER : *branché, dans le coup, in, tendance.*

demoiselle *nom féminin* Personne jeune du sexe féminin. **SYN.** jeune fille, nymphette. – FAMILIER : donzelle, minette, sauterelle. – POPULAIRE : môme, nana. ■ Poisson de la Méditerranée. **SYN.** cépole, jarretière. ■ Outil pour tasser. **SYN.** dame, hie. ■ Insecte des mares. **SYN.** libellule.

démolir *verbe* Abattre une construction. **SYN.** abattre, anéantir, délabrer, démanteler, emboutir, raser, renverser. **CONTR.** *bâtir, construire, créer, édifier, relever.* ■ Mettre en pièces. **SYN.** abîmer, briser, casser, défaire, démanteler, détériorer, détraquer, dévaster, disloquer, emboutir, éventrer, saboter. – ARGOTIQUE : dézinguer. – FAMILIER : bousiller, déglinguer, démantibuler, fusiller. – POPULAIRE : foutre en l'air, ratatiner. **CONTR.** *arranger, monter, réparer.* ■ Altérer l'état physique. **SYN.** anéantir, délabrer, détraquer, ruiner. – FAMILIER : esquinter. **CONTR.** *fortifier, raffermir, renforcer.* – FAMILIER : *ragaillardir, ravigoter, requinquer.* ■ FAMILIER. Atteindre par des critiques. **SYN.** anéantir, attaquer, calomnier, couvrir de boue, critiquer, décrier, démonétiser, dénigrer, descendre en flammes, diffamer, dire pis que pendre, discréditer, exécuter, matraquer, médire, s'en prendre à, salir, stigmatiser, tirer à boulets rouges sur, tomber à bras raccourcis sur, torpiller, traîner dans la boue. – ARGOTIQUE : dézinguer. – FAMILIER : abîmer, assaisonner, baver sur, casser du sucre sur (le dos de), cracher sur, débiner, déblatérer contre, éreinter, esquinter, étriller, habiller pour l'hiver, taper sur, voler dans les plumes. – LITTÉRAIRE : clabauder, dauber sur, déchirer, fustiger, noircir, rompre en visière, vilipender, vitupérer contre. – POPULAIRE : cartonner, flinguer, tailler un costard, tailler une veste. – VIEUX : tympaniser. **CONTR.** *épargner, protéger.*

démolition *nom féminin* Action de démolir. **SYN.** démantèlement, destruction, écroulement, renversement, ruine. **CONTR.** *construction, établissement, reconstruction, réfection, relèvement.* – LITTÉRAIRE : *réédification.*

démonétiser *verbe* Détruire le mérite de. **SYN.** déconsidérer, dénigrer, déprécier, dévaloriser, discréditer, perdre, ruiner. – FAMILIER : démolir. – LITTÉRAIRE : rabaisser, vilipender. **CONTR.** *célébrer, exalter, louer, prôner, recommander, rehausser, vanter.*

démoniaque *adjectif* Propre au démon. **SYN.** satanique. – LITTÉRAIRE : luciférien, méphistophélique. **CONTR.** *angélique.* – LITTÉRAIRE : *séraphique.* ■ D'une perversité diabolique. **SYN.** diabolique, machiavélique, pervers, sardonique, satanique. – LITTÉRAIRE : infernal. **CONTR.** *angélique.*

démonstratif *adjectif* Qui démontre. **SYN.** apodictique, concluant, convaincant, décisif, probant. ■ Qui manifeste ses sentiments. **SYN.** communicatif, expansif, expressif, exubérant, franc, ouvert. **CONTR.** *fermé, froid, glacial, impassible, renfermé, replié, taciturne.* – LITTÉRAIRE : *secret.*

démonstration *nom féminin* Marque extérieure d'un sentiment. **SYN.** manifestation, protestation, signe, témoignage. ■ Action de démontrer. **SYN.** argument, argumentation, établissement, preuve, raisonnement.

démonté *adjectif* Profondément troublé. **SYN.** déconcerté, déconfit, décontenancé, démoralisé, dérouté, désarçonné, désemparé, désorienté, interloqué, médusé, troublé. ■ Très agité. **SYN.** déchaîné, houleux. – LITTÉRAIRE : tumultueux.

démonter *verbe* Séparer les parties d'un objet. **SYN.** défaire, déposer, disséquer. **CONTR.** *agencer, ajuster, assembler, monter, remettre, remonter.* ■ Jeter dans l'embarras. **SYN.** confondre, déconcerter, décontenancer, démoraliser, dérouter, désarçonner, désorienter, interloquer, méduser, prendre au dépourvu, prendre de court, troubler. CONTR. *encourager, enhardir, raffermir, rassurer, regonfler.* – FAMILIER : *ragaillardir.*

démonter (se) *verbe pronominal* Être profondément troublé. SYN. s'affoler, se décontenancer, paniquer, perdre contenance, se troubler. – FAMILIER : se noyer dans un verre d'eau. CONTR. *se reprendre.*

démontrable *adjectif* Qui peut être démontré. SYN. prouvable. CONTR. *improuvable, indémontrable, invérifiable.*

démontré *adjectif* Qui est prouvé. SYN. acquis, vérifié. CONTR. *présumé, prétendu.*

démontrer *verbe* Procéder à une démonstration. SYN. enseigner, établir, garantir, montrer, prouver. ▪ Mettre en évidence. SYN. affirmer, attester, confirmer, déceler, démasquer, dévoiler, indiquer, montrer, révéler, trahir. – LITTÉRAIRE : témoigner.

démoralisant *adjectif* Qui démoralise. SYN. alarmiste, décevant, décourageant, déprimant, désespérant, frustrant. – FAMILIER : dégoûtant, écœurant. – LITTÉRAIRE : dissolvant. – POPULAIRE : flippant. CONTR. *encourageant, réconfortant.*

démoralisation *nom féminin* Fait d'être démoralisé. SYN. découragement, lassitude. – FAMILIER : écœurement.

démoralisé *adjectif* Qui n'a plus de courage. SYN. abattu, accablé, anéanti, cafardeux, découragé, dégoûté, démonté, déprimé, refroidi. – FAMILIER : écœuré. CONTR. *enthousiasmé.* – FAMILIER : *emballé.*

démoraliser *verbe* Faire perdre courage. SYN. abattre, accabler, anéantir, atterrer, briser, décourager, dégoûter, démobiliser, démonter, déprimer, rebuter. – FAMILIER : écœurer. CONTR. *encourager, galvaniser, ranimer, réconforter, regonfler, remonter.* – FAMILIER : *ragaillardir, requinquer.*

démordre *verbe* ***Ne pas démordre de,*** s'obstiner dans son opinion. SYN. s'accrocher, s'acharner, se buter, camper sur ses positions, s'entêter, insister, ne rien vouloir entendre, ne rien vouloir savoir, s'obstiner, se raidir, rester sur ses positions, tenir bon, tenir tête. – FAMILIER : se braquer, ne pas lâcher le morceau. – LITTÉRAIRE : s'opiniâtrer. CONTR. *capituler, céder.*

démuni *adjectif* Sans ressources financières. SYN. à court, à fond de cale, gêné, indigent, malheureux, miséreux, nécessiteux, pauvre, pouilleux, ruiné. – FAMILIER : déplumé, désargenté, fauché, fauché comme les blés, gêné aux entournures, dans la panade, sans le sou, à sec, sur la paille, sur le sable. – LITTÉRAIRE : impécunieux. – POPULAIRE : dans la débine, dans la dèche, dans la mouise, dans la purée, raide, raide comme un passe-lacet, sans un rotin. – VIEUX : besogneux, disetteux. CONTR. *aisé, installé, riche.* ▪ Qui est privé de. SYN. dénué, dépourvu, vide. CONTR. *approvisionné, fourni, paré.*

démunir *verbe* Priver quelqu'un de son bien. SYN. déposséder, dépouiller. CONTR. *fournir, munir, nantir, pourvoir.*

démunir (se) *verbe pronominal* Se dessaisir de quelque chose. SYN. abandonner, céder, se débarrasser, se défaire, se déposséder, se dépouiller, se dessaisir, donner, se priver de, renoncer à, sacrifier, se séparer. CONTR. *s'approprier, conserver, garder.*

démystifier *verbe* Détromper quelqu'un. SYN. éclairer, édifier. CONTR. *mystifier, tromper.* ▪ Priver de son mystère. SYN. démythifier, éclaircir, expliquer.

démythifier *verbe* Enlever le caractère de mythe. CONTR. – LITTÉRAIRE : *mythifier.*

dénaturation *nom féminin* Fait de dénaturer. SYN. altération, falsification, travestissement. – LITTÉRAIRE : viciation.

dénaturé *adjectif* Qui est contraire à la nature. SYN. dépravé, indigne, monstrueux, pervers. – LITTÉRAIRE : corrompu. CONTR. *naturel, pur.*

dénaturer *verbe* Altérer la nature de quelque chose. SYN. adultérer, altérer, falsifier, forcer, frelater, pervertir, trahir. – LITTÉRAIRE : gangrener, gauchir, vicier. ▪ Fausser le sens de quelque chose. SYN. contrefaire, défigurer, déformer, dégrader, estropier, fausser, maquiller, mutiler, tronquer.

dendrocolapte *nom masculin* Oiseau d'Amérique du Sud. SYN. picucule.

dénégation *nom féminin* Action de contester. SYN. démenti, déni, désaveu, négation, réfutation. CONTR. *affirmation, assertion, assurance, attestation, aveu, confirmation, reconnaissance.*

dengue *nom féminin* Maladie infectieuse. SYN. fièvre rouge.

déni *nom masculin* Refus d'un droit. SYN. dénégation, négation, réfutation.

déniaiser *verbe* Faire perdre sa naïveté. SYN. débaucher, dégourdir, dévergonder. – FAMILIER : dessaler. – LITTÉRAIRE : délurer.

dénicher *verbe* Trouver en cherchant. SYN. chasser, déterrer, se procurer, repérer, tomber sur, trouver. – FAMILIER : dégoter, dégotter, pêcher.

dénier *verbe* Refuser de reconnaître. SYN. contester, désavouer, nier, récuser, réfuter. – LITTÉRAIRE : répudier. CONTR. *attester, avouer.* ▪ Refuser d'accorder. SYN. refuser. CONTR. *accorder, adjuger, attribuer.*

dénigrement *nom masculin* Action de dénigrer. SYN. attaque, calomnie, charge, critique, diffamation, médisance. – FAMILIER : débinage, éreintage, éreintement. CONTR. *admiration, apologie, approbation, éloge, flatterie, glorification, louange, panégyrique.*

dénigrer *verbe* Attaquer la réputation de quelqu'un. SYN. attaquer, calomnier, critiquer, décrier, démonétiser, déprécier, descendre en flammes, diffamer, dire pis que pendre, discréditer, gloser sur, médire, s'en prendre à, rabaisser, salir, stigmatiser, tirer à boulets rouges sur, tomber à bras raccourcis sur, traîner dans la boue. – ARGOTIQUE : dézinguer. – FAMILIER : abîmer, assaisonner, baver sur, bêcher, cancaner, casser du sucre sur (le dos de), cracher sur, débiner, déblatérer contre, démolir, en dire de belles, éreinter, esquinter, étriller, habiller pour l'hiver, en raconter de belles, tailler un costard, tailler une veste, taper sur, voler dans les plumes. – LITTÉRAIRE : clabauder, dauber sur, déchirer, flétrir, fustiger, noircir, rompre en visière, vilipender, vitupérer contre. – POPULAIRE : cartonner, flinguer. – VIEUX : tympaniser. CONTR. *admirer, apprécier, estimer, exalter, glorifier, honorer, louer, prôner, recommander, vanter.* – LITTÉRAIRE : *chanter, encenser, flagorner, louanger.*

dénigreur *nom* Personne qui dénigre. SYN. critique, dépréciateur, détracteur, diffamateur. – FAMILIER : débineur. – LITTÉRAIRE : censeur, contempteur, daubeur, négateur. CONTR. *bénisseur, flatteur.* – LITTÉRAIRE : *adulateur, caudataire, complimenteur, encenseur, flagorneur, laudateur, louangeur, thuriféraire.*

dénombrable *adjectif* Qui peut être dénombré. SYN. chiffrable, comptable, nombrable. CONTR. *inchiffrable, indénombrable, innombrable.*

dénombrement *nom masculin* Action de dénombrer. SYN. catalogue, compte, énumération, état, évaluation, inventaire, liste, recensement, revue, statistique.

dénombrer *verbe* Faire le compte de. SYN. calculer, cataloguer, chiffrer, compter, énumérer, évaluer, inventorier, recenser. – LITTÉRAIRE : nombrer.

dénomination *nom féminin* Nom donné à quelque chose. SYN. appellation, désignation, nom, qualification.

dénommer *verbe* Donner un nom. SYN. appeler, baptiser, intituler, nommer, qualifier, taxer. CONTR. *débaptiser.*

dénoncer *verbe* Signaler à la justice. SYN. accuser, indiquer, livrer, nommer, signaler, trahir. – FAMILIER : cafarder, moucharder, vendre. – POPULAIRE : balancer, cafter, donner, se mettre à table. CONTR. *cacher, disculper, taire.* ■ LITTÉRAIRE. Révéler quelque chose. SYN. dénoter, manifester. ■ Annoncer la rupture d'un traité. SYN. abolir, abroger, annuler, casser, invalider, rompre. CONTR. *confirmer.*

dénonciateur *nom* Personne qui dénonce. SYN. accusateur, délateur, indicateur. – FAMILIER : cafard, cafardeur, mouchard. – LITTÉRAIRE : sycophante. – POPULAIRE : balance, cafteur, donneur.

dénonciation *nom féminin* Action de dénoncer quelqu'un. SYN. délation. – FAMILIER : cafardage, mouchardage. – POPULAIRE : caftage.

dénoter *verbe* Être le signe de quelque chose. SYN. annoncer, dire, indiquer, manifester, marquer, montrer, révéler, signaler, signifier, trahir. – LITTÉRAIRE : dénoncer, témoigner. CONTR. *cacher, dissimuler, masquer, voiler.*

dénouement *nom masculin* Événement final. SYN. aboutissement, accomplissement, achèvement, conclusion, épilogue, fin, fruit, issue, règlement, résultat, solution, sort, terme. – LITTÉRAIRE : terminaison. CONTR. *début, introduction.*

dénouer *verbe* Défaire ce qui était noué. SYN. délacer, délier, desserrer, détacher. CONTR. *attacher, enlacer, lacer, lier, nouer, rattacher, renouer.* ■ Résoudre une affaire. SYN. débrouiller, démêler, éclaircir, régler, résoudre, solutionner. CONTR. *embrouiller, obscurcir.*

denrée *nom féminin* Marchandise. SYN. aliment, article, comestible, fourniture, produit, provision, vivres. ■ ***Denrée rare,*** chose précieuse. SYN. curiosité, rareté.

dense *adjectif* Qui est compact. SYN. compact, dru, épais, fourni, impénétrable, profond, serré, tassé. – FAMILIER : à couper au couteau. CONTR. *clair, clairsemé, dispersé, disséminé, éparpillé, épars, rare, sporadique.* ■ Qui est concis. SYN. concis, condensé, lapidaire, ramassé. CONTR. *diffus, filandreux, verbeux.* – FAMILIER : *délayé, longuet.* ■ Qui est riche d'événements. SYN. abondant, fertile, fort, intense, luxuriant, nombreux, nourri, touffu. CONTR. *maigre, pauvre.*

densimètre *nom masculin* Instrument pour mesurer la densité d'un liquide. SYN. aréomètre.

densité *nom féminin* Qualité de ce qui est dense. SYN. compacité, concentration, consistance, épaisseur. CONTR. *fluidité, inconsistance, légèreté.*

densitométrie *nom féminin* ***Densitométrie osseuse,*** mesure de la densité osseuse. SYN. ostéodensitométrie.

dent *nom féminin* Organe de la mâchoire. **SYN.** – **FAMILIER** : croc, quenotte. – **POPULAIRE** : ratiche. ■ Sommet montagneux. **SYN.** aiguille, arête, corne, pic.

dent-de-lion *nom féminin* Plante à fleurs jaunes en capitules. **SYN.** pissenlit.

dentelé *adjectif* Découpé en pointes. **SYN.** déchiqueté, découpé, denté, denticulé.

dentelure *nom féminin* Découpure. **SYN.** créneau, crénelure, déchiqueture, feston.

denticète *nom masculin* Cétacé ayant des dents. **SYN.** odontocète. **CONTR.** *mysticète.*

dentier *nom masculin* Prothèse dentaire amovible. **SYN.** – **FAMILIER** : râtelier.

dentine *nom féminin* Tissu qui recouvre la pulpe de la dent. **SYN.** ivoire.

dentiste *nom* Praticien qui exerce la chirurgie dentaire. **SYN.** chirurgien-dentiste, odontologiste.

dentisterie *nom féminin* Étude des dents et de leur traitement. **SYN.** chirurgie dentaire, odontologie.

dentition *nom féminin* Ensemble des dents. **SYN.** denture.

dénudé *adjectif* Sans vêtements. **SYN.** en costume d'Adam, en costume d'Ève, déshabillé, dévêtu, nu, dans le plus simple appareil. – **FAMILIER** : en petite tenue, à poil. **CONTR.** *couvert, habillé, vêtu.* ■ Qui a perdu toute végétation. **SYN.** aride, nu, pelé, ras. **CONTR.** *boisé.* ■ Qui a perdu ses cheveux. **SYN.** chauve, clairsemé, dégarni, éclairci. – **FAMILIER** : déplumé.

dénuder *verbe* Laisser à nu. **SYN.** découvrir, dégager, dégarnir, déshabiller, dévêtir, dévoiler, montrer, révéler. – **LITTÉRAIRE** : dépouiller. **CONTR.** *couvrir, habiller.*

dénuder (se) *verbe pronominal* Se mettre nu. **SYN.** se déshabiller, se dévêtir. – **FAMILIER** : se mettre à poil. **CONTR.** *s'habiller, se vêtir.*

dénué *adjectif* Dépourvu de quelque chose. **SYN.** démuni, dépouillé, exempt, manquant de, pauvre en, privé de, vide. **CONTR.** *abondant, débordant, encombré, farci, foisonnant, fourmillant, garni, gorgé, muni, nanti, paré, plein, regorgeant, rempli, riche.* – **FAMILIER** : *bourré.*

dénuement *nom masculin* Grande misère. **SYN.** besoin, détresse, famine, gêne, indigence, pauvreté, pénurie. – **LITTÉRAIRE** : disette. – **VIEUX** : pouillerie. **CONTR.** *abondance, aisance, fortune, luxe, opulence, prospérité, richesse.*

dépanner *verbe* FAMILIER. Tirer d'embarras. **SYN.** aider, obliger, prêter assistance, prêter main-forte, prêter une main secourable, secourir, sortir d'affaire, venir à la rescousse, venir en aide.

dépaquetage *nom masculin* Action de dépaqueter. **SYN.** déballage, désemballage. **CONTR.** *emballage, empaquetage.*

dépaqueter *verbe* Sortir un objet de son emballage. **SYN.** déballer, défaire, déplier, désemballer, ouvrir. **CONTR.** *emballer, empaqueter, paqueter.*

dépareillé *adjectif* Qui n'est pas assorti. **SYN.** de bric et de broc, désassorti, disparate, hétéroclite, hétérogène, incomplet. **CONTR.** *assorti.*

dépareiller *verbe* Rendre incomplet un ensemble. **SYN.** désassortir. **CONTR.** *accorder, apparier, assortir, rappareiller, rapparier.*

déparer *verbe* Rompre l'harmonie d'un tout. **SYN.** enlaidir, gâcher, gâter, ternir. – **LITTÉRAIRE** : déshonorer. **CONTR.** *agrémenter, égayer, embellir, enjoliver.*

déparier *verbe* Ôter l'une des deux choses qui forment une paire. **SYN.** désapparier. **CONTR.** *apparier, rappareiller, rapparier.*

départ *nom masculin* Moment où l'on part. **SYN.** démarrage, partance. **CONTR.** *arrivée, venue.* ■ Fait de quitter une fonction. **SYN.** congé, démission, licenciement, renvoi, sortie. **CONTR.** *accession, entrée.* ■ Début d'une activité. **SYN.** amorce, commencement, début, naissance. **CONTR.** *aboutissement, achèvement, fin.*

département *nom masculin* LITTÉRAIRE. Attributions de quelqu'un. **SYN.** domaine, partie, rayon, secteur. – **LITTÉRAIRE** : ressort.

départir (se) *verbe pronominal* Se séparer de quelque chose. **SYN.** abandonner, abdiquer, dire adieu à, faire une croix sur, se priver, renoncer à. **CONTR.** *conserver, garder.*

dépassé *adjectif* Qui n'a plus cours. **SYN.** anachronique, ancien, antédiluvien, antique, archaïque, arriéré, attardé, caduc, démodé, déphasé, désuet, inactuel, obsolète, périmé, poussiéreux, vieilli, vieillot, vieux, vieux jeu. – **ARGOTIQUE** : square. – **FAMILIER** : fossile, out, retardé, rétro, ringard. – **LITTÉRAIRE** : obsolescent, suranné. – **VIEUX** : rococo. **CONTR.** *en cours, à la mode, moderne, nouveau, à la page, dans le vent, en vogue.* – **FAMILIER** : *tendance.* ■ Qui ne domine plus la situation. **SYN.** retardataire. – **FAMILIER** : largué, out. **CONTR.** *moderne.* – **FAMILIER** : *branché, dans le coup, in.*

dépassement *nom masculin* Action d'aller au-delà de. **SYN.** excès, franchissement, surpassement.

dépasser *verbe intransitif* Faire saillie. **SYN.** avancer, déborder, empiéter, saillir, surplomber.

dépasser *verbe transitif* Passer devant quelqu'un, un véhicule. SYN. coiffer au poteau, distancer, doubler, laisser derrière soi, prendre la tête. – FAMILIER : gratter, griller, lâcher, semer. CONTR. *rejoindre, suivre.* ▪ Aller au-delà d'une limite. SYN. excéder, franchir, franchir le cap, outrepasser, passer, passer le cap de. CONTR. *atteindre, se cantonner, égaler.* ▪ Surpasser quelqu'un, quelque chose. SYN. battre, devancer, distancer, écraser, surclasser, surpasser, triompher, vaincre. – FAMILIER : damer le pion à, enfoncer, griller. – LITTÉRAIRE : ne le céder en rien à. – POPULAIRE : faire la pige à. ▪ Causer un vif étonnement. SYN. confondre, dérouter, étonner, interloquer. ▪ ***Dépasser les bornes,*** aller au-delà de ce qui est permis. SYN. abuser, aller trop loin, exagérer, ne pas y aller avec le dos de la cuillère, outrepasser, pousser, y aller fort. – FAMILIER : charger la barque, charger la mule, forcer la dose, forcer la note, pousser (trop loin) le bouchon. – POPULAIRE : attiger, charrier, charrier dans les bégonias, chier dans la colle.

dépasser (se) *verbe pronominal* Faire une performance. SYN. se surpasser.

dépatouiller (se) *verbe pronominal* FAMILIER. Se tirer d'un mauvais pas. SYN. se dépêtrer, s'en sortir, se tirer d'affaire, tirer son épingle du jeu, s'en tirer. – FAMILIER : se débrouiller. – POPULAIRE : se démerder. CONTR. *s'embourber, s'embrouiller, s'empêtrer, s'enchevêtrer, s'enferrer, s'enliser, être dans le pétrin, être dans une mauvaise passe, patauger.* – FAMILIER : *s'enfoncer, être dans de beaux draps, être dans la panade, ne pas être sorti de l'auberge.* – POPULAIRE : *être dans la merde.*

dépayser *verbe* Faire changer de pays. SYN. déraciner, désacclimater. CONTR. *acclimater, enraciner.* ▪ Changer le habitudes de. SYN. déconcerter, décontenancer, dérouter, désorienter, interloquer, troubler. CONTR. *familiariser.*

dépeçage *nom masculin* LITTÉRAIRE. Action de dépecer. SYN. démembrement, dépecement, division, morcellement, partage. CONTR. *remembrement, unification.*

dépecement *nom masculin* LITTÉRAIRE. Action de dépecer. SYN. démembrement, dépeçage, division, morcellement, partage. CONTR. *remembrement, unification.*

dépecer *verbe* Découper en morceaux. SYN. débiter, découper, disséquer. ▪ Morceler quelque chose. SYN. démembrer, diviser, fractionner, lotir, partager. CONTR. *grouper, joindre, rassembler, remembrer, réunir.*

dépêcher *verbe* LITTÉRAIRE. Envoyer en toute hâte. SYN. adresser, déléguer, détacher, envoyer, expédier, mandater. – VIEUX : députer.

dépêcher (se) *verbe pronominal* Faire vite quelque chose. SYN. accélérer, agir, courir, s'empresser, se hâter, mettre les bouchées doubles, passer la surmultipliée, passer la vitesse supérieure, se précipiter, presser le mouvement, presser le pas, se presser, se remuer. – FAMILIER : s'activer, faire vinaigre, foncer, speeder. – LITTÉRAIRE : faire diligence. – POPULAIRE : bomber, se dégrouiller, faire fissa, se grouiller, se magner le cul (le popotin), se magner, se manier le cul (le popotin), se manier. CONTR. *atermoyer, s'attarder, avoir le temps, avoir tout son temps, prendre son temps, tarder, temporiser, traîner.* – FAMILIER : *lambiner, lanterner, traînailler, traînasser.*

dépeigner *verbe* Déranger une coiffure. SYN. décoiffer, ébouriffer. – LITTÉRAIRE : écheveler. CONTR. *coiffer, peigner.*

dépeindre *verbe* Décrire quelque chose, quelqu'un. SYN. brosser, camper, décrire, détailler, donner un aperçu de, exposer, montrer, peindre, raconter, rendre compte, représenter, retracer, tracer. – LITTÉRAIRE : portraiturer.

dépenaillé *adjectif* FAMILIER. Dont la mise est négligée. SYN. débraillé, déguenillé. – FAMILIER : dépoitraillé. – LITTÉRAIRE : guenilleux, haillonneux, loqueteux. CONTR. *convenable, correct, raffiné.*

dépendance *nom féminin* Liaison étroite entre deux choses. SYN. corrélation, correspondance, interdépendance, relation. – LITTÉRAIRE : connexité. ▪ Subordination à quelqu'un, quelque chose. SYN. aliénation, allégeance, asservissement, assujettissement, coupe, domination, inféodation, obédience, soumission, subordination. – LITTÉRAIRE : joug, servitude, sujétion. CONTR. *autonomie, émancipation, indépendance, liberté.* ▪ Assujettissement à une substance. SYN. accoutumance, assuétude. CONTR. *désaccoutumance.* ▪ Bâtiment secondaire. SYN. annexe, attenance, communs.

dépendant *adjectif* Qui dépend de. SYN. prisonnier, subordonné à, suspendu, tributaire. CONTR. *autonome, émancipé, indépendant.*

dépendre *verbe transitif* Détacher ce qui était pendu. SYN. décrocher. CONTR. *accrocher, pendre, suspendre.*

dépendre *verbe transitif indirect* Faire partie de quelque chose. SYN. s'ensuivre, provenir, résulter. ▪ Être subordonné à. SYN. appartenir, reposer sur, tenir à, venir de. – LITTÉRAIRE : ressortir à. ▪ Être sous l'autorité de. SYN. être sous la coupe de, relever de. CONTR. *avoir prise sur, tenir sous sa coupe.*

dépense *nom féminin* Action de dépenser de l'argent. SYN. débit, débours, déboursement, frais, sortie. CONTR. *économie, gain, recette.* ▪ Action d'utiliser quelque chose. SYN. consommation, utilisation.

dépenser *verbe* Utiliser de l'argent. SYN. acquitter, s'acquitter, débourser, décaisser, engloutir, financer, manger, payer, régler, verser. – FAMILIER : cracher, croquer, mettre la main à la poche. – POPULAIRE : les aligner, les allonger, banquer, casquer, cracher au bassinet, douiller, les lâcher, raquer. CONTR. *accumuler, amasser, capitaliser, économiser, entasser, épargner, gagner, thésauriser.* ■ Employer quelque chose à. SYN. déployer, prodiguer. CONTR. *économiser, épargner.* ■ Utiliser quelque chose. SYN. avoir besoin de, consommer.

dépenser (se) *verbe pronominal* Se donner du mal pour. SYN. s'activer, s'affairer, se battre, se débattre, se démener, se donner du mal, donner un coup de collier, se donner un mal de chien, s'échiner, s'épuiser, s'escrimer, s'exténuer, faire des pieds et des mains, se fatiguer, lutter, se multiplier, ne pas ménager sa peine, ne pas plaindre sa peine, se remuer. – FAMILIER : s'agiter, se bagarrer, se couper en quatre, se décarcasser, se défoncer, s'éreinter, s'esquinter, mettre de l'huile de coude, se mettre en quatre, mettre le paquet, se tuer. – POPULAIRE : se casser le cul, se crever, ramer. CONTR. *s'amuser, dormir, fainéanter, musarder, paresser, se prélasser, prendre son temps.* – FAMILIER : *buller, flemmarder, lambiner, lanterner, lézarder, tirer sa flemme.* – LITTÉRAIRE : *muser.* – POPULAIRE : *glander, ne pas en fiche une rame, tirer au cul, tirer au flanc.* ■ Se donner du mouvement. SYN. s'activer, s'agiter, s'en donner à cœur joie, se remuer.

dépensier *adjectif* et *nom* Qui aime la dépense. SYN. croqueuse de diamants, dilapidateur, gaspilleur, prodigue. – LITTÉRAIRE : dissipateur. CONTR. *avare, économe, parcimonieux, regardant, thésauriseur.* – FAMILIER : *chien, grigou, grippe-sou, pingre, radin, rapiat, rat.* – LITTÉRAIRE : *avaricieux, harpagon, ladre, lésineur, rapace.* – VIEUX : *chiche.*

dépérir *verbe* S'affaiblir progressivement. SYN. s'affaiblir, s'amoindrir, s'atrophier, décliner, diminuer, s'étioler, se faner, s'user. – FAMILIER : baisser. – LITTÉRAIRE : se consumer. CONTR. *avoir bon pied bon œil, s'épanouir, être en grande forme, être en pleine forme, se fortifier, se porter comme un charme, pousser, se remettre, se remonter, réussir.* – FAMILIER : *avoir la frite, se requinquer.* – POPULAIRE : *avoir la pêche, péter le feu.* ■ S'acheminer vers sa fin. SYN. se dégrader, se délabrer, se détériorer, se faner, péricliter. CONTR. *s'accroître, prospérer, résister, réussir, revenir.*

dépérissement *nom masculin* Fait de s'affaiblir. SYN. affaiblissement, amaigrissement, atrophie, diminution, étiolement, langueur. – LITTÉRAIRE : dégénérescence, exténuation. CONTR. *grossissement.* ■ État de ce qui périclite. SYN. décadence, déclin, délabrement. CONTR. *croissance, prospérité.*

dépêtrer *verbe* Dégager de ce qui gêne. SYN. débarrasser, délivrer. CONTR. *entraver.* ■ Tirer d'embarras. SYN. sortir d'affaire. CONTR. *empêtrer.*

dépêtrer (se) *verbe pronominal* Se tirer d'affaire. SYN. se dégager, s'en sortir, se tirer d'affaire, tirer son épingle du jeu, s'en tirer. – FAMILIER : se débrouiller, se dépatouiller. – POPULAIRE : se démerder. CONTR. *s'embarrasser, s'embourber, s'embrouiller, s'empêtrer, s'enchevêtrer, s'enferrer, s'enliser, être dans le pétrin, être dans une mauvaise passe, patauger.* – FAMILIER : *s'enfoncer, être dans de beaux draps, être dans la panade, ne pas être sorti de l'auberge.* – POPULAIRE : *être dans la merde, ramer.*

dépeuplé *adjectif* Vidé de ses occupants. SYN. désert, vide. CONTR. *peuplé, surpeuplé.*

dépeuplement *nom masculin* Action de dépeupler. SYN. dépopulation. CONTR. *repeuplement, repopulation.*

dépeupler *verbe* Faire partir les habitants d'un pays. SYN. dégarnir, vider. CONTR. *peupler, repeupler, surpeupler.* ■ Couper les arbres d'une forêt. SYN. déboiser, éclaircir. CONTR. *boiser, planter.*

déphasage *nom masculin* Perte de contact avec la réalité. SYN. décalage.

déphasé *adjectif* Qui a perdu contact avec la réalité. SYN. dépassé, désaxé, déséquilibré, désorienté, perdu.

dépiauter *verbe* Enlever la peau de. SYN. dépouiller, écorcher.

dépigmentation *nom féminin* Absence de pigmentation de la peau. SYN. achromie, leucodermie.

dépilation *nom féminin* Action d'épiler, de s'épiler. SYN. épilation.

dépilatoire *adjectif* et *nom masculin* Qui épile. SYN. épilatoire.

dépiler *verbe* Arracher les poils. SYN. épiler. ■ Défaire une pile de. SYN. désempiler.

dépister *verbe* Mettre sur une fausse piste. SYN. déjouer, dérouter, désorienter, égarer, fourvoyer. – FAMILIER : semer. ■ Découvrir quelque chose. SYN. découvrir, détecter, deviner, discerner, percer, repérer, surprendre, trouver.

dépit *nom masculin* Sentiment d'amertume. SYN. aigreur, amertume, déconvenue, désappointement, insatisfaction, irritation, mécontentement, rancœur, ressentiment. CONTR. *joie,* *satisfaction.* ▪ ***En dépit de,*** sans tenir compte de. SYN. malgré, nonobstant.

dépité *adjectif* Qui a du dépit. SYN. contrarié, déconfit, déçu, désabusé, désappointé, désenchanté, froissé, insatisfait, mécontent. – LITTÉRAIRE : chagrin. CONTR. *content, heureux, satisfait.*

déplacé *adjectif* Qui ne convient pas. SYN. choquant, hors de propos, impertinent, impudent, incongru, inconvenant, incorrect, indécent, inélégant, inopportun, intempestif, irrespectueux, malencontreux, malvenu. – FAMILIER : culotté. – LITTÉRAIRE : importun, irrévérencieux, malséant, malsonnant. CONTR. *adéquat, approprié, bienséant, de circonstance, convenable, correct, déférent, indiqué, juste, opportun, propice, respectueux.* – LITTÉRAIRE : *séant.*

déplacement *nom masculin* Action de déplacer. SYN. changement, déclassement, déménagement, dérangement, interversion, mouvement, mutation, transfert, transport, transposition. – LITTÉRAIRE : remuement, translation. CONTR. *fixité, immobilité.* ▪ Fait de se déplacer. SYN. locomotion, mouvement, passage, périple, voyage.

déplacer *verbe* Changer de place. SYN. bouger, bouleverser, déménager, déranger, détourner, enlever, manipuler, muter, pousser, remuer, transférer, transplanter. CONTR. *arranger, disposer, maintenir, ordonner, placer, ranger, replacer.*

déplacer (se) *verbe pronominal* Changer de place. SYN. bouger, circuler, se déranger, marcher, se mouvoir, se promener, remuer, voyager.

déplaire *verbe* Ne pas plaire à quelqu'un. SYN. contrarier, dégoûter, rebuter, repousser, répugner. – FAMILIER : débecqueter, débecter. CONTR. *agréer, arranger, convenir, intéresser, plaire, tenter.* – FAMILIER : *chanter.* ▪ Causer un désagrément. SYN. chagriner, choquer, fâcher, indisposer, irriter, mécontenter, offenser, offusquer, peiner. CONTR. *charmer, enchanter, ravir, séduire.*

déplaisant *adjectif* Qui déplaît. SYN. antipathique, désagréable, désobligeant, gênant, inamical, incommodant, ingrat. – FAMILIER : imbuvable. – LITTÉRAIRE : disgracieux. CONTR. *agréable, aimable, attirant, attrayant, beau, bon, charmant, délicieux, engageant, gentil, gracieux, joli, obligeant, plaisant, prévenant, sympathique.* – FAMILIER : *croquignolet.* – LITTÉRAIRE : *amène.* ▪ Qui fâche. SYN. agaçant, choquant, contrariant, ennuyeux, fâcheux, irritant, rebutant. – FAMILIER : embêtant, empoisonnant, enquiquinant, saumâtre. – POPULAIRE : chiant, emmerdant. CONTR. *réjouissant.*

déplaisir *nom masculin* Impression désagréable. SYN. chagrin, contrariété, désagrément, irritation, mécontentement. CONTR. *charme, contentement, joie, plaisir, satisfaction.*

déplantoir *nom masculin* Outil de jardinage. SYN. transplantoir.

déplétion *nom féminin* Diminution de la gravité d'un astre. CONTR. *mascon, réplétion.*

déplier *verbe* Étendre une chose pliée. SYN. déployer, dérouler, développer, étaler, étendre, ouvrir. CONTR. *fermer, plier, replier.* ▪ Sortir de la marchandise. SYN. déballer, dépaqueter, étaler. CONTR. *emballer, empaqueter.*

déplisser *verbe* Défaire les plis. SYN. déchiffonner, défroisser, lisser, repasser. CONTR. *chiffonner, froisser, plisser.*

déploiement *nom masculin* Fait d'ouvrir ce qui était plié. SYN. déroulement, étalement, étirement, ouverture. – LITTÉRAIRE : développement. ▪ Fait de manifester quelque chose. SYN. étalage, exhibition, ostentation, parade. – FAMILIER : déballage. – LITTÉRAIRE : prodigalité.

déplorable *adjectif* Qui afflige. SYN. affligeant, attristant, désolant, malheureux, navrant, regrettable, triste. CONTR. *heureux, satisfaisant.* ▪ Qui suscite la réprobation. SYN. blâmable, détestable, fâcheux, horrible, répréhensible, scandaleux. CONTR. *avantageux, salutaire.* ▪ FAMILIER. Très médiocre. SYN. affreux, catastrophique, désastreux, exécrable, lamentable, minable, piètre, piteux, pitoyable. CONTR. *beau, bon, brillant, parfait, remarquable.*

déplorablement *adverbe* De façon déplorable. SYN. fâcheusement, malencontreusement, piteusement, tristement. – LITTÉRAIRE : piètrement. CONTR. *avantageusement.*

déplorer *verbe* Regretter vivement. SYN. se lamenter, pleurer, regretter. CONTR. *s'applaudir, se féliciter, se louer, se réjouir.* – LITTÉRAIRE : *être bien aise de, être fort aise de.*

déployer *verbe* Ouvrir ce qui était plié. SYN. déplier, dérouler, développer, étirer, ouvrir. CONTR. *fermer, plier, replier.* ▪ Manifester quelque chose. SYN. afficher, arborer, étaler, exhiber, exposer, laisser paraître, montrer, prodiguer, révéler.

déployer (se) *verbe pronominal* S'étendre largement. SYN. se dérouler, s'étendre, s'ouvrir. CONTR. *se replier.*

déplumé *adjectif* FAMILIER. Qui a perdu ses cheveux. SYN. chauve, dégarni. CONTR. *chevelu.* ▪ FAMILIER. Qui a perdu de l'argent. SYN. – FAMILIER : fauché, ratissé, sans le sou. – POPULAIRE : raide.

dépoitraillé *adjectif* Dont la tenue est négligée. SYN. débraillé, négligé. – FAMILIER : dépenaillé. CONTR. *convenable, correct, raffiné.*

déportation *nom féminin* Exil politique. SYN. bannissement, exil, expatriation, expulsion, relégation. – VIEUX : transportation.

déportement *nom masculin* Fait de se dévier de sa trajectoire. SYN. embardée.

déporter *verbe* Exiler en un lieu. SYN. bannir, exiler, expatrier, expulser, transplanter.

dépose *nom féminin* Action d'enlever ce qui était posé. SYN. démontage. CONTR. *montage, pose, repose.*

déposer *verbe* Poser quelque chose quelque part. SYN. amener, conduire, laisser, mettre, remettre. CONTR. *enlever, prendre, retirer.* ■ Mettre en dépôt. SYN. placer, verser. ■ Démettre de sa fonction. SYN. bannir, casser, chasser, congédier, dégrader, déloger, démettre, destituer, détrôner, éliminer, envoyer à tous les diables, envoyer au diable, envoyer aux cinq cents diables, évincer, licencier, limoger, mettre à la porte, radier, refuser, remercier, renvoyer, repousser, révoquer. – FAMILIER : balayer, débarquer, déboulonner, dégommer, démissionner, envoyer au bain, envoyer balader, envoyer bouler, envoyer paître, envoyer promener, envoyer sur les roses, envoyer valser, ficher à la porte, flanquer à la porte, flanquer dehors, sabrer, vider. – POPULAIRE : balancer, envoyer aux pelotes, envoyer chier, envoyer dinguer, envoyer péter, envoyer se faire cuire un œuf, envoyer se faire foutre, foutre à la porte, lourder, virer. – VIEUX : envoyer se faire lanlaire. CONTR. *accueillir, admettre, agréer, garder, nommer, recevoir.*

dépositaire *nom* Personne qui a la garde de. SYN. garant, gardien.

déposition *nom féminin* Fait de retirer sa fonction à. SYN. destitution, détrônement, révocation. ■ Déclaration d'un témoin. SYN. témoignage.

déposséder *verbe* Enlever la possession de. SYN. démunir, dépouiller, dessaisir, enlever, exproprier, frustrer, léser, ôter, priver, retirer. – LITTÉRAIRE : spolier. CONTR. *pourvoir.*

dépossession *nom féminin* Action de déposséder quelqu'un. SYN. frustration, privation. – LITTÉRAIRE : dépouillement, spoliation.

dépôt *nom masculin* Action de déposer de l'argent. SYN. versement. CONTR. *retrait.* ■ Lieu où l'on entrepose des choses. SYN. entrepôt, magasin, réserve, resserre.

dépoter *verbe* Retirer une plante de son pot. SYN. transplanter. CONTR. *empoter, rempoter.*

dépotoir *nom masculin* Dépôt de choses malpropres. SYN. débarras, décharge, remise.

dépouille *nom féminin* LITTÉRAIRE. Corps d'un mort. SYN. cadavre, corps, restes.

dépouillé *adjectif* Dépourvu d'ornements. SYN. concis, discret, net, sévère, simple, sobre, strict. CONTR. *compliqué, diffus, exubérant, luxuriant, riche, touffu.*

dépouillement *nom masculin* LITTÉRAIRE. Action de dépouiller quelqu'un. SYN. dépossession, frustration. – LITTÉRAIRE : spoliation. ■ Caractère dépouillé. SYN. austérité, nudité, sobriété. CONTR. *luxe, magnificence, richesse.* – LITTÉRAIRE : *somptuosité.* ■ Sobriété d'une œuvre. SYN. concision, netteté, rigueur, sévérité, simplicité. CONTR. *emphase, enflure, grandiloquence.* – LITTÉRAIRE : *pompe.*

dépouiller *verbe transitif* Enlever la peau d'un animal. SYN. écorcher. – FAMILIER : dépiauter. ■ LITTÉRAIRE. Dégarnir les végétaux de leurs feuilles. SYN. dénuder, écorcer, effeuiller. – LITTÉRAIRE : défeuiller. CONTR. *garnir.* ■ Soustraire quelque chose à quelqu'un. SYN. démunir, déposséder, dessaisir, dévaliser, enlever, escroquer, frustrer, ôter, priver, voler. – FAMILIER : délester, lessiver, nettoyer, plumer, ratisser, tondre. – LITTÉRAIRE : dérober, détrousser, spolier. – POPULAIRE : rincer. – VIEUX : filouter. CONTR. *rendre.* ■ Dégarnir quelque chose. SYN. dénuder, désencombrer. CONTR. *agrémenter, enrichir, garnir.*

dépouiller (se) *verbe pronominal* Renoncer à quelque chose. SYN. abandonner, céder, se défaire, se démunir, se déposséder, se dessaisir, donner, se priver de, renoncer, renoncer à, sacrifier, se séparer. CONTR. *s'approprier, s'attribuer.*

dépouilles *nom féminin pluriel* LITTÉRAIRE. Ce qu'on prend à l'ennemi. SYN. butin, prises, trophée.

dépourvu *adjectif* Privé de quelque chose. SYN. démuni, dénué, dépouillé, exempt, vide. CONTR. *abondant, débordant, doué, encombré, farci, foisonnant, fourmillant, fourni, gorgé, paré, plein, pourvu, rempli, riche.* – FAMILIER : *bourré.*

dépravation *nom féminin* Comportement immoral. SYN. débauche, déchéance, dégradation, déliquescence, dérèglement, dévergondage, immoralité, perversion, pourriture. – LITTÉRAIRE : corruption, dissolution, prostitution, stupre, vice. CONTR. *assainissement, chasteté, épuration, innocence, pureté.* – LITTÉRAIRE : *honneur.*

dépravé *adjectif* Dont la moralité est corrompue. SYN. débauché, déliquescent, dénaturé, déréglé, dévergondé, immoral, licencieux, perverti. – LITTÉRAIRE : corrompu, crapuleux, dissolu, égaré, impur, orgiaque. – VIEUX : luxurieux. CONTR. *honnête, pur, rangé, sérieux, vertueux.*

dépraver *verbe* Corrompre la moralité de. SYN. avilir, débaucher, dégrader, dérégler, perdre, pervertir, pourrir. – LITTÉRAIRE : corrompre, dévoyer, flétrir, gangrener, prostituer. ■ Altérer le goût. SYN. déformer, gâter. – LITTÉRAIRE : corrompre, frelater, vicier.

dépréciateur *nom* Personne qui déprécie. SYN. critique, dénigreur, détracteur. – LITTÉRAIRE : contempteur, négateur. CONTR. *bénisseur, flatteur.* – LITTÉRAIRE : *adulateur, complimenteur, encenseur, flagorneur, laudateur, louangeur.*

dépréciatif *adjectif* Qui déprécie. SYN. abaissant, critique, dépréciateur, médisant, rabaissant. CONTR. *élogieux, laudatif.* ■ Qui a un sens défavorable. SYN. péjoratif. CONTR. *mélioratif.*

dépréciation *nom féminin* Action de déprécier. SYN. baisse, chute, dégradation, dévalorisation, dévaluation. – LITTÉRAIRE : prostitution, rabaissement. – VIEUX : avilissement. CONTR. *augmentation, élévation, hausse, relèvement, revalorisation, valorisation.*

déprécier *verbe* Porter un jugement défavorable. SYN. avilir, déconsidérer, décrier, dénigrer, déshonorer, dévaloriser, diminuer, discréditer, galvauder, mésestimer, minimiser, rabaisser, rapetisser, ravaler, sous-estimer, sous-évaluer, tenir pour moins que rien. – FAMILIER : débiner. – LITTÉRAIRE : dauber sur, déchirer, vilipender. CONTR. *admirer, apprécier, célébrer, exalter, honorer, rehausser, valoriser.* – LITTÉRAIRE : *priser.* ■ Diminuer la valeur de. SYN. démonétiser, dévaluer. CONTR. *réévaluer, rehausser.*

déprécier (se) *verbe pronominal* Perdre de sa valeur. SYN. baisser, se dévaloriser, se dévaluer. – VIEUX : s'avilir.

déprédateur *adjectif* Qui fait des dégâts. SYN. destructeur, dévastateur, vandale. – LITTÉRAIRE : ravageur.

déprédation *nom féminin* Dégât causé. SYN. dégradation, détérioration, dévastation, ravage, saccage, sinistre, vandalisme. – LITTÉRAIRE : sac.

déprendre (se) *verbe pronominal* LITTÉRAIRE. Se libérer d'une contrainte. SYN. se défaire, se dégager, se détacher.

dépression *nom féminin* État pathologique. SYN. abattement, accablement, anéantissement, atonie, découragement, lassitude, mélancolie, neurasthénie, pessimisme. – FAMILIER : cafard, déprime. – LITTÉRAIRE : prostration, spleen. CONTR. *euphorie, excitation.* ■ Abaissement d'une surface. SYN. affaissement, affouillement, bassin, cavité, concavité, creux, cuvette, enfoncement, excavation. CONTR. *bosse, boursouflure, éminence.* – VIEUX : *élévation.* ■ Diminution de l'activité économique. SYN. crise, récession. CONTR. *boom, essor.*

déprimant *adjectif* Qui ôte toute énergie. SYN. affaiblissant, amollissant, anémiant, débilitant. – LITTÉRAIRE : dissolvant. CONTR. *fortifiant, revigorant, stimulant, tonique, vivifiant.* ■ Qui rend triste. SYN. décourageant, démoralisant, désespérant, triste. – POPULAIRE : flippant. CONTR. *exaltant, réconfortant, riant.*

déprimé *adjectif* Qui souffre de dépression. SYN. abattu, accablé, anéanti, cafardeux, démoralisé, noir, pessimiste, prostré, sombre. CONTR. *euphorique, joyeux, radieux.*

déprimer *verbe intransitif* FAMILIER. Être dans un état dépressif. SYN. broyer du noir, cafarder, être au trente-sixième dessous, ne pas avoir le moral, ne voir que le revers de la médaille, voir tout en noir. – FAMILIER : avoir le blues, avoir le bourdon, avoir le moral à zéro, avoir le moral dans les baskets, avoir le moral dans les chaussettes, toucher le fond. – POPULAIRE : flipper. CONTR. *avoir le moral, positiver, prendre la vie du bon côté, prendre les choses du bon côté, voir tout en rose.* – FAMILIER : *avoir la frite, être en pleine forme.* – POPULAIRE : *avoir la pêche, péter le feu.*

déprimer *verbe transitif* Abattre quelqu'un. SYN. abattre, accabler, anéantir, briser, broyer, décourager, démoraliser. CONTR. *animer, réconforter, remettre, remonter, revigorer.* – FAMILIER : *requinquer.*

dépriser *verbe* LITTÉRAIRE. Apprécier au-dessous de sa valeur. SYN. mépriser, mésestimer, sous-estimer, sous-évaluer. CONTR. *surestimer, surévaluer.*

dépucelage *nom masculin* FAMILIER. Perte du pucelage. SYN. – LITTÉRAIRE : défloration.

dépuceler *verbe* FAMILIER. Faire perdre sa virginité à. SYN. déflorer.

depuis *préposition* En partant de ce moment. SYN. à compter de, à dater de, dès, à partir de.

dépurer *verbe* Rendre plus pur. SYN. épurer, purifier. CONTR. – LITTÉRAIRE : *souiller, vicier.*

députer *verbe* Envoyer quelqu'un. SYN. déléguer, mandater. – LITTÉRAIRE : dépêcher.

déracinement *nom masculin* Action de déraciner un arbre. SYN. arrachage, éradication. ■ Fait d'être arraché à son milieu. SYN. exil, expatriation. CONTR. *enracinement, fixation, sédentarisation.*

déraciner *verbe* Arracher un arbre. SYN. arracher, déplanter, dessoucher, enlever, essoucher. CONTR. *planter.* ■ Supprimer quelque chose. SYN. extirper. CONTR. *enraciner.* ■ Arracher quelqu'un à son milieu. **SYN.** dépayser, exiler, expatrier. **CONTR.** *acclimater, fixer, sédentariser.*

déraidir *verbe* LITTÉRAIRE. Faire perdre de la raideur. **SYN.** assouplir, dégourdir. **CONTR.** *raidir.*

dérailler *verbe* FAMILIER. S'écarter du bon sens. **SYN.** avoir l'esprit dérangé, avoir une araignée dans le plafond, délirer, déraisonner, divaguer, s'égarer, ne pas avoir toute sa tête, perdre la raison, perdre la tête, perdre la tramontane, radoter. – **ARGOTIQUE** : avoir un cafard dans la tirelire, avoir une chauve-souris dans le beffroi, yoyoter de la touffe. – **FAMILIER** : avoir un grain, avoir une case en moins, débloquer, déménager, perdre la boule, perdre la boussole, perdre le nord, perdre les pédales, travailler du chapeau. – **LITTÉRAIRE** : extravaguer. – **POPULAIRE** : péter les plombs.

déraison *nom féminin* LITTÉRAIRE. Manque de raison. **SYN.** folie, insanité. – **FAMILIER** : démence. **CONTR.** *raison, sagesse.*

déraisonnable *adjectif* Qui manifeste un manque de raison. **SYN.** extravagant, fantasque, farfelu, fou, idiot, sot, stupide. – **FAMILIER** : loufoque. **CONTR.** *équilibré, posé, prudent, raisonnable, sage, sensé.* ■ Qui est contraire à la raison. **SYN.** aberrant, absurde, démentiel, exorbitant, illégitime, illogique, incohérent, inconséquent, insensé, irrationnel, irréfléchi. – **FAMILIER** : dément. **CONTR.** *convenable, judicieux, légitime, logique, naturel, raisonnable, raisonné, rationnel, réfléchi.*

déraisonnablement *adverbe* De façon déraisonnable. **SYN.** absurdement, illogiquement, irrationnellement. **CONTR.** *logiquement, raisonnablement, rationnellement, sainement.*

déraisonner *verbe* Dire des choses incohérentes. **SYN.** avoir l'esprit dérangé, avoir une araignée dans le plafond, délirer, divaguer, s'égarer, ne pas avoir toute sa tête, perdre la raison, perdre la tête, perdre la tramontane, radoter. – **ARGOTIQUE** : avoir un cafard dans la tirelire, avoir une chauve-souris dans le beffroi, yoyoter de la touffe. – **FAMILIER** : avoir un grain, avoir une case en moins, débloquer, déménager, dérailler, perdre la boule, perdre la boussole, perdre le nord, perdre les pédales, travailler du chapeau. – **LITTÉRAIRE** : extravaguer. – **POPULAIRE** : péter les plombs.

dérangé *adjectif* Un peu fou. **SYN.** dément, désaxé, déséquilibré, fou. – **FAMILIER** : braque, cinglé, détraqué, dingue, fada, fêlé, frappé, loufoque, maboul, malade, marteau, piqué, ravagé, tapé, timbré, toc-toc, toqué, zinzin. – **POPULAIRE** : allumé, azimuté, barge, barjo, barjot, branque, brindezingue, chtarbé, cinoque, cintré, déjanté, dingo, folingue, fondu, frapadingue, givré, jeté, louf, louftingue, ouf, sinoc, sinoque, siphonné, sonné, tordu.

dérangeant *adjectif* Qui dérange. **SYN.** gênant, incommodant. – **LITTÉRAIRE** : importun.

dérangement *nom masculin* État de ce qui n'est pas en ordre. **SYN.** déplacement, dérèglement, détraquement. **CONTR.** *agencement, aménagement, arrangement, disposition, ordre, rangement.* ■ Action d'importuner quelqu'un. **SYN.** bouleversement, gêne, perturbation, tracas. ■ Trouble de l'esprit. **SYN.** démence, folie.

déranger *verbe* Mettre en désordre. **SYN.** bouger, brouiller, déclasser, défaire, déplacer, dérégler, désorganiser, détraquer. – **FAMILIER** : chambarder, chambouler. **CONTR.** *agencer, aménager, arranger, classer, disposer, ordonner, organiser, placer, ranger.* ■ Gêner quelqu'un, quelque chose. **SYN.** bouleverser, bousculer, contrarier, contrecarrer, embarrasser, gâter, incommoder, indisposer, interrompre, perturber, troubler. – **LITTÉRAIRE** : importuner.

déranger (se) *verbe pronominal* Changer de place. **SYN.** se déplacer, s'interrompre.

déraper *verbe* Partir de côté. **SYN.** chasser, glisser, patiner.

derche *nom masculin* POPULAIRE. ***Faux derche,*** personne hypocrite. **SYN.** comédien, fourbe, imposteur, jésuite, perfide, tartufe, tartuffe. – **FAMILIER** : faux jeton. – **LITTÉRAIRE** : cafard, cagot, pharisien, traître. – **POPULAIRE** : faux cul.

déréglé *adjectif* Qui ne fonctionne plus. **SYN.** détraqué. **CONTR.** *réglé.* ■ Qui sort de la norme. **SYN.** débauché, dépravé, désordonné, dévergondé, immoral. – **LITTÉRAIRE** : dissolu, orgiaque. **CONTR.** *normal, ordonné, réglé, régulier.*

dérèglement *nom masculin* Trouble du fonctionnement. **SYN.** dérangement, détraquement, perturbation. ■ Désordre moral. **SYN.** corruption, débauche, dépravation, désordre, dévergondage, libertinage, perversion, trouble. – **LITTÉRAIRE** : débridement, dissolution, licence, stupre.

dérèglements *nom masculin pluriel* LITTÉRAIRE. Écarts de conduite. **SYN.** désordres, égarements, excès, orgies. – **LITTÉRAIRE** : déportements.

dérégler *verbe* Altérer le fonctionnement de. **SYN.** bouleverser, déranger, détraquer, perturber. – **FAMILIER** : déglinguer. **CONTR.** *arranger, régler.* ■ Troubler la moralité de quelqu'un. **SYN.** dégrader, dépraver, pervertir. – **LITTÉRAIRE** : corrompre.

dérégler (se) *verbe pronominal* Ne plus fonctionner normalement. **SYN.** se détraquer. – **FAMILIER** : se déglinguer. **CONTR.** *fonctionner, marcher.*

dérider *verbe* Rendre quelqu'un plus gai. SYN. amuser, dégeler, distraire, divertir, égayer, mettre en joie, réjouir. CONTR. *assombrir, attrister, chagriner, ennuyer.* – LITTÉRAIRE : *rembrunir.*

dérider (se) *verbe pronominal* Devenir plus gai. SYN. s'épanouir, sourire. CONTR. *s'assombrir, se rembrunir, se renfrogner.*

dérision *nom féminin* Moquerie dédaigneuse. SYN. dédain, ironie, mépris, persiflage, plaisanterie, raillerie, risée, sarcasme. CONTR. *déférence, respect, sérieux.*

dérisoire *adjectif* Qui est insignifiant. SYN. faible, inexistant, infime, insignifiant, limité, mineur, minime, misérable, modeste, négligeable, pauvre, petit, piètre, réduit, ridicule. – LITTÉRAIRE : vain. CONTR. *appréciable, bon, capital, conséquent, considérable, écrasant, important, précieux, respectable, sérieux, surabondant.* – FAMILIER : *coquet, joli, rondelet, solide.* – POPULAIRE : *bœuf.*

dérivatif *nom masculin* Ce qui change les idées. SYN. antidote, distraction, diversion, exutoire, passe-temps.

dérivation *nom féminin* Action de détourner quelque chose. SYN. détournement, déviation.

dériver *verbe* Tirer son origine de quelque chose. SYN. découler, émaner, naître, procéder, provenir, se rattacher, résulter, sortir de, venir de. – LITTÉRAIRE : ressortir. CONTR. *causer, déterminer, provoquer.*

dermabrasion *nom féminin* Destruction d'une zone cutanée. SYN. abrasion, exfoliation, peeling.

dernier *adjectif* Qui vient après les autres. SYN. définitif, final, suprême, terminal, ultime. CONTR. *initial, premier.* ■ Qui est le plus récent. SYN. frais, moderne, nouveau, récent. CONTR. *usé.* ■ Indique le degré suprême. SYN. extrême. CONTR. *courant.* ■ Qui vient de se passer. SYN. passé, précédent. CONTR. *futur, prochain.*

dernier *nom* Personne qui occupe la dernière place. SYN. lanterne rouge. CONTR. *champion, gagnant, premier.*

dernièrement *adverbe* Depuis peu. SYN. fraîchement, nouvellement, récemment. CONTR. *anciennement.* – FAMILIER : *il y a belle lurette.*

dernier-né *nom* Dernier enfant d'une famille. SYN. benjamin, cadet. CONTR. *aîné.*

dérobade *nom féminin* Action de se dérober. SYN. échappatoire, faux-fuyant, fuite, pantalonnade, pirouette, reculade, repli, subterfuge, tergiversation. – FAMILIER : cabriole, lâchage.

dérobé *adjectif* Que l'on ne voit pas. SYN. caché, dissimulé, secret.

dérober *verbe* LITTÉRAIRE. S'emparer de quelque chose. SYN. dépouiller, détourner, escamoter, escroquer, extorquer, prendre, soustraire, voler. – FAMILIER : barboter, chaparder, chiper, choper, écornifler, kidnapper, manger la grenouille, souffler, subtiliser. – LITTÉRAIRE : ravir. – POPULAIRE : chauffer, faucher, piquer. – VIEUX : filouter. CONTR. *rendre, restituer.* ■ LITTÉRAIRE. Empêcher de voir. SYN. cacher, camoufler, dissimuler, masquer. – LITTÉRAIRE : voiler. – POPULAIRE : planquer. CONTR. *démasquer, dévoiler, montrer, offrir.*

dérober (se) *verbe pronominal* Se soustraire à quelque chose. SYN. disparaître, échapper à, s'échapper, éluder, esquiver, éviter, faire faux bond, fausser compagnie, fuir, se garer de, se libérer, manquer à, reculer, se récuser, se soustraire. – FAMILIER : couper à, se défiler. – POPULAIRE : se planquer. CONTR. *accepter, affronter, assumer, s'attaquer à.*

dérocher *verbe* Tomber au cours d'une escalade. SYN. dévisser.

dérogation *nom féminin* Action de déroger à une règle. SYN. entorse, infraction, manquement, violation.

déroger *verbe* Enfreindre une règle. SYN. contrevenir à, manquer à, piétiner, transgresser, violer. CONTR. *s'aligner, se conformer à, obéir à, observer, respecter, suivre.*

dérouillée *nom féminin* POPULAIRE. Volée de coups. SYN. volée. – FAMILIER : pile, raclée, rossée, tabassée, tripotée. – POPULAIRE : dégelée, pâtée, peignée, rouste, tannée, tournée, trempe. – VIEUX : frottée.

dérouiller *verbe* POPULAIRE. Donner des coups à. SYN. abîmer le portrait, arranger le portrait, battre, corriger, frapper, rouer de coups, taper. – FAMILIER : casser la figure, passer à tabac, rosser, tabasser. – POPULAIRE : buter, casser la gueule, cogner.

déroulage *nom masculin* Action de dérouler. SYN. dépliage, déploiement, déroulement. CONTR. *enroulement.*

déroulement *nom masculin* Action de dérouler. SYN. dépliage, déploiement, déroulage. CONTR. *enroulement.* ■ Développement d'une action. SYN. cours, enchaînement, évolution, fil, marche, mécanisme, processus, succession, suite, train.

dérouler *verbe* Défaire ce qui était roulé. SYN. débobiner, déplier, déployer, développer, dévider, étaler, étendre. CONTR. *enrouler, rouler.*

■ Montrer quelque chose. SYN. étaler, exposer, offrir.

dérouler (se) *verbe pronominal* Avoir lieu. SYN. couler, se passer, se produire. ■ Se succéder. SYN. défiler, se déployer, se dévider, s'enchaîner, s'étaler, se prolonger. – LITTÉRAIRE : se développer.

déroutage *nom masculin* Action de faire changer de route. SYN. déroutement.

déroutant *adjectif* Qui met dans l'embarras. SYN. ahurissant, déconcertant, embarrassant, imprévisible, imprévu, inattendu, insolite, troublant. CONTR. *banal, prévisible.*

déroute *nom féminin* Défaite d'une armée. SYN. Berezina, débâcle, débandade, dispersion, fuite, reculade. CONTR. *victoire.* ■ Échec complet. SYN. chute, coup de Trafalgar, déconfiture, désastre, dissolution, échec, écroulement, naufrage, revers, ruine. – FAMILIER : pile, piquette, plongeon, raclée. – POPULAIRE : volée. CONTR. *relèvement.*

déroutement *nom masculin* Action de faire changer de route. SYN. déroutage.

dérouter *verbe* Mettre dans l'embarras. SYN. confondre, déboussoler, déconcerter, décontenancer, démonter, dépasser, dépayser, désarçonner, désemparer, désorienter, embarrasser, interloquer, prendre au dépourvu, prendre de court, troubler. CONTR. *acclimater.* ■ Empêcher d'aboutir. SYN. dépister, égarer, fourvoyer. CONTR. *orienter.*

derrière *nom masculin* Partie postérieure. CONTR. *avant, devant, endroit, façade, front.* ■ Partie comprenant les fesses. SYN. anus, fesses, siège. – ARGOTIQUE : baigneur. – FAMILIER : croupe, croupion, fessier, fondement, postérieur. – LITTÉRAIRE : séant. – POPULAIRE : arrière-train, baba, cul, derche, lune, pétard, popotin, trou de balle.

derrière *préposition ou adverbe* Marque l'emplacement. SYN. à l'arrière, en arrière, au-delà de, au dos. CONTR. *devant.* ■ FAMILIER. Marque le temps. SYN. après, à la suite de. CONTR. *avant.*

dès *préposition* Marque le point de départ. SYN. à dater de, depuis, à partir de.

désabusé *adjectif* Qui a perdu ses illusions. SYN. blasé, déçu, dégoûté, dépité, désenchanté, désillusionné, lassé. CONTR. *enthousiasmé, enthousiaste, exalté, fervent, optimiste, passionné.* – FAMILIER : *emballé.*

désabusement *nom masculin* LITTÉRAIRE. Fait d'être désabusé. SYN. déception, désappointement, désenchantement, désillusion. – FAMILIER : douche.

désabuser *verbe* LITTÉRAIRE. Ôter ses illusions à. SYN. blaser, désillusionner, détromper. – LITTÉRAIRE : désenchanter. CONTR. *bercer, berner, tromper.*

désacclimater *verbe transitif* Changer de climat. SYN. changer, dépayser. CONTR. *acclimater.*

désaccord *nom masculin* Manque de concordance. SYN. contradiction, contraste, décalage, différence, discordance, disproportion, divergence, opposition. – LITTÉRAIRE : disparate. CONTR. *concordance, conformité, correspondance, harmonie, union.* ■ Manque d'entente. SYN. bouderie, brouille, conflit, désunion, différend, dispute, dissension, division, divorce, incompatibilité, malentendu, mésentente, rupture, tension, tiraillement, trouble, zizanie. – FAMILIER : fâcherie. – LITTÉRAIRE : discorde, dissentiment, dissonance, mésintelligence. CONTR. *accord, alliance, arrangement, camaraderie, communion, compatibilité, complicité, concorde, entente, fraternisation, fraternité, rapprochement, réconciliation, unisson, unité.* – FAMILIER : *raccommodement.*

désaccordé *adjectif* Qui sonne faux. SYN. discordant. CONTR. *accordé, juste.*

désaccoutumance *nom féminin* Fait de se désaccoutumer. SYN. désadaptation. CONTR. *accoutumance, dépendance.*

désaccoutumer (se) *verbe pronominal* LITTÉRAIRE. Perdre une habitude. SYN. se déshabituer. CONTR. *s'accoutumer, s'habituer.* – LITTÉRAIRE : *s'accommoder.*

désadaptation *nom féminin* Perte de l'adaptation. SYN. désaccoutumance. CONTR. *accoutumance, adaptation.*

désaffection *nom féminin* Perte de l'intérêt. SYN. désintéressement, désintérêt, détachement, indifférence, insensibilité, mépris, négligence. – LITTÉRAIRE : inappétence, incuriosité. CONTR. *attirance, goût, intérêt, passion.*

désagencer *verbe* Détruire l'agencement d'une chose. SYN. désorganiser, troubler. CONTR. *agencer, organiser.*

désagréable *adjectif* Qui cause une sensation pénible. SYN. contrariant, criard, déplaisant, désastreux, ennuyeux, fâcheux, gênant, incommodant, ingrat, malencontreux, mauvais, pénible, rebutant, vilain. – FAMILIER : embêtant, empoisonnant, enquiquinant, moche, rasant, rasoir, sale, saumâtre. – POPULAIRE : chiant, emmerdant, suant. CONTR. *agréable, amusant, attirant, attrayant, beau, bien, captivant, commode, cosy, délicieux, enchanteur, exquis, harmonieux, heureux, joli, plaisant, ravissant, réjouissant.* ■ Qui se comporte de manière déplaisante. SYN. acariâtre, antipathique, bourru, désobligeant, détestable, inamical, odieux, revêche, vexant. – FAMILIER : pénible, sale, vache. – LITTÉRAIRE : disgracieux, importun, malgracieux. – POPULAIRE : chiant. CONTR. *affable, agréable, aimable, avenant, bon, charmant, complaisant, courtois, engageant, gentil, prévenant, séduisant, sympathique.*

désagréablement *adverbe* De façon désagréable. SYN. fâcheusement, laidement, malencontreusement, tristement. – LITTÉRAIRE : vilainement, vilement. CONTR. *agréablement, avantageusement, harmonieusement.*

désagrégation *nom féminin* Morcellement d'un tout. SYN. dégradation, délabrement, déliquescence, désagrègement, désintégration, désorganisation, détérioration, dissolution, érosion. – LITTÉRAIRE : dégénérescence. CONTR. *agglomération, agglutination, union.*

désagrègement *nom masculin* Morcellement d'un tout. SYN. dégradation, délabrement, déliquescence, désagrégation, désintégration, désorganisation, détérioration, dissolution, érosion. – LITTÉRAIRE : dégénérescence. CONTR. *agglomération, agglutination, union.*

désagréger *verbe* Décomposer un corps. SYN. désintégrer, effriter, pulvériser. CONTR. *agréger, conglomérer.* ■ Faire perdre son unité. SYN. décomposer, démembrer, désunir, détruire, disloquer, dissocier, dissoudre, fissurer, miner, morceler, saper. CONTR. *unifier, unir.*

désagréger (se) *verbe pronominal* Perdre son unité. SYN. se désunir, se disloquer, se dissoudre, s'écrouler, se morceler. ■ Se réduire en poussière. SYN. s'effriter.

désagrément *nom masculin* Sentiment désagréable. SYN. contrariété, déplaisir, gêne, mécontentement, peine. CONTR. *charme, contentement, joie, plaisir.* ■ Sujet de déplaisir. SYN. déboire, désavantage, difficulté, ennui, inconvénient, souci, tracas, tracasserie. – FAMILIER : embêtement, empoisonnement, enquiquinement. – POPULAIRE : emmerdement.

désaimantation *nom féminin* Action de désaimanter. SYN. démagnétisation.

désaimanter *verbe transitif* Détruire l'aimantation. SYN. démagnétiser, neutraliser. CONTR. *aimanter.*

désaisonner *verbe* Changer l'ordre de succession des cultures. SYN. dessoler.

désaltérer (se) *verbe pronominal* Faire cesser sa soif. SYN. s'abreuver, boire, étancher sa soif, se rafraîchir. – FAMILIER : lamper. – POPULAIRE : se rincer la dalle, se rincer le gosier.

désapparier *verbe* Ôter l'une des deux choses qui forment une paire. SYN. déparier. CONTR. *apparier, rapparier.*

désappointé *adjectif* Qui manifeste du dépit. SYN. déçu, dépité, désenchanté, insatisfait, mécontent.

désappointement *nom masculin* Fait d'être déçu. SYN. déboire, déception, déconvenue, dépit, désenchantement, désillusion. – LITTÉRAIRE : désabusement. CONTR. *contentement, satisfaction.*

désappointer *verbe* Tromper l'attente de quelqu'un. SYN. décevoir, dégriser, dépiter, désillusionner, frustrer, mécontenter. – FAMILIER : défriser. – LITTÉRAIRE : désenchanter. CONTR. *contenter, satisfaire.*

désapprobateur *adjectif* Qui désapprouve. SYN. accusateur, réprobateur, réticent. CONTR. *élogieux, laudatif, louangeur.* – RARE : *acquiescent.*

désapprobation *nom féminin* Action de désapprouver. SYN. blâme, condamnation, contestation, désaveu, opposition, réprobation, reproche. CONTR. *adhésion, agrément, approbation, assentiment.* – LITTÉRAIRE : *adulation.*

désapprouver *verbe* Ne pas approuver. SYN. anathématiser, blâmer, condamner, contester, critiquer, désavouer, se dresser contre, s'élever contre, s'insurger, protester, réprouver, vitupérer contre. – LITTÉRAIRE : censurer. CONTR. *abonder dans le sens de, acquiescer à, adhérer à, approuver, cautionner, louer, souscrire à, soutenir, tolérer.* – LITTÉRAIRE : *applaudir des deux mains à, louanger.*

désarçonner *verbe* Déconcerter quelqu'un. SYN. confondre, déboussoler, déconcerter, décontenancer, démonter, dérouter, désemparer, désorienter, embarrasser, interloquer, prendre au dépourvu, prendre de court, troubler.

désargenté *adjectif* FAMILIER. Qui n'a plus d'argent. SYN. à court, démuni, à fond de cale, gêné, indigent, malheureux, miséreux, nécessiteux, pauvre, pouilleux, ruiné. – FAMILIER : déplumé, fauché, fauché comme les blés, gêné aux entournures, dans la panade, sans le sou, à sec, sur la paille, sur le sable. – LITTÉRAIRE : impécunieux. – POPULAIRE : dans la débine, dans la dèche, dans la mouise, dans la purée, raide, raide comme un passe-lacet, sans un rotin. – VIEUX : besogneux, disetteux. CONTR. *aisé, cossu, cousu d'or, fortuné, huppé, nanti, privilégié, riche.* – FAMILIER : *argenté, plein aux as.* – POPULAIRE : *friqué.*

désarmant *adjectif* Qui touche. SYN. émouvant, poignant, touchant.

désarmé *adjectif* Sans défense face à. SYN. faible, impuissant. CONTR. – FAMILIER : *blindé.*

désarmer *verbe* Pousser à l'indulgence. SYN. apaiser, calmer, ébranler, fléchir, humaniser, toucher. CONTR. *cabrer.*

désarroi *nom masculin* Trouble moral profond. SYN. agitation, angoisse, déroute, détresse, égarement, malaise, perturbation, trouble. CONTR. *ataraxie, paix, tranquillité.*

désarticuler *verbe* Sortir de son articulation. SYN. déboîter, démettre, disloquer. – FAMILIER : déglinguer. CONTR. *remettre.*

désassembler *verbe* Défaire l'assemblage de. SYN. désunir, disjoindre, disloquer, écarter. CONTR. *aboucher, abouter, ajuster, assembler.*

désassortir *verbe* Détruire l'assortiment d'un ensemble. SYN. dépareiller, disjoindre, dissocier. CONTR. *accorder, assortir.*

désastre *nom masculin* Événement funeste. SYN. calamité, cataclysme, catastrophe, fléau, malheur, ravage. – LITTÉRAIRE : infortune. CONTR. *bonheur.* ■ Défaite militaire. SYN. débâcle, déroute. ■ Échec total. SYN. banqueroute, chute, coup de Trafalgar, déconfiture, échec, écroulement, faillite, krach, naufrage, revers, ruine. – FAMILIER : fiasco, four, pile, piquette, plongeon, raclée. – POPULAIRE : flop, volée.

désastreux *adjectif* Très mauvais. SYN. catastrophique, désagréable, fâcheux, fatal, funeste, malheureux, mauvais, néfaste, nuisible. – FAMILIER : déplorable. – LITTÉRAIRE : calamiteux. CONTR. *brillant, heureux, parfait.*

désavantage *nom masculin* Infériorité de quelqu'un. SYN. handicap, inconvénient. CONTR. *avantage, bénéfice, supériorité.* ■ Inconvénient inhérent à. SYN. désagrément, ennui, préjudice, revers de la médaille. – LITTÉRAIRE : détriment. CONTR. *agrément, avantage, bénéfice, bien, profit.*

désavantager *verbe* Faire subir un désavantage à. SYN. défavoriser, déshériter, desservir, frustrer, handicaper, léser, plomber. CONTR. *avantager, encourager, favoriser, privilégier.*

désavantageux *adjectif* Qui cause un désavantage. SYN. défavorable, nuisible, préjudiciable. CONTR. *avantageux, favorable, fructueux, profitable, propice.*

désaveu *nom masculin* Action de se rétracter. SYN. démenti, dénégation, reniement, rétractation. CONTR. *confirmation, engagement.* ■ Refus d'approuver quelqu'un. SYN. blâme, censure, condamnation, désapprobation. – LITTÉRAIRE : opprobre. CONTR. *agrément, approbation, assentiment, attestation.*

désavouer *verbe* Refuser de reconnaître comme sien. SYN. se défendre de, dénier, nier, renier. – LITTÉRAIRE : rétracter. ■ Cesser de soutenir. SYN. blâmer, condamner, contredire, démentir, désapprouver, réprouver. CONTR. *accréditer, approuver, attester, cautionner, répondre de.*

désaxé *adjectif* Qui souffre de déséquilibre mental. SYN. dément, déphasé, dérangé, déséquilibré, désorienté, égaré, fou. – FAMILIER : braque, cinglé, détraqué, dingue, fada, frappé, loufoque, maboul, malade, marteau, piqué, ravagé, tapé, timbré, toc-toc, toqué, zinzin. – POPULAIRE : allumé, azimuté, barge, barjo, barjot, branque, brindezingue, chtarbé, cinoque, cintré, déjanté, dingo, fêlé, folingue, fondu, frapadingue, givré, jeté, louf, louftingue, ouf, sinoc, sinoque, siphonné, sonné, tordu. CONTR. *équilibré, sain, sensé.*

désaxer *verbe* Mettre hors de son axe. SYN. dévier, infléchir. – LITTÉRAIRE : déjeter. ■ Compromettre l'équilibre mental. SYN. déphaser, désemparer, déséquilibrer, désorienter, égarer, perdre.

descendance *nom féminin* Fait de descendre de quelqu'un. SYN. extraction, filiation, généalogie, lignage, maison, parenté. CONTR. *ascendance.* ■ Ensemble des descendants. SYN. ligne, lignée, postérité. – FAMILIER : progéniture, rejetons.

descendant *adjectif* Qui descend. SYN. décroissant. CONTR. *croissant, grandissant.*

descendant *nom* Personne issue de quelqu'un. SYN. enfant, fille, fils. – FAMILIER : rejeton. CONTR. *ancêtre, ascendant.* – LITTÉRAIRE : *aïeul.*

descendants *nom pluriel* Ceux qui sont issus de. SYN. postérité. CONTR. *ancêtres.* – LITTÉRAIRE : *aïeux, parents.*

descendeur *nom* Cycliste à l'aise dans les descentes. CONTR. *grimpeur.*

descendre *verbe intransitif* Aller de haut en bas. SYN. décliner, rétrograder. – FAMILIER : dégringoler. CONTR. *s'élever, grimper, se hausser, monter.* ■ Loger quelque part. SYN. s'arrêter, résider, séjourner. ■ Perdre de la valeur. SYN. baisser, chuter, décliner, diminuer, s'effondrer. – FAMILIER : dégringoler. ■ S'abaisser à faire. SYN. déchoir. – FAMILIER : s'enfoncer. CONTR. *s'élever.* ■ Être issu de. SYN. naître, provenir.

descendre *verbe transitif* Déposer à un endroit. SYN. amener, conduire. CONTR. *embarquer.* ■ Parcourir de haut en bas. SYN. dévaler. – FAMILIER : débouler, dégringoler. CONTR. *ascensionner, escalader, gravir, grimper, monter.* ■ Déplacer vers le bas. SYN. abaisser, baisser, incliner, pencher. – LITTÉRAIRE : rabaisser. CONTR. *élever, hausser, hisser, lever, monter, rehausser, relever, remonter, surélever, surhausser.* ■ POPULAIRE. Tuer quelqu'un. SYN. abattre, achever, assassiner, éliminer, envoyer ad patres, exécuter, fusiller, massacrer, supprimer, tuer. – ARGOTIQUE :

dézinguer. – FAMILIER : bousiller, faire passer le goût du pain, ôter le goût du pain, trucider. – LITTÉRAIRE : faire passer de vie à trépas, occire, raidir. – POPULAIRE : buter, faire la peau, flinguer, ratatiner, rectifier, refroidir, zigouiller. – VIEUX : suriner. ■ POPULAIRE. Boire avec avidité. SYN. avaler, consommer, ingurgiter, vider. – FAMILIER : s'enfiler, siffler, se taper. – POPULAIRE : écluser, s'envoyer, pomper.

descente *nom féminin* Chemin qui va vers le bas. SYN. pente. CONTR. *côte, montée.* ■ Action de faire irruption. SYN. incursion, raid. – FAMILIER : razzia. ■ Action d'aller vers le bas. SYN. piqué, plongée. CONTR. *ascension, escalade, montée.*

description *nom féminin* Action de dépeindre. SYN. croquis, exposé, peinture, portrait, récit, représentation, tableau.

déséchouage *nom masculin* Action de déséchouer. SYN. renflouement.

déséchouer *verbe* Remettre à flot un navire échoué. SYN. renflouer.

désemballage *nom masculin* Action de désemballer. SYN. déballage, dépaquetage. CONTR. *emballage, empaquatage.*

désemballer *verbe* Sortir de son emballage. SYN. déballer, dépaqueter. CONTR. *emballer, empaqueter, paqueter.*

désembrouiller *verbe* Rendre clair. SYN. clarifier, débrouiller, démêler, éclaircir, élucider. CONTR. *embrouiller, emmêler.*

désemparé *adjectif* Qui semble perdu. SYN. déconcerté, décontenancé, démonté, dérouté, désorienté, interdit. – POPULAIRE : paumé. CONTR. *rassuré.* – LITTÉRAIRE : *rasséréné.*

désemparer *verbe* Faire perdre ses moyens à. SYN. déboussoler, déconcerter, décontenancer, démonter, dérouter, désarçonner, désorienter.

désempiler *verbe* Défaire une pile de. SYN. dépiler.

désencadrer *verbe* Retirer de son cadre. SYN. décadrer.

désenchaîner *verbe* Délivrer de ses chaînes. SYN. délier, détacher. CONTR. *attacher, enchaîner, lier.*

désenchanté *adjectif* Déçu par la réalité. SYN. aigri, déçu, dégoûté, dépité, désabusé, désappointé, désillusionné. CONTR. *enchanté, enthousiaste, ravi, satisfait.*

désenchantement *nom masculin* Perte d'une illusion. SYN. déception, déconvenue, désappointement, désillusion. – FAMILIER : douche. – LITTÉRAIRE : désabusement. CONTR. *émerveillement, extase, griserie, ivresse, joie.* – LITTÉRAIRE : *enivrement, transport.*

désenchanter *verbe* LITTÉRAIRE. Faire perdre ses illusions à. SYN. décevoir, dégriser, désappointer, désillusionner. – LITTÉRAIRE : désabuser. CONTR. *charmer, émerveiller.*

désencombrer *verbe* Débarrasser de ce qui encombre. SYN. débarrasser, déblayer, dégager, dépouiller, désobstruer, libérer. CONTR. *encombrer.*

désencrasser *verbe* Enlever la crasse. SYN. décrasser, nettoyer. CONTR. *encrasser, salir.* – LITTÉRAIRE : *souiller.*

désencroûter *verbe* FAMILIER. Débarrasser de ses préjugés. SYN. dégourdir, dégrossir, déniaiser, former. – FAMILIER : dessaler.

désénerver *verbe* Faire cesser l'énervement. SYN. apaiser, calmer, détendre. – LITTÉRAIRE : rasséréner. CONTR. *énerver, irriter.* – POPULAIRE : *gonfler, pomper.*

désenfler *verbe* Devenir moins enflé. SYN. dégonfler. CONTR. *bouffir, se boursoufler, enfler, grossir, se tuméfier.*

désengorger *verbe* Dégager ce qui bouche. SYN. déboucher, désobstruer. CONTR. *boucher, engorger.*

désenivrer *verbe* Tirer d'un état d'ivresse. SYN. dégriser, dessoûler. CONTR. *enivrer, étourdir.* – FAMILIER : *soûler.*

désennuyer *verbe* Faire cesser l'ennui. SYN. amuser, distraire, divertir. – LITTÉRAIRE : récréer. CONTR. *ennuyer.* – FAMILIER : *enquiquiner, raser.* – LITTÉRAIRE : *importuner.* – POPULAIRE : *emmerder.*

désenvaser *verbe* Enlever la vase. SYN. curer, débourber, dévaser, draguer. CONTR. *enliser.*

désépaissir *verbe* Rendre moins épais. SYN. amaigrir, amincir, éclaircir, rogner. CONTR. *épaissir.*

déséquilibre *nom masculin* Perte ou absence d'équilibre. SYN. détraquement, instabilité, perturbation. CONTR. *aplomb, équilibre, stabilité.* ■ Manque de concordance. SYN. disparité, disproportion. CONTR. *concordance, harmonie, proportion.*

déséquilibré *adjectif* Qui a perdu son équilibre mental. SYN. dément, déphasé, dérangé, désaxé, désorienté, égaré, fou. – FAMILIER : braque, cinglé, détraqué, dingue, fada, frappé, loufoque, maboul, malade, marteau, piqué, ravagé, tapé, timbré, toc-toc, toqué, zinzin. – POPULAIRE : allumé, azimuté, barge, barjo, barjot, branque, brindezingue, chtarbé, cinoque, cintré, déjanté, dingo, fêlé, folingue, fondu, frapadingue, givré, jeté, louf, louftingue, ouf, sinoc, sinoque, siphonné, sonné, tordu. CONTR. *équilibré, sain, sensé.* ■ Qui n'est pas stable. SYN. instable. CONTR. *d'aplomb, en équilibre, stable.*

déséquilibrer *verbe* Faire perdre son équilibre à. SYN. désaxer, perturber. CONTR. *équilibrer, stabiliser.*

désert *adjectif* Se dit d'un lieu inhabité. SYN. dépeuplé, désertique, inoccupé, sauvage. CONTR. *peuplé, surpeuplé.* ■ Peu fréquenté. SYN. abandonné, déserté, infréquenté, libre, solitaire, vide. – POPULAIRE : paumé. CONTR. *fréquenté, passant, plein, populeux.* – FAMILIER : *bourré.* ■ Où il ne se passe rien. SYN. morne, mort, terne. CONTR. *animé.*

déserté *adjectif* Où l'on ne va plus. SYN. abandonné, désert, vide. CONTR. *plein.* – FAMILIER : *bourré.*

déserter *verbe* Ne plus se rendre dans un lieu. SYN. abandonner, s'absenter, délaisser, s'éloigner de, prendre la clef des champs, quitter. – POPULAIRE : se faire la malle, se faire la paire, jouer la fille de l'air. CONTR. *gagner, rallier, rester.* – LITTÉRAIRE : *hanter.*

désertion *nom féminin* Abandon d'un parti. SYN. abandon, défection, fugue, insoumission, reniement, renoncement, trahison. – FAMILIER : lâchage. – LITTÉRAIRE : renonciation. CONTR. *dévouement, engagement.*

désertique *adjectif* Relatif au désert. SYN. aride, inculte, infertile, inhabité, sec, stérile.

désespérance *nom féminin* LITTÉRAIRE. Fait d'être désespéré. SYN. affliction, désespoir, détresse. – LITTÉRAIRE : navrement. CONTR. *espérance, espoir.*

désespérant *adjectif* Qui désespère. SYN. débilitant, décevant, décourageant, démoralisant, déprimant, désolant, navrant. – FAMILIER : écœurant. CONTR. *consolant, encourageant.*

désespéré *adjectif* Qui est extrême. SYN. acharné, forcené, fou, héroïque, suprême. ■ Qui exprime le désespoir. SYN. affligé, attristé, chagriné, malheureux, navré, peiné. CONTR. *heureux.*

désespérer *verbe* Faire perdre espoir. SYN. abattre, accabler, affliger, attrister, consterner, décourager, désoler, navrer, peiner, rebuter, tourmenter. – FAMILIER : écœurer. CONTR. *encourager, réconforter.* ■ Cesser d'espérer en. SYN. douter. CONTR. *espérer.*

désespérer (se) *verbe pronominal* S'abandonner au désespoir. SYN. s'affliger, se tourmenter. CONTR. *exulter, jubiler, se réjouir.*

désespoir *nom masculin* Absence d'espoir. SYN. abattement, accablement, affliction, angoisse, consternation, découragement, détresse. – LITTÉRAIRE : désespérance. CONTR. *confiance, espérance, espoir, foi, optimisme.* ■ Ce qui désespère. SYN. désolation, douleur, tourment. CONTR. *consolation, contentement, joie, réconfort, satisfaction.*

déshabiller *verbe* Enlever des vêtements. SYN. dévêtir. CONTR. *habiller.* – LITTÉRAIRE : *vêtir.* ■ Laisser à nu. SYN. découvrir, dénuder. CONTR. *cacher, couvrir, dissimuler.* ■ Enlever des ornements. SYN. dégarnir. CONTR. *garnir, recouvrir.* ■ LITTÉRAIRE. Mettre à nu. SYN. démasquer, dévoiler.

déshabiller (se) *verbe pronominal* Enlever ses vêtements. SYN. se découvrir, se défaire, se dénuder, se dévêtir. CONTR. *s'apprêter, se couvrir, s'habiller, se vêtir.* – LITTÉRAIRE : *se parer.*

déshabituer *verbe* Faire perdre une habitude. SYN. désaccoutumer. CONTR. *accoutumer, habituer.*

déshabituer (se) *verbe pronominal* Perdre une habitude. SYN. – LITTÉRAIRE : se désaccoutumer. CONTR. *s'accoutumer, s'habituer.* – LITTÉRAIRE : *s'accommoder.*

désherbant *nom masculin* Produit pour détruire les mauvaises herbes. SYN. herbicide.

déshérité *adjectif* Qui est privé d'héritage. SYN. exhérédé. ■ Dépourvu de dons naturels. SYN. défavorisé, désavantagé, faible, handicapé. CONTR. *avantagé, favorisé, privilégié.* ■ Dépourvu de ressources. SYN. aride, stérile. CONTR. *fertile, riche.*

déshériter *verbe* Priver d'héritage. SYN. exhéréder. ■ Priver quelqu'un d'avantages. SYN. défavoriser, désavantager, frustrer. CONTR. *avantager, combler, favoriser, privilégier.*

déshonnête *adjectif* LITTÉRAIRE. Contraire à la morale. SYN. graveleux, grivois, inconvenant, indécent, leste, libre, licencieux, malhonnête, malpropre, obscène, osé, polisson. CONTR. *bienséant, convenable, correct, décent, honnête, moral.*

déshonneur *nom masculin* Perte de l'honneur. SYN. honte, ignominie, indignité, infamie. – LITTÉRAIRE : flétrissure, opprobre, turpitude, vilenie. CONTR. *gloire, honneur, orgueil.*

déshonorant *adjectif* Qui déshonore. SYN. abaissant, abject, avilissant, dégradant, honteux, ignoble, inavouable, indigne, infamant, infâme, injurieux, insultant, outrageant, rabaissant, scandaleux, vexatoire. – LITTÉRAIRE : ignominieux. CONTR. *glorieux.*

déshonorer *verbe* Faire perdre l'honneur. SYN. avilir, déconsidérer, dégrader, déprécier, diminuer, discréditer, disqualifier, éclabousser, galvauder, perdre, salir. – LITTÉRAIRE : noircir, souiller. CONTR. *distinguer, ennoblir, honorer.* ■ LITTÉRAIRE. Faire du tort à quelque chose. SYN. défigurer, dégrader, déparer, gâter.

déshydratation *nom féminin* Déficit d'eau dans l'organisme. CONTR. *hydratation, réhydratation.*

desiderata *nom masculin pluriel* Ce que l'on souhaite obtenir. SYN. doléances, prétentions, réclamations, revendications, souhaits, vœux.

design *nom masculin* Style d'un modernisme fonctionnel. SYN. stylique.

désignation *nom féminin* Action de désigner. SYN. appellation, dénomination, nom, qualification. ■ Affectation à un poste. SYN. choix, élection, nomination.

designer *nom* Créateur spécialisé dans le design. SYN. désigneur, stylicien.

désigner *verbe* Montrer quelqu'un, quelque chose. SYN. citer, indiquer, marquer, signaler. ■ Investir quelqu'un d'un rôle. SYN. affecter, assigner, choisir, élire, introniser, nommer, prendre. ■ Représenter par le langage. SYN. qualifier, représenter, signifier, symboliser, traduire.

désillusion *nom féminin* Perte de l'illusion. SYN. déboire, déception, déconvenue, désappointement, désenchantement. – FAMILIER : douche. – LITTÉRAIRE : désabusement, mécompte. CONTR. *émerveillement, enchantement, griserie, ravissement.* – LITTÉRAIRE : *enivrement, transport.*

désillusionner *verbe* Faire cesser les illusions. SYN. décevoir, dégriser, désappointer, détromper, refroidir. – LITTÉRAIRE : désabuser, désenchanter. CONTR. *charmer, émerveiller.*

désinfecter *verbe* Détruire des microbes. SYN. assainir, décontaminer, stériliser. – RARE : aseptiser. – VIEUX : antiseptiser. CONTR. *contaminer, envenimer, infecter.*

désinfection *nom féminin* Destruction des microbes. SYN. antisepsie, asepsie, assainissement, stérilisation. CONTR. *infection.*

désintégration *nom féminin* Action de désintégrer. SYN. désagrégation, désagrègement, désorganisation, dislocation.

désintégrer *verbe* Provoquer la destruction de. SYN. anéantir, atomiser, décomposer, désagréger, désorganiser, détruire, effriter, ruiner.

désintéressé *adjectif* Qui ne cherche pas son intérêt. SYN. bénévole, détaché, gratuit, honnête, impartial, indifférent, pur. CONTR. *ambitieux, arriviste, avide, égoïste, intéressé, regardant.* – LITTÉRAIRE : *cupide, rapace.*

désintéressement *nom masculin* Fait de ne pas agir par intérêt. SYN. abnégation, altruisme, charité, détachement, générosité, humanité, philanthropie, renoncement. CONTR. *avidité, calcul.* – LITTÉRAIRE : *cupidité.* ■ Fait de ne pas porter d'intérêt à. SYN. désaffection, désintérêt, indifférence, oubli. – LITTÉRAIRE : inappétence. CONTR. *intérêt.*

désintéresser (se) *verbe pronominal* Ne plus s'intéresser à. SYN. dédaigner, se détacher, se détourner de, faire peu de cas de, ignorer, se jouer de, se laver les mains de, mépriser, se moquer, s'en moquer, n'avoir rien à faire de, ne pas s'occuper de, négliger, rire de, se rire de. – FAMILIER : s'en battre l'œil, se contreficher, se ficher de, s'en moquer comme de colin-tampon, s'en moquer comme de l'an quarante, s'en soucier comme de l'an quarante, s'en soucier comme de sa première chemise, s'en soucier comme d'une guigne. – LITTÉRAIRE : n'avoir cure de. – POPULAIRE : s'en balancer, s'en branler, se foutre de, s'en foutre, n'avoir rien à cirer de, n'avoir rien à foutre de, s'en tamponner le coquillard, s'en taper. CONTR. *s'appliquer, s'assurer de, s'évertuer, faire grand cas de, s'intéresser à, s'occuper de, se pencher sur, prendre en considération, se préoccuper de, se soucier de, suivre.*

désintérêt *nom masculin* Absence d'intérêt pour. SYN. désaffection, désintéressement, détachement, indifférence, insensibilité, mépris, négligence. – LITTÉRAIRE : inappétence, incuriosité. CONTR. *intérêt, sympathie.*

désinvolte *adjectif* Qui est à l'aise. SYN. aisé, décontracté, dégagé. CONTR. *confus, embarrassé, gêné, timide.* ■ Qui montre une liberté excessive. SYN. cavalier, familier, impertinent, inconvenant, incorrect, léger, libre. – FAMILIER : je-m'en-fichiste, sans gêne. – LITTÉRAIRE : outrecuidant. – POPULAIRE : je-m'en-foutiste. CONTR. *cérémonieux, consciencieux, respectueux, sérieux.* – LITTÉRAIRE : *révérencieux.*

désinvolture *nom féminin* Comportement trop libre. SYN. aplomb, décontraction, familiarité, hardiesse, impertinence, impudence, inconvenance, incorrection, laisser-aller, légèreté, liberté, sans-gêne. – FAMILIER : culot, je-m'en-fichisme, toupet. – LITTÉRAIRE : irrespect, irrévérence, outrecuidance, sans-façon. – POPULAIRE : je-m'en-foutisme. CONTR. *affabilité, déférence, gaucherie, modestie, respect, retenue, tact, timidité, vénération.* – LITTÉRAIRE : *cérémonie, révérence.*

désir *nom masculin* Action de désirer. SYN. aspiration, avidité, besoin, envie, espoir, exigence, goût, inclination, intention, objectif, soif, souhait, tentation, velléité, vœu, volonté.

– LITTÉRAIRE : appétit, faim. CONTR. *appréhension, peur.* ■ Appétit sexuel. SYN. libido, sensualité. – LITTÉRAIRE : concupiscence, convoitise, passion. CONTR. *répugnance, répulsion.*

désirable *adjectif* Que l'on peut désirer. SYN. enviable, souhaitable, voulu. CONTR. *indésirable.* ■ Qui inspire le désir sexuel. SYN. affriolant, attirant, attrayant, convoitable, séduisant. – FAMILIER : sexy. – POPULAIRE : baisable, bandant. CONTR. *repoussant.*

désirer *verbe* Souhaiter quelque chose. SYN. ambitionner, aspirer à, avoir envie de, brûler de, dévorer des yeux, espérer, prétendre à, rechercher, solliciter, tenir à, viser, vouloir. – FAMILIER : vouloir le beurre et l'argent du beurre. CONTR. *craindre, dédaigner, refuser, répugner.* ■ Éprouver un désir sexuel. SYN. – FAMILIER : guigner, lorgner. – LITTÉRAIRE : convoiter, soupirer après. – POPULAIRE : bander, reluquer.

désireux *adjectif* Qui désire quelque chose. SYN. affamé, avide, curieux, envieux, impatient.

désistement *nom masculin* Action de se désister. SYN. abandon, renoncement. CONTR. *continuation, maintien, poursuite.*

désister (se) *verbe pronominal* Renoncer à quelque chose. SYN. abandonner, abdiquer, arrêter, baisser les bras, capituler, céder, déclarer forfait, se décommander, démissionner, s'incliner, jeter le manche après la cognée, jeter l'éponge, laisser tomber, passer la main, se rendre, renoncer, se retirer. – FAMILIER : dételer, laisser courir.

désobéir *verbe* Ne pas obéir à quelqu'un. SYN. se cabrer, se rebeller, résister à, se révolter. – FAMILIER : se rebiffer. CONTR. *écouter, obéir, obtempérer.* ■ Ne pas suivre une règle. SYN. contrevenir à, enfreindre, n'en faire qu'à sa tête, passer outre, transgresser, violer. – FAMILIER : manger la consigne. – POPULAIRE : s'asseoir dessus. CONTR. *se conformer à, exécuter, observer, se plier à, respecter, se soumettre à, suivre.*

désobéissance *nom féminin* Refus de se soumettre à une loi. SYN. insoumission, insubordination, manquement, non-observation, rébellion, résistance, révolte, transgression, violation. CONTR. *soumission, subordination.* ■ Tendance à désobéir. SYN. indiscipline, indocilité. CONTR. *discipline, docilité, obéissance.*

désobéissant *adjectif* Qui désobéit. SYN. dissipé, indiscipliné, indocile, insoumis, insubordonné, intenable, rebelle, récalcitrant, réfractaire, rétif. CONTR. *discipliné, docile, obéissant, sage, soumis.*

désobligeance *nom féminin* LITTÉRAIRE. Attitude désobligeante. SYN. malveillance. CONTR. *obligeance, prévenance.*

désobligeant *adjectif* Qui est peu aimable. SYN. blessant, déplaisant, désagréable, discourtois, injurieux, insultant, malveillant, vexant. CONTR. *affable, agréable, aimable, bienveillant, complaisant, gentil, prévenant, sympathique.* – LITTÉRAIRE : *amène, obligeant.*

désobliger *verbe* Causer du déplaisir à quelqu'un. SYN. blesser, choquer, ennuyer, fâcher, froisser, indisposer, offenser, peiner, vexer. – FAMILIER : enquiquiner. – LITTÉRAIRE : piquer. – POPULAIRE : emmerder.

désobstruer *verbe* Débarrasser de ce qui bouche. SYN. déblayer, déboucher, dégager, désencombrer, désengorger. CONTR. *obstruer.*

désodé *adjectif* Débarrassé de son sodium. SYN. déchloruré.

désodorisant *adjectif et nom masculin* Qui supprime les mauvaises odeurs. SYN. assainisseur.

désœuvré *adjectif* Qui n'a rien à faire. SYN. inactif, inoccupé, oisif. CONTR. *actif, affairé, débordé, occupé, pris, surchargé.*

désœuvrement *nom masculin* État de quelqu'un qui est inactif. SYN. flânerie, inaction, inactivité, inoccupation, oisiveté. CONTR. *activité, affairement, occupation, travail.*

désolant *adjectif* Qui chagrine. SYN. affligeant, attristant, chagrinant, consternant, contrariant, déplorable, désespérant, douloureux, ennuyeux, fâcheux, lamentable, malheureux, navrant, triste. – FAMILIER : embêtant, empoisonnant, enquiquinant. – POPULAIRE : emmerdant. CONTR. *consolant, réconfortant, réjouissant.*

désolation *nom féminin* Peine extrême. SYN. accablement, affliction, chagrin, consternation, désespoir, détresse, douleur. – LITTÉRAIRE : navrement. CONTR. *consolation, joie, ravissement.* – LITTÉRAIRE : *exultation.*

désolé *adjectif* Qui éprouve de la contrariété. SYN. affligé, confus, contrarié, ennuyé, fâché, navré, peiné. – FAMILIER : embêté, empoisonné. – LITTÉRAIRE : chagrin. – POPULAIRE : emmerdé. CONTR. *charmé, content, enchanté, heureux, ravi, réjoui, satisfait.*

désoler *verbe* Contrarier quelqu'un. SYN. abattre, accabler, affliger, attrister, briser le cœur, chagriner, consterner, désespérer, ennuyer, fâcher, irriter, mécontenter, navrer, peiner, tourmenter. – FAMILIER : chiffonner, embêter. – LITTÉRAIRE : contrister, rembrunir. – POPULAIRE : emmerder. CONTR. *consoler, contenter, égayer, réjouir, satisfaire.*

désoler (se) *verbe pronominal* Être attristé de. SYN. s'affliger, se lamenter. CONTR. *s'applaudir, exulter, jubiler, se réjouir.*

désolidariser *verbe* Rompre l'union entre personnes. SYN. déchirer, désunir, diviser. CONTR. *solidariser, unir.* ■ Séparer deux parties d'un mécanisme. SYN. disjoindre, dissocier. CONTR. *accoupler, solidariser.*

désolidariser (se) *verbe pronominal* Cesser d'être solidaire. SYN. se dissocier de, s'éloigner de, se séparer de. – FAMILIER : freiner des quatre fers, ruer dans les brancards. CONTR. *s'associer, se solidariser, soutenir.*

désopilant *adjectif* Qui est très drôle. SYN. comique, drôle, hilarant, inénarrable, à mourir de rire. – FAMILIER : crevant, impayable, marrant, rigolo, roulant, tordant. – LITTÉRAIRE : ineffable. – POPULAIRE : bidonnant, fendant, gondolant, à pisser de rire, poilant. CONTR. *funèbre, lugubre, macabre, morne, mortel, sinistre, tragique, triste.* – FAMILIER : *cafardeux, glauque.*

désordonné *adjectif* Qui manque d'ordre. SYN. anarchique, brouillon, chaotique, confus, décousu, dérangé, déréglé, désorganisé, échevelé, incohérent, irrégulier. – FAMILIER : cafouilleux, délirant. – POPULAIRE : bordélique. CONTR. *cohérent, harmonieux, méthodique, méticuleux, minutieux, ordonné, rangé, réglé, régulier, soigneux.*

désordre *nom masculin* Absence d'ordre. SYN. fatras, fouillis. – FAMILIER : bazar, chantier, cirque, micmac, pagaïe, pagaille, pastis, salmigondis, souk. – POPULAIRE : bin's, bordel, boxon, chienlit, foutoir, merdier. CONTR. *disposition, ordre, rangement.* ■ Manque d'organisation. SYN. anarchie, confusion, dérèglement, désorganisation, détraquement, enchevêtrement, gâchis, imbroglio, incohérence, laisser-aller. – FAMILIER : cafouillage, cafouillis, chambardement, embrouillamini, sac de nœuds, sac d'embrouilles. CONTR. *arrangement, classement, ordonnance, organisation.* ■ Agitation dans un groupe. SYN. affolement, bouleversement, chaos, confusion, effervescence, mouvements, perturbation, remous, révolte, révolution, soulèvement, trouble. – LITTÉRAIRE : commotion. CONTR. *calme, discipline, équilibre, harmonie, paix, sérénité, tranquillité.* – LITTÉRAIRE : *quiétude.*

désorganisation *nom féminin* Destruction de l'ordre. SYN. décomposition, désagrégation, désintégration, désordre, détraquement, perturbation. – FAMILIER : cafouillage, cafouillis. CONTR. *agencement, aménagement, discipline, disposition, harmonie, ordonnancement.*

désorganisé *adjectif* Dont l'ordre est troublé. SYN. anarchique, dérangé, déréglé, désordonné. CONTR. *ordonné, organisé, rangé, réglé.*

désorganiser *verbe* Introduire le désordre. SYN. bouleverser, brouiller, défaire, déranger, désagencer, désintégrer, perturber, semer la zizanie, troubler. – FAMILIER : chambarder, chambouler. – POPULAIRE : bordéliser, foutre la merde, foutre le bordel, semer la merde. CONTR. *agencer, aménager, arranger, coordonner, ordonner, organiser.*

désorienté *adjectif* Qui ne suit pas la bonne direction. SYN. égaré, perdu. ■ Qui est déconcerté. SYN. décontenancé, démonté, déphasé, dérouté, désarçonné, désemparé, perdu. – POPULAIRE : paumé. CONTR. *rassuré.* – LITTÉRAIRE : *rasséréné.*

désorienter *verbe* Faire perdre l'orientation. SYN. dépister, égarer, fourvoyer. – LITTÉRAIRE : dévoyer. CONTR. *orienter.* ■ Déconcerter quelqu'un. SYN. confondre, déboussoler, déconcerter, décontenancer, démonter, dérouter, désarçonner, désemparer, embarrasser, interloquer, prendre au dépourvu, prendre de court, troubler.

désormais *adverbe* À dater de ce jour. SYN. à l'avenir, dorénavant, maintenant, à partir de maintenant.

despote *nom masculin* Chef d'État au pouvoir absolu. SYN. autocrate, dictateur, oppresseur, tyran. – LITTÉRAIRE : dominateur. CONTR. *opprimé.*

despotique *adjectif* Propre au despote. SYN. autocratique, dictatorial, dominateur, oppressif, totalitaire, tyrannique. CONTR. *libéral.* ■ Qui s'impose aux autres. SYN. absolu, arbitraire, autoritaire, impératif, impérieux, péremptoire, tyrannique. CONTR. *accommodant, conciliant, coulant, facile.*

despotisme *nom masculin* Régime politique. SYN. absolutisme, autocratie, caporalisme, césarisme, dictature, totalitarisme, tyrannie. ■ Autorité tyrannique. SYN. arbitraire, autoritarisme, domination, exigence, omnipotence, toute-puissance. – LITTÉRAIRE : prépotence, tyrannie. CONTR. *faiblesse.*

dessaisir *verbe* Priver quelqu'un de son bien. SYN. déposséder, dépouiller. – LITTÉRAIRE : spolier.

dessaisir (se) *verbe pronominal* Se déposséder de quelque chose. SYN. abandonner, céder, se débarrasser, se défaire, se démunir, se déposséder, se dépouiller, donner, se priver, renoncer à, sacrifier, se séparer. CONTR. *s'approprier, conserver, garder.*

dessalé *adjectif* FAMILIER. Qui a cessé d'être naïf. SYN. averti, déluré, déniaisé. – FAMILIER : dégourdi. CONTR. *prude, pudibond.* – FAMILIER : *bégueule.*

desséché *adjectif* Devenu sec. SYN. aride, fané, racorni, sec, stérile. – LITTÉRAIRE : étique. CONTR.

frais, humide, juteux, pluvieux. – LITTÉRAIRE : *tendre.*

dessèchement *nom masculin* Action de dessécher. SYN. assèchement, déshydratation, dessiccation, drainage, lyophilisation. CONTR. *arrosage, imbibition, inondation, irrigation.* ■ Sécheresse du cœur. SYN. insensibilité. – LITTÉRAIRE : endurcissement.

dessécher *verbe* Rendre sec. SYN. assécher, déshydrater, faner, flétrir, racornir, stériliser, tarir. CONTR. *arroser, humidifier, hydrater, imbiber, mouiller, tremper.* ■ Rendre maigre. SYN. amaigrir. CONTR. *empâter, engraisser.* ■ Rendre insensible. SYN. endurcir, scléroser. CONTR. *attendrir.*

dessécher (se) *verbe pronominal* Devenir sec. SYN. s'étioler, se faner, se racornir. – FAMILIER : se rabougrir. ■ Perdre toute sensibilité. SYN. s'endurcir, être de glace, rester de glace, rester de marbre. – FAMILIER : être de bois.

dessein *nom masculin* Ce que l'on se propose de faire. SYN. ambition, arrière-pensée, aspiration, but, combinaison, intention, objectif, programme, projet, propos, résolution, visée, volonté, vues. – FAMILIER : combine. ■ ***À dessein,*** de propos délibéré. SYN. consciemment, délibérément, exprès, intentionnellement, volontairement.

desserrer *verbe* Défaire ce qui est serré. SYN. débloquer, décoincer, délacer, dénouer, dévisser, lâcher, relâcher. CONTR. *bloquer, caler, serrer.*

desservir *verbe* Enlever la vaisselle de la table. SYN. débarrasser. CONTR. *servir.* ■ Porter préjudice à. SYN. brûler, compromettre, contrarier, contrecarrer, défavoriser, désavantager, entraver, handicaper, léser, nuire, plomber, porter atteinte à. CONTR. *aider, appuyer, assister, encourager, favoriser, obliger, prêter main-forte, seconder, secourir, soutenir.*

dessiccation *nom féminin* Action de dessécher. SYN. déshydratation, dessèchement, lyophilisation, séchage. CONTR. *hydratation, imbibition.*

dessin *nom masculin* Production graphique. SYN. croquis, ébauche, étude, figure, motif. ■ Contour linéaire. SYN. galbe, ligne, profil, tracé.

dessiner *verbe* Représenter par un dessin. SYN. croquer, ébaucher, esquisser, figurer, former, représenter. – LITTÉRAIRE : portraiturer. ■ Faire ressortir quelque chose. SYN. accentuer, accuser, montrer, mouler, offrir, souligner.

dessiner (se) *verbe pronominal* Se manifester clairement. SYN. se concrétiser, se préciser, prendre forme, prendre tournure, se profiler. ■ Commencer à être visible. SYN. se découper, se détacher, se distinguer, s'ébaucher, s'esquisser, ressortir. – LITTÉRAIRE : se silhouetter.

dessoler *verbe* Changer l'ordre de succession des cultures. SYN. désaisonner.

dessouchage *nom masculin* Action de dessoucher. SYN. dessouchement, essouchage, essouchement.

dessouchement *nom masculin* Action de dessoucher. SYN. dessouchage, essouchage, essouchement.

dessoucher *verbe* Enlever les souches. SYN. déraciner, essoucher.

dessouder *verbe* Séparer deux pièces jointes. SYN. débraser.

dessoudure *nom féminin* Enlèvement de la soudure. SYN. débrasage.

dessoûler *verbe* Faire cesser l'ivresse. SYN. dégriser, désenivrer. CONTR. *enivrer, griser.* – FAMILIER : *soûler.*

dessous *adverbe* Marque la position inférieure. SYN. au-dessous, en-dessous. CONTR. *dedans, dessus.* ■ ***En dessous,*** de façon hypocrite. SYN. en douce, faussement, hypocritement, mine de rien, sans en avoir l'air, sournoisement, subrepticement, tortueusement. CONTR. *candidement, à découvert, franchement, loyalement, nettement, ouvertement, sincèrement, vrai.*

dessous *nom masculin* Partie inférieure de. SYN. bas, base, envers. CONTR. *dessus, endroit.* ■ ***Avoir le dessous,*** être vaincu. SYN. déposer les armes, échouer, se faire battre, perdre. – FAMILIER : prendre un carton, prendre une piquette, ramasser un carton, ramasser une gamelle, rater. – LITTÉRAIRE : baisser pavillon, mettre pavillon bas. – POPULAIRE : l'avoir dans le cul. CONTR. *l'emporter, gagner, triompher, vaincre.*

dessous *nom masculin pluriel* Côté secret d'une affaire. SYN. coulisse, envers, mystère. ■ Sous-vêtements. SYN. linge, linge de corps, lingerie.

dessous-de-table *nom masculin* Argent donné de la main à la main. SYN. bakchich, commission, gratification, pot-de-vin, ristourne.

dessus *adverbe* Marque la position supérieure. SYN. au-dessus. CONTR. *au-dessous, dessous, en-dessous.*

dessus *nom masculin* Partie supérieure de. SYN. endroit, haut. CONTR. *bas, base, dessous, envers.* ■ ***Le dessus du panier,*** ce qu'il y a de mieux dans un groupe. SYN. beau monde, la fine fleur, gotha, haute société, hautes sphères, jet-set, jet-society, le Tout-Paris. – FAMILIER : beau linge, gratin, la haute. ■ ***Reprendre le dessus,*** surmonter une difficulté. SYN. se contrôler, se dominer, se maîtriser, réagir, se remettre, se reprendre, se ressaisir, se retrouver. – FAMILIER : remonter la pente, se secouer.

dessus-de-lit *nom masculin invariable* Couverture qui recouvre un lit. SYN. couvre-lit.

destin *nom masculin* Puissance supérieure. SYN. destinée, fatalité, hasard, nécessité, providence. – LITTÉRAIRE : fatum, fortune. ■ Existence humaine. SYN. existence, sort, vie. – LITTÉRAIRE : lot. ■ Sort réservé à quelque chose. SYN. avenir, destinée, fortune. – LITTÉRAIRE : condition.

destinataire *nom* Personne à qui on envoie quelque chose. CONTR. *émetteur, envoyeur, expéditeur.*

destination *nom féminin* Emploi prévu pour quelque chose. SYN. affectation, mission, usage, utilisation, vocation. ■ Objectif visé. SYN. but, cible, direction.

destinée *nom féminin* Puissance supérieure. SYN. destin, fatalité. – LITTÉRAIRE : fatum, fortune. ■ Sort réservé à quelque chose. SYN. avenir, destin, fortune, mission, sort, vocation. – LITTÉRAIRE : condition.

destiner *verbe* Fixer à l'avance. SYN. appeler, orienter, préparer, promettre, vouer. ■ Réserver quelque chose à. SYN. adresser, affecter, assigner, attribuer, consacrer, réserver.

destituer *verbe* Retirer à quelqu'un sa fonction. SYN. bannir, casser, chasser, congédier, se défaire de, dégrader, démettre, déposer, détrôner, éliminer, évincer, licencier, limoger, radier, relever, remercier, renvoyer, repousser, révoquer, se séparer de, suspendre. – FAMILIER : balayer, blackbouler, débarquer, déboulonner, dégommer, démissionner, sabrer, vider. – LITTÉRAIRE : disgracier. – POPULAIRE : balancer, sacquer, saquer, virer. CONTR. *accueillir, admettre, agréer, garder, nommer, recevoir.*

destitution *nom féminin* Action de destituer quelqu'un. SYN. congédiement, dégradation, déposition, détrônement, interdiction, limogeage, radiation, renvoi, révocation.

destroyer *nom masculin* Bateau de guerre qui combattait les torpilleurs. SYN. contre-torpilleur.

destructeur *adjectif* Qui renverse l'ordre établi. SYN. débilitant, destructif, dévastateur, subversif. – LITTÉRAIRE : corrupteur, dissolvant, ravageur. CONTR. *constructif.*

destructeur *nom* Personne qui aime détruire. SYN. briseur, démolisseur, déprédateur, dévastateur, vandale. – LITTÉRAIRE : corrupteur, exterminateur, ravageur. CONTR. *bâtisseur, créateur, gardien, producteur, protecteur.*

destructible *adjectif* Qui peut être détruit. SYN. caduc, fragile, périssable, précaire. CONTR. *impérissable, indestructible, solide.*

destructif *adjectif* Qui peut détruire. SYN. destructeur, dévastateur. CONTR. *constructif.*

destruction *nom féminin* Action de détruire. SYN. abolition, anéantissement, casse, dégât, démantèlement, démolition, dévastation, écrasement, écroulement, effondrement, extermination, extinction, massacre, perte, ravage, renversement, ruine, suppression. CONTR. *conservation, construction, création, édification, érection, établissement, fabrication, fondation, préservation, production, reconstruction, réfection, réparation, restauration, sauvegarde.* – LITTÉRAIRE : *réédification.*

désuet *adjectif* Qui n'est plus en usage. SYN. abandonné, anachronique, ancien, antique, archaïque, arriéré, inactuel, moyenâgeux, poussiéreux, préhistorique, vétuste, vieilli, vieillot, vieux. CONTR. *actuel, nouveau, récent, ultramoderne, usité, usuel.* ■ Qui est passé de mode. SYN. attardé, caduc, démodé, dépassé, kitsch, obsolète, périmé, retardataire, vieille France, vieux jeu. – FAMILIER : fossile, de grand papa, out, rétro, ringard. – LITTÉRAIRE : obsolescent, suranné. – POPULAIRE : cucul (la praline). – VIEUX : rococo. CONTR. *dernier cri, jeune, moderne, en vogue.* – FAMILIER : *tendance.*

désuétude *nom féminin* LITTÉRAIRE. Caractère d'une chose désuète. SYN. ancienneté, archaïsme, vétusté. – LITTÉRAIRE : obsolescence. CONTR. *modernité.*

désuni *adjectif* Qui n'est plus uni. SYN. brouillé, divisé. CONTR. *solidaire, uni.*

désunion *nom féminin* Action de désunir. SYN. disjonction, dislocation, écartement. CONTR. *assemblage, raccordement.* ■ Fait d'être désuni. SYN. brouille, désaccord, dissension, division, divorce, mésentente, tiraillement, zizanie. – LITTÉRAIRE : discorde, dissentiment, mésintelligence. CONTR. *accord, alliance, communion, entente, harmonie, réconciliation, union.* – FAMILIER : *raccommodement.*

désunir *verbe* Séparer ce qui était uni. SYN. dégrouper, désagréger, désassembler, disjoindre, disloquer, dissocier, écarter, isoler, scinder. CONTR. *aboucher, abouter, adjoindre, agréger, associer, lier, réunir, unir.* – LITTÉRAIRE : *assembler.* ■ Introduire un désaccord. SYN. brouiller, déchirer, désolidariser, diviser, fâcher. CONTR. *cimenter, coaliser, rapprocher, réconcilier, réunir, solidariser, unifier, unir.*

désunir (se) *verbe pronominal* Cesser d'être uni. SYN. se désagréger, se dissocier. CONTR. *s'associer, se solidariser.*

détachage *nom masculin* Action d'ôter une tache. SYN. dégraissage, nettoyage.

détaché *adjectif* Qui paraît insensible à. SYN. absent, désintéressé, imperturbable, indifférent, insouciant. CONTR. *avide, entiché, féru, intéressé, passionné.*

détachement *nom masculin* Sentiment de ne pas être concerné par. SYN. désaffection, désintéressement, désintérêt, indifférence, insensibilité, mépris. – LITTÉRAIRE : incuriosité. CONTR. *accointance, affection, attachement, avidité, enthousiasme, intérêt, passion, sensibilité.* ■ Troupe chargée d'une mission. SYN. commando, patrouille, troupe.

détacher *verbe transitif* Défaire un lien. SYN. déboucler, déboutonner, déficeler, dégrafer, délier, dénouer, désamarrer, désenchaîner, dételer, libérer. CONTR. *adapter, attacher, boucler, enchaîner, fixer, lier, rattacher.* ■ Séparer une chose d'une autre. SYN. arracher, cueillir, décrocher, disjoindre, enlever, espacer, extraire, isoler, prélever, séparer. CONTR. *adjoindre, agréger, assujettir, coller, englober, fusionner, incorporer, joindre, juxtaposer, réunir, unir.* ■ Envoyer en mission. SYN. charger, déléguer. – LITTÉRAIRE : dépêcher. ■ Amener à se séparer de. SYN. détourner, éloigner. CONTR. *annexer, assujettir.*

détacher *verbe transitif* Enlever une tache. SYN. dégraisser, nettoyer. CONTR. *salir, tacher.*

détacher (se) *verbe pronominal* Ne plus être attaché à. SYN. se décoller, se défaire, se dégrafer, se dénouer. CONTR. *s'attacher.* ■ Perdre peu à peu de l'intérêt pour. SYN. abandonner, s'abstraire, délaisser, se désintéresser de, s'écarter de, s'éloigner de, négliger, oublier, prendre du champ, prendre du recul, prendre ses distances. – LITTÉRAIRE : se déprendre de. CONTR. *s'acoquiner, s'attacher, s'engouer, s'enticher, s'intéresser, se passionner, se pencher sur, se rapprocher.* – LITTÉRAIRE : *s'accointer.* ■ Apparaître nettement. SYN. se découper, se dessiner, se distinguer, se profiler, ressortir, trancher. – LITTÉRAIRE : se silhouetter.

détail *nom masculin* Petit élément d'un ensemble. SYN. accessoire, à-côté, babiole, bricole, circonstance, particularité, précision. CONTR. *essentiel, principal.* ■ Vente en petites quantités. CONTR. *demi-gros, gros.*

détaillant *nom* Commerçant qui vend au détail. SYN. débitant. CONTR. *grossiste.*

détaillé *adjectif* Présenté dans les détails. SYN. approfondi, circonstancié, minutieux, précis. CONTR. *grossier, schématique, sommaire, vague.* – LITTÉRAIRE : *compendieux.*

détailler *verbe* Diviser un produit en morceaux. SYN. débiter, découper. ■ Passer en revue des éléments. SYN. décrire, dépeindre, développer, dévisager, énumérer, exposer. CONTR. *schématiser.*

détaler *verbe* FAMILIER. S'en aller au plus vite. SYN. battre en retraite, courir, déguerpir, déloger, disparaître, s'enfuir, s'esquiver, fausser compagnie, fuir, partir, plier bagages, prendre la clef des champs, prendre la fuite, prendre le large, se retirer, se sauver. – FAMILIER : débarrasser le plancher, décamper, ficher le camp, filer, filer comme un zèbre, gagner le large, lever le camp, lever le pied, lever le siège, prendre la poudre d'escampette, prendre la tangente, prendre ses cliques et ses claques, prendre ses jambes à son cou, vider le plancher, vider les lieux. – POPULAIRE : se barrer, se calter, se carapater, se casser, cavaler, se cavaler, se débiner, décaniller, se faire la malle, se faire la paire, foutre le camp, jouer la fille de l'air, mettre les bouts, mettre les voiles, se tailler, se tirer. – VIEUX : s'esbigner.

détaxer *verbe* Supprimer les taxes. SYN. exonérer. CONTR. *grever, imposer, taxer.*

détecter *verbe* Découvrir la présence de. SYN. déceler, découvrir, dépister, deviner, diagnostiquer, localiser, pénétrer, repérer, trouver.

détecteur *nom masculin* Organe de détection. SYN. capteur, senseur.

détection *nom féminin* Action de détecter. SYN. localisation, repérage.

détective *nom* Personne chargée d'enquêtes privées. SYN. enquêteur. – FAMILIER : privé.

déteindre *verbe intransitif* Perdre de la couleur. SYN. se décolorer, faner, passer.

déteindre *verbe transitif indirect* Avoir une influence sur quelqu'un. SYN. agir sur, entraîner, infléchir, influencer, influer, marquer, monter la tête, peser sur, suggestionner. – FAMILIER : monter le bourrichon. – LITTÉRAIRE : contagionner.

détendre *verbe* Faire disparaître la tension nerveuse. SYN. calmer, décontracter, délasser, désénerver, égayer, relâcher, relaxer, reposer, soulager. CONTR. *contracter, crisper, énerver, exciter, fatiguer, raidir, tendre.* – LITTÉRAIRE : *bander.*

détendre (se) *verbe pronominal* Décontracter ses muscles. SYN. s'allonger, s'étirer. CONTR. *se raidir, se ramasser, se replier.* ■ Libérer son esprit. SYN. se calmer, se décontracter, se délasser, se distraire, se divertir, s'évader, recharger ses accus, recharger ses batteries, se relaxer, se reposer, souffler un peu. - **FAMILIER** : se mettre au vert. - **LITTÉRAIRE** : s'égayer, se ressourcer. **CONTR.** *se crisper, s'énerver, se stresser.*

détendu *adjectif* Qui n'est plus tendu. **SYN.** lâche, relâché. **CONTR.** *raide, tendu.* ■ Sans tension nerveuse. **SYN.** apaisé, calme, décontracté, dégagé, relaxé, reposé. - **FAMILIER** : cool, relax, relaxe. **CONTR.** *agacé, contracté, crispé, énervé, exaspéré, fatigué, stressé, tendu.* - **FAMILIER** : *coincé.*

détenir *verbe* Garder un objet. **SYN.** avoir, conserver, posséder, receler. ■ Retenir quelque part. **SYN.** écrouer, emprisonner, enfermer, incarcérer, interner, retenir. **CONTR.** *libérer, relâcher, relaxer.*

détente *nom féminin* Délassement du corps ou de l'esprit. **SYN.** décontraction, délassement, loisir, pause, récréation, relaxation, repos. - **FAMILIER** : farniente. - **LITTÉRAIRE** : aise, halte, relâche. **CONTR.** *contraction, crispation, stress.* ■ Apaisement entre États. **SYN.** apaisement, coexistence pacifique, concorde, dégel, embellie, paix, soulagement. **CONTR.** *raidissement, tension.*

détenteur *nom* Personne qui détient quelque chose. **SYN.** possesseur, propriétaire, titulaire.

détention *nom féminin* Action de détenir. **SYN.** possession. ■ État d'une personne détenue. **SYN.** emprisonnement, incarcération, internement, réclusion. **CONTR.** *liberté.* - **LITTÉRAIRE** : *délivrance.*

détenu *nom* Personne incarcérée. **SYN.** prisonnier. - **LITTÉRAIRE** : reclus. - **POPULAIRE** : taulard, tôlard.

détérioration *nom féminin* Fait de détériorer, de se détériorer. **SYN.** altération, avarie, déchéance, déclin, dégât, dégradation, délabrement, déliquescence, déprédation, désagrégation, désagrègement, dommage, pourrissement, ravage. - **FAMILIER** : casse. - **LITTÉRAIRE** : empirement. **CONTR.** *amélioration, conservation.*

détériorer *verbe* Mettre en mauvais état. **SYN.** abîmer, accidenter, avarier, briser, casser, défaire, dégrader, délabrer, démanteler, démolir, détraquer, dévaster, disloquer, emboutir, endommager, éventrer, mutiler, saboter. - **ARGOTIQUE** : dézinguer. - **FAMILIER** : amocher, bousiller, déglinguer, démantibuler, esquinter, fusiller. - **POPULAIRE** : foutre en l'air, péter, ratatiner. **CONTR.** *arranger, embellir, entretenir, raccommoder, raffermir, réparer, restaurer.* - **FAMILIER** : *rabibocher, rafistoler, retaper.* ■ Nuire gravement à. **SYN.** altérer, attaquer, compromettre, délabrer, envenimer. **CONTR.** *améliorer, bonifier, conserver, préserver, revigorer.* - **LITTÉRAIRE** : *amender, régénérer.*

détériorer (se) *verbe pronominal* Subir des dégradations. **SYN.** s'abîmer, s'altérer, se dégrader, se détraquer, pourrir. **CONTR.** *s'améliorer.* ■ Perdre de ses qualités. **SYN.** s'abîmer, s'aggraver, aller de mal en pis, s'altérer, battre de l'aile, se compliquer, se dégrader, empirer, s'envenimer, se gâter, ne pas s'arranger, prendre une mauvaise tournure. - **FAMILIER** : sentir le brûlé, sentir le roussi, tourner à l'aigre, tourner au vinaigre. - **POPULAIRE** : partir en couille. **CONTR.** *aller de mieux en mieux, s'améliorer, s'arranger, se bonifier.*

déterminant *adjectif* Qui décide une action. **SYN.** caractéristique, décisif, dominant.

détermination *nom féminin* Action de déterminer quelque chose. **SYN.** calcul, caractérisation, fixation, indication, localisation, spécification. **CONTR.** *ignorance, méconnaissance.* ■ Acte de volonté. **SYN.** choix, décision, initiative, option, parti, propos, résolution. ■ Qualité de celui qui est déterminé. **SYN.** acharnement, caractère, énergie, fermeté, résolution, ténacité, volonté. - **FAMILIER** : cran. - **LITTÉRAIRE** : opiniâtreté. **CONTR.** *faiblesse, hésitation, indécision, indétermination, irrésolution, perplexité, velléité.*

déterminé *adjectif* Qui est bien défini. **SYN.** affirmé, arrêté, certain, défini, fixe, organisé, précis, précisé, prêt, réglé. **CONTR.** *douteux, imprécis, incertain, indéfini, indéterminé, vague.* - **FAMILIER** : *vaseux, vasouillard.* ■ Qui est sûr de lui. **SYN.** convaincu, décidé, énergique, entreprenant, ferme, inébranlable, opiniâtre, résolu. - **LITTÉRAIRE** : crâne, robuste. **CONTR.** *craintif, hésitant, indécis, irrésolu, perplexe.*

déterminer *verbe* Établir avec précision. **SYN.** arrêter, calculer, définir, délimiter, établir, évaluer, fixer, localiser, mesurer, préciser, spécifier. ■ Être la cause d'un événement. **SYN.** amener, appeler, apporter, causer, créer, décider, déclencher, engendrer, entraîner, impliquer, motiver, nécessiter, occasionner, produire, provoquer, susciter. **CONTR.** *dériver, résulter.* ■ Pousser quelqu'un à. **SYN.** amener, décider, engager, exciter, exhorter, inciter, persuader, porter.

déterminer (se) *verbe pronominal* Se décider à faire quelque chose. **SYN.** se décider, faire le saut, franchir le pas, opter pour, se prononcer pour, se résoudre à, résoudre de, sauter le pas. **CONTR.** *balancer, flotter, hésiter, reculer.* - **FAMILIER** : *barguigner, lanterner, se tâter, tergiverser.* - **POPULAIRE** : *avoir le cul entre deux chaises.* - **VIEUX** : *être entre le zist et le zest.*

déterrage *nom masculin* Action de déterrer. **SYN.** exhumation. **CONTR.** *ensevelissement, enterrement, inhumation.*

déterrement *nom masculin* Action de déterrer. **SYN.** déterrage, exhumation. **CONTR.** *ensevelissement, enterrement, inhumation.*

déterrer *verbe* Tirer quelque chose de terre. SYN. arracher. CONTR. *enfoncer, enfouir, enterrer.* ■ Tirer un mort de sa sépulture. SYN. exhumer. CONTR. *ensevelir, enterrer, inhumer.* ■ Tirer quelque chose de l'oubli. SYN. exhumer. – FAMILIER : dénicher. – LITTÉRAIRE : ressusciter. CONTR. *enfouir.*

détestable *adjectif* Qui a tout pour déplaire. SYN. abject, abominable, affreux, antipathique, catastrophique, déplorable, désagréable, épouvantable, haïssable, ignoble, infect, maudit, mauvais, méchant, odieux, regrettable. – FAMILIER : imbuvable, satané. – LITTÉRAIRE : exécrable. CONTR. *admirable, adorable, agréable, aimable, beau, bien, bon, charmant, cher, chéri, délicieux, enviable, exquis, gentil, heureux, idéal, joli, merveilleux, parfait, satisfaisant, sympathique.* – FAMILIER : *possible.* – LITTÉRAIRE : *délectable.*

détestation *nom féminin* LITTÉRAIRE. Fait de détester. SYN. abomination, animosité, haine. – LITTÉRAIRE : exécration.

détesté *adjectif* Que l'on a en horreur. SYN. exécré. – LITTÉRAIRE : abhorré. CONTR. *adoré, bien-aimé, chéri, favori, de prédilection, préféré.*

détester *verbe* Avoir de l'aversion pour quelqu'un. SYN. être à couteaux tirés avec, exécrer, haïr, ne pas pouvoir souffrir, prendre en grippe. – FAMILIER : avoir quelqu'un dans le nez, ne pas pouvoir encaisser, ne pas pouvoir sentir, ne pas pouvoir voir, ne pas pouvoir voir en peinture. – LITTÉRAIRE : honnir. – POPULAIRE : ne pas pouvoir blairer, ne pas pouvoir encadrer, ne pas pouvoir piffer, ne pas pouvoir sa(c)quer. CONTR. *adorer, aimer, bénir, chérir, s'éprendre, estimer, idolâtrer, supporter.* – LITTÉRAIRE : *affectionner.* ■ Ne pas supporter quelque chose. SYN. abominer, avoir en horreur, avoir horreur de, exécrer, haïr, répugner à. – FAMILIER : vomir. – LITTÉRAIRE : abhorrer, avoir en abomination. CONTR. *adorer, aimer, se complaire, goûter, se plaire à, raffoler.* – LITTÉRAIRE : *se délecter.*

détonation *nom féminin* Bruit d'une explosion. SYN. déflagration, éclatement, explosion.

détonner *verbe* Ne pas être dans le ton. SYN. contraster, se heurter, hurler, jurer, trancher. CONTR. *s'accorder, s'appareiller, s'apparenter, s'associer, cadrer, correspondre, s'harmoniser.*

détordre *verbe* Défaire ce qui est tordu. SYN. défausser, redresser. CONTR. *déformer, fausser, plier, recourber, tordre.* – LITTÉRAIRE : *ployer.*

détour *nom masculin* Tracé sinueux. SYN. coude, lacet, méandre, sinuosité, tournant, virage. – LITTÉRAIRE : repli. ■ Parcours supplémentaire. SYN. crochet, déviation. CONTR. *raccourci.* ■ Moyen indirect. SYN. biais, circonlocution, digression, faux-fuyant, finasserie, périphrase, tergiversation. – LITTÉRAIRE : sinuosité. ■ ***Sans détour,*** en toute franchise. SYN. carrément, catégoriquement, clairement, expressément, formellement, franchement, haut, nettement, rondement, simplement, tout bonnement, tout cru, tout net, vrai. – LITTÉRAIRE : sans ambages. – POPULAIRE : franco. CONTR. *ambigument, confusément, obliquement, obscurément, vaguement.*

détourné *adjectif* Qui fait un détour. SYN. indirect, lointain, perdu, retiré. CONTR. *direct, droit.*

détournement *nom masculin* Action de détourner quelque chose. SYN. dérivation, déviation. ■ Soustraction frauduleuse. SYN. concussion, malversation, vol. – LITTÉRAIRE : exaction.

détourner *verbe* Diriger vers autre chose. SYN. déplacer, dévier, écarter, égarer, éloigner. CONTR. *centrer, rapprocher.* ■ Soustraire illégalement. SYN. escroquer, extorquer, piller, voler. – FAMILIER : manger la grenouille. – LITTÉRAIRE : dérober, distraire. – VIEUX : filouter. CONTR. *rendre, restituer.* ■ Écarter quelqu'un de ce qui l'occupe. SYN. arracher, déconseiller, détacher, dissuader, éloigner. CONTR. *brancher, engager, exciter, gagner à, inciter, intéresser, orienter, rallier.*

détourner (se) *verbe pronominal* Se tourner d'un autre côté. SYN. aller en sens inverse, bifurquer, dévier, faire marche arrière, obliquer, rabattre, se rabattre, rebrousser chemin, virer de bord. ■ Perdre tout intérêt pour. SYN. dédaigner, délaisser, se désintéresser, se détacher de, faire peu de cas de, ignorer, se jouer de, se laver les mains de, mépriser, se moquer, s'en moquer, n'avoir rien à faire de, ne pas s'occuper de, négliger, quitter, renoncer, se rire de. – FAMILIER : s'en battre l'œil, se contreficher, se ficher de, s'en moquer comme de colin-tampon, s'en moquer comme de l'an quarante, s'en soucier comme de l'an quarante, s'en soucier comme de sa première chemise, s'en soucier comme d'une guigne. – LITTÉRAIRE : n'avoir cure de. – POPULAIRE : s'en balancer, s'en branler, se foutre de, s'en foutre, n'avoir rien à cirer de, n'avoir rien à foutre de, s'en tamponner le coquillard, s'en taper. CONTR. *s'adonner, se consacrer, faire grand cas de, s'intéresser à, s'occuper de, se pencher sur, se préoccuper de, se soucier de, suivre.*

détracteur *nom* Personne qui critique. SYN. accusateur, calomniateur, critique, dénigreur, dépréciateur, médisant, opposant. – FAMILIER : débineur. – LITTÉRAIRE : censeur, contempteur, négateur. CONTR. *adepte, adhérent, admirateur, adorateur, bénisseur, défenseur, flatteur, sympathisant.* – FAMILIER : *béni oui-oui, carpette, larbin, paillasson.* – LITTÉRAIRE : *adulateur, complimenteur, flagorneur, laudateur, thuriféraire.*

détraqué *adjectif* FAMILIER. Atteint de troubles mentaux. SYN. dément, dérangé, désaxé, déséquilibré, fou. – FAMILIER : braque, cinglé, dingue, fada, fêlé, frappé, loufoque, maboul, malade, marteau, piqué, ravagé, tapé, timbré, toc-toc, toqué, zinzin. – POPULAIRE : allumé, azimuté, barge, barjo, barjot, branque, brindezingue, chtarbé, cinoque, cintré, déjanté, dingo, folingue, fondu, frapadingue, givré, jeté, louf, louftingue, ouf, sinoc, sinoque, siphonné, sonné, tordu. CONTR. *équilibré, normal, sain, sensé.* ■ Qui fonctionne mal. SYN. déréglé, troublé. CONTR. *réglé.*

détraquement *nom masculin* Fait d'être déréglé. SYN. dérangement, dérèglement, déséquilibre, désordre, désorganisation, perturbation, trouble.

détraquer *verbe* Abîmer quelque chose. SYN. abîmer, casser, délabrer, démolir, dérégler, détériorer, endommager, fausser, forcer. – ARGOTIQUE : dézinguer. – FAMILIER : bousiller, déglinguer, démantibuler, esquinter. – POPULAIRE : péter. CONTR. *dépanner, régler, réparer.* ■ FAMILIER. Perturber quelqu'un. SYN. bouleverser, démolir, déranger, déséquilibrer, ébranler, embrouiller, inquiéter, perturber, remuer, secouer, toucher, traumatiser, troubler. – FAMILIER : chambouler, embarbouiller, tourneboulER.

détraquer (se) *verbe pronominal* Fonctionner mal. SYN. s'abîmer, s'altérer, se dégrader, se dérégler, se détériorer. CONTR. *fonctionner, marcher.*

détrempé *adjectif* Imprégné d'eau. SYN. humide, imbibé, mouillé. CONTR. *asséché, sec.*

détremper *verbe* Imprégner d'eau. SYN. imbiber, imprégner, mouiller, tremper. CONTR. *sécher.*

détresse *nom féminin* Angoisse intense. SYN. affliction, désarroi, désespoir, désolation, peine, souffrance. – LITTÉRAIRE : désespérance. CONTR. *allégresse, bonheur, confiance, joie, sérénité.* – LITTÉRAIRE : *félicité, quiétude.* ■ Situation critique. SYN. dénuement, indigence, misère, nécessité, pauvreté. – LITTÉRAIRE : adversité, infortune. – VIEUX : pouillerie. CONTR. *aisance, bien-être, fortune, prospérité, richesse.*

détriment *nom masculin* LITTÉRAIRE. Perte matérielle ou morale. SYN. désavantage, dommage, préjudice, tort. CONTR. *avantage, bénéfice, bien, intérêt.*

détritique *adjectif* Formé de débris de roches. SYN. clastique.

détritus *nom masculin* Matériaux rendus inutilisables. SYN. déchet, immondices, ordures, résidu.

détromper *verbe* Tirer quelqu'un de l'erreur. SYN. désillusionner, ouvrir les yeux à. – LITTÉRAIRE : désabuser, dessiller les yeux à. CONTR. *abuser, aveugler, bercer, berner, duper, tromper.*

détrônement *nom masculin* Action de chasser du trône. SYN. déchéance, déposition, destitution.

détrôner *verbe* Chasser du trône. SYN. démettre, déposer, destituer. CONTR. *couronner.* ■ Mettre fin à la supériorité de. SYN. éclipser, effacer, enterrer, évincer, remplacer, se substituer, supplanter.

détrousser *verbe* Ôter à quelqu'un son bien. SYN. dépouiller, dévaliser, voler. – FAMILIER : délester, plumer, tondre.

détruire *verbe* Réduire à néant. SYN. abattre, anéantir, annihiler, annuler, briser, broyer, démanteler, désagréger, désintégrer, dévaster, éradiquer, faire table rase de, mettre en charpie, mettre en miettes, mettre en morceaux, mettre en pièces, phagocyter, raser, ravager, renverser, rompre, saborder. – FAMILIER : passer à la moulinette, réduire en bouillie. – LITTÉRAIRE : abolir, mettre à sac, ruiner. – VIEUX : saccager. CONTR. *bâtir, construire, créer, édifier, entretenir, ériger, fonder, produire, rehausser, renforcer, réparer, restaurer, restituer, vivifier.* ■ Faire périr. SYN. exterminer, supprimer, tuer. – FAMILIER : liquider. – LITTÉRAIRE : immoler. CONTR. *épargner, protéger.* ■ Ruiner la santé. SYN. anéantir, briser, broyer. – FAMILIER : bousiller. – LITTÉRAIRE : annihiler. CONTR. *ragaillardir, remonter, stimuler, tonifier.* – LITTÉRAIRE : *revivifier, vivifier.*

détruire (se) *verbe pronominal* Ruiner sa santé. SYN. se suicider, se supprimer, se tuer.

dette *nom féminin* Somme due à quelqu'un. SYN. arriéré, dû, emprunt, passif. – FAMILIER : ardoise. CONTR. *actif, avoir, créance, crédit.* ■ Obligation morale. SYN. devoir, obligation.

deuil *nom masculin* Tristesse causée par la mort. SYN. affliction, chagrin, déchirement, épreuve, malheur. – LITTÉRAIRE : déchirure. CONTR. *joie.* ■ Décès de quelqu'un. SYN. mort, perte. – LITTÉRAIRE : trépas. ■ FAMILIER. ***Faire son deuil de,*** se résigner à. SYN. accepter, s'accommoder de, s'arranger de, céder, faire contre mauvaise fortune bon cœur, se faire une raison, s'incliner, en prendre son parti, se rendre, se résoudre, se soumettre, subir, supporter. – LITTÉRAIRE : faire de nécessité vertu.

deuxième *adjectif* Qui vient après le premier. SYN. second.

deuxièmement *adverbe* En second lieu. SYN. secundo. – FAMILIER : deusio. – LITTÉRAIRE : secondement.

dévalaison *nom féminin* Descente des anguilles de l'amont vers l'aval. SYN. avalaison.

dévaler *verbe* Descendre vivement. SYN. se précipiter. – FAMILIER : débouler, dégringoler. CONTR. *ascensionner, escalader, gravir, grimper, monter.*

dévaliser *verbe* Dérober quelque chose à quelqu'un. SYN. dépouiller, piller, voler. – FAMILIER : délester, plumer, tondre. – LITTÉRAIRE : détrousser.

dévaliseur *nom* LITTÉRAIRE. Personne qui dévalise. SYN. cambrioleur, pillard, voleur. – LITTÉRAIRE : détrousseur.

dévaloir *nom masculin* Couloir en montagne. SYN. châble.

dévalorisation *nom féminin* Baisse de la valeur d'une monnaie. SYN. dévaluation. CONTR. *hausse, relèvement.* ■ Perte de crédit. SYN. défaveur, dépréciation, discrédit. – LITTÉRAIRE : déconsidération, mésestime, rabaissement. CONTR. *valorisation.*

dévaloriser *verbe* Diminuer la valeur d'une monnaie. SYN. dévaluer. CONTR. *rehausser, relever.* ■ Ôter de la valeur. SYN. dégrader, déprécier, dévaluer, discréditer, perdre, ruiner. CONTR. *revaloriser, valoriser.*

dévaluation *nom féminin* Perte de valeur. SYN. dépréciation, dévalorisation. – LITTÉRAIRE : rabaissement. – VIEUX : avilissement. CONTR. *relèvement, valorisation.*

dévaluer *verbe* Ôter de la valeur. SYN. dégrader, démonétiser, déprécier, dévaloriser, discréditer. CONTR. *relever.*

dévaluer (se) *verbe pronominal* Perdre de sa valeur. SYN. dégénérer, se déprécier, se dévaloriser. – VIEUX : s'avilir.

devanagari *nom féminin* Écriture utilisée pour le sanskrit. SYN. nagari.

devancer *verbe* Faire mieux que quelqu'un. SYN. battre, coiffer au poteau, dépasser, distancer, écraser, l'emporter, surclasser, surpasser, triompher, vaincre. – FAMILIER : damer le pion à, enfoncer, gratter, griller, semer. – LITTÉRAIRE : ne le céder en rien à. – POPULAIRE : faire la pige à. CONTR. *égaler.* ■ Avoir existé avant. SYN. précéder. CONTR. *succéder, suivre.* ■ Faire avant la date prévue. SYN. aller au-devant, anticiper, avancer, prévenir. CONTR. *retarder.*

devancier *nom* Personne qui en devance une autre. SYN. aîné, ancêtre, ancien, maître, précurseur, prédécesseur. – LITTÉRAIRE : aïeul. CONTR. *successeur, suivant.*

devant *préposition ou adverbe* Marque l'emplacement. SYN. en avant, en face. CONTR. *à l'arrière, derrière.*

devant *nom masculin* Partie antérieure de quelque chose. SYN. avant, endroit, façade, front, tête. CONTR. *arrière, derrière, dos, envers, fond.*

devanture *nom féminin* Devant d'une boutique. SYN. étalage, vitrine.

dévaser *verbe* Enlever la vase. SYN. curer, débourber, désenvaser, draguer. CONTR. *enliser.*

dévastateur *adjectif* Qui dévaste. SYN. déprédateur, destructeur, destructif, vandale. – LITTÉRAIRE : ravageur. CONTR. *constructeur, constructif.*

dévastation *nom féminin* Action de dévaster. SYN. dégât, déprédation, destruction, pillage, ravage, ruine, saccage, vandalisme. – LITTÉRAIRE : sac.

dévaster *verbe* Causer de graves dégâts. SYN. démolir, détériorer, détruire, endommager, piller, raser, ravager. – FAMILIER : bousiller, chambarder, chambouler, déglinguer, esquinter. – LITTÉRAIRE : infester, ruiner. – VIEUX : saccager. CONTR. *aménager.* ■ LITTÉRAIRE. Provoquer de graves troubles. SYN. briser, miner, ronger, ruiner. – LITTÉRAIRE : ravager.

déveine *nom féminin* FAMILIER. Manque de chance. SYN. coup du sort, coup dur, fatalité, malchance, malheur, mauvais œil. – FAMILIER : guigne. – POPULAIRE : poisse, scoumoune. – VIEUX : guignon. CONTR. *aubaine, bonheur, chance.* – FAMILIER : *baraka, pot, veine.*

développé *adjectif* Qui a progressé. SYN. évolué. CONTR. *élémentaire, indigent, primaire, rudimentaire.*

développement *nom masculin* LITTÉRAIRE. Action de dérouler quelque chose. SYN. dépliage, dépliement, déploiement. ■ Fait de se développer. SYN. avancement, croissance, épanouissement, évolution, formation, marche, montée, mouvement, processus, progrès, progression, prolongement, suite, train, venue. CONTR. *atrophie, piétinement, régression, stagnation.* ■ Fait de prendre de l'importance. SYN. accroissement, agrandissement, ampleur, amplification, augmentation, enrichissement, essor, expansion, extension, grossissement, prospérité. CONTR. *baisse, chute, décadence, déclin, ralentissement, récession, rétrogradation, sclérose.* ■ Exposé détaillé d'un sujet. SYN. discours, narration, paraphrase, récit, tirade. – FAMILIER : tartine. CONTR. *abrégé, résumé, sommaire.*

développer *verbe* Déployer ce qui était roulé. SYN. déployer, dérouler, étaler. CONTR. *plier, replier, rouler.* ■ Ôter de son enveloppe. SYN. déballer, défaire, déplier, désenvelopper. CONTR. *emballer, empaqueter, enrouler, envelopper.* ■ Assurer la croissance de. SYN. accroître, agrandir, amplifier, augmenter, enrichir, étendre, exalter, exciter, fortifier, stimuler. – FAMILIER : booster. CONTR. *arrêter, atrophier, cesser, diminuer, enrayer, étouffer, freiner, neutraliser.* ■ Exposer en détails. SYN. broder, détailler, étoffer, expliquer, exposer, paraphraser. CONTR. *abréger, écourter, raccourcir, resserrer, résumer, schématiser.*

développer (se) *verbe pronominal* LITTÉRAIRE. Se déployer sur une surface. SYN. se dérouler, s'étaler, s'étendre. ■ Poursuivre sa croissance. SYN. croître, se faire, forcir, se former, grandir, pousser, prospérer, venir. CONTR. *s'atrophier, s'étioler, se faner, stagner, végéter.* ■ Prendre de l'extension. SYN. s'agrandir, croître, s'étendre, s'intensifier, se multiplier, progresser, se prolonger, se propager, prospérer. – LITTÉRAIRE : fleurir. CONTR. *décliner, piétiner, régresser.*

devenir *nom masculin* Action de se transformer. SYN. évolution, mutation, transformation.

devenir *verbe* Passer d'un état à un autre. SYN. changer, évoluer, se faire, se transformer. ■ Avoir telle ou telle issue. SYN. advenir.

dévergondage *nom masculin* Conduite licencieuse. SYN. débauche, dépravation, dérèglement, égarement, excès, inconduite, libertinage, vice. – LITTÉRAIRE : débridement, impudicité, licence, stupre. CONTR. *bégueulerie, pruderie, pudibonderie, vertu.* – LITTÉRAIRE : *pudicité.*

dévergondé *adjectif* Qui mène une vie de débauche. SYN. débauché, déchaîné, dépravé, déréglé, dévoyé, effréné, immoral, impudique, libertin, licencieux, vicieux, voyou. – LITTÉRAIRE : dissolu. CONTR. *chaste, contenu, honnête, pudique, rangé, régulier, sérieux, sévère, vertueux.* – FAMILIER : *bégueule.*

dévergondé *nom* Personne qui se dévergonde. SYN. débauché, dépravé, dévoyé, libertin, viveur. – FAMILIER : noceur. CONTR. *puritain.*

dévergonder *verbe* Faire perdre son innocence à. SYN. débaucher, déniaiser, pervertir. – LITTÉRAIRE : dévoyer. CONTR. *assagir.*

dévergonder (se) *verbe pronominal* Mener une vie dissolue. SYN. faire les quatre cents coups, jeter son bonnet par-dessus les moulins, se perdre. – FAMILIER : jeter sa gourme, mener une vie de patachon. CONTR. *s'assagir, se ranger.*

déverser *verbe* Laisser couler. SYN. épandre, répandre. ■ Répandre abondamment. SYN. décharger, épancher, jeter, lâcher, verser.

déverser (se) *verbe pronominal* Couler d'un lieu dans un autre. SYN. s'écouler, s'épandre, se jeter, se répandre, se vider.

dévêtir *verbe* Enlever des vêtements. SYN. découvrir, dénuder, déshabiller. CONTR. *couvrir, habiller, recouvrir.* – LITTÉRAIRE : *vêtir.*

dévêtir (se) *verbe pronominal* Ôter ses vêtements. SYN. se découvrir, se dénuder, se déshabiller. – FAMILIER : tomber la veste. CONTR. *s'apprêter, s'habiller, se vêtir.*

dévêtu *adjectif* Sans vêtements. SYN. en costume d'Adam, en costume d'Ève, dénudé, déshabillé, nu, nu comme un ver, dans le plus simple appareil. – FAMILIER : en petite tenue, à poil. CONTR. *couvert, habillé, vêtu.*

déviation *nom féminin* Itinéraire détourné. SYN. crochet, détour. – LITTÉRAIRE : inflexion. ■ Écart dans une ligne de conduite. SYN. anomalie, dissidence, écart, erreur, hérésie, incartade. – FAMILIER : dérive. ■ Fait d'être dévié. SYN. déformation, dérivation, détournement.

déviationniste *adjectif* et *nom* Qui s'écarte de la ligne fixée. SYN. dissident, hérétique, hétérodoxe, non conformiste, scissionniste. CONTR. *orthodoxe.*

dévider *verbe* FAMILIER. Raconter avec prolixité. SYN. se confier, se livrer, ouvrir son cœur, s'ouvrir, parler. – FAMILIER : déballer, débiter son chapelet, se déboutonner, vider son sac. – LITTÉRAIRE : s'abandonner, s'épancher.

dévier *verbe intransitif* S'écarter de sa direction. SYN. bifurquer, dériver, se détourner, s'éloigner, obliquer.

dévier *verbe transitif* Modifier le cours de. SYN. dériver, désaxer, détourner, écarter, éloigner. – LITTÉRAIRE : gauchir.

devin *nom masculin* Praticien de la divination. SYN. haruspice, mage, magicien, oracle, prophète, pythie, pythonisse, sibylle, sorcier, vaticinateur, visionnaire, voyant. – FAMILIER : augure.

deviner *verbe* Faire de la divination. SYN. interpréter, prédire, prévoir, prophétiser. ■ Apercevoir confusément. SYN. discerner, distinguer, entrevoir. ■ Percevoir par intuition. SYN. découvrir, dépister, détecter, se douter de, flairer, pénétrer, pressentir, reconnaître, saisir, sentir, soupçonner. – FAMILIER : renifler, subodorer. – LITTÉRAIRE : déceler.

devinette *nom féminin* Ce que l'on donne à deviner. SYN. charade, énigme, logogriphe, rébus. – FAMILIER : colle.

déviriliser *verbe* Faire perdre de la virilité. SYN. émasculer, féminiser. – LITTÉRAIRE : efféminer. CONTR. *masculiniser, viriliser.*

dévisager *verbe* Regarder avec insistance. SYN. braquer les yeux sur, détailler, examiner, fixer, observer, scruter, toiser. – FAMILIER : lorgner, reluquer. – POPULAIRE : bigler, zieuter, zyeuter.

devise *nom féminin* Brève formule. SYN. adage, apophtegme, maxime.

deviser *verbe* LITTÉRAIRE. Parler avec quelqu'un. SYN. bavarder, causer, chatter, converser, dialoguer, discourir, discuter, disserter, parler, tchatter, tenir salon. – FAMILIER : discuter le bout de gras, discuter le coup, faire la causette, faire un brin de causette, jacasser, papoter, potiner, tailler une bavette, tchatcher. – LITTÉRAIRE : s'entretenir, jaboter, rompre des lances avec. – VIEUX : pépier. CONTR. *monologuer, soliloquer, se taire.*

dévisser *verbe* Tomber au cours d'une escalade. SYN. dérocher. CONTR. *visser.* ▪ Défaire un objet retenu par des vis. SYN. desserrer. CONTR. *visser.*

de visu *locution adverbiale* En témoin oculaire. SYN. visuellement.

dévitalisation *nom féminin* Ablation de la pulpe dentaire. SYN. pulpectomie.

dévoilement *nom masculin* Action de dévoiler. SYN. divulgation, publication, révélation. CONTR. *dissimulation.*

dévoiler *verbe* Faire apparaître quelque chose. SYN. découvrir, dénuder, déshabiller, montrer. CONTR. *cacher, couvrir, masquer, recouvrir.* – LITTÉRAIRE : *dérober, voiler.* – POPULAIRE : *planquer.* ▪ Révéler ce qui était caché. SYN. déceler, déclarer, découvrir, démasquer, démontrer, dire, divulguer, éventer, livrer, prouver, rapporter, relater, répéter, révéler, trahir. – FAMILIER : épingler. – LITTÉRAIRE : déshabiller. CONTR. *cacher, dissimuler, garder, occulter, taire.* – LITTÉRAIRE : *celer, déguiser, farder.*

dévoiler (se) *verbe pronominal* Laisser voir ce qu'on voulait cacher. SYN. apparaître sous son vrai jour, se montrer, se révéler, se trahir.

devoir *nom masculin* Obligation morale. SYN. charge, contrainte, obligation, responsabilité, rôle, tâche. CONTR. *droit.*

devoir *verbe* Être obligé de faire quelque chose. SYN. avoir à, être dans l'obligation de, être tenu de. ▪ Avoir une dette envers quelqu'un. SYN. être redevable. CONTR. *acquitter, payer.*

devoirs *nom masculin pluriel* Marques de politesse. SYN. hommages, salutations. – LITTÉRAIRE : civilités.

dévolu *nom masculin* ***Jeter son dévolu sur,*** fixer son choix. SYN. s'arrêter à, choisir, se décider pour, désigner, donner sa voix à, donner son suffrage à, élire, se fixer sur, nommer, opter pour, plébisciter, prendre, se prononcer pour, retenir, sélectionner. CONTR. *éliminer, exclure, refuser.*

dévorant *adjectif* LITTÉRAIRE. Qui dévore. SYN. absorbant, accaparant, ardent, brûlant, déchaîné, effréné, enragé, envahissant, exigeant, frénétique, irrassasiable, vorace.

dévorer *verbe* Manger avec voracité. SYN. avaler la mer et les poissons, avoir un bon coup de fourchette, avoir un estomac d'autruche, avoir une faim de loup, se bourrer, engloutir, engouffrer, faire honneur à un plat, se gaver, ingurgiter. – ARGOTIQUE : briffer. – FAMILIER : s'en donner jusqu'à la garde, s'empiffrer, s'enfiler, enfourner, manger comme quatre, manger comme un ogre, s'en mettre jusque-là, s'en mettre plein la panse, ne pas se laisser abattre. – POPULAIRE : bâfrer, bouffer, bouffer comme un chancre, boulotter, s'en fourrer jusque-là, se goinfrer, manger à s'en faire péter la sous-ventrière, manger comme un chancre, s'en mettre plein la gueule, s'en mettre plein la lampe, morfaler. CONTR. *avoir un appétit d'oiseau, grignoter, manger comme un moineau, manger du bout des dents.* – FAMILIER : *chipoter, mangeotter, picorer, pignocher.* ▪ Prendre en grande quantité. SYN. consommer, croquer, dilapider. – LITTÉRAIRE : dissiper. ▪ Absorber totalement quelqu'un. SYN. absorber, bourreler, hanter, miner, obnubiler, obséder, poursuivre, ronger, submerger. – LITTÉRAIRE : consumer.

dévot *adjectif* Qui manifeste de la dévotion. SYN. bigot, pieux, pratiquant, religieux. CONTR. *athée, impie, incrédule, incroyant, irréligieux, païen.*

dévot *nom* Personne excessivement pieuse. SYN. bigot. – FAMILIER : bondieusard, calotin, grenouille de bénitier, punaise de sacristie, rat d'église. CONTR. *athée, incroyant.* – LITTÉRAIRE : *impie, mécréant.*

dévotement *adverbe* LITTÉRAIRE. Avec dévotion. SYN. pieusement, religieusement. – LITTÉRAIRE : dévotieusement.

dévotion *nom féminin* Attachement à la religion. SYN. adoration, ferveur, mysticisme, piété, spiritualité. CONTR. *athéisme, incrédulité, incroyance, irréligion.* – LITTÉRAIRE : *impiété.* ▪ Zèle hypocrite pour la religion. SYN. – FAMILIER : bigoterie, bigotisme. ▪ LITTÉRAIRE. Attachement fervent à. SYN. adoration, affection, amour, fétichisme, vénération. – LITTÉRAIRE : idolâtrie, piété, religion.

dévoué *adjectif* Sur qui on peut compter. SYN. acquis, attaché, bon, complaisant, empressé, fervent, fidèle, loyal, sûr, vigilant, zélé. CONTR. *égoïste.* – LITTÉRAIRE : *félon.*

dévouement *nom masculin* Action de se dévouer. SYN. abnégation, apostolat, empressement, fidélité, générosité, héroïsme, loyalisme, loyauté, sacrifice, zèle. CONTR. *abandon, désertion, égocentrisme, égoïsme, indifférence, trahison.*

dévouer (se) *verbe pronominal* Se consacrer entièrement à. SYN. se consacrer, se donner corps et âme, se saigner aux quatre veines, servir, se vouer. – FAMILIER : se couper en quatre. ■ Se charger d'une tâche. SYN. accepter, se sacrifier.

dévoyé *adjectif* Qui est sans moralité. SYN. débauché, dévergondé, immoral, libertin, pervers. – LITTÉRAIRE : dissolu, égaré.

dévoyer *verbe* LITTÉRAIRE. Détourner du droit chemin. SYN. dépraver, dévergonder, égarer, perdre, pervertir. – LITTÉRAIRE : flétrir, vicier.

dextérité *nom féminin* Habileté de la main. SYN. adresse, doigté, patte, précision. CONTR. *gaucherie, inhabileté, maladresse.* ■ Habileté dans la manière d'agir. SYN. art, astuce, chic, diplomatie, doigté, entregent, ingéniosité, maestria, savoir-faire, talent, virtuosité. CONTR. *balourdise, incapacité, lourdeur.*

dextrogyre *adjectif* Dans le sens des aiguilles d'une montre. CONTR. *lévogyre.*

dextrose *nom masculin* VIEUX. Glucide de saveur sucrée. SYN. glucose.

dézinguer *verbe* ARGOTIQUE. Mettre en pièces. SYN. abîmer, briser, casser, défaire, démanteler, démolir, détraquer, disloquer, emboutir, endommager, éventrer, saboter. – FAMILIER : bousiller, déglinguer, démantibuler, esquinter. – POPULAIRE : péter. ■ ARGOTIQUE. Critiquer violemment. SYN. anéantir, attaquer, critiquer, descendre en flammes, dire pis que pendre, discréditer, exécuter, matraquer, ruiner, tirer à boulets rouges sur, torpiller, traîner dans la boue. – FAMILIER : abîmer, assaisonner, casser du sucre sur (le dos de), débiner, déblatérer, démolir, éreinter, esquinter, étriller, habiller pour l'hiver. – LITTÉRAIRE : clabauder. – POPULAIRE : tailler un costard, tailler une veste. ■ ARGOTIQUE. Tuer. SYN. éliminer, supprimer, tuer. – FAMILIER : descendre, liquider, trucider. – POPULAIRE : buter, flinguer, ratatiner, rectifier, refroidir, zigouiller.

dhole *nom masculin* Chien sauvage. SYN. cuon.

diable *adjectif* Qui est turbulent. SYN. espiègle, indiscipliné, infernal, intenable, polisson, tapageur, terrible, turbulent. CONTR. *discipliné, sage, tranquille.*

diable *nom masculin* Individu quelconque. SYN. bougre, gaillard. – FAMILIER : gars, type. ■ L'esprit du mal. SYN. démon, le Malin, le Maudit, prince des démons. – LITTÉRAIRE : prince des ténèbres. ■ FAMILIER. Enfant turbulent. SYN. chenapan, coquin, diablotin, garnement, polisson, vaurien. – FAMILIER : affreux jojo, brigand, filou, fripon, fripouille, galopin, lascar, (petite) peste, poison, sacripant. – VIEUX : galapiat, mâtin. ■ ***Pauvre diable,*** homme qui inspire la pitié. SYN. épave, malheureux.

diablement *adverbe* FAMILIER. À un haut degré. SYN. abominablement, admirablement, affreusement, beaucoup, bien, considérablement, effroyablement, énormément, épouvantablement, exceptionnellement, excessivement, extraordinairement, extrêmement, fabuleusement, follement, fort, fortement, grandement, hautement, horriblement, immensément, immodérément, incroyablement, infiniment, mortellement, notablement, parfaitement, particulièrement, prodigieusement, profondément, puissamment, singulièrement, souverainement, supérieurement, suprêmement, terriblement, très, trop, vertigineusement. – FAMILIER : atrocement, bigrement, bougrement, drôlement, fameusement, fichtrement, fichûment, formidablement, joliment, méchamment, à mort, rudement, sacrément, tout plein. – LITTÉRAIRE : diantrement, furieusement. – POPULAIRE : foutrement, salement, vachement. – VIEUX : fièrement. CONTR. *aucunement, faiblement, guère, légèrement, modérément, peu.*

diablerie *nom féminin* Action malfaisante. SYN. maléfice, sorcellerie, sortilège.

diablotin *nom* Enfant turbulent. SYN. chenapan, coquin, démon, garnement, polisson, vaurien. – FAMILIER : affreux jojo, brigand, diable, filou, fripon, fripouille, galopin, lascar, (petite) peste, poison, sacripant. – VIEUX : galapiat, mâtin.

diabolique *adjectif* Inspiré par le diable. SYN. démoniaque, satanique. – LITTÉRAIRE : infernal, luciférien, méphistophélique. CONTR. *angélique, archangélique.* – LITTÉRAIRE : *céleste, séraphique.* ■ Doué d'un pouvoir maléfique. SYN. démoniaque, machiavélique, malfaisant, mauvais, noir, odieux, pervers, sadique, sardonique, satanique. – LITTÉRAIRE : délétère, scélérat. CONTR. *gentil.*

diabolo *nom masculin* Drain placé dans la membrane du tympan. SYN. yoyo.

diacétylmorphine *nom féminin* Stupéfiant dérivé de la morphine. SYN. bourin, diamorphine, héroïne. – ARGOTIQUE : blanche, brown sugar, cheval, neige, smack, tigre. – POPULAIRE : poudre.

diachronie *nom féminin* Évolution des faits dans le temps. CONTR. *synchronie.*

diachronique *adjectif* Relatif à la diachronie. SYN. historique. CONTR. *synchronique.*

diacide *nom masculin* Corps possédant deux fonctions acide. SYN. biacide.

diadème *nom masculin* Signe de la royauté. SYN. couronne.

diagonale *nom féminin* ***En diagonale,*** en allant d'un angle à un angle opposé. SYN. de biais, en biais, oblique, obliquement.

diagramme *nom masculin* Représentation par un dessin. SYN. courbe, croquis, graphique, schéma.

dialcool *nom masculin* Composé possédant deux fois la fonction alcool. SYN. diol.

dialogue *nom masculin* Conversation à plusieurs. SYN. causerie, discussion, entretien, entrevue, interview, tête-à-tête. CONTR. *monologue, soliloque.* ■ Discussion visant à un accord. SYN. conversation, débat, discussion, échange, pourparlers.

dialoguer *verbe* Converser avec quelqu'un. SYN. bavarder, causer, chatter, communiquer, conférer, converser, discourir, discuter, disserter, parler, tchatter. – FAMILIER : discuter le bout de gras, discuter le coup, faire la causette, faire un brin de causette, jacasser, papoter, potiner, tailler une bavette, tchatcher. – LITTÉRAIRE : deviser, s'entretenir, rompre des lances avec. – VIEUX : pépier. CONTR. *monologuer, soliloquer, se taire.*

diamant *nom masculin* Pierre précieuse. SYN. brillant, rose, solitaire.

diamantaire *nom* Professionnel du diamant. SYN. joaillier, lapidaire.

diamétralement *adverbe* En opposition directe. SYN. (à) cent pour cent, absolument, complètement, entièrement, foncièrement, intégralement, pleinement, profondément, radicalement, strictement, totalement, tout à fait, très. – FAMILIER : carrément.

diamorphine *nom féminin* Stupéfiant dérivé de la morphine. SYN. bourin, diacétylmorphine, héroïne. – ARGOTIQUE : blanche, brown sugar, cheval, neige, smack, tigre. – POPULAIRE : poudre.

diantrement *adverbe* LITTÉRAIRE. À un très haut point. SYN. abominablement, admirablement, affreusement, beaucoup, bien, considérablement, effroyablement, énormément, épouvantablement, exceptionnellement, excessivement, extraordinairement, extrêmement, fabuleusement, follement, fort, fortement, grandement, hautement, horriblement, immensément, immodérément, incroyablement, infiniment, mortellement, notablement, parfaitement, particulièrement, prodigieusement, profondément, puissamment, singulièrement, souverainement, supérieurement, suprêmement, terriblement, très, trop, vertigineusement. – FAMILIER : atrocement, bigrement, bougrement, diablement, drôlement, fameusement, fichtrement, fichûment, formidablement, joliment, méchamment, rudement, sacrément, tout plein. – LITTÉRAIRE : furieusement. – POPULAIRE : foutrement, salement, vachement. – VIEUX : fièrement. CONTR. *nullement.*

diaphane *adjectif* Qui laisse passer la lumière. SYN. clair, translucide, transparent. CONTR. *opaque.*

diaphanéité *nom féminin* LITTÉRAIRE. Caractère diaphane. SYN. finesse, translucidité, transparence.

diaphanoscopie *nom féminin* Procédé d'examen d'une tuméfaction. SYN. transillumination.

diaphragmatique *adjectif* Relatif au diaphragme. SYN. phrénique.

diapré *adjectif* LITTÉRAIRE. Qui a des couleurs vives. SYN. bariolé, bigarré, chatoyant, moucheté, tacheté. – LITTÉRAIRE : émaillé, versicolore. CONTR. *sombre, uni, unicolore.*

diaprure *nom féminin* LITTÉRAIRE. Aspect diapré. SYN. bigarrure, chatoiement.

diarrhée *nom féminin* Selles trop fréquentes. SYN. – FAMILIER : colique. – POPULAIRE : chiasse, courante. – VIEUX : foirade, foire.

diatomée *nom féminin* Algue unicellulaire des mers et des eaux douces. SYN. bacillariophycée.

diatonique *adjectif* ***Gamme diatonique,*** suite de cinq tons et deux demi-tons. CONTR. *chromatique.*

diatribe *nom féminin* Critique violente. SYN. attaque, pamphlet, réquisitoire, satire. – FAMILIER : éreintage, éreintement. – LITTÉRAIRE : catilinaire, factum, libelle, philippique. CONTR. *apologie, éloge, panégyrique.* – LITTÉRAIRE : *dithyrambe.*

diazoamine *nom féminin* Composé comportant trois atomes d'azote. SYN. triazène.

dibasique *adjectif* Qui possède deux fois la fonction base. SYN. bibasique.

dibatag *nom masculin* Petite antilope. SYN. ammodorcade.

dibencozide *nom masculin* Noyau de la vitamine B12. SYN. cobamide.

dicétone *nom féminin* Composé possédant deux fois la fonction cétone. SYN. dione.

dichlorure *nom masculin* Composé à deux atomes de chlore. SYN. bichlorure.

dichotomie *nom féminin* Division en deux éléments. SYN. antinomie, scission, séparation. – LITTÉRAIRE : antilogie. CONTR. *réunion, union.*

dichroïque *adjectif* Qui présente des colorations diverses. SYN. pléochroïque.

dichroïsme *nom masculin* Variations de couleurs. SYN. pléochroïsme, polychroïsme.

dichroïte *nom féminin* Minéral. SYN. cordiérite.

dicline *adjectif* Dont toutes les fleurs sont d'un seul sexe. SYN. unisexuel.

dictame *nom masculin* Herbe sécrétant une essence très inflammable. SYN. fraxinelle.

dictateur *nom masculin* Personne qui a un pouvoir absolu. SYN. autocrate, despote, oppresseur, tyran. - LITTÉRAIRE : dominateur.

dictatorial *adjectif* Propre à la dictature. SYN. absolu, arbitraire, autocratique, discrétionnaire, totalitaire. CONTR. *démocratique, libéral, républicain.* ■ Au caractère tranchant. SYN. autoritaire, cassant, despotique, impératif, impérieux, tyrannique. CONTR. *bienveillant, cordial, humble, indulgent.*

dictature *nom féminin* Régime politique. SYN. absolutisme, autocratie, caporalisme, césarisme, despotisme, totalitarisme, tyrannie. CONTR. *démocratie.* ■ Pouvoir absolu. SYN. autoritarisme, despotisme, domination. - LITTÉRAIRE : tyrannie. CONTR. *faiblesse.*

dicter *verbe* Imposer quelque chose à quelqu'un. SYN. fixer, imposer, inspirer, mettre en demeure, ordonner, prescrire, souffler, suggérer. - LITTÉRAIRE : enjoindre. CONTR. *obéir.*

diction *nom féminin* Manière de parler. SYN. débit, élocution, parler, parole, prononciation.

dictionnaire *nom masculin* Recueil de mots classés. SYN. glossaire, lexique, répertoire. - FAMILIER : dico.

dicton *nom masculin* Sentence populaire. SYN. adage, aphorisme, maxime, proverbe. - LITTÉRAIRE : sentence.

didacticiel *nom masculin* Logiciel spécialisé dans l'enseignement. SYN. logiciel d'enseignement.

didactique *adjectif* Qui a pour objet d'instruire. SYN. éducateur, éducatif, instructif, pédagogique.

diène *nom masculin* Type d'hydrocarbure. SYN. dioléfine.

diérèse *nom féminin* Prononciation en deux syllabes. CONTR. *synérèse.*

diergol *nom masculin* Type de combustible. SYN. biergol.

diète *nom féminin* Fait de s'abstenir de manger. SYN. abstinence, jeûne.

dieu *nom masculin* Être suprême. SYN. l'Architecte du monde, le Créateur, l'Éternel, Le Grand Architecte (de l'univers), le Père céleste, le Tout-Puissant, le Très-Haut.

diffamateur *nom* Personne qui diffame quelqu'un. SYN. accusateur, calomniateur, dénigreur. - FAMILIER : débineur. - LITTÉRAIRE : daubeur. CONTR. *flatteur.* - LITTÉRAIRE : *encenseur, flagorneur.*

diffamation *nom féminin* Action de diffamer. SYN. accusation, calomnie, dénigrement, médisance. - FAMILIER : éreintage, éreintement. - LITTÉRAIRE : clabauderie. CONTR. *apologie, éloge, louange.*

diffamer *verbe* Porter atteinte à la réputation de. SYN. calomnier, décrier, dénigrer, discréditer, médire, salir, traîner dans la boue. - FAMILIER : baver, démolir, éreinter, esquinter, étriller. - LITTÉRAIRE : déchirer, noircir, vilipender. CONTR. *célébrer, exalter, glorifier, louer, vanter.* - LITTÉRAIRE : *encenser, flagorner.*

différemment *adverbe* De façon différente. SYN. autrement. CONTR. *identiquement, indifféremment, indistinctement, pareillement.* - LITTÉRAIRE : *semblablement.* - VIEUX : *mêmement.*

différence *nom féminin* Absence de similitude. SYN. altérité, contraste, désaccord, discordance, disparité, disproportion, dissemblance, dissimilitude, distance, distinction, divergence, écart, hétérogénéité, inégalité, opposition, variation, variété. CONTR. *affinité, analogie, conformité, égalité, homogénéité, identité, parenté, parité, ressemblance, similarité, similitude.*

différenciation *nom féminin* Action de différencier. SYN. clivage, discrimination, distinction, particularisation, séparation.

différencier *verbe* Faire apparaître une différence. SYN. discriminer, distinguer, individualiser, particulariser, singulariser. - LITTÉRAIRE : discerner, séparer le bon grain de l'ivraie. CONTR. *assimiler, calquer, confondre, conformer, égaliser, identifier, rapprocher, unifier, uniformiser.*

différencier (se) *verbe pronominal* Être différent de. SYN. se démarquer, différer, se distinguer, ne pas passer inaperçu, s'opposer, se particulariser, se singulariser, sortir de l'ordinaire, sortir de l'ornière, sortir des sentiers battus, sortir du commun, sortir du lot. CONTR. *approcher, s'assimiler, s'identifier, se rapprocher, se ressembler.*

différend *nom masculin* Divergence d'opinions. SYN. conflit, contestation, démêlé, désaccord, discussion, dispute, dissension, litige, malentendu, querelle, scène, tiraillement. - LITTÉRAIRE : discorde. CONTR. *accord, entente, harmonie.*

différent *adjectif* Qui n'est pas identique. SYN. autre, c'est le jour et la nuit, dissemblable, distinct, divergent, divers, inégal - POPULAIRE : ça fait deux !, y a pas photo ! CONTR. *analogue, approchant, assimilable, comparable, égal, identique,* *proche, ressemblant, semblable, similaire, voisin.* – FAMILIER : *c'est bonnet blanc et blanc bonnet.* ▪ Qui n'est plus le même. SYN. changé, étranger, incomparable, modifié, neuf, nouveau, transformé. CONTR. *conforme, équivalent, inchangé, même, pareil, uniforme.* ▪ Qui est original. SYN. autre, inhabituel, nouveau, à part, varié. – LITTÉRAIRE : singulier. CONTR. *unique.*

différer *verbe intransitif* Ne pas être semblable à. SYN. se différencier, se distinguer, être à part, s'opposer. CONTR. *s'apparenter, approcher, se confondre, correspondre, ressembler, se ressembler.* – RARE : *approximer.* ▪ Avoir un avis opposé. SYN. diverger, s'opposer. CONTR. *concorder, se rapprocher.*

différer *verbe transitif* Remettre à plus tard. SYN. ajourner, atermoyer, décaler, éloigner, proroger, reculer, remettre, renvoyer, reporter, repousser, retarder, surseoir à, suspendre. CONTR. *anticiper, avancer, hâter.*

difficile *adjectif* Qui exige des efforts. SYN. ardu, complexe, compliqué, confus, dur, énigmatique, hermétique, inassimilable, incompréhensible, laborieux, obscur, rude, subtil. – FAMILIER : calé, coton, trapu, vache. – LITTÉRAIRE : opaque, sibyllin. – POPULAIRE : duraille. CONTR. *accessible, aisé, c'est un jeu d'enfant, clair, commode, compréhensible, enfantin, facile, intelligible, limpide, simple.* – FAMILIER : *ce n'est pas la mer à boire, c'est de la rigolade, c'est du gâteau, c'est du tout cuit, pas sorcier.* – POPULAIRE : *c'est du billard.* ▪ Qui embarrasse. SYN. critique, délicat, embarrassant, épineux, ingrat, inquiétant, malaisé, mauvais, pénible, préoccupant, tragique. – LITTÉRAIRE : difficultueux, scabreux. CONTR. *agréable, aisé, commode, facile, sûr.* ▪ Qu'on a peine à satisfaire. SYN. acariâtre, exigeant, indocile, insupportable, intraitable, irascible, ombrageux, revêche. – FAMILIER : impossible, invivable. CONTR. *accommodant, affable, agréable, aimable, arrangeant, complaisant, conciliant, docile, gentil.* – FAMILIER : *chic.* – LITTÉRAIRE : *débonnaire.*

difficilement *adverbe* Avec difficulté. SYN. durement, à grand-peine, laborieusement, malaisément, péniblement, tant bien que mal, tout juste. – FAMILIER : cahin-caha, clopin-clopant, comme ci comme ça, couci-couça. CONTR. *aisément, couramment, facilement, sans difficulté, sans encombre.* – FAMILIER : *les doigts dans le nez.*

difficulté *nom féminin* Caractère difficile. SYN. complexité, complication, obscurité, subtilité. CONTR. *commodité, facilité, simplicité.* ▪ Obstacle à surmonter. SYN. accroc, affaire, désagrément, embarras, embûche, empêchement, ennui, entrave, obstacle, opposition, pierre d'achoppement, problème, souci, tiraillement, tracas, tracasserie. – FAMILIER : embrouille, enquiquinement, histoire, os. – LITTÉRAIRE : traverse. – POPULAIRE : emmerdement, merde. ▪ Embarras éprouvé par quelqu'un. SYN. gêne, mal, peine. – LITTÉRAIRE : incommodité. CONTR. *aisance, bonheur.*

difficultueux *adjectif* LITTÉRAIRE. Qui offre des difficultés. SYN. complexe, compliqué, délicat, difficile, épineux, risqué. – LITTÉRAIRE : scabreux. CONTR. *aisé, clair, commode, facile, simple.*

difforme *adjectif* Qui a une forme irrégulière. SYN. affreux, contrefait, déformé, disgracié, disgracieux, disproportionné, hideux, laid, monstrueux, tordu, tors, vilain. – LITTÉRAIRE : tortu. CONTR. *beau, bien bâti, bien découplé, bien proportionné, gracieux, harmonieux, joli, normal, parfait, proportionné, ravissant, régulier, symétrique.* – POPULAIRE : *bien balancé.*

difformité *nom féminin* Malformation du corps. SYN. anomalie, défaut, déformation, disgrâce, infirmité, laideur, monstruosité. CONTR. *beauté, harmonie, perfection.*

diffus *adjectif* Qui se répand. SYN. sourd, tamisé. CONTR. *brillant, éclatant, intense, vif, violent.* ▪ Qui manque de concision. SYN. abondant, filandreux, imprécis, long, pâteux, prolixe, redondant, verbeux. – FAMILIER : délayé, longuet. CONTR. *bref, compact, concentré, concis, condensé, court, dépouillé, elliptique, laconique, lapidaire, précis, ramassé, télégraphique.* – LITTÉRAIRE : *compendieux.*

diffuser *verbe* Porter à la connaissance de. SYN. accréditer, colporter, émettre, propager, répandre, véhiculer, vulgariser. ▪ Distribuer dans le commerce. SYN. écouler, éditer.

diffusion *nom féminin* Action de propager quelque chose. SYN. distribution, expansion, propagation, publicité, vulgarisation. CONTR. *censure.* ▪ Action d'émettre un programme. SYN. émission, transmission.

digérer *verbe* FAMILIER. Se résigner à quelque chose. SYN. accepter, s'accommoder de, admettre, endurer, subir, supporter, tolérer. – FAMILIER : avaler. – LITTÉRAIRE : souffrir.

digeste *adjectif* Qui se digère bien. SYN. assimilable, digestible, léger. CONTR. *inassimilable, indigeste, lourd.*

digestible *adjectif* Qui peut être digéré. SYN. assimilable, digeste, léger. CONTR. *inassimilable, indigeste, lourd.*

digital *adjectif* VIEUX. Qui représente des données au moyen de chiffres. SYN. numérique.

digitale *nom féminin* Plante à fleurs en forme de doigt de gant. SYN. doigtier.

digité *adjectif* Découpé en forme de doigts. SYN. palmé.

digne *adjectif* Qui montre de la retenue. SYN. bienséant, convenable, correct, décent, grave. – LITTÉRAIRE : fier, séant. CONTR. *abject, avilissant, bas, cru, dégoûtant, dégradant, infâme, interlope, malpropre, risqué, vulgaire.* – LITTÉRAIRE : *vil.* ■ Qui est approprié à. SYN. convenable, correct, honorable, louable, respectable. CONTR. *indigne.* ■ Qui mérite le respect. SYN. beau, bien, majestueux, méritant, solennel. – LITTÉRAIRE : auguste. CONTR. *burlesque, indigne, interlope.*

dignement *adverbe* De manière correcte. SYN. bien, correctement, décemment, honorablement, moralement, proprement, respectablement. CONTR. *abjectement, bassement, honteusement, indignement, mal, sordidement.* ■ Avec gravité. SYN. fièrement, gravement, majestueusement, noblement, sentencieusement, solennellement.

dignité *nom féminin* Respect dû à une personne, une chose. SYN. grandeur, honneur, honorabilité, respectabilité. ■ Retenue dans les manières. SYN. décence, gravité, honnêteté, noblesse, pudeur. CONTR. *abjection, bassesse, impertinence, indignité, laideur.* ■ Sentiment de sa propre valeur. SYN. amour-propre, orgueil. – LITTÉRAIRE : élévation, fierté. CONTR. *abaissement, avilissement, déchéance.*

digramme *nom masculin* Groupe de deux lettres. SYN. bigramme.

digression *nom féminin* Fait de sortir de son sujet. SYN. à-côté, détour, écart, parenthèse.

diguanide *nom féminin* Base à action antidiabétique. SYN. biguanide.

digue *nom féminin* Obstacle à une force. SYN. entrave, frein, mur. ■ Obstacle pour contenir les eaux. SYN. barrage, brisant, brise-lames, jetée.

dihydrone *nom féminin* Substance dérivée de la codéine. SYN. oxycodone.

dilacérer *verbe* Mettre en morceaux. SYN. déchiqueter, déchirer, lacérer.

dilapidateur *adjectif* Qui dilapide un bien. SYN. dépensier, gaspilleur, prodigue. – LITTÉRAIRE : dissipateur. CONTR. *avare, économe, parcimonieux, regardant, thésauriseur.* – FAMILIER : *chien, pingre, radin, rapiat, rat.* – LITTÉRAIRE : *avaricieux, ladre, lésineur.* – VIEUX : *chiche.*

dilapidateur *nom* Personne qui dilapide. SYN. dépensier, gaspilleur. – FAMILIER : panier percé. – LITTÉRAIRE : dissipateur. CONTR. *avare, thésauriseur.* – FAMILIER : *grigou, grippe-sou, pingre, radin, rapiat, rat.* – LITTÉRAIRE : *harpagon, ladre.*

dilapidation *nom féminin* Action de dilapider un bien. SYN. gaspillage. – LITTÉRAIRE : dissipation. CONTR. *conservation, économie, épargne.*

dilapider *verbe* Dépenser à tort et à travers. SYN. brûler la chandelle par les deux bouts, croquer, dévorer, engloutir, engouffrer, gaspiller, jeter l'argent par les fenêtres, manger, manger son blé en herbe, prodiguer. – FAMILIER : claquer, craquer, faire valser l'argent, nettoyer. – LITTÉRAIRE : dissiper, mener la vie à grandes guides. – POPULAIRE : boulotter. – VIEUX : flamber sa fortune. CONTR. *accumuler, amasser, capitaliser, compter, conserver, économiser, entasser, épargner, garder, lésiner, ménager, mettre de côté, se restreindre, thésauriser.*

dilatation *nom féminin* Fait de se dilater. SYN. augmentation, distension, élargissement, expansion, gonflement. CONTR. *constriction, contraction, rétrécissement.*

dilater *verbe* Agrandir une ouverture. SYN. boursoufler, distendre, élargir, gonfler, ouvrir. – LITTÉRAIRE : enfler. CONTR. *compresser, comprimer, contracter, resserrer.* – LITTÉRAIRE : *rétrécir.*

dilater (se) *verbe pronominal* Augmenter de volume. SYN. s'agrandir, s'élargir, enfler, s'ouvrir. CONTR. *se contracter, se resserrer.*

dilemme *nom masculin* Obligation de choisir entre deux possibilités. SYN. alternative.

dilettante *nom* Personne qui travaille en amateur. SYN. amateur, fantaisiste. CONTR. *professionnel, spécialiste, technicien.*

dilettantisme *nom masculin* Attitude du dilettante. SYN. amateurisme. CONTR. *professionnalisme.*

diligemment *adverbe* LITTÉRAIRE. Avec empressement. SYN. activement, bon train, en deux temps, trois mouvements, à la hâte, hâtivement, en moins de deux, au plus vite, promptement, rapidement, en un rien de temps, rondement, tambour battant, en toute hâte, toutes affaires cessantes, vite, en vitesse, vivement. – FAMILIER : en cinq sec, en un clin d'œil, dare-dare, en deux, trois coups de cuiller à pot, rapido presto, rapidos, subito presto. CONTR. *doucement, insensiblement, interminablement, lentement, longuement, mollement, nonchalamment, paresseusement, peu à peu, posément, tranquillement.* – FAMILIER : *piano.*

diligence *nom féminin* LITTÉRAIRE. Rapidité efficace. SYN. célérité, hâte, précipitation, rapidité, vitesse. – LITTÉRAIRE : promptitude. CONTR. *atermoiements, indolence, laisser-aller, lenteur, nonchalance, paresse.* ■ LITTÉRAIRE. Caractère zélé. SYN. assiduité, empressement, serviabilité, sollicitude, zèle. CONTR. *négligence.* ■ LITTÉRAIRE. ***Faire***

diligence, faire vite. SYN. se dépêcher. CONTR. *atermoyer.*

diligent *adjectif* LITTÉRAIRE. Qui montre de l'empressement. SYN. appliqué, assidu, attentif, empressé, méticuleux, sérieux, zélé. – LITTÉRAIRE : laborieux. CONTR. *négligent.* ■ LITTÉRAIRE. Qui montre de la rapidité. SYN. actif, expéditif, ponctuel, rapide, vite. – LITTÉRAIRE : prompt. CONTR. *indolent, lent, nonchalant.*

diluer *verbe* Délayer dans un liquide. SYN. allonger, couper, dissoudre, éclaircir, étendre, mouiller, noyer. – FAMILIER : baptiser. CONTR. *concentrer.* ■ Amoindrir quelque chose. SYN. adoucir, affaiblir, atténuer, noyer. CONTR. *accentuer, condenser.*

diluvien *adjectif* ***Pluie diluvienne,*** très abondante. SYN. torrentiel.

dimension *nom féminin* Espace occupé par un corps. SYN. calibre, format, mesure, proportion, taille. – FAMILIER : gabarit. ■ Importance de quelque chose. SYN. ampleur, grandeur, portée, retentissement, taille.

diméthylcétone *nom féminin* Produit solvant. SYN. acétone, propanone.

diméthylxanthine *nom féminin* Médicament du groupe des xanthines. SYN. théobromine.

diminué *adjectif* Qui a perdu ses capacités. SYN. affaibli, amoindri, déficient. CONTR. – FAMILIER : *en forme, en pleine forme.*

diminuendo *adverbe et nom masculin* Qui va en s'affaiblissant. SYN. decrescendo. CONTR. *crescendo.*

diminuer *verbe intransitif* Devenir moindre. SYN. s'amenuiser, s'amoindrir, s'atténuer, baisser, décliner, décroître, descendre, s'estomper, faiblir, fondre comme neige au soleil, se raccourcir, se rapetisser, se raréfier, régresser, rétrécir. CONTR. *s'accroître, s'agrandir, allonger, s'allonger, augmenter, croître, enfler, foisonner, gonfler, grandir, grossir, monter, rallonger, renchérir.* ■ Perdre ses forces. SYN. s'affaiblir, dépérir, faiblir, fléchir, mollir. – LITTÉRAIRE : défaillir, se mourir. – VIEUX : s'avilir.

diminuer *verbe transitif* Rendre moins grand. SYN. abaisser, amenuiser, amoindrir, amputer, baisser, comprimer, raccourcir, rapetisser, réduire, resserrer, rétrécir, rogner. CONTR. *agrandir, ajouter, allonger, arrondir, augmenter, exhausser, hausser, majorer, monter, rallonger.* ■ Rendre moins intense. SYN. abréger, adoucir, affaiblir, alléger, amoindrir, amortir, apaiser, assagir, atténuer, calmer, consoler, écourter, émousser, endormir, estomper, éteindre, étouffer, freiner, limiter, minimiser, modérer, rabattre, raréfier, réduire, relâcher, restreindre. CONTR. *accentuer, accroître, aggraver, amplifier, attiser, aviver, déchaîner, développer, exagérer, exalter, fouetter, intensifier, multiplier, redoubler, renforcer, réveiller, stimuler.* – LITTÉRAIRE : *enfler.* ■ Déprécier quelqu'un. SYN. avilir, déconsidérer, décrier, dégrader, démonétiser, dénigrer, déshonorer, dévaloriser, diffamer, discréditer, mésestimer, minimiser, rabaisser, rapetisser, ravaler, sous-estimer, sous-évaluer, tenir pour moins que rien. – FAMILIER : débiner. – LITTÉRAIRE : abâtardir, vilipender. CONTR. *élever, glorifier, rehausser, relever.* – LITTÉRAIRE : *exalter, magnifier.*

diminutif *adjectif et nom masculin* Qui donne une nuance de petitesse. CONTR. *augmentatif.*

diminution *nom féminin* Action de diminuer ; fait d'être diminué. SYN. abaissement, abattement, adoucissement, allégement, amenuisement, amincissement, amoindrissement, atrophie, atténuation, baisse, compression, contraction, décadence, déclin, décroissance, délabrement, déliquescence, dépérissement, désagrégation, détérioration, émoussement, peau de chagrin, raccourcissement, rapetissement, raréfaction, réduction, restriction, rétrécissement. – LITTÉRAIRE : décroissement. CONTR. *accentuation, accroissement, addition, aggravation, agrandissement, allongement, amplification, augmentation, croissance, élargissement, élévation, épanouissement, exaltation, exaspération, extension, grandissement, grossissement, hausse, majoration, montée, raffermissement, recrudescence, relèvement, renchérissement.* – LITTÉRAIRE : *enchérissement.* ■ Ce qui est retranché d'un tout. SYN. rabais, réduction, remise, ristourne.

dinde *nom féminin* FAMILIER. Fille sotte. SYN. imbécile, nigaude, sotte. – FAMILIER : andouille, bécasse, bécassine, bêtasse, bûche, buse, cloche, crétine, cruche, empaillée, empotée, godiche, gourde, noix, oie. – POPULAIRE : banane, nouille, patate, truffe.

dindon *nom masculin* ***Dindon de la farce,*** personne dupée dans une affaire. SYN. dupe. – FAMILIER : cocu, gobe-mouches, gobeur, gogo, jobard, pigeon, poire. – LITTÉRAIRE : jocrisse.

dingo *adjectif* POPULAIRE. Un peu fou. SYN. dément, dérangé, désaxé, déséquilibré, fou. – FAMILIER : braque, cinglé, détraqué, dingue, fada, frappé, loufoque, maboul, malade, marteau, piqué, ravagé, tapé, timbré, toc-toc, toqué, zinzin. – POPULAIRE : allumé, azimuté, barge, barjo, barjot, branque, brindezingue, chtarbé, cinoque, cintré, déjanté, fêlé, folingue, fondu, frapadingue, givré, jeté, louf, louftingue, ouf, sinoc, sinoque, siphonné, sonné, tordu. CONTR. *équilibré, normal, sensé.*

dingue *adjectif* FAMILIER. Un peu fou. SYN. dément, dérangé, désaxé, déséquilibré, fou. – FAMILIER : braque, cinglé, détraqué, fada, frappé, loufoque, maboul, malade, marteau, piqué, ravagé, tapé, timbré, toc-toc, toqué, zinzin. – POPULAIRE : allumé, azimuté, barge, barjo, barjot, branque, brindezingue, chtarbé, cinoque, cintré, déjanté, dingo, fêlé, folingue, fondu, frapadingue, givré, jeté, louf, louftingue, ouf, sinoc, sinoque, siphonné, sonné, tordu. CONTR. *équilibré, normal, sensé.* ▪ FAMILIER. Au caractère excessif. SYN. abracadabrant, démentiel, extravagant, fou, insensé, outré. – FAMILIER : délirant, dément. CONTR. *mesuré, raisonnable.*

dingue *nom* FAMILIER. Personne folle. SYN. fou. – FAMILIER : cinglé, détraqué, fada, malade. – POPULAIRE : branquignol.

dinoflagellé *nom masculin* Protiste à deux flagelles. SYN. péridinien.

diœcie *nom féminin* État d'une plante dioïque. CONTR. *monœcie.*

dioïque *adjectif* Aux fleurs mâles et femelles sur des pieds séparés. CONTR. *monoïque.*

diol *nom masculin* Composé possédant deux fois la fonction alcool. SYN. dialcool.

dioléfine *nom féminin* Type d'hydrocarbure. SYN. diène.

dione *nom féminin* Composé possédant deux fois la fonction cétone. SYN. dicétone.

dionée *nom féminin* Petite plante qui se nourrit d' insectes. SYN. attrape-mouche.

dioxyde *nom masculin* Oxyde qui renferme deux atomes d'oxygène. SYN. – VIEUX : bioxyde. ▪ ***Dioxyde de carbone,*** combinaison de carbone et d'oxygène. SYN. anhydride carbonique, gaz carbonique.

diphényle *nom masculin* Hydrocarbure pour la conservation des agrumes. SYN. biphényle.

diphénylpropylamine *nom féminin* Succédané de l'héroïne. SYN. méthadone.

diphycerque *adjectif* Se dit d'une nageoire caudale séparée par une queue. SYN. géphyrocerque.

diplomate *adjectif* Qui est habile. SYN. adroit, astucieux, avisé, circonspect, politique, souple. CONTR. *fruste, inhabile, maladroit.*

diplomatie *nom féminin* Fonction d'un diplomate. SYN. la Carrière. ▪ Caractère diplomate. SYN. adresse, circonspection, dextérité, doigté, entregent, finesse, habileté, politique, souplesse, tact. CONTR. *brusquerie, inhabileté, maladresse.*

diplomatique *adjectif* Qui est plein d'habileté. SYN. adroit, astucieux, habile, ingénieux, tactique. CONTR. *maladroit, tranché.*

diplomatiquement *adverbe* Avec diplomatie. SYN. adroitement, habilement. CONTR. *gauchement, maladroitement, malhabilement.*

diplôme *nom masculin* Acte donnant accès à un titre. SYN. brevet, certificat. – FAMILIER : parchemin.

dipôle *nom masculin* Réseau électrique à deux bornes. SYN. bipôle, monoporte.

diprotodonte *nom masculin* Mammifère tel que le kangourou, le koala. SYN. phalangéroïde.

dire *nom masculin* Ce qu'une personne dit. SYN. affirmation, allégation, assertion, déclaration, parole, propos.

dire *verbe* Transmettre une information. SYN. annoncer, apprendre, claironner, communiquer, confier, faire savoir, informer, mettre au courant, révéler, signaler, spécifier. – FAMILIER : briefer, carillonner. – POPULAIRE : mettre au parfum. – VIEUX : trompeter. CONTR. *cacher, dissimuler, occulter, passer sous silence, taire.* – LITTÉRAIRE : *celer.* ▪ Ordonner expressément. SYN. intimer, sommer. – LITTÉRAIRE : enjoindre. ▪ Énoncer quelque chose. SYN. déclarer, exposer, exprimer, formuler, observer, parler, proférer, prononcer, rapporter, relater, répliquer, soutenir. ▪ Réciter, lire à haute voix. SYN. conter, débiter, déclamer, raconter. – LITTÉRAIRE : narrer. ▪ Signifier quelque chose. SYN. dénoter, dévoiler, expliquer, exprimer, indiquer, marquer, montrer, prévoir, révéler, signifier, trahir. ▪ Faire une révélation. SYN. apprendre, communiquer, confier, déclarer, découvrir, démasquer, dénuder, dévoiler, divulguer, éventer, expliquer, exposer, exprimer, faire savoir, livrer, mettre au courant, présenter, proclamer, publier, raconter, renseigner, révéler, signaler, témoigner. – LITTÉRAIRE : déceler. – POPULAIRE : casser le morceau, mettre au parfum. ▪ ***Pour tout dire,*** en résumé. SYN. bref, décidément, finalement.

direct *adjectif* Qui ne fait pas de détour. SYN. droit, rectiligne. CONTR. *contourné, courbe, détourné, sinueux, tordu, tortueux.* ▪ Qui est relié à quelque chose. SYN. immédiat. CONTR. *indirect, lointain, médiat.* ▪ Qui est franc. SYN. carré, catégorique, franc, franc du collier, net, ouvert, spontané. – VIEUX : rond. CONTR. *déguisé, dissimulateur, dissimulé, faux, feint, guindé, hypocrite, retors, simulé, sournois, voilé.* – LITTÉRAIRE : *artificieux, benoît, madré.*

directement *adverbe* En ligne directe. SYN. droit, de front, de plain-pied, sans arrêt. CONTR. *obliquement, transversalement.* ▪ Sans intermédiaire. SYN. immédiatement, personnellement. CONTR.

indirectement. ■ Sans déguisement. **SYN.** carrément, de face, en face, franchement, de front, nettement, ouvertement, par-devant, résolument, simplement, spontanément. – FAMILIER : tout de go. – LITTÉRAIRE : nûment. – VIEUX : rondement. **CONTR.** *sournoisement, tortueusement.* ■ Sans hésitation possible. **SYN.** absolument, complètement, entièrement, exactement, radicalement, totalement.

directeur *nom* Personne qui dirige. **SYN.** chef, dirigeant, patron. – ARGOTIQUE : dirlo. **CONTR.** *inférieur, subalterne, subordonné.*

direction *nom féminin* Orientation dans l'espace. **SYN.** destination, orientation, sens. ■ Action de diriger quelque chose. **SYN.** administration, conduite, directorat, gestion, maniement, organisation, pilotage, tenue. ■ Ensemble de ceux qui dirigent. **SYN.** commandement, état-major, gouvernement. ■ Orientation d'une action. **SYN.** ligne de conduite, sens, tournure, voie. ■ ***En direction de,*** en suivant tel côté. **SYN.** du côté de, sur, vers.

directive *nom féminin* Indication donnée. **SYN.** consigne, instruction, mot d'ordre, ordre, recommandation.

dirigé *adjectif* Qui a reçu telle orientation. **SYN.** exposé, orienté, situé, tourné.

dirigeant *nom* Personne qui dirige. **SYN.** animateur, chef, directeur, leader, maître, meneur, responsable.

diriger *verbe* Orienter quelque chose. **SYN.** axer, braquer, pointer, tourner. ■ Faire aller dans telle direction. **SYN.** conduire, emmener, guider, mener, montrer la voie, montrer le chemin, orienter, piloter. ■ Être l'élément directeur. **SYN.** animer, commander, conduire, gouverner, guider, mener, régir. **CONTR.** *suivre.* ■ Avoir la direction de. **SYN.** administrer, avoir la haute main sur, coiffer, être aux commandes, gérer, gouverner, manier, mener le bal, mener le jeu, piloter, prendre les commandes, présider, régenter, régner sur, superviser. – FAMILIER : driver, faire la loi, mener la danse. **CONTR.** *obéir.* ■ Orienter vers une activité. **SYN.** aiguiller, brancher, centrer, conseiller, pousser.

diriger (se) *verbe pronominal* Avancer dans une direction. **SYN.** s'acheminer, aller, approcher, s'approcher, cingler, conduire ses pas, faire route vers, gagner, mettre le cap sur, piquer sur, se porter vers, se rendre, tendre vers, se tourner. – LITTÉRAIRE : voguer vers. ■ Trouver son chemin. **SYN.** s'orienter, se reconnaître, se repérer, se retrouver. **CONTR.** *s'égarer, se perdre.*

dirigisme *nom masculin* Intervention de l'État. **SYN.** économie dirigée, étatisme, interventionnisme. **CONTR.** *libéralisme.*

discernable *adjectif* Que l'on peut discerner. **SYN.** apercevable, identifiable, perceptible, repérable, visible. **CONTR.** *imperceptible, indiscernable, invisible.*

discernement *nom masculin* LITTÉRAIRE. Action de distinguer. **SYN.** discrimination, distinction. ■ Sens critique. **SYN.** bon sens, clairvoyance, flair, intelligence, jugement, perspicacité, pertinence, psychologie, raison, sagacité, sagesse, sens commun. – FAMILIER : jugeote, nez. **CONTR.** *aveuglement, confusion.* – LITTÉRAIRE : *cécité.*

discerner *verbe* Percevoir par l'esprit. **SYN.** avoir du nez, avoir le nez creux, avoir le nez fin, découvrir, démêler, dépister, flairer, lire, saisir, sentir. ■ LITTÉRAIRE. Distinguer une chose d'une autre. **SYN.** différencier, discriminer, distinguer, séparer. **CONTR.** *confondre, mélanger, mêler.* ■ Voir quelqu'un, quelque chose. **SYN.** apercevoir, deviner, entrapercevoir, identifier, percevoir, reconnaître, remarquer, repérer.

disciple *nom masculin* Personne qui prend exemple sur. **SYN.** adepte, adorateur, continuateur, élève, fidèle, héritier, imitateur, partisan, suiveur, tenant. – LITTÉRAIRE : épigone, sectateur. **CONTR.** *ancêtre, maître, prédécesseur, professeur.*

discipline *nom féminin* Branche de la connaissance. **SYN.** branche, matière, science, spécialité. ■ Ensemble de règles. **SYN.** ordre, organisation, règlement, réglementation. **CONTR.** *anarchie, chaos, désordre, désorganisation.* – FAMILIER : *pagaïe, pagaille.* ■ Soumission à des règles. **SYN.** docilité, obéissance, sagesse, subordination. **CONTR.** *désobéissance, indiscipline.* – LITTÉRAIRE : *dissipation, fronde.*

discipliné *adjectif* Qui suit une discipline. **SYN.** docile, méthodique, obéissant, réglé, sage, soumis. **CONTR.** *débridé, désobéissant, diable, dissipé, dur, frondeur, indiscipliné, rebelle, rétif, turbulent.*

discipliner *verbe* Soumettre à des règles. **SYN.** dresser, éduquer, organiser. – FAMILIER : donner un tour de vis, serrer la vis, serrer les boulons, visser. – LITTÉRAIRE : dompter, régler. **CONTR.** *troubler.* ■ Rendre utilisable. **SYN.** dominer, maîtriser.

discontinu *adjectif* Qui n'est pas continu. **SYN.** interrompu. **CONTR.** *continu, incessant, ininterrompu, permanent, suivi.* ■ Qui se déroule par à-coups. **SYN.** entrecoupé, intermittent, irrégulier, saccadé, temporaire, variable. **CONTR.** *assidu, cadencé, continuel, égal, régulier.*

discontinuer *verbe* ***Sans discontinuer,*** sans interruption. **SYN.** d'affilée, assidûment, constamment, continuellement, continûment, éternellement, immuablement, indéfiniment, invariablement, journellement, à longueur de temps, non-stop, en permanence, perpétuellement, régulièrement, sans arrêt, sans cesse, sans discontinuer, sans relâche, sans répit, sans souffler, sans trêve, toujours, à tout bout de champ, à tout instant, tout le temps, à tout propos. – LITTÉRAIRE : sans intermission, sempiternellement. CONTR. *par accès, alternativement, épisodiquement, exceptionnellement, par instants, par intermittence, par intervalles, irrégulièrement, jamais, momentanément, occasionnellement, parfois, provisoirement, quelquefois, rarement, sporadiquement, temporairement, de temps à autre, de temps en temps, variablement.* – LITTÉRAIRE : *transitoirement.*

discontinuité *nom féminin* LITTÉRAIRE. Caractère discontinu. SYN. intermittence, interruption, irrégularité. CONTR. *continuité, régularité.*

discordance *nom féminin* Défaut d'harmonie sonore. SYN. cacophonie, dissonance. CONTR. *euphonie, harmonie.* ■ Caractère discordant. SYN. contradiction, contraste, décalage, désaccord, différence, disharmonie, disparité, disproportion, dissemblance, dissimilitude, dissociation, dissymétrie, divergence, divorce, incompatibilité, opposition. – LITTÉRAIRE : dissentiment, dissonance. CONTR. *accord, adéquation, concordance, correspondance, entente, harmonie.* – LITTÉRAIRE : *symphonie.*

discordant *adjectif* Qui manque d'harmonie sonore. SYN. cacophonique, criard, désaccordé, dissonant, faux, grinçant. CONTR. *accordé, harmonieux, mélodieux.* ■ Qui n'est pas en accord avec. SYN. antagoniste, contradictoire, contraire, criard, disparate, disproportionné, divergent, heurté, incompatible, opposé. – LITTÉRAIRE : dissonant. CONTR. *concordant, correspondant, joli, proche, unanime.*

discorde *nom féminin* LITTÉRAIRE. Désaccord violent. SYN. brouille, conflit, démêlé, désaccord, désunion, différend, dissension, division, mésentente, querelle, trouble, zizanie. – FAMILIER : fâcherie. – LITTÉRAIRE : dissentiment, mésintelligence. – VIEUX : brouillerie. CONTR. *accord, coalition, communion, concorde, entente, harmonie, paix, unanimité, union, unité.*

discount *nom masculin* Remise faite sur un prix. SYN. bonification, escompte, rabais, réduction, remise, ristourne.

discounter *verbe* Vendre à bas prix. SYN. brader, casser les prix, liquider, solder. – FAMILIER : bazarder, sacrifier.

discoureur *nom* Personne qui aime discourir. SYN. bavard, causeur, déclamateur, jaseur, phraseur. – FAMILIER : baratineur, laïusseur, pie. – LITTÉRAIRE : parleur, péroreur, rhéteur. – POPULAIRE : jaspineur.

discourir *verbe* Parler longuement sur. SYN. bavarder, discuter, disserter, épiloguer, palabrer, parler, pérorer, philosopher, prêcher. – FAMILIER : discutailler, disputailler, laïusser, parlementer, pontifier. CONTR. *se taire.*

discours *nom masculin* Développement oratoire. SYN. allocution, causerie, communication, conférence, déclaration, dissertation, exposé, message, proclamation. – FAMILIER : laïus, speech, topo. – LITTÉRAIRE : harangue. ■ Vaines paroles. SYN. bavardage, palabre. – FAMILIER : baratin, boniment, harangue, papotage, parlote, salade, tartine.

discourtois *adjectif* Qui manque de courtoisie. SYN. cavalier, désobligeant, grossier, impertinent, impoli, inconvenant, incorrect, inélégant, malappris, rustre. – FAMILIER : malpoli, sans gêne. – LITTÉRAIRE : disgracieux, incivil. – POPULAIRE : malembouché. CONTR. *affable, bienséant, courtois, élégant, poli.* – LITTÉRAIRE : *civil, urbain.*

discourtoisie *nom féminin* LITTÉRAIRE. Manque de courtoisie. SYN. goujaterie, grossièreté, impertinence, impolitesse, inconvenance, incorrection, indélicatesse, inélégance, insolence, muflerie, sans-gêne, vulgarité. – LITTÉRAIRE : incivilité, irrespect, irrévérence, rusticité, sans-façon. CONTR. *affabilité, amabilité, bienséance, bonnes manières, courtoisie, déférence, éducation, politesse.* – LITTÉRAIRE : *civilité, urbanité.*

discrédit *nom masculin* Perte de la considération. SYN. avilissement, décri, défaveur, dévalorisation, oubli. – LITTÉRAIRE : déconsidération, disgrâce. CONTR. *autorité, considération, cote, influence, renommée, réputation, vogue.* – LITTÉRAIRE : *crédit, faveur.*

discréditer *verbe* Faire perdre toute considération. SYN. avilir, compromettre, déconsidérer, décrier, démonétiser, dénigrer, déprécier, déshonorer, desservir, dévaloriser, dévaluer, diffamer, diminuer, disqualifier, faire du tort, nuire, perdre, porter préjudice à, traîner dans la boue. – FAMILIER : démolir. – LITTÉRAIRE : dauber sur, disgracier, noircir, rabaisser, vilipender. – VIEUX : préjudicier à. CONTR. *accréditer, célébrer, exalter, honorer, louer, prôner, recommander, rehausser, vanter.*

discret *adjectif* Qui agit avec réserve. SYN. délicat, effacé, mesuré, pudique, réservé, retenu, timide. CONTR. *curieux, effronté, indélicat, indiscret, infatué, orgueilleux.* – FAMILIER : *casse-pieds, sans gêne.* – LITTÉRAIRE : *intempérant.* ■ Qui n'attire pas l'attention. SYN. dépouillé, furtif, modeste, sobre, voilé. CONTR. *agressif,* *clinquant, criard, effréné, excentrique, ostensible, ostentatoire, tapageur, voyant.* – FAMILIER : *tape-à-l'œil.* – LITTÉRAIRE : *tumultueux.* ▪ Qui sait garder un secret. SYN. muet, silencieux. – LITTÉRAIRE : réticent, secret. CONTR. *bavard, cancanier, jaseur, rapporteur, volubile.*

discrètement *adverbe* Avec discrétion. SYN. en cachette, en catimini, à la dérobée, furtivement, légèrement, officieusement, sans en avoir l'air, secrètement, en sourdine, sur la pointe des pieds, en tapinois. – FAMILIER : en douce, sans tambour ni trompette. – LITTÉRAIRE : sourdement. CONTR. *à découvert, effrontément, officiellement, ostensiblement, ouvertement, au vu et au su de.* ▪ Avec sobriété. SYN. décemment, légèrement, modérément, modestement, pudiquement, sagement, simplement, sobrement.

discrétion *nom féminin* Aptitude à ne pas gêner autrui. SYN. bienséance, circonspection, décence, délicatesse, prudence, pudeur, réserve, retenue, savoir-vivre, tact. – LITTÉRAIRE : effacement, sobriété. CONTR. *impudence, indélicatesse, indiscrétion, sans-gêne.* – FAMILIER : *toupet.* – LITTÉRAIRE : *sans-façon.* ▪ Sobriété de quelque chose. SYN. mesure, modération, modestie, sobriété. CONTR. *emphase, intempérance, ostentation, outrance.* – FAMILIER : *tape-à-l'œil.* ▪ Capacité à garder un secret. SYN. silence. CONTR. *bavardage, commérage, indiscrétion, volubilité.* – FAMILIER : *cancan.* ▪ ***À discrétion,*** autant qu'on en veut. SYN. abondamment, amplement, beaucoup, colossalement, comme s'il en pleuvait, considérablement, copieusement, énormément, à flots, à foison, généreusement, grandement, largement, longuement, à la pelle, pleinement, à profusion, en quantité, richement, à satiété, à souhait, surabondamment, en veux-tu en voilà, à volonté. – FAMILIER : à gogo, jusqu'à plus soif, en pagaille, à revendre, à tire-larigot. – LITTÉRAIRE : à l'envi. CONTR. *chichement, guère, modérément, parcimonieusement, peu.*

discrimination *nom féminin* Fait de traiter de façon différente. SYN. différenciation, distance, distinction, ségrégation. – LITTÉRAIRE : discernement. CONTR. *assimilation, confusion.*

discriminer *verbe* Établir une différence. SYN. différencier, distinguer, séparer. – LITTÉRAIRE : discerner. CONTR. *assimiler, confondre, fondre, mélanger, réunir, unir.*

disculper *verbe* Prouver l'innocence de quelqu'un. SYN. acquitter, décharger, innocenter, justifier, laver, réhabiliter. – FAMILIER : blanchir. CONTR. *accuser, charger, condamner, dénoncer, incriminer, inculper, poursuivre.*

discursif *adjectif* Fondé sur le raisonnement. SYN. déductif, systématique. CONTR. *intuitif.*

discussion *nom féminin* Échange de propos. SYN. débat, délibération, dialogue, palabre. – VIEUX : dispute. CONTR. *monologue, soliloque.* ▪ Échange d'opinions contraires. SYN. altercation, contestation, controverse, démêlé, différend, dispute, passe d'armes, polémique, prise de bec, querelle. – FAMILIER : chamaille, chamaillerie, scène. – LITTÉRAIRE : joute oratoire. – POPULAIRE : engueulade. CONTR. *accord, entente.*

discutable *adjectif* Qui peut être discuté. SYN. attaquable, contestable, critiquable, douteux, hypothétique, incertain, niable, récusable, réfutable. CONTR. *authentique, certain, concluant, décisif, éclatant, évident, flagrant, inattaquable, incontestable, indiscutable, irrécusable, irréfutable, péremptoire, réel, tangible.* – LITTÉRAIRE : *irréfragable.*

discutailler *verbe* FAMILIER. Discuter sans fin. SYN. argumenter, chicaner, discourir, disserter, épiloguer, ergoter, palabrer, parler. – FAMILIER : chinoiser, disputailler, jacasser, laïusser, papoter, parlementer, pinailler, tchatcher. – LITTÉRAIRE : controverser, ratiociner, vétiller.

discutaillerie *nom féminin* FAMILIER. Action de discutailler. SYN. bavardage, palabre. – FAMILIER : chamaille, chamaillerie.

discutailleur *adjectif* FAMILIER. Qui se plaît à discutailler. SYN. discuteur, ergoteur, procédurier, querelleur, raisonneur. – FAMILIER : disputailleur, pinailleur. – LITTÉRAIRE : vétilleux. – VIEUX : chicaneur, chicanier.

discutailleur *nom* FAMILIER. Personne qui discutaille. SYN. discuteur, ergoteur, polémiste, procédurier, raisonneur. – FAMILIER : disputailleur, pinailleur. – LITTÉRAIRE : argumentateur. – VIEUX : chicaneur, chicanier.

discuter *verbe transitif* Examiner une question. SYN. agiter, débattre, délibérer de, parler, traiter. ▪ Mettre en question quelque chose. SYN. chicaner, contester, critiquer, ergoter, grogner, récuser. – FAMILIER : chinoiser. – LITTÉRAIRE : controverser, fronder, répudier, vétiller. CONTR. *admettre, obéir, obtempérer, suivre.*

discuter *verbe transitif indirect* Parler avec quelqu'un. SYN. bavarder, causer, chatter, conférer, converser, dialoguer, discourir, disserter, palabrer, parler, tchatter. – FAMILIER : faire la causette, faire un brin de causette, jacasser, papoter, potiner, tailler une bavette, tchatcher. – LITTÉRAIRE : deviser, s'entretenir, rompre des lances avec. – VIEUX : pépier. CONTR. *monologuer, soliloquer, se taire.* ▪ Parler pour obtenir quelque chose. SYN. s'expliquer, négocier, parlementer, transiger.

discuteur *nom* Personne qui aime la discussion. SYN. ergoteur, raisonneur. – FAMILIER : discutailleur, disputailleur. – LITTÉRAIRE : argumentateur. – VIEUX : chicaneur, chicanier.

disert *adjectif* LITTÉRAIRE. Qui s'exprime facilement. SYN. causeur, loquace, prolixe, volubile. – FAMILIER : causant. – POPULAIRE : bien-disant. CONTR. *silencieux, taciturne.*

disette *nom féminin* Pénurie de vivres. SYN. faim, famine. CONTR. *abondance, approvisionnement.* ■ LITTÉRAIRE. Manque de quelque chose. SYN. absence, carence, défaut, dénuement, manque, pauvreté, pénurie, privation. CONTR. *abondance, foisonnement, luxe, pléthore, profusion, surabondance.*

disetteux *nom* VIEUX. Personne très démunie. SYN. indigent, miséreux, nécessiteux, pauvre. – LITTÉRAIRE : gueux, misérable. CONTR. *nanti, riche.*

disgrâce *nom féminin* LITTÉRAIRE. Perte de l'estime dont on jouissait. SYN. déconsidération, défaveur, discrédit, malheur. – LITTÉRAIRE : adversité, infortune, mésestime. – VIEUX : décri. CONTR. *grâce, vogue.* – LITTÉRAIRE : *crédit, faveur.* ■ Défaut de charme. SYN. difformité, gaucherie, infirmité, laideur, lourdeur, rudesse. CONTR. *beauté, charme.*

disgracié *adjectif* Privé de beauté. SYN. contrefait, déformé, difforme, disgracieux, disproportionné, infirme, laid. CONTR. *avenant, beau, esthétique, gracieux, harmonieux, joli, plaisant, ravissant.*

disgracier *verbe* LITTÉRAIRE. Retirer une faveur. SYN. destituer, discréditer.

disgracieux *adjectif* Dépourvu de grâce. SYN. difforme, disgracié, hideux, inélégant, informe, ingrat, laid, vilain. CONTR. *agréable, avenant, beau, bien bâti, bien découplé, bien proportionné, charmant, élégant, esthétique, gracieux, joli, plaisant, ravissant.* – LITTÉRAIRE : *accorte.* – POPULAIRE : *bien balancé.* ■ LITTÉRAIRE. Qui manque de courtoisie. SYN. déplaisant, désagréable, discourtois, rébarbatif, renfrogné, revêche, rogue. – LITTÉRAIRE : rêche. CONTR. *affable, aimable, courtois, gentil, poli.* – LITTÉRAIRE : *amène.*

disharmonie *nom féminin* Absence d'harmonie. SYN. contraste, décalage, différence, discordance, disparité, dissemblance, dissimilitude, dissociation, dissymétrie, divergence, incompatibilité, opposition. – LITTÉRAIRE : dissentiment, dissonance. CONTR. *accord, adéquation, concordance, correspondance, entente, harmonie.* – LITTÉRAIRE : *symphonie.*

disjoindre *verbe* Séparer des éléments joints. SYN. déboîter, désassembler, désassortir, désunir, détacher, disloquer, écarter, scinder, séparer. CONTR. *aboucher, abouter, adapter, adjoindre, agréger, amalgamer, assembler, emboîter, joindre, juxtaposer, raccorder, réunir, river, sceller, serrer, souder.* ■ Distinguer des éléments. SYN. désolidariser, dissocier, isoler. CONTR. *accoler, ajouter, allier, associer, combiner, conjuguer, fondre, fusionner, lier, marier, relier, unir.*

disjoint *adjectif* Qui n'est plus joint. SYN. distinct, séparé. CONTR. *conjoint, uni.*

disjonction *nom féminin* Action de disjoindre, de se disjoindre. SYN. déboîtement, désarticulation, désunion, dislocation, dissociation, écartement, séparation. CONTR. *assemblage, association, conjonction, emboîtement, jonction, réunion, union.*

dislocation *nom féminin* Action de se disloquer. SYN. déboîtement, désarticulation, désunion, disjonction. CONTR. *assemblage, montage, remboîtage, remboîtement.* ■ Séparation des parties d'un tout. SYN. démantèlement, désintégration, dispersion. CONTR. *constitution, formation, union.*

disloquer *verbe* Disjoindre de façon violente. SYN. briser, casser, démolir, désagréger, désassembler, endommager. – FAMILIER : bousiller, déglinguer, démantibuler, esquinter. – POPULAIRE : péter. CONTR. *assembler, emboîter, joindre, monter.* ■ Rompre une unité. SYN. démanteler, démembrer, désagréger, désunir, disperser, morceler. CONTR. *constituer, former, unir.* ■ Faire sortir de son logement. SYN. déboîter, démettre, désarticuler, luxer. CONTR. *articuler, remboîter, remettre.*

disparaître *verbe* Ne plus être perceptible. SYN. se dissiper, s'effacer, s'effilocher, s'estomper, s'évanouir, s'évaporer, partir en fumée, passer, se perdre, tomber, se volatiliser. – LITTÉRAIRE : se dissoudre. CONTR. *s'accuser, apparaître, foisonner, s'intensifier, jaillir, se montrer, paraître, proliférer, surgir.* – FAMILIER : *fleurir.* – LITTÉRAIRE : *poindre, sourdre.* ■ Ne plus se trouver quelque part. SYN. s'absenter, s'en aller, déguerpir, déloger, se dérober, s'enfuir, s'envoler, s'esquiver, s'évader, fausser compagnie, filer à l'anglaise, fuir, partir, plier bagages, prendre la clef des champs, prendre la fuite, prendre le large, se retirer, se sauver, se volatiliser. – FAMILIER : débarrasser le plancher, décamper, détaler, s'éclipser, s'évaporer, ficher le camp, filer, gagner le large, lever le camp, lever le pied, lever le siège, prendre la poudre d'escampette, prendre la tangente, prendre ses cliques et ses claques, prendre ses jambes à son cou, vider le plancher, vider les lieux. – POPULAIRE : se barrer, se calter, se carapater, se casser, se cavaler, se débiner, décaniller, se faire la malle, se faire la paire, foutre le camp, jouer la fille de l'air, mettre les bouts, mettre les voiles, se tailler, se tirer. CONTR. *apparaître, arriver, paraître, réapparaître, rester.* ■ Cesser d'être. SYN. s'éteindre, mourir, succomber. – FAMILIER : y rester. – LITTÉRAIRE : expirer, périr, trépasser. CONTR. *durer, être en vie, naître, persister, rester, subsister.* – LITTÉRAIRE : *éclore.*

disparate *adjectif* Composé d'éléments divers. SYN. composite, dépareillé, discordant, dissemblable, hétéroclite, hétérogène, hybride, incohérent, mélangé, varié. CONTR. *analogue, harmonieux, homogène, pareil, semblable, similaire, uniforme.*

disparate *nom masculin ou nom féminin* LITTÉRAIRE. Manque d'harmonie. SYN. contraste, désaccord, disparité, opposition. – LITTÉRAIRE : dissonance. CONTR. *accord, concordance, harmonie, similitude.*

disparité *nom féminin* Manque de concordance. SYN. altérité, contraste, déséquilibre, différence, discordance, disharmonie, disproportion, dissemblance, dissimilitude, divergence, dysharmonie, hétérogénéité, inégalité, iniquité, opposition, variété. – LITTÉRAIRE : disparate, dissonance. CONTR. *accord, concordance, conformité, égalité, harmonie, homogénéité, identité, parenté, parité, similitude.*

disparition *nom féminin* Action de s'effacer. SYN. dissipation, éclipse, effacement, évanouissement, occultation. CONTR. *apparition, déclenchement, naissance.* ■ Fait de ne plus se trouver quelque part. SYN. absence, évasion, fugue, fuite, volatilisation. CONTR. *apparition.* ■ Mort de quelqu'un. SYN. décès, fin, mort, perte. – LITTÉRAIRE : trépas. ■ Fait de ne plus exister. SYN. anéantissement, cessation, extinction, fin, perte, suppression. CONTR. – LITTÉRAIRE : *perpétuité.*

disparu *nom* Personne considérée comme morte. SYN. décédé, défunt, mort. – LITTÉRAIRE : trépassé.

dispatcher *verbe* Répartir les éléments d'un ensemble. SYN. caser, disperser, disséminer, éparpiller, ne pas mettre tous ses œufs dans le même panier, ordonner, orienter, ranger, répartir.

dispendieux *adjectif* LITTÉRAIRE. Qui nécessite de grands frais. SYN. cher, coûteux, exorbitant, inabordable, onéreux, prohibitif, ruineux. CONTR. *économique, gratuit.*

dispensateur *nom* Personne qui dispense des biens. SYN. distributeur. – LITTÉRAIRE : répartiteur.

dispense *nom féminin* Autorisation donnée à quelqu'un. SYN. excuse, exemption, exonération, permission. CONTR. *obligation.*

dispensé *adjectif* Autorisé à ne pas faire. SYN. dégagé, exempt, exempté, quitte.

dispenser *verbe* Donner quelque chose à quelqu'un. SYN. distribuer, partager, prodiguer, répartir. – LITTÉRAIRE : répandre. ■ Exempter quelqu'un de quelque chose. SYN. décharger, dégager, dégrever, délivrer, épargner, éviter, exempter, faire grâce de, libérer, soustraire. CONTR. *assujettir, charger, contraindre, exiger, forcer, imposer, obliger, soumettre.* – LITTÉRAIRE : *astreindre.*

dispenser (se) *verbe pronominal* Se soustraire à une contrainte. SYN. s'abstenir de, échapper à, éviter, se passer de, se soustraire. – FAMILIER : couper à. CONTR. *s'astreindre à, s'engager à, se forcer, s'obliger à.*

dispersé *adjectif* Répandu au hasard. SYN. épars. CONTR. *compact, dense, pressé, serré.*

dispersement *nom masculin* Action de disperser. SYN. dispersion, éparpillement.

disperser *verbe* Répandre en fragmentant. SYN. chasser, disséminer, dissiper, éparpiller, répandre, semer. CONTR. *accumuler, agglomérer, agglutiner, amasser, amonceler, entasser, ramasser, serrer.* ■ Séparer les éléments d'un ensemble. SYN. disloquer, diviser, fragmenter, morceler, répartir. CONTR. *ameuter, attrouper, canaliser, concentrer, grouper, masser, rallier, rassembler, reformer, réunir.* – LITTÉRAIRE : *assembler.*

disperser (se) *verbe pronominal* S'en aller de tous côtés. SYN. se débander, s'égailler, s'égrener, s'éparpiller, se retirer, se séparer. – LITTÉRAIRE : essaimer. CONTR. *s'agglomérer, s'agglutiner, s'amasser, s'amonceler, s'assembler, s'attrouper, s'entasser, se grouper, se rassembler, se regrouper, se réunir, se tasser.* ■ S'adonner à trop d'activités. SYN. se dissiper, s'éparpiller, papillonner. CONTR. *se concentrer.*

dispersion *nom féminin* Fait d'être éparpillé. SYN. débandade, déroute, dislocation, dissémination, disséminement, dissipation, émiettement, séparation. CONTR. *accumulation, agglomération, agglutination, association, centralisation, formation, groupement, ralliement, regroupement, réunion.* ■ Manque de concentration. SYN. déconcentration, dispersement, dissipation, éparpillement, turbulence. CONTR. *concentration, sérieux.*

disponibilités *nom féminin pluriel* Fonds disponibles. SYN. économies, réserves.

disponible *adjectif* Dont on peut disposer. SYN. inoccupé, libre, prêt, vacant, vide. CONTR. *indisponible, occupé.* ■ Qui est libre pour une activité. SYN. libre. CONTR. *accablé, débordé, écrasé, pris.* ■ Qui est accueillant. SYN. ouvert. CONTR. *absorbé, accaparé, engagé, sourd.*

dispos *adjectif* En bonne santé. SYN. allègre, dynamique, frais, ingambe, léger, reposé, sain, valide, vert, vigoureux. – FAMILIER : en forme, en pleine forme. – VIEUX : gaillard. CONTR. *brisé, épuisé, exténué, fatigué, fourbu, harassé, indisposé, K.-O., las, malade, mal-en-point, recru, rendu, rompu.* – FAMILIER : *achevé, claqué, éreinté, esquinté, flagada, flapi, lessivé, mort, moulu, patraque, raplapla, tué, vanné, vidé.* – POPULAIRE : *crevé.*

disposé *adjectif* Qui est susceptible de. SYN. enclin, en humeur de, porté.

disposer *verbe transitif* Placer d'une certaine manière. SYN. agencer, aménager, apprêter, arranger, composer, dresser, installer, ordonnancer, ordonner, organiser, orienter, placer, poster, ranger, répartir. CONTR. *bouleverser, brouiller, culbuter, déclasser, déplacer, déranger, renverser.*

disposer *verbe transitif indirect* Avoir à sa disposition. SYN. avoir, bénéficier, employer, jouir de, manier, posséder, se servir de, user de, utiliser.

disposer (se) *verbe pronominal* Se préparer à quelque chose. SYN. s'apprêter à, envisager de, se préparer à, songer à.

dispositif *nom masculin* Pièces qui forment un mécanisme. SYN. appareil, machine. – FAMILIER : mécanique. ■ Ensemble de mesures. SYN. agencement, combinaison.

disposition *nom féminin* Manière de disposer les choses. SYN. agencement, arrangement, classement, distribution, ordre, placement, position, rangement, structure. CONTR. *déclassement, dérangement, désordre, désorganisation.* ■ Aptitude pour quelque chose. SYN. capacité, don, facilité, faculté, inclination, penchant, prédisposition, propension, talent, tendance, trait, vocation. ■ Point envisagé par une loi. SYN. arrangement, condition, convention, mesure, modalité, précaution, prescription, résolution.

disproportion *nom féminin* Défaut de proportion. SYN. désaccord, déséquilibre, différence, discordance, disparité, distance, inégalité. CONTR. *accord, analogie, conformité, égalité, équilibre, harmonie, identité, proportion, similitude.* – LITTÉRAIRE : *convenance.*

disproportionné *adjectif* Qui n'est pas proportionné à. SYN. différent, discordant, inégal. CONTR. *analogue, conforme, identique, pareil, proportionné, semblable, similaire.* ■ Qui est démesuré. SYN. difforme, disgracié, monstrueux, tordu. CONTR. *bien bâti, bien découplé, bien proportionné, naturel, normal.* – POPULAIRE : *bien balancé.*

disputailler *verbe* FAMILIER. Discuter sur des futilités. SYN. argumenter, chicaner, discourir, disserter, épiloguer, ergoter, palabrer, parler, pérorer. – FAMILIER : chinoiser, discutailler, discuter le bout de gras, discuter le coup, jacasser, laïusser, parlementer, tchatcher.

disputailleur *nom* FAMILIER. Personne qui se plaît à disputailler. SYN. discuteur, ergoteur, procédurier. – FAMILIER : discutailleur, pinailleur. – LITTÉRAIRE : argumentateur. – VIEUX : chicaneur, chicanier.

dispute *nom féminin* Discussion vive. SYN. algarade, altercation, contestation, controverse, démêlé, désaccord, différend, discussion, duel, escarmouche, explication, heurt, polémique, prise de bec, querelle, scène, sortie. – FAMILIER : accrochage, bagarre, empoignade, grabuge. – LITTÉRAIRE : chicane, joute oratoire. – POPULAIRE : engueulade. CONTR. *accord, arrangement, concorde, entente, harmonie, paix, réconciliation.* – FAMILIER : *rabibochage, raccommodement.*

disputer *verbe transitif* Participer à une lutte. SYN. se battre. – LITTÉRAIRE : jouter. ■ FAMILIER. Réprimander quelqu'un. SYN. avertir, chapitrer, corriger, gronder, houspiller, morigéner, rappeler à l'ordre, reprendre, réprimander, sermonner, tirer les oreilles. – FAMILIER : attraper, enguirlander, passer un savon, sonner les cloches à. – LITTÉRAIRE : admonester, fustiger, gourmander, moraliser, quereller, semoncer, tancer. – POPULAIRE : engueuler, remonter les bretelles.

disputer *verbe transitif indirect* LITTÉRAIRE. Discuter de quelque chose. SYN. débattre, examiner, philosopher. – LITTÉRAIRE : controverser, jouter, raisonner.

disputer (se) *verbe pronominal* Avoir une dispute avec. SYN. se brouiller, chercher des noises à, chercher noise à, se fâcher avec, se quereller. – FAMILIER : se bagarrer, se chamailler, chercher des poux dans la tête, se chicaner. – POPULAIRE : se bouffer le nez, chercher des crosses à, s'engueuler. CONTR. *s'arranger, s'entendre, fraterniser.*

disqualifier *verbe* Rendre indigne de ses fonctions. SYN. déshonorer, discréditer, perdre. CONTR. *qualifier.*

disque *nom masculin* Objet plat et circulaire. SYN. auréole, cercle, rond. ■ FAMILIER. Chose qu'on répète souvent. SYN. chanson, leitmotiv, rengaine, scie. – FAMILIER : couplet, refrain, ritournelle. – LITTÉRAIRE : antienne.

dissemblable *adjectif* Qui n'est pas semblable. SYN. autre, différent, disparate, distinct, divers, étranger, hétérogène, incomparable, inégal, opposé, varié. CONTR. *analogue, approchant, assimilable, comparable, conforme, correspondant,* *égal, identique, même, pareil, proche, semblable, similaire, uniforme, voisin.*

dissemblance *nom féminin* Manque de ressemblance. SYN. altérité, contraste, différence, discordance, disharmonie, disparité, dissimilitude, divergence, dysharmonie, hétérogénéité, opposition, variété. CONTR. *analogie, conformité, homogénéité, identité, parenté, ressemblance, similarité, similitude, uniformité.*

dissémination *nom féminin* Action de disséminer. SYN. dispersion, éparpillement. CONTR. *accumulation, agglomération, agglutination, amoncellement, groupement, rassemblement, regroupement.*

disséminé *adjectif* Répandu çà et là. SYN. clairsemé, épars. CONTR. *dense, massif, serré.*

disséminement *nom masculin* État de ce qui est disséminé. SYN. dispersion, éparpillement. CONTR. *amas, groupement, regroupement.*

disséminer *verbe* Répandre çà et là. SYN. disperser, éparpiller, étaler, joncher, parsemer, propager, répartir, semer. CONTR. *accumuler, agglomérer, agglutiner, amasser, amonceler, associer, concentrer, conglomérer, entasser, grouper, ramasser, rassembler, regrouper, réunir, serrer.* – LITTÉRAIRE : *assembler.*

disséminer (se) *verbe pronominal* Se répandre çà et là. SYN. se débander, s'égailler, s'éparpiller. – LITTÉRAIRE : essaimer. CONTR. *s'agglomérer, s'agglutiner, s'amasser, s'amonceler, s'attrouper, s'entasser, se grouper, se masser, se rassembler.*

dissension *nom féminin* Opposition violente. SYN. conflit, démêlé, désaccord, désunion, différend, divergence, divorce, malentendu, mésentente, querelle, tension, trouble, zizanie. – FAMILIER : fâcherie. – LITTÉRAIRE : discorde, dissentiment, mésintelligence. CONTR. *accord, coalition, communion, concorde, entente, harmonie, paix, union, unité.*

dissentiment *nom masculin* LITTÉRAIRE. Désaccord dans les avis. SYN. conflit, désaccord, désunion, discordance, disharmonie, dissension, division, dysharmonie, malentendu, mésentente, opposition, trouble. – FAMILIER : fâcherie. – LITTÉRAIRE : discorde, mésintelligence. CONTR. *accord, communion, concorde, harmonie, union, unisson.* – LITTÉRAIRE : *concert.*

disséquer *verbe* Ouvrir un corps. SYN. démonter, dépecer, désosser. ▪ Analyser quelque chose. SYN. analyser, décomposer, éplucher, examiner, passer au crible. – FAMILIER : désosser. – LITTÉRAIRE : anatomiser, dépecer. CONTR. *effleurer, survoler.*

dissertation *nom féminin* Développement long et ennuyeux. SYN. bavardage, discours, palabre. – FAMILIER : laïus, tartine.

disserter *verbe* Parler longuement de quelque chose. SYN. causer, converser, dialoguer, discourir, discuter, palabrer, parler, pérorer, philosopher. – FAMILIER : discutailler, disputailler, laïusser, parlementer, pontifier. – LITTÉRAIRE : deviser. CONTR. *se taire.*

dissidence *nom féminin* Fait de rejeter une autorité. SYN. divergence, division, faction, hétérodoxie, insurrection, rébellion, révolte, scission, sécession, sédition, séparation. – LITTÉRAIRE : schisme. CONTR. *conformisme, orthodoxie.*

dissident *adjectif et nom* Qui cesse d'adhérer à une idéologie. SYN. déviationniste, hérétique, hétérodoxe, non conformiste, non-conformiste, schismatique, scissionniste. CONTR. *conformiste, orthodoxe.* ▪ Qui se sépare d'un groupe. SYN. autonomiste, contestataire, rebelle, révolté, sécessionniste, séparatiste. CONTR. *fidèle, soumis.*

dissimilitude *nom féminin* Manque de similitude. SYN. altérité, contraste, différence, discordance, disharmonie, disparité, dissemblance, divergence, dysharmonie, hétérogénéité, opposition. CONTR. *homogénéité, parenté, ressemblance, similitude.*

dissimulateur *adjectif* Qui dissimule ses intentions. SYN. fourbe, hypocrite, perfide, sournois. CONTR. *direct, franc, loyal, sincère.*

dissimulation *nom féminin* Action de cacher ses intentions. SYN. camouflage, déguisement, duplicité, fourberie, hypocrisie, machiavélisme, maquillage, mensonge, mystère, rouerie. – FAMILIER : cachotterie, roublardise. – LITTÉRAIRE : feinte, sournoiserie, tartuferie, tartufferie. – VIEUX : jésuitisme. CONTR. *candeur, dévoilement, droiture, franchise, loyauté, rectitude, révélation, simplicité, sincérité, vérité.* – LITTÉRAIRE : *véracité.*

dissimulé *adjectif* Qui manifeste de l'hypocrisie. SYN. chafouin, faux, fourbe, fuyant, hypocrite, machiavélique, perfide, sournois. – FAMILIER : cachottier. – LITTÉRAIRE : réticent, secret. CONTR. *candide, direct, franc, loyal, ouvert, sincère.* – LITTÉRAIRE : *vrai.* ▪ Qui est caché. SYN. caché, clandestin, dérobé, embusqué, inaperçu, masqué, voilé. CONTR. *avoué, connu, étalé, évident, exhibé, manifeste, montré, offert, public.*

dissimuler *verbe* Soustraire aux regards. SYN. cacher, camoufler, couvrir, enfouir, escamoter, masquer, recouvrir. – FAMILIER : passer au bleu. – LITTÉRAIRE : dérober, voiler. – POPULAIRE : planquer. CONTR. *arborer, découvrir, démasquer, étaler,* *exhiber, montrer, offrir.* ▪ Ne pas laisser paraître un sentiment. **SYN.** cacher, déguiser, estomper, maquiller, masquer, rentrer. – **LITTÉRAIRE** : farder, renfoncer. **CONTR.** *accentuer, accuser, afficher, découvrir, démasquer, exposer, manifester, révéler.* ▪ Tenir secret. **SYN.** occulter, refouler, taire. – **LITTÉRAIRE** : celer, ensevelir. **CONTR.** *affirmer, annoncer, apprendre, avertir, avouer, colporter, communiquer, confesser, confier, déclarer, dévoiler, divulguer, ébruiter, exprimer, faire part, publier, reconnaître, révéler.* – **LITTÉRAIRE** : *déceler.*

dissimuler (se) *verbe pronominal* Se soustraire aux regards. **SYN.** se cacher, se camoufler, s'évanouir, se tapir. – **LITTÉRAIRE** : se bauger. – **POPULAIRE** : se planquer. **CONTR.** *apparaître, éclater.*

dissipateur *adjectif* LITTÉRAIRE. Qui dépense beaucoup. **SYN.** dépensier, dilapidateur, gaspilleur, prodigue. **CONTR.** *avare, économe, parcimonieux, regardant, thésauriseur.* – **FAMILIER** : *chiche, chien, pingre, radin, rapiat, rat.* – **LITTÉRAIRE** : *avaricieux, cupide, ladre, lésineur, rapace.*

dissipateur *nom* LITTÉRAIRE. Personne qui dissipe son bien. **SYN.** dépensier, dilapidateur, gaspilleur. – **FAMILIER** : panier percé. **CONTR.** *avare, thésauriseur.* – **FAMILIER** : *grigou, grippe-sou, pingre, radin, rapiat, rat.* – **LITTÉRAIRE** : *harpagon, ladre.*

dissipation *nom féminin* Action de disparaître. **SYN.** disparition, dispersion, levée. ▪ LITTÉRAIRE. Action de dépenser follement. **SYN.** dilapidation, gaspillage. **CONTR.** *économie, épargne, parcimonie.* ▪ Manque d'attention. **SYN.** déconcentration, dispersion, distraction, inattention, indiscipline, indocilité, turbulence. – **LITTÉRAIRE** : inapplication. **CONTR.** *application, attention, concentration, discipline, sérieux.* ▪ LITTÉRAIRE. Vie de désordre. **SYN.** débauche, libertinage. – **LITTÉRAIRE** : licence, stupre. **CONTR.** *discipline, sagesse, sérieux.*

dissipé *adjectif* Qui manque d'attention. **SYN.** agité, désobéissant, distrait, inappliqué, inattentif, indiscipliné, indocile, turbulent. **CONTR.** *appliqué, attentif, discipliné.*

dissiper *verbe* Faire disparaître. **SYN.** chasser, disperser, éparpiller. **CONTR.** *rassembler.* ▪ LITTÉRAIRE. Faire cesser. **SYN.** écarter, éliminer, éloigner, repousser, tarir. ▪ LITTÉRAIRE. Dépenser inconsidérément. **SYN.** absorber, croquer, dévorer, dilapider, engloutir, engouffrer, gaspiller, manger, prodiguer. – **FAMILIER** : claquer, craquer, nettoyer. – **POPULAIRE** : boulotter. **CONTR.** *amasser, conserver, économiser, épargner, garder, ménager.*

dissiper (se) *verbe pronominal* Être inattentif ou turbulent. **SYN.** s'agiter, avoir l'esprit ailleurs, se disperser, faire le (petit) fou, ne pas tenir en place, n'écouter que d'une oreille. **CONTR.** *s'absorber, s'appliquer, s'assagir, se concentrer.* ▪ Disparaître progressivement. **SYN.** s'éteindre, s'évanouir, s'évaporer, fondre comme neige au soleil, mourir, partir en fumée, passer, se volatiliser. – **LITTÉRAIRE** : s'enfuir, expirer. **CONTR.** *apparaître, durer, rester.*

dissociable *adjectif* Qui peut être dissocié. **SYN.** isolable, séparable. **CONTR.** *indissociable.*

dissociation *nom féminin* Action de dissocier. **SYN.** décomposition, désunion, discordance, disharmonie, disjonction, distinction, dysharmonie, séparation. **CONTR.** *agglomération, agglutination, association, conjonction.*

dissocié *adjectif* Qui est disjoint. **SYN.** indépendant, séparé. **CONTR.** *accolé, conjoint, subordonné, uni.*

dissocier *verbe* Séparer des personnes. **SYN.** désunir, diviser, isoler, opposer, séparer. **CONTR.** *agglutiner, grouper, mélanger, rapprocher, réunir, unir.* – **FAMILIER** : *raccommoder.* ▪ Distinguer des éléments liés. **SYN.** décomposer, désagréger, désassortir, désolidariser, disjoindre, isoler. **CONTR.** *accoler, agréger, allier, amalgamer, associer, cimenter, combiner, composer, conglomérer, conjuguer, englober, fondre, grouper, marier, mêler, souder.* – **LITTÉRAIRE** : *confondre.*

dissocier (se) *verbe pronominal* Ne plus être lié. **SYN.** se désolidariser, se désunir, se séparer. **CONTR.** *s'associer, fusionner, se grouper.*

dissolu *adjectif* LITTÉRAIRE. Dont les mœurs sont relâchées. **SYN.** débauché, dépravé, déréglé, dévergondé, dévoyé, immoral, libertin. – **LITTÉRAIRE** : corrompu, crapuleux, orgiaque. **CONTR.** *ascétique, austère, chaste, honnête, pur, puritain, rangé, réglé, rigide, rigoriste, sage, sévère.* – **FAMILIER** : *bégueule.* – **LITTÉRAIRE** : *vertueux.*

dissolution *nom féminin* Fait de se désagréger. **SYN.** débâcle, déroute, désagrégation, éclatement, écroulement, effondrement. **CONTR.** *agglomération, agglutination.* ▪ LITTÉRAIRE. Dépravation des mœurs. **SYN.** débauche, dérèglement. – **LITTÉRAIRE** : corruption, impudicité, stupre. **CONTR.** *austérité, pureté.* ▪ Action de dissoudre. **SYN.** abolition, abrogation, annulation, extinction, résiliation, résolution, révocation, suppression. **CONTR.** *confirmation, consécration, conservation, consolidation, maintien, ratification, validation.*

dissolvant *adjectif* LITTÉRAIRE. Qui attaque les valeurs. **SYN.** démoralisant, destructeur, malsain, nocif, subversif. **CONTR.** *constructif.* ▪ LITTÉRAIRE. Qui affaiblit. **SYN.** amollissant, anémiant, débilitant, déprimant. **CONTR.** *réconfortant, stimulant, tonique, vivifiant.*

dissonance *nom féminin* Manque d'harmonie sonore. SYN. cacophonie, disharmonie. CONTR. *consonance, euphonie, harmonie, mélodie.* ■ LITTÉRAIRE. Manque d'accord. SYN. antagonisme, conflit, contradiction, contraste, décalage, désaccord, discordance, disharmonie, disparité, divergence, dysharmonie, heurt. – LITTÉRAIRE : disparate. CONTR. *accord, concorde, entente, harmonie, union, unisson, unité.* – LITTÉRAIRE : *concert, symphonie.*

dissonant *adjectif* Désagréable à entendre. SYN. cacophonique, discordant, grinçant. CONTR. *consonant, harmonieux, mélodieux.* ■ LITTÉRAIRE. Qui manque d'harmonie. SYN. criard, heurté, incompatible, incongru. CONTR. *adéquat, approprié, concordant, convenable, harmonieux.*

dissoudre *verbe* Opérer la dissolution d'un corps. SYN. délayer, diluer, fondre, liquéfier. ■ Mettre fin à quelque chose. SYN. abolir, abroger, anéantir, annihiler, annuler, casser, désagréger, détruire, rescinder, résilier, révoquer, rompre, supprimer. CONTR. *confirmer, consacrer, consolider, constituer, maintenir, ratifier, réunir, valider.*

dissoudre (se) *verbe pronominal* Perdre sa consistance. SYN. se désagréger, disparaître, éclater, fondre, se rompre. CONTR. *cristalliser.*

dissuader *verbe* Faire renoncer quelqu'un. SYN. déconseiller, décourager, détourner. CONTR. *conseiller, convaincre, encourager, engager, inciter, persuader, pousser, recommander.*

dissuasion *nom féminin* Action de dissuader quelqu'un. SYN. intimidation. CONTR. *persuasion.*

dissymétrie *nom féminin* Absence de symétrie. SYN. asymétrie, discordance, disharmonie, dysharmonie. CONTR. *harmonie, régularité, symétrie.*

dissymétrique *adjectif* Sans symétrie. SYN. asymétrique, irrégulier. CONTR. *régulier, symétrique.*

distal *adjectif* Qui est le plus éloigné du tronc. CONTR. *proximal.*

distance *nom féminin* Intervalle qui sépare deux points. SYN. écartement, espacement, étendue, interstice. CONTR. *contact, contiguïté.* ■ Espace à parcourir dans une course. SYN. parcours, trajet. ■ Écart entre deux choses, deux personnes. SYN. décalage, différence, discrimination, disproportion, distinction, éloignement, fossé, marge. CONTR. *égalité, familiarité, proximité.* ■ ***À distance,*** en étant éloigné. SYN. à des années-lumière, aux antipodes, au bout du monde, au diable vauvert, au diable, au fin fond de, loin, au loin, à Pétaouchnock. – FAMILIER : au diable vert. – POPULAIRE : à perpète, à perpette. CONTR. *à côté, à deux pas, à un jet de pierre, à portée de main, aux portes de, près.* – FAMILIER : *à touche-touche.*

distancer *verbe* Passer devant quelqu'un. SYN. battre, dépasser, devancer, doubler, passer, surclasser, triompher, vaincre. – FAMILIER : damer le pion à, gratter, griller, semer. – POPULAIRE : faire la pige à. CONTR. *atteindre, rejoindre.*

distant *adjectif* Qui est éloigné de. SYN. écarté, éloigné, lointain, séparé. CONTR. *adjacent, attenant, avoisinant, contigu, environnant, limitrophe, mitoyen, proche, rapproché, voisin.* – LITTÉRAIRE : *jouxtant.* ■ Qui montre de la froideur. SYN. fier, froid, hautain, inaccessible, inapprochable, renfermé, réservé. – LITTÉRAIRE : altier. CONTR. *abordable, accessible, accueillant, affable, aimable, avenant, cordial, engageant, familier.*

distendre *verbe* Augmenter les dimensions de. SYN. allonger, ballonner, dilater, étirer, gonfler, tendre, tirer. – LITTÉRAIRE : enfler. CONTR. *contracter, resserrer.*

distension *nom féminin* Augmentation de surface, de volume. SYN. dilatation, élargissement, élongation, extension, gonflement, relâchement. CONTR. *compression, contraction.*

distinct *adjectif* Qui se perçoit nettement. SYN. audible, clair, compréhensible, explicite, net, perceptible, précis, tranché, visible. CONTR. *ambigu, brouillé, complexe, confus, équivoque, flou, imperceptible, inapparent, inarticulé, indécis, indéfini, indistinct, invisible, obscur, vague.* – LITTÉRAIRE : *nébuleux, opaque, sibyllin, ténébreux.* ■ Qui diffère d'autre chose. SYN. autre, différent, dissemblable, divers, étranger, indépendant, individuel, particulier, propre, séparé, spécial. – LITTÉRAIRE : singulier. CONTR. *analogue, approchant, identique, même, pareil, ressemblant, semblable, similaire.*

distinctement *adverbe* De façon distincte. SYN. clairement, nettement, séparément, visiblement. CONTR. *confusément, indistinctement, vaguement.*

distinctif *adjectif* Qui permet de distinguer. SYN. caractéristique, particulier, spécifique, typique. CONTR. *commun.*

distinction *nom féminin* Action de distinguer. SYN. démarcation, différence, différenciation, discrimination, dissociation, particularisation, séparation. – LITTÉRAIRE : départ, discernement. CONTR. *assimilation, confusion, similitude.* ■ Marque d'honneur. SYN. décoration, honneur, récompense. ■ Élégance dans les manières. SYN. classe, courtoisie, délicatesse, éducation, noblesse, panache, politesse, prestance, tenue. CONTR. *goujaterie, grossièreté, laisser-aller, prosaïsme, vulgarité.* ■ Raffinement de quelque chose. SYN. chic, classe, délicatesse, élégance, goût. – LITTÉRAIRE : majesté. CONTR. *vulgarité.* ■ LITTÉRAIRE. Condition sociale élevée. SYN. éclat, prestige. – LITTÉRAIRE : lustre.

distingué *adjectif* Qui manifeste de la distinction. SYN. bien, de bon goût, de bon ton, chic, choisi, délicat, élégant, noble, raffiné, sophistiqué. – FAMILIER : bon chic bon genre, sélect. – LITTÉRAIRE : policé, relevé. CONTR. *canaille, commun, fruste, grossier, inconvenant, inélégant, prosaïque, rude, vulgaire.* – LITTÉRAIRE : *roturier.* ■ LITTÉRAIRE. Qui est hors du commun. SYN. brillant, émérite, éminent, extraordinaire, grand, illustre, insigne, marquant, remarquable, supérieur. CONTR. *banal, médiocre, minable, modeste, ordinaire, piètre, pitoyable, quelconque.*

distinguer *verbe* Percevoir par les sens ou par l'esprit. SYN. apercevoir, aviser, avoir du nez, avoir le nez creux, avoir le nez fin, avoir un œil de lynx, découvrir, deviner, discerner, entrevoir, percevoir, reconnaître, remarquer, saisir, voir. ■ Différencier une chose d'une autre. SYN. démêler, différencier, discriminer, isoler, ne pas mélanger les torchons et les serviettes, particulariser, reconnaître, remarquer, séparer, singulariser. – LITTÉRAIRE : discerner, séparer le bon grain de l'ivraie. CONTR. *allier, assimiler, confondre, identifier, mélanger, mêler.* ■ Constituer l'élément distinctif. SYN. caractériser, individualiser, particulariser, singulariser. CONTR. *englober.*

distinguer (se) *verbe pronominal* Avoir telles caractéristiques. SYN. se caractériser, se démarquer, se différencier, différer, se particulariser, se singulariser. CONTR. *s'assimiler, se rapprocher.* ■ S'élever au-dessus des autres. SYN. émerger, exceller, se faire remarquer, s'illustrer, percer, se signaler, triompher. CONTR. *ne rien valoir.* – FAMILIER : *ne pas valoir tripette, ne pas valoir un clou, ne rien casser.* – POPULAIRE : *ne pas casser des briques.* ■ Avoir une élégance particulière. SYN. avoir de la classe, avoir de l'allure, avoir grand air, ne pas passer inaperçu, porter beau. – FAMILIER : avoir de la branche, avoir de la gueule, avoir du chien. – POPULAIRE : en jeter. ■ Être perçu. SYN. se dessiner, se détacher.

distraction *nom féminin* Manque d'attention. SYN. absence, déconcentration, dispersion, dissipation, diversion, étourderie, inadvertance, inattention, négligence, oubli. – LITTÉRAIRE : inapplication. CONTR. *application, attention, concentration, tension, vigilance.* – LITTÉRAIRE : *contention.* ■ Ce qui divertit. SYN. amusement, délassement, dérivatif, divertissement, évasion, jeu, passe-temps, plaisir, récréation. – FAMILIER : amusette. – LITTÉRAIRE : égaiement.

distraire *verbe* LITTÉRAIRE. Ôter une partie d'un tout. SYN. détourner, piller, prélever, retrancher, soustraire. ■ Divertir quelqu'un. SYN. amuser, délasser, dérider, désennuyer, détendre, égayer, occuper. – LITTÉRAIRE : récréer. CONTR. *assommer, attrister, dégoûter, ennuyer, lasser.* – FAMILIER : *barber, bassiner, embêter, enquiquiner, raser.* – LITTÉRAIRE : *importuner, rembrunir.* – POPULAIRE : *emmerder.*

distraire (se) *verbe pronominal* Occuper agréablement son temps. SYN. s'amuser, se délasser, se détendre, se divertir, prendre du bon temps. – LITTÉRAIRE : s'ébaudir, s'égayer, s'esbaudir, se récréer. CONTR. *s'ennuyer.* – FAMILIER : *s'embêter, s'enquiquiner, se raser.* – POPULAIRE : *s'emmerder.*

distrait *adjectif* Qui est peu attentif. SYN. absent, dans les nuages, dissipé, étourdi, inappliqué, inattentif, lointain, dans la lune, négligent, rêveur, tête en l'air. CONTR. *appliqué, attentif, concentré, grave, posé, réfléchi, sérieux, studieux, vigilant, zélé.*

distraitement *adverbe* D'une façon distraite. SYN. étourdiment, négligemment. CONTR. *attentivement.*

distrayant *adjectif* Propre à distraire. SYN. amusant, délassant, divertissant, récréatif. – FAMILIER : folichon. CONTR. *assujettissant, ennuyeux, fastidieux, fatigant, rébarbatif, rebutant.* – FAMILIER : *assommant, barbant, casse-pieds, embêtant, empoisonnant, enquiquinant, rasoir, tuant.* – POPULAIRE : *emmerdant, suant.*

distribuer *verbe* Attribuer quelque chose à quelqu'un. SYN. allouer, décerner, dispenser, donner, octroyer, partager, prodiguer, répartir. CONTR. *accaparer, ramasser, rassembler, récolter, recueillir, réunir.* ■ Placer selon un certain ordre. SYN. agencer, classer, diviser, échelonner, ordonnancer, ordonner, ranger, répartir.

distribution *nom féminin* Action de distribuer. SYN. attribution, diffusion, partage, remise, répartition. ■ Organisation selon un ordre. SYN. agencement, aménagement, arrangement, classification, disposition, division, ordonnance, placement, répartition, succession.

disulfure *nom masculin* Qui a deux atomes de soufre liés. SYN. bisulfure.

dit *adjectif* Prétendu tel. SYN. présumé. – LITTÉRAIRE : réputé.

dithématisme *nom masculin* Utilisation de deux thèmes musicaux différents. SYN. bithématisme.

dithyrambe *nom masculin* LITTÉRAIRE. Louange enthousiaste. SYN. apologie, éloge, glorification, panégyrique, plaidoyer. CONTR. *diatribe, pamphlet, réquisitoire, satire.* – LITTÉRAIRE : *catilinaire, factum.*

dithyrambique *adjectif* Très élogieux. SYN. élogieux, laudatif, louangeur. CONTR. *calomnieux, critique, satirique.*

diurne *adjectif* Qui se fait pendant le jour. CONTR. *nocturne.*

divagation *nom féminin* Pensée, propos incohérents. SYN. délire, égarement, élucubration, extravagance, incohérence, inconséquence, invention, radotage, songerie. – FAMILIER : démence. – LITTÉRAIRE : rêverie.

divaguer *verbe* Tenir des propos incohérents. SYN. affabuler, avoir l'esprit dérangé, avoir une araignée dans le plafond, délirer, déraisonner, s'égarer, ne pas avoir toute sa tête, perdre la raison, perdre la tête, perdre la tramontane, radoter, rêver. – ARGOTIQUE : avoir un cafard dans la tirelire, avoir une chauve-souris dans le beffroi, yoyoter de la touffe. – FAMILIER : avoir un grain, avoir une case en moins, déménager, dérailler, perdre la boule, perdre la boussole, perdre le nord, perdre les pédales, travailler du chapeau. – LITTÉRAIRE : extravaguer, vagabonder, vaguer. – POPULAIRE : débloquer, déconner, péter les plombs.

divergence *nom féminin* Différence entre des opinions. SYN. antagonisme, conflit, désaccord, différence, discordance, disharmonie, disparité, dissension, dissidence, dissimilitude, divorce, dysharmonie, heurt, malentendu, opposition. – LITTÉRAIRE : dissonance. CONTR. *accord, analogie, concordance, harmonie, unisson.*

divergent *adjectif* Qui s'éloigne d'un point. CONTR. *concourant, convergent.* ■ Qui est en désaccord. SYN. antagoniste, autre, contraire, différent, discordant, opposé. CONTR. *analogue, identique, parallèle, semblable.*

diverger *verbe* S'écarter de plus en plus. SYN. bifurquer, s'éloigner. CONTR. *coïncider, converger.* ■ Être en désaccord. SYN. différer, s'opposer. CONTR. *se confondre, converger, fusionner, se rapprocher, s'unir.*

divers *adjectif* Qui varie. SYN. bigarré, changeant, composite, différent, dissemblable, distinct, diversifié, éclectique, hétéroclite, hétérogène, hybride, inégal, mouvant, multiforme, multiple, nombreux, panaché, variable, varié. – LITTÉRAIRE : ondoyant. CONTR. *analogue, homogène, identique, même, pareil, semblable, similaire, uniforme, unique.* – LITTÉRAIRE : *uni.*

divers *adjectif indéfini pluriel* Plusieurs. SYN. différents, multiples, quelques. – LITTÉRAIRE : maints. CONTR. *un.*

diversement *adverbe* De plusieurs façons. SYN. inégalement. CONTR. *identiquement.* – LITTÉRAIRE : *semblablement.* – VIEUX : *mêmement.*

diversifier *verbe* Faire prendre des aspects divers. SYN. multiplier, ne pas mettre tous ses œufs dans le même panier, nuancer, varier. CONTR. *unifier, uniformiser.*

diversion *nom féminin* Ce qui détourne l'attention. SYN. dérivatif, distraction, divertissement, exutoire, parade.

diversité *nom féminin* Caractère varié. SYN. bigarrure, disparité, foisonnement, hétérogénéité, multiformité, multiplicité, pluralité, richesse, variété. CONTR. *homogénéité, monotonie, uniformité, unité.*

divertir *verbe* Procurer une distraction à quelqu'un. SYN. amuser, délasser, dérider, désennuyer, détendre, distraire, égayer, occuper, réjouir. – LITTÉRAIRE : récréer. CONTR. *assombrir, attrister, dégoûter, ennuyer, lasser.* – FAMILIER : *barber, bassiner, embêter, enquiquiner.* – LITTÉRAIRE : *importuner, rembrunir.* – POPULAIRE : *emmerder.*

divertir (se) *verbe pronominal* Occuper agréablement son temps. SYN. s'amuser, se délasser, se distraire, passer le temps, se payer du bon temps, prendre du bon temps. – LITTÉRAIRE : s'ébaudir, s'égayer, s'esbaudir, se récréer. – POPULAIRE : se marrer. CONTR. *s'ennuyer.* – FAMILIER : *s'embêter, s'enquiquiner, se raser.* – POPULAIRE : *s'emmerder.*

divertissant *adjectif* Propre à divertir. SYN. amusant, distrayant, égayant, gai, plaisant, récréatif, réjouissant. – FAMILIER : folichon. CONTR. *affligeant, attristant, ennuyeux, fastidieux, insipide, pénible, rebutant, triste.* – FAMILIER : *casse-pieds, embêtant, empoisonnant, enquiquinant, rasoir, tuant.* – POPULAIRE : *emmerdant, suant.*

divertissement *nom masculin* Action de divertir, de se divertir. SYN. amusement, batifolage, plaisir. – LITTÉRAIRE : égaiement. ■ Moyen de se divertir. SYN. attraction, délassement, distraction, diversion, jeu, loisir, occupation, passe-temps, plaisir, récréation. CONTR. *devoir, ennui.*

divertissements *nom masculin pluriel* Ce qui divertit. SYN. festivités, gaietés, réjouissances.

divin *adjectif* Qui a rapport à la divinité. SYN. archangélique, surnaturel. – LITTÉRAIRE : céleste. CONTR. *profane.* ■ Qui a de grandes qualités. SYN. délicieux, enchanteur, exceptionnel, exquis, merveilleux, paradisiaque, parfait, sublime, suprême. – LITTÉRAIRE : surnaturel.

divinateur *adjectif* Qui devine. SYN. clairvoyant, pénétrant, perspicace, sagace.

divination *nom féminin* Art de prédire l'avenir. SYN. magie, occultisme, prédiction, sorcellerie, voyance. ■ Sorte de prévision instinctive. SYN. clairvoyance, flair, inspiration, intuition, prémonition, prescience, pressentiment.

divinatoire *adjectif* Relatif à la divination. SYN. augural, visionnaire, voyant.

divinement *adverbe* À la perfection. SYN. admirablement, magnifiquement, merveilleusement, parfaitement, splendidement, supérieurement, suprêmement. – LITTÉRAIRE : excellemment, radieusement, sublimement. CONTR. *abominablement, affreusement, atrocement, épouvantablement, hideusement, horriblement, ignoblement, monstrueusement, odieusement.*

divinisation *nom féminin* Action de diviniser. SYN. apothéose, déification.

diviniser *verbe* Attribuer un caractère sacré à. SYN. glorifier, idéaliser, sacraliser. – LITTÉRAIRE : déifier, idolâtrer, magnifier, sanctifier.

divinité *nom féminin* Être divin. SYN. déesse, déité, dieu.

divisé *adjectif* Aux avis différents. SYN. désuni, partagé. CONTR. *commun, conjoint, unanime.*

diviser *verbe transitif* Séparer en plusieurs parties. SYN. classer, débiter, découper, dégrouper, démembrer, dépecer, disperser, dissocier, distribuer, fractionner, fragmenter, graduer, morceler, partager, répartir, scinder, sectionner, segmenter, sérier, subdiviser, tronçonner. CONTR. *cimenter, conjuguer, grouper, lier, réunir, unir.* ■ Être une occasion de désaccord. SYN. brouiller, déchirer, désolidariser, désunir, dissocier, faire battre des montagnes, mettre la zizanie, opposer, partager, semer la zizanie, séparer. – LITTÉRAIRE : semer la discorde. CONTR. *rassembler, réunir.*

diviser (se) *verbe pronominal* Se séparer en plusieurs parties. SYN. se dédoubler, se partager, se ramifier, se scinder, se subdiviser. CONTR. *se grouper.* ■ Avoir des opinions différentes. SYN. être partagé, se heurter, s'opposer.

divisible *adjectif* Qui peut être divisé. SYN. sécable. CONTR. *indissociable, indivisible, insécable, inséparable.*

division *nom féminin* Action de séparer en parties. SYN. cloisonnement, compartimentage, découpage, dédoublement, démembrement, distribution, fractionnement, fragmentation, morcellement, organisation, partage, ramification, répartition, scission, segmentation, séparation. – LITTÉRAIRE : dépeçage, dépècement. CONTR. *association, composition, conjonction.* ■ Trait qui divise. SYN. échelle, graduation. ■ Partie d'un tout divisé. SYN. case, casier, cellule, compartiment, élément, morceau, part, partie, section, série, tronçon. ■ Divergence de vues. SYN. désaccord, désunion, dissension, dissidence, divorce, heurt, opposition, tension, zizanie. – LITTÉRAIRE : discorde, dissentiment, schisme. CONTR. *concorde, rapprochement, réunion, union.*

divisionnisme *nom masculin* Juxtaposition sur la toile de petits points de couleur. SYN. pointillisme.

divorce *nom masculin* Divergence profonde. SYN. conflit, désaccord, désunion, discordance, dissension, divergence, division, heurt, opposition, séparation. CONTR. *accord, entente, harmonie, union.* ■ Dissolution du mariage. SYN. rupture, séparation. CONTR. *alliance, mariage.*

divorcer *verbe* Se séparer par le divorce. SYN. rompre, se séparer de. CONTR. *épouser, se marier.*

divulgateur *nom* LITTÉRAIRE. Personne qui divulgue une chose. SYN. colporteur. – LITTÉRAIRE : révélateur.

divulgation *nom féminin* Action de divulguer quelque chose. SYN. dévoilement, ébruitement, publication, révélation.

divulguer *verbe* Rendre publique une information. SYN. colporter, découvrir, dévoiler, dire, ébruiter, éventer, livrer, propager, publier, répandre, révéler, trahir, véhiculer. CONTR. *cacher, dissimuler, étouffer, garder, occulter, taire.* – LITTÉRAIRE : *celer.*

dizygote *adjectif et nom* Qui provient de deux œufs différents. SYN. biovulaire, bivitellin. CONTR. *monozygote, uniovulaire, univitellin.*

do *nom masculin* Note de musique. SYN. – VIEUX : ut.

docile *adjectif* Qui se laisse diriger. SYN. discipliné, facile, influençable, malléable, maniable, manœuvrable, obéissant, passif, perméable, respectueux, sage, soumis, souple. CONTR. *buté, désobéissant, difficile, dur, entêté, frondeur, impatient, indépendant, indiscipliné, indocile, indompté, insoumis, obstiné, opiniâtre, rebelle, récalcitrant, réfractaire, rétif, révolté, têtu, turbulent.* – FAMILIER : *cabochard.*

docilement *adverbe* Avec docilité. SYN. fidèlement, passivement, sagement. – LITTÉRAIRE : servilement.

docilité *nom féminin* Disposition à se laisser diriger. SYN. discipline, maniabilité, obéissance, sagesse, soumission, souplesse. CONTR. *contestation, désobéissance, indépendance, indocilité, insoumission, insubordination, rébellion, résistance.*

docte *adjectif* LITTÉRAIRE. Qui a de solides connaissances. SYN. érudit, lettré, savant. – LITTÉRAIRE : omniscient. CONTR. *ignare, ignorant.* – VIEUX : *illettré.* ■ LITTÉRAIRE. Qui montre de la prétention. SYN. doctoral, infatué, magistral, pédant, prétentieux. – LITTÉRAIRE : pédantesque.

doctoral *adjectif* Qui prend une attitude supérieure. SYN. académique, dogmatique, pédant, professoral, sentencieux, solennel, suffisant, supérieur. – FAMILIER : pontifiant. – LITTÉRAIRE : docte, outrecuidant, pédantesque. CONTR. *humble, simple.*

doctrinaire *adjectif* Intransigeant dans ses idées. SYN. autoritaire, catégorique, dogmatique, sectaire, sentencieux. CONTR. *large, libéral, tolérant.*

doctrine *nom féminin* Ensemble de croyances. SYN. dogme, idées, idéologie, philosophie, règle, système, théorie. ■ Prise de position. SYN. jugement, opinion, pensée, thèse.

document *nom masculin* Écrit, objet servant d'information. SYN. papier, pièce, preuve, témoignage.

documenter (se) *verbe pronominal* Réunir des documents. SYN. s'enquérir, s'informer, s'instruire, se renseigner.

dodécasyllabe *nom masculin* Vers de douze syllabes. SYN. alexandrin.

dodécathéon *nom masculin* Plante voisine du cyclamen. SYN. gyroselle.

dodelinement *nom masculin* Oscillation légère de la tête. SYN. balancement, dandinement.

dodeliner *verbe* Avoir un balancement régulier. SYN. balancer, ballotter, osciller. – FAMILIER : tanguer. – LITTÉRAIRE : baller.

dodine *nom féminin* Petite galantine roulée. SYN. ballottine.

dodo *nom masculin* Oiseau découvert sur l'île Maurice. SYN. dronte.

dodu *adjectif* Se dit d'un animal bien en chair. SYN. charnu, gras. CONTR. *efflanqué, maigre, sec.* – LITTÉRAIRE : *étique.* ■ FAMILIER. Qui est potelé. SYN. charnu, gras, gros, joufflu, plantureux, plein, rebondi, replet, rond. – FAMILIER : grassouillet, rondelet, rondouillard. – VIEUX : mafflu. CONTR. *décharné, efflanqué, fluet, frêle, maigre, maigrelet, maigriot, mince, sec, squelettique.* – FAMILIER : *maigrichon.* – LITTÉRAIRE : *émacié, étique.*

doffer *nom masculin* Cylindre d'une machine textile. SYN. peigneur.

dogmatique *adjectif* Qui a des opinions arrêtées. SYN. catégorique, doctoral, doctrinaire, impérieux, pédant, péremptoire, sentencieux. – LITTÉRAIRE : pédantesque.

dogme *nom masculin* Point fondamental d'une idéologie. SYN. maxime, précepte, règle, théorie, vérité. ■ Opinion intangible. SYN. catéchisme, credo, doctrine, évangile, idéologie.

dogue *nom masculin* ***Dogue allemand,*** chien de très grande taille. SYN. danois. ■ ***Dogue anglais,*** grand chien de garde. SYN. mastiff.

doigt *nom masculin* Petite quantité de. SYN. atome, bribe, brin, filet, goutte, grain, gramme, larme, miette, nuage, once, parcelle, pointe, soupçon, teinte, trace. – FAMILIER : lichette. – LITTÉRAIRE : liard, ombre, trait. – POPULAIRE : chouia. CONTR. *flot, infinité, kyrielle, masse, monceau, montagne, multitude, myriade, nuée, pléiade, pluie, quantité, tas, torrent.* – FAMILIER : *flopée, paquet, pelletée, ribambelle, tapée.* – LITTÉRAIRE : *océan.* ■ ***Ne rien faire de ses dix doigts,*** rester oisif. SYN. se la couler douce, fainéanter, flâner, musarder, paresser, se prélasser, se rouler les pouces, se tourner les pouces, traîner. – FAMILIER : bayer aux corneilles, buller, flemmarder, lézarder, ne pas en fiche une rame, tirer sa flemme. – LITTÉRAIRE : muser. – POPULAIRE : glander, glandouiller, se les rouler, tirer au cul, tirer au flanc. – VIEUX : clampiner. CONTR. *s'activer, s'affairer, se démener, se dépenser, donner un coup de collier, s'échiner, s'épuiser, s'escrimer, s'exténuer, se fatiguer, s'occuper, se presser, se remuer, travailler.* – FAMILIER : *s'agiter, bûcher, se décarcasser, se défoncer, s'éreinter, s'esquinter, mettre de l'huile de coude, se mettre en quatre, mettre le paquet, en mettre un bon coup, en mettre un coup, en mettre un vieux coup, se tuer.* – POPULAIRE : *bosser, boulonner.* ■ ***Toucher du doigt,*** deviner juste. SYN. appréhender, comprendre, pénétrer, réaliser, saisir, suivre. – POPULAIRE : bitter, entraver, piger.

doigté *nom masculin* Habileté manuelle. SYN. adresse, dextérité, habileté, patte, précision, virtuosité. CONTR. *gaucherie, inhabileté, maladresse.* ■ Habileté intellectuelle. SYN. adresse, chic, diplomatie, entregent, habileté, intelligence, politique, savoir-faire, souplesse, stratégie, tact. CONTR. *brutalité, intransigeance, raideur, rigidité.*

doigtier *nom masculin* Plante à fleurs en forme de doigt de gant. SYN. digitale.

doit *nom masculin* Ce que doit le titulaire d'un compte. SYN. débit, passif. CONTR. *actif, avoir, crédit.*

doléance *nom féminin* Fait de réclamer quelque chose. SYN. desiderata, grief, plainte, protestation, réclamation, récrimination, requête, revendication.

dolent *adjectif* LITTÉRAIRE. Qui souffre. SYN. douloureux, maladif, souffrant, souffreteux. ■ Qui manque d'énergie. SYN. douillet, gémissant. – FAMILIER : geignard, pleurard, pleurnichard, pleurnicheur.

dolichocéphale *adjectif* et *nom* Qui a le crâne plus long que large. CONTR. *brachycéphale.*

dolium *nom masculin* Grande jarre à fond plat. SYN. pithos.

domaine *nom masculin* Propriété foncière. SYN. bien, propriété, terre. ■ Lieu qu'on se réserve. SYN. fief, monde, orbite, pré carré, territoire, univers. – FAMILIER : plates-bandes. – LITTÉRAIRE : royaume. ■ Champ couvert par une science. SYN. branche, matière, secteur. – LITTÉRAIRE : région. ■ Champ d'activité de quelqu'un. SYN. attributions, branche, cadre, compétence, matière, partie, spécialité, sphère. – FAMILIER : rayon. – LITTÉRAIRE : département, ressort.

domestication *nom féminin* Action de domestiquer. SYN. asservissement, conquête, contrôle, domination, maîtrise. CONTR. *affranchissement, émancipation, libération.*

domestique *nom* Personnel de maison. SYN. bonne, bonne à tout faire, employé(e) de maison, femme de chambre, servante, valet. – FAMILIER : larbin. – LITTÉRAIRE : camériste. – VIEUX : serviteur. CONTR. *patron.* – LITTÉRAIRE : *maître.*

domestiqué *adjectif* Qui a été apprivoisé. SYN. apprivoisé, dompté, dressé, familier. CONTR. *farouche, féroce, indompté, sauvage.*

domestiquer *verbe* LITTÉRAIRE. Asservir quelqu'un. SYN. asservir, avilir, dresser, soumettre. – LITTÉRAIRE : dompter, enchaîner. CONTR. *affranchir, délivrer, émanciper, libérer.* ■ Rendre une force utilisable. SYN. asservir, maîtriser. – LITTÉRAIRE : dompter.

domicile *nom masculin* Lieu d'habitation. SYN. habitation, pied-à-terre, résidence, séjour, toit. – LITTÉRAIRE : demeure, gîte, logis.

dominant *adjectif* Qui surplombe. SYN. culminant, éminent, supérieur, surplombant. – LITTÉRAIRE : suréminent. ■ Qui l'emporte sur les autres. SYN. capital, déterminant, fondamental, général, majoritaire, prédominant, prééminent, prépondérant, primordial, principal, régnant, vital. – LITTÉRAIRE : prépotent. CONTR. *accessoire, second, secondaire.*

dominateur *adjectif* Qui cherche à dominer autrui. SYN. despotique, impératif, omnipotent, oppressif, tout-puissant, tyrannique. CONTR. *effacé, faible, humble, modeste, soumis.*

dominateur *nom* LITTÉRAIRE. Personne qui aime dominer. SYN. autocrate, conquérant, despote, dictateur, maître, oppresseur, souverain, tyran. CONTR. *faible, opprimé.*

domination *nom féminin* Fait de l'emporter. SYN. hégémonie, maîtrise, omnipotence, prééminence, prépondérance, puissance, souveraineté, suprématie. – LITTÉRAIRE : précellence, préexcellence. CONTR. *faiblesse.* ■ Action de dominer. SYN. ascendant, asservissement, autorité, contrôle, despotisme, dictature, domestication, empire, emprise, férule, oppression. – LITTÉRAIRE : joug, tyrannie. CONTR. *indépendance, liberté.* – LITTÉRAIRE : *sujétion.*

dominer *verbe intransitif* Être le plus important. SYN. avoir l'avantage, commander, l'emporter, s'imposer, prédominer, prévaloir, primer, tenir le haut du pavé, triompher. CONTR. *exécuter, obéir, obtempérer, se plier, se soumettre, suivre.*

dominer *verbe transitif* Tenir sous son autorité. SYN. asservir, avoir bien en main, avoir la haute main sur, avoir le dessus, commander, dicter sa loi, écraser, gouverner, régenter, régir, régner, soumettre, subjuguer, surclasser, surpasser, triompher de, tyranniser, vaincre. – FAMILIER : faire marcher à la baguette, mener à la baguette. – LITTÉRAIRE : assujettir, enchaîner. – VIEUX : manier. CONTR. *affranchir, libérer.* ■ Maîtriser un sentiment. SYN. contenir, contrôler, discipliner, étouffer, maîtriser, surmonter, vaincre. – LITTÉRAIRE : dompter, régler. ■ Être au-dessus de. SYN. sommer, surpasser, surplomber. – LITTÉRAIRE : couronner.

dominer (se) *verbe pronominal* Être maître de ses réactions. SYN. se contenir, se contrôler, garder son sang-froid, garder son self-control, se maîtriser, se posséder, se reprendre, rester maître de soi, se retenir, se surveiller, se tenir. CONTR. *donner libre cours à, éclater, laisser libre cours à, perdre la raison, perdre la tête, perdre la tramontane, perdre le nord, perdre son sang-froid, perdre son self-control.* – FAMILIER : *perdre la boule, perdre la boussole, perdre les pédales.*

dommage *nom masculin* Préjudice porté à quelqu'un. SYN. mal, perte, préjudice, tort. – LITTÉRAIRE : détriment. CONTR. *avantage, bénéfice, bien.* ■ Dégât matériel. SYN. atteinte, avarie, dégât, dégradation, détérioration, endommagement, ravage, sinistre. – LITTÉRAIRE : détriment. CONTR. *aide, avantage, bienfait.*

dommageable *adjectif* Qui cause un dommage. SYN. attentatoire, compromettant, contraire, dangereux, défavorable, fâcheux, fatal, nocif, nuisible, pernicieux, préjudiciable, redoutable. CONTR. *avantageux, bon, profitable, salutaire.*

domptage *nom masculin* Action de dompter un animal. SYN. dressage.

dompter *verbe* Réduire un animal à l'obéissance. SYN. domestiquer, dresser. ■ LITTÉRAIRE. Soumettre à son autorité. SYN. asservir, contrôler, plier, réduire, triompher de. – LITTÉRAIRE : assujettir, domestiquer, enchaîner. ■ LITTÉRAIRE. Surmonter un sentiment. SYN. calmer, contenir, contrôler, discipliner, dominer, juguler, maîtriser, ravaler, refouler, refréner, réfréner, surmonter, vaincre. – LITTÉRAIRE : commander, régler.

dompte-venin *nom masculin* Plante aux fleurs à odeur de vanille. SYN. asclépiade, asclepias.

don *nom masculin* Chose donnée. SYN. avantage, cadeau, gratification, offrande, secours, subside, subvention. – LITTÉRAIRE : présent. ■ LITTÉRAIRE. Avantage inattendu. SYN. bienfait, charité, faveur, grâce, privilège. ■ Aptitude innée. SYN. art, capacité, disposition, facilité, faculté, génie, pouvoir, prédisposition, qualité, sens, talent. – FAMILIER : bosse. CONTR. *inaptitude.*

donateur *nom* Personne qui fait un don. SYN. bienfaiteur. CONTR. *acquéreur, donataire.*

donax *nom masculin* Petit mollusque bivalve comestible. SYN. flion, olive, pignon, trialle.

don Juan *nom masculin* Homme qui séduit les femmes. SYN. coureur, séducteur. – FAMILIER : bourreau des cœurs, dragueur, tombeur. – LITTÉRAIRE : lovelace.

donnée *nom féminin* Point de départ d'une réflexion. SYN. circonstance, élément, information, postulat, précision, principe, renseignement.

donner *verbe intransitif* Être productif. SYN. fructifier, produire, rapporter, rendre.

donner *verbe transitif* Offrir quelque chose. SYN. avoir bon cœur, avoir le cœur sur la main, avoir le geste large, céder, se démunir, se dépouiller, se dessaisir, doter, gratifier de, offrir. – VIEUX : bailler. CONTR. *conserver, ravir, recevoir, rendre, vendre.* ■ Remettre de l'argent à quelqu'un. SYN. adjuger, allouer, échanger, faire la charité, faire l'aumône, payer, troquer. – FAMILIER : cracher, filer. CONTR. *garder, prendre.* – FAMILIER : *encaisser.* ■ Remettre quelque chose à quelqu'un. SYN. déposer, distribuer, laisser, remettre. CONTR. *arracher, enlever, ôter, rendre, retirer, soustraire.* ■ Transmettre quelque chose à quelqu'un. SYN. fournir, infliger, passer. – LITTÉRAIRE : inoculer. CONTR. *frustrer, priver.* ■ Accorder quelque chose à quelqu'un. SYN. accorder, concéder, consentir, décerner, doter, octroyer, pourvoir de, prêter. CONTR. *refuser.* ■ Employer quelque chose à. SYN. consacrer, dédier, prodiguer, sacrifier, vouer. ■ Communiquer quelque chose. SYN. communiquer, dire, exposer, exprimer, fixer, fournir, indiquer, présenter. ■ Produire quelque chose. SYN. fournir, produire, répandre. ■ Produire un effet sur. SYN. causer, former, inspirer, procurer, provoquer, rapporter, susciter. – LITTÉRAIRE : sécréter. ■ Produire un spectacle. SYN. jouer, présenter, représenter. ■ FAMILIER. Dénoncer quelqu'un. SYN. dénoncer, livrer. – FAMILIER : moucharder, vendre. – POPULAIRE : balancer, cafter, se mettre à table.

donner *verbe transitif indirect* Être orienté vers. SYN. communiquer, déboucher. ■ Heurter quelque chose. SYN. cogner, frapper, se heurter, porter.

donner (se) *verbe pronominal* Consacrer son activité à. SYN. s'adonner, se consacrer, se jeter, se livrer, se vouer. – LITTÉRAIRE : cultiver. ■ S'accorder quelque chose. SYN. s'accorder, s'offrir, se permettre.

donneur *nom* POPULAIRE. Personne qui dénonce. SYN. délateur, dénonciateur, indicateur, rapporteur. – FAMILIER : mouchard. – LITTÉRAIRE : sycophante.

doper *verbe* Augmenter l'activité de. SYN. relancer, stimuler.

dorade *nom féminin* ***Dorade grise,*** poisson des côtes de France. SYN. canthare, cantre, daurade grise, griset. ■ ***Dorade rose,*** poisson de couleur gris-rose. SYN. daurade rose, pageot, rousseau. ■ ***Dorade royale,*** poisson à chair estimée. SYN. daurade royale, pagre.

doré *adjectif* De la couleur de l'or. SYN. fauve, hâlé, jaune, mordoré, ocre, safran. – LITTÉRAIRE : cuivré, flavescent.

dorée *nom féminin* Poisson qui nage couché sur un côté. SYN. saint-pierre, zée.

dorénavant *adverbe* À partir de maintenant. SYN. à l'avenir, désormais, maintenant.

dorer *verbe* Rendre jaune. SYN. jaunir, ocrer.

dorje *nom masculin* Instrument sacré du bouddhisme tibétain. SYN. foudre-diamant.

dorloter *verbe* Entourer quelqu'un de soins. SYN. cajoler, câliner, chérir, choyer, couver, faire des câlins, gâter, pouponner, soigner. – FAMILIER : bichonner, chouchouter, faire des mamours, mignoter. CONTR. *malmener, maltraiter, rudoyer.*

dormant *adjectif* LITTÉRAIRE. Qui ne s'est pas encore manifesté. SYN. latent, occulte, secret, souterrain. CONTR. *manifeste, notoire.* ■ Qui ne bouge pas. SYN. figé, fixe, immobile, mort, stagnant. – LITTÉRAIRE : somnolent. CONTR. *agité, courant.* – LITTÉRAIRE : *tumultueux.*

dormeur *nom masculin* Mammifère africain insectivore. SYN. arctocèbe, paresseux. ■ Gros crabe à large carapace brun-rouge. SYN. tourteau. ■ Requin du Groenland. SYN. laimargue.

dormir *verbe* Être plongé dans le sommeil. SYN. être dans les bras de Morphée, sommeiller, somnoler, tomber dans les bras de Morphée. – FAMILIER : faire dodo, faire le tour du cadran, piquer un roupillon, roupiller. – LITTÉRAIRE : reposer. – POPULAIRE : en écraser, pioncer. CONTR. *veiller.* ■ Demeurer inactif. SYN. rêver, traîner, végéter. – FAMILIER : lambiner, lanterner. CONTR. *s'activer, s'affairer, agir, s'agiter, se démener, se dépenser, se fatiguer, se remuer, travailler.* – FAMILIER : *se décarcasser, se défoncer.*

dos *nom masculin* Côté opposé au principal. SYN. envers, revers, verso. CONTR. *devant.*

dosage *nom masculin* Fait de combiner des éléments. SYN. combinaison, mélange, panachage.

dos-d'âne *nom masculin invariable* Bosse sur une route. SYN. cassis. CONTR. *cassis.*

dose *nom féminin* Proportion d'un élément dans un mélange. SYN. portion, quantité, taux. ■ Quantité quelconque. SYN. mesure, ration.

doser *verbe* Proportionner quelque chose. SYN. combiner, mesurer, proportionner, régler.

doter *verbe* Pourvoir en moyens. SYN. accorder, allouer, donner, équiper, investir, munir, nantir, pourvoir. ■ Fournir un avantage. SYN. gratifier de. – LITTÉRAIRE : favoriser de.

doter (se) *verbe pronominal* Être équipé en. SYN. s'équiper, se munir, se parer, se pourvoir.

double *adjectif* Répété deux fois. SYN. couplé, géminé, jumelé. CONTR. *simple, unique.* ■ Qui a deux aspects. SYN. ambivalent, bivalent, équivoque. – LITTÉRAIRE : amphibie. CONTR. *clair, limpide, univoque.*

double *nom masculin* Reproduction exacte d'un texte. SYN. copie, duplicata, fac-similé, photocopie. CONTR. *original.* ■ Personne très ressemblante. SYN. alter ego, pendant, réplique, sosie.

doubleau *nom masculin* Arc séparant deux voûtes. SYN. arc-doubleau.

doubler *verbe transitif* Porter au double. SYN. – FAMILIER : faire la culbute. ■ Augmenter quelque chose. SYN. intensifier, redoubler. ■ Passer devant. SYN. dépasser, distancer. – FAMILIER : gratter, griller. CONTR. *rejoindre.* ■ Garnir d'une doublure. SYN. capitonner, fourrer, garnir, ouatiner.

doubleuse *nom féminin* Machine textile. SYN. assembleuse, réunisseuse.

doublis *nom masculin* Bord inférieur d'un toit. SYN. battellement.

douce *nom féminin* FAMILIER. ***En douce,*** sans se faire remarquer. SYN. en cachette, en catimini, à la dérobée, discrètement, furtivement, hypocritement, insidieusement, légèrement, officieusement, secrètement, en sourdine, subrepticement, sur la pointe des pieds, en tapinois. – FAMILIER : sans tambour ni trompette. – LITTÉRAIRE : sourdement. CONTR. *à découvert, franchement, ostensiblement, ouvertement, publiquement, au vu et au su de.*

douceâtre *adjectif* Qui est fade au goût. SYN. doucereux, écœurant, insipide, plat. – FAMILIER : fadasse. CONTR. *corsé, épicé, pimenté, piquant, relevé, salé, sapide.* ■ Qui a une douceur affectée. SYN. doucereux, enjôleur, falot, mielleux, sirupeux, sucré. – LITTÉRAIRE : benoît, melliflu, patelin. CONTR. *autoritaire, vif, volontaire.*

doucement *adverbe* Avec douceur. SYN. calmement, délicatement, faiblement, légèrement, mollement, silencieusement. – POPULAIRE : calmos, mollo. CONTR. *abruptement, brusquement, brutalement, bruyamment, durement, fort, fortement, méchamment, rudement, sauvagement, sèchement, vigoureusement, violemment.* – FAMILIER : *dur.* ■ FAMILIER. À part soi. SYN. en son for intérieur, intérieurement, secrètement. – LITTÉRAIRE : sourdement. ■ Avec lenteur. SYN. crescendo, au fur et à mesure, graduellement, imperceptiblement, insensiblement, lentement, paisiblement, par paliers, pas à pas, petit à petit, peu à peu, pied à pied, progressivement. – FAMILIER : pianissimo, piano. CONTR. *brusquement, brutalement, expéditivement, hâtivement, précipitamment, promptement, rapidement, vite.* – FAMILIER : *dare-dare.* – LITTÉRAIRE : *vivement.*

doucereux *adjectif* Fade au goût. SYN. douceâtre, insipide, plat. – FAMILIER : fadasse. CONTR. *acide, âpre, salé.* ■ Qui a une douceur affectée. SYN. douceâtre, enjôleur, mielleux, sirupeux, sucré, visqueux. – LITTÉRAIRE : benoît, insinuant, melliflu, onctueux, patelin, paterne. CONTR. *autoritaire, brutal, caustique, dur, ferme, rude, sec, violent.*

doucette *nom féminin* Plante qui se mange en salade. SYN. bourcette, boursette, mâche.

douceur *nom féminin* Qualité de ce qui est agréable aux sens. SYN. moelleux, tiédeur, velouté. – LITTÉRAIRE : suavité. CONTR. *âcreté, aigreur, amertume, âpreté, dureté.* – LITTÉRAIRE : *rudesse.* ■ Comportement doux. SYN. bonté, délicatesse, grâce, tendresse. – LITTÉRAIRE : aménité, mansuétude. CONTR. *acrimonie, aigreur, ardeur, brusquerie, brutalité, causticité, colère, cruauté, dureté, férocité, irascibilité, méchanceté, rudesse, sauvagerie, véhémence, violence.* – LITTÉRAIRE : *acerbité, âcreté, impétuosité, sévérité.* ■ Caractère de ce qui n'est pas excessif. SYN. agrément, bonheur, charme, paix, sérénité, tiédeur. – LITTÉRAIRE : clémence, mansuétude. CONTR. *ardeur, dureté, force, rigueur, sécheresse.* – LITTÉRAIRE : *inclémence.* ■ Petite friandise. SYN. chatterie, gâterie, gourmandise, sucrerie.

douche *nom féminin* FAMILIER. Perte d'une illusion. SYN. déception, déconvenue, désenchantement, désillusion. – LITTÉRAIRE : désabusement.

doucher *verbe* Mouiller quelqu'un. SYN. arroser, asperger, mouiller, tremper. – FAMILIER : rincer, saucer. ■ FAMILIER. Infliger une déception. SYN. décourager, échauder, freiner, rebuter, refroidir.

doué *adjectif* Qui est pourvu d'une qualité. SYN. gratifié, pourvu. CONTR. *dépourvu, exempt.* ■ Qui a des dons pour. SYN. apte, bon, brillant, capable, fort, habile, intelligent, talentueux. CONTR. *défavorisé, faible, handicapé, inapte, inintelligent, mauvais, rebelle, réfractaire.*

douelle *nom féminin* Pièce de bois longitudinale d'une futaille. SYN. douve.

douillet *adjectif* Qui est confortable. SYN. cosy, doux, moelleux. – LITTÉRAIRE : mollet. CONTR. *dur, inconfortable, rêche, rude.* ■ Qui est sensible à la douleur. SYN. délicat, dolent, fragile, sensible. CONTR. *endurant, insensible, robuste, stoïque.*

douleur *nom féminin* Sensation désagréable. SYN. mal, souffrance. ■ Souffrance morale. SYN. affliction, calvaire, chagrin, déchirement, désespoir, désolation, épreuve, misère, peine, tourment. – LITTÉRAIRE : crève-cœur, déchirure, navrement. CONTR. *bonheur, joie, plaisir.*

douloureusement *adverbe* D'une manière douloureuse. SYN. cruellement, péniblement. CONTR. *gaiement.*

douloureux *adjectif* Qui cause une douleur. SYN. affligeant, amer, atroce, cruel, cuisant, déchirant, désolant, lancinant, navrant, pénible. CONTR. *joyeux.* – LITTÉRAIRE : *riant.* ■ Qui est le siège d'une douleur. SYN. endolori, meurtri, sensible. – LITTÉRAIRE : dolent.

doute *nom masculin* État d'incertitude. SYN. embarras, équivoque, flottement, flou, hésitation, incertitude, indécision, indétermination, irrésolution, perplexité. CONTR. *affirmation, assurance, certitude, conviction, croyance, décision, résolution.* ■ Méfiance au sujet de. SYN. défiance, incrédulité, scepticisme, soupçon, suspicion. CONTR. *confiance.* ■ ***Sans doute,*** selon toute vraisemblance. SYN. apparemment, assurément, censément, peut-être, probablement, vraisemblablement. CONTR. *assurément, certainement, sûrement.* ■ ***Sans aucun doute,*** de façon indéniable. SYN. assurément, évidemment, à l'évidence, immanquablement, incontestablement, indéniablement, indiscutablement, indubitablement, inéluctablement, inévitablement, inexorablement, infailliblement, irréfutablement, manifestement, mathématiquement, nécessairement, notoirement, parfaitement, sans conteste, de toute évidence. – FAMILIER : positivement. – LITTÉRAIRE : sans contredit.

douter *verbe* Ne pas être sûr de quelqu'un. SYN. en être réduit aux hypothèses, se méfier, rester dans l'expectative. – LITTÉRAIRE : se défier. – VIEUX : être entre le zist et le zest. CONTR. *compter sur, croire, se fier.*

douter (se) *verbe pronominal* Avoir l'intuition de quelque chose. SYN. deviner, flairer, pressentir, soupçonner. – FAMILIER : renifler, subodorer.

douteux *adjectif* Dont on n'est pas sûr. SYN. aléatoire, ambigu, hasardeux, hypothétique, improbable, incertain, problématique. CONTR. *assuré, authentique, automatique, avéré, certain, croyable, déterminé, évident, formel, incontestable, indubitable, manifeste, parlant, reconnu, sûr, visible, vrai, vraisemblable.* ■ Qui n'a pas été vérifié. SYN. contestable, discutable, incertain, indécis, litigieux, niable, récusable, réfutable, vague. CONTR. *aveuglant, décisif, éclatant, flagrant, incontestable, indiscutable, irrécusable, net, palpable, patent, tangible.* ■ Qui provoque la méfiance. SYN. crasseux, sale, suspect, trouble. – FAMILIER : cracra, cra-cra. CONTR. *clair, net, propre.* ■ Dont l'honnêteté est incertaine. SYN. équivoque, interlope, louche, suspect, véreux. – FAMILIER : pas très catholique. CONTR. *fidèle, honnête, sérieux, sûr.* – LITTÉRAIRE : *probe, vertueux.*

douve *nom féminin* Pièce de bois longitudinale d'une futaille. SYN. douelle.

doux *adjectif* Agréable au toucher. SYN. délicat, douillet, lisse, moelleux, satiné, souple, soyeux, tendre, velouté, velouteux. – LITTÉRAIRE : caressant. CONTR. *calleux, piquant, râpeux, rêche, rude, rugueux.* ■ Agréable au goût. SYN. suave, sucré. CONTR. *acide, âcre, aigre, amer, âpre, épicé, fort, piquant, poivré, râpeux, relevé, salé.* – FAMILIER : *raide.* ■ Qui n'a rien de trop intense. SYN. agréable, calme, caressant, clément, léger, mélodieux, modéré, pâle, plaisant, reposant, tempéré, tiède, tranquille, vivable. CONTR. *accablant, acéré, agité, aveuglant, bouillant, brûlant, caniculaire, criard, cru, cuisant, éblouissant, éclatant, étouffant, glacial, immodéré, infernal, retentissant, rigoureux, torride, trépidant, vif.* – LITTÉRAIRE : *impétueux, tumultueux.* ■ Qui manifeste de la douceur. SYN. affectueux, attendrissant, bienveillant, bon, calme, clément, gentil, humain, indulgent, inoffensif, obéissant, pacifique, paisible, posé, tendre, traitable. – LITTÉRAIRE : amène. CONTR. *abrupt, acariâtre, acerbe, agressif, barbare, belliqueux,* *bourru, brusque, brutal, caustique, cinglant, coléreux, cruel, dur, emporté, endiablé, énergique, féroce, furieux, impitoyable, intraitable, irascible, mauvais, méchant, pénible, sauvage, sévère, violent.* – FAMILIER : *chien.* – LITTÉRAIRE : *âcre, acrimonieux, colérique, farouche.*

douze *nom masculin* Unité de mesure typographique. SYN. cicéro.

draconien *adjectif* D'une grande rigueur. SYN. drastique, dur, inflexible, radical, rigoureux, sévère, strict. CONTR. *indulgent.*

drageon *nom masculin* Jeune pousse d'un arbre. SYN. surgeon, talle.

dragonnet *nom masculin* Poisson à fortes épines dorsales. SYN. callionyme.

draguer *verbe* FAMILIER. Rechercher des liaisons. SYN. aguicher, courir la gueuse, courir la prétantaine, courir les filles, courtiser, faire des avances, faire du charme, faire les yeux doux, séduire. – FAMILIER : affrioler, baratiner , courir la galipote, courir le cotillon, courir le guilledou, faire du pied, faire du plat, faire du rentre-dedans, tomber, tourner autour de, vamper. – LITTÉRAIRE : faire des agaceries, suborner. – POPULAIRE : emballer, faire du gringue, lever, racoler.

draguer *verbe transitif* Racler le fond d'un cours d'eau. SYN. curer, débourber, désenvaser, dévaser.

dragueur *nom* FAMILIER. Personne qui drague. SYN. coureur, don Juan, séducteur. – FAMILIER : bourreau des cœurs, tombeur. – LITTÉRAIRE : suborneur.

draille *nom féminin* Chemin pour le passage des moutons. SYN. carraire.

dramatique *adjectif* Qui se rapporte au théâtre. SYN. scénique, théâtral. ■ Qui suscite une vive émotion. SYN. angoissant, bouleversant, catastrophique, critique, déchirant, empoignant, grave, pathétique, poignant, prenant, saisissant, sérieux, sombre, terrible, terrifiant, tragique, triste. CONTR. *burlesque, comique, risible.* – FAMILIER : *cocasse.*

dramatiquement *adverbe* De façon dramatique. SYN. tragiquement. CONTR. *burlesquement, comiquement.*

dramatiser *verbe* Exagérer la gravité d'une situation. SYN. charger, exagérer, forcer, gonfler, grandir, grossir, outrer. – FAMILIER : faire tout un cinéma de, en faire (tout) un fromage, en faire tout un plat, en faire une pendule, en faire une piscine, en rajouter. CONTR. *minimiser.*

drame *nom masculin* Événement violent. SYN. accident, catastrophe, tragédie.

drapeau *nom masculin* Pièce d'étoffe. SYN. bannière, couleurs, enseigne, étendard, fanion, pavillon.

drastique *adjectif* D'une rigueur contraignante. SYN. draconien, rigoureux, sévère, strict.

drave *nom féminin* Petite crucifère à fleurs blanches. SYN. érophila.

dressage *nom masculin* Action de dresser un animal. SYN. domptage. ■ Action d'installer. SYN. érection, montage.

dressé *adjectif* Rendu docile. SYN. apprivoisé, domestiqué, dompté. CONTR. *farouche, indompté, sauvage.* ■ Dans une position verticale. SYN. debout, hérissé, relevé.

dresser *verbe* Rendre docile un animal. SYN. apprivoiser, domestiquer, dompter. ■ Faire acquérir une discipline. SYN. aguerrir, discipliner, éduquer, entraîner, exercer, familiariser, former, habituer, instruire, mater, plier. – FAMILIER : visser. – LITTÉRAIRE : façonner, pétrir, rompre. ■ Préparer quelque chose. SYN. agencer, disposer, établir, installer, monter, tracer. – LITTÉRAIRE : apprêter. ■ Placer en position verticale. SYN. élever, ériger, lever, planter, redresser, relever. CONTR. *baisser, coucher, courber, incliner, pencher, plier.* ■ Créer une animosité envers quelqu'un. SYN. buter, cabrer, exciter, monter. – FAMILIER : braquer.

dresser (se) *verbe pronominal* Dominer en hauteur. SYN. s'élancer, s'élever, jaillir. ■ Se mettre debout. SYN. se camper, se hausser. – FAMILIER : se planter. CONTR. *se coucher.* ■ Manifester son opposition. SYN. combattre, contrer, s'élever, se hérisser, se heurter, s'insurger, s'opposer, réagir, résister, se révolter, se soulever. – FAMILIER : se bagarrer. – LITTÉRAIRE : regimber. CONTR. *approuver, se plier, se rallier, seconder, se soumettre.*

dressing *nom masculin* Petite pièce pour ranger des vêtements. SYN. penderie, vestiaire. – VIEUX : garde-robe.

drille *nom masculin* FAMILIER. ***Joyeux drille,*** homme jovial. SYN. blagueur, boute-en-train, gai luron, loustic, plaisantin. CONTR. *bonnet de nuit, éteignoir, rabat-joie, trouble-fête.*

drogue *nom féminin* Substance psychotrope. SYN. stupéfiant. – ARGOTIQUE : chnouf, coke, crack, dope, schnouf, schnouff. – FAMILIER : hasch. – POPULAIRE : blanche, came, stup.

drogué *nom* Personne qui se drogue. SYN. toxicomane. – FAMILIER : toxico. – POPULAIRE : camé.

drogué *adjectif* Intoxiqué par la drogue. SYN. – ARGOTIQUE : stone, stoned. – FAMILIER : addict, shooté. – POPULAIRE : accro, camé, défoncé.

droguer (se) *verbe pronominal* Prendre de la drogue. SYN. se flasher. – ARGOTIQUE : se chnoufer, se doper, se faire un rail, se poudrer le nez, se schnouffer, sniffer. – FAMILIER : se piquer. – POPULAIRE : se camer, se charger, se défoncer, se shooter.

droguiste *nom* Personne qui tient une droguerie. SYN. marchand de couleurs, quincaillier.

droit *adjectif* Se dit d'une ligne sans déviation. SYN. direct, rectiligne. CONTR. *aquilin, arqué, busqué, cambré, contourné, coudé, courbe, courbé, détourné, gauchi, indirect, oblique, recourbé, sinueux, tordu, tors, tortueux, voûté.* – LITTÉRAIRE : *tortu.* ■ Qui se tient à la verticale. SYN. debout, raide, vertical. CONTR. *oblique, penché, de travers.* – FAMILIER : *de guingois.* – POPULAIRE : *de traviole.* ■ Qui agit honnêtement. SYN. carré, clair, équitable, fair-play, ferme, franc, honnête, impartial, incorruptible, intègre, juste, loyal, net, propre, pur, sport, strict. – FAMILIER : régulier. – LITTÉRAIRE : probe, vertueux, vrai. – POPULAIRE : réglo. CONTR. *chafouin, déloyal, faux, fourbe, hypocrite, indélicat, injuste, partial, retors, rusé, sournois, tortueux, trompeur, vénal.* – LITTÉRAIRE : *artificieux, benoît, cauteleux, fallacieux, tortu.* ■ Qui raisonne sainement. SYN. judicieux, logique, objectif, raisonnable, rationnel, sain, sensé. CONTR. *arbitraire, boiteux, déraisonnable, illogique, insensé, insidieux, trompeur.*

droit *nom masculin* Possibilité de faire quelque chose. SYN. autorisation, faculté, liberté, permission, pouvoir. CONTR. *interdiction, prohibition, proscription.*

droitier *adjectif* et *nom* Qui se sert de la main droite. CONTR. *gaucher.*

droiture *nom féminin* Qualité de quelqu'un d'honnête. SYN. bonne foi, équité, franchise, honnêteté, honorabilité, impartialité, incorruptibilité, intégrité, justice, loyauté, probité, rectitude, sincérité, sportivité. – LITTÉRAIRE : véracité. CONTR. *astuce, déloyauté, dissimulation, duplicité, fausseté, fourberie, hypocrisie, malhonnêteté, mauvaise foi.* – LITTÉRAIRE : *improbité, infidélité, sournoiserie.*

drôle *adjectif* Qui provoque le rire. SYN. amusant, burlesque, comique, désopilant, égayant, facétieux, hilarant, inénarrable, à mourir de rire, pittoresque, plaisant, récréatif, réjouissant, risible. – FAMILIER : cocasse, crevant, folichon, impayable, marrant, rigolo, roulant, tordant. – POPULAIRE : bidonnant, fendant, gondolant, à pisser de rire, poilant. CONTR. *ennuyeux, funèbre, lugubre, macabre, morne, mortel, sinistre, tragique, triste.* – FAMILIER : *cafardeux, enquiquinant, glauque, tuant.* – POPULAIRE : *suant.* ■ Qui intrigue. SYN. bizarre, curieux, étonnant, étrange, insolite, singulier, spécial, stupéfiant, surprenant. – FAMILIER : farfelu, sciant. CONTR. *normal, ordinaire.*

drôle *nom masculin* LITTÉRAIRE. Mauvais sujet. SYN. vaurien. – FAMILIER : lascar, numéro.

drôlement *adverbe* De façon comique. SYN. cocassement, comiquement, risiblement. ■ D'une manière bizarre. SYN. bizarrement, curieusement, étrangement. – LITTÉRAIRE : singulièrement. ■ FAMILIER. Indique une intensité forte. SYN. abominablement, admirablement, affreusement, beaucoup, bien, effroyablement, énormément, épouvantablement, excessivement, extraordinairement, fabuleusement, follement, fort, fortement, grandement, gravement, hautement, horriblement, immensément, immodérément, incroyablement, infiniment, mortellement, parfaitement, particulièrement, prodigieusement, profondément, puissamment, singulièrement, supérieurement, suprêmement, terriblement, très, trop, vertigineusement. – FAMILIER : atrocement, bigrement, bougrement, diablement, fameusement, fichtrement, fichûment, formidablement, joliment, méchamment, rudement, sacrément, tout plein. – LITTÉRAIRE : diantrement, furieusement. – POPULAIRE : foutrement, salement, vachement.

drôlerie *nom féminin* Caractère de ce qui est drôle. SYN. cocasserie, comique, humour, piquant. ■ Parole, action amusante. SYN. bouffonnerie, facétie, plaisanterie. – FAMILIER : blague.

dromadaire *nom masculin* Chameau à une seule bosse. SYN. méhari.

dronte *nom masculin* Oiseau découvert sur l'île Maurice. SYN. dodo.

drosera *nom masculin* Herbe insectivore. SYN. rossolis.

drosophile *nom féminin* Petite mouche utilisée en génétique. SYN. mouche du vinaigre.

dru *adjectif* Qui a des touffes serrées. SYN. abondant, compact, dense, épais, fourni, luxuriant, nourri, serré, tassé, touffu. CONTR. *clair, clairsemé, étiolé, pelé, rare, tondu.*

druse *nom féminin* Cavité d'une roche. SYN. géode.

dû *nom masculin* Ce qui est dû. SYN. compte, dette, emprunt.

dualisme *nom masculin* Doctrine qui admet deux principes opposés. CONTR. *monisme, pluralisme.*

dualité *nom féminin* Caractère de ce qui est double. SYN. altérité, ambivalence, dualisme. CONTR. *unité.*

dubitatif *adjectif* Qui exprime le doute. SYN. incrédule, méfiant, sceptique. CONTR. *affirmatif, assuré, certain, convaincu, sûr.*

duel *nom masculin* Lutte entre deux puissances. SYN. antagonisme, bataille, compétition, lutte, rivalité. – LITTÉRAIRE : combat, joute, tournoi.

dulcinée *nom féminin* FAMILIER. Femme aimée. SYN. bien-aimée. – FAMILIER : belle, chérie.

dûment *adverbe* Selon les formes prescrites. SYN. en bonne et due forme, justement.

dumper *nom masculin* Véhicule à benne basculante. SYN. tombereau.

dupe *nom féminin* Personne trompée. SYN. dindon de la farce. – FAMILIER : cocu, dindon, gobe-mouches, gobeur, gogo, jobard, pigeon, poire. – LITTÉRAIRE : jocrisse.

duper *verbe* Abuser de la confiance de quelqu'un. SYN. abuser, attraper, bercer de paroles, berner, feinter, induire en erreur, leurrer, se moquer, mystifier, piéger, rouler dans la farine, tromper. – FAMILIER : avoir, blouser, bluffer, cocufier, empaumer, empiler, faire des entourloupettes, faire une entourloupe, ficher dedans, flouer, mener en bateau, mettre dedans, monter un bateau, pigeonner, posséder, promener, refaire, rouler. – LITTÉRAIRE : amuser, en faire accroire, gruger, jouer, se jouer de. – POPULAIRE : arnaquer, bourrer le mou, couillonner, entuber, faire un enfant dans le dos, foutre dedans. CONTR. *détromper.*

duperie *nom féminin* LITTÉRAIRE. Action de duper. SYN. leurre, mystification, pantalonnade, ruse, tromperie. – FAMILIER : canular, entourloupe. – LITTÉRAIRE : fourberie, imposture. – POPULAIRE : arnaque.

duplicata *nom masculin* Copie de l'original. SYN. ampliation, copie, double. CONTR. *manuscrit, original.*

duplicité *nom féminin* Caractère dissimulé. SYN. déloyauté, dissimulation, fausseté, fourberie, hypocrisie, mauvaise foi, mensonge, trahison. – LITTÉRAIRE : insincérité, tartuferie, tartufferie. CONTR. *bonne foi, droiture, franchise, honnêteté, loyauté, probité, rectitude, simplicité, sincérité.* – LITTÉRAIRE : *véracité.*

dur *adjectif* Qui se laisse difficilement entamer. SYN. consistant, coriace, ferme, fort, rassis, résistant, solide, tenace. – LITTÉRAIRE : adamantin. CONTR. *délicat, doux, flasque, inconsistant, tendre.* ■ Qui n'est pas mou. SYN. raide, rigide. CONTR. *élastique, flexible, moelleux, mou, pliable, souple.* ■ Qui demande un effort. SYN. ardu, délicat, difficile, épineux, laborieux, malaisé, pénible, rigoureux, rude, strict. – FAMILIER : calé, coton, trapu. CONTR. *abordable, accessible, aisé, c'est un jeu d'enfant, clair, enfantin, facile, limpide, pas sorcier, simple.* – FAMILIER : *ce n'est pas la mer à boire, c'est de la rigolade, c'est du gâteau, c'est du tout cuit.* – POPULAIRE : *c'est du billard.* ■ Désagréable par son caractère rude. SYN. abrupt, acerbe, âpre, blessant, brutal, cassant, cinglant, guttural, rébarbatif, rocailleux, rude, sec, vif, virulent. – LITTÉRAIRE : rêche. CONTR. *affable, agréable, aimable, cajoleur, caressant, doucereux, doux, gracieux, plaisant, riant.* – LITTÉRAIRE : *amène.* ■ Se dit d'un enfant indiscipliné. SYN. désobéissant, impossible, indocile, intenable, turbulent. – FAMILIER : diable, infernal, terrible. CONTR. *discipliné, docile, facile, obéissant, sage.* ■ Qui est sans indulgence. SYN. cruel, exigeant, froid, impitoyable, implacable, inflexible, insensible, intraitable, intransigeant, mauvais, méchant, rigoriste, sévère, tranchant. – FAMILIER : rosse, saignant, sans-cœur, vache. – LITTÉRAIRE : raide. CONTR. *affectueux, arrangeant, attendrissant, attentif, bienveillant, bon, bonasse, charitable, clément, compatissant, complaisant, compréhensif, conciliant, coulant, gentil, indulgent, sensible, tendre.* – FAMILIER : *excellent.* – LITTÉRAIRE : *bienfaisant.* ■ Qui est très résistant. SYN. endurant, endurci, énergique, stoïque. CONTR. *délicat, douillet.* – FAMILIER : *geignard.*

dur *adverbe* FAMILIER. Avec ardeur. SYN. courageusement, durement, énergiquement, ferme, sérieusement. ■ FAMILIER. Avec violence. SYN. fort, fortement, rudement, violemment. CONTR. *doucement.*

durabilité *nom féminin* Caractère durable. SYN. constance, continuité, pérennité, permanence, persistance, stabilité. – LITTÉRAIRE : immuabilité. CONTR. *fragilité, fugacité.*

durable *adjectif* De nature à durer longtemps. SYN. chronique, constant, continu, éternel, fidèle, immuable, impérissable, permanent, persistant, solide, stable, tenace, viable, vivace. – LITTÉRAIRE : invariable. CONTR. *boiteux, caduc, chancelant, court, éphémère, fragile, fugace, fugitif, instable, instantané, momentané, passager, précaire, provisoire, temporaire, transitoire.* – LITTÉRAIRE : *périssable, prompt.*

durablement *adverbe* De façon durable. SYN. arrache-pied (d'), farouchement, fermement, immuablement, inébranlablement, longtemps, obstinément, opiniâtrement, résolument. – FAMILIER : mordicus. – LITTÉRAIRE : continûment, tenacement. CONTR. *par intermittence, à la légère, légèrement, mollement, négligemment, passagèrement, provisoirement, temporairement.* – LITTÉRAIRE : *transitoirement.*

durcir *verbe intransitif* Devenir dur. SYN. prendre, rassir, sécher. CONTR. *s'amollir, s'assouplir, s'attendrir, mollir, ramollir, se ramollir.*

durcir *verbe transitif* Rendre plus dur. SYN. contracter, racornir, raidir. CONTR. *adoucir, amollir, assouplir, attendrir, édulcorer, ramollir.* ■ Rendre une position plus ferme. SYN. radicaliser. – LITTÉRAIRE : raidir. CONTR. *adoucir, relâcher.*

durcir (se) *verbe pronominal* Devenir plus sévère. SYN. se raidir. CONTR. *s'apitoyer, s'attendrir, fondre, s'humaniser.*

durcissement *nom masculin* Fait de se durcir. SYN. raidissement. CONTR. *adoucissement, affaiblissement, amollissement, assouplissement, ramollissement.* – LITTÉRAIRE : *aveulissement.*

durée *nom féminin* Espace de temps. SYN. cours, étendue, longueur, période, temps. ■ Qualité de ce qui dure. SYN. continuité, longévité, pérennité, permanence, persistance, résistance. – LITTÉRAIRE : immuabilité. CONTR. *brièveté, cessation.*

durement *adverbe* D'une manière dure physiquement. SYN. fort, rudement, violemment. – FAMILIER : dur. CONTR. *doucement, mollement.* ■ D'une manière éprouvante. SYN. chèrement, crûment, difficilement, laborieusement, péniblement, sévèrement. CONTR. *faiblement, légèrement.* ■ D'une manière brutale. SYN. abruptement, brusquement, brutalement, crûment, farouchement, impitoyablement, méchamment, sèchement, sévèrement, vertement. – LITTÉRAIRE : vivement. – VIEUX : rigoureusement. CONTR. *affectueusement, agréablement, aimablement, câlinement, cordialement, doucement, gentiment, tendrement.*

durer *verbe* Continuer d'exister. SYN. continuer, demeurer, s'étendre, s'éterniser, se maintenir, se perpétuer, persister, se poursuivre, se prolonger, rester, subsister, survivre, tenir, traîner. CONTR. *s'arrêter, cesser, disparaître, se dissiper, s'effacer, s'estomper, s'éteindre, s'évanouir, finir, s'interrompre, passer, sombrer dans l'oubli, tomber dans l'oubli.*

dureté *nom féminin* Caractère résistant. SYN. fermeté, résistance, rigidité, solidité. CONTR. *inconsistance, mollesse, souplesse.* ■ Caractère pénible. SYN. âpreté, rigueur, rudesse. – LITTÉRAIRE : cruauté. CONTR. *douceur.* – LITTÉRAIRE : *clémence, tiédeur.* ■ Caractère sévère. SYN. brutalité, cruauté, fermeté, férocité, froideur, inhumanité, insensibilité, méchanceté, raideur, rigidité, sécheresse, sévérité, virulence. – LITTÉRAIRE : endurcissement, inclémence, inexorabilité, rudesse. CONTR. *affabilité, apitoiement, attendrissement, bienveillance, bonté, charité, commisération, complaisance, compréhension, délicatesse, gentillesse, indulgence, magnanimité, pitié, sensibilité, tendresse.* – LITTÉRAIRE : *aménité, compassion.*

durillon *nom masculin* Durcissement de la peau du pied. SYN. cal, callosité, cor, œil-de-perdrix.

duveté *adjectif* LITTÉRAIRE. Couvert de duvet. SYN. cotonneux, duveteux, soyeux, velouté, velouteux. CONTR. *rêche, rugueux.*

duveteux *adjectif* De la nature du duvet. SYN. cotonneux, moelleux, pelucheux, poilu, velouté, velouteux. – LITTÉRAIRE : duveté. CONTR. *rêche, rugueux.*

dynamique *adjectif* Qui manifeste de l'énergie. SYN. actif, ardent, énergique, entreprenant, hardi, remuant, vivant. – LITTÉRAIRE : industrieux, vaillant. CONTR. *abattu, apathique, atone, avachi, flasque, indolent, inerte, lent, lymphatique, morose, mou, paresseux, passif, timide.* – FAMILIER : *cossard, lambin, ramolli.* – LITTÉRAIRE : *alangui.*

dynamisme *nom masculin* Caractère dynamique. SYN. activité, allant, ardeur, énergie, mordant, nerf, pétulance, tonus, vigueur, vitalité. – LITTÉRAIRE : sève, vivacité. CONTR. *abattement, affaissement, apathie, asphyxie, atonie, fainéantise, indolence, inertie, langueur, lenteur, mollesse, morosité, nonchalance, paresse, passivité, veulerie.* – FAMILIER : *cosse, flemme.* – LITTÉRAIRE : *assoupissement.*

dysarthrie *nom féminin* Difficulté à articuler des sons. SYN. anarthrie.

dysbarisme *nom masculin* Formation de bulles gazeuses dans le sang. SYN. aéroembolisme.

dysembryome *nom masculin* Tumeur à partir de cellules embryonnaires. SYN. tératome.

dysembryoplasie *nom féminin* Anomalie d'origine embryonnaire. SYN. dysgénésie, dysplasie, hamartome.

dysharmonie *nom féminin* Absence d'harmonie. SYN. contraste, décalage, différence, discordance, disparité, dissemblance, dissimilitude, dissociation, dissymétrie, divergence, incompatibilité, opposition. – LITTÉRAIRE : dissentiment, dissonance. CONTR. *accord, adéquation, concordance, correspondance, entente, harmonie.* – LITTÉRAIRE : *symphonie.*

dysplasie *nom féminin* Anomalie d'origine embryonnaire. SYN. dysembryoplasie, dysgénésie, hamartome.

dysrythmie *nom féminin* Trouble du rythme cardiaque. SYN. arythmie.

dystocie *nom féminin* Difficulté de l'accouchement. CONTR. *eutocie.*

E

eau *nom féminin* Liquide incolore. SYN. – FAMILIER : flotte. – LITTÉRAIRE : flots, onde. ■ ***Eau gazeuse,*** qui contient des gaz en dissolution. SYN. – FAMILIER : eau à bulles, eau à ressort. ■ ***Eau du robinet,*** qui sort d'une canalisation. SYN. – POPULAIRE : château-la-pompe. ■ FAMILIER. ***Tomber à l'eau,*** ne pas aboutir. SYN. achopper, avorter, capoter, échouer, faire long feu. – FAMILIER : faire chou blanc, finir en eau de boudin, louper, rater, tomber dans le lac. – POPULAIRE : finir en couille, foirer, merder, partir en couille. CONTR. *aboutir, marcher, prospérer, réussir.*

eau-de-vie *nom féminin* Boisson alcoolique. SYN. bistouille. – FAMILIER : goutte, rincette, schnaps, tord-boyaux. – POPULAIRE : gnaule, gniole, gnole, gnôle.

ébahi *adjectif* Qui est très étonné. SYN. abasourdi, ahuri, bouche bée, coi, éberlué, étonné, interdit, interloqué, médusé, pantois, renversé, stupéfait, suffoqué, surpris, tombé de la lune, tombé des nues. – FAMILIER : assis, baba, bleu, comme deux ronds de flan, épaté, époustouflé, estomaqué, scié, sidéré, soufflé. – LITTÉRAIRE : ébaubi.

ébahir *verbe* Frapper d'étonnement. SYN. abasourdir, ahurir, confondre, consterner, couper le souffle, déconcerter, décontenancer, éberluer, effarer, étonner, interloquer, méduser, renverser, saisir, stupéfier, suffoquer, surprendre. – FAMILIER : asseoir, en boucher un coin, couper le sifflet, ébouriffer, épater, époustoufler, estomaquer, scier, sidérer, souffler. – POPULAIRE : couper la chique.

ébahissement *nom masculin* Étonnement extrême. SYN. abasourdissement, ahurissement, effarement, émerveillement, étonnement, stupéfaction, stupeur, surprise. – FAMILIER : épatement.

ébattre (s') *verbe pronominal* Se détendre en gesticulant. SYN. batifoler, cabrioler, gambader. – LITTÉRAIRE : folâtrer.

ébaubi *adjectif* LITTÉRAIRE. Qui est très surpris. SYN. abasourdi, ahuri, coi, ébahi, éberlué, étonné, interdit, interloqué, médusé, pantois, renversé, stupéfait, suffoqué, surpris, tombé de la lune, tombé des nues. – FAMILIER : assis, baba, bleu, comme deux ronds de flan, épaté, époustouflé, estomaqué, scié, sidéré, soufflé.

ébauche *nom féminin* Esquisse d'un travail. SYN. brouillon, canevas, croquis, esquisse, essai, plan, premier jet, projet, schéma. – LITTÉRAIRE : crayon, linéaments. ■ Commencement de quelque chose. SYN. amorce, début, embryon, naissance, préambule, préface, prélude, prologue. – LITTÉRAIRE : aurore, prémices. CONTR. *aboutissement, accomplissement, achèvement, conclusion, épanouissement, exécution, réalisation.*

ébaucher *verbe* Tracer les grandes lignes de. SYN. brouillonner, crayonner, croquer, débroussailler, dégrossir, dessiner, esquisser, pocher. CONTR. *fignoler, polir.* – FAMILIER : *lécher.* – LITTÉRAIRE : *ciseler.* – VIEUX : *perler.* ■ Commencer une action. SYN. aborder, amorcer, attaquer, s'attaquer à, s'atteler à, commencer, déclencher, donner le coup d'envoi, engager, entamer, entreprendre, esquisser, mettre en branle, mettre en chantier, mettre en œuvre, mettre en route, ouvrir, poser la première pierre. – FAMILIER : démarrer. CONTR. *accomplir, achever, compléter, conclure, finir, réaliser, terminer.*

ébaucher (s') *verbe pronominal* Commencer à apparaître. SYN. s'amorcer, commencer, débuter, démarrer, se dessiner, entrer en action, prendre effet, se profiler, voir le jour. – FAMILIER : s'emmancher.

éberlué *adjectif* Qui manifeste un vif étonnement. SYN. abasourdi, ahuri, bouche bée, coi, ébahi, étonné, hébété, interdit, interloqué, médusé, pantois, renversé, stupéfait, suffoqué, surpris, tombé de la lune, tombé des nues. – FAMILIER : assis, baba, bleu, comme deux ronds de flan, épaté, époustouflé, estomaqué, scié, sidéré, soufflé. – LITTÉRAIRE : ébaubi. – POPULAIRE : sur le cul.

éberluer *verbe* Étonner vivement. SYN. abasourdir, ahurir, confondre, consterner, couper le souffle, déconcerter, décontenancer, ébahir, effarer, étonner, interloquer, méduser, renverser, saisir, stupéfier, suffoquer, surprendre. – FAMILIER : asseoir, en boucher un coin, couper le sifflet, ébouriffer, épater, époustoufler, estomaquer, scier, sidérer, souffler. – POPULAIRE : couper la chique.

éblouir *verbe* Troubler la vue. SYN. aveugler. ■ Frapper d'admiration. SYN. émerveiller, enchanter, fasciner, hypnotiser. ■ Séduire par un éclat trompeur. SYN. couper le souffle, en imposer, impressionner, jeter de la poudre aux yeux, en mettre plein la vue, stupéfier, surprendre. – FAMILIER : bluffer, en boucher un coin, couper le sifflet, épater, époustoufler, estomaquer. – POPULAIRE : couper la chique.

éblouissant *adjectif* Qui trouble la vue. SYN. aveuglant, éclatant, papillotant. – LITTÉRAIRE : fulgurant. CONTR. *doux, mat, obscur, pâle, sombre, tamisé, terne, voilé.* – LITTÉRAIRE : *crépusculaire.* ■ Qui force l'admiration. SYN. beau, brillant, étincelant, étourdissant, fantastique, fascinant, merveilleux, prestigieux, radieux, remarquable, rutilant, somptueux, splendide. – FAMILIER : fabuleux. CONTR. *banal, effacé, falot, insignifiant, quelconque.*

éblouissement *nom masculin* Étonnement admiratif. SYN. admiration, émerveillement, enchantement, fascination, ravissement.

e-book *nom masculin* Micro-ordinateur de la taille d'un livre. SYN. livre électronique.

éboueur *nom masculin* Préposé aux ordures ménagères. SYN. – FAMILIER : boueux.

ébouillanter *verbe* Passer à l'eau très chaude. SYN. échauder.

éboulement *nom masculin* Chute de constructions. SYN. affaissement, écroulement, effondrement, glissement. ■ Amas de matériaux éboulés. SYN. coulée, éboulis.

ébouler (s') *verbe pronominal* Tomber en s'écroulant. SYN. s'affaisser, crouler, s'écrouler, s'effondrer.

ébouriffant *adjectif* FAMILIER. Qui dépasse l'imagination. SYN. ahurissant, extraordinaire, incroyable, inimaginable, inouï. – FAMILIER : époustouflant, renversant. CONTR. *banal, quelconque.*

ébouriffé *adjectif* Qui a les cheveux en désordre. SYN. décoiffé, dépeigné, échevelé, hérissé, hirsute. CONTR. *coiffé, peigné.*

ébouriffer *verbe* Mettre les cheveux en désordre. SYN. décoiffer, dépeigner. – LITTÉRAIRE : écheveler. CONTR. *coiffer, peigner.* ■ FAMILIER. Surprendre quelqu'un. SYN. abasourdir, ahurir, confondre, consterner, couper le souffle, déconcerter, décontenancer, ébahir, éberluer, effarer, étonner, interloquer, méduser, renverser, saisir, stupéfier, suffoquer, surprendre. – FAMILIER : asseoir, en boucher un coin, couper le sifflet, épater, époustoufler, estomaquer, scier, sidérer, souffler. – POPULAIRE : couper la chique.

ébrancher *verbe* Couper les branches d'un arbre. SYN. élaguer, émonder, tailler.

ébranlement *nom masculin* Trouble violent. SYN. bouleversement, commotion, convulsion, coup, crise, émotion, perturbation, saisissement, secousse, trouble. ■ Fait de menacer ruine. SYN. affaiblissement, crise, déclin. CONTR. *affermissement, fermeté, prospérité, raffermissement, solidité.*

ébranler *verbe* Faire bouger. SYN. actionner, agiter, balancer, perturber, secouer. CONTR. *assujettir, fixer.* ■ Rendre moins solide. SYN. affaiblir, compromettre, entamer, miner, saper. CONTR. *affermir, asseoir, cimenter, consolider, corroborer, raffermir, stabiliser.* ■ Émouvoir quelqu'un. SYN. atteindre, bouleverser, chavirer, choquer, commotionner, désarmer, émouvoir, empoigner, fendre l'âme, fendre le cœur, fléchir, impressionner, inquiéter, miner, perturber, remuer, saisir, secouer, toucher, traumatiser, troubler. – FAMILIER : chambouler, détraquer, émotionner, prendre aux tripes, révolutionner, tourneboulér. – LITTÉRAIRE : prendre aux entrailles.

ébranler (s') *verbe pronominal* Se mettre en mouvement. SYN. démarrer, partir. CONTR. *s'arrêter, stopper.*

ébrécher *verbe* Porter atteinte à quelque chose. SYN. compromettre, diminuer, écorner, entamer. CONTR. *affermir, consolider, raffermir.*

ébriété *nom féminin* État d'une personne ivre. SYN. ivresse. – VIEUX : enivrement. CONTR. *sobriété.*

ébruiter *verbe* Rendre publique une nouvelle. SYN. colporter, divulguer, éventer, répandre. CONTR. *cacher, dissimuler, garder, taire.* – LITTÉRAIRE : *celer.*

ébruiter (s') *verbe pronominal* Se répandre dans le public. SYN. circuler, être sur toutes les bouches, se propager, se répandre, se savoir.

ébruter *verbe* Dégrossir un diamant. SYN. débrutir.

ébullition *nom féminin* Agitation violente. SYN. agitation, bouillonnement, effervescence, éruption, excitation, fermentation, révolution, surexcitation, trouble. – LITTÉRAIRE : turbulence. CONTR. *calme, paix, sérénité.* – LITTÉRAIRE : *quiétude.*

éburnéen *adjectif* LITTÉRAIRE. Qui a l'aspect de l'ivoire. SYN. ivoirin.

écaille *nom féminin* Beau papillon nocturne. SYN. callimorphe.

écaler *verbe* Ôter la coquille. SYN. décortiquer, écosser, éplucher, peler.

écarlate *adjectif* D'un rouge vif. SYN. cramoisi, grenat, ponceau, pourpre, rouge, rutilant. – LITTÉRAIRE : rubicond.

écart *nom masculin* Distance entre des choses, des personnes. SYN. distance, écartement, éloignement, espacement, intervalle. CONTR. *contiguïté, proximité, rapprochement.* ■ Différence d'intensité. SYN. décalage, différence, marge, variation. CONTR. *coïncidence, concordance, correspondance, égalité, parité, similarité, similitude.* ■ Action de s'écarter brusquement. SYN. déviation, embardée. ■ Éloignement d'une ligne de conduite. SYN. erreur, incartade, inconduite, irrégularité, manquement. – LITTÉRAIRE : débridement.

écarté *adjectif* Qui est situé à l'écart. SYN. isolé, lointain, perdu, reculé, retiré, solitaire. CONTR. *adjacent, attenant, avoisinant, contigu, environnant, fréquenté, limitrophe, mitoyen, passant, proche, voisin.* – LITTÉRAIRE : *jouxtant.* ■ Qui est loin de quelque chose. SYN. distant, éloigné, loin. CONTR. *bord à bord, rapproché.*

écartement *nom masculin* Action d'écarter. SYN. désunion, disjonction. CONTR. *jonction, raccordement, rapprochement.* ■ Distance qui sépare. SYN. distance, écart, espace, espacement.

écarter *verbe* Mettre une distance entre des choses. SYN. désassembler, désunir, disjoindre, éloigner, entrouvrir, fendre, ouvrir, séparer. CONTR. *aboucher, agréger, approcher, attacher, coller, comprimer, joindre, raccorder, rapprocher, réunir, serrer.* ■ Éloigner quelqu'un de son chemin. SYN. détourner, dévier, égarer, éloigner. CONTR. *amener.* ■ Ne pas tenir compte de. SYN. bannir, boycotter, chasser, décliner, éliminer, escamoter, excepter, exclure, faire abstraction, refuser, repousser. – LITTÉRAIRE : dissiper. CONTR. *adopter, conserver, garder, retenir, suivre.* ■ Tenir quelqu'un à l'écart de. SYN. arracher, chasser, éliminer, excepter, exclure, exiler, expulser, refouler. – FAMILIER : mettre au rancart. – LITTÉRAIRE : proscrire. CONTR. *accepter, accueillir, appâter, attirer, gagner, rallier.*

écarter (s') *verbe pronominal* S'éloigner d'un lieu. SYN. s'égarer, s'éloigner, s'exiler, sortir. – FAMILIER : s'ôter. CONTR. *approcher, arriver, se rapprocher, rester.* – POPULAIRE : *se radiner.* ■ Se mettre sur le côté. SYN. se pousser, se ranger. CONTR. *se serrer, se tasser.* ■ Se détourner de quelqu'un. SYN. se détacher, se séparer. CONTR. *aborder, accoster.* ■ Se mettre à l'écart d'une activité. SYN. renoncer, se retirer. CONTR. *s'adonner, se consacrer.*

ecchymose *nom féminin* Marque laissée par un choc. SYN. contusion, coup, hématome, meurtrissure. – FAMILIER : bleu. – POPULAIRE : coquard, coquart.

écervelé *adjectif* Dépourvu de jugement. SYN. étourdi, évaporé, farfelu, imprudent, inattentif, inconséquent, inconsidéré, irréfléchi, dans la lune. – FAMILIER : foufou. CONTR. *circonspect, grave, posé, réfléchi, sage.*

écervelé *nom* Personne sans cervelle. SYN. cervelle de moineau, cervelle d'oiseau, distrait, étourdi, évaporé, tête de moineau, tête d'oiseau, tête sans cervelle. – FAMILIER : étourneau, hurluberlu, passoire, tête de linotte. – POPULAIRE : tête de piaf.

échafaudage *nom masculin* Amas d'objets. SYN. amoncellement, monceau, tas.

échafauder *verbe* Mettre des objets l'un sur l'autre. SYN. amonceler, empiler, entasser. ■ Préparer quelque chose. SYN. bâtir, combiner, concevoir, construire, édifier, élaborer, mettre au point, mettre sur pied, mijoter, monter, nourrir, préparer. – FAMILIER : goupiller.

échalas *nom masculin* Longue pièce de bois pour attacher des plantes. SYN. perche, pieu, tuteur.

échancré *adjectif* Qui présente une échancrure. SYN. découpé. – RARE : anfractueux. ■ Très décolleté. SYN. plongeant.

échancrure *nom féminin* Partie échancrée d'un rivage. SYN. anfractuosité, baie, découpure, golfe.

échange *nom masculin* Opération commerciale. SYN. commerce, transaction, troc. ■ Fait de communiquer avec quelqu'un. SYN. communication, dialogue. – LITTÉRAIRE : commerce.

échanger *verbe* Donner en échange. SYN. changer, permuter, troquer. CONTR. *conserver, garder.*

échantignole *nom féminin* Pièce de bois d'une charpente. SYN. chantignole.

échantillon *nom masculin* Petite fraction d'un produit. SYN. exemplaire, fragment, morceau. ■ Cas représentatif de quelque chose. SYN. aperçu, avant-goût, exemple, idée, image. ■ Individu représentatif d'une espèce. SYN. modèle, prototype, représentant, spécimen, type.

échantillonnage *nom masculin* Collection d'échantillons. SYN. assortiment, batterie, collection, éventail, gamme, jeu, lot, palette, panoplie.

échappatoire *nom féminin* Moyen de se tirer d'embarras. SYN. dérobade, expédient, faux-fuyant, fuite, issue, pantalonnade, pirouette, porte de sortie, prétexte, sortie, subterfuge. – FAMILIER : cabriole.

échappée *nom féminin* Espace laissé libre à la vue. SYN. panorama, perspective, point de vue, vue. ■ Action de s'échapper. SYN. escapade, fuite.

échapper *verbe* Se libérer d'une surveillance. SYN. se dérober à, se détacher de, fuir. CONTR. *obéir, se rendre, se soumettre, suivre.* ■ Ne pas être atteint par. SYN. esquiver, éviter, se soustraire. – FAMILIER : couper à, passer à (au) travers. CONTR. *subir, supporter.* ■ Cesser d'être tenu. SYN. glisser, tomber.

échapper (s') *verbe pronominal* Partir discrètement d'un lieu. SYN. se dérober, s'esquiver, s'évader, fausser compagnie, se volatiliser. – FAMILIER : se défiler, s'éclipser, filer, se sauver. – POPULAIRE : se tirer. ■ Se répandre brusquement. SYN. se dégager, émerger, s'exhaler, fuser, jaillir, monter, sortir, se vider. – LITTÉRAIRE : surgir. ■ Disparaître entièrement. SYN. disparaître, s'envoler, s'éteindre, s'évanouir, partir, se volatiliser. – LITTÉRAIRE : s'évaporer.

écharpe *nom féminin* Étoffe qu'on porte autour du cou. SYN. cache-col, cache-nez.

écharper *verbe* Blesser grièvement. SYN. battre, lapider, lyncher, rouer de coups. – FAMILIER : casser la figure, étriper, passer à tabac, rosser, tabasser. – LITTÉRAIRE : violenter. – POPULAIRE : casser la gueule.

échasse *nom féminin* Grande perche verticale d'un échafaudage. SYN. écoperche.

échauder *verbe* Passer à l'eau très chaude. SYN. ébouillanter.

échaudure *nom féminin* Maladie des pommes et des poires. SYN. scald.

échauffement *nom masculin* Action d'échauffer. SYN. réchauffement. CONTR. *refroidissement.* ■ Fait de devenir plus animé. SYN. agitation, effervescence, exaltation, excitation, fébrilité, nervosité. CONTR. *calme, indifférence, sérénité.* – LITTÉRAIRE : *quiétude.*

échauffer *verbe* Élever la température. SYN. chauffer. CONTR. *rafraîchir, refroidir.* ■ Causer de l'animation. SYN. agiter, enfiévrer, exciter. – LITTÉRAIRE : enflammer, exalter. CONTR. *apaiser, calmer, détendre.*

échauffer (s') *verbe pronominal* Faire des exercices. SYN. s'entraîner. ■ Devenir plus animé. SYN. se déchaîner, s'enflammer, s'exalter, s'exciter. – LITTÉRAIRE : s'embraser, fermenter. CONTR. *se calmer, retomber, tomber.*

échauffourée *nom féminin* Combat bref et confus. SYN. bagarre, bataille, coups, engagement, escarmouche, mêlée, rencontre, rixe. – ARGOTIQUE : baroud. – FAMILIER : accrochage, grabuge.

échéance *nom féminin* Fin d'un délai. SYN. expiration, terme. CONTR. *début.*

échec *nom masculin* Résultat négatif d'une action. SYN. accident, avatar, culbute, déconfiture, défaite, déroute, faillite, gifle, insuccès, malheur, revers. – FAMILIER : avortement, buse, claque, fessée, fiasco, four, loupé, pelle, pile, piquette, plof, plongeon, plouf, raclée, ratage, veste. – LITTÉRAIRE : infortune. – POPULAIRE : bide, déculottée, flop, gamelle, plantage, volée. CONTR. *aboutissement, accomplissement, réussite, succès, triomphe, victoire.*

échelette *nom féminin* Petit passereau au bec long et fin. SYN. tichodrome.

échelle *nom féminin* Ordre de grandeur. SYN. dimension, mesure, proportion, taille. ■ Suite de niveaux. SYN. classification, hiérarchie.

échelon *nom masculin* Chacun des degrés d'une série. SYN. degré, étage, étape, grade, palier, phase, point, stade.

échelonnement *nom masculin* Action d'échelonner. SYN. espacement, étalement.

échelonner *verbe* Disposer de distance en distance. SYN. distribuer, espacer, répartir. CONTR. *grouper.* ■ Répartir dans le temps. SYN. espacer, étaler. CONTR. *bloquer.*

écheveau *nom masculin* Assemblage d'éléments divers. SYN. dédale, labyrinthe, maquis.

échevelé *adjectif* Qui a les cheveux en désordre. SYN. décoiffé, dépeigné, ébouriffé, hérissé, hirsute. CONTR. *coiffé, peigné.* ■ Qui est effréné. SYN. déchaîné, désordonné, enragé, exagéré, fébrile, frénétique. – FAMILIER : délirant.

écheveler *verbe* LITTÉRAIRE. Mettre les cheveux en désordre. SYN. décoiffer, dépeigner, ébouriffer. CONTR. *coiffer, peigner.*

échiner (s') *verbe pronominal* Se donner beaucoup de mal pour. SYN. s'accrocher, s'activer, s'affairer, s'agiter, se battre, se débattre, se démener, se dépenser, se donner du mal, se donner un mal de chien, s'épuiser, s'escrimer, s'exténuer, faire des pieds et des mains, se fatiguer, se multiplier, peiner, se remuer. – FAMILIER : se bagarrer, se claquer, se couper en quatre, se décarcasser, se défoncer, s'éreinter, s'esquinter, se mettre en quatre, suer, se tuer. – **POPULAIRE** : en baver (des ronds de chapeau), se casser le cul, se crever. **CONTR.** *fainéanter, paresser, se prélasser.* – **FAMILIER** : *buller, flemmarder, lézarder, tirer sa flemme.* – **POPULAIRE** : *glander, ne pas en fiche une rame, tirer au cul, tirer au flanc.*

échinocorys *nom masculin* Oursin fossile. **SYN.** – **VIEUX** : ananchytes.

échiquier *nom masculin* Surface quadrillée. **SYN.** damier. ■ Filet de pêche. **SYN.** carrelet.

écho *nom masculin* Information obtenue. **SYN.** nouvelle, on-dit, ouï-dire, rumeur. – **FAMILIER** : potin. ■ Réponse favorable. **SYN.** répercussion, résonance, retombée. – **LITTÉRAIRE** : retour. ■ Ce qui rappelle quelque chose. **SYN.** marque, miroir, reflet. – **LITTÉRAIRE** : trace.

échoir *verbe* Être dévolu à quelqu'un. **SYN.** incomber, revenir.

échotier *nom* Personne qui écrit dans un journal. **SYN.** chroniqueur, journaliste, localier.

échouer *verbe* Se retrouver par hasard dans un lieu. **SYN.** arriver. – **FAMILIER** : atterrir. ■ Ne pas aboutir. **SYN.** achopper, avorter, capoter, craquer, crouler, s'écrouler, s'effondrer, faire long feu, tomber à plat. – **FAMILIER** : faire chou blanc, faire fiasco, faire un flop, finir en eau de boudin, louper, rater, tomber à l'eau, tomber dans le lac. – **POPULAIRE** : finir en couille, foirer, merder, partir en couille. **CONTR.** *aboutir, marcher, prospérer, réussir.* ■ Manquer son objectif. **SYN.** se casser les dents, manquer son coup, miser sur le mauvais cheval. – **FAMILIER** : se casser la figure, être collé, être dans les choux, être recalé, faire chou blanc, se faire étendre, prendre un carton, prendre une pelle, prendre une piquette, prendre une veste, ramasser un carton, ramasser une pelle, ramasser une piquette, ramasser une veste, se ramasser, rater. – **POPULAIRE** : l'avoir dans le baba, l'avoir dans le cul, l'avoir dans l'os, se casser la gueule, merder, se planter, prendre un bide, prendre une gamelle, prendre une pilule, ramasser une gamelle. **CONTR.** *être reçu, parvenir, réussir.*

écimage *nom masculin* Action d'écimer. **SYN.** décapitation, éhoupage, étêtage, étêtement.

écimer *verbe transitif* Couper la cime d'un arbre. **SYN.** décapiter, éhouper, étêter.

éclabousser *verbe* Faire gicler un liquide sur. **SYN.** arroser, asperger, mouiller, salir, tacher. ■ Salir moralement quelqu'un. **SYN.** compromettre, déshonorer, salir, traîner dans la boue. – **LITTÉRAIRE** : flétrir, souiller, tacher. **CONTR.** *blanchir, innocenter, laver.* ■ LITTÉRAIRE. En imposer par ses avantages. **SYN.** – **FAMILIER** : écraser, enfoncer.

éclaboussure *nom féminin* Liquide qui éclabousse. **SYN.** giclure, moucheture, projection, tache. ■ Ce qui entache une réputation. **SYN.** contrecoup, incidence, ricochet.

éclair *nom masculin* Manifestation soudaine et fugitive. **SYN.** étincelle, lueur, trait. – **LITTÉRAIRE** : éclat, flamme.

éclairage *nom masculin* Quantité de lumière. **SYN.** clarté, lumière, luminosité. **CONTR.** *obscurité, ombre.* ■ Manière d'envisager une chose. **SYN.** angle, côté, jour, perspective, point de vue, rapport.

éclaircie *nom féminin* Amélioration climatique. **SYN.** accalmie, embellie.

éclaircir *verbe* Rendre plus clair. **SYN.** éclairer, illuminer. **CONTR.** *assombrir, brunir, foncer, noircir, obscurcir, ternir.* ■ Rendre un liquide plus fluide. **SYN.** allonger, clarifier, décanter, diluer. **CONTR.** *épaissir.* ■ Rendre moins touffu. **SYN.** clairsemer, dépeupler, désépaissir. ■ Rendre plus facile à comprendre. **SYN.** clarifier, débrouiller, décanter, déchiffrer, démêler, dénouer, désembrouiller, éclairer, élucider, expliquer, illustrer, simplifier. **CONTR.** *brouiller, embrouiller, emmêler, enchevêtrer, obscurcir.*

éclaircir (s') *verbe pronominal* Devenir plus clair. **SYN.** se découvrir, se dégager, se lever. **CONTR.** *s'assombrir, se couvrir, se noircir.* – **LITTÉRAIRE** : *se rembrunir.* ■ Devenir clairsemé. **SYN.** se raréfier. **CONTR.** *affluer, se masser, se presser, se tasser.* ■ Devenir plus intelligible. **SYN.** se clarifier, se simplifier. **CONTR.** *se brouiller, s'embarrasser, s'embrouiller, s'obscurcir.*

éclaircissement *nom masculin* Information complémentaire. **SYN.** clarification, élucidation, explication, justification, lumière, renseignement.

éclairé *adjectif* Qui fait preuve de discernement. **SYN.** averti, avisé, cultivé, évolué, initié, instruit, judicieux, lucide, sage, savant, sensé. **CONTR.** *barbare, béotien, ignorant, profane.* – **VIEUX** : *illettré.* ■ Où il y a de la lumière. **SYN.** clair, ensoleillé, lumineux. **CONTR.** *noir, sombre.* – **LITTÉRAIRE** : *ténébreux.*

éclairer *verbe intransitif* Répandre de la lumière. **SYN.** s'allumer, briller, étinceler, luire. – **LITTÉRAIRE** : flamboyer.

éclairer *verbe transitif* Répandre de la lumière sur. **SYN.** illuminer. **CONTR.** *obscurcir.* ■ LITTÉRAIRE. Donner de la gaieté. **SYN.** illuminer. **CONTR.** *assombrir, ternir.* ■ Rendre compréhensible. **SYN.** clarifier, démystifier, éclaircir, élucider, expliquer, faciliter, illustrer, simplifier. **CONTR.** *aveugler, embrouiller, emmêler, enchevêtrer, obscurcir.* ■ Fournir des renseignements.

SYN. apprendre, aviser, exposer, faire connaître, faire part, faire savoir, informer, instruire, mettre au courant, mettre au fait, porter à la connaissance de, renseigner, tenir au courant. – FAMILIER : tuyauter. CONTR. *berner, circonvenir.*

éclat *nom masculin* Fragment d'un objet brisé. SYN. débris, déchet, esquille, fragment, morceau, pièce, tesson. – LITTÉRAIRE : brisure. ■ Bruit soudain et violent. SYN. coup, explosion, fracas, hurlement. ■ Accès de vif mécontentement. SYN. esclandre, scandale, scène, tapage. – FAMILIER : chambard, grabuge, pétard, raffut. – POPULAIRE : barouf, baroufe, foin. ■ Ce qui force l'admiration. SYN. apparat, beauté, faste, gloire, luxe, magnificence, majesté, panache. – LITTÉRAIRE : aura, pompe, somptuosité, splendeur. CONTR. *banalité, médiocrité, platitude.* ■ Qualité de ce qui brille. SYN. brillant, chatoiement, éclair, feu, limpidité, lueur, luminosité, lustre, miroitement, netteté, scintillement. – LITTÉRAIRE : flamme, nitescence, pétillement, rayonnement, vivacité. CONTR. *obscurité.* – LITTÉRAIRE : *noirceur.*

éclatant *adjectif* Qui est très sonore. SYN. fracassant, haut, perçant, retentissant, sonore, strident, vibrant, violent. – LITTÉRAIRE : tonnant. CONTR. *assourdi, caverneux, doux, enroué, grave, sourd, voilé.* ■ Qui a un vif éclat. SYN. ardent, aveuglant, brillant, clair, coloré, cru, éblouissant, étincelant, limpide, lumineux, radieux, rayonnant, reluisant, resplendissant, rutilant. – LITTÉRAIRE : flamboyant, nitescent. CONTR. *blafard, blanchâtre, cadavéreux, cadavérique, flétri, gris, mat, morne, pâle, sale, sombre, tendre, terne, terni.* ■ Qui s'impose. SYN. aveuglant, flagrant, frappant, indiscutable, irrécusable, notable, notoire, voyant. CONTR. *contestable, discutable, douteux, équivoque, timide.* ■ Qui force l'admiration. SYN. fastueux, florissant, glorieux, illustre, insigne, prestigieux, resplendissant, riche, triomphal. – LITTÉRAIRE : signalé.

éclatement *nom masculin* Fait d'éclater. SYN. dissolution, explosion. CONTR. *concentration, fusion.*

éclater *verbe* Se briser soudainement. SYN. crever, se dissoudre, exploser, se rompre, sauter. ■ Faire entendre un bruit sec. SYN. fuser, jaillir. – LITTÉRAIRE : retentir. ■ Se produire brusquement. SYN. se déclarer, se déclencher. ■ Ne plus contenir sa colère. SYN. se cabrer, se déchaîner, décharger sa bile, déverser sa bile, s'emporter, entrer dans une rage folle, être en colère, être fou de rage, être fou furieux, être hors de soi, se fâcher, fulminer, se hérisser, s'irriter, se mettre en colère, monter sur ses grands chevaux, se monter, ne pas décolérer, prendre la mouche, prendre le mors aux dents, sortir de ses gonds, voir rouge. – FAMILIER : avoir une poussée d'adrénaline, s'emballer, être en boule, être en pétard, être en rogne, exploser, se fâcher tout rouge, grimper au cocotier, grimper aux rideaux, se mettre en boule, se mettre en pétard, se mettre en rogne, la moutarde me (lui) monte au nez, piquer une crise. – POPULAIRE : pousser un coup de gueule, pousser une gueulante. CONTR. *se contenir, se dominer, se maîtriser, se posséder.* ■ Paraître avec évidence. SYN. se dégager, s'étaler, se manifester, se peindre. CONTR. *se cacher, se dissimuler.*

éclater (s') *verbe pronominal* POPULAIRE. Prendre beaucoup de plaisir. SYN. s'amuser, se défouler, s'en donner à cœur joie, se donner du bon temps, faire la fête, faire la vie, s'offrir du bon temps, se payer du bon temps. – ARGOTIQUE : faire la teuf. – FAMILIER : faire la bringue, faire la java, faire la noce, faire la nouba, s'en payer une tranche. – POPULAIRE : faire la bamboula, faire la foire, se marrer, prendre son pied.

éclectique *adjectif* Qui diversifie ses choix. SYN. divers, multiforme, varié. CONTR. *exclusif, sectaire.*

éclipse *nom féminin* Fait de disparaître. SYN. absence, défaillance, disparition, effacement, éloignement. CONTR. *apparition, présence.*

éclipser *verbe* Soustraire aux regards. SYN. cacher, couvrir, gommer, masquer, obscurcir, occulter. – LITTÉRAIRE : voiler. – POPULAIRE : planquer. ■ Faire mieux que quelqu'un. SYN. détrôner, écraser, supplanter, surclasser, surpasser, vaincre. – LITTÉRAIRE : effacer.

éclipser (s') *verbe pronominal* FAMILIER. S'en aller furtivement. SYN. s'absenter, disparaître, s'échapper, s'effacer, s'esquiver, s'évader, s'évanouir, fausser compagnie, prendre congé, se retirer, se volatiliser. – FAMILIER : se défiler, s'évaporer, filer, se sauver. – POPULAIRE : se tirer. CONTR. *apparaître, rester.* – LITTÉRAIRE : *demeurer.*

éclopé *adjectif* Qui marche avec difficulté. SYN. boiteux, impotent, infirme, invalide, perclus. – LITTÉRAIRE : claudicant. CONTR. *ingambe, valide.*

éclore *verbe* S'ouvrir, en parlant des fleurs. SYN. s'épanouir, fleurir, naître. CONTR. *se faner, se flétrir.* ■ LITTÉRAIRE. Se faire jour. SYN. apparaître, germer, se manifester, naître, paraître, percer. – LITTÉRAIRE : s'éveiller, poindre, sourdre. CONTR. *disparaître.*

éclosion *nom féminin* Naissance de quelque chose. SYN. apparition, arrivée, épanouissement, manifestation, naissance. – LITTÉRAIRE : efflorescence, éveil. CONTR. *fin.*

écluser *verbe* POPULAIRE. Boire jusqu'au bout. SYN. avaler, ingurgiter, vider. – FAMILIER : s'enfiler, siffler, se taper. – **POPULAIRE** : descendre, s'envoyer, faire cul sec, pomper.

écœurant *adjectif* Qui soulève le cœur. **SYN.** abominable, fétide, infect, nauséabond. – **LITTÉRAIRE** : nauséeux. **CONTR.** *alléchant, appétissant, bon, ragoûtant, savoureux, suave.* – **LITTÉRAIRE** : *délectable.* ■ Qui inspire le dégoût moral. **SYN.** abject, dégoûtant, rebutant, repoussant, répugnant, répulsif, révoltant, sordide. – **LITTÉRAIRE** : nauséeux. – **POPULAIRE** : dégueulasse. **CONTR.** *affriolant, agréable, attirant, intéressant, plaisant.* ■ FAMILIER. Qui inspire du découragement. **SYN.** décourageant, démoralisant, désespérant, rebutant. – **FAMILIER** : dégoûtant. **CONTR.** *encourageant, exaltant, stimulant.*

écœuré *adjectif* FAMILIER. Qui a perdu courage. **SYN.** découragé, dégoûté, démoralisé, lassé, refroidi, saturé. **CONTR.** *enthousiaste, euphorique.*

écœurement *nom masculin* Sensation de nausée. **SYN.** dégoût, haut-le-cœur. ■ Sentiment de dégoût moral. **SYN.** répugnance, répulsion. – **LITTÉRAIRE** : haut-le-cœur. **CONTR.** *attirance, sympathie.* ■ FAMILIER. Sensation de découragement. **SYN.** abattement, démoralisation, lassitude. **CONTR.** *enthousiasme, euphorie.*

écœurer *verbe* Donner la nausée. **SYN.** donner envie de vomir, lever le cœur, soulever le cœur. **CONTR.** *allécher.* ■ Inspirer de l'aversion. **SYN.** dégoûter, donner envie de vomir, faire horreur, horrifier, rebuter, répugner, révolter, scandaliser. – **FAMILIER** : révulser, sortir par les trous de nez. – **POPULAIRE** : débecqueter, débecter. **CONTR.** *allécher, attirer, charmer, fasciner, plaire, séduire, tenter.* ■ FAMILIER. Décourager quelqu'un. **SYN.** abattre, anéantir, décourager, dégoûter, démoraliser, déprimer, désespérer, rebuter.

école *nom féminin* Mouvement issu d'une doctrine. **SYN.** courant, groupe, philosophie, système.

écolier *nom* FAMILIER. Personne inexpérimentée. **SYN.** apprenti, débutant, élève, néophyte, nouveau, novice. – **FAMILIER** : bleu. **CONTR.** *connaisseur, expert, maître.*

éconduire *verbe* Se débarrasser de quelqu'un. **SYN.** chasser, congédier, se défaire, éloigner, envoyer à tous les diables, envoyer au diable, envoyer aux cinq cents diables, exclure, renvoyer, repousser. – **FAMILIER** : envoyer au bain, envoyer balader, envoyer bouler, envoyer paître, envoyer promener, envoyer sur les roses, envoyer valser, remballer, rembarrer, vider, virer. – **POPULAIRE** : balancer, envoyer aux pelotes, envoyer chier, envoyer dinguer, envoyer péter, envoyer se faire cuire un œuf, envoyer se faire foutre. – **VIEUX** : envoyer se faire lanlaire. **CONTR.** *accueillir, admettre, appeler, garder, recevoir.*

économe *adjectif* Qui limite ses dépenses. **SYN.** avare, parcimonieux, regardant. **CONTR.** *dépensier, dilapidateur, gaspilleur, large.* – **LITTÉRAIRE** : *dissipateur.* ■ Qui se limite en quelque chose. **SYN.** avare. – **FAMILIER** : chiche. **CONTR.** *généreux, prodigue.*

économie *nom féminin* Art de réduire les dépenses. **SYN.** épargne, parcimonie. **CONTR.** *dépense, dilapidation, gaspillage, libéralité, prodigalité.* – **LITTÉRAIRE** : *dissipation, largesse.* ■ Ce qu'on met de côté. **SYN.** gain. **CONTR.** *dépense, perte.* ■ Organisation d'un ensemble. **SYN.** agencement, harmonie, ordonnance, structure.

économies *nom féminin pluriel* Somme d'argent mise de côté. **SYN.** bas de laine, cagnotte, capital, disponibilités, épargne, pécule, réserve. – **FAMILIER** : magot. – **POPULAIRE** : éconocroques.

économique *adjectif* Qui est peu coûteux. **SYN.** abordable, avantageux, bon marché, intéressant. **CONTR.** *cher, coûteux, onéreux, prohibitif, ruineux.* – **LITTÉRAIRE** : *dispendieux.*

économiser *verbe* Mettre de l'argent de côté. **SYN.** amasser, épargner, garder une poire pour la soif, lésiner sur, mettre de côté, regarder à la dépense, rogner sur, thésauriser. – **ARGOTIQUE** : avoir des oursins dans les poches, avoir un cactus dans le portefeuille, être constipé du morlingue. – **FAMILIER** : avoir les doigts crochus, gratter, les lâcher au compte-gouttes, en mettre à gauche. – **POPULAIRE** : les lâcher avec un élastique, mégoter, ne pas attacher son chien avec des saucisses. **CONTR.** *croquer, dépenser, dilapider, engloutir, engouffrer, gaspiller, manger, prodiguer.* – **LITTÉRAIRE** : *dissiper.* – **POPULAIRE** : *boulotter.* ■ Limiter l'usage d'une chose. **SYN.** ménager, regarder, réserver. **CONTR.** *gâcher, gaspiller.*

écoper *verbe* FAMILIER. Faire l'objet d'une sanction. **SYN.** attraper, récolter. – **FAMILIER** : prendre. ■ FAMILIER. Recevoir des coups. **SYN.** essuyer. – **FAMILIER** : encaisser, ramasser, trinquer. – **POPULAIRE** : déguster.

écoperche *nom féminin* Grande perche verticale d'un échafaudage. **SYN.** échasse.

écorce *nom féminin* Enveloppe de certains fruits. **SYN.** peau, pelure. ■ Aspect visible de. **SYN.** apparence, dehors, enveloppe, extérieur, façade, surface. – **LITTÉRAIRE** : superficie. ■ Partie des hémisphères cérébraux. **SYN.** cortex, corticale.

écorcer *verbe transitif* Ôter l'enveloppe d'un fruit. **SYN.** décortiquer, peler. – **LITTÉRAIRE** : dépouiller.

écorcher *verbe* Dépouiller un animal de sa peau. **SYN.** dépouiller. – **FAMILIER** : dépiauter. ■ Blesser en entamant la peau. **SYN.** balafrer, blesser, couper, déchirer, égratigner, érafler, excorier, griffer, meurtrir. ■ Prononcer mal un mot. **SYN.** déformer, estropier. ■ FAMILIER. Faire payer quelqu'un trop cher. **SYN.** étrangler, exploiter, voler. – FAMILIER : estamper, étriller, matraquer, rançonner, refaire. – VIEUX : égorger.

écorchure *nom féminin* Plaie légère de la peau. **SYN.** coupure, égratignure, éraflure, excoriation, griffure.

écorner *verbe transitif* Porter atteinte à. **SYN.** ébrécher, entamer, toucher à.

écornifler *verbe* FAMILIER. Voler quelque chose. **SYN.** escamoter, grappiller, soustraire. – FAMILIER : barboter, carotter, chaparder, chiper, choper, piquer, subtiliser. – LITTÉRAIRE : dérober. – POPULAIRE : faucher.

écornifleur *nom* VIEUX. Personne qui profite des autres. **SYN.** parasite, profiteur. – FAMILIER : pique-assiette. – LITTÉRAIRE : sangsue.

écossais *adjectif* ***Berger écossais,*** chien de berger au museau long. **SYN.** colley.

écossais *nom masculin* Langue celtique parlée en Écosse. **SYN.** erse.

écosser *verbe* Dépouiller de son enveloppe. **SYN.** écaler, éplucher, peler.

écot *nom masculin* Participation à une dépense. **SYN.** contingent, contribution, cotisation, quote-part, quotité.

écoulement *nom masculin* Fait de s'écouler. **SYN.** dégorgement, évacuation, flux, suintement. – LITTÉRAIRE : fuite. **CONTR.** *stagnation.* ■ Action d'écouler des choses. **SYN.** débit, placement, vente.

écouler *verbe* Vendre des marchandises. **SYN.** débiter, diffuser, épuiser, placer, solder. – FAMILIER : liquider. **CONTR.** *garder, stocker.*

écouler (s') *verbe pronominal* S'évacuer en coulant. **SYN.** couler, se déverser, s'épancher, se répandre, se vider. **CONTR.** *stagner.*

écourter *verbe* Diminuer la longueur de. **SYN.** abréger, amputer, couper, diminuer, raccourcir, rapetisser, réduire, rogner, tronquer. **CONTR.** *accroître, allonger, rallonger.* ■ Donner de manière incomplète. **SYN.** amputer, rogner, sabrer, tronquer. **CONTR.** *développer, étoffer, nourrir.*

écouter *verbe* Être attentif à un son. **SYN.** dresser l'oreille, entendre, prêter l'oreille, prêter une oreille attentive, tendre l'oreille. – FAMILIER : être tout ouïe. – VIEUX : ouïr. **CONTR.** *avoir la tête ailleurs, être absent, être ailleurs, être dans la lune, être dans les nuages, n'écouter que d'une oreille.* ■ Tenir compte de. **SYN.** boire les paroles de, se conformer à, croire, ne consulter que, obéir à, observer, respecter, suivre. **CONTR.** *désobéir, négliger, se révolter.*

écouter (s') *verbe pronominal* Être obsédé par ses maux. **SYN.** se dorloter, se ménager.

écouvillon *nom masculin* Brosse pour nettoyer les bouteilles. **SYN.** goupillon.

écrabouiller *verbe* FAMILIER. Réduire en bouillie. **SYN.** broyer, écraser, piler, pulvériser.

écran *nom masculin* Ce qui fait obstacle. **SYN.** cloison, cloisonnement, paravent, rideau, séparation.

écrasant *adjectif* Qui écrase. **SYN.** accablant, oppressant, pénible, pesant, terrassant, torride. ■ Qui est d'une taille imposante. **SYN.** démesuré, énorme, important, phénoménal. **CONTR.** *anodin, dérisoire, infime, insignifiant, négligeable, petit.*

écrasé *adjectif* Se dit d'un nez de forme aplatie. **SYN.** aplati, camus, épaté, plat. – VIEUX : camard. **CONTR.** *aquilin, arqué, bombé, bourbonien, busqué, droit.* ■ Réduit en morceaux. **SYN.** en capilotade, en marmelade, en morceaux, en pièces. – FAMILIER : en bouillie, en compote.

écrasement *nom masculin* Action d'écraser. **SYN.** anéantissement, aplatissement, destruction, extermination.

écraser *verbe* Réduire en morceaux. **SYN.** broyer, compresser, concasser, égruger, mettre en charpie, mettre en miettes, mettre en morceaux, mettre en pièces, moudre, mouliner, piétiner, piler, pulvériser. – FAMILIER : écrabouiller, passer à la moulinette, réduire en bouillie. – LITTÉRAIRE : mettre à sac. ■ Imposer une charge excessive à. **SYN.** abrutir, accabler, charger, étouffer, grever, oppresser, opprimer, peser, pressurer, submerger, surcharger, surmener. – LITTÉRAIRE : enchaîner, gorger. **CONTR.** *alléger, débarrasser, dégrever, délivrer, libérer, soulager.* ■ L'emporter sur quelqu'un. **SYN.** abattre, anéantir, battre, culbuter, dépasser, devancer, distancer, dominer, éclipser, foudroyer, surclasser, surpasser, terrasser, tomber, triompher, vaincre. – FAMILIER : aplatir, enfoncer, étriller, piler. **CONTR.** *épargner.*

écraser (s') *verbe pronominal* POPULAIRE. Ne pas insister. **SYN.** s'aligner, céder, courber le dos, courber le front, courber l'échine, s'incliner, ne pas se le faire dire deux fois, obtempérer, plier, se plier, se soumettre, se taire, se le tenir pour dit. – FAMILIER : s'aplatir. – POPULAIRE : baisser sa culotte, baisser son froc, baisser son pantalon. **CONTR.** *se cabrer, s'insurger, s'opposer, se rebeller, résister, se révolter, tenir tête.* – FAMILIER : *se rebiffer.* ■ Se briser en tombant. **SYN.** se crasher.

écrémer *verbe* Prendre ce qu'il y a de meilleur. SYN. sélectionner, trier, trier sur le volet.

écrêter *verbe* Niveler en supprimant ce qui est au sommet. SYN. aplanir, araser.

écrier (s') *verbe pronominal* Dire d'une voix forte. SYN. clamer, s'exclamer. – LITTÉRAIRE : se récrier.

écrin *nom masculin* Boîte pour des objets précieux. SYN. cassette, coffret.

écrire *verbe* Tracer les signes d'un système d'écriture. SYN. calligraphier, gribouiller, griffonner, inscrire, marquer, noter. – FAMILIER : scribouiller. ▪ Formuler quelque chose par écrit. SYN. barbouiller du papier, consigner, gratter du papier, noircir du papier, noter, orthographier, prendre la plume, rédiger. – FAMILIER : tartiner. – LITTÉRAIRE : transcrire. ▪ Faire métier d'écrivain. SYN. composer, créer, produire. – FAMILIER : écrivailler, écrivasser, pondre.

écrit *adjectif* Transcrit par l'écriture. SYN. manuscrit, rédigé. CONTR. *oral, verbal.*

écrit *nom masculin* Chose écrite. SYN. imprimé, livre, manuscrit, œuvre, ouvrage, papier, publication.

écriteau *nom masculin* Panneau portant une information. SYN. affiche, pancarte, panneau. – VIEUX : placard.

écriture *nom féminin* Système de signes graphiques. SYN. graphie, graphisme. ▪ Manière personnelle d'écrire. SYN. genre, manière, phraséologie, style, ton. – FAMILIER : plume.

écrivailleur *nom* Personne qui écrit vite et mal. SYN. barbouilleur, écrivaillon, écrivassier, plumitif. – FAMILIER : scribouillard.

écrivaillon *nom masculin* Personne qui écrit vite et mal. SYN. barbouilleur, écrivailleur, écrivassier, plumitif. – FAMILIER : scribouillard.

écrivain *nom masculin* Personne qui écrit des œuvres littéraires. SYN. auteur, femme de lettres, homme de lettres, littérateur. – FAMILIER : gendelettre. ▪ Insecte parasite de la vigne. SYN. adoxus, bromius, eumolpe, gribouri.

écrivassier *nom* Personne qui écrit vite et mal. SYN. barbouilleur, écrivailleur, écrivaillon, plumitif. – FAMILIER : scribouillard.

écrouelles *nom féminin pluriel* VIEUX. Lésions cutanées au cou. SYN. scrofule.

écrouer *verbe* Mettre en prison. SYN. cadenasser, détenir, emprisonner, enfermer, incarcérer, interner, mettre au secret, mettre sous les verrous. – FAMILIER : boucler, coffrer, mettre à l'ombre, mettre au frais, mettre au trou. – LITTÉRAIRE : embastiller. CONTR. *délivrer, élargir, libérer, relâcher, relaxer.*

écroulement *nom masculin* Fait de s'écrouler. SYN. affaissement, démolition, éboulement, effondrement. ▪ Fait d'être réduit à néant. SYN. anéantissement, chute, débâcle, déroute, destruction, dissolution, faillite, naufrage, renversement, ruine. CONTR. *raffermissement, redressement, relèvement.*

écrouler (s') *verbe pronominal* Tomber en s'affaisant. SYN. s'abattre, s'affaisser, crouler, s'ébouler, s'effondrer, se renverser. CONTR. *résister, tenir.* ▪ Être réduit à néant. SYN. s'anéantir, craquer, se désagréger, échouer, s'éteindre, s'évanouir. – LITTÉRAIRE : expirer. ▪ Se laisser tomber. SYN. tomber. – FAMILIER : s'affaler, chuter, dégringoler, s'étaler. – LITTÉRAIRE : choir. ▪ N'avoir plus aucune force. SYN. s'effondrer, être à bout de course, être à bout de force, être à bout de souffle, être mort de fatigue, n'en pouvoir plus. – FAMILIER : être à ramasser à la petite cuillère, être au bout du rouleau, être sur les genoux. – POPULAIRE : être sur les rotules.

écru *adjectif* Se dit de textiles non traités. SYN. brut, naturel. ▪ De couleur brun très clair. SYN. beige, bis, sable.

ectoprocte *nom masculin* Petit animal marin vivant fixé en colonies. SYN. bryozoaire.

écueil *nom masculin* Rocher à fleur d'eau. SYN. brisant, récif. ▪ LITTÉRAIRE. Difficulté qui met en péril. SYN. danger, inconvénient, obstacle, péril, piège, pierre d'achoppement, risque, traquenard. – LITTÉRAIRE : traverse.

éculé *adjectif* Qui a trop servi. SYN. rebattu, ressassé, usagé, usé. – FAMILIER : réchauffé. CONTR. *frais, inédit, neuf, nouveau, original.*

écume *nom féminin* LITTÉRAIRE. Individus méprisables. SYN. racaille. – LITTÉRAIRE : lie, rebut. – POPULAIRE : raclure. CONTR. *élite, fine fleur, fleur.* ▪ ***Écume de mer,*** silicate de magnésium hydraté. SYN. magnésite, sépiolite.

écumer *verbe* Être au comble de la fureur. SYN. bouillir, bouillonner, enrager, être furieux, être hors de soi, être sur des charbons ardents, fulminer, piaffer, trépigner. – FAMILIER : être sous pression, être sur le gril, fumer, rager. ▪ Se livrer au brigandage. SYN. piller. – LITTÉRAIRE : infester. – VIEUX : saccager.

écumeur *nom* LITTÉRAIRE. Pirate. SYN. corsaire, flibustier, forban.

écureuil *nom masculin* ***Écureuil volant,*** capable d'effectuer des sauts de plus de 100 m. SYN. pétauriste.

écurie *nom féminin* FAMILIER. Local malpropre. SYN. bauge, taudis. – FAMILIER : porcherie. – LITTÉRAIRE : galetas, tanière. – POPULAIRE : gourbi.

écusson *nom masculin* Deuxième division du thorax des insectes. SYN. mésothorax.

edelweiss *nom masculin* Fleur des hautes montagnes. SYN. étoile-d'argent.

éden *nom masculin* LITTÉRAIRE. Lieu de délices. SYN. eldorado, oasis, paradis, pays de cocagne. – LITTÉRAIRE : jardin. CONTR. *enfer.*

édicter *verbe* Publier une loi, un arrêté. SYN. décréter, imposer, prescrire, promulguer.

édifiant *adjectif* Qui porte à la vertu. SYN. exemplaire, moral, moralisateur. CONTR. *laid, répugnant, sale, vilain.* – LITTÉRAIRE : *pernicieux, vil.*

édification *nom féminin* Action d'édifier quelque chose. SYN. constitution, construction, création, élévation, érection, établissement, fondation. CONTR. *destruction.* ■ LITTÉRAIRE. Action d'inspirer la vertu. SYN. moralisation. CONTR. *avilissement, corruption.* ■ Action d'instruire quelqu'un. SYN. information, instruction.

édifice *nom masculin* Ouvrage d'architecture. SYN. bâtiment, bâtisse, construction, monument.

édifier *verbe* Bâtir quelque chose. SYN. bâtir, construire, élever, ériger. CONTR. *abattre, démolir, détruire, raser, renverser.* ■ Fonder quelque chose. SYN. constituer, créer, échafauder, établir, fonder, jeter les bases de. CONTR. *anéantir, détruire, miner, renverser, saper.* – LITTÉRAIRE : *ruiner.* ■ Porter quelqu'un à la vertu. SYN. moraliser. CONTR. *gâter, pervertir.* – LITTÉRAIRE : *corrompre, flétrir.* ■ Renseigner quelqu'un. SYN. démystifier, éclairer, fixer, informer. CONTR. *mystifier, tromper.*

éditer *verbe* Publier une œuvre. SYN. diffuser, distribuer, sortir.

éducateur *adjectif* Qui contribue à l'éducation. SYN. didactique, éducatif, formateur, pédagogique.

éducateur *nom* Personne chargée de l'éducation. SYN. maître, pédagogue, précepteur, professeur.

éducatif *adjectif* Qui vise à éduquer. SYN. didactique, éducateur, formateur, pédagogique.

éducation *nom féminin* Action de former quelqu'un. SYN. enseignement, façonnage, façonnement, formation, instruction, pédagogie. ■ Bonnes manières. SYN. classe, décence, distinction, politesse, savoir-vivre. – LITTÉRAIRE : urbanité, usage. CONTR. *grossièreté, impolitesse, vulgarité.*

édulcorer *verbe* Atténuer la dureté de quelque chose. SYN. adoucir, affadir, affaiblir, atténuer. – LITTÉRAIRE : lénifier, mitiger. CONTR. *durcir.*

éduquer *verbe* Former l'esprit de quelqu'un. SYN. discipliner, dresser, élever, former, instruire. – LITTÉRAIRE : façonner. ■ Développer une faculté particulière. SYN. cultiver, dresser, entraîner, exercer. ■ Apprendre à quelqu'un les usages. SYN. dégrossir. – LITTÉRAIRE : civiliser, policer, polir.

effaçable *adjectif* Qui peut être effacé. SYN. délébile. CONTR. *indélébile, ineffaçable.*

effacé *adjectif* Qui reste en retrait. SYN. discret, falot, humble, insignifiant, modeste, terne. CONTR. *agressif, brillant, dédaigneux, dominateur, éblouissant, effronté, éminent, faraud, fier, illustre, impudent, infatué, orgueilleux, supérieur.* – FAMILIER : *crâneur.*

effacement *nom masculin* LITTÉRAIRE. Attitude effacée. SYN. discrétion, humilité, modestie, réserve. CONTR. *bluff, supériorité.* – LITTÉRAIRE : *infatuation.* ■ Action de faire disparaître. SYN. gommage, levée, retrait. ■ Action de s'effacer. SYN. affaiblissement, disparition, éclipse, retrait.

effacer *verbe* Faire disparaître quelque chose. SYN. barrer, biffer, caviarder, enlever, gommer, gratter, ôter, rayer. CONTR. *restituer.* ■ Supprimer quelque chose. SYN. abolir, chasser, détrôner, éclipser, estomper, faire table rase de. CONTR. *accentuer, aviver, faire ressortir, raviver.* ■ Faire oublier quelque chose. SYN. laver, lever, oublier, réparer. CONTR. *ressortir.*

effacer (s') *verbe pronominal* Se tenir à l'écart. SYN. se pousser, se retirer. CONTR. *se mettre en avant.* ■ Perdre de l'intensité. SYN. disparaître, s'estomper, s'éteindre, faiblir, pâlir, passer. – LITTÉRAIRE : expirer, se mourir. CONTR. *s'accentuer, s'accuser, s'intensifier.* ■ S'en aller. SYN. s'éloigner, s'évanouir, s'oublier, partir. – FAMILIER : se défiler, s'éclipser. CONTR. *apparaître, durer, rester.*

effarant *adjectif* Qui plonge dans la stupeur. SYN. affolant, ahurissant, effrayant, épouvantable, étonnant, stupéfiant, suffocant, terrifiant. – FAMILIER : énorme, époustouflant, invraisemblable, renversant, sciant, sidérant, soufflant. ■ Qui atteint un degré extrême. SYN. fantastique, inimaginable, inouï, phénoménal, prodigieux. – FAMILIER : faramineux.

effaré *adjectif* Qui manifeste un grand trouble. SYN. abasourdi, affolé, ahuri, atterré, coi, consterné, effrayé, égaré, épouvanté, hagard, pétrifié, stupéfait, suffoqué, terrifié. – FAMILIER : baba. – LITTÉRAIRE : épeuré. – POPULAIRE : sur le cul. CONTR. *calme, impassible, placide, serein.*

effarement *nom masculin* État d'une personne effarée. SYN. abasourdissement, affolement, ahurissement, ébahissement, effroi, étonnement, stupéfaction, stupeur, surprise. – FAMILIER : épatement. CONTR. *calme, impassibilité, sang-froid, sérénité.*

effarer *verbe* Provoquer la stupeur. SYN. abasourdir, ahurir, éberluer, stupéfier. – FAMILIER : estomaquer, scier, sidérer, souffler. ■ Plonger dans la peur. SYN. affoler, effrayer, épouvanter, terrifier, terroriser. CONTR. *apprivoiser.*

effarouchant *adjectif* Qui effarouche. SYN. alarmant, effrayant, inquiétant.

effarouché *adjectif* Qui est effrayé. SYN. apeuré, craintif, effrayé, timide. – LITTÉRAIRE : épeuré.

effarouchement *nom masculin* Fait de s'effaroucher. SYN. affolement, crainte, trouble. CONTR. *calme, impassibilité, sang-froid.*

effaroucher *verbe* Faire fuir quelqu'un, un animal. CONTR. *apprivoiser, attirer, familiariser.* ■ Provoquer la crainte. SYN. affoler, effrayer, inquiéter, intimider, troubler. CONTR. *rassurer, tranquilliser.* – LITTÉRAIRE : *rasséréner.*

effarvatte *nom féminin* Petite fauvette des roseaux. SYN. rousserolle.

effectif *adjectif* Dont la réalité est incontestable. SYN. abouti, accompli, authentique, concret, matériel, objectif, positif, réalisé, réel, tangible, valable, valide. CONTR. *apparent, fictif, hypothétique, illusoire, imaginaire, inexistant, irréel, potentiel, virtuel.*

effectivement *adverbe* D'une manière effective. SYN. assurément, matériellement, physiquement, réellement, véritablement, vraiment. CONTR. *apparemment, en apparence, censément.* ■ Confirme une affirmation. SYN. décidément, en effet, de fait, en fait, en réalité. – FAMILIER : positivement.

effectuer *verbe* Mettre à exécution. SYN. accomplir, exécuter, se livrer à, opérer, procéder à, réaliser.

efféminé *adjectif* Aux manières féminines. SYN. féminin. CONTR. *mâle, masculin, vigoureux, viril.*

efférent *adjectif* Qui provient de. CONTR. *afférent.*

effervescence *nom féminin* Agitation vive. SYN. agitation, bouillonnement, désordre, ébullition, échauffement, énervement, exaltation, excitation, fébrilité, fermentation, fièvre, frénésie, grouillement, hystérie, mouvement, nervosité, remous, surexcitation, trouble. – LITTÉRAIRE : émoi, tumulte, turbulence. CONTR. *abrutissement, apathie, calme, impassibilité, sérénité, tranquillité.* – LITTÉRAIRE : *quiétude.*

effervescent *adjectif* LITTÉRAIRE. Qui est en effervescence. SYN. agité, ardent, bouillonnant, déchaîné, enflammé, exalté, excité, fébrile, frénétique, passionné, surexcité, trépidant. CONTR. *calme, impassible, imperturbable, indolent, placide, serein, tranquille.* – FAMILIER : *cool.*

effet *nom masculin* Conséquence d'une action. SYN. atteinte, conséquence, contrecoup, efficacité, fruit, incidence, influence, produit, répercussion, résultat, retentissement, retombée, séquelle, suite. CONTR. *agent, cause, facteur, motif.* ■ Impression produite sur quelqu'un. SYN. action, sensation, sentiment. ■ ***En effet,*** souligne une affirmation. SYN. assurément, effectivement.

effets *nom masculin pluriel* Pièces de l'habillement. SYN. affaires, habillement, habits, vêtements. – FAMILIER : nippes, sapes. – LITTÉRAIRE : hardes. – POPULAIRE : fringues, frusques.

effeuiller *verbe* Ôter les feuilles, les pétales de. SYN. – LITTÉRAIRE : défeuiller, dépouiller.

effeuilleuse *nom féminin* FAMILIER. Femme qui effectue un strip-tease. SYN. – FAMILIER : strip-teaseuse.

efficace *adjectif* Qui produit l'effet attendu. SYN. actif, agissant, énergique, infaillible, puissant, radical. – LITTÉRAIRE : souverain. CONTR. *anodin, impuissant, inactif, inefficace, infructueux, inopérant, stérile, vain.* ■ Qui remplit bien sa tâche. SYN. bon, capable, compétent, efficient, percutant. CONTR. *incapable, nul.*

efficacement *adverbe* De façon efficace. SYN. activement, utilement. CONTR. *vainement.* – LITTÉRAIRE : *stérilement.*

efficacité *nom féminin* Caractère de ce qui a un résultat. SYN. action, effet, force, pouvoir, puissance, vertu. CONTR. *inanité, inefficacité, inutilité.* – LITTÉRAIRE : *stérilité, vanité.* ■ Qualité d'une personne efficace. SYN. efficience, productivité, rendement. CONTR. *incapacité, incompétence.* – LITTÉRAIRE : *impéritie.*

efficience *nom féminin* Capacité de rendement. SYN. efficacité, productivité, rendement. CONTR. *inefficacité, inutilité.*

efficient *adjectif* Qui aboutit à de bons résultats. SYN. actif, agissant, efficace, énergique, valable. CONTR. *inactif, inefficace, inopérant, stérile, vain.*

effigie *nom féminin* Représentation d'une personne. SYN. figure, image, portrait.

effilé *adjectif* Qui est mince et long. SYN. allongé, élancé, filiforme, fin, fuselé, grêle, menu. – LITTÉRAIRE : délié, gracile. CONTR. *corpulent, épais, fort, gros, massif.*

effiler *verbe* Défaire un tissu. SYN. effilocher, effranger. ▪ Rendre plus mince. SYN. amenuiser, amincir. CONTR. *épaissir, grossir.*

effilocher *verbe* Réduire du tissu en bourre. SYN. défiler, éfaufiler, effiler, effranger.

effilocher (s') *verbe pronominal* Se défaire, en parlant d'un tissu. SYN. s'effiler, s'effranger. ▪ Se dissiper progressivement. SYN. disparaître, s'estomper. CONTR. *croître, s'intensifier.*

efflanqué *adjectif* Qui est maigre et grand. SYN. décharné, osseux, sec, squelettique. – LITTÉRAIRE : étique. CONTR. *charnu, dodu, gras, gros, plantureux, potelé, rebondi, replet.* – FAMILIER : *rond, rondelet, rondouillard.*

effleurement *nom masculin* Action d'effleurer. SYN. attouchement, caresse, contact, frôlement.

effleurer *verbe* Entamer superficiellement. SYN. égratigner, érafler. ▪ Toucher légèrement. SYN. caresser, friser, frôler, raser, serrer. CONTR. *appuyer.* ▪ Examiner superficiellement. SYN. glisser sur, survoler. CONTR. *analyser, approfondir, s'arrêter, disséquer, éplucher, étudier, pénétrer.*

efflorescence *nom féminin* LITTÉRAIRE. Commencement de quelque chose. SYN. éclosion, épanouissement, naissance.

effluve *nom masculin* Odeur venant d'un corps. SYN. arôme, dégagement, émanation, exhalaison, fumet, miasmes, odeur, parfum. – LITTÉRAIRE : fragrance, senteur.

effondré *adjectif* Qui a perdu toute énergie. SYN. abattu, accablé, anéanti, atterré, consterné, prostré, ruiné. – FAMILIER : catastrophé, groggy.

effondrement *nom masculin* Fait de s'effondrer. SYN. affaissement, éboulement, écroulement. CONTR. *raffermissement, relèvement.* ▪ Fait d'être détruit. SYN. anéantissement, chute, déliquescence, destruction, dissolution, enterrement, renversement, ruine. ▪ Perte soudaine de valeur. SYN. baisse, chute, effritement, krach. – FAMILIER : dégringolade. CONTR. *bond, boom, élévation, majoration.*

effondrer (s') *verbe pronominal* Tomber brusquement. SYN. s'abattre, s'affaisser, s'affaler, crouler, s'ébouler, s'écrouler. CONTR. *résister.* ▪ Être détruit. SYN. s'anéantir, crouler, échouer. CONTR. *réussir.* ▪ Perdre tout ressort sous le coup de. SYN. s'avachir, craquer. – FAMILIER : se dégonfler, flancher. – LITTÉRAIRE : succomber. – POPULAIRE : se déballonner. CONTR. *résister, tenir bon.* – FAMILIER : *tenir le choc, tenir le coup.* ▪ Subir une baisse brutale. SYN. baisser, chuter, descendre, perdre, sombrer. – FAMILIER : dégringoler. CONTR. *monter.*

efforcer (s') *verbe pronominal* Faire des efforts pour atteindre un but. SYN. s'accrocher, s'acharner à, s'appliquer à, s'attacher à, se casser la tête, se donner du mal, s'employer à, s'escrimer à, essayer, s'évertuer à, faire des pieds et des mains, s'ingénier à, se mettre en quatre, ne pas ménager sa peine, ne pas plaindre sa peine, œuvrer, tâcher de, tendre à, tenter de, travailler à. – FAMILIER : se casser la nénette, mouiller sa chemise, mouiller son maillot, se tuer à. – POPULAIRE : bouger son cul, se casser le cul.

effort *nom masculin* Mobilisation volontaire des forces. SYN. application, attention, concentration, mal, peine, tension. – LITTÉRAIRE : contention. CONTR. *facilité.*

effranger *verbe* Défaire le bord d'un tissu. SYN. défiler, effiler, effilocher.

effrayant *adjectif* Qui cause de la frayeur. SYN. abominable, affreux, alarmant, atroce, effarouchant, effroyable, épouvantable, horrible, inquiétant, redoutable, sinistre, terrible, terrifiant. – FAMILIER : cauchemardesque, cauchemardeux. CONTR. *agréable, rassurant, sécurisant, tranquillisant.* ▪ D'une ampleur excessive. SYN. affolant, effarant, formidable, impressionnant, inouï, stupéfiant, violent.

effrayé *adjectif* Rempli de frayeur. SYN. affolé, apeuré, atterré, effaré, effarouché, épouvanté, mort de peur, paniqué, terrifié, terrorisé, tremblant. – LITTÉRAIRE : épeuré. – POPULAIRE : mort de trouille. CONTR. *rassuré, serein, tranquille.* – LITTÉRAIRE : *rasséréné.*

effrayer *verbe* Causer de la frayeur. SYN. affoler, alarmer, apeurer, donner la chair de poule, effarer, effaroucher, épouvanter, faire froid dans le dos, faire peur, figer le sang dans les veines, glacer le sang (dans les veines), horrifier, impressionner, inquiéter, intimider, paniquer, pétrifier, terrifier, terroriser. – POPULAIRE : fiche les jetons, foutre les boules, foutre les jetons. CONTR. *apaiser, apprivoiser, calmer, rassurer, tranquilliser.* ▪ Causer de l'appréhension. SYN. alarmer, angoisser, décourager, faire peur, intimider, rebuter. – VIEUX : soucier. CONTR. *réconforter.* – LITTÉRAIRE : *rasséréner.*

effrayer (s') *verbe pronominal* Éprouver de la peur. SYN. s'alarmer, avoir des sueurs froides, avoir froid dans le dos, avoir la chair de poule, avoir peur, craindre, paniquer, prendre peur, redouter, trembler. – FAMILIER : avoir la colique, avoir la frousse, ne plus avoir un poil de sec. – POPULAIRE : les avoir à zéro, avoir la chiasse, avoir la pétoche, avoir la trouille, avoir le trouillomètre à zéro, avoir les chocottes, avoir les foies, avoir les grelots, avoir les jetons, baliser, faire dans sa culotte, faire dans son froc, fouetter.

effréné *adjectif* Qui est sans frein. SYN. débordant, débridé, déchaîné, démesuré, endiablé, exagéré, excessif, féroce, fou, frénétique, furieux, immodéré, insensé, outré, pétulant, vertigineux. – FAMILIER : délirant, monstre. – LITTÉRAIRE : dévorant, intempérant. CONTR. *contenu, discret, endormi, mesuré, modéré, modeste, raisonnable, réservé, retenu, sage.*

effriter *verbe* Rendre friable. SYN. dégrader, désagréger, désintégrer.

effriter (s') *verbe pronominal* Diminuer progressivement. SYN. s'amenuiser, se démanteler, se désagréger, se disloquer. CONTR. *se renforcer.*

effroi *nom masculin* Grande frayeur. SYN. affolement, angoisse, anxiété, crainte, effarement, épouvante, frayeur, panique, peur bleue, peur panique, phobie, terreur. – LITTÉRAIRE : affres, alarme. CONTR. *calme, intrépidité, sang-froid, tranquillité.* – LITTÉRAIRE : *quiétude.*

effronté *adjectif* Qui manifeste de l'impudence. SYN. audacieux, cavalier, cynique, déluré, éhonté, hardi, impertinent, impudent, insolent, osé, voyou. – FAMILIER : culotté, gonflé, sans gêne. – LITTÉRAIRE : outrecuidant. CONTR. *confus, déférent, discret, effacé, humble, modeste, pudique, réservé, respectueux, timide.* – LITTÉRAIRE : *révérencieux.*

effrontément *adverbe* De façon effrontée. SYN. audacieusement, cavalièrement, crûment, cyniquement, grossièrement, hardiment, impertinemment, impoliment, impudemment, insolemment, sans vergogne, trivialement, vulgairement. – LITTÉRAIRE : irrespectueusement, irrévérencieusement. – VIEUX : irrévéremment. CONTR. *décemment, discrètement, modestement, pudiquement, timidement.*

effronterie *nom féminin* Attitude effrontée. SYN. aplomb, audace, cynisme, front, hardiesse, impertinence, impudence, inconvenance, insolence, sans-gêne. – FAMILIER : culot, toupet. – LITTÉRAIRE : outrecuidance, sans-façon. CONTR. *décence, déférence, humilité, modestie, pudeur, réserve, retenue.*

effroyable *adjectif* Qui cause de l'effroi. SYN. abominable, affreux, apocalyptique, atroce, catastrophique, dantesque, effrayant, épouvantable, féroce, horrible, horrifiant, monstrueux, sinistre, terrible, terrifiant. – FAMILIER : cauchemardesque, cauchemardeux. – LITTÉRAIRE : horrifique. CONTR. *admirable, adorable, beau, magnifique.* ▪ Qui est excessif. SYN. considérable, démesuré, excessif, extrême, féroce, immodéré, violent. CONTR. *doux, modéré, raisonnable.*

effroyablement *adverbe* À un très haut degré. SYN. abominablement, affreusement, beaucoup, bien, épouvantablement, exceptionnellement, excessivement, extraordinairement, extrêmement, follement, fort, fortement, horriblement, immensément, immodérément, incroyablement, infiniment, mortellement, outrageusement, parfaitement, particulièrement, prodigieusement, profondément, puissamment, supérieurement, suprêmement, terriblement, très, trop, vertigineusement. – FAMILIER : atrocement, bigrement, bougrement, diablement, drôlement, fameusement, fichtrement, fichûment, formidablement, joliment, méchamment, rudement, tout plein. – LITTÉRAIRE : diantrement, furieusement. – POPULAIRE : foutrement, salement, vachement. – VIEUX : fièrement. CONTR. *faiblement, légèrement, modérément, moyennement, peu, sobrement.*

effusion *nom féminin* Manifestation d'un sentiment. SYN. débordement, élan, épanchement, ferveur. – LITTÉRAIRE : expansion, transport.

égaiement *nom masculin* LITTÉRAIRE. Fait de s'égayer. SYN. amusement, distraction, divertissement, réjouissance.

égailler (s') *verbe pronominal* Partir dans tous les sens. SYN. se débander, se déployer, se disperser, se disséminer, s'égrener, s'éparpiller. – LITTÉRAIRE : essaimer. CONTR. *s'agglomérer, s'agglutiner, s'assembler, se concentrer, se grouper, se masser, se rassembler, se réunir.*

égal *adjectif* Qui a la même valeur. SYN. équivalent, identique, indifférent, même, pareil. CONTR. *différent, dissemblable, inégal.* ▪ Qui ne varie pas. SYN. constant, équilibré, paisible, pondéré, régulier, tranquille. – LITTÉRAIRE : invariable, quiet. CONTR. *capricieux, changeant, discontinu, inconstant, inégal, intermittent, lunatique, variable, versatile.* ▪ Qui est régulier. SYN. lisse, plan, plat, uni, uniforme. CONTR. *accidenté, cahoteux, discontinu, entrecoupé, raboteux, rugueux.*

égal *nom* Personne qui est égale à une autre. SYN. pair, pareil.

égalable *adjectif* Que l'on peut égaler. SYN. équivalent. CONTR. *incomparable, inégalable, sans pareil, unique.*

également *adverbe* Au même degré. SYN. autant, à l'avenant, indifféremment, indistinctement, au même titre, pareillement. – LITTÉRAIRE : semblablement. – VIEUX : mêmement. ▪ Marque l'égalité de situation. SYN. aussi, de même. – VIEUX : itou.

égaler *verbe* Être équivalent à. SYN. correspondre, équivaloir à. ▪ Atteindre le même niveau que. SYN. approcher, rejoindre. – LITTÉRAIRE : ne le céder en rien à, ne pas le céder en. CONTR. *dépasser, surpasser.*

égaliser *verbe* Rendre uni. SYN. aplanir, débosseler, niveler. CONTR. – LITTÉRAIRE : *accidenter.*

■ Rendre égal. SYN. équilibrer, unifier. CONTR. *différencier.*

égalité *nom féminin* Qualité de ce qui est équivalent. SYN. concordance, équivalence, identité, parité. CONTR. *différence, disparité, disproportion, distance, écart, inégalité, iniquité.* ■ Qualité de ce qui est constant. SYN. constance, équilibre, invariabilité, placidité, pondération, régularité, uniformité. CONTR. *aspérité, bizarrerie, changement, inconstance, instabilité, irrégularité.*

égard *nom masculin* Marque de considération. SYN. attention, considération, déférence, estime, gentillesse, hommage, ménagement, prévenance, respect, soin, vénération. – LITTÉRAIRE : révérence. CONTR. *arrogance, dédain, impertinence, impolitesse, insolence, mépris, rudesse.* ■ ***À cet égard,*** sous ce rappport. SYN. de ce point de vue, à ce sujet. ■ ***À l'égard de,*** en ce qui concerne. SYN. avec, envers, pour, relativement. ■ ***Eu égard à,*** en tenant compte de. SYN. pour, en raison de, selon, suivant, vu.

égaré *adjectif* Se dit d'un air désorienté. SYN. affolé, effaré, fou, hagard, halluciné, hébété, troublé. CONTR. *calme, lucide, posé, raisonnable, réfléchi, sensé, serein.* ■ Qui ne trouve plus sa route. SYN. désorienté, errant, fourvoyé, perdu. ■ LITTÉRAIRE. Qui est sans moralité. SYN. dépravé, dévoyé, perverti.

égarement *nom masculin* Dérèglement de l'esprit. SYN. aberration, affolement, agitation, aveuglement, délire, désarroi, dévergondage, divagation, folie, insanité. – FAMILIER : démence. – LITTÉRAIRE : cécité, débridement, errements. CONTR. *bon sens, calme, lucidité, sagesse, sérénité.*

égarer *verbe* Faire perdre son chemin à quelqu'un. SYN. dépister, dérouter, désorienter, détourner, écarter, fourvoyer. CONTR. *guider, orienter.* ■ Ne pas pouvoir trouver un objet. SYN. perdre. – POPULAIRE : paumer. CONTR. *retrouver, trouver.* ■ Jeter quelqu'un dans l'erreur. SYN. abuser, aveugler, berner, dérouter, désaxer, désorienter, duper, faire avaler des couleuvres, faire marcher, fourvoyer, leurrer, se moquer de, mystifier, perdre, pervertir, piéger, rouler dans la farine, tromper. – FAMILIER : embobiner, feinter, flouer, mener en bateau, monter un bateau, pigeonner, posséder. – LITTÉRAIRE : dévoyer, en faire accroire, se jouer de. – POPULAIRE : couillonner, entuber, niquer.

égarer (s') *verbe pronominal* Ne plus trouver son chemin. SYN. errer, faire fausse route, se fourvoyer, se perdre. – POPULAIRE : se paumer. CONTR. *se diriger, s'orienter, se repérer.* ■ Perdre le fil de son discours. SYN. s'écarter, s'éparpiller. – LITTÉRAIRE : se fourvoyer. ■ S'écarter de la raison. SYN. délirer, déraisonner, divaguer, perdre la raison, perdre la tête, perdre la tramontane. – FAMILIER : dérailler, perdre la boule, perdre la boussole, perdre le nord, perdre les pédales. – LITTÉRAIRE : extravaguer. – POPULAIRE : débloquer, être à côté de ses pompes.

égayant *adjectif* Qui rend gai. SYN. amusant, divertissant, drôle, gai, réjouissant. – FAMILIER : cocasse. – LITTÉRAIRE : folâtre. CONTR. *affligeant, attristant, funèbre, lugubre, morose, sinistre.*

égayer *verbe* Divertir quelqu'un. SYN. amuser, dérider, détendre, distraire, divertir, mettre en joie, réjouir. CONTR. *assombrir, attrister, chagriner, consterner, désoler, ennuyer, lasser.* – FAMILIER : *enquiquiner.* – LITTÉRAIRE : *rembrunir.* ■ Donner de l'agrément à. SYN. agrémenter, décorer, embellir, enjoliver, garnir, ornementer, orner. – LITTÉRAIRE : parer. CONTR. *déparer, enlaidir, gâter.*

égayer (s') *verbe pronominal* LITTÉRAIRE. Occuper son temps agréablement. SYN. s'amuser, se délasser, se détendre, se distraire, se divertir, prendre du bon temps. – LITTÉRAIRE : s'ébaudir, s'esbaudir, se récréer.

égide *nom féminin* LITTÉRAIRE. ***Sous l'égide de,*** sous la protection de. SYN. avec l'appui de, avec le secours de, avec le soutien de, sous la protection de. – LITTÉRAIRE : sous les auspices de.

églefin *nom masculin* Poisson voisin de la morue. SYN. aiglefin, morue noire.

église *nom féminin* Ensemble de croyances. SYN. confession, culte, religion.

églogue *nom féminin* Petit poème pastoral. SYN. bergerie, bucolique, idylle, pastorale, pastourelle.

égocentrique *adjectif* Qui fait preuve d'égocentrisme. SYN. égoïste, individualiste, personnel. – LITTÉRAIRE : égotiste. CONTR. *altruiste, humanitaire, philanthrope.*

égocentrisme *nom masculin* Tendance à centrer tout sur soi. SYN. égoïsme, narcissisme. – LITTÉRAIRE : égotisme. CONTR. *abnégation, allocentrisme, altruisme, dévouement, générosité, renoncement, sacrifice.*

égoïsme *nom masculin* Attachement à son intérêt propre. SYN. égocentrisme, narcissisme. – LITTÉRAIRE : égotisme. CONTR. *abnégation, altruisme, bonté, charité, dévouement, générosité, obligeance, renoncement, sacrifice.*

égoïste *adjectif* Qui fait preuve d'égoïsme. SYN. égocentrique, individualiste, intéressé, narcissique, personnel. – LITTÉRAIRE : égotiste. CONTR. *altruiste, attentionné, bon, charitable, désintéressé, dévoué, généreux, humain, huma-*

nitaire, obligeant, philanthrope. – LITTÉRAIRE : *bienfaisant.*

égoïstement *adverbe* De façon égoïste. SYN. petitement. CONTR. *généreusement, humainement, obligeamment.*

égorger *verbe* Tuer en coupant la gorge. SYN. assassiner, poignarder. – FAMILIER : saigner. – LITTÉRAIRE : occire. – POPULAIRE : zigouiller. – VIEUX : suriner. ▪ VIEUX. Faire payer trop cher. SYN. étrangler, exploiter, voler. – FAMILIER : écorcher, estamper, étriller, matraquer, plumer, rançonner, ratisser, tondre.

égorgeur *nom* Assassin qui égorge ses victimes. SYN. étrangleur, meurtrier, tueur. – LITTÉRAIRE : sicaire. – VIEUX : surineur. ▪ VIEUX. Personne qui vole ses clients. SYN. – FAMILIER : écorcheur, estampeur.

égosiller (s') *verbe pronominal* Crier très fort. SYN. clamer, crier, s'époumoner, hurler, tonitruer, vociférer. – FAMILIER : brailler. – POPULAIRE : bramer, gueuler. CONTR. *chuchoter, murmurer, susurrer.*

égotisme *nom masculin* LITTÉRAIRE. Manie de parler de soi. SYN. égocentrisme, égoïsme, narcissisme.

égotiste *adjectif* LITTÉRAIRE. Qui fait preuve d'égotisme. SYN. égocentrique, égoïste, individualiste, narcissique. CONTR. *altruiste, philanthrope.*

égout *nom masculin* Lieu sale et humide. SYN. bourbier, cloaque. – LITTÉRAIRE : sentine.

égoutter (s') *verbe pronominal* Tomber goutte à goutte. SYN. dégoutter, goutter.

égratigner *verbe* Déchirer légèrement la peau. SYN. écorcher, effleurer, érafler, excorier, griffer. ▪ Blesser par des traits méchants. SYN. blesser, piquer, railler. CONTR. *louer.* – LITTÉRAIRE : *louanger.*

égratignure *nom féminin* Déchirure superficielle de la peau. SYN. écorchure, éraflure, excoriation, griffure. ▪ Dégradation légère. SYN. éraflure, rayure.

égrener (s') *verbe pronominal* Se disperser çà et là. SYN. se débander, se disperser, s'égailler, s'éparpiller. CONTR. *s'assembler, s'attrouper, se grouper, se rassembler, se réunir.*

égrillard *adjectif* Qui dénote la grivoiserie. SYN. coquin, croustillant, cru, épicé, gaillard, gaulois, graveleux, grivois, hardi, inconvenant, indécent, leste, libertin, libre, licencieux, polisson, rabelaisien, salé. – FAMILIER : cochon, gras, olé olé. – LITTÉRAIRE : salace. CONTR. *prude, pudibond, pudique, puritain.* – FAMILIER : *bégueule.*

égruger *verbe* Réduire en poudre. SYN. broyer, concasser, écraser, moudre, piler, pulvériser.

éhonté *adjectif* Qui montre du cynisme. SYN. cynique, effronté, impudent, infâme, scandaleux. CONTR. *décent, pudique, réservé.*

éhouper *verbe* Couper la cime d'un arbre. SYN. écimer, étêter.

éjecter *verbe* Projeter au-dehors. SYN. cracher, expulser, lancer, projeter, rejeter. ▪ FAMILIER. Congédier brutalement. SYN. éconduire, évincer, exclure, excommunier, expulser, répudier.

éjection *nom féminin* FAMILIER. Action de jeter au-dehors. SYN. exclusion, expulsion. CONTR. *admission.*

élaboration *nom féminin* Action d'élaborer un travail. SYN. conception, constitution, construction, création, engendrement, étude, formation, genèse, invention, organisation, préparation.

élaboré *adjectif* Qui est bien préparé. SYN. étudié, pensé, perfectionné, sophistiqué. CONTR. *brut, grossier, informe.*

élaborer *verbe* Préparer quelque chose. SYN. arranger, combiner, composer, concerter, concevoir, confectionner, constituer, construire, échafauder, étudier, fabriquer, forger, méditer, mettre au point, mettre sur pied, mitonner, orchestrer, organiser, penser, préparer, produire. – FAMILIER : concocter, goupiller, pondre.

élagage *nom masculin* Action d'élaguer un arbre. SYN. ébranchage, émondage, taille.

élaguer *verbe transitif* Retrancher ce qui est inutile. SYN. couper, enlever, expurger, ôter, rogner, soustraire, supprimer. ▪ Couper les branches d'un arbre. SYN. ébrancher, égayer, émonder, tailler.

élan *nom masculin* Énergie d'un corps en mouvement. SYN. course, entraînement, envol, essor, lancée, poussée, vitesse. – LITTÉRAIRE : volée. CONTR. *immobilité, langueur, lassitude.* ▪ Impulsion soudaine. SYN. accès, effusion, envolée, ferveur. – FAMILIER : crise. ▪ Manifestation d'affection. SYN. ardeur, attirance, enthousiasme, feu, fougue. – LITTÉRAIRE : flamme, transport. CONTR. *retenue.*

élancé *adjectif* Qui est mince et grand. SYN. effilé, fuselé, mince, svelte. CONTR. *corpulent, épais, gros, massif, obèse, râblé, ramassé, trapu, ventru.* – FAMILIER : *bedonnant, boulot, courtaud, pansu, ventripotent.*

élancer (s') *verbe pronominal* Se porter vivement vers. SYN. bondir, s'engouffrer, fondre, se jeter, se lancer, se précipiter, se ruer, sauter, voler. – FAMILIER : foncer. CONTR. *reculer.* ▪ Aller vers le haut. SYN. se dresser, s'élever, jaillir. – LITTÉRAIRE : pointer.

élargir *verbe* Mettre un détenu en liberté. SYN. libérer, relâcher, relaxer. CONTR. *arrêter, écrouer, emprisonner, incarcérer, interner.* ■ Augmenter la largeur. SYN. dilater, évaser. CONTR. *rapetisser, réduire, resserrer, rétrécir.* ■ Donner plus d'ampleur à. SYN. agrandir, amplifier, augmenter, enrichir, étendre, grossir, renforcer. CONTR. *borner, cerner, circonscrire, circonvenir, limiter, restreindre.*

élargir (s') *verbe pronominal* Être, paraître plus large. SYN. s'agrandir, s'amplifier, se dilater, s'étendre. ■ Prendre de l'ampleur. SYN. croître, s'étoffer, fructifier, grossir. CONTR. *se resserrer, se restreindre.*

élargissement *nom masculin* Mise en liberté d'un détenu. SYN. libération, relâchement, relaxe. CONTR. *arrestation, emprisonnement.* ■ Action d'élargir quelque chose. SYN. agrandissement, dilatation, distension, évasement. CONTR. *amenuisement, amincissement, resserrement, rétrécissement.* ■ Fait de prendre de l'ampleur. SYN. accroissement, amplification, augmentation, croissance, extension, renforcement. CONTR. *diminution, réduction.*

élasmobranche *nom masculin* Poisson cartilagineux. SYN. chondrichtyen, plagiostome, sélacien. CONTR. *ostéichtyen.*

élasticité *nom féminin* Absence de raideur. SYN. flexibilité, mollesse, plasticité, souplesse. – LITTÉRAIRE : flaccidité. CONTR. *fermeté, raideur, rigidité.*

élastique *adjectif* FAMILIER. Susceptible de s'adapter. SYN. flexible, large, souple. CONTR. *rigide, rigoureux, strict.* – LITTÉRAIRE : *raide.* ■ Qui est souple. SYN. étirable, extensible, flexible, moelleux, mou. CONTR. *dur, ferme, raide, rigide.*

eldorado *nom masculin* Lieu imaginaire où l'on a tout. SYN. éden, paradis, pays de cocagne.

élection *nom féminin* Fait de choisir en votant. SYN. désignation, vote.

électricité *nom féminin* Forme d'énergie. SYN. courant. – FAMILIER : jus.

électriser *verbe* Provoquer l'excitation. SYN. chauffer, enthousiasmer, exalter, exciter, fanatiser, galvaniser, survolter. – LITTÉRAIRE : enflammer, transporter. CONTR. *endormir, ennuyer.* – FAMILIER : *enquiquiner.* – POPULAIRE : *emmerder.*

électrobiogenèse *nom féminin* Production d'électricité par les êtres vivants. SYN. électrogenèse.

électrocautère *nom masculin* Appareil pour cautériser les tissus. SYN. galvanocautère.

électrochoc *nom masculin* Traitement par décharges électriques. SYN. convulsivothérapie, sismothérapie.

électrogenèse *nom féminin* Production d'électricité par les êtres vivants. SYN. électrobiogenèse.

électrolyseur *nom masculin* Appareil destiné à faire une électrolyse. SYN. voltamètre.

élégamment *adverbe* Avec élégance. SYN. bien, coquettement, esthétiquement, gracieusement, harmonieusement, heureusement. CONTR. – LITTÉRAIRE : *inélégamment.* ■ D'une manière délicate. SYN. adroitement, astucieusement, correctement, courtoisement, habilement, obligeamment. CONTR. *bassement, vulgairement.*

élégance *nom féminin* Aisance dans l'allure. SYN. chic, classe, coquetterie, distinction, prestance, raffinement. – LITTÉRAIRE : majesté, sveltesse. CONTR. *inélégance, laisser-aller, négligence, vulgarité.* ■ Qualité de ce qui est de bon goût. SYN. grâce, harmonie, légèreté. – LITTÉRAIRE : joliesse. CONTR. *laideur, lourdeur.* ■ Délicatesse de l'expression. SYN. aisance, habileté. CONTR. *gaucherie.* ■ Qualité morale. SYN. courtoisie, délicatesse. CONTR. *grossièreté, sans-gêne.* – LITTÉRAIRE : *sans-façon.*

élégant *adjectif* Qui montre de la distinction. SYN. aristocratique, beau, chic, distingué, raffiné, stylé. – FAMILIER : sélect. CONTR. *commun, fruste, grossier, prosaïque.* – LITTÉRAIRE : *roturier, rustique.* ■ Qui montre de la délicatesse. SYN. correct, courtois, délicat, galant. CONTR. *discourtois, impoli, incorrect, inélégant, lourd.* ■ Habillé avec goût. SYN. chic, choisi, coquet, pimpant, propret, soigné, sur son trente-et-un, tiré à quatre épingles. – FAMILIER : smart. – POPULAIRE : sapé. CONTR. *débraillé, décontracté, inélégant, négligé.* – FAMILIER : *fichu comme l'as de pique.* ■ Se dit d'un vêtement chic. SYN. alluré, de bon goût, de bon ton, chic, choisi, harmonieux, heureux, pimpant, seyant. CONTR. *affreux, banal, disgracieux, informe, laid.*

élément *nom masculin* Partie d'un tout. SYN. composant, division, partie. – LITTÉRAIRE : molécule. CONTR. *bloc.* ■ Information donnée. SYN. condition, donnée, facteur, fait.

élémentaire *adjectif* Qui sert de base à quelque chose. SYN. essentiel, fondamental, primordial, vital. CONTR. *accessoire, secondaire, subsidiaire.* ■ Qui se limite aux rudiments d'une chose. SYN. brut, fruste, grossier, imparfait, primaire, primitif, rudimentaire. CONTR. *complet, développé, élevé, évolué, formé, subtil.* ■ Qui ne présente pas de difficulté. SYN. enfantin, facile, simple, simpliste, sommaire. CONTR. *approfondi,* *complexe, compliqué, perfectionné, savant, subtil.* – LITTÉRAIRE : *soigneux.*

éléments *nom masculin pluriel* Notions de base d'une science. SYN. base, fondements, notions, principes, rudiments.

éléphant *nom masculin* FAMILIER. Personne énorme. SYN. monstre, pachyderme. – FAMILIER : gros lard, gros patapouf, gros plein de soupe, grosse dondon, mastodonte, pot à tabac, tonneau.

éléphantesque *adjectif* Qui est énorme. SYN. colossal, gigantesque, monstrueux, monumental. – LITTÉRAIRE : titanesque.

élévation *nom féminin* Action de construire. SYN. construction, édification, érection. ▪ Fait pour quelque chose de s'élever. SYN. ascension, envol, montée. CONTR. *chute, déclin.* ▪ VIEUX. Terrain élevé. SYN. butte, colline, coteau, éminence, hauteur, mamelon, mont, monticule. CONTR. *creux, dépression.* ▪ Fait d'augmenter. SYN. augmentation, hausse, majoration, relèvement, revalorisation, valorisation. CONTR. *baisse, dépréciation, diminution, effondrement, rapetissement, réduction.* ▪ Fait de s'élever à un rang supérieur. SYN. accession, avancement, promotion. CONTR. *abaissement, décadence, déchéance, dégradation.* – LITTÉRAIRE : *dégénérescence.* ▪ LITTÉRAIRE. Noblesse de caractère. SYN. beauté, dignité, ennoblissement, grandeur, noblesse. – LITTÉRAIRE : sublimité. CONTR. *abjection, affaiblissement, avilissement, bassesse, bestialité, humiliation, prosaïsme, trivialité.*

élève *nom* Celui qui suit des cours. SYN. collégien, écolier, étudiant, lycéen. – FAMILIER : potache. CONTR. *instructeur, professeur.* ▪ Celui qui reçoit un enseignement. SYN. apprenti, disciple. – LITTÉRAIRE : épigone. CONTR. *maître.*

élevé *adjectif* Se dit d'un style soigné. SYN. noble, soigné, soutenu, sublime. – LITTÉRAIRE : relevé. CONTR. *familier, populaire, prosaïque, vulgaire.* ▪ Qui est situé en hauteur. SYN. haut. CONTR. *bas, petit.* – LITTÉRAIRE : *trapu.* ▪ Qui atteint un haut degré. SYN. considérable, exagéré, excessif, exorbitant, important. – LITTÉRAIRE : suréminent. CONTR. *élémentaire, faible, modéré, modeste, raisonnable.* ▪ Qui a de la grandeur morale. SYN. beau, éminent, grand, noble, supérieur, transcendant. – LITTÉRAIRE : éthéré. CONTR. *abject, avili, bas, ignoble, infâme, trivial, vilain.* – LITTÉRAIRE : *pernicieux, vil.*

élever *verbe transitif* Mettre quelque chose plus haut. SYN. enlever, guinder, hisser, lever, monter, soulever. CONTR. *abaisser, baisser, descendre.* ▪ Placer verticalement. SYN. bâtir, construire, dresser, édifier, ériger, fonder, jeter, planter. CONTR. *abattre, arracher, coucher, incliner, raser.* ▪ Augmenter une valeur. SYN. accentuer, accroître, augmenter, exhausser, hausser, intensifier, majorer, porter, rehausser, relever, surhausser. CONTR. *abaisser, baisser, diminuer, niveler, rabattre, rapetisser, réduire, surbaisser.* ▪ Porter à un rang supérieur. SYN. catapulter, porter, pousser, promouvoir. – FAMILIER : bombarder, propulser. CONTR. *abêtir, abrutir, animaliser, avilir, dégrader.* – LITTÉRAIRE : *rabaisser, vicier.* ▪ Porter plus haut moralement ou intellectuellement. SYN. ennoblir, exalter. – LITTÉRAIRE : magnifier. CONTR. *abaisser.*

élever *verbe transitif* Procurer des soins à. SYN. nourrir, soigner. ▪ Former quelqu'un. SYN. éduquer, faire, former, modeler. – LITTÉRAIRE : civiliser, façonner.

élever (s') *verbe pronominal* Suivre un mouvement ascendant. SYN. s'envoler, monter. CONTR. *s'abaisser, décliner, descendre.* ▪ Être dressé vers le haut. SYN. se dresser, s'élancer. – LITTÉRAIRE : surgir. ▪ Parvenir à un degré supérieur. SYN. s'accroître, augmenter, se monter à. CONTR. *baisser, décroître, descendre, diminuer, rétrograder.* ▪ Gravir des échelons. SYN. se hausser, se hisser, percer, réussir. – FAMILIER : arriver. – LITTÉRAIRE : parvenir. CONTR. *s'avilir, se déclasser, dégénérer.* – LITTÉRAIRE : *déchoir.* ▪ Se faire entendre. SYN. se manifester, retentir. – LITTÉRAIRE : surgir. ▪ S'opposer à quelque chose. SYN. combattre, contester, contrer, se dresser, heurter, s'insurger, s'opposer, s'en prendre à, protester, récriminer, se révolter, se soulever. – FAMILIER : se bagarrer. CONTR. *approuver, appuyer, estimer, goûter, se rallier, soutenir.* – LITTÉRAIRE : *priser.* ▪ Atteindre tel prix. SYN. se chiffrer, coûter, se monter à, revenir, valoir.

elfe *nom masculin* Être surnaturel. SYN. farfadet, génie, kobold.

élimé *adjectif* Abîmé par le frottement. SYN. à bout de course, usé, usé jusqu'à la corde, vieux.

élimination *nom féminin* Action d'éliminer. SYN. abolition, disqualification, éviction, exclusion, expulsion, purge, radiation, rejet. – FAMILIER : lessivage, lessive. CONTR. *admission.* ▪ Rejet hors de l'organisme. SYN. évacuation, excrétion.

éliminer *verbe* Écarter quelqu'un. SYN. déposer, destituer, évincer, excepter, exclure, expulser, limoger, radier, repousser. – FAMILIER : blackbouler, débarquer, déboulonner, dégommer, démissionner, sabrer. CONTR. *accepter, admettre, assimiler, intégrer, recevoir.* ▪ Ne pas retenir un candidat. SYN. refuser. – FAMILIER : coller, recaler. – POPULAIRE : sacquer, saquer. CONTR. *admettre, choisir, qualifier, recevoir, retenir.* ▪ Rejeter quelque chose. SYN. bannir, écarter, éloigner, faire abstraction, rejeter. – LITTÉRAIRE : dissiper, proscrire. CONTR. *admettre.* ▪ Évacuer en dehors de l'organisme. SYN. évacuer, excréter, expulser.

■ Tuer quelqu'un. **SYN.** abattre, achever, assassiner, égorger, envoyer ad patres, exécuter, massacrer, supprimer, tuer. – ARGOTIQUE : dézinguer. – FAMILIER : bousiller, faire passer le goût du pain, ôter le goût du pain, trucider. – LITTÉRAIRE : faire passer de vie à trépas, immoler, occire, raidir. – POPULAIRE : buter, descendre, faire la peau, flinguer, ratatiner, rectifier, refroidir, zigouiller. – VIEUX : suriner.

élire verbe Choisir en votant. **SYN.** adopter, choisir, désigner, jeter son dévolu sur, nommer, opter pour, plébisciter, préférer.

élite nom féminin Petit groupe des meilleurs. **SYN.** dessus du panier, fine fleur, fleur. – FAMILIER : crème, gratin. – LITTÉRAIRE : aristocratie. **CONTR.** *déchet.* – FAMILIER : *menu fretin.* – LITTÉRAIRE : *écume, lie, rebut.* ■ ***D'élite,*** d'une valeur hors du commun. **SYN.** exceptionnel, remarquable. **CONTR.** *quelconque.*

élixir nom masculin LITTÉRAIRE. Principe le plus pur. **SYN.** – LITTÉRAIRE : quintessence, suc.

elliptique adjectif Dit en peu de mots. **SYN.** bref, concis, laconique, ramassé, succinct, télégraphique. – LITTÉRAIRE : compendieux. **CONTR.** *diffus, prolixe, redondant, verbeux.*

elliptocyte nom masculin Hématie anormale très allongée. **SYN.** ovalocyte.

élocution nom féminin Manière d'articuler des sons. **SYN.** articulation, débit, diction, énonciation, parler, parole, prononciation.

éloge nom masculin Discours écrit à la louange de. **SYN.** apologie, panégyrique, plaidoyer. – LITTÉRAIRE : dithyrambe. **CONTR.** *attaque, diatribe, pamphlet, satire.* – LITTÉRAIRE : *factum, philippique.* ■ Témoignage d'estime. **SYN.** compliment, félicitations, flatterie, louange. **CONTR.** *affront, blâme, calomnie, charge, critique, dénigrement, diffamation, médisance.* – FAMILIER : *débinage.* – LITTÉRAIRE : *admonestation.*

élogieux adjectif Rempli d'éloges. **SYN.** avantageux, dithyrambique, favorable, flatteur, laudatif, louangeur. – LITTÉRAIRE : complimenteur. – RARE : apologique. **CONTR.** *calomnieux, critique, défavorable, dépréciatif, désapprobateur, réprobateur, satirique, sévère.* – LITTÉRAIRE : *fielleux.*

éloigné adjectif Qui est loin dans l'espace. **SYN.** distant, écarté, lointain, perdu, retiré. **CONTR.** *adjacent, approchant, attenant, avoisinant, environnant, immédiat, limitrophe, mitoyen, proche, rapproché, voisin.* – LITTÉRAIRE : *circonvoisin, jouxtant.* ■ Qui est loin dans le temps. **SYN.** ancien, lointain, reculé. – LITTÉRAIRE : antique. **CONTR.** *actuel, contemporain, immédiat, imminent, prochain, récent.*

éloignement nom masculin Fait de s'éloigner de. **SYN.** éclipse, exil, séparation. **CONTR.** *accointance, approche, contact.* ■ Ce qui éloigne. **SYN.** distance, écart, espacement, intervalle. **CONTR.** *proximité, rapprochement.* – LITTÉRAIRE : *voisinage.*

éloigner verbe Mettre à distance. **SYN.** dissiper, écarter, repousser, séparer. **CONTR.** *accrocher, approcher, attacher, coller, joindre, lier, rapprocher.* ■ Détourner quelqu'un de. **SYN.** détacher, détourner, dévier, écarter, mettre à l'écart, tenir à l'écart. **CONTR.** *amener, convier, engager, gagner, inciter, inviter.* ■ Espacer davantage des actions. **SYN.** ajourner, différer, reculer, remettre, renvoyer, retarder, surseoir à. **CONTR.** *avancer, brusquer, hâter, précipiter.* ■ Évincer quelqu'un. **SYN.** bannir, chasser, éconduire, éliminer, exclure, exiler, expulser, rejeter, renvoyer. **CONTR.** *allécher, appâter, appeler, attirer, garder, rallier, rechercher.*

éloigner (s') verbe pronominal Devenir de plus en plus lointain. **SYN.** disparaître, s'effacer, s'estomper. **CONTR.** *approcher, s'approcher, avancer, fondre sur, se rapprocher, serrer.* ■ Quitter un lieu. **SYN.** s'en aller, bouger, déserter, s'exiler, partir, prendre la clef des champs, prendre ses quartiers d'hiver, quitter. **CONTR.** *accoster, affluer, approcher, arriver, rester, venir.* – LITTÉRAIRE : *survenir.* ■ Se détourner de quelqu'un. **SYN.** abandonner, couper le cordon, délaisser, éviter, négliger. **CONTR.** *aborder, s'accorder, accoster, s'acoquiner, s'attacher, fréquenter.* – LITTÉRAIRE : *s'accointer.* ■ Se détacher peu à peu de quelque chose. **SYN.** s'abstraire, se détacher, dévier, diverger, s'écarter, prendre du champ, prendre du recul, prendre ses distances, sortir de, se tenir à l'écart. **CONTR.** *s'attacher, observer, se rapprocher, respecter.*

éloquence nom féminin Art de bien parler. **SYN.** verve, volubilité. – LITTÉRAIRE : faconde. **CONTR.** *mutisme.*

éloquent adjectif Qui parle avec éloquence. **SYN.** convaincant, entraînant, fort, persuasif. – LITTÉRAIRE : verveux. ■ Qui a une signification évidente. **SYN.** expressif, parlant, probant, révélateur, significatif, suggestif, symptomatique.

élucidation nom féminin Action d'élucider quelque chose. **SYN.** clarification, décantation, éclaircissement, explication.

élucider verbe Expliquer ce qui était obscur. **SYN.** clarifier, débrouiller, déchiffrer, démêler, désembrouiller, éclaircir, éclairer, expliquer, interpréter. **CONTR.** *brouiller, embrouiller, obscurcir.*

élucubration *nom féminin* Pensée déraisonnable. SYN. délire, divagation, extravagance. – LITTÉRAIRE : rêverie.

éluder *verbe* Éviter de répondre. SYN. se dérober à, escamoter, esquiver, éviter, fuir, se soustraire à, tourner. – FAMILIER : couper à. CONTR. *affronter, s'attaquer, chercher, poursuivre, rechercher.*

émacié *adjectif* LITTÉRAIRE. Qui est très amaigri. SYN. cachectique, creux, décharné, exsangue, hâve, maigre, sec, squelettique, tiré. – LITTÉRAIRE : étique. CONTR. *adipeux, bouffi, boursouflé, charnu, empâté, gras, gros, plantureux, plein, potelé, rebondi, rond.* – FAMILIER : *dodu, grassouillet, rondelet, rondouillard.*

émacier (s') *verbe pronominal* LITTÉRAIRE. Devenir très maigre. SYN. s'amaigrir, maigrir. CONTR. *s'empâter, engraisser, grossir.*

e-mail *nom masculin* Courrier électronique. SYN. courriel, mél.

émailler *verbe* Glisser çà et là des détails. SYN. agrémenter, consteller, joncher, parsemer. – LITTÉRAIRE : étoiler, saupoudrer.

émanation *nom féminin* Gaz, odeur qui émane de. SYN. arôme, bouffée, dégagement, effluve, exhalaison, fumet, miasmes, odeur, parfum. – LITTÉRAIRE : aura, fragrance, halo. ■ Ce qui procède de. SYN. expression, manifestation.

émancipateur *nom masculin* Celui qui affranchit. SYN. libérateur. – VIEUX : affranchisseur.

émancipation *nom féminin* Action de s'affranchir d'un lien. SYN. affranchissement, libération. – LITTÉRAIRE : délivrance. CONTR. *asservissement, contrainte, dépendance, oppression, subordination.* – LITTÉRAIRE : *assujettissement, chaînes, joug, servitude.*

émancipé *adjectif* Libéré d'une dépendance. SYN. affranchi, indépendant, libre. CONTR. *asservi, assujetti, dépendant.*

émanciper *verbe* Rendre libre. SYN. affranchir, délier, délivrer, libérer. CONTR. *asservir, juguler, museler, soumettre.* – LITTÉRAIRE : *assujettir, domestiquer, enchaîner.*

émanciper (s') *verbe pronominal* Se libérer d'une dépendance. SYN. s'affranchir, se dégager, se libérer. CONTR. *s'enchaîner, s'inféoder.*

émaner *verbe* Provenir d'un corps, d'un objet. SYN. se dégager, s'exhaler, sortir. – LITTÉRAIRE : sourdre. ■ Tirer son origine de. SYN. découler, dériver, procéder, provenir, se rattacher, tenir, venir.

émasculation *nom féminin* LITTÉRAIRE. Privation de force. SYN. affaiblissement, amollissement. – LITTÉRAIRE : abâtardissement.

émasculer *verbe transitif* Castrer un mâle. SYN. châtrer, déviriliser, stériliser. ■ LITTÉRAIRE. Rendre faible. SYN. affaiblir, amollir, débiliter. – LITTÉRAIRE : abâtardir.

embâcle *nom masculin* Obstruction par amoncellement de glaces. CONTR. *débâcle.*

emballage *nom masculin* Ce qui sert à emballer. SYN. conditionnement, empaquetage. ■ Action d'emballer. SYN. conditionnement, empaquetage, encaissement. CONTR. *déballage, dépaquetage.*

emballant *adjectif* FAMILIER. Qui provoque l'enthousiasme. SYN. captivant, enivrant, enthousiasmant, exaltant, excitant, grisant, passionnant. CONTR. *consternant, ennuyeux.* – FAMILIER : *assommant.*

emballé *adjectif* FAMILIER. Qui est enthousiasmé. SYN. chaud, enchanté, enthousiasmé, enthousiaste, exalté, extasié, passionné, ravi, survolté. – FAMILIER : excité. CONTR. *démoralisé, désabusé, froid, indifférent, refroidi, sceptique.*

emballement *nom masculin* Enthousiasme soudain. SYN. admiration, chaleur, engouement, enthousiasme, entraînement, exaltation, fougue, ivresse, passion. – LITTÉRAIRE : entichement, foucade, transport. CONTR. *flegme, froideur, indifférence, scepticisme.*

emballer *verbe* Mettre dans un emballage. SYN. conditionner, empaqueter, encaisser, envelopper, paqueter. CONTR. *déballer, dépaqueter, déplier, désemballer, développer, ouvrir.* ■ FAMILIER. Remplir d'admiration. SYN. enchanter, enthousiasmer, exalter, exciter, griser, ravir. – LITTÉRAIRE : transporter. ■ POPULAIRE. Arrêter quelqu'un. SYN. appréhender, arrêter, attraper, capturer. – FAMILIER : boucler, choper, coffrer, cueillir, embarquer, harponner, ramasser. – POPULAIRE : agrafer, alpaguer.

emballer (s') *verbe pronominal* FAMILIER. Se laisser emporter par l'enthousiasme. SYN. admirer, s'engouer, s'enthousiasmer, s'enticher, s'éprendre, être tout feu tout flammes, s'exalter, se jeter à corps perdu dans, se passionner, raffoler. – FAMILIER : se coiffer, s'exciter, se toquer. CONTR. *se contenir, se maîtriser.* ■ FAMILIER. Se laisser emporter par la colère. SYN. se cabrer, se déchaîner, décharger sa bile, éclater, s'emporter, entrer dans une rage folle, être en colère, être fou de rage, être fou furieux, être hors de soi, se fâcher, fulminer, se hérisser, s'irriter, se mettre en colère, monter sur ses grands chevaux, se monter, ne pas décolérer, prendre la mouche, prendre le mors aux dents, sortir de ses gonds, voir rouge. – FAMILIER : avoir une poussée d'adrénaline, être en boule, être en pétard, être en rogne, exploser, se fâcher tout rouge, grimper au cocotier, grimper aux rideaux, se mettre en boule, se mettre en pétard, se mettre en rogne, la moutarde me (lui) monte au nez, piquer une crise. – POPULAIRE : pousser un coup de gueule, pousser une gueulante.

embarbouiller *verbe* FAMILIER. Troubler quelqu'un. SYN. embrouiller, perturber.

embarcadère *nom masculin* Plate-forme au bord de l'eau. SYN. appontement, débarcadère, quai.

embarcation *nom féminin* Petit bateau. SYN. barque, canot.

embardée *nom féminin* Fait de se dévier de sa trajectoire. SYN. déportement, écart.

embargo *nom masculin* Suspension des exportations. SYN. blocus, boycott, boycottage. ■ Mesure d'interdiction. SYN. confiscation, mainmise, saisie.

embarquement *nom masculin* Action d'embarquer. SYN. départ, partance. CONTR. *arrivée, débarquement.*

embarquer *verbe intransitif* Prendre place à bord de. SYN. monter. CONTR. *débarquer, descendre.*

embarquer *verbe transitif* Prendre à son bord. SYN. charger, faire monter. CONTR. *débarquer, décharger.* ■ Pousser quelqu'un dans une affaire. SYN. empêtrer, entraîner, porter. – FAMILIER : embringuer, engager. ■ FAMILIER. Arrêter quelqu'un. SYN. appréhender, arrêter, attraper, capturer. – FAMILIER : choper, coffrer, cueillir, harponner, ramasser. – POPULAIRE : agrafer, alpaguer, emballer. ■ FAMILIER. Emporter quelque chose. SYN. enlever, prendre, voler. – POPULAIRE : ratiboiser.

embarquer (s') *verbe pronominal* S'engager dans une affaire. SYN. s'attaquer à, s'atteler, s'aventurer, s'engager sur un terrain glissant, entreprendre, se jeter, se lancer dans, mettre le doigt dans l'engrenage. CONTR. *abandonner, renoncer.*

embarras *nom masculin* État d'incertitude. SYN. doute, hésitation, incertitude, indécision, indétermination, irrésolution, perplexité. CONTR. *assurance, décision, résolution.* ■ Sentiment de gêne. SYN. confusion, gaucherie, gêne, honte, intimidation, malaise, timidité, trouble. CONTR. *aisance, aplomb, assurance, audace, hardiesse.* – LITTÉRAIRE : *aise.* ■ Ce qui constitue une gêne. SYN. accroc, affaire, complication, contrainte, contretemps, difficulté, ennui, entrave, gêne, obstacle, obstruction, peine, problème. – FAMILIER : embêtement, enquiquinement. – LITTÉRAIRE : aria. CONTR. *satisfaction.*

embarrassant *adjectif* Qui encombre. SYN. encombrant, gênant, volumineux. ■ Qui met dans l'embarras. SYN. déconcertant, délicat, déroutant, difficile, ennuyeux, épineux, gênant, inconfortable, préoccupant, troublant. – FAMILIER : enquiquinant. – LITTÉRAIRE : scabreux. – POPULAIRE : chiant. CONTR. *aisé, facile, simple.*

embarrassé *adjectif* Qui éprouve de la gêne. SYN. confus, contraint, emprunté, gauche, gêné, hésitant, incertain, indécis, irrésolu, perplexe. CONTR. *assuré, décidé, dégagé, désinvolte, hardi, libre, naturel, net, résolu, spontané, sûr.*

embarrasser *verbe* Être une gêne pour quelqu'un. SYN. déranger, encombrer, entraver. – FAMILIER : embêter, enquiquiner. – LITTÉRAIRE : importuner. – POPULAIRE : emmerder. ■ Mettre dans l'embarras. SYN. déconcerter, décontenancer, dérouter, désarçonner, désorienter, empêtrer, gêner, interloquer, intimider, prendre au dépourvu, troubler. CONTR. *libérer, rassurer, tranquilliser.*

embarrasser (s') *verbe pronominal* S'encombrer de quelque chose, de quelqu'un. SYN. s'empêtrer, s'entraver. CONTR. *se débarrasser, se décharger, se libérer.* ■ Tenir compte de quelque chose. SYN. s'inquiéter, se préoccuper, se soucier, se tourmenter. ■ S'empêtrer dans quelque chose. SYN. s'embourber, s'embrouiller, s'emmêler, s'enchevêtrer, patauger. – FAMILIER : cafouiller, s'emberlificoter, s'emmêler les pieds, s'entortiller, se prendre les pieds dans le tapis. – POPULAIRE : s'emmêler les crayons, s'emmêler les pédales, s'emmêler les pinceaux. CONTR. *se dégager, se dépêtrer.*

embastiller *verbe* LITTÉRAIRE. Enfermer dans une prison. SYN. écrouer, emprisonner, incarcérer.

embauchage *nom masculin* Action d'embaucher. SYN. embauche, engagement, recrutement. CONTR. *débauchage, licenciement, renvoi.* – FAMILIER : *dégraissage.* ■ Action de recruter des partisans. SYN. embrigadement, enrôlement, recrutement.

embauche *nom féminin* Action d'embaucher. SYN. embauchage, engagement, recrutement. CONTR. *débauchage, licenciement, renvoi.* – FAMILIER : *dégraissage.*

embaucher *verbe* Engager pour un travail. SYN. employer, engager, recruter. CONTR. *chasser, congédier, débaucher, démissionner, licencier, limoger, mettre à pied, remercier, renvoyer, révoquer, suspendre.*

embaumement *nom masculin* Procédé pour embaumer les cadavres. SYN. thanatopraxie.

embaumer *verbe intransitif* Répandre une odeur agréable. SYN. fleurer, sentir bon. CONTR. *empester, puer.* – FAMILIER : *ne pas sentir la rose.* – POPULAIRE : *chlinguer, cocoter, cocotter, cogner, dégager, fouetter, schlinguer.*

embaumer *verbe transitif* Remplir d'une bonne odeur. SYN. parfumer. CONTR. *empoisonner, empuantir.*

embellie *nom féminin* Amélioration climatique. SYN. accalmie, bonace, éclaircie. CONTR. *bourrasque, grain, ouragan.* ■ Moment plus serein. SYN. accalmie, amélioration, apaisement, calme, détente.

embellir *verbe* Rendre beau ou plus beau. SYN. agrémenter, arranger, avantager, décorer, égayer, enjoliver, garnir, orner. – LITTÉRAIRE : habiller, parer. CONTR. *défigurer, déparer, détériorer, enlaidir, gâcher, gâter.* ■ Montrer une chose sous un jour meilleur. SYN. améliorer, enjoliver, flatter, idéaliser, poétiser, rehausser. – LITTÉRAIRE : farder. CONTR. *amoindrir, avilir, dégrader, déprécier, minimiser, rabaisser.* – LITTÉRAIRE : *noircir.*

embellissement *nom masculin* Élément qui embellit. SYN. agrément, décoration, enjolivure. – LITTÉRAIRE : fioriture, parure. ■ Action d'embellir. SYN. amélioration, enjolivement, ornementation. CONTR. *dégradation.*

emberlificoté *adjectif* FAMILIER. Qui est confus. SYN. filandreux. CONTR. *clair, lumineux.*

emberlificoter *verbe* FAMILIER. Embrouiller quelqu'un. SYN. embrouiller, emmêler, empêtrer, endormir, enjôler. – FAMILIER : embobeliner, embobiner, embringuer, entortiller.

emberlificoter (s') *verbe pronominal* FAMILIER. Se prendre les pieds dans. SYN. s'embarrasser, s'empêtrer, s'enchevêtrer. ■ FAMILIER. S'embrouiller dans quelque chose. SYN. s'embarrasser, s'embourber, s'embrouiller, s'emmêler, s'enchevêtrer, patauger. – FAMILIER : cafouiller, s'emmêler les pieds, s'entortiller, se prendre les pieds dans le tapis. – POPULAIRE : s'emmêler les crayons, s'emmêler les pédales, s'emmêler les pinceaux.

embêtant *adjectif* FAMILIER. Qui cause des soucis. SYN. agaçant, déplaisant, désagréable, désolant, ennuyeux, fâcheux, tracassant. – FAMILIER : empoisonnant, enquiquinant. – LITTÉRAIRE : importun. – POPULAIRE : emmerdant. ■ FAMILIER. Qui engendre de l'ennui. SYN. ennuyeux, fastidieux, fatigant, lassant. – FAMILIER : assommant, barbant, bassinant, casse-pieds, empoisonnant, enquiquinant, rasant, rasoir, soûlant, tannant, tuant. – POPULAIRE : canulant, chiant, chiatique, emmerdant, suant. CONTR. *agréable, amusant, captivant, délassant, distrayant, divertissant, excitant, intéressant, passionnant, plaisant, récréatif.*

embêté *adjectif* FAMILIER. Qui a des soucis. SYN. contrarié, désolé, ennuyé, fâché, mécontent, navré. CONTR. *charmé, content, enchanté, heureux, ravi.*

embêtement *nom masculin* FAMILIER. Ce qui donne du souci. SYN. contrariété, désagrément, embarras, ennui, problème, souci, tracas, tracasserie. – FAMILIER : empoisonnement, enquiquinement. – POPULAIRE : emmerdement. CONTR. *joie, plaisir.*

embêter *verbe* FAMILIER. Causer de la contrariété à quelqu'un. SYN. agacer, chagriner, contrarier, désoler, embarrasser, tourmenter, tracasser. – FAMILIER : chicaner, chiffonner, défriser, empoisonner, enquiquiner, faire suer, tanner, turlupiner. – POPULAIRE : canuler, emmerder, faire braire, faire chier. ■ FAMILIER. Faire éprouver de l'ennui. SYN. assommer, ennuyer, lasser. – FAMILIER : barber, barbifier, casser les pieds, enquiquiner, raser. – POPULAIRE : cavaler, emmerder, faire chier. CONTR. *amuser, capter, captiver, charmer, délasser, désennuyer, distraire, divertir, égayer, intéresser, passionner, plaire, ravir, satisfaire, séduire.* ■ FAMILIER. Provoquer l'énervement. SYN. agacer, ennuyer, fatiguer. – FAMILIER : bassiner, casser les pieds, empoisonner, enquiquiner, prendre la tête, tanner. – LITTÉRAIRE : importuner, soûler. – POPULAIRE : canuler, casser les bonbons, emmerder, faire chier, gonfler, pomper.

embêter (s') *verbe pronominal* FAMILIER. Éprouver de l'ennui. SYN. s'ennuyer, errer comme une âme en peine, être comme une âme en peine, se morfondre, trouver le temps long. – FAMILIER : avoir le blues, avoir le bourdon, se barber, se casser les pieds, s'empoisonner, s'enquiquiner, se faire suer, se raser. – POPULAIRE : s'emmerder, se faire chier. CONTR. *s'amuser, se distraire, se divertir.*

emblématique *adjectif* Qui tient de l'emblème. SYN. allégorique, symbolique.

emblème *nom masculin* Ce qui symbolise. SYN. image, incarnation, personnification, symbole. ■ Marque distinctive. SYN. insigne, marque, signe.

embobeliner *verbe* FAMILIER. Séduire par des paroles insidieuses. SYN. abuser, emmêler, empêtrer, endormir, enjôler, séduire. – FAMILIER : emberlificoter, embobiner, embringuer, entortiller.

embobiner *verbe* FAMILIER. Séduire pour tromper. SYN. abuser, amadouer, bercer de paroles, berner, circonvenir, égarer, endormir, enjôler, faire avaler des couleuvres, faire marcher, induire en erreur, leurrer, se moquer de, mystifier, piéger, rouler dans la farine, tromper. – FAMILIER : attraper, avoir, baratiner, blouser, bluffer, emberlificoter, embobeliner, empaumer, empiler, entortiller, feinter, ficher dedans, flouer, mener en bateau, mettre dedans, monter un bateau, pigeonner, posséder, refaire, rouler. – LITTÉRAIRE : en faire accroire, gruger, se jouer de. – POPULAIRE : baiser, entuber, foutre dedans, niquer.

emboîter *verbe* Assembler deux éléments. SYN. abboucher, abouter, ajuster, encastrer, enchâsser, imbriquer, insérer, joindre. CONTR. *disjoindre, disloquer.*

emboîter (s') *verbe pronominal* Se mettre l'un dans l'autre. SYN. s'assembler, s'encastrer, s'engager, s'imbriquer, s'insérer. – LITTÉRAIRE : s'insinuer.

embonpoint *nom masculin* Surcharge de poids. SYN. adiposité, corpulence, engraissement, grosseur, rondeur. – FAMILIER : rotondité. – LITTÉRAIRE : opulence. CONTR. *maigreur, minceur.* – LITTÉRAIRE : *sveltesse.*

embossure *nom féminin* Cordage pour amarrer. SYN. croupiat.

embouquement *nom masculin* Action de s'engager dans une passe. SYN. engainement.

embouquer *verbe* S'engager dans une passe étroite. SYN. engainer.

embourber *verbe* Enfoncer un véhicule dans la boue. SYN. enliser, envaser. CONTR. *débourber, désembourber.* ■ Entraîner dans une situation difficile. SYN. embrouiller, empêtrer, enferrer, enfoncer, engloutir.

embourber (s') *verbe pronominal* S'enfoncer dans la boue. SYN. s'enliser, s'envaser. ■ S'empêtrer dans une affaire difficile. SYN. s'embrouiller, s'empêtrer, s'enferrer, être dans le pétrin, être dans une mauvaise passe, se noyer, patauger. – FAMILIER : s'emberlificoter, s'entortiller, être dans de beaux draps, être dans la panade, nager, ne pas être sorti de l'auberge. – POPULAIRE : être dans la merde. CONTR. *se dépêtrer, s'en sortir, se tirer d'affaire, s'en tirer.* – FAMILIER : *se débrouiller, se dépatouiller.* – POPULAIRE : *se démerder.*

embouteillage *nom masculin* Saturation d'un réseau. SYN. bouchon, encombrement, engorgement.

embouteiller *verbe* Obstruer un lieu. SYN. bloquer, boucher, congestionner, encombrer, engorger, gêner, obstruer. CONTR. *libérer.*

emboutir *verbe* Enfoncer un véhicule. SYN. cogner, défoncer, démolir, enfoncer, heurter, percuter, rentrer dans, tamponner, télescoper. – FAMILIER : caramboler. – POPULAIRE : bigorner, emplafonner.

embranchement *nom masculin* Point de jonction. SYN. bifurcation, carrefour, croisement, entrecroisement, fourche, jonction.

embrancher (s') *verbe pronominal* Se raccorder à. SYN. s'aboucher, se raccorder.

embrasé *adjectif* LITTÉRAIRE. Qui est illuminé. SYN. enflammé, incandescent. – LITTÉRAIRE : empourpré, enluminé. ■ LITTÉRAIRE. Qui s'exalte. SYN. ardent, bouillant, brûlant, enflammé, enthousiaste, excité, surexcité.

embrasement *nom masculin* LITTÉRAIRE. Fait de s'embraser. SYN. rougeoiement. – LITTÉRAIRE : flamboiement, incendie.

embraser *verbe* LITTÉRAIRE. Rendre quelque chose brûlant. SYN. brûler, calciner, chauffer, surchauffer. ■ LITTÉRAIRE. Exalter quelqu'un. SYN. allumer, attiser, enfiévrer, exciter. – LITTÉRAIRE : enflammer. ■ LITTÉRAIRE. Illuminer quelque chose. SYN. illuminer. – LITTÉRAIRE : empourprer, enflammer, enluminer, incendier. CONTR. *obscurcir.*

embraser (s') *verbe pronominal* LITTÉRAIRE. Montrer de l'exaltation. SYN. s'enfiévrer, s'enflammer, s'enthousiasmer, être tout feu tout flammes, s'exalter, se passionner. CONTR. *s'apaiser, se calmer.* ■ LITTÉRAIRE. Prendre feu. SYN. brûler, s'enflammer, s'illuminer. – POPULAIRE : cramer.

embrassade *nom féminin* Action de s'embrasser. SYN. accolade, baiser. – LITTÉRAIRE : embrassements, étreinte.

embrassements *nom masculin pluriel* LITTÉRAIRE. Fait de s'embrasser. SYN. accolade, embrassade. – LITTÉRAIRE : étreinte.

embrasser *verbe* Donner un baiser. SYN. baiser. – ARGOTIQUE : rouler un palot, rouler une galoche, sucer la pomme. – FAMILIER : bécoter, bisouiller, bisouter, faire un bisou. – POPULAIRE : rouler un patin, rouler une pelle. – VIEUX : baisoter. ■ LITTÉRAIRE. S'engager dans une voie. SYN. adhérer à, adopter, épouser, se rallier, suivre. ■ LITTÉRAIRE. Saisir par la pensée. SYN. assimiler, comprendre, concevoir, connaître, entrer, pénétrer, voir. – POPULAIRE : entraver. ■ LITTÉRAIRE. Contenir quelque chose. SYN. comporter, couvrir, englober, s'étendre, occuper, renfermer. ■ LITTÉRAIRE. Prendre dans ses bras. SYN. enlacer, enserrer, étreindre, serrer.

embrasser (s') *verbe pronominal* Se donner des baisers. SYN. – ARGOTIQUE : se fricasser le museau, se sucer la couenne, se sucer la pomme, se sucer le museau.

embrigadement *nom masculin* Action d'embrigader quelqu'un. SYN. embauchage, endoctrinement, enrégimentement, enrôlement, recrutement.

embrigader *verbe* Faire entrer dans un groupe. SYN. enrégimenter, enrôler, mobiliser, racoler, recruter.

embringuer *verbe* FAMILIER. Entraîner dans une affaire. SYN. embarquer, empêtrer, mêler, porter, pousser. – FAMILIER : emberlificoter, embobeliner, engager, entortiller.

embrouillage *nom masculin* FAMILIER. Fait d'être embrouillé. SYN. emmêlement, enchevêtrement. – FAMILIER : embrouillement.

embrouillamini *nom masculin* FAMILIER. Grande confusion. SYN. confusion, désordre, fouillis, galimatias, imbroglio. – FAMILIER : brouillamini, cafouillage, cafouillis, méli-mélo, micmac, pagaïe, pagaille, pastis, sac de nœuds, sac d'embrouilles, salades, salmigondis. – POPULAIRE : bin's, bin'z, bordel, merdier.

embrouillé *adjectif* Rendu obscur. SYN. brumeux, complexe, compliqué, confus, dédaléen, embrumé, filandreux, fumeux, inextricable, obscurci. – FAMILIER : entortillé. – LITTÉRAIRE : labyrinthique, ténébreux. CONTR. *clair, limpide, lumineux, simple.*

embrouillement *nom masculin* FAMILIER. Fait d'être embrouillé. SYN. brouillement, emmêlement, enchevêtrement. – FAMILIER : embrouillage.

embrouiller *verbe* Emmêler quelque chose. SYN. enchevêtrer, mélanger, mêler. CONTR. *classifier, débrouiller, démêler, dénouer, ordonner, organiser.* ■ Rendre une affaire confuse. SYN. brouiller, complexifier, compliquer, emmêler, obscurcir. – FAMILIER : entortiller. CONTR. *clarifier, débrouiller, décanter, démêler, dénouer, désembrouiller, éclaircir, éclairer, élucider, simplifier.* ■ Troubler quelqu'un. SYN. perturber. – FAMILIER : embarbouiller, emberlificoter.

embrouiller (s') *verbe pronominal* Se mêler confusément. SYN. se brouiller, s'emmêler, s'enchevêtrer, s'entrelacer, s'obscurcir. CONTR. *se clarifier, se démêler, s'éclaircir.* ■ S'empêtrer dans quelque chose. SYN. s'embarrasser, s'embourber, s'emmêler, s'empêtrer, s'enchevêtrer, s'enliser, patauger. – FAMILIER : cafouiller, s'emmêler les pieds, s'entortiller, se prendre les pieds dans le tapis. – POPULAIRE : s'emmêler les crayons, s'emmêler les pédales, s'emmêler les pinceaux. CONTR. *se dépêtrer, savoir s'y prendre, savoir y faire, s'en sortir, se tirer d'affaire, s'en tirer.* – FAMILIER : *se débrouiller, se dépatouiller.* – POPULAIRE : *se démerder.*

embruiné *adjectif* Couvert de bruine. SYN. brumeux, embrumé.

embrumé *adjectif* Devenu trouble. SYN. brouillé, embrouillé, embué, humide, voilé.

embryon *nom masculin* Début de quelque chose. SYN. amorce, commencement, ébauche, germe. – LITTÉRAIRE : enfance, levain.

embûche *nom féminin* Obstacle à une action. SYN. chausse-trape, chausse-trappe, difficulté, piège, traquenard.

embué *adjectif* Comme couvert de buée. SYN. embrumé, humide, imbibé, mouillé.

embuscade *nom féminin* Attaque par surprise. SYN. guet-apens, piège, souricière, traquenard.

embusqué *adjectif* Qui se met en embuscade. SYN. dissimulé, posté. – POPULAIRE : planqué.

embusquer (s') *verbe pronominal* Se mettre en embuscade. SYN. se cacher, se poster. – LITTÉRAIRE : se bauger. – POPULAIRE : se planquer.

éméché *adjectif* FAMILIER. Qui est un peu soûl. SYN. aviné, enivré, gai, gris. – FAMILIER : parti, pompette, saoul, soûl. – POPULAIRE : paf, rond. CONTR. – FAMILIER : *à jeun.*

émergement *nom masculin* Action d'émerger. SYN. affleurement, émersion. CONTR. *immersion.*

émerger *verbe* Apparaître quelque part. SYN. affleurer, se montrer, paraître, sortir. – LITTÉRAIRE : poindre, pointer, sourdre, surgir. ■ Se distinguer d'un groupe. SYN. arriver, se dégager, se distinguer, exceller, s'illustrer, percer, se recommander, se signaler. CONTR. *disparaître.* ■ FAMILIER. Sortir du sommeil. SYN. s'éveiller, se réveiller. CONTR. *s'assoupir, s'endormir.* ■ FAMILIER. Sortir d'une situation difficile. SYN. voir le bout, voir le bout du tunnel, voir le jour. CONTR. *s'enliser, sombrer.* – FAMILIER : *toucher le fond.*

émérite *adjectif* Qui a du talent. SYN. éminent, expérimenté, extraordinaire, habile, incomparable, insigne, remarquable, réputé, supérieur. – FAMILIER : chevronné. – LITTÉRAIRE : distingué. CONTR. *pauvre, petit.*

émersion *nom féminin* Action d'émerger. SYN. affleurement, émergement. CONTR. *immersion.*

émerveillement *nom masculin* État de celui qui s'émerveille. SYN. admiration, ébahissement, éblouissement, enchantement, extase, fascination, ravissement. CONTR. *déception, désenchantement, désillusion.*

émerveiller *verbe* Susciter l'admiration de. SYN. charmer, éblouir, enchanter, fasciner, ravir, régaler. CONTR. *décevoir, désillusionner.* – LITTÉRAIRE : *désenchanter.*

émerveiller (s') *verbe pronominal* Éprouver de l'émerveillement. SYN. admirer, crier (au) miracle, s'ébahir, s'enflammer, s'enthousiasmer, s'exclamer, s'extasier, se pâmer. – FAMILIER : s'exciter.

émétique *adjectif et nom masculin* Qui fait vomir. SYN. vomitif.

émettre *verbe* Produire un son, une lumière. SYN. dégager, diffuser, exhaler, jeter, lancer, pousser, propager, rendre, répandre. ■ Exprimer une idée. SYN. énoncer, formuler, proférer, publier.

émeute *nom féminin* Agitation populaire. SYN. agitation, insurrection, mouvement, mutinerie, révolte, sédition, soulèvement, troubles. CONTR. *paix.*

émeutier *nom* Personne qui pousse à l'émeute. SYN. agitateur, insurgé, mutin, perturbateur, révolté, séditieux, trublion. CONTR. *pacificateur.*

émigrant *adjectif* et *nom* Qui émigre. CONTR. *immigrant.*

émigration *nom féminin* Action d'émigrer. SYN. exil, exode, expatriation, transplantation. – LITTÉRAIRE : transmigration. CONTR. *immigration.*

émigrer *verbe* Quitter son pays. SYN. s'exiler, s'expatrier. – LITTÉRAIRE : transmigrer. CONTR. *immigrer.*

éminemment *adverbe* À un très haut degré. SYN. exceptionnellement, extrêmement, fabuleusement, immensément, incroyablement, particulièrement, au plus haut degré, au plus haut point, prodigieusement, profondément, supérieurement. – FAMILIER : superlativement. – LITTÉRAIRE : furieusement.

éminence *nom féminin* Élévation de terrain. SYN. bosse, butte, colline, coteau, hauteur, mamelon, monticule, tertre. – LITTÉRAIRE : proéminence. – VIEUX : élévation. CONTR. *cavité, dépression.*

éminent *adjectif* Au-dessus du niveau commun. SYN. beau, brillant, élevé, émérite, d'exception, exceptionnel, extraordinaire, grand, illustre, important, incomparable, inégalé, insigne, intéressant, marquant, noble, remarquable, réputé, supérieur. – FAMILIER : décoratif. – LITTÉRAIRE : distingué, suréminent. CONTR. *effacé, falot, médiocre, ordinaire, pauvre, petit, vide, vulgaire.*

émissaire *nom masculin* Personne chargée d'une mission. SYN. agent, ambassadeur, délégué, envoyé, messager, négociateur, parlementaire.

émission *nom féminin* Ce que rejette un volcan. SYN. crachement, éruption, projection. ■ Action d'émettre quelque chose. SYN. diffusion, production. CONTR. *réception.*

émissole *nom féminin* Petit requin vivipare. SYN. aiguillat.

emmagasiner *verbe* Garder en réserve des produits. SYN. accumuler, engranger, entasser, entreposer, remiser, stocker. ■ Garder en mémoire. SYN. engranger, enregistrer, mémoriser, retenir.

emmailloter *verbe* Mettre un bébé dans des langes. SYN. envelopper, langer. CONTR. *démailloter.* ■ Envelopper quelque chose. SYN. entortiller, recouvrir. CONTR. *démailloter.*

emmancher *verbe* FAMILIER. Engager une affaire. SYN. amorcer, entamer, entreprendre.

emmancher (s') *verbe pronominal* FAMILIER. Se présenter de telle manière. SYN. commencer, débuter, démarrer, s'ébaucher, s'engager.

emmanchure *nom féminin* Ouverture pour le bras. SYN. entournure.

emmêlé *adjectif* Qui est embrouillé. SYN. complexe, compliqué. – LITTÉRAIRE : labyrinthique.

emmêlement *nom masculin* Fait d'être emmêlé. SYN. confusion, enchevêtrement, fouillis. – FAMILIER : embrouillage, embrouillamini, embrouillement. – LITTÉRAIRE : entremêlement.

emmêler *verbe* Mettre du désordre dans. SYN. enchevêtrer, entremêler, mélanger, mêler. CONTR. *démêler, ordonner, organiser.* ■ Rendre confus. SYN. brouiller, complexifier, compliquer, embrouiller, obscurcir. – FAMILIER : emberlificoter, embobeliner, entortiller. CONTR. *débrouiller, décanter, déchiffrer, démêler, éclaircir, éclairer.*

emmêler (s') *verbe pronominal* Devenir complexe. SYN. se brouiller, s'embrouiller, s'enchevêtrer, s'entrelacer, s'entremêler. – FAMILIER : cafouiller, s'entortiller.

emménagement *nom masculin* Action d'emménager. SYN. installation. CONTR. *déménagement.*

emménager *verbe* S'installer dans un nouveau logement. SYN. s'établir, se fixer, s'installer. CONTR. *déménager.*

emmener *verbe* Mener quelqu'un quelque part. SYN. conduire, diriger, mettre, transporter. ■ FAMILIER. Prendre quelque chose avec soi. SYN. apporter, emporter. – FAMILIER : amener.

emmerdant *adjectif* POPULAIRE. Qui engendre de l'ennui. SYN. agaçant, endormant, ennuyeux, fastidieux, fatigant, insipide, lassant, mortel. – FAMILIER : assommant, barbant, bassinant, casse-pieds, embêtant, empoisonnant, enquiquinant, rasant, rasoir, soûlant, tannant, tuant. – POPULAIRE : canulant, chiant, chiatique, suant. CONTR. *agréable, amusant, captivant, délassant, distrayant, divertissant, excitant, intéressant, palpitant, passionnant.* – FAMILIER : *folichon.* ■ POPULAIRE. Qui cause des soucis. SYN. agaçant, déplaisant, désagréable, désolant, ennuyeux, fâcheux, gênant, préoccupant, tracassant. – FAMILIER : embêtant, empoisonnant, enquiquinant. – LITTÉRAIRE : importun. CONTR. *agréable, plaisant.*

emmerdement *nom masculin* POPULAIRE. Ce qui cause du souci. SYN. à-coup, complication, contretemps, déboire, désagrément, difficulté, embarras, ennui, souci, tourment, tracas. – **FAMILIER** : embêtement, empoisonnement, enquiquinement, os, pépin, tuile. – **LITTÉRAIRE** : aria, incommodité. – **POPULAIRE** : emmerde.

emmerder *verbe* POPULAIRE. Causer de la contrariété à quelqu'un. **SYN.** agacer, chagriner, contrarier, désoler, embarrasser, tourmenter, tracasser. – **FAMILIER** : chicaner, chiffonner, défriser, embêter, empoisonner, enquiquiner, faire suer, turlupiner. – **LITTÉRAIRE** : importuner. – **POPULAIRE** : faire braire, faire chier. ▪ POPULAIRE. Faire éprouver de l'ennui. **SYN.** assommer, ennuyer, lasser. – **FAMILIER** : barber, barbifier, casser les pieds, embêter, enquiquiner, raser. – **POPULAIRE** : cavaler. **CONTR.** *amuser, captiver, charmer, délasser, désennuyer, distraire, divertir, intéresser, passionner, ravir, séduire.* ▪ POPULAIRE. Provoquer l'énervement. **SYN.** agacer, ennuyer, fatiguer. – **FAMILIER** : bassiner, casser les pieds, empoisonner, enquiquiner, prendre la tête, tanner. – **LITTÉRAIRE** : importuner, soûler. – **POPULAIRE** : canuler, casser les bonbons, courir sur le haricot, courir sur le système, gonfler, pomper.

emmerder (s') *verbe pronominal* POPULAIRE. Éprouver de l'ennui. **SYN.** s'ennuyer, errer comme une âme en peine, être comme une âme en peine, se morfondre, trouver le temps long. – **FAMILIER** : avoir le blues, avoir le bourdon, se barber, se casser les pieds, s'embêter à cent sous de l'heure, s'embêter, s'empoisonner, s'ennuyer à cent sous de l'heure, s'enquiquiner, se faire suer, se raser. – **POPULAIRE** : se faire chier. **CONTR.** *s'amuser, se distraire, se divertir.*

emmerdeur *nom* POPULAIRE. Personne qui agace. **SYN.** gêneur. – **FAMILIER** : casse-pieds, crampon, empêcheur de danser en rond, empêcheur de tourner en rond, empoisonneur, enquiquineur, pot de colle, raseur. – **LITTÉRAIRE** : fâcheux, importun. – **POPULAIRE** : casse-bonbons, casse-couilles.

émoi *nom masculin* LITTÉRAIRE. Émotion vive. **SYN.** agitation, bouleversement, confusion, effervescence, émotion, fièvre, perturbation, trouble. **CONTR.** *froideur.*

émoluments *nom masculin pluriel* Salaire attaché à un emploi. **SYN.** appointements, cachet, paie, paye, rémunération, rétribution, salaire, traitement.

émondage *nom masculin* Action d'émonder un arbre. **SYN.** ébranchage, élagage, taille.

émonder *verbe* Couper des branches. **SYN.** ébrancher, égayer, élaguer, tailler. ▪ Retrancher le superflu. **SYN.** couper, enlever, ôter, rogner, soustraire, supprimer.

émotif *adjectif* Relatif aux émotions. **SYN.** affectif, émotionnel. ▪ Qui s'émeut facilement. **SYN.** hypersensible, impressionnable, intimidable, nerveux, sensible, sensitif, sentimental. – **FAMILIER** : émotionnable. **CONTR.** *amorphe, apathique, blasé, flegmatique, froid, impassible, imperturbable, insensible, lymphatique, placide.*

émotion *nom féminin* Trouble subit. **SYN.** agitation, exaltation, fièvre. – **LITTÉRAIRE** : émoi. ▪ Réaction affective. **SYN.** bouleversement, commotion, coup, ébranlement, saisissement, secousse.

émotionnable *adjectif* FAMILIER. Qui s'émeut facilement. **SYN.** émotif, hypersensible, impressionnable, nerveux, sensible, sensitif. **CONTR.** *amorphe, apathique, blasé, flegmatique, froid, impassible, imperturbable, insensible, placide.*

émotionnel *adjectif* Qui concerne l'émotion. **SYN.** affectif, émotif.

émotionner *verbe* FAMILIER. Causer une émotion à quelqu'un. **SYN.** agiter, apitoyer, bouleverser, commotionner, ébranler, émouvoir, fendre l'âme, fendre le cœur, frapper, impressionner, remuer, retourner, secouer, toucher, troubler. – **FAMILIER** : prendre aux tripes, révolutionner. – **LITTÉRAIRE** : prendre aux entrailles. **CONTR.** *glacer, refroidir.*

émotivité *nom féminin* Disposition à s'émouvoir. **SYN.** hypersensibilité, sensibilité. – **LITTÉRAIRE** : impressionnabilité. **CONTR.** *apathie, ataraxie, froideur, imperturbabilité, indifférence, insensibilité.*

émouchet *nom masculin* Faucon à longue queue. **SYN.** crécerelle.

émouleur *nom masculin* Celui qui aiguise. **SYN.** affileur, affûteur, aiguiseur, polisseur, rémouleur, repasseur.

émoussé *adjectif* Moins tranchant. **SYN.** épointé. **CONTR.** *acéré, affilé, affûté, aigu, aiguisé, coupant, tranchant.*

émoussement *nom masculin* Fait de devenir moins vif. **SYN.** adoucissement, affaiblissement, amenuisement, amoindrissement, amollissement, asthénie, atténuation, attiédissement, baisse, déclin, dégradation, dépérissement, diminution, étiolement, ramollissement, relâchement. **CONTR.** *accentuation, amplification, augmentation, recrudescence, renforcement.*

émousser *verbe* Rendre un sentiment moins vif. **SYN.** adoucir, affaiblir, amortir, atténuer, diminuer, estomper, éteindre, modérer, rouiller. – **LITTÉRAIRE** : tempérer. **CONTR.** *accentuer, accroître, amplifier, augmenter, aviver, exacerber, renforcer.* – **LITTÉRAIRE** : *exalter.* ▪ Rendre moins tranchant. **SYN.** épointer. **CONTR.** *acérer, affiler, affûter, aiguiser.*

émoustillant *adjectif* FAMILIER. Qui émoustille. **SYN.** affriolant, aguichant, attirant, érotique, excitant, gai, grisant, suggestif. – **FAMILIER** : sexy. – **LITTÉRAIRE** : affriandant. – **POPULAIRE** : bandant.

émoustiller *verbe* FAMILIER. Exciter quelqu'un. **SYN.** affoler, affrioler, aguicher, allécher, exciter, griser, provoquer. – **FAMILIER** : allumer. **CONTR.** *refroidir.*

émouvant *adjectif* Qui émeut vivement. **SYN.** attendrissant, bouleversant, désarmant, impressionnant, pathétique, poignant, prenant, saisissant, touchant, troublant, vibrant. **CONTR.** *froid.*

émouvoir *verbe* Faire naître de l'émotion. **SYN.** agiter, alarmer, apitoyer, bouleverser, commotionner, ébranler, empoigner, faire jouer la corde sensible, faire vibrer, fendre l'âme, fendre le cœur, frapper, impressionner, parler, remuer, retourner, secouer, toucher, troubler. – **FAMILIER** : émotionner, prendre aux tripes, révolutionner. – **LITTÉRAIRE** : prendre aux entrailles. **CONTR.** *glacer, refroidir.*

émouvoir (s') *verbe pronominal* Ressentir une émotion. **SYN.** s'agiter, s'apitoyer, s'attendrir, avoir la larme à l'œil, avoir le cœur battant, avoir le cœur qui bat la chamade, avoir les larmes aux yeux, avoir l'estomac noué, se troubler. ■ S'affecter de quelque chose. **SYN.** s'alarmer, s'inquiéter. – **FAMILIER** : être aux cent coups, se frapper.

empaillage *nom masculin* Art d'empailler les animaux. **SYN.** naturalisation, taxidermie.

empaillé *nom* FAMILIER. Personne maladroite. **SYN.** âne, âne bâté, balourd, idiot, imbécile, maladroit, nigaud. – **FAMILIER** : abruti, andouille, ballot, bêta, bûche, buse, cloche, crétin, cruche, empoté, godiche, noix, oie. – **POPULAIRE** : banane, con, cornichon, couillon, gland, manche, nouille, patate, truffe. **CONTR.** – **FAMILIER** : *dégourdi.*

empailler *verbe* Redonner l'apparence du vivant à un animal mort. **SYN.** naturaliser.

empailleur *nom* Personne qui empaille les animaux. **SYN.** naturaliste, taxidermiste.

empaquetage *nom masculin* Action d'empaqueter. **SYN.** emballage. **CONTR.** *dépaquetage.*

empaqueter *verbe* Mettre en paquet. **SYN.** emballer, envelopper. **CONTR.** *déballer, défaire, dépaqueter, déplier, désemballer, ouvrir.*

emparer (s') *verbe pronominal* Prendre possession de. **SYN.** conquérir, enlever, prendre. **CONTR.** *perdre.* ■ Faire prisonnier. **SYN.** appréhender, arrêter, capturer. – **FAMILIER** : épingler, harponner. **CONTR.** *libérer, relâcher, relaxer.* ■ Prendre pour son usage. **SYN.** s'approprier, empoigner, emporter, intercepter, monopoliser, s'octroyer, piller, se saisir, voler. – **FAMILIER** : rafler, souffler. – **LITTÉRAIRE** : dérober. – **POPULAIRE** : faucher, ratiboiser. **CONTR.** *laisser.* ■ Gagner quelqu'un (sentiment). **SYN.** accaparer, envahir, imprégner, subjuguer. – **LITTÉRAIRE** : inonder.

empâté *adjectif* Qui s'est épaissi. **SYN.** adipeux, gras, replet. **CONTR.** *décharné, maigre, mince, squelettique.* – **LITTÉRAIRE** : *émacié, étique.*

empâtement *nom masculin* État de ce qui est empâté. **SYN.** engraissement, épaississement. **CONTR.** *finesse.*

empâter (s') *verbe pronominal* Prendre de l'embonpoint. **SYN.** s'alourdir, engraisser, épaissir, forcir, grossir. – **FAMILIER** : s'arrondir. **CONTR.** *s'amaigrir, s'amincir, maigrir, mincir.* – **LITTÉRAIRE** : *s'émacier.*

empaumer *verbe* FAMILIER. Duper quelqu'un. **SYN.** abuser, attraper, bercer de paroles, berner, duper, égarer, faire avaler des couleuvres, faire marcher, induire en erreur, leurrer, se moquer de, mystifier, piéger, rouler dans la farine, tromper. – **FAMILIER** : avoir, blouser, embobiner, empiler, feinter, ficher dedans, flouer, mener en bateau, mettre dedans, monter un bateau, pigeonner, posséder, refaire, rouler. – **LITTÉRAIRE** : en faire accroire, gruger, se jouer de. – **POPULAIRE** : arnaquer, baiser, couillonner, entuber, faire un enfant dans le dos, foutre dedans, niquer. **CONTR.** *détromper.* – **LITTÉRAIRE** : *désabuser.*

empêché *adjectif* Qui a un empêchement. **SYN.** excusé, occupé. **CONTR.** *libre, présent.*

empêchement *nom masculin* Ce qui gêne une action. **SYN.** contretemps, difficulté, entrave, frein, gêne, inconvénient, objection, obstacle. **CONTR.** *facilités.*

empêcher *verbe* Faire obstacle à. **SYN.** arrêter, barrer la route à, barrer le chemin à, bloquer, couper les ailes à, entraver, mettre des bâtons dans les roues, se mettre en travers du chemin, s'opposer à, paralyser, rogner les ailes à, stopper. **CONTR.** *contribuer, coopérer, déclencher, encourager, exciter, favoriser, inciter, persuader, pousser, provoquer, seconder.* ■ Interdire quelque chose. **SYN.** défendre, exclure, s'opposer, prohiber, proscrire. **CONTR.** *accepter, autoriser, commander, ordonner, permettre, tolérer.*

empêcheur *nom* FAMILIER. ***Empêcheur de danser, de tourner en rond,*** ennemi de la gaieté. **SYN.** rabat-joie, trouble-fête. – **FAMILIER** : casse-pieds, empoisonneur, enquiquineur, pisse-froid, raseur. – LITTÉRAIRE : fâcheux, importun. – POPULAIRE : emmerdeur.

empesage *nom masculin* Action d' empeser. SYN. amidonnage.

empesé *adjectif* Qui manque de naturel. SYN. affecté, apprêté, compassé, contraint, gourmé, guindé, pincé. CONTR. *aisé, naturel, simple, spontané.*

empeser *verbe* Donner de l'apprêt è un tissu. SYN. amidonner.

empester *verbe intransitif* Sentir mauvais. SYN. puer, sentir le fauve. – FAMILIER : empoisonner, ne pas sentir la rose. – POPULAIRE : chlinguer, cocoter, cocotter, schlinguer. CONTR. *embaumer, fleurer, sentir bon.*

empester *verbe transitif* Remplir d'une mauvaise odeur. SYN. empoisonner, empuantir. CONTR. *embaumer, parfumer.* ■ LITTÉRAIRE. Corrompre quelqu'un, quelque chose. SYN. empoisonner, infecter, pourrir. – LITTÉRAIRE : gangrener, vicier.

empêtré *adjectif* Qui manque d'aisance. SYN. emprunté, gauche, gêné, maladroit. CONTR. *adroit, agile.*

empêtrer *verbe* Embarrasser dans un lien. SYN. entraver, gêner. CONTR. *débarrasser, dépêtrer.* ■ Engager dans une situation délicate. SYN. embarquer, embourber, enfoncer. – FAMILIER : emberlificoter, embobeliner, embringuer, entortiller. CONTR. *dépêtrer.*

empêtrer (s') *verbe pronominal* S'embarrasser dans quelque chose qui entrave. SYN. s'embarrasser, s'embourber, s'enchevêtrer, s'entraver. CONTR. *se dégager, se dépêtrer.* ■ S'engager dans une voie délicate. SYN. s'embourber, s'embrouiller, s'emmêler, s'enferrer, s'engluer, s'enliser, se noyer, patauger, se perdre. – FAMILIER : cafouiller, s'emberlificoter, s'emmêler les pieds, s'entortiller, se prendre les pieds dans le tapis. – POPULAIRE : s'emmêler les crayons, s'emmêler les pédales, s'emmêler les pinceaux. CONTR. *se dépêtrer, s'en sortir, se tirer d'affaire, s'en tirer.* – FAMILIER : *se débrouiller, se dépatouiller.* – POPULAIRE : *se démerder.*

emphase *nom féminin* Exagération pompeuse. SYN. affectation, boursouflure, déclamation, enflure, exagération, grandiloquence. – LITTÉRAIRE : bouffissure, cérémonie, pathos, pompe, rhétorique, solennité. CONTR. *dépouillement, discrétion, modestie, naturel, réserve, retenue, simplicité, sobriété.*

emphatique *adjectif* Qui est empreint d'emphase. SYN. académique, affecté, ampoulé, boursouflé, déclamatoire, grandiloquent, hyperbolique, pompeux, prétentieux, redondant, ronflant, sentencieux, solennel, théâtral. – LITTÉRAIRE : pédantesque. CONTR. *familier, franc, naturel, simple, sobre, spontané.*

empierrement *nom masculin* Action d'empierrer. SYN. cailloutage.

empierrer *verbe* Garnir de pierres. SYN. caillouter.

empiéter *verbe* Déborder sur. SYN. chevaucher, déborder, dépasser, entamer, gagner, mordre, saillir. ■ S'arroger des droits. SYN. usurper. – FAMILIER : marcher sur les plate-bandes.

empiffrer (s') *verbe pronominal* FAMILIER. Se gorger de nourriture. SYN. avaler la mer et les poissons, avoir un bon coup de fourchette, avoir un estomac d'autruche, avoir une faim de loup, se bourrer, engloutir, engouffrer, faire honneur à un plat, se gaver, ingurgiter. – ARGOTIQUE : briffer. – FAMILIER : creuser sa fosse avec ses dents, s'en donner jusqu'à la garde, s'enfiler, enfourner, manger comme quatre, manger comme un ogre, s'en mettre jusque-là, s'en mettre plein la panse, ne pas se laisser abattre. – POPULAIRE : bâfrer, bouffer, bouffer comme un chancre, boulotter, s'en fourrer jusque-là, se goinfrer, manger à s'en faire péter la sous-ventrière, manger comme un chancre, s'en mettre plein la gueule, s'en mettre plein la lampe, morfaler, se taper la cloche. CONTR. *avoir un appétit d'oiseau, grignoter.* – FAMILIER : *chipoter, mangeotter, picorer, pignocher.*

empilement *nom masculin* Fait d'être empilé. SYN. accumulation, amas, amoncellement, empilage, entassement, fatras, monceau, pile, superposition, tas.

empiler *verbe transitif* Mettre des choses en pile. SYN. accumuler, amasser, amonceler, échafauder, entasser, superposer, tasser. – FAMILIER : collectionner. CONTR. *éparpiller.* ■ FAMILIER. Tromper quelqu'un. SYN. abuser, attraper, berner, duper, égarer, escroquer, étrangler, exploiter, filouter, leurrer, se moquer de, mystifier, piéger, rouler dans la farine, tromper, voler. – FAMILIER : avoir, blouser, embobiner, empaumer, feinter, ficher dedans, flouer, mettre dedans, pigeonner, plumer, posséder, refaire, rouler. – LITTÉRAIRE : gruger, se jouer de. – POPULAIRE : arnaquer, baiser, couillonner, entuber, foutre dedans, niquer.

empiler (s') *verbe pronominal* FAMILIER. Se serrer dans un lieu. SYN. s'entasser, se presser, se tasser. ■ Être mis en pile. SYN. s'accumuler, s'amasser, s'amonceler, s'entasser, se superposer.

empileur *nom* FAMILIER. Personne qui trompe quelqu'un. SYN. aigrefin, escroc, filou, forban, gredin. – FAMILIER : fripouille. – LITTÉRAIRE : trompeur. – POPULAIRE : arnaqueur. – VIEUX : fripon.

empire *nom masculin* Influence très puissante de. SYN. ascendant, autorité, domination, emprise, influence, mainmise, pouvoir, prestige, puissance, règne, souveraineté.

empirement *nom masculin* LITTÉRAIRE. Fait d'empirer. SYN. aggravation, dégradation, détérioration. CONTR. *amélioration.*

empirer *verbe* Devenir pire. SYN. s'aggraver, aller de mal en pis, se dégrader, se détériorer, s'envenimer, pourrir, prendre mauvaise tournure, prendre un mauvais tour, redoubler. CONTR. *aller de mieux en mieux, s'améliorer, s'arranger, se remettre.* – FAMILIER : *se tasser.*

empirique *adjectif* Qui repose sur l'expérience. SYN. pratique. CONTR. *rationnel, spéculatif, systématique, théorique.*

emplacement *nom masculin* Espace réservé. SYN. coin, endroit, lieu, place, point, position, positionnement, situation, terrain.

emplafonner *verbe* POPULAIRE. Rentrer dans un véhicule. SYN. cogner, défoncer, démolir, emboutir, enfoncer, heurter, percuter, rentrer dans, tamponner, télescoper. – FAMILIER : caramboler. – POPULAIRE : bigorner.

emplâtre *nom masculin* FAMILIER. Personne sans énergie. SYN. endormi, loque, mollasson, tiède. – FAMILIER : chiffe molle, empoté, ganache, mollasse, mollusque, mou, moule, nouille.

emplette *nom féminin* Achat de denrées. SYN. acquisition, commissions, courses, provisions.

emplir *verbe* LITTÉRAIRE. Rendre plein. SYN. bonder, bourrer, combler, garnir, gonfler, remplir. CONTR. *vider.*

emploi *nom masculin* Fait d'utiliser quelque chose. SYN. exercice, maniement, recours, usage, utilisation. ■ Activité professionnelle. SYN. fonction, gagne-pain, métier, position, poste, profession, rôle, service, situation, travail. – LITTÉRAIRE : office. CONTR. *chômage.*

employable *adjectif* Que l'on peut employer. SYN. utilisable. CONTR. *inemployable, inutilisable.*

employé *nom* Personne qui travaille. SYN. salarié. CONTR. *employeur, patron.*

employer *verbe* Faire usage de. SYN. adopter, appliquer, disposer de, prendre, recourir à, se servir de, user de, utiliser. ■ Faire travailler quelqu'un. SYN. embaucher, engager, recruter. CONTR. *chasser, congédier, débaucher, démissionner, licencier, limoger, mettre à pied, remercier, renvoyer, révoquer, suspendre.* – POPULAIRE : *balancer.*

employer (s') *verbe pronominal* Mettre son énergie à. SYN. s'adonner, s'appliquer à, s'attacher à, se consacrer, s'efforcer de, s'évertuer, intervenir, s'occuper, œuvrer, tâcher, travailler à, se vouer à.

employeur *nom* Personne qui emploie quelqu'un. SYN. patron. – FAMILIER : boss. CONTR. *employé, salarié.*

empocher *verbe* Percevoir de l'argent. SYN. encaisser, gagner, ramasser, recevoir, toucher. – FAMILIER : palper. CONTR. *débourser, décaisser.*

empoignade *nom féminin* FAMILIER. Discussion violente. SYN. algarade, altercation, dispute, prise de bec, querelle. – FAMILIER : attrapade. – POPULAIRE : engueulade.

empoigner *verbe* Attraper vigoureusement. SYN. accrocher, agripper, attraper, s'emparer, étreindre, prendre, saisir, serrer. CONTR. *lâcher.* ■ Émouvoir fortement quelqu'un. SYN. bouleverser, ébranler, émouvoir, fendre l'âme, fendre le cœur, frapper, imprégner, impressionner, passionner, remuer, retourner, saisir, secouer, toucher. – FAMILIER : prendre aux tripes. – LITTÉRAIRE : prendre aux entrailles.

empoigner (s') *verbe pronominal* Se saisir l'un l'autre. SYN. s'agripper, se colleter, en découdre.

empoisonnant *adjectif* FAMILIER. Qui cause de l'ennui. SYN. ennuyeux, fastidieux, fatigant, lassant. – FAMILIER : assommant, barbant, casse-pieds, embêtant, enquiquinant, rasant, rasoir, soûlant, tuant. – POPULAIRE : canulant, chiant, emmerdant. CONTR. *amusant, captivant, délassant, distrayant, divertissant, excitant, intéressant, passionnant.* – FAMILIER : *folichon.* ■ FAMILIER. Qui cause des soucis. SYN. agaçant, contrariant, déplaisant, désagréable, désolant, encombrant, fâcheux, tracassant. – FAMILIER : embêtant, enquiquinant. – POPULAIRE : emmerdant. CONTR. *agréable, plaisant.*

empoisonnement *nom masculin* FAMILIER. Ce qui empoisonne. SYN. désagrément, ennui, souci, tracas, tracasserie. – FAMILIER : embêtement, enquiquinement.

empoisonner *verbe transitif* Remplir d'une odeur désagréable. SYN. empester, empuantir, infecter. CONTR. *embaumer, parfumer.* ■ FAMILIER. Importuner quelqu'un. SYN. assommer, ennuyer, fatiguer, harceler. – FAMILIER : barber, bassiner, embêter, enquiquiner, faire suer, raser, tanner. – POPULAIRE : canuler, cavaler, emmerder, faire chier, pomper. ■ FAMILIER. Dégrader quelque chose. SYN. gâter, pervertir, pourrir. – LITTÉRAIRE : empester, gangrener, vicier. CONTR. *assainir.*

empoisonner (s') *verbe pronominal* FAMILIER. Éprouver de l'ennui. SYN. s'ennuyer, errer comme une âme en peine, être comme une âme en peine, se morfondre, trouver le temps long.

- FAMILIER : avoir le blues, avoir le bourdon, se barber, se casser les pieds, s'embêter à cent sous de l'heure, s'embêter, s'ennuyer à cent sous de l'heure, s'enquiquiner, se faire suer, se raser. - POPULAIRE : s'emmerder, se faire chier. CONTR. *s'amuser, se distraire, se divertir.*

empoisonneur *nom* FAMILIER. Personne qui dérange les autres. SYN. gêneur. - FAMILIER : casse-pieds, crampon, empêcheur de danser en rond, empêcheur de tourner en rond, enquiquineur, pot de colle, raseur. - LITTÉRAIRE : fâcheux, importun. - POPULAIRE : emmerdeur.

emporté *adjectif* Qui perd facilement son calme. SYN. bouillant, coléreux, déchaîné, impétueux, impulsif, irascible, irritable, rageur, véhément, vif, violent. - FAMILIER : soupe au lait. - LITTÉRAIRE : colérique, fulminant, tempétueux. CONTR. *calme, doux, flegmatique, froid, impassible, mou, paisible, serein.*

emportement *nom masculin* Vif accès de colère. SYN. colère, frénésie, fureur, furie, impétuosité, irascibilité, irritabilité, irritation, rage. - LITTÉRAIRE : courroux, excitabilité. CONTR. *calme, placidité, sang-froid, sérénité.* - LITTÉRAIRE : *quiétude.*

emporter *verbe* Prendre quelque chose avec soi. SYN. s'emparer de, entraîner, prendre, transporter. - FAMILIER : emmener. CONTR. *apporter.* ■ Enlever de façon violente. SYN. arracher, balayer, charrier, détruire. ■ Causer la mort de quelqu'un. SYN. exterminer, supprimer, tuer. - LITTÉRAIRE : enlever. ■ ***L'emporter,*** avoir le dessus. SYN. avoir la haute main sur, battre à plate(s) couture(s), coiffer au poteau, conquérir, décrocher la timbale, décrocher le coquetier, emporter le morceau, enlever le morceau, gagner, prendre l'avantage, vaincre. - FAMILIER : avoir le pompon. CONTR. *perdre.*

emporter (s') *verbe pronominal* Ne pas contenir sa colère. SYN. se cabrer, se déchaîner, décharger sa bile, déverser sa bile, éclater, entrer dans une rage folle, être en colère, être fou de rage, être fou furieux, être hors de soi, se fâcher, fulminer, se hérisser, s'irriter, se mettre en colère, monter sur ses grands chevaux, se monter, ne pas décolérer, pester, prendre la mouche, prendre le mors aux dents, sortir de ses gonds, voir rouge. - FAMILIER : avoir une poussée d'adrénaline, s'emballer, être en boule, être en pétard, être en rogne, exploser, se fâcher tout rouge, grimper au cocotier, grimper aux rideaux, se mettre en boule, se mettre en pétard, se mettre en rogne, la moutarde me (lui) monte au nez, piquer une crise. - POPULAIRE : pousser un coup de gueule, pousser une gueulante. CONTR. *s'adoucir, se calmer, se contenir, se posséder.*

empoté *nom* FAMILIER. Personne maladroite. SYN. balourd, maladroit, nigaud. - FAMILIER : abruti, ballot, buse, crétin, cruche, empaillé, emplâtre, noix, nouille, oie, pataud. - POPULAIRE : gland, manche, patate. CONTR. - FAMILIER : *débrouillard, dégourdi.* - POPULAIRE : *démerdard.*

empotée *nom féminin* FAMILIER. Fille maladroite. SYN. sotte. - FAMILIER : bécasse, dinde, godiche, gourde.

empourpré *adjectif* LITTÉRAIRE. Coloré de pourpre. SYN. carminé, cramoisi, pourpre, rouge, rougeaud. - LITTÉRAIRE : embrasé, rubicond. CONTR. *pâle.* - FAMILIER : *pâlichon, pâlot.*

empourprer *verbe* LITTÉRAIRE. Colorer de pourpre. SYN. illuminer. - LITTÉRAIRE : embraser, enflammer.

empreindre *verbe* LITTÉRAIRE. Laisser une marque sur. SYN. graver, imprimer, inculquer, marquer.

empreint *adjectif* Qui a la marque de. SYN. coloré, marqué, pétri, plein.

empreinte *nom féminin* Marque faite sur quelque chose. SYN. estampille, foulée, frappe, impression, trace. - LITTÉRAIRE : stigmate. ■ Marque personnelle. SYN. accent, cachet, caractère, griffe, influence, marque, patte, signature. - LITTÉRAIRE : sceau.

empressé *adjectif* Qui est plein d'attentions. SYN. affable, affairé, ardent, assidu, attentif, attentionné, chaleureux, complaisant, dévoué, galant, gentil, prévenant, serviable. - LITTÉRAIRE : diligent, prompt, secourable. CONTR. *froid, indifférent.*

empressement *nom masculin* Zèle manifesté dans une action. SYN. ardeur, assiduité, célérité, enthousiasme, hâte, précipitation, zèle. - LITTÉRAIRE : diligence, promptitude. CONTR. *indolence, négligence, paresse, réticence.* ■ Fait d'être attentionné. SYN. affabilité, complaisance, dévouement, galanterie, gentillesse, prévenance, serviabilité, sollicitude. - LITTÉRAIRE : gracieuseté. CONTR. *froideur, indifférence.*

empresser (s') *verbe pronominal* Se hâter de faire quelque chose. SYN. s'affairer à, se dépêcher de, se hâter, se précipiter, se presser. - POPULAIRE : se dégrouiller, se grouiller, se magner, se manier. CONTR. *traîner.* - FAMILIER : *lambiner, traînailler, traînasser.*

emprise *nom féminin* Domination intellectuelle. SYN. ascendant, autorité, domination, empire, impulsion, influence, inspiration, mainmise, pouvoir, prise, règne.

emprisonnement *nom masculin* Action de mettre en prison. SYN. arrestation, détention, enfermement, incarcération, internement, réclusion, séquestration. CONTR. *élargissement, libération, liberté.* – LITTÉRAIRE : *délivrance.*

emprisonner *verbe* Mettre en prison. SYN. cadenasser, détenir, écrouer, enfermer, incarcérer, interner, mettre au secret, mettre sous les verrous. – FAMILIER : boucler, coffrer, mettre à l'ombre, mettre au frais, mettre au trou. – LITTÉRAIRE : embastiller. CONTR. *délivrer, élargir, libérer.* ■ Enfermer en un lieu clos. SYN. claquemurer, claustrer, cloîtrer, parquer, séquestrer. – LITTÉRAIRE : reclure. CONTR. *délivrer.* ■ Priver de liberté morale. SYN. enchaîner, ficeler, lier, ligoter, museler. – LITTÉRAIRE : garrotter. CONTR. *délivrer.*

emprunt *nom masculin* Somme empruntée. SYN. dette, dû, passif, prêt. CONTR. *actif, avoir, créance, crédit.* ■ Imitation d'un extrait d'œuvre. SYN. compilation, copie, démarquage, pillage, plagiat.

emprunté *adjectif* LITTÉRAIRE. Qui est faux. SYN. artificiel, d'emprunt, factice, fictif, préfabriqué. CONTR. *authentique, réel, vrai.* ■ Qui manque de naturel. SYN. contraint, embarrassé, empêtré, gauche, gêné. – FAMILIER : empoté, godiche. CONTR. *aisé, dégagé, élégant, naturel.*

emprunter *verbe* Se faire prêter de l'argent. SYN. devoir à. CONTR. *acquitter, payer, rembourser, rendre, restituer.* ■ Prendre ailleurs pour s'approprier. SYN. copier, glaner, imiter, s'inspirer de, plagier, puiser, recopier, recourir à, tirer, voler. – POPULAIRE : pomper. ■ Utiliser une voie pour circuler. SYN. prendre, suivre, utiliser.

emprunteur *nom* Personne qui fait un emprunt. SYN. débiteur. CONTR. *créancier, créditeur, prêteur.*

empuantir *verbe* Remplir d'une mauvaise odeur. SYN. empester, empoisonner, infecter. CONTR. *embaumer, parfumer.*

ému *adjectif* Qui ressent de l'émotion. SYN. bouleversé, ébranlé, frappé, impressionné, remué, retourné, saisi, secoué, touché, troublé. – FAMILIER : révolutionné. CONTR. *distant, froid, glacial, impassible, imperturbable, insensible, serein.*

encadrement *nom masculin* Ce qui encadre un dessin. SYN. bord, bordure, cadre, châssis.

encadrer *verbe* Entourer d'une bordure. SYN. border, ceinturer, cercler, cerner, enclore, enserrer, flanquer. – LITTÉRAIRE : ceindre.

encaisser *verbe* Mettre dans une caisse. SYN. emballer, empaqueter. CONTR. *déballer, décaisser.* ■ Toucher de l'argent. SYN. empocher, gagner, percevoir, recevoir, recouvrer, toucher. – FAMILIER : palper. CONTR. *débourser, payer, verser.* ■ FAMILIER. Subir quelque chose de désagréable. SYN. attraper, endurer, essuyer, subir, supporter. – FAMILIER : écoper, prendre, trinquer. – LITTÉRAIRE : souffrir. – POPULAIRE : déguster. CONTR. *donner, rendre.*

encapuchonné *adjectif* Couvert d'un capuchon. SYN. capuchonné.

en-cas *nom masculin invariable* Repas léger. SYN. collation, sandwich. – ARGOTIQUE : casse-dalle, casse-graine. – FAMILIER : casse-croûte.

encasernement *nom masculin* Action d'encaserner. SYN. casernement.

encaserner *verbe* Installer dans une caserne. SYN. caserner.

encastrer *verbe* Insérer une chose dans une autre. SYN. ajuster, emboîter, enchâsser, enclaver, engager, imbriquer, insérer, loger.

encastrer (s') *verbe* S'ajuster très exactement. SYN. s'assembler, s'emboîter, s'enchâsser, s'engager, s'imbriquer, s'insérer.

encaustique *nom féminin* Produit pour l'entretien du bois. SYN. cire.

encaustiquer *verbe* Enduire d'encaustique. SYN. cirer, glacer, lustrer.

enceindre *verbe* LITTÉRAIRE. Entourer d'une clôture. SYN. ceinturer, cercler, clôturer, encercler, enclore, enfermer, enserrer, entourer, environner. – LITTÉRAIRE : clore.

enceinte *adjectif féminin* ***Être enceinte,*** en état de grossesse. SYN. attendre un heureux événement. – FAMILIER : avoir fait Pâques avant les Rameaux, être grosse. – POPULAIRE : avoir un polichinelle dans le tiroir, être en cloque. – VIEUX : être dans un état intéressant, être dans une situation intéressante.

enceinte *nom féminin* Ce qui entoure un lieu fermé. SYN. ceinture, circonférence, contour, enclos, périmètre, pourtour.

encens *nom masculin* LITTÉRAIRE. Compliments excessifs. SYN. cajolerie, éloge, flatterie, hommage, louange. – LITTÉRAIRE : adulation, courtisanerie, flagornerie. CONTR. *affront, humiliation, insulte, mortification, offense, outrage.* – LITTÉRAIRE : *avanie, camouflet, injure, soufflet.*

encensement *nom masculin* LITTÉRAIRE. Action d'encenser. SYN. flatterie, louange.

encenser *verbe* LITTÉRAIRE. Flatter excessivement. SYN. adorer, aduler, bénir, bercer de paroles, célébrer, chatouiller l'amour-propre, complimenter, courtiser, couvrir de fleurs, exalter, faire des courbettes, faire des ronds de jambe, flatter, glorifier, louer, manier l'encensoir, passer la main dans le dos, vanter. – FAMILIER :

caresser dans le sens du poil, cirer les bottes, cirer les pompes, faire de la lèche, faire du plat, faire du rentre-dedans, faire mousser, lécher les bottes, passer de la pommade, passer la brosse à reluire, prendre dans le sens du poil. – **LITTÉRAIRE** : faire sa cour, flagorner, louanger, magnifier. – **POPULAIRE** : lécher le cul. **CONTR.** *bafouer, chapitrer, critiquer, décrier, dénigrer, diffamer.* – **FAMILIER** : *bêcher, cracher sur, débiner, déblatérer, éreinter, esquinter.* – **LITTÉRAIRE** : *brocarder, censurer, dauber, déchirer, honnir, noircir, vilipender.* – **POPULAIRE** : *crosser.*

encenseur *nom* LITTÉRAIRE. Flatteur excessif. **SYN.** bénisseur, courtisan, flatteur. – **FAMILIER** : lèche-bottes, lécheur. – **LITTÉRAIRE** : adulateur, caudataire, complimenteur, flagorneur, laudateur, louangeur, thuriféraire. – **POPULAIRE** : lèche-cul. **CONTR.** *critique, dénigreur, dépréciateur, diffamateur.* – **FAMILIER** : *bêcheur, débineur.* – **LITTÉRAIRE** : *censeur, daubeur.*

encéphalomégalie *nom féminin* Augmentation congénitale du volume du cerveau. **SYN.** mégalencéphalie.

encéphalopathie *nom féminin* ***Encéphalopathie spongiforme,*** maladie mortelle des bovins. **SYN.** maladie de la vache folle.

encercler *verbe* Cerner de tous côtés. **SYN.** assiéger, boucler, cerner, enfermer, envelopper, environner, investir. ■ Entourer d'un cercle. **SYN.** ceinturer, cercler, encadrer, enclore, enserrer. – **LITTÉRAIRE** : ceindre, enceindre.

enchaînement *nom masculin* Suite de choses. **SYN.** chaîne, succession, suite. ■ Façon d'enchaîner. **SYN.** agencement, déroulement, filiation, liaison, lien, transition.

enchaîner *verbe* Mettre une chaîne à. **SYN.** attacher. – **LITTÉRAIRE** : river. **CONTR.** *délivrer, désenchaîner, détacher.* ■ LITTÉRAIRE. Priver de sa liberté d'action. **SYN.** asservir, bâillonner, dominer, écraser, étouffer, ligoter, museler, obliger, opprimer, vassaliser. – **LITTÉRAIRE** : astreindre, domestiquer, dompter, garrotter. **CONTR.** *affranchir, délivrer, émanciper, libérer.* ■ Établir un lien. **SYN.** associer, coordonner, lier, relier, réunir. **CONTR.** *délier.*

enchaîner (s') *verbe pronominal* Être lié par un ordre logique. **SYN.** se dérouler, se succéder, se suivre.

enchanté *adjectif* Qui est très content. **SYN.** bienheureux, charmé, content, enthousiasmé, heureux, ravi, satisfait. – **FAMILIER** : emballé. **CONTR.** *désenchanté, désolé, malheureux, mécontent, navré.* – **FAMILIER** : *embêté.* – **LITTÉRAIRE** : *chagrin.*

enchantement *nom masculin* LITTÉRAIRE. Pouvoir magique. **SYN.** charme, ensorcellement, envoûtement, incantation, magie, sort, sortilège. ■ État de celui qui est charmé. **SYN.** éblouissement, émerveillement, envoûtement, fascination, griserie, ivresse, ravissement, volupté. – **LITTÉRAIRE** : enivrement. **CONTR.** *désenchantement, désillusion.* ■ Chose qui enchante. **SYN.** attrait, délice, éblouissement, merveille, ravissement, régal.

enchanter *verbe* LITTÉRAIRE. Jeter un sort à quelqu'un. **SYN.** ensorceler, envoûter. – **LITTÉRAIRE** : charmer. ■ Procurer un vif plaisir. **SYN.** amuser, captiver, charmer, combler, donner des ailes, éblouir, émerveiller, enthousiasmer, fasciner, ravir, régaler, réjouir, séduire, subjuguer. – **FAMILIER** : emballer. **CONTR.** *attrister, blesser, décevoir, déplaire, mécontenter.* – **LITTÉRAIRE** : *rembrunir.*

enchanteur *adjectif* Qui enchante. **SYN.** captivant, charmant, charmeur, délicieux, divin, ensorcelant, envoûtant, exquis, fascinant, féerique, grisant, magique, merveilleux, paradisiaque, ravissant, séduisant, suave. **CONTR.** *chagrinant, désagréable, horrible, repoussant, triste.*

enchanteur *nom* Personne qui fait de la magie. **SYN.** ensorceleur, magicien, sorcier. – **LITTÉRAIRE** : charmeur, fascinateur. ■ Personne qui aime séduire. **SYN.** charmeur, enjôleur, séducteur.

enchâsser *verbe* Encastrer quelque chose. **SYN.** ajuster, emboîter, encastrer, imbriquer, incruster, loger, sertir. ■ LITTÉRAIRE. Insérer dans un ensemble. **SYN.** enclaver, glisser, incorporer, insérer, intercaler, introduire.

enchâsser (s') *verbe pronominal* Se fixer dans quelque chose. **SYN.** s'encastrer, s'engager, s'imbriquer.

enchevêtré *adjectif* Qui est confus. **SYN.** embrouillé, entortillé, filandreux. – **FAMILIER** : tarabiscoté. – **LITTÉRAIRE** : nébuleux. ■ Où l'on se perd. **SYN.** dédaléen, inextricable. – **LITTÉRAIRE** : labyrinthique.

enchevêtrement *nom masculin* Amas d'éléments enchevêtrés. **SYN.** chaos, emmêlement, enlacement, entrecroisement, entrelacement, fatras, fouillis, intrication. – **FAMILIER** : méli-mélo. – **LITTÉRAIRE** : entremêlement. – **VIEUX** : pêle-mêle. ■ Ensemble incohérent. **SYN.** amalgame, confusion, dédale, désordre, imbroglio, labyrinthe, lacis. – **FAMILIER** : brouillamini, embrouillage, embrouillamini, embrouillement, micmac.

enchevêtrer *verbe* Emmêler des choses. **SYN.** embrouiller, emmêler, entrecroiser, entrelacer, entremêler, imbriquer, mélanger, mêler. **CONTR.** *démêler.* ■ Rendre confus. **SYN.** amalgamer, brouiller, compliquer, embrouiller, imbriquer. **CONTR.** *débrouiller, décanter, démêler, éclaircir, éclairer.*

enchevêtrer (s') *verbe pronominal* Former un ensemble confus. SYN. s'embrouiller, s'emmêler, s'empêtrer, s'entrelacer, s'imbriquer. – FAMILIER : s'emberlificoter. CONTR. *se démêler, s'en sortir, s'en tirer.*

enclaver *verbe* Insérer dans. SYN. encastrer, engager, insérer, intercaler, introduire. – LITTÉRAIRE : enchâsser.

enclin *adjectif* Qui est sujet à quelque chose. SYN. disposé, porté, prédisposé. CONTR. *fermé, hostile, rebelle, réfractaire.*

enclitique *adjectif et nom masculin* Qui se joint au mot qui le précède. CONTR. *proclitique.*

enclore *verbe* Entourer d'une clôture. SYN. ceinturer, cercler, cerner, clôturer, encadrer, encercler, enfermer, enserrer, entourer. – LITTÉRAIRE : ceindre, clore, enceindre.

enclos *nom masculin* Terrain fermé par une clôture. SYN. clos, enceinte.

encoche *nom féminin* Petite entaille. SYN. cran, rainure. – VIEUX : coche.

encodage *nom masculin* Action de coder. SYN. chiffrement, codage.

encoder *verbe* Procéder à un codage. SYN. chiffrer, coder. CONTR. *déchiffrer, décoder.*

encombrant *adjectif* Qui gêne les mouvements. SYN. embarrassant, gênant, volumineux. ■ Qui cause du désagrément. SYN. incommodant. – FAMILIER : barbant, embêtant, empoisonnant, enquiquinant, raseur. – LITTÉRAIRE : importun. – POPULAIRE : casse-pieds.

encombre (sans) *locution adverbiale* Sans difficulté. SYN. aisément, commodément, confortablement, facilement, sans difficulté, sans effort, sans peine. – FAMILIER : les doigts dans le nez. CONTR. *difficilement, laborieusement, péniblement.*

encombré *adjectif* Qui est surchargé de. SYN. bondé, comble, débordant, farci, foisonnant, fourmillant, gorgé, plein, rempli. – FAMILIER : bourré, truffé. CONTR. *dénué, dépourvu, exempt, libre, vide.*

encombrement *nom masculin* Fait de saturer un réseau. SYN. bouchon, embouteillage, engorgement.

encombrer *verbe* Remplir un lieu, quelque chose. SYN. boucher, embarrasser, embouteiller, engorger, inonder, obstruer, surcharger. CONTR. *débarrasser, déblayer, dégager, désencombrer, libérer.* ■ Constituer une gêne. SYN. embarrasser, gêner. – FAMILIER : enquiquiner.

encornet *nom masculin* Mollusque voisin de la seiche. SYN. calamar, calmar.

encourageant *adjectif* Qui encourage. SYN. entraînant, exaltant, excitant, favorable, prometteur, réconfortant, stimulant. CONTR. *atterrant, décevant, décourageant, démoralisant, désespérant, inquiétant, lassant, rebutant.* – FAMILIER : *dégoûtant, écœurant.*

encouragement *nom masculin* Action d'encourager. SYN. excitation, exhortation, incitation, invitation. CONTR. *découragement.* ■ Acte, parole qui encourage. SYN. aide, applaudissement, appui, réconfort, soutien, stimulant. CONTR. *blâme.* – LITTÉRAIRE : *objurgation.*

encourager *verbe* Inciter quelqu'un à agir. SYN. accompagner de ses vœux, donner du cœur au ventre, engager, enhardir, exciter à, exhorter, inciter, inviter, porter, pousser, stimuler. CONTR. *brider, dissuader, empêcher, freiner.* ■ Favoriser une action. SYN. aider, appuyer, favoriser, soutenir. CONTR. *anéantir, boycotter, défavoriser, désavantager, desservir, étouffer, freiner, vitupérer.* ■ Donner du courage à quelqu'un. SYN. aiguillonner, animer, chauffer. CONTR. *abattre, atterrer, décourager, dégoûter, démonter, démoraliser, désespérer, glacer, lasser, rebuter, refroidir.*

encourir *verbe* S'exposer à un péril, une sanction. SYN. s'attirer, s'exposer, mériter, risquer.

encrassement *nom masculin* Fait de s'encrasser. SYN. encroûtement. CONTR. *décrassage, décrassement.*

encrasser *verbe* Recouvrir de crasse. SYN. barbouiller, maculer, salir. – LITTÉRAIRE : crotter. CONTR. *décrasser, désencrasser, laver.*

encroûter *verbe* Rendre quelqu'un ignorant. SYN. abêtir, abrutir. CONTR. *éveiller.*

encroûter (s') *verbe pronominal* Se laisser dominer par la routine. SYN. croupir, s'endormir, se fossiliser, se rouiller, se scléroser, végéter. – LITTÉRAIRE : stagner.

endémique *adjectif* Qui sévit en permanence. SYN. chronique, permanent, persistant. CONTR. *cyclique, épidémique, momentané, passager, sporadique.* ■ Limitée à une région donnée (espèce). CONTR. *cosmopolite, ubiquiste.*

endiablé *adjectif* Qui a le diable au corps. SYN. désobéissant, indiscipliné, indocile, infernal, insupportable, intenable, terrible. CONTR. *calme, discipliné, obéissant, sage, tranquille.* ■ D'une vivacité extrême. SYN. ardent, débridé, déchaîné, effréné, fébrile, fougueux, frénétique, furieux, pétulant. – LITTÉRAIRE : impétueux. CONTR. *doux, langoureux, languissant, lent.*

endiguer *verbe* Faire obstacle à. SYN. arrêter, bloquer, brider, canaliser, contenir, enrayer, entraver, étouffer, faire cesser, freiner, juguler, paralyser, refréner, réfréner, retenir, stopper. CONTR. *laisser, libérer.*

endimancher (s') *verbe pronominal* S'habiller de façon soignée. SYN. se pomponner. – FAMILIER : se mettre sur son trente-et-un. – LITTÉRAIRE : se parer.

endive *nom féminin* Bourgeon de la chicorée. SYN. chicon, witloof.

endocrine *adjectif* Déversé directement dans le sang. CONTR. *exocrine.*

endoctrinement *nom masculin* Action d'endoctriner. SYN. catéchisation, embrigadement, intoxication, propagande. – FAMILIER : bourrage de crâne.

endoctriner *verbe* Faire adopter une doctrine. SYN. catéchiser, convertir, gagner, influencer, intoxiquer, rallier. CONTR. *dissuader.*

endogame *adjectif et nom* Qui se marie avec quelqu'un du même groupe. CONTR. *exogame.*

endogène *adjectif* Qui provient de l'intérieur de la Terre. CONTR. *exogène.*

endolori *adjectif* Qui fait souffrir. SYN. douloureux, meurtri. CONTR. *indolore.*

endommagement *nom masculin* Fait d'être endommagé. SYN. avarie, dégât, dégradation, dommage.

endommager *verbe* Mettre en mauvais état. SYN. abîmer, accidenter, altérer, avarier, briser, casser, défaire, dégrader, délabrer, démanteler, détériorer, détraquer, dévaster, disloquer, emboutir, éventrer, gâter, léser, ravager, saboter. – ARGOTIQUE : dézinguer. – FAMILIER : amocher, bousiller, déglinguer, démantibuler, esquinter, fusiller. – LITTÉRAIRE : ruiner. – POPULAIRE : bigorner, foutre en l'air, ratatiner. CONTR. *améliorer, préserver, raccommoder, raffermir, réparer.* – FAMILIER : *rabibocher, rafistoler.*

endoréique *adjectif* Qui rejoint la mer. CONTR. *exoréique.*

endormant *adjectif* Très ennuyeux. SYN. ennuyeux, fastidieux, monotone, mortel, soporifique. – FAMILIER : assommant, barbant, embêtant, enquiquinant, léthargique, rasant, rasoir, soûlant. – POPULAIRE : chiant, chiatique, emmerdant, suant. CONTR. *agréable, amusant, attachant, captivant, charmant, distrayant, divertissant, drôle, enthousiasmant, intéressant, passionnant, plaisant, récréatif.* – FAMILIER : *emballant, folichon, rigolo.*

endormeur *nom* Personne qui enjôle quelqu'un. SYN. charmeur, enjôleur, ensorceleur, séducteur.

endormi *adjectif* Qui dort. SYN. assoupi, ensommeillé, somnolent. CONTR. *éveillé, réveillé.* ■ Devenu moins vif. SYN. amorphe, apathique, assoupi, engourdi, indolent, inerte, lymphatique, mou, nonchalant, tiède. – LITTÉRAIRE : alangui, ensommeillé. CONTR. *alerte, ardent, brûlant, effréné, éveillé, frénétique, remuant, véhément, vif, vivant.* – FAMILIER : *dégourdi.* ■ LITTÉRAIRE. Qui n'est plus en activité. SYN. éteint, inactif. – LITTÉRAIRE : somnolent. CONTR. *actif.*

endormir *verbe* Atténuer l'acuité de. SYN. adoucir, alléger, apaiser, bercer, calmer, cicatriser, diminuer, engourdir, éteindre, soulager. CONTR. *ranimer.* ■ Faire sombrer dans le sommeil. SYN. assoupir. CONTR. *réveiller.* – LITTÉRAIRE : *éveiller.* ■ Plonger dans un sommeil artificiel. SYN. anesthésier, chloroformer, insensibiliser. CONTR. *réveiller.* ■ Ennuyer profondément. SYN. – FAMILIER : assommer, barber, enquiquiner, raser. CONTR. *capter, captiver, charmer, électriser, exalter, exciter, intéresser, passionner, séduire.* ■ Tenter de duper quelqu'un. SYN. enjôler, mystifier, tromper. – FAMILIER : baratiner, emberlificoter, embobeliner, embobiner, entortiller.

endormir (s') *verbe pronominal* Sombrer dans le sommeil. SYN. s'assoupir, piquer du nez, somnoler, tomber dans les bras de Morphée. CONTR. *s'éveiller, se réveiller.* – FAMILIER : *émerger.* ■ Ralentir son activité. SYN. s'amollir, s'encroûter, s'engourdir, se relâcher, se rouiller.

endosser *verbe* Prendre à son compte un acte. SYN. assumer, se charger de, prendre sur soi, revendiquer, supporter. CONTR. *se décharger, fuir, récuser, refuser, rejeter.* – LITTÉRAIRE : *répudier.* ■ Mettre un vêtement. SYN. passer, revêtir. – LITTÉRAIRE : vêtir. CONTR. *enlever, quitter, retirer.*

endroit *nom masculin* Partie d'une chose, d'un corps. SYN. emplacement, place, point. ■ Lieu déterminé. SYN. coin, emplacement, localité, parages, quartier, région. – FAMILIER : patelin, trou. ■ Côté destiné à être montré. SYN. dessus, devant, recto. CONTR. *derrière, dessous, envers, revers, verso.*

enduire *verbe* Recouvrir d'un enduit. SYN. badigeonner, couvrir, étaler, passer. – LITTÉRAIRE : oindre. CONTR. *décaper.*

endurable *adjectif* Que l'on peut endurer. SYN. admissible, soutenable, supportable, tolérable. CONTR. *inadmissible, insoutenable, insupportable, intenable, intolérable.*

endurance *nom féminin* Aptitude à résister aux épreuves. SYN. endurcissement, énergie, force, patience, résistance, solidité, trempe, vitalité. CONTR. *débilité, faiblesse, fragilité, mollesse.*

endurant *adjectif* Capable d'endurance. SYN. dur, énergique, patient, résistant, rude, solide. – FAMILIER : increvable. CONTR. *délicat, douillet, fragile, sensible.*

endurci *adjectif* Devenu insensible. SYN. aguerri, cuirassé, dur, insensible, sec, vacciné. – FAMILIER : blindé, sans-cœur. CONTR. *sensible, vulnérable.* ■ Qui a pris des habitudes. SYN. impénitent, incorrigible, invétéré, vieux. – FAMILIER : indécrottable.

endurcir *verbe* Rendre plus dur. SYN. aguerrir, armer, fortifier, raffermir. – LITTÉRAIRE : retremper, tremper. CONTR. *affiner, assouplir, débiliter, ramollir.* ■ Rendre insensible. SYN. cuirasser, dessécher, habituer. – FAMILIER : blinder. – LITTÉRAIRE : raidir. CONTR. *apitoyer, assouplir, attendrir.*

endurcir (s') *verbe pronominal* Devenir insensible. SYN. se dessécher, être de glace, rester de glace, rester de marbre. – FAMILIER : être de bois. ■ Être plus résistant à. SYN. s'aguerrir, s'armer, se cuirasser, se fortifier. – FAMILIER : se blinder. CONTR. *s'affaiblir, s'amollir, s'assouplir, s'attendrir, se ramollir.*

endurcissement *nom masculin* Accroissement de la résistance. SYN. endurance, entraînement, habitude, résistance. CONTR. *amollissement, fragilité.* ■ LITTÉRAIRE. Fait de s'endurcir. SYN. dessèchement, dureté, insensibilité. CONTR. *apitoiement, attendrissement, délicatesse, tendresse.* – LITTÉRAIRE : *compassion.*

endurer *verbe* Supporter ce qui est dur. SYN. accepter, admettre, éprouver, essuyer, résister, ressentir, subir, supporter, tolérer, vivre, en voir de toutes les couleurs. – FAMILIER : avaler, digérer, encaisser. – LITTÉRAIRE : souffrir. – POPULAIRE : déguster. CONTR. *n'en pouvoir plus.*

énéolithique *adjectif et nom masculin* Début de l'utilisation du cuivre. SYN. chalcolithique.

énergie *nom féminin* Puissance physique. SYN. ardeur, endurance, force, puissance, tonus, verdeur, vie, vigueur, vitalité. – FAMILIER : huile de coude. – LITTÉRAIRE : sève. CONTR. *apathie, atonie, faiblesse, inconsistance, langueur, mollesse, morosité, paresse.* ■ Force morale. SYN. caractère, cœur, courage, décision, détermination, dynamisme, fermeté, hardiesse, résolution, ressort, volonté. – FAMILIER : cran, nerf. – POPULAIRE : niaque, pêche. CONTR. *abattement, affaissement, découragement, indolence, inertie, langueur, nonchalance, veulerie.*

énergique *adjectif* Qui a de la force physique. SYN. dur, endurant, fort, robuste, solide, vigoureux. CONTR. *avachi, débile, défaillant, faible, langoureux, mou.* – FAMILIER : *ramolli.* ■ Qui produit l'effet attendu. SYN. agissant, efficace, efficient, puissant. CONTR. *défaillant.* ■ Qui est dynamique. SYN. actif, audacieux, autoritaire, courageux, décidé, déterminé, dynamique, ferme, hardi, résolu, véhément, vif, violent, volontaire. – LITTÉRAIRE : impétueux. CONTR. *amorphe, apathique, atone, bonasse, doux, efféminé, flasque, inconsistant, inerte, irrésolu, modéré, morose, nonchalant, passif, veule.* – FAMILIER : *mollasse.*

énergiquement *adverbe* Avec vigueur. SYN. activement, catégoriquement, courageusement, fermement, fort, fortement, puissamment, résolument, vigoureusement, violemment, volontairement. – FAMILIER : dur. – LITTÉRAIRE : hardiment, vivement. CONTR. *délicatement, doucement, faiblement, langoureusement, mollement, nonchalamment, passivement.* – LITTÉRAIRE : *tièdement.*

énergumène *nom* Personne agitée. SYN. enragé, exalté, excité, fanatique, forcené, fou, fou furieux, individu, ostrogoth, phénomène. – FAMILIER : zèbre. – LITTÉRAIRE : furieux. – POPULAIRE : zigoto.

énervant *adjectif* Qui irrite les nerfs. SYN. agaçant, exaspérant, excédant, insupportable, irritant, lancinant. – FAMILIER : crispant, horripilant, rageant, vexant. – POPULAIRE : canulant, gonflant. CONTR. *apaisant, calmant, reposant.*

énervé *adjectif* Qui ne contrôle plus ses nerfs. SYN. agacé, agité, à bout de nerfs, crispé, exaspéré, irrité, nerveux, sur les nerfs. – FAMILIER : à cran, horripilé, les nerfs à cran, les nerfs à fleur de peau, les nerfs en boule, les nerfs en pelote, sous pression. CONTR. *apaisé, calme, détendu, patient, serein, tranquille.* – FAMILIER : *cool.*

énervement *nom masculin* État de quelqu'un qui est énervé. SYN. agacement, agitation, crispation, effervescence, exaspération, excitation, fébrilité, hâte, impatience, irritation, nervosité, rage, surexcitation. – FAMILIER : horripilation. – LITTÉRAIRE : hérissement. CONTR. *apaisement, calme, flegme, impassibilité, placidité, sérénité, tranquillité.*

énerver *verbe* Provoquer la nervosité. SYN. agacer, crisper, échauffer la bile, échauffer la tête, échauffer le sang, échauffer les oreilles, exaspérer, excéder, exciter, irriter, pousser à bout, surexciter, ulcérer. – FAMILIER : asticoter, courir sur le haricot, courir sur le système, faire devenir chèvre, faire suer, faire tourner en bourrique, horripiler, insupporter, porter sur les nerfs, prendre la tête, taper sur le système, taper sur les nerfs. – POPULAIRE : donner des boutons, faire braire, faire chier, gonfler, pomper, soûler. CONTR. *apaiser, calmer, désénerver, détendre, reposer.* – LITTÉRAIRE : *rasséréner.*

énerver (s') *verbe pronominal* Perdre le contrôle de ses nerfs. SYN. s'affoler, s'agiter, en avoir par-dessus la tête, être à bout, être à bout de nerfs, être comme un ours en cage, être sur des charbons ardents, s'exciter, s'impatienter, s'irriter, se mettre en colère, se monter, n'y plus tenir. – FAMILIER : en avoir assez, en avoir jusque-là, en avoir marre, en avoir plein le dos, en avoir ras la casquette, en avoir ras le bol, en avoir ras le pompon, en avoir soupé, avoir une poussée d'adrénaline, devenir chèvre, être sous pression, se mettre en boule, se mettre en pétard, se mettre en rogne. – POPULAIRE : en avoir plein le cul, en avoir sa claque, faire un caca nerveux. CONTR. *se calmer, se détendre, patienter.*

enfance *nom féminin* LITTÉRAIRE. Commencement de quelque chose. SYN. aube, début, embryon, germe, origine. – LITTÉRAIRE : aurore. CONTR. *couchant, crépuscule.*

enfant *adjectif* Qui a la naïveté de l'enfance. SYN. candide, gamin, infantile, puéril. – FAMILIER : bébête. CONTR. *adulte, grand.*

enfant *nom* Garçon ou fille dans l'enfance. SYN. bambin, bébé, gamin, gamine, tout-petit. – FAMILIER : bout de chou, bout de zan, chérubin, gosse, marmot, mioche, moustique, moutard, pitchoun, pitchounet, poussin, puce, tête blonde. – POPULAIRE : chiard, lardon, loupiot, loupiote, minot, môme, morpion, mouflet, têtard. – VIEUX : marmouset. CONTR. *adulte.* ■ Fils ou fille de quelqu'un. SYN. – FAMILIER : gamin, gosse, héritier, progéniture, rejeton. – POPULAIRE : lardon. ■ Descendant de quelqu'un. SYN. fille, fils, postérité.

enfantement *nom masculin* LITTÉRAIRE. Action d'enfanter. SYN. accouchement, parturition. ■ LITTÉRAIRE. Action de produire une œuvre. SYN. conception, création, production. – FAMILIER : accouchement.

enfanter *verbe* LITTÉRAIRE. Mettre au monde. SYN. accoucher. – LITTÉRAIRE : procréer. ■ LITTÉRAIRE. Produire quelque chose. SYN. concevoir, créer, engendrer. – FAMILIER : accoucher, pondre.

enfantillage *nom masculin* Comportement immature. SYN. gaminerie, naïveté, niaiserie, puérilité. ■ Chose sans importance. SYN. bagatelle, baliverne, niaiserie, puérilité, rien, vétille.

enfantin *adjectif* Du niveau d'un enfant. SYN. élémentaire, facile, facile comme bonjour, simple. – FAMILIER : c'est de la rigolade, pas sorcier. CONTR. *ardu, complexe, compliqué, difficile.* ■ Qui tient de l'enfance. SYN. gamin, infantile, ingénu, innocent, naïf, puéril. CONTR. *mature.* – LITTÉRAIRE : *viril.*

enfer *nom masculin* Lieu du châtiment éternel. SYN. géhenne. CONTR. *ciel, éden, paradis.* ■ Situation très pénible. SYN. bagne, calvaire, martyre, supplice, torture. – LITTÉRAIRE : croix, géhenne. CONTR. *bonheur, paradis.* – LITTÉRAIRE : *éden.*

enfermé *adjectif* Qui est dans un lieu fermé. SYN. entre quatre murs, interné, séquestré. – LITTÉRAIRE : reclus.

enfermement *nom masculin* Action d'enfermer quelqu'un. SYN. claustration, emprisonnement, incarcération, séquestration. – LITTÉRAIRE : réclusion. CONTR. *libération.*

enfermer *verbe* Mettre dans un lieu fermé. SYN. claquemurer, cloîtrer, confiner, détenir, écrouer, emprisonner, interner, isoler, parquer, séquestrer. – FAMILIER : boucler, coffrer. – LITTÉRAIRE : serrer. CONTR. *délivrer, libérer, sortir.* ■ Entourer complètement un lieu. SYN. ceinturer, clôturer, encercler, enclore, enserrer. – LITTÉRAIRE : clore, enceindre. ■ LITTÉRAIRE. Avoir en soi. SYN. contenir, renfermer.

enfermer (s') *verbe pronominal* S'installer dans un endroit fermé. SYN. se barricader, se calfeutrer, se claquemurer, se claustrer, se cloîtrer, se confiner, s'isoler. CONTR. *sortir.* ■ Se maintenir dans un état. SYN. se cantonner, se confiner, se limiter, persévérer, se replier, se retrancher. CONTR. *s'ouvrir à.*

enferrer (s') *verbe pronominal* Se laisser prendre dans. SYN. s'embourber, s'empêtrer, s'engluer, s'enliser, se noyer, patauger, se perdre. – FAMILIER : s'enfoncer. CONTR. *se dépêtrer, s'en sortir, se tirer d'affaire, s'en tirer.* – FAMILIER : *se débrouiller, se dépatouiller.* – POPULAIRE : *se démerder.*

enfiévrer *verbe* Surexciter quelqu'un. SYN. agiter, échauffer, exalter, exciter, surexciter, survolter. – LITTÉRAIRE : embraser, enflammer. CONTR. *apaiser, calmer.*

enfilade *nom féminin* Succession de choses. SYN. chapelet, file, ligne, rangée, succession, suite.

enfiler *verbe* Mettre sur soi. SYN. chausser, mettre, passer, revêtir. – LITTÉRAIRE : vêtir. CONTR. *enlever, quitter, retirer.*

enfiler (s') *verbe pronominal* FAMILIER. Absorber quelque chose. SYN. avaler, boire, se bourrer, consommer, dévorer, engloutir, engouffrer, ingurgiter. – FAMILIER : s'empiffrer, enfourner, lamper, siffler, se taper. – POPULAIRE : bouffer, descendre, s'envoyer, se goinfrer. ■ FAMILIER. Se charger d'un travail. SYN. se coltiner. – FAMILIER : s'appuyer. – POPULAIRE : s'envoyer, se farcir, se taper.

enfin *adverbe* Indique la conclusion d'une action. SYN. pour conclure, pour couronner le tout, en fin de compte, à la fin, finalement, pour finir. CONTR. *d'abord, pour commencer.* ■ Marque la fin d'une énumération. SYN. bref, en définitive, somme toute, en somme, tout compte fait. ■ Marque une restriction. SYN. du moins, néanmoins, ou plutôt, somme toute, toutefois.

enflammé *adjectif* Qui est plein d'ardeur. SYN. ardent, brûlant, chaleureux, chaud, enfiévré, exalté, fébrile, passionné, surchauffé, survolté, tout feu tout flammes, véhément. – LITTÉRAIRE : effervescent, embrasé. CONTR. *froid, glacial, impassible, indifférent, insensible.*

enflammer *verbe* Mettre en flammes. SYN. allumer, attiser, incendier. – LITTÉRAIRE : embraser. CONTR. *éteindre.* ■ LITTÉRAIRE. Faire paraître éclatant. SYN. aviver, illuminer. – LITTÉRAIRE : empourprer. ■ LITTÉRAIRE. Remplir de passion. SYN. agiter, aiguillonner, aiguiser, animer, attiser, aviver, chauffer, déchaîner, échauffer, électriser, enfiévrer, enivrer, enthousiasmer, éperonner, exacerber, exaspérer, exciter, fanatiser, galvaniser, griser, réchauffer, surexciter, survolter. – LITTÉRAIRE : allumer, embraser, exalter, transporter. CONTR. *amortir, apaiser, assoupir, calmer, éteindre, étouffer, ralentir, refroidir.* ■ Provoquer une inflammation. SYN. envenimer, infecter, irriter.

enflammer (s') *verbe pronominal* S'animer d'une vive ardeur. SYN. s'animer, s'échauffer, s'enthousiasmer, être tout feu tout flammes, s'exalter, s'exciter, se monter. – LITTÉRAIRE : s'embraser. CONTR. *s'apaiser, se calmer.*

enflé *adjectif* Qui a gonflé. SYN. bouffi, boursouflé, gros, hypertrophié, soufflé, tumescent, turgescent. – FAMILIER : boudiné. CONTR. *désenflé.* ■ LITTÉRAIRE. Qui est exagéré. SYN. amplifié, ampoulé, grossi, pompeux, redondant, ronflant, théâtral.

enfler *verbe intransitif* Augmenter de volume. SYN. bouffir, se dilater, se distendre, gonfler, grandir, grossir. CONTR. *dégonfler, désenfler.*

enfler *verbe transitif* LITTÉRAIRE. Augmenter le volume de. SYN. dilater, distendre, gonfler, grossir. CONTR. *dégonfler.* ■ Provoquer une enflure. SYN. ballonner, bouffir, boursoufler, tuméfier. CONTR. *désenfler.* ■ LITTÉRAIRE. Rendre plus important. SYN. amplifier, boursoufler, exagérer, forcer, grandir, grossir, majorer, outrer, surestimer, surévaluer. CONTR. *dégonfler, diminuer, minimiser, sous-estimer.* – LITTÉRAIRE : *rabaisser, rabattre.*

enflure *nom féminin* État d'un membre qui enfle. SYN. bosse, bouffissure, boursouflage, boursouflement, boursouflure, gonflement, intumescence, œdème, tuméfaction, tumescence, turgescence. ■ Exagération dans l'expression. SYN. boursouflure, emphase, grandiloquence, hyperbole. – LITTÉRAIRE : bouffissure, pompe. CONTR. *dépouillement, simplicité, sobriété.*

enfoncement *nom masculin* Endroit formant un creux. SYN. cavité, creux, dépression, renfoncement, trou. CONTR. *hauteur.*

enfoncer *verbe* Mettre une chose dans une autre. SYN. engager, ficher, introduire, loger, planter, plonger. – FAMILIER : fourrer. CONTR. *arracher, déplanter, déterrer, extirper, extraire, retirer.* ■ Briser en poussant. SYN. cogner, défoncer, emboutir, entamer, forcer, percer, percuter, renverser, rompre. – POPULAIRE : emplafonner. ■ FAMILIER. Vaincre quelqu'un. SYN. battre, broyer, dépasser, devancer, distancer, écraser, pulvériser, surclasser, surpasser, vaincre. – FAMILIER : étriller, griller, piler. ■ Mettre dans l'embarras. SYN. embourber, empêtrer, enliser. CONTR. *sortir.*

enfoncer (s') *verbe pronominal* S'installer au fond de. SYN. se glisser, se loger, se mettre, se plonger. CONTR. *s'extraire.* ■ S'engager dans un lieu. SYN. s'engager, s'immerger, s'introduire, pénétrer, rentrer. CONTR. *se sauver.* ■ Se complaire dans un sentiment. SYN. s'abandonner, s'absorber, s'installer, se livrer. CONTR. *se tirer.* ■ FAMILIER. Tomber dans une situation pire. SYN. descendre, s'enferrer, s'enliser, se noyer, se perdre, sombrer, tomber. – FAMILIER : dégringoler. – LITTÉRAIRE : déchoir. CONTR. *se dépêtrer, s'en sortir, s'en tirer.* – FAMILIER : *se débrouiller, se dépatouiller.* – POPULAIRE : *se démerder.*

enfouir *verbe* Mettre en terre. SYN. ensevelir, enterrer, terrer. CONTR. *déterrer, exhumer.* ■ Cacher quelque chose. SYN. camoufler, dissimuler. – LITTÉRAIRE : ensevelir. CONTR. *exhumer, extraire, sortir.* – LITTÉRAIRE : *ressusciter.*

enfourner *verbe* FAMILIER. Introduire en enfonçant. SYN. caser, mettre. – FAMILIER : fourrer. ■ FAMILIER. Absorber en grande quantité. SYN. avaler, avaler la mer et les poissons, avoir un bon coup de fourchette, avoir un estomac d'autruche, avoir une faim de loup, se bourrer, dévorer, engloutir, engouffrer, faire honneur à un plat, se gaver, ingurgiter. – ARGOTIQUE : briffer. – FAMILIER : s'en donner jusqu'à la garde, s'empiffrer, s'enfiler, manger comme quatre, manger comme un ogre, s'en mettre jusque-là, s'en mettre plein la panse, ne pas se laisser abattre. – POPULAIRE : bâfrer, bouffer, bouffer comme un chancre, boulotter, s'envoyer, s'en fourrer jusque-là, se goinfrer, manger à s'en faire péter la sous-ventrière, manger comme un chancre, s'en mettre plein la gueule, s'en mettre plein la lampe, morfaler. – VIEUX : goinfrer. CONTR. *avoir un appétit d'oiseau, grignoter.* – FAMILIER : *chipoter, mangeotter, picorer.*

enfreindre *verbe* Transgresser un règlement. SYN. contrevenir à, désobéir à, manquer à, outrepasser, piétiner, transgresser, violer. – LITTÉRAIRE : blesser, pécher contre. CONTR. *s'aligner, se conformer à, obéir, observer, obtempérer à, respecter, se soumettre à, suivre.*

enfuir (s') *verbe pronominal* Quitter un lieu brusquement. SYN. battre en retraite, déguerpir, déloger, disparaître, s'esquiver, s'évader, fausser compagnie, filer à l'anglaise, fuir, partir, plier bagages, prendre la clef des champs, prendre la fuite, prendre le large, se retirer, se sauver. – FAMILIER : débarrasser le plancher, décamper, détaler, s'évaporer, ficher le camp, filer, filer comme un zèbre, gagner le large, lever le camp, lever le pied, lever le siège, prendre la poudre d'escampette, prendre la tangente, prendre ses cliques et ses claques, prendre ses jambes à son cou, vider le plancher, vider les lieux. – POPULAIRE : se barrer, se calter, se carapater, se casser, cavaler, se cavaler, se débiner, décaniller, décarrer, se faire la malle, se faire la paire, foutre le camp, jouer des flûtes, jouer des jambes, jouer la fille de l'air, mettre les bouts, mettre les voiles, se murger, se tailler, se tirer, se trisser. – VIEUX : s'esbigner. CONTR. *arriver, rester.* – LITTÉRAIRE : *demeurer.* ■ LITTÉRAIRE. Passer rapidement. SYN. disparaître, se dissiper, s'écouler, s'envoler, s'évanouir, fuir, passer, se volatiliser. – LITTÉRAIRE : s'évaporer. CONTR. *résister, tenir.*

engageant *adjectif* Qui invite à nouer des relations. SYN. accessible, accueillant, affable, agréable, aimable, alléchant, attirant, attrayant, avenant, cordial, liant, plaisant, prometteur, séduisant, sympathique. – LITTÉRAIRE : amène. CONTR. *antipathique, bilieux, bougon, cassant, déplaisant, désagréable, distant, glacé, rébarbatif, renfrogné, repoussant, rude, sec.* – LITTÉRAIRE : *hostile.*

engagement *nom masculin* Fait de s'engager à. SYN. assurance, garantie, obligation, parole, promesse, serment, signature. CONTR. *abandon, désaveu, désertion, reniement.* ■ Action d'engager quelqu'un. SYN. embauchage, embauche, enrôlement, recrutement. CONTR. *débauchage, licenciement, renvoi.* – FAMILIER : *dégraissage.* ■ Combat de courte durée. SYN. accrochage, action, coup de main, escarmouche, rencontre. – VIEUX : échauffourée. ■ Acte par lequel on s'engage. SYN. contrat, convention, promesse.

engager *verbe* Mettre un bien en gage. SYN. gager. CONTR. *dégager, reprendre.* ■ Lier moralement. SYN. attacher, contraindre, lier, obliger. – LITTÉRAIRE : astreindre. CONTR. *délier, libérer.* ■ Recruter pour un emploi. SYN. embaucher, employer, prendre. CONTR. *chasser, congédier, débaucher, se défaire, licencier, limoger, remercier, renvoyer.* – POPULAIRE : *balancer.* ■ FAMILIER. Faire participer à. SYN. impliquer. – FAMILIER : embarquer, embringuer. ■ Faire entrer dans un lieu étroit. SYN. coincer, encastrer, enclaver, enfoncer, glisser, introduire, passer, plonger. CONTR. *débloquer, enlever, extraire, retirer, sortir.* ■ Amener quelqu'un à. SYN. allécher, appeler, convier, déterminer, encourager, entraîner, exciter, exhorter, inciter, inviter, porter, pousser, presser, provoquer, recommander. CONTR. *déconseiller, décourager, détourner, dissuader, éloigner, retenir.* ■ Commencer une action. SYN. amorcer, attaquer, commencer, déclencher, ébaucher, entamer, entreprendre, mettre en branle, ouvrir, tenter. – FAMILIER : débuter, démarrer. CONTR. *arrêter, clôturer, finir, terminer.*

engager (s') *verbe pronominal* Se loger dans un lieu étroit. SYN. s'emboîter, s'encastrer, s'enchâsser, s'enfoncer, s'imbriquer, rentrer. ■ Avancer dans une voie. SYN. s'avancer, s'enfoncer, s'engouffrer, entrer, pénétrer. – LITTÉRAIRE : s'insinuer. ■ Entreprendre une action. SYN. s'aventurer, débuter, se lancer, se mettre à, se risquer. – FAMILIER : s'emmancher. CONTR. *se dispenser de.* ■ Contracter un engagement. SYN. s'enrôler, jurer. CONTR. *se dégager.* ■ Se lier par une promesse. SYN. engager sa parole, jouer cartes sur table, n'avoir qu'une parole, promettre, respecter la parole donnée, tenir parole. – FAMILIER : ne pas manger de ce pain-là.

engainement *nom masculin* Action de s'engager dans une passe. SYN. embouquement.

engainer *verbe* S'engager dans une passe étroite. SYN. embouquer.

engendrement *nom masculin* Action d'engendrer. SYN. création, élaboration.

engendrer *verbe* Reproduire par génération. SYN. donner le jour, donner naissance, faire. – LITTÉRAIRE : enfanter, procréer. ■ Produire quelque chose. SYN. amener, apporter, causer, créer, déterminer, entraîner, exciter, faire naître, fonder, générer, inspirer, nécessiter, occasionner, opérer, produire, provoquer, soulever, susciter. – FAMILIER : accoucher. – LITTÉRAIRE : enfanter.

engin *nom masculin* Machine à emploi précis. SYN. appareil, instrument, outil, ustensile. ■ FAMILIER. Objet dont on ignore le nom. SYN. chose. – FAMILIER : bidule, machin, truc.

englober *verbe* Faire entrer dans un ensemble. SYN. annexer, compter, enclore, envelopper, inclure, joindre. CONTR. *détacher, excepter.* ■ Réunir en un tout. SYN. comporter, comprendre, contenir, inclure, posséder. – LITTÉRAIRE : embrasser. CONTR. *dissocier, distinguer, séparer.*

engloutir *verbe* Manger avec voracité. SYN. absorber, avaler, avaler la mer et les poissons, avoir un bon coup de fourchette, avoir un estomac d'autruche, avoir une faim de loup, se bourrer, dévorer, engouffrer, faire honneur à un plat, se gaver, ingurgiter. – ARGOTIQUE : briffer. – FAMILIER : s'en donner jusqu'à la garde, s'empiffrer, s'enfiler, enfourner, manger comme quatre, manger comme un ogre, s'en mettre jusque-là, s'en mettre plein la panse, ne pas se laisser abattre. – POPULAIRE : bâfrer, bouffer, bouffer comme un chancre, boulotter, s'en fourrer jusque-là, se goinfrer, manger à s'en faire péter la sous-ventrière, manger comme un chancre, s'en mettre plein la gueule, s'en mettre plein la lampe, morfaler. – VIEUX : goinfrer. CONTR. *avoir un appétit d'oiseau, grignoter.* – FAMILIER : *chipoter, mangeotter, picorer, pignocher.* ■ Dépenser de l'argent. SYN. croquer, dépenser, dévorer, dilapider, engouffrer, gaspiller, manger. – FAMILIER : claquer, craquer, nettoyer. – LITTÉRAIRE : dissiper. CONTR. *amasser, économiser, épargner, garder, mettre de côté.* ■ Faire disparaître. SYN. ensevelir, enterrer, noyer, submerger, tarir.

engluer (s') *verbe pronominal* Se trouver dans l'embarras. SYN. s'empêtrer, s'enferrer, s'enliser, patauger, sombrer. – FAMILIER : s'enfoncer. – LITTÉRAIRE : stagner.

engoncer *verbe* Serrer quelqu'un (vêtement). SYN. brider, gêner, sangler. – FAMILIER : boudiner.

engorgement *nom masculin* Action d'engorger. SYN. blocage, obstruction, obturation. ■ Fait d'être saturé. SYN. congestion, embouteillage, encombrement, saturation.

engorger *verbe* Gêner la circulation. SYN. congestionner, embouteiller, encombrer, saturer. CONTR. *décongestionner, dégager, désengorger.* ■ Embarrasser une canalisation. SYN. bloquer, boucher, obstruer. CONTR. *déboucher, libérer.*

engouement *nom masculin* Fait de s'engouer pour. SYN. admiration, emballement, enthousiasme, folie, mode, passion. – FAMILIER : tocade, toquade. – LITTÉRAIRE : entichement. CONTR. *dédain, dégoût.*

engouer (s') *verbe pronominal* Se prendre d'admiration pour. SYN. admirer, aimer, s'amouracher, s'attacher, avoir le coup de foudre pour, s'enthousiasmer, s'enticher de, s'éprendre, être féru de, être tout feu tout flammes, s'exciter, se passionner, raffoler. – FAMILIER : s'emballer, se toquer de. – VIEUX : se coiffer de. CONTR. *dédaigner, se dégoûter de, se détacher de, mépriser.* – LITTÉRAIRE : *se déprendre de.*

engouffrer *verbe* Manger goulûment. SYN. avaler, avaler la mer et les poissons, avoir un bon coup de fourchette, avoir un estomac d'autruche, se bourrer, dévorer, engloutir, faire honneur à un plat, se gaver, ingurgiter. – ARGOTIQUE : briffer. – FAMILIER : s'en donner jusqu'à la garde, s'empiffrer, s'enfiler, enfourner, manger comme quatre, manger comme un ogre, s'en mettre jusque-là, s'en mettre plein la panse, ne pas se laisser abattre. – POPULAIRE : bâfrer, bouffer, bouffer comme un chancre, boulotter, s'en fourrer jusque-là, se goinfrer, manger à s'en faire péter la sous-ventrière, manger comme un chancre, s'en mettre plein la gueule, s'en mettre plein la lampe, morfaler. – VIEUX : goinfrer. CONTR. *grignoter.* – FAMILIER : *chipoter, mangeotter, picorer, pignocher.* ■ Dépenser de l'argent. SYN. croquer, dépenser, dévorer, dilapider, engloutir, gaspiller, manger. – FAMILIER : claquer, craquer, nettoyer. – LITTÉRAIRE : dissiper. CONTR. *économiser, épargner.*

engouffrer (s') *verbe pronominal* Entrer rapidement ou en masse. SYN. s'élancer, s'engager, s'engloutir, se jeter, passer, pénétrer, se précipiter, se ruer. – FAMILIER : s'enfourner.

engourdi *adjectif* Qui a perdu sa mobilité. SYN. gourd, inerte. CONTR. *agile, alerte, souple.* ■ Qui est dans un état de torpeur. SYN. endormi, indolent, mou, nonchalant, sclérosé. – LITTÉRAIRE : ensommeillé. CONTR. *allègre, ardent, déluré, pétulant, vivant.* – FAMILIER : *dégourdi.*

engourdir *verbe* Diminuer la mobilité de. SYN. alourdir, ankyloser, immobiliser, paralyser. CONTR. *dégourdir.* ■ Mettre dans un état de torpeur. SYN. appesantir, assoupir, endormir, scléroser. – VIEUX : chloroformer. CONTR. *animer, éveiller, exciter, fouetter, réveiller, stimuler.*

engourdir (s') *verbe pronominal* Perdre de son dynamisme. SYN. s'encroûter, s'endormir, se fossiliser, se rouiller, se scléroser. CONTR. – LITTÉRAIRE : *s'éveiller.*

engourdissement *nom masculin* État de torpeur. SYN. appesantissement, asphyxie, assoupissement, ensommeillement, immobilisme, inertie, langueur, léthargie, pesanteur, piétinement, sclérose, stagnation, tassement, torpeur. – LITTÉRAIRE : alanguissement. CONTR. *animation, ardeur, flexibilité, nerf, souplesse.*

engraissement *nom masculin* Fait d'engraisser. SYN. embonpoint, empâtement, épaississement, obésité, rondeur. – FAMILIER : rotondité. CONTR. *amaigrissement.*

engraisser *verbe* Prendre de l'embonpoint. SYN. s'empâter, épaissir, forcir, grossir. – FAMILIER : se remplumer. CONTR. *s'amaigrir, se dessécher,* *maigrir, mincir.* – **FAMILIER** : *fondre.* – **LITTÉRAIRE** : *s'émacier.*

engranger *verbe* Mettre de côté. **SYN.** accumuler, consigner, emmagasiner, enregistrer, entasser, entreposer, remiser, stocker.

engravée *nom féminin* Inflammation du pied d'un animal. **SYN.** aggravée.

engrenage *nom masculin* Enchaînement de faits. **SYN.** chaîne, entraînement, lacis, tissu. – **LITTÉRAIRE** : réseau.

engueulade *nom féminin* POPULAIRE. Fait d'être engueulé. **SYN.** réprimande, semonce. – **FAMILIER** : savon. ■ POPULAIRE. Action de s'engueuler. **SYN.** algarade, altercation, dispute, explication, prise de bec, querelle, scène. – **FAMILIER** : accrochage, attrapade, empoignade.

engueuler *verbe* POPULAIRE. Réprimander durement. **SYN.** chapitrer, corriger, gronder, houspiller, injurier, invectiver, morigéner, reprendre, réprimander, sermonner, tirer les oreilles. – **FAMILIER** : attraper, disputer, enguirlander, passer un savon, secouer, sonner les cloches à. – **LITTÉRAIRE** : admonester, fustiger, gourmander, quereller, semoncer, tancer. – **POPULAIRE** : remonter les bretelles. **CONTR.** *complimenter, féliciter, louer.* – **LITTÉRAIRE** : *louanger.*

engueuler (s') *verbe pronominal* POPULAIRE. Se disputer avec quelqu'un. **SYN.** s'accrocher, se disputer, s'expliquer, se quereller. – **FAMILIER** : se bagarrer, se chamailler. – **POPULAIRE** : se bouffer le nez.

enguirlander *verbe* FAMILIER. Réprimander vertement. **SYN.** chapitrer, corriger, gronder, houspiller, injurier, invectiver, morigéner, reprendre, réprimander, sermonner, tirer les oreilles. – **FAMILIER** : attraper, disputer, passer un savon, secouer, sonner les cloches à. – **LITTÉRAIRE** : admonester, fustiger, gourmander, quereller, semoncer, tancer. – **POPULAIRE** : engueuler, remonter les bretelles. **CONTR.** *complimenter, féliciter, louer.* – **LITTÉRAIRE** : *louanger.*

enhardir *verbe* Donner de la hardiesse. **SYN.** aiguillonner, chauffer, encourager, inciter, réconforter, stimuler. – **LITTÉRAIRE** : raffermir. **CONTR.** *abattre, décourager, démonter, lasser, rebuter, refroidir.*

enhardir (s') *verbe pronominal* Devenir hardi. **SYN.** s'armer de courage, s'aventurer, s'aviser, avoir l'audace de, avoir le front de, se hasarder, se jeter à l'eau, se jeter tête baissée dans, monter au créneau, oser, se permettre, prendre le risque de, prendre son courage à deux mains, risquer le coup, se risquer, tenter l'aventure, tenter le coup. – **FAMILIER** : avoir le culot de, avoir le toupet de.

énigmatique *adjectif* Difficile à interpréter. **SYN.** abscons, ambigu, difficile, hermétique, incompréhensible, indéchiffrable, inexplicable, obscur, voilé. – **LITTÉRAIRE** : opaque, sibyllin. **CONTR.** *clair, déchiffrable, évident, intelligible, lumineux.* ■ Au caractère mystérieux. **SYN.** ésotérique, étrange, fermé, impénétrable, insaisissable, insondable. **CONTR.** *direct, franc, ouvert.*

énigme *nom féminin* Chose, personne difficile à saisir. **SYN.** ambiguïté, mystère, problème, secret. ■ Question énigmatique. **SYN.** charade, devinette, logogriphe, rébus. – **FAMILIER** : colle.

enivrant *adjectif* Qui provoque une exaltation. **SYN.** capiteux, délicieux, ensorcelant, enthousiasmant, étourdissant, exaltant, excitant, grisant, magique, merveilleux, passionnant. – **FAMILIER** : emballant.

enivré *adjectif* En état d'ivresse. **SYN.** aviné, gai, gris, ivre, pris de boisson. – **FAMILIER** : éméché, imbibé, parti, plein comme un œuf, plein comme une outre, pompette, saoul, schlass, soûl, soûl comme un Polonais, soûl comme une bourrique, soûl comme une grive. – **POPULAIRE** : beurré, beurré comme un p'tit Lu, beurré comme une tartine, blindé, bourré, bourré comme une cantine, chargé, cuit, noir, paf, pété, pinté, plein comme une barrique, raide, rétamé, rond, rond comme une barrique, rond comme une queue de pelle, torché. – **VIEUX** : brindezingue. **CONTR.** *à jeun, sobre.*

enivrement *nom masculin* VIEUX. État d'une personne ivre. **SYN.** ébriété, griserie, ivresse. – **LITTÉRAIRE** : étourdissement. **CONTR.** *sobriété.* ■ LITTÉRAIRE. État d'euphorie. **SYN.** enchantement, exaltation, excitation, extase, griserie, ivresse, vertige. – **LITTÉRAIRE** : tourbillon, transport. **CONTR.** *désenchantement, désillusion.*

enivrer *verbe* Mettre en état d'ivresse. **SYN.** griser. – **FAMILIER** : soûler. **CONTR.** *dégriser, désenivrer, dessoûler.* ■ Remplir d'exaltation. **SYN.** charmer, entêter, enthousiasmer, étourdir, exalter, exciter, griser, soulever. – **LITTÉRAIRE** : enflammer, transporter. **CONTR.** *dégriser, désenivrer.*

enivrer (s') *verbe pronominal* Se rendre ivre. **SYN.** boire, se griser. – **FAMILIER** : boire comme un Polonais, boire comme un trou, boire comme une éponge, rouler sous la table, se soûler. – **POPULAIRE** : s'arsouiller, se beurrer, se bitturer, se bourrer la gueule, se bourrer, se charger, se cuiter, se péter la gueule, picoler, se pinter, se piquer le nez, se poivrer, prendre une bitture, prendre une cuite. – **VIEUX** : se noircir.

enjamber *verbe* Passer par-dessus. **SYN.** franchir, passer.

enjeu *nom masculin* Ce que l'on risque au jeu. SYN. cave, mise, pari.

enjoindre *verbe* LITTÉRAIRE. Ordonner expressément. SYN. adjurer, commander, dicter, dire, exiger, imposer, intimer, inviter, ordonner, prescrire, prier, sommer. – LITTÉRAIRE : requérir. CONTR. *défendre, interdire.*

enjôler *verbe* Séduire par des flatteries. SYN. amadouer, bercer de paroles, charmer, circonvenir, endormir, séduire. – FAMILIER : baratiner, emberlificoter, embobeliner, embobiner, entortiller.

enjôleur *adjectif* Qui enjôle. SYN. cajoleur, câlin, caressant, charmeur, doucereux, embobelineur, fascinant, flatteur, séducteur. – LITTÉRAIRE : paterne. CONTR. *revêche.*

enjolivement *nom masculin* Action d'enjoliver. SYN. amélioration, embellissement, ornementation. – LITTÉRAIRE : fioriture. CONTR. *enlaidissement.*

enjoliver *verbe* Rendre plus joli. SYN. agrémenter, décorer, égayer, garnir, ornementer, orner. – LITTÉRAIRE : parer. CONTR. *déparer, enlaidir.* ■ Enrichir un récit. SYN. broder, embellir, enrichir, exagérer. – LITTÉRAIRE : farder.

enjolivure *nom féminin* Petit ornement. SYN. agrément, décoration, embellissement. – LITTÉRAIRE : fioriture, parure.

enjoué *adjectif* Qui manifeste la gaieté. SYN. allègre, badin, euphorique, gai, guilleret, joueur, jovial, joyeux, réjoui, rieur. – FAMILIER : bien luné, de bon poil. – LITTÉRAIRE : folâtre, riant. CONTR. *amer, boudeur, grave, de mauvaise humeur, mélancolique, morne, sombre, triste.* – FAMILIER : *mal luné, de mauvais poil, ronchon.* – LITTÉRAIRE : *chagrin.*

enjouement *nom masculin* Disposition à la bonne humeur. SYN. allégresse, bonne humeur, entrain, gaieté, joie, joie de vivre, jovialité. – LITTÉRAIRE : alacrité. CONTR. *bouderie, gravité, humeur de chien, humeur de dogue, mauvaise humeur, tristesse.* – FAMILIER : *humeur massacrante.* – LITTÉRAIRE : *maussaderie.*

enlacement *nom masculin* Disposition de choses enlacées. SYN. enchevêtrement, entrecroisement, entrelacement, lacis, nœud, réseau. – LITTÉRAIRE : entremêlement. ■ Fait de tenir dans ses bras. SYN. accolade, embrassade. – LITTÉRAIRE : embrassement, étreinte.

enlacer *verbe* Nouer des choses entre elles. SYN. croiser, entrecroiser, entrelacer, entremêler, lier, tresser. CONTR. *dénouer.* ■ Entourer un objet. SYN. ceinturer. – LITTÉRAIRE : ceindre. ■ Tenir contre soi. SYN. étreindre, serrer. – LITTÉRAIRE : embrasser.

enlaidir *verbe* Rendre laid. SYN. défigurer, déparer, gâter. CONTR. *agrémenter, arranger, avantager, égayer, embellir, enjoliver, flatter, orner.* – LITTÉRAIRE : *parer.*

enlèvement *nom masculin* Action d'enlever des choses. SYN. déblaiement, dégagement, ramassage, suppression. ■ Action d'enlever quelqu'un. SYN. kidnapping, rapt. ■ Action de prendre une position militaire. SYN. conquête, occupation, prise.

enlever *verbe* Soulever vers le haut. SYN. élever, hisser, monter, soulever. ■ Changer quelque chose de place. SYN. décrocher, déménager, déplacer, emporter, ôter, retirer. – FAMILIER : embarquer. CONTR. *adjoindre, joindre.* ■ Faire disparaître quelque chose. SYN. biffer, effacer, élaguer, gommer, gratter, retrancher, supprimer. ■ Retirer un vêtement. SYN. se débarrasser de, se défaire de, ôter, quitter, retirer. – LITTÉRAIRE : dépouiller. CONTR. *chausser, endosser, enfiler, garder, mettre, passer.* ■ Ôter quelque chose. SYN. amputer, déraciner, détacher, extirper, extraire. ■ Faire perdre quelque chose. SYN. déposséder, dépouiller, priver. CONTR. *apporter, donner.* ■ Soustraire quelqu'un. SYN. kidnapper. – LITTÉRAIRE : dérober, ravir. ■ Prendre une position militaire. SYN. conquérir, s'emparer, emporter, envahir. ■ Obtenir quelque chose. SYN. gagner, remporter. – FAMILIER : décrocher, rafler.

enliser *verbe* Enfoncer dans un sol mou. SYN. embourber, ensabler, envaser. CONTR. *débourber, désembourber, désensabler, désenvaser, dévaser.*

enliser (s') *verbe pronominal* S'enfoncer dans un sol mou. SYN. s'embourber, s'ensabler, s'envaser. CONTR. *se débourber, se désembourber, se désensabler, se désenvaser, se dévaser.* ■ Ne plus progresser. SYN. croupir, s'embrouiller, s'empêtrer, s'enferrer, s'engluer, ne plus savoir à quel saint se vouer, se noyer, patauger, sombrer. – FAMILIER : s'enfoncer. – LITTÉRAIRE : stagner. CONTR. *se dépêtrer, émerger, se sortir de.*

enluminé *adjectif* LITTÉRAIRE. Coloré vivement. SYN. cramoisi. – LITTÉRAIRE : embrasé. CONTR. *pâle.* – FAMILIER : *pâlichon, pâlot.*

enlumineur *nom masculin* Peintre en miniatures. SYN. miniaturiste.

ennemi *adjectif* Qui est hostile à. SYN. antagoniste, contraire, défavorable, hostile, néfaste, opposé. – LITTÉRAIRE : adverse. CONTR. *ami, défenseur, favorable, propice.*

ennemi *nom* Celui qui est dans un camp opposé. SYN. adversaire, combattant, opposant. CONTR. *adhérent, allié, ami, camarade, complice, défenseur, partisan, sympathisant.*

ennoblir *verbe* Élever moralement. SYN. élever, grandir, rehausser. – LITTÉRAIRE : magnifier. CONTR. *abaisser, avilir, dégrader, déshonorer, rapetisser.* – LITTÉRAIRE : *rabaisser, rabattre.*

ennoblissant *adjectif* Qui élève moralement. CONTR. *abaissant, avilissant, rabaissant.*

ennoblissement *nom masculin* Fait de s'élever moralement. SYN. exaltation, glorification. – LITTÉRAIRE : élévation, sublimation. CONTR. *abaissement, avilissement, déchéance, dégradation, rapetissement.* – LITTÉRAIRE : *rabaissement.*

ennui *nom masculin* Désagrément fâcheux. SYN. à-coup, affaire, complication, contrariété, contretemps, déboire, désagrément, difficulté, embarras, inconvénient, mal, mécontentement, souci, tourment, tracas, tracasserie. – FAMILIER : anicroche, embêtement, embrouille, empoisonnement, enquiquinement, os, pépin, tuile. – LITTÉRAIRE : aria, incommodité. – POPULAIRE : emmerde, emmerdement, merde. CONTR. *bonheur, charme, joie, plaisir, satisfaction.* ■ Lassitude morale. SYN. abattement, dégoût, lassitude, mélancolie, vague à l'âme. – FAMILIER : cafard. – LITTÉRAIRE : spleen. CONTR. *allégresse, amusement, contentement, divertissement, euphorie, gaieté.*

ennuyé *adjectif* Qui est contrarié. SYN. contrarié, désolé, mécontent, navré, préoccupé, soucieux, tourmenté, tracassé. – FAMILIER : embêté. – LITTÉRAIRE : chagrin, contrit. CONTR. *content, gai, heureux, insouciant, jovial, joyeux, réjoui, satisfait.*

ennuyer *verbe* Causer un sentiment de fatigue. SYN. assommer, lasser, peser, rebuter. – FAMILIER : barber, barbifier, casser les pieds, embêter, enquiquiner, raser. – POPULAIRE : cavaler, emmerder. CONTR. *amuser, capter, captiver, charmer, désennuyer, distraire, divertir, égayer, plaire.* ■ Causer du tracas. SYN. chagriner, contrarier, désoler, embarrasser, préoccuper, tourmenter, tracasser. – FAMILIER : chicaner, chiffonner, défriser, embêter, enquiquiner, turlupiner. – POPULAIRE : emmerder. ■ Importuner quelqu'un. SYN. désobliger, fatiguer, gêner. – FAMILIER : bassiner, casser les pieds, embêter, empoisonner, enquiquiner, faire suer, prendre la tête, tanner. – LITTÉRAIRE : importuner, soûler. – POPULAIRE : canuler, casser les bonbons, cavaler, courir sur le haricot, courir sur le système, emmerder, faire braire, faire chier, pomper. CONTR. *dérider, électriser, enthousiasmer, exalter, intéresser, passionner, satisfaire.*

ennuyer (s') *verbe pronominal* Éprouver de l'ennui. SYN. errer comme une âme en peine, être comme une âme en peine, se languir de, se morfondre, trouver le temps long. – FAMILIER : avoir le blues, avoir le bourdon, se barber, se casser les pieds, s'embêter, s'empoisonner, s'enquiquiner, se faire suer, se raser. – POPULAIRE : s'emmerder, se faire chier. CONTR. *s'amuser, se distraire, se divertir.*

ennuyeux *adjectif* Qui cause du souci. SYN. déplaisant, désagréable, désolant, embarrassant, fâcheux, malencontreux, pénible, préoccupant, tracassant. – FAMILIER : casse-pieds, embêtant, empoisonnant, enquiquinant, saumâtre. – POPULAIRE : chiant, emmerdant. ■ Qui cause de la lassitude. SYN. endormant, insipide, lassant, long comme un jour sans pain, maussade, monotone, mortel, soporifique, terne. – FAMILIER : assommant, barbant, bassinant, casse-pieds, collant, embêtant, enquiquinant, rasant, raseur, rasoir, soûlant, tuant. – POPULAIRE : canulant, chiant, chiatique, emmerdant, suant. CONTR. *agréable, amusant, attachant, captivant, charmant, distrayant, divertissant, drôle, enthousiasmant, intéressant, passionnant, plaisant, récréatif.* – FAMILIER : *emballant, folichon, rigolo.*

énoncé *nom masculin* Fait d'énoncer quelque chose. SYN. énonciation, formulation. ■ Ce qui est énoncé. SYN. expression, formule, propos, terme, texte.

énoncer *verbe* Exprimer par le langage. SYN. articuler, avancer, émettre, exposer, exprimer, formuler, indiquer, proférer, prononcer.

énonciation *nom féminin* Action d'énoncer. SYN. élocution, énoncé, expression, formulation.

enorgueillir (s') *verbe pronominal* Tirer orgueil de. SYN. se flatter, se glorifier, s'honorer, se piquer, se prévaloir, se targuer, se vanter. CONTR. *s'abaisser, s'humilier.* – FAMILIER : *s'aplatir.*

énorme *adjectif* Qui est très important. SYN. beau, colossal, considérable, démesuré, écrasant, exorbitant, gigantesque, immense, imposant, incommensurable, interminable, monstrueux, phénoménal. – FAMILIER : monstre, monumental. – LITTÉRAIRE : titanesque, vaste. CONTR. *faible, limité, microscopique, minime, minuscule, modéré, modeste, normal, petit.* ■ Qui est très gros. SYN. corpulent, épais, fort, imposant, monstrueux, obèse. – POPULAIRE : maous. CONTR. *fin, maigre, menu, mince, squelettique.* ■ FAMILIER. Qui surprend. SYN. ahurissant, effarant, extraordinaire, fabuleux, fou, incroyable, inouï, invraisemblable, phénoménal, prodigieux, stupéfiant. – FAMILIER : fantastique, formidable, monstre, renversant. – POPULAIRE : bœuf. CONTR. *banal, insignifiant, ordinaire.*

énormément *adverbe* À un très haut degré. SYN. épouvantablement, exceptionnellement, excessivement, extraordinairement, extrêmement, fabuleusement, follement, fortement, grandement, immensément, incroyablement, monstrueusement, mortellement, prodigieusement, puissamment, singulièrement, terriblement, très, vertigineusement. – FAMILIER : bigrement, bougrement, diablement, drôlement, fameusement, fichtrement, formidablement, joliment, méchamment, rudement, sacrément. – LITTÉRAIRE : diantrement, furieusement. – POPULAIRE : salement. CONTR. *faiblement, légèrement, modérément, moyennement, pas du tout, pas le moins du monde, passablement, peu.* ■ En grande quantité. SYN. abondamment, en abondance, amplement, beaucoup, colossalement, comme quatre, comme s'il en pleuvait, considérablement, copieusement, à discrétion, à flots, à foison, généreusement, en (grand) nombre, grandement, largement, massivement, à la pelle, plantureusement, pleinement, à profusion, en quantité, richement, à satiété, à souhait, surabondamment, à tour de bras, trop, en veux-tu en voilà, à volonté. – FAMILIER : à gogo, jusqu'à plus soif, en pagaille, à revendre, à tire-larigot. – LITTÉRAIRE : à l'envi. CONTR. *chichement, au compte-gouttes, modérément, moyennement, parcimonieusement, peu.*

énormité *nom féminin* Caractère énorme. SYN. gigantisme, grosseur, immensité. – LITTÉRAIRE : infinitude, vastitude. CONTR. *petitesse.* ■ Caractère inouï. SYN. aberration, absurdité, extravagance, folie, invraisemblance.

enquérir (s') *verbe pronominal* Chercher à savoir. SYN. aller aux nouvelles, se documenter, enquêter, s'informer, s'inquiéter, interroger, se mettre au courant, rechercher, se renseigner.

enquête *nom féminin* Recherche sur quelque chose. SYN. analyse, examen, instruction, investigation, observation, prospection.

enquêter *verbe* Faire une enquête. SYN. chercher, s'enquérir, examiner, fouiller, s'informer, investiguer, se renseigner, sonder.

enquiquinant *adjectif* FAMILIER. Qui cause du souci. SYN. agaçant, déplaisant, désagréable, désolant, embarrassant, encombrant, endormant, fâcheux, gênant, malencontreux, pénible, préoccupant, tracassant. – FAMILIER : assommant, casse-pieds, collant, crampon, embêtant, empoisonnant, saumâtre. – LITTÉRAIRE : importun. – POPULAIRE : canulant, chiant, emmerdant. ■ FAMILIER. Qui cause de la lassitude. SYN. endormant, ennuyeux, insipide, lassant, maussade, monotone, mortel, soporifique, terne. – FAMILIER : assommant, barbant, bassinant, casse-pieds, embêtant, rasant, rasoir, soûlant, tuant. – POPULAIRE : canulant, chiant, chiatique, emmerdant, suant. CONTR. *agréable, amusant, attachant, captivant, charmant, distrayant, divertissant, drôle, intéressant, passionnant, plaisant, récréatif.* – FAMILIER : *folichon.*

enquiquinement *nom masculin* FAMILIER. Désagrément fâcheux. SYN. à-coup, affaire, complication, contretemps, déboire, désagrément, difficulté, embarras, ennui, inconvénient, mal, souci, tourment, tracas. – FAMILIER : anicroche, embêtement, empoisonnement, os, pépin, tuile. – LITTÉRAIRE : aria, incommodité. – POPULAIRE : emmerde, emmerdement. CONTR. *bonheur, joie, plaisir, satisfaction.*

enquiquiner *verbe* FAMILIER. Causer de la contrariété à quelqu'un. SYN. agacer, chagriner, contrarier, désoler, embarrasser, tourmenter, tracasser. – FAMILIER : chicaner, chiffonner, défriser, embêter, empoisonner, faire suer, turlupiner. – LITTÉRAIRE : importuner. – POPULAIRE : canuler, emmerder, faire braire, faire chier. ■ FAMILIER. Faire éprouver de l'ennui. SYN. assommer, ennuyer, lasser. – FAMILIER : barber, barbifier, casser les pieds, embêter, raser. – POPULAIRE : cavaler, emmerder. CONTR. *amuser, captiver, charmer, délasser, désennuyer, distraire, divertir, intéresser, passionner, ravir, séduire.* ■ FAMILIER. Provoquer l'énervement. SYN. agacer, assommer, ennuyer, escagasser, excéder, fatiguer, lasser. – FAMILIER : barber, barbifier, bassiner, casser les pieds, embêter, empoisonner, faire suer, prendre la tête , raser, tanner. – LITTÉRAIRE : importuner, soûler. – POPULAIRE : canuler, casser les bonbons, cavaler, courir sur le haricot, courir sur le système, emmerder, faire braire, faire chier, gonfler, pomper.

enquiquiner (s') *verbe pronominal* FAMILIER. Éprouver de l'ennui. SYN. s'ennuyer, errer comme une âme en peine, être comme une âme en peine, se languir de, se morfondre, trouver le temps long. – FAMILIER : avoir le blues, avoir le bourdon, se barber, se casser les pieds, s'embêter à cent sous de l'heure, s'embêter, s'empoisonner, s'ennuyer à cent sous de l'heure, se faire suer, se raser. – POPULAIRE : s'emmerder, se faire chier. CONTR. *s'amuser, se distraire, se divertir.*

enquiquineur *nom* FAMILIER. Personne qui enquiquine. SYN. gêneur. – FAMILIER : casse-pieds, crampon, empêcheur de danser en rond, empêcheur de tourner en rond, empoisonneur, pot de colle, raseur. – LITTÉRAIRE : fâcheux, importun. – POPULAIRE : casse-bonbons, casse-couilles, emmerdeur.

enraciné *adjectif* Fixé profondément. SYN. vivace, vivant.

enracinement *nom masculin* Fait d'être enraciné. SYN. fixation, implantation. CONTR. *arrachage, déracinement.*

enraciner *verbe* Faire prendre racine. SYN. planter, semer. CONTR. *déraciner, extirper.* ■ Établir quelqu'un quelque part. SYN. acclimater, fixer. CONTR. *arracher, dépayser, déraciner.* ■ Fixer profondément quelque chose. SYN. ancrer, implanter, incruster. – LITTÉRAIRE : introniser. CONTR. *arracher, déraciner.*

enraciner (s') *verbe pronominal* Se fixer solidement. SYN. s'ancrer, s'établir, s'implanter, s'installer. – LITTÉRAIRE : s'invétérer.

enragé *adjectif* Qui est passionné. SYN. acharné, éperdu, fanatique, féru, fou, gourmand, ivre, passionné, toqué. – FAMILIER : fana, mordu. – POPULAIRE : accro. CONTR. *tiède.* ■ Qui montre de la fureur. SYN. déchaîné, échevelé, exalté, excité, fanatique, forcené, fou, frénétique, furibond, furieux, impétueux, insensé, surexcité. – FAMILIER : furibard. – LITTÉRAIRE : dévorant, fulminant.

enrageant *adjectif* FAMILIER. Qui fait enrager. SYN. irritant. – FAMILIER : horripilant, rageant.

enrager *verbe* Éprouver de la rage. SYN. bouillir, bouillonner, se déchaîner, éclater, écumer, s'emporter, être en colère, être en rage, être fou de rage, être fou furieux, être hors de soi, se fâcher, fulminer, s'indigner, se mettre en colère, monter sur ses grands chevaux, ne pas décolérer, pester, sortir de ses gonds, tempêter, voir rouge. – FAMILIER : avoir une poussée d'adrénaline, bisquer, être en pétard, exploser, se fâcher tout rouge, fumer, maronner, se mettre en boule, rager. – POPULAIRE : pousser un coup de gueule, pousser une gueulante.

enrayer *verbe* Arrêter un processus. SYN. arrêter, brider, briser, circonscrire, contenir, déjouer, endiguer, entraver, étouffer, freiner, inhiber, juguler, maîtriser, mettre un frein à, neutraliser, paralyser, stopper. CONTR. *développer, entretenir, favoriser, permettre, propager.*

enrégimentement *nom masculin* Action d'enrégimenter. SYN. embrigadement, enrôlement, recrutement.

enrégimenter *verbe* Faire entrer dans un groupe. SYN. embrigader, enrôler, mobiliser, racoler, recruter.

enregistrement *nom masculin* Action d'enregistrer. SYN. inscription, inventaire, relevé.

enregistrer *verbe* Mettre par écrit. SYN. consigner, inscrire, mentionner, noter, prendre bonne note, relever, répertorier. – LITTÉRAIRE : transcrire. ■ Constater quelque chose. SYN. constater, observer, percevoir, voir. ■ Garder en mémoire. SYN. emmagasiner, engranger, mémoriser, retenir, se souvenir. CONTR. *oublier.*

enrhumé *adjectif* Atteint d'un rhume. SYN. – VIEUX : enchifrené.

enrichir *verbe* Rendre riche. SYN. fertiliser. – LITTÉRAIRE : féconder. CONTR. *appauvrir, dépouiller, ruiner.* – FAMILIER : *mettre sur la paille.* ■ Embellir quelque chose. SYN. agrémenter, décorer, enjoliver, fleurir, garnir, illustrer, orner, rehausser. – LITTÉRAIRE : habiller, parer. CONTR. *enlaidir.* ■ Augmenter un contenu. SYN. accroître, compléter, développer, élargir, étendre, étoffer, grossir.

enrichir (s') *verbe pronominal* Faire fortune. SYN. avoir le portefeuille bien garni, s'en mettre plein les poches, redorer son blason, se remplir les poches. – FAMILIER : faire sa pelote, faire son beurre, gagner de la thune, gagner des mille et des cents, mettre du beurre dans les épinards. – POPULAIRE : avoir de la galette, se faire des couilles en or. CONTR. *avoir la bourse plate, avoir le gousset vide, être à court d'argent, être dans le besoin, n'avoir pas un centime, n'avoir pas un kopeck, pleurer misère, tirer le diable par la queue, vivoter.* – ARGOTIQUE : *être dans la panade.* – FAMILIER : *avoir du mal à joindre les deux bouts, être à fond de cale, être à sec, être fauché (comme les blés), être gêné aux entournures, être sans le sou, être sur la paille, être sur le sable, manger de la vache enragée, n'avoir pas un sou vaillant.* – POPULAIRE : *être dans la débine, être dans la dèche, être dans la mouise, être dans la purée, être raide comme un passe-lacet, n'avoir pas un radis, n'avoir pas un rotin.* – VIEUX : *n'avoir ni sou ni maille.*

enrober *verbe* Recouvrir quelque chose. SYN. entortiller, entourer, envelopper.

enrôlement *nom masculin* Inscription d'une recrue. SYN. embrigadement, engagement, enrégimentement, recrutement. CONTR. *démobilisation, libération, renvoi.*

enrôler *verbe* Faire entrer dans un groupe. SYN. embrigader, enrégimenter, incorporer, lever, mobiliser, racoler, recruter. CONTR. *démobiliser, libérer, renvoyer.*

enrôler (s') *verbe pronominal* Entrer dans un groupe. SYN. adhérer, s'affilier, s'engager, s'inscrire.

enrôleur *nom masculin* Personne qui enrôle. SYN. recruteur.

enroué *adjectif* Marqué par l'enrouement. SYN. éraillé, guttural, rauque, rocailleux, rude. CONTR. *clair, éclatant, sonore.*

enrouler *verbe* Rouler dans ou autour. SYN. ceinturer, entortiller, entourer, envelopper, lover. – LITTÉRAIRE : ceindre. CONTR. *dérouler, développer.*

ensabler (s') *verbe pronominal* Se prendre dans le sable. SYN. s'embourber, s'enliser, s'envaser. CONTR. *se débourber, se désembourber, se désensabler, se désenvaser, se dévaser.*

ensanglanté *adjectif* Couvert de sang. SYN. saignant, sanglant, sanguinolent.

enseignement *nom masculin* Leçon donnée par les faits. SYN. exemple, instruction, leçon, morale, moralité.

enseigner *verbe* Faire acquérir des connaissances. SYN. apprendre, inculquer, initier, instruire. - VIEUX : professer. ■ Faire savoir quelque chose. SYN. apprendre, démontrer, donner l'exemple, expliquer, indiquer, montrer, montrer la voie, montrer le chemin.

ensemble *adverbe* Au même moment. SYN. en chœur, d'un commun accord, en commun, de concert, à la fois, de front, en même temps, simultanément, à l'unisson. - LITTÉRAIRE : concomitamment, de conserve. CONTR. *alternativement, successivement.* ■ L'un avec l'autre. SYN. de compagnie, conjointement. CONTR. *individuellement, isolément, séparément.*

ensemble *nom masculin* Réunion d'éléments formant un tout. SYN. agglomération, globalité, intégralité, totalité, tout, unanimité. CONTR. *fraction, fragment, morceau, parcelle.* ■ Simultanéité d'action. SYN. accord, cohésion, composition, concordance, harmonie, simultanéité, unisson. - LITTÉRAIRE : concert.

ensemencer *verbe* Repeupler un cours d'eau. SYN. aleviner, empoissonner. ■ Pourvoir de semences. SYN. planter, semer. - LITTÉRAIRE : féconder.

enserrer *verbe* Serrer étroitement quelqu'un. SYN. ceinturer, étreindre, serrer. - LITTÉRAIRE : embrasser. ■ Tenir enfermé dans des limites. SYN. borner, ceinturer, cercler, cerner, encadrer, encercler, enclore, enfermer, entourer, envelopper, environner, flanquer. - LITTÉRAIRE : ceindre, enceindre.

ensevelir *verbe* LITTÉRAIRE. Mettre un mort en terre. SYN. enterrer, inhumer. CONTR. *déterrer, exhumer.* ■ Faire disparaître. SYN. engloutir, enterrer, noyer, plonger, submerger. ■ LITTÉRAIRE. Garder secret. SYN. dissimuler, enfouir, plonger.

ensoleillé *adjectif* Exposé au soleil. SYN. clair, éclairé, lumineux. CONTR. *brumeux, gris, noir, obscur, sombre, voilé.*

ensommeillé *adjectif* Qui est sous l'effet du sommeil. SYN. endormi. CONTR. *éveillé, réveillé.* ■ LITTÉRAIRE. Qui a ses facultés endormies. SYN. assoupi, endormi, engourdi. - LITTÉRAIRE : somnolent. CONTR. *éveillé, vif.* - FAMILIER : *dégourdi.*

ensommeillement *nom masculin* LITTÉRAIRE. État de torpeur. SYN. alanguissement, engourdissement.

ensorcelant *adjectif* Qui ensorcelle. SYN. attractif, attrayant, captivant, enchanteur, enivrant, envoûtant, fascinant, grisant, magnétique, séduisant, troublant. - LITTÉRAIRE : fascinateur.

ensorceler *verbe* Soumettre à un sortilège. SYN. envoûter, hypnotiser. - LITTÉRAIRE : charmer, enchanter. ■ Séduire comme par un sortilège. SYN. captiver, charmer, conquérir, enchanter, enjôler, envoûter, fasciner, griser, hypnotiser, séduire, subjuguer, troubler. CONTR. *repousser.*

ensorceleur *nom masculin* Personne qui ensorcelle. SYN. enchanteur, envoûteur, magicien, sorcier. - LITTÉRAIRE : charmeur. ■ Personne qui séduit. SYN. charmeur, enchanteur, endormeur, enjôleur, séducteur.

ensorcellement *nom masculin* Action d'ensorceler. SYN. envoûtement, sort, sortilège. - LITTÉRAIRE : enchantement. ■ Charme irrésistible. SYN. attrait, charme, fascination, séduction.

ensuite *adverbe* Indique une succession dans le temps. SYN. après, après coup, après quoi, dans la foulée, là-dessus, postérieurement, puis, par la suite, sur ce, sur ces entrefaites, ultérieurement. CONTR. *d'abord, antérieurement, au préalable, préalablement, précédemment, premièrement.* ■ Indique une succession dans l'espace. SYN. plus loin, puis. CONTR. *avant.*

ensuivre (s') *verbe pronominal* Survenir comme conséquence. SYN. découler, dépendre, dériver, émaner, naître, provenir, résulter, venir. CONTR. *causer, provoquer, susciter.*

entacher *verbe* Porter atteinte à. SYN. contaminer, profaner, salir. - LITTÉRAIRE : souiller, tacher. CONTR. *laver.*

entaille *nom féminin* Évidement dans un objet. SYN. brèche, cran, encoche, fente, rainure, sillon. ■ Blessure de la peau. SYN. balafre, boutonnière, coupure, estafilade, incision, scarification, taillade.

entaillé *adjectif* Ouvert par une entaille. SYN. creux, découpé, dentelé, fendu, ouvert, sectionné.

entailler *verbe* Faire une entaille dans un objet. SYN. creuser, entamer, inciser, taillader. ■ Faire une entaille dans la peau. SYN. blesser, couper, entamer, lacérer, ouvrir, taillader. - VIEUX : chapeler.

entamer *verbe* Couper une matière. SYN. balafrer, blesser, ébrécher, entailler, inciser, ouvrir, taillader. - POPULAIRE : chapeler. ■ Utiliser une partie de. SYN. empiéter sur, grignoter, mordre sur. ■ Commencer une action. SYN. amorcer, attaquer, s'attaquer à, s'atteler à, commencer, déclencher, donner le coup d'envoi, ébaucher, engager, entreprendre, esquisser, se lancer, mettre en branle, mettre en chantier, mettre en œuvre, mettre en route, ouvrir. – **FAMILIER** : débuter, démarrer, emmancher. **CONTR.** *achever, boucler, clôturer, conclure, finir, terminer.* – **LITTÉRAIRE** : *clore.* ■ Porter atteinte à. **SYN.** affaiblir, altérer, diminuer, ébranler, ébrécher, écorner, percer, toucher. – **LITTÉRAIRE** : ruiner.

entassement *nom masculin* Action d'entasser. **SYN.** accumulation, agglomération, amoncellement, empilage, empilement. ■ Fait d'être entassé. **SYN.** amas, cohue, fatras, foule, monceau, montagne, pile, superposition, tas.

entasser *verbe* Mettre en tas. **SYN.** amonceler, échafauder, empiler, gerber, superposer. ■ Réunir une grande quantité de. **SYN.** accumuler, agglutiner, amasser, amonceler, emmagasiner, engranger, ramasser, stocker. – **FAMILIER** : collectionner. ■ Assembler des personnes. **SYN.** masser, parquer, serrer, tasser. **CONTR.** *disperser, disséminer, éparpiller.* ■ Économiser de l'argent. **SYN.** capitaliser, épargner, thésauriser. **CONTR.** *dépenser, dilapider, prodiguer.*

entasser (s') *verbe pronominal* Être mis en tas. **SYN.** s'accumuler, s'agglomérer, s'agglutiner, s'amasser, s'amonceler, s'assembler, s'empiler, se rassembler, se superposer. ■ Se serrer dans un lieu. **SYN.** se presser, se tasser. – **FAMILIER** : s'empiler. **CONTR.** *se disperser, se disséminer, s'éparpiller.*

entelle *nom masculin* Singe de l'Inde et du Sud-Est asiatique. **SYN.** langur.

entendement *nom masculin* Aptitude à comprendre. **SYN.** bon sens, intelligence, jugement, pensée, raison, raisonnement. – **FAMILIER** : intellect.

entendre *verbe* Percevoir par l'ouïe. **SYN.** écouter, percevoir. – **VIEUX** : ouïr. ■ Voir les choses d'une manière. **SYN.** goûter, juger, percevoir, pratiquer, sentir. – **LITTÉRAIRE** : cultiver. ■ Saisir le sens d'une information. **SYN.** appréhender, comprendre, concevoir, interpréter, pénétrer, posséder, saisir. – **POPULAIRE** : entraver, piger. ■ Avoir l'intention de. **SYN.** exiger, prétendre, vouloir.

entendre (s') *verbe pronominal* Se mettre d'accord pour. **SYN.** s'allier, s'arranger, se coaliser, composer, se concerter, se donner le mot, négocier, s'organiser, parlementer, se passer le mot. – **FAMILIER** : accorder ses violons. – **LITTÉRAIRE** : s'accorder. ■ Avoir de bonnes relations. **SYN.** s'accorder, communier, être au diapason, être d'intelligence avec, être liés comme les doigts de la main, faire bon ménage, fraterniser, marcher la main dans la main, sympathiser, vivre en bonne intelligence. – **FAMILIER** : être à tu et à toi, être copains comme cochons, être sur la même longueur d'onde. – **POPULAIRE** : être comme cul et chemise. **CONTR.** *se brouiller, se détester, se disputer, se quereller.* – **FAMILIER** : *se chamailler.*

entendu *adjectif* Qui est convenu. **SYN.** arrêté, décidé, fixé, réglé, résolu.

enténébrer *verbe* **LITTÉRAIRE.** Plonger dans l'obscurité. **SYN.** assombrir, obscurcir. **CONTR.** *illuminer.*

entente *nom féminin* Action de s'entendre. **SYN.** communion, complicité, compréhension, concorde, fraternisation, harmonie, union. **CONTR.** *antagonisme, bataille, brouille, brouillerie, concurrence, conflit, décalage, désaccord, désunion, différend, discordance, discussion, disharmonie, dispute, dissension, divorce, dysharmonie, opposition, zizanie.* – **FAMILIER** : *accrochage, bagarre, bisbille.* – **LITTÉRAIRE** : *chicane, discorde, dissonance.* ■ Accord entre États, entre groupes. **SYN.** accommodement, accord, alliance, coalition, convention, pacte, paix, trust, union. **CONTR.** *collision, combat, conflit.*

entérinement *nom féminin* Fait d'entériner. **SYN.** confirmation, homologation, validation.

entériner *verbe* Rendre valable. **SYN.** admettre, confirmer, consacrer, homologuer, ratifier, sanctionner, valider. **CONTR.** *casser, infirmer.* ■ Confirmer une situation. **SYN.** acquiescer à, adopter, approuver, justifier, ratifier, sceller.

enterrement *nom masculin* Action d'enterrer un mort. **SYN.** funérailles, inhumation, obsèques. – **LITTÉRAIRE** : sépulture. **CONTR.** *déterrage, déterrement.* ■ Abandon de quelque chose. **SYN.** écroulement, effondrement, fin, mort, renoncement. – **LITTÉRAIRE** : renonciation.

enterrer *verbe* Recouvrir de terre. **SYN.** enfouir, terrer. **CONTR.** *déterrer.* ■ Mettre en terre un mort. **SYN.** inhumer. – **LITTÉRAIRE** : ensevelir. **CONTR.** *exhumer.* ■ Recouvrir totalement. **SYN.** engloutir, ensevelir, noyer, submerger. ■ Renoncer à poursuivre quelque chose. **SYN.** abandonner, classer, étouffer, oublier. – **LITTÉRAIRE** : ensevelir. ■ Tenir éloigné du monde. **SYN.** claquemurer, cloîtrer, confiner, séquestrer. – **LITTÉRAIRE** : reclure.

enterrer (s') *verbe pronominal* Se retirer du monde. **SYN.** s'enfermer dans sa tour d'ivoire, s'enfermer dans son cocon, s'exiler, s'isoler, se retirer dans sa tour d'ivoire, se retirer dans son cocon, se retirer. – **FAMILIER** : aller à Pétaouchnock.

entêtant *adjectif* Qui grise. **SYN.** enivrant, étourdissant, fort, grisant, obsédant. **CONTR.** *léger.*

entêté *adjectif* Qui montre de l'obstination. **SYN.** acharné, braqué, buté, entier, obstiné, opiniâtre, persévérant, récalcitrant, tenace, têtu, têtu comme un âne, têtu comme une mule, volontaire. – **FAMILIER** : accrocheur, cabochard, tête de cochon, tête de pioche. – POPULAIRE : tête de lard. CONTR. *changeant, docile, inconstant, malléable, souple, velléitaire, versatile, volage.*

entêté *nom* Personne têtue. SYN. – FAMILIER : cabochard, tête de cochon, tête de mule, tête de pioche. – POPULAIRE : tête de lard.

entêtement *nom masculin* Fait de s'entêter. SYN. acharnement, aveuglement, constance, détermination, fermeté, insistance, obstination, persévérance, persistance, résolution, ténacité, volonté. – LITTÉRAIRE : cécité, opiniâtreté. CONTR. *souplesse.* – LITTÉRAIRE : *versatilité.*

entêter *verbe* Porter à la tête. SYN. enivrer, griser, soûler.

entêter (s') *verbe pronominal* S'obstiner avec ténacité. SYN. s'accrocher, s'acharner, se buter, camper sur ses positions, insister, ne pas démordre de, ne rien vouloir entendre, ne rien vouloir savoir, s'obstiner, persévérer, persister, se raidir, rester sur ses positions, tenir bon, tenir tête. – FAMILIER : avoir une tête de cochon, se braquer, ne pas lâcher le morceau, soutenir mordicus. – LITTÉRAIRE : s'opiniâtrer. CONTR. *capituler, céder.*

enthousiasmant *adjectif* Qui suscite l'enthousiasme. SYN. captivant, enivrant, exaltant, excitant, grisant, passionnant. – FAMILIER : emballant. CONTR. *consternant, ennuyeux.* – FAMILIER : *assommant.*

enthousiasme *nom masculin* Émotion puissante. SYN. allégresse, ardeur, élan, empressement, engouement, entrain, euphorie, fanatisme, ferveur, feu, fougue, frénésie, passion, véhémence. – FAMILIER : emballement. – LITTÉRAIRE : entichement, souffle. CONTR. *abattement, accablement, consternation, dédain, dégoût, détachement, froideur, indifférence, insensibilité, lassitude, négligence, scepticisme.* – FAMILIER : *cafard, écœurement.* – LITTÉRAIRE : *blasement.*

enthousiasmé *adjectif* Saisi d'enthousiasme. SYN. chaud, enchanté, enthousiaste, entiché, épris, exalté, passionné, ravi, survolté. – FAMILIER : emballé, excité. CONTR. *désabusé, froid, indifférent, refroidi, sceptique.*

enthousiasmer *verbe* Inspirer de l'enthousiasme. SYN. électriser, enchanter, enivrer, exalter, galvaniser, griser, passionner, ravir, surexciter. – FAMILIER : emballer. – LITTÉRAIRE : ailer, enflammer, transporter. CONTR. *blaser, chagriner, consterner, dégriser, ennuyer, glacer.* – FAMILIER : *assommer, enquiquiner.*

enthousiasmer (s') *verbe pronominal* Être saisi d'enthousiasme. SYN. s'émerveiller, s'enflammer, s'engouer, s'éprendre, être tout feu tout flammes, s'exalter, s'exciter, s'extasier, se jeter à corps perdu dans , se pâmer, se passionner, raffoler. – FAMILIER : s'emballer, être mordu de. – LITTÉRAIRE : s'embraser.

enthousiaste *adjectif* Qui montre de l'enthousiasme. SYN. ardent, bouillant, chaleureux, chaud, enthousiasmé, euphorique, exalté, fervent, frénétique, passionné. – FAMILIER : emballé. – LITTÉRAIRE : embrasé, inflammable. CONTR. *apathique, blasé, boudeur, cafardeux, désabusé, désenchanté, froid, indifférent, lymphatique, mécontent, mélancolique, sceptique, sobre, tiède.* – FAMILIER : *frais.* – LITTÉRAIRE : *chagrin.*

entiché *adjectif* Qui a un penchant pour. SYN. amoureux, épris, féru, fou, friand, passionné, toqué. – FAMILIER : accro, fana, mordu. – VIEUX : coiffé. CONTR. *blasé, dégoûté, détaché, lassé.*

entichement *nom masculin* LITTÉRAIRE. Action de s'enticher. SYN. amour, engouement, enthousiasme, goût, passion. – FAMILIER : emballement, tocade, toquade.

enticher (s') *verbe pronominal* Éprouver un goût subit pour. SYN. aimer, s'amouracher, s'attacher, s'engouer, s'éprendre, se passionner, raffoler. – FAMILIER : avoir dans la peau, avoir le (un) béguin pour, courir le guilledou, s'emballer, flasher sur, en pincer pour, en tenir pour, se toquer. – LITTÉRAIRE : s'enamourer. – VIEUX : se coiffer. CONTR. *se blaser, se dégoûter, se détacher, se lasser.*

entier *adjectif* Dont rien n'a été enlevé. SYN. complet, exhaustif, intact, plein. CONTR. *demi, entamé, fragmentaire, fragmenté, incomplet, morcelé, parcellaire, raccourci, tronqué.* ■ Qui est sans restriction. SYN. absolu, global, intégral, parfait, total. CONTR. *limité, modéré, relatif, restreint.* ■ Qui n'admet pas de nuances. SYN. absolu, autoritaire, aveugle, brutal, entêté, exclusif, franc, inflexible, obstiné, rigide, têtu. CONTR. *accommodant, conciliant, souple.*

entier *nom masculin* La totalité de quelque chose. SYN. ensemble, intégralité, totalité. CONTR. *fraction, fragment, morceau, partie.*

entièrement *adverbe* Dans son entier. SYN. de A à Z, (à) cent pour cent, de A jusqu'à Z, de bout en bout, de la cave au grenier, complètement, de fond en comble, à fond, de haut en bas, in extenso, intégralement, jusqu'au bout, des pieds à la tête, sans fin, totalement, tout entier. CONTR. *imparfaitement, incomplètement, en partie, partiellement, pas du tout, pas le moins du monde, peu, sommairement.* ■ Sans restriction. SYN. absolument, corps et âme, exclusivement, foncièrement, jusqu'à la garde, parfaitement, pleinement, profondément, radicalement, rigoureusement, sans limite, sans réserve, strictement, totalement, tout à fait, du tout au tout, en toute confiance, les yeux fermés. – FAMILIER : carrément, éperdument. CONTR. *à demi, faiblement, guère, incidemment, médiocrement, modérément, à moitié, à peine.*

entoprocte *nom masculin* Animal marin microscopique. SYN. kamptozoaire.

entorse *nom féminin* Atteinte portée à quelque chose. SYN. dérogation, infraction, inobservation, manquement, outrage, transgression, violation. – FAMILIER : accroc. – LITTÉRAIRE : viol. CONTR. *observation, respect.* – LITTÉRAIRE : *observance.*

entortillé *adjectif* FAMILIER. Où l'on s'embrouille. SYN. dédaléen, embarrassé, embrouillé, enchevêtré, filandreux, inextricable. – LITTÉRAIRE : labyrinthique.

entortiller *verbe* Envelopper un objet. SYN. emmailloter, empaqueter, enrober, enrouler. ■ FAMILIER. Séduire par des paroles trompeuses. SYN. abuser, circonvenir, embrouiller, emmêler, empêtrer, endormir, enjôler, envelopper, monter la tête , séduire. – FAMILIER : baratiner, emberlificoter, embobeliner, embobiner, embringuer, monter le bourrichon, rouler.

entortiller (s') *verbe pronominal* S'attacher autour de. SYN. s'enlacer, s'enrouler, entourer. ■ FAMILIER. S'embrouiller dans. SYN. s'embarrasser, s'embourber, s'embrouiller, s'emmêler, s'empêtrer, patauger. – FAMILIER : cafouiller, s'emberlificoter.

entourage *nom masculin* Ce qui est disposé autour de. SYN. bordure, cadre, encadrement. ■ Personnes qui entourent quelqu'un. SYN. cercle, compagnie, fréquentation, milieu, proches, société, voisinage.

entouré *adjectif* Soutenu par ses proches. SYN. aimé, choyé. CONTR. *abandonné, esseulé, isolé.*

entourer *verbe* Placer quelque chose autour de. SYN. ceinturer, enclore, environner. – LITTÉRAIRE : ceindre, enceindre. ■ Être placé de part et d'autre. SYN. assiéger, cerner, encercler, enserrer, environner. ■ Accompagner quelque chose. SYN. enrober, envelopper. – LITTÉRAIRE : baigner. ■ Être prévenant à l'égard de. SYN. cajoler, câliner, choyer, couver, dorloter, gâter, soigner. – FAMILIER : bichonner, chouchouter, mignoter. CONTR. *délaisser, oublier.*

entourloupe ou **entourloupette** *nom féminin* FAMILIER. Mauvais tour. SYN. indélicatesse, malhonnêteté, méchanceté. – FAMILIER : blague, rosserie, saleté. – LITTÉRAIRE : perfidie, scélératesse. – POPULAIRE : cochonnerie, crasse, saloperie, vacherie.

entournure *nom féminin* Ouverture pour le bras. SYN. emmanchure.

entracte *nom masculin* Pause dans un spectacle. SYN. interlude, intermède, intervalle. ■ Courte interruption. SYN. coupure, pause, répit.

entraider (s') *verbe pronominal* S'aider mutuellement. SYN. s'aider, s'épauler, faire cause commune, se secourir, se serrer les coudes, se soutenir, se tenir les coudes. – FAMILIER : renvoyer l'ascenseur. CONTR. *s'opposer.*

entrailles *nom féminin pluriel* Viscères abdominaux. SYN. intestins, tripaille, viscères. – FAMILIER : tripe. – POPULAIRE : boyaux. ■ LITTÉRAIRE. Siège de la conception. SYN. ventre. – LITTÉRAIRE : sein.

entrain *nom masculin* Ardeur entraînante. SYN. allant, animation, ardeur, bonne humeur, brio, chaleur, élan, enjouement, enthousiasme, feu, fougue, gaieté, joie, joie de vivre, pétulance, vie, vitalité. – LITTÉRAIRE : alacrité, vivacité. CONTR. *accablement, affaissement, apathie, indolence, inertie, langueur, lassitude, mélancolie, mollesse, tiédeur, tristesse.* – LITTÉRAIRE : *alanguissement.*

entraînable *adjectif* Qui peut être entraîné. SYN. faible, influençable, malléable, maniable. CONTR. *fort, volontaire.*

entraînant *adjectif* Qui stimule. SYN. convaincant, éloquent, encourageant, exaltant, excitant, irrésistible, stimulant, véhément.

entraîné *adjectif* Qui a acquis de l'habileté. SYN. adroit, exercé, expérimenté, expert, familiarisé avec, familier de, habile, rompu. CONTR. *inexpérimenté.* – LITTÉRAIRE : *inexpert, inhabile.*

entraînement *nom masculin* Fait de se laisser entraîner. SYN. élan, emprise, engrenage, impulsion, influence, puissance. – FAMILIER : emballement. ■ Fait de pratiquer une activité. SYN. exercice, habitude, préparation.

entraîner *verbe transitif* Traîner avec soi. SYN. charrier, rouler, traîner, transporter. ■ Mener quelque part. SYN. conduire, guider, tirer. – FAMILIER : traîner. ■ Engager quelqu'un à. SYN. attirer, convaincre, décider, déterminer, embarquer, engager, inciter, influencer, inviter, mener, motiver, obliger, persuader, porter, pousser, résoudre à. – FAMILIER : embringuer. CONTR. *retenir.* ■ Être la cause de. SYN. amener, apporter, causer, créer, déclencher, engendrer, faire naître, impliquer, motiver, nécessiter, occasionner, opérer, produire, provoquer, susciter, valoir. ■ Stimuler quelqu'un. SYN. déchaîner, emporter, exciter, galvaniser. – LITTÉRAIRE : transporter.

entraîner *verbe transitif* Faire subir un entraînement. SYN. aguerrir, dresser, éduquer, exercer, familiariser, former, habituer, préparer.

entraîner (s') *verbe pronominal* Se préparer à une activité. SYN. s'échauffer, s'exercer, se faire les dents, s'habituer, s'initier.

entraîneur *nom* Personne qui entraîne quelqu'un. SYN. instructeur, manager, moniteur.

entrait *nom masculin* Pièce d'une charpente. SYN. tirant.

entrapercevoir *verbe* Voir furtivement. SYN. apercevoir, discerner, entrevoir.

entrave *nom féminin* Ce qui fait obstacle. SYN. contrainte, difficulté, embarras, empêchement, gêne, obstacle, opposition, pierre d'achoppement. – LITTÉRAIRE : chaînes, frein, lien, traverse. CONTR. *aide, facilités.*

entraver *verbe* Gêner les mouvements. SYN. brider, embarrasser, empêtrer, freiner. CONTR. *débarrasser, dépêtrer.* ▪ Constituer un obstacle pour. SYN. aller à l'encontre de, asphyxier, contrarier, déjouer, desservir, empêcher, endiguer, enrayer, faire obstacle, gêner, nuire, obstruer, s'opposer à, paralyser, ralentir, retarder. – LITTÉRAIRE : contraindre. CONTR. *aider, assister, contribuer, faciliter, favoriser, permettre, protéger.* ▪ POPULAIRE. Saisir par l'esprit. SYN. appréhender, assimiler, comprendre, concevoir, entendre, pénétrer, réaliser, se représenter, saisir, suivre, toucher du doigt, voir. – LITTÉRAIRE : embrasser. – POPULAIRE : bitter, piger.

entrebâiller *verbe* Ouvrir à moitié. SYN. entrouvrir, ouvrir. CONTR. *fermer.*

entrechoquer (s') *verbe pronominal* Se heurter mutuellement. SYN. se choquer, se heurter. – LITTÉRAIRE : s'entre-heurter.

entrecoupé *adjectif* Coupé d'interruptions. SYN. discontinu, haché, heurté, intermittent, saccadé. CONTR. *continu, égal, ininterrompu, régulier, suivi.*

entrecouper *verbe* Rompre la continuité de. SYN. couper, entremêler, hacher, interrompre.

entrecroisement *nom masculin* Fait de s'entrecroiser. SYN. enchevêtrement, enlacement, entrelacement, entrelacs, imbrication, lacis, réseau. – LITTÉRAIRE : entremêlement. ▪ Point de jonction. SYN. bifurcation, carrefour, croisement, embranchement, jonction. – LITTÉRAIRE : croisée.

entrecroiser *verbe* Croiser des choses entre elles. SYN. croiser, enchevêtrer, enlacer, entrelacer, entremêler, mélanger, mêler.

entrecuisse *nom masculin* Espace compris entre les cuisses. SYN. entrejambe.

entredéchirer (s') *verbe pronominal* Se déchirer mutuellement. SYN. s'entredévorer, s'entretuer.

entredévorer (s') *verbe pronominal* Se dévorer mutuellement. SYN. s'entredéchirer, s'entretuer.

entrée *nom féminin* Action d'entrer. SYN. apparition, arrivée. CONTR. *départ, sortie.* ▪ Possibilité d'entrer quelque part. SYN. abord, accès, admission, affiliation. ▪ Début d'une action. SYN. commencement, introduction, seuil. CONTR. *aboutissement, fin.* ▪ Première pièce d'une maison. SYN. antichambre, hall, seuil, vestibule.

entregent *nom masculin* Habileté à se conduire. SYN. adresse, dextérité, diplomatie, doigté, politique, savoir-faire.

entre-heurter (s') *verbe pronominal* LITTÉRAIRE. Se heurter mutuellement. SYN. se choquer, s'entrechoquer, se heurter.

entrejambe *nom masculin* Espace compris entre les jambes. SYN. entrecuisse.

entrelacement *nom masculin* Fait de s'entrelacer. SYN. enchevêtrement, enlacement, entrecroisement, entrelacs, imbrication, lacis, réseau. – LITTÉRAIRE : entremêlement.

entrelacer *verbe* Enlacer des choses entre elles. SYN. croiser, enchevêtrer, entrecroiser, entremêler, mélanger, mêler, natter, nouer, tresser.

entrelacer (s') *verbe pronominal* S'enlacer mutuellement. SYN. s'embrouiller, s'emmêler, s'enchevêtrer, s'entrecroiser, s'entremêler.

entrelacs *nom masculin* Choses entrelacées. SYN. entrecroisement, entrelacement. – LITTÉRAIRE : entremêlement.

entremêlement *nom masculin* LITTÉRAIRE. Fait d'être entremêlé. SYN. emmêlement, enchevêtrement, enlacement, entrecroisement, entrelacement, entrelacs, imbrication, lacis, réseau.

entremêler *verbe* Mêler des choses. SYN. emmêler, enchevêtrer, enlacer, entrecouper, entrecroiser, entrelacer, larder, mélanger, mêler. – LITTÉRAIRE : mitiger.

entremêler (s') *verbe pronominal* Se mêler avec. SYN. s'amalgamer, s'emmêler, s'entrelacer, s'imbriquer, s'interférer.

entremetteur *nom* Personne qui sert d'intermédiaire. SYN. maquignon, négociateur. – POPULAIRE : maquereau.

entremettre (s') *verbe pronominal* Mettre des personnes en relation. SYN. s'immiscer, s'ingérer, intercéder, s'interposer, intervenir.

entremise *nom féminin* LITTÉRAIRE. Action de s'entremettre. SYN. arbitrage, intervention, médiation, truchement, voie. – LITTÉRAIRE : intercession.

entreposer *verbe* Déposer provisoirement. SYN. déposer, emmagasiner, engranger, garer, ranger, remiser, stocker.

entreprenant *adjectif* Hardi à entreprendre. SYN. actif, agissant, audacieux, décidé, déterminé, dynamique, hardi. – LITTÉRAIRE : industrieux. CONTR. *amorphe, indolent, lymphatique, timide.* – LITTÉRAIRE : *pusillanime.*

entreprendre *verbe* Commencer une action. SYN. aborder, amorcer, attaquer, s'atteler, commencer, ébaucher, s'embarquer dans, engager, entamer, esquisser, se lancer, se mettre. – FAMILIER : débuter, démarrer, emmancher, se frotter à. CONTR. *achever, boucler, finir, terminer.*

entreprise *nom féminin* Action d'entreprendre. SYN. action, affaire, œuvre, opération, projet. ■ Affaire commerciale. SYN. établissement, exploitation, firme, maison, société. – FAMILIER : boîte. ■ Action tentée contre. SYN. attaque, atteinte. CONTR. *défense, protection.*

entrer *verbe* Passer de l'extérieur à l'intérieur. SYN. accéder, arriver, s'engager, pénétrer, rentrer. CONTR. *s'en aller, fuir, partir, sortir.* ■ Pénétrer dans quelque chose. SYN. se couler, s'enfoncer, se faufiler, se glisser, s'installer, s'introduire. – LITTÉRAIRE : s'insinuer. ■ Être un élément de quelque chose. SYN. être compris, être inclus, faire partie de. ■ Devenir membre de. SYN. adhérer, s'affilier.

entretenir *verbe* Maintenir dans le même état. SYN. conserver, garder, perpétuer, préserver, prolonger, soigner. CONTR. *anéantir, arrêter, détériorer, détruire, enrayer, éteindre, étouffer, interrompre, négliger, renverser.* – LITTÉRAIRE : *ruiner.* ■ Pourvoir aux besoins de. SYN. alimenter, nourrir. – LITTÉRAIRE : repaître. CONTR. *abandonner, délaisser, quitter.* ■ LITTÉRAIRE. Garder des relations avec. SYN. cultiver, encourager, maintenir, soutenir. ■ Avoir un entretien avec. SYN. discuter. – FAMILIER : discuter le bout de gras, discuter le coup, tenir la jambe à, tenir le crachoir.

entretenir (s') *verbe pronominal* LITTÉRAIRE. Converser avec quelqu'un. SYN. bavarder, causer, chatter, communiquer, conférer, converser, dialoguer, discourir, disserter, palabrer, parler, tchatter. – FAMILIER : discuter le bout de gras, discuter le coup, faire la causette, faire un brin de causette, papoter, parlementer, potiner, tailler une bavette, tchatcher. – LITTÉRAIRE : deviser, rompre des lances avec. – VIEUX : pépier. CONTR. *monologuer, soliloquer, se taire.*

entretien *nom masculin* Conversation suivie. SYN. audience, causerie, conciliabule, dialogue, entrevue, interview, palabre. – FAMILIER : causette, parlote. CONTR. *monologue.* ■ Action de garder en bon état. SYN. conservation, tenue. CONTR. *abandon.*

entretuer (s') *verbe pronominal* Se tuer les uns les autres. SYN. s'entredéchirer, s'entredévorer.

entrevoir *verbe* Voir confusément. SYN. apercevoir, deviner, discerner, distinguer, entrapercevoir. ■ Avoir une idée sur. SYN. apercevoir, deviner, percevoir, pressentir, prévoir, prophétiser, soupçonner. – FAMILIER : subodorer.

entrevue *nom féminin* Fait de se rencontrer. SYN. rencontre, rendez-vous, réunion, tête-à-tête. – POPULAIRE : rancart.

entrouvrir *verbe* Ouvrir très peu. SYN. écarter, entrebâiller, pousser. CONTR. *claquer, fermer.*

entuber *verbe* POPULAIRE. Tromper quelqu'un. SYN. abuser, attraper, bercer de paroles, berner, duper, escroquer, feinter, induire en erreur, leurrer, mystifier, piéger, rouler dans la farine, tromper. – FAMILIER : avoir, blouser, embobiner, empaumer, empiler, ficher dedans, flouer, mener en bateau, mettre dedans, monter un bateau, pigeonner, posséder, promener, refaire, rouler. – LITTÉRAIRE : en faire accroire, gruger, se jouer de. – POPULAIRE : arnaquer, baiser, couillonner, faire un enfant dans le dos, foutre dedans.

énumération *nom féminin* Action d'énumérer. SYN. catalogue, compte, dénombrement, inventaire, liste, recensement. – FAMILIER : litanie.

énumérer *verbe* Passer en revue. SYN. citer, compter, débiter, dénombrer, détailler, inventorier. – LITTÉRAIRE : nombrer.

envahir *verbe* Occuper un pays. SYN. conquérir, s'emparer, enlever, occuper, prendre. ■ Se répandre sur. SYN. combler, couvrir, infester, peupler, recouvrir, remplir, se répandre. ■ Gagner un domaine. SYN. déborder sur, s'étendre à, s'immiscer dans, inonder, mordre sur. ■ Gagner le corps ou l'esprit. SYN. s'emparer de, gagner, imprégner, pénétrer, submerger. – LITTÉRAIRE : inonder, s'insinuer.

envahissant *adjectif* Qui se répand abondamment. SYN. débordant, exubérant, innombrable, surabondant. ■ Qui s'impose sans discrétion. SYN. indiscret. – FAMILIER : collant, crampon. – LITTÉRAIRE : importun. – POPULAIRE : casse-bonbons.

envahissement *nom masculin* Action d'envahir un lieu. SYN. conquête, inondation, invasion, irruption, mainmise, occupation, pénétration. ■ Usurpation progressive. SYN. débordement, empiétement.

envahisseur *nom* Personne qui envahit un lieu. SYN. conquérant, occupant.

envaser (s') *verbe pronominal* S'enfoncer dans la vase. SYN. s'embourber, s'enliser, s'ensabler. CONTR. *se débourber, se désembourber, se désensabler, se désenvaser, se dévaser.*

enveloppe *nom féminin* LITTÉRAIRE. Aspect extérieur. SYN. air, allure, apparence, attitude, dehors, extérieur, façade, façons, manières, mine, surface. – LITTÉRAIRE : masque, superficie.

envelopper *verbe* Entourer complètement. SYN. emballer, emmailloter, emmitoufler, empaqueter, engoncer, enrouler, entortiller, entourer. – LITTÉRAIRE : ceindre, revêtir. CONTR. *déballer, défaire, développer.* ■ Dissimuler quelque chose. SYN. camoufler, couvrir, déguiser, enrober, masquer. – LITTÉRAIRE : habiller, voiler. CONTR. *démasquer.* ■ Contenir dans quelque chose. SYN. englober, impliquer, inclure. ■ Se déployer autour de. SYN. assiéger, ceinturer, cerner, encercler, enserrer, investir, resserrer. – LITTÉRAIRE : ceindre.

envenimer *verbe* Produire une inflammation. SYN. enflammer, infecter, irriter. CONTR. *désinfecter.* ■ Aggraver une situation. SYN. aggraver, aviver, détériorer, exaspérer. – LITTÉRAIRE : enflammer. CONTR. *apaiser, calmer, pacifier.*

envenimer (s') *verbe pronominal* Devenir plus difficile. SYN. s'aggraver, aller de mal en pis, s'altérer, se compliquer, dégénérer, se dégrader, se détériorer, empirer, se gâter, pourrir, prendre une mauvaise tournure. – FAMILIER : tourner à l'aigre, tourner au vinaigre. CONTR. *aller de mieux en mieux, s'améliorer, s'arranger, se remettre.* – FAMILIER : *se tasser.*

envergure *nom féminin* Personnalité d'un individu. SYN. ampleur, calibre, carrure, stature, taille, trempe, valeur.

envers *nom masculin* Côté destiné à ne pas être vu. SYN. dos, revers, verso. CONTR. *devant, endroit, face, recto.* ■ Aspect caché. SYN. contraire, dessous. ■ ***À l'envers,*** dans un sens opposé. SYN. à contresens, à rebours, sens dessus dessous, de travers. CONTR. *convenablement, à l'endroit.*

envers *préposition* En ce qui concerne. SYN. à l'égard de, pour, quant à, relativement à, vis-à-vis de.

enviable *adjectif* Digne d'être envié. SYN. attirant, bon, désirable, souhaitable, tentant. CONTR. *détestable, indésirable, pitoyable.*

envie *nom féminin* Désir de quelque chose. SYN. appétence, attirance, besoin, convoitise, démangeaison, désir, soif, souhait, tentation, vœu. – LITTÉRAIRE : faim. CONTR. *dégoût, désintéressement, désintérêt, répugnance.* – LITTÉRAIRE : *inappétence.* ■ ***Avoir envie de,*** désirer. SYN. ambitionner, appeler de tous ses vœux, aspirer à, avoir à cœur de, briguer, brûler de, chercher à, convoiter, désirer, griller de, nourrir de folles espérances, rêver de, souhaiter, viser, vouloir. – LITTÉRAIRE : soupirer après.

envier *verbe* Désirer ce que quelqu'un a. SYN. convoiter, dévorer des yeux, jalouser, lorgner. – FAMILIER : guigner, loucher sur, reluquer. – LITTÉRAIRE : soupirer après. CONTR. *dédaigner.*

envieux *adjectif* Qui manifeste une envie. SYN. désireux, jaloux. CONTR. *indifférent.*

environ *adverbe* À peu près. SYN. approximativement, autour de, grosso modo, près de, sensiblement. – FAMILIER : dans ces eaux-là. – LITTÉRAIRE : quelque. CONTR. *exactement, précisément.* – FAMILIER : *pile.*

environnant *adjectif* Qui est près de. SYN. avoisinant, contigu, limitrophe, mitoyen, proche, voisin. – LITTÉRAIRE : jouxtant. CONTR. *distant, écarté, éloigné, lointain, reculé.*

environnement *nom masculin* Cadre dans lequel on se trouve. SYN. ambiance, atmosphère, climat, contexte, milieu, mouvance, voisinage.

environner *verbe* Placer autour de. SYN. ceinturer, enclore, entourer. – LITTÉRAIRE : ceindre, enceindre. ■ Être placé autour de. SYN. cerner, encadrer, encercler, enserrer, entourer.

environs *nom masculin pluriel* Lieux avoisinants. SYN. abords, alentours, parages, proximité, voisinage. – LITTÉRAIRE : approches. ■ ***Aux environs de,*** dans les lieux avoisinnants. SYN. aux alentours de, auprès de, autour de, du côté de, près de, à proximité de, vers, dans le voisinage.

envisageable *adjectif* Qui peut être envisagé. SYN. concevable, pensable, possible, probable, vraisemblable. CONTR. *impensable, inconcevable, inimaginable.*

envisager *verbe* Examiner quelque chose. SYN. considérer, juger, prendre en compte, regarder, voir. ■ Former un projet. SYN. caresser, compter, se disposer à, penser à, se préparer, prévoir, projeter, se proposer de, réfléchir à, songer à. CONTR. *renoncer.*

envoi *nom masculin* Action d'envoyer. SYN. acheminement, expédition. CONTR. *renvoi, retour.* ■ Chose envoyée. SYN. colis, paquet.

envol *nom masculin* Action de s'envoler. SYN. décollage, élan, élévation, envolée, essor, vol. – LITTÉRAIRE : volée. CONTR. *atterrissage.*

envolée *nom féminin* Élan oratoire ou poétique. SYN. envol, vol. – LITTÉRAIRE : volée. ■ Montée brutale d'une valeur. SYN. bond, boom, décollage, essor. CONTR. *baisse, chute, krach.* – FAMILIER : *dégringolade.*

envoler (s') *verbe pronominal* Être emporté en l'air. SYN. décoller, s'élever, prendre son envol, voler, voltiger. – LITTÉRAIRE : ondoyer. CONTR. *atterrir, tomber.* ■ Disparaître complètement. SYN. disparaître, se dissiper, s'échapper, s'évanouir, partir, passer, se perdre, tomber. – LITTÉRAIRE : s'enfuir.

envoûtant *adjectif* Qui envoûte. SYN. captivant, enchanteur, ensorcelant, fascinant, grisant, magique, magnétique, séducteur, séduisant, subjuguant. – LITTÉRAIRE : fascinateur.

envoûtement *nom masculin* Charme irrésistible. SYN. charme, enchantement, ensorcellement, fascination, magie, magnétisme, prestige, séduction, sortilège. – LITTÉRAIRE : blandices. ■ Action d'envoûter. SYN. ensorcellement, incantation. – FAMILIER : sorcellerie. – LITTÉRAIRE : enchantement.

envoûter *verbe* Exercer un attrait irrésistible. SYN. captiver, charmer, conquérir, enchanter, ensorceler, fasciner, séduire, subjuguer, troubler. ■ Exercer une action magique sur. SYN. ensorceler, hypnotiser. – LITTÉRAIRE : charmer, enchanter.

envoyé *nom masculin* Personne chargée d'une mission. SYN. ambassadeur, délégué, émissaire, mandataire, messager, plénipotentiaire, représentant. – LITTÉRAIRE : député.

envoyer *verbe* Faire se déplacer quelqu'un. SYN. acheminer, adresser, déléguer. – FAMILIER : expédier. – LITTÉRAIRE : dépêcher. – VIEUX : députer. ■ Faire parvenir une lettre. SYN. adresser, communiquer, expédier. CONTR. *recevoir.* ■ FAMILIER. Donner un coup. SYN. décocher. – FAMILIER : ficher, flanquer. – POPULAIRE : coller, foutre. ■ Lancer quelque chose. SYN. catapulter, jeter. – FAMILIER : balancer, flanquer. CONTR. *recevoir.*

envoyer (s') *verbe pronominal* POPULAIRE. Assumer une tâche. SYN. se charger de. – FAMILIER : s'appuyer, se coltiner, s'enfiler. – POPULAIRE : se farcir, se taper. ■ POPULAIRE. Absorber quelque chose. SYN. absorber, avaler, boire, consommer, ingurgiter, vider. – FAMILIER : s'empiffrer, s'enfiler, enfourner, lamper, siffler, se taper. – POPULAIRE : descendre, écluser, se goinfrer.

envoyeur *nom masculin* Personne qui fait un envoi. SYN. expéditeur. CONTR. *destinataire, récepteur.*

eohippus *nom masculin* Petit équidé fossile. SYN. hyracothérium.

éonisme *nom masculin* Adoption des vêtements et des habitudes du sexe opposé. SYN. travestisme.

éosinophile *adjectif* et *nom masculin* Qui fixe les colorants acides. SYN. acidophile.

épais *adjectif* Aux dimensions importantes. SYN. énorme, fort, gras, gros, volumineux. CONTR. *maigre, mince, plat.* ■ Qui est d'aspect massif. SYN. corpulent, massif, pesant, râblé, ramassé, trapu. – FAMILIER : mastoc. CONTR. *délicat, effilé, élancé, filiforme, fin, fluet, frêle, grêle, léger, menu, svelte, ténu.* – LITTÉRAIRE : *aérien, arachnéen, délié, gracile.* ■ Qui est peu fluide. SYN. consistant, pâteux, visqueux. CONTR. *coulant, fluide, inconsistant, léger, liquide.* ■ Dont les éléments sont touffus. SYN. compact, dense, dru, fourni, impénétrable, luxuriant, opaque, profond, serré. CONTR. *clair, clairsemé, pelé, rare.* ■ Qui manque de finesse. SYN. balourd, laborieux, lourdaud, obtus, somnolent. – FAMILIER : lourd. CONTR. *fin, futé, malin, rapide, subtil.*

épaisseur *nom féminin* Qualité de ce qui est épais. SYN. corpulence, grosseur, volume. CONTR. *maigreur, minceur.* – LITTÉRAIRE : *sveltesse.* ■ Qualité de ce qui est dense. SYN. densité, impénétrabilité. – LITTÉRAIRE : luxuriance, opacité. ■ Manque de finesse. SYN. balourdise, lourdeur. CONTR. *finesse, subtilité.*

épaissir *verbe intransitif* Devenir plus massif. SYN. s'alourdir, s'empâter, engraisser, forcir, grossir, prendre du poids. – FAMILIER : s'arrondir, se remplumer. CONTR. *amincir, maigrir, mincir.*

épaissir *verbe transitif* Rendre plus épais. SYN. lier. CONTR. *clarifier, délayer, désépaissir, fluidifier, liquéfier.* ■ Faire paraître massif. SYN. alourdir, arrondir, grossir. CONTR. *affiner, amenuiser, amincir, effiler.* ■ Rendre plus dense. SYN. approfondir, augmenter, renforcer. CONTR. *clarifier, éclaircir.*

épaississement *nom masculin* Fait de s'épaissir. SYN. alourdissement, empâtement, engraissement, grossissement. CONTR. *amincissement.*

épanchement *nom masculin* Fait de s'épancher. SYN. abandon, confidence, effusion. – LITTÉRAIRE : expansion. CONTR. *réserve, retenue, silence.* ■ LITTÉRAIRE. Pour un liquide, fait de se répandre. SYN. écoulement, extravasion.

épancher (s') *verbe pronominal* LITTÉRAIRE. Faire des confidences. SYN. se confier, être en veine de, se livrer, ouvrir son cœur, s'ouvrir, parler. – FAMILIER : déballer, débiter son chapelet, se déboutonner. – LITTÉRAIRE : s'abandonner. CONTR. *se refermer, se renfermer, se replier, se taire.*

épandre *verbe* Étendre en dispersant. SYN. dégorger, déverser, jeter, répandre, verser.

épanoui *adjectif* Qui manifeste de la joie. SYN. hilare, jovial, joyeux, radieux, ravi, rayonnant, réjoui, riant, rieur, souriant. CONTR. *étiolé, mélancolique, renfrogné, replié, sombre.*

épanouir (s') *verbe pronominal* En parlant d'une fleur, s'ouvrir. SYN. éclore, fleurir. – LITTÉRAIRE : verdoyer. CONTR. *dépérir, s'étioler, se faner, se* *flétrir.* ■ Se développer pleinement. SYN. prospérer, se réaliser, réussir. – LITTÉRAIRE : fleurir. CONTR. *décliner, régresser, se replier, végéter.* ■ Manifester de la joie. SYN. se dérider, s'illuminer. – LITTÉRAIRE : resplendir. CONTR. *s'assombrir, se rembrunir, se renfrogner.*

épanouissement *nom masculin* Action de s'épanouir. SYN. développement, éclosion, essor, floraison, grandissement, maturité, prospérité. – LITTÉRAIRE : efflorescence. CONTR. *débâcle, décadence, déclin, dégradation, déliquescence, diminution, ébauche, esquisse, étiolement, pourrissement.*

épargne *nom féminin* Fait d'épargner. SYN. bas de laine, économies, pécule, réserves. CONTR. *dilapidation, gabegie, gaspillage.* – LITTÉRAIRE : *dissipation.*

épargner *verbe* Utiliser au minimum. SYN. économiser, garder, ménager. CONTR. *gâcher, gaspiller, prodiguer.* ■ Faire des économies. SYN. accumuler, amasser, économiser, entasser, garder une poire pour la soif, mettre à gauche, mettre de côté, réserver, thésauriser. CONTR. *croquer, dépenser, dilapider, engloutir, engouffrer, manger.* – LITTÉRAIRE : *dissiper.* – POPULAIRE : *boulotter.* ■ Éviter à quelqu'un de. SYN. dispenser, éviter, exempter, faire grâce de. CONTR. *imposer, occasionner, procurer, provoquer.* ■ Ne pas nuire à. SYN. préserver. CONTR. *achever, détruire, écraser, ruiner, tuer.* – FAMILIER : *aplatir, démolir.*

éparpillé *adjectif* Qui est dispersé. SYN. clairsemé, épars. CONTR. *compact, dense, pressé, serré.*

éparpillement *nom masculin* Action d'éparpiller. SYN. dispersement, dissémination, disséminement. CONTR. *accumulation, agglomération, agglutination, amoncellement, groupement.* ■ Action de s'éparpiller. SYN. dispersion. CONTR. *ralliement, rassemblement, regroupement.*

éparpiller *verbe* Disposer des objets çà et là. SYN. disperser, disséminer, étaler, répandre, répartir, semer. CONTR. *accumuler, agglomérer, agréger, amasser, amonceler, associer, conglomérer, empiler, entasser, ramasser.* ■ Placer des personnes de tous côtés. SYN. disperser, disséminer, répartir. CONTR. *canaliser, concentrer, grouper, masser, rassembler, réunir.* – LITTÉRAIRE : *assembler.* ■ Faire un mauvais emploi de. SYN. disperser, gaspiller, prodiguer. – LITTÉRAIRE : dissiper, émietter.

éparpiller (s') *verbe pronominal* Se disperser de tous côtés. SYN. se débander, se disperser, se disséminer, s'égailler, s'égarer, s'égrener, papillonner, se séparer. – LITTÉRAIRE : essaimer. CONTR. *s'assembler, s'attrouper, se concentrer, s'entasser, se grouper, se masser, se rassembler, se tasser.*

épars *adjectif* Répandu de tous côtés. SYN. clairsemé, débandé, dispersé, disséminé, éparpillé, espacé, sporadique. CONTR. *amassé, assemblé, compact, dense, entassé, groupé, pressé, réuni, serré, tassé.*

épatamment *adverbe* FAMILIER. De façon épatante. SYN. admirablement, extraordinairement, incroyablement, merveilleusement, prodigieusement, remarquablement.

épatant *adjectif* FAMILIER. Qui suscite l'admiration. SYN. admirable, d'exception, exceptionnel, extraordinaire, formidable, merveilleux, remarquable, sensationnel. – FAMILIER : sensass, terrible. CONTR. *lamentable, médiocre, ordinaire, quelconque.* ■ FAMILIER. Qui a des qualités de cœur. SYN. adorable, charmant, remarquable. – FAMILIER : chic, chouette, formidable, sensass, sensationnel. CONTR. *minable.*

épate *nom féminin* POPULAIRE. Attitude ostentatoire. SYN. bluff, cabotinage, ostentation. – FAMILIER : chiqué, esbroufe, fla-fla, frime. CONTR. *naturel, simplicité, spontanéité.*

épaté *adjectif* Se dit d'un nez court et aplati. SYN. aplati, camus, écrasé. – VIEUX : camard. CONTR. *aquilin, arqué, bombé, bourbonien, busqué, droit.*

épaté *adjectif* FAMILIER. Frappé d'étonnement. SYN. abasourdi, ahuri, bouche bée, ébahi, éberlué, ébloui, étonné, interdit, interloqué, médusé, pantois, renversé, stupéfait, suffoqué, surpris, tombé de la lune, tombé des nues. – FAMILIER : assis, baba, comme deux ronds de flan, époustouflé, estomaqué, scié, sidéré, soufflé. – LITTÉRAIRE : ébaubi.

épatement *nom masculin* FAMILIER. Surprise intense. SYN. abasourdissement, ahurissement, ébahissement, effarement, étonnement, saisissement, stupéfaction, stupeur, surprise.

épater *verbe* FAMILIER. Susciter l'étonnement. SYN. abasourdir, ahurir, couper le souffle, déconcerter, décontenancer, ébahir, éberluer, éblouir, effarer, étonner, forcer l'admiration, en imposer, interloquer, méduser, en mettre plein la vue, renverser, stupéfier, suffoquer, surprendre. – FAMILIER : asseoir, bluffer, en boucher un coin, couper le sifflet, ébouriffer, époustoufler, estomaquer, scier, sidérer, souffler. – POPULAIRE : couper la chique, en jeter.

épaulard *nom masculin* Grand cétacé. SYN. orque.

épauler *verbe* Prodiguer de l'aide à quelqu'un. SYN. aider, appuyer, assister, favoriser, patronner, pousser, prêter assistance, prêter main-forte, protéger, recommander, seconder, secourir, soutenir. – FAMILIER : pistonner.

épave *nom féminin* Personne misérable. SYN. déchet, loque, pauvre diable. – FAMILIER : ruine. – LITTÉRAIRE : pauvre hère. – POPULAIRE : débris, vieux débris.

éperdu *adjectif* Exalté par un sentiment. SYN. fou, ivre, transporté. ■ Qui est vivement ressenti. SYN. ardent, enragé, frénétique, passionné, véhément. – FAMILIER : furieux.

éperdument *adverbe* D'une manière éperdue. SYN. complètement, à corps perdu, entièrement, follement, frénétiquement, furieusement, parfaitement, passionnément, totalement, violemment.

éperonner *verbe* Stimuler quelqu'un. SYN. aiguillonner, animer, attiser, aviver, exciter, fouetter, ranimer, stimuler, surexciter. – LITTÉRAIRE : allumer, enflammer. CONTR. *freiner, ralentir.*

épeuré *adjectif* LITTÉRAIRE. Qui est saisi de peur. SYN. affolé, apeuré, effaré, effarouché, effrayé, épouvanté, terrifié, terrorisé.

éphélide *nom féminin* Petite tache cutanée. SYN. tache de rousseur.

éphémère *nom masculin* Insecte qui ne vit qu'un ou deux jours. SYN. mouche de mai.

éphémère *adjectif* Qui dure peu de temps. SYN. court, fragile, frêle, fugace, fugitif, momentané, passager, précaire, provisoire, temporaire, transitoire. CONTR. *définitif, durable, éternel, impérissable, indéfectible, indissoluble, permanent, perpétuel, persistant, stable, tenace.* – LITTÉRAIRE : *immortel, robuste.*

épicé *adjectif* Qui est assaisonné d'épices. SYN. corsé, fort, relevé. CONTR. *douceâtre, doux, fadasse, fade.* ■ Qui contient des détails grivois. SYN. coquin, croustillant, cru, égrillard, gaulois, graveleux, hardi, inconvenant, indécent, leste, libre, licencieux, osé, polisson, salé. CONTR. *convenable, décent, pudique.*

épicer *verbe* Assaisonner avec des épices. SYN. condimenter, pimenter, relever. CONTR. *affadir, édulcorer.*

épicurien *nom* Personne qui ne songe qu'aux plaisirs. SYN. bon vivant, jouisseur, sensuel. – LITTÉRAIRE : sybarite. – VIEUX : viveur. CONTR. *ascète, puritain, stoïcien.* – LITTÉRAIRE : *janséniste.*

épiderme *nom masculin* Partie superficielle de la peau. CONTR. *hypoderme.*

épier *verbe* Surveiller attentivement. SYN. espionner, être aux aguets, guetter, ne pas quitter des yeux, observer, surveiller.

épigone *nom masculin* LITTÉRAIRE. Successeur d'un artiste. SYN. disciple, élève, héritier, imitateur.

épigrammatique *adjectif* LITTÉRAIRE. D'une raillerie mordante. SYN. acerbe, acéré, acide, agressif, caustique, à l'emporte-pièce, incisif, mordant, satirique, vif, virulent. – FAMILIER : saignant. – LITTÉRAIRE : acrimonieux, piquant.

épigramme *nom féminin* LITTÉRAIRE. Mot satirique. SYN. critique, persiflage, raillerie, sarcasme, satire. – LITTÉRAIRE : brocard, trait.

épigyne *adjectif et nom féminin* Se dit d'une pièce florale insérée au-dessus de l'ovaire. CONTR. *hypogyne.*

épilation *nom féminin* Action d'épiler, de s'épiler. SYN. dépilation.

épilatoire *adjectif et nom masculin* Qui épile. SYN. dépilatoire.

épileptique *adjectif* Relatif à l'épilepsie. SYN. – VIEUX : comitial.

épiler *verbe* Arracher les poils. SYN. dépiler.

épilogue *nom masculin* Ce qui conclut une action. SYN. aboutissement, chute, conclusion, dénouement, fin. CONTR. *introduction, préambule, préliminaires, prologue.*

épiloguer *verbe* Faire de longs commentaires. SYN. discourir, ergoter, gloser, palabrer, pérorer. – FAMILIER : discutailler, disputailler, laïusser.

épine *nom féminin* ***Épine blanche,*** arbrisseau épineux à fleurs odorantes. SYN. aubépine. ■ ***Épine du Christ,*** arbrisseau épineux utilisé pour des haies. SYN. paliure. ■ ***Épine dorsale,*** ensemble des vertèbres superposées. SYN. colonne vertébrale, rachis. ■ ***Épine noire,*** prunier sauvage. SYN. prunellier.

épinéphrine *nom féminin* Hormone produite par la glande surrénale. SYN. adrénaline.

épineurien *nom masculin* Animal dont le système nerveux est au-dessus du tube digestif. CONTR. *hyponeurien, protostomien.*

épineux *adjectif* Qui présente des difficultés. SYN. ardu, brûlant, délicat, difficile, dur, embarrassant, inconfortable, ingrat, malaisé, pénible, risqué. – LITTÉRAIRE : difficultueux, scabreux. CONTR. *clair, facile, simple.*

épingler *verbe* FAMILIER. Prendre sur le fait. SYN. appréhender, arrêter, attraper, prendre, surprendre. – FAMILIER : choper, coincer, cueillir, harponner, pincer, piquer. – POPULAIRE : agrafer, chauffer. CONTR. *libérer, relâcher, relaxer.* ■ FAMILIER. Attirer l'attention sur. SYN. démasquer, dénoncer, dévoiler, exposer, révéler. ■ Fixer quelque chose. SYN. agrafer, attacher, fixer.

épinglette *nom féminin* Petit badge muni d'une pointe de punaise. SYN. pin's.

épinoche *nom féminin* Petit poisson des eaux douces. SYN. cordonnier.

épiphyllum *nom masculin* Cactacée aux fleurs blanches ou rouges. SYN. phyllocactus, zygocactus.

épique *adjectif* FAMILIER. Au caractère extraordinaire. SYN. fantastique, grandiose, héroïque, mémorable. – FAMILIER : fabuleux, homérique.

épisode *nom masculin* Partie d'une action. SYN. accident, affaire, aventure, circonstance, événement, incident, péripétie.

épisodique *adjectif* Qui constitue un simple épisode. SYN. accessoire, contingent, mineur, second, secondaire. CONTR. *capital, essentiel, fondamental.* ■ Qui se produit irrégulièrement. SYN. intermittent, occasionnel, passager. CONTR. *constant, continuel, permanent.*

épisodiquement *adverbe* De façon épisodique. SYN. par accès, par à-coups, par instants, par intermittence, par intervalles, irrégulièrement, par moments, occasionnellement, parfois, sporadiquement, de temps à autre, de temps en temps, variablement. CONTR. *continuellement, éternellement, immuablement, indéfiniment, invariablement, régulièrement, sans arrêt, sans cesse, sans discontinuer, sans intermission, sans interruption, sans relâche, sans répit, sans souffler, sans trêve, à tout propos.* – LITTÉRAIRE : *continûment.*

épithélioma *nom masculin* Tumeur maligne. SYN. carcinome.

épithéliosarcome *nom masculin* Tumeur maligne rare. SYN. carcinosarcome.

épître *nom féminin* LITTÉRAIRE. Écrit adressé à quelqu'un. SYN. billet, lettre, message, mot, papier, pli. – LITTÉRAIRE : missive. – POPULAIRE : bafouille.

éploré *adjectif* Qui est tout en pleurs. SYN. affligé, désolé, larmoyant, sanglotant. – FAMILIER : pleurard. – LITTÉRAIRE : lamentable. CONTR. *gai, joyeux.*

éplucher *verbe* Ôter la peau d'un fruit. SYN. décortiquer, écaler, écosser, monder, peler. ■ Examiner minutieusement. SYN. analyser, contrôler, décortiquer, disséquer, étudier, examiner, inspecter, passer au crible, passer en revue. – FAMILIER : dépiauter. – LITTÉRAIRE : anatomiser. CONTR. *effleurer, survoler.*

épluchure *nom féminin* Ce qu'on ôte en épluchant. SYN. chute, déchet, peau, pelure, rognure.

épointer *verbe* User la pointe de. SYN. émousser. CONTR. *affiler, affûter, aiguiser, appointer, appointir.*

éponge *nom féminin* FAMILIER. Ivrogne. SYN. alcoolique, buveur, dipsomane, éthylique. – ARGOTIQUE : biberonneur. – FAMILIER : boit-sans-soif, pilier de bar, pilier de cabaret, pochard, sac à vin, soiffard, soûlographe. – POPULAIRE : alcoolo, picoleur, pochetron, poivrot, soûlard, soûlaud, soûlot. – VIEUX : biberon. ■ ***Éponge végétale,*** cucurbitacée originaire de l'Inde. SYN. papengaie, paponge.

éponger *verbe* Débarrasser d'un liquide. SYN. absorber, essuyer, étancher. CONTR. *arroser, mouiller.*

époque *nom féminin* Moment déterminé dans l'histoire. SYN. âge, ère, page, période, siècle. – LITTÉRAIRE : jours. ■ Moment de la vie de quelqu'un. SYN. date, heure, page, temps. – LITTÉRAIRE : saison.

époumoner (s') *verbe pronominal* Se fatiguer à crier. SYN. crier, s'égosiller, hurler, tonitruer, vociférer.

épouse *nom féminin* Femme mariée à. SYN. compagne, conjointe, femme. – FAMILIER : moitié. – POPULAIRE : bourgeoise, légitime.

épouser *verbe* Prendre pour conjoint. SYN. se marier avec, s'unir à. – VIEUX : marier. CONTR. *divorcer, répudier, se séparer de.* ■ S'attacher vivement à. SYN. adhérer, adopter, partager, se rallier, souscrire, suivre. – LITTÉRAIRE : embrasser.

époustouflant *adjectif* FAMILIER. Qui provoque l'admiration. SYN. admirable, ahurissant, effarant, étonnant, étourdissant, fantastique, fracassant, inouï, prodigieux, sensationnel, stupéfiant. – FAMILIER : ébouriffant, formidable, mirobolant, renversant, sciant, soufflant.

époustouflé *adjectif* FAMILIER. Frappé d'étonnement. SYN. abasourdi, ahuri, bouche bée, coi, ébahi, éberlué, ébloui, épaté, étonné, interdit, interloqué, médusé, pantois, renversé, stupéfait, suffoqué, surpris, tombé de la lune, tombé des nues. – FAMILIER : assis, baba, comme deux ronds de flan, estomaqué, scié, sidéré, soufflé. – LITTÉRAIRE : ébaubi.

époustoufler *verbe* FAMILIER. Surprendre énormément. SYN. abasourdir, ahurir, couper le souffle, ébahir, éberluer, étonner, méduser, stupéfier, suffoquer, surprendre. – FAMILIER : asseoir, en boucher un coin, couper le sifflet, ébouriffer, épater, estomaquer, scier, sidérer, souffler. – POPULAIRE : couper la chique.

épouvantable *adjectif* Qui épouvante. SYN. abominable, affreux, apocalyptique, atroce, dantesque, effarant, effrayant, effroyable, horrible, horrifiant, monstrueux, révoltant, scandaleux, terrible, terrifiant. – FAMILIER : cauchemardesque, cauchemardeux. CONTR. *admirable.* ■ Très désagréable. SYN. affreux, catastrophique, détestable, exécrable, infernal, insupportable, intenable, odieux, sinistre, terrible. – FAMILIER : invivable, pénible, satané. CONTR. *adorable, supportable.*

épouvantablement *adverbe* De façon atroce. SYN. abominablement, affreusement, atrocement, hideusement, horriblement, monstrueusement, odieusement. CONTR. *admirablement, adorablement, divinement, magnifiquement, merveilleusement.* – LITTÉRAIRE : *sublimement.* ■ D'une façon excessive. SYN. abominablement, affreusement, effroyablement, énormément, exceptionnellement, excessivement, extraordinairement, follement, fort, horriblement, immensément, immodérément, incroyablement, infiniment, mortellement, particulièrement, prodigieusement, profondément, puissamment, supérieurement, terriblement, très, trop, vertigineusement. – FAMILIER : atrocement, bigrement, bougrement, diablement, drôlement, fameusement, fichtrement, fichûment, formidablement, joliment, méchamment, rudement, tout plein. – LITTÉRAIRE : diantrement, furieusement. – POPULAIRE : foutrement, salement, vachement. – VIEUX : fièrement. CONTR. *aucunement, guère, nullement.*

épouvante *nom féminin* Sentiment de peur intense. SYN. affolement, angoisse, crainte, effroi, frayeur, horreur, panique, terreur.

épouvanté *adjectif* Frappé d'épouvante. SYN. apeuré, effaré, effrayé, horrifié, terrifié, terrorisé, tremblant. – LITTÉRAIRE : épeuré. CONTR. *rassuré, serein.*

épouvanter *verbe* Frapper de terreur. SYN. affoler, apeurer, donner la chair de poule, effrayer, faire froid dans le dos, faire peur, figer le sang dans les veines, glacer le sang (dans les veines), horrifier, pétrifier, terrifier, terroriser. – POPULAIRE : fiche les jetons, foutre les boules, foutre les jetons. ■ Remplir d'inquiétude. SYN. abasourdir, ahurir, angoisser, effarer, inquiéter, stupéfier. CONTR. *calmer, rassurer, réconforter.*

époux *nom masculin* Homme marié à. SYN. compagnon, conjoint, mari. – FAMILIER : moitié. – POPULAIRE : jules, légitime.

éprendre (s') *verbe pronominal* Avoir du goût pour. SYN. aimer, s'engouer, s'enthousiasmer, se passionner, se toquer. – FAMILIER : s'emballer. – VIEUX : se coiffer. CONTR. *détester, haïr.* ■ Devenir amoureux de. SYN. aimer, s'amouracher, s'engouer, s'enticher. – FAMILIER : avoir dans la peau, avoir le (un) béguin pour, s'emballer, flasher sur, en pincer pour, en tenir pour, se toquer. – LITTÉRAIRE : s'enamourer. – VIEUX : se coiffer.

épreuve *nom féminin* Test de résistance. SYN. apprentissage, critère, essai, expérience, expérimentation. ■ Événement fâcheux. SYN. calamité, catastrophe, coup dur, déboire, mal, malheur, misère, peine, revers, souffrance, tribulations. – LITTÉRAIRE : adversité, infortune, traverse. CONTR. *bien, bonheur.*

épris *adjectif* Qui s'intéresse à. SYN. affamé, amateur, avide, enthousiasmé, entiché, féru, passionné, toqué. – FAMILIER : emballé. ■ Qui ressent de l'amour. SYN. amoureux, entiché, fou, toqué.

éprouvant *adjectif* Difficile à supporter. SYN. accablant, débilitant, épuisant, esquintant, exténuant, fatigant, harassant, pénible, rude. – FAMILIER : claquant, crevant, éreintant, tuant, usant. CONTR. *apaisant, délassant, reposant.*

éprouvé *adjectif* Atteint par un mal. SYN. affligé, frappé, touché. ■ Dont la valeur est reconnue. SYN. confirmé, expérimenté, inébranlable, infaillible, sûr. CONTR. *faux, jeune.*

éprouver *verbe* Mettre à l'épreuve. SYN. essayer, expérimenter, mettre au banc d'essai, tester. – LITTÉRAIRE : exercer. ■ LITTÉRAIRE. Constater par soi-même. SYN. constater, réaliser, remarquer, se rendre compte, voir. ■ Ressentir quelque chose. SYN. avoir, endurer, percevoir, sentir. ■ Subir une difficulté. SYN. connaître, essuyer, rencontrer, subir. – LITTÉRAIRE : souffrir.

épuisable *adjectif* Qui peut être épuisé. SYN. tarissable. CONTR. *inépuisable, intarissable.* – LITTÉRAIRE : *inexhaustible.*

épuisant *adjectif* Qui mine les forces. SYN. accablant, débilitant, éprouvant, esquintant, exténuant, fatigant, harassant, pénible, rude. – FAMILIER : cassant, claquant, crevant, éreintant, tuant, usant. CONTR. *apaisant, délassant, reposant.*

épuisé *adjectif* Très fatigué. SYN. abattu, accablé, anéanti, à bout de course, à bout de force, à bout de souffle, brisé, exténué, fatigué, fourbu, harassé, K.-O., las, mort de fatigue, recru, rendu, rompu, surmené, usé. – FAMILIER : achevé, au bout du rouleau, cassé, claqué, éreinté, esquinté, fini, flapi, H.S., kaput, lessivé, mort, moulu, à plat, pompé, à ramasser à la petite cuillère, raplapla, sur les genoux, tué, vanné, vidé. – POPULAIRE : cané, crevé, rétamé, sur les rotules. CONTR. *délassé, dispos, frais, frais et dispos, reposé.* – FAMILIER : *en forme, frais comme un gardon, frais comme une rose, increvable, en pleine forme.* – VIEUX : *gaillard.*

épuisement *nom masculin* Action de tarir. SYN. assèchement, extinction, tarissement. CONTR. *fertilisation.* ■ État de fatigue extrême. SYN. abattement, accablement, affaissement, anéantissement, atonie, faiblesse, fatigue, lassitude, surmenage. – FAMILIER : éreintement. – LITTÉRAIRE :

brisement, exténuation, prostration. – VIEUX : consomption, débilitation.

épuiser *verbe* Mettre à sec. SYN. appauvrir, assécher, tarir, vider. CONTR. *amender, fertiliser.* ■ Vendre des marchandises. SYN. écouler, liquider. ■ Enlever toute force à. SYN. abattre, affaiblir, anéantir, anémier, briser, débiliter, excéder, exténuer, fatiguer, harasser, lasser, miner, ronger, surmener, vider. – FAMILIER : claquer, crever, éreinter, esquinter, pomper, tuer, vanner. CONTR. *armer, délasser, fortifier, remettre, reposer, revigorer.* – FAMILIER : *requinquer.*

épuiser (s') *verbe pronominal* Disparaître comme ressource. SYN. s'assécher, s'écouler, s'envoler, se tarir, se vider, se volatiliser. ■ Se donner de la peine. SYN. se battre, se démener, se dépenser, se donner du mal, se donner un mal de chien, s'échiner, s'escrimer, s'évertuer, s'exténuer, faire des pieds et des mains, se fatiguer, se multiplier, peiner, se remuer, s'user. – FAMILIER : se bagarrer, se claquer, se couper en quatre, se décarcasser, se défoncer, s'éreinter, s'esquinter, se mettre en quatre, mettre le paquet, suer, se tuer. – POPULAIRE : se casser le cul, se crever, ramer. CONTR. *s'amuser, se délasser, dormir, fainéanter, musarder, ne rien faire de ses dix doigts, paresser, se prélasser, prendre son temps, se reposer.* – FAMILIER : *bayer aux corneilles, buller, flemmarder, lambiner, lanterner, lézarder, tirer sa flemme.* – LITTÉRAIRE : *muser.* – POPULAIRE : *glander, ne pas en fiche une rame, ne pas se casser, ne pas se casser le bol, ne pas se casser le cul, ne pas se casser le tronc, ne pas se fouler, ne pas se fouler la rate, tirer au cul, tirer au flanc.*

épuration *nom féminin* Élimination des impuretés. SYN. affinage, clarification, décantation, filtrage, purification. – VIEUX : dépurage. CONTR. *contamination, pollution.* ■ Éviction d'un groupe. SYN. exclusion, expulsion, purge. – FAMILIER : coup de balai. ■ Action d'épurer moralement. SYN. assainissement, épurement, purification. CONTR. *corruption, dépravation.*

épurer *verbe* Éliminer les impuretés. SYN. affiner, clarifier, décanter, purifier, raffiner. – VIEUX : dépurer. CONTR. *contaminer, polluer.* ■ Exclure d'un groupe. SYN. évincer, expulser, expurger, purger, rejeter. ■ Rendre sa pureté à. SYN. améliorer, assainir, purifier. – LITTÉRAIRE : raffiner. CONTR. *adultérer, pervertir.* – LITTÉRAIRE : *corrompre, vicier.*

équilibre *nom masculin* Position stable. SYN. aplomb, assiette, stabilité. CONTR. *déséquilibre, instabilité.* ■ Rapport d'harmonie. SYN. balancement, égalité, harmonie, ordre, paix, proportion, sérénité, stabilité. CONTR. *chaos, désordre, disproportion.* ■ Bon fonctionnement mental. SYN. calme, pondération, sagesse, sérénité, tranquillité. – LITTÉRAIRE : équanimité.

équilibré *adjectif* Qui forme un équilibre. SYN. d'aplomb, harmonieux, stable, symétrique. CONTR. *chaotique, déséquilibré, inégal, instable.* ■ Qui est sensé. SYN. calme, égal, pondéré, raisonnable, réfléchi, sage, sain, stable. – LITTÉRAIRE : équanime. CONTR. *bizarre, dément, démentiel, déraisonnable, désaxé, déséquilibré, extravagant, fou, instable, troublé.* – FAMILIER : *braque, cinglé, dément, détraqué, fada, frappé, malade.* – POPULAIRE : *barge, barjo, branque.*

équilibrer *verbe* Faire contrepoids. SYN. balancer, compenser, contrebalancer, corriger, neutraliser, pondérer. CONTR. *déséquilibrer.* ■ Mettre en équilibre. SYN. balancer, égaliser, harmoniser, stabiliser.

équilibriste *nom* Type d'acrobate. SYN. acrobate, danseur de corde, funambule.

équille *nom féminin* Poisson osseux long et mince des fonds sableux. SYN. lançon.

équin *adjectif* Relatif au cheval. SYN. chevalin.

équipée *nom féminin* Entreprise irréfléchie. SYN. escapade, folies, frasque, fredaine, sottise.

équipement *nom masculin* Matériel nécessaire à une activité. SYN. attirail, bagage, outillage. – FAMILIER : fourniment. ■ Action d'aménager un endroit. SYN. agencement, aménagement, arrangement, installation.

équiper *verbe* Pourvoir un lieu du nécessaire. SYN. aménager, arranger, garnir, installer, munir, pourvoir. – LITTÉRAIRE : parer. ■ Pourvoir quelqu'un de. SYN. doter, fournir, munir, nantir.

équiper (s') *verbe pronominal* Se munir du nécessaire. SYN. se doter, se monter, se parer, se pourvoir.

équitable *adjectif* Qui agit selon l'équité. SYN. droit, honnête, impartial, impassible, intègre, juste. CONTR. *inéquitable, inique, injuste, partial.* ■ Conforme à l'équité. SYN. juste, légitime, sport. CONTR. *abusif, anormal, arbitraire, illégitime, inéquitable, injuste, léonin, tendancieux.*

équitablement *adverbe* De façon équitable. SYN. justement, légitimement, sportivement. CONTR. *injustement, subjectivement, tendancieusement.* – LITTÉRAIRE : *inéquitablement.*

équité *nom féminin* Qualité morale. SYN. droiture, honnêteté, impartialité, intégrité, justice. CONTR. *iniquité, injustice, partialité.* ■ Caractère de ce qui est juste. SYN. justice, légitimité. CONTR. *arbitraire, illégitimité, injustice, subjectivité.*

équivalence *nom féminin* Égalité de valeurs. SYN. analogie, assimilation, égalité, similarité.

équivalent *adjectif* Qui a la même valeur. SYN. adéquat, analogue, approchant, comparable, correspondant, égal, identique, même, pareil, semblable, similaire, synonyme. – FAMILIER : c'est bonnet blanc et blanc bonnet, c'est du pareil au même, c'est kif-kif (bourricot), c'est tout comme. CONTR. *différent.*

équivaloir *verbe* Être de même valeur que. SYN. égaler, représenter. ■ Avoir le même effet que. SYN. correspondre, revenir à, signifier.

équivoque *adjectif* Qui peut avoir plusieurs sens. SYN. ambigu, amphibologique, double, indéterminable, obscur, secret. – LITTÉRAIRE : opaque, sibyllin. CONTR. *catégorique, clair, distinct, éclatant, explicite, formel, limpide, lumineux, parlant, précis, univoque, visible.* ■ Qui suscite la méfiance. SYN. douteux, inquiétant, interlope, louche, mystérieux, suspect. CONTR. *franc, net, ouvert.*

équivoque *nom féminin* Multiplicité de sens. SYN. ambiguïté, amphibologie, obscurité. ■ Ce qui manque de clarté. SYN. confusion, doute, méprise, quiproquo. CONTR. *précision.*

éradication *nom féminin* Suppression complète. SYN. ablation, arrachage, déracinement, extirpation, extraction.

éradiquer *verbe* Faire disparaître complètement. SYN. anéantir, annihiler, détruire, extirper, supprimer, tuer.

érafler *verbe* Entamer légèrement. SYN. déchirer, écorcher, effleurer, égratigner, excorier, griffer, rayer.

éraflure *nom féminin* Entaille superficielle. SYN. blessure, écorchure, égratignure, excoriation, griffure, rayure.

éraillé *adjectif* Devenu rauque. SYN. enroué, râpeux, rauque, rocailleux, rude.

ère *nom féminin* Période déterminée. SYN. âge, époque, siècle, temps.

érection *nom féminin* Action de dresser quelque chose. SYN. construction, édification, élévation, établissement, fondation. CONTR. *destruction, renversement.* ■ Gonflement de certains organes. SYN. intumescence, tumescence, turgescence.

éreintage *nom masculin* FAMILIER. Critique violente. SYN. attaque, calomnie, dénigrement, diatribe, diffamation, médisance. – FAMILIER : débinage, éreintement. CONTR. *félicitations, louanges.*

éreintant *adjectif* FAMILIER. Très fatigant. SYN. éprouvant, épuisant, esquintant, excédant, exténuant, fatigant, harassant, pénible, rude. – FAMILIER : cassant, claquant, crevant, tuant, usant. CONTR. *apaisant, délassant, reposant.*

éreinté *adjectif* FAMILIER. Très fatigué. SYN. anéanti, à bout de course, à bout de force, à bout de souffle, brisé, épuisé, exténué, fatigué, fourbu, harassé, K.-O., las, mort de fatigue, recru, rendu, rompu, surmené, usé. – FAMILIER : achevé, au bout du rouleau, cassé, claqué, esquinté, fini, flagada, flapi, H.S., kaput, lessivé, mort, moulu, à plat, pompé, à ramasser à la petite cuillère, raplapla, sur les genoux, tué, vanné, vidé. – POPULAIRE : cané, crevé, rétamé, sur les rotules. CONTR. *délassé, dispos, frais, frais et dispos, reposé.* – FAMILIER : *en forme, frais comme un gardon, frais comme une rose, increvable, en pleine forme.* – VIEUX : *gaillard.*

éreintement *nom masculin* FAMILIER. Fatigue extrême. SYN. abattement, accablement, affaissement, anéantissement, épuisement, faiblesse, harassement, lassitude, surmenage. – LITTÉRAIRE : brisement, exténuation, prostration. – VIEUX : débilitation. ■ FAMILIER. Critique violente. SYN. attaque, calomnie, coup de boutoir, coup de corne, coup de dent, coup de patte, dénigrement, diatribe, diffamation, médisance. – FAMILIER : débinage, éreintage. CONTR. *félicitations.*

éreinter *verbe* FAMILIER. Fatiguer énormément. SYN. abattre, anéantir, briser, épuiser, excéder, exténuer, fatiguer, harasser, miner, ronger, surmener, vider. – FAMILIER : achever, claquer, crever, démolir, esquinter, lessiver, pomper, tuer, vanner. CONTR. *remettre, reposer.* – FAMILIER : *requinquer.* ■ FAMILIER. Critiquer violemment. SYN. calomnier, critiquer, dénigrer, descendre en flammes, diffamer, dire pis que pendre, exécuter, malmener, maltraiter, matraquer, médire, tirer à boulets rouges sur. – FAMILIER : abîmer, assaisonner, baver sur, casser du sucre sur (le dos de), cracher sur, débiner, déblatérer, démolir, esquinter, étriller, habiller pour l'hiver, voler dans les plumes. – LITTÉRAIRE : dauber, déchirer. – POPULAIRE : tailler un costard, tailler une veste. – VIEUX : crosser. CONTR. *admirer, aduler, apprécier, approuver, célébrer, exalter, féliciter, flatter, louer, recommander, vanter.* – LITTÉRAIRE : *chanter, congratuler, encenser, flagorner, louanger.*

éreinter (s') *verbe pronominal* FAMILIER. Se fatiguer beaucoup. SYN. se démener, se dépenser, se donner du mal, se donner un mal de chien, s'échiner, s'épuiser, s'escrimer, s'exténuer, faire des pieds et des mains, se multiplier, peiner, se remuer. – FAMILIER : se casser la nénette, se casser la tête, se claquer, se couper en quatre, se décarcasser, se défoncer, s'esquinter, se mettre en quatre, suer, suer sang et eau, se tuer. – POPULAIRE : se casser le cul, se casser, se crever, se fouler. CONTR. *s'amuser, se délasser, dormir, fainéanter, musarder, ne rien faire de ses dix doigts, paresser, se prélasser, prendre son temps,* *se reposer.* – FAMILIER : *bayer aux corneilles, buller, flemmarder, lambiner, lanterner, lézarder, tirer sa flemme.* – LITTÉRAIRE : *muser.* – POPULAIRE : *glander, ne pas en fiche une rame, ne pas se casser, ne pas se casser le bol, ne pas se casser le cul, ne pas se casser le tronc, ne pas se fouler, ne pas se fouler la rate, tirer au cul, tirer au flanc.*

érémitique *adjectif* Relatif aux ermites. SYN. anachorétique, ascétique. CONTR. *cénobitique.*

érémophile *nom féminin* Alouette de la toundra. SYN. hausse-col.

ergotage *nom masculin* Contestation futile. SYN. subtilité, tracasserie. – FAMILIER : chinoiserie, chipotage, pinaillage.

ergoter *verbe* Discuter sur des riens. SYN. argumenter, chicaner, discuter, épiloguer. – FAMILIER : chinoiser, chipoter, discutailler, disputailler, pinailler. – LITTÉRAIRE : controverser, ratiociner, vétiller.

ergoteur *nom* Personne qui se plaît à ergoter. SYN. discuteur, raisonneur. – FAMILIER : discutailleur, disputailleur, pinailleur. – LITTÉRAIRE : argumentateur. – VIEUX : chicaneur, chicanier.

ériger *verbe* Mettre en position verticale. SYN. dresser, élever, lever, planter, redresser, relever. CONTR. *baisser, coucher, courber, incliner, pencher, plier.* ■ Construire quelque chose. SYN. bâtir, créer, édifier, élever, fonder. CONTR. *abolir, détruire, saper.* ■ Élever au rang de. SYN. instituer, promouvoir, transformer.

ériger (s') *verbe pronominal* LITTÉRAIRE. Se donner le rôle de. SYN. s'imposer comme, se poser en, se présenter comme.

érigéron *nom masculin* Plante aux fleurs ressemblant à des pâquerettes. SYN. vergerette.

ermite *nom masculin* Moine vivant dans la solitude. SYN. anachorète, solitaire. CONTR. *cénobite.*

éroder *verbe* Ronger lentement. SYN. affouiller, corroder, miner, ronger, saper, user.

érophila *nom masculin* Petite crucifère à fleurs blanches. SYN. drave.

érosion *nom féminin* Détérioration progressive. SYN. corrosion, dégradation, désagrégation, usure.

érotique *adjectif* Relatif à l'amour. SYN. amoureux, galant. ■ Qui évoque la sexualité. SYN. affriolant, charnel, excitant, lascif, libertin, licencieux, provocant, sensuel, sexuel, voluptueux. – FAMILIER : émoustillant, sexy. – LITTÉRAIRE : concupiscent. – POPULAIRE : bandant. CONTR. *chaste.* ■ Qui fait appel à l'érotisme. SYN. impudique, obscène, pornographique.

errance *nom féminin* LITTÉRAIRE. Action d'errer. SYN. flânerie. – FAMILIER : bourlingue. – LITTÉRAIRE : déambulation. – POPULAIRE : vadrouille. ■ LITTÉRAIRE. Mode de vie nomade. SYN. nomadisme, vagabondage.

errant *adjectif* Qui va à l'aventure. SYN. abandonné, égaré, mobile. – LITTÉRAIRE : voyageur. ■ Qui est propre aux nomades. SYN. ambulant, itinérant, nomade, vagabond. CONTR. *fixe, sédentaire.*

errements *nom masculin pluriel* LITTÉRAIRE. Manières d'agir habituelles. SYN. agissements, comportement, conduite, méthode, procédé. ■ LITTÉRAIRE. Agissements blâmables. SYN. égarement, erreur.

errer *verbe* Marcher sans but précis. SYN. aller çà et là, déambuler, s'égarer, flâner, musarder, se perdre, rôder, traîner, vagabonder. – FAMILIER : baguenauder, se baguenauder, rôdailler, traînailler, traînasser, traîner ses bottes, traîner ses guêtres. – LITTÉRAIRE : badauder, vaguer. – POPULAIRE : vadrouiller.

erreur *nom féminin* Fait de se tromper. SYN. bavure, bêtise, bévue, confusion, faute, irrégularité, malentendu, méprise, quiproquo. – FAMILIER : blague, boulette, bourde, gaffe, loupé, maldonne, perle. – POPULAIRE : couille, gourance, gourante. ■ État de celui qui se trompe. SYN. aveuglement. – LITTÉRAIRE : fourvoiement. ■ Comportement inconsidéré. SYN. aberration, écart, faute, incartade, péché. – LITTÉRAIRE : errements, peccadille. ■ Ce qui est jugé comme faux. SYN. contresens, déviation, fausseté, hérésie, illusion, inexactitude, préjugé, sophisme. – LITTÉRAIRE : mensonge. CONTR. *exactitude, vrai.* ■ ***Par erreur,*** en se trompant. SYN. faussement, par inadvertance, involontairement, par mégarde. CONTR. *délibérément, exprès, intentionnellement, volontairement.*

erroné *adjectif* Qui comporte une erreur. SYN. aberrant, bancal, fautif, faux, incorrect, inexact, mauvais, mensonger. – LITTÉRAIRE : infidèle. CONTR. *bon, exact, fidèle, fondé, incontestable, irrécusable, juste, justifié, sûr, vrai.*

ersatz *nom masculin* Produit qui en remplace un autre. SYN. substitut, succédané.

erse *nom masculin* Langue celtique parlée en Écosse. SYN. écossais.

érubescite *nom féminin* Sulfure naturel de fer et de cuivre. SYN. bornite.

éructation *nom féminin* Rejet de gaz par la bouche. SYN. renvoi. – FAMILIER : rot.

éructer *verbe* LITTÉRAIRE. Dire une chose brutalement. SYN. crier, hurler, jeter, lancer, proférer, vociférer. – FAMILIER : beugler.

érudit *adjectif* Qui a de vastes connaissances. SYN. cultivé, instruit, lettré, savant. – LITTÉRAIRE : docte, omniscient. CONTR. *ignare, ignorant, inculte.* – VIEUX : *illettré.*

érudition *nom féminin* Savoir très approfondi. SYN. bagage, connaissances, culture, instruction, lettres, savoir. CONTR. *ignorance, inculture.*

éruption *nom féminin* Fait de jaillir. SYN. émission, flux, jaillissement, projection.

érythrocèbe *nom masculin* Singe blanc et roux des savanes africaines. SYN. patas, singe pleureur.

érythrocyte *nom masculin* Cellule sanguine transportant l'hémoglobine. SYN. globule rouge, hématie.

érythropsine *nom féminin* Pigment visuel de la rétine. SYN. pourpre rétinien, rhodopsine.

esbroufe *nom féminin* FAMILIER. Manières fanfaronnes. SYN. bluff, cabotinage, charlatanisme, ostentation. – FAMILIER : chiqué, fla-fla, frime. – POPULAIRE : épate. CONTR. *naturel, simplicité, spontanéité.*

esbroufeur *nom* VIEUX. Personne qui fait de l'esbroufe. SYN. bluffeur, cabotin, faiseur, fanfaron, faraud, hâbleur, poseur, vantard. – FAMILIER : cabot, frimeur, m'as-tu-vu.

escagasser *verbe* FAMILIER. Détériorer quelque chose. SYN. abîmer, casser, démolir, détériorer, détraquer, endommager. – FAMILIER : amocher, bousiller, déglinguer, esquinter, massacrer. – POPULAIRE : bigorner. ■ FAMILIER. Provoquer un sentiment d'énervement. SYN. agacer, ennuyer, excéder, fatiguer, lasser. – FAMILIER : assommer, barber, barbifier, bassiner, casser les pieds, embêter, empoisonner, enquiquiner, faire suer, pomper, raser, tanner. – LITTÉRAIRE : importuner. – POPULAIRE : canuler, casser les bonbons, cavaler, emmerder, faire braire, faire chier, gonfler.

escalade *nom féminin* Fait d'escalader une paroi. SYN. ascension, montée, varappe. – FAMILIER : grimpe. ■ Progression rapide. SYN. développement, évolution, progrès, surenchère.

escalader *verbe* Passer par-dessus. SYN. franchir, se hisser. – VIEUX : ascensionner. ■ Faire l'ascension de. SYN. gravir, grimper, monter. – VIEUX : ascensionner. CONTR. *descendre, dévaler.* – FAMILIER : *débouler, dégringoler.*

escaladeur *nom* Personne qui fait de l'escalade. SYN. grimpeur, varappeur.

escale *nom féminin* Fait de s'arrêter. SYN. arrêt, halte, pause. – LITTÉRAIRE : relâche.

escamoter *verbe* Voler subtilement. SYN. rafler, soustraire, voler. – FAMILIER : barboter, carotter, chaparder, chiper, écornifler, kidnapper, piquer, subtiliser. – LITTÉRAIRE : dérober. – POPULAIRE : faucher. ■ Éviter ce qui est difficile. SYN. écarter, éluder, esquiver, sauter, se soustraire à, tourner. – FAMILIER : couper à. CONTR. *affronter.* ■ Faire disparaître. SYN. cacher, camoufler, dissimuler. – FAMILIER : passer au bleu. – POPULAIRE : planquer. CONTR. *exhiber, montrer.*

escapade *nom féminin* Action de s'échapper. SYN. équipée, fugue. – LITTÉRAIRE : échappée.

escarcelle *nom féminin* Sac plat qui servait de bourse. SYN. aumônière.

escargot *nom masculin* Mollusque terrestre à coquille. SYN. – VIEUX : colimaçon, limaçon.

escarmouche *nom féminin* Propos hostiles. SYN. dispute, duel, querelle, rixe. – FAMILIER : accrochage. – LITTÉRAIRE : joute. ■ Combat de courte durée. SYN. accrochage, action, coup de main, engagement, rencontre. – VIEUX : échauffourée.

escarpé *adjectif* Qui a une forte pente. SYN. abrupt, à pic, raide, rapide. CONTR. *plat.*

escarpolette *nom féminin* Siège suspendu sur lequel on se balance. SYN. balançoire.

esclaffer (s') *verbe pronominal* Partir d'un grand rire. SYN. éclater de rire, glousser, pouffer, rire. – FAMILIER : rigoler. CONTR. *pleurer, sangloter.*

esclandre *nom masculin* Querelle bruyante. SYN. éclat, scandale, scène, sortie, tapage. – FAMILIER : chambard, grabuge, pétard, raffut.

esclavage *nom masculin* Condition d'esclave. SYN. servage, servitude. – LITTÉRAIRE : hilotisme, ilotisme. CONTR. *affranchissement.* – LITTÉRAIRE : *délivrance.* ■ Fait d'être dominé. SYN. asservissement, assujettissement, oppression, soumission. – LITTÉRAIRE : hilotisme, ilotisme, servage. CONTR. *indépendance, liberté.* ■ Dépendance à l'égard de. SYN. carcan, collier, contrainte. – LITTÉRAIRE : assujettissement, astreinte, chaînes, fers, joug, sujétion, tyrannie.

esclave *adjectif* Qui est soumis à l'esclavage. SYN. asservi, prisonnier. – LITTÉRAIRE : captif, serf. CONTR. *affranchi, libre.*

esclave *nom* Personne de condition non libre. SYN. hilote, ilote, opprimé, prisonnier, serf. CONTR. *affranchi.* ■ Personne soumise à une autre. SYN. valet. – FAMILIER : chien, larbin. – LITTÉRAIRE : laquais.

escompte *nom masculin* Réduction sur un achat. SYN. discount, rabais, réduction, remise, ristourne.

escompter *verbe* Compter sur quelque chose. SYN. ambitionner, attendre, s'attendre à, espérer, se figurer, se flatter, se promettre, tabler sur. CONTR. *craindre.*

escorte *nom féminin* Groupe qui accompagne. SYN. cortège, garde, suite.

escorter *verbe* Accompagner pour protéger. SYN. accompagner, conduire, convoyer, suivre. – FAMILIER : ne pas quitter d'une semelle.

escouade *nom féminin* Petit groupe de personnes. SYN. patrouille, troupe. CONTR. *armée.* – FAMILIER : *armada.*

escrimer (s') *verbe pronominal* Faire tous ses efforts pour. SYN. s'accrocher, s'acharner, s'activer, s'affairer, s'appliquer, batailler, se battre, se démener, se dépenser, se donner du mal, se donner un mal de chien, s'échiner, s'efforcer, s'épuiser, s'évertuer, s'exténuer, faire des pieds et des mains, se fatiguer, s'ingénier, se multiplier, œuvrer, peiner, se remuer, tâcher, travailler. – FAMILIER : se bagarrer, se claquer, se couper en quatre, se décarcasser, se défoncer, s'éreinter, s'esquinter, se mettre en quatre, suer, se tuer. – POPULAIRE : se crever. CONTR. *s'amuser, dormir, fainéanter, musarder, ne rien faire de ses dix doigts, paresser, se prélasser, prendre son temps.* – FAMILIER : *bayer aux corneilles, buller, flemmarder, lambiner, lanterner, lézarder, tirer sa flemme.* – LITTÉRAIRE : *muser.* – POPULAIRE : *glander, ne pas en fiche une rame, ne pas se casser, ne pas se casser le bol, ne pas se casser le cul, ne pas se casser le tronc, ne pas se fouler, ne pas se fouler la rate, tirer au cul, tirer au flanc.*

escroc *nom masculin* Personne malhonnête. SYN. aigrefin, charlatan, filou, forban, fraudeur, gredin, voleur. – FAMILIER : carambouilleur, empileur, estampeur, faisan, fripouille, margoulin. – LITTÉRAIRE : pirate. – POPULAIRE : arnaqueur. – VIEUX : brigandeau, coquin, fripon.

escroquer *verbe* S'emparer frauduleusement de. SYN. détourner, extorquer, soustraire, soutirer, voler. – FAMILIER : barboter, carotter, manger la grenouille. – LITTÉRAIRE : dérober. – VIEUX : filouter. ■ Duper quelqu'un. SYN. dépouiller, duper, exploiter, rouler dans la farine, tromper, voler. – FAMILIER : empiler, estamper, étriller, flouer, plumer, posséder, refaire, rouler, tondre, truander. – LITTÉRAIRE : gruger. – POPULAIRE : arnaquer, baiser, couillonner, entuber.

escroquerie *nom féminin* Action d'escroquer. SYN. carambouillage, carambouille, fraude, grivèlerie, indélicatesse, malhonnêteté, malversation, tricherie, vol. – FAMILIER : estampage, truandage, truanderie. – LITTÉRAIRE : imposture. – POPULAIRE : arnaque, entubage. – VIEUX : filouterie.

eskuarien *adjectif et nom* Du Pays basque. SYN. basque, euskarien, euskérien.

ésotérique *adjectif* Inconnu des non-initiés. CONTR. *exotérique.* ■ Difficile à comprendre. SYN. abscons, cabalistique, énigmatique, hermétique, inaccessible, incompréhensible, insondable, mystérieux, obscur. – LITTÉRAIRE : abstrus, amphigourique, opaque, sibyllin. – RARE : acroamatique. CONTR. *clair, limpide, lumineux.*

ésotérisme *nom masculin* Manque d'intelligibilité. SYN. hermétisme, mystère, obscurité. – LITTÉRAIRE : amphigouri. CONTR. *clarté, limpidité.*

espace *nom masculin* Distance entre deux points. SYN. écart, écartement, espacement, interstice, intervalle. ■ Surface déterminée. SYN. champ, étendue, place, région, superficie, surface, zone.

espacé *adjectif* Séparé par un espace. SYN. clairsemé, épars. CONTR. *fréquent, répété.*

espacement *nom masculin* Distance entre deux choses. SYN. distance, écart, écartement, échelonnement, espace, interstice, intervalle.

espacer *verbe* Séparer par un intervalle. SYN. détacher, échelonner, étaler, répartir. CONTR. *joindre, juxtaposer, masser, rapprocher, serrer, tasser.*

espadon *nom masculin* Très grand poisson à rostre. SYN. poisson-épée.

espavel *nom masculin* Arbre fruitier des régions chaudes. SYN. anacardier.

espèce *nom féminin* Groupe d'individus identiques. SYN. classe, race, type, variété. ■ Ensemble caractérisé. SYN. catégorie, façon, genre, manière, nature, sorte.

espèces *nom féminin pluriel* Monnaie ayant cours légal. SYN. argent, monnaie, numéraire. ■ Argent liquide. SYN. argent, liquide, liquidités, numéraire, sous. – POPULAIRE : blé, fric, oseille, pognon.

espérance *nom féminin* Confiance en l'avenir. SYN. assurance, attente, certitude, confiance, conviction, espoir, optimisme. CONTR. *crainte, découragement, défiance, désespoir, inquiétude.* – LITTÉRAIRE : *désespérance.*

espérer *verbe* Attendre avec confiance. SYN. attendre, compter sur, croire, croiser les doigts, désirer, escompter, se figurer, se flatter, penser, pressentir, prévoir, se promettre, souhaiter, supputer, tabler sur, vouloir. CONTR. *appréhender, craindre, redouter, renoncer.*

esperluette *nom féminin* Signe typographique représentant le mot « et ». SYN. « et » commercial.

espiègle *adjectif* Vif mais sans méchanceté. SYN. coquin, déluré, diable, facétieux, finaud, malicieux, malin, mutin, narquois, rusé, taquin. – FAMILIER : blagueur, fripon. CONTR. *niais, sot.*

espièglerie *nom féminin* Tour d'espiègle. SYN. facétie, gaminerie, malice. – FAMILIER : blague, niche. ■ Caractère espiègle. **SYN.** malice. – VIEUX : finauderie.

espion *nom* Personne qui espionne. **SYN.** agent de renseignements, agent double, agent secret, traître. – FAMILIER : taupe. – POPULAIRE : barbouze.

espionner *verbe* Surveiller secrètement. **SYN.** épier, filer, guetter, observer. – FAMILIER : fouiner.

espoir *nom masculin* Fait d'espérer. **SYN.** aspiration, attente, désir, espérance, optimisme, perspective. **CONTR.** *appréhension, crainte, découragement, désespoir, inquiétude, menace.* – LITTÉRAIRE : *désespérance.*

esprit *nom masculin* Partie incorporelle de l'homme. **SYN.** cœur, moi. – LITTÉRAIRE : âme. **CONTR.** *chair, corps.* – LITTÉRAIRE : *matière.* ■ Être immatériel. **SYN.** apparition, fantôme, génie, ombre, revenant, spectre. – LITTÉRAIRE : mort. ■ Capacités intellectuelles. **SYN.** compréhension, intelligence, jugement, mentalité, pensée, raison, sens. – FAMILIER : intellect. – LITTÉRAIRE : cérébralité. ■ Siège de la pensée. **SYN.** cerveau, cervelle, tête. ■ Caractère subtil. **SYN.** finesse, humour, ingéniosité, ironie, sel, verve. **CONTR.** *balourdise, bêtise, grossièreté, lourdeur, pesanteur.*

esquimau *adjectif* Relatif aux Esquimaux. **SYN.** inuit.

esquintant *adjectif* FAMILIER. Très fatigant. **SYN.** éprouvant, épuisant, excédant, exténuant, fatigant, harassant, pénible, rude. – FAMILIER : cassant, claquant, crevant, éreintant, tuant, usant. **CONTR.** *apaisant, délassant, reposant.*

esquinté *adjectif* FAMILIER. Très fatigué. **SYN.** anéanti, à bout de course, à bout de force, à bout de souffle, brisé, épuisé, exténué, fatigué, fourbu, harassé, K.-O., las, mort de fatigue, recru, rendu, rompu, surmené, usé. – FAMILIER : achevé, au bout du rouleau, cassé, claqué, éreinté, fini, flapi, H.S., kaput, lessivé, mort, moulu, à plat, pompé, à ramasser à la petite cuillère, raplapla, sur les genoux, tué, vanné, vidé. – POPULAIRE : cané, crevé, rétamé, sur les rotules. **CONTR.** *délassé, dispos, frais, frais et dispos, reposé.* – FAMILIER : *en forme, frais comme un gardon, frais comme une rose, increvable, en pleine forme.* – VIEUX : *gaillard.*

esquinter *verbe* FAMILIER. Fatiguer beaucoup. **SYN.** anéantir, briser, épuiser, excéder, exténuer, harasser, lasser, surmener, vider. – FAMILIER : claquer, crever, démolir, éreinter, lessiver, pomper, tuer, vanner. **CONTR.** *reposer.* ■ FAMILIER. Critiquer avec violence. **SYN.** calomnier, dénigrer, descendre en flammes, diffamer, dire pis que pendre, exécuter, malmener, maltraiter, matraquer, médire, tirer à boulets rouges sur. – FAMILIER : abîmer, baver sur, casser du sucre sur (le dos de), cracher sur, débiner, déblatérer, éreinter, étriller, habiller pour l'hiver, voler dans les plumes. – LITTÉRAIRE : dauber, déchirer. – POPULAIRE : tailler un costard, tailler une veste. – VIEUX : crosser. **CONTR.** *admirer, aduler, apprécier, approuver, célébrer, exalter, féliciter, flatter, louer, recommander, vanter.* – LITTÉRAIRE : *chanter, congratuler, encenser, louanger.* ■ FAMILIER. Mettre en mauvais état. **SYN.** abîmer, briser, casser, dégrader, délabrer, démanteler, détériorer, détraquer, dévaster, disloquer, emboutir, endommager, éventrer, saboter, saccager. – ARGOTIQUE : dézinguer. – FAMILIER : amocher, bousiller, déglinguer, démantibuler, escagasser, fusiller. – POPULAIRE : bigorner, foutre en l'air, péter, ratatiner. **CONTR.** *arranger, consolider, raccommoder, rapiécer, réparer, réviser.* – FAMILIER : *rabibocher, rafistoler, retaper.*

esquinter (s') *verbe pronominal* FAMILIER. Se fatiguer beaucoup à. **SYN.** s'accrocher, s'activer, s'affairer, s'agiter, se battre, se débattre, se démener, se dépenser, se donner du mal, se donner un mal de chien, s'échiner, s'épuiser, s'escrimer, s'exténuer, faire des pieds et des mains, se multiplier, peiner, se remuer. – FAMILIER : se bagarrer, se claquer, se couper en quatre, se décarcasser, se défoncer, s'éreinter, se mettre en quatre, suer, suer sang et eau, se tuer. – POPULAIRE : se crever. **CONTR.** *s'amuser, se délasser, dormir, fainéanter, musarder, ne rien faire de ses dix doigts, paresser, se prélasser, prendre son temps, se reposer.* – FAMILIER : *bayer aux corneilles, buller, flemmarder, lambiner, lanterner, lézarder, tirer sa flemme.* – LITTÉRAIRE : *muser.* – POPULAIRE : *glander, ne pas en fiche une rame, ne pas se casser, ne pas se casser le bol, ne pas se casser le cul, ne pas se casser le tronc, ne pas se fouler, ne pas se fouler la rate, tirer au cul, tirer au flanc.*

esquisse *nom féminin* Première forme d'une œuvre. **SYN.** brouillon, croquis, essai, étude, pochade, premier jet, projet. – LITTÉRAIRE : crayon. ■ Indications générales. **SYN.** abrégé, aperçu, canevas, ébauche, ossature, schéma, squelette. – LITTÉRAIRE : linéaments. ■ Début d'une action. **SYN.** amorce, commencement, ébauche. – LITTÉRAIRE : aurore. **CONTR.** *aboutissement, accomplissement, achèvement, conclusion, épanouissement, exécution, réalisation.*

esquisser *verbe* Réaliser l'esquisse de. **SYN.** crayonner, croquer, dessiner, pocher. ■ Donner un aperçu d'une œuvre. **SYN.** brosser, brouillonner, camper, ébaucher, peindre, peindre à grands traits. – LITTÉRAIRE : croquer. ■ Commencer un geste. **SYN.** aborder, amorcer, commencer, ébaucher, entamer, entreprendre. **CONTR.** *accomplir, compléter, conclure, finir, réaliser, terminer.*

esquisser (s') *verbe pronominal* Commencer à apparaître. SYN. s'amorcer, se dessiner, se profiler.

esquiver *verbe* Éviter un coup. SYN. échapper à, se garer de. CONTR. *attaquer, charger.* ▪ Se soustraire à. SYN. déjouer, se dérober, éluder, escamoter, fuir, tourner. – FAMILIER : couper à. CONTR. *affronter, s'attaquer.*

esquiver (s') *verbe pronominal* S'échapper furtivement. SYN. déguerpir, se déguiser en courant d'air, disparaître, s'échapper, s'enfuir, s'évader, fausser compagnie, filer à l'anglaise, fuir, partir, se sauver, se volatiliser. – FAMILIER : décamper, se défiler, s'éclipser, filer, lever le camp, lever le pied, lever le siège, prendre la tangente, se retirer. – POPULAIRE : se barrer, se calter, se carapater, se casser, se débiner, décaniller, jouer la fille de l'air, se tailler, se tirer.

essai *nom masculin* Action d'essayer. SYN. épreuve, expérience, expérimentation, tentative, test, vérification. ▪ Premier jet d'une œuvre. SYN. apprentissage, début, ébauche, esquisse.

essaim *nom masculin* LITTÉRAIRE. Grande quantité de. SYN. armée, avalanche, bande, bataillon, cascade, chapelet, colonie, débordement, déferlement, déluge, fatras, flot, foule, grappe, grêle, horde, kyrielle, légion, masse, meute, monceau, multitude, myriade, nuée, pléiade, pluie, quantité, ramassis, tas, torrent, troupe, troupeau. – FAMILIER : armada, cargaison, cohorte, flopée, foultitude, pelletée, peuple, régiment, ribambelle, tapée, tripotée. – LITTÉRAIRE : averse, fourmilière, volée. CONTR. *atome, bribe, brin, doigt, goutte, grain, gramme, larme, lueur, miette, nuage, once, parcelle, peu, pointe, soupçon, trace.* – LITTÉRAIRE : *liard, ombre, trait.* – POPULAIRE : *chouia.*

essaimer *verbe* LITTÉRAIRE. Partir dans tous les sens. SYN. se débander, se disperser, se disséminer, s'égailler, s'éparpiller. CONTR. *s'attrouper, se grouper, se masser, se rassembler, se réunir, se tasser.*

essartage *nom masculin* Action de défricher. SYN. déblayage, déboisement, débroussaillage, débroussaillement, déforestation, défrichement, essartement.

essartement *nom masculin* Action de défricher. SYN. déblayage, déboisement, débroussaillage, débroussaillement, déforestation, défrichement, essartage.

essarter *verbe* Dégarnir un terrain. SYN. déboiser, débroussailler, défricher. CONTR. *boiser, reboiser.*

essayer *verbe* Vérifier l'efficacité de. SYN. contrôler, éprouver, expérimenter, goûter, mettre au banc d'essai, tester, vérifier. ▪ Faire un effort pour. SYN. s'aviser de, s'efforcer de, s'évertuer, faire une tentative, hasarder, s'ingénier, se jeter à l'eau, se jeter tête baissée dans, risquer, risquer le coup, tâcher, tenter, tenter l'aventure, tenter le coup. – FAMILIER : monter au créneau, piquer au truc. CONTR. *s'abstenir, refuser, renoncer.*

essayer (s') *verbe pronominal* Entreprendre une activité. SYN. chercher à, s'exercer à, se hasarder, se risquer, tâcher de. – FAMILIER : tâter de.

essence *nom féminin* Nature d'un être. SYN. caractère, propre, propriété, qualité. CONTR. *apparence.* ▪ LITTÉRAIRE. Contenu fondamental de. SYN. substance, substrat. – LITTÉRAIRE : moelle, quintessence. ▪ Principe aromatique. SYN. extrait, huile essentielle, huile volatile.

essentiel *adjectif* Qui est indispensable à. SYN. constitutif, foncier, indispensable, intrinsèque, nécessaire, vital. CONTR. *accidentel, anecdotique, contingent, épisodique, futile, inutile, oiseux, superflu.* – LITTÉRAIRE : *superfétatoire.* ▪ Qui est très important. SYN. capital, cardinal, central, crucial, élémentaire, fondamental, important, maître, majeur, prédominant, premier, primordial, principal. CONTR. *accessoire, adventice, marginal, mineur, second, secondaire, subalterne, subsidiaire.*

essentiel *nom masculin* Ce qu'il y a de plus important. SYN. important, principal. CONTR. *à-côté, détail, superflu.*

essentiellement *adverbe* Par-dessus tout. SYN. avant tout, fondamentalement, au premier chef, principalement, surtout.

essette *nom féminin* Marteau de couvreur. SYN. aissette, asseau, assette.

esseulé *adjectif* Qui est laissé seul. SYN. abandonné, comme une âme en peine, délaissé, isolé, seul, solitaire. CONTR. *entouré.*

essor *nom masculin* Élan d'un oiseau dans l'air. SYN. envol, envolée, vol. – LITTÉRAIRE : volée. ▪ Évolution rapide. SYN. accroissement, bond, boom, développement, élan, épanouissement, expansion, extension, impulsion, progrès, progression. CONTR. *décadence, déchéance, déclin, mort, sclérose.* – LITTÉRAIRE : *décrépitude.*

essouchage *nom masculin* Action d'essoucher. SYN. dessouchage, dessouchement, essouchement.

essouchement *nom masculin* Action d'essoucher. SYN. dessouchage, dessouchement, essouchage.

essoucher *verbe* Enlever les souches. SYN. déraciner, dessoucher.

essoufflé *adjectif* Qui perd son souffle. SYN. haletant, hors d'haleine, oppressé, pantelant, poussif.

essoufflement *nom masculin* Fait d'être essoufflé. SYN. dyspnée, halètement, suffocation. ■ Perte de progression. SYN. baisse, chute. – FAMILIER : dégringolade.

essouffler (s') *verbe pronominal* Perdre son souffle. SYN. anhéler, s'époumoner, haleter, souffler, suffoquer. – LITTÉRAIRE : panteler.

essuyer *verbe* Sécher quelque chose. SYN. assécher, éponger, étancher. CONTR. *arroser, imbiber, mouiller, tremper.* ■ Subir quelque chose de pénible. SYN. attraper, endurer, éprouver, recevoir, subir, supporter, vivre. – FAMILIER : écoper, encaisser, prendre. – LITTÉRAIRE : souffrir. CONTR. *causer, provoquer.*

est *nom masculin* Côté où le soleil se lève. SYN. levant, orient. CONTR. *couchant, occident, ouest.* – VIEUX : *ponant.*

estafilade *nom féminin* Grande entaille. SYN. balafre, blessure, coupure, entaille, taillade.

estaminet *nom masculin* Débit de boissons. SYN. buvette, café. – FAMILIER : bistro, bistrot, troquet, zinc. – POPULAIRE : caboulot. – VIEUX : cabaret, taverne.

estamper *verbe* FAMILIER. Faire payer trop cher. SYN. escroquer, étrangler, exploiter, saigner, voler. – FAMILIER : écorcher, étriller, matraquer, rançonner, ratisser, refaire. – POPULAIRE : arnaquer. – VIEUX : égorger.

estampeur *nom* FAMILIER. Personne qui escroque. SYN. escroc, forban, gredin, voleur. – POPULAIRE : arnaqueur. – VIEUX : égorgeur, fripon, fripouille.

estampille *nom féminin* Empreinte distinctive. SYN. cachet, griffe, marque, signature. – LITTÉRAIRE : sceau.

estampiller *verbe* Apposer une estampille sur. SYN. étamper, marquer, poinçonner, timbrer.

esthétique *adjectif* Qui a une certaine beauté. SYN. artistique, beau, coquet, décoratif, harmonieux, joli. CONTR. *disgracieux, inesthétique, informe, laid.*

esthétique *nom féminin* Aspect harmonieux de. SYN. beauté, harmonie, style. CONTR. *laideur.*

esthétiquement *adverbe* De façon esthétique. SYN. artistement, artistiquement, élégamment, harmonieusement.

estimable *adjectif* Qui est digne d'estime. SYN. honnête, honorable, louable, méritant, méritoire, recommandable, respectable, vénérable. – FAMILIER : beau. CONTR. *abject, dédaignable, haïssable, méprisable, vilain.* – LITTÉRAIRE : *vil.* ■ Qu'on peut évaluer. SYN. appréciable, calculable, chiffrable. CONTR. *inappréciable, incalculable, inestimable, innombrable.*

estimatif *adjectif* Qui exprime une estimation. SYN. appréciatif.

estimation *nom féminin* Action d'estimer. SYN. appréciation, calcul, évaluation, montant, prévision, supputation.

estime *nom féminin* Opinion très favorable. SYN. considération, déférence, égard, hommage, respect, vénération. CONTR. *dédain, défaveur, discrédit, mépris.* – LITTÉRAIRE : *déconsidération, mésestime.*

estimer *verbe* Déterminer la valeur de. SYN. apprécier, coter, évaluer, expertiser, juger. ■ Calculer approximativement. SYN. calculer, chiffrer, évaluer, mesurer, soupeser. ■ Avoir bonne opinion de. SYN. apprécier, faire grand cas de, honorer, mettre sur un piédestal, porter au pinacle, porter aux nues, respecter, tenir en estime, vénérer. – FAMILIER : avoir à la bonne, ne pas cracher sur. – LITTÉRAIRE : priser, révérer. CONTR. *déconsidérer, décrier, dédaigner, dénigrer, détester, s'élever contre, haïr, mépriser, mésestimer.* ■ Considérer après réflexion que. SYN. considérer, croire, envisager, penser, regarder, supputer, trouver, voir. ■ Attribuer telle importance à quelqu'un. SYN. apprécier, jauger, juger.

estimer (s') *verbe pronominal* Se considérer comme. SYN. se croire, se juger, se sentir, se trouver, se voir.

estival *adjectif* Relatif à l'été. CONTR. *hivernal.* – LITTÉRAIRE : *hiémal.*

estomaqué *adjectif* FAMILIER. Vivement surpris. SYN. abasourdi, ahuri, bouche bée, coi, ébahi, éberlué, ébloui, étonné, interdit, interloqué, médusé, pantois, renversé, stupéfait, suffoqué, surpris, tombé de la lune, tombé des nues. – FAMILIER : assis, baba, comme deux ronds de flan, épaté, époustouflé, scié, sidéré, soufflé. – LITTÉRAIRE : ébaubi. – POPULAIRE : sur le cul.

estomaquer *verbe* FAMILIER. Causer une vive surprise. SYN. abasourdir, ahurir, couper le souffle, ébahir, éberluer, effarer, étonner, méduser, renverser, stupéfier, suffoquer, surprendre. – FAMILIER : asseoir, en boucher un coin, couper le sifflet, épater, époustoufler, scier, sidérer, souffler. – POPULAIRE : couper la chique.

estomper *verbe* Couvrir d'ombre. SYN. dissimuler, effacer, obscurcir, tamiser. – LITTÉRAIRE : ombrer, voiler. CONTR. *accuser.* ■ Diminuer la rudesse de. SYN. adoucir, amortir, atténuer, diminuer, émousser, gommer, guérir. CONTR. *aviver, raviver, renforcer, réveiller.*

estomper (s') *verbe pronominal* Devenir flou. SYN. disparaître, s'effacer, s'éloigner, s'évanouir, se fondre, se perdre. – LITTÉRAIRE : expirer. CONTR. *apparaître, durer, rester.* ■ Devenir moins fort. SYN. décroître, diminuer, disparaître, s'effilocher, s'éteindre, faiblir, mourir, pâlir, passer. – LITTÉRAIRE : s'assoupir. CONTR. *s'accentuer, s'accuser.*

estropié *nom* Personne qui a perdu un membre. SYN. boiteux, éclopé, impotent, infirme, invalide, mutilé.

estropier *verbe* Priver de l'usage d'un membre. SYN. amputer, mutiler. ■ Déformer un mot. SYN. dénaturer, écorcher, massacrer, tronquer.

établi *adjectif* Reconnu comme tel. SYN. attesté, authentifié, authentique, avéré, certain, historique, reconnu, reçu, sûr, véridique, vérifié, véritable, vrai.

établir *verbe* Installer quelque chose. SYN. fixer, fonder, implanter, installer, mettre en place. – LITTÉRAIRE : introniser. CONTR. *renverser.* ■ Mettre en vigueur. SYN. implanter, instaurer, instituer. CONTR. *abolir, invalider.* ■ Former des liens avec. SYN. créer, fonder, installer, nouer. ■ Fonder quelque chose sur. SYN. asseoir, baser, bâtir, construire, édifier, installer. ■ Donner pour sûr. SYN. accréditer, confirmer, constater, démontrer, déterminer, garantir, montrer, poser, prouver. ■ Rédiger quelque chose. SYN. calculer, dresser, formuler, organiser, régler. ■ Pourvoir d'une charge. SYN. caser, installer, placer, poster.

établir (s') *verbe pronominal* Se fixer en un lieu. SYN. demeurer, élire domicile, emménager, être dans ses meubles, se fixer, habiter, s'implanter, s'installer, loger, résider. – FAMILIER : essuyer les plâtres, s'incruster. ■ Exister de façon durable. SYN. s'ancrer, s'enraciner, s'implanter, s'instaurer, s'instituer.

établissement *nom masculin* Action de construire. SYN. construction, édification, érection, fondation. CONTR. *démolition, destruction, renversement, ruine.* ■ Action de s'établir en un lieu. SYN. fixation, implantation, installation. CONTR. *départ, expulsion, fuite.* ■ Action de mettre en vigueur. SYN. avènement, constitution, création, instauration, institution, organisation. CONTR. *abolition, abrogation.* ■ Action de démontrer. SYN. confirmation, démonstration, exposé, justification. ■ Local commercial. SYN. entreprise, firme, maison. – FAMILIER : boîte.

étage *nom masculin* Chacune des divisions d'un tout. SYN. couche, degré, échelon, niveau.

étager *verbe* Disposer sur plusieurs niveaux. SYN. échelonner, espacer, superposer.

étalage *nom masculin* Exposition de marchandises. SYN. devanture, étal, éventaire, vitrine. ■ Action de montrer ostensiblement. SYN. débauche, déploiement, exhibition, luxe, ostentation, parade. – FAMILIER : déballage. – LITTÉRAIRE : prodigalité. CONTR. *camouflage.*

étalement *nom masculin* Action d'étaler. SYN. déploiement. CONTR. *groupement.* ■ Action d'espacer. SYN. échelonnement, espacement.

étaler *verbe* Disposer çà et là. SYN. disséminer, éparpiller. CONTR. *amasser, grouper, ramasser, ranger, rassembler.* – LITTÉRAIRE : *serrer.* ■ Étendre une matière sur. SYN. appliquer, badigeonner, barbouiller, coucher, couvrir, enduire, étendre, mettre, passer, plaquer, répandre, tartiner. ■ Déployer quelque chose. SYN. déplier, déployer, dérouler, développer, étendre. CONTR. *comprimer, plier, replier, resserrer, rouler.* ■ Exposer avec vanité. SYN. afficher, arborer, découvrir, exhiber, faire montre de, faire parade de, laisser paraître, montrer. CONTR. *cacher, camoufler, dissimuler, masquer, rentrer.* – LITTÉRAIRE : *taire.* ■ Répartir dans le temps. SYN. échelonner, espacer, fractionner, répartir. CONTR. *concentrer, grouper.*

étaler (s') *verbe pronominal* FAMILIER. Tomber de tout son long. SYN. s'abattre, s'affaisser, s'écrouler, tomber. – FAMILIER : chuter, dégringoler, se ramasser. – LITTÉRAIRE : choir. ■ S'allonger quelque part. SYN. se caler, se carrer, s'étendre, se vautrer. ■ Être étendu sur une surface. SYN. se dérouler, s'ouvrir, se prolonger, se répandre. – LITTÉRAIRE : se développer.

étanche *adjectif* Qui ne laisse rien passer. SYN. hermétique, imperméable. CONTR. *pénétrable, perméable, poreux.*

étanchéité *nom féminin* État de ce qui est étanche. SYN. herméticité, imperméabilité. CONTR. *perméabilité, porosité.*

étancher *verbe* Calmer sa soif. SYN. apaiser, assouvir, éteindre, satisfaire. ■ Arrêter l'écoulement de. SYN. boucher, calfater, éponger, essuyer, étouper, luter, sécher, tamponner. CONTR. *arroser.*

étançon *nom masculin* Ce qui soutient un mur. SYN. béquille, chevalement, contrefort, étai, étrésillon, soutien, support.

étançonner *verbe* Soutenir par des étançons. SYN. appuyer, consolider, étayer, étrésillonner, maintenir, supporter.

étape *nom féminin* Lieu où l'on s'arrête. SYN. halte. ■ Distance à parcourir. SYN. parcours, trajet. – FAMILIER : trotte. – VIEUX : traite. ■ Point fort d'une évolution. SYN. degré, échelon, gradation, palier, pas, période, phase, stade, temps.

état *nom masculin* Manière d'être de quelqu'un. SYN. disposition, forme, humeur. ■ Document décrivant une situation. SYN. dénombrement, inventaire, liste, mémoire, procès-verbal, relevé, répertoire, rôle, tableau. ■ LITTÉRAIRE. Situation professionnelle. SYN. métier, position, poste, profession, qualité, rang, statut. ■ ***En état de,*** en mesure de. SYN. apte à, capable, de force à, à même de, prêt à, propre à, susceptible de, de taille à. ■ ***Faire état de,*** tenir compte de. SYN. alléguer, arguer, citer, évoquer, mentionner, se prévaloir de.

État *nom masculin* Société politique. SYN. pays, pouvoir, puissance, régime.

étatisation *nom féminin* Transfert de propriétés à l'État. SYN. nationalisation, socialisation. CONTR. *privatisation.*

étatiser *verbe* Procéder à l'étatisation. SYN. collectiviser, nationaliser, socialiser. CONTR. *privatiser.*

étatisme *nom masculin* Doctrine prônant l'intervention de l'État. SYN. dirigisme, interventionnisme, planification. CONTR. *anarchie, libéralisme.*

étatiste *adjectif* Qui relève de l'étatisme. SYN. dirigiste, interventionniste, planificateur. CONTR. *anarchiste, libéral.*

état-major *nom masculin* Instances supérieures. SYN. commandement, direction, Q.G., quartier général, tête.

étayage *nom masculin* Action d'étayer. SYN. consolidation, étançonnement, étrésillonnement.

étayer *verbe* Soutenir une construction. SYN. assurer, chevaler, consolider, étançonner, étrésillonner, fortifier, maintenir, porter, supporter. ■ Rendre une idée plus solide. SYN. appuyer, confirmer, corroborer, renforcer, soutenir. CONTR. *aventurer, hasarder.*

été *nom masculin* LITTÉRAIRE. Maturité de quelque chose. SYN. épanouissement, force. – LITTÉRAIRE : plénitude. CONTR. *déclin.* – LITTÉRAIRE : *automne.*

éteignoir *nom masculin* FAMILIER. Personne austère. SYN. rabat-joie, trouble-fête. – FAMILIER : bonnet de nuit, pisse-froid. – POPULAIRE : pisse-vinaigre. CONTR. *amuseur, boute-en-train, joyeux luron.* – FAMILIER : *joyeux drille.*

éteindre *verbe* Faire cesser la combustion. SYN. étouffer. CONTR. *allumer, brûler, enflammer, entretenir, nourrir, rallumer.* ■ Affaiblir l'éclat. SYN. assombrir, couvrir, estomper. – LITTÉRAIRE : voiler. CONTR. *rehausser, renforcer.* ■ Atténuer une sensation. SYN. amortir, apaiser, assoupir, assourdir, atténuer, émousser, ralentir. – LITTÉRAIRE : feutrer. CONTR. *aiguiser, aviver, déchaîner, exciter, rallumer, ranimer, raviver, réchauffer.* – LITTÉRAIRE : *enflammer.* ■ Faire perdre toute énergie. SYN. atrophier, diminuer, endormir, freiner, refroidir. CONTR. *éveiller, réveiller.* ■ Faire cesser le fonctionnement de. SYN. fermer. CONTR. *allumer, ouvrir.*

éteindre (s') *verbe pronominal* Perdre de sa vigueur. SYN. s'assoupir, s'atrophier, baisser, se calmer, décliner, décroître, se dissiper, s'écrouler, s'effacer, s'estomper, pâlir, tomber. CONTR. *s'animer, durer, persister.* – LITTÉRAIRE : *s'enflammer.* ■ Cesser d'exister. SYN. agoniser, s'en aller, décéder, disparaître, s'endormir, expirer, finir, mourir, partir, passer de vie à trépas, perdre la vie, quitter la scène, rendre l'âme, succomber. – FAMILIER : passer l'arme à gauche, y rester. – LITTÉRAIRE : exhaler le dernier soupir, se mourir, périr, rendre le dernier soupir, trépasser. – VIEUX : passer. CONTR. *se ranimer, vivre.* – LITTÉRAIRE : *s'animer.*

éteint *adjectif* Qui a perdu sa vivacité. SYN. atone, inexpressif, morne, mort, pâle, passif, perdu, terne. – LITTÉRAIRE : endormi. CONTR. *aigu, ardent, aveuglant, brillant, étincelant, lumineux, parlant, remuant, vivant.* – LITTÉRAIRE : *fulgurant.*

étendre *verbe* Appliquer sur une surface. SYN. appliquer, badigeonner, couvrir, enduire, étaler, mettre, passer, répandre. – LITTÉRAIRE : oindre. ■ Donner toute son étendue à. SYN. allonger, déplier, déployer, dérouler, développer, étirer, tendre. – LITTÉRAIRE : éployer. CONTR. *comprimer, contracter, plier, recroqueviller, replier, rouler.* ■ Mettre en position horizontale. SYN. allonger, coucher. CONTR. *lever, relever.* ■ Accroître l'étendue de. SYN. accroître, agrandir, amplifier, arrondir, augmenter, élargir, enrichir, multiplier, propager. CONTR. *borner, cerner, circonscrire, circonvenir, limiter, localiser, restreindre.* ■ Mélanger à un liquide. SYN. additionner, allonger, couper, délayer, diluer. CONTR. *concentrer.* ■ FAMILIER. Faire tomber quelqu'un. SYN. abattre, culbuter, renverser, terrasser. ■ FAMILIER. Recaler à un examen. SYN. ajourner, refuser. – FAMILIER : coller. CONTR. *accepter, admettre, recevoir.*

étendre (s') *verbe pronominal* Se mettre en position allongée. SYN. s'allonger, se coucher, s'étaler, se vautrer. CONTR. *se lever, se recroqueviller, se replier.* – VIEUX : *se bouler.* ■ Prendre de l'importance. SYN. augmenter, croître, se développer, s'élargir, grandir, grossir, s'intensifier, se multiplier, progresser. ■ Occuper un certain espace. SYN. se déployer, envahir, gagner, rayonner, se répandre. – LITTÉRAIRE : se développer. ■ Couvrir une période de temps. SYN. aller, couvrir, durer, s'étaler, s'étirer. – LITTÉRAIRE : embrasser. ■ Parler longuement de. SYN. digresser, s'épancher, s'étaler, insister, s'ouvrir, se perdre dans les détails. – FAMILIER : délayer. CONTR. *se restreindre.*

étendu *adjectif* Qui occupe une vaste surface. SYN. grand, immense, large, spacieux. – LITTÉRAIRE : vaste. CONTR. *exigu, minuscule, petit, réduit.* ■ Qui est considérable. SYN. ample, important. – LITTÉRAIRE : vaste. CONTR. *borné, bref, confidentiel, court, étroit, limité, restreint.* ■ Qui est mélangé à un liquide. SYN. coupé, délayé, dilué. CONTR. *concentré.*

étendue *nom féminin* Espace occupé par quelque chose. SYN. grandeur, superficie, surface, zone. ■ Portée dans le temps. SYN. durée, époque, longueur, période, siècle, temps. ■ Importance de quelque chose. SYN. ampleur, amplitude, champ, envergure, extension, portée. ■ Amplitude d'une voix. SYN. registre, tessiture. – LITTÉRAIRE : clavier.

éternel *adjectif* LITTÉRAIRE. Qui est hors du temps. SYN. atemporel, immortel, infini, perpétuel. CONTR. *temporel.* – LITTÉRAIRE : *périssable.* ■ Qui durera toujours. SYN. durable, immuable, impérissable, imprescriptible, inaltérable, indéfectible, indélébile, indestructible, interminable, permanent, perpétuel, profond, sempiternel. – LITTÉRAIRE : inextinguible, pérenne. CONTR. *caduc, court, éphémère, fragile, fugace, fugitif, instantané, momentané, passager, précaire, provisoire, temporaire, transitoire.* – LITTÉRAIRE : *inconstant.* ■ Qui est habituel à quelqu'un. SYN. constant, continuel, incessant, inévitable, inséparable, invariable, perpétuel.

éternellement *adverbe* De façon éternelle. SYN. ad vitam aeternam, immuablement, indéfiniment, interminablement, sans fin, toujours. – LITTÉRAIRE : sempiternellement. ■ De manière constante. SYN. d'affilée, constamment, continuellement, invariablement, à longueur de temps, perpétuellement, sans arrêt, sans cesse, sans discontinuer, sans intermission, sans interruption, sans relâche, sans répit, sans souffler, sans trêve. – LITTÉRAIRE : continûment. CONTR. *épisodiquement, exceptionnellement, par instants, par intermittence, par intervalles, irrégulièrement, rarement, sporadiquement, de temps à autre, de temps en temps.*

éterniser *verbe* LITTÉRAIRE. Rendre éternel. SYN. conserver, immortaliser, pérénniser, perpétuer. ■ Faire traîner en longueur. SYN. allonger, faire durer, prolonger. CONTR. *abréger, raccourcir.*

éterniser (s') *verbe pronominal* Durer trop longtemps. SYN. continuer, se maintenir, se perpétuer, se prolonger, subsister, survivre, traîner en longueur. CONTR. *passer.* ■ FAMILIER. S'attarder trop longtemps. SYN. s'attarder, traîner. – FAMILIER : lambiner, lanterner.

éternité *nom féminin* Qualité de ce qui est éternel. SYN. immortalité, pérennité. – LITTÉRAIRE : perpétuité. CONTR. *brièveté, caducité, précarité.*

étêter *verbe* Couper la cime d'un arbre. SYN. décapiter, écimer, éhouper, tailler.

éthanal *nom masculin* Composé chimique. SYN. acétaldéhyde.

éthanamide *nom masculin* Amide de l'acide acétique. SYN. acétamide.

éthanediol *nom masculin* Composé chimique. SYN. glycol.

éthanethiol *nom masculin* Composé chimique pour la fabrication d'insecticides. SYN. éthylmercaptan.

éthanolate *nom masculin* Dérivé métallique de l'éthanol. SYN. éthylate.

éthène *nom masculin* Hydrocarbure gazeux. SYN. éthylène.

éthéré *adjectif* LITTÉRAIRE. Extrêmement léger. SYN. impalpable, vaporeux. – LITTÉRAIRE : aérien, arachnéen, immatériel. ■ LITTÉRAIRE. Qui s'élève au-dessus du commun. SYN. élevé, platonique, pur, sublime. – LITTÉRAIRE : séraphique, sublimé. CONTR. *bas, grossier, physique, prosaïque.*

éthique *nom féminin* Ensemble de principes moraux. SYN. morale, moralité. CONTR. *amoralité, immoralité.*

ethnonyme *nom masculin* Nom, adjectif ethnique. SYN. gentilé.

éthylate *nom masculin* Dérivé métallique de l'éthanol. SYN. éthanolate.

éthylène *nom masculin* Hydrocarbure gazeux. SYN. éthène.

éthylique *adjectif et nom* Qui est dépendant de l'alcool. SYN. alcoolique, buveur, ivrogne.

éthylisme *nom masculin* Dépendance à l'égard de l'alcool. SYN. alcoolisme, ivrognerie.

éthylmercaptan *nom masculin* Composé chimique pour la fabrication d'insecticides. SYN. éthanethiol.

éthylmorphine *nom féminin* Éther éthylique de la morphine. SYN. codéthyline.

éthyne *nom masculin* Hydrocarbure gazeux. SYN. acétylène.

étincelant *adjectif* Qui jette une vive lumière. SYN. brillant, clair, coloré, éblouissant, éclatant, luisant, lumineux, pétillant, rayonnant, reluisant, resplendissant, rutilant, scintillant. – LITTÉRAIRE : flamboyant, fulgurant, nitescent. CONTR. *éteint, pâle, terne, terni.* – LITTÉRAIRE : *crépusculaire.* ■ Qui a de vives reparties. SYN. brillant, incomparable, remarquable. – LITTÉRAIRE : scintillant. CONTR. *plat.*

étinceler *verbe* Briller d'un vif éclat. SYN. briller, chatoyer, éclairer, luire, miroiter, pétiller, reluire, rutiler, scintiller. – **LITTÉRAIRE** : flamber, flamboyer, fulgurer, resplendir.

étincelle *nom féminin* LITTÉRAIRE. Reflet brillant. **SYN.** feu, lueur, lumière. – **LITTÉRAIRE** : flamme. ■ Manifestation vive. **SYN.** éclair, éclat, trait.

étiolé *adjectif* Qui est sans force. **SYN.** affaibli, anémié, anémique, atrophié, débile, déficient, faible, rouillé. **CONTR.** *épanoui, florissant, fort, raffermi, résistant, robuste, sanguin, vigoureux.*

étiolement *nom masculin* Fait de s'étioler. **SYN.** affaiblissement, anémie, asthénie, chlorose, dépérissement, langueur. – **LITTÉRAIRE** : rabougrissement. **CONTR.** *épanouissement, raffermissement, vigueur, vitalité.* – **LITTÉRAIRE** : *efflorescence.*

étioler *verbe* Rendre une plante grêle. **SYN.** atrophier, rabougrir, racornir. **CONTR.** – **LITTÉRAIRE** : *épanouir.* ■ Rendre quelqu'un chétif. **SYN.** abattre, affaiblir, anémier, débiliter. **CONTR.** *fortifier, revigorer, tonifier.* – **LITTÉRAIRE** : *vivifier.*

étioler (s') *verbe pronominal* Dépérir, pour une plante. **SYN.** décliner, se dessécher, faner, se faner, se flétrir, languir, végéter. – **LITTÉRAIRE** : flétrir. **CONTR.** *se développer, s'épanouir, fleurir, pousser, reverdir, verdir.* ■ Perdre de ses forces. **SYN.** s'affaiblir, s'anémier, s'atrophier, décliner, se dégrader, dépérir, faiblir, languir, péricliter, se rouiller. **CONTR.** *se développer, s'épanouir, forcir, se fortifier, se raffermir.* – **LITTÉRAIRE** : *fleurir.*

étique *adjectif* LITTÉRAIRE. D'une extrême maigreur. **SYN.** cachectique, décharné, desséché, efflanqué, maigre, osseux, rachitique, sec, squelettique. – **LITTÉRAIRE** : émacié. **CONTR.** *adipeux, charnu, corpulent, empâté, gras, gros, plantureux, plein, potelé, rebondi, replet.* – **FAMILIER** : *dodu, grassouillet.*

étiqueter *verbe* Mettre dans une catégorie. **SYN.** classer, qualifier, ranger.

étiquette *nom féminin* Ensemble de règles. **SYN.** bienséance, cérémonial, convenances, décorum, formes, protocole, rite.

étiré *adjectif* Qui prend toute son étendue. **SYN.** déployé, étendu. **CONTR.** *ramassé, recroquevillé, replié, rétracté.*

étirement *nom masculin* Action d'étirer les membres. **SYN.** allongement, déploiement, extension.

étirer *verbe* Étendre par une traction. **SYN.** allonger, distendre, étendre, tirer. **CONTR.** *raccourcir, rétrécir.* ■ Décontracter ses membres. **SYN.** déployer, tendre. **CONTR.** *contracter, plier, ramasser.*

étirer (s') *verbe pronominal* Étendre ses membres. **SYN.** se déplier, se détendre, s'étendre. **CONTR.** *se ramasser, se recroqueviller, se replier.*

étoffe *nom féminin* Qualités propres à. **SYN.** capacités, facilités, moyens, qualités.

étoffé *adjectif* Riche de matière. **SYN.** abondant, nourri. – **LITTÉRAIRE** : profus.

étoffer *verbe* Donner plus de matière à. **SYN.** agrémenter, développer, enrichir, meubler, nourrir. **CONTR.** *abréger, écourter, raccourcir, résumer, simplifier.*

étoffer (s') *verbe pronominal* Devenir plus gros. **SYN.** s'élargir, grossir. – **FAMILIER** : s'arrondir, se remplumer. **CONTR.** *amincir, maigrir, mincir.* – **FAMILIER** : *fondre.*

étoile *nom féminin* LITTÉRAIRE. Destinée propre à chacun. **SYN.** chance, sort. – **LITTÉRAIRE** : fortune. ■ Personne célèbre. **SYN.** célébrité, star, vedette. ■ Échelon le plus haut, dans un corps de ballet. **SYN.** prima ballerina. ■ ***Étoile filante,*** phénomène céleste. **SYN.** météore.

étoile-d'argent *nom féminin* Fleur des hautes montagnes. **SYN.** edelweiss.

étoiler *verbe* LITTÉRAIRE. Couvrir d'objets, de taches. **SYN.** consteller, émailler, parsemer, semer.

étoiler (s') *verbe pronominal* Se fendre en étoile. **SYN.** se craqueler, se fendiller, se fendre, se lézarder.

étonnamment *adverbe* D'une façon étonnante. **SYN.** étrangement, remarquablement.

étonnant *adjectif* Qui suscite l'admiration. **SYN.** étourdissant, extraordinaire, fantastique, fort, inouï, merveilleux, miraculeux, prodigieux, rare, remarquable, sensationnel. – **FAMILIER** : époustouflant, formidable, mirobolant, terrible. – **POPULAIRE** : bœuf. **CONTR.** *banal, commun, normal, quelconque.* ■ Qui crée un effet de surprise. **SYN.** abracadabrant, ahurissant, bizarre, confondant, curieux, déconcertant, drôle, effarant, étrange, frappant, inaccoutumé, inattendu, inconcevable, incroyable, insolite, saisissant, singulier, stupéfiant, suffocant, surprenant. – **FAMILIER** : époustouflant, raide, renversant, rigolo, sciant, sidérant, soufflant. **CONTR.** *courant, fréquent, habituel, naturel, ordinaire.*

étonné *adjectif* Qui manifeste de la surprise. **SYN.** abasourdi, ahuri, coi, ébahi, éberlué, interdit, interloqué, médusé, pantois, renversé, saisi, stupéfait, suffoqué, surpris, tombé de la lune, tombé des nues. – **FAMILIER** : assis, baba, comme deux ronds de flan, épaté, époustouflé, estomaqué, scié, sidéré, soufflé. – **LITTÉRAIRE** : ébaubi. – **POPULAIRE** : sur le cul.

étonnement *nom masculin* État de celui qui est surpris. SYN. abasourdissement, ahurissement, ébahissement, effarement, saisissement, stupéfaction, stupeur, surprise. – FAMILIER : épatement.

étonner *verbe* Remplir d'étonnement. SYN. abasourdir, ahurir, confondre, couper le souffle, déconcerter, dépasser, ébahir, éberluer, frapper, interloquer, intriguer, renverser, saisir, stupéfier, suffoquer, surprendre. – FAMILIER : asseoir, en boucher un coin, couper le sifflet, ébouriffer, épater, époustoufler, estomaquer, scier, sidérer, souffler. – LITTÉRAIRE : ébaubir. – POPULAIRE : couper la chique.

étonner (s') *verbe pronominal* Éprouver de la surprise. SYN. ne pas en croire ses oreilles, ne pas en croire ses yeux, n'en pas revenir, tomber de haut, tomber de la lune, tomber des nues. – FAMILIER : en être baba, en rester baba, en rester comme deux ronds de flan, tomber sur le derrière. – POPULAIRE : en rester sur le cul. CONTR. *s'attendre à.*

étouffant *adjectif* Qui empêche de respirer. SYN. accablant, asphyxiant, irrespirable, lourd, oppressant, suffocant, surchauffé, torride. CONTR. *frais, vivifiant.* ■ Qui paralyse l'activité. SYN. asphyxiant, lourd, oppressant, pesant. – LITTÉRAIRE : paralysant. CONTR. *exaltant, stimulant, tonique.*

étouffé *adjectif* Dont le bruit est amorti. SYN. cotonneux, faible, feutré, mat, silencieux, sourd. CONTR. *haut, retentissant, sonore, vibrant.*

étouffement *nom masculin* Difficulté à respirer. SYN. asphyxie, dyspnée, suffocation. ■ Action de réduire au silence. SYN. asphyxie, assourdissement, écrasement, répression. – LITTÉRAIRE : assoupissement, étranglement.

étouffer *verbe intransitif* Respirer avec peine. SYN. avoir le souffle court, s'étrangler, suffoquer. CONTR. *reprendre haleine, respirer.*

étouffer *verbe transitif* Empêcher de respirer. SYN. asphyxier, étrangler. ■ Gêner la respiration. SYN. accabler, oppresser, peser, suffoquer. ■ Amortir un bruit. SYN. amortir, assourdir, atténuer, couvrir. – LITTÉRAIRE : feutrer, ouater. CONTR. *accentuer, amplifier, grossir, intensifier.* ■ Arrêter la combustion. SYN. éteindre, lutter contre. CONTR. *alimenter, allumer, attiser, entretenir, ranimer.* ■ Réprimer une réaction. SYN. brider, dominer, mettre un frein à, modérer, noyer, ravaler, refouler, rentrer, retenir. ■ Faire disparaître un sentiment. SYN. atrophier, briser, écraser, immobiliser, paralyser, refréner, réfréner. CONTR. *aiguillonner, attiser, éveiller, exaspérer, exciter, fouetter, ranimer, raviver, réchauffer, renforcer, réveiller, stimuler.* – LITTÉRAIRE : *allumer, enflammer, exalter.* ■ Empêcher la propagation de. SYN. cacher, endiguer, enrayer, juguler, mater, museler, réprimer, stopper. – FAMILIER : enterrer. CONTR. *divulguer, encourager, exciter, fomenter, propager.*

étouper *verbe* Boucher quelque chose. SYN. aveugler, calfater, colmater, étancher.

étourderie *nom féminin* Défaut de prévoyance. SYN. distraction, inattention, inconséquence, insouciance, irréflexion, légèreté, négligence. – LITTÉRAIRE : inapplication. CONTR. *application, attention, circonspection, pondération, réflexion, sérieux, vigilance.* ■ Faute commise par inattention. SYN. bévue, impair, imprudence, inadvertance, maladresse. – FAMILIER : gaffe.

étourdi *adjectif* Qui agit sans réflexion. SYN. distrait, écervelé, évaporé, imprévoyant, inappliqué, inattentif, irréfléchi, léger, dans la lune, négligent, rêveur, tête en l'air. CONTR. *appliqué, attentif, circonspect, grave, méthodique, méticuleux, pondéré, posé, prévoyant, réfléchi, sérieux, vigilant.* – LITTÉRAIRE : *rassis.* ■ Dit, fait par inattention. SYN. farfelu, imprudent, inconséquent, inconsidéré, maladroit, malavisé. CONTR. *averti, avisé, prudent, raisonnable, réfléchi, sage.*

étourdi *nom* Personne distraite. SYN. cervelle de moineau, cervelle d'oiseau, distrait, écervelé, évaporé, tête de moineau, tête d'oiseau, tête sans cervelle. – FAMILIER : étourneau, hurluberlu, passoire, tête de linotte. – POPULAIRE : tête de piaf.

étourdiment *adverbe* De façon étourdie. SYN. distraitement, inconsidérément, à la légère, légèrement. CONTR. *attentivement, consciencieusement.*

étourdir *verbe* Faire perdre à demi connaissance. SYN. assommer, matraquer. – FAMILIER : sonner. ■ Causer une sorte d'ivresse. SYN. enivrer, griser, soûler. CONTR. *dégriser, désenivrer, dessoûler.* ■ Fatiguer par du bruit. SYN. abrutir, accabler, assourdir. – LITTÉRAIRE : abasourdir.

étourdissant *adjectif* Qui étourdit. SYN. abrutissant, assourdissant, enivrant, fracassant, grisant. – FAMILIER : assommant. ■ Qui cause de l'admiration. SYN. ahurissant, éblouissant, étonnant, fantastique, fort, prodigieux, remarquable, sensationnel. – FAMILIER : époustouflant, formidable, mirobolant, terrible.

étourdissement *nom masculin* Courte perte de sensibilité. SYN. défaillance, éblouissement, malaise, vertige. – LITTÉRAIRE : faiblesse. ■ LITTÉRAIRE. État de trouble léger. SYN. griserie, ivresse. – LITTÉRAIRE : enivrement, fumées.

étourneau *nom masculin* FAMILIER. Jeune étourdi. SYN. cervelle de moineau, cervelle d'oiseau, écervelé, évaporé, rêveur, tête de linotte, tête de moineau, tête d'oiseau, tête sans cervelle. – FAMILIER : foufou, hurluberlu. – POPULAIRE : tête de piaf.

étrange *adjectif* Qui sort de l'ordinaire. SYN. abracadabrant, anormal, baroque, bizarre, curieux, déconcertant, drôle, énigmatique, étonnant, excentrique, extraordinaire, extravagant, incohérent, incompréhensible, inexplicable, inhabituel, insolite, inusité, mystérieux, saugrenu, singulier, surprenant. – FAMILIER : invraisemblable. CONTR. *accoutumé, habituel, naturel, normal, ordinaire.*

étrangement *adverbe* De façon étrange. SYN. bizarrement, curieusement, drôlement, étonnamment, extraordinairement. – LITTÉRAIRE : singulièrement. CONTR. *naturellement, normalement, ordinairement.*

étranger *adjectif* Relatif aux rapports avec d'autres pays. SYN. extérieur. CONTR. *intérieur.* ■ Qui est un élément rapporté. SYN. différent, dissemblable, distinct, extérieur, extrinsèque. ■ Qui ne se sent pas concerné. SYN. éloigné, fermé, imperméable, inaccessible, indifférent, insensible, réfractaire, rétif. CONTR. *ouvert, perméable, sensible.* ■ Qui ne touche pas quelqu'un. SYN. ignoré, inconnu. CONTR. *familier, inhérent, intime, propre.* ■ Qui n'est pas du pays où l'on vit. SYN. extérieur. CONTR. *aborigène, autochtone, indigène.*

étranger *nom* Personne d'un autre pays. CONTR. *aborigène, autochtone, compatriote, indigène.* – VIEUX : *pays.*

étrangeté *nom féminin* Caractère étrange. SYN. anomalie, bizarrerie, curiosité, singularité. ■ LITTÉRAIRE. Chose étrange. SYN. bizarrerie, singularité. – LITTÉRAIRE : baroquerie.

étranglement *nom masculin* Action d'étrangler, de s'étrangler. SYN. étouffement, oppression, strangulation, suffocation. ■ État de ce qui est resserré. SYN. resserrement, rétrécissement. CONTR. *élargissement.* ■ LITTÉRAIRE. Action d'empêcher quelque chose. SYN. asphyxie, assourdissement, écrasement, étouffement, oppression, paralysie, répression.

étrangler *verbe* Gêner la respiration. SYN. asphyxier, étouffer, oppresser, suffoquer. ■ Comprimer quelque chose. SYN. resserrer, rétrécir, serrer. CONTR. *élargir.* ■ Pousser à la ruine. SYN. exploiter. – FAMILIER : écorcher, empiler, estamper, étriller, matraquer, ratisser. – VIEUX : égorger. ■ Empêcher la libre expression. SYN. asphyxier, étouffer, juguler, mater, museler, réprimer, supprimer.

étrangler (s') *verbe pronominal* Perdre la respiration. SYN. étouffer, suffoquer.

être *nom masculin* Tout ce qui vit. SYN. âme, créature. CONTR. *néant.* ■ Individu de l'espèce humaine. SYN. homme, humain, mortel, personne.

étreindre *verbe* Saisir fortement. SYN. ceinturer, empoigner, enlacer, enserrer, entourer, prendre, presser, serrer. – LITTÉRAIRE : embrasser. CONTR. *lâcher, relâcher.* ■ Envahir douloureusement quelqu'un. SYN. accabler, déchirer, empoigner, oppresser, saisir, tenailler. – LITTÉRAIRE : poindre.

étreinte *nom féminin* LITTÉRAIRE. Action d'étreindre quelqu'un. SYN. caresse, embrassade, enlacement. – LITTÉRAIRE : embrassements.

étrenner *verbe* Être le premier à. SYN. commencer, inaugurer. CONTR. *finir, terminer.*

étriller *verbe* Frotter avec l'étrille. SYN. brosser, panser. ■ FAMILIER. Vaincre quelqu'un. SYN. battre, écraser. – FAMILIER : enfoncer. ■ FAMILIER. Critiquer vivement. SYN. calomnier, critiquer, dénigrer, descendre en flammes, diffamer, dire pis que pendre, malmener, maltraiter, matraquer, tirer à boulets rouges sur. – ARGOTIQUE : dézinguer. – FAMILIER : abîmer, baver sur, casser du sucre sur (le dos de), cracher sur, débiner, déblatérer, démolir, éreinter, esquinter, habiller pour l'hiver, voler dans les plumes. – LITTÉRAIRE : dauber, déchirer. – POPULAIRE : tailler un costard, tailler une veste. – VIEUX : crosser. ■ FAMILIER. Voler un client. SYN. escroquer, étrangler, exploiter, voler. – FAMILIER : écorcher, estamper, matraquer, plumer, rançonner, tondre. – VIEUX : égorger.

étriper *verbe* FAMILIER. Malmener violemment. SYN. battre, frapper, maltraiter. – FAMILIER : rosser. ■ FAMILIER. Tuer à coups de couteau. SYN. crever la paillasse. – POPULAIRE : crever la peau, faire la peau.

étriqué *adjectif* Qui est trop serré. SYN. collant, étroit, juste, minuscule, petit, resserré. – FAMILIER : rikiki, riquiqui. CONTR. *ample, bouffant, flottant, large.* – LITTÉRAIRE : *vaste.* ■ Qui est à l'étroit dans un vêtement. SYN. bridé, corseté, sanglé. ■ Qui manque d'envergure. SYN. borné, étroit, médiocre, mesquin. – FAMILIER : bouché. CONTR. *profond.* – LITTÉRAIRE : *vaste.*

étroit *adjectif* Qui a peu de largeur. SYN. exigu, mince, petit, resserré, rétréci. CONTR. *ample, étendu, immense.* – LITTÉRAIRE : *vaste.* ■ Qui tient serré. SYN. collant, juste, petit, resserré. – FAMILIER : rikiki, riquiqui. CONTR. *ample, bouffant, flottant, large, souple.* – LITTÉRAIRE : *vaste.* ■ Qui est sans envergure. SYN. borné, étriqué, faible, limité, mesquin, réduit. – FAMILIER : bouché. CONTR. *large, ouvert.* ■ Qui unit de près. SYN.

intime, serré. CONTR. *desserré, lâche, lointain.* ■ Qui contraint fortement. SYN. restreint, rigoureux, scrupuleux, strict.

étroitement *adverbe* D'une manière rigoureuse. SYN. scrupuleusement, strictement. – VIEUX : rigoureusement. ■ D'une façon intime. SYN. intimement. ■ De façon exiguë. SYN. à l'étroit, petitement. CONTR. *grandement, largement, spacieusement.*

étroitesse *nom féminin* Caractère étroit. SYN. exiguïté, petitesse. CONTR. *ampleur, largeur.* ■ Manque d'envergure. SYN. mesquinerie, pauvreté, petitesse. CONTR. *ouverture, profondeur.*

étrusque *adjectif et nom* De l'Étrurie ancienne. SYN. rasenne.

étude *nom féminin* Examen approfondi. SYN. analyse, approfondissement, examen, exploration, inspection. ■ Travail de recherche. SYN. élaboration, expérimentation, méditation.

étudié *adjectif* Qui manque de naturel. SYN. académique, affecté, apprêté, artificiel, calculé, composé, factice, guindé, recherché, sophistiqué. – LITTÉRAIRE : affété. CONTR. *authentique, cru, naturel, simple, spontané.* – LITTÉRAIRE : *rustique.* ■ Préparé avec soin. SYN. concerté, élaboré, pensé, réfléchi, travaillé.

étudier *verbe intransitif* Se livrer à l'étude. SYN. apprendre, s'initier, s'instruire, travailler. – FAMILIER : bûcher, cravacher, potasser, trimer. – POPULAIRE : bosser, boulonner. – VIEUX : piocher.

étudier *verbe transitif* Analyser avec attention. SYN. analyser, approfondir, considérer, délibérer, éplucher, examiner, explorer, inspecter, interroger, méditer, passer en revue, penser, préparer, réfléchir à, regarder, traiter de. ■ Acquérir la connaissance de. SYN. apprendre, travailler. – FAMILIER : bûcher, piocher, potasser. – POPULAIRE : chiader. CONTR. *effleurer, survoler.*

étui *nom masculin* Enveloppe rigide. SYN. boîte, fourreau, gaine.

étuve *nom féminin* Lieu très chaud. SYN. four, fournaise. – VIEUX : étouffoir. CONTR. – FAMILIER : *glacière.*

eubactériale *nom féminin* Bactérie ne formant pas de spores. SYN. bactériale.

eufilicale *nom féminin* Fougère aux sporanges à parois minces. SYN. leptosporangiée.

eumolpe *nom masculin* Insecte parasite de la vigne. SYN. adoxus, bromius, écrivain, gribouri.

eunecte *nom masculin* Grand serpent voisin du boa. SYN. anaconda.

eunuque *nom masculin* Homme émasculé. SYN. castrat, châtré.

euphonie *nom féminin* Qualité d'un son agréable. SYN. consonance, harmonie. CONTR. *cacophonie, discordance, dissonance.*

euphorie *nom féminin* Sentiment de joie intense. SYN. allégresse, béatitude, bien-être, bonheur, enthousiasme, griserie, ivresse, joie, jubilation. – LITTÉRAIRE : félicité, liesse. CONTR. *abattement, accablement, dépression, ennui, gêne, mélancolie, neurasthénie, tristesse.* – FAMILIER : *écœurement.* – LITTÉRAIRE : *blasement.*

euphorique *adjectif* Qui éprouve de l'euphorie. SYN. allègre, enjoué, enthousiaste, gai, heureux, joyeux. CONTR. *abattu, accablé, anéanti, découragé, déprimé, mélancolique, neurasthénique, triste.* – FAMILIER : *écœuré.*

euphuisme *nom masculin* Langage maniéré. SYN. gongorisme, maniérisme, préciosité.

euplecte *nom masculin* Petit passereau. SYN. tisserin.

euryhalin *adjectif* Qui vit dans des eaux dont la salinité varie. CONTR. *sténohalin.*

eurytherme *adjectif et nom* Qui supporte de grandes différences de température. CONTR. *sténotherme.*

eurythmique *adjectif* Qui a un rythme régulier. SYN. cadencé, harmonieux, rythmé. CONTR. *inégal, irrégulier.*

euskarien *adjectif et nom* Du Pays basque. SYN. basque, eskuarien, euskérien.

euskarophone *adjectif et nom* Qui parle basque. SYN. bascophone.

euskérien *nom et adjectif* Du Pays basque. SYN. basque, eskuarien, euskarien.

euthérien *nom masculin* Mammifère placentaire typique. SYN. monodelphe.

eutocie *nom féminin* Caractère normal d'un accouchement. CONTR. *dystocie.*

évacuation *nom féminin* Action d'évacuer, de s'évacuer. SYN. dégorgement, déversement, écoulement, élimination, excrétion, expulsion, flux. ■ Fait de se replier. SYN. abandon, repli, retrait, retraite. CONTR. *occupation.*

évacuer *verbe* Rejeter hors de l'organisme. SYN. éliminer, excréter, expulser. CONTR. *absorber.* ■ Faire écouler un liquide. SYN. vidanger, vider. CONTR. *remplir.* ■ Cesser d'occuper un lieu. SYN. abandonner, se replier, se retirer. CONTR. *occuper.*

évader (s') *verbe pronominal* Sortir de prison. SYN. s'échapper, s'enfuir, fuir, se sauver. – FAMILIER : faire le mur. – POPULAIRE : se faire la belle, se faire la paire. ■ Quitter furtivement un lieu. SYN.

déguerpir, disparaître, s'enfuir, s'esquiver, fausser compagnie, filer à l'anglaise, fuir, partir, prendre la clef des champs, prendre le large, se retirer, se sauver. – FAMILIER : débarrasser le plancher, décamper, se défiler, détaler, s'éclipser, ficher le camp, filer, mettre les voiles, prendre la poudre d'escampette, prendre la tangente. – POPULAIRE : se barrer, se calter, se carapater, se casser, cavaler, se cavaler, se débiner, décaniller, foutre le camp, jouer la fille de l'air, mettre les bouts, se tailler, se tirer. ■ Oublier ses soucis. SYN. se délasser, se détendre, se distraire, rêvasser, rêver.

évaluable *adjectif* Qu'on peut évaluer. SYN. appréciable, calculable, chiffrable, mesurable, nombrable.

évaluation *nom féminin* Action d'évaluer. SYN. appréciation, calcul, dénombrement, estimation, expertise, inventaire, mesure.

évaluer *verbe* Fixer la valeur de quelque chose. SYN. apprécier, coter, déterminer, estimer, expertiser, jauger, juger, mesurer, noter, supputer. ■ Déterminer la quantité de. SYN. calculer, chiffrer, compter, dénombrer, peser, soupeser. – LITTÉRAIRE : nombrer.

évanescent *adjectif* LITTÉRAIRE. Qui s'efface peu à peu. SYN. fugace, fugitif. – LITTÉRAIRE : mourant.

évangile *nom masculin* Texte qui fonde une doctrine. SYN. bible, catéchisme, code, credo, dogme.

évanoui *adjectif* Qui a disparu. SYN. dissipé, effacé, envolé, estompé, perdu.

évanouir (s') *verbe pronominal* Tomber en syncope. SYN. perdre connaissance, tomber en pâmoison, se trouver mal. – FAMILIER : tomber dans les pommes, tourner de l'œil. – LITTÉRAIRE : défaillir, faiblir, se pâmer. – POPULAIRE : tomber dans les vapes. – VIEUX : avoir ses vapeurs. CONTR. *revenir à soi.* ■ Cesser d'être. SYN. se calmer, se dissimuler, se dissiper, s'écrouler, s'effacer, s'estomper, mourir, se noyer, partir en fumée, passer, tomber. – LITTÉRAIRE : périr. CONTR. *continuer, durer, persister.* ■ Disparaître sans laisser de trace. SYN. disparaître, s'échapper, s'envoler, se volatiliser. – FAMILIER : s'éclipser, s'évaporer. – LITTÉRAIRE : s'enfuir. CONTR. *apparaître, arriver.*

évanouissement *nom masculin* Fait de s'évanouir. SYN. défaillance, malaise, pâmoison, perte de connaissance, syncope. – LITTÉRAIRE : faiblesse.

évaporé *adjectif* Qui a un caractère léger. SYN. écervelé, étourdi, fantaisiste, fantasque, farfelu, frivole, inattentif, insouciant, irréfléchi, léger. – FAMILIER : foufou. CONTR. *posé, réfléchi.*

évaporer (s') *verbe pronominal* Se transformer en vapeur. SYN. se dissiper, se volatiliser. ■ FAMILIER. S'en aller brutalement. SYN. disparaître, s'échapper, s'enfuir, s'évanouir, passer, se volatiliser. – FAMILIER : s'éclipser. – POPULAIRE : se tirer.

évaser *verbe* Élargir l'ouverture. SYN. agrandir, élargir. CONTR. *rétrécir.*

évasif *adjectif* Qui reste imprécis. SYN. ambigu, détourné, équivoque, flou, fuyant, vague. CONTR. *catégorique, clair, net, précis.*

évasion *nom féminin* Action de se distraire. SYN. délassement, détente, distraction, rêve, rêverie. ■ Action de s'évader. SYN. disparition, fugue, fuite.

évasivement *adverbe* De façon évasive. SYN. vaguement. CONTR. *catégoriquement, précisément.*

éveil *nom masculin* LITTÉRAIRE. Fait de s'éveiller. SYN. éclosion, réveil. CONTR. *abrutissement, assoupissement, sommeil.*

éveillé *adjectif* Qui est très vif. SYN. agile, alerte, avancé, déluré, intelligent, malin, ouvert, précoce. – FAMILIER : dégourdi. CONTR. *abruti, attardé, benêt, endormi, hébété, stupide.* – FAMILIER : *bêta, lourd.* – LITTÉRAIRE : *ensommeillé.*

éveiller *verbe* LITTÉRAIRE. Tirer quelqu'un du sommeil. SYN. réveiller. CONTR. *assoupir, endormir.* ■ Provoquer une réaction. SYN. animer, aviver, déclencher, exciter, faire naître, fouetter, occasionner, piquer, provoquer, soulever, stimuler, susciter. CONTR. *abêtir, abrutir, apaiser, calmer, encroûter, engourdir, éteindre, étouffer, tuer.*

éveiller (s') *verbe pronominal* Sortir du sommeil. SYN. se réveiller. – FAMILIER : émerger. CONTR. *s'assoupir, s'endormir, somnoler.* ■ LITTÉRAIRE. Cesser d'être engourdi. SYN. se réveiller. – LITTÉRAIRE : éclore. CONTR. *s'ankyloser, s'engourdir.* ■ Commencer à s'intéresser à. SYN. s'ouvrir à. – LITTÉRAIRE : naître à. CONTR. *se fermer à.*

éveinage *nom masculin* Ablation de la veine saphène. SYN. stripping.

événement *nom masculin* Tout ce qui se produit. SYN. affaire, aventure, cas, chose, épisode, fait, incident, péripétie.

événements *nom masculin pluriel* Ensemble de faits. SYN. circonstances, conjoncture, contexte, situation.

éventail *nom masculin* Ensemble d'éléments. SYN. assortiment, batterie, choix, collection, échantillonnage, gamme, jeu, lot, palette, panoplie.

éventaire *nom masculin* Étalage de marchandises. SYN. devanture, étal, étalage, vitrine.

éventé *adjectif* Qui est découvert. SYN. connu, détecté, dévoilé, divulgué, ébruité, percé, révélé.

éventer *verbe* Révéler ce qui est caché. SYN. découvrir, démasquer, détecter, dévoiler, dire, divulguer, ébruiter, percer, propager, répandre, révéler. CONTR. *cacher, dissimuler, taire.* – LITTÉRAIRE : *celer.*

éventrer *verbe* Ouvrir en déchirant. SYN. crever, défoncer, démolir, fendre, percer.

éventualité *nom féminin* Ce qui peut se produire. SYN. cas, chance, contingence, hypothèse, perspective, possibilité, potentialité, virtualité. – LITTÉRAIRE : possible.

éventuel *adjectif* Qui dépend des circonstances. SYN. aléatoire, casuel, contingent, facultatif, incertain, possible. CONTR. *assuré, certain, inévitable, nécessaire, prévu, sûr.*

éventuellement *adverbe* D'une manière éventuelle. SYN. accessoirement, facultativement, incidemment, peut-être, possiblement. CONTR. *absolument, assurément, certainement, obligatoirement, sûrement.*

évertuer (s') *verbe pronominal* Faire de gros efforts pour. SYN. s'acharner, s'appliquer, s'attacher, batailler, chercher, se concentrer sur, se donner, s'efforcer, s'employer, s'épuiser, s'escrimer, essayer, s'évertuer, s'exercer, se forcer, s'ingénier, se livrer, se mobiliser, s'occuper, œuvrer, tâcher de, tenter, travailler à. – FAMILIER : se tuer. CONTR. *se désintéresser, négliger.*

éviction *nom féminin* Action d'éliminer quelqu'un. SYN. élimination, expulsion. CONTR. *adoption, introduction.*

évidemment *adverbe* Renforce une affirmation. SYN. bien sûr, naturellement, oui, parbleu !, pardi !. – FAMILIER : comme de bien entendu, dame !, et comment !, pour sûr. – LITTÉRAIRE : certes. CONTR. *non, peut-être.* ■ De façon évidente. SYN. assurément, certainement, à coup sûr, à l'évidence, immanquablement, incontestablement, indéniablement, indiscutablement, indubitablement, inéluctablement, inévitablement, infailliblement, manifestement, nécessairement, nettement, notoirement, sans aucun doute, sans conteste, sûrement, de toute évidence, visiblement. – FAMILIER : positivement. – LITTÉRAIRE : sans contredit.

évidence *nom féminin* Caractère évident. SYN. certitude, clarté, flagrance, réalité. CONTR. *doute, improbabilité, incertitude, mystère.* ■ Chose évidente. SYN. banalité, lapalissade, truisme.

évident *adjectif* Qui est d'une certitude absolue. SYN. apparent, assuré, authentique, aveuglant, certain, clair, criant, flagrant, frappant, incontestable, indéniable, indiscutable, indubitable, infaillible, manifeste, notoire, palpable, positif, sensible, sûr, transparent, visible. CONTR. *contestable, discutable, douteux, énigmatique, hypothétique, illusoire, imaginaire, incertain, mystérieux, problématique, secret, souterrain, subtil, suspect, vague, voilé.*

évider *verbe* Ôter de la matière à un objet. SYN. creuser, fouiller, percer. – LITTÉRAIRE : caver, fouir.

évincer *verbe* Écarter quelqu'un. SYN. démettre, destituer, détrôner, éliminer, exclure, expulser, repousser, révoquer, supplanter. – FAMILIER : balayer, blackbouler, débarquer, déboulonner, dégommer, démissionner, éjecter, vider. – POPULAIRE : virer. CONTR. *favoriser.*

éviter *verbe* Se soustraire à quelque chose. SYN. contourner, se dérober, échapper, éluder, esquiver, se garer de, parer, prévenir, se protéger, se soustraire. – LITTÉRAIRE : obvier à. CONTR. *affronter, s'attaquer, braver, heurter, subir.* ■ Faire que quelqu'un échappe à. SYN. décharger, délivrer, dispenser, épargner, exempter, faire grâce de, libérer. CONTR. *charger.* ■ Veiller à ne pas faire. SYN. s'abstenir, se défendre, se dispenser, se garder, s'interdire, se priver. CONTR. *s'adonner, s'aviser, se mêler, ne pas pouvoir s'empêcher de.* ■ S'efforcer de ne pas voir quelqu'un. SYN. s'éloigner, fuir. CONTR. *aborder, accoster, accrocher, approcher, contacter, fréquenter, joindre, rechercher.* – FAMILIER : *agrafer, agripper.* – LITTÉRAIRE : *frayer.*

évocateur *adjectif* Qui évoque quelque chose. SYN. révélateur, significatif, suggestif, symbolique.

évocation *nom féminin* Action d'évoquer quelque chose. SYN. allusion, mention, rappel, souvenir, suggestion. – LITTÉRAIRE : vision.

évolué *adjectif* Qui est bien développé. SYN. avancé, civilisé, développé, industrialisé, mécanisé, moderne. CONTR. *arriéré, brut, primitif, sauvage, sous-développé.* ■ Qui a une grande culture. SYN. cultivé, éclairé. – LITTÉRAIRE : policé. CONTR. *fruste, grossier, ignare, ignorant, inculte.* – VIEUX : *illettré.*

évoluer *verbe* Accomplir des mouvements. SYN. bouger, se déplacer, se mouvoir. CONTR. *s'arrêter, se fixer.* ■ Devenir différent. SYN. changer, se métamorphoser, se modifier, se transformer, varier.

évolution *nom féminin* Passage d'un état à un autre. SYN. changement, cheminement, déroulement, développement, devenir, escalade, métamorphose, modification, mouvement, progrès, progression, transformation. – LITTÉRAIRE : marche.

CONTR. *arrêt, blocage, invariabilité, permanence, stabilité, stagnation.* – LITTÉRAIRE : *fixité.*

évolutionnisme *nom masculin* Théorie de l'évolution des espèces. **SYN.** darwinisme, lamarckisme, mutationnisme, transformisme. **CONTR.** *fixisme.*

évolutionniste *adjectif* Partisan de l'évolutionnisme. **SYN.** darwiniste, lamarckiste, mutationniste, transformiste. **CONTR.** *fixiste.*

évoquer *verbe* Rappeler à la mémoire. **SYN.** rappeler, remémorer, retracer, réveiller, revivre. **CONTR.** *chasser, oublier, repousser.* ■ Faire penser à. **SYN.** figurer, montrer, représenter, suggérer, symboliser. ■ Mentionner quelque chose. **SYN.** aborder, citer, faire allusion à, faire état de, mentionner. ■ Se représenter mentalement. **SYN.** se figurer, imaginer, penser à.

ex abrupto *locution adverbiale* De manière abrupte. **SYN.** abruptement, à brûle-pourpoint, brusquement, brutalement, de but en blanc, au dépourvu, fortuitement, immédiatement, à l'improviste, inopinément, instantanément, sans crier gare, soudain, soudainement, subitement, tout à coup, tout d'un coup. – FAMILIER : subito, tout de go. – LITTÉRAIRE : au débotté. – VIEUX : impromptu, tout à trac.

exacerbation *nom féminin* État de ce qui est exacerbé. **SYN.** accentuation, aggravation, exaspération, paroxysme, recrudescence, redoublement. **CONTR.** *accalmie, adoucissement, apaisement, décroissance.* – LITTÉRAIRE : *retombée.*

exacerber *verbe* Pousser à un très haut degré. **SYN.** aggraver, attiser, aviver, exaspérer, exciter, intensifier, irriter. – LITTÉRAIRE : enflammer, exalter. **CONTR.** *adoucir, apaiser, arrondir les angles, atténuer, calmer, émousser.*

exact *adjectif* Conforme à la réalité. **SYN.** authentique, avéré, certain, fidèle, objectif, rigoureux, strict, véridique, véritable, vrai. **CONTR.** *arbitraire, caricatural, falsifié, fantaisiste, fautif, faux, inexact, mensonger, menteur, mythique.* – LITTÉRAIRE : *controuvé, infidèle.* ■ Qui est adéquat. **SYN.** correct, juste, littéral, précis, propre. **CONTR.** *approchant, approximatif, bancal, défectueux, erroné, faux, grossier, imprécis, inadéquat, incorrect, inexact, mauvais, vague.* ■ Qui arrive à l'heure fixée. **SYN.** juste, précis. – FAMILIER : pétant. ■ Qui agit avec rigueur. **SYN.** méticuleux, minutieux, ponctuel, scrupuleux.

exactement *adverbe* Avec exactitude. **SYN.** mathématiquement, objectivement, précisément, à proprement parler, régulièrement, rigoureusement, scrupuleusement, strictement. – FAMILIER : pile. **CONTR.** *approximativement, environ, grossièrement, grosso modo.* – LITTÉRAIRE : *quelque.* ■ Indique un accord complet. **SYN.** absolument, justement, réellement, tout à fait, vraiment.

exaction *nom féminin* LITTÉRAIRE. Action d'exiger une somme. **SYN.** concussion, détournement, extorsion, malversation, piraterie, prévarication. – LITTÉRAIRE : rapine.

exactitude *nom féminin* Qualité de ce qui est vrai. **SYN.** fidélité, objectivité, ressemblance, véracité, vérité. – LITTÉRAIRE : véridicité. **CONTR.** *erreur, inexactitude, infidélité.* ■ Qualité de ce qui est adéquat. **SYN.** correction, justesse, précision, propriété, rectitude. **CONTR.** *à-peu-près, approximation, imprécision.* ■ Qualité de quelqu'un de rigoureux. **SYN.** minutie, ponctualité, régularité, rigueur, scrupule, soin. – LITTÉRAIRE : méticulosité. **CONTR.** *négligence.*

exagération *nom féminin* Action d'exagérer. **SYN.** abus, amplification, bluff, démesure, dramatisation, emphase, excès, grossissement, hyperbole, hypertrophie, outrance. **CONTR.** *affaiblissement, atténuation, mesure, modération.*

exagéré *adjectif* Qui dépasse la mesure. **SYN.** abusif, débridé, démesuré, effréné, élevé, excessif, exorbitant, extravagant, extrême, forcé, fou, hyperbolique, immodéré, insensé, outrancier, outré, pléthorique, surfait, vertigineux. – FAMILIER : culotté, gonflé, raide. – LITTÉRAIRE : échevelé. **CONTR.** *mesuré, modéré, modeste, raisonnable, suffisant.*

exagérément *adverbe* De façon exagérée. **SYN.** abusivement, démesurément, à l'excès, excessivement, immodérément, outrageusement, outre mesure, trop, vertigineusement. **CONTR.** *assez, raisonnablement.*

exagérer *verbe intransitif* Aller au-delà de ce qui est correct. **SYN.** abuser, aller trop loin, aller un peu loin, dépasser la mesure, dépasser les bornes, dépasser les limites, ne pas y aller avec le dos de la cuillère, passer les bornes, se tailler la part du lion, se vanter, y aller fort. – FAMILIER : charger la barque, charger la mule, forcer la dose, forcer la note, pousser, pousser (trop loin) le bouchon. – POPULAIRE : attiger, charrier, charrier dans les bégonias, chier dans la colle. **CONTR.** *se modérer.*

exagérer *verbe transitif* Amplifier quelque chose. **SYN.** accentuer, accuser, amplifier, broder, charger, forcer, gonfler, grossir, majorer, monter en épingle, outrer, surestimer, surévaluer. – FAMILIER : faire tout un cinéma de, en faire (tout) un fromage, en faire tout un plat, en faire une pendule, en faire une piscine, en rajouter. – LITTÉRAIRE : enfler, magnifier, surfaire. **CONTR.** *adoucir, amoindrir, atténuer, diminuer, minimiser, minorer, réduire.*

exaltant *adjectif* Qui exalte. SYN. encourageant, enivrant, enthousiasmant, entraînant, excitant, grisant, intéressant, passionnant, stimulant. – FAMILIER : emballant. CONTR. *abrutissant, assoupissant, atterrant, déprimant, insipide, vide.* – FAMILIER : *écœurant.*

exaltation *nom féminin* Action de vanter quelque chose. SYN. apothéose, éloge, ennoblissement, glorification, idéalisation, louange. – LITTÉRAIRE : sublimation. CONTR. *humiliation.* ■ État d'excitation. SYN. animation, délire, échauffement, effervescence, emballement, émotion, excitation, extase, fanatisme, fébrilité, ferveur, fièvre, fougue, frénésie, griserie, impétuosité, inspiration, ivresse, joie, ravissement, surexcitation, véhémence, vertige. – LITTÉRAIRE : enivrement, exultation, flamme, souffle, transe, transport. CONTR. *accablement, apathie, atténuation, diminution, flegme, froideur, lassitude, léthargie, mesure, pondération, retenue.* – LITTÉRAIRE : *assoupissement, quiétude.*

exalté *adjectif* Qui montre de l'exaltation. SYN. ardent, débridé, enflammé, enthousiaste, fébrile, fervent, fiévreux, fougueux, frénétique, impétueux, passionné, surexcité, survolté. – FAMILIER : emballé. – LITTÉRAIRE : effervescent. CONTR. *calme, désabusé, flegmatique, froid, sobre, tranquille.*

exalté *nom* Personne passionnée. SYN. énergumène, enragé, excité, fanatique, mystique, passionné. – LITTÉRAIRE : idolâtre. CONTR. *calme, flegmatique.*

exalter *verbe* Faire de grands éloges. SYN. applaudir, bénir, célébrer, élever, glorifier, idéaliser, louer, prôner, vanter. – LITTÉRAIRE : chanter, encenser, louanger, magnifier. CONTR. *abaisser, anathématiser, bafouer, blâmer, calomnier, chapitrer, critiquer, décrier, dénigrer, déprécier, diffamer, discréditer, maudire, mépriser.* – FAMILIER : *éreinter, esquinter.* – LITTÉRAIRE : *censurer, déchirer, rabaisser, rabattre, vilipender.* ■ Inspirer de l'enthousiasme. SYN. déchaîner, électriser, enfiévrer, enivrer, enthousiasmer, exciter, fanatiser, galvaniser, griser, passionner, ravir, stimuler, surexciter, survolter. – FAMILIER : emballer, souffler. – LITTÉRAIRE : ailer, enflammer. CONTR. *abrutir, assoupir, atterrer, avachir, blaser, décourager, dégriser, endormir, ennuyer, glacer, refroidir.* – FAMILIER : *aplatir, enquiquiner.* ■ LITTÉRAIRE. Rendre un sentiment plus fort. SYN. animer, attiser, aviver, chauffer, échauffer, exacerber, raviver, réchauffer, réveiller. – LITTÉRAIRE : enflammer, relever. CONTR. *affaiblir, anéantir, apaiser, assourdir, assouvir, brider, calmer, diminuer, émousser, étouffer, modérer.* ■ Rendre une substance plus active. SYN. augmenter, développer, intensifier, renforcer. CONTR. *adoucir, affaiblir, atrophier, diminuer.*

exalter (s') *verbe pronominal* Devenir plus animé. SYN. bouillonner, se déchaîner, s'échauffer, s'enflammer, s'enthousiasmer, s'exciter, se pâmer, se passionner. – FAMILIER : chauffer, s'emballer. – LITTÉRAIRE : s'embraser, fermenter. – POPULAIRE : se monter la tête, se monter le bourrichon.

examen *nom masculin* Action d'examiner quelque chose. SYN. analyse, approfondissement, consultation, enquête, étude, inspection, investigation, observation, vérification. ■ Série d'épreuves. SYN. épreuve, interrogation, test.

examinateur *nom* Personne qui fait passer des examens. SYN. interrogateur.

examiner *verbe* Étudier attentivement. SYN. analyser, ausculter, considérer, consulter, contrôler, critiquer, enquêter, éplucher, étudier, explorer, inspecter, passer au crible, passer en revue, penser, peser le pour et le contre, rechercher, sonder, supputer, voir. ■ Regarder attentivement. SYN. considérer, contempler, dévisager, fixer, observer, passer au peigne fin, regarder, scruter, toiser. ■ Aborder une question. SYN. agiter, débattre, réfléchir à, traiter. – LITTÉRAIRE : délibérer, disputer.

exaspérant *adjectif* Qui exaspère. SYN. agaçant, énervant, excédant, insupportable, irritant. – FAMILIER : crispant, horripilant, rageant, vexant. – POPULAIRE : gonflant. CONTR. *apaisant, calmant, reposant.*

exaspération *nom féminin* Action de rendre plus intense. SYN. accentuation, aggravation, exacerbation, excitation, redoublement. CONTR. *apaisement, atténuation, diminution.* ■ État de grande irritation. SYN. agacement, colère, crispation, énervement, impatience, irritation, rage. – FAMILIER : horripilation. – LITTÉRAIRE : hérissement. CONTR. *calme, flegme, indifférence, patience, sérénité.*

exaspéré *adjectif* Très énervé. SYN. agacé, à bout de nerfs, énervé, irrité, sur les nerfs. – FAMILIER : horripilé, les nerfs à cran, les nerfs à fleur de peau, les nerfs en boule, les nerfs en pelote. CONTR. *apaisé, calme, détendu, patient, serein.* – FAMILIER : *cool.*

exaspérer *verbe* Rendre plus intense. SYN. accentuer, accroître, aggraver, aiguiser, aviver, envenimer, exacerber, intensifier. – LITTÉRAIRE : allumer, enflammer. CONTR. *adoucir, affaiblir, apaiser, assagir, atténuer, corriger, étouffer, modérer.* – LITTÉRAIRE : *tempérer.* ■ Mettre en colère. SYN. agacer, échauffer la bile, échauffer la tête, échauffer le sang, échauffer les oreilles, énerver, excéder, faire damner, hérisser, pousser à bout. – **FAMILIER** : casser les pieds, courir sur le haricot, courir sur le système, faire devenir chèvre, faire suer, faire tourner en bourrique, horripiler, insupporter, porter sur les nerfs, prendre la tête, taper sur le système, taper sur les nerfs. – **POPULAIRE** : casser les bonbons, donner des boutons, faire braire, faire chier, gonfler, pomper, soûler. **CONTR.** *calmer, pacifier.*

exaucé *adjectif* Qui a été satisfait. **SYN.** satisfait. **CONTR.** *insatisfait.* – **LITTÉRAIRE** : *inapaisé, inassouvi.*

exaucer *verbe* Répondre favorablement à. **SYN.** agréer à, combler, contenter, satisfaire. **CONTR.** *contrarier, décevoir.*

excavation *nom féminin* Trou dans le sol. **SYN.** anfractuosité, cavité, concavité, creux, dépression, fosse, grotte, trou, vide.

excaver *verbe* Faire une excavation. **SYN.** creuser, forer. – **LITTÉRAIRE** : caver.

excédant *adjectif* Qui dépasse le supportable. **SYN.** agaçant, énervant, épuisant, exaspérant, harassant, irritant. – **FAMILIER** : crispant, éreintant, horripilant, rageant. **CONTR.** *apaisant, calme, reposant.*

excédent *nom masculin* Ce qui dépasse en quantité. **SYN.** excès, superflu, surcharge, surcroît, surplus, trop-plein. – **FAMILIER** : rab, rabe, rabiot. – **LITTÉRAIRE** : reliquat. **CONTR.** *déficience, déficit, manque, perte.*

excéder *verbe* Aller au-delà de. **SYN.** dépasser, franchir, outrepasser, passer. ■ Importuner quelqu'un. **SYN.** assommer, crisper, échauffer la bile, échauffer la tête, échauffer le sang, échauffer les oreilles, énerver, épuiser, exaspérer, exténuer, harasser, hérisser, impatienter, irriter, lasser, peser, pousser à bout. – **FAMILIER** : barber, casser les pieds, courir sur le haricot, courir sur le système, éreinter, escagasser, esquinter, faire devenir chèvre, faire suer, horripiler, insupporter, porter sur les nerfs, prendre la tête, taper sur le système, taper sur les nerfs, tuer, vanner. – **POPULAIRE** : canuler, donner des boutons, faire braire, faire chier, gonfler, pomper, soûler. **CONTR.** *apaiser, calmer, reposer.*

excellemment *adverbe* LITTÉRAIRE. De façon excellente. **SYN.** admirablement, bien, divinement, magnifiquement, parfaitement, prodigieusement, remarquablement. – **LITTÉRAIRE** : sublimement. **CONTR.** *piteusement.*

excellence *nom féminin* Caractère excellent. **SYN.** finesse, perfection, qualité, supériorité. **CONTR.** *imperfection, médiocrité.*

excellent *adjectif* Qui a atteint un degré éminent. **SYN.** accompli, achevé, admirable, consommé, extra, fin, fort, impeccable, incomparable, merveilleux, parfait, de premier ordre, remarquable, réussi, superfin, supérieur. – **FAMILIER** : fameux, magistral. – **LITTÉRAIRE** : suréminent. – **POPULAIRE** : au poil. **CONTR.** *catastrophique, défavorable, défectueux, mauvais, médiocre, passable, piteux.* – **FAMILIER** : *atroce.* ■ Qui a très bon goût. **SYN.** bon, délicieux, exquis, savoureux, succulent. – **FAMILIER** : c'est à se mettre à genoux, c'est à tomber par terre, c'est du nanan, aux petits oignons. **CONTR.** *mauvais.* ■ FAMILIER. Qui a très bon cœur. **SYN.** bienveillant, bon, brave, charmant, délicieux, dévoué, exquis, incomparable. – **FAMILIER** : extra. **CONTR.** *abominable, atroce, cruel, dur, méchant, nuisible, pernicieux, préjudiciable.* – **FAMILIER** : *sale.*

exceller *verbe* Atteindre un degré éminent. **SYN.** briller, se distinguer, émerger, s'illustrer, se signaler, triompher. **CONTR.** *ne rien valoir.* – **FAMILIER** : *ne pas valoir tripette, ne pas valoir un clou, ne rien casser.* – **POPULAIRE** : *ne pas casser des briques.*

excentricité *nom féminin* Comportement excentrique. **SYN.** bizarrerie, extravagance, fantaisie, originalité, singularité.

excentrique *adjectif* Qui s'écarte des usages reçus. **SYN.** baroque, bizarre, étrange, extraordinaire, extravagant, farfelu, insolite, original, saugrenu, singulier. – **POPULAIRE** : folingue. **CONTR.** *banal, classique, commun, discret, normal, ordinaire, quelconque, réservé, strict.* ■ Situé loin du centre. **SYN.** éloigné, périphérique. **CONTR.** *central, proche.*

excentrique *nom* Personne farfelue. **SYN.** fou, original, phénomène. – **FAMILIER** : hurluberlu, olibrius. – **POPULAIRE** : branquignol.

excepté *adjectif* Non compris dans un ensemble. **SYN.** écarté, exclu. **CONTR.** *admis, inclus.*

excepté *préposition* À l'exception de. **SYN.** abstraction faite de, en dehors de, exception faite de, en excluant, à l'exclusion de, hormis, non compris, nonobstant, à part, à la réserve de, sauf, sauf que, si ce n'est. – **LITTÉRAIRE** : fors, hors. **CONTR.** *compris, inclus.*

excepter *verbe* Mettre à part. **SYN.** écarter, éliminer, exclure, omettre, retirer, retrancher. **CONTR.** *comprendre, englober, inclure.*

exception *nom féminin* Ce qui paraît unique. **SYN.** anomalie, unicité. – **LITTÉRAIRE** : singularité. **CONTR.** *banalité, généralité, normalité, règle.* ■ ***À l'exception de,*** non compris. **SYN.** abstraction faite de, en dehors de, excepté, exception faite de, en excluant, à l'exclusion de, hormis, non compris, nonobstant, à part, sauf, si ce n'est. – LITTÉRAIRE : fors, hors. ■ *D'exception,* qui se distingue des autres. SYN. éminent, épatant, exceptionnel, inappréciable, prodigieux, remarquable, sensationnel, supérieur, surprenant, transcendant, unique.

exceptionnel *adjectif* Qui constitue une exception. SYN. extraordinaire, original, privilégié, rare, sans précédent, singulier, spectaculaire, unique. – FAMILIER : excessif. CONTR. *abondant, assidu, logique, naturel, ordinaire, perpétuel, régulier.* – LITTÉRAIRE : *coutumier.* ■ Dont les qualités sont éminentes. SYN. éminent, d'exception, hors classe, hors du commun, hors ligne, hors série, inappréciable, prodigieux, remarquable, supérieur, surprenant, transcendant, unique. – FAMILIER : épatant, sensass, sensationnel. CONTR. *banal, commun, courant, ordinaire, quelconque.* ■ Qui fait exception. SYN. anormal, d'exception, inaccoutumé, inattendu, introuvable, à marquer d'une pierre blanche, occasionnel, spécial. CONTR. *banal, commun, courant, fréquent, habituel, normal, quelconque, usuel.* – LITTÉRAIRE : *coutumier.*

exceptionnellement *adverbe* Indique un très haut degré. SYN. affreusement, beaucoup, bien, effroyablement, énormément, excessivement, extraordinairement, extrêmement, follement, fort, fortement, hautement, horriblement, immensément, immodérément, incroyablement, infiniment, mortellement, parfaitement, particulièrement, prodigieusement, profondément, puissamment, terriblement, très, trop, vertigineusement. – FAMILIER : atrocement, bigrement, bougrement, diablement, drôlement, fameusement, fichtrement, fichûment, formidablement, joliment, méchamment, rudement, tout plein. – LITTÉRAIRE : diantrement, furieusement. – POPULAIRE : foutrement, salement, vachement. – VIEUX : fièrement. CONTR. *faiblement, guère, insuffisamment, légèrement, à peine, peu, très peu.* ■ De façon exceptionnelle. SYN. occasionnellement, parfois, rarement. CONTR. *banalement, communément, continuellement, couramment, fréquemment, généralement, habituellement, normalement, ordinairement, en règle générale, souvent, toujours.* – LITTÉRAIRE : *continûment.*

excès *nom masculin* Quantité en plus. SYN. abus, débordement, excédent, hypertrophie, luxe, pléthore, profusion, surabondance, surcroît, surplus, trop-plein. CONTR. *absence, carence, défaillance, défaut, insuffisance, manque, pénurie.* ■ Ce qui dépasse la mesure normale. SYN. abus, démesure, dépassement, exagération, outrance. CONTR. *modération, réserve, retenue.*

excès *nom masculin pluriel* Actes de violence. SYN. sévices, violences. – LITTÉRAIRE : exaction. ■ Mauvaise conduite. SYN. dévergondage, inconduite, libertinage. – LITTÉRAIRE : débordements, déportement, dérèglements. CONTR. *abstinence, ascétisme, frugalité, jeûne, tempérance.*

excessif *adjectif* Qui excède la mesure. SYN. abusif, démesuré, effréné, élevé, exagéré, exorbitant, extraordinaire, extravagant, fou, immodéré, insensé, outrancier, outré, pléthorique, surabondant, vertigineux. – LITTÉRAIRE : intempérant. CONTR. *bas, honnête, modéré, raisonnable, sage, suffisant.* ■ FAMILIER. Indique une grande intensité. SYN. effroyable, exceptionnel, extraordinaire, intense. CONTR. *normal.*

excessivement *adverbe* Avec excès. SYN. abusivement, beaucoup, colossalement, démesurément, énormément, exagérément, immodérément, monstrueusement, outre mesure, trop. CONTR. *insuffisamment, modérément, raisonnablement, sobrement.* ■ Indique un degré extrême. SYN. abominablement, affreusement, beaucoup, bien, colossalement, effroyablement, énormément, épouvantablement, exceptionnellement, extraordinairement, extrêmement, fabuleusement, follement, fort, fortement, hautement, horriblement, immensément, incroyablement, infiniment, mortellement, outrageusement, particulièrement, prodigieusement, profondément, puissamment, singulièrement, souverainement, supérieurement, suprêmement, terriblement, tout à fait, très, vertigineusement. – FAMILIER : atrocement, bigrement, bougrement, diablement, drôlement, fameusement, fichtrement, fichûment, formidablement, joliment, méchamment, à mort, rudement, sacrément, tout plein. – LITTÉRAIRE : diantrement, furieusement. – POPULAIRE : foutrement, salement, vachement. – VIEUX : fièrement. CONTR. *faiblement, guère, légèrement, moyennement, passablement, peu.*

exciper *verbe transitif indirect* Alléguer une excuse. SYN. s'autoriser de, prétexter.

excitabilité *nom féminin* LITTÉRAIRE. Fait d'être irritable. SYN. emportement, irascibilité, irritabilité, nervosité. CONTR. *calme, flegme, sérénité.* – LITTÉRAIRE : *équanimité.*

excitable *adjectif* Qui s'irrite facilement. SYN. coléreux, emporté, irascible, irritable, ombrageux, soupe au lait, susceptible. CONTR. *calme, flegmatique, posé, serein, tranquille.*

excitant *adjectif* Qui stimule l'organisme. SYN. stimulant, tonique. CONTR. *amollissant, apaisant, calmant, lénifiant, modérateur.* – LITTÉRAIRE : *lénitif.* ■ Qui stimule l'intérêt. SYN. encourageant, enivrant, enthousiasmant, entraînant, exaltant, grisant, passionnant, stimulant. – **FAMILIER** : emballant. – **POPULAIRE** : bandant. **CONTR.** *abrutissant, assoupissant, fastidieux, rebutant, soporifique.* – **FAMILIER** : *assommant, barbant, embêtant, empoisonnant.* – **POPULAIRE** : *emmerdant.* ■ Qui éveille le désir. **SYN.** affriolant, aguichant, attirant, capiteux, érotique, provocant, provocateur, suggestif, troublant, voluptueux. – **FAMILIER** : émoustillant, sexy. – **LITTÉRAIRE** : affriandant. – **POPULAIRE** : bandant. **CONTR.** *fade, terne.* – **FAMILIER** : *fadasse.*

excitateur *nom* LITTÉRAIRE. Personne qui excite. **SYN.** agitateur, fauteur de troubles, incitateur, meneur, provocateur, trublion. – **LITTÉRAIRE** : fomentateur. – **VIEUX** : boutefeu. **CONTR.** *modérateur.*

excitation *nom féminin* Action de pousser à. **SYN.** appel, encouragement, exhortation, incitation, instigation, provocation, sollicitation, stimulation. – **LITTÉRAIRE** : fomentation. **CONTR.** *découragement.* ■ État d'agitation. **SYN.** animation, bouillonnement, ébullition, échauffement, effervescence, énervement, exaltation, exaspération, fébrilité, fermentation, fièvre, griserie, ivresse, nervosité, surexcitation. – **LITTÉRAIRE** : enivrement, flamme. **CONTR.** *abattement, abrutissement, accalmie, apathie, calme, dépression, flegme, placidité, sérénité, torpeur.* – **LITTÉRAIRE** : *assoupissement, quiétude.*

excité *adjectif* Qui perd le contrôle de soi. **SYN.** agité, énervé, enragé, fiévreux, frénétique, nerveux, passionné, surexcité. – **FAMILIER** : emballé. – **LITTÉRAIRE** : effervescent, embrasé. **CONTR.** *apathique, calme, flegmatique, impassible, imperturbable, indifférent, tranquille.* – **FAMILIER** : *gnangnan, gniangnian.*

excité *nom* Personne en état d'excitation. **SYN.** agité, énergumène, exalté, fanatique, forcené, passionné. – **LITTÉRAIRE** : furieux.

exciter *verbe* Créer un état d'excitation. **SYN.** agacer, agiter, électriser, énerver, taquiner. **CONTR.** *adoucir, apaiser, assagir, calmer, détendre, rassurer, tranquilliser.* – **LITTÉRAIRE** : *lénifier, rasséréner.* ■ Rendre une sensation plus vive. **SYN.** aiguiser, aviver, déchaîner, développer, enfiévrer, éveiller, exacerber, fouetter, piquer, réveiller, soulever. – **LITTÉRAIRE** : embraser, enflammer, exalter. **CONTR.** *amortir, anesthésier, assoupir, endormir, engourdir, éteindre, étouffer, freiner, lasser, modérer, refréner, réfréner.* – **LITTÉRAIRE** : *tempérer.* ■ Éveiller le désir physique. **SYN.** affrioler, aguicher, provoquer, troubler. – **FAMILIER** : allumer, émoustiller. – **LITTÉRAIRE** : affriander. ■ Pousser à faire. **SYN.** aiguillonner, déterminer, encourager, engager, entraîner, éperonner, exhorter, inciter, inviter, porter, presser, stimuler. **CONTR.** *arrêter, brider, décourager, détourner, empêcher, entraver, gêner, interdire, rabrouer.*

exciter (s') *verbe pronominal* Prendre un vif intérêt à. **SYN.** s'enflammer, s'engouer, s'enthousiasmer, s'éprendre, être tout feu tout flammes, s'exalter, s'extasier, se passionner. – **FAMILIER** : s'emballer. ■ Devenir plus agité. **SYN.** bouillonner, se déchaîner, s'échauffer, s'énerver, s'enflammer, s'exalter, se monter. – **FAMILIER** : chauffer. – **POPULAIRE** : se monter la tête, se monter le bourrichon.

exclamer (s') *verbe pronominal* Dire d'une voix forte. **SYN.** clamer, crier, s'écrier, hurler. – **LITTÉRAIRE** : se récrier.

exclu *adjectif* Qui est rejeté d'un groupe. **SYN.** chassé, évincé, expulsé, paria, renvoyé. **CONTR.** *admis, pris, reçu.* ■ Qui n'est pas pris en considération. **SYN.** écarté, excepté. **CONTR.** *inclus.*

exclu *nom* Personne chassée d'un groupe. **SYN.** paria. – **LITTÉRAIRE** : damné, réprouvé.

exclure *verbe* Mettre dehors. **SYN.** bannir, chasser, congédier, se défaire de, écarter, éconduire, éliminer, éloigner, envoyer à tous les diables, envoyer au diable, envoyer aux cinq cents diables, évincer, excommunier, expulser, mettre à la porte, mettre en quarantaine, radier, refouler, refuser, rejeter, remercier, renvoyer, repousser, se séparer de. – **FAMILIER** : balayer, débarquer, déboulonner, dégommer, éjecter, envoyer au bain, envoyer balader, envoyer bouler, envoyer paître, envoyer promener, envoyer sur les roses, envoyer valser, ficher à la porte, flanquer à la porte, flanquer dehors, vider. – **LITTÉRAIRE** : proscrire. – **POPULAIRE** : balancer, envoyer aux pelotes, envoyer chier, envoyer dinguer, envoyer péter, envoyer se faire cuire un œuf, envoyer se faire foutre, foutre à la porte, lourder, virer. – **VIEUX** : envoyer se faire lanlaire. **CONTR.** *accepter, accueillir, admettre, autoriser, inclure, inscrire, intégrer, introduire, inviter, recevoir, retenir.* ■ Ne pas compter quelque chose. **SYN.** écarter, éliminer, excepter, faire abstraction, ôter, retirer, retrancher. **CONTR.** *comporter, comprendre, inclure, incorporer, insérer.* ■ Être incompatible avec. **SYN.** empêcher, interdire, s'opposer à, proscrire. **CONTR.** *autoriser, impliquer, souffrir, supporter.*

exclure (s') *verbe pronominal* Se mettre en dehors de. **SYN.** s'abstraire, s'isoler, se retirer.

exclusif *adjectif* Qui appartient à un seul. **SYN.** particulier, propre, spécial, spécifique. ■ Qui exclut tout partage. **SYN.** absolu, égoïste, jaloux, unique. **CONTR.** *éclectique, large.* ■ Qui n'admet pas la nuance. **SYN.** buté, entier, intolérant, intransigeant, partial, sectaire. CONTR. *libéral, ouvert, tolérant.*

exclusion *nom féminin* Action d'exclure quelqu'un. SYN. congédiement, élimination, excommunication, expulsion, ostracisme, radiation, renvoi, révocation. – FAMILIER : éjection. CONTR. *admission, intégration.* ▪ ***À l'exclusion de,*** en excluant. SYN. abstraction faite de, en dehors de, excepté, exception faite de, en excluant, hormis, non compris, nonobstant, sauf, si ce n'est, sinon. – LITTÉRAIRE : fors, hors.

exclusivement *adverbe* En excluant la limite donnée. SYN. excepté, exclu, non compris. CONTR. *inclus, inclusivement, y compris.* ▪ D'une manière exclusive. SYN. (à) cent pour cent, complètement, entièrement, purement, seulement, spécifiquement, strictement, uniquement.

exclusivité *nom féminin* Information sensationnelle. SYN. scoop. ▪ Possession exclusive de. SYN. apanage, monopole, prérogative, privilège.

excommunication *nom féminin* Exclusion d'un groupe. SYN. élimination, exclusion, expulsion, ostracisme, radiation, renvoi, révocation. – FAMILIER : éjection.

excommunier *verbe* Rejeter quelqu'un d'un groupe. SYN. bannir, chasser, éloigner, exclure, expulser, radier, repousser. – FAMILIER : éjecter, vider. – LITTÉRAIRE : proscrire. CONTR. *accepter, accueillir, admettre, autoriser, inclure, inscrire, intégrer, introduire, inviter, recevoir, retenir.*

excoriation *nom féminin* Entaille superficielle. SYN. blessure, écorchure, égratignure, éraflure, griffure.

excorier *verbe* Blesser superficiellement. SYN. écorcher, égratigner, érafler, griffer.

excrément *nom masculin* Matière fécale de l'homme. SYN. crotte, déjection, étron, fèces, selle. – FAMILIER : caca. – POPULAIRE : colombin, merde. ▪ Matière fécale des animaux. SYN. bouse, chiasse, chiure, crotte, crottin, fiente.

excrétion *nom féminin* Rejet de produits par l'organisme. SYN. élimination, évacuation, expulsion.

excroissance *nom féminin* Tumeur à la surface du corps. SYN. grosseur, protubérance, tumescence. – LITTÉRAIRE : proéminence.

excursion *nom féminin* Voyage d'agrément ou d'étude. SYN. course, périple, promenade, randonnée, tour, tournée, voyage. – FAMILIER : balade, virée.

excursionniste *nom* VIEUX. Personne qui fait une excursion. SYN. promeneur, randonneur, touriste, voyageur.

excusable *adjectif* Qui peut être excusé. SYN. compréhensible, défendable, justifiable, pardonnable, tolérable. – LITTÉRAIRE : véniel. CONTR. *blâmable, condamnable, grave, impardonnable, inadmissible, indéfendable, inexcusable, intolérable, punissable, répréhensible.*

excuse *nom féminin* Raison propre à disculper. SYN. couverture, décharge, défense, justification. CONTR. *accusation, charge.* ▪ Motif allégué pour se dispenser de. SYN. dispense, prétexte, raison.

excuser *verbe* Tolérer quelque chose. SYN. absoudre, admettre, fermer les yeux sur, ne pas vouloir la mort du pécheur, pardonner, passer, passer l'éponge, tolérer. CONTR. *accuser, blâmer, condamner, vitupérer.* ▪ Justifier quelque chose, quelqu'un. SYN. disculper, innocenter, justifier, légitimer.

exécrable *adjectif* LITTÉRAIRE. Que l'on doit exécrer. SYN. abject, abominable, détestable, haïssable, horrible, monstrueux, odieux. CONTR. *adorable, cher, chéri.* ▪ Qui est très désagréable. SYN. abominable, affreux, détestable, épouvantable, infect, maudit, mauvais, répugnant. – FAMILIER : déplorable, imbuvable. CONTR. *délicat, exquis, parfait, succulent, sympathique.* – LITTÉRAIRE : *délectable.*

exécration *nom féminin* LITTÉRAIRE. Sentiment d'horreur. SYN. aversion, dégoût, haine, horreur, phobie, répulsion. – LITTÉRAIRE : abomination, détestation. CONTR. *admiration, adoration, affection, amour.*

exécrer *verbe* Avoir de la répulsion pour. SYN. abominer, avoir en horreur, avoir horreur de, détester, haïr, maudire, ne pas pouvoir souffrir, répugner à. – FAMILIER : ne pas pouvoir encaisser, ne pas pouvoir sentir, ne pas pouvoir voir, ne pas pouvoir voir en peinture, vomir. – LITTÉRAIRE : abhorrer, avoir en abomination, honnir. – POPULAIRE : ne pas pouvoir blairer, ne pas pouvoir encadrer, ne pas pouvoir piffer, ne pas pouvoir sa(c)quer. CONTR. *admirer, adorer, aimer, bénir, chérir, se complaire dans, idolâtrer, se plaire à, raffoler.* – LITTÉRAIRE : *affectionner.*

exécutable *adjectif* Qui peut être réalisé. SYN. faisable, possible, praticable, réalisable. CONTR. *impossible, inexécutable, infaisable.*

exécuter *verbe* Réaliser un objet, un travail. SYN. accomplir, concrétiser, confectionner, créer, donner corps à, effectuer, élaborer, faire, mettre à exécution, pratiquer, procéder à, réaliser. ▪ Mener à bien. SYN. accomplir, s'acquitter de, agir, appliquer, effectuer, opérer. – VIEUX : remplir son office. ▪ Jouer une œuvre musicale. SYN. interpréter, jouer. ▪ Tuer quelqu'un. SYN. abattre, assassiner, égorger, éliminer, envoyer ad patres, massacrer, supprimer, tuer. – ARGOTIQUE : dézinguer. – FAMILIER : faire passer le goût du pain, ôter le goût du pain, trucider. – LITTÉRAIRE : faire passer de vie à trépas, immoler, occire, raidir. – POPULAIRE : buter, descendre, faire la peau, flinguer, ratatiner, rectifier, refroidir, zigouiller. – VIEUX : suriner. ■ Critiquer violemment. SYN. calomnier, descendre en flammes, diffamer, dire pis que pendre, discréditer, matraquer, tirer à boulets rouges sur. – FAMILIER : assaisonner, cracher sur, démolir, éreinter, esquinter, étriller, habiller pour l'hiver, voler dans les plumes. – LITTÉRAIRE : déchirer. – POPULAIRE : tailler un costard, tailler une veste. – VIEUX : crosser.

exécuter (s') *verbe pronominal* Se résoudre à faire ce qui est requis. SYN. céder, s'incliner, ne pas se le faire dire deux fois, obéir, obtempérer, se plier, se soumettre. – LITTÉRAIRE : déférer à. CONTR. *désobéir, refuser.*

exécuteur *nom masculin* ***Exécuteur des hautes œuvres,*** celui qui infligeait la peine de mort. SYN. bourreau.

exécution *nom féminin* Action de rendre effectif. SYN. application, pratique, réalisation. CONTR. *inexécution.* ■ Action de réaliser quelque chose. SYN. accomplissement, achèvement, confection, construction. – LITTÉRAIRE : parachèvement. CONTR. *ébauche, esquisse.* ■ Action d'interpréter une œuvre. SYN. interprétation, jeu.

exégèse *nom féminin* Commentaire détaillé. SYN. annotation, commentaire, explication, interprétation. CONTR. *résumé.*

exemplaire *adjectif* Qui peut servir d'exemple. SYN. accompli, édifiant, irréprochable, moral, parfait, remarquable. CONTR. *laid, répugnant, vilain.* – LITTÉRAIRE : *pernicieux, vil.*

exemple *nom masculin* Personne, action digne d'être imitée. SYN. idéal, modèle, prototype, type. – LITTÉRAIRE : parangon. ■ Ce qui constitue une leçon. SYN. avertissement, enseignement, leçon, moralité. ■ Cas antérieur semblable. SYN. antécédent, précédent. ■ Ce qui sert d'illustration. SYN. aperçu, échantillon, idée, preuve, spécimen.

exempt *adjectif* Qui n'est pas assujetti à. SYN. déchargé, dégagé, dispensé, exonéré, franc de, libéré. ■ Qui est à l'abri de. SYN. garanti, immunisé, préservé, protégé. ■ Qui ne contient pas. SYN. dénué, dépourvu, vide. CONTR. *débordant, doué, encombré, farci, fourmillant, gorgé, plein, pourvu, rempli, riche.* – FAMILIER : *bourré, truffé.*

exempté *adjectif* Qui est dispensé de. SYN. affranchi, déchargé, dégagé, dispensé, excusé, libéré.

exempter *verbe* Dispenser quelqu'un de. SYN. affranchir, décharger, dispenser, épargner, éviter, exonérer, faire grâce de, libérer, relever. CONTR. *assujettir, charger, exiger, imposer, soumettre.* – LITTÉRAIRE : *astreindre.*

exemption *nom féminin* Action d'exempter. SYN. décharge, dégrèvement, dispense, exonération. CONTR. *obligation.* – LITTÉRAIRE : *assujettissement.*

exercé *adjectif* Qui est devenu habile. SYN. averti, compétent, entraîné, expérimenté, expert, formé, habile, qualifié, rompu, sûr. CONTR. *inexpérimenté, maladroit, malhabile, novice.* – LITTÉRAIRE : *inexpert, inhabile.*

exercer *verbe* Soumettre à un entraînement. SYN. aguerrir, dresser, éduquer, entraîner. ■ Développer le corps, l'esprit. SYN. cultiver, éduquer, former, perfectionner. – LITTÉRAIRE : façonner. ■ LITTÉRAIRE. Mettre à l'épreuve. SYN. éprouver, tester. ■ Pratiquer un métier, une fonction. SYN. pratiquer, remplir. – VIEUX : professer.

exercer (s') *verbe pronominal* Se soumettre à un entraînement. SYN. s'appliquer, s'endurcir, s'entraîner, s'essayer à, s'évertuer, se faire la main, se faire les dents, s'initier. ■ LITTÉRAIRE. Se manifester pleinement. SYN. se déployer, se montrer, se produire.

exercice *nom masculin* Action de s'exercer. SYN. entraînement, mouvement, préparation. ■ Action de se dépenser. SYN. activité physique, sport. CONTR. *inaction, inactivité, repos.* ■ Action de mettre en pratique. SYN. emploi, pratique, utilisation.

exérèse *nom féminin* Fait d'enlever un organe. SYN. ablation, extirpation, extraction.

exfoliation *nom féminin* Destruction des couches superficielles de la peau. SYN. dermabrasion, peeling.

exhalaison *nom féminin* Odeur qui se répand. SYN. arôme, dégagement, effluve, émanation, haleine, odeur, souffle, vapeur. – LITTÉRAIRE : senteur.

exhaler *verbe* Laisser échapper une odeur. SYN. dégager, fleurer, répandre, sentir. CONTR. *aspirer, inhaler.* ■ Laisser échapper un bruit. SYN. émettre, pousser, produire. ■ Dégager une impression. SYN. – LITTÉRAIRE : respirer, suer, suinter.

exhaler (s') *verbe pronominal* Se répandre dans l'air. SYN. se dégager, s'échapper, émaner, sortir.

exhaussement *nom masculin* Fait d'exhausser. SYN. surélévation, surhaussement. CONTR. *abaissement, baisse.*

exhausser *verbe* Augmenter la hauteur de. SYN. élever, hausser, monter, remonter, surélever, surhausser. CONTR. *abaisser, baisser, diminuer.*

exhaustif *adjectif* Qui épuise un sujet. SYN. complet, entier, intégral. CONTR. *fragmentaire, incomplet, lacunaire, parcellaire, partiel, rudimentaire, sommaire.* – LITTÉRAIRE : *lacuneux.*

exhiber *verbe* Montrer quelque chose. SYN. faire voir, montrer, présenter, produire, sortir. ▪ Faire étalage de. SYN. afficher, arborer, déployer, étaler, exposer, faire montre de, faire parade de. CONTR. *cacher, dissimuler.* – LITTÉRAIRE : *celer, taire.*

exhiber (s') *verbe pronominal* Se montrer de façon provocante. SYN. s'afficher, parader, se pavaner, se produire. CONTR. *se cacher.*

exhibition *nom féminin* Action de montrer en public. SYN. numéro, présentation, représentation. ▪ Étalage ostentatoire. SYN. déploiement, étalage, parade. CONTR. *camouflage.*

exhortation *nom féminin* Fait d'exhorter quelqu'un. SYN. appel, conseil, encouragement, excitation, incitation, instigation, invitation, invite, provocation, recommandation, sollicitation, stimulation. – LITTÉRAIRE : fomentation.

exhorter *verbe* Tenter d'amener quelqu'un à. SYN. appeler, convier, déterminer, encourager, engager, exciter, inciter, inviter, persuader, pousser, presser, provoquer, recommander, souffler. CONTR. *déconseiller, décourager.*

exhumer *verbe* Extraire quelque chose de la terre. SYN. découvrir, déterrer. CONTR. *enfouir, ensevelir, enterrer, inhumer.* ▪ Tirer quelque chose de l'oubli. SYN. découvrir, déterrer, reprendre, ressortir, réveiller. – LITTÉRAIRE : ressusciter. CONTR. *enfouir, oublier, plonger dans l'oubli.* – LITTÉRAIRE : *ensevelir.*

exigé *adjectif* Demandé impérativement. SYN. imposé, indispensable, obligatoire, requis, voulu. CONTR. *facultatif.*

exigeant *adjectif* Difficile à contenter. SYN. difficile, dur, intraitable, pointilleux, pressant, sévère, strict, tyrannique. – FAMILIER : rosse. – LITTÉRAIRE : sourcilleux. CONTR. *accommodant, arrangeant, bienveillant, conciliant, coulant, facile, indulgent.* ▪ Difficile à pratiquer. SYN. absorbant, assujettissant, astreignant, prenant. – LITTÉRAIRE : dévorant. CONTR. *reposant.*

exigence *nom féminin* Ce qui est exigé par quelque chose. SYN. contrainte, impératif, nécessité. ▪ Ce que quelqu'un exige. SYN. aspiration, besoin, condition, désir, gré, prétention, réclamation, revendication, volonté. ▪ Comportement exigeant. SYN. autoritarisme, despotisme, dureté, intransigeance, sévérité. – LITTÉRAIRE : tyrannie. CONTR. *bienveillance, facilité, indulgence.*

exiger *verbe* Vouloir impérativement. SYN. entendre, imposer, mettre en demeure, ordonner, prescrire, réclamer, redemander, revendiquer, sommer. – LITTÉRAIRE : enjoindre. CONTR. *abandonner, refuser, renoncer.* ▪ Avoir absolument besoin de. SYN. avoir besoin de, commander, contraindre, demander, imposer, nécessiter, réclamer, requérir, vouloir. CONTR. *dispenser, exempter.*

exigu *adjectif* Qui est trop petit. SYN. étriqué, étroit, minuscule, réduit, restreint, rétréci. CONTR. *ample, étendu, grand, large, raisonnable, spacieux, suffisant.* – LITTÉRAIRE : *vaste.*

exiguïté *nom féminin* Caractère exigu. SYN. étroitesse, petitesse. – LITTÉRAIRE : ténuité.

exil *nom masculin* Fait de bannir quelqu'un. SYN. bannissement, déportation, émigration, expatriation, expulsion, ostracisme, proscription, relégation. ▪ Fait d'être mis à l'écart. SYN. déracinement, éloignement, isolement, ostracisme, séparation. CONTR. *rappel.*

exilé *adjectif* Qui vit en exil. SYN. banni, expulsé, ostracisé, proscrit.

exilé *nom* Personne qui vit en exil. SYN. banni, déraciné, expatrié, expulsé, proscrit, relégué.

exiler *verbe* Condamner à l'exil. SYN. bannir, déporter, expatrier, expulser, ostraciser, proscrire, refouler, reléguer. ▪ Obliger quelqu'un à partir. SYN. chasser, déraciner, écarter, éloigner, isoler, reléguer, renvoyer, séparer. – LITTÉRAIRE : proscrire. CONTR. *rappeler.*

exiler (s') *verbe pronominal* Quitter sa patrie. SYN. émigrer, s'expatrier. – LITTÉRAIRE : transmigrer. ▪ Se mettre à l'écart. SYN. s'écarter, s'éloigner, s'enfermer dans sa tour d'ivoire, s'enfermer dans son cocon, s'enterrer, s'isoler, se réfugier, se retirer dans sa tour d'ivoire, se retirer dans son cocon, se retirer. – FAMILIER : aller à Pétaouchnock.

existant *adjectif* Qui existe. SYN. d'actualité, actuel, en application, présent, en vigueur. CONTR. *passé.*

existence *nom féminin* Fait de vivre. SYN. destin, destinée, sort, vie. – LITTÉRAIRE : jours. CONTR. *mort.* ▪ Fait d'avoir une réalité. SYN. matérialité, réalité, vérité. CONTR. *apparence, fausseté, illusion.*

exister *verbe* Être en vie. SYN. être, respirer, subsister, vivre. ▪ Appartenir à la réalité. SYN. avoir cours, régner, se rencontrer, se trouver, se voir.

exobiologie *nom féminin* Étude de la vie en dehors de la Terre. SYN. astrobiologie, bioastronomie.

exocet *nom masculin* Poisson des mers chaudes. SYN. poisson volant.

exocrine *adjectif* Déversé à la surface de la peau. CONTR. *endocrine.*

exode *nom masculin* Départ en grand nombre. SYN. départ, émigration, fuite, migration. – LITTÉRAIRE : transmigration.

exogame *adjectif et nom* Qui se marie avec quelqu'un d'un autre groupe. CONTR. *endogame.*

exogène *adjectif* Formé à la surface de la Terre. CONTR. *endogène.*

exonération *nom féminin* Action d'exonérer. SYN. abattement, allégement, décharge, déduction, dégrèvement, diminution, dispense, exemption, remise.

exonérer *verbe* Dispenser d'une charge. SYN. alléger, décharger, dégrever, détaxer, exempter, libérer. CONTR. *assujettir, grever, imposer, taxer.*

exoplasme *nom masculin* Partie extérieure du cytoplasme des amibiens. SYN. ectoplasme.

exorbitant *adjectif* Qui dépasse la mesure. SYN. abusif, cher, démesuré, déraisonnable, élevé, énorme, exagéré, excessif, extraordinaire, fabuleux, fou, gigantesque, inabordable, onéreux, prohibitif, ruineux. – FAMILIER : astronomique, salé. – LITTÉRAIRE : dispendieux. CONTR. *raisonnable.*

exorde *nom masculin* Entrée en matière. SYN. début, introduction, préambule, préface, préliminaire, prélude, prologue. CONTR. *conclusion, fin.*

exoréique *adjectif* Qui ne rejoint pas la mer. CONTR. *endoréique.*

exostose *nom féminin* Saillie sur une branche, un tronc. SYN. broussin, loupe.

exotérique *adjectif* Qui fait l'objet d'un enseignement public. CONTR. *ésotérique.*

expansif *adjectif* Qui montre ses sentiments. SYN. communicatif, démonstratif, extraverti, exubérant, ouvert. CONTR. *fermé, froid, impassible, renfermé, réservé, sec, sournois, taciturne.* – LITTÉRAIRE : *secret.*

expansion *nom féminin* Fait de prendre du volume. SYN. développement, dilatation. CONTR. *compression, contraction, resserrement.* ■ Fait de s'accroître. SYN. accroissement, boom, développement, essor, extension, progrès, prospérité. CONTR. *régression.* ■ Fait de se propager. SYN. contagion, diffusion, progrès, progression, propagation, rayonnement. ■ LITTÉRAIRE. Action de s'épancher. SYN. abandon, effusion, épanchement. CONTR. *réserve, retenue.*

expatriation *nom féminin* Action d'expatrier. SYN. bannissement, déportation, déracinement, exil, expulsion, ostracisme, proscription, relégation. CONTR. *rappel.*

expatrier *verbe* Expulser loin de sa patrie. SYN. bannir, déporter, déraciner, exiler, expulser, ostraciser, proscrire, refouler, reléguer. CONTR. *rappeler.*

expatrier (s') *verbe pronominal* Quitter sa patrie. SYN. émigrer, s'exiler, se réfugier. – LITTÉRAIRE : transmigrer.

expectative *nom féminin* Attitude de celui qui attend. SYN. attente.

expectoration *nom féminin* Substance rejetée par la bouche. SYN. crachat. – POPULAIRE : glaviot, graillon, molard, mollard.

expectorer *verbe* Rejeter hors des voies respiratoires. SYN. cracher, crachoter. – POPULAIRE : glavioter, glaviotter, molarder, mollarder. CONTR. *absorber, avaler, engloutir.*

expédient *nom masculin* Moyen de se tirer d'embarras. SYN. échappatoire, issue, palliatif, remède, ressource.

expédier *verbe* Faire partir pour telle destination. SYN. acheminer, adresser, envoyer. – LITTÉRAIRE : dépêcher. CONTR. *garder, recevoir.* ■ FAMILIER. Faire précipitamment. SYN. accélérer, brusquer, saboter. – FAMILIER : bâcler, sabrer, saccager, torcher, torchonner. – POPULAIRE : saloper. CONTR. *fignoler, parachever, peaufiner.*

expéditeur *nom* Personne qui expédie quelque chose. SYN. envoyeur. CONTR. *destinataire.*

expéditif *adjectif* Qui agit promptement. SYN. actif, pressé, preste, vif. – LITTÉRAIRE : diligent, prompt. CONTR. *indolent, lent.* – FAMILIER : *lambin.* ■ Qui permet d'agir vite. SYN. brusque, rapide, sommaire. – LITTÉRAIRE : prompt.

expédition *nom féminin* Action d'expédier. SYN. acheminement, envoi, transport. CONTR. *réception, renvoi, retour.* ■ Opération militaire. SYN. campagne, coup de main, raid. ■ Voyage scientifique. SYN. exploration.

expéditivement *adverbe* De façon expéditive. SYN. activement, bon train, à bride abattue, en catastrophe, comme une flèche, en coup de vent, en deux temps, trois mouvements, entre deux portes, en flèche, à fond de cale, à fond de train, à fond la caisse, à la hâte, hâtivement, en moins de deux, au plus vite, précipitamment, promptement, rapidement, en un rien de temps, rondement, à la sauvette, sur les chapeaux de roue, tambour battant, à tombeau ouvert, à toute allure, à toute bride, à toute hâte, en toute hâte, à toute vitesse, toutes affaires cessantes, à un train d'enfer, à la va-vite, ventre à terre, vite, en vitesse, vivement. – FAMILIER : en cinq sec, en un clin d'œil, dare-dare, en deux, trois coups de cuiller à pot, en quatrième vitesse, rapido presto, rapidos, à la six-quatre-deux, subito presto, en un temps record, en un tour de main, à toute blinde, à toute vapeur, à toute(s) pompe(s). – LITTÉRAIRE : diligemment. – POPULAIRE : à tout berzingue, à toute barde, à toute berzingue, à toute biture. CONTR. *doucement, insensiblement, lentement, longuement, mollement, nonchalamment, peu à peu, posément.* – FAMILIER : *piano.*

expérience *nom féminin* Connaissance acquise. SYN. apprentissage, compétence, connaissance, familiarité, habitude, métier, pratique, savoir-faire, usage. CONTR. *inexpérience, inhabileté, théorie.* ■ Mise à l'épreuve. SYN. épreuve, essai, expérimentation, tentative, test.

expérimental *adjectif* Fondé sur l'expérience. SYN. pratique. CONTR. *rationnel, spéculatif, théorique.*

expérimentation *nom féminin* Action d'expérimenter. SYN. épreuve, essai, étude, expérience, observation, pratique, test.

expérimenté *adjectif* Qui a une longue expérience. SYN. averti, capable, compétent, émérite, entraîné, éprouvé, exercé, expert, familier, habile, qualifié, rompu, versé. – FAMILIER : chevronné. CONTR. *commençant, débutant, en herbe, inexpérimenté, jeune, maladroit, malhabile, mauvais, nouveau, novice.* – LITTÉRAIRE : *inexpert, inhabile.*

expérimenter *verbe* Soumettre à des expériences. SYN. contrôler, éprouver, essayer, mettre au banc d'essai, tester, vérifier. ■ Faire l'expérience de. SYN. connaître, goûter de, pratiquer. – FAMILIER : tâter de.

expert *adjectif* Qui connaît très bien. SYN. accompli, averti, connaisseur, entraîné, formé, maître en, rompu, spécialiste, versé. – FAMILIER : chevronné. CONTR. *inapte, incapable, jeune, neuf, novice, profane.* ■ Qui montre une compétence pour. SYN. adroit, capable, compétent, exercé, expérimenté, habile, sûr. CONTR. *ignorant, inexpérimenté, maladroit, malhabile, mauvais.* – LITTÉRAIRE : *inexpert, inhabile.*

expert *nom masculin* Personne apte à juger de. SYN. arbitre, connaisseur, juge, spécialiste. – LITTÉRAIRE : appréciateur. CONTR. *apprenti, commençant, débutant, néophyte, novice.* – FAMILIER : *bleu, écolier.*

expertement *adverbe* LITTÉRAIRE. De façon experte. SYN. adroitement, bien, habilement, magistralement, talentueusement.

expertise *nom féminin* Constatation par un expert. SYN. estimation, évaluation, vérification.

expertiser *verbe* Soumettre à une expertise. SYN. apprécier, estimer, évaluer.

expiation *nom féminin* Action permettant d'expier. SYN. punition, rachat, réparation. – LITTÉRAIRE : châtiment.

expier *verbe* Subir une peine. SYN. payer, racheter, réparer.

expirant *adjectif* LITTÉRAIRE. Qui est près d'expirer. SYN. agonisant, moribond, mourant. ■ Qui va disparaître. SYN. agonisant, déclinant, moribond. – LITTÉRAIRE : finissant. CONTR. *commençant, naissant.*

expiration *nom féminin* Action d'expirer de l'air. SYN. souffle. CONTR. *aspiration, inhalation, inspiration.* ■ Fin d'un délai fixé. SYN. achèvement, échéance, extinction, fin, terme. CONTR. *commencement, début, seuil.*

expirer *verbe intransitif* Cesser de vivre. SYN. agoniser, s'en aller, décéder, disparaître, s'éteindre, mourir, passer, périr, rendre l'âme, succomber. – FAMILIER : y rester. – LITTÉRAIRE : exhaler le dernier soupir, se mourir, rendre le dernier soupir, trépasser. ■ LITTÉRAIRE. Disparaître progressivement. SYN. s'achever, crouler, disparaître, se dissiper, s'écrouler, s'effacer, s'estomper, s'éteindre, mourir. – LITTÉRAIRE : périr. CONTR. *naître.* ■ Arriver à son terme. SYN. s'achever, cesser, finir, se terminer. CONTR. *commencer, débuter, démarrer.*

expirer *verbe transitif* Rejeter de l'air. SYN. exhaler, souffler. CONTR. *aspirer, humer, inhaler, inspirer.*

explicable *adjectif* Qui peut être expliqué. SYN. compréhensible, intelligible, justifiable, légitime, motivé. – LITTÉRAIRE : pénétrable. CONTR. *impénétrable, incompréhensible, inexplicable, inintelligible, injustifiable, mystérieux.*

explication *nom féminin* Action d'expliquer. SYN. clarification, éclaircissement, élucidation, exposition, indication, justification, lumière, renseignement. ■ Ce qui rend compte de. SYN. cause, interprétation, mobile, motif, raison. ■ Analyse d'un texte. SYN. commentaire, exégèse, glose, paraphrase. ■ Discussion animée. SYN. altercation, controverse, débat, dispute, prise de bec, querelle, scène. – FAMILIER : accrochage. – POPULAIRE : engueulade.

explicite *adjectif* Formulé clairement. SYN. catégorique, clair, distinct, évident, exprès, formel, net, précis. CONTR. *allusif, ambigu, confus, équivoque, implicite, incertain, obscur, sous-*

entendu, tacite, vague, voilé. – LITTÉRAIRE : *sibyllin, ténébreux.*

explicitement *adverbe* De façon explicite. SYN. clairement, expressément, formellement, nettement, précisément. CONTR. *allusivement, confusément, implicitement, indistinctement, tacitement.*

expliciter *verbe* Rendre explicite. SYN. expliquer, formuler, préciser.

expliquer *verbe* Faire comprendre une question. SYN. apprendre, développer, enseigner, expliciter, exposer, exprimer, indiquer, montrer, raconter, révéler. ■ Faire connaître la cause de. SYN. déchiffrer, démêler, démystifier, éclaircir, éclairer, élucider. ■ Faire le commentaire d'un texte. SYN. commenter, interpréter, paraphraser.

expliquer (s') *verbe pronominal* Avoir telle raison. SYN. se comprendre, se concevoir, se justifier. ■ Avoir une discussion avec. SYN. s'accrocher, discuter, se quereller. – FAMILIER : se chamailler. – POPULAIRE : s'engueuler.

exploit *nom masculin* Action d'éclat. SYN. fait d'armes, geste, haut fait, prouesse. ■ Action mémorable. SYN. performance, prouesse, succès, tour de force. CONTR. *échec.*

exploitable *adjectif* Qui peut être exploité. SYN. cultivable, utilisable. CONTR. *incultivable, inexploitable, inutilisable.*

exploitant *nom* Personne qui a une exploitation. SYN. agriculteur, cultivateur, fermier. – LITTÉRAIRE : laboureur.

exploiter *verbe* Utiliser avantageusement. SYN. avoir recours à, cultiver, mettre à profit, profiter, recourir à, se servir de, tirer avantage, tirer profit, utiliser. CONTR. *gâcher, gaspiller, négliger.* ■ Profiter abusivement de. SYN. abuser, escroquer, étrangler, pressurer, voler. – FAMILIER : écorcher, empiler, estamper, étriller, matraquer, rançonner, rouler. – LITTÉRAIRE : gruger. – POPULAIRE : faire suer le burnous. – VIEUX : égorger.

exploiteur *nom* Personne qui tire profit de. SYN. parasite, profiteur. – FAMILIER : pique-assiette. – LITTÉRAIRE : sangsue, spoliateur.

exploration *nom féminin* Examen d'un lieu. SYN. inspection, perquisition, prospection. ■ Examen d'un sujet. SYN. analyse, approfondissement, étude, investigation, recherche.

explorer *verbe* Parcourir un lieu. SYN. battre, parcourir, perquisitionner, prospecter, reconnaître, sillonner, sonder, visiter. ■ Examiner une question. SYN. approfondir, chercher, étudier, examiner, fouiller, inspecter, inventorier.

exploser *verbe* Faire explosion. SYN. crever, détoner, éclater, sauter. – FAMILIER : péter. – VIEUX : fulminer. ■ Se manifester soudainement. SYN. se déchaîner, éclater, fuser. ■ FAMILIER. Laisser sortir sa colère. SYN. se cabrer, se déchaîner, décharger sa bile, déverser sa bile, éclater, s'emporter, entrer dans une rage folle, être en colère, être fou de rage, être fou furieux, être hors de soi, se fâcher, fulminer, se hérisser, s'irriter, se mettre en colère, monter sur ses grands chevaux, se monter, ne pas décolérer, pester, prendre la mouche, prendre le mors aux dents, sortir de ses gonds, tempêter, voir rouge. – FAMILIER : avoir une poussée d'adrénaline, s'emballer, être en boule, être en pétard, être en rogne, se fâcher tout rouge, grimper au cocotier, grimper aux rideaux, se mettre en boule, se mettre en pétard, se mettre en rogne, la moutarde me (lui) monte au nez, piquer une crise. – POPULAIRE : pousser un coup de gueule, pousser une gueulante. CONTR. *se contenir, se posséder.*

explosif *adjectif* Sujet à de brusques éclats. SYN. bouillant, débridé, déchaîné, exalté, excité, foudroyant, fougueux, frénétique, fulminant, impétueux, vif. – LITTÉRAIRE : inflammable, volcanique.

explosion *nom féminin* Fait d'exploser. SYN. déflagration, détonation, éclatement. ■ Manifestation d'un sentiment. SYN. bouffée, débordement, déchaînement, flambée, ouragan, tempête. – LITTÉRAIRE : éclat.

exportateur *adjectif* Qui exporte. CONTR. *importateur.*

exportation *nom féminin* Action d'exporter. CONTR. *importation.*

exporter *verbe* Vendre et expédier à l'étranger. CONTR. *importer.*

exposé *adjectif* Orienté dans telle direction. SYN. dirigé, orienté, situé.

exposé *nom masculin* Développement explicatif. SYN. analyse, compte-rendu, conférence, cours, description, discours, exposition, leçon, mémoire, rapport, récit, relation. – FAMILIER : topo.

exposer *verbe* Présenter aux regards. SYN. afficher, découvrir, déployer, donner, exhiber, montrer, offrir, présenter, produire, révéler, tourner. CONTR. *cacher, camoufler, dissimuler, masquer.* ■ Mettre en péril. SYN. aventurer, compromettre, hasarder, risquer, soumettre. CONTR. *assurer, défendre, garantir, protéger.* ■ Faire connaître. SYN. commenter, décrire, dépeindre, dérouler, détailler, développer, dire, énoncer, expliquer, formuler, instruire, parler, peindre, présenter, raconter, relater, retracer. – FAMILIER : épingler.

exposer (s') *verbe pronominal* Courir un risque. SYN. s'attirer, braver, donner prise à, encourir, prêter le flanc à, risquer. CONTR. *se garantir, se préserver, se protéger.* ■ Se mettre en danger. SYN. s'aventurer sur un terrain glissant, se compromettre, se jeter dans la gueule du loup, jouer avec le feu. – FAMILIER : faire entrer le loup dans la bergerie, se mouiller. – LITTÉRAIRE : se commettre.

exposition *nom féminin* Présentation de produits. SYN. concours, foire, présentation, salon. ■ Orientation d'un édifice. SYN. direction, orientation, position, situation. ■ Action d'expliquer. SYN. compte-rendu, description, discours, explication, exposé, rapport, récit, relation. – FAMILIER : topo. ■ Début d'une œuvre. SYN. introduction, protase. CONTR. *conclusion, fin.*

exprès *adjectif* Nettement exprimé. SYN. absolu, catégorique, clair, distinct, évident, explicite, formel, impératif, net, précis. CONTR. *implicite, inexprimé, sous-entendu, tacite.*

exprès *adverbe* De manière intentionnelle. SYN. consciemment, délibérément, à dessein, intentionnellement, sciemment, volontairement. CONTR. *par erreur, par hasard, par inadvertance, incidemment, par mégarde.* ■ Dans une intention spéciale. SYN. expressément, particulièrement, précisément, spécialement.

expressément *adverbe* De manière expresse. SYN. explicitement, formellement, franchement, nettement, officiellement. – POPULAIRE : franco. CONTR. *confusément, implicitement, obscurément, tacitement, vaguement.* ■ Avec une volonté déterminée. SYN. exprès, particulièrement, précisément, spécialement.

expressif *adjectif* Qui exprime un sentiment. SYN. coloré, démonstratif, éloquent, fort, mobile, parlant, significatif, suggestif, vivant. CONTR. *fermé, inexpressif.*

expression *nom féminin* Ce par quoi une chose se manifeste. SYN. émanation, image, manifestation. – LITTÉRAIRE : traduction. ■ Manifestation d'une émotion. SYN. air, figure, mine. ■ Qualité de ce qui est expressif. SYN. couleur, expressivité, mobilité, vie. ■ Tour du langage. SYN. énoncé, énonciation, forme, formule, locution, mot, parole, terme, tour, tournure, vocable.

exprimable *adjectif* Qui peut être exprimé. SYN. communicable, traduisible. CONTR. *incommunicable, indicible, inexprimable, intraduisible.* – LITTÉRAIRE : *ineffable.*

exprimé *adjectif* Dit par des mots. SYN. énoncé, formulé. CONTR. *informulé, sous-entendu, tacite.*

exprimer *verbe* Faire connaître. SYN. affirmer, énoncer, expliquer, peindre, raconter, représenter. CONTR. *cacher, dissimuler, occulter, taire.* – LITTÉRAIRE : *celer.* ■ Manifester un sentiment. SYN. afficher, étaler, extérioriser, montrer, rendre, révéler, signifier, traduire. CONTR. *contenir, ravaler, refouler, rentrer, retenir.* – LITTÉRAIRE : *taire.* ■ Être l'expression d'un sentiment. SYN. dire, manifester, refléter, révéler. – LITTÉRAIRE : respirer. ■ Traduire une chose en une autre. SYN. définir, donner, extraire. ■ Faire sortir un liquide de. SYN. extraire, presser.

exprimer (s') *verbe pronominal* Exprimer sa pensée. SYN. communiquer, s'expliquer, ouvrir la bouche, parler, placer un mot, prendre la parole. – FAMILIER : en placer une. – POPULAIRE : l'ouvrir. CONTR. *rester bouche cousue, rester coi, se taire, se tenir coi.* ■ Être figuré par. SYN. s'énoncer, s'extérioriser, se manifester, se traduire.

expulser *verbe* Faire sortir d'un lieu. SYN. chasser, déloger, éloigner, évacuer, jeter à la rue, mettre à la rue, mettre dehors, repousser. – FAMILIER : sortir, vider. CONTR. *héberger, loger.* ■ Repousser hors des frontières. SYN. bannir, déporter, exiler, expatrier, ostraciser, proscrire, refouler, reléguer. CONTR. *rappeler.* ■ Rejeter d'un groupe, d'un organisme. SYN. écarter, évincer, exclure, excommunier, mettre à la porte, rejeter, remercier, renvoyer. – FAMILIER : débarquer, débusquer, éjecter, envoyer valser, ficher à la porte, flanquer à la porte. – LITTÉRAIRE : proscrire. – POPULAIRE : balancer, foutre à la porte, virer. CONTR. *appeler, introduire.* ■ Évacuer de l'organisme. SYN. éliminer, évacuer, rejeter.

expulsion *nom féminin* Action de bannir quelqu'un. SYN. bannissement, déportation, excommunication, exil, expatriation, ostracisme, proscription, refoulement, relégation. ■ Action d'exclure d'un groupe. SYN. congédiement, élimination, épuration, évacuation, éviction, exclusion, limogeage, radiation, rejet, renvoi. – FAMILIER : déboulonnage, éjection, vidage. CONTR. *admission.*

expurger *verbe* Éliminer ce qui est immoral. SYN. censurer, élaguer, épurer, retrancher. ■ Exclure d'un groupe les indésirables. SYN. assainir, épurer, nettoyer, purger.

exquis *adjectif* Au goût recherché. SYN. bon, délicieux, divin, excellent, extra, fameux, parfait, savoureux, succulent, superfin. – FAMILIER : c'est à se mettre à genoux, c'est à tomber par terre, c'est du nanan, aux petits oignons. – LITTÉRAIRE : délectable. CONTR. *âcre,* *dégoûtant, détestable, exécrable, insipide, mauvais.* ■ Très harmonieux. SYN. adorable, beau, charmant, divin, enchanteur, merveilleux, suave. CONTR. *abominable, affreux, horrible, odieux.* – FAMILIER : *atroce.* ■ D'une grande délicatesse. SYN. délicat, divin, fin, subtil. CONTR. *fruste, grossier, lourd, maladroit, pesant.* ■ Très agréable à fréquenter. SYN. aimable, avenant, charmant, cordial, gentil, sympathique. – FAMILIER : craquant, excellent. – LITTÉRAIRE : amène. CONTR. *acariâtre, désagréable, féroce, insupportable, revêche, rogue.* – FAMILIER : *impossible, invivable.*

exsangue *adjectif* Qui est d'une grande pâleur. SYN. blafard, blanc, blême, cadavéreux, cadavérique, cireux, hâve, livide, pâle, plombé, terreux. – LITTÉRAIRE : émacié. CONTR. *rouge, rougeaud.* – LITTÉRAIRE : *rubicond.* ■ Qui est dépourvu de vigueur. SYN. affaibli, anémique, débile, déficient, étiolé, faible. CONTR. *fort, vigoureux.*

exsuder *verbe* Sortir comme la sueur. SYN. s'extravaser, suer, suinter, transsuder.

extase *nom féminin* LITTÉRAIRE. État de ravissement intense. SYN. béatitude, contemplation, nirvana, nirvâna, ravissement. – LITTÉRAIRE : transes. ■ Sentiment de plaisir extrême. SYN. admiration, émerveillement, exaltation, griserie, ivresse, vertige. – LITTÉRAIRE : enivrement. CONTR. *désappointement, désenchantement, désillusion.* – LITTÉRAIRE : *désabusement.*

extasié *adjectif* Rempli d'admiration. SYN. admiratif, émerveillé, enchanté, enivré, enthousiasmé, grisé, pâmé, ravi. – FAMILIER : emballé.

extasier (s') *verbe pronominal* Exprimer son admiration. SYN. crier (au) miracle, s'émerveiller, s'enflammer, s'enthousiasmer, s'exclamer, se pâmer. – FAMILIER : s'exciter.

extensible *adjectif* Qui peut être étendu. SYN. ductile, élastique, malléable. CONTR. *compressible, comprimable, inextensible.*

extension *nom féminin* Action d'étendre quelque chose. SYN. allongement, déploiement, étirement. CONTR. *contraction.* ■ Action d'accroître l'étendue de. SYN. agrandissement, développement, élargissement, multiplication, prolongement, propagation. CONTR. *limitation, rétrécissement.* ■ Augmentation d'importance. SYN. accroissement, amplification, élargissement, essor, étendue, expansion, grandissement, grossissement, intensification, progrès, progression, recrudescence, renforcement. CONTR. *amoindrissement, diminution, rapetissement, régression.*

exténuant *adjectif* Qui provoque une grande fatigue. SYN. accablant, éprouvant, épuisant, esquintant, fatigant, harassant, pénible, rude. – FAMILIER : cassant, claquant, crevant, éreintant, tuant, usant. CONTR. *apaisant, délassant, reposant.*

exténuation *nom féminin* LITTÉRAIRE. Affaiblissement extrême. SYN. asthénie, dépérissement, épuisement, faiblesse, fatigue, surmenage. – FAMILIER : éreintement. – VIEUX : consomption.

exténué *adjectif* Extrêmement fatigué. SYN. anéanti, à bout de course, à bout de force, à bout de souffle, brisé, épuisé, fatigué, fourbu, harassé, K.-O., las, mort de fatigue, recru, rendu, rompu, surmené, usé. – FAMILIER : achevé, au bout du rouleau, cassé, claqué, éreinté, esquinté, fini, flapi, H.S., kaput, lessivé, mort, moulu, à plat, pompé, à ramasser à la petite cuillère, raplapla, sur les genoux, tué, vanné, vidé. – POPULAIRE : cané, crevé, rétamé, sur les rotules. CONTR. *délassé, dispos, frais, frais et dispos, reposé.* – FAMILIER : *en forme, frais comme un gardon, frais comme une rose, increvable, en pleine forme.* – VIEUX : *gaillard.*

exténuer *verbe* Affaiblir extrêmement. SYN. anéantir, briser, épuiser, fatiguer, harasser, lasser, surmener, vider. – FAMILIER : achever, claquer, crever, éreinter, esquinter, lessiver, pomper, tuer, vanner. CONTR. *remettre, reposer.* – FAMILIER : *requinquer.*

exténuer (s') *verbe pronominal* Se donner beaucoup de peine. SYN. s'accrocher, se battre, se démener, se dépenser, se donner du mal, se donner un mal de chien, s'échiner, s'épuiser, s'escrimer, faire des pieds et des mains, se fatiguer, se multiplier, peiner, se remuer. – FAMILIER : se bagarrer, se claquer, se couper en quatre, se décarcasser, se défoncer, s'éreinter, s'esquinter, se mettre en quatre, mettre le paquet, suer, suer sang et eau, se tuer. – POPULAIRE : se casser le cul, se crever, ramer. CONTR. *s'amuser, se délasser, dormir, fainéanter, musarder, ne rien faire de ses dix doigts, paresser, se prélasser, prendre son temps, se reposer.* – FAMILIER : *bayer aux corneilles, buller, flemmarder, lambiner, lanterner, lézarder, tirer sa flemme.* – LITTÉRAIRE : *muser.* – POPULAIRE : *glander, ne pas en fiche une rame, ne pas se casser, ne pas se casser le bol, ne pas se casser le cul, ne pas se casser le tronc, ne pas se fouler, ne pas se fouler la rate, tirer au cul, tirer au flanc.*

extérieur *adjectif* Qui se situe hors de. SYN. étranger, périphérique. CONTR. *intérieur.* ■ Qui n'appartient pas à. SYN. externe, extrinsèque. CONTR. *intérieur, intrinsèque, personnel, subjectif.* ■ Qui est visible du dehors. SYN. apparent, palpable, tangible, visible. CONTR. *interne, intime, profond.*

extérieur *nom masculin* Ce qui est au-dehors. SYN. dehors, façade, surface. CONTR. *dedans, intérieur.* ■ Apparence physique. SYN. abord, air, allure, apparence, aspect, attitude, contenance, écorce, façade, façons, maintien, manières, mine, physique, surface, tenue. – FAMILIER : dégaine, look, touche. – LITTÉRAIRE : dehors, enveloppe, masque, superficie, tournure. CONTR. *fond.*

extérieurement *adverbe* D'après les apparences. SYN. apparemment, en apparence, superficiellement. CONTR. *intérieurement, intimement, en réalité, réellement, secrètement.*

extérioriser *verbe* Montrer ses sentiments. SYN. affirmer, exprimer, manifester, montrer, objectiver. CONTR. *comprimer, contenir, intérioriser, refouler, retenir.* – LITTÉRAIRE : *taire.*

extérioriser (s') *verbe pronominal* Manifester ses sentiments. SYN. se défouler, s'exprimer. – FAMILIER : se lâcher. CONTR. *se contrôler, se dominer, se retenir.*

extermination *nom féminin* Action d'exterminer. SYN. anéantissement, carnage, décimation, destruction, écrasement, extirpation, hécatombe, massacre, tuerie.

exterminer *verbe* Faire périr jusqu'au dernier. SYN. anéantir, décimer, détruire, emporter, extirper, faucher, massacrer, supprimer. – FAMILIER : liquider. – LITTÉRAIRE : immoler.

externe *adjectif* Qui est au-dehors. SYN. extérieur, extrinsèque. CONTR. *intérieur, interne, intrinsèque.*

extinction *nom féminin* Disparition totale. SYN. abolition, achèvement, anéantissement, annihilation, annulation, destruction, disparition, dissolution, enterrement, épuisement, expiration, fin, mort, suppression.

extirpable *adjectif* Qui peut être extirpé. SYN. déracinable. CONTR. *coriace, indéracinable, inextirpable, tenace.*

extirpation *nom féminin* Action d'ôter un organe. SYN. ablation, arrachage, arrachement, avulsion, énucléation, éradication, évulsion, exérèse, extraction. ■ Action de faire disparaître. SYN. anéantissement, destruction, extermination, liquidation, suppression. – LITTÉRAIRE : éradication.

extirper *verbe* Arracher complètement. SYN. arracher, enlever, extraire, ôter, retirer, sortir, tirer. CONTR. *enfoncer.* ■ Faire disparaître. SYN. anéantir, chasser, déraciner, détruire, enlever, éradiquer, exterminer, ôter, supprimer. – FAMILIER : liquider. CONTR. *enraciner, introduire.*

extorquer *verbe* Obtenir malhonnêtement. SYN. arracher, capter, détourner, escroquer, racketter, soustraire, soutirer, voler. – FAMILIER : carotter, gratter, piquer, rafler, souffler, subtiliser. – LITTÉRAIRE : dérober. – POPULAIRE : ratiboiser.

extra *adjectif invariable* Qui est de qualité supérieure. SYN. excellent, exquis, fameux, fin, magnifique, de premier ordre, remarquable, superfin, supérieur. CONTR. *médiocre.* ■ FAMILIER. Qui est exceptionnel. SYN. – FAMILIER : chic, chouette, excellent, super.

extra *nom masculin invariable* Ce qui est en plus. SYN. à-côté, plus, supplément.

extraction *nom féminin* Action d'extraire quelque chose. SYN. dégagement, tirage. ■ Fait de retirer un organe. SYN. ablation, arrachage, arrachement, avulsion, énucléation, éradication, exérèse, extirpation. – VIEUX : évulsion. ■ LITTÉRAIRE. Origine sociale. SYN. ascendance, condition, filiation, lignée, origine, souche. – LITTÉRAIRE : sang. – VIEUX : naissance.

extra-fin *adjectif* De qualité supérieure. SYN. surfin.

extraire *verbe* Faire sortir. SYN. arracher, dégager, enlever, extirper, prélever, retirer, sortir. CONTR. *enfoncer, enfouir, engager.* ■ Séparer une substance d'un corps. SYN. exprimer, presser, pressurer, séparer. ■ Tirer un passage d'un écrit. SYN. détacher, prélever, recopier.

extraire (s') *verbe pronominal* S'isoler d'un environnement. SYN. s'abstraire, s'exclure, s'isoler, se retirer.

extrait *nom masculin* Passage tiré d'une œuvre. SYN. citation, fragment, morceau, page, passage. ■ Préparation soluble. SYN. essence, quintessence.

extraits *nom masculin pluriel* Morceaux choisis. SYN. analectes, anthologie, chrestomathie, florilège, fragments, spicilège. CONTR. *intégrale.*

extralucidité *nom féminin* Don de voyance. SYN. clairvoyance, cryptesthésie, voyance.

extra-muros *locution adverbiale* Hors des limites de la ville. CONTR. *intra-muros.*

extraordinaire *adjectif* Qui n'est pas courant. SYN. ahurissant, anormal, bizarre, curieux, étrange, excentrique, exceptionnel, extravagant, formidable, inespéré, inhabituel, inouï, insolite, inusité, original, paradoxal, particulier, pittoresque, rare, remarquable, romanesque, saisissant, singulier, spécial, stupéfiant, surprenant. – FAMILIER : énorme, fantastique, invraisemblable, renversant. – LITTÉRAIRE : fantasque. CONTR. *banal, classique, commun, courant, fréquent, habituel, naturel, normal, obscur, ordinaire, quotidien.* ▪ Qui est hors du commun. SYN. brillant, distingué, émérite, éminent, étonnant, exceptionnel, fantastique, inappréciable, incomparable, inconcevable, incroyable, indicible, inexprimable, inimaginable, magique, merveilleux, prodigieux, remarquable, sans précédent, spectaculaire, sublime, supérieur, suprême, transcendant, unique. – FAMILIER : énorme, épatant, fabuleux, formidable, sensationnel. – LITTÉRAIRE : fantasque, nonpareil, surnaturel. CONTR. *falot, insignifiant, médiocre, minable, modeste, quelconque.* ▪ Qui est très grand. SYN. colossal, énorme, exorbitant, extrême, fantastique, gigantesque, gros, immense, intense, phénoménal, surabondant, terrible. – FAMILIER : excessif, faramineux, furieux. – LITTÉRAIRE : ineffable.

extraordinairement *adverbe* Indique un très haut degré. SYN. abominablement, admirablement, affreusement, beaucoup, bien, colossalement, effroyablement, énormément, épouvantablement, exceptionnellement, excessivement, extrêmement, fabuleusement, follement, fort, fortement, hautement, horriblement, immensément, immodérément, incroyablement, infiniment, monstrueusement, mortellement, parfaitement, particulièrement, au plus haut degré, au plus haut point, prodigieusement, profondément, puissamment, supérieurement, suprêmement, terriblement, tout à fait, très, trop, vertigineusement. – FAMILIER : atrocement, bigrement, bougrement, diablement, drôlement, épatamment, fameusement, fichtrement, fichûment, formidablement, joliment, méchamment, rudement, sacrément, tout plein. – LITTÉRAIRE : au dernier point, diantrement, furieusement. – POPULAIRE : foutrement, salement, vachement. – VIEUX : fièrement. CONTR. *faiblement, guère, légèrement, modérément, ordinairement, à peine, peu.*

extravagance *nom féminin* Comportement extravagant. SYN. excentricité, folie, insanité, originalité. – FAMILIER : démence, loufoquerie. CONTR. *sagesse.* ▪ Caractère de ce qui est extravagant. SYN. absurdité, bizarrerie, contresens, énormité, excentricité, originalité, singularité. – LITTÉRAIRE : baroquerie. ▪ Parole ou action extravagante. SYN. absurdité, bizarrerie, caprice, divagation, élucubration, énormité, fantaisie, folie, frasque, incartade, lubie, singularités. – FAMILIER : loufoquerie.

extravagant *adjectif* Qui frappe par sa bizarrerie. SYN. aberrant, abracadabrant, absurde, baroque, biscornu, bizarre, bouffon, curieux, étrange, excentrique, extraordinaire, farfelu, incohérent, incroyable, inimaginable, inouï, insolite, rocambolesque, saugrenu, singulier, stupéfiant, ubuesque. – FAMILIER : époustouflant, invraisemblable, loufoque, unique. – LITTÉRAIRE : fantasque. CONTR. *banal, classique, commun, courant, normal, ordinaire, quelconque.* ▪ Qui dépasse la mesure. SYN. abusif, dément, démesuré, déraisonnable, exagéré, excessif, extraordinaire, fabuleux. – FAMILIER : délirant. CONTR. *faible, léger, modeste, modique, raisonnable.* ▪ Qui se comporte bizarrement. SYN. bizarre, capricieux, déraisonnable, excentrique, farfelu, fou, insensé, original, rêveur. – FAMILIER : foufou, loufoque. – LITTÉRAIRE : fantasque. CONTR. *équilibré, normal, raisonnable, rationnel, sage, sensé.*

extravaguer *verbe* LITTÉRAIRE. Dire des choses incohérentes. SYN. déraisonner, divaguer, radoter, rêver. – FAMILIER : délirer, déménager, dérailler. – POPULAIRE : débloquer.

extraversion *nom féminin* Propension à s'extérioriser. CONTR. *introversion.*

extraverti *adjectif* Tourné vers les autres. SYN. communicatif, expansif, exubérant, ouvert. CONTR. *introverti, renfermé, replié, réservé, taciturne.*

extrême *adjectif* Qui est à la limite de. SYN. dernier, final, terminal, ultime. CONTR. *initial, premier.* ▪ Qui est au degré le plus intense. SYN. effroyable, intense, profond, suprême. – FAMILIER : crasse, furieux. – LITTÉRAIRE : souverain. CONTR. *faible, léger.* ▪ Qui ne sait se modérer. SYN. démesuré, désespéré, exagéré, extraordinaire, immodéré, violent. – FAMILIER : fou. CONTR. *mesuré, modéré, moyen, normal, ordinaire, raisonnable.*

extrêmement *adverbe* Indique une très grande intensité. SYN. affreusement, beaucoup, bien, considérablement, effroyablement, éminemment, énormément, exceptionnellement, excessivement, extraordinairement, fabuleusement, follement, fort, fortement, hautement, horriblement, immensément, immodérément, incroyablement, infiniment, mortellement, notablement, parfaitement, particulièrement, au plus haut degré, au plus haut point, prodigieusement, profondément, puissamment, souverainement, supérieurement, terriblement, tout à fait, très, trop, vertigineusement. – FAMILIER : atrocement, bigrement, bougrement, diablement, drôlement, fameusement, fichtrement, fichûment, formidablement, joliment, méchamment, à mort, rudement, sacrément, superlativement, tout plein. – LITTÉRAIRE : au dernier point, diantrement, furieusement. – POPULAIRE : foutrement, salement, vachement. – VIEUX : fièrement. CONTR. *faiblement, légèrement, modérément, moyennement, pas du tout, pas le moins du monde, passablement, à peine, peu.*

extrémité *nom féminin* Partie extrême de quelque chose. SYN. bord, bout, cime, limite, lisière, pointe, queue, sommet, terminaison. CONTR. *centre, milieu.* ■ LITTÉRAIRE. Degré extrême. SYN. aboutissement, fin, fond, issue, limite, sommet. CONTR. *aube, commencement, début, naissance.* – LITTÉRAIRE : *aurore.*

extrinsèque *adjectif* Qui vient du dehors. SYN. étranger, extérieur, externe. CONTR. *intérieur, interne, intrinsèque.*

exubérance *nom féminin* Grande abondance de. SYN. débordement, déluge, foison, luxe, opulence, orgie, profusion, surabondance. – LITTÉRAIRE : luxuriance. CONTR. *aridité, pauvreté, stérilité.* ■ Entrain excessif. SYN. agitation, expansivité, fougue, impétuosité, outrance, pétulance, vigueur. – LITTÉRAIRE : vivacité. CONTR. *froideur, retenue.*

exubérant *adjectif* Qui est très abondant. SYN. abondant, envahissant, foisonnant, luxuriant, surabondant. – LITTÉRAIRE : opulent. CONTR. *dépouillé, maigre, pauvre, ras, stérile.* ■ Qui manifeste de l'exubérance. SYN. communicatif, débordant, délirant, démonstratif, expansif, extraverti, fougueux, impétueux. CONTR. *fermé, flegmatique, froid, introverti, renfermé, replié, réservé, taciturne.* – LITTÉRAIRE : *secret.*

exultation *nom féminin* LITTÉRAIRE. Action d'exulter. SYN. allégresse, délire, exaltation, gaieté, joie, jubilation, triomphe. – LITTÉRAIRE : liesse. CONTR. *affliction, désespoir, désolation, tristesse.*

exulter *verbe* Éprouver une joie débordante. SYN. délirer, être au septième ciel, être aux anges, jubiler, nager dans la joie, n'avoir jamais été à pareille fête, se pâmer, se réjouir, triompher. – FAMILIER : pavoiser. CONTR. *s'affliger, s'attrister, se désespérer, se désoler, maugréer.*

exutoire *nom masculin* Moyen de se libérer d'une chose. SYN. antidote, dérivatif, diversion, solution, soupape de sûreté.

F

faam *nom masculin* Variété d'orchidée. SYN. angraecum.

fable *nom féminin* Court récit allégorique. SYN. allégorie, apologue, conte, histoire, légende, mythe. ■ Récit, propos mensonger. SYN. bruit, histoire, invention, légende, nouvelle, on-dit. – FAMILIER : potin, racontar, ragot, salade.

fabrecoulier *nom masculin* Arbre dont le fruit est une drupe. SYN. micocoulier.

fabricant *nom* LITTÉRAIRE. Personne qui crée. SYN. auteur, créateur, fabricateur, faiseur, inventeur, père. – LITTÉRAIRE : forgeur.

fabricateur *nom* Personne qui fabrique. SYN. auteur, créateur, faiseur, inventeur, père. – LITTÉRAIRE : fabricant, forgeur.

fabrication *nom féminin* Action de fabriquer. SYN. confection, construction, façon, façonnage, façonnement, production. CONTR. *destruction.*

fabrique *nom féminin* Établissement industriel. SYN. atelier, manufacture, usine.

fabriqué *adjectif* Forgé de toutes pièces. SYN. artificiel, d'emprunt, factice, faux, forgé, préfabriqué. – LITTÉRAIRE : controuvé, emprunté, postiche. CONTR. *authentique, naturel, vrai.*

fabriquer *verbe* FAMILIER. Avoir telle occupation. SYN. manigancer, tramer. – FAMILIER : ficher, fricoter, traficoter, trafiquer, tripoter. – POPULAIRE : foutre, magouiller. ■ Confectionner quelque chose. SYN. confectionner, élaborer, façonner, faire, manufacturer, préparer, produire. – FAMILIER : bidouiller, bricoler. ■ Arranger un récit. SYN. agencer, arranger, bâtir, combiner, composer, forger, inventer.

fabulateur *nom* Personne qui fabule. SYN. affabulateur, menteur, mythomane.

fabulation *nom féminin* Récit inventé. SYN. invention, mensonge, roman, spéculation.

fabuler *verbe* Présenter des histoires comme réelles. SYN. affabuler, forger, imaginer, inventer, mentir.

fabuleusement *adverbe* De façon fabuleuse. SYN. considérablement, éminemment, énormément, excessivement, extraordinairement, extrêmement, follement, immensément, incroyablement, infiniment, prodigieusement, suprêmement, terriblement, vertigineusement. – FAMILIER : bigrement, bougrement, diablement, drôlement, fichtrement, fichûment, formidablement, sacrément. – LITTÉRAIRE : diantrement. CONTR. *faiblement, légèrement, moyennement, passablement.*

fabuleux *adjectif* LITTÉRAIRE. Relatif à la mythologie. SYN. chimérique, fantastique, féerique, imaginaire, irréel, légendaire, mythique, mythologique. CONTR. *authentique, historique, réel, vrai.* ■ Qui dépasse la mesure. SYN. colossal, exorbitant, extravagant, fou, gigantesque, gros, incalculable, inimaginable, insensé, mirifique, phénoménal, romanesque, vertigineux. – FAMILIER : astronomique, énorme, faramineux, furieux, mirobolant. – POPULAIRE : bœuf. CONTR. *faible, honnête, modeste, modique, petit.* ■ FAMILIER. Exceptionnel par ses qualités. SYN. beau, éblouissant, extraordinaire, génial, grandiose, incroyable, inouï, insigne, merveilleux, miraculeux, prestigieux, prodigieux, somptueux, spectaculaire, splendide, suprême, surprenant. – FAMILIER : épique, fantastique, sensationnel. – LITTÉRAIRE : surnaturel. CONTR. *banal, commun, courant, ordinaire, prosaïque, quelconque, vulgaire.*

façade *nom féminin* Face d'un bâtiment. SYN. côté, devant, front. CONTR. *arrière, derrière, dos.* ■ Apparence extérieure. SYN. air, apparence, attitude, écorce, extérieur, semblant, surface, vernis. – LITTÉRAIRE : dehors, enveloppe, masque, superficie.

face *nom féminin* Partie antérieure de la tête. SYN. faciès, figure, minois, tête, visage. – FAMILIER : frimousse, museau. – POPULAIRE : fiole, gueule. ■ Côté d'une médaille. SYN. avers, droit. CONTR. *pile, revers.* ■ Aspect considéré. SYN. angle, aspect, côté, facette, perspective, point de vue. – LITTÉRAIRE : visage. ■ ***Faire face,*** faire front à. SYN. affronter, combattre, pallier, parer à, pourvoir à, remédier à, résister, soutenir. – LITTÉRAIRE : obvier à.

facétie *nom féminin* Action ou parole burlesque. SYN. bouffonnerie, clownerie, drôlerie, espièglerie, farce, gaminerie, mystification, pitrerie, plaisanterie, tour. – FAMILIER : blague, canular, niche, rigolade. – LITTÉRAIRE : pasquinade.

facétieux *adjectif* Qui tient de la facétie. SYN. bouffon, drôle, espiègle, farceur, gamin, mystificateur, plaisant, plaisantin, railleur, taquin. – FAMILIER : blagueur, rigolo. – LITTÉRAIRE : moqueur. CONTR. *grave, sérieux.*

facette *nom féminin* Chacun des aspects présentés. SYN. angle, aspect, côté, face, perspective. – LITTÉRAIRE : visage.

fâché *adjectif* Qui montre de la contrariété. SYN. agacé, contrarié, désolé, irrité, mécontent. – FAMILIER : embêté.

fâcher *verbe* Causer de la contrariété. SYN. chagriner, contrarier, déplaire, désobliger, désoler, exaspérer, froisser, indigner, indisposer, irriter, mécontenter, révolter. – LITTÉRAIRE : courroucer. CONTR. *apaiser, calmer.* ■ Créer un désaccord. SYN. brouiller, désunir, faire battre des montagnes, séparer. CONTR. *réconcilier, réunir, unir.* – FAMILIER : *rabibocher, raccommoder.*

fâcher (se) *verbe pronominal* Ne pas contenir sa colère. SYN. se cabrer, se déchaîner, décharger sa bile, déverser sa bile, éclater, élever la voix, élever le ton, s'emporter, entrer dans une rage folle, être en colère, être fou de rage, être fou furieux, être hors de soi, se formaliser, fulminer, hausser le ton, se hérisser, s'indigner, s'irriter, se mettre en colère, monter sur ses grands chevaux, se monter, ne pas décolérer, pester, prendre la mouche, prendre le mors aux dents, se révolter, sortir de ses gonds, tempêter, voir rouge. – FAMILIER : avoir une poussée d'adrénaline, s'emballer, être en boule, être en pétard, être en rogne, exploser, se fâcher tout rouge, grimper au cocotier, grimper aux rideaux, se mettre en boule, se mettre en pétard, se mettre en rogne, la moutarde me (lui) monte au nez, piquer une crise. – LITTÉRAIRE : se piquer. – POPULAIRE : pousser un coup de gueule, pousser une gueulante. CONTR. *se calmer, se détendre.* ■ Se brouiller avec quelqu'un. SYN. se brouiller, s'opposer, rompre, se séparer. CONTR. *fraterniser, se réconcilier, se remettre, renouer.* – FAMILIER : *se rabibocher, se raccommoder.*

fâcherie *nom féminin* FAMILIER. Désaccord entre des personnes. SYN. bouderie, brouille, désaccord, dissension, froid, mésentente. – FAMILIER : bisbille, chamaille, chamaillerie. – LITTÉRAIRE : discorde, dissentiment, mésintelligence. – VIEUX : brouillerie. CONTR. *rapprochement, réconciliation.* – FAMILIER : *rabibochage, raccommodement.*

fâcheusement *adverbe* D'une manière fâcheuse. SYN. déplorablement, désagréablement, mal, malencontreusement, malheureusement, tristement. CONTR. *avantageusement, bien.*

fâcheux *adjectif* Qui a des conséquences ennuyeuses. SYN. contrariant, dangereux, déplaisant, déplorable, désagréable, désastreux, désolant, dommageable, ennuyeux, funeste, inopportun, malencontreux, malheureux, navrant, regrettable, tracassant, vilain. – FAMILIER : embêtant, empoisonnant, enquiquinant, saumâtre. – POPULAIRE : chiant, emmerdant. CONTR. *agréable, avantageux, bénéfique, bienvenu, bon, favorable, heureux, joyeux, opportun, propice, salutaire.*

fâcheux *nom* LITTÉRAIRE. Personne importune. SYN. gêneur. – FAMILIER : casse-pieds, empoisonneur, enquiquineur, raseur. – LITTÉRAIRE : importun. – POPULAIRE : emmerdeur.

faciès *nom masculin* Traits distinctifs. SYN. face, figure, mine, physionomie, tête, traits, visage. – POPULAIRE : fiole.

facile *adjectif* Qui n'exige aucun effort. SYN. abordable, accessible, aisé, c'est un jeu d'enfant, clair, compréhensible, élémentaire, enfantin, intelligible, limpide, simple. – FAMILIER : bête comme chou, ce n'est pas la mer à boire, c'est de la rigolade, c'est du gâteau, c'est du tout cuit, fastoche, pas sorcier. – POPULAIRE : c'est du billard. CONTR. *ardu, complexe, compliqué, confus, délicat, difficile, dur, embarrassant, épineux, hermétique, impossible, incompréhensible, laborieux, malaisé, obscur, pénible, rude.* – FAMILIER : *calé, trapu.* – LITTÉRAIRE : *difficultueux, sibyllin, ténébreux.* ■ Qui se prête aisément à. SYN. commode, favorable, pratique. CONTR. *incommode, malcommode.* ■ Qui est très conciliant. SYN. abordable, accessible, accommodant, arrangeant, complaisant, coulant, docile, indulgent, maniable, manœuvrable, tolérant, vivable. – LITTÉRAIRE : traitable. CONTR. *acariâtre, despotique, exigeant, ferme, impatient, inflexible, intraitable, intransigeant.* – FAMILIER : *cassant, coriace, invivable.* – VIEUX : *chicaneur, chicanier.*

facilement *adverbe* Avec facilité. SYN. à l'aise, aisément, comme dans du beurre, comme par enchantement, commodément, en douceur, haut la main, sans difficulté, sans effort, sans encombre, sans peine, en souplesse, en un tour de main, volontiers. – FAMILIER : comme sur des roulettes, dans un fauteuil, les doigts dans le nez. – VIEUX : en un tournemain. CONTR. *difficilement, laborieusement, malaisément, péniblement.*

facilité *nom féminin* Caractère facile. SYN. commodité, simplicité. CONTR. *complexité, complication, difficulté.* ■ Attitude conciliante. SYN. affabilité, complaisance, indulgence, souplesse, tolérance. CONTR. *austérité, exigence, fermeté, intransigeance, rigueur.* ■ Aptitude à agir sans peine. SYN. aisance, capacités, disposition, don, étoffe, faculté, latitude, moyens, talent. – LITTÉRAIRE : fécondité. CONTR. *effort, inaptitude, peine.*

faciliter *verbe* Rendre facile. SYN. aplanir, arranger, concourir, éclairer, favoriser, simplifier, stimuler. CONTR. *compliquer, entraver, gêner.*

façon *nom féminin* Travail de l'artisan ou de l'artiste. SYN. confection, création, fabrication, main-d'œuvre, travail. – LITTÉRAIRE : facture, faire. ■ Manière d'être ou d'agir. SYN. air, allure, forme, manière, mode, moyen, tour.

faconde *nom féminin* LITTÉRAIRE. Grande facilité de parole. SYN. éloquence, verbiage, verve, volubilité. – FAMILIER : bagou, bagout, caquet, tchatche. – LITTÉRAIRE : loquacité, prolixité, rhétorique, verbosité. – POPULAIRE : jactance. CONTR. *brièveté, concision, laconisme, mutisme.*

façonnage *nom masculin* Action de façonner un objet. SYN. confection, fabrication, modelage. ■ Action de former quelqu'un. SYN. apprentissage, éducation, façonnement, formation, instruction.

façonnement *nom masculin* Action de former quelqu'un. SYN. apprentissage, éducation, façonnage, formation, instruction.

façonner *verbe* Élaborer quelque chose. SYN. bâtir, confectionner, fabriquer, faire, tailler. ■ LITTÉRAIRE. Former quelqu'un. SYN. accoutumer, cultiver, dresser, éduquer, élever, exercer, former, habituer, instruire, plier. – LITTÉRAIRE : pétrir, rompre. CONTR. *abêtir.* ■ Travailler un matériau. SYN. modeler, pétrir, sculpter, travailler.

façonner (se) *verbe pronominal* Modeler son comportement sur. SYN. se former, se modeler, se régler.

façons *nom féminin pluriel* Politesses excessives. SYN. affectation, histoires, manières, minauderie, simagrées, singeries. – FAMILIER : chichi, chiqué, fla-fla. – LITTÉRAIRE : afféterie, cérémonie. ■ Manière de se conduire. SYN. conduite, dehors, extérieur, genre, manières. – LITTÉRAIRE : enveloppe. ■ ***Sans façons,*** sans faire de manières. SYN. naturellement, simplement, spontanément.

fac-similé *nom masculin* Copie exacte d'une œuvre. SYN. copie, double, imitation, reproduction.

facteur *nom masculin* Ce qui concourt à un résultat. SYN. agent, cause, élément, origine, raison. CONTR. *conséquence, effet, résultat.*

factice *adjectif* Qui est faux. SYN. artificiel, d'emprunt, faux, frelaté, imité, livresque, postiche, préfabriqué, truqué. – FAMILIER : bidon. CONTR. *authentique, naturel, véritable, vrai.* ■ Qui est feint. SYN. affecté, apprêté, de commande, composé, contraint, conventionnel, étudié, fabriqué, feint, fictif, forcé, formel, plaqué, simulé, sophistiqué. – LITTÉRAIRE : emprunté. CONTR. *franc, primitif, profond, sincère, spontané, vrai.*

factieux *adjectif* Qui fomente des troubles. SYN. insurgé, insurrectionnel, perturbateur, rebelle, révolté, révolutionnaire, séditieux, subversif. – VIEUX : incendiaire, remueur. CONTR. *fidèle.*

factieux *nom* Personne qui fomente des troubles. SYN. agitateur, insurgé, mutin, perturbateur, rebelle, révolté, séditieux, trublion. – LITTÉRAIRE : fomentateur. – VIEUX : remueur.

faction *nom féminin* Groupe de personnes. SYN. cabale, camp, chapelle, clan, coalition, coterie, dissidence, groupement, parti, secte. – FAMILIER : clique. – LITTÉRAIRE : camarilla, ligue, phalange. ■ Service de surveillance. SYN. garde, guet, quart, veille.

factionnaire *nom masculin* Militaire en faction. SYN. guetteur, planton, sentinelle.

factitif *adjectif* Qui indique que le sujet fait faire l'action. SYN. causatif.

factoring *nom masculin* Transfert de créances commerciales. SYN. affacturage.

factotum *nom masculin* LITTÉRAIRE. Personne qui s'occupe de tout. SYN. homme à tout faire, intendant, majordome.

factum *nom masculin* LITTÉRAIRE. Écrit polémique. SYN. diatribe, pamphlet, satire. – LITTÉRAIRE : catilinaire, libelle, philippique. CONTR. *apologie, éloge, panégyrique.* – LITTÉRAIRE : *dithyrambe.*

facture *nom féminin* LITTÉRAIRE. Manière d'exécuter une chose. SYN. caractère, exécution, façon, style, technique, ton, travail. – LITTÉRAIRE : faire, touche. – VIEUX : fabrique.

facture *nom féminin* Somme à payer. SYN. compte, décompte, note. – FAMILIER : addition, douloureuse.

facultatif *adjectif* Qu'on peut faire ou non. SYN. ad libitum, éventuel, libre, à option, optionnel.

CONTR. *forcé, impératif, impérieux, imposé, incontournable, indispensable, obligatoire.*

facultativement *adverbe* D'une manière facultative. SYN. éventuellement. CONTR. *impérativement, impérieusement, nécessairement, obligatoirement.*

faculté *nom féminin* Fonction propre à l'être animé. SYN. aptitude, capacité, disposition, propriété, vertu. ■ Aptitude particulière. SYN. don, facilité, force, génie, moyen, puissance, talent. ■ Liberté d'agir. SYN. droit, latitude, liberté, marge, permission, possibilité, pouvoir, privilège. CONTR. *obligation.*

facultés *nom féminin pluriel* Aptitudes mentales. SYN. intelligence, lucidité, possibilités, raison, tête.

fada *adjectif* FAMILIER. Qui est un peu fou. SYN. dément, dérangé, désaxé, déséquilibré, fou. – FAMILIER : braque, cinglé, détraqué, dingue, frappé, loufoque, maboul, malade, marteau, piqué, ravagé, tapé, timbré, toc-toc, toqué, zinzin. – POPULAIRE : allumé, azimuté, barge, barjo, barjot, branque, brindezingue, chtarbé, cinoque, cintré, déjanté, dingo, fêlé, folingue, fondu, frapadingue, givré, jeté, louf, louftingue, ouf, sinoc, sinoque, siphonné, tordu. CONTR. *équilibré, normal, sain, sensé.*

fada *nom masculin* FAMILIER. Personne qui a perdu la raison. SYN. fou. – FAMILIER : cinglé, détraqué, dingue, malade.

fadaise *nom féminin* Propos insignifiant. SYN. bagatelle, baliverne, banalité, billevesée, broutille, calembredaine, futilité, ineptie, inutilité, niaiserie, platitude, puérilité, sornette, sottises. – FAMILIER : faribole, fichaise. – LITTÉRAIRE : superfluité. – VIEUX : calinotade.

fadasse *adjectif* Qui manque de goût. SYN. douceâtre, écœurant, fade, insipide, plat. CONTR. *assaisonné, épicé, fort, goûteux, pimenté, poivré, relevé, sapide, savoureux.* ■ Qui manque d'éclat. SYN. blafard, blême, décoloré, délavé, fade, morne, pâle, terne. CONTR. *coloré, vif.* ■ FAMILIER. Qui manque d'intérêt. SYN. banal, fade, fastidieux, froid, inconsistant, inintéressant, insignifiant, languissant, monotone, neutre, plat, quelconque, uniforme. – LITTÉRAIRE : incolore. CONTR. *excitant, hardi, intéressant, piquant, pittoresque, vivant.*

fade *adjectif* Qui manque de saveur. SYN. douceâtre, fadasse, insipide, plat. CONTR. *assaisonné, épicé, fort, goûteux, pimenté, poivré, relevé, sapide, savoureux.* ■ Se dit d'une odeur douceâtre. SYN. dégoûtant, écœurant, nauséabond. CONTR. *frais, suave.* ■ Qui manque d'éclat. SYN. blafard, blême, décoloré, délavé, fadasse, morne, pâle, terne. CONTR. *coloré, vif.* ■ Qui manque d'intérêt. SYN. banal, fastidieux, froid, inconsistant, inintéressant, inodore, insignifiant, monotone, neutre, plat, quelconque, uniforme. – FAMILIER : fadasse. – LITTÉRAIRE : incolore. CONTR. *excitant, hardi, intéressant, piquant, pittoresque, vivant.*

fadeur *nom féminin* Caractère fade. SYN. insipidité, platitude. CONTR. *âcreté, aigreur, goût, sapidité, saveur.* ■ Caractère inintéressant. SYN. banalité, faiblesse, inconsistance, insignifiance, monotonie, platitude. – LITTÉRAIRE : inanité. CONTR. *brillant, brio, intérêt, piquant, sel.* – LITTÉRAIRE : *vivacité.*

fagot *nom masculin* Faisceau de petit bois. SYN. bourrée, falourde, fascine. – VIEUX : cotret, margotin.

fagotage *nom masculin* FAMILIER. Mise sans élégance. SYN. accoutrement. – FAMILIER : attifement, harnachement, nippes. – LITTÉRAIRE : affublement.

fagoter *verbe* FAMILIER. Habiller quelqu'un sans goût. SYN. accoutrer, affubler. – FAMILIER : attifer, ficeler, nipper. – POPULAIRE : fringuer.

faiblard *adjectif* FAMILIER. Un peu faible. SYN. chétif, défectueux, délicat, frêle, insuffisant, malingre, médiocre.

faible *adjectif* Qui manque de résistance. SYN. anémique, asthénique, chancelant, chétif, débile, défaillant, déficient, délicat, désarmé, étiolé, exsangue, fragile, frêle, impuissant, maigre, malingre, menu, mince, souffreteux, vulnérable. CONTR. *farouche, de fer, fort, infatigable, résistant, robuste, solide, vigoureux.* – FAMILIER : *costaud.* – VIEUX : *gaillard.* ■ Qui manque d'intelligence. SYN. borné, étroit, obtus, réduit. – FAMILIER : bouché, limité, lourd. CONTR. *génial, incisif, pénétrant, subtil, vif.* ■ Qui a peu d'intensité. SYN. bas, dérisoire, léger, minime, modeste, modique, négligeable, petit. – FAMILIER : malheureux. CONTR. *colossal, confortable, conséquent, considérable, criard, décent, élevé, énorme, extravagant, extrême, fabuleux, fou, grand, gros, haut, immense, important, intense, particulier, prononcé, puissant, sérieux, violent.* – FAMILIER : *solide.* ■ Qui manque de connaissances. SYN. insuffisant, lamentable, mauvais, médiocre, minable, nul, pitoyable. CONTR. *bon, doué, érudit, fort, instruit, intelligent, savant.* ■ Qui manque d'autorité. SYN. accommodant, bonasse, coulant, entraînable, malléable, mou, velléitaire, veule. – LITTÉRAIRE : débonnaire. CONTR. *agissant, autoritaire, décisif, dominateur, énergique, de fer, ferme, impérieux, inflexible, puissant, sévère, totalitaire, volontaire.* ■ Se dit d'un son qui a peu de force. SYN. bas, étouffé, imperceptible, ténu. – LITTÉRAIRE : ouaté. CONTR. *appuyé, élevé, fort, haut, puissant.* – LITTÉRAIRE : *tonnant.*

faible *nom* Personne sans énergie. SYN. indécis, médiocre, poltron, timoré, velléitaire. – FAMILIER : mou. – LITTÉRAIRE : impuissant, pusillanime. CONTR. *despote, oppresseur, volontaire.* – LITTÉRAIRE : *dominateur, tyran.* ■ Personne sans ressources. SYN. déshérité, indigent, opprimé.

faible *nom masculin* Attirance particulière pour. SYN. attirance, goût, inclination, penchant, pente, prédilection, préférence, propension, vice. – LITTÉRAIRE : faiblesse. CONTR. *dégoût, répugnance.*

faiblement *adverbe* Avec mollesse. SYN. doucement, légèrement, mollement, vaguement. CONTR. *ardemment, durement, énergiquement, farouchement, fermement, fort, fortement, immodérément, puissamment, rudement, vigoureusement, violemment.* – LITTÉRAIRE : *vivement.* ■ À un faible degré. SYN. légèrement, médiocrement, moyennement, à peine, peu, vaguement. CONTR. *affreusement, beaucoup, bien, colossalement, complètement, considérablement, démesurément, effroyablement, énormément, entièrement, exceptionnellement, excessivement, extraordinairement, extrêmement, fabuleusement, follement, fortement, grièvement, hautement, horriblement, immensément, infiniment, intensément, largement, pleinement, prodigieusement, profondément, puissamment, richement, terriblement, très, vertigineusement.* – FAMILIER : *atrocement, bigrement, bougrement, diablement, fameusement, formidablement, méchamment, rudement.* – LITTÉRAIRE : *furieusement.*

faiblesse *nom féminin* Manque de résistance physique. SYN. affaiblissement, asthénie, débilité, déficience, épuisement, fatigue, fragilité, vulnérabilité. – FAMILIER : éreintement. – LITTÉRAIRE : exténuation. CONTR. *endurance, force, résistance, robustesse, santé, solidité, tonus, vigueur, vitalité.* ■ LITTÉRAIRE. Perte subite des forces. SYN. défaillance, étourdissement, évanouissement, malaise, pâmoison, syncope. ■ Manque de résistance morale. SYN. abattement, découragement, faible, lâcheté, laisser-aller, médiocrité, veulerie. CONTR. *détermination, domination, énergie, fermeté, grandeur, volonté.* ■ Point vulnérable. SYN. défaut, défectuosité, faille, faute, imperfection, manque, point faible, talon d'Achille. CONTR. *force, maîtrise, perfection, qualité, supériorité.* ■ Déficience dans l'intelligence. SYN. fadeur, impuissance, inconsistance, indigence, insignifiance, insuffisance, médiocrité, nullité, pauvreté, platitude. CONTR. *acuité, génie, pénétration, puissance, rapidité, talent, valeur.* – LITTÉRAIRE : *vivacité.*

faiblir *verbe* Perdre de sa vigueur. SYN. s'affaiblir, baisser, chanceler, décliner, décroître, s'effacer, s'estomper, s'étioler, fléchir, mollir. – FAMILIER : flancher, se ramollir. CONTR. *se raffermir.* ■ Perdre de son importance. SYN. s'atténuer, baisser, décliner, décroître, diminuer, fléchir, plier, se ralentir, se relâcher. CONTR. *augmenter, croître, enfler, grossir, s'intensifier, monter, persister.* ■ LITTÉRAIRE. Se trouver mal. SYN. s'évanouir, perdre connaissance, tomber en pâmoison, se trouver mal. – FAMILIER : tomber dans les pommes, tourner de l'œil. – LITTÉRAIRE : défaillir, se pâmer. – POPULAIRE : tomber dans les vapes. – VIEUX : avoir ses vapeurs. CONTR. *récupérer, se remettre, se remonter, tenir.* – FAMILIER : *se requinquer, se retaper.*

faiblissant *adjectif* Qui perd de sa force. SYN. chancelant, croulant, déclinant, défaillant, en fin de course, flageolant, pâlissant. – LITTÉRAIRE : mourant, vacillant. CONTR. *énergique, fort, fringant, tonique, vert, vif, vigoureux.* – FAMILIER : *vaillant.*

faignant *nom* FAMILIER. Personne paresseuse. SYN. fainéant, paresseux, partisan du moindre effort. – FAMILIER : cossard, flemmard, inspecteur des travaux finis, tire-au-flanc. – POPULAIRE : branleur, cul de plomb, glandeur, glandouilleur, tire-au-cul. CONTR. *courageux, travailleur.* – FAMILIER : *bûcheur.* – LITTÉRAIRE : *laborieux.*

faille *nom féminin* Discontinuité de terrain. SYN. cassure, fente, fissure, fracture. – LITTÉRAIRE : brisure, lézarde. ■ Point faible. SYN. défaut, défectuosité, faiblesse, faute, hiatus, imperfection, lacune, trou.

faillible *adjectif* Qui peut se tromper. CONTR. *assuré, certain, infaillible, sûr.*

faillir *verbe intransitif* Être sur le point de. SYN. croire, manquer, penser, risquer.

faillir *verbe transitif indirect* LITTÉRAIRE. Ne pas tenir sa promesse. SYN. se délier, manquer à. – LITTÉRAIRE : se dédire. CONTR. *s'acquitter, remplir.* ■ LITTÉRAIRE. Commettre une faute. SYN. pécher, succomber à la tentation.

faillite *nom féminin* Chute d'une entreprise. SYN. banqueroute, débâcle, déconfiture, désastre, écroulement, krach, naufrage, ruine. ■ Échec complet. SYN. accident, avatar, avortement, banqueroute, catastrophe, chute, culbute, débâcle, déconfiture, défaite, déroute, désastre, échec, gifle, insuccès, malheur, ruine. – FAMILIER : claque, fessée, fiasco, four, loupé, pile, piquette, plongeon, raclée, ratage, veste. – LITTÉRAIRE : infortune. – POPULAIRE : bide, déculottée, gamelle, plantage, volée. CONTR. *réussite, succès, triomphe, victoire.*

faim *nom féminin* Vif besoin de manger. SYN. appétit. – FAMILIER : fringale. CONTR. *inappétence,* *satiété.* ■ LITTÉRAIRE. Désir ardent de. SYN. avidité, besoin, envie, soif, souhait. – FAMILIER : fringale. – LITTÉRAIRE : appétit. CONTR. *inappétence.* ■ Manque de nourriture. SYN. disette, famine. CONTR. *abondance.* ■ ***Avoir faim,*** ressentir le besoin de manger. SYN. avoir le ventre creux, avoir l'estomac vide, avoir un creux (à l'estomac), crier famine, mourir d'inanition, tomber d'inanition. – FAMILIER : avoir la fringale, avoir les crocs, avoir l'estomac dans les talons, claquer du bec, danser devant le buffet, n'avoir rien à se mettre sous la dent. – POPULAIRE : avoir la dalle, avoir la dent, crever la dalle, la sauter. CONTR. *être rassasié.* – FAMILIER : *caler.* – LITTÉRAIRE : *être repu.*

fainéant *nom* Personne qui ne fait rien. SYN. paresseux, partisan du moindre effort. – FAMILIER : cossard, faignant, feignant, flemmard, inspecteur des travaux finis, tire-au-flanc. – POPULAIRE : branleur, cul de plomb, glandeur, glandouilleur, tire-au-cul. CONTR. *courageux, travailleur.* – FAMILIER : *bûcheur.* – LITTÉRAIRE : *laborieux.*

fainéanter *verbe* Faire le fainéant. SYN. flâner, musarder, ne rien faire de ses dix doigts, paresser, se prélasser, se rouler les pouces, se tourner les pouces, traîner. – FAMILIER : avoir la cosse, avoir les côtes en long, avoir les pieds nickelés, avoir un poil dans la main, bayer aux corneilles, buller, se la couler douce, être mou du genou, faire du lard, faire le lézard, flemmarder, lézarder, ne pas en fiche une rame, tirer sa flemme, traînailler, traînasser, traîner les pieds. – LITTÉRAIRE : muser. – POPULAIRE : avoir les doigts de pied en éventail, coincer la bulle, glander, glandouiller, se les rouler, tirer au cul, tirer au flanc. – VIEUX : clampiner. CONTR. *s'activer, s'affairer, se démener, se dépenser, donner un coup de collier, s'échiner, s'épuiser, s'escrimer, s'exténuer, se fatiguer, s'occuper, se presser, se remuer, travailler.* – FAMILIER : *s'agiter, bûcher, se décarcasser, se défoncer, s'éreinter, s'esquinter, mettre de l'huile de coude, se mettre en quatre, mettre le paquet, en mettre un bon coup, en mettre un coup, en mettre un vieux coup, se tuer.* – POPULAIRE : *bosser, boulonner.*

fainéantise *nom féminin* État de fainéant. SYN. indolence, nonchalance, oisiveté, paresse. – FAMILIER : cosse, flemmardise, flemme. CONTR. *activité, affairement, ardeur, dynamisme, énergie, zèle.*

faire *nom masculin* LITTÉRAIRE. Manière de faire d'un artiste. SYN. art, expérience, façon, métier, pratique, style, technique. – LITTÉRAIRE : facture.

faire *verbe intransitif* S'emploie pour «dire». SYN. lâcher, observer, proférer, prononcer, répliquer, répondre. – FAMILIER : sortir.

faire *verbe transitif* Réaliser quelque chose de concret. SYN. bâtir, composer, confectionner, constituer, construire, créer, dessiner, détailler, édifier, élever, engendrer, exécuter, fabriquer, façonner, forger, former, manufacturer, modeler, monter, opérer, préparer, produire, réaliser, tracer, usiner. – FAMILIER : sortir. CONTR. *défaire.* ■ Soumettre à une action particulière. SYN. astiquer, cirer, entretenir, frotter, laver, nettoyer, ranger, récurer. – FAMILIER : retaper. ■ Jouer le rôle de. SYN. imiter, interpréter, jouer, se poser en, se prendre pour. – FAMILIER : singer. – LITTÉRAIRE : simuler. ■ Se livrer à une activité. SYN. accomplir, s'adonner à, se consacrer, entreprendre, exécuter, exercer, pratiquer. ■ Parcourir une distance. SYN. courir, couvrir, parcourir, sillonner, visiter.

faire (se) *verbe pronominal* S'habituer à quelque chose. SYN. s'acclimater, s'accommoder, s'accoutumer, s'adapter, se familiariser, se plier à, prendre son parti de. – LITTÉRAIRE : s'accommoder. ■ Fabriquer quelque chose pour soi. SYN. se confectionner, se fabriquer, se réaliser. ■ Gagner de l'argent. SYN. acquérir, empocher, encaisser, gagner, obtenir, percevoir, ramasser, toucher. – FAMILIER : palper. ■ Voir ses facultés s'épanouir. SYN. s'accomplir, s'améliorer, arriver, se bonifier, se développer, se former, mûrir, percer, réussir. ■ Être en usage. SYN. se porter, se produire, se voir.

faire (s'en) *verbe pronominal* Être préoccupé par. SYN. s'alarmer, se faire du mauvais sang, se faire du souci, se faire du tracas, se faire un sang d'encre, s'inquiéter, se manger les sangs, se miner, se préoccuper, se ronger les sangs, se soucier, se tourmenter, se tracasser. – FAMILIER : se biler, être aux cent coups, se faire de la bile, se faire des cheveux (blancs), se frapper, se mettre martel en tête. – POPULAIRE : se faire de la mousse, se faire du mouron, se faire vieux. CONTR. *ne pas se soucier de, prendre à la légère.* – FAMILIER : *prendre à la rigolade.* – LITTÉRAIRE : *n'avoir cure de.*

faire-part *nom masculin invariable* Lettre annonçant un événement. SYN. annonce, avis.

fair-play *adjectif* Qui montre de la loyauté. SYN. carré, droit, franc, franc-jeu, honnête, loyal, sport. – FAMILIER : chic, régulier. – LITTÉRAIRE : probe. CONTR. *déloyal, fourbe, malhonnête, perfide, retors, sournois, traître.* – LITTÉRAIRE : *tortu.*

faisable *adjectif* Qu'on peut faire. SYN. exécutable, possible, praticable, réalisable. CONTR. *impossible, impraticable, inexécutable, infaisable, irréalisable.*

faisan *nom masculin* FAMILIER. Individu louche. SYN. aigrefin, bandit, escroc, filou, forban, fraudeur, gredin, intrigant, pourri. – FAMILIER : fripouille, margoulin. – LITTÉRAIRE : chevalier d'industrie. – POPULAIRE : arnaqueur. – VIEUX : fripon.

faisandé *adjectif* LITTÉRAIRE. Qui est dépravé. SYN. déliquescent, malsain, pourri. – LITTÉRAIRE : corrompu. CONTR. *propre, sain.* ■ Qui commence à se décomposer. SYN. avancé, avarié, décomposé, mortifié, pourri. – LITTÉRAIRE : putride.

faiseur *nom masculin* Personne qui se vante. SYN. bluffeur, bravache, cabotin, fanfaron, faraud, hâbleur, intrigant, prétentieux, vantard. – FAMILIER : cabot, crâneur, frimeur, m'as-tu-vu. – LITTÉRAIRE : capitan, matamore, rodomont. – VIEUX : esbroufeur, gascon, tranche-montagne. ■ Personne qui fait quelque chose. SYN. auteur, créateur, fabricateur, inventeur. – LITTÉRAIRE : fabricant, forgeur, ouvrier.

fait *nom masculin* Ce qui se produit. SYN. acte, action, cas, chose, circonstance, élément, événement, histoire, incident, phénomène. ■ Ce qui est incontestable. SYN. réalité, vérité. CONTR. *hypothèse, idée, invention, leurre, théorie.* ■ ***Haut fait,*** action méritoire. SYN. exploit, performance, prouesse.

faîte *nom masculin* Partie la plus élevée de. SYN. cime, crête, haut, pointe, sommet, tête. CONTR. *bas, base.* ■ LITTÉRAIRE. Le plus haut degré. SYN. apogée, apothéose, comble, pinacle, point culminant, summum, zénith. – LITTÉRAIRE : acmé, cime, période.

falbalas *nom masculin pluriel* Ornements surchargés. SYN. affiquets, fanfreluches, garniture, ornement.

falconiforme *nom masculin* Type d'oiseau rapace diurne. SYN. accipitriforme.

fallacieux *adjectif* LITTÉRAIRE. Qui cherche à tromper. SYN. beau, captieux, faux, hypocrite, illusoire, insidieux, mensonger, menteur, perfide, spécieux. – LITTÉRAIRE : artificieux, trompeur. CONTR. *authentique, droit, franc, honnête, loyal, sincère, spontané, véridique, vrai.*

falloir *verbe impersonnel* ***Il faut,*** indique la nécessité. SYN. il convient de, il est nécessaire de, il y a lieu de, on doit. – LITTÉRAIRE : il sied de.

falot *adjectif* Qui est insignifiant. SYN. anodin, banal, effacé, humble, insignifiant, modeste, plat, terne. CONTR. *brillant, caractérisé, éblouissant, éminent, extraordinaire, remarquable, supérieur, volontaire.*

falsification *nom féminin* Action de falsifier. SYN. adultération, altération, dénaturation, fraude, maquillage, mutilation, trucage, truquage. – FAMILIER : bidouillage, tripatouillage. – POPULAIRE : bidonnage. CONTR. *authenticité, sincérité.*

falsifié *adjectif* Qui a été truqué. SYN. contrefait, faux, frelaté, truqué. CONTR. *authentique, exact, naturel.*

falsifier *verbe* Modifier la nature de. SYN. adultérer, altérer, dénaturer, modifier. – FAMILIER : bidouiller, trafiquer, tripatouiller. – LITTÉRAIRE : frelater. – POPULAIRE : bidonner. CONTR. *respecter.* ■ Modifier l'authenticité de. SYN. contrefaire, défigurer, déformer, fausser, maquiller, travestir, truquer. CONTR. *authentifier.*

famélique *adjectif* Qui souffre de la faim. SYN. affamé. CONTR. *rassasié, satisfait.* – LITTÉRAIRE : *repu.*

fameusement *adverbe* FAMILIER. Indique une grande intensité. SYN. abominablement, admirablement, affreusement, beaucoup, bien, effroyablement, énormément, épouvantablement, excessivement, extraordinairement, extrêmement, follement, fort, fortement, grandement, hautement, horriblement, immensément, immodérément, incroyablement, mortellement, parfaitement, particulièrement, prodigieusement, profondément, puissamment, singulièrement, terriblement, très, trop, vertigineusement. – FAMILIER : atrocement, bigrement, bougrement, diablement, drôlement, fichtrement, fichûment, formidablement, joliment, méchamment, rudement, sacrément, tout plein. – LITTÉRAIRE : diantrement, furieusement. – POPULAIRE : foutrement, salement, vachement. – VIEUX : fièrement. CONTR. *faiblement, guère, légèrement, nullement, à peine, peu.*

fameux *adjectif* LITTÉRAIRE. Qui a une grande réputation. SYN. brillant, célèbre, connu, glorieux, historique, illustre, insigne, légendaire, marquant, mémorable, proverbial, renommé, réputé. CONTR. *ignoré, inconnu, méconnu, obscur.* ■ Se dit d'un mets raffiné. SYN. délicieux, excellent, exquis, extra, parfait, savoureux, succulent, superfin. – FAMILIER : c'est à se mettre à genoux, c'est à tomber par terre, c'est du nanan, aux petits oignons. – LITTÉRAIRE : délectable. CONTR. *insignifiant, médiocre, quelconque.* ■ FAMILIER. Indique un degré très élevé. SYN. achevé, beau, consommé, du diable, d'enfer, grand, poussé, de tous les diables. – FAMILIER : carabiné, fieffé, furieux, pas piqué des hannetons, pas piqué des vers, sacré, satané, sinistre, soigné. – LITTÉRAIRE : franc, signalé. – POPULAIRE : gratiné.

familiariser *verbe* Habituer quelqu'un à. SYN. acclimater, accoutumer, adapter, dresser, entraîner, exercer, faire à, habituer. – LITTÉRAIRE : façonner, rompre à. CONTR. *dépayser, effaroucher.*

familiariser (se) *verbe pronominal* Se rendre une chose familière. SYN. s'acclimater, s'accoutumer, s'adapter, se faire à, s'habituer à, se plier à. – LITTÉRAIRE : s'accommoder.

familiarité *nom féminin* Rapports amicaux. SYN. amitié, bonhomie, camaraderie, cordialité, intimité, liberté, privauté. – LITTÉRAIRE : liant. CONTR. *distance, hauteur.* ■ Connaissance parfaite de. SYN. expérience, habitude, pratique. – LITTÉRAIRE : fréquentation.

familiarités *nom féminin pluriel* Manières trop libres. SYN. aplomb, désinvolture, impertinence, libertés, privautés, sans-gêne. – FAMILIER : toupet. – LITTÉRAIRE : sans-façon.

familier *adjectif* Qui vit près de l'homme. SYN. apprivoisé, docile, domesticable, domestiqué. CONTR. *farouche, indompté, sauvage.* ■ Qui montre de l'amabilité. SYN. amical, bonhomme, cordial, intime, liant, simple, sociable, spontané. CONTR. *arrogant, cérémonieux, compassé, distant, fier, formaliste, froid, gourmé, guindé, hautain, protocolaire, rogue, solennel, suffisant.* – LITTÉRAIRE : *outrecuidant.* ■ Qui est connu de quelqu'un. SYN. accoutumé, connu, courant, habituel. CONTR. *étranger, inconnu, inhabituel, insolite, inusité, nouveau.* ■ Dont les manières sont trop libres. SYN. cavalier, désinvolte, libre, sans façons. – FAMILIER : sans gêne. CONTR. *déférent, grave, raffiné, réservé, respectueux.* – LITTÉRAIRE : *révérencieux.* ■ Qui a l'habitude de. SYN. expérimenté, habitué, maître, rompu. – FAMILIER : spécialiste. – LITTÉRAIRE : coutumier. CONTR. *étranger, ignorant.* ■ Qui est dit d'une façon un peu libre. CONTR. *ampoulé, boursouflé, déclamatoire, élevé, emphatique, grandiloquent, littéraire, pompeux, soutenu.*

famille *nom féminin* Ensemble de générations. SYN. lignée, maison, origine, souche. – LITTÉRAIRE : parents, race, sang. ■ Personnes unies par un lien de parenté. SYN. parenté. – LITTÉRAIRE : parentèle, parentelle. ■ Le père, la mère et les enfants. SYN. foyer, maison, ménage. – FAMILIER : maisonnée, smala, smalah, tribu. ■ Ensemble aux traits communs. SYN. catégorie, classe, genre, groupe.

famine *nom féminin* Manque de nourriture. SYN. dénuement, détresse, disette, faim. CONTR. *abondance, aisance, opulence.*

fan *nom* FAMILIER. Admirateur passionné de. SYN. admirateur, fanatique. – FAMILIER : fondu, groupie. – POPULAIRE : accro.

fana *adjectif* FAMILIER. Qui se passionne pour. SYN. enragé, entiché, fanatique, féru, gourmand, toqué. – FAMILIER : fondu, mordu. – LITTÉRAIRE : idolâtre. – POPULAIRE : accro.

fanage *nom masculin* Transformation du fourrage en foin. SYN. fenaison.

fanal *nom masculin* Grosse lanterne. SYN. falot, lanterne, lumière, phare.

fanatique *adjectif* Qui relève du fanatisme. SYN. aveugle, enragé, exalté, forcené, frénétique, passionnel, sectaire. – LITTÉRAIRE : idolâtre. CONTR. *impartial, libéral, lucide, sceptique, tiède, tolérant.* ■ Qui est passionné pour. SYN. féru, fervent, fou, ivre, toqué. – FAMILIER : fan, fana, fondu, mordu. – POPULAIRE : accro.

fanatique *nom* Personne trop zélée. SYN. énergumène, exalté, excité, illuminé, mystique, sectaire. – LITTÉRAIRE : séide, zélateur. CONTR. *indifférent, sceptique.* ■ Personne qui a une passion pour. SYN. amoureux, fou, passionné. – FAMILIER : fan, fana, fondu. – POPULAIRE : accro.

fanatiser *verbe* Rendre fanatique. SYN. électriser, enthousiasmer, exalter, exciter, galvaniser. – LITTÉRAIRE : enflammer.

fanatisme *nom masculin* Dévouement absolu à une cause. SYN. intolérance, sectarisme. CONTR. *libéralisme, tolérance.* ■ Attachement passionné pour. SYN. ardeur, enthousiasme, exaltation, ferveur, passion. CONTR. *lucidité, objectivité.*

fâné *adjectif* Qui est desséché. SYN. défleuri, desséché, étiolé, flétri. ■ Qui a perdu son éclat. SYN. décati, défraîchi, fripé, marqué, pâle, terne. – FAMILIER : fatigué. – LITTÉRAIRE : flétri. CONTR. *ardent, éclatant, frais.*

faner *verbe* Faire perdre sa fraîcheur à une plante. SYN. dessécher, flétrir, sécher. ■ Altérer l'éclat de quelque chose. SYN. décolorer, défraîchir, déteindre, friper, ternir. CONTR. *raviver.*

faner (se) *verbe pronominal* Se dessécher, pour une plante. SYN. dépérir, s'étioler, faner, se flétrir, jaunir, languir, mourir, végéter. – LITTÉRAIRE : flétrir. CONTR. *se développer, éclore, s'épanouir, fleurir, pousser, reverdir, verdir.* ■ Perdre son éclat. SYN. dépérir, se fatiguer, se flétrir, pâlir, passer, se ternir. CONTR. *se développer, s'épanouir.* – LITTÉRAIRE : *fleurir.*

fanfare *nom féminin* Orchestre de cuivres. SYN. clique, harmonie, musique.

fanfaron *adjectif* Qui se vante. SYN. avantageux, bluffeur, bravache, cabotin, faraud, fier, hâbleur, orgueilleux, prétentieux, vaniteux. – FAMILIER : bêcheur, crâneur, fiérot, frimeur. – LITTÉRAIRE : fat. – VIEUX : gascon. CONTR. *modeste, simple, sincère, timide.*

fanfaron *nom* Personne qui se vante. SYN. bluffeur, bravache, cabotin, faiseur, faraud, hâbleur, vantard. – FAMILIER : bêcheur, cabot, crâneur, frimeur, m'as-tu-vu. – LITTÉRAIRE : capitan, fier-à-bras, matamore, paradeur, rodomont. – VIEUX : esbroufeur, gascon, tranche-montagne.

fanfaronnade *nom féminin* Action, parole de fanfaron. SYN. bluff, bravade, cabotinage, défi, ostentation, suffisance, vantardise. – LITTÉRAIRE : crânerie, forfanterie, gasconnade, hâblerie, jactance, rodomontade, tarasconnade. – POPULAIRE : craque. CONTR. *modestie, réserve, retenue, sincérité, timidité.*

fanfaronner *verbe* LITTÉRAIRE. Faire le fanfaron. SYN. cabotiner, faire le malin, faire l'important, faire l'intéressant, en mettre plein la vue, parader, poser, prendre de grands airs, le prendre de haut, prendre des airs de grandeur, prendre un air entendu, se vanter. – FAMILIER : bêcher, crâner, faire de l'esbroufe, faire du chiqué, se faire mousser, frimer, jeter de la poudre aux yeux, plastronner, se pousser du col. – POPULAIRE : faire de l'épate, péter plus haut que son cul, ramener sa fraise, la ramener.

fanfre *nom masculin* Poisson qui se nourrit des parasites des requins. SYN. poisson-pilote.

fanfreluche *nom féminin* Ornement de peu de valeur. SYN. affiquet, babiole, colifichet, falbalas, garniture.

fange *nom féminin* LITTÉRAIRE. Boue liquide. SYN. boue, bourbe, vase. – FAMILIER : gadoue.

fangeux *adjectif* LITTÉRAIRE. Plein de fange. SYN. boueux, bourbeux, limoneux, marécageux, vaseux.

fanion *nom masculin* Petit drapeau. SYN. banderole, drapeau, flamme, guidon.

fantaisie *nom féminin* Faculté de création. SYN. créativité, imagination. CONTR. *classicisme, fidélité, imitation.* ■ Désir fantasque. SYN. bizarrerie, caprice, gré, humeur, lubie, passade. – FAMILIER : tocade, toquade. – LITTÉRAIRE : foucade. ■ Comportement original. SYN. excentricité, extravagance, originalité, pittoresque. CONTR. *gravité, ordre, sévérité.* ■ Ensemble de choses imprévues. SYN. diversité, imprévu, variété. CONTR. *banalité, monotonie, platitude.* ■ Amour passager. SYN. amourette, caprice, passade. – FAMILIER : amusette, béguin, flirt. – LITTÉRAIRE : bluette.

fantaisiste *adjectif* Qui manque de sérieux. SYN. dilettante. – FAMILIER : fumiste. CONTR. *consciencieux, grave, judicieux, méthodique, ponctuel, précis, réglé, rigoureux, sérieux.* ■ Qui n'obéit qu'à ses caprices. SYN. bohème, capricieux, évaporé, fantasque, farfelu, inégal, irrégulier, original. CONTR. *formaliste, grave, invariable, rationnel, régulier.* ■ Qui manque de base. SYN. arbitraire, chimérique, gratuit, imaginaire, infondé, inventé, mensonger. – LITTÉRAIRE : funambulesque. CONTR. *autorisé, exact, fidèle, historique, officiel, raisonné, strict, sûr, vrai.*

fantasmagorie *nom féminin* Spectacle extraordinaire. SYN. féerie, magie, mirage.

fantasmagorique *adjectif* Qui tient de la fantasmagorie. SYN. fantastique, féerique, imaginaire, irréel, magique, merveilleux, mythique. CONTR. *réel, vrai.*

fantasque *adjectif* Qui est sujet à des fantaisies. SYN. bizarre, capricieux, changeant, déraisonnable, évaporé, fantaisiste, farfelu, inégal, lunatique, versatile, volage. – FAMILIER : braque, loufoque. CONTR. *persévérant, posé, raisonnable.* ■ LITTÉRAIRE. Plein d'originalité. SYN. abracadabrant, baroque, bizarre, extraordinaire, extravagant, spécial.

fantastique *adjectif* Créé par l'imagination. SYN. fantasmagorique, féerique, irréel, magique, merveilleux, miraculeux, surnaturel. – LITTÉRAIRE : fabuleux, prodigieux. CONTR. *historique, réel.* ■ Qui atteint un très haut degré. SYN. colossal, éblouissant, effarant, étonnant, étourdissant, extraordinaire, formidable, fou, génial, gigantesque, grandiose, impressionnant, incalculable, incohérent, inconcevable, incroyable, inimaginable, inouï, merveilleux, miraculeux, mirifique, phénoménal, prodigieux, rocambolesque, stupéfiant, surprenant. – FAMILIER : astronomique, énorme, épique, époustouflant, fabuleux, faramineux, furieux, homérique, mirobolant, monstre, monumental, renversant, sensationnel, terrible. – LITTÉRAIRE : surnaturel. – POPULAIRE : bœuf. CONTR. *banal, commun, ordinaire, quelconque.*

fantoche *nom masculin* Personne inconstante. SYN. farceur, marionnette, pantin. – FAMILIER : fumiste, girouette, guignol, polichinelle. – LITTÉRAIRE : protée. – POPULAIRE : rigolo. – VIEUX : arlequin, sauteur.

fantomatique *adjectif* Qui tient de l'apparition. SYN. fantastique, irréel, mythique. – LITTÉRAIRE : fantomal, spectral. CONTR. *palpable, réel.*

fantôme *nom masculin* Forme d'un mort qui apparaît aux vivants. SYN. apparition, ectoplasme, esprit, ombre, revenant, spectre. – LITTÉRAIRE : mort. – VIEUX : lémure. ■ Création de l'imagination. SYN. chimère, fantasme, fiction, illusion, phantasme, rêve. – LITTÉRAIRE : songe. CONTR. *réalité.*

faquin *nom masculin* LITTÉRAIRE. Individu grossier. SYN. butor, cuistre, goujat, malappris, malotru, mufle, ostrogoth. – FAMILIER : malpoli, paltoquet. – LITTÉRAIRE : soudard. – VIEUX : bélître, coquin, maraud, maroufle.

faramineux *adjectif* FAMILIER. Étonnant par son importance. SYN. colossal, effarant, extraordinaire, fantastique, formidable, fou, gigantesque, gros, incalculable, incroyable, inimaginable, inouï, monstrueux, phénoménal, prodigieux, stupéfiant, terrible. – **FAMILIER** : astronomique, énorme, fabuleux, furieux, mirobolant, monstre, monumental. – **POPULAIRE** : bœuf.

faraud *adjectif* Qui fait le fier. **SYN.** avantageux, bluffeur, bravache, cabotin, fanfaron, fier, hâbleur, orgueilleux, prétentieux, vaniteux. – **FAMILIER** : crâneur, fiérot, frimeur. – **LITTÉRAIRE** : fat. – **VIEUX** : gascon. **CONTR.** *effacé, humble, modeste, réservé.*

faraud *nom* Personne qui se vante. **SYN.** bluffeur, bravache, cabotin, faiseur, fanfaron, hâbleur, vantard. – **FAMILIER** : bêcheur, cabot, crâneur, frimeur, m'as-tu-vu. – **LITTÉRAIRE** : capitan, fier-à-bras, matamore, paradeur, rodomont. – **VIEUX** : esbroufeur, gascon, tranche-montagne.

farce *nom féminin* Action destinée à faire rire. **SYN.** attrape, bouffonnerie, facétie, galéjade, mystification, pitrerie, plaisanterie, tour. – **FAMILIER** : blague, canular, fumisterie, joyeuseté, niche. – **LITTÉRAIRE** : imposture, pasquinade.

farceur *nom* Personne qui fait des farces. **SYN.** amuseur, facétieux, malicieux, mystificateur, pitre, railleur. – **FAMILIER** : blagueur. – **LITTÉRAIRE** : moqueur. ■ Personne peu sérieuse. **SYN.** fantoche, marionnette, pantin, plaisantin. – **FAMILIER** : fumiste, guignol, loustic, polichinelle. – **POPULAIRE** : charlot, rigolo, zouave.

farci *adjectif* Surchargé de quelque chose. **SYN.** comble, débordant, encombré, foisonnant, fourmillant, plein, rempli. – **FAMILIER** : bourré, truffé. **CONTR.** *dénué, dépourvu, exempt, vide.*

farcir *verbe* Surcharger de quelque chose. **SYN.** bourrer, entrelarder, hérisser, larder, remplir, surcharger, truffer.

farcir (se) *verbe pronominal* POPULAIRE. Assurer l'exécution de. **SYN.** se charger de. – **FAMILIER** : s'appuyer, se coltiner, s'enfiler. – **POPULAIRE** : s'envoyer, se taper.

fardeau *nom masculin* Charge pesante. **SYN.** charge, chargement, poids, surcharge. – **LITTÉRAIRE** : faix, joug.

farder *verbe* Mettre du fard à quelqu'un. **SYN.** grimer, maquiller. – **LITTÉRAIRE** : ombrer. **CONTR.** *démaquiller.* ■ LITTÉRAIRE. Cacher la vraie nature de. **SYN.** déguiser, dissimuler, embellir, enjoliver, maquiller, masquer, travestir. – **LITTÉRAIRE** : voiler. **CONTR.** *démasquer, dévoiler, montrer.*

farder (se) *verbe pronominal* Se mettre du fard. **SYN.** se grimer, se maquiller. **CONTR.** *se démaquiller.*

fardier *nom masculin* Chariot bas. **SYN.** binard.

farfadet *nom masculin* Démon familier. **SYN.** elfe, esprit follet, génie, kobold, lutin.

farfelu *adjectif* Qui est un peu fou. **SYN.** abracadabrant, biscornu, bizarre, burlesque, déraisonnable, excentrique, extravagant, fantaisiste, fantasque, fou, insensé, original, rocambolesque, saugrenu, spécial, ubuesque. – **FAMILIER** : braque, foufou, loufoque, tarabiscoté, tordu. – **LITTÉRAIRE** : funambulesque. **CONTR.** *logique, posé, raisonnable, rationnel, sage, sensé.*

farfouiller *verbe* FAMILIER. Fouiller dans quelque chose. **SYN.** fouiller, fureter. – **FAMILIER** : fouiner, fourgonner, fourrager, trifouiller, tripoter.

farfouilleur *nom* FAMILIER. Personne qui farfouille. **SYN.** curieux, fouilleur, fureteur. – **FAMILIER** : fouinard, fouineur.

faribole *nom féminin* FAMILIER. Chose vaine et frivole. **SYN.** bagatelle, baliverne, banalité, billevesée, bricole, broutille, calembredaine, fadaise, futilité, inutilité, platitude, sornette, sottise, vétille. – **FAMILIER** : fichaise. – **LITTÉRAIRE** : superfluité. – **POPULAIRE** : foutaise.

farineux *adjectif* Qui contient de la farine ou de la fécule. **SYN.** féculent.

farniente *nom masculin* FAMILIER. Douce oisiveté. **SYN.** délassement, détente, inaction, loisir, oisiveté, paresse, repos.

farouche *adjectif* Se dit d'un animal sauvage. **SYN.** brut, indompté, sauvage. **CONTR.** *apprivoisé, docile, domestiqué, dressé, familier.* ■ Dont l'abord est difficile. **SYN.** inhospitalier, insociable, sauvage, timide. **CONTR.** *accueillant, cordial, sociable.* – **LITTÉRAIRE** : *amène.* ■ Qui exprime la violence. **SYN.** acharné, âpre, brut, dur, féroce, implacable, indomptable, menaçant, opiniâtre, rude, sanglant, sauvage, tenace, véhément. – **LITTÉRAIRE** : sanguinaire. **CONTR.** *doux, faible, léger, mou.*

farouchement *adverbe* De manière violente. **SYN.** âprement, arrache-pied (d'), brusquement, brutalement, durement, férocement, fortement, inébranlablement, obstinément, opiniâtrement, violemment. – **LITTÉRAIRE** : tenacement, vivement. **CONTR.** *doucement, faiblement, légèrement, mollement.* – **LITTÉRAIRE** : *tièdement.*

fascinant *adjectif* Qui exerce un vif attrait. **SYN.** attirant, attractif, attrayant, captivant, éblouissant, enchanteur, enjôleur, ensorcelant, envoûtant, magique, magnétique, palpitant, passionnant, prenant, séducteur, séduisant, subjuguant, troublant. – **LITTÉRAIRE** : fascinateur. **CONTR.** *inintéressant, rébarbatif, repoussant, répulsif, soporifique.* – **FAMILIER** : *rasant, raseur, rasoir, soûlant.*

fascinateur *adjectif* LITTÉRAIRE. Qui subjugue. **SYN.** charmeur, enchanteur, ensorcelant, envoûtant, fascinant, hallucinant, hypnotiseur, magique, magnétique, subjuguant.

fascination *nom féminin* Fait d'être hypnotisé par. SYN. charme, ensorcellement, envoûtement, hypnotisme, magie, sortilège. – LITTÉRAIRE : enchantement. ■ Attrait irrésistible. SYN. appel, ascendant, attirance, attraction, attrait, éblouissement, émerveillement, enchantement, ensorcellement, envoûtement, influence, magnétisme, ravissement, séduction. – LITTÉRAIRE : blandices.

fasciner *verbe* Immobiliser par le regard. SYN. ensorceler, envoûter, hypnotiser. – LITTÉRAIRE : charmer, enchanter. ■ Exercer une attraction sur. SYN. attirer, captiver, charmer, éblouir, émerveiller, enchanter, ensorceler, envoûter, impressionner, passionner, ravir, séduire, subjuguer, troubler. – LITTÉRAIRE : magnétiser. CONTR. *écœurer, repousser, répugner.* – FAMILIER : *raser, révulser.*

faste *adjectif* Se dit d'une période favorable. SYN. bénéfique, bienfaisant, bienheureux, bon, favorable, heureux, propice. CONTR. *fatal, funeste, malheureux, mauvais, néfaste.* – LITTÉRAIRE : *calamiteux.*

faste *nom masculin* Étalage de magnificence. SYN. apparat, brillant, clinquant, décorum, éclat, luxe, magnificence, opulence, richesse. – FAMILIER : tralala. – LITTÉRAIRE : pompe, somptuosité, splendeur. CONTR. *simplicité, sobriété.*

fastidieux *adjectif* Qui rebute par son uniformité. SYN. endormant, fade, fatigant, ingrat, insipide, lassant, monotone, rébarbatif, rebutant, répétitif, terne. – FAMILIER : assommant, barbant, embêtant, empoisonnant, fadasse, mourant, rasant, rasoir. – POPULAIRE : chiant, emmerdant. CONTR. *amusant, distrayant, divertissant, excitant, intéressant, récréatif.* – FAMILIER : *folichon.*

fastueusement *adverbe* Avec faste. SYN. grandement, luxueusement, princièrement, richement, royalement, somptueusement. CONTR. *chichement, pauvrement, petitement.*

fastueux *adjectif* Qui témoigne d'un grand luxe. SYN. brillant, clinquant, cossu, éclatant, luxueux, magnifique, opulent, princier, riche, royal, somptueux, splendide. – LITTÉRAIRE : pompeux. CONTR. *modeste, ordinaire, simple, sobre.*

fat *adjectif* LITTÉRAIRE. Qui est vaniteux. SYN. arrogant, avantageux, fanfaron, faraud, infatué, pédant, présomptueux, prétentieux, puant, suffisant, vaniteux. – FAMILIER : crâneur, fiérot. – LITTÉRAIRE : insolent, outrecuidant, vain. CONTR. *humble, modeste.*

fat *nom* LITTÉRAIRE. Personne vaniteuse. SYN. arrogant, cuistre, pédant, poseur, présomptueux, prétentieux, snob, vaniteux. – FAMILIER : crâneur.

fatal *adjectif* Qui arrive nécessairement. SYN. certain, fatidique, forcé, immanquable, inéluctable, inévitable, inexorable, logique, nécessaire, obligatoire, sûr. – FAMILIER : couru. – LITTÉRAIRE : implacable. CONTR. *accidentel, fortuit.* ■ Qui a de sinistres conséquences. SYN. catastrophique, désastreux, dommageable, foudroyant, funeste, malheureux, maudit, mortel, néfaste, nocif, nuisible, pernicieux. – LITTÉRAIRE : calamiteux. CONTR. *faste, heureux, propice, salubre, salutaire.*

fatalement *adverbe* D'une manière inévitable. SYN. certainement, à coup sûr, forcément, immanquablement, indubitablement, inéluctablement, inévitablement, inexorablement, infailliblement, mathématiquement, nécessairement, obligatoirement, sûrement, à tous les coups. CONTR. *accidentellement, fortuitement.*

fatalisme *nom masculin* Attitude de celui qui subit. SYN. apathie, indolence, inertie, passivité, résignation. CONTR. *réaction, rébellion, résistance.*

fataliste *adjectif* Qui montre du fatalisme. SYN. apathique, indolent, inerte, passif, résigné. CONTR. *actif.*

fatalité *nom féminin* Force qui déterminerait les événements. SYN. destin, destinée, hasard, nécessité, sort. – LITTÉRAIRE : fortune. ■ Situation fâcheuse. SYN. catastrophe, malchance, malédiction, malheur, mauvais œil. – FAMILIER : déveine, guigne. – LITTÉRAIRE : adversité. – POPULAIRE : poisse, scoumoune. – VIEUX : guignon. CONTR. *chance.* – FAMILIER : *veine.*

fatidique *adjectif* Qui semble fixé par le destin. SYN. fatal, immanquable, inévitable, inexorable. – LITTÉRAIRE : implacable.

fatigant *adjectif* Qui fatigue. SYN. accablant, affaiblissant, anémiant, éprouvant, épuisant, esquintant, exténuant, harassant, pénible, rude. – FAMILIER : cassant, claquant, crevant, éreintant, tuant, usant. CONTR. *délassant, paisible, reposant, tranquille.* – POPULAIRE : *peinard, pénard.* ■ Qui importune. SYN. fastidieux, lassant. – FAMILIER : assommant, barbant, bassinant, casse-pieds, embêtant, empoisonnant, enquiquinant, rasant, rasoir, soûlant, tannant. – POPULAIRE : canulant, chiant, emmerdant. CONTR. *amusant, distrayant.*

fatigue *nom féminin* Sensation d'épuisement. SYN. abattement, accablement, affaiblissement, affaissement, anéantissement, asthénie, épuisement, faiblesse, indisposition, lassitude, surmenage. – FAMILIER : coup de bambou, coup de barre, coup de pompe, éreintement. – LITTÉRAIRE : brisement, exténuation, harassement, prostration. – VIEUX : débilitation. CONTR. *délassement, fraîcheur, repos.*

fatigué *adjectif* Qui montre de la fatigue. SYN. abattu, accablé, affaibli, anéanti, à bout de course, à bout de force, à bout de souffle, brisé, broyé, épuisé, exténué, fourbu, harassé, indisposé, K.-O., las, mort de fatigue, recru, rendu, rompu, surmené, usé. – FAMILIER : achevé, au bout du rouleau, cassé, claqué, éreinté, esquinté, fini, flagada, flapi, H.S., kaput, lessivé, mort, moulu, à plat, pompé, à ramasser à la petite cuillère, raplapla, sur les genoux, tué, vanné, vidé. – POPULAIRE : cané, crevé, rétamé, sur les rotules. CONTR. *délassé, détendu, dispos, frais, frais et dispos, reposé.* – FAMILIER : *en forme, frais comme un gardon, frais comme une rose, increvable, en pleine forme.* – VIEUX : *gaillard.* ■ FAMILIER. Qui a beaucoup servi. SYN. avachi, à bout de course, déformé, défraîchi, fané, usagé, usé. CONTR. *frais, neuf.* ■ Qui en a assez de. SYN. dégoûté, las, lassé, saturé.

fatiguer *verbe* Causer de la fatigue. SYN. accabler, affaiblir, amoindrir, anéantir, briser, débiliter, épuiser, exténuer, harasser, surmener, vider. – FAMILIER : claquer, crever, éreinter, esquinter, lessiver, pomper, tuer, vanner. CONTR. *délasser, détendre, remettre d'aplomb, remettre sur pied, reposer.* – FAMILIER : *requinquer.* ■ Ennuyer quelqu'un par l'importunité ou l'ennui. SYN. agacer, assommer, décourager, dégoûter, ennuyer, indisposer, lasser, rebuter. – FAMILIER : barber, barbifier, bassiner, casser les pieds, embêter, empoisonner, enquiquiner, escagasser, faire suer, prendre la tête , raser, tanner. – LITTÉRAIRE : importuner, soûler. – POPULAIRE : canuler, casser les bonbons, cavaler, emmerder, faire braire, faire chier, gonfler, pomper. CONTR. *amuser, intéresser.*

fatiguer (se) *verbe pronominal* Se donner du mal pour. SYN. s'activer, s'affairer, s'agiter, se battre, se démener, se dépenser, se donner du mal, se donner un mal de chien, s'échiner, s'épuiser, s'escrimer, s'exténuer, faire des pieds et des mains, se multiplier, ne pas ménager sa peine, ne pas plaindre sa peine, se remuer, s'user. – FAMILIER : se claquer, se couper en quatre, se décarcasser, s'éreinter, s'esquinter, mettre de l'huile de coude, se mettre en quatre, mettre le paquet, suer. – POPULAIRE : se casser le cul, se casser, se crever, se fouler, ramer. CONTR. *s'amuser, dormir, fainéanter, musarder, ne rien faire de ses dix doigts, paresser, se prélasser, prendre son temps.* – FAMILIER : *bayer aux corneilles, buller, flemmarder, lambiner, lanterner, lézarder, tirer sa flemme.* – LITTÉRAIRE : *muser.* – POPULAIRE : *glander, ne pas en fiche une rame, ne pas se casser, ne pas se casser le bol, ne pas se casser le cul, ne pas se casser le tronc, ne pas se fouler, ne pas se fouler la rate, tirer au cul, tirer au flanc.*

fatras *nom masculin* Amas confus de choses. SYN. amas, amoncellement, assemblage, avalanche, bric-à-brac, chaos, confusion, désordre, empilement, enchevêtrement, entassement, fouillis, monceau, montagne, ramassis, tas. – FAMILIER : bazar, cargaison, flopée, méli-mélo, salmigondis. – POPULAIRE : foutoir. – VIEUX : pêle-mêle.

fatuité *nom féminin* Contentement de soi. SYN. amour-propre, arrogance, infatuation, orgueil, présomption, prétention, suffisance, supériorité. – LITTÉRAIRE : outrecuidance, superbe, vanité. CONTR. *humilité, modestie, simplicité.*

faubourien *adjectif* Qui évoque les faubourgs. SYN. canaille, populacier, populaire. – LITTÉRAIRE : crapuleux. – VIEUX : poissard.

fauche *nom féminin* Action de couper à la faux. SYN. fauchage, fauchaison. ■ POPULAIRE. Action de voler. SYN. escamotage, larcin, maraudage, maraude, vol. – FAMILIER : carottage, chapardage. – LITTÉRAIRE : rapine. – POPULAIRE : barbotage.

fauché *adjectif* FAMILIER. Qui n'a pas d'argent. SYN. à court, démuni, à fond de cale, gêné, indigent, malheureux, miséreux, nécessiteux, pauvre, pouilleux, ruiné. – FAMILIER : déplumé, désargenté, gêné aux entournures, dans la panade, sans le sou, à sec, sur la paille, sur le sable. – LITTÉRAIRE : impécunieux. – POPULAIRE : dans la débine, dans la dèche, dans la mouise, dans la purée, raide, raide comme un passe-lacet, sans un rotin. – VIEUX : besogneux, disetteux. CONTR. *aisé, fortuné, riche.* – FAMILIER : *argenté.*

faucher *verbe* Couper quelque chose. SYN. hacher, sectionner, trancher. ■ Faire mourir. SYN. abattre, anéantir, décimer, envoyer ad patres, exterminer, foudroyer, massacrer, tuer. – FAMILIER : laisser sur le carreau. – LITTÉRAIRE : hacher. ■ Faire tomber quelqu'un. SYN. renverser, terrasser. CONTR. *relever.* ■ POPULAIRE. Voler quelque chose. SYN. s'emparer, escamoter, prendre, rafler, voler. – FAMILIER : barboter, carotter, chaparder, chiper, choper, écornifler, kidnapper, piquer, subtiliser. – LITTÉRAIRE : dérober. – POPULAIRE : chauffer, chouraver, chourer, ratiboiser.

faufiler (se) *verbe pronominal* S'introduire adroitement. SYN. se couler, entrer, se glisser, s'immiscer, s'infiltrer, s'ingérer, s'introduire, passer, pénétrer. – FAMILIER : se fourrer. – LITTÉRAIRE : s'insinuer.

faufilure *nom féminin* Couture provisoire. SYN. bâti.

faune *nom masculin* Demi-dieu rustique. SYN. satyre.

faussaire *nom* Personne qui fait un faux. SYN. contrefacteur, falsificateur, faux-monnayeur. – POPULAIRE : maquilleur.

faussement *adverbe* D'une manière injuste. SYN. par erreur, indûment, injustement, à tort. CONTR. *véritablement, vraiment.* ▪ D'une manière simulée. SYN. artificiellement, hypocritement, mensongèrement. CONTR. *candidement, franchement, nettement, sincèrement, vrai.*

fausser *verbe* Déformer un objet. SYN. abîmer, déformer, détraquer, forcer. CONTR. *défausser, détordre, redresser.* ▪ Altérer la pensée de quelqu'un. SYN. adultérer, altérer, déformer, dénaturer, gâter, pervertir, trahir. – LITTÉRAIRE : corrompre, frelater, gauchir. ▪ Rendre faux. SYN. défigurer, déguiser, falsifier, maquiller, travestir, truquer.

fausseté *nom féminin* Caractère de ce qui est faux. SYN. erreur, inexactitude, mensonge. CONTR. *authenticité, réalité, véracité, vérité.* – LITTÉRAIRE : *véridicité.* ▪ Manque de franchise. SYN. déloyauté, duplicité, fourberie, hypocrisie, inauthenticité, mauvaise foi. – LITTÉRAIRE : insincérité, perfidie, tartuferie, tartufferie. CONTR. *authenticité, bonne foi, candeur, droiture, franchise, justesse, loyauté, rectitude, rigueur, sincérité, vérité.* – LITTÉRAIRE : *véracité.*

faute *nom féminin* Manquement à la règle morale. SYN. écart, faiblesse, indignité, méfait, péché, tort. – LITTÉRAIRE : peccadille. ▪ Manière d'agir maladroite. SYN. balourdise, bévue, impair, maladresse. – FAMILIER : bêtise, bourde, gaffe. ▪ Manquement à une norme. SYN. erreur, faille, imperfection, incorrection, inexactitude, irrégularité.

fauteur *nom* ***Fauteur de troubles,*** personne qui provoque des troubles. SYN. excitateur, inspirateur, instigateur, promoteur, provocateur.

fautif *adjectif* Qui comporte des fautes. SYN. défectueux, erroné, faux, impropre, incorrect, inexact, vicieux. CONTR. *correct, exact.* ▪ Qui est responsable d'un mal. SYN. blâmable, condamnable, coupable, responsable. CONTR. *acquitté, innocent.*

fautivement *adverbe* D'une manière fautive. SYN. improprement, incorrectement. CONTR. *correctement.*

fauve *adjectif* Qui tire sur le roux. SYN. doré, roux. – FAMILIER : rouquin. – LITTÉRAIRE : rubigineux.

faux *adjectif* Contraire à ce qui est vrai. SYN. aberrant, absurde, boiteux, erroné, fautif, illogique, incongru, inexact, mauvais, mensonger. – LITTÉRAIRE : controuvé. CONTR. *avéré, convenable, correct, exact, juste, pertinent, réel, véritable, visible, vrai.* – LITTÉRAIRE : *congru.* ▪ Qui est sans fondement. SYN. faussé, infondé, injustifié. – FAMILIER : bidon. – VIEUX : supposé. CONTR. *attesté, certifié, fondé, judicieux, justifié, logique, normal, officiel, sensé.* ▪ Qui n'est pas authentique. SYN. apocryphe, artificiel, contrefait, d'emprunt, fabriqué, factice, falsifié, forgé, imité, postiche, préfabriqué, truqué. CONTR. *authentique, fidèle, naturel, vrai.* ▪ Qui est équivoque. SYN. ambigu, équivoque, flottant, indéterminé. CONTR. *arrêté, clair, net, précis.* ▪ Qui n'est pas réellement éprouvé. SYN. affecté, apparent, de commande, fictif, forcé, illusoire, prétendu, simulé, soi-disant. – LITTÉRAIRE : de parade. CONTR. *certain, éprouvé, fondé, incontestable, mérité, raisonnable, sûr, véridique.* ▪ Qui cherche à tromper. SYN. déloyal, dissimulé, double, feint, fourbe, hypocrite, menteur, simulé, sournois, spécieux. – LITTÉRAIRE : fallacieux, papelard, perfide, tortu. CONTR. *candide, direct, droit, franc, loyal, sincère, véritable.* – LITTÉRAIRE : *vrai.*

faux *nom masculin* Ce qui est contraire à la vérité. SYN. erreur, mensonge. CONTR. *vérité, vrai.* ▪ Copie frauduleuse. SYN. contrefaçon, copie, imitation, pastiche, plagiat. – FAMILIER : toc.

faux-filet *nom masculin* Morceau de bœuf de la région du rein. SYN. contre-filet.

faux-fuyant *nom masculin* Moyen de se tirer d'embarras. SYN. atermoiements, biais, dérobade, détour, échappatoire, finasserie, pantalonnade, pirouette, porte de sortie, prétexte, subterfuge. – LITTÉRAIRE : sinuosité.

faux-monnayeur *nom masculin* Personne qui fabrique de la fausse monnaie. SYN. faussaire.

faux-semblant *nom masculin* Prétexte mensonger. SYN. affectation, apparence, semblant, simulacre, trompe-l'œil, vernis. – LITTÉRAIRE : masque.

faveur *nom féminin* LITTÉRAIRE. Attitude bienveillante. SYN. aide, appui, bienveillance, bonté, protection. – FAMILIER : piston. – LITTÉRAIRE : gracieuseté. CONTR. *cruauté.* ▪ Décision qui avantage quelqu'un. SYN. avantage, bien, bienfait, grâce, passe-droit, prérogative, privilège, service. – LITTÉRAIRE : don. ▪ Popularité dont jouit quelqu'un. SYN. considération, renom, renommée, sympathie, vogue. – FAMILIER : cote. – LITTÉRAIRE : crédit. CONTR. *défaveur, discrédit.* – LITTÉRAIRE : *déconsidération, disgrâce.*

favorable *adjectif* Qui est bienveillant à l'égard de. SYN. bienveillant, bon, clément, complaisant, encourageant, facile, sympathique. CONTR. *défavorable, ennemi, hostile, malveillant, sévère.* ▪ Qui avantage quelqu'un. SYN. avantageux, bénéfique, élogieux, faste, heureux, opportun, propice. CONTR. *contraire, défavorable, désavantageux, fâcheux, funeste, malheureux, néfaste, nuisible, opposé.* – LITTÉRAIRE : *adverse.*

favorablement *adverbe* De manière favorable. SYN. avantageusement, heureusement. CONTR. *mal, malencontreusement.*

favori *adjectif* Qui est l'objet d'une préférence. SYN. bien-aimé, chéri, de prédilection, préféré. CONTR. *abhorré, détesté, haï.*

favori *nom* Personne préférée. SYN. chéri, créature, poulain, préféré, privilégié, protégé. – FAMILIER : chouchou, coqueluche.

favorisé *nom* Personne avantagée. SYN. privilégié. CONTR. *déshérité, disgracié.*

favoriser *verbe* Placer dans une situation avantageuse. SYN. aider, appuyer, avantager, avoir le bras long, épauler, pousser, privilégier, protéger, sourire, soutenir. – FAMILIER : pistonner. CONTR. *défavoriser, désavantager, déshériter, desservir, évincer, frustrer, handicaper, léser.* ■ Contribuer au développement de. SYN. aider, concourir, contribuer, encourager, faciliter, seconder, servir, soutenir, venir à la rescousse. CONTR. *contrarier, contrecarrer, empêcher, enrayer, entraver, freiner, gêner, s'opposer, perdre, plomber.* ■ LITTÉRAIRE. Accorder une faveur. SYN. doter, gratifier.

favoritisme *nom masculin* Tendance à favoriser quelqu'un. SYN. népotisme, partialité. – FAMILIER : chouchoutage. CONTR. *équité, impartialité, justice.*

fax *nom masculin* Envoi d'un document par téléphonie. SYN. télécopie. ■ Appareil de télécopie. SYN. télécopieur.

faxer *verbe* Envoyer par fax. SYN. télécopier.

fébrifuge *adjectif et nom masculin* Qui combat la fièvre. SYN. antipyrétique.

fébrile *adjectif* Qui a de la fièvre. SYN. bouillant, brûlant, fiévreux. CONTR. *froid, gelé, glacé.* ■ Qui montre de l'excitation. SYN. bouillonnant, échevelé, endiablé, enflammé, exalté, excité, fougueux, frénétique, impatient, nerveux, surchauffé, survolté, véhément. – FAMILIER : sous pression. – LITTÉRAIRE : effervescent. CONTR. *calme, mesuré, modéré.*

fébrilement *adverbe* Avec nervosité. SYN. fiévreusement, impatiemment, nerveusement. – LITTÉRAIRE : tumultueusement. CONTR. *calmement, paisiblement, placidement, posément, sereinement, tranquillement.*

fébrilité *nom féminin* Excitation désordonnée. SYN. agitation, échauffement, effervescence, énervement, exaltation, excitation, fièvre, frénésie, nervosité. CONTR. *calme, flegme.*

fèces *nom féminin pluriel* Matières fécales. SYN. déjection, excréments, selles.

fécond *adjectif* Qui produit beaucoup de petits. SYN. prolifique. CONTR. *bréhaigne, infécond, stérile.* ■ LITTÉRAIRE. Se dit d'une terre riche. SYN. fertile, inépuisable, intarissable, productif. – LITTÉRAIRE : généreux, gras, plantureux. CONTR. *aride, improductif, infécond, infertile, ingrat, pauvre, sec, stérile.* ■ Qui produit beaucoup. SYN. abondant, créateur, fertile, imaginatif, inventif, productif, prolifique, riche. CONTR. *improductif, infécond, sec, stérile.*

féconder *verbe* LITTÉRAIRE. Rendre une terre productive. SYN. amender, enrichir, ensemencer, fertiliser. CONTR. *appauvrir, stériliser.* ■ LITTÉRAIRE. Rendre une femme enceinte. SYN. – POPULAIRE : engrosser, mettre en cloque. CONTR. *avorter.*

fécondité *nom féminin* Aptitude à la reproduction. SYN. fertilité. CONTR. *infécondité, infertilité, stérilité.* ■ LITTÉRAIRE. Aptitude d'un sol à produire. SYN. fertilité, productivité, richesse. CONTR. *aridité, improductivité, infécondité, pauvreté, stérilité.* – LITTÉRAIRE : *infertilité.* ■ LITTÉRAIRE. Richesse intellectuelle. SYN. abondance, créativité, facilité, fertilité, finesse, ingéniosité, richesse. CONTR. *improductivité, infécondité, pauvreté, stérilité.*

féculent *adjectif* Qui contient de la fécule ou de la farine. SYN. farineux.

fédération *nom féminin* Groupement fédérateur. SYN. alliance, association, groupement, rassemblement, union. – LITTÉRAIRE : ligue.

fédérer (se) *verbe pronominal* Se rassembler autour de. SYN. se coaliser, se grouper, se liguer, se regrouper, se solidariser. CONTR. *se désolidariser.*

feeling *nom masculin* FAMILIER. Façon de ressentir une chose. SYN. affectivité, impression, intuition.

féerie *nom féminin* Spectacle merveilleux. SYN. fantasmagorie, magie, mirage. – LITTÉRAIRE : splendeur.

féerique *adjectif* Relatif au monde des fées. SYN. fantasmagorique, fantastique, imaginaire, irréel, magique, mythique, surnaturel. – LITTÉRAIRE : fabuleux. ■ D'une beauté extraordinaire. SYN. enchanteur, fantastique, magique, merveilleux, paradisiaque, somptueux. – FAMILIER : fabuleux. – LITTÉRAIRE : prodigieux, surnaturel. CONTR. *banal, commun, ordinaire, quelconque, vulgaire.*

feignant *nom* FAMILIER. Personne paresseuse. SYN. fainéant, paresseux, partisan du moindre effort. – FAMILIER : cossard, flemmard, inspecteur des travaux finis, tire-au-flanc. - **POPULAIRE** : branleur, cul de plomb, glandeur, glandouilleur, tire-au-cul. **CONTR.** *courageux, travailleur.* - **FAMILIER** : *bûcheur.* - **LITTÉRAIRE** : *laborieux.*

feindre *verbe* Simuler pour tromper. **SYN.** affecter, faire semblant, jouer, prétexter, simuler.

feint *adjectif* Qui est simulé pour tromper. **SYN.** affecté, artificiel, de commande, composé, factice, faux, hypocrite, simulé. **CONTR.** *direct, profond, réel, sincère, spontané, vrai.* ■ Qui n'est pas authentique. **SYN.** apparent, artificiel, fabriqué, factice, imité, postiche, préfabriqué. **CONTR.** *authentique, naturel, vrai.*

feinte *nom féminin* LITTÉRAIRE. Action de cacher la vérité. **SYN.** dissimulation, manège, manigance. - **FAMILIER** : comédie. ■ FAMILIER. Ruse destinée à tromper. **SYN.** piège, tromperie. - **LITTÉRAIRE** : sournoiserie.

feinter *verbe* Surprendre par une ruse. **SYN.** abuser, attraper, berner, biaiser, duper, induire en erreur, leurrer, se moquer, mystifier, piéger, rouler dans la farine, tromper. - **FAMILIER** : avoir, blouser, bluffer, embobiner, empaumer, empiler, ficher dedans, flouer, mener en bateau, mettre dedans, pigeonner, posséder, refaire, rouler. - **LITTÉRAIRE** : amuser, en faire accroire, gruger, jouer, se jouer de. - **POPULAIRE** : couillonner, entuber, foutre dedans.

fêlé *adjectif* FAMILIER. Qui est fou. **SYN.** dément, dérangé, désaxé, déséquilibré, fou. - **FAMILIER** : braque, cinglé, détraqué, dingue, fada, frappé, loufoque, maboul, malade, marteau, piqué, ravagé, sonné, tapé, timbré, toc-toc, toqué, zinzin. - **POPULAIRE** : allumé, azimuté, barge, barjo, barjot, branque, brindezingue, chtarbé, cinoque, cintré, déjanté, dingo, folingue, fondu, frapadingue, givré, jeté, louf, louftingue, ouf, sinoc, sinoque, siphonné, tordu.

fêler *verbe* Fendre légèrement. **SYN.** fendiller, fendre, fissurer.

félicitations *nom féminin pluriel* Vives approbations. **SYN.** compliments, éloge, louanges. - **LITTÉRAIRE** : congratulations. **CONTR.** *blâme, critique, remontrance, réprimande, reproche.* - **FAMILIER** : *éreintage, éreintement.* - **LITTÉRAIRE** : *admonestation, admonition.* - **POPULAIRE** : *engueulade.*

félicité *nom féminin* LITTÉRAIRE. Grand bonheur. **SYN.** allégresse, béatitude, bien, bien-être, bonheur, contentement, délice, euphorie, joie, nirvana, nirvâna, régal, réjouissance. **CONTR.** *calamité, détresse, malheur.* - **LITTÉRAIRE** : *adversité, infortune.*

féliciter *verbe* Adresser des félicitations à. **SYN.** applaudir, approuver, chanter les louanges, complimenter, couvrir de fleurs, donner un coup de chapeau, louer, ne pas tarir sur, porter au pinacle, porter aux nues, vanter les mérites. - **LITTÉRAIRE** : congratuler, encenser, louanger. **CONTR.** *blâmer, chapitrer, corriger, critiquer, décrier, morigéner, réprimander, stigmatiser, vitupérer.* - **FAMILIER** : *attraper, enguirlander, éreinter, esquinter.* - **LITTÉRAIRE** : *admonester, déchirer.* - **POPULAIRE** : *engueuler.*

féliciter (se) *verbe pronominal* S'estimer satisfait de. **SYN.** s'applaudir, se glorifier, se louer, se réjouir. - **LITTÉRAIRE** : être bien aise de, être fort aise de. **CONTR.** *déplorer, regretter, se repentir, se reprocher, s'en vouloir.* - **FAMILIER** : *se mordre les doigts.*

félon *adjectif* LITTÉRAIRE. Qui manque de loyauté. **SYN.** déloyal, fourbe, parjure, perfide, sournois, traître. - **LITTÉRAIRE** : infidèle. **CONTR.** *dévoué, fidèle, loyal.*

félon *nom masculin* LITTÉRAIRE. Homme déloyal. **SYN.** délateur, fourbe, judas, parjure, traître. **CONTR.** *fidèle.*

félonie *nom féminin* Comportement déloyal. **SYN.** déloyauté, traîtrise. - **LITTÉRAIRE** : infidélité, perfidie, scélératesse, vilenie. **CONTR.** *fidélité, loyauté.* ■ LITTÉRAIRE. Acte déloyal. **SYN.** déloyauté, forfaiture, trahison. - **LITTÉRAIRE** : perfidie, scélératesse, traîtrise, vilenie.

fêlure *nom féminin* Fente étroite. **SYN.** cassure, craquelure, fendillement, fissure, lézarde. - **LITTÉRAIRE** : brisure. ■ LITTÉRAIRE. Indice d'un désaccord. **SYN.** cassure, faille. - **LITTÉRAIRE** : lézarde.

féminin *adjectif* Relatif à la femme. **SYN.** efféminé, féminisé. **CONTR.** *hommasse, mâle, masculin, viril.*

féminisant *adjectif* Qui féminise. **CONTR.** *masculinisant, virilisant.*

féminiser *verbe* Donner de la féminité. **SYN.** déviriliser. - **LITTÉRAIRE** : efféminer. **CONTR.** *masculiniser, viriliser.*

féminité *nom féminin* Ce qui constitue le sexe féminin. **CONTR.** *masculinité, virilité.*

femme *nom féminin* Épouse. **SYN.** compagne, conjointe. - **FAMILIER** : bobonne, dame, moitié. - **POPULAIRE** : bonne femme, bourgeoise, julie, mousmé, poule. **CONTR.** *conjoint, époux, mari.* - **POPULAIRE** : *homme.* ■ Adulte de sexe féminin. **SYN.** dame. - **ARGOTIQUE** : louloute, loute, meuf. - **FAMILIER** : bonne femme, greluche, poulette. - **POPULAIRE** : gonzesse, moukère, mouquère, nana, nénette, pépée, poupée, souris. **CONTR.** *homme.* - **POPULAIRE** : *keum, mec.*

femmelette *nom féminin* FAMILIER. Homme mou, lâche. **SYN.** lâche, peureux, poltron. - **FAMILIER** : froussard, mauviette, poule mouillée. - **LITTÉRAIRE** : couard. - **POPULAIRE** : couille molle, dégonflé, trouillard. – VIEUX : capon. CONTR. *audacieux, brave, courageux, intrépide.* – FAMILIER : *casse-cou.*

fenaison *nom féminin* Transformation du fourrage en foin. SYN. fanage.

fendant *adjectif* POPULAIRE. Très drôle. SYN. comique, désopilant, drôle, hilarant, inénarrable, à mourir de rire. – FAMILIER : crevant, impayable, marrant, rigolo, roulant, tordant. – POPULAIRE : bidonnant, gondolant, à pisser de rire, poilant.

fendillement *nom masculin* Fait d'être fendillé. SYN. craquelure, fêlure, fissuration, fissure. – LITTÉRAIRE : brisure.

fendiller *verbe* Produire de petites fentes. SYN. craqueler, crevasser, fêler, fendre, fissurer, lézarder.

fendiller (se) *verbe pronominal* Se couvrir de fentes. SYN. craqueler, se craqueler, se crevasser, s'étoiler, se fêler, se fendre, se fissurer, gercer, se lézarder.

fendre *verbe* Couper une matière solide. SYN. cliver, crever, éventrer, tailler, trancher. ■ Produire des fentes sur une surface. SYN. craqueler, crevasser, fêler, fendiller, fissurer, gercer, lézarder.

fendre (se) *verbe pronominal* Présenter des fentes. SYN. craqueler, se craqueler, se crevasser, crever, se fêler, se fendiller, se fissurer, gercer, se lézarder. – LITTÉRAIRE : s'entrouvrir. ■ FAMILIER. Se décider à payer. SYN. s'acquitter, débourser, payer, régler, rembourser. – FAMILIER : cracher, mettre la main à la poche. – POPULAIRE : les aligner, les allonger, banquer, casquer, douiller, les lâcher, raquer.

fendu *adjectif* Qui comporte une fente. SYN. entaillé, ouvert, sectionné.

fente *nom féminin* Ouverture étroite et étirée. SYN. cassure, craquelure, crevasse, déchirure, entaille, faille, fêlure, fissure, gerçure, incision, interstice, jour, lézarde, rainure.

fer-à-cheval *nom masculin* Type de chauve-souris. SYN. rhinolophe.

fer-de-lance *nom masculin* Crotale sans sonnette. SYN. bothrops, trigonocéphale.

ferme *adjectif* Se dit d'une matière dure. SYN. compact, consistant, coriace, dur. CONTR. *avachi, élastique, flasque, inconsistant, mou, souple, spongieux, tendre.* ■ Qui montre de la sûreté. SYN. assis, assuré, décidé, droit, fort, résistant, solide, soutenu, stable, vigoureux. CONTR. *boiteux, branlant, chancelant, chevrotant, croulant, débile, défaillant, faible, flageolant, fragile, frêle, instable, tremblant.* – LITTÉRAIRE : *vacillant.* ■ Qui montre de l'assurance. SYN. autoritaire, brutal, déterminé, énergique, de fer, implacable, inébranlable, inflexible, opiniâtre, résolu, sévère, stoïque, tenace, volontaire. – LITTÉRAIRE : invariable. CONTR. *doucereux, facile, influençable, lâche, mou, velléitaire, veule.* – LITTÉRAIRE : *pusillanime, traitable.* ■ Mûrement réfléchi. SYN. arrêté, définitif, fixe, formel, immuable, irrévocable, sûr. CONTR. *ambigu, changeant, conditionnel, flottant, fluctuant, hésitant, oscillant, vague, versatile.* – LITTÉRAIRE : *inconstant.*

ferme *adverbe* Avec assurance. SYN. fermement, puissamment, solidement, vigoureusement. ■ De manière intense. SYN. fort, fortement, intensément. – FAMILIER : dur.

ferme *nom féminin* Exploitation agricole. SYN. domaine, métairie, propriété.

fermé *adjectif* Qui ne montre pas ses sentiments. SYN. buté, énigmatique, impassible, impénétrable, renfermé, replié. CONTR. *communicatif, démonstratif, expansif, expressif, exubérant, liant.* ■ Où il est difficile de pénétrer. SYN. – LITTÉRAIRE : clos. CONTR. *accessible, accueillant, ouvert.* ■ Inaccessible à un sentiment. SYN. étranger, hostile, incompréhensif, rebelle, réfractaire, sourd. CONTR. *accessible, compréhensif, enclin, perméable, porté, prédisposé, réceptif, sagace, sensible.*

fermement *adverbe* De façon ferme. SYN. ferme, fort, fortement, puissamment, solidement. CONTR. *faiblement, mollement.* ■ Avec volonté. SYN. brutalement, carrément, courageusement, délibérément, énergiquement, fort, fortement, inébranlablement, nettement, obstinément, opiniâtrement, résolument, stoïquement, vigoureusement, volontairement. – LITTÉRAIRE : hardiment, tenacement. CONTR. *mollement.* – LITTÉRAIRE : *tièdement.*

ferment *nom masculin* Ce qui produit la fermentation. SYN. enzyme, germe, levain. ■ LITTÉRAIRE. Ce qui fait naître une passion. SYN. agent, germe, mère. – LITTÉRAIRE : levain, semence.

fermentation *nom féminin* Agitation sourde. SYN. bouillonnement, convulsions, ébullition, effervescence, excitation, fièvre, nervosité, remous, secousse, surexcitation, trouble. CONTR. *apaisement, calme.*

fermenter *verbe* LITTÉRAIRE. Être dans un état d'agitation. SYN. bouillonner, s'échauffer, s'exalter, s'exciter, germer. CONTR. *s'apaiser.*

fermer *verbe* Réunir les éléments d'un ensemble. SYN. attacher, boutonner, coudre, suturer. CONTR. *déboutonner, déchirer, dégrafer, déplier, déployer.* ■ Procéder à une fermeture. SYN. cadenasser, verrouiller. – FAMILIER : boucler.

CONTR. *crocheter, déverrouiller, enfoncer, entrebâiller, entrouvrir, ouvrir.* ■ Rabattre un couvercle. SYN. sceller. – LITTÉRAIRE : clore. CONTR. *déboucher, décacheter, décoiffer, défaire.* ■ Interdire un accès. SYN. barrer, barricader, boucher, cerner, condamner. CONTR. *autoriser, déblayer, dégager, ouvrir, rouvrir.* ■ Faire cesser quelque chose. SYN. interdire, suspendre. CONTR. *créer, inaugurer, installer.* ■ Interrompre le fonctionnement de. SYN. arrêter, couper, éteindre. CONTR. *allumer, ouvrir.*

fermer (se) *verbe pronominal* Être inaccessible à. SYN. se renfermer, se replier. CONTR. *s'éveiller à, se passionner.* – LITTÉRAIRE : *s'abandonner.*

fermeté *nom féminin* État de ce qui est compact. SYN. compacité, consistance, dureté, résistance, solidité. CONTR. *élasticité, inconsistance, mollesse, souplesse.* – LITTÉRAIRE : *flaccidité.* ■ Qualité de ce qui ne faiblit pas. SYN. assurance, autorité, dureté, force, rectitude, rigueur, robustesse, solidité. – FAMILIER : poigne. – LITTÉRAIRE : sévérité. CONTR. *ébranlement, faiblesse, fluctuation, fragilité, hésitation, instabilité, mollesse, tremblement.* – LITTÉRAIRE : *vacillation.* ■ Force de caractère. SYN. caractère, courage, décision, détermination, énergie, maîtrise de soi, résolution, ténacité, volonté. – FAMILIER : cran. – LITTÉRAIRE : opiniâtreté, stoïcisme. CONTR. *découragement, inconstance, indécision, irrésolution, veulerie, vulnérabilité.* – LITTÉRAIRE : *pusillanimité, vacillation, versatilité.*

fermeture *nom féminin* Cessation momentanée ou définitive. SYN. arrêt, cessation, clôture, coupure, interdiction, suspension. CONTR. *inauguration, installation, ouverture, réouverture.*

fermier *nom* Chef d'exploitation agricole. SYN. agriculteur, cultivateur, exploitant, paysan.

féroce *adjectif* Se dit d'un animal sauvage. SYN. farouche, sauvage. CONTR. *apprivoisé, domestiqué, familier.* ■ Qui fait preuve de cruauté. SYN. barbare, cruel, effroyable, impitoyable, inhumain, monstrueux, terrible, terrifiant, violent. – LITTÉRAIRE : farouche, sanguinaire. CONTR. *doux, inoffensif, tendre.* ■ D'une sévérité excessive. SYN. impitoyable, implacable, inexorable, méchant. CONTR. *bienveillant, bon, brave, charitable, humain, indulgent.* – LITTÉRAIRE : *bienfaisant.* ■ Pénible à supporter. SYN. atroce, cruel, cuisant, insoutenable, insupportable, intolérable. CONTR. *agréable, bénin, délicieux, exquis.* ■ Indique un degré extrême. SYN. effréné, effroyable, forcené, fou, insensé, terrible. – FAMILIER : violent.

férocement *adverbe* D'une manière cruelle. SYN. atrocement, inhumainement, sauvagement. ■ Avec vigueur. SYN. extrêmement, farouchement, violemment.

férocité *nom féminin* Nature d'un animal féroce. SYN. bestialité, cruauté, sauvagerie. ■ Caractère cruel de quelqu'un. SYN. barbarie, brutalité, cruauté, dureté, inhumanité, monstruosité, sadisme, sauvagerie. CONTR. *bienveillance, bonté, douceur, gentillesse, indulgence.* ■ Violence extrême. SYN. atrocité, barbarie, déchaînement, frénésie, fureur, rage, violence.

ferraille *nom féminin* FAMILIER. Menue monnaie. SYN. monnaie. – FAMILIER : mitraille, sous. – POPULAIRE : blé, fric, oseille.

ferrailleur *nom masculin* Celui qui était toujours prêt à se battre à l'épée. SYN. bretailleur, bretteur. – VIEUX : spadassin.

ferrallite *nom féminin* Sol riche en oxyde de fer et alumine. SYN. latérite.

ferrallitique *adjectif* Formé de ferrallite. SYN. latéritique.

ferré *adjectif* FAMILIER. Qui connaît un sujet. SYN. bon, fort, instruit, savant. – FAMILIER : calé, fortiche, trapu. CONTR. *ignare, ignorant, nul.*

ferrer *verbe* Passer un anneau dans le nez d'un animal. SYN. anneler, boucler.

ferroutage *nom masculin* Transport qui utilise le rail et la route. SYN. transport rail-route.

ferry *nom masculin* Navire pour le transport des passagers et des voitures. SYN. car-ferry, ferry-boat, transbordeur.

fers *nom masculin pluriel* LITTÉRAIRE. État d'oppression. SYN. carcan, esclavage. – LITTÉRAIRE : chaînes, lien.

fertile *adjectif* Qui abonde en. SYN. abondant, dense, plein de, prodigue. CONTR. *avare, pauvre, stérile.* ■ Se dit d'un sol riche. SYN. inépuisable, intarissable, productif. – LITTÉRAIRE : fécond, généreux, gras, plantureux. CONTR. *aride, déshérité, improductif, inculte, infécond, infertile, ingrat, maigre, pauvre, sec, stérile.* ■ Qui produit beaucoup. SYN. créateur, fécond, imaginatif, ingénieux, inventif, productif, prolifique, riche. CONTR. *improductif, infécond, infertile, pauvre, sec, stérile.* ■ Qui peut procréer. SYN. fécond. CONTR. *bréhaigne, infécond, infertile, stérile.*

fertilisation *nom féminin* Action de fertiliser le sol. SYN. amendement, bonification. CONTR. *épuisement.*

fertiliser *verbe* Rendre une terre fertile. SYN. améliorer, amender, bonifier, engraisser, enrichir, fumer. – LITTÉRAIRE : féconder. CONTR. *appauvrir, épuiser, stériliser.*

fertilité *nom féminin* Qualité d'un sol fertile. SYN. productivité, richesse. – LITTÉRAIRE : fécondité. CONTR. *aridité, improductivité, infécondité, pauvreté, stérilité.* – LITTÉRAIRE : *infertilité.* ■ Capacité de quelqu'un à créer. SYN. abondance, créativité, facilité, finesse, ingéniosité, richesse. – LITTÉRAIRE : fécondité. CONTR. *improductivité, impuissance, infécondité, pauvreté, sécheresse, stérilité.*

féru *adjectif* Qui a une passion pour. SYN. amateur, amoureux, engoué, enragé, entiché, épris, fanatique, fou, friand, passionné. – FAMILIER : fana, mordu, toqué. – POPULAIRE : accro. CONTR. *dégoûté, détaché, indifférent.*

fervent *adjectif* Qui montre de la ferveur. SYN. ardent, brûlant, chaleureux, chaud, dévoué, enthousiaste, exalté, fanatique, passionné, zélé. – FAMILIER : mordu. CONTR. *blasé, désabusé, flegmatique, froid, glacial, indifférent, tiède.*

fervent *nom* Personne passionnée par. SYN. adorateur, amoureux, fanatique, passionné. – FAMILIER : mordu. – LITTÉRAIRE : adulateur. CONTR. *tiède.*

ferveur *nom féminin* Ardeur passionnée. SYN. ardeur, chaleur, effusion, élan, enthousiasme, exaltation, fanatisme, feu, fièvre, frénésie, passion, zèle. – LITTÉRAIRE : flamme. CONTR. *tiédeur.* ■ Zèle animé par la religion. SYN. dévotion, piété, recueillement.

fessée *nom féminin* FAMILIER. Défaite humiliante. SYN. déconfiture, défaite, échec, gifle, insuccès, revers. – FAMILIER : claque, dégelée, fiasco, loupé, pile, piquette, plongeon, raclée, ratage, tannée, veste. – LITTÉRAIRE : infortune. – POPULAIRE : bide, déculottée, gamelle, plantage, volée. CONTR. *réussite, succès, victoire.*

fesses *nom féminin pluriel* Parties charnues de la hanche. SYN. derrière, siège. – FAMILIER : croupe, croupion, fessier, fondement, postérieur. – LITTÉRAIRE : séant. – POPULAIRE : arrière-train, cul, derche, lune, popotin.

fessier *nom masculin* FAMILIER. Ensemble des deux fesses. SYN. derrière, siège. – FAMILIER : croupe, croupion, fondement, postérieur. – LITTÉRAIRE : séant. – POPULAIRE : arrière-train, cul, derche, lune, popotin.

festin *nom masculin* Repas d'apparat. SYN. agapes, banquet. – FAMILIER : bombance, ripaille. – POPULAIRE : gueuleton.

festivités *nom féminin pluriel* Ensemble de réjouissances. SYN. amusements, distractions, divertissements, fête, réjouissances.

festoyer *verbe* Prendre part à un festin. SYN. banqueter, se régaler. – FAMILIER : bambocher, faire bombance, faire la bombe, faire ripaille, ripailler. – POPULAIRE : faire un gueuleton, gueuletonner, se taper la cloche.

fêtard *nom masculin* FAMILIER. Personne qui fait la fête. SYN. noctambule. – FAMILIER : bambochard, bambocheur, bringueur, noceur. – VIEUX : cascadeur, viveur.

fête *nom féminin* Partie de plaisir. SYN. délice, enchantement. – ARGOTIQUE : teuf. – FAMILIER : bringue, fiesta, java, noce, nouba, ribouldingue. – LITTÉRAIRE : bacchanale. – POPULAIRE : foire. – VIEUX : bamboche. ■ Célébration d'un événement. SYN. cérémonie, commémoration, festivités, solennité. ■ ***Faire la fête,*** participer à une partie de plaisir. SYN. s'amuser, s'en donner à cœur joie, se donner du bon temps, faire la vie, faire les quatre cents coups, mener joyeuse vie, se payer du bon temps, prendre du bon temps. – FAMILIER : arroser ça, s'en payer une tranche, rigoler. – POPULAIRE : s'éclater, se marrer, prendre son pied. – VIEUX : bambocher.

fêter *verbe* Célébrer par une fête. SYN. célébrer, commémorer, sanctifier, solenniser. – FAMILIER : arroser.

fétiche *nom masculin* Objet auquel on attribue un pouvoir. SYN. amulette, gri-gri, mascotte, porte-bonheur, talisman.

fétichisme *nom masculin* Admiration sans réserve pour. SYN. adoration, culte, idolâtrie, vénération. – LITTÉRAIRE : dévotion.

fétichiste *adjectif et nom* Qui montre du fétichisme. SYN. idolâtre, superstitieux.

fétide *adjectif* Se dit d'une odeur désagréable. SYN. abominable, dégoûtant, écœurant, ignoble, immonde, infect, malodorant, méphitique, nauséabond, pestilentiel, puant, repoussant, répugnant, sordide. CONTR. *agréable, odoriférant, suave.*

fétidité *nom féminin* Caractère fétide. SYN. infection, méphitisme, pestilence, puanteur. CONTR. *parfum.* – LITTÉRAIRE : *fragrance.*

feu *adjectif* LITTÉRAIRE. Qui est mort. SYN. décédé, défunt, disparu, mort.

feu *nom masculin* Destruction par les flammes. SYN. brasier, fournaise, foyer d'incendie, incendie. ■ Vif éclat. SYN. brillant, chatoiement, éclat, scintillement. – LITTÉRAIRE : étincelle, flamboiement. ■ Décharge d'une arme. SYN. bordée, canonnade, rafale, salve, tir, volée. ■ LITTÉRAIRE. Combat armé. SYN. bataille, combat, guerre. ■ Ardeur des sentiments. SYN. chaleur, élan, enthousiasme, entrain, ferveur, fièvre, fougue, frénésie, passion, pétulance. – LITTÉRAIRE : flamme. ■ ***Être tout feu tout flammes,*** s'enthousiasmer pour. SYN. s'émerveiller, s'enflammer, s'engouer, s'éprendre, s'exalter, s'exciter, s'extasier, se pâmer, se passionner, raffoler. – FAMILIER : s'emballer. – LITTÉRAIRE : s'embraser. ■ ***Faire long feu,*** ne pas réussir. SYN. achopper, avorter, capoter, échouer, manquer. – FAMILIER : faire chou blanc, finir en eau de boudin, louper, rater, tomber à l'eau, tomber dans le lac. – POPULAIRE : finir en couille, foirer, merder, partir en couille. CONTR. *aboutir, marcher, réussir.* ■ ***Feux de croisement,*** feux pour croiser un autre véhicule. SYN. codes. ■ ***Feux de détresse,*** dispositif d'alarme automobile. SYN. warning. ■ ***Feux de position,*** feux qui définissent le gabarit. SYN. lanternes, veilleuses. ■ ***Feux de route,*** feux utilisés hors agglomération. SYN. phares.

feuillage *nom masculin* Ensemble des feuilles d'un arbre. SYN. frondaison, ombrage, ramure, verdure. – LITTÉRAIRE : feuillée, ramée.

feuillaison *nom féminin* Époque où les feuilles se forment. SYN. foliation.

feuille *nom féminin* Mince couche de bois ou de métal. SYN. feuillet, lame, plaque. ■ VIEUX. Publication périodique. SYN. bulletin, journal. – FAMILIER : canard. – VIEUX : gazette.

feuillée *nom féminin* LITTÉRAIRE. Feuillage des arbres. SYN. feuillage, frondaison, ramure, verdure. – LITTÉRAIRE : ramée.

feuilleter *verbe* Examiner rapidement un ouvrage. SYN. compulser, consulter, lire, parcourir, survoler.

feuillu *adjectif* Qui a beaucoup de feuilles. SYN. broussailleux, dense, touffu. – LITTÉRAIRE : feuillé. CONTR. *clairsemé, nu, rare.* – LITTÉRAIRE : *défeuillé.*

feuler *verbe intransitif* Pousser son cri (tigre). SYN. rauquer.

feutré *adjectif* Où les bruits sont étouffés. SYN. discret, étouffé, silencieux. – LITTÉRAIRE : ouaté. CONTR. *bruyant.*

feutrer *verbe* LITTÉRAIRE. Atténuer un son, un sentiment. SYN. affaiblir, amortir, assourdir, éteindre, étouffer. – LITTÉRAIRE : ouater. CONTR. *accentuer, amplifier, intensifier.*

fiabilité *nom féminin* Caractère fiable. SYN. crédibilité, vraisemblance.

fiable *adjectif* À qui l'on peut se fier. SYN. certain, de confiance, crédible, digne de foi, honnête, intègre, loyal, sérieux, sûr. CONTR. *déloyal, perfide, suspect.*

fiançailles *nom féminin pluriel* Promesse mutuelle de mariage. SYN. – VIEUX : accordailles.

fiancé *nom* Personne qui s'est fiancée. SYN. – FAMILIER : futur. – VIEUX : accordé, promis.

fiancée *nom féminin* Type de libellule. SYN. lestes.

fiasco *nom masculin* FAMILIER. Échec complet. SYN. avortement, banqueroute, chute, culbute, déconfiture, défaite, échec, faillite, insuccès, revers. – FAMILIER : claque, fessée, four, loupé, pelle, pile, piquette, plantage, plongeon, raclée, ratage, tannée, veste. – POPULAIRE : bide, flop, gamelle, volée. CONTR. *réussite, succès, triomphe, victoire.*

fibula *nom féminin* Os de la partie externe de la jambe. SYN. péroné.

ficaire *nom féminin* Petite plante voisine du bouton-d'or. SYN. fausse renoncule.

ficeler *verbe* Serrer dans des liens. SYN. attacher, garrotter, lier, ligoter. CONTR. *déficeler.* ■ FAMILIER. Habiller de façon ridicule. SYN. accoutrer, affubler, habiller. – FAMILIER : attifer, fagoter. – LITTÉRAIRE : vêtir.

ficelle *adjectif* FAMILIER. Qui est malin. SYN. finaud, futé, habile, malin, retors, roué, rusé. – FAMILIER : roublard. – LITTÉRAIRE : madré, matois, tortu. CONTR. *candide, franc, ingénu, naïf, sincère.*

ficelle *nom féminin* Artifice dans un art, un métier. SYN. finesse, procédé, recette, rouerie, ruse, secret, stratagème. – FAMILIER : astuce, truc. – LITTÉRAIRE : artifice, habileté.

fichaise *nom féminin* FAMILIER. Chose sans valeur. SYN. bagatelle, baliverne, billevesée, broutille, fadaise, niaiserie, sornette. – FAMILIER : faribole. – LITTÉRAIRE : superfluité. – POPULAIRE : foutaise.

ficher *verbe transitif* Faire entrer par la pointe. SYN. enfoncer, fixer, loger, mettre, piquer, planter. – FAMILIER : fourrer. – LITTÉRAIRE : river. ■ Inscrire sur une fiche. SYN. consigner, enregistrer, inscrire, marquer, mentionner, noter.

ficher *verbe transitif* FAMILIER. Être en train de faire. SYN. faire. – FAMILIER : fabriquer, traficoter, trafiquer. – POPULAIRE : foutre. ■ FAMILIER. Donner avec violence. SYN. appliquer, assener, asséner, décocher, mettre. – FAMILIER : administrer, allonger, coller, envoyer, flanquer, fourrer. – POPULAIRE : balancer, foutre.

ficher (se) *verbe pronominal* FAMILIER. Se lancer quelque part. SYN. se jeter, se mettre, se précipiter. – FAMILIER : se flanquer. – POPULAIRE : se foutre. ■ FAMILIER. Tourner quelqu'un en ridicule. SYN. s'amuser de, faire marcher, se moquer de, railler, rire de. – FAMILIER : chiner, mettre en boîte. – LITTÉRAIRE : se gausser, se jouer de. – POPULAIRE : charrier, se foutre. ■ FAMILIER. Ne pas tenir compte de. SYN. se désintéresser, faire peu de cas de, ignorer, se jouer de, mépriser, s'en moquer, n'avoir rien à faire de, rire de, se rire de. – FAMILIER : s'en battre l'œil, se contreficher, s'en moquer comme de colin-tampon, s'en moquer comme de l'an quarante, s'en soucier comme de l'an quarante, s'en soucier comme de sa première chemise, s'en soucier comme d'une guigne. – LITTÉRAIRE : n'avoir cure de. – POPULAIRE : s'en balancer, s'en branler, s'en foutre, n'avoir rien à cirer de, n'avoir rien à foutre de, s'en tamponner le coquillard, s'en taper. CONTR. *faire grand cas de, s'intéresser à, se pencher, se préoccuper de, se soucier de.*

fichier *nom masculin* ***Fichier attaché,*** fichier inclus dans un message électronique. SYN. fichier joint, pièce jointe.

fichtrement *adverbe* FAMILIER. Indique l'intensité. SYN. abominablement, affreusement, beaucoup, bien, colossalement, effroyablement, énormément, exceptionnellement, excessivement, extraordinairement, extrêmement, fabuleusement, follement, fort, fortement, grandement, hautement, horriblement, immensément, incroyablement, infiniment, mortellement, particulièrement, prodigieusement, profondément, puissamment, singulièrement, supérieurement, terriblement, tout à fait, très, trop, vertigineusement. – FAMILIER : atrocement, bigrement, bougrement, diablement, drôlement, fameusement, fichûment, formidablement, joliment, méchamment, à mort, rudement, tout plein. – LITTÉRAIRE : diantrement, furieusement. – POPULAIRE : foutrement, salement, vachement. – VIEUX : fièrement. CONTR. *guère, légèrement, médiocrement, nullement, peu.*

fichu *adjectif* FAMILIER. Irrémédiablement perdu. SYN. coulé, hors d'état, perdu. – FAMILIER : cuit, fini, flambé, frit, H.S., kaput, mort. – POPULAIRE : foutu, nase.

fichu *nom masculin* Triangle d'étoffe. SYN. fanchon, foulard, pointe.

fichûment *adverbe* FAMILIER. Indique l'intensité. SYN. beaucoup, bien, excessivement, extraordinairement, extrêmement, fabuleusement, follement, fort, fortement, grandement, hautement, incroyablement, infiniment, particulièrement, prodigieusement, profondément, puissamment, terriblement, très, trop. – FAMILIER : bigrement, bougrement, diablement, drôlement, fameusement, fichtrement, formidablement, joliment, méchamment, rudement, sacrément, tout plein. – LITTÉRAIRE : diantrement, furieusement. – POPULAIRE : vachement. – VIEUX : fièrement. CONTR. *guère, légèrement, médiocrement, nullement, peu.*

fictif *adjectif* Qui n'est pas réel. SYN. factice, faux, forgé, illusoire, imaginaire, inventé, irréel, mensonger, romanesque, trompeur. – LITTÉRAIRE : emprunté, postiche. CONTR. *manifeste, palpable, réel, vrai.* ■ Qui n'existe que par convention. SYN. conventionnel, extrinsèque, inexistant, théorique. CONTR. *effectif, intrinsèque.*

fiction *nom féminin* Création de l'imagination. SYN. conte, fable, fantôme, illusion, invention, rêve, roman. – LITTÉRAIRE : songe. CONTR. *réalité, vérité.*

ficus *nom masculin* Plante d'appartement. SYN. caoutchouc.

fidèle *adjectif* Qui est très attaché à. SYN. assidu, dévoué, loyal, zélé. CONTR. *déloyal, fourbe, perfide, traître.* – LITTÉRAIRE : *félon.* ■ Qui est constant en amour. CONTR. *adultère, frivole, infidèle, léger, volage.* ■ Qui garde la même opinion. SYN. constant, immuable, persévérant. CONTR. *changeant, fluctuant, inconstant, infidèle, léger, versatile.* ■ Qui tient ses promesses. SYN. attentif, respectueux. CONTR. *parjure.* – LITTÉRAIRE : *infidèle.* ■ Qui reproduit la réalité. SYN. conforme, correct, exact, littéral, objectif, scrupuleux, véridique. CONTR. *caricatural, douteux, erroné, fantaisiste, faux, incorrect, inexact, suspect.* – LITTÉRAIRE : *infidèle.* ■ Qui dénote un attachement durable. SYN. éprouvé, sincère, solide, sûr, véridique, véritable, vrai. CONTR. *fugace, occasionnel.*

fidèle *nom masculin* Personne qui adhère à une religion. SYN. adepte, adorateur, croyant, partisan. CONTR. *apostat, dissident, factieux, infidèle, non-croyant, païen, renégat.*

fidèlement *adverbe* Avec constance. SYN. docilement, régulièrement. – LITTÉRAIRE : ponctuellement. ■ Avec exactitude. SYN. exactement, objectivement, religieusement, rigoureusement, scrupuleusement. CONTR. *approximativement.*

fidélité *nom féminin* Fait d'être dévoué à. SYN. attachement, dévouement, loyalisme. CONTR. *abjuration, déloyauté, félonie, fourberie, trahison, traîtrise.* – LITTÉRAIRE : *infidélité, perfidie.* ■ Fait d'être constant. SYN. constance, persévérance. – LITTÉRAIRE : immuabilité. CONTR. *défection, inconstance, infidélité, légèreté, rébellion.* – LITTÉRAIRE : *variabilité, versatilité.* ■ Fait de reproduire la réalité. SYN. correction, exactitude, justesse, objectivité, précision, sûreté, véracité, vérité. – LITTÉRAIRE : véridicité. CONTR. *fantaisie, incorrection, inexactitude, infidélité.* ■ Fait d'être fidèle à son conjoint. SYN. constance. CONTR. *adultère, infidélité, légèreté, trahison, tromperie.*

fief *nom masculin* Secteur de compétence. SYN. attributions, branche, domaine, partie, spécialité, sphère, territoire, univers. – LITTÉRAIRE : royaume.

fieffé *adjectif* Qui a un défaut au plus haut degré. SYN. accompli, achevé, beau, complet, consommé, fini, parfait. – FAMILIER : fameux, sacré, satané, sinistre.

fiel *nom masculin* Liquide sécrété par le foie. SYN. bile. ■ LITTÉRAIRE. Âpreté des sentiments. SYN. acrimonie, amertume, animosité, antipathie, haine, hargne, hostilité, malveillance, ressentiment. – LITTÉRAIRE : âcreté, venin.

fielleux *adjectif* LITTÉRAIRE. Porté à la malveillance. SYN. acerbe, amer, calomnieux, haineux, malintentionné, malveillant, méchant, mordant, vindicatif, virulent. – LITTÉRAIRE : acrimonieux, vénéneux, venimeux. CONTR. *bienveillant, bon, élogieux, flatteur, gentil, indulgent.* – LITTÉRAIRE : *amène.*

fier *adjectif* Qui se croit supérieur. SYN. arrogant, conquérant, dédaigneux, distant, faraud, hautain, infatué, méprisant, orgueilleux, prétentieux, rogue, suffisant, vaniteux. – FAMILIER : bêcheur. – LITTÉRAIRE : altier, crâne, outrecuidant, vain. CONTR. *affable, bienveillant, effacé, humble, modeste, simple, timide.* – LITTÉRAIRE : *amène.* ■ LITTÉRAIRE. Qui a des sentiments élevés. SYN. digne, majestueux, noble. – LITTÉRAIRE : orgueilleux. CONTR. *abject, avili, commun, humilié, ignoble, infâme, vulgaire.* – LITTÉRAIRE : *vil.* ■ Qui tire orgueil de. SYN. content, heureux, satisfait. CONTR. *honteux, insatisfait, mécontent.*

fier (se) *verbe pronominal* Mettre sa confiance en. SYN. avoir foi en, compter sur, croire en, s'en rapporter à, se référer à, s'en remettre à, se reposer sur, tabler sur. CONTR. *se méfier, suspecter.* – LITTÉRAIRE : *se défier, se garder de.*

fier-à-bras *nom masculin* LITTÉRAIRE. Personne peu courageuse. SYN. bravache, fanfaron, faraud. – FAMILIER : frimeur. – LITTÉRAIRE : capitan, matamore, rodomont.

fièrement *adverbe* Avec fierté. SYN. courageusement, dignement, noblement. – LITTÉRAIRE : bravement, crânement, hardiment. CONTR. *humblement, simplement.* ■ VIEUX. De manière intense. SYN. beaucoup, extrêmement, follement, fort, fortement, grandement, infiniment, particulièrement, singulièrement, supérieurement, terriblement, très. – FAMILIER : bigrement, bougrement, diablement, drôlement, fameusement, fichûment, formidablement, joliment, rudement, sacrément. – LITTÉRAIRE : diantrement, furieusement. – POPULAIRE : salement, vachement.

fiérot *adjectif* FAMILIER. Qui est satisfait de soi-même. SYN. fanfaron, faraud, infatué, orgueilleux, prétentieux, puant, suffisant, vaniteux. – LITTÉRAIRE : crâne, fat, glorieux, vain. CONTR. *humble, modeste.*

fierté *nom féminin* LITTÉRAIRE. Fait de se croire supérieur. SYN. arrogance, condescendance, dédain, hauteur, morgue, orgueil, suffisance, supériorité, vanité. – LITTÉRAIRE : infatuation, outrecuidance, superbe. CONTR. *humilité, modestie, simplicité.* ■ LITTÉRAIRE. Qualité d'une personne fière. SYN. amour-propre, dignité, honneur, noblesse. CONTR. *bassesse, humiliation.* ■ Fait d'être satisfait. SYN. contentement, gloire, satisfaction. – LITTÉRAIRE : vanité.

fiesta *nom féminin* FAMILIER. Réjouissance collective. SYN. fête. – ARGOTIQUE : teuf. – FAMILIER : bombe, bringue, java, noce, nouba, ribouldingue. – POPULAIRE : bamboula, foire. – VIEUX : bamboche.

fièvre *nom féminin* Élévation anormale de la température du corps. SYN. hyperthermie. CONTR. *hypothermie.* ■ État d'agitation. SYN. affairement, affolement, agitation, bouillonnement, chaleur, délire, effervescence, émotion, exaltation, excitation, fébrilité, fermentation, ferveur, feu, fougue, frénésie, hâte, hystérie, nervosité, surexcitation, tumulte. – LITTÉRAIRE : émoi, flamme. CONTR. *apaisement, calme, paix.* ■ Désir ardent de. SYN. amour, ardeur, folie, impatience, passion, rage, soif. ■ ***Fièvre jaune,*** infection contagieuse des pays tropicaux. SYN. amarillose, fièvre amarile. ■ ***Fièvre rouge,*** maladie infectieuse. SYN. dengue. ■ ***Fièvre de Malte,*** maladie infectieuse. SYN. brucellose, mélitococcie. ■ ***Fièvre ondulante,*** maladie infectieuse. SYN. brucellose, mélitococcie.

fiévreusement *adverbe* De façon fiévreuse. SYN. fébrilement, impatiemment, nerveusement. – LITTÉRAIRE : tumultueusement. CONTR. *calmement, paisiblement, placidement, sagement, sereinement, tranquillement.*

fiévreux *adjectif* Qui dénote la fièvre. SYN. bouillant, brûlant, fébrile. CONTR. *froid, gelé, glacé.* ■ Qui est dans un état d'agitation. SYN. agité, bouillonnant, exalté, excité, fébrile, frénétique, nerveux, orageux, passionné, surexcité. – LITTÉRAIRE : tumultueux. CONTR. *calme, impassible, imperturbable, indifférent, paisible, serein, tranquille.* – FAMILIER : *cool.*

figé *adjectif* Devenu rigide, fixe. SYN. cloué, fixe, glacé, immobile, impassible, inanimé, inerte, mort, paralysé, pétrifié, rivé, statique. – FAMILIER : planté. CONTR. *mobile, vivant.* ■ Qui ne varie pas. SYN. dormant, hiératique, immuable, sclérosé, stagnant, stéréotypé. – LITTÉRAIRE : somnolent. CONTR. *capricieux.* – LITTÉRAIRE : *inconstant.*

figer *verbe intransitif* Se solidifier sous l'effet du froid. SYN. coaguler, se coaguler, durcir, épaissir, prendre, se solidifier. CONTR. *dégeler, fondre, se liquéfier.*

figer *verbe transitif* Solidifier un corps gras. SYN. coaguler, congeler, geler. CONTR. *dégeler, fondre, liquéfier.* ■ Immobiliser quelqu'un. SYN. clouer, fixer, glacer, immobiliser, méduser, pétrifier. – LITTÉRAIRE : raidir, statufier. ■ Empêcher d'évoluer. SYN. geler, suspendre. – FAMILIER : fossiliser.

figer (se) *verbe pronominal* Ne plus évoluer. SYN. s'immobiliser, se scléroser. CONTR. – LITTÉRAIRE : *s'animer.*

fignolé *adjectif* Fait avec soin. SYN. consciencieux, fini, fouillé, minutieux, peaufiné, travaillé. – FAMILIER : léché. – POPULAIRE : chiadé. – VIEUX : perlé. CONTR. *grossier, inachevé, informe, relâché.* – FAMILIER : *bâclé, expédié, ni fait ni à faire.*

fignoler *verbe* Exécuter avec soin. SYN. parachever, parfaire, peaufiner, perfectionner, polir, soigner, travailler. – FAMILIER : lécher. – LITTÉRAIRE : ciseler, raffiner. – POPULAIRE : chiader. – VIEUX : perler. CONTR. *brouillonner, gâcher, saboter.* – FAMILIER : *bâcler, bousiller, expédier, sabrer, torcher, torchonner.*

figue *nom féminin* ***Figue de mer,*** animal marin comestible. SYN. violet.

figurativement *adverbe* D'une façon figurative. SYN. allégoriquement, métaphoriquement, symboliquement.

figure *nom féminin* Partie antérieure de la tête. SYN. face, faciès, minois, visage. – FAMILIER : frimousse, museau, tirelire. – POPULAIRE : fraise, margoulette, poire, portrait. – VIEUX : hure. ■ Expression du visage. SYN. air, expression, mine, physionomie, tête, traits. – FAMILIER : bille, binette, bouille, trogne. – LITTÉRAIRE : masque. – POPULAIRE : bobine, gueule, trombine, tronche. ■ Personne célèbre. SYN. célébrité, nom, personnage, personnalité, sommité.

figurer *verbe intransitif* Se trouver parmi. SYN. compter, être au nombre de.

figurer *verbe transitif* Représenter quelque chose. SYN. dessiner, illustrer, imiter, peindre, représenter, reproduire, retracer, sculpter, tracer, traduire. ■ Symboliser quelque chose. SYN. évoquer, incarner, rappeler, représenter, signifier, suggérer, symboliser, traduire.

figurer (se) *verbe pronominal* Se représenter par l'imagination. SYN. évoquer, imaginer, se représenter, visualiser, voir. ■ Croire sans raison que. SYN. s'attendre, croire, escompter, espérer, s'imaginer, penser.

fil *nom masculin* Enchaînement logique. SYN. cours, déroulement, marche, suite. – LITTÉRAIRE : trame.

filamenteux *adjectif* Composé de filaments. SYN. fibreux, filandreux.

filandre *nom féminin* Fil sécrété par de jeunes araignées. SYN. fil de la Vierge.

filandreux *adjectif* Rempli de fibres. SYN. fibreux, filamenteux. CONTR. *tendre.* ■ Se dit d'un style confus. SYN. diffus, embrouillé, enchevêtré, fumeux, pâteux, prolixe, touffu, verbeux. – FAMILIER : cafouilleux, emberlificoté, entortillé, tarabiscoté. – LITTÉRAIRE : nébuleux. CONTR. *clair, concis, court, dense, lapidaire, limpide, lumineux, ramassé.*

file *nom féminin* Suite de personnes. SYN. chapelet, colonne, cordon, cortège, défilé, haie, ligne, procession, queue, rang, série, succession, suite. – FAMILIER : ribambelle. – LITTÉRAIRE : séquelle, théorie. ■ Suite de choses. SYN. chapelet, cordon, enfilade, front, ligne, rang, rangée, série, suite. – LITTÉRAIRE : haie, séquelle.

filer *verbe intransitif* FAMILIER. Quitter rapidement un lieu. SYN. battre en retraite, déguerpir, déloger, disparaître, s'échapper, s'enfuir, s'esquiver, fausser compagnie, filer à l'anglaise, fuir, partir, plier bagages, prendre congé, prendre la clef des champs, prendre la fuite, prendre le large, se retirer, se sauver. – FAMILIER : débarrasser le plancher, décamper, se défiler, détaler, s'éclipser, ficher le camp, gagner le large, lever le camp, lever le pied, lever le siège, prendre la poudre d'escampette, prendre la tangente, prendre ses cliques et ses claques, prendre ses jambes à son cou, vider le plancher, vider les lieux. – POPULAIRE : se barrer, se calter, se carapater, se casser, cavaler, se cavaler, se débiner, décaniller, se faire la malle, se faire la paire, foutre le camp, jouer la fille de l'air, mettre les bouts, mettre les voiles, se tailler, se tirer. – VIEUX : s'esbigner. ■ FAMILIER. Aller rapidement quelque part. SYN. accourir, courir, fuir, se hâter, voler. – FAMILIER : foncer, speeder. – POPULAIRE : cavaler.

filer *verbe transitif* Suivre quelqu'un discrètement. SYN. espionner, guetter, suivre, surveiller. – FAMILIER : pister. CONTR. *perdre.* ■ Laisser glisser une corde. SYN. dévider, lâcher, larguer. ■ FAMILIER. Donner quelque chose à. SYN. céder, donner, passer. – FAMILIER : flanquer. – POPULAIRE : refiler.

filet *nom masculin* Petite quantité d'un liquide. SYN. brin, doigt, goutte, grain, gramme, larme, nuage, once, pointe, soupçon, teinte. – FAMILIER : lichette. – LITTÉRAIRE : liard, ombre, trait. – POPULAIRE : chouia. CONTR. *cascade, déluge, flot, torrent.* – LITTÉRAIRE : *averse, océan.*

filiation *nom féminin* Lien de parenté. SYN. ascendance, descendance, lignage, ligne, lignée, origine. – LITTÉRAIRE : extraction. ■ Liaison de choses. SYN. affinité, analogie, chaîne, enchaînement, liaison, lien, succession.

filiforme *adjectif* Mince comme un fil. SYN. effilé, fin, grêle, menu, mince, ténu. – LITTÉRAIRE : délié. CONTR. *épais, fort, gras, gros, large, râblé, trapu, volumineux.* – FAMILIER : *grassouillet, rond, rondelet, rondouillard.* – POPULAIRE : *baraqué.*

fille *nom féminin* Personne jeune du sexe féminin. SYN. demoiselle, nymphette. – ARGOTIQUE : loute. – FAMILIER : donzelle, minette. – POPULAIRE : môme, nana. CONTR. *garçon.* ■ Enfant du sexe féminin. SYN. – FAMILIER : gamine, gosse, héritière. CONTR. *fils.*

filmage *nom masculin* Action de filmer. SYN. prise de vues, tournage.

filmer *verbe* Prendre en film. SYN. tourner. – VIEUX : cinématographier.

filoche *nom féminin* Filet à papillons. SYN. freloche.

filon *nom masculin* Concentration d'un minerai. SYN. gisement, gîte, mine, veine. ■ FAMILIER. Bonne place. SYN. aubaine, mine. – FAMILIER : fromage. – POPULAIRE : planque.

filou *nom masculin* Homme malhonnête. SYN. aigrefin, bandit, brigand, canaille, chenapan, crapule, escroc, gredin, malfaiteur, maraudeur, pourri, racaille, scélérat, vaurien, vermine, voleur. – FAMILIER : empileur, faisan, fripouille, pendard, ripou, sacripant. – LITTÉRAIRE : pirate. – POPULAIRE : arsouille. – VIEUX : brigandeau, coquin, fripon. ■ FAMILIER. Enfant malin. SYN. chenapan, coquin, garnement, gredin, polisson, voyou. – FAMILIER : affreux jojo, brigand, diable, fripon, galopin, lascar, titi. – LITTÉRAIRE : gavroche. – VIEUX : galapiat, mâtin.

filoutage *nom masculin* Action de filouter. SYN. grivèlerie, larcin, maraudage, maraude, vol. – FAMILIER : chapardage, friponnerie. – LITTÉRAIRE : rapine. – VIEUX : filouterie.

filouter *verbe* VIEUX. Dérober subtilement. SYN. dépouiller, détourner, escroquer, voler. – FAMILIER : empiler, flouer, manger la grenouille, plumer, ratisser, refaire, tondre. – LITTÉRAIRE : dérober, gruger.

filouterie *nom féminin* VIEUX. Acte de filou. SYN. brigandage, escroquerie, filoutage, indélicatesse, malpropreté, vol. – FAMILIER : friponnerie. – VIEUX : baraterie.

fils *nom masculin* Enfant mâle. SYN. descendant, postérité. – FAMILIER : fiston, gamin, gars, gosse, héritier, rejeton. CONTR. *fille.* ■ Personne originaire d'un lieu. SYN. citoyen, enfant.

filtrage *nom masculin* Action de filtrer. SYN. clarification, épuration, filtration.

filtrer *verbe* Atténuer l'intensité d'une lumière. SYN. estomper, tamiser. – LITTÉRAIRE : voiler. ■ Faire passer dans un filtre. SYN. clarifier, cribler, passer, purifier, tamiser, trier. CONTR. *troubler.* – LITTÉRAIRE : *vicier.*

fin *adjectif* Qui a très peu d'épaisseur. SYN. effilé, filiforme, frêle, fuselé, grêle, léger, menu, mince, svelte, ténu. – LITTÉRAIRE : arachnéen, délié, gracile. CONTR. *énorme, épais, fort, gras, gros, trapu.* ■ D'une grande délicatesse. SYN. délicat, doux, gracieux. – LITTÉRAIRE : gracile. CONTR. *accusé, alourdi, calleux, empâté, épais, fruste, grossier, lourd, marqué, prononcé.* ■ D'une qualité supérieure. SYN. excellent, exquis, extra, précieux, raffiné, superfin, supérieur. CONTR. *commun, inférieur, ordinaire, plat.* ■ D'une grande acuité. SYN. acéré, aigu, aiguisé, perçant, pointu, sensible. ■ Qui montre de l'esprit. SYN. adroit, astucieux, avisé, clairvoyant, finaud, futé, habile, malin, pénétrant, perspicace, sagace, spirituel, subtil. – LITTÉRAIRE : matois. – VIEUX : perçant. CONTR. *balourd, béotien, bête, crétin, épais, fruste, gauche, grossier, incapable, inepte, lourdaud, maladroit, mauvais, obtus, pesant, piètre, pitoyable, simple, simplet, stupide.* – FAMILIER : *ballot, bébête, bêta, lourd.*

fin *adverbe* FAMILIER. Tout à fait. SYN. absolument, complètement, entièrement, intégralement, parfaitement, totalement. CONTR. *à demi, incomplètement, à moitié, en partie, partiellement.*

fin *nom féminin* Terme de quelque chose. SYN. aboutissement, accomplissement, achèvement, bout, expiration, queue, sortie, terme. – LITTÉRAIRE : extrémité. CONTR. *approche, aube, commencement, début, entrée, germe, origine, source.* – LITTÉRAIRE : *aurore.* ■ Interruption de quelque chose. SYN. arrêt, cessation, limite, suspension. CONTR. *continuation, continuité.* ■ Dernière phase. SYN. clôture, conclusion, concrétisation, dénouement, épilogue, issue, péroraison, solution. CONTR. *amorce, avant-propos, exorde, exposition, introduction, préambule, préliminaires.* ■ Échec d'une entreprise. SYN. déclin, disparition, enterrement, extinction, mort. – LITTÉRAIRE : crépuscule. CONTR. *apparition, arrivée, avènement, éclosion, naissance.* – LITTÉRAIRE : *prémices.* ■ Mort de quelqu'un. SYN. décès, disparition, mort, perte. – LITTÉRAIRE : trépas. CONTR. *conception, naissance.* ■ But d'une action. SYN. but, cible, objectif, visée.

final *adjectif* Qui est ou vient à la fin. SYN. définitif, dernier, extrême, suprême, terminal, ultime. CONTR. *initial, préliminaire, premier.*

finalement *adverbe* Pour finir. SYN. au bout du compte, bref, décidément, en définitive, en dernier ressort, en dernière analyse, enfin, en fin de compte, en résumé, somme toute, en somme, au total, tout compte fait, pour tout dire. - FAMILIER : en un mot comme en cent, en un mot comme en mille, en un mot.

financer *verbe* Assurer le paiement de. SYN. commanditer, payer, soutenir, subventionner.

financier *adjectif* Relatif à l'argent. SYN. budgétaire, matériel, pécuniaire.

finasser *verbe* User de subterfuges. SYN. biaiser, louvoyer, ruser, tergiverser.

finasserie *nom féminin* Finesse mêlée de ruse. SYN. biais, détour, faux-fuyant, rouerie, ruse, subterfuge, subtilité, tergiversation. - FAMILIER : roublardise. - VIEUX : finauderie.

finasseur ou **finassier** *adjectif* VIEUX. Qui finasse. SYN. finaud, machiavélique, retors, roué, rusé, tortueux. - FAMILIER : roublard. - LITTÉRAIRE : cauteleux, madré, matois.

finaud *adjectif* Rusé, sous des airs simples. SYN. espiègle, fin, futé, malicieux, malin, retors, roué. - FAMILIER : ficelle, roublard. - LITTÉRAIRE : madré, matois. - VIEUX : finasseur, finassier. CONTR. *bête, idiot, stupide.*

finauderie *nom féminin* VIEUX. Action, caractère de finaud. SYN. espièglerie, finasserie, malice, rouerie, subtilité. - FAMILIER : roublardise. - LITTÉRAIRE : sournoiserie. CONTR. *bêtise, stupidité.*

finement *adverbe* De façon délicate. SYN. délicatement. - LITTÉRAIRE : précieusement. CONTR. *grossièrement.* ■ D'une manière habile. SYN. adroitement, astucieusement, habilement, subtilement. CONTR. *lourdement, malhabilement, stupidement.*

finesse *nom féminin* Qualité de ce qui est ténu. SYN. légèreté, minceur. - LITTÉRAIRE : diaphanéité, sveltesse, ténuité. CONTR. *épaisseur, grosseur, lourdeur, pesanteur.* ■ Qualité de ce qui est délicat. SYN. délicatesse, douceur, grâce. - LITTÉRAIRE : gracilité. CONTR. *empâtement, épaisseur, grossièreté, vulgarité.* ■ Qualité de ce qui est supérieur. SYN. excellence, perfection, pureté, supériorité. - LITTÉRAIRE : suavité, succulence. CONTR. *banalité, platitude, simplicité.* ■ Qualité intellectuelle. SYN. acuité, adresse, clairvoyance, diplomatie, esprit, fertilité, habileté, intuition, pénétration, perspicacité, profondeur, psychologie, sagacité. - LITTÉRAIRE : fécondité. CONTR. *balourdise, bêtise, gaucherie, idiotie, ineptie, inexpérience, inhabileté, lourdeur, maladresse, niaiserie, sottise, stupidité.* ■ Chose difficile à saisir. SYN. argutie, finasserie, nuance, subtilité. ■ Procédé pour arriver à ses fins. SYN. ficelle, ruse. - FAMILIER : astuce, truc. - LITTÉRAIRE : habileté.

fini *adjectif* Qui comporte des finitions. SYN. fignolé, fouillé, limé, peaufiné, poli, travaillé. - FAMILIER : léché. - LITTÉRAIRE : ciselé. - POPULAIRE : chiadé. - VIEUX : perlé. CONTR. *informe.* - FAMILIER : *bâclé, expédié, ni fait ni à faire.* ■ FAMILIER. Qui est très fatigué. SYN. anéanti, à bout de course, à bout de force, à bout de souffle, brisé, broyé, épuisé, exténué, fatigué, fourbu, harassé, K.-O., mort de fatigue, recru, rendu, rompu, usé. - FAMILIER : achevé, au bout du rouleau, cassé, claqué, éreinté, esquinté, flapi, H.S., kaput, lessivé, mort, moulu, à plat, pompé, à ramasser à la petite cuillère, raplapla, sur les genoux, tué, vanné, vidé. - POPULAIRE : cané, crevé, rétamé, sur les rotules. CONTR. *dispos, frais, frais et dispos, reposé.* - FAMILIER : *en forme, frais comme un gardon, frais comme une rose, increvable, en pleine forme.* - VIEUX : *gaillard.* ■ Qui est parfait en son genre. SYN. accompli, achevé, consommé, fieffé. - FAMILIER : sacré. ■ Qui a été mené à son terme. SYN. accompli, achevé, consommé, fait, terminé. CONTR. *inachevé.* ■ FAMILIER. Irrémédiablement perdu. SYN. perdu. - FAMILIER : cuit, fichu, flambé, frit, H.S., kaput, mort. - POPULAIRE : foutu, nase.

fini *nom masculin* Qualité de ce qui est fignolé. SYN. achèvement, fignolage, perfection, poli.

finir *verbe intransitif* Arriver à son terme. SYN. aboutir, s'achever, s'arrêter, cesser, expirer, s'interrompre, prendre fin, se terminer. - LITTÉRAIRE : se mourir. CONTR. *s'amorcer, commencer, débuter, durer, s'ouvrir, partir.* ■ Terminer son existence. SYN. décéder, s'éteindre, mourir, passer. - LITTÉRAIRE : expirer, périr, trépasser.

finir *verbe transitif* Mener à sa fin. SYN. accomplir, achever, conclure, mener à bien, mener à bonne fin, mener à son terme, mettre la dernière main à, mettre un point final à, mettre un terme à, parachever, régler, terminer, tirer le rideau, tourner la page. CONTR. *aborder, amorcer, attaquer, s'attaquer, commencer, débuter, ébaucher, engager, entamer, entreprendre, esquisser, étrenner, inaugurer.* ■ Marquer la fin de quelque chose. SYN. arrêter, clôturer, conclure, couronner, fermer, sonner le glas de. - LITTÉRAIRE : clore. CONTR. *introduire, ouvrir.*

finissage *nom masculin* Action de terminer l'exécution de. SYN. achèvement, fignolage, finition. - LITTÉRAIRE : consommation, parachèvement.

finition *nom féminin* Ce qui termine l'exécution de. SYN. achèvement, fignolage. - LITTÉRAIRE : consommation, parachèvement.

fiole *nom féminin* POPULAIRE. Visage. SYN. face, faciès, minois, tête. - FAMILIER : binette, frimousse, mufle, museau. – POPULAIRE : bobine, fraise, margoulette, poire, portrait. – VIEUX : hure.

fioriture *nom féminin* LITTÉRAIRE. Ornement accessoire. SYN. agrément, embellissement, enjolivement, enjolivure, ornement.

firmament *nom masculin* LITTÉRAIRE. Voûte céleste. SYN. ciel. – LITTÉRAIRE : cieux, nue.

firme *nom féminin* Entreprise industrielle ou commerciale. SYN. entreprise, établissement, maison, société. – FAMILIER : boîte.

fissuration *nom féminin* Fait de se fissurer. SYN. craquèlement, craquellement, craquelure, fendillement.

fissure *nom féminin* Fente légère. SYN. cassure, craquelure, crevasse, déchirure, entaille, faille, fêlure, fente, interstice, jour, lézarde, rainure. – LITTÉRAIRE : brisure.

fissurer *verbe* Causer des fissures. SYN. craqueler, crevasser, fêler, fendiller, fendre, gercer, lézarder, ouvrir. ■ Provoquer la désunion. SYN. anéantir, délabrer, désagréger, miner, ruiner, saper. – LITTÉRAIRE : fêler.

fistuline *nom féminin* Champignon rouge sang. SYN. foie-de-bœuf, langue-de-bœuf.

fixation *nom féminin* Action de fixer solidement à. SYN. accrochage, amarrage, ancrage, scellement, vissage. CONTR. *décrochage, décrochement, descellement.* ■ Action de s'établir en un lieu. SYN. enracinement, établissement, implantation, installation, sédentarisation. CONTR. *départ, déracinement.* ■ Action de déterminer précisément. SYN. détermination, établissement, réglementation.

fixe *adjectif* Qui ne remue pas. SYN. cloué, dormant, figé, immobile, paralysé, pétrifié, rivé, stagnant. – FAMILIER : planté. CONTR. *ambulant, branlant, brimbalant, errant, fuyant, mobile, mouvant, orientable, oscillant.* ■ Qui ne varie pas. SYN. arrêté, constant, définitif, déterminé, ferme, immuable, invariable, permanent, précis, réglé, régulier, stable, stationnaire. CONTR. *capricieux, changeant, flottant, fluctuant, indécis, indéterminé, instable, irrégulier, modulé, mouvant, vague, variable, volatil.* – LITTÉRAIRE : *inconstant, ondoyant.*

fixé *adjectif* Déterminé à l'avance. SYN. arrêté, calculé, décidé, défini, déterminé, entendu, réglé, voulu.

fixer *verbe* Faire tenir quelque chose. SYN. accrocher, agrafer, amarrer, arrimer, assujettir, assurer, attacher, caler, clouer, coincer, coller, épingler, ficher, figer, immobiliser, maintenir, planter, retenir, sceller, stabiliser, suspendre, tenir, visser. CONTR. *décrocher, défaire, détacher.* ■ Faire rester quelque part. SYN. concentrer, enraciner, établir, implanter, installer, sédentariser. CONTR. *déraciner.* ■ Mettre en place des règles. SYN. arrêter, assigner, décider, définir, délimiter, déterminer, dicter, donner, établir, formuler, imposer, indiquer, préciser, réglementer, spécifier. CONTR. *hésiter.* ■ Regarder avec insistance. SYN. contempler, dévisager, examiner, inspecter, observer, regarder, scruter. – FAMILIER : reluquer. – POPULAIRE : zieuter, zyeuter. ■ Renseigner quelqu'un sur. SYN. avertir, éclairer, édifier, informer, instruire, mettre au courant, mettre au fait, prévenir. – FAMILIER : tuyauter.

fixer (se) *verbe pronominal* Se mettre sur quelque chose. SYN. s'accrocher, adhérer, s'attacher, coller à. ■ Établir son domicile quelque part. SYN. s'ancrer, élire domicile, emménager, s'établir, être dans ses meubles, habiter, s'implanter, s'installer, résider, vivre. – FAMILIER : s'incruster, nicher. ■ Devenir stable. SYN. se figer, se stabiliser. CONTR. *changer, évoluer, se modifier, se transformer.*

fixité *nom féminin* État de ce qui est fixe. SYN. immobilité. CONTR. *déplacement, mobilité, mouvement, vacillement.* – LITTÉRAIRE : *branle.* ■ LITTÉRAIRE. État de ce qui est constant. SYN. constance, continuité, invariabilité, permanence, stabilité. – LITTÉRAIRE : immuabilité. CONTR. *changement, évolution, fluctuation, instabilité, modification, transformation, vacillement.* – LITTÉRAIRE : *inconstance, mouvance.*

flaccidité *nom féminin* LITTÉRAIRE. Caractère flasque. SYN. élasticité, inconsistance, mollesse, souplesse. CONTR. *consistance, dureté, fermeté, tonicité.*

fla-fla *nom masculin* FAMILIER. Attitude prétentieuse. SYN. bluff, façons, manières, ostentation. – FAMILIER : chichi, chiqué, esbroufe. – POPULAIRE : épate. CONTR. *simplicité.*

flagada *adjectif* FAMILIER. Sans force. SYN. épuisé, exténué, fatigué, fourbu, las, recru, rendu, rompu. – FAMILIER : claqué, éreinté, esquinté, flapi, H.S., kaput, lessivé, moulu, à plat, pompé, à ramasser à la petite cuillère, raplapla, sur les genoux, vanné, vidé. – POPULAIRE : crevé, rétamé, sur les rotules. CONTR. *dispos, frais, frais et dispos.* – FAMILIER : *en forme, frais comme un gardon, frais comme une rose, en pleine forme.* – VIEUX : *gaillard.*

flageller *verbe* Battre à coups de fouet. SYN. cingler, cravacher, fouetter, fustiger. – LITTÉRAIRE : fouailler. ■ LITTÉRAIRE. Attaquer vivement. SYN. blâmer, condamner, critiquer, houspiller, malmener, stigmatiser. – LITTÉRAIRE : flétrir, fustiger, tancer.

flageolant *adjectif* Qui flageole. SYN. chancelant, oscillant, titubant, trébuchant, tremblant, tremblotant. – LITTÉRAIRE : trémulant, vacillant. CONTR. *ferme, solide, stable.*

flageoler *verbe* Trembler de fatigue, d'émotion. SYN. avoir les jambes en coton, chanceler, mollir, n'avoir plus de jambes, ne plus sentir ses jambes, ne plus tenir sur ses jambes, tituber, trébucher, vaciller. – FAMILIER : tanguer.

flagorner *verbe* LITTÉRAIRE. Flatter de façon outrée. SYN. aduler, bercer de paroles, chatouiller l'amour-propre, complimenter, courtiser, couvrir de fleurs, exalter, flatter, manier l'encensoir, passer la main dans le dos. – FAMILIER : caresser dans le sens du poil, cirer les bottes, cirer les pompes, faire de la lèche, faire des courbettes, faire des ronds de jambe, faire du plat, faire du rentre-dedans, lécher les bottes, passer de la pommade, passer la brosse à reluire, prendre dans le sens du poil. – LITTÉRAIRE : encenser, faire sa cour, louanger, magnifier. – POPULAIRE : lécher le cul. CONTR. *bafouer, chapitrer, critiquer, décrier, dénigrer, diffamer.* – FAMILIER : *bêcher, cracher sur, débiner, déblatérer, éreinter, esquinter.* – LITTÉRAIRE : *brocarder, dauber, déchirer, noircir, vilipender.* – POPULAIRE : *crosser.*

flagornerie *nom féminin* LITTÉRAIRE. Flatterie intéressée. SYN. cajolerie, coup d'encensoir, flatterie, obséquiosité. – FAMILIER : lèche. – LITTÉRAIRE : adulation, courtisanerie, encens, patelinage, patelinerie. CONTR. *franchise, sincérité.*

flagorneur *nom* LITTÉRAIRE. Personne qui flagorne. SYN. bénisseur, courtisan, flatteur. – FAMILIER : béni oui-oui, carpette, larbin, lèche-bottes, lécheur, paillasson. – LITTÉRAIRE : adulateur, caudataire, complimenteur, encenseur, laudateur, louangeur, thuriféraire. – POPULAIRE : lèche-cul. CONTR. *critique, dénigreur, dépréciateur, détracteur, diffamateur.* – FAMILIER : *bêcheur, débineur.* – LITTÉRAIRE : *censeur, daubeur.*

flagrance *nom féminin* Caractère flagrant. SYN. certitude, évidence. CONTR. *doute, incertitude.*

flagrant *adjectif* Qui est évident. SYN. aveuglant, certain, clair, criant, éclatant, évident, incontestable, indéniable, indiscutable, indubitable, manifeste, notoire, ostensible, patent, visible. CONTR. *contestable, discutable, douteux, hypothétique, incertain.*

flair *nom masculin* Finesse qui porte à deviner. SYN. clairvoyance, discernement, divination, instinct, intuition, nez, perspicacité, prémonition, prescience. – POPULAIRE : pif. CONTR. *aveuglement.*

flairer *verbe* Appliquer son odorat à. SYN. renifler, respirer, sentir. – LITTÉRAIRE : humer. ■ Deviner par intuition. SYN. avoir du nez, avoir le nez creux, avoir le nez fin, deviner, discerner, se douter, percevoir, présager, pressentir, prévoir, repérer, sentir, soupçonner. – FAMILIER : renifler, subodorer. CONTR. *ne pas voir plus loin que le bout de son nez.*

flambant *adjectif* Qui flambe. SYN. bouillant, brûlant. – LITTÉRAIRE : ardent. CONTR. *froid, glacé, glacial.*

flambé *adjectif* AMILIER. Qui est démasqué. SYN. coulé, démasqué, repéré. ■ FAMILIER. Irrémédiablement perdu. SYN. – FAMILIER : cuit, fichu, fini, frit, H.S., kaput, mort. – POPULAIRE : foutu, nase.

flambeau *nom masculin* Torche. SYN. candélabre, chandelier, torchère. ■ LITTÉRAIRE. Ce qui guide. SYN. guide. – LITTÉRAIRE : lumière, phare.

flambée *nom féminin* Feu vif pour se réchauffer. SYN. – VIEUX : chaude. ■ Brusque manifestation. SYN. accès, bouffée, crise, débordement, déchaînement, explosion, majoration, montée, poussée. – LITTÉRAIRE : éclat.

flamber *verbe* LITTÉRAIRE. Briller d'un vif éclat. SYN. briller, chatoyer, étinceler, luire, pétiller, reluire, rutiler, scintiller. – LITTÉRAIRE : flamboyer, fulgurer, rayonner, resplendir. ■ Disparaître dans les flammes. SYN. brûler, se consumer, s'enflammer, être la proie des flammes, se réduire en fumée.

flamboiement *nom masculin* LITTÉRAIRE. Éclat qui évoque le feu. SYN. chatoiement, feu, miroitement. – LITTÉRAIRE : embrasement, flamme, pétillement, rayonnement.

flamboyant *adjectif* LITTÉRAIRE. Qui flamboie. SYN. ardent, brillant, éclatant, étincelant, lumineux, pétillant, radieux, reluisant, resplendissant, rutilant, scintillant. CONTR. *sombre, terne.*

flamboyer *verbe* LITTÉRAIRE. Briller d'un grand éclat. SYN. briller, éclairer, étinceler, luire, miroiter, pétiller, reluire, rutiler, scintiller. – LITTÉRAIRE : flamber, fulgurer, rayonner, resplendir.

flamme *nom féminin* LITTÉRAIRE. Vif éclat. SYN. clarté, éclair, éclat, feu, lueur, lumière. – LITTÉRAIRE : étincelle, flamboiement. ■ LITTÉRAIRE. Vive ardeur. SYN. animation, chaleur, élan, exaltation, excitation, ferveur, feu, fièvre, fougue, frénésie, impétuosité, passion, pétulance, surexcitation. ■ Pavillon long et étroit. SYN. banderole, cornette, fanion, oriflamme.

flancher *verbe* FAMILIER. Manquer d'énergie. SYN. baisser les bras, céder, craquer, s'effondrer, faiblir, faillir, fléchir, lâcher, mollir, plier, reculer. – FAMILIER : caler, se dégonfler. – LITTÉRAIRE : ployer. – POPULAIRE : caner, canner, se déballonner. CONTR. *persévérer, persister, résister, tenir.*

flanchet *nom masculin* Morceau du bœuf et du veau. SYN. paillasse.

flâner *verbe* Se promener sans but. SYN. s'amuser, déambuler, errer, faire du lèche-vitrines, musarder, se promener, rôder, traîner, vagabonder. – FAMILIER : baguenauder, se baguenauder, se balader, rôdailler, traînailler, traînasser, traîner ses bottes, traîner ses guêtres. – LITTÉRAIRE : badauder, muser, vaguer. – POPULAIRE : vadrouiller. ▪ Perdre son temps. SYN. s'amuser, fainéanter, ne rien faire de ses dix doigts, paresser. – FAMILIER : buller, flemmarder, lambiner, lanterner, lézarder, tirer sa flemme, traînailler, traînasser. CONTR. *accourir, se hâter, se presser.* – FAMILIER : *foncer.*

flânerie *nom féminin* Action de se promener. SYN. promenade. – FAMILIER : balade. – LITTÉRAIRE : badaudage, badauderie, déambulation, errance, musardise. – POPULAIRE : vadrouille. – VIEUX : baguenaude. ▪ Fait de perdre son temps. SYN. désœuvrement, fainéantise, paresse. – FAMILIER : flemmardise.

flâneur *nom* Personne qui aime flâner. SYN. badaud, promeneur, rôdeur. – POPULAIRE : vadrouilleur. – VIEUX : musard.

flanquer *verbe transitif* Disposer de part et d'autre. SYN. accompagner, border, couvrir, encadrer, enserrer, protéger.

flanquer *verbe transitif* FAMILIER. Jeter brutalement. SYN. jeter, lancer. – FAMILIER : balancer, bazarder. – POPULAIRE : foutre. ▪ FAMILIER. Mettre quelque part. SYN. mettre, placer, poser. – FAMILIER : ficher. – POPULAIRE : foutre. ▪ FAMILIER. Appliquer violemment. SYN. appliquer, assener, asséner, décocher, donner. – FAMILIER : administrer, allonger, coller, envoyer, ficher, filer. – POPULAIRE : balancer, foutre.

flapi *adjectif* FAMILIER. Extrêmement fatigué. SYN. anéanti, à bout de course, à bout de force, à bout de souffle, brisé, épuisé, exténué, fatigué, fourbu, harassé, K.-O., las, mort de fatigue, recru, rendu, rompu, surmené, usé. – FAMILIER : achevé, au bout du rouleau, cassé, claqué, éreinté, esquinté, fini, H.S., kaput, lessivé, mort, moulu, à plat, pompé, à ramasser à la petite cuillère, raplapla, sur les genoux, tué, vanné, vidé. – POPULAIRE : cané, crevé, rétamé, sur les rotules. CONTR. *dispos, frais, frais et dispos, reposé.* – FAMILIER : *en forme, frais comme un gardon, frais comme une rose, increvable, en pleine forme.* – VIEUX : *gaillard.*

flash-back *nom masculin invariable* Action antérieure à l'événement représenté. SYN. retour en arrière.

flasque *adjectif* Qui est mou. SYN. amorphe, avachi, inconsistant, indolent, inerte, lâche, mollasson, mou. – FAMILIER : mollasse, ramolli. CONTR. *dur, dynamique, énergique, ferme, nerveux, tonique.*

flatter *verbe* Séduire par des louanges. SYN. aduler, amadouer, bercer de paroles, cajoler, chatouiller l'amour-propre, complimenter, courtiser, couvrir de fleurs, faire des courbettes, manier l'encensoir, passer la main dans le dos. – FAMILIER : caresser dans le sens du poil, cirer les bottes, cirer les pompes, donner du...gros comme le bras, faire de la lèche, faire du plat, faire du rentre-dedans, lécher les bottes, passer de la pommade, passer la brosse à reluire, prendre dans le sens du poil. – LITTÉRAIRE : encenser, faire sa cour, flagorner, louanger. – POPULAIRE : lécher le cul. CONTR. *abaisser, attaquer, atteindre, blesser, critiquer, décrier, médire.* – FAMILIER : *abîmer, bêcher, éreinter, esquinter.* – LITTÉRAIRE : *brocarder, déchirer.* – VIEUX : *crosser.* ▪ Faire paraître plus beau. SYN. avantager, embellir, enjoliver, idéaliser. CONTR. *enlaidir.* ▪ Caresser un animal. SYN. caresser, gratter. – FAMILIER : grattouiller. CONTR. *brusquer, brutaliser.* – POPULAIRE : *cogner.* ▪ Affecter agréablement. SYN. honorer, plaire, ravir. CONTR. *dégoûter, froisser, rebuter, vexer.*

flatter (se) *verbe pronominal* Prétendre pouvoir faire. SYN. compter, escompter, espérer, se faire fort de, se piquer, prétendre, se prévaloir, se promettre, se targuer de. ▪ Tirer orgueil de. SYN. s'applaudir, s'enorgueillir, s'envoyer des fleurs, se féliciter, se glorifier, s'honorer, se vanter.

flatterie *nom féminin* Action de flatter. SYN. cajolerie, louange. – FAMILIER : courbettes, lèche. – LITTÉRAIRE : adulation, courtisanerie, encensement, flagornerie. CONTR. *blâme, censure, critique, dénigrement, ironie, médisance, moquerie, raillerie, réprimande, reproche, semonce.* ▪ Paroles qui flattent. SYN. compliment, éloge. – LITTÉRAIRE : encens. CONTR. *sarcasme, vexation.* – LITTÉRAIRE : *avanie.*

flatteur *adjectif* Qui avantage quelqu'un. SYN. agréable, avantageux, élogieux, favorable, laudatif. CONTR. *désavantageux.* ▪ Qui loue avec excès. SYN. élogieux, enjôleur, louangeur, obséquieux. CONTR. *abaissant, blessant, calomnieux, caustique, défavorable, humiliant, offensant, rabaissant, réprobateur, satirique.* – LITTÉRAIRE : *fielleux.*

flatteur *nom* Personne qui loue avec excès. SYN. bénisseur, cajoleur, courtisan, enjôleur. – FAMILIER : béni oui-oui, lèche-bottes, lécheur. – LITTÉRAIRE : adulateur, caudataire, complimenteur, encenseur, flagorneur, laudateur, louangeur, thuriféraire. – POPULAIRE : lèche-cul. CONTR. *critique, dénigreur, dépréciateur, détracteur, diffamateur, médisant.* – FAMILIER : *débineur.* – LITTÉRAIRE : *censeur, daubeur.*

flavine *nom féminin* Vitamine que l'on trouve dans le lait. SYN. lactoflavine, riboflavine.

fléau *nom masculin* Grand malheur. SYN. bouleversement, calamité, cataclysme, catastrophe, désastre, malheur. CONTR. *aubaine, bonheur.* ■ Personne, chose funeste. SYN. peste. – FAMILIER : calamité, plaie, scie. – LITTÉRAIRE : chancre, lèpre.

flèche *nom féminin* Trait mordant. SYN. attaque, pointe, sarcasme. – LITTÉRAIRE : brocard, saillie, trait. ■ Pièce de la charrue. SYN. age.

flécher *verbe* Marquer un itinéraire par des flèches. SYN. baliser, jalonner, marquer, signaliser.

fléchir *verbe intransitif* Se courber sous un poids. SYN. s'affaisser, s'arquer, s'infléchir, pencher, plier, se plier, se replier. – LITTÉRAIRE : ployer. ■ Cesser de résister. SYN. baisser les bras, capituler, céder, chanceler, courber le dos, courber le front, courber l'échine, décrocher, s'incliner, mollir, plier le genou, plier l'échine. – FAMILIER : caler, flancher. – LITTÉRAIRE : défaillir, succomber. CONTR. *se cabrer, s'insurger, s'obstiner, persister.* ■ Subir une baisse. SYN. baisser, décliner, diminuer, faiblir, se ralentir, se relâcher. CONTR. *monter.*

fléchir *verbe transitif* Rendre courbe. SYN. courber, gauchir, incliner, incurver, infléchir, plier, recourber. – LITTÉRAIRE : ployer. CONTR. *renverser.* ■ Faire céder quelqu'un. SYN. adoucir, apitoyer, attendrir, bouleverser, crier grâce, demander grâce, désarmer, ébranler, humaniser, pleurer misère, remuer, tomber aux genoux de, toucher, troubler. – LITTÉRAIRE : crier miséricorde, implorer miséricorde.

fléchissement *nom masculin* Action, fait de fléchir. SYN. courbure, flexion, gauchissement, inflexion. ■ LITTÉRAIRE. Perte d'énergie. SYN. abandon, démission, renoncement. CONTR. *consolidation, raffermissement, renforcement.*

flegmatique *adjectif* Qui domine ses réactions. SYN. froid, impassible, imperturbable, indifférent, nonchalant, patient, placide, posé, serein, tranquille. CONTR. *ardent, belliqueux, brûlant, chaleureux, chaud, émotif, emporté, exalté, excitable, excité, exubérant, fervent, fougueux, impétueux, impressionnable, impulsif, irritable, nerveux, passionné, véhément.* – FAMILIER : *émotionnable.* – LITTÉRAIRE : *volcanique.*

flegme *nom masculin* Attitude sereine. SYN. calme, froideur, impassibilité, imperturbabilité, patience, placidité, réserve, retenue, sang-froid, self-control. CONTR. *affolement, animation, chaleur, emballement, énervement, exaltation, exaspération, excitation, fébrilité, fougue, impétuosité, inquiétude, irritabilité, nervosité, véhémence.* – LITTÉRAIRE : *excitabilité, vivacité.*

flemmard *nom* FAMILIER. Personne paresseuse. SYN. fainéant, paresseux, partisan du moindre effort. – FAMILIER : cossard, faignant, feignant, inspecteur des travaux finis, tire-au-flanc. – POPULAIRE : branleur, cul de plomb, glandeur, glandouilleur, tire-au-cul. CONTR. *courageux, travailleur.* – LITTÉRAIRE : *laborieux.* – POPULAIRE : *bosseur.*

flemmarder *verbe* FAMILIER. Se montrer paresseux. SYN. fainéanter, flâner, musarder, ne rien faire de ses dix doigts, paresser, se prélasser, se rouler les pouces, se tourner les pouces, traîner. – FAMILIER : avoir la cosse, avoir les côtes en long, avoir les pieds nickelés, avoir un poil dans la main, bayer aux corneilles, buller, se la couler douce, être mou du genou, faire du lard, faire le lézard, lézarder, ne pas en fiche une rame, tirer sa flemme, traînailler, traînasser, traîner les pieds. – LITTÉRAIRE : muser. – POPULAIRE : avoir les doigts de pied en éventail, coincer la bulle, glander, glandouiller, se les rouler, tirer au cul, tirer au flanc. – VIEUX : clampiner. CONTR. *s'activer, s'affairer, s'appliquer, se démener, se dépenser, donner un coup de collier, s'échiner, s'épuiser, s'escrimer, s'exténuer, se fatiguer, s'occuper, se presser, se remuer, travailler.* – FAMILIER : *s'agiter, bûcher, se décarcasser, se défoncer, s'éreinter, s'esquinter, mettre de l'huile de coude, se mettre en quatre, mettre le paquet, en mettre un bon coup, en mettre un coup, en mettre un vieux coup, se tuer.* – POPULAIRE : *bosser, boulonner.*

flemmardise *nom féminin* FAMILIER. Comportement de flemmard. SYN. fainéantise, flânerie, paresse. – FAMILIER : cosse.

flemme *nom féminin* FAMILIER. Envie de ne rien faire. SYN. apathie, fainéantise, inertie, léthargie, paresse. – FAMILIER : cosse. CONTR. *activité, affairement, ardeur, dynamisme, énergie, zèle.*

flétri *adjectif* Qui est fané. SYN. avachi, décati, défleuri, défraîchi, fané, fripé, parcheminé, passé, ratatiné, ridé, terni. CONTR. *éclatant, frais, juvénile, pur.* – LITTÉRAIRE : *tendre.*

flétrir *verbe transitif* Ôter sa fraîcheur à. SYN. défraîchir, dessécher, faner, friper, rider, sécher, ternir. CONTR. *aviver, rafraîchir, raviver.* ■ LITTÉRAIRE. Porter atteinte à. SYN. altérer, avilir, contaminer, dépraver, éclabousser, galvauder, gâter, perdre, pervertir, pourrir, profaner, salir, ternir. – LITTÉRAIRE : corrompre, prostituer, souiller, tacher. CONTR. *laver.*

flétrir *verbe transitif* LITTÉRAIRE. Dénoncer avec indignation. SYN. anathématiser, blâmer, condamner, envoyer à tous les diables, envoyer au diable, envoyer aux cinq cents diables, réprouver, stigmatiser. – LITTÉRAIRE : flageller, fustiger, maudire, noircir, vitupérer. CONTR. *applaudir, glorifier, honorer.*

flétrir (se) *verbe pronominal* Perdre sa fraîcheur. SYN. se décatir, s'étioler, se faner, se ratatiner, se rider, se ternir. CONTR. *éclore, s'épanouir, fleurir.*

flétrissure *nom féminin* Action de se flétrir. SYN. dessèchement, marque, ride, stigmate. ■ LITTÉRAIRE. Atteinte à l'honneur. SYN. affront, décri, déshonneur, honte, ignominie, infamie, profanation, tache. – LITTÉRAIRE : opprobre, prostitution, souillure, tare.

fleur *nom féminin* Ce qu'il y a de meilleur. SYN. beau monde, dessus du panier, élite, fin du fin, fine fleur, gotha. – FAMILIER : beau linge, crème, gratin. – LITTÉRAIRE : aristocratie. CONTR. *écume, lie.*

fleurer *verbe* Avoir une bonne odeur. SYN. embaumer, sentir bon. CONTR. *empester, puer.* – POPULAIRE : *schlinguer.*

fleurir *verbe intransitif* S'ouvrir, en parlant d'une fleur. SYN. éclore, s'épanouir. – LITTÉRAIRE : verdoyer. CONTR. *s'étioler, faner, se faner, se flétrir.* – LITTÉRAIRE : *flétrir.* ■ LITTÉRAIRE. Être prospère. SYN. briller, se développer, s'épanouir, prospérer. CONTR. *décliner, dépérir, s'étioler, régresser.* ■ FAMILIER. Apparaître en nombre. SYN. abonder, foisonner, fourmiller, proliférer, pulluler. CONTR. *disparaître, manquer.*

fleurir *verbe transitif* Garnir de fleurs. SYN. décorer, embellir, enrichir, orner. – LITTÉRAIRE : parer.

fleuron *nom masculin* LITTÉRAIRE. Chose remarquable. SYN. gloire, orgueil. – LITTÉRAIRE : lumière, phare.

fleuve *nom masculin* LITTÉRAIRE. Ce qui coule abondamment. SYN. avalanche, déluge, flot, grêle, pluie, torrent. – LITTÉRAIRE : rivière, ruisseau.

flexibilité *nom féminin* Qualité de ce qui est flexible. SYN. agilité, élasticité, souplesse. CONTR. *ankylose, engourdissement, raideur.* ■ Qualité de ce qui peut s'adapter. SYN. adaptabilité, maniabilité, souplesse. – FAMILIER : élasticité. CONTR. *raideur, rigidité.*

flexible *adjectif* Qui se courbe aisément. SYN. élastique, malléable, plastique, pliable, souple. – LITTÉRAIRE : ondoyant. CONTR. *cassant, dur, raide, rigide.* ■ Qui se plie aux circonstances. SYN. accommodant, arrangeant, complaisant, conciliant, coulant, maniable, manœuvrable, souple. – FAMILIER : élastique. CONTR. *dur, rigide.* – LITTÉRAIRE : *raide.*

flexueux *adjectif* LITTÉRAIRE. Courbé en divers sens. SYN. ondulant, ondulatoire, ondulé, sinueux, tordu, tortueux, zigzagant. – LITTÉRAIRE : ondoyant, onduleux, serpentin.

flexuosité *nom féminin* LITTÉRAIRE. État de ce qui est flexueux. SYN. ondulation, sinuosité, torsion. – LITTÉRAIRE : serpentement.

flibuste *nom féminin* Pillage sur mer. SYN. flibusterie, piraterie. – FAMILIER : friponnerie. – VIEUX : filouterie.

flibustier *nom masculin* VIEUX. Individu louche. SYN. bandit, forban, pirate. – LITTÉRAIRE : écumeur.

flic *nom masculin* POPULAIRE. Agent de police. SYN. agent, gardien de la paix, gendarme, îlotier, policier. – ARGOTIQUE : bourre. – FAMILIER : hirondelle, shérif. – POPULAIRE : cogne, keuf, perdreau, poulet, vache. – VIEUX : sergent de ville.

flinguer *verbe* POPULAIRE. Tuer avec une arme à feu. SYN. abattre, achever, assassiner, éliminer, envoyer ad patres, exécuter, fusiller, massacrer, supprimer, tuer. – FAMILIER : faire passer le goût du pain, ôter le goût du pain, trucider. – LITTÉRAIRE : faire passer de vie à trépas, occire, raidir. – POPULAIRE : buter, descendre, faire la peau, ratatiner, rectifier, refroidir, zigouiller. – VIEUX : suriner.

flion *nom masculin* Petit mollusque bivalve comestible. SYN. donax, olive, pignon, trialle.

flirt *nom masculin* FAMILIER. Brève relation amoureuse. SYN. amour, amourette, aventure, caprice, fantaisie, idylle, intrigue, liaison, passade. – FAMILIER : béguin, tocade, toquade. ■ FAMILIER. Personne avec qui on flirte. SYN. ami, amie, amoureuse, amoureux, chéri, chérie, petit ami, petit copain, petite amie, soupirant. – FAMILIER : béguin, copain, copine. – POPULAIRE : jules.

flirter *verbe* FAMILIER. Avoir une aventure avec quelqu'un. SYN. courtiser, papillonner. – FAMILIER : batifoler, fréquenter. – LITTÉRAIRE : marivauder. ■ FAMILIER. Se rapprocher d'adversaires. SYN. s'acoquiner, fréquenter, se rapprocher. – LITTÉRAIRE : coqueter.

flop *nom masculin* POPULAIRE. Échec d'un spectacle. SYN. désastre, échec, insuccès. – FAMILIER : claque, fiasco, four, ratage. – POPULAIRE : bide.

flopée *nom féminin* FAMILIER. Grande quantité. SYN. armée, avalanche, bande, bataillon, cascade, déferlement, déluge, fatras, flot, flux, foule, horde, infinité, kyrielle, légion, masse, meute, monceau, montagne, multitude, myriade, nuée, pléiade, pluie, quantité, ramassis, tas, torrent, troupe, troupeau. – FAMILIER : armada, cargaison, cohorte, foultitude, paquet, pelletée, peuple, régiment, ribambelle, tapée, tripotée. – LITTÉRAIRE : averse, essaim. CONTR. *atome, bribe, brin, doigt, goutte, grain, gramme, miette,* *nuage, once, parcelle, peu, poignée, pointe, soupçon, trace.* – LITTÉRAIRE : *liard, ombre, trait.* – POPULAIRE : *chouia.*

flore *nom féminin* Espèces végétales d'un milieu donné. SYN. végétation.

floricole *adjectif* Qui vit sur les fleurs. SYN. anthophile.

florilège *nom masculin* Recueil d'extraits d'œuvres. SYN. analectes, anthologie, choix, chrestomathie, extraits, morceaux choisis, sélection, spicilège.

florissant *adjectif* En plein développement. SYN. actif, dynamique, prospère. CONTR. *dégénéré, étiolé, inquiétant, sous-développé.* ■ En très bonne santé. SYN. beau, éclatant, radieux, rayonnant, resplendissant.

flot *nom masculin* Masse de liquide qui s'écoule. SYN. fleuve, rivière, ruisseau, torrent. ■ Grande quantité de. SYN. affluence, afflux, armée, avalanche, bataillon, cascade, chapelet, débordement, déferlement, déluge, fatras, flux, foule, grêle, infinité, kyrielle, légion, marée, masse, monceau, multitude, myriade, nuée, pléiade, pluie, quantité, tas, torrent. – FAMILIER : armada, cargaison, cohorte, flopée, foultitude, pelletée, régiment, ribambelle, tapée. – LITTÉRAIRE : averse, essaim, fleuve, océan. CONTR. *atome, bribe, brin, doigt, goutte, grain, gramme, larme, lueur, miette, nuage, once, parcelle, peu, pointe, soupçon, trace.* – LITTÉRAIRE : *liard, ombre, trait.* – POPULAIRE : *chouia.* ■ LITTÉRAIRE. Ce qui rappelle les flots. SYN. mouvement, vague. – LITTÉRAIRE : ondulation.

flots *nom masculin pluriel* LITTÉRAIRE. L'eau de la mer. SYN. eau, mer, océan. ■ ***À flots,*** en grande quantité. SYN. abondamment, amplement, beaucoup, colossalement, comme s'il en pleuvait, considérablement, copieusement, à discrétion, énormément, à foison, généreusement, grandement, largement, massivement, à la pelle, plantureusement, pleinement, en quantité, richement, à satiété, à souhait, surabondamment, à tour de bras, en veux-tu en voilà, à volonté. – FAMILIER : à gogo, jusqu'à plus soif, en pagaille, à revendre, à tire-larigot. – LITTÉRAIRE : à l'envi. CONTR. *chichement, modérément, parcimonieusement, peu.*

flottant *adjectif* Se dit d'un vêtement large. SYN. ample, fluide, lâche, libre, mouvant, vaporeux. CONTR. *étriqué, étroit, juste, serré.* ■ Qui n'est pas nettement fixé. SYN. chancelant, changeant, confus, flou, fluctuant, hésitant, incertain, inconstant, indécis, indéterminé, instable, irrésolu, mouvant, vague, variable, velléitaire, versatile. – LITTÉRAIRE : nébuleux, ondoyant, vacillant. – VIEUX : mobile. CONTR. *arrêté, assis, assuré, constant, ferme, fixe, inébranlable, précis, résolu, solide, stable, sûr.*

flottement *nom masculin* État d'un objet qui flotte. SYN. balancement, ondulation, oscillation. – LITTÉRAIRE : ondoiement. ■ Mouvement d'hésitation. SYN. confusion, doute, fluctuation, hésitation, incertitude, indécision, irrésolution, mobilité, vacillement. – LITTÉRAIRE : vacillation.

flotter *verbe* Rester à la surface. SYN. nager, surnager. CONTR. *couler, sombrer.* ■ Bouger au gré du vent. SYN. se balancer, osciller, remuer, vaciller, voler, voltiger. – LITTÉRAIRE : onduler. ■ Être irrésolu. SYN. balancer, fluctuer, hésiter, osciller, varier. – FAMILIER : se tâter. – LITTÉRAIRE : vaciller. CONTR. *décider, se déterminer à.*

flotteur *nom masculin* Ce qui maintient un hameçon en surface. SYN. bouchon.

flou *adjectif* Qui manque de netteté. SYN. brouillé, brumeux, évasif, flottant, fumeux, hésitant, imprécis, indécis, indéterminable, indistinct, nuageux, trouble, vague, voilé. – LITTÉRAIRE : nébuleux, vaporeux. CONTR. *arrêté, clair, distinct, net, précis, rigoureux.* ■ Aux contours souples. SYN. fluide, large, vague, vaporeux. CONTR. *moulant, serré.*

flou *nom masculin* Ce qui manque de netteté. SYN. brouillard, doute, imprécision, indétermination. – LITTÉRAIRE : vague. CONTR. *clarté, netteté, précision.*

flouer *verbe* FAMILIER. Tromper quelqu'un en le volant. SYN. abuser, attraper, berner, dépouiller, duper, escroquer, exploiter, leurrer, mystifier, rouler dans la farine, tromper, voler. – FAMILIER : avoir, empiler, estamper, étriller, pigeonner, plumer, posséder, refaire, rouler, tondre, truander. – LITTÉRAIRE : gruger, jouer. – POPULAIRE : arnaquer, baiser, couillonner, entuber. – VIEUX : filouter.

fluctuant *adjectif* Sujet à des variations. SYN. changeant, flottant, fluide, instable, labile, mobile, mouvant, variable. – LITTÉRAIRE : inconstant. CONTR. *assis, ferme, fixe, invariable, solide, stable.* ■ Qui change souvent d'opinion. SYN. capricieux, changeant, flottant, hésitant, incertain, inconstant, indécis, indéterminé, irrésolu, velléitaire, versatile. – VIEUX : mobile. CONTR. *constant, fidèle, inaltérable, inébranlable, résolu.*

fluctuation *nom féminin* Variation continuelle. SYN. changement, flottement, inégalité, instabilité, mobilité, mouvement, oscillation, vacillement, variabilité, variation, vicissitude. – LITTÉRAIRE : vacillation. CONTR. *fermeté, immobilité, stabilité.* – LITTÉRAIRE : *fixité.*

fluctuer *verbe* Varier sans cesse. SYN. bouger, changer, flotter, osciller, varier. – LITTÉRAIRE : vaciller.

fluet *adjectif* Se dit d'une voix faible. SYN. grêle, léger, ténu. CONTR. *fort, plein, puissant, tonitruant.* ■ Qui est d'une apparence frêle. SYN. chétif, frêle, grêle, gringalet, maigrelet, maigriot, malingre, menu, mince, svelte. – FAMILIER : maigrichon. – LITTÉRAIRE : gracile. CONTR. *corpulent, épais, fort, gros, massif, plantureux, râblé, robuste, trapu, vigoureux.* – FAMILIER : *dodu, rond, rondelet, rondouillard.* – POPULAIRE : *baraqué.*

fluide *adjectif* Se dit d'une expression aisée. SYN. clair, coulant, limpide, naturel. CONTR. *affecté, apprêté, heurté, lourd, rocailleux.* ■ Difficile à fixer. SYN. flottant, flou, fluctuant, inconsistant, insaisissable, mouvant. CONTR. *consistant, dense, épais.*

fluidité *nom féminin* Caractère de ce qui coule bien. SYN. liquidité. CONTR. *densité, solidité.*

fluoborate *nom masculin* Composé du bore et du fluor. SYN. borofluorure.

flûteau *nom masculin* Herbe des marais très commune. SYN. alisma, plantain d'eau.

flux *nom masculin* Écoulement d'un liquide. SYN. coulée, écoulement, éruption, évacuation, jet. ■ Grande abondance de. SYN. affluence, afflux, armée, avalanche, bataillon, cascade, chapelet, débauche, débordement, déferlement, déluge, fatras, flot, foule, grêle, infinité, kyrielle, légion, marée, masse, monceau, multitude, myriade, nuée, orgie, pléiade, pluie, profusion, quantité, tas, torrent, vague. – FAMILIER : armada, cargaison, cohorte, flopée, foultitude, pelletée, régiment, ribambelle, tapée. – LITTÉRAIRE : averse, essaim, fleuve, océan. CONTR. *atome, bribe, brin, doigt, goutte, grain, gramme, larme, lueur, miette, nuage, once, parcelle, peu, pointe, soupçon, trace.* – LITTÉRAIRE : *liard, ombre, trait.* – POPULAIRE : *chouia.* ■ Marée montante. CONTR. *jusant, reflux.*

focalisation *nom féminin* Fait de se concentrer sur. SYN. application, attention, concentration.

foi *nom féminin* Adhésion à une religion. SYN. mysticisme, piété, religion, spiritualité. CONTR. *athéisme, incrédulité, incroyance, scepticisme.* ■ Toute adhésion de l'esprit à. SYN. certitude, confiance, conviction, croyance. CONTR. *défiance, désespoir, méfiance.* ■ LITTÉRAIRE. Engagement pris. SYN. assurance, parole, promesse, serment. ■ ***Bonne foi,*** état d'esprit de quelqu'un de sincère. SYN. droiture, honnêteté, loyauté, probité, sincérité. CONTR. *déloyauté, duplicité, fausseté, fourberie, hypocrisie, malhonnêteté.* – LITTÉRAIRE : *perfidie.* ■ ***Mauvaise foi,*** affirmation d'une chose que l'on sait fausse. SYN. déloyauté, duplicité, fausseté, fourberie, hypocrisie, malhonnêteté, parti pris. – LITTÉRAIRE : perfidie. CONTR. *droiture, honnêteté, loyauté, probité, sincérité.* ■ ***Faire foi,*** servir de preuve. SYN. attester, montrer, témoigner.

foie-de-bœuf *nom masculin* Champignon rouge sang. SYN. fistuline, langue-de-bœuf.

foin *nom masculin* POPULAIRE. Grand bruit. SYN. scandale. – FAMILIER : boucan, potin, raffut. – POPULAIRE : barouf, baroufe.

foire *nom féminin* FAMILIER. Manifestation bruyante. SYN. bruit, charivari, tintamarre. – FAMILIER : boucan, chahut, chambard, raffut, tintouin, tohubohu. – POPULAIRE : ramdam. – VIEUX : boulevari, sabbat. ■ POPULAIRE. Grande fête. SYN. – ARGOTIQUE : teuf. – FAMILIER : bombe, bringue, fiesta, java, noce, nouba, ribouldingue. – POPULAIRE : bamboula. – VIEUX : bamboche.

foirer *verbe* POPULAIRE. Ne pas aboutir. SYN. achopper, avorter, capoter, craquer, échouer, s'écrouler, s'effondrer, faire long feu, manquer, tomber à plat. – FAMILIER : faire chou blanc, faire fiasco, faire un flop, finir en eau de boudin, louper, rater, tomber à l'eau, tomber dans le lac. – POPULAIRE : finir en couille, merder, partir en couille. CONTR. *aboutir, fonctionner, marcher, réussir.*

foireux *adjectif* POPULAIRE. Qui a raté. SYN. manqué, raté. – FAMILIER : loupé. ■ POPULAIRE. Qui est peureux. SYN. lâche, peureux, pleutre, poltron. – FAMILIER : froussard. – LITTÉRAIRE : couard, pusillanime. – POPULAIRE : péteux, trouillard.

foireux *nom* POPULAIRE. Personne peureuse. SYN. lâche, peureux, pleutre, poltron. – FAMILIER : femmelette, mauviette, poule mouillée. – LITTÉRAIRE : couard. – POPULAIRE : couille molle, dégonflé, trouillard. – VIEUX : capon.

foison *nom féminin* Grande abondance. SYN. abondance, débordement, déluge, exubérance, luxe, multiplicité, opulence, orgie, pléthore, profusion, surabondance. ■ ***À foison,*** en abondance. SYN. abondamment, amplement, beaucoup, colossalement, comme s'il en pleuvait, considérablement, copieusement, à discrétion, énormément, à flots, généreusement, grandement, largement, massivement, à la pelle, plantureusement, pleinement, à profusion, en quantité, richement, à satiété, à souhait, surabondamment, à tour de bras, en veux-tu en voilà, à volonté. – FAMILIER : à gogo, jusqu'à plus soif, en pagaille, à revendre, à tire-larigot. – LITTÉRAIRE : à l'envi. CONTR. *chichement, modérément, parcimonieusement, peu.*

foisonnant *adjectif* Qui est abondant. SYN. abondant, bondé, comble, débordant, encombré, exubérant, farci, gorgé, grouillant, luxuriant, nourri, plein, riche, touffu. - FAMILIER : bourré, truffé. - LITTÉRAIRE : opulent. CONTR. *aride, clairsemé, dénué, dépourvu, insuffisant, maigre, mince, misérable, parcimonieux, pauvre, rare, réduit, sec, stérile.*

foisonnement *nom masculin* Fait de foisonner. SYN. abondance, fourmillement, grouillement, multiplication, pléthore, prolifération, richesse, surabondance. - LITTÉRAIRE : luxuriance, prodigalité, pullulement. CONTR. *absence, carence, déficience, insuffisance, maigreur, manque, pauvreté, pénurie, raréfaction, rareté, stérilité.* - LITTÉRAIRE : *disette.*

foisonner *verbe* Contenir en grande quantité. SYN. abonder, déborder, fourmiller, regorger. CONTR. *manquer.* ■ Être en abondance. SYN. abonder, fourmiller, grouiller, se multiplier, proliférer, pulluler, surabonder. - FAMILIER : fleurir. CONTR. *diminuer, disparaître, manquer, se raréfier.*

folâtre *adjectif* LITTÉRAIRE. D'une gaieté un peu folle. SYN. allègre, badin, enjoué, gai, guilleret, insouciant, joueur, joyeux, léger. - FAMILIER : foufou. - VIEUX : follet, gaillard. CONTR. *grave, mélancolique, posé, sombre, triste.*

folâtrer *verbe* LITTÉRAIRE. S'ébattre sans souci. SYN. s'amuser, badiner, cabrioler, caracoler, s'ébattre, s'ébrouer, faire le (petit) fou, gambader, papillonner. - FAMILIER : batifoler.

foliation *nom féminin* Époque où les feuilles se forment. SYN. feuillaison. ■ Disposition des feuilles sur la tige. SYN. phyllotaxie.

folichon *adjectif* FAMILIER. Qui distrait. SYN. amusant, distrayant, divertissant, drôle, gai, plaisant, récréatif. - FAMILIER : marrant, rigolo, roulant. CONTR. *ennuyeux, fastidieux, lassant, mortel, soporifique.* - FAMILIER : *assommant, barbant, casse-pieds, embêtant, empoisonnant, enquiquinant, rasant, rasoir, soûlant, tuant.* - POPULAIRE : *chiant, emmerdant, suant.*

folie *nom féminin* Dérèglement mental. SYN. aliénation mentale, démence, dérangement, insanité. ■ Manque de bon sens. SYN. aberration, aveuglement, bêtise, délire, égarement, extravagance, inconscience. - FAMILIER : démence, loufoquerie. - LITTÉRAIRE : déraison. - POPULAIRE : dinguerie. CONTR. *bon sens, équilibre, jugement, lucidité, raison, sagesse.* ■ Parole, action déraisonnables. SYN. absurdité, bêtise, énormité, imprudence, incartade, sottise. ■ Vif penchant pour. SYN. engouement, fièvre, frénésie, fureur, manie, marotte, mode, passion, rage. - FAMILIER : tocade, toquade.

folingue *adjectif* POPULAIRE. Fou ou farfelu. SYN. dément, dérangé, désaxé, déséquilibré, excentrique, fou, original. - FAMILIER : braque, cinglé, détraqué, dingue, fada, fêlé, frappé, loufoque, maboul, malade, marteau, piqué, ravagé, tapé, timbré, toc-toc, toqué, zinzin. - POPULAIRE : allumé, azimuté, barge, barjo, barjot, branque, brindezingue, chtarbé, cinoque, cintré, déjanté, dingo, fondu, frapadingue, givré, jeté, louf, louftingue, ouf, sinoc, sinoque, siphonné, tordu.

folioter *verbe* Mettre les numéros de pages. SYN. chiffrer, numéroter, paginer.

follement *adverbe* De façon insensée. SYN. à corps perdu, éperdument, impétueusement, imprudemment, inconsidérément, à la légère, passionnément. CONTR. *modérément, prudemment, raisonnablement, sagement.* ■ À un degré extrême. SYN. beaucoup, énormément, exceptionnellement, excessivement, extraordinairement, extrêmement, fabuleusement, grandement, hautement, immensément, immodérément, incroyablement, infiniment, parfaitement, au plus haut degré, au plus haut point, prodigieusement, profondément, puissamment, supérieurement, suprêmement, terriblement, tout à fait, très, vertigineusement. - FAMILIER : bigrement, bougrement, diablement, drôlement, fameusement, fichtrement, fichûment, formidablement, rudement, sacrément, superlativement, tout plein. - LITTÉRAIRE : au dernier point, diantrement, furieusement. - POPULAIRE : foutrement, vachement. CONTR. *aucunement, faiblement, guère, légèrement, nullement, peu.*

follet *adjectif et nom* ***Esprit follet,*** lutin familier. SYN. elfe, farfadet, génie, kobold, lutin.

folliculine *nom féminin* Hormone sécrétée par l'ovaire. SYN. œstrone.

fomentateur *nom* LITTÉRAIRE. Personne qui fomente. SYN. agitateur, factieux, incitateur, meneur, perturbateur, provocateur, séditieux, trublion. - LITTÉRAIRE : excitateur.

fomentation *nom féminin* LITTÉRAIRE. Action de fomenter. SYN. agitation, excitation, provocation, sédition, trouble. CONTR. *apaisement.*

fomenter *verbe* Préparer des actions violentes. SYN. alimenter, allumer, attiser, aviver, déchaîner, entretenir, envenimer, éveiller, exciter, provoquer, susciter. CONTR. *étouffer.*

foncé *adjectif* D'une couleur sombre. SYN. sombre. CONTR. *clair, fade, pâle.*

foncer *verbe intransitif* FAMILIER. Aller très vite. SYN. accélérer, se dépêcher, galoper, se hâter, mettre les bouchées doubles, passer la surmultipliée, passer la vitesse supérieure, se presser. – ARGOTIQUE : tracer. – FAMILIER : filer, gazer, speeder, trotter. – POPULAIRE : bomber, bourrer, cavaler, se grouiller, pédaler. ■ FAMILIER. Se diriger très vite vers. SYN. attaquer, bondir, charger, courir, s'élancer, fondre, se jeter, se précipiter, se ruer, voler. CONTR. *flâner, ralentir.*

foncer *verbe transitif* Rendre plus foncé. SYN. assombrir, brunir, obscurcir. – LITTÉRAIRE : ombrer. CONTR. *décolorer, éclaircir.*

foncier *adjectif* Qui forme le fond de. SYN. essentiel, fondamental, inné, naturel, profond, radical, substantiel. CONTR. *superficiel.*

foncièrement *adverbe* De manière entière. SYN. absolument, complètement, entièrement, à fond, intégralement, pleinement, totalement, tout à fait, très. CONTR. *aucunement, guère, légèrement, un peu.* – FAMILIER : *un tantinet.* ■ Dans le fond. SYN. fondamentalement, intimement, naturellement, profondément, radicalement. CONTR. *apparemment, superficiellement.*

fonction *nom féminin* Rôle exercé dans un groupe. SYN. charge, mandat, mission, place, poste, rôle, situation, tâche. ■ Activité professionnelle. SYN. emploi, métier, poste, profession, qualité, service, situation, travail. – LITTÉRAIRE : ministère.

fonctionnement *nom masculin* Fait de fonctionner. SYN. jeu, marche. CONTR. *dysfonctionnement.*

fonctionner *verbe* Être en état de marche. SYN. marcher, rouler, tourner. – POPULAIRE : carburer. CONTR. *s'arrêter, se dérégler, se détraquer, s'éteindre.*

fond *nom masculin* Partie constituant la base de. SYN. assise, bas, base, fondement. CONTR. *bord, extérieur, seuil.* ■ Partie la plus reculée d'un lieu. SYN. bout, extrémité. CONTR. *devant, entrée, haut, ouverture.* ■ Partie essentielle de quelque chose. SYN. cœur, nœud, profondeur. – LITTÉRAIRE : recoin, sein, tréfonds. CONTR. *apparence, surface.* ■ Contenu d'un texte. SYN. matière, objet, substance, substrat, sujet, thème. CONTR. *forme, style.* ■ ***À fond,*** jusqu'au bout. SYN. de A à Z, (à) cent pour cent, de A jusqu'à Z, de bout en bout, de la cave au grenier, complètement, entièrement, de fond en comble, de haut en bas, in extenso, intégralement, jusqu'au bout, des pieds à la tête, pleinement, profondément, totalement, tout entier. CONTR. *imparfaitement, incidemment, incomplètement, partiellement, peu, sommairement, superficiellement.*

fondamental *adjectif* Qui est déterminant. SYN. capital, cardinal, central, constitutif, crucial, dominant, élémentaire, essentiel, foncier, important, maître, nécessaire, premier, prépondérant, primordial, principal, radical, substantiel, vital. CONTR. *accessoire, accidentel, adventice, anecdotique, épisodique, futile, marginal, mineur, momentané, négligeable, occasionnel, passager, secondaire, subalterne, subsidiaire.*

fondamentalement *adverbe* D'une manière fondamentale. SYN. essentiellement, foncièrement, radicalement. CONTR. *accessoirement, futilement, marginalement.*

fondateur *nom* Personne qui a fondé quelque chose. SYN. auteur, bâtisseur, créateur, inventeur, père, pionnier. – LITTÉRAIRE : instaurateur.

fondation *nom féminin* Action de fonder. SYN. constitution, création, édification, érection, établissement, instauration, institution. CONTR. *destruction, renversement.*

fondations *nom féminin pluriel* Partie inférieure d'une construction. SYN. assiette, assise, base, infrastructure, soubassement.

fondé *adjectif* Établi solidement. SYN. autorisé, avéré, confirmé, juste, justifié, légitime, motivé, vrai. CONTR. *arbitraire, captieux, chimérique, contestable, erroné, faux, gratuit, hasardé, illégitime, illusoire, imaginaire, immérité, immotivé, infondé, injuste, injustifié, insensé, irréfléchi, mauvais, utopique, vain.*

fondement *nom masculin* Élément servant d'appui. SYN. assiette, assise, base, centre, fond, pied, pierre angulaire, rudiments, soubassement. ■ Raison solide. SYN. cause, justification, mobile, motif, origine, pourquoi, racine, raison, source, sujet. – LITTÉRAIRE : commencement, principe. ■ FAMILIER. Derrière de quelqu'un. SYN. anus, fesses. – FAMILIER : fessier, postérieur. – POPULAIRE : arrière-train, cul, lune.

fonder *verbe* Être à l'origine de quelque chose. SYN. bâtir, constituer, construire, édifier, engendrer, ériger, établir, former, instaurer, instituer. – LITTÉRAIRE : élever. CONTR. *abolir, anéantir, détruire, écraser, interdire, renverser, supprimer.* ■ Donner un fondement à. SYN. appuyer, assurer, baser, justifier, légitimer, motiver. CONTR. *miner, ruiner, saper.*

fonder (se) *verbe pronominal* S'appuyer sur quelque chose. SYN. s'appuyer, se baser, reposer sur.

fondre *verbe intransitif* Devenir liquide. SYN. s'amollir, couler, se dissoudre, se liquéfier. ■ Diminuer rapidement. SYN. disparaître, se volatiliser. ■ Se laisser attendrir. SYN. s'attendrir, s'émouvoir.

– POPULAIRE : craquer. CONTR. *se durcir, se raidir.* ■ FAMILIER. Perdre du poids. SYN. s'amaigrir, amincir, s'amincir, maigrir, mincir. CONTR. *engraisser, s'étoffer, forcir, grossir.* – FAMILIER : *se remplumer.*

fondre *verbe transitif* Dissoudre une matière solide. SYN. délayer, dissoudre, liquéfier. CONTR. *figer, solidifier.* ■ Mêler des choses en un tout. SYN. amalgamer, assimiler, fusionner, intégrer, mélanger, mêler, unir. – LITTÉRAIRE : confondre. CONTR. *discriminer, disjoindre, dissocier, séparer.*

fondre *verbe transitif indirect* Se précipiter brusquement sur. SYN. s'abattre, assaillir, attaquer, charger, s'élancer, se jeter, piquer, se précipiter, se ruer, tomber sur. – FAMILIER : foncer. CONTR. *s'éloigner, fuir.*

fondre (se) *verbe pronominal* Se mêler de façon à ne faire qu'un. SYN. s'amalgamer, se confondre, fusionner, s'imbriquer, s'intégrer, se mêler, se noyer, se perdre. CONTR. *contraster, se détacher, ressortir.*

fonds *nom masculin pluriel* Moyens financiers. SYN. argent, capital, ressources.

fondu *adjectif* POPULAIRE. Qui est un peu fou. SYN. bizarre, fou. – FAMILIER : braque, cinglé, dérangé, détraqué, dingue, fada, fêlé, frappé, loufoque, maboul, marteau, piqué, ravagé, sonné, tapé, timbré, toc-toc, toqué, zinzin. – POPULAIRE : allumé, azimuté, barge, barjo, branque, brindezingue, cinoque, cintré, déjanté, dingo, folingue, givré, jeté, louf, louftingue, sinoc, sinoque, siphonné, tordu.

fongicide *adjectif et nom masculin* Propre à détruire les champignons parasites. SYN. anticryptogamique. ■ Médicament contre les mycoses. SYN. antifongique, antimycosique.

fongicole *adjectif* Qui vit dans les champignons. SYN. mycétophile.

fonio *nom masculin* Céréale cultivée dans le Sahel. SYN. fundi.

fonte *nom féminin* Action de fondre. SYN. fusion, liquéfaction.

football *nom masculin* Sport d'équipe. SYN. – FAMILIER : ballon rond, foot.

forban *nom masculin* Pilleur des mers. SYN. corsaire, flibustier, pirate. – LITTÉRAIRE : écumeur. ■ Homme malhonnête. SYN. aigrefin, bandit, canaille, charlatan, crapule, escroc, filou, fraudeur, gredin, malfaiteur, requin, voleur. – FAMILIER : empileur, estampeur, faisan, fripouille, margoulin. – LITTÉRAIRE : pirate. – POPULAIRE : arnaqueur. – VIEUX : brigandeau, flibustier, fripon.

forçat *nom masculin* Personne condamnée aux travaux forcés. SYN. bagnard, galérien.

force *adverbe* LITTÉRAIRE. Un grand nombre de. SYN. beaucoup, nombre de, quantité de. – FAMILIER : plein de. – LITTÉRAIRE : maint. CONTR. *peu de.*

force *nom féminin* Vigueur physique. SYN. endurance, énergie, résistance, robustesse, solidité, verdeur, vitalité. – LITTÉRAIRE : sève. CONTR. *asthénie, débilité, déclin, décrépitude, faiblesse, fragilité.* ■ Recours à la violence. SYN. brutalité, contrainte, pression, violence. CONTR. *douceur, persuasion.* ■ Capacité de résister aux épreuves. SYN. énergie, fermeté, résistance, volonté. – FAMILIER : cran. CONTR. *affaissement, apathie, indolence, inertie, légèreté, mollesse.* ■ Degré d'aptitude dans un domaine. SYN. acuité, capacité, faculté, habileté, moyen, niveau, possibilité, potentiel. CONTR. *ignorance.* ■ Degré de puissance de quelque chose. SYN. efficacité, importance, intensité, poids, pouvoir, puissance, relief, solidité, valeur. CONTR. *faiblesse, fragilité, inefficacité.* ■ Supériorité de quelqu'un. SYN. grandeur, importance, pouvoir, puissance, suprématie. CONTR. *impuissance, infériorité.* – LITTÉRAIRE : *superficialité.*

forcé *adjectif* Qui est inévitable. SYN. certain, fatal, immanquable, inéluctable, inévitable, inexorable, involontaire, logique, nécessaire, obligatoire, obligé. – FAMILIER : couru. CONTR. *bénévole, consenti, facultatif, libre, volontaire.* ■ Qui manque de naturel. SYN. affecté, artificiel, contraint, exagéré, factice, faux, hypocrite, outré, plaqué. CONTR. *authentique, naturel, primitif, sincère, spontané, vrai.*

forcément *adverbe* Par une conséquence inévitable. SYN. certainement, à coup sûr, fatalement, immanquablement, inéluctablement, inévitablement, inexorablement, infailliblement, naturellement, nécessairement, obligatoirement, sans manquer, sûrement, à tous les coups.

forcené *adjectif* Dont la violence est intense. SYN. déchaîné, déraisonnable, féroce, furieux, hystérique, impétueux, implacable, insensé, terrible. ■ Qui dépasse toute mesure. SYN. acharné, enragé, fanatique, féroce, frénétique, invétéré, passionné. – FAMILIER : furieux. CONTR. *modéré.*

forcené *nom* Fou furieux. SYN. aliéné, désespéré, énergumène, excité, fou, hystérique, possédé. – LITTÉRAIRE : furieux.

forceps *nom masculin* Instrument utilsé lors d'un accouchement. SYN. – VIEUX : fers.

forcer *verbe transitif* Détériorer par la force. SYN. abîmer, altérer, déformer, détraquer, enfoncer, fracturer, gauchir. ■ Obliger quelqu'un à.

SYN. acculer, assujettir, condamner, contraindre, imposer, mettre le couteau sous la gorge, obliger, pousser, réduire. – LITTÉRAIRE : astreindre. CONTR. *dispenser, relever.* ■ Faire naître un sentiment. SYN. arracher, emporter, inspirer, provoquer, susciter. ■ Augmenter un rythme. SYN. activer, hâter, précipiter. – LITTÉRAIRE : presser. ■ Exagérer quelque chose. SYN. accentuer, amplifier, charger, déformer, dénaturer, détourner, dramatiser, exagérer, grossir, outrer. – LITTÉRAIRE : enfler, gauchir.

forcer (se) *verbe pronominal* S'imposer l'obligation de faire. SYN. se contraindre, s'escrimer, s'évertuer, s'imposer, s'obliger, tâcher de, y aller à reculons. CONTR. *se dispenser, ne pas se gêner, n'en faire qu'à sa tête, en prendre à son aise, se soustraire.*

forces *nom féminin pluriel* Moyens militaires. SYN. formation, régiment, troupe, unité.

forcir *verbe* Devenir plus robuste. SYN. croître, se développer, se fortifier, grandir. – FAMILIER : pousser, profiter. CONTR. *s'étioler.* ■ Prendre de l'embonpoint. SYN. s'alourdir, s'empâter, engraisser, épaissir, grossir. – FAMILIER : s'arrondir, profiter, se remplumer. CONTR. *s'amaigrir, amincir, s'amincir, maigrir, mincir.* – FAMILIER : *fondre.*

forer *verbe* Creuser un trou. SYN. creuser, excaver, percer, perforer, tarauder.

forestier *adjectif* Qui concerne les forêts. SYN. – LITTÉRAIRE : sylvestre.

forfaire *verbe* LITTÉRAIRE. Manquer à un devoir. SYN. faillir à, pécher contre. CONTR. *obéir, respecter, suivre.*

forfait *nom masculin* ***Déclarer forfait,*** renoncer à. SYN. abandonner, abdiquer, arrêter, baisser les bras, capituler, céder, déposer les armes, se désister, donner sa langue au chat, s'incliner, jeter l'éponge, laisser tomber, passer la main, se rendre. – FAMILIER : dételer, laisser courir. CONTR. *s'accrocher, s'acharner, achever, continuer, lutter, persévérer.*

forfait *nom masculin* LITTÉRAIRE. Crime abominable. SYN. attentat, crime, délit, infraction, méfait. CONTR. *bienfait.*

forfaiture *nom féminin* Crime commis par un fonctionnaire. SYN. concussion, déloyauté, exaction, malversation, prévarication, trahison. – LITTÉRAIRE : perfidie, traîtrise.

forfanterie *nom féminin* LITTÉRAIRE. Caractère du vantard. SYN. bluff, bravade, cabotinage, cuistrerie, fanfaronnade, vantardise. – LITTÉRAIRE : crânerie, gasconnade, hâblerie, jactance, rodomontade, tarasconnade. CONTR. *humilité, modestie.*

forficule *nom féminin* Insecte dont l'abdomen est terminé par des pinces. SYN. perce-oreille, pince-oreille.

forgé *adjectif* Entièrement inventé. SYN. fabriqué, faux, fictif, imaginaire, inventé. – LITTÉRAIRE : controuvé. CONTR. *authentique, exact, réel, véritable, vrai.*

forger *verbe* Créer par l'imagination. SYN. construire, échafauder, élaborer, fabriquer, fabuler, imaginer, inventer. – LITTÉRAIRE : controuver. ■ Former quelqu'un. SYN. modeler, plier, transformer. – LITTÉRAIRE : façonner, pétrir.

forgeur *nom masculin* LITTÉRAIRE. Personne qui invente. SYN. créateur, fabricateur, faiseur, inventeur, promoteur. – LITTÉRAIRE : fabricant.

formaliser (se) *verbe pronominal* Se sentir vexé. SYN. se fâcher, se froisser, se hérisser, s'offusquer, se scandaliser, se vexer. – LITTÉRAIRE : se blesser, s'offenser, se piquer.

formaliste *adjectif* Très attaché aux formes. SYN. maniaque, minutieux, pointilleux, scrupuleux. – LITTÉRAIRE : vétilleux. CONTR. *fantaisiste.* ■ Trop attaché aux usages. SYN. bourgeois, cérémonieux, conformiste, conventionnel, formel, protocolaire, ritualiste, traditionaliste. CONTR. *bohème, familier, sans façons, simple, spontané.*

formateur *adjectif* Qui développe les aptitudes. SYN. éducateur, éducatif, instructif, intéressant, profitable, utile.

formation *nom féminin* Action de former, se former. SYN. composition, constitution, création, élaboration, génération, genèse, origine, production. CONTR. *dislocation, dispersion.* ■ Action d'éduquer quelqu'un. SYN. apprentissage, développement, éducation, façonnage, façonnement, initiation, préparation. ■ Ensemble de connaissances. SYN. bagage, connaissances, culture, instruction, savoir. ■ Groupement de personnes. SYN. équipe, mouvement, organisation, parti, rassemblement, troupe, union.

forme *nom féminin* Condition physique. SYN. constitution, santé. ■ FAMILIER. ***Être en (grande, pleine) forme,*** en excellente santé. SYN. avoir bon pied bon œil, être frais et dispos, se porter comme un charme. – FAMILIER : avoir la frite, être frais comme un gardon. – POPULAIRE : avoir la pêche, péter la forme, péter le feu.

forme *nom féminin* Configuration d'un objet. SYN. apparence, configuration, conformation, contour, figure, galbe, ligne, structure, tracé. ■ Aspect pris par quelque chose. SYN. apparence, aspect, état, tour, tournure. ■ Modèle de réalisation d'une œuvre. SYN. constitution, organisation, structure. ■ Manière de formuler une idée.

SYN. expression, façon, style. CONTR. *contenu, fond, idée, matière, objet, substance, sujet.* ■ Modalité d'existence. SYN. genre, mode, modèle, type, variété.

formé *adjectif* Qui a acquis de l'expérience. SYN. exercé, expert, initié, préparé. CONTR. *brut, nouveau.*

formel *adjectif* Formulé avec précision. SYN. absolu, catégorique, certain, clair, déclaré, explicite, exprès, ferme, impératif, incontestable, indéniable, indiscutable, indubitable, irréfutable, net, positif, précis. – LITTÉRAIRE : irréfragable. CONTR. *ambigu, conditionnel, confus, douteux, équivoque, hypothétique, implicite, imprécis, muet, obscur, problématique, tacite, vague, virtuel.* – FAMILIER : *vaseux, vasouillard.* ■ Qui respecte les formes. SYN. extérieur, factice, formaliste, plaqué, protocolaire, stéréotypé, superficiel. CONTR. *inné, naturel, spontané.* ■ Qui ne tient pas compte de la réalité. SYN. abstrait, théorique. CONTR. *concret, objectif, réaliste.*

formellement *adverbe* D'une manière expresse. SYN. absolument, catégoriquement, clairement, explicitement, expressément, franchement, nettement, officiellement, radicalement, rigoureusement, strictement. CONTR. *confusément, implicitement, officieusement, vaguement.* ■ Du point de vue de la forme. SYN. à la lettre, littéralement. CONTR. *profondément.*

former *verbe* Donner une forme matérielle à. SYN. bâtir, créer, façonner, faire, modeler, pétrir, tracer. CONTR. *défaire.* ■ Donner son existence à. SYN. assembler, composer, constituer, fonder, instituer, organiser, réunir. CONTR. *disloquer.* ■ Prendre telle forme. SYN. décrire, dessiner, présenter, représenter. ■ Être à l'origine de quelque chose. SYN. aboutir, donner, entraîner, se transformer en. ■ Éduquer quelqu'un. SYN. cultiver, décrasser, dégourdir, dégrossir, dresser, éduquer, élever, entraîner, exercer, habituer, initier, instruire, modeler, perfectionner. – FAMILIER : décrotter, désencroûter. – LITTÉRAIRE : façonner, pétrir.

former (se) *verbe pronominal* Prendre forme. SYN. apparaître, se constituer, se déclarer, se déclencher, se développer, se faire jour, germer, se manifester, naître, voir le jour. ■ Acquérir de l'expérience. SYN. se cultiver, se façonner, se faire, s'instruire. ■ Se disposer d'une certaine façon. SYN. se disposer, se mettre, se ranger, se répartir.

formes *nom féminin pluriel* Contours du corps humain. SYN. ligne, physique, silhouette. ■ Manières bienséantes. SYN. bonnes manières, éducation, étiquette, politesse, protocole, savoir-vivre, tact. – LITTÉRAIRE : civilité, urbanité, usage.

formidable *adjectif* Qui sort de l'ordinaire. SYN. effrayant, étonnant, étourdissant, extraordinaire, fantastique, gigantesque, imposant, impressionnant, inouï, magnifique, prodigieux, stupéfiant. – FAMILIER : énorme, époustouflant, faramineux, géant, renversant, sensationnel, terrible. CONTR. *insignifiant, médiocre, ordinaire, plat, quelconque, terne.* ■ FAMILIER. Qui suscite l'admiration. SYN. admirable, bon, génial, magnifique, merveilleux, sensationnel. – FAMILIER : c'est à se mettre à genoux, chic, chouette, craquant, dément, épatant, super, du tonnerre. CONTR. *affreux, mauvais, médiocre.*

formidablement *adverbe* FAMILIER. Indique un haut degré. SYN. admirablement, affreusement, beaucoup, bien, énormément, exceptionnellement, excessivement, extraordinairement, extrêmement, fabuleusement, follement, fort, fortement, horriblement, immensément, immodérément, incroyablement, infiniment, mortellement, parfaitement, particulièrement, prodigieusement, profondément, puissamment, singulièrement, souverainement, supérieurement, suprêmement, terriblement, tout à fait, très, trop, vertigineusement. – FAMILIER : atrocement, bigrement, bougrement, diablement, drôlement, fameusement, fichtrement, fichûment, joliment, méchamment, rudement, sacrément, tout plein. – LITTÉRAIRE : diantrement, furieusement. – POPULAIRE : foutrement, salement, vachement. – VIEUX : fièrement. CONTR. *aucunement, faiblement, guère, légèrement, médiocrement, nullement, peu.*

formulaire *nom masculin* Imprimé comportant une série de questions. SYN. questionnaire.

formulation *nom féminin* Action de formuler. SYN. énoncé, énonciation, rédaction.

formule *nom féminin* Manière de procéder. SYN. méthode, modalité, mode, procédé, système. ■ Expression frappante. SYN. adage, aphorisme, énoncé, expression, locution, slogan, tournure.

formulé *adjectif* Qui est dit de façon précise. SYN. exprimé. CONTR. *implicite, inexprimé, informulé, sous-entendu, tacite.*

formuler *verbe* Rédiger quelque chose. SYN. arrêter, établir, fixer, indiquer, préciser. ■ Exprimer par la parole. SYN. dire, émettre, énoncer, expliciter, exposer, exprimer, notifier, prononcer. CONTR. *retirer.*

fors *préposition* LITTÉRAIRE. À l'exception de. SYN. excepté, à l'exclusion de, hormis, à part, sauf. – LITTÉRAIRE : hors.

fort *adjectif* Qui a de la vigueur. SYN. athlétique, dur, musclé, résistant, robuste, solide, vigoureux. – FAMILIER : costaud. – POPULAIRE : balaise, balèze, baraqué. CONTR. *anémique, chétif, débile, déclinant, décrépit, déficient, dégénéré, délicat, étiolé, exsangue, faible, faiblissant, fragile, maladif, malingre, souffreteux.* ■ Qui a de la corpulence. SYN. corpulent, énorme, épais, gros, large, lourd, massif, volumineux. CONTR. *effilé, filiforme, fin, fluet, frêle, grêle, maigre, menu, mince, petit, rachitique, squelettique, ténu.* ■ Qui a de la force morale. SYN. courageux, de fer, ferme, inébranlable, invincible, résolu, solide, tenace, trempé. CONTR. *branlant, croulant, défaillant, entraînable, faible, frivole, impuissant, inconsistant, influençable, mou, velléitaire, vulnérable.* ■ Qui a beaucoup d'intensité. SYN. accusé, appuyé, brutal, concentré, impétueux, intense, marqué, prononcé, violent. CONTR. *assourdi, atténué, doux, léger, modéré, sourd.* ■ Qui est important. SYN. abondant, considérable, dense, énorme, grand, gros, important. CONTR. *anodin, mince, modéré, petit, réduit.* ■ Dont l'odeur, le goût est relevé. SYN. entêtant, épicé, étourdissant, pimenté, piquant, prononcé, relevé. – FAMILIER : raide. CONTR. *doux, fadasse, fade, insipide.* ■ Qui agit efficacement. SYN. agissant, convaincant, efficace, éloquent, énergique, influent, puissant. CONTR. *anodin, inefficace, inopérant.* ■ Compétent dans un domaine. SYN. bon, capable, doué, excellent, habile, instruit, intelligent, maître, pénétrant, savant. – FAMILIER : calé, ferré, fortiche, trapu. – POPULAIRE : balaise, balèze. CONTR. *ignorant, mauvais, médiocre, nul.*

fort *adverbe* Avec vigueur. SYN. durement, énergiquement, ferme, fermement, fortement, puissamment, vigoureusement, violemment. – FAMILIER : dur. CONTR. *délicatement, doucement, légèrement, modérément.* ■ Indique l'intensité. SYN. abominablement, affreusement, beaucoup, bien, colossalement, considérablement, effroyablement, épouvantablement, excessivement, extraordinairement, extrêmement, follement, fortement, hautement, horriblement, immensément, immodérément, incroyablement, infiniment, mortellement, parfaitement, particulièrement, prodigieusement, profondément, puissamment, terriblement, très, trop. – FAMILIER : atrocement, bigrement, bougrement, diablement, drôlement, fameusement, fichtrement, fichûment, formidablement, joliment, méchamment, rudement, tout plein. – LITTÉRAIRE : diantrement, furieusement. – POPULAIRE : foutrement, salement, vachement. – VIEUX : fièrement. CONTR. *faiblement, modérément, passablement, peu.*

fort *nom masculin* Ouvrage de fortification. SYN. citadelle, forteresse, fortin.

fortement *adverbe* D'une manière solide. SYN. ferme, fermement, fort, solidement, vigoureusement, violemment. – FAMILIER : dur. CONTR. *délicatement, doucement, légèrement.* ■ D'une manière intense. SYN. beaucoup, bien, considérablement, effroyablement, énormément, exceptionnellement, excessivement, extraordinairement, extrêmement, farouchement, follement, fort, grandement, gravement, hautement, horriblement, immensément, immodérément, incroyablement, infiniment, mortellement, parfaitement, particulièrement, prodigieusement, profondément, puissamment, supérieurement, terriblement, tout à fait, très, trop, vertigineusement. – FAMILIER : bigrement, bougrement, diablement, drôlement, fameusement, fichtrement, fichûment, formidablement, joliment, méchamment, rudement, superlativement, tout plein. – LITTÉRAIRE : diantrement, furieusement. – POPULAIRE : foutrement, salement, vachement. – VIEUX : fièrement. CONTR. *faiblement, guère, médiocrement, modérément, passablement, peu, vaguement.* ■ D'une manière énergique. SYN. ardemment, énergiquement, intensément, passionnément, puissamment, résolument, vraiment. – LITTÉRAIRE : vivement. CONTR. *mollement, vaguement.* – LITTÉRAIRE : *tièdement.*

forteresse *nom féminin* Lieu fortifié. SYN. citadelle, fort, fortin, place forte. ■ Ce qui protège. SYN. bastion, bouclier, citadelle. – LITTÉRAIRE : rempart.

fortifiant *adjectif* Qui fortifie. SYN. réparateur, revigorant, stimulant, tonifiant, tonique, vivifiant. – LITTÉRAIRE : roboratif. CONTR. *affaiblissant, amollissant, anémiant, débilitant, déprimant.*

fortifiant *nom masculin* Substance qui fortifie l'organisme. SYN. cordial, excitant, reconstituant, remontant, stimulant.

fortifier *verbe* Redonner de la force. SYN. aguerrir, armer, développer, endurcir, refaire, remonter, restaurer, revigorer, stimuler, tonifier. – FAMILIER : retaper. – LITTÉRAIRE : retremper, tremper, vivifier. CONTR. *abattre, affaiblir, anémier, débiliter, épuiser, étioler.* ■ Donner plus de solidité. SYN. affermir, affirmer, conforter, consolider, étayer, renforcer, soutenir. – LITTÉRAIRE : raffermir. CONTR. *abattre, affaisser, amoindrir, anéantir, appauvrir, démolir, miner, saper.*

fortifier (se) *verbe pronominal* Développer sa force physique. SYN. s'endurcir, se remonter. – FAMILIER : se requinquer, se retaper. CONTR. *s'affaiblir, s'atrophier, baisser, décliner, dépérir, s'étioler.*

fortin *nom masculin* Petit ouvrage fortifié. SYN. blockhaus, bunker, casemate.

fortuit *adjectif* Qui arrive par hasard. SYN. accidentel, casuel, contingent, imprévisible, imprévu, inattendu, incident, inopiné, occasionnel. CONTR. *attendu, fatal, nécessaire, préparé, prévisible, prévu.*

fortuitement *adverbe* De manière fortuite. SYN. accidentellement, à brûle-pourpoint, brusquement, brutalement, de but en blanc, au dépourvu, ex abrupto, par hasard, à l'improviste, inopinément, occasionnellement, sans crier gare, soudain, soudainement, subitement, tout à coup, tout d'un coup. – FAMILIER : subito, tout de go. – LITTÉRAIRE : au débotté. – VIEUX : impromptu. CONTR. *fatalement, nécessairement.*

fortune *nom féminin* LITTÉRAIRE. Puissance mystérieuse. SYN. chance, destin, fatalité, hasard, sort. – LITTÉRAIRE : étoile. ■ Ensemble de richesses. SYN. argent, avoir, biens, capital, opulence, patrimoine, prospérité, ressources, richesse. – POPULAIRE : galette. CONTR. *besoin, dénuement, détresse, gêne, indigence, misère, pauvreté.* ■ LITTÉRAIRE. Sort de quelque chose. SYN. avenir, carrière, destin, destinée, sort. – LITTÉRAIRE : lot.

fortuné *adjectif* Qui a de la fortune. SYN. aisé, cossu, cousu d'or, huppé, nanti, opulent, privilégié, riche. – FAMILIER : argenté, plein aux as. – POPULAIRE : friqué, rupin. CONTR. *gêné, indigent, misérable, nécessiteux, pauvre, ruiné.* – FAMILIER : *désargenté, fauché, fauché comme les blés, nettoyé, ratissé, sur la paille.* – LITTÉRAIRE : *impécunieux.* – POPULAIRE : *raide.* – VIEUX : *besogneux.*

fosse *nom féminin* Trou creusé dans le sol. SYN. cavité, cratère, excavation, trou.

fossé *nom masculin* Désaccord profond. SYN. abîme, barrière, coupure, distance, divergence, écart, mur, obstacle, séparation. ■ Fosse creusée au long. SYN. douve, gouffre, tranchée.

fossile *adjectif* FAMILIER. Vieux et sclérosé. SYN. archaïque, arriéré, démodé, dépassé, désuet, périmé, rétrograde, vétuste. – LITTÉRAIRE : suranné. CONTR. *actuel, moderne, ultramoderne.*

fossiliser *verbe* FAMILIER. Empêcher d'évoluer. SYN. figer, pétrifier, scléroser.

fossiliser (se) *verbe pronominal* Cesser d'évoluer. SYN. se démoder, s'encroûter, s'engourdir, se momifier, se périmer, se scléroser.

fou *adjectif* Qui a perdu la raison. SYN. dément, dérangé, désaxé, déséquilibré. – FAMILIER : braque, cinglé, déjanté, détraqué, dingue, fada, fêlé, frappé, loufoque, maboul, malade, marteau, piqué, ravagé, tapé, timbré, toc-toc, toqué, zinzin. – LITTÉRAIRE : barjot, furieux. – POPULAIRE : allumé, azimuté, barge, barjo, branque, brindezingue, chtarbé, cinoque, cintré, dingo, foldingue, folingue, fondu, frapadingue, givré, jeté, louf, louftingue, ouf, sinoc, sinoque, siphonné, tordu. CONTR. *équilibré, lucide, pondéré, prudent, réfléchi, sain, sensé.* – LITTÉRAIRE : *rassis.* ■ Qui est hors de soi. SYN. bouleversé, désespéré, égaré, éperdu, furieux, hagard. CONTR. *calme, posé, sage, serein, tranquille.* ■ Qui se manifeste avec force. SYN. extrême, impérieux, incoercible, incontrôlable, irrépressible, irrésistible. CONTR. *discret, mesuré, modéré, retenu.* ■ En quantité considérable. SYN. démentiel, effréné, exagéré, excessif, exorbitant, fabuleux, fantastique, féroce, géant, gigantesque, immense, incroyable, prodigieux, terrible, vertigineux, violent. – FAMILIER : astronomique, délirant, énorme, faramineux, furieux, homérique. CONTR. *faible, léger, modeste, moyen, petit.* ■ Qui est très épris de. SYN. amoureux, enragé, entiché, éperdu, féru, friand, ivre, passionné, transporté. – FAMILIER : toqué. ■ Qui est contraire à la raison. SYN. absurde, aveugle, déraisonnable, farfelu, inconséquent, insensé, saugrenu, ubuesque. CONTR. *raisonnable, rationnel, réfléchi.*

fou *nom* Personne atteinte de folie. SYN. aliéné, dément, désaxé, déséquilibré, énergumène, excentrique, forcené, illuminé, maniaque, paranoïaque, psychopathe, psychotique, schizophrène. – FAMILIER : agité du bocal, cinglé, détraqué, dingue, fada. – LITTÉRAIRE : barjot, furieux. – POPULAIRE : barge, barjo, branque. ■ Personne qui se passionne pour. SYN. amoureux, enragé, passionné. – FAMILIER : malade, mordu.

fouailler *verbe* LITTÉRAIRE. Frapper à coups de fouet. SYN. battre, cingler, cravacher, flageller, fouetter, fustiger. – FAMILIER : tabasser.

foucade *nom féminin* LITTÉRAIRE. Engouement passager. SYN. caprice, emballement, fantaisie, lubie, passade. – FAMILIER : tocade, toquade.

foudre-diamant *nom masculin* Instrument sacré du bouddhisme tibétain. SYN. dorje.

foudroyant *adjectif* Qui frappe d'une mort soudaine. SYN. fatal, mortel, terrassant. ■ Qui frappe de stupeur. SYN. brusque, brutal, explosif, fulgurant, soudain, subit, terrible, violent.

foudroyer *verbe* Tuer brutalement. SYN. abattre, écraser, faucher, terrasser, tuer. ■ Briser moralement. SYN. accabler, anéantir, briser, pétrifier, pulvériser, terrasser. – LITTÉRAIRE : annihiler.

fouetter *verbe* Frapper avec un fouet. SYN. battre, cingler, cravacher, flageller, fustiger. – LITTÉRAIRE : fouailler. ■ Stimuler quelqu'un, un sentiment. SYN. aiguillonner, aiguiser, attiser, éperonner, éveiller, exciter, piquer, stimuler, surexciter. CONTR. *assouvir, engourdir, étouffer, lasser, ralentir, refroidir.*

foufou *adjectif* FAMILIER. Qui a de la fantaisie. SYN. écervelé, étourdi, évaporé, excentrique, extravagant, fantaisiste, farfelu, irréfléchi. – LITTÉRAIRE : folâtre.

fougue *nom féminin* Ardeur impétueuse. SYN. allant, animation, ardeur, chaleur, élan, emballement, enthousiasme, entrain, exaltation, exubérance, feu, fièvre, frénésie, impatience, impétuosité, mordant, pétulance, turbulence, véhémence. – LITTÉRAIRE : flamme, furie, vivacité. CONTR. *calme, flegme, mollesse, placidité.*

fougueusement *adverbe* D'une manière fougueuse. SYN. ardemment, brutalement, chaudement, à corps perdu, courageusement, fortement, frénétiquement, impétueusement, à mourir, passionnément, au plus haut degré, au plus haut point, à un point inimaginable, profondément, violemment. – FAMILIER : à en crever. – LITTÉRAIRE : vivement. CONTR. *calmement, nonchalamment, sagement.*

fougueux *adjectif* Qui montre de la fougue. SYN. ardent, bouillant, chaud, débordant, débridé, déchaîné, endiablé, exalté, explosif, exubérant fébrile, frénétique, furieux, impatient, impétueux, impulsif, passionné, pétillant, pétulant, surchauffé, survolté, tout feu tout flammes, véhément. – LITTÉRAIRE : allant, inflammable, volcanique. CONTR. *apathique, calme, flegmatique, indolent, lymphatique, mou, nonchalant, patient, placide, serein.*

fouille *nom féminin* Fait de chercher avec soin. SYN. prospection, recherche.

fouillé *adjectif* Qui est travaillé dans le détail. SYN. approfondi, fignolé, méticuleux, poli, soigné, travaillé. – FAMILIER : chiadé, léché. – LITTÉRAIRE : ciselé, soigneux. CONTR. *brut, schématique, simpliste, sommaire, superficiel.*

fouiller *verbe transitif* Explorer un lieu. SYN. explorer, inspecter, inventorier, passer au peigne fin, perquisitionner, visiter. ■ Étudier à fond une idée. SYN. approfondir, explorer, inspecter, interroger, pénétrer, scruter, sonder. ■ Travailler en creux. SYN. approfondir, évider, sculpter, travailler. – LITTÉRAIRE : ciseler. ■ Creuser le sol. SYN. affouiller, creuser. – LITTÉRAIRE : fouir.

fouiller *verbe transitif indirect* Chercher de manière indiscrète. SYN. chercher, fureter. – FAMILIER : farfouiller, fouiner, fourgonner, fourrager, ne pas avoir les yeux dans sa poche, trifouiller.

fouilleur *nom* Personne qui aime fouiller. SYN. curieux, fureteur, indiscret, investigateur. – FAMILIER : farfouilleur, fouinard, fouineur. – POPULAIRE : fouille-merde.

fouillis *nom masculin* Choses en désordre. SYN. amoncellement, bric-à-brac, capharnaüm, enchevêtrement, entassement, fatras, montagne. – FAMILIER : bazar, chantier, méli-mélo, souk. – POPULAIRE : foutoir. – VIEUX : pêle-mêle. CONTR. *ordre.* ■ Désordre dans les idées. SYN. confusion, désordre, emmêlement, enchevêtrement. – FAMILIER : brouillamini, embrouillamini. CONTR. *classement, ordre, rangement.*

fouinard *adjectif et nom* FAMILIER. Qui fouine partout. SYN. curieux, fureteur, indiscret, inquisiteur. – FAMILIER : fouineur.

fouiner *verbe* FAMILIER. Explorer les moindres recoins. SYN. explorer, fouiller, fureter, perquisitionner. – FAMILIER : ne pas avoir les yeux dans sa poche. ■ FAMILIER. Se mêler des affaires d'autrui. SYN. écouter aux portes, espionner, mettre son nez dans. – FAMILIER : farfouiller, fourgonner, fourrager, trifouiller.

fouineur *adjectif et nom* FAMILIER. Qui fouine partout. SYN. curieux, fureteur, indiscret, inquisiteur. – FAMILIER : fouinard.

fouir *verbe* LITTÉRAIRE. Retourner la terre. SYN. affouiller, creuser, fouger, fouiller.

foulard *nom masculin* Carré de tissu léger. SYN. carré, fichu.

foule *nom féminin* Multitude de personnes. SYN. affluence, attroupement, cohue, entassement, monde. – FAMILIER : peuple. – POPULAIRE : populo. – VIEUX : presse. ■ Le commun des hommes. SYN. masse, peuple, populace, population, public. – FAMILIER : vulgum pecus. – LITTÉRAIRE : multitude. – POPULAIRE : populo. ■ Un grand nombre de. SYN. armée, avalanche, bande, bataillon, cascade, chapelet, débordement, déferlement, déluge, fatras, flot, flux, grêle, horde, infinité, kyrielle, légion, masse, meute, monceau, multitude, myriade, nuée, pléiade, pluie, provision, quantité, ramassis, tas, torrent, troupe, troupeau. – FAMILIER : armada, cargaison, cohorte, flopée, foultitude, paquet, pelletée, peuple, régiment, ribambelle, tapée, tripotée. – LITTÉRAIRE : averse, essaim. CONTR. *brin, goutte, larme, lueur, nuage, peu, pointe, soupçon.* – POPULAIRE : *chouia.* ■ ***En foule,*** très nombreux. SYN. beaucoup, comme s'il en pleuvait, considérablement, énormément, à flots, en (grand) nombre, en masse, massivement, en quantité. – FAMILIER : en pagaille. CONTR. *guère, modérément, moyennement, peu.*

foulée *nom féminin* Distance entre deux appuis. SYN. enjambée, pas. ■ Empreinte du pied d'un animal. SYN. empreinte, marque, trace.

fouler *verbe* Faire une foulure. SYN. déboîter, démettre, luxer. ■ Marcher sur quelque chose. SYN. écraser, marcher sur, piétiner.

fouler (se) *verbe pronominal* POPULAIRE. Se donner du mal. SYN. se démener, se dépenser, s'échiner, se fatiguer, se remuer. – FAMILIER : se claquer, s'éreinter. – POPULAIRE : se casser, se crever. CONTR. *se rouler les pouces, se tourner les pouces.* – FAMILIER : *avoir les côtes en long, avoir les pieds nickelés, avoir un poil dans la main.* – POPULAIRE : *ne pas se casser, ne pas se casser le bol, ne pas se casser le cul, ne pas se casser le tronc, se les rouler.*

foulque *nom féminin* Oiseau échassier. SYN. judelle, macroule.

foultitude *nom féminin* FAMILIER. Grand nombre. SYN. armée, avalanche, bande, bataillon, cascade, chapelet, débordement, déferlement, déluge, fatras, flot, flux, foule, grêle, horde, kyrielle, légion, masse, meute, monceau, multitude, myriade, nuée, pléiade, pluie, quantité, ramassis, tas, torrent, troupe, troupeau. – FAMILIER : armada, cargaison, cohorte, flopée, pelletée, peuple, régiment, ribambelle, tapée, tripotée. – LITTÉRAIRE : averse, essaim. CONTR. *brin, goutte, larme, lueur, nuage, peu, pointe, soupçon.* – POPULAIRE : *chouia.*

four *nom masculin* FAMILIER. Échec d'un spectacle. SYN. chute, échec, faillite, gifle, insuccès. – FAMILIER : claque, fiasco, plantage, ratage. – POPULAIRE : bide, dégelée, flop. CONTR. *réussite, succès, triomphe.* ■ Lieu très chaud. SYN. étuve, fournaise. – VIEUX : étouffoir. CONTR. – FAMILIER : *glacière.*

fourbe *adjectif* Qui trompe avec perfidie. SYN. chafouin, déloyal, dissimulateur, dissimulé, faux, hypocrite, indélicat, jésuite, malhonnête, perfide, sournois, tortueux, traître, trompeur. – LITTÉRAIRE : artificieux, félon, patelin, tortu. CONTR. *candide, droit, fair-play, fidèle, franc, loyal, net, sincère.* – LITTÉRAIRE : *probe, vrai.*

fourbe *nom* Personne sournoise. SYN. hypocrite, imposteur, jésuite, tartufe, tartuffe. – FAMILIER : cafard, faux jeton. – LITTÉRAIRE : félon, traître.

fourberie *nom féminin* Caractère fourbe. SYN. déloyauté, dissimulation, duplicité, fausseté, hypocrisie, mauvaise foi, rouerie, ruse, traîtrise. – FAMILIER : roublardise. – LITTÉRAIRE : insincérité, perfidie, scélératesse, sournoiserie, tartuferie, tartufferie, vilenie. – VIEUX : jésuitisme. CONTR. *bonne foi, candeur, droiture, fidélité, franchise, ingénuité, loyauté, probité, sincérité.* ■ LITTÉRAIRE. Acte fourbe. SYN. déloyauté, mystification, trahison, tromperie. – FAMILIER : roublardise. – LITTÉRAIRE : duperie, imposture, perfidie, scélératesse, sournoiserie, traîtrise, vilenie.

fourbi *nom masculin* FAMILIER. Ensemble d'objets sans valeur. SYN. attirail. – FAMILIER : barda, bataclan, bazar, fourniment, harnachement, machin. – POPULAIRE : bastringue. – VIEUX : saint-frusquin.

fourbir *verbe* Rendre brillant en frottant. SYN. astiquer, briquer, faire briller, frotter, lustrer, polir.

fourbissage *nom masculin* Action de fourbir. SYN. astiquage, frottage, lustrage, polissage.

fourbu *adjectif* Très fatigué. SYN. abattu, accablé, anéanti, à bout de course, à bout de force, à bout de souffle, brisé, épuisé, exténué, fatigué, harassé, K.-O., las, mort de fatigue, recru, rendu, rompu, surmené, usé. – FAMILIER : achevé, au bout du rouleau, cassé, claqué, éreinté, esquinté, fini, flapi, H.S., kaput, lessivé, mort, moulu, à plat, pompé, à ramasser à la petite cuillère, raplapla, sur les genoux, tué, vanné, vidé. – POPULAIRE : cané, crevé, rétamé, sur les rotules. CONTR. *délassé, dispos, frais, frais et dispos, reposé.* – FAMILIER : *en forme, frais comme un gardon, frais comme une rose, increvable, en pleine forme.* – VIEUX : *gaillard.*

fourche *nom féminin* Endroit où une voie se divise. SYN. bifurcation, carrefour, embranchement. – LITTÉRAIRE : croisée.

fourcher *verbe* VIEUX. Se séparer en plusieurs branches. SYN. bifurquer, diverger. CONTR. *se raccorder, se rejoindre, se retrouver, se réunir.*

fourgonner *verbe* FAMILIER. Fouiller de manière désordonnée. SYN. chercher, fouiller, fureter. – FAMILIER : farfouiller, fouiner, fourrager, trifouiller, tripoter.

fourmilier *nom masculin* ***Grand fourmilier,*** mammifère à la longue langue visqueuse. SYN. tamanoir.

fourmilière *nom féminin* LITTÉRAIRE. Multitude de gens. SYN. bataillon, cohue, monde, nuée. – FAMILIER : régiment, tripotée. – LITTÉRAIRE : essaim.

fourmillant *adjectif* Qui est plein de. SYN. abondant, bondé, comble, débordant, encombré, farci, grouillant, plein, rempli. – FAMILIER : bourré, truffé. CONTR. *dénué, dépourvu, exempt, vide.*

fourmillement *nom masculin* Fait de fourmiller. SYN. foisonnement, grouillement, multiplication, pullulement.

fourmiller *verbe intransitif* Se trouver en grand nombre. SYN. foisonner, grouiller, proliférer, pulluler. – FAMILIER : fleurir.

fourmiller *verbe transitif indirect* Abonder en quelque chose. SYN. abonder en, déborder de, foisonner de, foisonner en, grouiller de, pulluler de, regorger de, surabonder de.

fournaise *nom féminin* Lieu extrêmement chaud. SYN. brasier, étuve, feu, four. – VIEUX : étouffoir. CONTR. – FAMILIER : *glacière.*

fourni *adjectif* Composé d'éléments serrés. SYN. abondant, broussailleux, buissonneux, compact, dense, dru, épais, serré, touffu. CONTR. *clair, clairsemé, pelé, rare, tondu.* ■ Approvisionné en marchandises. SYN. achalandé, approvisionné, monté, pourvu, rassorti, réassorti. CONTR. *dégarni, démuni, dépourvu, désapprovisionné, maigre, pauvre.*

fourniment *nom masculin* Équipement du soldat. SYN. bagage, équipement, paquetage. – ARGOTIQUE : barda, fourbi. ■ FAMILIER. Équipement nécessaire. SYN. attirail, équipement. – FAMILIER : barda, bataclan, bazar, fourbi, harnachement. – POPULAIRE : bastringue. – VIEUX : saint-frusquin.

fournir *verbe* Ravitailler quelqu'un, un magasin. SYN. alimenter, approvisionner, équiper, garnir, pourvoir, ravitailler, satisfaire. CONTR. *démunir, priver.* ■ Mettre à la disposition de. SYN. donner, gratifier, pourvoir, procurer. ■ Apporter quelque chose. SYN. apporter, indiquer, montrer, offrir, prêter, produire.

fournisseur *nom* Personne, établissement qui fournit. SYN. approvisionneur, commerçant, marchand, ravitailleur. – LITTÉRAIRE : pourvoyeur. CONTR. *client.*

fourniture *nom féminin* Action de fournir. SYN. alimentation, approvisionnement, ravitaillement. ■ Provision fournie. SYN. denrée, livraison, marchandise, produit, ravitaillement. – POPULAIRE : camelote.

fourrager *verbe* FAMILIER. Fouiller en mettant le désordre. SYN. fouiller, fureter. – FAMILIER : farfouiller, fouiner, fourgonner, trifouiller, tripoter.

fourré *adjectif* Doublé d'une fourrure. SYN. molletonné, ouaté, ouatiné.

fourré *nom masculin* Massif de bois serré. SYN. broussailles, buisson, hallier, taillis.

fourrer *verbe transitif* FAMILIER. Introduire quelque chose dans. SYN. enfoncer, glisser, insérer, introduire, loger, mettre, plonger. – FAMILIER : enfourner. CONTR. *ôter, retirer, sortir.* ■ FAMILIER. Mettre quelque part. SYN. – FAMILIER : caser, coller, ficher. – POPULAIRE : foutre. ■ Garnir d'une doublure. SYN. doubler, molletonner, ouater, ouatiner.

fourrer (se) *verbe pronominal* FAMILIER. Se mettre quelque part. SYN. se couler, s'enfoncer, se faufiler, se glisser, s'insérer, s'introduire, se loger, se mettre, pénétrer, se placer. – LITTÉRAIRE : s'insinuer.

fourrière *nom féminin* Extrémité d'un champ en labour. SYN. chaintre.

fourrure *nom féminin* Peau d'animal très touffue. SYN. pelage, poil, robe, toison.

fourvoiement *nom masculin* LITTÉRAIRE. Fait de se tromper. SYN. aberration, aveuglement, erreur, méprise.

fourvoyer *verbe* Détourner du bon chemin. SYN. dépister, dérouter, désorienter, égarer. CONTR. *guider.*

fourvoyer (se) *verbe pronominal* Prendre un mauvais chemin. SYN. s'égarer, errer, faire fausse route, se perdre, se tromper. CONTR. *s'orienter, se repérer.* ■ LITTÉRAIRE. Commettre une erreur. SYN. s'abuser, s'égarer, faire erreur, faire fausse route, se méprendre, se tromper. – FAMILIER : être à côté de la plaque. – POPULAIRE : se gourer, se planter.

foutaise *nom féminin* POPULAIRE. Chose sans importance. SYN. bagatelle, baliverne, billevesée, broutille, misère, rien, vétille. – FAMILIER : faribole, fichaise, rigolade. – LITTÉRAIRE : superfluité. – POPULAIRE : connerie.

foutoir *nom masculin* POPULAIRE. Lieu en désordre. SYN. bric-à-brac, capharnaüm, fatras, fouillis. – FAMILIER : bazar, chantier, cirque, pagaïe, pagaille, pétaudière, souk. – POPULAIRE : bordel.

foutre *verbe transitif* POPULAIRE. Donner avec violence. SYN. appliquer, assener, asséner, décocher, mettre. – FAMILIER : administrer, coller, envoyer, ficher, flanquer, fourrer. – POPULAIRE : balancer. ■ POPULAIRE. Faire quelque chose. SYN. faire. – FAMILIER : fabriquer, ficher, trafiquer.

foutre (se) *verbe pronominal* POPULAIRE. Tourner quelqu'un en ridicule. SYN. s'amuser de, se moquer, railler, rire de. – FAMILIER : se ficher, mettre en boîte. – LITTÉRAIRE : se gausser, se jouer. – POPULAIRE : charrier. ■ POPULAIRE. Ne pas tenir compte de. SYN. se désintéresser, faire peu de cas de, ignorer, se jouer de, rire de, se rire de. – FAMILIER : s'en battre l'œil, se contreficher, se ficher, s'en soucier comme de l'an quarante, s'en soucier comme de sa première chemise, s'en soucier comme d'une guigne. – POPULAIRE : s'asseoir sur, s'en balancer, s'en branler, s'en tamponner le coquillard, s'en taper. CONTR. *faire grand cas de, s'intéresser à, se pencher sur, se préoccuper de, se soucier de.* ■ POPULAIRE. Se jeter quelque part. SYN. se jeter, se mettre, se précipiter. – FAMILIER : se ficher, se flanquer.

foutrement *adverbe* POPULAIRE. Indique l'intensité. SYN. beaucoup, bien, excessivement, extraordinairement, extrêmement, fabuleusement, follement, fort, fortement, grandement, hautement, incroyablement, infiniment, particulièrement, prodigieusement, profondément, puissamment, supérieurement, suprêmement, terriblement, très, trop, vertigineusement. – FAMILIER : bigrement, bougrement, diablement, drôlement, fameusement, fichtrement, fichûment, formidablement, joliment, méchamment, à mort, rudement, sacrément, tout plein. – LITTÉRAIRE : diantrement, furieusement. – POPULAIRE : vachement. – VIEUX : fièrement. CONTR. *guère, légèrement, médiocrement, nullement, peu.*

foutriquet *nom masculin* FAMILIER. Individu grossier. SYN. butor, cuistre, goujat, malappris, malotru, mufle, ostrogoth. – FAMILIER : malpoli, paltoquet. – POPULAIRE : jean-foutre.

foutu *adjectif* POPULAIRE. Irrémédiablement perdu. SYN. coulé, fini, hors d'état, perdu. – FAMILIER : cuit, fichu, flambé, frit, H.S., kaput, mort. – POPULAIRE : nase.

foyer *nom masculin* Lieu où l'on fait le feu. SYN. âtre, cheminée, feu. ■ Lieu où habite la famille. SYN. bercail, chez-soi, home, intérieur, maison, ménage, nid, toit. – FAMILIER : pénates. – LITTÉRAIRE : demeure, logis. ■ Point d'où vient quelque chose. SYN. centre, cœur, siège, source.

fracas *nom masculin* Agitation bruyante. SYN. coup, éclat, grondement, remue-ménage, tapage, tintamarre, tonnerre, vacarme. – FAMILIER : boucan, raffut, tintouin. – LITTÉRAIRE : mugissement, rumeur. – POPULAIRE : ramdam. – VIEUX : sabbat. CONTR. *calme, paix, silence, tranquillité.*

fracassant *adjectif* Qui fait du bruit. SYN. abrutissant, assourdissant, bruyant, éclatant, grondant, retentissant, tapageur, tintamarresque, tonitruant. – LITTÉRAIRE : tonnant, tumultueux. CONTR. *silencieux.* ■ Qui fait de l'effet. SYN. ahurissant, éclatant, étourdissant, extraordinaire, inouï, saisissant, stupéfiant, tapageur. – FAMILIER : énorme, époustouflant, renversant, tape-à-l'œil.

fracasser *verbe* Mettre en morceaux. SYN. briser, broyer, casser, fracturer, pulvériser. – FAMILIER : écrabouiller. – LITTÉRAIRE : brésiller, rompre.

fraction *nom féminin* Division d'un tout. SYN. fragment, morceau, parcelle, partie, portion, segment, tronçon. CONTR. *ensemble, entier, totalité, tout.*

fractionné *adjectif* Divisé en parties. SYN. fragmentaire, parcellaire. CONTR. *entier, global.*

fractionnement *nom masculin* Action de fractionner. SYN. division, fragmentation, morcellement, partage, segmentation, séparation.

fractionner *verbe* Diviser quelque chose. SYN. compartimenter, couper, dégrouper, démembrer, dépecer, diviser, fragmenter, morceler, partager, scinder, sectionner, segmenter, subdiviser. CONTR. *grouper, joindre, rassembler, réunir, unifier.*

fracture *nom féminin* Action de casser, de se casser. SYN. bris, cassure, effraction, faille, fissure, rupture. – LITTÉRAIRE : brisure. CONTR. *soudure.*

fracturer *verbe* Endommager quelque chose. SYN. briser, casser, forcer, fracasser. – LITTÉRAIRE : rompre.

fragile *adjectif* Qui se casse facilement. SYN. cassable, cassant, dégradable, délicat, destructible, friable. CONTR. *incassable, indéchirable, résistant, solide.* ■ De faible constitution. SYN. chétif, débile, délicat, douillet, faible, frêle, maladif, malingre, sensible, souffreteux, vulnérable. CONTR. *athlétique, endurant, fort, infatigable, inusable, robuste, vigoureux.* – FAMILIER : *costaud.* ■ Qui est peu stable. SYN. altérable, boiteux, caduc, destructible, éphémère, fugace, fugitif, inconsistant, instable, léger, périssable, précaire, vulnérable. – LITTÉRAIRE : inconstant. CONTR. *appuyé, assuré, durable, éternel, ferme, impérissable, inaltérable, indéfectible, indestructible, indissoluble, inébranlable, invulnérable, stable, tenace, viable.*

fragilité *nom féminin* Caractère précaire de. SYN. fugacité, inconsistance, instabilité, légèreté, précarité, vulnérabilité. – LITTÉRAIRE : inconstance, vanité. CONTR. *constance, durabilité, fermeté, invulnérabilité, pérennité, permanence, stabilité, viabilité.* – LITTÉRAIRE : *perpétuité.* ■ Manque de robustesse. SYN. débilité, déficience, délicatesse, faiblesse. CONTR. *endurance, endurcissement, force, résistance, robustesse, solidité, vigueur, vitalité.*

fragment *nom masculin* Morceau d'une chose brisée. SYN. débris, éclat, fraction, lambeau, miette, pièce, tesson. ■ Partie de quelque chose. SYN. bout, bribe, échantillon, extrait, fraction, morceau, parcelle, partie, portion. – LITTÉRAIRE : pan. CONTR. *bloc, ensemble, entier, totalité.* ■ Morceau d'un texte. SYN. extrait, page.

fragmentaire *adjectif* Qui constitue un fragment. SYN. fractionné, imparfait, incomplet, informe, morcelé, parcellaire, partiel. CONTR. *absolu, complet, entier, exhaustif, global, intégral, plein, total.*

fragmentairement *adverbe* Par fragments. SYN. imparfaitement, incomplètement, insuffisamment, partiellement, sommairement. CONTR. *en bloc, complètement, du début à la* *fin, entièrement, globalement, in extenso, intégralement, pleinement, totalement, en totalité.*

fragmentation *nom féminin* Action de fragmenter. SYN. division, fractionnement, morcellement, partage, segmentation, séparation.

fragmenter *verbe* Partager en fragments. SYN. compartimenter, disperser, diviser, fractionner, morceler, partager, scinder, sectionner, segmenter, séparer, tronçonner. CONTR. *grouper, joindre, rassembler, réunir, unifier.*

fragon *nom masculin* Arbrisseau à baies rouges. SYN. petit houx.

fragrance *nom féminin* LITTÉRAIRE. Odeur agréable. SYN. arôme, bouquet, effluve, émanation, parfum. – LITTÉRAIRE : senteur. CONTR. *fétidité, infection, pestilence, puanteur.*

fraîchement *adverbe* Depuis peu de temps. SYN. depuis peu, dernièrement, nouvellement, récemment. ▪ Avec une grande froideur. SYN. froidement. – LITTÉRAIRE : tièdement. CONTR. *chaleureusement, chaudement, cordialement.*

fraîcheur *nom féminin* Ce qui est légèrement froid. SYN. froid. – LITTÉRAIRE : froidure. CONTR. *ardeur, chaleur, tiédeur.* – LITTÉRAIRE : *touffeur.* ▪ Qualité de ce qui n'est pas terni. SYN. brillant, éclat, netteté. – LITTÉRAIRE : vivacité. ▪ LITTÉRAIRE. Caractère spontané. SYN. candeur, ingénuité, innocence, jeunesse, naïveté, spontanéité. ▪ Absence de cordialité. SYN. dureté, froideur, impassibilité, indifférence. CONTR. *chaleur, cordialité.*

fraîchir *verbe* Devenir frais ou plus frais. SYN. rafraîchir, refroidir. CONTR. *chauffer, réchauffer, se réchauffer.*

frais *adjectif* Légèrement froid. SYN. froid. CONTR. *brûlant, caniculaire, chaud, étouffant, tiède, torride.* – LITTÉRAIRE : *ardent.* ▪ Nouvellement produit ou récolté. SYN. intact, du jour. – LITTÉRAIRE : tendre. CONTR. *avancé, avarié, desséché, dur, fermenté, fumé, gâté, pourri, rassis, salé, séché, surgelé.* – LITTÉRAIRE : *corrompu.* ▪ Qui vient de se produire. SYN. actuel, dernier, jeune, du jour, neuf, nouveau, récent. CONTR. *ancien, éculé, lointain, vieux.* ▪ Qui a conservé sa vigueur. SYN. dispos, reposé, vert. – VIEUX : gaillard. CONTR. *brisé, épuisé, exténué, fatigué, fourbu, harassé, las, recru, rendu, usé.* – FAMILIER : *achevé, claqué, éreinté, esquinté, flagada, lessivé, malade, mort, moulu, raplapla, vidé.* – POPULAIRE : *crevé, vanné.* ▪ Qui a conservé son éclat. SYN. éclatant, rosé. CONTR. *blafard, blême, cadavéreux, cadavérique, décati, défraîchi, desséché, fade, fané, flétri, hâve, pâle, passé, sec, verdâtre.* – FAMILIER : *pâlichon, pâlot.* ▪ FAMILIER. Qui manque de cordialité. SYN. dur, froid, glacé, impassible, indifférent, réservé. CONTR. *affable, chaleureux, cordial, enthousiaste.* – LITTÉRAIRE : *amène.*

frais *nom masculin pluriel* Somme dépensée. SYN. débours, dépense. CONTR. *bénéfice, gain.*

franc *adjectif* Qui montre de la sincérité. SYN. authentique, carré, direct, droit, fair-play, honnête, loyal, ouvert, sincère, spontané. – LITTÉRAIRE : vrai. – VIEUX : rond. CONTR. *affecté, ambigu, artificiel, caché, captieux, chafouin, compassé, déloyal, dissimulateur, dissimulé, double, embarrassé, énigmatique, équivoque, faux, fourbe, hypocrite, imposteur, indirect, insidieux, louche, mensonger, menteur, renfermé, retors, sournois, tortueux, torve, trompeur.* – FAMILIER : *cachottier, ficelle, roublard.* – LITTÉRAIRE : *artificieux, benoît, cauteleux, fallacieux, matois, tortu.* ▪ Qui se manifeste clairement. SYN. catégorique, clair, cru, démonstratif, net, précis, pur, tranché, véritable. CONTR. *douteux, hésitant, réservé, voilé.* – LITTÉRAIRE : *réticent.* ▪ Se dit de jours entiers. SYN. complet, entier, plein.

franchement *adverbe* D'une manière sincère. SYN. à découvert, directement, haut, hautement, librement, loyalement, ouvertement, sincèrement, tout haut, en toute bonne foi, vrai. – LITTÉRAIRE : hardiment, nuement, nûment, uniment. – VIEUX : rondement. CONTR. *en cachette, en catimini, à la dérobée, faussement, furtivement, hypocritement, sournoisement, en tapinois, tortueusement.* ▪ Sans équivoque. SYN. carrément, catégoriquement, clairement, expressément, formellement, nettement, sans détour, simplement, tout bonnement, tout cru, tout net. – LITTÉRAIRE : sans ambages. – POPULAIRE : franco. – VIEUX : sans barguigner. CONTR. *ambigument, confusément, obliquement, obscurément, vaguement.* – LITTÉRAIRE : *artificieusement.* ▪ De manière réelle. SYN. nettement, réellement, résolument, totalement, tout à fait, très, véritablement, vraiment. – FAMILIER : carrément.

franchir *verbe* Passer au-delà d'un obstacle. SYN. enjamber, escalader, gravir, sauter. ▪ Surmonter quelque chose. SYN. dépasser, passer, passer le cap de, triompher de, vaincre. CONTR. *achopper, buter, échouer.* ▪ Parcourir une distance. SYN. couvrir, parcourir, traverser.

franchise *nom féminin* Caractère franc. SYN. droiture, franc-parler, hardiesse, liberté, loyauté, netteté, rondeur, sincérité, spontanéité, vérité. – LITTÉRAIRE : véracité. CONTR. *ambiguïté, déloyauté, dissimulation, duplicité, fausseté, fourberie, hypocrisie, mensonge, ruse, traîtrise, tromperie.* – FAMILIER : *cachotterie, chichi.* – LITTÉRAIRE : *cautèle, flagornerie, sournoiserie.*

franchissement *nom masculin* Action de franchir. SYN. dépassement, passage, traversée.

franc-maçon *adjectif et nom* Membre de la franc-maçonnerie. SYN. maçon.

franco *adverbe* Sans frais pour le destinataire. SYN. franc de port, gracieusement, gratis, gratuitement, à titre gratuit. ■ POPULAIRE. Sans hésiter. SYN. carrément, catégoriquement, clairement, expressément, franchement, nettement, sans détour, tout net. – LITTÉRAIRE : sans ambages.

franc-parler *nom masculin* Liberté de langage. SYN. franchise, rondeur. – LITTÉRAIRE : véracité.

frappant *adjectif* Qui fait une vive impression. SYN. confondant, éclatant, étonnant, hallucinant, impressionnant, marquant, notable, percutant, saillant, saisissant, stupéfiant, suffocant, troublant. – FAMILIER : sciant, sidérant, soufflant. CONTR. *banal, quelconque.* ■ Qui saute aux yeux. SYN. criant, éclatant, évident, indéniable, indiscutable, indubitable.

frappe *nom féminin* POPULAIRE. Jeune voyou. SYN. chenapan, gredin, vaurien, voyou. – FAMILIER : brigand, fripon, fripouille. – POPULAIRE : arsouille, gouape.

frappé *adjectif* FAMILIER. Un peu fou. SYN. dément, dérangé, désaxé, déséquilibré, fou. – FAMILIER : braque, cinglé, détraqué, dingue, fada, loufoque, maboul, malade, marteau, piqué, ravagé, tapé, timbré, toc-toc, toqué, zinzin. – POPULAIRE : allumé, azimuté, barge, barjo, barjot, branque, brindezingue, chtarbé, cinoque, cintré, déjanté, dingo, fêlé, folingue, fondu, frapadingue, givré, jeté, louf, louftingue, ouf, sinoc, sinoque, siphonné, tordu. CONTR. *équilibré, normal, sain.*

frappement *nom masculin* Bruit produit en frappant. SYN. battement, choc, claquement, coup, martèlement, tambourinage, tambourinement, tapotage, tapotement.

frapper *verbe intransitif* Donner des coups sur quelque chose. SYN. cogner, tambouriner, tapoter. – FAMILIER : taper.

frapper *verbe transitif* Venir heurter. SYN. atteindre, choquer, cogner, heurter, percuter, ricocher, tomber sur, toucher. ■ Donner des coups. SYN. abîmer le portrait, arranger le portrait, attaquer, battre, blesser, brutaliser, malmener, maltraiter, porter un coup, rouer de coups, taper. – FAMILIER : casser la figure, embrocher, passer à tabac, rosser, tabasser. – LITTÉRAIRE : violenter. – POPULAIRE : casser la gueule, castagner, cogner, faire une grosse tête, faire une tête au carré, rentrer dans le chou, rentrer dans le lard, rentrer dans le mou, rentrer dedans. CONTR. *caresser.* ■ S'imposer avec force. SYN. attirer, captiver, étonner, glacer, retenir, saisir, surprendre. ■ Affecter vivement quelqu'un. SYN. abasourdir, s'abattre sur, affecter, affliger, agiter, bouleverser, choquer, commotionner, émouvoir, empoigner, éprouver, impressionner, marquer, remuer, retourner, secouer, toucher, troubler. – FAMILIER : émotionner, révolutionner. ■ Infliger une peine. SYN. condamner, corriger, punir. – LITTÉRAIRE : châtier.

frapper (se) *verbe pronominal* FAMILIER. Être très préoccupé par. SYN. s'alarmer, s'émouvoir, se faire du mauvais sang, se faire du souci, se faire du tracas, se faire un sang d'encre, s'en faire, s'inquiéter, se manger les sangs, se miner, se préoccuper, se ronger les sangs, se soucier, se tourmenter, se tracasser. – FAMILIER : se biler, être aux cent coups, se faire de la bile, se faire des cheveux (blancs), se mettre martel en tête. – POPULAIRE : se faire de la mousse, se faire du mouron, se faire vieux. CONTR. *ne pas se soucier de, prendre à la légère.* – FAMILIER : *prendre à la rigolade.* – LITTÉRAIRE : *n'avoir cure de.*

frasque *nom féminin* Écart de conduite. SYN. caprice, équipée, extravagance, folies, fredaine, incartade, inconduite.

fraternel *adjectif* Qui a des sentiments de frère. SYN. affectueux, amical, cordial, sympathique, tendre. CONTR. *antipathique, fratricide, hostile, inamical.*

fraternisation *nom féminin* Action de fraterniser. SYN. amitié, entente, réconciliation. – FAMILIER : raccommodement. CONTR. *désaccord, haine, hostilité, inimitié.*

fraterniser *verbe* Faire acte de fraternité. SYN. s'entendre, sympathiser. – LITTÉRAIRE : s'accorder. CONTR. *se battre, se brouiller, se déchirer, se disputer, se fâcher, se haïr, se quereller.* – FAMILIER : *s'accrocher, se chamailler.*

fraternité *nom féminin* Lien de solidarité. SYN. camaraderie, concorde, union, unité. CONTR. *désaccord, haine.*

fraude *nom féminin* Acte malhonnête. SYN. escroquerie, falsification, tricherie, tromperie, trucage, truquage. – FAMILIER : resquillage, resquille. – POPULAIRE : arnaque.

frauder *verbe* Se rendre coupable de fraude. SYN. tricher. – FAMILIER : resquiller, truander.

fraudeur *nom* Personne coupable de fraude. SYN. bandit, carambouilleur, escroc, filou, forban, gredin, pourri, tricheur, voleur. – FAMILIER : faisan, fripouille, resquilleur. – POPULAIRE : arnaqueur. – VIEUX : fripon.

frauduleusement *adverbe* De façon frauduleuse. SYN. illégalement, illicitement, irrégulièrement. CONTR. *légalement, licitement, règlementairement, régulièrement.*

fraudulex *adjectif* Qui est entaché de fraude. SYN. illégal, illicite, irrégulier. CONTR. *autorisé, légal, licite, permis, règlementaire, régulier.*

fraxinelle *nom féminin* Herbe sécrétant une essence très inflammable. SYN. dictame.

frayer *verbe transitif* Rendre praticable un chemin. SYN. ménager, ouvrir, percer, pratiquer. CONTR. *fermer, interdire.*

frayer *verbe transitif indirect* LITTÉRAIRE. Avoir des relations avec. SYN. côtoyer, fréquenter, se voir. – LITTÉRAIRE : commercer, cousiner, voisiner. CONTR. *éviter.*

frayeur *nom féminin* Grande crainte. SYN. affolement, angoisse, crainte, effroi, épouvante, horreur, panique, peur, phobie, terreur. – LITTÉRAIRE : alarme. – POPULAIRE : pétoche. CONTR. *impassibilité, sang-froid, sérénité.* – LITTÉRAIRE : *quiétude.*

fredaine *nom féminin* Écart de conduite. SYN. caprice, équipée, extravagance, folies, frasque, incartade, inconduite.

fredonner *verbe* Chanter à mi-voix. SYN. chanter, chantonner.

frein *nom masculin* Appareil utilisé en alpinisme. SYN. bloqueur. ■ Ce qui fait obstacle. SYN. empêchement, entrave, gêne, obstacle, opposition. CONTR. *liberté.* ■ ***Mettre un frein à,*** chercher à arrêter. SYN. arrêter, brider, briser, cesser, circonscrire, contenir, déjouer, endiguer, enrayer, entraver, étouffer, freiner, inhiber, interrompre, juguler, maîtriser, modérer, neutraliser, paralyser, stopper.

freiner *verbe* Ralentir la progression de. SYN. amortir, circonscrire, contrarier, diminuer, endiguer, enrayer, entraver, immobiliser, juguler, limiter, obstruer, paralyser, ralentir, retarder. CONTR. *accélérer, activer, développer, encourager, favoriser, hâter, presser.* ■ Modérer l'élan de quelqu'un. SYN. brider, comprimer, contenir, contrarier, inhiber, modérer, refréner, réfréner, refroidir. – FAMILIER : doucher. – LITTÉRAIRE : contraindre, tempérer. CONTR. *aiguillonner, aiguiser, attiser, éperonner, exciter, réveiller.*

frelaté *adjectif* Que l'on a falsifié. SYN. artificiel, factice, falsifié, mélangé, suspect. – FAMILIER : trafiqué. CONTR. *naturel, pur.* ■ Qui est corrompu. SYN. malsain, morbide, pourri. – LITTÉRAIRE : corrompu, putride. CONTR. *sain.*

frelater *verbe* Modifier une substance. SYN. adultérer, dénaturer, falsifier. – FAMILIER : trafiquer. ■ LITTÉRAIRE. Altérer quelque chose. SYN. dénaturer, dépraver, fausser, gâter. – LITTÉRAIRE : corrompre, gangrener.

frêle *adjectif* Qui est très mince. SYN. fin, fluet, grêle, maigrelet, maigriot, menu, mince, rachitique, ténu. – FAMILIER : maigrichon. – LITTÉRAIRE : gracile. CONTR. *corpulent, épais, gros, massif, plantureux.* – FAMILIER : *dodu.* ■ Qui est de nature fragile. SYN. chétif, débile, délicat, fragile, malingre. – FAMILIER : faiblard. CONTR. *fort, puissant, robuste, solide, vigoureux.* – FAMILIER : *costaud.* – POPULAIRE : *balaise, balèze, baraqué.* ■ Condamné à disparaître. SYN. éphémère, faible, fugace, fugitif, léger, précaire. – LITTÉRAIRE : périssable. CONTR. *ferme, résistant, solide, tenace.*

freloche *nom féminin* Filet à papillons. SYN. filoche.

freluquet *nom masculin* LITTÉRAIRE. Homme frivole. SYN. – FAMILIER : godelureau, marmouset. – VIEUX : mirliflor, mirliflore. ■ FAMILIER. Homme chétif. SYN. avorton, gnome, gringalet. – FAMILIER : demi-portion, maigrichon, mauviette, microbe, moustique.

frémir *verbe* S'agiter avec un bruissement. SYN. bourdonner, vibrer. – LITTÉRAIRE : bruire, frissonner, murmurer. ■ Trembler convulsivement. SYN. frissonner, grelotter, palpiter, trembler. – LITTÉRAIRE : trémuler, trépider, vibrer.

frémissant *adjectif* Troublé par l'émotion. SYN. frissonnant, palpitant, tremblant, vibrant. – LITTÉRAIRE : trémulant. ■ Qui frémit. SYN. bourdonnant. – LITTÉRAIRE : bruissant.

frémissement *nom masculin* Bruissement léger. SYN. battement, froissement, frou-frou. – LITTÉRAIRE : bruissement, chuchotement, chuchotis, frisson, frissonnement, gazouillement, murmure. ■ Léger tremblement. SYN. frisson, frissonnement, ondulation, tremblement, trépidation, vibration. – LITTÉRAIRE : ondoiement.

frénésie *nom féminin* État d'exaltation violente. SYN. acharnement, agitation, déchaînement, délire, effervescence, égarement, emportement, exaltation, férocité, fièvre, folie, fureur, hystérie, ivresse, ouragan, paroxysme, passion, rage, surexcitation, tempête, véhémence, violence. – LITTÉRAIRE : impétuosité, turbulence. CONTR. *apathie, calme, placidité, pondération, retenue.* – LITTÉRAIRE : *sobriété.* ■ Enthousiasme très vif. SYN. ardeur, chaleur, enthousiasme, fébrilité, ferveur, feu, fougue, pétulance. – LITTÉRAIRE : flamme. CONTR. *mesure, sagesse.*

frénétique *adjectif* Violemment exalté. SYN. acharné, bouillant, bouillonnant, débordant, débridé, déchaîné, délirant, échevelé, effréné, endiablé, enragé, enthousiaste, éperdu, exalté, excité, explosif, fanatique, fébrile, fiévreux, forcené, fougueux, furieux, hystérique, impétueux, insensé, intense, surchauffé, surexcité, survolté, triomphal, véhément, violent. – LITTÉRAIRE : dévorant, effervescent, tumultueux, volcanique. CONTR. *endormi, froid, sobre.*

frénétiquement *adverbe* Avec frénésie. SYN. éperdument, fougueusement, furieusement, passionnément.

fréquemment *adverbe* D'une manière fréquente. SYN. beaucoup, constamment, continuellement, à intervalles rapprochés, maintes fois, à maintes reprises, périodiquement, souvent, à tout bout de champ, à tout moment, volontiers. – LITTÉRAIRE : continûment. CONTR. *par accès, exceptionnellement, guère, inégalement, par intermittence, par intervalles, irrégulièrement, occasionnellement, parfois, rarement, sporadiquement, variablement.* ▪ D'une manière courante. SYN. communément, couramment, habituellement, ordinairement, la plupart du temps, traditionnellement, usuellement, vulgairement. CONTR. *accidentellement, exceptionnellement.*

fréquence *nom féminin* Caractère de ce qui se répète. SYN. multiplicité, renouvellement, répétition, reproduction. – LITTÉRAIRE : réitération. ▪ Nombre de fois où un fait se répète. SYN. périodicité.

fréquent *adjectif* Qui se reproduit souvent. SYN. constant, récurrent, réitéré, répandu, répété. CONTR. *espacé, exceptionnel, intermittent, isolé, rare, sporadique, unique.* ▪ Qui arrive souvent. SYN. banal, commun, courant, habituel, ordinaire. CONTR. *accidentel, étonnant, exceptionnel, extraordinaire, inusité.*

fréquentatif *adjectif* Qui indique la répétition de l'action. SYN. itératif.

fréquentation *nom féminin* Personne que l'on fréquente. SYN. accointance, attaches, compagnie, connaissance, entourage, relation, société. – LITTÉRAIRE : liaison. ▪ LITTÉRAIRE. Pratique de quelque chose. SYN. connaissance, expérience, familiarité, pratique, usage. ▪ Action de fréquenter. SYN. acoquinement, compagnie, contact, rapport. – LITTÉRAIRE : commerce.

fréquenté *adjectif* Où il y a beaucoup de gens. SYN. couru, passant, populeux, visité, vivant. CONTR. *désert, écarté, isolé, retiré, solitaire.*

fréquenter *verbe* Aller souvent dans un lieu. SYN. avoir ses entrées chez, visiter. – LITTÉRAIRE : hanter. CONTR. *s'éloigner, fuir.* ▪ Avoir des relations suivies avec. SYN. approcher, côtoyer, courtiser, voir. – LITTÉRAIRE : coudoyer, frayer. CONTR. *éviter, négliger, oublier.*

fréquenter (se) *verbe pronominal* Avoir des relations suivies. SYN. s'acoquiner, se voir. – FAMILIER : flirter. – LITTÉRAIRE : commercer, cousiner, frayer, voisiner.

frétiller *verbe* S'agiter d'une manière vive. SYN. s'agiter, bouger, gesticuler, se remuer, se tortiller, se trémousser. – FAMILIER : avoir la bougeotte, gigoter. CONTR. *être immobile, s'immobiliser.*

fretin *nom masculin* Tout petit poisson que l'on rejette à l'eau. SYN. blanchaille.

friable *adjectif* Qui se réduit en morceaux. SYN. cassant, fragile. CONTR. *solide.*

friand *adjectif* Qui se régale de. SYN. gourmand. ▪ Qui a du goût pour telle chose. SYN. amateur, amoureux, avide, entiché, féru, fou.

friandise *nom féminin* Chose sucrée. SYN. bonbon, confiserie, douceur, gâterie, sucrerie.

fric *nom masculin* POPULAIRE. Somme possédée par quelqu'un. SYN. argent, espèces, espèces sonnantes et trébuchantes, liquidités, numéraire. – ARGOTIQUE : braise, grisbi, pèze, thune, tune. – FAMILIER : blé, ferraille, mitraille, ronds, sous. – POPULAIRE : flouse, flouze, fraîche, galette, oseille, pépettes, picaillons, pognon.

fricative *nom féminin* Consonne caractérisée par un bruit de friction. SYN. constrictive. – VIEUX : spirante.

frichti *nom masculin* POPULAIRE. Mets que l'on prépare. SYN. – ARGOTIQUE : graille. – FAMILIER : popote. – POPULAIRE : bouffe, cuistance, fricot, tambouille.

fricot *nom masculin* FAMILIER. Mets préparé. SYN. – ARGOTIQUE : graille. – FAMILIER : popote. – POPULAIRE : bouffe, cuistance, frichti, tambouille.

fricotage *nom masculin* FAMILIER. Trafic malhonnête. SYN. agissements. – FAMILIER : grenouillage, trafic, tripotage. – POPULAIRE : magouillage, magouille.

fricoter *verbe* FAMILIER. Préparer un repas. SYN. cuisiner, mijoter, mitonner. ▪ FAMILIER. Manigancer une affaire. SYN. manigancer, tramer. – FAMILIER : cuisiner, fabriquer, traficoter, trafiquer, tripoter.

fricoteur *nom* FAMILIER. Individu malhonnête. SYN. aigrefin, bandit, crapule, escroc, filou, forban, requin, voleur. – FAMILIER : empileur, faisan, fripouille, margoulin. – LITTÉRAIRE : chevalier d'industrie, pirate. – POPULAIRE : arnaqueur. – VIEUX : fripon, gredin, malandrin.

friction *nom féminin* Désaccord entre des personnes. SYN. frottement, heurt, malentendu, tension, tiraillement. – FAMILIER : accrochage, attrapade. – VIEUX : attrapage. CONTR. *paix.*

frigorifier *verbe* FAMILIER. Donner très froid. SYN. geler, glacer, refroidir. – FAMILIER : réfrigérer. – LITTÉRAIRE : transir. CONTR. *chauffer, réchauffer.*

frime *nom féminin* FAMILIER. Apparence trompeuse. SYN. bluff, comédie, simulacre. – FAMILIER : chiqué, esbroufe, fumisterie. – POPULAIRE : épate.

frimer *verbe* FAMILIER. Faire l'important pour épater. SYN. bluffer, cabotiner, faire le fanfaron, faire le malin, faire l'important, faire l'intéressant, parader, se vanter. – FAMILIER : bêcher, crâner, faire de l'esbroufe, faire du chiqué, jeter de la poudre aux yeux, plastronner. – LITTÉRAIRE : fanfaronner. – POPULAIRE : faire de l'épate, ramener sa fraise, la ramener. ■ FAMILIER. Faire semblant d'être sûr de soi. SYN. se donner une contenance, prendre un air entendu. CONTR. – FAMILIER : *être bien dans ses baskets.*

frimeur *nom* FAMILIER. Personne qui frime. SYN. bluffeur, bravache, cabotin, faiseur, fanfaron, faraud, hâbleur, vantard. – FAMILIER : cabot, crâneur, m'as-tu-vu. – LITTÉRAIRE : capitan, fier-à-bras, matamore, rodomont. – VIEUX : esbroufeur, gascon, tranche-montagne.

frimousse *nom féminin* FAMILIER. Visage jeune. SYN. figure, minois. – FAMILIER : bouille. – POPULAIRE : fiole.

fringale *nom féminin* FAMILIER. Faim subite. SYN. appétit, faim, soif.

fringant *adjectif* Qui est vif, pétulant. SYN. alerte, coquet, déluré, guilleret, pétillant, pimpant, sémillant. – LITTÉRAIRE : allant. – VIEUX : gaillard. CONTR. *brisé, faiblissant.* – FAMILIER : *claqué.*

fringue *nom féminin* POPULAIRE. Pièce de l'habillement. SYN. habit, vêtement. – FAMILIER : nippe.

fringuer *verbe* POPULAIRE. Mettre des vêtements à. SYN. costumer, habiller, vêtir. – FAMILIER : attifer, fagoter, nipper. – POPULAIRE : saper.

friper *verbe* Froisser une étoffe. SYN. chiffonner, froisser, plisser. CONTR. *défriper, défroisser.* ■ Rider quelqu'un. SYN. faner, flétrir, plisser, raviner, rider. – FAMILIER : ratatiner.

fripon *nom* FAMILIER. Enfant espiègle. SYN. chenapan, garnement, gredin, lascar, mauvais sujet, polisson, vaurien, voyou. – FAMILIER : affreux jojo, brigand, coquin, diable, filou, fripouille, galopin, sacripant. – VIEUX : galapiat, mâtin. ■ VIEUX. Personne malhonnête. SYN. aigrefin, bandit, charlatan, escroc, filou, forban, fraudeur, vermine, voleur, voyou. – FAMILIER : empileur, estampeur, faisan, fripouille, margoulin, pendard. – LITTÉRAIRE : pirate. – POPULAIRE : arnaqueur, frappe. – VIEUX : brigandeau, coquin.

friponnerie *nom féminin* FAMILIER. Acte de fripon. SYN. crapulerie, filoutage, flibuste, indélicatesse, malhonnêteté, polissonnerie. – FAMILIER : fripouillerie. – LITTÉRAIRE : canaillerie. – VIEUX : filouterie.

fripouille *nom féminin* FAMILIER. Personne malhonnête. SYN. aigrefin, bandit, brigand, canaille, charlatan, chenapan, crapule, escroc, filou, forban, fraudeur, gredin, racaille, scélérat, vaurien, vermine, voleur, voyou. – FAMILIER : empileur, estampeur, faisan, margoulin. – LITTÉRAIRE : pirate. – POPULAIRE : arnaqueur, arsouille, frappe, gouape. – VIEUX : brigandeau, coquin, fripon. ■ FAMILIER. Enfant espiègle. SYN. chenapan, coquin, garnement, mauvais sujet, polisson, vaurien, voyou. – FAMILIER : affreux jojo, diable, filou, fripon, galopin, lascar, (petite) peste, poison, sacripant, titi. – LITTÉRAIRE : gavroche. – VIEUX : galapiat, mâtin.

fripouillerie *nom féminin* FAMILIER. Action d'une fripouille. SYN. crapulerie, gredinerie, malhonnêteté. – FAMILIER : friponnerie. – LITTÉRAIRE : canaillerie, scélératesse.

friqué *adjectif* POPULAIRE. Qui a de l'argent. SYN. aisé, cossu, cousu d'or, fortuné, huppé, nanti, opulent, riche. – FAMILIER : argenté, plein aux as. – POPULAIRE : rupin. CONTR. *démuni, gêné, indigent, malheureux, miséreux, nécessiteux, pauvre, ruiné.* – FAMILIER : *désargenté, fauché, fauché comme les blés, sans le sou.* – LITTÉRAIRE : *impécunieux.* – POPULAIRE : *raide.* – VIEUX : *besogneux, disetteux.*

frisé *adjectif* Qui se met en boucles. SYN. annelé, bouclé, crêpé, crêpelé, crépu, frisant, frisottant, frisotté, ondulé. CONTR. *lisse, plat, raide.*

friselis *nom masculin* LITTÉRAIRE. Doux frémissement. SYN. bourdonnement, froissement, frou-frou, susurrement. – LITTÉRAIRE : bruissement, chuchotement, chuchotis, frisson, gazouillement, murmure.

friser *verbe intransitif* Avoir les cheveux qui bouclent. SYN. boucler, frisotter, onduler. – LITTÉRAIRE : moutonner.

friser *verbe transitif* Mettre des cheveux en boucles. SYN. boucler, frisotter, onduler. – VIEUX : calamistrer. CONTR. *aplatir, défriser, lisser, raidir.* ■ Passer au ras de. SYN. côtoyer, effleurer, frôler, raser. ■ Être près de quelque chose. SYN. approcher, avoisiner, confiner à, côtoyer, frôler. – LITTÉRAIRE : coudoyer, toucher.

frisette *nom féminin* FAMILIER. Boucle de cheveux frisée. SYN. bouclette, frisottis. – VIEUX : frison.

frisottant *adjectif* Qui frisotte. SYN. bouclé, frisé, ondulé. CONTR. *lisse, plat, raide.*

frisotter *verbe* Être légèrement frisé. SYN. boucler, friser, onduler. – LITTÉRAIRE : moutonner.

frisottis *nom masculin* Boucle de cheveux frisée. SYN. bouclette, frisette. – VIEUX : frison.

frisson *nom masculin* Tremblement involontaire. SYN. frémissement, grelottement, haut-le-corps, secousse, sursaut, tremblement, trépidation, tressaillement. – LITTÉRAIRE : tressautement.

■ LITTÉRAIRE. Bruit de ce qui ondule. SYN. froissement, frou-frou, palpitation, souffle, susurrement, vibration. – LITTÉRAIRE : bruissement, chuchotement, chuchotis, friselis, frissonnement, murmure, ondoiement.

frissonnant *adjectif* Qui frissonne. SYN. frémissant, grelottant, transi, tremblotant. – LITTÉRAIRE : trémulant.

frissonnement *nom masculin* LITTÉRAIRE. Léger tremblement. SYN. frémissement, grelottement, tremblement, trépidation. – LITTÉRAIRE : frisson.

frissonner *verbe* Avoir des frissons. SYN. frémir, grelotter, trembler, tressaillir. – LITTÉRAIRE : trémuler, tressauter.

frisure *nom féminin* État des cheveux frisés. SYN. boucle, ondulation.

frit *adjectif* FAMILIER. Définitivement perdu. SYN. – FAMILIER : coulé, cuit, fichu, fini, flambé. – POPULAIRE : foutu, refait.

fritons *nom masculin pluriel* Résidus de la fonte de graisse animale. SYN. grattons.

frivole *adjectif* Qui a peu de sérieux. SYN. insignifiant, léger, puéril, superficiel, vide. – LITTÉRAIRE : vain. CONTR. *fort, grave, important, profond.* ■ Qui aime les choses futiles. SYN. évaporé, futile, inconstant, léger, superficiel, volage. CONTR. *fidèle, pondéré, posé, réfléchi, scrupuleux, sérieux.*

frivolité *nom féminin* Caractère frivole. SYN. futilité, inconstance, insignifiance, insouciance, légèreté, puérilité. – LITTÉRAIRE : inanité, superfluité, vanité, variabilité. CONTR. *austérité, gravité, pondération, sérieux.* ■ Chose frivole. SYN. bagatelle, baliverne. – FAMILIER : amusette, bricole. – LITTÉRAIRE : hochet.

froid *adjectif* Qui a une température basse. SYN. frais, glacé, glacial. – FAMILIER : frisquet. CONTR. *bouillant, brûlant, caniculaire, chaud, étouffant, tiède, torride.* – LITTÉRAIRE : *ardent.* ■ Qui n'a pas de chaleur, de vie. SYN. fade, inexpressif, insipide, plat, terne. – FAMILIER : fadasse. CONTR. *animé, ardent, chaud, coloré, émouvant, fervent, pathétique, poignant, touchant, vif, vivant.* ■ Qui manifeste de la distance. SYN. distant, dur, flegmatique, de glace, glacial, hautain, impassible, imperturbable, impitoyable, implacable, indifférent, inhospitalier, de marbre, marmoréen, placide, réfrigérant, réservé, sec, sévère. – FAMILIER : frais. – LITTÉRAIRE : impavide. CONTR. *accueillant, affectueux, aimable, amical, ardent, chaleureux, compatissant, cordial, délirant, démonstratif, émotif, emporté, empressé, ému, enflammé, enthousiaste, exalté, expansif, exubérant, familier, fébrile, frénétique, hyperémotif, hypersensible, impétueux, impressionnable, liant, passionné, pétulant, proche, sensible.* – FAMILIER : *emballé, émotionnable.* – LITTÉRAIRE : *aimant.* ■ Qui est peu sensuel. SYN. frigide. CONTR. *aguichant, amoureux, caressant, lascif, libidineux, lubrique, passionné, provocant, sensuel, tendre, voluptueux.* – FAMILIER : *chaud.*

froid *nom masculin* Température basse. SYN. fraîcheur. CONTR. *chaleur.* – LITTÉRAIRE : *ardeur.* ■ Diminution de cordialité. SYN. bouderie, brouille, désaccord, gêne, mésentente, refroidissement, rupture. – FAMILIER : fâcherie. – LITTÉRAIRE : mésintelligence. – VIEUX : brouillerie. CONTR. *accord, entente, harmonie, rapprochement, réconciliation.* – FAMILIER : *raccommodement.* ■ ***Avoir froid,*** éprouver une sensation de froid. SYN. avoir la chair de poule, claquer des dents, être gelé, être glacé, être transi. – FAMILIER : être frigorifié. – POPULAIRE : cailler, se cailler les miches, se les geler, se peler. CONTR. *avoir chaud.* – FAMILIER : *cuire.*

froidement *adverbe* Avec calme. SYN. calmement, flegmatiquement, imperturbablement, lucidement, objectivement, sereinement, tranquillement. ■ Avec peu de sympathie. SYN. fraîchement, sèchement, sévèrement. – LITTÉRAIRE : tièdement. CONTR. *affectueusement, aimablement, amoureusement, ardemment, chaleureusement, chaudement, cordialement, tendrement.*

froideur *nom féminin* Manque de sensibilité. SYN. dureté, flegme, fraîcheur, impassibilité, imperturbabilité, indifférence, insensibilité, morgue, sécheresse. – LITTÉRAIRE : sévérité. CONTR. *abandon, affabilité, affection, animation, apitoiement, ardeur, attendrissement, chaleur, commisération, complaisance, cordialité, emballement, émotivité, empressement, enthousiasme, exaltation, exubérance, hypersensibilité, intérêt, passion, pétulance, pitié, sensibilité, sentiment, sympathie, tendresse, véhémence.* – LITTÉRAIRE : *compassion, émoi, liant.*

froissement *nom masculin* Bruit de ce qui est froissé. SYN. chiffonnement, frémissement, frou-frou. – LITTÉRAIRE : bruissement, chuchotement, chuchotis, friselis, frisson. ■ Blessure d'amour-propre. SYN. blessure, offense, ulcération, vexation.

froisser *verbe* Endommager en plissant. SYN. bouchonner, chiffonner, friper, plisser. CONTR. *défroisser, déplisser, lisser.* ■ Blesser moralement. SYN. atteindre, blesser, choquer, dépiter, désobliger, fâcher, heurter, indisposer, meurtrir, mortifier, offenser, offusquer, outrer, vexer. – FAMILIER : chiffonner. – LITTÉRAIRE : piquer. CONTR. *contenter, flatter, ménager.* – FAMILIER : *prendre des gants.*

froisser (se) *verbe pronominal* Prendre de faux plis. SYN. se chiffonner, se plisser. CONTR. *se défroisser.* ■ Être blessé dans son amour-propre. SYN. se choquer, se fâcher, se formaliser, se hérisser, s'offusquer, se scandaliser, se vexer. – LITTÉRAIRE : se blesser, s'offenser, se piquer.

frôlement *nom masculin* Frottement léger. SYN. attouchement, caresse, contact, effleurement.

frôler *verbe* Toucher légèrement. SYN. caresser, effleurer, lécher, toucher. ■ Passer très près de. SYN. glisser, raser, serrer. – LITTÉRAIRE : coudoyer. ■ Être très près d'un seuil. SYN. approcher, avoisiner, côtoyer, friser. – LITTÉRAIRE : coudoyer.

fromage *nom masculin* Aliment à base de lait. SYN. – FAMILIER : fromegi. – POPULAIRE : frometon.

frondaison *nom féminin* Ensemble des feuilles d'un arbre. SYN. branchage, feuillage, ramure, verdure. – LITTÉRAIRE : branchure, feuillée, ramée.

fronde *nom féminin* Dispositif à deux branches pour lancer des pierres. SYN. lance-pierre.

fronde *nom féminin* LITTÉRAIRE. Révolte de courte durée. SYN. contestation, contradiction, indiscipline, insoumission, insubordination, rébellion. CONTR. *discipline, obéissance, soumission, subordination.*

frondeur *adjectif* Enclin à l'insubordination. SYN. contestataire, critique, indiscipliné, indocile, insoumis, insubordonné, persifleur, perturbateur, railleur, rebelle, réfractaire, séditieux. CONTR. *discipliné, docile, soumis.*

front *nom masculin* Partie antérieure d'un objet. SYN. devant, façade. CONTR. *arrière, derrière, dos.* ■ Coalition de partis. SYN. bloc, cartel, clan, coalition, groupement, rassemblement, union. – LITTÉRAIRE : ligue. ■ Attitude impudente. SYN. aplomb, audace, effronterie, hardiesse, impudence. – FAMILIER : culot, toupet. CONTR. *décence, pudeur, réserve, retenue, timidité.* ■ ***De front,*** de façon directe. SYN. directement, de face, ouvertement, résolument. ■ ***Faire front,*** résister à. SYN. affronter, combattre, contrer, faire face.

frontal *nom masculin* Décor de la face antérieure d'un autel. SYN. antependium.

frontalier *adjectif* Situé à la frontière. SYN. adjacent, limitrophe.

frontière *nom féminin* Limite séparant deux zones. SYN. confins, délimitation, démarcation, ligne de démarcation. ■ Limite entre deux choses différentes. SYN. borne, démarcation, limite, séparation.

frottée *nom féminin* VIEUX. Volée de coups. SYN. correction, volée. – FAMILIER : pile, raclée, rossée, tabassée, tripotée. – POPULAIRE : dégelée, dérouillée, pâtée, peignée, rouste, tannée, tournée, trempe.

frottement *nom masculin* Désaccord entre des personnes. SYN. friction, heurt, malentendu, tension. – FAMILIER : accrochage, attrapade. – VIEUX : attrapage.

frotter *verbe* Nettoyer en appuyant. SYN. astiquer, briquer, cirer, encaustiquer, fourbir, lustrer, polir, récurer. ■ Passer la main sur le corps. SYN. frictionner, masser.

frotter (se) *verbe pronominal* FAMILIER. S'en prendre à quelqu'un. SYN. s'affronter, attaquer, entreprendre, s'en prendre à, provoquer. CONTR. *se tenir à l'écart.*

frou-frou *nom masculin* Léger bruit de ce qui est froissé. SYN. frémissement, froissement. – LITTÉRAIRE : bruissement, friselis, frisson, murmure.

froussard *adjectif* FAMILIER. Qui a la frousse. SYN. capitulard, lâche, peureux, pleutre, poltron. – LITTÉRAIRE : couard. – POPULAIRE : foireux, trouillard. – VIEUX : capon. CONTR. *audacieux, brave, courageux, intrépide, téméraire.*

froussard *nom* FAMILIER. Personne qui a la frousse. SYN. lâche, peureux, pleutre, poltron. – FAMILIER : femmelette, mauviette, poule mouillée. – LITTÉRAIRE : couard. – POPULAIRE : couille molle, dégonflé, trouillard. – VIEUX : capon. CONTR. *audacieux, brave, courageux.* – FAMILIER : *casse-cou, risque-tout.*

frousse *nom féminin* FAMILIER. Peur extrême. SYN. crainte, peur. – FAMILIER : trac. – POPULAIRE : pétoche, trouille. CONTR. *bravoure, courage.*

fructifier *verbe* Être rentable. SYN. s'accroître, s'agrandir, donner, s'élargir, grossir, se propager, se répandre. CONTR. *stagner, végéter.*

fructose *nom masculin* Sucre présent dans l'alimentation. SYN. lévulose.

fructueux *adjectif* Qui est rentable. SYN. avantageux, beau, bénéficiaire, bénéfique, bon, fécond, intéressant, lucratif, payant, productif, profitable, rémunérateur, rentable, salutaire, utile. – POPULAIRE : juteux. CONTR. *désavantageux, infructueux, inutile, mauvais, préjudiciable, regrettable, ruineux, stérile, vain.*

frugal *adjectif* LITTÉRAIRE. Qui se nourrit de peu. SYN. abstinent, ascétique, austère, sobre, spartiate. – LITTÉRAIRE : tempérant. CONTR. *glouton, goulu, gourmand, insatiable, intempérant, vorace.* – FAMILIER : *goinfre.* ■ Où les aliments sont peu abondants. SYN. chiche, maigre, simple. CONTR. *copieux, nourrissant, nutritif, pantagruélique, plantureux, riche.*

frugalement *adverbe* D'une façon frugale. SYN. légèrement, sobrement. CONTR. *voracement.*

frugalité *nom féminin* Caractère frugal. SYN. simplicité, sobriété, tempérance. CONTR. *abondance, excès, gloutonnerie, goinfrerie, gourmandise, intempérance, voracité.*

frugivore *adjectif et nom* Qui se nourrit de fruits. SYN. carpophage.

fruit *nom masculin* Résultat bénéfique. SYN. aboutissement, avantage, bénéfice, conséquence, couronnement, dénouement, effet, gain, produit, profit, rançon, rapport, recette, récompense, résultat, salaire, suite. CONTR. *méfait, ravage.*

frusques *nom féminin pluriel* POPULAIRE. Vêtements usagés. SYN. guenilles, habits, haillons, loques. – FAMILIER : effets. – LITTÉRAIRE : hardes, oripeaux. – POPULAIRE : fripes, sapes.

fruste *adjectif* Aux manières grossières. SYN. barbare, béotien, brut, grossier, indélicat, primitif, rude, rustre. – FAMILIER : rustaud. – LITTÉRAIRE : plébéien, rustique. CONTR. *aristocratique, attentionné, délicat, diplomate, distingué, élégant, évolué, exquis, gracieux, précieux, raffiné.* ■ Qui manque de finesse d'esprit. SYN. balourd, cru, élémentaire, inculte, informe, lourdaud, massif, primaire, rudimentaire, simple, simpliste. – FAMILIER : lourd. CONTR. *brillant, cultivé, fin, spirituel, subtil.*

frustrant *adjectif* Qui déçoit. SYN. décevant, décourageant, démoralisant, désespérant. CONTR. *encourageant, réconfortant, stimulant.*

frustration *nom féminin* Action de frustrer quelqu'un. SYN. dépossession, privation. – LITTÉRAIRE : dépouillement, spoliation.

frustrer *verbe* Priver quelqu'un d'un avantage. SYN. défavoriser, déposséder, dépouiller, désavantager, déshériter, léser, priver, sevrer. – LITTÉRAIRE : spolier. CONTR. *avantager, favoriser.* ■ Décevoir quelqu'un. SYN. décevoir, désappointer, trahir, tromper.

frutescent *adjectif* Composé d'arbustes. SYN. arbustif.

fucoxanthine *nom féminin* Pigment des algues brunes. SYN. phycophéine.

fugace *adjectif* Qui ne dure pas. SYN. bref, court, éphémère, fragile, frêle, fugitif, instable, momentané, passager, précaire, temporaire. – LITTÉRAIRE : évanescent. CONTR. *constant, durable, éternel, fidèle, immuable, permanent, persistant, stable, tenace.* – LITTÉRAIRE : *immortel, pérenne.*

fugacité *nom féminin* Caractère fugace. SYN. fragilité. CONTR. *constance, durabilité, permanence, stabilité.* – LITTÉRAIRE : *immuabilité.*

fugitif *adjectif* Qui ne dure pas. SYN. bref, court, éphémère, fragile, frêle, fugace, furtif, momentané, passager, précaire, provisoire, temporaire. – LITTÉRAIRE : évanescent. CONTR. *durable, éternel, inaltérable, indissoluble, interminable, lent, long, permanent, persistant, stable, tenace.* – LITTÉRAIRE : *immortel.*

fugitif *nom* Personne qui s'est échappée. SYN. évadé, fuyard.

fugitivement *adverbe* D'une manière fugitive. SYN. passagèrement, provisoirement, temporairement.

fugue *nom féminin* Fait de s'enfuir de son domicile. SYN. désertion, disparition, évasion, fuite, volatilisation. ■ Escapade sans conséquence. SYN. équipée, escapade.

fuir *verbe intransitif* Quitter rapidement un lieu. SYN. battre en retraite, déguerpir, déloger, disparaître, s'enfuir, s'esquiver, s'évader, fausser compagnie, filer à l'anglaise, partir, plier bagages, prendre la clef des champs, prendre la fuite, prendre le large, se retirer, se sauver. – FAMILIER : débarrasser le plancher, décamper, détaler, s'évaporer, ficher le camp, filer, filer comme un zèbre, gagner le large, prendre la poudre d'escampette, prendre la tangente, prendre ses cliques et ses claques, prendre ses jambes à son cou, vider le plancher, vider les lieux. – POPULAIRE : se barrer, se calter, se carapater, se casser, cavaler, se cavaler, se débiner, décaniller, décarrer, se faire la malle, se faire la paire, foutre le camp, jouer des flûtes, jouer des jambes, jouer la fille de l'air, mettre les bouts, mettre les voiles, se murger, se tailler, se tirer, se trisser. – VIEUX : s'esbigner. CONTR. *approcher, arriver, entrer.* ■ Ne pas faire face à quelque chose. SYN. se dérober, reculer. – FAMILIER : se défiler, se dégonfler. CONTR. *résister, tenir bon.* ■ Laisser son contenu s'échapper. SYN. couler, filtrer, sourdre, suinter.

fuir *verbe transitif* Chercher à éviter quelqu'un. SYN. esquiver, éviter. CONTR. *accoster, approcher, fondre sur, fréquenter, joindre, rechercher.* – FAMILIER : *accrocher, agrafer, agripper.* – LITTÉRAIRE : *hanter.* ■ Chercher à se soustraire à. SYN. se dérober, échapper, esquiver, se garder de, se soustraire à. – FAMILIER : couper à. CONTR. *affronter, s'attaquer, braver, endosser, garder, rechercher.*

fuite *nom féminin* Action de fuir. SYN. débâcle, débandade, déroute, désertion, échappée, évasion, exode, fugue, reculade, retraite, sauve-qui-peut. – POPULAIRE : cavale. ■ Fait de chercher à se soustraire à. SYN. dérobade, échappatoire, faux-fuyant, reculade, tergiversations. CONTR. *résistance.* ■ LITTÉRAIRE. Action de s'écouler rapidement. SYN. disparition, écoulement, envol.

fulgurant *adjectif* LITTÉRAIRE. Qui répand une lueur vive. SYN. aveuglant, brillant, éblouissant, étincelant, rutilant. CONTR. *éteint, pâle, terne.* ■ Très vif et soudain. SYN. brusque, brutal, foudroyant, rapide, soudain, subit. – LITTÉRAIRE : prompt. CONTR. *lent.*

fulgurer *verbe* LITTÉRAIRE. Briller vivement. SYN. briller, étinceler, rutiler. – LITTÉRAIRE : flamber, flamboyer, resplendir.

fuligineux *adjectif* LITTÉRAIRE. Qui manque de clarté. SYN. brumeux, fumeux, obscur. – FAMILIER : vaseux, vasouillard. – LITTÉRAIRE : nébuleux, opaque, ténébreux. CONTR. *clair, limpide, lumineux.*

full-contact *nom masculin* Sport de combat qui s'inspire de la boxe. SYN. boxe américaine.

fulminant *adjectif* LITTÉRAIRE. Qui s'emporte violemment. SYN. en colère, coléreux, emporté, enragé, furibond, furieux, irrité, outré, rageur. – FAMILIER : furax, furibard, en pétard. – LITTÉRAIRE : colérique, courroucé. – POPULAIRE : fumasse. ■ Qui est chargé de menaces. SYN. comminatoire, menaçant.

fulminer *verbe* Éclater en invectives contre. SYN. bouillir, se déchaîner, décharger sa bile, déverser sa bile, éclater, écumer, s'emporter, enrager, être en colère, être en rage, être fou de rage, être fou furieux, être hors de soi, se fâcher, hurler, s'indigner, invectiver, maudire, se mettre en colère, monter sur ses grands chevaux, ne pas décolérer, pester, sortir de ses gonds, tempêter, tonner, vitupérer, voir rouge. – FAMILIER : aboyer, avoir une poussée d'adrénaline, déblatérer, être en pétard, être en rogne, exploser, se fâcher tout rouge, se mettre en boule, rager, rouspéter. – POPULAIRE : gueuler, pousser un coup de gueule, pousser une gueulante.

fumée *nom féminin* Vapeur qui s'exhale d'un corps. SYN. buée, exhalaison.

fumées *nom féminin pluriel* LITTÉRAIRE. Trouble de l'esprit. SYN. griserie, ivresse, vapeur, vertige. – LITTÉRAIRE : étourdissement. – VIEUX : enivrement.

fumer *verbe transitif* Brûler du tabac en aspirant la fumée. SYN. – FAMILIER : en griller une. – POPULAIRE : cloper. – VIEUX : pétuner.

fumer *verbe intransitif* FAMILIER. Être furieux. SYN. écumer, enrager, fulminer, pester, se récrier, tempêter, tonner. – FAMILIER : bisquer, maronner, rager, râler.

fumet *nom masculin* Odeur agréable. SYN. arôme, bouquet, effluve, émanation, odeur, parfum, saveur. – LITTÉRAIRE : senteur.

fumeux *adjectif* Peu clair. SYN. ambigu, brouillon, brumeux, compliqué, confus, embrouillé, filandreux, flou, inaccessible, incompréhensible, nuageux, obscur. – FAMILIER : cafouilleux, vaseux, vasouillard. – LITTÉRAIRE : amphigourique, fuligineux, nébuleux, opaque, sibyllin, ténébreux. CONTR. *clair, compréhensible, intelligible, lumineux.*

fumier *nom masculin* POPULAIRE. Personne méprisable. SYN. canaille, malpropre, ordure, salopard. – POPULAIRE : pourriture, salaud, saligaud, salopiau, salopiaud, salopiot.

fumiste *nom* FAMILIER. Personne peu sérieuse. SYN. fantaisiste, fantoche, farceur, imposteur, mystificateur, pantin, plaisantin. – FAMILIER : guignol, loustic, polichinelle, zéro. – POPULAIRE : charlot, rigolo. – VIEUX : sauteur.

fumisterie *nom féminin* FAMILIER. Chose peu sérieuse. SYN. farce, mystification, plaisanterie, supercherie, tour, tromperie. – FAMILIER : blague, canular. – LITTÉRAIRE : duperie, imposture.

funambule *nom* Acrobate équilibriste. SYN. danseur de corde, fil-de-fériste.

funambulesque *adjectif* LITTÉRAIRE. Bizarre jusqu'au grotesque. SYN. abracadabrant, burlesque, clownesque, fantaisiste, farfelu, grotesque, rocambolesque.

fundi *nom masculin* Céréale cultivée dans le Sahel. SYN. fonio.

funèbre *adjectif* Qui concerne les funérailles. SYN. funéraire, mortuaire. ■ Quii fait penser à la mort. SYN. lugubre, macabre, mélancolique, morne, mortel, noir, sinistre, sombre, triste. – FAMILIER : cafardeux. – LITTÉRAIRE : sépulcral, ténébreux. CONTR. *amusant, désopilant, drôle, égayant, gai, hilarant, inénarrable, riant.* – FAMILIER : *marrant, rigolo.*

funérailles *nom féminin pluriel* Cérémonie d'enterrement. SYN. enterrement, inhumation, obsèques.

funéraire *adjectif* Relatif aux obsèques. SYN. funèbre. ■ Relatif à la sépulture. SYN. mortuaire. – LITTÉRAIRE : sépulcral.

funeste *adjectif* Qui a des conséquences néfastes. SYN. catastrophique, dangereux, défavorable, désastreux, fâcheux, fatal, néfaste, nocif, nuisible, pernicieux, préjudiciable, sinistre, triste. – LITTÉRAIRE : calamiteux. CONTR. *bienheureux, bon, faste, favorable, heureux, profitable, propice, salubre, salutaire.*

furax *adjectif* FAMILIER. Très en colère. SYN. en colère, enragé, furibond, furieux, irrité, outré. – FAMILIER : furibard, en pétard. – LITTÉRAIRE : courroucé, fulminant. – POPULAIRE : fumasse.

fureter *verbe* Explorer de façon indiscrète. SYN. chercher, fouiller, mettre son nez dans. – FAMILIER : farfouiller, fouiner, fourgonner, fourrager, ne pas avoir les yeux dans sa poche, trifouiller, tripoter.

fureteur *adjectif* Qui fouille partout. SYN. curieux, indiscret, inquisiteur, investigateur. – FAMILIER : fouinard, fouineur. – LITTÉRAIRE : chercheur.

fureteur *nom* Personne qui fouille partout. SYN. curieux, fouilleur, indiscret. – FAMILIER : farfouilleur, fouinard, fouineur. – POPULAIRE : fouille-merde.

fureur *nom féminin* Colère violente. SYN. colère, emportement, furie, hystérie, indignation, rage. – LITTÉRAIRE : courroux. CONTR. *calme.* ▪ Engouement pour quelque chose. SYN. ardeur, folie, frénésie, mode, passion. ▪ Violence déchaînée. SYN. âpreté, brutalité, férocité, ouragan, rage, violence, virulence. – LITTÉRAIRE : impétuosité.

furibard *adjectif* FAMILIER. Très en colère. SYN. en colère, enragé, furibond, furieux, irrité, outré. – FAMILIER : furax, en pétard. – LITTÉRAIRE : courroucé, fulminant. – POPULAIRE : fumasse.

furibond *adjectif* Très en colère. SYN. en colère, enragé, furieux, irrité, outré. – FAMILIER : furax, furibard, en pétard. – LITTÉRAIRE : courroucé, fulminant. – POPULAIRE : fumasse.

furie *nom féminin* Femme très méchante. SYN. harpie, mégère, sorcière. – FAMILIER : harengère, teigne. – LITTÉRAIRE : gorgone, tigresse. – VIEUX : dragon. ▪ Accès de fureur. SYN. colère, emportement, fureur, hystérie, rage. – LITTÉRAIRE : courroux. ▪ LITTÉRAIRE. Ardeur impétueuse. SYN. fougue, véhémence, violence, virulence. – LITTÉRAIRE : impétuosité.

furieusement *adverbe* Avec violence. SYN. frénétiquement, impétueusement, violemment. – LITTÉRAIRE : vivement. ▪ LITTÉRAIRE. À un très haut point. SYN. abominablement, affreusement, beaucoup, bien, effroyablement, éminemment, énormément, éperdument, épouvantablement, exceptionnellement, excessivement, extraordinairement, extrêmement, follement, fort, fortement, grandement, gravement, hautement, horriblement, immensément, immodérément, incroyablement, infiniment, mortellement, parfaitement, particulièrement, prodigieusement, profondément, puissamment, singulièrement, souverainement, supérieurement, suprêmement, terriblement, tout à fait, très, trop, vertigineusement. – FAMILIER : atrocement, bigrement, bougrement, diablement, drôlement, fameusement, fichtrement, fichûment, formidablement, joliment, méchamment, rudement, sacrément, tout plein. – LITTÉRAIRE : diantrement. – POPULAIRE : foutrement, salement, vachement. – VIEUX : fièrement. CONTR. *faiblement, légèrement, moyennement, peu.*

furieux *adjectif* Qui montre de la fureur. SYN. en colère, enragé, furibond, irrité, mécontent, outré. – FAMILIER : furax, furibard, en pétard. – LITTÉRAIRE : courroucé, fulminant. – POPULAIRE : fumasse. CONTR. *calme, doux, tranquille.* ▪ D'une extrême violence. SYN. acharné, déchaîné, endiablé, enragé, forcené, fougueux, frénétique, terrible, violent. – LITTÉRAIRE : impétueux. ▪ FAMILIER. Très grand. SYN. démesuré, effréné, éperdu, extraordinaire, extrême, fabuleux, fantastique, fou, prodigieux, terrible. – FAMILIER : fameux, faramineux.

furieux *nom* LITTÉRAIRE. Personne en furie. SYN. énergumène, excité, forcené, fou, fou furieux, hystérique. – FAMILIER : cinglé.

furoncle *nom masculin* Infection suppurée autour d'un poil. SYN. abcès, pustule. – FAMILIER : clou.

furtif *adjectif* Fait sans attirer l'attention. SYN. caché, discret, fugitif, hâtif, rapide, secret. – LITTÉRAIRE : subreptice. CONTR. *ostensible, ouvert, public.*

furtivement *adverbe* D'une manière furtive. SYN. en cachette, en catimini, clandestinement, du coin de l'œil, à la dérobée, discrètement, en douce, obscurément, secrètement, en secret, en tapinois. – LITTÉRAIRE : subrepticement. CONTR. *à découvert, franchement, ostensiblement, ouvertement, publiquement, au vu et au su de.*

fusée *nom féminin* LITTÉRAIRE. Manifestation rapide de. SYN. gerbe, jaillissement, jet.

fuselé *adjectif* En forme de fuseau. SYN. allongé, effilé, élancé, fin, mince, svelte.

fuser *verbe* Jaillir comme une fusée. SYN. s'échapper, gicler, jaillir, rejaillir. – LITTÉRAIRE : sourdre. ▪ Se faire entendre subitement. SYN. éclater, exploser, jaillir, retentir.

fusible *nom masculin* Coupe-circuit à fil de plomb. SYN. – FAMILIER : plomb.

fusil *nom masculin* Arme à feu portative. SYN. pétoire. – POPULAIRE : flingue. – VIEUX : arbre à prunes, clarinette, flingot, repoussant.

fusiller *verbe* Tuer avec un fusil. SYN. abattre, coller au mur, envoyer au poteau, passer par les armes. – POPULAIRE : descendre, flinguer. ▪ FAMILIER. Détériorer quelque chose. SYN. abîmer, casser, démolir, détériorer, détraquer, endommager.

- **ARGOTIQUE** : dézinguer. - **FAMILIER** : bousiller, déglinguer, démantibuler, esquinter. - **POPULAIRE** : flinguer, foutre en l'air, péter, ratatiner.

fusion *nom féminin* Passage de l'état solide à l'état liquide. **SYN.** fonte, liquéfaction. ■ Réunion de divers éléments. **SYN.** assemblage, assimilation, association, brassage, combinaison, concentration, fusionnement, groupement, intégration, jonction, mélange, unification, union. **CONTR.** *éclatement, séparation.*

fusionnement *nom masculin* Action de fusionner. **SYN.** amalgame, combinaison, fusion, intégration, mélange, union.

fusionner *verbe intransitif* S'unir pour ne faire qu'un. **SYN.** s'affilier, s'associer, se confondre, se fondre, s'identifier, se mêler. **CONTR.** *se dédoubler, se disjoindre, se dissocier, se distinguer, diverger, se séparer.*

fusionner *verbe transitif* Opérer la fusion de. **SYN.** amalgamer, combiner, fondre, mélanger, mêler, réunir, unifier, unir. **CONTR.** *détacher, disjoindre, opposer, séparer.*

fustiger *verbe* LITTÉRAIRE. Critiquer vivement. **SYN.** anathématiser, attaquer, blâmer, chapitrer, condamner, critiquer, dénigrer, houspiller, mettre au ban, morigéner, stigmatiser. - **FAMILIER** : abîmer, assaisonner, débiner, démolir. - **LITTÉRAIRE** : admonester, flageller, flétrir, fouailler, semoncer, tancer, vitupérer. ■ Battre à coups de fouet. **SYN.** cingler, cravacher, flageller, fouetter. - **FAMILIER** : tabasser. - **LITTÉRAIRE** : fouailler.

fût *nom masculin* Récipient en bois pour conserver des boissons. **SYN.** barrique, futaille, tonneau.

futé *adjectif* Qui est fin et rusé. **SYN.** adroit, astucieux, fin, finaud, habile, malin, perspicace, retors, roué, rusé, subtil. - **FAMILIER** : débrouillard, dégourdi, ficelle, roublard. - **LITTÉRAIRE** : madré. - **POPULAIRE** : démerdard. **CONTR.** *balourd, benêt, bête, épais, imbécile, innocent, niais, nigaud, simple, simplet, stupide.* - **FAMILIER** : *ballot, bébête, bêta.*

futile *adjectif* Qui porte sur des choses légères. **SYN.** byzantin, creux, frivole, insignifiant, léger, méprisable, négligeable, oiseux, puéril, stérile, superficiel, superflu, vide. - **LITTÉRAIRE** : superfétatoire, vain. **CONTR.** *essentiel, fondamental, grave, important, nécessaire, profond, sérieux.*

futilité *nom féminin* Caractère futile. **SYN.** frivolité, insignifiance, inutilité, légèreté, puérilité, vide. - **LITTÉRAIRE** : inanité, superficialité, superfluité, vanité. **CONTR.** *gravité, importance, intérêt, poids, profondeur, sérieux.* ■ Chose ou propos futile. **SYN.** babiole, bagatelle, baliverne, fadaise, niaiserie, rien. - **FAMILIER** : amusette, faribole. - **LITTÉRAIRE** : hochet.

futur *adjectif* Qui est à venir. **SYN.** imminent, postérieur, prochain, proche, suivant, ultérieur. **CONTR.** *actuel, antécédent, antérieur, dernier, passé, présent.*

futur *nom masculin* Temps futur. **SYN.** avenir, lendemain. **CONTR.** *passé, présent.*

fuyant *adjectif* Qui se dérobe. **SYN.** dissimulé, évasif, impénétrable, indéfinissable, insaisissable, renfermé, sourd, sournois. - **FAMILIER** : cachottier. - **LITTÉRAIRE** : secret. **CONTR.** *fixe, proche, stable.*

fuyard *nom* Personne qui s'enfuit. **SYN.** déserteur, évadé, fugitif.

G

gabarit *nom masculin* FAMILIER. Corpulence de quelqu'un. SYN. carrure, dimension, grosseur, proportions, silhouette, stature, taille.

gabegie *nom féminin* Gestion financière défectueuse. SYN. gâchis, gaspillage. – FAMILIER : pagaïe, pagaille.

gâchage *nom masculin* Action de gaspiller. SYN. galvaudage, gaspillage, perte.

gâcher *verbe* Compromettre le résultat de. SYN. ruiner, saborder, saboter. – FAMILIER : bâcler, bousiller, cochonner, massacrer, sabrer, saccager, torcher, torchonner. – POPULAIRE : saloper. CONTR. *fignoler, parachever, soigner.* – FAMILIER : *lécher.* – VIEUX : *perler.* ■ Faire un mauvais emploi de. SYN. avarier, galvauder, gaspiller, gâter, jeter des perles aux pourceaux, perdre. – FAMILIER : donner de la confiture aux cochons. CONTR. *exploiter, garder, jouir de, profiter de.*

gâcheur *nom* Personne qui gaspille. SYN. dépensier, dilapidateur, gaspilleur. – FAMILIER : panier percé. – LITTÉRAIRE : dissipateur.

gâchis *nom masculin* Mauvaise utilisation de. SYN. gabegie, gaspillage, perte, sabotage. ■ Situation confuse. SYN. anarchie, chaos, désordre. – FAMILIER : pagaille.

gadoue *nom féminin* FAMILIER. Terre détrempée. SYN. boue, bourbe, vase. – FAMILIER : gadouille. – LITTÉRAIRE : fange.

gaffe *nom féminin* FAMILIER. Acte, parole maladroite. SYN. balourdise, bavure, bêtise, bévue, erreur, étourderie, impair, maladresse, méprise, sottise. – FAMILIER : blague, boulette, bourde.

gaffeur *nom* FAMILIER. Personne qui fait des gaffes. SYN. balourd, butor, maladroit. – FAMILIER : ballot, bûche, buse. – POPULAIRE : manche.

gaga *adjectif* FAMILIER. Qui est retombé en enfance. SYN. gâteux, sénile. – FAMILIER : ramolli.

gage *nom masculin* Ce qui représente une garantie. SYN. assurance, caution, cautionnement, garant, garantie, preuve, témoignage.

gager *verbe* LITTÉRAIRE. Donner comme sûr. SYN. assurer, parier. ■ Garantir par un gage. SYN. engager, miser.

gages *nom masculin pluriel* VIEUX. Paye des employés de maison. SYN. appointements, paie, rémunération, rétribution, salaire.

gagnant *adjectif* Qui gagne ou a gagné. SYN. triomphant, vainqueur, victorieux. – LITTÉRAIRE : triomphateur.

gagnant *nom* Personne qui gagne. SYN. champion, triomphateur, vainqueur. CONTR. *lanterne rouge, perdant, vaincu.*

gagner *verbe intransitif* Tirer un avantage de. SYN. mériter, valoir la peine de. ■ Être vainqueur. SYN. avoir la haute main sur, avoir l'avantage, avoir le dessus, battre à plate(s) couture(s), coiffer au poteau, conquérir, décrocher la timbale, décrocher le coquetier, emporter le morceau, l'emporter, enlever le morceau, mettre dans le mille, prendre l'avantage, réussir, taper (en plein) dans le mille, triompher, vaincre. – FAMILIER : avoir le pompon. CONTR. *battre en retraite, perdre, reculer, refluer, se replier.*

gagner *verbe transitif* Toucher de l'argent. SYN. empocher, encaisser, se faire, percevoir, ramasser, toucher. – FAMILIER : palper. CONTR. *dépenser, perdre.* ■ Remporter une victoire, un prix. SYN. enlever, recevoir, remporter. – FAMILIER : décrocher. CONTR. *perdre.* ■ Rendre favorable à une chose. SYN. acquérir, amener, convertir, endoctriner, persuader, rallier. CONTR. *cabrer, détourner, écarter, éloigner.* ■ Se concilier la sympathie de. SYN. allécher, amadouer, s'attirer, capter, captiver, se concilier, conquérir, rallier, séduire. CONTR. *s'aliéner, détourner, écarter, éloigner.* ■ Envahir quelqu'un (sentiment). SYN. se communiquer, s'emparer, se propager, se répandre. – LITTÉRAIRE : inonder. CONTR. *abandonner, s'éloigner, quitter.* ■ Se propager à tel secteur. SYN. avancer, empiéter, s'étendre, progresser, se rapprocher. CONTR. *contourner, éviter.* ■ Atteindre un lieu. SYN. aborder, accéder, approcher, arriver, se diriger, joindre, parvenir, rallier, rejoindre, se rendre. – LITTÉRAIRE : toucher. CONTR. *déserter, s'éloigner, partir, quitter, venir de.*

gai *adjectif* Qui montre de la bonne humeur. SYN. agréable, allègre, badin, comique, content, enjoué, euphorique, guilleret, hilare, jovial, joyeux, ravi, réjoui, riant, rieur, sémillant, souriant, vif, vivant. – FAMILIER : rigolo. – LITTÉRAIRE : folâtre. CONTR. *abattu, accablé, attristé, boudeur, cafardeux, ennuyé, éploré, grognon, malheureux, maussade, mécontent, mélancolique, morose, neurasthénique, sérieux, sévère, sombre, tragique, triste.* – LITTÉRAIRE : *chagrin.* ■ Qui est joyeusement animé. SYN. amusant, animé, divertissant, drôle, égayant, enchanteur, plaisant, réjouissant. – FAMILIER : émoustillant, folichon, marrant, roulant. CONTR. *affligeant, attristant, funèbre, lugubre, macabre, morne, noir, sinistre, triste.* – FAMILIER : *cafardeux.* ■ Un peu ivre. SYN. enivré, gris, ivre. – FAMILIER : éméché, pompette. CONTR. *sobre.* – FAMILIER : *à jeun.*

gaiement *adverbe* D'une manière gaie. SYN. allègrement, à cœur joie, jovialement, joyeusement. – VIEUX : gaillardement. CONTR. *cruellement, douloureusement, péniblement, tristement.*

gaieté *nom féminin* Bonne humeur. SYN. allant, allégresse, enjouement, enthousiasme, entrain, joie de vivre, jovialité. – FAMILIER : rigolade. – LITTÉRAIRE : exultation. CONTR. *affliction, chagrin, neurasthénie.* – FAMILIER : *cafard.* ■ Caractère gai. SYN. félicité, hilarité, joie, jubilation, réjouissance. – LITTÉRAIRE : alacrité, liesse. CONTR. *austérité, ennui, mélancolie, morosité, sévérité, tristesse.* – LITTÉRAIRE : *maussaderie.* ■ ***De gaieté de cœur,*** sans y être contraint. SYN. de bon cœur, de bon gré, de bonne grâce, délibérément, à dessein, de plein gré, de propos délibéré, volontairement, volontiers. CONTR. *du bout des dents, du bout des lèvres, contraint et forcé, à contrecœur, de mauvaise grâce, à regret.*

gaietés *nom féminin pluriel* Côtés drôles de quelque chose. SYN. amusement, divertissement, plaisanterie, plaisir, réjouissance.

gaillard *adjectif* VIEUX. Plein d'entrain. SYN. alerte, dispos, frais, fringant, ingambe, jovial, solide, vert, vigoureux. – FAMILIER : vaillant. – LITTÉRAIRE : allant, folâtre. CONTR. *brisé, croulant, débile, décrépit, déliquescent, épuisé, exténué, faible, fatigué, indisposé, invalide, las, mal-en-point, malingre, sénile, souffrant, souffreteux, usé.* – FAMILIER : *achevé, claqué, éreinté, esquinté, lessivé, raplapla, tué, vanné, vidé.* – POPULAIRE : *crevé.* ■ Un peu trop libre. SYN. coquin, croustillant, égrillard, épicé, gaulois, graveleux, grivois, inconvenant, indécent, leste, licencieux, osé, polisson, salé, scabreux. – FAMILIER : cochon, olé olé. – LITTÉRAIRE : salace. CONTR. *convenable, décent, pudique.*

gaillard *nom* Personne pleine de vigueur. SYN. colosse, hercule. – FAMILIER : costaud. CONTR. *avorton, invalide.* ■ FAMILIER. Personne dont il faut se méfier. SYN. bougre, diable. – FAMILIER : bonhomme, citoyen, client, lascar, loustic, numéro, oiseau, type, zèbre. – POPULAIRE : zigoto, zigue.

gaillardement *adverbe* VIEUX. De façon gaie. SYN. allègrement, gaiement, jovialement, joyeusement. ■ VIEUX. Avec courage. SYN. courageusement, intrépidement, vaillamment. – LITTÉRAIRE : crânement, hardiment, valeureusement. CONTR. *craintivement, peureusement, timidement.*

gaillardise *nom féminin* LITTÉRAIRE. Parole, écrit un peu trop libre. SYN. gauloiserie, grivoiserie, grossièreté, plaisanterie, polissonnerie, truculence, verdeur, vulgarité. – FAMILIER : gaudriole. – LITTÉRAIRE : canaillerie, salacité.

gaillet *nom masculin* Plante herbacée. SYN. caillelait, croisette, mollugine.

gain *nom masculin* Action de l'emporter. SYN. réussite, succès, victoire. ■ Avantage obtenu. SYN. bénéfice, boni, fruit, profit, progrès, récolte. ■ Bénéfice financier. SYN. bénéfice, produit, profit, rapport, recette, ressources, revenu. CONTR. *déficit, dépense, frais, perte.*

gaine *nom féminin* Étui rigide ou souple. SYN. enveloppe, fourreau, housse.

gainer *verbe* Recouvrir d'une gaine. SYN. brider, marquer, mouler, sangler, serrer. – LITTÉRAIRE : revêtir.

gainier *nom masculin* Arbrisseau aux fleurs paraissant avant les feuilles. SYN. arbre de Judée.

gala *nom masculin* Grande fête. SYN. festivités, fête, réception.

galamment *adverbe* D'une manière galante. SYN. courtoisement, gracieusement, poliment. CONTR. *grossièrement, impoliment.*

galant *adjectif* Qui a trait à l'amour. SYN. amoureux, libertin, sentimental. ■ Prévenant avec les femmes. SYN. attentif, courtois, élégant, empressé, gentleman, prévenant. – LITTÉRAIRE : gentilhomme. CONTR. *grossier, malotru, mufle, rustre.* – FAMILIER : *malpoli.*

galant *nom masculin* VIEUX. Homme qui courtise une femme. SYN. amant, amoureux, chevalier servant, prétendant, soupirant. – LITTÉRAIRE : sigisbée.

galanterie *nom féminin* Politesse à l'égard des femmes. SYN. affabilité, courtoisie, délicatesse, empressement, politesse. – LITTÉRAIRE : aménité, urbanité. CONTR. *inconvenance, muflerie.*

galapiat *nom masculin* VIEUX. Enfant polisson. SYN. chenapan, coquin, garnement, gredin, mauvais sujet, polisson, vaurien, voyou. – FAMILIER : affreux jojo, brigand, diable, filou, fripon, fripouille, galopin, lascar, sacripant.

galbe *nom masculin* Profil courbe. SYN. contour, courbe, courbure, dessin, forme, ligne, linéament, silhouette.

gale *nom féminin* FAMILIER. Personne méchante. SYN. peste, vipère. – FAMILIER : choléra, poison, rosse.

galéjade *nom féminin* Petite plaisanterie. SYN. farce, mystification. – FAMILIER : blague.

galéjer *verbe* FAMILIER. Plaisanter gentiment. SYN. gouailler, se moquer. – FAMILIER : blaguer.

galerie *nom féminin* Passage couvert. SYN. corridor, couloir, loggia, péristyle, portique, vestibule. ■ Ensemble des spectateurs. SYN. assistance, auditoire, gens, parterre, public, salle. ■ Passage souterrain. SYN. boyau, souterrain, tunnel. ■ Partie d'un théâtre. SYN. balcon, corbeille, mezzanine, paradis, poulailler.

galérien *nom masculin* Personne condamnée aux travaux forcés. SYN. bagnard, forçat.

galetas *nom masculin* LITTÉRAIRE. Logement misérable. SYN. bauge, bouge, mansarde, réduit, taudis. – FAMILIER : baraque, cagibi, écurie, porcherie. – LITTÉRAIRE : chenil, tanière. – POPULAIRE : gourbi.

galette *nom féminin* POPULAIRE. Fortune. SYN. argent. – ARGOTIQUE : thune, tune. – FAMILIER : blé, sous. – POPULAIRE : fric, oseille, pognon.

galeux *adjectif* Très sale. SYN. infect, lépreux, sordide.

galimatias *nom masculin* Discours, écrit inintelligible. SYN. sabir. – FAMILIER : baragouin, charabia, embrouillamini, jargon. – LITTÉRAIRE : amphigouri, pathos.

galipette *nom féminin* FAMILIER. Action de rouler sur soi-même. SYN. cabriole, culbute, pirouette, roulade.

galon *nom masculin* Petite bande utilisée comme ornement. SYN. cordonnet, ganse.

galoper *verbe* Marcher très vite. SYN. courir, presser le pas. – FAMILIER : foncer, speeder, trotter. – POPULAIRE : cavaler, pédaler. CONTR. *traîner.* – FAMILIER : *traînailler, traînasser.*

galopin *nom masculin* FAMILIER. Enfant effronté. SYN. chenapan, coquin, garnement, mauvais sujet, polisson, vaurien, voyou. – FAMILIER : affreux jojo, brigand, diable, filou, fripon, fripouille, lascar, (petite) peste, poison, sacripant, titi. – LITTÉRAIRE : gavroche. – VIEUX : galapiat, mâtin.

galvaniser *verbe* Provoquer l'enthousiasme. SYN. animer, chauffer, déchaîner, électriser, enthousiasmer, entraîner, exalter, exciter, fanatiser, passionner, survolter. – FAMILIER : booster. – LITTÉRAIRE : enflammer, transporter. CONTR. *décourager, démoraliser.* – FAMILIER : *ramollir.* – LITTÉRAIRE : *aveulir.*

galvanocautère *nom masculin* Appareil pour cautériser les tissus. SYN. électrocautère.

galvauder *verbe* Faire un mauvais usage de. SYN. compromettre, dégrader, déprécier, déshonorer, gâcher, gaspiller, profaner, salir, ternir. – LITTÉRAIRE : flétrir, prostituer, souiller. CONTR. *faire valoir, mettre en valeur, valoriser.*

gambade *nom féminin* Bond, saut léger. SYN. cabriole, culbute, entrechat. – FAMILIER : galipette. – LITTÉRAIRE : bondissement.

gambader *verbe* Faire des gambades. SYN. batifoler, bondir, caracoler, courir, s'ébattre, sauter, sautiller. – LITTÉRAIRE : folâtrer.

gamberger *verbe* FAMILIER. Réfléchir à quelque chose. SYN. méditer, raisonner, réfléchir. – FAMILIER : cogiter, faire marcher sa matière grise, phosphorer, se pressurer le cerveau, se pressurer les méninges, se triturer la cervelle, se triturer les méninges. – LITTÉRAIRE : songer, spéculer. ■ FAMILIER. S'abandonner à la rêverie. SYN. avoir la tête dans les nuages, avoir l'esprit ailleurs, rêvasser. – LITTÉRAIRE : vagabonder.

gamelle *nom féminin* POPULAIRE. Échec complet. SYN. culbute, déconfiture, défaite, échec, faillite, gifle, insuccès, revers. – FAMILIER : claque, fessée, fiasco, pile, piquette, plongeon, raclée, ratage, veste. – POPULAIRE : bide, volée.

gamin *adjectif* Qui a un caractère jeune. SYN. enfant, enfantin, facétieux, farceur, infantile, malicieux, mutin, plaisantin, puéril.

gamin *nom* Jeune enfant. SYN. bambin, bébé, petit, tout-petit. – FAMILIER : bout de chou, bout de zan, crapaud, filou, galopin, gosse, kid, lascar, marmot, mioche, moustique, moutard, petiot, petiote, pitchoun, pitchounet, poussin, tête blonde. – POPULAIRE : chiard, lardon, loupiot, loupiote, minot, môme, morpion, mouflet. – VIEUX : marmouset.

gaminerie *nom féminin* Comportement de gamin. SYN. enfantillage, espièglerie, facétie, puérilité.

gamme *nom féminin* Série de choses de même nature. SYN. assortiment, batterie, collection, échantillonnage, éventail, jeu, ligne, lot, palette, panoplie.

gamopétale *nom masculin* VIEUX. Plante dont les pétales sont soudés. SYN. métachlamydée.

ganache *nom féminin* FAMILIER. Personne stupide. SYN. bon à rien, idiot, imbécile, incapable, minus, nul. – FAMILIER : crétin, emplâtre, zéro.

ganacherie *nom féminin* LITTÉRAIRE. Comportement de ganache. SYN. balourdise, bêtise, imbécillité, ineptie, niaiserie. – LITTÉRAIRE : nigauderie.

gang *nom masculin* Bande de malfaiteurs. SYN. bande, maffia, mafia, ramassis. – FAMILIER : clique. – LITTÉRAIRE : camarilla.

gangrener *verbe* LITTÉRAIRE. Altérer moralement. SYN. dégrader, dénaturer, dépraver, infecter, pervertir, pourrir, ronger. – FAMILIER : empoisonner. – LITTÉRAIRE : corrompre, empester, frelater, vicier.

gangster *nom masculin* Membre d'un gang. SYN. bandit, brigand, malfaiteur, truand. – POPULAIRE : malfrat. ■ Personne sans scrupule. SYN. bandit, canaille, crapule, fripouille, requin.

ganse *nom féminin* Petite bande utilisée comme ornement. SYN. cordonnet, galon.

gantelet *nom masculin* Manchon de cuir pour protéger la main. SYN. manicle, manique.

garant *nom* Celui qui répond d'une dette. SYN. caution, dépositaire, répondant. ■ Ce qui atteste de la réalité de. SYN. assurance, gage, responsable.

garantie *nom féminin* Ce qui assure l'exécution d'un contrat. SYN. assurance, attestation, caution, couverture, engagement, gage, parrainage, précaution, préservation, protection.

garantir *verbe* Assurer le maintien de quelque chose. SYN. assurer, avaliser, cautionner, conserver, continuer, défendre, entretenir, maintenir, perpétuer. ■ Déclarer officiellement conforme. SYN. authentifier, certifier. ■ Être l'assurance de quelque chose. SYN. attester, confirmer, corroborer, démontrer, établir, montrer, témoigner de. ■ Donner quelque chose comme sûr. SYN. affirmer, assurer, certifier, confirmer, jurer, promettre, répondre de. – FAMILIER : fiche son billet que. ■ Mettre à l'abri de quelque chose. SYN. abriter, défendre, garder, immuniser, mettre à couvert, prémunir, préserver, protéger. CONTR. *compromettre, exposer.*

garantir (se) *verbe pronominal* Prendre ses précautions. SYN. s'abriter, s'armer, s'assurer, se défendre, se garer, se mettre à couvert, se prémunir, se protéger. – LITTÉRAIRE : se précautionner. CONTR. *s'exposer.*

garce *nom féminin* POPULAIRE. Fille méchante. SYN. peste. – FAMILIER : chameau. – POPULAIRE : charogne, peau de vache, salope.

garçon *nom masculin* Personne jeune du sexe masculin. SYN. – FAMILIER : gamin, gars. CONTR. *fille.* ■ ***Vieux garçon,*** homme non marié. SYN. célibataire.

garde *nom féminin* Action de surveiller. SYN. conservation, défense, faction, guet, préservation, protection, service, soin, surveillance, veille. ■ Corps de troupes. SYN. escorte, milice. ■ ***Prendre garde,*** faire attention à. SYN. avoir soin de, s'efforcer, s'évertuer, s'ingénier, tâcher, veiller. – FAMILIER : ouvrir l'œil.

garde *nom masculin* Personne qui a la charge de garder. SYN. gardien, sentinelle, surveillant, vigie, vigile. – FAMILIER : gorille.

garde-corps *nom masculin invariable* Barrière pour empêcher de tomber. SYN. balustrade, bastingage, garde-fou, parapet, rambarde.

garde-feu *nom masculin invariable* Grille devant une cheminée. SYN. pare-étincelles, pare-feu.

garde-fou *nom masculin* Barrière pour empêcher de tomber. SYN. balustrade, bastingage, garde-corps, parapet, rambarde.

garder *verbe* Prendre soin de. SYN. protéger, surveiller, veiller sur. CONTR. *délaisser.* ■ Empêcher de sortir d'un lieu. SYN. détenir, séquestrer. CONTR. *délivrer, libérer, relâcher, relaxer.* ■ Conserver par-devers soi. SYN. conserver, économiser, épargner. CONTR. *céder, se défaire, se dessaisir, dilapider, donner, échanger, écouler, gaspiller, manger, remettre, rendre, renoncer, vendre.* – FAMILIER : *liquider.* – LITTÉRAIRE : *dissiper.* – POPULAIRE : *balancer.* ■ Ne pas ôter ce qu'on a sur soi. SYN. conserver. CONTR. *se débarrasser, se défaire, enlever, ôter, quitter.* ■ Ne pas se séparer de quelqu'un. SYN. retenir. CONTR. *chasser, congédier, destituer, écarter, éconduire, éloigner, expédier, licencier, rejeter, renvoyer, repousser.* – FAMILIER : *limoger.* ■ Continuer d'avoir quelque chose. SYN. conserver, entretenir, garantir, maintenir, tenir. CONTR. *abandonner, abdiquer, abjurer, aliéner, anéantir, balayer, se départir, renoncer, sacrifier.* ■ Ne pas révéler quelque chose. SYN. dissimuler. – LITTÉRAIRE : celer, taire. CONTR. *dévoiler, divulguer, ébruiter, répandre, révéler.* – POPULAIRE : *balancer.*

garder (se) *verbe pronominal* Éviter de faire quelque chose. SYN. s'abstenir, se défendre, éviter, fuir, s'interdire, se refuser. CONTR. *s'aviser de, se mêler de, ne pas pouvoir s'empêcher* *de.* ■ LITTÉRAIRE. Prendre garde à. SYN. se garer de, se méfier, se prémunir contre, se préserver de. – LITTÉRAIRE : se défier. CONTR. *se fier à, s'en remettre à.*

gardes *nom féminin pluriel* Pièces d'une serrure. SYN. défenses.

gardien *nom* Personne qui garde intact. SYN. conservateur, défenseur, dépositaire, pilier, protecteur. – LITTÉRAIRE : mainteneur, tuteur. CONTR. *destructeur.* ■ ***Gardien de la paix,*** agent de police. SYN. agent, îlotier, policier. – ARGOTIQUE : bourre. – FAMILIER : hirondelle, shérif. – POPULAIRE : cogne, flic, keuf, perdreau, poulet, vache. – VIEUX : sergent de ville.

garer *verbe* Mettre à l'abri. SYN. abriter, entreposer, ramasser, ranger, remiser. ■ Ranger un véhicule. SYN. parquer, ranger.

garer (se) *verbe pronominal* Se tenir à l'écart de. SYN. s'abstenir, se défendre, se dérober, échapper, esquiver, éviter, fuir, se garantir, se garder, se prémunir, se préserver. ■ Ranger sa voiture. SYN. se parquer, stationner.

gargantua *nom masculin* Gros mangeur. SYN. glouton, goulu, gourmand. – FAMILIER : goinfre. – POPULAIRE : bâfreur, boustifailleur.

gargariser (se) *verbe pronominal* FAMILIER. Prendre plaisir à. SYN. se délecter de, se régaler, savourer. – LITTÉRAIRE : déguster.

gargote *nom féminin* Restaurant populaire. SYN. bouge, taverne. – FAMILIER : bistro, bistrot, bouiboui. – POPULAIRE : bousin, caboulot. – VIEUX : cabaret.

gargouillement ou **gargouillis** *nom masculin* Bruit d'un liquide. SYN. borborygme. – FAMILIER : glouglou.

gargoulette *nom féminin* Cruche en terre poreuse. SYN. alcarazas.

garnement *nom masculin* Enfant insupportable. SYN. chenapan, coquin, mauvais sujet, polisson, vaurien, voyou. – FAMILIER : affreux jojo, brigand, diable, filou, fripon, fripouille, galopin, lascar, (petite) peste, poison, sacripant. – VIEUX : galapiat, mâtin.

garni *adjectif* Rempli du nécessaire. SYN. approvisionné, rempli. CONTR. *dégarni, nu, vide.*

garnir *verbe* Pourvoir d'éléments protecteurs. SYN. doubler, étoffer, fortifier, munir, renforcer, revêtir. ■ Compléter d'éléments accessoires. SYN. agrémenter, décorer, égayer, embellir, enjoliver, enrichir, ornementer, orner, ourler. – LITTÉRAIRE : parer. CONTR. *dégarnir, dépouiller, déshabiller.* ■ Remplir du nécessaire. SYN. approvisionner, équiper, fournir, remplir. – LITTÉRAIRE : emplir. CONTR. *vider.*

garniture *nom féminin* Ce qui s'ajoute pour garnir. SYN. accessoire, accompagnement, agrément, falbalas, fanfreluche, ornement, parementure.

garou *nom masculin* Arbrisseau à baies toxiques. SYN. bois-gentil, daphné, sainbois.

garrotter *verbe* Lier fortement quelqu'un avec. SYN. ficeler, ligoter. CONTR. *délier.* ■ LITTÉRAIRE. Lier moralement. SYN. bâillonner, emprisonner, lier, museler, paralyser. – LITTÉRAIRE : assujettir, enchaîner. CONTR. *libérer.*

gars *nom masculin* FAMILIER. Jeune homme. SYN. bougre, diable, garçon, individu. – FAMILIER : type. – POPULAIRE : gus, gusse, mec.

gascon *nom masculin* VIEUX. Personne qui se vante. SYN. faiseur, fanfaron, faraud, hâbleur, vantard. – FAMILIER : frimeur.

gasconnade *nom féminin* LITTÉRAIRE. Action, parole de vantard. SYN. fanfaronnade, vantardise. – LITTÉRAIRE : forfanterie, hâblerie, rodomontade, tarasconnade.

gaspillage *nom masculin* Action de gaspiller. SYN. dilapidation, gabegie, gâchage, gâchis, perte. – FAMILIER : massacre. – LITTÉRAIRE : dissipation. CONTR. *économie, épargne.*

gaspiller *verbe* Dépenser inutilement. SYN. croquer, dévorer, dilapider, engloutir, engouffrer, faire des folies, jeter l'argent par les fenêtres, manger, manger son blé en herbe, prodiguer. – FAMILIER : claquer, craquer, faire valser l'argent, nettoyer. – LITTÉRAIRE : dissiper, mener la vie à grandes guides. – POPULAIRE : boulotter. – VIEUX : flamber sa fortune. CONTR. *accumuler, amasser, capitaliser, compter, économiser, épargner, exploiter, garder, se priver, regarder à la dépense, se restreindre, thésauriser.* ■ Faire un emploi désordonné de. SYN. brûler la chandelle par les deux bouts, éparpiller, gâcher, galvauder, perdre. CONTR. *ménager, profiter.*

gaspilleur *adjectif* Qui gaspille. SYN. dépensier, dilapidateur, prodigue. – LITTÉRAIRE : dissipateur, libéral. CONTR. *avare, économe, parcimonieux, regardant, thésauriseur.* – FAMILIER : *chiche, chien, pingre, radin, rapiat, rat.* – LITTÉRAIRE : *avaricieux, ladre, lésineur, rapace.*

gaspilleur *nom* Personne qui gaspille. SYN. dépensier, dilapidateur, gâcheur. – FAMILIER : panier percé. – LITTÉRAIRE : dissipateur. CONTR. *avare, lésineur, thésauriseur.* – FAMILIER : *grigou, grippe-sou, pingre, radin, rapiat, rat.* – LITTÉRAIRE : *harpagon, ladre.*

gastrique *adjectif* Relatif à l'estomac. SYN. stomacal.

gastronome *nom* Expert en gastronomie. SYN. amateur de bonne chère, fine bouche, gourmet. – FAMILIER : fine gueule.

gâté *adjectif* Qui est abîmé. SYN. adultéré, altéré, avarié, dénaturé, moisi, pourri. – LITTÉRAIRE : corrompu, putride, souillé. CONTR. *frais, pur, sain.*

gâter *verbe* Dénaturer quelque chose. SYN. abîmer, adultérer, altérer, déflorer, dégrader, déparer, dépraver, enlaidir, fausser, pervertir, ternir. – LITTÉRAIRE : déshonorer, flétrir, frelater, souiller. CONTR. *raccommoder.* – FAMILIER : *rabibocher, rafistoler.* – LITTÉRAIRE : *amender.* ■ Contrarier la réussite de. SYN. compromettre, déranger, gâcher. – FAMILIER : empoisonner. CONTR. *agrémenter, améliorer, bonifier, embellir.* ■ Altérer en pourrissant. SYN. abîmer, avarier, décomposer, endommager, infecter, pourrir, putréfier. – LITTÉRAIRE : corrompre, souiller. CONTR. *assainir.*

gâter *verbe* Donner des cadeaux. SYN. combler, couvrir de. ■ Traiter avec trop d'indulgence. SYN. cajoler, choyer, couver, dorloter, entourer. – FAMILIER : bichonner, chouchouter, mignoter. CONTR. *malmener, maltraiter, rudoyer.*

gâter (se) *verbe pronominal* Devenir couvert, pluvieux. SYN. s'assombrir, se brouiller. – LITTÉRAIRE : se rembrunir. CONTR. *se dégager.* ■ Subir des dégradations. SYN. s'abîmer, s'altérer, se dégrader, se délabrer, se détériorer, pourrir, se putréfier. – LITTÉRAIRE : se corrompre. ■ Évoluer mal. SYN. s'aggraver, se compliquer, se dégrader, se détériorer, s'envenimer, prendre une mauvaise tournure. – FAMILIER : finir en eau de boudin, tourner à l'aigre, tourner au vinaigre. – POPULAIRE : partir en couille.

gâterie *nom féminin* Friandise offerte. SYN. chatterie, douceur, friandise, gourmandise, sucrerie. ■ LITTÉRAIRE. Geste affectueux. SYN. cajolerie, câlinerie, caresse, chatterie. CONTR. *brusquerie, brutalité.*

gâteux *adjectif* Dont l'intelligence est affaiblie. SYN. débile, décati, décrépi, déliquescent, diminué, retombé en enfance, sénile. – FAMILIER : gaga, ramolli. – POPULAIRE : ramollo. CONTR. *jeune, vert.*

gâtisme *nom masculin* État d'une personne gâteuse. SYN. abêtissement, abrutissement, décrépitude, déliquescence, sénilité. CONTR. *jeunesse, verdeur.*

gattilier *nom masculin* Arbrisseau méditerranéen. SYN. agnus-castus.

gauche *adjectif* Qui est tordu. SYN. gauchi, tordu. CONTR. *droit, plan.* ■ Empreint de maladresse. SYN. balourd, contraint, embarrassé, empêtré, emprunté, gêné, gourd, inexpérimenté, inhabile, mal à l'aise, maladroit, malhabile, timide. – FAMILIER : empoté, manchot, pataud. CONTR. *adroit, agile, déluré, fin, habile, leste, précis.* – FAMILIER : *dégourdi.*

gauchement *adverbe* De manière gauche. SYN. lourdement, maladroitement, malhabilement, pesamment. – FAMILIER : comme un manche. CONTR. *adroitement, astucieusement, bien, diplomatiquement, habilement, subtilement.*

gaucher *adjectif et nom* Qui se sert de la main gauche. CONTR. *droitier.*

gaucherie *nom féminin* Manque d'aisance. SYN. disgrâce, embarras, gêne, inhabileté, lourdeur, maladresse, pesanteur, timidité. CONTR. *adresse, agilité, aisance, art, brio, chic, dextérité, doigté, élégance, finesse, grâce, habileté, précision, virtuosité.* – FAMILIER : *débrouillardise.* – LITTÉRAIRE : *prestesse.*

gauchir *verbe* Donner une déformation à. SYN. courber, déformer, dévier, fausser, fléchir, forcer, incurver, infléchir, plier, recourber, tordre, voiler. – LITTÉRAIRE : ployer. ■ LITTÉRAIRE. Détourner de sa direction. SYN. dénaturer, dévier, fausser, fléchir.

gauchissement *nom masculin* Déformation d'une surface. SYN. fléchissement, gondolage, torsion, voilement. CONTR. – LITTÉRAIRE : *rectitude.*

gaudriole *nom féminin* FAMILIER. Plaisanterie osée. SYN. gauloiserie, grivoiserie, paillardise, polissonnerie. – LITTÉRAIRE : gaillardise. – POPULAIRE : cochonnerie. ■ FAMILIER. Relations sexuelles. SYN. sexe. – FAMILIER : bagatelle. – POPULAIRE : cul.

gaule *nom féminin* Perche pour pêcher. SYN. canne à pêche.

gauler *verbe* Battre à coups de perche. SYN. chabler.

gaulois *adjectif* D'une gaieté licencieuse. SYN. coquin, croustillant, cru, égrillard, épicé, gaillard, graveleux, grivois, leste, libertin, osé, paillard, polisson, rabelaisien, salé. – FAMILIER : cochon, gras, olé olé. – LITTÉRAIRE : poivré, salace. CONTR. *collet monté, prude, pudibond, pudique, puritain.* – FAMILIER : *bégueule.*

gauloiserie *nom féminin* Caractère gaulois. SYN. grivoiserie, grossièreté, paillardise, polissonnerie, truculence, verdeur. – FAMILIER : gaudriole. – LITTÉRAIRE : canaillerie, gaillardise. – POPULAIRE : cochonnerie.

gausser (se) *verbe pronominal* LITTÉRAIRE. Se moquer ouvertement de. SYN. s'amuser de, bafouer, ironiser, se moquer, railler, ridiculiser, rire, rire de, se rire. – FAMILIER : se ficher. – LITTÉRAIRE : se jouer. – POPULAIRE : charrier, se foutre.

gavé *adjectif* Qui a mangé à satiété. SYN. nourri, rassasié. – FAMILIER : calé, gonflé comme une outre, plein comme un œuf, plein comme une outre. – LITTÉRAIRE : repu. CONTR. *affamé.*

gaver *verbe* Faire manger avec excès. SYN. bourrer, gorger, rassasier. – LITTÉRAIRE : repaître. CONTR. *priver, restreindre.* ■ Encombrer l'esprit de. SYN. bourrer, saturer. – LITTÉRAIRE : saouler, soûler.

gaver (se) *verbe pronominal* Manger à satiété. SYN. avaler la mer et les poissons, avoir un bon coup de fourchette, avoir un estomac d'autruche, se bourrer, dévorer, engloutir, engouffrer, faire honneur à un plat, se gorger, ingurgiter, se rassasier. – ARGOTIQUE : briffer. – FAMILIER : s'en donner jusqu'à la garde, s'empiffrer, s'enfiler, enfourner, faire bombance, se goberger, manger comme quatre, manger comme un ogre, s'en mettre jusque-là, s'en mettre plein la panse, ne pas se laisser abattre. – POPULAIRE : bâfrer, se bâfrer, bouffer, bouffer comme un chancre, boulotter, s'en fourrer jusque-là, se goinfrer, manger à s'en faire péter la sous-ventrière, manger comme un chancre, s'en mettre plein la gueule, s'en mettre plein la lampe, morfaler. – VIEUX : goinfrer. CONTR. *avoir un appétit d'oiseau, grignoter, manger comme un moineau, manger du bout des dents.* – FAMILIER : *chipoter, mangeotter, pignocher.* ■ FAMILIER. Bourrer son esprit de. SYN. se gorger, se repaître.

gaviiforme *nom masculin* Oiseau tel que les plongeons et les grèbes. SYN. colymbiforme.

gay *adjectif et nom* Homosexuel. SYN. pédéraste. – FAMILIER : homo. – VIEUX : inverti.

gaz *nom masculin* Air contenu dans le tube digestif. SYN. ballonnement, flatulence, flatuosité, vent. – FAMILIER : pet. ■ ***Gaz carbonique,*** résultant de la combinaison du carbone avec l'oxygène. SYN. dioxyde de carbone.

gazer *verbe* FAMILIER. Aller à toute vitesse. SYN. accélérer. – FAMILIER : foncer, speeder. – POPULAIRE : bomber, bourrer.

gazon *nom masculin* Terrain couvert d'herbe. SYN. boulingrin, herbe, pelouse.

gazouillement *nom masculin* Sons émis par les oiseaux. SYN. gazouillis, pépiement, ramage. – LITTÉRAIRE : chant. ■ LITTÉRAIRE. Léger murmure. SYN. clapotis, frémissement. – LITTÉRAIRE : bruissement, chuchotement, chuchotis, friselis, murmure.

gazouiller *verbe* Faire entendre un chant (oiseau). SYN. chanter, jaser, pépier, piailler. ■ LITTÉRAIRE. Produire un léger murmure. SYN. bruisser, susurrer. – LITTÉRAIRE : bruire, murmurer. ■ Émettre des sons (bébé). SYN. babiller.

gazouillis *nom masculin* Léger gazouillement. SYN. babillage, gazouillement, pépiement, ramage. – LITTÉRAIRE : chant, murmure.

géant *adjectif* Très grand. SYN. colossal, considérable, fou, gigantesque, immense. – LITTÉRAIRE : titanesque. CONTR. *minuscule, petit.*

géant *nom* Personne très grande. SYN. colosse, force de la nature, hercule. CONTR. *nain.* – FAMILIER : *homoncule, homuncule.* ■ Être fabuleux. SYN. cyclope, ogre, titan. ■ LITTÉRAIRE. Personne supérieure. SYN. héros, surhomme.

géhenne *nom féminin* LITTÉRAIRE. Souffrance intolérable. SYN. calvaire, enfer, martyre, supplice, torture. CONTR. *paradis.*

geignard *adjectif* FAMILIER. Qui se plaint sans cesse. SYN. dolent, gémissant, grincheux, plaintif. – FAMILIER : pleurard, pleurnichard, pleurnicheur. CONTR. *dur.*

geignement *nom masculin* Action de geindre. SYN. gémissement, lamentation, plainte, pleurnichement, pleurnicherie. – FAMILIER : jérémiade.

geindre *verbe* Gémir d'une voix faible. SYN. gémir, se plaindre. ■ Se plaindre à tout propos. SYN. se lamenter, larmoyer, murmurer, pleurnicher, récriminer. – LITTÉRAIRE : pleurer.

gelé *adjectif* Très froid. SYN. glacé, gourd, transi. – FAMILIER : réfrigéré. CONTR. *bouillant, brûlant, chaud, fébrile, fiévreux, réchauffé.*

geler *verbe intransitif* Avoir très froid. SYN. être glacé, être transi, grelotter. – FAMILIER : être frigorifié, peler de froid. – POPULAIRE : cailler, se cailler les miches, se les geler, se peler. CONTR. – FAMILIER : *crever de chaud.*

geler *verbe transitif* Faire éprouver un grand froid. SYN. congeler, glacer. – FAMILIER : frigorifier. – LITTÉRAIRE : transir. CONTR. *brûler, griller.* ■ Arrêter une activité. SYN. arrêter, bloquer, figer, immobiliser, paralyser, pétrifier. CONTR. *débloquer, décoincer.* ■ Empêcher tout enthousiasme. SYN. glacer, paralyser, réfrigérer, refroidir. CONTR. *dégeler.*

gélifraction *nom féminin* Fragmentation des roches due au gel. SYN. cryoclastie.

géliturbation *nom féminin* Déplacement des particules du sol due au gel. SYN. cryoturbation.

gélose *nom féminin* Substance extraite d'algues. SYN. agar-agar.

gélule *nom féminin* Préparation médicamenteuse solide. SYN. cachet, comprimé, pastille, pilule.

gémir *verbe* Faire entendre sa douleur. SYN. crier, geindre, se lamenter, larmoyer, se plaindre. – LITTÉRAIRE : pleurer.

gémissant *adjectif* Qui gémit. SYN. dolent, plaintif. – FAMILIER : geignard, pleurard. – LITTÉRAIRE : lamentable.

gémissement *nom masculin* Voix plaintive. SYN. geignement, lamentation, murmure, plainte, pleurnicherie. – FAMILIER : jérémiade. ■ Cri de certains oiseaux. SYN. roucoulement, ululement.

gênant *adjectif* Qui constitue un obstacle. SYN. embarrassant, encombrant. CONTR. *commode, pratique.* ■ Qui importune. SYN. dérangeant, indiscret, intrus. – FAMILIER : sans gêne. – LITTÉRAIRE : importun. ■ Qui cause de l'embarras. SYN. déplaisant, désagréable, embarrassant, incommodant, malvenu, pénible. – FAMILIER : enquiquinant. – POPULAIRE : emmerdant.

gendarme *nom masculin* Punaise rouge tachetée de noir. SYN. cherche-midi, pyrocorise, pyrrhocoris, soldat, suisse.

gendarmerie *nom féminin* Force militaire. SYN. – FAMILIER : maréchaussée.

gendelettre *nom* VIEUX. Personne qui écrit des œuvres littéraires. SYN. auteur, écrivain, femme de lettres, homme de lettres, littérateur.

gendre *nom masculin* Époux de la fille. SYN. beau-fils.

gêne *nom féminin* Sensation de malaise physique. SYN. difficulté, incommodité, indisposition, malaise, trouble. CONTR. *bien-être, euphorie.* ■ Ce qui constitue un obstacle. SYN. contrainte, dérangement, désagrément, empêchement, entrave, frein, obstacle, sujétion. – LITTÉRAIRE : incommodité. CONTR. *secours, soutien.* ■ Manque d'argent. SYN. besoin, dénuement, embarras, indigence, misère, pauvreté. – LITTÉRAIRE : impécuniosité. – POPULAIRE : débine. – VIEUX : pouillerie. CONTR. *abondance, aisance, fortune, luxe, opulence, richesse.* ■ Malaise psychologique. SYN. confusion, embarras, gaucherie, timidité, trouble. CONTR. *aisance, aise, aplomb, assurance, audace, hardiesse.* ■ FAMILIER. ***Sans gêne,*** qui prend ses aises. SYN. cavalier, désinvolte, discourtois, effronté, familier, hardi, impertinent, impoli, impudent, incorrect, indélicat, inélégant, insolent, leste, libre, mal élevé, malpoli. – FAMILIER : culotté, gonflé. – LITTÉRAIRE : irrévérencieux. CONTR. *discret, respectueux, révérencieux.*

gêné *adjectif* Dont les mouvements sont entravés. SYN. contracté, crispé, empêtré, engoncé. ■ Qui éprouve de l'embarras. SYN. confus, contraint, embarrassé, emprunté, gauche, mal à l'aise, tendu, timide, troublé. – LITTÉRAIRE : sot. CONTR. *assuré, audacieux, décontracté, dégagé, désinvolte, détendu.* ■ Qui a des difficultés financières. SYN. à court, démuni, à fond de cale, indigent, malheureux, miséreux, nécessiteux, pauvre, pouilleux, ruiné. – FAMILIER : déplumé, désargenté, fauché, fauché comme les blés, gêné aux entournures, dans la panade, sans le sou, à sec, sur la paille, sur le sable. – LITTÉRAIRE : impécunieux. – POPULAIRE : dans la débine, dans la dèche, dans la mouise, dans la purée, raide, raide comme un passe-lacet, sans un rotin. – VIEUX : besogneux, disetteux. CONTR. *à l'abri du besoin, aisé, cossu, fortuné, riche.* – FAMILIER : *argenté.* – POPULAIRE : *friqué.*

gêner *verbe* Causer une gêne physique. SYN. brider, comprimer, empêtrer, engoncer, oppresser, peser, sangler, serrer. ■ Freiner l'action de. SYN. contrarier, embarrasser, embouteiller, encombrer, entraver, limiter, mettre des bâtons dans les roues, nuire, obstruer, paralyser, ralentir, restreindre, retarder. CONTR. *aider, assister, contribuer, coopérer, faciliter, favoriser, participer, seconder.* ■ Causer un malaise psychologique. SYN. déranger, embarrasser, ennuyer, incommoder, indisposer, intimider, mettre mal à l'aise, troubler. – FAMILIER : enquiquiner. – LITTÉRAIRE : importuner.

général *adjectif* Qui s'applique à un ensemble. SYN. collectif, commun, courant, dominant, public, universel. CONTR. *isolé, particulier, partiel, spécial, spécifique.* ■ Qui s'applique à la majorité. SYN. global, partagé, total, unanime. CONTR. *caractéristique, individuel, personnel.* ■ Qui est abstrait et vague. SYN. approximatif, indéterminé, ordinaire, vague. CONTR. *précis.*

généralement *adverbe* De façon générale. SYN. communément, couramment, en général, globalement, d'habitude, habituellement, d'ordinaire, ordinairement, la plupart du temps, en règle générale, souvent, traditionnellement, usuellement, volontiers, vulgairement. CONTR. *exceptionnellement, guère, rarement.*

généralisation *nom féminin* Fait de s'étendre à un ensemble. SYN. extension. CONTR. *limitation, localisation.* ■ Action de généraliser. SYN. systématisation. CONTR. *particularisation.*

généraliser *verbe* Étendre à un ensemble. SYN. démocratiser, diffuser, populariser, propager, répandre, universaliser, véhiculer, vulgariser. CONTR. *borner, entraver, étouffer, individualiser, limiter, localiser, restreindre.* ■ Conclure du particulier au général. SYN. systématiser. CONTR. *particulariser.*

généraliste *nom* Médecin exerçant la médecine générale. SYN. omnipraticien. CONTR. *spécialiste.*

généralité *nom féminin* Caractère général. SYN. universalité. CONTR. *exception.* ■ Le plus grand nombre. SYN. le commun, la majorité, la plupart.

■ Idée trop générale. SYN. banalité, cliché, lieu commun.

génératif *adjectif* Qui concerne la reproduction. SYN. procréateur, reproducteur.

génération *nom féminin* Action de se former. SYN. formation, genèse, naissance.

générer *verbe* Être la source de. SYN. créer, donner le jour, engendrer, faire naître.

généreusement *adverbe* Du fond du cœur. SYN. de bon cœur, charitablement, humainement, magnanimement. CONTR. *égoïstement, petitement.* ■ D'une façon très abondante. SYN. abondamment, en abondance, amplement, beaucoup, colossalement, comme s'il en pleuvait, considérablement, copieusement, à discrétion, énormément, à flots, à foison, grandement, grassement, largement, massivement, notablement, à la pelle, pleinement, à profusion, en quantité, richement, à satiété, à souhait, surabondamment, à tour de bras, en veux-tu en voilà, à volonté. – FAMILIER : à gogo, jusqu'à plus soif, en pagaille, à revendre, à tire-larigot. – LITTÉRAIRE : à l'envi, plantureusement. CONTR. *chichement, au compte-gouttes, mesquinement, parcimonieusement, pauvrement, petitement.* – RARE : *avarement.*

généreux *adjectif* Dont la forme est rebondie. SYN. charnu, opulent, plantureux. – FAMILIER : dodu, rondelet. CONTR. *décharné, maigre, squelettique.* – FAMILIER : *maigrichon.* ■ Qui dénote de nobles sentiments. SYN. altruiste, bienveillant, clément, désintéressé, dévoué, humain, indulgent, magnanime, noble. – FAMILIER : beau. – LITTÉRAIRE : bienfaisant, miséricordieux. CONTR. *égoïste, impitoyable, implacable, inexorable, insensible, intéressé, personnel.* – LITTÉRAIRE : *misanthrope.* ■ Qui donne avec libéralité. SYN. charitable, large, philanthrope, prodigue. – LITTÉRAIRE : libéral. CONTR. *avare, économe, mesquin, parcimonieux, regardant.* – FAMILIER : *chiche, chien, pingre, radin, rapiat, rat.* – LITTÉRAIRE : *avaricieux, cupide, ladre, lésineur.* ■ Qui est en grande quantité. SYN. abondant, copieux, plantureux. – LITTÉRAIRE : opulent. CONTR. *pauvre.* ■ LITTÉRAIRE. Qui produit beaucoup. SYN. fertile, intarissable, productif, riche. – LITTÉRAIRE : fécond, gras, plantureux. CONTR. *aride, improductif, infécond, infertile, pauvre, stérile.*

générosité *nom féminin* Grandeur d'âme. SYN. altruisme, bienveillance, bonté, charité, désintéressement, dévouement, humanité, indulgence, magnanimité, noblesse. CONTR. *bassesse, égocentrisme, égoïsme, insensibilité, rancune.* ■ Disposition à donner. SYN. libéralité, prodigalité. – LITTÉRAIRE : largesse, magnificence, munificence. CONTR. *âpreté, avarice, avidité, mesquinerie, parcimonie.* – FAMILIER : *pingrerie, radinerie, radinisme.* – LITTÉRAIRE : *cupidité, ladrerie, lésine, lésinerie, rapacité.*

genèse *nom féminin* Processus de développement. SYN. commencement, conception, création, élaboration, formation, génération, naissance, origine, production. CONTR. *achèvement.*

gêneur *nom* Personne qui importune. SYN. indiscret, intrus, trouble-fête. – FAMILIER : casse-pieds, crampon, empêcheur de danser en rond, empêcheur de tourner en rond, empoisonneur, enquiquineur, pot de colle, raseur. – LITTÉRAIRE : fâcheux, importun. – POPULAIRE : emmerdeur. – RARE : ardélion.

génial *adjectif* Qui a du génie. SYN. brillant, prodigieux, talentueux. CONTR. *médiocre.* ■ Qui porte la marque du génie. SYN. astucieux, ingénieux, intelligent, original. ■ Remarquable en son genre. SYN. extraordinaire, fantastique, sublime, suprême. – FAMILIER : fabuleux, formidable, magistral, sensationnel, super. CONTR. *insignifiant, médiocre, nul, quelconque.*

génie *nom masculin* Être surnaturel. SYN. djinn, elfe, farfadet, fée, gnome, gobelin, lutin, ondine, péri, sylphe, troll. ■ Talent hors du commun. SYN. art, don, faculté, goût, instinct, talent, vocation. CONTR. *faiblesse, médiocrité.* ■ Personne très douée. SYN. cerveau, gloire, prodige, reine, roi, virtuose. – FAMILIER : aigle, as, cacique, champion, crack. – LITTÉRAIRE : lumière, phénix. CONTR. *incapable, nul, nullité, raté.* – FAMILIER : *zéro.*

génito-urinaire *adjectif* Relatif aux appareils reproducteur et urinaire. SYN. urogénital.

genre *nom masculin* Ensemble d'êtres ou de choses. SYN. catégorie, classe, espèce, famille, forme, groupe, mode, nature, ordre, sorte, type, variété. ■ Manière d'être. SYN. air, allure, aspect, attitude, comportement, façons, manières, style, tenue. – FAMILIER : touche. ■ Ton d'un ouvrage. SYN. écriture, manière, style.

gens *nom masculin pluriel* VIEUX. Personnes au service de quelqu'un. SYN. domesticité, employés, maison, personnel. – VIEUX : monde.

gentil *adjectif* Agréable à voir. SYN. charmant, gentillet, gracieux, joli, mignon, pimpant, plaisant. – FAMILIER : croquignolet. – LITTÉRAIRE : accorte. CONTR. *affreux, déplaisant, grossier, grotesque, hideux, horrible, laid, rébarbatif, rebutant, repoussant, ridicule, sévère, vilain.* – FAMILIER : *moche.* – LITTÉRAIRE : *disgracieux, malgracieux.* ■ Plein de bons sentiments. SYN. affable, agréable, aimable, attentionné, bienveillant, bon, charmant, complaisant, délicat, doux, empressé, exquis, obligeant, prévenant, serviable, sympathique. – FAMILIER : chic, chouette. – LITTÉRAIRE :

amène. CONTR. *cassant, déplaisant, désagréable, désobligeant, détestable, impossible, inamical, malintentionné, méchant, odieux, offensant, sec.* – LITTÉRAIRE : *acrimonieux, atrabilaire, fielleux, venimeux.* ■ Qui se conduit bien. SYN. agréable, aimable, calme, docile, doux, obéissant, sage, tranquille. – FAMILIER : mignon. CONTR. *détestable, diabolique, difficile, dur, infernal, insupportable, odieux, terrible.* – FAMILIER : *impossible, pénible.* ■ Se dit d'une somme importante. SYN. coquet, joli, rondelet. CONTR. *dérisoire, infime, insignifiant, minime, modeste, modique, négligeable.*

gentilé *nom masculin* Nom, adjectif ethnique. SYN. ethnonyme.

gentilhomme *nom masculin* LITTÉRAIRE. Homme délicat. SYN. galant homme, gentleman, grand seigneur, homme du monde. CONTR. *butor, goujat, roturier, rustre.* – LITTÉRAIRE : *plébéien.*

gentilhommerie *nom féminin* LITTÉRAIRE. Ensemble des gentilshommes d'un pays. SYN. aristocratie, noblesse. CONTR. *roture.*

gentilhommière *nom féminin* Petit château campagnard. SYN. castel, manoir.

gentillesse *nom féminin* Qualité d'une personne aimable. SYN. affabilité, agrément, amabilité, attention, bienveillance, bonté, complaisance, délicatesse, égard, empressement, obligeance, prévenance, serviabilité, sollicitude. – LITTÉRAIRE : aménité, gracieuseté, liant. CONTR. *acrimonie, brutalité, dureté, férocité, mauvaise grâce, méchanceté, noirceur, rudesse, sauvagerie, sécheresse, violence.* – LITTÉRAIRE : *sévérité.*

gentillesses *nom féminin pluriel* Actions ou paroles gentilles. SYN. amabilités, compliments. – LITTÉRAIRE : délicatesses, gracieusetés. CONTR. *atrocités, calomnies, horreurs, infamies, médisances, obscénités.* – LITTÉRAIRE : *vilenies.* – POPULAIRE : *cochonneries.*

gentiment *adverbe* De façon aimable. SYN. affectueusement, agréablement, aimablement, complaisamment, gracieusement, joliment, obligeamment. CONTR. *brusquement, brutalement, durement, grossièrement, méchamment, rudement, sèchement, sévèrement.* ■ De façon obéissante. SYN. calmement, sagement, tranquillement.

gentleman *nom masculin* Homme distingué. SYN. galant homme, grand seigneur, homme du monde. – LITTÉRAIRE : gentilhomme. CONTR. *butor, goujat, roturier, rustre.* – LITTÉRAIRE : *plébéien.*

géocorise *nom masculin* Punaise terrestre. SYN. gymnocérate.

géode *nom féminin* Cavité d'une roche. SYN. druse.

géomètre *nom masculin* Chenille des phalènes. SYN. arpenteuse.

géphyrocerque *adjectif* Se dit d'une nageoire caudale séparée par une queue. SYN. diphycerque.

géranium *nom masculin* Plante vivace ornementale. SYN. pélargonium.

gérant *nom* Personne qui dirige pour autrui. SYN. administrateur, agent, fondé de pouvoir, gestionnaire, régisseur, syndic.

gerbe *nom féminin* LITTÉRAIRE. Réunion de choses semblables. SYN. bouquet, faisceau, grappe.

gercer *verbe* Fendiller la peau. SYN. craqueler, crevasser, fendiller, fendre, fissurer, lézarder.

gerçure *nom féminin* Endroit gercé. SYN. crevasse, fente, fissure, gelure.

gérer *verbe* Administrer quelque chose. SYN. administrer, conduire, diriger, expédier les affaires courantes, gouverner, manager, mener, ne rien laisser au hasard, piloter, régenter, régir.

germanophile *adjectif* et *nom* Favorable aux Allemands. CONTR. *germanophobe.*

germanophilie *nom féminin* Sympathie pour les Allemands. CONTR. *germanophobie.*

germanophobe *adjectif* et *nom* Hostile aux Allemands. CONTR. *germanophile.*

germanophobie *nom féminin* Hostilité à l'égard des Allemands. CONTR. *germanophilie.*

germe *nom masculin* Ce qui donne naissance à. SYN. cause, embryon, graine, origine, source. – LITTÉRAIRE : ferment, levain, principe, semence. ■ Organisme microscopique pathogène. SYN. micro-organisme. – VIEUX : microbe.

germer *verbe* Commencer à se développer. SYN. se former, naître, surgir. – LITTÉRAIRE : éclore, fermenter.

germon *nom masculin* Thon blanc. SYN. albacore.

gerris *nom masculin* Insecte qui court à la surface de l'eau. SYN. araignée d'eau.

gesse *nom féminin* ***Gesse odorante,*** plante annuelle grimpante. SYN. pois de senteur.

geste *nom masculin* Action remarquable. SYN. action d'éclat, exploit, fait d'armes, haut fait, intervention. ■ Mouvement du corps. SYN. mouvement, signe.

gesticuler *verbe* Faire des gestes en tous sens. SYN. s'agiter, bouger, frétiller, remuer, se remuer, se trémousser. – FAMILIER : avoir la bougeotte, gigoter. CONTR. *être immobile, s'immobiliser.*

gestion *nom féminin* Action ou manière de gérer. **SYN.** administration, conduite, direction, gérance, maniement, pilotage, tenue.

geyser *nom masculin* Grande gerbe jaillissante. **SYN.** gerbe, giclée, jaillissement, jet.

giardiase *nom féminin* Maladie parasitaire. **SYN.** lambliase.

gibbosité *nom féminin* Saillie du dos. **SYN.** bosse, cyphose.

gibbsite *nom féminin* Hydroxyde naturel d'aluminium. **SYN.** hydrargilite.

gibecière *nom féminin* Sac pour mettre le gibier. **SYN.** carnassière, carnier.

giberne *nom féminin* VIEUX. Boîte à cartouches des soldats. **SYN.** cartouchière.

gibier *nom masculin* ***Gibier de potence,*** mauvais sujet. **SYN.** bandit, chenapan, crapule, dévoyé, fripon, galapiat, gredin, vaurien, vermine, voyou. - **FAMILIER** : brigand, fripouille, pendard, sacripant. - **POPULAIRE** : arsouille, frappe. - **VIEUX** : coquin, garnement.

giboulée *nom féminin* Grosse averse soudaine. **SYN.** averse, grain, ondée. - **POPULAIRE** : rincée, saucée.

gibus *nom masculin* VIEUX. Chapeau haut de forme pouvant s'aplatir. **SYN.** claque, haut-de-forme.

gicler *verbe* Jaillir avec force. **SYN.** éclabousser, fuser, jaillir, rejaillir. - **LITTÉRAIRE** : sourdre.

giclure *nom féminin* Trace laissée par un liquide qui a giclé. **SYN.** éclaboussure, projection.

gifle *nom féminin* Coup donné sur la joue. **SYN.** chiquenaude, claque, pichenette, tape. - **FAMILIER** : aller-retour, calotte, giroflée à cinq feuilles, raclée, taloche. - **LITTÉRAIRE** : soufflet. - **POPULAIRE** : baffe, beigne, mandale, tarte, torgnole. - **VIEUX** : mornifle. ■ Blessure d'amour-propre. **SYN.** affront, blessure, humiliation, mortification, rebuffade, vexation. - **LITTÉRAIRE** : avanie, camouflet. ■ Sérieuse défaite. **SYN.** culbute, débâcle, déconfiture, défaite, échec, faillite, insuccès, revers. - **FAMILIER** : claque, fessée, fiasco, four, loupé, pile, piquette, plongeon, raclée, ratage, veste. - **POPULAIRE** : bide, déculottée, flop, gamelle, plantage, volée.

gifler *verbe* Donner une gifle. **SYN.** claquer. - **FAMILIER** : calotter. - **LITTÉRAIRE** : souffleter. - **VIEUX** : talocher.

gigantesque *adjectif* Extrêmement grand. **SYN.** colossal, cyclopéen, démesuré, éléphantesque, énorme, géant, herculéen, immense, monstrueux, monumental. - **LITTÉRAIRE** : titanesque, vaste. **CONTR.** *lilliputien, microscopique, minuscule, nain.* ■ Qui dépasse la commune mesure. **SYN.** énorme, exorbitant, extraordinaire, fabuleux, fantastique, formidable, fou, illimité, incommensurable, interminable, monumental, phénoménal, prodigieux. - **FAMILIER** : faramineux, monstre. **CONTR.** *minime, minuscule.*

gigantisme *nom masculin* Taille très importante. **SYN.** macrosomie.

gigotement *nom masculin* Action de gigoter. **SYN.** gesticulation, trémoussement.

gigoter *verbe* FAMILIER. S'agiter vivement. **SYN.** s'agiter, bouger, frétiller, gesticuler, ne pas tenir en place, remuer, se remuer, se tortiller, se trémousser. - **FAMILIER** : avoir la bougeotte. **CONTR.** *être immobile, s'immobiliser.*

gigoteuse *nom féminin* Combinaison pour bébé. **SYN.** grenouillère.

gilet *nom masculin* Veste en maille. **SYN.** cardigan, tricot.

giobertite *nom féminin* Carbonate de magnésium. **SYN.** magnésite.

gipsy *nom* Nom anglais des Tsiganes. **SYN.** bohémien, gitan, romanichel, zingaro.

giration *nom féminin* Mouvement giratoire. **SYN.** révolution, rotation, tournoiement, volte.

giroflée *nom féminin* Plante à fleurs parfumées. **SYN.** bâton-d'or, matthiole, quarantaine, violier.

girolle *nom féminin* Champignon comestible, au chapeau en entonnoir. **SYN.** chanterelle.

girouette *nom féminin* FAMILIER. Personne qui change d'avis. **SYN.** fantoche, marionnette, pantin, velléitaire. - **FAMILIER** : polichinelle. - **LITTÉRAIRE** : protée. - **VIEUX** : arlequin, sauteur.

gisement *nom masculin* Lieu que l'on peut exploiter. **SYN.** bassin, filon, gîte, mine, veine.

gitan *nom* Membre d'une population nomade. **SYN.** bohémien, gipsy, manouche, romanichel, tsigane, tzigane. **CONTR.** *gadjo.*

gîte *nom masculin* LITTÉRAIRE. Lieu où on peut se loger. **SYN.** abri, asile, habitation, logement, maison, nid, repaire, retraite.

gîter *verbe* LITTÉRAIRE. Demeurer quelque part. **SYN.** habiter, loger. - **FAMILIER** : nicher.

givré *adjectif* POPULAIRE. Complètement fou. **SYN.** dément, dérangé, désaxé, déséquilibré, fou. - **FAMILIER** : braque, cinglé, détraqué, dingue, fada, fêlé, frappé, loufoque, maboul, malade, marteau, piqué, ravagé, tapé, timbré, toc-toc, toqué, zinzin. - **POPULAIRE** : allumé, azimuté, barge, barjo, barjot, branque, brindezingue, chtarbé, cinoque, cintré, déjanté, dingo, folingue, fondu, frapadingue, jeté, louf, louftingue, ouf, sinoc, sinoque, siphonné, tordu.

glabre *adjectif* Dépourvu de poils. SYN. imberbe, lisse, nu. CONTR. *barbu, poilu, velu.*

glace *nom féminin* Plaque de verre qui réfléchit les images. SYN. miroir.

glacé *adjectif* Très froid. SYN. frigorifié, gelé, transi. - FAMILIER : réfrigéré. CONTR. *bouillant, brûlant, caniculaire, chaud, fébrile, fiévreux, torride.* - LITTÉRAIRE : *ardent.* ■ Qui montre de la froideur. SYN. figé, froid, de glace, glacial, hautain, impassible, de marbre, réfrigérant. - FAMILIER : frais. CONTR. *chaleureux, engageant, rude.* ■ Qui a un aspect brillant. SYN. lisse, luisant. - LITTÉRAIRE : vernissé. CONTR. *mat, rugueux.*

glacer *verbe* Transformer en glace. SYN. congeler, geler. CONTR. *dégeler, déglacer.* ■ Abaisser la température de. SYN. frapper, refroidir. CONTR. *brûler, chauffer, rôtir, tiédir.* ■ Remplir d'effroi. SYN. faire froid dans le dos, figer, intimider, paralyser, pétrifier, réfrigérer, refroidir, troubler. - FAMILIER : donner le frisson. - LITTÉRAIRE : statufier. CONTR. *encourager, enthousiasmer, exalter.* ■ Causer une vive sensation de froid. SYN. geler, mordre, pincer, transpercer. - FAMILIER : frigorifier. - LITTÉRAIRE : transir. CONTR. *réchauffer.*

glacial *adjectif* Se dit d'un froid vif. SYN. aigre, mordant, pénétrant, piquant, polaire, vif. CONTR. *chaud, tiède, torride.* - LITTÉRAIRE : *ardent.* ■ Qui intimide. SYN. dur, froid, glacé, de glace, hautain, impassible, imperturbable, inhospitalier, insensible, de marbre, réfrigérant, sec. CONTR. *accueillant, chaleureux, démonstratif, doux, ému, enflammé, fervent.*

glacier *nom masculin* ***Glacier continental,*** vaste glacier des régions polaires. SYN. inlandsis.

glacière *nom féminin* FAMILIER. Lieu très froid. CONTR. *étuve, four, fournaise.*

gladiateur *nom masculin* Celui qui combattait dans l'arène. SYN. belluaire, bestiaire, mirmillon, rétiaire.

glaire *nom féminin* Excrétion visqueuse des muqueuses. SYN. mucosité, mucus.

gland *nom masculin* POPULAIRE. Personne stupide. SYN. âne, idiot, imbécile, niais, nigaud, nul. - FAMILIER : abruti, andouille, ballot, bêta, bûche, buse, crétin, cruche, dadais, empaillé, noix, oie. - LITTÉRAIRE : nicodème. - POPULAIRE : cloche, con, cornichon, couillon, nouille.

glander *verbe* POPULAIRE. Ne rien faire. SYN. fainéanter, flâner, musarder, ne rien faire de ses dix doigts, paresser, se prélasser, se rouler les pouces, se tourner les pouces, traîner. - FAMILIER : avoir la cosse, avoir les côtes en long, avoir les pieds nickelés, avoir un poil dans la main, bayer aux corneilles, buller, se la couler douce, être mou du genou, faire du lard, faire le lézard, flemmarder, lézarder, ne pas en fiche une rame, tirer sa flemme, traînailler, traînasser, traîner les pieds. - LITTÉRAIRE : muser. - POPULAIRE : avoir les doigts de pied en éventail, coincer la bulle, glandouiller, se les rouler, tirer au cul, tirer au flanc. - VIEUX : clampiner. CONTR. *s'activer, s'affairer, se démener, se dépenser, donner un coup de collier, s'échiner, s'épuiser, s'escrimer, s'exténuer, se fatiguer, s'occuper, se presser, se remuer.* - FAMILIER : *s'agiter, bûcher, se décarcasser, se défoncer, s'éreinter, s'esquinter, mettre de l'huile de coude, se mettre en quatre, mettre le paquet, en mettre un bon coup, en mettre un coup, en mettre un vieux coup, se tuer.* - POPULAIRE : *bosser, boulonner.*

glandeur *nom* POPULAIRE. Personne paresseuse. SYN. fainéant, paresseux, partisan du moindre effort. - FAMILIER : cossard, faignant, feignant, flemmard, inspecteur des travaux finis, tire-au-flanc. - POPULAIRE : branleur, cul de plomb, glandouilleur, tire-au-cul. CONTR. *courageux, travailleur.* - FAMILIER : *bûcheur.* - LITTÉRAIRE : *laborieux.*

glaner *verbe* Ramasser çà et là. SYN. butiner, emprunter, grappiller. - FAMILIER : picorer.

glapir *verbe* Crier, en parlant des petits chiens. SYN. aboyer, japper.

glaréole *nom féminin* Oiseau des marécages. SYN. hirondelle des marais.

glauque *adjectif* FAMILIER. Qui inspire la méfiance. SYN. louche, malsain, morbide, pervers, sordide. CONTR. *sain.* ■ FAMILIER. Qui inspire la mélancolie. SYN. lugubre, sinistre. CONTR. *désopilant, drôle, hilarant, inénarrable.* - FAMILIER : *crevant, marrant, rigolo, roulant, tordant.* - POPULAIRE : *poilant.*

gléchome *nom masculin* Herbe utilisée en infusion. SYN. lierre terrestre.

glide *nom masculin* Son intermédiaire entre les voyelles et les consonnes. SYN. semi-consonne, semi-voyelle.

glie *nom féminin* Cellules servant à la protection des neurones. SYN. névroglie.

glisser *verbe intransitif* Perdre le contrôle de sa direction. SYN. chasser, déraper, patiner. ■ Tomber accidentellement. SYN. échapper, filer, tomber. ■ Passer insensiblement à un autre état. SYN. s'incliner, pencher. ■ Laisser quelqu'un indifférent. SYN. couler, effleurer, frôler, passer. CONTR. *toucher.* ■ Ne pas insister sur. SYN. effleurer, survoler. CONTR. *approfondir, appuyer, s'arrêter.*

glisser *verbe transitif* Introduire dans un espace étroit. SYN. enchâsser, engager, inclure, insérer, introduire, mettre, placer. – FAMILIER : fourrer. CONTR. *sortir.* ■ Dire furtivement. SYN. confier, insinuer, souffler. CONTR. *crier.*

glisser (se) *verbe pronominal* S'introduire doucement. SYN. se couler, s'enfoncer, se faufiler, s'infiltrer, pénétrer. – LITTÉRAIRE : s'insinuer. ■ Pénétrer subrepticement dans. SYN. s'introduire, pénétrer. – FAMILIER : se fourrer. – LITTÉRAIRE : s'insinuer.

global *adjectif* Considéré dans sa totalité. SYN. complet, entier, général, intégral, total. CONTR. *fractionné, fragmentaire, incomplet, morcelé, parcellaire, partiel.*

globalement *adverbe* De façon globale. SYN. en bloc, dans l'ensemble, dans les grandes lignes, généralement, en gros. CONTR. *imparfaitement, incomplètement, partiellement.*

globalisation *nom féminin* Stratégie à l'échelle planétaire. SYN. mondialisation, planétarisation, universalisation. CONTR. *localisation.*

globalité *nom féminin* Caractère global. SYN. ensemble, intégralité, totalité.

globe *nom masculin* Corps sphérique. SYN. boule, sphère. ■ Planète habitée par l'homme. SYN. monde, planète, Terre.

globicéphale *nom masculin* Grand dauphin à tête globuleuse. SYN. grinde.

globule *nom masculin* ***Globule blanc,*** cellule du sang qui a un rôle de défense immunitaire. SYN. leucocyte. ■ ***Globule rouge,*** cellule sanguine transportant l'hémoglobine. SYN. érythrocyte, hématie.

gloire *nom féminin* Renommée éclatante. SYN. célébrité, éclat, grandeur, honneur, notoriété, prestige, renom, renommée. – FAMILIER : cote. CONTR. *déclin, effacement, impopularité, oubli.* – LITTÉRAIRE : *obscurité.* ■ Ce qui suscite la fierté. SYN. fierté, mérite, orgueil. CONTR. *démérite, déshonneur, honte.* ■ Personne illustre. SYN. génie, star, vedette. – FAMILIER : aigle, as, champion, crack, ténor. – LITTÉRAIRE : fleuron, lumière, phare, phénix. ■ LITTÉRAIRE. Éclat de quelque chose. SYN. magnificence, rayonnement. – LITTÉRAIRE : lustre, splendeur.

gloriette *nom féminin* Pavillon d'agrément dans un parc. SYN. belvédère, kiosque.

glorieux *adjectif* Qui donne de la gloire. SYN. éclatant, historique, légendaire, magnifique, mémorable, retentissant, triomphal. – LITTÉRAIRE : immortel. CONTR. *abaissant, avilissant, déshonorant, honteux, humiliant, infamant, infâme, modeste, rabaissant.* – LITTÉRAIRE : *ignominieux.* ■ Qui s'est acquis de la gloire. SYN. célèbre, conquérant, grand, héroïque, honoré, illustre, prestigieux, renommé, réputé, victorieux. – LITTÉRAIRE : fameux, vainqueur. CONTR. *humble, humilié, ignoré, inconnu, insignifiant, méconnu, obscur, oublié, piteux.*

glorification *nom féminin* Action de glorifier. SYN. apologie, apothéose, ennoblissement, exaltation, idéalisation, louange, panégyrique. – LITTÉRAIRE : dithyrambe, sublimation. CONTR. *calomnie, dénigrement, humiliation.* – FAMILIER : *débinage.*

glorifier *verbe* Rendre gloire à. SYN. bénir, célébrer, diviniser, exalter, honorer, idéaliser, immortaliser, louer, porter au pinacle, porter aux nues, prôner, rehausser, tresser des couronnes à, vanter. – LITTÉRAIRE : chanter, déifier, encenser, louanger, magnifier. CONTR. *abaisser, anathématiser, calomnier, dénigrer, diffamer, diminuer, écraser, humilier, maudire, rabaisser, stigmatiser.* – FAMILIER : *baver, cracher, débiner, déblatérer.* – LITTÉRAIRE : *dauber, flétrir.*

glorifier (se) *verbe pronominal* Tirer vanité de. SYN. s'enorgueillir, se féliciter, se flatter, s'honorer, se piquer, se prévaloir, se targuer, se vanter.

gloriole *nom féminin* Vaine gloire. SYN. orgueil, prétention, suffisance, vanité.

glose *nom féminin* Commentaire sur un texte. SYN. annotation, explication, interprétation, note, paraphrase, remarque.

gloser *verbe transitif* Éclaircir un texte par une glose. SYN. annoter, commenter, interpréter, paraphraser.

gloser *verbe transitif indirect* Faire une critique sur. SYN. attaquer, critiquer, dénigrer, épiloguer, jaser, médire. – LITTÉRAIRE : dauber.

glouglou *nom masculin* FAMILIER. Bruit d'un liquide. SYN. gargouillement, gargouillis.

glouglouter *verbe* FAMILIER. Produire un bruit de glouglou. SYN. gargouiller.

glousser *verbe* Partir d'un grand rire. SYN. s'esclaffer, pouffer, rire.

glouton *adjectif* Qui mange beaucoup. SYN. goulu, gourmand, intempérant, vorace. – FAMILIER : goinfre. – POPULAIRE : gueulard. CONTR. *abstinent, sobre.* – LITTÉRAIRE : *frugal, tempérant.*

glouton *nom* Personne qui mange beaucoup. SYN. goulu, gourmand. – FAMILIER : goinfre. – LITTÉRAIRE : gargantua. – POPULAIRE : bâfreur, bouffeur, boustifailleur, gueulard, morfal, morfale, morfalou.

gloutonnement *adverbe* De façon gloutonne. SYN. avidement, goulûment, voracement.

gloutonnerie *nom féminin* Appétit glouton. SYN. avidité, boulimie, goinfrerie, intempérance, voracité. CONTR. *ascétisme, frugalité, sobriété, tempérance.*

gluant *adjectif* Qui colle. SYN. collant, poisseux, visqueux.

glucide *nom masculin* Substance au rôle énergétique. SYN. sucre. – VIEUX : hydrate de carbone.

glucomètre *nom masculin* Appareil de mesure du glucose dans le moût de raisin. SYN. œnomètre, pèse-moût.

glucose *nom masculin* Glucide de saveur sucrée. SYN. – VIEUX : dextrose.

glucoside *nom masculin* Glucide formé d'un ose et d'un composé non glucidique. SYN. hétéroside. CONTR. *holoside.*

glybutamide *nom masculin* Médicament antidiabétique de synthèse. SYN. carbutamide.

glycol *nom masculin* Composé chimique. SYN. éthanediol.

gnangnan ou **gniangnian** *adjectif invariable* FAMILIER. Qui est mou et lent. SYN. indolent, lent, mollasson, mou, nonchalant. – FAMILIER : lambin, mollasse. CONTR. *emporté, excité, impétueux, impulsif, nerveux.* ■ FAMILIER. Qui manque d'intérêt. SYN. affecté, doucereux, gentillet, mièvre.

gnome *nom masculin* Personne de petite taille. SYN. avorton, nabot, nain. – FAMILIER : freluquet, homoncule, homuncule.

gnon *nom masculin* POPULAIRE. Coup violent. SYN. coup. – POPULAIRE : beigne, châtaigne, chtar, jeton, marron, pain, pêche, prune, ramponneau. ■ POPULAIRE. Marque laissée par un coup. SYN. ecchymose, hématome. – FAMILIER : bleu.

gobe-mouches *nom masculin* FAMILIER. Personne crédule. SYN. benêt, dupe, naïf. – FAMILIER : gobeur, gogo, jobard, pigeon.

gober *verbe* FAMILIER. Croire naïvement. SYN. donner dans le panneau, marcher, mordre à l'appât, mordre à l'hameçon, n'y voir que du feu, prendre pour argent comptant, tomber dans le panneau. – FAMILIER : avaler des couleuvres, partir au quart de tour.

goberger (se) *verbe pronominal* FAMILIER. Faire un bon repas. SYN. se gaver. – LITTÉRAIRE : faire bonne chère. – POPULAIRE : se goinfrer. ■ FAMILIER. Prendre ses aises. SYN. se prélasser.

gobeur *nom* FAMILIER. Personne naïve. SYN. benêt, dupe, naïf. – FAMILIER : gobe-mouches, gogo, jobard, pigeon.

godailler *verbe* Faire des faux plis. SYN. goder, grigner, grimacer, pocher.

godasse *nom féminin* POPULAIRE. Chaussure. SYN. soulier. – POPULAIRE : grole, grolle, pompe, tatane.

goder *verbe* Faire des faux plis. SYN. godailler, grigner, grimacer, pocher.

godiche *adjectif* FAMILIER. Qui est maladroit. SYN. benêt, emprunté, gauche, gourd, maladroit, naïf, niais, nigaud, sot, stupide. – FAMILIER : abruti, ballot, bêta, cruche, empaillé, empoté. – POPULAIRE : nouille. CONTR. *adroit, déluré, habile.* – FAMILIER : *débrouillard.*

godiche *nom féminin* FAMILIER. Femme maladroite. SYN. sotte. – FAMILIER : andouille, bécasse, crétine, cruche, dinde, empaillée, empotée, gourde, noix, oie.

godillot *nom masculin* FAMILIER. Grosse chaussure. SYN. – POPULAIRE : godasse, grole, grolle, pompe, tatane.

goémon *nom masculin* Algues brunes du bord de mer. SYN. varech.

goétie *nom féminin* Pratique occultiste faisant appel aux esprits du mal. SYN. magie noire. CONTR. *magie blanche, théurgie.*

gogo *nom masculin* FAMILIER. Personne crédule. SYN. benêt, dupe, naïf, niais. – FAMILIER : gobe-mouches, gobeur, jobard, pigeon, poire, serin. – LITTÉRAIRE : jocrisse, nicodème.

gogo (à) *locution adverbiale* FAMILIER. En abondance. SYN. abondamment, amplement, beaucoup, colossalement, comme s'il en pleuvait, considérablement, copieusement, à discrétion, énormément, à flots, à foison, généreusement, grandement, largement, massivement, à la pelle, plantureusement, pleinement, en quantité, richement, à satiété, à souhait, surabondamment, à tour de bras, en veux-tu en voilà, à volonté. – FAMILIER : jusqu'à plus soif, en pagaille, à revendre, à tire-larigot. – LITTÉRAIRE : à l'envi. CONTR. *chichement, modérément, parcimonieusement, peu.*

goguenard *adjectif* Qui se moque. SYN. gouailleur, ironique, moqueur, narquois, railleur, sarcastique. – FAMILIER : blagueur. CONTR. *grave, sérieux.*

goguenardise *nom féminin* LITTÉRAIRE. Caractère goguenard. SYN. gouaille, gouaillerie, ironie, moquerie, persiflage, raillerie.

goinfre *adjectif* FAMILIER. Qui mange avec avidité. SYN. glouton, goulu, gourmand, intempérant, vorace. – POPULAIRE : gueulard. CONTR. *abstinent, sobre.* – LITTÉRAIRE : *frugal, tempérant.*

goinfre *nom* FAMILIER. Personne vorace. SYN. glouton, goulu, gourmand. – LITTÉRAIRE : gargantua. – POPULAIRE : bâfreur, bouffeur, boustifailleur, gueulard, morfal, morfale, morfalou.

goinfrer (se) *verbe pronominal* POPULAIRE. Manger avec avidité. SYN. avaler la mer et les poissons, avoir un bon coup de fourchette, avoir un estomac d'autruche, avoir une faim de loup, se bourrer, dévorer, engloutir, engouffrer, faire honneur à un plat, se gaver, ingurgiter. – ARGOTIQUE : briffer. – FAMILIER : s'en donner jusqu'à la garde, s'empiffrer, s'enfiler, enfourner, faire bombance, se goberger, manger comme quatre, manger comme un ogre, s'en mettre jusque-là, s'en mettre plein la panse, ne pas se laisser abattre, ripailler. – POPULAIRE : bâfrer, se bâfrer, bouffer, bouffer comme un chancre, boulotter, s'envoyer, s'en fourrer jusque-là, manger à s'en faire péter la sous-ventrière, manger comme un chancre, s'en mettre plein la gueule, s'en mettre plein la lampe, morfaler. – VIEUX : goinfrer. CONTR. *avoir un appétit d'oiseau, grignoter, manger comme un moineau, manger du bout des dents.* – FAMILIER : *chipoter, mangeotter, picorer, pignocher.*

goinfrerie *nom féminin* Avidité goulue. SYN. boulimie, gloutonnerie, intempérance, voracité. CONTR. *abstinence, frugalité, sobriété, tempérance.*

golfe *nom masculin* Rentrant du littoral. SYN. anse, baie, calanque, crique, échancrure, fjord.

gommer *verbe* Faire disparaître quelque chose. SYN. abolir, absoudre, chasser, éclipser, effacer, enlever, estomper, lever, ôter, réparer, retrancher. – LITTÉRAIRE : laver. CONTR. *accentuer, aviver, faire ressortir, raviver.*

gonadostimuline *nom féminin* Hormone sécrétée par l'hypophyse. SYN. gonadotrophine, hormone gonadotrope.

gondolage *nom masculin* Fait de gondoler. SYN. déformation, gauchissement.

gondolant *adjectif* POPULAIRE. Qui fait rire. SYN. comique, désopilant, drôle, hilarant. – FAMILIER : crevant, marrant, roulant, tordant. – POPULAIRE : bidonnant, fendant, poilant.

gondoler (se) *verbe pronominal* POPULAIRE. Partir d'un grand rire. SYN. s'esclaffer, rire, rire à gorge déployée, rire aux éclats, rire aux larmes. – FAMILIER : se dilater la rate, s'offrir une pinte de bon sang, se payer une pinte de bon sang, s'en payer une tranche, rigoler, rire à ventre déboutonné, rire comme un bossu, rire comme une baleine, se taper le derrière par terre, se tenir les côtes, se tordre de rire, se tordre. – POPULAIRE : se bidonner, se boyauter, se fendre la gueule, se fendre la pêche, se fendre la pipe, se fendre la poire, se marrer, se poiler. CONTR. *pleurer, sangloter.*

gonelle *nom féminin* Poisson des côtes de la Manche. SYN. papillon de mer.

gonflage *nom masculin* Action de gonfler. CONTR. *dégonflage.*

gonflé *adjectif* Augmenté de volume. SYN. ballonné, bouffi, enflé, hypertrophié, intumescent, renflé, soufflé, tumescent, turgescent. – FAMILIER : boudiné. ■ FAMILIER. Qui exagère. SYN. cavalier, effronté, exagéré. – FAMILIER : culotté.

gonflement *nom masculin* État de ce qui est gonflé. SYN. ballonnement, bouffissure, dilatation, distension, enflure, tuméfaction. CONTR. *aplatissement, compression.* ■ Accroissement important. SYN. accroissement, augmentation, exagération, grossissement. CONTR. *baisse, diminution.*

gonfler *verbe intransitif* Augmenter de volume. SYN. bouffer, enfler. CONTR. *décroître, dégonfler, diminuer.*

gonfler *verbe transitif* Augmenter le volume de. SYN. arrondir, ballonner, bomber, bouffir, boursoufler, dilater, distendre, grossir, remplir, souffler. – LITTÉRAIRE : emplir, enfler. CONTR. *aplatir, comprimer, contracter, dégonfler.* ■ Augmenter l'importance de. SYN. dramatiser, exagérer, majorer, surestimer, surévaluer. – LITTÉRAIRE : enfler, surfaire. CONTR. *amenuiser.* ■ POPULAIRE. Irriter vivement quelqu'un. SYN. agacer, assommer, crisper, échauffer la bile, échauffer la tête, échauffer le sang, échauffer les oreilles, énerver, exaspérer, excéder, fatiguer, irriter. – FAMILIER : barber, bassiner, casser les pieds, enquiquiner, escagasser, horripiler, insupporter, prendre la tête. – POPULAIRE : canuler, casser les bonbons, emmerder, pomper, soûler. CONTR. *apaiser, calmer, désénerver, détendre, reposer.* – LITTÉRAIRE : *rasséréner.*

gongorisme *nom masculin* Préciosité du style. SYN. euphuisme, maniérisme, préciosité.

gonococcie *nom féminin* Infection sexuellement transmissible. SYN. blennorragie, gonorrhée. – POPULAIRE : chaude-pisse.

gonosome *nom masculin* Chromosome sexuel. SYN. allosome, hétérochromosome, hétérosome. CONTR. *autosome.*

gopak *nom masculin* Danse folklorique ukrainienne. SYN. hopak.

goret *nom masculin* FAMILIER. Homme malpropre. SYN. – FAMILIER : cochon, porc. – LITTÉRAIRE : pourceau. ■ Jeune porc. SYN. cochonnet, porcelet. – LITTÉRAIRE : pourceau.

gorge *nom féminin* Partie du cou. SYN. cou, gosier. – FAMILIER : kiki. – POPULAIRE : sifflet. ■ LITTÉRAIRE. Poitrine de femme. SYN. buste, seins. ■ Vallée encaissée. **SYN.** couloir, défilé, passage, passe, porte.

gorgé *adjectif* Plein de quelque chose. **SYN.** encombré, foisonnant, imprégné, pétri, plein, rempli, saturé. – FAMILIER : bourré. **CONTR.** *dénué, dépourvu, exempt, vide.*

gorgée *nom féminin* Quantité de liquide avalée. **SYN.** goulée, trait. – FAMILIER : lampée.

gorger *verbe* Faire manger avec excès. **SYN.** bourrer, gaver, rassasier. – LITTÉRAIRE : repaître. ■ LITTÉRAIRE. Remplir avec excès. **SYN.** abreuver, accabler, combler, écraser, imprégner, nourrir, remplir, saturer.

gorger (se) *verbe pronominal* Consommer jusqu'à satiété. **SYN.** dévorer, ingurgiter, se remplir. – FAMILIER : s'enfiler, enfourner, se gaver. – LITTÉRAIRE : se repaître. – POPULAIRE : se goinfrer.

gorgone *nom féminin* LITTÉRAIRE. Femme méchante. **SYN.** furie, harpie, mégère, sorcière.

gosier *nom masculin* Partie du cou. **SYN.** gorge. – FAMILIER : sifflet. – POPULAIRE : dalle, goulot. – VIEUX : gargamelle, gargoulette.

gosse *nom* FAMILIER. Petit enfant. **SYN.** bambin, enfant, gamin, gamine, petit. – FAMILIER : bout de chou, bout de zan, marmot, mioche, moustique, moutard, petiot, petiote, pitchoun, pitchounet, poussin, tête blonde. – POPULAIRE : chiard, lardon, loupiot, loupiote, môme, morpion, mouflet. – VIEUX : marmouset.

gotha *nom masculin* Personnalités notables. **SYN.** beau monde, dessus du panier, le dessus du panier, la fine fleur, haute société, hautes sphères, jet-set, jet-society, le Tout-Paris. – FAMILIER : beau linge, gratin, la haute.

gouaille *nom féminin* Attitude gouailleuse. **SYN.** raillerie, sarcasme. – LITTÉRAIRE : goguenardise.

gouailler *verbe* Railler ironiquement. **SYN.** ironiser, plaisanter. – FAMILIER : blaguer, galéjer.

gouaillerie *nom féminin* Fait de gouailler. **SYN.** moquerie, raillerie, sarcasme. – LITTÉRAIRE : goguenardise.

gouailleur *adjectif* À l'esprit railleur. **SYN.** goguenard, ironique, narquois, railleur, taquin. – FAMILIER : blagueur, chineur. – LITTÉRAIRE : moqueur.

gouape *nom féminin* POPULAIRE. Mauvais garçon. **SYN.** chenapan, gredin, vaurien, vermine, voyou. – FAMILIER : fripouille. – POPULAIRE : arsouille, frappe.

goudronner *verbe* Recouvrir de goudron. **SYN.** asphalter, bitumer, macadamiser.

gouet *nom masculin* Plante herbacée. **SYN.** arum.

gouffre *nom masculin* Cavité très profonde. **SYN.** abîme, abysse, aven, précipice, profondeurs. – LITTÉRAIRE : barathre, barathrum. ■ Différence importante. **SYN.** abîme, fossé.

goujat *nom masculin* Homme mal élevé. **SYN.** balourd, butor, cuistre, impoli, lourdaud, malappris, malotru, mufle, ostrogoth, ours mal léché, paysan du Danube, rustre, sans-gêne, sauvage. – FAMILIER : foutriquet, malpoli, paltoquet, plouc, rustaud. – LITTÉRAIRE : faquin, soudard. – POPULAIRE : gougnafier, jean-foutre, pignouf. – VIEUX : bélître, coquin, maraud, maroufle. **CONTR.** *gentleman.* – LITTÉRAIRE : *gentilhomme.*

goujaterie *nom féminin* Caractère, action de goujat. **SYN.** grossièreté, impolitesse, inconvenance, incorrection, indélicatesse, muflerie, sans-gêne, vulgarité. – LITTÉRAIRE : butorderie, discourtoisie, sans-façon. **CONTR.** *bonnes manières, correction, courtoisie, délicatesse, distinction, politesse, savoir-vivre, tact.*

goulée *nom féminin* Quantité d'air aspiré. **SYN.** gorgée, trait.

goulu *adjectif* Qui mange avec avidité. **SYN.** glouton, gourmand, intempérant, vorace. – FAMILIER : goinfre. – POPULAIRE : gueulard. **CONTR.** *abstinent, sobre.* – LITTÉRAIRE : *frugal, tempérant.*

goulu *nom* Personne vorace. **SYN.** glouton, gourmand. – FAMILIER : goinfre. – LITTÉRAIRE : gargantua. – POPULAIRE : bâfreur, bouffeur, boustifailleur, gueulard, morfal, morfale, morfalou.

goulûment *adverbe* De façon goulue. **SYN.** à bouche que veux-tu, gloutonnement, voracement. **CONTR.** *légèrement, sobrement.*

goupiller *verbe* FAMILIER. Arranger quelque chose. **SYN.** arranger, combiner, comploter, échafauder, élaborer, machiner, manigancer, mettre au point, mettre sur pied, mijoter, mitonner, monter, orchestrer, préméditer, ruminer, tramer. – FAMILIER : concocter, traficoter, trafiquer. – LITTÉRAIRE : ourdir.

goupillon *nom masculin* Brosse pour nettoyer les bouteilles. **SYN.** écouvillon.

gourbet *nom masculin* Plante utilisée pour fixer les dunes. **SYN.** ammophile, oyat.

gourbi *nom masculin* POPULAIRE. Habitation misérable. **SYN.** bauge, bouge, cabane, mansarde, masure, réduit, taudis. – FAMILIER : baraque, bicoque, cagibi, écurie. – LITTÉRAIRE : chenil, galetas, tanière.

gourd *adjectif* Engourdi par le froid. **SYN.** ankylosé, engourdi. ■ Qui est maladroit. **SYN.** gauche, inhabile, malhabile. – FAMILIER : empaillé, empoté, godiche. **CONTR.** *adroit.* – FAMILIER : *dégourdi.*

gourde *nom féminin* FAMILIER. Femme maladroite. SYN. andouille, bécasse, bûche, buse, cloche, cruche, dinde, empaillée, empotée, godiche, noix, oie. – POPULAIRE : banane, manche, nouille, patate.

gourdin *nom masculin* Bâton gros et court. SYN. massue, matraque, trique.

gourer (se) *verbe pronominal* POPULAIRE. Commettre une erreur. SYN. s'abuser, s'égarer, faire erreur, faire fausse route, se méprendre, se tromper. – LITTÉRAIRE : se fourvoyer. – POPULAIRE : se planter.

gourgandine *nom féminin* FAMILIER. Femme dévergondée. SYN. garce. – VIEUX : créature, margoton, peau (de chien).

gourmand *adjectif* Qui aime manger. SYN. glouton, goulu, vorace. – FAMILIER : goinfre. – POPULAIRE : gueulard. CONTR. *abstinent, sobre.* – LITTÉRAIRE : *frugal, tempérant.* ▪ Passionné de quelque chose. SYN. affamé, amoureux, avide, enragé, friand, passionné. – FAMILIER : fana, mordu.

gourmand *nom* Personne qui aime manger. SYN. glouton, goulu. – FAMILIER : goinfre. – POPULAIRE : bâfreur, bouffeur, morfal, morfale, morfalou.

gourmander *verbe* LITTÉRAIRE. Réprimander quelqu'un. SYN. avertir, chapitrer, corriger, gronder, houspiller, morigéner, rappeler à l'ordre, reprendre, réprimander, rudoyer, sermonner, tirer les oreilles. – FAMILIER : attraper, disputer, enguirlander, passer un savon, secouer, sonner les cloches à. – LITTÉRAIRE : admonester, fustiger, moraliser, quereller, semoncer, tancer. – POPULAIRE : engueuler, remonter les bretelles.

gourmandise *nom féminin* Mets appétissant. SYN. chatterie, douceur, friandise, gâterie.

gourmé *adjectif* Raide et compassé. SYN. apprêté, arrangé, bridé, cérémonieux, compassé, contraint, empesé, guindé, maniéré, pincé, prétentieux. – FAMILIER : constipé. CONTR. *naturel, simple, spontané.*

gourmet *nom masculin* Personne qui apprécie ce qui est bon. SYN. amateur, connaisseur, expert, fine bouche, gastronome. – FAMILIER : fine gueule.

gousse *nom féminin* Enveloppe de certains légumes. SYN. cosse.

goût *nom masculin* Saveur de quelque chose. SYN. sapidité, saveur, senteur. CONTR. *fadeur.* ▪ Attirance pour. SYN. amour, attachement, attirance, attrait, désir, faible, passion, penchant, prédilection, préférence, propension, vocation. – LITTÉRAIRE : entichement. CONTR. *allergie, antipathie, aversion, dégoût, désaffection, haine, horreur, répugnance, répulsion.* – LITTÉRAIRE : *animadversion, incuriosité.*

goûter *nom masculin* Petit repas de l'après-midi. SYN. collation, lunch, quatre heures, thé.

goûter *verbe transitif* Apprécier l'agrément de. SYN. se complaire, déguster, jouir, se plaire, se régaler, savourer. – LITTÉRAIRE : se délecter. CONTR. *détester, haïr.* ▪ Juger favorablement. SYN. admirer, agréer, aimer, apprécier. – LITTÉRAIRE : affectionner, priser. CONTR. *dédaigner, s'élever contre, mépriser.*

goûter *verbe transitif indirect* Prendre d'un aliment, d'une boisson. SYN. essayer, tester. ▪ Faire l'expérience de. SYN. éprouver, essayer, expérimenter, se hasarder, se risquer à, tenter, toucher à. – FAMILIER : tâter de. CONTR. *renoncer à.*

goûteux *adjectif* Qui a du goût. SYN. sapide. CONTR. *fadasse, fade, insipide.*

goutte *nom féminin* Très petite quantité de. SYN. atome, bribe, brin, doigt, filet, grain, gramme, larme, miette, nuage, once, parcelle, pointe, soupçon, teinte, trace. – FAMILIER : lichette. – LITTÉRAIRE : liard, ombre, trait. – POPULAIRE : chouia. CONTR. *avalanche, cascade, déluge, flot, foule, infinité, kyrielle, masse, monceau, montagne, multitude, myriade, nuée, pléiade, pluie, tas, torrent.* – FAMILIER : *cargaison, flopée, foultitude, paquet, pelletée, ribambelle, tapée.* – LITTÉRAIRE : *averse, océan.* ▪ FAMILIER. Eau-de-vie. SYN. alcool, eau-de-vie. – FAMILIER : schnaps, tord-boyaux. – POPULAIRE : gnaule, gniole, gnole, gnôle.

goutte-à-goutte *nom masculin* Injection lente et continue d'une solution dans l'organisme. SYN. perfusion.

goutter *verbe* Tomber goutte à goutte. SYN. dégouliner, dégoutter, s'égoutter.

gouttière *nom féminin* Rigole à la base d'un toit. SYN. chéneau.

gouvernante *nom féminin* Femme qui s'occupe d'enfants. SYN. bonne d'enfant, nourrice. – FAMILIER : nounou. – VIEUX : nurse.

gouvernement *nom masculin* Action de gouverner un pays. SYN. administration, conduite, contrôle, direction. ▪ Forme politique qui régit un État. SYN. constitution, institutions, régime, système.

gouverner *verbe* Être maître de ses sentiments. SYN. contrôler, dominer, gérer, régner. – LITTÉRAIRE : commander. CONTR. *obéir à, suivre.* ▪ Influer sur. SYN. conduire, diriger, guider, influencer, mener. – VIEUX : manier. CONTR. *subir.* ▪ Diriger une embarcation. SYN. manœuvrer, piloter. ▪ Exercer un pouvoir sur. SYN. administrer, avoir la haute main sur, commander, conduire, diriger, faire la pluie et le beau temps, gérer, guider, mener, mener le bal, mener le jeu, régenter. – FAMILIER : faire la loi, mener à la baguette, mener la danse.

graben *nom masculin* Fossé tectonique. CONTR. *horst.*

grabuge *nom masculin* FAMILIER. Dispute bruyante. SYN. altercation, bagarre, dispute, échauffourée, éclat, esclandre, scandale, scène, troubles. – FAMILIER : accrochage, bisbille, charivari, raffut, remue-ménage. – POPULAIRE : barouf, baroufe.

grâce *nom féminin* Faveur accordée à. SYN. avantage, faveur, gentillesse, honneur, prérogative, privilège. – LITTÉRAIRE : don, gracieuseté. CONTR. *défaveur.* – LITTÉRAIRE : *disgrâce.* ■ Remise d'une peine. SYN. absolution, amnistie, indulgence, rémission, sursis. CONTR. *condamnation.* ■ Charme indéfinissable. SYN. agrément, attrait, beauté, douceur, élégance, finesse, harmonie, légèreté. – LITTÉRAIRE : joliesse, suavité, vénusté. CONTR. *disgrâce, gaucherie, grossièreté, laideur, lourdeur, rudesse, vulgarité.* – LITTÉRAIRE : *hideur, horreur.* ■ ***Grâce à,*** par l'action heureuse de. SYN. à l'aide de, avec l'appui de, avec le concours de, à cause de, du fait de, à la faveur de, au moyen de, moyennant, par suite de. CONTR. *malgré.*

gracier *verbe* Remettre une peine. SYN. amnistier, pardonner. CONTR. *condamner, punir.*

gracieusement *adverbe* Avec grâce. SYN. agréablement, aimablement, bien, courtoisement, élégamment, galamment, gentiment, harmonieusement, obligeamment. ■ D'une manière gratuite. SYN. bénévolement, franco, gratis, gratuitement, pour rien, sans bourse délier, à titre gracieux. – FAMILIER : à l'œil, pour pas un rond. – POPULAIRE : gratos. CONTR. *chèrement, coûteusement, à grands frais.* – LITTÉRAIRE : *dispendieusement.*

gracieuseté *nom féminin* LITTÉRAIRE. Manière aimable. SYN. affabilité, amabilité, attention, cordialité, courtoisie, empressement, gentillesse, grâce, obligeance, politesse, prévenance. – LITTÉRAIRE : faveur. ■ VIEUX. Gratification donnée en plus. SYN. cadeau, gratification, libéralités, pourboire, prime. – FAMILIER : pièce.

gracieux *adjectif* Qui a de la grâce, du charme. SYN. attirant, attrayant, charmant, charmeur, délicat, élégant, fin, harmonieux, joli, léger, mignon, plaisant, ravissant. – LITTÉRAIRE : accorte. CONTR. *affreux, déplaisant, difforme, disgracieux, fruste, grossier, informe, ingrat, laid, rude, vilain.* ■ Accordé bénévolement. SYN. bénévole, gratuit. ■ Aimable et souriant. SYN. abordable, affable, agréable, avenant, courtois, gentil, riant. – LITTÉRAIRE : amène. CONTR. *bougon, renfrogné, sévère.*

gracile *adjectif* LITTÉRAIRE. Mince et élancé. SYN. effilé, fin, fluet, frêle, grêle, menu, mince, svelte. CONTR. *corpulent, épais, gras, gros, massif, robuste, solide.* – FAMILIER : *costaud.*

gracilité *nom féminin* LITTÉRAIRE. Caractère gracile. SYN. finesse, minceur. – LITTÉRAIRE : sveltesse.

gradation *nom féminin* Étape d'une progression. SYN. degré, étape, palier, phase.

grade *nom masculin* Degré d'une hiérarchie. SYN. degré, échelon, indice, rang.

graduateur *nom masculin* Appareil de connexion électrique. SYN. commutateur.

graduel *adjectif* Qui progresse par degrés. SYN. croissant, progressif. CONTR. *brusque, brutal, soudain, subit.*

graduellement *adverbe* De manière progressive. SYN. crescendo, par degrés, doucement, au fur et à mesure, insensiblement, pas à pas, petit à petit, peu à peu, pied à pied, progressivement. CONTR. *brusquement, brutalement, d'un coup, soudain, soudainement, subitement.* – FAMILIER : *subito.*

graellsia *nom masculin* Papillon dont la chenille vit sur le pin sylvestre. SYN. isabelle.

grageline *nom féminin* Herbe à capitules jaune clair. SYN. graveline, lampsane.

grain *nom masculin* Élément minuscule de matière. SYN. corpuscule, parcelle, particule. ■ Toute petite quantité de. SYN. atome, bribe, brin, doigt, filet, goutte, gramme, larme, miette, nuage, nuance, once, parcelle, pointe, soupçon, teinte, trace. – FAMILIER : chouia, lichette. – LITTÉRAIRE : ombre. CONTR. *armée, avalanche, cascade, déluge, flot, foule, infinité, kyrielle, masse, monceau, montagne, multitude, myriade, nuée, pléiade, pluie, tas, torrent.* – FAMILIER : *armada, cargaison, flopée, foultitude, paquet, pelletée, ribambelle, tapée.* – LITTÉRAIRE : *averse, océan.* ■ Fruit des céréales. SYN. caryopse, graine. ■ Coup de vent violent. SYN. bourrasque, rafale. ■ Pluie soudaine. SYN. averse, giboulée, ondée. – POPULAIRE : rincée, saucée. ■ ***Grain de beauté,*** petite tache cutanée. SYN. lentigine, lentigo, nævus.

graine *nom féminin* Organe dormant d'une plante. SYN. germe, grain, semence.

grainer *verbe* Produire des grains. SYN. grener.

graisse *nom féminin* Tissu adipeux de l'homme. SYN. adipose, cellulite. ■ Substance grasse. SYN. corps gras, matière grasse.

graisser *verbe* Enduire de graisse. SYN. huiler, lubrifier.

graisseux *adjectif* De la nature de la graisse. SYN. gras, huileux.

gramme *nom masculin* Petite quantité de. SYN. atome, bribe, brin, doigt, filet, goutte, grain, larme, miette, nuage, once, parcelle, pointe, soupçon, teinte, trace. – FAMILIER : lichette. – LITTÉRAIRE : liard, ombre. – POPULAIRE : chouia. CONTR. *armée, avalanche, cascade, déluge, flot, foule, infinité, kyrielle, masse, monceau, montagne, multitude, myriade, nuée, pléiade, pluie, tas, torrent.* – FAMILIER : *armada, cargaison, flopée, foultitude, paquet, pelletée, ribambelle, tapée.* – LITTÉRAIRE : *averse, océan.*

grand *nom* Personne de grande taille. SYN. géant. – FAMILIER : asperge. CONTR. *petit.* – PÉJORATIF : *nabot.*

grand *adjectif* De taille élevée. SYN. élancé, gigantesque, longiligne. CONTR. *chétif, lilliputien, nain, petit.* ■ Qui a des dimensions étendues. SYN. ample, confortable, énorme, étendu, gigantesque, immense, monumental, spacieux. – LITTÉRAIRE : vaste. CONTR. *exigu, microscopique, minuscule, réduit.* – FAMILIER : *rikiki, riquiqui.* ■ Qui atteint un haut degré. SYN. conséquent, considérable, élevé, fort, important, intense, violent. CONTR. *infime, léger, médiocre, minime, modique.* ■ Important en quantité. SYN. bon, gros, interminable, long, prolongé. CONTR. *bref, court, fugitif, petit.* ■ Qui a atteint la maturité. SYN. adulte. CONTR. *enfant, jeune, petit.* ■ Qui se distingue par ses qualités. SYN. beau, éminent, génial, glorieux, grandiose, incomparable, noble, prestigieux, profond, remarquable, réputé, supérieur, talentueux. – FAMILIER : fameux, sacré. – LITTÉRAIRE : auguste, distingué. CONTR. *humble, insignifiant, médiocre, minable, petit, piètre, quelconque, superficiel.*

grandement *adverbe* Sans regarder à la dépense. SYN. fastueusement, généreusement, princièrement. CONTR. *chichement, mesquinement, parcimonieusement.* ■ De façon plus que suffisante. SYN. abondamment, en abondance, amplement, beaucoup, colossalement, considérablement, copieusement, à discrétion, énormément, à flots, à foison, généreusement, largement, à la pelle, pleinement, à profusion, en quantité, richement, à satiété, à souhait. – FAMILIER : à gogo, jusqu'à plus soif, en pagaille, à revendre, à tire-larigot. CONTR. *guère, à peine.* ■ À un haut degré. SYN. bien, follement, fortement, hautement, incroyablement, infiniment, mortellement, parfaitement, particulièrement, prodigieusement, profondément, puissamment, sérieusement, singulièrement, supérieurement, terriblement, très, trop, vertigineusement. – FAMILIER : bigrement, bougrement, diablement, drôlement, fameusement, fichtrement, fichûment, formidablement, joliment, méchamment, rudement, sacrément. – LITTÉRAIRE : diantrement, furieusement. – POPULAIRE : foutrement, salement, vachement. – VIEUX : fièrement. CONTR. *nullement, pas du tout, pas le moins du monde, peu.*

grandeur *nom féminin* Dimension de quelque chose. SYN. dimension, étendue, hauteur, proportions, superficie, taille, volume. ■ Caractère important. SYN. ampleur, étendue, importance, profondeur. CONTR. *médiocrité, modestie, petitesse.* ■ Importance politique, sociale. SYN. force, puissance, suprématie. CONTR. *décadence, déchéance, déclin, faiblesse.* ■ Élévation morale. SYN. dignité, force, gloire, mérite, supériorité, valeur. – LITTÉRAIRE : élévation, majesté, sublimité. CONTR. *bassesse, ignominie, indignité, mesquinerie, misère, trivialité.*

grandiloquence *nom féminin* Caractère grandiloquent. SYN. boursouflure, emphase, enflure. – LITTÉRAIRE : bouffissure, pompe, rhétorique, solennité. CONTR. *dépouillement, naturel, simplicité, sobriété.*

grandiloquent *adjectif* Qui a un caractère pompeux. SYN. ampoulé, boursouflé, déclamatoire, emphatique, hyperbolique, pompeux, précieux, ronflant, sentencieux, théâtral. CONTR. *concis, familier, laconique, naturel, simple, sobre.*

grandiose *adjectif* D'une grandeur imposante. SYN. admirable, fantastique, grand, imposant, impressionnant, magnifique, majestueux, prestigieux, royal, solennel, sublime, superbe. – FAMILIER : épique, fabuleux, monumental. – LITTÉRAIRE : orgueilleux. CONTR. *abject, bas, médiocre, méprisable, mesquin, petit.* – LITTÉRAIRE : *vil.*

grandir *verbe intransitif* Augmenter en taille. SYN. s'allonger, croître, se développer, forcir, pousser. – FAMILIER : profiter. CONTR. *décroître, rapetisser.* ■ Devenir plus intense. SYN. s'accroître, s'amplifier, augmenter, enfler, s'étendre, grossir, s'intensifier, monter. CONTR. *s'amenuiser, s'amoindrir, baisser, décroître, diminuer.*

grandir *verbe transitif* Faire paraître plus grand. SYN. hausser, rehausser. CONTR. *raccourcir, rapetisser.* ■ Donner plus d'importance. SYN. dramatiser, grossir. – LITTÉRAIRE : enfler, surfaire. CONTR. *amoindrir, minimiser.* – LITTÉRAIRE : *rabattre.* ■ Donner plus de prestige. SYN. ennoblir, idéaliser. CONTR. – LITTÉRAIRE : *rabaisser.*

grandissant *adjectif* Qui va croissant. SYN. croissant. – LITTÉRAIRE : grossissant. CONTR. *décroissant, descendant.*

grandissement *nom masculin* Action de devenir plus grand. SYN. accroissement, allongement, croissance, épanouissement, extension, hausse, intensification. CONTR. *baisse, décroissance, diminution, rapetissement.*

grand-mère *nom féminin* Mère du père ou de la mère. SYN. bonne-maman, grand-maman. – FAMILIER : mamie, mammy, mamy, mémé, mémère. – LITTÉRAIRE : aïeule. – VIEUX : mère-grand.

grand-peine (à) *locution adverbiale* Avec difficulté. SYN. difficilement, durement, laborieusement, malaisément, péniblement, tant bien que mal, tout juste. – FAMILIER : cahin-caha, clopin-clopant, comme ci comme ça, couci-couça. CONTR. *aisément, facilement, péniblement, sans difficulté, sans encombre.* – FAMILIER : *les doigts dans le nez.*

grand-père *nom masculin* Père du père ou de la mère. SYN. bon-papa, grand-papa. – FAMILIER : papi, papy, pépé, pépère. – LITTÉRAIRE : aïeul.

granité *adjectif* Qui présente des grains. SYN. granuleux, grené, grenu. CONTR. *lisse.*

granulé *adjectif* Qui présente des granulations. SYN. granulaire, granuleux, grenu. CONTR. *lisse.*

granuleux *adjectif* Aggloméré en petits grains. SYN. granité, grenu, rude, rugueux. CONTR. *lisse, plat.*

granulocyte *nom masculin* Type de globule blanc. SYN. polynucléaire.

grape-fruit *nom masculin* Fruit du groupe des agrumes. SYN. pamplemousse, pomelo.

graphique *nom masculin* Représentation par un dessin. SYN. courbe, diagramme, tracé.

grappe *nom féminin* Groupe serré. SYN. amas, amoncellement, chapelet. – LITTÉRAIRE : essaim, gerbe.

grappiller *verbe* Faire un gain illicite. SYN. écornifler, marauder. – FAMILIER : carotter, chaparder, chiper, gratter, grignoter, rabioter. ■ Prendre çà et là au hasard. SYN. butiner, glaner. – FAMILIER : chiper, écornifler.

gras *adjectif* Qui a beaucoup de graisse. SYN. adipeux, bien en chair, bouffi, boursouflé, charnu, empâté, épais, gros, obèse, plantureux, plein, potelé, rebondi, replet, rondelet. – FAMILIER : dodu, grassouillet, rondouillard. CONTR. *cachectique, décharné, efflanqué, filiforme, maigre, maigrelet, squelettique, svelte.* – FAMILIER : *maigrichon.* – LITTÉRAIRE : *émacié, étique, gracile.* ■ Qui est enduit de graisse. SYN. graisseux, huileux, poisseux, visqueux. ■ FAMILIER. Qui est graveleux. SYN. coquin, croustillant, égrillard, gaulois, graveleux, grivois, grossier, leste, libre, obscène, ordurier, polisson, rabelaisien, salé. – LITTÉRAIRE : malsonnant, poivré. ■ LITTÉRAIRE. Se dit d'une terre riche. SYN. fécond, fertile. – LITTÉRAIRE : généreux, opulent, plantureux. CONTR. *aride, improductif, pauvre, sec, stérile.*

grassement *adverbe* Avec largesse. SYN. généreusement, largement. CONTR. *chichement, mesquinement, parcimonieusement.* ■ Dans un large bien-être. SYN. à l'aise, largement, richement. CONTR. *mal, misérablement, pauvrement.*

grassouillet *adjectif* FAMILIER. Un peu gras. SYN. adipeux, bien en chair, gras, potelé, rebondi, replet. – FAMILIER : boulot, dodu, rond, rondelet, rondouillard. CONTR. *décharné, filiforme, maigre, maigrelet, maigriot, menu, sec, squelettique.* – FAMILIER : *maigrichon.* – LITTÉRAIRE : *émacié, étique.*

gratification *nom féminin* Somme d'argent donnée en plus. SYN. dessous-de-table, pot-de-vin, pourboire, ristourne. – FAMILIER : bakchich. – VIEUX : gracieuseté. ■ Supplément de salaire. SYN. boni, bonification, enveloppe, guelte, prime. CONTR. *retenue.*

gratifier *verbe* Accorder quelque chose d'agréable. SYN. accorder, douer. – LITTÉRAIRE : favoriser. ■ Donner une somme d'argent. SYN. adjuger, allouer, doter, fournir, octroyer, offrir, pourvoir, procurer.

gratin *nom masculin* FAMILIER. Personnes les plus choisies. SYN. beau monde, le dessus du panier, élite, fine fleur, la fine fleur, fleur, gotha. – FAMILIER : beau linge, crème. – LITTÉRAIRE : aristocratie. CONTR. *lie, rebut.*

gratis *adverbe* Sans qu'il en coûte rien. SYN. bénévolement, franco, gracieusement, gratuitement, pour rien, sans bourse délier, à titre gracieux. – FAMILIER : à l'œil, pour pas un rond. – POPULAIRE : gratos. CONTR. *chèrement, coûteusement, à grands frais.* – LITTÉRAIRE : *dispendieusement.*

gratitude *nom féminin* Sentiment affectueux. SYN. reconnaissance. – LITTÉRAIRE : obligation. CONTR. *ingratitude.* – VIEUX : *méconnaissance.*

gratte-cul *nom masculin invariable* Fruit charnu de l'églantier. SYN. cynorhodon.

gratte-papier *nom masculin* FAMILIER. Employé de bureau. SYN. bureaucrate, plumitif. – FAMILIER : rond-de-cuir, scribe, scribouillard.

gratter *verbe* Irriter la peau. SYN. chatouiller, démanger, picoter. – FAMILIER : grattouiller. ■ FAMILIER. Prélever à son profit. SYN. extorquer, grappiller, grignoter, rogner. – FAMILIER : barboter, carotter, rabioter. ■ FAMILIER. Devancer un concurrent. SYN. dépasser, devancer, distancer, doubler. – FAMILIER : griller, lâcher, semer. ■ Racler une surface. SYN. effacer, enlever, racler, râper.

grattons *nom masculin pluriel* Résidus de la fonte de graisse animale. SYN. fritons.

grattouiller *verbe* FAMILIER. Gratter légèrement. SYN. chatouiller, gratter.

gratuit *adjectif* Dont on jouit sans payer. SYN. bénévole, donné, gracieux, offert. CONTR. *cher, coûteux, payant.* – LITTÉRAIRE : *dispendieux.* ■ Accordé d'une manière désintéressée. SYN. désintéressé. CONTR. *intéressé.* ■ Ni motivé ni justifié. SYN. absurde, arbitraire, fantaisiste, hasardeux, immotivé, injustifié. CONTR. *fondé, justifié, motivé.*

gratuitement *adverbe* D'une manière désintéressée. SYN. bénévolement, gracieusement, gratis. ■ Sans payer. SYN. bénévolement, franco, gracieusement, gratis, pour rien, sans bourse délier, à titre gracieux. – FAMILIER : à l'œil, pour pas un rond. – POPULAIRE : gratos. ■ Sans motif. SYN. arbitrairement, sans fondement, sans raison.

gravats *nom masculin pluriel* Ce qui reste d'une démolition. SYN. débris, décombres, gravois, ruines.

grave *adjectif* Qui est d'une grande importance. SYN. gros, important, lourd, notable, sérieux. CONTR. *anodin, banal, futile, insignifiant, léger, mineur, puéril, quelconque, risible, vain.* ■ Qui peut avoir de graves conséquences. SYN. alarmant, angoissant, critique, dramatique, inquiétant, pénible, périlleux, préoccupant, redoutable, sérieux, sévère, tragique. CONTR. *excusable, rassurant.* – LITTÉRAIRE : *véniel.* ■ Qui manifeste un grand sérieux. SYN. digne, imposant, majestueux, noble, réservé, sentencieux, sérieux, sévère, solennel, sombre. CONTR. *badin, bouffon, burlesque, comique, coquin, enjoué, facétieux, familier, farceur, frivole, goguenard, hilarant, impertinent, leste, narquois, polisson, rieur.* – FAMILIER : *cocasse.* – LITTÉRAIRE : *folâtre.* ■ Qui agit avec réserve. SYN. circonspect, digne, posé, prudent, réfléchi, sage. CONTR. *distrait, écervelé, étourdi, fantaisiste, irréfléchi.* ■ Se dit d'un son de basse fréquence. SYN. bas, caverneux, sourd. CONTR. *aigu, clair, éclatant, haut, perçant.*

graveleux *adjectif* Mêlé de graviers. SYN. caillouteux, pierreux. ■ Qui est très licencieux. SYN. coquin, croustillant, cru, égrillard, épicé, gaillard, gaulois, grivois, grossier, immoral, leste, libertin, licencieux, lubrique, obscène, ordurier, polisson, rabelaisien, salé, trivial. – FAMILIER : cochon, gras, olé olé, porno. – LITTÉRAIRE : déshonnête, malsonnant, poivré, salace.

graveline *nom féminin* Herbe à capitules jaune clair. SYN. grageline, lampsane.

gravement *adverbe* Avec gravité. SYN. dignement, posément, sentencieusement, sérieusement, solennellement. CONTR. *burlesquement, comiquement.* ■ De façon considérable. SYN. considérablement, fortement, largement, lourdement, notablement, terriblement. – FAMILIER : drôlement. ■ D'une manière dangereuse. SYN. grièvement, mortellement, sérieusement, sévèrement. CONTR. *légèrement.*

graver *verbe* Tracer en creusant. SYN. buriner, incruster, lithographier. ■ Fixer dans la mémoire. SYN. inculquer, inscrire. – LITTÉRAIRE : empreindre.

gravir *verbe* Monter avec effort. SYN. escalader, franchir, grimper, se hisser, monter. CONTR. *descendre, dévaler.* – FAMILIER : *débouler.*

gravité *nom féminin* Qualité d'une personne grave. SYN. austérité, circonspection, componction, dignité, pondération, sagesse, sérieux, sévérité. – LITTÉRAIRE : solennité. CONTR. *badinage, bouffonnerie, enjouement, facétie, fantaisie, frivolité, futilité, gaminerie, humour, immaturité, irréflexion, légèreté, puérilité.* ■ Caractère important. SYN. importance, lourdeur, pesanteur, poids, portée. CONTR. *banalité, frivolité, futilité, inconsistance, légèreté, médiocrité.* – LITTÉRAIRE : *inanité, superficialité, vanité.*

gravois *nom masculin pluriel* Ce qui reste d'une démolition. SYN. débris, décombres, gravats.

gredin *nom* Personne dénuée de sens moral. SYN. aigrefin, bandit, brigand, canaille, charlatan, chenapan, crapule, escroc, filou, forban, fraudeur, racaille, scélérat, vaurien, vermine, voleur, voyou. – FAMILIER : empileur, estampeur, faisan, fripouille, margoulin, pendard, sacripant. – LITTÉRAIRE : pirate. – POPULAIRE : arsouille, frappe, gouape. – VIEUX : coquin, fripon, galapiat.

greffer *verbe* Insérer sur. SYN. adjoindre, insérer, introduire.

greffer (se) *verbe pronominal* S'adjoindre à quelque chose. SYN. s'adjoindre, s'ajouter, s'insérer, s'introduire.

grêle *adjectif* Long et menu. SYN. délicat, effilé, filiforme, fin, fluet, frêle, gringalet, maigrelet, maigriot, menu, mince, svelte, ténu. – LITTÉRAIRE : délié, gracile. CONTR. *épais, fort, gros, massif, puissant, ramassé, volumineux.* – FAMILIER : *rond.* – LITTÉRAIRE : *trapu.*

grêle *nom féminin* Grains de glace. SYN. grêlon, grésil. ■ Grande quantité de. SYN. avalanche, cascade, chapelet, déluge, flot, flux, kyrielle, masse, monceau, multitude, pluie, volée. – FAMILIER : cargaison, pelletée. – LITTÉRAIRE : averse, essaim, fleuve. CONTR. *atome, bribe, brin, doigt, goutte, grain, gramme, larme, lueur, miette, nuage, once, parcelle, peu, pointe, soupçon, trace.* – LITTÉRAIRE : *liard, ombre, trait.* – POPULAIRE : *chouia.*

grelottant *adjectif* Qui grelotte. SYN. frissonnant, transi, tremblant.

grelottement *nom masculin* Fait de grelotter. SYN. frisson, tremblement. – LITTÉRAIRE : frissonnement.

grelotter *verbe* Être agité de tremblements. SYN. frémir, frissonner, trembler. – LITTÉRAIRE : trémuler. ■ Avoir très froid. SYN. avoir la chair de poule, claquer des dents, être glacé, être transi. – FAMILIER : être frigorifié, peler de froid. – POPULAIRE : cailler, se cailler les miches, se les geler, se peler.

grémille *nom féminin* Poisson des grands cours d'eau. SYN. perche goujonnière.

grenaillage *nom masculin* Projection de billes à l'aide d'une turbine. SYN. billage.

grenailler *verbe* Projeter des billes sur une pièce. SYN. biller.

grenat *adjectif invariable* Rouge sombre. SYN. bordeaux, carmin, cramoisi, écarlate, incarnat, ponceau, pourpre, vermillon. – LITTÉRAIRE : vermeil.

grené *adjectif* Aux aspérités en forme de grains. SYN. granité, granuleux, grenu. CONTR. *lisse.*

grener *verbe* Produire des grains. SYN. grainer.

grenier *nom masculin* Étage supérieur d'une maison. SYN. combles, mansarde. CONTR. *cave.*

grenouillage *nom masculin* FAMILIER. Intrigues douteuses. SYN. agissements, cuisine, machination, maquignonnage. – FAMILIER : fricotage, trafic, tripotage. – POPULAIRE : magouillage, magouille.

grenouille *nom féminin* FAMILIER. ***Grenouille de bénitier,*** personne excessivement pieuse. SYN. bigot. – FAMILIER : bondieusard, calotin, punaise de sacristie, rat d'église. ■ ***Grenouille taureau,*** grande grenouille de l'Amérique du Nord. SYN. ouaouaron.

grenouiller *verbe* FAMILIER. Se livrer au grenouillage. SYN. agir en sous-main, comploter, conspirer, intriguer, manigancer, manœuvrer, ruser, tramer. – FAMILIER : traficoter, trafiquer. – LITTÉRAIRE : cabaler, conjurer. – POPULAIRE : magouiller.

grenouillère *nom féminin* Combinaison pour bébé. SYN. gigoteuse.

grenu *adjectif* Aux aspérités en forme de grains. SYN. granité, granuleux, grené, rude, rugueux. CONTR. *lisse, plat.*

grésillement *nom masculin* Action de grésiller. SYN. crépitation, crépitement, friture.

grésiller *verbe* Faire entendre des bruits secs. SYN. crépiter, pétiller.

grève *nom féminin* LITTÉRAIRE. Terrain sablonneux. SYN. berge, bord, côte, plage, rive.

grever *verbe* Soumettre à de lourdes charges. SYN. accabler, charger, écraser, imposer, oppresser, pressurer, saigner, surcharger, taxer. CONTR. *alléger, décharger, dégrever, détaxer, exonérer, soulager.*

gribouillage *nom masculin* Dessin, peinture informe. SYN. barbouillage, barbouillis. ■ Écriture illisible, informe. SYN. gribouillis, griffonnage, pattes de mouche.

gribouiller *verbe* Écrire d'une manière confuse. SYN. griffonner. ■ Remplir de gribouillages. SYN. barbouiller, taguer. – FAMILIER : peinturlurer.

gribouillis *nom masculin* Écriture informe. SYN. barbouillage, barbouillis, gribouillage, griffonnage.

gribouri *nom masculin* Insecte parasite de la vigne. SYN. adoxus, bromius, écrivain, eumolpe.

grief *nom masculin* Motif de plainte. SYN. accusation, doléance, récrimination, reproche, vitupération.

grièvement *adverbe* De façon grave. SYN. gravement, sérieusement, sévèrement. CONTR. *faiblement, légèrement, à peine, superficiellement.*

griffe *nom féminin* Marque caractéristique. SYN. cachet, empreinte, estampille, marque, note, patte, plume, signature, style. – LITTÉRAIRE : sceau, touche.

griffer *verbe* Marquer d'un coup de griffe. SYN. déchirer, écorcher, égratigner, érafler, excorier.

griffonnage *nom masculin* Écriture illisible. SYN. gribouillage, gribouillis, pattes de mouche.

griffonner *verbe* Écrire sans soin. SYN. barbouiller, gribouiller.

griffure *nom féminin* Coup de griffe. SYN. écorchure, égratignure, éraflure, excoriation.

grigner *verbe* Faire des faux plis. SYN. godailler, goder, grimacer, pocher.

grignoter *verbe* Manger peu. SYN. avoir un appétit d'oiseau, manger comme un moineau, manger du bout des dents. – FAMILIER : chipoter, mangeotter, picorer, pignocher. CONTR. *avoir un bon coup de fourchette, se bourrer, dévorer, engloutir, engouffrer, se gaver.* – FAMILIER : *s'en donner jusqu'à la garde, s'empiffrer, enfourner,* *manger comme quatre, manger comme un ogre, s'en mettre jusque-là, s'en mettre plein la panse.* – POPULAIRE : *bâfrer, s'en fourrer jusque-là, se goinfrer, manger à s'en faire péter la sous-ventrière, manger comme un chancre, s'en mettre plein la gueule, s'en mettre plein la lampe.* ■ S'approprier peu à peu. SYN. entamer, grappiller, ronger. – FAMILIER : gratter, rabioter.

grigou *nom masculin* FAMILIER. Personne avare. SYN. avare, thésauriseur. – FAMILIER : grippe-sou, pingre, radin, rapiat, rat. – LITTÉRAIRE : avaricieux, harpagon, ladre, lésineur. CONTR. *dépensier, dilapidateur, gaspilleur.* – FAMILIER : *panier percé.* – LITTÉRAIRE : *dissipateur.*

gri-gri ou **grigri** *nom masculin* Objet qui porte bonheur. SYN. amulette, fétiche, porte-bonheur, talisman.

gril *nom masculin* Ustensile pour effectuer des grillades. SYN. grilloir.

grille-pain *nom masculin invariable* Appareil pour griller les tranches de pain. SYN. toasteur.

griller *verbe intransitif* Rôtir sur le gril. SYN. cuire, faire revenir, rissoler, rôtir. ■ Être très impatient. SYN. aspirer à, avoir envie de, avoir hâte de, brûler de, mourir d'envie de. – FAMILIER : crever d'envie de. CONTR. *dédaigner, se désintéresser, faire fi de, répugner.*

griller *verbe transitif* Soumettre à un feu vif. SYN. brûler, calciner, carboniser, flamber, rôtir, torréfier. ■ FAMILIER. Devancer un adversaire. SYN. dépasser, devancer, doubler. – FAMILIER : enfoncer, gratter.

grilloir *nom masculin* Ustensile pour effectuer des grillades. SYN. gril.

grillon *nom masculin* Petit insecte à appareil stridulatoire puissant. SYN. – FAMILIER : cricri.

grimace *nom féminin* Contorsion des muscles du visage. SYN. moue, rictus.

grimacer *verbe* Faire un faux pli. SYN. godailler, goder, grigner, pocher.

grimage *nom masculin* Action de grimer. SYN. maquillage.

grimer *verbe* Maquiller pour le théâtre. SYN. farder, maquiller.

grimper *verbe* Accéder à un endroit élevé. SYN. escalader, gravir, se hisser, monter. – VIEUX : ascensionner. CONTR. *chuter, descendre, dévaler.* – FAMILIER : *débouler, dégringoler.*

grimpette *nom féminin* FAMILIER. Montée raide. SYN. côte, montée, rampe. – FAMILIER : grimpée. CONTR. *pente.*

grimpeur *nom* Cycliste à l'aise dans les montées. CONTR. *descendeur.*

grinçant *adjectif* Qui manque d'harmonie. SYN. discordant, dissonant. ■ Qui raille férocement. SYN. aigre, amer. – LITTÉRAIRE : âcre.

grincement *nom masculin* Fait de grincer. SYN. crissement.

grincer *verbe* Produire un bruit aigu. SYN. craquer, crisser, vibrer.

grincheux *adjectif* Qui se plaint continuellement. SYN. acariâtre, bougon, grognon, hargneux, maussade, morose, revêche. – FAMILIER : geignard, pleurnichard, pleurnicheur, râleur, ronchon, ronchonneur, rouspéteur. – LITTÉRAIRE : chagrin.

grincheux *nom* Personne qui se plaint. SYN. boudeur, bougon, grognon. – FAMILIER : pleurard, pleurnichard, pleurnicheur, râleur, ronchon, ronchonneur, rouspéteur.

grinde *nom masculin* Grand dauphin à tête globuleuse. SYN. globicéphale.

gringalet *nom masculin* Homme ou garçon chétif. SYN. maigriot. – FAMILIER : freluquet, maigrichon, mauviette. CONTR. *costaud.*

gringuenaude *nom féminin* VIEUX. Restes de repas. SYN. reliefs. – FAMILIER : rogatons . – VIEUX : arlequins.

grippe-sou *nom* FAMILIER. Personne très avare. SYN. avare, thésauriseur. – FAMILIER : grigou, pingre, radin, rapiat, rat. – LITTÉRAIRE : avaricieux, harpagon, ladre, lésineur. CONTR. *dépensier, dilapidateur, gaspilleur, généreux.* – FAMILIER : *panier percé.* – LITTÉRAIRE : *dissipateur.*

gris *adjectif* Sans éclat. SYN. monocorde, morne, morose, pâle, plat, terne, triste. CONTR. *brillant, coloré, éclatant, lumineux, passionnant, pittoresque.* ■ Plus ou moins ivre. SYN. aviné, enivré, gai, ivre. – FAMILIER : éméché, imbibé, parti, pompette, saoul, soûl. – POPULAIRE : beurré, chargé, cuit, paf, pété, pinté, raide, rond, torché. ■ Se dit d'un temps couvert. SYN. bouché, noir, nuageux. CONTR. *clair, ensoleillé, radieux.* – LITTÉRAIRE : *serein.*

grisaille *nom féminin* Phalène aux ailes festonnées. SYN. boarmie. ■ Atmosphère triste. SYN. mélancolie, monotonie, morosité, tristesse.

grisant *adjectif* Qui enivre. SYN. enivrant. – FAMILIER : émoustillant. ■ Qui exalte les sens. SYN. capiteux, délicieux, ensorcelant, entêtant, envoûtant, exaltant. ■ Qui excite l'esprit. SYN. enchanteur, enthousiasmant, étourdissant, excitant. – FAMILIER : emballant.

grisâtre *adjectif* Qui dénote la monotonie. SYN. fade, monotone, morne, morose, plat, terne, triste.

grisé *adjectif* Qui ressent de l'exaltation. SYN. exalté, extasié, ivre, saoul, soûl.

griser *verbe* Exalter les sens. SYN. entêter, étourdir, exalter, monter à la tête, soûler. – FAMILIER : émoustiller. ■ Exciter l'esprit. SYN. charmer, enthousiasmer, étourdir, tourner la tête. – FAMILIER : emballer. – LITTÉRAIRE : enflammer. ■ Enivrer légèrement. SYN. enivrer. – FAMILIER : soûler. CONTR. *dégriser, dessoûler.*

griser (se) *verbe pronominal* Devenir un peu ivre. SYN. boire, s'enivrer. – FAMILIER : se soûler. – POPULAIRE : se pinter. ■ Être dans un état d'exaltation. SYN. s'exalter, exulter, se pâmer.

griserie *nom féminin* Fait d'être à moitié ivre. SYN. étourdissement, ivresse. – LITTÉRAIRE : fumées, vapeurs. – VIEUX : enivrement. ■ Excitation de l'esprit. SYN. délire, enchantement, euphorie, exaltation, excitation, extase, ivresse, joie, vertige. – LITTÉRAIRE : enivrement, étourdissement, transport. CONTR. *désenchantement, désillusion.* – LITTÉRAIRE : *blasement.*

griset *nom masculin* Poisson des côtes de France. SYN. canthare, cantre, daurade grise, dorade grise.

grivet *nom masculin* Cercopithèque gris verdâtre. SYN. singe vert, vervet.

grivois *adjectif* Osé sans être obscène. SYN. coquin, croustillant, cru, égrillard, gaillard, gaulois, graveleux, hardi, immoral, indécent, leste, libertin, libre, licencieux, osé, paillard, polisson, salé. – FAMILIER : cochon, gras, olé olé, raide. – LITTÉRAIRE : déshonnête, poivré, salace. CONTR. *prude, pudibond, pudique, puritain.*

grivoiserie *nom féminin* Caractère grivois. SYN. gauloiserie, grossièreté, indécence, paillardise, polissonnerie, verdeur. – FAMILIER : gaudriole. – LITTÉRAIRE : gaillardise, licence, salacité. – POPULAIRE : cochonnerie.

groggy *adjectif* FAMILIER. Étourdi par un choc. SYN. abasourdi, abattu, anéanti, assommé, effondré. – FAMILIER : sonné.

grognasser *verbe intransitif* FAMILIER. Grogner sans motif. SYN. grognonner, ronchonner, rouspéter. – POPULAIRE : rouscailler. – VIEUX : rogner, rognonner.

grogne *nom féminin* FAMILIER. Insatisfaction collective. SYN. acrimonie, bougonnement, hargne, insatisfaction, mécontentement, récrimination. – FAMILIER : rogne.

grognement *nom masculin* Action de grogner. SYN. bougonnement, grommellement, grondement. – FAMILIER : ronchonnement.

grogner *verbe* Protester sourdement. SYN. grommeler, maugréer, murmurer, pester. – FAMILIER : bougonner, grognasser, grognonner, maronner, râler, ronchonner, rouspéter. – POPULAIRE : rouscailler. – VIEUX : rogner, rognonner. ■ Émettre un bruit sourd. SYN. grommeler, gronder.

grognon *adjectif* Qui grogne. SYN. boudeur, bougon, grincheux, hargneux, maussade, renfrogné. – FAMILIER : râleur, ronchon, ronchonneur, rouspéteur. – LITTÉRAIRE : chagrin. CONTR. *aimable, gai, heureux.*

grognon *nom* Personne qui grogne. SYN. boudeur, bougon, grincheux. – FAMILIER : râleur, ronchon, ronchonneur, rouspéteur.

grognonner *verbe* FAMILIER. Grogner sans motif. SYN. grogner, grommeler, gronder. – FAMILIER : bougonner, grognasser, ronchonner, rouspéter. – POPULAIRE : rouscailler. – VIEUX : rogner, rognonner.

grole ou **grolle** *nom féminin* POPULAIRE. Chaussure. SYN. soulier. – FAMILIER : godillot. – POPULAIRE : croquenot, écrase-merde, godasse, pompe, tatane.

grommeler *verbe* Protester en murmurant. SYN. bredouiller, grogner, gronder, marmonner, marmotter, maugréer, murmurer. – FAMILIER : bougonner, grognonner, maronner, ronchonner. – VIEUX : rogner, rognonner.

grommellement *nom masculin* Son émis en grommelant. SYN. bougonnement, bredouillage, bredouillement, bredouillis, grognement, marmonnement, marmottement.

grondant *adjectif* Qui gronde. SYN. bruyant, fracassant, vrombissant.

grondement *nom masculin* Bruit menaçant d'un animal. SYN. feulement, grognement, hennissement, hurlement, mugissement. ■ Bruit sourd et ample. SYN. bourdonnement, fracas, ronflement, roulement, rugissement, tonnerre, vrombissement. – FAMILIER : ronron. – LITTÉRAIRE : hurlement, mugissement, rumeur.

gronder *verbe intransitif* Exprimer son mécontentement. SYN. bougonner, grogner, grommeler, s'indigner, maugréer, murmurer. – FAMILIER : grognonner, maronner, râler, ronchonner, rouspéter. – POPULAIRE : rouscailler. – VIEUX : rogner, rognonner. ■ Produire un bruit sourd. SYN. hurler, tonner, vrombir. – LITTÉRAIRE : mugir, rugir.

gronder *verbe transitif* Faire une réprimande. SYN. avertir, corriger, houspiller, morigéner, rappeler à l'ordre, reprendre, réprimander, sermonner, tirer les oreilles. – FAMILIER : attraper, disputer, enguirlander, passer un savon, sonner les cloches à. – LITTÉRAIRE : admonester, fustiger, gourmander, moraliser, quereller, semoncer, tancer. – POPULAIRE : engueuler, remonter les bretelles.

gronderie *nom féminin* Réprimande faite à un enfant. SYN. observation, remontrance, reproche. – LITTÉRAIRE : admonestation, admonition.

grondeur *adjectif* Qui gronde. SYN. grincheux, hargneux, querelleur. – FAMILIER : râleur, ronchon, ronchonneur, rouspéteur.

grondin *nom masculin* Poisson marin des fonds vaseux. SYN. trigle.

gros *adjectif* Dont les dimensions dépassent la moyenne. SYN. énorme, épais, volumineux. – FAMILIER : mastoc. – LITTÉRAIRE : vaste. CONTR. *exigu, microscopique, minuscule, petit.* ■ Qui est plus gras que la moyenne. SYN. adipeux, bien en chair, corpulent, fort, massif, obèse, rebondi, replet, ventru. – FAMILIER : gras à lard, gras comme un cochon, gras comme un moine, grassouillet, pansu, rond, rondelet, rondouillard, ventripotent. CONTR. *cachectique, chétif, décharné, efflanqué, élancé, filiforme, fluet, frêle, maigre, menu, mince, squelettique, svelte.* – FAMILIER : *maigrichon.* – LITTÉRAIRE : *émacié, étique, gracile.* ■ Plus large que le reste du corps. SYN. ballonné, bouffi, boursouflé, charnu, enflé, globuleux, gonflé, soufflé. – FAMILIER : bedonnant, boudiné, dodu. CONTR. *effilé, fin, grêle.* – LITTÉRAIRE : *aérien, arachnéen.* ■ Dont la quantité est considérable. SYN. conséquent, considérable, excessif, extraordinaire, fabuleux, formidable. – FAMILIER : coquet, faramineux, joli, rondelet, solide. CONTR. *faible, modeste, modique, piètre, réduit.* – FAMILIER : *minable.* ■ Dont le degré est élevé. SYN. fort, grave, intense, lourd, profond, sérieux, sévère, vif, violent. CONTR. *anodin, faible, insignifiant, léger, limité, ténu.* – LITTÉRAIRE : *véniel.* ■ Dont l'influence est importante. SYN. considérable, grand, important, influent, opulent, puissant. CONTR. *humble, médiocre, modeste, moyen.* ■ Qui manque de délicatesse. SYN. commun, gras, grossier, ordinaire, vulgaire. CONTR. *délicat, distingué, fin, précieux, raffiné, subtil.*

gros *nom* Personne corpulente. SYN. obèse, poussah. – FAMILIER : éléphant, mastodonte, patapouf, pépère.

gros *nom masculin* FAMILIER. Personne importante. SYN. baron, grand, notable, puissant, riche. – FAMILIER : gros bonnet, grosse légume, légume. – POPULAIRE : huile. CONTR. *humble, pauvre, petit.* ■ ***En gros,*** dans les grandes lignes. SYN. approximativement, dans l'ensemble, pour l'essentiel, fragmentairement, globalement, grossièrement, grosso modo, imparfaitement, incomplètement, insuffisamment, à peu près, rudimentairement, sensiblement, sommairement, en substance, succinctement, superficiellement, vaguement.

gros-porteur *nom masculin* Avion de transport de grande capacité. SYN. jumbo-jet.

grosseur *nom féminin* Volume de quelque chose. SYN. calibre, diamètre, dimension, épaisseur, gabarit, proportions, taille. ■ État de quelqu'un de gros. SYN. corpulence, embonpoint, obésité, rondeur. – FAMILIER : gabarit, rotondité. CONTR. *finesse, maigreur.* ■ Partie enflée du corps. SYN. bosse, boule, enflure, excroissance, kyste, tuméfaction.

grossier *adjectif* Fait de manière rudimentaire. SYN. épais, gros, informe, lourd, massif, ordinaire, rude. CONTR. *délicat, fignolé, fin, impeccable, irréprochable, parfait, soigné, travaillé.* – FAMILIER : *léché.* – LITTÉRAIRE : *ciselé.* – VIEUX : *perlé.* ■ Qui n'est qu'ébauché. SYN. approximatif, élémentaire, primitif, sommaire. CONTR. *affiné, approfondi, détaillé, élaboré, exact, précis.* ■ Qui manque d'éducation. SYN. barbare, brut, discourtois, fruste, goujat, incorrect, inculte, indélicat, inélégant, insolent, mal élevé, malappris, rustre. – FAMILIER : malpoli, rustaud. – LITTÉRAIRE : incivil, rustique. – POPULAIRE : malembouché. – VIEUX : mal éduqué. CONTR. *aristocratique, attentionné, bien élevé, civilisé, courtois, cultivé, délicat, distingué, élégant, évolué, exquis, galant, noble, raffiné, subtil.* – LITTÉRAIRE : *civil, délié, policé.* – VIEUX : *bien éduqué.* ■ Qui choque les bienséances. SYN. choquant, cru, graveleux, inconvenant, lourd, obscène, ordurier, trivial, vulgaire. – FAMILIER : culotté, gras, malpoli. – LITTÉRAIRE : malséant, malsonnant. CONTR. *choisi, convenable, correct, décent.* – LITTÉRAIRE : *révérencieux.*

grossièrement *adverbe* D'une manière rudimentaire. SYN. lourdement, maladroitement, naïvement. CONTR. *délicatement, finement, subtilement.* – LITTÉRAIRE : *précieusement.* ■ D'une manière approximative. SYN. approximativement, en gros, grosso modo, sommairement, à la va-vite. CONTR. *exactement, précisément.* ■ D'une manière inconvenante. SYN. bassement, crûment, effrontément, impertinemment, impoliment, insolemment, trivialement, vulgairement. – LITTÉRAIRE : irrespectueusement, irrévérencieusement. – VIEUX : irrévéremment. CONTR. *courtoisement, galamment, gentiment, poliment.* – LITTÉRAIRE : *civilement.*

grossièreté *nom féminin* Caractère grossier. SYN. barbarie. – LITTÉRAIRE : rudesse. CONTR. *délicatesse,* *finesse, légèreté.* ▪ Manque d'éducation. SYN. brutalité, goujaterie, impolitesse, inconvenance, incorrection, indécence, indélicatesse, insolence, laisser-aller, lourdeur, muflerie, trivialité, verdeur, vulgarité. – LITTÉRAIRE : butorderie, rusticité. CONTR. *affabilité, amabilité, attention, bienséance, bonnes manières, coquetterie, correction, courtoisie, culture, délicatesse, distinction, éducation, élégance, esprit, grâce, politesse, préciosité, raffinement, subtilité.* – LITTÉRAIRE : *civilité, urbanité.* ▪ Propos inconvenant. SYN. crudité, écart de langage, gauloiserie, grivoiserie, incongruité, injure, invective, obscénité, ordure. – FAMILIER : cochonceté, saleté. – LITTÉRAIRE : gaillardise. – POPULAIRE : cochonnerie, saloperie.

grossir *verbe intransitif* Devenir plus volumineux. SYN. enfler, grandir. CONTR. *diminuer, rapetisser.* ▪ Prendre de l'embonpoint. SYN. s'alourdir, s'empâter, engraisser, épaissir, s'étoffer, forcir, prendre du poids. – FAMILIER : s'arrondir, profiter, se remplumer. CONTR. *s'affiner, amincir, s'amincir, désenfler, maigrir, mincir, perdre.* – FAMILIER : *fondre.* – LITTÉRAIRE : *s'émacier.* ▪ Augmenter en importance. SYN. s'accroître, s'élargir, enfler, s'étendre, s'intensifier, monter. CONTR. *s'affaiblir, décroître, diminuer, faiblir, rapetisser.*

grossir *verbe transitif* Donner une image agrandie. SYN. agrandir. CONTR. *réduire.* ▪ Donner plus d'importance à. SYN. amplifier, broder, dramatiser, exagérer, gonfler, monter en épingle, outrer. – FAMILIER : faire tout un cinéma de, en faire (tout) un fromage, en faire tout un plat, en faire une pendule, en faire une piscine, forcer la dose, forcer la note, en rajouter. – LITTÉRAIRE : enfler. CONTR. *amenuiser, amoindrir, circonscrire, diminuer, étouffer, minimiser, minorer, réduire, restreindre, sous-estimer.* ▪ S'ajouter à d'autres. SYN. accroître, s'ajouter, alourdir, augmenter, élargir, enrichir, gonfler, renforcer. CONTR. *alléger, diminuer, réduire.* ▪ Rendre un son plus fort. SYN. augmenter, forcer, hausser. CONTR. *assourdir, baisser, étouffer.*

grossissant *adjectif* LITTÉRAIRE. Qui devient plus gros. SYN. croissant, grandissant. ▪ Qui fait grossir. CONTR. *amaigrissant, amincissant.*

grossissement *nom masculin* Fait de se développer. SYN. accroissement, amplification, augmentation, développement, exagération, extension, gonflement. CONTR. *amenuisement, dépérissement, diminution, rapetissement, résorption.* – LITTÉRAIRE : *dégénérescence.* ▪ Fait de prendre du poids. SYN. épaississement, surcharge pondérale. CONTR. *amaigrissement, amincissement.*

grossiste *nom* Commerçant qui vend en gros. CONTR. *débitant, détaillant.*

grosso modo *adverbe* Sans entrer dans les détails. SYN. approximativement, dans l'ensemble, pour l'essentiel, fragmentairement, globalement, en gros, grossièrement, imparfaitement, incomplètement, insuffisamment, à peu près, rudimentairement, sensiblement, sommairement, en substance, succinctement, superficiellement, vaguement. CONTR. *exactement, précisément, strictement.*

grotesque *adjectif* Qui est ridicule. SYN. absurde, bouffon, burlesque, caricatural, clownesque, comique, ridicule, risible. – FAMILIER : cocasse. – LITTÉRAIRE : funambulesque.

grotesquement *adverbe* De façon grotesque. SYN. burlesquement, ridiculement.

grouillant *adjectif* Qui est plein de. SYN. bondé, comble, foisonnant, fourmillant, plein, pullulant. – FAMILIER : bourré, truffé.

grouillement *nom masculin* Mouvement de ce qui grouille. SYN. agitation, bouillonnement, effervescence, foisonnement, fourmillement, pullulement.

grouiller *verbe* Être plein de. SYN. abonder, déborder, foisonner, fourmiller, proliférer, pulluler, regorger, surabonder.

grouiller (se) *verbe pronominal* POPULAIRE. Faire vite. SYN. accélérer, agir, courir, se dépêcher, s'empresser, se hâter, passer la surmultipliée, passer la vitesse supérieure, se précipiter, presser le mouvement, presser le pas, se presser, se remuer. – FAMILIER : s'activer, faire vinaigre, foncer, speeder. – POPULAIRE : se dégrouiller, faire fissa, se magner le cul (le popotin), se magner, se manier le cul (le popotin), se manier. CONTR. *atermoyer, s'attarder, tarder, temporiser, traîner.* – FAMILIER : *lambiner, lanterner, traînailler, traînasser.*

groupe *nom masculin* Ensemble d'êtres ou de choses. SYN. bande, camp, catégorie, cénacle, cercle, clan, classe, commission, école, équipe, famille, groupement, noyau, parti, poignée, société, troupe. – FAMILIER : clique. ▪ ***Groupe de pression,*** structure influente. SYN. lobby.

groupement *nom masculin* Action de réunir en un groupe. SYN. accumulation, combinaison, concentration, fusion, rassemblement, regroupement, réunion. CONTR. *dispersion, dissémination, disséminement, éparpillement, étalement, scission, séparation.* ▪ Organisation plus ou moins structurée. SYN. association, club, coalition, faction, fédération, front, groupe, organisation, organisme, ralliement, rassemblement, union.

grouper *verbe* Mettre des personnes, des choses ensemble. SYN. attrouper, canaliser, conjuguer, rassembler, regrouper, réunir. – LITTÉRAIRE : assembler. CONTR. *dégrouper, disperser, disséminer, éparpiller, étaler.* ■ Réunir en un organisme. SYN. associer, coaliser, concentrer, fédérer, masser, mobiliser, rassembler, réunir, unir. CONTR. *dissocier, diviser, scinder, séparer.* ■ Ranger dans une même catégorie. SYN. classer, combiner, ranger, rassembler, répertorier, réunir. CONTR. *fractionner, fragmenter, morceler, répartir.*

grouper (se) *verbe pronominal* Se mettre en groupe. SYN. s'agglomérer, s'agglutiner, s'assembler, s'associer, s'attrouper, se coaliser, se concentrer, se fédérer, se masser, se rassembler, se réunir, s'unir. CONTR. *se débander, se disperser, se disséminer, se dissocier, se diviser, s'égailler, s'éparpiller, se morceler, se séparer.* – LITTÉRAIRE : *essaimer.*

gruger *verbe* LITTÉRAIRE. Abuser de la crédulité de quelqu'un. SYN. abuser, attraper, berner, duper, escroquer, exploiter, feinter, leurrer, piéger, tromper, voler. – FAMILIER : avoir, embobiner, empaumer, empiler, flouer, pigeonner, posséder, promener, refaire, rouler. – POPULAIRE : arnaquer, baiser, entuber. – VIEUX : filouter.

gruiforme *nom masculin* Échasssier tel que la grue. SYN. ralliforme.

grumeleux *adjectif* Qui présente des granulations. SYN. granité, granuleux, grenu, pierreux. CONTR. *lisse.*

guaranine *nom féminin* Alcaloïde stimulant du système nerveux. SYN. caféine, méthylbromine.

guenilles *nom féminin pluriel* Vêtements vieux et déchirés. SYN. défroque, haillons, loque, oripeaux. – FAMILIER : nippes. – LITTÉRAIRE : hardes. – POPULAIRE : frusques. – VIEUX : penaille.

guenilleux *adjectif* LITTÉRAIRE. Vêtu de guenilles. SYN. déguenillé. – FAMILIER : dépenaillé. – LITTÉRAIRE : haillonneux, loqueteux.

guêpier *nom masculin* Situation dangereuse. SYN. bourbier, coup de filet, mauvais pas, pétrin, piège, souricière, traquenard. – FAMILIER : sac de nœuds, sac d'embrouilles.

guère *adverbe* Indique une faible quantité. SYN. médiocrement, moyennement, pas beaucoup, pas très, peu. CONTR. *abondamment, amplement, beaucoup, colossalement, considérablement, copieusement, à discrétion, extraordinairement, fortement, grandement, hautement, largement, à la pelle, plein, pleinement, profondément, richement, très.* – FAMILIER : *tout plein.* – POPULAIRE : *vachement.* ■ Indique une faible fréquence. SYN. épisodiquement, exceptionnellement, par intermittence, irrégulièrement, occasionnellement, parfois, pas souvent, peu, quelquefois, rarement, sporadiquement. CONTR. *beaucoup, constamment, continuellement, éternellement, fréquemment, généralement, habituellement, immuablement, indéfiniment, invariablement, journellement, ordinairement, en permanence, perpétuellement, sans intermission, sans interruption, souvent, volontiers.* – LITTÉRAIRE : *continûment.*

guéridon *nom masculin* Pilier portant un appareil d'éclairage. SYN. candélabre, flambeau, torchère.

guérir *verbe intransitif* Recouvrer la santé. SYN. aller mieux, être en voie de guérison, être hors d'affaire, être hors de danger, être sorti d'affaire, être sur pied, être tiré d'affaire, en réchapper, se refaire une santé, se remettre, reprendre le dessus, ressusciter, se rétablir, sortir d'affaire, voir le bout du tunnel. – FAMILIER : reprendre du poil de la bête, se retaper, s'en sortir. CONTR. *tomber malade.* ■ Se débarrasser d'un défaut. SYN. se corriger. ■ Disparaître, en parlant d'un mal. SYN. cicatriser, se refermer.

guérir *verbe transitif* Délivrer d'un mal. SYN. ranimer, remettre, remettre sur pied, ressusciter, rétablir, sauver, soigner, soulager. ■ Débarrasser d'un défaut. SYN. corriger, délivrer, effacer, estomper, remédier, vacciner. CONTR. *aggraver.*

guérison *nom féminin* Disparition d'un mal. SYN. cicatrisation, rétablissement. CONTR. *affaiblissement, aggravation.*

guérissable *adjectif* Que l'on peut guérir. SYN. curable, remédiable. CONTR. *incurable, inguérissable, perdu.*

guerre *nom féminin* Lutte armée entre États. SYN. affrontement, conflagration, conflit, conflit armé, hostilités, offensive. – FAMILIER : casse-pipe. – LITTÉRAIRE : feu. CONTR. *armistice, cessez-le-feu, paix.* ■ Lutte entre des personnes. SYN. bagarre, bataille, combat, conflit, hostilités. CONTR. *accommodement, concorde, trêve.*

guerrier *adjectif* Qui a le goût de la guerre. SYN. belliciste, belliqueux. – LITTÉRAIRE : martial. CONTR. *pacifique, pacifiste.*

guerroyer *verbe* LITTÉRAIRE. Faire la guerre à. SYN. batailler, se battre, combattre, lutter.

guet-apens *nom masculin* Machination perfide. SYN. chausse-trape, chausse-trappe, embuscade, piège, souricière, traquenard.

guetter *verbe* Épier pour surprendre. SYN. épier, espionner, filer, surveiller. – FAMILIER : ouvrir l'œil. – POPULAIRE : fliquer. ■ Attendre avec impatience. SYN. attendre, avoir à l'œil, avoir l'œil sur, être à l'affût. – FAMILIER : guigner. ■ Faire peser une menace. SYN. menacer. – FAMILIER : pendre au nez.

guetteur *nom* Personne qui guette. SYN. factionnaire, sentinelle.

gueulard *adjectif* POPULAIRE. Qui mange beaucoup. SYN. glouton, goulu, gourmand, vorace. – FAMILIER : goinfre. – POPULAIRE : boustifailleur. ■ POPULAIRE. Qui crie fort. SYN. hurlant, hurleur. – FAMILIER : braillard, brailleur. ■ POPULAIRE. Qui proteste. SYN. râleur, rouspéteur. – POPULAIRE : grande gueule. ■ POPULAIRE. Se dit d'une couleur vive. SYN. criard, cru, vif, violent.

gueule *nom féminin* POPULAIRE. Traits du visage. SYN. figure, tête. – FAMILIER : bille, bouille, trogne. – POPULAIRE : bobine, fraise, poire, portrait, trombine, tronche.

gueule-de-loup *nom féminin* Plante aux fleurs rappelant un mufle d'animal. SYN. muflier.

gueuler *verbe* POPULAIRE. Parler très fort. SYN. crier, s'égosiller, hurler, tonitruer, vociférer. – FAMILIER : beugler, brailler, casser les oreilles. – POPULAIRE : bramer. CONTR. *chuchoter, murmurer, susurrer.* ■ POPULAIRE. Crier contre. SYN. fulminer, hurler, pester, tempêter, tonner, vociférer. – FAMILIER : râler, rouspéter. – POPULAIRE : pousser un coup de gueule, pousser une gueulante, rouscailler.

gueuleton *nom masculin* POPULAIRE. Repas copieux. SYN. agapes, banquet, festin. – FAMILIER : bombance, ripaille. – POPULAIRE : ventrée.

gueuletonner *verbe* POPULAIRE. Faire un gueuleton. SYN. banqueter, faire bonne chère, festoyer. – FAMILIER : s'en donner jusqu'à la garde, faire bombance, faire ripaille, s'en mettre jusque-là, s'en mettre plein la panse, ripailler. – POPULAIRE : bouffer, se caler les joues, s'en fourrer jusque-là, s'en mettre plein la gueule, s'en mettre plein la lampe, se taper la cloche.

gueux *nom* LITTÉRAIRE. Personne qui vit dans la misère. SYN. clochard, malheureux, mendiant, miséreux, nécessiteux, paria, pauvre, pouilleux, vagabond, va-nu-pieds. – FAMILIER : crève-la-faim, miteux, sans-le-sou. – LITTÉRAIRE : misérable. – VIEUX : chemineau, disetteux, mendigot, meurt-de-faim. CONTR. *nanti, riche.*

gui *nom masculin* Pièce du gréement d'un voilier. SYN. bôme.

guiche *nom féminin* Petite mèche sur le front. SYN. accroche-cœur, boucle.

guide *nom masculin* Personne qui fait autorité. SYN. chef, conseiller, inspirateur. – LITTÉRAIRE : égérie, mentor. ■ Ce qui sert de principe directeur. SYN. fil. – LITTÉRAIRE : flambeau. ■ Ouvrage informatif. SYN. indicateur, mémento. – LITTÉRAIRE : vade-mecum. ■ Personne qui accompagne. SYN. accompagnateur, pilote. – LITTÉRAIRE : cicérone.

guider *verbe* Aider à trouver son chemin. SYN. accompagner, conduire, diriger, manœuvrer, mener, mettre sur la voie, montrer la voie, montrer le chemin, orienter, piloter. – FAMILIER : cornaquer. CONTR. *égarer, fourvoyer.* ■ Pousser à agir. SYN. aiguiller, animer, commander, conseiller, entraîner, gouverner, inspirer, mener. CONTR. *abuser, aveugler.*

guigne *nom féminin* FAMILIER. Malchance persistante. SYN. fatalité, malchance, mauvais œil. – FAMILIER : déveine. – POPULAIRE : cerise, poisse, scoumoune. – VIEUX : guignon. CONTR. *bonheur, chance.* – FAMILIER : *pot, veine.*

guigner *verbe* FAMILIER. Avoir des vues sur. SYN. ambitionner, caresser des yeux, caresser du regard, convoiter, désirer, envier, être à l'affût, lorgner, souhaiter, viser. – FAMILIER : loucher sur, reluquer.

guignol *nom masculin* FAMILIER. Personne peu sérieuse. SYN. fantoche, farceur, marionnette, pantin, plaisantin. – FAMILIER : fumiste, loustic, polichinelle. – POPULAIRE : charlot, rigolo. – VIEUX : arlequin, sauteur. ■ FAMILIER. Personne qui fait rire. SYN. arlequin, clown, comique, pitre. – FAMILIER : gugusse. – POPULAIRE : zouave.

guignon *nom masculin* VIEUX. Manque de chance. SYN. fatalité, malchance. – FAMILIER : déveine, guigne. – POPULAIRE : poisse. CONTR. *chance.* – FAMILIER : *pot, veine.*

guilleret *adjectif* Qui est vif et gai. SYN. allègre, badin, enjoué, fringant, jovial, joyeux, réjoui, sémillant. – LITTÉRAIRE : folâtre. CONTR. *sombre, triste.* – LITTÉRAIRE : *chagrin.*

guimbarde *nom féminin* FAMILIER. Vieille voiture. SYN. – FAMILIER : bagnole, clou, tacot, teuf-teuf, veau. – POPULAIRE : bahut, caisse, chignole, chiotte, poubelle, tas de boue.

guindé *adjectif* Qui a un maintien raide. SYN. bridé, collet monté, compassé, contraint, empesé, gourmé, pincé, raide, rigide, rigoriste, solennel. – FAMILIER : coincé, constipé. CONTR. *aisé, décontracté, simple.* ■ Qui manque de naturel. SYN. académique, affecté, ampoulé, apprêté, bouffi, boursouflé, cérémonieux, emphatique, étudié, maniéré, précieux, prétentieux. CONTR. *direct, familier, libre, naturel.*

guinguette *nom féminin* Café de banlieue. SYN. bal musette. – POPULAIRE : bastringue.

gus ou **gusse** *nom masculin* POPULAIRE. Individu. SYN. homme. – FAMILIER : citoyen, gars, type. – POPULAIRE : mec.

guttiféracée *nom féminin* Plante qui sécrète un latex coloré. SYN. clusiacée.

guttural *adjectif* Émis du fond de la gorge. SYN. dur, enroué, râpeux, rauque, rocailleux, rude.

gymnastique *nom féminin* Exercices physiques. SYN. éducation physique. – FAMILIER : gym.

gymnocérate *nom masculin* Punaise terrestre. SYN. géocorise.

gymnosperme *nom féminin* Plante dont les graines sont portées sur des écailles. CONTR. *angiosperme.*

gynérium *nom masculin* Grande plante aux inflorescences plumeuses. SYN. herbe de la pampa.

gypse *nom masculin* Sulfate hydraté de calcium. SYN. pierre à plâtre.

gyroselle *nom féminin* Plante voisine du cyclamen. SYN. dodécathéon.

H

H *nom masculin invariable* FAMILIER. Résine psychotrope. SYN. haschisch, kif. – ARGOTIQUE : chicha, luzerne, merde, savonnette, shit. – FAMILIER : hasch. ■ ***Bombe H,*** qui produit un considérable dégagement d'énergie. SYN. bombe à hydrogène, bombe thermonucléaire.

hâ *nom masculin* Grand requin vivipare. SYN. milandre.

habile *adjectif* Qui agit avec ingéniosité. SYN. adroit, apte, capable, doué, émérite, entraîné, éprouvé, exercé, expérimenté, expert, fort, ingénieux, sûr. – FAMILIER : chevronné. CONTR. *balourd, gauche, inapte, incapable, inexpérimenté, inhabile, maladroit, malhabile, mauvais.* – FAMILIER : *ballot, godiche, lourd, pataud.* – LITTÉRAIRE : *inexpert.* ■ Qui manifeste de la ruse. SYN. astucieux, averti, avisé, diplomatique, fin, futé, intelligent, malin, retors, roué, rusé, subtil. – FAMILIER : combinard, débrouillard, ficelle, roublard. – LITTÉRAIRE : industrieux, insinuant. CONTR. *naïf, niais, novice.*

habilement *adverbe* Avec habileté. SYN. adroitement, astucieusement, bien, diplomatiquement, élégamment, finement, ingénieusement, intelligemment, savamment, soigneusement, subtilement. – LITTÉRAIRE : expertement. CONTR. *bêtement, gauchement, mal, maladroitement, pesamment.* – LITTÉRAIRE : *niaisement.*

habileté *nom féminin* Qualité d'une personne habile. SYN. adresse, art, dextérité, doigté, force, maîtrise, précision, savoir-faire, technique, virtuosité. – FAMILIER : chic. CONTR. *inhabileté, maladresse.* ■ Qualité d'une personne ingénieuse. SYN. astuce, compétence, diplomatie, force, ingéniosité, métier, ruse, souplesse, talent. – FAMILIER : débrouillardise. CONTR. *inaptitude, incapacité, incompétence, naïveté, niaiserie.* – LITTÉRAIRE : *impéritie.* ■ Qualité de ce qui est fait avec adresse. SYN. élégance, finesse, maestria. CONTR. *gaucherie, lourdeur, nullité.* ■ LITTÉRAIRE. Acte habile. SYN. stratagème, subterfuge. – FAMILIER : astuce, ficelle, truc. – LITTÉRAIRE : artifice.

habilité *nom féminin* Qualité qui rend apte à. SYN. aptitude, capacité. CONTR. *inaptitude, incapacité.*

habillage *nom masculin* Action d'habiller quelque chose. SYN. conditionnement, présentation.

habillé *adjectif* Qui porte des habits. SYN. couvert, vêtu. – FAMILIER : nippé. – POPULAIRE : fringué. CONTR. *dénudé, dévêtu, nu.* ■ Qui est élégant. SYN. – LITTÉRAIRE : paré. – POPULAIRE : sapé. CONTR. *décontracté, sport.*

habillement *nom masculin* Ensemble de vêtements. SYN. costume, effets, habit, mise, tenue, toilette, vêtements.

habiller *verbe* Mettre à quelqu'un un vêtement. SYN. accoutrer, affubler, costumer, couvrir, équiper. – FAMILIER : attifer, fagoter, ficeler, nipper. – LITTÉRAIRE : revêtir, vêtir. – POPULAIRE : fringuer. CONTR. *dénuder, déshabiller, dévêtir.* ■ Convenir à quelqu'un. SYN. aller, avantager, embellir. – LITTÉRAIRE : seoir. ■ Garnir quelque chose de. SYN. draper, envelopper, recouvrir, revêtir, tendre. ■ LITTÉRAIRE. Envelopper pour dissimuler. SYN. camoufler, couvrir, enrichir, masquer, orner, travestir. – LITTÉRAIRE : parer. ■ FAMILIER. ***Habiller quelqu'un pour l'hiver,*** en dire du mal en son absence. SYN. abîmer, assaisonner, démolir, médire. – FAMILIER : baver sur, cracher sur, débiner, déblatérer contre, éreinter, esquinter, étriller. – LITTÉRAIRE : clabauder.

habiller (s') *verbe pronominal* Mettre des vêtements. SYN. s'accoutrer, s'affubler, se costumer, se couvrir, se vêtir. – FAMILIER : s'attifer, se mettre sur son trente-et-un. – POPULAIRE : se fringuer, se saper. CONTR. *se découvrir, se dénuder, se déshabiller, se dévêtir.*

habit *nom masculin* Tenue propre à une activité. SYN. costume, habillement, mise, tenue, vêtement. – FAMILIER : nippe. – POPULAIRE : fringue, frusque, sape. ■ Costume de cérémonie. SYN. – FAMILIER : queue-de-pie. – VIEUX : frac.

habitabilité *nom féminin* Qualité de ce qui est habitable. SYN. logeabilité.

habitable *adjectif* Où l'on peut habiter. SYN. hospitalier, logeable, vivable. CONTR. *inhabitable, inhospitalier, invivable.*

habitacle *nom masculin* Partie d'un avion où se trouve le pilote. SYN. cockpit.

habitation *nom féminin* Lieu où l'on habite. SYN. domicile, foyer, logement, maison, résidence, toit. – LITTÉRAIRE : demeure, gîte, logis.

habité *adjectif* Qui a des habitants. SYN. occupé, peuplé. CONTR. *inhabité, vide.*

habiter *verbe transitif* LITTÉRAIRE. Être présent chez quelqu'un. SYN. hanter, obnubiler, obséder, occuper, poursuivre, travailler. – LITTÉRAIRE : posséder.

habiter *verbe intransitif* Loger quelque part. SYN. demeurer, élire domicile, s'établir, se fixer, s'installer, loger, résider, séjourner, vivre. – FAMILIER : nicher, percher. – LITTÉRAIRE : gîter. – POPULAIRE : crécher.

habits *nom masculin pluriel* Pièces de l'habillement. SYN. affaires, atours, effets, garde-robe, toilette. – LITTÉRAIRE : hardes. – POPULAIRE : fripes, frusques, sapes.

habitude *nom féminin* Manière habituelle d'agir. SYN. coutume, manie, marotte, ordinaire, pli, règle, rite, routine, tradition, usage. – LITTÉRAIRE : mode. CONTR. *nouveauté.* ■ Aptitude à accomplir quelque chose. SYN. expérience, familiarité, pratique, usage. CONTR. *apprentissage.* ■ Adaptation à certains états. SYN. acclimatation, acclimatement, accoutumance, adaptation, endurcissement, entraînement. ■ ***D'habitude,*** de façon habituelle. SYN. communément, généralement, en général, habituellement, d'ordinaire, ordinairement, la plupart du temps, en règle générale, traditionnellement, usuellement, volontiers, vulgairement. CONTR. *accidentellement, exceptionnellement, occasionnellement, rarement.*

habitué *adjectif* Qui a l'habitude de. SYN. coutumier du fait, familier, rompu à.

habitué *nom* Personne qui a l'habitude d'un lieu. SYN. familier. – FAMILIER : pilier, spécialiste.

habituel *adjectif* Qui est devenu une habitude. SYN. accoutumé, consacré, familier, machinal, répandu, rituel, routinier, traditionnel, usuel. – LITTÉRAIRE : coutumier. CONTR. *exceptionnel, extraordinaire, inaccoutumé, inconnu, inédit, inhabituel, insolite, inusité, nouveau, original, paradoxal, particulier, singulier, unique.* ■ Qui est constant. SYN. banal, chronique, classique, commun, courant, fréquent, immuable, inaltérable, indéfectible, invariable, naturel, normal, ordinaire. CONTR. *accidentel, anormal, étonnant, étrange, momentané, occasionnel, passager, rare.*

habituellement *adverbe* D'une manière habituelle. SYN. communément, couramment, fréquemment, généralement, d'habitude, invariablement, normalement, d'ordinaire, ordinairement, la plupart du temps, en règle générale, rituellement, souvent, toujours, traditionnellement, usuellement, volontiers, vulgairement. – FAMILIER : régulièrement. CONTR. *accidentellement, exceptionnellement, occasionnellement, rarement.*

habituer *verbe* Faire prendre une habitude. SYN. acclimater, accoutumer, dresser, endurcir, entraîner, familiariser, former, plier. – LITTÉRAIRE : façonner, rompre. CONTR. *déshabituer.* – LITTÉRAIRE : *désaccoutumer.*

habituer (s') *verbe pronominal* Prendre l'habitude de. SYN. s'acclimater, s'accoutumer, s'adapter, s'endurcir, s'entraîner, se faire, se familiariser, prendre le pli. – FAMILIER : se mettre dans le bain. – LITTÉRAIRE : s'accommoder. CONTR. *se déshabituer.* – LITTÉRAIRE : *se désaccoutumer.*

hâblerie *nom féminin* LITTÉRAIRE. Propos de hâbleur. SYN. bluff, bravade, fanfaronnade, vantardise. – LITTÉRAIRE : forfanterie, gasconnade, jactance, rodomontade, tarasconnade.

hâbleur *adjectif* Qui a tendance à se vanter. SYN. bluffeur, bravache, cabotin, fanfaron, faraud. – FAMILIER : cabot, crâneur, frimeur. – VIEUX : gascon.

hâbleur *nom* Personne qui se vante. SYN. beau parleur, bluffeur, bravache, cabotin, faiseur, fanfaron, faraud, mythomane, vantard. – FAMILIER : crâneur, frimeur, m'as-tu-vu. – LITTÉRAIRE : capitan, matamore, rodomont. – VIEUX : esbroufeur, gascon, tranche-montagne.

haché *adjectif* Marqué par des interruptions. SYN. brisé, coupé, entrecoupé, haletant, heurté, inégal, saccadé. CONTR. *balancé, harmonieux.*

hacher *verbe* Couper en morceaux. SYN. déchiqueter, découper, lacérer, mettre en pièces. ■ LITTÉRAIRE. Mettre un groupe en pièces. SYN. décimer, exterminer, faucher, massacrer. ■ Parler de façon saccadée. SYN. couper, entrecouper, interrompre.

hachurer *verbe* Tracer des traits. SYN. rayer, strier, zébrer.

hagard *adjectif* En proie à un trouble violent. SYN. affolé, effaré, égaré, fou, halluciné.

haha *nom masculin* Large fossé. SYN. saut-de-loup.

haie *nom féminin* Rangée de personnes. SYN. chapelet, cordon, file, ligne, rang, rangée.

haillons *nom masculin pluriel* Vêtements vieux et déchirés. SYN. guenilles, loques, oripeaux. – FAMILIER : nippes. – LITTÉRAIRE : hardes. – POPULAIRE : frusques. – VIEUX : penaille.

haillonneux *adjectif* LITTÉRAIRE. Vêtu de haillons. SYN. débraillé, déguenillé. – FAMILIER : dépenaillé. – LITTÉRAIRE : guenilleux, loqueteux.

haine *nom féminin* Vive hostilité envers quelqu'un. SYN. animosité, antipathie, aversion, hostilité, inimitié, malveillance, rancune, ressentiment. – LITTÉRAIRE : exécration, fiel, venin. CONTR. *adoration, affection, amitié, amour, bienveillance, cordialité, fraternisation, fraternité, sympathie.* – LITTÉRAIRE : *inclination.* ■ Aversion pour quelque chose. SYN. aversion, dégoût, horreur, phobie, répugnance, répulsion. – LITTÉRAIRE : abomination, détestation, exécration. CONTR. *attirance, attraction, attrait, goût, inclination, propension.* – LITTÉRAIRE : *idolâtrie.*

haineux *adjectif* Qui manifeste de la haine. SYN. amer, hostile, inamical, malfaisant, malintentionné, malveillant, mauvais, méchant, pervers, rancunier, vindicatif, virulent. – LITTÉRAIRE : fielleux, vénéneux, venimeux. CONTR. *affectueux, amical, amoureux, bienveillant, cordial.*

haïr *verbe* Avoir de la haine pour quelqu'un. SYN. détester, être à couteaux tirés avec, exécrer, maudire, ne pas pouvoir souffrir, prendre en grippe. – FAMILIER : avoir dans le nez, ne pas pouvoir encaisser, ne pas pouvoir sentir, ne pas pouvoir voir, ne pas pouvoir voir en peinture. – LITTÉRAIRE : avoir en abomination, honnir. – POPULAIRE : ne pas pouvoir blairer, ne pas pouvoir encadrer, ne pas pouvoir piffer, ne pas pouvoir sa(c)quer. CONTR. *adorer, aimer, bénir, chérir, s'éprendre, estimer, idolâtrer.* – LITTÉRAIRE : *affectionner.* ■ Avoir de l'aversion pour quelque chose. SYN. abominer, avoir en horreur, avoir horreur de, exécrer, répugner à. – FAMILIER : vomir. – LITTÉRAIRE : abhorrer, avoir en abomination. CONTR. *adorer, aimer, se complaire, goûter, se plaire à, raffoler.* – LITTÉRAIRE : *se délecter.*

haïssable *adjectif* Qui mérite d'être haï. SYN. abominable, antipathique, détestable, insupportable, odieux. – LITTÉRAIRE : exécrable. CONTR. *adorable, aimable, estimable, sympathique.*

hâlé *adjectif* Qui a la peau brunie. SYN. basané, bistre, bronzé, brun, bruni, doré, tanné. – LITTÉRAIRE : cuivré. CONTR. *blafard, blanc, pâle.* – FAMILIER : *pâlichon, pâlot.*

halebas *nom masculin* Cordage qui fait descendre une voile. SYN. calebas.

haleine *nom féminin* Air qui sort des poumons. SYN. exhalaison, expiration, respiration, souffle.

haler *verbe* Tirer à l'aide d'un câble. SYN. soulever, tirer, tracter.

hâler *verbe* Brunir la peau de quelqu'un. SYN. basaner, bistrer, bronzer, brunir, dorer, tanner. – LITTÉRAIRE : cuivrer.

haletant *adjectif* Qui a la respiration précipitée. SYN. court, entrecoupé, essoufflé, haché, heurté, oppressé, palpitant, pantelant, poussif, précipité, saccadé.

haleter *verbe* Respirer à un rythme précipité. SYN. anhéler, avoir le souffle court, s'essouffler, être à bout de souffle, être hors d'haleine, suffoquer. – FAMILIER : souffler comme un bœuf, souffler comme un phoque. – LITTÉRAIRE : panteler. CONTR. *reprendre haleine, respirer.*

haliotide *nom féminin* Gros mollusque à coquille. SYN. abalone, oreille-de-mer, ormeau, ormet, ormier.

halite *nom féminin* Chlorure de sodium. SYN. sel gemme.

hall *nom masculin* Salle servant d'accès. SYN. antichambre, entrée, vestibule.

hallier *nom masculin* Gros buisson touffu. SYN. broussailles, buisson, fourré, taillis.

hallucinant *adjectif* Qui frappe de saisissement. SYN. extraordinaire, fascinant, frappant, impressionnant, saisissant.

hallucination *nom féminin* Perception d'un objet non réel. SYN. délire, illusion d'optique, mirage, vision.

halluciné *adjectif* Complètement effaré. SYN. désorienté, égaré, hagard.

halluciner *verbe* Avoir une hallucination. SYN. déraisonner, divaguer, s'égarer, ne pas avoir toute sa tête, perdre la raison, perdre la tête, perdre la tramontane. – ARGOTIQUE : yoyoter de la touffe. – FAMILIER : dérailler, perdre la boule, perdre la boussole, perdre le nord, perdre les pédales. – LITTÉRAIRE : péter les plombs. – POPULAIRE : débloquer.

halo *nom masculin* Zone circulaire lumineuse. SYN. auréole, cerne, lueur, nimbe, reflet. – LITTÉRAIRE : orbe. ■ LITTÉRAIRE. Rayonnement de quelque chose. SYN. auréole, émanation. – LITTÉRAIRE : aura.

halte *nom féminin* Arrêt pendant un voyage. SYN. escale, étape, pause, repos, station. ■ LITTÉRAIRE. Suspension d'une action. SYN. arrêt, détente, interruption, rémission, répit, trêve. – LITTÉRAIRE : relâche.

hamartome *nom masculin* Anomalie d'origine embryonnaire. SYN. dysembryoplasie, dysgénésie, dysplasie.

hameçon *nom masculin* Crochet métallique. SYN. amorce, appât, leurre, piège.

hampe *nom féminin* Axe portant la fleur. SYN. pédicule, pédoncule, queue, tige.

handicap *nom masculin* Désavantage quelconque. SYN. désavantage, inconvénient, infériorité, infirmité. CONTR. *avance, avantage, bénéfice, supériorité.*

handicaper *verbe* Constituer un handicap. SYN. défavoriser, désavantager, desservir, léser, plomber. CONTR. *avantager, favoriser, privilégier.*

hangar *nom masculin* Construction servant d'abri. SYN. abri, grange, magasin, remise.

hanter *verbe* LITTÉRAIRE. Être souvent en un lieu. SYN. fréquenter. CONTR. *déserter, fuir.* ■ Occuper entièrement l'esprit. SYN. assaillir, dévorer, harceler, lanciner, obnubiler, obséder, occuper, poursuivre, préoccuper, ronger, submerger, tarauder, tenailler, tourmenter, travailler, tyranniser. – FAMILIER : tarabuster. – LITTÉRAIRE : habiter, posséder. CONTR. *quitter.*

hantise *nom féminin* Préoccupation constante. SYN. angoisse, cauchemar, complexe, idée fixe, obsession, peur, psychose. – FAMILIER : maladie.

haplostomate *nom masculin* VIEUX. Type de mouche. SYN. acalyptère, holométope.

happer *verbe* Attraper brusquement. SYN. agripper, prendre, saisir.

harangue *nom féminin* LITTÉRAIRE. Discours solennel. SYN. allocution, discours, sermon. ■ FAMILIER. Discours ennuyeux. SYN. – FAMILIER : baratin, laïus, speech, tartine, topo.

haranguer *verbe* Adresser une harangue à. SYN. prêcher, sermonner.

harappéen *adjectif* Relatif à la civilisation de l'Indus. SYN. indusien.

harassant *adjectif* Qui harasse. SYN. accablant, éprouvant, épuisant, esquintant, excédant, exténuant, fatigant, pénible, rude. – FAMILIER : cassant, claquant, crevant, éreintant, tuant, usant. CONTR. *délassant, reposant.*

harassé *adjectif* Très fatigué. SYN. abattu, accablé, anéanti, à bout de course, à bout de force, brisé, épuisé, exténué, fatigué, fourbu, K.-O., las, lassé, mort de fatigue, recru, rendu, rompu, surmené, usé. – FAMILIER : achevé, au bout du rouleau, cassé, claqué, éreinté, esquinté, fini, flapi, H.S., kaput, lessivé, mort, moulu, à plat, pompé, à ramasser à la petite cuillère, raplapla, sur les genoux, tué, vanné, vidé. – POPULAIRE : cané, crevé, rétamé, sur les rotules. CONTR. *délassé, dispos, frais, frais et dispos, reposé.* – FAMILIER : *en forme, frais comme un gardon, frais comme une rose, increvable, en pleine forme.* – VIEUX : *gaillard.*

harasser *verbe* Accabler d'une grande fatigue. SYN. anéantir, briser, épuiser, excéder, exténuer, fatiguer, vider. – FAMILIER : achever, claquer, éreinter, esquinter, lessiver, tuer, vanner. – POPULAIRE : crever. CONTR. *délasser, reposer.*

harcelant *adjectif* Qui harcèle. SYN. lancinant, obsédant, tracassant.

harceler *verbe* Soumettre à des attaques. SYN. assaillir, assiéger, attaquer, persécuter, presser, talonner, tenailler, traquer. – LITTÉRAIRE : infester, inquiéter. CONTR. *protéger.* ■ Soumettre à des critiques. SYN. assaillir, persécuter, poursuivre, relancer, tourmenter, tracasser. – FAMILIER : asticoter, chatouiller, empoisonner, enquiquiner, secouer, tarabuster, titiller. – LITTÉRAIRE : importuner, obséder.

harde *nom féminin* Troupe d'animaux sauvages. SYN. bande, colonie, compagnie, horde, meute.

hardes *nom féminin pluriel* LITTÉRAIRE. Vêtements vieux et déchirés. SYN. guenilles, haillons, loques. – FAMILIER : nippes. – LITTÉRAIRE : oripeaux. – POPULAIRE : frusques. – VIEUX : penaille.

hardi *adjectif* Qui montre de l'audace. SYN. audacieux, aventureux, brave, courageux, décidé, dynamique, énergique, entreprenant, intrépide, résolu, téméraire. – FAMILIER : casse-cou. CONTR. *circonspect, craintif, lâche, peureux, poltron, précautionneux, prévoyant, prudent, sage, timide, timoré.* – LITTÉRAIRE : *couard, pusillanime.* – POPULAIRE : *trouillard.* – VIEUX : *capon.* ■ Qui va au-delà des normes habituelles. SYN. audacieux, aventureux, neuf, nouveau, original, risqué. CONTR. *banal, fade, insipide, plat, terne.* – FAMILIER : *fadasse.* ■ Qui ne respecte pas les convenances. SYN. cavalier, cru, cynique, effronté, épicé, grivois, impertinent, impudent, insolent, leste, libre, osé, polisson, provocant, provocateur. – FAMILIER : culotté, raide. CONTR. *convenable, humble, modeste, prude, pudibond, pudique, réservé.*

hardiesse *nom féminin* Qualité d'une personne hardie. SYN. bravoure, courage, décision, dynamisme, énergie, résolution, témérité, vigueur. – LITTÉRAIRE : intrépidité. CONTR. *crainte, frayeur,* *lâcheté, peur, poltronnerie, timidité, veulerie.* – LITTÉRAIRE : *couardise, pusillanimité.* ■ Originalité d'exécution d'une œuvre. SYN. audace, nouveauté, originalité. CONTR. *banalité, fadeur, platitude.* ■ Manière d'agir effrontée. SYN. aplomb, assurance, cynisme, désinvolture, effronterie, front, impertinence, impudence, inconvenance, indécence, insolence, liberté. – FAMILIER : culot, toupet. – LITTÉRAIRE : crânerie, licence. CONTR. *décence, honnêteté, modestie, pudeur, réserve, retenue.* ■ Acte, parole hardis. SYN. audaces, libertés. – LITTÉRAIRE : licences.

hardiment *adverbe* LITTÉRAIRE. Avec courage. SYN. carrément, courageusement, énergiquement, fermement, fièrement, franchement, intrépidement, résolument, vaillamment. – LITTÉRAIRE : bravement, crânement, témérairement, valeureusement. – VIEUX : gaillardement. CONTR. *craintivement, peureusement, timidement.* ■ Avec impudence. SYN. audacieusement, effrontément, hautement, impudemment, insolemment. CONTR. *humblement, modestement.*

hardware *nom masculin* Ensemble des composants d'un ordinateur. SYN. matériel. CONTR. *logiciel, software.*

harengère *nom féminin* FAMILIER. Femme querelleuse. SYN. furie, harpie, mégère, sorcière, virago. – POPULAIRE : poissarde.

harenguet *nom masculin* Poisson voisin du hareng. SYN. melette, menuise, sprat.

hargne *nom féminin* Attitude agressive. SYN. acrimonie, agressivité, malveillance. – FAMILIER : grogne, rogne. – LITTÉRAIRE : fiel. CONTR. *affabilité, amabilité, bienveillance, douceur.* – LITTÉRAIRE : *aménité.*

hargneux *adjectif* Qui montre de la hargne. SYN. acariâtre, agressif, bilieux, bougon, grincheux, grognon, méchant, mordant, querelleur, rageur, rébarbatif, renfrogné, revêche, rogue. – FAMILIER : ronchonneur, teigneux. – LITTÉRAIRE : acrimonieux, rêche. CONTR. *affable, aimable, bienveillant, chaleureux, cordial, déférent.* – LITTÉRAIRE : *amène.*

haricot *nom masculin* ***Haricot de mouton,*** ragoût de mouton. SYN. navarin.

haridelle *nom féminin* VIEUX. Cheval maigre. SYN. – FAMILIER : rosse. – LITTÉRAIRE : rossinante. – POPULAIRE : canasson, tocard, toquard. – VIEUX : carcan, carne.

harmonie *nom féminin* Rapport de conformité. SYN. cohérence, compatibilité, concordance, correspondance, homogénéité, régularité, unité. CONTR. *chaos, confusion, désordre, désorganisation, incohérence, opposition.* ■ Accord entre les parties d'un tout. SYN. accord, balancement, beauté, élégance, équilibre, esthétique, euphonie, grâce, ordonnance, ordre, pondération, symétrie. – LITTÉRAIRE : eurythmie, joliesse, suavité, symphonie. CONTR. *antinomie, asymétrie, cacophonie, contradiction, contraste, déséquilibre, difformité, discordance, disparité, disproportion, dissonance, dissymétrie, heurt, inharmonie, laideur.* – LITTÉRAIRE : *disparate.* ■ Accord de sentiments, d'idées. SYN. alliance, cohésion, communion, concorde, ensemble, entente, paix, union. CONTR. *antagonisme, brouille, conflit, désaccord, désunion, différend, dispute, dissension, divergence, divorce, mésentente, querelle, zizanie.* – FAMILIER : *bagarre, bisbille.* – LITTÉRAIRE : *discorde, dissentiment, dissonance, mésintelligence.* – VIEUX : *brouillerie.*

harmonieusement *adverbe* De façon harmonieuse. SYN. élégamment, esthétiquement, gracieusement, heureusement, joliment, proportionnellement. CONTR. *désagréablement.*

harmonieux *adjectif* Agréable à entendre. SYN. joli, mélodieux, musical, suave. – LITTÉRAIRE : séraphique. CONTR. *cacophonique, criard, désagréable, discordant, dissonant, laid, râpeux.* ■ Dont les parties s'accordent bien. SYN. accordé, assorti, cohérent, élégant, équilibré, esthétique, gracieux, homogène, ordonné, proportionné, régulier, symétrique. CONTR. *chaotique, désordonné, difforme, disparate, haché, heurté, informe, irrégulier, rude, saccadé.* – LITTÉRAIRE : *dissonant, raboteux.*

harmonisation *nom féminin* Action d'harmoniser. SYN. adaptation, alliance, assortiment, coordination, mariage.

harmoniser *verbe* Mettre des choses en harmonie. SYN. accorder, adapter, ajuster, apparier, assortir, concilier, coordonner, équilibrer, marier. CONTR. *désaccorder.*

harmoniser (s') *verbe pronominal* S'accorder harmonieusement à. SYN. s'accorder, aller avec, s'appareiller, cadrer, coïncider, concorder, convenir, correspondre, être dans la note, se marier. – LITTÉRAIRE : seoir. CONTR. *contraster, détonner, se heurter, jurer, s'opposer, trancher.* – LITTÉRAIRE : *dissoner.*

harnachement *nom masculin* FAMILIER. Équipement encombrant. SYN. accoutrement, chargement. – FAMILIER : barda, bazar, fagotage, fourbi, fourniment.

harpagon *nom masculin* LITTÉRAIRE. Homme très avare. SYN. avare, thésauriseur. – FAMILIER : grigou, grippe-sou, pingre, radin, rapiat, rat. – LITTÉRAIRE : ladre. CONTR. *dépensier, dilapidateur, gaspilleur.* – FAMILIER : *panier percé.* – LITTÉRAIRE : *dissipateur.*

harpie *nom féminin* Femme méchante. SYN. furie, mégère, sorcière, vipère. – FAMILIER : chameau, harengère, poison, rosse. – LITTÉRAIRE : gorgone, tigresse.

harponner *verbe* Prendre avec un harpon. SYN. accrocher, attraper. ■ FAMILIER. Arrêter quelqu'un au passage. SYN. accaparer, s'emparer, saisir. – FAMILIER : agrafer, agripper, mettre le grappin sur. ■ FAMILIER. Procéder à une arrestation. SYN. appréhender, arrêter, capturer. – FAMILIER : boucler, choper, coffrer, cueillir, embarquer, épingler, pincer, ramasser. – POPULAIRE : agrafer, alpaguer, emballer, poisser.

harpye *nom féminin* Variété de papillon. SYN. cérure.

hasard *nom masculin* Cause imprévisible. SYN. destin, fatalité, providence, sort. – FAMILIER : coup de dés. – LITTÉRAIRE : fortune. ■ Événement imprévu. SYN. aléa, circonstance, coïncidence, conjoncture, impondérable, imprévu, occasion, vicissitude. CONTR. *calcul.* ■ ***Au hasard,*** sans but précis. SYN. à l'aventure, à l'aveuglette, à la fortune du pot, au petit bonheur (la chance), à pile ou face. – FAMILIER : au pifomètre. – POPULAIRE : au flan, au pif. ■ ***Par hasard,*** de façon fortuite. SYN. fortuitement, incidemment. CONTR. *délibérément, exprès, intentionnellement, volontairement.*

hasardé *adjectif* Qui est imprudent. SYN. dangereux, hasardeux, imprudent, osé, périlleux, risqué. CONTR. *assuré, raisonnable, sage, sûr.* ■ Émis sans preuve. SYN. aléatoire, hasardeux, incertain, problématique. CONTR. *fondé, juste, légitime.*

hasarder *verbe* Exposer à un risque. SYN. aventurer, compromettre, exposer, jouer, risquer. CONTR. *assurer, étayer.* ■ Tenter une action. SYN. avancer, essayer, tenter.

hasarder (se) *verbe pronominal* S'exposer à un risque. SYN. s'avancer, s'aventurer, s'engager sur un terrain glissant, s'essayer, se jeter à l'eau, se jeter tête baissée dans, jouer à quitte ou double, jouer avec le feu, monter au créneau, oser, risquer le coup, se risquer, tenter l'aventure, tenter le coup, travailler sans filet.

hasardeux *adjectif* Qui expose à des risques. SYN. aventuré, aventureux, dangereux, hasardé, imprudent, osé, périlleux, risqué, téméraire. – LITTÉRAIRE : scabreux. – POPULAIRE : casse-gueule. CONTR. *raisonnable, sage, sûr, tranquille.* ■ Dont l'issue est douteuse. SYN. aléatoire, arbitraire, aventuré, douteux, gratuit, hasardé, incertain, problématique. – LITTÉRAIRE : chanceux. CONTR. *assuré, certain.*

haschisch *nom masculin* Résine psychotrope. SYN. kif. – ARGOTIQUE : chicha, luzerne, merde, savonnette, shit. – FAMILIER : h, hasch.

hâte *nom féminin* Grande rapidité à agir. SYN. célérité, empressement, fièvre, impatience, précipitation, rapidité, vitesse. – LITTÉRAIRE : diligence, promptitude, vélocité, vivacité. CONTR. *ajournement, atermoiement, inertie, lenteur, mollesse, retard.* ■ ***Avoir hâte de,*** être pressé de. SYN. aspirer à, bouillir, brûler d'envie de, désirer, griller, mourir d'envie de. – FAMILIER : crever d'envie de.

hâter *verbe* Rendre une action plus rapide. SYN. accélérer, activer, brusquer, forcer, précipiter. – LITTÉRAIRE : presser. CONTR. *arrêter, freiner, paralyser, ralentir, stopper.* ■ Rapprocher dans le temps. SYN. anticiper, avancer. CONTR. *ajourner, atermoyer, différer, éloigner, remettre, repousser, retarder.*

hâter (se) *verbe pronominal* Faire vite. SYN. accélérer, agir, courir, se dépêcher, s'empresser, mettre les bouchées doubles, passer la surmultipliée, passer la vitesse supérieure, se précipiter, presser le mouvement, presser le pas, se presser, se remuer. – FAMILIER : s'activer, faire vinaigre, foncer, speeder. – LITTÉRAIRE : faire diligence. – POPULAIRE : se dégrouiller, faire fissa, se grouiller, se magner le cul (le popotin), se magner, se manier le cul (le popotin), se manier. CONTR. *atermoyer, tarder, temporiser, traîner.* – FAMILIER : *lambiner, lanterner.* ■ Aller vite quelque part. SYN. allonger le pas, courir, fendre la bise, fendre l'air, fendre le vent, se précipiter, presser le pas, se presser. – FAMILIER : filer, foncer. – POPULAIRE : pédaler. CONTR. *s'attarder, avoir le temps, avoir tout son temps, déambuler, flâner, musarder, prendre son temps, traîner.* – FAMILIER : *se baguenauder, traînailler, traînasser.* – LITTÉRAIRE : *muser.*

hâtif *adjectif* Produit avant le temps. SYN. anticipé, précoce, prématuré. CONTR. *retardé, tardif.* ■ Fait trop vite. SYN. brusque, expéditif, furtif, inconsidéré, précipité, pressé, rapide. – FAMILIER : bâclé, ni fait ni à faire. CONTR. *consciencieux, laborieux, minutieux, patient, scrupuleux, soigné.*

hâtivement *adverbe* D'une manière hâtive. SYN. activement, bon train, en catastrophe, comme une flèche, en coup de vent, en deux temps, trois mouvements, entre deux portes, expéditivement, en flèche, à la hâte, en hâte, en un instant, en moins de deux, en moins de temps qu'il n'en faut pour le dire, au pas de charge, au pas de course, au plus vite, précipitamment, prestement, promptement, rapidement, en un rien de temps, rondement, à la sauvette, sur les chapeaux de roue, tambour battant, à toute allure, à toute bride, à toute hâte, en toute hâte, à toute vitesse, toutes affaires cessantes, à un train d'enfer, à la va-vite, ventre à terre, vite, en vitesse, vivement. - FAMILIER : en cinq sec, en un clin d'œil, dare-dare, en deux, trois coups de cuiller à pot, en quatrième vitesse, rapido presto, rapidos, à la six-quatre-deux, subito presto, en un temps record, en un tour de main, à toute blinde, à toute vapeur, à toute(s) pompe(s), à la va-comme-je-te-pousse. - LITTÉRAIRE : diligemment. - POPULAIRE : à tout berzingue, à toute barde, à toute berzingue, à toute bitture. - VIEUX : en un tournemain. CONTR. *doucement, insensiblement, interminablement, lentement, longuement, mollement, nonchalamment, peu à peu, posément.* - FAMILIER : *piano.*

hausse *nom féminin* Action de s'élever. SYN. élévation, montée. CONTR. *baisse.* ■ Augmentation de valeur. SYN. augmentation, élévation, grandissement, majoration, montée, relèvement, valorisation. CONTR. *abaissement, baisse, chute, dépréciation, dévalorisation, diminution.* - VIEUX : *avilissement.*

hausse-col *nom masculin* Alouette de la toundra. SYN. érémophile.

hausser *verbe* Porter plus haut. SYN. élever, lever, remonter, soulever. CONTR. *baisser, descendre.* - LITTÉRAIRE : *rabaisser.* ■ Augmenter la hauteur de. SYN. exhausser, grandir, monter, rehausser, remonter, surélever, surhausser. CONTR. *abaisser, diminuer, surbaisser.* ■ Augmenter une valeur. SYN. augmenter, grossir, majorer, réévaluer, relever, renchérir, revaloriser, valoriser. CONTR. *diminuer, rabaisser, réduire.*

hausser (se) *verbe pronominal* Se porter plus haut. SYN. se dresser, se hisser. CONTR. *s'accroupir, se baisser.* ■ S'élever à un niveau supérieur. SYN. s'élever, se hisser, monter, prendre du galon. - LITTÉRAIRE : parvenir. CONTR. *s'abaisser, s'avilir, se déclasser, descendre.* - LITTÉRAIRE : *déchoir.*

haut *adjectif* Qui est très grand. SYN. élancé, élevé, grand. CONTR. *aplati, bas, court, écrasé, petit, plat.* ■ Très éloigné dans le temps. SYN. éloigné, reculé. CONTR. *bas.* ■ Se dit d'un son fort. SYN. éclatant, fort, perçant, puissant, retentissant, ronflant, vibrant. CONTR. *amorti, caverneux, étouffé, grave, inaudible.* - LITTÉRAIRE : *sépulcral.* ■ D'une grande importance. SYN. beau, considérable, élevé, important. CONTR. *faible, humble, infime, insuffisant, modique, moyen, ordinaire, petit.* ■ Qui est d'un niveau élevé. SYN. édifiant, exemplaire, noble, relevé, soutenu, sublime, supérieur. CONTR. *banal, familier, infâme, inférieur, médiocre, modeste, quelconque, vulgaire.* - LITTÉRAIRE : *trivial, vil.*

haut *adverbe* En un temps reculé. SYN. anciennement, jadis, loin. CONTR. *récemment.* ■ D'une manière directe. SYN. franchement, hautement, nettement, ouvertement, publiquement, sans détour. - LITTÉRAIRE : sans ambages.

haut *nom masculin* Partie la plus élevée de. SYN. cime, comble, faîte, point culminant, pointe, sommet, tête. CONTR. *bas, base, fond, pied.*

hautain *adjectif* Qui se montre méprisant. SYN. arrogant, condescendant, dédaigneux, distant, fier, froid, glacé, glacial, infatué, méprisant, orgueilleux, rogue, supérieur. - FAMILIER : bêcheur. - LITTÉRAIRE : altier, insolent, outrecuidant. CONTR. *accessible, affable, aimable, bonhomme, chaleureux, cordial, familier, humble, modeste, obséquieux, plat, simple.*

haut-bar *nom masculin* Grand poisson marin. SYN. courbine, maigre, sciène.

haut-de-forme *nom masculin* Chapeau de cérémonie. SYN. chapeau haut de forme. - FAMILIER : claque, gibus, huit-reflets.

haute *nom féminin* FAMILIER. ***La haute,*** les classes riches de la société. SYN. beau monde, gotha, haute société, hautes sphères, jet-set, jet-society. - FAMILIER : beau linge.

haute-contre *nom masculin* Chanteur à voix de ténor aiguë. SYN. contre-ténor.

hautement *adverbe* À un haut degré. SYN. beaucoup, bien, excessivement, extraordinairement, extrêmement, follement, fort, fortement, grandement, incroyablement, infiniment, mortellement, parfaitement, particulièrement, prodigieusement, profondément, puissamment, supérieurement, suprêmement, terriblement, tout à fait, très, trop. - FAMILIER : bigrement, bougrement, diablement, drôlement, fameusement, fichtrement, fichûment, joliment, méchamment, à mort, rudement. - LITTÉRAIRE : diantrement, furieusement. - POPULAIRE : foutrement, salement, vachement. - VIEUX : fièrement. CONTR. *faiblement, guère, légèrement, médiocrement, pas du tout, pas le moins du monde, peu.* ■ De manière ouverte. SYN. franchement, haut, net, nettement, ouvertement, publiquement. - LITTÉRAIRE : hardiment.

hauteur *nom féminin* Dimension de quelque chose. SYN. grandeur, niveau, profondeur, taille. ■ Terrain ou lieu élevé. SYN. bosse, butte, colline, coteau, éminence, mamelon, mont, monticule, tertre. - VIEUX : élévation. CONTR. *bas-fond, combe, creux, enfoncement, gouffre, précipice, ravin, vallée, vallon.* - LITTÉRAIRE : *abîme.* ■ Sentiment de supériorité. SYN. arrogance, condescendance, dédain, insolence, mépris, morgue, orgueil, supériorité. - LITTÉRAIRE : fierté, outrecuidance, superbe. CONTR. *affabilité, amabilité, bonhomie, cordialité, familiarité, gentillesse, humilité, modestie, simplicité.* - LITTÉRAIRE : *aménité.*

haut-fond *nom masculin* Élévation du fond de l'eau. CONTR. *bas-fond.*

haut-le-cœur *nom masculin invariable* Soulèvement de l'estomac. SYN. écœurement, nausée, spasme. ■ LITTÉRAIRE. Sentiment de dégoût. SYN. dégoût, écœurement, nausée, répugnance, répulsion, révolte.

haut-le-corps *nom masculin invariable* Mouvement brusque du corps. SYN. frisson, soubresaut, sursaut, tressaillement. - LITTÉRAIRE : tressautement.

haut-relief *nom masculin* Sculpture dont les formes sont en saillie. CONTR. *bas-relief.*

hauturier *adjectif* De la haute mer. CONTR. *côtier.*

hâve *adjectif* Qui est pâle et amaigri. SYN. blafard, blême, cireux, décharné, défait, exsangue, livide, maigre, maigrelet, maigriot, plombé, terreux. - FAMILIER : maigrichon. - LITTÉRAIRE : émacié. CONTR. *frais, rond, rosé.* - LITTÉRAIRE : *vermeil.*

haveneau *nom masculin* Filet à crevettes. SYN. bourraque, crevettier, crevettière, havenet, pousseux.

havre *nom masculin* LITTÉRAIRE. Refuge sûr. SYN. abri, asile, îlot, oasis, retraite. - LITTÉRAIRE : port, refuge.

hébergement *nom masculin* Action d'héberger. SYN. accueil, logement.

héberger *verbe* Donner un logement à. SYN. abriter, accueillir, loger, prendre, recevoir. CONTR. *chasser, déloger, expulser, jeter à la rue, mettre à la rue.*

hébété *adjectif* Qui a un air abasourdi. SYN. abêti, abruti, ahuri, coi, éberlué, égaré, interloqué, renversé, stupéfait, stupide. - FAMILIER : baba, sidéré, sonné, soufflé. - LITTÉRAIRE : torpide. CONTR. *éveillé.*

hébétement ou **hébètement** *nom masculin* État d'une personne hébétée. SYN. abêtissement, abrutissement, stupeur, torpeur. - LITTÉRAIRE : assoupissement, hébétude.

hébétude *nom féminin* LITTÉRAIRE. État d'hébétement. SYN. abêtissement, abrutissement, hébétement, hébètement, stupeur, torpeur. - LITTÉRAIRE : assoupissement.

hécatombe *nom féminin* Massacre considérable. SYN. boucherie, carnage, extermination, immolation, massacre, tuerie.

hédéracée *nom féminin* Plante telle que le lierre. SYN. araliacée.

hégémonie *nom féminin* Pouvoir dominateur. SYN. domination, influence, leadership, maîtrise, prépondérance, supériorité, suprématie, toute-puissance.

hein ? *interjection* FAMILIER. Sollicite une réponse. SYN. n'est-ce pas ?, non ?. ■ FAMILIER. Marque l'étonnement. SYN. comment ?, pardon ?, plaît-il ?, quoi ?.

héler *verbe* Appeler pour faire venir. SYN. apostropher, appeler, interpeller. - VIEUX : hucher.

hélianthine *nom féminin* Colorant azoïque. SYN. méthylorange.

héliofuge *adjectif* Qui craint la lumière solaire. SYN. photophobe, sciaphile. CONTR. *héliophile.*

héliotropine *nom féminin* Composé aromatique. SYN. pipéronal.

héliportage *nom masculin* Transport par hélicoptère. SYN. hélitransport.

helminthoïde *adjectif* Qui a la forme d'un ver. SYN. vermiforme.

helminthiase *nom féminin* Maladie parasitaire due à des vers. SYN. verminose.

hémangioblastome *nom masculin* Tumeur cérébrale vasculaire. SYN. angioblastome.

hématie *nom féminin* Cellule sanguine transportant l'hémoglobine. SYN. érythrocyte, globule rouge.

hématite *nom féminin* Oxyde ferrique naturel. SYN. oligiste.

hématobie *nom masculin* Mouche piqueuse et suceuse de sang. SYN. lyperosia.

hématome *nom masculin* Marque sur la peau. SYN. ecchymose, meurtrissure, noirceur. - FAMILIER : bleu. - POPULAIRE : gnon.

hématophage *adjectif* Se dit d'un animal qui se nourrit de sang. SYN. sanguinivore.

hématospermie *nom féminin* Présence de sang dans le sperme. SYN. hémospermie.

héméralopie *nom féminin* Diminution de la vision quand la lumière baisse. SYN. hespéranopie.

hémérocallis *nom féminin* Plante bulbeuse à fleurs décoratives éphémères. SYN. belle-d'un-jour.

hémicordé *nom masculin* Invertébré marin vermiforme. SYN. stomocordé.

hémimorphite *nom féminin* Silicate hydraté naturel de zinc. SYN. calamine.

hémione *nom masculin* Équidé sauvage d'Asie. SYN. hémippe, onagre.

hémippe *nom masculin* Équidé sauvage d'Asie. SYN. hémione, onagre.

hémoglobine *nom féminin* Pigment des globules rouges. SYN. - FAMILIER : sang.

hémospermie *nom féminin* Présence de sang dans le sperme. SYN. hématospermie.

héraldique *nom féminin* Étude des armoiries. SYN. blason.

héraut *nom masculin* LITTÉRAIRE. Personne qui annonce un événement. SYN. messager.

herbage *nom masculin* Prairie pâturée par le bétail. SYN. alpage, embouche, pacage, pâturage, pâture, prairie, pré.

herbe *nom féminin* Plante annuelle. SYN. plante herbacée. ▪ ***Herbe aux chantres,*** plante autrefois utilisée contre l'enrouement. SYN. sisymbre, vélar, vélaret. ▪ ***Herbe aux poux,*** delphinium très toxique. SYN. staphisaigre. ▪ ***Herbe de la pampa,*** grande plante aux inflorescences plumeuses. SYN. gynérium.

herbe-aux-chats *nom féminin* Plante à odeur forte. SYN. cataire, chataire, nepeta.

herbe-aux-écus *nom féminin* Plante ornementale aux fleurs jaunes ou blanches. SYN. lysimaque, monnoyère, nummulaire.

herbicide *nom masculin* Produit pour détruire les mauvaises herbes. SYN. désherbant.

hercule *nom masculin* Homme très fort. SYN. colosse, gaillard, géant. - LITTÉRAIRE : titan. - POPULAIRE : armoire à glace, balaise, balèze, malabar. CONTR. *avorton, nain.* - FAMILIER : *homoncule, homuncule.*

herculéen *adjectif* Digne d'un hercule. SYN. colossal, fort, gigantesque. - LITTÉRAIRE : titanesque. - POPULAIRE : balaise, balèze.

héréditaire *adjectif* Se dit de qualités dont on hérite. SYN. atavique, congénital, génétique. CONTR. *acquis.* ▪ Qui passe d'une génération à une autre. SYN. ancestral, séculaire, de toujours, traditionnel.

hérédité *nom féminin* Ce qu'on tient de ses parents. SYN. atavisme, héritage.

hérésie *nom féminin* Doctrine qui s'oppose au dogme. SYN. hétérodoxie, schisme. CONTR. *orthodoxie.* ▪ Idée contraire à l'opinion commune. SYN. déviation, erreur, sacrilège. - LITTÉRAIRE : fourvoiement. CONTR. *conformisme, rite, tradition.*

hérétique *adjectif et nom* Qui soutient une hérésie religieuse. SYN. apostat, dissident, hétérodoxe, schismatique, scissionniste. CONTR. *orthodoxe.* ▪ Qui va contre l'idée commune. SYN. déviationniste, hétérodoxe, non conformiste. CONTR. *conformiste, conservateur, traditionaliste.*

hérissé *adjectif* Droit et raide (cheveu, poil). SYN. dressé, ébouriffé, échevelé, hirsute, rebroussé. CONTR. *aplati, lisse, plat.*

hérissement *nom masculin* LITTÉRAIRE. Fait d'être irrité. SYN. agacement, crispation, énervement, exaspération, irritation. - FAMILIER : horripilation. CONTR. *calme, flegme, sérénité.*

hérisser *verbe* Remplir d'obstacles. SYN. farcir, parsemer, truffer. ▪ Mettre de mauvaise humeur. SYN. agacer, crisper, énerver, exaspérer, excéder, impatienter, indisposer, irriter. - FAMILIER : horripiler, insupporter.

hérisser (se) *verbe pronominal* Se montrer hostile. SYN. se cabrer, se dresser, éclater, s'emporter, se fâcher, se formaliser, se froisser, s'indigner, s'irriter, s'offusquer, se scandaliser. - FAMILIER : se gendarmer. - LITTÉRAIRE : s'offenser.

hérisson *nom masculin* Cercles étagés pour égoutter les bouteilles. SYN. if. ▪ ***Hérisson de mer,*** échinoderme au test couvert de piquants. SYN. châtaigne de mer, oursin.

héritage *nom masculin* Ce dont on hérite. SYN. bien, legs, patrimoine, succession. - VIEUX : hoirie. ▪ Ce qu'on tient de ses parents. SYN. atavisme, hérédité, tradition. - LITTÉRAIRE : legs.

hériter *verbe transitif indirect* Avoir reçu par hérédité. SYN. avoir de qui tenir, récolter, tenir de.

héritier *nom* Personne qui hérite. SYN. enfant, légataire, successeur. - FAMILIER : rejeton. ▪ Personne qui poursuit une œuvre. SYN. continuateur, disciple, postérité, successeur. - LITTÉRAIRE : épigone. CONTR. *ancêtre, prédécesseur.*

hermaphrodite *adjectif et nom* À la fois masculin et féminin. SYN. ambisexué, androgyne, bisexué.

herméticité *nom féminin* Qualité de ce qui ferme bien. SYN. étanchéité, imperméabilité. CONTR. *perméabilité.*

hermétique *adjectif* Qui ferme parfaitement. SYN. étanche, imperméable. CONTR. *perméable.* ▪ Difficile à comprendre. SYN. abscons, abstrait, cabalistique, difficile, énigmatique, ésotérique, impénétrable, incompréhensible, inintelligible, mystérieux, obscur. - FAMILIER : coton. - LITTÉRAIRE : abstrus, amphigourique, opaque, sibyllin, ténébreux. - POPULAIRE : imbitable. CONTR. *accessible, clair, compréhensible, facile, intelligible, limpide, simple, transparent.* - LITTÉRAIRE : *pénétrable.*

hermétisme *nom masculin* Caractère obscur. SYN. ésotérisme, inintelligibilité, obscurité.

– LITTÉRAIRE : incompréhensibilité, nébulosité, opacité. CONTR. *clarté, compréhensibilité, intelligibilité, limpidité, simplicité, transparence.*

héroïne *nom féminin* Stupéfiant dérivé de la morphine. SYN. bourin, diacétylmorphine, diamorphine. – ARGOTIQUE : blanche, brown sugar, cheval, neige, schnouf, smack, tigre. – POPULAIRE : poudre.

héroïque *adjectif* Qui agit en héros. SYN. audacieux, brave, courageux, intrépide. – LITTÉRAIRE : vaillant, valeureux. CONTR. *lâche, peureux, pleutre, poltron.* – LITTÉRAIRE : *couard, pusillanime.* – POPULAIRE : *trouillard.* – VIEUX : *capon.* ■ Qui raconte les exploits des héros. SYN. épique. – FAMILIER : homérique. ■ Se dit d'une époque mémorable. SYN. glorieux, noble, prestigieux, sublime. – FAMILIER : épique. CONTR. *dégradant.*

héroïquement *adverbe* De façon héroïque. SYN. chèrement, courageusement, fermement, noblement, vaillamment. – LITTÉRAIRE : bravement, valeureusement. CONTR. *lâchement, peureusement.*

héroïsme *nom masculin* Courage exceptionnel. SYN. audace, bravoure, courage, dévouement, hardiesse. – LITTÉRAIRE : intrépidité, vaillance, valeur. CONTR. *couardise, égoïsme, lâcheté, peur, poltronnerie.* – LITTÉRAIRE : *pleutrerie, pusillanimité.* ■ Caractère de ce qui est héroïque. SYN. fermeté, noblesse, vertu. – LITTÉRAIRE : stoïcisme.

héros *nom masculin* Personnage exceptionnel. SYN. brave, personnage, surhomme. – LITTÉRAIRE : géant. CONTR. *pleutre.*

herpétomonadale *nom féminin* Protozoaire à un seul flagelle. SYN. protomonadale.

hertzien *adjectif* Se dit d'un type d'ondes électromagnétiques. SYN. radioélectrique.

hésitant *adjectif* Qui marque de l'hésitation. SYN. embarrassé, flottant, flou, fluctuant, imprécis, incertain, indécis, indéterminé, irrésolu, perplexe, réticent, timide, vague, velléitaire. – LITTÉRAIRE : vacillant. CONTR. *agissant, assuré, catégorique, décidé, déterminé, ferme, franc, inébranlable, net, résolu, stable, sûr, vigoureux.*

hésitation *nom féminin* Fait d'hésiter. SYN. atermoiement, crainte, doute, embarras, flottement, incertitude, indécision, indétermination, irrésolution, oscillation, perplexité, réticence, tâtonnement, tergiversation. – LITTÉRAIRE : vacillation. – VIEUX : barguignage. CONTR. *assurance, choix, décision, détermination, fermeté, résolution, sûreté.*

hésiter *verbe* Être dans un état d'incertitude. SYN. atermoyer, balancer, chanceler, dire tantôt blanc tantôt noir, être dans l'expectative, flotter, s'interroger, ne pas savoir ce qu'on veut, ne pas savoir sur quel pied danser, osciller, peser le pour et le contre, rester dans l'expectative, tâtonner, tergiverser, tourner en rond, y regarder à deux fois. – FAMILIER : se demander si c'est du lard ou du cochon, se tâter. – POPULAIRE : avoir le cul entre deux chaises. – VIEUX : barguigner, être entre le zist et le zest. CONTR. *agir, choisir, décider, se décider, se déterminer, faire feu de tout bois, faire flèche de tout bois, se lancer, opter, oser, se prononcer, trancher.* – FAMILIER : *ne faire ni une ni deux.*

hespéranopie *nom féminin* Diminution de la vision quand la lumière baisse. SYN. héméralopie.

hétérocerque *adjectif* Dissymétrique par rapport au plan horizontal. CONTR. *homocerque.*

hétérochromosome *nom masculin* Chromosome sexuel. SYN. allosome, gonosome, hétérosome. CONTR. *autosome.*

hétéroclite *adjectif* Fait d'éléments variés. SYN. bigarré, biscornu, de bric et de broc, composite, dépareillé, disparate, divers, hétérogène, hybride, mélangé, mêlé, panaché, varié. CONTR. *homogène, uniforme.*

hétérocotyle *nom masculin* Ver parasite. SYN. monogène.

hétérodoxe *adjectif et nom* Qui s'écarte de l'orthodoxie. SYN. dissident, hérétique, schismatique, scissionniste. CONTR. *orthodoxe.* ■ Qui s'écarte des idées reçues. SYN. déviationniste, hérétique, non conformiste, non-conformiste. CONTR. *conformiste, conservateur, traditionaliste.*

hétérodoxie *nom féminin* Caractère hétérodoxe. SYN. dissidence, hérésie, non-conformisme. CONTR. *orthodoxie.*

hétérogamétique *adjectif* ***Sexe hétérogamétique,*** produisant deux types de gamètes. CONTR. *homogamétique.*

hétérogamie *nom féminin* Fusion de deux gamètes plus ou moins dissemblables. CONTR. *isogamie.*

hétérogène *adjectif* Formé d'éléments divers. SYN. allogène, bigarré, de bric et de broc, composite, disparate, divers, hétéroclite, hybride, mélangé, mêlé, opposé, panaché, varié. CONTR. *analogue, homogène, identique, semblable, similaire, uniforme.*

hétérogénéité *nom féminin* Qualité de ce qui est hétérogène. SYN. bigarrure, différence, disparité, dissemblance, dissimilitude, diversité, variété. CONTR. *homogénéité, identité, uniformité.*

hétérogreffe *nom féminin* Greffe entre deux espèces différentes. SYN. xénogreffe. CONTR. *allogreffe, homogreffe.*

hétéroïque *adjectif* Qui ne se reproduit qu'en vivant sur plusieurs hôtes. SYN. polyxème. CONTR. *autoïque, monoxène.*

hétérolytique *adjectif* Qui résulte d'une hétérolyse. SYN. ionique.

hétérométabole *adjectif* Se dit d'un insecte à métamorphoses progressives. CONTR. *holométabole.*

hétéronomie *nom féminin* Fait d'être guidé par une influence extérieure. CONTR. *autonomie.*

hétéroside *nom masculin* Glucide formé d'un ose et d'un composé non glucidique. SYN. glucoside. CONTR. *holoside.*

hétérosome *nom masculin* Chromosome sexuel. SYN. allosome, gonosome, hétérochromosome. CONTR. *autosome.*

hétérotherme *adjectif et nom masculin* Se dit d'un animal à température interne variable. SYN. pœcilotherme, poïkilotherme. CONTR. *homéotherme.*

hétérothermie *nom féminin* Caractère d'un animal pœcilotherme. SYN. pœcilothermie, poïkilothermie. CONTR. *homéothermie.*

hétérotrophe *adjectif* Qui se nourrit de substances organiques. CONTR. *autotrophe.*

hétérotropie *nom féminin* Déviation de l'axe d'un œil par rapport à l'autre. SYN. louchement, strabisme. – VIEUX : loucherie.

hétérozygote *adjectif et nom* Qui possède deux gènes différents sur chaque chromosome. CONTR. *homozygote.*

hêtre *nom masculin* Grand arbre des forêts tempérées. SYN. fayard. – DIALECTAL : fou.

heure *nom féminin* Moment quelconque d'une vie. SYN. époque, instant, moment, période, temps. – LITTÉRAIRE : jours.

heureusement *adverbe* D'une manière avantageuse. SYN. avantageusement, bien, favorablement, victorieusement. CONTR. *mal, malencontreusement, pitoyablement.* ■ D'une manière réussie. SYN. bien, élégamment, harmonieusement, idéalement. ■ Par un heureux hasard. SYN. par bonheur, par chance, Dieu merci, Dieu soit loué, grâce à Dieu, par raccroc. CONTR. *malheureusement.*

heureux *adjectif* Qui jouit du bonheur. SYN. bienheureux, content, enchanté, euphorique, joyeux, ravi, réjoui, satisfait. CONTR. *affligé, amer, attristé, dégoûté, dépité, désespéré, désolé, ennuyé, malheureux, mécontent, triste.* – FAMILIER : *embêté.* – LITTÉRAIRE : *blessé, chagrin, infortuné.* ■ Qui manifeste le bonheur. SYN. enchanteur, épanoui, radieux, rayonnant, triomphant. CONTR. *affligeant, chagrinant, désagréable, effroyable, navrant, pénible.* – FAMILIER : *grognon.* ■ Qui est avantageux. SYN. bénéfique, béni, bienfaisant, bienheureux, bon, faste, favorable, propice. CONTR. *contraire, défavorable, fâcheux, fatal, funeste, inquiétant, maléfique, maudit, mauvais, néfaste.* – LITTÉRAIRE : *calamiteux.* ■ Dont l'effet est réussi. SYN. beau, élégant, juste, réussi. CONTR. *catastrophique, désastreux, détestable, inhabile, malencontreux, piteux.* – FAMILIER : *déplorable.* ■ Qui jouit d'un sort favorable. SYN. chanceux, veinard, verni. – POPULAIRE : chançard. CONTR. *défavorisé, déshérité, malchanceux.*

heurt *nom masculin* Fait de heurter, se heurter. SYN. choc, collision, coup, frottement, impact, rencontre, tamponnage, tamponnement, télescopage. ■ Opposition entre des choses. SYN. contraste, dissonance, opposition. CONTR. *harmonie.* ■ Opposition entre des personnes. SYN. affrontement, conflit, dispute, divergence, division, divorce, friction, lutte, malentendu, querelle, scène, tiraillement, zizanie. – FAMILIER : accrochage. – LITTÉRAIRE : dissonance, orage. CONTR. *paix.*

heurté *adjectif* Qui présente des à-coups. SYN. brusque, coupé, entrecoupé, haché, saccadé. CONTR. *continu, fluide, harmonieux, lié, paisible, régulier.* – LITTÉRAIRE : *limpide.* ■ Qui forme contraste. SYN. criard, discordant. – LITTÉRAIRE : charivarique, dissonant.

heurter *verbe transitif* Entrer rudement en contact avec. SYN. choquer, cogner, emboutir, frapper, percuter, taper. – POPULAIRE : emplafonner. CONTR. *éviter.* ■ Contrarier quelqu'un. SYN. atteindre, blesser, bouleverser, bousculer, choquer, contrarier, contrecarrer, se dresser contre, s'élever contre, froisser, mécontenter, offusquer, outrer, scandaliser, vexer. CONTR. *amadouer, chatouiller l'amour-propre, plaire.*

heurter *verbe transitif indirect* Venir frapper quelque chose. SYN. achopper, buter, donner contre, emboutir, percuter. – FAMILIER : cogner. – POPULAIRE : bigorner, emplafonner.

heurter (se) *verbe pronominal* Se cogner contre. SYN. buter, donner contre, percuter. ■ Buter contre un obstacle. SYN. achopper, buter, trébucher. – LITTÉRAIRE : chopper. ■ Être en conflit avec. SYN. s'affronter, se diviser, s'opposer. CONTR. *s'associer, se réconcilier, se remettre.* – FAMILIER : *se rabibocher, se raccommoder.* ■ Former contraste. SYN. contraster, détonner, hurler, jurer, s'opposer, trancher. CONTR. *s'harmoniser, se marier.*

heurtoir *nom masculin* Obstacle à l'extrémité d'une voie ferrée. SYN. butoir. ■ Pièce métallique mobile. SYN. marteau.

heuse *nom féminin* Guêtre lacée. SYN. houseau.

hexachlorobenzène *nom masculin* Composé chimique employé comme fongicide. SYN. perchlorobenzène.

hexacoralliaires *nom masculin pluriel* Colonies de polypes formant des récifs. SYN. coraux, madréporaires.

hexadécane *nom masculin* Hydrocarbure saturé. SYN. cétane.

hiatus *nom masculin* Manque de continuité. SYN. coupure, décalage, faille, lacune, manque, trou.

hickory *nom masculin* Arbre de l'Amérique du Nord. SYN. caryer.

hideur *nom féminin* LITTÉRAIRE. Caractère hideux. SYN. abjection, bassesse, infamie, laideur, monstruosité. – LITTÉRAIRE : horreur. CONTR. *beauté, grâce.* – LITTÉRAIRE : *joliesse.*

hideusement *adverbe* D'une manière hideuse. SYN. abjectement, abominablement, affreusement, atrocement, épouvantablement, horriblement, ignoblement, laidement, monstrueusement, odieusement, sordidement. – LITTÉRAIRE : vilainement, vilement. CONTR. *admirablement, divinement, magnifiquement, merveilleusement.* – LITTÉRAIRE : *sublimement.*

hideux *adjectif* D'une laideur repoussante. SYN. affreux, difforme, disgracieux, horrible, ingrat, laid, monstrueux, vilain. – FAMILIER : atroce, moche. CONTR. *agréable, attrayant, beau, charmant, délicieux, joli, magnifique, splendide, superbe.* ■ Qui provoque un grand dégoût. SYN. abject, horrible, ignoble, infâme, infect, monstrueux, nauséabond, repoussant, répugnant, sordide. – LITTÉRAIRE : nauséeux.

hie *nom féminin* Outil pour tasser. SYN. dame, demoiselle.

hiémal *adjectif* LITTÉRAIRE. Qui concerne l'hiver. SYN. hivernal. CONTR. *estival.*

hier *adverbe* Le jour qui précède celui où l'on est. CONTR. *aujourd'hui, demain.* ■ Il y a peu de temps. SYN. dernièrement, récemment. CONTR. *actuellement, aujourd'hui, de nos jours, maintenant.*

hiérarchie *nom féminin* Organisation en classement. SYN. classement, classification, échelle, éventail.

hiérarchiser *verbe* Organiser selon une hiérarchie. SYN. classer, classifier, inventorier, répertorier.

hiératique *adjectif* Conforme à une tradition liturgique. SYN. religieux, sacerdotal, sacré. ■ Empreint de solennité. SYN. cérémonieux, figé, majestueux, solennel. – LITTÉRAIRE : olympien.

higoumène *nom masculin* Supérieur d'un monastère orthodoxe. SYN. archimandrite.

hilarant *adjectif* Qui provoque le rire. SYN. amusant, comique, désopilant, drôle, inénarrable, à mourir de rire, plaisant. – FAMILIER : cocasse, crevant, impayable, marrant, roulant, tordant. – POPULAIRE : bidonnant, fendant, gondolant, à pisser de rire, poilant. CONTR. *funèbre, grave, lugubre, macabre, morne, mortel, sinistre, tragique, triste.* – FAMILIER : *cafardeux, glauque.*

hilare *adjectif* Qui manifeste une joie béate. SYN. épanoui, gai, jovial, joyeux, radieux, réjoui, rieur. CONTR. *affligé, attristé, malheureux, mécontent, triste.* – LITTÉRAIRE : *chagrin.*

hilarité *nom féminin* Mouvement subit de gaieté. SYN. allégresse, gaieté, joie, jubilation. – FAMILIER : rigolade. – LITTÉRAIRE : liesse. CONTR. *abattement, affliction, mélancolie, peine, tristesse.*

hilotisme *nom masculin* LITTÉRAIRE. État de dépendance. SYN. esclavage, servage, servitude, vassalité. – LITTÉRAIRE : ilotisme.

hinterland *nom masculin* Région desservie par un port, une voie navigable. SYN. arrière-pays.

hippelates *nom masculin* Moucheron provoquant des conjonctivites. SYN. mouche des yeux.

hippocampe *nom masculin* Poisson marin à tête chevaline. SYN. cheval marin.

hippodrome *nom masculin* Terrain aménagé pour des manifestations hippiques. SYN. champ de courses.

hippophaé *nom masculin* Arbuste épineux des lieux sablonneux. SYN. argousier.

hippophagique *adjectif* Relatif à la viande de cheval. SYN. chevalin.

hippotrague *nom masculin* Antilope à l'aspect chevalin. SYN. aegocère.

hirondelle *nom féminin* ***Hirondelle de mer,*** oiseau voisin des mouettes. SYN. sterne. ■ ***Hirondelle des marais,*** oiseau des marécages. SYN. glaréole.

hirsute *adjectif* Qui a les cheveux hérissés. SYN. ébouriffé, échevelé, hérissé, rebroussé, touffu.

hirudinée *nom féminin* Animal tel que la sangsue. SYN. achète.

hispano-flamand *adjectif* Se dit de l'art sous le règne des Rois Catholiques. SYN. isabélin.

hisser *verbe* Mettre plus haut. SYN. élever, lever, monter, porter, soulever. CONTR. *baisser, descendre, surbaisser.*

hisser (se) *verbe pronominal* Monter sur un lieu élevé. SYN. ascensionner, escalader, gravir, grimper, monter. CONTR. *descendre.* ■ Arriver à une position élevée. SYN. s'élever, se hausser, monter. – LITTÉRAIRE : parvenir. CONTR. *s'abaisser, s'avilir, se déclasser, descendre.* – LITTÉRAIRE : *déchoir.*

histoire *nom féminin* Ensemble d'événements. SYN. biographie, chronologie, existence, fait, passé, vie. ■ Récit inventé. SYN. anecdote, conte, historiette, invention. ■ Aventure que l'on raconte. SYN. affaire, aventure, mésaventure, problème. ■ Propos mensongers. SYN. balivernes, fable, mensonge, mythe, roman, sornettes. – FAMILIER : bateau, blague, bobard, boniment, salades. – POPULAIRE : craque. CONTR. *vérité.* ■ FAMILIER. Ensemble de faits fâcheux. SYN. accroc, complication, difficulté, problème. – FAMILIER : anicroche, comédie.

histoires *nom féminin pluriel* FAMILIER. Difficultés suscitées. SYN. complications, embarras, ennuis. ■ FAMILIER. Attitude maniérée. SYN. façons, manières. – FAMILIER : chichis.

historié *adjectif* Décoré de scènes. SYN. décoré, enjolivé, ornementé, rehaussé. CONTR. *nu.*

historier *verbe* Mettre des éléments décoratifs sur. SYN. agrémenter, décorer, enjoliver, illustrer, ornementer, rehausser.

historiette *nom féminin* Petit récit plaisant. SYN. anecdote, conte, histoire, invention, nouvelle.

historique *adjectif* Attesté par l'histoire. SYN. attesté, établi, réel, véridique, véritable, vrai. CONTR. *fantaisiste, fantastique, imaginaire, légendaire, mythique, romanesque.* – LITTÉRAIRE : *fabuleux.* ■ Resté célèbre dans l'histoire. SYN. célèbre, connu, glorieux, illustre, mémorable, notoire, renommé. – LITTÉRAIRE : fameux. CONTR. *ignoré, inconnu, obscur.*

historique *nom masculin* Exposé chronologique de faits. SYN. compte-rendu, exposé, narration, récit, relation.

histrion *nom masculin* LITTÉRAIRE. Personne qui se donne en spectacle. SYN. bouffon, cabotin, clown, comédien, pitre.

histrionisme *nom masculin* Trait de personnalité hystérique. SYN. théâtralisme.

hit-parade *nom masculin* Liste des meilleurs succès de vente. SYN. palmarès.

hivernal *adjectif* Propre à l'hiver. SYN. – LITTÉRAIRE : hiémal. – RARE : brumal. CONTR. *estival.*

hobby *nom masculin* Occupation favorite. SYN. loisir, passe-temps, passion, violon d'Ingres. – FAMILIER : dada, tocade, toquade.

hochequeue *nom masculin* Petit passereau à longue queue. SYN. bergeronnette, lavandière.

hocher *verbe* Remuer la tête. SYN. branler, remuer, secouer.

hochet *nom masculin* LITTÉRAIRE. Chose futile qui amuse. SYN. bagatelle, frivolité, futilité. – FAMILIER : amusette.

Hodgkin (maladie de) *locution* Maladie des ganglions lymphatiques. SYN. lymphogranulomatose maligne.

hogback *nom masculin* Escarpement rocheux. SYN. crêt.

hoirie *nom féminin* Ce dont on hérite. SYN. héritage.

holding *nom masculin ou nom féminin* Société financière. SYN. omnium.

holométabole *adjectif* Se dit d'un insecte à métamorphoses complètes. CONTR. *hétérométabole.*

holométope *nom masculin* Type de mouche. SYN. acalyptère. – VIEUX : haplostomate.

holoside *nom masculin* Glucide formé de plusieurs oses. CONTR. *glucoside, hétéroside.*

home *nom masculin* Lieu où l'on habite. SYN. bercail, chez-soi, domicile, foyer, intérieur, nid, toit.

home center *nom masculin* Magasin d'articles pour la maison. SYN. maisonnerie.

homeland *nom masculin* Territoire attribué aux Bantous. SYN. bantoustan.

homélie *nom féminin* Prédication religieuse. SYN. prêche, prédication, prône, sermon. ■ LITTÉRAIRE. Livre, discours ennuyeux. SYN. sermon. – FAMILIER : laïus, speech. – VIEUX : prêche.

homéopathie *nom féminin* Type de traitement médical. CONTR. *allopathie.*

homéotherme *adjectif* Se dit d'un animal à température interne constante. CONTR. *hétérotherme, pœcilotherme, poïkilotherme.*

homéothermie *nom féminin* Caractère des animaux homéothermes. CONTR. *hétérothermie, pœcilothermie, poïkilothermie.*

homérique *adjectif* FAMILIER. Se dit de ce qui est fabuleux. SYN. extraordinaire, fantastique, fou, héroïque, phénoménal. – FAMILIER : épique.

homicide *adjectif* Qui veut tuer. SYN. criminel, meurtrier. – LITTÉRAIRE : assassin.

homicide *nom* LITTÉRAIRE. Personne qui a tué. SYN. assassin, criminel, meurtrier, tueur. - LITTÉRAIRE : sicaire.

homicide *nom masculin* Action de tuer un être humain. SYN. assassinat, attentat, crime, meurtre. - LITTÉRAIRE : forfait.

hommage *nom masculin* Marque de respect. SYN. considération, égards, estime. - LITTÉRAIRE : encens. CONTR. *affront.*

hommages *nom masculin pluriel* Respects exprimés à quelqu'un. SYN. compliments, devoirs, respects, salutations. - LITTÉRAIRE : civilités.

homme *nom masculin* Être humain. SYN. âme, créature, être, individu, mortel, personne. - FAMILIER : bipède. ■ Individu du sexe masculin. SYN. mâle, monsieur, quidam. - FAMILIER : bonhomme, gars, particulier, type. - POPULAIRE : gus, gusse, mec, zig, zigue. CONTR. *femme.*

homocerque *adjectif* Symétrique par rapport au plan horizontal. CONTR. *hétérocerque.*

homochromie *nom féminin* Fait de changer de couleur selon le milieu. SYN. mimétisme.

homocyclique *adjectif* Formé uniquement d'atomes de carbone. SYN. carbocyclique, isocyclique.

homogamétique *adjectif* ***Sexe homogamétique,*** dont tous les gamètes sont de même type. CONTR. *hétérogamétique.*

homogène *adjectif* Dont les éléments sont en harmonie. SYN. cohérent, harmonieux, uni, uniforme. CONTR. *bigarré, composite, disparate, divers, hétéroclite, hétérogène, hybride, mélangé, mêlé, panaché, varié.*

homogénéité *nom féminin* Qualité de ce qui est homogène. SYN. cohérence, cohésion, harmonie, régularité, uniformité, unité. CONTR. *bigarrure, différence, disparité, dissemblance, dissimilitude, diversité, hétérogénéité.*

homogreffe *nom féminin* Greffe où le greffon est pris sur un sujet de même espèce. SYN. allogreffe, allotransplantation, homotransplantation. CONTR. *hétérogreffe, xénogreffe.*

homolatéral *adjectif* Qui se trouve d'un même côté du corps. SYN. ipsilatéral.

homologation *nom féminin* Action d'homologuer. SYN. confirmation, entérinement, ratification, validation.

homologue *adjectif* Qui correspond à. SYN. concordant, correspondant, équivalent.

homologuer *verbe* Déclarer conforme à une règle. SYN. confirmer, entériner, ratifier, sanctionner, valider.

homomorphie *nom féminin* Ressemblance de formes entre un animal et son milieu. SYN. homotypie.

homosexualité *nom féminin* Sexualité d'une personne homosexuelle. SYN. pédérastie. - LITTÉRAIRE : uranisme. - VIEUX : inversion. CONTR. *hétérosexualité.*

homosexuel *adjectif et nom masculin* Qui éprouve une attirance sexuelle pour les personnes de son sexe. SYN. gay, pédéraste. - ARGOTIQUE : lope, lopette, tata. - FAMILIER : homo. - POPULAIRE : folle, pédale, pédé, tante, tantouze, tapette. - VIEUX : inverti. CONTR. *hétérosexuel.*

homosexuelle *adjectif et nom féminin* Qui éprouve une attirance sexuelle pour les personnes de son sexe. SYN. lesbienne. - LITTÉRAIRE : tribade. - POPULAIRE : gouine. CONTR. *hétérosexuelle.*

homotransplantation *nom féminin* Greffe où le greffon est pris sur un sujet de même espèce. SYN. allogreffe, allotransplantation, homogreffe.

homotypie *nom féminin* Ressemblance de formes entre un animal et son milieu. SYN. homomorphie.

homozygote *nom masculin* Qui possède en double le gène d'un caractère donné. CONTR. *hétérozygote.*

homuncule ou **homoncule** *nom masculin* FAMILIER. Homme très petit. SYN. avorton, gnome, nabot, nain. - FAMILIER : microbe. - VIEUX : pygmée. CONTR. *colosse, géant, hercule.*

hongrois *nom masculin* Langue finno-ougrienne parlée en Hongrie. SYN. magyar.

hongroyage *nom masculin* Industrie et commerce des cuirs hongroyés. SYN. hongroierie.

honnête *adjectif* Qui agit avec droiture. SYN. bien, bienséant, brave, consciencieux, désintéressé, droit, estimable, fair-play, fiable, franc, incorruptible, intègre, irréprochable, loyal, moral, pur, sage, scrupuleux, sérieux, sport. - FAMILIER : régulier. - LITTÉRAIRE : civil, probe, vertueux. CONTR. *captieux, corruptible, débauché, déloyal, dépravé, dévergondé, douteux, immoral, indélicat, interlope, malhonnête, perverti, vénal, véreux.* - FAMILIER : *combinard, vendu.* - LITTÉRAIRE : *corrompu, déshonnête, dissolu, fallacieux, tortu.* ■ Situé à un niveau moyen. SYN. acceptable, avouable, confortable, convenable, correct, décent, équitable, honorable, moyen, passable, raisonnable, satisfaisant, suffisant. CONTR. *abusif, exagéré, excessif, fabuleux, fantastique, fort, insensé.*

honnêtement *adverbe* De façon honnête. SYN. intègrement, loyalement, moralement, proprement, vertueusement. - LITTÉRAIRE : irréprochablement. CONTR. *malhonnêtement, salement.* ■ De façon convenable. SYN. bien, convenablement, correctement, décemment, honorablement, raisonnablement.

honnêteté *nom féminin* Comportement honnête. SYN. bienséance, bonne foi, conscience, dignité, droiture, équité, honorabilité, incorruptibilité, intégrité, loyauté, morale, moralité, probité, pureté, rectitude, sincérité. CONTR. *corruption, déloyauté, duplicité, hardiesse, immoralité, indélicatesse, malhonnêteté, mauvaise foi, vénalité.* – LITTÉRAIRE : *improbité, infidélité.*

honneur *nom masculin* Sentiment de fierté. SYN. dignité, orgueil. – LITTÉRAIRE : fierté. CONTR. *abjection, déshonneur, infamie.* ■ LITTÉRAIRE. Vertu d'une femme. SYN. honnêteté, pureté, vertu. CONTR. *dépravation, honte, légèreté.* – LITTÉRAIRE : *turpitude.* ■ Renom dont jouit quelqu'un. SYN. avantage, distinction, gloire, mérite. CONTR. *affront, avilissement, déchéance, dépravation, déshonneur.*

honnir *verbe* LITTÉRAIRE. Vouer au mépris. SYN. abominer, détester, exécrer, haïr. – FAMILIER : vomir. – LITTÉRAIRE : abhorrer, vilipender. CONTR. *aduler, chérir, honorer, idolâtrer, vénérer.* – LITTÉRAIRE : *encenser, flagorner, louanger.*

honorabilité *nom féminin* Qualité de quelqu'un d'honorable. SYN. dignité, droiture, honnêteté, intégrité, probité, respectabilité.

honorable *adjectif* Qui est digne d'estime. SYN. consciencieux, considéré, estimable, honnête, moral, recommandable, respectable. CONTR. *abject, dégoûtant, laid, malpropre, méprisable, vilain.* – LITTÉRAIRE : *vil.* ■ Qui attire la considération. SYN. bien, digne, louable, méritoire, respecté, vénérable. – FAMILIER : beau. CONTR. *abaissant, avilissant, honteux, inavouable, indigne, infamant, rabaissant.* ■ Qui atteint un bon niveau. SYN. acceptable, avouable, confortable, convenable, correct, honnête, moyen, satisfaisant. – FAMILIER : potable. CONTR. *excellent, parfait.*

honorablement *adverbe* De façon honorable. SYN. dignement, honnêtement, moralement, respectueusement. CONTR. *bassement, indignement.* – LITTÉRAIRE : *vilainement, vilement.* ■ De manière suffisante. SYN. avantageusement, bien, convenablement, honnêtement.

honorer *verbe* Montrer du respect à quelqu'un. SYN. adorer, célébrer, flatter, glorifier, vénérer. – LITTÉRAIRE : magnifier, révérer. CONTR. *bafouer, blasphémer, déshonorer, humilier, maudire, profaner.* – LITTÉRAIRE : *flétrir, honnir.* ■ Tenir quelque chose en estime. SYN. apprécier, considérer, estimer, faire grand cas de, respecter. – LITTÉRAIRE : priser. CONTR. *dénigrer, déprécier, discréditer, mépriser.*

honorer (s') *verbe pronominal* Être fier de quelque chose. SYN. s'enorgueillir, se flatter, se glorifier, se prévaloir, se targuer de.

honte *nom féminin* Sentiment de gêne. SYN. confusion, embarras, gêne, pudeur, retenue. CONTR. *audace.* ■ Action condamnable. SYN. ignominie, infamie, scandale. ■ Sentiment d'humiliation. SYN. affront, déshonneur, humiliation. – LITTÉRAIRE : flétrissure, opprobre, turpitude, vilenie. CONTR. *gloire, honneur, orgueil.*

honteusement *adverbe* D'une manière honteuse. SYN. abjectement, bassement, ignoblement, indignement, sordidement. – LITTÉRAIRE : vilainement, vilement. CONTR. *dignement, noblement.*

honteux *adjectif* Qui éprouve de la honte. SYN. confus, craintif, humilié, penaud, timide. – LITTÉRAIRE : contrit, sot. CONTR. *audacieux, fier, franc, orgueilleux.* ■ Qui est cause de honte. SYN. abject, affreux, avilissant, bas, coupable, dégoûtant, dégradant, déshonorant, ignoble, immonde, inavouable, infamant, infâme, laid, rabaissant, révoltant, scandaleux, vilain. – LITTÉRAIRE : ignominieux, vil. CONTR. *avouable, glorieux, honorable, noble.* – FAMILIER : *beau.*

hopak *nom masculin* Danse folklorique ukrainienne. SYN. gopak.

horde *nom féminin* Troupe d'animaux sauvages. SYN. bande, colonie, compagnie, harde, meute, troupeau. ■ Troupe nombreuse. SYN. armée, bande, bataillon, cohue, colonie, compagnie, foule, légion, meute, multitude, myriade, nuée, ramassis, troupeau. – FAMILIER : armada, cohorte, flopée, foultitude, régiment, tripotée. – LITTÉRAIRE : essaim.

horizon *nom masculin* Étendue de terre et de ciel. SYN. panorama, paysage, perspective, point de vue, site, vue.

horizontal *adjectif* Parallèle à l'horizon. SYN. plat. CONTR. *oblique, vertical.*

horizontalement *adverbe* Dans une direction horizontale. CONTR. *obliquement, verticalement.*

horizontalité *nom féminin* État de ce qui est horizontal. CONTR. *déclivité, inclinaison, pente, verticalité.*

horloge *nom féminin* Appareil horaire fixe. SYN. carillon, cartel, coucou, pendule.

hormis *préposition* Non compris. SYN. abstraction faite de, compte non tenu de, en dehors de, excepté, à l'exception de, à l'exclusion de, à part, sauf, si ce n'est. – LITTÉRAIRE : fors, hors. CONTR. *inclus, y compris.*

horreur *nom féminin* Sentiment d'effroi. SYN. épouvante, frayeur, panique, peur, phobie, terreur.

– LITTÉRAIRE : affres. ■ Sentiment de dégoût. SYN. aversion, dégoût, haine, phobie, répugnance, répulsion. – LITTÉRAIRE : abomination, exécration. CONTR. *admiration, amour, goût, prédilection.* – LITTÉRAIRE : *appétit.* ■ LITTÉRAIRE. Caractère horrible. SYN. abjection, atrocité, ignominie, infamie, laideur, monstruosité, noirceur. – LITTÉRAIRE : hideur. CONTR. *appât, grâce.* ■ FAMILIER. Personne très laide. SYN. laideron, monstre. – POPULAIRE : mocheté. ■ ***Avoir horreur de,*** ne pas supporter. SYN. abominer, détester, exécrer, haïr, répugner à. – FAMILIER : vomir. – LITTÉRAIRE : abhorrer, avoir en abomination. CONTR. *adorer, aimer, se complaire, goûter, se plaire à, raffoler.* – LITTÉRAIRE : *se délecter.* ■ ***Faire horreur,*** inspirer de la répugnance. SYN. dégoûter, donner envie de vomir, donner la nausée, écœurer, lever le cœur, rebuter, répugner, révolter, scandaliser, soulever le cœur. – FAMILIER : révulser, sortir par les trous de nez. – POPULAIRE : débecqueter, débecter. CONTR. *allécher, appâter, attirer, captiver, charmer, plaire, ravir, séduire, tenter.*

horreurs *nom féminin pluriel* Propos ou actes affreux. SYN. abominations, atrocités, calomnies, infamies, médisances, obscénités. – LITTÉRAIRE : vilenies. – POPULAIRE : cochonneries. CONTR. *gentillesses.*

horrible *adjectif* Qui cause de l'effroi. SYN. effrayant, effroyable, épouvantable, horrifiant, sinistre, terrible, terrifiant. – LITTÉRAIRE : horrifique. ■ Qui suscite le dégoût. SYN. abject, abominable, affreux, atroce, hideux, ignoble, infâme, infect, inqualifiable, monstrueux, odieux, révoltant. – LITTÉRAIRE : exécrable. CONTR. *admirable, charmant.* ■ Qui est très laid. SYN. abominable, affreux, hideux, laid, misérable, monstrueux, vilain. – FAMILIER : atroce, moche. – POPULAIRE : à chier, à dégueuler. CONTR. *avenant, beau, joli, magnifique, plaisant, ravissant, superbe.* – FAMILIER : *croquignolet.* ■ Qui est très mauvais. SYN. abominable, exécrable, infect, lamentable, mauvais. – FAMILIER : déplorable, satané. CONTR. *agréable, délicieux, enchanteur, exquis, succulent.*

horriblement *adverbe* De manière horrible. SYN. abjectement, abominablement, affreusement, atrocement, épouvantablement, hideusement, ignoblement, monstrueusement, odieusement. – LITTÉRAIRE : vilainement, vilement. CONTR. *admirablement, délicieusement, divinement, magnifiquement, merveilleusement.* – LITTÉRAIRE : *sublimement.* ■ À un très haut degré. SYN. abominablement, affreusement, beaucoup, bien, effroyablement, épouvantablement, exceptionnellement, excessivement, extraordinairement, extrêmement, follement, fort, fortement, immensément, immodérément, incroyablement, infiniment, monstrueusement, mortellement, parfaitement, particulièrement, prodigieusement, profondément, puissamment, supérieurement, suprêmement, terriblement, tout à fait, très, trop, vertigineusement. – FAMILIER : atrocement, bigrement, bougrement, diablement, drôlement, fameusement, fichtrement, fichûment, formidablement, joliment, méchamment, rudement, tout plein. – LITTÉRAIRE : diantrement, furieusement. – POPULAIRE : foutrement, salement, vachement. – VIEUX : fièrement. CONTR. *aucunement, faiblement, médiocrement, modérément, peu.*

horrifiant *adjectif* Qui cause de l'horreur. SYN. affreux, effroyable, épouvantable, horrible, monstrueux, terrible, terrifiant. – FAMILIER : cauchemardesque, cauchemardeux. – LITTÉRAIRE : horrifique.

horrifier *verbe* Remplir d'horreur. SYN. affoler, débecqueter, donner envie de vomir, écœurer, effrayer, épouvanter, faire horreur, lever le cœur, révolter, scandaliser, soulever le cœur, terrifier, terroriser. – FAMILIER : révulser. – POPULAIRE : débecter. CONTR. *rassurer, tranquilliser.* – LITTÉRAIRE : *rasséréner.*

horrifique *adjectif* LITTÉRAIRE. Qui cause l'horreur. SYN. affreux, effroyable, épouvantable, horrible, horrifiant, monstrueux, terrible, terrifiant. – FAMILIER : cauchemardesque, cauchemardeux.

horripilant *adjectif* FAMILIER. Qui cause de l'énervement. SYN. agaçant, énervant, exaspérant, excédant, insupportable, irritant. – FAMILIER : crispant, enrageant, rageant. – POPULAIRE : gonflant. CONTR. *apaisant, calmant.*

horripilation *nom féminin* FAMILIER. État d'irritation extrême. SYN. agacement, crispation, énervement, exaspération, irritation. – LITTÉRAIRE : hérissement. CONTR. *calme, flegme, sérénité.*

horripiler *verbe* FAMILIER. Mettre hors de soi. SYN. agacer, échauffer la bile, échauffer la tête, échauffer le sang, échauffer les oreilles, énerver, exaspérer, excéder, faire damner, hérisser, impatienter, indisposer, irriter, pousser à bout. – FAMILIER : courir sur le haricot, courir sur le système, faire devenir chèvre, faire suer, faire tourner en bourrique, insupporter, porter sur les nerfs, prendre la tête, taper sur le système, taper sur les nerfs. – POPULAIRE : donner des boutons, faire braire, faire chier, gonfler, pomper, soûler.

hors *préposition* LITTÉRAIRE. À l'exclusion de. SYN. abstraction faite de, en dehors de, excepté, à l'exception de, hormis, à part, sauf. – LITTÉRAIRE : fors.

hors-la-loi *nom masculin invariable* Individu qui se met hors la loi. SYN. bandit, exilé, malfaiteur, outlaw, proscrit, rebelle. – LITTÉRAIRE : réprouvé. – POPULAIRE : malfrat.

horst *nom masculin* Relief situé entre des failles. CONTR. *graben.*

hospitalier *adjectif* Qui pratique l'hospitalité. SYN. accueillant, affable, avenant, convivial. – LITTÉRAIRE : amène. CONTR. *froid, glacial, inhospitalier.* ■ LITTÉRAIRE. Qui a un aspect engageant. SYN. abordable, habitable. CONTR. *inhabitable, inhospitalier.*

hospitalité *nom féminin* Capacité à faire bon accueil. SYN. accueil, affabilité, bienveillance. – LITTÉRAIRE : aménité.

hostile *adjectif* Qui se conduit en ennemi. SYN. agressif, antagoniste, ennemi, haineux, inamical, malveillant, mauvais, menaçant. CONTR. *ami, amical, bienveillant, cordial, engageant, fraternel, sympathique.* ■ Qui manifeste son désaccord. SYN. contraire, défavorable, fermé, opposé, rebelle. CONTR. *enclin, favorable, propice.* ■ LITTÉRAIRE. Qui semble contraire à l'homme. SYN. ingrat, inhospitalier, inhumain, néfaste. CONTR. *accueillant, engageant.*

hostilité *nom féminin* Fait d'être hostile. SYN. agressivité, animosité, antipathie, aversion, haine, inimitié, malveillance, rancune, ressentiment. – LITTÉRAIRE : animadversion, fiel, venin. CONTR. *adoration, affection, amitié, amour, appui, bienveillance, complaisance, concorde, cordialité, fraternisation, sympathie, tendresse.*

hostilités *nom féminin pluriel* Opérations de guerre. SYN. actions, bataille, combats, conflit, guerre. CONTR. *armistice, paix, trêve.*

hôte *nom* Personne qui reçoit quelqu'un. SYN. maître de maison, maîtresse de maison. – LITTÉRAIRE : amphitryon.

hôte *nom* Personne reçue chez quelqu'un. SYN. convive, invité, visiteur. – LITTÉRAIRE : commensal.

hôtel *nom masculin* ***Hôtel de ville,*** bâtiment de l'administration municipale. SYN. mairie.

hotinus *nom masculin* Insecte à la la tête aussi longue que le corps. SYN. porte-chandelle, porte-lanterne.

hotu *nom masculin* Poisson cyprinidé. SYN. nase.

houleux *adjectif* Qui est en proie à l'agitation. SYN. agité, mouvementé, orageux, tourmenté, troublé. – LITTÉRAIRE : tempétueux, tumultueux. CONTR. *calme, paisible, tranquille.* ■ Agité par la houle. SYN. agité, déchaîné, démonté. CONTR. *immobile.* – LITTÉRAIRE : *serein.*

houppe *nom féminin* Ce qui forme une touffe. SYN. aigrette, crête, huppe, panache. ■ Touffe de cheveux. SYN. houppette, toupet.

houppier *nom masculin* Partie supérieure d'un arbre. SYN. cime, cimier.

hourra *nom masculin* Cri d'acclamation. SYN. acclamation, ovation, vivat. CONTR. *huée, sifflet, tollé.*

hourvari *nom masculin* LITTÉRAIRE. Agitation confuse. SYN. bruit, charivari, tapage, tintamarre, vacarme. – FAMILIER : boucan, chahut, chambard, raffut, tintouin, tohu-bohu. – POPULAIRE : barouf, baroufe, boulevari, ramdam. – VIEUX : sabbat.

houseau *nom masculin* Jambière pour monter à cheval. SYN. basane, fausse botte. ■ Guêtre lacée. SYN. heuse.

houspiller *verbe* Réprimander vivement. SYN. gronder, malmener, morigéner, rabrouer, reprendre, réprimander, rudoyer, sermonner. – FAMILIER : attraper, enguirlander, remballer, rembarrer, tarabuster. – LITTÉRAIRE : admonester, flageller, fustiger, gourmander, quereller, semoncer, tancer. – POPULAIRE : engueuler.

houssoir *nom masculin* VIEUX. Balai à long manche garni d'une touffe de fibres. SYN. tête-de-loup.

houx *nom masculin* ***Petit houx,*** arbrisseau à baies rouges. SYN. fragon.

hovercraft *nom masculin* Véhicule à coussin d'air. SYN. aéroglisseur.

huche *nom féminin* Coffre haut et étroit pour conserver le pain. SYN. maie. – VIEUX : mée.

huée *nom féminin* Cri de réprobation. SYN. clameur, cri, sifflet, tollé. – FAMILIER : chahut. CONTR. *acclamation, applaudissement, bravo, hourra, ovation, vivat.*

huer *verbe* Pousser son cri (hibou). SYN. boubouler. ■ Accueillir par des huées. SYN. conspuer, crier haro sur, invectiver, siffler. – FAMILIER : chahuter. CONTR. *acclamer, applaudir, ovationner.*

huile *nom féminin* POPULAIRE. Personnage important. SYN. notable, puissant. – FAMILIER : gros, gros bonnet, grosse légume, légume. CONTR. *petit.*

huiler *verbe* Imprégner d'huile. SYN. enduire, graisser, lubrifier. – LITTÉRAIRE : oindre.

huileux *adjectif* De la nature de l'huile. SYN. graisseux, gras, onctueux, poisseux, visqueux. CONTR. *sec.*

hulotte *nom féminin* Oiseau rapace nocturne. SYN. chat-huant.

humain *adjectif* Qui est sensible à la pitié. SYN. bienveillant, bon, charitable, clément, compatissant, compréhensif, doux, généreux, humanitaire, indulgent, philanthrope, sensible, tendre. – LITTÉRAIRE : bienfaisant, miséricordieux, secourable. CONTR. *barbare, bestial, brutal, cruel, égoïste, féroce, inhumain, malintentionné, mauvais, méchant, sauvage.* – FAMILIER : *chien.*

humain *nom masculin* LITTÉRAIRE. Être humain. SYN. âme, créature, être, homme, individu, mortel, personne.

humainement *adverbe* D'une façon humaine. SYN. charitablement, généreusement. – LITTÉRAIRE : miséricordieusement. CONTR. *brutalement, cruellement, égoïstement, inhumainement, méchamment, sauvagement.*

humaniser *verbe* Donner un caractère plus humain à. SYN. adoucir, civiliser. CONTR. *durcir.* ▪ Rendre plus compatissant. SYN. apitoyer, apprivoiser, attendrir, civiliser, dégrossir, désarmer, fléchir, toucher. – LITTÉRAIRE : policer. CONTR. *déshumaniser.* – LITTÉRAIRE : *raidir.*

humaniser (s') *verbe pronominal* Devenir plus humain. SYN. s'adoucir, s'attendrir, s'émouvoir. CONTR. *se durcir, se raidir.*

humanitaire *adjectif* Qui cherche le bien de l'humanité. SYN. altruiste, bon, charitable, généreux, humain, philanthrope. CONTR. *égocentrique, égocentriste, égoïste, individualiste.* – LITTÉRAIRE : *misanthrope.*

humanité *nom féminin* Disposition à la compassion. SYN. altruisme, bonté, charité, désintéressement, générosité, indulgence, philanthropie, pitié, sensibilité. – LITTÉRAIRE : clémence, compassion, miséricorde. CONTR. *atrocité, barbarie, bestialité, cruauté, inhumanité, insensibilité, sauvagerie.*

humantin *nom masculin* Petit requin de la Méditerranée. SYN. centrine.

humble *adjectif* Qui montre de l'humilité. SYN. déférent, effacé, falot, modeste, plat, respectueux, timide, timoré. – LITTÉRAIRE : révérencieux. CONTR. *arrogant, audacieux, avantageux, condescendant, conquérant, dédaigneux, doctoral, dominateur, effronté, faraud, fier, glorieux, hardi, hautain, impératif, impertinent, impudent, infatué, orgueilleux, ostentatoire, pédant, prétentieux, rogue, supérieur, théâtral, vaniteux.* – FAMILIER : *bêcheur, crâneur, fiérot.* – LITTÉRAIRE : *altier, fat, insolent, pompeux, vain.* ▪ Qui est de condition modeste. SYN. pauvre, petit, simple. – VIEUX : besogneux. CONTR. *beau, cossu, grand, gros, luxueux, puissant, riche, somptueux.* – LITTÉRAIRE : *pompeux.* ▪ Qui dénote une situation médiocre. SYN. bas, inférieur, obscur, ordinaire, petit, subalterne. CONTR. *ambitieux, brillant, haut, illustre, important.*

humblement *adverbe* Avec humilité. SYN. modestement, respectueusement. CONTR. *audacieusement, effrontément, fièrement, hardiment, pompeusement, prétentieusement.*

humecter *verbe* Mouiller légèrement. SYN. arroser, asperger, humidifier, imbiber, imprégner, irriguer, mouiller. CONTR. *sécher.*

humer *verbe* Absorber par le nez. SYN. aspirer, inhaler, respirer. CONTR. *exhaler, expirer.* ▪ LITTÉRAIRE. Respirer une odeur. SYN. flairer, renifler, sentir.

humeur *nom féminin* Disposition affective. SYN. caractère, état d'esprit, nature, naturel, tempérament. ▪ ***Être de bonne humeur,*** être dans de bonnes dispositions. SYN. être bien disposé, sourire. – FAMILIER : avoir la frite, être bien luné, être de bon poil. – POPULAIRE : avoir la pêche. ▪ ***Être de mauvaise humeur,*** être dans de mauvaises dispositions. SYN. maugréer, n'être pas à prendre avec des pincettes, pester, se renfrogner. – FAMILIER : bougonner, être de mauvais poil, s'être levé du pied gauche, être mal luné, faire la tête, râler, ronchonner, tirer une tête de dix mètres de long. – POPULAIRE : faire la tronche.

humide *adjectif* Qui est imprégné d'un liquide. SYN. détrempé, embrumé, embué, humecté, imbibé, moite, mouillé, suintant, trempé. CONTR. *aride, asséché, desséché, sec.*

humidifier *verbe* Rendre humide. SYN. humecter, imbiber, imprégner, irriguer, mouiller, tremper. CONTR. *assécher, dessécher, sécher.*

humidité *nom féminin* Teneur en vapeur d'eau. SYN. degré d'hygrométrie, état hygrométrique. CONTR. *aridité, sécheresse, siccité.*

humiliant *adjectif* Qui humilie. SYN. abaissant, accablant, avilissant, blessant, dégradant, déshonorant, infamant, mortifiant, offensant, outrageant, rabaissant, vexant, vexatoire. CONTR. *exaltant, excitant, flatteur, glorieux.*

humiliation *nom féminin* Sentiment de celui qui est humilié. SYN. abaissement, aplatissement, avilissement, confusion, honte, mortification. CONTR. *exaltation, fierté, glorification, orgueil, relèvement, satisfaction.* – LITTÉRAIRE : *élévation.* ▪ Acte, situation qui humilie. SYN. affront, gifle, mortification, offense, vexation. – LITTÉRAIRE : avanie, camouflet, soufflet. CONTR. *flatterie.* – LITTÉRAIRE : *encens.*

humilié *adjectif* Qui a subi une humiliation. SYN. confus, honteux, mortifié, outragé, penaud, vexé. – LITTÉRAIRE : offensé. CONTR. *content, glorieux, orgueilleux, satisfait.* – LITTÉRAIRE : *fier.*

humilier *verbe* Atteindre quelqu'un dans sa dignité. SYN. abaisser, accabler, avilir, blesser, brimer, confondre, dégrader, fouler aux pieds, mortifier, offenser, ravaler, vexer. – FAMILIER : aplatir. – LITTÉRAIRE : rabaisser, souffleter. CONTR. *glorifier, honorer, louer, respecter.* – LITTÉRAIRE : *révérer.*

humilier (s') *verbe pronominal* Avoir une attitude servile. SYN. s'abaisser, être à plat ventre, être un paillasson, s'incliner, se mettre à plat ventre, se rabaisser, ramper. – FAMILIER : s'aplatir, être raplapla devant. – LITTÉRAIRE : baisser le front, baisser pavillon, courber le front, se courber, se prosterner. – POPULAIRE : baisser sa culotte, baisser son froc, baisser son pantalon. CONTR. *s'enorgueillir, se faire valoir, se glorifier, se vanter.* – FAMILIER : *se faire mousser.*

humilité *nom féminin* Fait de ne pas se mettre en avant. SYN. modestie, petitesse, pudeur, simplicité. – LITTÉRAIRE : effacement. CONTR. *ambition, amour-propre, arrogance, audace, autorité, bravade, condescendance, cuistrerie, effronterie, fatuité, hauteur, impertinence, insolence, morgue, orgueil, ostentation, présomption, prétention, suffisance, supériorité, vanité.* – LITTÉRAIRE : *fierté, forfanterie, outrecuidance, superbe.*

humour *nom masculin* Marque d'un esprit qui s'amuse. SYN. esprit, ironie, sel. ■ Caractère de ce qui est drôle. SYN. bouffonnerie, cocasserie, comique, drôlerie. CONTR. *gravité, sérieux, tristesse.*

huppe *nom féminin* Ce qui forme une touffe. SYN. houppe.

huppé *adjectif* D'un rang social élevé. SYN. cossu, fortuné, opulent, privilégié, riche. – FAMILIER : argenté. CONTR. *indigent, modeste, pauvre.*

hurlement *nom masculin* Cri violent et prolongé. SYN. aboiement, braillement, clameur, cri, éclat, vocifération. – FAMILIER : beuglement. ■ LITTÉRAIRE. Son aigu et prolongé. SYN. grondement, rugissement. – LITTÉRAIRE : mugissement.

hurler *verbe intransitif* Émettre des cris violents. SYN. fulminer, pousser des cris d'orfraie, rugir. – FAMILIER : beugler, brailler. – LITTÉRAIRE : mugir. – POPULAIRE : bramer, gueuler. CONTR. *chuchoter, marmonner.* – FAMILIER : *maronner.* ■ Parler, chanter en criant. SYN. crier, s'égosiller, s'époumoner, s'exclamer, tempêter, tonitruer, tonner. – FAMILIER : aboyer. – POPULAIRE : gueuler. ■ Contraster violemment. SYN. détonner, jurer, trancher. – POPULAIRE : gueuler. CONTR. *s'accorder, s'associer, correspondre, s'harmoniser.*

hurler *verbe transitif* Dire des choses en criant. SYN. clamer, crier, vociférer. – FAMILIER : aboyer, beugler, brailler. – LITTÉRAIRE : éructer. – POPULAIRE : gueuler. CONTR. *chuchoter, murmurer, susurrer.*

hurleur *adjectif* Qui hurle. SYN. criard, hurlant. – FAMILIER : braillard, brailleur. – POPULAIRE : gueulard. CONTR. *silencieux.*

hurluberlu *nom masculin* FAMILIER. Personne extravagante. SYN. écervelé, étourdi, évaporé, excentrique, extravagant, fantaisiste, farfelu. – FAMILIER : étourneau, foufou. CONTR. *sage.*

hutte *nom féminin* Abri sommaire. SYN. cabane, cahute, case, loge, paillote. – FAMILIER : bicoque. – POPULAIRE : gourbi.

hybride *adjectif* Se dit d'un animal issu d'un croisement. SYN. bâtard, croisé, mâtiné, métis, métissé. CONTR. *pur, racé.* ■ Composé d'éléments disparates. SYN. composite, disparate, divers, hétéroclite, hétérogène, mélangé, mêlé, mixte, panaché, varié. CONTR. *homogène, uniforme.*

hydarthrose *nom féminin* Augmentation du liquide séreux dans une articulation. SYN. épanchement de synovie.

hydne *nom masculin* Champignon à chapeau muni d'aiguillons. SYN. barbe-de-bouc, barbe-de-chèvre, pied-de-mouton.

hydrargilite *nom féminin* Hydroxyde naturel d'aluminium. SYN. gibbsite.

hydratation *nom féminin* Introduction d'eau dans l'organisme. CONTR. *déshydratation.*

hydrate *nom masculin* VIEUX. ***Hydrate de carbone,*** substance au rôle énergétique. SYN. glucide, sucre.

hydrater *verbe* Introduire de l'eau dans un organisme. SYN. réhydrater. CONTR. *déshydrater.*

hydrocarbure *nom masculin* Composé de carbone et d'hydrogène. SYN. carbure d'hydrogène.

hydrocharis *nom féminin* Petite plante aquatique. SYN. morène.

hydrocorise *nom féminin* Punaise aquatique. SYN. cryptocérate.

hydrocortisone *nom féminin* Hormone élaborée à partir du cholestérol. SYN. cortisol.

hydrocyon *nom masculin* Poisson des eaux douces d'Afrique. SYN. poisson-tigre.

hydrographe *nom masculin* Appareil pour mesurer le niveau d'un cours d'eau. SYN. limnigraphe.

hydrologie *nom féminin* ***Hydrologie lacustre,*** étude des lacs et des eaux lacustres. SYN. limnologie. ■ ***Hydrologie fluviale,*** étude des régimes fluviaux. SYN. potamologie. ■ ***Hydrologie marine,*** étude des eaux marines. SYN. océanographie.

hydroplanage *nom masculin* Dérapage d'un véhicule dû à l'eau. SYN. aquaplaning.

hydroxyle *nom masculin* Radical présent dans l'eau, les alcools. SYN. oxhydryle.

hygiénique *adjectif* Bon pour la santé. SYN. bon, sain, salubre, salutaire. CONTR. *antihygiénique, malsain, nocif.*

hygroma *nom masculin* Inflammation d'une bourse séreuse. SYN. bursite.

hymen *nom masculin* LITTÉRAIRE. Cérémonie de mariage. SYN. noce. – LITTÉRAIRE : hyménée. – VIEUX : épousailles.

hyperacousie *nom féminin* Sensibilité excessive aux sons et au bruit. CONTR. *hypoacousie.*

hyperalgésie *nom féminin* Sensibilité excessive à la douleur. SYN. hyperalgie. CONTR. *hypoalgésie.*

hyperazotémie *nom féminin* Augmentation du taux d'azote dans le sang. SYN. urémie.

hyperbole *nom féminin* Procédé stylistique qui consiste à exagérer l'expression. SYN. enflure, exagération. CONTR. *litote.*

hyperbolique *adjectif* Plein d'emphase. SYN. ampoulé, boursouflé, déclamatoire, emphatique, exagéré, grandiloquent, pompeux.

hypercalcémie *nom féminin* Augmentation de la quantité de calcium dans le sang. CONTR. *hypocalcémie.*

hyperchlorurie *nom féminin* Augmentation de la quantité de chlore dans les urines. CONTR. *hypochlorurie.*

hypercholestérolémie *nom féminin* Augmentation de la quantité de cholestérol dans le sang. CONTR. *hypocholestérolémie.*

hyperémie *nom féminin* Accumulation anormale de sang dans un organe. SYN. congestion, hyperhémie.

hyperémotif *adjectif* Qui montre de l'hyperémotivité. SYN. hypernerveux, hypersensible, impressionnable, nerveux. CONTR. *apathique, froid, indifférent, insensible, lymphatique.*

hyperémotivité *nom féminin* Grande émotivité. SYN. hypersensibilité. – LITTÉRAIRE : impressionnabilité. CONTR. *apathie, froideur, indifférence, insensibilité.*

hyperesthésie *nom féminin* Transformation de certaines sensations tactiles en douleur. CONTR. *hypoesthésie.*

hyperesthésique *adjectif* Qui concerne l'hyperesthésie. CONTR. *hypoesthésique.*

hyperfolliculinie *nom féminin* Sécrétion exagérée de folliculine. CONTR. *hypofolliculinie.*

hyperglobulie *nom féminin* Augmentation des globules rouges. SYN. polyglobulie.

hyperglycémie *nom féminin* Augmentation du taux de glucose dans le sang. CONTR. *hypoglycémie.*

hyperhémie *nom féminin* Accumulation anormale de sang dans un organe. SYN. congestion, hyperémie.

hyperinflation *nom féminin* Inflation d'un taux extrêmement élevé. SYN. inflation galopante.

hyperkaliémie *nom féminin* Augmentation du taux de potassium dans le sang. CONTR. *hypokaliémie.*

hypermastigine *nom féminin* Protozoaire flagellé. SYN. trichonymphine.

hypersensibilité *nom féminin* Sensibilité extrême. SYN. émotivité, hyperémotivité. – LITTÉRAIRE : impressionnabilité. CONTR. *apathie, ataraxie, froideur, impassibilité, indifférence, insensibilité.*

hypersensible *adjectif* Qui est très sensible. SYN. émotif, hyperémotif, impressionnable, sensitif, susceptible. – FAMILIER : émotionnable. CONTR. *apathique, froid, impassible, indifférent, insensible, lymphatique.* – FAMILIER : *sans-cœur.*

hypersialorrhée *nom féminin* Sécrétion excessive de salive. SYN. ptyalisme.

hypersthénie *nom féminin* Fonctionnement exagéré de certains tissus et organes. CONTR. *asthénie, hyposthénie.*

hypertendu *adjectif et nom* Atteint d'hypertension artérielle. CONTR. *hypotendu.*

hypertensine *nom féminin* Hormone à grand pouvoir vasoconstricteur. SYN. angiotensine.

hypertension *nom féminin* Augmentation de la tension artérielle. CONTR. *hypotension.*

hyperthermie *nom féminin* Élévation de la température du corps. SYN. fièvre. CONTR. *hypothermie.*

hypertonie *nom féminin* Exagération du tonus musculaire. CONTR. *hypotonie.*

hypertrophie *nom féminin* Développement excessif. SYN. démesure, exagération, excès, outrance. CONTR. *atrophie, hypotrophie, mesure, modération.*

hypertrophié *adjectif* Atteint d'hypertrophie. SYN. dilaté, distendu, enflé, gonflé. CONTR. *atrophié.*

hypervitaminose *nom féminin* Excès de vitamines dans l'organisme. CONTR. *avitaminose.*

hypnotique *adjectif et nom* Qui provoque le sommeil. SYN. narcotique, somnifère. – VIEUX : soporifique. CONTR. *excitant, stimulant.*

hypnotiser *verbe* Soumettre à l'hypnose. SYN. ensorceler, envoûter. – LITTÉRAIRE : charmer, magnétiser. ■ Obséder quelqu'un. SYN. captiver, éblouir, ensorceler, envoûter, fasciner, hanter, obnubiler, obséder, tracasser, travailler. – FAMILIER : turlupiner.

hypoacousie *nom féminin* Diminution de l'acuité auditive. CONTR. *hyperacousie.*

hypoalgésie *nom féminin* Diminution de la sensibilité à la douleur. CONTR. *hyperalgésie, hyperalgie.*

hypoblaste *nom masculin* Cotylédon des graminées. SYN. scutellum.

hypocalcémie *nom féminin* Diminution de la quantité de calcium dans le sang. CONTR. *hypercalcémie.*

hypocalorique *adjectif* Destiné à faire maigrir. SYN. amaigrissant.

hypocentre *nom masculin* Point souterrain à l'origine d'un séisme. SYN. foyer.

hypochlorurie *nom féminin* Diminution de la quantité de chlore dans les urines. CONTR. *hyperchlorurie.*

hypocholestérolémie *nom féminin* Diminution de la quantité de cholestérol dans le sang. CONTR. *hypercholestérolémie.*

hypocrisie *nom féminin* Attitude de dissimulation. SYN. déloyauté, dissimulation, duplicité, fausseté, fourberie, mauvaise foi. – LITTÉRAIRE : insincérité, papelardise, patelinage, patelinerie, perfidie, pharisaïsme, sournoiserie, tartuferie, tartufferie. – VIEUX : jésuitisme. CONTR. *bonne foi, candeur, droiture, franchise, loyauté, rectitude, sincérité.* – LITTÉRAIRE : *véracité.* ■ Action, parole trompeuse. SYN. comédie, mascarade, mensonge, singerie, tromperie. – LITTÉRAIRE : fourberie, imposture, perfidie, sournoiserie.

hypocrite *adjectif* Qui fait preuve d'hypocrisie. SYN. affecté, chafouin, déloyal, dissimulateur, dissimulé, faux, faux comme un jeton, feint, fourbe, jésuite, mensonger, mielleux, perfide, simulé, sournois, tortueux. – LITTÉRAIRE : artificieux, benoît, cafard, cauteleux, fallacieux, patelin, tortu, trompeur. CONTR. *candide, direct, droit, franc, loyal, réel, sincère.* – LITTÉRAIRE : *vrai.*

hypocrite *nom* Personne fourbe. SYN. comédien, fourbe, imposteur, jésuite, perfide, tartufe, tartuffe. – FAMILIER : faux jeton. – LITTÉRAIRE : cafard, cagot, pharisien, traître. – POPULAIRE : faux cul, faux derche.

hypocritement *adverbe* De façon hypocrite. SYN. en dessous, en douce, faussement, mine de rien, sans avoir l'air d'y toucher, sans en avoir l'air, sournoisement, subrepticement, tortueusement. – FAMILIER : le bec enfariné. – POPULAIRE : la gueule enfarinée. CONTR. *candidement, à découvert, franchement, loyalement, nettement, sincèrement, vrai.*

hypoderme *nom masculin* Partie profonde de la peau. CONTR. *épiderme.*

hypodermique *adjectif* Situé sous la peau. SYN. sous-cutané.

hypoesthésie *nom féminin* Diminution de certaines sensations tactiles. CONTR. *hyperesthésie.*

hypoesthésique *adjectif* Qui concerne l'hypoesthésie. CONTR. *hyperesthésique.*

hypofolliculinie *nom féminin* Insuffisance de sécrétion de folliculine. CONTR. *hyperfolliculinie.*

hypoglycémie *nom féminin* Diminution du taux de glucose dans le sang. CONTR. *hyperglycémie.*

hypogyne *adjectif* Se dit d'une pièce florale insérée au-dessous de l'ovaire. CONTR. *épigyne.*

hypokaliémie *nom féminin* Diminution du taux de potassium dans le sang. CONTR. *hyperkaliémie.*

hyponeurien *nom masculin* Animal dont la chaîne nerveuse est sous le tube digestif. SYN. protostomien. CONTR. *épineurien.*

hypoplasie *nom féminin* Développement insuffisant d'un tissu ou d'un organe. SYN. hypoplastie.

hyposthénie *nom féminin* Diminution du tonus nerveux. SYN. asthénie. CONTR. *hypersthénie.*

hyposthénique *adjectif* Qui concerne l'hyposthénie. SYN. asthénique.

hypotendu *adjectif et nom* Atteint d' hypotension artérielle. CONTR. *hypertendu.*

hypotension *nom féminin* Abaissement anormal de la tension artérielle. CONTR. *hypertension.*

hypothermie *nom féminin* Abaissement de la température du corps. CONTR. *fièvre, hyperthermie.*

hypothèse *nom féminin* Point de départ d'un raisonnement. SYN. postulat, prémisse, principe, théorie. CONTR. *conclusion, expérience, réalité, vérification.* ■ Proposition d'explication. SYN. cas, conjecture, éventualité, idée, possibilité, préjugé, présomption, prévision, probabilité, supposition, supputation. CONTR. *assurance, certitude, évidence, fait.*

hypothétique *adjectif* Qui n'est pas certain. SYN. aléatoire, conjectural, discutable, douteux, improbable, incertain, problématique. CONTR. *assuré, automatique, avéré,* *certain, effectif, évident, flagrant, incontestable, indiscutable, indubitable, manifeste, palpable, positif, sûr, visible.*

hypotonie *nom féminin* Diminution du tonus musculaire. SYN. atonie. CONTR. *hypertonie.*

hypotrème *nom masculin* Poisson tel que la raie. SYN. bathoïde, batoïde.

hypotrophie *nom féminin* Développement insuffisant du corps. SYN. atrophie. CONTR. *dilatation, enflure, gonflement, hypertrophie.*

hyracothérium *nom masculin* Petit équidé fossile. SYN. eohippus.

hystérie *nom féminin* État d'excitation. SYN. délire, effervescence, exaltation, fièvre, frénésie, fureur, furie, surexcitation.

hystérique *adjectif* Qui est très excité. SYN. déchaîné, excité, frénétique, furieux, nerveux, surexcité, survolté. CONTR. *calme, impassible, imperturbable, paisible, posé.*

I

icaque *nom féminin* Fruit à pulpe cotonneuse. **SYN.** prune de coton.

ichneumon *nom masculin* Insecte hyménoptère. **SYN.** mouche vibrante.

ichtyophage *adjectif et nom* Qui se nourrit de poissons. **SYN.** piscivore.

icica *nom féminin* Arbre d''Amazonie. **SYN.** protium.

ictère *nom masculin* Maladie caractérisée par une coloration jaune de la peau. **SYN.** jaunisse.

ide *nom masculin* Poisson d'eau douce. **SYN.** mélanote.

idéal *adjectif* Qui n'existe qu'en idée. **SYN.** abstrait, imaginaire, théorique. **CONTR.** *concret, matériel, réel.* ▪ Qui possède toutes les qualités. **SYN.** absolu, angélique, complet, consommé, idyllique, merveilleux, parfait, privilégié, rêvé, sublime, suprême, unique. – **FAMILIER** : sensationnel. – **LITTÉRAIRE** : souverain, surnaturel. **CONTR.** *abominable, détestable, imparfait, relatif, vulgaire.*

idéal *nom masculin* Ce qui donne entière satisfaction. **SYN.** bonheur. – **LITTÉRAIRE** : félicité. ▪ Modèle de perfection absolue. **SYN.** but, rêve, utopie. **CONTR.** *réalité, réel.* ▪ Ce qui apparaît comme un modèle. **SYN.** archétype, exemple, modèle, prototype, spécimen, type. – **LITTÉRAIRE** : parangon.

idéalisation *nom féminin* Action d'idéaliser. **SYN.** exaltation, glorification. **CONTR.** *atténuation.*

idéaliser *verbe* Donner un caractère idéal à. **SYN.** diviniser, embellir, ennoblir, exalter, flatter, glorifier, grandir, rehausser. – **LITTÉRAIRE** : magnifier, spiritualiser, sublimer, transcender. **CONTR.** *abaisser, noircir, ravaler, ternir.* – **LITTÉRAIRE** : *rabaisser, rabattre.*

idéalisme *nom masculin* Fait d'aspirer à un idéal élevé. **SYN.** illusion, rêve, utopie. **CONTR.** *réalisme.*

idéaliste *nom* Personne qui croit à un idéal. **SYN.** idéologue, illuminé, poète, rêveur, utopiste. – **LITTÉRAIRE** : songe-creux.

idée *nom féminin* Représentation abstraite. **SYN.** abstraction, concept, notion. **CONTR.** *fait, forme.* ▪ Toute élaboration de l'esprit. **SYN.** illumination, inspiration, intention, intuition, plan, pressentiment, projet, trouvaille. ▪ Manière personnelle de voir. **SYN.** appréciation, avis, conception, connaissance, croyance, jugement, notion, opinion, philosophie, point de vue, position, sentiment, théorie, thèse, vue. ▪ Ce qui doit être envisagé par l'esprit. **SYN.** hypothèse, perspective, possibilité, probabilité. ▪ Vision sommaire de quelque chose. **SYN.** aperçu, avant-goût, échantillon, exemple, image. ▪ Le siège de la pensée. **SYN.** conscience, esprit, tête. ▪ ***Idée fixe,*** pensée dont l'esprit ne peut se détacher. **SYN.** hantise, manie, obsession, psychose. – **FAMILIER** : dada, maladie, marotte.

identifiable *adjectif* Que l'on peut identifier. **SYN.** discernable, reconnaissable. **CONTR.** *méconnaissable.*

identification *nom féminin* Action de s'identifier à. **SYN.** assimilation, projection, transfert.

identifier *verbe* Établir l'identité, la nature de. **SYN.** reconnaître, remettre, se remettre. **CONTR.** *confondre, ignorer.* ▪ Mettre sur le même plan. **SYN.** assimiler, comparer, confondre, rapprocher. **CONTR.** *différencier, distinguer, opposer.* – **LITTÉRAIRE** : *discerner.*

identifier (s') *verbe pronominal* Devenir identique à. **SYN.** s'assimiler, se confondre, fusionner. **CONTR.** *se différencier, se distinguer.*

identique *adjectif* Parfaitement semblable à. **SYN.** analogue, conforme, équivalent, pareil, semblable. – **FAMILIER** : c'est bonnet blanc et blanc bonnet, c'est du pareil au même, c'est kif-kif (bourricot), c'est tout comme. **CONTR.** *autre, différent, disproportionné, dissemblable, dis-*

tinct, divergent, divers, hétérogène, opposé. ■ Qui se rapporte à un seul objet. **SYN.** commun, même, unique. ■ Qui demeure le même. **SYN.** égal, immuable, inaltérable, inchangé, uniforme. **CONTR.** *changeant, contraire, inégal, transformé, variable, varié.* – **LITTÉRAIRE** : *protéiforme.*

identiquement *adverbe* De façon identique. **SYN.** de la même façon, de la même manière, de même, pareillement. – **LITTÉRAIRE** : semblablement. – **VIEUX** : mêmement. **CONTR.** *autrement, différemment, diversement, inégalement.*

identité *nom féminin* Rapport de similitude parfaite. **SYN.** accord, adéquation, analogie, coïncidence, égalité, parenté, permanence, ressemblance, similitude, uniformité. **CONTR.** *altérité, contraste, différence, disparité, disproportion, dissemblance, hétérogénéité, inégalité, opposition.*

idéologie *nom féminin* Ensemble systématisé d'idées. **SYN.** doctrine, dogme, pensée, philosophie, théorie, thèse. ■ Système spéculatif vague. **SYN.** chimère, illusion, rêve, songe, utopie.

idéologue *nom* Personne à l'origine d'une doctrine. **SYN.** penseur, théoricien. – **VIEUX** : doctrinaire. ■ Personne qui ignore la réalité. **SYN.** idéaliste, illuminé, poète, rêveur, utopiste. – **LITTÉRAIRE** : songe-creux.

idiopathique *adjectif* RARE. Dont la cause est inconnue. **SYN.** cryptogénétique, cryptogénique.

idiot *adjectif* Dont les conséquences semblent injustes. **SYN.** absurde, crétin, injuste, malencontreux, stupide. – **FAMILIER** : bête. ■ Qui dénote la sottise. **SYN.** bête à pleurer, inepte, inintelligent, nul, stupide. – **FAMILIER** : ballot, tarte. – **POPULAIRE** : nouille. **CONTR.** *malin.* ■ Qui est dépourvu d'intelligence. **SYN.** bête, bête à manger du foin, borné, ignorant, niais, nigaud, nul, sot, stupide. – **FAMILIER** : bêta, bête comme ses pieds, bouché. – **POPULAIRE** : con, taré. **CONTR.** *finaud, intelligent, malin, perspicace, sagace.*

idiot *nom* Personne dépourvue d'intelligence. **SYN.** âne, âne bâté, balourd, benêt, butor, ignorant, imbécile, innocent, lourdaud, maladroit, niais, nigaud, nul, nullité, rustre, sot, sotte. – **FAMILIER** : abruti, andouille, animal, ballot, bécasse, bêta, bûche, buse, cloche, crétin, cruche, dinde, empaillé, empoté, gaffeur, ganache, gourde, jacques, noix, oie, rustaud, saucisse, serin. – **LITTÉRAIRE** : nicodème. – **POPULAIRE** : banane, con, conard, conasse, connard, connasse, conneau, corniaud, cornichon, couillon, courge, enflé, enflure, enfoiré, gland, manche, nouille, œuf, patate, taré, tête de nœud, trou du cul, truffe. **CONTR.** *finaud, malin.* ■ VIEUX. Sujet atteint d'idiotie. **SYN.** arriéré, arriéré mental, crétin, débile, débile mental, demeuré, simple d'esprit. – **VIEUX** : imbécile.

idiotement *adverbe* De façon idiote. **SYN.** bêtement, sottement. – **LITTÉRAIRE** : niaisement. **CONTR.** *spirituellement.*

idiotie *nom féminin* Manque d'intelligence. **SYN.** bêtise, imbécillité, ineptie, inintelligence, niaiserie, nullité, sottise, stupidité. – **FAMILIER** : crétinerie, crétinisme, débilité. – **LITTÉRAIRE** : nigauderie. **CONTR.** *finesse.* ■ FAMILIER. Action, parole idiote. **SYN.** absurdité, ânerie, bêtise, imbécillité, ineptie, insanité, niaiserie, sottise, stupidité. – **FAMILIER** : crétinerie. – **POPULAIRE** : couillonnade. ■ VIEUX. Trouble mental. **SYN.** arriération mentale, débilité, déficience mentale. – **VIEUX** : crétinisme, imbécillité.

idoine *adjectif* VIEUX. Qui convient à la situation. **SYN.** ad hoc, adapté, adéquat, approprié, compatible, conforme, convenable, correspondant, pertinent, propre. **CONTR.** *impropre, inadéquat, inapproprié.*

idolâtre *adjectif* Qui voue un culte aux idoles. **SYN.** fétichiste, païen, superstitieux. ■ LITTÉRAIRE. Qui montre de l'adoration pour. **SYN.** enthousiaste, exalté, fanatique, fervent, forcené, passionné. – **FAMILIER** : fana, mordu.

idolâtrer *verbe* Adorer comme une idole. **SYN.** adorer, aduler, aimer, chérir, choyer, diviniser, être à genoux devant, mettre sur un piédestal, vénérer, vouer un culte à. – **LITTÉRAIRE** : révérer. **CONTR.** *abominer, détester, exécrer, haïr, mépriser.* – **LITTÉRAIRE** : *abhorrer, honnir.*

idolâtrie *nom féminin* Culte rendu à des idoles. **SYN.** fétichisme, paganisme. ■ LITTÉRAIRE. Admiration excessive pour. **SYN.** adoration, culte, déification, fétichisme, passion, vénération. – **LITTÉRAIRE** : dévotion, religion. **CONTR.** *animosité, antipathie, aversion, haine, inimitié, mépris.* – **LITTÉRAIRE** : *exécration.*

idylle *nom féminin* Petit poème chantant l'amour. **SYN.** bergerie, bucolique, églogue, pastorale, pastourelle. ■ Amour tendre et naïf. **SYN.** amour, amourette, intrigue. – **FAMILIER** : flirt, tocade, toquade.

idyllique *adjectif* Relatif à l'idylle. **SYN.** agreste, bucolique, champêtre. – **LITTÉRAIRE** : pastoral. ■ Qui est idéal. **SYN.** angélique, idéal, merveilleux, paradisiaque, parfait, privilégié, rêvé, sublime, unique. – **FAMILIER** : sensationnel. – **LITTÉRAIRE** : souverain, surnaturel.

if *nom masculin* Cercles étagés pour égoutter les bouteilles. **SYN.** hérisson.

ignare *adjectif* Sans culture ni instruction. **SYN.** idiot, ignorant, imbécile, incapable, incompétent, inculte, nul. - VIEUX : illettré. CONTR. *cultivé, érudit, évolué, fort, instruit, lettré, savant.* - FAMILIER : *calé, ferré, trapu.* - LITTÉRAIRE : *docte, omniscient.*

ignifugé *adjectif* Peu inflammable. SYN. incombustible, ininflammable. CONTR. *inflammable.*

ignoble *adjectif* Qui est totalement honteux. SYN. abject, avilissant, bas, crapuleux, dégradant, déshonorant, honteux, inavouable, indigne, infâme, innommable, laid, méprisable, odieux, ordurier, révoltant, sordide. - FAMILIER : sale. - LITTÉRAIRE : ignominieux, turpide, vil. CONTR. *admirable, adorable, élevé, noble.* - FAMILIER : *beau.* - LITTÉRAIRE : *fier, relevé.* ■ Très laid, mauvais ou sale. SYN. abominable, affreux, dégoûtant, détestable, fétide, grossier, hideux, horrible, immonde, infect, laid, malpropre, repoussant, répugnant, répulsif, vulgaire. - FAMILIER : atroce. - POPULAIRE : dégueulasse. CONTR. *beau.*

ignoblement *adverbe* De façon ignoble. SYN. abjectement, abominablement, affreusement, atrocement, bassement, hideusement, honteusement, horriblement, monstrueusement, odieusement, sordidement. - LITTÉRAIRE : vilainement, vilement. CONTR. *admirablement, adorablement, bien, divinement, magnifiquement, merveilleusement, noblement.* - LITTÉRAIRE : *sublimement.*

ignominie *nom féminin* Degré extrême d'indignité. SYN. abjection, avilissement, bassesse, déchéance, dégradation, déshonneur, honte, indignité, infamie, lâcheté, laideur. - LITTÉRAIRE : flétrissure, horreur, opprobre, souillure, turpitude. CONTR. *beauté, grandeur.* ■ Action déshonorante. SYN. affront, bassesse, crapulerie, horreur, insulte. - LITTÉRAIRE : avanie, injure, scélératesse, turpitude, vilenie.

ignominieux *adjectif* LITTÉRAIRE. Qui cause de l'ignominie. SYN. abaissant, abject, avilissant, dégradant, déshonorant, honteux, ignoble, immonde, infamant, infâme, infect, injurieux, innommable, inqualifiable, méprisable, rabaissant, répugnant, sordide. - LITTÉRAIRE : turpide, vil. CONTR. *glorieux, illustre.*

ignorance *nom féminin* Défaut de connaissances. SYN. balourdise, candeur, incapacité, incompétence, inculture, inexpérience, innocence, lacune, maladresse, méconnaissance, naïveté, nullité. - LITTÉRAIRE : impéritie. CONTR. *capacité, compétence, connaissance, culture, érudition, force, instruction, savoir, science.*

ignorant *nom* Personne qui n'est pas au courant de. SYN. âne, âne bâté, balourd, benêt, idiot, imbécile, innocent, lourdaud, maladroit, niais, nigaud, nul, nullité, sot, sotte. - FAMILIER : abruti, andouille, ballot, bécasse, bêta, buse, cloche, crétin, cruche, dinde, empaillé, empoté, gaffeur, gourde, jacques, noix, oie, serin. - LITTÉRAIRE : nicodème. - POPULAIRE : banane, con, conard, connard, cornichon, couillon, gland, manche, nouille, patate, truffe.

ignorant *adjectif* Qui manque d'expérience. SYN. incapable, incompétent, inexpérimenté, novice, nul, profane. - LITTÉRAIRE : inexpert. CONTR. *averti, compétent, éclairé, expert, familier, initié, versé.* ■ Qui manque de savoir. SYN. idiot, ignare, imbécile, inculte. - VIEUX : illettré. CONTR. *cultivé, érudit, évolué, fort, instruit, savant.* - FAMILIER : *calé, ferré, trapu.* - LITTÉRAIRE : *docte, omniscient.*

ignoré *adjectif* Qui n'est pas connu. SYN. étranger, inconnu, insoupçonné. CONTR. *connu, familier.* ■ Qui n'a pas de notoriété. SYN. méconnu, obscur, oublié. CONTR. *célèbre, glorieux, historique, illustre, populaire, reconnu, renommé, réputé.* - LITTÉRAIRE : *fameux.*

ignorer *verbe* Ne pas être au courant de. SYN. méconnaître. CONTR. *apprendre, connaître, être au courant, identifier, savoir.* ■ Ne pas tenir compte de. SYN. dédaigner, se désintéresser, se détourner, faire fi de, mépriser, se moquer, rire de, se rire. - FAMILIER : se ficher. - POPULAIRE : se foutre. CONTR. *apprécier, considérer, s'intéresser, reconnaître, respecter, se soucier, suivre.*

illégal *adjectif* Qui est contraire à la loi. SYN. clandestin, défendu, délictuel, délictueux, frauduleux, illégitime, illicite, interdit, irrégulier, prohibé, usurpatoire. CONTR. *autorisé, juste, légal, légitime, licite, permis, réglementaire, règlementaire, régulier.*

illégalement *adverbe* De façon illégale. SYN. frauduleusement, illégitimement, illicitement, indûment, irrégulièrement, malhonnêtement. CONTR. *à bon droit, légalement, légitimement, licitement, régulièrement.*

illégalité *nom féminin* Caractère illégal. SYN. arbitraire, iniquité, irrégularité. CONTR. *légalité, légitimité, régularité.* ■ Acte contraire à la loi. SYN. abus, délit, fraude, passe-droit. - LITTÉRAIRE : iniquité.

illégitime *adjectif* Se dit d'un enfant né hors mariage. SYN. adultérin, bâtard, incestueux, naturel. CONTR. *légitime, reconnu.* ■ Qui se situe hors la loi. SYN. illégal, illicite, irrégulier, usurpatoire. CONTR. *légal, reconnu, régulier.* ■ Qui est contraire à l'équité. SYN. inéquitable, inique, injuste, injustifié, partial. CONTR. *équitable, impartial, juste.* ■ Qui n'est pas fondé. SYN. déraisonnable, indéfendable, injustifiable, irréfléchi. CONTR. *défendable, fondé, justifié, motivé, raisonnable.*

illégitimement *adverbe* De façon illégitime. SYN. abusivement, illégalement, illicitement, indûment, injustement, irrégulièrement, malhonnêtement. CONTR. *à bon droit, légalement, légitimement, licitement, régulièrement.*

illettré *adjectif* Qui ne sait ni lire ni écrire. SYN. analphabète. CONTR. *instruit.* ■ VIEUX. Qui n'a pas de culture. SYN. ignare, ignorant, incompétent, inculte, nul. CONTR. *cultivé, éclairé, érudit, évolué, fort, lettré, savant.* – FAMILIER : *calé, ferré, trapu.* – LITTÉRAIRE : *docte, omniscient.*

illicite *adjectif* Défendu par la morale ou la loi. SYN. clandestin, coupable, défendu, délictuel, délictueux, frauduleux, illégal, illégitime, interdit, irrégulier, prohibé, sauvage, usurpatoire. CONTR. *autorisé, légal, légitime, licite, permis, régulier.*

illicitement *adverbe* D'une manière illicite. SYN. frauduleusement, illégalement, illégitimement, indûment, irrégulièrement. CONTR. *à bon droit, légalement, légitimement, licitement, régulièrement.*

illico *adverbe* FAMILIER. Sans tarder. SYN. aussitôt, d'emblée, d'entrée de jeu, immédiatement, incessamment, à l'instant, instantanément, promptement, sans délai, sans retard, séance tenante, sur l'heure, sur-le-champ, tout de suite, toutes affaires cessantes. – FAMILIER : illico presto, subito presto. – LITTÉRAIRE : dès l'abord, incontinent. CONTR. *après, plus tard, par la suite, ultérieurement.*

illimité *adjectif* Sans limites. SYN. démesuré, gigantesque, immense, incommensurable, indéfini, indénombrable, indéterminé, infini, innombrable, insondable, interminable, long, total. – FAMILIER : abyssal. CONTR. *borné, contenu, déterminé, fixé, limité, mesuré, modéré, raisonnable, relatif, restreint.*

illisible *adjectif* Qu'on lit difficilement. SYN. indéchiffrable. CONTR. *clair, compréhensible, déchiffrable, lisible.*

illogique *adjectif* Qui n'est pas logique. SYN. aberrant, absurde, anormal, antilogique, boiteux, faux, incohérent, irrationnel, stupide. CONTR. *cohérent, judicieux, juste, logique, naturel, normal, raisonné, rationnel, sensé, suivi.* ■ Qui manque de raison. SYN. antirationnel, confus, contradictoire, déraisonnable, inconséquent. CONTR. *conséquent, méthodique, raisonnable, rationnel.*

illogiquement *adverbe* De façon illogique. SYN. absurdement, déraisonnablement, irrationnellement. CONTR. *logiquement, raisonnablement, rationnellement, sainement.*

illogisme *nom masculin* Caractère illogique. SYN. absurdité, incohérence, inconséquence. CONTR. *bon sens, cohérence, logique.*

illuminé *nom* Personne qui montre du fanatisme. SYN. fanatique, fou, idéaliste, idéologue, mystique, passionné, rêveur, utopiste, visionnaire. – LITTÉRAIRE : songe-creux.

illuminer *verbe* Éclairer vivement quelque chose. SYN. éclaircir, éclairer. – LITTÉRAIRE : embraser, enflammer. CONTR. *assombrir, obscurcir.* – LITTÉRAIRE : *enténébrer.* ■ Donner de l'éclat. SYN. allumer. – LITTÉRAIRE : éclairer, empourprer. CONTR. *assombrir, ternir.*

illuminer (s') *verbe pronominal* S'éclairer vivement. SYN. briller, s'épanouir, étinceler, rayonner. – LITTÉRAIRE : s'embraser, s'irradier, resplendir. CONTR. *s'assombrir, se rembrunir, se renfrogner.*

illusion *nom féminin* Interprétation erronée. SYN. aberration, erreur, mirage, vision. – FAMILIER : berlue, hallucination. – LITTÉRAIRE : mensonge. CONTR. *réalité, vérité, vrai.* ■ Croyance fausse. SYN. chimère, idéalisme, impossibilité, irréalité, leurre, mythe, rêve, utopie. – LITTÉRAIRE : songe. CONTR. *certitude, lucidité.*

illusionner (s') *verbe pronominal* Se faire des illusions sur. SYN. s'abuser, avoir des œillères, avoir un bandeau sur les yeux, bâtir des châteaux en Espagne, se bercer, courir après son ombre, se faire des idées, faire erreur, se leurrer, se méprendre, prendre des vessies pour des lanternes, rêver en couleurs, se tromper. – FAMILIER : croire au Père Noël, se ficher le doigt dans l'œil, se fourrer le doigt dans l'œil, ne pas voir plus loin que le bout de son nez. – POPULAIRE : se foutre le doigt dans l'œil, se mettre le doigt dans l'œil.

illusionniste *nom* Artiste qui fait des tours de magie. SYN. prestidigitateur.

illusoire *adjectif* Propre à faire illusion. SYN. apparent, chimérique, faux, fictif, imaginaire, insidieux, irréalisable, irréel, mythique, spécieux, superficiel, trompeur, utopique, vain. – LITTÉRAIRE : fallacieux. CONTR. *authentique, certain, concret, effectif, évident, fondé, raisonnable, réalisable, réel, sérieux, sûr, véritable, vrai.*

illustration *nom féminin* Ce qui rend plus clair. SYN. explication, indication, lumière, précision.

illustre *adjectif* Qui s'est acquis la célébrité. SYN. célèbre, connu, historique, légendaire, renommé, réputé. – LITTÉRAIRE : fameux, immortel. CONTR. *effacé, humble, ignoré, inconnu, méconnu, obscur, oublié.* ■ Qui est remarquable. SYN. brillant, éclatant, éminent, glorieux, important, marquant, mémorable, prestigieux. – LITTÉRAIRE : distingué. CONTR. *infâme.* – LITTÉRAIRE : *ignominieux, vil.*

illustrer *verbe* LITTÉRAIRE. Rendre quelque chose célèbre. SYN. faire honneur à, faire valoir, glorifier, immortaliser, mettre en valeur, rehausser. – LITTÉRAIRE : relever. ■ Rendre un propos plus clair. SYN. clarifier, éclaircir, éclairer, expliquer. ■ Pourvoir un livre d'illustrations. SYN. enluminer, enrichir, historier. ■ Appuyer une idée. SYN. figurer, refléter, représenter, symboliser.

illustrer (s') *verbe pronominal* Se faire remarquer. SYN. briller, se distinguer, émerger, exceller, se signaler, sortir du lot.

ilotisme *nom masculin* LITTÉRAIRE. État de dépendance. SYN. esclavage, servage. – LITTÉRAIRE : hilotisme, servitude, vassalité.

image *nom féminin* Personne, chose semblable à une autre. SYN. emblème, modèle, portrait, réplique, représentation, reproduction, spécimen. – LITTÉRAIRE : visage. ■ Symbole d'une réalité abstraite. SYN. expression, illustration, incarnation, reflet, symbole. – LITTÉRAIRE : miroir. ■ Représentation mentale. SYN. idée, réminiscence, souvenir. ■ Ce qui évoque la réalité par analogie. SYN. allégorie, comparaison, figure, métaphore.

imagé *adjectif* Se dit d'un style orné d'images. SYN. brillant, coloré, métaphorique, pittoresque.

imaginable *adjectif* Qui peut être imaginé. SYN. concevable, croyable, pensable, plausible, possible. CONTR. *impensable, impossible, inconcevable, incroyable, inimaginable.*

imaginaire *adjectif* Qui n'existe que dans l'imagination. SYN. chimérique, de fantaisie, fantaisiste, fantasmagorique, féerique, fictif, forgé de toutes pièces, illusoire, inexistant, irréel, mythique, théorique, utopique. – LITTÉRAIRE : controuvé, fabuleux. CONTR. *authentique, concret, effectif, évident, fondé, historique, positif, réel, véritable, vrai.*

imaginatif *adjectif* Qui imagine aisément. SYN. créatif, fécond, fertile, inventif, prolifique.

imagination *nom féminin* Capacité d'élaborer des images. SYN. créativité, fantaisie, invention, inventivité, songerie.

imaginer *verbe* Se représenter mentalement. SYN. s'attendre, comprendre, concevoir, conjecturer, envisager, évoquer, fabuler, se figurer, penser, se représenter, rêver, soupçonner, supposer, visualiser, voir. ■ Avoir l'idée de quelque chose. SYN. concevoir, construire, créer, découvrir, forger, improviser, inventer, machiner, manigancer, trouver. – FAMILIER : être en veine. – POPULAIRE : gamberger.

imaginer (s') *verbe pronominal* Se représenter par l'esprit. SYN. concevoir, se représenter. ■ Croire sans raison valable que. SYN. croire, escompter, estimer, se faire des idées, se figurer, penser, tabler sur.

imbattable *adjectif* Qui ne peut être battu. SYN. indestructible, invincible, invulnérable. – FAMILIER : incollable. CONTR. *fragile, mauvais, vulnérable.*

imbécile *nom* Personne stupide. SYN. âne, âne bâté, balourd, benêt, butor, idiot, ignorant, innocent, lourdaud, maladroit, niais, nigaud, nul, nullité, rustre, sot, sotte. – FAMILIER : abruti, andouille, animal, ballot, bécasse, bêta, bûche, buse, cloche, crétin, cruche, dinde, empaillé, empoté, gaffeur, ganache, gourde, jacques, noix, oie, rustaud, saucisse, serin. – LITTÉRAIRE : nicodème. – POPULAIRE : banane, con, conard, conasse, connard, connasse, conneau, corniaud, cornichon, couillon, courge, enflé, enflure, enfoiré, gland, manche, nouille, œuf, patate, taré, tête de nœud, trou du cul, truffe. CONTR. *futé, malin.*

imbécillité *nom féminin* Absence complète d'intelligence. SYN. bêtise, idiotie, ineptie, inintelligence, niaiserie, nullité, sottise, stupidité. – FAMILIER : crétinerie, crétinisme. – LITTÉRAIRE : nigauderie. – POPULAIRE : connerie. ■ Acte ou parole imbécile. SYN. ânerie, bêtise, ineptie, insanité, niaiserie, sottise, stupidité. – FAMILIER : crétinerie, idiotie. – LITTÉRAIRE : ganacherie. – POPULAIRE : connerie, couillonnade. ■ VIEUX. Déficit intellectuel profond. SYN. arriération mentale, débilité, déficience mentale. – VIEUX : crétinisme, idiotie.

imberbe *adjectif* Qui n'a pas de barbe. SYN. glabre, lisse, nu. CONTR. *barbu, poilu, velu.*

imbibé *adjectif* FAMILIER. Sous l'effet de l'alcool. SYN. aviné, enivré, gris, ivre, pris de boisson. – FAMILIER : éméché, parti, plein comme un œuf, plein comme une outre, pompette, saoul, schlass, soûl, soûl comme un Polonais, soûl comme une bourrique, soûl comme une grive. – POPULAIRE : beurré, beurré comme un p'tit Lu, beurré comme une tartine, blindé, bourré, bourré comme une cantine, chargé, cuit, noir, paf, pété, pinté, plein comme une barrique, raide, rétamé, rond, rond comme une barrique, rond comme une queue de pelle, torché. – VIEUX : brindezingue. ■ Imprégné d'un liquide. SYN. détrempé, embué, humide, imprégné. CONTR. *sec.*

imbiber *verbe* Pénétrer d'un liquide. SYN. détremper, humecter, humidifier, imprégner, mouiller, tremper. CONTR. *dessécher, essuyer, sécher.*

imbiber (s') *verbe pronominal* FAMILIER. Boire avec excès. SYN. boire, s'enivrer. – FAMILIER : se soûler. – POPULAIRE : picoler, se pinter, pomper. ■ S'imprégner d'un liquide. SYN. absorber, s'imprégner, pomper.

imbibition *nom féminin* Action d'imbiber, de s'imbiber. SYN. humidification, imprégnation, mouillage, trempage. CONTR. *dessèchement, dessiccation.*

imbrication *nom féminin* Enchevêtrement d'éléments. SYN. amalgame, combinaison, entrecroisement, entrelacement, mosaïque. – LITTÉRAIRE : entremêlement.

imbriqué *adjectif* Engagé l'un dans l'autre. SYN. emboîté, encastré, enchâssé, enchevêtré.

imbriquer *verbe* Engager une chose dans. SYN. emboîter, encastrer, enchâsser, enchevêtrer. CONTR. *séparer.*

imbriquer (s') *verbe pronominal* Être lié de façon complexe. SYN. s'amalgamer, se combiner, s'enchevêtrer, s'entremêler, se fondre. ■ Se loger dans un espace étroit. SYN. s'emboîter, s'encastrer, s'enchâsser, s'engager.

imbroglio *nom masculin* Situation confuse. SYN. chaos, confusion, désordre, enchevêtrement. – FAMILIER : brouillamini, embrouillamini, méli-mélo, micmac, pagaïe, pagaille, pastis, sac de nœuds, sac d'embrouilles, salmigondis. – POPULAIRE : bin's, binz, bordel, merdier.

imbu *adjectif* Profondément pénétré de. SYN. pénétré, pétri, plein.

imbuvable *adjectif* Qu'on ne peut boire. SYN. infect, mauvais. CONTR. *buvable, potable.* ■ FAMILIER. Qui est insupportable. SYN. abominable, déplaisant, détestable, exécrable, insupportable, intolérable, odieux. – FAMILIER : impossible, invivable. CONTR. *supportable.* – FAMILIER : *buvable, possible, potable.*

imitateur *nom* Personne qui imite. SYN. compilateur, contrefacteur, copiste, disciple, mime, parodiste, pasticheur, plagiaire, singe.

imitation *nom féminin* Action d'imiter. SYN. calque, caricature, charge, compilation, contrefaçon, copie, emprunt, exemple, parodie, pastiche, plagiat, reproduction. ■ Ce qui est reproduit. SYN. fac-similé, faux, réplique, simulacre. – FAMILIER : simili, toc. CONTR. *archétype, original.*

imité *adjectif* Que l'on a reproduit. SYN. factice, faux, feint. CONTR. *authentique, original.*

imiter *verbe* Reproduire l'allure de. SYN. copier, mimer, répéter, reproduire, simuler, singer. ■ Suivre l'exemple de. SYN. adopter, calquer, copier, emboîter le pas, épouser, s'inspirer, marcher dans le sillage de, marcher sur les pas de, marcher sur les talons de, se modeler, prendre pour modèle, suivre, suivre les brisées de, suivre les traces de. – FAMILIER : en prendre de la graine. ■ Reproduire une œuvre. SYN. contrefaire, démarquer, emprunter, parodier, pasticher, piller, plagier. CONTR. *créer.* ■ Être un calque de quelque chose. SYN. figurer, rappeler, représenter, ressembler, sembler. – LITTÉRAIRE : simuler.

immaculé *adjectif* Qui n'a pas la moindre tache. SYN. blanc, impeccable, intact, propre, vierge. – LITTÉRAIRE : virginal. CONTR. *maculé, malpropre, noir, sale, sali, taché.* ■ Qui est sans souillure morale. SYN. inaltéré, intact, net, neuf, propre, pur, vierge. – LITTÉRAIRE : virginal.

immangeable *adjectif* Qui n'est pas bon à manger. SYN. inconsommable. CONTR. *comestible, mangeable.*

immanquable *adjectif* Qui ne peut manquer de réussir. SYN. assuré, certain, fatal, fatidique, forcé, inéluctable, inévitable, inexorable, infaillible, nécessaire, obligatoire, sûr.

immanquablement *adverbe* De façon inévitable. SYN. assurément, certainement, à coup sûr, évidemment, fatalement, par la force des choses, forcément, incontestablement, indubitablement, inéluctablement, inévitablement, inexorablement, infailliblement, invariablement, mathématiquement, nécessairement, obligatoirement, régulièrement, sans manquer, sûrement, systématiquement, à tous les coups.

immatériel *adjectif* Qui n'a pas de corps. SYN. impalpable, spirituel. – LITTÉRAIRE : incorporel. CONTR. *concret, consistant, corporel, matériel, palpable.* – LITTÉRAIRE : *charnel.* ■ LITTÉRAIRE. Qui ne semble pas matériel. SYN. ailé, inexistant, vaporeux. – LITTÉRAIRE : aérien, éthéré.

immédiat *adjectif* Qui se produit sans délai. SYN. imminent, instantané, prochain, soudain, subit. – LITTÉRAIRE : prompt. CONTR. *éloigné, lointain.* ■ Qui est en rapport direct. SYN. direct, proche. CONTR. *indirect, médiat.*

immédiatement *adverbe* Sans intermédiaire. SYN. directement. CONTR. *indirectement.* ■ À l'instant même. SYN. aussitôt, d'emblée, d'extrême urgence, incessamment, à l'instant, instantanément, promptement, sans attendre, sans délai, sans retard, sans tarder, séance tenante, soudain, soudainement, subitement, sur le coup, sur le moment, sur l'heure, sur-le-champ, tout de suite, de toute urgence, toutes affaires cessantes, urgemment, d'urgence. – FAMILIER : illico, illico presto, subito, subito presto. – LITTÉRAIRE : incontinent. – POPULAIRE :

aussi sec. CONTR. *après, plus tard, par la suite, ultérieurement.*

immémorial *adjectif* LITTÉRAIRE. Extrêmement ancien. SYN. ancestral, antique, millénaire, séculaire, vieux. CONTR. *jeune, neuf, nouveau, récent.*

immense *adjectif* Qui est très grand. SYN. étendu, grand, illimité, incommensurable, infini, interminable, long, spacieux. – LITTÉRAIRE : vaste. CONTR. *borné, étroit, limité, microscopique, minuscule, petit.* ■ Qui est très important. SYN. colossal, démesuré, énorme, extraordinaire, fou, géant, gigantesque, grand, incommensurable, insensé, monumental, violent. – LITTÉRAIRE : titanesque. CONTR. *faible, insignifiant, médiocre, mince, minuscule.*

immensément *adverbe* D'une manière immense. SYN. beaucoup, bien, colossalement, considérablement, effroyablement, éminemment, énormément, exceptionnellement, excessivement, extraordinairement, extrêmement, fabuleusement, follement, fort, horriblement, incroyablement, infiniment, monstrueusement, mortellement, particulièrement, prodigieusement, profondément, puissamment, souverainement, supérieurement, suprêmement, terriblement, tout à fait, très, trop, vertigineusement. – FAMILIER : bigrement, bougrement, diablement, drôlement, fameusement, fichtrement, fichûment, formidablement, joliment, méchamment, rudement, tout plein. – LITTÉRAIRE : diantrement, furieusement. – POPULAIRE : foutrement, salement, vachement. – VIEUX : fièrement. CONTR. *faiblement, guère, modérément, moyennement, peu.*

immensité *nom féminin* LITTÉRAIRE. Étendue immense. SYN. infini. – LITTÉRAIRE : vastitude. ■ Caractère important. SYN. ampleur, énormité, étendue, importance, profondeur, puissance. CONTR. *futilité, insignifiance, médiocrité.* ■ Caratère vaste. SYN. incommensurabilité, infinité. – LITTÉRAIRE : infinitude. CONTR. *petitesse.*

immergé *adjectif* Qui est sous l'eau. SYN. englouti, inondé, noyé, trempé.

immerger *verbe* Plonger entièrement dans. SYN. baigner, couler, noyer, plonger.

immerger (s') *verbe pronominal* Se plonger dans. SYN. s'absorber, s'enfoncer, se fondre, se perdre, plonger, se plonger. – LITTÉRAIRE : s'abîmer.

immérité *adjectif* Qui n'a pas été mérité. SYN. illégitime, inique, injuste, injustifiable, injustifié, non fondé. CONTR. *fondé, juste, légitime, mérité.*

immettable *adjectif* Qu'on ne peut plus mettre. SYN. importable. CONTR. *convenable, mettable, portable.*

immeuble *nom masculin* Bâtiment d'importance. SYN. bâtiment, bâtisse, building, édifice, gratte-ciel.

immigrant *adjectif et nom* Qui immigre. CONTR. *émigrant.*

immigration *nom féminin* Installation dans un pays. CONTR. *émigration.*

immigrer *verbe* Se fixer dans un pays étranger. CONTR. *émigrer.*

imminence *nom féminin* Caractère imminent. SYN. approche, arrivée, proximité, venue. – LITTÉRAIRE : voisinage.

imminent *adjectif* Qui est sur le point d'arriver. SYN. futur, immédiat, prochain, proche. – LITTÉRAIRE : instant. CONTR. *éloigné, lointain, reporté.*

immiscer (s') *verbe pronominal* Intervenir dans les affaires d'autrui. SYN. s'entremettre, s'infiltrer, s'ingérer, intervenir, se mêler de, mettre son nez dans. – FAMILIER : fourrer son nez dans.

immixtion *nom féminin* Action de s'immiscer. SYN. ingérence, intervention, intrusion. CONTR. *abstention, neutralité, non-intervention.*

immobile *adjectif* Qui ne bouge pas. SYN. cloué, dormant, figé, fixe, impassible, inactif, inanimé, inerte, paralysé, pétrifié, rivé, stagnant, stationnaire, statique. – FAMILIER : planté. – LITTÉRAIRE : étale. CONTR. *agité, ambulant, déchaîné, furieux, houleux, itinérant, mobile, mouvant.* – LITTÉRAIRE : *tumultueux, voyageur.*

immobilisation *nom féminin* Action d'immobiliser. SYN. arrêt, blocage, paralysie. CONTR. *balancement, ballottement, mouvement.*

immobiliser *verbe* Empêcher de bouger. SYN. arrêter, assujettir, assurer, bloquer, figer, fixer, maintenir, stabiliser, stopper, suspendre. CONTR. *actionner, agiter, balancer, mobiliser, remuer.* ■ Contraindre à l'inactivité. SYN. clouer, coincer, retenir, tenir. ■ Interdire toute activité à un secteur. SYN. asphyxier, engourdir, étouffer, freiner, geler, paralyser, ralentir. CONTR. *débloquer, dégeler.*

immobiliser (s') *verbe pronominal* S'arrêter soudainement. SYN. se figer, stopper. – FAMILIER : se planter. CONTR. *s'agiter, bondir, bouger, frétiller, gesticuler, se mouvoir, partir, remuer.* – FAMILIER : *gigoter.*

immobilisme *nom masculin* Opposition à toute innovation. SYN. engourdissement, inertie, piétinement, sclérose, stagnation. CONTR. *changement, développement, dynamisme, énergie.*

immobilité *nom féminin* Fait d'être immobile. SYN. fixité, inaction, inactivité, paralysie, repos, stagnation. CONTR. *agitation, changement, déplacement, élan, mobilité, mouvement, vacillement.*

immodéré *adjectif* Qui excède la mesure. SYN. abusif, démesuré, effréné, effroyable, exagéré, excessif, extrême, insensé, intense, outrancier, outré. – FAMILIER : astronomique, violent. – LITTÉRAIRE : intempérant. CONTR. *bon, doux, équilibré, modéré, modeste, nuancé, raisonnable.*

immodérément *adverbe* De façon immodérée. SYN. abusivement, affreusement, beaucoup, bien, démesurément, effroyablement, exagérément, exceptionnellement, excessivement, extraordinairement, extrêmement, follement, fortement, horriblement, incroyablement, infiniment, mortellement, outrageusement, particulièrement, au plus haut degré, au plus haut point, prodigieusement, profondément, puissamment, supérieurement, suprêmement, terriblement, tout à fait, très, trop, vertigineusement. – FAMILIER : atrocement, bigrement, bougrement, diablement, drôlement, fameusement, formidablement, joliment, méchamment, rudement, superlativement, tout plein. – LITTÉRAIRE : au dernier point, diantrement, furieusement. – POPULAIRE : foutrement, salement, vachement. CONTR. *faiblement, modérément, modestement, raisonnablement, sagement, sobrement.*

immolation *nom féminin* Action d'immoler, de s'immoler. SYN. boucherie, carnage, hécatombe, holocauste, sacrifice, tuerie.

immoler *verbe* LITTÉRAIRE. Faire périr. SYN. anéantir, assassiner, décimer, détruire, éliminer, exterminer, massacrer, tuer. – LITTÉRAIRE : occire, sacrifier. ■ LITTÉRAIRE. Délaisser au profit de. SYN. abandonner, délaisser, laisser, quitter, sacrifier. CONTR. *s'occuper de, prendre soin de.*

immonde *adjectif* Qui suscite le dégoût. SYN. dégoûtant, fétide, ignoble, infect, innommable, malpropre, répugnant, répulsif, sordide. – POPULAIRE : dégueulasse. ■ D'une bassesse ignoble. SYN. abject, avilissant, dégradant, honteux, ignoble, infâme, inqualifiable, odieux, ordurier, sordide. – LITTÉRAIRE : ignominieux, impur, nauséeux, turpide, vil. – POPULAIRE : dégueulasse.

immondices *nom masculin pluriel* Débris de toutes sortes. SYN. déchet, détritus, ordure, saleté.

immoral *adjectif* Qui agit contre la morale. SYN. cynique, dépravé, déréglé, dévergondé, dévoyé, licencieux, malpropre, vicieux. – LITTÉRAIRE : corrompu, dissolu. CONTR. *honnête, moral, propre.* ■ Qui est contraire à la morale. SYN. graveleux, grivois, inconvenant, indécent, leste, malsain, morbide, obscène, sordide, subversif. – LITTÉRAIRE : impur, pernicieux, turpide. CONTR. *bon, moral.*

immoralité *nom féminin* Caractère immoral. SYN. corruption, cynisme, dépravation, inconvenance, indécence, obscénité. – LITTÉRAIRE : impureté, licence, vice. CONTR. *éthique, honnêteté, moralité, pureté.*

immortaliser *verbe* Rendre immortel. SYN. glorifier, pérenniser, perpétuer. – LITTÉRAIRE : éterniser, illustrer.

immortalité *nom féminin* Survivance éternelle. SYN. pérennité, permanence, survie. – LITTÉRAIRE : éternité, perpétuité, survivance.

immortel *adjectif* Qui n'est pas sujet à la mort. SYN. éternel, invincible. CONTR. *mortel.* – LITTÉRAIRE : *périssable.* ■ LITTÉRAIRE. Qu'on suppose sans fin. SYN. immuable, impérissable, imprescriptible, inaliénable, inaltérable, indéfectible, indélébile, indestructible, indissoluble, ineffaçable, perpétuel, sempiternel. – LITTÉRAIRE : éternel, pérenne. CONTR. *éphémère, fugace, fugitif, précaire.* – LITTÉRAIRE : *périssable.* ■ LITTÉRAIRE. Dont le souvenir est vivant. SYN. glorieux, illustre, impérissable, légendaire, mémorable.

immotivé *adjectif* Sans motif réel. SYN. arbitraire, gratuit, illégitime, injustifié, irréfléchi. CONTR. *fondé, légitime, motivé.*

immuabilité *nom féminin* LITTÉRAIRE. Caractère immuable. SYN. constance, continuité, durabilité, fidélité, immutabilité, imprescriptibilité, invariabilité, pérennité, permanence, persistance, solidité, stabilité, uniformité. – LITTÉRAIRE : fixité. CONTR. *changement, évolution, fugacité, instabilité, mobilité, modification, précarité, vacillement, variabilité.* – LITTÉRAIRE : *mutabilité.*

immuable *adjectif* Qui dure longtemps. SYN. éternel, impérissable, imprescriptible, inaltérable, indéfectible, indélébile, indestructible, indissoluble, ineffaçable, perpétuel. – LITTÉRAIRE : immortel, infrangible, pérenne. CONTR. *caduc, fugace, modifiable, momentané, passager, précaire.* ■ Qui demeure inchangé. SYN. arrêté, constant, définitif, durable, ferme, fidèle, figé, fixe, habituel, identique, impassible, inaltérable, inchangé, inébranlable, invétéré, permanent, persistant, solide, stable, stéréotypé. – LITTÉRAIRE : invariable. CONTR. *capricieux, changeable, changeant, instable, provisoire, transitoire, variable.* – LITTÉRAIRE : *inconstant.*

immuablement *adverbe* De façon immuable. SYN. constamment, continuellement, durablement, éternellement, immanquablement, inébranlablement, invariablement, obstinément, opiniâtrement, en permanence, perpétuellement, sans arrêt, sans cesse, sans discontinuer, sans intermission, sans interruption, sans relâche, sans répit, toujours. – LITTÉRAIRE : continûment, sempiternellement. CONTR. *épisodiquement, exceptionnellement, par instants, par intermittence, par intervalles, irrégulièrement, passagèrement, provisoirement, rarement, sporadiquement, de temps à autre, de temps en temps, variablement.*

immuniser *verbe* Mettre à l'abri d'un mal. SYN. défendre, garantir, prémunir, préserver, protéger, vacciner. – LITTÉRAIRE : garder de. CONTR. *transmettre.*

immunité *nom féminin* Droit de bénéficier d'une dérogation à la loi. SYN. inviolabilité, privilège.

immunodéficience *nom féminin* Déficience des mécanismes immunitaires. SYN. immunodépression, immunosuppression.

immunodépresseur *adjectif et nom masculin* Qui peut supprimer les réactions immunitaires. SYN. immunosuppresseur.

immunodépression *nom féminin* Déficience des mécanismes immunitaires. SYN. immunodéficience, immunosuppression.

immunogénicité *nom féminin* Degré ou qualité d'un antigène. SYN. antigénicité.

immunoglobuline *nom féminin* Protéine sécrétée en réaction à un antigène. SYN. anticorps.

immunosuppresseur *adjectif et nom masculin* Qui peut supprimer les réactions immunitaires. SYN. immunodépresseur.

immunosuppression *nom féminin* Déficience des mécanismes immunitaires. SYN. immunodéficience, immunodépression.

immun-sérum *nom masculin* Sérum aux anticorps de spécificité connue. SYN. antisérum.

immutabilité *nom féminin* Caractère de conventions juridiques que l'on ne peut modifier. SYN. pérennité. – LITTÉRAIRE : immuabilité.

impact *nom masculin* Choc d'un corps contre un autre. SYN. choc, collision, coup, heurt. ■ Effet produit par quelque chose. SYN. conséquence, contrecoup, incidence, influence, répercussion, retentissement, retombée, suite.

impair *nom masculin* Maladresse choquante. SYN. balourdise, bêtise, bévue, étourderie, faute, maladresse, sottise. – FAMILIER : blague, boulette, bourde, gaffe.

impalpable *adjectif* Qui ne peut être touché. SYN. immatériel, imperceptible, insaisissable, intangible. – LITTÉRAIRE : aérien, éthéré. CONTR. *matériel, palpable, tangible.*

impanation *nom féminin* Présence du Christ dans l'eucharistie. SYN. consubstantiation. CONTR. *transsubstantiation.*

impardonnable *adjectif* Qui ne peut être pardonné. SYN. inexcusable, irrémissible. CONTR. *excusable, pardonnable.* – LITTÉRAIRE : *rémissible.*

imparfait *adjectif* Qui présente des lacunes. SYN. approximatif, élémentaire, fragmentaire, incomplet, informe, insuffisant, rudimentaire, sommaire, vague. CONTR. *complet, fini, idéal, parfait.* ■ Qui présente des défauts. SYN. défectueux, inexact, manqué, mauvais, médiocre. – FAMILIER : loupé, raté. CONTR. *achevé, consommé, impeccable.* – LITTÉRAIRE : *soigneux.*

imparfaitement *adverbe* De façon imparfaite. SYN. approximativement, grosso modo, insuffisamment, mal, rudimentairement, sommairement, vaguement. CONTR. *bien, parfaitement, supérieurement.* ■ De façon partielle. SYN. à demi, fragmentairement, incomplètement, à moitié, partiellement. CONTR. *complètement, entièrement, intégralement, pleinement.*

imparidigité *nom masculin* Qui a un nombre impair de doigts à chaque patte. SYN. mésaxonien, périssodactyle.

imparisyllabique *adjectif et nom masculin* Qui a une ou deux syllabes de plus qu'au nominatif. CONTR. *parisyllabique.*

impartial *adjectif* Qui n'exprime aucun parti pris. SYN. désintéressé, droit, équitable, impassible, intègre, juste, neutre, objectif. CONTR. *chauvin, fanatique, inéquitable, inique, injuste, partial, partisan, prévenu, subjectif, tendancieux.*

impartialement *adverbe* De façon impartiale. SYN. objectivement. CONTR. *partialement, subjectivement, tendancieusement.* – LITTÉRAIRE : *inéquitablement.*

impartialité *nom féminin* Qualité de quelqu'un d'impartial. SYN. droiture, équité, intégrité, justice, neutralité, objectivité. CONTR. *favoritisme, iniquité, injustice, partialité, subjectivité.*

impartir *verbe* LITTÉRAIRE. Accorder quelque chose. SYN. adjuger, allouer, assigner, attribuer, concéder, consentir, décerner, donner, octroyer, partager.

impasse *nom féminin* Situation sans issue. SYN. bourbier, crise, mauvais pas, pétrin. ■ Rue sans issue. SYN. cul-de-sac.

impassibilité *nom féminin* Caractère impassible. SYN. ataraxie, calme, flegme, froideur, imperturbabilité, indifférence, insensibilité, maîtrise, patience, placidité, sang-froid, self-control, sérénité. – LITTÉRAIRE : quiétude, stoïcisme. CONTR. *altération, animation, chaleur, colère, effarement, effarouchement, effervescence, énervement, hypersensibilité, impétuosité, inquiétude, irritabilité, sensibilité, véhémence.*

impassible *adjectif* Qui cache son émotion. SYN. calme, fermé, figé, flegmatique, froid, glacé, glacial, immobile, immuable, impénétrable, imperturbable, indifférent, inébranlable, inexpressif, patient, placide, résigné, stoïque. – LITTÉRAIRE : impavide. CONTR. *bouillant, brûlant, chaud, coléreux, délirant, démonstratif, emporté, ému, enflammé, excité, expansif, fiévreux, hypersensible, hystérique, impatient, inquiet, irascible, irritable, nerveux, passionné, rageur, surexcité, survolté, troublé, violent.* – LITTÉRAIRE : *colérique, effervescent, tumultueux.* ■ Qui ne se laisse pas influencer. SYN. équitable, impartial, juste, objectif. CONTR. *émotif, impressionnable, influençable.* – FAMILIER : *émotionnable.*

impassiblement *adverbe* De façon impassible. SYN. patiemment, placidement, stoïquement. CONTR. *nerveusement.*

impatiemment *adverbe* Sans pouvoir patienter. SYN. avidement, fébrilement, fiévreusement, nerveusement. CONTR. *calmement, paisiblement, patiemment, placidement, posément, sagement, tranquillement.*

impatience *nom féminin* Qualité d'un caractère vif. SYN. ardeur, fougue, impétuosité, pétulance. – LITTÉRAIRE : flamme, vivacité. CONTR. *indolence, mollesse, nonchalance.* – VIEUX : *lymphatisme.* ■ Incapacité à supporter. SYN. agacement, crispation, énervement, exaspération, irritation, rage. CONTR. *calme, flegme, patience, résignation, soumission.* ■ Incapacité à attendre. SYN. avidité, désir, fièvre, hâte. CONTR. *calme, placidité, sérénité.*

impatient *adjectif* Qui montre de l'impatience. SYN. avide, bouillant, désireux, fébrile, fougueux, impétueux, indocile, irritable, nerveux, pressé, surexcité. – FAMILIER : sous pression, speedé. – LITTÉRAIRE : prompt. CONTR. *apathique, calme, docile, facile, impassible, indolent, lent, lympathique, malléable, mou, patient, placide, posé, résigné.*

impatiente *nom féminin* Plante dont le fruit éclate en projetant les graines. SYN. balsamine, ne-me-touchez-pas.

impatienter *verbe* Faire perdre patience. SYN. agacer, crisper, énerver, exaspérer, excéder, hérisser, irriter, ulcérer. – FAMILIER : faire suer, horripiler. – LITTÉRAIRE : importuner.

impatienter (s') *verbe pronominal* Montrer de l'agacement. SYN. en avoir par-dessus la tête, se crisper, s'énerver, être à bout, être à bout de nerfs, être comme un ours en cage, être sur des charbons ardents, s'irriter, n'y plus tenir, perdre patience, piaffer, ronger son frein. – FAMILIER : en avoir assez, en avoir jusque-là, en avoir marre, en avoir plein le dos, en avoir ras la casquette, en avoir ras le bol, en avoir ras le pompon, en avoir soupé, devenir chèvre, être sous pression, être sur le gril. – POPULAIRE : en avoir plein le cul, en avoir sa claque, faire un caca nerveux. CONTR. *patienter, prendre patience.*

impavide *adjectif* LITTÉRAIRE. Qui ne montre aucune peur. SYN. froid, impassible, imperturbable, inébranlable, stoïque. CONTR. *lâche, peureux, pleutre, poltron.* – LITTÉRAIRE : *couard, pusillanime.* – POPULAIRE : *trouillard.* – VIEUX : *capon.*

impayable *adjectif* FAMILIER. Incroyablement comique. SYN. amusant, comique, désopilant, drôle, hilarant, incroyable, inénarrable, à mourir de rire, plaisant, risible. – FAMILIER : cocasse, crevant, marrant, roulant, tordant. – LITTÉRAIRE : ineffable. – POPULAIRE : bidonnant, fendant, à pisser de rire, poilant.

impeccable *adjectif* Qui est sans défaut. SYN. achevé, correct, excellent, irréprochable, parfait, pur, raffiné, soigné. – POPULAIRE : au poil. – VIEUX : perlé. CONTR. *défectueux, grossier, imparfait.* ■ Très propre. SYN. immaculé, net, propre, soigné, tenu. CONTR. *malpropre, sale.*

impeccablement *adverbe* De façon impeccable. SYN. bien, parfaitement, proprement, soigneusement. CONTR. *mal.*

impécunieux *adjectif* LITTÉRAIRE. Qui a peu d'argent. SYN. démuni, gêné, indigent, misérable, nécessiteux, pauvre. – FAMILIER : désargenté, fauché. – POPULAIRE : raide. – VIEUX : besogneux. CONTR. *aisé, fortuné, opulent, riche.* – FAMILIER : *argenté.*

impécuniosité *nom féminin* LITTÉRAIRE. Manque d'argent. SYN. besoin, gêne, misère, pauvreté. – POPULAIRE : débine. – VIEUX : pouillerie. CONTR. *aisance, bien-être.*

impénétrable *adjectif* Où il est difficile de pénétrer. SYN. dense, épais, fermé, imperméable, inaccessible, serré, touffu. CONTR. *accessible, ouvert, pénétrable.* ■ Qui cache ses sentiments. SYN. énigmatique, fuyant, impassible, inexpressif, insaisissable, insondable, mystérieux, renfermé, replié, réservé, taciturne. – LITTÉRAIRE : secret, ténébreux. – RARE : boutonné. CONTR. *accessible, communicatif, proche.* ■ Difficile à comprendre. SYN. abscons, hermétique, inaccessible, incompréhensible, inconcevable, inconnaissable, indéchiffrable, indéfinissable, inintelligible, insaisissable, insondable, mystérieux, obscur, subtil. – LITTÉRAIRE : abstrus, opaque, sibyllin. CONTR. *accessible, apparent, explicable.* – LITTÉRAIRE : *pénétrable.*

impénitent *adjectif* Qui persiste dans. SYN. endurci, incorrigible, invétéré, irrécupérable. – FAMILIER : indécrottable.

impensable *adjectif* Qui dépasse l'imagination. SYN. inconcevable, incroyable, inimaginable, invraisemblable. CONTR. *concevable, envisageable, imaginable, normal, pensable, possible.*

impératif *adjectif* Qui exprime un ordre absolu. SYN. absolu, catégorique, exprès, formel. ▪ Qui a le caractère du commandement. SYN. autoritaire, despotique, dictatorial, dominateur, impérieux, injonctif, péremptoire, tranchant. CONTR. *humble, soumis.* ▪ Qui s'impose avec urgence. SYN. impérieux, pressant, pressé, urgent. – LITTÉRAIRE : instant. CONTR. *facultatif, secondaire.*

impérativement *adverbe* De façon urgente. SYN. d'extrême urgence, impérieusement, instamment, obligatoirement, sans faute, sans manquer, de toute urgence, urgemment, d'urgence. CONTR. *facultativement.*

imperceptible *adjectif* Qui échappe aux sens. SYN. impalpable, inapparent, inaudible, indiscernable, invisible, microscopique, minuscule. CONTR. *constatable, ostensible, palpable, perceptible, visible.* ▪ Qui échappe à l'attention. SYN. faible, indistinct, infime, insaisissable, insensible, insignifiant, léger, minime, subtil, timide. CONTR. *appréciable, aveuglant, distinct.*

imperceptiblement *adverbe* D'une manière imperceptible. SYN. doucement, insensiblement. CONTR. *visiblement.*

imperfection *nom féminin* État de ce qui est imparfait. SYN. défectuosité, faiblesse, médiocrité, mesquinerie, petitesse. CONTR. *excellence, perfection.* ▪ Ce qui empêche d'être parfait. SYN. défaut, déficience, faille, faute, malfaçon, tare, vice. CONTR. *qualité.*

impérieusement *adverbe* De façon impérieuse. SYN. d'extrême urgence, impérativement, instamment, nécessairement, obligatoirement, de toute urgence, urgemment, d'urgence. CONTR. *facultativement.*

impérieux *adjectif* Qui n'admet pas la contradiction. SYN. absolu, autoritaire, cassant, despotique, dictatorial, dogmatique, omnipotent, péremptoire, tout-puissant, tranchant, tyrannique. – FAMILIER : pète-sec. – LITTÉRAIRE : altier. CONTR. *faible, humble, soumis.* ▪ Qu'il faut absolument satisfaire. SYN. impératif, irrépressible, irrésistible, pressant, pressé, urgent. – LITTÉRAIRE : instant. CONTR. *facultatif, secondaire.*

impérissable *adjectif* Qui dure très longtemps. SYN. durable, éternel, immuable, imprescriptible, inaltérable, indéfectible, indélébile, indestructible, indissoluble, ineffaçable, perpétuel, sempiternel, solide, vivace. – LITTÉRAIRE : immortel, inextinguible, infrangible, invariable, pérenne. CONTR. *caduc, destructible, éphémère, fragile, passager.*

impéritie *nom féminin* LITTÉRAIRE. Manque de capacité dans. SYN. ignorance, inaptitude, incapacité, incompétence, inexpérience, inhabileté, insuffisance. CONTR. *efficacité, habileté, précision, savoir-faire.*

imperméabilité *nom féminin* LITTÉRAIRE. Incapacité de comprendre. SYN. herméticité, incompréhension, insensibilité. CONTR. *réceptivité.* ▪ État de ce qui est imperméable. SYN. étanchéité, herméticité. CONTR. *perméabilité, porosité.*

imperméable *adjectif* Qui ne laisse pas passer l'eau. SYN. caoutchouté, étanche, hermétique, imperméabilisé. CONTR. *pénétrable, perméable.* ▪ Qui est indifférent à une émotion. SYN. étranger, impénétrable, inaccessible, indifférent, insensible, rebelle, réfractaire, sourd. CONTR. *ouvert, passionné, perméable, réceptif.*

impersonnalité *nom féminin* Caractère impersonnel. SYN. banalité, fadeur, inconsistance, insignifiance, monotonie, platitude, prosaïsme. CONTR. *caractère, originalité, personnalité.*

impersonnel *adjectif* Sans originalité. SYN. banal, commun, fade, incolore, inconsistant, inodore et sans saveur, monotone, ordinaire, pâle, plat, quelconque, terne, uniforme. CONTR. *coloré, original, personnel, pittoresque, typique.*

impertinemment *adverbe* LITTÉRAIRE. De façon impertinente. SYN. cavalièrement, crûment, cyniquement, effrontément, grossièrement, insolemment, sans vergogne.

impertinence *nom féminin* Attitude qui vise à choquer. SYN. aplomb, audace, désinvolture, effronterie, hardiesse, impudence, inconvenance, incorrection, indécence, insolence, liberté, sans-gêne. – FAMILIER : culot, toupet. – LITTÉRAIRE : irrespect, irrévérence, outrecuidance, sans-façon. CONTR. *bienséance, considération, correction, courtoisie, décence, déférence, dignité, humilité, politesse, respect, tact.* – LITTÉRAIRE : *civilité, révérence.* ▪ Parole ou action impertinente. SYN. familiarités, impolitesse, inconvenance, moquerie, sarcasme. CONTR. *attention, convenances, délicatesse, égard, prévenance.*

impertinent *adjectif* Qui marque l'impertinence. SYN. cavalier, choquant, déplacé, impoli, inconvenant, incorrect. – LITTÉRAIRE : irrévérencieux, malséant, malsonnant. CONTR. *bienséant, convenable, correct.* ■ Qui fait preuve d'impertinence. SYN. arrogant, audacieux, cavalier, désinvolte, effronté, hardi, impoli, impudent, insolent, malappris, sans gêne. – FAMILIER : culotté. – LITTÉRAIRE : irrespectueux, irrévérencieux, outrecuidant. – POPULAIRE : malembouché. CONTR. *courtois, déférent, humble, respectueux, timide.* – LITTÉRAIRE : *révérencieux.*

imperturbabilité *nom féminin* Caractère imperturbable. SYN. ataraxie, calme, flegme, froideur, impassibilité, maîtrise, placidité, sang-froid, self-control, sérénité. – LITTÉRAIRE : stoïcisme. CONTR. *agitation, émotivité, impétuosité.*

imperturbable *adjectif* Que rien ne trouble. SYN. calme, détaché, flegmatique, froid, glacial, impassible, implacable, indifférent, inébranlable, insensible, patient, placide, serein. – LITTÉRAIRE : impavide, olympien. CONTR. *délirant, émotif, excité, fiévreux, impressionnable, inquiet, nerveux, troublé.* – FAMILIER : *émotionnable.* – LITTÉRAIRE : *effervescent.*

imperturbablement *adverbe* D'une manière imperturbable. SYN. froidement, placidement. CONTR. *nerveusement.*

impesanteur *nom féminin* Disparition des effets de la pesanteur. SYN. apesanteur.

impétigo *nom masculin* Maladie cutanée contagieuse. SYN. – VIEUX : gourme.

impétueusement *adverbe* De façon impétueuse. SYN. à corps perdu, follement, fougueusement, furieusement, passionnément, tambour battant, vivement. CONTR. *placidement, posément, sereinement, tranquillement.*

impétueux *adjectif* LITTÉRAIRE. Animé d'un mouvement rapide. SYN. déchaîné, furieux, rapide, violent. – LITTÉRAIRE : tumultueux. CONTR. *calme, doux, léger, lent, paisible.* ■ Qui agit avec fougue. SYN. ardent, bouillant, débordant, débridé, emporté, endiablé, énergique, enragé, exalté, explosif, exubérant, forcené, fort, fougueux, frénétique, impatient, impulsif, pétulant, remuant, véhément. – LITTÉRAIRE : inflammable, volcanique. CONTR. *apathique, flegmatique, froid, indolent, lymphatique, mou, nonchalant, patient, placide, serein, tranquille.* – FAMILIER : *gnangnan, gniangnian, lambin.*

impétuosité *nom féminin* LITTÉRAIRE. Caractère impétueux. SYN. rage, rapidité, turbulence, violence, virulence. – LITTÉRAIRE : fureur, furie. CONTR. *calme, douceur, lenteur, mesure.* ■ Fougue extrême de quelqu'un. SYN. ardeur, chaleur, emportement, exaltation, exubérance, fougue, frénésie, impatience, mordant, pétulance, turbulence, véhémence. – LITTÉRAIRE : flamme, vivacité. CONTR. *apathie, flegme, impassibilité, imperturbabilité, indolence, inertie, nonchalance, placidité.*

impie *adjectif* LITTÉRAIRE. Qui outrage la religion. SYN. antireligieux, blasphémateur, blasphématoire, irréligieux, sacrilège. – LITTÉRAIRE : profanateur. CONTR. *pieux, religieux.*

impie *nom* LITTÉRAIRE. Personne qui méprise la religion. SYN. athée, esprit fort, incroyant. CONTR. *bigot, croyant, dévot.* – FAMILIER : *bondieusard.*

impiété *nom féminin* LITTÉRAIRE. Mépris pour la religion. SYN. athéisme, irréligion. CONTR. *dévotion, piété.* ■ LITTÉRAIRE. Action, parole impie. SYN. blasphème, profanation, sacrilège.

impitoyable *adjectif* Qui ne montre aucune pitié. SYN. implacable, inexorable, inflexible, inhumain, intraitable, intransigeant. – FAMILIER : sans-cœur. ■ Qui ne fait grâce de rien. SYN. barbare, cruel, dur, féroce, froid, intraitable, mauvais, mortel, rigoureux, sévère, strict. – FAMILIER : chien. CONTR. *affectueux, attentif, bon, bonasse, charitable, conciliant, doux, généreux, indulgent, sensible.*

impitoyablement *adverbe* De façon impitoyable. SYN. durement, inhumainement, sauvagement.

implacabilité *nom féminin* LITTÉRAIRE. Caractère implacable. SYN. inflexibilité, inhumanité, rigidité, rigueur. – LITTÉRAIRE : inclémence, inexorabilité. CONTR. *pitié.* – LITTÉRAIRE : *mansuétude.*

implacable *adjectif* Que rien ne peut apaiser. SYN. acharné, âpre, atroce, barbare, brutal, cruel, déchaîné, dur, farouche, ferme, féroce, forcené, impitoyable, inflexible, inhumain, intraitable, intransigeant, irréductible, mauvais, mortel, rigide, sévère. – LITTÉRAIRE : inapaisable, raide. CONTR. *généreux, indulgent, magnanime.* ■ LITTÉRAIRE. À quoi on ne peut échapper. SYN. fatal, fatidique, imparable, inéluctable, inévitable, inexorable, irrésistible, rigoureux, sévère, strict, terrible.

implacablement *adverbe* De façon implacable. SYN. inhumainement, sauvagement, sévèrement.

implantation *nom féminin* Action d'implanter. SYN. enracinement, établissement, fixation, importation, insertion, installation, introduction, intronisation.

implanter *verbe* Mettre en place quelque chose. SYN. acclimater, établir, fixer, importer, installer, instituer. ■ Introduire une idée. SYN. ancrer, enraciner, instaurer, introduire. – LITTÉRAIRE : introniser.

implanter (s') *verbe pronominal* S'établir quelque part. SYN. s'établir, se fixer, s'installer, prendre pied. – FAMILIER : s'incruster, prendre racine. ■ Se fixer dans quelque chose. SYN. s'ancrer, s'enraciner, s'insérer, se planter.

implicite *adjectif* Qui est sous-entendu. SYN. caché, contenu, inexprimé, inhérent, intrinsèque, sous-entendu, suggéré, supposé, tacite. CONTR. *énoncé, explicite, exprès, formel, formulé, manifeste, parlant.*

implicitement *adverbe* De façon implicite. SYN. allusivement, tacitement. CONTR. *clairement, explicitement, expressément, formellement, nettement.*

impliquer *verbe* Avoir pour conséquence. SYN. amener, appeler, commander, déterminer, engendrer, entraîner, induire, nécessiter, occasionner, supposer, susciter. ■ Mettre en cause quelqu'un. SYN. compromettre, engager, mêler. ■ Contenir en soi. SYN. comporter, comprendre, inclure, renfermer. CONTR. *exclure.*

imploration *nom féminin* LITTÉRAIRE. Action d'implorer. SYN. adjuration, prière, sollicitation. – LITTÉRAIRE : conjuration, objurgation, supplication.

implorer *verbe* LITTÉRAIRE. Supplier quelqu'un de. SYN. adjurer, prier, supplier. – LITTÉRAIRE : conjurer. ■ Demander en suppliant. SYN. demander, invoquer, mendier, quémander, solliciter. – FAMILIER : pleurer après. – LITTÉRAIRE : quêter.

impoli *adjectif* Qui manque de politesse. SYN. discourtois, goujat, impertinent, inconvenant, incorrect, insolent, mal élevé, malappris, mufle. – FAMILIER : malpoli, sans gêne. – LITTÉRAIRE : incivil, irrespectueux. – POPULAIRE : malembouché. – VIEUX : mal éduqué. CONTR. *affable, aimable, bien élevé, bienséant, convenable, courtois, élégant, poli.* – FAMILIER : *beau.* – LITTÉRAIRE : *urbain.* – VIEUX : *bien éduqué.*

impoli *nom* Personne sans manières. SYN. butor, goujat, impertinent, impudent, insolent, malappris, malotru, mufle, rustre, sans-gêne. – FAMILIER : malpoli. – POPULAIRE : malembouché, pignouf.

impoliment *adverbe* De façon impolie. SYN. cavalièrement, crûment, cyniquement, effrontément, grossièrement, sans vergogne. – LITTÉRAIRE : irrespectueusement, irrévérencieusement. – VIEUX : irrévéremment. CONTR. *courtoisement, poliment, respectueusement.* – LITTÉRAIRE : *civilement.*

impolitesse *nom féminin* Manque de politesse. SYN. goujaterie, grossièreté, impertinence, inconvenance, incorrection, indélicatesse, inélégance, insolence, muflerie, sans-gêne, vulgarité. – LITTÉRAIRE : incivilité, irrespect, irrévérence, sans-façon. CONTR. *affabilité, amabilité, bienséance, bonnes manières, courtoisie, déférence, éducation, politesse.* – LITTÉRAIRE : *civilité, urbanité.* ■ Acte impoli. SYN. goujaterie, grossièreté, impertinence, inconvenance, inélégance, insolence. CONTR. *égard, politesse.* – LITTÉRAIRE : *délicatesse.*

impolitique *adjectif* Qui manque d'habileté. SYN. inhabile, inopportun, maladroit, malavisé, malhabile, malvenu. CONTR. *adroit, habile.*

impondérable *adjectif* Difficile à prévoir. SYN. imprévisible, subtil. CONTR. *prévisible.*

importable *adjectif* Impossible à mettre sur soi. SYN. immettable. CONTR. *convenable, mettable, portable.*

importance *nom féminin* Caractère de ce qui importe. SYN. ascendant, influence, poids, prestige. – LITTÉRAIRE : crédit. CONTR. *futilité, insignifiance, médiocrité.* – LITTÉRAIRE : *superficialité.* ■ Degré de valeur, de taille. SYN. ampleur, calibre, envergure, étendue, force, grandeur, gravité, intérêt, ordre, portée, proportion, taille, valeur.

important *adjectif* Se dit d'un air prétentieux. SYN. avantageux, conquérant, prétentieux, puant, suffisant. – LITTÉRAIRE : fat, outrecuidant. CONTR. *humble, modeste, timide.* ■ Qui a un intérêt considérable. SYN. bon, capital, décisif, essentiel, fondamental, grave, insigne, majeur, marquant, mémorable, notable, primordial, remarquable, sensible, sérieux, vital. CONTR. *accessoire, anodin, bénin, frivole, futile, inutile, mineur, second, secondaire, subalterne.* ■ Dont l'influence est considérable. SYN. beau, élevé, éminent, fort, haut, illustre, influent, lourd, notable, puissant, renommé. – LITTÉRAIRE : signalé. CONTR. *inconnu, méconnu, obscur, quelconque.* ■ Qui atteint de grandes proportions. SYN. appréciable, conséquent, considérable, écrasant, grand, gros, impressionnant, massif, nombreux, volumineux. – FAMILIER : coquet, joli, rondelet, solide. CONTR. *déficient, dérisoire, faible, insignifiant, léger, limité, maigre, médiocre, méprisable, mince, minime, modique, négligeable, petit, réduit.*

importateur *adjectif et nom* Qui importe. CONTR. *exportateur.*

importation *nom féminin* Action d'importer quelque chose. SYN. adoption, implantation, insertion, introduction, intronisation. CONTR. *exportation.*

importer *verbe transitif* Introduire un usage, un produit. SYN. amener, apporter, implanter, instaurer, introduire. – LITTÉRAIRE : introniser. CONTR. *exporter.*

importer *verbe transitif indirect* Avoir de l'importance. SYN. compter, dater, faire date, intéresser, jouer, mériter considération, peser, valoir la peine.

importun *adjectif* LITTÉRAIRE. Qui occasionne une gêne. SYN. déplacé, dérangeant, désagréable, embarrassant, encombrant, fâcheux, gênant, incongru, inopportun, intempestif, malvenu, tracassant. CONTR. *bienvenu, indiqué, judicieux, opportun, propice.* ■ LITTÉRAIRE. Qui ennuie par sa présence. SYN. ennuyeux, envahissant, indiscret. – FAMILIER : barbant, bassinant, casse-pieds, collant, crampon, embêtant, enquiquinant, pot de colle. – POPULAIRE : casse-bonbons, emmerdant. CONTR. *charmant.*

importun *nom* LITTÉRAIRE. Personne qui importune. SYN. gêneur, intrus, trouble-fête. – FAMILIER : casse-pieds, crampon, empoisonneur, enquiquineur, pot de colle, raseur. – LITTÉRAIRE : fâcheux. – POPULAIRE : emmerdeur. – RARE : ardélion.

importuner *verbe* LITTÉRAIRE. Causer du désagrément à. SYN. agacer, assommer, contrarier, déranger, embarrasser, ennuyer, exaspérer, fatiguer, gêner, harceler, impatienter, indisposer, lasser, mécontenter, poursuivre, talonner, tourmenter. – FAMILIER : asticoter, barber, casser les pieds, embêter, enquiquiner, faire suer, tarabuster, titiller. – POPULAIRE : canuler, casser les bonbons, cavaler, emmerder, faire braire, faire chier, pomper. CONTR. *amuser, désennuyer, distraire, divertir.*

importunité *nom féminin* LITTÉRAIRE. Caractère importun. SYN. inconfort, indiscrétion, intempestivité. – LITTÉRAIRE : incommodité, inopportunité.

imposant *adjectif* Qui impressionne. SYN. conséquent, considérable, grandiose, important, impressionnant, magnifique, majestueux, prestigieux, solennel, superbe. CONTR. *insignifiant, malheureux, négligeable, réduit.* ■ Aux dimensions hors du commun. SYN. considérable, énorme, formidable, impressionnant, monumental, prodigieux. – LITTÉRAIRE : vaste. ■ Qui est de forte corpulence. SYN. corpulent, fort, massif. CONTR. *petit.*

imposé *adjectif* Qui est soumis à l'impôt. SYN. assujetti, chargé, grevé, taxé. CONTR. *déchargé, dégrevé, détaxé, exempté, exonéré.* ■ Que l'on doit faire. SYN. exigé, obligatoire, obligé, prescrit, requis. CONTR. *facultatif, libre, volontaire.*

imposer *verbe transitif* Obliger quelqu'un à. SYN. assigner, commander, condamner, contraindre, dicter, exiger, fixer, forcer, infliger, obliger, ordonner, prescrire. – LITTÉRAIRE : édicter, enjoindre. CONTR. *dispenser, épargner.* ■ Entraîner telle conséquence. SYN. appeler, commander, demander, entraîner, exiger, impliquer, provoquer, réclamer, requérir, supposer.

imposer *verbe transitif* Soumettre à l'impôt. SYN. charger, grever, taxer. CONTR. *dégrever, détaxer, exempter, exonérer.*

imposer *verbe transitif indirect* ***En imposer,*** forcer le respect. SYN. éblouir, forcer l'admiration, impressionner, intimider, subjuguer. – FAMILIER : épater, jeter de la poudre aux yeux. – VIEUX : esbroufer.

imposer (s') *verbe pronominal* Asseoir son autorité. SYN. arriver, dominer, percer, réussir. – LITTÉRAIRE : s'ériger, parvenir. ■ Avoir un caractère de nécessité. SYN. aller de soi, aller sans dire, couler de source, ne faire aucun doute, prédominer, prévaloir, primer. ■ Se faire accepter de force. SYN. forcer la main. – FAMILIER : s'incruster. – POPULAIRE : taper l'incruste.

impossibilité *nom féminin* Caractère impossible de. SYN. improbabilité, incapacité. CONTR. *capacité, possibilité, potentialité, probabilité.* ■ Chose impossible. SYN. chimère, illusion, mirage, rêve, utopie. – LITTÉRAIRE : rêverie, songe.

impossible *adjectif* Qui ne peut pas exister. SYN. chimérique, illusoire, improbable. CONTR. *admissible, croyable, imaginable, plausible, possible, prévisible, probable, sûr, vraisemblable.* ■ Très difficile à réaliser. SYN. inaccessible, inexécutable, inextricable, infaisable, insoluble, irréalisable. CONTR. *exécutable, facile, faisable, praticable, réalisable, soluble.* ■ FAMILIER. Difficile à supporter. SYN. acariâtre, insociable, insupportable, intenable, odieux, revêche. – FAMILIER : imbuvable, invivable, pénible. CONTR. *agréable, aimable, exquis, facile, gentil, sociable, supportable, sympathique, tenable, vivable.* – FAMILIER : *buvable, possible, potable.*

imposteur *nom masculin* Celui qui se fait passer pour un autre. SYN. bluffeur, charlatan, fourbe, hypocrite, intrus, menteur, mystificateur, tartufe, tartuffe, tricheur. – FAMILIER : fumiste. – LITTÉRAIRE : traître. – POPULAIRE : faux cul, faux derche.

imposture *nom féminin* LITTÉRAIRE. Procédé visant à tromper. SYN. escroquerie, farce, leurre, mystification, supercherie, tromperie. – FAMILIER : blague, canular, fumisterie. – LITTÉRAIRE : duperie, fourberie. – POPULAIRE : arnaque. ■ LITTÉRAIRE. Caractère de ce qui trompe. SYN. contrevérité, double jeu, faux-semblant, hypocrisie, tromperie. – LITTÉRAIRE : mensonge. CONTR. *sincérité, véracité.* – LITTÉRAIRE : *véridicité.*

impotence *nom féminin* État d'un individu impotent. SYN. infirmité, invalidité, paralysie. CONTR. *validité.*

impotent *adjectif* Qui a du mal à se mouvoir. SYN. éclopé, estropié, handicapé, inerte, infirme, invalide, paralysé, perclus. CONTR. *bien portant, ingambe, valide, vigoureux.* – VIEUX : *gaillard.*

impraticable *adjectif* Par où l'on passe difficilement. SYN. inaccessible, infranchissable, malaisé. CONTR. *carrossable, empruntable, praticable.* ■ Qu'on ne peut exécuter. SYN. inapplicable, inexécutable, infaisable, irréalisable. CONTR. *faisable, possible, réalisable.*

imprécation *nom féminin* LITTÉRAIRE. Malédiction proférée contre. SYN. anathème, condamnation, exécration. – LITTÉRAIRE : malédiction.

imprécis *adjectif* Qui manque de précision. SYN. approximatif, brouillé, confus, diffus, embrouillé, flou, hésitant, incertain, indécis, indéfini, indéfinissable, indéterminé, indiscernable, indistinct, vague. – LITTÉRAIRE : nébuleux. CONTR. *certain, circonstancié, déterminé, exact, formel, juste, net, précis.*

imprécision *nom féminin* Manque de précision. SYN. approximation, flou, indétermination, inexactitude. – LITTÉRAIRE : nébulosité, vague. CONTR. *exactitude, justesse, netteté, précision.*

imprégnation *nom féminin* Fait d'être imprégné. SYN. humidification, imbibition, infiltration. CONTR. *dessèchement.*

imprégné *adjectif* Qui est rempli de. SYN. abreuvé, gorgé, imbibé, lourd, pénétré, plein, saturé.

imprégner *verbe* Faire pénétrer un fluide. SYN. humecter, humidifier, imbiber, mouiller, remplir, tremper. – LITTÉRAIRE : abreuver, emplir, gorger. ■ Se répandre dans. SYN. envahir, s'infiltrer, inonder, se répandre. ■ Marquer durablement quelqu'un. SYN. s'emparer, imprimer, inculquer, marquer, pénétrer. – LITTÉRAIRE : baigner.

imprégner (s') *verbe pronominal* Se laisser pénétrer par. SYN. absorber, assimiler, se gorger, s'imbiber, se pénétrer, se remplir. – LITTÉRAIRE : s'emplir.

imprenable *adjectif* Qui ne peut être pris. SYN. impénétrable, inaccessible, inattaquable. – LITTÉRAIRE : inexpugnable.

imprescriptibilité *nom féminin* Caractère imprescriptible. SYN. éternité, pérennité. – LITTÉRAIRE : immuabilité.

imprescriptible *adjectif* Qui ne changera pas. SYN. éternel, immuable, impérissable, inaliénable, inaltérable, indestructible. – LITTÉRAIRE : immortel, pérenne.

impression *nom féminin* Fait de ressentir quelque chose. SYN. intuition, pressentiment, sensation, sentiment. – FAMILIER : feeling. ■ Opinion de caractère immédiat. SYN. avis, notion, opinion, perception, point de vue, sentiment. ■ Marque laissée par un objet. SYN. empreinte, marque, vestige.

impressionnabilité *nom féminin* LITTÉRAIRE. Caractère impressionnable. SYN. émotivité, hyperémotivité, hypersensibilité.

impressionnable *adjectif* Facile à impressionner. SYN. émotif, hyperémotif, hypersensible, intimidable, sensible, sensitif, ultrasensible. – FAMILIER : émotionnable. CONTR. *flegmatique, froid, impassible, imperturbable, indifférent, insensible.*

impressionnant *adjectif* Qui impressionne beaucoup. SYN. bouleversant, effrayant, émouvant, frappant, hallucinant, pathétique, poignant, saisissant, sensationnel, spectaculaire. ■ D'une grande importance. SYN. considérable, fantastique, formidable, grandiose, important, imposant, majestueux, massif, monumental, prodigieux.

impressionner *verbe* Produire une vive impression. SYN. affecter, agir sur, bouleverser, couper le souffle, éblouir, ébranler, effrayer, émouvoir, fasciner, forcer l'admiration, frapper, en imposer, intimider, en mettre plein la vue, remuer, retourner, secouer, subjuguer, toucher, troubler. – FAMILIER : en boucher un coin, couper le sifflet, émotionner, empoigner, révolutionner. – POPULAIRE : couper la chique, en jeter. CONTR. *indifférer, laisser froid, laisser indifférent, ne faire ni chaud ni froid.*

imprévisible *adjectif* Qui ne peut être prévu. SYN. déconcertant, déroutant, fortuit, impondérable, imprévu, inattendu, incertain, inespéré, soudain. CONTR. *calculable, calculé, prévisible.*

imprévoyance *nom féminin* Manque de prévoyance. SYN. imprudence, insouciance, laisser-aller, légèreté, négligence. CONTR. *calcul, précaution, prévoyance, prudence.*

imprévoyant *adjectif* Qui ne prévoit pas. SYN. étourdi, imprudent, insouciant, irréfléchi, léger, négligent. – LITTÉRAIRE : insoucieux. CONTR. *avisé, calculateur, circonspect, précautionneux, prévoyant, prudent, sage.*

imprévu *adjectif* Qui arrive de façon inattendue. SYN. accidentel, brusque, déconcertant, déroutant, fortuit, imprévisible, impromptu, improvisé, inattendu, inespéré, inopiné, insoupçonné, intempestif, soudain, surprenant. CONTR. *attendu, prémédité, prévisible, prévu.*

imprévu *nom masculin* Ce qui n'a pas été prévu. SYN. accident, aléa, fantaisie, hasard. CONTR. *banalité, monotonie, platitude.*

imprimer *verbe* Laisser une trace. SYN. appliquer, imprégner, inscrire, marquer. – LITTÉRAIRE : empreindre.

improbabilité *nom féminin* Caractère improbable. SYN. impossibilité, invraisemblance. CONTR. *certitude, évidence, probabilité.*

improbable *adjectif* Qui a peu de chances d'arriver. SYN. aléatoire, douteux, hypothétique, incertain, problématique. CONTR. *assuré, certain, indubitable, irrécusable, manifeste, possible, probable, sûr, visible, vraisemblable.*

improbité *nom féminin* LITTÉRAIRE. Manque d'honnêteté. SYN. déloyauté, fourberie, indélicatesse, malhonnêteté. – FAMILIER : friponnerie. CONTR. *droiture, honnêteté, intégrité, probité.*

improductif *adjectif* Qui ne produit rien. SYN. aride, infécond, infertile, ingrat, maigre, négatif, pauvre, stérile. CONTR. *fertile, productif, prolifique.* – LITTÉRAIRE : *fécond, généreux, gras.*

improductivité *nom féminin* État de ce qui est improductif. SYN. aridité, infécondité, stérilité. – LITTÉRAIRE : infertilité. CONTR. *fertilité.* – LITTÉRAIRE : *fécondité.*

impromptu *adjectif* Qui n'est pas préparé. SYN. imprévu, improvisé, irréfléchi, naturel, spontané. CONTR. *arrangé, calculé, combiné, concerté, organisé, prémédité, préparé.*

impromptu *adverbe* VIEUX. D'une façon inattendue. SYN. à brûle-pourpoint, brusquement, brutalement, de but en blanc, au dépourvu, ex abrupto, fortuitement, par hasard, à l'improviste, inopinément, au pied levé, sans crier gare, soudain, soudainement, subitement, par surprise, du tac au tac, tout à coup, tout d'un coup. – FAMILIER : subito, tout de go. – LITTÉRAIRE : au débotté. – VIEUX : tout à trac.

impropre *adjectif* Qui ne convient pas. SYN. inadapté, inapproprié, inapte, incapable. CONTR. *adapté, approprié, apte, bon pour, commode, pertinent, propre.* ▪ Se dit d'un mot mal employé. SYN. abusif, fautif, inadéquat, incorrect, inexact, vicieux. CONTR. *ad hoc, adéquat, approprié, bon, juste, propre.* – VIEUX : *idoine.*

improprement *adverbe* De façon impropre. SYN. fautivement, incorrectement. CONTR. *correctement.*

impropriété *nom féminin* Emploi incorrect d'un terme. SYN. barbarisme, faute, incorrection, solécisme. CONTR. *correction, exactitude, justesse, propriété.*

improuvable *adjectif* Qu'on ne peut prouver. SYN. indémontrable, invérifiable. CONTR. *démontrable, prouvable, vérifiable.*

improvisé *adjectif* Non préparé. SYN. imprévu, impromptu, irréfléchi, spontané. CONTR. *arrangé, calculé, combiné, concerté, organisé, prémédité, préparé.*

improviser *verbe* Composer sans préparation. SYN. concevoir, imaginer, inventer. CONTR. *calculer, organiser, préméditer, préparer, prévoir.* ▪ Nommer brusquement à une fonction. SYN. catapulter, élever, promouvoir. – FAMILIER : bombarder.

improviste (à l') *locution adverbiale* D'une façon inattendue. SYN. à brûle-pourpoint, brusquement, brutalement, de but en blanc, au dépourvu, ex abrupto, fortuitement, par hasard, inopinément, au pied levé, sans crier gare, soudain, soudainement, subitement, par surprise, tout à coup, tout d'un coup. – FAMILIER : subito, tout de go. – LITTÉRAIRE : au débotté.

imprudemment *adverbe* De façon imprudente. SYN. aventureusement, follement, inconsidérément, à la légère, légèrement. – LITTÉRAIRE : témérairement. CONTR. *précautionneusement, prudemment, sagement.*

imprudence *nom féminin* Défaut de quelqu'un d'imprudent. SYN. imprévoyance, inconscience, irréflexion, légèreté, témérité. CONTR. *circonspection, méfiance, précaution, prévoyance, prudence, sagesse, vigilance.* ▪ Action irréfléchie. SYN. aventure, étourderie, folie, inconséquence, maladresse.

imprudent *adjectif* Qui met en danger. SYN. audacieux, aventureux, dangereux, hasardeux, inconséquent, inconsidéré, irréfléchi, osé, périlleux, téméraire. – POPULAIRE : casse-gueule. CONTR. *averti, avisé, circonspect, précautionneux, prévoyant, prudent, réfléchi, sage.*

imprudent *nom* Personne qui manque de prudence. SYN. écervelé, étourdi, imprévoyant, inconscient. – FAMILIER : casse-cou, risque-tout. CONTR. *timoré.*

impubère *adjectif* Qui n'a pas atteint l'âge de la puberté. CONTR. *nubile, pubère.*

impudemment *adverbe* D'une manière impudente. SYN. audacieusement, crûment, cyniquement, effrontément, hardiment, insolemment, sans vergogne. – LITTÉRAIRE : irrespectueusement. CONTR. *convenablement, correctement, décemment, modestement, poliment.*

impudence *nom féminin* Grande insolence. SYN. aplomb, arrogance, audace, cynisme, désinvolture, effronterie, hardiesse, impertinence, impudeur, insolence, sans-gêne. – FAMILIER : culot, toupet. – LITTÉRAIRE : outrecuidance, sans-façon. CONTR. *décence, discrétion, pudeur, timidité.*

impudent *adjectif* D'une insolence extrême. SYN. arrogant, audacieux, choquant, cynique, déplacé, effronté, éhonté, hardi, impertinent, insolent, osé. – FAMILIER : sans gêne. – LITTÉRAIRE : outrecuidant. CONTR. *convenable, correct, courtois, déférent, discret, humble, modeste, poli, pudique, réservé, timide.*

impudeur *nom féminin* Manque de pudeur. SYN. indécence. – LITTÉRAIRE : impudicité. CONTR. *bienséance, chasteté, décence, pudeur, réserve, retenue.* ■ Manque total de honte. SYN. aplomb, audace, cynisme, effronterie, impudence, insolence, sans-gêne. – FAMILIER : culot, toupet. CONTR. *innocence.*

impudicité *nom féminin* LITTÉRAIRE. Caractère impudique. SYN. dévergondage, impudeur, indécence, liberté, lubricité, luxure, obscénité, paillardise, truculence. – LITTÉRAIRE : dissolution, impureté, lasciveté, lascivité, licence. CONTR. *innocence, pruderie, pudeur, pudibonderie.* – LITTÉRAIRE : *pudicité.*

impudique *adjectif* Qui blesse la pudeur. SYN. cru, dévergondé, inconvenant, indécent, libertin, licencieux, lubrique, obscène, paillard, vicieux. – LITTÉRAIRE : libidineux. – VIEUX : luxurieux. CONTR. *chaste, correct, prude, pudibond, pudique, pur, puritain.*

impuissance *nom féminin* Manque de puissance. SYN. carence, faiblesse, incapacité, inefficacité, infirmité, insuffisance. CONTR. *capacité, force, omnipotence, pouvoir, puissance.*

impuissant *adjectif* Qui manque de force. SYN. désarmé, faible, sans défense, vulnérable. CONTR. *fort, omnipotent, puissant.* ■ Dépourvu d'efficacité. SYN. impropre, inapte, incapable, inefficace, infécond, infructueux, inopérant, stérile, vain. – POPULAIRE : infichu, infoutu. CONTR. *capable, efficace, fructueux.*

impulsif *adjectif* Qui est impétueux. SYN. bouillant, emporté, fougueux, impétueux, primesautier, spontané, vif, violent. – LITTÉRAIRE : volcanique. CONTR. *calculateur, calme, flegmatique, mou, pondéré, réfléchi.* – FAMILIER : *gnangnan, gniangnian.*

impulsion *nom féminin* Mouvement donné à quelque chose. SYN. entraînement, marche, mouvement, poussée. ■ Mouvement de dynamisation. SYN. aspiration, bond, élan, essor, lancée. ■ Penchant qui pousse à agir. SYN. empire, emprise, influence, inspiration, instigation, instinct, mouvement.

impur *adjectif* Qui n'est plus intact. SYN. insalubre, pollué, vicié. – LITTÉRAIRE : souillé. CONTR. *bon, intact, pur.* ■ LITTÉRAIRE. Contraire à la chasteté. SYN. dépravé, immoral, infâme, perverti. – LITTÉRAIRE : corrompu, immonde, incontinent, vil. CONTR. *blanc, chaste, pur, sage, vierge.*

impureté *nom féminin* État de ce qui est impur. SYN. contamination, insalubrité, pollution. CONTR. *pureté.* ■ Ce qui altère. SYN. altération, saleté. – LITTÉRAIRE : souillure. – POPULAIRE : saloperie. ■ LITTÉRAIRE. Comportement impur. SYN. corruption, débauche, immoralité, luxure, perversion. – LITTÉRAIRE : impudicité, incontinence, stupre, vice. CONTR. *chasteté, innocence, pureté.*

imputable *adjectif* Qui peut être imputé, attribué. SYN. attribuable.

imputation *nom féminin* Fait d'imputer une faute à. SYN. accusation, allégation, attaque, charge, reproche.

imputer *verbe* Attribuer une responsabilité à. SYN. accuser, attribuer, charger, prêter, reprocher, taxer. CONTR. *décharger, excuser.*

imputrescible *adjectif* Qui ne peut se putréfier. SYN. inaltérable, incorruptible. CONTR. *putréfiable, putrescible.*

in *adjectif invariable* FAMILIER. Qui est à la mode. SYN. dernier cri, dernière mode, moderne, dans le vent, en vogue. – FAMILIER : branché, câblé, dans le coup, tendance. CONTR. *arriéré, démodé, dépassé, vieux jeu.* – FAMILIER : *out, ringard.* – LITTÉRAIRE : *suranné.* – VIEUX : *rococo.*

inabordable *adjectif* Où l'on ne peut aborder. SYN. inaccessible, inapprochable. CONTR. *abordable, accessible, accostable.* ■ Qu'il est difficile d'approcher. SYN. distant, inaccessible, inapprochable. CONTR. *abordable, accessible, accueillant, approchable.* ■ Dont le prix est élevé. SYN. cher, exorbitant, hors de prix, onéreux, prohibitif, ruineux, vertigineux. – FAMILIER : astronomique. – LITTÉRAIRE : dispendieux. CONTR. *abordable, raisonnable.* – FAMILIER : *donné.*

inacceptable *adjectif* Qui ne peut être accepté. SYN. inadmissible, intolérable, irrecevable. CONTR. *acceptable, admissible, plausible, recevable, supportable, tolérable, valable, vraisemblable.* – FAMILIER : *possible.*

inaccessible *adjectif* Dont l'accès est impossible. SYN. impénétrable, impraticable, inabordable, inapprochable, infranchissable, interdit. CONTR. *abordable, accessible, accostable, carrossable, praticable.* ■ Qui ne peut être obtenu. SYN. impossible, irréalisable. CONTR. *abordable, accessible, réalisable.* ■ Qui est difficile à comprendre. SYN. abscons, ambigu, ardu, confus, difficile, énigmatique, équivoque, ésotérique, fumeux, hermétique, impénétrable, incompréhensible, inconnaissable, inexplicable, inintelligible, insaisissable, insondable, irraisonné, mystérieux, nuageux, obscur. - LITTÉRAIRE : abstrus, amphigourique, fuligineux, nébuleux, opaque, sibyllin, ténébreux. CONTR. *accessible, clair, compréhensible, connaissable, explicite, facile, intelligible, limpide, lumineux, manifeste, net, perceptible, précis, raisonné, réfléchi, simple, transparent.* ■ Qui est d'un abord difficile. SYN. distant, inabordable, inapprochable, insaisissable. - FAMILIER : imprenable. CONTR. *abordable, accessible, accueillant, approchable, chaleureux, cordial, gentil, ouvert, sympathique.* ■ Qui ne peut être ému par. SYN. étranger, fermé, imperméable, indifférent, insensible, réfractaire, sourd. CONTR. *ouvert, perméable, sensible.*

inaccompli *adjectif* Qui n'est pas accompli. SYN. inabouti, inachevé, inexécuté. CONTR. *accompli, achevé, exécuté, réalisé.*

inaccoutumance *nom féminin* Manque d'accoutumance. CONTR. *acclimatation, acclimatement, accommodat, accoutumance.*

inaccoutumé *adjectif* Qui n'est pas habituel. SYN. anormal, étonnant, exceptionnel, inattendu, inhabituel, insolite, inusité. CONTR. *accoutumé, commun, habituel, ordinaire, traditionnel, usuel.* - LITTÉRAIRE : *coutumier.*

inachevé *adjectif* Qui n'est pas achevé. SYN. imparfait, inaccompli, incomplet, tronqué. CONTR. *accompli, achevé, complet, consommé, fignolé, fini, terminé.* - FAMILIER : *léché.* - VIEUX : *perlé.*

inachèvement *nom masculin* Fait de ne pas être achevé. SYN. inexécution. CONTR. *achèvement.*

inactif *adjectif* Qui n'a pas d'activité. SYN. désœuvré, inoccupé, mort, oisif, passif. - LITTÉRAIRE : endormi. CONTR. *actif, affairé, agité, occupé.* - LITTÉRAIRE : *allant, laborieux.* ■ Qui n'a pas d'effet. SYN. anodin, impuissant, inefficace, inopérant. CONTR. *actif, agissant, efficace, efficient, puissant.*

inaction *nom féminin* Absence d'action. SYN. abstention, carence, désœuvrement, inactivité, inertie, inoccupation, oisiveté, repos. - FAMILIER : farniente. CONTR. *action, activité, affairement, exercice, occupation, travail.* - LITTÉRAIRE : *labeur.*

inactivité *nom féminin* Absence d'activité. SYN. désœuvrement, inaction, inertie, inoccupation, oisiveté, repos. CONTR. *activité, exercice, occupation, travail.* - LITTÉRAIRE : *labeur.*

inactuel *adjectif* Sans rapport avec l'actualité. SYN. anachronique, ancien, antédiluvien, antique, archaïque, arriéré, attardé, caduc, démodé, dépassé, déphasé, désuet, obsolète, passé, périmé, poussiéreux, rétrograde, vieilli, vieillot, vieux, vieux jeu. - ARGOTIQUE : square. - FAMILIER : fossile, out, retardé, rétro, ringard. - LITTÉRAIRE : suranné. - VIEUX : rococo. CONTR. *actuel, contemporain, jeune, moderne.*

inadapté *adjectif* Qui ne peut s'adapter à son milieu. SYN. asocial, inassimilable, marginal. CONTR. *adapté.* ■ Qui n'est pas approprié. SYN. impropre, inadéquat, inapproprié. CONTR. *ad hoc, adapté, adéquat, ajusté, approprié, apte, assorti, compatible, conforme, correspondant, pertinent, propre.* - VIEUX : *idoine.*

inadéquat *adjectif* Qui n'est pas adéquat. SYN. impropre, inadapté, inapproprié, incongru, incorrect, inexact, mauvais. CONTR. *ad hoc, adéquat, approprié, bon, convenable, exact, juste, pertinent, propre, vrai.* - VIEUX : *idoine.*

inadmissibilité *nom féminin* Caractère inadmissible. SYN. absurdité, irrecevabilité, ridicule. CONTR. *acceptabilité, admissibilité, recevabilité.*

inadmissible *adjectif* Qui ne peut être admis. SYN. absurde, inacceptable, incohérent, irrecevable, paradoxal, ridicule. CONTR. *acceptable, admissible, logique, plausible, probable, recevable, sensé, valable, vraisemblable.* ■ Qu'on ne peut tolérer. SYN. inexcusable, insoutenable, insupportable, intolérable. CONTR. *compréhensible, endurable, excusable, pardonnable, supportable, tolérable.* - FAMILIER : *possible.* - LITTÉRAIRE : *rémissible.*

inadvertance *nom féminin* Manque de réflexion. SYN. distraction, étourderie, inattention, irréflexion, négligence, oubli. CONTR. *application, attention, conscience, réflexion.* ■ ***Par inadvertance,*** à cause d'un manque d'attention. SYN. involontairement. CONTR. *délibérément, exprès, intentionnellement, volontairement.*

inaliénable *adjectif* Qui ne peut être aliéné. SYN. imprescriptible, incessible, invendable, inviolable, sacré. - LITTÉRAIRE : immortel. CONTR. *aliénable, cessible.*

inaltérable *adjectif* Qui ne s'abîme pas. SYN. imputrescible, inattaquable, incorruptible, indissoluble, inoxydable, inusable. CONTR. *altérable, attaquable, corruptible, oxydable, putréfiable, putrescible.* ■ Que rien ne peut changer. SYN. éternel, identique, immuable, impérissable, imprescriptible, inchangeable, incorruptible, indéfectible, indélébile, indestructible, ineffaçable, stable. - LITTÉRAIRE : immarcescible, immortel, invariable, pérenne. CONTR. *changeable, changeant, éphémère, fluctuant, fragile, fugitif, momentané, passager, précaire, variable.* - LITTÉRAIRE : *inconstant.*

inaltéré *adjectif* Qui a conservé ses qualités. SYN. immaculé, intact, net, pur. CONTR. *altéré, changé, transformé.*

inamical *adjectif* Qui fait preuve d'hostilité. SYN. antipathique, déplaisant, désagréable, froid, haineux, hostile, malveillant. CONTR. *amical, bienveillant, chaleureux, cordial, fraternel, gentil, sympathique.*

inanimé *adjectif* Qui semble privé de vie. SYN. engourdi, figé, immobile, inerte, paralysé. CONTR. *animé, vivant.*

inanité *nom féminin* Caractère vain. SYN. fadeur, futilité, inconsistance, insignifiance, inutilité, vide. – LITTÉRAIRE : stérilité, superficialité, superfluité, vanité. CONTR. *efficacité, gravité, utilité.*

inapaisable *adjectif* LITTÉRAIRE. Qu'on ne peut calmer. SYN. implacable, inextinguible, insatiable. – LITTÉRAIRE : inassouvissable.

inapaisé *adjectif* LITTÉRAIRE. Qui n'est pas apaisé. SYN. insatiable, insatisfait, vorace. – LITTÉRAIRE : inassouvi. CONTR. *apaisé, assouvi, contenté, exaucé, satisfait.*

inapparent *adjectif* Qui ne se voit pas. SYN. caché, imperceptible, indistinct, insensible, invisible, latent. CONTR. *apparent, distinct, manifeste, net, ostensible, perceptible, sensible, visible.*

inappétence *nom féminin* Diminution de l'appétit. SYN. anorexie. CONTR. *appétit, besoin, faim.* ■ LITTÉRAIRE. Affaiblissement d'un désir. SYN. dégoût, désaffection, désintéressement, désintérêt, indifférence. CONTR. *appétence, besoin, envie, intérêt.* – LITTÉRAIRE : *appétit, faim.*

inapplicable *adjectif* Qui ne peut être appliqué. SYN. impraticable, inexécutable, infaisable, inobservable, irréalisable. CONTR. *applicable, possible.*

inapplication *nom féminin* LITTÉRAIRE. Manque d'application. SYN. dissipation, distraction, étourderie, inattention, incurie, insouciance, laisser-aller, négligence, paresse, relâchement. CONTR. *application, attention, soin, vigilance, zèle.*

inappliqué *adjectif* Qui manque d'application. SYN. dissipé, distrait, écervelé, étourdi, inattentif, insouciant, irréfléchi, négligent. – FAMILIER : foufou. – LITTÉRAIRE : insoucieux. CONTR. *appliqué, sérieux, soigneux, studieux, vigilant, zélé.*

inappréciable *adjectif* Qu'on ne peut évaluer. SYN. incalculable, indéterminable, inestimable. CONTR. *appréciable, calculable, dosable, estimable, évaluable.* ■ Qu'on ne saurait trop estimer. SYN. considérable, d'exception, exceptionnel, extraordinaire, incomparable, inestimable, précieux, rare. CONTR. *dérisoire, infime, insignifiant, négligeable.*

inapprochable *adjectif* Qu'on ne peut pas approcher. SYN. distant, inabordable, inaccessible. CONTR. *abordable, accessible, accostable, accueillant, approchable, chaleureux, cordial, gentil, ouvert, sympathique.*

inapproprié *adjectif* Qui ne convient pas. SYN. hors de propos, impropre, inadapté, inadéquat, incongru, inopportun. – FAMILIER : à côté de la plaque. CONTR. *approprié, commode, pertinent, propre.* – VIEUX : *idoine.*

inapte *adjectif* Qui manque de capacités. SYN. impropre, impuissant, incapable, incompétent, maladroit. – LITTÉRAIRE : inhabile, malhabile. – POPULAIRE : infichu, infoutu. CONTR. *apte, bon, capable, compétent, doué, expert, habile, qualifié.*

inaptitude *nom féminin* Absence de capacités. SYN. incapacité, incompétence. – LITTÉRAIRE : impéritie. CONTR. *adresse, aptitude, capacité, compétence, don, facilité, habileté, habilité.*

inarticulé *adjectif* Qui est mal articulé. SYN. flou, incompréhensible, indistinct. CONTR. *distinct, net.*

inarticulé *nom masculin* Animal marin très primitif. SYN. acardine.

inassimilable *adjectif* Qu'on ne peut bien comprendre. SYN. ardu, difficile, incompréhensible, inintelligible. CONTR. *assimilable, clair, compréhensible, intelligible.* ■ Difficile à digérer. SYN. indigeste, lourd. CONTR. *digeste, digestible, léger.*

inassouvi *adjectif* LITTÉRAIRE. Qui n'est pas assouvi. SYN. insatiable, insatisfait, irrassasié, vorace. – LITTÉRAIRE : inapaisé. CONTR. *apaisé, assouvi, contenté, exaucé, satisfait.*

inassouvissable *adjectif* LITTÉRAIRE. Qui ne peut pas être assouvi. SYN. inextinguible, insatiable, irrassasiable. – LITTÉRAIRE : inapaisable.

inassouvissement *nom masculin* LITTÉRAIRE. État de ce qui n'est pas assouvi. SYN. insatisfaction. – LITTÉRAIRE : insatiabilité. CONTR. *apaisement, assouvissement, contentement, satisfaction.*

inattaquable *adjectif* Qui ne peut être attaqué. SYN. impénétrable, imprenable, invincible. – LITTÉRAIRE : inexpugnable. CONTR. *attaquable, pénétrable, prenable, vulnérable.* ■ Qui échappe à toute critique. SYN. authentique, avéré, certain, incontestable, indiscutable, irrécusable, irréfutable, irréprochable, parfait, sûr. – LITTÉRAIRE : irréfragable, irrépréhensible. CONTR. *annulable, attaquable, contestable, critiquable, discutable, niable, répréhensible.* ■ Qui ne peut se décomposer. SYN. imputrescible, inaltérable, incorruptible. CONTR. *putrescible.*

inattendu *adjectif* À quoi l'on ne s'attendait pas. SYN. accidentel, brusque, déroutant, étonnant, exceptionnel, fortuit, imprévisible, imprévu, inaccoutumé, inespéré, inopiné, insoupçonné, saugrenu, soudain, stupéfiant, surprenant. – FAMILIER : sciant, soufflant. CONTR. *attendu, normal, préparé, prévisible, prévu, réfléchi, réglé.* – LITTÉRAIRE : *coutumier.*

inattentif *adjectif* Qui manque d'attention. SYN. absent, dissipé, distrait, écervelé, étourdi, évaporé, inappliqué, indifférent, insouciant, irréfléchi, négligent. – FAMILIER : foufou. – LITTÉRAIRE : insoucieux. CONTR. *appliqué, attentif, avide, concentré, sérieux, vigilant.*

inattention *nom féminin* Défaut d'attention. SYN. absence, dissipation, distraction, étourderie, inadvertance, inconscience, insouciance, irréflexion, légèreté, négligence. – LITTÉRAIRE : inapplication. CONTR. *application, attention, concentration, vigilance.*

inaudible *adjectif* Que l'on entend très mal. SYN. imperceptible, léger. CONTR. *audible, intelligible, perceptible.*

inaugurer *verbe* Marquer le début de. SYN. amorcer, commencer, instaurer, instituer, mettre en branle, ouvrir. – FAMILIER : débuter. CONTR. *fermer, finir.* ■ Mettre en service. SYN. donner le coup d'envoi, poser la première pierre.

inauthenticité *nom féminin* Manque d'authenticité. SYN. fausseté. CONTR. *authenticité, sincérité, véracité.* – LITTÉRAIRE : *véridicité.*

inauthentique *adjectif* Qui est faux. SYN. mensonger. – LITTÉRAIRE : controuvé. CONTR. *authentique, sincère, sûr.*

inavouable *adjectif* Que l'on ne peut avouer. SYN. abject, avilissant, coupable, dégradant, déshonorant, honteux, ignoble, indigne, infâme, lâche. CONTR. *avouable, honnête, honorable.*

incalculable *adjectif* Qu'on ne peut calculer. SYN. inappréciable, indénombrable, indéterminable, inestimable, innombrable. CONTR. *calculable, chiffrable, estimable.* ■ Difficile à apprécier. SYN. fabuleux, fantastique, incroyable, inimaginable, inouï, notable, prodigieux. – FAMILIER : faramineux.

incandescent *adjectif* Qui émet de la lumière. SYN. lumineux. – LITTÉRAIRE : embrasé.

incantation *nom féminin* Formule magique. SYN. charme, conjuration, envoûtement, exorcisme, invocation, magie, obsécration, sortilège. – LITTÉRAIRE : enchantement.

incapable *adjectif* Qui n'a pas l'aptitude nécessaire. SYN. borné, impuissant, inapte, incompétent, insuffisant, mauvais. – FAMILIER : bouché. – POPULAIRE : infichu, infoutu. CONTR. *apte, capable, compétent, efficace, en état de, expert, habile, qualifié.*

incapable *nom* Personne incompétente. SYN. bon à rien, ignare, ignorant, mauvais, nul, nullité, raté. – FAMILIER : bras cassé, ganache, minable, nullard, propre-à-rien, zéro. – POPULAIRE : jean-foutre. CONTR. *expert, génie.* – FAMILIER : *as, champion, crack.* – LITTÉRAIRE : *lumière.*

incapacité *nom féminin* Fait de ne pas être capable de. SYN. impossibilité, impuissance, inaptitude. CONTR. *aptitude, capacité.* ■ Manque d'aptitudes. SYN. ignorance, incompétence, inefficacité, inhabileté, inhabilité, inintelligence, insuffisance, médiocrité, nullité. – LITTÉRAIRE : impéritie. CONTR. *dextérité, efficacité, habileté, habilité.*

incarcération *nom féminin* Action d'incarcérer quelqu'un. SYN. arrestation, captivité, détention, emprisonnement, enfermement, internement. – LITTÉRAIRE : réclusion. CONTR. *liberté.*

incarcérer *verbe* Mettre en prison. SYN. arrêter, cadenasser, détenir, écrouer, emprisonner, interner, mettre au secret, mettre sous les verrous. – FAMILIER : boucler, coffrer, mettre à l'ombre, mettre au frais, mettre au trou. – LITTÉRAIRE : embastiller. CONTR. *délivrer, élargir, libérer, relâcher, relaxer.*

incarnat *adjectif* D'un rouge vif. SYN. grenat. – LITTÉRAIRE : vermeil.

incarnation *nom féminin* Ce qui incarne une idée. SYN. emblème, image, personnification, représentation, symbole.

incarner *verbe* Représenter une idée abstraite. SYN. figurer, personnifier, refléter, reproduire, symboliser. ■ Interpréter un rôle. SYN. interpréter, jouer.

incartade *nom féminin* Léger écart de conduite. SYN. caprice, déviation, écart, erreur, extravagance, folie, frasque, fredaine. – LITTÉRAIRE : foucade, peccadille.

incassable *adjectif* Qui ne se casse pas. SYN. résistant, robuste, solide. – FAMILIER : costaud. – LITTÉRAIRE : infrangible. CONTR. *cassable, cassant, délicat, fragile.*

incendiaire *adjectif* VIEUX. Qui échauffe les esprits. SYN. factieux, provocant, provocateur, révolutionnaire, séditieux, subversif, virulent.

incendie *nom masculin* Grand feu dévastateur. SYN. brasier, feu, sinistre. ■ LITTÉRAIRE. Bouleversement social. SYN. conflagration, conflit, convulsion, crise, déchaînement, explosion, sédition. – LITTÉRAIRE : embrasement.

incendier *verbe* Mettre le feu. SYN. allumer, brûler, enflammer. – LITTÉRAIRE : embraser.

incertain *adjectif* Qui est mal assuré. SYN. chancelant, trébuchant. – LITTÉRAIRE : vacillant. CONTR. *ferme, solide, stable.* ■ Qui n'est pas sûr. SYN. aléatoire, casuel, conjectural, contestable, contingent, discutable, douteux, éventuel, hasardé, hasardeux, hypothétique, imprévisible, improbable, indéterminé, précaire, problématique. – LITTÉRAIRE : chanceux. CONTR. *arrêté, assuré, automatique, aveuglant, certain, déterminé, évident, flagrant, incontestable, indiscutable, indubitable, inévitable, irrécusable, manifeste, palpable, prouvé, sûr, tangible.* ■ Dont la forme est vague. SYN. confus, imprécis, indéfini, indéfinissable, indiscernable, indistinct, vague. – LITTÉRAIRE : nébuleux. CONTR. *net, précis.* ■ Qui hésite. SYN. embarrassé, flottant, fluctuant, hésitant, indécis, irrésolu, perplexe, variable. CONTR. *déterminé, résolu.*

incertitude *nom féminin* Caractère incertain. SYN. brouillard, imprévisibilité, instabilité, obscurité, précarité, variabilité, vulnérabilité. – LITTÉRAIRE : inconstance, vague. CONTR. *évidence, flagrance.* ■ État de quelqu'un d'indécis. SYN. anxiété, doute, embarras, flottement, hésitation, indécision, indétermination, irrésolution, perplexité, scepticisme, vacillement. CONTR. *assurance, certitude, décision, résolution.*

incessamment *adverbe* Sans attendre davantage. SYN. avant peu, bientôt, d'ici peu, d'un instant à l'autre, d'un moment à l'autre, rapidement, sans délai, sans retard, sans tarder, sous peu, vite. CONTR. *plus tard, ultérieurement.*

incessant *adjectif* Qui ne cesse pas. SYN. assidu, continu, continuel, éternel, ininterrompu, permanent, perpétuel, persistant, sempiternel, soutenu. CONTR. *discontinu, intermittent, irrégulier.*

incessible *adjectif* Qui ne peut être cédé. SYN. inaliénable, incommunicable, intransmissible, invendable. CONTR. *aliénable, cessible, transférable, transmissible, vendable.*

inchangé *adjectif* Qui n'a pas changé. SYN. analogue, identique, immuable, pareil, semblable. CONTR. *autre, changé, différent, modifié, transformé.*

inchangeable *adjectif* Qu'on ne peut changer. SYN. constant, immuable, inaltérable, invariable, stable. CONTR. *altérable, changeable, modifiable, remplaçable, transformable.*

incidemment *adverbe* D'une manière accessoire. SYN. accessoirement, entre parenthèses, occasionnellement, au passage. – FAMILIER : en passant. CONTR. *complètement, à fond.* ■ De manière fortuite. SYN. accidentellement, par hasard, à l'occasion. CONTR. *délibérément, exprès, volontairement.*

incidence *nom féminin* Effet d'une chose sur une autre. SYN. conséquence, contrecoup, éclaboussure, effet, impact, influence, prolongement, rançon, répercussion, retentissement, retombée, ricochet, suite.

incident *adjectif* Qui se fait incidemment. SYN. accessoire, fortuit, mineur, secondaire. CONTR. *primordial, principal, vital.* ■ ***Proposition incidente,*** proposition insérée dans une autre. SYN. incise.

incident *nom masculin* Fait généralement fâcheux. SYN. accident, accroc, avatar, aventure, bavure, complication, contretemps, événement, mésaventure, péripétie. – FAMILIER : anicroche, pépin, tuile.

incinération *nom féminin* Destruction par le feu. SYN. crémation.

incise *nom féminin* Proposition insérée dans une autre. SYN. proposition incidente.

inciser *verbe* Faire une incision dans. SYN. ciseler, couper, débrider, entailler, entamer, ouvrir, scarifier, taillader.

incisif *adjectif* Qui blesse profondément. SYN. acerbe, acéré, acide, affilé, aigu, caustique, à l'emporte-pièce, mordant, perçant, percutant, satirique, tranchant, vif. – FAMILIER : saignant. – LITTÉRAIRE : âcre, épigrammatique, piquant.

incision *nom féminin* Action d'inciser. SYN. coupure, entaille, fente, taillade. ■ Coupure chirurgicale. SYN. boutonnière, excision, scarification.

incitateur *nom* Personne qui incite à agir. SYN. agitateur, fauteur de troubles, inspirateur, instigateur, promoteur, provocateur. – LITTÉRAIRE : excitateur, fomentateur.

incitation *nom féminin* Action de pousser à agir. SYN. appel, conseil, encouragement, excitation, exhortation, inspiration, instigation, invitation, invite, provocation, sollicitation, stimulation, suggestion.

inciter *verbe* Pousser à agir. SYN. amener, appeler, conseiller, convier, décider, déterminer, encourager, engager, enhardir, entraîner, exciter, exhorter, incliner, inviter, persuader, porter, pousser, presser, provoquer, résoudre, stimuler. CONTR. *décourager, détourner, dissuader, empêcher.*

incivil *adjectif* LITTÉRAIRE. Qui manque de politesse. SYN. discourtois, grossier, impoli, incorrect, mal élevé, rustre. CONTR. *bien élevé, bienséant, courtois, poli.* – LITTÉRAIRE : *civil, urbain.*

incivilité *nom féminin* LITTÉRAIRE. Manque de politesse. SYN. impolitesse, incorrection. – LITTÉRAIRE : discourtoisie. CONTR. *politesse.* – LITTÉRAIRE : *civilité, urbanité.*

incivique *adjectif* Qui n'est pas civique. CONTR. *civique.*

inclémence *nom féminin* LITTÉRAIRE. Rigueur du temps. SYN. dureté, rigueur, rudesse. – LITTÉRAIRE : inexorabilité. CONTR. *douceur.* – LITTÉRAIRE : *clémence, sérénité.* ■ LITTÉRAIRE. Manque de clémence. SYN. inflexibilité, rigueur, sévérité. – LITTÉRAIRE : implacabilité, inexorabilité. CONTR. *bienveillance, bonté, douceur, indulgence.* – LITTÉRAIRE : *clémence, mansuétude.*

inclément *adjectif* LITTÉRAIRE. Qui manque de douceur. SYN. rigoureux, sévère. CONTR. *clément, doux.*

inclinaison *nom féminin* État de ce qui est incliné. SYN. déclivité, inclination, obliquité, pente. – LITTÉRAIRE : penchement. CONTR. *aplomb, horizontalité.*

inclination *nom féminin* Action de s'incliner. SYN. inclinaison, inflexion, salut. – LITTÉRAIRE : prosternation, prosternement. ■ Tendance naturelle à. SYN. désir, disposition, faible, instinct, orientation, penchant, pente, prédisposition, propension, tendance, vocation. CONTR. *aversion, dégoût, haine, répugnance, répulsion.* ■ LITTÉRAIRE. Élan vers quelqu'un. SYN. affection, affinité, attachement, attirance, attrait, faible, sympathie. CONTR. *allergie, animosité, antipathie, aversion, haine.* – LITTÉRAIRE : *animadversion.*

incliner *verbe transitif* Pencher légèrement. SYN. abaisser, baisser, courber, descendre, fléchir, infléchir, pencher. CONTR. *dresser, élever, ériger, lever, relever.* ■ Inciter quelqu'un à. SYN. convier, encourager, engager, entraîner, exhorter, inciter, inviter, persuader, porter, pousser, prédisposer, presser, provoquer.

incliner *verbe transitif indirect* Être enclin à tel comportement. SYN. évoluer vers, opter, pencher, préférer, tendre vers, tourner à.

incliner (s') *verbe pronominal* Se courber devant. SYN. s'abaisser, se courber, se prosterner. ■ Reconnaître l'autorité de. SYN. abandonner, s'agenouiller, capituler, céder, courber le dos, courber le front, courber l'échine, être à plat ventre, faire profil bas, fléchir, mettre les pouces, obéir, obtempérer, plier, plier le genou, plier l'échine, se rendre, se résigner, se soumettre. – FAMILIER : s'aplatir, caler, être raplapla devant. – LITTÉRAIRE : baisser pavillon, se courber, mettre pavillon bas, ployer, se prosterner, succomber. – POPULAIRE : baisser sa culotte, baisser son froc, baisser son pantalon, s'écraser. CONTR. *défier, s'obstiner, résister.* ■ Avoir une position oblique. SYN. s'abaisser, se baisser, se courber, pencher, plier. – LITTÉRAIRE : ployer. CONTR. *monter.*

inclinomètre *nom masculin* Appareil pour mesurer la pente d'un terrain. SYN. clinomètre.

inclure *verbe* Insérer dans. SYN. ajouter, englober, glisser, incorporer, inscrire, insérer, introduire, joindre. CONTR. *écarter, enlever, excepter, exclure.* ■ Contenir en soi. SYN. comporter, comprendre, compter, contenir, englober, envelopper, impliquer, intégrer, renfermer. CONTR. *excepter, exclure.*

inclus *adjectif* Contenu dans. SYN. compris. CONTR. *excepté, exclu, hormis, sauf.*

inclusion *nom féminin* Action d'inclure. SYN. incorporation, intégration.

inclusivement *adverbe* En incluant telle chose. SYN. y compris. CONTR. *exclusivement, non compris.*

incoercible *adjectif* Qu'on ne peut contenir. SYN. fou, incontrôlable, insurmontable, irrépressible, irrésistible. CONTR. *coercible, contrôlable.*

incognito *adverbe* Sans se faire connaître. SYN. anonymement, en cachette, discrètement, obscurément, officieusement, secrètement. – LITTÉRAIRE : subrepticement. CONTR. *à découvert, officiellement, ouvertement, au vu et au su de.*

incohérence *nom féminin* État de ce qui est incohérent. SYN. absurdité, chaos, confusion, désordre, illogisme, inconséquence, irrationalité. CONTR. *cohérence, cohésion, harmonie, justesse, logique, suite.* ■ Action, parole incohérente. SYN. aberration, absurdité, contradiction, divagation, inconséquence.

incohérent *adjectif* Qui manque d'unité. SYN. chaotique, confus, contradictoire, décousu, disparate, hétéroclite, hétérogène. CONTR. *cohérent, homogène.* ■ Qui manque de logique. SYN. aberrant, abracadabrant, absurde, antilogique, bizarre, boiteux, confus, déraisonnable, désordonné, étrange, extravagant, illogique, inconséquent, inconsistant, inepte, insensé, insolite, irrationnel, stupide. – FAMILIER : fantastique. CONTR. *cohérent, conséquent, judicieux, juste, logique, ordonné, raisonnable, raisonné, rationnel, réfléchi, sensé, suivi.*

incollable *adjectif* FAMILIER. Capable de répondre à tout. SYN. imbattable.

incolore *adjectif* LITTÉRAIRE. Qui manque d'éclat. SYN. fade, impersonnel, insipide, neutre, pâle, plat, terne. – FAMILIER : fadasse. CONTR. *brillant, coloré, éclatant.*

incomber *verbe* Être imposé à quelqu'un. SYN. afférer, appartenir, échoir, retomber sur, revenir.

incombustible *adjectif* Qui ne peut pas brûler. SYN. apyre, ignifugé, ininflammable. CONTR. *combustible, inflammable.*

incommensurable *adjectif* D'une étendue considérable. SYN. démesuré, énorme, gigantesque, illimité, immense, indénombrable, infini, innombrable, insondable. – FAMILIER : abyssal. CONTR. *fini, limité.*

incommodant *adjectif* Qui incommode. SYN. déplaisant, dérangeant, désagréable, gênant. CONTR. *agréable.*

incommode *adjectif* Qui n'est pas d'usage facile. SYN. malcommode. CONTR. *commode, facile, pratique, simple.* ■ Qui n'est pas confortable. SYN. inconfortable, malcommode. CONTR. *agréable, confortable, vivable.*

incommodé *adjectif* Légèrement souffrant. SYN. indisposé, souffrant. – FAMILIER : mal fichu, patraque. – POPULAIRE : mal foutu.

incommoder *verbe* Causer une gêne physique. SYN. déranger, gêner, indisposer.

incommodité *nom féminin* LITTÉRAIRE. Gêne causée par. SYN. difficulté, ennui, gêne, inconfort, inconvénient, indisposition, sujétion. – FAMILIER : enquiquinement. – LITTÉRAIRE : importunité.

incommunicable *adjectif* Qu'on ne peut transmettre. SYN. incessible, intransmissible. CONTR. *cessible, communicable, transférable, transmissible.* ■ Qui ne peut être exprimé. SYN. indicible, inexprimable, intraduisible. – LITTÉRAIRE : ineffable. CONTR. *communicable, exprimable, traduisible.*

incomparable *adjectif* Qui est très différent. SYN. différent, dissemblable, sans égal. CONTR. *analogue, comparable, équivalent, identique, semblable, similaire.* ■ Qui l'emporte par ses qualités. SYN. admirable, adorable, consommé, émérite, éminent, étincelant, excellent, extraordinaire, grand, hors de pair, hors pair, inégalable, inouï, parfait, remarquable, sans égal, sans pareil, supérieur, transcendant, unique. – FAMILIER : magistral, terrible. – LITTÉRAIRE : nonpareil, suréminent. CONTR. *catastrophique, égalable, médiocre, ordinaire, piteux, quelconque.*

incomparablement *adverbe* Sans comparaison possible. SYN. merveilleusement, remarquablement, supérieurement.

incompatibilité *nom féminin* Caractère incompatible. SYN. antagonisme, contradiction, désaccord, discordance, opposition. CONTR. *accord, compatibilité, conformité.*

incompatible *adjectif* Qui ne peut s'accorder avec. SYN. antinomique, antithétique, contradictoire, contraire, discordant, inconciliable, opposé. – LITTÉRAIRE : dissonant. CONTR. *compatible, conciliable.*

incompétence *nom féminin* Manque de l'habileté nécessaire. SYN. ignorance, inaptitude, incapacité, inexpérience, insuffisance, nullité. – LITTÉRAIRE : impéritie. CONTR. *capacité, compétence, efficacité, habileté, qualification, savoir-faire.*

incompétent *adjectif* Sans compétence. SYN. bon à rien, ignare, ignorant, inapte, incapable, inexpérimenté, insuffisant, mauvais, nul. – LITTÉRAIRE : inexpert. CONTR. *capable, compétent, qualifié, versé.*

incomplet *adjectif* Auquel il manque quelque chose. SYN. boiteux, fragmentaire, imparfait, inachevé, insuffisant, lacunaire, parcellaire, partiel, superficiel. – LITTÉRAIRE : lacuneux. CONTR. *absolu, achevé, complet, entier, exhaustif, global, intégral.*

incomplètement *adverbe* De façon incomplète. SYN. fragmentairement, imparfaitement, insuffisamment, mal, partiellement, sommairement. CONTR. *en bloc, complètement, du début à la fin, entièrement, globalement, in extenso, intégralement, pleinement, totalement, en totalité.*

incompréhensibilité *nom féminin* LITTÉRAIRE. Caractère incompréhensible. SYN. hermétisme, inintelligibilité, obscurité. – LITTÉRAIRE : opacité. CONTR. *clarté, compréhensibilité, intelligibilité, limpidité.*

incompréhensible *adjectif* Qu'il est difficile de comprendre. SYN. abscons, ambigu, confus, difficile, énigmatique, équivoque, ésotérique, fumeux, hermétique, impénétrable, inaccessible, inassimilable, inconcevable, inconnaissable, indéchiffrable, inexplicable, inintelligible, insaisissable, insondable, mystérieux, nuageux, obscur. – ARGOTIQUE : c'est de l'hébreu. – FAMILIER : c'est de l'algèbre, c'est du chinois. – LITTÉRAIRE : abstrus, amphigourique, fuligineux, nébuleux, opaque, sibyllin, ténébreux. – POPULAIRE : imbitable. CONTR. *accessible, clair, compréhensible, déchiffrable, explicable, explicite, facile, intelligible, limpide, lumineux, manifeste, net, perceptible, précis, réfléchi, simple, transparent.* ■ Dont on ne peut expliquer la conduite. SYN. bizarre, déconcertant, étrange, indéchiffrable, mystérieux. CONTR. *explicable, normal.*

incompréhensif *adjectif* Qui ne comprend pas les autres. SYN. fermé, indifférent, intolérant, intraitable, intransigeant. CONTR. *compréhensif, indulgent, ouvert, tolérant.*

incompréhension *nom féminin* Refus de comprendre. SYN. indifférence, insensibilité, méconnaissance, mésentente. – LITTÉRAIRE : imperméabilité, mésintelligence. CONTR. *bienveillance, compréhension, indulgence.*

inconcevable *adjectif* Difficile à imaginer. SYN. impénétrable, impensable, incompréhensible, inconnaissable, inimaginable, insondable, invraisemblable. CONTR. *compréhensible, concevable, envisageable, imaginable, normal, pensable.* ▪ Qui ne peut être admis. SYN. curieux, étonnant, extraordinaire, incroyable, inexplicable, inexprimable, inimaginable, inouï, stupéfiant. – FAMILIER : fantastique, invraisemblable, sciant, soufflant. – LITTÉRAIRE : ineffable. CONTR. *acceptable, admissible.*

inconciliable *adjectif* Qui ne peut pas se concilier avec. SYN. antithétique, contradictoire, incompatible, opposé. CONTR. *compatible, conciliable.*

inconditionnel *nom* Partisan sans réserve de. SYN. adepte, admirateur, fidèle, partisan, suiveur. – FAMILIER : béni-oui-oui, godillot.

inconduite *nom féminin* Mauvaise conduite. SYN. débauche, dévergondage, écarts, excès, folies, frasques, fredaines, vice. – LITTÉRAIRE : licence, stupre. CONTR. *vertu.*

inconfort *nom masculin* Manque de confort matériel. CONTR. *commodité, confort.* ▪ Situation de malaise. SYN. gêne, malaise. – LITTÉRAIRE : importunité, incommodité.

inconfortable *adjectif* Qui manque de confort. SYN. incommode, malcommode. CONTR. *agréable, commode, confortable, cosy, douillet, vivable.* ▪ Qui embarrasse. SYN. délicat, embarrassant, épineux. – LITTÉRAIRE : scabreux.

incongru *adjectif* Qui est déplacé. SYN. choquant, déplacé, hors de propos, inadéquat, inapproprié, inconvenant, incorrect, indécent, inopportun, insolent, saugrenu. – FAMILIER : à côté de la plaque. – LITTÉRAIRE : dissonant, importun, malséant, messéant. CONTR. *adéquat, bienséant, convenable, correct.* – LITTÉRAIRE : *séant.*

incongruité *nom féminin* Caractère incongru. SYN. aberration, absurdité, grossièreté, impolitesse, inconvenance, incorrection, indécence, insolence. CONTR. *bienséance.* ▪ Acte, propos incongru. SYN. grossièreté, obscénité.

inconnaissable *adjectif* Qui ne peut être connu. SYN. impénétrable, inaccessible, incompréhensible, inconcevable, mystérieux. CONTR. *connaissable.*

inconnu *adjectif* Qui n'est pas connu. SYN. étranger, inexploré, oublié. CONTR. *célèbre, connu, familier, glorieux, historique, illustre, important, renommé, réputé.* – LITTÉRAIRE : *fameux.* ▪ Dont on ignore l'identité. SYN. anonyme, innomé, innommé. CONTR. *connu, reconnu.* ▪ Dont on n'a pas fait l'expérience. SYN. ignoré, inédit, insoupçonné, méconnu, mystérieux, nouveau, original, secret. CONTR. *courant, éculé, habituel, notoire, rebattu, ressassé, usé, usuel.* – FAMILIER : *bateau, réchauffé.*

inconsciemment *adverbe* De façon inconsciente. SYN. inconsidérément, instinctivement, involontairement, machinalement, mécaniquement, spontanément. CONTR. *consciemment, exprès, sciemment, volontairement.*

inconscience *nom féminin* Perte de connaissance. SYN. évanouissement, malaise. CONTR. *connaissance, conscience.* ▪ État d'insouciance. SYN. aveuglement, folie, imprudence, inattention, inconséquence, insouciance, irréflexion, légèreté. – FAMILIER : je-m'en-fichisme. – POPULAIRE : je-m'en-foutisme. CONTR. *clairvoyance, lucidité, prudence, sagesse.*

inconscient *adjectif* Qui a perdu connaissance. SYN. évanoui. CONTR. *conscient, lucide.* ▪ Qui ne se rend pas compte. SYN. imprudent, inconséquent, inconsidéré, insouciant, irréfléchi, irresponsable, léger. – FAMILIER : je-m'en-fichiste. – POPULAIRE : je-m'en-foutiste. CONTR. *clairvoyant, raisonnable, sage.* ▪ Qui se produit inconsciemment. SYN. automatique, instinctif, involontaire, machinal, mécanique, spontané. CONTR. *conscient, intentionnel, prémédité, réfléchi.*

inconséquence *nom féminin* Manque de logique. SYN. absurdité, confusion, étourderie, illogisme, imprudence, incohérence, inconscience, irréflexion, légèreté. CONTR. *cohérence, logique, sagesse.* ▪ Action, parole illogique. SYN. aberration, absurdité, contradiction, divagation, imprudence, incohérence.

inconséquent *adjectif* Qui manque de logique. SYN. aberrant, absurde, contradictoire, illogique, incohérent, irrationnel, irréfléchi. CONTR. *conséquent, judicieux, logique, méthodique, rationnel.* ▪ Qui agit avec légèreté. SYN. déraisonnable, écervelé, étourdi, fou, imprudent, inconscient, inconsidéré, insensé, léger, malavisé. – FAMILIER : foufou. CONTR. *avisé, circonspect, pondéré, posé, prudent, raisonnable, réfléchi, sage, sensé, sérieux.* – FAMILIER : *rassis.*

inconsidéré *adjectif* Qui n'a pas été bien réfléchi. SYN. étourdi, hâtif, imprudent, inconscient, inconséquent, irréfléchi, léger, malavisé. CONTR. *avisé, circonspect, pondéré, posé, prudent, réfléchi.*

inconsidérément *adverbe* De façon inconsidérée. SYN. étourdiment, follement, imprudemment, inconsciemment, intempestivement, à la légère, légèrement, mal à propos, à tort et à travers. – LITTÉRAIRE : inopportunément. CONTR. *posément, précautionneusement, prudemment.*

inconsistance *nom féminin* Manque de consistance. SYN. mollesse. – LITTÉRAIRE : flaccidité. CONTR. *consistance, dureté.* ■ Manque d'intérêt. SYN. faiblesse, fragilité, insignifiance, pauvreté, platitude, précarité, vide. – LITTÉRAIRE : inanité, vanité. CONTR. *densité, gravité, richesse.* ■ Manque de fermeté morale. SYN. fadeur, veulerie. – LITTÉRAIRE : versatilité. CONTR. *énergie, fermeté, vigueur.*

inconsistant *adjectif* Sans consistance. SYN. coulant, flasque, fluide, liquide, mou. CONTR. *consistant, dur, épais, ferme.* ■ Qui manque d'intérêt. SYN. fade, fragile, impersonnel, inintéressant, inodore et sans saveur, insignifiant, mince, plat, sans intérêt, terne, vide. – FAMILIER : fadasse. – LITTÉRAIRE : vain. CONTR. *intéressant.* ■ Qui manque de caractère. SYN. amorphe, changeant, incohérent, lymphatique, mou, velléitaire, versatile. CONTR. *énergique, fort, résolu, volontaire.*

inconsommable *adjectif* Qui ne peut être consommé. SYN. immangeable. CONTR. *comestible, consommable, mangeable.*

inconstance *nom féminin* Disposition à changer d'avis. SYN. instabilité, légèreté. – LITTÉRAIRE : variabilité, versatilité. CONTR. *constance, égalité, fermeté, patience, permanence, persévérance.* – LITTÉRAIRE : *fixité, opiniâtreté.* ■ LITTÉRAIRE. Instabilité d'une chose. SYN. caprice, fragilité, incertitude, instabilité, mobilité, précarité, variabilité, vicissitude. CONTR. *solidité, stabilité.* ■ Infidélité en amour. SYN. frivolité, infidélité. CONTR. *constance, fidélité.*

inconstant *adjectif* LITTÉRAIRE. Sujet à des changements. SYN. capricieux, changeant, fluctuant, fragile, instable, mobile, précaire, variable. CONTR. *éternel, figé, fixe, immuable, inaltérable, invariable.* ■ Qui change d'avis facilement. SYN. capricieux, changeant, flottant, fluctuant, instable, papillonnant, velléitaire, versatile. – LITTÉRAIRE : ondoyant, protéiforme. – VIEUX : mobile. CONTR. *acharné, assidu, célèbre, constant, égal, entêté, ferme, glorieux, historique, illustre, important, obstiné, opiniâtre, patient, persévérant.* – LITTÉRAIRE : *fameux, invariable.* ■ Infidèle en amour. SYN. frivole, infidèle, léger, volage. CONTR. *fidèle.*

inconstitutionnel *adjectif* Non conforme à la Constitution. SYN. anticonstitutionnel.

inconstructible *adjectif* Où l'on ne peut construire. CONTR. *bâtissable, constructible.*

incontestable *adjectif* Qu'on ne peut contester. SYN. assuré, authentique, avéré, certain, évident, flagrant, formel, inattaquable, indéniable, indiscutable, indubitable, invincible, irrécusable, irréfutable, manifeste, notoire, patent, positif, reconnu, sûr, vrai. – LITTÉRAIRE : irréfragable. CONTR. *contestable, discutable, douteux, erroné, faux, hypothétique, incertain, niable, problématique, récusable, réfutable, sujet à caution.*

incontestablement *adverbe* De façon incontestable. SYN. assurément, certainement, évidemment, à l'évidence, immanquablement, indéniablement, indiscutablement, indubitablement, irréfutablement, manifestement, nécessairement, nettement, notoirement, parfaitement, sans aucun doute, sans conteste, de toute évidence. – FAMILIER : positivement. – LITTÉRAIRE : sans contredit.

incontesté *adjectif* Qui n'est pas contesté. SYN. acquis, indiscuté, reconnu. CONTR. *présumé, prétendu.*

incontinent *adverbe* LITTÉRAIRE. Sans le moindre retard. SYN. aussitôt, d'emblée, immédiatement, à l'instant, instantanément, sur-le-champ, tout de suite. – FAMILIER : illico, illico presto.

incontournable *adjectif* Impossible à éviter. SYN. indispensable, inévitable, nécessaire, obligatoire, obligé, de rigueur. CONTR. *facultatif.*

incontrôlable *adjectif* Qu'on ne peut vérifier. SYN. indémontrable, invérifiable. CONTR. *contrôlable, vérifiable.* ■ Qu'on ne peut maîtriser. SYN. fou, incoercible, insurmontable, irrépressible, irrésistible. CONTR. *coercible.*

inconvenance *nom féminin* Caractère inconvenant. SYN. désinvolture, effronterie, goujaterie, grossièreté, hardiesse, immoralité, impertinence, impolitesse, incongruité, incorrection, indécence, insolence, muflerie, obscénité, sans-gêne, vulgarité. – LITTÉRAIRE : licence, sans-façon. CONTR. *bienséance, convenance, correction, courtoisie, décence, galanterie, politesse.* – LITTÉRAIRE : *urbanité.* ■ Action, parole inconvenante. SYN. goujaterie, grossièreté, hardiesse, impertinence, impolitesse, incongruité, incorrection, obscénité. – LITTÉRAIRE : canaillerie.

inconvenant *adjectif* Qui heurte les convenances. SYN. choquant, cru, déplacé, désinvolte, discourtois, égrillard, épicé, gaillard, grossier, immoral, impertinent, impoli, impudique, incongru, incorrect, indécent, insolent, licencieux, mal élevé, malappris, malhonnête, malpropre, mufle, scabreux. – FAMILIER : cochon, malpoli. – LITTÉRAIRE : déshonnête, irrévérencieux, malséant, malsonnant. CONTR. *bien élevé, bienséant, convenable, correct, courtois, décent, déférent, distingué, honnête, moral, poli, pudique.* – FAMILIER : *beau.* – LITTÉRAIRE : *urbain.*

inconvénient *nom masculin* Ce qui fait obstacle. SYN. danger, empêchement, objection, péril, risque. – LITTÉRAIRE : écueil. CONTR. *bénéfice.* ■ Aspect négatif. SYN. défaut, désagrément, désavantage, ennui, handicap, revers de la médaille. – FAMILIER : enquiquinement. – LITTÉRAIRE : incommodité. CONTR. *avantage, qualité.*

incorporation *nom féminin* Action d'incorporer une matière. SYN. adjonction, amalgame, inclusion, mélange. ■ Action de rattacher des éléments. SYN. affiliation, annexion, assimilation, association, insertion, intégration, rattachement, réunion.

incorporel *adjectif* LITTÉRAIRE. Qui n'a pas de corps. SYN. immatériel, spirituel. CONTR. *concret, corporel, matériel.* – LITTÉRAIRE : *charnel.*

incorporer *verbe* Ajouter une chose à une autre. SYN. adjoindre, amalgamer, annexer, associer, combiner, enchâsser, insérer, intégrer, intercaler, mélanger, rattacher. CONTR. *biffer, détacher, retrancher.* ■ Faire entrer dans un groupe. SYN. affilier, agréger, assimiler, inclure, intégrer, introduire, réunir. CONTR. *exclure.* ■ Prendre une recrue. SYN. appeler, enrôler, mobiliser, recruter. CONTR. *démobiliser.*

incorrect *adjectif* Qui comporte des erreurs. SYN. abusif, bancal, défectueux, erroné, fautif, impropre, inadéquat, inexact, mauvais, vicieux. CONTR. *bon, correct, exact, juste.* ■ Qui manque de décence. SYN. choquant, déplacé, désinvolte, incongru, indécent, inélégant, inopportun, malhonnête, négligé. – LITTÉRAIRE : malséant. CONTR. *convenable, correct, décent, élégant, moral.* ■ Qui manque de politesse. SYN. cavalier, discourtois, grossier, impertinent, impoli, inconvenant, indélicat, mal élevé, malappris, mufle. – FAMILIER : malpoli, sans gêne. – LITTÉRAIRE : incivil, irrespectueux, irrévérencieux. – POPULAIRE : malembouché. CONTR. *bienséant, courtois, poli.* – FAMILIER : *beau.* – LITTÉRAIRE : *urbain.*

incorrectement *adverbe* De façon incorrecte. SYN. fautivement, improprement, mal. CONTR. *correctement.*

incorrection *nom féminin* Faute de grammaire. SYN. barbarisme, écart de langage, faute, impropriété, solécisme. ■ Manquement à la bienséance. SYN. désinvolture, goujaterie, grossièreté, impertinence, impolitesse, incongruité, inconvenance, indélicatesse, inélégance, insolence, muflerie, sans-gêne, trivialité, vulgarité. – LITTÉRAIRE : butorderie, incivilité, irrespect, irrévérence, licence, sans-façon. CONTR. *bienséance, convenances, correction, courtoisie, décence, délicatesse, politesse, savoir-vivre, tact.* – LITTÉRAIRE : *civilité, urbanité.*

incorrigible *adjectif* Qu'on ne peut corriger. SYN. déterminé, endurci, impénitent, incurable, inéducable, invétéré, irrécupérable. – FAMILIER : indécrottable. CONTR. *corrigible, récupérable.*

incorruptibilité *nom féminin* Qualité d'une personne intègre. SYN. droiture, honnêteté, intégrité, moralité, probité. CONTR. *bassesse, déloyauté, malhonnêteté, vénalité.*

incorruptible *adjectif* Qui ne peut se décomposer. SYN. imputrescible, inaltérable, inattaquable. CONTR. *altérable, putréfiable, putrescible.* ■ Que l'on ne peut corrrompre. SYN. droit, honnête, inattaquable, intègre. – LITTÉRAIRE : probe. CONTR. *corruptible, malhonnête, vénal, vendu, véreux.* – LITTÉRAIRE : *corrompu.*

incrédule *adjectif* Sceptique en matière religieuse. SYN. athée, incroyant, irréligieux. CONTR. *bigot, convaincu, croyant, dévot, pieux, pratiquant, religieux.* – FAMILIER : *bondieusard.* ■ Naturellement porté au doute. SYN. défiant, dubitatif, méfiant, sceptique. CONTR. *candide, crédule, ingénu, naïf.*

incrédule *nom* Personne qui ne croit pas. SYN. athée, incroyant, libre penseur. – LITTÉRAIRE : mécréant. – VIEUX : esprit fort. CONTR. *bigot, croyant, dévot.* – FAMILIER : *bondieusard, calotin, grenouille de bénitier, punaise de sacristie, rat d'église.*

incrédulité *nom féminin* Absence de foi religieuse. SYN. athéisme, incroyance, irréligion. – LITTÉRAIRE : mécréance. CONTR. *conviction, croyance, dévotion, foi.* ■ Attitude de celui qui doute. SYN. défiance, doute, méfiance, scepticisme. CONTR. *candeur, crédulité, ingénuité, naïveté.*

increvable *adjectif* FAMILIER. Qui est très résistant. SYN. coriace, endurant, infatigable, inusable, résistant, robuste, solide. CONTR. *anéanti, brisé, épuisé, exténué, fourbu, harassé, K.-O., recru, rendu, rompu, usé.* – FAMILIER : *achevé, claqué, éreinté, esquinté, fini, flapi, lessivé, mort, moulu, raplapla, tué, vanné, vidé.* – POPULAIRE : *crevé.*

incriminable *adjectif* LITTÉRAIRE. Que l'on peut incriminer. SYN. blâmable, condamnable, critiquable, répréhensible.

incriminer *verbe* Mettre en cause. SYN. accuser, attaquer, blâmer, charger, condamner, critiquer, suspecter. CONTR. *blanchir, décharger, défendre, disculper, innocenter.*

incroyable *adjectif* Difficile à croire. SYN. abracadabrant, absurde, impensable, inconcevable, inimaginable, insoutenable, invraisemblable, rocambolesque, romanesque, surprenant. – FAMILIER : ébouriffant, fort de café. CONTR. *admissible, concevable, croyable, imaginable, plausible, probable, réel, vraisemblable.* ■ Qui a un caractère excessif. SYN. étonnant, fou, incalculable, inespéré, inexprimable, inouï, phénoménal, prodigieux, stupéfiant. – FAMILIER : énorme, fabuleux, fantastique, faramineux. ■ Qui a un côté insolite. SYN. curieux, extraordinaire, extravagant, grotesque, insolent, paradoxal. – FAMILIER : impayable, invraisemblable, unique. – LITTÉRAIRE : ineffable. CONTR. *normal.*

incroyablement *adverbe* De façon incroyable. SYN. admirablement, beaucoup, bien, effroyablement, énormément, exceptionnellement, excessivement, extraordinairement, extrêmement, fabuleusement, follement, fort, fortement, grandement, hautement, horriblement, immensément, immodérément, infiniment, monstrueusement, mortellement, parfaitement, particulièrement, prodigieusement, profondément, puissamment, remarquablement, singulièrement, souverainement, supérieurement, suprêmement, terriblement, très, trop, vertigineusement. – FAMILIER : bigrement, bougrement, diablement, drôlement, épatamment, fameusement, fichtrement, fichûment, formidablement, joliment, méchamment, rudement, sacrément, tout plein. – LITTÉRAIRE : diantrement, furieusement. – POPULAIRE : foutrement, salement, vachement. – VIEUX : fièrement.

incroyance *nom féminin* Absence de foi religieuse. SYN. athéisme, incrédulité, irréligion. CONTR. *croyance, dévotion, foi.* – FAMILIER : *bigoterie, bigotisme.*

incroyant *nom* Personne qui n'a pas la foi. SYN. athée, incrédule, libre penseur, non-croyant, païen. – LITTÉRAIRE : impie, mécréant. CONTR. *bigot, croyant, dévot, fidèle.* – FAMILIER : *bondieusard, calotin, grenouille de bénitier, punaise de sacristie, rat d'église.*

incruster (s') *verbe pronominal* FAMILIER. Imposer sa présence. SYN. s'établir, forcer la main, s'implanter, s'imposer, s'installer, s'inviter. – POPULAIRE : taper l'incruste. CONTR. *partir.*

incubateur *nom masculin et adjectif* Enceinte close, aseptique. SYN. couveuse.

incube *nom masculin* Démon qui prend l'apparence d'un homme. CONTR. *succube.*

inculquer *verbe* Faire entrer dans l'esprit. SYN. apprendre, enseigner, faire admettre, graver, imprégner, insuffler, mettre dans la tête. – LITTÉRAIRE : empreindre, inoculer, instiller.

inculte *adjectif* Qui n'est pas cultivé. SYN. abandonné, désertique, en friche, en jachère. CONTR. *cultivé, fertile.* ■ Se dit de cheveux en désordre. SYN. ébouriffé, échevelé, hirsute, négligé. CONTR. *coiffé, peigné, soigné.* ■ Sans culture intellectuelle. SYN. barbare, béotien, brut, fruste, grossier, ignare, ignorant. – LITTÉRAIRE : rustique. – VIEUX : illettré. CONTR. *civilisé, cultivé, érudit, évolué, instruit, savant.* – FAMILIER : *trapu.*

inculture *nom féminin* Manque de culture. SYN. ignorance. CONTR. *culture, érudition, savoir.*

incurable *adjectif* Qui ne peut se guérir. SYN. inguérissable, irrémédiable, perdu. CONTR. *curable, guérissable, remédiable.* ■ Dont on ne peut se défaire. SYN. incorrigible, invétéré, opiniâtre. – FAMILIER : indécrottable.

incurie *nom féminin* Manque d'application. SYN. abandon, insouciance, laisser-aller, mollesse, négligence, relâchement. – LITTÉRAIRE : inapplication. CONTR. *application, soin.*

incuriosité *nom féminin* LITTÉRAIRE. Manque de curiosité. SYN. désaffection, désintérêt, détachement, indifférence. CONTR. *curiosité, goût, intérêt, passion.*

incursion *nom féminin* Invasion d'un groupe armé. SYN. assaut, attaque, coup de main, descente, invasion, pénétration, raid, razzia. ■ Entrée soudaine. SYN. arrivée, intrusion, irruption.

incurvé *adjectif* Qui a une forme courbe. SYN. concave, courbe, creux. CONTR. *renflé.*

incurver *verbe* Rendre courbe. SYN. courber, fléchir, gauchir, plier, recourber. – LITTÉRAIRE : ployer.

incurver (s') *verbe pronominal* Avoir une forme courbe. SYN. se courber, s'infléchir.

indécelable *adjectif* Qui ne peut être décelé. SYN. insaisissable, invisible, léger. CONTR. *visible.*

indécence *nom féminin* Manque de pudeur. SYN. grivoiserie, grossièreté, hardiesse, immoralité, impertinence, impudeur, inconvenance, obscénité, vulgarité. – LITTÉRAIRE : immodestie, impudicité, licence. CONTR. *bienséance, chasteté, correction, décence, pruderie, pudeur, pudibonderie, puritanisme.* – LITTÉRAIRE : *pudicité.* ■ Acte, propos indécent. SYN. grivoiserie, grossièreté, incongruité, obscénité, polissonnerie.

indécent *adjectif* Qui blesse la pudeur. SYN. cru, égrillard, épicé, gaillard, grivois, impudique, licencieux, malhonnête, obscène, osé, scabreux. – LITTÉRAIRE : déshonnête. CONTR. *bienséant, convenable, correct, décent, prude,* *pudique, strict.* ▪ Qui est scandaleux. SYN. choquant, déplacé, immoral, incongru, inconvenant, inélégant, insolent, de mauvais goût, scandaleux. – LITTÉRAIRE : malséant, malsonnant.

indéchiffrable *adjectif* Dont la lecture est difficile. SYN. illisible. CONTR. *clair, compréhensible, déchiffrable, lisible.* ▪ Difficile à comprendre. SYN. énigmatique, impénétrable, incompréhensible, inexplicable, inextricable, mystérieux. – LITTÉRAIRE : opaque, sibyllin. CONTR. *clair, compréhensible, déchiffrable.*

indécis *adjectif* Dont l'issue est incertaine. SYN. ambigu, douteux, équivoque, flottant, fluctuant, incertain, indéfini, indéterminé. CONTR. *défini, déterminé, fixe.* ▪ Qu'on distingue mal. SYN. confus, flou, imprécis, indéterminable, indiscernable, indistinct, trouble, vague. – LITTÉRAIRE : nébuleux. CONTR. *distinct, net, prononcé.* ▪ Qui ne sait pas se décider. SYN. embarrassé, faible, hésitant, incertain, indéterminé, irrésolu, perplexe, réticent, velléitaire. – LITTÉRAIRE : ondoyant. CONTR. *catégorique, chaud, décidé, déterminé, prêt, résolu.*

indécision *nom féminin* État de quelqu'un d'indécis. SYN. doute, embarras, flottement, hésitation, incertitude, indétermination, irrésolution, oscillation, perplexité. – LITTÉRAIRE : vacillation. CONTR. *assurance, choix, décision, détermination, fermeté, résolution.*

indécomposable *adjectif* Qu'on ne peut décomposer. SYN. inanalysable, indébrouillable, indémêlable. CONTR. *analysable, décomposable.*

indécrottable *adjectif* FAMILIER. Qu'on ne peut améliorer. SYN. endurci, impénitent, incorrigible, incurable, inéducable, invétéré, irrécupérable. – FAMILIER : indécrassable.

indéfectible *adjectif* Qui dure éternellement. SYN. éternel, immuable, impérissable, inaltérable, indestructible, indissoluble, ineffaçable, inlassable, solide, sûr. – LITTÉRAIRE : immortel, infrangible, pérenne. CONTR. *éphémère, fragile, précaire.*

indéfendable *adjectif* Qui ne peut être défendu. SYN. illégitime, injustifiable, insoutenable. CONTR. *défendable, excusable, justifiable, soutenable.*

indéfini *adjectif* Qui est sans limites. SYN. illimité, indéterminé, infini. CONTR. *délimité, limité, mesuré.* ▪ Qui demeure vague. SYN. confus, imprécis, incertain, indécis, indéfinissable, indéterminé, indiscernable, indistinct, trouble. CONTR. *défini, déterminé, distinct, net, précis.*

indéfiniment *adverbe* D'une manière illimitée. SYN. constamment, continuellement, éternellement, à longueur de temps, en permanence, perpétuellement, sans arrêt, sans cesse, sans discontinuer, sans intermission, sans interruption, sans relâche, sans répit, sans souffler, sans trêve, toujours. – LITTÉRAIRE : continûment, sempiternellement. CONTR. *alternativement, épisodiquement, exceptionnellement, par instants, par intermittence, par intervalles, irrégulièrement, rarement, sporadiquement, de temps à autre, de temps en temps, variablement.*

indéfinissable *adjectif* Difficile à définir. SYN. confus, indescriptible, indéterminable, indicible, indiscernable, inexprimable, vague. – LITTÉRAIRE : ineffable. CONTR. *définissable, précis.* ▪ Qu'on a du mal à cerner. SYN. fuyant, impénétrable, inexplicable, insaisissable, mystérieux. – LITTÉRAIRE : secret.

indélébile *adjectif* Que l'on ne peut effacer. SYN. ineffaçable, tenace. CONTR. *effaçable, lavable.* – LITTÉRAIRE : *délébile.* ▪ Qui ne peut disparaître. SYN. éternel, immuable, impérissable, inaltérable, indestructible, indissoluble, solide, tenace. – LITTÉRAIRE : immortel, pérenne.

indélicat *adjectif* Qui manque de tact. SYN. cavalier, fruste, goujat, grossier, incorrect, inélégant, mal éduqué, mal élevé, mufle, rustre. – FAMILIER : sans gêne. CONTR. *délicat, discret.* ▪ Qui est malhonnête. SYN. déloyal, fourbe, incorrect, malhonnête, malpropre, perfide, véreux. CONTR. *droit, honnête, intègre.* – LITTÉRAIRE : *probe.*

indélicatesse *nom féminin* Absence de tact. SYN. goujaterie, grossièreté, impolitesse, incorrection, indiscrétion, inélégance, muflerie, vulgarité. – LITTÉRAIRE : butorderie. CONTR. *délicatesse, discrétion, doigté, tact.* ▪ Acte malhonnête. SYN. escroquerie, malhonnêteté, malpropreté. – FAMILIER : crasse, entourloupe, entourloupette, friponnerie. – LITTÉRAIRE : canaillerie, improbité. – POPULAIRE : saloperie. – VIEUX : filouterie. CONTR. *droiture, honnêteté, intégrité, probité.*

indémêlable *adjectif* Qu'on ne peut démêler. SYN. confus, dédaléen, inanalysable, indébrouillable, indécomposable, inextricable. CONTR. *analysable.*

indemne *adjectif* Qui n'a pas subi de dommage. SYN. entier, intact, rescapé, sain et sauf, sauf, sauvé. CONTR. *blessé, touché.*

indemnisation *nom féminin* Paiement d'une indemnité. SYN. compensation, contrepartie, dédommagement, indemnité, remboursement, réparation.

indemniser *verbe* Payer un dédommagement. SYN. dédommager, défrayer, désintéresser, rembourser.

indemnité *nom féminin* Somme d'argent. SYN. allocation, compensation, dédommagement, dommages-intérêts, indemnisation, réparation, subvention.

indémontrable *adjectif* Qui ne peut être démontré. SYN. improuvable, incontrôlable, invérifiable. CONTR. *démontrable, prouvable, vérifiable.*

indéniable *adjectif* Que l'on ne peut nier. SYN. assuré, authentique, certain, évident, flagrant, formel, frappant, incontestable, indiscutable, indubitable, irrécusable, irréfutable, manifeste, notoire, patent, positif, vrai. – LITTÉRAIRE : irréfragable. CONTR. *contestable, discutable, niable, problématique, récusable, réfutable.*

indéniablement *adverbe* De façon indéniable. SYN. absolument, assurément, certainement, évidemment, incontestablement, indiscutablement, indubitablement, irréfutablement, manifestement, nettement, notoirement, sans aucun doute, sans conteste, tout bonnement, visiblement. – FAMILIER : positivement. – LITTÉRAIRE : sans contredit.

indénombrable *adjectif* Qu'on ne peut dénombrer. SYN. illimité, incalculable, incommensurable, indéterminable, infini, innombrable. CONTR. *borné, calculable, chiffrable, dénombrable, limité, modeste.*

indépendamment *adverbe* De manière indépendante. SYN. individuellement, isolément, à part, séparément. CONTR. *concurremment, conjointement, ensemble.*

indépendance *nom féminin* Caractère indépendant. SYN. individualisme, indocilité, insubordination, liberté, non-conformisme. CONTR. *conformisme, docilité, soumission.* ■ Fait de ne pas être assujetti à. SYN. autonomie, liberté, souveraineté. CONTR. *allégeance, asservissement, dépendance, esclavage, obédience, subordination.* – LITTÉRAIRE : *assujettissement, chaînes, lien, servitude, vassalité.*

indépendant *adjectif* Qui est sans rapport avec. SYN. dissocié, distinct, séparé. CONTR. *coexistant, concomitant, enchaîné, lié.* ■ Qui ne dépend d'aucune autorité. SYN. autonome, libre, souverain. CONTR. *asservi, assujetti, colonisé, inféodé, soumis, subordonné, suspendu.* ■ Qui aime se déterminer seul. SYN. affranchi, émancipé, individualiste, indocile, insoumis, insubordonné, libéré, libre, rétif. CONTR. *docile, moutonnier, obéissant.*

indépendantiste *adjectif et nom* Partisan de l'indépendance. SYN. autonomiste, sécessionniste, séparatiste.

indéracinable *adjectif* Qu'on ne peut déraciner. SYN. coriace, indestructible, inextirpable, tenace. CONTR. *déracinable, extirpable.*

indescriptible *adjectif* Qui ne peut être décrit. SYN. indéfinissable, indicible, inexprimable, inimaginable, inouï, inracontable, insensé, intraduisible, irracontable. CONTR. *descriptible.*

indestructible *adjectif* Qui ne peut être détruit. SYN. éternel, immuable, impérissable, imprescriptible, inaltérable, indéfectible, indélébile, indéracinable, indissoluble, inusable, invincible, invulnérable, perpétuel, solide, vivace. – LITTÉRAIRE : immortel, inextinguible, infrangible, pérenne. CONTR. *caduc, destructible, éphémère, fragile, périssable, précaire.*

indéterminable *adjectif* Qu'on ne peut déterminer. SYN. confus, équivoque, flou, imprécis, inappréciable, incalculable, indéfinissable, indénombrable, indéterminé, indiscernable, indistinct, vague.

indétermination *nom féminin* Caractère imprécis. SYN. flou, imprécision, obscurité. – LITTÉRAIRE : vague. CONTR. *netteté, précision.* ■ Manque de volonté. SYN. doute, embarras, hésitation, incertitude, indécision, irrésolution, perplexité. CONTR. *décision, détermination, résolution.*

indéterminé *adjectif* Qui n'est pas fixé. SYN. hésitant, incertain, indécis, perplexe. CONTR. *arrêté, déterminé, fixe.* ■ Qui n'est pas bien défini. SYN. confus, flottant, fluctuant, général, imprécis, indéfini, indéfinissable, indéterminable, indiscernable, vague. CONTR. *circonstancié, défini, déterminé, précis.*

index *nom masculin* Liste alphabétique. SYN. catalogue, lexique. ■ ***Mettre à l'index,*** exclure de. SYN. bannir, boycotter, censurer, chasser, condamner, congédier, défendre de, éliminer, éloigner, exclure, expulser, interdire, mettre au ban, prohiber, refouler, rejeter, renvoyer. – FAMILIER : balayer, éjecter. – LITTÉRAIRE : proscrire.

indicateur *nom* Personne qui renseigne la police. SYN. délateur, dénonciateur, informateur. – FAMILIER : mouchard. – LITTÉRAIRE : sycophante. – POPULAIRE : balance, donneur, indic, mouton.

indicatif *nom masculin* Bref thème musical. SYN. jingle, sonal.

indication *nom féminin* Ce qui révèle quelque chose. SYN. critère, illustration, indice, lumière, marque, preuve, signe. ■ Ce qui est indiqué. SYN. avis, conseil, explication, information, notation, prescription, recommandation, renseignement, suggestion. – FAMILIER : tuyau.

indice *nom masculin* Ce qui signale quelque chose. SYN. annonce, critère, marque, présage, preuve, révélateur, signal, signe, symptôme. - LITTÉRAIRE : prodrome. ■ Fait sur lequel s'appuie le juge. SYN. charge, indication, présomption, renseignement, témoignage.

indicible *adjectif* Qui dépasse toute expression. SYN. extraordinaire, incommunicable, indéfinissable, indescriptible, inexprimable, innommable, inracontable, insensé, intraduisible, irracontable. - LITTÉRAIRE : ineffable. CONTR. *exprimable, traduisible.*

indien *adjectif et nom* Des premiers habitants du continent américain. SYN. amérindien.

indifféremment *adverbe* Sans différence. SYN. également, indistinctement, pareillement, sans distinction. CONTR. *différemment.*

indifférence *nom féminin* Attitude indifférente. SYN. ataraxie, dédain, désaffection, désintéressement, désintérêt, détachement, fraîcheur, froideur, impassibilité, incompréhension, indolence, insensibilité, insouciance, mépris, sécheresse. - FAMILIER : je-m'en-fichisme. - LITTÉRAIRE : inappétence, incuriosité, stoïcisme. - POPULAIRE : je-m'en-foutisme. CONTR. *affection, ambition, amour, apitoiement, assiduité, attachement, attendrissement, attention, avidité, besoin, chaleur, commisération, culte, curiosité, dévouement, douceur, échauffement, emballement, émotivité, empressement, enthousiasme, exaspération, hyperémotivité, hypersensibilité, intérêt, passion, pitié, préoccupation, sensibilité, sentiment, sollicitude, sympathie, tendresse, véhémence.* - LITTÉRAIRE : *compassion.*

indifférencié *adjectif* Qui n'est plus différencié (cellules). SYN. anaplasique. ■ Se dit d'un mode de filiation non unilinéaire. SYN. bilatéral, cognatique.

indifférent *adjectif* Qui ne se sent pas concerné par. SYN. désintéressé, détaché, étranger, impassible, imperméable, inattentif, insouciant, sceptique, sourd, tiède. - FAMILIER : je-m'en-fichiste. - LITTÉRAIRE : insoucieux. - POPULAIRE : je-m'en-foutiste. CONTR. *ambitieux, anxieux, ardent, attentif, avide, brûlant, chaud, empressé, enflammé, enthousiaste, envieux, excité, fanatique, féru, fervent, fiévreux, ouvert, passionné, perméable, préoccupé, soigneux.* - FAMILIER : *emballé.* ■ Qui n'éprouve aucun sentiment. SYN. absent, apathique, blasé, flegmatique, froid, imperturbable, inaccessible, incompréhensif, inhumain, insensible, sec. - FAMILIER : sans-cœur. CONTR. *accessible, affectueux, amoureux, attentionné, caressant, compatissant, cordial, hyperémotif, hypersensible, impressionnable, obligeant, sensible, tendre, troublé.* - LITTÉRAIRE : *aimant.* ■ Sans importance. SYN. égal, neutre, pareil.

indifférer *verbe* Être indifférent à. SYN. être égal, ne faire ni chaud ni froid. CONTR. *compter, impressionner, préoccuper, toucher, troubler.*

indigence *nom féminin* État de grande misère. SYN. besoin, dénuement, détresse, gêne, misère, pauvreté, pénurie. - POPULAIRE : débine, dèche. - VIEUX : pouillerie. CONTR. *abondance, aisance, bien-être, fortune, luxe, opulence, orgie, profusion, prospérité, richesse.* ■ Pauvreté intellectuelle. SYN. carence, défaut, déficience, faiblesse, pénurie, stérilité.

indigène *adjectif* Qui appartient aux indigènes. SYN. aborigène, autochtone. CONTR. *étranger, extérieur.*

indigène *nom* Originaire du pays où il vit. SYN. aborigène, autochtone, natif, naturel, originaire. CONTR. *allogène, colon, étranger, immigré.*

indigent *adjectif* Nettement insuffisant. SYN. déficient, élémentaire, faible, insuffisant, pauvre, primitif, rudimentaire. CONTR. *abouti, développé, riche.* ■ Qui manque du nécessaire. SYN. démuni, misérable, miséreux, nécessiteux, pauvre. - FAMILIER : désargenté, fauché. - LITTÉRAIRE : impécunieux. CONTR. *aisé, cossu, fortuné, huppé, opulent, riche.* - FAMILIER : *argenté.*

indigent *nom* Personne démunie. SYN. faible, malheureux, miséreux, nécessiteux, pauvre. - FAMILIER : sans-le-sou. - LITTÉRAIRE : gueux, misérable. - VIEUX : disetteux. CONTR. *nanti, riche.*

indigeste *adjectif* Difficile à digérer. SYN. inassimilable, lourd. CONTR. *digeste, digestible, léger.* ■ Difficile à comprendre. SYN. confus, ennuyeux, épais, inassimilable, informe, pesant, touffu. CONTR. *clair, digeste, limpide, lumineux.*

indignation *nom féminin* Sentiment de colère. SYN. colère, emportement, fureur, irritation, rage, révolte. - FAMILIER : rogne. - LITTÉRAIRE : courroux. CONTR. *calme, impassibilité, patience, sérénité.*

indigne *adjectif* Qui inspire le mépris. SYN. abject, avilissant, condamnable, coupable, dégradant, dénaturé, déshonorant, ignoble, inavouable, infamant, infâme, inqualifiable, monstrueux, révoltant, scandaleux. - LITTÉRAIRE : vil. CONTR. *admirable, bien, bon, digne, honorable, noble, respectable, vénérable.*

indigné *adjectif* Qui manifeste de l'indignation. SYN. choqué, fâché, hérissé, offusqué, outré, révolté, scandalisé. - LITTÉRAIRE : offensé. CONTR. *résigné.*

indignement *adverbe* De façon indigne. SYN. abjectement, bassement, honteusement, lâchement. - LITTÉRAIRE : vilainement, vilement. CONTR. *dignement, honorablement, respectablement.*

indigner *verbe* Provoquer la colère. SYN. choquer, exaspérer, fâcher, irriter, outrer, révolter, scandaliser.

indigner (s') *verbe pronominal* Manifester sa colère. SYN. crier contre, crier haro sur, se fâcher, fulminer, gronder, se hérisser, s'offusquer, pester, protester, se révolter, se scandaliser, soulever un tollé, tonner, vitupérer. – LITTÉRAIRE : s'offenser.

indignité *nom féminin* Caractère méprisable. SYN. abjection, avilissement, déchéance, déshonneur. – LITTÉRAIRE : turpitude. CONTR. *dignité, grandeur, noblesse.* ■ Acte méprisable. SYN. bassesse, crime, faute, ignominie, infamie, lâcheté. – LITTÉRAIRE : pleutrerie, turpitude, vilenie.

indiqué *adjectif* Qui convient bien. SYN. approprié, conseillé, opportun, préconisé, recommandé. CONTR. *déplacé, inopportun, intempestif, malvenu.* – LITTÉRAIRE : *importun.*

indiquer *verbe* Montrer quelque chose. SYN. désigner, marquer, montrer, pointer, signaler. ■ Donner des renseignements sur. SYN. apprendre, citer, dire, donner, énoncer, enseigner, énumérer, expliquer, faire savoir, formuler, fournir, mentionner, montrer, nommer, porter, préciser, spécifier. ■ Être le signe de. SYN. accuser, annoncer, attester, déceler, démontrer, dénoncer, dénoter, manifester, prouver, refléter, révéler, signaler, signifier, témoigner de, trahir. – LITTÉRAIRE : témoigner.

indirect *adjectif* Qui n'est pas dit franchement. SYN. allusif, caché, détourné, latent, oblique, voilé. CONTR. *catégorique, direct, droit, franc, net.* ■ Qui agit par intermédiaire. SYN. lointain, médiat. CONTR. *direct, immédiat.*

indirectement *adverbe* D'une manière détournée. SYN. allusivement, par ricochet. – FAMILIER : par la bande. CONTR. *directement, immédiatement.*

indiscernable *adjectif* Qu'on ne peut discerner. SYN. confus, imperceptible, imprécis, incertain, indécis, indéfini, indéfinissable, indéterminable, indéterminé, insaisissable, insensible, invisible, léger, mystérieux, vague. CONTR. *discernable, perceptible, visible.*

indiscipline *nom féminin* Manque de discipline. SYN. contestation, désobéissance, dissipation, indocilité, insoumission, insubordination, révolte. – LITTÉRAIRE : fronde. CONTR. *discipline, obéissance, soumission.*

indiscipliné *adjectif* Rebelle à la discipline. SYN. désobéissant, diable, dissipé, frondeur, indocile, infernal, insoumis, insubordonné, intenable, rétif, terrible. – FAMILIER : cabochard. CONTR. *discipliné, docile, obéissant, sage, soumis, tenable.*

indiscret *adjectif* Qui manque de réserve. SYN. curieux, envahissant, fureteur, gênant, inquisiteur. – FAMILIER : fouinard, fouineur. – LITTÉRAIRE : importun. ■ Qui parle trop. SYN. bavard, cancanier, causeur, jaseur. – FAMILIER : jacasseur, jacassier. CONTR. *discret, réservé.* – LITTÉRAIRE : *secret.*

indiscret *nom* Personne trop curieuse. SYN. curieux, fureteur, gêneur, sans-gêne. – FAMILIER : fouinard, fouineur. – LITTÉRAIRE : importun. – POPULAIRE : fouille-merde.

indiscrétion *nom féminin* Manque de réserve. SYN. curiosité, indélicatesse, sans-gêne. – LITTÉRAIRE : importunité. CONTR. *discrétion, réserve, retenue.* ■ Chose révélée. SYN. bavardage, bruit de couloir, commérage, fuite. – FAMILIER : cancan, potin, racontar, ragot. CONTR. *silence.*

indiscutable *adjectif* Qui ne peut être discuté. SYN. assuré, authentique, certain, décisif, éclatant, évident, flagrant, formel, frappant, inattaquable, incontestable, indéniable, indubitable, irrécusable, irréfutable, manifeste, notoire, patent, positif. – LITTÉRAIRE : irréfragable. CONTR. *contestable, discutable, douteux, hypothétique, incertain, niable, problématique, récusable, réfutable.*

indiscutablement *adverbe* De façon indiscutable. SYN. absolument, assurément, certainement, évidemment, à l'évidence, incontestablement, indéniablement, indubitablement, irréfutablement, manifestement, nécessairement, nettement, notoirement, parfaitement, réellement, sans aucun doute, sans conteste, de toute évidence. – FAMILIER : positivement. – LITTÉRAIRE : sans contredit.

indiscuté *adjectif* Qui n'est pas mis en doute. SYN. incontesté, manifeste, notoire, patent, reconnu. CONTR. *contesté, controversé, discuté.*

indispensable *adjectif* Dont on ne peut se dispenser. SYN. exigé, incontournable, inévitable, obligatoire, obligé, requis, de rigueur. CONTR. *facultatif, inutile, superflu.* ■ Dont on ne peut se passer. SYN. capital, essentiel, nécessaire, primordial, utile, vital.

indisponible *adjectif* Qui n'est pas libre. SYN. accaparé, débordé, occupé, pris. CONTR. *disponible, libre.*

indisposé *adjectif* Qui est un peu souffrant. SYN. fatigué, incommodé, malade, mal-en-point, souffrant. – FAMILIER : mal fichu, patraque. – POPULAIRE : mal foutu. CONTR. *dispos, vigoureux.* – FAMILIER : *vaillant.* – VIEUX : *gaillard.*

indisposer *verbe* Rendre un peu malade. SYN. déranger, fatiguer, gêner, incommoder. ■ Rendre mécontent. SYN. aigrir, déplaire, désobliger, fâcher, froisser, hérisser, irriter, mécontenter, se mettre à dos, ulcérer, vexer. – FAMILIER : horripiler. – LITTÉRAIRE : importuner, piquer.

indisposition *nom féminin* Léger malaise. SYN. fatigue, gêne, mal, malaise, trouble. – LITTÉRAIRE : incommodité.

indissociable *adjectif* Qui ne peut être séparé de. SYN. inséparable, uni. CONTR. *dissociable, isolable, séparable.* ■ Qui ne peut pas être divisé. SYN. indivisible, insécable. CONTR. *divisible, sécable.*

indissoluble *adjectif* Qui ne peut être dissous. SYN. éternel, immuable, impérissable, inaltérable, indéfectible, indélébile, indestructible, solide. – LITTÉRAIRE : immortel, infrangible, pérenne. CONTR. *éphémère, fragile, fugitif, précaire.*

indistinct *adjectif* Qui manque de netteté. SYN. confus, flou, imperceptible, imprécis, inapparent, inarticulé, indécis, indéfini, indéfinissable, indéterminable, indiscernable, invisible, obscur, trouble, vague. CONTR. *distinct, net, précis, tranché.*

indistinctement *adverbe* De façon confuse. SYN. confusément, vaguement. CONTR. *clairement, distinctement, explicitement, nettement, précisément.* ■ Sans faire de différence. SYN. également, indifféremment, pareillement, sans distinction. CONTR. *différemment.*

individu *nom masculin* Être humain. SYN. âme, créature, être, homme, humain, personne. ■ Personne quelconque. SYN. énergumène, personnage, quidam. – FAMILIER : citoyen, gars, moineau, oiseau, olibrius, paroissien, type, zèbre. – POPULAIRE : gazier, gus, gusse, mec, zig, zigoto, zigue.

individualiser *verbe* Rendre individuel. SYN. caractériser, différencier, distinguer, particulariser, personnaliser, singulariser. CONTR. *généraliser.*

individualisme *nom masculin* Tendance à se démarquer. SYN. indépendance, non-conformisme. CONTR. *conformisme.*

individualiste *adjectif* Partisan de l'individualisme. SYN. indépendant, non conformiste. CONTR. *conformiste.* ■ Qui ne pense qu'à soi. SYN. égocentrique, égoïste, personnel. – LITTÉRAIRE : égotiste. CONTR. *altruiste, humanitaire, philanthrope.*

individualité *nom féminin* Originalité propre à quelqu'un. SYN. caractère, nature, originalité, particularité, personnalité, tempérament. – LITTÉRAIRE : singularité.

individuel *adjectif* Qui est le fait d'un seul individu. SYN. isolé, personnel, privé, subjectif. CONTR. *collectif, commun, générique.* ■ Qui concerne une seule personne. SYN. distinct, particulier, propre. – LITTÉRAIRE : singulier. CONTR. *général, public, universel.*

individuellement *adverbe* De façon individuelle. SYN. personnellement. CONTR. *en bloc, en chœur, ensemble, unanimement, à l'unanimité.* ■ En étant seul. SYN. un à un, indépendamment, isolément, séparément. CONTR. *collectivement, concurremment, conjointement.*

indivisible *adjectif* Qui ne peut être divisé. SYN. indissociable, insécable, inséparable, un. CONTR. *divisible, sécable.*

indocile *adjectif* Qui ne se laisse pas diriger. SYN. désobéissant, difficile, dissipé, dur, frondeur, indépendant, indiscipliné, infernal, insoumis, insubordonné, intenable, rebelle, récalcitrant, réfractaire, rétif, terrible, têtu. CONTR. *docile, malléable, obéissant, sage, soumis, souple.*

indocilité *nom féminin* Caractère indocile. SYN. désobéissance, dissipation, indépendance, indiscipline, insoumission, insubordination, rébellion. – LITTÉRAIRE : fronde. CONTR. *docilité, malléabilité, maniabilité, obéissance, sagesse, soumission, souplesse.*

indolemment *adverbe* Avec indolence. SYN. lentement, mollement, nonchalamment, paresseusement. – LITTÉRAIRE : languissamment. CONTR. *activement, énergiquement.* – LITTÉRAIRE : *diligemment.*

indolence *nom féminin* Caractère indolent. SYN. abandon, apathie, atonie, fainéantise, indifférence, inertie, laisser-aller, langueur, lenteur, mollesse, nonchalance, paresse. – LITTÉRAIRE : alanguissement, nonchaloir. CONTR. *acharnement, agitation, allant, ardeur, dynamisme, empressement, énergie, entrain, impétuosité, pétulance, rapidité, zèle.* – LITTÉRAIRE : *alacrité, diligence, promptitude, vélocité, vivacité.*

indolent *adjectif* Qui agit avec mollesse. SYN. amorphe, apathique, atone, avachi, endormi, engourdi, fainéant, flasque, languissant, lent, lymphatique, mollasson, mou, nonchalant, paresseux, veule. – FAMILIER : empaillé, faignant, feignant, flemmard, gnangnan, gniangnian, lambin, mollasse. – LITTÉRAIRE : alangui, languide. CONTR. *actif, agissant, agité, alerte, ardent, brusque, dynamique, empressé, entreprenant, expéditif, fougueux, impatient, impétueux, pétulant, rapide, remuant, vif, vivant,* *zélé.* – LITTÉRAIRE : *allant, diligent, effervescent, prompt, volcanique.*

indomptable *adjectif* Qui ne peut être dompté. SYN. inapprivoisable. CONTR. *apprivoisable, domesticable, domptable.* ■ Dont on ne peut venir à bout. SYN. farouche, inébranlable, inflexible, intenable, invincible, invulnérable, irréductible, irrésistible. – LITTÉRAIRE : inexpugnable.

indompté *adjectif* Qui n'a pas encore été dompté. SYN. farouche, sauvage. CONTR. *apprivoisé, docile, domestique, domestiqué, dressé, familier.*

indricothérium *nom masculin* Très grand mammifère herbivore fossile. SYN. baluchithérium.

indu *adjectif* Qui n'est pas justifié. SYN. hors de propos, incongru, infondé, injustifié, intempestif, malvenu. CONTR. *convenable, juste.*

indubitable *adjectif* Dont on ne peut douter. SYN. assuré, authentique, avéré, certain, évident, flagrant, formel, frappant, incontestable, indéniable, indiscutable, irrécusable, irréfutable, manifeste, patent, positif, réel, sûr, tangible, véridique, véritable, vrai. – LITTÉRAIRE : irréfragable. CONTR. *contestable, discutable, douteux, hypothétique, improbable, incertain, niable, problématique, récusable, réfutable.*

indubitablement *adverbe* De façon indubitable. SYN. assurément, certainement, clairement, évidemment, à l'évidence, incontestablement, indéniablement, indiscutablement, irréfutablement, manifestement, nécessairement, nettement, réellement, sans aucun doute, sans conteste, sûrement, de toute évidence, véritablement, vraiment. – FAMILIER : positivement. – LITTÉRAIRE : sans contredit.

induction *nom féminin* Conclusion née d'observations. SYN. conjecture, hypothèse, présomption, supposition, supputation. CONTR. *déduction.*

induire *verbe* Avoir pour conséquence. SYN. causer, déterminer, donner lieu à, engendrer, entraîner, impliquer, occasionner, provoquer, susciter. ■ Établir par induction. SYN. conclure, conjecturer, inférer, présupposer, supposer.

induit *adjectif* Qui résulte de. SYN. consécutif, résultant.

indulgence *nom féminin* Aptitude à pardonner. SYN. bienveillance, bonté, compréhension, facilité, générosité, humanité, magnanimité, patience, pitié, tolérance. – LITTÉRAIRE : clémence, longanimité, mansuétude. CONTR. *austérité, cruauté, dureté, exigence, férocité, incompréhension, inflexibilité, inhumanité, intolérance, rigidité, rigueur, sectarisme, sévérité.* – LITTÉRAIRE : *inclémence.*

indulgent *adjectif* Qui montre de l'indulgence. SYN. accommodant, bienveillant, bon, charitable, clément, compréhensif, conciliant, coulant, doux, facile, généreux, humain, laxiste, magnanime, tolérant. – LITTÉRAIRE : débonnaire, miséricordieux. CONTR. *austère, autoritaire, dictatorial, draconien, dur, féroce, impitoyable, implacable, incompréhensif, inexorable, inflexible, inhumain, intolérant, intransigeant, méchant, rancunier, rigide, rigoureux, sévère, vindicatif.* – LITTÉRAIRE : *fielleux, raide, venimeux.*

indûment *adverbe* De façon indue. SYN. abusivement, faussement, illégalement, illégitimement, illicitement, injustement, irrégulièrement, à tort. CONTR. *à bon droit, à juste titre, légalement, légitimement, régulièrement.*

indusien *adjectif* Relatif à la civilisation de l'Indus. SYN. harappéen.

industrieux *adjectif* LITTÉRAIRE. Qui a de l'adresse. SYN. adroit, astucieux, habile, ingénieux, inventif. – FAMILIER : débrouillard. ■ LITTÉRAIRE. Qui est très actif. SYN. affairé, dynamique, entreprenant. – LITTÉRAIRE : laborieux.

inébranlable *adjectif* Qu'on ne peut ébranler. SYN. assuré, résistant, solide, tenace, vigoureux. CONTR. *branlant.* ■ Qui ne se laisse pas abattre. SYN. ferme, fort, immuable, impassible, imperturbable, stoïque. – LITTÉRAIRE : impavide. ■ Qu'on ne peut faire changer. SYN. arrêté, assis, déterminé, éprouvé, de fer, inflexible, intraitable, intransigeant, irréductible, irrévocable, opiniâtre, permanent. – LITTÉRAIRE : invariable. CONTR. *flottant, fluctuant, fragile, hésitant, influençable, variable.*

inébranlablement *adverbe* De façon inébranlable. SYN. arrache-pied (d'), farouchement, fermement, immuablement, longtemps, obstinément, opiniâtrement, résolument, stoïquement. – FAMILIER : mordicus. – LITTÉRAIRE : continûment, tenacement. CONTR. *par intermittence, à la légère, légèrement, mollement, négligemment, passagèrement, provisoirement, temporairement.* – LITTÉRAIRE : *transitoirement.*

inédit *adjectif* Qui n'a pas été publié. SYN. nouveau, original. CONTR. *édité, imprimé, publié.* ■ Qu'on n'a encore jamais vu. SYN. inconnu, moderne, neuf, nouveau, original, révolutionnaire. CONTR. *ancien, banal, classique, commun, connu, éculé, habituel, quelconque, rebattu, traditionnel, usé, usuel, vieillot.* – FAMILIER : *réchauffé.*

inéducable *adjectif* Qu'on ne peut éduquer. SYN. incorrigible. – FAMILIER : indécrottable. CONTR. *éducable.*

ineffable *adjectif* LITTÉRAIRE. Qu'on ne peut exprimer. SYN. extraordinaire, incommunicable, inconcevable, incroyable, indéfinissable, indicible, inexprimable, inimaginable, inouï, inracontable, intraduisible. CONTR. *exprimable, traduisible.* ■ LITTÉRAIRE. Qui est ridicule. SYN. désopilant, inénarrable. – FAMILIER : cocasse, impayable.

ineffaçable *adjectif* Qu'on ne peut effacer. SYN. éternel, immuable, impérissable, inaltérable, indéfectible, indélébile, indestructible, solide, tenace, vivace. – LITTÉRAIRE : immortel, infrangible, pérenne. CONTR. *effaçable, éphémère, fragile, fugitif, précaire.* – LITTÉRAIRE : *délébile.*

inefficace *adjectif* Qui n'est pas efficace. SYN. anodin, impuissant, inactif, infécond, infructueux, inopérant, inutile, stérile, vain. CONTR. *actif, agissant, efficace, efficient, fort, puissant.*

inefficacité *nom féminin* Manque d'efficacité. SYN. impuissance, incapacité, inutilité. – LITTÉRAIRE : stérilité, vanité. CONTR. *action, efficacité, efficience, force, puissance.*

inégal *adjectif* Qui diffère de. SYN. différent, dissemblable, divers, variable. CONTR. *égal, identique, même, pareil, semblable, similaire.* ■ Qui est accidenté. SYN. accidenté, biscornu, bosselé, cahoteux, raboteux, rugueux. CONTR. *plat, régulier, uni.* ■ Qui manque d'équité. SYN. déséquilibré, disproportionné, inéquitable, injuste. CONTR. *équilibré.* ■ Sujet à des variations. SYN. capricieux, changeant, fantaisiste, fantasque, haché, instable, irrégulier, saccadé, versatile. – LITTÉRAIRE : capricant, ondoyant.

inégalable *adjectif* Qui ne peut être égalé. SYN. incomparable, inouï, sans pareil, unique. – LITTÉRAIRE : nonpareil. CONTR. *égalable.*

inégalé *adjectif* Qui n'a pas d'égal. SYN. éminent, hors de pair, hors pair, sans pareil, supérieur, unique.

inégalement *adverbe* De façon inégale. SYN. différemment, diversement. – LITTÉRAIRE : inéquitablement. CONTR. *aussi, identiquement, pareillement.* ■ De façon irrégulière. SYN. irrégulièrement, occasionnellement, sporadiquement, variablement. CONTR. *constamment, continuellement, fréquemment, immuablement, indéfiniment, invariablement, régulièrement.* – LITTÉRAIRE : *continûment.*

inégalité *nom féminin* Caractère inégal. SYN. différence, disparité, disproportion, diversité, iniquité. CONTR. *conformité, égalité, identité.* ■ Manque de constance. SYN. arythmie, changement, fluctuation, irrégularité, oscillation, saute, variation. CONTR. *constance, régularité, uniformité.* ■ Accident sur une surface. SYN. accident, aspérité, bosse, dénivellation, dénivellement, rugosité. CONTR. *régularité, uniformité.*

inélégance *nom féminin* Manque d'élégance. SYN. désinvolture, goujaterie, grossièreté, impolitesse, inconvenance, incorrection, indélicatesse, muflerie, sans-gêne. – LITTÉRAIRE : butorderie, discourtoisie, sans-façon. CONTR. *bienséance, correction, courtoisie, décence, délicatesse, élégance, politesse.* – LITTÉRAIRE : *civilité.*

inélégant *adjectif* Qui manque d'élégance. SYN. affreux, disgracieux, vilain. – FAMILIER : moche. CONTR. *chic, distingué, élégant.* ■ Qui manque de tact. SYN. cavalier, choquant, déplacé, désinvolte, discourtois, grossier, incorrect, indécent, indélicat, indiscret, lourd. – LITTÉRAIRE : disgracieux. CONTR. *courtois, élégant, habile.*

inéluctable *adjectif* Qui ne peut être empêché. SYN. certain, fatal, forcé, immanquable, inévitable, inexorable, irrésistible, logique, nécessaire, obligatoire, sûr. – FAMILIER : couru (d'avance). – LITTÉRAIRE : implacable. CONTR. *évitable.*

inéluctablement *adverbe* De façon inéluctable. SYN. assurément, certainement, à coup sûr, évidemment, à l'évidence, fatalement, forcément, immanquablement, inévitablement, inexorablement, infailliblement, nécessairement, obligatoirement, sans aucun doute, sans conteste, sûrement, de toute évidence. – LITTÉRAIRE : sans contredit.

inemployable *adjectif* Qui ne peut être employé. SYN. hors d'état, inexploitable, inutilisable. – FAMILIER : fichu, H.S., kaput, mort. – POPULAIRE : nase. CONTR. *employable, exploitable, utilisable.*

inemployé *adjectif* Qui n'est pas employé. SYN. inexploité, inutilisé. CONTR. *employé, exploité, utilisé.*

inénarrable *adjectif* Difficile à décrire. SYN. inexprimable, inouï. – FAMILIER : invraisemblable. – LITTÉRAIRE : ineffable. ■ Extrêmement drôle. SYN. comique, désopilant, drôle, hilarant, à mourir de rire. – FAMILIER : cocasse, crevant, impayable, marrant, roulant, tordant. – LITTÉRAIRE : ineffable. – POPULAIRE : bidonnant, fendant, à pisser de rire, poilant. CONTR. *funèbre, lugubre, macabre, morne, mortel, sinistre, tragique, triste.* – FAMILIER : *cafardeux, glauque.*

inepte *adjectif* Qui fait preuve de sottise. SYN. aberrant, absurde, balourd, bête, borné, crétin, idiot, incohérent, inintelligent, niais, nigaud, nul, sot, stupide. – FAMILIER : bêta, bouché. CONTR. *astucieux, fin, intelligent.*

ineptie *nom féminin* Caractère inepte. SYN. aberration, bêtise, idiotie, imbécillité, inintelligence, niaiserie, nullité, sottise, stupidité. – LITTÉRAIRE :

ganacherie, nigauderie. – POPULAIRE : connerie. CONTR. *finesse, intelligence.* ■ Action ou parole stupide. SYN. absurdité, ânerie, bêtise, fadaise, imbécillité, insanité, niaiserie, sottise, stupidité. – FAMILIER : idiotie. – POPULAIRE : connerie.

inépuisable *adjectif* Qu'on ne peut tarir. SYN. fécond, fertile, infini, inlassable, intarissable. – LITTÉRAIRE : inexhaustible. CONTR. *épuisable.*

inéquitable *adjectif* Non conforme à l'équité. SYN. illégitime, inégal, inique, injuste, léonin, partial. CONTR. *correct, équitable, impartial, juste, neutre.*

inéquitablement *adverbe* LITTÉRAIRE. D'une façon inéquitable. SYN. inégalement, injustement, partialement, subjectivement, tendancieusement. CONTR. *équitablement, impartialement, justement, légitimement.*

inerte *adjectif* Qui est sans mouvement. SYN. engourdi, figé, immobile, impotent, inanimé. CONTR. *déchaîné, mobile, remuant.* ■ Qui est sans énergie. SYN. apathique, atone, avachi, endormi, engourdi, flasque, indolent, inexpressif, léthargique, mollasson, mou, paresseux, passif. – FAMILIER : empaillé, mollasse. CONTR. *actif, agissant, animé, ardent, dynamique, énergique, surexcité, survolté, vif, vivant.* – LITTÉRAIRE : *allant.*

inertie *nom féminin* Manque d'énergie. SYN. abandon, accablement, apathie, engourdissement, fainéantise, immobilisme, inaction, inactivité, indolence, laisser-aller, léthargie, nonchalance, paresse, passivité, sclérose, stagnation, tiédeur. – FAMILIER : flemme. – LITTÉRAIRE : nonchaloir. CONTR. *action, activité, allant, ardeur, dynamisme, énergie, entrain, force, impétuosité, pétulance.* – LITTÉRAIRE : *vivacité.*

inespéré *adjectif* Qu'on ne pouvait espérer. SYN. extraordinaire, imprévisible, imprévu, inattendu, incroyable, inopiné, inouï, insoupçonné. CONTR. *attendu, escompté, espéré.*

inestimable *adjectif* Qu'on ne peut pas évaluer. SYN. considérable, inappréciable, incalculable, indéterminable, innombrable. CONTR. *appréciable, calculable, estimable.* ■ Qu'on ne saurait trop estimer. SYN. exceptionnel, extraordinaire, inappréciable, incomparable, précieux, rare.

inévitable *adjectif* Qui doit se produire. SYN. assuré, fatal, fatidique, forcé, immanquable, inéluctable, inexorable, logique, nécessaire, obligatoire, sûr. – LITTÉRAIRE : implacable. CONTR. *accidentel, casuel, éventuel, évitable, incertain, possible, problématique.* ■ Qu'on rencontre forcément. SYN. éternel, incontournable, indispensable, obligé.

inévitablement *adverbe* De façon inévitable. SYN. assurément, certainement, à coup sûr, évidemment, à l'évidence, fatalement, forcément, immanquablement, inéluctablement, inexorablement, infailliblement, mathématiquement, nécessairement, obligatoirement, sans aucun doute, sans conteste, sûrement, à tous les coups, de toute évidence. – LITTÉRAIRE : sans contredit.

inexact *adjectif* Non conforme à la vérité. SYN. bancal, erroné, fautif, faux, imparfait, impropre, inadéquat, incorrect, infondé, mauvais, mensonger. – FAMILIER : bidon. – LITTÉRAIRE : infidèle. CONTR. *avéré, correct, exact, fidèle, juste, sûr, véridique, vrai.* ■ Qui n'est pas ponctuel. SYN. en retard. CONTR. *dans les temps, exact, à l'heure, ponctuel, scrupuleux.*

inexactitude *nom féminin* Caractère inexact. SYN. fausseté, imprécision, infidélité. CONTR. *authenticité, exactitude, fidélité, précision, véracité, vérité.* – LITTÉRAIRE : *véridicité.* ■ Erreur commise. SYN. contrevérité, erreur, faute, mensonge. ■ Manque de ponctualité. SYN. retard. CONTR. *assiduité, ponctualité.*

inexcusable *adjectif* Qui ne peut être excusé. SYN. grave, impardonnable, inadmissible, injustifiable, intolérable, irrémissible. CONTR. *compréhensible, excusable, justifiable, pardonnable, supportable, tolérable.* – LITTÉRAIRE : *rémissible.*

inexécutable *adjectif* Qu'on ne peut exécuter. SYN. impossible, impraticable, inapplicable, infaisable, irréalisable. CONTR. *exécutable, faisable, possible, praticable, réalisable.*

inexécuté *adjectif* Qui n'a pas été exécuté. SYN. inaccompli. – LITTÉRAIRE : irréalisé.

inexercé *adjectif* Qui n'a pas été exercé. SYN. inexpérimenté. – LITTÉRAIRE : inexpert. CONTR. *exercé, préparé.*

inexhaustible *adjectif* LITTÉRAIRE. Qu'on ne peut épuiser. SYN. inépuisable, infini, intarissable. CONTR. *épuisable.*

inexistant *adjectif* Qui n'existe pas. SYN. chimérique, fictif, illusoire, imaginaire, irréel. – LITTÉRAIRE : immatériel. CONTR. *authentique, effectif, matériel, palpable, réel, tangible.* ■ Qui n'a pas de poids. SYN. dérisoire, insignifiant, mauvais, négligent, nul, piètre. – FAMILIER : déplorable.

inexistence *nom féminin* Défaut d'existence. SYN. absence, carence, défaut, manque, omission, pénurie, vacance.

inexorabilité *nom féminin* LITTÉRAIRE. Caractère inexorable. SYN. dureté, inflexibilité, inhumanité, rigueur, sévérité. – **LITTÉRAIRE** : cruauté, implacabilité, inclémence.

inexorable *adjectif* Insensible aux prières. **SYN.** féroce, impitoyable, implacable, inflexible, inhumain, intraitable, rigoureux, sévère. **CONTR.** *bienveillant, bon, clément, généreux, indulgent.* ■ Que l'on ne peut éviter. **SYN.** fatal, fatidique, forcé, immanquable, inéluctable, inévitable, obligatoire. – **LITTÉRAIRE** : implacable.

inexorablement *adverbe* De façon inexorable. **SYN.** assurément, certainement, à coup sûr, évidemment, à l'évidence, fatalement, forcément, immanquablement, indiscutablement, indubitablement, inéluctablement, inévitablement, infailliblement, nécessairement, obligatoirement, sans aucun doute, sans conteste, sûrement, de toute évidence. – **LITTÉRAIRE** : sans contredit.

inexpérience *nom féminin* Manque d'expérience. **SYN.** ignorance, incompétence, méconnaissance. – **LITTÉRAIRE** : impéritie. **CONTR.** *compétence, connaissance, expérience, finesse, savoir-faire.*

inexpérimenté *adjectif* Qui manque d'expérience. **SYN.** gauche, ignorant, incompétent, inexercé, jeune, maladroit, malhabile, neuf, nouveau, novice, profane. – **LITTÉRAIRE** : inexpert, inhabile. **CONTR.** *accompli, averti, capable, compétent, entraîné, exercé, expérimenté, expert, habile, préparé, rompu.* – **FAMILIER** : *chevronné.*

inexpert *adjectif* LITTÉRAIRE. Qui manque de savoir-faire. **SYN.** ignorant, incompétent, inexercé, inexpérimenté, malhabile. – **LITTÉRAIRE** : inhabile. **CONTR.** *accompli, averti, compétent, entraîné, exercé, expérimenté, expert, habile, rompu.* – **FAMILIER** : *chevronné.*

inexplicable *adjectif* Difficile à expliquer. **SYN.** déconcertant, énigmatique, étrange, incompréhensible, inconcevable, indéchiffrable, indéfinissable, inextricable, injustifiable, insaisissable, insondable, mystérieux, obscur. – **LITTÉRAIRE** : opaque, sibyllin. **CONTR.** *compréhensible, déchiffrable, explicable, intelligible, justifiable.*

inexploitable *adjectif* Qu'on ne peut exploiter. **SYN.** inemployable. **CONTR.** *exploitable, utilisable.*

inexploité *adjectif* Qui n'est pas exploité. **SYN.** inemployé, inexploré. **CONTR.** *exploité.*

inexploré *adjectif* Qui n'est pas exploré. **SYN.** ignoré, inconnu, inexploité, vierge. **CONTR.** *connu, étudié, familier.*

inexpressif *adjectif* Qui ne reflète aucun sentiment. **SYN.** atone, éteint, fade, figé, froid, impassible, impénétrable, inerte, terne, vague. **CONTR.** *coloré, expressif, mobile, parlant, pittoresque, vivant.*

inexprimable *adjectif* Qu'on ne peut exprimer. **SYN.** extraordinaire, incommunicable, inconcevable, incroyable, indéfinissable, indescriptible, indicible, inénarrable, inimaginable, innommable, inouï, inracontable, intraduisible, irracontable. – **LITTÉRAIRE** : ineffable. **CONTR.** *communicable, exprimable, traduisible.*

inexprimé *adjectif* Qui n'est pas exprimé. **SYN.** implicite, informulé, latent, sous-entendu, tacite. **CONTR.** *explicite, exprès, extériorisé, formulé, manifesté.*

inexpugnable *adjectif* LITTÉRAIRE. Dont on ne peut s'emparer. **SYN.** imprenable, inattaquable, indomptable, invincible.

in extenso *locution adverbiale* En entier. **SYN.** en bloc, complètement, entièrement, à fond, intégralement, totalement, en totalité. **CONTR.** *en abrégé, fragmentairement, incomplètement, en partie, partiellement.*

inextinguible *adjectif* Qu'on ne peut apaiser. **SYN.** insatiable. – **LITTÉRAIRE** : inapaisable, inassouvissable. **CONTR.** *apaisable, assouvissable.*

inextirpable *adjectif* Qui ne peut être extirpé. **SYN.** coriace, indéracinable, tenace. **CONTR.** *extirpable.*

inextricable *adjectif* Qui ne peut être démêlé. **SYN.** dédaléen, embrouillé, enchevêtré, impossible, incompréhensible, indéchiffrable, indémêlable, inexplicable, insoluble, touffu. – **FAMILIER** : entortillé. **CONTR.** *déchiffrable, simple, soluble.*

infaillible *adjectif* Qui produit le résultat attendu. **SYN.** assuré, certain, confirmé, efficace, éprouvé, évident, immanquable, manifeste, radical, sûr. – **LITTÉRAIRE** : souverain. **CONTR.** *faillible.*

infailliblement *adverbe* De manière infaillible. **SYN.** assurément, certainement, à coup sûr, évidemment, à l'évidence, fatalement, forcément, immanquablement, indiscutablement, indubitablement, inéluctablement, inévitablement, inexorablement, manifestement, mathématiquement, nécessairement, obligatoirement, sans aucun doute, sans conteste, sûrement, à tous les coups, de toute évidence. – **FAMILIER** : positivement. – **LITTÉRAIRE** : sans contredit.

infaisable *adjectif* Qu'on ne peut pas faire. **SYN.** impossible, impraticable, inapplicable, inexécutable, irréalisable. **CONTR.** *exécutable, faisable, possible, praticable, réalisable.*

infamant *adjectif* Qui déshonore. **SYN.** abaissant, avilissant, dégradant, déshonorant, honteux, humiliant, indigne, infâme, injurieux, insultant, rabaissant, vexatoire. – LITTÉRAIRE : flétrissant, ignominieux. CONTR. *glorieux, honorable, noble.*

infâme *adjectif* Entaché d'infamie. SYN. abject, affreux, avilissant, bas, crapuleux, dégoûtant, dégradant, déshonorant, éhonté, hideux, honteux, ignoble, immonde, inavouable, indigne, infamant, malpropre, méprisable, odieux, répugnant, révoltant, scandaleux, sordide, vilain. – FAMILIER : sale. – LITTÉRAIRE : flétrissant, ignominieux, impur, turpide, vil. CONTR. *bien, blanc comme neige, digne, élevé, glorieux, haut, illustre, noble, pur, respectable.* – FAMILIER : *beau.* – LITTÉRAIRE : *fier.* ■ Qui cause le dégoût. SYN. atroce, dégoûtant, hideux, horrible, ignoble, immonde, infect, innommable, laid, malpropre, répugnant, sale, sordide. – POPULAIRE : dégueulasse.

infamie *nom féminin* État d'ignominie. SYN. abjection, déshonneur, honte, ignominie, indignité, laideur. – LITTÉRAIRE : flétrissure, hideur, horreur, opprobre, turpitude. CONTR. *honneur, orgueil.* ■ Action ou parole vile. SYN. abomination, atrocité, bassesse, horreur, ignominie, indignité, monstruosité, scandale. – LITTÉRAIRE : turpitude, vilenie.

infantile *adjectif* Qui manque de maturité. SYN. enfant, enfantin, gamin, puéril. – FAMILIER : bébête. CONTR. *adulte, mature, mûr, sage.*

infatigable *adjectif* Que rien ne fatigue. SYN. endurant, inlassable, patient, puissant, résistant, robuste, vigoureux. – FAMILIER : costaud, increvable. CONTR. *déficient, délicat, faible, fragile.*

infatigablement *adverbe* De façon infatigable. SYN. inlassablement, patiemment, sans se lasser.

infatuation *nom féminin* LITTÉRAIRE. Satisfaction de soi. SYN. amour-propre, fatuité, orgueil, présomption, prétention, suffisance, supériorité, vanité. – LITTÉRAIRE : fierté, outrecuidance, superbe. CONTR. *humilité, modestie, simplicité.* – LITTÉRAIRE : *effacement.*

infatué *adjectif* Qui a une haute opinion de soi. SYN. bouffi d'orgueil, fier, hautain, orgueilleux, pédant, présomptueux, prétentieux, puant, suffisant, vaniteux. – FAMILIER : fiérot. – LITTÉRAIRE : fat, outrecuidant, vain. CONTR. *discret, effacé, humble, modeste.*

infécond *adjectif* Qui n'est pas fécond. SYN. stérile. CONTR. *fécond, fertile, prolifique.* ■ Qui ne produit rien. SYN. aride, improductif, inefficace, infertile, infructueux, maigre, pauvre, stérile, vain. – LITTÉRAIRE : impuissant. CONTR. *créateur, créatif, fertile, gros, inventif, productif, prolifique, prometteur.* – LITTÉRAIRE : *fécond, généreux, plantureux.*

infécondité *nom féminin* Manque de fécondité. SYN. aridité, improductivité, pauvreté, stérilité. – LITTÉRAIRE : infertilité. CONTR. *fertilité, productivité, richesse.* – LITTÉRAIRE : *fécondité.*

infect *adjectif* Qui exhale de mauvaises odeurs. SYN. écœurant, fétide, malodorant, nauséabond, pestilentiel, puant. – LITTÉRAIRE : putride. CONTR. *aromatique, odorant, parfumé.* ■ Qui est très mauvais. SYN. abject, abominable, dégoûtant, détestable, écœurant, exécrable, horrible, imbuvable, immonde, répugnant. CONTR. *agréable, bon, délicat, supérieur.* ■ Qui excite le dégoût. SYN. abject, affreux, dégoûtant, écœurant, hideux, horrible, ignoble, infâme, malpropre, répugnant, sordide. – LITTÉRAIRE : exécrable, ignominieux. CONTR. *admirable, adorable.*

infecter *verbe* Remplir de mauvaises odeurs. SYN. empester, empoisonner, empuantir. CONTR. *embaumer, parfumer.* ■ Provoquer une infection. SYN. contaminer, enflammer, envenimer, gâter, pourrir. – LITTÉRAIRE : gangrener. CONTR. *assainir, désinfecter, stériliser.*

infectieux *adjectif* Qui infecte un organisme. SYN. pathogène.

infection *nom féminin* Odeur malsaine. SYN. fétidité, pestilence, puanteur. CONTR. *arôme.* – LITTÉRAIRE : *fragrance, senteur.*

inféodation *nom féminin* Fait d'être soumis à. SYN. asservissement, dépendance, obédience, soumission, subordination. – LITTÉRAIRE : sujétion. CONTR. *délivrance, indépendance, libération.*

inféoder *verbe* Mettre sous la dépendance de. SYN. soumettre, subordonner, vassaliser.

inféoder (s') *verbe pronominal* Se mettre sous la dépendance de. SYN. s'asservir, s'enchaîner, servir, se soumettre, suivre. CONTR. *s'affranchir, s'émanciper, se libérer.*

inférer *verbe* Tirer une conséquence. SYN. arguer, argumenter, conclure, déduire, induire.

inférieur *adjectif* Situé au-dessous. SYN. bas. CONTR. *haut, supérieur.* ■ De moindre valeur. SYN. humble, insuffisant, second, subalterne, subordonné. CONTR. *correspondant, supérieur, suprême.*

inférieur *nom* Personne d'un rang inférieur. SYN. sous-ordre, subalterne, subordonné. – FAMILIER : sous-fifre, sous-verge. CONTR. *chef, directeur, supérieur.*

infériorité *nom féminin* Caractère inférieur. SYN. faiblesse, handicap, insuffisance. CONTR.

prééminence, prépondérance, primauté, supériorité.

infernal *adjectif* LITTÉRAIRE. Qui appartient à l'enfer. SYN. démoniaque, diabolique, satanique. – LITTÉRAIRE : luciférien, méphistophélique. CONTR. *céleste, séraphique.* ■ Qui inspire l'horreur. SYN. atroce, démentiel, démoniaque, diabolique, épouvantable, odieux, pervers. – FAMILIER : satané. ■ Difficile à supporter. SYN. diable, dur, endiablé, indiscipliné, indocile, insubordonné, insupportable, intenable, terrible. – FAMILIER : invivable, pénible. CONTR. *doux, gentil, tranquille.*

infertile *adjectif* Qui ne produit rien. SYN. aride, désertique, improductif, infécond, infructueux, ingrat, maigre, pauvre, stérile, vain. CONTR. *fertile, productif, prolifique, riche.* – LITTÉRAIRE : *fécond, généreux, plantureux.*

infertilité *nom féminin* LITTÉRAIRE. État de ce qui est infertile. SYN. aridité, improductivité, infécondité, pauvreté, stérilité. CONTR. *fertilité, productivité, richesse.* – LITTÉRAIRE : *fécondité.*

infester *verbe* LITTÉRAIRE. Ravager un lieu. SYN. dévaster, écumer, harceler, piller, ravager. – LITTÉRAIRE : désoler, mettre à sac. – VIEUX : saccager. ■ Être en très grand nombre. SYN. envahir, pulluler.

infichu *adjectif* POPULAIRE. Qui n'est pas capable de. SYN. impuissant, inapte, incapable. – POPULAIRE : infoutu. CONTR. *apte à, capable, en état de, de force à, propre à.*

infidèle *adjectif* LITTÉRAIRE. Qui trahit un engagement. SYN. déloyal, parjure, traître. – LITTÉRAIRE : félon. CONTR. *fidèle, loyal.* ■ Qui commet une infidélité. SYN. inconstant, léger, volage. CONTR. *assidu, constant, fidèle.* ■ LITTÉRAIRE. Qui manque d'exactitude. SYN. erroné, inexact, mensonger. – LITTÉRAIRE : rétif. CONTR. *correct, exact.*

infidélité *nom féminin* LITTÉRAIRE. Fait de trahir. SYN. déloyauté, félonie, trahison. – LITTÉRAIRE : perfidie. CONTR. *droiture, fidélité, honnêteté, loyauté, probité.* ■ Manque de fidélité. SYN. adultère, inconstance. CONTR. *assiduité, constance, fidélité.* ■ Manque d'exactitude. SYN. fausseté, imprécision, inexactitude. CONTR. *authenticité, exactitude, fidélité, précision, véracité, vérité.*

infiltrer (s') *verbe pronominal* Pénétrer dans un corps. SYN. se glisser, imprégner, passer, pénétrer, percer. – LITTÉRAIRE : s'insinuer. ■ S'introduire furtivement. SYN. se couler, se faufiler, se glisser, s'immiscer, s'insérer, pénétrer. – LITTÉRAIRE : s'insinuer.

infime *adjectif* Qui est très petit. SYN. dérisoire, imperceptible, infinitésimal, insignifiant, menu, mince, minuscule, modique, petit, ténu. CONTR. *appréciable, colossal, considérable, écrasant, gentil, grand, haut.* – FAMILIER : *coquet.* ■ Qui n'a pas d'importance. SYN. léger, méprisable, minime, misérable, négligeable, ridicule. CONTR. *capital, important, inappréciable, puissant, sérieux.* – POPULAIRE : *bœuf.*

infini *adjectif* Sans limites. SYN. démesuré, illimité, immense, indéfini, inépuisable, intarissable, interminable, perpétuel, sempiternel. – FAMILIER : abyssal. – LITTÉRAIRE : éternel, inexhaustible. CONTR. *borné, limité, mesuré.* ■ Qu'on ne peut mesurer. SYN. incommensurable, indénombrable, innombrable, insondable, long.

infiniment *adverbe* Indique une forte intensité. SYN. beaucoup, bien, exceptionnellement, excessivement, extraordinairement, extrêmement, fabuleusement, follement, fort, fortement, grandement, hautement, immensément, immodérément, incroyablement, particulièrement, au plus haut degré, au plus haut point, prodigieusement, profondément, puissamment, supérieurement, suprêmement, terriblement, tout à fait, très, trop, vertigineusement. – FAMILIER : bigrement, bougrement, diablement, drôlement, fichtrement, fichûment, formidablement, joliment, méchamment, rudement, sacrément, superlativement, tout plein. – LITTÉRAIRE : au dernier point, diantrement, furieusement. – POPULAIRE : foutrement, vachement. CONTR. *faiblement, légèrement, modérément, moyennement, pas du tout, pas le moins du monde, passablement, peu.*

infinité *nom féminin* Très grande quantité. SYN. armée, avalanche, cascade, chapelet, flot, flux, foule, kyrielle, masse, monceau, multitude, myriade, nuée, pléiade, pluie, quantité, tas, torrent. – FAMILIER : armada, cargaison, cohorte, flopée, foultitude, paquet, pelletée, régiment, ribambelle, tapée, tripotée. – LITTÉRAIRE : averse, essaim. CONTR. *atome, bribe, brin, doigt, goutte, grain, gramme, larme, lueur, miette, nuage, once, parcelle, peu, pointe, soupçon, trace.* – LITTÉRAIRE : *liard, ombre, trait.* – POPULAIRE : *chouia.*

infinitésimal *adjectif* Extrêmement petit. SYN. infime, microscopique.

infinitude *nom féminin* LITTÉRAIRE. Caractère infini. SYN. ampleur, énormité, étendue, immensité, infinité.

infirmation *nom féminin* Action d'infirmer. SYN. abrogation, annulation, démenti. CONTR. *attestation, confirmation, justification, promulgation.*

infirme *adjectif* Victime d'une infirmité. SYN. éclopé, handicapé, impotent, invalide, perclus. CONTR. *ingambe, valide.*

infirmer *verbe* Enlever de son crédit à. SYN. démentir, détruire, invalider, récuser, réfuter, ruiner, saper. – LITTÉRAIRE : répudier. CONTR. *appuyer, confirmer, consacrer, corroborer, ratifier.* ■ Annuler une décision. SYN. abolir, abroger, annuler, casser. CONTR. *attester, certifier, confirmer, entériner, promulguer.*

infirmité *nom féminin* Altération d'une fonction du corps. SYN. difformité, disgrâce, handicap, impotence, impuissance, invalidité.

inflammable *adjectif* Qui prend feu facilement. SYN. combustible. CONTR. *ignifugé, incombustible, ininflammable.* ■ LITTÉRAIRE. Qui s'enthousiasme vite. SYN. ardent, bouillant, enthousiaste, explosif, fougueux, impétueux, pétulant, vif. – LITTÉRAIRE : volcanique.

inflation *nom féminin* Hausse généralisée des prix. CONTR. *déflation.* ■ ***Inflation galopante,*** d'un taux extrêmement élevé. SYN. hyperinflation.

inflationniste *adjectif* Lié à l'inflation. CONTR. *déflationniste.*

infléchir *verbe* Modifier l'orientation de. SYN. courber, désaxer, fléchir, incliner, pencher, plier, recourber. – LITTÉRAIRE : ployer. ■ Changer l'évolution de. SYN. agir sur, influencer, influer, inspirer, orienter, peser.

infléchir (s') *verbe pronominal* Prendre une autre direction. SYN. se courber, se dévier, s'incurver, se plier.

inflexibilité *nom féminin* Caractère inflexible. SYN. intransigeance, rigidité, rigueur, sévérité. – LITTÉRAIRE : implacabilité, inclémence, inexorabilité. CONTR. *bienveillance, indulgence.* – LITTÉRAIRE : *mansuétude.*

inflexible *adjectif* Qu'on ne peut fléchir. SYN. de fer, ferme, implacable, indomptable, inébranlable, inexorable, irréductible, irrévocable, rigide. – LITTÉRAIRE : invariable. CONTR. *capricieux, changeant, influençable, souple.* ■ Dénué d'indulgence. SYN. draconien, dur, impitoyable, inhumain, intraitable, intransigeant, rigoureux, sévère, strict. – FAMILIER : sans-cœur. CONTR. *bon, clément, complaisant, compréhensif, facile, indulgent, malléable, souple.* – LITTÉRAIRE : *traitable.*

inflexion *nom féminin* Action de plier légèrement. SYN. fléchissement, flexion, inclinaison, inclination. ■ LITTÉRAIRE. Changement de direction. SYN. courbe, courbure, déviation, lacet, méandre, sinuosité, zigzag. ■ Changement du ton de la voix. SYN. accent, intonation, modulation.

infliger *verbe* Appliquer une sanction. SYN. donner, imposer, prononcer. – FAMILIER : administrer.

influençable *adjectif* Qui se laisse influencer. SYN. changeant, docile, ébranlable, entraînable, faible, malléable, maniable, manœuvrable, moutonnier, perméable. CONTR. *coriace, ferme, fort, impassible, inébranlable, inflexible.*

influence *nom féminin* Action exercée par quelque chose. SYN. effet, impact, impulsion, incidence, répercussion. ■ Ascendant exercé sur quelqu'un. SYN. autorité, coupe, empire, empreinte, emprise, entraînement, fascination, hégémonie, importance, mainmise, poids, pouvoir, prépondérance, prise, puissance, rayonnement. CONTR. *discrédit.*

influencer *verbe* Exercer une influence. SYN. agir sur, déteindre sur, endoctriner, entraîner, gouverner, infléchir, influer, inspirer, intoxiquer, manipuler, manœuvrer, marquer, mener, monter la tête, persuader, peser sur, réagir, suggestionner. – FAMILIER : bourrer le crâne, monter le bourrichon. – LITTÉRAIRE : contagionner. – POPULAIRE : bourrer le mou. – VIEUX : manier.

influent *adjectif* Qui a de l'influence. SYN. agissant, fort, important, puissant, tout-puissant.

influer *verbe* Exercer une action sur. SYN. agir, déteindre, infléchir, influencer, jouer, peser sur, se répercuter, retentir.

infondé *adjectif* Dénué de fondement. SYN. fantaisiste, faux, indu, inexact. CONTR. *fondé, justifié, sérieux.*

information *nom féminin* Élément servant à informer. SYN. donnée, éclaircissement, indication, lumière, nouvelle, précision, renseignement. – FAMILIER : tuyau. ■ Nouvelle communiquée. SYN. bulletin, communiqué, exclusivité, flash, scoop.

informations *nom féminin pluriel* Émission qui donne les nouvelles. SYN. actualités, journal, nouvelles. – FAMILIER : infos.

informe *adjectif* Qui a une forme lourde. SYN. disgracieux, laid. CONTR. *beau, élégant, esthétique, gracieux, harmonieux.* ■ Insuffisamment travaillé. SYN. ébauché, esquissé, fragmentaire, fruste, grossier, imparfait, incomplet, mauvais. CONTR. *achevé, définitif, élaboré, fignolé, fini, parfait.*

informé *adjectif* Qui est au courant de. SYN. averti, au fait de, initié, instruit, renseigné. CONTR. *ignorant.*

informer *verbe* Tenir au courant. SYN. alerter, annoncer, avertir, aviser, communiquer, dire, éclairer, éclairer la lanterne de, édifier, faire connaître, faire part, faire savoir, fixer, instruire, mettre au courant, mettre au fait, notifier, ouvrir les yeux à, porter à la connaissance de, prévenir, renseigner, signaler. – FAMILIER : briefer, tuyauter. – LITTÉRAIRE : signifier. – POPULAIRE : mettre au parfum. CONTR. *désinformer, taire.*

informer (s') *verbe pronominal* Recueillir des informations. SYN. se documenter, s'enquérir de, enquêter, entendre parler de, s'inquiéter de, se mettre au courant, rechercher, se renseigner.

informulé *adjectif* Qui n'est pas formulé. SYN. implicite, inexprimé, latent, sous-entendu, tacite. CONTR. *explicite, exprimé, formulé.*

inforoute *nom féminin* Réseau télématique à haut débit. SYN. autoroute de l'information.

infortune *nom féminin* LITTÉRAIRE. Situation difficile. SYN. détresse, épreuve, malheur, misère. – LITTÉRAIRE : adversité, disgrâce. CONTR. *bonheur.* – LITTÉRAIRE : *félicité.* ■ LITTÉRAIRE. Événement malheureux. SYN. calamité, catastrophe, coup dur, désastre, échec, malchance, malédiction, revers. – FAMILIER : pépin, tuile. – POPULAIRE : emmerde, emmerdement. CONTR. *bien, chance, coup de chance, coup de veine.* – FAMILIER : *coup de pot.* – LITTÉRAIRE : *bonne fortune.*

infortuné *adjectif* LITTÉRAIRE. Qui est dans le malheur. SYN. malchanceux, malheureux, misérable, pauvre. CONTR. *bienheureux, heureux.* – FAMILIER : *chanceux, veinard, verni.* – POPULAIRE : *chançard.*

infoutu *adjectif* POPULAIRE. Qui n'est pas capable de. SYN. impuissant, inapte, incapable. – POPULAIRE : infichu. CONTR. *apte à, capable, en état de, de force à, propre à.*

infra *conjonction* Plus bas dans le texte. SYN. ci-dessous. CONTR. *ci-dessus, supra.*

infraction *nom féminin* Violation d'une règle. SYN. attentat, dérogation, entorse, inobservation, manquement, transgression, violation. – LITTÉRAIRE : viol.

infraliminaire *adjectif* Qui n'entraîne pas de réponse de l'organisme. SYN. sous-liminaire, subliminal.

infranchissable *adjectif* Qu'on ne peut surmonter. SYN. insurmontable, invincible. CONTR. *surmontable.* ■ Qu'on ne peut franchir. SYN. impraticable, inaccessible, intraversable. CONTR. *accessible, franchissable, praticable, traversable.*

infrangible *adjectif* LITTÉRAIRE. Qui ne peut être brisé. SYN. immuable, impérissable, incassable, indéfectible, indestructible, indissoluble, ineffaçable, résistant, robuste, solide. – LITTÉRAIRE : pérenne.

infréquenté *adjectif* Peu fréquenté. SYN. abandonné, désert, déserté, impratiqué, libre, solitaire, vide. – POPULAIRE : paumé. CONTR. *fréquenté, passant, plein, populeux.* – FAMILIER : *bourré.*

infructueusement *adverbe* LITTÉRAIRE. De façon infructueuse. SYN. inutilement, vainement. – LITTÉRAIRE : stérilement. CONTR. *utilement.*

infructueux *adjectif* Qui n'a aucun résultat. SYN. impuissant, inefficace, inopérant, inutile, stérile, vain. CONTR. *agissant, efficace, fructueux, profitable, réussi, salutaire, utile.*

infuser *verbe* LITTÉRAIRE. Communiquer un sentiment à. SYN. communiquer, faire passer, inspirer, insuffler, introduire, transmettre. – LITTÉRAIRE : inoculer, instiller, transfuser.

infusoire *nom masculin* VIEUX. Protozoaire porteur de cils. SYN. cilié.

ingambe *adjectif* Qui se meut facilement. SYN. alerte, dispos, valide, vert. – VIEUX : gaillard. CONTR. *boiteux, éclopé, impotent, infirme, invalide, perclus.*

ingénier (s') *verbe pronominal* Faire de gros efforts pour. SYN. s'accrocher, s'acharner, s'appliquer, s'attacher à, se casser la tête, chercher, se donner du mal, se donner un mal de chien, s'efforcer, s'employer à, s'escrimer, essayer, s'évertuer, faire des pieds et des mains, se mettre en quatre, ne pas ménager sa peine, ne pas plaindre sa peine, œuvrer, tâcher de, tendre à, tenter, travailler à. – FAMILIER : se casser la nénette, se creuser la cervelle, se creuser la tête, s'esquinter, mouiller sa chemise, mouiller son maillot, se tuer à. – POPULAIRE : bouger son cul, se casser le cul.

ingénieusement *adverbe* Avec ingéniosité. SYN. adroitement, astucieusement, habilement, intelligemment, savamment, spirituellement, subtilement.

ingénieux *adjectif* Qui a un esprit d'invention. SYN. adroit, astucieux, fertile, fin, génial, habile, inventif, savant, subtil. – FAMILIER : débrouillard. – LITTÉRAIRE : industrieux. CONTR. *bête, inhabile.*

ingéniosité *nom féminin* Caractère ingénieux. SYN. adresse, astuce, dextérité, esprit, habileté, intelligence, savoir-faire, talent. – FAMILIER : débrouillardise. CONTR. *bêtise, inhabileté.*

ingénu *adjectif* Qui fait preuve d'ingénuité. SYN. candide, crédule, enfantin, innocent, naïf, niais, nigaud, pur, simple, simplet. – LITTÉRAIRE : virginal. CONTR. *averti, déluré, incrédule, malin, roué, rusé, vicieux.* – FAMILIER : *ficelle.*

ingénuité *nom féminin* Fait d'être naïf. SYN. candeur, crédulité, innocence, naïveté, naturel, pureté, simplicité. – FAMILIER : jobarderie, jobardise. – LITTÉRAIRE : fraîcheur. CONTR. *astuce,* *fourberie, incrédulité, rouerie.* – FAMILIER : *roublardise.* – LITTÉRAIRE : *cautèle.*

ingénument *adverbe* De façon ingénue. SYN. candidement, innocemment, naïvement, simplement. – LITTÉRAIRE : purement.

ingérence *nom féminin* Action de s'ingérer. SYN. immixtion, intervention, intrusion. CONTR. *abstention, neutralité.*

ingérer *verbe* Faire passer dans l'estomac. SYN. absorber, avaler, consommer, déglutir, ingurgiter, manger, prendre.

ingérer (s') *verbe pronominal* Intervenir dans les affaires d'autrui. SYN. s'entremettre, se faufiler, s'immiscer, intervenir, se mêler de. – FAMILIER : fourrer son nez dans, mettre son nez dans.

ingluvie *nom féminin* Débris alimentaires rejetés par les oiseaux. SYN. pelote de régurgitation.

ingrat *adjectif* Désagréable à l'œil. SYN. affreux, déplaisant, désagréable, disgracieux, hideux, laid, revêche, vilain. – FAMILIER : moche. CONTR. *avenant, beau, gracieux, joli, superbe.* ■ Qui produit peu. SYN. aride, improductif, infertile, infructueux, maigre, pauvre, stérile. CONTR. *fertile, productif, riche.* – LITTÉRAIRE : *fécond.* ■ Qui exige de gros efforts. SYN. difficile, épineux, fastidieux, pénible, rébarbatif, rebutant. CONTR. *valorisant.* ■ Qui n'a aucune reconnaissance. SYN. égoïste, négligent, oublieux. CONTR. *obligé, reconnaissant.* – LITTÉRAIRE : *aimant.*

ingratitude *nom féminin* Caractère ingrat. SYN. oubli. – VIEUX : méconnaissance. CONTR. *gratitude, reconnaissance.*

inguérissable *adjectif* Que l'on ne peut guérir. SYN. incurable, irrémédiable, perdu. CONTR. *curable, guérissable, remédiable.*

ingurgiter *verbe* Avaler massivement. SYN. absorber, avaler, avaler la mer et les poissons, avoir un bon coup de fourchette, avoir un estomac d'autruche, avoir une faim de loup, se bourrer, consommer, dévorer, engloutir, engouffrer, faire honneur à un plat, se gaver, se gorger, ingérer, prendre, vider. – ARGOTIQUE : briffer. – FAMILIER : s'en donner jusqu'à la garde, s'empiffrer, s'enfiler, enfourner, lamper, manger comme quatre, manger comme un ogre, s'en mettre jusque-là, s'en mettre plein la panse, ne pas se laisser abattre, siffler. – POPULAIRE : bâfrer, bouffer, bouffer comme un chancre, boulotter, descendre, écluser, s'envoyer, s'en fourrer jusque-là, se goinfrer, manger à s'en faire péter la sous-ventrière, manger comme un chancre, s'en mettre plein la gueule, s'en mettre plein la lampe, morfaler. – VIEUX : goinfrer. CONTR. *avoir un appétit d'oiseau, grignoter, manger comme un moineau, manger du bout des dents.* – FAMILIER : *chipoter, mangeotter, pignocher.*

inhabile *adjectif* Qui manque d'adresse. SYN. gauche, gourd, impolitique, maladroit, malavisé, malencontreux, malhabile, malheureux. – FAMILIER : pataud. CONTR. *adroit, astucieux, avisé, diplomate, habile, heureux, ingénieux, malin, roué, rusé.* ■ LITTÉRAIRE. Dépourvu de savoir-faire. SYN. inapte, inexpérimenté. – LITTÉRAIRE : inexpert, malhabile. CONTR. *entraîné, exercé, expérimenté, expert, habile.*

inhabileté *nom féminin* Manque d'habileté. SYN. gaucherie, incapacité, maladresse. – LITTÉRAIRE : impéritie. CONTR. *adresse, brio, compétence, dextérité, diplomatie, doigté, expérience, finesse, habileté, ingéniosité, maîtrise, précision, talent.*

inhabitable *adjectif* Qui ne peut être habité. SYN. invivable. CONTR. *habitable, vivable.* – LITTÉRAIRE : *hospitalier.*

inhabité *adjectif* Qui n'est pas habité. SYN. abandonné, désert, désertique, inoccupé, sauvage, solitaire, vide. – LITTÉRAIRE : désolé. CONTR. *habité, occupé, peuplé, populeux, surpeuplé.*

inhabituel *adjectif* Qui va contre l'habitude. SYN. anormal, différent, étrange, extraordinaire, inaccoutumé, insolite, inusité, nouveau, occasionnel, paradoxal, singulier. CONTR. *accoutumé, classique, commun, courant, familier, habituel, naturel, normal, ordinaire, traditionnel, usuel.* – LITTÉRAIRE : *coutumier.*

inhaler *verbe* Absorber par inhalation. SYN. aspirer, humer, inspirer, respirer. CONTR. *exhaler, expirer.*

inhérent *adjectif* Lié d'une manière intime à. SYN. immanent, implicite, inséparable, intrinsèque, naturel, propre. CONTR. *étranger.*

inhibé *adjectif* Qui est timide. SYN. complexé. – FAMILIER : coincé. CONTR. *décontracté.*

inhiber *verbe* Empêcher le développement de. SYN. annihiler, enrayer, freiner, glacer, juguler, paralyser, supprimer.

inhospitalier *adjectif* Qui n'est pas accueillant. SYN. farouche, froid, glacial, rébarbatif, revêche, sauvage. – LITTÉRAIRE : hostile, rêche. CONTR. *accueillant, convivial.* – LITTÉRAIRE : *hospitalier.*

inhumain *adjectif* Qui est sans pitié. SYN. atroce, barbare, bestial, cruel, féroce, impitoyable, implacable, inexorable, inflexible, insensible, monstrueux, sanguinaire. – FAMILIER : sans-cœur. – LITTÉRAIRE : hostile. CONTR. *bon, charitable, compatissant, humain, indulgent, sensible.* – LITTÉRAIRE : *bienfaisant.*

inhumainement *adverbe* De manière inhumaine. SYN. cruellement, férocement, impitoyablement, implacablement, méchamment, rudement, sauvagement, sévèrement. CONTR. *humainement.*

inhumanité *nom féminin* Manque d'humanité. SYN. atrocité, barbarie, brutalité, cruauté, dureté, férocité, insensibilité, rigueur, sauvagerie, sévérité. – LITTÉRAIRE : implacabilité, inexorabilité. CONTR. *bienveillance, bonté, charité, commisération, humanité, indulgence, pitié, sensibilité.* – LITTÉRAIRE : *compassion.*

inhumation *nom féminin* Action d'inhumer. SYN. enterrement, funérailles, obsèques. – LITTÉRAIRE : ensevelissement, sépulture. CONTR. *déterrage, déterrement, exhumation.*

inhumer *verbe* Mettre un mort en terre. SYN. enterrer. – LITTÉRAIRE : ensevelir. CONTR. *déterrer, exhumer.*

inimaginable *adjectif* Qui dépasse l'imagination. SYN. effarant, extraordinaire, extravagant, fabuleux, fantastique, impensable, inconcevable, incroyable, indescriptible, inouï, inracontable, insoupçonné, irracontable, phénoménal, prodigieux, spectaculaire, suffocant. – FAMILIER : ébouriffant, faramineux, invraisemblable. CONTR. *concevable, croyable, envisageable, imaginable.*

inimitié *nom féminin* Sentiment de haine. SYN. animosité, antipathie, aversion, haine, hostilité, ressentiment. – LITTÉRAIRE : animadversion. CONTR. *adoration, affection, amitié, fraternisation, sympathie.*

ininflammable *adjectif* Qui ne peut s'enflammer. SYN. apyre, ignifugé, incombustible. CONTR. *combustible, inflammable.*

inintelligemment *adverbe* De façon inintelligente. SYN. sottement, stupidement. CONTR. *intelligemment.*

inintelligence *nom féminin* Manque d'intelligence. SYN. balourdise, bêtise, idiotie, imbécillité, incapacité, ineptie, nullité, sottise, stupidité. – FAMILIER : crétinerie, crétinisme. CONTR. *compréhension, intelligence.*

inintelligent *adjectif* Qui manque d'intelligence. SYN. bête, borné, crétin, idiot, imbécile, inepte, niais, nul, obtus, sot, stupide. – FAMILIER : bouché. CONTR. *doué, intelligent.*

inintelligibilité *nom féminin* Caractère inintelligible. SYN. hermétisme. – LITTÉRAIRE : incompréhensibilité, nébulosité, opacité. CONTR. *clarté, compréhensibilité, intelligibilité, limpidité.*

inintelligible *adjectif* Qu'on ne peut comprendre. SYN. abscons, hermétique, impénétrable, inaccessible, inassimilable, incompréhensible, mystérieux, obscur. – LITTÉRAIRE : abstrus, amphigourique, nébuleux, opaque, sibyllin, ténébreux. – POPULAIRE : imbitable. CONTR. *accessible, clair, compréhensible, concevable, explicable, intelligible, limpide, lumineux, perceptible.*

inintéressant *adjectif* Qui n'offre pas d'intérêt. SYN. banal, fade, inconsistant, inodore et sans saveur, insignifiant, insipide, plat, quelconque, terne, vide. – FAMILIER : assommant, fadasse. – POPULAIRE : chiant. CONTR. *absorbant, attachant, captivant, curieux, fascinant, intéressant, palpitant, passionnant, prenant.*

ininterrompu *adjectif* Qui ne s'interrompt pas. SYN. constant, continu, continuel, incessant, perpétuel, persistant, régulier, soutenu, suivi. CONTR. *discontinu, entrecoupé, intermittent, interrompu, irrégulier, sporadique.*

inique *adjectif* Qui manque à l'équité. SYN. illégitime, inéquitable, injuste, partial. CONTR. *équitable, impartial, juste.*

iniquité *nom féminin* Caractère inique. SYN. disparité, inégalité, injustice, partialité. CONTR. *égalité, équité, impartialité, intégrité, justice.* ■ LITTÉRAIRE. Acte contraire à la justice. SYN. illégalité.

initial *adjectif* Qui est au début. SYN. inné, naturel, original, originel, préliminaire, premier, primaire, primitif. – LITTÉRAIRE : originaire. CONTR. *complémentaire, définitif, dernier, extrême, final, suprême, terminal, ultime.*

initialement *adverbe* Dans les premiers moments. SYN. au commencement, au début, originairement, à l'origine, originellement, primitivement.

initiateur *nom* Personne qui est à l'origine de. SYN. agent, auteur, créateur, innovateur, introducteur, maître, novateur, précurseur, promoteur.

initiation *nom féminin* Action de s'initier à. SYN. apprentissage, découverte, formation, introduction.

initiative *nom féminin* Action de proposer. SYN. acte, option. ■ Esprit de décision. SYN. détermination. CONTR. *passivité.*

initié *adjectif* Qui a reçu une initiation. SYN. averti, éclairé, formé, informé, instruit. CONTR. *ignorant, inculte.*

initié *nom* Personne qui a reçu une initiation. SYN. expert. – LITTÉRAIRE : savant. CONTR. *béotien, ignorant, novice, profane.* – LITTÉRAIRE : *philistin.*

initier *verbe* Donner les rudiments de. SYN. apprendre, enseigner, former, instruire.

initier (s') *verbe pronominal* Commencer à s'instruire. SYN. apprendre, commencer, débuter, s'entraîner, étudier, s'exercer, se mettre à.

injonctif *adjectif* Qui exprime un ordre. SYN. impératif, jussif.

injonction *nom féminin* Ordre d'obéir sur-le-champ. SYN. commandement, interpellation, mise en demeure, ordre, oukase, prescription, sommation, ukase, ultimatum.

injure *nom féminin* Parole blessante. SYN. grossièreté, insolence, insulte, invective. - FAMILIER : nom d'oiseau. CONTR. *compliment, louange.* - LITTÉRAIRE : *encens.* ■ LITTÉRAIRE. Procédé qui offense. SYN. affront, coup bas, ignominie, offense, outrage. - LITTÉRAIRE : avanie, camouflet. CONTR. *bienfait.*

injurier *verbe* Adresser des injures à. SYN. blasphémer, insulter, invectiver, offenser, outrager, traiter de tous les noms. - FAMILIER : aboyer après, aboyer contre, donner des noms d'oiseaux, enguirlander. - POPULAIRE : engueuler.

injurieux *adjectif* Qui constitue une injure. SYN. blessant, déshonorant, désobligeant, infamant, insultant, mortifiant, offensant, outrageant, scandaleux. - LITTÉRAIRE : ignominieux.

injuste *adjectif* Non conforme à la justice. SYN. anormal, arbitraire, illégitime, immérité, inégal, inéquitable, inique, injustifié, non fondé. CONTR. *fondé, juste, légitime.* ■ Qui n'agit pas avec justice. SYN. abusif, partial. CONTR. *bon, droit, équitable, impartial, intègre, juste.*

injustement *adverbe* D'une façon injuste. SYN. abusivement, arbitrairement, faussement, illégitimement, indûment, sans fondement, sans raison, à tort. - LITTÉRAIRE : inéquitablement. CONTR. *équitablement, à juste titre, justement, légitimement.*

injustice *nom féminin* Caractère injuste. SYN. arbitraire, inégalité, iniquité, partialité. CONTR. *équité, impartialité, justice, légitimité.* ■ Acte contraire à la justice. SYN. abus, passe-droit. - LITTÉRAIRE : iniquité.

injustifiable *adjectif* Que l'on ne peut justifier. SYN. indéfendable, inexcusable, inexplicable, insoutenable, invérifiable. CONTR. *défendable, explicable, justifiable, légitime, soutenable.*

injustifié *adjectif* Qui n'est pas justifié. SYN. arbitraire, gratuit, illégitime, immérité, immotivé, indu, injuste. CONTR. *fondé, légitime, motivé.*

inlandsis *nom masculin* Vaste glacier des régions polaires. SYN. glacier continental.

inlassable *adjectif* Qui ne peut se lasser. SYN. acharné, immuable, indéfectible, inépuisable, infatigable, opiniâtre, persévérant, tenace.

inné *adjectif* Qui existe dès la naissance. SYN. congénital, foncier, initial, instinctif, naturel, spontané. - LITTÉRAIRE : originaire. CONTR. *acquis, appris.*

innocemment *adverbe* Sans intention mauvaise. SYN. candidement, ingénument, naïvement, simplement. - LITTÉRAIRE : purement. CONTR. *malignement, méchamment.*

innocence *nom féminin* Qualité de quelqu'un de pur. SYN. candeur, ingénuité, pureté. - LITTÉRAIRE : fraîcheur. CONTR. *dépravation, impudeur, noirceur, obscénité.* - LITTÉRAIRE : *impudicité, impureté, malignité, vice.* ■ Caractère naïf. SYN. ignorance, naïveté, niaiserie, simplicité. CONTR. *rouerie.* - FAMILIER : *roublardise.* - LITTÉRAIRE : *matoiserie.*

innocent *adjectif* Qui n'est pas coupable. SYN. blanc, blanc comme neige, irresponsable, pur. CONTR. *condamnable, coupable, fautif, responsable.* ■ Qui montre de l'ingénuité. SYN. candide, chaste, crédule, enfantin, ingénu, pur, simple, simplet. CONTR. *averti, lubrique, vicieux.* - VIEUX : *luxurieux.* ■ Qui est un peu niais. SYN. demeuré, idiot, niais, nigaud, simplet. - FAMILIER : crétin. CONTR. *futé, roué, rusé.* - FAMILIER : *roublard.* - LITTÉRAIRE : *matois.* ■ Fait sans malignité. SYN. inoffensif, irréprochable. - LITTÉRAIRE : irrépréhensible. CONTR. *condamnable, malhonnête, noir, sournois.*

innocent *nom* Personne simple d'esprit. SYN. attardé, demeuré, idiot, naïf, niais, nigaud. - FAMILIER : andouille, ballot, bêta, crétin, cruche, noix. - POPULAIRE : cornichon.

innocenter *verbe* Déclarer innocent. SYN. acquitter, disculper, réhabiliter. CONTR. *accuser, calomnier, condamner, déférer, incriminer, inculper, poursuivre.* ■ Établir l'innocence de. SYN. blanchir, décharger, disculper, excuser, justifier, laver. CONTR. *accabler, charger, condamner, éclabousser.* - LITTÉRAIRE : *noircir.*

innocuité *nom féminin* Qualité de ce qui n'est pas nocif. CONTR. *nocivité, nocuité, nuisibilité, toxicité.*

innombrable *adjectif* Qu'on ne peut dénombrer. SYN. considérable, illimité, incalculable, incommensurable, indénombrable, inestimable, infini, multiple, nombreux. CONTR. *appréciable, calculable, dénombrable, estimable.*

innomé *adjectif* Qui n'a pas reçu de nom. SYN. inconnu, obscur, oublié.

innommable *adjectif* Trop vil pour être nommé. SYN. abject, abominable, atroce, dégoûtant, ignoble, immonde, indicible, inexprimable, infâme, inqualifiable, odieux, sordide. – LITTÉRAIRE : ignominieux, vil.

innommé *adjectif* Qui n'a pas reçu de nom. SYN. inconnu, obscur, oublié.

innovateur *adjectif* Qui cherche à innover. SYN. créateur, créatif, innovant, novateur. CONTR. *conservateur, routinier, sclérosé.*

innovateur *nom* Personne qui chercher à innover. SYN. initiateur, introducteur, novateur, précurseur, promoteur.

innovation *nom féminin* Action d'innover. SYN. changement, création, invention, modification, nouveauté, révolution, transformation, trouvaille. CONTR. *conservatisme, rite, routine, tradition.*

innover *verbe* Introduire de la nouveauté. SYN. apporter un souffle nouveau, avoir un œil neuf, avoir un regard neuf, changer, créer, faire souffler un vent nouveau sur, inventer, lancer, trouver. – LITTÉRAIRE : infuser un sang neuf. CONTR. *conserver, garder, maintenir.*

ino *nom masculin* Papillon à grandes ailes luisantes. SYN. procris.

inobservation *nom féminin* Fait de ne pas observer une loi. SYN. entorse, infraction, insoumission, insubordination, manquement, transgression, violation. – LITTÉRAIRE : viol. CONTR. *obéissance, observation, respect, soumission.* – LITTÉRAIRE : *observance.*

inoccupation *nom féminin* Fait d'être inoccupé. SYN. désœuvrement, inaction, inactivité, oisiveté. CONTR. *activité, affairement, occupation, travail.*

inoccupé *adjectif* Qui est laissé vide. SYN. désert, disponible, inhabité, libre, vacant, vide. CONTR. *occupé, plein.* – FAMILIER : *bourré.* ■ Sans occupation. SYN. désœuvré, inactif, oisif. CONTR. *actif, affairé, occupé, pris.* – LITTÉRAIRE : *laborieux.*

inoculer *verbe* LITTÉRAIRE. Transmettre des idées. SYN. communiquer, donner, inculquer, inspirer, insuffler. – LITTÉRAIRE : infuser, instiller, transfuser.

inodore *adjectif* Sans odeur. CONTR. *fétide, malodorant, nauséabond, odorant, odoriférant, parfumé, puant.* ■ Sans intérêt. SYN. banal, fade, impersonnel, inconsistant, inintéressant, insignifiant, insipide, pâle, plat, quelconque, terne, vide. – FAMILIER : fadasse. CONTR. *absorbant, attachant, captivant, curieux, fascinant, intéressant, palpitant, passionnant, prenant.*

inoffensif *adjectif* Qui ne présente pas de danger. SYN. doux, innocent. CONTR. *agressif, dangereux, féroce, redoutable.* ■ Qui n'est pas nocif. SYN. anodin, bénin. CONTR. *dangereux, nocif, nuisible.*

inondation *nom féminin* Afflux considérable. SYN. déferlement, envahissement, invasion. ■ Montée des eaux. SYN. crue, débordement. CONTR. *assèchement, dessèchement.*

inonder *verbe* Mouiller abondamment. SYN. arroser, asperger, baigner, imprégner, mouiller, noyer, tremper. – LITTÉRAIRE : abreuver. CONTR. *assécher, sécher.* ■ LITTÉRAIRE. Envahir quelqu'un (sentiment). SYN. écraser, s'emparer de, envahir, gagner, pénétrer. ■ Se trouver en grande quantité. SYN. affluer, encombrer, envahir, remplir. ■ Répandre abondamment. SYN. abreuver, noyer, remplir, saturer, submerger.

inopérant *adjectif* Sans effet. SYN. anodin, impuissant, inactif, inefficace, infructueux, stérile, vain. CONTR. *actif, agissant, efficace, efficient, fort, puissant.*

inopiné *adjectif* Qui n'est pas prévu. SYN. accidentel, brusque, fortuit, imprévu, inattendu, inespéré, soudain, subit. CONTR. *attendu, prévisible, prévu.*

inopinément *adverbe* De façon inopinée. SYN. accidentellement, à brûle-pourpoint, brusquement, brutalement, de but en blanc, au dépourvu, ex abrupto, fortuitement, à l'improviste, sans crier gare, soudain, soudainement, subitement, tout à coup, tout d'un coup. – FAMILIER : subito, tout de go. – LITTÉRAIRE : au débotté. – VIEUX : impromptu, tout à trac.

inopportun *adjectif* Qui vient au mauvais moment. SYN. déplacé, fâcheux, hors de propos, impolitique, inapproprié, incongru, inconvenant, incorrect, intempestif, malencontreux, malvenu. – LITTÉRAIRE : importun. CONTR. *bienséant, bienvenu, convenable, correct, indiqué, opportun, propice, à propos.* – LITTÉRAIRE : *séant.*

inopportunément *adverbe* LITTÉRAIRE. De façon inopportune. SYN. à contretemps, inconsidérément, intempestivement, mal à propos, malencontreusement, à tort et à travers. CONTR. *au bon moment, au moment voulu, opportunément, à pic, à point nommé, à point, à propos, en temps utile, en temps voulu.* – FAMILIER : *pile.*

inoubliable *adjectif* Que l'on ne peut oublier. SYN. ineffaçable, insigne, mémorable, unique.

inouï *adjectif* Qui est sans exemple. SYN. admirable, effarant, effrayant, étonnant, extraordinaire, extravagant, fabuleux, fantastique, formidable, fracassant, incomparable, inconcevable, incroyable, indescriptible, inénarrable, inexprimable, inimaginable, insoupçonné, merveilleux, phénoménal, prodigieux, stupéfiant, suffocant, surprenant. – FAMILIER : ébouriffant, énorme, époustouflant, faramineux, mirobolant, monstre, monumental, renversant, sensationnel, unique. – LITTÉRAIRE : ineffable. – POPULAIRE : bœuf. CONTR. *normal, ordinaire, rebattu.* – FAMILIER : *réchauffé.*

in petto *locution adverbiale* Dans son for intérieur. SYN. intérieurement, par-devers soi, à part soi, secrètement, en secret. – LITTÉRAIRE : subrepticement. CONTR. *ouvertement, publiquement.*

input *nom masculin* Élément entrant dans la production d'un bien. SYN. intrant. CONTR. *output.*

inqualifiable *adjectif* Qui suscite l'indignation. SYN. abominable, atroce, dégoûtant, horrible, ignoble, immonde, indigne, infâme, innommable, odieux, sordide. – LITTÉRAIRE : ignominieux.

inquiet *adjectif* Qui manifeste de l'inquiétude. SYN. alarmé, angoissé, anxieux, craintif, fiévreux, impatient, pessimiste, peureux, préoccupé, sombre, soucieux, tourmenté, tracassé, troublé. – FAMILIER : aux cent coups. CONTR. *confiant, impassible, imperturbable, insouciant, paisible, philosophe, rassuré, serein, tranquille.* – FAMILIER : *cool.* – LITTÉRAIRE : *quiet, rasséréné.* – POPULAIRE : *peinard, pénard.*

inquiétant *adjectif* Qui fait naître l'inquiétude. SYN. alarmiste, angoissant, déconcertant, effarouchant, effrayant, équivoque, louche, lugubre, patibulaire, redoutable, sinistre, suspect, troublant, trouble. CONTR. *calmant, rassurant, tranquillisant.* ■ Qui fait craindre un malheur. SYN. affolant, alarmant, grave, mauvais, menaçant, préoccupant, sombre, stressant, tracassant. – FAMILIER : tragique. CONTR. *bon, encourageant, florissant, heureux, sécurisant.*

inquiéter *verbe* Rendre inquiet. SYN. affoler, agiter, alarmer, angoisser, atteindre, bouleverser, donner des sueurs froides, ébranler, effaroucher, effrayer, épouvanter, faire peur, frapper, miner, perturber, préoccuper, remuer, retourner, ronger, tarauder, tourmenter, tracasser, travailler, troubler. – FAMILIER : émotionner, révolutionner, secouer, tarabuster, turlupiner. – VIEUX : soucier. CONTR. *apaiser, calmer, rassurer, tranquilliser.* – LITTÉRAIRE : *rasséréner.*

inquiéter (s') *verbe pronominal* Éprouver de l'inquiétude. SYN. s'alarmer, avoir des sueurs froides, avoir peur, s'émouvoir, être sur des charbons ardents, se faire du mauvais sang, se faire du souci, se faire du tracas, se faire un sang d'encre, s'en faire, se miner, ne plus vivre, prendre peur, se ronger les sangs, se tourmenter, se tracasser. – FAMILIER : se biler, être aux cent coups, être sur les dents, se faire de la bile, se faire des cheveux (blancs), se frapper. – POPULAIRE : se faire de la mousse, se faire du mouron, se faire vieux. CONTR. *se calmer, se rassurer, se tranquilliser.* ■ Tenir compte de quelque chose. SYN. s'embarrasser, s'enquérir, s'informer, se préoccuper, regarder, songer, se soucier.

inquiétude *nom féminin* Trouble causé par la crainte. SYN. agitation, angoisse, anxiété, appréhension, crainte, malaise, obsession, pessimisme, peur, préoccupation, souci, tourment, tracas. – LITTÉRAIRE : alarme. CONTR. *ataraxie, béatitude, bien-être, flegme, impassibilité, joie, paix, placidité, sang-froid, sécurité, sérénité, tranquillité.* – LITTÉRAIRE : *quiétude, repos.*

inquisiteur *adjectif* Qui marque de la curiosité. SYN. curieux, fouilleur, fureteur, indiscret, investigateur. – FAMILIER : fouinard, fouineur. – LITTÉRAIRE : inquisitorial, scrutateur.

inracontable *adjectif* Qu'on ne peut raconter. SYN. indescriptible, indicible, inexprimable, inimaginable, inouï, insensé, intraduisible, irracontable. – LITTÉRAIRE : ineffable. CONTR. *exprimable, racontable.*

insaisissable *adjectif* Que l'on ne peut saisir. SYN. impalpable, imprenable, introuvable, invisible. ■ Qui ne peut être perçu. SYN. abscons, énigmatique, imperceptible, indécelable, indéfinissable, indiscernable, insensible, insondable, mystérieux, obscur, subtil. – LITTÉRAIRE : opaque, sibyllin. CONTR. *aveuglant, intelligible, perceptible, sensible, transparent.* ■ Qu'on a du mal à cerner. SYN. fluide, fuyant, impénétrable, inaccessible, renfermé, replié, sourd. – LITTÉRAIRE : secret.

insalubre *adjectif* Nuisible à la santé. SYN. délétère, impur, malsain, mauvais, nocif, pernicieux. CONTR. *sain, salubre, salutaire.*

insanité *nom féminin* Manque de bon sens. SYN. bêtise, délire, égarement, extravagance, folie. – FAMILIER : démence. – LITTÉRAIRE : déraison. ■ Parole déraisonnable. SYN. ânerie, bêtise, imbécillité, ineptie, monstruosité, sottise. – FAMILIER : idiotie.

insatiabilité *nom féminin* LITTÉRAIRE. Caractère insatiable. SYN. avidité, convoitise, insatisfaction. – LITTÉRAIRE : appétit, inassouvissement. CONTR. *assouvissement, contentement, satiété, satisfaction.*

insatiable *adjectif* Que l'on ne peut assouvir. SYN. inextinguible, insatisfait, irrassasiable. – LITTÉRAIRE : inapaisable, inapaisé, inassouvi, inassouvissable. CONTR. *assouvi, rassasié.* ■ Qui a toujours soif de. SYN. affamé, assoiffé, avide, intéressé, vorace. – LITTÉRAIRE : altéré, cupide, rapace. CONTR. *satisfait.* – LITTÉRAIRE : *rassasié.*

insatisfaction *nom féminin* Fait d'être mécontent. SYN. contrariété, dépit, mécontentement. – FAMILIER : grogne, rogne. CONTR. *contentement, plaisir, satisfaction.* ■ Fait de ne pas voir un désir satisfait. SYN. – LITTÉRAIRE : inassouvissement. CONTR. *assouvissement, contentement, satisfaction.*

insatisfait *adjectif* Qui n'est pas content. SYN. contrarié, déçu, dépité, désappointé, mécontent. CONTR. *content, fier, heureux, ravi, satisfait.* ▪ Qui n'a pas été satisfait. SYN. déçu, inextinguible. – LITTÉRAIRE : inapaisé, inassouvi. CONTR. *assouvi, comblé, exaucé, satisfait.*

inscription *nom féminin* Action d'inscrire quelqu'un. SYN. enregistrement, immatriculation. ▪ Ce qui est inscrit quelque part. SYN. épigraphe, épitaphe, exergue, graffiti, gribouillage, gribouillis, légende.

inscrire *verbe* Écrire quelque chose. SYN. consigner, écrire, ficher, graver, marquer, mentionner, noter, relever, transcrire. ▪ Porter un nom sur une liste. SYN. enregistrer, immatriculer, inclure, répertorier. CONTR. *biffer, exclure, excommunier, radier.*

inscrire (s') *verbe pronominal* Entrer dans un groupe. SYN. adhérer, s'affilier, s'enrôler. ▪ Prendre place dans. SYN. s'insérer, se placer, se situer.

inscrit *nom* Personne inscrite. SYN. adhérent, affilié, membre.

insécable *adjectif* Que l'on ne peut couper. SYN. indissociable, indivisible. CONTR. *divisible, sécable.*

insecte-violon *nom masculin* Grand coléoptère de Malaisie. SYN. mormolyce.

insécurité *nom féminin* État d'un lieu qui n'est pas sûr. SYN. danger. CONTR. *sécurité, tranquillité.* – LITTÉRAIRE : *sûreté.* ▪ Caractère instable. SYN. fluctuation, fragilité, incertitude, instabilité, précarité. CONTR. *sécurité, stabilité.*

insensé *adjectif* Non conforme au bon sens. SYN. aberrant, abracadabrant, absurde, bizarre, dément, déraisonnable, extravagant, farfelu, fou, incohérent, inconséquent, sans queue ni tête, ubuesque. – FAMILIER : délirant, dingue, loufoque. CONTR. *droit, judicieux, logique, prudent, raisonnable, sage, sensé, sûr.* – LITTÉRAIRE : *rassis.* ▪ Qui est excessif. SYN. démesuré, effréné, enragé, exagéré, excessif, fabuleux, féroce, forcené, frénétique, immense, indescriptible, indicible, monstrueux. – FAMILIER : astronomique, délirant, dément, dingue. – LITTÉRAIRE : échevelé. CONTR. *convenable, fondé, honnête, juste, modéré, normal.* ▪ Qui a perdu la raison. SYN. dément, déséquilibré, fou. – FAMILIER : cinglé, dingue, maboul, piqué, timbré, toqué. CONTR. *sage, sain, sensé.*

insensibiliser *verbe* Rendre insensible à la douleur. SYN. anesthésier, chloroformer, endormir. CONTR. *exciter, réveiller.*

insensibilité *nom féminin* Caractère insensible. SYN. apathie, désaffection, désintérêt, dessèchement, détachement, dureté, froideur, impassibilité, incompréhension, indifférence, inhumanité, sécheresse. – LITTÉRAIRE : endurcissement, imperméabilité. CONTR. *apitoiement, attendrissement, charité, commisération, émotivité, enthousiasme, générosité, humanité, hyperémotivité, hypersensibilité, pitié, réceptivité, sensibilité, sentiment.* – LITTÉRAIRE : *compassion.*

insensible *adjectif* Qui n'éprouve pas de sensations. SYN. dur, endurci, stoïque. – FAMILIER : sans-cœur. CONTR. *délicat, douillet, tendre, vulnérable.* ▪ Qui reste indifférent. SYN. étranger, de glace, glacial, imperméable, imperturbable, inaccessible, indifférent, inhumain, de marbre, rebelle, réfractaire, sec, sourd. – FAMILIER : de bois. CONTR. *accessible, ardent, attentif, brûlant, caressant, charitable, compatissant, cordial, émotif, enflammé, hyperémotif, hypersensible, impressionnable, ouvert, préoccupé, réceptif, sensible.* – FAMILIER : *émotionnable.* – LITTÉRAIRE : *aimant.* ▪ Difficile à percevoir. SYN. imperceptible, inapparent, indiscernable, insaisissable, invisible, léger, timide. CONTR. *appréciable, instantané, marqué, net, ostensible, perceptible, soudain, tangible.*

insensiblement *adverbe* De façon insensible. SYN. crescendo, par degrés, doucement, graduellement, imperceptiblement, lentement, pas à pas, petit à petit, peu à peu, pied à pied, progressivement, par touches. CONTR. *brusquement, brutalement, expéditivement, hâtivement, promptement, rapidement, soudain, soudainement, subitement.* – FAMILIER : *rapido presto, subito.* – LITTÉRAIRE : *diligemment.*

inséparable *adjectif* Qui ne peut être séparé. SYN. indissociable, indivisible, inhérent, intime. CONTR. *divisible, isolable, séparable.*

insérer *verbe* Introduire dans. SYN. emboîter, encarter, encastrer, enclaver, glisser, inclure, introduire, joindre. – FAMILIER : fourrer. – LITTÉRAIRE : enchâsser. CONTR. *dégager, retirer.* ▪ Ajouter à un ensemble. SYN. ajouter, incorporer, intégrer, intercaler, interpoler, interposer. CONTR. *enlever, exclure, retrancher.*

insérer (s') *verbe pronominal* Trouver place dans. SYN. s'agréger, s'encastrer, se greffer, s'implanter, s'infiltrer, s'inscrire, s'intégrer, s'interposer, s'introduire, se placer. – FAMILIER : se fourrer.

insertion *nom féminin* Fait d'insérer, de s'insérer. SYN. implantation, importation, incorporation, intégration, introduction.

insidieusement *adverbe* De façon insidieuse. SYN. sans prévenir, sournoisement. – FAMILIER : en douce. – LITTÉRAIRE : subrepticement.

insidieux *adjectif* Qui constitue un piège. SYN. captieux, illusoire, spécieux, trompeur. – LITTÉRAIRE : fallacieux, perfide. CONTR. *franc.* ■ Qui agit sournoisement. SYN. perfide, sournois, traître. – LITTÉRAIRE : insinuant. CONTR. *droit.*

insigne *adjectif* Digne d'attirer l'attention. SYN. brillant, éclatant, émérite, éminent, important, inoubliable, mémorable, remarquable, réputé, singulier. – FAMILIER : fabuleux. – LITTÉRAIRE : distingué, fameux, signalé.

insigne *nom masculin* Marque d'un grade. SYN. décoration, emblème, symbole.

insignifiance *nom féminin* Caractère insignifiant. SYN. banalité, fadeur, faiblesse, frivolité, futilité, impersonnalité, inconsistance, médiocrité, modicité, petitesse, platitude. – LITTÉRAIRE : inanité. CONTR. *ampleur, amplitude, immensité, importance, intérêt, poids.*

insignifiant *adjectif* Sans intérêt. SYN. anodin, banal, fade, frivole, futile, inintéressant, neutre, plat, quelconque, vide. – FAMILIER : fadasse. – LITTÉRAIRE : vain. CONTR. *absorbant, curieux, intéressant, marquant, notable, passionnant, remarquable, retentissant, saillant.* ■ Qui ne se distingue pas. SYN. anonyme, effacé, falot, inconsistant, insipide, médiocre, nul, terne. CONTR. *attachant, caractérisé, éblouissant, écrasant, extraordinaire, fameux, formidable, génial, glorieux, mémorable, remarquable.* – LITTÉRAIRE : *relevé.* ■ Sans importance. SYN. accessoire, dérisoire, imperceptible, inexistant, infime, insuffisant, léger, menu, méprisable, mince, minime, misérable, modeste, modique, négligeable, nul, petit. – LITTÉRAIRE : véniel. CONTR. *capital, cardinal, fondamental, grave, gros, immense, important, imposant, majeur, sensible.* – FAMILIER : *monumental.*

insincérité *nom féminin* LITTÉRAIRE. Manque de sincérité. SYN. duplicité, fausseté, fourberie, hypocrisie. – LITTÉRAIRE : tartuferie, tartufferie. CONTR. *sincérité, vérité.* – LITTÉRAIRE : *véracité.*

insinuant *adjectif* LITTÉRAIRE. Qui s'insinue auprès de. SYN. adroit, doucereux, habile, insidieux, sournois.

insinuation *nom féminin* Fait d'insinuer quelque chose. SYN. allusion, sous-entendu, suggestion.

insinuer *verbe* Faire entendre par allusions. SYN. faire allusion à, glisser, jeter, laisser entendre, laisser supposer, prétendre, souffler, sous-entendre, suggérer. – LITTÉRAIRE : instiller.

insinuer (s') *verbe pronominal* LITTÉRAIRE. Pénétrer quelque part. SYN. se couler, s'engager, s'engouffrer, entrer, se faufiler, s'infiltrer, passer, rentrer. ■ LITTÉRAIRE. Prendre place dans l'esprit de. SYN. entrer, envahir, se glisser, s'infiltrer, passer, pénétrer. – FAMILIER : se fourrer.

insipide *adjectif* Qui n'a pas de saveur. SYN. douceâtre, fadasse, fade, plat. CONTR. *délicieux, exquis, fort, goûteux, piquant, relevé, sapide, savoureux, succulent.* – LITTÉRAIRE : *délectable.* ■ Qui suscite l'ennui. SYN. banal, ennuyeux, fade, fastidieux, inintéressant, inodore et sans saveur, insignifiant, plat, terne. – FAMILIER : enquiquinant, fadasse, rasant, rasoir. – LITTÉRAIRE : incolore. – POPULAIRE : emmerdant. CONTR. *divertissant, exaltant, intéressant, passionnant, pittoresque.*

insipidité *nom féminin* Caractère insipide. SYN. fadeur, pâleur, prosaïsme. CONTR. *sapidité, saveur, sel.*

insistance *nom féminin* Action d'insister. SYN. acharnement, fermeté, obstination, persévérance, persistance, résolution, ténacité. – LITTÉRAIRE : opiniâtreté.

insistant *adjectif* Qui insiste. SYN. appuyé, obstiné, opiniâtre, persévérant, pressant. – LITTÉRAIRE : instant.

insister *verbe* Persévérer dans une action. SYN. s'accrocher, s'acharner, se buter, continuer, s'entêter, ne pas démordre de, ne rien vouloir entendre, ne rien vouloir savoir, s'obstiner, persévérer, persister, se raidir, rester sur ses positions, tenir bon, tenir tête. – FAMILIER : ne pas lâcher le morceau. – LITTÉRAIRE : s'opiniâtrer.

insociable *adjectif* Difficile à vivre. SYN. farouche, ours, sauvage, solitaire. – FAMILIER : impossible, invivable. – LITTÉRAIRE : misanthrope. CONTR. *engageant, liant, sociable.*

insolemment *adverbe* Avec insolence. SYN. cavalièrement, crûment, effrontément, fièrement, grossièrement, hardiment, impudemment, outrageusement, sans vergogne. – LITTÉRAIRE : impertinemment, irrespectueusement, irrévérencieusement. – VIEUX : irrévéremment. CONTR. *courtoisement, poliment, respectueusement.*

insolence *nom féminin* Manque de respect. SYN. arrogance, audace, effronterie, hardiesse, impertinence, impolitesse, impudence, impudeur, inconvenance, incorrection, suffisance. – LITTÉRAIRE : irrespect, irrévérence, outrecuidance. CONTR. *considération, courtoisie, déférence, égard, humilité, politesse, respect, timidité.* – LITTÉRAIRE : *révérence.* ■ Parole insolente. SYN.

grossièreté, impertinence, incongruité, injure, insulte.

insolent *adjectif* Qui manque de respect. SYN. arrogant, audacieux, blessant, cavalier, déplacé, effronté, grossier, hardi, impertinent, impoli, impudent, incongru, inconvenant, insultant, provocant. – FAMILIER : culotté, sans gêne. – LITTÉRAIRE : irrespectueux, irrévérencieux. CONTR. *courtois, déférent, poli, respectueux, timide.* – LITTÉRAIRE : *révérencieux.* ■ Qui constitue un défi. SYN. incroyable, indécent, inimaginable, inouï. – FAMILIER : époustouflant. ■ LITTÉRAIRE. D'un orgueil offensant. SYN. arrogant, hautain, prétentieux, puant, suffisant. – LITTÉRAIRE : fat, outrecuidant. CONTR. *humble.*

insolent *nom* Personne qui manque de respect. SYN. arrogant, effronté, impertinent, impoli, impudent, malappris, sans-gêne.

insolite *adjectif* Différent de l'habitude. SYN. abracadabrant, anormal, baroque, bizarre, déroutant, étonnant, étrange, excentrique, extraordinaire, extravagant, inaccoutumé, inhabituel, inusité, nouveau, original, saugrenu, singulier. – FAMILIER : bizarroïde. CONTR. *accoutumé, banal, commun, familier, habituel, normal, ordinaire, traditionnel.* – LITTÉRAIRE : *coutumier.*

insoluble *adjectif* Qu'on ne peut résoudre. SYN. impossible, inextricable. CONTR. *soluble.*

insolvable *adjectif* Qui ne peut payer ses dettes. CONTR. *solvable.*

insondable *adjectif* Dont on ne peut toucher le fond. SYN. illimité, incommensurable, infini, profond. – FAMILIER : abyssal. ■ Impossible à comprendre. SYN. abscons, énigmatique, ésotérique, fumeux, hermétique, impénétrable, inaccessible, incompréhensible, inconcevable, inexplicable, inintelligible, insaisissable, mystérieux, obscur. – LITTÉRAIRE : abstrus, amphigourique, fuligineux, nébuleux, opaque, sibyllin, ténébreux. CONTR. *accessible, clair, compréhensible, distinct, explicite, facile, intelligible, limpide, lumineux, manifeste, net, précis, raisonné, réfléchi, simple, transparent.*

insonore *adjectif* Qui ne transmet pas le son. SYN. silencieux. CONTR. *bruyant, retentissant, sonore.*

insouciance *nom féminin* Caractère insouciant. SYN. étourderie, frivolité, imprévoyance, inattention, inconscience, incurie, indifférence, irréflexion, laisser-aller, légèreté, négligence, nonchalance, optimisme. – FAMILIER : je-m'en-fichisme. – LITTÉRAIRE : inapplication. – POPULAIRE : je-m'en-foutisme. CONTR. *assiduité, précaution, prévoyance, prudence, soin.* – LITTÉRAIRE : *méticulosité.*

insouciant *adjectif* Qui ne se soucie de rien. SYN. détaché, évaporé, imprévoyant, inappliqué, inattentif, inconscient, indifférent, léger, négligent. – FAMILIER : je-m'en-fichiste. – LITTÉRAIRE : folâtre, insoucieux, oublieux. – POPULAIRE : je-m'en-foutiste. CONTR. *appliqué, ennuyé, inquiet, précautionneux, préoccupé, prévoyant, prudent, regardant, scrupuleux, soigneux, soucieux.* – FAMILIER : *bileux.*

insoucieux *adjectif* LITTÉRAIRE. Qui ne s'inquiète pas. SYN. imprévoyant, inattentif, indifférent, insouciant. CONTR. *précautionneux, préoccupé, prévoyant, soucieux.*

insoumis *adjectif* Qui refuse de se soumettre. SYN. désobéissant, frondeur, indépendant, indiscipliné, indocile, insubordonné, mutin, rebelle, rétif, révolté, séditieux. CONTR. *docile, obéissant, soumis.*

insoumission *nom féminin* Fait de ne pas se soumettre. SYN. désobéissance, indépendance, indiscipline, indocilité, inobservation, insubordination, rébellion, révolte. – LITTÉRAIRE : fronde. CONTR. *docilité, obéissance, soumission.*

insoupçonné *adjectif* Qui n'est pas soupçonné. SYN. ignoré, imprévu, inattendu, inconnu, inespéré, inimaginable, inouï, stupéfiant.

insoutenable *adjectif* Qu'on ne peut supporter. SYN. féroce, impossible, insupportable, intenable, intolérable, irrespirable, terrible. CONTR. *endurable, soutenable, supportable, tenable, tolérable, vivable.* ■ Qu'on ne peut défendre. SYN. inadmissible, incroyable, indéfendable, injustifiable, invraisemblable. CONTR. *défendable, plausible, soutenable.*

inspecter *verbe* Examiner avec soin. SYN. contrôler, éplucher, étudier, examiner, explorer, fouiller, inventorier, passer au crible, passer au peigne fin, passer en revue, sonder, surveiller, visiter. ■ Regarder fixement. SYN. fixer, observer, parcourir, regarder, scruter.

inspection *nom féminin* Action d'inspecter. SYN. contrôle, épluchage, étude, examen, exploration, vérification, visite.

inspirateur *nom* Personne qui inspire une action. SYN. chef, conseil, conseiller, guide, incitateur, instigateur, promoteur.

inspiration *nom féminin* Mouvement intérieur. SYN. divination, idée, intuition, sentiment. ■ Élan créateur. SYN. exaltation, invention, veine, verve. – LITTÉRAIRE : souffle. ■ Influence exercée sur une œuvre. SYN. emprise, impulsion, influence, instigation, suggestion.

inspiré *adjectif et nom* Animé par un élan créateur. SYN. illuminé, mystique, visionnaire.

inspirer *verbe transitif* Être à l'origine d'une action. SYN. agir sur, animer, dicter, engendrer, guider, infléchir, influencer, provoquer, souffler, susciter. ■ Susciter un sentiment. SYN. commander, communiquer, engendrer, faire naître, forcer, imposer, insuffler, provoquer. – LITTÉRAIRE : allumer, infuser, inoculer, instiller, transfuser.

inspirer *verbe transitif* Absorber de l'air, un gaz. SYN. aspirer, inhaler, respirer. CONTR. *expirer, souffler.*

inspirer (s') *verbe pronominal* Prendre pour modèle. SYN. copier, emprunter, imiter, se régler sur, suivre. CONTR. *se différencier, se distinguer.*

instabilité *nom féminin* Manque d'équilibre. SYN. déséquilibre. CONTR. *aplomb, équilibre, stabilité.* ■ Caractère de ce qui change. SYN. fluctuation, fragilité, incertitude, insécurité, mobilité, oscillation, précarité, variation, vicissitude. – LITTÉRAIRE : inconstance, mutabilité. CONTR. *fermeté, immutabilité, invariabilité, pérennité, permanence, sécurité, solidité, stabilité.* – LITTÉRAIRE : *fixité, immuabilité.* ■ Attitude instable. SYN. inconstance, légèreté, saute d'humeur. – LITTÉRAIRE : variabilité, versatilité. CONTR. *égalité, équilibre, persévérance, stabilité.* – LITTÉRAIRE : *constance, immuabilité.*

instable *adjectif* Qui ne tient pas. SYN. bancal, boiteux, branlant, chancelant, fragile. – LITTÉRAIRE : vacillant. CONTR. *assis, ferme, solide, stable.* – LITTÉRAIRE : *robuste.* ■ Qui est changeant. SYN. capricieux, changeant, flottant, fluctuant, fugace, incertain, précaire, variable. – LITTÉRAIRE : inconstant. CONTR. *constant, durable, fixe, immuable, permanent, régulier.* ■ Qui change d'opinion. SYN. inconstant, inégal, léger, lunatique, papillonnant, velléitaire, volage. – LITTÉRAIRE : ondoyant. – VIEUX : mobile. CONTR. *conséquent, patient, persévérant.* – LITTÉRAIRE : *invariable.* ■ Qui n'est pas stable psychiquement. SYN. agité, déséquilibré, excité, labile. CONTR. *équilibré, stable.*

installation *nom féminin* Prise de fonction. SYN. intronisation, investiture. ■ Mise en place d'un appareil. SYN. agencement, équipement, montage, pose. ■ Fait de s'installer, d'installer. SYN. aménagement, arrangement, décoration, emménagement, établissement, fixation, implantation, ordonnancement.

installé *adjectif* Qui vit confortablement. SYN. arrivé, nanti, pourvu. CONTR. *défavorisé, démuni.*

installer *verbe* Établir dans une fonction. SYN. établir, introniser, investir, placer. ■ Établir dans un lieu. SYN. baser, caser, établir, fixer, implanter, loger. – LITTÉRAIRE : introniser. ■ Mettre quelque part. SYN. caser, disposer, dresser, monter, placer, poser. ■ Aménager un local. SYN. agencer, aménager, équiper, organiser. – LITTÉRAIRE : accommoder.

installer (s') *verbe pronominal* S'établir en un lieu. SYN. élire domicile, emménager, s'établir, être dans ses meubles, se fixer, habiter, s'implanter. – FAMILIER : essuyer les plâtres, s'incruster, nicher. CONTR. *déguerpir, déménager, partir.* ■ Se mettre quelque part. SYN. se caler, se carrer, s'enfoncer, se lover, se prélasser. ■ S'imposer dans l'esprit de. SYN. s'ancrer, entrer, se fixer, s'implanter, monter. – LITTÉRAIRE : habiter, s'invétérer.

instamment *adverbe* De façon pressante. SYN. d'extrême urgence, impérativement, impérieusement, sans faute, de toute urgence, urgemment, d'urgence.

instance *nom féminin* Demande pressante. SYN. adjuration, demande, prière, requête, sollicitation, supplique.

instant *adjectif* LITTÉRAIRE. Très pressant. SYN. imminent, impératif, impérieux, insistant, pressant, urgent.

instant *nom masculin* Durée très courte. SYN. minute, moment, seconde. ■ Moment précis dans le temps. SYN. heure, moment, temps. ■ ***À l'instant,*** sans attendre. SYN. aussitôt, d'emblée, immédiatement, incessamment, instantanément, promptement, sans attendre, sans délai, sans retard, sans tarder, séance tenante, soudain, soudainement, subitement, sur l'heure, sur-le-champ, tout de suite, toutes affaires cessantes. – FAMILIER : illico, illico presto, subito, subito presto. – LITTÉRAIRE : incontinent. – POPULAIRE : aussi sec. CONTR. *après, plus tard, par la suite, ultérieurement.* ■ ***Dans un instant,*** sans tarder. SYN. avant peu, bientôt, dès que possible, incessamment, d'un instant à l'autre, d'un moment à l'autre, prochainement, rapidement, sans tarder, sous peu, tôt, vite, vivement. – FAMILIER : incessamment sous peu. CONTR. *tardivement.* ■ ***Pour l'instant,*** pour le moment. SYN. actuellement, aujourd'hui, en ce moment, dans l'immédiat, à l'heure actuelle, à l'heure qu'il est, pour l'heure, maintenant, au moment où je vous parle, pour le moment, à présent, présentement. – FAMILIER : au jour d'aujourd'hui. CONTR. *anciennement, autrefois, à l'avenir, bientôt, hier, jadis, prochainement.* – FAMILIER : *naguère.* ■ ***Par instants,*** par moments. SYN. par accès, accidentellement, par à-coups, alternativement, épisodiquement, exceptionnellement, une fois n'est pas coutume, fortuitement, incidemment, inégalement, par intermittence, par intervalles, irrégulièrement, par moments, occasionnellement, parfois, quelquefois, rarement, sporadiquement, de temps à autre, de temps en temps, variablement. – LITTÉRAIRE : par occasion. CONTR. *constamment, continuellement, éternellement, fréquemment, habituellement, immuablement, indéfiniment, invariablement, à longueur de temps, ordinairement, en permanence, quotidiennement, régulièrement, sans arrêt, sans cesse, sans discontinuer, sans interruption, sans relâche, sans répit, sans souffler, sans trêve, toujours, à tout bout de champ, à tout instant, à tout propos.* – LITTÉRAIRE : *continûment, sempiternellement.*

instantané *adjectif* Qui ne dure qu'un instant. SYN. bref, court, fugace, fugitif, rapide. CONTR. *durable, éternel, permanent.* ■ Qui se produit subitement. SYN. brutal, foudroyant, immédiat, soudain, subit. CONTR. *insensible, lent, progressif.*

instantanéité *nom féminin* Caractère instantané. SYN. brièveté, soudaineté.

instantanément *adverbe* D'une manière instantanée. SYN. aussitôt, d'emblée, d'extrême urgence, immédiatement, incessamment, à l'instant, promptement, sans attendre, sans délai, sans retard, sans tarder, séance tenante, soudain, soudainement, subitement, sur l'heure, sur-le-champ, tout de suite, de toute urgence, toutes affaires cessantes, urgemment, d'urgence. – FAMILIER : illico, illico presto, subito, subito presto. – LITTÉRAIRE : incontinent. – POPULAIRE : aussi sec. CONTR. *après, plus tard, par la suite, ultérieurement.*

instar de (à l') *locution prépositive* LITTÉRAIRE. À la manière de. SYN. comme, à l'exemple de, à l'image de, à l'imitation de.

instaurateur *nom* LITTÉRAIRE. Personne qui instaure. SYN. auteur, créateur, fondateur, instigateur, inventeur, père, pionnier, promoteur.

instauration *nom féminin* Action d'instaurer. SYN. constitution, création, établissement, fondation, institution, intronisation, organisation, ouverture. CONTR. *abolition.*

instaurer *verbe* Établir les bases de. SYN. bâtir, constituer, créer, établir, fonder, implanter, importer, inaugurer, instituer, introduire, promouvoir. – LITTÉRAIRE : introniser. CONTR. *abolir, renverser, saper, supprimer.*

instaurer (s') *verbe pronominal* Établir ses bases. SYN. s'établir, se fonder, s'instituer, naître, s'organiser.

instigateur *nom* Personne à l'origine d'une action. SYN. agent, âme, chef, incitateur, inspirateur, meneur, moteur, père, pionnier, promoteur, protagoniste. – LITTÉRAIRE : instaurateur.

instigation *nom féminin* Action de conseiller. SYN. conseil, encouragement, excitation, exhortation, impulsion, incitation, insinuation, inspiration, suggestion.

instiller *verbe* LITTÉRAIRE. Faire ressentir. SYN. communiquer, faire naître, inculquer, insinuer, inspirer, insuffler. – LITTÉRAIRE : infuser, inoculer, transfuser.

instinct *nom masculin* Impulsion irraisonnée. SYN. flair, impulsion, intuition, prémonition, prescience, pressentiment, sentiment. CONTR. *raison, raisonnement.* ■ Disposition naturelle. SYN. génie, inclination, pente, propension, sens, tendance.

instinctif *adjectif* Qui procède de l'instinct. SYN. automatique, inconscient, inné, intuitif, involontaire, irraisonné, irréfléchi, machinal, mécanique, naturel, spontané. CONTR. *acquis, conscient, intentionnel, réfléchi, volontaire, voulu.*

instinctivement *adverbe* De manière instinctive. SYN. inconsciemment, involontairement, machinalement, mécaniquement, naturellement, spontanément. CONTR. *consciemment, intentionnellement, sciemment, volontairement.*

instinctuel *adjectif* Relatif à l'instinct. SYN. pulsionnel.

instituer *verbe* Établir quelque chose. SYN. bâtir, constituer, créer, ériger, établir, fonder, implanter, inaugurer, instaurer, introduire, promouvoir. – LITTÉRAIRE : introniser. CONTR. *abolir, abroger, renverser, saper, supprimer.*

instituer (s') *verbe pronominal* S'installer de façon durable. SYN. s'établir, s'instaurer.

instituteur *nom* Professeur des écoles. SYN. maître, maître d'école, maîtresse, pédagogue, précepteur. – FAMILIER : instit.

institution *nom féminin* Action d'instituer. SYN. constitution, création, établissement, fondation, instauration, intronisation, organisation. ■ Établissement privé. SYN. collège, école, institut, pension, pensionnat.

institutions *nom féminin pluriel* Structures politiques. SYN. constitution, régime, système.

instructeur *nom masculin* Personne qui forme des novices. SYN. entraîneur, formateur, maître, moniteur. CONTR. *apprenti, élève.*

instructif *adjectif* Propre à instruire. SYN. culturel, didactique, documentaire, édifiant, éducatif, formateur, fructueux, profitable.

instruction *nom féminin* Action d'instruire quelqu'un. SYN. édification, éducation, enseignement, façonnage, façonnement, formation, leçon. ■ Ensemble de connaissances. SYN. bagage, connaissances, culture, érudition, savoir, science. CONTR. *ignorance.*

instructions *nom féminin pluriel* Ordres à suivre. SYN. avis, commandement, consigne, directive, injonction, mot d'ordre, ordres, prescriptions. ■ Conseils d'utilisation. SYN. explications, mode d'emploi, notice, prescriptions, recommandations.

instruire *verbe* Former l'esprit de. SYN. décrasser, dresser, éclairer, éduquer, enseigner, forger, former, initier. – LITTÉRAIRE : façonner. ■ Mettre au courant. SYN. annoncer, apprendre, avertir, aviser, exposer, faire connaître, faire part, faire savoir, fixer, informer, notifier, renseigner, signaler, tenir au courant. – FAMILIER : briefer, tuyauter. CONTR. *abuser, berner.*

instruire (s') *verbe pronominal* Acquérir des connaissances. SYN. apprendre, se cultiver, se documenter, s'enquérir, étudier, se former, s'informer, s'initier, se mettre au courant, se renseigner. – FAMILIER : bûcher.

instruit *adjectif* Qui a des connaissances. SYN. cultivé, éclairé, érudit, fort, lettré, savant. – FAMILIER : calé, ferré, trapu. – LITTÉRAIRE : docte. CONTR. *barbare, faible, ignare, ignorant, inculte.* – VIEUX : *illettré.* ■ Qui est au courant de. SYN. averti, au fait de, informé, initié. CONTR. *ignorant.*

instrument *nom masculin* Objet fabriqué. SYN. appareil, engin, outil, ustensile. ■ Ce qu'on utilise comme moyen. SYN. agent, exécutant, moyen, organe. – LITTÉRAIRE : bras, voie.

insubordination *nom féminin* Refus de se soumettre. SYN. désobéissance, indépendance, indiscipline, indocilité, inobservation, insoumission, rébellion, révolte. – LITTÉRAIRE : fronde. CONTR. *docilité, obéissance, soumission, subordination.*

insubordonné *adjectif* Qui refuse d'obéir. SYN. désobéissant, frondeur, indépendant, indiscipliné, indocile, infernal, insoumis, rebelle, récalcitrant, rétif. CONTR. *obéissant, soumis.*

insuccès *nom masculin* Manque de succès. SYN. avatar, avortement, culbute, déconfiture, défaite, échec, faillite, gifle, revers. – FAMILIER : claque, fessée, fiasco, four, loupé, pile, piquette, plongeon, raclée, ratage, veste. – LITTÉRAIRE : infortune. – POPULAIRE : bide, déculottée, flop, gamelle, plantage, volée. CONTR. *réussite, succès, triomphe, victoire.*

insuffisamment *adverbe* De façon insuffisante. SYN. à demi, fragmentairement, imparfaitement, incomplètement, mal, à moitié, partiellement, sommairement, vaguement. CONTR. *assez, bien, exceptionnellement, excessivement, parfaitement, suffisamment.* – LITTÉRAIRE : *en suffisance.*

insuffisance *nom féminin* Caractère insuffisant. SYN. absence, carence, chétiveté, chétivité, défaut, déficience, faiblesse, manque, pauvreté, pénurie, rareté. CONTR. *abondance, affluence, excès, foisonnement, pléthore, richesse.* – LITTÉRAIRE : *profusion.* ■ Manque d'aptitudes. SYN. défaillance, défectuosité, faiblesse, impuissance, incapacité, incompétence, infériorité, lacune, médiocrité, nullité. – LITTÉRAIRE : impéritie. CONTR. *aptitude, capacité, compétence, qualification, supériorité.*

insuffisant *adjectif* Qui ne suffit pas. SYN. déficient, faible, incomplet, indigent, insignifiant, lacunaire, maigre, médiocre, mesquin, pauvre. – LITTÉRAIRE : lacuneux. CONTR. *abondant, foisonnant, plantureux, pléthorique, suffisant, surabondant.* ■ Qui n'a pas les aptitudes requises. SYN. défectueux, ignare, imparfait, incapable, incompétent, inférieur, nul, rudimentaire. – FAMILIER : faiblard. CONTR. *acceptable, qualifié, satisfaisant.*

insuffler *verbe* Inspirer un sentiment à. SYN. communiquer, faire naître, inculquer, inspirer. – LITTÉRAIRE : infuser, inoculer, instiller, transfuser.

insultant *adjectif* Qui constitue une insulte. SYN. blessant, déshonorant, désobligeant, infamant, injurieux, insolent, mortifiant, offensant, outrageant. – LITTÉRAIRE : ignominieux.

insulte *nom féminin* Parole qui offense. SYN. blasphème, ignominie, injure, invective, offense, outrage, vitupération. ■ Atteinte à quelque chose. SYN. affront, atteinte, défi, outrage. – LITTÉRAIRE : injure.

insulter *verbe* Proférer des insultes. SYN. blasphémer contre, injurier, invectiver, maltraiter, offenser, outrager, traiter de tous les noms.

insupportable *adjectif* Qu'on ne peut supporter. SYN. abominable, atroce, cruel, féroce, impossible, inadmissible, insoutenable, intenable, intolérable, invivable, mauvais, pénible. CONTR. *admissible, endurable, soutenable, supportable, tolérable, vivable.* – FAMILIER : *buvable.* ■ Qui importune les autres. SYN. agaçant, difficile, énervant, épouvantable, exaspérant, odieux, terrible. – FAMILIER : horripilant, imbuvable, impossible, infernal, invivable, pénible. CONTR. *agréable, exquis, gentil, sage, vivable.* – FAMILIER : *possible.*

insupporter *verbe* FAMILIER. Être insupportable à quelqu'un. SYN. agacer, crisper, échauffer la bile, échauffer la tête, échauffer le sang, échauffer les oreilles, énerver, exaspérer, excéder, hérisser, irriter, pousser à bout. – FAMILIER : casser les pieds, courir sur le haricot, courir sur le système, faire devenir chèvre, faire suer, horripiler, porter sur les nerfs, prendre la tête, taper sur le système, taper sur les nerfs. – POPULAIRE : casser les bonbons, donner des boutons, faire braire, faire chier, gonfler, pomper, soûler.

insurgé *nom* Personne qui se révolte. SYN. agitateur, émeutier, factieux, mutin, rebelle, révolté, révolutionnaire, séditieux. CONTR. *résigné.*

insurger (s') *verbe pronominal* Manifester son désaccord. SYN. se cabrer, contester, se dresser, s'élever, se mutiner, protester, réagir, se rebeller, réclamer, résister, se révolter, se soulever. – FAMILIER : se rebiffer, ruer dans les brancards. – LITTÉRAIRE : regimber. CONTR. *admettre, approuver, céder, fléchir, obéir, se résigner, se soumettre.*

insurmontable *adjectif* Qu'on ne peut surmonter. SYN. infranchissable, invincible. CONTR. *surmontable.* ■ Qu'on ne peut maîtriser. SYN. incoercible, incontrôlable, irraisonné, irrépressible. CONTR. *surmontable.*

insurrection *nom féminin* Soulèvement contre le pouvoir. SYN. agitation, chouannerie, émeute, jacquerie, mouvement, mutinerie, rébellion, révolte, révolution, sédition, soulèvement. CONTR. *paix, soumission.*

insurrectionnel *adjectif* Qui tient de l'insurrection. SYN. factieux, révolutionnaire, séditieux. CONTR. *pacifique.*

intact *adjectif* Qu'on n'a pas touché. SYN. immaculé, inentamé, neuf, vierge. CONTR. *entamé, touché, transformé.* ■ Qui n'a subi aucun dommage. SYN. entier, frais, indemne, rescapé, sain et sauf, sauf. CONTR. *abîmé, accidenté, altéré, avarié, blessé, cassé, contusionné, dégradé, détérioré, ébréché, endommagé.* ■ Qui est moralement sauf. SYN. inaltéré, pur. CONTR. *entaché, terni.* – LITTÉRAIRE : *souillé.*

intangible *adjectif* Qui doit rester intact. SYN. intouchable, inviolable, irrévocable, permanent, sacré, saint. – FAMILIER : sacro-saint, tabou.

intarissable *adjectif* Qu'on ne peut tarir. SYN. fécond, fertile, inépuisable, infini. – LITTÉRAIRE : généreux, inexhaustible. CONTR. *épuisable, tarissable.* ■ Qui ne s'épuise pas. SYN. débordant, échevelé, inépuisable. – LITTÉRAIRE : inexhaustible.

intégral *adjectif* Qui reste entier. SYN. absolu, complet, entier, exhaustif, global, total. CONTR. *fragmentaire, incomplet, parcellaire, partiel.*

intégralement *adverbe* De façon intégrale. SYN. de A à Z, (à) cent pour cent, de A jusqu'à Z, de bout en bout, de la cave au grenier, complètement, entièrement, en entier, de fond en comble, de haut en bas, in extenso, en intégralité, parfaitement, des pieds à la tête, pleinement, sans fin, sans restriction, totalement, en totalité, tout entier. CONTR. *à demi, faiblement, fragmentairement, guère, imparfaitement, incomplètement, médiocrement, partiellement, pas du tout, pas le moins du monde, à peine, peu, presque, sommairement.*

intégralité *nom féminin* État de ce qui est complet. SYN. ensemble, entier, globalité, totalité, tout. – LITTÉRAIRE : plénitude. CONTR. *abrégé, bout, bribes.*

intégration *nom féminin* Fait de s'intégrer à. SYN. affiliation, incorporation, insertion. CONTR. *exclusion, liberté.* ■ Fait d'intégrer un territoire. SYN. assimilation, fusion, fusionnement, incorporation, unification.

intègre *adjectif* D'une grande probité. SYN. carré, droit, équitable, fiable, honnête, impartial, incorruptible, juste. – LITTÉRAIRE : probe, vertueux. CONTR. *corruptible, indélicat, injuste, malhonnête, partial, vénal, vendu, véreux.* – LITTÉRAIRE : *corrompu.*

intègrement *adverbe* De façon intègre. SYN. honnêtement, proprement, vertueusement. CONTR. *malhonnêtement.*

intégrer *verbe* Faire entrer dans un ensemble. SYN. agréger, assimiler, comprendre, faire entrer, fondre, inclure, incorporer, insérer. CONTR. *éliminer, exclure, radier.*

intégrer (s') *verbe pronominal* S'assimiler à un groupe. SYN. s'adapter, s'assimiler, se fondre, s'insérer, se mêler.

intégrité *nom féminin* État de ce qui n'est pas altéré. SYN. intégralité, pureté. – LITTÉRAIRE : plénitude. CONTR. *altération, lésion.* ■ Caractère intègre. SYN. droiture, équité, honnêteté, honorabilité, impartialité, incorruptibilité, justice, probité, respectabilité, vertu. CONTR. *corruption, indélicatesse, iniquité, malhonnêteté, partialité, vénalité.* – LITTÉRAIRE : *improbité, vice.*

intellect *nom masculin* FAMILIER. Faculté de comprendre. SYN. cerveau, entendement, esprit, intelligence, raison, tête.

intellectuel *adjectif* Qui relève de l'esprit. SYN. cérébral, conceptuel, mental, moral, psychique, spirituel. CONTR. *corporel, matériel, physiologique, physique.*

intellectuel *nom* Personne chez qui l'esprit domine. SYN. cérébral, lettré. – LITTÉRAIRE : clerc.

– POPULAIRE : intello. CONTR. *affectif, manuel, sensuel, sentimental.*

intellectuellement *adverbe* De façon intellectuelle. SYN. moralement. – LITTÉRAIRE : spirituellement. CONTR. *physiquement.*

intelligemment *adverbe* De façon intelligente. SYN. astucieusement, habilement, ingénieusement, judicieusement, pertinemment, savamment, spirituellement, subtilement. CONTR. *bêtement, inintelligemment, sottement, stupidement.* – LITTÉRAIRE : *imbécilement, niaisement.*

intelligence *nom féminin* Capacités intellectuelles. SYN. entendement, esprit, intellect, pensée, raison. ▪ Aptitude à s'adapter à. SYN. adresse, doigté, facultés, maestria, maîtrise, virtuosité. CONTR. *balourdise, bêtise, imbécillité, ineptie, inintelligence, sottise, stupidité.* ▪ Individu très intelligent. SYN. cerveau, esprit, tête. – FAMILIER : aigle, crack. ▪ Caractère perspicace. SYN. clairvoyance, connaissance, discernement, ingéniosité, jugement, lucidité, pénétration, perspicacité, sagacité. ▪ Faculté de comprendre. SYN. compréhension, intellection. – FAMILIER : comprenette, intellect, matière grise. – LITTÉRAIRE : conception. CONTR. *ânerie, incompréhension.* ▪ Entente avec quelqu'un. SYN. accord, complicité, concert, connivence. CONTR. . – LITTÉRAIRE : *mésintelligence.*

intelligent *adjectif* Qui possède une intelligence. SYN. pensant, raisonnable. ▪ Qui a de grandes capacités. SYN. brillant, capable, clairvoyant, compétent, doué, expérimenté, fort, génial, habile, perspicace, sagace, spirituel. CONTR. *balourd, bête, borné, idiot, imbécile, inintelligent, obtus, sot, stupide.* – FAMILIER : *bouché, crétin, lourd.* ▪ Qui dénote l'intelligence. SYN. astucieux, éveillé, judicieux, pertinent, pétillant, profond. CONTR. *abruti, inepte, niais, vide.* – FAMILIER : *ballot.*

intelligibilité *nom féminin* Caractère intelligible. SYN. clarté, compréhensibilité, limpidité, transparence. CONTR. *hermétisme, inintelligibilité, obscurité.* – LITTÉRAIRE : *incompréhensibilité, opacité.*

intelligible *adjectif* Qui peut être compris. SYN. abordable, accessible, assimilable, audible, clair, compréhensible, facile, limpide, lumineux, perceptible, simple. – LITTÉRAIRE : pénétrable. CONTR. *abscons, cabalistique, confus, difficile, énigmatique, fumeux, hermétique, inaccessible, inassimilable, inaudible, incompréhensible, inintelligible, insaisissable, nuageux, obscur.* – LITTÉRAIRE : *nébuleux, opaque, sibyllin, ténébreux.*

intempérance *nom féminin* Manque de retenue. SYN. abus, démesure, outrance. – LITTÉRAIRE : licence. CONTR. *discrétion, modération, réserve.* – LITTÉRAIRE : *sobriété.* ▪ Manque de sobriété. SYN. gloutonnerie, goinfrerie, gourmandise, ivrognerie. CONTR. *ascétisme, frugalité, sobriété, tempérance.*

intempérant *adjectif* Qui fait preuve d'intempérance. SYN. glouton, gourmand, ivrogne, vorace. – FAMILIER : goinfre. CONTR. *sobre.* – LITTÉRAIRE : *frugal, tempérant.* ▪ LITTÉRAIRE. Qui manque de retenue. SYN. abusif, effréné, excessif, immodéré, outrancier, outré. CONTR. *discret, mesuré, modéré, retenu.*

intempestif *adjectif* Qui se produit mal à propos. SYN. déplacé, hors de propos, indiscret, indu, inopportun, malencontreux, malvenu. – LITTÉRAIRE : importun. CONTR. *bienvenu, convenable, indiqué, opportun, à propos.*

intempestivement *adverbe* De façon intempestive. SYN. à contretemps, inconsidérément, mal à propos, malencontreusement, à tort et à travers. – LITTÉRAIRE : inopportunément. CONTR. *au bon moment, au moment voulu, opportunément, à pic, à point nommé, à point, à propos, en temps utile, en temps voulu.* – FAMILIER : *pile.*

intenable *adjectif* Qu'on ne peut pas supporter. SYN. impossible, insoutenable, insupportable, intolérable, invivable. CONTR. *endurable, soutenable, supportable, vivable.* ▪ Qui ne tient pas en place. SYN. désobéissant, diable, dur, épouvantable, indiscipliné, indocile, indomptable, infernal, remuant, terrible, turbulent. – FAMILIER : impossible. CONTR. *tenable.*

intense *adjectif* D'une grande intensité. SYN. concentré, dense, extraordinaire, extrême, forcené, fort, frénétique, grand, immodéré, insupportable, profond, puissant, sévère, terrible, vif. – FAMILIER : excessif, violent. CONTR. *diffus, faible, modéré.*

intensément *adverbe* De façon intense. SYN. beaucoup, bien, ferme, fortement, profondément, à toute force, violemment, vivement. CONTR. *faiblement, vaguement.*

intensification *nom féminin* Action d'intensifier. SYN. accélération, accentuation, accroissement, aggravation, amplification, augmentation, extension, grandissement, recrudescence, redoublement, regain, renforcement. CONTR. *allégement, assourdissement, atrophie, atténuation.* – LITTÉRAIRE : *assoupissement.*

intensifier *verbe* Rendre plus intense. SYN. accentuer, accroître, activer, aggraver, ajouter, amplifier, approfondir, augmenter, aviver, doubler, exacerber, exaspérer, faire ressortir, multiplier, redoubler, renforcer, souligner. – LITTÉRAIRE : exalter. CONTR. *affaiblir, amoindrir,* *amortir, apaiser, assouplir, assourdir, atténuer, baisser, calmer, circonscrire, diminuer, étouffer, modérer, réduire, relâcher, soulager.* – LITTÉRAIRE : *feutrer, tempérer.*

intensifier (s') *verbe pronominal* Devenir plus intense. SYN. s'accentuer, s'accuser, s'amplifier, augmenter, croître, se développer, s'étendre, grandir, grossir, redoubler. CONTR. *s'affaiblir, s'amoindrir, s'atténuer, baisser, décroître, disparaître, s'effacer, s'effilocher, faiblir, régresser.* – LITTÉRAIRE : *s'assoupir.*

intensité *nom féminin* Force de quelque chose. SYN. acuité, force, puissance, violence. – LITTÉRAIRE : vivacité. CONTR. *faiblesse.*

intention *nom féminin* But poursuivi. SYN. arrière-pensée, but, calcul, décision, désir, dessein, idée, mobile, motif, objectif, pensée, plan, projet, propos, résolution, velléité, visée, volonté, vouloir, vue.

intentionnel *adjectif* Fait avec intention. SYN. calculé, conscient, délibéré, prémédité, réfléchi, volontaire, voulu. CONTR. *automatique, inconscient, instinctif, involontaire, irréfléchi, machinal.*

intentionnellement *adverbe* De façon intentionnelle. SYN. à bon escient, délibérément, à dessein, exprès, de propos délibéré, sciemment, volontairement. CONTR. *par erreur, par hasard, par inadvertance, instinctivement, involontairement, machinalement, mécaniquement, par mégarde.*

interactif *adjectif* Doué d'interactivité. SYN. conversationnel.

intercaler *verbe* Insérer dans un ensemble. SYN. enclaver, incorporer, insérer, interposer, introduire. – LITTÉRAIRE : enchâsser. ■ Placer dans un cahier. SYN. enchâsser, insérer, interpoler, joindre.

intercaler (s') *verbe pronominal* Se placer entre. SYN. s'insérer, s'interposer.

intercéder *verbe* Intervenir pour quelqu'un. SYN. défendre, s'entremettre, intervenir, parler pour, plaider.

intercepter *verbe* Interrompre le cours de. SYN. cacher, interrompre, masquer, occulter, tamiser. – LITTÉRAIRE : voiler. ■ S'emparer de quelque chose. SYN. arrêter, attraper, capter, s'emparer de, saisir, se saisir.

intercesseur *nom masculin* LITTÉRAIRE. Personne qui intercède. SYN. apôtre, avocat, champion, défenseur, médiateur, tenant.

intercession *nom féminin* LITTÉRAIRE. Fait d'intercéder. SYN. bons offices, intervention, médiation. – LITTÉRAIRE : entremise.

interdiction *nom féminin* Action d'interdire. SYN. censure, défense, privation, prohibition, proscription. CONTR. *autorisation, consentement, droit, permission.* – LITTÉRAIRE : *aveu.* ■ Destitution d'une fonction. SYN. dégradation, déposition, destitution, suspension. CONTR. *réhabilitation, réintégration.*

interdire *verbe* Défendre à quelqu'un. SYN. défendre, mettre à l'index, proscrire. CONTR. *commander, conseiller, ordonner, persuader, prescrire, recommander.* – LITTÉRAIRE : *enjoindre.* ■ Défendre l'accès d'un lieu. SYN. barrer, condamner, exclure, fermer. CONTR. *ouvrir.* ■ Empêcher quelque chose. SYN. bannir, boycotter, censurer, défendre, s'opposer à, prohiber, proscrire, refuser. CONTR. *accepter, admettre, approuver, autoriser, consentir, permettre, tolérer.*

interdire (s') *verbe pronominal* S'imposer de ne pas faire. SYN. s'abstenir, se défendre, éviter, se garder, se refuser. CONTR. *s'accorder, s'autoriser, ne pas pouvoir s'empêcher de, prendre la liberté de.*

interdit *adjectif* Qui montre de l'étonnement. SYN. abasourdi, ahuri, bouche bée, coi, confondu, consterné, déconfit, désemparé, ébahi, éberlué, étonné, interloqué, médusé, muet, pantois, perdu, pétrifié, stupéfait, suffoqué, tombé de la lune, tombé des nues. – FAMILIER : assis, baba, comme deux ronds de flan, épaté, époustouflé, estomaqué, scié, sidéré, soufflé. – LITTÉRAIRE : ébaubi. – POPULAIRE : sur le cul. ■ Défendu par une loi. SYN. défendu, illégal, illicite, inaccessible, prohibé, tabou. CONTR. *autorisé, licite, permis, toléré.*

interdit *nom masculin* Condamnation absolue. SYN. exclusive, mise à l'index, quarantaine.

intéressant *nom* ***Faire l'intéressant,*** chercher à attirer l'attention. SYN. se faire remarquer, se singulariser. – FAMILIER : faire le mariolle, remuer de l'air, taper dans l'œil. CONTR. *se faire oublier, se faire tout petit.* – FAMILIER : *marcher à l'ombre.* – POPULAIRE : *se tenir peinard.*

intéressant *adjectif* Qui suscite l'intérêt. SYN. attachant, captivant, exaltant, palpitant, passionnant, piquant, prenant. – FAMILIER : décoratif. CONTR. *écœurant, ennuyeux, fastidieux, inintéressant, lassant, rébarbatif, rebutant, soporifique.* – FAMILIER : *assommant, barbant, casse-pieds, embêtant, empoisonnant, enquiquinant, rasant, raseur, rasoir, soûlant.* – POPULAIRE : *canulant, emmerdant, suant.* ■ Digne de considération. SYN. bon, brillant, cultivé, éminent, remarquable, spirituel. CONTR. *banal, fade, inconsistant, inintelligent, inintéressant, insignifiant, insipide, mauvais, quelconque, stupide, superflu, terne, vide.* – FAMILIER : *fadasse.* ■ Qui sert les intérêts matériels. SYN. avantageux, économique, fructueux, lucratif, payant, profitable, rémunérateur, rentable. – FAMILIER : joli. CONTR. *onéreux.*

intéressé *adjectif* Qui n'est pas gratuit. SYN. calculé, égoïste. CONTR. *altruiste, désintéressé, détaché, gratuit.* ■ Dont l'esprit est captivé. SYN. captivé, passionné, pris. – LITTÉRAIRE : subjugué. ■ Inspiré par le profit. SYN. avare, insatiable. – FAMILIER : chiche, chien, radin, rapiat, rat. – LITTÉRAIRE : avaricieux, cupide, rapace. CONTR. *généreux.*

intéresser *verbe* Avoir de l'importance pour. SYN. s'adresser, s'appliquer à, avoir rapport à, avoir trait à, concerner, importer, se rapporter, regarder, toucher, viser. – LITTÉRAIRE : ressortir. ■ Retenir l'attention. SYN. agréer, attacher, captiver, gagner, intriguer, occuper, passionner, plaire. CONTR. *assommer, dégoûter, déplaire, endormir, ennuyer, exaspérer, fatiguer, irriter, lasser, rebuter.* – FAMILIER : *barber, bassiner, embêter, enquiquiner, raser.* – POPULAIRE : *emmerder.*

intéresser (s') *verbe pronominal* Porter de l'intérêt à. SYN. s'inquiéter, s'occuper, se passionner, se pencher, prendre en considération, se préoccuper, songer, se soucier, suivre. – LITTÉRAIRE : affectionner. CONTR. *se désintéresser, se détacher, se détourner, ignorer, se moquer.* – FAMILIER : *se ficher.* – POPULAIRE : *se foutre.*

intérêt *nom masculin* Ce qui importe. SYN. avantage, bénéfice, fruit, profit. CONTR. *désavantage, préjudice.* – LITTÉRAIRE : *détriment.* ■ Attention bienveillante. SYN. attachement, attention, bienveillance, sollicitude, sympathie. CONTR. *aversion, froideur, négligence.* ■ État d'esprit curieux. SYN. attention, attirance, curiosité, passion. CONTR. *désaffection, désintéressement, désintérêt, détachement, indifférence.* – LITTÉRAIRE : *inappétence, incuriosité.* ■ Importance de quelque chose. SYN. charme, importance, originalité, poids, valeur. CONTR. *banalité, fadeur, futilité, insignifiance, platitude.* – LITTÉRAIRE : *superficialité.*

interférence *nom féminin* Rencontre de deux phénomènes. SYN. conjonction, interaction, point de jonction, rencontre.

intérieur *adjectif* Qui est au-dedans. SYN. interne. CONTR. *extérieur, externe.* ■ Qui concerne un pays. SYN. – LITTÉRAIRE : intestin. CONTR. *étranger, extérieur.* ■ Qui se rapporte à l'esprit. SYN. intime, intrinsèque, profond, psychique, spirituel. – LITTÉRAIRE : secret. CONTR. *corporel, extrinsèque, matériel, physique.*

intérieur *nom masculin* La partie de dedans. SYN. dedans. CONTR. *bord, contour, dehors, dos, extérieur, surface.* ■ Habitation de quelqu'un. SYN. chez-soi, foyer, home, maison.

intérieurement *adverbe* À l'intérieur de quelque chose. SYN. au-dedans, à l'intérieur. CONTR. *à l'extérieur, extérieurement.* ■ En soi-même. SYN. au-dedans, en son for intérieur, in petto, intimement, par-devers soi, à part soi, secrètement. – FAMILIER : doucement. CONTR. *extérieurement, ouvertement, publiquement.*

intérimaire *adjectif* Qui n'existe que par intérim. SYN. passager, provisoire, temporaire, transitoire.

intérimaire *adjectif et nom* Qui assure un intérim. SYN. remplaçant, suppléant. CONTR. *titulaire.*

interlope *adjectif* Qui a des apparences louches. SYN. douteux, équivoque, louche, suspect. CONTR. *digne, honnête, net, respectable.*

interloqué *adjectif* Qui est décontenancé. SYN. ahuri, bouche bée, coi, démonté, ébahi, éberlué, effaré, étonné, hébété, interdit, médusé, muet, pantois, stupéfait, suffoqué, tombé de la lune, tombé des nues. – FAMILIER : baba, comme deux ronds de flan, épaté, époustouflé, estomaqué, groggy, scié, sidéré, soufflé. – LITTÉRAIRE : ébaubi. – POPULAIRE : sur le cul.

interloquer *verbe* Mettre dans l'embarras. SYN. abasourdir, ahurir, confondre, déconcerter, décontenancer, démonter, dépayser, dérouter, désarçonner, désorienter, éberluer, embarrasser, étonner, méduser, prendre au dépourvu, prendre de court, stupéfier, surprendre. – FAMILIER : épater.

intermédiaire *adjectif* Qui est entre deux choses. SYN. médian, au milieu, moyen, transitoire. – FAMILIER : entre les deux.

intermédiaire *nom* Personne qui sert de lien. SYN. arbitre, conciliateur, interprète, médiateur, porte-parole. ■ Ce qui est placé entre. SYN. biais, médiation, moyen, transition, truchement, voie.

interminable *adjectif* Qui dure très longtemps. SYN. démesuré, énorme, éternel, gigantesque, grand, illimité, immense, incommensurable, infini, long, long comme un jour sans pain, sempiternel. CONTR. *court, éphémère, fugitif, passager, transitoire.* – LITTÉRAIRE : *prompt.*

interminablement *adverbe* De façon interminable. SYN. éternellement, longuement. – LITTÉRAIRE : sempiternellement. CONTR. *expéditivement, hâtivement, promptement, rapidement.* – LITTÉRAIRE : *diligemment.*

intermission *nom féminin* Période qui sépare deux crises. SYN. pause, rémission, répit, trêve. - LITTÉRAIRE : relâche. ■ ***Sans intermission,*** de façon continue. SYN. constamment, continuellement, jour et nuit, du matin au soir, non-stop, en permanence, sans arrêt, sans cesse, sans discontinuer, sans interruption, sans relâche, sans répit, sans trêve, sept jours sur sept, vingt-quatre heures sur vingt-quatre. - LITTÉRAIRE : continûment, sempiternellement. CONTR. *par accès, épisodiquement, par instants, par intermittence, par intervalles, irrégulièrement, occasionnellement, sporadiquement, de temps à autre, de temps en temps.*

intermittence *nom féminin* Caractère intermittent. SYN. irrégularité, variabilité. - LITTÉRAIRE : discontinuité. CONTR. *continuité, régularité.* ■ ***Par intermittence,*** de façon discontinue. SYN. alternativement, épisodiquement, irrégulièrement, occasionnellement, rarement, sporadiquement, variablement. CONTR. *assidûment, constamment, continuellement, éternellement, fréquemment, immuablement, indéfiniment, invariablement, quotidiennement, régulièrement, toujours.*

intermittent *adjectif* Coupé d'interruptions. SYN. discontinu, entrecoupé, épisodique, irrégulier, occasionnel, périodique. CONTR. *constant, continu, continuel, égal, incessant, ininterrompu, permanent, persévérant, régulier, suivi.*

international *adjectif* Qui concerne plusieurs nations. SYN. mondial, planétaire, universel. CONTR. *local, national.*

internationalement *adverbe* De façon internationale. SYN. mondialement, universellement.

internaute *nom* Utilisateur du réseau Internet. SYN. cybernaute.

interne *adjectif* Qui concerne l'intérieur de. SYN. intérieur, intrinsèque. CONTR. *extérieur, externe, extrinsèque.*

interné *adjectif* et *nom* Qui est enfermé dans. SYN. emprisonné, enfermé, prisonnier. - LITTÉRAIRE : captif. CONTR. *libre.*

internement *nom masculin* Action d'interner quelqu'un. SYN. captivité, détention, emprisonnement, incarcération, isolement.

interner *verbe* Enfermer quelqu'un. SYN. cadenasser, détenir, écrouer, emprisonner, enfermer, incarcérer, isoler, séquestrer. - FAMILIER : boucler. CONTR. *élargir, libérer, relâcher, relaxer.*

interpellation *nom féminin* Sommation faite à quelqu'un. SYN. injonction, mise en demeure.

interpeller *verbe* Adresser vivement la parole. SYN. s'adresser, apostropher, appeler, héler. ■ Soumettre à un interrogatoire. SYN. interroger, questionner, sommer. ■ Faire réagir quelqu'un. SYN. bouleverser, parler, remuer, toucher.

interpoler *verbe* Mettre dans un texte. SYN. ajouter, enchâsser, insérer, intercaler, introduire.

interposer *verbe* Placer entre. SYN. insérer, intercaler, introduire.

interposer (s') *verbe pronominal* Se placer entre. SYN. s'entremettre, s'insérer, s'intercaler, intervenir, s'introduire.

interprétation *nom féminin* Action d'expliquer un texte. SYN. commentaire, exégèse, explication, glose, paraphrase. ■ Sens donné à quelque chose. SYN. sens, signification, version. ■ Action ou manière de jouer. SYN. exécution, jeu.

interprète *nom* Personne qui parle pour une autre. SYN. intermédiaire, porte-parole, représentant. ■ Personne qui joue un rôle. SYN. acteur, artiste, comédien.

interpréter *verbe* Expliquer un texte. SYN. commenter, déchiffrer, élucider, expliquer, gloser. ■ Donner un sens à. SYN. comprendre, deviner, entendre, pénétrer, saisir. ■ Jouer un rôle. SYN. créer, exécuter, incarner, jouer, représenter.

interrogateur *nom* Personne qui fait passer des examens. SYN. examinateur.

interrogation *nom féminin* Action d'interroger. SYN. consultation, demande, examen, question.

interroger *verbe* Poser des questions à. SYN. demander, s'enquérir auprès de, s'informer auprès de, interpeller, interviewer, mettre sur la sellette, questionner, sonder. - FAMILIER : cuisiner, tirer les vers du nez. ■ Examiner avec attention. SYN. consulter, étudier, fouiller, observer, scruter, sonder.

interroger (s') *verbe pronominal* Ne pas arriver à se décider. SYN. atermoyer, balancer, dire tantôt blanc tantôt noir, flotter, hésiter, ne pas savoir ce qu'on veut, ne pas savoir sur quel pied danser, osciller, peser le pour et le contre, rester dans l'expectative, tâtonner, tergiverser, tourner autour du pot, y regarder à deux fois. - FAMILIER : se demander si c'est du lard ou du cochon, se tâter. - POPULAIRE : avoir le cul entre deux chaises. - VIEUX : barguigner, être entre le zist et le zest. CONTR. *agir, choisir, décider, se décider, se déterminer, se lancer, opter, oser, se prononcer, trancher.* - FAMILIER : *ne faire ni une ni deux.*

interrompre *verbe* Empêcher de continuer à. SYN. déranger, gêner, perturber, troubler. CONTR. *laisser terminer.* ■ Faire une interruption dans. SYN. arrêter, briser, cesser, couper, couper court à, entrecouper, hacher, intercepter, lâcher, marquer un temps d'arrêt, marquer une pause, mettre un frein à, quitter, suspendre. CONTR. *accomplir, achever, continuer, poursuivre, prolonger, recommencer, renouer, reprendre, rétablir.*

interrompre (s') *verbe pronominal* Cesser de faire quelque chose. SYN. s'arrêter, cesser, finir, stopper. CONTR. *durer, recommencer, reprendre.*

interrompu *adjectif* Qui s'arrête momentanément. SYN. discontinu, suspendu. CONTR. *assidu, continu, continuel, ininterrompu, suivi.*

interrupteur *nom masculin* Appareil de connexion électrique. SYN. commutateur.

interruption *nom féminin* Arrêt dans une activité. SYN. accalmie, arrêt, cessation, coupure, intermittence, panne, pause, répit, suspension. – LITTÉRAIRE : discontinuité, halte, relâche. CONTR. *continuation, continuité, poursuite, prolongement, reprise, rétablissement.* ■ ***Sans interruption,*** de façon continue. SYN. assidûment, constamment, continuellement, éternellement, immuablement, indéfiniment, invariablement, jour et nuit, journellement, à longueur de temps, du matin au soir, non-stop, en permanence, perpétuellement, sans arrêt, sans cesse, sans discontinuer, sans intermission, sans relâche, sans répit, sans souffler, sans trêve, sept jours sur sept, toujours, à tout bout de champ, à tout instant, tout le temps, à tout propos, vingt-quatre heures sur vingt-quatre. – LITTÉRAIRE : continûment, sempiternellement. CONTR. *par accès, alternativement, épisodiquement, exceptionnellement, par instants, par intermittence, par intervalles, irrégulièrement, occasionnellement, provisoirement, rarement, sporadiquement, de temps à autre, de temps en temps, variablement.*

intersection *nom féminin* Endroit où deux voies se croisent. SYN. carrefour, coin, croisement.

interstice *nom masculin* Petit espace vide. SYN. creux, espace, espacement, fente, fissure, intervalle, trou.

intervalle *nom masculin* Distance d'un point à un autre. SYN. écart, éloignement, espace, interligne, interstice. ■ ***Par intervalles,*** de temps en temps. SYN. par accès, par à-coups, par instants, par intermittence, irrégulièrement, par moments, occasionnellement, parfois, sporadiquement, de temps à autre, de temps en temps, variablement. CONTR. *continuellement, éternellement, immuablement, indéfiniment, invariablement, régulièrement, sans arrêt, sans cesse, sans discontinuer, sans interruption, sans relâche, sans répit, sans souffler, sans trêve, à tout propos.* – LITTÉRAIRE : *continûment.*

intervenir *verbe* Avoir lieu. SYN. advenir, arriver, se conclure, se faire, se produire, survenir. ■ Avoir son utilité dans. SYN. agir, entrer en jeu, entrer en ligne de compte, jouer un rôle dans, opérer, participer. ■ Agir pour quelqu'un d'autre. SYN. agir auprès de, défendre, s'employer à, s'entremettre, faire jouer, s'immiscer, s'ingérer, intercéder, s'interposer, parler pour, recommander. – FAMILIER : s'en mêler, pistonner. CONTR. *s'abstenir, laisser couler, laisser faire, se taire.*

intervention *nom féminin* Action d'intervenir dans un pays. SYN. immixtion, ingérence, intrusion. CONTR. *abstention, neutralité, non-intervention.* ■ Action d'intervenir pour quelqu'un. SYN. aide, appui, bons offices, concours, geste, médiation, recommandation, soutien. – FAMILIER : piston. – LITTÉRAIRE : entremise, intercession.

interventionnisme *nom masculin* Politique d'ingérence. SYN. ingérence. CONTR. *neutralisme, non-intervention.* ■ Doctrine d'intervention de l' État. SYN. dirigisme, étatisme, planification. CONTR. *anarchie, libéralisme.*

interversion *nom féminin* Dérangement de l'ordre habituel. SYN. déplacement, inversion, renversement, transposition.

intervertir *verbe* Renverser l'ordre habituel. SYN. inverser, permuter, renverser, transposer.

intestins *nom masculin pluriel* Viscères de l'homme. SYN. entrailles, tripaille. – FAMILIER : tripes. – POPULAIRE : boyaux.

intime *adjectif* Qui est au plus profond de quelqu'un. SYN. foncier, profond. CONTR. *léger, superficiel.* ■ Qui atteint le fond des choses. SYN. complet, étroit. ■ Qui est caché des autres. SYN. caché, intérieur, personnel, privé, secret. CONTR. *apparent, extérieur, public.*

intime *nom* Personne avec qui on est très lié. SYN. ami, confident, proche. – LITTÉRAIRE : familier. CONTR. *étranger.*

intimement *adverbe* Très profondément. SYN. foncièrement, intérieurement, profondément, secrètement. CONTR. *apparemment, en apparence, extérieurement, superficiellement.*

intimer *verbe* Donner un ordre à quelqu'un. SYN. commander, dire, mettre en demeure, notifier, ordonner, prescrire, sommer. – LITTÉRAIRE : enjoindre, signifier. CONTR. *obéir.*

intimidable *adjectif* Facile à intimider. SYN. émotif, hyperémotif, hypersensible, impressionnable, sensible, sensitif.

intimidation *nom féminin* Action d'intimider. SYN. bluff, chantage, dissuasion, menace, pression.

intimider *verbe* Inspirer de la crainte. SYN. apeurer, effaroucher, effrayer, pétrifier, terrifier, terroriser. – LITTÉRAIRE : inquiéter. CONTR. *encourager, enhardir.* ■ Faire perdre son assurance à. SYN. décontenancer, embarrasser, gêner, glacer, en imposer, impressionner, paralyser, troubler. – FAMILIER : bluffer, le (la) faire à l'influence. CONTR. *rassurer.*

intimité *nom féminin* Relations étroites. SYN. amitié, camaraderie, familiarité, secret.

intituler *verbe* Donner un titre à. SYN. appeler, baptiser, dénommer, nommer.

intituler (s') *verbe pronominal* Avoir pour titre. SYN. s'appeler, se dénommer, se nommer.

intolérable *adjectif* Qu'on ne peut pas supporter. SYN. abominable, atroce, cruel, féroce, insoutenable, insupportable, intenable, invivable, terrible. – FAMILIER : imbuvable, pénible. CONTR. *endurable, modéré, supportable, tolérable, vivable.* – FAMILIER : *buvable, possible.* ■ Qu'on ne peut accepter. SYN. inacceptable, inadmissible, inexcusable, odieux, scandaleux. CONTR. *acceptable, admissible, compréhensible, excusable.*

intolérance *nom féminin* Refus d'admettre la différence. SYN. intransigeance, rigueur, sectarisme. CONTR. *compréhension, indulgence, libéralisme, tolérance.* ■ Réaction de l'organisme. SYN. allergie, anaphylaxie, sensibilisation. CONTR. *accoutumance, tolérance.*

intolérant *adjectif* Qui manque de tolérance. SYN. autoritaire, exclusif, fermé, incompréhensif, intransigeant, partial, sectaire. CONTR. *complaisant, compréhensif, indulgent, large, libéral, tolérant.*

intonation *nom féminin* Inflexion que prend la voix. SYN. accent, inflexion, modulation, ton.

intouchable *adjectif* Qui ne peut être critiqué. SYN. intangible, invulnérable, sacré, saint. – FAMILIER : sacro-saint, tabou.

intouchable *nom* En Inde, membre des castes les plus basses. SYN. paria.

intoxication *nom féminin* Fait d'intoxiquer les esprits. SYN. endoctrinement, matraquage, propagande. – FAMILIER : bourrage de crâne, intox, intoxe.

intoxiqué *adjectif* Qui use de stupéfiants. SYN. dépendant, drogué, toxicomane. – FAMILIER : toxico. ■ Qui perd tout sens critique. SYN. endoctriné, obnubilé, obsédé.

intoxiquer *verbe* Faire perdre tout sens critique. SYN. convertir, endoctriner, influencer, monter la tête, persuader. – FAMILIER : bourrer le crâne, monter le bourrichon. – POPULAIRE : bourrer le mou.

intraduisible *adjectif* Qu'on ne peut exprimer. SYN. incommunicable, indescriptible, indicible, inexprimable, inracontable, irracontable. – LITTÉRAIRE : ineffable. CONTR. *communicable, exprimable, traduisible.*

intraitable *adjectif* Qui n'accepte aucun compromis. SYN. difficile, dur, exigeant, impitoyable, implacable, incompréhensif, inébranlable, inexorable, inflexible, intransigeant, irréductible, pointilleux, rigide, rigoureux, strict. – FAMILIER : invivable, jugulaire-jugulaire, service-service. – LITTÉRAIRE : raide. CONTR. *accommodant, affable, arrangeant, complaisant, conciliant, coulant, doux, facile, large, laxiste, libéral, maniable, souple.* – LITTÉRAIRE : *débonnaire, traitable.*

intra-muros *locution adverbiale* Dans l'enceinte des murs de la ville. CONTR. *extra-muros.*

intransigeance *nom féminin* Caractère intransigeant. SYN. exigence, inflexibilité, intolérance, rigidité, rigueur, sectarisme, sévérité. CONTR. *bonhomie, facilité, souplesse.* – LITTÉRAIRE : *débonnaireté.*

intransigeant *adjectif* Qui ne transige pas. SYN. absolu, dur, exclusif, impitoyable, implacable, incompréhensif, inébranlable, inflexible, intolérant, intraitable, irréductible, rigide, rigoriste, sectaire, sévère. – FAMILIER : jugulaire-jugulaire, rosse, service-service. – LITTÉRAIRE : raide. CONTR. *accommodant, arrangeant, complaisant, compréhensif, conciliant, coulant, facile, indulgent, laxiste, maniable, souple, vivable.* – LITTÉRAIRE : *débonnaire, traitable.*

intransitif *adjectif et nom masculin* Qui n'admet pas de complément d'objet. CONTR. *transitif.*

intransmissible *adjectif* Qui ne peut être transmis. SYN. incessible, incommunicable. CONTR. *transférable, transmissible.*

intrant *nom masculin* Élément entrant dans la production d'un bien. SYN. input. CONTR. *output.*

intra-utérin *adjectif* ***Dispositif intra-utérin,*** dispositif contraceptif placé dans l'utérus. SYN. stérilet.

intraversable *adjectif* Qui ne peut être traversé . SYN. infranchissable.

intrépide *adjectif* Qui ne craint pas le danger. SYN. audacieux, brave, courageux, hardi, héroïque, téméraire. – FAMILIER : casse-cou, fonceur. – LITTÉRAIRE : crâne, vaillant, valeureux. CONTR. *capitulard, craintif, lâche, peureux, pleutre, poltron, timoré.* – FAMILIER : *froussard.* – LITTÉRAIRE : *couard.* – POPULAIRE : *trouillard.* – VIEUX : *capon.*

intrépidement *adverbe* De façon intrépide. SYN. résolument, témérairement, vaillamment. – LITTÉRAIRE : bravement, hardiment, valeureusement. – VIEUX : gaillardement. CONTR. *timidement.*

intrépidité *nom féminin* Caractère intrépide. SYN. bravoure, courage, hardiesse, héroïsme, témérité. – LITTÉRAIRE : vaillance, valeur. CONTR. *crainte, effroi, épouvante, frayeur, peur, poltronnerie, terreur.* – LITTÉRAIRE : *couardise, pleutrerie.* – POPULAIRE : *trouille.* ▪ LITTÉRAIRE. Caractère hardi. SYN. aplomb, assurance, audace, hardiesse. – LITTÉRAIRE : crânerie. CONTR. *lâcheté, timidité.*

intrication *nom féminin* État de ce qui est emmêlé. SYN. emmêlement, enchevêtrement, fouillis, interpénétration.

intrigant *nom* Personne qui recourt à l'intrigue. SYN. ambitieux, arriviste, aventurier, calculateur, faiseur, opportuniste. – FAMILIER : combinard. – LITTÉRAIRE : chevalier d'industrie.

intrigue *nom féminin* Machination secrète. SYN. agissements, cabale, calcul, complot, conspiration, machination, manège, manigance, menées. – FAMILIER : combine, cuisine, grenouillage, micmac, trafic. – LITTÉRAIRE : brigue. – POPULAIRE : magouillage, magouille. ▪ Liaison amoureuse. SYN. amour, amourette, aventure, idylle, liaison, passade. – FAMILIER : flirt. ▪ Succession d'actions. SYN. action, histoire, scénario.

intriguer *verbe intransitif* Mener des intrigues. SYN. agir en sous-main, comploter, conspirer, manigancer, manœuvrer, ruser. – FAMILIER : grenouiller. – LITTÉRAIRE : cabaler. – POPULAIRE : magouiller.

intriguer *verbe transitif* Exciter la curiosité. SYN. étonner, intéresser, surprendre, titiller, troubler.

intrinsèque *adjectif* Qui est inhérent à. SYN. inhérent, inséparable, intérieur, interne, naturel, propre. CONTR. *étranger, extérieur, externe, extrinsèque.*

introducteur *nom* Personne qui introduit quelque chose. SYN. initiateur, innovateur, instigateur, novateur, précurseur, promoteur.

introduction *nom féminin* Action de s'introduire quelque part. SYN. admission, entrée, intrusion, pénétration, venue. CONTR. *éviction, renvoi.* ▪ Action d'introduire. SYN. implantation, importation, insertion, intronisation. CONTR. *retrait.* ▪ Préparation à une étude. SYN. apprentissage, découverte, initiation, préparation. ▪ Texte préliminaire. SYN. avant-propos, avertissement, avis au lecteur, entrée en matière, exorde, exposition, préambule, préface, protase. CONTR. *conclusion, dénouement, épilogue, fin.*

introduire *verbe* Faire entrer quelqu'un. SYN. admettre, conduire. CONTR. *chasser, exclure, excommunier, expulser.* ▪ Faire adopter quelque chose. SYN. accréditer, apporter, implanter, importer, instaurer, instituer, insuffler, lancer, parrainer, patronner, présenter, produire, répandre. – LITTÉRAIRE : infuser, introniser. ▪ Faire entrer dans. SYN. enfoncer, engager, glisser, mettre, plonger. – FAMILIER : fourrer. – LITTÉRAIRE : couler. CONTR. *extirper, retirer.* ▪ Ajouter quelque chose. SYN. apporter, enchâsser, enclaver, greffer, inclure, incorporer, insérer, intercaler, interpoler, placer. CONTR. *biffer, exclure, retrancher, sortir.*

introduire (s') *verbe pronominal* Pénétrer quelque part. SYN. s'enfoncer, s'engager, s'engouffrer, entrer, se faufiler, se glisser, s'infiltrer, s'insérer, s'insinuer, s'interposer, pénétrer, rentrer. – FAMILIER : se fourrer. CONTR. *sortir.*

intronisation *nom féminin* Action d'introniser. SYN. couronnement, sacre. ▪ Établissement de quelque chose. SYN. implantation, importation, installation, instauration, institution, introduction.

introniser *verbe* Placer sur un trône. SYN. couronner, établir, instituer, investir, sacrer. ▪ LITTÉRAIRE. Établir quelque chose. SYN. enraciner, établir, implanter, importer, installer, instaurer, instituer, introduire.

introuvable *adjectif* Qu'on ne peut plus trouver. SYN. exceptionnel, précieux, rare. CONTR. *banal, commun, fréquent, ordinaire.*

introversion *nom féminin* Propension au repliement sur soi-même. CONTR. *extraversion.*

introverti *adjectif* Qui se replie sur soi. SYN. renfermé, replié, réservé, silencieux, taciturne. CONTR. *extraverti, exubérant, ouvert.*

intrus *nom* Personne qui n'est pas à sa place. SYN. gêneur, imposteur, indésirable. – LITTÉRAIRE : importun.

intrusion *nom féminin* Fait d'intervenir sans légitimité. SYN. immixtion, ingérence, intervention, introduction. ▪ Intervention soudaine. SYN. arrivée, incursion, irruption, pénétration.

intuitif *adjectif* Qui procède par intuition. SYN. instinctif. CONTR. *déductif, discursif, raisonné.*

intuition *nom féminin* Perception directe de la vérité. SYN. finesse, impression. CONTR. *déduction, raisonnement.* ▪ Faculté de deviner. SYN. divination, flair, idée, inspiration, instinct, nez, notion, prémonition, prescience, pressentiment, sentiment, sixième sens. – FAMILIER : feeling.

intuitivement *adverbe* De façon intuitive. SYN. à l'estime, au jugé, à vue de nez. – FAMILIER : au doigt mouillé, au feeling, au pifomètre. – POPULAIRE : au pif.

intumescence *nom féminin* Augmentation de volume. SYN. bouffissure, boursouflure, enflure, renflement, tumescence, turgescence.

intumescent *adjectif* Qui commence à enfler. SYN. bouffi, boursouflé, enflé, gonflé, tumescent, turgescent.

inuit *adjectif* Relatif aux Esquimaux. SYN. esquimau.

inule *nom féminin* Plante herbacée des régions tempérées. SYN. aunée.

inusable *adjectif* Qui dure très longtemps. SYN. inaltérable, indestructible, résistant, robuste, solide. – FAMILIER : costaud, increvable. CONTR. *délicat, fragile.*

inusité *adjectif* Qui n'est pas usité. SYN. étrange, extraordinaire, insolite, inutilisé, original, singulier. CONTR. *commun, courant, fréquent, usité, utilisé.* ■ Qui n'est pas habituel. SYN. anormal, inaccoutumé, inhabituel, insolite. CONTR. *familier, habituel, normal, ordinaire.* – LITTÉRAIRE : *coutumier.*

inutile *adjectif* Qui n'apporte rien. SYN. byzantin, futile, oiseux, superflu, vide. – LITTÉRAIRE : superfétatoire, vain. CONTR. *essentiel, important, indispensable, nécessaire.* ■ Qui n'a aucun effet. SYN. inefficace, infructueux, perdu, stérile, vain. – FAMILIER : c'est comme si on crachait en l'air . – POPULAIRE : c'est comme si on pissait dans un violon. CONTR. *agissant, bon, fructueux, payant, profitable, salutaire, utile.*

inutilement *adverbe* De façon inutile. SYN. en pure perte, pour rien, vainement, en vain. – FAMILIER : pour des prunes. – LITTÉRAIRE : infructueusement, stérilement. CONTR. *utilement.*

inutilisable *adjectif* Qui n'est pas utilisable. SYN. hors d'état, inemployable. – FAMILIER : fichu, H.S., kaput, mort. – POPULAIRE : nase. CONTR. *employable, exploitable, praticable, utilisable.*

inutilisé *adjectif* Qui n'est pas utilisé. SYN. inemployé, inusité. CONTR. *utilisé.*

inutilité *nom féminin* Caractère inutile. SYN. inanité, inefficacité, vide. – LITTÉRAIRE : stérilité, superfluité, vanité. CONTR. *efficacité, efficience, utilité.* ■ Chose inutile. SYN. baliverne, fadaise, futilité. – FAMILIER : faribole. – LITTÉRAIRE : superfluité.

invalidation *nom féminin* Action d'invalider. SYN. abolition, annulation, révocation. CONTR. *confirmation, validation.*

invalide *adjectif* Qui a une infirmité. SYN. éclopé, faible, impotent, infirme, paralysé, perclus. CONTR. *ingambe, solide, valide, vigoureux.* – VIEUX : *gaillard.*

invalider *verbe* Déclarer non valable. SYN. abolir, abroger, annuler, casser, infirmer, rapporter, rendre nul, résilier, révoquer. CONTR. *confirmer, consacrer, corroborer, ratifier, valider.*

invalidité *nom féminin* État de quelqu'un d'invalide. SYN. faiblesse, impotence, incapacité, infirmité. CONTR. *solidité, vigueur.*

invariabilité *nom féminin* Caractère invariable. SYN. constance, égalité, pérennité, permanence, stabilité. – LITTÉRAIRE : fixité, immuabilité. CONTR. *changement, évolution, instabilité, mobilité, modification, transformation, variation.* – LITTÉRAIRE : *mutabilité, variabilité.*

invariable *adjectif* Qui ne change pas. SYN. constant, éternel, fixe, habituel, immuable, régulier, stable. CONTR. *capricieux, changeant, fantaisiste, fluctuant, variable.* – LITTÉRAIRE : *inconstant.* ■ LITTÉRAIRE. Que rien ne peut troubler. SYN. égal, ferme, immuable, impérissable, inaltérable, inébranlable, inflexible, stable. CONTR. *changeant, inconstant, instable, versatile.* – LITTÉRAIRE : *ondoyant.*

invariablement *adverbe* De façon invariable. SYN. constamment, continuellement, éternellement, immanquablement, immuablement, en permanence, perpétuellement, sans arrêt, sans cesse, sans discontinuer, sans intermission, sans interruption, sans relâche, sans répit, toujours, à tout propos. – LITTÉRAIRE : continûment, sempiternellement. CONTR. *épisodiquement, exceptionnellement, par instants, par intermittence, par intervalles, irrégulièrement, rarement, sporadiquement, de temps à autre, de temps en temps, variablement.*

invasion *nom féminin* Action d'envahir un pays. SYN. envahissement, incursion, occupation, pénétration, raid, razzia. ■ Diffusion massive d'idées. SYN. déferlement, envahissement, inondation, irruption, pénétration, propagation.

invective *nom féminin* Parole injurieuse. SYN. apostrophe, gros mot, grossièreté, injure, insulte, offense, sortie, vitupération.

invectiver *verbe transitif* Couvrir d'invectives. SYN. agonir de sottises, agonir d'injures, apostropher, conspuer, huer, injurier, insulter, maltraiter. – FAMILIER : enguirlander. – LITTÉRAIRE : vitupérer. – POPULAIRE : engueuler.

invectiver *verbe transitif indirect* Se répandre en invectives contre. SYN. crier, fulminer, pester, tempêter, tonner, vitupérer contre. – FAMILIER : aboyer après, aboyer contre, déblatérer.

invendable *adjectif* Qu'on ne peut vendre. SYN. inaliénable, incessible. CONTR. *cessible, vendable.*

inventaire *nom masculin* Description de biens. SYN. bilan, catalogue, dénombrement, enregistrement, énumération, liste, nomenclature, récapitulation, recensement, relevé, revue.

inventé *adjectif* Qui est imaginé. SYN. de fantaisie, fantaisiste, fictif, forgé. CONTR. *réel, véritable, vrai.*

inventer *verbe* Réaliser une chose nouvelle. SYN. concevoir, construire, créer, imaginer. CONTR. *copier.* ■ Imaginer à des fins précises. SYN. découvrir, improviser, trouver. ■ Créer de toutes pièces. SYN. bâtir, fabriquer, forger, imaginer, improviser, rêver. ■ Faire passer pour vrai. SYN. affabuler. – FAMILIER : raconter des bobards, raconter des histoires, raconter des salades. – LITTÉRAIRE : broder, controuver. – POPULAIRE : raconter des craques.

inventeur *nom* Personne qui crée. SYN. auteur, créateur, fabricateur, faiseur, fondateur, père. – LITTÉRAIRE : fabricant, forgeur, instaurateur.

inventif *adjectif* Habile à inventer. SYN. créateur, créatif, fécond, fertile, imaginatif, prolifique. CONTR. *infécond, pauvre, stérile.* ■ Qui sait se tirer d'affaire. SYN. astucieux, ingénieux. – FAMILIER : combinard. – LITTÉRAIRE : industrieux.

invention *nom féminin* Action d'inventer. SYN. conception, création, élaboration. ■ Objet inventé. SYN. découverte, innovation. – FAMILIER : trouvaille. ■ Faculté d'imaginer. SYN. fabulation, imagination, inspiration. ■ Propos donné pour vrai. SYN. conte, divagation, fable, fiction, histoire, historiette, mensonge, mythe, roman. CONTR. *fait.*

inventivité *nom féminin* Capacité à inventer. SYN. fertilité, imagination, innovation. – LITTÉRAIRE : fécondité, souffle.

inventorier *verbe* Faire l'inventaire de. SYN. cataloguer, classer, classifier, dénombrer, énumérer, hiérarchiser, ordonner, passer en revue, recenser, répartir, répertorier, sérier, trier.

invérifiable *adjectif* Qui ne peut être vérifié. SYN. improuvable, incontrôlable, indémontrable, injustifiable. CONTR. *contrôlable, démontrable, prouvable, vérifiable.*

inverse *adjectif* Qui va dans le sens contraire. SYN. antithétique, contraire, opposé. CONTR. *approchant, même.*

inverse *nom masculin* Le contraire de. SYN. antipode, antithèse, contraire, contrepartie, envers, opposé.

inversement *adverbe* De façon réciproque. SYN. à charge de revanche, en contrepartie, en échange, réciproquement, en retour, vice versa. ■ À l'opposé. SYN. a contrario, au contraire, contrairement, à l'inverse, en revanche. – FAMILIER : par contre.

inverser *verbe* Changer la position de deux choses. SYN. intervertir, permuter, renverser, retourner. – VIEUX : invertir.

inversion *nom féminin* Action d'inverser. SYN. dérangement, interversion, permutation, renversement, retournement.

invertase *nom féminin* Enzyme de la muqueuse de l'intestin grêle. SYN. saccharase, sucrase.

invertébré *adjectif et nom masculin* Dépourvu de vertèbres. CONTR. *vertébré.*

investigateur *adjectif* Qui fait des investigations. SYN. curieux, fureteur, inquisiteur, observateur. – LITTÉRAIRE : chercheur, scrutateur.

investigation *nom féminin* Recherche suivie. SYN. enquête, examen, exploration, observation, prospection, recherche.

investir *verbe* Encercler une place. SYN. assiéger, bloquer, cerner, encercler, envelopper, occuper. ■ Charger quelqu'un d'une fonction. SYN. conférer, installer, instituer, introniser, mettre, placer.

invétéré *adjectif* Qui s'est enraciné avec le temps. SYN. ancré, chronique, immuable, vieux, vivace. ■ Qui a pris des habitudes. SYN. endurci, forcené, impénitent, incorrigible, incurable. – FAMILIER : indécrottable. – VIEUX : intrépide.

invétérer (s') *verbe pronominal* LITTÉRAIRE. Se renforcer avec le temps. SYN. s'affermir, s'ancrer, s'enraciner, se fixer, se fortifier, s'installer.

invincible *adjectif* Qui ne peut être vaincu. SYN. fort, imbattable, immortel, indestructible, invulnérable, irrésistible. CONTR. *fragile, vulnérable.* ■ Qu'on ne peut surmonter. SYN. indomptable, infranchissable, insurmontable, irraisonné, irrépressible, irrésistible. ■ Qu'on ne peut réfuter. SYN. certain, décisif, formel, inattaquable, incontestable, indiscutable, irrécusable, irréfutable. – LITTÉRAIRE : irréfragable.

inviolable *adjectif* Qu'on ne doit jamais violer. SYN. intangible, sacré. – FAMILIER : sacro-saint, tabou.

invisible *adjectif* Qu'on ne peut percevoir. SYN. imperceptible, inapparent, indécelable, indiscernable, indistinct, insaisissable, insensible. CONTR. *apparent, discernable, distinct, manifeste, ostensible, perceptible, sensible, visible.*

invitation *nom féminin* Action d'inciter à. SYN. appel, encouragement, exhortation, incitation, invite, prière, sollicitation, sommation, suggestion.

invite *nom féminin* Façon adroite de demander. SYN. appel, exhortation, incitation, invitation, sollicitation.

invité *nom* Personne que l'on invite. SYN. convive, hôte.

inviter *verbe* Prier quelqu'un de venir. SYN. convier, prier de. – VIEUX : prier à. CONTR. *se défaire, éloigner, exclure.* ■ Engager quelqu'un à. SYN. appeler, encourager, engager, entraîner, exhorter, inciter, incliner, ordonner, porter, pousser, presser, recommander, solliciter, sommer, souffler. – LITTÉRAIRE : enjoindre. CONTR. *déconseiller, dissuader, retenir.*

in vitro *locution adjectivale et adverbe* En dehors de l'organisme. CONTR. *in vivo.*

invivable *adjectif* FAMILIER. Avec qui l'on ne peut vivre. SYN. difficile, épouvantable, infernal, insociable, insupportable, intolérable, intraitable, mauvais, odieux. – FAMILIER : imbuvable, impossible, pénible. CONTR. *exquis, facile, sociable, supportable, vivable.* – FAMILIER : *possible.* ■ Où il est difficile de vivre. SYN. épouvantable, impraticable, infernal, inhabitable, intenable, irrespirable, odieux. CONTR. *agréable, confortable, habitable, vivable.*

in vivo *locution adjectivale et adverbe* Dans l'organisme. CONTR. *in vitro.*

invocation *nom féminin* Action d'invoquer. SYN. adjuration, prière. – LITTÉRAIRE : imploration, supplication.

involontaire *adjectif* Où la volonté n'a pas de part. SYN. automatique, inconscient, instinctif, irraisonné, irréfléchi, machinal, mécanique. CONTR. *conscient, délibéré, intentionnel, prémédité, réfléchi, volontaire, voulu.*

involontairement *adverbe* De façon involontaire. SYN. par erreur, par inadvertance, inconsciemment, instinctivement, machinalement, mécaniquement, par mégarde. CONTR. *consciemment, délibérément, intentionnellement, sciemment, volontairement.*

invoquer *verbe* Solliciter par des prières. SYN. adjurer, appeler, supplier. – LITTÉRAIRE : conjurer, implorer. ■ Donner comme argument. SYN. alléguer, arguer, s'autoriser, avancer, mettre en avant, prétexter, produire, se réclamer, se référer à.

invraisemblable *adjectif* Qui ne semble pas vrai. SYN. impensable, inconcevable, incroyable, insoutenable. CONTR. *certain, crédible, croyable, plausible, possible, probable, vraisemblable.* ■ FAMILIER. Qui surprend par sa bizarrerie. SYN. bizarre, effarant, étrange, extraordinaire, extravagant, incroyable, inénarrable, inimaginable, stupéfiant. – FAMILIER : énorme, fort de café.

invraisemblance *nom féminin* Ce qui n'est pas crédible. SYN. énormité, improbabilité. CONTR. *crédibilité, vérité, vraisemblance.*

invulnérable *adjectif* Qui résiste à toute atteinte. SYN. blindé, cuirassé, endurci, fort, imbattable, indestructible, indomptable, invincible. CONTR. *fragile, sensible, vulnérable.*

ionique *adjectif* Qui résulte d'une hétérolyse. SYN. hétérolytique.

ipsilatéral *adjectif* Qui se trouve d'un même côté du corps. SYN. homolatéral.

iranien *nom masculin* Langue parlée en Iran. SYN. persan.

irascibilité *nom féminin* Caractère irascible. SYN. emportement, irritabilité. – LITTÉRAIRE : excitabilité. CONTR. *calme, douceur, égalité d'humeur, équanimité, patience, sérénité.*

irascible *adjectif* Qui est prompt à s'irriter. SYN. acariâtre, aigri, chatouilleux, coléreux, emporté, excitable, irritable, ombrageux, rageur, susceptible, violent. – FAMILIER : soupe au lait. – LITTÉRAIRE : atrabilaire, colérique, tempétueux. CONTR. *calme, doux, impassible, serein, tranquille.*

iridosmine *nom féminin* Alliage d'iridium et d'osmium. SYN. osmiridium.

ironie *nom féminin* Type de raillerie. SYN. dérision, esprit, humour, malice, moquerie, persiflage, raillerie.

ironique *adjectif* Qui manifeste de l'ironie. SYN. goguenard, gouailleur, malicieux, moqueur, narquois, persifleur, railleur, sarcastique. – FAMILIER : blagueur. CONTR. *sérieux.*

ironiquement *adverbe* D'une façon ironique. SYN. – LITTÉRAIRE : narquoisement, sarcastiquement.

ironiser *verbe* Railler finement. SYN. se moquer de, persifler, plaisanter, railler, rire de. – LITTÉRAIRE : se gausser de. – POPULAIRE : charrier.

irracontable *adjectif* Qu'on ne peut raconter. SYN. indescriptible, indicible, inexprimable, inimaginable, inouï, inracontable, insensé, intraduisible. – LITTÉRAIRE : ineffable. CONTR. *exprimable, racontable.*

irradiant *adjectif* Qui irradie. SYN. enveloppant, rayonnant.

irradiation *nom féminin* Action d'irradier, de se propager. SYN. rayonnement.

irradier *verbe* LITTÉRAIRE. Se répandre autour. SYN. se diffuser, se propager, rayonner.

irraisonné *adjectif* Qui n'est pas raisonné. SYN. incontrôlé, instinctif, insurmontable, invincible, involontaire, irréfléchi, irrépressible. CONTR. *raisonné, réfléchi.*

irrassasiable *adjectif* Que l'on ne peut rassasier. SYN. insatiable. – LITTÉRAIRE : dévorant, inapaisable, inassouvissable. CONTR. *rassasié, satisfait.*

irrationalité *nom féminin* Caractère irrationnel. SYN. absurdité, incohérence. CONTR. *logique, rationalité.*

irrationnel *adjectif* Contraire à la raison. SYN. aberrant, absurde, antilogique, déraisonnable, illogique, incohérent, inconséquent. CONTR. *cartésien, judicieux, logique, raisonnable, raisonné, rationnel, scientifique.*

irrationnellement *adverbe* De façon irrationnelle. SYN. absurdement, déraisonnablement, illogiquement. CONTR. *logiquement, raisonnablement, rationnellement.*

irrattrapable *adjectif* Qu'on ne peut rattraper. SYN. irrécupérable, irréparable. CONTR. *arrangeable, remédiable, réparable.*

irréalisable *adjectif* Qui ne peut être réalisé. SYN. chimérique, illusoire, impossible, inapplicable, inexécutable, infaisable, utopique. CONTR. *faisable, possible, praticable, réalisable.*

irréalisé *adjectif* LITTÉRAIRE. Qui n'est pas réalisé. SYN. inexécuté. CONTR. *accompli, exécuté, fait, réalisé.*

irréalité *nom féminin* Caractère irréel. SYN. chimère, illusion, mirage. – LITTÉRAIRE : rêverie, songe.

irrecevable *adjectif* Qui n'est pas acceptable. SYN. inacceptable, inadmissible. CONTR. *acceptable, admissible, recevable, valable.*

irréconciliable *adjectif* Qui ne peut être réconcilié. CONTR. *accommodant, arrangeant, conciliant, réconciliable.*

irrécupérable *adjectif* Qu'on ne peut améliorer. SYN. impénitent, incorrigible. – FAMILIER : indécrottable. ■ Qu'on ne peut rattraper. SYN. irrattrapable, irréparable. CONTR. *remédiable, réparable.*

irrécusable *adjectif* Qu'on ne peut pas contester. SYN. avéré, certain, inattaquable, incontestable, indéniable, indiscutable, indubitable, irréfutable, manifeste, positif, sûr, tangible, vrai. – LITTÉRAIRE : irréfragable. CONTR. *contestable, discutable, douteux, erroné, improbable, incertain, niable, récusable, réfutable.*

irréductible *adjectif* Qu'on ne peut faire céder. SYN. implacable, indomptable, inébranlable, inflexible, intraitable, intransigeant, opiniâtre. – LITTÉRAIRE : robuste.

irréel *adjectif* Qui n'est pas réel. SYN. chimérique, fantasmagorique, fantastique, fantomatique, féerique, fictif, illusoire, imaginaire, inexistant, mystérieux, mythique, utopique. – LITTÉRAIRE : fabuleux. CONTR. *authentique, concret, consistant, effectif, manifeste, réel, tangible, vrai.*

irréfléchi *adjectif* Fait ou dit sans réflexion. SYN. illégitime, immotivé, impromptu, improvisé, inconsidéré, injustifié, instinctif, involontaire, irraisonné, machinal, mécanique, spontané. CONTR. *concerté, conscient, délibéré, fondé, intentionnel, justifié, légitime, motivé, pensé, volontaire, voulu.* – LITTÉRAIRE : *rassis.* ■ Qui agit sans réflexion. SYN. écervelé, étourdi, évaporé, imprévoyant, imprudent, inattentif, inconscient, inconséquent, léger, malavisé, négligent, tête en l'air. – FAMILIER : foufou. CONTR. *averti, avisé, calculateur, circonspect, grave, méthodique, pondéré, posé, prudent, réfléchi, sage, sérieux.*

irréflexion *nom féminin* Manque de réflexion. SYN. étourderie, imprudence, inadvertance, inattention, inconscience, inconséquence, insouciance, légèreté. CONTR. *application, attention, conscience, exactitude, gravité, prudence, soin.*

irréfragable *adjectif* LITTÉRAIRE. Qu'on ne peut récuser. SYN. certain, formel, inattaquable, incontestable, indéniable, indiscutable, indubitable, invincible, irrécusable, irréfutable, irrésistible. CONTR. *contestable, discutable, niable, récusable, réfutable.*

irréfrénable *adjectif* Qu'on ne peut réfréner. SYN. irrépressible, irrésistible.

irréfutable *adjectif* Qu'on ne peut réfuter. SYN. accablant, certain, décisif, formel, inattaquable, incontestable, indéniable, indiscutable, indubitable, invincible, irrécusable, irrésistible, positif, vrai. – LITTÉRAIRE : irréfragable. CONTR. *contestable, discutable, niable, problématique, récusable, réfutable.*

irréfutablement *adverbe* De façon irréfutable. SYN. assurément, à l'évidence, incontestablement, indéniablement, indiscutablement, indubitablement, sans aucun doute, sans conteste, de toute évidence. – FAMILIER : positivement. – LITTÉRAIRE : sans contredit.

irrégularité *nom féminin* Action contraire à la loi. SYN. anomalie, écart, erreur, faute, illégalité, illégitimité. ■ Surface irrégulière. SYN. asymétrie, inégalité. CONTR. *égalité, symétrie.* ■ Manque de suivi. SYN. discontinuité, intermittence. CONTR. *assiduité, constance, ponctualité, régularité.*

irrégulier *adjectif* Qui n'a pas une forme régulière. SYN. asymétrique, biscornu, dissymétrique, inégal, tordu. CONTR. *harmonieux, net, régulier, symétrique, uniforme.* ■ Dont le rythme varie. SYN. anormal, capricieux, désordonné, discontinu, inégal, intermittent, saccadé, sporadique, variable. – LITTÉRAIRE : capricant. CONTR. *cadencé, constant, incessant, ininterrompu, soutenu, suivi.* ■ Qui n'est pas constant dans son travail. SYN. fantaisiste, inégal. CONTR. *appliqué, assidu, persévérant, régulier.* ■ Qui n'est pas conforme aux lois. SYN. arbitraire, clandestin, frauduleux, illégal, illégitime, illicite, sauvage, usurpatoire. CONTR. *légal, licite.*

irrégulièrement *adverbe* De façon illégale. SYN. abusivement, frauduleusement, illégalement, illégitimement, illicitement, indûment, en sous-main. – FAMILIER : par la bande. CONTR. *légalement, légitimement.* ■ De façon variable. SYN. par accès, par à-coups, alternativement, épisodiquement, inégalement, par instants, par intermittence, par intervalles, par moments, rarement, sporadiquement, de temps à autre, de temps en temps, variablement. CONTR. *assidûment, constamment, continuellement, éternellement, fréquemment, immuablement, indéfiniment, invariablement, journellement, à longueur de temps, normalement, en permanence, quotidiennement, régulièrement, sans arrêt, sans cesse, sans discontinuer, sans intermission, sans interruption, sans relâche, sans répit, sans souffler, sans trêve, toujours, à tout bout de champ, à tout instant, tout le temps, à tout propos.* – LITTÉRAIRE : *continûment.*

irréligieux *adjectif* Qui n'a pas de conviction religieuse. SYN. agnostique, athée, incrédule, incroyant, païen, sceptique. – LITTÉRAIRE : impie. CONTR. *croyant, dévot, pieux, pratiquant, religieux.*

irréligion *nom féminin* Manque de conviction religieuse. SYN. agnosticisme, athéisme, incrédulité, incroyance, scepticisme. – LITTÉRAIRE : impiété. CONTR. *dévotion, piété.*

irrémédiable *adjectif* À quoi on ne peut remédier. SYN. définitif, incurable, inguérissable, irréparable, sans appel, sans recours. CONTR. *remédiable, réparable.*

irrémédiablement *adverbe* De façon irrémédiable. SYN. définitivement, irréparablement, irrévocablement.

irrémissible *adjectif* Qui ne mérite pas de pardon. SYN. impardonnable, inexcusable. CONTR. *pardonnable, rémissible.*

irréparable *adjectif* Qui ne peut être réparé. SYN. irrattrapable, irrécupérable, irrémédiable. CONTR. *arrangeable, remédiable, réparable.*

irréparablement *adverbe* De façon irréparable. SYN. irrémédiablement, irrévocablement.

irrépréhensible *adjectif* LITTÉRAIRE. Qu'on ne peut blâmer. SYN. inattaquable, innocent, irréprochable. CONTR. *blâmable, condamnable, critiquable, répréhensible.*

irrépressible *adjectif* Qu'on ne peut réprimer. SYN. fou, impérieux, incoercible, incontrôlable, insurmontable, invincible, irraisonné, irréfrénable, irrésistible. CONTR. *coercible, contrôlable.*

irréprochable *adjectif* Qui est sans défaut. SYN. correct, impeccable, parfait. CONTR. *défectueux, grossier.* ■ Qui ne mérite pas de reproche. SYN. exemplaire, honnête, inattaquable. – FAMILIER : régulier. – LITTÉRAIRE : irrépréhensible, probe, vertueux. CONTR. *condamnable, punissable, répréhensible.*

irrésistible *adjectif* Qui est très attirant. SYN. entraînant, fou, séduisant. – FAMILIER : craquant. – LITTÉRAIRE : invincible. ■ Contre quoi on ne peut lutter. SYN. impérieux, incoercible, incontrôlable, indomptable, inéluctable, invincible, irréfrénable, irrépressible. – LITTÉRAIRE : implacable, irréfragable. CONTR. *coercible, contrôlable.*

irrésolu *adjectif* Qui n'arrive pas à se décider. SYN. embarrassé, flottant, fluctuant, hésitant, incertain, indécis, perplexe. – LITTÉRAIRE : nébuleux, pusillanime. CONTR. *décidé, déterminé, énergique, obstiné, prêt, résolu.*

irrésolution *nom féminin* État de quelqu'un d'irrésolu. SYN. doute, embarras, flottement, hésitation, incertitude, indécision, indétermination, perplexité, vacillement. – LITTÉRAIRE : vacillation. CONTR. *décision, détermination, fermeté, résolution.*

irrespect *nom masculin* LITTÉRAIRE. Manque de respect. SYN. impertinence, impolitesse, incorrection, insolence. – LITTÉRAIRE : discourtoisie, irrévérence. CONTR. *déférence, politesse, respect, tact, vénération.* – LITTÉRAIRE : *révérence, urbanité.*

irrespectueusement *adverbe* LITTÉRAIRE. De façon irrespectueuse. SYN. cavalièrement, crûment, cyniquement, effrontément, grossièrement, impoliment, impudemment, insolemment, sans vergogne. – LITTÉRAIRE : irrévérencieusement. – VIEUX : irrévéremment. CONTR. *poliment, respectueusement.* – LITTÉRAIRE : *révérencieusement.*

irrespectueux *adjectif* LITTÉRAIRE. Qui manque de respect. SYN. déplacé, impertinent, impoli, incorrect, insolent. – LITTÉRAIRE : irrévérencieux. CONTR. *déférent, poli, respectueux.* – LITTÉRAIRE : *révérencieux, urbain.*

irrespirable *adjectif* Non respirable. SYN. accablant, asphyxiant, empuanti, étouffant, lourd, pollué, vicié. CONTR. *pur.* ■ Difficile à supporter. SYN. insoutenable, invivable.

irresponsable *adjectif* Qui agit avec légèreté. SYN. inconscient, léger. CONTR. *conscient, pondéré, posé, réfléchi, responsable.*

irrévéremment *adverbe* VIEUX. Avec irrévérence. SYN. cavalièrement, crûment, cyniquement, effrontément, grossièrement, impoliment, insolemment. – LITTÉRAIRE : irrespectueusement, irrévérencieusement. CONTR. *poliment, respectueusement.* – LITTÉRAIRE : *révérencieusement.*

irrévérence *nom féminin* LITTÉRAIRE. Manque de respect. SYN. désinvolture, impertinence, impolitesse, incorrection, insolence. – LITTÉRAIRE : discourtoisie, irrespect. CONTR. *décence, déférence, politesse, respect, tact, vénération.* – LITTÉRAIRE : *civilité, révérence, urbanité.*

irrévérencieusement *adverbe* LITTÉRAIRE. De façon irrévérencieuse. SYN. cavalièrement, crûment, cyniquement, effrontément, grossièrement, impoliment, insolemment, sans vergogne. – LITTÉRAIRE : irrespectueusement. – VIEUX : irrévéremment. CONTR. *poliment, respectueusement.* – LITTÉRAIRE : *révérencieusement.*

irrévérencieux *adjectif* LITTÉRAIRE. Qui manque de respect. SYN. cavalier, choquant, déplacé, impertinent, inconvenant, incorrect, insolent, leste. – FAMILIER : sans gêne. – LITTÉRAIRE : irrespectueux. CONTR. *déférent, poli, respectueux.* – LITTÉRAIRE : *révérencieux, urbain.*

irrévocable *adjectif* Sur quoi on ne peut revenir. SYN. arrêté, définitif, ferme, immuable, inébranlable, inflexible, intangible, radical, sans appel, sans recours. CONTR. *provisoire, transitoire.*

irrévocablement *adverbe* De façon irrévocable. SYN. définitivement, irrémédiablement, irréparablement. CONTR. *provisoirement, temporairement.*

irriguer *verbe* Arroser une surface. SYN. bassiner, humecter, humidifier. – LITTÉRAIRE : baigner. CONTR. *assécher, sécher.*

irritabilité *nom féminin* Caractère irritable. SYN. emportement, irascibilité, susceptibilité, violence. – LITTÉRAIRE : excitabilité. CONTR. *calme, flegme, impassibilité, patience.*

irritable *adjectif* Qui s'irrite facilement. SYN. chatouilleux, coléreux, emporté, excitable, explosif, impatient, irascible, nerveux, rageur, susceptible. – FAMILIER : soupe au lait. – LITTÉRAIRE : colérique, tempétueux. CONTR. *apathique, calme, flegmatique, impassible, imperturbable, lymphatique, patient.*

irritant *adjectif* Qui met en colère. SYN. agaçant, déplaisant, énervant, exaspérant, excédant. – FAMILIER : crispant, enrageant, horripilant, rageant, vexant. CONTR. *apaisant, calmant, lénifiant.* – LITTÉRAIRE : *lénitif.*

irritation *nom féminin* État de quelqu'un qui est en colère. SYN. agacement, contrariété, crispation, dépit, déplaisir, emportement, énervement, exaspération, impatience, indignation, mécontentement. – FAMILIER : horripilation, rogne. – LITTÉRAIRE : hérissement. CONTR. *apaisement, calme.* ■ Inflammation légère de la peau. SYN. brûlure, chatouillement, picotement. CONTR. *adoucissement.*

irrité *adjectif* Qui est en colère. SYN. agacé, contrarié, énervé, exaspéré, excédé, fâché, furibond, furieux. – FAMILIER : à cran, furax, furibard. – LITTÉRAIRE : courroucé, fulminant. CONTR. *calme, flegmatique, impassible, imperturbable, placide, serein, tranquille.*

irriter *verbe* Mettre en colère. SYN. agacer, contrarier, crisper, déplaire, échauffer la bile, échauffer la tête, échauffer le sang, échauffer les oreilles, énerver, exaspérer, excéder, fâcher, hérisser, impatienter, indigner, indisposer, mécontenter, pousser à bout, ulcérer. – FAMILIER : casser les pieds, faire suer, horripiler, insupporter, porter sur les nerfs, prendre la tête, taper sur le système, taper sur les nerfs. – LITTÉRAIRE : courroucer. – POPULAIRE : casser les bonbons, donner des boutons, faire braire, faire chier, gonfler, pomper, soûler. CONTR. *apaiser, calmer, désénerver.* – LITTÉRAIRE : *lénifier.* ■ Enflammer la peau. SYN. chatouiller, démanger, enflammer, picoter, piquer. CONTR. *adoucir.*

irriter (s') *verbe pronominal* Ne pas contenir sa colère. SYN. se cabrer, se déchaîner, décharger sa bile, éclater, s'emporter, s'enflammer, entrer dans une rage folle, être en colère, être fou de rage, être fou furieux, être hors de soi, se fâcher, fulminer, se hérisser, s'impatienter, se mettre en colère, monter sur ses grands chevaux, se monter, ne pas décolérer, prendre la mouche, prendre le mors aux dents, sortir de ses gonds, voir rouge. – FAMILIER : avoir une poussée d'adrénaline, s'emballer, être en boule, être en pétard, être en rogne, exploser, se fâcher tout rouge, grimper au cocotier, grimper aux rideaux, se mettre en boule, se mettre en pétard, se mettre en rogne, la moutarde me (lui) monte au nez, piquer une crise. – POPULAIRE : pousser un coup de gueule, pousser une gueulante.

irruption *nom masculin* Apparition soudaine. SYN. envahissement, incursion, intrusion, invasion, raid, razzia. ■ ***Faire irruption,*** entrer soudainement. SYN. arriver, arriver en trombe, surgir. – FAMILIER : débouler. – LITTÉRAIRE : survenir.

isabélin *adjectif* Se dit de l'art sous le règne des Rois Catholiques. SYN. hispano-flamand.

isabelle *nom féminin* Papillon dont la chenille vit sur le pin sylvestre. SYN. graellsia.

isard *nom masculin* Mammifère ruminant des Pyrénées. SYN. chamois.

islam *nom masculin* Religion des musulmans. SYN. – VIEUX : mahométisme.

isobutane *nom masculin* Hydrocarbure isomère du butane. SYN. méthylpropane.

isocortex *nom masculin* Portion du cortex. SYN. néocortex, néopallium.

isocyclique *adjectif* Formé uniquement d'atomes de carbone. SYN. carbocyclique, homocyclique.

isogamie *nom féminin* Fusion de deux gamètes identiques. CONTR. *hétérogamie.*

isolable *adjectif* Qui peut être isolé. SYN. dissociable, séparable. CONTR. *indissociable, inséparable.*

isolé *adjectif* À l'écart. SYN. écarté, perdu, reculé, retiré. – POPULAIRE : paumé. CONTR. *fréquenté, populeux, surpeuplé.* ■ Qui est rare. SYN. individuel, particulier, sporadique, unique. CONTR. *commun, fréquent, général, généralisé, multiple, répandu, répété.* ■ Qui est seul. SYN. esseulé, seul, solitaire. – LITTÉRAIRE : reclus. CONTR. *entouré, recherché.*

isolement *nom masculin* État de quelqu'un qui est isolé. SYN. abandon, confinement, exil, solitude. – LITTÉRAIRE : délaïssement, réclusion. ■ Mise à l'écart volontaire. SYN. claustration, internement, quarantaine, séquestration.

isolément *adverbe* De façon séparée. SYN. un à un, indépendamment, individuellement, séparément. CONTR. *en bloc, concurremment, conjointement, ensemble, en même temps, simultanément.*

isoler *verbe* Mettre physiquement à l'écart. SYN. claustrer, cloîtrer, confiner, consigner, enfermer, exiler, interner, mettre en quarantaine, séquestrer. – LITTÉRAIRE : reclure. – VIEUX : chambrer. CONTR. *rapprocher, rassembler, réunir.* ■ Considérer quelque chose à part. SYN. abstraire, dégager, désunir, détacher, disjoindre, dissocier, distinguer, séparer. CONTR. *adjoindre, assimiler, associer, combiner, joindre, lier, mélanger, mêler, unir.*

isoler (s') *verbe pronominal* Se mettre à l'écart. SYN. s'abstraire, se barricader, se claquemurer, se claustrer, se cloîtrer, se confiner, s'enfermer dans sa tour d'ivoire, s'enfermer dans son cocon, s'enfermer, s'enterrer, s'exiler, faire cavalier seul, rester dans son coin, se retirer dans sa tour d'ivoire, se retirer dans son cocon, se retirer, se terrer. – FAMILIER : rester dans sa coquille. CONTR. *s'associer, se joindre à, se mêler à.*

isonitrile *nom masculin* Composé chimique. SYN. carbylamine.

israélite *adjectif* De religion judaïque. SYN. juif.

issu *adjectif* Qui descend de. SYN. descendant, né, originaire. ■ Qui est la conséquence de. SYN. dérivé, né, résultant, sorti.

issue *nom féminin* Lieu par où l'on peut sortir. SYN. débouché, dégagement, ouverture, passage, porte, sortie. CONTR. *accès, entrée.* ■ Terme d'une action. SYN. aboutissement, bout, conclusion, dénouement, fin, résultat. – LITTÉRAIRE : extrémité, terminaison. CONTR. *commencement, début.* ■ Moyen de sortir d'une difficulté. SYN. débouché, échappatoire, expédient, ressource, solution.

isuridé *nom masculin* Type de grand requin. SYN. lamnidé.

itératif *adjectif* Qui indique la répétition de l'action. SYN. fréquentatif.

itinéraire *nom masculin* Indication du chemin à suivre. SYN. chemin, circuit, parcours, route, trajet. ■ Étapes de la vie. SYN. cheminement, trajectoire, voie.

itinérant *adjectif* Qui n'est pas sédentaire. SYN. ambulant, errant, mobile, nomade. – LITTÉRAIRE : voyageur. CONTR. *immobile, sédentaire.*

ivoire *nom masculin* Tissu qui recouvre la pulpe de la dent. SYN. dentine. ■ ***Ivoire végétal,*** substance dure et blanche. SYN. corozo.

ivoirin *adjectif* LITTÉRAIRE. Qui a l'aspect de l'ivoire. SYN. – LITTÉRAIRE : éburnéen.

ivre *adjectif* Qui a bu trop d'alcool. SYN. aviné, enivré, gai, gris, pris de boisson. – FAMILIER : éméché, imbibé, parti, plein comme un œuf, plein comme une outre, pompette, saoul, schlass, soûl, soûl comme un Polonais, soûl comme une bourrique, soûl comme une grive. – POPULAIRE : beurré, beurré comme un p'tit Lu, beurré comme une tartine, blindé, bourré, bourré comme une cantine, chargé, cuit, noir, paf, pété, pinté, plein comme une barrique, raide, rétamé, rond, rond comme une barrique, rond comme une queue de pelle, torché. – VIEUX : brindezingue. CONTR. *sobre.* – FAMILIER : *à jeun.* ■ Qui est exalté par. **SYN.** enragé, éperdu, fanatique, fou, grisé, passionné, transporté. – LITTÉRAIRE : pâmé.

ivresse *nom féminin* Trouble dû à l'alcool. **SYN.** ébriété. – LITTÉRAIRE : fumées. – POPULAIRE : beurrée, bitture, cuite, culotte, ribote, soûlerie, soûlographie. – VIEUX : enivrement. **CONTR.** *sobriété, tempérance.* ■ Excitation euphorique. **SYN.** délire, emballement, enchantement, euphorie, exaltation, excitation, extase, frénésie, griserie, joie, ravissement, vertige, volupté. – LITTÉRAIRE : enivrement, étourdissement, transport. **CONTR.** *désenchantement.* – LITTÉRAIRE : *blasement.*

ivrogne *nom* Personne qui s'enivre. **SYN.** alcoolique, buveur, dipsomane, éthylique. – ARGOTIQUE : biberonneur. – FAMILIER : boit-sans-soif, éponge, pilier de bar, pilier de cabaret, pochard, sac à vin, soûlographe. – POPULAIRE : alcoolo, picoleur, pochetron, poivrot, soiffard, soûlard, soûlaud, soûlot. – VIEUX : biberon.

ivrognerie *nom féminin* Habitude de s'enivrer. **SYN.** alcoolisme, beuverie, dipsomanie, éthylisme, intempérance. **CONTR.** *sobriété.*

ixode *nom masculin* Parasite des animaux. **SYN.** ricin, tique.

J

jaborandi *nom masculin* Arbuste aromatique. **SYN.** pilocarpe.

jaboter *verbe* LITTÉRAIRE. Médire des autres. **SYN.** bavarder, caqueter, jaser, médire. – **FAMILIER** : bavasser, baver, cancaner, causer, commérer, jacasser, potiner. – **LITTÉRAIRE** : clabauder.

jacassement *nom masculin* Bavardage bruyant. **SYN.** babillage, caquetage, palabre. – **FAMILIER** : caquet, causette, jacasserie, papotage, parlote, parlotte. – **LITTÉRAIRE** : babil.

jacasser *verbe* FAMILIER. Parler pour dire des futilités. **SYN.** babiller, bavarder, caqueter, jaser, palabrer, piauler. – **FAMILIER** : avoir la langue bien affilée, avoir la langue bien déliée, avoir la langue bien pendue, bavasser, causer, discutailler, disputailler, papoter, piailler, piapiater, tchatcher. – **LITTÉRAIRE** : jaboter. – **VIEUX** : cailleter.

jacasserie *nom féminin* FAMILIER. Bavardage bruyant. **SYN.** babillage, bavardage, caquetage, jacassement, palabre. – **FAMILIER** : caquet, causette, papotage, parlote, parlotte. – **LITTÉRAIRE** : babil. – **VIEUX** : pépiement.

jacassier ou **jacasseur** *adjectif* FAMILIER. Qui parle beaucoup. **SYN.** bavard, cancanier, causeur, indiscret. – **VIEUX** : potinier.

jacassier ou **jacasseur** *nom* FAMILIER. Personne qui jacasse. **SYN.** bavard, commère, jaseur. – **FAMILIER** : concierge, pie, pipelette. – **VIEUX** : potinier.

jacques *nom masculin* FAMILIER. Personne niaise. **SYN.** âne, idiot, imbécile. – **FAMILIER** : abruti, andouille, ballot, bêta, bûche, buse, cloche, crétin, cruche, dadais, noix, oie. – **POPULAIRE** : cornichon, manche, nouille.

jactance *nom féminin* POPULAIRE. Grande facilité de parole. **SYN.** bavardage, verbiage, verbosité, verve, volubilité. – **FAMILIER** : bagou, bagout, baratin, bla-bla, caquet, loquacité, tchatche. – **LITTÉRAIRE** : faconde, prolixité. **CONTR.** *laconisme*. – **LITTÉRAIRE** : *taciturnité*.

jactance *nom féminin* LITTÉRAIRE. Attitude suffisante. **SYN.** fanfaronnade, ostentation. – **LITTÉRAIRE** : forfanterie, hâblerie.

jadis *adverbe* Dans le temps passé. **SYN.** anciennement, autrefois, avant, dans le passé, par le passé, dans le temps. **CONTR.** *actuellement, aujourd'hui, maintenant*.

jaillir *verbe* Sortir sous forme de jet. **SYN.** couler, gicler, rejaillir, sortir. – **LITTÉRAIRE** : sourdre, surgir. ■ Sortir soudainement. **SYN.** se dégager, s'échapper, éclater, s'élancer, fuser, surgir. – **LITTÉRAIRE** : pointer.

jaillissement *nom masculin* Ce qui se manifeste vivement. **SYN.** éruption, explosion. – **LITTÉRAIRE** : surgissement. ■ Ce qui sort en jet. **SYN.** geyser, jet, projection. – **LITTÉRAIRE** : fusée.

jalon *nom masculin* Ce qui sert de repère. **SYN.** balise, borne, repère.

jalonner *verbe* Poser des jalons. **SYN.** baliser, flécher, marquer, piqueter, signaliser.

jalousement *adverbe* Avec soin. **SYN.** pieusement, précieusement.

jalouser *verbe* Être jaloux de. **SYN.** convoiter, envier, lorgner, pâlir d'envie. – **FAMILIER** : baver d'envie, guigner, loucher sur, reluquer.

jalousie *nom féminin* Dépit envieux. **SYN.** convoitise, envie, ombrage, rivalité.

jaloux *adjectif* Exclusif en amour. **SYN.** exclusif, ombrageux, possessif, soupçonneux. ■ Qui envie ce qu'a autrui. **SYN.** envieux. **CONTR.** *désintéressé*. ■ Qui préserve ce qu'il a. **SYN.** attaché à, soucieux de.

jamais *adverbe* À aucun moment. **SYN.** en aucun cas, en aucune façon, aucunement, nullement. **CONTR.** *à chaque instant, constamment, jour-*

nellement, d'ordinaire, ordinairement, parfois, souvent, toujours, volontiers.

jambe *nom féminin* Membre inférieur. SYN. – ARGOTIQUE : crayon. – FAMILIER : échasse, flûte, gigue, poteau. – POPULAIRE : canne, gambette, guibole, guibolle, patte, pinceau, quille.

jambonneau *nom masculin* ***Jambonneau de mer,*** grand mollusque bivalve. SYN. pinne.

japonais *adjectif* Du Japon. SYN. nippon.

japper *verbe* Crier, en parlant des petits chiens. SYN. aboyer, glapir.

jargon *nom masculin* Vocabulaire d'une profession. SYN. argot, langue verte, terminologie. ▪ FAMILIER. Langage incorrect. SYN. galimatias. – FAMILIER : charabia, petit-nègre. – LITTÉRAIRE : pathos. ▪ FAMILIER. Langue incompréhensible. SYN. phraséologie, sabir. – FAMILIER : baragouin, charabia.

jarovisation *nom féminin* Transformation due au froid. SYN. vernalisation.

jarre *nom féminin* Vase à anses. SYN. amphore.

jarretière *nom féminin* Poisson de la Méditerranée. SYN. cépole, demoiselle.

jas *nom masculin* Réservoir d'un marais salant. SYN. vasière.

jaser *verbe* Crier, en parlant d'oiseaux. SYN. babiller, gazouiller, jaboter, jacasser, piailler. ▪ Parler continuellement. SYN. bavarder, caqueter, palabrer. – FAMILIER : bavasser, causer, jacasser, piapiater, potiner. – POPULAIRE : jaspiner. ▪ Dire des médisances. SYN. gloser, médire. – FAMILIER : baver sur, bêcher, cancaner, commérer, cracher sur, potiner. – LITTÉRAIRE : clabauder, dauber, jaboter. – POPULAIRE : dégoiser.

jaseur *adjectif* Qui parle à tort et à travers. SYN. bavard, cancanier, causeur, indiscret. – FAMILIER : jacasseur, jacassier. – VIEUX : potinier. CONTR. *discret.*

jaseur *nom* Personne bavarde. SYN. bavard, cancanier, causeur, commère, discoureur. – FAMILIER : concierge, jacasseur, jacassier, pie. – VIEUX : potinier.

jasper *verbe* Bigarrer de couleurs. SYN. barioler, bigarrer, marbrer. – LITTÉRAIRE : veiner.

jatropha *nom masculin* Plante au fruit à trois coques. SYN. médicinier.

jatte *nom féminin* Récipient rond et sans rebord. SYN. compotier, coupe, vasque.

jauge *nom féminin* Capacité d'un bateau de commerce. SYN. tonnage.

jauger *verbe* Juger à sa valeur. SYN. apprécier, coter, estimer, évaluer, juger, mesurer, soupeser, supputer, toiser.

jaune *adjectif* Entre le vert et l'orangé. SYN. citron, doré, fauve, ocre, ocré, or, paille, safran, serin, topaze. – LITTÉRAIRE : cuivré.

jaunir *verbe* Devenir jaune. SYN. dorer. ▪ Rendre jaune. SYN. dorer, ocrer. CONTR. *déjaunir.*

jaunisse *nom féminin* Maladie caractérisée par une coloration jaune de la peau. SYN. ictère.

java *nom féminin* FAMILIER. Grande fête. SYN. – ARGOTIQUE : teuf. – FAMILIER : bombe, bringue, fiesta, noce, nouba, ribouldingue. – POPULAIRE : bamboula, foire. – VIEUX : bamboche.

javellisation *nom féminin* Ajout d'eau de Javel à une eau. SYN. verdunisation.

jean *nom masculin* Tissu de coton. SYN. denim. ▪ Pantalon de toile en coton croisé. SYN. blue-jean.

jean-foutre *nom masculin invariable* POPULAIRE. Individu incapable. SYN. bon à rien, incapable. – FAMILIER : foutriquet, morveux, paltoquet, propre-à-rien.

jean-le-blanc *nom masculin invariable* Grand rapace diurne. SYN. circaète.

je-m'en-fichisme *nom masculin* FAMILIER. Indifférence totale à. SYN. désinvolture, inconscience, indifférence, insouciance, légèreté. – POPULAIRE : je-m'en-foutisme. CONTR. – LITTÉRAIRE : *méticulosité.*

je-m'en-fichiste *nom* FAMILIER. Personne indifférente à. SYN. inconscient, insouciant, sans-souci. – POPULAIRE : je-m'en-foutiste.

je-m'en-foutisme *nom masculin* POPULAIRE. Indifférence totale à. SYN. désinvolture, inconscience, indifférence, insouciance, légèreté. – FAMILIER : je-m'en-fichisme. CONTR. *méticulosité.*

je-m'en-foutiste *nom* POPULAIRE. Personne indifférente à. SYN. inconscient, insouciant, sans-souci. – FAMILIER : je-m'en-fichiste.

jérémiade *nom féminin* FAMILIER. Lamentation importune. SYN. geignement, gémissement, lamentation, plainte, pleurnichement, pleurnicherie, réclamation, récrimination. – FAMILIER : criaillerie. – VIEUX : giries.

jésuite *nom masculin* Personne qui cache son jeu. SYN. fourbe, hypocrite, tartufe, tartuffe. – FAMILIER : faux jeton. – LITTÉRAIRE : pharisien, traître. – POPULAIRE : faux cul, faux derche.

jésuitisme *nom masculin* VIEUX. Hypocrisie doucereuse. SYN. dissimulation, fourberie, hypocrisie. – LITTÉRAIRE : tartuferie, tartufferie.

jet *nom masculin* Action de jeter. SYN. lancement, lancer, tir. ■ Mouvement d'un fluide qui jaillit. SYN. gerbe, giclée, jaillissement. ■ Projection soudaine. SYN. flot, flux, jaillissement, projection. – LITTÉRAIRE : fusée. ■ ***Premier jet,*** première version de. SYN. brouillon, ébauche, esquisse.

jeté *adjectif* POPULAIRE. Complètement fou. SYN. dément, dérangé, désaxé, déséquilibré, fou. – FAMILIER : braque, cinglé, détraqué, dingue, fada, fêlé, frappé, loufoque, maboul, malade, marteau, piqué, ravagé, tapé, timbré, toc-toc, toqué, zinzin. – POPULAIRE : allumé, azimuté, barge, barjo, barjot, branque, brindezingue, chtarbé, cinoque, cintré, déjanté, dingo, folingue, fondu, frapadingue, givré, louf, louftingue, ouf, sinoc, sinoque, siphonné, tordu.

jetée *nom féminin* Construction portuaire. SYN. brisant, brise-lames, digue, estacade, levée.

jeter *verbe* Lancer quelque chose. SYN. catapulter, envoyer, lancer. ■ Pousser avec violence. SYN. précipiter, projeter, propulser. ■ Mettre à la poubelle. SYN. se débarrasser, se défaire, mettre au rebut. – FAMILIER : balancer, bazarder, liquider, mettre au rancart. ■ Répandre sur une surface. SYN. déverser, émettre, projeter, répandre, verser. – LITTÉRAIRE : épandre. ■ Établir un passage sur. SYN. dresser, édifier, élever, ériger. ■ Mettre quelqu'un quelque part. SYN. envoyer. – FAMILIER : flanquer. – POPULAIRE : foutre. ■ Mettre dans un certain état. SYN. plonger. ■ Dire brutalement. SYN. cracher, répartir, rétorquer, riposter. – FAMILIER : lâcher. – LITTÉRAIRE : éructer.

jeter (se) *verbe pronominal* Se laisser tomber quelque part. SYN. s'élancer, s'engouffrer, se précipiter, sauter. – FAMILIER : se ficher, se flanquer. – POPULAIRE : se foutre. ■ Se porter vivement vers. SYN. s'abattre, assaillir, attaquer, charger, débouler, fondre sur, se précipiter, se ruer, sauter sur, tomber sur. – FAMILIER : foncer, tomber sur le poil, voler dans les plumes. – POPULAIRE : tomber sur le paletot. ■ S'engager à fond dans. SYN. s'aventurer, se consacrer, se donner, s'embarquer, faire feu de tout bois, faire flèche de tout bois, s'immiscer, se lancer, se livrer. ■ Déverser ses eaux dans. SYN. affluer, se déverser, se vider.

jeton *nom masculin* POPULAIRE. Coup de poing. SYN. – LITTÉRAIRE : horion. – POPULAIRE : beigne, châtaigne, chtar, gnon, marron, pain, pêche, prune, ramponneau, tarte. ■ ***Faux jeton,*** personne hypocrite. SYN. comédien, fourbe, hypocrite, imposteur, jésuite, perfide, tartufe, tartuffe. – LITTÉRAIRE : cafard, cagot, pharisien, traître. – POPULAIRE : faux cul, faux derche.

jet-set ou **jet-society** *nom féminin* Personnalités en vue. SYN. beau monde, le dessus du panier, la fine fleur, gotha, haute société, hautes sphères, le Tout-Paris. – FAMILIER : beau linge, gratin, la haute.

jeu *nom masculin* Activité pour se divertir. SYN. amusement, délassement, distraction, divertissement, passe-temps, récréation. ■ Manière d'interpréter. SYN. exécution, interprétation. ■ Ensemble d'objets similaires. SYN. assortiment, batterie, choix, collection, échantillonnage, éventail, gamme, lot, palette, panoplie, système. ■ Manière d'agir. SYN. manège, stratagème, tactique. ■ ***Vieux jeu,*** d'une autre époque. SYN. arriéré, attardé, démodé, dépassé, désuet, kitsch, obsolète, périmé, vieilli, vieillot, vieux. – ARGOTIQUE : square. – FAMILIER : out, retardé, rétro, ringard. – LITTÉRAIRE : suranné. – POPULAIRE : cucul (la praline). CONTR. *en cours, dernier cri, à la mode, moderne, à la page, dans le vent, en vogue.* – FAMILIER : *branché, dans le coup, in, tendance.*

jeune *adjectif* Peu avancé en âge. SYN. dans la fleur de l'âge, juvénile, petit. – FAMILIER : jeunet, jeunot. CONTR. *âgé, d'un certain âge, croulant, décati, décrépit, déliquescent, gâteux, hors d'âge, mûr, ramolli, sans âge, sénile, vieux.* ■ Qui est débutant. SYN. candide, crédule, en herbe, immature, inexpérimenté, naïf, novice, profane. CONTR. *éprouvé, expérimenté.* – FAMILIER : *chevronné.* ■ Qui existe depuis peu. SYN. de la dernière cuvée, frais, neuf, nouveau, récent, vert. – LITTÉRAIRE : tendre. CONTR. *ancien, antique, désuet.* – LITTÉRAIRE : *immémorial.* ■ FAMILIER. À peine suffisant. SYN. juste, maigre, mesquin, parcimonieux, pauvre. CONTR. *correct, suffisant.*

jeune *nom* Personne qui est dans la jeunesse. SYN. adolescent, enfant. CONTR. *adulte, aîné, ancien, vieillesse, vieux.*

jeûne *nom masculin* Privation d'aliments. SYN. abstinence, diète. CONTR. *excès.*

jeûner *verbe* S'abstenir de manger. SYN. être à la diète, faire maigre. – FAMILIER : danser devant le buffet. CONTR. *s'alimenter, manger, se nourrir, se restaurer.* – FAMILIER : *se sustenter.* – POPULAIRE : *bouffer.*

jeunesse *nom féminin* Fait d'être jeune. SYN. âge tendre, le bel âge, fleur de l'âge, les jeunes années. – LITTÉRAIRE : juvénilité, le matin de la vie, le printemps de la vie. CONTR. *âge avancé, âge canonique, âge certain, âge mûr, âge vénérable, gâtisme, grand âge, maturité, sénilité, vieillesse.* – LITTÉRAIRE : *le crépuscule de la vie.* ■ Caractère jeune. SYN. ardeur, enthousiasme, juvénilité, verdeur, vigueur, vitalité. – LITTÉRAIRE : fraîcheur. CONTR. *caducité, décrépitude, ramollissement.*

■ Ensemble des jeunes. SYN. jeunes, jeunes gens. CONTR. *anciens, vieillesse, vieux.*

jingle *nom masculin* Bref thème musical. SYN. indicatif, sonal.

job *nom masculin* FAMILIER. Emploi rémunéré. SYN. métier, place, situation, travail. – POPULAIRE : boulot.

jobard *nom* FAMILIER. Personne très crédule. SYN. dupe, naïf, niais, nigaud. – FAMILIER : bêta, gobemouches, gobeur, gogo, noix, pigeon, serin. – POPULAIRE : nouille.

jobarderie ou **jobardise** *nom féminin* FAMILIER. Crédulité excessive. SYN. bêtise, ingénuité, naïveté, simplicité, stupidité.

jocrisse *nom masculin* LITTÉRAIRE. Benêt ridicule. SYN. dindon de la farce, dupe, niais, nigaud. – FAMILIER : bêta, gogo, noix. – POPULAIRE : nouille.

jogging *nom masculin* Vêtement de sport. SYN. survêtement, training. – FAMILIER : survêt.

joie *nom féminin* Sentiment de bonheur intense. SYN. béatitude, bien-être, bonheur, contentement, délice, exaltation, ivresse, jubilation, plaisir, ravissement, régal, satisfaction, volupté. – LITTÉRAIRE : aise, exultation, félicité, liesse. CONTR. *affliction, amertume, chagrin, consternation, contrariété, déboire, déconvenue, découragement, dégoût, dépit, déplaisir, désagrément, désenchantement, désespoir, désolation, détresse, deuil, douleur, ennui, inquiétude, lassitude, malheur, mélancolie, peine, tristesse.* – FAMILIER : *cafard, embêtement, enquiquinement.* ■ Manifestation de gaieté. SYN. allégresse, amusement, enjouement, entrain, euphorie, gaieté, griserie, hilarité. – FAMILIER : rigolade.

joindre *verbe* Assujettir deux choses. SYN. aboucher, abouter, accoler, adapter, ajuster, assembler, attacher, coller, emboîter, épisser, réunir, river, sceller, souder. CONTR. *décoller, dessouder, détacher, disjoindre, disloquer, écarter, éloigner, fractionner, fragmenter, séparer.* ■ Établir une communication. SYN. connecter, raccorder, relier. CONTR. *débrancher, déconnecter, espacer, fractionner, isoler.* ■ Ajouter quelque chose à. SYN. adjoindre, ajouter, inclure, insérer, intercaler. CONTR. *enlever, isoler, ôter, retirer.* ■ Associer en vue d'un résultat. SYN. allier, annexer, associer, combiner, conjuguer, lier, mêler, unir. CONTR. *retrancher, soustraire.* ■ Entrer en rapport avec. SYN. atteindre, contacter, rencontrer, toucher. CONTR. *éviter, fuir.*

joindre (se) *verbe pronominal* Participer à quelque chose. SYN. se mêler à, prendre part à, s'unir. ■ S'associer à quelqu'un, un groupe. SYN. s'affilier, s'allier, s'associer, se réunir, s'unir. CONTR. *faire cavalier seul, s'isoler, rester dans son coin, se tenir à l'écart.*

joint-venture *nom masculin* Filiale commune à deux ou plusieurs entreprises. SYN. coentreprise.

jojo *nom masculin* FAMILIER. ***Affreux jojo,*** enfant insupportable. SYN. chenapan, garnement, polisson. – FAMILIER : brigand, coquin, diable, filou, fripon, fripouille, galopin, lascar, (petite) peste, poison, sacripant, titi. – VIEUX : galapiat, mâtin.

joli *adjectif* Agréable à voir. SYN. adorable, beau, charmant, esthétique, gracieux, magnifique, mignon, ravissant, séduisant. – FAMILIER : chou. – LITTÉRAIRE : joliet. CONTR. *affreux, difforme, disgracieux, hideux, horrible, ingrat, laid.* ■ Qui procure du plaisir. SYN. agréable, attrayant, délicieux, doux, enchanteur, harmonieux, idyllique, mélodieux, merveilleux, rêvé, riant. CONTR. *abominable, criard, déplaisant, désagréable, détestable, discordant, vilain.* – FAMILIER : *atroce.* ■ FAMILIER. Assez important. SYN. beau, gentil, gros, important, intéressant, lucratif, rémunérateur, rentable. – FAMILIER : coquet, rondelet. CONTR. *dérisoire, insignifiant, mauvais, méchant, minable, misérable, modeste, modique, petit, pitoyable, précaire.* ■ Qui est déplaisant. SYN. piteux, vilain. – FAMILIER : beau, fichu, sale. ■ FAMILIER. Qui mérite qu'on y prête attention. SYN. remarquable. – FAMILIER : un(e) drôle de.

joliesse *nom féminin* LITTÉRAIRE. Caractère joli. SYN. beauté, charme, délicatesse, élégance, grâce, harmonie, séduction. – FAMILIER : chic. – LITTÉRAIRE : suavité. CONTR. *laideur.* – LITTÉRAIRE : *hideur.*

joliment *adverbe* D'une façon jolie. SYN. adorablement, agréablement, délicieusement, gentiment, harmonieusement, merveilleusement. ■ FAMILIER. Indique un haut degré. SYN. beaucoup, bien, énormément, excessivement, extrêmement, follement, fort, fortement, grandement, hautement, immensément, immodérément, incroyablement, infiniment, mortellement, parfaitement, particulièrement, prodigieusement, profondément, puissamment, singulièrement, supérieurement, suprêmement, terriblement, tout à fait, très, trop, vertigineusement. – FAMILIER : atrocement, bigrement, bougrement, diablement, drôlement, fameusement, fichtrement, fichûment, formidablement, méchamment, rudement, sacrément, tout plein. – LITTÉRAIRE : diantrement, furieusement. – POPULAIRE : foutrement, salement, vachement. – VIEUX : fièrement. ■ Très mal. SYN. abominablement, affreusement, atrocement, épouvantablement, horriblement, sèchement, sévèrement.

jonchée *nom féminin* LITTÉRAIRE. Amas de choses. SYN. couche, lit, litière, tapis.

joncher *verbe* Être épars sur le sol. SYN. couvrir, émailler, recouvrir, tapisser. – LITTÉRAIRE : parsemer. ■ Couvrir en répandant çà et là. SYN. couvrir, disséminer, répandre, saupoudrer, semer, tapisser. – LITTÉRAIRE : parsemer.

jonction *nom féminin* Endroit où deux choses se joignent. SYN. carrefour, confluent, croisée, croisement, embranchement, entrecroisement. CONTR. *bifurcation.* ■ Action d'unir deux choses. SYN. articulation, assemblage, raccordement, soudure. CONTR. *disjonction, écartement.* ■ Action de se réunir. SYN. conjonction, fusion, rapprochement, rencontre, réunion. CONTR. *séparation.*

jonglerie *nom féminin* Habileté hypocrite. SYN. charlatanisme, grimaces, simagrée, singerie. – LITTÉRAIRE : momerie.

jongleur *nom* Poète-musicien du Moyen Âge. SYN. ménestrel, troubadour, trouvère.

jouer *verbe intransitif* Produire un effet. SYN. compter, entrer en jeu, importer, influer, intervenir, peser. ■ Se livrer à des jeux. SYN. s'amuser, batifoler, se distraire, se divertir. – FAMILIER : faire joujou.

jouer *verbe transitif* Risquer quelque chose. SYN. aventurer, compromettre, exposer, hasarder, miser. ■ Interpréter un rôle. SYN. créer, exécuter, incarner, interpréter. ■ Simuler un sentiment. SYN. affecter, feindre. ■ LITTÉRAIRE. Tromper quelqu'un. SYN. berner, duper, feinter, leurrer, mystifier. – FAMILIER : flouer, refaire, rouler.

jouer *verbe transitif indirect* Pratiquer un jeu. SYN. s'entraîner, s'exercer. ■ Engager de l'argent sur. SYN. miser, parier, spéculer. ■ Manipuler distraitement. SYN. toucher, tripoter. ■ Exposer à des risques. SYN. aventurer, exposer, hasarder. ■ Tirer parti de. SYN. badiner, rire de. – FAMILIER : blaguer. ■ Chercher à se faire passer pour. SYN. contrefaire, mimer, poser. – FAMILIER : plastronner, singer.

jouer (se) *verbe pronominal* Ne faire aucun cas de. SYN. jongler avec, mépriser, se moquer de, se rire de. – FAMILIER : se ficher de. – POPULAIRE : se foutre de. ■ LITTÉRAIRE. Abuser de la confiance de. SYN. abuser, s'amuser de, attraper, berner, duper, faire avaler des couleuvres, faire marcher, faire voir la lune en plein midi, induire en erreur, leurrer, se moquer de, mystifier, se payer la tête de, piéger, rouler dans la farine, tromper. – FAMILIER : avoir, blouser, embobiner, empaumer, feinter, ficher dedans, se ficher, flouer, mener en bateau, mettre dedans, monter un bateau, pigeonner, posséder, refaire, rouler. – LITTÉRAIRE : en faire accroire, se gausser, gruger. – POPULAIRE : arnaquer, baiser, couillonner, entuber, foutre dedans, se foutre, niquer, se payer la gueule de.

jouet *nom masculin* Personne victime de. SYN. chose, cible, créature, proie, victime. ■ Objet pour amuser un enfant. SYN. jeu. – FAMILIER : joujou.

joueur *adjectif* Qui aime s'amuser. SYN. enjoué, joyeux. – LITTÉRAIRE : folâtre.

joufflu *adjectif* Qui a des joues pleines. SYN. bouffi. – FAMILIER : dodu. – VIEUX : mafflu. CONTR. *décharné.* – LITTÉRAIRE : *émacié.*

joug *nom masculin* LITTÉRAIRE. Contrainte matérielle ou morale. SYN. asservissement, carcan, dépendance, domination, esclavage, oppression, servitude. – LITTÉRAIRE : assujettissement, astreinte, chaînes, sujétion, tyrannie. CONTR. *affranchissement, émancipation.*

jouir *verbe* Tirer un plaisir de. SYN. goûter, profiter, se régaler, se réjouir, savourer. – LITTÉRAIRE : se délecter. CONTR. *gâcher.* ■ Avoir le bénéfice de. SYN. avoir, bénéficier, disposer, posséder. CONTR. *renoncer.* – LITTÉRAIRE : *pâtir, souffrir.*

jouissance *nom féminin* Plaisir intense. SYN. bien-être, délice, plaisir, régal, satisfaction, volupté. – LITTÉRAIRE : délectation. ■ Libre disposition de. SYN. possession, usage.

jouisseur *nom* Personne qui jouit de la vie. SYN. bon vivant, épicurien, hédoniste, libertin, sensuel, voluptueux. – FAMILIER : noceur. – LITTÉRAIRE : sybarite. – VIEUX : viveur. CONTR. *ascète, puritain.*

jour *nom masculin* Manière dont une chose se présente. SYN. angle, aspect, éclairage, optique, perspective, point de vue. ■ Clarté venant du Soleil. SYN. lueur, lumière, luminosité. CONTR. *noir, nuit, obscurité.* – LITTÉRAIRE : *ténèbres.* ■ Ouverture dans un espace. SYN. fente, fissure. ■ Temps entre le lever et le coucher du Soleil. SYN. journée. CONTR. *nuit, soirée.*

journal *nom masculin* Publication quotidienne. SYN. brûlot, bulletin, gazette, périodique, quotidien. – FAMILIER : canard, feuille de chou, torchon. – VIEUX : feuille. ■ Actualités à la radio, à la télévision. SYN. actualités, informations, nouvelles.

journalier *adjectif* Qui se fait chaque jour. SYN. quotidien.

journaliste *nom* Personne qui travaille dans la presse. SYN. chroniqueur, commentateur, correspondant, échotier, envoyé spécial, localier, reporter. – FAMILIER : journaleux. – POPULAIRE : pisse-copie, pisseur de copie. – VIEUX : publiciste.

journellement *adverbe* D'une manière fréquente. SYN. continuellement, jour et nuit, à longueur de temps, du matin au soir, non-stop, en permanence, perpétuellement, quotidiennement, sans arrêt, sans cesse, sans discontinuer, sans intermission, sans interruption, sans relâche, sans répit, sans trêve, sept jours sur sept, toujours, tous les jours, à tout bout de champ, à tout instant, tout le temps, à tout propos, vingt-quatre heures sur vingt-quatre. – LITTÉRAIRE : continûment. CONTR. *exceptionnellement, jamais, rarement.*

jours *nom masculin pluriel* LITTÉRAIRE. Espace de temps. SYN. époque, existence, heure, moment, période, temps.

joute *nom féminin* LITTÉRAIRE. Lutte de forces. SYN. duel, escarmouche, rivalité. – LITTÉRAIRE : combat, tournoi.

jouter *verbe* LITTÉRAIRE. Se mesurer avec. SYN. batailler, disputer, lutter, se mesurer, rivaliser. – LITTÉRAIRE : rompre des lances avec.

jouvenceau *nom masculin* VIEUX. Jeune homme. SYN. adolescent. – FAMILIER : éphèbe.

jouxtant *adjectif* LITTÉRAIRE. Situé à côté de. SYN. adjacent, attenant, avoisinant, contigu, environnant, limitrophe, mitoyen, proche, voisin. – LITTÉRAIRE : circonvoisin. CONTR. *distant, écarté, éloigné, lointain, reculé.*

jouxter *verbe* LITTÉRAIRE. Être situé à côté de. SYN. avoisiner, border, côtoyer. – LITTÉRAIRE : coudoyer.

jovial *adjectif* D'une gaieté souriante. SYN. allègre, enjoué, épanoui, gai, guilleret, hilare, joyeux, réjoui, rieur. – VIEUX : gaillard. CONTR. *acariâtre, bilieux, chagrin, ennuyé, maussade, sombre, triste.*

jovialement *adverbe* De façon joviale. SYN. allègrement, gaiement, joyeusement. – VIEUX : gaillardement. CONTR. *tristement.*

jovialité *nom féminin* Humeur joviale. SYN. enjouement, gaieté, rondeur. CONTR. – LITTÉRAIRE : *maussaderie.*

jovien *adjectif* Relatif à la planète Jupiter. SYN. jupitérien.

joyau *nom masculin* Chose très belle. SYN. bijou, merveille, perle.

joyeusement *adverbe* De façon joyeuse. SYN. allègrement, follement, gaiement, jovialement. – VIEUX : gaillardement. CONTR. *péniblement, tristement.*

joyeuseté *nom féminin* FAMILIER. Mot, acte pour rire. SYN. bouffonnerie, farce, plaisanterie. – FAMILIER : blague.

joyeux *nom masculin* Soldat des bataillons d'Afrique. SYN. bataillonnaire. – ARGOTIQUE : bat' d'Af'.

joyeux *adjectif* Qui manifeste de la joie. SYN. allègre, enjoué, épanoui, euphorique, gai, gai comme un pinson, guilleret, heureux, hilare, jovial, radieux, ravi, réjoui, riant. – LITTÉRAIRE : folâtre. CONTR. *abattu, affligé, boudeur, cafardeux, chagrinant, déchirant, déprimé, douloureux, ennuyé, fâcheux, maussade, mauvais, mélancolique, navrant, noir, pénible, sombre, triste.*

joystick *nom masculin* Manette de commande. SYN. manche à balai.

jubarte *nom féminin* Cétacé à longues nageoires. SYN. baleine à bosse, mégaptère.

jubilation *nom féminin* Joie intense. SYN. allégresse, euphorie, gaieté, hilarité, joie, réjouissance. – LITTÉRAIRE : exultation, liesse. CONTR. *découragement, mélancolie, tristesse.*

jubiler *verbe* Manifester une joie intense. SYN. boire du petit-lait, être au septième ciel, être aux anges, être heureux comme un pape, être heureux comme un poisson dans l'eau, être heureux comme un roi, exulter, jouir, se louer de, se réjouir, triompher. – FAMILIER : pavoiser. CONTR. *s'affliger, s'attrister, se désespérer, se désoler, maugréer.*

jucher (se) *verbe* Se mettre sur un endroit élevé. SYN. se nicher, se percher.

juchoir *nom masculin* Bâton où perchent les oiseaux de basse-cour. SYN. perchoir.

judelle *nom féminin* Oiseau échassier. SYN. foulque, macroule.

judéo-allemand *adjectif* Langue parlée par les Juifs ashkénazes. SYN. yiddish.

judéo-espagnol *adjectif* Langue romane d'origine espagnole. SYN. ladino.

judicieusement *adverbe* De façon judicieuse. SYN. intelligemment, pertinemment, rationnellement, sagement, sainement. – LITTÉRAIRE : sensément. CONTR. *légèrement.*

judicieux *adjectif* Qui témoigne d'un jugement sain. SYN. approprié, astucieux, droit, éclairé, intelligent, juste, logique, opportun, perspicace, pertinent, raisonnable, rationnel, sage, sensé. CONTR. *aberrant, abracadabrant, absurde, baroque, biscornu, bizarre, boiteux, déraisonnable, fantaisiste, farfelu, hors de propos, illogique, incohérent, inconséquent, insensé, irrationnel, mauvais, saugrenu, stupide.* – FAMILIER : *bizarroïde.*

juge *nom masculin* Personne qui juge. SYN. arbitre, critique, expert. – LITTÉRAIRE : appréciateur, censeur.

jugement *nom masculin* Décision de justice. SYN. arrêt, ordonnance, sentence, verdict. ■ Activité de l'esprit permettant de juger. SYN. esprit, intelligence, raison. ■ Aptitude à bien juger. SYN. bon sens, clairvoyance, discernement, entendement, esprit de finesse, pénétration, perspicacité, pertinence, sens commun. – FAMILIER : jugeote. CONTR. *folie.* ■ Appréciation portée sur. SYN. avis, idée, opinion, point de vue, position, raisonnement, sentiment, vues.

jugeote *nom féminin* FAMILIER. Aptitude à bien juger. SYN. bon sens, discernement, jugement, pertinence, raison, sagacité, sagesse, sens commun.

juger *verbe* Rendre un jugement. SYN. arbitrer, conclure, se prononcer, régler, statuer, trancher. ■ Évaluer la valeur de. SYN. apprécier, départager, évaluer, jauger, mesurer, peser. ■ Porter un jugement sur. SYN. apprécier, considérer, estimer. – FAMILIER : cataloguer. ■ Avoir tel avis sur. SYN. croire, envisager, estimer, penser, regarder, trouver, voir.

juger (se) *verbe pronominal* Se considérer comme. SYN. se croire, s'estimer, se sentir, se trouver, se voir.

juguler *verbe* Arrêter un développement. SYN. circonscrire, déjouer, endiguer, enrayer, étouffer, étrangler, freiner, inhiber, maîtriser, mater, paralyser, stopper. – LITTÉRAIRE : dompter. CONTR. *laisser, nourrir, perpétuer.*

juif *adjectif* De religion judaïque. SYN. israélite.

jules *nom masculin* POPULAIRE. Homme avec qui une femme est liée. SYN. amant, ami, amoureux, chéri, époux, flirt, petit ami, petit copain, soupirant. – FAMILIER : béguin, copain.

julienne *nom féminin* Poisson marin comestible. SYN. lingue.

jumbo-jet *nom masculin* Avion de transport de grande capacité. SYN. gros-porteur.

jupitérien *adjectif* LITTÉRAIRE. Qui tient de Jupiter. SYN. dominateur. – LITTÉRAIRE : olympien. ■ Relatif à la planète Jupiter. SYN. jovien.

jupon *nom masculin* Pièce d'habillement portée sous une jupe. SYN. – VIEUX : cotillon.

jurer *verbe intransitif* Proférer des jurons. SYN. blasphémer. – VIEUX : sacrer. ■ Être mal assorti avec. SYN. contraster, détonner, se heurter, hurler, trancher. – POPULAIRE : gueuler. CONTR. *s'accorder, s'apparenter, s'associer, cadrer, correspondre, s'harmoniser.*

jurer *verbe transitif* Prononcer solennellement. SYN. donner sa parole, prêter serment. CONTR. *être parjure.* ■ Prendre l'engagement de. SYN. décider, décréter, s'engager, promettre, résoudre. CONTR. – LITTÉRAIRE : *se dédire.* ■ Affirmer avec vigueur. SYN. affirmer, assurer, attester, certifier, garantir.

juridiquement *adverbe* De façon juridique. SYN. judiciairement, légalement.

juron *nom masculin* Parole injurieuse. SYN. blasphème, insulte, sacrilège. – LITTÉRAIRE : impiété, imprécation. – VIEUX : jurement.

jusant *nom masculin* Marée descendante. SYN. reflux. CONTR. *flux.*

jussieua *nom masculin* Plante d'aquarium. SYN. ludwigia.

jussif *adjectif* Qui exprime un ordre. SYN. impératif, injonctif.

juste *adverbe* De façon précise. SYN. exactement, précisément. – FAMILIER : pile. CONTR. *approximativement.* ■ ***Tout juste,*** avec difficulté. SYN. difficilement, à grand-peine, malaisément, péniblement, tant bien que mal. – FAMILIER : ric-rac. CONTR. *aisément, facilement.*

juste *adjectif* Qui respecte le droit et l'équité. SYN. équitable, impartial, intègre, loyal, objectif. – LITTÉRAIRE : probe. CONTR. *abusif, arbitraire, illégal, illégitime, inéquitable, inique, injuste, insensé, mauvais, odieux, partial, tyrannique.* ■ Qui apparaît fondé. SYN. fondé, judicieux, justifié, légitime, mérité, pertinent, raisonnable, rationnel, sensé. CONTR. *absurde, anormal, déplacé, hasardé, illégitime, illogique, immérité, incohérent, indu.* ■ Qui fonctionne avec précision. SYN. exact, précis, rigoureux, sûr, vrai. CONTR. *approximatif, défectueux, désaccordé, faussé, faux, imprécis, inexact.* ■ Conforme à la réalité. SYN. approprié, avéré, correct, logique, propre. CONTR. *boiteux, captieux, caricatural, erroné, faux, impropre, inadéquat, incorrect.* – LITTÉRAIRE : *controuvé.* ■ Trop étroit. SYN. ajusté, collant, étriqué, étroit, petit, serré. CONTR. *ample, flottant, lâche, large, vague.* ■ Qui est à peine suffisant. SYN. insuffisant, maigre, mesuré, parcimonieux, pauvre. – FAMILIER : court, jeune, tangent. CONTR. *plantureux, suffisant.*

justement *adverbe* Avec justice. SYN. à bon droit, dûment, équitablement, à juste titre, légitimement. CONTR. *indûment, injustement.* – LITTÉRAIRE : *inéquitablement.* ■ D'une manière exacte. SYN. correctement, exactement, pertinemment. ■ Par coïncidence. SYN. même, précisément.

justesse *nom féminin* Qualité d'un mécanisme bien réglé. SYN. précision. CONTR. *fausseté, imprécision.* ■ Précision de l'expression. SYN. authenticité, correction, exactitude, pertinence, propriété, vérité. CONTR. *impropriété.* ■ Exactitude d'un organe sensoriel. SYN. acuité, fidélité, finesse, sûreté. CONTR. *approximation.* ■ Manière d'agir sans erreur ni écart. SYN. bien-fondé, bon sens, impartialité, logique, opportunité, rectitude, rigueur. CONTR. *incohérence, partialité.*

justice *nom féminin* Principe moral. SYN. droit, légalité, loi. CONTR. *injustice.* ■ Caractère juste. SYN. bien-fondé, droiture, équité, impartialité, intégrité, légitimité. CONTR. *abus, arbitraire, iniquité, injustice, partialité, subjectivité.*

justifiable *adjectif* Qui peut être justifié. SYN. défendable, excusable, explicable, soutenable. CONTR. *indéfendable, inexcusable, inexplicable, injustifiable.*

justification *nom féminin* Action de justifier. SYN. apologie, défense, établissement, excuse, explication, fondement, légitimation. CONTR. *accusation, attaque, charge, infirmation.*

justifié *adjectif* Dont la nécessité est établie. SYN. fondé, juste, légitime. CONTR. *arbitraire, erroné, faux, gratuit, illégitime, infondé, irréfléchi, vain.*

justifier *verbe* Défendre d'une accusation. SYN. blanchir, décharger, défendre, disculper, excuser, innocenter, laver, sauver. CONTR. *accuser, calomnier, charger.* ■ Établir le bien-fondé de. SYN. autoriser, entériner, fonder, légitimer, motiver, permettre, prouver, vérifier.

justifier (se) *verbe pronominal* Réfuter une allégation. SYN. se défendre, s'expliquer.

juteux *adjectif* Qui rend du jus. SYN. fondant. CONTR. *desséché, racorni, sec.* ■ POPULAIRE. Qui rapporte beaucoup. SYN. fructueux, lucratif, rémunérateur, rentable.

juvénat *nom masculin* Noviciat, dans certaines congrégations. SYN. alumnat.

juvénile *adjectif* Propre à la jeunesse. SYN. jeune. CONTR. *décati, déliquescent, flétri, sénile, vieux.*

juxtaposer *verbe* Placer côte à côte. SYN. accoler, joindre, rapprocher, réunir. CONTR. *détacher, disjoindre, espacer, séparer.*

juxtaposition *nom féminin* État de choses juxtaposées. SYN. assemblage, réunion.

K

kabyle *nom masculin* Langue berbère parlée par les Kabyles. SYN. tamazight.

kaki *nom masculin* Baie comestible du plaqueminier. SYN. plaquemine.

kalender *nom masculin* Membre d'une confrérie de derviches errants. SYN. qalandari.

kalpack *nom masculin* Bonnet à poil. SYN. colback.

kamptozoaire *nom masculin* Animal marin microcospique. SYN. entoprocte.

katioucha *nom féminin* Système d'arme à base de roquettes. SYN. orgues de Staline.

kelvinomètre *nom masculin* Appareil pour mesurer l'intensité de la lumière. SYN. thermocolorimètre.

kenaf *nom masculin* Plante textile proche du jute. SYN. dah.

keuf *nom masculin* POPULAIRE. Agent de police. SYN. agent, policier. – ARGOTIQUE : bourre. – FAMILIER : hirondelle, shérif. – POPULAIRE : cogne, flic, perdreau, poulet, vache.

khalkha *nom masculin* Langue officielle de la République de Mongolie. SYN. mongol.

khmer *nom masculin* Langue parlée par les Khmers. SYN. cambodgien.

kidnapper *verbe* FAMILIER. Voler subrepticement. SYN. escamoter, soustraire. – FAMILIER : barboter, chiper, piquer, subtiliser. – LITTÉRAIRE : dérober, ravir. – POPULAIRE : faucher.

kidnapping *nom masculin* Fait d'enlever quelqu'un. SYN. enlèvement, rapt.

kinésiste *nom* En Belgique, personne qui pratique la kinésithérapie. SYN. kinésithérapeute.

kinésithérapeute *nom* Professionnel exerçant la kinésithérapie. SYN. masseur-kinésithérapeute. – FAMILIER : kiné.

kinesthésique *adjectif* Relatif à la perception des mouvements du corps. SYN. cinesthésique.

kiosque *nom masculin* Abri ouvert installé dans les jardins, les parcs. SYN. belvédère, gloriette.

kit *nom masculin* Pièces détachées à assembler soi-même. SYN. prêt-à-monter.

kitchenette *nom féminin* Petite cuisine. SYN. cuisinette.

kiwi *nom masculin* Oiseau ratite de Nouvelle-Zélande. SYN. aptéryx.

knock-out *adjectif invariable* Se dit d'un boxeur mis hors de combat. SYN. K.-O..

knock-out *nom masculin invariable* Mise hors de combat du boxeur qui reste à terre. SYN. K.-O..

K.-O. *adjectif invariable* État d'un boxeur mis hors de combat. SYN. knock-out. ■ Épuisé par un effort. SYN. anéanti, assommé, brisé, épuisé, exténué, fourbu, harassé, knock-out, mort de fatigue, à plat, recru, rendu, rompu. – FAMILIER : achevé, cassé, claqué, éreinté, esquinté, fini, flapi, H.S., lessivé, mort, moulu, pompé, raplapla, sonné, sur les genoux, tué, vanné, vidé. – POPULAIRE : crevé, sur les rotules. CONTR. *dispos, frais, frais et dispos, reposé.* – FAMILIER : *en forme, frais comme un gardon, frais comme une rose, increvable, en pleine forme.* – VIEUX : *gaillard.*

kobold *nom masculin* Génie familier. SYN. djinn, elfe, esprit follet, farfadet, gnome, korrigan, troll.

kolarien *nom masculin* Groupe de langues de l'Inde. SYN. munda.

kondroti *nom masculin* Arbre dont le fruit contient le kapok. SYN. alone.

kouan-houa *nom masculin* Forme du chinois la plus répandue en Chine. SYN. mandarin.

krach *nom masculin* Désastre financier. SYN. banqueroute, débâcle, effondrement, faillite. – FAMILIER : dégringolade. CONTR. *boom, envolée.*

kyrielle *nom féminin* Grande quantité. SYN. armée, avalanche, bataillon, cascade, chapelet, déluge, flot, foule, grêle, infinité, légion, masse, monceau, montagne, multitude, myriade, nuée, pléiade, quantité, série, succession, suite, tas. – FAMILIER : armada, bordée, cargaison, flopée, foultitude, paquet, pelletée, régiment, ribambelle, tripotée. – LITTÉRAIRE : averse, essaim, séquelle. CONTR. *atome, bribe, brin, doigt, goutte, grain, gramme, larme, lueur, miette, nuage, once, parcelle, peu, pointe, soupçon, trace.* – LITTÉRAIRE : *liard, ombre, trait.* – POPULAIRE : *chouia.*

L

labbe *nom masculin* Grand oiseau marin prédateur. SYN. stercoraire.

label *nom masculin* Marque d'un produit. SYN. cachet, étiquette, marque.

labeur *nom masculin* LITTÉRAIRE. Travail pénible. SYN. besogne, œuvre, ouvrage, peine, tâche, travail. CONTR. *inaction, inactivité, oisiveté, récréation, repos.*

lab-ferment *nom masculin* Enzyme du suc gastrique. SYN. présure.

labiacée *nom féminin* Herbe parfumée telle que le thym et la lavande. SYN. labiée, lamiacée.

labidognathe *nom masculin* Groupe d'araignées supérieures. SYN. aranéomorphe.

labiée *nom féminin* Herbe parfumée telle que le thym et la lavande. SYN. labiacée, lamiacée.

labile *adjectif* Susceptible de changer, de varier. SYN. fluctuant, instable.

laborieusement *adverbe* De façon laborieuse. SYN. difficilement, durement, à grand-peine, malaisément, péniblement, tant bien que mal, tout juste. – FAMILIER : cahin-caha, clopin-clopant, comme ci comme ça, couci-couça. CONTR. *aisément, facilement, sans difficulté, sans encombre.* – FAMILIER : *les doigts dans le nez.*

laborieux *adjectif* LITTÉRAIRE. Qui travaille beaucoup. SYN. actif, appliqué, studieux, travailleur. – FAMILIER : bûcheur. – LITTÉRAIRE : diligent, industrieux, vaillant. – POPULAIRE : polard. CONTR. *fainéant, inactif, indolent, inoccupé, oisif, paresseux.* – FAMILIER : *cossard, faignant, feignant, flemmard.* ■ Qui coûte beaucoup d'efforts. SYN. difficile, dur, pénible. CONTR. *aisé, facile, simple.* ■ Qui manque de vivacité. SYN. épais, lourd, pesant, rocailleux. – LITTÉRAIRE : raboteux. CONTR. *alerte, vif.* ■ LITTÉRAIRE. Consacré au travail. SYN. actif, appliqué. – LITTÉRAIRE : diligent. CONTR. *inoccupé, oisif, paresseux.*

labourable *adjectif* Propre à être labouré. SYN. arable, cultivable.

labourer *verbe* Travailler la terre. SYN. bêcher, piocher, retourner. ■ Creuser profondément le sol. SYN. bouleverser, creuser, défoncer, entailler. ■ Marquer une partie du corps. SYN. déchirer, lacérer, taillader. – LITTÉRAIRE : sillonner.

labyrinthe *nom masculin* Réseau compliqué de chemins. SYN. dédale, écheveau, lacis, méandre. ■ Complication inextricable. SYN. dédale, enchevêtrement, imbroglio, lacis, maquis. CONTR. *clarté, simplicité.*

labyrinthique *adjectif* LITTÉRAIRE. Très compliqué. SYN. complexe, compliqué, confus, dédaléen, embrouillé, emmêlé, enchevêtré, inextricable. – FAMILIER : entortillé. CONTR. *clair, net, simple.*

lacédémonien *adjectif* De Lacédémone (Sparte). SYN. spartiate.

lacer *verbe transitif* Serrer avec un lacet. SYN. attacher, lier, nouer. CONTR. *délacer, délier, dénouer, détacher.*

lacérer *verbe* Faire des entailles. SYN. balafrer, déchiqueter, déchirer, dilacérer, entailler, hacher, labourer, taillader.

lacertilien *nom masculin* Reptile du type des lézards. SYN. saurien.

lacet *nom masculin* Tracé sinueux. SYN. détour, méandre, tournant, zigzag.

laceur *nom* Professionnel qui fabrique des filets. SYN. mailleur.

lâchage *nom masculin* FAMILIER. Fait d'abandonner quelqu'un. SYN. abandon, défection, démission, dérobade, désertion, trahison. – LITTÉRAIRE : délaissement. CONTR. *aide, appui, assistance, secours, soutien.*

lâche *adjectif* Qui est trop peu serré. SYN. détendu, flasque, flottant, large, vague. CONTR. *ajusté, étroit, juste, moulant, serré.* ■ Qui manque de courage. SYN. capitulard, craintif, faible, peureux, poltron. – FAMILIER : froussard. – LITTÉRAIRE : couard, pusillanime. – POPULAIRE : foireux, trouillard. – VIEUX : capon. CONTR. *audacieux, brave, courageux, ferme, hardi, héroïque, intrépide.* – LITTÉRAIRE : *impavide, vaillant, valeureux.* ■ Qui est méprisable. SYN. abject, honteux, ignoble, immonde, inavouable, infâme. – LITTÉRAIRE : vil.

lâche *nom* Personne lâche. SYN. faible, peureux, pleutre, poltron. – FAMILIER : femmelette, froussard, mauviette, poule mouillée. – LITTÉRAIRE : couard. – POPULAIRE : couille molle, dégonflé, trouillard. – VIEUX : capon. CONTR. *audacieux, brave, courageux, intrépide.* – FAMILIER : *risque-tout.*

lâchement *adverbe* D'une façon lâche. SYN. indignement, peureusement. – LITTÉRAIRE : vilement. CONTR. *courageusement, héroïquement, vaillamment.* – LITTÉRAIRE : *bravement, valeureusement.*

lâcher *verbe intransitif* Céder brusquement. SYN. casser, se casser, céder, craquer, se rompre. – LITTÉRAIRE : rompre.

lâcher *verbe transitif* Rendre moins tendu. SYN. débander, desserrer, détendre, relâcher. CONTR. *serrer, tendre.* ■ Cesser de retenir. SYN. laisser échapper, laisser filer. CONTR. *agripper, attraper, se cramponner, empoigner, se raccrocher, saisir, tenir.* ■ Lancer sur une cible. SYN. déverser, jeter, lancer, larguer. – FAMILIER : balancer. ■ FAMILIER. Ne plus se soucier de. SYN. abandonner, délaisser, laisser, laisser tomber, oublier, quitter, renoncer, rompre, trahir. – FAMILIER : envoyer tout promener, laisser en plan, laisser en rade, larguer, planter, plaquer. – LITTÉRAIRE : résigner. CONTR. *aider, appuyer, rallier, seconder.*

lâcheté *nom féminin* Manque de fermeté. SYN. abdication, démission, faiblesse, inertie, mollesse, veulerie. ■ Manque de courage. SYN. poltronnerie. – LITTÉRAIRE : caponnerie, couardise, pleutrerie, pusillanimité. CONTR. *audace, bravoure, courage, hardiesse, héroïsme, témérité.* – FAMILIER : *cran.* – LITTÉRAIRE : *intrépidité, vaillance, valeur.* ■ Action indigne. SYN. abjection, bassesse, ignominie, indignité, platitude. – LITTÉRAIRE : vilenie.

lacis *nom masculin* Réseau complexe. SYN. dédale, enchevêtrement, engrenage, enlacement, entrecroisement, entrelacement, labyrinthe, maquis, nœud, réseau. – LITTÉRAIRE : entremêlement.

laconique *adjectif* Exprimé en peu de mots. SYN. bref, concis, court, elliptique, lapidaire, ramassé, schématique, succinct, télégraphique. – LITTÉRAIRE : compendieux. CONTR. *bavard, boursouflé, diffus, grandiloquent, long, prolixe, redondant, touffu, verbeux.*

laconiquement *adverbe* De façon laconique. SYN. brièvement, succinctement. CONTR. *beaucoup, longuement.*

laconisme *nom masculin* Façon de parler laconique. SYN. brièveté, concision, sobriété. CONTR. *longueur, redondance, verbiage.* – FAMILIER : *bagou, bagout, délayage.* – LITTÉRAIRE : *faconde, loquacité, prolixité, verbosité.*

lacrosse *nom féminin* Sport pratiqué au Canada. SYN. crosse.

lactaire *nom masculin* Champignon qui laisse écouler un lait. SYN. poivré. ■ ***Lactaire délicieux,*** champignon au lait orangé. SYN. barigoule.

lacté *adjectif* LITTÉRAIRE. Blanc comme le lait. SYN. blanc, blanchâtre, laiteux. – LITTÉRAIRE : lactescent.

lactescent *adjectif* LITTÉRAIRE. D'un blanc laiteux. SYN. blanc, blanchâtre, laiteux. – LITTÉRAIRE : lacté.

lactodensimètre *nom masculin* Instrument pour mesurer la densité du lait. SYN. pèse-lait.

lactoflavine *nom féminin* Vitamine que l'on trouve dans le lait. SYN. flavine, riboflavine.

lactosérum *nom masculin* Liquide jaune pâle séparé du caillé. SYN. petit-lait.

lacunaire *adjectif* Qui présente des lacunes. SYN. incomplet, insuffisant, partiel. – LITTÉRAIRE : lacuneux. CONTR. *complet, exhaustif.*

lacune *nom féminin* Manque dans un tout. SYN. hiatus, interruption, omission, trou, vide. ■ Insuffisance dans un domaine. SYN. carence, défectuosité, déficience, faille, ignorance, insuffisance, manque, point faible.

lacuneux *adjectif* LITTÉRAIRE. Qui comporte des lacunes. SYN. incomplet, insuffisant, lacunaire, partiel. CONTR. *complet, exhaustif.*

ladino *nom masculin* Langue romane d'origine espagnole. SYN. judéo-espagnol.

ladre *adjectif* LITTÉRAIRE. Très avare. SYN. avare, regardant, thésauriseur. – FAMILIER : chiche, chien, pingre, radin, rapiat, rat. – LITTÉRAIRE : avaricieux, lésineur. CONTR. *charitable, dépensier, dilapidateur, gaspilleur, généreux, large, prodigue.* – LITTÉRAIRE : *dissipateur, libéral.*

ladre *nom* LITTÉRAIRE. Personne avare. SYN. avare, thésauriseur. – FAMILIER : grigou, grippe-sou, pingre, radin, rapiat, rat. – LITTÉRAIRE : harpagon, lésineur. CONTR. *dépensier, dilapidateur, gaspilleur.* – FAMILIER : *panier percé.* – LITTÉRAIRE : *dissipateur.*

ladrerie *nom féminin* LITTÉRAIRE. Fait d'être avare. SYN. avarice. – FAMILIER : chiennerie, pingrerie, radinerie, radinisme. – LITTÉRAIRE : lésine, lésinerie. – VIEUX : chicheté. CONTR. *charité, générosité, libéralité, prodigalité.* – LITTÉRAIRE : *largesse.*

lagostome *nom masculin* Gros rongeur de la pampa argentine. SYN. viscache.

laîche *nom féminin* Herbe vivace des lieux humides. SYN. carex.

laid *adjectif* Qui heurte l'idée du beau. SYN. affreux, contrefait, difforme, disgracié, disgracieux, hideux, horrible, inesthétique, informe, ingrat, monstrueux, vilain. – FAMILIER : moche. CONTR. *agréable, beau, charmant, délicieux, élégant, esthétique, gracieux, harmonieux, joli, magnifique, ravissant, splendide, superbe.* ■ Qui s'écarte de la morale. SYN. abject, bas, dégoûtant, honteux, horrible, ignoble, infâme, mal, révoltant. – LITTÉRAIRE : vil. CONTR. *bien, bon, édifiant, exemplaire, honorable, noble.*

laidement *adverbe* De façon laide. SYN. affreusement, bassement, désagréablement, hideusement, horriblement, mal. – LITTÉRAIRE : vilainement, vilement.

laideron *nom masculin* Jeune femme laide. SYN. monstre. – FAMILIER : guenon, horreur. – POPULAIRE : mocheté. CONTR. *beauté.* – LITTÉRAIRE : *nymphe, vénus.*

laideur *nom féminin* Caractère laid. SYN. difformité, disgrâce. – LITTÉRAIRE : hideur. CONTR. *agrément, beauté, charme, élégance, esthétique, grâce, harmonie.* – LITTÉRAIRE : *joliesse.* ■ Caractère abject. SYN. abjection, bassesse, ignominie, infamie, vice. – LITTÉRAIRE : horreur, turpitude, vilenie. CONTR. *dignité, noblesse.*

laie *nom féminin* Chemin forestier. SYN. allée, chemin, layon, ligne, sentier. – LITTÉRAIRE : sente.

laimargue *nom féminin* Requin du Groenland. SYN. dormeur, requin dormeur.

laine *nom féminin* Vêtement en laine. SYN. chandail, lainage, pull, pull-over, tricot.

laïque *adjectif* Qui n'appartient pas au clergé. SYN. séculier. CONTR. *confessionnel, congréganiste, ecclésiastique, religieux.*

laisser *verbe* Déposer une chose quelque part. SYN. confier, déposer, mettre, placer. ■ Accepter de vendre. SYN. céder, donner, offrir, réserver, solder, vendre. CONTR. *s'emparer.* ■ Abandonner volontairement. SYN. abandonner, abjurer, se décharger de, faire une croix sur, quitter, renoncer, sacrifier, tirer un trait sur, tirer une croix sur. – FAMILIER : lâcher. – LITTÉRAIRE : immoler. CONTR. *accompagner, s'acharner, s'adonner, continuer.*

laisser-aller *nom masculin invariable* Négligence dans l'apparence. SYN. débraillé, négligé, relâchement. CONTR. *coquetterie, distinction, élégance, raffinement, recherche, réserve, retenue, soin.* ■ Relâchement dans la conduite. SYN. abandon, désinvolture, désordre, incurie, indolence, inertie, insouciance, légèreté, liberté, mollesse, négligence, relâchement. – LITTÉRAIRE : débridement, inapplication. CONTR. *application, assiduité, raideur, rigidité, zèle.* – LITTÉRAIRE : *cérémonie, diligence.*

laissez-passer *nom masculin invariable* Permis de circuler. SYN. autorisation, coupe-file, passavant, sauf-conduit.

laiteux *adjectif* Qui ressemble au lait. SYN. blanc, blanchâtre. – LITTÉRAIRE : lacté, lactescent.

laïus *nom masculin* FAMILIER. Discours ennuyeux. SYN. allocution, bavardage, discours, dissertation, phrases. – FAMILIER : baratin, harangue, speech, tartine, topo. – LITTÉRAIRE : homélie. – VIEUX : jus, prêche.

laïusser *verbe* FAMILIER. Faire un laïus. SYN. discourir, disserter, épiloguer, haranguer, palabrer, pérorer, prêcher. – FAMILIER : baratiner, discutailler, disputailler, pontifier.

laïusseur *nom* FAMILIER. Personne qui aimer parler. SYN. bavard, discoureur, phraseur. – FAMILIER : baratineur, pie. – LITTÉRAIRE : péroreur.

laize *nom féminin* Largeur d'une étoffe entre ses deux lisières. SYN. lé.

lallation *nom féminin* Émissions vocales inarticulées d'un bébé. SYN. babillage.

lambeau *nom masculin* Morceau de tissu. SYN. chiffon, haillon, loque. – LITTÉRAIRE : guenille. – VIEUX : chiffe. ■ Partie détachée d'un tout. SYN. bout, bribe, débris, fragment, morceau, parcelle, portion.

lambi *nom masculin* Grand mollusque des mers chaudes. SYN. strombe.

lambin *adjectif* FAMILIER. Qui agit avec lenteur. SYN. indolent, lent, mollasson, mou, nonchalant, paresseux. – FAMILIER : gnangnan, gniangnian, mollasse. CONTR. *dynamique, expéditif, impétueux, rapide, vif, vite.*

lambiner *verbe* FAMILIER. Agir avec lenteur. SYN. s'amuser, s'attarder, flâner, musarder, paresser, tarder, traîner. – FAMILIER : se la couler douce, s'éterniser, lanterner, lézarder, tirer sa flemme, traînailler, traînasser. – LITTÉRAIRE : muser. – POPULAIRE : tirer au cul, tirer au flanc. – VIEUX : clampiner. CONTR. *accourir, s'activer, s'affairer, se démener, se dépêcher, se dépenser, s'empresser, s'épuiser, s'escrimer, s'exténuer, se fatiguer, se hâter, se remuer.* – FAMILIER : *s'agiter, se claquer,* *se décarcasser, se défoncer, s'éreinter, s'esquinter, se tuer.* – POPULAIRE : *se crever, se grouiller, se magner, se manier.*

lambliase *nom féminin* Maladie parasitaire. SYN. giardiase.

lame *nom féminin* Morceau de métal plat. SYN. feuille, feuillet, lamelle, plaque, plaquette. ■ Surélévation de l'eau. SYN. onde, vague.

lamellibranche *nom masculin* Mollusque à coquille à deux valves. SYN. acéphale, bivalve.

lamellophone *nom masculin* Instrument de musique d'Afrique noire. SYN. sanza.

lamentable *adjectif* Qui inspire de la pitié. SYN. malheureux, misérable, pauvre, pitoyable. ■ LITTÉRAIRE. Qui exprime une lamentation. SYN. éploré, gémissant, plaintif. ■ Mauvais à faire pitié. SYN. affligeant, affreux, catastrophique, désolant, faible, horrible, mauvais, minable, navrant, nul, piètre, piteux, triste. – FAMILIER : déplorable. CONTR. *bon, brillant, parfait, remarquable, superbe.* – FAMILIER : *épatant.*

lamentablement *adverbe* De façon lamentable. SYN. piteusement. – LITTÉRAIRE : piètrement. CONTR. *triomphalement.*

lamentation *nom féminin* Plainte prolongée. SYN. geignement, gémissement, murmure, plainte, pleurnichement, pleurnicherie. – LITTÉRAIRE : pleur. ■ Paroles exprimant un vif regret. SYN. doléance, pleurnichement, pleurnicherie, récrimination. – FAMILIER : jérémiade.

lamenter (se) *verbe pronominal* Se plaindre de son sort. SYN. déplorer, se désoler, geindre, gémir, murmurer, se plaindre, récriminer. – FAMILIER : pleurnicher. – LITTÉRAIRE : pleurer. CONTR. *jubiler, se réjouir.*

lamiacée *nom féminin* Herbe parfumée telle que le thym et la lavande. SYN. labiacée, labiée.

lamifié *adjectif* Constitué de couches (de bois, papier) superposées. SYN. stratifié.

lamnidé *nom masculin* Type de grand requin. SYN. isuridé.

lampadaire *nom masculin* Dispositif d'éclairage monté sur un support élevé. SYN. candélabre, réverbère, torchère.

lampassé *adjectif* Dont la langue est d'un émail particulier. SYN. langué.

lampée *nom féminin* FAMILIER. Quantité de liquide avalée. SYN. gorgée, rasade, trait. – FAMILIER : coup. – VIEUX : goulée.

lamper *verbe* FAMILIER. Boire à grands traits. SYN. boire, consommer, ingurgiter. – FAMILIER : s'enfiler, siffler. – POPULAIRE : s'envoyer.

lamprillon *nom masculin* Larve de la lamproie. SYN. ammocète, chatouille.

lampromyie *nom féminin* Mouche orthoraphe allongée. SYN. – VIEUX : verlion.

lampsane *nom féminin* Herbe à capitules jaune clair. SYN. grageline, graveline.

lance-amarre *nom masculin* Appareil servant à lancer une amarre. SYN. porte-amarre.

lancée *nom féminin* Élan pris par quelqu'un. SYN. élan, impulsion, mouvement.

lancement *nom masculin* Action de lancer. SYN. jet, lancer, tir. ■ Fait de sortir un produit. SYN. parution, publication, sortie.

lancéolé *adjectif* ***Arc lancéolé,*** arc brisé aigu, dans l'art gothique. SYN. lancette.

lance-pierre *nom masculin* Dispositif à deux branches pour lancer des pierres. SYN. fronde.

lancer *nom masculin* Action de lancer. SYN. jet, lancement, tir.

lancer *verbe* Envoyer quelque chose. SYN. catapulter, jeter, lâcher. – FAMILIER : balancer, flanquer. ■ Projeter hors de soi. SYN. cracher, éjecter, émettre, projeter, propulser, rejeter, répandre. – LITTÉRAIRE : darder, éructer. ■ Faire connaître quelque chose. SYN. créer, déclencher, introduire, ouvrir la voie, parrainer, patronner, porter, pousser, promouvoir. – FAMILIER : démarrer. – VIEUX : innover.

lancer (se) *verbe pronominal* Se jeter quelque part. SYN. s'élancer, se jeter, se précipiter, sauter. ■ Ne plus hésiter à agir. SYN. s'aventurer, faire feu de tout bois, faire flèche de tout bois, franchir le pas, se jeter à l'eau, se jeter tête baissée dans, se jeter, jouer à quitte ou double, jouer son va-tout, mettre le doigt dans l'engrenage, mettre le pied à l'étrier, monter au créneau, prendre son essor, risquer le coup, se risquer, sauter le pas, tenter l'aventure, tenter le coup. – FAMILIER : entrer dans la danse, entrer en piste. CONTR. *hésiter.* – FAMILIER : *se tâter.* ■ S'engager dans une action. SYN. s'attaquer à, s'atteler à, commencer, débuter, s'embarquer, s'engager, entamer, entreprendre, se mettre à. – FAMILIER : démarrer. CONTR. *abandonner, renoncer.*

lancette *nom féminin* Arc brisé aigu, dans l'art gothique. SYN. arc lancéolé.

lancinant *adjectif* Qui obsède. SYN. agaçant, cuisant, douloureux, énervant, harcelant, obsédant, tracassant. – FAMILIER : crispant.

lanciner *verbe* Tourmenter quelqu'un. SYN. bourreler, hanter, obnubiler, obséder, poursuivre, préoccuper, ronger, taquiner, tenailler, tourmenter, tracasser, travailler. – FAMILIER : turlupiner.

lançon *nom masculin* Poisson osseux long et mince des fonds sableux. SYN. équille.

landsmål *nom masculin* VIEUX. L'une des formes du norvégien. SYN. néonorvégien, nynorsk.

langage *nom masculin* Capacité de s'exprimer. SYN. parler, parole. ▪ Système structuré de signes. SYN. dialecte, idiome, langue. ▪ Parler propre à un groupe. SYN. argot, jargon, lexique, style, terminologie, vocabulaire.

langoureusement *adverbe* De façon langoureuse. SYN. mollement, nonchalamment. – LITTÉRAIRE : languissamment. CONTR. *énergiquement.*

langoureux *adjectif* Qui exprime la langueur. SYN. indolent, languissant, nonchalant. – LITTÉRAIRE : alangui, languide, mourant. CONTR. *énergique, pétulant, vif.*

langue *nom féminin* Système de signes vocaux. SYN. dialecte, idiome, langage, parler. ▪ Parler d'un groupe social. SYN. argot, jargon, langage, lexique, terminologie, vocabulaire. ▪ LITTÉRAIRE. Style propre à un artiste. SYN. manière, patte, phraséologie, plume, style.

langué *adjectif* Dont la langue est d'un émail particulier. SYN. lampassé.

langue-de-bœuf *nom féminin* Champignon rouge sang. SYN. fistuline, foie-de-bœuf.

langue-de-cerf *nom féminin* Fougère poussant dans les éboulis calcaires. SYN. scolopendre.

langue-de-chien *nom féminin* Herbe des forêts humides des montagnes. SYN. cynoglosse.

langue-de-femme *nom féminin* Graminée à épillets tremblotants. SYN. amourette, brize.

langue-de-serpent *nom féminin* Petite fougère comportant une seule feuille. SYN. ophioglosse.

langueur *nom féminin* Profond abattement. SYN. apathie, dépérissement, épuisement, étiolement, indolence, lassitude, léthargie, mélancolie, nonchalance, paresse. – LITTÉRAIRE : alanguissement, morbidesse, prostration. – VIEUX : étisie. CONTR. *allant, ardeur, chaleur, dynamisme, élan, énergie, enthousiasme, entrain, nerf, pétulance, ressort, vigueur, vitalité.* – LITTÉRAIRE : *alacrité, vivacité.* ▪ Ralentissement d'une activité. SYN. affaissement, apathie, atonie, dépérissement, engourdissement, léthargie, marasme, stagnation, torpeur. – LITTÉRAIRE : assoupissement, somnolence. CONTR. *agitation, animation, prospérité.*

languide *adjectif* LITTÉRAIRE. Qui exprime la langueur. SYN. indolent, langoureux, languissant, nonchalant. – LITTÉRAIRE : alangui, mourant.

languir *verbe* LITTÉRAIRE. Souffrir de quelque chose et en dépérir. SYN. s'ennuyer, se morfondre. – LITTÉRAIRE : se consumer, soupirer après. ▪ Manquer de dynamisme. SYN. croupir, dépérir, dormir, s'encroûter, s'étioler, piétiner, stagner, végéter, vivoter. CONTR. *se développer, être florissant, fructifier, progresser, prospérer.* ▪ Se morfondre quelque part. SYN. attendre, croupir. – FAMILIER : mariner, mijoter, moisir, pourrir.

languissamment *adverbe* LITTÉRAIRE. De façon languissante. SYN. indolemment, langoureusement, nonchalamment, paresseusement.

languissant *adjectif* LITTÉRAIRE. Qui se languit d'amour. SYN. alangui, langoureux, tendre. – LITTÉRAIRE : languide. ▪ Qui manque d'énergie. SYN. amorphe, fade, indolent, langoureux, léthargique, lymphatique, mou, nonchalant, paresseux, traînant. – FAMILIER : fadasse. – LITTÉRAIRE : alangui, languide, mourant, torpide. CONTR. *agité, allègre, ardent, endiablé, survolté.*

langur *nom masculin* Singe de l'Inde et du Sud-Est asiatique. SYN. entelle.

lanière *nom féminin* Longue bande de cuir. SYN. bretelle, courroie, guide, longe, rêne.

lanterne *nom féminin* ***La lanterne rouge,*** le dernier d'une course. SYN. retardataire, traînard. CONTR. *champion, gagnant, premier.*

lanterner *verbe* FAMILIER. Perdre son temps. SYN. s'amuser, s'attarder, dormir, flâner, musarder, paresser, tarder, traîner. – FAMILIER : baguenauder, s'éterniser, lambiner, lézarder, traînailler, traînasser. – LITTÉRAIRE : muser. CONTR. *s'affairer, se démener, se dépêcher, se dépenser, se fatiguer, se hâter, se remuer.* – FAMILIER : *s'activer, s'agiter, se tuer.* – POPULAIRE : *se grouiller, se magner, se manier.* ▪ FAMILIER. Attendre longtemps. SYN. atermoyer. – FAMILIER : mariner, mijoter, moisir, poireauter.

lanternes *nom féminin pluriel* Feux de position. SYN. veilleuses.

lapalissade *nom féminin* Affirmation évidente. SYN. évidence, tautologie, truisme, vérité de La Palice.

laparotomie *nom féminin* Ouverture chirurgicale de l'abdomen. SYN. cœliotomie.

lapidaire *adjectif* D'une concision brutale. SYN. bref, concis, dense, laconique, schématique, succinct, télégraphique. – LITTÉRAIRE : compendieux. CONTR. *diffus, filandreux, prolixe, verbeux.*

lapidification *nom féminin* Transformation d'un dépôt meuble en roche sédimentaire. SYN. lithification.

lapidifier *verbe* Donner à une substance la dureté de la pierre. SYN. pétrifier.

lapilleux *adjectif masculin* Dont la chair renferme des corps durs. SYN. pierreux.

lapinière *nom féminin* Cage pour élever des lapins domestiques. SYN. clapier.

lapis-lazuli *nom masculin invariable* Pierre d'un bleu intense. SYN. lapis, lazurite, outremer.

laquais *nom masculin* LITTÉRAIRE. Personne servile. SYN. esclave, valet. – FAMILIER : chien, larbin.

larbin *nom masculin* FAMILIER. Personne servile. SYN. esclave, valet. – FAMILIER : chien. – LITTÉRAIRE : laquais.

larcin *nom masculin* Petit vol. SYN. filoutage, maraudage, maraude, vol. – FAMILIER : chapardage. – LITTÉRAIRE : rapine. – POPULAIRE : barbotage, fauche.

lardage *nom masculin* Action de larder une viande. SYN. piquage.

larder *verbe* Introduire en nombre dans. SYN. entrelarder, entremêler, farcir, parsemer, truffer. – LITTÉRAIRE : semer.

lardon *nom masculin* POPULAIRE. Petit enfant. SYN. bambin, bébé, gamin, gamine, petit. – FAMILIER : bout de chou, bout de zan, gosse, marmot, mioche, moustique, moutard, petiot, petiote, pitchoun, pitchounet, poussin, tête blonde. – POPULAIRE : chiard, loupiot, loupiote, môme, morpion, mouflet. – VIEUX : marmouset.

largando *adverbe* Indique un élargissement du mouvement. SYN. rallentando, ritenuto.

large *adjectif* Qui occupe un vaste espace. SYN. démesuré, énorme, étendu, gigantesque, spacieux, volumineux. – LITTÉRAIRE : vaste. CONTR. *étranglé, étroit, exigu, microscopique, mince, minuscule, petit, resserré.* – FAMILIER : *rikiki, riquiqui.* ■ Se dit d'un vêtement qui ne serre pas. SYN. ample, confortable, flou, lâche, vague. CONTR. *ajusté, collant, étriqué, juste, moulant, rétréci, serré.* ■ Qui est important. SYN. abondant, ample, appréciable, considérable, étendu, fort, grand. CONTR. *inappréciable, léger, limité, modeste, négligeable, réduit, restreint.* ■ Qui donne généreusement. SYN. dépensier, généreux, prodigue. – LITTÉRAIRE : libéral. CONTR. *avare, économe, parcimonieux, regardant.* – FAMILIER : *chiche, chien, pingre, radin, rapiat, rat.* – LITTÉRAIRE : *avaricieux, ladre, lésineur.* ■ Qui a un esprit ouvert. SYN. complaisant, compréhensif, coulant, libéral, ouvert, relâché. – FAMILIER : élastique. CONTR. *absolu, autoritaire, borné, chauvin, cocardier, doctrinaire, exclusif, formaliste, intolérant, intraitable, mesquin, rigoureux, scrupuleux, sectaire, sévère, strict.* – LITTÉRAIRE : *raide.*

large *adverbe* En estimant à plus. SYN. fastueusement, généreusement, grand, largement. CONTR. *chichement, petitement.*

largement *adverbe* De façon abondante. SYN. abondamment, en abondance, amplement, beaucoup, colossalement, comme quatre, comme s'il en pleuvait, considérablement, copieusement, à discrétion, énormément, à flots, à foison, généreusement, en (grand) nombre, grandement, grassement, massivement, à la pelle, plantureusement, pleinement, à profusion, en quantité, richement, à satiété, à souhait, surabondamment, à tour de bras, en veux-tu en voilà, à volonté. – FAMILIER : à gogo, jusqu'à plus soif, en pagaille, à revendre, à tire-larigot. – LITTÉRAIRE : à l'envi. CONTR. *chichement, au compte-gouttes, mal, mesquinement, parcimonieusement, petitement.* – RARE : *avarement.* ■ D'une manière importante. SYN. amplement, considérablement, énormément, grandement, pleinement. CONTR. *faiblement, guère, légèrement, à peine, peu.*

largesse *nom féminin* LITTÉRAIRE. Fait d'être généreux. SYN. générosité, libéralité, prodigalité. – LITTÉRAIRE : magnificence, munificence. CONTR. *avarice, économie, mesquinerie, parcimonie.* – FAMILIER : *pingrerie, radinerie, radinisme.* – LITTÉRAIRE : *cupidité, ladrerie, lésine, lésinerie, rapacité.*

largeur *nom féminin* Dimension d'un objet. SYN. carrure, envergure, étendue. ■ Ouverture d'esprit. SYN. ampleur, ouverture. – LITTÉRAIRE : élévation. CONTR. *étroitesse, pauvreté.*

larguer *verbe* FAMILIER. Abandonner volontairement. SYN. abandonner, laisser tomber, quitter. – FAMILIER : envoyer tout promener, lâcher, laisser en plan, laisser en rade, planter, plaquer.

larme *nom féminin* Petite quantité d'un liquide. SYN. doigt, filet, goutte, nuage, once, pointe, soupçon, teinte, trace. – FAMILIER : lichette. – LITTÉRAIRE : ombre, trait. – POPULAIRE : chouia. CONTR. *avalanche, cascade, déluge, flot, flux, pluie, torrent.* – FAMILIER : *paquet.* – LITTÉRAIRE : *averse, océan.*

larme-de-Job *nom féminin* Graminée aux grains décoratifs. SYN. coïx.

larmes *nom féminin pluriel* Liquide sécrété par les glandes lacrymales. SYN. sanglots. – LITTÉRAIRE : pleurs. ■ ***Être en larmes,*** avoir des pleurs qui coulent des yeux. SYN. éclater en sanglots, larmoyer, pleurer, pleurer à chaudes larmes, pleurer toutes les larmes de son corps, sangloter. – FAMILIER :

chouiner, pleurer comme un veau, pleurer comme une fontaine, pleurer comme une Madeleine, pleurer comme une vache, pleurnicher. – POPULAIRE : chialer. CONTR. *rire.*

larmoyant *adjectif* Accompagné de pleurs. SYN. éploré, pleurant. – FAMILIER : pleurard, pleurnicheur. CONTR. *gai, joyeux, réjoui, riant.*

larmoyer *verbe* Se lamenter sur quelque chose. SYN. en avoir gros sur le cœur, geindre, gémir, se lamenter, se plaindre, pleurer. – FAMILIER : pleurnicher. – POPULAIRE : en avoir gros sur la patate.

larvé *adjectif* Qui n'est pas encore exprimé. SYN. caché, latent, masqué, occulte, secret, sourd, sous-jacent, souterrain.

las *adjectif* Qui est très fatigué. SYN. abattu, brisé, épuisé, exténué, fatigué, fourbu, harassé, lassé, mort de fatigue, recru, rendu, rompu, usé. – FAMILIER : cassé, claqué, éreinté, flagada, flapi, H.S., lessivé, mort, moulu, pompé, raplapla, tué, vanné, vidé. – POPULAIRE : crevé. CONTR. *dispos, frais, reposé, solide, vigoureux.* – VIEUX : *gaillard.*

lascar *nom masculin* FAMILIER. Individu qui joue des tours. SYN. phénomène, vaurien, voyou, zigoto. – FAMILIER : fripouille, gaillard, loustic, numéro, pistolet, zèbre. – LITTÉRAIRE : drôle. – VIEUX : galapiat, garnement, mâtin. ■ FAMILIER. Enfant malin. SYN. chenapan, coquin, diablotin, drôle, galopin, garnement, polisson. – FAMILIER : affreux jojo, brigand, diable, filou, fripon, fripouille, (petite) peste. – VIEUX : galapiat.

lascif *adjectif* Qui incite à la sensualité. SYN. érotique, luxurieux, paillard, sensuel, voluptueux. – FAMILIER : chaud. – LITTÉRAIRE : libidineux, salace. CONTR. *chaste, froid, platonique, prude, pur.*

lasciveté ou **lascivité** *nom féminin* LITTÉRAIRE. Caractère lascif. SYN. érotisme, luxure, sensualité, volupté. – LITTÉRAIRE : impudicité. CONTR. *pruderie, pudeur, pudibonderie, puritanisme.* – LITTÉRAIRE : *pudicité.*

lassant *adjectif* Qui lasse par sa répétition. SYN. décourageant, ennuyeux, épuisant, fastidieux, fatigant, harassant, monotone, mortel. – FAMILIER : assommant, barbant, embêtant, empoisonnant, enquiquinant, éreintant, mourant, rasant, rasoir, soûlant. – POPULAIRE : chiant, chiatique, emmerdant, suant. CONTR. *encourageant, intéressant.* – FAMILIER : *folichon.*

lassé *adjectif* Qui est devenu las. SYN. blasé, dégoûté, désabusé, fatigué, harassé, las. – FAMILIER : écœuré.

lasser *verbe* Fatiguer physiquement quelqu'un. SYN. briser, épuiser, exténuer, fatiguer. – FAMILIER : éreinter, esquinter, vanner. CONTR. *délasser, détendre, reposer.* ■ Provoquer de l'ennui. SYN. assommer, ennuyer, excéder, fatiguer. – FAMILIER : barber, barbifier, bassiner, casser les pieds, embêter, enquiquiner, faire suer, pomper, raser. – LITTÉRAIRE : importuner. – POPULAIRE : canuler, cavaler, emmerder, faire chier. CONTR. *amuser, captiver, charmer, délasser, désennuyer, distraire, divertir, égayer, intéresser, passionner, plaire, ravir, réjouir, satisfaire, séduire.* ■ Démoraliser quelqu'un. SYN. abattre, blaser, décourager, dégoûter, rebuter, vaincre. CONTR. *aiguillonner, encourager, exciter, fouetter, intéresser, piquer, stimuler.*

lassitude *nom féminin* Grande fatigue physique. SYN. accablement, épuisement, fatigue, langueur. – FAMILIER : éreintement. CONTR. *allant, bien-être, énergie, vitalité.* – FAMILIER : *forme.* ■ Grande fatigue morale. SYN. accablement, découragement, dégoût, démoralisation, dépression, ennui, langueur. – FAMILIER : écœurement. – LITTÉRAIRE : brisement. CONTR. *élan, enthousiasme, entrain, exaltation, joie.*

latent *adjectif* Qui existe sans être apparent. SYN. caché, inapparent, inexprimé, informulé, larvé, masqué, occulte, secret, sourd, sournois, sous-jacent, souterrain, virtuel. – LITTÉRAIRE : dormant. CONTR. *apparent, flagrant, manifeste, notoire, ostensible, ouvert, patent, public.*

latérite *nom féminin* Sol riche en oxyde de fer et alumine. SYN. ferrallite.

latéritique *adjectif* Formé de latérite. SYN. ferrallitique.

latitude *nom féminin* Faculté d'agir à son gré. SYN. choix, facilité, faculté, liberté, loisir, marge, pouvoir.

lato sensu *locution adverbiale* Au sens large du mot. SYN. au sens large. CONTR. *à la lettre, littéralement, à proprement parler, au sens strict, stricto sensu, textuellement.*

latrines *nom féminin pluriel* Local réservé aux besoins naturels, dans un camp. SYN. cabinets, feuillées, petit(s) coin(s), waters, W.-C. – FAMILIER : pipi-room, tinette, vécés. – POPULAIRE : chiottes, goguenots, gogues. – VIEUX : commodités, lieux d'aisances, water-closets.

latrodecte *nom masculin* Araignée venimeuse. SYN. veuve noire.

lattage *nom masculin* Garniture de lattes. SYN. lattis.

latte *nom féminin* Longue pièce de bois mince et plate. SYN. liteau.

lattis *nom masculin* Garniture de lattes. SYN. lattage.

lauan *nom masculin* Arbre d'Asie utilisé en menuiserie. SYN. mayatis, meranti.

laudateur *nom* LITTÉRAIRE. Personne qui fait un éloge. SYN. apologiste, bénisseur, flatteur, panégyriste. – LITTÉRAIRE : adulateur, caudataire, complimenteur, encenseur, flagorneur, louangeur, thuriféraire. CONTR. *critique, dénigreur, dépréciateur, détracteur.* – LITTÉRAIRE : *censeur, contempteur.*

laudatif *adjectif* Qui loue. SYN. dithyrambique, élogieux, flatteur, louangeur. – LITTÉRAIRE : complimenteur. CONTR. *calomnieux, critique, dénigrant, dépréciateur, dépréciatif, désapprobateur, offensant, rabaissant.* – LITTÉRAIRE : *improbateur.*

lause *nom féminin* Pierre plate utilisée en couverture de bâtiments. SYN. lave.

lavabos *nom masculin pluriel* Lieu réservé aux besoins naturels. SYN. cabinets, petit(s) coin(s), toilettes, waters, W.-C. – FAMILIER : pipi-room, vécés. – POPULAIRE : chiottes, goguenots, gogues. – VIEUX : cabinets d'aisances, commodités, garde-robe, lieux d'aisances, water-closets.

lavage *nom masculin* Action de laver. SYN. blanchissage, lessivage, lessive, nettoyage.

lavandière *nom féminin* LITTÉRAIRE. Femme qui lave le linge. SYN. blanchisseuse. – VIEUX : buandière, laveuse. ■ Petit passereau à longue queue. SYN. bergeronnette, hochequeue.

lave *nom féminin* Pierre plate utilisée en couverture de bâtiments. SYN. lause. ■ ***Lave en coussins,*** nappe de lave sous-marine. SYN. pillow-lava.

lave-pont *nom masculin* Balai à brosse de chiendent. SYN. balai-brosse.

laver *verbe* Nettoyer avec de l'eau. SYN. blanchir, décrasser, lessiver, nettoyer. CONTR. *barbouiller, encrasser, maculer, salir, tacher.* – LITTÉRAIRE : *souiller.* ■ Prouver l'innocence de. SYN. décharger, disculper, innocenter, justifier, réhabiliter. CONTR. *accuser, calomnier, charger.* – LITTÉRAIRE : *noircir.* ■ Nettoyer le corps. SYN. baigner, débarbouiller, décrasser, doucher, toiletter.

laver (se) *verbe pronominal* Se nettoyer le corps. SYN. se baigner, se débarbouiller, se décrasser, se doucher, faire sa toilette, se nettoyer. – FAMILIER : faire ses ablutions. CONTR. *se salir.*

laxatif *adjectif et nom masculin* Médicament contre la constipation. SYN. purgatif. – FAMILIER : purge. CONTR. *astringent, constricteur.*

laxisme *nom masculin* Grande indulgence. SYN. laisser-faire, permissivité, relâchement. CONTR. *rigidité, rigorisme.*

laxiste *adjectif* Qui fait preuve de laxisme. SYN. complaisant, coulant, indulgent, libéral, permissif, tolérant. CONTR. *absolu, autoritaire, intraitable, intransigeant, rigide, rigoriste.*

laxité *nom féminin* État de ce qui est lâche, distendu. SYN. relâchement. CONTR. *tension.*

layon *nom masculin* Petit sentier forestier. SYN. allée, chemin, laie, ligne, sentier. – LITTÉRAIRE : sente.

lazurite *nom féminin* Pierre d'un bleu intense. SYN. lapis, lapis-lazuli, outremer.

lazzi *nom masculin* Parole moqueuse. SYN. moquerie, persiflage, pique, plaisanterie, quolibet, raillerie, sarcasme. – LITTÉRAIRE : brocard, trait. – POPULAIRE : vanne.

lé *nom masculin* Largeur d'une étoffe entre ses deux lisières. SYN. laize.

leader *nom masculin* Personne qui mène un groupe. SYN. cerveau, chef, dirigeant, meneur, porte-drapeau, responsable, tête. – LITTÉRAIRE : pilote.

leasing *nom masculin* Contrat de louage d'un bien. SYN. crédit-bail.

lèche *nom féminin* FAMILIER. Flatterie servile. SYN. coup d'encensoir, flatterie. – LITTÉRAIRE : courtisanerie, flagornerie.

léché *adjectif* FAMILIER. Fait avec grand soin. SYN. fignolé, fini, fouillé, travaillé. – LITTÉRAIRE : ciselé. – VIEUX : perlé. CONTR. *grossier, inachevé.*

lèche-bottes *nom invariable* FAMILIER. Personne qui flagorne. SYN. bénisseur, courtisan, flatteur. – FAMILIER : lécheur. – LITTÉRAIRE : complimenteur, encenseur, flagorneur, louangeur. – POPULAIRE : lèche-cul.

lécher *verbe* Toucher à peine. SYN. caresser, effleurer, frôler. ■ FAMILIER. Fignoler quelque chose. SYN. fignoler, parachever, parfaire, peaufiner, polir, soigner, travailler. – LITTÉRAIRE : châtier, ciseler. – POPULAIRE : chiader. – VIEUX : perler. CONTR. *brouillonner, ébaucher, gâcher, saboter.* – FAMILIER : *bousiller.*

léchette *nom féminin* VIEUX. Mince tranche de pain. SYN. lichette, mouillette.

lécheur *nom* FAMILIER. Personne qui flatte. SYN. courtisan, flatteur. – FAMILIER : lèche-bottes. – LITTÉRAIRE : complimenteur, encenseur, flagorneur, louangeur. – POPULAIRE : lèche-cul.

leçon *nom féminin* Enseignement d'un professeur. SYN. conférence, cours, enseignement, exposé. – VIEUX : répétition. ■ Avertissement donné. SYN. avertissement, conseil, instruction. – LITTÉRAIRE : admonestation, admonition, mercuriale. ■ Ce qu'on retire d'une expérience. SYN.

avis, enseignement, exemple, moralité, précepte, recommandation.

lecteur *nom* Personne qui aime lire. SYN. liseur.

ledit *nom* La personne dont il a été question. SYN. susdit, susnommé.

légal *adjectif* Conforme à la loi. SYN. autorisé, juridique, légitime, licite, permis, réglementaire, régulier. CONTR. *arbitraire, défendu, délictueux, frauduleux, illégal, illégitime, illicite, irrégulier, prohibé.* – LITTÉRAIRE : *subreptice.*

légalement *adverbe* De façon légale. SYN. juridiquement, légitimement, licitement, réglementairement, régulièrement. CONTR. *arbitrairement, clandestinement, frauduleusement, illégalement, illégitimement, illicitement, indûment, irrégulièrement.*

légaliser *verbe* Certifier des signatures. SYN. authentifier, authentiquer, certifier, confirmer.

légalité *nom féminin* Caractère légal. SYN. justice, légitimité, régularité. CONTR. *arbitraire, illégalité.*

légendaire *adjectif* Qui appartient à la légende. SYN. mythique, mythologique. – LITTÉRAIRE : fabuleux. CONTR. *historique.* ■ Connu de tout le monde. SYN. célèbre, glorieux, illustre, proverbial, réputé. – LITTÉRAIRE : fameux, immortel.

léger *adjectif* Qui pèse peu. SYN. fragile, frêle, menu, petit. CONTR. *gros, lourd, massif, pesant.* – FAMILIER : *mastoc.* ■ Qui a peu d'épaisseur. SYN. fin, fluet, mince, ténu, transparent, vaporeux. – LITTÉRAIRE : arachnéen. CONTR. *compact, consistant, épais, opaque.* ■ Qui se digère bien. SYN. assimilable, digeste, digestible. CONTR. *dense, inassimilable, indigeste, mauvais.* ■ Peu perceptible. SYN. anodin, doux, faible, imperceptible, inaudible, indécelable, indiscernable, infime, insensible, insignifiant, minime, négligeable. CONTR. *appuyé, capiteux, corsé, entêtant, fort, grisant, prononcé, puissant, violent.* ■ Qui se sent alerte. SYN. agile, alerte, allègre, délicat, dispos, élégant, gracieux, leste, libre, preste, souple, vif. – LITTÉRAIRE : aérien, éthéré. CONTR. *alourdi, gauche, lent, lourd, lourdaud, maladroit.* – FAMILIER : *empoté, pataud.* ■ Qui est peu important. SYN. bénin, minime. – LITTÉRAIRE : véniel. CONTR. *accablant, atroce, cuisant, grave, important, profond, sérieux, sévère.* ■ Qui manque de constance. SYN. badin, changeant, dégagé, désinvolte, étourdi, évaporé, frivole, futile, inconstant, infidèle, instable, irresponsable, superficiel, versatile, volage. – LITTÉRAIRE : folâtre. CONTR. *acharné, assidu, avisé, circonspect, constant, fidèle, pondéré, posé, raisonnable, réfléchi, rigoureux, sage, scrupuleux, sérieux.* ■ Qui manque de prudence. SYN. imprévoyant, inconscient, inconséquent, inconsidéré, insouciant, irréfléchi, oublieux. CONTR. *posé, prévoyant, prudent, sage.*

légère (à la) *locution adverbiale* Sans réflexion. SYN. étourdiment, follement, imprudemment, inconsciemment, inconsidérément, intempestivement, mal à propos, superficiellement. – LITTÉRAIRE : inopportunément. CONTR. *posément, précautionneusement, prudemment, sagement, sérieusement.*

légèrement *adverbe* De façon peu copieuse. SYN. frugalement, modérément, peu, sobrement. CONTR. *copieusement, démesurément, énormément, excessivement, goulûment, trop.* ■ D'une manière légère. SYN. doucement, lestement, mollement. CONTR. *durement, grièvement, lourdement, pesamment, vigoureusement, violemment, vivement.* ■ Un peu. SYN. discrètement, faiblement, modérément, superficiellement, vaguement. CONTR. *affreusement, beaucoup, colossalement, effroyablement, énormément, excessivement, extraordinairement, extrêmement, fabuleusement, farouchement, foncièrement, fort, fortement, grandement, hautement, infiniment, largement, prodigieusement, profondément, très, vertigineusement.* – FAMILIER : *atrocement, carrément, diablement, fichtrement, fichûment, formidablement, rudement.* – LITTÉRAIRE : *furieusement.* ■ De manière inconsidérée. SYN. étourdiment, follement, imprudemment, inconsidérément, à la légère. CONTR. *gravement, judicieusement, prudemment, sagement.*

légèreté *nom féminin* Propriété de ce qui est léger. SYN. finesse, fragilité. – LITTÉRAIRE : ténuité. CONTR. *densité, lourdeur, pesanteur.* ■ Caractère peu important. SYN. banalité, futilité, vide. – LITTÉRAIRE : inanité, superficialité, vanité. CONTR. *force, gravité, importance, intérêt, poids, profondeur, sérieux.* ■ Caractère gracieux. SYN. agilité, aisance, délicatesse, élégance, facilité, grâce, naturel, souplesse, vivacité. CONTR. *grossièreté, lourdeur.* ■ Manque de constance. SYN. désinvolture, étourderie, frivolité, impertinence, inconstance, instabilité, laisser-aller, nonchalance. – FAMILIER : je-m'en-fichisme. – LITTÉRAIRE : variabilité, versatilité. – POPULAIRE : je-m'en-foutisme. CONTR. *bien-fondé, constance, fidélité, sérieux.* – LITTÉRAIRE : *opiniâtreté.* ■ Manque de prudence. SYN. imprévoyance, imprudence, inattention, inconscience, inconséquence, insouciance, irréflexion. CONTR. *circonspection, patience, persévérance, précaution, prudence, retenue, sagesse.*

légion *nom féminin* Grand nombre de personnes. SYN. armée, avalanche, bande, bataillon, cascade, déluge, flot, foule, horde, kyrielle, masse, meute, multitude, nuée, quantité. – FAMILIER : armada, cargaison, cohorte, flopée, foultitude, régiment, ribambelle, tripotée. – LITTÉRAIRE : averse, essaim, phalange. CONTR. *poignée.*

légitimation *nom féminin* Action de légitimer. SYN. défense, excuse, justification.

légitime *adjectif* Qui est admis par la loi. SYN. autorisé, juste, légal, licite, permis. CONTR. *arbitraire, délictueux, illégal, illégitime, illicite, injuste, partial.* ■ Qui est fondé en raison. SYN. compréhensible, équitable, explicable, fondé, juste, justifié, licite, mérité, motivé, normal, raisonnable. CONTR. *anormal, déraisonnable, extravagant, hasardé, immérité, immotivé, indéfendable, injustifiable, injustifié, vain.*

légitimement *adverbe* Conformément à l'équité. SYN. à bon droit, équitablement, à juste titre, justement, légalement. CONTR. *abusivement, illégalement, illégitimement, illicitement, indûment, injustement, irrégulièrement.* – LITTÉRAIRE : *inéquitablement.*

légitimer *verbe* Faire admettre comme juste. SYN. assurer, autoriser, établir, excuser, fonder, justifier, reconnaître. CONTR. *exclure, prohiber, proscrire.* – LITTÉRAIRE : *abâtardir.*

légitimité *nom féminin* Caractère légitime. SYN. équité, justice, légalité. CONTR. *arbitraire, illégalité, illégitimité, injustice, partialité.* ■ Qualité de ce qui est fondé. SYN. bien-fondé, bon droit, normalité, pertinence. CONTR. *anormalité, illégitimité.*

legs *nom masculin* LITTÉRAIRE. Ce qu'une génération transmet. SYN. héritage.

léguer *verbe* Donner par héritage. SYN. laisser, passer, remettre, transférer, transmettre.

légume *nom féminin* FAMILIER. Personnage important. SYN. puissant. – FAMILIER : gros, gros bonnet, grosse légume. – POPULAIRE : huile. CONTR. *petit.*

leitmotiv *nom masculin* Idée récurrente dans un texte. SYN. motif, rengaine, scie, thème. – FAMILIER : couplet, disque, refrain, ritournelle. – LITTÉRAIRE : antienne.

lemna *nom féminin* Très petite plante aquatique. SYN. lentille d'eau.

lémure *nom masculin* VIEUX. Spectre d'un mort qui tourmentait les vivants. SYN. fantôme, revenant.

lémurien *nom masculin* Mammifère primate primitif. SYN. prosimien.

lendemain *nom masculin* Avenir plus ou moins immédiat. SYN. avenir, futur. CONTR. *passé.*

lendemains *nom masculin pluriel* Conséquences d'un événement. SYN. contrecoups, effets, incidences, prolongements, rebondissements, répercussions, retentissements, ricochets, suites.

lénifiant *adjectif* LITTÉRAIRE. Qui lénifie. SYN. adoucissant, amollissant, apaisant, calmant. – LITTÉRAIRE : lénitif. CONTR. *excitant, irritant, tonique.*

lénifier *verbe* LITTÉRAIRE. Rendre calme, doux. SYN. adoucir, apaiser, calmer, édulcorer, radoucir. – LITTÉRAIRE : rasséréner. CONTR. *exciter, irriter, tourmenter.*

lénitif *adjectif* LITTÉRAIRE. Qui apaise. SYN. adoucissant, amollissant, apaisant, calmant. – LITTÉRAIRE : lénifiant. CONTR. *excitant, irritant, tonique.*

lent *adjectif* Qui ne se presse pas. SYN. apathique, indolent, mou, nonchalant, paresseux. – FAMILIER : gnangnan, gniangnian, lambin. CONTR. *actif, agile, alerte, dynamique, expéditif, impatient, nerveux, pressé, rapide, vite.* – FAMILIER : *speedé.* – LITTÉRAIRE : *allant, diligent, impétueux, prompt, véloce.* – POPULAIRE : *à la bourre.* ■ Qui est long à se faire. SYN. long, pesant, traînant. CONTR. *accéléré, brusque, brutal, fulgurant, instantané, précipité, preste, soudain, subit.* – LITTÉRAIRE : *prompt.*

lentement *adverbe* De façon lente. SYN. doucement, insensiblement, petit à petit, peu à peu. CONTR. *rapidement, vite.* ■ Sans vivacité. SYN. indolemment, mollement, nonchalamment, posément, précautionneusement, tranquillement. – FAMILIER : pianissimo, piano. – POPULAIRE : peinardement, pénardement. CONTR. *activement, bon train, à bride abattue, brusquement, brutalement, en catastrophe, en un clin d'œil, comme un bolide, comme une flèche, en coup de vent, en deux temps, trois mouvements, expéditivement, à fond de cale, à fond de train, à fond la caisse, à la hâte, hâtivement, en un instant, nerveusement, au pas de charge, au pas de course, précipitamment, prestement, promptement, en un rien de temps, rondement, soudain, soudainement, subitement, sur les chapeaux de roue, tambour battant, à tombeau ouvert, à toute allure, à toute bride, à toute hâte, en toute hâte, à toute vitesse, toutes affaires cessantes, à un train d'enfer, ventre à terre, en vitesse, vivement.* – ARGOTIQUE : *à donf.* – FAMILIER : *en cinq sec, dare-dare, en deux, trois coups de cuiller à pot, en quatrième vitesse, rapido presto, rapidos, subito, subito presto, en un temps record, en un tour de main, à toute blinde, à toute vapeur, à toute(s) pompe(s), à la vitesse grand V.* – LITTÉRAIRE : *diligemment.* – POPULAIRE : *comme un pet (de lapin) sur une toile cirée, à tout berzingue, à toute barde, à toute berzingue, à toute bitture.* – VIEUX : *en un tournemain.*

lenteur *nom féminin* Caractère lent. SYN. apathie, indolence, lourdeur, mollesse, nonchalance, pesanteur. CONTR. *agilité, célérité, dynamisme, hâte, pétulance, précipitation, rapidité, soudaineté, vitesse.* – LITTÉRAIRE : *diligence, impétuosité, prestesse, promptitude, vélocité, vivacité.*

lenteurs *nom féminin pluriel* Action de faire traîner. SYN. longueurs, retards, tergiversations.

lentigine *nom féminin* Petite tache cutanée. SYN. grain de beauté, lentigo, nævus.

lentigo *nom masculin* Petite tache cutanée. SYN. grain de beauté, lentigine, nævus.

lentille *nom féminin* ***Lentille d'eau,*** très petite plante aquatique. SYN. lemna.

léonin *adjectif* Se dit d'un partage déséquilibré. SYN. abusif, excessif, inéquitable, injuste. CONTR. *équitable, juste.*

léontodon *nom masculin* Plante aux feuilles en rosette. SYN. liondent.

léopard *nom masculin* Mammifère carnivore à robe tachetée. SYN. panthère.

lépadogaster *nom masculin* Petit poisson de la forme d'un têtard. SYN. barbier, porte-écuelle.

lépidium *nom masculin* Plante des régions tempérées et chaudes. SYN. passerage.

lépisme *nom masculin* Petit insecte sans ailes. SYN. petit poisson d'argent.

lèpre *nom féminin* LITTÉRAIRE. Mal qui progresse. SYN. calamité, cancer, fléau, peste. – LITTÉRAIRE : chancre, gangrène.

lépreux *adjectif* et *nom* Atteint de la lèpre. SYN. galeux, maudit.

léproserie *nom féminin* Établissement réservé aux lépreux. SYN. – VIEUX : ladrerie, maladrerie.

leptidé *nom masculin* Mouche carnassière. SYN. rhagionidé.

leptocyte *nom masculin* Hématie dont l'épaisseur est diminuée. SYN. platocyte.

leptosporangiée *nom féminin* Fougère aux sporanges à parois minces. SYN. eufilicale.

lesbianisme *nom masculin* Homosexualité féminine. SYN. – LITTÉRAIRE : saphisme, tribadisme.

léser *verbe* Faire tort à quelqu'un. SYN. attaquer, atteindre, défavoriser, désavantager, desservir, frustrer, handicaper, nuire, perdre, porter atteinte à, porter préjudice à. – LITTÉRAIRE : spolier. CONTR. *aider, avantager, favoriser, privilégier, seconder, servir.* ■ Causer une lésion. SYN. blesser, endommager, toucher.

lésine *nom féminin* LITTÉRAIRE. Épargne excessive. SYN. parcimonie. – FAMILIER : pingrerie, radinerie, radinisme. – LITTÉRAIRE : ladrerie. – VIEUX : chicheté. CONTR. *générosité, libéralité, prodigalité.* – LITTÉRAIRE : *largesse.*

lésiner *verbe* Économiser avec excès. SYN. économiser, regarder à, rogner. – ARGOTIQUE : avoir des oursins dans les poches, avoir un cactus dans le portefeuille, être constipé du morlingue. – FAMILIER : avoir les doigts crochus, gratter, les lâcher au compte-gouttes, ne pas attacher son chien avec des saucisses. – POPULAIRE : les lâcher avec un élastique, mégoter. CONTR. *dilapider, gaspiller, mener grand train, prodiguer, vivre dans l'opulence, vivre sur un grand pied.* – LITTÉRAIRE : *dissiper.*

lésinerie *nom féminin* LITTÉRAIRE. Attitude de celui qui lésine. SYN. avarice, mesquinerie. – FAMILIER : pingrerie, radinerie, radinisme. – LITTÉRAIRE : ladrerie. – VIEUX : chicheté. CONTR. *générosité, libéralité, prodigalité.* – LITTÉRAIRE : *largesse.*

lésineur *adjectif* LITTÉRAIRE. Qui lésine. SYN. avare, parcimonieux, regardant, thésauriseur. – FAMILIER : chiche, chien, pingre, radin, rapiat, rat. – LITTÉRAIRE : avaricieux, ladre. CONTR. *dépensier, dilapidateur, gaspilleur, généreux, large, prodigue.* – LITTÉRAIRE : *dissipateur, libéral.*

lésineur *nom* LITTÉRAIRE. Personne qui lésine. SYN. avare, thésauriseur. – FAMILIER : grigou, grippe-sou, pingre, radin, rapiat, rat. – LITTÉRAIRE : harpagon, ladre. CONTR. *dépensier, dilapidateur, gaspilleur.* – FAMILIER : *panier percé.* – LITTÉRAIRE : *dissipateur.*

lessivage *nom masculin* Action de lessiver. SYN. blanchissage, décapage, lavage, nettoyage. ■ FAMILIER. Action de se débarrasser de. SYN. élimination, exclusion, liquidation, purge. – FAMILIER : coup de balai, lessive, nettoyage. ■ FAMILIER. Réprimande énergique. SYN. savon. – POPULAIRE : engueulade.

lessive *nom féminin* Action de laver le linge. SYN. blanchissage, lavage, nettoyage. ■ FAMILIER. Fait d'exclure des personnes. SYN. élimination, exclusion, liquidation, purge. – FAMILIER : coup de balai, lessivage, nettoyage.

lessivé *adjectif* AMILIER. Qui est épuisé. SYN. anéanti, à bout de course, à bout de force, à bout de souffle, brisé, épuisé, exténué, fatigué, fourbu, harassé, K.-O., las, mort de fatigue, recru, rendu, rompu, surmené, usé. – FAMILIER : achevé, au bout du rouleau, cassé, claqué, éreinté, esquinté, fini, flagada, flapi, H.S., kaput, mort, moulu, à plat, pompé, à ramasser à la petite cuillère, raplapla, sur les genoux, tué, vanné, vidé. – POPULAIRE : cané, crevé, rétamé, sur les rotules. CONTR. *délassé, dispos, frais, frais et dispos,* *reposé.* – **FAMILIER** : *en forme, frais comme un gardon, frais comme une rose, increvable, en pleine forme.* – **VIEUX** : *gaillard.*

lessiver *verbe* Nettoyer avec de la lessive. **SYN.** blanchir, décaper, laver, nettoyer. ■ **FAMILIER.** Épuiser quelqu'un. **SYN.** accabler, affaiblir, anéantir, briser, exténuer, fatiguer, harasser, surmener. – **FAMILIER** : claquer, crever, éreinter, esquinter, tuer, vanner, vider. ■ **FAMILIER.** Faire perdre son argent au jeu. **SYN.** dépouiller. – **FAMILIER** : nettoyer, plumer, tondre.

leste *adjectif* Qui se meut avec agilité. **SYN.** agile, alerte, allègre, léger, preste, vif. – **LITTÉRAIRE** : allant, prompt. **CONTR.** *alourdi, gauche, lent, lourd.* – **FAMILIER** : *empoté, pataud.* ■ Qui blesse la décence. **SYN.** cavalier, coquin, croustillant, cru, égrillard, épicé, gaillard, gaulois, graveleux, grivois, hardi, immoral, léger, libertin, libre, licencieux, osé, paillard, polisson, salé, scabreux. – **FAMILIER** : cochon, gras, olé olé. – **LITTÉRAIRE** : irrévérencieux, poivré, salace. **CONTR.** *austère, chaste, convenable, grave, moralisateur, prude, pudibond, pudique, puritain, sérieux.*

lestement *adverbe* Avec agilité. **SYN.** agilement, alertement, légèrement, prestement, rondement, vivement. **CONTR.** *lourdement, pesamment.*

lester *verbe* Charger de lest. **SYN.** alourdir, charger. **CONTR.** *alléger.*

lestes *nom masculin* Type de libellule. **SYN.** fiancée.

let *adjectif invariable* Qui touche le sommet du filet (balle). **SYN.** filet !, net.

létalité *nom féminin* Taux de décès dans une population. **SYN.** mortalité.

léthargie *nom féminin* Forte diminution d'activité. **SYN.** apathie, atonie, calme, engourdissement, inertie, langueur, marasme, paralysie, stagnation, torpeur. – **LITTÉRAIRE** : assoupissement, prostration, somnolence. **CONTR.** *activité, animation, exaltation, nerf, vitalité.*

léthargique *adjectif* Dont l'activité est très diminuée. **SYN.** apathique, atone, inerte, languissant, nonchalant, paralysant, prostré. ■ **FAMILIER.** Qui porte au sommeil. **SYN.** endormant, soporifique. – **FAMILIER** : dormitif.

lettre *nom féminin* Écrit adressé à quelqu'un. **SYN.** billet, message, mot, papier, pli. – **FAMILIER** : poulet. – **LITTÉRAIRE** : épître, missive. – **POPULAIRE** : bafouille. ■ ***À la lettre,*** au sens propre. **SYN.** exactement, formellement, littéralement, mot pour mot, précisément, proprement, à proprement parler, scrupuleusement, au sens strict, stricto sensu, textuellement. **CONTR.** *lato sensu, au sens large.* ■ ***Lettre de change,*** effet de commerce transmissible. **SYN.** traite.

lettré *adjectif* Qui a une solide culture. **SYN.** cultivé, érudit, instruit, savant. – **LITTÉRAIRE** : docte, omniscient. **CONTR.** *analphabète, barbare, ignare, ignorant, inculte.* – **VIEUX** : *illettré.*

lettré *nom* Personne cultivée. **SYN.** érudit, intellectuel, mandarin, savant. – **LITTÉRAIRE** : clerc. **CONTR.** *ignorant, nul.*

lettres *nom féminin pluriel* Culture littéraire. **SYN.** bagage, culture, érudition, savoir.

lettrine *nom féminin* Lettre en tête d'un chapitre. **SYN.** lettre grise, lettre historiée, lettre montante, lettre ornée.

leu *nom masculin* ***À la queue leu leu,*** à la suite les uns des autres. **SYN.** à la file, successivement.

leucémie *nom féminin* Prolifération de cellules de la moelle osseuse. **SYN.** leucose.

leucite *nom masculin* **VIEUX.** Élément cellulaire caractéristique des végétaux. **SYN.** plaste.

leucocyte *nom masculin* Cellule du sang qui a un rôle de défense immunitaire. **SYN.** globule blanc.

leucodermie *nom féminin* Absence de pigmentation de la peau. **SYN.** achromie, dépigmentation.

leucorrhée *nom féminin* Écoulement vaginal non sanglant. **SYN.** pertes blanches.

leucose *nom féminin* Prolifération de cellules de la moelle osseuse. **SYN.** leucémie.

leurre *nom masculin* Ce qui trompe. **SYN.** illusion, mirage, miroir aux alouettes, mystification, piège, poudre aux yeux, tromperie. – **FAMILIER** : attrape-gogo, attrape-nigaud, poudre de perlimpinpin. – **LITTÉRAIRE** : duperie, imposture. **CONTR.** *fait.* ■ Ce qui attire le poisson. **SYN.** amorce, appât, hameçon.

leurrer *verbe* Attirer par de fausses espérances. **SYN.** abuser, attraper, bercer de paroles, berner, duper, égarer, emberlificoter, escroquer, faire marcher, induire en erreur, jeter de la poudre aux yeux, mystifier, piéger, rouler dans la farine, tromper. – **FAMILIER** : avoir, blouser, embobiner, empaumer, empiler, feinter, ficher dedans, flouer, mener en bateau, mettre dedans, monter un bateau, pigeonner, posséder, promener, refaire, rouler. – **LITTÉRAIRE** : amuser, en faire accroire, gruger, illusionner, se jouer de. – **POPULAIRE** : arnaquer, baiser, bidonner, couillonner, entôler, entuber, foutre dedans, jobarder, niquer.

leurrer (se) *verbe pronominal* Se faire des illusions sur. **SYN.** s'abuser, se bercer, s'illusionner, se méprendre, se tromper. – **FAMILIER** : être à côté de la plaque, se ficher le doigt dans l'œil, se fourrer le doigt dans l'œil. – POPULAIRE : se foutre le doigt dans l'œil, se mettre le doigt dans l'œil.

levain *nom masculin* LITTÉRAIRE. Ce qui fait naître une action. SYN. embryon, germe, graine, source. – LITTÉRAIRE : ferment, semence.

levant *nom masculin* Côté où le soleil se lève. SYN. est, orient. CONTR. *couchant, occident, ouest.* – VIEUX : *ponant.*

levée *nom féminin* Action de faire cesser. SYN. abrogation, annulation, disparition, dissipation, effacement, fin, suppression. CONTR. *continuation, maintien, poursuite, prolongation.* ■ Mur parallèle à un cours d'eau. SYN. chaussée, digue, jetée, remblai.

lever *verbe* Mouvoir de bas en haut. SYN. dresser, élever, ériger, hausser, hisser, monter, redresser, relever, soulever. CONTR. *abaisser, asseoir, baisser, coucher, courber, descendre, étendre, fléchir, incliner, pencher, rabattre, renverser, surbaisser.* ■ Retirer ce qui était fixé. SYN. ôter, retirer. CONTR. *apposer, disposer, mettre, poser.* ■ Faire cesser quelque chose. SYN. anéantir, aplanir, effacer, gommer, ruiner, supprimer. CONTR. *laisser, maintenir.* ■ Recruter des troupes. SYN. enrôler, incorporer, mobiliser, recruter. CONTR. *démobiliser.*

lever (se) *verbe pronominal* Devenir meilleur (temps). SYN. se découvrir, se dégager, s'éclaircir. CONTR. *s'assombrir, se boucher, se couvrir, noircir, s'obscurcir.* – LITTÉRAIRE : *se rembrunir.* ■ Se mettre debout. SYN. se redresser, se relever. CONTR. *s'allonger, s'asseoir, s'étendre.* ■ Apparaître à l'horizon. SYN. paraître, surgir. – LITTÉRAIRE : poindre, pointer. CONTR. *se coucher.*

lève-tard *nom* FAMILIER. Personne qui a du mal à se lever de bonne heure. CONTR. *lève-tôt, matinal.* – LITTÉRAIRE : *matineux.*

lève-tôt *nom* FAMILIER. Personne qui se lève de bonne heure. SYN. matinal. – LITTÉRAIRE : matineux. CONTR. *lève-tard.*

lévogyre *adjectif* Dans le sens inverse des aiguilles d'une montre. CONTR. *dextrogyre.*

lèvre *nom féminin* Partie charnue de la bouche. SYN. lippe. – FAMILIER : babine. – POPULAIRE : badigoince.

lévulose *nom masculin* Sucre présent dans l'alimentation. SYN. fructose.

lexique *nom masculin* Dictionnaire spécialisé. SYN. dictionnaire, glossaire, index, nomenclature. ■ Ensemble des mots d'une langue. SYN. langage, langue, vocabulaire.

lézarde *nom féminin* Fente profonde. SYN. craquelure, crevasse, fêlure, fente, fissure. ■ LITTÉRAIRE. Atteinte à quelque chose. SYN. brèche, cassure, faille. – LITTÉRAIRE : fêlure.

lézarder *verbe intransitif* FAMILIER. Ne rien faire. SYN. fainéanter, flâner, musarder, ne rien faire de ses dix doigts, paresser, se prélasser, se rouler les pouces, se tourner les pouces, traîner. – FAMILIER : avoir la cosse, avoir les côtes en long, avoir les pieds nickelés, avoir un poil dans la main, bayer aux corneilles, buller, se la couler douce, être mou du genou, faire du lard, faire le lézard, flemmarder, lambiner, lanterner, ne pas en fiche une rame, tirer sa flemme, traînailler, traînasser, traîner les pieds. – LITTÉRAIRE : muser. – POPULAIRE : avoir les doigts de pied en éventail, coincer la bulle, glander, glandouiller, se les rouler, tirer au cul, tirer au flanc. – VIEUX : clampiner. CONTR. *s'activer, s'affairer, s'agiter, se démener, se dépenser, donner un coup de collier, s'échiner, s'épuiser, s'escrimer, s'exténuer, se fatiguer, ne pas plaindre sa peine, se presser, se remuer.* – FAMILIER : *se claquer, se décarcasser, se défoncer, s'éreinter, s'esquinter, mettre de l'huile de coude, se mettre en quatre, mettre le paquet, en mettre un bon coup, en mettre un coup, en mettre un vieux coup, se tuer.* – POPULAIRE : *se casser le cul, se crever.*

lézarder *verbe transitif* Produire des lézardes. SYN. crevasser, fendiller, fendre, fissurer, gercer.

lézarder (se) *verbe pronominal* Se couvrir de lézardes. SYN. se craqueler, se crevasser, s'étoiler, se fendiller, se fendre, se fissurer, se gercer.

liaison *nom féminin* Relation entre des personnes. SYN. communication, connexion, contact, lien, relation. ■ Rapport entre des faits. SYN. association, cohérence, cohésion, corrélation, correspondance, enchaînement, filiation, lien, relation, suite, trame, transition. – LITTÉRAIRE : connexité. ■ LITTÉRAIRE. Fait d'être lié avec quelqu'un. SYN. accointance, amitié, attaches, fréquentation, relations. – VIEUX : commerce. ■ Relation amoureuse. SYN. amourette, aventure, conquête, intrigue, passade. – FAMILIER : flirt.

liant *adjectif* Qui se lie facilement avec. SYN. accueillant, affable, agréable, aimable, avenant, engageant, familier, sociable. – LITTÉRAIRE : amène. CONTR. *acariâtre, bourru, fermé, froid, insociable, ours, réfrigérant, réservé, sauvage.* – LITTÉRAIRE : *misanthrope.*

liant *nom masculin* LITTÉRAIRE. Caractère sociable. SYN. affabilité, familiarité, flexibilité, gentillesse, malléabilité, sociabilité, souplesse. – LITTÉRAIRE : aménité. CONTR. *froideur, misanthropie, réserve.* ■ Substance qui agglomère. SYN. agglomérant, agglutinant.

liard *nom masculin* LITTÉRAIRE. Très petite quantité. SYN. atome, brin, centime, goutte, gramme, larme, miette, once, parcelle, pointe, soupçon, teinte. – LITTÉRAIRE : ombre. CONTR. *armée, avalanche, cascade, déluge, flot, foule, infinité, kyrielle, masse, monceau, montagne, multitude, myriade, nuée, pléiade, pluie, tas, torrent.* – FAMILIER : *armada, cargaison, flopée, foultitude, paquet, pelletée, ribambelle, tapée.* – LITTÉRAIRE : *averse, océan.* ■ LITTÉRAIRE. Très petite somme. SYN. centime, obole. – FAMILIER : rond, sou. – POPULAIRE : kopeck, radis.

libelle *nom masculin* LITTÉRAIRE. Petit écrit satirique. SYN. diatribe, pamphlet. – LITTÉRAIRE : factum.

libelliste *nom* LITTÉRAIRE. Auteur de pamphlets. SYN. pamphlétaire.

libellule *nom féminin* Insecte des mares. SYN. demoiselle.

liber *nom masculin* Tissu végétal assurant la conduction de la sève. SYN. phloème.

libéral *adjectif* Favorable à la liberté économique. CONTR. *absolu, dirigiste, étatiste, protectionniste, totalitaire.* ■ Qui laisse une grande liberté. SYN. compréhensif, coulant, indulgent, large, laxiste, ouvert, permissif, tolérant. CONTR. *autocratique, autoritaire, despotique, dictatorial, doctrinaire, exclusif, fanatique, intolérant, intraitable, oppressif, sectaire, tyrannique.* – LITTÉRAIRE : *raide.* ■ LITTÉRAIRE. Qui est généreux. SYN. généreux, large, prodigue. CONTR. *avare.* – FAMILIER : *chiche, chien, pingre, radin, rapiat, rat.* – LITTÉRAIRE : *avaricieux, cupide, ladre, lésineur.*

libéralisme *nom masculin* Fait d'être tolérant. SYN. tolérance. CONTR. *autoritarisme, fanatisme, intolérance, sectarisme.* ■ Doctrine limitant le pouvoir de l'État. CONTR. *autocratie, caporalisme, césarisme, dirigisme, étatisme, interventionnisme.*

libéralité *nom féminin* Disposition à donner largement. SYN. charité, générosité, prodigalité. – LITTÉRAIRE : largesse, magnificence, munificence. CONTR. *avarice, économie, parcimonie.* – FAMILIER : *pingrerie, radinerie, radinisme.* – LITTÉRAIRE : *ladrerie, lésine, lésinerie, rapacité.*

libéralités *nom féminin pluriel* Don généreux. SYN. offrande, prodigalité. – VIEUX : gracieuseté.

libération *nom féminin* Action de mettre en liberté. SYN. élargissement. – LITTÉRAIRE : délivrance. CONTR. *arrestation, capture, emprisonnement, enfermement.* ■ Action de mettre fin à la dépendance. SYN. affranchissement, émancipation. CONTR. *asservissement, inféodation.* ■ Cessation d'une contrainte. SYN. décharge, défoulement, délivrance. CONTR. *contrainte, oppression.* – LITTÉRAIRE : *assujettissement, astreinte, sujétion.* ■ Renvoi des soldats dans leurs foyers. SYN. démobilisation. CONTR. *appel, enrôlement, mobilisation.*

libéré *adjectif* Dégagé d'une obligation. SYN. affranchi, exempt, exempté, libre, quitte. CONTR. *prisonnier.* – LITTÉRAIRE : *captif.*

libérer *verbe* Mettre en liberté. SYN. délivrer, élargir, relâcher, relaxer. CONTR. *arrêter, cadenasser, capturer, confiner, détenir, écrouer, s'emparer, emprisonner, enfermer, garder, incarcérer, interner.* – FAMILIER : *boucler, choper, coffrer, cueillir, ramasser.* ■ Soustraire à une contrainte. SYN. affranchir, débarrasser, décharger, dégager, délier, délivrer, dispenser, émanciper, éviter, exempter, exonérer, sortir. CONTR. *accabler, accoutumer, asservir, brider, écraser, ligoter, opprimer.* – LITTÉRAIRE : *assujettir, astreindre, domestiquer, enchaîner, garrotter.* ■ Dégager de ce qui obstrue. SYN. déblayer, désencombrer, nettoyer. CONTR. *bloquer, boucher, embarrasser, embouteiller, encombrer, engorger, obstruer.* ■ Renvoyer des militaires chez eux. SYN. démobiliser. CONTR. *appeler, consigner, engager, enrôler, mobiliser.* ■ Débarrasser de ce qui entrave. SYN. défaire, dégager, délier, détacher. CONTR. *attacher, enchaîner, lier, ligoter, rattacher.*

libérer (se) *verbe pronominal* Se rendre libre de. SYN. s'acquitter, s'affranchir, se débarrasser, se décharger, se dégager, se dérober, échapper à, s'émanciper, fuir, rompre, se sortir, se soustraire, se tirer de. CONTR. *s'astreindre, s'embarrasser, s'inféoder.*

libero *nom masculin* Au football, défenseur. SYN. – VIEUX : bétonneur.

liberté *nom féminin* Fait de ne pas être prisonnier. CONTR. *captivité, claustration, détention, emprisonnement, incarcération.* ■ Condition de non dépendance. SYN. autonomie, indépendance. CONTR. *colonisation, domination, esclavage, soumission, subordination.* – LITTÉRAIRE : *assujettissement, chaînes, servitude, vassalité.* ■ Possibilité d'agir. SYN. droit, faculté, latitude, licence, permission, pouvoir. CONTR. *contrainte, obligation.* – LITTÉRAIRE : *astreinte, frein.* ■ Temps libre dont on dispose. SYN. disponibilité, loisir, marge. CONTR. *activité, occupation, travail.* ■ Attitude dépourvue de scrupules. SYN. aisance, désinvolture, familiarité, franchise, hardiesse, impertinence, irrévérence, laisser-aller, sans-gêne. – LITTÉRAIRE : impudicité, sans-façon.

libertin *adjectif* Marqué par la licence. SYN. coquin, débauché, dévergondé, dévoyé, égrillard, érotique, galant, gaulois, graveleux, grivois, impudique, leste, libre, licencieux, polisson. - LITTÉRAIRE : dissolu. CONTR. *ascétique, chaste, prude, pudique, vertueux.*

libertin *nom* Personne aux mœurs très libres. SYN. coureur, débauché, dépravé, dévergondé, jouisseur. - FAMILIER : bambochard, bambocheur, noceur. - VIEUX : viveur. CONTR. *prude, puritain.*

libertinage *nom masculin* Manière de vivre du libertin. SYN. débauche, dérèglement, dévergondage, inconduite, luxure, vice. - LITTÉRAIRE : dissipation, licence, stupre. CONTR. *ascétisme, bégueulerie, chasteté, pruderie, pudeur, pudibonderie, pureté, puritanisme, vertu.* - LITTÉRAIRE : *pudicité.*

libidineux *adjectif* LITTÉRAIRE. Obsédé par les plaisirs érotiques. SYN. impudique, lascif, lubrique, luxurieux, paillard, sensuel, vicieux, voluptueux. - FAMILIER : chaud. - LITTÉRAIRE : concupiscent, orgiaque, salace. CONTR. *chaste, pudique, puritain.*

libre *adjectif* Qui n'est pas retenu en captivité. SYN. affranchi, libéré. CONTR. *détenu, esclave, interné, otage, prisonnier.* - LITTÉRAIRE : *captif.* ■ Qui ne subit aucune pression. SYN. autonome, indépendant. CONTR. *bâillonné, contraint.* ■ Qui n'est pas lié par un engagement. SYN. disponible, indépendant. CONTR. *empêché, enchaîné, forcé, imposé, lié, obligatoire, obligé, occupé, pris, réglé, retenu.* ■ Qui n'est pas utilisé. SYN. dégagé, désert, disponible, inoccupé, vacant, vide. CONTR. *barré, embouteillé, encombré, interdit, obstrué, occupé, réservé, retenu.* ■ Qui n'est pas entravé. SYN. flottant, flou, vague. CONTR. *collant, entravé, moulant, serré.* ■ Qui est sans préjugés. SYN. dégagé, désinvolte, émancipé, familier, spontané. - FAMILIER : affranchi, sans gêne. CONTR. *cérémonieux, compassé, conventionnel, digne, embarrassé, gêné, gourmé, guindé, intimidé, timide.* - FAMILIER : *bégueule.* ■ Qui ne respecte pas la décence. SYN. cavalier, coquin, croustillant, cru, égrillard, épicé, gaillard, gaulois, graveleux, grivois, hardi, léger, leste, libertin, licencieux, osé, paillard, polisson, scabreux. - FAMILIER : cochon, gras, olé olé, raide. - LITTÉRAIRE : déshonnête, salace. CONTR. *convenable, correct, décent, honnête, prude, pudibond, pudique.*

libre-échangisme *nom masculin* Liberté des échanges commerciaux. CONTR. *protectionnisme.*

librement *adverbe* Avec franchise. SYN. franchement, ouvertement. ■ Sans entrave. SYN. de bon gré, la bride sur le cou, à loisir, motu proprio, de plein gré, sans frein, sponte sua.

libre-penseur *nom masculin* Personne affranchie de toute croyance religieuse. SYN. athée, incrédule, incroyant, non-croyant, païen. CONTR. *croyant.*

lice *nom féminin* Terrain clos qui servait aux joutes, aux tournois. SYN. arène. - LITTÉRAIRE : carrière.

licence *nom féminin* LITTÉRAIRE. Manque de décence. SYN. débauche, dérèglement, dévergondage, grivoiserie, hardiesse, immoralité, inconduite, inconvenance, incorrection, indécence, intempérance, libertinage, obscénité. - LITTÉRAIRE : dissipation, impudicité, stupre. CONTR. *bégueulerie, chasteté, modération, pruderie, pudeur, pudibonderie, tempérance, vertu.* - LITTÉRAIRE : *pudicité.* ■ Liberté d'agir. SYN. autorisation, liberté, loisir, permission, pouvoir.

licenciement *nom masculin* Rupture d'un contrat de travail. SYN. congédiement, débauchage, limogeage, mise à pied, radiation, renvoi, révocation. - FAMILIER : coup de balai, dégraissage, lessivage. CONTR. *embauchage, embauche, engagement.*

licencier *verbe* Rompre un contrat de travail. SYN. congédier, débaucher, démettre, démissionner, destituer, limoger, mettre à pied, relever, remercier, renvoyer, révoquer, suspendre. - FAMILIER : blackbouler, débarquer, déboulonner, dégommer, mettre à la porte, virer. - POPULAIRE : balancer. CONTR. *appeler, embaucher, employer, engager, garder, recruter.*

licencieux *adjectif* Très libre dans ses mœurs. SYN. débauché, dépravé, dévergondé, immoral, libertin, lubrique. CONTR. *chaste, prude, pudique, puritain.* ■ Contraire à la décence. SYN. croustillant, cru, égrillard, épicé, érotique, gaillard, graveleux, grivois, impudique, inconvenant, indécent, leste, libre, obscène, polisson, salé, scabreux. - FAMILIER : cochon, olé olé, raide. - LITTÉRAIRE : déshonnête, orgiaque, poivré, salace. CONTR. *chaste, pudibond.*

lichénée *nom féminin* Beau papillon de nuit. SYN. catocale.

lichette *nom féminin* Mince tranche de pain. SYN. mouillette. - VIEUX : léchette. ■ FAMILIER. Petite quantité de. SYN. atome, brin, doigt, filet, goutte, grain, gramme, larme, lueur, miette, nuage, once, parcelle, pointe, soupçon, teinte, trace. - LITTÉRAIRE : ombre. - POPULAIRE : chouia. CONTR. *avalanche, cascade, déluge, flot, flux, foule, infinité, kyrielle, masse, monceau, montagne, multitude, myriade, nuée, pluie, quantité.* - FAMILIER : *cargaison, flopée, foultitude, paquet, pelletée.* - LITTÉRAIRE : *averse.*

licite *adjectif* Permis par la loi. SYN. autorisé, légal, légitime, permis, réglementaire, régulier. CONTR. *clandestin, défendu, frauduleux,* *illégal, illicite, interdit, irrégulier, prohibé.* – LITTÉRAIRE : *subreptice.*

licitement *adverbe* D'une manière licite. SYN. légalement, réglementairement, régulièrement. CONTR. *clandestinement, frauduleusement, illégalement, illégitimement, illicitement.*

licorne *nom féminin* ***Licorne de mer,*** cétacé à la longue dent torsadée. SYN. narval.

lie *nom féminin* Dépôt dans la bière, le vin. SYN. dépôt, résidu, sédiment. ■ LITTÉRAIRE. Ce qu'il y a de plus vil. SYN. bas-fonds, déchet, racaille. – LITTÉRAIRE : déjection, écume, rebut, tourbe. – POPULAIRE : raclure. CONTR. *élite, fine fleur, fleur.* – FAMILIER : *gratin.*

lié *adjectif* Qui se rattache à. SYN. accolé, conjoint, solidaire, uni. CONTR. *décousu, indépendant, libre.*

liège *nom masculin* Matériau fourni par l'écorce du chêne-liège. SYN. suber.

lien *nom masculin* Ce qui sert à attacher. SYN. attache, cordon, lacet. ■ LITTÉRAIRE. Ce qui lie des personnes. SYN. carcan, entrave. – LITTÉRAIRE : assujettissement, astreinte, chaînes, fers. CONTR. *indépendance.* ■ Rapport logique. SYN. accointance, corrélation, enchaînement, filiation, liaison, rapport, rapprochement, suite. – LITTÉRAIRE : nœud.

lier *verbe* Maintenir avec un lien. SYN. attacher, ficeler, lacer, nouer. CONTR. *défaire, délier, dénouer.* ■ Attacher quelqu'un. SYN. enchaîner, garrotter, ligoter. CONTR. *détacher.* ■ Réunir avec une substance. SYN. agglutiner, assembler. CONTR. *désunir, diviser, séparer.* ■ Unir par un lien logique. SYN. accoler, associer, attacher, combiner, coordonner, joindre, rapprocher, rattacher, relier, réunir, unir. CONTR. *disjoindre, isoler.* ■ Placer dans une étroite dépendance. SYN. contraindre, enchaîner, engager, ligoter, obliger. – LITTÉRAIRE : assujettir, garrotter. CONTR. *délivrer, libérer.*

lier (se) *verbe pronominal* Être uni à. SYN. s'acoquiner, s'allier, avoir des attaches avec, être d'intelligence avec, faire bloc, faire cause commune, ne faire qu'un, se rapprocher, se solidariser, s'unir. – LITTÉRAIRE : s'accorder. CONTR. *se dégager.*

lierre *nom masculin* ***Lierre terrestre,*** herbe utilisée en infusion. SYN. gléchome.

liesse *nom féminin* LITTÉRAIRE. Joie collective. SYN. allégresse, euphorie, gaieté, hilarité, joie, jubilation, réjouissance. – LITTÉRAIRE : exultation.

lieu *nom masculin* ***Lieu noir,*** poisson de l'Atlantique. SYN. colin, merlu.

lieu *nom masculin* Endroit géographique. SYN. coin, emplacement, endroit, localité, place, point, région, secteur, zone. ■ ***Lieu commun,*** réflexion banale. SYN. banalité, cliché, généralité, idée toute faite, phrase toute faite, poncif, sentiers battus, stéréotype, truisme. CONTR. *originalité, trouvaille.*

lieutenant *nom masculin* Celui qui seconde le chef. SYN. alter ego, bras droit, second.

lifting *nom masculin* Intervention chirurgicale pour retendre la peau. SYN. lissage, ridectomie.

ligase *nom féminin* Enzyme qui réalise une synthèse. SYN. synthétase.

lignage *nom masculin* Personne qui ont un ancêtre commun. SYN. descendance, famille, filiation, lignée, souche. – LITTÉRAIRE : race, sang.

ligne *nom féminin* Trait continu. SYN. droite, segment. ■ Orientation qui définit une action. SYN. axe, chemin, orientation, orthodoxie, règle, route, voie. ■ Série de personnes ou de choses. SYN. chapelet, colonne, cordon, enfilade, file, haie, rang, rangée. ■ Suite de générations successives. SYN. ascendance, descendance, filiation, lignée. ■ Dessin d'un corps. SYN. contour, forme, galbe, silhouette, tracé. ■ ARGOTIQUE. Dose de cocaïne. SYN. – ARGOTIQUE : rail.

lignée *nom féminin* Descendance de quelqu'un. SYN. descendance, famille, postérité. ■ Générations précédentes. SYN. ascendance, filiation, lignage, ligne, souche, tronc. – LITTÉRAIRE : extraction, parents, race, sang.

lignivore *adjectif et nom masculin* Qui se nourrit de bois. SYN. xylophage.

ligoter *verbe* Attacher étroitement. SYN. attacher, ficeler, garrotter. – FAMILIER : saucisonner. ■ Faire perdre sa liberté. SYN. lier, museler. – LITTÉRAIRE : enchaîner, garrotter. CONTR. *délier, libérer.*

ligue *nom féminin* LITTÉRAIRE. Réunion d'intérêts. SYN. alliance, association, cabale, clan, coalition, confédération, faction, fédération, front, organisation, organisme, société, union. – LITTÉRAIRE : phalange.

liguer *verbe* Unir contre un ennemi commun. SYN. allier, ameuter, attrouper, coaliser, fédérer, mobiliser, rallier, unir.

liguer (se) *verbe pronominal* Unir ses efforts contre. SYN. s'allier, se coaliser, se fédérer. CONTR. *rivaliser.*

lilliputien *adjectif* Très petit. SYN. microscopique, minuscule. CONTR. *colossal, gigantesque, grand.*

limaçon *nom masculin* Mollusque terrestre à coquille. SYN. escargot. – VIEUX : colimaçon. ▪ Partie de l'oreille interne. SYN. cochlée.

limandelle *nom féminin* Poisson plat. SYN. cardine.

lime *nom féminin* Fruit du limettier. SYN. citron vert, limette.

limicole *adjectif* Qui vit dans la vase. SYN. vasicole.

limitatif *adjectif* Qui fixe ou constitue une limite. SYN. restrictif.

limitation *nom féminin* Action de fixer la limite d'un terrain. SYN. bornage, délimitation, démarcation. ▪ Action de fixer des bornes à. SYN. contingentement, contrôle, resserrement, restriction. CONTR. *accroissement, agrandissement, allongement, augmentation, extension, généralisation, multiplication.*

limite *nom féminin* Ligne séparant deux territoires. SYN. cadre, démarcation, frontière, séparation. ▪ Ligne qui circonscrit un espace. SYN. bord, bordure, bout, confins, extrémité, fin, lisière, orée. ▪ Point qui ne peut être dépassé. SYN. borne, frein, seuil, terme. – LITTÉRAIRE : extrémité.

limité *adjectif* De peu d'étendue. SYN. confidentiel, dérisoire, étroit, faible, médiocre, mesuré, modeste, modique, partiel, petit, réduit, relatif, restreint. – FAMILIER : court. CONTR. *absolu, aveugle, considérable, démesuré, énorme, entier, étendu, gros, illimité, immense, important, incommensurable, indéfini, indénombrable, infini, large.* – LITTÉRAIRE : *vaste.* ▪ FAMILIER. Peu intelligent. SYN. borné. – FAMILIER : bouché. CONTR. *brillant, remarquable, supérieur.*

limiter *verbe* Constituer la limite. SYN. borner, cerner, délimiter, localiser, terminer. ▪ Restreindre dans certaines limites. SYN. circonscrire, contenir, diminuer, freiner, gêner, modérer, réduire, restreindre. – LITTÉRAIRE : rétrécir, tempérer. CONTR. *accroître, allonger, augmenter, élargir, étendre, généraliser, propager.*

limiter (se) *verbe pronominal* S'imposer des limites. SYN. se borner, se cantonner, se contenter, s'enfermer, mettre un frein à, se réduire, s'en tenir à. CONTR. *dépasser la mesure, dépasser les bornes, dépasser les limites.*

limitrophe *adjectif* Qui a des limites communes avec. SYN. adjacent, attenant, avoisinant, contigu, environnant, frontalier, mitoyen, voisin. – LITTÉRAIRE : circonvoisin, jouxtant. CONTR. *distant, écarté, éloigné, lointain, reculé.*

limivore *adjectif* Qui se nourrit dans la vase. SYN. saprophage.

limnigraphe *nom masculin* Appareil pour mesurer le niveau d'un cours d'eau. SYN. hydrographe.

limnologie *nom féminin* Étude des lacs et des eaux lacustres. SYN. hydrologie lacustre.

limogeage *nom masculin* Action de limoger. SYN. congédiement, destitution, expulsion, licenciement, renvoi, révocation. – FAMILIER : coup de balai, dégraissage, nettoyage.

limoger *verbe* Priver de ses fonctions. SYN. bannir, casser, chasser, congédier, démettre, déposer, destituer, éliminer, licencier, mettre à la porte, mettre à pied, radier, relever, remercier, renvoyer, révoquer. – FAMILIER : balayer, blackbouler, débarquer, déboulonner, dégommer, démissionner, ficher à la porte, flanquer à la porte, flanquer dehors, sabrer, vider. – POPULAIRE : balancer, foutre à la porte, lourder, sacquer, saquer, virer. CONTR. *engager, garder, nommer, promouvoir.* – FAMILIER : *propulser.*

limon *nom masculin* Dépôt détritique laissé par les eaux. SYN. alluvion, boue, bourbe, fange.

limonadier *nom* VIEUX. Commerçant qui vend des boissons. SYN. bistrotier, cafetier. – FAMILIER : bistro, bistrot. – VIEUX : cabaretier.

limoneux *adjectif* Qui contient du limon. SYN. boueux, bourbeux, vaseux. – LITTÉRAIRE : fangeux.

limpide *adjectif* Clair et transparent. SYN. clair, fluide, transparent. – LITTÉRAIRE : cristallin. CONTR. *boueux, bourbeux, sale, trouble.* ▪ Dont rien ne trouble l'éclat. SYN. éclatant, lumineux, pur, resplendissant. CONTR. *brumeux, voilé.* ▪ LITTÉRAIRE. Dont rien ne trouble la paix. SYN. calme, paisible, serein, tranquille. CONTR. *trouble.* ▪ Qui se comprend sans difficulté. SYN. clair, compréhensible, facile, intelligible, simple. – FAMILIER : bête comme chou, clair comme de l'eau de roche, clair comme deux et deux font quatre, clair comme le jour. CONTR. *abscons, cabalistique, confus, dédaléen, difficile, double, embrouillé, équivoque, ésotérique, filandreux, hermétique, incompréhensible, indigeste, inintelligible, nuageux, obscur, subtil.* – FAMILIER : *cafouilleux.* – LITTÉRAIRE : *abstrus, amphigourique, fuligineux, nébuleux, opaque, sibyllin, ténébreux.*

limpidité *nom féminin* Caractère limpide. SYN. clarté, éclat, luminosité, pureté, transparence. CONTR. *opacité.* ▪ Qualité de ce qui est clair. SYN. clarté, compréhensibilité, intelligibilité, netteté, simplicité. CONTR. *ésotérisme, hermétisme, inintelligibilité, obscurité.* – LITTÉRAIRE : *incompréhensibilité, nébulosité, opacité.*

limule *nom féminin* Arthropode marin fouisseur des rivages. SYN. crabe des Moluques, xiphosure.

linaire *nom féminin* Plante herbacée à fleurs en grappes. SYN. velvote.

linceul *nom masculin* Pièce de toile dans laquelle on ensevelit un mort. SYN. – LITTÉRAIRE : suaire.

lindor *nom masculin* Jeu de cartes qui se joue avec un tableau. SYN. nain jaune.

linéaments *nom masculin pluriel* LITTÉRAIRE. Premiers traits. SYN. croquis, ébauche, esquisse, projet, schéma, structure. – LITTÉRAIRE : texture, trame.

lingue *nom féminin* Poisson marin comestible. SYN. julienne.

linotte *nom féminin* FAMILIER. ***Tête de linotte,*** personne étourdie. SYN. cervelle de moineau, cervelle d'oiseau, distrait, écervelé, étourdi, évaporé, tête de moineau, tête sans cervelle. – FAMILIER : étourneau, hurluberlu, passoire.

liondent *nom masculin* Plante aux feuilles en rosette. SYN. léontodon.

liparidé *nom masculin* Papillon nuisible aux arbres. SYN. lymantriidé.

liparus *nom masculin* Gros charançon noir. SYN. molyte.

liquéfier *verbe* Faire passer à l'état liquide. SYN. dégeler, dissoudre, fondre. CONTR. *épaissir, figer, raffermir.*

liquéfier (se) *verbe pronominal* Passer à l'état liquide. SYN. fondre. CONTR. *coaguler, se congeler, figer, geler, prendre, se solidifier.*

liquidation *nom féminin* Action de mettre fin à. SYN. abolition, extirpation, purge. – FAMILIER : lessivage, lessive, nettoyage.

liquide *adjectif* Qui coule. SYN. coulant, fluide. CONTR. *consistant, épais, solide.*

liquide *nom masculin* Argent liquide. SYN. argent comptant, espèces, espèces sonnantes et trébuchantes, liquidités, numéraire.

liquider *verbe* Vendre à bas prix. SYN. brader, casser les prix, discounter, écouler, épuiser, réaliser, solder, vendre. – FAMILIER : bazarder, sacrifier. ■ FAMILIER. Mettre fin à. SYN. abolir, se débarrasser, extirper, supprimer, vider. ■ FAMILIER. Éliminer quelqu'un. SYN. abattre, achever, anéantir, assassiner, démolir, éliminer, envoyer ad patres, exécuter, exterminer, jeter, supprimer, tuer. – FAMILIER : bousiller, estourbir, faire passer le goût du pain, ôter le goût du pain, trucider. – LITTÉRAIRE : faire passer de vie à trépas, immoler, occire, raidir. – POPULAIRE : buter, descendre, faire la peau, flinguer, ratatiner, rectifier, refroidir, zigouiller. – VIEUX : suriner.

liquidités *nom féminin pluriel* Argent liquide disponible. SYN. argent comptant, espèces, espèces sonnantes et trébuchantes, liquide, numéraire. – FAMILIER : sous. – POPULAIRE : blé, fric, oseille, pognon.

lire *verbe* Reconnaître les signes d'une langue. SYN. déchiffrer, épeler. ■ Prendre connaissance d'un texte. SYN. compulser, consulter, dépouiller, dévorer, feuilleter, parcourir, survoler. ■ S'adonner à la lecture. SYN. – FAMILIER : bouquiner. ■ Comprendre quelque chose. SYN. décoder, décrypter, deviner, discerner, pénétrer.

lis *nom masculin* ***Lis Saint-Jacques,*** plante à grandes fleurs rouges. SYN. amaryllis.

liseré *nom masculin* Petite bande de tissu cousue au bord d'un vêtement. SYN. biais, bordure, frange, ganse, passepoil.

liseron *nom masculin* Plante grimpante ornementale. SYN. belle-de-jour, volubilis.

liseur *nom* Personne qui lit beaucoup. SYN. lecteur.

liseuse *nom féminin* Couverture mobile de livre. SYN. couvre-livre.

lisible *adjectif* Qui peut être lu. SYN. déchiffrable. CONTR. *illisible, indéchiffrable.*

lisière *nom féminin* Bord d'un lieu. SYN. bordure, confins, démarcation, extrémité, limite, orée, périphérie, seuil.

lissage *nom masculin* Intervention chirurgicale pour retendre la peau. SYN. lifting, ridectomie.

lisse *adjectif* Dont la surface est unie. SYN. doux, égal, glacé, lustré, poli, satiné, uni. CONTR. *barbu, cahoteux, calleux, crépu, frisé, frisottant, granulé, granuleux, grenu, hérissé, ondulé, raboteux, râpeux, rêche, ridé, rude, rugueux.*

lisser *verbe* Rendre lisse. SYN. aplanir, défriper, défroisser, déplisser, polir. CONTR. *chiffonner, friser, froisser.*

liste *nom féminin* Suite de mots, de nombres. SYN. catalogue, énumération, état, nomenclature, relevé, répertoire, tableau. ■ Longue énumération. SYN. dénombrement, inventaire.

lit *nom masculin* Meuble pour dormir. SYN. – FAMILIER : dodo, plumard, plume. – LITTÉRAIRE : couche. – POPULAIRE : paddock, page, pageot, pieu, pucier. ■ Étendue de. SYN. couche, matelas. – LITTÉRAIRE : tapis.

liteau *nom masculin* Longue pièce de bois mince et plate. SYN. latte.

lithification *nom féminin* Transformation d'un dépôt meuble en roche sédimentaire. SYN. lapidification.

lithodome *nom masculin* Moule à la coquille presque cylindrique. SYN. datte de mer, lithophage.

lithologie *nom féminin* VIEUX. Branche de la géologie qui étudie les roches. SYN. pétrographie.

lithophage *nom masculin* Moule à la coquille presque cylindrique. SYN. datte de mer, lithodome.

litière *nom féminin* Amas d'éléments répandus sur le sol. SYN. couche, lit. – LITTÉRAIRE : jonchée, tapis.

litige *nom masculin* Point de contestation. SYN. affaire, cause, conflit, contentieux, contestation, débat, démêlé, différend. CONTR. *accord.*

litigieux *adjectif* Qui est en litige. SYN. contentieux, contestable, contesté, douteux.

litote *nom féminin* Figure de style consistant à atténuer l'expression. CONTR. *hyperbole.*

littéral *adjectif* Qui suit mot à mot un texte. SYN. textuel. CONTR. *approximatif.* ▪ Qui est mot pour mot la copie de. SYN. exact, fidèle, objectif, réel, vrai.

littéralement *adverbe* D'une manière complète. SYN. absolument, complètement, entièrement, formellement, totalement, tout à fait. ▪ D'une manière littérale. SYN. exactement, formellement, à la lettre, mot pour mot, précisément, proprement, à proprement parler, scrupuleusement, au sens propre, au sens strict, stricto sensu, textuellement. CONTR. *lato sensu, au sens large.*

littérateur *nom masculin* Personne qui écrit des œuvres littéraires. SYN. auteur, écrivain, homme de lettres. – VIEUX : gendelettre.

littoral *nom masculin* Ensemble des côtes d'un pays. SYN. bord de mer, côte, rivage. CONTR. *intérieur.*

littorine *nom féminin* Petit mollusque à coquille noire pointue. SYN. bigorneau, vigneau, vignot.

livide *adjectif* Extrêmement pâle. SYN. blafard, blanc, blême, bleu, cadavéreux, cadavérique, cireux, exsangue, hâve, olivâtre, pâle, plombé, terreux, verdâtre, vert. CONTR. *coloré, rouge, rougeaud.* – LITTÉRAIRE : *rubicond.*

lividité *nom féminin* Couleur livide. SYN. pâleur.

livre *nom masculin* Assemblage de feuilles imprimées. SYN. album, brochure, écrit, œuvre, opuscule, ouvrage, plaquette, publication, volume. – FAMILIER : bouquin. ▪ Registre sur lequel on inscrit. SYN. cahier, carnet, matricule. ▪ ***Livre électronique,*** micro-ordinateur de la taille d'un livre. SYN. e-book.

livrer *verbe* Abandonner à l'action de. SYN. abandonner, céder, déférer, remettre, sacrifier. CONTR. *défendre.* ▪ Dénoncer à la police. SYN. dénoncer. – FAMILIER : donner, vendre. ▪ Dévoiler ce qui était caché. SYN. confier, démasquer, dévoiler, divulguer, étaler au grand jour, exposer, révéler, trahir. ▪ Apporter une marchandise à. SYN. expédier, fournir, porter. CONTR. *recevoir.*

livrer (se) *verbe pronominal* Se remettre au pouvoir de. SYN. se constituer prisonnier, se rendre, se soumettre. ▪ Confier ses sentiments. SYN. se confier, s'ouvrir. – FAMILIER : se déboutonner. – LITTÉRAIRE : s'abandonner, s'épancher. ▪ S'abandonner sans réserve à. SYN. s'absorber, se donner, s'enfoncer, se perdre, se plonger, sombrer. ▪ S'adonner à une activité. SYN. s'adonner, s'appliquer, s'atteler, commettre, se consacrer, se donner, effectuer, s'essayer, exécuter, s'exercer, pratiquer, procéder, vaquer, se vouer.

livresque *adjectif* Qui ne se fonde pas sur le vécu. SYN. artificiel, factice.

lobby *nom masculin* Structure influente. SYN. groupe de pression.

lobiophase *nom masculin* Faisan des montagnes de Bornéo. SYN. lophure.

local *adjectif* Particulier à un lieu, à un pays. SYN. régional. CONTR. *international, mondial.*

local *nom masculin* Partie d'un bâtiment réservé à l'habitation. SYN. logement.

localisation *nom féminin* Action de limiter l'extension de. SYN. limitation. CONTR. *extension, généralisation.* ▪ Action de situer. SYN. détection, détermination. ▪ Fait d'être situé. SYN. emplacement, position, situation.

localiser *verbe* Déterminer la place de. SYN. circonscrire, détecter, déterminer, repérer, situer. ▪ Limiter l'extension de. SYN. borner, circonscrire, limiter. CONTR. *étendre, généraliser, propager.*

localité *nom féminin* Petite ville. SYN. agglomération, bourg, bourgade, coin, lieu, pays, village. – FAMILIER : patelin.

loche *nom féminin* Variété de limace. SYN. arion. ▪ ***Loche de mer,*** poisson de mer voisin de la morue. SYN. motelle.

locomotion *nom féminin* Transport d'un lieu vers un autre. SYN. déplacement, transport, voyage. ▪ Fonction des êtres vivants par laquelle ils se déplacent. SYN. déplacement, marche.

locution *nom féminin* Tour de langue écrite ou parlée. SYN. expression, formule, tour, tournure.

logeabilité *nom féminin* Qualité de ce qui est logeable. SYN. habitabilité.

logeable *adjectif* Spacieux et bien conçu. SYN. habitable.

logement *nom masculin* Local d'habitation. SYN. appartement, habitation, maison, pied-à-terre, résidence, toit. - LITTÉRAIRE : demeure, gîte, logis.

loger *verbe intransitif* Avoir sa résidence quelque part. SYN. demeurer, descendre, élire domicile, s'établir, être domicilié, habiter, résider, séjourner. - FAMILIER : nicher, percher, rester. - LITTÉRAIRE : avoir le gîte et le couvert, gîter. - POPULAIRE : crécher.

loger *verbe transitif* Procurer un lieu d'habitation. SYN. abriter, accueillir, coucher, héberger, installer, offrir l'hospitalité. CONTR. *déloger, expulser, mettre à la rue, mettre dehors.* - FAMILIER : *ficher à la porte, flanquer à la porte, mettre à la porte.* ■ Placer quelque chose quelque part. SYN. caser, encastrer, enchâsser, mettre, placer. - FAMILIER : nicher. ■ Lancer un projectile dans. SYN. enfoncer. - FAMILIER : coller, ficher, fourrer.

loger (se) *verbe pronominal* Avoir un endroit pour habiter. SYN. descendre, habiter, se mettre dans ses meubles, résider, trouver asile. - LITTÉRAIRE : gîter, trouver le gîte et le couvert. - POPULAIRE : crécher. ■ Se placer quelque part. SYN. s'encastrer, s'enfoncer, pénétrer. - FAMILIER : se fourrer.

loggia *nom féminin* Balcon spacieux fermé sur les côtés. SYN. bow-window, logette.

logiciel *nom masculin* Ensemble de programmes informatiques. SYN. software. CONTR. *hardware, matériel.* ■ ***Logiciel d'enseignement,*** logiciel spécialisé dans l'enseignement. SYN. didacticiel.

logique *adjectif* Conforme au bon sens. SYN. cartésien, cohérent, judicieux, juste, raisonnable, raisonné, rationnel, sage, sensé. CONTR. *aberrant, antirationnel, biscornu, bizarre, boiteux, contradictoire, décousu, déraisonnable, farfelu, faux, illogique, incohérent, insensé, irrationnel, ridicule.* ■ Qui raisonne de manière cohérente. SYN. cohérent, conséquent, méthodique, scientifique, systématique. CONTR. *incohérent, inconséquent.* ■ Qui résulte de la nature des choses. SYN. droit, fatal, fatidique, forcé, inéluctable, inévitable, naturel, nécessaire, normal, régulier. CONTR. *absurde, alogique, anormal, exceptionnel, extraordinaire, illogique, inadmissible.*

logique *nom féminin* Caractère logique. SYN. cohérence, cohésion, justesse, méthode, raisonnement. CONTR. *aberration, absurdité, illogisme, incohérence, inconséquence, irrationalité.* ■ Caractère inévitable de. SYN. fatalité, nécessité.

logiquement *adverbe* De façon logique. SYN. méthodiquement, rationnellement, scientifiquement, systématiquement. CONTR. *absurdement, déraisonnablement, illogiquement, irrationnellement.* ■ Selon le cours normal des choses. SYN. décemment, normalement, raisonnablement.

logis *nom masculin* LITTÉRAIRE. Endroit où l'on habite. SYN. asile, domicile, foyer, habitation, logement, maison, résidence, toit. - LITTÉRAIRE : demeure.

logomachie *nom féminin* LITTÉRAIRE. Assemblage de mots creux. SYN. logorrhée, remplissage, verbalisme. - LITTÉRAIRE : verbosité.

loi *nom féminin* Règle juridique. SYN. commandement, norme, obligation, précepte, prescription, principe, règle, vérité.

loin *adverbe* À une grande distance. SYN. à des années-lumière, aux antipodes, au bout du monde, au diable vauvert, au diable, à distance, au fin fond de, au loin. - FAMILIER : au diable vert. - POPULAIRE : à perpète, à perpette, à Pétaouchnock. CONTR. *à côté, à deux pas, à un jet de pierre, à portée de main, aux portes de, près.* - FAMILIER : *à touche-touche.*

lointain *adjectif* Distant dans l'espace. SYN. écarté, éloigné, reculé, retiré. CONTR. *adjacent, attenant, avoisinant, contigu, environnant, limitrophe, mitoyen, prochain, proche, voisin.* - LITTÉRAIRE : *circonvoisin, jouxtant.* ■ Distant dans le temps. SYN. éloigné, reculé. CONTR. *actuel, contemporain, imminent, présent, prochain, proche, récent.* - LITTÉRAIRE : *voisin.* ■ Inattentif à ce qui se passe. SYN. absorbé, distant, distrait. ■ Sans relation directe avec. SYN. détourné, éloigné, indirect, vague. CONTR. *direct, étroit, immédiat, net.*

lointain *nom masculin* Plan situé à une grande distance. SYN. fond. CONTR. *au premier plan.*

loisible *adjectif* Qui est permis. SYN. admis, autorisé, permis, possible, toléré. CONTR. *défendu, interdit, prohibé.*

loisir *nom masculin* Temps libre. SYN. congé, détente, inaction, liberté, oisiveté, pause, repos, vacances. - FAMILIER : farniente. CONTR. *obligation, travail.* ■ Occupation pendant le temps libre. SYN. amusement, délassement, divertissement, hobby, passe-temps, récréation. ■ Faculté d'agir à son gré. SYN. latitude, liberté, licence, possibilité. ■ ***À loisir,*** sans se hâter. SYN. à son aise, à sa guise, sans hâte, à tête reposée.

lolita *nom féminin* FAMILIER. Très jeune fille, jolie et aguichante. SYN. nymphette.

lolo *nom masculin* Langue tibéto-birmane. SYN. yi.

lombes *nom féminin pluriel* Parties du corps de chaque côté de la colonne vertébrale. SYN. reins.

lombric *nom masculin* Ver qui creuse des galeries dans le sol. SYN. ver de terre.

lompe *nom masculin* Poisson dont les œufs noirs ressemblent au caviar. SYN. cycloptère, lump, mollet, poule de mer.

long *adjectif* Dont la dimension est grande. SYN. illimité, immense, infini. – LITTÉRAIRE : vaste. CONTR. *court, étroit, minuscule, petit, réduit.* ■ Dont la durée est grande. SYN. interminable, lent. CONTR. *bref, court, fugitif, rapide, soudain, vif.* – LITTÉRAIRE : *prompt.* ■ Se dit d'un texte fourni. SYN. diffus, prolixe, verbeux. – FAMILIER : longuet. CONTR. *bref, concis, court, laconique.* – LITTÉRAIRE : *compendieux.*

longanimité *nom féminin* LITTÉRAIRE. Fait d'être patient. SYN. constance, persévérance, persistance. – LITTÉRAIRE : opiniâtreté. ■ LITTÉRAIRE. Caractère indulgent. SYN. indulgence. – LITTÉRAIRE : clémence, mansuétude.

longe *nom féminin* Longue courroie. SYN. bride, lanière, rêne.

longer *verbe* Suivre le bord de. SYN. suivre. ■ S'étendre le long de. SYN. border, borner, côtoyer.

longicorne *nom masculin* Insecte aux longues antennes. SYN. capricorne, cérambycidé.

longiligne *adjectif* Grand et mince. SYN. grand. CONTR. *bréviligne, râblé, trapu.* – FAMILIER : *boulot.* – POPULAIRE : *baraqué.*

longtemps *adverbe* Un long espace de temps. SYN. durablement, des heures, pour une longue durée, longuement. – FAMILIER : un bail. CONTR. *brièvement, peu.*

longuement *adverbe* Au long, en détail. SYN. abondamment, amplement, consciencieusement, considérablement, grandement, largement, minutieusement, scrupuleusement, soigneusement. CONTR. *superficiellement.* ■ Pendant un long temps. SYN. interminablement, longtemps. CONTR. *brièvement, expéditivement, hâtivement, laconiquement, promptement, rapidement, succinctement.* – LITTÉRAIRE : *diligemment.*

longuet *adjectif* FAMILIER. Un peu trop long. SYN. diffus, long, prolixe. CONTR. *bref, court, dense.*

longueur *nom féminin* Durée de quelque chose. SYN. durée, étendue. ■ Développement trop long. SYN. lenteurs, paraphrase, remplissage. – FAMILIER : délayage. – LITTÉRAIRE : prolixité. CONTR. *concision, laconisme.* ■ Durée trop longue. SYN. lenteur. CONTR. *brièveté, rapidité.*

longue-vue *nom féminin* Dispositif permettant de voir les objets éloignés. SYN. lunette d'approche.

lophobranche *nom masculin* VIEUX. Poisson marin au corps filiforme. SYN. syngnathe, syngnathiforme.

lophure *nom masculin* Faisan des montagnes de Bornéo. SYN. lobiophase.

lopin *nom masculin* ***Lopin (de terre),*** petite pièce de terre. SYN. arpent, champ, clos, parcelle.

loquace *adjectif* Qui parle beaucoup. SYN. bavard, causeur, prolixe, verbeux, volubile. – FAMILIER : causant, jacasseur, jacassier. – LITTÉRAIRE : disert, verveux. CONTR. *muet, silencieux, taciturne.*

loquacité *nom féminin* LITTÉRAIRE. Caractère loquace. SYN. bavardage, verbiage, verve, volubilité. – FAMILIER : bagou, bagout, tchatche. – LITTÉRAIRE : faconde, prolixité, verbosité. – POPULAIRE : jactance. CONTR. *laconisme, mutisme.* – LITTÉRAIRE : *taciturnité.*

loque *nom féminin* Personne sans énergie. SYN. déchet, épave, larve. – FAMILIER : chiffe, chiffe molle, ruine. – POPULAIRE : débris. ■ Vêtement très abîmé. SYN. chiffon, guenille, haillon, lambeau. – VIEUX : chiffe.

loques *nom féminin pluriel* Vieux vêtements. SYN. haillons. – FAMILIER : nippes. – LITTÉRAIRE : hardes. – POPULAIRE : frusques.

loqueteux *adjectif* LITTÉRAIRE. Vêtu de loques. SYN. débraillé, déguenillé, miséreux. – FAMILIER : dépenaillé, miteux. – LITTÉRAIRE : guenilleux, haillonneux.

lorgner *verbe* Regarder du coin de l'œil. SYN. dévisager, regarder. – FAMILIER : reluquer. – POPULAIRE : zieuter, zyeuter. ■ Avoir des vues sur. SYN. ambitionner, caresser des yeux, caresser du regard, convoiter, désirer, envier, être à l'affût, souhaiter, viser. – FAMILIER : guigner, loucher sur, reluquer. – LITTÉRAIRE : soupirer après.

lorgnon *nom masculin* Lunettes sans branches. SYN. binocle, face-à-main, monocle, pince-nez.

loricate *nom masculin* Mollusque marin primitif. SYN. amphineure.

lorsque *conjonction* Au moment où. SYN. comme, quand. – LITTÉRAIRE : alors que.

losse *nom féminin* Outil pour percer une bonde. SYN. bondonnière, lousse.

lot *nom masculin* Ce qui revient à quelqu'un. SYN. contingent, part, portion, ration. ■ Ensemble d'objets assortis. SYN. assortiment, batterie, collection, échantillonnage, éventail, gamme, jeu, palette, panoplie, stock. ■ LITTÉRAIRE. Ce que le destin réserve. SYN. apanage, contingent, destin, sort. – LITTÉRAIRE : fortune.

lotir *verbe* Diviser un terrain en lots. SYN. démembrer, dépecer, morceler, partager.

lotte *nom féminin* ***Lotte de mer,*** poisson à bouche énorme. SYN. baudroie.

louable *adjectif* Digne de louanges. SYN. bien, bon, digne, estimable, honorable, méritoire, recommandable. CONTR. *blâmable, condamnable, critiquable, répréhensible.*

louange *nom féminin* Action de faire l'éloge de. SYN. compliment, éloge, exaltation, flatterie, glorification, panégyrique. – LITTÉRAIRE : encens, encensement. CONTR. *accusation, affront, attaque, blâme, calomnie, censure, charge, condamnation, critique, dénigrement, diffamation, injure, médisance, raillerie.* – FAMILIER : *débinage.* – LITTÉRAIRE : *admonestation, avanie.*

louanger *verbe* LITTÉRAIRE. Prodiguer des louanges. SYN. aduler, chanter les louanges, complimenter, courtiser, couvrir de fleurs, donner un coup de chapeau, exalter, féliciter, flatter, glorifier, louer, ne pas tarir sur, porter au pinacle, porter aux nues, vanter les mérites. – LITTÉRAIRE : chanter, encenser, flagorner, magnifier. CONTR. *abaisser, blâmer, calomnier, chapitrer, critiquer, décrier, dénigrer, désapprouver, égratigner, maltraiter, médire, railler, réprouver.* – FAMILIER : *abîmer, attraper, cracher sur, débiner, déblatérer, enguirlander, éreinter, esquinter.* – LITTÉRAIRE : *admonester, déchirer, honnir, vitupérer.* – POPULAIRE : *engueuler.*

louanges *nom féminin pluriel* Paroles qui font l'éloge de. SYN. apologie, compliments, éloges, félicitations, panégyrique. – LITTÉRAIRE : encens. CONTR. – FAMILIER : *éreintage.*

louangeur *adjectif* Qui contient des louanges. SYN. dithyrambique, élogieux, flatteur, laudatif, obséquieux. CONTR. *caustique, désapprobateur, médisant, réprobateur, satirique.*

louangeur *nom* LITTÉRAIRE. Personne qui louange. SYN. apologiste, bénisseur, courtisan, flatteur, panégyriste. – FAMILIER : lèche-bottes, lécheur. – LITTÉRAIRE : adulateur, caudataire, encenseur, flagorneur, laudateur, prôneur, thuriféraire. CONTR. *critique, dénigreur, dépréciateur, médisant.* – LITTÉRAIRE : *censeur.*

louche *adjectif* Dont on doit se méfier. SYN. douteux, équivoque, inquiétant, interlope, mystérieux, patibulaire, suspect, trouble, véreux. – FAMILIER : glauque. CONTR. *carré, clair, franc, net.*

louchement *nom masculin* Déviation de l'axe d'un œil par rapport à l'autre. SYN. hétérotropie, strabisme. – VIEUX : loucherie.

loucher *verbe intransitif* Être atteint de strabisme. SYN. – FAMILIER : avoir un œil à Paris et l'autre à Pontoise, avoir une coquetterie dans l'œil. – POPULAIRE : avoir un œil qui dit merde à l'autre, bigler.

loucher *verbe transitif indirect* FAMILIER. Avoir des vues sur. SYN. ambitionner, caresser des yeux, caresser du regard, convoiter, désirer, envier, être à l'affût, lorgner, souhaiter, viser. – FAMILIER : guigner, reluquer. – LITTÉRAIRE : soupirer après. – POPULAIRE : zieuter, zyeuter.

loucherie *nom féminin* VIEUX. Déviation de l'axe d'un œil par rapport à l'autre. SYN. hétérotropie, louchement, strabisme.

loucheur *adjectif* et *nom* Qui louche. SYN. strabique. – POPULAIRE : bigleux. – VIEUX : bigle.

louer *verbe transitif* Décerner des éloges à. SYN. chanter les louanges, complimenter, couvrir de fleurs, dire du bien de, donner un coup de chapeau, féliciter, ne pas tarir sur, porter au pinacle, porter aux nues, vanter les mérites. – LITTÉRAIRE : encenser, louanger. CONTR. *anathématiser, blâmer, calomnier, critiquer, décrier, dénigrer, diffamer, dire du mal de, discréditer, égratigner, humilier, maltraiter, médire, railler.* – FAMILIER : *abîmer, baver, cracher, déblatérer, enguirlander, éreinter, esquinter.* – LITTÉRAIRE : *censurer, dauber, déchirer.* – POPULAIRE : *engueuler.* – VIEUX : *crosser.* ■ Célébrer les qualités de. SYN. approuver, bénir, célébrer, exalter, glorifier, prôner, rendre grâce, vanter. – LITTÉRAIRE : chanter, magnifier. CONTR. *condamner, désapprouver, réprouver.* – LITTÉRAIRE : *vilipender, vitupérer.*

louer *verbe transitif* Réserver une place. SYN. arrêter, réserver, retenir.

louer (se) *verbe pronominal* Se déclarer satisfait de. SYN. s'applaudir, exulter, se féliciter, jubiler, se réjouir. CONTR. *déplorer, regretter, se reprocher, s'en vouloir.* – FAMILIER : *se mordre les doigts.*

loueur *nom* Personne qui donne un bien en location. SYN. bailleur. CONTR. *preneur.*

loufoque *adjectif* FAMILIER. Qui est extravagant. SYN. absurde, bizarre, déraisonnable, extravagant, fantasque, farfelu, insensé, saugrenu. – FAMILIER : bizarroïde. CONTR. *raisonnable, rationnel, sage.* ■ FAMILIER. Qui a perdu tout bon sens. SYN. dément, dérangé, désaxé, déséquilibré, fou. – FAMILIER : braque, cinglé, détraqué, dingue, fada, fêlé, frappé, maboul, malade, marteau, piqué, ravagé, tapé, timbré, toc-toc, toqué, zinzin. – POPULAIRE : allumé, azimuté, barge, barjo, barjot, branque, brindezingue, chtarbé, cinoque, cintré, déjanté, dingo, folingue, fondu, frapadingue, givré, jeté, louf, louftingue, ouf, sinoc, sinoque, siphonné, tordu.

loufoquerie *nom féminin* FAMILIER. Acte, propos loufoque. SYN. absurdité, bizarrerie, extravagance.

louis *nom masculin* Pièce d'or française. SYN. napoléon.

loulou *nom masculin* Chien à tête triangulaire pointue. SYN. spitz.

loup *nom masculin* ***Jeune loup,*** jeune homme soucieux de faire carrière. SYN. ambitieux, arriviste, audacieux, carriériste, intrigant, opportuniste.

loup-cervier *nom masculin* Mammifère carnivore à la vue perçante. SYN. lynx.

loupe *nom féminin* Saillie sur une branche, un tronc. SYN. broussin, exostose.

loupé *adjectif* FAMILIER. Qui n'a pas réussi. SYN. imparfait, manqué, raté. – POPULAIRE : foireux. CONTR. *parfait, réussi.*

loupé *nom masculin* FAMILIER. Ce qui n'a pas marché. SYN. déconfiture, échec, erreur, faillite, gifle, insuccès. – FAMILIER : claque, fessée, fiasco, plantage, raclée, ratage, veste. – POPULAIRE : bide. CONTR. *réussite, succès.*

louper *verbe intransitif* FAMILIER. Ne pas réussir. SYN. achopper, avorter, capoter, craquer, échouer, s'écrouler, s'effondrer, faire long feu, manquer, tomber à plat. – FAMILIER : faire chou blanc, faire fiasco, faire un flop, finir en eau de boudin, rater, tomber à l'eau, tomber dans le lac. – POPULAIRE : finir en couille, foirer, merder, partir en couille. CONTR. *aboutir, marcher, réussir, toucher au but.*

louper *verbe transitif* FAMILIER. Ne pas mener à bien. SYN. gâcher, manquer, rater. CONTR. *atteindre, réussir.* ■ FAMILIER. Laisser échapper. SYN. perdre, rater. CONTR. *exploiter, profiter.*

loupiot *nom* POPULAIRE. Petit enfant. SYN. bambin, enfant, gamin, gamine. – FAMILIER : bout de chou, bout de zan, gosse, marmot, mioche, moustique, moutard, poussin. – POPULAIRE : lardon, môme, mouflet. – VIEUX : marmouset.

lourd *adjectif* Qui a un poids élevé. SYN. pesant. CONTR. *agile, alerte, léger, leste, preste, rapide, svelte.* – LITTÉRAIRE : *aérien.* ■ Qui se digère mal. SYN. indigeste. CONTR. *digeste, digestible, léger.* ■ Qui accable (température). SYN. accablant, étouffant, irrespirable, oppressant. ■ Qui a une forme massive. SYN. massif, tassé. – FAMILIER : mastoc. CONTR. *délicat, élégant.* ■ Se dit d'un propos sans élégance. SYN. grossier, inélégant, maladroit. CONTR. *adroit, délicat, élégant, exquis, fin, raffiné.* – LITTÉRAIRE : *délié.* ■ FAMILIER. Qui manque de finesse. SYN. balourd, bête, épais, fruste, laborieux, lourdaud, obtus. – FAMILIER : bouché, rustaud. – POPULAIRE : lourdingue. CONTR. *astucieux, éveillé, fin, habile, intelligent, malin, ouvert, pénétrant, perspicace, rapide, sagace, spirituel, subtil.* – LITTÉRAIRE : *prompt.* ■ Qui est important. SYN. considérable, grave, gros, important. CONTR. *banal, insignifiant, modeste, modique, négligeable.*

lourdaud *adjectif* Qui est lent et maladroit. SYN. lourd. – FAMILIER : mastoc, pataud. CONTR. *adroit.* ■ Qui manque de finesse. SYN. balourd, béotien, épais, fruste, obtus, stupide. – FAMILIER : ballot, lourd, pataud, rustaud. – POPULAIRE : lourdingue, nouille. CONTR. *fin, léger, spirituel.* – FAMILIER : *dégourdi.*

lourdaud *nom* Personne qui manque de finesse. SYN. balourd, béotien, butor, cuistre, goujat, imbécile, malappris, malotru, mufle, ostrogoth, rustre, sauvage. – FAMILIER : bûche, buse, malpoli, paltoquet, pataud, rustaud. – POPULAIRE : nouille, pignouf. CONTR. – FAMILIER : *dégourdi.*

lourdement *adverbe* De façon considérable. SYN. gravement. CONTR. *légèrement, peu.* ■ De façon pesante. SYN. pesamment. CONTR. *agilement, alertement, lestement, prestement, promptement, vivement.* ■ D'une façon maladroite. SYN. gauchement, grossièrement, maladroitement, malhabilement, pesamment. CONTR. *adroitement, finement.*

lourder *verbe* POPULAIRE. Mettre à la porte. SYN. chasser, congédier, démettre, déposer, exclure, limoger, remercier, renvoyer, révoquer. – FAMILIER : balayer, blackbouler, débarquer, déboulonner, dégommer, démissionner, sabrer, vider. – POPULAIRE : balancer, sacquer, saquer, virer.

lourdeur *nom féminin* Caractère d'un temps lourd. SYN. moiteur. – LITTÉRAIRE : touffeur. ■ Caractère de ce qui pèse lourd. SYN. masse, poids. ■ Manque d'agilité. SYN. disgrâce, gaucherie, lenteur, pesanteur. CONTR. *adresse, aisance, dextérité, grâce, habileté, légèreté.* – LITTÉRAIRE : *prestesse, vivacité.* ■ Manque de finesse d'esprit. SYN. balourdise, épaisseur, grossièreté, lenteur, vulgarité. CONTR. *brillant, brio, délicatesse, élégance, esprit, finesse, pertinence, sagacité, subtilité.* – LITTÉRAIRE : *vivacité.*

lousse *nom féminin* Outil pour percer une bonde. SYN. bondonnière, losse.

loustic *nom masculin* VIEUX. Personne qui plaisante. SYN. boute-en-train, farceur, joyeux luron, plaisantin. – FAMILIER : blagueur, joyeux drille. ■ FAMILIER. Mauvais plaisant. SYN. numéro, phénomène, plaisantin. – FAMILIER : fumiste, gaillard, guignol, lascar, pistolet, polichinelle, zèbre. – POPULAIRE : charlot, rigolo, zigoto.

loutre-civette *nom féminin* Civette d'Indo-Malaisie. SYN. cynogale.

louvoyer *verbe* Naviguer contre le vent. SYN. remonter au vent, tirer des bordées. ■ Prendre des biais. SYN. biaiser, finasser, ruser, tergiverser, tourner autour du pot.

lovelace *nom masculin* LITTÉRAIRE. Séducteur pervers et cynique. SYN. don Juan, enjôleur, suborneur.

lover (se) *verbe pronominal* S'enrouler sur soi-même. SYN. se pelotonner, se ramasser, se recroqueviller.

loyal *adjectif* Qui obéit aux lois de la droiture. SYN. carré, dévoué, droit, fair-play, fiable, fidèle, franc, honnête, juste, net, sincère, sport, sûr. – LITTÉRAIRE : probe, vrai. – POPULAIRE : réglo. – VIEUX : rond. CONTR. *déloyal, dissimulateur, dissimulé, faux, fourbe, hypocrite, incorrect, malhonnête, perfide, rebelle, sournois, tortueux, traître.* – LITTÉRAIRE : *cauteleux, fallacieux, félon, infidèle, subreptice, tortu.*

loyalement *adverbe* De façon loyale. SYN. cartes sur table, franchement, honnêtement, sincèrement, sportivement, en toute franchise, vrai. – FAMILIER : à la loyale. CONTR. *en dessous, par en dessous, hypocritement, obliquement, tortueusement, traîtreusement.*

loyalisme *nom masculin* Fidélité à l'autorité établie. SYN. dévouement, fidélité.

loyauté *nom féminin* Caractère loyal. SYN. bonne foi, dévouement, droiture, franchise, honnêteté, probité, rectitude, sincérité. CONTR. *déloyauté, dissimulation, duplicité, fausseté, félonie, forfaiture, fourberie, hypocrisie, mauvaise foi, rébellion, traîtrise.* – LITTÉRAIRE : *infidélité, perfidie, sournoiserie.*

lubie *nom féminin* Caprice extravagant. SYN. caprice, coup de tête, extravagance, fantaisie, passade. – FAMILIER : tocade, toquade. – LITTÉRAIRE : foucade.

lubricité *nom féminin* Caractère lubrique. SYN. luxure, paillardise, sensualité, volupté. – LITTÉRAIRE : concupiscence, impudicité, salacité, vice. CONTR. *chasteté, pruderie, pudeur, pudibonderie, pureté.* – LITTÉRAIRE : *pudicité.*

lubrifier *verbe* Rendre plus glissant. SYN. graisser, huiler.

lubrique *adjectif* Obsédé par les plaisirs charnels. SYN. graveleux, impudique, licencieux, paillard, sensuel, vicieux, voluptueux. – FAMILIER : chaud, cochon, vicelard. – LITTÉRAIRE : concupiscent, libidineux, salace. – VIEUX : luxurieux. CONTR. *chaste, froid, innocent, prude, pudique, pur.*

lucaniste ou **lucanophile** *nom* Personne qui pratique le cerf-volant. SYN. cerf-voliste.

lucide *adjectif* Qui juge clairement. SYN. aigu, clairvoyant, éclairé, lumineux, pénétrant, perspicace, profond, sagace, sensé, subtil. – VIEUX : perçant. CONTR. *aveugle, crédule, égaré, fanatique, fou, troublé.* ■ Qui est conscient. SYN. conscient. CONTR. *inconscient.*

lucidement *adverbe* De façon lucide. SYN. froidement, prudemment. CONTR. *aveuglément, à l'aveuglette, à tâtons.*

lucidité *nom féminin* Qualité de quelqu'un de lucide. SYN. acuité, bon sens, clairvoyance, compréhension, intelligence, pénétration, perspicacité, sagacité, sagesse, subtilité. CONTR. *aveuglement, crédulité, égarement, fanatisme, folie, illusion, passion.* – LITTÉRAIRE : *cécité.* ■ Fait d'avoir toute sa conscience. SYN. connaissance, conscience, raison. CONTR. *inconscience.*

luciférien *adjectif* LITTÉRAIRE. Qui tient du diable. SYN. démoniaque, diabolique, satanique. – LITTÉRAIRE : infernal, méphistophélique.

lucite *nom féminin* Lésion cutanée due à la lumière. SYN. actinite.

lucratif *adjectif* Qui laisse de gros profits. SYN. beau, bon, fructueux, intéressant, payant, productif, profitable, rémunérateur, rentable. – FAMILIER : joli. – POPULAIRE : juteux. CONTR. *mauvais, ruineux.*

lucre *nom masculin* LITTÉRAIRE. Avantage financier recherché avec avidité. SYN. bénéfice, gain, profit.

ludwigia *nom masculin* Plante d'aquarium. SYN. jussieua.

luette *nom féminin* Appendice du fond de la cavité buccale. SYN. uvule.

lueur *nom féminin* Lumière faible. SYN. clarté, halo. ■ Éclat fugitif du regard. SYN. éclair, éclat, rayon. – LITTÉRAIRE : étincelle, flamme. ■ Petite quantité de. SYN. brin, doigt, goutte, larme, nuage, un peu de, soupçon. – FAMILIER : lichette. – POPULAIRE : chouia.

lueurs *nom féminin pluriel* Connaissances rudimentaires. SYN. clartés, lumières, notions.

lugubre *adjectif* Qui exprime la tristesse. SYN. funèbre, macabre, mélancolique, triste. – LITTÉRAIRE : sépulcral. CONTR. *gai, joyeux.* ■ Qui inspire l'effroi. SYN. inquiétant. – FAMILIER : glauque. CONTR. *égayant, riant.* ■ Qui fait naître l'ennui. SYN. morne, mortel, sinistre, sombre. – FAMILIER : cafardeux. – LITTÉRAIRE : ténébreux. CONTR. *amusant, désopilant, drôle, gai, hilarant, inénarrable.* – FAMILIER : *crevant, marrant, rigolo, roulant, tordant.* – POPULAIRE : *poilant.*

luire *verbe* Briller de sa lumière propre. SYN. briller, éclairer. ▪ Réfléchir la lumière. SYN. chatoyer, miroiter, reluire, scintiller. – LITTÉRAIRE : brasiller. ▪ Briller d'un vif éclat. SYN. étinceler, rayonner. – LITTÉRAIRE : flamber, flamboyer.

luisant *adjectif* Qui luit. SYN. brillant, chatoyant, étincelant, glacé, lustré, poli, reluisant, scintillant. – LITTÉRAIRE : moiré, vernissé. CONTR. *mat, terne, terni.*

luisant *nom masculin* Aspect d'une surface qui reluit. SYN. brillant, chatoiement, lustrage, lustre, poli. – LITTÉRAIRE : moire, moirure.

lumbago *nom masculin* Douleur dans le bas du dos. SYN. tour de reins.

lumière *nom féminin* Clarté émise par le soleil. SYN. jour. – LITTÉRAIRE : splendeur. CONTR. *clair-obscur, nuit, obscurité, ombre.* – LITTÉRAIRE : *ténèbres.* ▪ Éclat du regard. SYN. étincelle, flamme. ▪ Ce qui éclaire l'esprit. SYN. éclairage, éclaircissement, explication, illustration, indication, information, précision, renseignement. ▪ LITTÉRAIRE. Personne intelligente. SYN. cerveau, chef, fleuron, génie, gloire, prodige, roi, sommité, virtuose. – FAMILIER : aigle, as, cacique, champion, crack. – LITTÉRAIRE : flambeau, phare, phénix. CONTR. *incapable, nul, nullité, raté.* – FAMILIER : *zéro.*

luminance *nom féminin* Intensité d'un point lumineux. SYN. – VIEUX : brillance.

lumineux *adjectif* Qui émet de la lumière. SYN. brillant, fluorescent, incandescent, luminescent, phosphorescent. CONTR. *éteint.* ▪ Qui est très clair. SYN. clair, éclairé, ensoleillé, illuminé. CONTR. *mat, noir, obscur, opaque, sombre.* – LITTÉRAIRE : *ténébreux.* ▪ Qui a de l'éclat. SYN. brillant, chatoyant, éclatant, étincelant, pétillant, radieux, rayonnant. – LITTÉRAIRE : flamboyant, nitescent. CONTR. *éteint, opaque, terne.* ▪ Qui comprend rapidement. SYN. lucide, pénétrant, perspicace. CONTR. *fumeux, lent, lourd.* ▪ Qui est facile à comprendre. SYN. clair, intelligible, limpide, simple. CONTR. *abscons, brumeux, confus, embrouillé, énigmatique, équivoque, ésotérique, filandreux, inaccessible, incompréhensible, indigeste, inintelligible, insondable.* – FAMILIER : *emberlificoté.* – LITTÉRAIRE : *abstrus, amphigourique, cafouilleux, fuligineux, nébuleux, opaque, sibyllin.*

luminosité *nom féminin* Qualité de ce qui est lumineux. SYN. brillant, clarté, éclat, jour, limpidité. – LITTÉRAIRE : splendeur. CONTR. *obscurité.* – LITTÉRAIRE : *nébulosité, noirceur.*

lump *nom masculin* Poisson dont les œufs noirs ressemblent au caviar. SYN. cycloptère, lompe, mollet, poule de mer.

luna *nom masculin* Marbre blanc fin. SYN. carrare.

lunaire *nom féminin* Plante aux fruits en forme de disques. SYN. monnaie-du-pape.

lunaire *adjectif* LITTÉRAIRE. Qui est extravagant. SYN. chimérique, imaginatif, rêveur, romanesque.

lunatique *adjectif* Dont l'humeur change souvent. SYN. capricieux, fantasque, instable, versatile. CONTR. *constant, égal, obstiné, persévérant, sérieux.*

lune *nom masculin* Gros poisson au corps presque circulaire. SYN. môle, poisson-lune.

lune *nom féminin* POPULAIRE. Derrière de l'homme. SYN. derrière, fesses. – FAMILIER : croupe, croupion, fessier, fondement, postérieur. – POPULAIRE : arrière-train, cul, popotin. ▪ ***Être dans la lune,*** être perdu dans ses pensées. SYN. avoir la tête ailleurs, avoir l'esprit ailleurs, être absent, être ailleurs, s'évader, n'écouter que d'une oreille, planer, rêvasser, rêver. – LITTÉRAIRE : songer. CONTR. *avoir les pieds sur terre.*

lunette *nom féminin* ***Lunette (astronomique),*** instrument d'observation des astres. SYN. réfracteur. CONTR. *réflecteur, télescope.* ▪ ***Lunette d'approche,*** dispositif permettant de voir les objets éloignés. SYN. longue-vue.

lunettes *nom féminin pluriel* Verres correcteurs. SYN. – FAMILIER : binocles. – VIEUX : besicles.

lupuline *nom féminin* Luzerne à très petites fleurs jaunes. SYN. minette.

lustral *adjectif* Qui sert à purifier. SYN. purificateur.

lustre *nom masculin* État de ce qui brille. SYN. brillant, éclat, luisant, poli. ▪ LITTÉRAIRE. Ce qui distingue du commun. SYN. éclat, relief, vernis. – LITTÉRAIRE : distinction, gloire, splendeur. ▪ Appareil d'éclairage. SYN. plafonnier, suspension.

lustré *adjectif* Brillant par le frottement. SYN. luisant, poli, satiné. – LITTÉRAIRE : vernissé.

lustrer *verbe* Donner du brillant, du poli. SYN. astiquer, briquer, catir, cirer, encaustiquer, fourbir, frotter, polir, vernisser. – LITTÉRAIRE : brillanter, vernir.

lutéal *adjectif* Relatif au corps jaune de l'ovaire. SYN. lutéinique.

lutéine *nom féminin* VIEUX. Hormone sécrétée par le corps jaune de l'ovaire. SYN. progestérone.

lutéinique *adjectif* Relatif au corps jaune de l'ovaire. SYN. lutéal.

lutin *nom masculin* Petit démon malicieux. SYN. esprit follet, farfadet, génie, gnome.

lutiner *verbe* Poursuivre une femme de taquineries galantes. SYN. caresser, peloter.

lutite *nom féminin* Roche sédimentaire à grains fins. SYN. pélite.

lutrin *nom masculin* Pupitre élevé, dans une église. SYN. aigle.

lutte *nom féminin* Fait de défendre une cause. SYN. action, bataille, combat, offensive. ▪ Volonté de vaincre des difficultés. SYN. affrontement, défense, résistance, révolte. CONTR. *résignation.* ▪ Action de deux forces contraires. SYN. antagonisme, compétition, concurrence, conflit, débat, duel, heurt, opposition, rivalité. – LITTÉRAIRE : combat, joute, tournoi. CONTR. *accord, entente.*

lutter *verbe* Se battre dans un combat. SYN. s'affronter, se battre, combattre, en découdre, être aux prises avec, se mesurer, rivaliser, en venir aux mains. – FAMILIER : se bagarrer. – LITTÉRAIRE : guerroyer, jouter. ▪ Tenter de résister à. SYN. combattre, contenir, étouffer, refréner, réfréner, résister. CONTR. *accepter.* ▪ Agir avec énergie pour. SYN. batailler, se débattre, se défendre, se démener, se dépenser, militer, s'opposer, réagir, résister. – FAMILIER : se décarcasser. CONTR. *abandonner, abdiquer, céder, se rendre, se résigner.*

luxation *nom féminin* Déplacement des os d'une articulation. SYN. déboîtement.

luxe *nom masculin* Caractère raffiné. SYN. apparat, décorum, éclat, faste, magnificence, raffinement, richesse. – LITTÉRAIRE : somptuosité, splendeur. CONTR. *dépouillement, modestie, nudité, simplicité, sobriété.* ▪ Manière de vivre coûteuse. SYN. opulence. – FAMILIER : tralala. – LITTÉRAIRE : magnificence, pompe. CONTR. *besoin, dénuement, disette, frugalité, gêne, indigence, misère.* – POPULAIRE : *débine.* ▪ Grande abondance de. SYN. débauche, débordement, déluge, étalage, excès, exubérance, foison, orgie, pléthore, profusion, surabondance. – LITTÉRAIRE : prodigalité. CONTR. *absence, carence, manque, pénurie.* – LITTÉRAIRE : *disette.*

luxer *verbe* Provoquer une luxation. SYN. déboîter, démettre, disloquer, fouler.

luxueusement *adverbe* De façon luxueuse. SYN. fastueusement, princièrement, richement, royalement, somptueusement. CONTR. *pauvrement, petitement.*

luxueux *adjectif* Qui témoigne du luxe. SYN. cossu, fastueux, magnifique, princier, riche, somptueux. – LITTÉRAIRE : pompeux. CONTR. *humble, maigre, misérable, modeste, pauvre, simple.* – FAMILIER : *miteux.*

luxure *nom féminin* Recherche des plaisirs sexuels. SYN. débauche, dépravation, dévergondage, libertinage, lubricité, orgie, paillardise. – LITTÉRAIRE : concupiscence, impudicité, impureté, lasciveté, lascivité, salacité, stupre. CONTR. *chasteté, continence.*

luxuriance *nom féminin* LITTÉRAIRE. État de ce qui est luxuriant. SYN. abondance, épaisseur, exubérance, foisonnement, richesse, surabondance, vigueur. CONTR. *pauvreté.*

luxuriant *adjectif* Qui déborde de richesse. SYN. abondant, dense, dru, épais, exubérant, foisonnant, surabondant, touffu. – LITTÉRAIRE : opulent, plantureux. CONTR. *clairsemé, dépouillé, maigre, pauvre, pelé, rare, ras.*

luxurieux *adjectif* VIEUX. Qui s'adonne à la luxure. SYN. débauché, dépravé, lubrique, paillard, vicieux. – LITTÉRAIRE : libidineux, salace. CONTR. *chaste, continent.* ▪ Qui dénote la luxure. SYN. charnel, impudique, lascif, sensuel, voluptueux. – LITTÉRAIRE : orgiaque. CONTR. *chaste, innocent, pudique, pur.*

lycée *nom masculin* Établissement d'enseignement. SYN. – ARGOTIQUE : bahut, boîte.

lycéen *nom* Élève d'un lycée. SYN. – FAMILIER : potache.

lycope *nom masculin* Herbe du bord des eaux. SYN. patte-de-loup, pied-de-loup.

lycoperdon *nom masculin* Champignon en forme de poire retournée. SYN. vesse-de-loup.

lycopode *nom masculin* Plante sans graines, aux tiges rampantes. SYN. pied-de-loup.

lymantriidé *nom masculin* Papillon nuisible aux arbres. SYN. liparidé.

Lyme (maladie de) *locution* Maladie infectieuse transmise par une tique. SYN. borréliose.

lymphadénite *nom féminin* Inflammation d'un ganglion lymphatique. SYN. adénite.

lymphatique *adjectif* Qui montre de la mollesse. SYN. amorphe, apathique, atone, avachi, endormi, flasque, inconsistant, indolent, languissant, mollasson, mou, passif, veule. – FAMILIER : mollasse. – LITTÉRAIRE : alangui, torpide. CONTR. *actif, agissant, ardent, bouillant, bouillonnant, combatif, déchaîné, dynamique, émotif, énergique, enthousiaste, entreprenant, excité, fougueux, hyperémotif, hypersensible, impatient, impétueux, irritable, nerveux, passionné, pétulant, remuant, résolu, tonique, vif, violent, vivant.* – FAMILIER : *émotionnable.* – LITTÉRAIRE : *volcanique.*

lymphogranulomatose *nom féminin* ***Lymphogranulomatose maligne,*** maladie des ganglions lymphatiques. SYN. maladie de Hodgkin. ■ ***Lymphogranulomatose bénigne,*** maladie pouvant affecter tous les organes. SYN. sarcoïdose.

lynx *nom masculin* Mammifère carnivore à la vue perçante. SYN. loup-cervier.

lyophilisation *nom féminin* Élimination de l'eau d'un produit. SYN. cryodessiccation.

lyperosia *nom masculin* Mouche piqueuse et suceuse de sang. SYN. hématobie.

lyrique *adjectif* Qui est plein d'exaltation. SYN. exalté, passionné.

lysimaque *nom féminin* Plante ornementale aux fleurs jaunes ou blanches. SYN. herbe-aux-écus, monnoyère, nummulaire.

lysozyme *nom masculin* Enzyme présente dans les larmes. SYN. muramidase.

M

maboul *adjectif* FAMILIER. Complètement fou. SYN. dément, dérangé, désaxé, déséquilibré, fou. – FAMILIER : braque, cinglé, détraqué, dingue, fada, fêlé, frappé, loufoque, malade, marteau, piqué, ravagé, tapé, timbré, toc-toc, toqué, zinzin. – POPULAIRE : allumé, azimuté, barge, barjo, barjot, branque, brindezingue, chtarbé, cinoque, cintré, déjanté, dingo, folingue, fondu, frapadingue, givré, jeté, louf, louftingue, ouf, sinoc, sinoque, siphonné, tordu.

macabre *adjectif* Qui est sinistre. SYN. funèbre, lugubre, sinistre, sombre, triste. – LITTÉRAIRE : sépulcral. CONTR. *désopilant, drôle, gai, hilarant, inénarrable.* – FAMILIER : *crevant, marrant, rigolo, roulant, tordant.* – LITTÉRAIRE : *riant.*

macadam *nom masculin* Revêtement des chaussées et trottoirs. SYN. asphalte, bitume.

macadamiser *verbe* Recouvrir de macadam. SYN. asphalter, bitumer, goudronner.

macaque *nom* FAMILIER. Personne très laide. SYN. – FAMILIER : guenon, singe. – VIEUX : magot.

macareux *nom masculin* Oiseau marin noir et blanc. SYN. moine.

macédoine *nom féminin* FAMILIER. Assemblage de morceaux hétérogènes. SYN. cocktail, jardinière, magma, marqueterie, mosaïque, pot-pourri. – FAMILIER : salmigondis.

macération *nom féminin* Privations en signe de repentir. SYN. ascèse, mortification, pénitence.

macérer *verbe* Être plongé dans un liquide. SYN. baigner, mariner, tremper.

machaon *nom masculin* Papillon européen aux ailes jaunes et noires. SYN. porte-queue.

mâche *nom féminin* Plante qui se mange en salade. SYN. bourcette, boursette, doucette.

mâcher *verbe* Broyer avec les dents. SYN. mâchonner, mastiquer, mordiller. – FAMILIER : mâchouiller.

machiavélique *adjectif* D'une grande perfidie. SYN. démoniaque, diabolique, dissimulé, retors, roué, tortueux. – FAMILIER : roublard. – LITTÉRAIRE : scélérat.

machiavélisme *nom masculin* Caractère machiavélique. SYN. dissimulation, fourberie, rouerie, ruse. – FAMILIER : roublardise. – LITTÉRAIRE : diabolisme, perfidie, scélératesse, sournoiserie.

machin *nom masculin* FAMILIER. Ce dont on ignore le nom. SYN. chose. – FAMILIER : bazar, bidule, engin, fourbi, truc, trucmuche.

machinal *adjectif* Fait instinctivement. SYN. automatique, habituel, inconscient, instinctif, involontaire, irréfléchi, mécanique. CONTR. *intentionnel, réfléchi.*

machinalement *adverbe* D'une façon machinale. SYN. inconsciemment, instinctivement, involontairement, mécaniquement, spontanément. CONTR. *intentionnellement, sciemment, volontairement.*

machination *nom féminin* Menées secrètes et déloyales. SYN. agissements, combinaison, complot, conspiration, intrigue, manège, manigance, manœuvre, menées, tractations. – FAMILIER : combine, grenouillage.

machine *nom féminin* Appareil effectuant un travail. SYN. appareil, automate, dispositif, engin, mécanisme. – FAMILIER : bécane, mécanique. – POPULAIRE : chignole.

machiner *verbe* Combiner quelque chose. SYN. agir en sous-main, arranger, combiner, comploter, conspirer, imaginer, manigancer, mijoter, mitonner, monter, orchestrer, préméditer, préparer, ruminer, tisser, tramer. – FAMILIER : concocter, goupiller, traficoter, trafiquer. – LITTÉRAIRE : nouer, ourdir.

mâchoire *nom féminin* Partie osseuse de la bouche qui porte les dents. SYN. maxillaire. – FAMILIER : mandibule.

mâchonner *verbe* Mordiller quelque chose. SYN. mâcher, mastiquer, mordiller, mordre. – FAMILIER : mâchouiller. ■ Prononcer des paroles confuses. SYN. balbutier, bredouiller, marmonner, marmotter. – FAMILIER : bafouiller.

maçon *adjectif et nom* Membre de la franc-maçonnerie. SYN. franc-maçon.

macrocéphale *adjectif et nom* Qui a une tête anormalement grosse. CONTR. *microcéphale.*

macroglosse *nom masculin* Papillon gris aux ailes roussâtres. SYN. moro-sphinx.

macropode *nom masculin* Poisson brillamment coloré. SYN. poisson-paradis.

macroptère *adjectif* Qui a de grandes ailes. CONTR. *microptère.*

macroscopique *adjectif* Qui se voit à l'œil nu. CONTR. *microscopique.*

macrosomie *nom féminin* Taille très importante. SYN. gigantisme.

macroule *nom féminin* Oiseau échassier. SYN. foulque, judelle.

macula *nom féminin* Dépression de la rétine. SYN. tache jaune.

maculé *adjectif* Couvert de taches. SYN. noir, sale, sali, taché. CONTR. *immaculé, net, propre.*

maculer *verbe* Couvrir de taches. SYN. barbouiller, encrasser, noircir, salir. – FAMILIER : cochonner. – LITTÉRAIRE : crotter, souiller. – POPULAIRE : saloper. – VIEUX : mâchurer. CONTR. *laver, nettoyer.*

madré *adjectif* LITTÉRAIRE. Qui est rusé. SYN. finaud, futé, malin, retors, roué, rusé. – FAMILIER : combinard, débrouillard, ficelle, roublard. – LITTÉRAIRE : cauteleux, matois, tortu. – VIEUX : finasseur, finassier. CONTR. *carré, direct.* – VIEUX : *rond.*

madréporaires *nom masculin pluriel* Colonies de polypes formant des récifs. SYN. coraux, hexacoralliaires.

maestria *nom féminin* Aisance dans la réalisation de. SYN. adresse, art, brio, dextérité, doigté, habileté, intelligence, maîtrise, savoir-faire, talent, technique, virtuosité.

maffia ou **mafia** *nom féminin* FAMILIER. Association secrète. SYN. bande, clan, coterie, gang. – FAMILIER : clique. – LITTÉRAIRE : camarilla.

mafflu *adjectif* VIEUX. Qui a de grosses joues. SYN. bouffi, charnu, joufflu, potelé, rebondi, replet. – FAMILIER : dodu, rondelet. CONTR. *décharné.* – LITTÉRAIRE : *émacié.*

magasin *nom masculin* Établissement de commerce. SYN. boutique, commerce, fonds de commerce.

magazine *nom masculin* Publication périodique. SYN. illustré, journal, périodique, revue.

mage *nom masculin* Personne qui pratique les sciences occultes. SYN. astrologue, devin, oracle, prophète, vaticinateur, visionnaire, voyant.

magicien *nom* Personne qui a un pouvoir magique. SYN. devin, enchanteur, ensorceleur, mage, sorcier. – LITTÉRAIRE : thaumaturge.

magie *nom féminin* Ce qui sort du rationnel. SYN. divination, fantasmagorie, féerie, sorcellerie. – LITTÉRAIRE : alchimie, enchantement. ■ Puissance de séduction. SYN. attrait, charme, enchantement, envoûtement, fascination, magnétisme, prestige, sortilège. ■ ***Magie blanche,*** faisant appel aux esprits du bien. SYN. théurgie. CONTR. *goétie.* ■ ***Magie noire,*** faisant appel aux esprits du mal. SYN. goétie. CONTR. *théurgie.*

magique *adjectif* Qui relève de la magie. SYN. cabalistique, fantasmagorique, mystérieux, occulte, surnaturel. ■ Qui a des effets extraordinaires. SYN. enchanteur, enivrant, envoûtant, extraordinaire, fantastique, fascinant, féerique, magnétique, subjuguant. – LITTÉRAIRE : fascinateur, surnaturel. CONTR. *banal, naturel.*

magistral *adjectif* Qui est au-dessus des autres. SYN. excellent, remarquable, supérieur, suprême. – LITTÉRAIRE : souverain. ■ Qui évoque un maître. SYN. dominateur, impérieux, pédant, péremptoire, professoral. – LITTÉRAIRE : docte, pédantesque. ■ FAMILIER. Qui force l'admiration. SYN. beau, exceptionnel, génial, incomparable, remarquable. – FAMILIER : fameux, sensationnel, super. CONTR. *ordinaire, quelconque.*

magistralement *adverbe* De façon remarquable. SYN. bien, de main de maître, merveilleusement, talentueusement. – LITTÉRAIRE : expertement.

magma *nom masculin* Mélange de choses abstraites. SYN. masse, mélange, tissu. – FAMILIER : méli-mélo, salmigondis, tohu-bohu.

magnanime *adjectif* Qui montre de la mansuétude. SYN. bienveillant, bon, chevaleresque, clément, généreux, indulgent, noble. – LITTÉRAIRE : bénin, miséricordieux. CONTR. *dur, impitoyable, implacable, rancunier.*

magnanimement *adverbe* De façon magnanime. SYN. généreusement, noblement.

magnanimité *nom féminin* Caractère magnanime. SYN. bienveillance, bonté, générosité, grandeur d'âme, indulgence, noblesse. – LITTÉRAIRE : bénignité, clémence, mansuétude, miséricorde, sublimité. CONTR. *bassesse, dureté, intransigeance, rancune, sévérité.*

magnat *nom masculin* Personnalité très importante. SYN. baron, grand, maître, puissant, roi, seigneur, sommité. – FAMILIER : caïd, manitou, ponte.

magner (se) *verbe pronominal* POPULAIRE. Faire vite. SYN. accélérer, se dépêcher, se hâter, mettre les bouchées doubles, passer la surmultipliée, passer la vitesse supérieure, se précipiter, presser le mouvement, presser le pas, se presser, se remuer. – FAMILIER : s'activer, faire vinaigre, foncer, speeder. – LITTÉRAIRE : faire diligence. – POPULAIRE : bomber, se dégrouiller, faire fissa, se grouiller, se manier le cul (le popotin), se manier. CONTR. *atermoyer, s'attarder, tarder, temporiser, traîner.* – FAMILIER : *lambiner, lanterner, traînailler, traînasser.*

magnésite *nom féminin* Carbonate de magnésium. SYN. giobertite. ■ Silicate de magnésium hydraté. SYN. écume de mer, sépiolite.

magnétique *adjectif* Qui exerce une forte attraction. SYN. captivant, enchanteur, ensorcelant, envoûtant, fascinant, magique. – LITTÉRAIRE : fascinateur.

magnétiser *verbe* LITTÉRAIRE. Exercer une attraction sur. SYN. fasciner, hypnotiser. – LITTÉRAIRE : charmer.

magnétisme *nom masculin* Attrait puissant. SYN. charme, enchantement, envoûtement, fascination, magie. – LITTÉRAIRE : aura.

magnétohydrodynamique *adjectif et nom féminin* Étude de l'écoulement des fluides. SYN. magnétodynamique des fluides.

magnificence *nom féminin* Caractère magnifique. SYN. apparat, beauté, brillant, décorum, éclat, faste, luxe, richesse. – FAMILIER : tralala. – LITTÉRAIRE : gloire, pompe, somptuosité, splendeur. CONTR. *dépouillement, médiocrité, nudité, simplicité.* ■ LITTÉRAIRE. Disposition à dépenser. SYN. générosité, libéralité, prodigalité. – LITTÉRAIRE : largesse, munificence. CONTR. *avarice, parcimonie.*

magnifier *verbe* LITTÉRAIRE. Célébrer comme grand. SYN. célébrer, glorifier, honorer, louer, vanter. – LITTÉRAIRE : chanter, encenser, louanger, révérer. ■ LITTÉRAIRE. Rendre plus grand. SYN. diviniser, élever, ennoblir, exalter, idéaliser, solenniser. – LITTÉRAIRE : spiritualiser, sublimer, transcender. CONTR. *abaisser, diminuer, rapetisser.* – LITTÉRAIRE : *rabaisser.*

magnifique *adjectif* Qui suscite l'admiration. SYN. admirable, brillant, fastueux, grandiose, imposant, luxueux, remarquable, riche, royal, somptueux, superbe, triomphal. – FAMILIER : extra, formidable. – LITTÉRAIRE : pompeux. CONTR. *abominable, effroyable, horrible, maigre, mauvais, minable, odieux, petit, simple.* ■ Qui est très beau. SYN. beau, joli, merveilleux, ravissant, splendide, sublime, superbe. – FAMILIER : c'est à se mettre à genoux. CONTR. *affreux, hideux, laid, repoussant, vilain.* – FAMILIER : *moche.*

magnifiquement *adverbe* De façon magnifique. SYN. admirablement, divinement, merveilleusement, princièrement, royalement, somptueusement, superbement. – LITTÉRAIRE : excellemment, sublimement. CONTR. *abominablement, affreusement, atrocement, épouvantablement, hideusement, horriblement, ignoblement, monstrueusement, odieusement.*

magot *nom masculin* VIEUX. Homme très laid. SYN. poussah. – FAMILIER : macaque, singe.

magot *nom masculin* FAMILIER. Argent mis de côté. SYN. bas de laine, cagnotte, capital, disponibilités, économies, épargne, pécule, réserve. – POPULAIRE : éconocroques.

magouillage *nom masculin* POPULAIRE. Agissement malhonnête. SYN. combinaison, intrigue, maquignonnage. – FAMILIER : combine, fricotage, grenouillage, trafic, tripotage. – POPULAIRE : magouille.

magouille *nom féminin* POPULAIRE. Agissement malhonnête. SYN. combinaison, intrigue, maquignonnage. – FAMILIER : combine, fricotage, grenouillage, trafic, tripotage. – POPULAIRE : magouillage.

magouiller *verbe* POPULAIRE. Se livrer à des magouilles. SYN. agir en sous-main, intriguer, manœuvrer, tramer. – FAMILIER : fabriquer, grenouiller, traficoter, trafiquer, tripoter.

magyar *nom masculin* Langue finno-ougrienne parlée en Hongrie. SYN. hongrois.

mahométisme *nom masculin* VIEUX. Religion des musulmans. SYN. islam.

maïa *nom masculin* Grand crabe. SYN. araignée de mer.

maie *nom féminin* Coffre haut et étroit pour conserver le pain. SYN. huche. – VIEUX : mée.

maïeur *nom* En Belgique, maire d'une commune. SYN. bourgmestre, mayeur.

maigre *nom masculin* Grand poisson marin. SYN. courbine, haut-bar, sciène.

maigre *adjectif* Qui a peu de chair et de graisse. SYN. amaigri, décharné, efflanqué, hâve, maigrelet, maigriot, mince, osseux, sec, squelettique. – FAMILIER : maigrichon. – LITTÉRAIRE : émacié, étique. CONTR. *adipeux, bouffi, boursouflé, charnu, corpulent, empâté, énorme, fort, gras, gros, obèse, plantureux, potelé, rebondi, replet, rond, ventru.* – FAMILIER : *bedonnant, dodu,* *grassouillet, rondelet, rondouillard, ventripotent.* ▪ Qui est peu abondant. SYN. faible, frugal, insuffisant, juste, médiocre, minable, mince, misérable, modeste, modique, parcimonieux, pauvre, petit, piètre, réduit, ridicule, succinct. – FAMILIER : chiche, court, jeune, rikiki, riquiqui. CONTR. *abondant, ample, confortable, copieux, fastueux, foisonnant, fort, gros, important, luxueux, magnifique, respectable, riche, solide, somptueux, surabondant.* ▪ Qui est peu fourni. SYN. aride, clairsemé, improductif, infécond, infertile, ingrat, rabougri, stérile. CONTR. *dense, dru, épais, exubérant, fertile, fourni, luxuriant, productif, serré, touffu.* – LITTÉRAIRE : *plantureux.*

maigrelet *adjectif* Qui est un peu maigre. SYN. fluet, frêle, grêle, hâve, maigre, maigriot, mince, squelettique. – FAMILIER : maigrichon. CONTR. *bouffi, charnu, gras, potelé, rebondi, replet, rond.* – FAMILIER : *costaud, dodu, grassouillet, rondelet, rondouillard.* – POPULAIRE : *balaise, balèze, baraqué.*

maigreur *nom féminin* État de celui qui est maigre. SYN. minceur. CONTR. *adiposité, corpulence, embonpoint, épaisseur, grosseur, obésité.* – FAMILIER : *rotondité.* – LITTÉRAIRE : *opulence.* ▪ Caractère insuffisant. SYN. chétiveté, chétivité, faiblesse, insuffisance, médiocrité, pauvreté. CONTR. *abondance, foisonnement, importance, richesse.*

maigrichon *adjectif* FAMILIER. Qui est un peu maigre. SYN. fluet, frêle, hâve, maigre, maigrelet, maigriot, mince, osseux, sec. CONTR. *bouffi, boursouflé, charnu, fort, gras, plantureux, potelé, rebondi, replet, rond.* – FAMILIER : *bedonnant, costaud, dodu, grassouillet, rondelet, rondouillard.* – POPULAIRE : *baraqué.*

maigrichon *nom* FAMILIER. Personne maigre. SYN. gringalet, maigrelet, maigriot. – FAMILIER : freluquet, mauviette. CONTR. *gros.* – FAMILIER : *costaud.*

maigriot *adjectif* Un peu maigre et fluet. SYN. fluet, frêle, grêle, hâve, maigre, maigrelet, mince. – FAMILIER : maigrichon. CONTR. *bouffi, charnu, gras, potelé, rebondi, replet, rond.* – FAMILIER : *costaud, dodu, grassouillet, rondelet, rondouillard.* – POPULAIRE : *balaise, balèze, baraqué.*

maigrir *verbe intransitif* Perdre du poids. SYN. s'amaigrir, s'amincir, mincir. – FAMILIER : fondre. – LITTÉRAIRE : s'émacier. CONTR. *s'alourdir, s'empâter, engraisser, épaissir, s'étoffer, forcir, grossir.* – FAMILIER : *se remplumer.*

maigrir *verbe transitif* Faire paraître maigre. SYN. amaigrir, amincir, émacier, mincir. CONTR. *bouffir, épaissir.*

mailing *nom masculin* Prospection d'un marché par la poste. SYN. publipostage.

maille *nom féminin* Tache du pelage ou du plumage. SYN. maillure, moucheture. ▪ Anneau d'une chaînette. SYN. maillon.

mailleur *nom* Professionnel qui fabrique des filets. SYN. laceur.

mailloche *nom féminin* Marteau de maréchal-ferrant. SYN. brochoir.

maillon *nom masculin* Anneau d'une chaînette. SYN. chaînon, maille.

main *nom féminin* Organe de la préhension. SYN. – FAMILIER : menotte, mimine. – POPULAIRE : battoir, louche, paluche, patte, pince. ▪ ***Coup de main,*** opération militaire locale. SYN. accrochage, action, combat, engagement, escarmouche, expédition, incursion, raid, razzia.

main-forte *nom féminin* ***Prêter main-forte,*** porter secours à. SYN. aider, appuyer, épauler, secourir, sortir d'affaire, soutenir, venir à la rescousse, venir en aide. – FAMILIER : dépanner.

mainmise *nom féminin* Action de s'emparer de. SYN. accaparement, confiscation, embargo, envahissement, saisie. ▪ Fait de s'assurer une domination. SYN. ascendant, autorité, empire, emprise, influence, pouvoir, prise.

mainmortable *adjectif et nom* VIEUX. Assujetti au droit de mainmorte. SYN. mortaillable.

maintenant *adverbe* Indique le moment présent. SYN. immédiatement, présentement, sur-le-champ. CONTR. *demain, plus tard.* ▪ Indique l'époque actuelle. SYN. actuellement, de nos jours, à présent. – FAMILIER : aujourd'hui. CONTR. *anciennement, autrefois, hier, jadis.* – FAMILIER : *naguère.* ▪ Indique le point de départ actuel. SYN. désormais, dorénavant.

mainteneur *nom masculin* LITTÉRAIRE. Celui qui soutient une chose. SYN. défenseur, gardien, pilier, protecteur, soutien. – LITTÉRAIRE : souteneur, tuteur.

maintenir *verbe* Tenir quelque chose fixe. SYN. appuyer, consolider, étançonner, étayer, fixer, soutenir, supporter. ▪ Empêcher de bouger. SYN. attacher, bloquer, caler, coincer, contenir, immobiliser, rattacher, retenir, tenir. CONTR. *déchaîner, déplacer.* ▪ Faire durer quelque chose. SYN. conserver, continuer, défendre, garder, perpétuer, préserver, protéger, sauvegarder. – LITTÉRAIRE : entretenir. CONTR. *abdiquer, anéantir, annuler, changer, dissoudre, innover, modifier, perdre, renverser, supprimer.* ▪ Continuer d'affirmer. SYN. assurer, certifier, confirmer, corroborer, étayer, garantir, soutenir. CONTR. *se* *dédire, se raviser, retirer, suspendre.* – **LITTÉRAIRE** : *rétracter.*

maintenir (se) *verbe pronominal* Rester dans le même état. **SYN.** durer, s'éterniser, se perpétuer, persévérer, persister, se prolonger, rester, subsister, surnager, tenir. **CONTR.** *changer, se modifier, se transformer.* ■ Continuer d'être dans un état assez satisfaisant. **SYN.** porter beau. – **FAMILIER** : être bien conservé. – **POPULAIRE** : en jeter. **CONTR.** *se dégrader, vieillir.* – **FAMILIER** : *ne plus être de la première fraîcheur, prendre un coup de vieux.*

maintien *nom masculin* Fait de maintenir quelque chose. **SYN.** conservation, contention, continuité, défense, préservation, sauvegarde. – **LITTÉRAIRE** : perpétuité. **CONTR.** *abandon, abdication, abolition, anéantissement, annulation, cessation, changement, désistement, dissolution, renversement.* ■ Manière de se tenir. **SYN.** air, allure, attitude, comportement, contenance, démarche, extérieur, port, présentation, tenue. – **FAMILIER** : dégaine. – **LITTÉRAIRE** : dehors, tournure.

mairie *nom féminin* Bâtiment de l'administration municipale. **SYN.** hôtel de ville.

mais *conjonction* Introduit une précision. **SYN.** néanmoins, seulement, toutefois.

maison *nom féminin* Bâtiment d'habitation. **SYN.** bâtisse, construction, habitation, immeuble, logement, pavillon, résidence, villa. ■ Lieu où l'on habite. **SYN.** chez-soi, domicile, foyer, intérieur, nid, toit. – **LITTÉRAIRE** : demeure, gîte, logis. ■ Membres d'une famille. **SYN.** descendance, famille, lignée. – **FAMILIER** : maisonnée. – **LITTÉRAIRE** : parents, race. ■ Entreprise commerciale. **SYN.** entreprise, établissement, firme, société. – **FAMILIER** : boîte.

maisonnée *nom féminin* **FAMILIER**. Membres d'une famille. **SYN.** clan, famille, maison. – **FAMILIER** : tribu. – **VIEUX** : monde.

maisonnerie *nom féminin* Magasin d'articles pour la maison. **SYN.** home center.

maisonnette *nom féminin* Petite maison. **SYN.** cabane, cahute, masure. – **FAMILIER** : bicoque. – **LITTÉRAIRE** : chaumière.

maître *adjectif* Qui est le plus important. **SYN.** capital, cardinal, central, crucial, essentiel, fondamental, fort, important, majeur, prééminent, premier, primordial, principal, souverain, vital. **CONTR.** *accessoire, mineur, second, secondaire.*

maître *nom masculin* Personne qui enseigne. **SYN.** éducateur, enseignant, instituteur, instructeur, pédagogue, précepteur, professeur, universitaire. **CONTR.** *apprenti, écolier, élève, étudiant.* ■ Personne qui commande. **SYN.** arbitre, chef, despote, dictateur, dirigeant, magnat, souverain. – **LITTÉRAIRE** : dominateur. ■ Personne qui sert de modèle. **SYN.** devancier, initiateur, précurseur. – **FAMILIER** : ténor. **CONTR.** *disciple, élève.*

maîtrise *nom féminin* Supériorité sur. **SYN.** asservissement, contrôle, domestication, domination, hégémonie, prépondérance, souveraineté, suprématie. ■ Sûreté d'exécution. **SYN.** adresse, brio, chic, habileté, intelligence, maestria, métier, patte, savoir-faire, technique, virtuosité. **CONTR.** *faiblesse, inhabileté.* ■ Domination de soi-même. **SYN.** calme, impassibilité, imperturbabilité, sang-froid, self-control.

maîtriser *verbe* Se rendre maître de. **SYN.** brider, contenir, contrôler, discipliner, domestiquer, dominer, enrayer, juguler, mater, réduire au silence, refouler, refréner, réfréner, réprimer, retenir, stopper, surmonter, terrasser, vaincre. – **LITTÉRAIRE** : commander, dompter, régler.

maîtriser (se) *verbe pronominal* Garder le contrôle de soi. **SYN.** se contenir, se contrôler, se dominer, garder la tête froide, garder son sang-froid, garder son self-control, ne pas perdre la tête, ne pas se départir de son calme, se posséder, se reprendre, rester maître de soi, se retenir, se tenir. **CONTR.** *s'affoler, éclater, paniquer, perdre la raison, perdre la tête, perdre la tramontane, perdre le nord, perdre son sang-froid, perdre son self-control.* – **FAMILIER** : *s'emballer, perdre la boule, perdre la boussole, perdre les pédales.*

majesté *nom féminin* **LITTÉRAIRE**. Air extérieur de grandeur. **SYN.** chic, classe, distinction, éclat, élégance, grandeur, noblesse, prestance, prestige.

majestueusement *adverbe* Avec majesté. **SYN.** dignement, noblement, royalement. **CONTR.** *sordidement.*

majestueux *adjectif* Qui est plein de dignité. **SYN.** digne, grave, hiératique, noble, princier, royal, solennel. – **LITTÉRAIRE** : auguste, fier, olympien, orgueilleux. ■ D'une beauté pleine de grandeur. **SYN.** grandiose, imposant, impressionnant, superbe. – **LITTÉRAIRE** : pompeux. **CONTR.** *petit.*

majeur *nom masculin* Doigt du milieu de la main. **SYN.** médius.

majeur *adjectif* D'une grande importance. **SYN.** capital, cardinal, central, essentiel, exceptionnel, important, maître, prédominant, prééminent, premier, prépondérant, primordial, principal, profond, substantiel, vital. **CONTR.** *accessoire, anecdotique, insignifiant, mineur, petit.*

majoration *nom féminin* Action de majorer. **SYN.** augmentation, élévation, flambée, hausse, montée, relèvement, revalorisation, surestimation. CONTR. *baisse, diminution, effondrement.*

majorer *verbe* Augmenter un prix. SYN. élever, hausser, monter, rehausser, relever, renchérir, revaloriser. CONTR. *baisser, diminuer, minorer, rabattre.* ■ Estimer au-dessus de la valeur. SYN. exagérer, gonfler, grossir, surestimer, surévaluer. – LITTÉRAIRE : enfler.

majoritaire *adjectif* Qui s'appuie sur une majorité. SYN. dominant, régnant. CONTR. *minoritaire.*

majorité *nom féminin* Le plus grand nombre. CONTR. *minorité.*

majuscule *nom féminin* Lettre plus grande que les autres. SYN. capitale. CONTR. *minuscule.*

makaire *nom masculin* Grand poisson voisin de l'espadon. SYN. marlin.

mal *adverbe* D'une manière insatisfaisante. SYN. imparfaitement, incomplètement, insuffisamment, peu, sommairement, vaguement. – LITTÉRAIRE : piètrement. CONTR. *impeccablement, au mieux, pour le mieux, parfaitement, supérieurement.* ■ D'une façon malhonnête. SYN. fâcheusement, incorrectement, laidement, petitement, salement. – LITTÉRAIRE : vilainement, vilement. CONTR. *admirablement, bien, correctement, dignement, favorablement, heureusement.* ■ FAMILIER. ***Pas mal,*** en quantité appréciable. SYN. assez, beaucoup, bien. ■ FAMILIER. ***Pas mal de,*** un certain nombre. SYN. bien des, bon nombre de, une masse de, nombre de, plein de, quantité de. – FAMILIER : un tas de. – LITTÉRAIRE : force, maint. – VIEUX : moult. CONTR. *peu de.*

mal *nom masculin* Ce qui peut nuire. SYN. dommage, inconvénient, préjudice, tort. CONTR. *avantage, bénéfice, bienfait, profit, service.* ■ Ce qui perturbe quelque chose. SYN. calamité, difficulté, ennui, épreuve, malheur, problème. – FAMILIER : enquiquinement. – LITTÉRAIRE : plaie. CONTR. *bien, bonheur.* ■ Souffrance physique. SYN. affection, douleur, indisposition, malaise, peine, torture. ■ ***Avoir mal,*** éprouver une souffrance physique. SYN. grimacer de douleur, souffrir, souffrir comme un damné, souffrir le martyre, souffrir mille morts. ■ ***Dire du mal de,*** chercher à nuire à. SYN. attaquer, calomnier, critiquer, décrier, démonétiser, dénigrer, déprécier, descendre en flammes, diffamer, dire pis que pendre, discréditer, gloser sur, médire, s'en prendre à, rabaisser, salir, stigmatiser, tirer à boulets rouges sur, tomber à bras raccourcis sur, traîner dans la boue. – ARGOTIQUE : dézinguer. – FAMILIER : abîmer, assaisonner, baver sur, bêcher, cancaner, casser du sucre sur (le dos de), cracher sur, débiner, déblatérer contre, démolir, en dire de belles, éreinter, esquinter, étriller, habiller pour l'hiver, en raconter de belles, tailler un costard, tailler une veste, taper sur, voler dans les plumes. – LITTÉRAIRE : clabauder, dauber sur, déchirer, flétrir, fustiger, noircir, rompre en visière, vilipender, vitupérer contre. – POPULAIRE : cartonner, flinguer. – VIEUX : tympaniser. CONTR. *admirer, apprécier, estimer, exalter, glorifier, honorer, louer, prôner, recommander, vanter.* – LITTÉRAIRE : *chanter, encenser, flagorner, louanger.* ■ ***Faire du mal,*** causer du tort. SYN. compromettre, desservir, discréditer, faire du tort, léser, nuire, perdre, porter atteinte à, porter préjudice à. – VIEUX : préjudicier à. ■ ***Mal de mer,*** troubles dus aux oscillations d'un bateau. SYN. naupathie. ■ ***Mal blanc,*** infection aiguë du doigt. SYN. panaris.

malade *adjectif* Qui souffre d'une maladie. SYN. indisposé, mal-en-point, souffrant. – FAMILIER : mal fichu, patraque. – POPULAIRE : mal foutu. CONTR. *bien portant, dispos, frais et dispos, sain, valide.* – FAMILIER : *en forme, frais comme un gardon, frais comme une rose, en pleine forme, vaillant.* – VIEUX : *gaillard.* ■ Qui se sent troublé. SYN. choqué, ému, perturbé, retourné, saisi, secoué, traumatisé, troublé. – FAMILIER : chamboulé, révolutionné. ■ FAMILIER. Qui est déséquilibré. SYN. dément, dérangé, désaxé, déséquilibré, fou. – FAMILIER : braque, cinglé, détraqué, dingue, fada, fêlé, frappé, loufoque, maboul, marteau, piqué, ravagé, tapé, timbré, toc-toc, toqué, zinzin. – POPULAIRE : allumé, azimuté, barge, barjo, barjot, branque, brindezingue, chtarbé, cinoque, cintré, déjanté, dingo, folingue, fondu, frapadingue, givré, jeté, louf, louftingue, ouf, sinoc, sinoque, siphonné, sonné, tordu. CONTR. *équilibré, normal.*

malade *nom* FAMILIER. Personne folle. SYN. cinglé, fou. – FAMILIER : détraqué, dingue, fada.

maladie *nom féminin* Altération de la santé. SYN. affection, tare. ■ FAMILIER. Comportement excessif. SYN. hantise, idée fixe, manie, obsession, passion, rage. – FAMILIER : marotte.

maladif *adjectif* Sujet à être malade. SYN. chétif, débile, délicat, fragile, malingre, souffreteux. – LITTÉRAIRE : dolent, valétudinaire. – VIEUX : cacochyme. CONTR. *fort, résistant, robuste, sain, solide, vigoureux.* – FAMILIER : *costaud, vaillant.* – POPULAIRE : *balaise, balèze.* ■ Qui évoque une maladie. SYN. extrême, malsain, morbide, pathologique.

maladresse *nom féminin* Caractère maladroit. SYN. balourdise, étourderie, gaucherie, inhabileté. CONTR. *adresse, agilité, aisance, art, brio, chic, dextérité, diplomatie, doigté, finesse, habileté, virtuosité.* – LITTÉRAIRE : *prestesse.* ■ Acte maladroit. SYN. balourdise, bavure, bêtise, bévue, faute, faux pas, impair. – FAMILIER : blague, boulette, bourde, gaffe.

maladroit *adjectif* Qui manque d'adresse. SYN. empêtré, gauche, inapte, inhabile, malhabile, mauvais. – FAMILIER : empaillé, empoté, manchot, pataud. CONTR. *adroit, agile, capable, exercé, expérimenté, expert, habile, précis, sûr.* ■ Qui manque de finesse d'esprit. SYN. balourd, étourdi, idiot, impolitique, inexpérimenté, lourd, malavisé. – FAMILIER : cruche, gaffeur, godiche, pataud. – POPULAIRE : lourdingue. CONTR. *diplomate, diplomatique, fin, intelligent, rusé.* – POPULAIRE : *démerdard.*

maladroitement *adverbe* De façon maladroite. SYN. gauchement, grossièrement, lourdement, malhabilement, pesamment. – FAMILIER : comme un manche. CONTR. *adroitement, astucieusement, bien, diplomatiquement, habilement.*

malaise *nom masculin* Brusque défaillance. SYN. défaillance, étourdissement, évanouissement, indisposition, mal, pâmoison, syncope. – LITTÉRAIRE : faiblesse. ■ Sentiment de trouble. SYN. agitation, appréhension, crise, désarroi, embarras, gêne, inconfort, inquiétude, nervosité, tension, trouble. CONTR. *bien-être.* – LITTÉRAIRE : *aise, quiétude.*

malaisé *adjectif* Qui présente des difficultés. SYN. ardu, délicat, difficile, dur, épineux. – FAMILIER : calé. CONTR. *aisé, commode, facile, simple.*

malaisément *adverbe* Avec difficulté. SYN. comme ci comme ça, difficilement, laborieusement, péniblement. – FAMILIER : cahin-caha, clopin-clopant, couci-couça. CONTR. *aisément, couramment, facilement, sans difficulté, sans encombre.* – FAMILIER : *les doigts dans le nez.*

malappris *adjectif* Qui est mal éduqué. SYN. discourtois, grossier, impertinent, impoli, incorrect, mal élevé, malotru, mufle. – FAMILIER : malpoli. – POPULAIRE : malembouché. CONTR. *bien élevé, courtois, poli.* – LITTÉRAIRE : *urbain.* – VIEUX : *bien éduqué.*

malappris *nom masculin* Grossier personnage. SYN. balourd, butor, cuistre, goujat, lourdaud, malotru, mufle, ostrogoth, ours mal léché, paysan du Danube, rustre, sans-gêne, sauvage. – FAMILIER : foutriquet, malpoli, paltoquet, plouc, rustaud. – LITTÉRAIRE : faquin, soudard. – POPULAIRE : gougnafier, jean-foutre, pignouf. – VIEUX : bélître, coquin, maraud, maroufle.

malaria *nom féminin* Maladie parasitaire. SYN. paludisme. – FAMILIER : palu.

malarien *adjectif et nom* Relatif à la malaria. SYN. paludéen, paludique, palustre.

malavisé *adjectif* Qui manque de discernement. SYN. bête, étourdi, inconséquent, inconsidéré, inhabile, irréfléchi, maladroit. CONTR. *averti, avisé, circonspect, habile, sage, sensé.*

malaxer *verbe* Mêler en remuant. SYN. brasser, manier, pétrir, triturer.

malayo-polynésien *adjectif et nom masculin* VIEUX. Se dit d'une famille de langues. SYN. austronésien.

malbec *nom masculin* Cépage rouge. SYN. côt.

malchance *nom féminin* Mauvaise chance. SYN. fatalité, malédiction, malheur, mauvais œil, mauvaise étoile. – FAMILIER : déveine, guigne. – LITTÉRAIRE : adversité, infortune. – POPULAIRE : poisse, scoumoune. – VIEUX : guignon. CONTR. *bonheur, chance.* – FAMILIER : *bol, pot, veine.* – LITTÉRAIRE : *bonne fortune.* ■ Hasard malheureux. SYN. – FAMILIER : pépin, tuile. CONTR. *aubaine.*

malchanceux *adjectif* Qui n'a pas de chance. SYN. malheureux, né sous une mauvaise étoile. – FAMILIER : guignard. – LITTÉRAIRE : infortuné. CONTR. *heureux.* – FAMILIER : *chanceux, veinard, verni.* – POPULAIRE : *chançard.*

malcommode *adjectif* Qui est peu commode. SYN. incommode, inconfortable. CONTR. *commode, confortable, maniable, manœuvrable, pratique.*

maldonne *nom féminin* FAMILIER. Divergence d'interprétation. SYN. bévue, erreur, malentendu, méprise, quiproquo.

mâle *adjectif* Propre au sexe fécondant. SYN. masculin. CONTR. *féminin.* ■ Qui dénote la masculinité. SYN. énergique, hardi, martial, vigoureux, viril. CONTR. *efféminé.*

malédiction *nom féminin* LITTÉRAIRE. Action de maudire. SYN. anathème, exécration. – LITTÉRAIRE : imprécation. CONTR. *adoration, bénédiction.* ■ Sort hostile. SYN. catastrophe, fatalité, malchance, malheur, mauvais œil. – LITTÉRAIRE : adversité, infortune.

maléfice *nom masculin* Pratique rituelle nuisible. SYN. charme, diablerie, ensorcellement, envoûtement, fascination, magie noire, satanisme, sorcellerie, sort.

maléfique *adjectif* Qui a une influence malfaisante. SYN. dangereux, défavorable, malfaisant, malin, mauvais, néfaste, nocif, pernicieux, redoutable. – LITTÉRAIRE : délétère. CONTR. *bénéfique, béni, bénin, bienfaisant, heureux.*

malembouché *adjectif* POPULAIRE. Qui parle grossièrement. SYN. discourtois, grossier, impertinent, impoli, incorrect, mal élevé, malappris. – FAMILIER : malpoli. – VIEUX : mal éduqué.

malencontreusement *adverbe* De façon malencontreuse. SYN. à contretemps, déplorablement, fâcheusement, intempestivement, malheureusement. – LITTÉRAIRE : inopportunément, regrettablement. CONTR. *avantageusement, bien, favorablement, heureusement.*

malencontreux *adjectif* Qui survient mal à propos. SYN. damné, déplacé, désagréable, ennuyeux, fâcheux, idiot, inopportun, intempestif, malheureux, malvenu, regrettable. – FAMILIER : enquiquinant. CONTR. *béni, bienvenu, favorable, heureux, opportun, à propos, salutaire.*

mal-en-point *adjectif* En mauvaise santé. SYN. indisposé, malade, souffrant. – FAMILIER : mal fichu, patraque. – POPULAIRE : mal foutu. CONTR. *bien portant, dispos, frais et dispos, sain, valide.* – FAMILIER : *en forme, frais comme un gardon, frais comme une rose, vaillant.* – VIEUX : *gaillard.*

malentendu *nom masculin* Fait de se méprendre. SYN. bévue, erreur, méprise, quiproquo. ■ Désaccord entre des personnes. SYN. conflit, désaccord, différend, dissension, divergence, friction, frottement, heurt, mésentente, opposition. – LITTÉRAIRE : dissentiment, mésintelligence.

malfaçon *nom féminin* Défaut de fabrication. SYN. défaut, défectuosité, imperfection, vice.

malfaisant *adjectif* Qui cherche à faire du mal. SYN. cruel, diabolique, haineux, maléfique, malsain, mauvais, méchant, nocif, nuisible, pervers, sadique. – LITTÉRAIRE : corrupteur, délétère, pernicieux. CONTR. *bon.* – LITTÉRAIRE : *bienfaisant.*

malfaiteur *nom masculin* Individu coupable de vol. SYN. bandit, brigand, cambrioleur, filou, forban, gangster, hors-la-loi, truand, voleur. – POPULAIRE : malfrat. – VIEUX : apache.

malfrat *nom masculin* POPULAIRE. Individu malhonnête. SYN. bandit, brigand, gangster, hors-la-loi, malfaiteur, truand, voyou. – POPULAIRE : arsouille.

malgracieux *adjectif* LITTÉRAIRE. Qui manque d'amabilité. SYN. acariâtre, bourru, désagréable, grincheux, maussade, renfrogné, revêche, rude, rustre. CONTR. *affable, agréable, aimable, doux, gentil.* – LITTÉRAIRE : *amène.*

malgré *préposition* Contre la volonté de. SYN. en dépit de, n'en déplaise à. CONTR. *grâce à.* ■ En dépit de tel obstacle. SYN. en dépit de, au mépris de, nonobstant. CONTR. *à la faveur de.*

malhabile *adjectif* Qui manque d'habileté. SYN. gauche, gourd, inapte, inexpérimenté, inhabile, maladroit, novice. – FAMILIER : pataud. – LITTÉRAIRE : inexpert. CONTR. *adroit, capable, exercé, expérimenté, expert, habile.*

malhabilement *adverbe* De façon malhabile. SYN. gauchement, lourdement, maladroitement. – FAMILIER : comme un manche. CONTR. *adroitement, astucieusement, diplomatiquement, finement.*

malheur *nom masculin* Situation pénible. SYN. chagrin, peine, tristesse. CONTR. *béatitude.* – LITTÉRAIRE : *félicité.* ■ Événement funeste. SYN. accident, calamité, catastrophe, coup du sort, coup dur, désastre, épreuve, fléau, revers, tragédie. – FAMILIER : tuile. – LITTÉRAIRE : misère. CONTR. *bonheur, joie.* ■ Sort hostile. SYN. fatalité, mal, malchance, malédiction. – FAMILIER : déveine. – LITTÉRAIRE : adversité, infortune. – POPULAIRE : poisse, scoumoune.

malheureusement *adverbe* Par malheur. SYN. fâcheusement, malencontreusement. CONTR. *heureusement.*

malheureux *adjectif* Marqué par le malheur. SYN. désespéré, misérable, miséreux, piteux, pitoyable. – LITTÉRAIRE : infortuné. CONTR. *béat, comblé, content, enchanté, gai, heureux, ravi, réjoui, satisfait.* ■ Qui éprouve de la peine. SYN. affligé, attristé, chagriné, peiné, triste. ■ Qui n'a pas de chance. SYN. malchanceux, raté. – FAMILIER : guignard. CONTR. *chanceux, veinard, verni.* – POPULAIRE : *chançard.* ■ Se dit d'un acte malvenu. SYN. affligeant, catastrophique, déplorable, désastreux, désolant, fâcheux, fatal, inhabile, lamentable, malencontreux, mauvais, néfaste, pénible, redoutable, regrettable. – LITTÉRAIRE : calamiteux. CONTR. *bénéfique, béni, bienheureux, faste, favorable, heureux, propice, réussi.* ■ Sans importance. SYN. insignifiant, mince, misérable, modeste, petit, quelconque. – FAMILIER : pauvre. CONTR. *beau, considérable, important, imposant.*

malheureux *nom* Personne dans la misère. SYN. clochard, démuni, indigent, mendiant, miséreux, nécessiteux, pauvre, pauvre diable, pouilleux, va-nu-pieds. – FAMILIER : crève-la-faim, sans-le-sou, traîne-savates. – LITTÉRAIRE : gueux, infortuné, loqueteux, misérable, pauvre hère. – VIEUX : meurt-de-faim. CONTR. *nanti, riche.* – FAMILIER : *richard.*

malhonnête *adjectif* Qui est contraire à la probité. SYN. déloyal, faux, fourbe, indélicat, louche, malpropre, pourri, véreux. CONTR. *consciencieux, fair-play, honnête, incorruptible, intègre, loyal, moral, propre.* – FAMILIER : *régulier.* – LITTÉRAIRE : *probe.* ■ Qui choque la décence. SYN. inconvenant, incorrect, indécent, indélicat. – LITTÉRAIRE : déshonnête. CONTR. *convenable, décent, innocent, pudique, pur.*

malhonnêtement *adverbe* De façon malhonnête. SYN. crapuleusement, illégalement, illégitimement, salement. CONTR. *honnêtement, intègrement, moralement, proprement.*

malhonnêteté *nom féminin* Caractère malhonnête. SYN. déloyauté, fausseté, mauvaise foi. – LITTÉRAIRE : improbité. CONTR. *bonne foi, droiture, honnêteté, incorruptibilité, intégrité, probité.* ■ Acte malhonnête. SYN. déloyauté, escroquerie, indélicatesse, malpropreté. – FAMILIER : crasse, entourloupe, entourloupette, friponnerie, fripouillerie. – LITTÉRAIRE : canaillerie. – POPULAIRE : magouillage, magouille.

malice *nom féminin* Penchant à taquiner. SYN. astuce, espièglerie, ironie, rouerie. – FAMILIER : blague. – VIEUX : finauderie. CONTR. *candeur, simplicité.*

malicieux *adjectif* Qui dénote de la malice. SYN. coquin, espiègle, finaud, fripon, malin, moqueur, mutin, narquois. CONTR. *candide, stupide.* ■ Qui est enclin à la raillerie. SYN. coquin, espiègle, gamin, ironique, malin, railleur, rusé, taquin.

malignité *nom féminin* LITTÉRAIRE. Tendance à faire le mal. SYN. malveillance, méchanceté, nocivité. CONTR. *innocence, obligeance.*

malin *adjectif* Qui est fin et rusé. SYN. adroit, astucieux, déluré, espiègle, éveillé, fin, finaud, futé, habile, malicieux, perspicace, rusé, subtil. – FAMILIER : combinard, débrouillard, dégourdi, ficelle, roublard. – LITTÉRAIRE : madré, matois, roué. – POPULAIRE : démerdard. CONTR. *balourd, épais, idiot, imbécile, ingénu, inhabile, niais, nigaud, simple, sot, stupide.* – FAMILIER : *ballot, bébête, bêta, lourd.*

malin *nom* Personne rusée. SYN. finaud, rusé. – FAMILIER : combinard, débrouillard, dégourdi, roublard. – POPULAIRE : démerdard. CONTR. *benêt, idiot, imbécile, nigaud, sot.* – FAMILIER : *ballot, bêta, bûche, buse, cruche.* – POPULAIRE : *cornichon.*

malingre *adjectif* D'une constitution faible. SYN. chétif, débile, déficient, délicat, faible, fluet, fragile, frêle, maladif, rachitique, souffreteux. – FAMILIER : faiblard. – VIEUX : cacochyme. CONTR. *athlétique, fort, robuste, solide, vigoureux.* – FAMILIER : *costaud.* – POPULAIRE : *balaise, balèze.* – VIEUX : *gaillard.*

malintentionné *adjectif* Qui a de mauvaises intentions. SYN. haineux, malveillant, méchant, médisant, perfide. – LITTÉRAIRE : fielleux, vénéneux, venimeux. CONTR. *bienveillant, bon, gentil, humain.*

malléabilité *nom féminin* Caractère docile. SYN. maniabilité, plasticité, sociabilité. – LITTÉRAIRE : liant. CONTR. *indocilité.*

malléable *adjectif* Qui se laisse modeler. SYN. extensible, flexible, mou, plastique, pliable. CONTR. *cassant.* ■ Qui se laisse influencer. SYN. docile, entraînable, faible, flexible, influençable, maniable, manœuvrable, moutonnier, obéissant, soumis, souple. – LITTÉRAIRE : traitable. CONTR. *entêté, indocile, inflexible, récalcitrant, têtu.*

malmener *verbe* Heurter durement. SYN. battre, bousculer, brutaliser, frapper, maltraiter, matraquer, mettre à mal, molester, rudoyer. – LITTÉRAIRE : violenter. CONTR. *cajoler, câliner, choyer, dorloter, gâter.* – FAMILIER : *chouchouter.* ■ Critiquer durement. SYN. conspuer, houspiller, matraquer. – FAMILIER : chahuter, éreinter, esquinter, étriller. – LITTÉRAIRE : flageller, vilipender.

malodorant *adjectif* Qui a une mauvaise odeur. SYN. fétide, infect, méphitique, nauséabond, pestilentiel, puant. CONTR. *aromatique, odorant, odoriférant, parfumé.*

malotru *nom* Personne grossière. SYN. balourd, butor, cuistre, goujat, lourdaud, malappris, mufle, ostrogoth, ours mal léché, paysan du Danube, rustre, sans-gêne, sauvage. – FAMILIER : foutriquet, malpoli, paltoquet, rustaud. – LITTÉRAIRE : faquin, soudard. – POPULAIRE : jean-foutre, pignouf. – VIEUX : bélître, coquin, maraud, maroufle.

malpoli *adjectif* FAMILIER. Qui est mal élevé. SYN. discourtois, impoli, inconvenant, incorrect, mal élevé, malappris, mufle. – FAMILIER : sans gêne. – POPULAIRE : malembouché. – VIEUX : mal éduqué. CONTR. *bien élevé, courtois, galant, poli.* – LITTÉRAIRE : *urbain.* – VIEUX : *bien éduqué.*

malpoli *nom* FAMILIER. Personne mal élevée. SYN. balourd, butor, cuistre, goujat, lourdaud, mal élevé, malappris, malotru, mufle, ostrogoth, ours mal léché, paysan du Danube, rustre, sans-gêne, sauvage. – FAMILIER : foutriquet, paltoquet, plouc, rustaud. – LITTÉRAIRE : faquin, soudard. – POPULAIRE : gougnafier, jean-foutre, pignouf. – VIEUX : bélître, coquin, maraud, maroufle.

malpropre *adjectif* Qui est sale. SYN. crasseux, dégoûtant, immonde, infect, sale, sordide. – FAMILIER : cracra, cra-cra. – POPULAIRE : crade, cradingue, crado, cradot, dégueulasse. CONTR. *astiqué, blanc, briqué, immaculé, impeccable, net, parfait, propre, reluisant, soigné.* ■ Contraire à la morale. SYN. graveleux, ignoble, immonde, immoral, inconvenant, indélicat, infâme, malhonnête, répugnant, sordide. – LITTÉRAIRE : déshonnête. CONTR. *convenable, décent, délicat, digne, honorable.*

malpropre *nom* Personne qui suscite le dégoût. SYN. ordure. – POPULAIRE : fumier, salaud, saligaud, salopard, salopiau, salopiaud, salopiot.

malproprement *adverbe* De façon malpropre. SYN. salement. – FAMILIER : comme un cochon. CONTR. *proprement.*

malpropreté *nom féminin* Manque de propreté. SYN. crasse, saleté. – VIEUX : pouillerie. CONTR. *netteté, propreté.* ■ Acte, propos malhonnête. SYN. escroquerie, grossièreté, indélicatesse, malhonnêteté. – FAMILIER : saleté. – POPULAIRE : cochonnerie, saloperie. – VIEUX : filouterie.

malsain *adjectif* Qui est nuisible à la santé. SYN. défavorable, délétère, insalubre, mauvais, nocif, pernicieux. CONTR. *bon, hygiénique, sain, salubre.* ■ Qui corrompt l'esprit. SYN. frelaté, immoral, malfaisant, morbide, néfaste, nocif, nuisible, pervers, pourri, vilain. – FAMILIER : glauque. – LITTÉRAIRE : délétère, dissolvant, faisandé, pernicieux, putride.

malséant *adjectif* LITTÉRAIRE. Contraire à la bienséance. SYN. choquant, déplacé, grossier, impertinent, incongru, inconvenant, incorrect, indécent, saugrenu. CONTR. *bienséant, convenable, correct, courtois, décent, poli.* – FAMILIER : *beau.* – LITTÉRAIRE : *séant.*

malsonnant *adjectif* LITTÉRAIRE. Contraire à la morale. SYN. choquant, déplacé, graveleux, grossier, impertinent, inconvenant, indécent, ordurier. – FAMILIER : gras. CONTR. *bienséant, convenable, correct, courtois, décent.*

maltraiter *verbe* Traiter durement. SYN. battre, brusquer, brutaliser, en faire voir de toutes les couleurs, frapper, malmener, molester, rudoyer, taper. – FAMILIER : faire passer un mauvais quart d'heure, ne pas y aller avec le dos de la cuillère, rosser, tabasser. – LITTÉRAIRE : violenter. CONTR. *cajoler, câliner, choyer, gâter.* – FAMILIER : *chouchouter.* ■ Ne pas ménager quelqu'un. SYN. conspuer, injurier, insulter, invectiver, rabrouer, stigmatiser. – FAMILIER : éreinter, esquinter, étriller. – LITTÉRAIRE : flageller, vilipender. CONTR. *louer.* – LITTÉRAIRE : *louanger.*

malus *nom masculin* Majoration d'une prime d'assurance. CONTR. *bonus.*

malveillance *nom féminin* Mauvaise disposition d'esprit. SYN. agressivité, animosité, antipathie, haine, hargne, hostilité, méchanceté. – LITTÉRAIRE : désobligeance, fiel, malignité, venin. CONTR. *bienveillance, cordialité, obligeance.* ■ Dessein de nuire. SYN. sabotage, terrorisme.

malveillant *adjectif* Qui montre de la malveillance. SYN. blessant, désobligeant, haineux, hostile, inamical, malintentionné, mauvais, méchant, médisant, pervers, vindicatif, virulent. – LITTÉRAIRE : fielleux, vénéneux, venimeux. CONTR. *affectueux, ami, amical, bienveillant, bon, cordial, favorable, obligeant, prévenant, sympathique.* – LITTÉRAIRE : *bienfaisant.*

malvenu *adjectif* Qui tombe mal. SYN. déplacé, gênant, hors de propos, indu, inopportun, intempestif, malencontreux. – LITTÉRAIRE : importun. CONTR. *bienvenu, indiqué, opportun, propice, à propos.* – LITTÉRAIRE : *séant.*

malversation *nom féminin* Action de détourner des fonds. SYN. concussion, détournement, escroquerie, forfaiture, péculat, prévarication. – LITTÉRAIRE : exaction, rapine.

malvoyant *adjectif* et *nom* Dont la vue est diminuée. SYN. amblyope.

mamelon *nom masculin* Sommet de forme arrondie. SYN. butte, colline, croupe, dôme, éminence, hauteur, monticule, motte. – VIEUX : élévation.

mammectomie *nom féminin* Ablation chirurgicale du sein. SYN. mastectomie.

mammite *nom féminin* État inflammatoire du sein. SYN. mastite.

mammoplastie *nom féminin* Chirurgie plastique des seins. SYN. mastoplastie.

mamours *nom masculin pluriel* FAMILIER. Démonstrations de tendresse. SYN. cajoleries, câlineries, câlins, caresses, chatteries, flatteries, grâces, tendresses.

man *nom masculin* Larve du hanneton. SYN. ver blanc.

mancenillier *nom masculin* Arbre au suc très toxique. SYN. arbre-poison.

manche *nom masculin* POPULAIRE. Personne stupide. SYN. âne, idiot, nigaud. – FAMILIER : abruti, andouille, ballot, bêta, bûche, buse, crétin, cruche, jacques, noix, serin. – POPULAIRE : cloche, con, cornichon, couillon. ■ POPULAIRE. Personne maladroite. SYN. – FAMILIER : empaillé, empoté, pataud.

mandarin *nom masculin* Forme du chinois la plus répandue en Chine. SYN. kouan-houa.

mandat *nom masculin* Contrat qui délègue un pouvoir. SYN. charge, commission, délégation, fonction, mission, pouvoir, procuration, rôle.

mandataire *nom* Personne qui a reçu un mandat. SYN. agent, commissionnaire, délégué, envoyé, fondé de pouvoir, porte-parole, représentant, responsable.

mandater *verbe* Investir d'un mandat. SYN. déléguer, députer, envoyer, expédier. – LITTÉRAIRE : dépêcher.

mandé *nom masculin* Groupe de langues nigéro-congolaises. SYN. mandingue.

mander *verbe* LITTÉRAIRE. Faire venir. SYN. appeler, citer, convoquer.

mandibulate *nom masculin* Arthropode muni d'antennes. SYN. antennate.

mandingue *nom masculin* Groupe de langues nigéro-congolaises. SYN. mandé.

mandorle *nom féminin* Auréole ovale entourant le Christ. SYN. amande.

manège *nom masculin* Manière habile d'agir. SYN. agissements, intrigue, jeu, machination, manigance, manœuvre, menées, rouerie, ruse, stratagème, subterfuge. – FAMILIER : roublardise. – LITTÉRAIRE : feinte.

manette *nom féminin* Dispositif de commande de machines. SYN. levier, poignée.

mangabey *nom masculin* Grand singe herbivore. SYN. cercocèbe.

manganite *nom féminin* Oxyde de manganèse. SYN. acerdèse.

mangeable *adjectif* Qui peut se manger. SYN. acceptable, comestible, consommable, passable, potable. CONTR. *détestable, exécrable, immangeable, inconsommable, mauvais.*

mangeaille *nom féminin* Nourriture pour les animaux. SYN. aliment, nourriture, pâtée, pâture. – LITTÉRAIRE : pitance. ■ Nourriture de qualité médiocre. SYN. nourriture. – LITTÉRAIRE : pitance. – POPULAIRE : bouffe, boustifaille, tambouille. – VIEUX : bouffetance.

mangeotter *verbe* FAMILIER. Manger sans appétit. SYN. avoir un appétit d'oiseau, grignoter, manger comme un moineau, manger du bout des dents. – FAMILIER : chipoter, picorer, pignocher. CONTR. *avoir un bon coup de fourchette, se bourrer, dévorer, engloutir, engouffrer, se gaver, ingurgiter.* – FAMILIER : *s'en donner jusqu'à la garde, s'empiffrer, enfourner, manger comme quatre, manger comme un ogre, s'en mettre jusque-là, s'en mettre plein la panse.* – POPULAIRE : *bâfrer, bouffer comme un chancre, s'en fourrer jusque-là, se goinfrer, manger à s'en faire péter la sous-ventrière, manger comme un chancre, s'en mettre plein la gueule, s'en mettre plein la lampe.*

manger *nom masculin* Ce qu'on mange. SYN. aliment, mets, nourriture, repas. – FAMILIER : pâture. – LITTÉRAIRE : pitance. – POPULAIRE : bouffe, croûte.

manger *verbe intransitif* Absorber des aliments. SYN. s'alimenter, se nourrir, se restaurer. – ARGOTIQUE : briffer. – FAMILIER : casser la croûte, casser la graine, se mettre quelque chose sous la dent, ne pas se laisser abattre, se sustenter. – LITTÉRAIRE : faire bonne chère, se repaître. – POPULAIRE : becqueter, becter, boulotter, croûter, grailler. CONTR. *avoir faim, jeûner, mourir de faim, mourir d'inanition, tomber d'inanition.* – FAMILIER : *n'avoir rien à se mettre sous la dent.* ■ Prendre un repas. SYN. déjeuner, dîner, se mettre à table, souper. – POPULAIRE : se taper la cloche.

manger *verbe transitif* Absorber un aliment. SYN. absorber, avaler, consommer, engloutir, engouffrer, ingérer, ingurgiter. – ARGOTIQUE : briffer. – FAMILIER : enfourner. – POPULAIRE : bouffer, boulotter. ■ Entamer quelque chose. SYN. altérer, attaquer, corroder, mordre, ronger. ■ Consommer une matière. SYN. brûler, consommer, prendre, user. ■ Dépenser de l'argent. SYN. brûler la chandelle par les deux bouts, croquer, dépenser, dévorer, dilapider, engloutir, engouffrer, gaspiller, jeter l'argent par les fenêtres, manger son blé en herbe, prodiguer. – FAMILIER : claquer, craquer, faire valser l'argent, nettoyer. – LITTÉRAIRE : dissiper, mener la vie à grandes guides. – POPULAIRE : boulotter. – VIEUX : flamber sa fortune. CONTR. *amasser, économiser, épargner, garder, mettre de côté.*

maniabilité *nom féminin* Caractère maniable. SYN. docilité, facilité, flexibilité, malléabilité, manœuvrabilité, soumission, souplesse. CONTR. *indocilité.*

maniable *adjectif* Facile à manier. SYN. commode, manœuvrable, pratique. CONTR. *malcommode.* ■ Qui est aisé à façonner. SYN. ductile, flexible, malléable, pliable, souple. – LITTÉRAIRE : ployable. ■ Qui se laisse diriger. SYN. accommodant, commode, coulant, docile, entraînable, facile, flexible, influençable, malléable, manœuvrable, obéissant, perméable, soumis, souple. CONTR. *intraitable, intransigeant, récalcitrant.* – FAMILIER : *cabochard.*

maniaque *nom* Personne obsédée par quelque chose. SYN. fou. – FAMILIER : cinglé.

maniaque *adjectif* Qui s'attache à des détails. SYN. exigeant, formaliste, pointilleux, strict, tatillon. – FAMILIER : pinailleur. – LITTÉRAIRE : sourcilleux, vétilleux.

manicle *nom féminin* Manchon de cuir pour protéger la main. SYN. gantelet, manique.

manie *nom féminin* Habitude bizarre. SYN. accoutumance, folie, habitude, idée fixe, maladie, obsession, tic. – FAMILIER : dada, marotte.

maniement *nom masculin* Manière d'utiliser un outil. SYN. emploi, manipulation, manœuvre, usage, utilisation. ■ Gestion de quelque chose. SYN. administration, conduite, direction, gestion.

manier *verbe* Tenir entre ses mains. SYN. manipuler, palper, tâter, triturer. – FAMILIER : tripatouiller, tripoter. ■ Se servir d'un appareil. SYN.

actionner, disposer de, jouer de, manipuler, manœuvrer, mouvoir, utiliser. ■ Combiner avec habileté des mots. SYN. cultiver, employer, pratiquer, recourir à, user de, utiliser. ■ Pétrir à la main. SYN. brasser, malaxer, pétrir. ■ VIEUX. Avoir de l'influence sur. SYN. conduire, diriger, dominer, gouverner, guider, influencer, manipuler, manœuvrer, mener, orienter, piloter, régenter. – LITTÉRAIRE : mouvoir.

manier (se) *verbe pronominal* POPULAIRE. Faire vite. SYN. accélérer, se dépêcher, se hâter, mettre les bouchées doubles, passer la surmultipliée, passer la vitesse supérieure, se précipiter, presser le mouvement, presser le pas, se presser, se remuer. – FAMILIER : s'activer, faire vinaigre, foncer, speeder. – LITTÉRAIRE : faire diligence. – POPULAIRE : bomber, se dégrouiller, faire fissa, se grouiller, se magner le cul (le popotin), se magner. CONTR. *atermoyer, s'attarder, tarder, temporiser, traîner.* – FAMILIER : *lambiner, lanterner, traînailler, traînasser.*

manière *nom féminin* Façon d'agir, d'être. SYN. espèce, façon, modalité, mode, moyen, procédé, sorte. ■ Style propre à un artiste. SYN. accent, écriture, marque, patte, plume, style, ton. – LITTÉRAIRE : facture, langue, pinceau, touche.

maniéré *adjectif* Qui manque de naturel. SYN. affecté, alambiqué, apprêté, compassé, contourné, gourmé, guindé, mièvre, poseur, précieux, prétentieux, recherché, sophistiqué. – FAMILIER : chichiteux, tarabiscoté. – LITTÉRAIRE : affété, mignard, minaudier. CONTR. *franc, naturel, sans façons, simple, spontané.* – LITTÉRAIRE : *rustique.*

manières *nom féminin pluriel* Attitude pleine d'affectation. SYN. affectation, façons, maniérisme, minauderie, pose, préciosité, ronds de jambe, simagrée. – FAMILIER : chichi, chiqué, fla-fla. – LITTÉRAIRE : cérémonie. CONTR. *naturel, simplicité.* ■ Façons habituelles d'agir. SYN. air, allure, attitude, comportement, conduite, extérieur, façons, genre. – LITTÉRAIRE : dehors, enveloppe. ■ ***Bonnes manières,*** pratique des règles de la politesse. SYN. courtoisie, distinction, éducation, politesse, savoir-vivre, tact. – LITTÉRAIRE : civilité, urbanité. CONTR. *goujaterie, grossièreté, impolitesse, muflerie.*

maniérisme *nom masculin* Manque de naturel. SYN. affectation, apprêt, manières, minauderie, mines, pose, préciosité, recherche, simagrée, sophistication. – FAMILIER : chichi. – LITTÉRAIRE : afféterie, affèterie, mignardise.

manifestation *nom féminin* Fait de se manifester. SYN. apparition, déclaration, démonstration, éclosion, émanation, expression, marque, phénomène, proclamation, signe, symptôme, témoignage. ■ Défilé de personnes. SYN. défilé, meeting, rassemblement, réunion.

manifeste *adjectif* Qui s'impose avec évidence. SYN. apparent, certain, criant, évident, flagrant, incontestable, indéniable, indiscutable, indiscuté, indubitable, irrécusable, notoire, ostensible, palpable, patent, présent, public, réel, sensible, tangible, transparent, visible. CONTR. *caché, dissimulé, douteux, fictif, hypothétique, implicite, improbable, inapparent, incertain, invisible, latent, obscur, occulte, secret, sourd, sous-jacent, tacite.* – LITTÉRAIRE : *dormant.*

manifeste *nom masculin* Écrit public. SYN. adresse, déclaration, proclamation, profession de foi.

manifestement *adverbe* De façon manifeste. SYN. assurément, certainement, évidemment, à l'évidence, immanquablement, incontestablement, indéniablement, indiscutablement, indubitablement, irréfutablement, nécessairement, nettement, notoirement, ostensiblement, ouvertement, parfaitement, sans aucun doute, sans conteste, tout bonnement, de toute évidence, visiblement. – FAMILIER : positivement. – LITTÉRAIRE : sans contredit. CONTR. *obscurément, secrètement.* – LITTÉRAIRE : *subrepticement.*

manifester *verbe* Exprimer un sentiment. SYN. afficher, exprimer, extérioriser, faire montre de, laisser paraître, montrer, objectiver, prodiguer, prouver. – LITTÉRAIRE : proclamer. CONTR. *comprimer, contenir, rentrer, retenir.* ■ Être le signe d'un état. SYN. dénoter, indiquer, prouver, révéler, signifier, traduire, trahir. – LITTÉRAIRE : dénoncer, respirer, témoigner. CONTR. *cacher, dissimuler.*

manifester (se) *verbe pronominal* Se faire reconnaître à tel signe. SYN. apparaître, arriver, s'avérer, éclater, s'exprimer, se former, se peindre, percer, se révéler, surgir, transparaître. – LITTÉRAIRE : éclore, poindre, pointer. ■ Donner signe de son existence. SYN. se dégager, s'exprimer, se faire connaître, se montrer, se présenter. CONTR. *se cacher.*

manigance *nom féminin* Petite manœuvre secrète. SYN. agissements, combinaison, intrigue, machination, manège, maquignonnage, menées. – FAMILIER : combine, comédie, cuisine, micmac, trafic, tripotage. – LITTÉRAIRE : feinte.

manigancer *verbe* Préparer secrètement. SYN. agir en sous-main, arranger, combiner, comploter, conspirer, imaginer, intriguer, machiner, mijoter, mitonner, monter, nourrir, orchestrer, préméditer, ruminer, tisser, tramer. – FAMILIER : concocter, fabriquer, fricoter, goupiller, traficoter, trafiquer. – LITTÉRAIRE : cabaler, conjurer, nouer, ourdir.

manipulation *nom féminin* Action de manipuler. SYN. maniement, manœuvre.

manipuler *verbe* Tenir un objet dans ses mains. SYN. déplacer, manier, palper, remuer, tâter, toucher, transporter, triturer. – FAMILIER : tripatouiller, tripoter. ▪ Faire fonctionner un appareil. SYN. actionner, manier, se servir de, utiliser. ▪ Amener quelqu'un à. SYN. circonvenir, conduire, guider, influencer, manœuvrer, mener, mener par le bout du nez, orienter, suggestionner. – LITTÉRAIRE : mouvoir. – VIEUX : manier.

manique *nom féminin* Manchon de cuir pour protéger la main. SYN. gantelet, manicle.

manitou *nom masculin* FAMILIER. Personnage puissant. SYN. baron, magnat. – FAMILIER : caïd, ponte.

manœuvrabilité *nom féminin* Fait d'être manœuvrable. SYN. maniabilité.

manœuvrable *adjectif* Facile à manœuvrer. SYN. commode, maniable, pratique. CONTR. *malcommode.* ▪ Qui se laisse faire. SYN. coulant, docile, facile, flexible, influençable, malléable, souple. – LITTÉRAIRE : traitable.

manœuvre *nom féminin* Mise en marche d'un appareil. SYN. conduite, maniement, manipulation, usage, utilisation. ▪ Moyen d'arriver à ses fins. SYN. acrobatie, action, agissements, combinaison, conjuration, conspiration, machination, manège, manipulation, menées, ruse, tractation. – FAMILIER : combine, cuisine.

manœuvre *nom masculin* Salarié peu qualifié. SYN. aide, apprenti.

manœuvrer *verbe intransitif* Combiner des manœuvres. SYN. biaiser, comploter, intriguer, louvoyer, ruser. – FAMILIER : grenouiller. – POPULAIRE : magouiller.

manœuvrer *verbe transitif* Conduire un véhicule. SYN. conduire, gouverner, manier, manipuler, piloter. ▪ Amener quelqu'un à. SYN. circonvenir, guider, influencer, manipuler, mener, orienter, suggestionner. – LITTÉRAIRE : mouvoir. – VIEUX : manier.

manoir *nom masculin* Petit château. SYN. castel, gentilhommière.

manostat *nom masculin* Appareil maintenant la pression d'un fluide. SYN. pressostat.

manouche *nom* Personne du groupe des Tsiganes. SYN. bohémien, gitan, romanichel.

manouvrier *nom* VIEUX. Ouvrier qui travaillait de ses bras. SYN. journalier. – VIEUX : brassier.

manquant *adjectif* Qui manque. SYN. absent, défaillant. CONTR. *présent.*

manque *nom masculin* Fait de faire défaut. SYN. absence, carence, défaillance, déficit, faute, insuffisance, néant, pénurie, rareté. – LITTÉRAIRE : disette. CONTR. *abondance, affluence, débordement, excédent, excès, foisonnement, luxe, pléthore, profusion, surabondance.* ▪ Lacune chez quelqu'un. SYN. défectuosité, déficience, faiblesse, hiatus, insuffisance, lacune, omission, oubli, trou, vide.

manqué *adjectif* Qui n'est pas réussi. SYN. avorté, défectueux, imparfait, mauvais, raté. – FAMILIER : loupé. – POPULAIRE : foireux. CONTR. *beau, parfait, réussi.*

manquement *nom masculin* Action de manquer à un devoir. SYN. contrevenance, désobéissance, écart, entorse, infraction, inobservation, outrage, transgression, violation. – LITTÉRAIRE : viol. CONTR. *observation, respect, soumission.* – LITTÉRAIRE : *observance.*

manquer *verbe intransitif* Ne pas réussir. SYN. avorter, capoter, craquer, échouer, faire long feu, tomber à plat. – FAMILIER : faire chou blanc, louper, rater, tomber à l'eau. – POPULAIRE : foirer, merder. CONTR. *aboutir, marcher, réussir.* ▪ Avoir été sur le point d'arriver. SYN. croire, faillir, penser, risquer. ▪ Être en quantité insuffisante. SYN. faire défaut. CONTR. *abonder, couler à flots, foisonner, pulluler, regorger, surabonder.* – FAMILIER : *fleurir.*

manquer *verbe transitif* Ne pas réussir à atteindre. SYN. rater. – FAMILIER : louper. CONTR. *atteindre, parvenir à, toucher.* ▪ Ne pas assister à. SYN. s'absenter. – FAMILIER : sécher. CONTR. *assister.* ▪ Ne pas réussir une chose. SYN. gâcher, rater. CONTR. *obtenir, réussir.* ▪ Laisser échapper. SYN. négliger, perdre, rater. – FAMILIER : louper. CONTR. *exploiter, profiter.*

manquer *verbe transitif indirect* Se soustraire à un devoir. SYN. contrevenir, se dérober, déroger, échapper à, enfreindre, piétiner, trahir, violer. – LITTÉRAIRE : se dédire, faillir. CONTR. *s'acquitter, se conformer à, observer, respecter, satisfaire, se soumettre à.* ▪ Ne pas disposer de. SYN. être à court de, être dans le besoin, être dénué de, être dépourvu de. – FAMILIER : être à sec, être gêné aux entournures, tirer la langue. – POPULAIRE : être dans la débine, être dans la dèche, être dans la mouise, être dans la purée. CONTR. *avoir, déborder de, regorger de.*

manquer (se) *verbe pronominal* Ne pas se rencontrer. SYN. – FAMILIER : se louper, se rater. CONTR. *se rencontrer, se retrouver.*

mansarde *nom féminin* Pièce aménagée dans un comble. SYN. combles, grenier, réduit. – LITTÉRAIRE : galetas.

mansuétude *nom féminin* LITTÉRAIRE. Caractère indulgent. SYN. bienveillance, bonté, compréhension, douceur, indulgence, magnanimité, pitié, tolérance. – LITTÉRAIRE : bénignité, clémence, longanimité. CONTR. *inflexibilité, rigidité, rigueur, rudesse, sévérité.* – LITTÉRAIRE : *implacabilité, inclémence.*

manta ou **mante** *nom féminin* Grande raie de l'Atlantique. SYN. céphaloptère, raie manta.

manteau *nom masculin* LITTÉRAIRE. Ce qui sert à cacher. SYN. – LITTÉRAIRE : masque, vêtement, voile. ■ ***Sous le manteau,*** de façon clandestine. SYN. en cachette, en catimini, clandestinement, confidentiellement, discrètement, furtivement, obscurément, secrètement, en sourdine, en sous-main, en tapinois. – FAMILIER : sans tambour ni trompette. – LITTÉRAIRE : sourdement, subrepticement. CONTR. *légalement, licitement.*

manuel *nom masculin* Ouvrage didactique. SYN. cours, livre, mémento, précis, traité.

manuscrit *adjectif* Qui est écrit à la main. SYN. écrit. CONTR. *dactylographié, imprimé, ronéotypé, typographié.*

manuscrit *nom masculin* Ouvrage original. SYN. écrit, original, papier. CONTR. *copie, duplicata.*

manutention *nom féminin* Action de déplacer des marchandises. SYN. manipulation.

mappemonde *nom féminin* Carte représentant le globe terrestre. SYN. planisphère.

maquereau *nom masculin* POPULAIRE. Individu qui vit de la prostitution. SYN. entremetteur, proxénète, souteneur. – ARGOTIQUE : mac. – POPULAIRE : barbeau, marlou, taulier, tôlier.

maquignon *nom masculin* Entrepreneur peu scrupuleux. SYN. entremetteur, mercanti, pourvoyeur, trafiquant. – FAMILIER : margoulin.

maquignonnage *nom masculin* Manœuvres frauduleuses. SYN. manigances. – FAMILIER : combine, cuisine, grenouillage, tripotage. – POPULAIRE : magouillage, magouille.

maquillage *nom masculin* Action de cacher pour tromper. SYN. camouflage, dissimulation, falsification, grimage, travestissement. – LITTÉRAIRE : masque. CONTR. *franchise, sincérité.*

maquiller *verbe* Appliquer des produits de beauté. SYN. farder, grimer. – ARGOTIQUE : badigeonner. – LITTÉRAIRE : ombrer. – POPULAIRE : tartiner. CONTR. *démaquiller.* ■ Falsifier pour tromper. SYN. altérer, camoufler, déformer, déguiser, dénaturer, dissimuler, falsifier, fausser, masquer, travestir, tripatouiller, truquer. – FAMILIER : trafiquer. – LITTÉRAIRE : farder, mutiler.

maquiller (se) *verbe pronominal* Mettre du maquillage. SYN. se farder, se grimer. – POPULAIRE : se ravaler la façade, se tartiner. CONTR. *se démaquiller.*

maquilleur *nom* POPULAIRE. Personne qui triche. SYN. tricheur, truqueur. – LITTÉRAIRE : faussaire.

maquis *nom masculin* Complication inextricable. SYN. dédale, écheveau, labyrinthe, lacis.

marais *nom masculin* Région recouverte par des eaux. SYN. marécage. – VIEUX : palud. ■ ***Gaz des marais,*** hydrocarbure saturé. SYN. méthane. ■ Situation inextricable. SYN. bourbier, guêpier, impasse. ■ ***Marais salant,*** bassins et canaux où le sel est récolté. SYN. salin.

marasme *nom masculin* Ralentissement d'une activité. SYN. asphyxie, crise, langueur, léthargie, malaise, paralysie, piétinement, stagnation. – LITTÉRAIRE : somnolence. CONTR. *animation, développement, relèvement.*

marâtre *nom féminin* VIEUX. Deuxième épouse du père. SYN. belle-mère.

maraud *nom masculin* VIEUX. Personne sans scrupule. SYN. butor, cuistre, goujat, malappris, malotru, mufle, ostrogoth. – FAMILIER : malpoli, paltoquet. – LITTÉRAIRE : faquin, soudard. – VIEUX : bélître, maroufle.

maraudage *nom masculin* Vol de denrées. SYN. filoutage, larcin, maraude, vol. – FAMILIER : chapardage. – POPULAIRE : barbotage, fauche.

maraude *nom féminin* Vol de denrées. SYN. filoutage, larcin, maraudage, vol. – FAMILIER : chapardage. – POPULAIRE : barbotage, fauche.

marauder *verbe* Voler des denrées. SYN. – FAMILIER : chaparder, chiper, piquer. – LITTÉRAIRE : grappiller. – POPULAIRE : barboter, faucher.

maraudeur *nom* Personne qui maraude. SYN. filou, grappilleur, voleur. – FAMILIER : barboteur, chapardeur, chipeur, faucheur.

marbrer *verbe* Imiter les veines du marbre. SYN. bigarrer, jasper, marquer. – LITTÉRAIRE : marqueter, veiner.

marbrure *nom féminin* Imitation du marbre. SYN. bigarrure, chatoiement, jaspure, ocelle, reflet. – LITTÉRAIRE : moirure.

marchand *nom* Personne qui fait du négoce. SYN. boutiquier, camelot, colporteur, commerçant, fournisseur, grossiste, mercanti, négociant, revendeur. ■ ***Marchand de couleurs,*** personne qui tient une droguerie. SYN. droguiste, quincaillier.

marchandisage *nom masculin* Techniques améliorant la vente d'un produit. SYN. merchandising.

marchandise *nom féminin* Ce qui se vend et s'achète. SYN. article, denrée, fourniture, produit. – POPULAIRE : camelote.

marche *nom féminin* Manière de marcher. SYN. démarche, locomotion, pas, train. – LITTÉRAIRE : déambulation. ■ Déplacement d'un véhicule. SYN. avance, cheminement, course, mouvement, progression. CONTR. *arrêt, blocage.* ■ Évolution d'un processus. SYN. avancement, cheminement, cours, déroulement, développement, évolution, fil, impulsion, progrès, progression, tour, train, travail. CONTR. *recul, régression.* ■ Action de marcher. SYN. excursion, promenade, tour. – FAMILIER : balade, virée. ■ Façon de parvenir à ses fins. SYN. méthode, moyen, tactique, technique, voie.

marché *nom masculin* Arrangement convenu. SYN. accord, affaire, arrangement, convention, transaction. ■ Public susceptible d'acheter. SYN. clientèle, débouché.

marchéage *nom masculin* Techniques de commercialisation d'un produit. SYN. marketing, mercatique.

marcher *verbe* Mettre un pied devant l'autre. SYN. arpenter, avancer, cheminer, se déplacer, se mouvoir, progresser, trotter, trottiner. CONTR. *courir.* ■ Poser les pieds sur. SYN. fouler, piétiner. ■ Faire une promenade. SYN. déambuler, se promener. – ARGOTIQUE : crapahuter. – FAMILIER : se balader, naviguer. ■ Atteindre le résultat souhaité. SYN. fonctionner, passer la rampe, prendre, réussir. CONTR. *avorter, capoter, échouer, s'effondrer, faire long feu, péricliter, tomber à plat.* – FAMILIER : *faire chou blanc, faire fiasco, faire un flop, finir en eau de boudin, louper, rater, tomber à l'eau, tomber dans le lac.* – POPULAIRE : *finir en couille, foirer, partir en couille.* ■ Fonctionner (machine). SYN. avancer, rouler, tourner. CONTR. *se dérégler, se détraquer.* ■ FAMILIER. Faire preuve de crédulité. SYN. donner dans le panneau, mordre à l'appât, mordre à l'hameçon, n'y voir que du feu, prendre pour argent comptant, tomber dans le panneau. – FAMILIER : avaler des couleuvres, gober, partir au quart de tour. ■ ***Faire marcher quelqu'un,*** jouer de sa crédulité. SYN. berner, duper, faire avaler des couleuvres, mettre en boîte, se moquer de, mystifier, se payer la tête de, piéger, taquiner. – FAMILIER : chambrer, chiner, embobiner, empaumer, feinter, mener en bateau, monter un bateau, pigeonner, promener. – LITTÉRAIRE : en faire accroire, se jouer de. – POPULAIRE : charrier, niquer.

marcottage *nom masculin* Multiplication d'un végétal par racines. SYN. provignement.

marcotte *nom féminin* Rameau raciné obtenu par marcottage. SYN. provin.

marcotter *verbe* Effectuer le marcottage. SYN. provigner.

marécageux *adjectif* De la nature du marécage. SYN. boueux, bourbeux. – LITTÉRAIRE : fangeux.

marée *nom féminin* Grand nombre de. SYN. flot, flux, mer, pluie, vague.

margay *nom masculin* Chat sauvage d'Amérique du Sud. SYN. chat-tigre.

marge *nom féminin* Différence de valeur. SYN. décalage, écart, tolérance, variation. ■ Liberté d'action. SYN. facilité, faculté, latitude, liberté.

marginal *adjectif* Qui a un rôle secondaire. SYN. accessoire, annexe, mineur, minime, parallèle, secondaire. CONTR. *essentiel, fondamental, primordial, principal, vital.*

margoton *nom féminin* VIEUX. Femme de mœurs légères. SYN. – FAMILIER : gourgandine. – LITTÉRAIRE : courtisane, femme galante, fille galante. – POPULAIRE : belle-de-nuit. – VIEUX : cocotte, dame de petite vertu, demi-mondaine.

margoulin *nom masculin* FAMILIER. Commerçant peu scrupuleux. SYN. aigrefin, escroc, forban, gredin, maquignon, mercanti, requin, trafiquant, voleur. – FAMILIER : faisan, fricoteur, fripouille. – POPULAIRE : arnaqueur. – VIEUX : fripon.

margousier *nom masculin* Arbre à fleurs odorantes. SYN. melia.

mari *nom masculin* Homme marié. SYN. compagnon, conjoint, époux. – FAMILIER : homme. CONTR. *épouse, femme.*

mariage *nom masculin* Fait de se marier. SYN. noce, union. – LITTÉRAIRE : hymen, hyménée. – VIEUX : conjungo, épousailles. CONTR. *célibat, divorce, séparation.* ■ Action d'assortir des choses. SYN. alliance, assemblage, association, combinaison, harmonisation. ■ Jeu de cartes. SYN. brisque.

marié *nom* Personne qui se marie. SYN. épouse, époux. – VIEUX : épousée. CONTR. *célibataire.*

marier *verbe* Trouver un conjoint à. SYN. accorder la main de, conduire à l'autel. ■ Assortir des éléments. SYN. allier, apparier, assembler, associer, assortir, combiner, harmoniser, mêler, unir. – LITTÉRAIRE : réunir. CONTR. *désunir, disjoindre, dissocier.*

marier (se) *verbe pronominal* S'unir par mariage à. SYN. convoler en justes noces, épouser, fonder un foyer, fonder une famille, se mettre en ménage, prendre femme, prendre pour épouse, prendre pour époux, refaire sa vie, régulariser la situation, trouver chaussure à son pied, s'unir. – FAMILIER : mettre la bague au doigt, mettre la corde au cou, passer devant Monsieur le maire. – VIEUX : faire une fin. CONTR. *divorcer, rompre, se séparer.* ■ Être en harmonie avec. SYN. s'allier, s'associer, se combiner, se conjuguer, s'harmoniser, se mélanger, se mêler. CONTR. *se contrarier, s'exclure, se heurter, s'opposer.*

marie-salope *nom féminin* Chaland à fond mobile. SYN. porteur.

marihuana ou **marijuana** *nom féminin* Chanvre indien, utilisé comme drogue. SYN. – ARGOTIQUE : colombienne. – FAMILIER : herbe, marie-jeanne.

marin *adjectif* Qui relève de la navigation. SYN. maritime, nautique, naval. CONTR. *aérien, terrestre.*

marin *nom masculin* Homme qui sait naviguer. SYN. homme de mer, matelot, navigateur. – FAMILIER : col-bleu, loup de mer.

mariner *verbe* FAMILIER. Attendre longtemps. SYN. croupir, languir, se morfondre, patienter. – FAMILIER : lanterner, mijoter, moisir, poireauter. ■ Être plongé dans un liquide. SYN. baigner, macérer, tremper.

marinier *nom masculin* Professionnel de la navigation fluviale. SYN. batelier.

marionnette *nom féminin* Personne sans caractère. SYN. automate, fantoche, pantin, plaisantin. – FAMILIER : girouette, guignol, polichinelle. – LITTÉRAIRE : créature, protée. – POPULAIRE : rigolo. – VIEUX : arlequin, sauteur.

maritime *adjectif* Qui relève de la navigation. SYN. marin, nautique, naval. CONTR. *aérien, terrestre.*

marivauder *verbe* LITTÉRAIRE. Échanger des propos galants. SYN. badiner, roucouler. – FAMILIER : batifoler, flirter. – LITTÉRAIRE : coqueter.

marjolaine *nom féminin* Plante aromatique. SYN. origan.

marketing *nom masculin* Techniques de commercialisation d'un produit. SYN. marchéage, mercatique.

marlin *nom masculin* Grand poisson voisin de l'espadon. SYN. makaire.

marlou *nom masculin* POPULAIRE. Individu qui vit de la prostitution. SYN. entremetteur, proxénète, souteneur. – ARGOTIQUE : mac. – POPULAIRE : barbeau, maquereau, taulier, tôlier.

marmelade *nom féminin* ***En marmelade,*** réduit en morceaux. SYN. écrasé, en morceaux, en pièces. – FAMILIER : en bouillie, en capilotade, en compote.

marmite *nom féminin* Récipient avec couvercle pour la cuisson. SYN. cocotte.

marmiton *nom masculin* Apprenti cuisinier. SYN. aide-cuisinier. – FAMILIER : gâte-sauce. – VIEUX : tournebroche.

marmonnement *nom masculin* Son émis en marmonnant. SYN. bougonnement, bredouillage, bredouillement, bredouillis, grommellement, marmottement, murmure. – LITTÉRAIRE : susurrement.

marmonner *verbe* Dire entre ses dents. SYN. avaler ses mots, balbutier, bredouiller, chuchoter, grommeler, mâchonner, marmotter, murmurer, parler dans sa barbe, susurrer. – FAMILIER : bafouiller, baragouiner, bougonner. CONTR. *articuler, crier, hurler.*

marmot *nom masculin* FAMILIER. Petit enfant. SYN. bambin, bébé, enfant, gamin, gamine, petit, tout-petit. – FAMILIER : bout de chou, bout de zan, gosse, mioche, moustique, moutard, petiot, petiote, pitchoun, pitchounet, poussin, tête blonde. – POPULAIRE : chiard, lardon, loupiot, loupiote, môme, morpion, mouflet. – VIEUX : marmouset.

marmottement *nom masculin* Action de marmotter. SYN. grommellement, marmonnement, murmure. – LITTÉRAIRE : susurrement.

marmotter *verbe* Murmurer entre ses dents. SYN. balbutier, bredouiller, chuchoter, grommeler, mâchonner, marmonner, murmurer, susurrer. – FAMILIER : bafouiller, baragouiner, bougonner. CONTR. *articuler.*

marmouset *nom masculin* VIEUX. Petit garçon. SYN. bébé, enfant, gamin, marmot, petit, tout-petit. – FAMILIER : bout de chou, bout de zan, gosse, mioche, moustique, moutard, petiot, pitchoun, pitchounet, poussin. – POPULAIRE : chiard, lardon, loupiot, môme, morpion, mouflet.

marner *verbe* POPULAIRE. Travailler dur. SYN. abattre de la besogne, se donner un mal de chien, peiner. – FAMILIER : en baver (des ronds de chapeau), bûcher, cravacher, mettre de l'huile de coude, en mettre un bon coup, en mettre un coup, en mettre un vieux coup, trimer. – POPULAIRE : bosser, boulonner, turbiner. CONTR. *chômer, fainéanter, musarder, paresser, se prélasser, se reposer, se rouler les pouces, se tourner les pouces.* – FAMILIER : *buller, se la couler douce, flemmarder, tirer sa flemme.* – LITTÉRAIRE : *muser.* – POPULAIRE : *glander, ne pas en fiche une rame, se les rouler, tirer au cul, tirer au flanc.*

maronner *verbe* FAMILIER. Exprimer sa colère. SYN. décharger sa bile, éclater, écumer, s'emporter, enrager, être en rage, être fou de rage, être fou furieux, être hors de soi, grogner, grommeler, gronder, hurler, s'indigner, invectiver, maugréer, monter sur ses grands chevaux, ne pas décolérer, pester, sortir de ses gonds, tempêter, tonner, vitupérer, voir rouge. - FAMILIER : avoir une poussée d'adrénaline, bisquer, bougonner, être en boule, être en pétard, exploser, fumer, rager, râler, ronchonner, rouspéter. - POPULAIRE : gueuler, pousser un coup de gueule, pousser une gueulante. - VIEUX : rogner, rognonner.

marotte *nom féminin* Goût obsessionnel pour. SYN. folie, idée fixe, manie, obsession, passion, violon d'Ingres. - FAMILIER : dada, maladie, tocade, toquade.

maroufle *nom masculin* VIEUX. Personne grossière. SYN. butor, cuistre, goujat, malappris, malotru, mufle. - FAMILIER : malpoli, paltoquet. - LITTÉRAIRE : faquin, soudard. - POPULAIRE : pignouf. - VIEUX : maraud.

marquant *adjectif* Qui fait impression. SYN. caractérisé, caractéristique, frappant, important, mémorable, notable, remarquable, saillant, significatif. - LITTÉRAIRE : signalé. CONTR. *insignifiant, petit.* ■ Qui se distingue. SYN. célèbre, éminent, illustre, prestigieux, remarquable, renommé, réputé. - LITTÉRAIRE : distingué, fameux. CONTR. *quelconque.*

marque *nom féminin* Emblème d'un fabricant. SYN. cachet, estampille, griffe, label, sceau. ■ Trace de contact. SYN. empreinte, foulée, impression, pas, tache, trace, traînée. ■ Trace laissée par un coup. SYN. cicatrice, couture, marbrure, stigmate, zébrure. - LITTÉRAIRE : tavelure. ■ Ce qui atteste quelque chose. SYN. attestation, indication, indice, manifestation, preuve, signe, symptôme, témoignage. - LITTÉRAIRE : sceau, stigmate, trace. ■ Style personnel. SYN. caractéristique, façon, griffe, manière, pinceau, plume, signature, style. - LITTÉRAIRE : touche. ■ Nombre de points acquis. SYN. score.

marqué *adjectif* Qui est indiqué. SYN. cité, écrit, mentionné, noté, signalé. ■ Aux traits accusés. SYN. chiffonné, fané, flétri, fripé, meurtri, raviné, ridé. - LITTÉRAIRE : ravagé. CONTR. *lisse.* ■ Qui est souligné. SYN. accentué, accusé, prononcé, souligné. CONTR. *insensible, vague.* ■ Qui est évident. SYN. fort, net, ostensible, particulier, remarquable, typé.

marquer *verbe intransitif* Laisser une impression durable. SYN. se distinguer, émerger, faire date, faire grand bruit, laisser des traces, ne pas passer inaperçu, percer, rester.

marquer *verbe transitif* Mettre une marque sur. SYN. baliser, cocher, désigner, indiquer, jalonner, pointer, ponctuer, repérer, signaler. ■ Mettre en valeur. SYN. accuser, gainer, mouler, sangler, souligner. ■ Inscrire quelque chose. SYN. consigner, copier, écrire, ficher, inscrire, mentionner, noter, relever, transcrire. ■ Laisser une trace sur. SYN. imprimer, marbrer, meurtrir, tacher, taveler, zébrer. - LITTÉRAIRE : empreindre, sillonner, stigmatiser. ■ Laisser une trace dans une vie. SYN. affecter, déteindre, imprégner, influencer, pénétrer, toucher. - LITTÉRAIRE : colorer. ■ Manifester un sentiment. SYN. dire, montrer, prodiguer, prouver, signifier, témoigner, trahir. ■ Révéler par un signe. SYN. accuser, annoncer, attester, caractériser, dénoter, indiquer, prouver, refléter, révéler. ■ Effectuer le marquage. SYN. estamper, estampiller, frapper, poinçonner.

marqueté *adjectif* LITTÉRAIRE. Orné de taches. SYN. moucheté, ocellé, tacheté, tigré.

marqueter *verbe* LITTÉRAIRE. Marquer de couleurs variées. SYN. barioler, bigarrer, marbrer, tacheter.

marqueur *nom masculin* Substance permettant d'étudier une molécule. SYN. traceur.

marrant *adjectif* FAMILIER. Qui fait rire. SYN. amusant, comique, désopilant, drôle, hilarant, inénarrable. - FAMILIER : cocasse, crevant, folichon, impayable, rigolo, roulant, tordant. - POPULAIRE : bidonnant, fendant, gondolant, poilant. CONTR. *funèbre, lugubre, macabre, morne, mortel, sinistre, tragique, triste.* - FAMILIER : *cafardeux, glauque.*

marrer (se) *verbe pronominal* POPULAIRE. Éclater de rire. SYN. rire, rire à gorge déployée, rire aux éclats, rire aux larmes. - FAMILIER : rigoler, rire à ventre déboutonné, rire comme un bossu, rire comme une baleine, se tordre. - POPULAIRE : se bidonner, se boyauter, se fendre la gueule, se fendre la pêche, se fendre la pipe, se fendre la poire, se gondoler, se poiler. CONTR. *pleurer, sangloter.* ■ POPULAIRE. Prendre du bon temps. SYN. s'amuser, se délasser, se distraire, se divertir, s'en donner à cœur joie, faire la fête, faire la vie, mener joyeuse vie, se payer du bon temps, prendre du bon temps. - ARGOTIQUE : faire la teuf. - LITTÉRAIRE : s'ébaudir, s'égayer, s'esbaudir, se récréer. - POPULAIRE : s'éclater. CONTR. *s'ennuyer.* - FAMILIER : *s'embêter, s'enquiquiner, se raser.* - POPULAIRE : *s'emmerder.*

marron *nom masculin* POPULAIRE. Coup de poing. SYN. châtaigne, jeton, pêche.

marsanne *nom féminin* ***Marsanne noire,*** cépage rouge. SYN. syrah.

marsupial *nom masculin* Mammifère primitif. SYN. métathérien.

marteau *nom masculin* Pièce métallique mobile. SYN. heurtoir.

marteau *adjectif* FAMILIER. Qui a perdu la raison. SYN. dément, dérangé, désaxé, déséquilibré, fou. - FAMILIER : braque, cinglé, détraqué, dingue, fada, fêlé, frappé, loufoque, maboul, malade, piqué, ravagé, tapé, timbré, toc-toc, toqué, zinzin. – POPULAIRE : allumé, azimuté, barge, barjo, barjot, branque, brindezingue, chtarbé, cinoque, cintré, déjanté, dingo, folingue, fondu, frapadingue, givré, jeté, louf, louftingue, ouf, sinoc, sinoque, siphonné, tordu.

martèlement *nom masculin* Fait de marteler. SYN. battement, frappement, tambourinage, tambourinement, tapotage, tapotement.

marteler *verbe* Détacher les mots. SYN. accentuer, articuler, scander. ■ Frapper à coups répétés. SYN. tambouriner, tapoter.

martial *adjectif* LITTÉRAIRE. Qui est agressif. SYN. batailleur, belliqueux, combatif, guerrier, violent. CONTR. *non violent, pacifiste.* ■ Qui cherche à en imposer. SYN. décidé, hardi, mâle, vigoureux, viril.

martinet *nom masculin* Outil de tonnellerie. SYN. bâtissoir.

martin-pêcheur *nom masculin* Petit oiseau qui plonge pour se nourrir. SYN. meunier.

martyr *nom* Personne morte pour une cause. SYN. persécuté, victime. CONTR. *bourreau.*

martyre *nom masculin* Situation très pénible. SYN. calvaire, enfer, supplice, torture, tourment. – LITTÉRAIRE : croix, géhenne.

martyriser *verbe* Faire endurer le martyre. SYN. persécuter, torturer, tourmenter. – LITTÉRAIRE : supplicier.

marupa *nom masculin* Arbre d'Amérique tropicale. SYN. simaruba.

mascarade *nom féminin* Comédie hypocrite. SYN. comédie, hypocrisie, mensonge, singerie, tromperie. – LITTÉRAIRE : fourberie, imposture, perfidie, sournoiserie.

mascon *nom masculin* Augmentation de la gravité d'un astre. SYN. réplétion. CONTR. *déplétion.*

mascotte *nom féminin* Ce qui porte bonheur. SYN. amulette, fétiche, gri-gri, grigri, porte-bonheur, talisman.

masculin *adjectif* Qui a rapport à l'homme. SYN. mâle, viril. CONTR. *féminin.*

masculinisant *adjectif* Qui rend masculin. SYN. virilisant. CONTR. *féminisant.*

masculiniser *verbe transitif* Donner un air viril. SYN. viriliser. CONTR. *déviriliser, féminiser.* – LITTÉRAIRE : *efféminer.*

masculinité *nom féminin* Comportement caractéristique de l'homme adulte. SYN. virilité. CONTR. *féminité.*

masque *nom masculin* Faux visage. SYN. domino, loup. ■ LITTÉRAIRE. Aspect de quelqu'un. SYN. air, apparence, extérieur, faciès, figure, physionomie, visage. – LITTÉRAIRE : dehors, enveloppe. ■ LITTÉRAIRE. Apparence trompeuse. SYN. camouflage, couverture, déguisement, façade, faux-semblant, maquillage, vernis. – LITTÉRAIRE : manteau, vêtement, voile.

masqué *adjectif* Qui est caché. SYN. caché, camouflé, déguisé, dissimulé, larvé, latent. CONTR. *déclaré.*

masquer *verbe* Couvrir d'un masque. SYN. recouvrir. CONTR. *démasquer.* ■ Soustraire à la vue. SYN. cacher, camoufler, dissimuler, éclipser, occulter. – LITTÉRAIRE : celer, dérober. – POPULAIRE : planquer. CONTR. *étaler, exhiber, exposer, montrer, révéler.* ■ Cacher sous de fausses apparences. SYN. couvrir, déguiser, dissimuler, envelopper, maquiller, travestir. – LITTÉRAIRE : farder, habiller, voiler. CONTR. *découvrir, dévoiler, révéler, trahir.*

massacre *nom masculin* Action de massacrer. SYN. boucherie, carnage, extermination, hécatombe, tuerie. ■ FAMILIER. Exécution très maladroite. SYN. gâchis, gaspillage, sabotage, saccage. – FAMILIER : bâclage, bousillage, ratage.

massacrer *verbe* Tuer avec sauvagerie. SYN. abattre, assassiner, décimer, égorger, exterminer, faucher. – FAMILIER : trucider. – LITTÉRAIRE : hacher, immoler. – POPULAIRE : rectifier, refroidir. ■ FAMILIER. Endommager quelque chose. SYN. abîmer, défigurer, gâcher, saboter. – FAMILIER : amocher, bâcler, bousiller, cochonner, sabrer, saccager, torcher, torchonner. – POPULAIRE : saloper.

massacreur *nom* Personne qui massacre. SYN. assassin, boucher, criminel, meurtrier, tueur. – LITTÉRAIRE : sicaire.

massaliote *adjectif* De Marseille, autrefois Massalia. SYN. phocéen.

masse *nom féminin* Volume important. SYN. agglomérat, agglomération, amas, amoncellement, bloc, conglomérat, magma, monceau, paquet, tas. ■ Grande quantité de. SYN. armée, avalanche, cascade, chapelet, déluge, fatras, flot, flux, foule, grêle, infinité, kyrielle, légion, monceau, montagne, multitude, myriade, nuée, paquet, pléiade, pluie, profusion, prolifération, quantité, ramassis, tas, torrent. – FAMILIER : armada, cargaison, cohorte, flopée, foultitude, pelletée, régiment, ribambelle, tapée, tripotée. – LITTÉRAIRE : averse, essaim, océan. CONTR. *atome, bribe, brin, doigt, goutte, grain, gramme, larme, lueur, miette, nuage, once, parcelle, peu, pointe, soupçon, trace.* – LITTÉRAIRE : *liard, ombre, trait.* – POPULAIRE : *chouia.* ■ Le commun des hommes. SYN. commun des mortels, grand public, peuple. - FAMILIER : vulgum pecus. - LITTÉRAIRE : commun, multitude. - POPULAIRE : populo. CONTR. *élite, fine fleur.* ■ ***En masse,*** très nombreux. SYN. beaucoup, comme s'il en pleuvait, considérablement, énormément, à flots, en foule, en (grand) nombre, massivement, en quantité. - FAMILIER : en pagaille. CONTR. *modérément, moyennement, peu.*

masser *verbe* Réunir des personnes. SYN. concentrer, entasser, grouper, rassembler, regrouper, réunir. - LITTÉRAIRE : assembler. CONTR. *disperser, éparpiller, espacer.*

masser (se) *verbe pronominal* Se disposer en masse. SYN. s'agglomérer, s'agglutiner, s'attrouper, se grouper, se rassembler, se réunir. CONTR. *se débander, se disséminer, s'égailler, s'éparpiller.* - LITTÉRAIRE : *essaimer.*

massette *nom féminin* Grande herbe des marais. SYN. quenouille, roseau-massue.

masseur-kinésithérapeute *nom* Professionnel exerçant la kinésithérapie. SYN. kinésithérapeute.

massif *adjectif* Qui a une apparence épaisse. SYN. corpulent, fort, gros, râblé, ramassé, trapu, volumineux. - FAMILIER : mastoc. CONTR. *effilé, élancé, fluet, frêle, grêle, léger, svelte.* - LITTÉRAIRE : *gracile.* ■ Qui manque de finesse. SYN. épais, fruste, grossier. - FAMILIER : lourd. CONTR. *délicat.* ■ Qui groupe un grand nombre de. SYN. important, imposant, impressionnant, lourd. CONTR. *clairsemé, disséminé.*

massif *nom masculin* Ensemble de plantes. SYN. boqueteau, bosquet, corbeille, parterre.

massivement *adverbe* En très grand nombre. SYN. en foule, en (grand) nombre, en masse. CONTR. *faiblement, guère, légèrement, à peine, peu.* ■ En grande quantité. SYN. en abondance, amplement, beaucoup, colossalement, comme s'il en pleuvait, considérablement, copieusement, à discrétion, énormément, à flots, à foison, généreusement, grandement, largement, longuement, à la pelle, plantureusement, pleinement, à profusion, en quantité, richement, à satiété, à souhait, surabondamment, à tour de bras, en veux-tu en voilà, à volonté. - FAMILIER : à gogo, jusqu'à plus soif, en pagaille, à revendre, à tire-larigot. - LITTÉRAIRE : à l'envi. CONTR. *chichement, au compte-gouttes, guère, modérément, parcimonieusement, peu.*

massue *nom féminin* Gros bâton. SYN. gourdin, matraque, trique.

mastectomie *nom féminin* Ablation chirurgicale du sein. SYN. mammectomie.

mastiff *nom masculin* Grand chien de garde. SYN. dogue anglais.

mastigosome *nom masculin* Corpuscule basal. SYN. blépharoblaste.

mastiquer *verbe* Broyer avec les dents. SYN. mâcher, mâchonner. - FAMILIER : mâchouiller.

mastite *nom féminin* État inflammatoire du sein. SYN. mammite.

mastoc *adjectif* FAMILIER. Qui a des formes lourdes. SYN. lourd, lourdaud, massif. CONTR. *léger, svelte.*

mastologie *nom féminin* Médecine du sein. SYN. sénologie.

mastoplastie *nom féminin* Chirurgie plastique des seins. SYN. mammoplastie.

mastroquet *nom masculin* POPULAIRE. Débit de boissons. SYN. bar, buvette, café. - FAMILIER : bistro, bistrot, troquet, zinc. - POPULAIRE : caboulot. - VIEUX : cabaret, taverne.

masturbation *nom féminin* Fait de se masturber. SYN. onanisme.

masturbatoire *adjectif* Qui relève de la masturbation. SYN. masturbateur, onaniste.

m'as-tu-vu *nom invariable* FAMILIER. Personne prétentieuse. SYN. cabotin, faiseur, fanfaron, faraud, hâbleur, pédant, poseur, snob. - FAMILIER : bêcheur, cabot, frimeur. - LITTÉRAIRE : paradeur. - VIEUX : esbroufeur.

masure *nom féminin* Maison misérable. SYN. bouge, cabane, taudis. - FAMILIER : baraque, bicoque. - LITTÉRAIRE : chaumière, tanière. - POPULAIRE : gourbi.

mat *adjectif* Qui n'a pas de résonance. SYN. amorti, assourdi, étouffé, sourd. CONTR. *sonore, strident.* - LITTÉRAIRE : *cristallin.* ■ Qui n'a pas d'éclat. SYN. blafard, cireux, terne. CONTR. *brillant, éblouissant, éclatant, luisant, lumineux.*

matamore *nom masculin* LITTÉRAIRE. Faux brave. SYN. bravache, faiseur, fanfaron, faraud, hâbleur, vantard. - FAMILIER : frimeur. - LITTÉRAIRE : capitan, fier-à-bras, paradeur, pourfendeur, rodomont. - VIEUX : tranche-montagne.

mataro *nom masculin* Cépage noir à maturité tardive. SYN. balzac, catalan, mourvèdre.

match *nom masculin* Compétition sportive. SYN. combat, compétition, concours, épreuve, partie, rencontre.

matelot *nom masculin* Membre d'équipage. SYN. homme de mer, marin. - ARGOTIQUE : mataf. - FAMILIER : col-bleu.

mater *verbe* Soumettre à son autorité. SYN. asservir, dresser, maîtriser, terrasser. ▪ Arrêter le développement de. SYN. arrêter, brider, calmer, étouffer, étrangler, juguler, réduire au silence, réprimer, stopper.

matérialiser *verbe* Rendre effectif. SYN. accomplir, concrétiser, objectiver, réaliser.

matérialiser (se) *verbe pronominal* Devenir réel. SYN. aboutir, se concrétiser, se préciser, prendre forme, prendre tournure.

matérialité *nom féminin* Caractère de ce qui existe. SYN. existence, réalité, vérité. CONTR. *apparence, fausseté.*

matériel *adjectif* Qui est formé de matière. SYN. concret, corporel, sensible, temporel. CONTR. *idéal, immatériel, intellectuel, spirituel, théorique.* – LITTÉRAIRE : *incorporel.* ▪ Qui a une existence. SYN. concret, effectif, palpable, réel, tangible, vrai. CONTR. *abstrait, impalpable, inexistant.* ▪ Qui relève des conditions de vie. SYN. financier, pécuniaire, pratique, prosaïque, substantiel.

matériel *nom masculin* Outils propres à une activité. SYN. équipement, instrument, outillage, outils. – POPULAIRE : matos. ▪ Ensemble des composants d'un ordinateur. SYN. hardware. CONTR. *logiciel, software.*

matériellement *adverbe* D'une manière concrète. SYN. concrètement, effectivement, physiquement, pratiquement, réellement, tangiblement, véritablement, vraiment. ▪ Sur le plan financier. SYN. financièrement, pécuniairement.

maternel *adjectif* Relatif à la mère. CONTR. *paternel.*

maternité *nom féminin* État de mère. CONTR. *paternité.*

mathématique *adjectif* Qui exclut toute inexactitude. SYN. précis, rigoureux, scientifique. CONTR. *aléatoire, hasardeux, imprécis, incertain.*

mathématiquement *adverbe* De façon rigoureuse. SYN. exactement, juste, précisément, rigoureusement, scrupuleusement, strictement. CONTR. *approximativement, à peu près.* ▪ De manière inévitable. SYN. assurément, à coup sûr, fatalement, immanquablement, inévitablement, infailliblement, nécessairement, obligatoirement, sans aucun doute.

matière *nom féminin* Domaine considéré. SYN. chapitre, discipline, domaine, partie, point, question, secteur, terrain. ▪ Ce qui occasionne quelque chose. SYN. cause, lieu, objet, occasion, prétexte, sujet. ▪ Substance particulière. SYN. corps, matériau, substance. ▪ Sujet d'un ouvrage. SYN. contenu, fond, sujet, thème. – LITTÉRAIRE : trame. CONTR. *apparence, forme.*

matin *nom masculin* Début du jour. SYN. aube, aurore, matinée, point du jour, pointe du jour. CONTR. *soir, soirée.* – LITTÉRAIRE : *déclin du jour.*

mâtin *nom masculin* VIEUX. Personne espiègle. SYN. chenapan, coquin, garnement, polisson, vaurien. – FAMILIER : affreux jojo, brigand, diable, filou, fripon, fripouille, galopin, lascar. – VIEUX : galapiat.

matinal *adjectif* Propre au matin. SYN. – LITTÉRAIRE : matutinal. CONTR. *vespéral.*

mâtiné *adjectif* Qui n'est pas de race pure. SYN. bâtard, croisé, hybride, métissé. CONTR. *racé.* ▪ LITTÉRAIRE. Qui est mêlé à autre chose. SYN. mélangé, mêlé, panaché. – VIEUX : bâtardé. CONTR. *pur.*

matinée *nom féminin* Temps entre le lever du jour et midi. SYN. matin. CONTR. *soirée.*

matois *adjectif* LITTÉRAIRE. Qui est rusé et sournois. SYN. astucieux, fin, finaud, malin, narquois, retors, roué, rusé. – FAMILIER : ficelle, roublard. – LITTÉRAIRE : cauteleux, madré, tortu. – VIEUX : finasseur, finassier. CONTR. *franc, innocent.*

matoiserie *nom féminin* LITTÉRAIRE. Caractère matois. SYN. astuce, rouerie. – LITTÉRAIRE : cautèle, sournoiserie. CONTR. *innocence.*

matou *nom masculin* Gros chat. SYN. – FAMILIER : minet, mistigri.

matraquage *nom masculin* Répétition insistante de. SYN. intoxication, pilonnage. – FAMILIER : battage, bourrage de crâne, intox, intoxe.

matraque *nom féminin* Arme contondante. SYN. bâton, gourdin, massue, trique.

matraquer *verbe* Frapper à coups de matraque. SYN. assommer, bâtonner, étourdir, mettre à mal, molester, rouer de coups, rudoyer. – FAMILIER : passer à tabac, rosser. – LITTÉRAIRE : violenter. ▪ Critiquer durement. SYN. conspuer, descendre en flammes, malmener, tirer à boulets rouges sur. – FAMILIER : démolir, éreinter, esquinter, étriller. – LITTÉRAIRE : flageller, vilipender. ▪ FAMILIER. Demander un prix exagéré. SYN. étrangler, exploiter, voler. – FAMILIER : écorcher, estamper, étriller, rançonner. – LITTÉRAIRE : gruger. – VIEUX : égorger.

matriarcat *nom masculin* Système social où la femme prédomine. CONTR. *patriarcat.*

matrice *nom féminin* VIEUX. Organe génital féminin. SYN. utérus.

matrilocal *adjectif* Se dit d'un couple résidant chez la femme. SYN. uxorilocal. CONTR. *patrilocal, virilocal.*

matriochka *nom féminin* Poupée gigogne en bois peint. SYN. poupée russe.

matrocline *adjectif* Qui a les caractères héditaires de la mère. CONTR. *patrocline.*

matthiole *nom féminin* Plante à fleurs parfumées. SYN. bâton-d'or, giroflée, quarantaine, violier.

maturation *nom féminin* Évolution d'un phénomène. SYN. croissance, développement, mûrissement, préparation, vieillissement. ■ Fait de devenir mûr. SYN. mûrissement.

mature *adjectif* Arrivé à maturité. SYN. adulte, mesuré, mûr, pondéré, posé, réfléchi. CONTR. *enfantin, infantile, puéril.*

maturité *nom féminin* État de plein développement. SYN. épanouissement, force. – LITTÉRAIRE : plénitude. CONTR. *décrépitude, fin.* – LITTÉRAIRE : *crépuscule.* ■ Période de la vie d'adulte. SYN. âge mûr, expérience, force de l'âge, sagesse. CONTR. *inexpérience, jeunesse.*

maudire *verbe* LITTÉRAIRE. Appeler la colère divine sur. SYN. anathématiser, envoyer à tous les diables, envoyer au diable, envoyer aux cinq cents diables, mettre au ban, réprouver. – LITTÉRAIRE : flétrir. CONTR. *adorer, aimer, apprécier, bénir, chérir.* – LITTÉRAIRE : *affectionner.* ■ Manifester son exaspération. SYN. s'emporter contre, exécrer, fulminer, ne pas décolérer, pester, tempêter contre, tonner, vitupérer. – FAMILIER : déblatérer. – LITTÉRAIRE : abhorrer. CONTR. *exalter, glorifier, honorer.* – LITTÉRAIRE : *magnifier.*

maudit *adjectif* Rejeté par la société. SYN. déchu, réprouvé. CONTR. *béni.* ■ Qui contrarie. SYN. abominable, damné, détestable, fatal, odieux. – FAMILIER : sacré, sale, satané, sinistre. – LITTÉRAIRE : exécrable. – POPULAIRE : fichu. CONTR. *agréable, bienfaisant, bienheureux, heureux, plaisant.*

maudit *nom* LITTÉRAIRE. Personne réprouvée. SYN. paria, pestiféré. – LITTÉRAIRE : damné, réprouvé.

maugréer *verbe* Manifester sa mauvaise humeur. SYN. être de mauvaise humeur, être d'une humeur de chien, être d'une humeur de dogue, grogner, grommeler, gronder, marmonner, pester, se plaindre. – FAMILIER : bougonner, être de mauvais poil, être mal luné, maronner, râler, ronchonner, rouspéter. – POPULAIRE : rouscailler. – VIEUX : rogner, rognonner. CONTR. *être bien disposé, être de bonne humeur, exulter, jubiler, se réjouir, sourire.* – FAMILIER : *être bien luné, être de bon poil.*

mausolée *nom masculin* Monument funéraire. SYN. sépulture, tombe, tombeau. – LITTÉRAIRE : sépulcre.

maussade *adjectif* Qui est d'humeur chagrine. SYN. boudeur, bourru, désagréable, grincheux, grognon, mélancolique, morose, rébarbatif, renfrogné, revêche, triste. – LITTÉRAIRE : chagrin, malgracieux, rechigné. CONTR. *affable, gai, jovial, joyeux, radieux, rayonnant, réjoui.* – LITTÉRAIRE : *amène.* ■ Qui inspire de l'ennui. SYN. ennuyeux, fastidieux, insipide, morne, terne, triste. – FAMILIER : cafardeux, enquiquinant, rasant, rasoir.

maussaderie *nom féminin* LITTÉRAIRE. Mauvaise humeur. SYN. acrimonie, mélancolie, morosité, tristesse. – LITTÉRAIRE : âcreté. CONTR. *affabilité, allégresse, amabilité, enjouement, gaieté, jovialité.* – LITTÉRAIRE : *aménité.*

mauvais *adjectif* Qui présente des défauts. SYN. défectueux, déficient, erroné, faux, imparfait, incorrect, inexact. – FAMILIER : à la gomme. – POPULAIRE : à la manque, à la noix (de coco). CONTR. *bon, convenable, correct, exact, fondé, juste, parfait, précis.* ■ Qui n'est pas à propos. SYN. contraire, défavorable, inadéquat, inopportun. CONTR. *adéquat, faste, heureux, judicieux, juste, opportun, propice.* ■ Qui n'est pas réussi. SYN. catastrophique, désastreux, inquiétant, lamentable, malheureux, manqué, médiocre, nul, pauvre, pitoyable. – FAMILIER : raté. CONTR. *admirable, consommé, excellent, intéressant, parfait, réussi, satisfaisant.* – FAMILIER : *formidable.* ■ Dont les résultats sont insuffisants. SYN. faible, incapable, incompétent, maladroit, médiocre. CONTR. *capable, compétent, doué, expérimenté, expert, fin, fort, habile, imbattable, qualifié, supérieur, sûr.* – FAMILIER : *chevronné, incollable.* ■ Qu déplaît au goût, à l'odorat. SYN. abominable, affreux, atroce, désagréable, détestable, épouvantable, exécrable, horrible, imbuvable, infect, insupportable, méphitique, pestilentiel, vilain. CONTR. *agréable, beau, délicat, délicieux, exquis, magnifique, mangeable, splendide, suave, succulent, superbe.* – LITTÉRAIRE : *délectable.* ■ Qui fait du mal. SYN. dangereux, difficile, insalubre, malsain, nocif, nuisible, pernicieux, préjudiciable, redoutable, virulent. CONTR. *anodin, bénéfique, bénin, bienfaisant, sain, salubre, salutaire, stimulant, tonifiant, vivifiant.* ■ Qui aime faire du mal. SYN. cruel, diabolique, dur, haineux, hostile, impitoyable, implacable, injuste, malfaisant, malveillant, méchant, pervers, sadique. – FAMILIER : rosse, sale, vache. – LITTÉRAIRE : perfide, pernicieux, scélérat, vénéneux, venimeux. CONTR. *affectueux, bienveillant, bon, brave, cordial, doux, franc, généreux, gentil, humain, loyal, serviable, sincère, sympathique, vrai.* – FAMILIER : *chic.* – LITTÉRAIRE : *vertueux.* ■ Qui rapporte peu. SYN. désastreux, faible, médiocre. CONTR. *avantageux, fructueux, lucratif, profitable, rémunérateur, rentable.* – FAMILIER : *joli.*

mauviette *nom féminin* FAMILIER. Personne chétive. SYN. avorton, gringalet, nabot, nain. – FAMILIER : maigrichon. ■ FAMILIER. Personne lâche. SYN. lâche, peureux, poltron. – FAMILIER : femmelette, freluquet, froussard, poule mouillée. – LITTÉRAIRE : couard. – POPULAIRE : foireux, trouillard. – VIEUX : capon. CONTR. *brave, courageux.* – FAMILIER : *casse-cou.*

maxillaire *nom masculin* Partie osseuse de la bouche qui porte les dents. SYN. mâchoire. – FAMILIER : mandibule.

maxillipède *nom masculin* Appendice pair des crustacés. SYN. patte-mâchoire.

maximal *adjectif* Qui est au plus haut degré. SYN. optimal. CONTR. *minimal.*

maximalisation *nom féminin* Action de maximaliser. SYN. maximisation.

maximaliser *verbe* Porter au plus haut degré. SYN. grossir, maximiser. CONTR. *diminuer, minimiser, minorer, réduire, restreindre.*

maxime *nom féminin* Formule moralisante. SYN. adage, aphorisme, apophtegme, axiome, devise, dicton, dogme, moralité, pensée, précepte, principe, proverbe, règle. – LITTÉRAIRE : sentence.

maximisation *nom féminin* Action de maximiser. SYN. maximalisation.

maximiser *verbe* Porter au maximum. SYN. grossir, maximaliser. CONTR. *diminuer, minimiser, minorer, réduire, restreindre.*

maximum *nom masculin* Le plus haut degré de. SYN. apogée, comble, plafond, pointe, sommet, summum. – LITTÉRAIRE : faîte. CONTR. *minimum, plancher.*

mayatis *nom masculin* Arbre d'Asie utilisé en menuiserie. SYN. lauan, meranti.

mayeur *nom masculin* En Belgique, maire d'une commune. SYN. bourgmestre, maïeur.

mazdéisme *nom masculin* Religion dualiste de l'Iran ancien. SYN. zoroastrisme.

mazouteur *nom masculin* Type de navire pétrolier. SYN. avitailleur.

mea-culpa *nom masculin* ***Faire son mea-culpa,*** reconnaître ses torts. SYN. demander pardon, se frapper la poitrine, se repentir, se reprocher, s'en vouloir. – FAMILIER : se mordre les doigts. – LITTÉRAIRE : battre sa coulpe.

méandre *nom masculin* Sinuosité d'un cours d'eau. SYN. boucle, coude, détour, lacet, zigzag. – LITTÉRAIRE : inflexion. ■ Cheminement sinueux. SYN. dédale, labyrinthe, ondulation, tournant. – LITTÉRAIRE : repli, sinuosité.

mec *nom masculin* POPULAIRE. Individu du sexe masculin. SYN. bonhomme, bougre, homme, individu, personnage, quidam. – FAMILIER : citoyen, gaillard, gars, oiseau, particulier, pistolet, type, zèbre. – POPULAIRE : gazier, gus, gusse, keum, zig, zigue. CONTR. *femme.* – ARGOTIQUE : *meuf.* – POPULAIRE : *nana.*

mécanique *adjectif* Qui se fait sans réfléchir. SYN. automatique, inconscient, instinctif, involontaire, irréfléchi, machinal, réflexe.

mécaniquement *adverbe* À l'aide de moyens mécaniques. SYN. automatiquement. CONTR. *manuellement.* ■ Sans y penser. SYN. inconsciemment, instinctivement, involontairement, machinalement, spontanément. CONTR. *intentionnellement, sciemment, volontairement.*

mécanisation *nom féminin* Action de mécaniser. SYN. automation, automatisation, motorisation.

mécaniser *verbe* Rendre une action mécanique. SYN. automatiser. ■ Employer des machines. SYN. motoriser.

mécanisme *nom masculin* Enchaînement d'opérations. SYN. cours, déroulement, développement, procédé, processus, technique.

mécène *nom masculin* Soutien financier d'un artiste. SYN. bienfaiteur, patron, père, protecteur.

méchamment *adverbe* De façon méchante. SYN. abominablement, atrocement, cruellement, durement, inhumainement, sauvagement. CONTR. *doucement, gentiment, humainement, innocemment.* ■ FAMILIER. Indique un haut degré. SYN. abominablement, affreusement, beaucoup, bien, effroyablement, énormément, épouvantablement, exceptionnellement, excessivement, extraordinairement, extrêmement, follement, fort, fortement, grandement, hautement, horriblement, immensément, immodérément, incroyablement, infiniment, mortellement, particulièrement, prodigieusement, profondément, puissamment, supérieurement, terriblement, tout à fait, très, trop, vertigineusement. – FAMILIER : atrocement, bigrement, bougrement, diablement, drôlement, fameusement, fichtrement, fichûment, formidablement, joliment, à mort, rudement, sacrément, tout plein. – LITTÉRAIRE : diantrement, furieusement. – POPULAIRE : foutrement, salement, vachement. – VIEUX : fièrement. CONTR. *faiblement, guère, modérément, moyennement, raisonnablement.*

méchanceté *nom féminin* Caractère méchant. SYN. cruauté, dureté, malignité, malveillance, noirceur, perversité, sadisme. – LITTÉRAIRE : scélératesse, venin, vilenie. CONTR. *amabilité,* *bonté, douceur, gentillesse.* ■ Action, parole méchante. SYN. coup de boutoir, coup de corne, coup de patte, méfait, sale tour, tracasserie. – FAMILIER : crasse, entourloupe, entourloupette, misère, rosserie, saleté, tour de cochon. – LITTÉRAIRE : scélératesse, vilenie. – POPULAIRE : saloperie, vacherie. CONTR. *attention.*

méchant *adjectif* Qui est très désagréable. SYN. détestable, mauvais. – FAMILIER : massacrant, sale. CONTR. *agréable, bon.* ■ Qui cherche à nuire. SYN. brutal, calomnieux, cruel, dur, féroce, haineux, hargneux, malfaisant, malintentionné, malveillant, mauvais, odieux, pervers, sadique, sauvage, vindicatif, virulent. – FAMILIER : rosse, teigneux, vache, vilain. – LITTÉRAIRE : fielleux, vénéneux, venimeux. CONTR. *aimable, bienveillant, bon, brave, charitable, charmant, délicieux, doux, gentil, humain, indulgent, tendre.* – FAMILIER : *chic, excellent.* – LITTÉRAIRE : *bienfaisant.* ■ Qui est insignifiant. SYN. médiocre, misérable, pauvre, pitoyable. – FAMILIER : minable, miteux. CONTR. *coquet, joli.*

méchant *nom* Personne qui fait le mal. SYN. peste, vipère. – FAMILIER : chameau, rosse, teigne. – LITTÉRAIRE : suppôt de Satan. – POPULAIRE : charogne, garce, peau de vache, punaise, salaud. CONTR. *bon, gentil.*

mèche *nom féminin* Touffe de cheveux. SYN. boucle, épi, houppe.

mécompte *nom masculin* LITTÉRAIRE. Espérance déçue. SYN. déboire, déception, déconvenue, désillusion.

méconnaissable *adjectif* Qu'on ne reconnaît plus. SYN. changé, métamorphosé, transformé. CONTR. *identifiable, reconnaissable.*

méconnaissance *nom féminin* Fait de mal connaître. SYN. ignorance, incompréhension, inexpérience. CONTR. *connaissance, expérience.* ■ VIEUX. Caractère ingrat. SYN. ingratitude, oubli. CONTR. *gratitude, reconnaissance.*

méconnaître *verbe* Ne pas apprécier à sa valeur. SYN. dédaigner, faire fi de, ignorer, méjuger, mésestimer, négliger, oublier, sous-estimer, sous-évaluer, se tromper. CONTR. *apprécier, considérer, estimer, reconnaître.*

méconnu *adjectif* Que l'on méconnaît. SYN. ignoré, incompris, inconnu, obscur, oublié. CONTR. *célèbre, connu, glorieux, illustre, important, populaire, reconnu, renommé.* – LITTÉRAIRE : *fameux.*

mécontent *adjectif* Qui n'est pas content. SYN. agacé, contrarié, déçu, dépité, désabusé, désappointé, ennuyé, fâché, furieux, insatisfait. – FAMILIER : embêté. CONTR. *comblé, content, enchanté, enthousiaste, gai, heureux, ravi, satisfait.*

mécontentement *nom masculin* État d'indignation. SYN. agacement, contrariété, dépit, déplaisir, désagrément, ennui, humeur, insatisfaction, irritation. – FAMILIER : enquiquinement, grogne, rogne. CONTR. *contentement, enthousiasme, satisfaction.*

mécontenter *verbe* Rendre mécontent. SYN. chagriner, contrarier, déplaire, désappointer, désoler, ennuyer, exaspérer, fâcher, heurter, indisposer, irriter, navrer, offenser. – FAMILIER : chiffonner, embêter. – LITTÉRAIRE : importuner. CONTR. *arranger, combler, contenter, enchanter, faire plaisir, ravir, réjouir, satisfaire.*

mécoptère *nom masculin* Insecte dont le mâle porte une pince puissante. SYN. mouche-scorpion.

mécréant *nom* LITTÉRAIRE. Personne sans religion. SYN. athée, incrédule, incroyant, irréligieux, non-croyant, païen. CONTR. *bigot, croyant, dévot.*

médecin *nom masculin* Personne qui exerce la médecine. SYN. clinicien, disciple d'Esculape, docteur, homme de l'art, praticien. – FAMILIER : toubib. – LITTÉRAIRE : thérapeute. – VIEUX : officier de santé.

médian *adjectif* Qui se situe au milieu. SYN. central, intermédiaire, moyen.

médiat *adjectif* Qui se fait indirectement. SYN. détourné, indirect, lointain. CONTR. *direct, immédiat.*

médiateur *nom* Personne qui s'entremet. SYN. arbitre, conciliateur, intermédiaire, négociateur. – LITTÉRAIRE : intercesseur.

médiation *nom féminin* Intervention dans un conflit. SYN. arbitrage, bons offices, conciliation, intermédiaire, intervention. – LITTÉRAIRE : entremise, intercession.

médiator *nom masculin* Pièce qui sert à pincer la corde d'un instrument. SYN. plectre.

médicament *nom masculin* Substance destinée à un malade. SYN. drogue, produit pharmaceutique, remède, traitement. – VIEUX : médecine.

médication *nom féminin* Emploi de médicaments. SYN. thérapeutique, thérapie, traitement.

médicinal *adjectif* ***Herbes, plantes médicinales,*** plantes aux propriétés thérapeutiques. SYN. – VIEUX : simples.

médicinier *nom masculin* Plante au fruit à trois coques. SYN. jatropha.

médiéval *adjectif* Du Moyen Âge. SYN. – VIEUX : moyenâgeux.

médiocre *adjectif* Qui est insuffisant. SYN. bas, imparfait, insuffisant, maigre, mauvais, méchant, mesquin, mince, modeste, modique, petit. CONTR. *bon, conséquent, copieux, décent, grand, gros, important, satisfaisant.* ■ Qui a peu de capacités. SYN. borné, déficient, faible, limité, moyen, obtus. – FAMILIER : bouché, faiblard. CONTR. *bon, brillant, consommé, éminent, excellent, fort, génial, incomparable, parfait, supérieur, unique.* – FAMILIER : *formidable.* – LITTÉRAIRE : *distingué.* ■ Sans grand intérêt. SYN. étriqué, futile, insignifiant, piètre, plat, quelconque, vide. – FAMILIER : à la gomme. – LITTÉRAIRE : vain. – POPULAIRE : foireux, merdique. CONTR. *excellent, extra, extraordinaire, formidable, immense, particulier.* – FAMILIER : *épatant, fameux.*

médiocrement *adverbe* D'une manière médiocre. SYN. faiblement, guère, légèrement, moyennement, passablement, à peine, peu. – LITTÉRAIRE : piètrement. CONTR. *beaucoup, bien, fortement, grandement, hautement, horriblement, intégralement, particulièrement, pleinement, profondément, puissamment, supérieurement, terriblement.* – FAMILIER : *bigrement, bougrement, fichtrement, fichûment, formidablement.* – POPULAIRE : *foutrement.*

médiocrité *nom féminin* Insuffisance dans la qualité. SYN. banalité, imperfection, incapacité, insignifiance, platitude. CONTR. *brillant, éclat, excellence, génie, gravité, magnificence, perfection.* ■ Insuffisance dans la quantité. SYN. faiblesse, insuffisance, maigreur, modicité, pauvreté, petitesse. CONTR. *grandeur, immensité, importance, richesse.*

médire *verbe* Tenir des propos malveillants sur. SYN. calomnier, critiquer, décrier, dénigrer, diffamer, dire pis que pendre, gloser sur, jaser, traîner dans la boue. – FAMILIER : abîmer, assaisonner, bavasser, baver sur, cancaner, casser du sucre sur (le dos de), causer, commérer, cracher sur, débiner, déblatérer contre, démolir, éreinter, esquinter, habiller pour l'hiver, potiner. – LITTÉRAIRE : clabauder, dauber sur, jaboter, vilipender. – POPULAIRE : tailler un costard, tailler une veste. – VIEUX : cailleter. CONTR. *admirer, aduler, apprécier, célébrer, exalter, flatter, louer, vanter.* – LITTÉRAIRE : *chanter, encenser, louanger.*

médisance *nom féminin* Action de médire. SYN. dénigrement, diffamation. – FAMILIER : débinage, éreintage, éreintement. CONTR. *admiration, flatterie.* – LITTÉRAIRE : *adulation.* ■ Propos de quelqu'un qui médit. SYN. bavardage, commérage, coup de boutoir, coup de corne, coup de dent, coup de patte, on-dit, pique. – FAMILIER : cancan, potin, racontar, ragot. – LITTÉRAIRE : clabaudage, clabauderie. CONTR. *apologie, compliment, éloge, louange.* – LITTÉRAIRE : *encens.*

médisant *adjectif* Qui manifeste de la médisance. SYN. cancanier, critique, dépréciateur, dépréciatif, malintentionné, malveillant, virulent. – LITTÉRAIRE : vénéneux, venimeux. CONTR. *flatteur, louangeur.*

médisant *nom* Personne qui médit. SYN. cancanier, critique, détracteur. – FAMILIER : commère, concierge. – LITTÉRAIRE : clabaudeur. – VIEUX : potinier. CONTR. *admirateur, flatteur.* – LITTÉRAIRE : *adulateur, louangeur, thuriféraire.*

méditatif *adjectif* Plongé dans ses pensées. SYN. absorbé, concentré, contemplatif, pensif, préoccupé, recueilli, réfléchi, rêveur, songeur. – LITTÉRAIRE : contemplateur. CONTR. *distrait.*

méditation *nom féminin* Action de réfléchir. SYN. approfondissement, contemplation, étude, pensée, recherche, recueillement, réflexion. – LITTÉRAIRE : délibération, spéculation.

méditer *verbe intransitif* S'absorber dans sa réflexion. SYN. se concentrer, penser, philosopher, raisonner, se recueillir, réfléchir, rêver. – FAMILIER : cogiter. – LITTÉRAIRE : délibérer, songer.

méditer *verbe transitif* Préparer par une réflexion. SYN. approfondir, se concentrer, élaborer, étudier, mûrir, préparer, réfléchir, ruminer, songer à. – LITTÉRAIRE : spéculer.

médius *nom masculin* Doigt du milieu de la main. SYN. majeur.

médusé *adjectif* Frappé de stupeur. SYN. abasourdi, ahuri, bouche bée, coi, démonté, ébahi, éberlué, étonné, interdit, interloqué, pantois, renversé, sidéré, stupéfait, suffoqué, surpris, tombé de la lune, tombé des nues. – FAMILIER : baba, comme deux ronds de flan, épaté, époustouflé, estomaqué, scié, soufflé. – LITTÉRAIRE : ébaubi. – POPULAIRE : sur le cul.

méduser *verbe* Frapper d'étonnement. SYN. ahurir, couper le souffle, démonter, figer, interloquer, pétrifier, stupéfier, suffoquer, surprendre. – FAMILIER : asseoir, couper le sifflet, ébouriffer, époustoufler, estomaquer, scier, sidérer, souffler. – LITTÉRAIRE : statufier. – POPULAIRE : couper la chique.

meeting *nom masculin* Réunion publique. SYN. manifestation, rassemblement, rencontre, réunion.

méfait *nom masculin* Action mauvaise. SYN. crime, délit, faute, méchanceté. – LITTÉRAIRE : forfait, malfaisance. CONTR. *B.A., bienfait.* ■ Résultat néfaste. SYN. dégât, ravage, saccage. CONTR. *avantage, bénéfice, fruit, profit.*

méfiance *nom féminin* État d'esprit méfiant. SYN. circonspection, défiance, doute, incrédulité, prévention, réserve, scepticisme, soupçon, suspicion. CONTR. *abandon, assurance, confiance, crédulité.*

méfiant *adjectif* Qui se méfie. SYN. circonspect, défiant, dubitatif, incrédule, ombrageux, sceptique, soupçonneux, suspicieux, vigilant. CONTR. *confiant, crédule, sûr.*

méfier (se) *verbe pronominal* Ne pas faire confiance. SYN. assurer ses arrières, avoir à l'œil, avoir la puce à l'oreille, douter, être aux aguets, être sur la défensive, être sur la réserve, être sur le qui-vive, être sur ses gardes, faire attention, garder ses distances, ne dormir que d'un œil, ne pas mettre tous ses œufs dans le même panier, prendre garde à, prendre ses précautions, protéger ses arrières, rester sur son quant-à-soi, se tenir sur ses gardes, se tenir sur son quant-à-soi, veiller au grain, y regarder à deux fois. – FAMILIER : faire gaffe, se tenir à carreau. – LITTÉRAIRE : se défier, se garder de. CONTR. *avoir confiance, compter sur, croire, se fier, s'en remettre à.* – LITTÉRAIRE : *s'abandonner, se confier.*

mégalencéphalie *nom féminin* Augmentation congénitale du volume du cerveau. SYN. encéphalomégalie.

mégalomanie *nom féminin* Surestimation de soi-même. SYN. folie des grandeurs, orgueil, présomption.

mégaphone *nom masculin* Appareil qui amplifie la voix. SYN. porte-voix. – POPULAIRE : gueuloir.

mégaptère *nom masculin* Cétacé à longues nageoires. SYN. baleine à bosse, jubarte.

mégarde *nom féminin* ***Par mégarde,*** sans le vouloir. SYN. par erreur, par inadvertance, sans le faire exprès. CONTR. *délibérément, exprès, intentionnellement, volontairement.*

mégère *nom féminin* Femme acariâtre. SYN. furie, harpie, sorcière, vipère. – FAMILIER : harengère, rosse. – LITTÉRAIRE : gorgone, tigresse. – VIEUX : commère.

mégoter *verbe* POPULAIRE. Limiter l'usage d'une chose. SYN. économiser, lésiner, regarder, rogner. – FAMILIER : gratter. CONTR. *dépenser, dilapider.* – FAMILIER : *cracher.* – POPULAIRE : *casquer.*

méhari *nom masculin* Chameau à une seule bosse. SYN. dromadaire.

meilleur *nom masculin* Ce qui est excellent. SYN. – FAMILIER : crème. – LITTÉRAIRE : quintessence. CONTR. *pire.*

méjuger *verbe* Apprécier faussement. SYN. méconnaître, mépriser, mésestimer, rabaisser, sous-estimer, sous-évaluer. CONTR. *surestimer, surévaluer.*

mélampyre *nom masculin* Plante qui parasite les racines des céréales. SYN. queue-de-renard.

mélancolie *nom féminin* État de tristesse vague. SYN. ennui, langueur, nostalgie, rêverie, vague à l'âme. – LITTÉRAIRE : spleen. ■ Dépression intense. SYN. dépression, grisaille, morosité, neurasthénie, papillons noirs, pessimisme, tristesse. – FAMILIER : cafard. – LITTÉRAIRE : maussaderie. CONTR. *allégresse, entrain, euphorie, gaieté, hilarité, joie, jubilation.*

mélancolique *adjectif* Qui éprouve une tristesse vague. SYN. cafardeux, désabusé, désenchanté, maussade, nostalgique, pessimiste, sombre, triste. – LITTÉRAIRE : ténébreux. CONTR. *enjoué, enthousiaste, épanoui, euphorique, gai, joyeux, radieux, rayonnant, réjoui.* – LITTÉRAIRE : *folâtre.* ■ Qui provoque la mélancolie. SYN. funèbre, lugubre, morne, morose, noir, sinistre. – FAMILIER : cafardeux. CONTR. *amusant, badin, plaisant, radieux, réjouissant, riant.*

mélange *nom masculin* Action de mélanger. SYN. brassage, fusionnement, incorporation, panachage. ■ Ce qui est obtenu en mélangeant. SYN. alliage, alliance, assemblage, assortiment, combinaison, fusion, réunion. ■ Réunion d'éléments hétéroclites. SYN. amalgame, association, cocktail, composé, confusion, fatras, fouillis, magma, mixture, pot-pourri, ramassis, tissu. – FAMILIER : méli-mélo, salmigondis. – LITTÉRAIRE : panaché. – VIEUX : pêle-mêle.

mélangé *adjectif* Composé d'éléments différents. SYN. combiné, composite, disparate, hétéroclite, hétérogène, hybride, mêlé, varié. – LITTÉRAIRE : mâtiné. CONTR. *homogène, pur.*

mélanger *verbe* Mêler des choses ensemble. SYN. allier, amalgamer, assembler, associer, brasser, combiner, fondre, fusionner, incorporer, marier, panacher, unir. CONTR. *dissocier, distinguer, isoler, séparer.* – LITTÉRAIRE : *discerner.* ■ Confondre des choses. SYN. brouiller, confondre, embrouiller, emmêler, enchevêtrer, entrecroiser, entrelacer, entremêler, mêler. – FAMILIER : s'emmêler les pieds. – POPULAIRE : s'emmêler les crayons, s'emmêler les pédales, s'emmêler les pinceaux. CONTR. *arranger, classer, classifier, ordonner, trier.*

mélanisme *nom masculin* Pigmentation noire de la peau ou des poils. CONTR. *albinisme.*

mélanome *nom masculin* ***Mélanome malin,*** tumeur cancéreuse. SYN. mélanosarcome, nævocarcinome.

mélanote *nom masculin* Poisson d'eau douce. SYN. ide.

mélasma *nom masculin* Taches brunes sur le visage. SYN. chloasma.

mêlé *adjectif* Formé d'éléments divers. SYN. bigarré, composite, hétéroclite, hétérogène, hybride, mélangé. – LITTÉRAIRE : mâtiné. CONTR. *homogène.*

méléagrine *nom féminin* Huître qui produit des perles. SYN. huître perlière, pintadine.

mêlée *nom féminin* Combat opiniâtre. SYN. bataille, choc, combat, escarmouche, rencontre. – ARGOTIQUE : baroud. ▪ Petite bagarre. SYN. altercation, bousculade, cohue, échauffourée, rixe. – FAMILIER : accrochage, bagarre. ▪ Conflit d'intérêts. SYN. controverse, coups, discussion, dispute, escarmouche, polémique, querelle. – FAMILIER : bagarre.

mêler *verbe* Mettre des choses ensemble. SYN. agglutiner, allier, amalgamer, associer, combiner, fondre, fusionner, joindre, marier, mélanger, réunir. CONTR. *dissocier, distinguer, isoler, séparer.* – LITTÉRAIRE : *discerner.* ▪ Mettre en désordre. SYN. brouiller, embrouiller, emmêler, enchevêtrer, entrecroiser, entrelacer, entremêler. CONTR. *arranger, classer, classifier, ordonner, trier.* ▪ Faire participer à une action. SYN. compromettre, embarquer, impliquer. – FAMILIER : embringuer, engager.

mêler (se) *verbe pronominal* Se mélanger en formant un tout. SYN. se fondre, fusionner, se joindre, se marier, se mélanger. ▪ Se joindre à. SYN. s'associer, s'intégrer, se joindre. ▪ Intervenir dans une affaire. SYN. s'aviser de, s'immiscer, s'ingérer, intervenir dans, mettre son nez dans, participer à, prendre part à. – FAMILIER : fourrer son nez dans. CONTR. *s'abstenir, éviter, se garder de.*

melette *nom féminin* Poisson voisin du hareng. SYN. harenguet, menuise, sprat.

melia *nom masculin* Arbre à fleurs odorantes. SYN. margousier.

méli-mélo *nom masculin* FAMILIER. Mélange confus. SYN. bric-à-brac, enchevêtrement, fatras, fouillis, imbroglio, magma, ramassis. – FAMILIER : bazar, brouillamini, micmac, salmigondis. – VIEUX : pêle-mêle.

mélioratif *adjectif et nom masculin* Qui a un sens favorable. CONTR. *dépréciatif, péjoratif.*

mélisse *nom féminin* Plante à fleurs blanchâtres. SYN. citronnelle.

mélitococcie *nom féminin* Maladie infectieuse. SYN. brucellose, fièvre de Malte, fièvre ondulante.

mélitose *nom masculin* Glucide de certains végétaux. SYN. raffinose.

melliflu *adjectif* LITTÉRAIRE. Qui est fade. SYN. douceâtre, doucereux, mielleux, plat.

mélodie *nom féminin* Suite de sons harmonieux. SYN. air, aria, chanson, musique, ramage. CONTR. *dissonance.*

mélodieux *adjectif* Qui est agréable à l'oreille. SYN. doux, harmonieux, joli, musical, suave. – LITTÉRAIRE : séraphique. CONTR. *criard, discordant, dissonant, inharmonieux, rauque, rocailleux, rude.*

melon *nom masculin* ***Melon d'eau,*** gros fruit à chair rose. SYN. pastèque.

mélopée *nom féminin* Chant monotone et triste. SYN. complainte.

mélurse *nom masculin* Ours du Sri Lanka et de l'Inde. SYN. ours lippu, prochile.

membre *nom masculin* Personne qui fait partie d'un groupe. SYN. adepte, adhérent, affilié, inscrit, sociétaire.

même *adjectif* Indique la similitude. SYN. égal, équivalent, identique, pareil, semblable, similaire. CONTR. *autre, contraire, différent, dissemblable, distinct, divers, inégal, inverse, opposé.*

même *adverbe* Indique le renchérissement. SYN. aussi, également. ▪ Renforce une affirmation. SYN. exactement, justement. – FAMILIER : précisément.

mêmement *adverbe* VIEUX. De même. SYN. aussi, également, identiquement, pareillement. – LITTÉRAIRE : semblablement. CONTR. *autrement, différemment, diversement.*

mémento *nom masculin* Carnet de notes. SYN. agenda, mémorandum. – FAMILIER : pense-bête. ▪ Livre qui fait le point sur un sujet. SYN. abrégé, aide-mémoire, guide, manuel, précis, résumé. – LITTÉRAIRE : vade-mecum. – VIEUX : notice.

mémoire *nom féminin* Ce qu'on garde en souvenir. SYN. réminiscence, souvenir. – LITTÉRAIRE : souvenance. CONTR. *oubli.*

mémoire *nom masculin* Exposé sur une question. SYN. état, étude, exposé, monographie, rapport, relation. ▪ Relevé de sommes dues. SYN. compte, facture, note, relevé.

mémorable *adjectif* Digne d'être gardé en mémoire. SYN. célèbre, glorieux, historique, illustre, important, ineffaçable, inoubliable, insigne, marquant, à marquer d'une pierre blanche, remarquable, sans précédent, unique. – FAMILIER : épique. – LITTÉRAIRE : fameux, immortel. CONTR. *banal, insignifiant, nul, ordinaire, quelconque.*

mémoriser *verbe* Fixer dans sa mémoire. SYN. apprendre, emmagasiner, enregistrer, fixer, noter, se rappeler, retenir, se souvenir. CONTR. *oublier.*

menaçant *adjectif* Qui menace. SYN. agressif, comminatoire, farouche, hostile. – LITTÉRAIRE : fulminant. ■ Qui annonce un danger. SYN. alarmant, angoissant, grave, inquiétant, noir, patibulaire, préoccupant, redoutable, sombre, terrifiant. CONTR. *rassurant, tranquillisant.*

menace *nom féminin* Parole, geste de mise en garde. SYN. avertissement, intimidation, pression. ■ Signe qui annonce un danger. SYN. danger, nuage, péril, risque. CONTR. *espoir.*

menacer *verbe* User de menaces. SYN. agiter le spectre de, braver, défier, élever la voix, élever le ton, faire chanter, inquiéter, intimider, provoquer. ■ Constituer un danger pour. SYN. approcher, guetter, se préparer. – FAMILIER : pendre au nez.

ménade *nom féminin* Prêtresse de Dionysos. SYN. bacchante, thyiade.

ménage *nom masculin* Homme et femme vivant ensemble. SYN. couple, famille, foyer.

ménagement *nom masculin* Modération dans sa conduite. SYN. attention, circonspection, égard, mesure, précaution, prévenance, prudence. – LITTÉRAIRE : sobriété. CONTR. *brusquerie, brutalité.*

ménager *verbe* Employer avec économie. SYN. économiser, épargner, mesurer, réserver. CONTR. *dilapider, gaspiller, prodiguer.* – LITTÉRAIRE : *dissiper.* ■ Traiter avec des égards. SYN. flatter, respecter. – FAMILIER : être aux petits soins, prendre des gants. CONTR. *atteindre, bousculer, brusquer, brutaliser, froisser.* – FAMILIER : *aplatir.* ■ Pratiquer un passage. SYN. assurer, frayer, pratiquer. ■ Organiser quelque chose. SYN. arranger, organiser, préparer, régler.

ménager (se) *verbe pronominal* Faire attention à sa santé. SYN. s'écouter, se soigner. – FAMILIER : se chouchouter, se dorloter. CONTR. *s'exténuer, se fatiguer.* – FAMILIER : *s'éreinter.* ■ S'arranger pour disposer de. SYN. s'assurer, se garantir, s'offrir, se procurer, se réserver.

mendiant *nom* Personne qui mendie pour vivre. SYN. clochard, indigent, malheureux, miséreux, vagabond. – LITTÉRAIRE : gueux, quémandeur. – VIEUX : chemineau, mendigot, trimardeur.

mendier *verbe* Solliciter humblement. SYN. implorer, quémander, tendre la main. – LITTÉRAIRE : quêter. – VIEUX : mendigoter.

menées *nom féminin pluriel* Manœuvres secrètes. SYN. agissements, cabale, calcul, combinaison, complot, conjuration, conspiration, intrigue, machinations, manège, manigances, manœuvres, tractations. – FAMILIER : combines.

mener *verbe* Faire aller avec soi. SYN. accompagner, amener, conduire, emmener, guider. CONTR. *suivre.* ■ Commander quelqu'un. SYN. commander, diriger, gouverner, influencer, manipuler, manœuvrer, régenter, suggestionner, tyranniser. – VIEUX : manier. CONTR. *obéir, suivre.* ■ Faire parvenir à. SYN. aller, conduire, déboucher, entraîner, pousser. ■ Diriger le cours d'une action. SYN. administrer, conduire, diriger, gérer, régir.

ménestrel *nom masculin* Artiste du Moyen Âge. SYN. jongleur, ménétrier.

meneur *nom* Personne qui entraîne les autres. SYN. agitateur, cerveau, chef, dirigeant, instigateur, leader, porte-drapeau, protagoniste, tête. – LITTÉRAIRE : excitateur, fomentateur, pilote.

menhir *nom masculin* Monument fait d'un seul bloc de roche vertical. SYN. pierre levée.

mensonge *nom masculin* Action de mentir. SYN. dissimulation, duplicité, fausseté, hypocrisie. CONTR. *franchise, sincérité, vérité.* – LITTÉRAIRE : *véracité.* ■ Assertion contraire à la vérité. SYN. comédie, contrevérité, fabulation, histoire, inexactitude, mystification, tromperie. – FAMILIER : bobard, boniment. – POPULAIRE : craque. – VIEUX : menterie. CONTR. *vérité.* ■ LITTÉRAIRE. Ce qui est illusoire. SYN. conte, erreur, illusion, invention, mirage, mythe. – LITTÉRAIRE : imposture.

mensonger *adjectif* Fondé sur le mensonge. SYN. captieux, chimérique, erroné, fantaisiste, fantasmagorique, fantastique, faux, fictif, inauthentique, inexact, menteur, mythique, trompeur. – FAMILIER : bidon. – LITTÉRAIRE : controuvé, fabuleux, fallacieux, infidèle. CONTR. *authentique, exact, objectif, réaliste, réel, sincère, véridique, vrai.*

mensongèrement *adverbe* De façon mensongère. SYN. faussement. CONTR. *sincèrement, vrai, vraiment, pour de vrai.*

menstruation *nom féminin* Écoulement sanguin périodique chez la femme. SYN. règles. – VIEUX : menstrues.

mental *adjectif* Relatif à l'intellect. SYN. cérébral, intellectuel, psychique, spirituel. CONTR. *affectif, corporel, physiologique, physique, somatique.* – LITTÉRAIRE : *charnel.*

mentalement *adverbe* Sur le plan psychique. SYN. moralement, psychiquement. CONTR. *physiquement.*

mentalité *nom féminin* Manière de penser, d'agir. SYN. esprit, mœurs, moralité.

menteur *adjectif* Non conforme à la vérité. SYN. faux, mensonger, trompeur. – LITTÉRAIRE : fallacieux. CONTR. *exact, réel, sincère, vrai.* – LITTÉRAIRE : *véridique.*

menteur *nom* Personne qui ment. SYN. affabulateur, charlatan, fabulateur, imposteur, mystificateur, mythomane.

mention *nom féminin* Fait de signaler une chose. SYN. citation, évocation, notation, rappel.

mentionner *verbe* Faire mention de. SYN. alléguer, citer, consigner, enregistrer, évoquer, faire état de, indiquer, inscrire, marquer, nommer, parler de, préciser, rapporter, relever, répertorier, signaler, spécifier, stipuler.

mentir *verbe* Dissimuler la vérité. SYN. affabuler, donner le change, fabuler, inventer, mystifier, tromper son monde. – FAMILIER : galéjer, noyer le poisson, raconter des bobards, raconter des histoires, raconter des salades. – LITTÉRAIRE : en faire accroire. – POPULAIRE : raconter des craques.

mentor *nom masculin* LITTÉRAIRE. Personne qui conseille. SYN. conseil, conseiller, guide.

menu *adjectif* Qui est très mince. SYN. délicat, effilé, filiforme, fin, fluet, frêle, grêle, mince, svelte, ténu. – LITTÉRAIRE : délié, gracile. CONTR. *bouffi, boursouflé, énorme, épais, fort, gros, ramassé, replet.* – FAMILIER : *grassouillet, rond, rondelet, rondouillard.* ■ Qui est peu important. SYN. faible, infime, insignifiant, léger, négligeable, petit. CONTR. *gros.* – LITTÉRAIRE : *vaste.*

menuise *nom féminin* Poisson voisin du hareng. SYN. harenguet, melette, sprat.

menuiser *verbe* Tailler les pièces de bois d'une charpente. SYN. charpenter.

ménure *nom masculin* Oiseau aux plumes évoquant une lyre. SYN. oiseau-lyre.

menu-vair *nom masculin* VIEUX. Fourrure d'un écureuil sibérien. SYN. petit-gris.

méphistophélique *adjectif* LITTÉRAIRE. Inspiré par le diable. SYN. démoniaque, diabolique, satanique. – LITTÉRAIRE : infernal, luciférien. CONTR. *angélique.* – LITTÉRAIRE : *céleste, séraphique.*

méphitique *adjectif* Qui a une odeur répugnante. SYN. fétide, malodorant, nauséabond, pestilentiel, puant. CONTR. *aromatique, odorant, odoriférant, parfumé.*

méprendre (se) *verbe pronominal* Commettre une erreur à propos de. SYN. s'abuser, s'aveugler, s'égarer, faire erreur, faire fausse route, s'illusionner, se leurrer, se tromper. – LITTÉRAIRE : se fourvoyer. – POPULAIRE : se gourer, se planter.

mépris *nom masculin* Attitude hautaine. SYN. dédain, hauteur, morgue. – LITTÉRAIRE : mésestime. CONTR. *admiration, adoration, considération, culte, déférence, égard, estime, respect, vénération.* – LITTÉRAIRE : *idolâtrie.* ■ Fait de ne pas tenir compte de. SYN. dégoût, désaffection, désintérêt, détachement, indifférence, négation.

méprisable *adjectif* Digne de mépris. SYN. abject, avili, bas, ignoble, infâme, vilain. – LITTÉRAIRE : ignominieux, vil. CONTR. *admirable, estimable, honorable, important, noble, recommandable, respectable, vénérable.* – FAMILIER : *beau.* – LITTÉRAIRE : *auguste, relevé.* ■ Qu'on juge sans importance. SYN. dédaignable, futile, infime, insignifiant, négligeable, petit. – FAMILIER : sale. CONTR. *beau, grandiose, grave, important, sérieux.*

méprisant *adjectif* Qui manifeste du mépris. SYN. arrogant, condescendant, dédaigneux, dénigreur, fier, hautain, rogue, supérieur. – LITTÉRAIRE : contempteur. CONTR. *admiratif, respectueux.* – LITTÉRAIRE : *révérencieux.*

méprise *nom féminin* Fait de se méprendre sur. SYN. bévue, confusion, équivoque, erreur, malentendu, quiproquo. – FAMILIER : bourde, gaffe, maldonne. – LITTÉRAIRE : fourvoiement.

mépriser *verbe* Avoir du mépris pour. SYN. dénigrer, fouler aux pieds, mésestimer, mettre plus bas que terre, piétiner, rabaisser, ravaler. – LITTÉRAIRE : clouer au pilori, dépriser, méjuger, vilipender, vouer aux gémonies. CONTR. *admirer, adorer, aimer, apprécier, considérer, s'engouer, estimer, honorer.* – LITTÉRAIRE : *idolâtrer.* ■ Ne faire aucun cas de. SYN. braver, dédaigner, se désintéresser, se détourner, faire fi de, ignorer, se jouer de, méconnaître, se moquer de, narguer, n'avoir rien à faire de, négliger, rire de, se rire de, transgresser, violer. – FAMILIER : se ficher de. – LITTÉRAIRE : faire litière de. – POPULAIRE : s'en branler, se foutre de, n'avoir rien à cirer de, n'avoir rien à foutre de, s'en taper. CONTR. *ambitionner, apprécier, convoiter, goûter, obéir, observer, rechercher, suivre, tenir compte de.* – FAMILIER : *reluquer.* – LITTÉRAIRE : *priser.*

mer *nom féminin* Ensemble des eaux océaniques. SYN. eaux, océan. – LITTÉRAIRE : flots. ■ Grande quantité de liquide. SYN. avalanche, débordement, déluge, flots, marée, pluie. – LITTÉRAIRE : océan.

meranti *nom masculin* Arbre d'Asie utilisé en menuiserie. SYN. lauan, mayatis.

mercanti *nom masculin* Commerçant malhonnête. SYN. entremetteur, maquignon, pourvoyeur, trafiquant. – FAMILIER : margoulin.

mercatique *nom féminin* Techniques de commercialisation d'un produit. SYN. marchéage, marketing.

merchandising *nom masculin* Techniques améliorant la vente d'un produit. SYN. marchandisage.

mercure *nom masculin* Métal blanc. SYN. – VIEUX : vif-argent.

mercuriale *nom féminin* LITTÉRAIRE. Vive remontrance. SYN. leçon, réprimande, semonce, sermon. – FAMILIER : savon. – LITTÉRAIRE : admonestation, admonition, objurgation.

mère *nom féminin* Ce qui est à l'origine de. SYN. cause, fondement, germe, origine, point de départ, préliminaires, source. – LITTÉRAIRE : ferment, principe.

méridional *adjectif* Situé au midi. SYN. austral, sud. CONTR. *nord, septentrional.*

merisier *nom masculin* Cerisier sauvage au bois brunâtre. SYN. cerisier des oiseaux. ■ ***Merisier à grappes,*** arbuste au bois dégageant une odeur fétide. SYN. putiet.

méritant *adjectif* Digne de récompense. SYN. courageux, digne, estimable. – LITTÉRAIRE : vertueux.

mérite *nom masculin* Ce qui rend digne d'estime. SYN. gloire, grandeur, honneur, valeur, vertu. CONTR. *nullité.* – LITTÉRAIRE : *démérite.* ■ Qualité louable. SYN. atout, avantage, chance, qualité, vertu. CONTR. *défectuosité, inconvénient.*

mérité *adjectif* Qui est justifié. SYN. juste, légitime. CONTR. *immérité.*

mériter *verbe* Avoir droit à. SYN. s'attirer, encourir, être digne de, gagner. ■ Donner lieu à. SYN. appeler, demander, justifier, légitimer, réclamer, requérir, valoir la peine de.

méritoire *adjectif* Qui est digne d'éloge. SYN. estimable, honorable, louable, respectable. CONTR. *blâmable, condamnable, critiquable.*

merle *nom masculin* ***Merle blanc,*** personne ou objet rare. SYN. curiosité, mouton à cinq pattes, oiseau rare, rareté.

merlu *nom masculin* Poisson de l'Atlantique. SYN. colin, lieu noir.

merveille *nom féminin* Toute chose remarquable. SYN. bijou, chef-d'œuvre, enchantement, joyau, miracle, perfection, perle, phénomène, prodige, splendeur, trésor.

merveilleusement *adverbe* De façon merveilleuse. SYN. admirablement, divinement, incomparablement, joliment, magistralement, magnifiquement, parfaitement, prodigieusement, splendidement, superbement, supérieurement, suprêmement. – FAMILIER : épatamment. – LITTÉRAIRE : sublimement. CONTR. *abominablement, affreusement, atrocement, épouvantablement, hideusement, horriblement, ignoblement, monstrueusement, odieusement.* – LITTÉRAIRE : *piètrement.*

merveilleux *adjectif* Qui cause de l'admiration. SYN. admirable, adorable, beau, délicieux, divin, éblouissant, enchanteur, enivrant, excellent, exquis, joli, magnifique, paradisiaque, parfait, ravissant, sensationnel, splendide, sublime, superbe. – FAMILIER : c'est à se mettre à genoux, épatant, fabuleux, formidable, terrible. – LITTÉRAIRE : souverain. CONTR. *affreux, détestable, odieux.* ■ Qui cause de l'étonnement. SYN. étonnant, extraordinaire, fantastique, féerique, inouï, mirifique, prodigieux, saisissant, surhumain. – FAMILIER : mirobolant, sensationnel. – LITTÉRAIRE : surnaturel. CONTR. *naturel, normal.*

merzlota *nom féminin* Sol gelé en hiver. SYN. tjäle.

mésaventure *nom féminin* Aventure fâcheuse. SYN. accident, avatar, aventure, déboire, incident, péripétie, tribulations. – FAMILIER : histoire, tuile.

mésaxonien *adjectif masculin* Qui a un nombre impair de doigts à chaque patte. SYN. imparidigité, périssodactyle.

mésentente *nom féminin* Manque d'entente. SYN. brouille, désaccord, désunion, dissension, froid, incompréhension, malentendu, zizanie. – FAMILIER : fâcherie. – LITTÉRAIRE : discorde, dissentiment, mésintelligence. CONTR. *accord, alliance, camaraderie, concorde, harmonie, réconciliation, union, unité.* – FAMILIER : *raccommodement.*

mésestime *nom féminin* LITTÉRAIRE. Manque d'estime. SYN. défaveur, dévalorisation, mépris. – LITTÉRAIRE : déconsidération, disgrâce. CONTR. *déférence, estime, vénération.*

mésestimer *verbe* Ne pas juger à sa juste valeur. SYN. déconsidérer, déprécier, méconnaître, méjuger, mépriser, ne pas faire grand cas de, rabaisser, sous-estimer, sous-évaluer, tenir pour moins que rien. – LITTÉRAIRE : dépriser. CONTR. *admirer, apprécier, considérer, estimer, surcoter, surestimer, surévaluer, vénérer.* – LITTÉRAIRE : *priser.*

mésintelligence *nom féminin* LITTÉRAIRE. Manque d'entente. SYN. brouille, désaccord, désunion, dissension, froid, incompréhension, malentendu, mésentente, zizanie. – FAMILIER : fâcherie. – LITTÉRAIRE : discorde, dissentiment. CONTR. *accord, alliance, camaraderie, concorde, harmonie, intelligence, union, unité.*

mesmérisme *nom masculin* Réactivité des êtres vivants aux champs magnétiques. SYN. biomagnétisme.

mésoderme ou **mésoblaste** *nom masculin* Feuillet intermédiaire de l'embryon. SYN. chordomésoblaste.

mésothorax *nom masculin* Deuxième division du thorax des insectes. SYN. écusson.

mésotype *nom féminin* Substance chimique. SYN. natrolite.

mésozoïque *nom masculin* Ère géologique entre le paléozoïque et le cénozoïque. SYN. secondaire.

mesquin *adjectif* Qui manque de largeur de vues. SYN. bas, étriqué, étroit, médiocre, minable, petit. – FAMILIER : miteux, moche. CONTR. *appréciable, grandiose.* – LITTÉRAIRE : *auguste.* ■ Qui dénote de l'avarice. SYN. avare, insuffisant, misérable, modeste, parcimonieux, regardant. – LITTÉRAIRE : avaricieux. – VIEUX : chiche. CONTR. *généreux, large.*

mesquinement *adverbe* De façon mesquine. SYN. chichement, médiocrement, parcimonieusement, petitement. CONTR. *généreusement, grandement, grassement, largement.*

mesquinerie *nom féminin* Manque de largeur de vues. SYN. bassesse, étroitesse, médiocrité, petitesse. CONTR. *grandeur, noblesse.* ■ Manque de générosité. SYN. avarice, parcimonie. – FAMILIER : pingrerie, radinerie, radinisme. – LITTÉRAIRE : lésine, lésinerie. CONTR. *générosité.* – LITTÉRAIRE : *largesse.*

message *nom masculin* Information transmise. SYN. dépêche, lettre, mot, pli. – LITTÉRAIRE : missive. ■ Communication adressée à. SYN. adresse, communiqué, déclaration, discours.

messager *nom* Personne chargée d'un message. SYN. agent, ambassadeur, émissaire, envoyé, exprès, légat, plénipotentiaire. – LITTÉRAIRE : héraut, prophète. ■ LITTÉRAIRE. Ce qui annonce. SYN. présage, signe avant-coureur. – LITTÉRAIRE : prodrome.

messagerie *nom féminin* ***Messagerie électronique,*** service d'envoi de messages sur Internet. SYN. courriel.

messe *nom féminin* ***Livre de messe,*** livre qui contient les prières. SYN. missel, paroissien. ■ ***Messe basse,*** confidence à voix basse. SYN. aparté, chuchoterie, conciliabule.

messor *nom masculin* Fourmi du sud de la France. SYN. moissonneuse.

mesure *nom féminin* Action de mesurer. SYN. évaluation, jaugeage, mensuration, mesurage. ■ Modération dans l'action. SYN. discrétion, ménagement, modération, pondération, réserve, retenue, sagesse, tempérance. – LITTÉRAIRE : sobriété. CONTR. *abus, démesure, exagération, exaltation, frénésie, impétuosité, outrance, violence.* ■ Moyen mis en œuvre. SYN. acte, disposition, moyen, précaution. ■ Grandeur mesurée. SYN. dimension, dose, échelle, mensuration, ration, taille. ■ Cadence musicale. SYN. rythme, tempo.

mesuré *adjectif* Qui est réglé. SYN. constant, lent, régulier. CONTR. *irrégulier.* ■ Modéré dans sa conduite. SYN. circonspect, discret, mature, modéré, posé, réfléchi, réservé, sobre. CONTR. *délirant, effréné, exagéré, excessif, extrême, fou, immodéré, outrancier, outré.* – FAMILIER : *dingue.* – LITTÉRAIRE : *intempérant.* ■ En quantité limitée. SYN. calculé, compté, juste, limité. CONTR. *illimité, indéfini, infini.* – FAMILIER : *délirant.*

mesurer *verbe* Prendre une mesure. SYN. arpenter, chaîner, cuber, doser, évaluer, jauger, métrer. – VIEUX : auner, toiser. ■ Évaluer l'ampleur de. SYN. apprécier, calculer, déterminer, estimer, évaluer, juger, peser, supputer.

mesurer (se) *verbe pronominal* Lutter avec quelqu'un. SYN. s'affronter, se battre, lutter, s'opposer, rivaliser. – LITTÉRAIRE : jouter.

métachlamydée *nom féminin* Plante dont les pétales sont soudés. SYN. – VIEUX : gamopétale.

métamorphose *nom féminin* Changement d'un être en un autre. SYN. incarnation, transformation, transmigration. – LITTÉRAIRE : transmutation. – VIEUX : conversion. ■ Modification complète. SYN. avatar, changement, évolution, mutation, transformation. – LITTÉRAIRE : transfiguration. CONTR. *continuité, permanence, persistance, stabilité.*

métamorphosé *adjectif* Qui a changé complètement. SYN. méconnaissable, transformé.

métamorphoser *verbe* Changer la nature d'un être. SYN. changer, transmuer, transmuter. – LITTÉRAIRE : transformer. ■ Changer profondément. SYN. modifier, renouveler, révolutionner. – LITTÉRAIRE : convertir, muer, transfigurer.

métamorphoser (se) *verbe pronominal* Changer complètement. SYN. changer, évoluer, se modifier, se transformer, varier.

métaphore *nom féminin* Figure de style. SYN. allégorie, figure, image.

métaphorique *adjectif* Qui abonde en métaphores. SYN. allégorique, coloré, imagé.

métaphoriquement *adverbe* De façon métaphorique. SYN. allégoriquement, figurativement, symboliquement.

métapsychique *adjectif* VIEUX. Relatif aux phénomènes psychiques paranormaux. SYN. parapsychique, parapsychologique.

métapsychique *nom féminin* VIEUX. Étude des phénomènes paranormaux. SYN. parapsychologie.

métathérien *nom masculin* Mammifère primitif. SYN. marsupial.

métempsycose *nom féminin* Passage de l'âme dans un autre corps après la mort. SYN. réincarnation, transmigration.

météore *nom masculin* Phénomène céleste. SYN. étoile filante.

météorite *nom féminin* Corps céleste qui tombe sur la Terre. SYN. – VIEUX : aérolithe.

méthadone *nom féminin* Succédané de l'héroïne. SYN. diphénylpropylamine.

méthane *nom masculin* Hydrocarbure saturé. SYN. gaz des marais.

méthanethiol *nom masculin* Substance servant à faire des pesticides. SYN. méthylmercaptan.

méthanol *nom masculin* Alcool, prototype des alcools. SYN. alcool méthylique. – VIEUX : carbinol.

méthode *nom féminin* Manière de mener une action. SYN. formule, logique, marche, marche à suivre, mode, procédé, recette, stratégie, système, tactique, technique. – LITTÉRAIRE : errements.

méthodique *adjectif* Qui agit avec méthode. SYN. cartésien, discipliné, logique, méticuleux, ordonné, organisé, rationnel, réfléchi, réglé, scientifique, systématique. CONTR. *brouillon, désordonné, étourdi, fantaisiste, farfelu, illogique, inconséquent, irréfléchi.*

méthodiquement *adverbe* Avec méthode. SYN. logiquement, méticuleusement, rationnellement, régulièrement, rigoureusement, scientifiquement, systématiquement.

méthylamine *nom féminin* Gaz à odeur de poisson avarié. SYN. monométhylamine.

méthylbenzène *nom masculin* Hydrocarbure utilisé comme solvant. SYN. toluène.

méthylbromine *nom féminin* Alcaloïde stimulant du système nerveux. SYN. caféine, guaranine.

méthyl-éthyl-cétone *nom féminin* Solvant industriel. SYN. butanone.

méthylique *adjectif* ***Alcool méthylique,*** alcool, prototype des alcools. SYN. méthanol. – VIEUX : carbinol.

méthylmercaptan *nom masculin* Substance servant à faire des pesticides. SYN. méthanethiol.

méthylmorphine *nom féminin* Alcaloïde de l'opium. SYN. codéine.

méthylorange *nom masculin* Colorant azoïque. SYN. hélianthine.

méthylpropane *nom masculin* Hydrocarbure isomère du butane. SYN. isobutane.

méticuleusement *adverbe* De façon méticuleuse. SYN. attentivement, méthodiquement, minutieusement, scrupuleusement, soigneusement. CONTR. *négligemment, vaguement.*

méticuleux *adjectif* Qui montre un grand soin pour. SYN. attentif, consciencieux, exact, méthodique, minutieux, patient, scrupuleux, soigneux, tatillon. – LITTÉRAIRE : diligent, sourcilleux, vétilleux. CONTR. *brouillon, désordonné, étourdi.*

méticulosité *nom féminin* LITTÉRAIRE. Caractère méticuleux. SYN. application, exactitude, minutie, scrupule, sérieux, soin. CONTR. *insouciance, négligence.* – FAMILIER : *je-m'en-fichisme.* – POPULAIRE : *je-m'en-foutisme.*

métier *nom masculin* Activité professionnelle. SYN. carrière, emploi, fonction, gagne-pain, place, position, profession, travail. – FAMILIER : job. – POPULAIRE : boulot. ▪ Habileté technique. SYN. art, capacité, expérience, habileté, ingéniosité, maîtrise, pratique, qualification, savoir-faire, technique, virtuosité. ▪ Fonction permanente. SYN. charge, condition, fonction, partie, rôle, spécialité. – LITTÉRAIRE : état, office.

métropole *nom féminin* Étendue de la juridiction d'un archevêque. SYN. archevêché.

mets *nom masculin* Tout aliment apprêté. SYN. aliment, nourriture, plat, spécialité.

mettable *adjectif* Qui peut être porté. SYN. portable. CONTR. *immettable, importable.*

mettre *verbe* Placer dans un endroit. SYN. déposer, glisser, introduire, laisser, loger, placer, porter, poser. – FAMILIER : coller, enfourner, ficher, flanquer, fourrer. – POPULAIRE : foutre. CONTR. *enlever, ôter, retirer, sortir.* ▪ Appliquer quelque chose sur. SYN. appliquer, étaler, étendre. ▪ Enfiler un vêtement. SYN. chausser, endosser, enfiler, passer, porter, revêtir. – LITTÉRAIRE : vêtir. CONTR. *défaire, enlever, ôter, quitter, retirer.* ▪ Transporter quelqu'un. SYN. amener, conduire, déposer, emmener, mener. ▪ Employer certains moyens à. SYN. consacrer, investir, utiliser.

mettre (se) *verbe pronominal* Se placer dans. SYN. se camper, se carrer, se placer, se positionner, se ranger. – FAMILIER : se ficher, se fourrer, se planter. – POPULAIRE : se foutre. ▪ Mettre sur soi. SYN. endosser, enfiler, passer, revêtir. – LITTÉRAIRE : vêtir. ▪ Commencer une action. SYN. attaquer, s'attaquer, s'atteler, débuter, s'engager dans, entreprendre, s'initier, se lancer dans. CONTR. *achever.*

meuglement *nom masculin* Cri des bovins. SYN. beuglement, mugissement.

meugler *verbe* Pousser des meuglements. SYN. beugler, mugir.

méum *nom masculin* Grande herbe des hautes montagnes. SYN. cistre.

meunerie *nom féminin* Usine qui transforme le blé en farine. SYN. minoterie.

meunier *nom masculin* Celui qui dirige une meunerie ou un moulin. SYN. minotier. ▪ Poisson d'eau douce à ventre argenté. SYN. chevaine. ▪ Insecte aplati de mœurs nocturnes. SYN. blatte, cafard, cancrelat. ▪ Petit oiseau qui plonge pour se nourrir. SYN. martin-pêcheur. ▪ Petit champignon comestible. SYN. mousseron, tricholome de la Saint-Georges.

meurtre *nom masculin* Action de tuer quelqu'un. SYN. assassinat, crime, exécution, homicide, suppression.

meurtrier *nom* Personne qui commet un meurtre. SYN. assassin, criminel, égorgeur, massacreur, tueur. – LITTÉRAIRE : homicide, sicaire, spadassin. – VIEUX : coupe-jarret.

meurtrir *verbe* Abîmer par un choc. SYN. abîmer, blesser, contusionner, écorcher, érafler, taler. ▪ Blesser moralement. SYN. affecter, atteindre, déchirer, froisser, heurter, marquer. – LITTÉRAIRE : poindre.

meurtrissure *nom féminin* Coup marqué par une tache. SYN. contusion, coup, ecchymose, hématome, plaie. – FAMILIER : bleu.

meute *nom féminin* Foule de gens acharnés. SYN. armée, bande, bataillon, foule, harde, horde, légion, multitude, nuée, ramassis. – FAMILIER : cohorte, flopée, foultitude, régiment. – LITTÉRAIRE : essaim.

mexicano *nom masculin* Langue de la littérature aztèque. SYN. aztèque classique, nahuatl.

miasme *nom masculin* Émanation malsaine. SYN. effluve, émanation, relent. – LITTÉRAIRE : remugle.

mi-bas *nom masculin invariable* Chaussette montant jusqu'au genou. SYN. demi-bas.

micheline *nom féminin* Véhicule ferroviaire à moteur thermique. SYN. automotrice, autorail.

micmac *nom masculin* FAMILIER. Situation embrouillée. SYN. désordre, enchevêtrement, imbroglio, intrigue, manigance. – FAMILIER : brouillamini, embrouillamini, méli-mélo, pagaïe, pagaille, pastis, sac de nœuds, sac d'embrouilles. – POPULAIRE : bin's, binz, bordel, merdier.

micocoulier *nom masculin* Arbre dont le fruit est une drupe. SYN. fabrecoulier.

microbe *nom masculin* VIEUX. Organisme microscopique pathogène. SYN. germe, micro-organisme. ▪ FAMILIER. Personne chétive. SYN. avorton, nabot, nain. – FAMILIER : freluquet, moustique.

microbody *nom masculin* Composant cellulaire. SYN. peroxysome.

microcéphale *adjectif et nom* Qui a une tête anormalement petite. CONTR. *macrocéphale.*

microcosme *nom masculin* Milieu social replié sur lui-même. SYN. microsociété.

microédition *nom féminin* Technique d'édition utilisant l'informatique. SYN. édition électronique, P.A.O., publication assistée par ordinateur.

microgravité *nom féminin* Pesanteur fortement réduite. SYN. micropesanteur.

micromélie *nom féminin* Malformation congénitale. SYN. brachymélie.

micromètre *nom masculin* Mesure valant un millionième de mètre. SYN. – VIEUX : micron.

micronutriment *nom masculin* Substance chimique. SYN. oligoélément.

micro-organisme *nom masculin* Organisme microscopique pathogène. SYN. germe. – VIEUX : microbe.

micropesanteur *nom féminin* Pesanteur fortement réduite. SYN. microgravité.

microplaque *nom féminin* Plaque tectonique de très petites dimensions. SYN. plaquette.

microprocesseur *nom masculin* Processeur miniaturisé. SYN. – FAMILIER : puce.

microptère *adjectif* Qui a des ailes réduites. CONTR. *macroptère.*

microscopique *adjectif* Que l'on ne peut voir à l'œil nu. SYN. imperceptible, infinitésimal, lilliputien, minuscule. CONTR. *énorme, gigantesque, grand, gros, immense, large, macroscopique.*

microsmatique *adjectif* Qui a peu ou pas d'odorat. SYN. anosmatique.

microsociété *nom féminin* Milieu social replié sur lui-même. SYN. microcosme.

microtiné *nom masculin* Rongeur tel que le campagnol. SYN. arvicoliné.

midi *nom masculin* Heure du milieu du jour. CONTR. *minuit.* ▪ ***Chercher midi à quatorze heures,*** chercher des difficultés là où il n'y en a pas. SYN. chercher la petite bête, chicaner, couper les cheveux en quatre, ergoter, jouer sur les mots. – FAMILIER : chinoiser, chipoter, pinailler. – LITTÉRAIRE : vétiller.

midinette *nom féminin* Jeune apprentie de la couture. SYN. petite main. – VIEUX : arpète, arpette, cousette.

mielleux *adjectif* Qui a une douceur affectée. SYN. douceâtre, doucereux, hypocrite, sucré. – LITTÉRAIRE : benoît, melliflu, onctueux, patelin, paterne. CONTR. *aigre, âpre, autoritaire, brutal.* – LITTÉRAIRE : *âcre.*

miette *nom féminin* Petite quantité de. SYN. atome, bribe, brin, doigt, filet, goutte, grain, gramme, larme, nuage, once, parcelle, pointe, soupçon, teinte, trace. – FAMILIER : lichette. – LITTÉRAIRE : liard, ombre. – POPULAIRE : chouia. CONTR. *armée, avalanche, cascade, déluge, flot, foule, infinité, kyrielle, masse, monceau, montagne, multitude, myriade, nuée, pléiade, pluie, tas, torrent.* – FAMILIER : *armada, cargaison, flopée, foultitude, paquet, pelletée, ribambelle, tapée.* – LITTÉRAIRE : *averse, océan.* ■ Ce qui reste de quelque chose. SYN. bribe, débris, fragment, parcelle, reste.

mieux *nom masculin* Ce qui dépasse en bien. SYN. le dessus du panier, le fin du fin, le nec plus ultra. – FAMILIER : la crème. – LITTÉRAIRE : quintessence.

mieux *adverbe* ***À qui mieux mieux,*** avec émulation. SYN. abondamment, beaucoup, considérablement, copieusement, énormément, à l'envi, généreusement, largement.

mièvre *adjectif* D'une grâce affectée. SYN. affecté, apprêté, délicat, gentil, gentillet, maniéré, précieux, recherché. – FAMILIER : gnangnan, gniangnian. – LITTÉRAIRE : mignard.

mièvrerie *nom féminin* Caractère mièvre. SYN. affectation, joliesse, préciosité, recherche. – LITTÉRAIRE : afféterie.

mignard *adjectif* LITTÉRAIRE. D'une grâce trop maniérée. SYN. affecté, maniéré, mièvre, précieux. – LITTÉRAIRE : affété, minaudier.

mignardise *nom féminin* LITTÉRAIRE. Grâce affectée. SYN. affectation, maniérisme, préciosité, raffinement. – LITTÉRAIRE : afféterie.

mignon *adjectif* Agréable à voir. SYN. adorable, charmant, gentil, gracieux, joli. – FAMILIER : chou, craquant, trognon.

mignoter *verbe* FAMILIER. Entourer de soins. SYN. cajoler, câliner, choyer, couver, dorloter, gâter. – FAMILIER : chouchouter. CONTR. *rudoyer.*

migraine *nom féminin* Mal de tête. SYN. céphalalgie, céphalée.

migration *nom féminin* Déplacement volontaire d'individus. SYN. exode.

mijaurée *nom féminin* Jeune fille maniérée. SYN. pimbêche. – FAMILIER : bêcheuse, chichiteuse, chipie. – POPULAIRE : chochotte.

mijoter *verbe intransitif* FAMILIER. Attendre longtemps. SYN. attendre, languir, se morfondre. – FAMILIER : lanterner, mariner, moisir, poireauter.

mijoter *verbe transitif* Faire cuire à petit feu. SYN. cuisiner, mitonner. ■ Préparer avec soin. SYN. combiner, comploter, conspirer, échafauder, intriguer, machiner, manigancer, mettre au point, mettre sur pied, mitonner, monter, orchestrer, préméditer, tisser, tramer. – FAMILIER : concocter, fricoter, goupiller, traficoter, trafiquer. – LITTÉRAIRE : cabaler, conjurer, nouer, ourdir.

mil *nom masculin* ***Mil à chandelle ou petit mil,*** graminée tropicale. SYN. pénicillaire.

milandre *nom masculin* Grand requin vivipare. SYN. hâ.

milieu *nom masculin* Cadre dans lequel vit quelqu'un. SYN. ambiance, atmosphère, climat, environnement. ■ Entourage de quelqu'un. SYN. cadre, cercle, compagnie, entourage, monde, société, sphère. ■ Point également éloigné des extrémités. SYN. centre, cœur, moitié. CONTR. *bord, bout, extrémité.*

militaire *nom masculin* Personne appartenant aux forces armées. SYN. soldat. CONTR. *civil.* – FAMILIER : *pékin.*

militant *nom* Membre d'une organisation. SYN. adepte, adhérent, affilié, recrue, sympathisant.

militarisation *nom féminin* Action de militariser. CONTR. *démilitarisation.*

militariser *verbe* Pourvoir de forces armées. SYN. armer. CONTR. *démilitariser.*

millénaire *adjectif* Qui existe depuis longtemps. SYN. ancestral, antique, reculé, séculaire, vieux. – LITTÉRAIRE : immémorial.

mille-pattes *nom masculin invariable* Arthropode terrestre. SYN. myriapode.

mimer *verbe* Imiter les manières de quelqu'un. SYN. contrefaire, copier, imiter, jouer, singer.

mimétisme *nom masculin* Fait de changer de couleur selon le milieu. SYN. homochromie.

mi-moyen *nom masculin* Boxeur de poids mi-moyen. SYN. welter.

minable *adjectif* Qui est très médiocre. SYN. catastrophique, lamentable, maigre, mesquin, misérable, piètre, piteux, pitoyable. – FAMILIER : déplorable, miteux. CONTR. *beau, bon, cossu, décent, distingué, extraordinaire, grand, gros, magnifique, remarquable, superbe, supérieur, unique.* – FAMILIER : *chic, épatant, joli, solide.*

minable *nom* FAMILIER. Personne très médiocre. SYN. bon à rien, incapable, nul, nullité, raté. – FAMILIER : miteux. – POPULAIRE : loser.

minablement *adverbe* FAMILIER. De façon minable. SYN. piteusement. – LITTÉRAIRE : piètrement. CONTR. *triomphalement.*

minauder *verbe* Faire des manières pour séduire. SYN. cabotiner, faire des façons, faire des grâces, faire des manières, faire des mines, faire la sucrée, faire sa mijaurée, prendre de grands airs.

minauderie *nom féminin* Manières affectées. SYN. coquetterie, façons, manières, maniérisme, mines, préciosité, simagrée, singerie. – FAMILIER : chichis. – LITTÉRAIRE : afféterie, agacerie, momerie. CONTR. *naturel.*

minaudier *adjectif* LITTÉRAIRE. Qui fait des manières. SYN. affecté, maniéré, poseur, précieux, prétentieux, snob. – FAMILIER : chichiteux. – LITTÉRAIRE : afféte, mignard.

mince *adjectif* Qui est peu épais. SYN. fin. CONTR. *énorme, épais, large.* ▪ Qui a peu de largeur. SYN. allongé, étroit, filiforme, fuselé, grêle, ténu. CONTR. *ample, large, volumineux.* ▪ Qui a la taille fine. SYN. élancé, filiforme, fluet, frêle, maigrelet, menu, svelte. – FAMILIER : maigrichon. – LITTÉRAIRE : délié, gracile. CONTR. *bouffi, corpulent, empâté, énorme, fort, gros, plantureux, râblé, replet.* – FAMILIER : *bedonnant, boulot, dodu, rond, rondelet, rondouillard.* ▪ De peu d'importance. SYN. faible, falot, inconsistant, infime, insignifiant, léger, maigre, malheureux, médiocre, misérable, modeste, modique, pauvre, petit, piètre, réduit, ridicule. – FAMILIER : court. CONTR. *abondant, beau, énorme, foisonnant, immense, important, respectable.*

minceur *nom féminin* Qualité de ce qui est mince. SYN. faiblesse, finesse, pauvreté. – LITTÉRAIRE : ténuité. CONTR. *épaisseur, puissance.* ▪ Qualité d'une personne mince. SYN. maigreur. – LITTÉRAIRE : gracilité, sveltesse. CONTR. *adiposité, corpulence, embonpoint, rondeur.* – FAMILIER : *rotondité.* – LITTÉRAIRE : *opulence.*

mincir *verbe* Devenir plus mince. SYN. amincir, maigrir. – FAMILIER : fondre. CONTR. *s'alourdir, bouffir, s'empâter, engraisser, épaissir, s'étoffer, forcir, grossir.* – FAMILIER : *se remplumer.*

mine *nom féminin* Aspect du visage. SYN. air, expression, faciès, figure, physionomie, tête, visage. ▪ Apparence extérieure. SYN. air, apparence, contenance, dehors, extérieur. – LITTÉRAIRE : enveloppe, tournure.

miner *verbe* Creuser des trous dans. SYN. affouiller, attaquer, corroder, désagréger, éroder, saper. – LITTÉRAIRE : caver, fouir. ▪ Attaquer le moral. SYN. affaiblir, dévorer, ébranler, épuiser, obnubiler, phagocyter, ronger, ruiner, submerger, tarauder, tenailler, tourmenter, tracasser, user. – FAMILIER : tarabuster, turlupiner. – LITTÉRAIRE : consumer, dévaster, ravager. CONTR. *affermir, fortifier, renforcer.*

miner (se) *verbe pronominal* Se faire du tourment. SYN. s'alarmer, se faire du mauvais sang, se faire du souci, se faire du tracas, se faire un sang d'encre, s'en faire, s'inquiéter, se manger les sangs, se préoccuper, se ronger les sangs, se soucier, se tourmenter, se tracasser. – FAMILIER : se biler, être aux cent coups, se faire de la bile, se faire des cheveux (blancs), se frapper, se mettre martel en tête. – POPULAIRE : se faire de la mousse, se faire du mouron, se faire vieux. CONTR. *ne pas se soucier de, prendre à la légère.* – FAMILIER : *prendre à la rigolade.* – LITTÉRAIRE : *n'avoir cure de.*

mines *nom féminin pluriel* Manières affectées. SYN. affectation, coquetteries, façons, grâces, grimaces, minauderies, simagrées, singeries. – FAMILIER : chichi. – LITTÉRAIRE : afféterie.

minette *nom féminin* Luzerne à très petites fleurs jaunes. SYN. lupuline.

mineur *adjectif* De moindre importance. SYN. accessoire, dérisoire, épisodique, incident, marginal, minime, petit, second, secondaire, subalterne, subsidiaire. CONTR. *appréciable, capital, considérable, essentiel, fondamental, grave, important, maître, primordial, sérieux, supérieur, suprême, vital.*

miniaturiste *nom* Peintre en miniatures. SYN. enlumineur.

minimal *adjectif* Qui est à son plus bas degré. CONTR. *maximal, optimal.*

minime *adjectif* Très peu important. SYN. dérisoire, faible, imperceptible, infime, insignifiant, léger, mineur, minuscule, modique, négligeable, petit, réduit, ridicule. – LITTÉRAIRE : véniel. CONTR. *capital, cardinal, confortable, conséquent, considérable, énorme, gigantesque, grand, important, sensible, sérieux.* – FAMILIER : *coquet.*

minimessage *nom masculin* Bref message alphanumérique par mobile. SYN. SMS, télémessage.

minimiser *verbe* Réduire l'importance de. SYN. déprécier, diminuer, minorer, réduire, restreindre, sous-estimer, sous-évaluer. CONTR. *accentuer, amplifier, broder, dramatiser, embellir, exagérer, grandir, grossir, maximiser.* – LITTÉRAIRE : *enfler.*

minimum *nom masculin* Le plus bas degré de. SYN. plancher. CONTR. *comble, maximum, plafond.*

ministère *nom masculin* ***Ministère public,*** magistrats chargés de l'application de la loi. SYN. magistrature debout, parquet.

minois *nom masculin* Visage délicat. SYN. figure. – FAMILIER : bouille, frimousse.

minorer *verbe* Diminuer l'importance de. SYN. minimiser, sous-estimer. CONTR. *broder, exagérer, grossir, majorer, maximiser.* – LITTÉRAIRE : *surfaire.*

minoritaire *adjectif et nom* Qui appartient à une minorité. CONTR. *majoritaire.*

minorité *nom féminin* Un tout petit nombre. CONTR. *majorité.*

minoterie *nom féminin* Usine qui transforme le blé en farine. SYN. meunerie.

minotier *nom masculin* Celui qui dirige une meunerie ou un moulin. SYN. meunier.

minuit *nom masculin* La douzième heure après midi. CONTR. *midi.*

minuscule *nom féminin* Petite lettre. CONTR. *capitale, majuscule.*

minuscule *adjectif* Qui est tout petit. SYN. étriqué, exigu, imperceptible, infime, lilliputien, microscopique, minime, petit. – FAMILIER : court, rikiki, riquiqui. CONTR. *colossal, énorme, étendu, gigantesque, grand, gros, immense, large, long, monumental.* – LITTÉRAIRE : *vaste.*

minute *nom féminin* Temps très court. SYN. instant, moment, seconde.

minutie *nom féminin* Application scrupuleuse. SYN. conscience, exactitude, scrupule, soin, vigilance. – LITTÉRAIRE : méticulosité. CONTR. *négligence.*

minutieusement *adverbe* Avec minutie. SYN. consciencieusement, méticuleusement, précautionneusement, religieusement, rigoureusement, scrupuleusement, soigneusement. CONTR. *négligemment.*

minutieux *adjectif* Fait avec un grand soin. SYN. approfondi, consciencieux, détaillé, exact, fignolé, rigoureux, soigné. – VIEUX : perlé. CONTR. *hâtif, sommaire.* – FAMILIER : *bâclé, ni fait ni à faire.* ■ Qui s'applique à ce qu'il fait. SYN. appliqué, attentif, consciencieux, méticuleux, patient, précautionneux, scrupuleux, sérieux, soigneux, tatillon. – LITTÉRAIRE : sourcilleux, vétilleux. CONTR. *désordonné.*

mi-occlusive *nom féminin* Type de consonne. SYN. affriquée.

mioche *nom* FAMILIER. Jeune enfant. SYN. bambin, bébé, gamin, gamine, petit, tout-petit. – FAMILIER : bout de chou, bout de zan, gosse, marmot, marmouset, moustique, moutard, petiot, petiote, pitchoun, pitchounet, poussin, tête blonde. – POPULAIRE : chiard, lardon, loupiot, loupiote, môme, morpion, mouflet.

miracle *nom masculin* Fait extraordinaire. SYN. merveille, prodige, signe.

miraculé *nom* Personne qui a échappé à. SYN. rescapé, survivant.

miraculeux *adjectif* Qui tient du miracle. SYN. étonnant, fantastique. – FAMILIER : fabuleux, sensationnel. – LITTÉRAIRE : prodigieux, surnaturel. CONTR. *banal, naturel, normal, ordinaire, quelconque.*

mirage *nom masculin* Apparence trompeuse. SYN. chimère, fantasmagorie, féerie, hallucination, illusion, irréalité, leurre, rêve, trompe-l'œil, utopie, vision. – LITTÉRAIRE : mensonge, rêverie, songe. CONTR. *réalité, vérité, vrai.*

mirbane *nom féminin* ***Essence de mirbane,*** dérivé du benzène. SYN. nitrobenzène.

miridé *nom masculin* Punaise terrestre carnassière. SYN. capsidé.

mirifique *adjectif* Qui est merveilleux. SYN. fabuleux, fantastique, merveilleux, prodigieux. – FAMILIER : mirobolant.

mirobolant *adjectif* FAMILIER. Trop beau pour se réaliser. SYN. étonnant, étourdissant, fabuleux, fantastique, inouï, merveilleux, mirifique. – FAMILIER : époustouflant, faramineux, sensationnel.

miroir *nom masculin* LITTÉRAIRE. Image de quelque chose. SYN. écho, image, portrait, reflet. ■ Plaque de verre qui réfléchit les images. SYN. glace.

miroitement *nom masculin* Éclat de ce qui miroite. SYN. chatoiement, éclat, papillotement, reflet, scintillement. – LITTÉRAIRE : flamboiement, rayonnement.

miroiter *verbe* Réfléchir la lumière. SYN. briller, chatoyer, étinceler, luire, papilloter, scintiller. – LITTÉRAIRE : flamboyer, poudroyer, resplendir.

misanthrope *adjectif* LITTÉRAIRE. Qui fuit ses semblables. SYN. bilieux, insociable, sauvage, solitaire. – FAMILIER : ours. – LITTÉRAIRE : atrabilaire. CONTR. *liant, philanthrope, sociable.*

mise *nom féminin* Argent placé au jeu. SYN. cave, enjeu. ■ Manière d'être habillé. SYN. habillement, habit, tenue, toilette, vêtement.

mise-bas *nom féminin* Action de faire son petit (animal). SYN. parturition. – VIEUX : part.

miser *verbe* Déposer une mise au jeu. SYN. jouer, parier, ponter. – VIEUX : caver, gager.

misérable *adjectif* Qui dénote la misère. SYN. indigent, malheureux, minable, miséreux, nécessiteux, pauvre, pitoyable, pouilleux. – FAMILIER : miteux. – LITTÉRAIRE : impécunieux, infortuné. CONTR. *cossu, fortuné, luxueux, opulent,* *prospère, riche.* – LITTÉRAIRE : *pompeux.* ■ Très insuffisant. SYN. dérisoire, infime, insignifiant, maigre, minable, minime. CONTR. *abondant, convenable, foisonnant, large.* – FAMILIER : *beau, joli.* ■ Qui inspire le mépris. SYN. lamentable, malheureux, mesquin, minable, pauvre.

misérable *nom* LITTÉRAIRE. Personne très pauvre. SYN. démuni, déshérité, indigent, miséreux, nécessiteux, pouilleux, va-nu-pieds. – FAMILIER : crève-la-faim, traîne-savates. – LITTÉRAIRE : gueux. – VIEUX : disetteux. CONTR. *nanti, possédant, riche.* ■ VIEUX. Personne méprisable. SYN. canaille, crapule, scélérat, vermine.

misérablement *adverbe* De façon misérable. SYN. dans la gêne, pauvrement. CONTR. *aisément, grassement.*

misère *nom féminin* LITTÉRAIRE. Sort digne de pitié. SYN. calamité, épreuve, malheur, tribulations. – LITTÉRAIRE : adversité, infortune. CONTR. *bien-être, délices, joie, plaisir.* ■ État d'extrême pauvreté. SYN. besoin, déchéance, détresse, gêne, indigence. – LITTÉRAIRE : impécuniosité. – POPULAIRE : débine, dèche, mouise, purée. – VIEUX : pouillerie. CONTR. *abondance, aisance, fortune, luxe, opulence, prospérité, richesse.* ■ Chose peu importante. SYN. bagatelle, bricole, broutille, futilité, niaiserie, rien, vétille. – POPULAIRE : foutaise.

miséreux *adjectif* Qui est dans la misère. SYN. démuni, déshérité, indigent, malheureux, misérable, nécessiteux, pauvre. – FAMILIER : désargenté. – LITTÉRAIRE : loqueteux. – VIEUX : besogneux, disetteux. CONTR. *aisé, opulent, riche.* – FAMILIER : *argenté.*

miséreux *nom* Personne qui vit dans la misère. SYN. clochard, démuni, indigent, mendiant, nécessiteux, va-nu-pieds. – FAMILIER : clodo, crève-la-faim, sans-le-sou, traîne-savates. – LITTÉRAIRE : gueux, misérable. – VIEUX : disetteux, meurt-de-faim. CONTR. *nanti, riche.*

miséricorde *nom féminin* LITTÉRAIRE. Pitié qui pousse à pardonner. SYN. bonté, commisération, humanité, magnanimité, pardon, pitié. – LITTÉRAIRE : clémence, compassion. CONTR. *cruauté.*

miséricordieux *adjectif* LITTÉRAIRE. Qui pardonne facilement. SYN. clément, compatissant, généreux, humain, indulgent, magnanime. CONTR. *rancunier.*

mispickel *nom masculin* Arséniosulfure naturel de fer. SYN. arsénopyrite.

missel *nom masculin* Livre qui contient les prières. SYN. livre de messe, paroissien.

mission *nom féminin* Tâche dont on doit s'acquitter. SYN. charge, fonction, mandat, rôle, tâche, travail. – LITTÉRAIRE : office. ■ Personnes ayant reçu une charge. SYN. ambassade, délégation. ■ Devoir inhérent à une fonction. SYN. apostolat, but, destination, destinée, objectif, rôle, soin, vocation.

missive *nom féminin* LITTÉRAIRE. Écrit que l'on envoie. SYN. billet, épître, lettre, message, mot, pli. – FAMILIER : poulet. – POPULAIRE : bafouille.

mistigri *nom masculin* FAMILIER. Chat. SYN. matou. – FAMILIER : minet.

mite *nom féminin* Petit papillon dont la chenille ronge la laine. SYN. teigne.

miteux *adjectif* FAMILIER. Qui dénote la misère. SYN. déguenillé, minable, misérable, pauvre, piteux, pouilleux. – LITTÉRAIRE : loqueteux. CONTR. *cossu, luxueux.*

mitiger *verbe* LITTÉRAIRE. Rendre moins dur. SYN. adoucir, couper, édulcorer, entremêler, panacher.

mitonner *verbe* Faire mijoter un aliment. SYN. accommoder, cuisiner. – FAMILIER : fricoter. ■ Préparer avec soin. SYN. combiner, comploter, concerter, élaborer, machiner, manigancer, mettre au point, mettre sur pied, mijoter, monter, orchestrer, préparer, régler, tramer. – FAMILIER : concocter, cuisiner, fricoter, goupiller, traficoter, trafiquer. – LITTÉRAIRE : ourdir.

mitose *nom féminin* Mode de division de la cellule. SYN. caryocinèse.

mitoyen *adjectif* Qui est contigu. SYN. adjacent, attenant, avoisinant, contigu, environnant, limitrophe, voisin. – LITTÉRAIRE : circonvoisin, jouxtant. CONTR. *distant, écarté, éloigné, lointain, reculé.*

mitraillette *nom féminin* Arme à tir par rafales. SYN. pistolet-mitrailleur.

mixte *adjectif* D'origines différentes. SYN. composé, composite, hybride, panaché.

mnémonique *adjectif* Relatif à la mémoire. SYN. mnésique.

mobile *adjectif* Qui peut se déplacer. SYN. ambulant, errant, itinérant, nomade, volant. – LITTÉRAIRE : voyageur. CONTR. *casanier, fixe, immobile, sédentaire.* ■ Animé d'un mouvement constant. SYN. changeant, expressif, mouvant, variable. – LITTÉRAIRE : ondoyant. CONTR. *figé, immobile, inerte, inexpressif, stationnaire.* ■ VIEUX. Qui passe d'une idée à l'autre. SYN. changeant, flottant, fluctuant, instable, léger, papillonnant, versatile. – LITTÉRAIRE : inconstant.

mobile *nom masculin* Motif qui pousse à agir. SYN. cause, explication, fondement, intention, moteur, motif, motivation, pourquoi, raison. – LITTÉRAIRE : ressort. CONTR. *conséquence.*

mobiliser *verbe* Faire appel à des soldats. SYN. appeler, embrigader, enrégimenter, enrôler, lever, recruter. CONTR. *démobiliser, libérer.* ■ Faire appel à l'action de. SYN. rallier, rappeler, rassembler, regrouper. CONTR. *démobiliser.*

mobiliser (se) *verbe pronominal* Rassembler son énergie pour. SYN. s'efforcer, s'escrimer, s'évertuer, s'ingénier, tenter.

mobilité *nom féminin* Aptitude à effectuer des mouvements. SYN. agilité, motilité, mouvance, souplesse. CONTR. *fixité, immobilité.* ■ Caractère fluctuant. SYN. flottement, fluctuation, instabilité, variabilité. – LITTÉRAIRE : inconstance, versatilité. CONTR. *constance, invariabilité, pérennité.* – LITTÉRAIRE : *immuabilité.*

mocassin *nom masculin* Serpent piscivore venimeux. SYN. ancistrodon.

moche *adjectif* FAMILIER. Qui est laid. SYN. affreux, hideux, horrible, laid, vilain. CONTR. *beau, magnifique, ravissant, superbe.* ■ FAMILIER. Qui manque d'élégance. SYN. désagréable, inélégant, méchant, mesquin. – FAMILIER : vache. CONTR. *gentil.* – FAMILIER : *chic, chouette.*

modalité *nom féminin* Manière dont se fait une action. SYN. circonstance, clause, condition, convention, disposition, formule, manière, stipulation.

mode *nom féminin* LITTÉRAIRE. Manière de vivre d'un pays. SYN. coutume, habitude, mœurs, pratique, tradition, usages. – FAMILIER : us et coutumes. ■ Ce qui se fait à un moment donné. SYN. engouement, épidémie, folie, fureur, goût, passion, snobisme, vogue. ■ ***À la mode,*** qui est au goût du jour. SYN. dernier cri, moderne, à la page, ultramoderne, dans le vent. – FAMILIER : branché, câblé, dans le coup, in, tendance, up to date. CONTR. *caduc, classique, conventionnel, démodé, dépassé, désuet, inactuel, obsolète, passé, ringard, traditionnel, vieillot, vieux, vieux jeu.* – FAMILIER : *out.* – LITTÉRAIRE : *suranné.* – VIEUX : *rococo.*

mode *nom masculin* Forme particulière d'une action. SYN. façon, forme, formule, genre, manière, méthode, moyen.

modèle *nom masculin* Idéal d'une catégorie. SYN. canon, chef-d'œuvre, échantillon, exemple, idéal, spécimen, type. – LITTÉRAIRE : parangon. ■ Ce qui est donné pour être reproduit. SYN. archétype, moule, original, prototype. CONTR. *copie, image, imitation, reflet, réplique.*

modeler *verbe* Donner une forme à. SYN. façonner, forger, former, pétrir, sculpter.

modeler (se) *verbe pronominal* Régler sa conduite sur. SYN. s'aligner, se conformer, se façonner, imiter, se mouler, se régler.

modération *nom féminin* Fait d'agir avec mesure. SYN. atténuation, circonspection, discrétion, mesure, pondération, réserve, retenue, sagesse, tact. – LITTÉRAIRE : sobriété. CONTR. *abus, accentuation, agressivité, âpreté, ardeur, colère, débordement, démesure, exagération, excès, intempérance, laisser-aller, outrance, violence.* – LITTÉRAIRE : *licence.*

modéré *adjectif* Qui n'est pas excessif. SYN. bas, calme, doux, modeste, modique, moyen, raisonnable, tempéré. CONTR. *abusif, âpre, démentiel, effréné, effroyable, élevé, énorme, exagéré, excessif, fort, fou, illimité, immodéré, insensé, intolérable, onéreux.* – FAMILIER : *astronomique, délirant, dingue.* ■ Qui fait preuve de mesure. SYN. circonspect, mesuré, nuancé, pondéré, rentré, réservé, sage. CONTR. *débridé, démesuré, entier, excessif, extrême, forcené, immodéré, outré, violent.* – LITTÉRAIRE : *intempérant.*

modérément *adverbe* Sans excès. SYN. au compte-gouttes, discrètement, légèrement, modestement, raisonnablement, sagement, sobrement. CONTR. *abondamment, abusivement, beaucoup, considérablement, démesurément, à discrétion, effroyablement, énormément, excessivement, extraordinairement, extrêmement, à flots, à foison, follement, fort, fortement, horriblement, immensément, immodérément, infiniment, outrageusement, outre mesure, à la pelle, prodigieusement, à profusion, en quantité, à satiété, à souhait, à tour de bras, trop, vertigineusement.* – FAMILIER : *bigrement, bougrement, carrément, à gogo, en pagaille, à revendre, à tire-larigot.*

modérer *verbe* Diminuer l'ampleur de. SYN. adoucir, affaiblir, alléger, amortir, assourdir, diminuer, étouffer, freiner, mettre le holà, mettre un frein à, ralentir, réduire, tamiser. – LITTÉRAIRE : ouater, tempérer. CONTR. *accélérer, accentuer, accroître, amplifier, augmenter, intensifier.* ■ Calmer un excès. SYN. apaiser, assagir, atténuer, borner, brider, calmer, émousser, étouffer, limiter, nuancer, refréner, réfréner, resserrer, restreindre, retenir. – FAMILIER : mettre un bémol, mettre une sourdine à. – LITTÉRAIRE : régler, tempérer. CONTR. *aiguillonner, aiguiser, attiser, aviver, déchaîner, exaspérer, exciter, outrer, stimuler.* – LITTÉRAIRE : *exalter.*

modérer (se) *verbe pronominal* Réfréner ses excès. SYN. adopter un profil bas, se calmer, se contenir, se contrôler, se freiner, se limiter, mettre de l'eau dans son vin, se restreindre, se retenir. – FAMILIER : mettre un bémol, se mettre un cran à la ceinture, se serrer d'un cran. – LITTÉRAIRE : se contraindre. CONTR. *exagérer, forcer.* – FAMILIER : *pousser.* ■ Perdre de son intensité. SYN. s'apaiser, se calmer, diminuer, tomber. CONTR. *augmenter, se déchaîner, enfler.*

moderne *adjectif* Qui est de son temps. SYN. actuel, contemporain, évolué, moderniste, présent, récent. CONTR. *ancestral, ancien, antédiluvien, antique, archaïque, décrépit, usé, vétuste, vieilli, vieillissant, vieux.* ■ Qui suit le goût contemporain. SYN. dernier cri, dernière mode, inédit, à la mode, neuf, nouveau, à la page, révolutionnaire, ultramoderne, dans le vent. – FAMILIER : dans le coup, in, tendance, up to date. CONTR. *abandonné, arriéré, attardé, caduc, classique, conventionnel, dépassé, désuet, inactuel, obsolète, passé, traditionnel, vieillot, vieux, vieux jeu.* – FAMILIER : *out.* – LITTÉRAIRE : *suranné.* – VIEUX : *rococo.*

modernisation *nom féminin* Action de moderniser. SYN. actualisation, renouvellement, rénovation.

moderniser *verbe* Rendre plus moderne. SYN. actualiser, adapter, mettre à jour, rajeunir, réformer, renouveler, rénover.

modernisme *nom masculin* Caractère de ce qui est moderne. SYN. modernité, nouveauté. CONTR. *archaïsme, classicisme, conservatisme, passéisme, traditionalisme.*

moderniste *adjectif* Qui a le goût de l'actuel. SYN. moderne. CONTR. *classique, conservateur, passéiste, traditionaliste, vieillot.* – LITTÉRAIRE : *suranné.* – VIEUX : *rococo.*

modernité *nom féminin* Caractère moderne. SYN. contemporanéité, modernisme. CONTR. *archaïsme, classicisme, passéisme, traditionalisme.* – LITTÉRAIRE : *obsolescence.*

modeste *adjectif* Qui est peu exigeant. SYN. limité, modéré, raisonnable, réduit, sage, sobre. CONTR. *ambitieux, arriviste, audacieux, difficile, exagéré, exigeant, immodéré.* ■ Exempt de vanité. SYN. effacé, embarrassé, humble, pudique, réservé, retenu, simple, timide. CONTR. *arrogant, avantageux, conquérant, crâneur, dédaigneux, dominateur, effronté, extravagant, fanfaron, faraud, fier, hardi, hautain, impudent, infatué, orgueilleux, ostentatoire, pédant, poseur, présomptueux, prétentieux, rogue, supérieur, vaniteux.* – FAMILIER : *bêcheur.* – LITTÉRAIRE : *fat, glorieux, vain.* ■ Qui a peu d'importance. SYN. dérisoire, faible, insignifiant, maigre, malheureux, médiocre, mesquin, mince, modique, petit, succinct. CONTR. *conséquent, considérable, énorme, extraordinaire, fabuleux, gentil, gros, important, prodigieux.* – FAMILIER : *coquet, joli.* ■ Qui dénote une absence de richesse. SYN. discret, simple. CONTR. *aisé, cossu, fastueux, fortuné, huppé, luxueux, onéreux, opulent, riche, ruineux, somptueux, splendide, voyant.* – FAMILIER : *tape-à-l'œil.*

modestement *adverbe* Sans luxe. SYN. petitement, simplement, sobrement. – FAMILIER : à la bonne franquette, sans chichis. CONTR. *princièrement, richement, somptueusement, splendidement, superbement.* ■ Avec réserve. SYN. discrètement, humblement, obscurément, pudiquement. CONTR. *carrément, effrontément, hardiment, impudemment.*

modestie *nom féminin* Appréciation modérée de soi-même. SYN. discrétion, humilité, pudeur, réserve, retenue, simplicité. – LITTÉRAIRE : effacement, sobriété. CONTR. *ambition, amour-propre, aplomb, arrogance, audace, autorité, bluff, bravade, complaisance, condescendance, cuistrerie, cynisme, désinvolture, effronterie, emphase, fanfaronnade, fatuité, grandeur, hauteur, orgueil, ostentation, pédanterie, pédantisme, présomption, prétention, suffisance, supériorité, vanité.* – LITTÉRAIRE : *fierté, forfanterie, infatuation, outrecuidance, superbe.*

modicité *nom féminin* Caractère modique. SYN. faiblesse, insignifiance, médiocrité, petitesse. CONTR. *importance.*

modifiable *adjectif* Qui peut être modifié. SYN. changeable, transformable. CONTR. *immuable, inchangeable.*

modification *nom féminin* Transformation qui se fait dans. SYN. adaptation, amendement, bouleversement, changement, correction, évolution, innovation, rectification, refonte, remaniement, révision, transformation, variation. – LITTÉRAIRE : mue, transmutation. CONTR. *invariabilité.* – LITTÉRAIRE : *fixité, immuabilité.*

modifié *adjectif* Qui a été changé. SYN. altéré, changé, différent, transformé. CONTR. *inchangé.*

modifier *verbe* Changer quelque chose. SYN. changer, corriger, métamorphoser, rectifier, refondre, réformer, remanier, rénover, reprendre, révolutionner, transformer, varier. CONTR. *conserver, maintenir, restituer.*

modifier (se) *verbe pronominal* Subir une modification. SYN. changer, évoluer, se métamorphoser, se transformer, varier. CONTR. *se fixer, se maintenir.*

modique *adjectif* De faible valeur. SYN. bas, faible, infime, insignifiant, limité, maigre, médiocre, mince, minime, modéré, modeste, pauvre, petit, réduit. CONTR. *appréciable, beau, conséquent, considérable, fabuleux, gentil, gros,* *important, respectable.* – FAMILIER : *coquet, joli, rondelet.*

modulation *nom féminin* Changement du ton de la voix. SYN. accent, inflexion, intonation.

modus vivendi *nom masculin* Arrangement à l'amiable. SYN. accommodement, arrangement, compromis, consensus.

moelle *nom féminin* LITTÉRAIRE. Partie essentielle de. SYN. substance. – LITTÉRAIRE : essence, quintessence, suc.

moelleux *adjectif* Doux au toucher. SYN. douillet, duveteux, élastique, mou, velouteux. CONTR. *dur, rêche, rude.* ▪ Doux au goût. SYN. onctueux, suave, tendre, velouté. CONTR. *âpre, râpeux, sec.*

moelleux *nom masculin* Caractère moelleux. SYN. douceur, mollesse, onctuosité. CONTR. *âpreté.* – LITTÉRAIRE : *rudesse.*

mœurs *nom féminin pluriel* Habitudes de vie. SYN. coutumes, habitudes, mentalité, pratique, us et coutumes, usages. ▪ Conduite par rapport à la morale. SYN. conduite, morale, moralité, principes.

moignon *nom masculin* Souche d'un arbre coupé. SYN. chicot.

moine *nom masculin* Oiseau marin noir et blanc. SYN. macareux. ▪ Papillon nuisible. SYN. nonne.

moineau *nom masculin* Petit passereau. SYN. – FAMILIER : pierrot. – POPULAIRE : piaf.

moire *nom féminin* LITTÉRAIRE. Reflets chatoyants. SYN. chatoiement, luisant, papillotement, poli.

moiré *adjectif* LITTÉRAIRE. Qui reluit. SYN. changeant, chatoyant, luisant. – LITTÉRAIRE : ondoyant.

moirure *nom féminin* LITTÉRAIRE. Effet de moire. SYN. luisant, marbrure, poli.

moisir *verbe* Se couvrir de moisissure. SYN. se piquer, pourrir. – VIEUX : chancir. ▪ FAMILIER. Rester au même endroit. SYN. attendre, croupir, se morfondre, végéter. – FAMILIER : lanterner, mariner, mijoter, poireauter, pourrir. – LITTÉRAIRE : languir, stagner.

moisson *nom féminin* Grande quantité de choses. SYN. avalanche, fatras, foule, infinité, kyrielle, légion, masse, mine, monceau, montagne, multitude, myriade, nuée, paquet, pléiade, profusion, prolifération, quantité, ramassis, tas. – FAMILIER : cargaison, cohorte, flopée, foultitude, pelletée, tapée, tripotée. – LITTÉRAIRE : essaim. ▪ Ce qui est récolté. SYN. récolte.

moissonner *verbe* LITTÉRAIRE. Recueillir en quantité. SYN. amasser, collecter, cueillir, ramasser, récolter.

moissonneuse *nom féminin* Fourmi du sud de la France. SYN. messor.

moite *adjectif* Chargé d'humidité. SYN. humide, mouillé, suintant.

moiteur *nom féminin* Atmosphère moite. SYN. lourdeur. – LITTÉRAIRE : touffeur.

môle *nom féminin* Gros poisson au corps presque circulaire. SYN. lune, poisson-lune.

molécule *nom féminin* LITTÉRAIRE. Très petite partie de. SYN. corpuscule, élément, parcelle, particule, poussière.

molène *nom féminin* Plante couverte d'un duvet. SYN. bouillon-blanc.

molester *verbe* Faire subir des violences. SYN. battre, brutaliser, employer la manière forte, en faire voir de toutes les couleurs, frapper, malmener, maltraiter, matraquer, rouer de coups, rudoyer, taper, user de violence. – FAMILIER : faire passer un mauvais quart d'heure, ne pas y aller avec le dos de la cuillère, rosser, tabasser, tarabuster. – LITTÉRAIRE : violenter. – POPULAIRE : rentrer dans le chou, rentrer dans le lard, rentrer dans le mou, rentrer dedans.

mollasse *adjectif* FAMILIER. Qui est mou. SYN. amorphe, apathique, atone, avachi, flasque, indolent, inerte, lymphatique, mou. – FAMILIER : gnangnan, gniangnian, lambin. CONTR. *énergique.*

mollasson *adjectif* Qui est très mou. SYN. amorphe, apathique, atone, avachi, flasque, indolent, inerte, lymphatique, mou. – FAMILIER : gnangnan, gniangnian, lambin. CONTR. *énergique.*

mollement *adverbe* Avec nonchalance. SYN. indolemment, langoureusement, nonchalamment, paresseusement. ▪ Sans conviction. SYN. calmement, doucement, faiblement, légèrement. – LITTÉRAIRE : tièdement. CONTR. *activement, ardemment, d'arrache-pied, carrément, courageusement, durement, énergiquement, farouchement, fermement, fortement, obstinément, opiniâtrement, puissamment, rudement, violemment.* ▪ Avec lenteur. SYN. lentement, paisiblement, tranquillement. CONTR. *expéditivement, hâtivement, promptement, rapidement, vite.* – LITTÉRAIRE : *diligemment.*

mollesse *nom féminin* État de ce qui est mou. SYN. élasticité, moelleux, souplesse. – LITTÉRAIRE : flaccidité. CONTR. *dureté, raideur, rigidité.* ▪ Manque d'énergie. SYN. abandon, apathie, atonie, indolence, laisser-aller, lenteur, négligence, nonchalance, paresse, tiédeur, torpeur. – LITTÉRAIRE : alanguissement. CONTR. *acharnement, activité, agitation, allant, ardeur, dynamisme, endurance, énergie, entrain, fougue, hâte, impatience, pétulance, rapidité, vitalité, vitesse.* – LITTÉRAIRE :

alacrité, promptitude, vivacité. ▪ Défaut de fermeté. **SYN.** inconsistance, incurie, lâcheté, veulerie. **CONTR.** *caractère, combativité, fermeté, force, violence.* – LITTÉRAIRE : *pugnacité.*

molletonner *verbe* Garnir de molleton. **SYN.** fourrer, ouatiner.

mollicute *nom masculin* Bactérie responsable d'infections. **SYN.** mycoplasme.

mollir *verbe* Perdre de sa force physique. **SYN.** s'amollir, chanceler, flageoler, plier. – FAMILIER : flancher. – LITTÉRAIRE : défaillir, faiblir, ployer. ▪ Devenir moins violent. **SYN.** baisser, diminuer, faiblir, se ralentir, tomber. **CONTR.** *augmenter, persister.* ▪ Perdre de sa force morale. **SYN.** diminuer, faiblir, fléchir, se relâcher. **CONTR.** *s'accroître, se défendre, se raidir, résister.*

mollugine *nom féminin* Plante herbacée. **SYN.** caille-lait, croisette, gaillet.

molyte *nom masculin* Gros charançon noir. **SYN.** liparus.

môme *nom* POPULAIRE. Enfant. **SYN.** bambin, bébé, gamin, gamine, petit, tout-petit. – FAMILIER : bout de chou, bout de zan, gosse, marmot, mioche, moustique, moutard, petiot, petiote, pitchoun, pitchounet, poussin, tête blonde. – POPULAIRE : chiard, lardon, loupiot, loupiote, morpion, mouflet. – VIEUX : marmouset.

moment *nom masculin* Espace de temps. **SYN.** date, époque, instant. – LITTÉRAIRE : jours, saison. ▪ Instant où se situe un événement. **SYN.** circonstance, conjoncture, heure, minute, occasion, temps. ▪ ***Par moments,*** sans régularité. **SYN.** par accès, par à-coups, épisodiquement, exceptionnellement, une fois n'est pas coutume, inégalement, par instants, par intermittence, par intervalles, irrégulièrement, occasionnellement, parfois, quelquefois, sporadiquement, de temps à autre, de temps en temps, variablement. – LITTÉRAIRE : par occasion. **CONTR.** *constamment, continuellement, fréquemment, habituellement, immuablement, indéfiniment, invariablement, à longueur de temps, en permanence, régulièrement, sans arrêt, sans cesse, sans discontinuer, sans interruption, sans relâche, sans répit, sans souffler, sans trêve, toujours, à tout bout de champ, à tout instant, à tout propos.* – LITTÉRAIRE : *continûment, sempiternellement.*

momentané *adjectif* Qui ne dure qu'un moment. **SYN.** accidentel, bref, court, éphémère, fugace, fugitif, passager, ponctuel, provisoire, temporaire, transitoire. **CONTR.** *chronique, continuel, définitif, durable, endémique, éternel, habituel, immuable, inaltérable, permanent, perpétuel, tenace.* – LITTÉRAIRE : *pérenne.*

momentanément *adverbe* De façon momentanée. **SYN.** passagèrement, provisoirement, temporairement. – LITTÉRAIRE : transitoirement. **CONTR.** *assidûment, constamment, durablement, immuablement, inébranlablement, irrévocablement, obstinément, opiniâtrement, en permanence, perpétuellement, sans arrêt, sans discontinuer, sans relâche, sans répit, toujours, à tout bout de champ, à tout propos.* – LITTÉRAIRE : *sempiternellement.*

momerie *nom féminin* LITTÉRAIRE. Affectation ridicule. **SYN.** jonglerie, minauderie, préciosité. – LITTÉRAIRE : pantalonnade.

momifier (se) *verbe pronominal* Être inerte. **SYN.** se fossiliser, se scléroser.

monacal *adjectif* Qui est rude et austère. **SYN.** ascétique, austère, monastique, nu, sévère.

monarchique *adjectif* Qui concerne la monarchie. **SYN.** royaliste. **CONTR.** *démocrate, républicain.*

monarque *nom masculin* Chef d'une monarchie. **SYN.** autocrate, empereur, potentat, prince, roi, souverain.

monastère *nom masculin* Maison de religieux. **SYN.** abbaye, chartreuse, cloître, couvent, moutier.

monastique *adjectif* Qui relève des moines. **SYN.** claustral, monacal, religieux.

monaural *adjectif* Qui est transmis par un seul canal. **SYN.** monophonique. **CONTR.** *stéréophonique.*

monceau *nom masculin* Amoncellement d'objets. **SYN.** accumulation, amas, amoncellement, empilement, entassement, masse, montagne, pile, tas. ▪ Grande quantité de choses. **SYN.** armée, avalanche, cascade, chapelet, déluge, fatras, flot, flux, foule, grêle, infinité, kyrielle, légion, masse, multitude, myriade, nuée, pléiade, pluie, profusion, prolifération, quantité, tas, torrent. – FAMILIER : armada, cargaison, flopée, foultitude, paquet, pelletée, régiment, ribambelle, tapée. – LITTÉRAIRE : averse, essaim, océan. **CONTR.** *atome, bribe, brin, doigt, goutte, grain, gramme, larme, lueur, miette, nuage, once, parcelle, peu, pointe, soupçon, trace.* – LITTÉRAIRE : *liard, ombre, trait.* – POPULAIRE : *chouia.*

mondain *adjectif* Qui aime sortir. **SYN.** sociable. **CONTR.** *sauvage, solitaire.*

mondanité *nom féminin* Caractère mondain. **SYN.** snobisme.

monde *nom masculin* La Terre. **SYN.** globe, planète. ▪ L'univers qui nous entoure. **SYN.** cosmos, création, macrocosme, nature, univers. ▪ Les êtres humains. **SYN.** hommes, humains, humanité.

■ VIEUX. Personnes au service de quelqu'un. SYN. domesticité, domestiques, employés, gens, maison, personnel. – FAMILIER : maisonnée. ■ Grand nombre de personnes. SYN. affluence, cohue, flot, foule, horde, légion, masse, meute, multitude, presse, troupe, troupeau. – FAMILIER : peuple. – LITTÉRAIRE : fourmilière. ■ ***Beau monde,*** gens en vue. SYN. le dessus du panier, élite, fine fleur, la fine fleur, fleur, gotha, gratin, haute, jet-set. – FAMILIER : beau linge, crème. ■ ***Pas le moins du monde,*** pas du tout. SYN. aucunement, jamais, nullement, pas du tout. CONTR. *(à) cent pour cent, absolument, complètement, entièrement, extrêmement, grandement, hautement, infiniment, pleinement, au plus haut point, puissamment, superlativement, suprêmement.* – LITTÉRAIRE : *au dernier point.*

monder *verbe transitif* Enlever leur enveloppe à des grains. SYN. décortiquer, émonder, éplucher, perler, usiner.

mondial *adjectif* Qui concerne le monde entier. SYN. cosmique, international, planétaire, terrestre, universel. CONTR. *local.*

mondialement *adverbe* Dans le monde entier. SYN. internationalement, planétairement, universellement. CONTR. *localement.*

mondialisation *nom féminin* Stratégie à l'échelle planétaire. SYN. globalisation, planétarisation, universalisation.

monème *nom masculin* Unité élémentaire de signification. SYN. morphème.

mongol *nom masculin* Langue officielle de la République de Mongolie. SYN. khalkha.

mongolien *adjectif* et *nom* VIEUX. Atteint de la trisomie 21. SYN. trisomique.

mongolisme *nom masculin* VIEUX. Aberration chromosomique. SYN. trisomie 21.

moniliase ou **moniliose** *nom féminin* Infection mycosique. SYN. candidose.

monisme *nom masculin* Doctrine selon laquelle l'être est fait d'une seule substance. CONTR. *dualisme, pluralisme.*

monition *nom féminin* Avertissement officiel de l'autorité ecclésiastique. SYN. – LITTÉRAIRE : admonition.

monnaie *nom féminin* Ensemble de pièces. SYN. espèces. – FAMILIER : ferraille, mitraille.

monnaie-du-pape *nom féminin* Plante aux fruits en forme de disques. SYN. lunaire.

monnoyère *nom féminin* Plante ornementale aux fleurs jaunes ou blanches. SYN. herbe-aux-écus, lysimaque, nummulaire.

monochlamydé *adjectif* Qui n'a pas de pétales. SYN. apétale.

monochrome *adjectif* D'une seule couleur. SYN. uni, unicolore. CONTR. *polychrome.* – LITTÉRAIRE : *versicolore.*

monoclinique *adjectif* Dont l'axe de symétrie est binaire. SYN. clinorhombique.

monocorde *adjectif* Qui est émis sur un seul son. SYN. gris, monotone, morne. CONTR. *varié.*

monodelphe *nom masculin* Mammifère placentaire typique. SYN. euthérien.

monœcie *nom féminin* État d'une plante monoïque. CONTR. *diœcie.*

monogame *adjectif* et *nom* Qui n'est marié qu'à une personne à la fois. CONTR. *polygame.*

monogamie *nom féminin* Système où l'on ne peut avoir qu'un conjoint à la fois. CONTR. *polygamie.*

monogamique *adjectif* Relatif à la monogamie. CONTR. *polygamique.*

monogène *nom masculin* Ver parasite. SYN. hétérocotyle.

monoïque *adjectif* Aux fleurs mâles et femelles sur le même pied. SYN. androgyne. CONTR. *dioïque.*

monolingue *adjectif* Qui ne concerne qu'une seule langue. SYN. unilingue. CONTR. *bilingue, multilingue, plurilingue.*

monolinguisme *nom masculin* Situation d'une personne monolingue. SYN. unilinguisme. CONTR. *bilinguisme, multilinguisme, plurilinguisme.*

monologue *nom masculin* Discours de quelqu'un à lui-même. SYN. soliloque. CONTR. *causerie, conversation, débat, dialogue, discussion, entretien, pourparlers.*

monologuer *verbe* Se parler tout haut à soi-même. SYN. soliloquer. CONTR. *converser, dialoguer, discuter, parlementer.* – LITTÉRAIRE : *s'entretenir avec.*

monométhylamine *nom féminin* Gaz à odeur de poisson avarié. SYN. méthylamine.

monomodal *adjectif* Qui fonctionne avec un seul mode électromagnétique. SYN. unimodal.

monophonique *adjectif* Qui est transmis par un seul canal. SYN. monaural. CONTR. *stéréophonique.*

monoplan *adjectif* et *nom masculin* Se dit d'un avion à un seul plan de sustentation. CONTR. – VIEUX : *multiplan.*

monopole *nom masculin* Possession exclusive. SYN. apanage, exclusivité, prérogative, privilège.

monopoliser *verbe* Se réserver le profit de. SYN. accaparer, s'adjuger, s'approprier, s'emparer, posséder. – LITTÉRAIRE : s'arroger. CONTR. *partager.* ■ Prendre tout le temps de quelqu'un. SYN. absorber, accaparer, occuper, prendre, retenir. – LITTÉRAIRE : posséder.

monoporte *nom féminin* Réseau électrique à deux bornes. SYN. bipôle, dipôle.

monosaccharide *nom masculin* Glucide constitué d'une seule molécule. SYN. ose.

monosémie *nom féminin* Caractère d'un mot monosémique. CONTR. *polysémie.*

monosémique *adjectif* Se dit d'un mot qui n'a qu'un sens. CONTR. *polysémique.*

monosyllabe *adjectif et nom masculin* Qui n'a qu'une seule syllabe. SYN. monosyllabique. CONTR. *polysyllabe.*

monosyllabique *adjectif* Qui n'a qu'une syllabe. SYN. monosyllabe. CONTR. *polysyllabique.*

monothéisme *nom masculin* Religion qui n'admet qu'un dieu. CONTR. *polythéisme.*

monothéiste *adjectif* Relatif au monothéisme. CONTR. *polythéiste.*

monotone *adjectif* Qui cause l'ennui. SYN. endormant, ennuyeux, fade, fastidieux, impersonnel, lassant, terne, traînant. – FAMILIER : assommant, barbant, enquiquinant, fadasse, rasant, rasoir, soûlant. – POPULAIRE : suant. ■ Qui est sans variété. SYN. ennuyeux, grisâtre, monocorde, morne, plat. – LITTÉRAIRE : uni. CONTR. *nuancé, pittoresque, varié.*

monotonie *nom féminin* Manque lassant de variété. SYN. fadeur, grisaille, impersonnalité, platitude, prosaïsme, tristesse, uniformité. – FAMILIER : ronron, train-train. CONTR. *brio, diversité, fantaisie, imprévu, variété.* – LITTÉRAIRE : *vivacité.*

monotrème *nom masculin* Mammifère au bec corné. SYN. ornithodelphe, protothérien.

monotrope *nom masculin* Plante parasite du pin. SYN. sucepin.

monovalent *adjectif* Qui a une valence chimique égale à 1. SYN. univalent.

monoxène *adjectif* Qui se reproduit sur le même hôte. SYN. autoïque. CONTR. *hétéroïque, polyxème.*

monozygote *adjectif* Se dit de jumeaux issus d'un même œuf. SYN. uniovulaire, univitellin. CONTR. *biovulaire, bivitellin, dizygote.*

monstre *adjectif* FAMILIER. Qui est prodigieux. SYN. démentiel, effréné, extraordinaire, fantastique, gigantesque, inouï, monstrueux, phénoménal, prodigieux. – FAMILIER : énorme, faramineux. – POPULAIRE : bœuf.

monstrueusement *adverbe* D'une façon atroce. SYN. abominablement, affreusement, cruellement, épouvantablement, hideusement, horriblement, ignoblement, odieusement. CONTR. *admirablement, adorablement, divinement, magnifiquement, merveilleusement.* – LITTÉRAIRE : *sublimement.* ■ Indique un degré extrême. SYN. abominablement, affreusement, démesurément, énormément, épouvantablement, excessivement, extraordinairement, extrêmement, follement, grandement, immensément, incroyablement, inimaginablement, invraisemblablement, prodigieusement, puissamment, singulièrement, suprêmement, terriblement, très, vertigineusement. – FAMILIER : atrocement, formidablement. – LITTÉRAIRE : furieusement. – POPULAIRE : vachement. CONTR. *légèrement, moyennement, peu.*

monstrueux *adjectif* Atteint de graves malformations. SYN. anormal, dénaturé, difforme, tératologique. ■ Qui est excessif. SYN. colossal, démesuré, éléphantesque, énorme, gigantesque, insensé, phénoménal, prodigieux. – FAMILIER : faramineux, monstre. – LITTÉRAIRE : cyclopéen, titanesque. – POPULAIRE : bœuf. ■ Qui suscite l'horreur. SYN. abominable, affreux, atroce, effroyable, épouvantable, hideux, horrible, horrifiant, indigne, inhumain, odieux, terrible, terrifiant. – LITTÉRAIRE : exécrable, horrifique.

monstruosité *nom féminin* Grave anomalie de conformation. SYN. difformité, malformation. ■ Caractère horrible. SYN. atrocité, noirceur. – LITTÉRAIRE : hideur, horreur. CONTR. *beauté.* ■ Chose monstrueuse. SYN. abomination, infamie, insanité.

mont *nom masculin* Grande élévation naturelle. SYN. éminence, hauteur, mamelon, monticule, pic, puy, sommet. – VIEUX : élévation. ■ ***Mont de Vénus,*** éminence en avant du pubis. SYN. pénil.

montage *nom masculin* Action d'assembler des éléments. SYN. ajustage, assemblage, dressage, installation. CONTR. *dépose, dislocation.*

montagne *nom féminin* Quantité importante de choses. SYN. amas, amoncellement, avalanche, cascade, chapelet, déluge, entassement, fatras, flot, flux, foule, infinité, kyrielle, légion, masse, monceau, multitude, myriade, nuée, pile, pléiade, profusion, prolifération, quantité, ramassis, tas. – FAMILIER : armada, cargaison, cohorte, flopée, foultitude, paquet, pelletée, régiment, ribambelle, tapée. – LITTÉRAIRE : essaim, océan. CONTR. *atome, bribe, brin, doigt, goutte, gramme, miette, nuage, once, pointe, soupçon.* – LITTÉRAIRE : *liard, ombre.* – POPULAIRE : *chouia.*

montagneux *adjectif* Formé de montagnes. SYN. accidenté. – VIEUX : montueux. CONTR. *plan, plat.*

montant *nom masculin* Total d'une somme. SYN. chiffre, compte, coût, estimation, somme, total.

mont-de-piété *nom masculin* Établissement de prêts sur gage. SYN. crédit municipal. – FAMILIER : clou, ma tante.

montée *nom féminin* Action de monter. SYN. ascension, escalade, grimpée. CONTR. *descente.* ■ Fait d'aller plus haut. SYN. crue, débordement, élévation. CONTR. *baisse, recul.* ■ Chemin qui monte. SYN. côte, raidillon, rampe. – FAMILIER : grimpette. CONTR. *descente, pente.* ■ Élévation en intensité. SYN. aggravation, augmentation, croissance, développement, escalade, flambée, hausse, majoration, poussée, valorisation. CONTR. *abaissement, chute, décadence, décroissance, diminution, refroidissement.*

monter *verbe intransitif* Prendre place dans ou sur. SYN. embarquer, s'engouffrer, s'installer. CONTR. *sauter de, sortir.* ■ Gagner en hauteur. SYN. s'élever, grimper, grossir, se hausser. CONTR. *s'abaisser, baisser, refluer.* – LITTÉRAIRE : *régresser.* ■ Atteindre un degré supérieur. SYN. augmenter, doubler, majorer, renchérir. CONTR. *baisser, diminuer, s'effondrer.* – FAMILIER : *dégringoler.* ■ Augmenter d'intensité. SYN. s'accentuer, aller crescendo, aller croissant, s'amplifier, augmenter, croître, grandir, grossir, s'intensifier, redoubler. CONTR. *baisser, décliner, décroître, diminuer, faiblir, fléchir, mollir, sombrer, tomber.* ■ S'élever dans une hiérarchie. SYN. se distinguer, s'élever, émerger, faire carrière, faire son chemin, faire son trou, se faire un nom, se faire une place au soleil, se hisser, percer. – LITTÉRAIRE : parvenir. CONTR. *s'abaisser, déchoir, se déclasser, déroger.*

monter *verbe transitif* Parcourir un lieu de bas en haut. SYN. escalader, gravir, grimper. – VIEUX : ascensionner. CONTR. *descendre, dévaler.* – FAMILIER : *débouler.* ■ Porter quelque chose en haut. SYN. hisser, porter. CONTR. *descendre.* ■ Mettre à un niveau plus élevé. SYN. exhausser, hausser, lever, rehausser, remonter, soulever. CONTR. *abaisser, baisser, diminuer, réduire.* – LITTÉRAIRE : *rabaisser.* ■ Assembler les parties de. SYN. assembler, dresser, installer, planter. CONTR. *démonter, disloquer.* – FAMILIER : *déglinguer, démantibuler.* ■ Organiser une action. SYN. combiner, comploter, conspirer, constituer, échafauder, machiner, manigancer, mijoter, mitonner, orchestrer, tramer. – FAMILIER : concocter, goupiller. – LITTÉRAIRE : nouer, ourdir. CONTR. *démolir, désorganiser, miner, perturber, saper.* ■ Provoquer une hostilité envers. SYN. braquer, buter, cabrer.

monter (se) *verbe pronominal* Se pourvoir du nécessaire. SYN. s'équiper, se fournir. ■ S'irriter contre. SYN. décharger sa bile, éclater, s'emporter, s'énerver, s'enflammer, s'exciter, se fâcher, fulminer, se hérisser, s'irriter, se mettre en colère, sortir de ses gonds, voir rouge. – FAMILIER : avoir une poussée d'adrénaline, s'emballer, se fâcher tout rouge, se mettre en boule, se mettre en pétard, se mettre en rogne, piquer une crise. – POPULAIRE : pousser un coup de gueule, pousser une gueulante. CONTR. *se calmer.* ■ Former un certain total. SYN. atteindre, se chiffrer, coûter, s'élever, revenir à, valoir.

monticule *nom masculin* Petite élévation du sol. SYN. butte, colline, coteau, éminence, hauteur, mamelon, mont, tertre.

montrable *adjectif* Qui peut être montré. SYN. présentable. – FAMILIER : sortable.

montre *nom féminin* ***Faire montre de,*** faire preuve de. SYN. affecter, afficher, étaler, exhiber, exprimer, laisser paraître, manifester, montrer, prouver, témoigner.

montrer *verbe* Exposer aux regards. SYN. afficher, arborer, découvrir, dégager, dénuder, déployer, dévoiler, étaler, exhiber, exposer, présenter. CONTR. *cacher, camoufler, couvrir, dissimuler, escamoter, recouvrir.* – LITTÉRAIRE : *dérober.* – POPULAIRE : *planquer.* ■ Faire voir d'un geste. SYN. désigner, indiquer, signaler. ■ Faire connaître quelque chose. SYN. affirmer, apprendre, déceler, démasquer, dépeindre, dévoiler, dire, enseigner, évoquer, exposer, exprimer, extérioriser, livrer, manifester, marquer, peindre, raconter, rapporter, relater, retracer, révéler. CONTR. *cacher, camoufler, contenir, dissimuler, masquer, refouler, rentrer, travestir.* – LITTÉRAIRE : *celer, farder, taire, voiler.* ■ Rendre quelque chose évident. SYN. attester, caractériser, confirmer, démontrer, dénoter, dépeindre, établir, expliquer, faire foi, témoigner de, traduire. ■ Manifester un état. SYN. accuser, attester, laisser paraître, manifester, marquer. – LITTÉRAIRE : respirer.

montrer (se) *verbe pronominal* Apparaître à la vue. SYN. apparaître, déboucher, émerger, paraître, percer, surgir. – LITTÉRAIRE : poindre, pointer. CONTR. *disparaître.* ■ Se faire voir en public. SYN. parader, paraître, se présenter, sortir. – FAMILIER : crâner, plastronner. CONTR. *se cacher.* ■ Se manifester sous tel aspect. SYN. s'avérer, se découvrir, se démasquer, se dévoiler, se manifester, se révéler.

monture *nom féminin* Partie d'une ligne qui porte l'hameçon. SYN. avançon.

monument *nom masculin* Ouvrage d'architecture. SYN. construction, édifice.

monumental *adjectif* Qui a une taille imposante. SYN. colossal, éléphantesque, énorme, gigantesque, immense, imposant, impressionnant. – LITTÉRAIRE : cyclopéen, titanesque. CONTR. *minuscule.* ■ FAMILIER. Hors des normes habituelles. SYN. fantastique, grandiose, inouï, phénoménal, prodigieux. – FAMILIER : faramineux. CONTR. *insignifiant, ordinaire, quelconque.*

moquer (se) *verbe pronominal* Tourner en ridicule. SYN. s'amuser de, faire des gorges chaudes de, faire marcher, ironiser, mettre en boîte, se payer la tête de, persifler, plaisanter, railler, ridiculiser, rire de, sourire de, taquiner. – FAMILIER : blaguer, chambrer, chiner, se ficher de, galéjer, vanner. – LITTÉRAIRE : brocarder, se gausser, se jouer de, satiriser. – POPULAIRE : charrier, se foutre de, se payer la gueule de. CONTR. *admirer.* ■ Ne faire aucun cas de. SYN. braver, dédaigner, se désintéresser, ignorer, mépriser, n'avoir rien à faire de, se rire de. – FAMILIER : se contreficher de, se ficher, s'en moquer comme de colin-tampon, s'en moquer comme de l'an quarante, s'en soucier comme de l'an quarante, s'en soucier comme de sa première chemise, s'en soucier comme d'une guigne. – POPULAIRE : s'en balancer, s'en battre l'œil, s'en branler, se foutre, n'avoir rien à cirer de, n'avoir rien à foutre de, s'en tamponner le coquillard, s'en taper. CONTR. *s'intéresser à, se préoccuper de.* ■ Essayer de tromper. SYN. bafouer, berner, duper, se jouer de, mystifier, trahir. – FAMILIER : rouler.

moquerie *nom féminin* Action ou parole moqueuse. SYN. gouaillerie, ironie, lazzi, persiflage, pique, plaisanterie, pointe, quolibet, raillerie, risée, sarcasme. – FAMILIER : chinage. – LITTÉRAIRE : brocard, goguenardise, trait. – POPULAIRE : vanne.

moqueur *adjectif* LITTÉRAIRE. Qui aime se moquer. SYN. facétieux, gouailleur, persifleur, pince-sans-rire, railleur, taquin. – FAMILIER : blagueur, chineur. ■ Qui manifeste de la raillerie. SYN. caustique, goguenard, ironique, malicieux, mordant, narquois, persifleur, railleur, satirique. – LITTÉRAIRE : piquant. CONTR. *admiratif.*

moqueur *nom* LITTÉRAIRE. Personne qui se moque. SYN. farceur, persifleur, pince-sans-rire, plaisantin, railleur. – FAMILIER : blagueur, chineur.

moral *adjectif* Qui concerne le bien et le mal. SYN. édifiant, exemplaire, moralisateur. CONTR. *immoral, malhonnête.* – LITTÉRAIRE : *déshonnête, pernicieux.* ■ Conforme aux bonnes mœurs. SYN. convenable, honnête, honorable. – FAMILIER : régulier. – LITTÉRAIRE : vertueux. CONTR. *inconvenant, incorrect, libertin, obscène.* ■ Qui est relatif à l'esprit. SYN. intellectuel, mental, psychique, spirituel. CONTR. *corporel, physique.* – LITTÉRAIRE : *charnel.*

moral *nom masculin* Facultés mentales. SYN. mental, psychisme.

morale *nom féminin* Ensemble de règles de conduite. SYN. bonnes mœurs, honnêteté, moralité, probité, vertu. CONTR. – LITTÉRAIRE : *vice.* ■ Science du bien et du mal. SYN. éthique. ■ Conclusion qui se dégage de. SYN. enseignement, instruction, leçon, moralité.

moralement *adverbe* Conformément à la morale. SYN. correctement, dignement, honnêtement, honorablement, vertueusement. CONTR. *immoralement, incorrectement, malhonnêtement.* ■ Du point de vue de la morale. SYN. intellectuellement, psychiquement. – LITTÉRAIRE : spirituellement. CONTR. *matériellement, physiquement.*

moralisateur *adjectif* Qui a une intention moralisante. SYN. édifiant, moral. – FAMILIER : prêcheur. CONTR. *léger, leste.*

moralisateur *nom* Personne qui fait la morale. SYN. prédicant. – FAMILIER : prêcheur. – LITTÉRAIRE : sermonneur.

moraliser *verbe* LITTÉRAIRE. Donner des leçons de morale. SYN. chapitrer, édifier, morigéner, sermonner. – LITTÉRAIRE : admonester, semoncer, tancer. CONTR. *corrompre.*

moralité *nom féminin* Conformité à la morale. SYN. éthique. CONTR. *amoralité, immoralité.* ■ Conduite morale. SYN. conscience, honnêteté, incorruptibilité, mentalité, mœurs, probité, vertu. CONTR. – LITTÉRAIRE : *vice.* ■ Enseignement moral. SYN. conclusion, enseignement, exemple, instruction, leçon, maxime, morale.

morbide *adjectif* Qui relève de la maladie. SYN. maladif, pathologique. CONTR. *salubre.* ■ Qui a un caractère malsain. SYN. frelaté, immoral, malsain, pervers, pourri. – FAMILIER : glauque. – LITTÉRAIRE : pernicieux, putride. CONTR. *sain, salutaire.*

morbidesse *nom féminin* LITTÉRAIRE. Grâce maladive. SYN. indolence, langueur, mélancolie, nonchalance. – LITTÉRAIRE : alanguissement, prostration.

morceau *nom masculin* Partie d'un objet qui a été brisé. SYN. bout, débris, éclat, lambeau, tesson. CONTR. *bloc.* ■ Quantité qu'on prélève sur un tout. SYN. bouchée, division, échantillon, fraction, fragment, part, portion, quartier. – FAMILIER : lichette. CONTR. *entier.* ■ Partie de quelque chose. SYN. bribe, extrait, fragment, page, partie, passage, portion, segment. – LITTÉRAIRE : pan. CONTR. *ensemble, totalité.*

morcelé *adjectif* Divisé en morceaux. SYN. fragmentaire, parcellaire. CONTR. *entier, global.*

morceler *verbe* Diviser en plusieurs parties. SYN. compartimenter, démembrer, dépecer, désagréger, disloquer, disperser, diviser, fractionner, fragmenter, lotir, partager, scinder, sectionner, segmenter, séparer, subdiviser. CONTR. *grouper, regrouper.*

morcellement *nom masculin* Action de morceler. SYN. démembrement, division, fractionnement, fragmentation, lotissement, parcellement, partage, segmentation. – LITTÉRAIRE : dépeçage, dépècement.

mordant *adjectif* Qui attaque avec vivacité. SYN. acerbe, acéré, acide, agressif, aigre, caustique, à l'emporte-pièce, hargneux, incisif, moqueur, railleur, satirique. – FAMILIER : saignant. – LITTÉRAIRE : âcre, acrimonieux, corrosif, épigrammatique, fielleux, piquant, vénéneux, venimeux. ■ Qui pénètre l'organisme. SYN. aigre, âpre, cuisant, glacial, pénétrant, perçant, vif.

mordant *nom masculin* Caractère énergique de quelqu'un. SYN. allant, ardeur, combativité, dynamisme, énergie, fougue, impétuosité, pétulance, ressort, tonus, vigueur. – FAMILIER : punch. ■ Caractère agressif d'une réplique. SYN. acrimonie, âpreté, causticité.

mordiller *verbe* Mordre légèrement. SYN. mâcher, mâchonner, mordre, ronger.

mordre *verbe transitif* Serrer entre les dents. SYN. mâchonner, mordiller, ronger. ■ Entamer quelque chose. SYN. attaquer, corroder, entamer, manger, miner, ronger, saper, user. ■ Planter ses dents dans. SYN. croquer, déchiqueter, entamer.

mordre *verbe transitif indirect* FAMILIER. Prendre goût à. SYN. aimer, se mettre, prendre plaisir à. ■ Déborder sur quelque chose. SYN. chevaucher, empiéter, envahir, grignoter, outrepasser.

mordu *adjectif* FAMILIER. Qui se prend de passion pour. SYN. amoureux, enragé, entiché, fanatique, féru, fervent, fou, passionné. – FAMILIER : fana, toqué. – LITTÉRAIRE : idolâtre.

morène *nom féminin* Petite plante aquatique. SYN. hydrocharis.

morfondre (se) *verbe pronominal* S'ennuyer à attendre. SYN. s'ennuyer. – FAMILIER : se barber, s'embêter, s'empoisonner, s'enquiquiner, se faire suer, mariner, mijoter, moisir, se raser. – LITTÉRAIRE : languir. – POPULAIRE : s'emmerder, se faire chier.

morgue *nom féminin* Attitude méprisante. SYN. arrogance, condescendance, dédain, froideur, hauteur, mépris, orgueil, sécheresse, suffisance, supériorité, vanité. – LITTÉRAIRE : fierté, outrecuidance. CONTR. *affabilité, aplatissement, bonhomie, humilité, simplicité.*

moribond *adjectif* Qui est près de mourir. SYN. agonisant, mourant. – LITTÉRAIRE : expirant. ■ Qui est près de disparaître. SYN. déclinant, expirant, finissant. CONTR. *naissant.*

morigéner *verbe* Faire des remontrances. SYN. avertir, chapitrer, gronder, houspiller, rappeler à l'ordre, reprendre, réprimander, sermonner, tirer les oreilles. – FAMILIER : attraper, disputer, enguirlander, passer un savon, secouer, sonner les cloches à. – LITTÉRAIRE : admonester, fustiger, gourmander, moraliser, quereller, semoncer, tancer. – POPULAIRE : engueuler, remonter les bretelles. CONTR. *complimenter, féliciter.*

morio *nom masculin* Mollusque gastropode marin. SYN. cassidaire.

mormolyce *nom masculin* Grand coléoptère de Malaisie. SYN. insecte-violon.

morne *adjectif* Empreint d'une sombre tristesse. SYN. abattu, funèbre, lugubre, mélancolique, nostalgique, sinistre, sombre, taciturne, triste. – FAMILIER : cafardeux. – LITTÉRAIRE : chagrin, ténébreux. CONTR. *enjoué, gai, piquant, réjoui, souriant.* ■ Qui est terne et sans éclat. SYN. atone, éteint, fadasse, fade, grisâtre, insipide, maussade, monocorde, monotone, morose, neutre, pâle, plat, prosaïque, terne, vide. – LITTÉRAIRE : uni. CONTR. *brillant, coloré, éclatant, riant, vif, vivant.*

morose *adjectif* D'humeur sombre. SYN. boudeur, bougon, bourru, grincheux, grognon, maussade, mélancolique, nostalgique, renfrogné, taciturne, triste. – LITTÉRAIRE : chagrin. CONTR. *allègre, dynamique, énergique, gai, pétulant, réjoui, souriant.* ■ Marqué par la tristesse. SYN. cafardeux, gris, grisâtre, morne, sombre, triste. CONTR. *actif, bouillonnant, égayant, riant.*

morosité *nom féminin* Caractère morose. SYN. abattement, accablement, amertume, grisaille, mélancolie, neurasthénie, tristesse. – LITTÉRAIRE : maussaderie, taciturnité. CONTR. *allégresse, dynamisme, énergie, vitalité.*

moro-sphinx *nom masculin invariable* Papillon gris aux ailes roussâtres. SYN. macroglosse.

morphème *nom masculin* Unité élémentaire de signification. SYN. monème.

morphose *nom féminin* Adaptation d'un organisme à un climat. SYN. acclimatement, accommodat, somation. CONTR. *inaccoutumance.*

morpion *nom masculin* POPULAIRE. Jeune garçon. SYN. bambin, enfant, gamin. – FAMILIER : gosse, marmot, mioche, moustique, moutard. – POPULAIRE : lardon, loupiot, môme, mouflet. – VIEUX : marmouset.

mort *adjectif* Qui a cessé de vivre. SYN. décédé, disparu, tué. – LITTÉRAIRE : défunt, feu, trépassé. CONTR. *vivant.* ■ FAMILIER. Hors d'usage. SYN. hors d'état, inutilisable, perdu, usé. – FAMILIER : esquinté, fichu. – POPULAIRE : foutu. ■ Qui manque d'animation. SYN. désert, dormant, figé, inactif, stagnant, vide. – LITTÉRAIRE : somnolent. CONTR. *remuant, vivant.* ■ FAMILIER. Très fatigué. SYN. abattu, anéanti, à bout de course, à bout de force, à bout de souffle, brisé, épuisé, exténué, fatigué, fourbu, harassé, K.-O., las, mort de fatigue, recru, rendu, rompu, surmené, usé. – FAMILIER : achevé, au bout du rouleau, cassé, claqué, éreinté, esquinté, fini, flapi, H.S., kaput, lessivé, moulu, à plat, pompé, à ramasser à la petite cuillère, raplapla, sur les genoux, tué, vanné, vidé. – POPULAIRE : cané, crevé, rétamé, sur les rotules. CONTR. *dispos, frais, frais et dispos, reposé.* – FAMILIER : *en forme, frais comme un gardon, frais comme une rose, increvable, en pleine forme.* – VIEUX : *gaillard.*

mort *nom* Être humain qui a cessé de vivre. SYN. décédé, défunt, disparu, victime. – LITTÉRAIRE : trépassé. CONTR. *vivant.* ■ Dépouille mortelle. SYN. cadavre, corps. – LITTÉRAIRE : dépouille. – POPULAIRE : macchabée. ■ LITTÉRAIRE. Esprit d'une personne morte. SYN. esprit, fantôme, spectre. – LITTÉRAIRE : mânes.

mort *nom féminin* Fin de la vie. SYN. décès, disparition, fin. – LITTÉRAIRE : dernier sommeil, repos éternel, sommeil éternel, trépas. CONTR. *existence, naissance, vie.* – LITTÉRAIRE : *perpétuité.* ■ Cessation d'activité. SYN. disparition, enterrement, extinction, fin. CONTR. *activité, essor, prospérité.* ■ Personnification de la mort. SYN. – ARGOTIQUE : la Blafarde, la Camarde, la cinquième compagnie. – LITTÉRAIRE : la Faucheuse.

mortaillable *adjectif et nom* VIEUX. Assujetti au droit de mainmorte. SYN. mainmortable.

mortalité *nom féminin* Taux de décès dans une population. SYN. létalité. CONTR. *natalité.*

morte-eau *nom féminin* Marée de faible amplitude. CONTR. *vive-eau.*

mortel *adjectif* Sujet à la mort. SYN. temporel. – LITTÉRAIRE : périssable. CONTR. *immortel.* ■ Qui cause la mort. SYN. fatal, foudroyant, pernicieux. ■ Porté à un haut degré. SYN. cruel, cuisant, impitoyable, implacable, irréductible. ■ Très ennuyeux. SYN. endormant, ennuyeux, lassant, lugubre, pénible, sinistre, soporifique. – FAMILIER : assommant, enquiquinant, mourant, rasant, rasoir, soûlant, tuant. – POPULAIRE : emmerdant, suant. CONTR. *désopilant, drôle, hilarant, inénarrable, à mourir de rire.* – FAMILIER : *crevant, folichon, marrant, rigolo, roulant, tordant.* – POPULAIRE : *poilant.*

mortellement *adverbe* Marque l'intensité. SYN. abominablement, affreusement, beaucoup, bien, effroyablement, énormément, épouvantablement, exceptionnellement, excessivement, extraordinairement, extrêmement, follement, fort, fortement, grandement, gravement, hautement, horriblement, immensément, immodérément, incroyablement, infiniment, particulièrement, au plus haut degré, au plus haut point, prodigieusement, profondément, puissamment, supérieurement, suprêmement, terriblement, tout à fait, très, trop, vertigineusement. – FAMILIER : atrocement, bigrement, bougrement, diablement, drôlement, fameusement, fichtrement, fichûment, formidablement, joliment, méchamment, rudement, sacrément, tout plein. – LITTÉRAIRE : au dernier point, diantrement, furieusement. – POPULAIRE : foutrement, salement, vachement. – VIEUX : fièrement. CONTR. *faiblement, guère, légèrement, modérément, à peine, peu.*

morterille *nom féminin* Cépage du midi de la France. SYN. cinsaut.

mortifiant *adjectif* Qui blesse l'amour-propre. SYN. blessant, humiliant, injurieux, insultant, outrageant, vexant, vexatoire.

mortification *nom féminin* Privations en signe de repentir. SYN. ascèse, macération, pénitence. ■ Froissement d'amour-propre. SYN. affront, blessure, gifle, humiliation, offense, vexation. – LITTÉRAIRE : avanie, camouflet, opprobre, soufflet.

mortifier *verbe* Froisser quelqu'un. SYN. abaisser, blesser, brimer, froisser, humilier, offenser, offusquer, outrager, ravaler, vexer. – LITTÉRAIRE : rabaisser.

mortuaire *adjectif* Qui concerne les morts. SYN. funèbre, funéraire.

mot *nom masculin* Moyen d'expression. SYN. appellation, expression, terme, vocable. ■ Parole prononcée. SYN. parole, phrase, propos. ■ Parole mémorable. SYN. boutade, pointe. – LITTÉRAIRE : saillie, sentence, trait. ■ Courte lettre. SYN. billet, lettre, message, pli. – FAMILIER : poulet. – LITTÉRAIRE : missive. – POPULAIRE : bafouille. ■ ***Gros mot,*** terme grossier. SYN. invective, obscénité.

motelle *nom féminin* Poisson de mer voisin de la morue. SYN. loche de mer.

moteur *nom masculin* Personne qui anime. SYN. agent, âme, animateur, instigateur, promoteur, régisseur. – LITTÉRAIRE : ouvrier. ■ Motif déterminant. SYN. cause, mobile, raison. – LITTÉRAIRE : ressort.

motif *nom masculin* Ce qui pousse à agir. SYN. dessin, intention, mobile, pourquoi, raison. ■ Ce qui justifie une action. SYN. alibi, cause, explication, fondement, objet, prétexte, raison, sujet. CONTR. *conséquence, effet.*

motilité *nom féminin* Aptitude à effectuer des mouvements. SYN. mobilité.

motivé *adjectif* Justifié par un motif. SYN. explicable, fondé, légitime. CONTR. *arbitraire, gratuit, illégitime, immotivé, injustifié, irréfléchi, vain.*

motiver *verbe* Fournir un motif. SYN. expliquer, fonder, justifier. ■ Être la cause de. SYN. causer, déterminer, entraîner, occasionner.

moto *nom féminin* Deux-roues à moteur. SYN. cyclomoteur, motocyclette. – POPULAIRE : meule, pétoire.

motobineuse *nom féminin* Petit engin automoteur sans roue. SYN. motohoue.

motocyclette *nom féminin* Deux-roues à moteur. SYN. cyclomoteur, moto. – POPULAIRE : meule, pétoire.

motocycliste *nom* Personne qui conduit une moto. SYN. – FAMILIER : motard.

motohoue *nom féminin* Petit engin automoteur sans roue. SYN. motobineuse.

motoneige *nom féminin* Petit véhicule muni de skis à l'avant. SYN. scooter des neiges.

motor-home *nom masculin* Véhicule aménagé pour servir d'habitation. SYN. autocaravane, camping-car.

motorisation *nom féminin* Action de motoriser. SYN. mécanisation.

motoriser *verbe* Employer des machines. SYN. mécaniser.

mots-croisiste *nom* Auteur de grilles de mots croisés. SYN. verbicruciste. CONTR. *cruciverbiste.*

motus ! *interjection* FAMILIER. Invitation à garder le silence. SYN. chut !, la paix !, silence ! – POPULAIRE : basta !, camembert !, ta gueule !, vos gueules !

mou *adjectif* Qui n'est pas dur. SYN. élastique, inconsistant, malléable, moelleux, mollet, tendre. CONTR. *consistant, craquant, croquant, dur, résistant, rigide, robuste, solide.* ■ Qui manque d'énergie. SYN. amorphe, apathique, atone, avachi, engourdi, faible, flasque, indolent, inerte, languissant, lymphatique, mollasson, nonchalant, paresseux. – FAMILIER : mollasse, ramolli. – LITTÉRAIRE : alangui. CONTR. *actif, agissant, alerte, bouillant, déchaîné, dynamique, énergique, fort, nerveux, pétulant, rapide, survolté, tonique, vigoureux, violent.* – LITTÉRAIRE : *allant, prompt, vaillant, volcanique.* ■ Qui manque de caractère. SYN. faible, tiède, veule. – FAMILIER : gnangnan, gniangnian. CONTR. *ardent, chaud, emporté, farouche, de fer, ferme, fougueux, impatient, impétueux, impulsif, opiniâtre, résolu, tenace, têtu, vif, volontaire.* – FAMILIER : *accrocheur.* – LITTÉRAIRE : *pugnace.*

mou *nom* FAMILIER. Personne veule. SYN. faible, indécis, tiède. – POPULAIRE : lavette. CONTR. *courageux.* ■ FAMILIER. Personne peu énergique. SYN. endormi, mollasson. – FAMILIER : chiffe molle, emplâtre, lambin, mollasse, mollusque, moule, nouille.

mouchard *nom masculin* Appareil enregistreur de vitesse. SYN. chronotachygraphe. ■ FAMILIER. Personne qui dénonce. SYN. délateur, dénonciateur, indicateur, rapporteur. – FAMILIER : cafard, cafardeur. – LITTÉRAIRE : sycophante. – POPULAIRE : balance, cafteur, donneur, mouton.

mouchardage *nom masculin* FAMILIER. Action de moucharder. SYN. délation, dénonciation. – FAMILIER : cafardage.

moucharder *verbe* FAMILIER. Rapporter les faits et gestes de. SYN. dénoncer, rapporter. – FAMILIER : cafarder, donner. – POPULAIRE : balancer, cafter.

mouche *nom féminin* ***Mouche de mai,*** insecte qui ne vit qu'un ou deux jours. SYN. éphémère. ■ ***Mouche vibrante,*** insecte hyménoptère. SYN. ichneumon. ■ ***Mouche volante,*** tache qui se déplace dans le champ visuel. SYN. myodésopsie. ■ ***Mouche armée,*** mouche robuste, assez plate. SYN. stratiome. ■ ***Mouche des yeux,*** moucheron provoquant des conjonctivites. SYN. hippelates. ■ ***Mouche du vinaigre,*** petite mouche utilisée en génétique. SYN. drosophile.

mouche-scorpion *nom féminin* Insecte dont le mâle porte une pince puissante. SYN. mécoptère.

moucheté *adjectif* Parsemé de petites taches. SYN. bariolé, bigarré, ocellé, piqueté, pommelé, tacheté, tavelé, tigré, truité. – LITTÉRAIRE : diapré, marqueté. CONTR. *uni, unicolore.*

moucheter *verbe* Marquer de petites taches. SYN. cribler, pointiller, tacheter. – LITTÉRAIRE : piqueter.

moucheture *nom féminin* Tache naturelle du pelage. SYN. ocelle, rayure, zébrure. ■ Petite salissure. SYN. éclaboussure, marque, salissure, tache.

moudre *verbe* Réduire en poudre. SYN. broyer, concasser, écraser, égruger, piler, pulvériser, triturer.

moue *nom féminin* Contraction de la bouche. SYN. grimace, rictus. ■ ***Faire la moue,*** manifester sa réticence. SYN. s'assombrir, bouder, se rembrunir, se renfrogner. – FAMILIER : faire la tête. – POPULAIRE : faire la gueule, faire la tronche.

moufette *nom féminin* Petit mammifère à odeur désagréable. SYN. sconse, skunks.

mouflet *nom* POPULAIRE. Petit enfant. **SYN.** bambin, enfant, gamin, gamine, tout-petit. – **FAMILIER** : bout de chou, bout de zan, gosse, marmot, mioche, moustique, moutard, petiot, pitchoun, pitchounet, poussin, tête blonde. – **POPULAIRE** : chiard, lardon, loupiot, loupiote, môme, morpion. – **VIEUX** : marmouset.

mouillé *adjectif* Imbibé d'eau. **SYN.** dégouttant, détrempé, humecté, humide, moite, ruisselant, trempé. **CONTR.** *sec.*

mouiller *verbe* Imprégner d'eau. **SYN.** arroser, asperger, bassiner, détremper, doucher, éclabousser, humecter, humidifier, imbiber, imprégner, inonder, transpercer, tremper. – **FAMILIER** : rincer, saucer. **CONTR.** *assécher, éponger, essorer, essuyer, sécher.* ■ Ajouter de l'eau à une boisson. **SYN.** couper, diluer, étendre. – **FAMILIER** : baptiser.

mouiller (se) *verbe pronominal* FAMILIER. Se mêler de quelque chose. **SYN.** se compromettre, s'exposer, prendre parti, tremper.

mouillette *nom féminin* Mince tranche de pain. **SYN.** lichette. – **VIEUX** : léchette.

mouillure *nom féminin* Modification subie par un phonème. **SYN.** palatalisation.

mouise *nom féminin* POPULAIRE. Manque d'argent. **SYN.** besoin, misère, pauvreté. – **POPULAIRE** : débine. – **VIEUX** : pouillerie.

moulant *adjectif* Qui moule le corps. **SYN.** ajusté, collant, serré. **CONTR.** *ample, flou, lâche, large, libre, vague.*

moule *nom féminin* ***Moule d'étang,*** grande moule d'eau douce. **SYN.** anodonte. ■ FAMILIER. Personne sans énergie. **SYN.** endormi, mollasson. – **FAMILIER** : chiffe molle, emplâtre, lambin, mollasse, mollusque, mou, nouille. ■ ***Moule de rivière,*** moule dont la nacre servait à faire des boutons. **SYN.** mulette, unio.

moule *nom masculin* Ce qui sert de modèle. **SYN.** archétype, canon, modèle, patron, prototype.

mouler *verbe* Épouser la forme de. **SYN.** brider, dessiner, gainer, marquer, sangler, serrer.

mouler (se) *verbe pronominal* S'ajuster à un modèle. **SYN.** se modeler, se régler.

moulin *nom masculin* FAMILIER. ***Moulin à paroles,*** personne bavarde. **SYN.** bavard, causeur, discoureur. – **ARGOTIQUE** : robinet d'eau tiède. – **FAMILIER** : baratineur, crécelle, jacasseur, jacassier, laïusseur, pie. – **LITTÉRAIRE** : parleur. – **POPULAIRE** : jaspineur.

mouliner *verbe* Écraser un aliment. **SYN.** broyer, écraser.

moulu *adjectif* FAMILIER. Très fatigué. **SYN.** anéanti, à bout de course, à bout de force, à bout de souffle, brisé, épuisé, exténué, fatigué, fourbu, harassé, K.-O., las, mort de fatigue, recru, rendu, rompu, surmené, usé. – **FAMILIER** : achevé, au bout du rouleau, cassé, claqué, éreinté, esquinté, fini, flapi, H.S., kaput, lessivé, mort, à plat, pompé, à ramasser à la petite cuillère, raplapla, sur les genoux, tué, vanné, vidé. – **POPULAIRE** : cané, crevé, rétamé, sur les rotules. **CONTR.** *délassé, dispos, frais, frais et dispos, reposé.* – **FAMILIER** : *en forme, frais comme un gardon, frais comme une rose, increvable, en pleine forme.* – **VIEUX** : *gaillard.*

mourant *adjectif* LITTÉRAIRE. Qui est languissant. **SYN.** langoureux, languissant. – **LITTÉRAIRE** : alangui, languide. ■ LITTÉRAIRE. Qui s'affaiblit. **SYN.** déclinant, déliquescent, faiblissant. – **LITTÉRAIRE** : évanescent. ■ FAMILIER. Qui fait mourir d'ennui. **SYN.** fastidieux, lassant, mortel. – **FAMILIER** : assommant. ■ Qui va mourir. **SYN.** agonisant, moribond. – **LITTÉRAIRE** : expirant. – **POPULAIRE** : subclaquant.

mourastel *nom masculin* Cépage du midi de la France. **SYN.** bouschet.

mourir *verbe* Cesser de vivre. **SYN.** agoniser, s'en aller, décéder, disparaître, s'endormir, s'éteindre, expirer, faire le grand voyage, finir, partir, passer de vie à trépas, perdre la vie, périr, quitter la scène, rendre l'âme, succomber. – **ARGOTIQUE** : calancher. – **FAMILIER** : monter au ciel, passer l'arme à gauche, y rester. – **LITTÉRAIRE** : exhaler le dernier soupir, rendre le dernier soupir, trépasser. – **POPULAIRE** : avaler son bulletin de naissance, caner, casser sa pipe, claboter, clamecer, clamser, claquer, crever, manger les pissenlits par la racine. – **VIEUX** : avaler sa chique. **CONTR.** *être en vie, vivre.* ■ S'affaiblir progressivement. **SYN.** décliner, dépérir, s'éteindre, se faner. – **LITTÉRAIRE** : expirer. **CONTR.** *croître, résister.* ■ Cesser d'exister. **SYN.** s'achever, cesser, disparaître, se dissiper, s'effacer, s'estomper, s'évanouir, passer, se perdre. **CONTR.** *naître, persister.* ■ ***À mourir de rire,*** très drôle. **SYN.** amusant, comique, désopilant, drôle, hilarant, inénarrable, risible. – **FAMILIER** : cocasse, crevant, impayable, marrant, rigolo, roulant, tordant. – **POPULAIRE** : bidonnant, fendant, gondolant, à pisser de rire, poilant. **CONTR.** *ennuyeux, funèbre, lugubre, macabre, morne, mortel, sinistre, tragique, triste.* – **FAMILIER** : *cafardeux, enquiquinant, glauque, tuant.* – **POPULAIRE** : *suant.*

mourir (se) *verbe pronominal* LITTÉRAIRE. Être près de disparaître. **SYN.** s'affaiblir, décroître, diminuer, s'effacer, s'estomper, s'éteindre, expirer, finir.

mourvèdre *nom masculin* Cépage noir à maturité tardive. SYN. balzac, catalan, mataro.

mousser *verbe* FAMILIER. ***Se faire mousser,*** se faire valoir. SYN. cabotiner, faire le malin, faire l'important, faire l'intéressant, fanfaronner, en mettre plein la vue, parader, se vanter. – **FAMILIER** : bêcher, crâner, faire de l'esbroufe, faire du chiqué, frimer, jeter de la poudre aux yeux, plastronner, se pousser du col. – **POPULAIRE** : faire de l'épate, péter plus haut que son cul, ramener sa fraise, la ramener.

mousseron *nom masculin* Petit champignon comestible. SYN. meunier, tricholome de la Saint-Georges.

moustaches *nom féminin pluriel* Poils au-dessus de la lèvre de l'homme. SYN. – **ARGOTIQUE** : charmeuses. – **FAMILIER** : bacchantes. ■ Longs poils tactiles sur la lèvre des animaux. SYN. vibrisses.

moustique *nom masculin* FAMILIER. Petit enfant. SYN. enfant, gamin, gamine. – **FAMILIER** : bout de chou, bout de zan, gosse, marmot, mioche, moutard. – **POPULAIRE** : chiard, lardon, loupiot, loupiote, môme, morpion, mouflet. – **VIEUX** : marmouset. ■ FAMILIER. Personne petite et chétive. SYN. avorton. – **FAMILIER** : freluquet, microbe.

moutard *nom masculin* FAMILIER. Petit enfant. SYN. bambin, bébé, enfant, gamin, gamine, petit. – **FAMILIER** : bout de chou, bout de zan, gosse, marmot, mioche, moustique, petiot. – **POPULAIRE** : chiard, lardon, loupiot, loupiote, môme, morpion, mouflet. – **VIEUX** : marmouset.

moutarde *nom féminin* Plante dont le fruit sert à préparer un condiment. SYN. sénevé.

moutier *nom masculin* VIEUX. Maison de religieux. SYN. monastère.

mouton *nom masculin* Poutre dans un pressoir. SYN. blain.

moutonnant *adjectif* LITTÉRAIRE. Qui évoque le mouvement des vagues. SYN. moutonneux. – **LITTÉRAIRE** : ondoyant.

moutonner *verbe* LITTÉRAIRE. Être frisé comme un mouton. SYN. boucler, friser, frisotter.

moutonneux *adjectif* Qui évoque le mouvement des vagues. SYN. – **LITTÉRAIRE** : moutonnant, ondoyant.

moutonnier *adjectif* Qui suit l'exemple des autres. SYN. grégaire, influençable, malléable, passif. CONTR. *indépendant, original.*

mouvant *adjectif* Qui bouge sans cesse. SYN. agité, animé, fluide, mobile, remuant. – **LITTÉRAIRE** : ondoyant. CONTR. *immobile.* ■ Qui change sans cesse. SYN. changeant, divers, flottant, fluctuant, protéiforme. CONTR. *fixe, stable.*

mouvement *nom masculin* Déplacement du corps. SYN. allure, démarche, geste, gesticulation, pas, train. – **LITTÉRAIRE** : branle, remuement. ■ Déplacements d'un groupe. SYN. circulation, déplacement, flot, fluctuation, flux, reflux. CONTR. *immobilisation.* ■ Animation dans un lieu. SYN. activité, agitation, animation, cohue, effervescence, presse, trafic, trépidation, vie. CONTR. *calme, inactivité, repos.* ■ Rythme dans une œuvre. SYN. cadence, rythme, tempo. ■ Manifestation d'un sentiment. SYN. acte, impulsion, poussée, réflexe, tressaillement. – **LITTÉRAIRE** : tressautement. ■ Variation évolutive. SYN. évolution, fluctuation, marche, oscillation, progrès. CONTR. *blocage, fixité, immobilité, paralysie.* ■ Action collective. SYN. agitation, convulsions, effervescence, émeute, insurrection, mutinerie, remous, sédition. ■ Déplacement d'un corps. SYN. course, trajectoire. CONTR. *arrêt.*

mouvementé *adjectif* Marqué par des péripéties. SYN. agité, animé, houleux, orageux, trépidant, troublé. – **LITTÉRAIRE** : tempétueux, tourbillonnant, tumultueux. CONTR. *calme, paisible, tranquille.* – **LITTÉRAIRE** : *uni.* ■ Au relief accidenté. SYN. accidenté, tourmenté. CONTR. *uni, uniforme.*

mouvoir *verbe* Mettre en mouvement. SYN. actionner, agiter, balancer, bouger, branler, dodeliner, manier, manipuler, manœuvrer, remuer.

mouvoir (se) *verbe pronominal* Être en mouvement. SYN. avancer, bouger, cheminer, circuler, se déplacer, évoluer, marcher, progresser, remuer, se remuer. CONTR. *s'immobiliser.*

moyen *adjectif* Situé entre deux extrêmes. SYN. courant, intermédiaire, médian, modéré, ordinaire. CONTR. *extrême, haut.* ■ Qui n'est ni bon ni mauvais. SYN. acceptable, convenable, correct, honnête, honorable, médiocre, normal, passable, quelconque, raisonnable. – **FAMILIER** : potable. CONTR. *brillant.*

moyen *nom masculin* Manière d'agir. SYN. façon, manière, marche, mesure, méthode, mode, procédé, système. – **FAMILIER** : combine, truc. ■ Ce qui permet d'agir. SYN. capacité, faculté, force, instrument, organe, outil, ressource, voie.

moyenâgeux *adjectif* VIEUX. Du Moyen Âge. SYN. médiéval. ■ Qui évoque le Moyen Âge. SYN. désuet, suranné, vieillot. CONTR. *moderne, à la page.*

moyennant *préposition* À la condition de. SYN. contre, en contrepartie de, en échange de, grâce à, pour, au prix de.

moyennement *adverbe* De façon moyenne. SYN. faiblement, guère, médiocrement, modestement, passablement. CONTR. *beaucoup, considérablement, démesurément, effroyablement, énormément, excessivement, extrêmement, fabuleusement, immensément, infiniment, monstrueusement, outrageusement, prodigieusement, supérieurement, terriblement, vertigineusement.* – FAMILIER : *méchamment.* – LITTÉRAIRE : *furieusement.*

moyens *nom masculin pluriel* Ressources pécuniaires. SYN. finances, fortune, revenus, richesses. ■ Capacités dont on dispose. SYN. dons, facilités, possibilités, ressources.

mu *nom masculin* Particule élémentaire. SYN. muon.

mucosité *nom féminin* Excrétion visqueuse des muqueuses. SYN. glaire, mucus.

muer *verbe* LITTÉRAIRE. Transformer en. SYN. changer, métamorphoser.

muet *adjectif* Qui refuse de parler. SYN. coi, interdit, interloqué, taciturne. CONTR. *bavard, causeur, loquace, volubile.* – FAMILIER : *causant.* – VIEUX : *babillard.* ■ Qui ne parle pas de. SYN. discret, silencieux. CONTR. *bavard, tapageur.*

mufle *adjectif* Qui est sans éducation. SYN. impoli, incorrect, indélicat, mal élevé. – FAMILIER : malpoli. – VIEUX : mal éduqué. CONTR. *bien élevé, courtois, galant.* – VIEUX : *bien éduqué.*

mufle *nom masculin* Homme grossier, brutal. SYN. balourd, butor, cuistre, goujat, lourdaud, malappris, malotru, ostrogoth, ours mal léché, paysan du Danube, rustre, sans-gêne, sauvage. – FAMILIER : foutriquet, malpoli, paltoquet, plouc, rustaud. – LITTÉRAIRE : faquin, soudard. – POPULAIRE : gougnafier, jean-foutre, pignouf. – VIEUX : bélître, coquin, maraud, maroufle.

muflerie *nom féminin* Comportement de mufle. SYN. goujaterie, grossièreté, impolitesse, inconvenance, incorrection, indélicatesse, inélégance, sans-gêne, vulgarité. – LITTÉRAIRE : butorderie, rusticité, sans-façon. CONTR. *affabilité, amabilité, bonnes manières, courtoisie, galanterie, politesse, savoir-vivre, tact.* – LITTÉRAIRE : *civilité, urbanité.*

muflier *nom masculin* Plante aux fleurs rappelant un mufle d'animal. SYN. gueule-de-loup.

muge *nom masculin* Poisson qui vit en mer et en eau douce. SYN. mulet gris.

mugir *verbe* Pousser son cri (vache). SYN. beugler, meugler. ■ LITTÉRAIRE. Produire un bruit sourd. SYN. gronder, hurler, vrombir. – LITTÉRAIRE : rugir.

mugissement *nom masculin* Cri des bovins. SYN. beuglement, meuglement. ■ LITTÉRAIRE. Bruit sourd et long. SYN. fracas, grondement, rugissement, vrombissement. – FAMILIER : ronron. – LITTÉRAIRE : hurlement.

mulching *nom masculin* Action de couvrir les plantes de paille. SYN. paillage.

mulet *nom masculin* ***Mulet gris,*** poisson qui vit en mer et en eau douce. SYN. muge. ■ ***Mulet rouge,*** poisson marin à barbillons mentonniers. SYN. rouget.

muleta *nom féminin* Étoffe rouge du matador. SYN. cape.

mulette *nom féminin* Moule dont la nacre servait à faire des boutons. SYN. moule de rivière, unio.

mulsion *nom féminin* Action de traire. SYN. traite.

multicellulaire *adjectif* Formé de plusieurs cellules. SYN. pluricellulaire.

multicolore *adjectif* Aux nombreuses couleurs. SYN. bariolé, bigarré, chamarré, polychrome. – LITTÉRAIRE : versicolore. CONTR. *uni, unicolore.*

multidisciplinaire *adjectif* Qui concerne plusieurs disciplines. SYN. pluridisciplinaire.

multiethnique *adjectif* Constitué de plusieurs ethnies. SYN. pluriethnique.

multiforme *adjectif* Qui prend diverses formes. SYN. composite, divers, diversifié, éclectique, hétéroclite, hétérogène, hybride, inégal, mouvant, multiple, nombreux, panaché, protéiforme, varié. – LITTÉRAIRE : ondoyant. CONTR. *homogène, identique, même, pareil, semblable, similaire, uniforme, unique.* – LITTÉRAIRE : *uni.*

multilingue *adjectif et nom* Qui concerne plusieurs langues. SYN. plurilingue. CONTR. *monolingue, unilingue.*

multilinguisme *nom masculin* Situation plurilingue. SYN. plurilinguisme. CONTR. *monolinguisme, unilinguisme.*

multinorme *adjectif* Qui fournit des images télévisées de normes différentes. SYN. multistandard.

multipare *adjectif* Qui a accouché plusieurs fois. CONTR. *nullipare, primipare.* ■ Dont la femelle a plusieurs petits par portée. CONTR. *unipare.*

multiplan *adjectif et nom masculin* VIEUX. Se dit d'un avion à plusieurs plans de sustentation. CONTR. *monoplan.*

multiple *adjectif* Qui n'est pas unique. SYN. différent, divers, innombrable, multiforme, nombreux, varié. CONTR. *isolé, simple, unique.*

multiplex *adjectif invariable* Qui transmet plusieurs signaux en une seule voie. SYN. multivoie.

multiplexe *nom masculin* Cinéma comportant un grand nombre de salles. SYN. complexe multisalle.

multiplication *nom féminin* Augmentation en nombre. SYN. accroissement, extension, foisonnement, fourmillement, intensification, recrudescence, redoublement. CONTR. *limitation, raréfaction.*

multiplicité *nom féminin* Ce qui est en très grand nombre. SYN. abondance, diversité, foison, foisonnement, fréquence, pléthore, pluralité, profusion, prolifération, pullulement, variété. CONTR. *unicité.*

multiplier *verbe* Augmenter le nombre de. SYN. accroître, augmenter, centupler, décupler, diversifier, étendre, intensifier, redoubler, répéter, varier. CONTR. *diminuer, réduire.*

multiplier (se) *verbe pronominal* Augmenter en nombre. SYN. s'accroître, augmenter, croître, se développer, s'étendre, foisonner, grossir, proliférer, pulluler, redoubler, se reproduire. ■ Se donner beaucoup de mal pour. SYN. s'activer, s'affairer, se battre, se démener, se dépenser, s'échiner, s'épuiser, s'escrimer, s'exténuer, faire des pieds et des mains, se fatiguer, peiner, se remuer. – FAMILIER : s'agiter, se bagarrer, se claquer, se décarcasser, se défoncer, s'éreinter, s'esquinter, se mettre en quatre, suer, se tuer. – POPULAIRE : se crever.

multiprogrammé *adjectif* Qui exécute plusieurs programmes informatiques. SYN. multitâche.

multisalle *adjectif* ***Complexe multisalle ou multisalle,*** cinéma comportant un grand nombre de salles. SYN. multiplexe.

multisoc *adjectif et nom masculin* Qui a plusieurs socs. SYN. polysoc.

multistandard *adjectif* Qui fournit des images télévisées de normes différentes. SYN. multinorme.

multitâche *adjectif* Qui exécute plusieurs programmes informatiques. SYN. multiprogrammé.

multituberculé *nom masculin* Petit mammifère fossile. SYN. allothérien.

multitubulaire *adjectif* Fait de tubes que parcourt l'eau. SYN. aquatubulaire.

multitude *nom féminin* Très grand nombre. SYN. affluence, armée, avalanche, bande, bataillon, cascade, chapelet, cortège, débordement, déferlement, défilé, déluge, fatras, flot, flux, foule, grêle, harde, horde, infinité, kyrielle, légion, masse, meute, monceau, montagne, myriade, nuée, pléiade, pluie, quantité, ramassis, série, tas, torrent, troupe, troupeau. – FAMILIER : armada, cargaison, cohorte, flopée, foultitude, paquet, pelletée, peuple, régiment, ribambelle, tapée, tripotée. – LITTÉRAIRE : averse, essaim. CONTR. *atome, bribe, brin, doigt, goutte, grain, gramme, larme, lueur, miette, nuage, once, parcelle, peu, poignée, pointe, soupçon, trace.* – LITTÉRAIRE : *liard, ombre, trait.* – POPULAIRE : *chouia.*

multivibrateur *nom masculin* Dispositif électronique. SYN. bascule.

multivoie *adjectif* Qui transmet plusieurs signaux en une seule voie. SYN. multiplex.

munda *nom masculin* Groupe de langues de l'Inde. SYN. kolarien.

municipal *adjectif* Qui concerne la commune. SYN. communal.

munificence *nom féminin* LITTÉRAIRE. Étalage de générosité. SYN. générosité, libéralité, prodigalité. – LITTÉRAIRE : largesse, magnificence.

munir *verbe* Pourvoir de ce qui est nécessaire. SYN. armer, assortir, charger, doter, équiper, garnir, nantir, pourvoir. CONTR. *démunir, priver.* – LITTÉRAIRE : *dénuer.*

munir (se) *verbe pronominal* Se préparer à supporter. SYN. s'armer, se prémunir. – LITTÉRAIRE : se précautionner. ■ Prendre avec soi. SYN. se doter, se pourvoir.

muon *nom masculin* Particule élémentaire. SYN. mu.

mur *nom masculin* Ouvrage en maçonnerie. SYN. cloison, muraille, muret, murette, paroi. ■ Obstacle à la communication. SYN. barrière, cloison, fossé.

mûr *adjectif* Qui est prêt à. SYN. apte à, bon pour, fait pour, prêt pour. ■ En état d'être récolté. SYN. à point. CONTR. *vert.* ■ Intellectuellement développé. SYN. mature, pondéré, posé, raisonnable, réfléchi, responsable. – LITTÉRAIRE : rassis. CONTR. *immature, infantile, jeune, puéril.* ■ Bien préparé. SYN. calculé, médité, mûri, pensé, préparé. CONTR. *jeune.*

muraille *nom féminin* Enceinte d'une ville. SYN. murs, rempart.

muramidase *nom féminin* Enzyme présente dans les larmes. SYN. lysozyme.

muré *adjectif* Enfermé dans un lieu. SYN. barricadé, cantonné, claquemuré, cloîtré, confiné, isolé, retiré. – FAMILIER : bouclé. – LITTÉRAIRE : reclus.

murer *verbe* Boucher une ouverture. SYN. aveugler, condamner. – LITTÉRAIRE : clore. CONTR. *ouvrir.*

murer (se) *verbe pronominal* S'enfermer quelque part. SYN. se barricader, se cacher, se calfeutrer, se claustrer, se cloîtrer, se confiner, s'isoler, se renfermer, se retrancher.

mûri *adjectif* Qui a été pensé. SYN. calculé, médité, mûr, préparé, réfléchi.

mûrir *verbe* Porter à l'état de maturité. SYN. approfondir, méditer, penser, préméditer, préparer.

mûrissement *nom masculin* Fait de devenir mûr. SYN. maturation.

murmure *nom masculin* Bruit de voix léger. SYN. bourdonnement, chuchotement, chuchotis, marmonnement, marmottement. – LITTÉRAIRE : susurrement. CONTR. *clameur, cri, vacarme, vocifération.* ■ Plaintes sourdes. SYN. gémissement, grognement, jérémiade, lamentation, plainte, protestation, rumeur. – FAMILIER : pleurnicherie. ■ LITTÉRAIRE. Bruissement léger. SYN. frémissement, frou-frou, gazouillis. – LITTÉRAIRE : bruissement, chuchotement, chuchotis, friselis, frisson, gazouillement.

murmurer *verbe intransitif* Parler sourdement. SYN. bourdonner, chuchoter, glisser à l'oreille, marmonner, marmotter, susurrer. CONTR. *crier, s'égosiller, hurler, tonitruer.* – FAMILIER : *beugler, brailler.* – POPULAIRE : *bramer, gueuler.* ■ Protester sourdement. SYN. geindre, grommeler, gronder, maugréer, protester. – FAMILIER : bougonner, grogner, maronner, râler, ronchonner, rouspéter. – POPULAIRE : rouscailler. ■ LITTÉRAIRE. Faire entendre un bruissement. SYN. – LITTÉRAIRE : bruire, gazouiller, gémir.

murmurer *verbe transitif* Dire à voix basse. SYN. balbutier, chuchoter, marmonner, marmotter, souffler, susurrer. CONTR. *crier, hurler.* – FAMILIER : *beugler, brailler.*

murs *nom masculin pluriel* Enceinte d'une ville. SYN. muraille, rempart.

musarder *verbe* Passer son temps à flâner. SYN. s'amuser, déambuler, errer, fainéanter, flâner, paresser, se promener, traîner. – FAMILIER : baguenauder, se baguenauder, se balader, buller, lambiner, lanterner, lézarder, traînailler, traînasser. – LITTÉRAIRE : badauder, muser. – POPULAIRE : glander, vadrouiller. CONTR. *s'activer, s'affairer, se démener, se dépenser, s'épuiser, s'exténuer, se fatiguer, se hâter, se remuer, travailler.* – FAMILIER : *s'agiter, bûcher, se claquer, se défoncer, s'éreinter, s'esquinter, trimer, se tuer.* – POPULAIRE : *bosser, boulonner, se crever, marner, turbiner.*

musardise *nom féminin* LITTÉRAIRE. Action de musarder. SYN. flânerie. – LITTÉRAIRE : badaudage, badauderie.

muscinée *nom féminin* VIEUX. Végétal voisin des mousses. SYN. bryophyte.

musculaire *adjectif* ***Fibre musculaire,*** qui constitue les muscles. SYN. myone.

museau *nom masculin* FAMILIER. Visage. SYN. face, figure, visage. – POPULAIRE : fiole.

museler *verbe* Réduire au silence. SYN. asservir, bâillonner, étouffer, étrangler, ligoter, opprimer, réprimer. – LITTÉRAIRE : enchaîner, garrotter. CONTR. *émanciper.*

muser *verbe* LITTÉRAIRE. Perdre son temps à. SYN. s'amuser, déambuler, fainéanter, flâner, musarder, paresser, se prélasser, se promener, tarder. – FAMILIER : baguenauder, se baguenauder, se balader, buller, flemmarder, lambiner, lanterner, lézarder. – POPULAIRE : glander. CONTR. *s'activer, s'affairer, se démener, se dépenser, s'épuiser, s'exténuer, se fatiguer, se hâter, se remuer, travailler.* – FAMILIER : *s'agiter, bûcher, se claquer, se décarcasser, se défoncer, s'éreinter, s'esquinter, trimer, se tuer.* – POPULAIRE : *bosser, boulonner, se crever, turbiner.*

musette *nom féminin* Sac de toile porté en bandoulière. SYN. gibecière, sacoche.

musical *adjectif* Qui a l'harmonie de la musique. SYN. harmonieux, mélodieux.

musique *nom féminin* Groupe de musiciens. SYN. clique, fanfare, harmonie, nouba, orchestre. ■ Suite de sons harmonieux. SYN. harmonie, mélodie.

mutation *nom féminin* Changement radical. SYN. changement, devenir, métamorphose, révolution, transformation. – LITTÉRAIRE : transmutation. – VIEUX : conversion. CONTR. *permanence.* ■ Changement de poste. SYN. affectation, déplacement.

muter *verbe* Changer quelqu'un de poste. SYN. changer, déplacer.

mutilation *nom féminin* Altération dans un texte. SYN. adultération, altération, amputation, dégradation, falsification.

mutilé *nom* Personne qui a perdu un membre. SYN. amputé, estropié.

mutiler *verbe* Faire perdre un membre. SYN. amputer, estropier. ■ Détériorer quelque chose. SYN. casser, défigurer, dégrader, délabrer, détériorer. ■ Retrancher quelque chose. SYN. couper, déformer, dénaturer, rogner, tronquer.

mutin *adjectif* Qui montre de l'espièglerie. SYN. badin, espiègle, gamin, malicieux, taquin.

mutin *nom masculin* Personne révoltée contre l'autorité. SYN. agitateur, émeutier, factieux, insoumis, insurgé, perturbateur, rebelle, révolté, séditieux, trublion.

mutiner (se) *verbe pronominal* Se révolter collectivement. SYN. s'insurger, se rebeller, se révolter, se soulever.

mutinerie *nom féminin* Rébellion contre l'autorité. SYN. émeute, insurrection, rébellion, révolte, révolution, sédition, soulèvement. CONTR. *soumission.*

mutisme *nom masculin* Fait de garder le silence. SYN. silence. CONTR. *éloquence, verbiage.* – LITTÉRAIRE : *loquacité.* ■ Absence d'expression verbale. SYN. aphasie, mutité. CONTR. *bavardage.* – FAMILIER : *caquet.* – LITTÉRAIRE : *faconde.*

mutité *nom féminin* Absence d'expression verbale. SYN. aphasie, mutisme.

mutuel *adjectif* Qui est réciproque. SYN. partagé, réciproque.

mutuellement *adverbe* D'une manière réciproque. SYN. réciproquement, vice versa.

mycétophile *adjectif* Qui vit dans les champignons. SYN. fongicole.

myciculteur *nom* Spécialiste de la culture du champignon. SYN. champignonniste.

mycoplasme *nom masculin* Bactérie responsable d'infections. SYN. mollicute.

myctophidé *nom masculin* Petit poisson marin à gros yeux. SYN. poisson-lanterne.

mydriase *nom féminin* Dilatation de la pupille. CONTR. *myosis.*

mylabre *nom masculin* Insecte coléoptère vésicant. SYN. zonabris.

myocardiopathie *nom féminin* Atteinte du myocarde. SYN. cardiomyopathie.

myocastor *nom masculin* Grand rongeur aquatique. SYN. coypou, myopotame, ragondin.

myodésopsie *nom féminin* Tache qui se déplace dans le champ visuel. SYN. mouche volante.

myone *nom masculin* Constituant des muscles. SYN. fibre musculaire.

myoplasma *nom masculin* Substance de la cellule musculaire. SYN. sarcoplasme.

myopotame *nom masculin* Grand rongeur aquatique. SYN. coypou, myocastor, ragondin.

myosis *nom masculin* Rétrécissement de la pupille. CONTR. *mydriase.*

myosotis *nom masculin* Plante à fleurs bleues. SYN. ne-m'oubliez-pas, oreille-de-souris.

myriade *nom féminin* Quantité innombrable. SYN. armée, avalanche, bande, bataillon, cascade, chapelet, cortège, débordement, déferlement, défilé, déluge, fatras, flot, flux, foule, grêle, harde, horde, infinité, kyrielle, légion, masse, meute, monceau, montagne, multitude, nuée, pléiade, pluie, quantité, ramassis, série, tas, torrent, troupe, troupeau. – FAMILIER : armada, cargaison, cohorte, flopée, foultitude, pelletée, peuple, régiment, ribambelle, tapée, tripotée. – LITTÉRAIRE : averse, essaim. CONTR. *atome, bribe, brin, doigt, goutte, grain, gramme, larme, lueur, miette, nuage, once, parcelle, peu, pointe, soupçon, trace.* – LITTÉRAIRE : *liard, ombre, trait.* – POPULAIRE : *chouia.*

myriapode *nom masculin* Arthropode terrestre. SYN. mille-pattes.

myrmécobie *nom masculin* Petit marsupial australien. SYN. numbat.

myrtille *nom féminin* Baie noire comestible. SYN. brimbelle.

mystère *nom masculin* Ce qui est incompréhensible. SYN. coulisses, dessous, énigme, secret. – LITTÉRAIRE : arcanes, ténèbres. CONTR. *clarté, évidence.* ■ Silence volontaire sur. SYN. dissimulation, réticence, secret. – FAMILIER : cachotterie.

mystérieux *adjectif* Qui est incompréhensible. SYN. ésotérique, hermétique, impénétrable, inaccessible, incompréhensible, inconnaissable, indéchiffrable, indéfinissable, indiscernable, inexplicable, inintelligible, insaisissable, insondable, obscur, subtil, voilé. – LITTÉRAIRE : opaque, sibyllin. CONTR. *compréhensible, évident, explicable.* ■ Dont l'identité est inconnue. SYN. équivoque, étrange, inconnu, irréel, louche, magique. – LITTÉRAIRE : secret, ténébreux. CONTR. *connu.*

mysticète *nom masculin* Cétacé ayant des fanons. CONTR. *denticète, odontocète.*

mysticisme *nom masculin* Sentiment religieux. SYN. dévotion, foi, religion, spiritualité.

mystificateur *nom* Personne qui mystifie les gens. SYN. farceur, imposteur, menteur, plaisantin, tricheur. – FAMILIER : fumiste.

mystification *nom féminin* Action de mystifier quelqu'un. SYN. bluff, facétie, farce. – FAMILIER : blague, canular. ■ Ce qui constitue une duperie. SYN. attrape, galéjade, leurre, mensonge, pantalonnade, plaisanterie, supercherie, tromperie. – FAMILIER : fumisterie. – LITTÉRAIRE : duperie, fourberie, imposture.

mystifier *verbe* Abuser de la crédulité de. SYN. abuser, attraper, berner, duper, endormir, faire avaler des couleuvres, faire marcher, faire voir la lune en plein midi, leurrer, piéger, rouler dans la farine, tromper, tromper son monde. – FAMILIER : bourrer le crâne, embobiner, empaumer, empiler, feinter, flouer, mener en bateau, monter un bateau, pigeonner, posséder, promener, refaire, rouler. – LITTÉRAIRE : amuser, en faire accroire, se jouer de. – POPULAIRE : baiser, bourrer le mou, couillonner, entuber. CONTR. *démystifier, édifier.*

mystique *adjectif* Qui a une foi religieuse intense. SYN. inspiré, pieux, religieux, spirituel. CONTR. *athée, sceptique.* - LITTÉRAIRE : *cafard.*

mystique *nom* Personne exaltée. SYN. enragé, exalté, fanatique, illuminé, passionné. - FAMILIER : mordu. - LITTÉRAIRE : zélateur.

mystiquement *adverbe* De façon mystique. SYN. pieusement, religieusement.

mythe *nom masculin* Ce qui est imaginaire. SYN. allégorie, fable, histoire, illusion, invention, légende, rêve, roman. - LITTÉRAIRE : mensonge. CONTR. *réalité, vérité.*

mythifier *verbe* LITTÉRAIRE. Transformer en mythe. CONTR. *démythifier.*

mythique *adjectif* Qui appartient à un mythe. SYN. féerique, légendaire, mythologique. - LITTÉRAIRE : fabuleux. CONTR. *historique.* ■ Qui n'a pas d'existence réelle. SYN. chimérique, fantasmagorique, fantomatique, illusoire, imaginaire, irréel, symbolique, utopique. - LITTÉRAIRE : fabuleux. CONTR. *exact, réel, vrai.*

mythologique *adjectif* Qui relève de la mythologie. SYN. légendaire, mythique. - LITTÉRAIRE : fabuleux.

mythomane *nom* Personne qui fabule. SYN. affabulateur, bluffeur, fabulateur, hâbleur, menteur, vantard.

mytiliculteur *nom* Éleveur de moules. SYN. - VIEUX : boucholeur, bouchoteur.

N

nabot *nom* Personne très petite. SYN. avorton, gnome, nain. - FAMILIER : homoncule, homuncule, mauviette, microbe.

nævocarcinome *nom masculin* Tumeur cancéreuse. SYN. mélanome malin, mélanosarcome.

nævus *nom masculin* Petite tache cutanée. SYN. grain de beauté, lentigine, lentigo.

nagari *nom féminin* Écriture utilisée pour le sanskrit. SYN. devanagari.

nage *nom féminin* Action de nager. SYN. natation. ■ ***Être en nage,*** transpirer beaucoup. SYN. être en eau, être en sueur, ne plus avoir un poil de sec, suer, transpirer. - FAMILIER : attraper une suée.

nager *verbe* FAMILIER. Être dans l'embarras. SYN. s'embourber, perdre pied. - FAMILIER : patauger. - POPULAIRE : ramer. ■ Se déplacer dans l'eau. SYN. se baigner, flotter, surnager.

naguère *adverbe* LITTÉRAIRE. Il y a peu de temps. SYN. récemment. CONTR. - FAMILIER : *il y a belle lurette.* ■ FAMILIER. Il y a longtemps. SYN. anciennement. CONTR. *actuellement, maintenant.*

nahuatl *nom masculin* Langue de la littérature aztèque. SYN. aztèque classique, mexicano.

naïf *adjectif* D'une grande crédulité. SYN. benêt, bonasse, crédule, niais, nigaud, simple, simplet. - FAMILIER : godiche, jobard, poire. CONTR. *astucieux, averti, déluré, habile, incrédule, roué, rusé, sagace.* - FAMILIER : *combinard, ficelle.* - LITTÉRAIRE : *cauteleux.* ■ Qui est ingénu. SYN. candide, enfantin, ingénu, innocent, jeune, puéril, pur.

naïf *nom* Personne crédule. SYN. benêt, enfant de chœur, niais, nigaud, simple. - FAMILIER : gobemouches, gobeur, gogo, jobard, pigeon, poire, serin. - POPULAIRE : nouille. CONTR. *malin, rusé.*

nain *nom* Personne de petite taille. SYN. avorton, gnome, lilliputien, nabot. - FAMILIER : homoncule, homuncule, microbe. - VIEUX : pygmée. CONTR. *colosse, géant, hercule.* ■ ***Nain jaune,*** jeu de cartes qui se joue avec un tableau. SYN. lindor.

naissance *nom féminin* Commencement de la vie. SYN. venue au monde. CONTR. *décès, disparition, fin, mort.* - LITTÉRAIRE : *trépas.* ■ Point de départ. SYN. attache, départ, origine, racine, source. CONTR. *bout, embouchure, extrémité, pointe.* ■ Commencement de. SYN. aube, commencement, début, ébauche, seuil. - LITTÉRAIRE : aurore. CONTR. *aboutissement, achèvement, conclusion, fin, queue, terme, tombée.* ■ Fait d'apparaître. SYN. apparition, départ, éclosion, génération, genèse, origine. - LITTÉRAIRE : efflorescence. CONTR. *mort.*

naître *verbe* LITTÉRAIRE. Commencer à s'intéresser à. SYN. s'éveiller, se livrer à, s'ouvrir à. ■ Entrer dans la vie. SYN. venir au monde, voir le jour. CONTR. *décéder, disparaître, expirer, mourir, partir.* ■ Commencer à pousser. SYN. croître, se développer, éclore, se former. - LITTÉRAIRE : surgir. ■ Commencer à se manifester. SYN. apparaître, se former, germer, percer, perler, surgir. - LITTÉRAIRE : éclore, poindre, pointer, sourdre. ■ Résulter de quelque chose. SYN. découler, dériver, partir, provenir, résulter, sortir, venir. ■ ***Faire naître,*** provoquer quelque chose. SYN. amener, appeler, attirer, causer, créer, déclencher, déterminer, donner, donner lieu à, donner matière à, engendrer, entraîner, fournir l'occasion de, générer, induire, inspirer, instiller, insuffler, motiver, occasionner, procurer, produire, provoquer, soulever, susciter, valoir.

naïvement *adverbe* Avec naïveté. SYN. candidement, ingénument, innocemment, simplement. - LITTÉRAIRE : niaisement. CONTR. *artificieusement.*

naïveté *nom féminin* Caractère naïf. SYN. candeur, crédulité, ignorance, ingénuité, innocence, naturel, puérilité, pureté, simplicité, spontanéité. - FAMILIER : jobarderie, jobardise. - LITTÉRAIRE : fraîcheur. CONTR. *astuce, habileté,* *incrédulité, noirceur, perspicacité.* – LITTÉRAIRE : *cautèle.* ■ Parole, acte naïf. SYN. ânerie, baliverne, enfantillage, niaiserie, sottise. – LITTÉRAIRE : nigauderie.

naja *nom masculin* Cobra des Indes. SYN. serpent à lunettes.

nanti *adjectif* Qui est riche. SYN. aisé, cossu, cousu d'or, fortuné, huppé, opulent, pourvu, privilégié, riche. – FAMILIER : argenté, plein aux as. – POPULAIRE : friqué, rupin. CONTR. *dénué, gêné, indigent, malheureux, miséreux, nécessiteux, pauvre, ruiné.* – FAMILIER : *désargenté.* – LITTÉRAIRE : *impécunieux.* – POPULAIRE : *raide.* – VIEUX : *besogneux, disetteux.*

nanti *nom* Personne à qui il ne manque rien. SYN. possédant, riche. – FAMILIER : richard. CONTR. *indigent, malheureux, miséreux, nécessiteux, pauvre.* – FAMILIER : *sans-le-sou.* – LITTÉRAIRE : *gueux, misérable.* – VIEUX : *disetteux.*

nantir *verbe* Munir quelqu'un de. SYN. doter, équiper, fournir, munir, octroyer, pourvoir, procurer. CONTR. *démunir, dépouiller, priver.*

naos *nom masculin* Chambre d'une divinité dans un temple. SYN. cella.

napoléon *nom masculin* Pièce d'or française. SYN. louis.

napoléonite *nom féminin* Roche propre à la Corse. SYN. corsite.

narcissisme *nom masculin* Amour excessif de soi. SYN. culte du moi, égocentrisme, égoïsme. – LITTÉRAIRE : égotisme. – VIEUX : autolâtrie.

narcotique *adjectif* Qui assoupit. SYN. assoupissant, endormant, hypnotique, somnifère. – VIEUX : soporifique.

narguer *verbe* Braver par défi. SYN. affronter, braver, défier, mépriser. – LITTÉRAIRE : se rire de. CONTR. *craindre, respecter.* – LITTÉRAIRE : *révérer.*

narguilé *nom masculin* Pipe orientale à long tuyau. SYN. chicha.

narquois *adjectif* Qui est moqueur. SYN. caustique, espiègle, goguenard, gouailleur, ironique, malicieux, moqueur, persifleur, railleur, sarcastique. – FAMILIER : blagueur. – LITTÉRAIRE : madré, matois.

narquoisement *adverbe* LITTÉRAIRE. De façon narquoise. SYN. ironiquement, malicieusement. – LITTÉRAIRE : moqueusement, sarcastiquement.

narration *nom féminin* Récit d'une suite de faits. SYN. développement, exposé, exposition, histoire, historique, rapport, récit, relation.

narrer *verbe* LITTÉRAIRE. Faire un récit. SYN. conter, décrire, dépeindre, dire, expliquer, exposer, exprimer, montrer, parler de, peindre, raconter, rapporter, relater, rendre compte, retracer.

narval *nom masculin* Cétacé à la longue dent torsadée. SYN. licorne de mer.

nase *nom masculin* Poisson cyprinidé. SYN. hotu.

nasitort *nom masculin* Plante utilisée comme condiment. SYN. cresson alénois.

nasopharynx *nom masculin* Arrière-cavité des fosses nasales. SYN. cavum, rhinopharynx.

natalité *nom féminin* Taux de naissances dans une population. CONTR. *dénatalité, mortalité.*

natif *adjectif* LITTÉRAIRE. Qu'on a de naissance. SYN. congénital, infus, inné, naturel, originel. – LITTÉRAIRE : originaire. CONTR. *acquis, appris.*

natif *adjectif et nom* Qui vient de tel pays. SYN. aborigène, autochtone, indigène, originaire.

nation *nom féminin* Grande communauté humaine. SYN. patrie, pays, peuple, puissance.

nationalisme *nom masculin* Attachement à son pays. SYN. chauvinisme, patriotisme.

national-socialisme *nom masculin singulier* Doctrine de l'Allemagne hitlérienne. SYN. nazisme.

national-socialiste *adjectif et nom* Qui appartient au national-socialisme. SYN. nazi.

natrolite *nom féminin* Substance chimique. SYN. mésotype.

natte *nom féminin* Mèches de cheveux entrelacées. SYN. tresse.

natter *verbe* Entrelacer des mèches de cheveux. SYN. tresser.

naturalisation *nom féminin* Art d'empailler les animaux. SYN. empaillage, taxidermie.

naturaliser *verbe* Redonner l'apparence du vivant à un animal mort. SYN. empailler.

naturalisme *nom masculin* École littéraire groupée autour de Zola. SYN. réalisme, vérisme.

naturaliste *nom* Qui concerne le naturalisme. SYN. réaliste, vériste.

nature *nom féminin* L'ensemble des choses et des êtres. SYN. cosmos, création, macrocosme, monde. – LITTÉRAIRE : univers. ■ Ce qui constitue un être vivant. SYN. caractéristique, essence, propriété. – LITTÉRAIRE : condition. ■ Caractéristiques d'un individu. SYN. caractère, humeur, inclination, individualité, personnalité, tempérament. – LITTÉRAIRE : complexion. ■ Caractères physiques de quelqu'un. SYN. constitution, naturel, physique, santé, trempe. ■ Ce qui définit quelque chose. SYN. espèce, genre, ordre, sorte.

naturel *adjectif* Fait à partir de produits bruts. SYN. brut, cru, pur. CONTR. *altéré, artificiel, dénaturé, falsifié, frelaté, synthétique.* ■ Qui tient à la nature d'un homme. SYN. caractéristique, congénital, constitutif, essentiel, infus, inhérent, initial, inné, instinctif, intrinsèque, propre. CONTR. *factice, faux, feint, postiche, préfabriqué, surfait.* - LITTÉRAIRE : *emprunté.* ■ Qui exclut toute affectation. SYN. aisé, coulant, dégagé, fluide, irréfléchi, primesautier, simple, spontané, vrai. CONTR. *académique, affecté, alambiqué, ampoulé, apprêté, boursouflé, calculé, cérémoniel, compassé, composé, contraint, conventionnel, embarrassé, empesé, emphatique, emprunté, étudié, fabriqué, forcé, gourmé, grandiloquent, guindé, maniéré, pédant, pincé, pompeux, précieux, recherché, sophistiqué, théâtral.* - FAMILIER : *constipé.* - LITTÉRAIRE : *affété, pédantesque.* ■ Conforme à la raison. SYN. compréhensible, habituel, logique, normal, ordinaire. CONTR. *anormal, bizarre, déraisonnable, étonnant, étrange, exceptionnel, extraordinaire, extravagant, illogique, inhabituel, miraculeux, singulier.* - FAMILIER : *bizarroïde.* ■ Qui est le propre du monde physique. CONTR. *surnaturel.*

naturel *nom* Habitant originaire du pays. SYN. aborigène, autochtone, indigène, natif, originaire.

naturel *nom masculin* Ensemble des traits de caractère. SYN. caractère, humeur, nature, personnalité, tempérament. - LITTÉRAIRE : complexion. ■ Absence d'affectation. SYN. aisance, facilité, ingénuité, naïveté, rondeur, simplicité, spontanéité, vérité. CONTR. *affectation, apprêt, artifice, boursouflure, cabotinage, comédie, emphase, grandiloquence, manières, minauderie, raideur, recherche, simagrées.* - FAMILIER : *chiqué, esbroufe.* - LITTÉRAIRE : *affèterie, cérémonie, compassement.*

naturellement *adverbe* Par une impulsion naturelle. SYN. instinctivement, spontanément. CONTR. *artificiellement.* ■ Sans affectation. SYN. normalement, sans façons, simplement. ■ Comme on doit s'y attendre. SYN. certainement, évidemment, forcément, inévitablement, logiquement, en toute logique. - FAMILIER : comme de bien entendu.

naturisme *nom masculin* Fait de vivre nu. SYN. nudisme.

naufrage *nom masculin* Ruine matérielle ou morale. SYN. banqueroute, chute, débâcle, déconfiture, déroute, désastre, écroulement, faillite, perdition, perte. ■ ***Faire naufrage,*** courir à sa perte. SYN. décliner, péricliter, sombrer, tomber. - FAMILIER : dégringoler.

naupathie *nom féminin* Troubles dus aux oscillations d'un bateau. SYN. mal de mer.

nauséabond *adjectif* Qui exhale une mauvaise odeur. SYN. écœurant, fétide, infect, malodorant, méphitique, pestilentiel, puant. CONTR. *inodore, odorant, odoriférant, parfumé.* ■ Qui provoque la répulsion. SYN. abject, abominable, dégoûtant, écœurant, hideux, rebutant, repoussant, répugnant, répulsif, sordide, vilain. - LITTÉRAIRE : nauséeux, vil. CONTR. *appétissant, délicieux, ragoûtant.*

nausée *nom féminin* Envie de vomir. SYN. dégoût, haut-le-cœur, répulsion.

nauséeux *adjectif* LITTÉRAIRE. Qui cause un dégoût moral. SYN. abject, abominable, dégoûtant, écœurant, hideux, immonde, nauséabond, rebutant, repoussant, répugnant, sordide, vilain. - LITTÉRAIRE : turpide, vil.

nautonier *nom* LITTÉRAIRE. Conducteur de navire. SYN. marin, navigateur, pilote. - LITTÉRAIRE : nocher.

naval *adjectif* Relatif aux navires. SYN. marin, maritime, nautique.

navarin *nom masculin* Ragoût de mouton. SYN. haricot de mouton.

navette *nom féminin* Action d'aller et venir. SYN. allées et venues, aller et retour, aller-retour, va-et-vient.

navigant *adjectif et nom* Qui fait partie de l'équipage d'un avion. CONTR. - FAMILIER : *rampant.*

navigateur *nom masculin* Personne qui navigue. SYN. marin. - LITTÉRAIRE : nautonier, nocher.

naviguer *verbe* Voyager sur l'eau, dans l'air. SYN. cingler, faire voile. - LITTÉRAIRE : voguer. ■ FAMILIER. Se déplacer beaucoup. SYN. circuler, marcher. - FAMILIER : bourlinguer, rouler sa bosse.

navire *nom masculin* Bâtiment destiné à naviguer. SYN. bateau, bâtiment, paquebot, vaisseau.

navire-citerne *nom masculin* Navire pour le transport des hydrocarbures. SYN. pétrolier, tanker.

navire-usine *nom masculin* Navire aménagé pour le traitement du poisson. SYN. bateau-usine.

navrant *adjectif* Qui cause de l'affliction. SYN. affligeant, attristant, bouleversant, chagrinant, cruel, déchirant, désespérant, désolant, douloureux, pénible, pitoyable, poignant. CONTR. *amusant, distrayant, réjouissant.* - FAMILIER : *rigolo.* ■ Qui est regrettable. SYN. catastrophique, consternant, déplorable, désespérant, désolant, ennuyeux, fâcheux, lamentable, regrettable, triste.

navré *adjectif* Qui est embarrassé. SYN. confus, contrarié, déconfit, désolé, ennuyé, penaud. - FAMILIER : embêté. - LITTÉRAIRE : contrit. ■ Qui manifeste de la tristesse. SYN. affligé, bouleversé, chagriné, déchiré, désespéré, douloureux, peiné. - LITTÉRAIRE : chagrin. CONTR. *content, enchanté, gai, ravi.*

navrement *nom masculin* LITTÉRAIRE. État d'affliction. SYN. amertume, chagrin, déchirement, désolation, douleur, peine, serrement de cœur, tristesse. - LITTÉRAIRE : déchirure, désespérance.

navrer *verbe* Contrarier vivement. SYN. affecter, affliger, attrister, briser le cœur, chagriner, consterner, déchirer, désespérer, désoler, fendre l'âme, fendre le cœur, frapper, mécontenter, peiner. - LITTÉRAIRE : contrister, poindre, rembrunir.

nazi *adjectif et nom* Qui appartient au national-socialisme. SYN. national-socialiste.

nazisme *nom masculin* Doctrine de l'Allemagne hitlérienne. SYN. national-socialisme.

néanmoins *adverbe* Malgré ce qui vient d'être dit. SYN. cependant, enfin, mais, du moins, pourtant, seulement, toutefois.

néant *nom masculin* Absence totale. SYN. carence, déficience, manque, vide.

nébuleux *adjectif* Obscurci par des nuages. SYN. brouillé, brumeux, chargé, nuageux, vaporeux, voilé. - LITTÉRAIRE : fumeux. CONTR. *dégagé.* - LITTÉRAIRE : *serein.* ■ LITTÉRAIRE. Qui manque de clarté. SYN. abscons, brouillon, brumeux, confus, filandreux, flottant, flou, fumeux, imprécis, incertain, incompréhensible, indécis, inintelligible, insondable, nuageux, obscur, sombre, vague. - FAMILIER : cafouilleux, vaseux, vasouillard. - LITTÉRAIRE : amphigourique, fuligineux, sibyllin, ténébreux. CONTR. *accessible, clair, compréhensible, distinct, explicite, facile, intelligible, limpide, lumineux, manifeste, net, précis, raisonné, réfléchi, simple, transparent.*

nébulosité *nom féminin* Nuage très léger. SYN. brouillard, brume, nuage, nuée, vapeur. - LITTÉRAIRE : nue. ■ LITTÉRAIRE. Manque de clarté. SYN. confusion, hermétisme, imprécision, inintelligibilité, obscurité. CONTR. *clarté, limpidité, luminosité, netteté, précision.*

nécessaire *adjectif* Qui est indispensable. SYN. essentiel, fondamental, indispensable, primordial, requis, voulu. CONTR. *futile, inutile, superflu.* - LITTÉRAIRE : *superfétatoire, vain.* ■ Qui se produit forcément. SYN. fatal, forcé, immanquable, incontournable, inéluctable, inévitable, logique, obligatoire, obligé. CONTR. *accidentel, contingent, éventuel, fortuit, occasionnel.*

nécessairement *adverbe* De façon nécessaire. SYN. assurément, certainement, à coup sûr, évidemment, fatalement, forcément, immanquablement, incontestablement, indiscutablement, indubitablement, inéluctablement, inévitablement, inexorablement, infailliblement, manifestement, mathématiquement, sans aucun doute, sûrement. ■ De manière absolue. SYN. absolument, impérieusement, indispensablement, obligatoirement, à tout prix, à toute force. CONTR. *facultativement.*

nécessité *nom féminin* Caractère nécessaire. SYN. besoin, exigence, impératif, obligation, utilité. CONTR. *contingence.* ■ Caractère inévitable. SYN. destin, fatalité, logique.

nécessiter *verbe* Rendre nécessaire. SYN. appeler, commander, créer, demander, déterminer, engendrer, entraîner, exiger, impliquer, provoquer, réclamer, requérir, susciter, vouloir.

nécessiteux *adjectif* Qui est dans le besoin. SYN. gêné, indigent, malheureux, misérable, miséreux, pauvre. - FAMILIER : désargenté, fauché. - LITTÉRAIRE : impécunieux. - VIEUX : besogneux, disetteux. CONTR. *aisé, cossu, fortuné, riche.* - FAMILIER : *argenté.*

nécessiteux *nom* Personne sans ressource. SYN. démuni, indigent, malheureux, miséreux. - FAMILIER : crève-la-faim, sans-le-sou. - LITTÉRAIRE : gueux, misérable. - VIEUX : besogneux, disetteux, meurt-de-faim. CONTR. *nanti, possédant, riche.*

nécropsie *nom féminin* Examen d'un cadavre. SYN. autopsie.

necton *nom masculin* Organismes vivant au fond des eaux. SYN. benthos, plancton.

néfaste *adjectif* Qui est susceptible de nuire. SYN. contraire, défavorable, désastreux, ennemi, fatal, funeste, maléfique, malsain, nocif, nuisible, préjudiciable. - LITTÉRAIRE : délétère, hostile, pernicieux. CONTR. *bienheureux, faste, favorable, heureux, propice.*

négateur *nom* LITTÉRAIRE. Personne qui critique. SYN. contradicteur, critique, dénigreur, dépréciateur, détracteur. - FAMILIER : débineur. - LITTÉRAIRE : contempteur.

négatif *adjectif* Qui n'est pas constructif. SYN. improductif, inexistant, insignifiant, nul, stérile, vain. CONTR. *affirmatif, constructif, positif.*

négation *nom féminin* Ce qui s'oppose à. SYN. antithèse, contradiction, contraire, contrepartie, contre-pied. ■ Action de nier. SYN. démenti, dénégation, désaveu, réfutation. CONTR. *affirmation, attestation.* ■ Action de rejeter. SYN. déni, mépris, refus, rejet. - LITTÉRAIRE : répudiation. CONTR. *acceptation, reconnaissance.*

négativement *adverbe* De façon négative. SYN. par la négative. CONTR. *affirmativement, positivement.*

négligé *adjectif* Qui manque de soin. SYN. débraillé, incorrect, relâché, sale. – FAMILIER : dépoitraillé. CONTR. *coquet, élégant, propre, propret, soigné.* – LITTÉRAIRE : *apprêté, paré.* ■ Qui n'est pas pris en compte. SYN. abandonné, écarté, oublié.

négligé *nom masculin* Attitude négligée. SYN. laisser-aller, nonchalance, relâchement. ■ LITTÉRAIRE. Vêtement d'intérieur. SYN. déshabillé, peignoir. – VIEUX : saut-de-lit.

négligeable *adjectif* Qui peut être négligé. SYN. accessoire, dédaignable, dérisoire, faible, futile, infime, insignifiant, léger, menu, méprisable, minime, petit, ténu. – LITTÉRAIRE : véniel. CONTR. *appréciable, capital, cardinal, décisif, écrasant, fondamental, important, imposant, large, lourd, notable, particulier, puissant, respectable, sensible, sérieux, sévère.* – FAMILIER : *coquet.* – POPULAIRE : *bœuf.*

négligemment *adverbe* Avec une nonchalance feinte. SYN. distraitement, nonchalamment. CONTR. *d'arrache-pied, méticuleusement, minutieusement, sérieusement, soigneusement.*

négligence *nom féminin* Manque d'application. SYN. incurie, indolence, insouciance, mollesse, nonchalance, paresse. – LITTÉRAIRE : inapplication. CONTR. *application, conscience, exactitude, intérêt, minutie, ordre, scrupule.* – LITTÉRAIRE : *méticulosité.* ■ Manque de vigilance. SYN. distraction, étourderie, imprévoyance, inadvertance, inattention, omission, oubli, relâchement. CONTR. *ardeur, assiduité, attention, empressement, enthousiasme, prudence, vigilance.* – LITTÉRAIRE : *diligence, promptitude.* ■ Manque de soin. SYN. laisser-aller. CONTR. *coquetterie, élégance, recherche, soin.*

négligent *adjectif* Qui manque de vigilance. SYN. absent, distrait, étourdi, imprévoyant, inattentif, indifférent, insouciant. CONTR. *attentif, consciencieux, vigilant.* ■ Qui manque d'application. SYN. inappliqué, indolent, irréfléchi, nonchalant, oublieux, paresseux. CONTR. *acharné, appliqué, assidu, ponctuel, soigneux.* – LITTÉRAIRE : *diligent, prompt.*

négliger *verbe* Ne pas prendre soin de. SYN. se désintéresser. – FAMILIER : bâcler. CONTR. *choyer, entretenir.* – FAMILIER : *bichonner.* ■ Ne pas tenir compte de. SYN. dédaigner, faire abstraction, méconnaître, mépriser, passer outre. CONTR. *écouter, obéir, observer, prendre en compte, suivre.* ■ Omettre de faire. SYN. faire abstraction, manquer, omettre, oublier, sauter. – FAMILIER : faire une impasse. CONTR. *s'acharner, s'adonner, s'appliquer, aspirer à, s'assurer de, s'évertuer à.* ■ Traiter sans attention. SYN. abandonner, délaisser, se détacher, se détourner, s'éloigner. CONTR. *assister, considérer, fréquenter, s'occuper, se soucier.*

négliger (se) *verbe pronominal* Ne pas prendre soin de soi. SYN. se laisser aller, s'oublier, se relâcher. CONTR. *s'apprêter.* – LITTÉRAIRE : *se parer.*

négociable *adjectif* Qui peut se négocier. SYN. cessible, monnayable. – VIEUX : commerçable.

négociant *nom* Personne qui fait du négoce. SYN. boutiquier, commerçant, grossiste, marchand.

négociateur *nom* Personne qui négocie pour son pays. SYN. diplomate, émissaire, envoyé, légat, plénipotentiaire. ■ Personne qui sert d'intermédiaire. SYN. agent, courtier, entremetteur, médiateur.

négociation *nom féminin* Action de négocier. SYN. débat, discussion, pourparlers, tractation.

négocier *verbe* Tenter d'obtenir en discutant. SYN. composer, débattre, discuter, s'entendre, monnayer, parlementer, traiter, transiger.

négril *nom masculin* Insecte très nuisible à la luzerne. SYN. babotte, colaspidème.

nématoblaste *nom masculin* Cellule épidermique des cnidaires. SYN. cnidoblaste.

nématocyste *nom masculin* Vacuole du cnidoblaste. SYN. cnidocyste.

ne-me-touchez-pas *nom masculin invariable* Plante dont le fruit éclate en projetant les graines. SYN. balsamine, impatiente.

ne-m'oubliez-pas *nom masculin invariable* Plante à fleurs bleues. SYN. myosotis, oreille-de-souris.

néocortex *nom masculin* Portion du cortex. SYN. isocortex, néopallium.

néomortalité *nom féminin* Mortalité des nouveau-nés. SYN. mortalité néonatale.

néonorvégien *nom masculin* L'une des formes du norvégien. SYN. nynorsk. – VIEUX : landsmål.

néopallium *nom masculin* Portion du cortex. SYN. isocortex, néocortex.

néophyte *nom* Nouveau converti. SYN. novice, prosélyte. ■ Nouveau dans une association. SYN. commençant, débutant, nouveau. – FAMILIER : bizut, bizuth, bleu, écolier. CONTR. *ancien, expert.*

néottie *nom féminin* Orchidée des forêts de hêtres. SYN. nid-d'oiseau.

nèpe *nom féminin* Insecte carnassier. SYN. scorpion d'eau.

nepeta *nom féminin* Plante à odeur forte. SYN. cataire, chataire, herbe-aux-chats.

néphropathie *nom féminin* Affection diffuse touchant les deux reins. SYN. néphrite.

nerf *nom masculin* Ce qui fait la force de. SYN. dynamisme, énergie, puissance, tonus, vigueur. – FAMILIER : muscle. – LITTÉRAIRE : ressort. CONTR. *engourdissement, langueur, léthargie.*

nerprun *nom masculin* Arbuste au fruit purgatif. SYN. noirprun.

nerveusement *adverbe* D'une manière nerveuse. SYN. brusquement, convulsivement, fébrilement. ■ Avec impatience. SYN. fiévreusement, impatiemment. CONTR. *calmement, impassiblement, imperturbablement, lentement, patiemment, posément, sagement, tranquillement.* – POPULAIRE : *peinardement, pénardement.*

nerveux *adjectif* Dû à une certaine fébrilité. SYN. brusque, convulsif, fébrile, fiévreux, spasmodique. ■ Qui est dans un état d'excitation. SYN. agité, émotif, énervé, excité, hyperémotif, hystérique, impatient, irritable, névrosé, stressé. – FAMILIER : émotionnable, sous pression, speedé. CONTR. *calme, flasque, flegmatique, impassible, imperturbable, lent, lymphatique.* ■ Qui manifeste de la vivacité. SYN. pétillant, pétulant, vif, vigoureux. – LITTÉRAIRE : rapide. CONTR. *lourd, mou.* – FAMILIER : *gnangnan, gniangnian.*

nervosité *nom féminin* État d'excitation. SYN. agitation, échauffement, énervement, excitation, fébrilité, fermentation, fièvre, hyperexcitabilité, hystérie, surexcitation. – LITTÉRAIRE : excitabilité. CONTR. *calme, flegme.* ■ État d'inquiétude. SYN. alarmisme, effervescence, malaise, pessimisme. – VIEUX : nervosisme.

net *adjectif* Propre et soigné. SYN. immaculé, impeccable, inaltéré, ordonné, propre, soigné, vierge. CONTR. *crasseux, dégoûtant, maculé, malpropre, sale, sali, taché.* – LITTÉRAIRE : *souillé.* ■ Qui ne laisse pas de doute. SYN. affirmatif, catégorique, certain, clair, défini, explicite, exprès, formel, ostensible, précis, tranché, vigoureux. CONTR. *ambigu, brumeux, confus, douteux, équivoque, évasif, flou, imprécis, incertain, indécis, indéfini, indistinct, obscur, trouble, vague.* – LITTÉRAIRE : *nébuleux, opaque, sibyllin.* ■ Se dit d'une image claire. SYN. clair, distinct, marqué, tranché, visible. CONTR. *brouillé, brumeux, effacé, estompé, flou, lointain, trouble, vague.* ■ Qui est honnête. SYN. carré, direct, droit, franc, honnête, loyal, propre, pur. CONTR. *douteux, faux, fourbe, interlope, louche, malpropre, sournois, suspect, véreux.* – LITTÉRAIRE : *perfide.*

net *adjectif invariable* Qui touche le sommet du filet (balle). SYN. filet !, let.

net *adverbe* Tout d'un coup. SYN. brusquement, brutalement, inopinément, soudain, soudainement, subitement, sur le coup. ■ Sans ambiguïté. SYN. carrément, explicitement, franchement, nettement, ouvertement, publiquement, sans détour. – LITTÉRAIRE : sans ambages. CONTR. *ambigument, faussement, hypocritement, sournoisement.*

netcam *nom féminin* Caméra numérique miniaturisée. SYN. cybercaméra, webcam.

nettement *adverbe* D'une manière distincte. SYN. affirmativement, clairement, distinctement. CONTR. *confusément, indistinctement, obscurément, vaguement.* ■ Sans rien déguiser. SYN. carrément, explicitement, franchement, haut, hautement, sans détour, tout net. – LITTÉRAIRE : sans ambages. – POPULAIRE : franco. – VIEUX : rondement, sans barguigner. CONTR. *ambigument, faussement, hypocritement, sournoisement.* ■ D'une manière indiscutable. SYN. catégoriquement, évidemment, expressément, fermement, formellement, incontestablement, indéniablement, indiscutablement, indubitablement, manifestement, ostensiblement, sans conteste, visiblement. – LITTÉRAIRE : sans contredit.

netteté *nom féminin* Qualité de ce qui est propre. SYN. éclat, fraîcheur, ordre, propreté, pureté, transparence. CONTR. *crasse, malpropreté, saleté.* ■ Qualité de ce qui est clair. SYN. clarté, concision, dépouillement, limpidité, précision, simplicité, sobriété. CONTR. *ambiguïté, complexité, confusion, doute, flou, imprécision.* – LITTÉRAIRE : *nébulosité.*

nettoyage *nom masculin* Action de nettoyer. SYN. assainissement, balayage, décrassage, dégraissage, détachage, lavage, lessivage, savonnage. ■ FAMILIER. Élimination des indésirables. SYN. limogeage, liquidation, purge. – FAMILIER : coup de balai, lessivage, lessive.

nettoyer *verbe* Rendre propre. SYN. blanchir, curer, décaper, décrasser, décrotter, dégraisser, désencrasser, détacher, laver, lessiver, récurer. CONTR. *barbouiller, maculer, salir, tacher.* ■ Éliminer les indésirables d'un lieu. SYN. assainir, débarrasser, déblayer, purger, purifier. ■ FAMILIER. Dépenser quelque chose. SYN. dépenser, dilapider, engloutir, manger. – FAMILIER : croquer, liquider. – LITTÉRAIRE : dissiper. ■ FAMILIER. Faire perdre ses biens à. SYN. dépouiller, ruiner. – FAMILIER : lessiver, mettre sur la paille, plumer, tondre.

neuf *adjectif* Qui est récent. SYN. moderne, nouveau, récent. CONTR. *ancien, d'occasion, vétuste, vieux.* – VIEUX : *rococo.* ■ Qui n'a presque pas servi. SYN. immaculé, intact, nouveau. CONTR. *ancien, avachi, défraîchi, éculé, d'occasion, usagé, usé.* – FAMILIER : *fatigué.* ■ Traité pour la première fois.

SYN. différent, inédit, original. **CONTR.** *caduc, rebattu.* – FAMILIER : *réchauffé.* – LITTÉRAIRE : *immémorial.* ▪ Qui n'a pas d'expérience. **SYN.** débutant, inexpérimenté, jeune, nouveau, novice. **CONTR.** *chevronné, expert, qualifié.*

neurasthénie *nom féminin* État d'abattement. **SYN.** dépression, mélancolie, morosité, pessimisme, psychasthénie, tristesse, vague à l'âme. – FAMILIER : cafard. – LITTÉRAIRE : spleen. **CONTR.** *euphorie, gaieté.*

neurinome *nom masculin* Tumeur bénigne d'un nerf. **SYN.** schwannome.

neuroblastome *nom masculin* Tumeur de la glande médullosurrénale. **SYN.** sympathome.

neuroleptique *adjectif et nom masculin* Médicament utilisé dans le traitement des psychoses. **SYN.** antipsychotique.

neuromédiateur *nom masculin* Médiateur chimique. **SYN.** neurotransmetteur.

neurotomie *nom féminin* Incision chirurgicale d'un nerf. **SYN.** névrotomie.

neurotransmetteur *nom masculin* Médiateur chimique. **SYN.** neuromédiateur.

neutraliser *verbe* Annuler l'effet de. **SYN.** anéantir, annihiler, balancer, bloquer, calmer, combattre, compenser, contrecarrer, enrayer, équilibrer, paralyser, torpiller. **CONTR.** *actionner, développer.*

neutralité *nom féminin* Fait d'être neutre. **SYN.** impartialité, objectivité. **CONTR.** *immixtion, ingérence, intervention.*

neutre *adjectif* Qui ne prend pas parti. **SYN.** désintéressé, impartial, indifférent, objectif. **CONTR.** *inéquitable, partial, subjectif, tendancieux.* ▪ Qui n'est marqué par aucun accent. **SYN.** banal, insignifiant, obscur, quelconque. ▪ Se dit d'une couleur sans éclat. **SYN.** fadasse, fade, insipide, morne, terne. – LITTÉRAIRE : incolore.

névroglie *nom féminin* Cellules servant à la protection des neurones. **SYN.** glie.

névrotomie *nom féminin* Incision chirurgicale d'un nerf. **SYN.** neurotomie.

nez *nom masculin* Organe des voies respiratoires. **SYN.** – ARGOTIQUE : blase, blaze, nase. – FAMILIER : appendice, patate, truffe. – POPULAIRE : blair, pif, quart de brie, tarin. ▪ Avant d'un navire. **SYN.** avant, éperon de marche, proue. ▪ Finesse qui porte à deviner. **SYN.** clairvoyance, flair, intuition, perspicacité, sagacité. – FAMILIER : pifomètre.

niable *adjectif* Qu'on peut nier. **SYN.** contestable, discutable, douteux, récusable, réfutable. **CONTR.** *inattaquable, incontestable, indéniable, indiscutable, indubitable, irrécusable, irréfutable.* – LITTÉRAIRE : *irréfragable.*

niais *adjectif* Qui est sot et gauche. **SYN.** idiot, imbécile, inepte, ingénu, innocent, naïf, niaiseux, nigaud, nul, simple, simplet, sot, stupide. – FAMILIER : bébête, bêta, godiche, neuneu, nunuche. – POPULAIRE : cucul (la praline). – VIEUX : boniface. **CONTR.** *astucieux, futé, habile, intelligent, malin, sagace, spirituel.* – FAMILIER : *combinard, dégourdi.*

niais *nom* Personne sotte. **SYN.** âne, âne bâté, benêt, idiot, imbécile, innocent, naïf, nigaud, nul, sot. – FAMILIER : abruti, andouille, ballot, bêta, bûche, buse, cloche, crétin, cruche, empaillé, empoté, gogo, jobard, oie, poire, serin. – LITTÉRAIRE : jocrisse. – POPULAIRE : banane, con, cornichon, couillon, gland, manche, nouille. **CONTR.** *malin, rusé.*

niaisement *adverbe* LITTÉRAIRE. De façon niaise. **SYN.** bêtement, idiotement, naïvement, simplement, sottement, stupidement. **CONTR.** *astucieusement, habilement, intelligemment, spirituellement.*

niaiserie *nom féminin* Caractère niais. **SYN.** bêtise, idiotie, imbécillité, ineptie, innocence, naïveté, puérilité, sottise, stupidité. – FAMILIER : crétinerie, crétinisme. – LITTÉRAIRE : ganacherie, nigauderie. **CONTR.** *astuce, finesse, habileté.* ▪ Action, parole niaise. **SYN.** absurdité, ânerie, bagatelle, baliverne, bêtise, billevesée, enfantillage, fadaise, futilité, imbécillité, ineptie, insanité, naïveté, platitude, sottise, stupidité. – FAMILIER : crétinerie, idiotie. – LITTÉRAIRE : pauvreté. – VIEUX : calinotade, fichaise.

niche *nom féminin* Renfoncement dans un mur. **SYN.** alcôve, cavité, creux, nid, trou. ▪ FAMILIER. Farce faite à quelqu'un. **SYN.** attrape, espièglerie, facétie, farce, tour. – FAMILIER : blague, canular.

nicher *verbe* FAMILIER. Habiter à tel endroit. **SYN.** demeurer, habiter, s'installer, loger, résider, vivre. – FAMILIER : percher. – LITTÉRAIRE : gîter. – POPULAIRE : crécher.

nicher (se) *verbe pronominal* Trouver refuge. **SYN.** s'abriter, s'établir, se fixer, se réfugier.

nicodème *nom masculin* LITTÉRAIRE. Homme niais. **SYN.** benêt, imbécile, nigaud. – FAMILIER : abruti, andouille, ballot, bêta, bûche, buse, cloche, crétin, cruche, empaillé, empoté, gogo, noix, oie, poire, serin. – POPULAIRE : banane, cornichon, couillon, gland, nouille. **CONTR.** *malin, rusé.*

nid *nom masculin* Habitation propre à l'intimité. **SYN.** abri, foyer, home, maison, niche, toit. – LITTÉRAIRE : demeure, gîte.

nid-d'oiseau *nom masculin* Orchidée des forêts de hêtres. SYN. néottie.

nier *verbe* Rejeter comme faux. SYN. contester, démentir, disconvenir de, s'inscrire en faux, refuser, réfuter, rejeter. CONTR. *admettre, affirmer, assurer, attester, certifier, confirmer, convenir.* ■ Ne pas s'avouer l'auteur de. SYN. se défendre de, dénier, désavouer. – LITTÉRAIRE : rétracter. CONTR. *avouer, concéder, confesser, passer aux aveux, reconnaître.*

nigaud *adjectif* Qui fait preuve de sottise. SYN. idiot, imbécile, inepte, ingénu, innocent, naïf, niais, niaiseux, nul, simple, simplet, sot, stupide. – FAMILIER : bébête, bêta, neuneu, nunuche. CONTR. *futé, malin, rusé.*

nigaud *nom* Personne qui agit sottement. SYN. âne, âne bâté, benêt, idiot, imbécile, innocent, naïf, niais, nul, sot. – FAMILIER : abruti, andouille, ballot, bêta, bûche, buse, cloche, crétin, cruche, empaillé, empoté, gogo, jobard, oie, poire, serin. – LITTÉRAIRE : jocrisse, nicodème. – POPULAIRE : banane, con, cornichon, couillon, gland, manche, nouille. CONTR. *malin, rusé.*

nigauderie *nom féminin* LITTÉRAIRE. Caractère de nigaud. SYN. balourdise, bêtise, idiotie, imbécillité, ineptie, naïveté, niaiserie, sottise. – FAMILIER : crétinerie, crétinisme. – LITTÉRAIRE : ganacherie.

night-club *nom masculin* Établissement de spectacles. SYN. boîte de nuit, cabaret, caveau.

nimbe *nom masculin* Cercle lumineux. SYN. auréole, gloire, halo.

nimber *verbe* LITTÉRAIRE. Entourer d'un nimbe. SYN. – LITTÉRAIRE : auréoler, ceindre, couronner.

niobite *nom féminin* Combinaison de fer et de manganèse. SYN. colombite.

nippe *nom féminin* FAMILIER. Vêtement. SYN. habit. – POPULAIRE : fringue, sape.

nipper *verbe* FAMILIER. Habiller quelqu'un. SYN. habiller. – FAMILIER : fagoter. – POPULAIRE : fringuer.

nippes *nom féminin pluriel* FAMILIER. Vêtements usagés. SYN. effets, guenilles, haillons, loques. – LITTÉRAIRE : hardes, oripeaux. – POPULAIRE : frusques, sapes.

nippon *adjectif et nom* Du Japon. SYN. japonais.

niqueter *verbe* Sectionner les muscles abaisseurs de la queue d'un cheval. SYN. anglaiser.

nirvâna ou **nirvana** *nom masculin* Élévation spirituelle. SYN. ataraxie, béatitude, paradis. – LITTÉRAIRE : extase, félicité.

nitescence *nom féminin* LITTÉRAIRE. Reflet brillant. SYN. clarté, éclat, lueur, luisance, rayonnement.

nitescent *adjectif* LITTÉRAIRE. Qui a de l'éclat. SYN. brillant, coloré, éblouissant, éclatant, étincelant, limpide, lumineux, radieux, rayonnant, reluisant, resplendissant, rutilant. – LITTÉRAIRE : flamboyant.

nitrate *nom masculin* Sel de l'acide nitrique. SYN. azotate.

nitrite *nom masculin* Sel ou ester de l'acide nitreux. SYN. – VIEUX : azotite.

nitrobenzène *nom masculin* Dérivé du benzène. SYN. essence de mirbane.

niveau *nom masculin* Degré atteint dans un domaine. SYN. classe, cote, force, qualité, stade, valeur. ■ Position dans une hiérarchie. SYN. condition, ordre, rang.

niveler *verbe* Rendre unie une surface. SYN. aplanir, araser, débosseler, égaliser. CONTR. *bosseler.* – LITTÉRAIRE : *accidenter.* ■ Diminuer les différences. SYN. égaliser, équilibrer, standardiser, uniformiser.

nivellement *nom masculin* Action d'aplanir un terrain. SYN. aplanissement, arasement, nivelage. ■ Action d'égaliser les revenus. SYN. égalisation, standardisation, uniformisation.

niverolle *nom féminin* Petit passereau voisin du moineau. SYN. pinson des neiges.

noble *adjectif* Qui appartient à un noble. SYN. aristocratique. CONTR. *bourgeois, canaille, roturier, serf.* ■ Qui manifeste de l'élévation. SYN. chevaleresque, élevé, éminent, généreux, grand, grave, héroïque, magnanime, majestueux. – LITTÉRAIRE : auguste, distingué, fier, olympien. CONTR. *abaissant, avilissant, dégradant, honteux, ignoble, indigne, infamant, infâme, laid, méprisable, sordide.* – LITTÉRAIRE : *pernicieux, vil.* ■ Qui suscite l'admiration. SYN. beau, grand, haut, sublime, supérieur. – FAMILIER : sélect. – LITTÉRAIRE : relevé. CONTR. *abject, bas, dégoûtant, grossier, répugnant, trivial, vulgaire.* – LITTÉRAIRE : *roturier.*

noble *nom* Personne de la noblesse. SYN. aristocrate, gentilhomme, grand, hobereau, patricien, seigneur. – LITTÉRAIRE : hidalgo. CONTR. *bourgeois, prolétaire, roturier, serf, vilain.* – LITTÉRAIRE : *plébéien.*

noblement *adverbe* Avec noblesse. SYN. bien, dignement, fièrement, grandement, héroïquement, magnanimement, majestueusement. CONTR. *abjectement, bassement, honteusement, ignoblement, petitement, sordidement.* – LITTÉRAIRE : *vilainement, vilement.*

noblesse *nom féminin* Condition de noble. SYN. aristocratie. – FAMILIER : la haute. CONTR. *bourgeoisie, peuple, prolétariat, roture.* ■ Caractère digne. **SYN.** dignité, générosité, grandeur, héroïsme, magnanimité, prestige. - LITTÉRAIRE : fierté, sublimité. **CONTR.** *abjection, avilissement, bassesse, indignité, mesquinerie.* - LITTÉRAIRE : *vilenie.* ■ Caractère majestueux. **SYN.** allure, classe, distinction, prestance. - LITTÉRAIRE : élévation, majesté. **CONTR.** *familiarité, grossièreté, prosaïsme, trivialité, vulgarité.*

noce *nom féminin* FAMILIER. Grande fête. **SYN.** - ARGOTIQUE : teuf. - FAMILIER : bombance, bombe, bringue, fiesta, java, nouba, ribouldingue. - POPULAIRE : bamboula, foire. - VIEUX : bamboche. ■ Cérémonie du mariage. **SYN.** mariage. - LITTÉRAIRE : hymen. - VIEUX : épousailles.

noceur *nom* FAMILIER. Personne qui fait la noce. **SYN.** débauché, dévergondé, jouisseur, libertin, noctambule. - FAMILIER : bambochard, bambocheur, bringueur, fêtard. - VIEUX : cascadeur, viveur.

nocif *adjectif* Qui peut nuire. **SYN.** contraire, dangereux, délétère, dommageable, fatal, funeste, maléfique, malfaisant, malsain, mauvais, néfaste, nuisible, pernicieux, préjudiciable, toxique, virulent. - LITTÉRAIRE : dissolvant. **CONTR.** *anodin, bénéfique, bienfaisant, bon, inoffensif, profitable, sain, salubre, salutaire.*

nocivité *nom féminin* Caractère nocif. **SYN.** dangerosité, malignité, nocuité, nuisibilité, toxicité. **CONTR.** *innocuité.*

noctambule *nom* Personne qui aime sortir la nuit. **SYN.** - FAMILIER : bambochard, bambocheur, fêtard, noceur.

nocturne *adjectif* Qui se fait la nuit. **CONTR.** *diurne.*

nocuité *nom féminin* Caractère nocif. **SYN.** nocivité, nuisibilité, toxicité. **CONTR.** *innocuité.*

nœud *nom masculin* Entrelacement de fils. **SYN.** boucle, enlacement, entrecroisement, lacis. ■ LITTÉRAIRE. Ce qui unit. **SYN.** attache, lien. - LITTÉRAIRE : chaînes. ■ Point essentiel d'une question. **SYN.** centre, cœur, fond, noyau, pierre angulaire, point névralgique, point sensible, vif du sujet.

noir *adjectif* De couleur foncée. **SYN.** charbonneux, corbeau, foncé, de jais, noirâtre, opaque, sombre. - LITTÉRAIRE : fuligineux. **CONTR.** *blanc, clair, pâle.* ■ Sans luminosité. **SYN.** assombri, couvert, gris, menaçant, obscur, orageux, sombre. - LITTÉRAIRE : ténébreux. **CONTR.** *éclairé, éclatant, ensoleillé, lumineux, pur, radieux.* ■ Qui est sale. **SYN.** barbouillé, charbonné, maculé, sali, taché. - LITTÉRAIRE : souillé. - VIEUX : mâchuré. **CONTR.** *immaculé, impeccable, net, propre.* ■ Qui marque le pessimisme. **SYN.** anxieux, cafardeux, funèbre, funeste, lugubre, macabre, mélancolique, pessimiste, sinistre, sombre, triste. **CONTR.** *gai, joyeux, optimiste.* ■ Inspiré par la méchanceté. **SYN.** atroce, diabolique, mauvais, monstrueux, odieux, pervers. - LITTÉRAIRE : scélérat. **CONTR.** *bienveillant, bon, candide, innocent, pur.* - LITTÉRAIRE : *bienfaisant.* ■ Se dit d'une période de malheur. **SYN.** affreux, atroce, effroyable, épouvantable, horrible, terrible. ■ POPULAIRE. Qui a bu trop d'alcool. **SYN.** aviné, enivré, gai, gris, ivre, pris de boisson. - FAMILIER : imbibé, parti, pompette, saoul, schlass, soûl, soûl comme un Polonais, soûl comme une bourrique, soûl comme une grive. - POPULAIRE : beurré, beurré comme un p'tit Lu, beurré comme une tartine, blindé, bourré, chargé, cuit, paf, pété, pinté, plein comme une barrique, raide, rétamé, rond, rond comme une barrique, rond comme une queue de pelle, torché. - VIEUX : brindezingue.

noir *nom masculin* Trace de salissure. **SYN.** salissure, tache. - LITTÉRAIRE : souillure. ■ Obscurité complète. **SYN.** nuit, obscurité. - LITTÉRAIRE : ténèbres. **CONTR.** *jour, lumière.*

noirceur *nom féminin* Tache noire. **SYN.** hématome, macule, tache. - FAMILIER : bleu. ■ LITTÉRAIRE. Qualité de ce qui est noir. **SYN.** obscurité. - LITTÉRAIRE : opacité, ténèbres. **CONTR.** *blancheur, éclat, luminosité.* ■ Caractère méchant. **SYN.** atrocité, méchanceté, monstruosité, perversité. - LITTÉRAIRE : horreur, perfidie, scélératesse, venin, vilenie. **CONTR.** *bonté, candeur, gentillesse, innocence, naïveté, pureté.*

noircir *verbe* Rendre quelque chose noir. **SYN.** charbonner, culotter, maculer. - LITTÉRAIRE : ombrer. - VIEUX : mâchurer. **CONTR.** *blanchir, éclaircir.* ■ Peindre sous des couleurs noires. **SYN.** assombrir, ternir. **CONTR.** *embellir, idéaliser, poétiser.* ■ LITTÉRAIRE. Dénigrer quelqu'un. **SYN.** bafouer, calomnier, charger, décrier, dénigrer, déshonorer, diffamer, discréditer, traîner dans la boue. - FAMILIER : débiner, démolir. - LITTÉRAIRE : dauber, flétrir, vilipender. **CONTR.** *flatter, innocenter, vanter.* - LITTÉRAIRE : *encenser, flagorner, laver.*

noircir (se) *verbe pronominal* Devenir noir. **SYN.** s'assombrir, se charger, se couvrir, se gâter, s'obscurcir. - LITTÉRAIRE : se rembrunir. **CONTR.** *s'éclaircir, se lever.*

noircissement *nom masculin* Fait de s'assombrir. **SYN.** assombrissement, obscurcissement. **CONTR.** *éclaircissement, éclairement, éclat, luminosité.*

noirprun *nom masculin* Arbuste au fruit purgatif. **SYN.** nerprun.

noisetier *nom masculin* Arbuste dont le fruit est la noisette. **SYN.** coudrier.

noix *nom féminin* FAMILIER. Personne stupide. SYN. âne, âne bâté, benêt, idiot, ignorant, imbécile, innocent, maladroit, niais, nul, simplet, sot, sotte. – FAMILIER : abruti, andouille, ballot, bêta, bûche, buse, cloche, crétin, cruche, dadais, empaillé, empoté, jacques, jobard, oie. – LITTÉRAIRE : jocrisse, nicodème. – POPULAIRE : banane, con, conard, connard, cornichon, couillon, gland, manche, nouille, patate, truffe. ■ ***Noix de cajou,*** fruit de l'anacardier. SYN. anacarde, cajou.

nom *nom masculin* Mot considéré comme qualificatif. SYN. appellation, dénomination, désignation, qualification, qualité, titre. ■ Personne célèbre. SYN. célébrité, figure, gloire, notoriété, personnage. ■ FAMILIER. ***Nom d'oiseau,*** injure. SYN. grossièreté, insolence, insulte, invective.

nomade *adjectif* Qui se déplace sans arrêt. SYN. ambulant, errant, itinérant, mobile. – LITTÉRAIRE : vagabond, voyageur. CONTR. *casanier, sédentaire.*

nombrable *adjectif* Que l'on peut compter. SYN. dénombrable, évaluable.

nombre *nom masculin* Pluralité d'éléments. SYN. chiffre, effectif, quantité. ■ ***En (grand) nombre,*** très nombreux. SYN. beaucoup, comme s'il en pleuvait, considérablement, énormément, à flots, en foule, en masse, massivement, en quantité. – FAMILIER : en pagaille. CONTR. *guère, modérément, moyennement, peu.*

nombrer *verbe* LITTÉRAIRE. Faire le compte de. SYN. calculer, dénombrer, énumérer, évaluer, supputer.

nombreux *adjectif* Qui sont en grand nombre. SYN. divers, innombrable, multiforme, multiple, plusieurs. – LITTÉRAIRE : maint. CONTR. *peu, rare, unique.* ■ Qui comprend beaucoup d'éléments. SYN. abondant, considérable, dense, fort, gros, important, nourri. – LITTÉRAIRE : profus. CONTR. *clairsemé.*

nombril *nom masculin* Cicatrice du cordon ombilical. SYN. ombilic.

nomenclature *nom féminin* Ensemble des mots d'un domaine. SYN. lexique, terminologie, vocabulaire. ■ Liste des éléments d'un ensemble. SYN. catalogue, état, inventaire, liste, recueil, relevé, répertoire, tableau.

nomination *nom féminin* Fait de nommer quelqu'un à un poste. SYN. affectation, choix, désignation.

nominer *verbe* Citer pour une distinction. SYN. nommer, sélectionner.

nommer *verbe* Désigner par le nom. SYN. citer, dénommer, énumérer, indiquer, mentionner. ■ Dénoncer quelqu'un. SYN. dénoncer, livrer, révéler, trahir. – FAMILIER : donner, vendre. – POPULAIRE : balancer. ■ Donner un nom à quelqu'un. SYN. appeler, baptiser, dénommer, prénommer. ■ Qualifier d'un nom. SYN. désigner, intituler, qualifier, surnommer. ■ Désigner pour une fonction. SYN. affecter, choisir, élire, instituer, introniser, promouvoir, verser. – FAMILIER : bombarder, parachuter, propulser. CONTR. *débaucher, déposer, destituer, limoger, révoquer.* – FAMILIER : *déboulonner, sabrer.*

nommer (se) *verbe pronominal* Avoir pour nom. SYN. s'appeler, se dénommer, s'intituler.

non ? *adverbe* Marque l'interrogation. SYN. n'est-ce pas ?. – FAMILIER : hein ?.

non-conformisme *nom masculin* Indépendance à l'égard des usages. SYN. hétérodoxie, indépendance, individualisme.

non conformiste *adjectif* Qui affiche son originalité. SYN. bohème, contestataire, dissident, individualiste, original. CONTR. *conformiste, conservateur, traditionaliste.*

non-conformiste *nom* Personne qui conteste l'usage. SYN. déviationniste, dissident, hérétique, hétérodoxe, indépendant, individualiste, original, scissionniste. CONTR. *traditionaliste.*

non violent *adjectif* Qui refuse la violence. SYN. pacifiste. CONTR. *belliciste, belliqueux.* – FAMILIER : *va-t-en-guerre.* – LITTÉRAIRE : *martial.*

nonchalamment *adverbe* Avec nonchalance. SYN. indolemment, langoureusement, lentement, mollement, négligemment, paresseusement. – LITTÉRAIRE : languissamment. CONTR. *activement, énergiquement, expéditivement, fougueusement, hâtivement, promptement, rapidement, vite.* – LITTÉRAIRE : *diligemment.*

nonchalance *nom féminin* Absence de zèle. SYN. apathie, atonie, inertie, insouciance, légèreté, mollesse, négligence, paresse, tiédeur. CONTR. *activité, application, ardeur, énergie, soin, zèle.* – LITTÉRAIRE : *diligence.* ■ Manque de vivacité. SYN. indolence, langueur, lenteur, veulerie. – LITTÉRAIRE : alanguissement, morbidesse. CONTR. *allant, célérité, impétuosité, pétulance, rapidité.* – LITTÉRAIRE : *alacrité, promptitude, vélocité, vivacité.*

nonchalant *adjectif* Qui manque de zèle. SYN. apathique, assoupi, endormi, engourdi, flegmatique, indolent, mou, négligent, paresseux, tiède, velléitaire. CONTR. *actif, appliqué, ardent, rapide, soigneux, zélé.* – FAMILIER : *accrocheur.* – LITTÉRAIRE : *diligent.* ■ Qui manque de vivacité. SYN. indolent, langoureux, languissant, lent, léthargique, traînant. – FAMILIER : gnangnan, gniangnian, lambin. – LITTÉRAIRE : alangui, languide, paresseux. CONTR. *agité, énergique,* *fougueux, impétueux, pétulant, sémillant, vif, vivant.* – LITTÉRAIRE : *allant.*

non-croyant *nom* Personne qui n'a aucune religion. SYN. agnostique, athée, incroyant, libre penseur, sceptique. – LITTÉRAIRE : mécréant. CONTR. *croyant, fidèle.*

non-dissémination *nom féminin* Limitation des armes nucléaires dans le monde. SYN. non-prolifération.

non-intervention *nom féminin* Fait de ne pas intervenir dans. CONTR. *immixtion, intervention, interventionnisme.*

nonne *nom féminin* VIEUX. Femme qui a prononcé des vœux. SYN. moniale, religieuse, sœur. ■ Papillon nuisible. SYN. moine.

nonobstant *préposition* Sans avoir égard à. SYN. en dépit de, excepté, à l'exception de, à l'exclusion de, malgré, sauf.

nonpareil *adjectif* LITTÉRAIRE. Qui n'a pas son pareil. SYN. extraordinaire, hors de pair, hors pair, incomparable, inégalable, remarquable, sans pareil, unique.

non-prolifération *nom féminin* Limitation des armes nucléaires dans le monde. SYN. non-dissémination.

non-sens *nom masculin* Chose absurde. SYN. aberration, absurdité, contresens.

non-stop *adjectif invariable* Qui se fait sans interruption. SYN. d'affilée, continu, ininterrompu, sans discontinuer, sans intermission, sans interruption, d'une traite. CONTR. *épisodique, interrompu, irrégulier, sporadique.*

nopal *nom masculin* Plante épineuse et charnue. SYN. cochenillier.

norbertin *nom* Religieux de l'ordre de Prémontré. SYN. prémontré.

nord *adjectif invariable* Situé au nord. SYN. arctique, boréal, septentrional. – LITTÉRAIRE : hyperboréen. CONTR. *antarctique, austral, méridional, sud.*

nordique *adjectif* Du nord de l'Europe. SYN. arctique, boréal, septentrional. – LITTÉRAIRE : hyperboréen.

normal *adjectif* Conforme à une moyenne. SYN. courant, moyen, ordinaire, régulier. CONTR. *démesuré, disproportionné, énorme, exceptionnel, extrême, original.* – FAMILIER : *excessif.* ■ Qui ne présente aucun trouble. SYN. équilibré, sain, sensé. CONTR. *anormal, atteint, déréglé, excentrique.* – FAMILIER : *braque, cinglé, détraqué, dingue, fada, frappé, malade, pathologique.* – POPULAIRE : *barge, barjo, barjot, branque, cinoque, dingo.* ■ Qui est conforme à l'habitude. SYN. classique, habituel, naturel, raisonnable, traditionnel. CONTR. *accidentel, anormal, baroque, bizarre, étonnant, étrange, extravagant, inhabituel, insolite, inusité, paradoxal.* – FAMILIER : *bizarroïde, énorme.* ■ Qui est prévisible. SYN. compréhensible, légitime, logique. CONTR. *abracadabrant, absurde, abusif, déconcertant, étrange, extraordinaire, illogique, impensable, imprévisible, inattendu, incompréhensible, inconcevable, incroyable, inouï, insensé.*

normalement *adverbe* De façon normale. SYN. correctement, naturellement. CONTR. *anormalement, bizarrement, curieusement, étrangement.* ■ En temps normal. SYN. habituellement, logiquement, d'ordinaire, ordinairement, en principe, traditionnellement. – FAMILIER : régulièrement. CONTR. *exceptionnellement, irrégulièrement.*

normalisation *nom féminin* Action de normaliser. SYN. standardisation, uniformisation.

normaliser *verbe* Appliquer une norme à. SYN. codifier, rationaliser, réglementer, règlementer, standardiser, systématiser, unifier, uniformiser.

normalité *nom féminin* Conformité à la norme. SYN. légitimité. CONTR. *anomalie, exception.*

norme *nom féminin* Critère de référence. SYN. canon, loi, modèle, ordinaire, précepte, principe, règle, règlement, réglementation.

nostalgie *nom féminin* Tristesse due à l'éloignement. SYN. mélancolie, regret, vague à l'âme.

nostalgique *adjectif* Qui manifeste la nostalgie. SYN. cafardeux, mélancolique, morne, morose, sombre, triste.

notabilité *nom féminin* Personne importante. SYN. autorité, notable, personnage, personnalité, sommité. – FAMILIER : ponte.

notable *adjectif* Digne d'être remarqué. SYN. appréciable, considérable, éclatant, frappant, grave, important, incalculable, marquant, particulier, remarquable, saillant, sensible, sérieux, valable. – LITTÉRAIRE : signalé. CONTR. *anodin, insignifiant, négligeable, quelconque.*

notable *nom masculin* Personne importante socialement. SYN. autorité, notabilité, personnage, personnalité. – FAMILIER : gros, gros bonnet, grosse légume. – POPULAIRE : huile.

notablement *adverbe* D'une manière notable. SYN. bien, considérablement, énormément, extrêmement, fort, fortement, généreusement, immensément, particulièrement, en particulier, passablement, prodigieusement, puissamment, remarquablement, sensiblement, sérieusement, terriblement, très. – FAMILIER : bigrement, bougrement, diablement. – LITTÉRAIRE : diantrement. – POPULAIRE : foutrement. CONTR. *faiblement, légèrement, modérément, moyennement, nullement, pas du tout, pas le moins du monde, passablement, à peine, peu.*

notamment *adverbe* De façon marquée. SYN. entre autres, particulièrement, en particulier, principalement, singulièrement, spécialement, surtout.

notation *nom féminin* Action de donner une note. SYN. appréciation, estimation, évaluation. ■ Ce qui est noté. SYN. annotation, indication, mention, observation, remarque, transcription.

note *nom féminin* Communication écrite. SYN. avis, bulletin, communiqué, papier. ■ Information en marge du texte. SYN. additif, apostille, commentaire, glose, nota bene, notule, remarque, scolie. – VIEUX : notice. ■ Estimation de la valeur de. SYN. annotation, appréciation, cote. ■ Détail d'un compte. SYN. addition, compte, facture, mémoire, relevé. – FAMILIER : ardoise, coup de bambou, coup de fusil, douloureuse. ■ Marque distinctive. SYN. accent, cachet, caractère, griffe, touche. ■ ***Fausse note,*** son musical qui n'est pas juste. SYN. canard. – FAMILIER : couac.

noter *verbe* Faire une marque sur. SYN. cocher, relever, souligner. ■ Prendre note de. SYN. consigner, copier, écrire, ficher, inscrire, marquer, recopier, transcrire. ■ Prêter attention à. SYN. s'apercevoir, aviser, constater, enregistrer, observer, prendre bonne note, relever, remarquer, retenir, voir. ■ Porter une appréciation sur. SYN. apprécier, coter, estimer, évaluer, jauger, juger.

notice *nom féminin* VIEUX. Court écrit sur un sujet. SYN. abrégé, analyse, article, avertissement, avis, dépliant, guide, introduction, mémento, note, notule, préambule, prospectus. ■ Ensemble d'indications. SYN. instructions, mode d'emploi, prescriptions.

notification *nom féminin* Action de notifier. SYN. annonce, avis, proclamation, signification.

notifier *verbe* Faire connaître une décision à. SYN. annoncer, communiquer, faire part, indiquer, informer, instruire, proclamer, signaler. – LITTÉRAIRE : signifier.

notion *nom féminin* Idée de quelque chose. SYN. abstraction, concept, conception, idée. ■ Perception qu'on a de. SYN. conscience, impression, intuition, sens, sentiment. ■ Connaissance élémentaire. SYN. aperçu, base, élément, principe, teinture, vernis.

notoire *adjectif* Qui est incontesté. SYN. avéré, clair, connu, déclaré, éclatant, évident, flagrant, historique, incontestable, indéniable, indiscutable, indiscuté, manifeste, ostensible, patent, public. CONTR. *caché, latent, occulte, secret, sourd, sous-jacent, souterrain.* – LITTÉRAIRE : *dormant.* ■ Connu pour tel motif. SYN. authentique, célèbre, consacré, reconnu, renommé, réputé. – LITTÉRAIRE : fameux. CONTR. *inconnu.*

notoirement *adverbe* D'une façon notoire. SYN. conteste (sans), évidemment, incontestablement, indéniablement, indiscutablement, manifestement, ostensiblement, ouvertement. – FAMILIER : positivement. – LITTÉRAIRE : sans contredit. CONTR. *confusément, obscurément, vaguement.*

notoriété *nom féminin* Fait d'être célèbre. SYN. célébrité, gloire, nom, popularité, renom, renommée, réputation, vogue. – FAMILIER : cote. CONTR. *impopularité, oubli.* – LITTÉRAIRE : *obscurité.*

nouba *nom féminin* FAMILIER. Grande fête. SYN. – ARGOTIQUE : teuf. – FAMILIER : bombe, bringue, fiesta, java, noce, ribouldingue. – POPULAIRE : bamboula, foire. – VIEUX : bamboche.

nouer *verbe* Tenir attaché par un nœud. SYN. attacher, entrelacer, lacer, lier. CONTR. *défaire, dénouer.* ■ Former des liens avec quelqu'un. SYN. contracter, établir, lier. ■ LITTÉRAIRE. Organiser une machination. SYN. combiner, machiner, manigancer, mijoter, monter, tisser, tramer. – FAMILIER : concocter. – LITTÉRAIRE : conspirer, ourdir.

nouille *adjectif* POPULAIRE. Qui est stupide. SYN. bête, idiot, imbécile, inintelligent, naïf, niais, nigaud, nul, simple, simplet, sot, stupide. – FAMILIER : bébête, bêta, crétin, neuneu, nunuche, tarte. – POPULAIRE : con, couillon. CONTR. *rusé.* – FAMILIER : *débrouillard.*

nouille *nom* POPULAIRE. Personne stupide. SYN. âne, âne bâté, balourd, benêt, idiot, ignorant, imbécile, innocent, lourdaud, maladroit, niais, nigaud, nul, nullité, sot, sotte. – FAMILIER : abruti, andouille, ballot, bécasse, bêta, bûche, buse, cloche, crétin, cruche, dinde, empaillé, empoté, gaffeur, gourde, jacques, jobard, noix, oie, poire, serin. – LITTÉRAIRE : jocrisse, nicodème. – POPULAIRE : banane, con, conard, connard, cornichon, couillon, gland, manche, patate, truffe. CONTR. *malin, rusé.*

nourri *adjectif* Fait de salves nombreuses. SYN. abondant, dense, dru, important, nombreux, serré. ■ Qui est riche. SYN. étoffé, foisonnant, plein, riche, substantiel. CONTR. *maigre, pauvre.*

nourrir *verbe* Donner des aliments à. SYN. alimenter, gaver, gorger, rassasier, ravitailler. – LITTÉRAIRE : repaître, restaurer. – VIEUX : sustenter. CONTR. *affamer, faire jeûner, priver, sevrer.* ■ Fournir la matière de. SYN. alimenter, cultiver, entretenir, étoffer. CONTR. *arrêter, assécher, atténuer, écourter, éteindre, juguler, stopper.* ■ Entretenir une idée. SYN. caresser, combiner, échafauder, manigancer, tramer. – FAMILIER : concocter. – LITTÉRAIRE : ourdir. CONTR. *abandonner, délaisser.*

nourrir (se) *verbe pronominal* Absorber des aliments. SYN. absorber, s'alimenter, consommer, engloutir, ingurgiter, manger, se restaurer. – ARGOTIQUE : briffer. – FAMILIER : casser la croûte, casser la graine, enfourner, se sustenter. – LITTÉRAIRE : se repaître. – POPULAIRE : bâfrer, becqueter, becter, bouffer, boulotter, croûter, grailler. CONTR. *avoir faim, jeûner, mourir de faim, mourir d'inanition, tomber d'inanition.* – FAMILIER : *n'avoir rien à se mettre sous la dent.* ■ Tirer sa force de. SYN. s'abreuver, s'imprégner. – LITTÉRAIRE : se repaître.

nourrissant *adjectif* Qui nourrit. SYN. copieux, nutritif, riche, substantiel. – FAMILIER : bourratif. CONTR. *frugal, sobre.*

nourrisson *nom masculin* Tout petit enfant. SYN. bébé, nouveau-né, poupard, poupon, tout-petit.

nourriture *nom féminin* Ce que l'on mange. SYN. aliment, alimentation, mangeaille, manger, mets, pâtée, victuailles, vivres. – ARGOTIQUE : graille. – FAMILIER : ragougnasse. – LITTÉRAIRE : chère, pitance. – POPULAIRE : bectance, bouffe, boustifaille. – VIEUX : bouffetance.

nouveau *adjectif* Qui existe depuis peu. SYN. dernier, inédit, moderne, neuf, original, premier, primitif, récent. CONTR. *ancestral, ancien, antique, archaïque, caduc, décrépit, dépassé, désuet, périmé, usagé, usé, vétuste, vieillissant, vieillot, vieux.* – LITTÉRAIRE : *immémorial, suranné.* – VIEUX : *rococo.* ■ Qui est inhabituel. SYN. différent, hardi, inattendu, inconnu, inhabituel, insolite, révolutionnaire. CONTR. *banal, connu, éculé, familier, habituel, rebattu, traditionnel, usité.* – FAMILIER : *réchauffé.* – LITTÉRAIRE : *coutumier.* ■ Qui est depuis peu quelque part. SYN. frais émoulu, inexpérimenté, jeune, neuf, novice. CONTR. *compétent, expérimenté, formé, qualifié.* – FAMILIER : *chevronné.*

nouveau *nom* Personne arrivée depuis peu. SYN. apprenti, commençant, débutant, néophyte, novice. – FAMILIER : bizut, bizuth, bleu, écolier. CONTR. *ancien.* – FAMILIER : *vieux de la vieille.* – LITTÉRAIRE : *vétéran.*

nouveauté *nom féminin* Caractère récent. SYN. actualité. CONTR. *ancienneté, antiquité, archaïsme, vétusté.* – LITTÉRAIRE : *vieillesse.* ■ Caractère inédit. SYN. audace, hardiesse, modernisme, originalité. CONTR. *banalité, platitude.* ■ Chose nouvelle. SYN. changement, innovation, modification, réforme, révolution, transformation. CONTR. *habitude, pli, rite, routine.*

nouvelle *nom féminin* Annonce d'un événement. SYN. écho, information, renseignement, scoop. – FAMILIER : info, tuyau.

nouvellement *adverbe* Depuis peu de temps. SYN. dernièrement, fraîchement, récemment. CONTR. *anciennement, autrefois, jadis.* – FAMILIER : *il y a belle lurette.*

nouvelles *nom féminin pluriel* Informations données par les médias. SYN. actualités, informations, journal. – FAMILIER : infos.

novateur *adjectif* Qui tend à innover. SYN. créateur, créatif, innovant, innovateur, révolutionnaire. CONTR. *attardé, conservateur, passéiste, réactionnaire, rétrograde, routinier, traditionnel.*

novateur *nom* Personne qui innove. SYN. créateur, initiateur, innovateur, inventeur, précurseur.

novice *adjectif* Qui a peu d'expérience. SYN. débutant, en herbe, ignorant, inexpérimenté, jeune, malhabile, neuf, nouveau. CONTR. *accompli, exercé, expérimenté, expert, habile.* – FAMILIER : *chevronné.*

novice *nom* Personne peu expérimentée. SYN. apprenti, commençant, débutant, néophyte, nouveau, profane. – FAMILIER : bizut, bizuth, bleu, écolier. – LITTÉRAIRE : bec-jaune, béjaune. CONTR. *ancien, expert.* – FAMILIER : *vieux de la vieille.* – LITTÉRAIRE : *vétéran.*

noyau *nom masculin* Petit groupe de personnes. SYN. bande, cellule, clan, groupe. – FAMILIER : clique. ■ Élément capital. SYN. base, centre, cœur, fond, fondement, nœud, pierre angulaire.

noyer *verbe* Faire disparaître sous l'eau. SYN. engloutir, ensevelir, immerger, inonder, submerger. ■ Mouiller abondamment. SYN. arroser, asperger, baigner, inonder, tremper. CONTR. *assécher, sécher.* ■ Plonger dans la confusion. SYN. cacher, diluer, enrober, étouffer, masquer. – LITTÉRAIRE : voiler.

noyer (se) *verbe pronominal* Disparaître dans un tout. SYN. disparaître, se dissoudre, s'évanouir, se fondre, se perdre. ■ Se laisser submerger. SYN. se diluer, s'embourber, s'empêtrer, s'enferrer, s'enliser, patauger, perdre pied, se perdre. – FAMILIER : s'enfoncer. ■ Mourir par immersion. SYN. couler, sombrer.

nu *adjectif* Qui est sans vêtement. SYN. en costume d'Adam, en costume d'Ève, dénudé, déshabillé, dévêtu, dans le plus simple appareil. – FAMILIER : en petite tenue, à poil. CONTR. *couvert, habillé, vêtu.* ■ Dépourvu de poils, de cheveux. SYN. chauve, dégarni, glabre, imberbe, ras. – FAMILIER : déplumé. CONTR. *barbu, chevelu, poilu, velu.* ■ Qui n'est pas revêtu d'un isolant. SYN. dénudé. CONTR. *garni, isolé, protégé.* ■ Qui est sans ornements. SYN. austère, monacal, simple, sobre. CONTR. *décoré, historié, orné, ornementé.* ■ Dépourvu de végétation. SYN. aride, défeuillé, pelé, ras, stérile. – LITTÉRAIRE : chauve. CONTR. *feuillu, herbu, touffu.*

nuage *nom masculin* Masse légère dans le ciel. SYN. brume, nébulosité, nuée. – LITTÉRAIRE : nue. ■ Ce qui menace. SYN. danger, menace, péril, risque. – LITTÉRAIRE : orage. ■ Très petite quantité. SYN. atome, bribe, brin, doigt, filet, goutte, grain, gramme, larme, miette, once, parcelle, pointe, soupçon, teinte, trace. – FAMILIER : lichette. – LITTÉRAIRE : liard, ombre, trait. – POPULAIRE : chouia. CONTR. *armée, avalanche, cascade, déluge, flot, foule, infinité, kyrielle, masse, monceau, montagne, multitude, myriade, nuée, pléiade, pluie, tas, torrent.* – FAMILIER : *armada, cargaison, flopée, foultitude, paquet, pelletée, ribambelle, tapée.* – LITTÉRAIRE : *averse, océan.* ■ ***Être dans les nuages,*** être distrait. SYN. avoir la tête ailleurs, avoir l'esprit ailleurs, être absent, être ailleurs, être dans la lune, n'écouter que d'une oreille, planer, rêvasser, rêver. – LITTÉRAIRE : songer.

nuageux *adjectif* Enveloppé de nuages. SYN. chargé, couvert, gris, nébuleux, sombre, voilé. CONTR. *clair, dégagé, radieux.* – LITTÉRAIRE : *serein.* ■ Qui manque de netteté. SYN. brouillé, brumeux, confus, flou, fumeux, incompréhensible, obscur, vague. – LITTÉRAIRE : nébuleux, opaque, sibyllin. CONTR. *compréhensible, intelligible, limpide, lumineux, simple.*

nuance *nom féminin* Chacun des tons d'une couleur. SYN. coloration, coloris, couleur, gradation, teinte, ton, tonalité. ■ Trace légère d'un sentiment. SYN. brin, grain, once, pointe, soupçon, touche.

nuancé *adjectif* Qui contient des nuances. SYN. mesuré, modéré. CONTR. *cru, immodéré, outrancier, schématique.*

nuancer *verbe* Ménager des gradations. SYN. dégrader, fondre, noyer. ■ Apporter des nuances à une opinion. SYN. changer, diversifier, modifier, varier. ■ Accompagner un sentiment de. SYN. corriger, mesurer, modérer. – LITTÉRAIRE : colorer, teinter, tempérer.

nubile *adjectif* Qui a atteint l'âge de la puberté. SYN. formé, pubère. – FAMILIER : mariable. CONTR. *impubère.*

nudisme *nom masculin* Fait de vivre nu. SYN. naturisme.

nudité *nom féminin* Absence d'ornements. SYN. austérité, dépouillement, sévérité, simplicité, sobriété. CONTR. *luxe, magnificence.*

nue *nom féminin* LITTÉRAIRE. Espace céleste. SYN. ciel. – LITTÉRAIRE : cieux, firmament, voûte azurée, voûte céleste, voûte éthérée. ■ LITTÉRAIRE. Ensemble de nuages. SYN. nébulosité, nuages, nuée.

nuée *nom féminin* Gros nuage épais. SYN. nébulosité, nuage. – LITTÉRAIRE : nue. ■ Multitude d'êtres, d'objets. SYN. armée, avalanche, bataillon, cascade, déluge, flot, flux, foule, horde, infinité, kyrielle, légion, masse, meute, monceau, montagne, multitude, myriade, quantité, tas. – FAMILIER : armada, cargaison, flopée, foultitude, pelletée, régiment. – LITTÉRAIRE : averse, essaim, fourmilière. CONTR. *brin, gramme, peu, poignée.* – POPULAIRE : *chouia.*

nuire *verbe* Faire du tort à quelqu'un. SYN. compromettre, desservir, discréditer, faire du tort, léser, perdre, porter atteinte à, porter préjudice à. – VIEUX : préjudicier à. CONTR. *assister, prêter main-forte, secourir, servir.* ■ Porter atteinte à l'organisme. SYN. affaiblir, détruire, faire du mal, ruiner. ■ Empêcher quelque chose. SYN. contrarier, contrecarrer, entraver, freiner, gêner, paralyser, ralentir, saborder. – LITTÉRAIRE : blesser. CONTR. *avantager.*

nuisibilité *nom féminin* Caractère nuisible. SYN. nocivité, nocuité. CONTR. *innocuité.*

nuisible *adjectif* Qui fait tort à. SYN. contraire, dangereux, désastreux, désavantageux, dommageable, fatal, funeste, malfaisant, malsain, mauvais, néfaste, nocif, préjudiciable. – LITTÉRAIRE : corrupteur, délétère, pernicieux. CONTR. *bienfaisant, bon, excellent, favorable, inoffensif, profitable, sain, salubre, salutaire, utile.*

nuit *nom féminin* Obscurité profonde. SYN. assombrissement, noir, obscurcissement, obscurité. – LITTÉRAIRE : opacité, ténèbres. CONTR. *jour, lumière.*

nul *adjectif* Qui se réduit à rien. SYN. dérisoire, inexistant, infime, insignifiant, négatif. ■ Dépourvu d'intelligence. SYN. bête, faible, idiot, ignare, ignorant, incompétent, inepte, inintelligent, sot, stupide. – FAMILIER : bouché. – POPULAIRE : taré. – VIEUX : illettré. CONTR. *brillant, fort, génial, savant.* – FAMILIER : *ferré, trapu.* ■ Qui est sans effet légal. SYN. caduc, invalidé. CONTR. *réel.* ■ Qui ne vaut rien. SYN. insignifiant, insuffisant, lamentable, mauvais, minable, raté. – FAMILIER : à la gomme. – POPULAIRE : à la manque, à la noix (de coco). CONTR. *admirable, bon, génial, mémorable, remarquable.*

nul *nom* Personne incompétente. SYN. âne, âne bâté, balourd, benêt, bon à rien, fruit sec, idiot, ignare, ignorant, imbécile, incapable, incompétent, innocent, lourdaud, maladroit, niais, nigaud, nullité, raté, sot, sotte. – FAMILIER : abruti, andouille, ballot, bécasse, bêta, bûche, buse, cancre, crétin, cruche, dinde, empaillé, empoté, gaffeur, gourde, jacques, minable, noix, nullard, oie, propre-à-rien, serin, zéro. – LITTÉRAIRE : nicodème. – POPULAIRE : banane, cloche, con, conard, connard, cornichon, couillon, gland, manche, nouille, patate, truffe. – VIEUX : illettré. CONTR. *aigle, cerveau, génie, prodige, virtuose.* – FAMILIER : *as, champion, crack.* – LITTÉRAIRE : *lumière, phénix.*

nullard *nom* FAMILIER. Personne nulle. SYN. bon à rien, incapable, nul, nullité, raté. – FAMILIER : minable, propre-à-rien, zéro. CONTR. *aigle, cerveau, génie, prodige.* – FAMILIER : *as, champion, crack.* – LITTÉRAIRE : *lumière, phénix.*

nullement *adverbe* En aucune manière. SYN. aucunement, guère, jamais, pas du tout, pas le moins du monde. CONTR. *(à) cent pour cent, bien, extrêmement, follement, fort, fortement, grandement, immensément, infiniment, notablement, au plus haut degré, au plus haut point, prodigieusement, puissamment, terriblement, tout à fait, vraiment.* – FAMILIER : *diablement, drôlement, fameusement, fichtrement, fichûment, formidablement.* – LITTÉRAIRE : *au dernier point, diantrement, furieusement.* – POPULAIRE : *foutrement, sacrément, vachement.*

nullité *nom féminin* Absence de compétence. SYN. bêtise, déficience, faiblesse, idiotie, ignorance, imbécillité, incapacité, incompétence, ineptie, inexistence, inintelligence, insuffisance, sottise, stupidité. CONTR. *habileté, mérite, perfection, valeur.* ■ Inefficacité d'un acte juridique. SYN. caducité, invalidité. CONTR. *validité.* ■ Personne sans compétence. SYN. âne, bon à rien, idiot, ignare, incapable, incompétent, raté. – FAMILIER : andouille, bûche, buse, cancre, crétin, minable, nullard, zéro. – POPULAIRE : cloche, cornichon. – VIEUX : illettré. CONTR. *aigle, cerveau, génie, prodige, virtuose.* – FAMILIER : *as, champion, crack.* – LITTÉRAIRE : *lumière, phénix.*

numbat *nom masculin* Petit marsupial australien. SYN. myrmécobie.

nûment *adverbe* LITTÉRAIRE. Sans déguisement. SYN. carrément, à découvert, directement, franchement, simplement, sincèrement, vrai. CONTR. *faussement, hypocritement, mensongèrement.* – LITTÉRAIRE : *artificieusement, fallacieusement.*

numéraire *nom masculin* Pièces et billets de banque. SYN. argent comptant, espèces, espèces sonnantes et trébuchantes, liquide, liquidités. – FAMILIER : ferraille, mitraille, sous. – POPULAIRE : blé, fric, oseille, pognon.

numérique *adjectif* Qui représente des données au moyen de chiffres. SYN. – VIEUX : digital. CONTR. *analogique.*

numérisation *nom féminin* Action de numériser. SYN. – VIEUX : digitalisation, discrétisation.

numériser *verbe* Convertir sous forme numérique. SYN. digitaliser, discrétiser.

numéro *nom masculin* Partie d'un spectacle. SYN. attraction, exhibition, représentation, show, sketch, tour. – FAMILIER : cinéma. ■ FAMILIER. Personne originale. SYN. original, phénomène. – FAMILIER : gaillard, lascar, loustic, olibrius, pistolet, zèbre. – LITTÉRAIRE : drôle. – POPULAIRE : branquignol, zig, zigoto, zigue.

numérologie *nom féminin* Divination au moyen des nombres. SYN. arithmomancie, arithmosophie, numérosophie.

numéroter *verbe* Marquer d'un numéro. SYN. chiffrer, coter, folioter, paginer.

nummulaire *nom féminin* Plante ornementale aux fleurs jaunes ou blanches. SYN. herbe-aux-écus, lysimaque, monnoyère.

nummulitique *nom masculin* Première période de l'ère cénozoïque. SYN. paléogène.

nutation *nom féminin* Mouvement hélicoïdal d'une tige, d'une feuille. SYN. circumnutation.

nutritif *adjectif* Qui nourrit. SYN. copieux, nourrissant, riche, substantiel. – FAMILIER : bourratif. CONTR. *diététique, frugal, sobre.*

nymphette *nom féminin* Très jeune fille, jolie et aguichante. SYN. – FAMILIER : lolita.

nynorsk *nom masculin* L'une des formes du norvégien. SYN. landsmål, néonorvégien.

O

oasis *nom féminin* Lieu qui offre une détente. SYN. abri, asile, retraite. – LITTÉRAIRE : éden, havre, port, refuge.

obédience *nom féminin* Adhésion à une autorité. SYN. allégeance, dépendance, inféodation, obéissance, subordination. – LITTÉRAIRE : sujétion. CONTR. *indépendance.*

obéir *verbe* Se soumettre à une autorité. SYN. se conformer à, courber le dos, courber le front, courber l'échine, écouter, s'exécuter, filer doux, s'incliner, marcher au doigt et à l'œil, ne pas se le faire dire deux fois, observer, obtempérer, plier le genou, plier l'échine, se plier, respecter. – FAMILIER : marcher à la baguette. CONTR. *se cabrer, contrevenir, déroger, désobéir, enfreindre, s'insurger, négliger, se rebeller, résister, se révolter, se soustraire.* – FAMILIER : *se rebiffer.* – LITTÉRAIRE : *regimber.* ■ Céder à un sentiment. SYN. céder, écouter, se plier, satisfaire à, se soumettre. – LITTÉRAIRE : ployer. CONTR. *contrarier, contrecarrer, mépriser, s'opposer à, résister.* ■ Fonctionner correctement. SYN. marcher, réagir, répondre à, suivre. ■ Être soumis à une force. SYN. subir, suivre. CONTR. *diriger, dominer, échapper, guider, régenter, régir.*

obéissance *nom féminin* Aptitude à obéir. SYN. allégeance, discipline, docilité, esprit de subordination, obédience, soumission, subordination. – LITTÉRAIRE : servilité. CONTR. *contestation, défi, désobéissance, indiscipline, indocilité, inobservation, insoumission, insubordination, rébellion, résistance, révolte.* – LITTÉRAIRE : *fronde.*

obéissant *adjectif* Qui obéit volontiers. SYN. discipliné, docile, doux, malléable, maniable, sage, soumis, souple. CONTR. *contestataire, désobéissant, dur, indiscipliné, indocile, indomptable, insoumis, insubordonné, rebelle, récalcitrant, réfractaire, rétif, révolté, têtu.* – FAMILIER : *cabochard.*

obèse *adjectif* Qui est trop gros. SYN. adipeux, énorme, fort, gras, gros, ventru. – FAMILIER : bedonnant, pansu, ventripotent. CONTR. *décharné, efflanqué, élancé, maigre, menu, mince, squelettique.* – LITTÉRAIRE : *émacié.*

obésité *nom féminin* Excès de poids. SYN. adiposité, engraissement, grosseur. – FAMILIER : rotondité. CONTR. *maigreur.*

obier *nom masculin* Plante à fleurs blanches rondes. SYN. boule-de-neige.

objecter *verbe* Mettre en avant un fait. SYN. alléguer, arguer, invoquer, opposer, prétexter, répliquer, rétorquer, riposter.

objectif *adjectif* Dont la réalité s'impose. SYN. effectif, impersonnel, positif, scientifique. CONTR. *artificiel, individuel, personnel.* ■ Qui reste impartial. SYN. détaché, droit, exact, fidèle, impartial, juste, neutre, précis, réel, scrupuleux. CONTR. *arbitraire, chauvin, engagé, partial, partisan, prévenu, subjectif, tendancieux.*

objectif *nom masculin* But à atteindre. SYN. cible, désir, dessein, fin, intention, mission, objet, visées, vocation, vues.

objection *nom féminin* Fait d'objecter quelque chose. SYN. contestation, contradiction, critique, empêchement, inconvénient, observation, obstacle, opposition, protestation, réfutation, remarque, réplique, réponse. CONTR. *acquiescement, adhésion, approbation, assentiment.*

objectivation *nom féminin* Action d' objectiver. SYN. concrétisation, matérialisation.

objectivement *adverbe* De façon objective. SYN. exactement, fidèlement, froidement, impartialement, réellement, scientifiquement, scrupuleusement. CONTR. *arbitrairement, aveuglément, à l'aveuglette, partialement, subjectivement, tendancieusement.*

objectiver *verbe* Donner une forme concrète à. SYN. concrétiser, extérioriser, manifester, matérialiser, réaliser.

objectivité *nom féminin* Caractère objectif. SYN. détachement, impartialité, neutralité. CONTR. *aveuglement, chauvinisme, fanatisme, partialité, passion, subjectivité.* ■ Conformité à la réalité. SYN. authenticité, exactitude, fidélité, véracité, vérité. – LITTÉRAIRE : véridicité. CONTR. *parti pris, partialité.*

objet *nom masculin* Toute chose concrète. SYN. chose, corps. ■ Chose fabriquée par l'homme. SYN. article, production, produit, ustensile. ■ Ce sur quoi porte une activité. SYN. fond, matière, propos, substance, sujet, thème. – LITTÉRAIRE : essence. CONTR. *forme.* ■ But d'une action. SYN. but, dessein, fin, motif, objectif, visée.

objurgation *nom féminin* LITTÉRAIRE. Mise en garde sévère. SYN. avertissement, observation, remontrance, réprimande, reproche, semonce. – LITTÉRAIRE : admonestation, mercuriale. CONTR. *encouragement.* ■ LITTÉRAIRE. Prière pressante. SYN. adjuration, conjuration, requête. – LITTÉRAIRE : imploration, supplication.

oblation *nom féminin* Action d'offrir quelque chose à Dieu. SYN. offrande, sacrifice.

obligation *nom féminin* Nécessité imposée. SYN. charge, coercition, contrainte, corvée, devoir, engagement, impératif, loi, nécessité, pensum, règle, tâche. – LITTÉRAIRE : astreinte. CONTR. *choix, dispense, exemption, faculté, loisir, possibilité.* ■ LITTÉRAIRE. Sentiment de reconnaissance. SYN. gratitude, reconnaissance. CONTR. *ingratitude.* – VIEUX : *méconnaissance.*

obligatoire *adjectif* Imposé par une loi. SYN. certain, exigé, imposé, indispensable, nécessaire, requis, de rigueur, sûr. CONTR. *facultatif, libre, volontaire.* ■ Qui doit se produire. SYN. fatal, forcé, immanquable, incontournable, inéluctable, inévitable, inexorable, obligé.

obligatoirement *adverbe* D'une façon obligatoire. SYN. certainement, impérativement, impérieusement, indispensablement, mathématiquement, nécessairement. CONTR. *facultativement.* ■ De manière inévitable. SYN. fatalement, forcément, immanquablement, inéluctablement, inévitablement, inexorablement, infailliblement, sûrement. CONTR. *éventuellement.*

obligé *adjectif* Qui est inévitable. SYN. imposé, incontournable, indispensable, inévitable, nécessaire, obligatoire. ■ Qui est dans l'obligation de. SYN. engagé, forcé, lié, tenu. CONTR. *libre.* ■ Qui exprime sa reconnaissance. SYN. reconnaissant, redevable. CONTR. *ingrat, oublieux.*

obligeamment *adverbe* Avec obligeance. SYN. affablement, aimablement, complaisamment, élégamment, gentiment, gracieusement. CONTR. *égoïstement, malignement.*

obligeance *nom féminin* Disposition à rendre service. SYN. affabilité, amabilité, attention, bienveillance, bonté, complaisance, gentillesse, prévenance, serviabilité, sollicitude. – LITTÉRAIRE : aménité, gracieuseté. – RARE : bénévolence. CONTR. *égoïsme, malveillance.* – LITTÉRAIRE : *désobligeance, malignité.*

obligeant *adjectif* Qui rend service avec plaisir. SYN. accueillant, affable, agréable, aimable, bienveillant, bon, complaisant, gentil, prévenant, serviable. – FAMILIER : chic. – LITTÉRAIRE : amène, secourable. CONTR. *déplaisant, désobligeant, égoïste, indifférent, malveillant.* – LITTÉRAIRE : *venimeux.*

obliger *verbe* Lier par un contrat. SYN. assujettir, enchaîner, engager, lier. ■ Forcer quelqu'un à. SYN. acculer, condamner, contraindre, entraîner, forcer, imposer, mettre au pied du mur, mettre en demeure, mettre le couteau sous la gorge, réduire. – LITTÉRAIRE : astreindre. CONTR. *décharger, dégager, dispenser, exempter, libérer.* ■ Rendre service à quelqu'un. SYN. aider, assister, servir. – FAMILIER : dépanner. CONTR. *desservir, nuire.*

obliger (s') *verbe pronominal* Se mettre dans la nécessité de. SYN. s'astreindre, se contraindre, se forcer, s'imposer. CONTR. *se dispenser, ne pas se gêner, n'en faire qu'à sa tête, en prendre à son aise, se soustraire à.*

oblique *adjectif* Qui est dévié. SYN. en biais, en diagonale. CONTR. *droit, perpendiculaire, rectiligne, vertical.* ■ Se dit d'un regard sournois. SYN. en coin, en dessous, indirect, tortueux, torve. CONTR. *direct, droit, franc.*

obliquement *adverbe* De façon oblique. SYN. de biais, en biais, de côté, en diagonale, de travers. – FAMILIER : de guingois. – POPULAIRE : de traviole. CONTR. *droit, horizontalement, perpendiculairement, à la verticale, verticalement.* ■ De façon sournoise. SYN. en coin, hypocritement, sournoisement, tortueusement. – LITTÉRAIRE : perfidement. CONTR. *directement, franchement, loyalement, ouvertement.*

obliquer *verbe* Prendre une autre direction. SYN. braquer, se détourner, dévier, pivoter, se rabattre, tourner, virer.

oblong *adjectif* Qui est plus long que large. SYN. allongé.

obnubilé *adjectif* Qui est obsédé par. SYN. intoxiqué, obsédé, soucieux.

obnubiler *verbe* Occuper entièrement l'esprit. SYN. assaillir, aveugler, dévorer, hanter, lanciner, miner, obséder, poursuivre, ronger, tarauder, tenailler, torturer, tourmenter, tracasser, travailler. – FAMILIER : tarabuster, turlupiner. – LITTÉRAIRE : habiter, posséder.

obole *nom féminin* Très petite somme. SYN. aumône, centime, maravédis. – FAMILIER : rond, sou. – LITTÉRAIRE : liard.

obscène *adjectif* Qui blesse la pudeur. SYN. cru, dégoûtant, graveleux, grossier, immoral, impudique, indécent, licencieux, ordurier, pornographique, sale, scabreux, trivial. – FAMILIER : gras, porno. – LITTÉRAIRE : déshonnête, orgiaque, salace. CONTR. *chaste, convenable, correct, décent, honnête, moral, prude, pudique, pur.*

obscénité *nom féminin* Caractère obscène. SYN. grossièreté, immoralité, inconvenance, indécence, trivialité, vulgarité. – LITTÉRAIRE : impudicité, licence, salacité. – VIEUX : gravelure. CONTR. *candeur, chasteté, décence, honnêteté, innocence, pruderie, pudeur.* – LITTÉRAIRE : *pudicité.* ■ Action, parole obscène. SYN. gros mot, inconvenance, indécence, ordure, vulgarité. – FAMILIER : saleté. – POPULAIRE : cochonnerie, saloperie.

obscur *adjectif* Se dit d'un lieu sans lumière. SYN. noir, opaque, sombre. – LITTÉRAIRE : crépusculaire, ombreux, ténébreux. CONTR. *clair, éblouissant, ensoleillé, lumineux, radieux.* ■ Difficile à comprendre. SYN. abscons, ambigu, confus, difficile, énigmatique, équivoque, ésotérique, fumeux, hermétique, impénétrable, inaccessible, incompréhensible, indistinct, inexplicable, inintelligible, insaisissable, insondable, irraisonné, mystérieux, nuageux. – FAMILIER : vaseux, vasouillard. – LITTÉRAIRE : abstrus, amphigourique, fuligineux, nébuleux, opaque, sibyllin, ténébreux. – POPULAIRE : imbitable. CONTR. *accessible, c'est un jeu d'enfant, clair, compréhensible, distinct, explicite, facile, intelligible, limpide, lumineux, manifeste, net, précis, raisonné, réfléchi, simple, transparent.* – FAMILIER : *ce n'est pas la mer à boire, c'est de la rigolade, c'est du gâteau, c'est du tout cuit.* – POPULAIRE : *c'est du billard.* ■ Qui reste dans l'ombre. SYN. humble, ignoré, innomé, innommé, méconnu, oublié, petit. CONTR. *célèbre, connu, extraordinaire, glorieux, historique, illustre, important, prestigieux, renommé, réputé.* – LITTÉRAIRE : *fameux.*

obscurcir *verbe* Rendre obscur. SYN. assombrir, brunir, estomper, foncer, occulter. – LITTÉRAIRE : enténébrer, ombrer, voiler. CONTR. *éclaircir, éclairer, illuminer.* – LITTÉRAIRE : *brillanter, embraser.* ■ Rendre confus. SYN. brouiller, complexifier, compliquer, embrouiller, emmêler, troubler. CONTR. *clarifier, débrouiller, décanter, déchiffrer, démêler, dénouer, éclaircir, élucider, simplifier.*

obscurcir (s') *verbe pronominal* Devenir obscur. SYN. s'assombrir, se brouiller, se couvrir, noircir, se noircir, se voiler. – LITTÉRAIRE : se rembrunir. CONTR. *briller, s'éclaircir, se lever.*

obscurcissement *nom masculin* État de ce qui est obscur. SYN. assombrissement, nuit, obscurité, ombre. – LITTÉRAIRE : opacité, ténèbres. CONTR. *éclairement.*

obscurément *adverbe* De façon confuse. SYN. confusément, à mots couverts, mystérieusement, vaguement. CONTR. *clairement, expressément, franchement, manifestement, nettement, notoirement, véritablement, visiblement, vraiment.* ■ De manière inconnue. SYN. anonymement, clandestinement, furtivement, incognito, officieusement, secrètement. CONTR. *officiellement.*

obscurité *nom féminin* Absence de lumière. SYN. nuit, obscurcissement, ombre. – LITTÉRAIRE : noirceur, opacité, ténèbres. CONTR. *clarté, jour, lumière, luminosité.* ■ Manque de clarté. SYN. ambiguïté, amphibologie, confusion, difficulté, équivoque, ésotérisme, hermétisme, impénétrabilité. – LITTÉRAIRE : incompréhensibilité, nébulosité, ténèbres. CONTR. *clarté, limpidité, simplicité, transparence.* ■ État de ce qui est douteux. SYN. brouillard, incertitude, indétermination, précarité. – LITTÉRAIRE : vague. CONTR. *assurance, certitude.* ■ LITTÉRAIRE. Absence de notoriété. SYN. anonymat, incognito. CONTR. *célébrité, gloire, notoriété, popularité, renom, renommée, réputation.*

obsédant *adjectif* Qui tourmente l'esprit. SYN. entêtant, harcelant, lancinant, tracassant.

obsédé *adjectif* En proie à une obsession. SYN. intoxiqué, obnubilé, rongé, soucieux, tourmenté, tracassé. – LITTÉRAIRE : plein.

obséder *verbe* S'imposer sans cesse à l'esprit. SYN. assaillir, dévorer, hanter, harceler, hypnotiser, lanciner, obnubiler, poursuivre, tarauder, tenailler, torturer, tourmenter, tracasser, travailler, tyranniser. – FAMILIER : tarabuster, turlupiner. – LITTÉRAIRE : habiter, posséder. CONTR. *abandonner, délaisser, ignorer, négliger.* – LITTÉRAIRE : *quitter.*

obsèques *nom féminin pluriel* Cérémonie funèbre. SYN. enterrement, funérailles, inhumation. – LITTÉRAIRE : sépulture.

obséquieux *adjectif* Qui marque trop de respect. SYN. cérémonieux, flatteur, plat, rampant, servile, soumis. – LITTÉRAIRE : adulateur, encenseur, flagorneur, louangeur, révérencieux, serf. CONTR. *condescendant, fier, hautain, rogue.*

obséquiosité *nom féminin* Excès de politesse. SYN. complaisance, flatterie, platitude. – FAMILIER : courbette. – LITTÉRAIRE : adulation, flagornerie, révérence, servilité. CONTR. *condescendance.*

observance *nom féminin* LITTÉRAIRE. Action d'observer une règle. SYN. observation, respect, rite, soumission. CONTR. *entorse, inobservation, manquement, oubli, transgression, violation.* – LITTÉRAIRE : *viol.*

observateur *adjectif* Qui regarde avec attention. SYN. attentif, investigateur, pénétrant, physionomiste. – LITTÉRAIRE : scrutateur.

observation *nom féminin* Fait d'observer une règle. SYN. respect, soumission. – LITTÉRAIRE : observance. CONTR. *inobservation, manquement, transgression, violation.* – LITTÉRAIRE : *viol.* ■ Action d'observer. SYN. enquête, examen, investigation, surveillance. ■ Compte rendu. SYN. appréciation, commentaire, considération, constatation, notation, pensée, propos, réflexion, remarque. ■ Légère réprimande. SYN. avertissement, critique, gronderie, objection, réflexion, remarque, remontrance, reproche. – LITTÉRAIRE : objurgation. CONTR. *compliment, éloge.*

observer *verbe* Respecter une règle. SYN. accomplir, se conformer à, exécuter, obéir, se plier à, pratiquer, respecter, satisfaire, se soumettre à, suivre, s'en tenir à. – LITTÉRAIRE : garder. CONTR. *braver, contrevenir à, déroger, désobéir, s'éloigner, enfreindre, manquer à, mépriser, négliger, oublier, profaner, tourner, trahir, transgresser, violer.* ■ Regarder attentivement. SYN. avoir l'œil (à tout), considérer, contempler, dévisager, épier, espionner, examiner, fixer, regarder, scruter, suivre des yeux, surveiller, toiser. – FAMILIER : ne pas avoir les yeux dans sa poche, reluquer. – POPULAIRE : bigler, zieuter, zyeuter. ■ Remarquer quelque chose. SYN. s'apercevoir, s'aviser de, constater, découvrir, enregistrer, noter, remarquer, voir. ■ Dire quelque chose. SYN. constater, dire, faire, relever, remarquer.

observer (s') *verbe pronominal* Surveiller ses réactions. SYN. se contrôler, se dominer, se maîtriser, se surveiller. ■ Se laisser voir. SYN. se manifester, se rencontrer, se trouver, se voir. ■ S'étudier mutuellement. SYN. s'analyser, s'épier, s'étudier, se surveiller.

obsession *nom féminin* Ce qui obsède. SYN. cauchemar, hantise, idée fixe, inquiétude, manie, marotte, préoccupation. – FAMILIER : maladie.

obsolescence *nom féminin* LITTÉRAIRE. Fait d'être périmé. SYN. archaïsme. – LITTÉRAIRE : désuétude. CONTR. *modernité.*

obsolescent *adjectif* LITTÉRAIRE. Frappé d'obsolescence. SYN. dépassé, désuet, obsolète. – LITTÉRAIRE : suranné.

obsolète *adjectif* Frappé d'obsolescence. SYN. abandonné, archaïque, caduc, démodé, dépassé, désuet, hors d'âge, périmé, poussiéreux, retardataire, vétuste, vieilli, vieux. – ARGOTIQUE : square. – LITTÉRAIRE : obsolescent, suranné. CONTR. *en cours, dernier cri, à la mode, moderne, nouveau, à la page, dans le vent, en vogue.* – FAMILIER : *branché, dans le coup, in, tendance.*

obstacle *nom masculin* Ce qui s'oppose à la marche. SYN. barrage, barricade, barrière, écueil, fossé. ■ Ce qui retarde une action. SYN. accroc, complication, danger, difficulté, embarras, empêchement, entrave, gêne, objection, opposition, pierre d'achoppement, résistance. – FAMILIER : anicroche, os. – LITTÉRAIRE : écueil, frein, traverse. CONTR. *facilité.*

obstination *nom féminin* Action de persévérer. SYN. acharnement, entêtement, esprit de suite, fermeté, insistance, persévérance, persistance, suite dans les idées, ténacité. – LITTÉRAIRE : constance, opiniâtreté. CONTR. *abandon, capitulation, découragement, désistement.* – LITTÉRAIRE : *versatilité.*

obstiné *adjectif* Qui montre de l'obstination. SYN. acharné, buté, constant, coriace, entêté, insistant, opiniâtre, patient, persévérant, résolu, tenace, têtu, volontaire. CONTR. *capricieux, changeant, inconstant, irrésolu, lunatique, souple, velléitaire, versatile.* – LITTÉRAIRE : *ondoyant.*

obstinément *adverbe* Avec obstination. SYN. d'arrache-pied, contre vents et marées, coûte que coûte, durablement, envers et contre tout, farouchement, fermement, immuablement, inébranlablement, longtemps, opiniâtrement, résolument, à tout prix, à toute force. – FAMILIER : mordicus. – LITTÉRAIRE : continûment, tenacement. CONTR. *par intermittence, à la légère, légèrement, mollement, négligemment, passagèrement, provisoirement, temporairement.* – LITTÉRAIRE : *transitoirement.*

obstiner (s') *verbe pronominal* S'attacher avec ténacité. SYN. s'acharner, s'attacher, avoir de la suite dans les idées, se buter, camper sur ses positions, continuer, s'entêter, insister, ne pas démordre de, persévérer, persister, poursuivre, se raidir, résister, rester sur ses positions, tenir, tenir bon. – LITTÉRAIRE : s'opiniâtrer. CONTR. *capituler, céder, fléchir, s'incliner, renoncer.*

obstruction *nom féminin* Entrave à quelque chose. SYN. barrage, blocage, embarras, opposition. ■ Action de boucher quelque chose. SYN. engorgement, obturation, occlusion.

obstruer *verbe* Boucher par un obstacle. SYN. barrer, bloquer, boucher, couper, embouteiller, encombrer, engorger, entraver, faire écran, freiner, gêner, paralyser, ralentir, stopper. CONTR. *déblayer, déboucher, désobstruer, libérer, ouvrir.*

obtempérer *verbe* Obéir à un ordre. SYN. céder, se conformer à, s'exécuter, s'incliner, ne pas se le faire dire deux fois, obéir, se plier, se soumettre. – LITTÉRAIRE : déférer à. CONTR. *contrevenir, désobéir, discuter, enfreindre, transgresser.*

obtenir *verbe* Réussir à avoir une chose. SYN. acquérir, avoir, dénicher, se procurer, recevoir, recueillir. CONTR. *perdre.* ■ Atteindre un résultat. SYN. conquérir, remporter. – FAMILIER : décrocher. – VIEUX : emporter. CONTR. *manquer, rater.*

obtention *nom féminin* Fait d'obtenir. SYN. acquisition, conquête, impétration. ■ Fait de produire un résultat. SYN. création, production, réalisation.

obturation *nom féminin* Fait d'obturer. SYN. colmatage, engorgement, obstruction. CONTR. *ouverture.*

obturer *verbe* Boucher hermétiquement. SYN. aveugler, bloquer, boucher, calfater, calfeutrer, colmater, combler, condamner, luter, plomber.

obtus *adjectif* Qui manque de finesse. SYN. balourd, bête, borné, épais, inintelligent, lourdaud, pesant, stupide. – FAMILIER : bouché, débile, lourd. CONTR. *aigu, clairvoyant, fin, intelligent, pénétrant, perspicace, profond, rapide, sagace.* – LITTÉRAIRE : *prompt.*

obvier *verbe* LITTÉRAIRE. Faire obstacle à. SYN. éviter, faire face, pallier, parer, prévenir, remédier.

oc *adverbe* ***Langue d'oc,*** dialectes romans parlés dans le sud de la France. SYN. occitan. CONTR. *langue d'oïl.*

occasion *nom féminin* Circonstance heureuse. SYN. cas, conjoncture, moment, occurrence, temps. ■ Contexte exceptionnel. SYN. aubaine, chance, coïncidence, facilité, opportunité, possibilité. – FAMILIER : occase. ■ ***D'occcasion,*** qui n'est pas neuf. SYN. ancien, défraîchi, usagé, usé. – FAMILIER : fatigué. CONTR. *intact, neuf.* ■ LITTÉRAIRE. ***Par occasion,*** de façon accidentelle. SYN. par accès, accidentellement, par à-coups, épisodiquement, exceptionnellement, fortuitement, incidemment, inégalement, par instants, par intermittence, par intervalles, par moments, occasionnellement, parfois, rarement, sporadiquement, de temps à autre, de temps en temps, variablement. CONTR. *constamment, continuellement, fréquemment, habituellement, immuablement, indéfiniment, invariablement, à longueur de temps, ordinairement, en permanence, quotidiennement, régulièrement, sans arrêt, sans cesse, sans discontinuer, sans interruption, sans relâche, sans répit, sans souffler, sans trêve, toujours, à tout bout de champ, à tout instant, à tout propos.* – LITTÉRAIRE : *continûment, sempiternellement.*

occasionnel *adjectif* Qui arrive par hasard. SYN. accidentel, adventice, casuel, contingent, fortuit. CONTR. *fondamental, organisé, prévu, régulier, voulu.* ■ Qui est tel par occasion. SYN. épisodique, exceptionnel, inhabituel, intermittent. CONTR. *attitré, fidèle, habituel.*

occasionnellement *adverbe* De temps en temps. SYN. par accès, accidentellement, par à-coups, épisodiquement, exceptionnellement, fortuitement, incidemment, inégalement, par instants, par intermittence, par intervalles, par moments, parfois, rarement, sporadiquement, de temps à autre, variablement. – LITTÉRAIRE : par occasion. CONTR. *constamment, continuellement, fréquemment, habituellement, immuablement, indéfiniment, invariablement, à longueur de temps, ordinairement, en permanence, perpétuellement, quotidiennement, régulièrement, sans arrêt, sans cesse, sans discontinuer, sans intermission, sans interruption, sans relâche, sans répit, sans souffler, sans trêve, toujours, à tout bout de champ, à tout instant, à tout propos.* – LITTÉRAIRE : *continûment, sempiternellement.*

occasionner *verbe* Être la cause de. SYN. amener, apporter, attirer, causer, coûter, créer, déclencher, déterminer, donner lieu à, donner matière à, engendrer, entraîner, impliquer, induire, motiver, opérer, produire, provoquer, susciter, valoir. CONTR. *épargner, éviter.*

occident *nom masculin* Côté où le soleil se couche. SYN. couchant, ouest. – VIEUX : ponant. CONTR. *est, levant, orient.*

occidental *adjectif* et *nom* Situé à l'ouest. SYN. ouest. CONTR. *oriental.*

occire *verbe* LITTÉRAIRE. Faire mourir. SYN. abattre, achever, assassiner, égorger, éliminer, envoyer ad patres, exécuter, massacrer, supprimer, tuer. – FAMILIER : estourbir, faire passer le goût du pain, liquider, ôter le goût du pain, trucider. – LITTÉRAIRE : faire passer de vie à trépas, immoler, raidir. – POPULAIRE : buter, descendre, faire la peau, flinguer, ratatiner, rectifier, refroidir, zigouiller. – VIEUX : suriner.

occitan *nom masculin* Dialectes romans parlés dans le sud de la France. SYN. langue d'oc, provençal.

occulte *adjectif* Qui agit de façon secrète. SYN. caché, clandestin, furtif, larvé, latent, officieux, secret, sourd, sous-jacent, souterrain. – LITTÉRAIRE : dormant. CONTR. *avoué, manifeste, notoire, patent, public, reconnu, visible.*

occulter *verbe* Dissimuler quelque chose. SYN. cacher, dissimuler, éclipser, intercepter, masquer, passer sous silence, refouler, taire. – FAMILIER : passer au bleu. – LITTÉRAIRE : celer. CONTR. *avertir, confesser, confier, déclarer, dévoiler, dire, divulguer, exprimer, révéler.* – FAMILIER : *déballer.* – LITTÉRAIRE : *déceler.*

occultisme *nom masculin* Pratique des sciences occultes. SYN. ésotérisme.

occultiste *adjectif* Relatif à l'occultisme. SYN. ésotérique.

occupant *nom masculin* Personne qui occupe un lieu. SYN. habitant, locataire, propriétaire.

occupation *nom féminin* Action d'occuper un lieu. SYN. conquête, enlèvement, envahissement, invasion, prise de possession. CONTR. *évacuation, libération.* ▪ Ce à quoi on occupe son temps. SYN. activité, affairement, besogne, distraction, divertissement, loisir, passe-temps, tâche, travail. CONTR. *désœuvrement, inaction, inactivité, inoccupation, oisiveté, repos.*

occupé *adjectif* Qui est sous domination étrangère. SYN. conquis, envahi. CONTR. *libéré.* ▪ Qui a des habitants. SYN. habité, loué, pris, retenu. CONTR. *inoccupé, libre, vacant.* ▪ Qui n'est pas disponible. SYN. actif, affairé, bousculé, débordé, empêché, indisponible, pris, surchargé. CONTR. *désœuvré, disponible, inactif, inoccupé, oisif.*

occuper *verbe* Prendre possession d'un lieu. SYN. s'approprier, coloniser, conquérir, envahir, investir, prendre, squatter. CONTR. *abandonner, évacuer, quitter.* ▪ Avoir l'usage d'un lieu. SYN. habiter, loger, résider, séjourner. ▪ Être à tel poste. SYN. avoir, détenir, exercer, tenir. CONTR. *se défaire, se démettre, perdre.* ▪ Employer son temps à. SYN. meubler, passer, remplir. ▪ Absorber quelqu'un. SYN. accaparer, hanter, monopoliser, prendre, travailler. – LITTÉRAIRE : habiter. ▪ Donner une occupation à. SYN. amuser, distraire, employer, intéresser.

occuper (s') *verbe pronominal* Accomplir une tâche. SYN. s'activer, s'adonner, agir, s'appliquer, s'atteler à, se charger, s'employer, s'évertuer, œuvrer, travailler à. CONTR. *fainéanter, paresser, se reposer.* – FAMILIER : *buller, flemmarder.* – POPULAIRE : *glander.* ▪ Consacrer ses soins à. SYN. s'attacher, avoir soin de, se consacrer à, écouter, s'intéresser à, penser à, prendre soin de, se préoccuper, servir, songer, se soucier de, traiter, vaquer, veiller sur. CONTR. *abandonner, délaisser, se désintéresser de, négliger.* – FAMILIER : *laisser tomber.* ▪ Avoir comme objet. SYN. aborder, porter sur, toucher, traiter.

océan *nom masculin* LITTÉRAIRE. Grande quantité de. SYN. abîme, déluge, flot, flux, gouffre, masse, mer. CONTR. *atome, doigt, filet, goutte, grain, larme, nuage, soupçon.* – LITTÉRAIRE : *ombre, trait.*

océanisation *nom féminin* Formation d'une croûte océanique nouvelle. SYN. basification.

océanographie *nom féminin* Étude des eaux marines. SYN. hydrologie marine.

ocellé *adjectif* Qui porte des taches. SYN. moucheté, tacheté, tigré. – LITTÉRAIRE : marqueté, piqueté.

ocrer *verbe transitif* Rendre ocre, jaune. SYN. dorer, jaunir.

octroyer *verbe* Accorder quelque chose. SYN. accorder, allouer, attribuer, céder, concéder, conférer, consentir, distribuer, donner, gratifier, nantir, pourvoir, procurer. – FAMILIER : lâcher. – LITTÉRAIRE : impartir. CONTR. *refuser, retirer.*

octroyer (s') *verbe pronominal* S'accorder quelque chose. SYN. s'adjuger, s'approprier, s'attribuer, s'emparer, s'offrir. – LITTÉRAIRE : s'arroger. – POPULAIRE : s'envoyer.

oculiste *nom* Médecin spécialiste en ophtalmologie. SYN. ophtalmologiste.

oculistique *nom féminin* Spécialité médicale qui s'occupe des yeux. SYN. ophtalmologie.

oculus *nom masculin* Petite fenêtre circulaire. SYN. œil-de-bœuf.

odeur *nom féminin* Émanation volatile. SYN. arôme, bouquet, effluve, émanation, exhalaison, fragrance, fumet, parfum, relent. – LITTÉRAIRE : senteur.

odieusement *adverbe* De façon odieuse. SYN. abjectement, abominablement, affreusement, atrocement, cruellement, épouvantablement, hideusement, horriblement, ignoblement, insupportablement, monstrueusement. CONTR. *adorablement, divinement, magnifiquement, merveilleusement.* – LITTÉRAIRE : *sublimement.*

odieux *adjectif* Qui excite l'indignation. SYN. abject, abominable, atroce, dégoûtant, épouvantable, horrible, ignoble, immonde, infâme, innommable, inqualifiable, intolérable, monstrueux, révoltant. – LITTÉRAIRE : exécrable. – POPULAIRE : dégueulasse. CONTR. *admirable, adorable, magnifique, merveilleux.* ▪ Qui est méchant. SYN. antipathique, diabolique, épouvantable, infernal, insupportable, méchant, sadique, terrible. – FAMILIER : imbuvable, impossible, invivable, satané. – POPULAIRE : salaud. CONTR. *adorable, charmant, gentil, sage, sympathique.* – FAMILIER : *possible.* ▪ Qui déplaît. SYN. abominable, désagréable, détestable, exécrable, haïssable, maudit. CONTR. *agréable, exquis, plaisant.*

odontocète *nom masculin* Cétacé ayant des dents. SYN. denticète. CONTR. *mysticète.*

odontologie *nom féminin* Étude des dents et de leur traitement. SYN. chirurgie dentaire, dentisterie.

odontologiste *nom* Praticien qui exerce l'odontologie. SYN. chirurgien-dentiste, dentiste.

odontostomatologie *nom féminin* Odontologie et stomatologie combinées. SYN. chirurgie dentaire.

odorant *adjectif* Qui a une odeur agréable. SYN. aromatique, odoriférant, parfumé. – LITTÉRAIRE : aromal. CONTR. *infect, malodorant, méphitique, nauséabond, pestilentiel, puant.*

odorat *nom masculin* Sens par lequel on perçoit les odeurs. SYN. nez, olfaction.

odoriférant *adjectif* Qui répand une odeur. SYN. aromatique, odorant, parfumé. – LITTÉRAIRE : aromal. CONTR. *inodore.*

œil *nom masculin* Organe de la vue. SYN. – ARGOTIQUE : calot, carreaux, châsse. – POPULAIRE : coquillard, mirettes. ▪ Regard attentif. SYN. attention, contrôle, regard, surveillance, vigilance. ▪ FAMILIER. ***À l'œil,*** pour rien. SYN. bénévolement, franco, gracieusement, gratis, gratuitement, pour rien, sans bourse délier, à titre gracieux. – FAMILIER : pour pas un rond. – POPULAIRE : gratos. CONTR. *chèrement, coûteusement, à grands frais.* – LITTÉRAIRE : *dispendieusement.* ▪ ***Mauvais œil,*** influence maléfique. SYN. fatalité, malchance, malédiction, malheur, mauvaise étoile. – FAMILIER : déveine, guigne. – LITTÉRAIRE : adversité, infortune. – POPULAIRE : poisse, scoumoune. – VIEUX : guignon. CONTR. *aubaine, chance.* – FAMILIER : *baraka, pot, veine.*

œil-de-bœuf *nom masculin* Petite fenêtre circulaire. SYN. oculus.

œil-de-perdrix *nom masculin* Callosité sur un orteil. SYN. cal, cor, durillon.

œillères *nom féminin pluriel* Opinions préconçues. SYN. parti pris, préjugés, préventions.

œnomètre *nom masculin* Appareil de mesure du glucose dans le moût de raisin. SYN. glucomètre, pèse-moût.

œnothère *nom masculin* Herbe à grandes fleurs réunies en grappes. SYN. onagre.

œstrone *nom féminin* Hormone sécrétée par l'ovaire. SYN. folliculine.

œufrier *nom masculin* Ustensile de cuisson des œufs. SYN. coquetière.

œuvre *nom féminin* Travail effectué. SYN. action, besogne, entreprise, ouvrage, production, réalisation, tâche, travail. – LITTÉRAIRE : labeur. ▪ Production littéraire. SYN. écrit, livre, ouvrage. – FAMILIER : bouquin.

œuvrer *verbe* Travailler à réaliser. SYN. s'appliquer à, s'efforcer de, s'employer à, s'escrimer à, s'évertuer à, s'ingénier à, s'occuper à, travailler.

off *adjectif invariable* Dont la source n'est pas visible sur l'écran. SYN. hors champ.

offensant *adjectif* Qui blesse la dignité. SYN. amer, blessant, choquant, humiliant, injurieux, insultant, outrageant, vexant, vexatoire. – LITTÉRAIRE : âcre. CONTR. *affable, aimable, cordial, flatteur, gentil, laudatif.* – LITTÉRAIRE : *flagorneur.*

offense *nom féminin* Parole, action qui blesse. SYN. affront, attentat, blessure, froissement, humiliation, insulte, mortification, outrage, vexation. – LITTÉRAIRE : avanie, camouflet, injure, soufflet. CONTR. *bienfait, compliment.* – LITTÉRAIRE : *encens.*

offensé *adjectif* LITTÉRAIRE. Qui a subi une offense. SYN. choqué, froissé, humilié, indigné, offusqué, outragé, outré, scandalisé, vexé. – LITTÉRAIRE : blessé.

offenser *verbe* Blesser la dignité de. SYN. atteindre, blesser, choquer, désobliger, faire affront, froisser, humilier, injurier, insulter, mécontenter, mortifier, offusquer, outrager, outrer, traîner dans la boue, traiter de tous les noms, vexer. – LITTÉRAIRE : piquer. CONTR. *respecter.* – LITTÉRAIRE : *révérer.*

offenser (s') *verbe pronominal* LITTÉRAIRE. Se juger blessé. SYN. se choquer, se formaliser, se froisser, se hérisser, s'indigner, s'offusquer, se scandaliser, se vexer. – LITTÉRAIRE : se blesser, se piquer.

offenseur *nom masculin* Personne qui offense. SYN. agresseur, assaillant, attaquant, insulteur. CONTR. *offensé, outragé, victime.*

offensif *adjectif* Prompt à l'attaque. SYN. agressif, batailleur, belliqueux, combatif. – FAMILIER : bagarreur. – LITTÉRAIRE : pugnace. CONTR. *calme, défensif, pacifique.*

offensive *nom féminin* Action d'attaquer. SYN. assaut, attaque, bataille, campagne, charge, croisade, guerre, lutte, opération. CONTR. *défense, défensive.*

office *nom masculin* LITTÉRAIRE. Fonction exercée. SYN. besogne, charge, emploi, métier, mission, place, position, poste, tâche. ▪ Rituel religieux. SYN. cérémonie, culte, service.

offices *nom masculin pluriel* ***Bons offices,*** démarches pour régler un différend. SYN. aide, arbitrage, intercession, intervention, médiation.

officiant *nom masculin* Celui qui célèbre un office liturgique. SYN. célébrant.

officiel *adjectif* Organisé par les autorités. SYN. gouvernemental, protocolaire, public, solennel.

CONTR. *privé.* ■ Publiquement reconnu. SYN. accrédité, authentifié, authentique, autorisé, avéré, certifié, confirmé, reconnu. CONTR. *officieux, sous-jacent, souterrain.* ■ Qui est donné pour vrai. SYN. consacré, conventionnel, rituel, usuel. CONTR. *apocryphe, fantaisiste, faux.*

officiellement *adverbe* De façon officielle. SYN. expressément, formellement, ouvertement, en public, publiquement. CONTR. *en cachette, confidentiellement, discrètement, incognito, obscurément, officieusement, en privé, secrètement, en tapinois.* – LITTÉRAIRE : *subrepticement.*

officieusement *adverbe* De façon officieuse. SYN. en cachette, en catimini, clandestinement, confidentiellement, discrètement, in petto, incognito, obscurément, en privé, secrètement, en secret, en sourdine, sous le manteau, en sous-main, en tapinois. – FAMILIER : en douce, sans tambour ni trompette. – LITTÉRAIRE : sourdement, subrepticement. CONTR. *à découvert, expressément, formellement, officiellement, ouvertement, en public, publiquement, au vu et au su de.*

officieux *adjectif* Non encore reconnu publiquement. SYN. occulte, présumé, prétendu, sous-jacent. CONTR. *autorisé, confirmé, officiel, reconnu.*

offrande *nom féminin* Don volontaire. SYN. aumône, cadeau, charité, don, libéralités, secours. – LITTÉRAIRE : présent.

offre *nom féminin* Fait d'offrir quelque chose. SYN. ouverture, proposition, suggestion. CONTR. *demande, refus.*

offrir *verbe* Remettre en cadeau. SYN. céder, dédier, donner, faire cadeau, gratifier. CONTR. *accepter, recevoir.* ■ Mettre à la disposition de. SYN. payer, prêter, procurer, proposer. CONTR. *demander, exiger, quémander, refuser, rendre, solliciter.* ■ Exposer à quelque chose. SYN. dérouler, étaler, exposer, présenter. CONTR. *cacher, dissimuler.* – LITTÉRAIRE : *dérober.* ■ Donner lieu à quelque chose. SYN. comporter, fournir, laisser, ménager, présenter, procurer.

offrir (s') *verbe pronominal* S'accorder un plaisir. SYN. s'accorder, se donner, se ménager, s'octroyer, se payer. CONTR. *s'interdire, se refuser.* ■ S'exposer à quelque chose. SYN. apparaître, se montrer, se produire, surgir. CONTR. *se cacher, se dissimuler.*

offusqué *adjectif* Qui est choqué par. SYN. indigné, outré. – LITTÉRAIRE : blessé, offensé.

offusquer *verbe* Choquer quelqu'un. SYN. atteindre, blesser, choquer, faire affront, froisser, heurter, humilier, mortifier, offenser, outrager, outrer, scandaliser. – LITTÉRAIRE : piquer. CONTR. *édifier.*

offusquer (s') *verbe pronominal* Se choquer de quelque chose. SYN. en apprendre de belles, se choquer, en entendre de belles, se formaliser, se froisser, se hérisser, s'indigner, se scandaliser. – LITTÉRAIRE : se blesser, s'offenser, se piquer.

oie *nom féminin* FAMILIER. Personne sotte. SYN. âne, âne bâté, balourd, benêt, idiot, ignorant, imbécile, innocent, lourdaud, maladroit, niais, nigaud, nul, nullité, sot, sotte. – FAMILIER : abruti, andouille, ballot, bécasse, bécassine, bêta, bûche, buse, crétin, cruche, dinde, empaillé, empoté, gaffeur, gourde, jacques, noix, poire, serin. – LITTÉRAIRE : nicodème. – POPULAIRE : banane, cloche, con, conard, connard, cornichon, couillon, gland, manche, nouille, patate, truffe.

oignon *nom masculin* Organe végétal souterrain. SYN. bulbe.

oïl *adverbe* ***Langue d'oïl,*** dialectes parlés dans le nord de la France. CONTR. *langue d'oc, occitan.*

oiseau *nom masculin* FAMILIER. Individu singulier. SYN. individu, quidam. – FAMILIER : citoyen, coco, gaillard, pistolet, type, zèbre. – POPULAIRE : mec, zigoto. ■ ***Oiseau de paradis,*** oiseau des forêts tropicales. SYN. paradisier. ■ ***Oiseau sans tête,*** tranche de veau roulée autour d'une farce. SYN. alouette sans tête, paupiette. ■ FAMILIER. ***Donner à quelqu'un des noms d'oiseau,*** l'injurier. SYN. insulter, invectiver, offenser, outrager, traiter de tous les noms.

oiseau-boucher *nom masculin* Passereau au bec fort et denté. SYN. pie-grièche.

oiseau-lyre *nom masculin* Oiseau aux plumes évoquant une lyre. SYN. ménure.

oiseau-mouche *nom masculin* Très petit oiseau. SYN. colibri.

oiseau-soleil *nom masculin* Oiseau au plumage vert mordoré. SYN. quetzal.

oiseau-trompette *nom masculin* Oiseau d'Amérique du Sud. SYN. agami.

oiseux *adjectif* Sans intérêt. SYN. byzantin, futile, inutile, stérile, superflu. – LITTÉRAIRE : superfétatoire, vain. CONTR. *capital, essentiel, fondamental, profond.*

oisif *adjectif* Qui n'a pas d'occupation. SYN. désœuvré, inactif, inoccupé. CONTR. *actif, affairé, occupé, studieux, surchargé.* – LITTÉRAIRE : *laborieux.*

oisiveté *nom féminin* État de quelqu'un d'oisif. SYN. désœuvrement, fainéantise, inaction, inactivité, inoccupation, nonchalance, paresse.

– FAMILIER : farniente. CONTR. *activité, affairement, besogne, occupation, travail.* – LITTÉRAIRE : *labeur.*

olé olé *adjectif invariable* FAMILIER. Qui est assez libre. SYN. coquin, croustillant, cru, égrillard, gaillard, gaulois, graveleux, grivois, leste, libre, licencieux, osé, paillard, polisson, salé, scabreux. – FAMILIER : cochon, raide. – LITTÉRAIRE : poivré, salace. CONTR. *chaste, prude, pudibond, pudique.*

oléfine *nom féminin* Hydrocarbure dérivant des alcanes. SYN. alcène.

olethreutes *nom féminin* Papillon dont la chenille est nuisible. SYN. argyroplocé.

olfaction *nom féminin* Sens par lequel on perçoit les odeurs. SYN. odorat.

olibrius *nom masculin* FAMILIER. Individu excentrique. SYN. excentrique, individu, original, phénomène. – FAMILIER : numéro. – LITTÉRAIRE : rodomont. – POPULAIRE : branquignol. – VIEUX : pierrot.

oligiste *nom masculin et adjectif* Oxyde ferrique naturel. SYN. hématite.

oligoélément *nom masculin* Substance chimique. SYN. micronutriment.

oligophrénie *nom féminin* Insuffisance du développement intellectuel. SYN. déficience mentale.

oligosaccharide *nom masculin* RARE. Antibiotique bactéricide. SYN. aminoglycoside, aminoside.

olivaie *nom féminin* Terrain planté d'oliviers. SYN. oliveraie, olivette.

olivâtre *adjectif* Se dit d'un teint verdâtre. SYN. bistré, brunâtre, cireux, livide, plombé, terreux, verdâtre, vert. CONTR. *rouge, rougeaud.* – LITTÉRAIRE : *rubicond.*

olive *nom féminin* Petit mollusque bivalve comestible. SYN. donax, flion, pignon, trialle.

oliveraie *nom féminin* Terrain planté d'oliviers. SYN. olivaie, olivette.

olivette *nom féminin* Terrain planté d'oliviers. SYN. olivaie, oliveraie.

olympien *adjectif* LITTÉRAIRE. Qui en impose. SYN. hiératique, imperturbable, imposant, majestueux, noble, serein. – LITTÉRAIRE : auguste, jupitérien, marmoréen.

ombilic *nom masculin* Cicatrice du cordon ombilical. SYN. nombril.

ombrage *nom masculin* Feuillage épais. SYN. feuillage, ramure. – LITTÉRAIRE : couvert, ramée. ■ Ombre produite. SYN. ombre, pénombre. – LITTÉRAIRE : opacité.

ombrager *verbe* Couvrir d'une ombre. SYN. couvrir, noircir. – LITTÉRAIRE : ombrer.

ombrageux *adjectif* Se dit d'un animal qui a peur. SYN. craintif, peureux, vicieux. ■ Qui s'alarme facilement. SYN. défiant, difficile, excitable, irascible, jaloux, méfiant, pointilleux, soupçonneux, susceptible. – FAMILIER : chatouilleux. CONTR. *bonhomme, conciliant, coulant.* – LITTÉRAIRE : *débonnaire.*

ombre *nom féminin* Situation effacée. SYN. clandestinité, mystère, oubli, secret. – LITTÉRAIRE : obscurité. CONTR. *renom, renommée.* ■ Zone sombre. SYN. demi-jour, obscurcissement, obscurité, ombrage, pénombre. – LITTÉRAIRE : couvert, ténèbres. CONTR. *clarté, éclairage, lumière.* ■ LITTÉRAIRE. Très petite quantité de. SYN. atome, bribe, brin, doigt, filet, goutte, grain, gramme, larme, miette, nuage, once, parcelle, pointe, semblant, soupçon, teinte, trace. – LITTÉRAIRE : liard. – POPULAIRE : chouia. CONTR. *armée, avalanche, cascade, déluge, flot, foule, infinité, kyrielle, masse, monceau, montagne, multitude, myriade, nuée, pléiade, pluie, tas, torrent.* – FAMILIER : *armada, cargaison, flopée, foultitude, paquet, pelletée, ribambelle, tapée.* – LITTÉRAIRE : *averse, océan.* ■ Apparition d'un mort. SYN. esprit, fantôme, revenant, spectre.

ombrée *nom féminin* Versant montagneux à l'ombre. SYN. envers, ubac. CONTR. *adret.*

ombrer *verbe* LITTÉRAIRE. Donner une couleur sombre. SYN. brunir, estomper, farder, foncer, maquiller, noircir, obscurcir.

omettre *verbe* Négliger de faire une chose. SYN. se désintéresser, faire abstraction, négliger, oublier, passer sous silence. – FAMILIER : faire une impasse. CONTR. *consigner, relever.* ■ Ne pas compter dans. SYN. excepter, exclure, laisser de côté, sauter, taire. – FAMILIER : laisser tomber. CONTR. *comprendre, compter.*

omission *nom féminin* Action d'omettre. SYN. absence, défaut, manque, négligence, oubli. CONTR. *présence.* ■ Ce qui est omis. SYN. lacune, oubli, silence, trou, vide.

omnibus *nom masculin et adjectif* Train qui dessert toutes les stations. CONTR. *direct, express, rapide.*

omnipotence *nom féminin* Pouvoir sans limites. SYN. absolutisme, autocratie, césarisme, despotisme, domination, puissance, souveraineté, suprématie, totalitarisme, toute-puissance, tyrannie. CONTR. *impuissance.*

omnipotent *adjectif* Qui a un pouvoir sans limite. SYN. absolu, autocrate, dominateur, impérialiste, impérieux, totalitaire, tout-puissant, tyrannique. CONTR. *impuissant.*

omnipraticien *adjectif et nom* Médecin exerçant la médecine générale. SYN. généraliste. CONTR. *spécialiste.*

omniscient *adjectif* LITTÉRAIRE. Qui sait tout. SYN. érudit, lettré, savant. – LITTÉRAIRE : docte. CONTR. *ignare, ignorant, inculte.* – VIEUX : *illettré.*

omnium *nom masculin* Société financière. SYN. holding.

onagre *nom masculin* Équidé sauvage d'Asie. SYN. hémione, hémippe.

onagre *nom féminin* Herbe à grandes fleurs réunies en grappes. SYN. œnothère.

onanisme *nom masculin* Fait de se masturber. SYN. masturbation.

onaniste *adjectif* Qui relève de la masturbation. SYN. masturbateur, masturbatoire.

once *nom féminin* Très petite quantité. SYN. atome, bribe, brin, doigt, filet, grain, gramme, larme, miette, nuage, parcelle, pointe, soupçon, teinte, trace. – FAMILIER : lichette. – LITTÉRAIRE : liard, ombre. – POPULAIRE : chouia. CONTR. *armée, avalanche, cascade, déluge, flot, foule, infinité, kyrielle, masse, monceau, montagne, multitude, myriade, nuée, pléiade, pluie, tas, torrent.* – FAMILIER : *armada, cargaison, flopée, foultitude, paquet, pelletée, ribambelle, tapée.* – LITTÉRAIRE : *averse, océan.*

oncogène ou **oncogénique** *adjectif* Qui peut provoquer un cancer. SYN. cancérigène, cancérogène, carcinogène.

oncogenèse *nom féminin* Transformation en cancer. SYN. cancérogenèse, carcinogenèse.

oncologie *nom féminin* Étude et traitement des cancers. SYN. cancérologie, carcinologie.

onctueux *adjectif* D'une consistance grasse. SYN. gras, huileux, visqueux. ▪ Qui est moelleux. SYN. doux, moelleux, suave, velouté. CONTR. *aigre, âpre.* ▪ LITTÉRAIRE. D'une douceur excessive. SYN. doucereux, mielleux, sucré. – LITTÉRAIRE : patelin, paterne. CONTR. *autoritaire, brusque, cassant, sec.*

ondatra *nom masculin* Rongeur d'Amérique du Nord. SYN. rat musqué.

onde *nom féminin* Mouvement à la surface de l'eau. SYN. frémissement, ondulation. – LITTÉRAIRE : orbe.

ondé *adjectif* LITTÉRAIRE. Qui présente des sinuosités. SYN. ondulant, ondulatoire, ondulé, sinueux. – LITTÉRAIRE : moutonnant, ondoyant, onduleux, serpentin.

ondée *nom féminin* Pluie soudaine et courte. SYN. averse, giboulée, grain, pluie. – POPULAIRE : rincée, saucée.

ondinisme *nom masculin* Érotisation des fonctions urinaires. SYN. urolagnie.

on-dit *nom masculin invariable* Rumeur colportée. SYN. bavardage, bruit, commérage, écho, fable, ouï-dire, qu'en-dira-t-on, rumeur. – FAMILIER : cancan, potin, racontar, ragot.

ondoiement *nom masculin* LITTÉRAIRE. Mouvement d'ondulation. SYN. flottement, frémissement, moutonnement, ondulation. – LITTÉRAIRE : frisson.

ondoyant *adjectif* LITTÉRAIRE. Qui forme une ligne sinueuse. SYN. dansant, flexible, moutonneux, mouvant, ondulant, ondulatoire, ondulé, sinueux, zigzagant. – LITTÉRAIRE : flexueux, moutonnant, ondé, onduleux, serpentin. CONTR. *fixe, plat.* ▪ LITTÉRAIRE. Qui change d'avis. SYN. capricieux, changeant, divers, flottant, indécis, inégal, instable, mobile, papillonnant, variable, velléitaire, versatile. – LITTÉRAIRE : inconstant. CONTR. *constant, stable, tenace.* – LITTÉRAIRE : *invariable.*

ondoyer *verbe* LITTÉRAIRE. Flotter souplement. SYN. s'élever, s'envoler, voler, voltiger. – LITTÉRAIRE : onduler.

ondulant *adjectif* Qui ondule. SYN. flottant, ondulatoire. – LITTÉRAIRE : flexueux, ondé, ondoyant.

ondulation *nom féminin* Mouvement d'un fluide. SYN. agitation, flux, onde, remous. – LITTÉRAIRE : flot, orbe. ▪ Mouvement qui se propage par vagues. SYN. flottement, frémissement. – LITTÉRAIRE : frisson, houle, ondoiement. ▪ Relief du sol. SYN. courbure, méandre, repli, sinuosité, vallonement. – LITTÉRAIRE : flexuosité, serpentement. ▪ Mouvement des cheveux. SYN. boucle, frisure. CONTR. *raideur.*

ondulatoire *adjectif* Qui a les caractères d'une onde. SYN. flottant, ondulant. – LITTÉRAIRE : flexueux, ondé, ondoyant, onduleux.

ondulé *adjectif* Qui présente des ondulations. SYN. flottant. – LITTÉRAIRE : flexueux, ondé, ondoyant, onduleux. ▪ Qui frise légèrement. SYN. bouclé, calamistré, frisé, frisottant. CONTR. *lisse, plat, raide.*

onduler *verbe intransitif* LITTÉRAIRE. Être animé d'ondulations. SYN. flotter, osciller, rouler, serpenter, zigzaguer. – LITTÉRAIRE : ondoyer, tournoyer.

onduler *verbe transitif* Rendre les cheveux ondulés. SYN. boucler, friser, frisotter. – VIEUX : calamistrer.

onduleux *adjectif* LITTÉRAIRE. Qui a un tracé sinueux. SYN. ondulatoire, ondulé, sinueux, tortueux, vallonné, zigzagant. – LITTÉRAIRE : flexueux, ondé, ondoyant, serpentin.

one-man-show *nom masculin invariable* Spectacle où l'artiste est seul sur scène. SYN. one-woman-show, spectacle-solo, stand-up.

onéreux *adjectif* Qui occasionne des frais. SYN. cher, coûteux, exorbitant, hors de prix, inabordable, prohibitif, riche, ruineux. – LITTÉRAIRE : dispendieux. CONTR. *avantageux, bon marché, économique, intéressant, modéré, modeste, raisonnable.*

onopordon *nom masculin* Herbe coriace, aux feuilles épineuses. SYN. chardon aux ânes, pet-d'âne.

onychophore *nom masculin* Arthropode ressemblant à une chenille. SYN. péripate.

opacité *nom féminin* LITTÉRAIRE. Obscurité totale. SYN. nuit, obscurcissement, obscurité, ombrage. – LITTÉRAIRE : noirceur, ténèbres. CONTR. *clarté, translucidité, transparence.* ■ LITTÉRAIRE. Manque d'intelligibilité. SYN. hermétisme, inintelligibilité, obscurité. – LITTÉRAIRE : incompréhensibilité, nuit, ténèbres. CONTR. *clarté, compréhensibilité, limpidité, transparence.*

opah *nom masculin* Très grand poisson marin. SYN. chrysostome.

opalescent *adjectif* LITTÉRAIRE. Qui prend une teinte d'opale. SYN. blanc, blanchâtre, laiteux. – LITTÉRAIRE : opalin.

opalin *adjectif* LITTÉRAIRE. Qui a les reflets de l'opale. SYN. blanc, blanchâtre. – LITTÉRAIRE : iridescent, opalescent.

opaque *adjectif* Qui est sans lumière. SYN. épais, noir, obscur, sombre. – LITTÉRAIRE : fuligineux, ténébreux. CONTR. *clair, lumineux, translucide, transparent.* – LITTÉRAIRE : *cristallin, diaphane.* ■ LITTÉRAIRE. Difficile à comprendre. SYN. abscons, ambigu, confus, difficile, énigmatique, équivoque, ésotérique, fumeux, hermétique, impénétrable, inaccessible, incompréhensible, indéchiffrable, indistinct, inexplicable, inintelligible, insaisissable, insondable, irraisonné, mystérieux, nuageux, obscur. – FAMILIER : coton. – LITTÉRAIRE : abstrus, amphigourique, fuligineux, nébuleux, sibyllin, ténébreux. CONTR. *accessible, clair, compréhensible, distinct, explicite, facile, intelligible, limpide, lumineux, manifeste, net, précis, raisonné, réfléchi, simple, transparent.*

opération *nom féminin* Action concrète. SYN. acte, action, besogne, entreprise, réalisation, tâche, travail. ■ Affaire financière. SYN. affaire, spéculation, transaction. ■ Manœuvre militaire. SYN. bataille, campagne, combat, offensive.

opérer *verbe intransitif* Agir d'une certaine manière. SYN. intervenir, procéder, s'y prendre. ■ Produire un effet sur. SYN. agir, faire de l'effet.

opérer *verbe transitif* Avoir pour résultat. SYN. amener, déclencher, effectuer, engendrer, entraîner, exécuter, faire, occasionner, produire, provoquer, susciter.

opérer (s') *verbe pronominal* Être fait. SYN. s'accomplir, avoir lieu, se faire, se produire, se réaliser.

ophioglosse *nom masculin* Petite fougère comportant une seule feuille. SYN. langue-de-serpent.

ophtalmologie *nom féminin* Spécialité médicale qui s'occupe des yeux. SYN. oculistique.

ophtalmologiste *nom* Médecin spécialiste en ophtalmologie. SYN. oculiste.

opiniâtre *adjectif* Qui montre de la ténacité. SYN. acharné, braqué, buté, constant, coriace, déterminé, entêté, farouche, ferme, inébranlable, insistant, irréductible, obstiné, persévérant, résolu, tenace, têtu, têtu comme un âne, têtu comme une mule, volontaire. – FAMILIER : accrocheur, cabochard, tête de cochon, tête de pioche. – LITTÉRAIRE : robuste. – POPULAIRE : tête de lard. CONTR. *changeant, docile, inconstant, mou, velléitaire, versatile, volage.* ■ Qui persiste. SYN. chronique, incurable, inguérissable, persistant, rebelle, tenace.

opiniâtrement *adverbe* De façon opiniâtre. SYN. arrache-pied (d'), durablement, farouchement, fermement, immuablement, inébranlablement, longtemps, obstinément, résolument. – FAMILIER : mordicus. – LITTÉRAIRE : continûment, tenacement. CONTR. *par intermittence, à la légère, légèrement, mollement, négligemment, passagèrement, provisoirement, temporairement.* – LITTÉRAIRE : *transitoirement.*

opiniâtrer (s') *verbe pronominal* LITTÉRAIRE. Montrer de l'obstination. SYN. s'accrocher, s'acharner, s'attacher, se buter, camper sur ses positions, s'entêter, insister, ne pas démordre de, ne rien vouloir entendre, ne rien vouloir savoir, s'obstiner, persévérer, persister, pousuivre, se raidir, rester sur ses positions, tenir bon, tenir tête. – FAMILIER : se braquer, ne pas lâcher le morceau, soutenir mordicus. CONTR. *céder, renoncer.*

opiniâtreté *nom féminin* LITTÉRAIRE. Caractère opiniâtre. SYN. acharnement, constance, détermination, entêtement, fermeté, insistance, obstination, persévérance, persistance, résolution, ténacité, volonté. CONTR. *inconstance, légèreté, velléité.* – LITTÉRAIRE : *versatilité.*

opinion *nom féminin* Jugement émis sur. SYN. appréciation, avis, considération, conviction, façon de penser, idée, impression, jugement, pensée, point de vue, sentiment. ■ Ensemble des idées d'un groupe. SYN. conviction, croyance, doctrine, position, tendance, thèse, voix, vue.

opossum *nom masculin* Mammifère marsupial d'Amérique. SYN. sarigue.

opportun *adjectif* Qui survient au bon moment. SYN. bienheureux, bienvenu, bon, de circonstance, convenable, favorable, indiqué, judicieux, propice, à propos, recommandé, de saison, utile. – LITTÉRAIRE : séant. CONTR. *déplacé, fâcheux, hors de propos, inopportun, intempestif, malencontreux, malvenu.* – LITTÉRAIRE : *importun.*

opportunément *adverbe* En temps opportun. SYN. à bon escient, au bon moment, juste, au moment voulu, à pic, à point nommé, à point, à propos, en temps utile, en temps voulu. – FAMILIER : pile, pile-poil. CONTR. *à contretemps, intempestivement, mal, mal à propos.* – LITTÉRAIRE : *inopportunément.*

opportuniste *nom* Personne qui profite d'une occasion. SYN. ambitieux, arriviste, audacieux, carriériste, intrigant, jeune loup, présomptueux.

opportunité *nom féminin* Caractère opportun. SYN. à-propos, bien-fondé, justesse, pertinence. – LITTÉRAIRE : convenance. ■ Occasion favorable. SYN. aubaine, chance, occasion.

opposant *nom* Personne qui s'oppose à. SYN. adversaire, antagoniste, combattant, détracteur, ennemi. CONTR. *adepte, adhérent, allié, ami, défenseur, soutien, suiveur, sympathisant.*

opposé *adjectif* Qui est placé vis-à-vis. SYN. autre, inverse. CONTR. *adjacent, contigu.* ■ Qui est très différent. SYN. antagoniste, antinomique, antithétique, contradictoire, contraire, discordant, dissemblable, divergent, hétérogène, incompatible, inconciliable. – LITTÉRAIRE : adverse. CONTR. *adéquat, analogue, approchant, comparable, compatible, conforme, correspondant, identique, même, proche, semblable, similaire, voisin.* ■ Qui n'accepte pas une chose. SYN. défavorable, ennemi, hostile. CONTR. *favorable, partisan, propice, résigné.*

opposé *nom masculin* Ce qui est opposé. SYN. antipode, antithèse, contraire, contrepartie, contre-pied, inverse.

opposer *verbe* Dresser l'un contre l'autre. SYN. élever contre, exciter contre. CONTR. *accorder, fusionner, réconcilier, unifier.* ■ Mettre en contraste des choses. SYN. comparer, confronter, dissocier, mettre en balance, mettre en face, mettre en parallèle, mettre en regard. CONTR. *conformer, identifier.* ■ Présenter comme objection. SYN. alléguer, avancer, invoquer, mettre en avant, objecter, répondre.

opposer (s') *verbe pronominal* Être divergent. SYN. contraster, se différencier, différer, diverger, se diviser, se fâcher, se heurter. CONTR. *s'accorder, s'associer, cadrer, se coaliser, se concilier, concorder, converger, correspondre, s'entraider, s'harmoniser, se marier, se rallier, se rapprocher, se réconcilier.* – FAMILIER : *se rabibocher, se raccommoder.* ■ Ne pas accepter une chose. SYN. s'affronter à, combattre, contester, contrecarrer, contredire, contrer, défier, se dresser contre, s'élever contre, empêcher, entraver, être hostile, exclure, faire front, lutter, réagir, se rebeller, rejeter, repousser, résister, se révolter, se soulever. – FAMILIER : se rebiffer. – LITTÉRAIRE : regimber. CONTR. *accéder à, accepter, acquiescer, admettre, approuver, céder, se conformer, consentir, coopérer, obéir, se résigner, se soumettre, souscrire à, suivre.* – POPULAIRE : *s'écraser.*

opposition *nom féminin* Différence extrême. SYN. antagonisme, antinomie, contraste, désaccord, différence, discordance, disparité, dissemblance, dissimilitude, divergence, division, divorce, heurt, incompatibilité, malentendu. – LITTÉRAIRE : disparate. CONTR. *accord, adéquation, affinité, analogie, concordance, conformité, conjonction, correspondance, harmonie, identité, liaison, rapport, similitude.* ■ Action de s'opposer à une chose. SYN. barrage, désapprobation, entrave, frein, objection, obstacle, obstruction, réaction, refus, rejet, résistance, veto. – LITTÉRAIRE : répudiation. CONTR. *accord, acquiescement, adhésion, agrément, approbation, assentiment, concours, consentement, participation.* – LITTÉRAIRE : *aveu.* ■ Fait de s'opposer à quelqu'un. SYN. affrontement, antagonisme, conflit, contestation, contradiction, désaccord, lutte, réaction, rébellion, révolte, rivalité. – LITTÉRAIRE : dissentiment. CONTR. *affinité, alliance, conciliation, coopération, entente, pacification, passivité, ralliement, soumission, union.*

oppressant *adjectif* Qui gêne la respiration. SYN. accablant, étouffant, lourd, suffocant. ■ Qui pèse lourdement. SYN. angoissant, écrasant, étouffant, pesant, poignant.

oppressé *adjectif* Qui a du mal à respirer. SYN. essoufflé, haletant, poussif.

oppresser *verbe* Gêner la respiration. SYN. asphyxier, étouffer, étrangler, prendre à la gorge, suffoquer. ■ Provoquer un malaise moral. SYN. accabler, angoisser, écraser, étreindre, gêner. – LITTÉRAIRE : poindre. CONTR. *délivrer.* – LITTÉRAIRE : *rasséréner.*

oppresseur *nom masculin* Personne qui opprime. SYN. despote, dictateur, tyran. – LITTÉRAIRE : dominateur. CONTR. *esclave, exploité, faible, opprimé, persécuté.*

oppressif *adjectif* Qui sert à opprimer. SYN. coercitif, contraignant, despotique, dominateur, tyrannique. CONTR. *coulant, libéral, permissif.*

oppression *nom féminin* Sensation de gêne respiratoire. SYN. asphyxie, étranglement, suffocation. ■ Action d'opprimer. SYN. asservissement, domination, esclavage, servitude. – LITTÉRAIRE : assujettissement, chaînes, étranglement, joug, sujétion, tyrannie. CONTR. *délivrance, émancipation, indépendance, libération.*

opprimé *nom* Personne opprimée. SYN. esclave, exploité, faible, persécuté. CONTR. *despote, dictateur, oppresseur, tyran.* – LITTÉRAIRE : *dominateur.*

opprimer *verbe* Soumettre à une autorité. SYN. accabler, asservir, bâillonner, dominer, écraser, museler, soumettre, tyranniser. – LITTÉRAIRE : assujettir, enchaîner. CONTR. *débarrasser, délivrer, libérer, protéger.*

opprobre *nom masculin* LITTÉRAIRE. Réprobation publique. SYN. affront, anathème, blâme, condamnation, désaveu, honte, mortification. – LITTÉRAIRE : avanie, camouflet, flétrissure. ■ LITTÉRAIRE. État d'avilissement. SYN. abjection, déshonneur, honte, ignominie, infamie. – LITTÉRAIRE : turpitude, vilenie.

opter *verbe* Faire un choix. SYN. adopter, choisir, se décider pour, jeter son dévolu sur, pencher, préférer, se prononcer pour, retenir. – LITTÉRAIRE : élire, incliner. CONTR. *atermoyer, balancer, hésiter, temporiser, tergiverser.* – FAMILIER : *se tâter.*

optimal *adjectif* Se dit de l'état le plus favorable. SYN. maximal, maximum, optimum. CONTR. *minimal.*

optimisme *nom masculin* Tendance à voir le bon côté. SYN. confiance, espérance, espoir. CONTR. *découragement, désespoir, pessimisme.*

optimiste *adjectif* Qui est porté à l'optimisme. SYN. confiant, serein. CONTR. *abattu, accablé, alarmiste, anéanti, bilieux, désabusé, pessimiste, sombre, triste.*

optimum *adjectif* Se dit de l'état le plus favorable. SYN. maximal, maximum, optimal. CONTR. *minimal.*

option *nom féminin* Parti qui a été pris. SYN. choix, décision, détermination, initiative, résolution.

optique *nom féminin* Façon d'envisager une chose. SYN. angle, conception, façon de penser, jour, manière de voir, perspective, point de vue, vision, vue.

opulence *nom féminin* Grande richesse. SYN. abondance, aisance, faste, fortune, luxe, prospérité, richesse, surabondance. CONTR. *besoin, dénuement, gêne, indigence, misère, pauvreté.* – POPULAIRE : *débine.* ■ LITTÉRAIRE. Aspect plantureux du corps. SYN. embonpoint, rondeur. – FAMILIER : rotondité. – LITTÉRAIRE : générosité, plénitude. CONTR. *maigreur, minceur.*

opulent *adjectif* Très riche. SYN. aisé, fortuné, huppé, nanti, privilégié. – FAMILIER : richissime. CONTR. *indigent, misérable, miséreux, modeste, pauvre.* – LITTÉRAIRE : *impécunieux.* – VIEUX : *besogneux, disetteux.* ■ Se dit de formes développées. SYN. corpulent, généreux, gras, gros, massif, plantureux. ■ LITTÉRAIRE. Qui est en abondance. SYN. abondant, exubérant, foisonnant, luxuriant, riche. – LITTÉRAIRE : gras.

opuscule *nom masculin* Petit ouvrage. SYN. brochure, livre, plaquette. – LITTÉRAIRE : libelle.

oracle *nom masculin* LITTÉRAIRE. Décision jugée infaillible. SYN. prédiction, prophétie. – LITTÉRAIRE : vaticination. ■ Personne jugée infaillible. SYN. devin, prophète, vaticinateur, visionnaire. – FAMILIER : augure.

orage *nom masculin* LITTÉRAIRE. Ce qui trouble le calme. SYN. bouillonnement, convulsions, déchirement, heurt, nuage, perturbation, rafale, secousse, tumulte. – LITTÉRAIRE : bourrasque, commotion, foudres, tourmente, turbulence. CONTR. *calme, paix, tranquillité.*

orageux *adjectif* Qui est troublé. SYN. agité, animé, fiévreux, houleux, mouvementé, noir, tourmenté, trépidant, troublé. – LITTÉRAIRE : tempétueux, tumultueux. CONTR. *calme, paisible, tranquille.*

oral *adjectif* Qui se fait par la parole. SYN. parlé, verbal. CONTR. *écrit, rédigé.*

oralement *adverbe* Par la parole. SYN. verbalement. CONTR. *par écrit.*

orange *nom féminin* ***Orange amère,*** orange utilisée en confiserie. SYN. bigarade.

orant *nom* Statue d'une personne qui prie. SYN. adorant.

orateur *nom* Personne qui prononce un discours. SYN. conférencier, prédicateur, tribun.

oratoire *adjectif* Se dit d'un style qui a de l'emphase. SYN. déclamatoire, emphatique, pompeux, ronflant. CONTR. *naturel, simple.*

orbe *nom masculin* LITTÉRAIRE. Cercle décrit par un corps. SYN. cercle, courbe, halo, onde, ondulation, repli, vague.

orcanette *nom féminin* Plante dont la racine contient un colorant. SYN. alkanna.

orchestrer *verbe* Organiser une action. SYN. arranger, calculer, combiner, concerter, construire, coordonner, élaborer, machiner, manigancer, mettre au point, mettre sur pied, mijoter, mitonner, monter, ordonner, organiser, préparer, régler. – FAMILIER : concocter, goupiller. – LITTÉRAIRE : ourdir.

ordinaire *adjectif* Conforme à l'usage habituel. SYN. accoutumé, consacré, courant, fréquent, général, habituel, naturel, normal, traditionnel, usuel, utilisé. – LITTÉRAIRE : coutumier. CONTR. *anormal, baroque, bizarre, curieux, drôle, étonnant, étrange, excentrique, extraordinaire, extravagant, inaccoutumé, inhabituel, inouï, insolite, inusité, miraculeux, paradoxal, particulier, spécial, surprenant.* ■ Complètement quelconque. SYN. anonyme, banal, commun, humble, impersonnel, médiocre, moyen, prosaïque, quelconque, simple, vulgaire. CONTR. *brillant, choisi, déconcertant, éminent, exceptionnel, formidable, incomparable, introuvable, mémorable, original, précieux, prestigieux, raffiné, rare, remarquable, singulier, spectaculaire, supérieur.* – FAMILIER : *énorme, épatant, fabuleux, fantastique, magistral, monumental.* – LITTÉRAIRE : *distingué, relevé.*

ordinaire *nom masculin* Ce qui est courant. SYN. coutume, habitude, moyenne, normale, norme, usage. ■ ***D'ordinaire,*** de façon habituelle. SYN. communément, généralement, en général, d'habitude, habituellement, normalement, ordinairement, la plupart du temps, en règle générale, souvent, traditionnellement, usuellement, volontiers, vulgairement. CONTR. *étrangement, exceptionnellement, extraordinairement, jamais, occasionnellement, rarement.*

ordinairement *adverbe* De façon habituelle. SYN. communément, couramment, fréquemment, généralement, d'habitude, habituellement, normalement, d'ordinaire, la plupart du temps, traditionnellement, usuellement, vulgairement. CONTR. *étrangement, exceptionnellement, extraordinairement, jamais, occasionnellement, rarement.*

ordinateur *nom masculin* Appareil pour une utilisation informatique. SYN. PC. – FAMILIER : bécane. – VIEUX : computer.

ordonnance *nom féminin* Action de disposer des éléments. SYN. agencement, aménagement, architecture, arrangement, composition, distribution, économie, harmonie, ordre, organisation, plan, répartition, structure, succession. CONTR. *chaos, désordre.* – FAMILIER : *cafouillage, cafouillis, pagaïe, pagaille.*

ordonnancement *nom masculin* Agencement méthodique. SYN. agencement, aménagement, arrangement, classement, disposition, distribution, installation, mise en place, organisation, placement, positionnement, rangement, répartition, structure. CONTR. *bouleversement, dérangement, désordre, désorganisation.*

ordonnancer *verbe* Disposer dans un certain ordre. SYN. agencer, aménager, arranger, composer, coordonner, disposer, distribuer, ordonner, organiser, penser, structurer.

ordonnateur *nom* Personne qui ordonnance. SYN. administrateur, gérant, organisateur, régisseur.

ordonné *adjectif* Qui a de la méthode. SYN. cohérent, méthodique, organisé, réglé, régulier, systématique. CONTR. *bohème, brouillon, confus, décousu, désordonné, fantaisiste.* ■ Où il y a de l'ordre. SYN. harmonieux, net, ordonnancé, rangé, structuré. CONTR. *anarchique, chaotique, déréglé, désordonné, désorganisé, incohérent.*

ordonner *verbe transitif* Mettre en ordre. SYN. agencer, ajuster, aménager, arranger, classer, classifier, combiner, composer, coordonner, disposer, distribuer, harmoniser, inventorier, orchestrer, ordonnancer, organiser, planifier, ranger, régler, répartir, structurer. – LITTÉRAIRE : apprêter. CONTR. *bouleverser, déclasser, défaire, déplacer, déranger, dérégler, désorganiser, embrouiller, emmêler, mélanger, mêler, perturber, troubler.* ■ Donner l'ordre de. SYN. commander, dicter, exiger, imposer, intimer, inviter, mettre en demeure, prescrire, sommer. – LITTÉRAIRE : enjoindre. CONTR. *défendre, empêcher, interdire, prohiber, proscrire.*

ordre *nom masculin* Disposition d'éléments. SYN. arrangement, disposition, équilibre, harmonie, ordonnance. – LITTÉRAIRE : eurythmie. ■ État de ce qui est rangé. SYN. classement, netteté, ordonnance, organisation, rangement, tenue. CONTR. *anarchie, chaos, confusion, dérangement, désordre, fouillis.* – FAMILIER : *cafouillage, cafouillis, méli-mélo, pagaïe, pagaille, tohu-bohu.* – VIEUX : *pêle-mêle.* ■ Capacité à être méthodique. SYN. méthode, minutie, rigueur, scrupule, soin. – LITTÉRAIRE : méticulosité. CONTR. *fantaisie, laisser-aller, négligence.* ■ Catégorie de classement. SYN. catégorie, classe, domaine, espèce, genre, importance, nature, niveau, place, rang, sorte, sphère, type. ■ Respect des lois. SYN. calme, discipline, paix, tranquillité. CONTR. *agitation, bouleversement, convulsion, indiscipline, perturbation, trouble.* – FAMILIER : *chahut.* – VIEUX : *désarroi.* ■ Action de commander à quelqu'un. SYN. commandement, consigne, directive, injonction, instruction, mise en demeure, oukase, prescription, sommation, ukase, ultimatum. CONTR. *défense, interdiction, prohibition.*

ordure *nom féminin* Déchet de la vie quotidienne. SYN. balayure, débris, déchet, détritus, immondices. ■ Action, parole grossière. SYN. grivoiserie, grossièreté, incongruité, obscénité, trivialité, vulgarité. – FAMILIER : saleté. – POPULAIRE : cochonnerie, saloperie. – VIEUX : gravelure. ■ Personne vile. SYN. canaille, crapule, malpropre, vaurien, vermine, voyou. – POPULAIRE : fumier, pourriture, salaud, saligaud, salopard, salopiau, salopiaud, salopiot.

ordurier *adjectif* Qui exprime des obscénités. SYN. abject, cru, graveleux, grossier, ignoble, immonde, infâme, obscène, sale, trivial, vulgaire. – FAMILIER : cochon, gras. – LITTÉRAIRE : malsonnant.

oreille *nom féminin* Organe de l'audition. SYN. – ARGOTIQUE : esgourde. – POPULAIRE : portugaise. ■ Sens par lequel on entend. SYN. ouïe. ■ ***Bourdonnements d'oreille,*** sensation sonore désagréable. SYN. acouphène.

oreille-de-mer *nom féminin* Gros mollusque à coquille. SYN. abalone, haliotide, ormeau, ormet, ormier.

oreille-de-souris *nom féminin* Plante aux feuilles poilues. SYN. piloselle. ■ Plante à fleurs bleues. SYN. myosotis, ne-m'oubliez-pas.

oreille-d'homme *nom féminin* Herbe aux feuilles en forme de cœur. SYN. asaret.

organe *nom masculin* Ce qui sert d'intermédiaire. SYN. agent, instrument, interprète, moyen, porte-parole, représentant. – LITTÉRAIRE : bras.

organisation *nom féminin* Action d'organiser. SYN. agencement, aménagement, classement, création, élaboration, établissement, formation, instauration, institution, ordonnance, ordonnancement, préparation. CONTR. *anarchie, désordre.* ■ Structure d'un ensemble. SYN. composition, constitution, forme, ordre, structure, système. ■ Groupement de personnes. SYN. association, groupement, organisme, parti, rassemblement. – LITTÉRAIRE : ligue, phalange.

organisé *adjectif* Qui a reçu une organisation. SYN. arrangé, concerté, discipliné, hiérarchisé, ordonnancé, ordonné, structuré. CONTR. *impromptu, improvisé, inorganisé, occasionnel.* ■ Qui sait organiser. SYN. déterminé, méthodique, méticuleux, ordonné, systématique. CONTR. *bohème, brouillon, confus, désorganisé.*

organiser *verbe* Préparer quelque chose. SYN. combiner, concerter, construire, élaborer, établir, ménager, mettre au point, mettre en place, mettre sur pied, orchestrer, planifier, préparer, prévoir, régler. – FAMILIER : concocter. – LITTÉRAIRE : apprêter, nouer. CONTR. *improviser.* ■ Structurer de telle manière. SYN. agencer, aménager, composer, disposer, former, installer, mettre au point, mettre sur pied, ordonnancer, ordonner, planifier, programmer, structurer. CONTR. *bouleverser, brouiller, démanteler, déranger, désagencer, désorganiser, embrouiller, emmêler, perturber, troubler.* – FAMILIER : *chambouler.*

organiser (s') *verbe pronominal* Être prêt pour quelque chose. SYN. s'accorder, s'arranger, se concerter, s'entendre, prendre ses dispositions. – FAMILIER : se débrouiller. ■ Prendre forme. SYN. s'agencer, s'établir, s'installer, s'instaurer, naître.

organisme *nom masculin* Ensemble organisé. SYN. association, groupement, organisation, parti, rassemblement, structure. – LITTÉRAIRE : ligue.

orgelet *nom masculin* Petit furoncle sur le bord de la paupière. SYN. compère-loriot.

orgiaque *adjectif* LITTÉRAIRE. Qui tient de l'orgie. SYN. dépravé, déréglé, immoral, licencieux, obscène, paillard, sensuel, voluptueux. – LITTÉRAIRE : dissolu, libidineux. – VIEUX : luxurieux.

orgie *nom féminin* Partie de débauche. SYN. débauche, dépravation, luxure, paillardise. – LITTÉRAIRE : bacchanale, licence, stupre. ■ Abondance excessive. SYN. débauche, déluge, excès, exubérance, flux, luxe, pléthore, profusion, surabondance. – LITTÉRAIRE : prodigalité. CONTR. *absence, indigence, manque, pauvreté.*

orgueil *nom masculin* Estime excessive de soi-même. SYN. arrogance, fatuité, gloriole, hauteur, mégalomanie, morgue, présomption, prétention, suffisance, supériorité, vanité. – LITTÉRAIRE : fierté, infatuation, outrecuidance, superbe. CONTR. *humilité, modestie, simplicité.* ■ Sentiment de dignité. SYN. amour-propre, contentement, dignité, fierté, satisfaction. – LITTÉRAIRE : vanité. ■ Objet de fierté. SYN. gloire, honneur, ornement. – LITTÉRAIRE : fleuron. CONTR. *abjection, déshonneur, honte, humiliation, infamie.*

orgueilleux *adjectif* Qui montre de l'orgueil. SYN. arrogant, avantageux, faraud, fier, hautain, infatué, présomptueux, prétentieux, puant, suffisant, vaniteux. – FAMILIER : crâneur, fiérot. – LITTÉRAIRE : fat, immodeste, outrecuidant, vain, vainqueur. CONTR. *confus, désolé, discret, effacé, honteux, humble, modeste, petit, plat, réservé, simple.* ■ LITTÉRAIRE. Qui a un air majestueux. SYN. fier, grandiose, imposant, majestueux, prestigieux. – LITTÉRAIRE : altier.

orgueilleux *nom* Personne qui a de l'orgueil. SYN. faraud, présomptueux, prétentieux. – FAMILIER : crâneur, m'as-tu-vu. – LITTÉRAIRE : fat.

oriel *nom masculin* Fenêtre en saillie. SYN. bow-window.

orient *nom masculin* Côté du lever du soleil. SYN. est, levant. CONTR. *couchant, occident, ouest.* – VIEUX : *ponant.*

orientable *adjectif* Que l'on peut orienter. SYN. dirigeable, inclinable, mobile. CONTR. *fixe, immobile.*

oriental *adjectif* Relatif à l'Orient. CONTR. *occidental.*

orientation *nom féminin* Exposition d'un lieu. SYN. exposition, position, situation. ■ Direction prise par une action. SYN. cours, direction, évolution, inclination, infléchissement, sens, tournure. ■ Tendance politique. SYN. chemin, engagement, ligne, tendance, voie.

orienté *adjectif* Qui a telle orientation. SYN. dirigé, exposé, placé, situé, tourné.

orienter *verbe* Tourner quelque chose vers. SYN. braquer, diriger, disposer, exposer, pointer, présenter, tourner. ■ Engager dans une voie. SYN. aiguiller, axer, canaliser, incliner, infléchir, manipuler, manœuvrer. – VIEUX : manier. CONTR. *détourner.* ■ Diriger quelqu'un vers. SYN. brancher, conduire, conseiller, destiner, guider, vouer. CONTR. *dérouter, désorienter, égarer.*

orienter (s') *verbe pronominal* Trouver son chemin. SYN. se diriger, se reconnaître, se repérer, se retrouver. CONTR. *s'égarer, se fourvoyer.* ■ Prendre telle tournure. SYN. s'acheminer, se porter, se rapprocher, se retrouver. ■ Se tourner vers telle activité. SYN. bifurquer, choisir, se diriger, se tourner.

orifice *nom masculin* Ouverture d'une cavité. SYN. bouche, creux, entrée, ouverture, trou.

origan *nom masculin* Plante aromatique. SYN. marjolaine.

originaire *adjectif* Qui vient d'un lieu. SYN. aborigène, issu, natif, né, sorti. ■ LITTÉRAIRE. Qui existe à l'origine. SYN. congénital, infus, initial, inné, naturel, originel, premier, primitif. – LITTÉRAIRE : natif. CONTR. *acquis.*

originairement *adverbe* À l'origine. SYN. initialement, originellement, primitivement.

original *adjectif* Qui émane de la source. SYN. authentique, initial, neuf, originel, premier, primitif. ■ Qui sort de l'ordinaire. SYN. curieux, exceptionnel, extraordinaire, extravagant, inédit, insolite, inusité, neuf, nouveau, particulier, pittoresque, rare, révolutionnaire, spécial. CONTR. *anonyme, banal, classique, commun, habituel, normal, ordinaire, plat, prosaïque, quelconque, rebattu, traditionnel.* – FAMILIER : *réchauffé.* ■ Qui est unique en son genre. SYN. non conformiste, particulier, personnel. CONTR. *conformiste, conventionnel, impersonnel, moutonnier.*

original *nom* Personne excentrique. SYN. excentrique, fantaisiste, farfelu, non-conformiste, phénomène. – FAMILIER : numéro, olibrius. – POPULAIRE : branquignol, folingue.

original *nom masculin* Première version de. SYN. archétype, modèle, prototype. CONTR. *copie, double, duplicata, imitation, réplique.*

originalité *nom féminin* Caractère original. SYN. jamais-vu, nouveauté, particularité, unicité. – LITTÉRAIRE : rareté, singularité. CONTR. *banalité, cliché, platitude.* ■ Capacité d'innovation. SYN. caractère, génie, hardiesse. CONTR. *banalité, impersonnalité.* ■ Caractère excentrique. SYN. excentricité, extravagance, fantaisie, individualité, personnalité, singularité. CONTR. *conformisme, traditionalisme.* ■ Élément original. SYN. curiosité, particularité, rareté, singularité.

origine *nom féminin* Début de l'existence de. SYN. amorce, création, début, formation, genèse, naissance. – LITTÉRAIRE : commencement, enfance. CONTR. *aboutissement, fin.* ■ Ce qui cause l'apparition de. SYN. agent, cause, facteur, fondement, germe, mère, point de départ, racine, raison, source. – LITTÉRAIRE : principe, semence. CONTR. *contrecoup, répercussion.* ■ Milieu dont on est issu. SYN. ascendance, famille, filiation, maison, provenance, souche. – LITTÉRAIRE : extraction, race, sang. – VIEUX : naissance.

originel *adjectif* Qui remonte à l'origine de. SYN. initial, premier. – LITTÉRAIRE : natif, originaire. ■ Propre aux premiers hommes. SYN. original, premier, primitif.

originellement *adverbe* Dès l'origine. SYN. initialement, originairement, primitivement.

oripeaux *nom masculin pluriel* LITTÉRAIRE. Vêtements vieux et déchirés. SYN. guenilles, haillons. – FAMILIER : nippes. – LITTÉRAIRE : hardes. – POPULAIRE : frusques. – VIEUX : penaille.

ormeau ou **ormet** ou **ormier** *nom masculin* Gros mollusque à coquille. SYN. abalone, haliotide, oreille-de-mer.

orné *adjectif* Décoré de quelque chose. SYN. ornementé, ouvragé. – LITTÉRAIRE : ouvré. CONTR. *dépouillé, nu, sévère, sobre.*

ornement *nom masculin* Élément qui décore. SYN. accessoire, agrément, colifichet, enjolivement, enjolivure, falbalas, fanfreluche, fantaisie, garniture, ornementation, parement. – LITTÉRAIRE : fioriture.

ornemental *adjectif* Qui sert à l'ornement. SYN. décoratif.

ornementation *nom féminin* Disposition d'ornements. SYN. décor, décoration, embellissement, enjolivement, ornement. – LITTÉRAIRE : parure.

ornementé *adjectif* Enrichi d'ornements. SYN. décoré, enluminé, historié. CONTR. *nu.*

orner *verbe* Mettre des ornements. SYN. agrémenter, décorer, égayer, embellir, enjoliver, enrichir, fleurir, garnir. – LITTÉRAIRE : émailler, habiller, parer, relever. CONTR. *déparer, dépouiller.*

ornithischien *nom masculin* Dinosaure végétarien. SYN. avipelvien.

ornithodelphe *nom masculin* Mammifère au bec corné. SYN. monotrème, protothérien.

oronge *nom féminin* Champignon au chapeau jaune-orangé. SYN. amanite des Césars. ■ ***Fausse oronge,*** amanite au chapeau rouge à taches blanches. SYN. amanite tue-mouches.

oropharynx *nom masculin* Partie du pharynx derrière les amygdales. SYN. arrière-gorge.

orpailleur *nom masculin* Personne qui cherche les paillettes d'or. SYN. chercheur d'or.

orphie *nom féminin* Poisson à la tête prolongée d'un long bec. SYN. aiguillette.

orpin *nom masculin* Plante grasse des rocailles. SYN. sedum.

orque *nom féminin* Grand cétacé. SYN. épaulard.

orteil *nom masculin* Doigt de pied. SYN. – ARGOTIQUE : arpion.

orthite *nom féminin* Silicate naturel. SYN. allanite.

orthodoxe *adjectif* Conforme aux usages établis. SYN. classique, conformiste, conventionnel, traditionnel. CONTR. *déviationniste, dissident, hérétique, hétérodoxe.*

orthodoxie *nom féminin* Conformité au dogme. SYN. école, ligne. CONTR. *hérésie.* – LITTÉRAIRE : *schisme.* ■ Caractère orthodoxe. SYN. conformisme. CONTR. *déviationnisme, dissidence, hérésie, hétérodoxie.*

ortie *nom féminin* ***Ortie de mer,*** polype marin. SYN. actinie, anémone de mer. ■ ***Ortie puante,*** plante vivace à tige velue. SYN. bétoine.

os *nom masculin* FAMILIER. Ce qui fait problème. SYN. accroc, difficulté, ennui, obstacle, pierre d'achoppement. – FAMILIER : enquiquinement, lézard, pépin, tuile. – LITTÉRAIRE : impedimenta. – POPULAIRE : emmerde, emmerdement, merde.

oscabrion *nom masculin* Mollusque marin. SYN. chiton.

oscillant *adjectif* Qui oscille. SYN. branlant, brimbalant, chancelant, flageolant, titubant, tremblant. – LITTÉRAIRE : vacillant. CONTR. *assuré, ferme, fixe, sûr.*

oscillation *nom féminin* Mouvement de va-et-vient. SYN. balancement, ballottement, bercement, brimbalement, dandinement, mouvement, roulis, tangage, vacillement, vibration. – LITTÉRAIRE : branle, vacillation. ■ Changement irrégulier. SYN. flottement, fluctuation, hésitation, indécision, instabilité, perplexité, tâtonnement, tergiversation, vacillement, variation. – LITTÉRAIRE : vacillation.

osciller *verbe* Se mouvoir par oscillations. SYN. ballotter, branler, bringuebaler, brinquebaler, chanceler, se dandiner, dodeliner, palpiter, remuer, trembler, trembloter, vaciller. – FAMILIER : tanguer. – LITTÉRAIRE : baller, onduler, tressauter. ■ Être indécis. SYN. balancer, dire tantôt blanc tantôt noir, flotter, fluctuer, hésiter, ne pas savoir ce qu'on veut, ne pas savoir sur quel pied danser, tâtonner, tergiverser, varier. – LITTÉRAIRE : vaciller. – VIEUX : être entre le zist et le zest.

oscine *nom masculin* Oiseau passereau chanteur. SYN. acromyodé.

ose *nom masculin* Glucide constitué d'une seule molécule. SYN. monosaccharide.

osé *adjectif* Fait avec audace. SYN. audacieux, aventureux, effronté, hardi, hasardé, hasardeux, imprudent, impudent, risqué, téméraire. – FAMILIER : culotté. – LITTÉRAIRE : scabreux. CONTR. *timide.* ■ Qui choque la bienséance. SYN. coquin, croustillant, cru, épicé, gaillard, gaulois, grivois, hardi, indécent, leste, libre, pimenté, polisson, scabreux, vert. – FAMILIER : hard, olé olé, raide, salé. – LITTÉRAIRE : déshonnête, poivré. CONTR. *bienséant, décent, pudibond, pudique.*

oseille *nom féminin* POPULAIRE. Argent. SYN. espèces, espèces sonnantes et trébuchantes, liquidités, numéraire, sous. – ARGOTIQUE : braise, grisbi, pèze, thune, tune. – FAMILIER : blé, ferraille, mitraille, ronds. – POPULAIRE : flouse, flouze, fraîche, fric, galette, pépettes, picaillons, pognon.

oser *verbe* Avoir la hardiesse de. SYN. s'armer de courage, s'aventurer, s'aviser de, avoir du cœur au ventre, avoir du courage, avoir l'audace de, avoir le front de, avoir quelque chose dans le ventre, s'enhardir, se hasarder, se jeter à l'eau, se jeter tête baissée dans, jouer à quitte ou double, jouer son va-tout, monter au créneau, se permettre, prendre des risques, prendre le risque de, prendre son courage à deux mains, risquer le coup, risquer le tout pour le tout, se risquer, tenter l'aventure, tenter le coup, travailler sans filet. - FAMILIER : avoir de l'estomac, avoir du coffre, avoir le culot de, avoir le toupet de, être gonflé, n'avoir pas froid aux yeux, ne pas manquer de souffle, y aller à l'estomac. - POPULAIRE : ne pas manquer d'air. CONTR. *avoir peur, craindre, hésiter.* - FAMILIER : *se tâter.*

osmiridium *nom masculin* Alliage d'iridium et d'osmium. SYN. iridosmine.

ossature *nom féminin* Ensemble des os. SYN. charpente, squelette. - LITTÉRAIRE : carcasse. ■ Structure d'un ensemble. SYN. armature, cadre, canevas, carcasse, charpente, contexture, squelette, structure. - LITTÉRAIRE : texture, trame.

osseux *adjectif* Dont les os sont saillants. SYN. décharné, efflanqué, maigre, squelettique. - FAMILIER : maigrichon. - LITTÉRAIRE : émacié, étique, ossu.

ossifrage *nom masculin* Gros oiseau de l'Antarctique. SYN. pétrel géant.

ostéichtyen *nom masculin* Poisson à squelette ossifié. SYN. poisson osseux. CONTR. *chondrichtyen, élasmobranche, sélacien.*

ostensible *adjectif* Que l'on ne cache pas. SYN. apparent, évident, flagrant, manifeste, marqué, net, notoire, patent, perceptible, visible. CONTR. *caché, discret, furtif, imperceptible, inapparent, insensible, invisible, latent, secret.* - LITTÉRAIRE : *subreptice.*

ostensiblement *adverbe* De façon ostensible. SYN. clairement, à découvert, manifestement, nettement, notoirement, ouvertement, visiblement, au vu et au su de. CONTR. *du coin de l'œil, à la dérobée, discrètement, furtivement, sans en avoir l'air, secrètement, en sourdine.* - FAMILIER : *en douce.* - LITTÉRAIRE : *subrepticement.*

ostentation *nom féminin* Étalage indiscret. SYN. affectation, bravade, étalage, fanfaronnade. - FAMILIER : esbroufe, fla-fla. - LITTÉRAIRE : jactance, rodomontade. - POPULAIRE : épate. CONTR. *discrétion, humilité, modestie.*

ostentatoire *adjectif* Qui révèle de l'ostentation. SYN. affecté, bravache, fanfaron. - LITTÉRAIRE : crâne. CONTR. *discret, humble, modeste, réservé.*

ostéodensitométrie *nom féminin* Mesure de la densité osseuse. SYN. densitométrie osseuse.

ostéopériostite *nom féminin* Inflammation du périoste. SYN. périostite.

ostéophyte *nom masculin* Excroissance osseuse. SYN. bec-de-perroquet.

ostraciser *verbe* Frapper d'ostracisme. SYN. exiler, expatrier, expulser, proscrire. CONTR. *rappeler.*

ostracisme *nom masculin* Action de bannir quelqu'un. SYN. bannissement, exclusion, excommunication, exil, expatriation, expulsion, proscription, quarantaine. CONTR. *rappel.*

ostrogoth *nom masculin* Homme qui ignore la politesse. SYN. balourd, butor, cuistre, énergumène, goujat, lourdaud, malappris, malotru, mufle, ours mal léché, paysan du Danube, phénomène, rustre, sauvage. - FAMILIER : foutriquet, malpoli, paltoquet, rustaud. - LITTÉRAIRE : faquin, soudard. - POPULAIRE : jean-foutre, pignouf. - VIEUX : bélître, coquin, maraud, maroufle.

ôter *verbe* Enlever quelque chose d'un lieu. SYN. décrocher, déplacer, enlever, pousser, retirer. CONTR. *caser, placer.* - FAMILIER : *fourrer.* ■ Enlever ce qu'on porte. SYN. se débarrasser de, défaire, enlever, quitter. CONTR. *chausser, garder, mettre, passer, revêtir.* ■ Déposséder quelqu'un de. SYN. arracher, confisquer, couper, déposséder, dépouiller, extirper, prendre, priver. - LITTÉRAIRE : ravir. CONTR. *attribuer, confier, donner, pourvoir.* ■ Faire disparaître un défaut. SYN. bannir, détruire, effacer, gommer, supprimer. ■ Retrancher quelque chose. SYN. barrer, biffer, défalquer, élaguer, émonder, enlever, exclure, radier, rayer, retrancher, soustraire. - LITTÉRAIRE : oblitérer. CONTR. *adjoindre, ajouter, joindre.*

ôter (s') *verbe pronominal* FAMILIER. Se retirer de quelque part. SYN. s'en aller, s'écarter, s'éloigner, partir, se pousser. - POPULAIRE : se barrer, se tirer.

ouaouaron *nom masculin* Grande grenouille de l'Amérique du Nord. SYN. grenouille taureau.

ouaté *adjectif* LITTÉRAIRE. Qui est assourdi. SYN. assourdi, cotonneux, faible, feutré, silencieux.

ouater *verbe* Garnir d'ouate. SYN. fourrer, ouatiner. ■ LITTÉRAIRE. Atténuer un bruit, etc. SYN. amortir, assourdir, étouffer, modérer, tamiser. - LITTÉRAIRE : feutrer, voiler.

oubli *nom masculin* Perte de mémoire. SYN. absence, amnésie, distraction, inadvertance, lacune, trou, trou de mémoire. CONTR. *mémoire, rappel, réminiscence, souvenir.* - LITTÉRAIRE : *souvenance.* ■ Fait de manquer à. SYN. inobservance, inobservation, manque, manquement, négligence, omission. CONTR. *observation, respect.* - LITTÉRAIRE : *observance.* ■ Fait de pardonner. SYN. abnégation, désintéressement, générosité, pardon. CONTR. *ressentiment, vengeance.* ■ Perte de notoriété. SYN. discrédit. CONTR. *célébrité, gloire, notoriété, renom, renommée.*

oublié *adjectif* Qui n'est plus connu. SYN. ignoré, inconnu, innomé, innommé, méconnu, négligé, obscur, perdu. - LITTÉRAIRE : défunt. CONTR. *célèbre, connu, glorieux, illustre, renommé.*

oublier *verbe* Abandonner derrière soi. SYN. laisser, perdre. CONTR. *avoir, prendre.* ■ Ne plus se préoccuper de. SYN. effacer, enterrer. CONTR. *évoquer, exhumer, garder en mémoire, observer, perpétuer, rappeler, revivre, revoir.* ■ Délaisser quelqu'un. SYN. abandonner, se détacher, méconnaître. – FAMILIER : lâcher, laisser tomber. CONTR. *aider, assister, entourer, fréquenter, visiter, voir.* ■ Ne pas se souvenir de. SYN. avoir la mémoire courte, ne pas avoir de tête, négliger, omettre, perdre la mémoire, sauter. – FAMILIER : avoir la mémoire qui flanche, avoir la tête comme une passoire, avoir un pois chiche dans le cerveau, ne pas avoir de plomb dans la cervelle, ne pas avoir de plomb dans la tête. CONTR. *apprendre, avoir une mémoire d'éléphant, connaître, enregistrer, penser à, se rappeler, reconnaître, se remémorer, retenir, retrouver, songer à, se souvenir.* – LITTÉRAIRE : *se ressouvenir.* ■ Pardonner quelque chose. SYN. effacer, pardonner, passer l'éponge. CONTR. *remâcher, repenser, ruminer.* – LITTÉRAIRE : *ressasser.*

oublier (s') *verbe pronominal* Disparaître de la mémoire. SYN. disparaître, s'effacer, s'estomper, sombrer dans l'oubli, tomber dans l'oubli, tomber en désuétude, se volatiliser. – LITTÉRAIRE : s'évaporer. CONTR. *durer, persister, rester, subsister.* ■ Commettre une incongruité. SYN. se laisser aller, se négliger, se relâcher.

oublieux *adjectif* Qui est sujet à oublier. SYN. ingrat, insouciant, léger, négligent. CONTR. *reconnaissant.*

ouest *adjectif invariable* Situé du côté de l'ouest. SYN. occidental. CONTR. *est, oriental.*

ouest *nom masculin* Côté où le soleil se couche. SYN. couchant, occident. – VIEUX : ponant. CONTR. *est, levant, orient.*

oui *adverbe* Exprime une réponse positive. SYN. d'accord, assurément, bien sûr, évidemment, parbleu !, pardi !, parfaitement – FAMILIER : dame !, ouais. – LITTÉRAIRE : certes – POPULAIRE : affirmatif ! CONTR. *non, peut-être.*

ouï-dire *nom masculin invariable* Ce qu'on sait par la rumeur. SYN. bruit, écho, on-dit, qu'en-dira-t-on, rumeur. – FAMILIER : potin.

ouïe *nom féminin* Sens par lequel on perçoit les sons. SYN. audition, oreille. ■ FAMILIER. ***Être tout ouïe,*** être attentif à ce que dit quelqu'un. SYN. dresser l'oreille, écouter, écouter de toutes ses oreilles, prêter l'oreille, prêter une oreille attentive, tendre l'oreille. CONTR. *avoir la tête ailleurs, être ailleurs, être dans la lune, n'écouter que d'une oreille.*

ouïr *verbe* VIEUX. Percevoir par l'oreille. SYN. écouter, entendre, percevoir.

oukase *nom masculin* Décision autoritaire. SYN. commandement, injonction, mise en demeure, ordre, prescription, sommation, ultimatum.

ouragan *nom masculin* Tempête très violente. SYN. bourrasque, cyclone, tempête, tornade, tourbillon, typhon. – LITTÉRAIRE : tourmente. CONTR. *bonace, calme, embellie.* ■ Explosion de sentiments. SYN. bouillonnement, cataclysme, déchaînement, déferlement, explosion, frénésie, fureur, rafale, rage, tempête. – LITTÉRAIRE : bourrasque, tourbillon, tourmente.

ourdir *verbe* LITTÉRAIRE. Machiner quelque chose. SYN. agencer, agir en sous-main, arranger, combiner, comploter, conspirer, machiner, manigancer, mijoter, mitonner, monter, orchestrer, préméditer, préparer, tisser, tramer. – FAMILIER : concocter, goupiller, traficoter, trafiquer. – LITTÉRAIRE : conjurer, nouer.

ours *adjectif* Peu sociable. SYN. asocial, insociable, sauvage, taciturne. – LITTÉRAIRE : misanthrope. CONTR. *communicatif, liant, sociable.* – FAMILIER : *causant.*

ours *nom masculin* FAMILIER. Personne qui fuit le monde. SYN. asocial, sauvage, solitaire. – LITTÉRAIRE : misanthrope. ■ ***Ours mal léché,*** personne grossière. SYN. butor, cuistre, goujat, mal élevé, malappris, malotru, mufle, ostrogoth, paysan du Danube, rustre, sauvage. – FAMILIER : foutriquet, malpoli, paltoquet, plouc, rustaud. – LITTÉRAIRE : faquin, soudard. – POPULAIRE : gougnafier, jean-foutre, pignouf. – VIEUX : maraud, maroufle.

oursin *nom masculin* Échinoderme au test couvert de piquants. SYN. châtaigne de mer, hérisson de mer.

out *adjectif invariable* FAMILIER. Qui n'est plus dans le coup. SYN. anachronique, archaïque, arriéré, attardé, caduc, démodé, dépassé, désuet, inactuel, kitsch, obsolète, périmé, vieilli, vieillot, vieux, vieux jeu. – ARGOTIQUE : square. – FAMILIER : retardé, rétro, ringard. – LITTÉRAIRE : suranné. – POPULAIRE : cucul (la praline). CONTR. *moderne, dans le vent, en vogue.* – FAMILIER : *branché, dans le coup, in.*

outil *nom masculin* Objet utilisé pour une opération. SYN. appareil, engin, ustensile. ■ Élément d'une activité. SYN. instrument, machine, moyen. – LITTÉRAIRE : mécanique.

outillage *nom masculin* Ensemble des outils. SYN. attirail, équipement, matériel.

outillé *adjectif* Muni d'outils. SYN. équipé, installé, monté.

output *nom masculin* Résultat d'une production. CONTR. *input, intrant.*

outrage *nom masculin* Grave offense. SYN. affront, insulte, offense, vexation. – LITTÉRAIRE : avanie, camouflet, injure, soufflet. ■ Acte contraire à une règle. SYN. atteinte, attentat, coup, entorse, manquement, offense, préjudice. CONTR. *bienfait.*

outragé *adjectif* Qui a subi un outrage. SYN. bafoué, humilié, injurié, insulté, offusqué, vexé. – LITTÉRAIRE : blessé, offensé.

outrageant *adjectif* Qui constitue un outrage. SYN. blessant, déshonorant, humiliant, injurieux, insultant, mortifiant, offensant, scandaleux, vexant, vexatoire.

outrager *verbe* Faire outrage à quelqu'un. SYN. bafouer, faire affront, injurier, insulter, mortifier, offenser, offusquer. – FAMILIER : cracher. – LITTÉRAIRE : piquer. ■ LITTÉRAIRE. Porter atteinte à. SYN. bafouer, fouler aux pieds, offenser. – LITTÉRAIRE : insulter à. CONTR. *respecter.*

outrageusement *adverbe* D'une manière excessive. SYN. abusivement, démesurément, effroyablement, exagérément, à l'excès, excessivement, follement, immodérément, insolemment, à outrance, outre mesure, plus que de raison, terriblement, trop. CONTR. *modérément, moyennement, raisonnablement, sobrement.*

outrance *nom féminin* Caractère outré. SYN. abus, démesure, exagération, excès, exubérance, hypertrophie, intempérance, violence. CONTR. *discrétion, mesure, modération, pondération, sagesse.* – LITTÉRAIRE : *sobriété.*

outrancier *adjectif* Qui pousse à l'excès. SYN. abusif, démesuré, exagéré, excessif, immodéré, outré. – FAMILIER : délirant, dingue. – LITTÉRAIRE : intempérant. CONTR. *équilibré, mesuré, nuancé.*

outre *préposition* Indépendamment de. SYN. non compris, en plus de. – VIEUX : en sus de. CONTR. *y compris.*

outré *adjectif* Poussé à l'extrême. SYN. abusif, artificiel, caricatural, démesuré, effréné, exagéré, excessif, forcé, immodéré, outrancier. – FAMILIER : délirant, dingue. – LITTÉRAIRE : intempérant. CONTR. *mesuré, modéré.* ■ Qui est indigné. SYN. choqué, furibond, furieux, indigné, offusqué, révolté, scandalisé, suffoqué, vexé. – FAMILIER : furax, furibard. – LITTÉRAIRE : courroucé, fulminant, offensé.

outrecuidance *nom féminin* LITTÉRAIRE. Confiance excessive en soi. SYN. fatuité, orgueil, présomption, prétention. – LITTÉRAIRE : fierté, infatuation, vanité. CONTR. *humilité, modestie, réserve.* ■ LITTÉRAIRE. Désinvolture impertinente. SYN. affectation, arrogance, condescendance, effronterie, hauteur, impertinence, impudence, insolence, morgue, suffisance, supériorité. – LITTÉRAIRE : superbe. CONTR. *bonhomie.*

outrecuidant *adjectif* LITTÉRAIRE. Qui se croit supérieur. SYN. avantageux, doctoral, fier, hautain, important, infatué, orgueilleux, prétentieux, puant, rogue, suffisant, vaniteux. – FAMILIER : crâneur. – LITTÉRAIRE : fat, vain. CONTR. *humble, modeste.* ■ LITTÉRAIRE. Qui est impertinent. SYN. effronté, impertinent, impudent, présomptueux. – LITTÉRAIRE : insolent. CONTR. *bonhomme, familier.*

outremer *nom masculin* Pierre d'un bleu intense. SYN. lapis, lapis-lazuli, lazurite.

outrepasser *verbe* Enfreindre ce qui est permis. SYN. déborder, dépasser, dépasser la mesure, dépasser les bornes, dépasser les limites, empiéter sur, enfreindre, excéder, mordre sur, passer, passer les bornes, sortir, transgresser, violer.

outrer *verbe* Porter au-delà des limites. SYN. amplifier, caricaturer, charger, dramatiser, exagérer, forcer, grossir, en rajouter. – FAMILIER : forcer la dose, forcer la note, pousser. – LITTÉRAIRE : enfler. CONTR. *modérer.* ■ Irriter vivement quelqu'un. SYN. choquer, froisser, heurter, indigner, mécontenter, offenser, offusquer, outrager, révolter, scandaliser. – LITTÉRAIRE : piquer.

ouvert *adjectif* Qui comprend vite. SYN. aigu, éveillé, intelligent, pénétrant, perspicace, vif. – VIEUX : perçant. CONTR. *borné, buté, étroit, lent, lourd.* – FAMILIER : *bouché.* ■ Qui est accessible. SYN. abordable, accessible, accueillant, compréhensif, disponible, large, libéral, réceptif, sensible. CONTR. *étranger, impénétrable, imperméable, inaccessible, inapprochable, incompréhensif, indifférent, insensible, rebelle, réfractaire, sourd.* ■ Qui est déclaré. SYN. évident, flagrant, manifeste, notoire, patent, public. CONTR. *caché, clandestin, confidentiel, furtif, latent, occulte, secret, sourd, souterrain.* ■ Qui présente une incision. SYN. coupé, entaillé, fendu, lacéré, sectionné. CONTR. *fermé, obturé, refermé, suturé.* ■ Tourné vers l'extérieur. SYN. communicatif, démonstratif, expansif, extraverti, perméable. CONTR. *énigmatique, introverti, renfermé, replié, réservé, taciturne.* – FAMILIER : *cachottier.* – LITTÉRAIRE : *secret.* ■ Qui exprime la franchise. SYN. cordial, direct, franc, honnête, sincère. CONTR. *chafouin, dissimulé, équivoque, faux, impénétrable, renfermé, sournois.*

ouvertement *adverbe* De façon ouverte. SYN. carrément, clairement, à découvert, directement, de face, en face, franchement, de front, haut, hautement, librement, manifestement, net, notoirement, officiellement, ostensiblement, par-devant, publiquement, résolument, simplement, sincèrement, au vu et au su de. CONTR. *en cachette, en catimini, confidentiellement, à la dérobée, discrètement, furtivement, in petto, incognito, intérieurement, officieusement, sans en avoir l'air, secrètement, en secret, en sourdine, sournoisement, en sous-main, en tapinois, tortueusement, traîtreusement.* – LITTÉRAIRE : *subrepticement.*

ouverture *nom féminin* Ce qui permet le passage. SYN. accès, débouché, issue, passage. CONTR. *clôture, colmatage, fermeture, obturation.* ■ Action de commencer. SYN. amorce, commencement, début, inauguration, instauration, lancement, mise en service. CONTR. *clôture, conclusion.* ■ Espace pratiqué dans. SYN. brèche, fente, orifice, percée, trou, trouée, vide.

ouvertures *nom féminin pluriel* Premières démarches. SYN. approches, avances, offres, propositions.

ouvrage *nom masculin* Action de travailler. SYN. besogne, tâche, travail. – LITTÉRAIRE : labeur. – POPULAIRE : boulot, turbin. ■ Publication littéraire. SYN. écrit, livre, manuel, œuvre, publication, traité, volume. – FAMILIER : bouquin.

ouvragé *adjectif* Qui a de fins ornements. SYN. ajouré, brodé, orné, sculpté, travaillé. – LITTÉRAIRE : ouvré.

ouvré *adjectif* LITTÉRAIRE. Travaillé finement. SYN. ajouré, brodé, orné, ouvragé, sculpté, travaillé.

ouvre-bouteille *nom masculin* Instrument pour enlever les capsules des bouteilles. SYN. décapsuleur.

ouvrier *adjectif* Qui a rapport aux ouvriers. SYN. laborieux, populaire, prolétaire.

ouvrier *nom* LITTÉRAIRE. Agent de quelque chose. SYN. âme, artisan, faiseur, moteur, promoteur, responsable.

ouvrir *verbe intransitif* Donner accès à. SYN. communiquer, déboucher sur, donner, tomber dans.

ouvrir *verbe transitif* Défaire ce qui est plié. SYN. déballer, déboutonner, décacheter, défaire, dépaqueter, déplier, déployer. CONTR. *cacheter, coller, emballer, empaqueter, faire, ficeler, lier, plier, replier.* ■ Permettre l'ouverture de. SYN. écarter, entrebâiller, entrouvrir, pousser, tirer. CONTR. *barricader, claquer, condamner, fermer, resserrer, serrer.* ■ Dégager ce qui est fermé. SYN. déboucher, décoiffer. CONTR. *boucher, fermer, rabattre, refermer.* ■ Couper quelque chose de solide. SYN. couper, creuser, débrider, entailler, entamer, fendre, fissurer, inciser, percer. CONTR. *boucher, brider, coudre, obstruer, suturer.* ■ Faire un passage. SYN. frayer, pratiquer. CONTR. *fermer, interdire, murer, verrouiller.* ■ Donner la première impulsion. SYN. créer, inaugurer, lancer, mettre sur pied, promouvoir. CONTR. *fermer.* ■ Commencer quelque chose. SYN. amorcer, attaquer, commencer, ébaucher, engager, entamer. – FAMILIER : débuter. CONTR. *arrêter, borner, clôturer, finir.* – LITTÉRAIRE : *clore.*

ouvrir (s') *verbe pronominal* Se développer (fleur). SYN. éclore, s'épanouir, fleurir. CONTR. *faner, se faner, se flétrir.* – LITTÉRAIRE : *flétrir.* ■ Se présenter au regard. SYN. se déployer, se dérouler, s'étaler, s'étendre, s'offrir. ■ Faire des confidences. SYN. communiquer, se confier, faire part, se livrer. – FAMILIER : déballer, se déboutonner. – LITTÉRAIRE : s'abandonner, s'épancher. CONTR. *se renfermer, se replier.*

ovalocyte *nom masculin* Hématie anormale très allongée. SYN. elliptocyte.

ovation *nom féminin* Acclamation en l'honneur de. SYN. acclamation, applaudissement, bravo, hourra, hurrah, vivat. CONTR. *huée, sifflet, tollé.*

ovationner *verbe* Accueillir par une ovation. SYN. acclamer, applaudir, faire un triomphe. CONTR. *conspuer, huer, siffler.*

ové *adjectif* En forme d'œuf. SYN. oviforme, ovoïdal, ovoïde.

overdose *nom féminin* Dose excessive d'un stupéfiant. SYN. surdose.

ovibos *nom masculin* Ruminant proche du bœuf et du mouton. SYN. bœuf musqué.

oviforme *adjectif* En forme d'œuf. SYN. ové, ovoïdal, ovoïde.

oviné *nom masculin* Ruminant à cornes en arrière. SYN. capriné.

ovni *nom masculin* Objet volant de nature inconnue. SYN. soucoupe volante, UFO.

ovoïde ou **ovoïdal** *adjectif* Qui a la forme d'un œuf. SYN. ové, oviforme.

oxhydryle *nom masculin* Radical présent dans l'eau, les alcools. SYN. hydroxyle.

oxinne *nom féminin* Composé hétérocyclique. SYN. pyranne.

oxycodone *nom masculin* Substance dérivée de la codéine. SYN. dihydrone.

oxygéner (s') *verbe pronominal* Respirer de l'air pur. SYN. s'aérer, changer d'air, prendre l'air, prendre le frais, respirer. – FAMILIER : se mettre au vert.

oxymore *nom masculin* Figure de style. SYN. alliance de mots.

oyat *nom masculin* Plante utilisée pour fixer les dunes. SYN. ammophile, gourbet.

P

pacage *nom masculin* Lieu de patûre. SYN. alpage, herbage, pâturage, prairie, pré.

pacane *nom féminin* Fruit du pacanier. SYN. noix de pécan.

pacanier *nom masculin* Grand arbre du sud-est des États-Unis. SYN. noyer d'Amérique, pécan.

pacemaker *nom masculin* Appareil qui soutient le rythme du cœur. SYN. stimulateur cardiaque.

pachto *nom masculin* Langue parlée en Afghanistan. SYN. afghan.

pacificateur *nom* Personne qui rétablit la paix. SYN. arbitre, conciliateur, médiateur. CONTR. *agitateur, émeutier, frondeur, provocateur, terroriste.* – LITTÉRAIRE : *excitateur.* – VIEUX : *boutefeu.*

pacification *nom féminin* Action de pacifier. SYN. apaisement, conciliation, réconciliation. CONTR. *agitation, excitation, opposition, rébellion, révolte.* – LITTÉRAIRE : *fronde.*

pacifier *verbe* Calmer l'irritation de. SYN. apaiser, calmer, tranquilliser. – LITTÉRAIRE : rasséréner. CONTR. *agiter, ameuter, armer, envenimer, exaspérer, exciter, soulever, troubler.*

pacifique *adjectif* Qui aime la paix. SYN. antimilitariste, doux, pacifiste, paisible, placide, sage, serein, tranquille. – LITTÉRAIRE : débonnaire. CONTR. *agité, agressif, batailleur, belliqueux, brutal, combatif, guerrier, insurrectionnel, offensif, troublé, violent.* – FAMILIER : *bagarreur.* – LITTÉRAIRE : *martial.*

pacifisme *nom masculin* Doctrine qui préconise la paix. SYN. non-violence. CONTR. *bellicisme.*

pacifiste *adjectif* Qui prône le pacifisme. SYN. antimilitariste, non belligérant, non violent, pacifique, paisible. CONTR. *batailleur, belliciste, belliqueux, combatif, guerrier.* – FAMILIER : *va-t-en-guerre.* – LITTÉRAIRE : *martial.*

pacotille *nom féminin* Marchandise sans valeur. SYN. – FAMILIER : camelote, roupie de sansonnet, toc. – POPULAIRE : cochonnerie, saloperie.

pacte *nom masculin* Accord entre deux partis. SYN. accord, alliance, arrangement, contrat, convention, entente, marché, traité.

pactiser *verbe* Conclure un pacte avec. SYN. s'arranger, s'asseoir à la table des négociations, composer, s'entendre, enterrer la hache de guerre, négocier, parlementer, traiter, transiger. – LITTÉRAIRE : s'accorder. CONTR. *combattre, déterrer la hache de guerre.*

paf *adjectif invariable* POPULAIRE. Complètement ivre. SYN. aviné, enivré, gris, ivre, pris de boisson. – FAMILIER : éméché, imbibé, parti, plein comme un œuf, plein comme une outre, pompette, saoul, schlass, soûl, soûl comme un Polonais, soûl comme une bourrique, soûl comme une grive. – POPULAIRE : beurré, beurré comme un p'tit Lu, beurré comme une tartine, blindé, bourré, bourré comme une cantine, chargé, cuit, noir, pété, pinté, plein comme une barrique, raide, rétamé, rond, rond comme une barrique, rond comme une queue de pelle, torché. – VIEUX : brindezingue.

pagaïe ou **pagaille** *nom féminin* FAMILIER. Désordre, confusion. SYN. anarchie, bousculade, cohue, débandade, désordre, gabegie, gâchis, imbroglio, perturbation, remue-ménage. – FAMILIER : cafouillage, embrouillamini, micmac. – LITTÉRAIRE : cafouillis. – POPULAIRE : bordel, foutoir, merdier. CONTR. *discipline, ordonnance, ordre, rangement.* ■ FAMILIER. ***En pagaille,*** en grande quantité. SYN. abondamment, amplement, beaucoup, colossalement, comme s'il en pleuvait, considérablement, copieusement, à discrétion, énormément, à flots, à foison, généreusement, grandement, largement, massivement, à la pelle, plantureusement, pleinement, en quantité, richement, à satiété, à souhait, surabondamment, à tour de bras, en veux-tu en voilà, à volonté. - FAMILIER : à gogo, jusqu'à plus soif, à revendre, à tire-larigot. - LITTÉRAIRE : à l'envi. CONTR. *chichement, guère, modérément, parcimonieusement, peu.*

page *nom féminin* Fragment d'une œuvre. SYN. extrait, fragment, morceau, passage. ■ Moment historique. SYN. époque, jour, moment, période.

pageot *nom masculin* Poisson des côtes atlantiques. SYN. daurade rose, dorade rose, rousseau.

pagination *nom féminin* Action de paginer. SYN. foliotage.

paginer *verbe* Numéroter des pages. SYN. chiffrer, folioter, numéroter.

pagre *nom masculin* Poisson à chair estimée. SYN. daurade royale, dorade royale.

pagure *nom masculin* Crustacé à l'abdomen mou. SYN. bernard-l'ermite.

paie *nom féminin* Paiement d'un salaire. SYN. appointements, émoluments, gain, honoraires, rétribution, salaire, solde, traitement, vacation. - VIEUX : gages.

paiement *nom masculin* Action de payer. SYN. acquittement, règlement, versement. ■ Ce qu'on donne pour payer. SYN. prix, récompense, rémunération, rétribution.

païen *adjectif* Qui n'a aucune croyance religieuse. SYN. agnostique, athée, incroyant, irréligieux. CONTR. *croyant, dévot, pratiquant, religieux.*

païen *nom* Personne qui n'a pas la foi. SYN. athée, incroyant, libre penseur, profane. - LITTÉRAIRE : mécréant. CONTR. *croyant, fidèle.*

paillage *nom masculin* Action de couvrir les plantes de paille. SYN. mulching.

paillard *adjectif* Porté sur les plaisirs des sens. SYN. coquin, croustillant, débauché, égrillard, gaulois, grivois, impudique, lascif, leste, libre, lubrique, polisson, salé. - FAMILIER : chaud, cochon, olé olé. - LITTÉRAIRE : concupiscent, libidineux, orgiaque, salace. - VIEUX : luxurieux. CONTR. *chaste, prude, pudique, pur.*

paillardise *nom féminin* Comportement paillard. SYN. gauloiserie, grivoiserie, lubricité, luxure, polissonnerie, truculence, verdeur. - FAMILIER : gaudriole. - LITTÉRAIRE : impudicité, salacité. CONTR. *pruderie, pudeur, pudibonderie, puritanisme.* - LITTÉRAIRE : *pudicité.*

paillasse *nom féminin* Morceau du bœuf et du veau. SYN. flanchet.

paille-en-queue *nom masculin* Oiseau marin pélécaniforme. SYN. phaéton.

paillote *nom féminin* Habitation en paille. SYN. cabane, cabanon, case, hutte.

pair *nom masculin* Personne semblable. SYN. congénère, égal, homologue, pareil, semblable.

paire *nom féminin* Ensemble de deux personnes. SYN. couple, duo, tandem.

paisible *adjectif* D'humeur tranquille. SYN. calme, confiant, doux, égal, pacifique, pacifiste, placide, posé, serein. - FAMILIER : pépère. - LITTÉRAIRE : olympien, quiet. - POPULAIRE : peinard, pénard. CONTR. *agité, agressif, batailleur, belliqueux, combatif, débordant, déchaîné, emporté, fiévreux, hystérique, impétueux, inquiet, querelleur, sombre, soucieux, surexcité, survolté, turbulent, violent.* - FAMILIER : *bagarreur.* - LITTÉRAIRE : *tempétueux.* - VIEUX : *chicaneur, chicanier.* ■ Que rien ne trouble. SYN. calme, silencieux, sûr, tranquille. - POPULAIRE : peinard, pénard. CONTR. *bruyant, dangereux, fatigant, heurté, houleux, mouvementé, orageux, tourmenté, trépidant, troublé.* - LITTÉRAIRE : *tempétueux, tumultueux.*

paisiblement *adverbe* De manière paisible. SYN. calmement, doucement, mollement, pacifiquement, placidement, posément, sereinement, en toute quiétude, en toute sérénité, tranquillement. - POPULAIRE : peinardement, pénardement. CONTR. *fébrilement, fiévreusement, impatiemment, précipitamment, violemment.* - LITTÉRAIRE : *tumultueusement.*

paître *verbe* Manger en broutant. SYN. brouter, pacager, pâturer.

paix *nom féminin* Fin de l'état de guerre. SYN. cessez-le-feu, conciliation, détente, non-belligérance, ordre. CONTR. *bataille, combat, conflit, guerre, hostilités, insurrection.* ■ État de concorde. SYN. accord, conciliation, concorde, entente, équilibre, réconciliation. CONTR. *bouleversement, dispute, dissension, friction, heurt, zizanie.* - FAMILIER : *accrochage.* - LITTÉRAIRE : *chicane, discorde.* ■ Tranquillité de l'esprit. SYN. apaisement, ataraxie, calme, sagesse, sang-froid, sérénité. - LITTÉRAIRE : quiétude, repos. CONTR. *agacement, angoisse, anxiété, désarroi, inquiétude, préoccupation, souci, tourment, tracas, tracasserie.* - LITTÉRAIRE : *alarme, orage.* ■ Absence d'agitation. SYN. accalmie, apaisement, calme, douceur, harmonie, repos, silence, tranquillité. CONTR. *activité, affolement, agitation, désordre, ébullition, émeute, fièvre, fracas, tumulte.* - FAMILIER : *chahut, tohu-bohu.* - LITTÉRAIRE : *alarme, bourrasque, tourmente, turbulence.*

palabre *nom féminin* Discussion oiseuse. SYN. bavardage, discours, discussion, dissertation, jacassement. - FAMILIER : discutaillerie, jacasserie, laïus, papotage, parlote, parlotte, tartine.

palabrer *verbe* Discuter longuement. SYN. discourir, disserter, épiloguer, parler, pérorer.

– FAMILIER : discutailler, discuter le bout de gras, discuter le coup, disputailler, jacasser, laïusser, parlementer, pontifier, tchatcher.

palabreur *nom masculin* Personne qui aime à discourir. SYN. bavard, beau parleur, discoureur, jacassier, phraseur. – FAMILIER : baratineur, laïusseur. – LITTÉRAIRE : parleur, péroreur, rhéteur.

palafitte *nom masculin* Village préhistorique au bord d'un lac. SYN. cité lacustre.

palatalisation *nom féminin* Modification subie par un phonème. SYN. mouillure.

pâle *adjectif* Se dit d'un teint clair. SYN. blafard, blanc, blême, cireux, exsangue, livide, plombé, terreux. – FAMILIER : pâlichon, pâlot. CONTR. *basané, bronzé, brun, bruni, coloré, cramoisi, foncé, frais, hâlé, rose, rosé, rouge, rougeaud.* – LITTÉRAIRE : *empourpré, enluminé, rubicond, vermeil.* ▪ Se dit d'une lumière faible. SYN. doux, tamisé, terne, voilé. CONTR. *ardent, aveuglant, éblouissant, éclatant, lumineux, radieux, violent.* – LITTÉRAIRE : *fulgurant.* ▪ Se dit d'une couleur atténuée. SYN. clair, décoloré, délavé, éteint, fadasse, fade, fané, passé. CONTR. *foncé, sombre, soutenu, vif.* ▪ Qui manque d'éclat. SYN. creux, gris, impersonnel, inodore et sans saveur, insipide, morne, plat, terne. – FAMILIER : fadasse. – LITTÉRAIRE : incolore. CONTR. *brillant, éblouissant, étincelant, fulgurant, original, pittoresque.*

paléoanthropologie *nom féminin* Paléontologie qui reconstitue la lignée humaine. SYN. paléontologie humaine.

paléobotanique *nom féminin* Étude des végétaux fossiles. SYN. paléontologie végétale.

paléocortex *nom masculin* Division du système nerveux central. SYN. rhinencéphale.

paléogène *nom masculin* Première période de l'ère cénozoïque. SYN. nummulitique.

paléontologie *nom féminin* ***Paléontologie humaine,*** paléontologie qui reconstitue la lignée humaine. SYN. paléoanthropologie. ▪ ***Paléontologie animale,*** étude des fossiles d'origine animale. SYN. paléozoologie. ▪ ***Paléontologie végétale,*** étude des végétaux fossiles. SYN. paléobotanique.

paléozoïque *nom masculin* Ère géologique. SYN. primaire.

paléozoologie *nom féminin* Étude des fossiles d'origine animale. SYN. paléontologie animale.

palette *nom féminin* Ensemble de choses de même nature. SYN. assortiment, batterie, collection, échantillonnage, éventail, gamme, jeu, lot.

pâleur *nom féminin* Couleur pâle. SYN. blancheur, lividité. CONTR. *couleur, rougeur.* – LITTÉRAIRE : *roseur.* ▪ Manque d'éclat. SYN. banalité, fadeur, insipidité, modération, platitude, tiédeur. CONTR. *brillant, éclat, originalité.*

pâlichon *adjectif* FAMILIER. Qui est un peu pâle. SYN. blanc, blême, pâle, plombé. – FAMILIER : pâlot. CONTR. *coloré, frais, hâlé, rose, rosé.* – LITTÉRAIRE : *empourpré, enluminé, vermeil.*

palier *nom masculin* Phase d'une action. SYN. degré, échelon, étape, gradation, phase, stade, temps.

palinodie *nom féminin* LITTÉRAIRE. Changement d'opinion. SYN. pirouette, retournement, rétractation, revirement, virevolte, volte-face. – FAMILIER : cabriole.

pâlir *verbe intransitif* S'affaiblir, pour la lumière. SYN. s'atténuer, s'éteindre, se voiler. ▪ Perdre de son éclat. SYN. se décolorer, s'effacer, s'estomper, se faner, passer, se ternir. CONTR. *briller.* ▪ Devenir pâle. SYN. blêmir, être blanc comme la mort, être blanc comme un linge, être pâle comme la mort, être pâle comme un cachet d'aspirine, être pâle comme un linge, être pâle comme une endive. CONTR. *être rouge comme un coq, être rouge comme une écrevisse, être rouge comme une pivoine, être rouge comme une tomate, rosir, rougir.*

pâlir *verbe transitif* Rendre pâle. SYN. décolorer, délaver, déteindre, ternir. CONTR. *colorer, teinter.* – LITTÉRAIRE : *teindre.*

palissade *nom féminin* Clôture faite de pieux. SYN. barrière, clôture. – VIEUX : palis.

pâlissant *adjectif* Dont la clarté s'affaiblit. SYN. déclinant, faiblissant.

paliure *nom masculin* Arbrisseau épineux utilisé pour des haies. SYN. épine du Christ.

palliatif *nom masculin* Moyen pour éviter quelque chose. SYN. expédient, remède, soulagement.

pallier *verbe* Supprimer un inconvénient. SYN. corriger, éviter, faire face, parer, se prémunir contre, prévenir, remédier, suppléer. – LITTÉRAIRE : obvier à.

palmacée *nom féminin* Plante telle que le palmier. SYN. arécacée.

palmarès *nom masculin* Liste des meilleurs succès de vente. SYN. hit-parade.

palmé *adjectif* Découpé en forme de doigts. SYN. digité.

palombe *nom féminin* Gros pigeon à tête et dos gris-bleu. SYN. ramier.

pâlot *adjectif* FAMILIER. Qui est un peu pâle. SYN. blanc, blême, pâle, plombé. – FAMILIER : pâlichon. CONTR. *coloré, frais, hâlé, rose, rosé.* – LITTÉRAIRE : *empourpré, enluminé, vermeil.*

palourde *nom féminin* Mollusque comestible bivalve. SYN. clovisse.

palpable *adjectif* Que l'on peut toucher. SYN. concret, matériel, réel, sensible, tangible. CONTR. *fantomatique, hallucinatoire, immatériel, impalpable, imperceptible, inexistant.* ■ Qui peut être contrôlé. SYN. certain, évident, manifeste, notoire, patent, sûr. CONTR. *contestable, douteux, faux, fictif, hypothétique, incertain, problématique.*

palper *verbe* Toucher avec la main. SYN. manier, manipuler, tâter. ■ FAMILIER. Toucher de l'argent. SYN. émarger, empocher, encaisser, se faire, gagner, percevoir, ramasser, toucher. CONTR. *débourser, décaisser, payer, verser.*

palpeur *nom masculin* Organe de détection. SYN. capteur, détecteur, senseur.

palpitant *adjectif* Qui palpite. SYN. frémissant, haletant, pantelant, tremblant, vibrant. – LITTÉRAIRE : bruissant. ■ Qui suscite l'intérêt. SYN. attachant, bouleversant, captivant, émouvant, fascinant, intéressant, passionnant, poignant, prenant, saisissant. CONTR. *ennuyeux, inintéressant, insignifiant, soporifique.* – FAMILIER : *rasant, rasoir, soûlant.* – POPULAIRE : *chiant, emmerdant.*

palpiter *verbe* Avoir des mouvements brusques. SYN. frémir, osciller, trembler, trembloter, tressaillir, vaciller. – LITTÉRAIRE : panteler, trémuler, trépider, vibrer.

paltoquet *nom masculin* FAMILIER. Individu grossier. SYN. balourd, butor, cuistre, goujat, lourdaud, malotru, mufle, ostrogoth, ours mal léché, paysan du Danube, rustre, sauvage. – FAMILIER : foutriquet, malpoli, rustaud. – LITTÉRAIRE : faquin, soudard. – POPULAIRE : jean-foutre, pignouf. – VIEUX : bélître, coquin, maraud, maroufle.

paludéen ou **paludique** *adjectif* Relatif au paludisme. SYN. malarien, palustre.

paludisme *nom masculin* Maladie parasitaire. SYN. malaria. – FAMILIER : palu.

palustre *adjectif* Relatif au paludisme. SYN. malarien, paludéen, paludique.

palynologie *nom féminin* Étude des pollens actuels et fossiles. SYN. pollénographie.

pâmer (se) *verbe pronominal* LITTÉRAIRE. Tomber en syncope. SYN. chavirer, s'évanouir, perdre connaissance, tomber en pâmoison, se trouver mal. – FAMILIER : tomber dans les pommes, tourner de l'œil. – LITTÉRAIRE : défaillir. – POPULAIRE : tomber dans les vapes. ■ Être transporté d'un sentiment. SYN. boire du petit-lait, délirer, s'émerveiller, s'enthousiasmer, être au septième ciel, s'exalter, s'extasier, exulter, se griser. – POPULAIRE : prendre son pied.

pâmoison *nom féminin* Fait de s'évanouir. SYN. défaillance, évanouissement, malaise, syncope. – LITTÉRAIRE : faiblesse.

pamphlet *nom masculin* Petit écrit polémique. SYN. critique, diatribe, mazarinade, réquisitoire, satire. – LITTÉRAIRE : factum, libelle, philippique. CONTR. *apologie, éloge, panégyrique.* – LITTÉRAIRE : *dithyrambe.*

pamphlétaire *nom* Auteur de pamphlets. SYN. critique, polémiste, satiriste. – LITTÉRAIRE : libelliste. CONTR. *apologiste.* – LITTÉRAIRE : *panégyriste.*

pamplemousse *nom masculin* Fruit du groupe des agrumes. SYN. grape-fruit, pomelo.

pan *nom masculin* LITTÉRAIRE. Surface. SYN. côté, paroi, pente, versant. ■ LITTÉRAIRE. Partie importante de. SYN. fragment, morceau, partie, portion. ■ Auge servant au lavage des sables. SYN. batée.

panachage *nom masculin* Action de panacher. SYN. combinaison, dosage, fusion, mélange.

panache *nom masculin* Assemblage de plumes. SYN. aigrette, casoar, houppe, plumet. ■ Ce qui ressemble à un bouquet. SYN. bouquet, fusée, gerbe, houppe, touffe. ■ Caractère distingué. SYN. allure, brio, classe, distinction, éclat.

panaché *adjectif* Aux couleurs variées. SYN. bariolé, bigarré, tacheté. CONTR. *uni, unicolore.* ■ Composé d'éléments différents. SYN. bigarré, combiné, composite, divers, hétéroclite, hétérogène, hybride, mixte. – LITTÉRAIRE : mâtiné. CONTR. *homogène.*

panaché *nom masculin* LITTÉRAIRE. Mélange de choses diverses. SYN. assortiment, cocktail, combinaison, combiné, composé, mélange.

panacher *verbe* Composer d'éléments divers. SYN. associer, combiner, marier, mélanger, mêler. – LITTÉRAIRE : mitiger. ■ Orner de couleurs variées. SYN. barioler, bigarrer, chamarrer.

panaris *nom masculin* Infection aiguë du doigt. SYN. mal blanc.

pancarte *nom féminin* Panneau portant un avis. SYN. affiche, écriteau, enseigne, panneau, panonceau. – VIEUX : placard.

panda *nom masculin* Mammifère végétarien. SYN. ailurope.

panégyrique *nom masculin* Éloge sans réserve. SYN. apologie, éloge, glorification, louange, plaidoyer. – LITTÉRAIRE : dithyrambe. CONTR. *blâme, censure, critique, dénigrement, diatribe, pamphlet, réquisitoire, satire.* – FAMILIER : *débinage.*

panégyriste *nom masculin* LITTÉRAIRE. Auteur d'un panégyrique. SYN. apologiste. CONTR. *critique, pamphlétaire.* ■ Personne qui flatte. SYN. – FAMILIER : lèche-bottes. – LITTÉRAIRE : flagorneur, laudateur, louangeur, prôneur, thuriféraire. CONTR. *critique.* – LITTÉRAIRE : *censeur, contempteur.*

paneton *nom masculin* Petite corbeille où l'on met le pain à lever. SYN. banneton.

panicaut *nom masculin* Plante aux feuilles épineuses bleuâtres. SYN. barbe-de-chèvre.

panier *nom masculin* FAMILIER. ***Panier percé,*** personne très dépensière. SYN. dilapidateur, gaspilleur. – LITTÉRAIRE : dissipateur. CONTR. *avare, économe, parcimonieux, thésauriseur.* – FAMILIER : *chiche, grigou, grippe-sou, pingre, radin, rapiat, rat.* – LITTÉRAIRE : *harpagon, ladre, lésineur.*

panique *nom féminin* Terreur irraisonnée. SYN. affolement, débandade, effroi, épouvante, frayeur, horreur, peur, terreur.

paniquer *verbe intransitif* Succomber à la panique. SYN. s'affoler, s'alarmer, avoir le sang qui se glace dans les veines, se démonter, s'effrayer, être plus mort que vif, mourir de peur, perdre la raison, perdre la tête, perdre la tramontane, perdre son sang-froid, perdre son self-control. – FAMILIER : angoisser, être aux cent coups, ne plus avoir un poil de sec, perdre la boule, perdre la boussole, perdre le nord, perdre les pédales. CONTR. *se contrôler, garder son sang-froid, garder son self-control, se maîtriser.*

paniquer *verbe transitif* Provoquer une terreur soudaine. SYN. affoler, alarmer, angoisser, apeurer, clouer sur place, effrayer, égarer, épouvanter, faire peur, terrifier, terroriser. CONTR. *apaiser, calmer, rassurer, tranquilliser.* – LITTÉRAIRE : *rasséréner.*

panne *nom féminin* ***Être, tomber en panne,*** avoir son véhicule qui ne fonctionne plus. SYN. – FAMILIER : être en rade, tomber en carafe, tomber en rideau.

panneau *nom masculin* Plaque servant de support. SYN. écriteau, enseigne, pancarte, panonceau. – VIEUX : placard.

panoplie *nom féminin* Ensemble de possibilités. SYN. arsenal, assortiment, batterie, collection, échantillonnage, éventail, gamme, jeu, lot.

panorama *nom masculin* Vaste étendue de pays. SYN. échappée, horizon, paysage, point de vue, site, vue.

panse *nom féminin* FAMILIER. Gros ventre. SYN. – FAMILIER : bedaine, bedon, brioche. – POPULAIRE : bide, bidon.

panser *verbe* LITTÉRAIRE. Apporter une consolation. SYN. adoucir, calmer, réconforter, soulager. – LITTÉRAIRE : mettre du baume au cœur. CONTR. *blesser.*

pansu *adjectif* FAMILIER. Qui a un gros ventre. SYN. gras, gros, obèse, ventru. – FAMILIER : bedonnant, ventripotent. CONTR. *élancé, fin, mince.*

pantagruélique *adjectif* Très copieux. SYN. copieux, plantureux. CONTR. *frugal, parcimonieux, sobre.*

pantalon *nom masculin* Culotte à jambes longues. SYN. – ARGOTIQUE : bénard. – POPULAIRE : culbutant, falzar, fendard, fendart, froc, futal, fute, grimpant.

pantalonnade *nom féminin* Farce pitoyable. SYN. bouffonnerie, facétie, mystification, pitrerie. – FAMILIER : blague. – LITTÉRAIRE : duperie. ■ Subterfuge grotesque. SYN. dérobade, échappatoire, faux-fuyant, pirouette, prétexte, reculade. ■ LITTÉRAIRE. Hypocrisie d'un sentiment. SYN. comédie, grimace, parade, simagrée. – LITTÉRAIRE : momerie.

pantelant *adjectif* Qui palpite convulsivement. SYN. essoufflé, haletant, palpitant, poussif, suffocant. ■ LITTÉRAIRE. En proie à une émotion. SYN. affolé, bouleversé, ébranlé, remué, retourné, secoué, troublé. – FAMILIER : révolutionné.

panteler *verbe* LITTÉRAIRE. Respirer difficilement. SYN. s'essoufler, haleter, palpiter, suffoquer.

panthère *nom féminin* Mammifère carnivore à robe tachetée. SYN. léopard.

pantin *nom masculin* Jouet d'enfant. SYN. arlequin, fantoche, marionnette. ■ Personne sans caractère. SYN. bouffon, caméléon, fantoche, farceur, marionnette, plaisantin. – FAMILIER : fumiste, girouette, guignol, polichinelle. – LITTÉRAIRE : protée. – POPULAIRE : charlot, rigolo. – VIEUX : arlequin, sauteur.

pantois *adjectif* Qui est très étonné. SYN. abasourdi, ahuri, bouche bée, coi, consterné, déconfit, ébahi, éberlué, étonné, interdit, interloqué, médusé, pétrifié, renversé, suffoqué, tombé de la lune, tombé des nues. – FAMILIER : baba, comme deux ronds de flan, épaté, époustouflé, estomaqué, scié, sidéré, soufflé. – LITTÉRAIRE : ébaubi. – POPULAIRE : sur le cul.

pantopode *nom masculin* Petit arthropode marin. SYN. pycnogonide.

pantouflard *adjectif* FAMILIER. Qui tient à ses habitudes. SYN. bourgeois, casanier. – FAMILIER : popote.

pantoufle *nom féminin* Chaussure légère. SYN. babouche, charentaise, chausson, mule, savate.

panure *nom féminin* Pain émietté utilisé pour paner. SYN. chapelure.

P.A.O. *nom féminin* Technique d'édition utilisant l'informatique. SYN. édition électronique, micro-édition, publication assistée par ordinateur.

papal *adjectif* Qui appartient au pape. SYN. pontifical.

papavérale *nom féminin* Plante telle que le coquelicot. SYN. rhœadale.

pape *nom masculin* L'évêque de Rome. SYN. Saint-Père, souverain pontife.

papengaie *nom féminin* Cucurbitacée originaire de l'Inde. SYN. éponge végétale, paponge.

papier *nom masculin* Pièce administrative. SYN. document, dossier, écrit, lettre, manuscrit, note, paperasse, pièce. - POPULAIRE : papelard.

papillon *nom masculin* FAMILIER. Contravention. SYN. amende, procès-verbal. - FAMILIER : contredanse, P.-V. - POPULAIRE : prune. ■ ***Papillon de mer,*** poisson des côtes de la Manche. SYN. gonelle.

papillonnant *adjectif* Qui papillonne. SYN. changeant, inconstant, instable, variable, versatile. - LITTÉRAIRE : ondoyant. - VIEUX : mobile.

papillonner *verbe* Ne pas s'intéresser longtemps à. SYN. se disperser, s'éparpiller, voltiger. - FAMILIER : batifoler. - LITTÉRAIRE : folâtrer.

papillotant *adjectif* Qui éblouit par ses reflets. SYN. chatoyant, éblouissant, miroitant, scintillant.

papillotement *nom masculin* Miroitement de la lumière. SYN. chatoiement, miroitement, papillotage, scintillement. - LITTÉRAIRE : moire.

papilloter *verbe* En parlant des yeux, bouger. SYN. ciller, cligner, clignoter. ■ Avoir des reflets changeants. SYN. briller, chatoyer, miroiter, scintiller, trembloter, vaciller. - LITTÉRAIRE : poudroyer.

paponge *nom féminin* Cucurbitacée originaire de l'Inde. SYN. éponge végétale, papengaie.

papotage *nom masculin* FAMILIER. Action de papoter. SYN. babillage, bavardage, jacassement, palabre. - FAMILIER : causette, jacasserie, parlote, parlotte. - LITTÉRAIRE : babil.

papoter *verbe* FAMILIER. Bavarder intarissablement. SYN. babiller, bavarder, caqueter, causer, chatter, converser, dialoguer, discourir, discuter, disserter, parler, tchatter. - FAMILIER : avoir du bagou, avoir la langue bien affilée, avoir la langue bien déliée, avoir la langue bien pendue, avoir une sacrée tapette, bavasser, cancaner, commérer, discutailler, discuter le bout de gras, discuter le coup, faire la causette, faire un brin de causette, jacasser, piapiater, potiner, tailler une bavette, tchatcher. - LITTÉRAIRE : deviser. - VIEUX : pépier. CONTR. *avoir avalé sa langue, avoir perdu sa langue, fermer sa bouche, ne dire mot, ne pas desserrer les dents, ne pas dire un mot, ne pas piper, ne souffler mot, se taire.* - FAMILIER : *fermer son bec.* - POPULAIRE : *fermer sa boîte, fermer sa gueule.*

paquet *nom masculin* Masse informe. SYN. amas, bloc, masse, pile, tas. ■ Objet emballé. SYN. ballot, colis, envoi. - FAMILIER : balluchon. ■ FAMILIER. Grande quantité de choses. SYN. cascade, déluge, foule, infinité, kyrielle, masse, moisson, monceau, montagne, multitude, tas. - FAMILIER : armada, cargaison, flopée, pelletée, tapée. CONTR. *atome, bribe, brin, doigt, goutte, grain, gramme, larme, lueur, miette, nuage, once, parcelle, peu, poignée, pointe, soupçon, trace.* - LITTÉRAIRE : *liard, ombre, trait.* - POPULAIRE : *chouia.*

paqueter *verbe* Mettre en paquet. SYN. conditionner, emballer, envelopper. CONTR. *déballer, défaire, dépaqueter, désemballer.*

parabole *nom féminin* Récit allégorique. SYN. allégorie, apologue.

parachèvement *nom masculin* LITTÉRAIRE. Action de parachever. SYN. aboutissement, accomplissement, achèvement, conclusion, couronnement, exécution, finissage, finition, réalisation. - LITTÉRAIRE : consommation. CONTR. *sabotage.* - FAMILIER : *bâclage, bousillage.*

parachever *verbe* Mener une chose à sa fin. SYN. accomplir, achever, conclure, couronner, donner la touche finale, fignoler, finir, mettre la dernière main à, parfaire, peaufiner, perfectionner, polir. - FAMILIER : lécher. - LITTÉRAIRE : ciseler. - VIEUX : perler. CONTR. *gâcher, saboter.* - FAMILIER : *bâcler, expédier, torcher, torchonner.*

parachuter *verbe* FAMILIER. Nommer à un emploi. SYN. affecter, désigner, introniser, nommer. - FAMILIER : bombarder.

parade *nom féminin* Étalage pour se valoriser. SYN. déploiement, étalage, exhibition. - FAMILIER : esbroufe. - POPULAIRE : épate. CONTR. *discrétion, humilité, modestie.*

parader *verbe* Prendre un air avantageux. SYN. s'afficher, bomber la poitrine, bomber le torse, s'étaler, s'exhiber, faire l'important, se montrer, se pavaner, poser, prendre de grands airs, prendre des airs de grandeur, regarder de (son) haut, regarder du haut de sa grandeur, se rengorger. - FAMILIER : crâner, frimer, pavoiser, plastronner. - POPULAIRE : ramener sa fraise, rouler des mécaniques.

paradeur *nom* LITTÉRAIRE. Personne qui parade. SYN. fanfaron, faraud, poseur, vantard. - FAMILIER :

crâneur, m'as-tu-vu, plastronneur. – LITTÉRAIRE : matamore.

paradis *nom masculin* Séjour des justes après la mort. SYN. ciel. CONTR. *enfer, géhenne, limbes, purgatoire.* ■ Lieu, état délicieux. SYN. eldorado, nirvana, nirvâna, une oasis de, pays de cocagne. – LITTÉRAIRE : éden, élysée. CONTR. *enfer, supplice.*

paradisiaque *adjectif* Qui évoque le paradis. SYN. divin, enchanteur, féerique, idyllique, merveilleux, splendide, sublime, superbe. – LITTÉRAIRE : céleste.

paradisier *nom masculin* Oiseau des forêts tropicales. SYN. oiseau de paradis.

paradoxal *adjectif* Contraire à la normale. SYN. aberrant, absurde, anormal, bizarre, curieux, extraordinaire, inadmissible, inattendu, incroyable, inhabituel, inimaginable, inouï, invraisemblable, singulier, stupéfiant, surprenant. CONTR. *banal, commun, courant, habituel, normal, ordinaire, usuel.*

paradoxe *nom masculin* Ce qui paraît contradictoire. SYN. absurdité, anomalie, bizarrerie, étrangeté, extravagance, singularité.

paraffine *nom féminin* Hydrocarbure saturé. SYN. alcane.

parafoudre *nom masculin* Dispositif contre les effets de la foudre. SYN. paratonnerre.

parages *nom masculin pluriel* Région environnant un lieu. SYN. abords, alentours, coin, contrée, environs, proximité, voisinage. – FAMILIER : secteur. – LITTÉRAIRE : approches.

paraître *verbe* Se présenter à la vue. SYN. apparaître, émerger, jaillir, se lever, naître, percer, se profiler, sortir, surgir, transparaître, se voir. – LITTÉRAIRE : éclore, poindre, pointer. CONTR. *disparaître.* ■ Manifester sa présence. SYN. aller, déboucher, émerger, se montrer, se présenter. – FAMILIER : montrer le bout de son nez, montrer son nez. – LITTÉRAIRE : survenir. CONTR. *se sauver.* ■ Se faire remarquer. SYN. s'afficher, briller, s'étaler, s'exhiber, se montrer, parader, se pavaner, poser, se rengorger. – FAMILIER : crâner, plastronner. ■ Donner l'impression de. SYN. avoir l'air, faire, passer pour, sembler.

parallèle *adjectif* Qui va dans la même direction. SYN. analogue, comparable, proche, semblable, similaire, voisin. CONTR. *contraire, différent, dissemblable, divergent, opposé.* ■ En marge d'un cadre légal. SYN. caché, clandestin, illégal, marginal, noir, occulte. CONTR. *flagrant, manifeste, notoire, patent.*

parallèle *nom masculin* Fait de comparer deux choses. SYN. assimilation, comparaison, confrontation, rapprochement.

paralysé *adjectif* Frappé de paralysie. SYN. impotent, invalide, paralytique, perclus. CONTR. *valide.* ■ Empêché d'avancer. SYN. bloqué, figé, fixe, immobile, immobilisé, neutralisé.

paralyser *verbe* Rendre incapable de réagir. SYN. anéantir, assommer, clouer, engourdir, étouffer, glacer, inhiber, intimider, pétrifier, rouiller. – LITTÉRAIRE : annihiler, garrotter, statufier. CONTR. *animer.* ■ Arrêter une action. SYN. arrêter, bloquer, empêcher, endiguer, enrayer, entraver, freiner, geler, gêner, immobiliser, juguler, neutraliser, nuire, obstruer, ralentir, retarder, scléroser, stopper. CONTR. *actionner.*

paralysie *nom féminin* Arrêt complet d'une activité. SYN. asphyxie, blocage, immobilisation, immobilité, léthargie, marasme, piétinement, stagnation. – LITTÉRAIRE : assoupissement, étranglement, somnolence. CONTR. *agitation, animation, mouvement.*

paralytique *adjectif* Atteint de paralysie. SYN. impotent, invalide, paralysé, perclus.

paramnésie *nom féminin* Récit imaginaire qui masque la réalité. SYN. confabulation.

paramphistomose *nom féminin* Gastro-entérite des ruminants. SYN. amphistomose.

parangon *nom masculin* LITTÉRAIRE. Type accompli. SYN. canon, exemple, idéal, modèle, prototype, type.

paranucléaire *adjectif* Qui protège des effets d'une explosion nucléaire. SYN. antiatomique.

parapet *nom masculin* Barrière pour empêcher de tomber. SYN. balustrade, garde-corps, garde-fou, rambarde.

paraphrase *nom féminin* Explication d'un texte. SYN. commentaire, développement, explication, glose, interprétation. ■ Commentaire verbeux. SYN. bavardage, longueurs, remplissage, verbiage. – FAMILIER : délayage. – LITTÉRAIRE : prolixité, verbosité.

paraphraser *verbe* Faire un commentaire. SYN. commenter, développer, expliquer, gloser, interpréter. ■ Exprimer de manière diffuse. SYN. bavarder, remplir. – FAMILIER : délayer. CONTR. *résumer.*

parapluie *nom masculin* Accessoire qui protège de la pluie. SYN. tom-pouce. – FAMILIER : pépin. – POPULAIRE : pébroc, pébroque. – VIEUX : riflard.

parapsychique *adjectif* De la parapsychologie. SYN. parapsychologique. – VIEUX : métapsychique.

parapsychologie *nom féminin* Étude des phénomènes paranormaux. SYN. métapsychique.

parapsychologique *adjectif* De la parapsychologie. SYN. parapsychique. – VIEUX : métapsychique.

parasismique *adjectif* Qui résiste aux séismes. SYN. antisismique.

parasite *nom masculin* Personne qui vit aux dépens d'autrui. SYN. exploiteur, profiteur. – FAMILIER : pique-assiette. – LITTÉRAIRE : commensal, sangsue. – VIEUX : écornifleur.

parasiter *verbe* Vivre en parasite. SYN. abuser de, exploiter, pressurer, profiter de.

parasol *nom masculin* ***Pin parasol,*** espèce de pin du midi de la France. SYN. pignon, pinier.

parasympatholytique *adjectif et nom masculin* Qui inhibe l'action de l'acétylcholine. SYN. acétylcholinolytique, anticholinergique, cholinolytique.

parasympathomimétique *adjectif et nom masculin* Qui reproduit les effets de l'acétylcholine. SYN. cholinergique.

parathormone *nom féminin* Hormone sécrétée par les glandes parathyroïdes. SYN. hormone parathyroïdienne.

parathyroïdien *adjectif* ***Hormone parathyroïdienne,*** hormone sécrétée par les glandes parathyroïdes. SYN. parathormone.

paratonnerre *nom masculin* Dispositif contre les effets de la foudre. SYN. parafoudre.

parbleu ! *interjection* Indique l'assentiment. SYN. assurément, bien sûr, certainement, évidemment, oui, pardi ! – FAMILIER : dame !, sûr, pour sûr.

parce que *conjonction* Indique le motif. SYN. attendu que, comme, étant donné que, du fait que, dans la mesure où, puisque, pour la raison que, vu que.

parcellaire *adjectif* Qui ne concerne qu'une partie. SYN. fractionné, fragmentaire, incomplet, morcelé, partiel, tronçonné. CONTR. *complet, entier, exhaustif, global, intégral.*

parcelle *nom féminin* Petite quantité de. SYN. atome, bout, bribe, brin, doigt, filet, goutte, grain, gramme, larme, miette, nuage, once, pointe, portion, poussière, soupçon, teinte, trace. – FAMILIER : lichette. – LITTÉRAIRE : liard, ombre. – POPULAIRE : chouia. CONTR. *armée, avalanche, cascade, déluge, flot, foule, infinité, kyrielle, masse, monceau, montagne, multitude, myriade, nuée, pléiade, pluie, tas, torrent.* – FAMILIER : *armada, cargaison, flopée, foultitude, paquet, pelletée, ribambelle, tapée.* – LITTÉRAIRE : *averse, océan.* ■ Petite partie de matière. SYN. fraction, fragment, particule. – LITTÉRAIRE : molécule. CONTR. *bloc, ensemble.* ■ Petite pièce de terre. SYN. arpent, champ, clos, lopin.

parchemin *nom masculin* FAMILIER. Titre universitaire. SYN. diplôme. – FAMILIER : peau d'âne.

parcimonie *nom féminin* Épargne rigoureuse. SYN. avarice, économie, mesquinerie. – FAMILIER : pingrerie, radinerie, radinisme. – LITTÉRAIRE : lésine, lésinerie. CONTR. *générosité, libéralité, profusion.* – LITTÉRAIRE : *dissipation, largesse, magnificence, prodigalité.*

parcimonieusement *adverbe* Avec parcimonie. SYN. chichement, au compte-gouttes, mesquinement, pauvrement, petitement. – RARE : avarement. CONTR. *abondamment, en abondance, abusivement, beaucoup, comme s'il en pleuvait, considérablement, démesurément, à discrétion, énormément, excessivement, extraordinairement, extrêmement, à flots, à foison, follement, fort, fortement, généreusement, grandement, immensément, immodérément, infiniment, largement, outrageusement, outre mesure, à la pelle, prodigieusement, à profusion, en quantité, à satiété, à souhait, à tour de bras, trop, vertigineusement.* – FAMILIER : *bigrement, bougrement, carrément, à gogo, en pagaille, à revendre, à tire-larigot.*

parcimonieux *adjectif* Qui fait preuve de parcimonie. SYN. avare, économe, regardant, thésauriseur. – FAMILIER : chiche, grigou, grippe-sou, pingre, radin, rapiat, rat. – LITTÉRAIRE : avaricieux, ladre, lésineur. CONTR. *dépensier, dilapidateur, gaspilleur, généreux, large, prodigue.* – LITTÉRAIRE : *dissipateur.* ■ Qui témoigne de parcimonie. SYN. insuffisant, juste, maigre, mesquin, pauvre, serré. – FAMILIER : chiche, jeune. CONTR. *abondant, copieux, fastueux, foisonnant, pantagruélique, plantureux.*

parcourir *verbe* Visiter un lieu. SYN. arpenter, explorer, inspecter, prospecter, sillonner. ■ Effectuer un trajet déterminé. SYN. couvrir, faire, franchir. ■ Examiner du regard. SYN. observer, regarder, scruter, suivre. ■ Examiner un texte. SYN. feuilleter, lire, survoler.

parcours *nom masculin* Itinéraire à suivre. SYN. chemin, distance, étape, itinéraire, route, trajectoire, trajet. ■ Fait de parcourir. SYN. cheminement, course, marche, progression. – VIEUX : traite.

pardi ! *interjection* Indique l'assentiment. SYN. assurément, bien sûr, certainement, évidemment, oui, parbleu ! – FAMILIER : dame !, sûr, pour sûr.

pardon *nom masculin* Fait de pardonner. SYN. absolution, excuse, oubli, rémission. – LITTÉRAIRE : miséricorde. CONTR. *rancœur, rancune, représailles, ressentiment, vengeance.*

pardon ? *interjection* Marque la surprise. SYN. comment ?, plaît-il ?, quoi ? – FAMILIER : hein ?

pardonnable *adjectif* Qui est digne de pardon. SYN. excusable, négligeable. – LITTÉRAIRE : rémissible, véniel. CONTR. *blâmable, condamnable, impardonnable, inadmissible, inexcusable, irrémissible, punissable, répréhensible.*

pardonner *verbe* Accorder son pardon à. SYN. absoudre, acquitter, amnistier, faire grâce, gracier. CONTR. *châtier, condamner, punir, réprimer, sanctionner.* ▪ Accepter sans dépit. SYN. excuser, fermer les yeux sur, ne pas vouloir la mort du pécheur, oublier, passer l'éponge, passer sur, supporter, tolérer. – LITTÉRAIRE : souffrir. CONTR. *blâmer, réprouver, tenir rigueur.*

paré *adjectif* Qui possède quelque chose. SYN. armé, doté, équipé, nanti, pourvu. CONTR. *démuni, dénué, dépourvu, privé.* ▪ LITTÉRAIRE. Qui est bien habillé. SYN. endimanché, habillé, pomponné. – FAMILIER : bichonné. CONTR. *débraillé, négligé.*

pare-feu ou **pare-étincelles** *nom masculin invariable* Grille devant une cheminée. SYN. garde-feu.

pareil *adjectif* Qui a une ressemblance avec. SYN. analogue, comparable, conforme, égal, équivalent, identique, inchangé, même, ressemblant, semblable, similaire, tel. – FAMILIER : c'est bonnet blanc et blanc bonnet, c'est du pareil au même, c'est kif-kif (bourricot), c'est tout comme. CONTR. *autre, contraire, différent, disparate, dissemblable, distinct, divers, inégal.*

pareil *nom* Personne de même condition. SYN. congénère, égal, homologue, pair, semblable. ▪ ***Sans pareil,*** incomparable. SYN. inégalable, inégalé, sans égal. – LITTÉRAIRE : nonpareil. CONTR. *égalable.*

pareillement *adverbe* De façon pareille. SYN. aussi, à l'avenant, également, identiquement, indifféremment, indistinctement, de la même façon, de la même manière, de même. – LITTÉRAIRE : semblablement. – VIEUX : mêmement. CONTR. *autrement, différemment, inégalement.*

parenté *nom féminin* Ensemble des parents. SYN. consanguinité, famille. – LITTÉRAIRE : parentèle, parentelle. ▪ Points communs. SYN. analogie, conformité, identité, ressemblance, similarité, similitude. CONTR. *contraste, différence, disparité, dissemblance, dissimilitude, opposition.*

parenthèse *nom féminin* Élément accessoire. SYN. à-côté, digression. ▪ ***Entre parenthèses,*** de façon accessoire. SYN. accessoirement, incidemment, occasionnellement, au passage. – FAMILIER : en passant.

parents *nom masculin pluriel* Le père et la mère. SYN. – LITTÉRAIRE : géniteurs. – POPULAIRE : vieux. CONTR. *enfants.* ▪ LITTÉRAIRE. Les ancêtres. SYN. ancêtres, ascendants, famille, lignée, maison, souche. – LITTÉRAIRE : aïeux, race. CONTR. *descendants, enfants.*

parer *verbe transitif* LITTÉRAIRE. Vêtir avec soin. SYN. pomponner. – FAMILIER : bichonner. – LITTÉRAIRE : apprêter. CONTR. *négliger.* ▪ LITTÉRAIRE. Orner quelque chose. SYN. accommoder, agrémenter, chamarrer, décorer, égayer, embellir, enjoliver, enrichir, fleurir, garnir, ornementer, orner. – LITTÉRAIRE : habiller, relever. CONTR. *défigurer, déparer, dépouiller, enlaidir.*

parer *verbe transitif indirect* Remédier à quelque chose. SYN. aviser, éviter, faire face, pallier, pourvoir à, se prémunir contre, prévenir, remédier. – LITTÉRAIRE : obvier à.

parer (se) *verbe pronominal* LITTÉRAIRE. Revêtir de beaux vêtements. SYN. s'apprêter, s'endimancher, s'habiller, se pomponner, se préparer. – FAMILIER : se bichonner. CONTR. *se débrailler, se déshabiller, se négliger.* ▪ S'attribuer un titre. SYN. s'approprier, se doter, s'équiper, se pourvoir. – LITTÉRAIRE : s'arroger. CONTR. *se démunir, se priver.*

paresse *nom féminin* Goût pour l'oisiveté. SYN. fainéantise, flânerie, indolence, inertie, langueur, négligence, nonchalance, oisiveté. – FAMILIER : cosse, farniente, flemmardise, flemme. – LITTÉRAIRE : inapplication. CONTR. *activité, application, ardeur, assiduité, courage, dynamisme, empressement, énergie, soin, volonté, zèle.* – FAMILIER : *cran.* – LITTÉRAIRE : *diligence, promptitude.* ▪ Manque d'énergie. SYN. apathie, mollasserie, mollesse, négligence, veulerie. CONTR. *ardeur, célérité, empressement, énergie, volonté, zèle.* – FAMILIER : *cran.* – LITTÉRAIRE : *diligence, promptitude.*

paresser *verbe* Se laisser aller à ne rien faire. SYN. fainéanter, flâner, musarder, ne rien faire de ses dix doigts, se prélasser, se rouler les pouces, se tourner les pouces, traîner. – FAMILIER : avoir la cosse, avoir les côtes en long, avoir les pieds nickelés, avoir un poil dans la main, bayer aux corneilles, buller, se la couler douce, être mou du genou, faire du lard, faire le lézard, flemmarder, lambiner, lanterner, lézarder, ne pas en fiche une rame, tirer sa flemme, traînailler, traînasser, traîner les pieds. – LITTÉRAIRE : muser. – POPULAIRE : avoir les doigts de pied en éventail, coincer la bulle, glander, glandouiller, se les rouler, tirer au cul, tirer au flanc. – VIEUX :

clampiner. CONTR. *s'activer, s'affairer, s'appliquer, se démener, se dépenser, donner un coup de collier, s'échiner, s'épuiser, s'escrimer, s'exténuer, se fatiguer, s'occuper, se presser, se remuer, travailler.* – FAMILIER : *s'agiter, bûcher, se décarcasser, se défoncer, s'éreinter, s'esquinter, mettre de l'huile de coude, se mettre en quatre, mettre le paquet, en mettre un bon coup, en mettre un coup, en mettre un vieux coup, se tuer.* – POPULAIRE : *bosser, boulonner.*

paresseusement *adverbe* Avec paresse. SYN. indolemment, lentement, mollement, nonchalamment. – LITTÉRAIRE : languissamment. CONTR. *activement, énergiquement.* – LITTÉRAIRE : *diligemment.*

paresseux *nom masculin* Mammifère arboricole édenté. SYN. aï, bradype. ■ Mammifère africain insectivore. SYN. arctocèbe, dormeur.

paresseux *adjectif* Qui indique la paresse. SYN. apathique, indolent, inerte, languissant, lent, mou, négligent, nonchalant. – FAMILIER : lambin. CONTR. *appliqué, dynamique, rapide, vif, zélé.* – LITTÉRAIRE : *prompt.*

paresseux *nom* Personne qui n'aime pas le travail. SYN. fainéant, partisan du moindre effort. – FAMILIER : cossard, faignant, feignant, flemmard, inspecteur des travaux finis, lambin, tire-au-flanc. – POPULAIRE : branleur, cul de plomb, glandeur, glandouilleur, tire-au-cul. CONTR. *courageux, studieux, travailleur.* – FAMILIER : *bûcheur.* – LITTÉRAIRE : *laborieux.* – POPULAIRE : *bosseur.*

parfaire *verbe* Rendre parfait. SYN. accomplir, achever, fignoler, parachever, peaufiner, perfectionner, polir. – FAMILIER : lécher. – LITTÉRAIRE : ciseler. – VIEUX : perler. CONTR. *brouillonner, saboter.* – FAMILIER : *bâcler, bousiller, torcher.*

parfait *nom masculin* Forme verbale indiquant une action achevée. SYN. accompli, perfectif.

parfait *adjectif* Qui est tel au plus haut degré. SYN. accompli, achevé, complet, consommé, entier, fieffé, idéal, total, vrai. – FAMILIER : fameux. CONTR. *approximatif, partiel, relatif, rudimentaire.* ■ Qui a toutes les qualités. SYN. admirable, adorable, angélique, divin, excellent, exemplaire, idyllique, impeccable, inattaquable, incomparable, irréprochable, magnifique, merveilleux, réussi, suprême, unique. – LITTÉRAIRE : nonpareil, souverain. CONTR. *abominable, catastrophique, défectueux, désastreux, détestable, exécrable, imparfait, infect, lamentable, manqué, mauvais, médiocre, négligé, piteux, pitoyable, raté.* – FAMILIER : *déplorable, loupé.*

parfaitement *adverbe* De façon parfaite. SYN. admirablement, bien, divinement, exceptionnellement, extraordinairement, idéalement, impeccablement, merveilleusement, prodigieusement, splendidement, supérieurement, suprêmement. – LITTÉRAIRE : excellemment. CONTR. *imparfaitement, insuffisamment, mal.* ■ D'une manière absolue. SYN. absolument, complètement, entièrement, extrêmement, follement, fortement, grandement, hautement, incontestablement, incroyablement, indiscutablement, intégralement, irréfutablement, manifestement, particulièrement, pleinement, puissamment, rigoureusement, souverainement, terriblement, totalement, tout à fait, vertigineusement. – FAMILIER : bigrement, bougrement, carrément, diablement, drôlement, fameusement, fichtrement, formidablement, joliment, positivement, royalement, rudement. – LITTÉRAIRE : diantrement, furieusement. – POPULAIRE : salement, vachement. ■ Indique une réponse affirmative. SYN. absolument, assurément, bien entendu, bien sûr, certainement, oui – POPULAIRE : affirmatif ! CONTR. *non, peut-être.*

parfois *adverbe* De temps à autre. SYN. par accès, par à-coups, épisodiquement, exceptionnellement, une fois n'est pas coutume, par instants, par intermittence, par intervalles, irrégulièrement, par moments, occasionnellement, quelquefois, sporadiquement, temporairement, de temps en temps, variablement. – LITTÉRAIRE : par occasion, transitoirement. CONTR. *assidûment, constamment, continuellement, éternellement, fréquemment, immuablement, indéfiniment, invariablement, à longueur de temps, en permanence, régulièrement, sans arrêt, sans cesse, sans discontinuer, sans intermission, sans interruption, sans relâche, sans répit, sans souffler, sans trêve, souvent, toujours, à tout bout de champ, à tout propos.* – LITTÉRAIRE : *continûment, sempiternellement.*

parfum *nom masculin* Odeur agréable. SYN. arôme, bouquet, effluve, émanation, fumet, odeur. – LITTÉRAIRE : fragrance, senteur. CONTR. *fétidité, infection, pestilence, puanteur.*

parfumé *adjectif* Qui dégage un parfum. SYN. odorant, odoriférant. – LITTÉRAIRE : aromal. CONTR. *infect, inodore, malodorant, méphitique, nauséabond, puant.*

parfumer *verbe* Remplir d'une odeur agréable. SYN. embaumer. CONTR. *empester, empoisonner, empuantir, infecter.* ■ Imprégner d'une saveur. SYN. aromatiser, assaisonner.

pari *nom masculin* Fait de miser sur. SYN. enjeu, mise. – LITTÉRAIRE : gageure.

paria *nom masculin* Personne exclue socialement. SYN. banni, déshérité, exclu. – LITTÉRAIRE : damné, maudit, réprouvé. CONTR. *privilégié.* ■ En

Inde, membre des castes les plus basses. **SYN.** intouchable.

parier *verbe* Mettre en jeu une somme. **SYN.** coucher, jouer, miser, ponter. – **VIEUX** : caver, gager. ■ Soutenir comme vrai. **SYN.** affirmer, assurer, certifier, donner sa main à couper, donner sa tête à couper, garantir, jurer, mettre sa main au feu, soutenir. – **LITTÉRAIRE** : gager.

pariétaire *nom féminin* Plante qui pousse sur les murs. **SYN.** casse-pierre, passe-muraille, perce-muraille.

pariétal *adjectif* Peint sur les parois d'un rocher. **SYN.** rupestre.

parisette *nom féminin* Plante à baies toxiques bleuâtres. **SYN.** raisin de renard.

parisyllabique *adjectif et nom masculin* Qui a le même nombre de syllabes au génitif et au nominatif. **CONTR.** *imparisyllabique.*

parité *nom féminin* Égalité parfaite. **SYN.** concordance, conformité, égalité, similitude. **CONTR.** *contraste, différence, disparité, écart.*

parjure *adjectif* Qui fait un faux serment. **SYN.** déloyal, traître. – **LITTÉRAIRE** : félon, infidèle. **CONTR.** *fidèle.*

parjure *nom* Personne qui trahit un serment. **SYN.** apostat, renégat. – **LITTÉRAIRE** : félon, traître.

parlant *adjectif* Qui est très expressif. **SYN.** éloquent, expressif, vivant. **CONTR.** *éteint, inexpressif, morne, terne, vide.* ■ Qui se passe de commentaires. **SYN.** convaincant, éloquent, persuasif, probant, révélateur, significatif, suggestif. **CONTR.** *contestable, discutable, douteux, équivoque.* ■ **FAMILIER.** Qui aime parler. **SYN.** bavard, communicatif, expansif, loquace, prolixe. – **FAMILIER** : causant. – **LITTÉRAIRE** : disert. **CONTR.** *ours, replié, réservé, sauvage, silencieux, taciturne.*

parlementaire *nom masculin* Personne qui parlemente. **SYN.** délégué, émissaire, envoyé, mandataire, plénipotentiaire, représentant.

parlementer *verbe* Rechercher un arrangement. **SYN.** s'arranger, composer, discuter, s'entendre, négocier, pactiser, plaider, traiter, transiger. – **LITTÉRAIRE** : s'accorder. ■ **FAMILIER.** S'entretenir avec quelqu'un. **SYN.** argumenter, discourir, disserter, épiloguer, palabrer. – **FAMILIER** : discutailler, disputailler. – **LITTÉRAIRE** : s'entretenir.

parler *nom masculin* Manière de s'exprimer. **SYN.** accent, articulation, débit, diction, élocution, langage, langue, parole, prononciation, style.

parler *verbe intransitif* Exprimer sa pensée. **SYN.** discourir, disserter, s'expliquer, s'exprimer, intervenir, ouvrir la bouche, pérorer, placer un mot, prendre la parole, retrouver sa langue. – **FAMILIER** : avoir la langue bien affilée, avoir la langue bien déliée, avoir la langue bien pendue, avoir la tchatche, dépenser sa salive, ouvrir le bec, en placer une. – **POPULAIRE** : l'ouvrir. **CONTR.** *avoir avalé sa langue, avoir perdu sa langue, être muet comme une carpe, être muet comme une tombe, fermer sa bouche, ne dire mot, ne pas desserrer les dents, ne pas dire un mot, ne pas piper, ne souffler mot, se taire.* – **FAMILIER** : *fermer son bec.* – **POPULAIRE** : *fermer sa boîte, fermer sa gueule.* ■ Révéler quelque chose. **SYN.** avouer, se mettre à table, ne pas avoir peur des mots. – **FAMILIER** : accoucher, lâcher le paquet. – **POPULAIRE** : lâcher le morceau, manger le morceau. **CONTR.** *avoir la langue liée, garder le silence, rester bouche cousue, rester coi, se taire, se tenir coi.* – **FAMILIER** : *avoir un bœuf sur la langue, tenir sa langue.* – **POPULAIRE** : *la boucler.*

parler *verbe transitif* Faire usage d'une langue. **SYN.** – **FAMILIER** : baragouiner. – **POPULAIRE** : jacter.

parler *verbe transitif indirect* Discuter avec quelqu'un de. **SYN.** bavarder, causer, chatter, communiquer, conférer, se confier, converser, débattre, délibérer, dialoguer, discuter, s'épancher, se livrer, palabrer, tchatter. – **FAMILIER** : bavasser, discutailler, discuter le bout de gras, discuter le coup, disputailler, faire la causette, faire un brin de causette, laïusser, papoter, tailler une bavette, tchatcher, tenir la jambe à, tenir le crachoir, toucher un mot . – **LITTÉRAIRE** : s'abandonner, deviser, s'entretenir, rompre des lances avec. – **POPULAIRE** : dégoiser, jaspiner. **CONTR.** *se taire.* ■ Avoir pour sujet. **SYN.** aborder, effleurer, évoquer, exposer, faire allusion à, faire part, mentionner, raconter, relater, retracer, traiter. ■ Frapper l'imagination. **SYN.** dire, émouvoir, faire image, fasciner, frapper, impressionner, interpeller, toucher. ■ Annoncer telle intention. **SYN.** compter, envisager, projeter, se proposer de, songer à.

parleur *nom* **LITTÉRAIRE.** Personne qui aime à parler. **SYN.** bavard, causeur. – **FAMILIER** : pie. – **POPULAIRE** : pipelette. ■ ***Beau parleur,*** personne qui fait de grandes phrases. **SYN.** baratineur, déclamateur, discoureur, hâbleur, phraseur. – **FAMILIER** : laïusseur. – **LITTÉRAIRE** : péroreur.

parlote ou **parlotte** *nom féminin* **FAMILIER.** Conversation insignifiante. **SYN.** babillage, bavardage, jacassement, palabre, verbiage. – **FAMILIER** : causette, jacasserie, papotage. – **LITTÉRAIRE** : babil.

parochial *adjectif* Relatif à une paroisse. **SYN.** paroissial.

parodie *nom féminin* Imitation satirique. **SYN.** caricature, charge, imitation, pastiche.

parodier *verbe* Imiter satiriquement. SYN. caricaturer, charger, contrefaire, imiter, pasticher, singer.

paroi *nom féminin* Versant rocheux uni. SYN. mur, muraille, versant. – LITTÉRAIRE : pan.

paroissial *adjectif* Relatif à une paroisse. SYN. parochial.

paroissien *nom masculin* Livre de messe. SYN. missel.

parole *nom féminin* Faculté de s'exprimer. SYN. langage, phonation. ■ Capacité à parler. SYN. accent, articulation, débit, diction, élocution, parler, prononciation, ton. ■ Mot prononcé. SYN. dire, expression, mot, propos, terme, vocable. ■ Assurance donnée à. SYN. assurance, engagement, serment. – LITTÉRAIRE : foi, promesse.

paroxysme *nom masculin* Le plus haut degré de. SYN. apogée, comble, crise, exacerbation, frénésie, fureur, point culminant, rage, sommet. – LITTÉRAIRE : acmé, période.

parquer *verbe* Enfermer des personnes. SYN. emprisonner, enfermer, entasser. – FAMILIER : boucler. ■ Mettre en stationnement. SYN. garer, ranger. – FAMILIER : stationner.

parquet *nom masculin* Magistrats chargés de l'application de la loi. SYN. magistrature debout, ministère public.

parqueter *verbe* Couvrir le sol d'un parquet. SYN. planchéier.

parrainage *nom masculin* Action de parrainer. SYN. appui, caution, garantie, patronage, protection, recommandation, soutien.

parrainer *verbe* Appuyer un projet. SYN. appuyer, cautionner, lancer, patronner, promouvoir, sponsoriser. ■ Faire admettre dans une société. SYN. appuyer, cautionner, épauler, introduire, protéger, recommander. – FAMILIER : pistonner.

parraineur *nom masculin* Personne qui finance un projet. SYN. commanditaire, parrain, sponsor.

parsemer *verbe* Répandre çà et là. SYN. couvrir, disséminer, larder, pointiller, répandre, saupoudrer, tapisser. – LITTÉRAIRE : piqueter, semer. ■ LITTÉRAIRE. Être répandu çà et là. SYN. consteller, émailler, hérisser, joncher. – LITTÉRAIRE : étoiler.

part *nom masculin* Action de faire son petit (animal). SYN. mise-bas, parturition.

part *nom féminin* Partie d'un tout divisé. SYN. division, morceau, portion, ration, tranche, tronçon. CONTR. *totalité.* ■ Ce qu'on apporte en partage. SYN. contribution, lot, quote-part, quotité. ■ ***Faire part de,*** porter à la connaissance de. SYN. alerter, annoncer, avertir, aviser, communiquer, confier, dire, faire savoir, informer, instruire, mettre au courant, mettre au fait, notifier, prévenir, renseigner, signaler. – LITTÉRAIRE : signifier. – POPULAIRE : mettre au parfum. CONTR. *dissimuler, taire.*

partage *nom masculin* Fait de partager avec. SYN. distribution, répartition. ■ Action de diviser en parties. SYN. démembrement, division, fractionnement, fragmentation, morcellement, segmentation. – LITTÉRAIRE : dépeçage, dépècement.

partagé *adjectif* Qu'on ne peut imputer à une personne. SYN. général, mutuel, réciproque. ■ Animé de sentiments contraires. SYN. déchiré, divisé, écartelé.

partager *verbe* Avoir en commun avec. SYN. s'associer à, épouser, se solidariser avec, suivre. – LITTÉRAIRE : embrasser. ■ Diviser en plusieurs parts. SYN. couper, découper, démembrer, fractionner, morceler, sectionner, segmenter. ■ Marquer la division de quelque chose. SYN. cloisonner, couper, fragmenter, scinder, séparer. ■ Créer la division dans un groupe. SYN. déchirer, désunir, diviser, séparer. CONTR. *réunir, solidariser, unir.* ■ Donner en partage. SYN. attribuer, dispenser, distribuer, lotir, répartir. – LITTÉRAIRE : départir, impartir.

partager (se) *verbe pronominal* Se diviser en parties. SYN. se découper, se diviser, se ramifier, se scinder.

partenaire *nom* Personne avec qui on est associé. SYN. allié, associé, coéquipier. CONTR. *adversaire, compétiteur, rival.* ■ Personne avec laquelle on danse. SYN. cavalier, danseur.

parterre *nom masculin* Partie de jardin. SYN. massif, plate-bande. ■ Groupe formant un public. SYN. assemblée, assistance, auditoire, galerie, public.

parthénogénétique *adjectif* Relatif à la parthénogenèse. SYN. agame.

parti *nom masculin* Association de personnes. SYN. association, camp, faction, formation, groupe, mouvement, organisation, organisme, rassemblement, union. ■ Choix à faire. SYN. choix, décision, détermination, résolution, solution. ■ ***Tirer parti de,*** utiliser au mieux. SYN. bénéficier, exploiter, jouir de, se servir de, tirer avantage, tirer profit, utiliser.

parti pris *nom masculin* Opinion préconçue. SYN. a priori, partialité, préjugé, prévention.

partial *adjectif* Qui prend parti. SYN. arbitraire, exclusif, inéquitable, inique, injuste, intolérant, partisan, passionné, prévenu, sectaire, tendancieux. CONTR. *droit, équitable, impartial, intègre, juste, légitime, neutre, objectif.*

partialement *adverbe* De façon partiale. SYN. subjectivement, tendancieusement. – LITTÉRAIRE : inéquitablement. CONTR. *impartialement, objectivement.*

partialité *nom féminin* Caractère partial. SYN. aveuglement, chauvinisme, favoritisme, iniquité, injustice, népotisme, prévention, sectarisme, subjectivité. CONTR. *équité, impartialité, intégrité, justice, objectivité, probité.*

participation *nom féminin* Action de participer à. SYN. aide, apport, collaboration, complicité, concours, contribution, coopération. CONTR. *abstention, opposition.*

participer *verbe* Prendre part à une action. SYN. adhérer, aider à, apporter sa pierre à, apporter son tribut à, s'associer, avoir part à, collaborer, concourir à, contribuer à, coopérer, entrer dans le jeu, entrer en lice, être dans le secret, être de la partie, être de mèche avec, être partie prenante, être sur le coup, faire partie de, figurer au nombre de, intervenir, jouer le jeu, jouer un rôle dans, se mêler à, se mettre de la partie, mettre la main à la pâte, mettre la main à l'ouvrage, mettre le doigt dans l'engrenage, partager, prendre une part active à, prêter la main à. – FAMILIER : entrer dans la combine, entrer dans la danse. CONTR. *s'abstenir, gêner.* ■ Présenter les caractères de. SYN. s'apparenter à, procéder de, relever de, tenir de. – LITTÉRAIRE : ressortir à.

particularisation *nom féminin* Action de particulariser. SYN. caractérisation, différenciation, distinction, individualisation, singularisation, spécification. CONTR. *généralisation.*

particulariser *verbe* Rendre particulier. SYN. caractériser, différencier, distinguer, individualiser, signaler, singulariser, spécifier. CONTR. *généraliser.*

particularisme *nom masculin* Fait de se distinguer. SYN. autonomisme, indépendantisme.

particularité *nom féminin* Caractère particulier. SYN. attribut, caractère, caractéristique, individualité, originalité, propre, propriété. – LITTÉRAIRE : singularité.

particule *nom féminin* Très petite partie de. SYN. atome, bribe, corpuscule, grain, parcelle, poussière. – LITTÉRAIRE : molécule.

particulier *adjectif* Qui appartient à. SYN. exclusif, propre. CONTR. *collectif, général, universel.* ■ Qui concerne une personne. SYN. distinct, individuel, isolé, personnel, privé, respectif. CONTR. *commun, public.* ■ Qui permet de distinguer. SYN. caractéristique, distinctif, original, spécial, spécifique. – LITTÉRAIRE : singulier. CONTR. *banal, courant, habituel, normal, ordinaire, quelconque.* ■ Porté à un degré élevé. SYN. extraordinaire, extrême, marqué, notable, prodigieux, saisissant. CONTR. *faible, inexistant, insignifiant, médiocre, modeste, négligeable, nul.*

particulier *nom masculin* FAMILIER. Individu quelconque. SYN. individu, quidam. – FAMILIER : bipède, bonhomme, citoyen, type, zèbre. – POPULAIRE : mec, zig, zigoto, zigue.

particulièrement *adverbe* D'une manière particulière. SYN. expressément, notablement, notamment, par-dessus tout, en particulier, principalement, singulièrement, spécialement, spécifiquement, surtout, typiquement. CONTR. *banalement, communément, couramment, normalement.* ■ À un haut degré. SYN. abominablement, affreusement, beaucoup, bien, considérablement, effroyablement, éminemment, énormément, épouvantablement, exceptionnellement, excessivement, extraordinairement, extrêmement, follement, fort, fortement, hautement, horriblement, immensément, immodérément, incroyablement, infiniment, mortellement, parfaitement, prodigieusement, profondément, puissamment, supérieurement, suprêmement, terriblement, tout à fait, très, trop, vertigineusement. – FAMILIER : atrocement, bigrement, bougrement, diablement, drôlement, fameusement, fichtrement, fichûment, formidablement, joliment, méchamment, à mort, rudement, sacrément, tout plein. – LITTÉRAIRE : diantrement, furieusement. – POPULAIRE : foutrement, salement, vachement. – VIEUX : fièrement. CONTR. *faiblement, guère, légèrement, médiocrement, modérément.*

partie *nom féminin* Élément d'un ensemble. SYN. élément, fraction, fragment, morceau, pièce. – LITTÉRAIRE : pan. CONTR. *bloc, entier, totalité.* ■ Portion d'un tout. SYN. division, parcelle, part, portion, section, tranche, tronçon. ■ Domaine de compétence. SYN. branche, domaine, fief, matière, métier, spécialité. – FAMILIER : rayon. – LITTÉRAIRE : département, ressort. ■ Réunion sportive. SYN. combat, compétition, match, rencontre.

partiel *adjectif* Qui constitue une partie. SYN. échelonné, fragmentaire, incomplet, lacunaire. – LITTÉRAIRE : lacuneux. CONTR. *complet, définitif, intégral, parfait, plein, total.* ■ Qui est limité. SYN. borné, limité, réduit, relatif. CONTR. *absolu, exhaustif, général, global.*

partiellement *adverbe* En partie seulement. SYN. fragmentairement, imparfaitement, incomplètement, insuffisamment, en partie. CONTR. *en bloc, complètement, entièrement, globalement,* *in extenso, intégralement, pleinement, totalement, en totalité.*

partir verbe Prendre le départ. SYN. s'en aller, démarrer, s'ébranler, s'éloigner, larguer les amarres, se mettre en marche, se mettre en route, prendre la route. – FAMILIER : lever l'ancre, lever le camp, lever le siège. CONTR. *s'arrêter, attendre, se calfeutrer, s'immobiliser, s'installer, jeter l'ancre, rester, séjourner, stationner.* – FAMILIER : *s'incruster.* – LITTÉRAIRE : *demeurer.* ■ Aller ailleurs. SYN. s'absenter, s'en aller, claquer la porte, déguerpir, s'échapper, s'enfuir, s'envoler, s'esquiver, s'évader, fausser compagnie, fuir, prendre congé, prendre la clef des champs, prendre la fuite, prendre le large, se retirer, se sauver. – FAMILIER : débarrasser le plancher, décamper, détaler, s'éclipser, s'évaporer, ficher le camp, filer, gagner le large, lever le camp, lever le pied, lever le siège, s'ôter, prendre la poudre d'escampette, prendre ses cliques et ses claques, vider le plancher, vider les lieux. – POPULAIRE : se barrer, se calter, se carapater, se casser, changer de paroisse, se débiner, déblayer le terrain, décaniller, dégager, se faire la malle, se faire la paire, foutre le camp, gicler, jouer la fille de l'air, mettre les bouts, mettre les voiles, se tailler, se tirer. – VIEUX : s'esbigner. CONTR. *aborder, accoster, affluer, arriver, gagner, regagner, revenir, venir.* ■ Avoir comme point de départ. SYN. commencer, débuter, naître, provenir. CONTR. *aboutir, déboucher, finir, mener à, se terminer, tomber dans.* ■ Se mettre à fonctionner. SYN. démarrer, fonctionner, marcher, tourner. CONTR. *s'arrêter, caler.* ■ S'effacer, pour une chose. SYN. disparaître, se dissiper, s'effacer, s'enlever, se volatiliser.

partisan adjectif Qui est favorable à. SYN. acquis, favorable, partial. CONTR. *hostile, impartial, neutre, objectif, opposé.*

partisan nom masculin Personne qui défend une cause. SYN. adepte, adhérent, ami, champion, défenseur, disciple, fidèle, inconditionnel, prosélyte, supporter, sympathisant, tenant. – LITTÉRAIRE : sectateur, séide, souteneur, suppôt. CONTR. *adversaire, critique, ennemi.* – LITTÉRAIRE : *contempteur.* ■ Combattant volontaire. SYN. franc-tireur, guérillero, supplétif.

partout adverbe En tous lieux. SYN. de tous côtés, à tous les coins de rues, de toutes parts. CONTR. *nulle part.*

parturition nom féminin Action de mettre un enfant au monde. SYN. accouchement. – LITTÉRAIRE : enfantement. ■ Action de faire son petit (animal). SYN. mise-bas, part.

parure nom féminin LITTÉRAIRE. Ce qui orne. SYN. embellissement, enjolivure, ornementation.

parution nom féminin Fait d'être publié. SYN. lancement, publication, sortie.

parvenir verbe Venir à un point précis. SYN. aborder, accéder, accoster, arriver, atteindre, gagner, monter, se rendre, venir. – LITTÉRAIRE : toucher. ■ Réussir à faire. SYN. finir par, réussir à, venir à bout de. CONTR. *échouer, manquer.* – FAMILIER : *rater.* ■ LITTÉRAIRE. Accéder à une situation. SYN. arriver, s'élever, faire carrière, faire son chemin, faire son trou, se faire un nom, se faire une place au soleil, gagner son bâton de maréchal, se hausser, se hisser, s'imposer, monter, percer, prendre du galon, réussir.

parvenu nom Personne qui s'est enrichie rapidement. SYN. nouveau riche.

pas nom masculin Manière de marcher. SYN. allure, démarche, marche, mouvement, train. ■ Fait de progresser. SYN. bond, boom, cheminement, étape, progrès, saut. ■ Trace de pied sur le sol. SYN. empreinte, foulée, marque, pied. ■ ***Pas à pas,*** de façon progressive. SYN. crescendo, par degrés, doucement, par étapes, de fil en aiguille, au fur et à mesure, graduellement, insensiblement, par paliers, petit à petit, peu à peu, pied à pied, pierre à pierre, de proche en proche, progressivement. CONTR. *brusquement, brutalement, d'un coup, soudain, soudainement, subitement.* – FAMILIER : *subito.*

pasquinade nom féminin LITTÉRAIRE. Action, parole bouffone. SYN. bouffonnerie, clownerie, drôlerie, facétie, farce, pantalonnade, pitrerie. – FAMILIER : blague, joyeuseté. – LITTÉRAIRE : arlequinade.

passable adjectif Qui peut être accepté. SYN. acceptable, admissible, convenable, correct, honnête, moyen, satisfaisant, supportable. – FAMILIER : buvable, potable. CONTR. *excellent.* ■ Qui est assez important. SYN. appréciable, considérable, important, marqué, notable, réel, substantiel, vrai. CONTR. *dérisoire, infime, mineur, négligeable, petit.*

passablement adverbe De façon passable. SYN. approximativement, assez bien, médiocrement, moyennement, à peu près, suffisamment. ■ De façon notable. SYN. assez, beaucoup, bien, fort, fortement, largement, notablement. CONTR. *beaucoup, énormément, excessivement, extrêmement, fabuleusement, fortement, infiniment, prodigieusement, supérieurement, trop.*

passade nom féminin Caprice amoureux. SYN. amour, amourette, aventure, fantaisie, intrigue, liaison. – FAMILIER : béguin, flirt. – LITTÉRAIRE : bluette. ■ Engouement passager pour. SYN. caprice, coup de tête, emballement, fantaisie, folie, lubie. – **FAMILIER** : tocade, toquade. – **LITTÉRAIRE** : foucade.

passage *nom masculin* Action de franchir une limite. **SYN.** franchissement, traversée. ■ Fait de séjourner quelque part. **SYN.** déplacement, séjour. – **FAMILIER** : saut. ■ Grande circulation. **SYN.** allées et venues, circulation, trafic, va-et-vient. ■ Endroit par où l'on passe. **SYN.** accès, chemin, chenal, col, couloir, défilé, gorge, goulet, issue, ouverture, passe, trouée, voie. – **VIEUX** : pas. ■ Fragment d'une œuvre. **SYN.** citation, extrait, morceau, page.

passager *adjectif* Qui est de courte durée. **SYN.** accidentel, court, éphémère, épisodique, fugace, fugitif, intérimaire, momentané, périssable, précaire, provisoire, temporaire, transitoire. **CONTR.** *chronique, constant, durable, éternel, immuable, impérissable, inaltérable, interminable, permanent, perpétuel, persistant, profond, stable, tenace.* – **LITTÉRAIRE** : *pérenne.*

passagèrement *adverbe* Pour peu de temps. **SYN.** fugitivement, momentanément, provisoirement, temporairement. – **LITTÉRAIRE** : transitoirement. **CONTR.** *durablement, immuablement, perpétuellement.*

passant *adjectif* Où il passe du monde. **SYN.** animé, fréquenté, populeux, vivant. **CONTR.** *désert, écarté, infréquenté, retiré, vide.*

passant *nom* Personne qui se déplace à pied. **SYN.** badaud, piéton, promeneur.

passe *nom féminin* Nom donné à certains cols. **SYN.** couloir, défilé, détroit, gorge, passage. ■ Voie maritime étroite. **SYN.** canal, chenal, goulet.

passé *adjectif* Qui est dans le passé. **SYN.** accompli, ancien, antécédent, inactuel, révolu. – **FAMILIER** : sonné. – **LITTÉRAIRE** : défunt. **CONTR.** *actuel, existant, futur, moderne, présent.* ■ Qui a perdu son éclat. **SYN.** décati, défraîchi, fâné, flétri, pâle. **CONTR.** *frais, vif.*

passé *nom masculin* Temps écoulé. **SYN.** le bon vieux temps, la nuit des temps. **CONTR.** *avenir, futur, lendemain, présent.*

passe-droit *nom masculin* Ce qu'on accorde contre l'usage. **SYN.** avantage, faveur, injustice, prérogative, privilège.

passéisme *nom masculin* Attitude de repli sur le passé. **SYN.** conservatisme, traditionalisme. **CONTR.** *futurisme, modernisme, modernité, progressisme.*

passéiste *adjectif* Tourné vers le passé. **SYN.** conservateur, réactionnaire, traditionaliste. **CONTR.** *futuriste, moderniste, novateur, progressiste, révolutionnaire.*

passe-muraille *nom féminin* Plante qui pousse sur les murs. **SYN.** casse-pierre, pariétaire, perce-muraille.

passe-passe *nom masculin* ***Tour de passe-passe,*** tromperie habile. **SYN.** acrobatie, artifice, astuce, recette, stratagème. – **FAMILIER** : combine, ficelle, truc.

passepoil *nom masculin* Petite bande de tissu cousue au bord d'un vêtement. **SYN.** biais, ganse, liseré.

passer *verbe intransitif* Traverser un lieu. **SYN.** circuler, déambuler, défiler, évoluer, se promener. **CONTR.** *s'arrêter, faire halte, s'immobiliser, stationner, stopper.* ■ Aller quelque part. **SYN.** aller, se faufiler, pénétrer, rendre visite, se rendre. – **FAMILIER** : faire un saut, filer. ■ Traverser une matière. **SYN.** s'engouffrer, se glisser, s'infiltrer, pénétrer, percer. – **LITTÉRAIRE** : s'insinuer, poindre. ■ Être écoulé, en parlant du temps. **SYN.** s'en aller, couler, courir, s'écouler, s'envoler, filer, fuir. – **LITTÉRAIRE** : s'enfuir. **CONTR.** *tirer en longueur, traîner.* ■ Disparaître. **SYN.** s'achever, cesser, changer, disparaître, se dissiper, s'effacer, s'estomper, s'éteindre, s'évanouir, finir, se terminer, tomber, se volatiliser. – **FAMILIER** : s'évaporer. **CONTR.** *continuer, durer, s'éterniser, se prolonger, rester, subsister, tenir.* ■ Avoir perdu son éclat. **SYN.** se décolorer, déteindre, se faner, pâlir, ternir, se ternir. **CONTR.** *se conserver, se garder.* ■ Cesser d'exister. **SYN.** agoniser, expirer, finir, mourir, périr. – **LITTÉRAIRE** : trépasser.

passer *verbe transitif* Pardonner quelque chose. **SYN.** accepter, admettre, excuser, pardonner. **CONTR.** *condamner, corriger, punir, relever, réprouver, sanctionner, sévir contre.* ■ Dépasser une limite. **SYN.** dépasser, devancer, distancer, doubler, enjamber, escalader, franchir, lâcher, outrepasser, sauter. ■ Mettre une chose à tel endroit. **SYN.** enfoncer, engager, glisser, introduire, plonger. ■ Mettre un vêtement. **SYN.** endosser, enfiler, mettre, revêtir. – **LITTÉRAIRE** : vêtir. **CONTR.** *enlever, ôter, quitter, retirer.* ■ Omettre quelque chose. **SYN.** négliger, oublier, sauter. ■ Filtrer à travers une passoire. **SYN.** cribler, filtrer, tamiser. ■ Enduire d'une matière. **SYN.** appliquer, enduire, étaler, étendre, frotter, imbiber, laver, lotionner, rincer. ■ Tendre quelque chose à quelqu'un. **SYN.** céder, donner, léguer, prêter, remettre, tendre, transmettre. – **LITTÉRAIRE** : transfuser.

passer (se) *verbe pronominal* Ne pas avoir recours à. **SYN.** s'abstenir, se défaire, se dispenser, éviter, se priver, renoncer à, sacrifier, tirer un trait sur, tirer une croix sur. – **FAMILIER** : faire ceinture, se serrer la ceinture. – **POPULAIRE** : se brosser. **CONTR.** *conserver, dilapider, garder, gaspiller, ne manquer de rien.* ■ Arriver à un moment donné.

SYN. advenir, arriver, avoir lieu, se dérouler, se produire, résulter, surgir, survenir.

passerage *nom féminin* Plante des régions tempérées et chaudes. SYN. lépidium.

passerose *nom féminin* Très grande plante à fleurs. SYN. primerose, rose trémière.

passe-temps *nom masculin invariable* Occupation divertissante. SYN. délassement, dérivatif, distraction, divertissement, hobby, loisir, occupation, récréation, violon d'Ingres. – FAMILIER : dada.

passeur *nom* Personne qui transporte de la drogue. SYN. – ARGOTIQUE : mule, mulet.

passe-velours *nom masculin invariable* Plante ornementale aux fleurs rouges. SYN. amarante, queue-de-renard, vulpin.

passif *adjectif* Qui subit les événements. SYN. amorphe, apathique, atone, docile, éteint, fataliste, inactif, inerte, lymphatique, moutonnier. CONTR. *actif, agissant, dynamique, énergique, passionné, remuant, vivant.* – LITTÉRAIRE : *tumultueux.* ■ ***Forme, voix passive,*** qui indique que le sujet subit l'action. CONTR. *actif.*

passif *nom masculin* Ensemble de dettes. SYN. débit, dette, doit, emprunt. CONTR. *actif, avoir, capital.*

passion *nom féminin* LITTÉRAIRE. État affectif intense. SYN. animation, avidité, chaleur, fanatisme, ferveur, fièvre, frénésie, fureur, véhémence. CONTR. *détachement, lucidité, objectivité.* ■ Amour violent. SYN. adoration, amour, culte, désir, feu, rage. – LITTÉRAIRE : entichement, flamme, idolâtrie, sentiment. CONTR. *froideur, répulsion.* ■ Penchant pour. SYN. attachement, emballement, engouement, enthousiasme, goût, intérêt, prédisposition, préférence, vocation. – LITTÉRAIRE : appétit, religion. CONTR. *détachement, indifférence.* – LITTÉRAIRE : *incuriosité.* ■ Objet d'un penchant. SYN. folie, hobby, marotte, violon d'Ingres. – FAMILIER : dada, maladie, péché mignon, tocade, toquade.

passionnant *adjectif* Qui présente un vif intérêt. SYN. absorbant, attachant, attirant, captivant, enivrant, enthousiasmant, exaltant, excitant, fascinant, intéressant, palpitant, piquant. – FAMILIER : emballant. CONTR. *aride, banal, ennuyeux, inintéressant, insignifiant, insipide, quelconque, soporifique, terne, vide.* – FAMILIER : *barbant, casse-pieds, embêtant, empoisonnant, enquiquinant, rasant, raseur, rasoir, soûlant.* – POPULAIRE : *emmerdant, suant.*

passionné *adjectif* Animé par la passion. SYN. amoureux, ardent, avide, bouillant, brûlant, chaud, débordant, débridé, enflammé, enthousiasmé, enthousiaste, entiché, éperdu, épris, exalté, fervent, fiévreux, fou, fougueux, ivre, lyrique, tout feu tout flammes, véhément. – FAMILIER : délirant, emballé, fan, fana, fondu, mordu, toqué. – LITTÉRAIRE : effervescent, idolâtre, volcanique. – POPULAIRE : accro. CONTR. *amorphe, apathique, étranger, fermé, flegmatique, froid, impassible, imperméable, indifférent, insensible, lymphatique, passif, placide, posé, réfléchi, tiède.*

passionné *nom* Personne qui a une passion. SYN. amateur, amoureux, enragé, exalté, excité, fanatique, féru, forcené, fou, illuminé. – FAMILIER : fan, fana, fondu, mordu, toqué. – LITTÉRAIRE : idolâtre, zélateur. CONTR. *blasé, désabusé.*

passionnel *adjectif* Inspiré par une passion. SYN. ardent, extrême, fanatique, fervent.

passionnément *adverbe* Avec passion. SYN. amoureusement, ardemment, aveuglément, beaucoup, chaudement, courageusement, éperdument, à la folie, follement, fortement, fougueusement, frénétiquement, impétueusement, à mourir, au plus haut degré, au plus haut point, à un point inimaginable, profondément, violemment, vivement.

passionner *verbe* Retenir l'attention de. SYN. captiver, empoigner, enthousiasmer, exalter, fasciner, galvaniser, intéresser, séduire. – FAMILIER : emballer. CONTR. *assommer, endormir, ennuyer.* – FAMILIER : *barber, empoisonner, enquiquiner, raser.* – POPULAIRE : *emmerder.*

passionner (se) *verbe pronominal* Manifester de l'intérêt pour. SYN. s'attacher, s'engouer, s'enthousiasmer, s'enticher, s'éprendre, être tout feu tout flammes, s'exalter, s'exciter, s'intéresser, se jeter à corps perdu dans, raffoler. – FAMILIER : s'emballer, être mordu de, se toquer. – LITTÉRAIRE : s'embraser, s'infatuer. CONTR. *se détacher de, se fermer, mépriser.*

passivement *adverbe* De façon passive. SYN. aveuglément, docilement, inconditionnellement. – LITTÉRAIRE : servilement. CONTR. *activement, énergiquement.*

passivité *nom féminin* Caractère passif. SYN. apathie, atonie, fatalisme, inertie, résignation. – LITTÉRAIRE : servilité. CONTR. *activité, dynamisme, initiative, opposition, réaction, rébellion, résistance, révolte.*

pastèque *nom féminin* Gros fruit à chair rose. SYN. melon d'eau.

pastiche *nom masculin* Imitation du style de. SYN. caricature, imitation, parodie.

pasticher *verbe* Imiter la manière, le style. SYN. caricaturer, contrefaire, copier, démarquer, imiter, parodier. CONTR. *créer, innover, inventer.*

pastille *nom féminin* Préparation médicamenteuse solide. SYN. cachet, comprimé, pilule.

pastis *nom masculin* FAMILIER. Situation confuse. SYN. bourbier, imbroglio. – FAMILIER : cafouillage, cafouillis, embrouillamini, micmac, salades. – POPULAIRE : bordel.

pastoral *adjectif* LITTÉRAIRE. Relatif à la vie champêtre. SYN. agreste, bucolique, campagnard, idyllique, rural. – LITTÉRAIRE : champêtre, rustique.

pastorale *nom féminin* Œuvre évoquant des bergers. SYN. bergerie, bucolique, églogue, idylle, pastourelle.

patas *nom masculin* Singe blanc et roux des savanes africaines. SYN. érythrocèbe, singe pleureur.

patate *nom féminin* FAMILIER. Nez épaté. SYN. nez. – POPULAIRE : pif, tarin. ■ POPULAIRE. Personne idiote. SYN. âne, idiot, imbécile. – FAMILIER : abruti, andouille, ballot, bêta, bûche, buse, crétin, cruche, dinde, empaillé, empoté, noix, oie. – POPULAIRE : cloche, cornichon, couillon, nouille.

pataud *adjectif* FAMILIER. Dépourvu de finesse. SYN. balourd, empoté, gauche, inhabile, lourdaud, maladroit, malhabile. – FAMILIER : ballot, manchot. CONTR. *agile, habile, léger, leste, preste.*

pataud *nom* FAMILIER. Personne dépourvue de finesse. SYN. balourd, lourdaud, maladroit. – FAMILIER : ballot, cruche, empoté. – POPULAIRE : manche.

pataugeage *nom masculin* Action de s'agiter dans l'eau. SYN. barbotage, barbotement.

patauger *verbe* Marcher avec peine dans. SYN. barboter, s'embourber, s'enliser, piétiner. ■ S'embarrasser dans. SYN. s'embourber, s'embrouiller, s'empêtrer, s'enferrer, s'engluer, s'enliser, ne plus savoir à quel saint se vouer, se noyer, se perdre. – FAMILIER : s'emberlificoter, s'entortiller, nager, se noyer dans un verre d'eau, vasouiller. CONTR. *se dépêtrer, savoir s'y prendre, savoir y faire.* – FAMILIER : *se débrouiller, se dépatouiller, s'en sortir, s'en tirer.* – POPULAIRE : *se démerder.*

pâtée *nom féminin* POPULAIRE. Volée de coups. SYN. correction, volée. – FAMILIER : pile, raclée, rossée, tabassée, tripotée. – POPULAIRE : dégelée, dérouillée, peignée, rouste, tannée, tournée, trempe. – VIEUX : frottée.

patelin *adjectif* LITTÉRAIRE. D'une douceur hypocrite. SYN. bonhomme, doucereux, fourbe, hypocrite, mielleux, perfide, sournois, sucré, visqueux. – LITTÉRAIRE : benoît, onctueux. CONTR. *direct, droit, franc, sincère.*

patelin *nom masculin* FAMILIER. Petit village. SYN. bourgade, coin, endroit, localité, pays, village. – FAMILIER : bled, trou.

patelinage *nom masculin* LITTÉRAIRE. Manières patelines. SYN. hypocrisie. – LITTÉRAIRE : flagornerie.

patelinerie *nom féminin* LITTÉRAIRE. Manières patelines. SYN. hypocrisie. – LITTÉRAIRE : flagornerie.

patelle *nom féminin* Mollusque à la coquille conique. SYN. bernicle, bernique, chapeau chinois.

patent *adjectif* Que chacun peut voir. SYN. aveuglant, certain, clair, criant, déclaré, évident, flagrant, incontestable, indéniable, indiscutable, indubitable, manifeste, notoire, ostensible, palpable, public, sûr. CONTR. *caché, douteux, latent, occulte, présumé, prétendu, secret, sourd, sous-jacent, souterrain.*

Pater *nom masculin invariable* Prière enseignée par Jésus. SYN. Notre Père, Oraison dominicale.

paterne *adjectif* LITTÉRAIRE. D'une bienveillance doucereuse. SYN. bienveillant, bonasse, doucereux, enjôleur, mielleux. – FAMILIER : bon. – LITTÉRAIRE : benoît, onctueux. CONTR. *autoritaire, brutal, dur, rude, sec, violent.*

paternel *adjectif* Relatif au père. CONTR. *maternel.* ■ Qui manifeste de l'affection. SYN. accueillant, affectueux, bienveillant, bon, doux, protecteur. CONTR. *dur, malveillant, méchant.*

paternité *nom féminin* État de père. CONTR. *maternité.*

pâteux *adjectif* Se dit d'un style lourd. SYN. confus, diffus, épais, filandreux, lourd, pesant.

pathétique *adjectif* Qui émeut fortement. SYN. bouleversant, déchirant, dramatique, émouvant, empoignant, impressionnant, poignant, prenant, saisissant, touchant, tragique, vibrant.

pathologie *nom féminin* ***Pathologie végétale,*** science qui étudie les maladies des plantes. SYN. phytiatrie, phytopathologie.

pathologique *adjectif* Qui a trait à la maladie. SYN. anormal, maladif, morbide. CONTR. *normal, sain.*

pathos *nom masculin* LITTÉRAIRE. Style emphatique. SYN. boursouflure, emphase, galimatias. – FAMILIER : baragouin, charabia, jargon. – LITTÉRAIRE : amphigouri, rhétorique.

patibulaire *adjectif* Se dit d'un air peu avenant. SYN. alarmant, angoissant, inquiétant, louche, menaçant, sinistre, sombre. CONTR. *rassurant, tranquillisant.*

patiemment *adverbe* Avec patience. SYN. calmement, impassiblement, infatigablement, placidement, sereinement, stoïquement, tranquillement. **CONTR.** *impatiemment, nerveusement.*

patience *nom féminin* Aptitude à ne pas s'énerver. **SYN.** calme, flegme, impassibilité, imperturbabilité, placidité, résignation, sérénité. – **LITTÉRAIRE** : longanimité, stoïcisme. **CONTR.** *agacement, exaspération, impatience, indignation, irascibilité, irritabilité, révolte.* ■ Capacité à persévérer. **SYN.** courage, endurance, persévérance, ténacité. – **LITTÉRAIRE** : constance. **CONTR.** *inconstance, instabilité, légèreté.* – **LITTÉRAIRE** : *variabilité, versatilité.*

patient *adjectif* Qui fait preuve de calme. **SYN.** calme, flegmatique, impassible, imperturbable, longanime, placide, résigné, serein, stoïque. **CONTR.** *bouillant, énervé, exaspéré, fougueux, impatient, impétueux, irritable, irrité, vif, violent.* – **LITTÉRAIRE** : *volcanique.* ■ Qui persévère dans son effort. **SYN.** acharné, assidu, endurant, infatigable, obstiné, persévérant, tenace. **CONTR.** *changeant, inconstant, instable, léger, variable, velléitaire, versatile.* ■ Qui est fait avec patience. **SYN.** attentif, constant, méticuleux, minutieux. **CONTR.** *hâtif, précipité.* – **FAMILIER** : *bâclé.*

patienter *verbe* Attendre un certain temps. **SYN.** attendre, faire les cent pas, prendre son mal en patience. – **FAMILIER** : faire le pied de grue, faire le planton, faire le poireau, mariner, mijoter, poireauter. **CONTR.** *bouillir, s'énerver, être pressé de, s'impatienter, perdre patience, piaffer.*

patiner *verbe* Tourner sur place (roue). **SYN.** chasser, déraper, glisser.

patinette *nom féminin* Jouet d'enfant. **SYN.** trottinette.

pâtir *verbe* LITTÉRAIRE. Subir un dommage. **SYN.** endurer, souffrir, subir. **CONTR.** *bénéficier, jouir.*

pâtisson *nom masculin* Variété de courge. **SYN.** artichaut d'Espagne, bonnet-de-prêtre.

patraque *adjectif* FAMILIER. En mauvaise forme. **SYN.** fatigué, incommodé, indisposé, malade, mal-en-point, souffrant. – **FAMILIER** : mal fichu. – **POPULAIRE** : mal foutu. **CONTR.** *dispos, frais et dispos, sain.* – **FAMILIER** : *en forme, frais comme un gardon, frais comme une rose, en pleine forme.* – **VIEUX** : *gaillard.*

pâtre *nom masculin* LITTÉRAIRE. Celui qui fait paître un troupeau. **SYN.** berger.

patriarcat *nom masculin* Système social dans lequel l'homme prédomine. **CONTR.** *matriarcat.*

patricien *nom* Personne de la noblesse. **SYN.** aristocrate, noble, puissant. **CONTR.** *roturier.* – **LITTÉRAIRE** : *plébéien.*

patrie *nom féminin* Pays où l'on est né. **SYN.** nation, pays natal, terre.

patrilocal *adjectif* Se dit d'un couple résidant chez le mari. **SYN.** virilocal. **CONTR.** *matrilocal, uxorilocal.*

patrimoine *nom masculin* Bien dont on hérite. **SYN.** bien, capital, fortune, succession. ■ Héritage commun d'un groupe. **SYN.** apanage, héritage, richesses, trésors.

patriote *adjectif et nom* Qui aime ardemment sa patrie. **SYN.** chauvin, cocardier. – **FAMILIER** : patriotard.

patriotique *adjectif* Propre au patriotisme. **SYN.** civique, nationaliste. **CONTR.** *antipatriotique.*

patriotisme *nom masculin* Attachement à sa patrie. **SYN.** chauvinisme, esprit de clocher, nationalisme. **CONTR.** *antipatriotisme.* ■ Sens civique. **SYN.** civisme.

patrocline *adjectif* Qui a les caractères héditaires du père. **CONTR.** *matrocline.*

patron *nom* Personne qui dirige une entreprise. **SYN.** chef, directeur, employeur, responsable. – **ARGOTIQUE** : singe. – **FAMILIER** : boss. – **POPULAIRE** : taulier, tôlier. **CONTR.** *employé, subalterne, subordonné.* – **FAMILIER** : *sous-fifre.*

patronage *nom masculin* Protection d'un saint. **SYN.** dédicace, invocation, protection. ■ Appui accordé par quelqu'un. **SYN.** appui, caution, concours, parrainage, recommandation, soutien, tutelle. – **FAMILIER** : piston.

patronner *verbe* Appuyer une action. **SYN.** appuyer, cautionner, épauler, lancer, parrainer, recommander, soutenir, sponsoriser. – **FAMILIER** : pistonner.

patrouille *nom féminin* Petite formation militaire. **SYN.** bataillon, commando, détachement, escouade, troupe, unité.

patte *nom féminin* Habileté technique. **SYN.** brio, chic, coup de main, dextérité, doigté, maestria, maîtrise, savoir-faire, talent, tour de main, virtuosité. – **LITTÉRAIRE** : pinceau. **CONTR.** *gaucherie, maladresse.* ■ Style propre à un écrivain. **SYN.** cachet, griffe, manière, marque, plume, style. – **LITTÉRAIRE** : langue, touche.

patte-de-loup *nom féminin* Herbe du bord des eaux. **SYN.** lycope, pied-de-loup.

patte-d'oie *nom féminin* Plante vivace à fleurs jaunes ou blanches. **SYN.** ansérine, potentille, quintefeuille.

patte-mâchoire *nom féminin* Appendice pair des crustacés. **SYN.** maxillipède.

patte-nageoire *nom féminin* Appendice pair des crustacés décapodes. SYN. uropode.

pâturage *nom masculin* Lieu où pâture le bétail. SYN. alpage, embouche, herbage, pacage, pâquis, pâtis, pâture, prairie, pré.

pâture *nom féminin* Nourriture des animaux. SYN. aliment, becquée, béquée, mangeaille, manger, pâtée. – LITTÉRAIRE : pitance. ■ Lieu où paît le bétail. SYN. alpage, embouche, herbage, pacage, pâquis, pâtis, pâturage, prairie, pré. ■ Ce qui alimente. SYN. aliment. – LITTÉRAIRE : nourriture.

paumée *nom féminin* Coup du plat de la main. SYN. colée.

paupiette *nom féminin* Tranche de veau roulée autour d'une farce. SYN. alouette sans tête, oiseau sans tête.

pause *nom féminin* Interruption de la parole. SYN. césure, interruption, repos, silence, temps. ■ Suspension d'une activité. SYN. accalmie, arrêt, battement, coupure, détente, entracte, halte, intermission, récréation, rémission, répit, temps d'arrêt, trêve. – FAMILIER : break. – LITTÉRAIRE : relâche. CONTR. *continuation, continuité, poursuite, prolongement, reprise, rétablissement.*

pauvre *adjectif* Qui a peu d'argent. SYN. à court, démuni, à fond de cale, gêné, indigent, malheureux, miséreux, nécessiteux, pouilleux, ruiné. – FAMILIER : déplumé, désargenté, fauché, fauché comme les blés, gêné aux entournures, dans la panade, sans le sou, à sec, sur la paille, sur le sable. – LITTÉRAIRE : impécunieux. – POPULAIRE : dans la débine, dans la dèche, dans la mouise, dans la purée, raide, raide comme un passe-lacet, sans un rotin. – VIEUX : besogneux, disetteux. CONTR. *aisé, cossu, fortuné, huppé, luxueux, nanti, opulent, riche.* – FAMILIER : *argenté.* ■ Qui n'est pas suffisant en quantité. SYN. frugal, juste, léger, maigre. CONTR. *abondant, ample, copieux, dense, foisonnant, fourni, luxuriant, nourri, plantureux, riche, surabondant.* ■ Dont le contenu est médiocre. SYN. banal, dérisoire, insuffisant, juste, maigre, mince, piètre, plat, réduit, ridicule, sec, succinct. – FAMILIER : chiche, court, jeune. CONTR. *brillant, coloré, créateur, créatif, débordant, débridé, délirant, exalté, exubérant, foisonnant, inventif.* ■ Se dit d'une terre peu fertile. SYN. aride, improductif, infécond, infertile, ingrat, stérile. CONTR. *fertile, productif, riche.* – LITTÉRAIRE : *fécond, généreux, gras, opulent, plantureux.* ■ Qui dénote le manque d'argent. SYN. humble, malheureux, méchant, minable, misérable, piteux. – FAMILIER : miteux. – LITTÉRAIRE : loqueteux. CONTR. *beau, merveilleux, splendide.* ■ Qui inspire la pitié. SYN. lamentable, pitoyable, triste. – LITTÉRAIRE : infortuné. CONTR. *émérite, éminent, remarquable, réputé, supérieur.*

pauvre *nom* Personne dans le besoin. SYN. indigent, malheureux, mendiant, miséreux, pouilleux, vagabond, va-nu-pieds. – FAMILIER : clochard, crève-la-faim, sans-le-sou. – LITTÉRAIRE : gueux, infortuné. – VIEUX : chemineau, trimardeur. CONTR. *capitaliste, nanti, ploutocrate, possédant, riche.* – FAMILIER : *gros, richard.* – LITTÉRAIRE : *crésus, nabab.*

pauvrement *adverbe* D'une manière pauvre. SYN. chichement, misérablement, petitement. CONTR. *fastueusement, généreusement, grassement, luxueusement, magnifiquement, princièrement, richement, somptueusement, splendidement, superbement.*

pauvreté *nom féminin* Manque de ressources. SYN. besoin, crier famine, dénuement, détresse, gêne, indigence, misère. – FAMILIER : panade. – LITTÉRAIRE : disette, impécuniosité. – POPULAIRE : débine, dèche, mouise, purée. – VIEUX : pouillerie. CONTR. *aisance, bien-être, fortune, luxe, opulence, orgie, pléthore, profusion, prospérité, richesse, surabondance.* ■ État de ce qui est pauvre. SYN. aridité, chétiveté, chétivité, faiblesse, inconsistance, infécondité, insignifiance, insuffisance, maigreur, médiocrité, minceur, platitude, prosaïsme. – LITTÉRAIRE : infertilité, stérilité. CONTR. *abondance, exubérance, fertilité, foisonnement, largeur, profondeur, richesse.* – LITTÉRAIRE : *fécondité, luxuriance.* ■ LITTÉRAIRE. Chose insignifiante. SYN. banalité, ineptie, niaiserie, poncif.

pavage *nom masculin* Revêtement fait de pavés. SYN. carrelage, dallage, pavé, pavement.

pavaner (se) *verbe pronominal* Marcher d'une manière fière. SYN. s'afficher, bomber la poitrine, bomber le torse, faire la roue, parader, poser, regarder de (son) haut, regarder du haut de sa grandeur, se rengorger. – FAMILIER : crâner, plastronner.

pavé *nom masculin* Revêtement du sol. SYN. dallage, pavage, pavement.

pavement *nom masculin* Revêtement fait de pavés. SYN. carrelage, dallage, pavé.

paver *verbe* Couvrir un sol de pavés. SYN. carreler, daller.

pavillon *nom masculin* Drapeau de marin. SYN. banderole, bannière, couleurs, drapeau.

pavillonnerie *nom féminin* Étude des pavillons et des drapeaux. SYN. vexillologie.

pavoiser *verbe* FAMILIER. Manifester une grande joie. SYN. boire du petit-lait, exulter, jubiler, parader, se rengorger, triompher.

payant *adjectif* Qui rapporte de l'argent. SYN. bénéficiaire, intéressant, lucratif, profitable, rémunérateur, rentable. CONTR. *déficitaire, ruineux.* ■ Qui produit l'effet recherché. SYN. bénéfique, fructueux, salutaire, utile. CONTR. *inutile, nul.*

paye *nom féminin* Paiement d'un salaire. SYN. appointements, émoluments, gain, honoraires, rétribution, salaire, solde, traitement, vacation. – VIEUX : gages.

payement *nom masculin* Action de payer. SYN. acquittement, règlement, versement. ■ Ce qu'on donne pour payer. SYN. prix, récompense, rémunération, rétribution.

payer *verbe* Offrir en payant. SYN. inviter, offrir. – FAMILIER : se fendre, régaler. ■ S'acquitter de ce qu'on doit. SYN. acquitter, s'acquitter, débourser, décaisser, dédommager, dépenser, financer, liquider, régler, rembourser, rémunérer, rétribuer, solder, verser. – FAMILIER : cracher, envoyer la monnaie, en être de sa poche, se fendre, mettre la main à la poche, régaler. – POPULAIRE : les aligner, les allonger, banquer, casquer, cracher au bassinet, douiller, les lâcher, raquer. CONTR. *empocher, encaisser, percevoir, ramasser, recevoir, toucher.* – FAMILIER : *palper.* ■ Subir les conséquences de. SYN. expier, faire les frais de. ■ Corrompre par de l'argent. SYN. acheter, soudoyer. – FAMILIER : arroser, graisser la patte. – LITTÉRAIRE : corrompre, stipendier.

pays *nom* VIEUX. Personne du même village. SYN. compatriote, concitoyen. CONTR. *étranger.*

pays *nom masculin* Endroit caractérisé par quelque chose. SYN. domaine, sphère, univers. – LITTÉRAIRE : royaume. ■ Territoire d'une nation. SYN. état, nation, peuple, puissance, territoire. ■ Région précise. SYN. coin, contrée, province, région, zone. ■ Petit village. SYN. bourgade, localité, village. – FAMILIER : bled, patelin, trou.

paysage *nom masculin* Étendue de terre offerte au regard. SYN. échappée, horizon, panorama, perspective, point de vue, site, vue.

paysan *adjectif* Relatif aux paysans. SYN. agreste, agricole, campagnard, rural, terrien. – FAMILIER : rustaud. – LITTÉRAIRE : champêtre, rustique. CONTR. *citadin, urbain.*

paysan *nom* Personne qui vit à la campagne. SYN. agriculteur, campagnard, cultivateur, exploitant agricole, fermier, rural, villageois. – FAMILIER : cul-terreux. – VIEUX : croquant. CONTR. *citadin.* ■ ***Paysan du Danube,*** homme rustre. SYN. béotien, butor, cuistre, ostrogoth, ours mal léché, rustre, sauvage. – FAMILIER : paltoquet, rustaud. – LITTÉRAIRE : soudard. – POPULAIRE : pedzouille, petzouille. – VIEUX : bélître.

peau *nom féminin* Tissu sur le corps humain. SYN. épiderme. – POPULAIRE : basane, couenne, cuir, lard. ■ POPULAIRE. ***Faire la peau à quelqu'un,*** le tuer. SYN. abattre, assassiner, éliminer, envoyer ad patres, étriper, exécuter, massacrer, supprimer. – ARGOTIQUE : dézinguer. – FAMILIER : bousiller, faire passer le goût du pain, liquider, ôter le goût du pain, trucider. – LITTÉRAIRE : faire passer de vie à trépas, occire. – POPULAIRE : buter, descendre, flinguer, ratatiner, rectifier, refroidir, zigouiller. – VIEUX : suriner. ■ ***Peau de chagrin,*** ce qui se réduit de plus en plus. SYN. diminution, réduction, restriction. ■ ***Peau de chamois,*** tissu velouté pour essuyer. SYN. chamoisine. ■ POPULAIRE. ***Peau de vache,*** personne méchante. SYN. peste, vipère. – FAMILIER : chameau, poison, rosse, teigne. – POPULAIRE : charogne, garce, punaise, salaud, saligaud, salopard, salopiau, salopiaud, salopiot, vache.

peau-bleue *nom masculin* Squale de haute mer, très vorace. SYN. bleu, requin bleu.

peaufiner *verbe* Mettre au point avec soin. SYN. châtier, fignoler, parachever, parfaire. – FAMILIER : chiader, lécher. – LITTÉRAIRE : ciseler. – VIEUX : perler. CONTR. *brouillonner, saboter.* – FAMILIER : *bâcler, cochonner, expédier, torcher, torchonner.*

pécaïre ! *interjection* Exclamation languedocienne de pitié. SYN. pechère !, péchère !, peuchère !

pécan *nom masculin* Grand arbre du sud-est des États-Unis. SYN. noyer d'Amérique, pacanier. ■ ***Noix de pécan,*** fruit du pacanier. SYN. pacane.

peccadille *nom féminin* LITTÉRAIRE. Faute légère. SYN. broutille, erreur, faute, incartade, manquement.

pêche *nom féminin* FAMILIER. Action de recueillir. SYN. cueillette, découverte, récolte. ■ POPULAIRE. Coup de poing, gifle. SYN. – ARGOTIQUE : chtar. – FAMILIER : calotte. – LITTÉRAIRE : horion. – POPULAIRE : beigne, châtaigne, coquard, gnon, jeton, marron, ramponneau, torgnole.

péché *nom masculin* Transgression de la loi divine. SYN. faute, offense. – LITTÉRAIRE : coulpe. ■ ***Péché mignon,*** petit travers. SYN. passion, vice.

pécher *verbe* Commettre un péché. SYN. avoir mauvaise conscience, avoir quelque chose sur la conscience, avoir un poids sur la conscience, contrevenir à, enfreindre, offenser, transgresser, violer. – LITTÉRAIRE : faillir à, forfaire à.

pêcher *verbe* FAMILIER. Trouver quelque chose d'inattendu. SYN. dénicher, mettre le doigt sur, percer à jour. – FAMILIER : aller chercher, dégoter, dégotter.

pechère ! ou péchère ! *interjection* Exclamation languedocienne de pitié. SYN. pécaïre !, peuchère !

pêchette *nom féminin* Petit filet pour la pêche des crevettes. SYN. balance.

pechstein *nom masculin* Type de roche volcanique. SYN. rétinite.

pécore *nom féminin* FAMILIER. Femme sotte et prétentieuse. SYN. pimbêche. – FAMILIER : péronelle. – VIEUX : pecque.

pécule *nom masculin* Petit capital. SYN. bas de laine, cagnotte, économies, épargne, réserve. – FAMILIER : magot, matelas. – POPULAIRE : éconocroques.

pécuniaire *adjectif* Qui consiste en argent. SYN. financier, matériel.

pécuniairement *adverbe* Relativement à l'argent. SYN. financièrement.

pédagogique *adjectif* Qui enseigne bien. SYN. didactique, éducateur, éducatif.

pédagogue *nom* Personne qui enseigne. SYN. éducateur, enseignant, instituteur, maître, précepteur, professeur.

pédale *nom féminin* FAMILIER. Sport cycliste. SYN. bicyclette, cyclisme, vélo. ■ FAMILIER. ***Perdre les pédales,*** ne plus savoir où l'on en est. SYN. s'affoler, s'alarmer, se démonter, paniquer, perdre la raison, perdre la tête, perdre la tramontane, perdre son self-control, trembler. – FAMILIER : être aux cent coups, se noyer dans un verre d'eau, perdre la boule, perdre la boussole, perdre le nord. CONTR. *se contrôler, garder son sang-froid, garder son self-control, se maîtriser, se reprendre.*

pédaler *verbe* Actionner les pédales. SYN. – ARGOTIQUE : en moudre. – FAMILIER : mouliner, tricoter.

pédaleur *nom* FAMILIER. Coureur cycliste. SYN. – ARGOTIQUE : rouleur. – VIEUX : pédale.

pédalfer *nom masculin* Sol des climats humides. SYN. pédocal.

pédant *adjectif* Qui étale son savoir. SYN. prétentieux, snob, suffisant. – FAMILIER : pontifiant. – LITTÉRAIRE : docte, infatué, outrecuidant, pédantesque. CONTR. *humble, modeste, naturel, simple, vrai.*

pédant *nom* Personne qui étale son savoir. SYN. arrogant, cuistre, poseur, prétentieux, snob. – FAMILIER : m'as-tu-vu, pontife. – LITTÉRAIRE : fat, magister.

pédanterie *nom féminin* Caractère pédant. SYN. affectation, condescendance, cuistrerie, grandiloquence, pédantisme, prétention, sophistication, suffisance. – LITTÉRAIRE : afféterie. CONTR. *humilité, modestie.*

pédantesque *adjectif* LITTÉRAIRE. Dit d'une manière pédante. SYN. affecté, ampoulé, doctoral, dogmatique, emphatique, grandiloquent, magistral, pédant, pompeux, prétentieux, solennel, supérieur, théâtral. – FAMILIER : pontifiant. – LITTÉRAIRE : docte. CONTR. *naturel, simple.*

pédantisme *nom masculin* Caractère pédant. SYN. affectation, condescendance, cuistrerie, grandiloquence, pédanterie, prétention, sophistication, suffisance. – LITTÉRAIRE : afféterie. CONTR. *humilité, modestie.*

pédéraste *nom masculin* Celui qui pratique la pédérastie. SYN. gay, homosexuel. – ARGOTIQUE : lope, lopette, tata. – FAMILIER : homo. – POPULAIRE : folle, pédale, pédé, tante, tantouze, tapette. – VIEUX : inverti. CONTR. *hétérosexuel.*

pédérastie *nom féminin* Pratique homosexuelle entre hommes. SYN. homosexualité. – ARGOTIQUE : la jaquette flottante. – LITTÉRAIRE : uranisme. – VIEUX : inversion. CONTR. *hétérosexualité.*

pédicule *nom masculin* Axe portant la fleur. SYN. hampe, pédoncule, queue, tige.

pédiculé *adjectif et nom* Relié par un pédicule. SYN. pédonculé. CONTR. *sessile.*

pedigree *nom masculin* Origine d'un animal domestique. SYN. arbre généalogique.

pédocal *nom masculin* Sol des climats humides. SYN. pédalfer.

pédologie *nom féminin* Étude scientifique des sols. SYN. – RARE : édaphologie.

pédoncule *nom masculin* Axe portant la fleur. SYN. hampe, pédicule, queue, tige.

pédonculé *adjectif* Relié par un pédoncule. SYN. pédiculé. CONTR. *sessile.*

pedzouille *nom masculin* POPULAIRE. Homme peu dégourdi. SYN. rustre, sauvage. – FAMILIER : cul-terreux, plouc, rustaud. – POPULAIRE : bouseux, péquenaud, péquenot. – VIEUX : croquant.

peeling *nom masculin* Destruction des couches superficielles de la peau. SYN. dermabrasion, exfoliation.

pègre *nom féminin* Monde des truands. SYN. racaille. – LITTÉRAIRE : truanderie, vermine. – POPULAIRE : raclure. – VIEUX : canaille.

peigne *nom masculin* Instrument pour démêler les cheveux. SYN. démêloir. – ARGOTIQUE : crasseux, râteau.

peignée *nom féminin* POPULAIRE. Volée de coups. SYN. volée. – FAMILIER : pile, raclée, rossée, tabassée, tripotée. – POPULAIRE : dégelée, dérouillée, pâtée, rouste, tannée, tournée, trempe. – VIEUX : frottée.

peigner *verbe* Coiffer avec un peigne. SYN. coiffer. CONTR. *décoiffer, dépeigner, ébouriffer.* – LITTÉRAIRE : *écheveler.*

peignoir *nom masculin* Vêtement d'intérieur. SYN. déshabillé, robe de chambre, robe d'hôtesse. – LITTÉRAIRE : négligé. – VIEUX : saut-de-lit. ▪ Vêtement en tissu éponge. SYN. sortie-de-bain.

peinard *adjectif* POPULAIRE. Qui ne se fait pas de soucis. SYN. calme, décontracté, paisible, serein, tranquille. – FAMILIER : cool, pépère, relax, relaxe. – LITTÉRAIRE : quiet. CONTR. *affolé, angoissé, anxieux, inquiet, tourmenté.* ▪ POPULAIRE. Qui ne donne pas de souci. SYN. calme, doux, paisible, reposant, tranquille. – LITTÉRAIRE : limpide. CONTR. *agité, aventureux, dangereux, fatigant, mouvementé, orageux, périlleux, trépidant.* – LITTÉRAIRE : *tempétueux, tumultueux.*

peinardement *adverbe* POPULAIRE. De façon peinarde. SYN. calmement, lentement, paisiblement, sagement, tranquillement. CONTR. *fébrilement, fiévreusement, nerveusement.*

peindre *verbe* Recouvrir de peinture. SYN. badigeonner, barbouiller, laquer. – FAMILIER : peinturer, peinturlurer. ▪ Décrire par des mots. SYN. brosser, camper, conter, décrire, dépeindre, donner un aperçu de, esquisser, évoquer, exposer, exprimer, figurer, montrer, planter le décor, raconter, rendre, représenter, retracer, tracer. – LITTÉRAIRE : croquer, portraiturer. ▪ ***Peindre à grands traits,*** décrire grosso-modo. SYN. brosser, camper, décrire, esquisser.

peindre (se) *verbe pronominal* Être apparent sur le visage. SYN. apparaître, éclater, se manifester, se montrer, naître, paraître, se refléter, se révéler. – LITTÉRAIRE : poindre.

peine *nom féminin* Ce qui réprime une infraction. SYN. châtiment, condamnation, correction, punition, sanction. ▪ Souffrance morale. SYN. affliction, chagrin, détresse, douleur, malheur, souffrance, tourment, tracas, tristesse. – FAMILIER : cafard. – LITTÉRAIRE : navrement, plaie. CONTR. *béatitude, bien-être, bonheur, joie, ravissement, réjouissance, satisfaction.* ▪ Gêne pour faire quelque chose. SYN. désagrément, difficulté, effort, embarras, mal. CONTR. *aisance, facilité.* ▪ ***À peine,*** presque pas. SYN. faiblement, guère, légèrement, médiocrement, moyennement, peu, tout juste, vaguement. CONTR. *beaucoup, bien, effroyablement, énormément, exceptionnellement, excessivement, extraordinairement, extrêmement, fortement, grandement, grièvement, infiniment, intégralement, intensément, largement, pleinement, profondément, puissamment, richement, terriblement, très.* – FAMILIER : *bigrement, bougrement, diablement, fameusement, rudement.* ▪ ***Valoir la peine,*** avoir une certaine importance. SYN. compter, importer, mériter considération.

peiné *adjectif* Qui a de la peine. SYN. affecté, attristé, chagriné, désespéré, désolé, malheureux, navré, touché, triste. – LITTÉRAIRE : chagrin. CONTR. *content, heureux, joyeux.*

peiner *verbe intransitif* Éprouver de la difficulté à. SYN. se donner du mal, s'échiner, s'épuiser, s'escrimer, s'exténuer, se fatiguer. – FAMILIER : s'arracher les cheveux, en avoir plein les bottes, en avoir plein les jambes, en avoir plein les pattes, se casser la nénette, se casser la tête, se claquer, s'éreinter, s'esquinter, suer, suer sang et eau. – LITTÉRAIRE : ahaner. – POPULAIRE : en baver (des ronds de chapeau), se crever, marner, ramer. CONTR. – LITTÉRAIRE : *n'avoir cure de.*

peiner *verbe transitif* Causer de la peine. SYN. affecter, affliger, assombrir, attrister, briser le cœur, chagriner, déplaire, désespérer, désobliger, désoler, fendre l'âme, fendre le cœur, navrer. – LITTÉRAIRE : contrister, rembrunir. CONTR. *consoler, réjouir.*

peintraillon *nom masculin* Mauvais peintre. SYN. barbouilleur. – RARE : peintureur. – VIEUX : badigeonneur, rapin.

peinture *nom féminin* Évocation imagée. SYN. description, fresque, panorama, portrait, représentation, tableau.

peinturé *adjectif* FAMILIER. Couvert de peinture. SYN. chamarré, émaillé, peint. – FAMILIER : peinturluré.

peinturer *verbe* FAMILIER. Peindre grossièrement. SYN. barbouiller. – FAMILIER : peinturlurer.

peintureur *nom masculin* RARE. Mauvais peintre. SYN. barbouilleur, peintraillon. – VIEUX : badigeonneur, rapin.

peinturlurer *verbe* FAMILIER. Peindre sans goût. SYN. barbouiller, barioler, gribouiller. – FAMILIER : peinturer.

péjoratif *adjectif* Qui a un sens défavorable. SYN. dépréciatif. CONTR. *mélioratif.*

pelade *nom féminin* Chute des cheveux et des poils. SYN. alopécie, psilose.

pelage *nom masculin* Poils d'un animal. SYN. fourrure, robe, toison.

pélamide *nom féminin* Poisson voisin du maquereau. SYN. bonite.

pélargonium *nom masculin* Plante vivace ornementale. SYN. géranium.

pelé *adjectif* Sans végétation. SYN. dénudé, nu. – LITTÉRAIRE : chauve. CONTR. *broussailleux, herbeux, luxuriant, touffu.* ■ Qui a perdu ses poils. SYN. dégarni, nu, ras. CONTR. *dru, épais, fourni.*

pélécaniforme *nom masculin* Oiseau aquatique palmipède. SYN. – VIEUX : stéganopode.

pêle-mêle *adverbe* En désordre. SYN. en broussaille, sens dessus dessous, en vrac. CONTR. *ordonnancé, ordonné, en ordre, rangé.*

pêle-mêle *nom masculin invariable* VIEUX. Mélange confus. SYN. amalgame, enchevêtrement, fatras, fouillis, mélange, pot-pourri. – FAMILIER : brouillamini, méli-mélo, salmigondis. CONTR. *ordre.*

peler *verbe* Enlever la peau. SYN. décortiquer, écaler, écorcer, écosser, éplucher. ■ FAMILIER. ***Peler de froid,*** avoir très froid. SYN. geler, grelotter. – POPULAIRE : cailler, se les geler, se peler. CONTR. – FAMILIER : *crever de chaud.*

pèlerine *nom féminin* Vêtement sans manches. SYN. cape.

pélite *nom féminin* Roche sédimentaire à grains fins. SYN. lutite.

pelle *nom féminin* ***À la pelle,*** en grande quantité. SYN. abondamment, amplement, beaucoup, colossalement, considérablement, copieusement, à discrétion, énormément, à flots, à foison, généreusement, grandement, largement, longuement, massivement, plantureusement, pleinement, à profusion, en quantité, richement, à satiété, à souhait, surabondamment, à tour de bras, en veux-tu en voilà, à volonté. – FAMILIER : à gogo, jusqu'à plus soif, en pagaille, à revendre, à tire-larigot. – LITTÉRAIRE : à l'envi. CONTR. *chichement, guère, modérément, parcimonieusement, peu.*

pelletée *nom féminin* FAMILIER. Grande quantité. SYN. armée, avalanche, cascade, chapelet, déluge, fatras, flot, flux, foule, grêle, infinité, kyrielle, légion, masse, monceau, montagne, multitude, myriade, nuée, paquet, pléiade, pluie, profusion, prolifération, quantité, ramassis, tas, torrent. – FAMILIER : armada, bordée, cargaison, cohorte, flopée, foultitude, régiment, ribambelle, tapée. – LITTÉRAIRE : averse, essaim, océan. CONTR. *atome, bribe, brin, doigt, goutte, grain, gramme, larme, lueur, miette, nuage, once, parcelle, peu, poignée, pointe, soupçon, trace.* – LITTÉRAIRE : *liard, ombre, trait.* – POPULAIRE : *chouia.*

pelleteuse-chargeuse *nom féminin* Engin pour charger des matériaux. SYN. chouleur.

pelletisation *nom féminin* Transformation en pellets. SYN. bouletage.

pellicule *nom féminin* Bande souple de matière plastique. SYN. film.

pelote *nom féminin* ***Pelote de régurgitation,*** débris alimentaires rejetés par les oiseaux. SYN. ingluvie.

pelotonner (se) *verbe pronominal* Se mettre en boule. SYN. se blottir, se lover, se ramasser, se recroqueviller, se replier, se serrer. – VIEUX : se bouler.

pelure *nom féminin* Ce qu'on ôte en épluchant. SYN. épluchure, rognure.

pelvis *nom masculin* Partie inférieure du bassin osseux. SYN. petit bassin.

pélycosaurien *nom masculin* Type de reptile fossile. SYN. théromorphe.

penaille *nom féminin* VIEUX. Tas de hardes. SYN. défroque, guenilles, haillons, loques, oripeaux. – LITTÉRAIRE : hardes. – POPULAIRE : frusques.

penalty *nom masculin* Au football, sanction consistant en un tir au but. SYN. coup de pied de réparation.

pénard *adjectif* POPULAIRE. À l'abri des soucis. SYN. calme, décontracté, paisible, serein, tranquille. – FAMILIER : cool, pépère, relax, relaxe. – LITTÉRAIRE : quiet. CONTR. *affolé, angoissé, anxieux, inquiet, tourmenté.* ■ POPULAIRE. Qui ne donne pas de souci. SYN. calme, doux, paisible, reposant, tranquille. – LITTÉRAIRE : limpide. CONTR. *agité, aventureux, dangereux, fatigant, mouvementé, orageux, périlleux, trépidant.* – LITTÉRAIRE : *tempétueux, tumultueux.*

pénardement *adverbe* POPULAIRE. De façon pénarde. SYN. calmement, lentement, paisiblement, sagement, tranquillement. CONTR. *fébrilement, fiévreusement, nerveusement.*

penaud *adjectif* Honteux à la suite d'une maladresse. SYN. confus, déconfit, embarrassé, honteux, humilié, navré. – LITTÉRAIRE : contrit, sot. CONTR. *triomphant.*

penchant *adjectif* Qui penche. SYN. déclive, incliné, penché. CONTR. *droit.*

penchant *nom masculin* Tendance instinctive vers. SYN. affection, amour, aptitude, attirance, attrait, disposition, faible, faiblesse, goût, inclination, prédisposition, propension, tendance. CONTR. *antipathie, aversion, dégoût, répugnance, répulsion.*

penché *adjectif* Qui est incliné. SYN. courbé, déclive, déjeté, fléchi, incliné. CONTR. *droit.*

penchement *nom masculin* LITTÉRAIRE. État de ce qui penche. SYN. déclivité, inclinaison, inclination, obliquité. CONTR. *aplomb, horizontalité.*

pencher *verbe intransitif* Aller en s'abaissant. SYN. se courber, descendre, glisser, s'incliner. ■ Être porté à choisir. SYN. opter, préférer, se prononcer pour, tendre.

pencher *verbe transitif* Incliner dans telle direction. SYN. courber, fléchir, incliner, infléchir. CONTR. *dresser, ériger, lever, redresser, relever.*

pencher (se) *verbe pronominal* Courber son corps en avant. SYN. se baisser, se courber, s'incliner. ■ Prêter attention à. SYN. s'intéresser à, prendre en considération, se préoccuper, se soucier. CONTR. *se désintéresser, se détacher, se détourner, ignorer.* – FAMILIER : *se ficher.* – POPULAIRE : *se foutre.*

pendant *adjectif* Qui pend. SYN. ballant, tombant.

pendant *nom masculin* Ce qui est semblable à. SYN. double, même, réplique, sosie. CONTR. *contraire, opposé.*

pendant que *conjonction* Marque une opposition. SYN. alors que, tandis que.

pendard *nom* FAMILIER. Personne qui mérite d'être pendue. SYN. chenapan, filou, gibier de potence, gredin, vaurien, vermine, voyou. – FAMILIER : sacripant. – VIEUX : coquin, fripon.

pendart *nom masculin* Tige de suspension d'un faux plafond. SYN. aiguille, suspente.

penderie *nom féminin* Petite pièce pour ranger des vêtements. SYN. dressing, vestiaire. – VIEUX : garde-robe.

pendre *verbe intransitif* Retomber mollement. SYN. flotter, traîner. – FAMILIER : pendiller, pendouiller. – LITTÉRAIRE : baller.

pendre *verbe transitif* Attacher par le haut. SYN. accrocher, suspendre. CONTR. *décrocher, dépendre.*

pendule *nom masculin* Pièce qui oscille autour d'un axe. SYN. balancier.

pendule *nom féminin* Appareil horaire. SYN. carillon, coucou, horloge.

penduline *nom féminin* Petite mésange. SYN. rémiz.

pénétrable *adjectif* Qui peut être pénétré. SYN. perméable. CONTR. *étanche, impénétrable, imperméable.* ■ LITTÉRAIRE. Qui peut être compris. SYN. accessible, compréhensible, explicable, intelligible. – LITTÉRAIRE : saisissable. CONTR. *hermétique, impénétrable.*

pénétrant *adjectif* Qui pénètre dans la peau. SYN. âpre, glacial, mordant, perçant, vif. ■ Qui a de la perspicacité. SYN. aigu, alerte, clairvoyant, fin, lucide, lumineux, observateur, ouvert, perspicace, piquant, profond, sagace, subtil. – VIEUX : perçant. CONTR. *balourd, borné, obtus, superficiel.* – FAMILIER : *ballot, bouché, lourd.*

pénétration *nom féminin* Action de s'introduire dans. SYN. envahissement, incursion, infiltration, introduction, intrusion, invasion, montée. ■ Faculté de saisir les subtilités. SYN. acuité, appréhension, clairvoyance, cognition, compréhension, connaissance, finesse, intelligence, jugement, lucidité, perspicacité, sagacité, subtilité. CONTR. *faiblesse.* – LITTÉRAIRE : *cécité.*

pénétré *adjectif* Rempli d'une conviction. SYN. convaincu, imbu, imprégné, persuadé, pétri, plein, rempli.

pénétrer *verbe intransitif* Entrer à l'intérieur. SYN. accéder, se couler, s'enfoncer, s'engager, s'engouffrer, entrer, envahir, se faufiler, se glisser, s'infiltrer, s'introduire, se loger, passer, rentrer. – FAMILIER : se fourrer. – LITTÉRAIRE : s'insinuer. CONTR. *effleurer, sortir.*

pénétrer *verbe transitif* Passer au travers de. SYN. percer, perforer, transir, transpercer, traverser, trouer. – LITTÉRAIRE : baigner. ■ Toucher profondément le cœur. SYN. abreuver, envahir, imprégner, remplir, submerger. – LITTÉRAIRE : inonder. ■ Parvenir à comprendre. SYN. apercevoir, appréhender, approfondir, assimiler, comprendre, creuser, déchiffrer, découvrir, démasquer, détecter, deviner, entendre, interpréter, lire, percer, percevoir, saisir. – LITTÉRAIRE : déceler, embrasser. – POPULAIRE : entraver.

pénétrer (se) *verbe pronominal* S'imprégner profondément de. SYN. se convaincre, s'imprégner, se remplir.

pénible *adjectif* Qui exige un effort difficile. SYN. accablant, ardu, difficile, dur, écrasant, éprouvant, épuisant, esquintant, exténuant, fatigant, harassant, ingrat, laborieux, mortel. – FAMILIER : claquant, éreintant, tuant. CONTR. *aisé, c'est un jeu d'enfant, facile, reposant, supportable.* – FAMILIER : *ce n'est pas la mer à boire, c'est de la rigolade, c'est du gâteau, c'est du tout cuit .* – POPULAIRE : *c'est du billard.* ■ Qui est fait de souffrances. SYN. affligeant, amer, cruel, douloureux, intolérable. CONTR. *agréable, attrayant, divertissant, doux, joyeux, plaisant.* – LITTÉRAIRE : *riant.* ■ Qui cause du désagrément. SYN. désagréable, difficile, épineux, gênant, grave, malheureux, navrant, regrettable. – POPULAIRE : galère. CONTR. *agréable, heureux.* ■ FAMILIER. Difficile à supporter. SYN. désagréable, épouvantable, infernal, insupportable, mortel, terrible. – FAMILIER : enquiquinant, impossible, invivable. CONTR. *aimable, charmant, complaisant, conciliant, délicieux, gentil.*

péniblement *adverbe* Avec difficulté. SYN. difficilement, durement, à grand-peine, laborieusement, malaisément, tant bien que mal, tout juste. – FAMILIER : cahin-caha, clopin-clopant, comme ci comme ça, couci-couça, ric-rac. CONTR. *aisément, facilement, grand-peine (à), sans difficulté, sans encombre.* – FAMILIER : *les doigts dans le nez.* ■ D'une façon douloureuse. SYN. cruellement, douloureusement. CONTR. *gaiement, joyeusement.*

pénicillaire *nom féminin* Graminée tropicale. SYN. mil à chandelle, petit mil.

pénil *nom masculin* Éminence en avant du pubis. SYN. mont de Vénus.

pénis *nom masculin* Organe génital masculin. SYN. membre (viril), phallus, sexe, verge. – ARGOTIQUE : andouille à col roulé, andouille de calcif, anguille, arbalète, braquemart, chandelle, clarinette baveuse, manche, nœud, paf, panais, pinceau, pine, poireau, Popaul, Popol, sabre, trique, vipère broussailleuse, zigouigoui. – FAMILIER : robinet, zizi. – LITTÉRAIRE : dard, vit. – POPULAIRE : biroute, bistouquette, bite, bitte, engin, outil, quéquette, queue, zob, zobi. – VIEUX : crayon, mentule.

pénitence *nom féminin* Peine infligée. SYN. mortification, punition. – LITTÉRAIRE : châtiment.

pénitent *adjectif* Marqué par le repentir. SYN. contrit. – LITTÉRAIRE : repentant.

pénitentiaire *adjectif* Relatif aux prisons. SYN. carcéral.

pénombre *nom féminin* Lumière tamisée. SYN. clair-obscur, demi-jour. CONTR. *clarté, lumière.*

pensable *adjectif* Qu'on peut envisager. SYN. concevable, croyable, envisageable, imaginable. CONTR. *impensable, inconcevable, inimaginable.*

pensant *adjectif* Qui a la faculté de raisonner. SYN. intelligent.

pensé *adjectif* Mûrement réfléchi. SYN. conçu, élaboré, étudié, mûri, pesé, réfléchi. CONTR. *irréfléchi.*

pensée *nom féminin* Faculté de penser. SYN. entendement, esprit, intelligence, raison. – LITTÉRAIRE : conception. ■ Façon de penser. SYN. avis, intention, observation, opinion, perspective, point de vue, position, préoccupation, propos, réflexion, remarque, sentiment, vue. – LITTÉRAIRE : spéculation. ■ Ensemble d'idées. SYN. croyance, doctrine, idéologie, philosophie. – LITTÉRAIRE : conception. ■ Brève réflexion écrite. SYN. adage, apophtegme, maxime, propos. – LITTÉRAIRE : sentence.

penser *verbe intransitif* Former et combiner des idées. SYN. méditer, raisonner, réfléchir. – FAMILIER : cogiter, faire marcher sa matière grise, phosphorer, se pressurer le cerveau, se pressurer les méninges, se triturer la cervelle, se triturer les méninges. – LITTÉRAIRE : songer, spéculer. – POPULAIRE : gamberger.

penser *verbe transitif* Considérer comme étant tel. SYN. admettre, considérer, croire, estimer, imaginer, juger, présumer. ■ Avoir la conviction de. SYN. conjecturer, croire, espérer, se figurer, supposer. ■ Avoir l'intention de. SYN. avoir dans l'idée, avoir en vue de, compter, envisager, projeter, se proposer, songer. ■ Concevoir avec minutie. SYN. élaborer, étudier, examiner, imaginer, mûrir, ordonnancer, régler.

penser *verbe transitif indirect* Avoir présent à l'esprit. SYN. évoquer, imaginer, songer, se soucier. ■ Prévoir quelque chose. SYN. s'occuper, se préoccuper. CONTR. *se désintéresser, oublier.*

penseur *nom* Personne qui réfléchit à. SYN. idéologue, théoricien.

pensif *adjectif* Perdu dans ses pensées. SYN. absorbé, contemplatif, méditatif, préoccupé, recueilli, rêveur, songeur, soucieux. – LITTÉRAIRE : contemplateur.

pension *nom féminin* Établissement d'enseignement. SYN. pensionnat.

pensionnaire *nom* Élève logé, nourri. SYN. interne. CONTR. *externe.*

pensionnat *nom masculin* Établissement où les élèves sont en pension. SYN. internat, pension.

pensum *nom masculin* Besogne ennuyeuse. SYN. corvée, obligation, punition, tâche.

pentamère *adjectif* À symétrie radiale d'ordre cinq. SYN. pentaradié.

pentavalent *adjectif* D'une valence chimique égale à 5. SYN. quintivalent.

pente *nom féminin* Tendance naturelle. SYN. faible, inclination, instinct, penchant, prédisposition, propension, tendance, vocation. ■ Surface inclinée vers le bas. SYN. déclivité, descente, inclinaison, talus, versant. CONTR. *côte, montée, raidillon, rampe.* – FAMILIER : *grimpette.*

penthine *nom féminin* Papillon dont la chenille est nuisible. SYN. spilonote.

pentyle *nom masculin* Radical de chimie organique. SYN. amyle.

pénultième *adjectif* Qui est immédiatement avant le dernier. SYN. avant-dernier.

pénurie *nom féminin* Manque du nécessaire. SYN. absence, besoin, carence, défaut, dénuement, indigence, inexistence, insuffisance, manque, rareté. – LITTÉRAIRE : disette. CONTR. *abondance, affluence, approvisionnement, débordement, excès, foisonnement, luxe, pléthore, profusion, surabondance.*

pépiement *nom masculin* Chant des oiseaux. SYN. gazouillement, gazouillis, ramage. ▪ VIEUX. Action de pépier. SYN. caquetage, caquètement. – LITTÉRAIRE : ramage. – VIEUX : jacasserie.

pépier *verbe* Crier, en parlant des oiseaux. SYN. chanter, gazouiller. ▪ VIEUX. Parler sans arrêt. SYN. babiller, caqueter. – FAMILIER : bavasser, cancaner, jacasser, papoter, piapiater, potiner.

pépin *nom masculin* FAMILIER. Ennui sérieux. SYN. avatar, ennui, incident, malchance. – FAMILIER : anicroche, enquiquinement, os, tuile. – LITTÉRAIRE : infortune. – POPULAIRE : emmerdement. CONTR. *aubaine, chance.*

perçant *adjectif* Qui pénètre l'organisme. SYN. aigre, âpre, cuisant, mordant, pénétrant. ▪ Se dit d'un son très aigu. SYN. aigu, criard, retentissant, sonore, strident, suraigu, vibrant. CONTR. *caverneux, grave, profond.* – LITTÉRAIRE : *sépulcral.* ▪ Se dit d'un regard très aigu. SYN. aigu, pénétrant, vif. ▪ VIEUX. Doué de perspicacité. SYN. fin, incisif, lucide, mordant, perspicace, subtil.

percée *nom féminin* Trou qui permet de passer. SYN. brèche, ouverture, trouée.

perce-muraille *nom féminin* Plante qui pousse sur les murs. SYN. casse-pierre, pariétaire, passe-muraille.

perce-oreille *nom masculin* Insecte dont l'abdomen est terminé par des pinces. SYN. forficule, pince-oreille.

perce-pierre *nom masculin* Plante qui pousse dans les pierres. SYN. saxifrage.

perceptible *adjectif* Qui peut être perçu par les sens. SYN. audible, constatable, décelable, distinct, ostensible, sensible, visible. CONTR. *imperceptible, inapparent, inaudible, insensible, invisible.* ▪ Qui peut être saisi par l'esprit. SYN. accessible, clair, compréhensible, discernable, intelligible. – LITTÉRAIRE : saisissable. CONTR. *inaccessible, incompréhensible, indiscernable, inintelligible, insaisissable.*

perception *nom féminin* Idée plus ou moins nette de. SYN. appréhension, compréhension, connaissance, conscience, impression, sensation, sentiment, vision, vue.

percer *verbe intransitif* Se frayer un passage à travers. SYN. apparaître, s'infiltrer, paraître, passer, surgir. – LITTÉRAIRE : poindre, pointer. ▪ Se montrer au grand jour. SYN. filtrer, se manifester, se montrer, paraître, transparaître. – LITTÉRAIRE : éclore. ▪ Acquérir de la réputation. SYN. arriver, se distinguer, s'élever, émerger, faire carrière, faire son chemin, faire son trou, se faire un nom, se faire une place au soleil, gagner son bâton de maréchal, s'imposer, monter, réussir. – LITTÉRAIRE : parvenir.

percer *verbe transitif* Faire un trou dans. SYN. creuser, cribler, enfoncer, éventrer, évider, forer, ouvrir, perforer, tarauder, trouer, vriller. CONTR. *boucher.* – LITTÉRAIRE : *clore.* ▪ Passer au travers de. SYN. s'infiltrer, traverser. ▪ Mettre au jour un secret. SYN. déchiffrer, découvrir, dépister, pénétrer, pressentir. – LITTÉRAIRE : déceler.

percevoir *verbe* Saisir par les sens. SYN. apercevoir, avoir du nez, avoir le nez creux, avoir le nez fin, déceler, discerner, distinguer, entendre, entrevoir, éprouver, flairer, repérer, sentir, voir. – VIEUX : ouïr. CONTR. – FAMILIER : *ne pas voir plus loin que le bout de son nez.* ▪ Parvenir à connaître. SYN. appréhender, concevoir, enregistrer, pénétrer, pressentir, se rendre compte, sentir. – LITTÉRAIRE : déceler. ▪ Recevoir de l'argent. SYN. encaisser, gagner, recevoir, recouvrer, retirer, toucher. – FAMILIER : palper. CONTR. *débourser, décaisser, payer, verser.*

perche *nom féminin* ***Perche de mer,*** poisson voisin du mérou. SYN. serran. ▪ ***Perche goujonnière,*** poisson des grands cours d'eau. SYN. grémille. ▪ ***Perche grimpeuse,*** poisson à respiration aérienne. SYN. anabas. ▪ ***Perche noire,*** perche élevée en étang. SYN. achigan, black-bass.

perche *nom féminin* Longue pièce de bois. SYN. échalas, pieu, tuteur.

perche-brochet *nom féminin* Grand poisson voisin de la perche. SYN. sandre.

percher *verbe* FAMILIER. Habiter quelque part. SYN. demeurer, habiter, loger, résider. – FAMILIER : nicher. – POPULAIRE : crécher.

percher (se) *verbe* Se mettre sur un endroit élevé. SYN. se jucher, se nicher.

perchlorobenzène *nom masculin* Composé chimique employé comme fongicide. SYN. hexachlorobenzène.

perchoir *nom masculin* Bâton où perchent les oiseaux de basse-cour. SYN. juchoir.

perclus *adjectif* Dans l'incapacité de se mouvoir. SYN. éclopé, impotent, infirme, invalide, paralysé. CONTR. *alerte, ingambe, valide.* – VIEUX : *gaillard.*

percnoptère *nom masculin* Petit vautour à plumage blanchâtre. SYN. vautour d'Égypte.

percutané *adjectif* Absorbé à travers la peau. SYN. transcutané, transdermique.

percutant *adjectif* Qui atteint son but. SYN. efficace, frappant, incisif, saisissant.

percuter *verbe* Venir frapper un obstacle. SYN. bousculer, cogner, emboutir, enfoncer, frapper, heurter, rencontrer, tamponner, télescoper. – POPULAIRE : emplafonner.

perdant *nom* Personne qui perd. SYN. vaincu. CONTR. *champion, gagnant, vainqueur.* – LITTÉRAIRE : *triomphateur.*

perdre *verbe intransitif* Ne pas remporter la victoire. SYN. avoir le dessous, déposer les armes, échouer, se faire battre. – FAMILIER : louper, prendre un carton, prendre une piquette, prendre une veste, ramasser un carton, ramasser une piquette, ramasser une veste, rater. – LITTÉRAIRE : baisser pavillon, mettre pavillon bas. – POPULAIRE : prendre une culotte, prendre une pilule. CONTR. *l'emporter, gagner, triompher, vaincre.* ■ Voir une qualité diminuer. SYN. s'amenuiser, baisser, décroître, diminuer, s'écrouler, s'effondrer. CONTR. *s'amplifier, augmenter, croître, se développer, grandir, monter.*

perdre *verbe transitif* Cesser d'avoir. SYN. être dépouillé de, être privé de. CONTR. *acquérir, bénéficier, capter, conquérir, conserver, s'emparer, gagner, obtenir, prendre, recouvrer, récupérer, regagner, reprendre, retrouver.* – FAMILIER : *ravoir.* ■ Ne plus trouver une chose. SYN. égarer, oublier. – POPULAIRE : paumer. CONTR. *retrouver, trouver.* ■ Discréditer quelqu'un. SYN. condamner, confondre, couler, dégrader, dépraver, déshonorer, dévaloriser, discréditer, disqualifier, léser, nuire, ruiner. – FAMILIER : démolir. – LITTÉRAIRE : corrompre, dévoyer, flétrir. CONTR. *aider, amadouer, épauler, favoriser, maintenir, protéger, recommander, sauver, secourir, soigner, soutenir.* ■ Faire un mauvais emploi de. SYN. gâcher, gaspiller.

perdre (se) *verbe pronominal* Ne plus trouver son chemin. SYN. s'égarer, errer, se fourvoyer. – POPULAIRE : se paumer. CONTR. *se diriger, se repérer.* ■ Cesser d'être perceptible. SYN. disparaître, s'estomper, s'évanouir, se fondre, mourir. ■ Devenir inutilisable. SYN. s'altérer, s'avarier, se détériorer, se gâter, pourrir. CONTR. *se conserver.* ■ Ne plus savoir où on en est. SYN. s'embourber, s'empêtrer, s'enferrer, se noyer, patauger, perdre pied. – FAMILIER : s'enfoncer. ■ S'absorber dans ses pensées. SYN. s'enfoncer, s'immerger, se livrer, se plonger. – LITTÉRAIRE : s'abîmer, s'anéantir.

perdu *adjectif* Situé à l'écart. SYN. détourné, écarté, éloigné, isolé, reculé, retiré. – POPULAIRE : paumé. ■ Qu'on ne peut localiser. SYN. égaré, englouti, errant, fourvoyé. ■ Qu'on ne peut sauver. SYN. condamné, incurable, inguérissable. – FAMILIER : fichu, fini. – POPULAIRE : foutu. CONTR. *curable, guérissable.* ■ Qui n'est plus en usage. SYN. disparu, envolé, éteint, évanoui, oublié. – FAMILIER : mort. CONTR. *présent, vivace.* ■ Privé de sa réputation. SYN. déshonoré, discrédité, ruiné. – FAMILIER : coulé, cuit, fini, flambé. ■ Qui manque de repères. SYN. déboussolé, dépassé, dépaysé, déphasé, dérouté, désaxé, désorienté. – POPULAIRE : paumé.

père *nom masculin* Créateur d'une œuvre. SYN. ancêtre, auteur, créateur, fondateur, instigateur, inventeur, mécène, pionnier, promoteur, protecteur. – LITTÉRAIRE : fabricant, instaurateur. ■ ***Notre Père,*** prière enseignée par Jésus. SYN. Oraison dominicale, Pater.

péremptoire *adjectif* Qu'on ne peut contredire. SYN. absolu, autoritaire, cassant, catégorique, concluant, coupant, décisif, despotique, dogmatique, impératif, impérieux, magistral, tranchant. CONTR. *contestable, discutable.*

pérenne *adjectif* LITTÉRAIRE. Qui dure très longtemps. SYN. éternel, immuable, impérissable, imprescriptible, inaltérable, indéfectible, indélébile, indestructible, indissoluble, ineffaçable, perpétuel. – LITTÉRAIRE : immortel, infrangible. CONTR. *bref, caduc, fugace, momentané, passager, précaire.*

pérennité *nom féminin* Caractère pérenne. SYN. continuité, durabilité, durée, éternité, immortalité, imprescriptibilité, invariabilité, stabilité. – LITTÉRAIRE : immuabilité, perpétuité. CONTR. *brièveté, caducité, fragilité, instabilité, mobilité.*

perfectible *adjectif* Qui peut se perfectionner. SYN. améliorable. CONTR. *imperfectible.*

perfectif *nom masculin* Forme verbale indiquant une action achevée. SYN. accompli, parfait.

perfection *nom féminin* État de ce qui est parfait. SYN. achèvement, excellence, fignolage, fini, transcendance. CONTR. *imperfection, médiocrité, nullité.* ■ Personne, chose parfaite. SYN. ange, merveille, perle, trésor. CONTR. *défaut, défectuosité, difformité, faiblesse, imperfection, vice.*

perfectionné *adjectif* Qui a un haut niveau de qualité. SYN. élaboré. CONTR. *élémentaire, primaire, primitif.*

perfectionnement *nom masculin* Action de perfectionner. SYN. amélioration, amendement, avancement, bonification, progrès, progression.

perfectionner *verbe* Rendre meilleur. SYN. améliorer, bonifier, fignoler, parachever, parfaire, polir. – LITTÉRAIRE : amender, ciseler. – VIEUX : perler.

perfide *adjectif* Qui est sournois. SYN. cauteleux, chafouin, déloyal, dissimulateur, dissimulé, faux, fourbe, hypocrite, indélicat, insidieux, jésuite, sournois, spécieux, traître, trompeur. – FAMILIER : cafard. – LITTÉRAIRE : artificieux, fallacieux, félon, patelin, tortu. CONTR. *droit, fair-play, fidèle, franc, loyal, net, sincère, sûr.* – LITTÉRAIRE : *probe, véridique, vrai.* ■ LITTÉRAIRE. Qui est funeste. SYN. dangereux, funeste, mauvais, néfaste, traître, trompeur. – LITTÉRAIRE : vénéneux, venimeux.

perfidement *adverbe* LITTÉRAIRE. De façon perfide. SYN. obliquement, sournoisement, tortueusement, traîtreusement.

perfidie *nom féminin* LITTÉRAIRE. Caractère perfide. SYN. déloyauté, fausseté, félonie, fourberie, hypocrisie, machiavélisme, mauvaise foi, noirceur, rouerie, trahison, traîtrise. – FAMILIER : roublardise. – LITTÉRAIRE : infidélité, scélératesse, sournoiserie, venin, vilenie. CONTR. *bonne foi, cordialité, fidélité, loyauté, sincérité.* ■ LITTÉRAIRE. Acte, parole perfide. SYN. déloyauté, forfaiture, rouerie. – FAMILIER : crasse, entourloupe, entourloupette, roublardise. – LITTÉRAIRE : félonie, fourberie, scélératesse, sournoiserie, traîtrise, vilenie.

perforer *verbe* Faire un ou plusieurs trous. SYN. forer, pénétrer, percer, poinçonner, transpercer, traverser, trouer.

performance *nom féminin* Action remarquable. SYN. action d'éclat, exploit, haut fait, prouesse, record, réussite, succès, tour de force.

perfusion *nom féminin* Injection lente et continue d'une solution dans l'organisme. SYN. goutte-à-goutte.

pergélisol *nom masculin* Partie profonde d'un sol gelé. SYN. permafrost, permagel.

périastre *nom masculin* Distance minimale entre deux astres. CONTR. *apoastre.*

périclitant *adjectif* Qui périclite. SYN. chancelant, déclinant, dégringolant.

péricliter *verbe* Aller vers la ruine. SYN. baisser, décliner, dépérir, s'étioler, faire naufrage, sombrer, tomber. – FAMILIER : dégringoler, se ramollir. CONTR. *prospérer, réussir.*

péridinien *nom masculin* Protiste à deux flagelles. SYN. dinoflagellé.

périgée *nom masculin* Point où un astre est le plus rapproché de la Terre. CONTR. *apogée.*

périhélie *nom masculin* Point où un astre est le plus proche du Soleil. CONTR. *aphélie.*

péril *nom masculin* Situation menaçante. SYN. danger, menace, nuage, risque. – LITTÉRAIRE : écueil. CONTR. *sécurité, sûreté.*

périlleusement *adverbe* LITTÉRAIRE. D'une manière périlleuse. SYN. aventureusement, dangereusement. CONTR. *prudemment, sagement, sûrement.*

périlleux *adjectif* Qui constitue un danger. SYN. brûlant, compromettant, critique, dangereux, délicat, grave, hasardé, hasardeux, imprudent, risqué. – LITTÉRAIRE : scabreux. – POPULAIRE : casse-gueule. CONTR. *sûr, tranquille.*

périmé *adjectif* Qui est passé de mode. SYN. abandonné, anachronique, arriéré, attardé, démodé, dépassé, désuet, inactuel, obsolète, poussiéreux, retardataire, rétrograde, vétuste, vieilli, vieillot, vieux. – ARGOTIQUE : square. – FAMILIER : fossile, out, ringard. – LITTÉRAIRE : obsolescent, suranné. – VIEUX : rococo. CONTR. *actuel, nouveau, valable.* ■ Qui n'est plus valable. SYN. caduc. CONTR. *bon, effectif, valable, valide.*

périmètre *nom masculin* Contour d'un espace. SYN. borne, circonférence, contour, enceinte, périphérie, pourtour, zone.

période *nom féminin* Intervalle de temps. SYN. âge, cycle, date, durée, époque, ère, étape, étendue, heure, page, phase, temps. – LITTÉRAIRE : jours, saison.

période *nom masculin* LITTÉRAIRE. Le plus haut degré. SYN. apogée, comble, maximum, paroxysme, sommet, summum, zénith. – LITTÉRAIRE : faîte.

périodicité *nom féminin* Caractère périodique. SYN. alternance, retour, roulement.

périodique *adjectif* Qui revient par intervalles. SYN. alternatif, alterné, cyclique, régulier, rythmé. CONTR. *sporadique.*

périodique *nom masculin* Publication régulière. SYN. bulletin, journal, magazine, revue. – FAMILIER : canard. – VIEUX : gazette.

périodiquement *adverbe* De façon périodique. SYN. cycliquement, fréquemment, ponctuellement, quotidiennement, régulièrement. CONTR. *alternativement, épisodiquement, par intermittence, par intervalles, irrégulièrement, par moments, occasionnellement, sporadiquement.* – LITTÉRAIRE : *par occasion.*

périostite *nom féminin* Inflammation du périoste. SYN. ostéopériostite.

péripate *nom masculin* Arthropode ressemblant à une chenille. SYN. onychophore.

péripatéticien *adjectif et nom* Partisan du péripatétisme. SYN. aristotélicien.

péripatétisme *nom masculin* Doctrine d'Aristote. SYN. aristotélisme.

péripétie *nom féminin* Changement imprévu. SYN. coup de théâtre, événement, évènement, nœud, rebondissement. ■ Incident sans conséquence. SYN. accident, aventure, épisode, incident, mésaventure, revers.

périphérie *nom féminin* Ce qui fait le tour de. SYN. bord, bordure, circonférence, contour, lisière, périmètre, pourtour, tour. ■ Quartiers excentrés. SYN. banlieue, faubourg. CONTR. *centre.*

périphérique *adjectif* Situé à la périphérie. SYN. excentrique, extérieur. CONTR. *central, intérieur.*

périphrase *nom féminin* Détour de langage. SYN. circonlocution, détour.

périple *nom masculin* Long voyage. SYN. circuit, déplacement, excursion, randonnée, tour, voyage.

périr *verbe* Cesser de vivre. SYN. décéder, disparaître, mourir, passer de vie à trépas, perdre la vie, rendre l'âme, succomber. – FAMILIER : passer l'arme à gauche, y rester. – LITTÉRAIRE : expirer, rendre le dernier soupir, trépasser. – POPULAIRE : caner, casser sa pipe, claboter, clamecer, clamser, claquer, crever. CONTR. *être en vie, vivre.* ■ LITTÉRAIRE. Être anéanti. SYN. crouler, disparaître, s'éteindre, s'évanouir, finir, mourir, passer. – LITTÉRAIRE : expirer. CONTR. *persister, résister, subsister.*

périssable *adjectif* Susceptible de s'abîmer. SYN. altérable, destructible, fragile, frêle. CONTR. *durable, indestructible, viable.* ■ LITTÉRAIRE. Qui n'est pas éternel. SYN. mortel, passager. CONTR. – LITTÉRAIRE : *éternel, immortel.*

périssodactyle *nom masculin* Qui a un nombre impair de doigts à chaque patte. SYN. imparidigité, mésaxonien.

perle *nom féminin* Personne, chose remarquable. SYN. bijou, joyau, merveille, modèle, oiseau rare, perfection, phénomène. – LITTÉRAIRE : phénix. ■ FAMILIER. Erreur grossière. SYN. bêtise, bévue, erreur, méprise. – FAMILIER : boulette, bourde.

perlé *adjectif* VIEUX. Fait d'une façon parfaite. SYN. fignolé, fini, impeccable, minutieux, soigné. – FAMILIER : léché. – LITTÉRAIRE : ciselé. CONTR. *grossier, inachevé.* – FAMILIER : *bâclé, sabré.*

perler *verbe intransitif* Se former peu à peu. SYN. apparaître, naître, paraître, percer. – LITTÉRAIRE : poindre, pointer.

perler *verbe transitif* VIEUX. Exécuter avec soin. SYN. achever, fignoler, parachever, parfaire, peaufiner, perfectionner, polir, soigner. – FAMILIER : chiader, lécher. – LITTÉRAIRE : ciseler, raffiner. CONTR. *gâcher, saborder, saboter.* – FAMILIER : *bâcler, bousiller, massacrer, sabrer, torcher.*

permafrost ou **permagel** *nom masculin* Partie profonde d'un sol gelé. SYN. pergélisol.

permanence *nom féminin* Caractère permanent. SYN. constance, continuité, durabilité, durée, immortalité, invariabilité, persistance, stabilité. – LITTÉRAIRE : fixité, immuabilité, perpétuation, perpétuité. CONTR. *changement, évolution, fragilité, fugacité, instabilité, métamorphose, mutation, transformation, variabilité.* – LITTÉRAIRE : *inconstance.* ■ ***En permanence,*** sans interruption. SYN. constamment, continuellement, jour et nuit, journellement, du matin au soir, non-stop, sans arrêt, sans cesse, sans discontinuer, sans intermission, sans interruption, sans relâche, sans répit, sans souffler, sans trêve, sept jours sur sept, à tout instant, tout le temps, à tout propos, vingt-quatre heures sur vingt-quatre. – LITTÉRAIRE : continûment. CONTR. *alternativement, irrégulièrement, momentanément, occasionnellement, parfois, rarement, sporadiquement, temporairement, transitoirement, variablement.*

permanent *adjectif* Qui ne cesse pas. SYN. chronique, constant, continu, continuel, durable, endémique, éternel, fixe, immuable, incessant, inébranlable, intangible, perpétuel, persévérant, persistant, stable. CONTR. *changeant, discontinu, éphémère, épisodique, fugace, fugitif, instable, intermittent, momentané, passager, précaire, provisoire, temporaire, transitoire.*

permanente *nom féminin* Traitement pour onduler ou friser les cheveux. SYN. – VIEUX : indéfrisable.

perméabilité *nom féminin* État de ce qui est perméable. SYN. porosité. CONTR. *étanchéité, herméticité, imperméabilité.*

perméable *adjectif* Qui se laisse pénétrer. SYN. pénétrable, poreux, spongieux. CONTR. *étanche, hermétique, imperméable.* ■ Qui se laisse atteindre. SYN. accessible, docile, influençable, malléable, maniable, ouvert, sensible. CONTR. *étranger, fermé, imperméable, inaccessible, indifférent, rebelle, réfractaire, sourd.*

permettre *verbe* Donner le pouvoir d'agir. SYN. admettre, autoriser, tolérer. – LITTÉRAIRE : souffrir. CONTR. *défendre, interdire.* ■ Donner la possibilité de. SYN. autoriser, consentir, donner carte blanche, donner le feu vert, donner tous pouvoirs, donner un blanc-seing à. CONTR. *brider, défendre, empêcher, entraver, interdire, prohiber, proscrire.* – LITTÉRAIRE : *contraindre.* ■ Rendre possible. SYN. concourir à, contribuer à, donner lieu à, donner l'occasion de, donner matière à, favoriser, laisser place à. **CONTR.** *condamner, empêcher, entraver.*

permettre (se) *verbe pronominal* Avoir l'audace de. **SYN.** s'accorder, s'autoriser, s'aviser de, s'enhardir, oser, prendre la liberté de.

permis *adjectif* Qui est autorisé. **SYN.** accrédité, admis, autorisé, légal, légitime, licite, loisible, reconnu, réglementaire, régulier, toléré. **CONTR.** *clandestin, défendu, délictuel, délictueux, frauduleux, illégal, illicite, interdit, prohibé, proscrit, sauvage.*

permissif *adjectif* Très tolérant. **SYN.** laxiste, libéral. **CONTR.** *oppressif.*

permission *nom féminin* Action de permettre. **SYN.** acceptation, accord, agrément, approbation, assentiment, autorisation, consentement, droit, faculté, liberté, licence, pouvoir. – LITTÉRAIRE : aveu. **CONTR.** *défense, interdiction.*

permutation *nom féminin* Action de permuter. **SYN.** changement, échange, inversion, substitution, transposition.

permuter *verbe* Mettre à la place d'un autre. **SYN.** changer, échanger, intervertir, inverser, transposer.

pernicieux *adjectif* Dangereux pour la santé. **SYN.** dangereux, délétère, dommageable, fatal, funeste, insalubre, maléfique, malin, malsain, mauvais, mortel, nocif, nuisible, préjudiciable, toxique. **CONTR.** *bénéfique, bienfaisant, bon, excellent, sain, salubre, salutaire.* ■ LITTÉRAIRE. Moralement nuisible. **SYN.** immoral, malfaisant, morbide, néfaste, pervers. – LITTÉRAIRE : corrupteur, délétère, pervertisseur. **CONTR.** *édifiant, élevé, exemplaire, moral, noble.*

péroné *nom masculin* Os de la partie externe de la jambe. **SYN.** fibula.

pérorer *verbe* Parler d'une façon prétentieuse. **SYN.** discourir, disserter, épiloguer, palabrer, parler, prêcher. – FAMILIER : discutailler, disputailler, jacasser, laïusser, pontifier.

péroreur *nom* LITTÉRAIRE. Personne qui pérore. **SYN.** bavard, beau parleur, discoureur, palabreur, phraseur. – FAMILIER : baratineur, laïusseur. – LITTÉRAIRE : parleur, rhéteur.

peroxysome *nom masculin* Composant cellulaire. **SYN.** microbody.

perpétuation *nom féminin* LITTÉRAIRE. Fait de perpétuer. **SYN.** continuation, maintenance, permanence, persistance. – LITTÉRAIRE : perpétuité.

perpétuel *adjectif* Qui dure indéfiniment. **SYN.** immuable, impérissable, indestructible, infini, permanent, sempiternel. – LITTÉRAIRE : éternel, immortel, pérenne. **CONTR.** *éphémère, momentané, passager, provisoire, temporaire, temporel, transitoire.* ■ Qui a lieu sans interruption. **SYN.** constant, continu, continuel, incessant, ininterrompu, permanent, réitéré, renouvelé, répété. **CONTR.** *exceptionnel, rare, unique.*

perpétuellement *adverbe* D'une manière constante. **SYN.** constamment, continuellement, éternellement, immuablement, indéfiniment, invariablement, jour et nuit, journellement, à longueur de temps, du matin au soir, non-stop, en permanence, sans arrêt, sans cesse, sans discontinuer, sans intermission, sans interruption, sans relâche, sans répit, sans souffler, sans trêve, sept jours sur sept, toujours, à tout bout de champ, à tout instant, tout le temps, à tout propos, vingt-quatre heures sur vingt-quatre. – LITTÉRAIRE : continûment, sempiternellement. **CONTR.** *par accès, épisodiquement, exceptionnellement, par instants, par intermittence, par intervalles, irrégulièrement, occasionnellement, rarement, sporadiquement, de temps à autre, de temps en temps, variablement.* ■ Pour toujours. **SYN.** ad vitam aeternam, éternellement, indéfiniment, à jamais. **CONTR.** *momentanément, passagèrement, provisoirement, temporairement.* – LITTÉRAIRE : *transitoirement.*

perpétuer *verbe* Faire durer quelque chose. **SYN.** conserver, continuer, entretenir, garantir, immortaliser, maintenir, préserver, prolonger, transmettre. – LITTÉRAIRE : éterniser. **CONTR.** *arrêter, faire cesser, juguler, oublier.*

perpétuer (se) *verbe pronominal* Durer longtemps. **SYN.** durer, s'éterniser, se maintenir, se poursuivre, se prolonger, rester.

perpétuité *nom féminin* LITTÉRAIRE. Durée perpétuelle. **SYN.** continuation, éternité, immortalité, maintien, pérennité, permanence. **CONTR.** *brièveté, disparition, fragilité, mort, précarité.*

perplexe *adjectif* Qui est dans le doute. **SYN.** embarrassé, hésitant, incertain, indécis, indéterminé, irrésolu, réticent, soucieux. **CONTR.** *assuré, convaincu, décidé, déterminé, résolu, sûr.*

perplexité *nom féminin* Fait d'hésiter. **SYN.** doute, embarras, hésitation, incertitude, indécision, indétermination, irrésolution, oscillation. **CONTR.** *assurance, certitude, décision, détermination, résolution.*

persan *nom masculin* Langue parlée en Iran. **SYN.** iranien.

persécuté *nom* Personne qu'on persécute. **SYN.** martyr, opprimé. **CONTR.** *oppresseur, tyran.*

persécuter *verbe* Opprimer cruellement. **SYN.** martyriser, opprimer, torturer, tyranniser. – LITTÉRAIRE : supplicier. **CONTR.** *protéger.*

■ Importuner sans cesse. SYN. s'acharner, brimer, harceler, poursuivre, presser, tourmenter. – FAMILIER : tarabuster.

persévérance *nom féminin* Action de persévérer. SYN. continuation, continuité, fidélité, maintenance, persistance, poursuite. CONTR. *abandon, abjuration, changement, renoncement.* ■ Qualité de celui qui persévère. SYN. acharnement, entêtement, insistance, obstination, patience, persistance, ténacité. – LITTÉRAIRE : constance, longanimité, opiniâtreté. CONTR. *inconstance, instabilité, légèreté.* – LITTÉRAIRE : *variabilité, versatilité.*

persévérant *adjectif* Qui persévère. SYN. acharné, entêté, fidèle, inlassable, insistant, obstiné, opiniâtre, patient, tenace, têtu. CONTR. *capricieux, changeant, fantasque, inconstant, instable, lunatique, velléitaire, versatile, volage.* ■ Qui se fait de façon continue. SYN. constant, permanent, persistant. CONTR. *intermittent, irrégulier, momentané, passager, temporaire.*

persévérer *verbe* Montrer de la persévérance. SYN. s'accrocher, s'acharner, aller jusqu'au bout, avoir de la suite dans les idées, avoir l'esprit de suite, continuer, s'entêter, insister, se maintenir, s'obstiner, persister, poursuivre, prendre son mal en patience, tenir. – LITTÉRAIRE : s'opiniâtrer. CONTR. *abandonner, abdiquer, déclarer forfait, reculer, renoncer.* – FAMILIER : *se dégonfler, flancher.* – POPULAIRE : *caner, canner.*

persienne *nom féminin* Type de volet. SYN. contrevent, jalousie, volet.

persiflage *nom masculin* Action de persifler. SYN. ironie, lazzi, moquerie, pointe, raillerie, sarcasme. – FAMILIER : chinage. – LITTÉRAIRE : brocard, épigramme, goguenardise. – POPULAIRE : vanne.

persifler *verbe* Tourner en ridicule. SYN. s'amuser de, ironiser, se moquer, railler, ridiculiser, rire de. – FAMILIER : chambrer, chiner. – LITTÉRAIRE : brocarder, satiriser. – POPULAIRE : charrier.

persifleur *adjectif* Où pointe la raillerie. SYN. frondeur, ironique, narquois, railleur, sarcastique. – FAMILIER : chineur. – LITTÉRAIRE : moqueur.

persistance *nom féminin* Fait de durer. SYN. constance, continuité, durabilité, durée, maintenance, maintien, permanence. – LITTÉRAIRE : immuabilité, perpétuation. CONTR. *changement, métamorphose.* ■ Action de s'obstiner. SYN. acharnement, entêtement, esprit de suite, insistance, obstination, patience, persévérance, suite dans les idées, ténacité. – LITTÉRAIRE : constance, longanimité, opiniâtreté. CONTR. *abandon, capitulation, renoncement.*

persistant *adjectif* Qui ne disparaît pas. SYN. chronique, continu, durable, endémique, immuable, incessant, ininterrompu, permanent, vivace, vivant. CONTR. *éphémère, fugace, fugitif, passager.* ■ Qui continue malgré les obstacles. SYN. opiniâtre, persévérant.

persister *verbe* Demeurer ferme. SYN. s'acharner, continuer, s'entêter, insister, s'obstiner, persévérer, poursuivre, tenir. – FAMILIER : avoir quelqu'un à l'usure. – LITTÉRAIRE : s'opiniâtrer. CONTR. *faiblir, fléchir, mollir, reculer, renoncer.* – FAMILIER : *se dégonfler, flancher.* – POPULAIRE : *caner, canner.* ■ Continuer d'exister. SYN. continuer, demeurer, durer, se maintenir, rester, subsister, survivre, tenir. CONTR. *cesser, disparaître, s'éteindre, s'évanouir, mourir, sombrer dans l'oubli, tomber dans l'oubli.* – LITTÉRAIRE : *périr.*

personnage *nom masculin* Personne importante. SYN. autorité, célébrité, figure, grand, nom, notabilité, notable, personnalité, sommité. ■ Personne imaginaire. SYN. héros, protagoniste, rôle.

personnalité *nom féminin* Individualité psychologique. SYN. être, moi, soi. ■ Ce qui distingue un individu. SYN. caractère, individualité, nature, naturel, originalité, particularité, tempérament. ■ Personne importante. SYN. autorité, célébrité, figure, grand, nom, notabilité, notable, personnage, sommité.

personne *nom féminin* Être humain. SYN. âme, créature, être, homme, individu, mortel. – LITTÉRAIRE : humain.

personnel *adjectif* Qui appartient à quelqu'un. SYN. intime, privé, propre, respectif. CONTR. *commun, public.* ■ Qui concerne la personne. SYN. individuel, particulier. CONTR. *collectif, général, universel.* ■ Qui révèle une personnalité. SYN. caractéristique, excentrique, original, particulier, subjectif, typique. – LITTÉRAIRE : singulier. CONTR. *banal, commun, copié, emprunté, impersonnel, pastiché, plagié, quelconque.* ■ Qui ne songe qu'à lui-même. SYN. égocentrique, égoïste, individualiste, individuel.

personnel *nom masculin* Personnes au service d'un particulier. SYN. domestiques, employés de maison, gens de maison. – VIEUX : gens, monde.

personnellement *adverbe* D'une manière personnelle. SYN. directement, individuellement, en personne. CONTR. *indirectement.*

personnification *nom féminin* Ce qui représente une idée. SYN. allégorie, emblème, image, incarnation, représentation, symbole.

personnifier *verbe* Être le symbole de. SYN. incarner, représenter, symboliser.

perspective *nom féminin* Vue qu'on a d'un lieu. SYN. coup d'œil, échappée, paysage, point de vue, site, vue. ▪ Manière de voir. SYN. angle, aspect, attente, côté, éclairage, face, facette, jour, optique, pensée, point de vue, prévision, vision. ▪ Ce qu'on pense possible. SYN. conjecture, débouché, espérance, éventualité, expectative, horizon, idée.

perspicace *adjectif* Qui comprend vite. SYN. avisé, clairvoyant, conscient, divinateur, fin, futé, intelligent, judicieux, lucide, malin, pénétrant, pertinent, psychologue, sagace, sensé, subtil. – VIEUX : perçant. CONTR. *balourd, bête, borné, fermé, idiot, naïf, niais, obtus, simple, simplet, stupide.* – FAMILIER : *ballot, bouché, lourd.*

perspicacité *nom féminin* Caractère perspicace. SYN. acuité, clairvoyance, discernement, finesse, flair, intelligence, jugement, lucidité, nez, pénétration, profondeur, psychologie, sagacité, sagesse, subtilité. – FAMILIER : jugeote. CONTR. *aveuglement, crédulité, naïveté, simplicité, stupidité.* – LITTÉRAIRE : *cécité.*

persuader *verbe* Emporter l'adhésion de. SYN. catéchiser, convaincre, gagner, influencer, intoxiquer. ▪ Pousser quelqu'un à agir. SYN. amener, décider, déterminer, entraîner, exhorter, inciter, incliner, mettre dans la tête, monter la tête, pousser, presser, provoquer. – FAMILIER : monter le bourrichon. CONTR. *arrêter, dissuader, empêcher, interdire.*

persuasif *adjectif* Qui sait persuader. SYN. concluant, convaincant, éloquent, parlant, probant.

persuasion *nom féminin* Fait d'être persuadé. SYN. certitude, conviction, croyance, foi. CONTR. *doute, incertitude, scepticisme.*

perte *nom féminin* Fait d'être privé de. SYN. aliénation, privation. CONTR. *appropriation, conservation.* ▪ Fait d'être détruit. SYN. destruction, disparition, fin. ▪ Somme perdue. SYN. déficit. CONTR. *bénéfice, boni, excédent, gain, profit, recette.* ▪ Fait de gaspiller. SYN. déperdition, gâchage, gâchis, gaspillage. CONTR. *économie, excédent.* ▪ Issue malheureuse. SYN. dommage, malheur, naufrage, ruine, tort. CONTR. *aubaine, chance.* – LITTÉRAIRE : *rédemption.* ▪ Fait d'être séparé par la mort. SYN. décès, deuil, disparition, mort. ▪ ***En pure perte,*** sans résultat. SYN. inutilement, pour rien, stérilement. CONTR. *utilement.*

pertinemment *adverbe* De façon pertinente. SYN. à bon escient, convenablement, intelligemment, judicieusement, justement.

pertinence *nom féminin* Caractère opportun. SYN. à-propos, bien-fondé, légitimité, opportunité. – LITTÉRAIRE : convenance. ▪ Finesse d'analyse. SYN. acuité, compétence, discernement, finesse, intelligence, jugement, justesse, pénétration, profondeur, sagacité, sagesse, subtilité. – FAMILIER : jugeote. CONTR. *balourdise, lourdeur.*

pertinent *adjectif* Qui convient parfaitement. SYN. ad hoc, adéquat, approprié, intelligent, judicieux, juste, perspicace, sagace. – VIEUX : idoine. CONTR. *boiteux, hors de propos, impropre, inadapté, inadéquat, inapproprié.*

perturbateur *adjectif* Qui cause du désordre. SYN. factieux, frondeur, séditieux, subversif.

perturbateur *nom* Personne qui cause du désordre. SYN. agitateur, émeutier, factieux, mutin, provocateur, séditieux, trublion. – LITTÉRAIRE : excitateur, fomentateur.

perturbation *nom féminin* Fait d'être déréglé. SYN. dérèglement, déséquilibre, désorganisation, détraquement. – FAMILIER : cafouillage, cafouillis, pagaïe, pagaille. CONTR. *agencement, ordre.* ▪ Trouble profond. SYN. agitation, bouleversement, chaos, confusion, convulsion, crise, dérangement, désarroi, désordre, ébranlement, secousse, trouble. – LITTÉRAIRE : émoi, orage, tourmente. CONTR. *calme, tranquillité.*

perturber *verbe* Bouleverser quelqu'un. SYN. agiter, bouleverser, déséquilibrer, ébranler, embrouiller, inquiéter, remuer, secouer, toucher, traumatiser, troubler. – FAMILIER : chambouler, détraquer, embarbouiller, tournebouler. ▪ Causer du désordre. SYN. bouleverser, brouiller, déranger, dérégler, désorganiser, détraquer, embrouiller, semer la zizanie. – POPULAIRE : foutre la merde, foutre le bordel, semer la merde. CONTR. *agencer, ordonner, organiser.*

pervers *adjectif* Qui aime faire le mal. SYN. démoniaque, diabolique, haineux, infernal, malfaisant, malin, malveillant, mauvais, méchant, sadique, satanique. CONTR. *bon.* ▪ Qui a un comportement dépravé. SYN. dénaturé, dévoyé, malsain, morbide, vicieux. – FAMILIER : cochon, glauque. – LITTÉRAIRE : corrompu, pernicieux, putride. CONTR. *pur, sage, sain.*

pervers *nom* Personne dépravée. SYN. corrompu, dévoyé, obsédé. – FAMILIER : cochon, vicieux.

perversion *nom féminin* Fait d'être perverti. SYN. corruption, dégradation, dépravation, pourriture. – LITTÉRAIRE : impureté, vice. ▪ Altération profonde. SYN. altération, dérèglement, détournement, détraquement, déviation.

perversité *nom féminin* Tendance à faire le mal. SYN. cruauté, méchanceté, noirceur, perversion, sadisme. – LITTÉRAIRE : perfidie, scélératesse, vice.

pervertir *verbe* Tourner quelqu'un vers le mal. SYN. débaucher, dégrader, dépraver, dévergonder, égarer, pourrir. - **LITTÉRAIRE** : corrompre, dévoyer, flétrir, gangrener. **CONTR.** *édifier.* - **LITTÉRAIRE** : *amender.* ■ Détourner de sa fonction. **SYN.** altérer, déformer, dénaturer, dépraver, dérégler, détraquer, fausser, gâter, troubler. - **LITTÉRAIRE** : vicier.

pervertisseur *adjectif* LITTÉRAIRE. Qui peut pervertir. **SYN.** mauvais, pestilentiel. - **LITTÉRAIRE** : corrupteur, pernicieux.

pesamment *adverbe* Avec un grand poids. **SYN.** lourdement. **CONTR.** *agilement, alertement, légèrement, lestement, prestement.* ■ Avec lourdeur. **SYN.** gauchement, maladroitement. **CONTR.** *délicatement, habilement, vivement.*

pesant *adjectif* Qui manque de finesse. **SYN.** épais, laborieux, lent, lourd, obtus, stupide. **CONTR.** *agile, alerte, fin, léger, rapide.* - **LITTÉRAIRE** : *prompt.* ■ Pénible à supporter. **SYN.** accablant, assujettissant, écrasant, étouffant, indigeste, laborieux, lourd, oppressant. **CONTR.** *exquis.*

pesanteur *nom féminin* Manque d'agilité. **SYN.** engourdissement, lenteur, lourdeur, massiveté, poids. **CONTR.** *agilité, légèreté, rapidité.* - **LITTÉRAIRE** : *prestesse, vivacité.* ■ Manque de finesse. **SYN.** gaucherie, lourdeur. **CONTR.** *aisance, délicatesse, esprit, finesse, nervosité, subtilité.*

pèse-alcool *nom masculin invariable* Instrument de mesure d'un liquide en alcool. **SYN.** alcoomètre. - **VIEUX** : pèse-esprit.

pesée *nom féminin* Action d'appuyer sur. **SYN.** masse, poids, poussée.

pèse-lait *nom masculin* Instrument pour mesurer la densité du lait. **SYN.** lactodensimètre.

pèse-moût *nom masculin* Appareil de mesure du glucose dans le moût de raisin. **SYN.** glucomètre, œnomètre.

peser *verbe transitif* Examiner attentivement. **SYN.** apprécier, calculer, chiffrer, considérer, évaluer, juger, mesurer, réfléchir, regarder, soupeser, supputer.

peser *verbe transitif indirect* Constituer une charge. **SYN.** accabler, écraser, ennuyer, étouffer, excéder, gêner. - **FAMILIER** : enquiquiner, raser. ■ Exercer une influence sur. **SYN.** compter, entrer en ligne de compte, importer, infléchir, influencer, influer, se répercuter. ■ Incomber à quelqu'un. **SYN.** concerner, regarder, retomber, tomber.

pessimisme *nom masculin* Fait d'envisager le pire. **SYN.** crainte, défaitisme, dépression, inquiétude, mélancolie, neurasthénie. - **FAMILIER** : cafard, sinistrose. **CONTR.** *optimisme.*

pessimiste *adjectif* Enclin au pessimisme. **SYN.** alarmiste, anxieux, bilieux, inquiet, mélancolique, noir, sombre, triste. **CONTR.** *favorable, optimiste, rassurant.*

peste *nom féminin* Personne méchante. **SYN.** vipère. - **FAMILIER** : chameau, choléra, gale, poison, rosse, teigne. - **POPULAIRE** : charogne, garce, peau de vache, punaise, salaud, saligaud, salopard, salope, vache.

pester *verbe* Manifester son mécontentement. **SYN.** s'emporter, enrager, se fâcher, fulminer, grogner, s'indigner, maugréer, se plaindre, protester, se récrier, récriminer, tempêter, tonner, vitupérer. - **FAMILIER** : bisquer, bougonner, déblatérer, exploser, fumer, rager, râler, rouspéter. - **POPULAIRE** : gueuler, rouscailler.

pestiféré *nom* Personne que l'on évite. **SYN.** - **LITTÉRAIRE** : damné, maudit, réprouvé.

pestilence *nom féminin* Odeur infecte. **SYN.** fétidité, infection, puanteur. **CONTR.** *arôme, parfum.* - **LITTÉRAIRE** : *fragrance.*

pestilentiel *adjectif* Qui répand une odeur infecte. **SYN.** fétide, infect, malodorant, méphitique, nauséabond, puant. **CONTR.** *aromatique, odorant, odoriférant.* ■ Qui peut corrompre. **SYN.** mauvais. - **LITTÉRAIRE** : corrupteur, pernicieux, pervertisseur.

pétant *adjectif* FAMILIER. Se dit d'une heure juste. **SYN.** exact, précis, sonnant, tapant.

pétard *nom masculin* FAMILIER. Grand bruit. **SYN.** charivari, esclandre, scandale, tapage, tintamarre. - **FAMILIER** : boucan, chahut, raffut, tintouin. - **POPULAIRE** : ramdam. ■ FAMILIER. ***En pétard,*** en colère. **SYN.** furibond, furieux, irrité. - **FAMILIER** : furax, furibard. - **LITTÉRAIRE** : courroucé, fulminant. - **POPULAIRE** : fumasse.

pétauriste *nom masculin* Écureuil capable d'effectuer des sauts de plus de 100 m. **SYN.** écureuil volant.

pet-d'âne *nom masculin* Herbe coriace, aux feuilles épineuses. **SYN.** chardon aux ânes, onopordon.

pété *adjectif* POPULAIRE. Qui a trop bu. **SYN.** aviné, enivré, gris, ivre, pris de boisson. - **FAMILIER** : éméché, imbibé, parti, plein comme un œuf, plein comme une outre, pompette, saoul, schlass, soûl, soûl comme un Polonais, soûl comme une bourrique, soûl comme une grive. - **POPULAIRE** : beurré, beurré comme un p'tit Lu, beurré comme une tartine, blindé, bourré, bourré comme une cantine, chargé, cuit, noir, paf, pinté, plein comme une barrique, raide, rétamé, rond, rond comme une barrique, rond comme une queue de pelle, torché. - **VIEUX** : brindezingue.

péter *verbe intransitif* FAMILIER. Éclater bruyamment. SYN. se casser, craquer, exploser, se rompre, sauter.

péter *verbe transitif* POPULAIRE. Abîmer quelque chose. SYN. abîmer, briser, casser, défaire, démanteler, détériorer, détraquer, dévaster, disloquer, emboutir, éventrer, exploser, saboter. – ARGOTIQUE : dézinguer. – FAMILIER : amocher, bousiller, déglinguer, démantibuler, esquinter, fusiller. – POPULAIRE : foutre en l'air, ratatiner.

pétillant *adjectif* Qui brille avec éclat. SYN. brillant, étincelant, lumineux, rayonnant, resplendissant, rutilant, scintillant. – LITTÉRAIRE : flamboyant. ■ Qui a de la vivacité. SYN. bouillant, fougueux, fringant, nerveux, pétulant, piquant, spirituel, vif. CONTR. *atone, plat, terne.*

pétillement *nom masculin* Série de petits bruits. SYN. crépitation, crépitement, grésillement. ■ LITTÉRAIRE. Fait de pétiller. SYN. chatoiement, éclat, scintillement. – LITTÉRAIRE : étincellement, flamboiement.

pétiller *verbe* Produire des bruits secs. SYN. craqueter, crépiter, grésiller. ■ Briller d'un vif éclat. SYN. briller, chatoyer, étinceler, rayonner, scintiller. – LITTÉRAIRE : flamber, flamboyer, resplendir.

petiot *nom* FAMILIER. Petit enfant. SYN. bambin, gamin, petit. – FAMILIER : bout de chou, bout de zan, gosse, marmot, mioche, pitchoun, pitchounet. – POPULAIRE : lardon, môme, mouflet, moutard. – VIEUX : marmouset.

petit *adjectif* De taille réduite. SYN. court, microscopique, minuscule. – FAMILIER : court sur pattes, courtaud, haut comme trois pommes. CONTR. *élancé, élevé, grand, haut, long.* ■ Qui n'a pas encore mûri. SYN. enfant, jeune. CONTR. *adulte, âgé, vieux.*

petit *adverbe* ***Petit à petit,*** de façon progressive. SYN. crescendo, par degrés, doucement, au fur et à mesure, graduellement, insensiblement, lentement, par paliers, pas à pas, peu à peu, pied à pied, progressivement. CONTR. *brusquement, brutalement, soudain, soudainement, subitement, subito.*

petit *adjectif* Qui a peu d'importance. SYN. anodin, banal, bénin, dérisoire, faible, infime, insignifiant, juste, léger, maigre, menu, méprisable, mince, minime, modeste, modique, négligeable, pauvre, quelconque, réduit. CONTR. *appréciable, beau, bon, capital, colossal, conséquent, considérable, décisif, démesuré, énorme, fort, fou, grandiose, grave, gros, important, majeur, marquant, primordial, sérieux, vital.* – FAMILIER : *joli.* ■ Qui occupe un rang modeste. SYN. humble, insignifiant, malheureux, médiocre, mineur, modeste, obscur, ordinaire, simple, subalterne. CONTR. *brillant, écrasant, émérite, éminent, fabuleux, génial, magnifique, majestueux, merveilleux, noble, prestigieux, puissant, qualifié, réputé, riche, somptueux, supérieur, talentueux.* – LITTÉRAIRE : *pompeux.* ■ Qui montre de la mesquinerie. SYN. bas, borné, étriqué, étroit, limité, mesquin, pauvre. CONTR. *noble, sublime, supérieur.* ■ Aux dimensions réduites. SYN. étroit, exigu, menu, minuscule, réduit, rétréci. – FAMILIER : rikiki, riquiqui. CONTR. *ample, colossal, étendu, grand, immense, imposant, large, spacieux, volumineux.* – LITTÉRAIRE : *vaste.*

petit *nom* Petit enfant. SYN. bambin, gamin. – FAMILIER : bout de chou, bout de zan, gosse, marmot, mioche, môme, petiot, pitchoun, pitchounet. – POPULAIRE : moutard. – VIEUX : marmouset.

petit *nom masculin* Personne peu influente. SYN. humble, pauvre. CONTR. *grand, puissant.* – FAMILIER : *gros, gros bonnet, grosse légume, légume.* – POPULAIRE : *huile.*

petitement *adverbe* De façon modeste. SYN. mal, modestement, pauvrement. CONTR. *fastueusement, luxueusement, richement, somptueusement.* ■ De façon exiguë. SYN. à l'étroit, étroitement. CONTR. *amplement, grandement, large, largement, spacieusement.* ■ Avec mesquinerie. SYN. bassement, chichement, égoïstement, mesquinement. CONTR. *généreusement, noblement.*

petitesse *nom féminin* Qualité de ce qui est petit. SYN. étroitesse, exiguïté. CONTR. *ampleur, énormité, grandeur, immensité.* ■ Caractère mesquin. SYN. bassesse, étroitesse, médiocrité, mesquinerie, pauvreté.

petit-gris *nom masculin* Fourrure d'un écureuil sibérien. SYN. – VIEUX : menu-vair.

petit-lait *nom masculin* Liquide jaune pâle séparé du caillé. SYN. lactosérum. ■ ***Boire du petit-lait,*** éprouver une satisfaction d'amour-propre. SYN. être au septième ciel, être aux anges, exulter, jubiler, triompher. – FAMILIER : pavoiser.

petit-neveu *nom* Fils, fille du neveu ou de la nièce. SYN. arrière-neveu, arrière-nièce.

petit-russe *adjectif et nom* Langue du groupe slave parlée en Ukraine. SYN. ukrainien. – VIEUX : ruthène.

pétoche *nom féminin* POPULAIRE. Sensation de peur. SYN. frayeur, peur. – FAMILIER : frousse. – POPULAIRE : trouille.

pétoncle *nom masculin* Mollusque bivalve comestible. SYN. amande de mer.

pétrel *nom masculin* ***Pétrel géant,*** gros oiseau de l'Antarctique. SYN. ossifrage.

pétri *adjectif* Imprégné d'un sentiment. SYN. empreint, gorgé, imbu, pénétré, plein, rempli. – LITTÉRAIRE : empli.

pétrifié *adjectif* Paralysé par. SYN. abasourdi, ahuri, coi, effaré, figé, immobile, interdit, pantois, sidéré, stupéfait, tombé de la lune, tombé des nues.

pétrifier *verbe* Frapper de stupeur. SYN. clouer, effrayer, figer, foudroyer, geler, glacer, méduser, paralyser, stupéfier, suffoquer, surprendre. – FAMILIER : scier, sidérer. – LITTÉRAIRE : statufier. ■ Donner à une substance la dureté de la pierre. SYN. lapidifier.

pétrin *nom masculin* Coffre pour faire le pain. SYN. huche, maie, mée. ■ Situation inextricable. SYN. bourbier, guêpier, impasse, piège.

pétrir *verbe* Travailler une pâte. SYN. brasser, malaxer, manier. ■ LITTÉRAIRE. Former quelqu'un. SYN. dresser, forger, former, modeler, transformer. – LITTÉRAIRE : façonner.

pétrissable *adjectif* Qui peut être influencé. SYN. influençable, malléable, maniable.

pétrogale *nom masculin* Petit kangourou d'Australie. SYN. wallaby.

pétrographie *nom féminin* Branche de la géologie qui étudie les roches. SYN. – VIEUX : lithologie.

pétrolier *nom masculin* Navire pour le transport des hydrocarbures. SYN. navire-citerne, tanker.

pétulance *nom féminin* Vive ardeur. SYN. agitation, ardeur, chaleur, combativité, dynamisme, entrain, exubérance, feu, fougue, frénésie, impatience, impétuosité, mordant, véhémence, vie, vigueur, vitalité. – LITTÉRAIRE : flamme, vivacité. CONTR. *apathie, froideur, indolence, inertie, langueur, lenteur, mollesse, nonchalance.* – LITTÉRAIRE : *alanguissement.*

pétulant *adjectif* Qui montre de la pétulance. SYN. agité, ardent, bouillant, débordant, débridé, effréné, endiablé, fougueux, impétueux, nerveux, pétillant, turbulent. – LITTÉRAIRE : inflammable. CONTR. *anémique, apathique, engourdi, froid, indolent, langoureux, lymphatique, morose, mou, nonchalant, placide.*

peu *adverbe* En petite quantité. SYN. guère, insuffisamment, médiocrement, pas beaucoup. CONTR. *abondamment, assez, beaucoup, comme quatre, considérablement, à discrétion, effroyablement, énormément, excessivement, extraordinairement, extrêmement, à flots, à foison, fortement, horriblement, immensément, infiniment, monstrueusement, à la pelle, prodigieusement, à profusion, en quantité, à satiété, à souhait, trop, vertigineusement.* – FAMILIER : *bigrement, bougrement, diablement, à gogo, en pagaille, à revendre, rudement, à tire-larigot.* ■ Un petit nombre. SYN. quelques. CONTR. *beaucoup, nombre de, quantité de, un tas de.* – LITTÉRAIRE : *force, maint.* ■ À peine. SYN. faiblement, légèrement, vaguement. CONTR. *complètement, entièrement, extrêmement, intégralement, pleinement.* ■ Une faible quantité. SYN. atome, brin, doigt, filet, goutte, grain, gramme, larme, miette, nuage, once, parcelle, pointe, soupçon, teinte, trace. – FAMILIER : poil. – LITTÉRAIRE : ombre. – POPULAIRE : chouia. CONTR. *armée, avalanche, cascade, déluge, foule, masse, monceau, profusion.* – FAMILIER : *armada, cargaison, flopée, foultitude.* – LITTÉRAIRE : *averse.* ■ ***Un peu,*** dans une faible mesure. SYN. légèrement. – FAMILIER : un tantinet. – POPULAIRE : un chouia. CONTR. *beaucoup, foncièrement, profondément, puissamment.*

peuchère *interjection* Exclamation languedocienne de pitié. SYN. pécaïre !, pechère !, péchère !

peuple *nom masculin* Citoyens d'un même pays. SYN. communauté, nation, pays, population, puissance. ■ FAMILIER. Grand nombre de personnes. SYN. foule, masse, monde, multitude, myriade, nombre, quantité, tas. – FAMILIER : flopée, foultitude, régiment, tripotée. – LITTÉRAIRE : essaim. – VIEUX : presse. ■ Les gens de condition modeste. SYN. classe ouvrière, masses laborieuses, masses populaires, petites gens, populace, prolétariat, roture. – FAMILIER : vulgum pecus. – LITTÉRAIRE : gens du commun, multitude, plèbe. – POPULAIRE : populo. CONTR. *aristocratie, noblesse.*

peuplé *adjectif* Où il y a des habitants. SYN. envahi, habité, populeux. CONTR. *abandonné, dépeuplé, désert, inhabité, vide.*

peupler *verbe* Occuper un espace. SYN. envahir, inonder, occuper, remplir. CONTR. *déserter, évacuer.*

peur *nom féminin* Sentiment de frayeur. SYN. affolement, effroi, épouvante, frayeur, horreur, panique, phobie, terreur. – FAMILIER : frousse, trac. – POPULAIRE : pétoche, suée, trouille. CONTR. *audace, bravoure, courage, hardiesse, héroïsme, intrépidité.* – FAMILIER : *cran.* – LITTÉRAIRE : *vaillance.* ■ Crainte devant un danger. SYN. angoisse, appréhension, crainte, hantise, inquiétude, préoccupation. – LITTÉRAIRE : affres, alarme. CONTR. *désir, envie, résolution, volonté.* ■ ***Avoir peur,*** craindre que quelque chose se produise. SYN. s'alarmer, appréhender, avoir des sueurs froides, avoir froid dans le dos, avoir la chair de poule, avoir les cheveux qui se dressent sur la tête, craindre, s'effrayer, être plus mort que vif, redouter, trembler. – FAMILIER : avoir chaud aux fesses, avoir la colique, avoir la frousse, ne plus avoir un poil de sec, serrer les fesses. – POPULAIRE : les avoir à zéro, avoir la chiasse, avoir la pétoche, avoir la trouille, avoir le trouillomètre à zéro, avoir les chocottes, avoir les foies, avoir les grelots, avoir les jetons, baliser, faire dans sa culotte, faire dans son froc, fouetter. CONTR. *avoir du cœur au ventre, avoir du courage, s'enhardir, être courageux, ne pas craindre de, oser.* – FAMILIER : *avoir du coffre.* ■ ***Faire peur,*** causer de la frayeur. SYN. affoler, alarmer, angoisser, apeurer, donner la chair de poule, effrayer, épouvanter, faire froid dans le dos, figer le sang dans les veines, glacer le sang (dans les veines), inquiéter, terrifier, terroriser. – POPULAIRE : fiche les jetons. CONTR. *rassurer, tranquilliser.*

peureusement *adverbe* D'une manière peureuse. SYN. craintivement, lâchement, timidement. CONTR. *courageusement, héroïquement, vaillamment.* – LITTÉRAIRE : *bravement, hardiment, valeureusement.* – VIEUX : *gaillardement.*

peureux *adjectif* Qui s'effraie facilement. SYN. craintif, inquiet, lâche, pleutre, poltron, tremblant. – FAMILIER : froussard. – LITTÉRAIRE : couard, pusillanime. – POPULAIRE : foireux, péteux, pétochard, trouillard. CONTR. *assuré, audacieux, brave, courageux, effronté, hardi, héroïque, intrépide.* – LITTÉRAIRE : *impavide, valeureux.*

peureux *nom* Personne sujette à la peur. SYN. lâche, pleutre, poltron. – FAMILIER : femmelette, froussard, mauviette, poule mouillée. – LITTÉRAIRE : couard. – POPULAIRE : couille molle, dégonflé, péteux, pétochard, trouillard. – VIEUX : capon. CONTR. *audacieux, brave, courageux, intrépide.* – FAMILIER : *casse-cou.*

peut-être *adverbe* Marque la probabilité. SYN. éventuellement, possiblement, probablement, sans doute, vraisemblablement. CONTR. *assurément, certainement, évidemment, parfaitement, sûrement.*

phaéton *nom masculin* Oiseau marin pélécaniforme. SYN. paille-en-queue.

phage *nom masculin* Virus infectant les bactéries. SYN. bactériophage.

phagocyter *verbe* Détruire progressivement. SYN. abolir, anéantir, annihiler, briser, détruire, miner, ruiner, saborder, saboter, saper.

phagotrophe *adjectif et nom masculin* Qui se nourrit de proies vivantes. SYN. prédateur.

phagotrophie *nom féminin* Fait de se nourrir d'une proie vivante. SYN. prédation.

phalange *nom féminin* LITTÉRAIRE. Groupe de personnes. SYN. bande, clan, faction, légion, organisation. – FAMILIER : clique, cohorte. – LITTÉRAIRE : camarilla, ligue.

phalangère *nom féminin* Plante bulbeuse à fleurs blanches. SYN. anthericum.

phalangéroïde *nom masculin* Mammifère tel que le kangourou, le koala. SYN. diprotodonte.

phallus *nom masculin* ***Phallus impudique,*** champignon à odeur repoussante. SYN. satyre puant.

phanérogame *nom féminin ou nom masculin* Plante à graines. SYN. spermaphyte, spermatophyte.

phare *nom masculin* LITTÉRAIRE. Personne, chose qui éclaire. SYN. gloire. – LITTÉRAIRE : flambeau, fleuron, lumière.

phares *nom masculin pluriel* Feux utilisés hors agglomération. SYN. feux de route.

pharisien *nom* LITTÉRAIRE. Personne dont la piété est feinte. SYN. hypocrite, jésuite. – FAMILIER : faux jeton. – LITTÉRAIRE : cafard, tartufe, tartuffe. – POPULAIRE : faux cul, faux derche.

pharmacopée *nom féminin* Recueil officiel des médicaments. SYN. – VIEUX : codex.

phase *nom féminin* Chacun des états d'un processus. SYN. degré, échelon, étape, gradation, palier, période, point, stade.

phasme *nom masculin* Insecte dont le corps ressemble à une brindille. SYN. bâton-du-diable.

phénazone *nom féminin* Médicament contre la fièvre. SYN. antipyrine.

phénix *nom masculin* LITTÉRAIRE. Personne exceptionnelle. SYN. génie, gloire, perle, phénomène, prodige. – FAMILIER : aigle, as, champion, crack. – LITTÉRAIRE : lumière. CONTR. *nul, nullité.* – FAMILIER : *nullard.*

phénoménal *adjectif* Hors du commun. SYN. colossal, écrasant, effarant, exceptionnel, extraordinaire, fabuleux, fantastique, gigantesque, incroyable, inimaginable, inouï, monstrueux, prodigieux, sans pareil, stupéfiant. – FAMILIER : énorme, faramineux, homérique, monstre, monumental, sensationnel, unique. – LITTÉRAIRE : titanesque. – POPULAIRE : bœuf. CONTR. *banal, commun, courant, ordinaire, quelconque.*

phénomène *nom masculin* Fait observé. SYN. événement, fait, manifestation. ■ Personne, chose remarquable. SYN. merveille, oiseau rare, perle, prodige. – LITTÉRAIRE : phénix. ■ Personne originale. SYN. énergumène, original. – FAMILIER : coco, lascar, loustic, numéro, olibrius, ostrogoth, ouistiti, pistolet, zèbre. – POPULAIRE : zig, zigoto, zigue, zouave.

philanthrope *adjectif* Qui est tourné vers les autres. SYN. altruiste, bon, charitable, généreux, humain, humanitaire, humanitariste. – LITTÉRAIRE : bienfaisant. CONTR. *égocentrique, égoïste, individualiste.* – LITTÉRAIRE : *égotiste, misanthrope.*

philanthropie *nom féminin* Amour de l'humanité. SYN. altruisme, bienfaisance, bonté, charité, humanitarisme, humanité, solidarité. CONTR. *misanthropie.*

philanthropique *adjectif* Qui relève de la philanthropie. SYN. altruiste, bon, charitable, humanitariste.

philippique *nom féminin* LITTÉRAIRE. Discours polémique. SYN. diatribe, pamphlet, réquisitoire. – LITTÉRAIRE : catilinaire, factum. CONTR. *apologie, éloge.*

philistin *nom* LITTÉRAIRE. Personne d'esprit fermé. SYN. béotien, ignorant, incompétent, profane.

philosophe *adjectif* Qui supporte les épreuves. SYN. fataliste, posé, réfléchi, résigné, sage, serein, stoïque. CONTR. *anxieux, inquiet.*

philosopher *verbe* Discourir sur un sujet. SYN. débattre, discourir, disserter, méditer, raisonner. – LITTÉRAIRE : disputer, ratiociner.

philosophie *nom féminin* Doctrine d'un philosophe. SYN. doctrine, école, système, théorie. ■ Manière de voir le monde. SYN. conception, idées, idéologie, pensée, position, thèse. ■ Constance résignée. SYN. ataraxie, détachement, fatalisme, raison, résignation, sagesse, sérénité. – LITTÉRAIRE : quiétude. CONTR. *angoisse, anxiété, inquiétude.*

phlegmon *nom masculin* Amas de pus. SYN. abcès, bubon, furoncle, pustule.

phloème *nom masculin* Tissu végétal assurant la conduction de la sève. SYN. liber.

phlyctène *nom féminin* Lésion de la peau. SYN. ampoule, cloque.

phobie *nom féminin* Aversion très vive pour. SYN. effroi, frayeur, haine, horreur, peur, terreur. – LITTÉRAIRE : abomination, exécration.

phocéen *adjectif* De Marseille, fondée par des Phocéens. SYN. massaliote.

phosphorescence *nom féminin* Émission de lumière. SYN. éclat, fluorescence, lueur, luminosité.

phosphorescent *adjectif* Qui a un grand éclat. SYN. fluorescent, luminescent, lumineux.

photophobe *adjectif* Qui craint la lumière solaire. SYN. héliofuge, sciaphile. CONTR. *héliophile.*

photosynthèse *nom féminin* Réaction biochimique des végétaux. SYN. assimilation chlorophyllienne.

phragmitaie *nom féminin* Zone d'un étang bordée de roseaux. SYN. roselière.

phraséologie *nom féminin* Vocabulaire propre à un groupe. SYN. écriture, jargon, langue, style.

phrases *nom féminin pluriel* Paroles creuses. SYN. boniments, histoires, mots. – FAMILIER : baratin, bla-bla, laïus.

phraseur *nom* Personne qui s'écoute parler. SYN. bavard, beau parleur, discoureur, palabreur. – FAMILIER : baratineur, laïusseur. – LITTÉRAIRE : parleur, péroreur, rhéteur.

phrénique *adjectif* Relatif au diaphragme. SYN. diaphragmatique.

phtisique *adjectif et nom* VIEUX. Atteint de phtisie. SYN. tuberculeux. – VIEUX : poitrinaire, pulmonaire.

phycomycète *nom masculin* Champignon inférieur. SYN. siphomycète.

phycophéine *nom féminin* Pigment des algues brunes. SYN. fucoxanthine.

phylactère *nom masculin* Élément d'une bande dessinée. SYN. bulle. ■ Dans la religion juive, étui porté lors de la prière. SYN. tefillin, tephillin.

phyllocactus *nom masculin* Cactacée aux fleurs blanches et rouges. SYN. épiphyllum, zygocactus.

phyllotaxie *nom féminin* Disposition des feuilles sur la tige. SYN. foliation.

physalis *nom masculin* Plante ornementale. SYN. alkékenge, amour-en-cage, coqueret.

physiologie *nom féminin* LITTÉRAIRE. Étude des fonctions d'un système. SYN. air, aspect, physionomie, portrait, typologie.

physiologique *adjectif* Qui se rapporte à l'organisme. SYN. corporel, physique, somatique. – LITTÉRAIRE : charnel. CONTR. *intellectuel, mental, psychique, psychologique.*

physionomie *nom féminin* Ensemble des traits du visage. SYN. face, faciès, figure, mine, tête, traits, visage. – LITTÉRAIRE : masque. ■ Caractères d'une chose. SYN. aspect, configuration, couleur, tour, tournure. – LITTÉRAIRE : physiologie, visage.

physionomiste *adjectif* Qui sait reconnaître quelqu'un. SYN. fin, observateur, pénétrant, psychologue.

physique *adjectif* Qui concerne le corps. SYN. concret, corporel, physiologique, sensible, somatique. – LITTÉRAIRE : charnel. CONTR. *cérébral, intellectuel, intérieur, mental, moral, psychique, psychologique, spirituel.* ■ Relatif au corps sur le plan sexuel. SYN. charnel, sensuel, sexuel. CONTR. *chaste, platonique, pur, sentimental.* – LITTÉRAIRE : *éthéré.*

physique *nom masculin* Aspect extérieur du corps. SYN. anatomie, extérieur, formes, nature. – LITTÉRAIRE : complexion, tournure.

physiquement *adverbe* Sur le plan du corps. SYN. corporellement, organiquement, physiologiquement. CONTR. *intellectuellement, mentalement, moralement, psychiquement, psychologiquement.* ■ D'une manière concrète. SYN. concrètement, effectivement, matériellement, pratiquement, réellement, tangiblement. ■ Sur le plan sexuel. SYN. sexuellement. – LITTÉRAIRE : charnellement, sensuellement. CONTR. *platoniquement, sentimentalement.* – LITTÉRAIRE : *spirituellement.*

phytiatrie ou **phytopathologie** *nom féminin* Science qui étudie les maladies des plantes. SYN. pathologie végétale.

pi *nom masculin* Particule fondamentale. SYN. pion.

piaffer *verbe* Trépigner d'impatience. SYN. bouillir, s'énerver, être sur des charbons ardents, s'impatienter, piétiner, ronger son frein, trépigner. – FAMILIER : être sous pression, être sur le gril. – POPULAIRE : faire un caca nerveux. CONTR. *patienter.*

piailler *verbe* Pousser des cris aigus. SYN. piauler.

piano *adverbe* FAMILIER. Sans bruit. SYN. doucement, silencieusement. ■ FAMILIER. Sans précipitation. SYN. lentement. CONTR. *expéditivement, hâtivement.* – FAMILIER : *dare-dare.* – LITTÉRAIRE : *diligemment.*

piapiater *verbe intransitif* FAMILIER. Parler beaucoup. SYN. babiller, bavarder, caqueter, causer, converser, discourir, jaser. – FAMILIER : avoir du bagou, avoir la langue bien affilée, avoir la langue bien déliée, avoir la langue bien pendue, avoir une sacrée tapette, discuter le bout de gras, discuter le coup, faire la causette, faire un brin de causette, jacasser, papoter, tailler une bavette, tchatcher. – LITTÉRAIRE : deviser, s'entretenir, jaboter. – POPULAIRE : dégoiser. – VIEUX : pépier. CONTR. *avoir avalé sa langue, avoir perdu sa langue, fermer sa bouche, ne dire mot, ne pas desserrer les dents, ne pas dire un mot, ne pas piper, ne souffler mot, se taire.* – FAMILIER : *fermer son bec.* – POPULAIRE : *fermer sa boîte, fermer sa gueule.*

piastre *nom féminin* Ornement d'architecture. SYN. piécette.

piauler *verbe* Pousser des cris aigus. SYN. piailler.

pibale *nom féminin* Larve d'anguille. SYN. civelle.

pic *nom masculin* Sommet montagneux isolé. SYN. aiguille, cime, corne, dent, mont, pointe, sommet. ■ ***À pic,*** au moment opportun. SYN. au bon moment, juste, au moment voulu, opportunément, à point nommé, à point, à propos, en temps utile, en temps voulu. – FAMILIER : pile, pile-poil. CONTR. *à contretemps, intempestivement, mal, mal à propos.* – LITTÉRAIRE : *inopportunément.*

pichenette *nom féminin* Petite claque. SYN. chiquenaude, tape, tapette.

pichet *nom masculin* Petite cruche à bec. SYN. broc, cruche, pot.

picoler *verbe* POPULAIRE. Boire de l'alcool. SYN. boire, s'enivrer. – FAMILIER : avoir un penchant pour la bouteille, biberonner, boire comme un Polonais, boire comme un trou, boire comme une éponge, s'imbiber, lever le coude, se soûler. – POPULAIRE : s'arsouiller, se bitturer, se bourrer, se cuiter, écluser, se péter la gueule, se pinter, se piquer le nez. – VIEUX : chopiner, licher.

picorer *verbe* Saisir avec le bec. SYN. becqueter, béqueter, picoter, piquer. ■ FAMILIER. Prendre çà et là des aliments. SYN. avoir un appétit d'oiseau, grignoter, manger comme un moineau, manger du bout des dents. – FAMILIER : chipoter, mangeotter, pignocher. CONTR. *avoir un bon coup de fourchette, se bourrer, dévorer, engloutir, engouffrer, se gaver, ingurgiter.* – FAMILIER : *s'en donner jusqu'à la garde, s'empiffrer, enfourner, manger comme quatre, manger comme un ogre, s'en mettre jusque-là, s'en mettre plein la panse.* – POPULAIRE : *bâfrer, bouffer comme un chancre, s'en fourrer jusque-là, se goinfrer, manger à s'en faire péter la sous-ventrière, manger comme un chancre, s'en mettre plein la gueule, s'en mettre plein la lampe.*

picotement *nom masculin* Sensation de légères piqûres. SYN. chatouillement, démangeaison, irritation, prurit. – FAMILIER : fourmis.

picoter *verbe* Piquer légèrement avec le bec. SYN. becqueter, béqueter, picorer, piquer. ■ Causer des picotements. SYN. chatouiller, démanger, gratter, irriter, piquer.

picrate *nom féminin* POPULAIRE. Vin de mauvaise qualité. SYN. gros qui tache, piquette. – FAMILIER : bibine, vinasse.

picucule *nom masculin* Oiseau d'Amérique du Sud. SYN. dendrocolapte.

pie *nom féminin* FAMILIER. Personne bavarde. SYN. bavard, causeur, discoureur, jaseur. – FAMILIER : baratineur, crécelle, jacasseur, jacassier, laïusseur, moulin à paroles. – LITTÉRAIRE : parleur. – POPULAIRE : jaspineur, pipelette. – VIEUX : potinier.

pièce *nom féminin* Morceau d'un objet brisé. SYN. débris, éclat, fragment, partie, quartier, tesson. ■ Écrit donnant une information. SYN. acte, certificat, document, papier. ■ Tonneau de vin. SYN. baril, barrique, fût, futaille, tonneau.

piécette *nom féminin* Ornement d'architecture. SYN. piastre.

pied *nom masculin* Partie terminale de la jambe. SYN. – ARGOTIQUE : arpion, nougat. – FAMILIER : peton. – POPULAIRE : panard. ■ Partie inférieure d'une chose. SYN. assise, bas, base, fondement, racine. CONTR. *cime, haut, sommet, tête.* ■ ***Au pied levé,*** sans préparation. SYN. à brûle-pourpoint, brusquement, brutalement, de but en blanc, au dépourvu, ex abrupto, fortuitement, par hasard, à l'improviste, inopinément, sans crier gare, soudain, soudainement, subitement, par surprise, tout à coup. – FAMILIER : subito, tout de go. – LITTÉRAIRE : au débotté. – VIEUX : impromptu. ■ ***De pied en cap,*** des pieds à la tête. SYN. complètement, entièrement, intégralement. ■ ***Mettre sur pied,*** préparer quelque chose dans le détail. SYN. arranger, combiner, construire, échafauder, élaborer, établir, goupiller, ménager, mettre au point, mettre en place, mitonner, orchestrer, organiser, planifier, préparer, prévoir, régler. – FAMILIER : concocter. – LITTÉRAIRE : nouer. CONTR. *improviser.* ■ ***Pied à pied,*** de façon progressive. SYN. crescendo, par degrés, au fur et à mesure, graduellement, pas à pas, petit à petit, peu à peu, progressivement.

pied-bleu *nom masculin* Variété de champignon. SYN. tricholome nu.

pied-d'alouette *nom masculin* Herbe ornementale. SYN. dauphinelle, delphinium.

pied-de-biche *nom masculin* Petit levier mécanique. SYN. pince-monseigneur.

pied-de-chat *nom masculin* Plante cotonneuse de montagne. SYN. antennaire.

pied-de-loup *nom masculin* Herbe du bord des eaux. SYN. lycope, patte-de-loup. ■ Plante sans graines, aux tiges rampantes. SYN. lycopode.

pied-de-mouton *nom masculin* Champignon à chapeau muni d'aiguillons. SYN. barbe-de-bouc, barbe-de-chèvre, hydne.

piège *nom masculin* Engin pour prendre des animaux. SYN. collet, nasse, panneau, ratière, souricière. – VIEUX : lacs. ■ Obstacle dressé contre quelqu'un. SYN. coup de filet, embûche, embuscade, guêpier, guet-apens, panneau, souricière, traquenard. – LITTÉRAIRE : rets. ■ Difficulté cachée. SYN. attrape, attrape-nigaud, chausse-trape, chausse-trappe, embûche, leurre, traquenard. – FAMILIER : attrape-gogo, feinte. – LITTÉRAIRE : écueil. – POPULAIRE : attrape-couillon.

piéger *verbe* Faire tomber dans un piège. SYN. abuser, attirer dans ses filets, attraper, berner, duper, induire en erreur, leurrer, mystifier, rouler dans la farine, tromper. – FAMILIER : avoir, blouser, empaumer, empiler, feinter, ficher dedans, flouer, mener en bateau, mettre dedans, monter un bateau, pigeonner, posséder, refaire, rouler. – LITTÉRAIRE : amuser, en faire accroire, gruger, se jouer de. – POPULAIRE : arnaquer, baiser, couillonner, entuber, faire un enfant dans le dos, foutre dedans.

pie-grièche *nom féminin* Passereau au bec fort et denté. SYN. oiseau-boucher.

pierre *nom féminin* Fragment rocheux. SYN. caillou, galet, pierraille, roc, rocher. – FAMILIER : caillasse. ■ Substance minérale précieuse. SYN. gemme, pierreries. – FAMILIER : caillou. ■ ***Pierre à plâtre,*** sulfate hydraté de calcium. SYN. gypse. ■ ***Pierre levée,*** monument fait d'un seul bloc de roche vertical. SYN. menhir. ■ ***Pierre de lune,*** pierre fine. SYN. adulaire.

pierreries *nom féminin pluriel* Pierres précieuses. SYN. gemmes, pierres. – FAMILIER : cailloux.

pierreux *adjectif* Qui est rempli de pierres. SYN. caillouteux, graveleux, rocailleux. ■ Dont la chair renferme des corps durs. SYN. lapilleux.

pierrot *nom masculin* Petit passereau. SYN. moineau. ■ VIEUX. Individu quelconque. SYN. – FAMILIER : lascar, loustic, pistolet, zèbre. – POPULAIRE : zig, zigoto, zigue.

piété *nom féminin* LITTÉRAIRE. Affection déférente. SYN. adoration, amour, déférence, égard, respect, vénération. – LITTÉRAIRE : dévotion, révérence. ■ Attachement à la religion. SYN. adoration, amour, culte, dévotion, ferveur, foi, religion, spiritualité, vénération. CONTR. *irréligion.* – LITTÉRAIRE : *impiété.*

piétinement *nom masculin* Action de piétiner. SYN. piaffement, trépignement. ■ Fait de stagner. SYN. engourdissement, immobilisme, inertie, marasme, paralysie, pause, sclérose, stagnation. – LITTÉRAIRE : somnolence. CONTR. *avancement, développement, progrès.*

piétiner *verbe intransitif* Frapper le sol des pieds. SYN. piaffer, trépigner. ■ Ne faire aucun progrès. SYN. languir, marquer le pas, patauger, stagner, tourner en rond, végéter. CONTR. *avancer, se développer, progresser, prospérer.*

piétiner *verbe transitif* Écraser avec ses pieds. SYN. écraser, fouler, marcher sur. ■ Ne pas respecter. SYN. contrevenir à, déroger à, enfreindre, fouler aux pieds, manquer à, mépriser, transgresser, violer.

piéton *nom* Personne qui circule à pied. SYN. passant, promeneur.

piètre *adjectif* De peu de valeur. SYN. dérisoire, inexistant, lamentable, maigre, médiocre, minable, mince, misérable, pauvre, piteux, pitoyable, ridicule, triste. – FAMILIER : déplorable, miteux. CONTR. *beau, convenable, fin, grand, remarquable.* – LITTÉRAIRE : *distingué.*

piètrement *adverbe* LITTÉRAIRE. De piètre façon. SYN. déplorablement, lamentablement, mal, médiocrement, piteusement, pitoyablement. – FAMILIER : minablement. CONTR. *bien, merveilleusement, parfaitement.*

pieu *nom masculin* Pièce longue en bois, etc. SYN. échalas, pal, pilot, piquet, poteau, tuteur.

pieu *nom masculin* POPULAIRE. Meuble pour dormir. SYN. lit. – FAMILIER : plumard, plume. – LITTÉRAIRE : couche. – POPULAIRE : paddock, page, pageot, pucier.

pieusement *adverbe* Avec piété. SYN. mystiquement, religieusement. – LITTÉRAIRE : dévotement. ■ Avec respect. SYN. dévotieusement, jalousement, précieusement, religieusement, respectueusement, scrupuleusement, soigneusement. CONTR. – LITTÉRAIRE : *irrespectueusement, irrévérencieusement.* – VIEUX : *irrévéremment.*

pieuter (se) *verbe pronominal* POPULAIRE. Aller au lit. SYN. se coucher, dormir. – FAMILIER : faire dodo. – POPULAIRE : se pager. CONTR. *se lever.*

pieuvre *nom féminin* Céphalopode à longs bras munis de ventouses. SYN. poulpe.

pieux *adjectif* Qui fait preuve de piété. SYN. croyant, dévot, mystique, religieux, saint. CONTR. *agnostique, athée, incroyant, irréligieux.* – LITTÉRAIRE : *impie.*

pif *nom masculin* POPULAIRE. Nez. SYN. – ARGOTIQUE : nase. – FAMILIER : appendice, patate, truffe. – POPULAIRE : blair, blase, blaze, quart de brie, tarin. ■ POPULAIRE. ***Au pif,*** au hasard. SYN. approximativement, grossièrement, grosso modo, à vue de nez. – FAMILIER : au doigt mouillé, au pifomètre. CONTR. *exactement, mathématiquement, précisément.*

pifomètre *nom masculin* FAMILIER. ***Au pifomètre,*** en suivant son intuition. SYN. approximativement, grossièrement, grosso modo, à vue de nez. – FAMILIER : au doigt mouillé. – POPULAIRE : au pif. CONTR. *exactement, mathématiquement, précisément.*

pigeon *nom masculin* FAMILIER. Homme facile à duper. SYN. dindon de la farce, dupe, naïf. – FAMILIER : cocu, dindon, gobe-mouches, gobeur, gogo, jobard, poire.

pigeon-hirondelle *nom masculin* Variété de pigeon. SYN. carme.

pigeonner *verbe* FAMILIER. Abuser de la crédulité de quelqu'un. SYN. abuser, attraper, berner, duper, feinter, leurrer, mystifier, piéger, rouler dans la farine, tromper. – FAMILIER : avoir, cocufier, embobiner, empaumer, empiler, flouer, mener en bateau, monter un bateau, posséder, promener, refaire, rouler. – LITTÉRAIRE : gruger, se jouer de. – POPULAIRE : arnaquer, baiser, couillonner, entuber.

pigeonnier *nom masculin* Bâtiment pour les pigeons. SYN. colombier.

piger *verbe* POPULAIRE. Saisir intellectuellement. SYN. assimiler, comprendre, entendre, saisir, suivre. – POPULAIRE : biter, bitter, entraver.

pignocher *verbe* FAMILIER. Manger sans appétit. SYN. avoir un appétit d'oiseau, grignoter, manger comme un moineau, manger du bout des dents. – FAMILIER : chipoter, mangeotter, picorer. CONTR. *avoir un bon coup de fourchette, se bourrer, dévorer, engloutir, engouffrer, se gaver, ingurgiter.* – FAMILIER : *s'en donner jusqu'à la garde, s'empiffrer, enfourner, manger comme quatre, manger comme un ogre, s'en mettre jusque-là, s'en mettre plein la panse.* – POPULAIRE : *bâfrer, bouffer comme un chancre, s'en fourrer jusque-là, se goinfrer, manger à s'en faire péter la sous-ventrière, manger comme un chancre, s'en mettre plein la gueule, s'en mettre plein la lampe.*

pignon *nom masculin* Petit mollusque bivalve comestible. SYN. donax, flion, olive, trialle. ■ Espèce de pin du midi de la France. SYN. pin parasol, pinier.

pignouf *nom masculin* POPULAIRE. Individu mal élevé. SYN. balourd, butor, cuistre, goujat, lourdaud, malappris, malotru, mufle, ostrogoth, ours mal léché, rustre, sans-gêne. – FAMILIER : malpoli, paltoquet. – POPULAIRE : jean-foutre. – VIEUX : bélître, coquin, maroufle.

pilaire *adjectif* Relatif aux poils. SYN. pileux.

pile *adverbe* FAMILIER. De façon précise. SYN. bien, au bon moment, exactement, juste à temps, au moment voulu, opportunément, à pic, à point nommé, à point, précisément, à propos, en temps et en heure, en temps utile, en temps voulu, à temps. – FAMILIER : pile-poil. CONTR. *à contretemps, intempestivement, mal, mal à propos.* – LITTÉRAIRE : *inopportunément.*

pile *nom féminin* FAMILIER. Volée de coups. SYN. volée. – FAMILIER : raclée, rossée, tabassée, tripotée. – POPULAIRE : dégelée, dérouillée, pâtée, peignée, rouste, tannée, tournée, trempe. – VIEUX : frottée. ■ FAMILIER. Défaite écrasante. SYN. culbute, débâcle, déconfiture, défaite, déroute, échec, faillite, gifle, insuccès, revers. – FAMILIER : claque, fessée, fiasco, piquette, plongeon, raclée, ratage, tannée, veste. – LITTÉRAIRE : infortune. – POPULAIRE : bide, déculottée, gamelle, plantage, volée. CONTR. *réussite, succès, triomphe, victoire.* ■ Amas de choses. SYN. amas, amoncellement, empilement, entassement, monceau, montagne, paquet, tas. – FAMILIER : tripotée. CONTR. *éparpillement.*

piler *verbe* Réduire en poudre. SYN. broyer, concasser, écraser, égruger, moudre, pulvériser. ■ FAMILIER. Infliger une défaite. SYN. battre, écraser, surclasser. – FAMILIER : écrabouiller, enfoncer.

pileux *adjectif* Relatif aux poils. SYN. pilaire.

pilier *nom masculin* Support isolé en maçonnerie. SYN. colonne, contrefort, pilastre. ■ Personne, chose essentielle. SYN. champion, défenseur, gardien, pivot, soutien. – LITTÉRAIRE : mainteneur.

pilipino *nom masculin* Langue des Philippines. SYN. tagal.

pillage *nom masculin* Action de piller. SYN. brigandage, destruction, dévastation, piraterie, ravage, razzia, saccage. – LITTÉRAIRE : rapine, sac. ■ Action de plagier. SYN. copie, démarquage, emprunt, imitation, plagiat, vol.

pillard *nom* Personne qui pille. SYN. brigand, voleur. – LITTÉRAIRE : dévaliseur, ravageur.

piller *verbe* Plagier un auteur. SYN. s'approprier, compiler, copier, démarquer, imiter, plagier. ■ Dévaster un lieu. SYN. détruire, dévaliser, dévaster, ravager. – FAMILIER : écumer. – LITTÉRAIRE : infester, mettre à sac, ruiner. – VIEUX : saccager. ■ Commettre un vol. SYN. détourner, s'emparer de, escamoter, extorquer, faire main basse sur, soustraire, voler. – LITTÉRAIRE : distraire.

pillow-lava *nom féminin* Nappe de lave sous-marine. SYN. lave en coussins.

pilocarpe *nom masculin* Arbuste aromatique. SYN. jaborandi.

pilonnage *nom masculin* Répétition d'un message. SYN. bruit, campagne, matraquage. – FAMILIER : battage, tam-tam.

pilonner *verbe* Soumettre à un bombardement. SYN. bombarder, canonner.

piloselle *nom féminin* Plante aux feuilles poilues. SYN. oreille-de-souris.

pilotage *nom masculin* Action de piloter. SYN. administration, commandement, conduite, contrôle, direction, gestion.

pilote *nom masculin* LITTÉRAIRE. Personne qui dirige un groupe. SYN. capitaine, chef, leader, meneur, stratège.

piloter *verbe* Conduire un véhicule. SYN. conduire, manier, manœuvrer. ■ Assurer la direction d'une action. SYN. administrer, commander, conduire, diriger, être aux commandes, gérer, gouverner, guider, régir.

pilule *nom féminin* Préparation médicamenteuse solide. SYN. cachet, comprimé, gélule, pastille.

pimbêche *nom féminin* Fille prétentieuse. SYN. mijaurée, prétentieuse. – FAMILIER : bêcheuse, chichiteuse, chipie, pécore. – LITTÉRAIRE : minaudière. – POPULAIRE : chochotte. – VIEUX : pecque.

piment *nom masculin* Ce qui fait le charme de. SYN. piquant, saveur, sel.

pimenté *adjectif* Bien épicé. SYN. épicé, fort, relevé. CONTR. *douceâtre, fadasse, fade.*

pimenter *verbe* Assaisonner de piment. SYN. assaisonner, épicer, relever.

pimpant *adjectif* Qui séduit par sa fraîcheur. SYN. chic, coquet, élégant, fringant, propret, sémillant, soigné.

pimprenelle *nom féminin* Plante à petites fleurs pourpres. SYN. sanguisorbe.

pin *nom masculin* ***Pin cembro,*** pin qui croît dans les Alpes. SYN. arole, arolle.

pinacée *nom féminin* Arbre résineux. SYN. abiétacée.

pinacle *nom masculin* Partie la plus élevée. SYN. comble, sommet, summum, zénith. – LITTÉRAIRE : acmé, faîte.

pinaillage *nom masculin* FAMILIER. Contestation futile. SYN. ergotage, subtilité, tracasserie. – FAMILIER : chinoiserie, chipotage.

pinailler *verbe* FAMILIER. Critiquer sur des détails. SYN. chercher la petite bête, chercher midi à quatorze heures, chicaner, couper les cheveux en quatre, ergoter, jouer sur les mots. – FAMILIER : chinoiser, chipoter, discutailler. – LITTÉRAIRE : vétiller. – POPULAIRE : enculer des mouches.

pinailleur *nom* FAMILIER. Personne qui pinaille. SYN. coupeur de cheveux en quatre, ergoteur, maniaque, raisonneur. – FAMILIER : chipoteur, discutailleur, disputailleur. – POPULAIRE : enculeur de mouches. – VIEUX : chicaneur, chicanier.

pince *nom féminin* ***Pince à linge,*** dispositif à deux branches pour suspendre le linge. SYN. épingle à linge.

pincé *adjectif* Qui exprime du dédain. SYN. cérémonieux, compassé, empesé, gourmé, guindé, mordant, raide. – FAMILIER : constipé. CONTR. *naturel, simple, spontané.*

pincement *nom masculin* Émotion désagréable. SYN. serrement de cœur.

pince-monseigneur *nom féminin* Petit levier mécanique. SYN. pied-de-biche.

pince-nez *nom masculin invariable* Verres de vision maintenus par un ressort. SYN. binocle, lorgnon.

pince-oreille *nom masculin* Insecte dont l'abdomen est terminé par des pinces. SYN. forficule, perce-oreille.

pincer *verbe* FAMILIER. Prendre sur le fait. SYN. appréhender, arrêter, attraper, prendre, surprendre. – FAMILIER : choper, coincer, cueillir, épingler, harponner, piquer, ramasser. – POPULAIRE : agrafer, chauffer. ■ Serrer fortement. SYN. coincer, presser, serrer.

ping-pong *nom masculin* Sport de balle. SYN. tennis de table.

pingre *adjectif* FAMILIER. D'une avarice sordide. SYN. avare, parcimonieux, regardant, thésauriseur. – FAMILIER : chiche, chien, radin, rapiat, rat. – LITTÉRAIRE : avaricieux, ladre, lésineur. CONTR. *dépensier, dilapidateur, gaspilleur, généreux, large, prodigue.* – LITTÉRAIRE : *dissipateur, libéral.*

pingre *nom* FAMILIER. Personne avare. SYN. avare, thésauriseur. – FAMILIER : grigou, grippe-sou, radin, rapiat, rat. – LITTÉRAIRE : harpagon, ladre, lésineur. CONTR. *dépensier, dilapidateur, gaspilleur.* – FAMILIER : *panier percé.* – LITTÉRAIRE : *dissipateur.*

pingrerie *nom féminin* FAMILIER. Avarice sordide. SYN. avarice, mesquinerie, parcimonie. – FAMILIER : radinerie, radinisme. – LITTÉRAIRE : ladrerie, lésine, lésinerie. CONTR. *générosité, libéralité, prodigalité.* – LITTÉRAIRE : *largesse.*

pinier *nom masculin* Espèce de pin du midi de la France. SYN. pignon, pin parasol.

pinne *nom féminin* Grand mollusque bivalve. SYN. jambonneau de mer.

pin's *nom masculin invariable* Petit badge muni d'une pointe de punaise. SYN. épinglette.

pinson *nom masculin* ***Pinson des neiges,*** petit passereau voisin du moineau. SYN. niverolle.

pintadine *nom féminin* Huître qui produit des perles. SYN. huître perlière, méléagrine.

pinté *adjectif* POPULAIRE. Qui a trop bu. SYN. aviné, enivré, gris, ivre, pris de boisson. – FAMILIER : éméché, imbibé, parti, plein comme un œuf, plein comme une outre, pompette, saoul, schlass, soûl, soûl comme un Polonais, soûl comme une bourrique, soûl comme une grive. – POPULAIRE : beurré, beurré comme un p'tit Lu, beurré comme une tartine, blindé, bourré, bourré comme une cantine, chargé, cuit, noir, paf, pété, plein comme une barrique, raide, rétamé, rond, rond comme une barrique, rond comme une queue de pelle, torché. – VIEUX : brindezingue.

pinter (se) *verbe pronominal* POPULAIRE. Boire jusqu'à l'ivresse. SYN. boire, s'enivrer, se griser. – FAMILIER : boire comme un Polonais, boire comme un trou, boire comme une éponge, s'imbiber, se soûler. – POPULAIRE : s'arsouiller, se beurrer, se bitturer, se bourrer, se charger, se cuiter, se péter la gueule, picoler, se piquer le nez, se poivrer, prendre une bitture, prendre une cuite. – VIEUX : se noircir.

piocher *verbe* VIEUX. Étudier une matière. SYN. creuser, étudier, préparer, travailler. – FAMILIER : bûcher, potasser. – POPULAIRE : bosser, chiader.

piocheur *nom* VIEUX. Personne qui travaille beaucoup. SYN. – FAMILIER : bûcheur. – LITTÉRAIRE : laborieux. – POPULAIRE : polard.

pion *nom masculin* Particule fondamentale. SYN. pi.

pioncer *verbe* POPULAIRE. Dormir profondément. SYN. dormir, être dans les bras de Morphée. – FAMILIER : faire dodo, faire le tour du cadran, piquer un roupillon. – LITTÉRAIRE : reposer. – POPULAIRE : en écraser, roupiller.

pionnier *nom* Personne qui ouvre la voie à. SYN. auteur, créateur, fondateur, instigateur, père, promoteur. – LITTÉRAIRE : instaurateur.

pioupiou *nom masculin* POPULAIRE. Simple soldat. SYN. conscrit, recrue, soldat. – FAMILIER : bleu. – POPULAIRE : troufion.

pipe *nom féminin* Objet servant à fumer. SYN. – FAMILIER : bouffarde.

pipeau *nom masculin* Instrument qui imite le cri des oiseaux pour les attirer. SYN. appeau.

pipelette *nom féminin* POPULAIRE. Personne bavarde. SYN. bavard, commère. – FAMILIER : concierge, crécelle, jacasseur, jacassier, moulin à paroles, pie. – LITTÉRAIRE : parleur. – VIEUX : potinier.

pipéronal *nom masculin* Composé aromatique. SYN. héliotropine.

piquage *nom masculin* Action de larder une viande. SYN. lardage.

piquant *adjectif* Se dit d'une sauce aigre. SYN. acide, âcre, aigre, âpre, fort. CONTR. *douceâtre, doux, sucré.* ■ Qui cause une sensation de piqûre. SYN. aigre, cuisant, pénétrant, vif. ■ LITTÉRAIRE. Qui pique au vif. SYN. acerbe, acéré, acide, âpre, blessant, caustique, à l'emporte-pièce, glacial, incisif, moqueur, mordant, railleur, satirique. – LITTÉRAIRE : âcre, acrimonieux, épigrammatique, poivré. CONTR. *aimable, bienveillant.* ■ Qui attire l'attention. SYN. curieux, intéressant, passionnant, pétillant, spirituel. CONTR. *fade, insipide, languissant, morne, plat, terne.* – FAMILIER : *fadasse.*

piquant *nom masculin* Agrément dû à l'originalité. SYN. attrait, cocasserie, comique, drôlerie, esprit, piment, pittoresque, saveur, sel. CONTR. *fadeur, platitude.*

pique *nom féminin* Parole blessante. SYN. lazzi, moquerie, pointe, quolibet, raillerie, sarcasme. – LITTÉRAIRE : brocard, trait. – POPULAIRE : vacherie, vanne.

piqué *nom masculin* Mouvement fait en descendant. SYN. descente, plongée.

piqué *adjectif* FAMILIER. Qui est un peu fou. SYN. dément, dérangé, désaxé, déséquilibré, fou. – FAMILIER : braque, cinglé, détraqué, dingue, fada, fêlé, frappé, loufoque, maboul, malade, marteau, ravagé, tapé, timbré, toc-toc, toqué, zinzin. – POPULAIRE : allumé, azimuté, barge, barjo, barjot, branque, brindezingue, chtarbé, cinoque, cintré, déjanté, dingo, folingue, fondu, frapadingue, givré, jeté, louf, louftingue, ouf, sinoc, sinoque, siphonné, sonné, tordu.

pique-assiette *nom* FAMILIER. Personne qui se fait inviter. SYN. exploiteur, parasite, profiteur. – LITTÉRAIRE : sangsue. – VIEUX : écornifleur.

pique-feu *nom masculin invariable* Tige métallique pour attiser le feu. SYN. tisonnier.

pique-niquer *verbe* Faire un pique-nique. SYN. manger sur le pouce. – FAMILIER : saucissonner.

piquer *verbe* Exciter un sentiment. SYN. aiguillonner, aiguiser, attiser, éveiller, exciter, fouetter. – LITTÉRAIRE : enflammer. ■ Enfoncer par la pointe. SYN. épingler, ficher, planter. ■ LITTÉRAIRE. Offenser quelqu'un. SYN. atteindre, blesser, choquer, désobliger, froisser, indisposer, offenser, offusquer, outrager, outrer, toucher, vexer. ■ FAMILIER. Voler quelque chose à. SYN. escamoter, extorquer, marauder, soustraire, voler. – FAMILIER : barboter, carotter, chaparder, chiper, écornifler, souffler, subtiliser. – LITTÉRAIRE : dérober. – POPULAIRE : faucher, ratiboiser. ■ FAMILIER. Prendre sur le fait. SYN. appréhender, arrêter, attraper, prendre. – FAMILIER : choper, coincer, cueillir, épingler, pincer, ramasser. – POPULAIRE : agrafer, chauffer. ■ Produire des picotements. SYN. chatouiller, démanger, gratter, irriter, picoter.

piquer (se) *verbe pronominal* Avoir des prétentions. SYN. affecter, s'enorgueillir, se faire fort de, se flatter, se glorifier, prétendre, se prévaloir, se targuer, se vanter. ■ LITTÉRAIRE. Se montrer susceptible. SYN. se fâcher, se formaliser, se froisser, s'offusquer, se scandaliser, se vexer. – LITTÉRAIRE : s'offenser.

piquetage *nom masculin* Action de piqueter. SYN. balisage, jalonnement, marquage, signalisation.

piqueter *verbe* Marquer un alignement. SYN. baliser, jalonner, marquer, signaliser. ■ LITTÉRAIRE. Parsemer de points. SYN. consteller, cribler, moucheter, parsemer, piquer, pointiller, semer, tacheter.

piquette *nom féminin* FAMILIER. Défaite cuisante. SYN. culbute, débâcle, déconfiture, défaite, déroute, échec, faillite, gifle, insuccès, malheur, revers. – FAMILIER : claque, fessée, fiasco, pile, plongeon, raclée, ratage, tannée, veste. – LITTÉRAIRE : infortune. – POPULAIRE : bide, déculottée, gamelle, plantage, volée. CONTR. *réussite, succès, triomphe, victoire.*

piquette *nom féminin* Vin médiocre. SYN. – FAMILIER : bibine, vinasse. – POPULAIRE : picrate.

pirarucu *nom masculin* Poisson d'eau douce du Brésil. SYN. arapaïma.

pirate *nom masculin* Bandit qui pillait les navires. SYN. boucanier, corsaire, flibustier, forban. – LITTÉRAIRE : écumeur. ■ LITTÉRAIRE. Personne malhonnête. SYN. aigrefin, bandit, brigand, canaille, escroc, filou, voleur. – FAMILIER : fripouille. – VIEUX : flibustier, fripon, gredin. ■ Personne qui plagie. SYN. compilateur, copieur, imitateur, plagiaire. ■ Personne qui s'introduit dans un système informatique. SYN. cracker.

pirater *verbe* Commettre un plagiat. SYN. compiler, démarquer, piller, plagier.

piraterie *nom féminin* Activité de pirate. SYN. flibuste, flibusterie. ■ Vol effronté. SYN. brigandage, pillage, vol. – LITTÉRAIRE : exaction, rapine.

pire *nom masculin* Ce qu'il y a de plus mauvais. CONTR. *meilleur.*

piroplasmose *nom féminin* Maladie parasitaire des mammifères. SYN. babésiellose, babésiose.

pirouette *nom féminin* Tour entier sur soi-même. SYN. cabriole, culbute, virevolte, volte. – FAMILIER : galipette. ■ Changement brusque d'opinion. SYN. retournement, revirement, virevolte, volte-face. – LITTÉRAIRE : palinodie. ■ Fait d'éluder une question. SYN. acrobatie, dérobade, échappatoire, faux-fuyant, pantalonnade, subterfuge. – FAMILIER : cabriole.

pirouetter *verbe* Tourner sur soi-même. SYN. pivoter, tourner, virevolter. – LITTÉRAIRE : tournoyer.

piscivore *adjectif et nom* Qui se nourrit de poissons. SYN. ichtyophage.

pisse-froid *nom masculin invariable* FAMILIER. Personne morose. SYN. rabat-joie, trouble-fête. – FAMILIER : bonnet de nuit, empêcheur de danser en rond, empêcheur de tourner en rond, éteignoir. – POPULAIRE : pisse-vinaigre.

pissenlit *nom masculin* Plante à fleurs jaunes en capitules. SYN. dent-de-lion.

pisse-vinaigre *nom masculin invariable* POPULAIRE. Esprit chagrin. SYN. rabat-joie, trouble-fête. – FAMILIER : bonnet de nuit, éteignoir, pisse-froid.

pissotière *nom féminin* FAMILIER. Lieu où l'on peut uriner. SYN. urinoir. – POPULAIRE : pissoir. – VIEUX : vespasienne.

pistachier *nom masculin* ***Faux pistachier,*** arbuste aux fleurs blanchâtres. SYN. staphylier.

piste *nom féminin* Chemin rudimentaire. SYN. chemin, layon, sentier. – LITTÉRAIRE : sente. ■ Ce qui mène à. SYN. chemin, voie.

pister *verbe* FAMILIER. Guetter quelqu'un. SYN. filer, pourchasser, suivre, surveiller.

pistolet *nom masculin* Arme à feu individuelle. SYN. colt, revolver. – ARGOTIQUE : bousin, brûle-gueule, brûle-parfums, calibre, juge de paix, repoussant, ribouldingue, soufflant. – POPULAIRE : feu, flingue, pétard. – VIEUX : crucifix à ressort.

pistolet *nom masculin* FAMILIER. Individu bizarre. SYN. bonhomme, énergumène, phénomène. – FAMILIER : citoyen, coco, lascar, loustic, numéro, oiseau, type, zèbre. – POPULAIRE : zig, zigoto, zigue.

pistolet-mitrailleur *nom masculin* Arme à tir par rafales. SYN. mitraillette, p.-m.

piston *nom masculin* FAMILIER. Appui accordé à quelqu'un. SYN. appui, coup de pouce, intervention, patronage, protection, recommandation. – LITTÉRAIRE : faveur.

pistonner *verbe* FAMILIER. Recommander quelqu'un. SYN. appuyer, avoir le bras long, donner un coup de pouce, épauler, favoriser, intervenir, parrainer, patronner, pousser, protéger, recommander.

pitance *nom féminin* LITTÉRAIRE. Nourriture nécessaire. SYN. aliment, mangeaille, manger, nourriture, pâture, subsistance.

piteusement *adverbe* D'une manière piteuse. SYN. déplorablement, lamentablement, pitoyablement. – FAMILIER : minablement. – LITTÉRAIRE : piètrement. CONTR. *glorieusement, triomphalement.* – LITTÉRAIRE : *excellemment.*

piteux *adjectif* Propre à exciter la pitié. SYN. catastrophique, lamentable, pauvre, piètre, pitoyable, pouilleux. – FAMILIER : déplorable, minable, miteux. CONTR. *admirable, beau, bon, convenable, excellent, incomparable, parfait, remarquable, satisfaisant.* ■ Qui est triste et honteux. SYN. confus, craintif, malheureux, triste. CONTR. *glorieux, heureux, satisfait, triomphant.*

pithos *nom masculin* Grande jarre à fond plat. SYN. dolium.

pitié *nom féminin* Sentiment qui porte à compatir. SYN. apitoiement, attendrissement, charité, commisération, humanité, indulgence, sensibilité, sympathie. – LITTÉRAIRE : compassion, mansuétude, miséricorde. CONTR. *cruauté, dureté, froideur, indifférence, inhumanité, insensibilité, rigueur, sécheresse, sévérité.* – LITTÉRAIRE : *implacabilité.*

pitoyable *adjectif* Qui inspire de la pitié. SYN. catastrophique, malheureux, misérable, piteux, triste. CONTR. *enviable.* ■ Qui est sans valeur. SYN. faible, lamentable, mauvais, méchant, minable, navrant, pauvre, piètre. – FAMILIER : déplorable. CONTR. *beau, brillant, convenable, fin, parfait, superbe.* – FAMILIER : *joli.* – LITTÉRAIRE : *distingué.*

pitoyablement *adverbe* De façon pitoyable. SYN. piteusement. – LITTÉRAIRE : piètrement. CONTR. *heureusement, triomphalement.*

pitre *nom masculin* Personne qui fait des farces. SYN. bouffon, clown, comique, farceur, saltimbanque. – FAMILIER : guignol, polichinelle. – LITTÉRAIRE : histrion. – POPULAIRE : zouave.

pitrerie *nom féminin* Action de pitre. SYN. bouffonnerie, clownerie, facétie, farce, pantalonnade. – FAMILIER : blague, singerie. – LITTÉRAIRE : pasquinade.

pittoresque *adjectif* Qui frappe par son originalité. SYN. coloré, curieux, drôle, expressif, extraordinaire, imagé, original, vivant. – FAMILIER : cocasse. CONTR. *anonyme, banal, commun, fade, gris, inexpressif, insipide, monotone, morose, ordinaire, plat, prosaïque, quelconque, sec, terne.* – FAMILIER : *fadasse.*

pittoresque *nom masculin* Caractère pittoresque. SYN. couleur locale, fantaisie, insolite, piquant, relief. CONTR. *banalité, platitude, sécheresse.*

pivot *nom masculin* Ce sur quoi tout repose. SYN. âme, axe, base, centre, cheville ouvrière, clef de voûte, pilier, soutien.

pivoter *verbe* Tourner autour d'un axe. SYN. obliquer, pirouetter, tourner, virer, virevolter. – LITTÉRAIRE : tournoyer.

place *nom féminin* Espace occupé par. SYN. espace, volume. ■ Endroit précis. SYN. coin, emplacement, endroit, lieu, point. ■ Niveau occupé par. SYN. classement, ordre, position, positionnement, rang. ■ Caractère important. SYN. importance, poids, portée, valeur. ■ Emploi rémunéré. SYN. fonction, métier, position, poste, profession, situation, travail. – FAMILIER : job. – LITTÉRAIRE : office.

placement *nom masculin* Action de mettre selon un ordre. SYN. agencement, classement, disposition, distribution, installation, mise en place, ordonnancement, positionnement, rangement. CONTR. *bouleversement, dérangement, désordre, désorganisation.* ■ Argent placé. SYN. investissement, mise de fonds.

placer *verbe* Mettre selon un ordre. SYN. agencer, caser, disposer, établir, installer, loger, mettre, poser, positionner, poster, ranger. – FAMILIER : flanquer. CONTR. *déplacer, déranger.* ■ Mettre de l'argent dans. SYN. déposer, investir, verser.

placer (se) *verbe pronominal* Se mettre quelque part. SYN. se mettre, se positionner, se poster, se tourner. – FAMILIER : se fourrer. ■ Prendre place dans. SYN. s'inscrire, s'insérer, se ranger, se situer.

placide *adjectif* Qui garde son calme. SYN. calme, flegmatique, froid, impassible, imperturbable, pacifique, paisible, patient, posé, serein. – LITTÉRAIRE : quiet. CONTR. *agité, anxieux, bouillonnant, débordant, déchaîné, effaré, émotif, fougueux, impatient, impétueux, passionné, pétulant, soucieux, troublé, violent.* – FAMILIER : *émotionnable.* – LITTÉRAIRE : *effervescent, tumultueux, volcanique.*

placidement *adverbe* Avec placidité. SYN. calmement, doucement, impassiblement, imperturbablement, paisiblement, patiemment, posément, sereinement, tranquillement. CONTR. *fébrilement, fiévreusement, impatiemment, impétueusement, précipitamment.* – LITTÉRAIRE : *tumultueusement.*

placidité *nom féminin* Caractère placide. SYN. ataraxie, calme, flegme, impassibilité, imperturbabilité, patience, sang-froid, self-control, sérénité, tranquillité. – LITTÉRAIRE : quiétude. CONTR. *agitation, anxiété, emportement, énervement, excitation, fougue, frénésie, impatience, impétuosité, inquiétude, turbulence.*

placier *nom* Personne qui prospecte la clientèle. SYN. courtier, représentant, voyageur de commerce, V.R.P. – VIEUX : commis voyageur.

plafond *nom masculin* Limite supérieure. SYN. maximum. CONTR. *minimum, plancher.*

plage *nom féminin* Partie de rivage. SYN. baignade, bord, côte, rivage, rive. – LITTÉRAIRE : grève.

plagiaire *nom* Auteur d'un plagiat. SYN. compilateur, contrefacteur, copieur, démarqueur, imitateur, pirate.

plagiat *nom masculin* Fait de copier un artiste. SYN. calque, compilation, copie, démarquage, emprunt, imitation, pillage, piraterie.

plagier *verbe* Commettre un plagiat. SYN. s'approprier, compiler, copier, démarquer, emprunter, imiter, piller, pirater, voler. – POPULAIRE : pomper. CONTR. *créer, inventer.* ■ LITTÉRAIRE. Imiter quelqu'un servilement. SYN. calquer, contrefaire, imiter, mimer, singer, suivre.

plagioclasite *nom féminin* Roche plutonique. SYN. anorthosite.

plagiostome *nom masculin* Poisson cartilagineux. SYN. chondrichtyen, élasmobranche, sélacien. CONTR. *ostéichtyen.*

plaider *verbe* Défendre une cause. SYN. défendre, intercéder, justifier, parlementer, parler pour.

plaidoirie *nom féminin* Action de plaider. SYN. défense, plaidoyer. CONTR. *accusation, attaque, réquisitoire.*

plaidoyer *nom masculin* Discours en faveur de. SYN. apologie, défense, éloge, panégyrique, plaidoirie. – LITTÉRAIRE : dithyrambe. CONTR. *accusation, réquisitoire.*

plaie *nom féminin* LITTÉRAIRE. Blessure morale. SYN. affliction, blessure, déchirement, mal, meurtrissure, peine, tourment. – LITTÉRAIRE : déchirure. ■ FAMILIER. Personne, chose désagréable. SYN. fléau. – FAMILIER : barbe, calamité, scie.

plaindre *verbe* Éprouver de la peine pour. SYN. s'apitoyer sur, s'attendrir sur, compatir.

plaindre (se) *verbe pronominal* Exprimer sa souffrance. SYN. geindre, gémir, se lamenter, larmoyer, pleurer. – FAMILIER : pleurnicher. ■ Exprimer son mécontentement. SYN. geindre, gémir, maugréer, pester, protester, réclamer, récriminer. – FAMILIER : pleurer, pleurnicher, râler, ronchonner, rouspéter. – POPULAIRE : rouscailler. CONTR. *se contenter, se satisfaire.*

plain-pied (de) *locution adverbiale* À égalité avec quelqu'un. SYN. en accord, à armes égales, de niveau, sur le même pied, sur un pied d'égalité. ■ Sans transition. SYN. directement.

plainte *nom féminin* Parole, cri de douleur. SYN. geignement, gémissement, lamentation. – LITTÉRAIRE : pleur. ■ Expression de mécontentement. SYN. doléances, murmure, pleurnichement, pleurnicherie, protestation, réclamation, récrimination, vitupération. – FAMILIER : jérémiade.

plaintif *adjectif* Qui traduit une plainte. SYN. gémissant. – FAMILIER : geignard, pleurard. – LITTÉRAIRE : lamentable.

plaire *verbe* Convenir à quelqu'un. SYN. agréer, arranger, convenir, intéresser, satisfaire, sourire. – FAMILIER : aller, chanter, revenir. – POPULAIRE : botter. CONTR. *déplaire, ennuyer, rebuter, répugner.* – FAMILIER : *barber, bassiner, enquiquiner, révulser.* ■ Exercer un attrait sur. SYN. attirer, charmer, ravir, séduire, subjuguer. – FAMILIER : taper dans l'œil. CONTR. *choquer, dégoûter, déplaire, heurter.*

plaire (se) *verbe pronominal* Prendre plaisir à. SYN. adorer, aimer, s'amuser, apprécier, chérir, se complaire, s'en donner à cœur joie, être heureux comme un pape, être heureux comme un poisson dans l'eau, être heureux comme un roi, être tout à la joie de, se faire une joie de, goûter, raffoler de. – LITTÉRAIRE : affectionner, se délecter à, se délecter. – POPULAIRE : prendre son pied. CONTR. *abominer, détester, exécrer, haïr, renâcler, répugner.* – FAMILIER : *rechigner.* – LITTÉRAIRE : *abhorrer.*

plaisancien *nom masculin* Étage de l'ère tertiaire. SYN. astien.

plaisant *adjectif* Qui est agréable. SYN. adorable, agréable, aimable, attrayant, charmant, doux, engageant, gracieux. – FAMILIER : craquant. CONTR. *affreux, antipathique, déplaisant, désagréable, disgracieux, dur, odieux.* ■ Qui divertit. SYN. amusant, badin, comique, divertissant, drôle, facétieux, gai, hilarant, réjouissant, riant, spirituel. – FAMILIER : folichon, impayable, rigolo, roulant. CONTR. *attristant, ennuyeux, mélancolique, pénible, rébarbatif, rebutant, répugnant, sérieux, sombre, triste.* – FAMILIER : *assommant, barbant, casse-pieds, embêtant, empoisonnant, enquiquinant.* – POPULAIRE : *emmerdant.*

plaisanter *verbe intransitif* Ne pas être sérieux. SYN. badiner, rire. – FAMILIER : blaguer, galéjer, rigoler. – LITTÉRAIRE : se moquer. – POPULAIRE : déconner.

plaisanter *verbe transitif* Railler doucement. SYN. s'amuser de, ironiser, se moquer, railler, taquiner. – FAMILIER : blaguer. – POPULAIRE : charrier.

plaisanter *verbe transitif indirect* Dire des plaisanteries sur. SYN. badiner, rire, taquiner. – FAMILIER : blaguer, chambrer, rigoler. – POPULAIRE : charrier.

plaisanterie *nom féminin* Parole destinée à faire rire. SYN. badinage, drôlerie, facétie, farce, mystification. – FAMILIER : blague, canular, fumisterie, joyeuseté. ■ Propos visant à se moquer. SYN. boutade, jeu de mots, lazzi, moquerie, persiflage, quolibet, raillerie, sarcasme. – LITTÉRAIRE : trait. ■ Chose peu sérieuse. SYN. bagatelle, bricole, broutille, fadaise, vétille. – FAMILIER : rigolade.

plaisantin *nom masculin* Personne qui aime faire rire. SYN. amuseur, farceur, joyeux luron, railleur. – FAMILIER : blagueur, joyeux drille. – LITTÉRAIRE : moqueur. – POPULAIRE : rigolo. – VIEUX : loustic. ■ Personne peu sérieuse. SYN. fantoche, marionnette, pantin. – FAMILIER : fumiste, guignol, loustic, polichinelle. – LITTÉRAIRE : protée. – POPULAIRE : charlot, rigolo. – VIEUX : sauteur.

plaisir *nom masculin* État de contentement. SYN. bien-être, bonheur, contentement, gaieté, joie, satisfaction. CONTR. *chagrin, contrariété, déplaisir, douleur, ennui, insatisfaction, regret, souffrance, tourment, tristesse.* – LITTÉRAIRE : *misère.* ■ Ce qui plaît. SYN. agrément, amusement, distraction, divertissement, gaietés, loisirs. CONTR. *calamité, corvée, déboire, déplaisir, désagrément.* – FAMILIER : *embêtement, enquiquinement.*

plaisirs *nom masculin pluriel* Côtés agréables de l'existence. SYN. jouissances. – LITTÉRAIRE : délices. ■ Jouissances sexuelles. SYN. lubricité, luxure, paillardise, sensualité, volupté. – LITTÉRAIRE : lasciveté, lascivité.

plan *adjectif* Sans inégalités de niveau. SYN. égal, plat, uni. – VIEUX : plain. CONTR. *accidenté, arqué, cambré, protubérant, raboteux.*

plan *nom masculin* Organisation de quelque chose. SYN. cadre, canevas, ébauche, ordonnance, ordonnancement, schéma, squelette, structure. – LITTÉRAIRE : trame. ■ Projet élaboré. SYN. arrière-pensée, calcul, combinaison, idée, intention, programme, projet, scénario, stratégie, tactique. – FAMILIER : combine.

planche *nom féminin* ***Planche à roulettes,*** sport sur une planche à roulettes. SYN. skate, skateboard. ■ ***Planche à voile,*** sport sur un flotteur muni d'une voile. SYN. windsurf.

planchéier *verbe* Garnir de planches. SYN. lambrisser, parqueter.

plancher *nom masculin* Limite inférieure. SYN. minimum. CONTR. *maximum, plafond.*

planches *nom féminin pluriel* FAMILIER. Scène d'un théâtre. SYN. plateau, scène, théâtre.

planchiste *nom* Personne qui pratique la planche à voile. SYN. véliplanchiste.

plancton *nom masculin* Organismes vivant au fond des eaux. SYN. benthos, necton.

planer *verbe intransitif* Ne pas prêter attention à la réalité. SYN. avoir la tête ailleurs, avoir l'esprit ailleurs, être absent, être ailleurs, être dans la lune, être dans les nuages, n'écouter que d'une oreille, rêvasser, rêver. – FAMILIER : être à l'ouest, être dans le cirage, être dans sa bulle. – POPULAIRE : être à côté de ses pompes, être dans les vapes. CONTR. *avoir les pieds sur terre.*

planer *verbe transitif* Rendre plan. SYN. aplanir, dresser, égaliser, niveler.

planétaire *adjectif* Relatif à la Terre entière. SYN. cosmique, international, mondial, universel.

planétairement *adverbe* À l'échelle de la planète. SYN. mondialement, universellement.

planétarisation *nom féminin* Stratégie à l'échelle planétaire. SYN. globalisation, mondialisation, universalisation. CONTR. *localisation.*

planète *nom féminin* La Terre. SYN. globe, monde, univers.

planétoïde *nom masculin* Planète en cours de formation. SYN. protoplanète.

planification *nom féminin* Action de planifier, pour un État. SYN. dirigisme, étatisme, interventionnisme. CONTR. *anarchie, libéralisme.*

planifier *verbe* Organiser à l'avance. SYN. arrêter, fixer, ordonner, organiser, prévoir, programmer, régler.

planisphère *nom masculin* Carte représentant le globe terrestre. SYN. mappemonde.

planning *nom masculin* Emploi du temps. SYN. calendrier, programme.

planque *nom féminin* POPULAIRE. Lieu où l'on se cache. SYN. abri, cache, cachette, repaire. – LITTÉRAIRE : tanière.

planqué *adjectif* POPULAIRE. Qui s'est mis à l'abri. SYN. caché, embusqué. – LITTÉRAIRE : tapi.

planquer *verbe* POPULAIRE. Mettre à l'abri. SYN. cacher, camoufler, couvrir, dissimuler, éclipser, escamoter, masquer, mettre en lieu sûr. – LITTÉRAIRE : dérober, voiler. CONTR. *dévoiler, montrer.*

planquer (se) *verbe pronominal* POPULAIRE. Se mettre à l'abri. SYN. se cacher, se dérober, se dissimuler, s'embusquer, se tapir, se terrer.

plantage *nom masculin* FAMILIER. Fait d'échouer. SYN. culbute, déconfiture, défaite, échec, faillite, insuccès, revers. – FAMILIER : claque, fessée, fiasco, four, loupé, pile, piquette, plongeon, raclée, ratage, veste. – POPULAIRE : volée.

plantain *nom masculin* ***Plantain d'eau,*** herbe des marais très commune. SYN. alisma, flûteau.

planter *verbe* Placer en terre. SYN. enraciner, ensemencer, semer. CONTR. *déplanter, déraciner, extirper.* ▪ Garnir un lieu d'arbres. SYN. boiser, peupler. CONTR. *déboiser, dépeupler.* ▪ Enfoncer dans. SYN. enfoncer, ficher, fixer, piquer. ▪ FAMILIER. Abandonner brusquement. SYN. abandonner, laisser tomber. – FAMILIER : envoyer tout promener, lâcher, laisser en plan, laisser en rade, larguer, plaquer. CONTR. *suivre.* – FAMILIER : *s'accrocher aux basques, se pendre aux basques.* ▪ Placer debout. SYN. dresser, élever, ériger, monter.

planter (se) *verbe pronominal* FAMILIER. Se tenir debout quelque part. SYN. se camper, se dresser, se figer, s'immobiliser, se mettre, se poster. ▪ POPULAIRE. Commettre une erreur. SYN. échouer, faire erreur, se méprendre, miser sur le mauvais cheval, se tromper. – FAMILIER : être à côté de la plaque, se ficher le doigt dans l'œil, se fourrer le doigt dans l'œil, se mettre le doigt dans l'œil, se ramasser. – LITTÉRAIRE : se fourvoyer. – POPULAIRE : se foutre dedans, se foutre le doigt dans l'œil, se gourer.

plantureusement *adverbe* LITTÉRAIRE. De façon plantureuse. SYN. abondamment, en abondance, amplement, beaucoup, colossalement, considérablement, copieusement, à discrétion, énormément, à flots, à foison, généreusement, grandement, largement, massivement, à la pelle, pleinement, profusément, à profusion, en quantité, richement, à satiété, à souhait, surabondamment, à tour de bras, en veux-tu en voilà, à volonté. – FAMILIER : à gogo, jusqu'à plus soif, en pagaille, à revendre, à tire-larigot. – LITTÉRAIRE : à l'envi. CONTR. *chichement, guère, légèrement, peu, sobrement.*

plantureux *adjectif* LITTÉRAIRE. Se dit d'un sol riche. SYN. fertile, luxuriant, riche. – LITTÉRAIRE : fécond, généreux, gras, opulent. CONTR. *aride, infécond, infertile, sec, stérile.* ▪ Qui est abondant. SYN. abondant, copieux, généreux, pantagruélique. CONTR. *frugal, insuffisant, juste, maigre, parcimonieux, pauvre, sobre.* ▪ Qui est bien en chair. SYN. charnu, opulent, plein, potelé, replet. – FAMILIER : dodu, rondelet. CONTR. *décharné, efflanqué, fluet, frêle, maigre, mince, squelettique.* – FAMILIER : *maigrichon.* – LITTÉRAIRE : *émacié, étique.*

plaqué *adjectif* Ajouté de manière artificielle. SYN. factice, forcé, formel, superficiel, surajouté.

plaquemine *nom féminin* Baie comestible du plaqueminier. SYN. kaki.

plaquer *verbe* FAMILIER. Quitter soudainement. SYN. abandonner, délaisser, laisser tomber, quitter, rompre avec. – FAMILIER : lâcher, laisser en plan, laisser en rade, larguer, planter. CONTR. *suivre.* – FAMILIER : *s'accrocher aux basques, se pendre aux basques.* ▪ Appuyer contre. SYN. appuyer, coller.

plaquette *nom féminin* Volume peu épais. SYN. brochure, opuscule. ▪ Cellule sanguine sans noyau. SYN. thrombocyte. ▪ Plaque tectonique de très petites dimensions. SYN. microplaque.

plasmodiérèse *nom féminin* Séparation de deux cellules. SYN. cytodiérèse.

plaste *nom masculin* Élément cellulaire caractéristique des végétaux. SYN. – VIEUX : leucite.

plasticité *nom féminin* Caractère plastique. SYN. élasticité, flexibilité, malléabilité, souplesse.

plastique *adjectif* Qui peut être façonné. SYN. élastique, flexible, malléable, souple.

plastronner *verbe* FAMILIER. Faire le fier. SYN. s'afficher, bomber la poitrine, bomber le torse, faire des ronds de jambe, faire la roue, faire l'important, en mettre plein la vue, se montrer, parader, paraître, se pavaner, poser, se rengorger. – FAMILIER : crâner, se faire mousser, frimer. – LITTÉRAIRE : fanfaronner. – POPULAIRE : se la jouer, ramener sa fraise, la ramener.

plat *adjectif* Dont la surface est plane. SYN. égal, horizontal, plan. – VIEUX : plain. CONTR. *abrupt, accidenté, cahoteux, escarpé, hérissé, inégal, à pic, vallonné.* – LITTÉRAIRE : *ardu.* ■ Qui n'est pas saillant. SYN. aplati, écrasé. CONTR. *arrondi, bombé, cambré, convexe, creux, protubérant, rebondi, rond.* ■ Dont la surface est unie. SYN. lisse, uni. CONTR. *bouclé, bouffant, boursouflé, frisé, frisottant, granuleux, grenu, grumeleux, ondulé, raboteux, rugueux.* – LITTÉRAIRE : *ondoyant.* ■ Dépourvu d'originalité. SYN. banal, creux, douceâtre, fade, froid, gris, grisâtre, impersonnel, inconsistant, inintéressant, insignifiant, insipide, médiocre, monotone, morne, pâle, pauvre, prosaïque, quelconque, terne, uniforme, vide. – FAMILIER : fadasse. – LITTÉRAIRE : incolore. CONTR. *amusant, brillant, coloré, drôle, étincelant, fin, formidable, original, pétillant, piquant, pittoresque, plaisant, spirituel, vivant.* ■ Qui est lâchement soumis. SYN. écrasé, falot, humble, obséquieux, rampant, servile. – LITTÉRAIRE : melliflu, prosterné, serf, vil. CONTR. *arrogant, hardi, hautain, orgueilleux, rogue, superbe.* – LITTÉRAIRE : *altier.*

plat *nom masculin* FAMILIER. ***Faire du plat,*** flatter bassement. SYN. cajoler, chatouiller l'amour-propre, complimenter, courtiser, faire des courbettes, flatter, manier l'encensoir, passer la main dans le dos. – FAMILIER : caresser dans le sens du poil, cirer les bottes, cirer les pompes, faire de la lèche, faire du rentre-dedans, lécher les bottes, passer de la pommade, passer la brosse à reluire, prendre dans le sens du poil. – LITTÉRAIRE : encenser, faire sa cour, flagorner, louanger. – POPULAIRE : lécher le cul. ■ FAMILIER. ***Faire tout un plat de,*** donner une importance exagérée à. SYN. amplifier, exagérer, grossir, monter en épingle. – FAMILIER : faire tout un cinéma de, en faire (tout) un fromage, en faire une pendule, en faire une piscine. CONTR. *minimiser.*

platane *nom masculin* ***Faux platane,*** érable d'une espèce à feuilles palmées. SYN. sycomore.

plateau *nom masculin* Scène d'un théâtre. SYN. scène, tréteaux. – FAMILIER : planches.

platée *nom féminin* Contenu d'un plat. SYN. assiette, assiettée, plat.

platement *adverbe* De façon banale. SYN. prosaïquement. ■ De façon servile. SYN. – LITTÉRAIRE : servilement.

plathelminthe *nom masculin* Ver à corps aplati. SYN. platode, ver plat.

platitude *nom féminin* Caractère banal. SYN. banalité, fadeur, faiblesse, impersonnalité, inconsistance, insignifiance, médiocrité, monotonie, niaiserie, pâleur, pauvreté, prosaïsme, uniformité. CONTR. *arrogance, brillant, brio, couleur, éclat, fantaisie, finesse, hardiesse, imprévu, intérêt, nouveauté, originalité, piquant, pittoresque, profondeur, saveur.* – LITTÉRAIRE : *vivacité.* ■ Parole banale. SYN. banalité, fadaise, niaiserie. – FAMILIER : faribole. – LITTÉRAIRE : pauvreté. ■ Acte empreint de bassesse. SYN. aplatissement, bassesse, lâcheté, obséquiosité. – LITTÉRAIRE : servilité.

platocyte *nom masculin* Hématie dont l'épaisseur est diminuée. SYN. leptocyte.

platode *nom masculin* Ver à corps aplati. SYN. plathelminthe, ver plat.

platonique *adjectif* Se dit d'un amour idéal. SYN. chaste, idéal, pur. – LITTÉRAIRE : éthéré, sublimé. CONTR. *charnel, lascif, physique, sensuel, voluptueux.* ■ Sans effet réel. SYN. formel, théorique. CONTR. *actif, effectif, efficace.*

plausibilité *nom féminin* LITTÉRAIRE. Caractère plausible. SYN. possibilité, potentialité, probabilité.

plausible *adjectif* Qui peut être admis. SYN. acceptable, admissible, crédible, croyable, imaginable, possible, probable, recevable, valable, vraisemblable. CONTR. *impossible, inacceptable, inadmissible, incroyable, insoutenable, invraisemblable.*

play-back *nom masculin invariable* Interprétation mimée d'un son enregistré. SYN. présonorisation, surjeu.

plèbe *nom féminin* LITTÉRAIRE. Le bas peuple. SYN. peuple, populace, racaille. – FAMILIER : vulgum pecus.

plébéien *adjectif* LITTÉRAIRE. Sans éducation. SYN. bas, commun, fruste, grossier, populaire, vulgaire. – LITTÉRAIRE : roturier. CONTR. *distingué, noble, raffiné, recherché.*

plébéien *nom* LITTÉRAIRE. Personne du peuple. SYN. roturier. CONTR. *aristocrate, gentilhomme, noble, patricien.*

plectre *nom masculin* Pièce qui sert à pincer la corde d'un instrument. SYN. médiator.

pléiade *nom féminin* Grand nombre de personnes. SYN. armée, bataillon, flot, flux, foule, infinité, kyrielle, masse, multitude, myriade, tas, troupe, troupeau. – FAMILIER : armada, flopée, foultitude, pelletée, ribambelle, tripotée. – LITTÉRAIRE : essaim. CONTR. *poignée, quarteron.*

plein *adjectif* Se dit d'une voix forte. SYN. ample, éclatant, sonore. CONTR. *cassé, caverneux, fluet, voilé.* ■ Qui ne comporte pas de vide.

CONTR. *ajouré, creux, évidé.* ■ Qui est bien en chair. SYN. ample, charnu, gras, plantureux, potelé, rebondi, replet. – FAMILIER : dodu, rond. CONTR. *anémique, décharné, efflanqué, flasque, maigre, squelettique.* – LITTÉRAIRE : *émacié, étique.* ■ Qui contient en grande quantité. SYN. bondé, comble, débordant, encombré, farci, foisonnant, fourmillant, gorgé, grouillant, inondé, noir de monde, rempli, riche. – FAMILIER : bourré, pourri. CONTR. *abandonné, dégagé, dénué, dépourvu, désert, déserté, exempt, inoccupé, libéré, privé, vide, vidé.* ■ Qui est à son plus haut degré. SYN. complet, entier, total. CONTR. *fragmentaire, insignifiant, insuffisant, maigre, partiel, réduit, superficiel.* ■ Rempli d'un sentiment. SYN. dévoré, empreint, imprégné, nourri, obsédé, pénétré, pétri, préoccupé. – FAMILIER : pourri. CONTR. *débarrassé, délivré, détaché.*

plein *adverbe* FAMILIER. ***Plein de,*** une très grande quantité de. SYN. beaucoup de, bon nombre de, un grand nombre de, nombre de, quantité de, un tas de. – LITTÉRAIRE : force, maint. CONTR. *guère, pas beaucoup, peu.* ■ FAMILIER. ***Tout plein,*** extrêmement. SYN. beaucoup, bien, considérablement, effroyablement, éminemment, énormément, épouvantablement, exceptionnellement, excessivement, extraordinairement, extrêmement, follement, fort, fortement, hautement, horriblement, immensément, immodérément, incroyablement, infiniment, mortellement, parfaitement, particulièrement, prodigieusement, profondément, puissamment, supérieurement, suprêmement, terriblement, tout, tout à fait, très, trop, vertigineusement. – FAMILIER : bigrement, bougrement, diablement, drôlement, fameusement, fichtrement, fichûment, formidablement, joliment, méchamment, à mort, rudement, sacrément. – LITTÉRAIRE : diantrement, furieusement. – POPULAIRE : foutrement, salement, vachement. – VIEUX : fièrement. CONTR. *faiblement, guère, légèrement, médiocrement, modérément.*

pleinement *adverbe* De façon absolue. SYN. (à) cent pour cent, absolument, amplement, beaucoup, complètement, énormément, entièrement, foncièrement, à fond, grandement, intégralement, largement, parfaitement, profondément, sans limite, sans réserve, sans restriction, totalement, tout à fait, en toute confiance, très, les yeux fermés. – FAMILIER : royalement. CONTR. *à demi, faiblement, guère, imparfaitement, médiocrement, partiellement, pas du tout, pas le moins du monde, à peine, peu.*

plénitude *nom féminin* LITTÉRAIRE. Le plus haut degré de. SYN. force, intégralité, intégrité, maturité, totalité. – LITTÉRAIRE : été. CONTR. *déclin.* – LITTÉRAIRE : *automne.*

pléochroïque *adjectif* Qui présente des colorations diverses. SYN. dichroïque.

pléochroïsme *nom masculin* Variations de couleurs. SYN. dichroïsme, polychroïsme.

pléonasme *nom masculin* Fait de dire deux fois la même chose. SYN. redondance, répétition, tautologie. – RARE : battologie.

plésiomorphe *adjectif* Primitif et ancestral. CONTR. *apomorphe.*

pléthore *nom féminin* Quantité excessive de. SYN. abondance, déluge, excès, foison, foisonnement, luxe, multiplicité, orgie, profusion, prolifération, surabondance. CONTR. *absence, carence, défaut, insuffisance, manque, pauvreté, pénurie, rareté.* – LITTÉRAIRE : *disette.*

pléthorique *adjectif* Qui est en trop grand nombre. SYN. démesuré, exagéré, excessif, surabondant, surchargé. CONTR. *insuffisant, pauvre, réduit.*

pleurard *adjectif* FAMILIER. Qui cherche la compassion. SYN. dolent, éploré, gémissant, larmoyant, plaintif.

pleurard *adjectif et nom* FAMILIER. Qui pleure. SYN. grincheux. – FAMILIER : geignard, pleurnichard, pleurnicheur. – POPULAIRE : chialeur.

pleurer *verbe intransitif* En parlant d'un bébé, crier. SYN. – FAMILIER : brailler, braire. – POPULAIRE : bramer. ■ Répandre des larmes. SYN. éclater en sanglots, être en larmes, fondre en larmes, larmoyer, sangloter. – FAMILIER : brailler, chouiner, pleurnicher. – POPULAIRE : chialer. CONTR. *s'esclaffer, pouffer, rire.* – FAMILIER : *se tordre.* – POPULAIRE : *se bidonner, se gondoler, se marrer, se poiler.* ■ LITTÉRAIRE. Émettre un son plaintif. SYN. geindre. – LITTÉRAIRE : gémir. ■ Se lamenter sur. SYN. s'apitoyer, geindre, se lamenter, larmoyer, se plaindre, récriminer, regretter. – LITTÉRAIRE : gémir.

pleurer *verbe transitif* Déplorer quelque chose. SYN. s'apitoyer sur, se lamenter sur, plaindre. – LITTÉRAIRE : déplorer. ■ LITTÉRAIRE. Laisser couler des larmes. SYN. répandre, verser.

pleurer *verbe transitif indirect* FAMILIER. Réclamer quelque chose. SYN. implorer, mendier, réclamer. – FAMILIER : pleurnicher.

pleurnichard *adjectif et nom* FAMILIER. Qui pleurniche pour un rien. SYN. grincheux. – FAMILIER : geignard, pleurard. – POPULAIRE : chialeur.

pleurnichement *nom masculin* Fait de se lamenter. SYN. geignement, gémissement, lamentation, plainte, récrimination. – FAMILIER : jérémiade.

pleurnicher *verbe* FAMILIER. Pleurer sans raison. SYN. larmoyer, pleurer, sangloter. – **POPULAIRE** : chialer. ■ FAMILIER. Se plaindre sur un ton larmoyant. SYN. geindre, se lamenter, se plaindre, réclamer.

pleurnicherie *nom féminin* Fait de se lamenter. SYN. geignement, gémissement, lamentation, plainte, récrimination. – **FAMILIER** : jérémiade.

pleurnicheur *adjectif et nom* FAMILIER. Qui pleurniche pour un rien. SYN. grincheux. – **FAMILIER** : geignard, pleurard. – **POPULAIRE** : chialeur.

pleurs *nom masculin pluriel* LITTÉRAIRE. Larmes. SYN. gémissements, lamentations, larmes, sanglots.

pleutre *adjectif* Qui manque de courage. SYN. capitulard, lâche, peureux, poltron, veule. – **FAMILIER** : froussard. – **LITTÉRAIRE** : couard, pusillanime. – **POPULAIRE** : foireux, trouillard. – **VIEUX** : capon. CONTR. *brave, courageux, héroïque, intrépide, téméraire.* – **FAMILIER** : *casse-cou.* – **LITTÉRAIRE** : *impavide, vaillant, valeureux.*

pleutre *nom masculin* Homme sans courage. SYN. lâche, peureux, poltron. – **FAMILIER** : femmelette, froussard, mauviette, poule mouillée. – **LITTÉRAIRE** : couard. – **POPULAIRE** : dégonflé, foireux, trouillard. – **VIEUX** : capon. CONTR. *brave, courageux, héros.* – **FAMILIER** : *casse-cou.*

pleutrerie *nom féminin* LITTÉRAIRE. Caractère de pleutre. SYN. bassesse, indignité, lâcheté, poltronnerie, veulerie. – **FAMILIER** : frousse. – **LITTÉRAIRE** : caponnerie, couardise, pusillanimité, vilenie. CONTR. *bravoure, courage, héroïsme, intrépidité, témérité.* – **LITTÉRAIRE** : *vaillance, valeur.*

pleuvoir *verbe* Tomber (pluie). SYN. – **FAMILIER** : flotter.

pli *nom masculin* Message écrit. SYN. billet, lettre, message, mot. – **LITTÉRAIRE** : missive. ■ Habitude prise. SYN. accoutumance, coutume, habitude, manie. CONTR. *apprentissage, nouveauté.*

pliable *adjectif* Qui peut être plié. SYN. élastique, flexible, malléable, maniable, souple. – **LITTÉRAIRE** : ployable. CONTR. *cassant, dur, raide, rigide.*

plie *nom féminin* Poisson de mer plat. SYN. carrelet.

plier *verbe intransitif* Prendre une forme courbe. SYN. se courber, fléchir, s'incliner, se tordre. – **LITTÉRAIRE** : ployer. CONTR. *se dresser, se redresser.* ■ Reculer devant. SYN. capituler, céder, chanceler, faiblir, fléchir, s'incliner, mollir, reculer, se soumettre. – **FAMILIER** : flancher. – **LITTÉRAIRE** : ployer, succomber. CONTR. *s'affranchir, se cabrer, se dresser, se libérer, se raidir, se rebeller, résister.* – **FAMILIER** : *se rebiffer.* – **LITTÉRAIRE** : *regimber.*

plier *verbe transitif* Rabattre une partie sur une autre. SYN. replier. CONTR. *déplier, déployer, développer, étaler, étendre, ouvrir.* ■ Courber une chose flexible. SYN. couder, courber, gauchir, incurver, recourber, tordre. – **LITTÉRAIRE** : ployer. CONTR. *défausser, détordre, redresser, relever.* ■ Faire jouer une articulation. SYN. courber, fléchir. CONTR. *allonger, étirer, raidir.* ■ Soumettre à quelque chose. SYN. accoutumer, assujettir, dresser, forger, former, habituer, modeler, soumettre, subordonner. – **LITTÉRAIRE** : astreindre, dompter, façonner, mouler. CONTR. *affranchir, libérer.*

plier (se) *verbe pronominal* Se soumettre à. SYN. accepter, s'acquitter, s'adapter, admettre, s'astreindre, céder de guerre lasse, condescendre, se conformer, courber le dos, courber le front, courber l'échine, faire profil bas, se faire, filer doux, s'incliner, mettre de l'eau dans son vin, mettre les pouces, obéir, observer, obtempérer, plier le genou, plier l'échine, se soumettre, souscrire à, se le tenir pour dit. – **LITTÉRAIRE** : s'accommoder, baisser pavillon. – **POPULAIRE** : s'écraser. CONTR. *s'affranchir, se cabrer, désobéir à, se dresser, se libérer, se raidir, se rebeller, résister.* – **FAMILIER** : *se rebiffer.* – **LITTÉRAIRE** : *regimber.*

plissé *adjectif* Marqué de petites rides. SYN. fripé, marqué, ratatiné, raviné, ridé. CONTR. *ferme, lisse.*

plisser *verbe* Faire des plis dans. SYN. chiffonner, friper, froisser, froncer. CONTR. *déchiffonner, défriper, défroisser, déplisser, lisser.*

plomb *nom masculin* Coupe-circuit à fil de plomb. SYN. fusible.

plombé *adjectif* Qui est d'une couleur de plomb. SYN. blafard, blême, bleuâtre, cadavéreux, cadavérique, cendreux, cireux, cyanosé, hâve, livide, olivâtre, pâle, terreux, verdâtre, vert. – **FAMILIER** : pâlichon, pâlot. CONTR. *rose, rosé, rouge, rougeaud.* – **LITTÉRAIRE** : *rubicond.*

plomber *verbe* Peser lourdement sur. SYN. défavoriser, désavantager, desservir, grever, handicaper. CONTR. *avantager, favoriser.*

plongeant *adjectif* Se dit d'un décolleté très prononcé. SYN. échancré, profond.

plongée *nom féminin* Mouvement fait en descendant. SYN. descente, piqué.

plongeon *nom masculin* FAMILIER. Salut obséquieux. SYN. révérence. – **FAMILIER** : courbette. ■ FAMILIER. Échec complet. SYN. culbute, débâcle, déconfiture, défaite, déroute, échec, faillite, gifle, insuccès, revers. – **FAMILIER** : claque, fessée, fiasco, loupé, pile, piquette, raclée, ratage, tannée, veste. – **LITTÉRAIRE** : infortune. – **POPULAIRE** : bide, déculottée, gamelle, plantage. CONTR. *réussite, succès, triomphe, victoire.*

plonger *verbe* Faire entrer dans un liquide. SYN. baigner, immerger, tremper. ■ Enfoncer une partie du corps dans. SYN. enfoncer, enfouir, engager, ensevelir, introduire. – FAMILIER : fourrer. CONTR. *sortir.* ■ Mettre dans un certain état. SYN. jeter, mettre, précipiter. ■ Effectuer un plongeon. SYN. piquer une tête.

plonger (se) *verbe pronominal* Être absorbé dans quelque chose. SYN. s'absorber, s'enfoncer, s'immerger, se livrer, se perdre, sombrer. – LITTÉRAIRE : s'abîmer.

ployer *verbe intransitif* LITTÉRAIRE. Prendre une forme courbe. SYN. se courber, fléchir, s'incliner, plier, se tordre. ■ LITTÉRAIRE. Céder devant. SYN. capituler, céder, chanceler, faiblir, fléchir, s'incliner, mollir, obéir, plier, reculer, se soumettre. – FAMILIER : flancher. – LITTÉRAIRE : se courber, succomber.

ployer *verbe transitif* LITTÉRAIRE. Tordre en courbant. SYN. casser, couder, courber, fléchir, gauchir, incurver, infléchir, plier, recourber, tordre. CONTR. *défausser, détordre, redresser, relever.*

pluie *nom féminin* Précipitation d'eau. SYN. averse, déluge, giboulée, grain, ondée, précipitation. – FAMILIER : douche. – POPULAIRE : flotte, rincée, saucée. ■ Grande quantité de choses. SYN. armée, avalanche, cascade, débordement, déluge, flot, flux, foule, infinité, marée, masse, monceau, multitude, myriade, profusion. – FAMILIER : cargaison, flopée, foultitude, pelletée. – LITTÉRAIRE : averse, essaim, fleuve. CONTR. *atome, bribe, brin, doigt, goutte, grain, gramme, larme, lueur, miette, nuage, once, parcelle, peu, poignée, pointe, soupçon, trace.* – LITTÉRAIRE : *liard, ombre, trait.* – POPULAIRE : *chouia.*

plume *nom féminin* Façon d'écrire. SYN. écriture, griffe, manière, marque, patte, style, ton. – LITTÉRAIRE : langue, touche.

plumer *verbe* FAMILIER. Soutirer de manière frauduleuse. SYN. déposséder, dépouiller, détrousser, dévaliser, escroquer, voler. – FAMILIER : délester, empiler, étriller, lessiver, nettoyer, ratisser, tondre. – POPULAIRE : arnaquer. – VIEUX : égorger, filouter.

plumitif *nom masculin* Mauvais auteur. SYN. barbouilleur, écrivailleur, écrivaillon, écrivassier. – VIEUX : gratte-papier.

plupart (la) *nom féminin* La plus grande partie de. SYN. beaucoup, la majorité, nombre de, le plus grand nombre, presque tous, un tas de. – LITTÉRAIRE : force. CONTR. *aucun, peu, quelques.*

pluralisme *nom masculin* Doctrine qui récuse l'unité de la matière. CONTR. *dualisme, monisme.*

pluralité *nom féminin* Fait d'être plusieurs. SYN. diversité, multiplicité, variété.

pluricellulaire *adjectif* Formé de plusieurs cellules. SYN. multicellulaire.

pluridisciplinaire *adjectif* Qui concerne plusieurs disciplines. SYN. multidisciplinaire.

pluriethnique *adjectif* Constitué de plusieurs ethnies. SYN. multiethnique.

plurihandicapé *adjectif et nom* Qui présente plusieurs infirmités. SYN. polyhandicapé.

plurilingue *adjectif* Qui concerne plusieurs langues. SYN. multilingue. CONTR. *monolingue, unilingue.*

plurilinguisme *nom masculin* Situation plurilingue. SYN. multilinguisme. CONTR. *monolinguisme, unilinguisme.*

plusieurs *adjectif* En grand nombre. SYN. différents, divers, multiples, nombreux, quelques. – LITTÉRAIRE : maints. CONTR. *un, unique.*

plusieurs *pronom* Quelques personnes ou choses. SYN. certains, quelques-uns. – LITTÉRAIRE : d'aucuns.

pluvieux *adjectif* Marqué par la pluie. SYN. humide. CONTR. *aride, asséché, desséché, sec.*

pochade *nom féminin* Peinture exécutée vite. SYN. canevas, ébauche, esquisse, étude. – LITTÉRAIRE : crayon.

pochard *nom* FAMILIER. Personne qui boit. SYN. alcoolique, buveur, dipsomane, éthylique, ivrogne. – ARGOTIQUE : biberonneur. – FAMILIER : boit-sans-soif, éponge, pilier de bar, pilier de cabaret, sac à vin, soiffard, soûlographe. – POPULAIRE : alcoolo, picoleur, pochetron, poivrot, soûlard, soûlaud, soûlot. – VIEUX : biberon.

poche *nom féminin* Petit sac de tissu dans un vêtement. SYN. – ARGOTIQUE : fouille. ■ Petit sac en plastique ou papier. SYN. pochon, sachet.

pocher *verbe intransitif* Faire un faux pli, pour un tissu. SYN. godailler, goder, grigner, grimacer.

pocher *verbe transitif* Faire une pochade. SYN. crayonner, croquer, ébaucher, esquisser.

pochon *nom masculin* Petit sac en plastique ou papier. SYN. poche, sachet.

podcasting *nom masculin* Mode de diffusion de fichiers sur Internet. SYN. diffusion par baladeur.

podie ou **podion** *nom masculin* Ventouse ambulacraire des échinodermes. SYN. pied ambulacraire.

pœcilotherme *adjectif et nom masculin* Se dit d'un animal à température interne variable. SYN. hétérotherme, poïkilotherme. CONTR. *homéotherme.*

pœcilothermie *nom féminin* Caractère d'un animal pœcilotherme. SYN. hétérothermie. CONTR. *homéothermie.*

poésie *nom féminin* Genre poétique. SYN. versification. CONTR. *prose.*

poète *nom masculin* Personne qui vit dans ses rêves. SYN. idéaliste, rêveur, utopiste.

poétique *adjectif* Propre à émouvoir. SYN. lyrique, romanesque, romantique. CONTR. *banal, commun, prosaïque, vulgaire.*

poétiser *verbe* Rendre poétique. SYN. élever, embellir, enjoliver, idéaliser. CONTR. *avilir, dégrader, déprécier, minimiser.* – LITTÉRAIRE : *rabaisser.*

pognon *nom masculin* POPULAIRE. Argent. SYN. argent, espèces, espèces sonnantes et trébuchantes, liquidités, numéraire. – ARGOTIQUE : braise, grisbi, pèze, thune, tune. – FAMILIER : blé, ferraille, mitraille, ronds, sous. – POPULAIRE : flouse, flouze, fraîche, fric, galette, oseille, pépettes, picaillons.

poids *nom masculin* Poussée exercée par un corps. SYN. lourdeur, pesanteur, pesée, poussée. CONTR. *légèreté.* ■ Corps ayant une masse. SYN. charge, chargement, fardeau, masse. ■ Importance de quelque chose. SYN. force, gravité, importance, influence, intérêt, place, portée, valeur. CONTR. *banalité, futilité, insignifiance.* – LITTÉRAIRE : *superficialité.* ■ ***Poids lourd,*** véhicule pour transporter de grosses charges. SYN. camion. – POPULAIRE : bahut, gros cul.

poignant *adjectif* Qui touche profondément. SYN. attendrissant, bouleversant, cuisant, déchirant, dramatique, émouvant, impressionnant, navrant, oppressant, palpitant, pathétique, saisissant, touchant, tragique, vibrant.

poignarder *verbe* Frapper avec un poignard. SYN. égorger. – VIEUX : suriner.

poignée *nom féminin* Petit nombre de personnes. SYN. quarteron. CONTR. *armée, bande, bataillon, flot, foule, horde, kyrielle, légion, meute, multitude, pléiade, tas, tripotée, troupe, troupeau.* – FAMILIER : *armada, cohorte, flopée, foultitude, peuple, régiment, ribambelle.* ■ Dispositif de commande de manchines. SYN. levier, manette.

poïkilotherme *adjectif et nom masculin* Se dit d'un animal à température interne variable. SYN. hétérotherme, pœcilotherme. CONTR. *homéotherme.*

poïkilothermie *nom féminin* Caractère d'un animal pœcilotherme. SYN. hétérothermie. CONTR. *homéothermie.*

poil *nom masculin* Pelage de certains animaux. SYN. fourrure, pelage, robe, toison. ■ Production filiforme sur la peau de certains animaux. SYN. crin, soie. ■ Filament cylindrique porté par un organe végétal. SYN. barbe, bourre, duvet, foin. ■ Production filiforme chez l'homme. SYN. barbe, système pileux. ■ FAMILIER. ***À poil,*** sans aucun vêtement. SYN. dénudé, dévêtu, nu.

poilant *adjectif* POPULAIRE. Très drôle. SYN. amusant, comique, désopilant, drôle, hilarant, inénarrable. – FAMILIER : cocasse, crevant, impayable, marrant, rigolo, roulant, tordant. – POPULAIRE : bidonnant, fendant, gondolant. CONTR. *funèbre, lugubre, macabre, morne, mortel, sinistre, tragique, triste.* – FAMILIER : *cafardeux, glauque.*

poiler (se) *verbe pronominal* POPULAIRE. Partir d'un grand rire. SYN. rire, rire à gorge déployée, rire aux éclats, rire aux larmes. – FAMILIER : rigoler, rire à ventre déboutonné, rire comme un bossu, rire comme une baleine, se tordre. – POPULAIRE : se bidonner, se boyauter, se fendre la gueule, se fendre la pêche, se fendre la pipe, se fendre la poire, se gondoler, se marrer. CONTR. *pleurer, sangloter.*

poilu *adjectif* Couvert de poils. SYN. barbu, peluché, velouté, velu. – LITTÉRAIRE : duveteux. CONTR. *glabre, imberbe, nu.*

poinçonner *verbe* Marquer au poinçon. SYN. estampiller, marquer. ■ Marquer pour valider. SYN. composter, perforer.

poindre *verbe intransitif* LITTÉRAIRE. En parlant du jour, naître. SYN. apparaître, se lever, se montrer, naître, paraître. – LITTÉRAIRE : pointer. ■ LITTÉRAIRE. Commencer à se manifester. SYN. affleurer, se déclarer, émerger, se faire jour, se manifester, se montrer, naître, paraître, se peindre, percer, perler, se profiler, surgir, survenir, transparaître. – LITTÉRAIRE : éclore, pointer, sourdre.

poindre *verbe transitif* LITTÉRAIRE. Faire souffrir quelqu'un. SYN. blesser, étreindre, meurtrir, oppresser, transpercer, ulcérer. – LITTÉRAIRE : navrer.

point *nom masculin* Lieu précis. SYN. coin, emplacement, endroit, lieu, place, position. ■ Sujet abordé. SYN. article, chapitre, chef, côté, matière, partie, question, secteur, section, sujet, thème. ■ Degré atteint. SYN. échelon, phase, stade. ■ ***À point,*** au bon moment. SYN. au bon moment, juste, au moment voulu, opportunément, à pic, à point nommé, à propos, en temps utile, en temps voulu. – FAMILIER : pile, pile-poil. CONTR. *à contretemps, intempestive-*

ment, mal, mal à propos. – **LITTÉRAIRE** : *inopportunément.* ■ ***À point,*** cuit jusqu'au cœur du morceau. **CONTR.** *bleu, saignant.* ■ ***Au plus haut point,*** au plus haut degré. **SYN.** (à) cent pour cent, beaucoup, bien, considérablement, éminemment, énormément, excessivement, extraordinairement, extrêmement, fabuleusement, follement, fort, fortement, hautement, immensément, immodérément, incroyablement, infiniment, mortellement, notablement, parfaitement, particulièrement, prodigieusement, profondément, puissamment, souverainement, supérieurement, suprêmement, terriblement, tout à fait, très, trop, vertigineusement. – **FAMILIER** : bigrement, bougrement, diablement, drôlement, fameusement, fichtrement, fichûment, formidablement, joliment, méchamment, rudement, sacrément, superlativement, tout plein. – **LITTÉRAIRE** : au dernier point, diantrement, furieusement. – **POPULAIRE** : foutrement, salement, vachement. – **VIEUX** : fièrement. **CONTR.** *faiblement, légèrement, modérément, moyennement, nullement, pas du tout, pas le moins du monde, passablement, à peine, peu.* ■ ***Mettre au point,*** régler quelque chose. **SYN.** aménager, arranger, combiner, concocter, élaborer, établir, ménager, mettre sur pied, mijoter, mitonner, orchestrer, ordonner, organiser, planifier, préparer, rectifier, régler. – **FAMILIER** : goupiller.

point de vue *nom masculin* Lieu d'où l'on peut voir. **SYN.** coup d'œil, échappée, horizon, panorama, paysage, perspective, site. ■ Angle d'approche. **SYN.** angle, aspect, côté, éclairage, face, optique, vue. ■ Manière de voir. **SYN.** avis, conception, façon de penser, idée, impression, jugement, opinion, position, sens, sentiment.

pointe *nom féminin* Extrémité fine de quelque chose. **SYN.** cap, cime, extrémité, faîte, flèche, haut, pic, saillie, sommet. ■ Très petite quantité de. **SYN.** atome, bribe, brin, doigt, filet, goutte, grain, gramme, larme, miette, nuage, once, parcelle, soupçon, teinte, trace. – **FAMILIER** : lichette. – **LITTÉRAIRE** : liard, ombre, trait. – **POPULAIRE** : chouia. **CONTR.** *armée, avalanche, cascade, déluge, flot, foule, infinité, kyrielle, masse, monceau, montagne, multitude, myriade, nuée, pléiade, pluie, tas, torrent.* – **FAMILIER** : *armada, cargaison, flopée, foultitude, paquet, pelletée, ribambelle, tapée.* – **LITTÉRAIRE** : *averse, océan.* ■ Allusion blessante. **SYN.** boutade, flèche, moquerie, mot, persiflage, pique, raillerie. – **LITTÉRAIRE** : brocard, saillie, trait. ■ ***En pointe, de pointe,*** en avance sur son temps. **SYN.** avant la lettre, d'avant-garde, d'avenir. **CONTR.** *d'arrière-garde.*

pointer *verbe intransitif* LITTÉRAIRE. Poindre à l'horizon. **SYN.** apparaître, se lever, se montrer, naître, paraître. – **LITTÉRAIRE** : poindre. ■ LITTÉRAIRE. Se manifester rapidement. **SYN.** affleurer, émerger, jaillir, se manifester, naître, paraître, percer, se profiler, surgir, survenir, transparaître. – **LITTÉRAIRE** : sourdre.

pointer *verbe transitif* Marquer d'un point. **SYN.** cocher, indiquer, marquer. ■ Diriger quelque chose vers. **SYN.** braquer, diriger, orienter, tourner. **CONTR.** *détourner.*

pointer (se) *verbe pronominal* POPULAIRE. Arriver quelque part. **SYN.** apparaître, arriver, se diriger, parvenir, se présenter, se rendre, venir. – **FAMILIER** : montrer le bout de son nez, montrer son nez, traîner ses bottes, traîner ses guêtres. – **POPULAIRE** : s'amener.

pointiller *verbe* Marquer de nombreux points. **SYN.** consteller, cribler, moucheter, parsemer, piquer, ponctuer, tacheter. – **LITTÉRAIRE** : piqueter.

pointilleux *adjectif* Qui est exigeant sur les détails. **SYN.** exigeant, formaliste, intraitable, maniaque, ombrageux, strict, tatillon. – **FAMILIER** : pinailleur. – **LITTÉRAIRE** : sourcilleux, vétilleux. – **VIEUX** : chicaneur, chicanier. **CONTR.** *accommodant, coulant.*

pointillisme *nom masculin* Juxtaposition sur la toile de petits points de couleur. **SYN.** divisionnisme.

pointu *adjectif* Qui se termine en pointe. **SYN.** acéré, aigu, effilé, en pointe. **CONTR.** *arrondi, rond.* ■ Très spécialisé. **SYN.** fort. – **FAMILIER** : calé, costaud, ferré, trapu. **CONTR.** *facile, simple.*

poire *nom féminin* FAMILIER. Personne naïve. **SYN.** benêt, dupe, naïf, niais. – **FAMILIER** : bêta, gogo, oie, pigeon, serin. – **LITTÉRAIRE** : nicodème. – **POPULAIRE** : nouille. ■ POPULAIRE. Partie antérieure de la tête. **SYN.** face, figure, visage. – **POPULAIRE** : fraise, gueule, trombine, tronche.

poireauter *verbe* FAMILIER. Attendre longtemps. **SYN.** attendre, faire les cent pas, patienter. – **FAMILIER** : faire le pied de grue, faire le planton, faire le poireau, lanterner, mariner, mijoter, moisir.

poirée *nom féminin* Plante potagère à grosses côtes. **SYN.** bette, blette, carde.

pois *nom masculin* ***Pois de senteur,*** Plante annuelle grimpante. **SYN.** gesse odorante.

poison *nom masculin* Substance toxique. **SYN.** toxine, toxique, venin. ■ FAMILIER. Personne désagréable. **SYN.** peste. – **FAMILIER** : chameau, choléra, gale, rosse, teigne. – **POPULAIRE** : charogne, peau de vache, punaise, salaud, saligaud, salopard, vache.

poissard *adjectif* VIEUX. Qui imite le peuple. **SYN.** canaille, faubourien, peuple, polisson, populacier, vulgaire.

poisse *nom féminin* POPULAIRE. Manque de chance. SYN. malchance, mauvais œil, mauvaise étoile. – FAMILIER : déveine, guigne. – LITTÉRAIRE : adversité, infortune. – POPULAIRE : scoumoune. – VIEUX : guignon. CONTR. *chance.* – FAMILIER : *bol, pot, veine.*

poisseux *adjectif* Qui colle. SYN. collant, gluant, gras, huileux, visqueux.

poisson *nom masculin* ***Poisson rouge,*** poisson d'eau douce. SYN. carassin, cyprin. ■ ***Poisson volant,*** poisson des mers chaudes. SYN. exocet. ■ ***Poisson osseux,*** poisson à squelette ossifié. SYN. ostéichtyen. CONTR. *chondrichtyen, élasmobranche, plagiostome, sélacien.* ■ ***Petit poisson d'argent,*** petit insecte sans ailes. SYN. lépisme.

poisson-chat *nom masculin* Poisson à la bouche entourée de barbillons. SYN. silure.

poisson-clown *nom masculin* Poisson des récifs coralliens. SYN. amphiprion.

poisson-épée *nom masculin* Très grand poisson à rostre. SYN. espadon.

poisson-globe *nom masculin* Poisson qui peut se gonfler d'eau ou d'air. SYN. tétrodon.

poisson-lanterne *nom masculin* Petit poisson marin à gros yeux. SYN. myctophidé.

poisson-lune *nom masculin* Gros poisson au corps presque circulaire. SYN. lune, môle.

poisson-papillon *nom masculin* Petit poisson des récifs. SYN. chétodon.

poisson-paradis *nom masculin* Poisson brillamment coloré. SYN. macropode.

poisson-perroquet *nom masculin* Poisson des récifs coralliens. SYN. scare.

poisson-pilote *nom masculin* Poisson qui se nourrit des parasites des requins. SYN. fanfre.

poisson-tigre *nom masculin* Poisson des eaux douces d'Afrique. SYN. hydrocyon.

poitrinaire *adjectif et nom* VIEUX. Atteint de la tuberculose. SYN. tuberculeux. – VIEUX : phtisique, pulmonaire.

poitrine *nom féminin* Partie du tronc sous le cou. SYN. buste, thorax, torse. – FAMILIER : poitrail. ■ Seins d'une femme. SYN. buste. – FAMILIER : tétons. – LITTÉRAIRE : giron, gorge, seins. – POPULAIRE : doudounes, lolos, nénés, nichons, roberts.

poivré *nom masculin* Champignon qui laisse écouler un lait. SYN. lactaire.

poivrot *nom* POPULAIRE. Personne qui boit. SYN. alcoolique, buveur, dipsomane, éthylique, ivrogne. – ARGOTIQUE : biberonneur. – FAMILIER : boit-sans-soif, éponge, pilier de bar, pilier de cabaret, pochard, sac à vin, soiffard, soûlographe. – POPULAIRE : alcoolo, picoleur, pochetron, soûlard, soûlaud, soûlot. – VIEUX : biberon.

polaire *adjectif* Relatif à un pôle. SYN. antarctique, arctique, glacial.

polémique *adjectif* Qui critique. SYN. agressif, belliqueux, critique, provocateur, querelleur. – FAMILIER : discutailleur.

polémique *nom féminin* Débat vif et agressif. SYN. controverse, débat, discussion, dispute, mêlée, prise de bec, querelle.

poli *adjectif* Qui respecte les usages. SYN. affable, bien élevé, bienséant, cérémonieux, civilisé, convenable, correct, courtois, déférent, respectueux. – FAMILIER : beau. – LITTÉRAIRE : civil, policé, révérencieux, urbain. – VIEUX : bien éduqué. CONTR. *abrupt, barbare, discourtois, impoli, inconvenant, incorrect, insolent, mal élevé, malappris, rude, rustre.* – FAMILIER : *malpoli.* – LITTÉRAIRE : *disgracieux, incivil, irrespectueux, irrévérencieux, malséant.* – VIEUX : *mal éduqué.* ■ Dont la surface est lisse. SYN. lisse, luisant, lustré, satiné, soyeux. – LITTÉRAIRE : vernissé. CONTR. *raboteux, râpeux, rêche, rude, rugueux.*

poli *nom masculin* Aspect d'une surface polie. SYN. brillant, chatoiement, éclat, luisant, lustre. – LITTÉRAIRE : moire, moirure. CONTR. *aspérité.*

police *nom féminin* Forces du maintien de l'ordre. SYN. – ARGOTIQUE : maison poulaga, poulaille, la rousse, volaille. – POPULAIRE : flicaille.

policé *adjectif* LITTÉRAIRE. Qui a de l'éducation. SYN. bien élevé, civilisé, cultivé, distingué, évolué, poli, raffiné. – LITTÉRAIRE : urbain. – VIEUX : bien éduqué. CONTR. *barbare, grossier, mal élevé, primitif, rustre, sauvage.* – VIEUX : *mal éduqué.*

policer *verbe* LITTÉRAIRE. Adoucir les mœurs de. SYN. éduquer, humaniser. – LITTÉRAIRE : civiliser, raffiner.

polichinelle *nom masculin* FAMILIER. Personne ridicule. SYN. bouffon, clown, comique, farceur, pitre, saltimbanque. – FAMILIER : guignol. – POPULAIRE : zouave. – VIEUX : loustic. ■ FAMILIER. Personne versatile. SYN. caméléon, fantoche, marionnette, pantin, plaisantin. – FAMILIER : fumiste, girouette, guignol. – LITTÉRAIRE : protée. – POPULAIRE : charlot, rigolo. – VIEUX : arlequin, sauteur.

policier *nom masculin* Agent de la force publique. SYN. agent, agent de police, gardien de la paix, gendarme, îlotier. – ARGOTIQUE : bourre, roussin. – FAMILIER : hirondelle, shérif. – POPULAIRE : cogne, flic, keuf, perdreau, poulet, vache. – VIEUX : sergent de ville.

poliment *adverbe* Avec politesse. SYN. convenablement, courtoisement, galamment, respectueusement. – LITTÉRAIRE : civilement.

CONTR. *cavalièrement, grossièrement, impoliment, impudemment, insolemment.* – LITTÉRAIRE : *irrespectueusement, irrévéremment, irrévérencieusement.*

polir *verbe* Faire briller. SYN. astiquer, briquer, fourbir, frotter, lisser, lustrer. – LITTÉRAIRE : vernir. ■ Mettre tous ses soins à. SYN. châtier, dégrossir, fignoler, parachever, parfaire, perfectionner, soigner, travailler. – FAMILIER : lécher. – LITTÉRAIRE : ciseler, raffiner. – VIEUX : perler. CONTR. *saboter.* – FAMILIER : *bâcler, bousiller, torcher.*

polisseur *nom masculin* Celui qui aiguise, polit. SYN. affileur, affûteur, aiguiseur, émouleur, rémouleur, repasseur.

polissoir *nom masculin* Outil des orfèvres. SYN. brunissoir.

polissoire *nom féminin* Brosse à chaussures douce. SYN. brosse à reluire.

polisson *adjectif* Qui a un caractère grivois. SYN. coquin, croustillant, cru, débraillé, égrillard, épicé, gaillard, gaulois, graveleux, grivois, hardi, libertin, libre, licencieux, osé, paillard. – FAMILIER : cochon, gras, olé olé. – LITTÉRAIRE : déshonnête, salace. – VIEUX : poissard. CONTR. *chaste, prude, pudibond.*

polisson *nom* Enfant espiègle. SYN. chenapan, coquin, garnement, vaurien, voyou. – FAMILIER : affreux jojo, brigand, diable, filou, fripon, fripouille, galopin, lascar, (petite) peste, poison, sacripant. – VIEUX : galapiat, mâtin.

polissonnerie *nom féminin* Action, parole polissonne. SYN. gauloiserie, grivoiserie, indécence, indélicatesse, paillardise, truculence. – FAMILIER : friponnerie, gaudriole. – LITTÉRAIRE : canaillerie, coquinerie, gaillardise, salacité.

politesse *nom féminin* Respect des usages. SYN. affabilité, bienséance, bonnes manières, correction, courtoisie, déférence, distinction, éducation, formes, galanterie, savoir-vivre, tact. – LITTÉRAIRE : civilité, urbanité, usage. CONTR. *barbarie, goujaterie, grossièreté, impolitesse, inconvenance, incorrection, inélégance, insolence, sans-gêne.* – LITTÉRAIRE : *discourtoisie, incivilité, irrespect, irrévérence, sans-façon.* ■ Action, propos poli. SYN. amabilité, attention, compliment, faveur, respect. – LITTÉRAIRE : gracieuseté. CONTR. *atrocité, grossièreté, impertinence, impolitesse, inconvenance, inélégance, insolence, muflerie, vulgarité.* – LITTÉRAIRE : *incivilité.*

politicien *nom* Homme politique. SYN. homme d'État, politique. – FAMILIER : politicailleur, politicard.

politique *adjectif* Qui montre de la diplomatie. SYN. adroit, avisé, diplomate, habile, stratégique, tactique.

politique *nom féminin* Manière avisée d'agir. SYN. adresse, calcul, diplomatie, doigté, entregent, habileté, stratégie, tactique.

politique *nom masculin* Homme politique. SYN. homme d'État, politicien. – FAMILIER : politicailleur, politicard.

politiser *verbe* Donner une dimension politique. CONTR. *dépolitiser.*

pollénographie *nom féminin* Étude des pollens actuels et fossiles. SYN. palynologie.

pollué *adjectif* Rendu toxique. SYN. impur, irrespirable, vicié. CONTR. *pur, sain, stérile.*

polluer *verbe* Rendre l'air, un lieu malsain. SYN. empoisonner, salir. – LITTÉRAIRE : souiller, vicier. CONTR. *assainir, épurer, stériliser.*

polochon *nom masculin* FAMILIER. Coussin long. SYN. traversin.

poltron *adjectif* Qui est sujet à la peur. SYN. craintif, lâche, peureux, pleutre. – FAMILIER : froussard. – LITTÉRAIRE : couard, pusillanime. – POPULAIRE : foireux, trouillard. CONTR. *audacieux, brave, courageux, hardi, héroïque, intrépide, téméraire.* – LITTÉRAIRE : *impavide, vaillant, valeureux.*

poltron *nom* Personne peureuse. SYN. lâche, peureux, pleutre. – FAMILIER : femmelette, mauviette, poule mouillée. – LITTÉRAIRE : couard. – POPULAIRE : couille molle, dégonflé, trouillard. – VIEUX : capon. CONTR. *audacieux, brave, courageux, téméraire.* – FAMILIER : *casse-cou.*

poltronnerie *nom féminin* Manque de courage. SYN. crainte, lâcheté. – FAMILIER : frousse. – LITTÉRAIRE : caponnerie, couardise, pleutrerie, pusillanimité. – POPULAIRE : trouille. CONTR. *audace, bravoure, courage, hardiesse, héroïsme, intrépidité, témérité.* – LITTÉRAIRE : *impavidité, vaillance, valeur.*

polycarpique *nom féminin* Plante dicotylédone très primitive. SYN. ranale.

polychroïsme *nom masculin* Variations de couleurs. SYN. dichroïsme, pléochroïsme.

polychrome *adjectif* Qui est de plusieurs couleurs. SYN. bariolé, bigarré, chamarré, multicolore, omnicolore. – LITTÉRAIRE : versicolore. CONTR. *monochrome, uni, unicolore.*

polyculture *nom féminin* Culture de plusieurs espèces végétales. CONTR. *monoculture.*

polygame *adjectif et nom* Qui est marié à plusieurs. CONTR. *monogame.*

polygamie *nom féminin* Situation d'une personne polygame. CONTR. *monogamie.*

polygamique *adjectif* Relatif à la polygamie. CONTR. *monogamique.*

polyglobulie *nom féminin* Augmentation des globules rouges. SYN. hyperglobulie.

polygynie *nom féminin* État d'un homme qui a plusieurs épouses. CONTR. *monogamie.*

polyhandicapé *adjectif et nom* Qui présente plusieurs infirmités. SYN. plurihandicapé.

polyholoside *nom masculin* Glucide formé d'un grand nombre d'oses. SYN. polyoside, polysaccharide.

polymastigine *nom féminin* Protozoaire parasite. SYN. trichomonadale.

polynucléaire *nom masculin* Type de globule blanc. SYN. granulocyte.

polyoside *nom masculin* Glucide formé d'un grand nombre d'oses. SYN. polyholoside, polysaccharide.

polyphasé *adjectif* Qui comporte plusieurs phases. CONTR. *monophasé.*

polysaccharide *nom masculin* Glucide formé d'un grand nombre d'oses. SYN. polyholoside, polyoside.

polysémie *nom féminin* Caractère d'un mot polysémique. CONTR. *monosémie.*

polysémique *adjectif* Se dit d'un mot qui a plusieurs sens. CONTR. *monosémique.*

polysoc *adjectif et nom masculin* Qui a plusieurs socs. SYN. multisoc.

polyspermie *nom féminin* Pénétration de plusieurs spermatozoïdes dans l'ovule. SYN. superfécondation.

polysyllabe *adjectif et nom masculin* Qui est constitué de plusieurs syllabes. CONTR. *monosyllabe.*

polysyllabisme *nom masculin* Caractère des polysyllabes. CONTR. *monosyllabisme.*

polytechnicien *nom* Élève, ancien élève de l'École polytechnique. SYN. – ARGOTIQUE : X.

polythéisme *nom masculin* Religion qui admet une pluralité de divinités. CONTR. *monothéisme.*

polythéiste *adjectif et nom* Relatif au polythéisme. CONTR. *monothéiste.*

polyxème *adjectif* Qui ne se reproduit qu'en vivant sur plusieurs hôtes. SYN. hétéroïque. CONTR. *autoïque, monoxème.*

pomelo *nom masculin* Fruit du groupe des agrumes. SYN. grape-fruit, pamplemousse.

pommade *nom féminin* VIEUX. Préparation cosmétique. SYN. cold-cream, cosmétique, crème. ■ Médicament de consistance molle. SYN. baume, embrocation, onguent. ■ Paroles qui flattent. SYN. compliment, coup d'encensoir, éloge, flatterie. – LITTÉRAIRE : encens, flagornerie. ■ FAMILIER. ***Passer de la pommade,*** faire des compliments. SYN. chatouiller l'amour-propre, complimenter, courtiser, couvrir de fleurs, faire des courbettes, flatter, manier l'encensoir, passer la main dans le dos. – FAMILIER : caresser dans le sens du poil, cirer les bottes, cirer les pompes, donner du... gros comme le bras, faire de la lèche, faire du plat, faire du rentre-dedans, lécher les bottes, passer la brosse à reluire, prendre dans le sens du poil. – LITTÉRAIRE : encenser, faire sa cour, flagorner, louanger. – POPULAIRE : lécher le cul.

pomme *nom féminin* FAMILIER. ***Tomber dans les pommes,*** perdre connaissance. SYN. s'évanouir, tomber en pâmoison, se trouver mal. – FAMILIER : tourner de l'œil. – LITTÉRAIRE : défaillir, se pâmer. – POPULAIRE : tomber dans les vapes.

pomme de terre *nom féminin* Plante cultivée pour ses tubercules. SYN. – FAMILIER : patate.

pompadour *nom masculin* Arbuste ornemental d'Amérique du Nord. SYN. calycanthe.

pompe *nom féminin* LITTÉRAIRE. Cérémonial somptueux. SYN. apparat, décorum, éclat, faste, luxe, magnificence, solennité. – FAMILIER : tralala. – LITTÉRAIRE : somptuosité, splendeur. CONTR. *dépouillement.* ■ LITTÉRAIRE. Recherche de l'emphase. SYN. affectation, boursouflure, emphase, enflure, grandiloquence. – LITTÉRAIRE : bouffissure, rhétorique.

pompe *nom féminin* POPULAIRE. Grosse chaussure. SYN. soulier. – FAMILIER : godillot. – POPULAIRE : godasse, grole, grolle, tatane. ■ FAMILIER. ***À toute(s) pompe(s),*** à toute vitesse. SYN. activement, bon train, à bride abattue, en catastrophe, comme un bolide, comme une flèche, en coup de vent, en deux temps, trois mouvements, entre deux portes, expéditivement, en flèche, à fond de cale, à fond de train, à la hâte, en hâte, hâtivement, en un instant, en moins de deux, en moins de temps qu'il n'en faut pour le dire, au pas de charge, au pas de course, à pas de géant, au plus vite, précipitamment, prestement, promptement, rapidement, en un rien de temps, rondement, sur les chapeaux de roue, tambour battant, à tombeau ouvert, à toute allure, à toute bride, à toute hâte, en toute hâte, à toute vitesse, toutes affaires cessantes, à un train d'enfer, à la va-vite, ventre à terre, vite, en vitesse, vivement. – FAMILIER : en cinq sec, en un clin d'œil, dare-dare, en deux, trois coups de cuiller à pot, à fond la caisse, en quatrième vitesse, rapido presto, rapidos, subito presto, en un temps record, en un tour de main, à toute blinde, à toute vapeur, à la va-comme-je-te-pousse, à la vitesse grand V. - **LITTÉRAIRE** : diligemment. - **POPULAIRE** : comme un pet (de lapin) sur une toile cirée, à tout berzingue, à toute barde, à toute berzingue, à toute bitture. - **VIEUX** : en un tournemain. **CONTR.** *doucement, insensiblement, interminablement, lentement, longuement, mollement, nonchalamment, posément.*

pompé *adjectif* FAMILIER. Très fatigué. **SYN.** anéanti, à bout de course, à bout de force, à bout de souffle, brisé, épuisé, exténué, fatigué, fourbu, harassé, K.-O., las, mort de fatigue, recru, rendu, rompu, surmené, usé. - **FAMILIER** : achevé, au bout du rouleau, cassé, claqué, éreinté, esquinté, fini, flagada, flapi, H.S., kaput, lessivé, mort, moulu, à plat, à ramasser à la petite cuillère, raplapla, sur les genoux, tué, vanné, vidé. - **POPULAIRE** : cané, crevé, rétamé, sur les rotules. **CONTR.** *délassé, dispos, frais, frais et dispos, reposé.* - **FAMILIER** : *en forme, frais comme un gardon, frais comme une rose, increvable, en pleine forme.* - **VIEUX** : *gaillard.*

pomper *verbe* Aspirer comme une pompe. **SYN.** aspirer, sucer. **CONTR.** *recracher, refouler.* ■ POPULAIRE. Boire en quantité. **SYN.** avaler, boire, ingurgiter, prendre, vider. - **FAMILIER** : siffler. - **POPULAIRE** : écluser. ■ Retenir un liquide. **SYN.** absorber, boire, s'imbiber, s'imprégner. ■ FAMILIER. Fatiguer quelqu'un. **SYN.** anéantir, épuiser, exténuer, fatiguer, vider. - **FAMILIER** : claquer, crever, éreinter, esquinter, vanner. ■ POPULAIRE. Copier en fraudant. **SYN.** calquer, copier, démarquer, emprunter, recopier. - **LITTÉRAIRE** : plagier. ■ POPULAIRE. Énerver quelqu'un. **SYN.** assommer, échauffer la bile, échauffer la tête, échauffer le sang, échauffer les oreilles, énerver, ennuyer, exaspérer, excéder, irriter, pousser à bout. - **FAMILIER** : barber, bassiner, casser les pieds, courir sur le haricot, courir sur le système, embêter, empoisonner, enquiquiner, faire devenir chèvre, faire suer, faire tourner en bourrique, horripiler, insupporter, porter sur les nerfs, prendre la tête, taper sur le système, taper sur les nerfs. - **LITTÉRAIRE** : importuner, soûler. - **POPULAIRE** : canuler, casser les bonbons, cavaler, emmerder, faire braire, faire chier, gonfler. **CONTR.** *apaiser, calmer, désénerver, détendre, reposer.* - **LITTÉRAIRE** : *rasséréner.*

pompette *adjectif* FAMILIER. Qui est pris de vin. **SYN.** enivré, gris, ivre. - **FAMILIER** : éméché, imbibé, parti, saoul, schlass, soûl. - **POPULAIRE** : beurré, blindé, bourré, chargé, cuit, noir, paf, pété, pinté, plein comme une barrique, raide, rond, torché. - **VIEUX** : brindezingue. **CONTR.** *dégrisé, dessoûlé.*

pompeusement *adverbe* LITTÉRAIRE. Avec magnificence. **SYN.** royalement, solennellement. ■ Avec emphase. **SYN.** emphatiquement, prétentieusement, sentencieusement. **CONTR.** *humblement, simplement.*

pompeux *adjectif* LITTÉRAIRE. Qui a de l'éclat. **SYN.** fastueux, luxueux, magnifique, majestueux, riche, solennel, splendide, théâtral. **CONTR.** *humble, misérable, pauvre, petit.* ■ Qui se caractérise par l'emphase. **SYN.** académique, affecté, ampoulé, apprêté, boursouflé, cérémonieux, déclamatoire, emphatique, grandiloquent, hyperbolique, oratoire, ronflant, sentencieux. - **LITTÉRAIRE** : enflé. **CONTR.** *familier, naturel, simple, spontané.*

pomponner (se) *verbe pronominal* S'habiller coquettement. **SYN.** s'apprêter. - **FAMILIER** : se bichonner, se mettre sur son trente-et-un. - **LITTÉRAIRE** : se parer.

ponant *nom masculin* VIEUX. Côté ouest. **SYN.** couchant, occident, ouest. **CONTR.** *est, levant, orient.*

poncif *nom masculin* Idée sans originalité. **SYN.** banalité, cliché, lieu commun, procédé, sentiers battus, stéréotype. - **LITTÉRAIRE** : pauvreté.

ponctualité *nom féminin* Caractère ponctuel. **SYN.** assiduité, exactitude, précision, régularité. **CONTR.** *inexactitude, irrégularité, retard.*

ponctuel *adjectif* Qui arrive à l'heure fixe. **SYN.** assidu, dans les temps, exact, à l'heure, précis, réglé comme du papier à musique, réglé comme un métronome, réglé comme une horloge, régulier, scrupuleux. - **LITTÉRAIRE** : diligent. **CONTR.** *inexact, insouciant, négligent, en retard.* - **POPULAIRE** : *à la bourre.*

ponctuellement *adverbe* Avec ponctualité. **SYN.** assidûment, fidèlement, à l'heure dite, régulièrement, en temps et en heure, en temps voulu. - **FAMILIER** : à l'heure pétante.

ponctuer *verbe* Renforcer sa parole de gestes. **SYN.** accentuer, marquer, rythmer, scander, souligner.

pondération *nom féminin* Juste équilibre de forces. **SYN.** balancement, équilibre, harmonie. **CONTR.** *déséquilibre.* ■ Qualité de quelqu'un de réfléchi. **SYN.** circonspection, égalité, gravité, mesure, modération, prudence, sagesse. **CONTR.** *agressivité, bizarrerie, démesure, exaltation, frénésie, frivolité, outrance.*

pondéré *adjectif* Qui sait se contrôler. **SYN.** calme, égal, équilibré, modéré, posé, raisonnable, raisonné, réfléchi, réservé, sage, serein. - **LITTÉRAIRE** : rassis. **CONTR.** *agressif, bouillant, coléreux, fou, frivole, impulsif, inconséquent,* *inconsidéré, irréfléchi, irresponsable, léger, violent.* – LITTÉRAIRE : *colérique.*

pondérer *verbe* Équilibrer par quelque chose. SYN. compenser, équilibrer.

pondre *verbe* FAMILIER. Produire un texte. SYN. composer, écrire, élaborer, produire, rédiger. – FAMILIER : accoucher. – LITTÉRAIRE : enfanter.

ponte *nom masculin* FAMILIER. Personne qui fait autorité. SYN. autorité, baron, magnat, mandarin, notabilité, patron, roi, sommité. – FAMILIER : manitou, pontife.

pontifiant *adjectif* FAMILIER. Qui pontifie. SYN. déclamatoire, doctoral, pédant, phraseur, professoral, sentencieux, solennel. – FAMILIER : prêcheur. – LITTÉRAIRE : pédantesque.

pontifical *adjectif* Qui appartient au pape. SYN. papal.

pontifier *verbe* FAMILIER. Parler avec emphase. SYN. discourir, disserter, haranguer, palabrer, pérorer, prêcher. – FAMILIER : faire donner les grandes orgues, laïusser.

pool *nom masculin* Groupement d'entreprises. SYN. association, cartel, consortium, trust.

popote *adjectif invariable* FAMILIER. Qui n'a que des soucis matériels. SYN. matérialiste, petit-bourgeois, prosaïque. – FAMILIER : pantouflard, pot-au-feu.

popote *nom féminin* Salle pour le repas. SYN. cantine, mess, réfectoire. ■ FAMILIER. Repas préparé. SYN. cuisine, nourriture, repas. – FAMILIER : fricot. – POPULAIRE : bouffe, cuistance, frichti, tambouille.

populace *nom féminin* Les basses couches de la société. SYN. peuple, racaille. – FAMILIER : vulgum pecus. – LITTÉRAIRE : plèbe. – VIEUX : canaille.

populacier *adjectif* Propre à la populace. SYN. canaille, faubourien, peuple, vulgaire. – LITTÉRAIRE : crapuleux. – VIEUX : poissard.

populage *nom masculin* Herbe vivace toxique. SYN. souci d'eau, souci des marais.

populaire *adjectif* Qui émane du peuple. SYN. démocratique, public. – LITTÉRAIRE : plébéien. ■ Qui a la faveur du nombre. SYN. célèbre, proverbial, renommé, réputé, à succès, en vogue. CONTR. *ignoré, impopulaire, inconnu, méconnu.* ■ Qui manque de distinction. SYN. canaille, commun, faubourien, voyou, vulgaire. – LITTÉRAIRE : roturier. CONTR. *choisi, élevé, raffiné, soutenu.* – FAMILIER : *sélect.*

populariser *verbe* Rendre populaire. SYN. démocratiser, généraliser, répandre, universaliser, vulgariser.

popularité *nom féminin* Fait d'être populaire. SYN. célébrité, faveur, notoriété, renom, renommée, réputation, sympathie, vogue. – FAMILIER : cote. – LITTÉRAIRE : crédit. CONTR. *défaveur, impopularité.* – LITTÉRAIRE : *obscurité.*

population *nom féminin* Groupe donné de personnes. SYN. foule, peuple.

populeux *adjectif* Où la population est dense. SYN. animé, fréquenté, passant, peuplé, surpeuplé. CONTR. *désert, inhabité, isolé, retiré, sauvage, vide.*

porc *nom masculin* FAMILIER. Homme sale. SYN. dégoûtant. – FAMILIER : cochon, goret, sagouin. – LITTÉRAIRE : pourceau.

porcelet *nom masculin* Jeune porc. SYN. goret. – FAMILIER : cochonnet. – LITTÉRAIRE : pourceau.

porcherie *nom féminin* FAMILIER. Lieu très sale. SYN. bouge, taudis. – FAMILIER : écurie. – LITTÉRAIRE : galetas, tanière.

porcin *nom masculin* Mammifère tel que le porc. SYN. suiforme.

porosité *nom féminin* État de ce qui est poreux. SYN. perméabilité. CONTR. *étanchéité, herméticité, imperméabilité.*

port *nom masculin* LITTÉRAIRE. Lieu servant d'abri. SYN. abri, asile, oasis, retraite. – LITTÉRAIRE : havre, refuge.

port *nom masculin* Manière naturelle de se tenir. SYN. air, allure, attitude, contenance, démarche, maintien, pose, tenue. – FAMILIER : dégaine. – LITTÉRAIRE : tournure.

portable *adjectif* Qui peut être porté. SYN. déplaçable, transportable. CONTR. *intransportable.* ■ Que l'on peut mettre sur soi. SYN. convenable, mettable. CONTR. *importable, inmettable.*

portant *adjectif* ***Bien portant,*** en bonne santé. SYN. sain, valide. CONTR. *impotent, malade, mal-en-point.*

porte *nom féminin* Ce qui permet le passage. SYN. accès, entrée, ouverture, passage. – LITTÉRAIRE : huis. – POPULAIRE : lourde. ■ ***Entre deux portes,*** sans grande attention. SYN. en coup de vent, expéditivement, à la hâte, hâtivement, précipitamment, promptement, rapidement, à la sauvette, en toute hâte, à toute vitesse, à la va-vite, vite, en vitesse. – FAMILIER : dare-dare, en quatrième vitesse, rapido presto, rapidos. – LITTÉRAIRE : diligemment. ■ ***Porte de sortie,*** moyen de se tirer d'affaire. SYN. échappatoire, faux-fuyant, issue.

porté *adjectif* Qui a des prédispositions pour. SYN. disposé, enclin, ouvert, prédisposé, sujet. CONTR. *fermé, imperméable, insensible, rebelle, réfractaire.*

porte-aiguillon *nom masculin invariable* Type d'insecte hyménoptère. SYN. aculéate.

porte-amarre *nom masculin* Appareil servant à lancer une amarre. SYN. lance-amarre.

porte-à-porte *nom masculin invariable* Action de démarcher. SYN. démarchage.

porte-bonheur *nom masculin invariable* Ce qui porte chance. SYN. amulette, fétiche, gri-gri, grigri, mascotte, talisman.

porte-chandelle *nom masculin* Insecte à la la tête aussi longue que le corps. SYN. hotinus, porte-lanterne.

porte-drapeau *nom masculin* Personne qui symbolise une idée. SYN. cerveau, chef, chef de file, leader, meneur, tête.

portée *nom féminin* Force d'un événement. SYN. ampleur, amplitude, conséquence, dimension, étendue, gravité, importance, place, poids, sens, signification, valeur.

porte-écuelle *nom masculin* Petit poisson de la forme d'un têtard. SYN. barbier, lépadogaster.

porte-glaive *nom masculin* Petit poisson mexicain. SYN. xiphophore.

porte-lanterne *nom masculin* Insecte à la la tête aussi longue que le corps. SYN. hotinus, porte-chandelle.

porte-parole *nom masculin invariable* Personne qui parle au nom de. SYN. délégué, intermédiaire, interprète, mandataire, organe, représentant.

porte-queue *nom masculin* Papillon européen aux ailes jaunes et noires. SYN. machaon.

porter *verbe transitif* Supporter un poids. SYN. étayer, soutenir, supporter, tenir. ■ Avoir sur soi un vêtement. SYN. arborer, avoir, mettre, revêtir. – LITTÉRAIRE : vêtir. ■ Avoir la marque de. SYN. afficher, exhiber, indiquer, montrer, offrir, présenter. ■ Inciter quelqu'un à. SYN. amener, conduire, déterminer, embarquer, encourager, engager, entraîner, exciter, inciter, incliner, inviter, pousser, prédisposer, presser, provoquer. – FAMILIER : embringuer. ■ Faire monter. SYN. catapulter, élever, hisser, monter. – FAMILIER : propulser. ■ Transporter quelque part. SYN. acheminer, amener, apporter, conduire, déposer, livrer, mener, mettre, transporter. – FAMILIER : emmener. ■ Prendre et soutenir. SYN. transporter. – FAMILIER : coltiner, se coltiner, trimbaler.

porter *verbe transitif indirect* Avoir comme objet. SYN. aborder, rouler sur, toucher à, traiter de. ■ Venir heurter quelque chose. SYN. achopper, buter, cogner, donner contre, frapper contre.

porter (se) *verbe pronominal* Se laisser aller à. SYN. s'abandonner, se faire à, se laisser aller, se livrer, se plonger, sombrer, en venir à. ■ Aller vers. SYN. s'acheminer, aller, se diriger, s'orienter, se tourner.

porteur *adjectif* Riche de possibilités. SYN. encourageant, engageant, prometteur, stimulant.

porteur *nom masculin* Personne qui porte des fardeaux. SYN. coltineur, débardeur, docker. – VIEUX : portefaix. ■ Chaland à fond mobile. SYN. marie-salope.

porte-voix *nom masculin invariable* Appareil qui amplifie la voix. SYN. mégaphone. – POPULAIRE : gueuloir.

portion *nom féminin* Partie d'un tout homogène. SYN. bout, bribe, fraction, fragment, lambeau, lot, morceau, parcelle, part, partie, quartier, section, segment, tranche, tronçon. – LITTÉRAIRE : pan. ■ Quantité donnée de nourriture. SYN. dose, part, ration.

portique *nom masculin* Galerie ouverte. SYN. colonnade, galerie, narthex, péristyle, pœcile.

portrait *nom masculin* Représentation exacte de. SYN. description, évocation, peinture, réplique, représentation, tableau. – LITTÉRAIRE : miroir, physiologie. – VIEUX : effigie. ■ POPULAIRE. Visage. SYN. face, figure, mine, minois, physionomie, tête, visage. – FAMILIER : bille, binette, bouille, frimousse, trogne. – LITTÉRAIRE : masque. – POPULAIRE : bobine, fiole, gueule, trombine, tronche.

portraiturer *verbe* LITTÉRAIRE. Faire un portrait. SYN. brosser, camper, dépeindre, peindre.

pose *nom féminin* Action de poser. SYN. installation, mise en place. ■ Manière de se tenir. SYN. allure, attitude, maintien, port, position, posture. ■ Manque de naturel. SYN. affectation, apprêt, manières, maniérisme, mines, recherche. – LITTÉRAIRE : afféterie, affèterie.

posé *adjectif* Qui agit avec calme. SYN. calme, circonspect, doux, flegmatique, grave, mature, mesuré, mûr, paisible, placide, pondéré, raisonnable, réfléchi, sage, sérieux. – LITTÉRAIRE : quiet, rassis. CONTR. *agité, bouillonnant, capricieux, déchaîné, distrait, écervelé, égaré, étourdi, évaporé, fantasque, farfelu, fou, frivole, hystérique, impatient, inconséquent, inconsidéré, insouciant, irréfléchi, irresponsable, léger, troublé, violent.* – LITTÉRAIRE : *folâtre.*

posément *adverbe* De façon tranquille. SYN. calmement, lentement, paisiblement, placidement, raisonnablement, sagement, tranquillement. CONTR. *brusquement, fébrilement, hâtivement, impatiemment, inconsidérément, nerveusement, précipitamment, prestement,* *promptement, rapidement, vite.* – LITTÉRAIRE : *vivement.*

poser *verbe intransitif* Prendre appui sur. SYN. s'appuyer, peser, reposer. ▪ Se comporter avec affectation. SYN. s'afficher, bomber la poitrine, bomber le torse, faire la roue, faire l'important, jouer à, se montrer, parader, paraître, se pavaner, prendre de grands airs, prendre un air entendu, se rengorger. – FAMILIER : crâner, faire de l'épate, faire de l'esbroufe, plastronner. – LITTÉRAIRE : fanfaronner.

poser *verbe transitif* Formuler ce qui demande une réponse. SYN. énoncer, exprimer, formuler, interroger, questionner. ▪ Mettre sur ou contre. SYN. appuyer, déposer, installer, mettre, placer. – FAMILIER : flanquer. CONTR. *ramasser.* ▪ Prendre comme hypothèse. SYN. conjecturer, établir, postuler, présumer, présupposer, supposer.

poser (se) *verbe pronominal* S'attribuer un rôle. SYN. faire, se prendre pour. – LITTÉRAIRE : s'ériger.

poseur *adjectif* Qui a des attitudes maniérées. SYN. avantageux, pédant, prétentieux, puant, snob, vaniteux. – FAMILIER : crâneur. – LITTÉRAIRE : minaudier. CONTR. *authentique, modeste, profond, réel.* – LITTÉRAIRE : *vrai.*

poseur *nom* Personne maniérée. SYN. pédant, prétentieux, snob, vaniteux. – FAMILIER : bêcheur, crâneur, m'as-tu-vu. – LITTÉRAIRE : fat, paradeur. – VIEUX : esbroufeur.

positif *nom masculin* Ce qui repose sur des faits. SYN. concret. CONTR. *imaginaire.* ▪ Ce qui énonce la qualité telle quelle. CONTR. *comparatif, superlatif.*

positif *adjectif* Qui repose sur une certitude. SYN. affirmatif, assuré, authentique, certain, effectif, évident, formel, inattaquable, incontestable, indéniable, indiscutable, indubitable, irrécusable, irréfutable, réel, sûr. CONTR. *artificiel, conjectural, hypothétique, imaginaire, spéculatif.* ▪ Qui tient compte des réalités. SYN. ad hoc, concret, constructif, objectif, pragmatique, pratique, réaliste. CONTR. *abstrait, chimérique, idéaliste, imaginaire.*

position *nom féminin* Place occupée dans l'espace. SYN. disposition, emplacement, localisation, orientation, point, positionnement. ▪ Manière dont le corps est placé. SYN. attitude, pose, posture, station. ▪ Place dans la société. SYN. charge, emploi, fonction, métier, place, poste, profession, rang, situation. – LITTÉRAIRE : état, office. ▪ Situation où l'on se trouve. SYN. cas, condition, état, situation, sort. ▪ Parti que l'on adopte. SYN. appréciation, attitude, conception, croyance, façon de penser, idées, jugement, opinion, pensée, philosophie, point de vue, sentiment, thèse.

positionnement *nom masculin* Fait d'être positionné. SYN. emplacement, place, point, position.

positionner (se) *verbe pronominal* Se placer en un point précis. SYN. s'établir, s'implanter, s'installer, se mettre, se placer, se poster, se situer.

positivement *adverbe* D'une manière positive. SYN. affirmativement, par l'affirmative. CONTR. *négativement.* ▪ FAMILIER. Avec certitude. SYN. assurément, certainement, effectivement, évidemment, à l'évidence, immanquablement, incontestablement, indéniablement, indiscutablement, indubitablement, irréfutablement, manifestement, nettement, parfaitement, réellement, sans aucun doute, sans conteste, tout à fait, de toute évidence, vraiment. – LITTÉRAIRE : sans contredit.

possédant *nom* Personne qui possède des biens. SYN. capitaliste, nanti, riche. CONTR. *nécessiteux, pauvre.* – LITTÉRAIRE : *misérable.* – POPULAIRE : *fauché.*

posséder *verbe* Avoir à sa disposition. SYN. avoir, bénéficier de, compter, détenir, disposer de. ▪ Avoir en soi. SYN. compter, contenir, détenir, englober, jouir, renfermer. ▪ Maîtriser une connaissance. SYN. connaître, dominer, entendre, savoir. ▪ LITTÉRAIRE. Dominer quelqu'un. SYN. absorber, accaparer, hanter, monopoliser, obnubiler, obséder, ronger, tenailler, tenir, tracasser. – FAMILIER : turlupiner. – LITTÉRAIRE : habiter. ▪ FAMILIER. Tromper quelqu'un. SYN. abuser, attraper, bercer de paroles, berner, duper, emberlificoter, escroquer, induire en erreur, leurrer, mystifier, piéger, rouler dans la farine, tromper. – FAMILIER : avoir, blouser, embobiner, empaumer, empiler, flouer, mener en bateau, mettre dedans, pigeonner, refaire, rouler. – LITTÉRAIRE : gruger, illusionner. – POPULAIRE : arnaquer, baiser, bourrer le mou, couillonner, entôler, entuber, faire un enfant dans le dos, jobarder, niquer.

posséder (se) *verbe pronominal* Rester maître de soi. SYN. s'appartenir, se contenir, se contrôler, se dominer, garder la tête froide, garder son sang-froid, garder son self-control, se maîtriser, ne pas perdre la tête, ne pas se départir de son calme, se reprendre, rester maître de soi, se retenir, se tenir. CONTR. *déborder, éclater, s'emporter, se mettre en colère, perdre la raison, perdre la tête, perdre la tramontane, perdre le nord, perdre son sang-froid, perdre son self-control, sortir de ses gonds.* – FAMILIER : *exploser, perdre la boule, perdre la boussole, perdre les pédales.*

possesseur *nom masculin* Personne qui possède un bien. SYN. détenteur, propriétaire, titulaire.

possessif *adjectif* Qui a un besoin de possession. SYN. abusif, exclusif, jaloux, soupçonneux.

possession *nom féminin* Fait de posséder une chose. SYN. détention, disposition, jouissance, propriété, usage, utilisation. CONTR. *abandon.* ■ Territoire possédé par un État. SYN. colonie, établissement.

possibilité *nom féminin* Fait d'être possible. SYN. faculté, potentialité, probabilité, virtualité, vraisemblance. – LITTÉRAIRE : plausibilité. CONTR. *impossibilité.* ■ Ce qui peut se produire. SYN. cas, chance, débouché, éventualité, hypothèse, occasion. – LITTÉRAIRE : possible.

possibilités *nom féminin pluriel* Aptitudes de quelqu'un. SYN. capacités, facultés, forces, performances, potentiel, puissance. ■ Moyens financiers. SYN. limites, moyens, pouvoir, ressources.

possible *adjectif* Qui peut être fait. SYN. exécutable, faisable, praticable, réalisable. CONTR. *impossible, impraticable, inapplicable, inexécutable, infaisable, irréalisable.* ■ Qui peut se produire. SYN. croyable, envisageable, éventuel, imaginable, plausible, probable, virtuel, vraisemblable. CONTR. *impensable, impossible, improbable, invraisemblable.* ■ FAMILIER. Que l'on peut supporter. SYN. acceptable, admissible, convenable, correct, décent, présentable, tolérable, vivable. – FAMILIER : buvable, potable, sortable. CONTR. *abominable, détestable, inacceptable, inadmissible, incorrect, indécent, insupportable, intolérable, odieux.* – FAMILIER : *imbuvable, impossible, invivable.*

possible *nom masculin* LITTÉRAIRE. Ce qui est possible. SYN. éventualité, possibilité, potentiel, virtualité.

possiblement *adverbe* En toute hypothèse. SYN. éventuellement, peut-être, vraisemblablement.

postdater *verbe* Inscrire une date postérieure à la date réelle. CONTR. *antidater.*

poste *nom masculin* Emploi professionnel. SYN. charge, emploi, fonction, mandat, métier, mission, place, position, profession, rang, situation, travail. – LITTÉRAIRE : état, office.

poster *verbe* Placer à un poste. SYN. disposer, établir, implanter, installer, mettre, ordonner, placer, répartir.

poster (se) *verbe pronominal* Se placer à un endroit pour guetter. SYN. se camper, s'embusquer, s'établir, se placer, se situer, se tenir. – FAMILIER : se planter.

postérieur *adjectif* Qui vient après dans le temps. SYN. futur, suivant, ultérieur. – LITTÉRAIRE : subséquent. CONTR. *antécédent, antérieur, précédent, préexistant, premier, présent.*

postérieur *nom masculin* FAMILIER. Derrière de quelqu'un. SYN. derrière, fesses, siège. – ARGOTIQUE : baigneur. – FAMILIER : croupe, croupion, fessier, fondement. – LITTÉRAIRE : séant. – POPULAIRE : arrière-train, baba, cul, derche, lune, popotin.

postérieurement *adverbe* À une date postérieure. SYN. après, ensuite, puis, par la suite, ultérieurement. CONTR. *antérieurement, auparavant, avant, précédemment.*

postériorité *nom féminin* État de ce qui est postérieur dans le temps. CONTR. *antériorité.*

postérité *nom féminin* Descendants d'une même souche. SYN. descendance, descendants, enfants, fils, lignée. – LITTÉRAIRE : race. CONTR. *ancêtres.* ■ Descendants spirituels. SYN. continuateur, disciple, héritier, successeur.

postface *nom féminin* Avertissement placé à la fin d'un livre. CONTR. *avant-propos, avertissement, avis, introduction, préambule, préface.*

posthectomie *nom féminin* Ablation du prépuce. SYN. circoncision.

postiche *adjectif* Ajouté artificiellement. SYN. artificiel, conventionnel, fabriqué, factice, faux, feint, fictif, formel, superficiel, surajouté. CONTR. *authentique, effectif, essentiel, naturel, réel, véritable, vrai.*

post-marché *nom masculin* Département d'une société de Bourse. SYN. back-office.

post-partum *nom masculin invariable* Période qui suit l'accouchement. SYN. puerpéralité, suite de couches.

postulant *nom* Personne qui aspire à un titre, un poste. SYN. candidat, prétendant.

postulat *nom masculin* Proposition indémontrable. SYN. axiome, donnée, hypothèse, prémisse, principe.

postuler *verbe* Affirmer comme une vérité. SYN. conjecturer, poser, présumer, présupposer, supposer.

posture *nom féminin* Position du corps dans l'espace. SYN. attitude, contenance, maintien, pose, position, station.

pot *nom masculin* FAMILIER. Sort favorable. SYN. chance. – FAMILIER : baraka, bol, veine. CONTR. *malchance.* – FAMILIER : *déveine, guigne.* – POPULAIRE : *poisse, scoumoune.* – VIEUX : *guignon.* ■ ***Pot aux roses,*** le fin mot d'une affaire. SYN. secret, supercherie. ■ ***Tourner autour du pot,*** ne pas aller droit au but. SYN. biaiser, louvoyer, tergiverser.

potable *adjectif* Qu'on peut boire. SYN. buvable. CONTR. *imbuvable.* ■ FAMILIER. Dont on peut se contenter. SYN. acceptable, admissible, convenable, correct, honorable, moyen, passable, satisfaisant, supportable. – FAMILIER : buvable, possible. CONTR. *impossible.* – FAMILIER : *imbuvable.*

potamologie *nom féminin* Étude des régimes fluviaux. SYN. hydrologie fluviale.

potamotoque *adjectif* Qui remonte les fleuves pour y pondre. SYN. anadrome. CONTR. *catadrome, thalassotoque.*

potasser *verbe* FAMILIER. Étudier avec ardeur. SYN. apprendre, creuser, étudier, préparer, travailler. – FAMILIER : bosser, bûcher. – POPULAIRE : chiader. – VIEUX : piocher.

pot-au-feu *adjectif* FAMILIER. Attaché à son intérieur. SYN. bourgeois, casanier. – FAMILIER : popote.

pot-de-vin *nom masculin* Somme versée secrètement. SYN. commission, dessous-de-table, gratification, pourboire, ristourne. – FAMILIER : bakchich. – VIEUX : gracieuseté.

pote *nom masculin* POPULAIRE. Ami fidèle. SYN. ami, camarade, compagnon, complice. – FAMILIER : copain. – POPULAIRE : poteau.

potelé *adjectif* Qui a des formes rondes. SYN. charnu, gras, plantureux, plein, rebondi, replet. – FAMILIER : boulot, grassouillet, rond, rondelet, rondouillard. CONTR. *efflanqué, maigre, maigrelet, maigriot, sec, squelettique.* – FAMILIER : *maigrichon.* – LITTÉRAIRE : *émacié, étique.*

potentialité *nom féminin* Caractère potentiel. SYN. éventualité, possibilité, probabilité, virtualité. – LITTÉRAIRE : plausibilité. CONTR. *impossibilité.*

potentiel *adjectif* Qui existe virtuellement. SYN. possible, virtuel. CONTR. *effectif, formel, réel.*

potentiel *nom masculin* Ensemble de ressources. SYN. capacité, force, possibilités, puissance, réserve, ressource.

potentiellement *adverbe* De façon potentielle. SYN. en puissance, virtuellement. CONTR. *effectivement.*

potentille *nom féminin* Plante vivace à fleurs jaunes ou blanches. SYN. ansérine, patte-d'oie, quintefeuille.

potin *nom masculin* FAMILIER. Propos rapporté de bouche à bouche. SYN. bavardage, bruit de couloir, commentaire, commérage, indiscrétion, médisance, on-dit, ouï-dire, qu'en-dira-t-on, rumeur. – FAMILIER : cancan, racontar, ragot. – LITTÉRAIRE : clabauderie. ■ FAMILIER. Grand bruit. SYN. bruit, charivari, tapage, tintamarre, vacarme. – FAMILIER : boucan, chahut, chambard, raffut, tintouin. – POPULAIRE : barouf, baroufe, foin, ramdam. – VIEUX : boulevari, sabbat.

potiner *verbe* FAMILIER. Faire des potins. SYN. bavarder, caqueter, jaser, médire. – FAMILIER : avoir la langue bien affilée, avoir la langue bien déliée, avoir la langue bien pendue, bavasser, cancaner, causer, commérer. – LITTÉRAIRE : clabauder, jaboter. – VIEUX : pépier.

potinier *adjectif* VIEUX. Qui fait des potins. SYN. bavard, cancanier, jaseur. – FAMILIER : jacasseur, jacassier. – LITTÉRAIRE : clabaudeur.

potinier *nom* VIEUX. Personne qui potine. SYN. bavard, cancanier, commère, jaseur. – FAMILIER : concierge, jacasseur, jacassier, pie. – POPULAIRE : pipelette.

pot-pourri *nom masculin* Mélange de choses. SYN. cocktail, mélange, tissu. – VIEUX : pêle-mêle.

pou *nom masculin* Insecte parasite qui suce le sang. SYN. – POPULAIRE : toto. ■ ***Pou du pubis,*** variété de pou. SYN. morpion. ■ ***Pou des poissons,*** crustacé parasite des poissons d'eau douce. SYN. argule, branchioure.

poubelle *nom féminin* Récipient destiné aux ordures ménagères. SYN. boîte à ordures.

pouce *nom masculin* ***Coup de pouce,*** ce qui peut faire avancer. SYN. aide, appui, intervention, patronage, protection, recommandation. – FAMILIER : piston. – LITTÉRAIRE : faveur. ■ ***Se tourner les pouces,*** rester sans rien faire. SYN. fainéanter, ne rien faire de ses dix doigts, paresser, se prélasser, se rouler les pouces. – FAMILIER : bayer aux corneilles, buller, se la couler douce, faire du lard, faire le lézard, flemmarder, lanterner, lézarder, ne pas en fiche une rame, tirer sa flemme. – POPULAIRE : coincer la bulle, glander, glandouiller, se les rouler, tirer au cul, tirer au flanc. CONTR. *s'activer, s'affairer, se démener, se dépenser, donner un coup de collier, s'échiner, s'épuiser, s'escrimer, s'exténuer, se fatiguer, s'occuper, se presser, se remuer, travailler.* – FAMILIER : *s'agiter, bûcher, se décarcasser, se défoncer, s'éreinter, s'esquinter, mettre de l'huile de coude, se mettre en quatre, mettre le paquet, en mettre un bon coup, en mettre un coup, en mettre un vieux coup, se tuer.* – POPULAIRE : *bosser, boulonner.*

poudre *nom féminin* POPULAIRE. Type de stupéfiant. SYN. héroïne. – ARGOTIQUE : neige. – POPULAIRE : blanche. ■ ***Jeter de la poudre aux yeux,*** chercher à faire illusion. SYN. bluffer, cabotiner, faire le fanfaron, faire le malin, faire l'important, faire l'intéressant, leurrer, parader, prendre un air entendu, se vanter. – FAMILIER : bêcher, crâner, faire de l'esbroufe, faire du chiqué, frimer, plastronner. - LITTÉRAIRE : fanfaronner. - POPULAIRE : faire de l'épate, ramener sa fraise, la ramener.

poudrer *verbe* LITTÉRAIRE. Couvrir de poudre. SYN. napper, saupoudrer.

poudreux *adjectif* Qui a l'aspect de la poudre. SYN. poussiéreux, pulvérulent.

poudroyer *verbe* LITTÉRAIRE. Briller (poussière). SYN. chatoyer, étinceler, miroiter, papilloter, scintiller. - LITTÉRAIRE : flamboyer.

pouffer *verbe* Éclater de rire. SYN. s'esclaffer, glousser, rire. - FAMILIER : rigoler. CONTR. *pleurer, sangloter.*

pouillerie *nom féminin* VIEUX. Extrême pauvreté. SYN. besoin, dénuement, détresse, gêne, indigence, misère. - FAMILIER : panade. - LITTÉRAIRE : impécuniosité. - POPULAIRE : débine, dèche, mouise, purée. ■ VIEUX. Grande saleté. SYN. crasse, malpropreté, saleté. CONTR. *netteté, propreté.*

pouilleux *adjectif* Qui dénote la misère. SYN. misérable, pauvre, piteux, sale. - FAMILIER : minable, miteux. - LITTÉRAIRE : vermineux.

pouilleux *nom* Personne très pauvre. SYN. clochard, déguenillé, malheureux, miséreux, pauvre, vagabond, va-nu-pieds. - LITTÉRAIRE : gueux, misérable.

poulain *nom masculin* Débutant qui promet. SYN. favori, protégé.

poule *nom féminin* FAMILIER. ***Poule mouillée,*** personne sans courage. SYN. faible, lâche, peureux, pleutre, poltron. - FAMILIER : femmelette, froussard, mauviette. - LITTÉRAIRE : couard. - POPULAIRE : couille molle, dégonflé, trouillard. - VIEUX : capon.

poulpe *nom masculin* Céphalopode à longs bras munis de ventouses. SYN. pieuvre.

poupard *nom masculin* Bébé joufflu. SYN. poupon.

poupée *nom féminin* ***Poupée russe,*** poupée gigogne en bois peint. SYN. matriochka.

poupon *nom masculin* Tout petit enfant. SYN. bébé, nourrisson, nouveau-né, poupard, tout-petit.

pouponner *verbe* Entourer de soins un bébé. SYN. cajoler, câliner, choyer, couver, dorloter.

pour *préposition* Indique le but. SYN. afin de, dans le but de, dans l'intention de, de manière à, en vue de. ■ Désigne ce dont on prend la défense. SYN. au bénéfice de, dans l'intérêt de, en faveur de, au profit de. CONTR. *contre.* ■ Désigne l'objet d'un sentiment. SYN. à l'égard de, envers, vis-à-vis de. ■ Désigne ce dont il est question. SYN. en ce qui concerne, concernant, eu égard à, à propos de, quant à, relativement à, au sujet de. ■ Indique la substitution. SYN. contre, en échange de, en lieu et place de, moyennant, à la place de.

pourboire *nom masculin* Somme versée en plus. SYN. commission, gratification, récompense. - FAMILIER : bakchich, pièce. - POPULAIRE : pourliche. - VIEUX : gracieuseté.

pourceau *nom masculin* LITTÉRAIRE. Jeune porc. SYN. goret, porcelet. ■ Homme malpropre. SYN. - FAMILIER : cochon, goret, porc.

pourchasser *verbe* Rechercher avec ardeur. SYN. courir après, poursuivre, traquer. - FAMILIER : pister.

pourparlers *nom masculin pluriel* Entretien préalable à un traité. SYN. conversation, débats, dialogue, discussions, échanges de vues, négociations, tractations.

pourpre *adjectif* De couleur rouge foncé. SYN. bordeaux, cramoisi, écarlate, grenat, ponceau, rouge, rougeaud. - LITTÉRAIRE : empourpré, rubicond.

pourquoi *nom masculin* Cause de quelque chose. SYN. fin mot, fondement, mobile, motif, raison, raison d'être.

pourri *adjectif* Qui se putréfie. SYN. avarié, décomposé, faisandé, gâté, putréfié, véreux. - LITTÉRAIRE : corrompu, putride. CONTR. *frais.* ■ Qui est perverti. SYN. frelaté, malhonnête, malsain, morbide, perverti, vendu, véreux. - FAMILIER : ripou. - LITTÉRAIRE : corrompu, faisandé, gangrené. CONTR. *sain.* ■ Trop gâté. SYN. choyé, couvé, dorloté, gâté. - FAMILIER : chouchouté. ■ FAMILIER. Qui est rempli de. SYN. débordant, plein, rempli. - FAMILIER : bourré, truffé.

pourrir *verbe intransitif* Se gâter par décomposition. SYN. s'avarier, blettir, se décomposer, faisander, se faisander, se gâter, moisir, se putréfier. - LITTÉRAIRE : se corrompre. - VIEUX : chancir. CONTR. *se conserver.* ■ Devenir pire. SYN. s'aggraver, s'altérer, se dégrader, se détériorer, empirer, s'envenimer. ■ FAMILIER. Rester longtemps. SYN. croupir, dormir, se morfondre, végéter. - FAMILIER : moisir. - LITTÉRAIRE : stagner.

pourrir *verbe transitif* Altérer par décomposition. SYN. avarier, décomposer, gâter, putréfier. - LITTÉRAIRE : corrompre. CONTR. *assainir, purifier.* ■ Corrompre moralement. SYN. avilir, contaminer, dégrader, dépraver, infecter, pervertir. - FAMILIER : empoisonner. - LITTÉRAIRE : corrompre, empester, flétrir, gangrener, vicier.

pourrissement *nom masculin* État de ce qui pourrit. SYN. corruption, décomposition, pourriture, putréfaction, putrescence. ■ Détérioration d'une situation. SYN. aggravation, dégradation, détérioration. CONTR. *amélioration, épanouissement.*

pourriture *nom féminin* État d'un corps en décomposition. SYN. corruption, décomposition, pourrissement, putréfaction, putrescence. ■ État de détérioration morale. SYN. avilissement, corruption, dégradation, déliquescence, dépravation, perversion. – LITTÉRAIRE : dégénérescence, vice. ■ POPULAIRE. Personne vile. SYN. ordure. – POPULAIRE : fumier, salaud, saligaud, salopard, salopiau, salopiaud, salopiot.

poursuite *nom féminin* Action de rechercher avec ardeur. SYN. chasse, recherche. – LITTÉRAIRE : quête. ■ Action de continuer. SYN. continuation, persévérance, prolongation, prolongement, prorogation, reprise. CONTR. *arrêt, cessation, coupure, interruption, levée, pause, suspension.*

poursuivre *verbe* Chercher à rejoindre quelqu'un. SYN. courir après, pourchasser, suivre. CONTR. *précéder.* ■ S'acharner contre quelqu'un. SYN. s'acharner contre, assiéger, harceler, talonner. – LITTÉRAIRE : importuner, presser. ■ Obséder quelqu'un. SYN. accabler, assaillir, dévorer, hanter, lanciner, obnubiler, obséder, préoccuper, tenailler, torturer, tourmenter, travailler. – FAMILIER : tarabuster. – LITTÉRAIRE : habiter. ■ Continuer à. SYN. s'obstiner, persévérer dans, persister, pousser, prolonger. – LITTÉRAIRE : s'opiniâtrer. CONTR. *abandonner, arrêter, cesser, couper, interrompre, quitter, suspendre.* ■ Chercher à atteindre un but. SYN. briguer, courir après, rechercher, suivre, viser.

poursuivre (se) *verbe pronominal* Continuer sans interruption. SYN. continuer, durer, se perpétuer, se prolonger. CONTR. *s'arrêter, cesser, se finir, se terminer.*

pourtant *adverbe* Marque une restriction. SYN. cependant, néanmoins, toutefois.

pourtour *nom masculin* Ligne qui fait le tour d'un objet. SYN. bord, bordure, circonférence, contour, enceinte, périmètre, périphérie, tour. CONTR. *centre.*

pourvoir *verbe transitif* Mettre en possession de. SYN. alimenter, approvisionner, donner, doter, équiper, fournir, gratifier, monter, munir, nantir, octroyer, procurer, ravitailler. CONTR. *dégarnir, démunir, déposséder, enlever, ôter, retirer.*

pourvoir *verbe transitif indirect* Donner les moyens de. SYN. assurer, faire face, parer à, satisfaire à, subvenir.

pourvoir (se) *verbe pronominal* Faire en sorte d'avoir une chose. SYN. s'assurer, se doter, s'équiper, se munir, se parer.

pourvu *adjectif* Qui est doté de. SYN. armé, doté, doué, équipé, muni, nanti, paré, riche. CONTR. *dénué, dépourvu, exempt.*

pousse *nom féminin* Premier état d'une plante. SYN. bourgeon, jet, rejet, rejeton, scion, surgeon, talle. ■ Fait de croître. SYN. croissance, développement, venue.

poussé *adjectif* Achevé avec minutie. SYN. précis, profond, rigoureux, sérieux, soigné. – LITTÉRAIRE : soigneux. CONTR. *élémentaire, rudimentaire, sommaire, superficiel.*

poussée *nom féminin* Manifestation subite d'un mal. SYN. accès, attaque, bouffée, crise, montée. ■ Progression nette d'une force. SYN. bond, boom, élan, flambée, impulsion, montée en puissance, mouvement.

pousser *verbe intransitif* FAMILIER. Aller au-delà de ce qui est correct. SYN. abuser, aller trop loin, aller un peu loin, dépasser la mesure, dépasser les bornes, dépasser les limites, exagérer, en faire trop, forcer, franchir les bornes, franchir les limites, ne pas y aller avec le dos de la cuillère, outrer, se tailler la part du lion, y aller fort. – FAMILIER : charger la barque, charger la mule. – POPULAIRE : attiger, charrier, charrier dans les bégonias, chier dans la colle. CONTR. *se limiter, se modérer.* ■ Se développer. SYN. croître, se développer, forcir, se fortifier, grandir, réussir, venir. – FAMILIER : profiter. CONTR. *dépérir, s'étioler, se faner.*

pousser *verbe transitif* Exercer une force sur. SYN. bouger, déplacer, faire glisser, remuer. CONTR. *tirer, traîner.* ■ Faire aller quelqu'un vers. SYN. chasser, diriger, entraîner, mener, refouler, repousser. ■ Inciter à agir. SYN. acculer, aiguillonner, amener, bousculer, contraindre, décider, encourager, engager, entraîner, exhorter, forcer, inciter, incliner, inviter, persuader, porter, prédisposer, presser, provoquer. – FAMILIER : booster, embringuer. CONTR. *décourager, dissuader, empêcher, retenir.* ■ Apporter son soutien à. SYN. appuyer, élever, épauler, favoriser, lancer, promouvoir, protéger, recommander. – FAMILIER : pistonner. ■ Approfondir une action. SYN. approfondir, développer, faire avancer, poursuivre, prolonger. CONTR. *arrêter, cesser, interrompre.* ■ Faire entendre un cri, etc. SYN. émettre, exhaler, jeter, proférer.

pousser (se) *verbe pronominal* Obtenir une situation élevée. SYN. arriver, s'imposer, monter, percer, réussir. – LITTÉRAIRE : parvenir.

pousseux *nom masculin* Filet à crevettes. SYN. bourraque, crevettier, crevettière, haveneau, havenet.

poussière *nom féminin* Symbole de la fragilité de la vie. SYN. bagatelle, bricole, broutille, futilité, misère, rien, vétille. ■ Très petite particule de.

SYN. atome, bribe, corpuscule, grain, parcelle, particule. – LITTÉRAIRE : molécule.

poussiéreux *adjectif* Qui n'a pas évolué. SYN. anachronique, ancien, antique, caduc, démodé, dépassé, déphasé, désuet, inactuel, obsolète, périmé, rétrograde, vétuste, vieilli, vieillot, vieux. – FAMILIER : retardé. – LITTÉRAIRE : suranné.

poussif *adjectif* Qui s'essouffle vite. SYN. essoufflé, haletant, oppressé, pantelant.

poussin *nom masculin* FAMILIER. Jeune enfant. SYN. bambin, enfant, gamin. – FAMILIER : bout de chou, bout de zan, chérubin, gosse, marmot, mioche. – POPULAIRE : lardon, loupiot, môme, mouflet. – VIEUX : marmouset.

pouvoir *nom masculin* Possibilité de faire quelque chose. SYN. art, capacité, compétence, don, faculté, possibilité, puissance. CONTR. *impuissance.* ▪ Qualité particulière de. SYN. efficacité, force, propriété, puissance, vertu. ▪ Ascendant sur quelqu'un. SYN. autorité, empire, emprise, influence, mainmise, prestige, prise, souveraineté. CONTR. *impuissance.* ▪ Droit pour quelqu'un d'agir. SYN. autorisation, droit, latitude, liberté, licence, permission. ▪ Les dirigeants eux-mêmes. SYN. État, gouvernement, régime. ▪ Acte écrit qui constate un mandat. SYN. délégation, procuration.

pouvoir *verbe* Avoir les moyens d'agir. SYN. avoir la possibilité de, avoir les moyens de, être à même de, être capable de, être en état de, être en mesure de, être en situation de. ▪ Avoir la permission de. SYN. avoir l'autorisation, avoir le droit de, être autorisé à, être en droit de. ▪ Se prêter à telle action, etc. SYN. risquer de. ▪ ***N'en pouvoir plus,*** être épuisé par la fatigue. SYN. avoir son content de, être à bout de course, être à bout de force, être à bout de souffle, être mort de fatigue. – FAMILIER : en avoir jusque-là, en avoir plein le dos, en avoir plein les bottes, en avoir plein les jambes, en avoir plein les pattes, en avoir ras le bol, avoir sa dose de, être à ramasser à la petite cuillère, être au bout du rouleau, être sur les genoux. – POPULAIRE : en avoir plein le cul, en avoir sa claque, être sur les rotules. CONTR. *endurer, résister, supporter.*

pragmatique *adjectif* Orienté vers l'action pratique. SYN. positif, pratique, réaliste, utilitaire. CONTR. *utopique.*

prairie *nom féminin* Terrain couvert d'herbe. SYN. alpage, embouche, herbage, pacage, pâtis, pâturage, pâture, pré.

pratelle *nom féminin* Champignon comestible, à lames rosées. SYN. agaric, psalliote.

praticable *adjectif* Par lequel on peut passer. SYN. accessible, carrossable, empruntable. CONTR. *impraticable, inaccessible, infranchissable, inutilisable.* ▪ Qui peut être mis à exécution. SYN. exécutable, faisable, possible, réalisable. CONTR. *impossible, inexécutable, infaisable, irréalisable.*

pratiquant *adjectif et nom* Qui pratique sa religion. SYN. croyant, religieux. CONTR. *athée, incrédule, irréligieux, païen.*

pratique *adjectif* Relatif à l'application d'une discipline. SYN. appliqué, empirique, expérimental, pragmatique. CONTR. *spéculatif, théorique.* ▪ Qui a le sens des réalités. SYN. concret, matériel, positif, réaliste, terre à terre, utile, utilitaire. CONTR. *chimérique, fantaisiste, idéaliste, imaginaire, rêveur, romantique, symbolique, utopique.* ▪ Adapté à l'usage qu'on en fait. SYN. aisé, commode, facile, maniable, manœuvrable. CONTR. *gênant, incommode, malcommode.*

pratique *nom féminin* Mise en action d'une théorie. SYN. application, exécution, expérimentation, réalisation. CONTR. *théorie.* ▪ Connaissance acquise. SYN. connaissance, exercice, expérience, familiarité, savoir-faire. – LITTÉRAIRE : faire, fréquentation. CONTR. *apprentissage.* ▪ Façon d'agir habituelle. SYN. agissement, conduite, coutume, habitude, mœurs, procédé, rite, rituel, technique, tradition. – LITTÉRAIRE : mode.

pratiquement *adverbe* Dans la pratique. SYN. concrètement, en fait, matériellement, en pratique. CONTR. *théoriquement.* ▪ À peu de choses près. SYN. pour ainsi dire, presque. – FAMILIER : quasiment.

pratiquer *verbe* Mettre en pratique un principe. SYN. appliquer, concrétiser, expérimenter, observer, réaliser. ▪ Recourir à quelque chose. SYN. employer, manier, recourir à, user de, utiliser. ▪ Se livrer à une activité. SYN. s'adonner à, se consacrer à, faire, se livrer à, procéder à. – LITTÉRAIRE : cultiver. ▪ Faire une ouverture. SYN. établir, frayer, ménager, ouvrir, percer.

pré *nom masculin* Prairie naturelle. SYN. herbage, pacage, pâturage, pâture, prairie.

préalable *nom masculin* ***Au préalable,*** avant toute chose. SYN. auparavant, avant, préalablement, en premier lieu, premièrement, en premier. CONTR. *après, ensuite, puis, par la suite.*

préalablement *adverbe* Avant toute chose. SYN. d'abord, auparavant, avant, au préalable, en premier lieu, premièrement, en premier. CONTR. *après, ensuite, puis, par la suite.*

préambule *nom masculin* Entrée en matière. SYN. avant-propos, avertissement, avis, exorde, introduction, préface, prolégomènes, prologue. CONTR. *conclusion, épilogue, fin.* ▪ Ce qui précède ou prépare. SYN. avant-goût, commencement, ébauche, préliminaire, prélude, prologue. – LITTÉRAIRE : prémices, prodrome.

précaire *adjectif* Qui n'a rien de stable. SYN. boiteux, caduc, capricieux, chancelant, délicat, éphémère, fragile, frêle, fugace, fugitif, incertain, instable, menacé, passager, provisoire, transitoire, vulnérable. – LITTÉRAIRE : inconstant. CONTR. *assuré, définitif, durable, éternel, immuable, inaltérable, indéfectible, indestructible, indissoluble, ineffaçable, permanent, solide, stable, sûr, tenace, viable.* – LITTÉRAIRE : *immortel, pérenne, robuste.*

précambrien *nom masculin* Période géologique. SYN. – VIEUX : antécambrien.

précarité *nom féminin* Caractère précaire. SYN. fragilité, incertitude, inconsistance, insécurité, instabilité, variabilité, vulnérabilité. – LITTÉRAIRE : inconstance. CONTR. *éternité, sécurité, solidité, stabilité.* – LITTÉRAIRE : *immuabilité, perpétuité.*

précaution *nom féminin* Mesure prise par prévoyance. SYN. disposition, garantie, mesure, soin. ■ Fait d'agir prudemment. SYN. attention, circonspection, ménagement, prévoyance, prudence, réflexion, sagesse, vigilance. CONTR. *imprévoyance, imprudence, insouciance, légèreté, négligence.*

précautionner (se) *verbe pronominal* LITTÉRAIRE. Prendre des précautions. SYN. se garantir, se munir, se prémunir.

précautionneusement *adverbe* D'une façon précautionneuse. SYN. attentivement, par mesure de précaution, minutieusement, prudemment, soigneusement. CONTR. *hardiment, imprudemment, inconsidérément.*

précautionneux *adjectif* Qui prend des précautions. SYN. attentif, circonspect, minutieux, prévoyant, prudent, soigneux, vigilant. CONTR. *hardi, imprévoyant, imprudent, insouciant, irréfléchi, négligent.* – FAMILIER : *casse-cou.* – LITTÉRAIRE : *insoucieux.*

précédemment *adverbe* Dans le temps antérieur. SYN. antérieurement, auparavant, avant. CONTR. *après, ensuite, postérieurement, ultérieurement.*

précédent *adjectif* Qui précède immédiatement. SYN. antécédent, antérieur, dernier, préexistant. CONTR. *futur, postérieur, suivant, ultérieur.* – LITTÉRAIRE : *subséquent.*

précédent *nom masculin* Fait servant de référence. SYN. antécédent, exemple. ■ ***Sans précédent,*** unique en son genre. SYN. exceptionnel, extraordinaire, mémorable, prodigieux, rare, remarquable, sensationnel, unique.

précéder *verbe* Être situé avant. SYN. annoncer, être un signe avant-coureur, ouvrir la voie, préluder à. CONTR. *poursuivre, succéder à, suivre.* ■ Arriver avant quelqu'un. SYN. devancer. CONTR. *accompagner, emboîter le pas, suivre.*

précellence *nom féminin* LITTÉRAIRE. Supériorité absolue. SYN. domination, prééminence, prépondérance, primauté, priorité, supériorité, suprématie. – LITTÉRAIRE : préexcellence.

précelles *nom féminin pluriel* Pinces fines à ressort. SYN. brucelles.

précepte *nom masculin* Règle propre à un domaine. SYN. adage, aphorisme, apophtegme, commandement, dogme, loi, maxime, prescription, principe, règle. – LITTÉRAIRE : sentence.

précepteur *nom* Personne qui instruit à domicile. SYN. éducateur, maître, pédagogue.

prêche *nom masculin* Instruction faite par un prêtre. SYN. homélie, prédication, prône, sermon. ■ VIEUX. Discours moralisateur. SYN. sermon. – FAMILIER : laïus, speech. – LITTÉRAIRE : homélie.

préchelléen *nom masculin* Période du paléolithique ancien. SYN. abbevillien.

prêcher *verbe intransitif* Faire des sermons. SYN. discourir, haranguer, palabrer, pérorer. – FAMILIER : laïusser, pontifier.

prêcher *verbe transitif* Donner des conseils à. SYN. conseiller, préconiser, prôner, recommander, suggérer, vanter.

prêcheur *adjectif* FAMILIER. Qui donne une leçon de morale. SYN. édifiant, moralisateur, professoral. – FAMILIER : pontifiant.

prêcheur *nom* FAMILIER. Personne qui sermonne. SYN. moralisateur, prédicant. – LITTÉRAIRE : sermonneur.

précieusement *adverbe* LITTÉRAIRE. Avec une grande perfection. SYN. artistement, délicatement, finement. CONTR. *grossièrement.* ■ Avec grand soin. SYN. consciencieusement, jalousement, minutieusement, pieusement, religieusement, soigneusement.

précieux *adjectif* Qui est d'un grand prix. SYN. cher, inappréciable, inestimable, introuvable. CONTR. *commun, dérisoire, ordinaire, quelconque, vulgaire.* ■ Qui manifeste de l'affectation. SYN. affecté, alambiqué, apprêté, contourné, grandiloquent, guindé, maniéré, mièvre, prétentieux. – LITTÉRAIRE : affété, mignard, minaudier. CONTR. *naturel, simple, spontané.* ■ Se dit d'un objet travaillé. SYN. choisi, délicat, fin, raffiné, recherché, travaillé. CONTR. *fruste, rude.* – LITTÉRAIRE : *rustique.*

préciosité *nom féminin* Caractère maniéré. SYN. affectation, apprêt, coquetterie, façons, manières, maniérisme, mièvrerie, minauderie, simagrée. – FAMILIER : chichis. – LITTÉRAIRE : afféterie, affèterie, mignardise, momerie. CONTR. *simplicité, spontanéité.* ▪ Caractère délicat. SYN. délicatesse, finesse, raffinement, recherche, sophistication, subtilité. CONTR. *grossièreté.* – LITTÉRAIRE : *rudesse.*

précipice *nom masculin* Situation périlleuse. SYN. désastre, ruine. – LITTÉRAIRE : abîme, gouffre. ▪ Cavité très profonde. SYN. gouffre. – LITTÉRAIRE : abîme. CONTR. *hauteur.*

précipitamment *adverbe* De façon précipitée. SYN. brusquement, en catastrophe, en coup de vent, expéditivement, à la hâte, en hâte, hâtivement, au plus vite, prestement, promptement, rapidement, sans crier gare, à la sauvette, soudainement, tambour battant, à toute hâte, en toute hâte, à toute vitesse, toutes affaires cessantes, à la va-vite, vite, en vitesse, vivement. – FAMILIER : dare-dare, en quatrième vitesse, rapido presto, rapidos, à la six-quatre-deux, subito presto, à toute(s) pompe(s), à la va-comme-je-te-pousse. – LITTÉRAIRE : diligemment. – VIEUX : tout à trac. CONTR. *calmement, doucement, lentement, paisiblement, placidement, posément.*

précipitation *nom féminin* Rapidité extrême. SYN. brusquerie, célérité, empressement, hâte, presse, rapidité, soudaineté, vitesse. – LITTÉRAIRE : diligence, prestesse, promptitude, vivacité. CONTR. *calme, lenteur.*

précipité *adjectif* Qui a un rythme rapide. SYN. brusque, hâtif, pressé, rapide. CONTR. *calme, lent, tranquille.*

précipiter *verbe* Faire tomber dans. SYN. abattre, enfoncer, enliser, jeter bas, plonger, renverser. CONTR. *sortir.* ▪ Faire à la hâte. SYN. accélérer, activer, brusquer, forcer, hâter. – LITTÉRAIRE : presser. ▪ Faire avant la date. SYN. anticiper, avancer, hâter. CONTR. *ajourner, atermoyer, éloigner, ralentir, retarder, suspendre.*

précipiter (se) *verbe pronominal* Se jeter du haut de. SYN. se jeter, se lancer, sauter, tomber. – FAMILIER : se ficher. – POPULAIRE : se foutre. ▪ S'élancer vivement. SYN. assaillir, bondir, courir, s'élancer, fondre sur, se jeter tête baissée dans, se ruer, voler. – FAMILIER : foncer. ▪ Faire les choses à la hâte. SYN. se dépêcher, s'empresser, se hâter, se presser. – FAMILIER : s'activer. – POPULAIRE : se dégrouiller, se grouiller, se magner, se manier. CONTR. *atermoyer, s'attarder.*

précis *adjectif* Qui refuse l'approximation. SYN. logique, mathématique, ponctuel, régulier, rigoureux, strict. CONTR. *approchant, approximatif, bancal, diffus, équivoque, erroné, fantaisiste, faux, imprécis, incertain.* ▪ Qui est nettement défini. SYN. circonstancié, défini, détaillé, déterminé, distinct, explicite, exprès, fixe, formel, net, objectif. CONTR. *brumeux, confus, évasif, flottant, flou, incompréhensible, indéfini, indéfinissable, indéterminé, indistinct, obscur, vague, verbeux.* – FAMILIER : *vaseux, vasouillard.* – LITTÉRAIRE : *amphigourique, nébuleux, opaque, sibyllin, ténébreux.* ▪ Se dit d'un geste sûr. SYN. adroit, franc, sûr. – LITTÉRAIRE : soigneux. CONTR. *approximatif, gauche, grossier, maladroit.* ▪ Qui marque la ponctualité. SYN. exact, juste, sonnant, tapant. – FAMILIER : pétant, pile.

précis *nom masculin* Ouvrage qui traite brièvement de. SYN. abrégé, condensé, épitomé, manuel, mémento, résumé. – LITTÉRAIRE : compendium, vade-mecum.

précisément *adverbe* Avec exactitude. SYN. exactement, justement, littéralement, à proprement parler, rigoureusement, stricto sensu. CONTR. *approximativement, environ, grossièrement, à peu près.* ▪ Avec clarté. SYN. clairement, explicitement, exprès, expressément. CONTR. *confusément, évasivement, indistinctement, vaguement.* ▪ Au moment indiqué. SYN. à l'heure dite, à l'heure H, au jour J, juste, à la minute près. – FAMILIER : à l'heure pétante, pile. CONTR. *à contretemps, intempestivement, mal, mal à propos.* – LITTÉRAIRE : *inopportunément.*

préciser *verbe* Fixer avec précision. SYN. arrêter, donner, fixer, indiquer, mentionner. ▪ Apporter des précisions. SYN. caractériser, définir, déterminer, expliciter, formuler, spécifier.

préciser (se) *verbe pronominal* Devenir plus visible. SYN. se concrétiser, se dessiner, se matérialiser, prendre forme, prendre tournure.

précision *nom féminin* Caractère précis. SYN. clarté, exactitude, fidélité, justesse, netteté, propriété, réalisme, sûreté. CONTR. *ambiguïté, à-peu-près, approximation, confusion, équivoque, flou, imprécision, indétermination, inexactitude, infidélité.* – LITTÉRAIRE : *nébulosité, vague.* ▪ Qualité de quelqu'un d'adroit. SYN. adresse, dextérité, doigté, habileté. CONTR. *fantaisie, gaucherie, inhabileté, maladresse.* – LITTÉRAIRE : *impéritie.* ▪ Ce qui sert à préciser. SYN. détail, donnée, information, lumière, renseignement, spécification.

précoce *adjectif* Qui se produit avant le temps. SYN. anticipé, hâtif, prématuré. CONTR. *tardif.* ▪ Se dit d'un enfant en avance. SYN. avancé, éveillé. – FAMILIER : dégourdi. CONTR. *arriéré, attardé, demeuré.* – FAMILIER : *retardé.*

précocement *adverbe* LITTÉRAIRE. De façon précoce. SYN. en avance, de bonne heure, prématurément, tôt. CONTR. *tard, tardivement.*

précolombien *adjectif* Antérieur à la venue de Christophe Colomb. SYN. préhispanique.

préconception *nom féminin* Idée préconçue. SYN. a priori, conjecture, préjugé, présomption, prévention, supposition.

préconiser *verbe* Recommander vivement. SYN. conseiller, prêcher, prôner, proposer, recommander, suggérer, vanter. CONTR. *déconseiller.*

précurseur *adjectif* Qui annonce quelque chose. SYN. annonciateur, avant-coureur.

précurseur *nom masculin* Personne qui a ouvert la voie à. SYN. devancier, initiateur, innovateur, introducteur, maître, novateur, prédécesseur, visionnaire. – LITTÉRAIRE : prophète.

prédateur *adjectif* Qui se nourrit de proies vivantes. SYN. phagotrophe.

prédation *nom féminin* Fait de se nourrir d'une proie vivante. SYN. phagotrophie.

prédécesseur *nom masculin* Personne qui ouvre la voie. SYN. ancêtre, devancier, précurseur. CONTR. *continuateur, disciple, héritier, successeur.*

prédicant *nom masculin* Personne qui fait la morale. SYN. moralisateur. – FAMILIER : prêcheur. – LITTÉRAIRE : sermonneur.

prédicateur *nom masculin* Celui qui prêche. SYN. orateur, tribun.

prédication *nom féminin* Ce qui est prêché. SYN. homélie, prêche, prône, sermon.

prédiction *nom féminin* Ce qui est prédit. SYN. augure, divination, présage, prévision, pronostic, prophétie. – LITTÉRAIRE : oracle, vaticination.

prédilection *nom féminin* Préférence marquée pour. SYN. complaisance, faible, goût, penchant, préférence, propension. CONTR. *antipathie, aversion, dégoût, horreur, répugnance.* – LITTÉRAIRE : *animadversion.* ■ ***De prédilection,*** préféré aux autres. SYN. bien-aimé, chéri, favori, préféré. CONTR. *abhorré, détesté.*

prédire *verbe* Annoncer ce qui doit arriver. SYN. annoncer, augurer, avoir du nez, avoir le nez creux, avoir le nez fin, conjecturer, dire la bonne aventure, jouer les Cassandre, lire dans le marc de café, préparer, prévoir, pronostiquer, prophétiser, tirer les cartes. – LITTÉRAIRE : présager, vaticiner. ■ Rendre probable. SYN. assurer, faire augurer, garantir, laisser deviner, promettre.

prédisposé *adjectif* Porté naturellement à. SYN. enclin, porté. CONTR. *fermé, rebelle, réfractaire.*

prédisposer *verbe* Mettre dans une situation propice. SYN. amener, appeler, conduire, porter, pousser, préparer.

prédisposition *nom féminin* Aptitude naturelle à. SYN. aptitude, disposition, don, goût, inclination, passion, penchant, pente, propension, tendance, vocation.

prédominant *adjectif* Qui prédomine. SYN. capital, dominant, essentiel, majeur, prééminent, premier, prépondérant, primordial, principal, régnant, vital.

prédominer *verbe* Avoir plus d'importance. SYN. commander, dominer, l'emporter, s'imposer, prévaloir, primer, régner, triompher.

prééminence *nom féminin* Supériorité absolue. SYN. domination, prédominance, prépondérance, primauté, règne, supériorité, suprématie. – LITTÉRAIRE : précellence, préexcellence. CONTR. *infériorité.*

prééminent *adjectif* Qui occupe le premier rang. SYN. dominant, maître, majeur, prédominant, premier, prépondérant, primordial, principal, supérieur, suprême, vital. – LITTÉRAIRE : suréminent.

préexcellence *nom féminin* LITTÉRAIRE. Supériorité absolue. SYN. domination, prééminence, prépondérance, primauté, supériorité, suprématie. – LITTÉRAIRE : précellence.

préexistant *adjectif* Qui existe avant. SYN. antécédent, antérieur, précédent. CONTR. *postérieur, ultérieur.* – LITTÉRAIRE : *subséquent.*

préfabriqué *adjectif* Fabriqué de toutes pièces. SYN. arrangé, artificiel, concerté, fabriqué, factice, faux, feint. – LITTÉRAIRE : emprunté. CONTR. *authentique, naturel, spontané, vrai.*

préface *nom féminin* Texte placé en tête d'un ouvrage. SYN. avant-propos, avertissement, avis, exorde, introduction, notice, préambule, présentation, prolégomènes, prologue. CONTR. *conclusion, épilogue, fin.* ■ Ce qui précède quelque chose. SYN. avant-goût, commencement, ébauche, préalable, préfiguration, préliminaire, prélude, prologue. – LITTÉRAIRE : prémices, prodrome.

préféré *adjectif* Que l'on préfère. SYN. chéri, favori, de prédilection. CONTR. *détesté.*

préféré *nom* Personne préférée. SYN. chéri, favori, protégé. – FAMILIER : chouchou, coqueluche.

préférence *nom féminin* Fait de préférer. SYN. complaisance, faible, goût, passion, penchant, prédilection. **CONTR.** *antipathie, aversion, dégoût, horreur, répugnance.* – **LITTÉRAIRE** : *animadversion.*

préférer *verbe* Considérer avec plus de faveur. **SYN.** adopter, aimer mieux, choisir, opter, pencher pour. – **LITTÉRAIRE** : élire.

préfiguration *nom féminin* Ce qui annonce un événement. **SYN.** annonce, anticipation, avant-goût, préface, préliminaire, prélude, présage, prologue. – **LITTÉRAIRE** : prodrome.

préfigurer *verbe* Présenter à l'avance. **SYN.** annoncer, figurer, peindre, préluder à.

préhensile *adjectif* Qui a la faculté de saisir. **SYN.** prenant.

préhispanique *adjectif* Antérieur à la venue de Christophe Colomb. **SYN.** précolombien.

préislamique *adjectif* Antérieur à l'islam. **SYN.** antéislamique.

préjudice *nom masculin* Atteinte morale. **SYN.** atteinte, coup, dommage, mal, outrage, tort. – **LITTÉRAIRE** : détriment. **CONTR.** *avantage, bénéfice, bien, bienfait, intérêt, profit.* ■ ***Porter préjudice,*** faire du tort. **SYN.** compromettre, desservir, discréditer, léser, nuire, perdre, porter atteinte à. – **VIEUX** : préjudicier à.

préjudiciable *adjectif* Qui porte préjudice à. **SYN.** attentatoire, compromettant, contraire, dangereux, désavantageux, dommageable, funeste, mauvais, néfaste, nocif, nuisible. – **LITTÉRAIRE** : pernicieux. **CONTR.** *avantageux, bénéfique, bon, excellent, fructueux, profitable, propice, salutaire, utile.*

préjudicier *verbe* VIEUX. Porter préjudice. **SYN.** compromettre, desservir, discréditer, faire tort, léser, nuire, porter atteinte à.

préjugé *nom masculin* Jugement formé à l'avance. **SYN.** a priori, idée préconçue, idée reçue, idée toute faite, parti pris, préconception, présomption, prévention.

préjuger *verbe* LITTÉRAIRE. Juger d'avance. **SYN.** anticiper, augurer, conjecturer, présumer. – **LITTÉRAIRE** : présager.

prélasser (se) *verbe pronominal* S'abandonner avec nonchalance. **SYN.** fainéanter, musarder, paresser, se rouler les pouces, se tourner les pouces. – **FAMILIER** : buller, se la couler douce, faire le lézard, flemmarder, se goberger, lézarder, ne pas en fiche une rame, tirer sa flemme. – **LITTÉRAIRE** : muser. – **POPULAIRE** : coincer la bulle, glander, glandouiller, se les rouler, tirer au cul, tirer au flanc. **CONTR.** *s'activer, s'affairer, s'agiter, se démener, se dépenser, s'échiner, s'épuiser, s'escrimer, s'exténuer, se fatiguer, ne pas plaindre sa peine, se presser, remuer ciel et terre, se remuer.* – **FAMILIER** : *se décarcasser, se défoncer, s'éreinter, s'esquinter, mettre de l'huile de coude, se mettre en quatre, mettre le paquet, en mettre un bon coup, en mettre un coup, en mettre un vieux coup.* – **POPULAIRE** : *se casser le cul.*

prélever *verbe* Extraire une partie de. **SYN.** détacher, extraire, retirer, retrancher. – **LITTÉRAIRE** : distraire. **CONTR.** *ajouter, compléter.*

préliminaire *adjectif* Qui prépare le fait principal. **SYN.** initial, préalable, préparatoire. **CONTR.** *final, terminal, ultime.*

préliminaires *nom masculin pluriel* Ce qui précède quelque chose. **SYN.** amorce, avant-goût, exorde, préambule, préface, préfiguration, préludes, prologue. – **LITTÉRAIRE** : prémices. **CONTR.** *conclusion, épilogue, fin.*

prélude *nom masculin* Ce qui prépare quelque chose. **SYN.** amorce, annonce, avant-goût, commencement, ébauche, préalable, préambule, préface, préfiguration, préliminaires, prologue. – **LITTÉRAIRE** : prémices, prodrome.

préluder *verbe transitif indirect* Précéder un fait. **SYN.** annoncer, précéder, préfigurer.

prématuré *adjectif* Qui se fait plus tôt que prévu. **SYN.** anticipé, avancé, hâtif, précoce. **CONTR.** *tardif.*

prématurément *adverbe* Avant le temps ordinaire. **SYN.** à l'avance, en avance, avant l'heure, avant terme, plus tôt que prévu, tôt. – **LITTÉRAIRE** : précocement. **CONTR.** *tard, tardivement.*

prémédité *adjectif* Fait avec préméditation. **SYN.** calculé, concerté, délibéré, intentionnel, volontaire, voulu. **CONTR.** *imprévu, impromptu, improvisé, inconscient, involontaire, spontané.*

préméditer *verbe* Préparer à l'avance une action. **SYN.** calculer, combiner, comploter, conspirer, machiner, manigancer, mijoter, mûrir, tramer. – **FAMILIER** : concocter, goupiller. – **LITTÉRAIRE** : ourdir. **CONTR.** *improviser.*

prémices *nom féminin pluriel* LITTÉRAIRE. Premières manifestations de. **SYN.** amorce, avant-goût, commencement, début, ébauche, préambule, préface, préliminaires, prélude, prologue. – **LITTÉRAIRE** : aurore. **CONTR.** *aboutissement, fin.*

premier *nom* Personne qui est en tête. **SYN.** champion, gagnant. **CONTR.** *dernier, lanterne rouge.*

premier *adjectif* Qui précède les autres. **SYN.** en tête. **CONTR.** *dernier, extrême, final, suprême, terminal, ultime.* ■ Qui est fondamental. **SYN.** capital, essentiel, fondamental, maître, majeur, prédominant, prééminent, primordial, principal, vital. **CONTR.** *accessoire, annexe, auxiliaire,* *second, secondaire, subalterne.* ▪ Qui est à l'origine. SYN. ancien, antérieur, initial, original, originel, primitif, princeps. – LITTÉRAIRE : originaire, primordial. CONTR. *actuel, jeune, postérieur, récent.*

premièrement *adverbe* En premier lieu. SYN. d'abord, au préalable, préalablement, en premier, primitivement, primo, tout d'abord. CONTR. *après, ensuite, puis.*

prémisse *nom féminin* Proposition d'où découle autre chose. SYN. hypothèse, postulat, principe.

prémonition *nom féminin* Intuition d'un fait à venir. SYN. divination, flair, instinct, intuition, prescience, pressentiment.

prémontré *nom* Religieux de l'ordre de Prémontré. SYN. norbertin.

prémunir *verbe* Mettre à l'abri d'un danger. SYN. aguerrir, armer, garantir, garder, immuniser, préserver, protéger, vacciner.

prémunir (se) *verbe pronominal* Se protéger contre une chose. SYN. s'armer, se défendre, se garantir, se garer, pallier, parer, prendre garde à, se préserver, se protéger. – FAMILIER : ouvrir le parapluie. – LITTÉRAIRE : se garder, se précautionner.

prenant *adjectif* Qui captive. SYN. absorbant, attachant, attirant, attractif, attrayant, captivant, charmeur, émouvant, empoignant, fascinant, intéressant, palpitant, séduisant, subjuguant, touchant. CONTR. *inintéressant, inodore, rébarbatif, rebutant, soporifique, terne.* – FAMILIER : *rasant, rasoir, soûlant.* ▪ Qui a la faculté de saisir. SYN. préhensile.

prendre *verbe intransitif* Devenir solide. SYN. coaguler, durcir, se durcir, épaissir, se figer, tenir. ▪ Atteindre son but. SYN. s'implanter, marcher, prévaloir, réussir. CONTR. *échouer, manquer.* – FAMILIER : *louper, rater.* ▪ Commencer à brûler. SYN. s'amorcer, commencer, débuter, partir. ▪ Choisir son chemin. SYN. aller, se diriger, s'orienter, tourner.

prendre *verbe transitif* Se rendre maître de. SYN. appréhender, arrêter, capturer, s'emparer. – FAMILIER : attraper, choper, coincer, cueillir, embarquer, épingler, pincer, piquer, ramasser. – POPULAIRE : agrafer. CONTR. *libérer, relâcher, relaxer.* ▪ Voler quelque chose. SYN. soustraire, voler. – FAMILIER : barboter, chiper, embarquer, piquer, rafler, souffler, subtiliser. – LITTÉRAIRE : dérober. – POPULAIRE : faucher. CONTR. *donner, rendre, restituer.* ▪ Enlever quelqu'un à l'affection de. SYN. arracher, décimer, enlever, faucher, ôter, retirer, tuer. – LITTÉRAIRE : ravir. ▪ Se manifester soudain. SYN. envahir, étreindre, oppresser, saisir, serrer. CONTR. *abandonner.* ▪ Se saisir de. SYN. agripper, attraper, charger, empoigner, emporter, happer, pincer, saisir, tenir, toucher. CONTR. *déposer, lâcher.* ▪ Accepter au sein d'un groupe. SYN. accueillir, admettre, engager, héberger, recevoir, recruter. CONTR. *refuser, renvoyer.* ▪ S'engager dans une direction. SYN. emprunter, s'engager dans, s'orienter, suivre. ▪ Se procurer quelque chose. SYN. acheter, s'approvisionner, se fournir de, se pourvoir de, se procurer. ▪ Prélever pour utilisation. SYN. employer, user de, utiliser. ▪ Consommer un aliment. SYN. absorber, avaler, boire, consommer, ingérer, ingurgiter, manger. ▪ Nécessiter de l'espace, du temps. SYN. accaparer, exiger, occuper, réclamer. ▪ Recevoir un coup. SYN. essuyer, récolter. – FAMILIER : écoper, encaisser. – POPULAIRE : déguster. ▪ Interpréter de telle manière. SYN. considérer, envisager, interpréter, regarder. ▪ Choisir quelqu'un pour une fonction. SYN. adopter, choisir, coopter, désigner, élire, nommer, retenir, sélectionner.

prendre (se) *verbe pronominal* Agir de telle ou telle façon. SYN. agir, commencer à, faire, opérer, procéder. ▪ Se considérer comme. SYN. se croire, faire, se poser en.

preneur *nom* Personne disposée à acheter. SYN. acheteur, acquéreur. CONTR. *vendeur.* ▪ Personne disposée à prendre à bail. CONTR. *bailleur, loueur.*

prénom *nom masculin* Nom précédant le patronyme. SYN. nom de baptême. – FAMILIER : petit nom.

préoccupant *adjectif* Qui cause de l'inquiétude. SYN. alarmant, angoissant, critique, embarrassant, ennuyeux, grave, inquiétant, menaçant, sérieux, sombre, tracassant. – FAMILIER : enquiquinant. – POPULAIRE : emmerdant. CONTR. *apaisant, rassurant, sécurisant, sûr, tranquillisant.*

préoccupation *nom féminin* Souci vif et constant. SYN. angoisse, anxiété, ennui, inquiétude, obsession, peur, souci, tourment, tracas. CONTR. *indifférence, paix, sécurité, sérénité.* – LITTÉRAIRE : *quiétude, repos.* ▪ Pensée prédominante. SYN. idée fixe, manie, marotte, obsession. – FAMILIER : dada.

préoccupé *adjectif* En proie à une vive inquiétude. SYN. absorbé, angoissé, anxieux, ennuyé, inquiet, méditatif, pensif, songeur, soucieux, tourmenté, tracassé, troublé. CONTR. *indifférent, insensible, insouciant, léger.* – FAMILIER : *je-m'en-fichiste.* – LITTÉRAIRE : *insoucieux.* – POPULAIRE : *je-m'en-foutiste.*

préoccuper *verbe* Être une source d'inquiétude. SYN. agiter, alarmer, causer du souci, ennuyer, hanter, harceler, inquiéter, lanciner, poursuivre, tarauder, tourmenter, tracasser, travailler, troubler. – FAMILIER : causer du tintouin, chiffonner, embêter, enquiquiner, tarabuster, turlupiner. – VIEUX : soucier. CONTR. *être égal, indifférer, ne faire ni chaud ni froid.*

préoccuper (se) *verbe pronominal* Porter son attention sur. SYN. s'inquiéter, s'intéresser, s'occuper, se pencher, penser, songer, se soucier. CONTR. *se désintéresser, se moquer, ne pas se soucier de, ne pas s'occuper de.* – FAMILIER : *se ficher.* – LITTÉRAIRE : *n'avoir cure de.* – POPULAIRE : *se foutre.*

préparation *nom féminin* Action de préparer. SYN. apprêt, confection, élaboration, maturation, organisation. ■ Fait de se préparer à. SYN. apprentissage, entraînement, exercice, expérience, formation. CONTR. *impréparation.*

préparé *adjectif* Fait à l'avance. SYN. calculé, combiné, concerté, mûri. CONTR. *accidentel, fortuit, impromptu, improvisé, inattendu, soudain.* ■ Dans l'état de faire. SYN. averti, capable, compétent, entraîné, exercé, expérimenté, expert, formé, informé, instruit, mûr, prêt. CONTR. *inexercé, inexpérimenté, novice.* – LITTÉRAIRE : *inexpert.*

préparer *verbe* Mettre en état. SYN. agencer, arranger, faire, organiser, régler. ■ FAMILIER. Réserver pour l'avenir. SYN. annoncer, augurer, laisser prévoir, prédire, promettre, réserver. – LITTÉRAIRE : présager. ■ Réfléchir à l'avance à. SYN. arranger, calculer, combiner, concerter, échafauder, élaborer, machiner, méditer, ménager, mettre au point, mettre sur pied, mûrir, orchestrer, organiser, projeter, tramer. – FAMILIER : mijoter. – LITTÉRAIRE : ourdir. CONTR. *improviser.* ■ Travailler à quelque chose. SYN. creuser, étudier, travailler. – FAMILIER : bosser, bûcher, potasser. – POPULAIRE : chiader. – VIEUX : piocher.

préparer (se) *verbe pronominal* Se disposer à une action. SYN. s'apprêter, se disposer à, envisager de, songer à. ■ Être imminent. SYN. arriver, guetter, menacer. ■ S'habiller pour sortir. SYN. s'apprêter, s'arranger. – LITTÉRAIRE : se parer.

prépondérance *nom féminin* Caractère prépondérant. SYN. domination, hégémonie, influence, leadership, maîtrise, prédominance, prééminence, primauté, supériorité, suprématie. – LITTÉRAIRE : précellence, préexcellence.

prépondérant *adjectif* Qui a une autorité supérieure. SYN. capital, dominant, fondamental, majeur, prédominant, prééminent, primordial, supérieur, vital. – LITTÉRAIRE : prépotent.

prépotence *nom féminin* LITTÉRAIRE. Supériorité abusive. SYN. absolutisme, autoritarisme, despotisme, tyrannie.

prépotent *adjectif* LITTÉRAIRE. Qui a un pouvoir excessif. SYN. dominant, envahissant, prédominant, prééminent, prépondérant.

prérogative *nom féminin* Avantage particulier. SYN. apanage, attribut, attributions, avantage, faveur, grâce, monopole, passe-droit, privilège.

près *adverbe* À une petite distance. SYN. à côté, à deux pas, aux environs, à un jet de pierre, à portée de main, aux portes de, à proximité, tout contre, dans le voisinage. – FAMILIER : à touche-touche. CONTR. *aux antipodes, au bout du monde, au diable vauvert, au diable, au fin fond de, loin, au loin.* – FAMILIER : *au diable vert.*

près de *locution prépositive* Indique le peu de distance dans l'espace. SYN. aux alentours de, auprès de, à côté de, au côté de, du côté de, aux côtés de, à deux doigts de, aux environs de, lès, lez, proche de, à proximité de. CONTR. *loin de.* ■ Indique le peu de distance dans le temps. SYN. aux alentours de, autour de, bientôt, environ, à peu près, presque. ■ Très près de faire quelque chose. SYN. en passe de, sur le point de, à la veille de. – LITTÉRAIRE : pour.

présage *nom masculin* Signe qui annonce l'avenir. SYN. augure, auspice, prodige, signe. ■ Signe avant-coureur. SYN. annonce, auspices, avertissement, indice, prédiction, préfiguration, prévision, pronostic, signal, symptôme. – LITTÉRAIRE : messager, prodrome.

présager *verbe* LITTÉRAIRE. Être le signe de. SYN. annoncer, augurer, prédire, préparer, prévoir, promettre, pronostiquer, signifier. – LITTÉRAIRE : préjuger.

presbytère *nom masculin* Habitation du curé. SYN. cure.

prescience *nom féminin* Connaissance de l'avenir. SYN. divination, flair, instinct, intuition, prémonition, pressentiment.

prescription *nom féminin* Ordre formel. SYN. commandement, disposition, indication, injonction, loi, mot d'ordre, ordre, oukase, précepte, règle, ukase, ultimatum.

prescrire *verbe* Donner comme ordre. SYN. commander, décréter, dicter, exiger, imposer, intimer, ordonner, requérir, sommer. – LITTÉRAIRE : édicter, enjoindre. CONTR. *défendre, empêcher, interdire, prohiber.*

présence *nom féminin* Fait de se trouver quelque part. SYN. existence. CONTR. *absence, carence, éclipse, omission.*

présent *adjectif* Qui est actuel. SYN. actuel, contemporain, courant, existant, immédiat, manifeste, moderne, en vigueur, vivace, vivant. CONTR. *ancien, antérieur, futur, lointain, passé, postérieur, précédent, reculé.* ■ Qui assiste à. CONTR. *absent, défaillant, empêché, manquant.*

présent *nom* Personne qui est là. SYN. assistant, participant, spectateur, témoin. CONTR. *absent.*

présent *nom masculin* Temps présent. CONTR. *avenir, futur, passé.* ■ ***À présent,*** dans le temps présent. SYN. actuellement, aujourd'hui, en ce moment, dans l'état actuel des choses, dans l'immédiat, à l'heure actuelle, à l'heure qu'il est, pour l'heure, pour l'instant, de nos jours, maintenant, au moment où je vous parle, pour le moment, présentement. – FAMILIER : au jour d'aujourd'hui. CONTR. *anciennement, autrefois, à l'avenir, bientôt, hier, jadis, prochainement.* – FAMILIER : *naguère.*

présent *nom masculin* LITTÉRAIRE. Objet que l'on offre. SYN. bienfait, cadeau, don, offrande.

présentable *adjectif* Qu'on peut montrer. SYN. acceptable, convenable, correct, montrable. – FAMILIER : potable. ■ Qui a une tenue correcte. SYN. convenable, décent, soigné. – FAMILIER : sortable.

présentation *nom féminin* Action de présenter au public. SYN. exhibition, exposition, représentation. ■ Texte qui présente quelque chose. SYN. préface, prologue. CONTR. *conclusion.* ■ Aspect de quelqu'un. SYN. maintien, tenue.

présentement *adverbe* En ce moment même. SYN. actuellement, aujourd'hui, en ce moment, dans l'état actuel des choses, à l'heure actuelle, à l'heure qu'il est, pour l'heure, pour l'instant, maintenant, au moment où je vous parle, pour le moment, à présent. – FAMILIER : au jour d'aujourd'hui. CONTR. *anciennement, antérieurement, autrefois, à l'avenir, bientôt, hier, jadis, plus tard, précédemment, prochainement, ultérieurement.* – FAMILIER : *naguère.*

présenter *verbe* Montrer quelque chose. SYN. exhiber, faire voir, montrer, orienter, soumettre, tourner. ■ Tendre quelque chose à. SYN. avancer, donner, offrir, proposer, tendre. ■ Faire connaître au public. SYN. commenter, dévoiler, exposer, faire un état des lieux, montrer, planter le décor, produire, révéler. ■ Avoir de manière manifeste. SYN. afficher, avoir, comporter, compter, constituer, contenir, former, laisser voir, manifester. – LITTÉRAIRE : respirer.

présenter (se) *verbe pronominal* Commencer à se manifester. SYN. advenir, apparaître, se manifester, se montrer, s'offrir, se produire, surgir, survenir, se voir. – LITTÉRAIRE : poindre. ■ Paraître en un lieu. SYN. arriver, paraître, venir. – FAMILIER : montrer le bout de son nez, montrer son nez, traîner ses bottes, traîner ses guêtres. – LITTÉRAIRE : survenir. – POPULAIRE : se pointer. ■ Être candidat à. SYN. se porter candidat, poser sa candidature. CONTR. *se désister, se retirer.*

préservatif *nom masculin* Dispositif contraceptif. SYN. – FAMILIER : capote (anglaise). – VIEUX : condom.

préservation *nom féminin* Action de préserver. SYN. conservation, défense, garantie, garde, maintien, protection, sauvegarde. CONTR. *anéantissement, destruction.*

préserver *verbe* Mettre à l'abri d'un mal. SYN. abriter, épargner, immuniser, mettre à l'abri, mettre de côté, mettre en lieu sûr, prémunir, protéger, sauvegarder, vacciner. – FAMILIER : conserver. ■ Empêcher l'altération de. SYN. assurer, conserver, défendre, entretenir, garantir, garder, maintenir, perpétuer, sauver. CONTR. *abîmer, altérer, avarier, broyer, détériorer, endommager.*

préserver (se) *verbe pronominal* Se mettre à l'abri de. SYN. s'abriter, se couvrir, se garantir, se garer, se prémunir, prendre garde à, se protéger. – LITTÉRAIRE : se garder. CONTR. *s'exposer.*

présider *verbe transitif* Diriger quelque chose. SYN. avoir la haute main sur, commander, conduire, diriger, mener.

présider *verbe transitif indirect* Exercer une influence sur. SYN. gouverner, régir, régner sur.

présomption *nom féminin* Jugement fondé sur des apparences. SYN. conjecture, hypothèse, indice, induction, préconception, supposition. CONTR. *fait, preuve.* ■ Opinion trop avantageuse de soi. SYN. amour-propre, arrogance, fatuité, morgue, orgueil, prétention, suffisance, vanité. – LITTÉRAIRE : infatuation, outrecuidance. CONTR. *humilité, modestie.*

présomptueux *adjectif* Qui marque la présomption. SYN. arrogant, avantageux, infatué, orgueilleux, prétentieux, puant, suffisant, vaniteux. – LITTÉRAIRE : fat, outrecuidant, vain. CONTR. *humble, modeste.*

présomptueux *nom* Personne vaniteuse. SYN. ambitieux, orgueilleux, prétentieux, vaniteux. – LITTÉRAIRE : fat. CONTR. *modeste.*

présonorisation *nom féminin* Interprétation mimée d'un son enregistré. SYN. play-back, surjeu.

presque *adverbe* Pas tout à fait. SYN. pas loin de, à peu de choses près, à peu près, sensiblement. – FAMILIER : à un poil près, d'un poil, quasiment. – LITTÉRAIRE : quasi. CONTR. *complètement, entièrement, intégralement, totalement, tout à fait.*

pressant *adjectif* Qui incite vivement à. SYN. exigeant, insistant. ■ Qui ne permet pas de délai. SYN. impératif, impérieux, pressé, urgent. – LITTÉRAIRE : instant.

presse *nom féminin* Nécessité de se hâter. SYN. affairement, agitation, empressement, hâte, précipitation. CONTR. *atermoiements.* ■ VIEUX. Grand nombre de gens. SYN. affluence, attroupement, bousculade, cohue, entassement, foule, monde. – FAMILIER : peuple. – POPULAIRE : populo.

pressé *adjectif* Soumis à une pression. SYN. comprimé, entassé, serré, tassé. ■ Sans délai. SYN. impératif, impérieux, pressant, urgent. ■ Qui a de la hâte. SYN. impatient. – FAMILIER : speedé. – POPULAIRE : à la bourre. ■ Fait avec hâte. SYN. accéléré, expéditif, hâtif, précipité, rapide. – LITTÉRAIRE : prompt.

pressentiment *nom masculin* Sentiment de savoir à l'avance. SYN. divination, idée, impression, instinct, intuition, prémonition, prescience, sentiment.

pressentir *verbe* Prévoir vaguement. SYN. attendre, s'attendre à, augurer, avoir du nez, avoir le nez creux, avoir le nez fin, conjecturer, deviner, se douter, entrevoir, flairer, percer, percevoir, présager, prévoir, sentir, soupçonner. – FAMILIER : renifler, subodorer.

presser *verbe intransitif* Ne souffrir aucun délai. SYN. être urgent. – FAMILIER : urger. CONTR. *atermoyer.*

presser *verbe transitif* Assaillir de questions. SYN. accabler, assaillir, harceler, mitrailler. – FAMILIER : bombarder. ■ Serrer quelque chose. SYN. comprimer, exprimer, extraire, pressurer, serrer. ■ LITTÉRAIRE. Serrer quelqu'un de près. SYN. assaillir, assiéger, attaquer, poursuivre, talonner. ■ LITTÉRAIRE. Hâter une action. SYN. activer, bousculer, brusquer, hâter, précipiter. – FAMILIER : expédier. CONTR. *freiner, ralentir, retarder.* ■ Amener quelqu'un à. SYN. acculer, amener, contraindre, décider, encourager, engager, entraîner, exciter, exhorter, forcer, inciter, incliner, inviter, persuader, porter, pousser, prédisposer, prier. – FAMILIER : embringuer.

presser *verbe transitif indirect* Exercer une pression sur. SYN. appuyer, peser. CONTR. *lâcher, relâcher.*

presser (se) *verbe pronominal* Appuyer son corps sur. SYN. se blottir, se lover, se pelotonner, se serrer. ■ Aller en nombre quelque part. SYN. affluer, assaillir, assiéger, bouillonner, se bousculer, courir, déferler, s'entasser, se précipiter. – FAMILIER : s'empiler, foncer. ■ Se dépêcher de. SYN. accélérer, allonger le pas, courir, se dépêcher, s'empresser, se hâter, passer la surmultipliée, passer la vitesse supérieure, se précipiter, presser le mouvement, presser le pas, se remuer. – FAMILIER : s'activer, faire vinaigre, foncer, speeder. – LITTÉRAIRE : faire diligence. – POPULAIRE : bomber, se dégrouiller, faire fissa, se grouiller, se magner le cul (le popotin), se magner, se manier le cul (le popotin), se manier. CONTR. *s'amuser, atermoyer, s'attarder, avoir le temps, avoir tout son temps, fainéanter, flâner, paresser, se prélasser, prendre son temps, traîner.* – FAMILIER : *se baguenauder, buller, flemmarder, lézarder, traînailler, traînasser.* – POPULAIRE : *glander.*

pression *nom féminin* Action de contraindre. SYN. coercition, contrainte, force. CONTR. *liberté, licence.* ■ FAMILIER. ***Sous pression,*** en attente de. SYN. bouillant, énervé, fébrile, impatient, nerveux, pressé, surexcité. – FAMILIER : speedé.

pressostat *nom masculin* Appareil maintenant la pression d'un fluide. SYN. manostat.

pressurer *verbe* Comprimer un fruit. SYN. écraser, extraire, presser. ■ Tirer de quelqu'un tout ce qu'on peut. SYN. accabler, charger, écraser, exploiter, grever, parasiter.

prestance *nom féminin* Maintien qui en impose. SYN. allure, chic, classe, distinction, élégance, grandeur, noblesse, prestige. – LITTÉRAIRE : majesté, tournure.

preste *adjectif* Qui a des gestes rapides. SYN. adroit, agile, alerte, léger, leste, rapide, vif, vite. – LITTÉRAIRE : prompt. CONTR. *alourdi, lent, lourd.* – FAMILIER : *pataud.*

prestement *adverbe* D'une manière preste. SYN. agilement, alertement, lestement, promptement, rapidement, rondement, vivement. CONTR. *lentement, lourdement, pesamment.*

prestesse *nom féminin* LITTÉRAIRE. Caractère preste. SYN. adresse, agilité, célérité, précipitation, rapidité, vitesse. – LITTÉRAIRE : promptitude, vélocité, vivacité. CONTR. *gaucherie, lenteur, lourdeur, maladresse, pesanteur.*

prestidigitateur *nom* Artiste qui fait des tours de magie. SYN. illusionniste.

prestige *nom masculin* Caractère distingué. SYN. allure, chic, classe, distinction, noblesse, prestance. – LITTÉRAIRE : majesté, tournure. ■ Ce qui force l'admiration. SYN. brillant, empire, enchantement, envoûtement, fascination, gloire, importance, magie, pouvoir, rayonnement. – LITTÉRAIRE : crédit, splendeur.

prestigieux *adjectif* Qui jouit d'un grand prestige. SYN. brillant, éblouissant, éclatant, fascinant, glorieux, grand, grandiose, illustre, imposant, marquant, remarquable, renommé, réputé. – FAMILIER : fabuleux. CONTR. *ignoré, obscur, ordinaire, petit.*

présumé *adjectif* Considéré tel par supposition. SYN. censé, dit, prétendu, soi-disant, supposé, tenu pour. – LITTÉRAIRE : réputé. CONTR. *attesté, authentifié, authentique, avéré, confirmé, démontré, évident, incontestable, incontesté,* *indéniable, indubitable, patent, prouvé, sûr, véridique, vérifié, vrai.*

présumer *verbe* Croire d'après certains indices. SYN. attendre, s'attendre à, augurer, conjecturer, croire, penser, poser, postuler, prévoir, soupçonner, supposer, supputer. – LITTÉRAIRE : préjuger.

présupposer *verbe* Admettre en préalable. SYN. conjecturer, induire, poser, postuler, supposer.

présure *nom féminin* Enzyme du suc gastrique. SYN. lab-ferment.

prêt *adjectif* Dont la préparation est terminée. SYN. disponible, au point, préparé. ■ Disposé à une action. SYN. décidé, déterminé, en état de, en mesure de, mûr, en passe de, résolu, en situation de, sur le point de, en voie de. CONTR. *hésitant, indécis, irrésolu.*

prêt *nom masculin* Objet ou somme prêtés. SYN. crédit, emprunt.

prêt-à-monter *nom masculin* Pièces détachées à assembler soi-même. SYN. kit.

prétendant *nom* Personne qui revendique un trône. SYN. aspirant, candidat, postulant. ■ Celui qui veut épouser une femme. SYN. amoureux, poursuivant, soupirant. – LITTÉRAIRE : sigisbée. – VIEUX : galant.

prétendre *verbe transitif* Donner pour vrai. SYN. affirmer, alléguer, avancer, déclarer, insinuer, raconter, soutenir. ■ Affirmer être capable de. SYN. se piquer de, se prévaloir, se targuer, se vanter. ■ Avoir la ferme intention de. SYN. entendre, exiger, se flatter de, tenir à, vouloir.

prétendre *verbe transitif indirect* Aspirer à quelque chose. SYN. ambitionner, aspirer, briguer, désirer, réclamer, revendiquer, souhaiter, tendre à, viser, vouloir. – LITTÉRAIRE : soupirer après.

prétendu *adjectif* Qui n'est pas ce qu'il paraît être. SYN. faux, présumé, putatif, soi-disant, supposé. CONTR. *attesté, authentifié, authentique, avéré, confirmé, démontré, évident, incontestable, incontesté, indéniable, indubitable, patent, prouvé, sûr, véridique, vérifié, vrai.*

prétentieusement *adverbe* De façon prétentieuse. SYN. emphatiquement, pompeusement. CONTR. *humblement, simplement.*

prétentieux *adjectif* Qui dénote de la prétention. SYN. affecté, ampoulé, arrogant, avantageux, conquérant, emphatique, fat, gourmé, guindé, imbu de soi-même, important, infatué, maniéré, orgueilleux, pédant, poseur, précieux, présomptueux, puant, snob, sophistiqué, suffisant, supérieur, vaniteux. – FAMILIER : bêcheur, crâneur, fiérot. – LITTÉRAIRE : affété, crâne, docte, insolent, minaudier, outrecuidant, pédantesque, triomphateur, vain. CONTR. *humble, modeste, simple.*

prétentieux *nom* Personne qui se vante. SYN. arrogant, cuistre, faiseur, faraud, fier, insolent, orgueilleux, pédant, poseur, présomptueux, vaniteux, vantard. – FAMILIER : bêcheur, crâneur, fiérot. – LITTÉRAIRE : fat. CONTR. *modeste.*

prétention *nom féminin* Réclamation d'un droit. SYN. ambition, desiderata, exigence, requête, revendication, visée. ■ Attitude prétentieuse. SYN. amour-propre, arrogance, cuistrerie, fatuité, gloriole, orgueil, pédanterie, pédantisme, présomption, suffisance, supériorité, vanité. – LITTÉRAIRE : infatuation, outrecuidance, superbe. CONTR. *humilité, modestie, simplicité.*

prêter *verbe transitif* Céder pour un temps. SYN. céder, confier, passer. CONTR. *rembourser, rendre.* ■ Attribuer quelque chose à quelqu'un. SYN. accorder, attacher, attribuer, imputer, reconnaître, supposer. ■ Participer gracieusement à. SYN. apporter, donner, fournir, ménager, offrir.

prêter *verbe transitif indirect* Donner l'occasion de. SYN. appeler, causer, donner lieu à, donner matière à, engendrer, être sujet à, supposer.

prêter (se) *verbe pronominal* Consentir à quelque chose. SYN. accepter, acquiescer, adhérer, admettre, céder, condescendre, daigner. CONTR. *dédaigner, se défendre, faire fi de, refuser, repousser.* ■ Être propre à une activité. SYN. s'adapter, aller, cadrer avec, convenir, correspondre à. – LITTÉRAIRE : seoir.

prêteur *nom* Personne qui consent un prêt. SYN. bailleur de fonds, usurier. CONTR. *débiteur, emprunteur.*

prétexte *nom masculin* Raison fallacieuse. SYN. alibi, allégation, argument, couverture, échappatoire, excuse, faux-fuyant, motif, pantalonnade, raison, subterfuge. ■ Occasion d'agir. SYN. matière, objet, sujet.

prétexter *verbe* Donner comme prétexte. SYN. alléguer, arguer de, s'autoriser de, avancer, exciper, feindre, invoquer, se ménager une porte de sortie, objecter, simuler, trouver une porte de sortie.

prêtre *nom masculin* Membre du clergé. SYN. abbé, ecclésiastique. – FAMILIER : curé. – LITTÉRAIRE : pasteur. – VIEUX : ministre.

prêtrise *nom féminin* Fonction du prêtre. SYN. sacerdoce.

preuve *nom féminin* Élément qui prouve un fait. SYN. argument, critère, démonstration, document, indice, raisonnement. CONTR. *présomption, supposition.* ■ Témoignage d'une réalité. SYN. assurance, exemple, gage, illustration, indication, marque, signe, témoignage, témoin.

prévaloir *verbe* Avoir l'avantage sur. SYN. dominer, l'emporter, s'imposer, prédominer, primer, régner, triompher.

prévaloir (se) *verbe pronominal* Tirer avantage de. SYN. alléguer, arguer, s'autoriser de, s'enorgueillir, se flatter, se glorifier, s'honorer, se piquer, prétendre, se réclamer, se recommander, se targuer, se vanter.

prévarication *nom féminin* Fait de manquer à ses obligations. SYN. concussion, malversation. - LITTÉRAIRE : exaction. - VIEUX : forfaiture, péculat.

prévenance *nom féminin* Attitude prévenante. SYN. affabilité, amabilité, attention, complaisance, courtoisie, égards, empressement, gentillesse, ménagement, obligeance, serviabilité, sollicitude. - FAMILIER : petits soins. - LITTÉRAIRE : délicatesse, gracieuseté. CONTR. *brusquerie, brutalité.* - LITTÉRAIRE : *désobligeance.*

prévenant *adjectif* Qui cherche à faire plaisir. SYN. aimable, attentif, attentionné, complaisant, courtois, délicat, empressé, galant, gentil, obligeant, serviable. CONTR. *bourru, brusque, déplaisant, désagréable, désobligeant, malveillant, revêche.*

prévenir *verbe* Satisfaire un désir. SYN. aller au-devant, anticiper, devancer. ■ Tenter d'empêcher. SYN. conjurer, éviter, pallier, parer à, remédier à. - LITTÉRAIRE : obvier à. ■ Informer par avance. SYN. alerter, annoncer la couleur, avertir, aviser, faire part, informer.

prévention *nom féminin* A priori défavorable. SYN. animosité, antipathie, aversion, idée préconçue, idée reçue, méfiance, parti pris, partialité, préconception, préjugé. CONTR. *amour, sympathie.*

prévenu *adjectif* Qui a un jugement a priori. SYN. partial, subjectif, tendancieux. CONTR. *impartial, objectif.*

prévisible *adjectif* Qui peut être prévu. SYN. attendu, calculable, certain, immanquable, présumable, sûr. - FAMILIER : couru (d'avance). CONTR. *déconcertant, déroutant, impondérable, impossible, imprévisible, imprévu, inattendu, inopiné.*

prévision *nom féminin* Ce qu'on prévoit. SYN. anticipation, attente, calcul, conjecture, estimation, hypothèse, perspective, prédiction, présage, pronostic.

prévoir *verbe* Envisager comme possible. SYN. s'attendre à, augurer, calculer, compter sur, conjecturer, deviner, entrevoir, envisager, flairer, prédire, pressentir, présumer, pronostiquer, prophétiser. - LITTÉRAIRE : présager. ■ Prendre ses dispositions. SYN. arranger, combiner, organiser, planifier, préparer. CONTR. *improviser.*

prévoyance *nom féminin* Caractère prévoyant. SYN. circonspection, précaution, prudence, vigilance. CONTR. *imprévoyance, imprudence, inconscience, insouciance, négligence.*

prévoyant *adjectif* Qui sait prévoir. SYN. avisé, circonspect, précautionneux, prudent, réfléchi, sage, vigilant. CONTR. *étourdi, hardi, imprévoyant, imprudent, insouciant, irréfléchi, léger, négligent.* - LITTÉRAIRE : *insoucieux.*

prévu *adjectif* Auquel on a pensé. SYN. conçu, envisagé, pressenti, programmé. CONTR. *éventuel, fortuit, imprévu, inattendu, inopiné, occasionnel, soudain, surprenant.*

prier *verbe* Demander avec déférence. SYN. adjurer, demander, presser, recommander, sommer, supplier. - LITTÉRAIRE : conjurer, enjoindre, implorer, requérir.

prière *nom féminin* Adresse à Dieu. SYN. invocation, oraison, oraison jaculatoire. - VIEUX : éjaculation, orémus. ■ Demande instante. SYN. adjuration, demande, instance, invitation, requête, sollicitation, supplique, vœu. - LITTÉRAIRE : conjuration, imploration, supplication.

primaire *nom masculin* Ère géologique. SYN. paléozoïque.

primaire *adjectif* Qui représente le premier degré de. SYN. élémentaire, fruste, primitif, rudimentaire, simple, simpliste. CONTR. *développé, évolué, perfectionné, raffiné, sophistiqué.*

primauté *nom féminin* Premier rang. SYN. avantage, prédominance, prééminence, prépondérance, règne, supériorité, suprématie. - LITTÉRAIRE : précellence, préexcellence.

prime *nom féminin* Somme versée en plus du salaire. SYN. boni, commission, gratification, guelte, récompense. - VIEUX : gracieuseté.

primer *verbe* Accorder un prix à. SYN. couronner, distinguer, récompenser.

primer *verbe* Avoir la primauté. SYN. dominer, l'emporter, s'imposer, prédominer, prévaloir, régner, surpasser, triompher de.

primerose *nom féminin* Très grande plante à fleurs. SYN. passerose, rose trémière.

primesautier *adjectif* Qui agit selon ses impulsions. SYN. impulsif, instinctif, naturel, spontané. CONTR. *calculateur, recherché, réfléchi.*

primitif *adjectif* Qui est dans l'état d'origine. SYN. brut, initial, original, originel, premier. – LITTÉRAIRE : naïf, originaire. CONTR. *actuel, contemporain, moderne, nouveau, récent.* ■ Qui n'a pas évolué. SYN. archaïque, barbare, élémentaire, fruste, grossier, primaire, rudimentaire, sauvage, sommaire. CONTR. *civilisé, évolué, perfectionné, raffiné, sophistiqué.* – LITTÉRAIRE : *policé.*

primitivement *adverbe* À l'origine. SYN. au commencement, au début, initialement, originairement, originellement, premièrement, tout d'abord.

primordial *adjectif* Jugé très important. SYN. capital, cardinal, central, dominant, essentiel, fondamental, important, indispensable, maître, majeur, prédominant, prééminent, premier, prépondérant, principal, substantiel, vital. CONTR. *accessoire, adventice, annexe, auxiliaire, incident, marginal, mineur, second, secondaire, subalterne, subsidiaire.*

prince *nom masculin* Le premier dans un domaine. SYN. autorité, célébrité, gloire, maître, roi, seigneur, sommité.

princier *adjectif* Digne d'un prince. SYN. fastueux, grandiose, luxueux, magnifique, majestueux, royal, somptueux, splendide, superbe. – LITTÉRAIRE : pompeux.

princièrement *adverbe* De façon princière. SYN. fastueusement, grandement, luxueusement, magnifiquement, richement, royalement, somptueusement, splendidement, superbement. – LITTÉRAIRE : sublimement. CONTR. *modestement, pauvrement.*

principal *adjectif* Qui prime sur d'autres choses. SYN. capital, cardinal, central, décisif, dominant, essentiel, fondamental, maître, majeur, prédominant, prééminent, premier, primordial, vital. – LITTÉRAIRE : prépotent. CONTR. *accessoire, adventice, annexe, auxiliaire, complémentaire, incident, marginal, second, secondaire, subalterne, subsidiaire.*

principal *nom masculin* Ce qu'il y a de plus important. SYN. essentiel. CONTR. *accessoire, à-côté, détail.*

principalement *adverbe* En premier lieu. SYN. essentiellement, notamment, par-dessus tout, particulièrement, en particulier, singulièrement, spécialement, surtout.

principe *nom masculin* LITTÉRAIRE. Cause première. SYN. agent, cause, germe, mère, origine, point de départ, source. CONTR. *conséquence.* ■ Base d'une organisation. SYN. axe, base, élément, fondement, notion, rudiment. ■ Proposition de départ. SYN. axiome, donnée, hypothèse, maxime, postulat, prémisse. ■ Règle morale. SYN. conviction, loi, norme, précepte, règle. ■ ***En principe,*** selon toute vraisemblance. SYN. normalement, théoriquement.

printanisation *nom féminin* Traitement des graines par le froid. SYN. vernalisation.

prioritairement *adverbe* Avant toute chose. SYN. d'abord, avant tout, au premier chef, en premier lieu, en priorité. CONTR. *en dernier lieu.*

priorité *nom féminin* Fait de passer avant. SYN. antériorité, primauté, supériorité, suprématie. – LITTÉRAIRE : précellence. ■ ***En priorité,*** avant toute chose. SYN. d'abord, avant tout, au premier chef, en premier lieu, prioritairement.

pris *adjectif* Qui a son temps occupé. SYN. absorbé, accaparé, affairé, bousculé, chargé, débordé, occupé, surchargé. CONTR. *désœuvré, disponible, inoccupé, libre.*

prise *nom féminin* Action de s'emparer de. SYN. conquête, enlèvement, occupation. ■ Ce dont on s'est saisi. SYN. butin, capture, proie, trophée. ■ Action d'absorber. SYN. absorption, ingestion.

prisé *adjectif* LITTÉRAIRE. Que l'on apprécie. SYN. apprécié, coté, couru, demandé, estimé, recherché, en vogue.

priser *verbe* LITTÉRAIRE. Faire cas de. SYN. admirer, aimer, apprécier, estimer, goûter, honorer, savourer. CONTR. *condamner, déprécier, mépriser, mésestimer, rabaisser.*

prison *nom féminin* Établissement pénitentiaire. SYN. maison centrale, maison d'arrêt, pénitencier. – ARGOTIQUE : ballon. – FAMILIER : cage, clou, violon. – POPULAIRE : bloc, cabane, tôle.

prisonnier *adjectif* Privé de liberté. SYN. séquestré. – LITTÉRAIRE : captif, reclus. CONTR. *affranchi, libéré, libre.* ■ Sous la dépendance de. SYN. asservi, dépendant, esclave, tributaire. CONTR. – FAMILIER : *affranchi.*

prisonnier *nom* Personne qui est en prison. SYN. détenu. – LITTÉRAIRE : captif. – POPULAIRE : taulard, tôlard. ■ Personne privée de liberté. SYN. esclave, otage.

privation *nom féminin* Fait d'être privé de. SYN. dépossession, disparition, frustration, interdiction, perte, suppression. – LITTÉRAIRE : spoliation. ■ Fait de se priver du nécessaire. SYN. carence, jeûne, pénurie, renoncement. – LITTÉRAIRE : disette, renonciation. CONTR. *abondance, pléthore, profusion, surabondance.*

privatisation *nom féminin* Action de transférer du public au privé. CONTR. *étatisation, nationalisation.*

privatiser *nom féminin* Opérer la privatisation. CONTR. *étatiser, nationaliser.*

privé *nom masculin* ***En privé,*** à l'écart des autres. SYN. confidentiellement, officieusement, en particulier, seul à seul. CONTR. *officiellement, publiquement.*

privé *adjectif* Qui concerne quelqu'un en particulier. SYN. intime, personnel, propre. CONTR. *professionnel.* ■ Qui se fait sans témoins. SYN. individuel, officieux, particulier. CONTR. *collectif, officiel, public.*

priver *verbe* Ôter la jouissance de. SYN. déposséder, dépouiller, enlever, frustrer, ôter, retirer, sevrer, supprimer. – LITTÉRAIRE : spolier. CONTR. *bourrer, combler, donner, fournir, gaver, munir, nantir, nourrir.*

priver (se) *verbe pronominal* S'ôter la jouissance de. SYN. s'abstenir, se démunir, se départir, se dépouiller, se dessaisir, éviter, faire une croix sur, se passer, se refuser, renoncer, tirer un trait sur, tirer une croix sur. ■ S'imposer des privations. SYN. faire des sacrifices, se saigner aux quatre veines. – FAMILIER : faire ceinture, se mettre un cran à la ceinture, se serrer d'un cran, se serrer la ceinture. CONTR. *brûler la chandelle par les deux bouts, dépenser sans compter, dilapider, gaspiller, jeter l'argent par les fenêtres, mener grand train, ne manquer de rien, vivre dans l'opulence, vivre sur un grand pied.*

privilège *nom masculin* Avantage exclusif. SYN. apanage, attribut, avantage, bénéfice, exclusivité, faveur, grâce, immunité, monopole, passe-droit, prérogative, propre. – LITTÉRAIRE : don.

privilégié *adjectif* Qui jouit de privilèges. SYN. cossu, fortuné, huppé, nanti, opulent, riche. – FAMILIER : argenté. CONTR. *déshérité, pauvre.* – FAMILIER : *désargenté.* ■ Qui est avantageux. SYN. exceptionnel, extraordinaire, idéal, idyllique, parfait. ■ Qui a de la chance. SYN. avantagé, favorisé. CONTR. *défavorisé, désavantagé, handicapé, lésé.*

privilégié *nom* Personne favorisée. SYN. élu, favori, favorisé. CONTR. *déshérité, exclu, paria.* – LITTÉRAIRE : *réprouvé.*

privilégier *verbe* Accorder un privilège. SYN. appuyer, avantager, favoriser, protéger. CONTR. *défavoriser, désavantager, déshériter, handicaper, léser.*

prix *nom masculin* Valeur d'échange d'un bien. SYN. cours, coût, tarif, taux, valeur. ■ Ce qu'il en coûte pour réussir. SYN. paiement, payement, rançon, salaire. – LITTÉRAIRE : tribut. ■ ***À tout prix,*** quoi qu'il puisse en coûter. SYN. absolument, coûte que coûte, nécessairement, quoi qu'il en coûte, véritablement, vraiment. CONTR. *en aucun cas, à aucun prix, en aucune façon, pas du tout, pas le moins du monde, pour rien au monde, en rien.* ■ ***Hors de prix,*** très cher. SYN. cher, exorbitant, inabordable, onéreux, prohibitif, ruineux. – FAMILIER : astronomique. – LITTÉRAIRE : dispendieux. CONTR. *abordable, raisonnable.* – FAMILIER : *donné.*

probabilité *nom féminin* Caractère probable. SYN. chances, potentialité, virtualité. – LITTÉRAIRE : plausibilité. CONTR. *impossibilité, improbabilité.* ■ Événement probable. SYN. conjecture, hypothèse, possibilité, vraisemblance. CONTR. *chimère, illusion, impossibilité, improbabilité, rêve, utopie.* – LITTÉRAIRE : *songe.*

probable *adjectif* Que l'on considère comme vrai. SYN. admissible, croyable, plausible, vraisemblable. CONTR. *inadmissible, incroyable, invraisemblable.* ■ Qui a des chances de se produire. SYN. envisageable, possible. CONTR. *impossible, improbable.*

probablement *adverbe* Selon toute probabilité. SYN. apparemment, censément, peut-être, sans doute, selon toute vraisemblance, vraisemblablement. CONTR. *assurément, certainement, sûrement.*

probant *adjectif* Qui prouve. SYN. concluant, convaincant, décisif, démonstratif, éloquent, irrésistible, parlant, persuasif.

probe *adjectif* LITTÉRAIRE. D'une stricte honnêteté. SYN. carré, consciencieux, droit, fair-play, honnête, incorruptible, intègre, irréprochable, juste, loyal, scrupuleux. – LITTÉRAIRE : vertueux. CONTR. *déloyal, fourbe, indélicat, malhonnête, retors, vénal, vendu, véreux.* – LITTÉRAIRE : *corrompu, improbe.*

probité *nom féminin* Caractère probe. SYN. bonne foi, conscience, droiture, honnêteté, honorabilité, incorruptibilité, intégrité, loyauté, moralité, pureté, rectitude, sincérité. CONTR. *abjection, déloyauté, duplicité, fourberie, indélicatesse, malhonnêteté, mauvaise foi, partialité, vénalité.* – LITTÉRAIRE : *improbité, infidélité.*

problématique *adjectif* Dont l'issue est douteuse. SYN. aléatoire, douteux, hasardé, hasardeux, hypothétique, improbable, incertain. – LITTÉRAIRE : chanceux. CONTR. *assuré, certain, évident, formel, incontestable, indéniable, indiscutable, indubitable, inévitable, irréfutable, manifeste, palpable, sûr.*

problème *nom masculin* Question à résoudre. SYN. affaire, énigme, histoire, question, sujet. ■ Difficulté rencontrée. SYN. complication, difficulté, embarras, souci. – FAMILIER : embêtement, histoire.

procédé *nom masculin* Manière de se comporter. SYN. agissement, comportement, conduite, manière. – LITTÉRAIRE : errements. ■ Méthode pratique. SYN. ficelle, mécanisme, méthode, moyen, pratique, processus, recette, secret, système, technique. – FAMILIER : truc. – LITTÉRAIRE : artifice.

procéder *verbe intransitif* Opérer de telle façon. SYN. agir, aller, avancer, opérer, progresser.

procéder *verbe transitif indirect* Faire quelque chose. SYN. accomplir, effectuer, exécuter, se livrer à, mettre à exécution, opérer, pratiquer, se prendre à, réaliser. ■ Être la conséquence de. SYN. découler, dériver, émaner, participer, provenir, se rattacher, relever, remonter à, résulter, tenir de, venir de. – LITTÉRAIRE : ressortir à. CONTR. *causer, provoquer, susciter.*

procédurier *adjectif* Qui aime la procédure. SYN. ergoteur. – FAMILIER : discutailleur. – LITTÉRAIRE : processif. – VIEUX : avocassier, chicaneur, chicanier.

procès *nom masculin* Instance en justice. SYN. action, affaire, cause, chicane. CONTR. *accord, arrangement.* ■ Enchaînement de faits. SYN. cours, déroulement, développement, évolution, marche, processus, progrès.

processif *adjectif* LITTÉRAIRE. Qui aime intenter des procès. SYN. ergoteur, procédurier. – VIEUX : avocassier, chicaneur, chicanier.

procession *nom féminin* Longue suite de personnes, etc. SYN. chapelet, cortège, défilé, file, succession. – FAMILIER : ribambelle. – LITTÉRAIRE : séquelle, théorie.

processus *nom masculin* Enchaînement de faits. SYN. cours, déroulement, développement, évolution, film, marche, montée, procès, progrès. ■ Procédé technique. SYN. ficelle, mécanisme, méthode, moyen, pratique, procédé, recette, secret, système, technique. – LITTÉRAIRE : artifice.

procès-verbal *nom masculin* Acte rédigé par un agent. SYN. constat, contravention. – FAMILIER : contredanse, papillon, prune, P.-V. ■ Compte-rendu officiel. SYN. compte-rendu, état, rapport.

prochain *adjectif* Qui suit immédiatement. SYN. premier, suivant. CONTR. *dernier, éloigné, lointain.* ■ Qui va arriver. SYN. futur, immédiat, imminent, proche. CONTR. *éloigné, lointain.*

prochain *nom masculin* Toute personne semblable. SYN. autrui, intime, proche, semblable. – LITTÉRAIRE : familier. CONTR. *étranger.*

prochainement *adverbe* Dans un avenir proche. SYN. avant peu, bientôt, dans peu de temps, dans un instant, dès que possible, incessamment, d'un instant à l'autre, d'un moment à l'autre, rapidement, sans tarder, sous peu, tôt, vite, vivement. – FAMILIER : incessamment sous peu. CONTR. *actuellement, présentement.*

proche *adjectif* Qui doit arriver sous peu. SYN. futur, immédiat, imminent, prochain. CONTR. *éloigné, lointain, reculé.* ■ Qui est près, dans l'espace. SYN. adjacent, attenant, avoisinant, contigu, à côté, environnant, rapproché, voisin. – LITTÉRAIRE : circonvoisin, jouxtant. CONTR. *distant, écarté, éloigné, lointain, reculé.* ■ Qui a des points communs avec. SYN. analogue, approchant, comparable, parallèle, semblable, similaire. CONTR. *contraire, différent, discordant, dissemblable, opposé.* ■ Qui a des affinités avec. SYN. intime. CONTR. *distant, éloigné, fermé, froid, fuyant, impénétrable, renfermé.*

proches *nom masculin pluriel* Parents, amis intimes. SYN. cercle, entourage, intimes. – LITTÉRAIRE : familiers.

prochile *nom masculin* Ours du Sri Lanka et de l'Inde. SYN. mélurse, ours lippu.

proclamation *nom féminin* Action de proclamer. SYN. adresse, annonce, discours, notification, promulgation, publication, révélation. ■ Ce qui est proclamé. SYN. appel, avis, bulletin, communiqué, déclaration, manifestation, manifeste, profession de foi.

proclamer *verbe* Faire connaître publiquement. SYN. affirmer, annoncer, déclarer, notifier, promulguer, publier, révéler. CONTR. *cacher, dissimuler.* – LITTÉRAIRE : *celer.* ■ LITTÉRAIRE. Affirmer avec force. SYN. claironner, clamer, colporter, corner, crier, manifester, tambouriner. – FAMILIER : carillonner. – LITTÉRAIRE : confesser. – VIEUX : trompeter.

proclitique *adjectif et nom masculin* Qui se joint au mot qui le suit. CONTR. *enclitique.*

procréer *verbe* LITTÉRAIRE. Donner la vie à un enfant. SYN. engendrer, se reproduire. – LITTÉRAIRE : enfanter.

procris *nom masculin* Papillon à grandes ailes luisantes. SYN. ino.

proctite *nom féminin* Inflammation du rectum. SYN. rectite.

procuration *nom féminin* Acte écrit qui constate un mandat. SYN. délégation, pouvoir.

procurer *verbe* Mettre à la disposition de. SYN. assurer, donner, fournir, gratifier, ménager, nantir, octroyer, offrir, pourvoir. ■ Être la cause de. SYN. amener, apporter, attirer, causer, donner lieu à, donner matière à, entraîner, faire naître, occasionner, produire, provoquer, susciter, valoir. CONTR. *épargner, éviter.*

procurer (se) *verbe pronominal* Faire en sorte d'obtenir. SYN. acquérir, dénicher, se ménager, obtenir, trouver. – FAMILIER : décrocher. CONTR. *se débarrasser, se défaire, se séparer de.*

prodigalité *nom féminin* Caractère prodigue. SYN. générosité, libéralité. – LITTÉRAIRE : largesse, magnificence, munificence. CONTR. *avarice, cupidité.* – FAMILIER : *pingrerie, radinerie, radinisme.* – LITTÉRAIRE : *ladrerie, lésine, lésinerie, rapacité.* ■ Acte de générosité. SYN. largesses, libéralités. – LITTÉRAIRE : don. ■ LITTÉRAIRE. Présence excessive de. SYN. débauche, déploiement, étalage, foisonnement, luxe, orgie, profusion, surabondance. CONTR. *économie, parcimonie.*

prodige *nom masculin* Événement extraordinaire. SYN. miracle, phénomène, présage, signe. ■ Personne très douée. SYN. cerveau, chef-d'œuvre, génie, merveille, phénomène, surdoué, virtuose. – FAMILIER : aigle, as, champion, crack. – LITTÉRAIRE : lumière, phénix. CONTR. *nul, nullité.* – FAMILIER : *nullard.*

prodigieusement *adverbe* À un point extraordinaire. SYN. abominablement, admirablement, affreusement, beaucoup, bien, considérablement, effroyablement, énormément, épouvantablement, exceptionnellement, excessivement, extraordinairement, extrêmement, fabuleusement, follement, hautement, horriblement, immensément, immodérément, incroyablement, infiniment, merveilleusement, monstrueusement, mortellement, parfaitement, particulièrement, au plus haut degré, au plus haut point, profondément, puissamment, remarquablement, souverainement, supérieurement, suprêmement, terriblement, tout à fait, très, trop, vertigineusement. – FAMILIER : atrocement, bigrement, bougrement, diablement, drôlement, fichtrement, fichûment, formidablement, joliment, méchamment, royalement, rudement, sacrément, superlativement, tout plein. – LITTÉRAIRE : au dernier point, diantrement, furieusement. – POPULAIRE : foutrement, salement, vachement. – VIEUX : fièrement. CONTR. *aucunement, faiblement, légèrement, modérément, moyennement, nullement, pas du tout, pas le moins du monde, passablement, peu.*

prodigieux *adjectif* LITTÉRAIRE. Qui tient du prodige. SYN. fantastique, féerique, merveilleux, miraculeux. – LITTÉRAIRE : surnaturel. ■ Indique un très haut degré. SYN. colossal, effarant, étonnant, étourdissant, d'exception, exceptionnel, fantastique, formidable, fou, génial, gigantesque, imposant, impressionnant, incalculable, incroyable, inimaginable, inouï, mirifique, monstrueux, phénoménal, sans précédent, spectaculaire, surprenant. – FAMILIER : énorme, époustouflant, fabuleux, faramineux, furieux, monstre, monumental, sensationnel, terrible. – POPULAIRE : bœuf.

prodigue *adjectif* Qui dépense sans mesure. SYN. dépensier, dilapidateur, gaspilleur. – LITTÉRAIRE : dissipateur. CONTR. *économe, parcimonieux, regardant, serré.* ■ Qui donne sans compter. SYN. généreux, large. – LITTÉRAIRE : libéral. CONTR. *avare.* – FAMILIER : *chiche, chien, pingre, radin, rapiat, rat.* – LITTÉRAIRE : *avaricieux, cupide, ladre, lésineur, rapace.*

prodiguer *verbe* Dépenser sans compter. SYN. croquer, dépenser, dilapider, éparpiller, faire des folies, gaspiller, jeter l'argent par les fenêtres, manger son blé en herbe. – FAMILIER : claquer, craquer, faire valser l'argent. – LITTÉRAIRE : dissiper, mener la vie à grandes guides. – VIEUX : flamber sa fortune. CONTR. *accumuler, amasser, économiser, entasser, épargner, lésiner sur, ménager, thésauriser.* ■ Faire montre de. SYN. affecter, afficher, déployer, dispenser, distribuer, donner, manifester, marquer, porter, témoigner.

prodrome *nom masculin* LITTÉRAIRE. Signe annonciateur. SYN. annonce, indice, préambule, préfiguration, prélude, présage, prologue, signal, signe, symptôme. – LITTÉRAIRE : messager.

productif *adjectif* Qui produit quelque chose. SYN. fertile, riche. – LITTÉRAIRE : fécond, généreux. CONTR. *aride, improductif, infécond, infertile, ingrat, maigre, pauvre, stérile.* ■ Qui rapporte de l'argent. SYN. avantageux, bénéfique, fructueux, intéressant, lucratif, payant, profitable, rémunérateur, rentable.

production *nom féminin* Action de produire. SYN. création, émission, fabrication, formation, genèse, obtention, réalisation. – LITTÉRAIRE : enfantement. CONTR. *anéantissement, destruction.* ■ Ce qui est produit. SYN. œuvre, produit.

productivité *nom féminin* Caractère productif. SYN. efficacité, efficience, fertilité, rendement. – LITTÉRAIRE : fécondité. CONTR. *aridité, infécondité, stérilité.* – LITTÉRAIRE : *infertilité.*

produire *verbe* Assurer la production de. SYN. fabriquer, faire, fournir, opérer. CONTR. *détruire.* ■ Créer une œuvre. SYN. composer, écrire, élaborer. – FAMILIER : pondre. – LITTÉRAIRE : élucubrer. ■ Former naturellement. SYN. donner, fournir, porter, rapporter, rendre. – LITTÉRAIRE : sécréter. ■ Faire naître un sentiment. SYN. amener, apporter, causer, créer, déclencher, déterminer, engendrer, entraîner, occasionner, procurer, provoquer, soulever, susciter. ■ Faire état de quelque chose. SYN. alléguer, citer, exhiber, exposer, invoquer, montrer, présenter.

produire (se) *verbe pronominal* Avoir lieu. SYN. s'accomplir, advenir, arriver, avoir lieu, se déclarer, se déclencher, se dérouler, se faire, intervenir, s'opérer, se passer, surgir, survenir, venir. – LITTÉRAIRE : s'exercer.

produit *nom masculin* Ce que produit l'homme ou la nature. SYN. article, denrée, fourniture, fruits, marchandise, objet, production. ■ Ce qui résulte d'une activité. SYN. effet, fruit, rançon, résultante, résultat. ■ Sommes obtenues. SYN. bénéfices, fonds, gain, profit, rapport, recette.

proéchidné *nom masculin* Mammifère de Nouvelle-Guinée. SYN. zaglossus.

proéminence *nom féminin* LITTÉRAIRE. Partie proéminente. SYN. bosse, bourrelet, éminence, excroissance, protubérance, saillie.

proéminent *adjectif* Qui est nettement en relief. SYN. bombé, protubérant, renflé, saillant. CONTR. *creux, rentrant.*

profanateur *nom* LITTÉRAIRE. Personne qui profane. SYN. blasphémateur, sacrilège. – LITTÉRAIRE : impie, violateur.

profanation *nom féminin* Action de profaner. SYN. sacrilège, violation. – LITTÉRAIRE : impiété. CONTR. *respect.* ■ Action d'avilir ce qui est précieux. SYN. altération, avilissement, dégradation, dépravation. – LITTÉRAIRE : corruption, flétrissure, prostitution.

profane *adjectif* Étranger aux choses sacrées. SYN. païen. CONTR. *divin, religieux, sacré.*

profane *nom* Personne inexpérimentée. SYN. béotien, ignorant, incompétent, novice. – LITTÉRAIRE : philistin. CONTR. *expert, initié.* – LITTÉRAIRE : *savant.*

profaner *verbe* Violer le caractère sacré de. SYN. polluer, violer. – LITTÉRAIRE : blasphémer. CONTR. *consacrer, purifier.* ■ Faire un mauvais usage de. SYN. avilir, dépraver, discréditer, entacher, galvauder. – LITTÉRAIRE : flétrir, prostituer. CONTR. *honorer, observer, respecter, vénérer.*

proférer *verbe* Prononcer à haute voix. SYN. articuler, crier, débiter, dire, émettre, énoncer, exprimer, pousser, prononcer. – FAMILIER : cracher, sortir. – LITTÉRAIRE : éructer. CONTR. *taire.*

professeur *nom masculin* Personne qui enseigne. SYN. éducateur, enseignant, maître, pédagogue. CONTR. *apprenti, disciple, élève.*

profession *nom féminin* Métier exercé. SYN. charge, emploi, fonction, métier, place, position, poste, situation, travail. – LITTÉRAIRE : état, office.

professionnel *nom* Personne qui connaît son métier. SYN. spécialiste, technicien. CONTR. *amateur, dilettante.*

professoral *adjectif* Qui a un caractère pédant. SYN. doctoral, magistral, pédant, sentencieux, solennel. – FAMILIER : pontifiant, prêcheur. – LITTÉRAIRE : pédantesque.

profiler (se) *verbe pronominal* Se présenter de profil. SYN. se découper, se dessiner, se détacher. – LITTÉRAIRE : se silhouetter. ■ Avoir un début de réalité. SYN. apparaître, s'ébaucher, s'esquisser, se faire jour, paraître. – LITTÉRAIRE : poindre, pointer.

profit *nom masculin* Gain tiré d'une opération. SYN. bénéfice, boni, gain, produit, rapport, recette. CONTR. *déficit, perte.* ■ Bénéfice intellectuel. SYN. avantage, bienfait, fruit, intérêt, parti, utilité. CONTR. *désavantage, mal, méfait, préjudice.*

profitable *adjectif* Dont on peut tirer profit. SYN. avantageux, bon, formateur, fructueux, instructif, intéressant, lucratif, payant, productif, rémunérateur, rentable, salutaire, utile. CONTR. *désavantageux, dommageable, funeste, infructueux, inutile, mauvais, nocif, nuisible, préjudiciable, regrettable.*

profiter *verbe intransitif* FAMILIER. Se développer. SYN. croître, grandir, grossir, pousser. – FAMILIER : forcir.

profiter *verbe transitif indirect* Tirer un profit de. SYN. bénéficier, exploiter, jouir de, se servir de, tirer avantage, tirer parti, tirer profit, utiliser. CONTR. *dédaigner, faire fi de, gâcher, gaspiller, laisser échapper, mépriser, refuser, renoncer, sacrifier.* ■ Procurer un avantage à. SYN. être profitable, être utile, rapporter, réussir, servir. ■ Tirer un profit abusif de. SYN. abuser, exploiter, jouer sur les deux tableaux. – FAMILIER : vouloir le beurre et l'argent du beurre.

profiteur *nom* Personne qui profite d'autrui. SYN. exploiteur, parasite. – FAMILIER : pique-assiette. – LITTÉRAIRE : sangsue. – VIEUX : écornifleur.

profond *adjectif* D'une grande profondeur. SYN. creux, encaissé, enfoncé, insondable. – FAMILIER : abyssal. ■ Se dit d'un son grave. SYN. bas, caverneux. – LITTÉRAIRE : sépulcral. CONTR. *aigre, aigu, bref, perçant, petit, strident.* – LITTÉRAIRE : *cristallin.* ■ Qui est fondamental. SYN. essentiel, éternel, majeur, vital. CONTR. *accidentel, byzantin, frivole, futile, oiseux, passager, vide.* – LITTÉRAIRE : *vain.* ■ Marque l'intensité. SYN. complet, énorme, extrême, grand, important, infini, intense, majeur, poussé. – FAMILIER : crasse. CONTR. *léger, superficiel.* ■ Qui montre de la finesse. SYN. clairvoyant, intelligent, lucide, pénétrant, sagace, sérieux. CONTR. *borné, étriqué, obtus, superficiel.* – FAMILIER : *bouché.* ■ Qui est dense. SYN. dense, épais, obscur, sombre. ■ Qui touche à l'intimité. SYN. foncier, intime, secret, vrai. CONTR. *apparent, factice, feint, perceptible, sensible, visible.*

profondément *adverbe* D'une manière extrême. SYN. abominablement, affreusement, ardemment, bien, chaudement, complètement, effroyablement, éminemment, entièrement, épouvantablement, exceptionnellement, excessivement, extraordinairement, extrêmement, follement, foncièrement, à fond, fort, fougueusement, grandement, hautement, horriblement, immensément, immodérément, incroyablement, infiniment, intensément, jusqu'au bout des ongles, mortellement, particulièrement, pleinement, prodigieusement, puissamment, sérieusement, suprêmement, terriblement, totalement, très, vertigineusement, vivement. – FAMILIER : atrocement, bigrement, bougrement, diablement, fameusement, fichtrement, fichûment, formidablement, joliment, méchamment, à mort, rudement. – LITTÉRAIRE : furieusement. – POPULAIRE : foutrement, salement, vachement. CONTR. *à demi, faiblement, guère, insuffisamment, légèrement, médiocrement, modestement, à moitié, partiellement, à peine, peu, un peu, superficiellement.* – FAMILIER : *un tantinet.*

profondeur *nom féminin* Distance du fond à la surface. SYN. grandeur, hauteur. CONTR. *surface.* ■ Caractère pénétrant. SYN. acuité, finesse, lucidité, perspicacité, pertinence, richesse, sagacité, sagesse, subtilité. CONTR. *banalité, étroitesse, futilité, légèreté, pauvreté, platitude.* – LITTÉRAIRE : *superficialité.*

profondeurs *nom féminin pluriel* Lieux loin de la surface. SYN. abysse, fond, gouffre. – LITTÉRAIRE : abîme.

profus *adjectif* LITTÉRAIRE. Qui est en abondance. SYN. abondant, dense, diffus, dru, exubérant, foisonnant, fourmillant, fourni, généreux, luxuriant, plantureux, riche, substantiel, touffu, volumineux. – LITTÉRAIRE : opulent.

profusion *nom féminin* Abondance de choses. SYN. abondance, affluence, débauche, débordement, déluge, excès, exubérance, flux, foison, luxe, masse, monceau, montagne, multiplicité, orgie, pléthore, pluie, prolifération, pullulement, surabondance. – FAMILIER : pelletée. – LITTÉRAIRE : prodigalité. CONTR. *absence, carence, indigence, insuffisance, manque, pauvreté, pénurie, privation, rareté.* – LITTÉRAIRE : *disette.* ■ ***À profusion,*** en abondance. SYN. abondamment, amplement, beaucoup, colossalement, considérablement, copieusement, à discrétion, énormément, à flots, à foison, généreusement, grandement, largement, massivement, à la pelle, plantureusement, pleinement, en quantité, richement, à satiété, à souhait, surabondamment, à tour de bras, en veux-tu en voilà, à volonté. – FAMILIER : à gogo, jusqu'à plus soif, en pagaille, à revendre, à tire-larigot. – LITTÉRAIRE : à l'envi. CONTR. *chichement, modérément, parcimonieusement, peu.*

progéniture *nom féminin* Enfants, par rapport aux parents. SYN. descendance, enfants.

progestérone *nom féminin* Hormone sécrétée par le corps jaune de l'ovaire. SYN. – VIEUX : lutéine.

programme *nom masculin* Organisation du temps. SYN. calendrier, emploi du temps, planning. ■ Intentions d'action. SYN. dessein, objectifs, plan, plate-forme, projet.

programmer *verbe* Établir à l'avance. SYN. compter, organiser, planifier.

progrès *nom masculin* Fait d'avancer. SYN. ascension, avancement, cours, marche, mouvement, pas, procès, processus, progression. CONTR. *piétinement, recul.* ■ Évolution favorable. SYN. amélioration, développement, essor, évolution, expansion, extension, gain, perfectionnement. CONTR. *décadence, déchéance, déclin, régression, rétrogradation, sclérose, stagnation.* – LITTÉRAIRE : *décrépitude, dégénérescence.*

progresser *verbe* Se déplacer. SYN. avancer, bouger, cheminer, marcher, se mouvoir. CONTR. *s'arrêter, piétiner, reculer, se retirer.* ■ Avancer dans quelque chose. SYN. aller de l'avant, être en voie de, faire du chemin, faire son chemin, gagner du terrain. CONTR. *tourner en rond, végéter.* ■ Aller vers un degré supérieur. SYN. s'améliorer, avancer d'un cran, croître, se développer, s'étendre, monter d'un cran, passer la vitesse supérieure, prospérer. CONTR. *aller à reculons, baisser, baisser d'un cran, décliner, dégénérer, descendre d'un cran, marcher à reculons, régresser, rétrograder.*

progressif *adjectif* Qui se fait par degrés. SYN. croissant, graduel. CONTR. *brusque, brutal, instantané, subit.*

progression *nom féminin* Action d'avancer. SYN. acheminement, ascension, avance, avancée, cheminement, marche, parcours. ■ Développement régulier. SYN. accroissement, amélioration, avancement, croissance, développement, essor, évolution, expansion, extension, progrès. CONTR. *recul, régression, rétrogradation.*

progressivement *adverbe* De façon progressive. SYN. d'année en année, crescendo, par degrés, doucement, par étapes, de fil en aiguille, au fur et à mesure, graduellement, d'heure en heure, insensiblement, de jour en jour, de minute en minute, par paliers, pas à pas, petit à petit, peu à peu, pièce à pièce, pied à pied, pierre à pierre, de proche en proche. CONTR. *brusquement,* *brutalement, d'un coup, soudain, soudainement, subitement.* – FAMILIER : *subito.*

prohibé *adjectif* Interdit par la loi. SYN. clandestin, défendu, illégal, illicite, interdit. CONTR. *autorisé, légal, licite, permis.*

prohiber *verbe* Interdire légalement. SYN. censurer, défendre, empêcher, interdire, mettre à l'index, proscrire. CONTR. *autoriser, légitimer, ordonner, permettre, prescrire.*

prohibitif *adjectif* D'un prix exorbitant. SYN. cher, exorbitant, hors de prix, inabordable, onéreux, ruineux. – FAMILIER : salé. – LITTÉRAIRE : dispendieux. CONTR. *économique, modeste, raisonnable.*

prohibition *nom féminin* Action de prohiber. SYN. censure, défense, interdiction, mise à l'index, proscription. CONTR. *autorisation, droit, liberté, licence.*

proie *nom féminin* Ce que capture un animal. SYN. capture, prise. ■ Personne qu'on tourmente. SYN. bouc émissaire, cible, jouet, souffre-douleur, tête de Turc, victime.

projection *nom féminin* Ce qui jaillit. SYN. crachement, éclaboussure, émission, éruption, giclée, jaillissement, jet.

projet *nom masculin* But à atteindre. SYN. but, dessein, fin, idée, intention, objectif, plan, programme, propos, visée, vues. ■ Première ébauche. SYN. ébauche, esquisse, premier jet, schéma. – LITTÉRAIRE : linéaments.

projeter *verbe* Lancer vers le haut. SYN. cracher, éjecter, jeter, lancer, propulser. ■ Avoir l'intention de. SYN. avoir en vue de, avoir l'intention de, avoir une idée derrière la tête, caresser l'espoir de, combiner, comploter, compter, envisager, parler, penser, préparer, se proposer de, songer. CONTR. *agir, réaliser.*

prolégomènes *nom masculin pluriel* Longue introduction. SYN. préambule, préface, prologue.

prolétariat *nom masculin* Ensemble des prolétaires. SYN. masses laborieuses, masses populaires, ouvriers, peuple, travailleurs. CONTR. *aristocratie, bourgeoisie, noblesse, patronat.*

prolifération *nom féminin* Multiplication rapide. SYN. déluge, foisonnement, multiplication, multiplicité, pléthore, profusion, pullulement. CONTR. *raréfaction.*

proliférer *verbe* Être très nombreux. SYN. abonder, affluer, foisonner, fourmiller, grouiller, pulluler. – FAMILIER : fleurir. CONTR. *diminuer, disparaître, se raréfier.* ■ Se reproduire en grand nombre. SYN. se multiplier, se reproduire. – FAMILIER : champignonner.

prolifique *adjectif* Qui se multiplie vite. SYN. fécond, fertile. CONTR. *improductif, infécond, infertile, stérile.* ■ Qui écrit beaucoup. SYN. créateur, créatif, fécond, fertile, imaginatif, ingénieux, inventif. CONTR. *infécond, infertile, pauvre, stérile.*

prolixe *adjectif* Chargé de détails inutiles. SYN. abondant, boursouflé, diffus, filandreux, long, redondant. – FAMILIER : délayé, longuet. CONTR. *court, elliptique, lapidaire, ramassé, serré, sobre, succinct, télégraphique.* ■ Qui se perd en détails. SYN. bavard, causeur, diffus, loquace, verbeux, volubile. – FAMILIER : jacasseur, jacassier, parlant. – LITTÉRAIRE : disert, verveux. – VIEUX : babillard. CONTR. *bref, concis, laconique, précis, sobre.* – LITTÉRAIRE : *compendieux, succinct.*

prolixité *nom féminin* LITTÉRAIRE. Caractère prolixe. SYN. bavardages, longueurs, redondance, remplissage, verbiage, verve, volubilité. – FAMILIER : bagou, bagout, délayage, tchatche. – LITTÉRAIRE : babil, faconde, loquacité, verbosité. – POPULAIRE : jactance. CONTR. *brièveté, concision, laconisme, sobriété.*

prologue *nom masculin* Début d'un ouvrage. SYN. avant-propos, avertissement, avis, exorde, introduction, notice, préambule, préface, présentation, prolégomènes. CONTR. *conclusion, épilogue, fin.* ■ Ce qui annonce quelque chose. SYN. annonce, avant-goût, ébauche, préalable, préambule, préface, préfiguration, préliminaire, prélude. – LITTÉRAIRE : prémices, prodrome.

prolongation *nom féminin* Action de prolonger. SYN. allongement, continuation, poursuite, prolongement, prorogation. CONTR. *arrêt, cessation, levée.*

prolongement *nom masculin* Augmentation de longueur. SYN. allongement, continuation, extension, poursuite, prolongation. CONTR. *interruption, pause.* ■ Suites d'un événement. SYN. aboutissement, conséquence, contrecoup, développement, incidence, rançon, répercussion, retentissement, retombée, ricochet, suite.

prolonger *verbe* Augmenter la longueur. SYN. allonger, continuer, rallonger. CONTR. *couper, diminuer, raccourcir.* ■ Faire durer. SYN. allonger, entretenir, éterniser, perpétuer, poursuivre, proroger. CONTR. *abréger, interrompre.*

prolonger (se) *verbe pronominal* S'allonger dans le temps. SYN. continuer, durer, s'éterniser, se maintenir, se perpétuer, se poursuivre, traîner. CONTR. *passer.* ■ Avoir en prolongement. SYN. s'allonger, se continuer, se dérouler, se développer, s'étaler, s'étirer.

promenade *nom féminin* Action de se promener. SYN. course, excursion, flânerie, marche, randonnée, sortie, tour, tournée. – FAMILIER : balade, virée. – LITTÉRAIRE : déambulation. – POPULAIRE : vadrouille. ■ Lieu où l'on se promène. SYN. allée, cours, mail.

promener *verbe* Conduire quelqu'un. SYN. guider, piloter, sortir, traîner, véhiculer. – FAMILIER : balader. ■ Laisser aller çà et là. SYN. laisser errer, porter, transporter. ■ FAMILIER. Induire en erreur. SYN. abuser, attraper, berner, duper, égarer, faire avaler des couleuvres, leurrer, se moquer de, mystifier, piéger, rouler dans la farine, tromper. – FAMILIER : avoir, blouser, embobiner, empaumer, faire marcher, feinter, ficher dedans, flouer, mener en bateau, mettre dedans, monter un bateau, pigeonner, posséder, refaire, rouler. – LITTÉRAIRE : en faire accroire, gruger, se jouer de. – POPULAIRE : arnaquer, baiser, couillonner, entuber, faire un enfant dans le dos, foutre dedans, niquer.

promener (se) *verbe pronominal* Aller çà et là. SYN. aller, changer d'air, cheminer, déambuler, se déplacer, errer, flâner, marcher, musarder, passer, prendre l'air, prendre le frais, traîner. – FAMILIER : baguenauder, se baguenauder, se balader, être d'humeur baladeuse. – LITTÉRAIRE : badauder, muser. – POPULAIRE : partir en vadrouille, vadrouiller.

promeneur *nom* Personne qui se promène. SYN. badaud, flâneur, marcheur, passant, piéton. – VIEUX : excursionniste.

promesse *nom féminin* Action de promettre. SYN. assurance, engagement, parole, serment. – LITTÉRAIRE : foi.

prometteur *adjectif* Plein de promesses. SYN. encourageant, engageant, porteur, stimulant. CONTR. *infécond, infertile.*

promettre *verbe* S'engager à faire. SYN. assurer, certifier, donner des gages, donner sa parole, engager sa parole, s'engager, garantir, jouer cartes sur table, jurer, n'avoir qu'une parole, respecter la parole donnée, tenir parole. – FAMILIER : ne pas manger de ce pain-là. CONTR. *dégager sa parole, faire faux bond, reprendre sa parole.* – FAMILIER : *donner un coup de canif dans le contrat.* ■ Laisser espérer. SYN. annoncer, destiner, faire augurer, prédire, préparer, pronostiquer. – LITTÉRAIRE : présager.

promettre (se) *verbe pronominal* Compter fortement sur. SYN. attendre, compter, escompter, espérer, se flatter de, tabler sur.

promoteur *nom* Personne qui donne l'impulsion à. SYN. agent, âme, animateur, artisan, auteur, créateur, initiateur, innovateur, inspirateur, instigateur, introducteur, moteur, père, pionnier. – LITTÉRAIRE : forgeur, instaurateur, ouvrier.

promotion *nom féminin* Action de promouvoir. SYN. accession, arrivée, avancement, avènement, élévation. CONTR. *abaissement, dégradation.*

promouvoir *verbe* Élever à un niveau supérieur. SYN. appeler, catapulter, élever, nommer. – FAMILIER : propulser. CONTR. *casser, déposer, limoger.* – FAMILIER : *déboulonner, sabrer.* ■ Mettre en avant. SYN. animer, ériger, instaurer, instituer, lancer, parrainer, pousser.

prompt *adjectif* LITTÉRAIRE. Qui agit vite. SYN. actif, agile, ardent, empressé, expéditif, impatient, leste, pressé, preste, vif. – LITTÉRAIRE : diligent, véloce. CONTR. *indolent, lent, lourd, mou, négligent, obtus, paresseux, pesant.* ■ LITTÉRAIRE. Qui survient sans délai. SYN. brusque, fulgurant, immédiat, rapide, soudain. ■ LITTÉRAIRE. Qui est de courte durée. SYN. bref, court. CONTR. *durable, interminable, long.*

promptement *adverbe* De façon prompte. SYN. activement, bientôt, à bride abattue, en catastrophe, en coup de vent, entre deux portes, expéditivement, à fond de cale, à fond de train, à fond la caisse, à la hâte, hâtivement, immédiatement, instantanément, au plus vite, précipitamment, prestement, rapidement, en un rien de temps, rondement, à la sauvette, sur les chapeaux de roue, tambour battant, à tombeau ouvert, à toute allure, à toute bride, à toute hâte, en toute hâte, à toute vitesse, toutes affaires cessantes, à la va-vite, vite, en vitesse, vivement. – FAMILIER : en un clin d'œil, dare-dare, en deux temps, trois mouvements, en deux, trois coups de cuiller à pot, illico, illico presto, en quatrième vitesse, rapido presto, rapidos, subito presto, en un temps record, en un tour de main, à toute blinde, à toute vapeur, à toute(s) pompe(s). – LITTÉRAIRE : diligemment. – POPULAIRE : à tout berzingue, à toute barde, à toute berzingue, à toute bitture. CONTR. *doucement, insensiblement, interminablement, lentement, longuement, mollement, nonchalamment, posément, tranquillement.*

promptitude *nom féminin* LITTÉRAIRE. Caractère prompt. SYN. agilité, célérité, empressement, hâte, précipitation, rapidité, soudaineté, vitesse. – LITTÉRAIRE : diligence, prestesse, vélocité, vivacité. CONTR. *indolence, lenteur, mollesse, négligence, nonchalance, paresse.*

promulgation *nom féminin* Action de promulguer. SYN. proclamation, publication. CONTR. *abolition, abrogation, annulation, dissolution, infirmation, retrait, suppression.*

promulguer *verbe* Rendre applicable une loi. SYN. décréter, édicter, proclamer, publier. CONTR. *abolir, abroger, annuler, dissoudre, infirmer, retirer, supprimer.*

prône *nom masculin* Instruction que fait un prêtre. SYN. homélie, prêche, prédication, sermon.

prôner *verbe* Recommander vivement. SYN. célébrer, conseiller, encenser, exalter, glorifier, louer, prêcher, préconiser, promouvoir, proposer, recommander, suggérer, vanter. – LITTÉRAIRE : louanger. CONTR. *critiquer, dénigrer, discréditer, réprouver.* – LITTÉRAIRE : *censurer, vilipender.*

prôneur *nom* LITTÉRAIRE. Personne qui prône. SYN. apologiste, apôtre, avocat, défenseur, panégyriste. – LITTÉRAIRE : louangeur, thuriféraire. CONTR. *censeur, critique.* – LITTÉRAIRE : *contempteur.*

prononcé *adjectif* Qui est très perceptible. SYN. accentué, accusé, appuyé, fort, marqué, souligné. CONTR. *délicat, faible, fin, léger, menu.*

prononcer *verbe intransitif* Rendre un arrêt. SYN. décider, prendre parti, statuer, trancher.

prononcer *verbe transitif* Réaliser un son. SYN. articuler, énoncer. ■ Dire une parole. SYN. débiter, déclamer, dire, émettre, exprimer, faire, proférer. – FAMILIER : sortir. ■ Faire connaître une décision. SYN. décréter, formuler, infliger, rendre.

prononcer (se) *verbe pronominal* Exprimer une opinion. SYN. se déclarer, juger, parler, statuer, trancher. ■ Choisir tel parti. SYN. choisir, se décider pour, se déterminer, opter pour, pencher, prendre parti, voter. CONTR. *balancer, hésiter, tergiverser.* – FAMILIER : *se tâter.*

prononciation *nom féminin* Manière de prononcer. SYN. accent, articulation, diction, élocution, parler, parole.

pronostic *nom masculin* Prévision de l'avenir. SYN. conjecture, prédiction, présage, prévision, supposition.

pronostiquer *verbe* Faire des pronostics. SYN. annoncer, conjecturer, faire augurer, prédire, prévoir, promettre, prophétiser. – LITTÉRAIRE : présager.

pronunciamiento *nom masculin* Coup d'État militaire. SYN. putsch.

propadiène *nom masculin* Type d'hydrocarbure. SYN. allène.

propagande *nom féminin* Action d'imposer une doctrine. SYN. endoctrinement, intoxication. – FAMILIER : bourrage de crâne, intox, intoxe.

propagation *nom féminin* Fait de propager une idée. SYN. circulation, diffusion, expansion, rayonnement, transmission, vulgarisation. ■ Fait de s'étendre. SYN. contagion, essor, extension, invasion.

propager *verbe* Répandre dans le public. SYN. accréditer, colporter, diffuser, divulguer, étendre, éventer, généraliser, répandre, transmettre, universaliser, vulgariser. CONTR. *arrêter, borner, circonscrire, enrayer, limiter, localiser, restreindre, stopper.*

propager (se) *verbe pronominal* S'étendre de proche en proche. SYN. circuler, courir, se développer, s'étendre, faire tache d'huile, fructifier, gagner du terrain, rayonner, se répandre, se transmettre. – LITTÉRAIRE : irradier.

propanone *nom féminin* Produit solvant. SYN. acétone, diméthylcétone.

propène *nom masculin* Hydrocarbure éthylénique. SYN. propylène.

propension *nom féminin* Penchant pour. SYN. amour, aptitude, attirance, disposition, facilité, faible, goût, inclination, instinct, penchant, pente, prédisposition, tendance, vocation. CONTR. *aversion, dégoût, haine, répugnance, répulsion.*

prophète *nom masculin* Interprète de la volonté divine. SYN. devin, oracle, vaticinateur, visionnaire, voyant. – FAMILIER : augure. ■ LITTÉRAIRE. Personne qui devance l'avenir. SYN. précurseur. – LITTÉRAIRE : messager, visionnaire.

prophétie *nom féminin* Prédiction d'un événement. SYN. anticipation, prédiction, prévision. – LITTÉRAIRE : oracle, vaticination.

prophétiser *verbe* Prédire l'avenir. SYN. annoncer, augurer, entrevoir, jouer les Cassandre, lire dans le marc de café, prédire, prévoir, pronostiquer. – LITTÉRAIRE : vaticiner.

propice *adjectif* Bien disposé envers quelqu'un. SYN. amical, bienveillant, bon, cordial, favorable. CONTR. *contraire, ennemi, hostile, inamical, malveillant, opposé.* ■ Qui convient bien. SYN. bienheureux, bienvenu, bon, convenable, excellent, faste, favorable, heureux, indiqué, opportun, propre. CONTR. *catastrophique, défavorable, déplacé, désavantageux, fâcheux, fatal, funeste, inopportun, malheureux, malvenu, mauvais, néfaste, préjudiciable, redoutable.* – LITTÉRAIRE : *importun.*

proportion *nom féminin* Rapport satisfaisant. SYN. équilibre, harmonie. CONTR. *déséquilibre, disproportion, inégalité.*

proportionné *adjectif* ***Bien proportionné,*** qui a un corps harmonieux. SYN. bien bâti, bien découplé, harmonieux. – POPULAIRE : bien balancé, bien roulé. CONTR. *contrefait, difforme, disgracieux, disproportionné.*

proportionnellement *adverbe* D'une manière proportionnelle. SYN. auprès de, en comparaison avec, comparativement à, en proportion de, par rapport à, en regard de, relativement à, suivant.

proportionner *verbe* Mettre en exacte proportion. SYN. accorder, adapter, ajuster, approprier, conformer, doser, mesurer.

proportions *nom féminin pluriel* Dimensions de quelque chose. SYN. ampleur, dimensions, encombrement, gabarit, grandeur, grosseur, taille, volume. ▪ Étendue d'une action. SYN. ampleur, gravité, importance, intensité, poids.

propos *nom masculin* But que l'on se fixe. SYN. désir, dessein, détermination, idée, intention, objet, parti, pensée, projet, résolution, visée, volonté. ▪ Parole prononcée. SYN. affirmation, allégation, assertion, boniment, considération, déclaration, dire, discours, énoncé, mot, observation, on-dit, parole. – FAMILIER : cancan, commérage, potin. ▪ ***À propos,*** de façon opportune. SYN. opportunément, à point, à temps. CONTR. *à contretemps, mal à propos.* ▪ ***À propos de,*** en ce qui concerne. SYN. concernant, à l'occasion de, relativement à, au sujet de, sur. ▪ ***À tout propos,*** à chaque instant. SYN. constamment, continuellement, à longueur de temps, en permanence, perpétuellement, sans arrêt, sans cesse, sans discontinuer, sans intermission, sans interruption, sans relâche, sans répit, sans souffler, sans trêve, toujours, à tout bout de champ, à tout instant, tout le temps. – LITTÉRAIRE : continûment, sempiternellement. CONTR. *par accès, épisodiquement, exceptionnellement, par instants, par intermittence, par intervalles, irrégulièrement, occasionnellement, parfois, quelquefois, sporadiquement, temporairement, de temps à autre, de temps en temps, variablement.* – LITTÉRAIRE : *transitoirement.* ▪ ***Hors de propos,*** qui n'est pas opportun. SYN. déplacé, fâcheux, inapproprié, incongru, inopportun, intempestif, malencontreux, malvenu. CONTR. *adapté, approprié, bienséant, bienvenu, indiqué, judicieux, opportun, pertinent, propice.* – LITTÉRAIRE : *séant.*

proposer *verbe* Offrir au choix de quelqu'un. SYN. dire, offrir, préconiser, présenter, prôner, souffler, soumettre, suggérer. CONTR. *accepter, recevoir.*

proposer (se) *verbe pronominal* Se donner comme but. SYN. compter, envisager, escompter, penser, projeter, réfléchir à, songer à.

proposition *nom féminin* Action de proposer. SYN. offre, ouverture, suggestion.

propre *adjectif* Qui appartient spécialement à. SYN. caractéristique, distinct, exclusif, individuel, inhérent, intrinsèque, particulier, personnel, privé, spécial, spécifique. CONTR. *collectif, commun, public, universel.* ▪ Qui convient pour. SYN. adéquat, approprié, apte, capable, convenable, propice, susceptible, taillé pour. – VIEUX : idoine. CONTR. *inadapté, inadéquat, inapproprié, malpropre.* ▪ Qui est exactement conforme. SYN. même, textuel. CONTR. *approchant, approximatif, d'autrui, différent, étranger.* ▪ Qui convient (mot). SYN. adéquat, approprié, correct, exact, juste, précis. CONTR. *abusif, imprécis, impropre, inexact.*

propre *adjectif* Qui n'est pas taché. SYN. blanc, immaculé, impeccable, net, soigné, tenu. – FAMILIER : nickel. CONTR. *crasseux, dégoûtant, maculé, malpropre, négligé, noir, poussiéreux, sale, sali, sordide, taché.* – FAMILIER : *cra-cra, cradingue.* – LITTÉRAIRE : *crotté, souillé.* – POPULAIRE : *dégueulasse.* ▪ Qui est honnête. SYN. correct, décent, droit, honnête, intègre, moral. – LITTÉRAIRE : probe. CONTR. *douteux, immoral, malhonnête, malpropre, véreux.* – LITTÉRAIRE : *faisandé, improbe.*

propre *nom masculin* Caractère distinctif. SYN. apanage, attribut, caractère, essence, particularité, privilège, propriété, qualité.

propre-à-rien *nom* FAMILIER. Personne incapable. SYN. bon à rien, incapable, nul. – FAMILIER : bras cassé, morveux, nullard. – POPULAIRE : jean-foutre.

proprement *adverbe* D'une manière propre. SYN. bien, impeccablement, soigneusement. CONTR. *malproprement, salement.* ▪ D'une manière honnête. SYN. bien, correctement, décemment, dignement, honnêtement, intègrement, moralement, vertueusement. CONTR. *malhonnêtement, malproprement.* – LITTÉRAIRE : *immoralement.* ▪ Au sens strict du mot. SYN. absolument, en fait, littéralement, pratiquement, réellement, stricto sensu, textuellement, véritablement, vraiment. CONTR. *lato sensu, au sens large.*

propret *adjectif* Propre et joli. SYN. chic, coquet, élégant, gracieux, pimpant, soigné. CONTR. *débraillé, négligé, sale.*

propreté *nom féminin* Caractère propre. SYN. netteté. CONTR. *crasse, malpropreté, saleté.* – VIEUX : *pouillerie.*

propriétaire *nom* Personne qui possède un bien. SYN. détenteur, possesseur, titulaire. – POPULAIRE : proprio.

propriété *nom féminin* Qualité propre d'une chose. SYN. attribut, caractère, caractéristique, essence, faculté, nature, particularité, pouvoir, propre, qualité, trait, vertu. ▪ Caractère exact d'un mot. SYN. correction, exactitude, justesse, précision. CONTR. *imprécision, impropriété, inexactitude.*

propulser *verbe* FAMILIER. Installer à un poste élevé. SYN. catapulter, élever, nommer, porter, promouvoir. – FAMILIER : bombarder. CONTR. *casser, déposer, limoger.* – FAMILIER : *débouloner.* ■ Projeter au loin. SYN. éjecter, jeter, lancer, projeter.

propylène *nom masculin* Hydrocarbure éthylénique. SYN. propène.

prorogation *nom féminin* Action de proroger. SYN. ajournement, allongement, continuation, poursuite, prolongation, prolongement, renvoi, sursis.

proroger *verbe* Reporter à plus tard. SYN. ajourner, différer, reculer, remettre, renvoyer, reporter, repousser, surseoir à, suspendre. ■ Allonger la durée de. SYN. continuer, prolonger, rallonger.

prosaïque *adjectif* Marqué par la banalité. SYN. banal, commun, insipide, morne, ordinaire, plat, quelconque, terne. CONTR. *coloré, original, pittoresque, vivant.* – FAMILIER : *fabuleux.* ■ Qui manque d'idéal. SYN. bourgeois, matériel, terre à terre, vulgaire. – FAMILIER : popote. CONTR. *distingué, élégant, élevé, poétique, sublime.* – LITTÉRAIRE : *éthéré.*

prosaïquement *adverbe* De façon commune. SYN. banalement, communément, platement, vulgairement.

prosaïsme *nom masculin* Caractère prosaïque. SYN. banalité, impersonnalité, insipidité, monotonie, pauvreté, platitude, vulgarité. CONTR. *distinction, lyrisme, noblesse, romantisme.* – LITTÉRAIRE : *élévation.*

proscenium *nom masculin* Partie de la scène en avant du rideau. SYN. avant-scène. CONTR. *arrière-scène.*

proscription *nom féminin* Action d'interdire. SYN. censure, défense, interdiction, mise à l'index, prohibition. CONTR. *autorisation, droit, liberté, licence.* ■ Fait d'exclure. SYN. bannissement, déportation, exil, expatriation, expulsion, ostracisme, relégation.

proscrire *verbe* Frapper de proscription. SYN. bannir, excommunier, exiler, expatrier, expulser, ostraciser. ■ Interdire quelque chose. SYN. censurer, condamner, défendre, empêcher, exclure, interdire, mettre à l'index, prohiber. CONTR. *autoriser, légitimer, permettre.* ■ LITTÉRAIRE. Chasser quelqu'un. SYN. écarter, éliminer, exclure, expulser, rejeter, repousser.

proscrit *nom* Personne frappée de proscription. SYN. banni, exilé, expatrié, hors-la-loi.

prosélyte *nom* Personne gagnée à une idée. SYN. adepte, catéchumène, convaincu, converti, néophyte, partisan, sympathisant.

prosimien *nom masculin* Mammifère primate primitif. SYN. lémurien.

prospecter *verbe* Parcourir en recherchant. SYN. chercher, explorer, fouiller, inspecter, parcourir, reconnaître, sonder, visiter.

prospecteur *nom* Personne qui prospecte. SYN. chercheur, enquêteur, fouilleur.

prospection *nom féminin* Fait de prospecter. SYN. enquête, exploration, fouille, investigation, recherche.

prospectus *nom masculin invariable* Imprimé diffusé pour informer. SYN. dépliant, tract. – VIEUX : notice, réclame.

prospère *adjectif* Qui est en pleine réussite. SYN. actif, beau, florissant, resplendissant. CONTR. *déliquescent, misérable, sous-développé.*

prospérer *verbe* Être en plein développement. SYN. se développer, s'épanouir, être florissant, marcher, progresser, réussir. – LITTÉRAIRE : fleurir. CONTR. *dépérir, échouer, péricliter, piétiner, régresser, stagner, végéter.*

prospérité *nom féminin* État de ce qui est prospère. SYN. développement, épanouissement, essor, expansion, montée. CONTR. *crise, débâcle, décadence, dégradation, déliquescence, dépérissement, ébranlement, langueur, mort.* – LITTÉRAIRE : *décrépitude.* ■ Situation favorable. SYN. aisance, bonheur, fortune, opulence, réussite, richesse. CONTR. *besoin, dénuement, détresse, indigence, pauvreté.* – LITTÉRAIRE : *adversité, misère.*

prosternation *nom féminin* LITTÉRAIRE. Action de se prosterner. SYN. inclination, révérence, salut, salutation.

prosternement *nom masculin* LITTÉRAIRE. Action de se prosterner. SYN. inclination, révérence, salut, salutation.

prosterner (se) *verbe pronominal* LITTÉRAIRE. Manifester un respect servile. SYN. s'abaisser, s'aplatir devant, s'avilir, se dégrader, être au garde-à-vous, s'humilier, s'incliner, se mettre à plat ventre, ramper. – FAMILIER : s'aplatir. ■ S'incliner profondément. SYN. s'agenouiller, se courber, s'incliner, saluer.

prostituée *nom féminin* Femme qui se prostitue. SYN. call-girl, fille, fille de joie, fille publique. – FAMILIER : gourgandine. – LITTÉRAIRE : catin, courtisane, femme galante, fille galante, fille perdue, hétaïre, péripatéticienne, respectueuse.

– POPULAIRE : belle-de-nuit, grue, morue, poule, putain, pute. – VIEUX : cocotte, dame de petite vertu, demi-mondaine, fille des rues, fille soumise.

prostituer *verbe* LITTÉRAIRE. Avilir quelque chose. SYN. abaisser, altérer, avilir, déconsidérer, dégrader, dépraver, déprécier, galvauder, pervertir, profaner, vendre. – LITTÉRAIRE : corrompre, flétrir.

prostituer (se) *verbe pronominal* LITTÉRAIRE. Utiliser indignement son talent. SYN. s'abaisser, s'avilir, se dégrader, se dépraver, se vendre. ▪ Se livrer à la prostitution. SYN. – ARGOTIQUE : michetonner. – POPULAIRE : faire le tapin, faire le trottoir, tapiner.

prostitution *nom féminin* LITTÉRAIRE. Action d'avilir. SYN. altération, avilissement, dégradation, dépravation, dépréciation, dévalorisation, profanation. – LITTÉRAIRE : corruption, flétrissure. ▪ Activité d'une prostituée. SYN. racolage. – POPULAIRE : retape, tapin.

prostration *nom féminin* LITTÉRAIRE. État d'abattement. SYN. abattement, accablement, affaissement, dépression, épuisement, fatigue, langueur, léthargie, torpeur. – FAMILIER : éreintement. – LITTÉRAIRE : somnolence.

prostré *adjectif* En état de prostration. SYN. abattu, accablé, anéanti, déprimé, effondré, léthargique. – LITTÉRAIRE : alangui, torpide.

protagoniste *nom* Instigateur d'un projet. SYN. acteur, âme, animateur, incitateur, inspirateur, instigateur, leader, meneur, promoteur. CONTR. *spectateur, témoin.*

protecteur *adjectif* Qui vise à protéger. SYN. attentif, attentionné, prévenant. – LITTÉRAIRE : tutélaire. CONTR. *agresseur, agressif.* ▪ Qui marque un désir de protection. SYN. condescendant, dédaigneux, hautain, paternel.

protecteur *nom* Personne qui soutient une activité. SYN. bienfaiteur, mécène, patron, père, providence. ▪ Personne qui protège. SYN. ange gardien, défenseur, gardien, sauveur, soutien. – LITTÉRAIRE : mainteneur, tuteur. CONTR. *agresseur, attaquant, destructeur.*

protection *nom féminin* Action de protéger. SYN. assistance, conservation, défense, garde, parrainage, patronage, préservation, sauvegarde, tutelle. CONTR. *abandon.* ▪ Ce qui protège. SYN. abri, appui, asile, bouclier, caution, garantie, soutien. – LITTÉRAIRE : bras, refuge, rempart.

protectionnisme *nom masculin* Protection contre la concurrence étrangère. CONTR. *libre-échangisme.*

protée *nom masculin* LITTÉRAIRE. Personne changeante. SYN. caméléon, fantoche, marionnette, pantin, plaisantin. – FAMILIER : fumiste, girouette, guignol, polichinelle. – POPULAIRE : rigolo. – VIEUX : arlequin, sauteur.

protégé *nom* Personne que l'on protège. SYN. créature, favori, poulain, préféré. – FAMILIER : chouchou. CONTR. *protecteur.*

protéger *verbe* Porter assistance à. SYN. assister, assurer, défendre, flanquer, fortifier, garder, prémunir contre, prendre soin de, préserver, sauvegarder, sauver, secourir, soutenir, veiller sur. CONTR. *agresser, assaillir, attaquer, attenter à, blesser, harceler, menacer, opprimer, persécuter, ruiner, saper, tyranniser.* ▪ Favoriser une activité. SYN. appuyer, épauler, favoriser, maintenir, parrainer, pousser, privilégier, promouvoir, recommander. – FAMILIER : pistonner. CONTR. *s'acharner contre, couler, défavoriser, démolir, détruire, discréditer, entraver, paralyser, perdre.* ▪ Mettre à l'abri. SYN. abriter, conserver, couvrir, garantir, immuniser, vacciner. CONTR. *découvrir, dénuder, exposer.*

protéger (se) *verbe pronominal* Se mettre à l'abri de. SYN. s'abriter, se défendre, éviter, se garantir, se prémunir, se préserver. – FAMILIER : ouvrir le parapluie. CONTR. *s'exposer.*

protérozoïque *nom masculin* Ère géologique. SYN. algonkien.

protestantisme *nom masculin* Ensemble des Églises issues de la Réforme. SYN. religion réformée.

protestataire *adjectif et nom* Qui proteste. SYN. contestataire.

protestation *nom féminin* Action de protester. SYN. contestation, doléance, murmure, objection, plainte, rébellion, réclamation, récrimination, revendication, révolte, vitupération. CONTR. *acceptation, accord, acquiescement, approbation, assentiment, résignation.* ▪ Affirmation de ses sentiments. SYN. assurance, démonstration, manifestation, marque, preuve, signe, témoignage.

protester *verbe* Exprimer son opposition. SYN. avoir à redire à, broncher, se cabrer, crier, désapprouver, élever la voix, élever le ton, s'élever, s'indigner, s'insurger, murmurer, ne pas l'entendre de cette oreille-là, pester, se plaindre, pousser des (les) hauts cris, se rebeller, se récrier, récriminer, tempêter, tonner, trouver à redire à. – FAMILIER : râler, se rebiffer, ronchonner, rouspéter, ruer dans les brancards. – LITTÉRAIRE : regimber. – POPULAIRE : faire du foin, faire un barouf du diable, pousser un coup de gueule, pousser une gueulante, rouscailler. CONTR.

accepter, s'accommoder, acquiescer, approuver, s'arranger de, consentir, se résigner, supporter.

prothorax *nom masculin* Premier anneau du thorax des insectes. SYN. corselet.

protiste *nom masculin* Être vivant constitué d'une seule cellule. SYN. unicellulaire.

protium *nom masculin* Arbre d''Amazonie. SYN. icica.

protocolaire *adjectif* Conforme au protocole. SYN. cérémonieux, formaliste, formel, officiel, solennel. CONTR. *familier, simple, spontané.*

protocole *nom masculin* Ensemble d'usages. SYN. cérémonial, décorum, étiquette, formes, rite, rituel.

protométrie *nom féminin* Dosage des acides. SYN. acidimétrie.

protomonadale *nom féminin* Protozoaire à un seul flagelle. SYN. herpétomonadale.

protoplanète *nom féminin* Planète en cours de formation. SYN. planétoïde.

protostomien *nom masculin* Animal dont la chaîne nerveuse est sous le tube digestif. SYN. hyponeurien. CONTR. *épineurien.*

protothérien *nom masculin* Mammifère au bec corné. SYN. monotrème, ornithodelphe.

prototype *nom masculin* Premier exemplaire. SYN. étalon, exemple, modèle, original, spécimen. ■ Exemple le plus parfait. SYN. archétype, canon, idéal, type. – LITTÉRAIRE : parangon.

protubérance *nom féminin* Bosse proéminente. SYN. bosse, excroissance, renflement, saillie, tubercule. – LITTÉRAIRE : proéminence.

protubérant *adjectif* Qui fait saillie. SYN. bombé, proéminent, renflé, saillant. CONTR. *concave, creux, plan, plat.*

proue *nom féminin* Partie antérieure d'un navire. SYN. avant, éperon de marche, nez. CONTR. *arrière, poupe.*

prouesse *nom féminin* Action remarquable. SYN. action d'éclat, exploit, haut fait, performance.

prouvable *adjectif* Qui peut être prouvé. SYN. démontrable, vérifiable. CONTR. *improuvable, incontrôlable, indémontrable, invérifiable.*

prouvé *adjectif* Dont la vérité est établie. SYN. authentique, vérifié. CONTR. *incertain, présumé, prétendu.*

prouver *verbe* Établir la vérité d'une chose. SYN. confirmer, démontrer, établir, justifier. ■ Montrer un sentiment. SYN. afficher, affirmer, déployer, faire montre de, manifester, signifier, témoigner. ■ Servir de preuve. SYN. attester, déceler, dénoter, dévoiler, illustrer, indiquer, marquer, révéler, trahir. – LITTÉRAIRE : témoigner.

provenance *nom féminin* Lieu d'où vient une chose. SYN. origine, point de départ, source.

provençal *nom masculin* Dialectes romans parlés dans le sud de la France. SYN. langue d'oc, occitan.

provenir *verbe* Avoir tel lieu pour origine. SYN. arriver de, sortir, venir. CONTR. *aboutir, déboucher.* ■ Être la conséquence de. SYN. découler, dépendre, dériver, émaner, naître, partir, procéder, se rattacher, remonter à, résulter, tenir à, venir.

proverbe *nom masculin* Énoncé exprimant une vérité. SYN. adage, aphorisme, axiome, dicton, maxime, mot, précepte. – LITTÉRAIRE : sentence.

proverbial *adjectif* Qui est passé en proverbe. SYN. célèbre, légendaire, populaire, renommé, réputé. – LITTÉRAIRE : fameux.

providence *nom féminin* Ce qui sauve une situation. SYN. ange gardien, chance, protecteur, sauveur.

provignement *nom masculin* Multiplication d'un végétal par racines. SYN. marcottage.

provigner *verbe* Pratiquer le provignement. SYN. marcotter.

provin *nom masculin* Rameau raciné obtenu par marcottage. SYN. marcotte.

provision *nom féminin* Accumulation de choses. SYN. approvisionnement, denrées, fournitures, réserve, stock. ■ Grande quantité de. SYN. bagage, chargement, foule. – FAMILIER : cargaison. ■ Somme remise d'avance. SYN. acompte, arrhes, à-valoir, avance.

provisions *nom féminin pluriel* Produits dont on se pourvoit. SYN. nourriture, ravitaillement, victuailles, vivres. ■ Achats réguliers. SYN. achats, commissions, courses, emplettes.

provisoire *adjectif* Limité dans le temps. SYN. éphémère, de fortune, fugitif, intérimaire, momentané, passager, précaire, temporaire, transitoire. CONTR. *définitif, durable, éternel, immuable, irrévocable, permanent, perpétuel.*

provisoirement *adverbe* À titre provisoire. SYN. en attendant, momentanément, passagèrement, temporairement. – LITTÉRAIRE : transitoirement. CONTR. *assidûment, constamment, continuellement, définitivement, durablement, éternellement, immuablement, inébranlablement, irrévocablement, obstinément, opiniâtrement, en permanence, perpétuellement, sans arrêt, sans discontinuer, sans relâche, sans* *répit, toujours, à tout bout de champ, à tout propos.* – LITTÉRAIRE : *sempiternellement.*

provocant *adjectif* Qui cherche à irriter. SYN. agressif, arrogant, insolent, irritant, polémique, provocateur. – VIEUX : incendiaire. CONTR. *apaisant, calmant, froid, impassible, imperturbable, serein.* ■ Qui incite au désir sexuel. SYN. agaçant, aguichant, appétissant, érotique, excitant, hardi, provocateur, suggestif, troublant. CONTR. *prude, pudique, réservé.*

provocateur *adjectif* Qui incite à la violence. SYN. agressif, arrogant, insolent, irritant, polémique, provocant. – VIEUX : incendiaire. ■ Qui excite le désir sexuel. SYN. agaçant, aguichant, appétissant, érotique, excitant, hardi, provocant, suggestif, troublant.

provocateur *nom* Personne qui provoque. SYN. agitateur, fauteur de troubles, incitateur, perturbateur, trublion. – LITTÉRAIRE : excitateur, fomentateur. – VIEUX : boutefeu. CONTR. *conciliateur, pacificateur.*

provocation *nom féminin* Action de provoquer. SYN. appel, excitation, incitation. – FAMILIER : provoc. – LITTÉRAIRE : fomentation. CONTR. *apaisement, dissuasion.* ■ Acte polémique. SYN. attaque, bravade, défi.

provoquer *verbe* Exciter par un comportement agressif. SYN. défier, irriter, menacer, mettre au défi. – FAMILIER : se frotter à. CONTR. *amortir, apaiser, calmer, combler, contenter, retenir, satisfaire.* ■ Exciter le désir sexuel. SYN. affoler, agacer, aguicher, aiguillonner, exciter. – FAMILIER : allumer, émoustiller. – LITTÉRAIRE : enflammer. ■ Être la cause de. SYN. amener, causer, créer, déchaîner, déclencher, déterminer, donner, engendrer, éveiller, faire naître, induire, occasionner, opérer, procurer, produire, soulever, susciter, valoir. CONTR. *découler, dériver, s'ensuivre, procéder, résulter.* ■ Pousser à agir. SYN. acculer, amener, appeler, contraindre, convier, décider, encourager, engager, entraîner, exciter, exhorter, forcer, inciter, inviter, persuader, porter, pousser, presser. – FAMILIER : embringuer. CONTR. *décourager, dissuader, empêcher, retenir.*

proxénète *nom* Personne qui tire profit de la prostitution. SYN. souteneur. – ARGOTIQUE : mac. – POPULAIRE : barbeau, maquereau, maquerelle, marlou, mère maquerelle.

proximal *adjectif* Qui est le plus proche du tronc. CONTR. *distal.*

proximité *nom féminin* Voisinage immédiat. SYN. abords, alentours, contiguïté, environs, parages, voisinage. CONTR. *distance, écart, éloignement.* ■ Caractère imminent. SYN. approche, arrivée, imminence, venue. – LITTÉRAIRE : voisinage. ■ ***À proximité,*** aux environs immédiats. SYN. à côté, à deux pas, aux environs, à un jet de pierre, à portée de main, aux portes de, près, tout contre, dans le voisinage. – FAMILIER : à touche-touche. CONTR. *aux antipodes, au bout du monde, au diable, au fin fond de, loin, au loin.*

prude *adjectif* Qui manifeste de la pudeur. SYN. chaste, collet monté, pudibond, pudique, puritain. – FAMILIER : bégueule. CONTR. *coquin, déluré, égrillard, gaulois, grivois, hardi, impudique, indécent, lascif, léger, libertin, libre, licencieux, lubrique, obscène, osé, paillard, polisson, provocant.* – FAMILIER : *dessalé, olé olé.*

prudemment *adverbe* De façon prudente. SYN. délicatement, précautionneusement, sagement, sûrement. CONTR. *aventureusement, aveuglément, à l'aveuglette, dangereusement, follement, imprudemment, inconsidérément, à la légère, légèrement.* – LITTÉRAIRE : *périlleusement, témérairement.*

prudence *nom féminin* Attitude précautionneuse. SYN. circonspection, ménagement, pondération, précaution, prévoyance, réflexion, réserve, sagesse, vigilance. CONTR. *audace, imprévoyance, imprudence, inconscience, insouciance, irréflexion, légèreté, négligence, témérité.*

prudent *adjectif* Qui agit avec prudence. SYN. attentif, averti, avisé, circonspect, précautionneux, prévoyant, réfléchi, réservé, responsable, sage, vigilant. CONTR. *aventureux, aveugle, étourdi, hardi, imprévoyant, imprudent, inconséquent, insouciant, irréfléchi, léger, téméraire.* – FAMILIER : *casse-cou.* ■ Qui dénote de la prudence. SYN. bon, raisonnable, rationnel, sensé. – LITTÉRAIRE : rassis. CONTR. *aventureux, déraisonnable, fou, inconsidéré, insensé, tranché.*

pruderie *nom féminin* Caractère prude. SYN. bégueulerie, chasteté, pudeur, pudibonderie, puritanisme. – LITTÉRAIRE : pudicité. CONTR. *dévergondage, indécence, libertinage, lubricité, obscénité, paillardise.* – LITTÉRAIRE : *impudicité, lasciveté, lascivité, licence.*

prune *nom féminin* FAMILIER. Procès-verbal d'une infraction. SYN. amende, contravention. – FAMILIER : contredanse, papillon, P.-V. ■ POPULAIRE. Coup. SYN. – LITTÉRAIRE : horion. – POPULAIRE : beigne, châtaigne, chtar, gnon, jeton, marron, pain, pêche, ramponneau, tarte. ■ FAMILIER. ***Pour des prunes,*** pour rien. SYN. inutilement, vainement. CONTR. *utilement.* ■ ***Prune de coton,*** fruit de l'icaquier. SYN. icaque.

prunelle *nom féminin* Orifice central de l'iris de l'œil. SYN. pupille.

prunellier *nom masculin* Prunier sauvage. SYN. épine noire.

prurit *nom masculin* Envie de se gratter. SYN. chatouillement, démangeaison.

psalliote *nom féminin* Champignon comestible, à lames rosées. SYN. agaric, pratelle. ■ ***Psalliote des jachères,*** variété de psalliote. SYN. rosé-des-prés.

pseudoscorpion *nom masculin* Petit arachnide aplati. SYN. chernète.

psilophytale *nom féminin* Plante vasculaire fossile. SYN. rhyniale.

psilose *nom féminin* Chute des cheveux ou des poils. SYN. alopécie, pelade.

psilosis *nom masculin* Maladie surtout tropicale. SYN. sprue.

psychagogue *nom masculin* LITTÉRAIRE. Conducteur des âmes des morts. SYN. – LITTÉRAIRE : psychopompe.

psychanalyser *verbe* Mener la cure psychanalytique de. SYN. analyser.

psychanalyste *nom* Praticien de la psychanalyse. SYN. analyste.

psychanalytique *adjectif* Relatif à la psychanalyse. SYN. analytique.

psychiatre *nom* Spécialiste en psychiatrie. SYN. – VIEUX : aliéniste.

psychique *adjectif* Qui concerne l'esprit. SYN. cérébral, intellectuel, intérieur, mental. CONTR. *corporel, organique, physiologique, physique, somatique.*

psychiquement *adverbe* En esprit. SYN. mentalement, moralement. CONTR. *physiologiquement, physiquement.*

psychokinésie *nom féminin* Faculté paranormale d'action par la pensée. SYN. télékinésie.

psychologie *nom féminin* Faculté de comprendre l'autre. SYN. acuité, clairvoyance, discernement, finesse, pénétration, perspicacité, sagacité. CONTR. *aveuglement, lourdeur.* ■ Manière d'être d'un groupe. SYN. caractère, caractéristique, comportement, essence.

psychopompe *nom masculin* LITTÉRAIRE. Conducteur des âmes des morts. SYN. – LITTÉRAIRE : psychagogue.

pteria *nom féminin* Mollusque marin à coquille nacrée. SYN. avicula.

ptôsis *nom masculin* Affaissement de la paupière. SYN. blépharoptôse.

ptyalisme *nom masculin* Sécrétion excessive de salive. SYN. hypersialorrhée.

puant *adjectif* Qui sent très mauvais. SYN. fétide, infect, malodorant, méphitique, nauséabond, pestilentiel. CONTR. *aromatique, embaumé, odorant, odoriférant, parfumé.* ■ Qui montre de la vanité. SYN. abject, abominable, affecté, arrogant, avantageux, important, infatué, orgueilleux, poseur, présomptueux, prétentieux, snob, suffisant, supérieur, vaniteux. – FAMILIER : fiérot. – LITTÉRAIRE : fat, insolent, outrecuidant, vain. – VIEUX : affété. CONTR. *avenant, délicieux, engageant.*

puanteur *nom féminin* Odeur infecte. SYN. fétidité, infection, pestilence. CONTR. *arôme, parfum.* – LITTÉRAIRE : *fragrance, senteur.*

pubère *adjectif* Qui a atteint l'âge de la puberté. SYN. adolescent, formé, nubile. CONTR. *impubère.*

puberté *nom féminin* Passage à l'adolescence. SYN. formation, nubilité.

public *adjectif* Relatif à une collectivité. SYN. collectif, commun, général, populaire, universel. CONTR. *individuel, intime, particulier, personnel, privé, propre.* ■ Connu de tout le monde. SYN. clair, manifeste, notoire, officiel, ouvert, patent, reconnu, répandu. CONTR. *caché, clandestin, confidentiel, dissimulé, furtif, latent, occulte, privé, secret, sourd, sous-jacent, souterrain, tacite.*

public *nom masculin* Ensemble de la population. SYN. foule, masse, peuple. – LITTÉRAIRE : commun, multitude. ■ Ensemble des gens présents. SYN. assemblée, assistance, audience, auditeurs, auditoire, galerie, parterre, salle, spectateurs.

publication *nom féminin* Action de rendre connu. SYN. annonce, dévoilement, divulgation, notification, proclamation, promulgation. ■ Action de publier un texte. SYN. lancement, parution, sortie. ■ Ce qu'on publie. SYN. écrit, livre, ouvrage, parution. – FAMILIER : bouquin.

publicité *nom féminin* Caractère notoire. SYN. diffusion, notoriété, propagation, répercussion, retentissement. ■ Ce qui fait connaître un produit. SYN. promotion. – FAMILIER : promo. – VIEUX : réclame.

publier *verbe* Faire connaître au public. SYN. afficher, annoncer, colporter, déclarer, divulguer, émettre, proclamer, promulguer, répandre, révéler. – LITTÉRAIRE : confesser. CONTR. *cacher, dissimuler.* ■ Éditer ou faire éditer un écrit. SYN. commercialiser, éditer, faire paraître, sortir.

publipostage *nom masculin* Prospection d'un marché par la poste. SYN. mailing.

publiquement *adverbe* Devant de nombreuses personnes. SYN. haut, hautement, net, officiellement, ouvertement, en public, au vu et au su de. CONTR. *en cachette, confidentiellement, à l'écart, furtivement, in petto, intérieurement, officieusement, en privé, secrètement, en secret, en sous-main.* – FAMILIER : *sans tambour ni trompette.* – LITTÉRAIRE : *subrepticement.*

puce *nom féminin* FAMILIER. Processeur miniaturisé. SYN. microprocesseur. ■ ***Puce d'eau,*** minuscule crustacé des étangs. SYN. daphnie. ■ ***Puce de mer,*** petit crustacé sauteur. SYN. talitre.

puceron *nom masculin* Petit insecte qui suce la sève. SYN. aphidé, aphidien, aphidoïde.

pudeur *nom féminin* Retenue en matière de sexualité. SYN. bégueulerie, chasteté, pruderie, pudibonderie, puritanisme, vertu. – LITTÉRAIRE : pudicité. CONTR. *dévergondage, indécence, libertinage, lubricité, obscénité, paillardise.* – LITTÉRAIRE : *impudicité, lasciveté, lascivité, licence.* ■ Attitude délicate. SYN. bienséance, décence, dignité, discrétion, humilité, modestie, réserve, retenue. CONTR. *audace, cynisme, effronterie, front, hardiesse, impudence, impudeur, indécence.* – LITTÉRAIRE : *immodestie.*

pudibond *adjectif* Qui pousse à l'excès la pudeur. SYN. chaste, collet monté, prude, pudique, puritain. – FAMILIER : bégueule. CONTR. *coquin, croustillant, égrillard, gaulois, grivois, hardi, impudique, leste, licencieux, osé, polisson.* – FAMILIER : *olé olé.*

pudibonderie *nom féminin* Caractère pudibond. SYN. bégueulerie, chasteté, pruderie, pudeur, puritanisme, vertu. – LITTÉRAIRE : pudicité. CONTR. *dévergondage, indécence, libertinage, lubricité, obscénité, paillardise.* – LITTÉRAIRE : *impudicité, lasciveté, lascivité, licence.*

pudicité *nom féminin* LITTÉRAIRE. Caractère pudique. SYN. bégueulerie, chasteté, pruderie, pudeur, pudibonderie, puritanisme, vertu. CONTR. *dévergondage, indécence, libertinage, lubricité, obscénité, paillardise.* – LITTÉRAIRE : *impudicité, lasciveté, lascivité, licence.*

pudique *adjectif* Qui fait preuve de pudeur. SYN. chaste, prude, pudibond, pur, sage, vertueux. CONTR. *coquin, dévergondé, égrillard, gaillard, gaulois, grivois, impudique, inconvenant, indécent, leste, libertin, libre, licencieux, lubrique, luxurieux, obscène, osé, paillard, provocant.* – FAMILIER : *olé olé.* – LITTÉRAIRE : *libidineux.* ■ Qui montre de la réserve. SYN. décent, délicat, discret, modeste, réservé, retenu. CONTR. *cynique, effronté, éhonté, hardi, impudent, insolent.*

pudiquement *adverbe* Avec pudeur. SYN. chastement, vertueusement. ■ Avec discrétion. SYN. discrètement, modestement. CONTR. *effrontément, sans vergogne.*

puer *verbe* Exhaler une mauvaise odeur. SYN. empester. – FAMILIER : empoisonner, ne pas sentir la rose. – POPULAIRE : chlinguer, cocoter, cocotter, cogner, dégager, fouetter, schlinguer. CONTR. *embaumer, fleurer, sentir bon.*

puéril *adjectif* Qui rappelle l'enfance. SYN. enfant, enfantin. CONTR. *adulte.* – LITTÉRAIRE : *viril.* ■ Qui manque de sérieux. SYN. frivole, futile, gamin, infantile, naïf. – FAMILIER : bébête, bêta. CONTR. *grave, mature, mûr, sérieux.*

puérilité *nom féminin* Caractère puéril. SYN. frivolité, infantilisme, naïveté, niaiserie. CONTR. *gravité, sérieux.* ■ Action ou chose puérile. SYN. bagatelle, baliverne, enfantillage, fadaise, frivolité, futilité, gaminerie, niaiserie. – FAMILIER : faribole.

puerpéralité *nom féminin* Période qui suit l'accouchement. SYN. post-partum, suite de couches.

pugilat *nom masculin* Échange de coups. SYN. accrochage, bagarre, bataille, échauffourée, rixe. – ARGOTIQUE : baston. – POPULAIRE : castagne.

pugnace *adjectif* LITTÉRAIRE. Qui aime lutter. SYN. batailleur, belliqueux, combatif, offensif. – FAMILIER : bagarreur. CONTR. *amorphe, apathique, flegmatique, mou.*

pugnacité *nom féminin* LITTÉRAIRE. Caractère pugnace. SYN. acharnement, combativité, mordant, ténacité. CONTR. *apathie, flegme, mollesse.*

puîné *nom* VIEUX. Enfant né après. SYN. benjamin, cadet. CONTR. *aîné.*

puis *adverbe* Indique une succession. SYN. après, après coup, après quoi, ensuite, plus tard, postérieurement, par la suite, ultérieurement. CONTR. *d'abord, avant, au préalable, préalablement, en premier lieu, premièrement, primo.*

puisque *conjonction* Indique la cause. SYN. attendu que, comme, étant donné que, dans la mesure où, du moment que, parce que, vu que.

puissamment *adverbe* D'une manière puissante. SYN. énergiquement, fermement, fortement, furieusement, vigoureusement, violemment. CONTR. *doucement, faiblement, insuffisamment, mollement.* ■ Indique un haut degré. SYN. abominablement, admirablement, affreusement, beaucoup, bien, considérablement, effroyablement, exceptionnellement, excessivement, extraordinairement, extrêmement, follement, fort, fortement, grandement, hautement, horriblement, immensément, immodérément, incroyablement, infiniment, mortellement, parfaitement, particulièrement, prodigieusement, profondément, souverainement, supérieurement, suprêmement, terriblement, très, vertigineusement. – FAMILIER : atrocement, bigrement, bougrement, diablement, drôlement, fameusement, fichtrement, fichûment, formidablement, joliment, méchamment, rudement. – LITTÉRAIRE : diantrement, furieusement. – POPULAIRE : foutrement, salement, vachement. – VIEUX : fièrement. CONTR. *aucunement, médiocrement, nullement, pas du tout, pas le moins du monde, à peine, peu, un peu.* – FAMILIER : *un tantinet.*

puissance *nom féminin* Fait d'être puissant. SYN. efficacité, énergie, entraînement, intensité, muscle, nerf, omnipotence, robustesse, toute-puissance, vigueur, violence. CONTR. *faiblesse, impuissance, inefficacité, minceur.* ▪ Force d'une aptitude. SYN. capacité, faculté, force, possibilité, potentiel, pouvoir, réserve. – LITTÉRAIRE : sève. ▪ Pouvoir dans un domaine. SYN. ascendant, autorité, domination, empire, influence. – LITTÉRAIRE : crédit. ▪ État souverain. SYN. État, nation, pays, peuple. ▪ ***En puissance,*** de façon potentielle. SYN. potentiellement, virtuellement. CONTR. *effectivement.*

puissant *adjectif* Qui a une grande intensité. SYN. agissant, efficace, énergique, intense, solide, terrible, vigoureux, violent. CONTR. *faible, impuissant, inactif, inefficace, infime, léger, maigre, négligeable.* ▪ Qui a de la force. SYN. athlétique, fort, fort comme un bœuf, fort comme un Turc, infatigable, résistant, robuste, solide. – FAMILIER : costaud. – POPULAIRE : baraqué. CONTR. *faible, frêle, grêle, svelte.* ▪ Qui a du pouvoir. SYN. gros, important, influent, tout-puissant. CONTR. *anodin, humble, impuissant.*

puissant *nom masculin* Personne qui détient le pouvoir. SYN. baron, grand de ce monde, magnat, prince, seigneur. – FAMILIER : gros bonnet, légume. – POPULAIRE : huile. CONTR. *faible, humble, obscur, petit.*

pull-over ou **pull** *nom masculin* Vêtement en laine. SYN. chandail, lainage, laine, tricot.

pullulement *nom masculin* Multiplication d'êtres vivants. SYN. foisonnement, fourmillement, grouillement, multiplicité, profusion, prolifération, pullulation.

pulluler *verbe* Être en grand nombre. SYN. abonder, foisonner, fourmiller, grouiller, se multiplier, proliférer, prospérer, surabonder. – FAMILIER : champignonner, fleurir. ▪ Être plein de. SYN. abonder en, déborder de, fourmiller de, grouiller de, regorger de. – VIEUX : surabonder en. CONTR. *manquer de.*

pulmonaire *adjectif et nom* VIEUX. Atteint d'une affection du poumon. SYN. tuberculeux. – VIEUX : phtisique, poitrinaire.

pulpectomie *nom féminin* Ablation de la pulpe dentaire. SYN. dévitalisation.

pulsionnel *adjectif* Relatif à la pulsion. SYN. instinctuel.

pulvérisateur *nom masculin* Appareil pour pulvériser. SYN. atomiseur, bombe, spray, vaporisateur.

pulvérisation *nom féminin* Action de pulvériser. SYN. vaporisation.

pulvériser *verbe* Réduire en poudre. SYN. broyer, concasser, désagréger, égruger, moudre, piler. – LITTÉRAIRE : brésiller. ▪ Détruire complètement. SYN. balayer, briser, broyer, écraser, foudroyer, tailler en pièces. – FAMILIER : écrabouiller, enfoncer, piler. ▪ Projeter en fines gouttelettes. SYN. vaporiser.

puma *nom masculin* Félin d'Amérique. SYN. cougouar, couguar.

punaise *nom féminin* POPULAIRE. Personne méchante. SYN. méchant, peste. – FAMILIER : chameau, poison, rosse, teigne. – POPULAIRE : charogne, peau de vache, vache.

punique *adjectif* De Carthage. SYN. carthaginois.

punir *verbe* Frapper d'une sanction. SYN. condamner, corriger, faire un exemple, réprimer, sanctionner, sévir. – LITTÉRAIRE : châtier. CONTR. *absoudre, gracier, pardonner, passer l'éponge.*

punissable *adjectif* Qui mérite punition. SYN. blâmable, condamnable, délictuel, délictueux, répréhensible. CONTR. *excusable, irréprochable, pardonnable.*

punition *nom féminin* Action de punir. SYN. condamnation, correction, peine, pénalité, répression, sanction. – LITTÉRAIRE : châtiment. CONTR. *absolution, pardon, remise, rémission.* ▪ Peine subie. SYN. expiation, pénitence, pensum. CONTR. *récompense.*

pupille *nom féminin* Orifice central de l'iris de l'œil. SYN. prunelle.

pur *adjectif* Qui n'est pas altéré. SYN. blanc, brut, clair, immaculé, impeccable, inaltéré, intact, limpide, naturel, net. – LITTÉRAIRE : cristallin, virginal. CONTR. *artificiel, bâtard, dénaturé, frelaté, gâté, hybride, mélangé, pollué, trouble, vicié.* – LITTÉRAIRE : *flétri, mâtiné, souillé.* ▪ Qui est sans défaut moral. SYN. angélique, archangélique, correct, désintéressé, droit, franc, honnête, immaculé, net. – LITTÉRAIRE : éthéré. CONTR. *abject, dépravé, infâme, malhonnête, noir.* – LITTÉRAIRE : *dissolu, impur, vil.* ▪ Qui est chaste. SYN. candide, chaste, ingénu, innocent, naïf, platonique, pudique, sage, vierge. CONTR.

débauché, impudique, impur, lascif, lubrique, luxurieux, obscène, paillard, pervers, vicieux. - **LITTÉRAIRE** : *corrompu.*

purement *adverbe* LITTÉRAIRE. Avec pureté. **SYN.** candidement, chastement, ingénument, innocemment, vertueusement. **CONTR.** *malignement, méchamment, vicieusement.* ▪ D'une manière exclusive. **SYN.** complètement, entièrement, exclusivement, simplement, strictement, totalement, uniquement.

pureté *nom féminin* Caractère non pollué. **SYN.** limpidité, netteté, propreté. **CONTR.** *contamination, impureté, pollution, saleté.* ▪ Caractère honnête. **SYN.** candeur, chasteté, honnêteté, ingénuité, innocence, intégrité, naïveté, probité, vertu. - **LITTÉRAIRE** : honneur. **CONTR.** *abjection, bassesse, corruption, dépravation, immoralité, libertinage, lubricité, mesquinerie, noirceur, paillardise, vice.* - **LITTÉRAIRE** : *dissolution, impureté, lasciveté, lascivité, stupre, vilenie.*

purga *nom masculin* Tempête de neige, en Sibérie. **SYN.** bouran, buran.

purgatif *nom masculin* Médicament contre la constipation. **SYN.** laxatif. - **FAMILIER** : purge.

purge *nom féminin* Action d'éliminer des personnes indésirables. **SYN.** élimination, épuration, exclusion, liquidation. - **FAMILIER** : coup de balai, lessivage, lessive, nettoyage. ▪ FAMILIER. Médicament contre la constipation. **SYN.** laxatif, purgatif.

purger *verbe* Débarrasser de ce qui nuit. **SYN.** assainir, déblayer, épurer, expurger, nettoyer.

purificateur *adjectif* Qui sert à purifier. **SYN.** lustral.

purification *nom féminin* Action de purifier. **SYN.** assainissement, clarification, épuration. - **LITTÉRAIRE** : régénération. **CONTR.** *corruption.*

purificatoire *adjectif* LITTÉRAIRE. Qui purifie. **SYN.** cathartique.

purifier *verbe* Rendre plus sain. **SYN.** assainir, clarifier, épurer, filtrer, nettoyer. - **VIEUX** : dépurer. **CONTR.** *adultérer, altérer, pourrir, troubler.* - **LITTÉRAIRE** : *corrompre, vicier.*

puritain *adjectif* Marqué par une grande rigueur. **SYN.** austère, prude, pudibond, rigide, rigoriste, spartiate. - **FAMILIER** : bégueule. **CONTR.** *bouffon, égrillard, gaulois, grivois, impudique, leste, licencieux, osé, polisson, sensuel.* - **FAMILIER** : *olé olé.* - **LITTÉRAIRE** : *dissolu, libidineux.*

puritain *nom* Personne austère. **SYN.** prude, pudibond, rigoriste. - **FAMILIER** : bégueule. **CONTR.** *épicurien, jouisseur, libertin, sensuel.* - **LITTÉRAIRE** : *sybarite.*

puritanisme *nom masculin* Rigorisme moral. **SYN.** ascétisme, austérité, pruderie, raideur, rigidité, rigorisme, rigueur. - **LITTÉRAIRE** : sévérité. **CONTR.** *dévergondage, indécence, libertinage, lubricité, obscénité, paillardise, sensualité.* - **LITTÉRAIRE** : *lasciveté, lascivité, licence.*

pusillanime *adjectif* LITTÉRAIRE. Qui manque de courage. **SYN.** capitulard, craintif, faible, irrésolu, lâche, peureux, pleutre, poltron, timide, timoré. - **LITTÉRAIRE** : couard. - **POPULAIRE** : foireux, trouillard. - **VIEUX** : capon. **CONTR.** *audacieux, brave, courageux, décidé, entreprenant, ferme, hardi, héroïque, résolu, téméraire, vigoureux.* - **FAMILIER** : *casse-cou.* - **LITTÉRAIRE** : *impavide, vaillant, valeureux.*

pusillanimité *nom féminin* LITTÉRAIRE. Caractère pusillanime. **SYN.** crainte, irrésolution, lâcheté, peur, poltronnerie, timidité. - **LITTÉRAIRE** : caponnerie, couardise, pleutrerie. **CONTR.** *audace, bravoure, courage, fermeté, hardiesse, héroïsme, témérité.* - **LITTÉRAIRE** : *vaillance, valeur.*

pustule *nom féminin* Amas de pus. **SYN.** abcès, bouton, furoncle, phlegmon.

putain *nom féminin* POPULAIRE. Femme qui se prostitue. **SYN.** fille, fille de joie, fille publique, prostituée. - **LITTÉRAIRE** : catin, femme galante, fille galante, fille perdue, hétaïre, péripatéticienne, respectueuse. - **POPULAIRE** : grue, morue, poule, pute, traînée. - **VIEUX** : dame de petite vertu, fille des rues, fille soumise.

putatif *adjectif* Qu'on suppose légitime. **SYN.** présumé, prétendu, soi-disant, supposé.

putiet *nom masculin* Arbuste au bois dégageant une odeur fétide. **SYN.** merisier à grappes.

putréfaction *nom féminin* Décomposition de la matière. **SYN.** corruption, décomposition, pourrissement, pourriture, putrescence.

putréfiable *adjectif* Susceptible de pourrir. **SYN.** putrescible. **CONTR.** *imputrescible, inaltérable.*

putréfier *verbe* Faire pourrir. **SYN.** abîmer, altérer, avarier, décomposer, gâter, pourrir. - **LITTÉRAIRE** : corrompre. **CONTR.** *conserver.*

putréfier (se) *verbe pronominal* Être en putréfaction. **SYN.** s'abîmer, s'altérer, s'avarier, croupir, se décomposer, se gâter, pourrir. - **LITTÉRAIRE** : se corrompre.

putrescible *adjectif* Susceptible de pourrir. **SYN.** putréfiable. **CONTR.** *imputrescible, inaltérable.*

putride *adjectif* LITTÉRAIRE. En état de putréfaction. **SYN.** avarié, décomposé, faisandé, gâté, pourri. ▪ LITTÉRAIRE. Capable de corrompre. **SYN.** déliquescent, frelaté, infect, malsain, morbide, pervers. - **LITTÉRAIRE** : faisandé.

putsch *nom masculin* Coup d'État militaire. SYN. pronunciamiento.

P.-V. *nom masculin* FAMILIER. Procès-verbal d'une infraction. SYN. amende, contravention, procès-verbal. – FAMILIER : contredanse, papillon. – POPULAIRE : prune.

pycnogonide *nom masculin* Petit arthropode marin. SYN. pantopode.

pyracantha *nom masculin* Arbuste méditerranéen épineux. SYN. buisson-ardent.

pyranne *nom masculin* Composé hétérocyclique. SYN. oxinne.

pyrolyse *nom féminin* Décomposition chimique par chauffage. SYN. thermolyse.

pyrrhocoris *nom masculin* Punaise rouge, tachetée de noir. SYN. cherche-midi, diable, gendarme, punaise de feu, pyrocorise, soldat, suisse.

pythonisse *nom féminin* Femme qui pratique la divination. SYN. devineresse, prophétesse, pythie, sibylle.

Q

qalandari *nom masculin* Membre d'une confrérie de derviches errants. SYN. kalender.

quadrijumeaux *nom pluriel* Quatre enfants provenant d'une même grossesse. SYN. quadruplés.

quadriplégie *nom féminin* Paralysie touchant les quatre membres. SYN. tétraplégie.

quadriplégique *adjectif et nom* Atteint de tétraplégie. SYN. tétraplégique.

quadruplés *nom pluriel* Quatre enfants provenant d'une même grossesse. SYN. quadrijumeaux.

quai *nom masculin* Plate-forme au bord de l'eau. SYN. appontement, débarcadère, embarcadère.

qualification *nom féminin* Attribution d'un titre. SYN. appellation, dénomination, désignation, nom, vocable. ■ Capacité reconnue. SYN. aptitude, compétence, métier, qualité, savoir, science. CONTR. *incompétence, insuffisance.*

qualifié *adjectif* Qui a les compétences pour. SYN. apte, autorisé, averti, capable, compétent, exercé, expérimenté, expert, rompu, versé. – FAMILIER : chevronné. CONTR. *commençant, inapte, incapable, incompétent, insuffisant, mauvais, neuf, nouveau, novice.*

qualifier *verbe* Attribuer un nom à. SYN. appeler, baptiser, caractériser, dénommer, désigner, étiqueter, nommer.

qualifier (se) *verbe pronominal* Participer à une épreuve. SYN. se classer. CONTR. *être disqualifié, être éliminé.*

qualitatif *adjectif* Qui relève de la qualité. CONTR. *quantitatif.*

qualitativement *adverbe* Du point de vue de la qualité. CONTR. *quantitativement.*

qualité *nom féminin* Supériorité en quelque chose. SYN. excellence, finesse, prééminence, prépondérance. ■ Aspect positif. SYN. aptitude, avantage, capacité, compétence, don, mérite, valeur, vertu. CONTR. *défaut, défectuosité, faiblesse, imperfection, inconvénient, tare, travers, vice.* ■ Condition sociale. SYN. fonction, qualification, titre. – LITTÉRAIRE : état. ■ Aspect d'une chose. SYN. attribut, caractère, caractéristique, essence, nature, particularité, pouvoir, propre, propriété. CONTR. *quantité.* ■ ***De qualité,*** supérieur à la moyenne. SYN. de choix, haut de gamme, hors classe, hors ligne, hors pair, de la plus belle eau, de premier ordre. – FAMILIER : à se mettre à genoux, à tomber par terre. ■ ***En qualité de,*** avec le droit que confère tel titre. SYN. comme, en tant que, à titre de.

quand *conjonction* Marque un rapport de temps. SYN. chaque fois que, lorsque, au moment où. – LITTÉRAIRE : alors que.

quant à *locution prépositive* En ce qui concerne. SYN. pour ce qui est de, envers, relativement à, sur, touchant, vis-à-vis de.

quantitatif *adjectif* Qui concerne la quantité. CONTR. *qualitatif.*

quantitativement *adverbe* Du point de vue de la quantité. CONTR. *qualitativement.*

quantité *nom féminin* Ce qu'on peut quantifier. SYN. dose, masse, nombre, somme, tas, volume. ■ Grand nombre de. SYN. accumulation, amas, armée, avalanche, cascade, chapelet, débordement, déferlement, déluge, fatras, flot, flux, foule, grêle, infinité, kyrielle, légion, masse, monceau, montagne, multitude, myriade, nuée, pléiade, pluie, provision, tas, torrent. – FAMILIER : armada, cargaison, cohorte, flopée, foultitude, paquet, pelletée, peuple, régiment, ribambelle, tapée, tripotée. – LITTÉRAIRE : averse, essaim. CONTR. *atome, bribe, brin, doigt, goutte, grain, gramme, larme, lueur, miette, nuage, once, parcelle, peu, poignée, pointe, soupçon, trace.* – LITTÉRAIRE : *liard, ombre, trait.* – POPULAIRE : *chouia.* ■ ***En quantité,*** en abondance. SYN. abondamment, amplement, beaucoup, colossalement, considérablement, copieusement, à discrétion, énormément, à flots, à foison, généreusement, grandement, largement, longuement, massivement, à la pelle, plantureusement, pleinement, à profusion, richement, à satiété, à souhait, surabondamment, à tour de bras, en veux-tu en voilà, à volonté. – FAMILIER : à gogo, jusqu'à plus soif, en pagaille, à revendre, à tire-larigot. – LITTÉRAIRE : à l'envi. CONTR. *chichement, guère, modérément, parcimonieusement, peu.*

quarantaine *nom féminin* Mesure d'isolement. SYN. interdit, isolement, ostracisme. ■ Plante à fleurs parfumées. SYN. bâton-d'or, giroflée, matthiole, violier.

quart-de-pouce *nom masculin* Sorte de loupe. SYN. compte-fils.

quarteron *nom masculin* Petit groupe de personnes. SYN. poignée. CONTR. *bataillon, pléiade.* – FAMILIER : *régiment.*

quartette *nom masculin* Toute composition écrite à quatre parties. SYN. quatuor.

quartier *nom masculin* Portion de quelque chose. SYN. morceau, part, pièce, portion, tranche, tronçon.

quartier *nom masculin* Emplacement d'une garnison. SYN. camp, cantonnement, caserne, casernement.

quasi *adverbe* LITTÉRAIRE. À peu de choses près. SYN. à peu près, pratiquement, presque, sensiblement. – FAMILIER : quasiment.

quasiment *adverbe* FAMILIER. À peu de choses près. SYN. à peu près, pratiquement, presque, sensiblement. – LITTÉRAIRE : quasi.

quatuor *nom masculin* Toute composition écrite à quatre parties. SYN. quartette.

quelconque *adjectif* Sans valeur particulière. SYN. anodin, anonyme, banal, commun, courant, fade, impersonnel, inintéressant, inodore, inodore et sans saveur, insignifiant, malheureux, médiocre, moyen, ordinaire, petit, plat, prosaïque, simple, terne, vulgaire. – FAMILIER : fadasse. CONTR. *abracadabrant, ahurissant, beau, brillant, caractéristique, choisi, curieux, délicat, distingué, éblouissant, étonnant, excentrique, exceptionnel, extraordinaire, extravagant, fameux, fantastique, formidable, frappant, génial, grand, grave, hors classe, hors du commun, hors ligne, hors série, important, incomparable, inédit, intéressant, marquant, mémorable, notable, original, particulier, passionnant, phénoménal, pittoresque, précieux, rare, remarquable, saillant, spectaculaire, supérieur, unique.* – FAMILIER : *décoratif, ébouriffant, épatant, fabuleux, magistral, monumental.*

quéléa *nom masculin* Petit passereau africain à gros bec rouge. SYN. travailleur à bec rouge.

quelque *adverbe* LITTÉRAIRE. Indique une approximation. SYN. approximativement, environ, à peu près. CONTR. *exactement, précisément, rigoureusement.*

quelquefois *adverbe* En certaines occasions. SYN. par accès, par à-coups, épisodiquement, exceptionnellement, une fois n'est pas coutume, par instants, par intermittence, par intervalles, irrégulièrement, par moments, occasionnellement, parfois, sporadiquement, temporairement, de temps à autre, de temps en temps, variablement. – LITTÉRAIRE : par occasion, transitoirement. CONTR. *assidûment, constamment, continuellement, éternellement, fréquemment, immuablement, indéfiniment, invariablement, à longueur de temps, en permanence, régulièrement, sans arrêt, sans cesse, sans discontinuer, sans intermission, sans interruption, sans relâche, sans répit, sans souffler, sans trêve, souvent, toujours, à tout bout de champ, tout le temps, à tout propos.* – LITTÉRAIRE : *continûment, sempiternellement.*

quelques *adjectif indéfini pluriel* Indique une petite quantité. SYN. différents, divers, peu de. CONTR. *la plupart.*

quémander *verbe* Demander avec humilité. SYN. demander, implorer, mendier, rechercher, réclamer, solliciter. – LITTÉRAIRE : quêter. CONTR. *offrir, proposer.*

quémandeur *nom* LITTÉRAIRE. Personne qui quémande. SYN. mendiant, solliciteur.

qu'en-dira-t-on *nom masculin invariable* Opinion d'autrui. SYN. bavardage, commentaire, commérage, on-dit, ouï-dire, rumeur. – FAMILIER : cancan, potin, racontar, ragot. – LITTÉRAIRE : clabauderie.

quenouille *nom féminin* Grande herbe des marais. SYN. massette, roseau-massue.

querelle *nom féminin* Échange de propos hostiles. SYN. algarade, altercation, conflit, controverse, débat, différend, dispute, dissension, escarmouche, explication, heurt, polémique, prise de bec, scène. – FAMILIER : accrochage, attrapade, chamaille, chamaillerie, empoignade. – LITTÉRAIRE : discorde. – POPULAIRE : engueulade. CONTR. *accord, arrangement, harmonie.*

quereller *verbe* LITTÉRAIRE. Faire des reproches. SYN. avertir, chapitrer, corriger, gronder, houspiller, morigéner, rappeler à l'ordre, reprendre, réprimander, sermonner, tirer les oreilles.

– FAMILIER : attraper, disputer, enguirlander, passer un savon, sonner les cloches à. – LITTÉRAIRE : admonester, fustiger, gourmander, moraliser, semoncer, tancer. – POPULAIRE : engueuler, remonter les bretelles.

quereller (se) *verbe pronominal* Avoir un différend avec. SYN. s'accrocher, chercher des noises à, chercher noise à, se disputer, s'expliquer, se fâcher. – FAMILIER : se bagarrer, se chamailler, chercher des poux dans la tête. – POPULAIRE : se bouffer le nez, chercher des crosses à, s'engueuler. CONTR. *s'arranger, s'entendre, fraterniser, se réconcilier, sympathiser.* – LITTÉRAIRE : *s'accorder.*

querelleur *adjectif* Qui aime à se quereller. SYN. agressif, batailleur, grondeur, hargneux, polémique. – FAMILIER : bagarreur, chamailleur, discutailleur, teigneux. – VIEUX : chicaneur, chicanier. CONTR. *accommodant, affable, aimable, paisible, placide.* – LITTÉRAIRE : *amène.*

question *nom féminin* Fait d'interroger quelqu'un. SYN. colle, demande, interrogation. CONTR. *réponse.* ■ Sujet abordé. SYN. affaire, article, chapitre, matière, point, problème, sujet, thème.

questionnaire *nom masculin* Imprimé comportant une série de questions. SYN. formulaire.

questionner *verbe* Poser des questions. SYN. consulter, demander à, interpeller, interroger, interviewer, mettre sur la sellette, sonder. – FAMILIER : cuisiner, tirer les vers du nez. CONTR. *répondre.*

quête *nom féminin* Somme recueillie. SYN. butin, collecte, gain, profit, récolte. ■ LITTÉRAIRE. Action de chercher. SYN. chasse, poursuite, recherche.

quêter *verbe* Solliciter des aumônes. SYN. – POPULAIRE : faire la manche. ■ LITTÉRAIRE. Chercher à obtenir. SYN. demander, implorer, mendier, quémander, rechercher, réclamer, recueillir, solliciter.

quetzal *nom masculin* Oiseau au plumage vert mordoré. SYN. oiseau-soleil.

queue *nom féminin* Dernière partie de. SYN. arrière, bout, extrémité, fin. CONTR. *avant, début, tête.* ■ Axe portant la fleur. SYN. hampe, pédicule, pédoncule, tige. ■ ***Sans queue ni tête,*** sans aucun sens. SYN. aberrant, abracadabrant, absurde, bancal, biscornu, boiteux, illogique, incohérent, inconséquent, inepte, insensé, irrationnel, paradoxal, saugrenu, stupide, ubuesque.

queue-de-renard *nom féminin* Plante ornementale aux fleurs rouges. SYN. amarante, passe-velours, vulpin. ■ Plante qui parasite les racines des céréales. SYN. mélampyre.

queux *nom masculin* VIEUX. ***Maître queux,*** personne qui fait la cuisine. SYN. cuisinier.

quidam *nom masculin* Homme parmi d'autres. SYN. bonhomme, bougre, homme, individu, personnage, sieur. – FAMILIER : citoyen, gaillard, gars, oiseau, particulier, pistolet, type, zèbre. – POPULAIRE : gazier, gus, gusse, mec, zig, zigue.

quiet *adjectif* LITTÉRAIRE. Qui est paisible. SYN. calme, coi, confiant, égal, paisible, placide, posé, serein, tranquille. – FAMILIER : pépère. – LITTÉRAIRE : olympien. – POPULAIRE : peinard, pénard. CONTR. *angoissé, anxieux, inquiet, soucieux, torturé, tourmenté, tracassé, troublé.*

quiétude *nom féminin* LITTÉRAIRE. Tranquillité d'esprit. SYN. apaisement, ataraxie, bien-être, calme, impassibilité, paix, placidité, sérénité, tranquillité. – LITTÉRAIRE : repos. CONTR. *affolement, agitation, angoisse, anxiété, appréhension, bouillonnement, désordre, détresse, ébullition, échauffement, effervescence, effroi, emportement, exaltation, excitation, frayeur, inquiétude, malaise, préoccupation, souci, surexcitation, trouble.* – FAMILIER : *raffut.* – LITTÉRAIRE : *alarme, bourrasque, transe.*

quintefeuille *nom féminin* Plante vivace à fleurs jaunes ou blanches. SYN. ansérine, patte-d'oie, potentille.

quintessence *nom féminin* LITTÉRAIRE. Le meilleur dans une chose. SYN. extrait, substance. – LITTÉRAIRE : élixir, essence, moelle, substantifique moelle, suc.

quintivalent *adjectif* D'une valence chimique égale à 5. SYN. pentavalent.

quiproquo *nom masculin* Erreur sur une personne, une chose. SYN. bévue, confusion, équivoque, erreur, malentendu, méprise.

quittance *nom féminin* Attestation de paiement. SYN. acquit, décharge, récépissé, reconnaissance, reçu.

quitte *adjectif* Libéré d'un devoir. SYN. acquitté, débarrassé, dégagé, délivré, dispensé, libéré.

quitter *verbe* Partir d'un lieu. SYN. s'absenter, s'en aller, déserter, s'échapper, s'éloigner, évacuer, fuir, partir, se retirer, sortir de. CONTR. *aborder, accoster, aller, approcher, arriver, atteindre, gagner, rallier, toucher.* – POPULAIRE : *se radiner.* ■ Laisser une personne. SYN. abandonner, brûler la politesse à, délaisser, se détourner, fausser compagnie, laisser, laisser tomber, prendre congé, rompre, se séparer. – FAMILIER : lâcher, larguer, planter là, plaquer. CONTR. *entretenir, s'occuper de.* – FAMILIER : *s'accrocher aux basques, se pendre aux basques.* ■ Ôter un vêtement. SYN. se débarrasser, enlever, ôter, retirer. CONTR. *conserver, endosser, enfiler, mettre, passer.* ■ LITTÉRAIRE. Laisser quelqu'un (forces). SYN.

abandonner, lâcher, se retirer. CONTR. *hanter, obséder, occuper, poursuivre, prendre, retenir, suivre, tenir.* ▪ Cesser une activité. SYN. , abandonner, abdiquer, arrêter, claquer la porte, se démettre, faire une croix sur, laisser, laisser tomber, renoncer à, tirer un trait sur, tirer une croix sur. – FAMILIER : plaquer, rendre son tablier. – LITTÉRAIRE : immoler, résigner. CONTR. *s'acharner, s'adonner, avoir, conserver, continuer, faire, garder, poursuivre, prolonger, reprendre.*

qui vive ? *locution interjective* Cri de la sentinelle. SYN. halte-là !, qui va là ?

qui-vive *nom masculin invariable* ***Être sur le qui-vive,*** être sur ses gardes. SYN. être aux aguets, être sur la défensive, faire attention, se méfier, ne dormir que d'un œil, se tenir sur ses gardes, veiller au grain. – FAMILIER : faire gaffe, se tenir à carreau. – LITTÉRAIRE : se défier, se garder de. CONTR. *avoir confiance, se fier, s'en remettre à.*

quoi ? *adverbe* FAMILIER. Marque l'étonnement. SYN. comment ?, pardon ?, plaît-il ? – FAMILIER : hein ?

quoique *conjonction* Indique la concession. SYN. alors que, bien que, encore que, tandis que. – LITTÉRAIRE : cependant que.

quolibet *nom masculin* Plaisanterie vulgaire. SYN. lazzi, moquerie, pique, plaisanterie, pointe, raillerie, sarcasme. – LITTÉRAIRE : brocard, trait. – POPULAIRE : vacherie, vanne.

quote-part *nom féminin* Part que chacun doit payer. SYN. contingent, contribution, cotisation, écot, part, quotité.

quotidien *adjectif* Qui se fait chaque jour. SYN. courant, habituel, journalier, normal. CONTR. *exceptionnel, extraordinaire, inhabituel.*

quotidiennement *adverbe* De façon quotidienne. SYN. fréquemment, journellement, périodiquement. CONTR. *par accès, épisodiquement, exceptionnellement, par instants, par intermittence, par intervalles, irrégulièrement, occasionnellement, sporadiquement, temporairement, de temps à autre, de temps en temps, variablement.* – LITTÉRAIRE : *par occasion, transitoirement.*

quotité *nom féminin* Montant d'une quote-part. SYN. contribution, cotisation, écot, part, quote-part.

R

rab *nom masculin* FAMILIER. Ce qui est en plus. SYN. excédent, supplément, surplus. – FAMILIER : rallonge.

rabâchage *nom masculin* Propos de quelqu'un qui rabâche. SYN. radotage, redite, rengaine, répétition, scie. – FAMILIER : refrain, ritournelle.

rabâcher *verbe* Répéter sans cesse. SYN. radoter, rebattre les oreilles, répéter, ressasser, revenir sur. – FAMILIER : seriner. CONTR. *changer de disque.*

rabâcheur *nom et adjectif* Qui ne fait que rabâcher. SYN. radoteur. – LITTÉRAIRE : ressasseur.

rabais *nom masculin* Diminution d'un prix. SYN. bonification, diminution, discount, escompte, réduction, remise, ristourne. CONTR. *augmentation, hausse, majoration.*

rabaissant *adjectif* Qui avilit. SYN. abaissant, avilissant, dégradant, dépréciatif, déshonorant, honteux, humiliant, infamant, vexatoire, vilain. – LITTÉRAIRE : ignominieux, vil. CONTR. *ennoblissant, flatteur, glorieux, honorable, laudatif, noble.*

rabaissement *nom masculin* LITTÉRAIRE. Action de rabaisser. SYN. avilissement, déchéance, dégradation, dépréciation, dévalorisation, dévaluation. CONTR. *ennoblissement.*

rabaisser *verbe* LITTÉRAIRE. Replacer en bas. SYN. abaisser, baisser, descendre. CONTR. *hausser, monter, remonter.* ■ LITTÉRAIRE. Amener à un rang inférieur. SYN. abaisser, abattre, avilir, dégrader, diminuer, discréditer, humilier, mortifier, ravaler, réduire. – FAMILIER : aplatir. – LITTÉRAIRE : abâtardir, rabattre. CONTR. *amplifier, augmenter, élever, ennoblir, exalter, grandir, idéaliser, poétiser, rehausser.* – LITTÉRAIRE : *sublimer.* ■ Estimer au-dessous de sa valeur. SYN. déconsidérer, dénigrer, déprécier, discréditer, mépriser, mésestimer, rapetisser, tenir pour moins que rien. – LITTÉRAIRE : méjuger, vilipender. CONTR. *apprécier, glorifier, porter au pinacle, porter aux nues.* – LITTÉRAIRE : *enfler, magnifier, priser.*

rabaisser (se) *verbe pronominal* Déprécier son propre mérite. SYN. s'abaisser, s'avilir, se dénigrer, s'humilier, se mésestimer. – LITTÉRAIRE : déchoir, déroger. CONTR. *se vanter.* – FAMILIER : *se croire, ne pas se moucher du coude, ne pas se moucher du pied.* – POPULAIRE : *se la jouer, ne pas se prendre pour de la merde, péter plus haut que son cul.*

rabat-joie *nom invariable* Personne d'humeur chagrine. SYN. trouble-fête. – FAMILIER : bonnet de nuit, empêcheur de danser en rond, empêcheur de tourner en rond, éteignoir, pisse-froid. – POPULAIRE : pisse-vinaigre. CONTR. *amuseur, boute-en-train, joyeux luron.* – FAMILIER : *joyeux drille.*

rabattre *verbe* Ramener sur. SYN. abaisser, baisser, ramener, refermer, replier, retourner. CONTR. *lever, ouvrir, relever, remonter, soulever.* ■ Déduire une somme. SYN. décompter, déduire, défalquer, diminuer, réduire, retrancher. CONTR. *ajouter, augmenter, élever, majorer.* ■ LITTÉRAIRE. Ramener à un degré moindre. SYN. abaisser, abattre, modérer, ravaler. – FAMILIER : aplatir. – LITTÉRAIRE : rabaisser. CONTR. *élever, ennoblir, exalter, grandir, idéaliser, rehausser, stimuler.* – LITTÉRAIRE : *enfler, sublimer.* ■ ***En rabattre,*** perdre ses illusions. SYN. déchanter, faire grise mine, perdre espoir. – FAMILIER : tomber de haut.

rabattre (se) *verbe pronominal* Quitter soudain une direction. SYN. se détourner, obliquer, piquer, plonger, tourner, virer.

rabe *nom masculin* FAMILIER. Ce qui est en plus. SYN. excédent, supplément, surplus. – FAMILIER : rabiot, rallonge.

rabelaisien *adjectif* D'une gaité grivoise. SYN. coquin, croustillant, cru, égrillard, gaulois, graveleux, leste, polisson, vert. – FAMILIER : gras.

rabibochage *nom masculin* FAMILIER. Fait de se rabibocher. SYN. rapprochement, réconciliation. – FAMILIER : raccommodement. CONTR. *bouderie,* *brouille, désaccord, désunion, dispute, froid, mésentente, rupture.* – FAMILIER : *bisbille, fâcherie.* – LITTÉRAIRE : *discorde.* – VIEUX : *brouillerie.*

rabibocher *verbe* FAMILIER. Réparer sommairement. SYN. arranger, raccommoder, rapiécer, réparer. – FAMILIER : rafistoler, rapetasser, retaper. CONTR. *abîmer, casser, détériorer, endommager, gâter.* – FAMILIER : *bousiller, esquinter.* – LITTÉRAIRE : *ruiner.* ■ FAMILIER. Remettre d'accord. SYN. rapprocher, réconcilier, replâtrer, réunir. – FAMILIER : raccommoder. CONTR. *brouiller, fâcher.*

rabibocher (se) *verbe pronominal* FAMILIER. Se réconcilier avec. SYN. se rapprocher, se réconcilier, se remettre, renouer. – FAMILIER : se raccommoder. – LITTÉRAIRE : s'accorder. CONTR. *se brouiller, se déchirer, se fâcher, se heurter, s'opposer, rompre.*

rabiot *nom masculin* FAMILIER. Ce qui est en plus. SYN. excédent, supplément, surplus. – FAMILIER : rabe, rallonge.

rabioter *verbe* FAMILIER. Prendre en supplément. SYN. grappiller, grignoter. – FAMILIER : gratter.

râblé *adjectif* De forte carrure. SYN. épais, massif, ramassé, solide, trapu. – FAMILIER : courtaud. – POPULAIRE : baraqué. CONTR. *élancé, filiforme, fluet, longiligne, mince, svelte.*

raboteux *adjectif* Dont la surface est inégale. SYN. cahoteux, calleux, dur, inégal, râpeux, rêche, rocailleux, rugueux. – LITTÉRAIRE : ardu. CONTR. *égal, lisse, plan, plat, poli, uni.* ■ LITTÉRAIRE. Se dit d'un style lourd. SYN. abrupt, ardu, laborieux, lourd, pesant, rude. CONTR. *aisé, harmonieux.*

rabougri *adjectif* Qui a sa croissance ralentie. SYN. chétif, maigre, malingre, rachitique, racorni, ratatiné, recroquevillé, souffreteux, tassé.

rabougrir *verbe* Retarder la croissance de. SYN. affaiblir, amoindrir, atrophier, étioler, racornir. CONTR. *développer.*

rabougrir (se) *verbe pronominal* FAMILIER. Devenir plus sec. SYN. se dessécher, se recroqueviller, se tasser. – FAMILIER : se ratatiner.

rabougrissement *nom masculin* LITTÉRAIRE. État de ce qui est rabougri. SYN. dégradation, étiolement. – LITTÉRAIRE : abâtardissement, dégénérescence.

rabouter *verbe* Assembler bout à bout. SYN. ajointer, raccorder, réunir.

rabrouer *verbe* Accueillir avec rudesse. SYN. brusquer, houspiller, maltraiter, remettre à sa place, repousser, rudoyer. – FAMILIER : envoyer balader, envoyer bouler, envoyer paître, envoyer promener, envoyer sur les roses, envoyer valser, remballer, rembarrer. – LITTÉRAIRE : remiser. – POPULAIRE : envoyer aux pelotes, envoyer chier, envoyer dinguer, envoyer péter, envoyer se faire cuire un œuf, envoyer se faire foutre. – VIEUX : envoyer se faire lanlaire.

racaille *nom féminin* Populace méprisable. SYN. bas-fonds, pègre, populace. – LITTÉRAIRE : crapule, déjection, écume, lie, plèbe, rebut, tourbe, vermine. – POPULAIRE : raclure. – VIEUX : canaille. ■ Personne malhonnête. SYN. bandit, canaille, crapule, filou, gredin, scélérat, vaurien, vermine, voyou. – FAMILIER : fripouille.

raccommodage *nom masculin* Action de raccommoder. SYN. rafistolage, rapiéçage, rapiècement, réparation, reprisage, reprise. – FAMILIER : rapetassage. – VIEUX : ravaudage.

raccommodement *nom masculin* FAMILIER. Fait de se réconcilier. SYN. fraternisation, rapprochement, réconciliation. – FAMILIER : rabibochage. CONTR. *bouderie, brouille, désaccord, désunion, dispute, froid, mésentente, rupture.* – FAMILIER : *bisbille, fâcherie.* – VIEUX : *brouillerie.*

raccommoder *verbe* Remettre en état. SYN. arranger, colmater, réparer, restaurer. – FAMILIER : rabibocher, rafistoler, retaper. CONTR. *abîmer, briser, casser, détériorer, endommager, gâter.* – FAMILIER : *bousiller, esquinter.* – LITTÉRAIRE : *ruiner.* ■ Réparer du linge. SYN. faire un point, rapiécer, recoudre, repriser. – FAMILIER : rapetasser. – VIEUX : ravauder. CONTR. *déchirer.* ■ FAMILIER. Remettre d'accord. SYN. concilier, rapprocher, réconcilier, replâtrer, réunir. – FAMILIER : rabibocher. CONTR. *brouiller, fâcher.*

raccommoder (se) *verbe pronominal* FAMILIER. Se remettre d'accord avec. SYN. se rapprocher, se réconcilier, se remettre, renouer. – FAMILIER : se rabibocher. – LITTÉRAIRE : s'accorder. CONTR. *se brouiller, se déchirer, se fâcher, se heurter, s'opposer, rompre.*

raccompagner *verbe* Accompagner sur le retour. SYN. ramener, reconduire. CONTR. *accompagner, amener.*

raccordement *nom masculin* Fait de se raccorder. SYN. jonction, rapprochement. CONTR. *bifurcation, désunion, écartement.*

raccorder *verbe* Relier deux choses séparées. SYN. assembler, joindre, rabouter, rattacher, relier, réunir, unir. CONTR. *disjoindre, écarter, séparer.*

raccourci *nom masculin* Chemin plus court. SYN. traverse. CONTR. *crochet, détour.* ■ ***En raccourci,*** sous une forme abrégée. SYN. en abrégé, en bref, brièvement, en plus petit, rapidement, en résumé, sommairement, en substance, succinctement. – FAMILIER : en un mot comme en cent, en un mot comme en mille, en un mot.

raccourcir *verbe* Rendre plus court. SYN. abréger, couper, diminuer, écourter, ramasser, rapetisser, réduire, rétrécir, rogner. - VIEUX : tronquer. CONTR. *allonger, amplifier, développer, éterniser, étirer, étoffer, grandir, prolonger, rallonger.* - FAMILIER : *délayer.*

raccourcir (se) *verbe pronominal* Devenir plus court. SYN. diminuer, raccourcir, rapetisser, se rapetisser, rétrécir. CONTR. *allonger, augmenter, rallonger.*

raccourcissement *nom masculin* Fait de raccourcir. SYN. abrègement, diminution, rapetissement, réduction, rétrécissement. CONTR. *agrandissement, allongement, amplification, rallongement.*

raccroc *nom masculin* ***Par raccroc,*** par un heureux hasard. SYN. par bonheur, par chance, Dieu merci, Dieu soit loué, grâce à Dieu, heureusement.

raccrochage *nom masculin* Action d'aborder quelqu'un. SYN. - FAMILIER : racolage. - POPULAIRE : retape.

raccrocher *verbe* Arrêter quelqu'un au passage. SYN. accoster, appréhender, racoler. - POPULAIRE : alpaguer, faire de la retape.

raccrocher (se) *verbe pronominal* Trouver un soutien. SYN. s'accrocher, s'agripper, se cramponner, se rattraper, se retenir, se tenir. - LITTÉRAIRE : s'agriffer. CONTR. *lâcher.*

raccrocheur *adjectif* Qui raccroche. SYN. aguicheur, racoleur. - FAMILIER : accrocheur.

race *nom féminin* LITTÉRAIRE. Lignée familiale. SYN. branche, famille, lignage, lignée, maison, origine, souche. - LITTÉRAIRE : parents, sang. ■ Personnes formant un groupe. SYN. engeance, espèce, graine. - LITTÉRAIRE : gent.

rachat *nom masculin* Action de racheter. SYN. remboursement. CONTR. *revente.* ■ Action de se racheter. SYN. expiation, réparation, salut. - LITTÉRAIRE : rédemption.

racheter *verbe* Faire pardonner une faute. SYN. expier, payer. ■ Compenser un défaut. SYN. contrebalancer, corriger, équilibrer, pallier, rattraper, réparer, sauver, suppléer.

rachis *nom masculin* Ensemble des vertèbres superposées. SYN. colonne vertébrale, épine dorsale.

rachitique *adjectif* Mal développé. SYN. chétif, débile, fluet, frêle, maladif, malingre, rabougri, souffreteux. - LITTÉRAIRE : étique. - VIEUX : cacochyme. CONTR. *fort, résistant, robuste, vigoureux.* - FAMILIER : *costaud.*

racinaire *adjectif* Relatif à la racine. SYN. radiculaire.

racine *nom féminin* Ce qui est à la base. SYN. assise, bas, base, fondement, naissance, origine, source.

raclée *nom féminin* FAMILIER. Volée de coups. SYN. correction. - FAMILIER : pile, rossée, tabassée, tripotée. - POPULAIRE : dégelée, dérouillée, pâtée, peignée, rouste, tannée, tournée, trempe. - VIEUX : frottée. ■ FAMILIER. Défaite cuisante. SYN. culbute, débâcle, déconfiture, défaite, déroute, échec, faillite, gifle, insuccès. - FAMILIER : claque, fessée, fiasco, loupé, pile, piquette, plongeon, ratage, tannée, veste. - LITTÉRAIRE : infortune. - POPULAIRE : bide, déculottée, dégelée, gamelle, plantage, volée. CONTR. *réussite, succès, triomphe, victoire.*

racler *verbe* Enlever quelque chose. SYN. curer, frotter, gratter, ratisser.

raclette *nom féminin* Lame pour racler une pâte. SYN. amassette, coupe-pâte.

raclure *nom féminin* Partie raclée d'un corps. SYN. débris, déchet, éclat, résidu, rognure. ■ POPULAIRE. Individus méprisables. SYN. pègre, populace, racaille. - LITTÉRAIRE : crapule, déjection, écume, lie, plèbe, rebut, tourbe, vermine. - VIEUX : canaille.

racolage *nom masculin* Action de racoler. SYN. raccrochage. - POPULAIRE : retape.

racoler *verbe* Recruter des gens. SYN. embrigader, enrégimenter, enrôler, mobiliser, recruter. ■ Accoster des passants. SYN. aguicher, raccrocher. - POPULAIRE : faire de la retape.

racoleur *adjectif* Qui attire l'attention. SYN. aguicheur, raccrocheur. - FAMILIER : accrocheur.

racontar *nom masculin* FAMILIER. Propos médisant. SYN. bavardage, bruit, commentaire, commérage, fable, indiscrétion, médisance, on-dit, qu'en-dira-t-on, rumeur. - FAMILIER : cancan, potin, ragot.

raconter *verbe* Faire le récit de. SYN. conter, décrire, dépeindre, dire, expliquer, exposer, exprimer, montrer, parler de, peindre, prétendre, rapporter, relater, rendre compte, représenter, retracer, révéler. - FAMILIER : faire la gazette. - LITTÉRAIRE : narrer. CONTR. *cacher, dissimuler, taire.* - LITTÉRAIRE : *celer.* ■ Tenir des propos légers. SYN. débiter. - FAMILIER : chanter, déballer, sortir. - POPULAIRE : débagouler.

raconteur *nom* LITTÉRAIRE. Personne qui raconte. SYN. conteur, narrateur.

racorni *adjectif* Devenu tout sec. SYN. coriace, desséché, rabougri, ratatiné. CONTR. *juteux.*

racornir *verbe* Rendre sec et dur. SYN. atrophier, dessécher, durcir, étioler, rabougrir, recroqueviller. – FAMILIER : ratatiner.

radiation *nom féminin* Action de radier. SYN. congédiement, destitution, élimination, exclusion, excommunication, expulsion, licenciement, renvoi. CONTR. *admission, intégration.*

radical *adjectif* Qui touche à la nature de. SYN. capital, constitutif, essentiel, foncier, fondamental, profond. ▪ Qui a un caractère définitif. SYN. absolu, catégorique, complet, intégral, irrévocable, total. ▪ Se dit d'une action énergique. SYN. actif, draconien, efficace, infaillible, puissant. – LITTÉRAIRE : souverain.

radicalement *adverbe* D'une manière radicale. SYN. absolument, catégoriquement, complètement, diamétralement, entièrement, foncièrement, fondamentalement, pleinement, totalement. – FAMILIER : carrément.

radicaliser *verbe* Rendre plus intransigeant. SYN. accentuer, amplifier, durcir, intensifier, renforcer. CONTR. *adoucir, assouplir, atténuer.*

radiculaire *adjectif* Relatif à la racine. SYN. racinaire.

radier *verbe* Exclure d'un groupe. SYN. démettre, destituer, éliminer, exclure, excommunier, expulser, limoger, rayer, renvoyer, révoquer. – FAMILIER : balayer, blackbouler, débarquer, déboulonner, dégommer, démissionner, sabrer. – POPULAIRE : balancer. CONTR. *admettre, inscrire, intégrer.*

radieux *adjectif* Éclatant de lumière. SYN. brillant, éblouissant, éclatant, étincelant, irradiant, lumineux, resplendissant. – LITTÉRAIRE : flamboyant. CONTR. *obscur, pâle, sombre, terne.* – LITTÉRAIRE : *ténébreux.* ▪ Se dit d'un temps ensoleillé. SYN. beau, splendide, superbe. – LITTÉRAIRE : serein. CONTR. *brouillé, brumeux, couvert, gris, noir, nuageux, voilé.* – FAMILIER : *cafardeux.* ▪ Qui rayonne de joie. SYN. content, épanoui, florissant, heureux, joyeux, ravi, rayonnant, réjoui, riant, satisfait, triomphant. CONTR. *assombri, cafardeux, déprimé, maussade, mélancolique, rembruni, triste.* – LITTÉRAIRE : *chagrin.*

radin *adjectif* FAMILIER. D'une grande avarice. SYN. avare, intéressé, parcimonieux, regardant, thésauriseur. – FAMILIER : chiche, chien, pingre, rapiat, rat. – LITTÉRAIRE : avaricieux, ladre, lésineur. CONTR. *dépensier, dilapidateur, gaspilleur, généreux, large, prodigue.* – LITTÉRAIRE : *dissipateur, libéral.*

radin *nom* FAMILIER. Personne avare. SYN. avare, thésauriseur. – FAMILIER : chien, grigou, grippe-sou, pingre, rapiat, rat. – LITTÉRAIRE : avaricieux, harpagon, ladre, lésineur. CONTR. *dépensier, dilapidateur, gaspilleur.* – FAMILIER : *panier percé.* – LITTÉRAIRE : *dissipateur.*

radiner (se) *verbe pronominal* POPULAIRE. Aller dans tel lieu. SYN. s'approcher, arriver, se rendre, venir. – POPULAIRE : rappliquer. CONTR. *s'écarter, s'éloigner, quitter.*

radinerie *nom féminin* FAMILIER. Grande avarice. SYN. avarice, mesquinerie, parcimonie, radinisme. – FAMILIER : pingrerie. – LITTÉRAIRE : ladrerie, lésine, lésinerie. CONTR. *générosité, libéralité, prodigalité.* – LITTÉRAIRE : *largesse.*

radinisme *nom masculin* FAMILIER. Grande avarice. SYN. avarice, mesquinerie, parcimonie, radinerie. – FAMILIER : pingrerie. – LITTÉRAIRE : ladrerie, lésine, lésinerie. CONTR. *générosité, libéralité, prodigalité.* – LITTÉRAIRE : *largesse.*

radiocarbone *nom masculin* Isotope radioactif du carbone. SYN. carbone 14.

radioélectrique *adjectif* Se dit d'un type d'ondes électromagnétiques. SYN. hertzien.

radis *nom masculin* POPULAIRE. Petite somme d'argent. SYN. centime, maravédis. – FAMILIER : rond, sou. – LITTÉRAIRE : liard. – POPULAIRE : kopeck, rotin.

radius *nom masculin* Zone du test des échinodermes. SYN. ambulacre.

radotage *nom masculin* Propos répétitifs. SYN. chanson, conte, divagation, fadaise, rabâchage, redite, sornettes. – FAMILIER : boniment, faribole.

radoter *verbe intransitif* Tenir des propos incohérents. SYN. délirer, déraisonner, divaguer. – FAMILIER : déménager, dérailler. – LITTÉRAIRE : extravaguer. – POPULAIRE : débloquer. ▪ Répéter les mêmes propos. SYN. se répéter.

radoter *verbe transitif* Répéter les mêmes propos. SYN. rabâcher, rebattre les oreilles, redire, répéter, ressasser, revenir sur. – FAMILIER : seriner. CONTR. *changer de disque.*

radoteur *adjectif et nom* Qui radote. SYN. rabâcheur. – LITTÉRAIRE : ressasseur.

radouber *verbe transitif* Réparer un filet. SYN. ramender.

radoucir *verbe* Rendre plus doux. SYN. adoucir, apaiser. – LITTÉRAIRE : attiédir, lénifier. CONTR. *accroître, aviver, intensifier.*

rafale *nom féminin* Coup de vent violent. SYN. bourrasque, grain, ouragan. ▪ Coups tirés sans interruption. SYN. bordée, décharge, feu, salve, volée.

raffermir *verbe* Rendre plus résistant. SYN. endurcir, fortifier, tonifier. – LITTÉRAIRE : vivifier. CONTR. *abattre, affaiblir, amollir, débiliter, épuiser,* *ramollir*. – FAMILIER : *démolir, liquéfier*. ■ Confirmer dans une position. SYN. affermir, assurer, cimenter, consolider, corroborer, enhardir, fortifier, renforcer, resserrer, soutenir, stabiliser. – LITTÉRAIRE : rasséréner. CONTR. *affaiblir, bouleverser, déconcerter, décontenancer, décourager, démolir, démonter, détériorer, ébranler, ébrécher, émouvoir, endommager, remuer, secouer, troubler*.

raffermissement *nom masculin* Fait de se raffermir. SYN. affermissement, consolidation, durcissement, prise, renforcement, stabilisation. CONTR. *affaiblissement, amollissement, ébranlement, écroulement, effondrement, étiolement, ramollissement, ruine*. – LITTÉRAIRE : *fléchissement*.

raffiné *adjectif* Qui montre de l'élégance. SYN. aristocratique, de bon goût, de bon ton, choisi, coquet, courtois, délicat, distingué, élégant, fin, impeccable, précieux, recherché, soigné, stylé. – FAMILIER : sélect. – LITTÉRAIRE : policé. CONTR. *canaille, commun, débraillé, dépoitraillé, familier, fruste, grossier, lourd, ordinaire, populaire, sommaire, vulgaire*. – FAMILIER : *dépenaillé*. – LITTÉRAIRE : *plébéien, rustique*. ■ Qui montre un souci du détail. SYN. alambiqué, complexe, compliqué, sophistiqué, subtil. CONTR. *barbare, béotien, bestial, brut, primaire, primitif, rude, sauvage, simple*.

raffinement *nom masculin* Caractère raffiné. SYN. chic, classe, délicatesse, distinction, élégance, recherche. CONTR. *laisser-aller, relâchement, simplicité, vulgarité*. – LITTÉRAIRE : *rusticité*. ■ Subtilité de la pensée. SYN. préciosité, subtilité. – LITTÉRAIRE : mignardise. CONTR. *barbarie, bestialité, grossièreté*. – LITTÉRAIRE : *rudesse*.

raffiner *verbe* LITTÉRAIRE. Rendre plus subtil. SYN. affiner, épurer, fignoler, peaufiner, polir, soigner. – LITTÉRAIRE : châtier, ciseler, policer. – VIEUX : perler.

raffinose *nom masculin* Glucide de certains végétaux. SYN. mélitose.

raffoler *verbe* Avoir un goût vif pour. SYN. adorer, aimer, aimer à la folie, se complaire, s'engouer, s'enthousiasmer, s'enticher, être fou de, être tout feu tout flammes, se passionner. – FAMILIER : s'emballer, être mordu de. – LITTÉRAIRE : affectionner, se délecter. CONTR. *abominer, détester, exécrer, haïr*. – LITTÉRAIRE : *abhorrer*.

raffut *nom masculin* FAMILIER. Bruit violent. SYN. bruit, charivari, fracas, tapage, tintamarre, tumulte, vacarme. – FAMILIER : boucan, chahut, chambard, foire, potin. – LITTÉRAIRE : hourvari. – POPULAIRE : barouf, baroufe, bastringue, ramdam. – VIEUX : boulevari, bousin, sabbat. CONTR. *calme, silence, tranquillité*. – LITTÉRAIRE : *quiétude*. ■ FAMILIER. Éclat scandaleux. SYN. bruit, esclandre, scandale, tapage. – FAMILIER : grabuge, pétard. – POPULAIRE : barouf, baroufe, foin.

rafistolage *nom masculin* Action de rafistoler. SYN. raccommodage, réfection, remise en état, réparation, replâtrage, restauration. – FAMILIER : retapage.

rafistoler *verbe* FAMILIER. Réparer grossièrement. SYN. arranger, colmater, raccommoder, rapiécer, réparer. – FAMILIER : rabibocher, rapetasser, retaper. CONTR. *abîmer, casser, détériorer, endommager, gâter*. – FAMILIER : *bousiller, esquinter*. – LITTÉRAIRE : *ruiner*.

rafle *nom féminin* Action de rafler. SYN. larcin, pillage, vol. – FAMILIER : chapardage, razzia. – LITTÉRAIRE : rapine. ■ Arrestation massive. SYN. coup de filet. – FAMILIER : coup de torchon.

rafler *verbe* Voler quelque chose. SYN. accaparer, s'emparer, enlever, escamoter, extorquer, prendre, voler. – FAMILIER : barboter, carotter, chaparder, chiper, piquer, souffler, subtiliser. – POPULAIRE : chauffer, faucher, ratiboiser.

rafraîchir *verbe* Rendre frais. SYN. frigorifier, réfrigérer, refroidir. CONTR. *brûler, chauffer, échauffer, réchauffer, tiédir*. ■ Remettre dans l'état initial. SYN. rajeunir, raviver, refaire, rénover, restaurer. – FAMILIER : retaper. CONTR. *abîmer, flétrir*.

ragaillardir *verbe* FAMILIER. Redonner de l'entrain. SYN. ranimer, réconforter, regonfler, remonter, ressusciter, rétablir, revigorer, stimuler, tonifier. – FAMILIER : ravigoter, requinquer. – LITTÉRAIRE : revivifier, vivifier. CONTR. *abattre, accabler, amoindrir, anéantir, atterrer, décourager, démonter, démoraliser*. – FAMILIER : *ramollir, tuer*.

rage *nom féminin* État d'irritation. SYN. agacement, âpreté, colère, emportement, énervement, exaspération, férocité, fureur, furie, indignation. – LITTÉRAIRE : courroux. ■ Désir irrépressible. SYN. acharnement, fièvre, folie, frénésie, idée fixe, impatience. – FAMILIER : maladie. – LITTÉRAIRE : impétuosité.

rageant *adjectif* FAMILIER. Qui fait rager. SYN. agaçant, énervant, exaspérant, excédant, irritant. – FAMILIER : crispant, enrageant, horripilant, vexant.

rager *verbe* FAMILIER. Être très énervé. SYN. bouillir, bouillonner, se déchaîner, écumer, s'emporter, enrager, être en colère, être fou de rage, être fou furieux, être hors de soi, se fâcher, fulminer, s'indigner, se mettre en colère, ne pas décolérer, pester, sortir de ses gonds, tempêter, tonner, voir rouge. – FAMILIER : avoir une poussée d'adrénaline, bisquer, être en pétard, être en rogne, exploser, se fâcher tout rouge, fumer, maronner, se mettre en boule, râler. – **POPULAIRE** : rouscailler.

rageur *adjectif* Qui exprime la colère. **SYN.** coléreux, emporté, hargneux, irascible, irritable. – **FAMILIER** : teigneux. – **LITTÉRAIRE** : colérique, fulminant. **CONTR.** *calme, impassible, imperturbable, placide, serein.*

rageusement *adverbe* Avec rage. **SYN.** coléreusement, furieusement. **CONTR.** *calmement.*

ragondin *nom masculin* Fourrure de cet animal. **SYN.** nutria. ■ Grand rongeur aquatique. **SYN.** coypou, myocastor, myopotame.

ragot *nom masculin* FAMILIER. Propos malveillant. **SYN.** bavardage, bruit, commentaire, commérage, indiscrétion, médisance, on-dit, rumeur. – **FAMILIER** : cancan, potin, racontar. – **LITTÉRAIRE** : clabaudage, clabauderie.

ragoûtant *adjectif* Qui fait envie. **SYN.** agréable, alléchant, appétissant, bon. **CONTR.** *dégoûtant, écœurant, nauséabond, rebutant.*

raid *nom masculin* Incursion en territoire ennemi. **SYN.** assaut, charge, coup de main, descente, expédition, incursion, invasion, irruption, razzia.

raide *adjectif* Qui est sans souplesse. **SYN.** droit comme un i, dur, rigide. – **FAMILIER** : souple comme un verre de lampe. **CONTR.** *élastique, flexible, mou, pliable, souple.* ■ Qui manque de naturel. **SYN.** affecté, compassé, guindé, pincé. – **FAMILIER** : coincé. **CONTR.** *affaissé, avachi, décontracté, détendu, flasque.* – **FAMILIER** : *relax, relaxe.* ■ Qui présente une forte déclivité. **SYN.** abrupt, escarpé, montant, à pic. – **LITTÉRAIRE** : ardu, montueux. **CONTR.** *plan, plat.* ■ LITTÉRAIRE. Qui est intransigeant. **SYN.** austère, autoritaire, brusque, dur, implacable, inflexible, intraitable, intransigeant, rigide, rigoureux, sévère, strict. **CONTR.** *accommodant, conciliant, coulant, flexible, indulgent, large, libéral, relâché, tolérant.* – **FAMILIER** : *élastique.* ■ FAMILIER. Qu'on a peine à admettre. **SYN.** abusif, étonnant, exagéré, excessif, incroyable, surprenant. – **FAMILIER** : fort. ■ FAMILIER. Qui choque la bienséance. **SYN.** croustillant, cru, grivois, hardi, libre, licencieux, osé, salé. – **FAMILIER** : cochon, hard, olé olé. – **LITTÉRAIRE** : poivré. ■ POPULAIRE. Qui est ivre. **SYN.** aviné, enivré, gris, ivre, pris de boisson. – **FAMILIER** : éméché, imbibé, parti, plein comme un œuf, plein comme une outre, pompette, saoul, schlass, soûl, soûl comme un Polonais, soûl comme une bourrique, soûl comme une grive. – **POPULAIRE** : beurré, beurré comme un p'tit Lu, beurré comme une tartine, blindé, bourré, bourré comme une cantine, chargé, cuit, noir, paf, pété, pinté, plein comme une barrique, rétamé, rond, rond comme une barrique, rond comme une queue de pelle, torché. – **VIEUX** : brindezingue. **CONTR.** *à jeun, sobre.* ■ POPULAIRE. Démuni d'argent. **SYN.** gêné, pauvre. – **FAMILIER** : désargenté, fauché, sans-le-sou, à sec. – **LITTÉRAIRE** : impécunieux. **CONTR.** *fortuné, riche.* – **FAMILIER** : *argenté.*

raideur *nom féminin* État de ce qui est raide. **SYN.** dureté, rigidité. **CONTR.** *élasticité, flexibilité, mollesse, souplesse.* ■ Manque de naturel. **SYN.** affectation, apprêt. – **LITTÉRAIRE** : afféterie, affèterie, compassement. **CONTR.** *abandon, laisser-aller, naturel, spontanéité.*

raidillon *nom masculin* Sentier raide. **SYN.** côte, montée, rampe. **CONTR.** *pente.*

raidir *verbe* Rendre raide. **SYN.** contracter, durcir, tendre. – **LITTÉRAIRE** : bander. **CONTR.** *amollir, décontracter, détendre, plier, relâcher.* – **LITTÉRAIRE** : *déraidir.* ■ LITTÉRAIRE. Rendre intransigeant. **SYN.** buter, cabrer, durcir, endurcir, figer. – **FAMILIER** : braquer. **CONTR.** *assouplir, attendrir, humaniser.*

raidir (se) *verbe pronominal* Se montrer plus intransigeant. **SYN.** se buter, se cabrer, se crisper, se durcir, s'entêter, s'obstiner. – **FAMILIER** : se braquer. – **LITTÉRAIRE** : s'opiniâtrer. **CONTR.** *s'apitoyer, s'attendrir, capituler, céder, se détendre, fondre, s'humaniser, mollir, plier.*

raidissement *nom masculin* Action de raidir. **SYN.** contraction, durcissement, tension. **CONTR.** *amollissement, décontraction, détente, ramollissement.*

raie *nom féminin* ***Raie manta,*** grande raie de l'Atlantique. **SYN.** céphaloptère, manta, mante.

raie *nom féminin* Ligne tracée sur une surface. **SYN.** ligne, rayure, trait, zébrure.

raifort *nom masculin* Condiment tiré de la racine du raifort. **SYN.** wasabi. ■ Crucifère utilisée comme condiment. **SYN.** cochléaire, cranson.

rail *nom masculin* ARGOTIQUE. Dose de cocaïne. **SYN.** – **ARGOTIQUE** : ligne.

railler *verbe* Tourner en dérision. **SYN.** s'amuser, bafouer, égratigner, ironiser, se moquer, persifler, ridiculiser, rire. – **FAMILIER** : blaguer, chambrer, chiner, se ficher de. – **LITTÉRAIRE** : brocarder, dauber, se gausser, se rire, satiriser. – **POPULAIRE** : charrier, se foutre de. **CONTR.** *admirer, louer.* – **LITTÉRAIRE** : *louanger.*

raillerie *nom féminin* Action de railler. **SYN.** dérision, gouaille, humour, ironie, moquerie, persiflage, satire. – **LITTÉRAIRE** : bafouage, goguenardise. **CONTR.** *admiration, flatterie.* ■ Propos railleur. **SYN.** boutade, gouaillerie, lazzi, moquerie, persiflage, pique, plaisanterie, pointe, quolibet, sarcasme. – **FAMILIER** : chinage. – **LITTÉRAIRE** :

brocard, épigramme, trait. – POPULAIRE : vanne. CONTR. *compliment, louange.*

railleur *adjectif* Qui exprime la moquerie. SYN. badin, caustique, facétieux, frondeur, goguenard, gouailleur, ironique, malicieux, moqueur, mordant, narquois, persifleur, sarcastique, satirique. – FAMILIER : blagueur, chineur. – LITTÉRAIRE : piquant. CONTR. *admiratif.*

railleur *nom* Personne qui raille. SYN. farceur, humoriste, ironiste, persifleur, plaisantin. – FAMILIER : blagueur. – LITTÉRAIRE : moqueur. CONTR. *admirateur.*

rail-route *adjectif invariable* ***Transport rail-route,*** qui utilise le rail et la route. SYN. ferroutage.

rainure *nom féminin* Entaille longue et étroite. SYN. encoche, entaille, fente, fissure, sillon.

raire *verbe* Pousser un cri bref (cerf). SYN. réer.

raisin *nom masculin* ***Raisin de renard,*** plante à baies toxiques bleuâtres. SYN. parisette.

raisinier *nom masculin* Arbre des Antilles. SYN. coccoloba.

raison *nom féminin* Faculté de penser. SYN. entendement, esprit, facultés, intelligence, pensée, raisonnement. – FAMILIER : intellect. CONTR. *instinct, intuition.* ▪ Capacité de juger sainement. SYN. bon sens, discernement, jugement, lucidité, sagesse, sens, sens commun, tête. – FAMILIER : jugeote. CONTR. *absurdité, folie.* – FAMILIER : *démence.* – LITTÉRAIRE : *déraison.* ▪ Ce qui explique un fait. SYN. argument, cause, excuse, explication, facteur, fondement, mobile, moteur, motif, origine, pourquoi, prétexte, source. CONTR. *répercussion, retombée.* ▪ ***En raison de,*** pour ce motif. SYN. à cause de, compte tenu de, considérant, eu égard à, du fait de, vu.

raisonnable *adjectif* Qui agit selon la raison. SYN. conséquent, équilibré, intelligent, pondéré, posé, prudent, rationnel, sage. CONTR. *antirationnel, aveugle, égaré, étourdi, inconscient, inconséquent, insensé.* ▪ Qui manifeste du bon sens. SYN. fondé, judicieux, juste, légitime, logique, sensé. CONTR. *aberrant, abracadabrant, absurde, biscornu, bizarre, capricieux, débridé, déraisonnable, effréné, extravagant, extrême, farfelu, fou, illégitime, illogique, incohérent, irrationnel, saugrenu.* – FAMILIER : *bizarroïde, loufoque.* – LITTÉRAIRE : *fantasque.* ▪ Qui est modéré. SYN. abordable, convenable, honnête, modéré, modeste, moyen, normal, passable. – FAMILIER : potable. CONTR. *démentiel, démesuré, effroyable, élevé, exagéré, excessif, exorbitant, illimité, immodéré, impossible, inabordable, inacceptable, onéreux, prohibitif, ruineux.* – FAMILIER : *délirant, dément, dingue.*

raisonnablement *adverbe* D'une manière raisonnable. SYN. bien, convenablement, décemment, honnêtement, logiquement, posément, rationnellement, sagement, sainement. – LITTÉRAIRE : sensément. CONTR. *absurdement, déraisonnablement, follement, illogiquement, irrationnellement.* ▪ De façon modérée. SYN. modérément, modestement, moyennement. CONTR. *démesurément, exagérément, excessivement, immodérément, outrageusement, outre mesure, trop.*

raisonné *adjectif* Fondé sur un raisonnement. SYN. logique, rationnel, sensé. CONTR. *extravagant, fantaisiste, intuitif, irrationnel.* ▪ Qui a été réfléchi. SYN. mesuré, pensé, pesé, pondéré, réfléchi, sage. CONTR. *aberrant, absurde, déraisonnable, illogique, incohérent, irraisonné, obscur, saugrenu.*

raisonnement *nom masculin* Faculté de penser. SYN. entendement, esprit, intelligence, jugement, pensée. CONTR. *instinct, intuition.* ▪ Suite d'arguments. SYN. argument, argumentation, déduction, démonstration, logique, preuve, raison.

raisonner *verbe intransitif* Se servir de sa raison. SYN. analyser, étudier, méditer, penser, réfléchir. – FAMILIER : cogiter. – LITTÉRAIRE : ratiociner. ▪ Faire des raisonnements. SYN. argumenter, débattre, palabrer, philosopher. – LITTÉRAIRE : disputer.

raisonner *verbe transitif* Rappeler à la raison. SYN. chapitrer, sermonner.

raisonneur *adjectif* Qui discute à propos de tout. SYN. ergoteur. – FAMILIER : discutailleur. – LITTÉRAIRE : vétilleux. – VIEUX : chicaneur, chicanier.

raisonneur *nom* Personne qui raisonne sur tout. SYN. discuteur, ergoteur, polémiste. – FAMILIER : discutailleur, pinailleur. – LITTÉRAIRE : argumentateur.

rajeunir *verbe* Rendre plus moderne. SYN. moderniser, rafraîchir, ranimer, renouveler, rénover, revigorer. CONTR. *vieillir.*

rajouter *verbe* Mettre en plus. SYN. adjoindre, ajouter, joindre, mettre. CONTR. *enlever, ôter, retirer.* ▪ FAMILIER. ***En rajouter,*** forcer la dose. SYN. amplifier, exagérer, grossir, monter en épingle, outrer. – FAMILIER : faire tout un cinéma de, en faire (tout) un fromage, en faire tout un plat, en faire une pendule, en faire une piscine, forcer la dose, forcer la note.

ralentir *verbe intransitif* Réduire sa vitesse. SYN. décélérer, freiner, marquer le pas. – FAMILIER : lever le pied. CONTR. *accélérer, se précipiter,* *presser le mouvement, presser le pas, se presser.* – FAMILIER : *s'activer, foncer.*

ralentir *verbe transitif* Rendre moins rapide. SYN. entraver, freiner, gêner, immobiliser, obstruer, paralyser, retarder. CONTR. *accélérer, activer, bousculer, brusquer, hâter, précipiter.* – LITTÉRAIRE : *presser.* ■ Diminuer la force de. SYN. atténuer, éteindre, mesurer, modérer, nuire. CONTR. *aiguillonner, éperonner, fouetter, stimuler.* – LITTÉRAIRE : *enflammer.*

ralentir (se) *verbe pronominal* Suivre un rythme plus lent. SYN. s'affaiblir, s'atténuer, baisser, décliner, dépérir, faiblir, fléchir, mollir.

ralentissement *nom masculin* Action de ralentir. SYN. décélération, freinage. CONTR. *accélération.* ■ Diminution d'une activité. SYN. amenuisement, baisse, contraction, déclin, décroissance, récession, recul, réduction, régression. CONTR. *accroissement, augmentation, développement.*

ralentisseur *nom masculin* Dos-d'âne en travers d'une chaussée. SYN. casse-vitesse.

râler *verbe* FAMILIER. Montrer son mécontentement. SYN. grogner, gronder, maugréer, murmurer, pester, se plaindre, protester, se récrier, récriminer. – FAMILIER : bisquer, bougonner, fumer, maronner, rager, ronchonner, rouspéter. – POPULAIRE : gueuler, rouscailler. – VIEUX : rogner, rognonner.

râleur *nom et adjectif* FAMILIER. Qui aime râler. SYN. boudeur, bougon, grincheux, grognon. – FAMILIER : ronchon, ronchonneur, rouspéteur. – POPULAIRE : gueulard.

rallentando *adverbe* Indique un élargissement du mouvement. SYN. largando, ritenuto.

ralliement *nom masculin* Action de regrouper des personnes. SYN. concentration, groupement, rassemblement, regroupement, réunion. CONTR. *débandade, dispersion, éparpillement.* ■ Fait de se rallier à. SYN. adhésion, conversion. CONTR. *opposition, refus, rejet.* – LITTÉRAIRE : *répudiation.*

rallier *verbe* Rassembler des personnes. SYN. concentrer, masser, rassembler, regrouper, réunir. CONTR. *disperser, éparpiller, séparer.* ■ Réunir autour d'un projet. SYN. convertir, endoctriner, liguer, mobiliser, rassembler, réunir. CONTR. *démobiliser, détourner, écarter, éloigner, repousser.* ■ Être l'élément qui rassemble. SYN. conquérir, emporter, gagner, ramasser, remporter. ■ Rejoindre un groupe, un poste. SYN. arriver, atteindre, gagner, regagner, rejoindre, rentrer, retourner. CONTR. *abandonner, déserter, quitter, rompre avec.* – FAMILIER : *lâcher.*

rallier (se) *verbe pronominal* Devenir partisan de. SYN. adhérer, adopter, s'affilier, épouser, se mobiliser, se ranger à, rejoindre, souscrire à. – LITTÉRAIRE : embrasser. CONTR. *combattre, se dresser contre, s'élever contre, s'opposer.*

ralliforme *nom masculin* Échasssier tel que la grue. SYN. gruiforme.

rallonge *nom féminin* Supplément de crédits. SYN. complément, supplément, surplus. – FAMILIER : rab, rabe, rabiot.

rallonger *verbe* Accroître la longueur de. SYN. allonger, prolonger. CONTR. *abréger, diminuer, écourter, raccourcir.*

rallumer *verbe* Redonner de l'intensité. SYN. attiser, aviver, exciter, ranimer, raviver, réveiller, stimuler. – LITTÉRAIRE : ressusciter. CONTR. *affaiblir, atténuer, endormir, éteindre.* – LITTÉRAIRE : *attiédir.*

rallumer (se) *verbe pronominal* Se manifester de nouveau. SYN. réapparaître, renaître, reprendre, ressurgir, resurgir, se rétablir, revivre. – LITTÉRAIRE : ressusciter.

ramage *nom masculin* Chant des oiseaux. SYN. chanson, chant, gazouillement, gazouillis, mélodie, pépiement. ■ LITTÉRAIRE. Parler inintelligible. SYN. babillage, gazouillement, gazouillis. – LITTÉRAIRE : babil. – VIEUX : pépiement.

ramassage *nom masculin* Action de ramasser. SYN. collecte, cueillette, enlèvement, glanage, grappillage, récolte.

ramassé *adjectif* Qui est petit et fort. SYN. épais, massif, puissant, râblé, trapu. – FAMILIER : boulot, courtaud. CONTR. *allongé, élancé, grêle, menu, svelte.* ■ Se dit d'un style concis. SYN. bref, concentré, concis, court, dense, elliptique, laconique, serré, succinct. – LITTÉRAIRE : compendieux. CONTR. *bavard, diffus, étiré, filandreux, prolixe, touffu, verbeux.* – FAMILIER : *délayé.*

ramasser *verbe* Mettre en tas. SYN. accumuler, amasser, amonceler, entasser, rassembler, réunir. CONTR. *disperser, disséminer, distribuer, éparpiller, parsemer, partager.* ■ Prendre ce qui est à terre. SYN. cueillir, récolter. – LITTÉRAIRE : moissonner. CONTR. *jeter, laisser tomber, poser.* ■ Prendre sous son aile. SYN. abriter, adopter, garer, protéger, recueillir. CONTR. *abandonner, chasser, perdre, repousser.* ■ FAMILIER. Arrêter quelqu'un. SYN. appréhender, arrêter, attraper, prendre. – FAMILIER : choper, coincer, cueillir, embarquer, épingler, harponner, pincer. – POPULAIRE : agrafer, alpaguer, emballer, piquer. CONTR. *libérer, relâcher, relaxer.* ■ Présenter sous une forme réduite. SYN. abréger, condenser, raccourcir, resserrer, résumer. CONTR. *étaler, étirer.* – FAMILIER : *délayer.* ■ FAMILIER. Subir un sort fâcheux.

SYN. attraper, contracter. – FAMILIER : choper, écoper. – POPULAIRE : déguster.

ramasser (se) *verbe pronominal* Se replier sur soi. SYN. se blottir, se lover, se pelotonner, se recroqueviller, se replier. CONTR. *s'allonger, se détendre, s'étirer.* ■ FAMILIER. Faire une chute. SYN. tomber. – FAMILIER : se casser la figure, chuter, dégringoler, s'étaler, prendre une bûche, ramasser une bûche, ramasser une pelle. – LITTÉRAIRE : choir. – POPULAIRE : prendre un gadin, prendre une gamelle, ramasser un gadin, ramasser une gamelle. ■ FAMILIER. Subir un échec. SYN. se casser les dents, échouer. – FAMILIER : se casser la figure, être collé, être recalé, faire chou blanc, se faire étendre, prendre un carton, prendre une pelle, prendre une piquette, prendre une veste, ramasser un carton, ramasser une pelle, ramasser une piquette, ramasser une veste, rater. – POPULAIRE : se casser la gueule, se faire jeter, merder, se planter, prendre un bide, prendre une culotte, prendre une gamelle, prendre une pilule, ramasser une gamelle.

ramassis *nom masculin* Ensemble de choses sans valeur. SYN. accumulation, amas, assemblage, bric-à-brac, entassement, fatras, masse, monceau, montagne. – FAMILIER : armada, flopée, méli-mélo, pelletée. ■ Réunion d'individus louches. SYN. bande, bataillon, clan, gang, horde, meute, tas. – FAMILIER : clique. – LITTÉRAIRE : tourbe.

rambarde *nom féminin* Barrière à hauteur d'appui. SYN. balustrade, bastingage, garde-corps, garde-fou, parapet.

ramdam *nom masculin* POPULAIRE. Vacarme assourdissant. SYN. bruit, charivari, fracas, tapage, tintamarre, tumulte, vacarme. – FAMILIER : boucan, chahut, chambard, cirque, foire, raffut, tintouin. – LITTÉRAIRE : hourvari. – POPULAIRE : barouf, baroufe, bastringue. – VIEUX : bacchanal, boulevari, bousin, sabbat.

rame *nom féminin* Longue pièce pour faire avancer une embarcation. SYN. aviron.

rameau *nom masculin* Petite branche. SYN. ramille. – LITTÉRAIRE : branchette.

ramée *nom féminin* LITTÉRAIRE. Ensemble de branches. SYN. branchage, branches, feuillage, frondaison, ombrage, ramure. – LITTÉRAIRE : branchure, couvert, feuillée.

ramender *verbe* Réparer un filet. SYN. radouber.

ramener *verbe* Faire revenir. SYN. raccompagner, reconduire, remmener. ■ Amener avec soi. SYN. apporter, prendre, rapporter. ■ Remettre à sa place. SYN. rabattre, remettre, remonter, tirer. ■ Favoriser le retour de. SYN. redonner, restaurer, rétablir. – LITTÉRAIRE : ressusciter. ■ Concentrer sa pensée sur. SYN. concentrer, rapporter, rejeter, reporter.

ramer *verbe intransitif* POPULAIRE. Avoir des difficultés. SYN. se débattre, se démener, être dans le pétrin, être dans une mauvaise passe, peiner. – FAMILIER : se décarcasser, être dans de beaux draps, être dans la panade, nager, ne pas être sorti de l'auberge. – POPULAIRE : en baver (des ronds de chapeau), être dans la merde, galérer. CONTR. *se dépêtrer, s'en sortir, se tirer d'affaire, s'en tirer.* – FAMILIER : *se débrouiller, se dépatouiller.* – POPULAIRE : *se démerder.*

ramier *nom masculin* Gros pigeon à tête et dos gris-bleu. SYN. palombe.

ramifier (se) *verbe pronominal* Se répartir en plusieurs rameaux. SYN. se diviser, se partager, se scinder, se subdiviser.

ramille *nom féminin* Petit rameau. SYN. ramule. – LITTÉRAIRE : branchette.

ramolli *adjectif* FAMILIER. Diminué intellectuellement. SYN. décrépit, déliquescent, flasque, gâteux, mou, sénile. – FAMILIER : gaga, lourd. – POPULAIRE : ramollo. CONTR. *dynamique, énergique, résolu.*

ramollir *verbe* Rendre mou. SYN. amollir, attendrir. CONTR. *durcir, endurcir, raffermir.* ■ FAMILIER. Faire perdre le dynamisme. SYN. affaiblir, avachir, débiliter. – LITTÉRAIRE : aveulir. CONTR. *galvaniser, régénérer, regonfler, remonter, revigorer, stimuler.* – FAMILIER : *ragaillardir, ravigoter, requinquer.* – LITTÉRAIRE : *tremper, vivifier.*

ramollir (se) *verbe pronominal* FAMILIER. Diminuer intellectuellement. SYN. s'avachir, baisser, décliner, dégénérer, devenir gâteux, faiblir, péricliter. – FAMILIER : devenir gaga.

ramollissement *nom masculin* Fait de se ramollir. SYN. affaiblissement, amollissement, relâchement. CONTR. *affermissement, durcissement, endurcissement, raffermissement, raidissement.*

rampant *adjectif et nom* FAMILIER. Qui travaille dans un aéroport. CONTR. *navigant.*

rampant *adjectif* Qui fait preuve de bassesse. SYN. déférent, obséquieux, plat, servile, soumis. – LITTÉRAIRE : révérencieux, serf.

rampe *nom féminin* Route qui monte. SYN. côte, déclivité, montée, pente, raidillon. – FAMILIER : grimpette.

ramper *verbe* Se montrer servile. SYN. courber le dos, courber le front, courber l'échine, s'humilier, se mettre à plat ventre, plier le genou, plier l'échine. – FAMILIER : s'aplatir. – LITTÉRAIRE : se prosterner.

ramponneau *nom masculin* POPULAIRE. Coup violent. SYN. coup. – POPULAIRE : châtaigne, jeton, pêche, prune.

ramule *nom masculin* Petit rameau. SYN. ramille. – LITTÉRAIRE : branchette.

ramure *nom féminin* Ensemble de branches. SYN. branchage, branches, feuillage, frondaison, ombrage. – LITTÉRAIRE : branchure, couvert, feuillée, ramée.

ranale *nom féminin* Plante dicotylédone très primitive. SYN. polycarpique.

rance *adjectif* D'une saveur âcre. SYN. aigre, ranci.

rancœur *nom féminin* Sentiment d'amertume. SYN. aigreur, amertume, dent, dépit, rancune, ressentiment.

rançon *nom féminin* Inconvénient d'un bienfait. SYN. conséquence, fruit, incidence, prix, produit, prolongement, répercussion, résultat, sanction, suite. – LITTÉRAIRE : tribut.

rançonner *verbe* FAMILIER. Faire payer trop cher. SYN. étrangler, exploiter, saigner, voler. – FAMILIER : écorcher, estamper, étriller, matraquer. – VIEUX : égorger.

rancune *nom féminin* Sentiment d'animosité. SYN. animosité, antipathie, haine, hostilité, rancœur, ressentiment. CONTR. *bienveillance, bonté, générosité, grandeur d'âme, magnanimité, pardon.*

rancunier *adjectif* Qui manifeste de la rancune. SYN. haineux, vindicatif. CONTR. *bienveillant, bon, indulgent, magnanime, oublieux.* – LITTÉRAIRE : *miséricordieux.*

randonnée *nom féminin* Promenade assez longue. SYN. circuit, course, excursion, périple, tour. – FAMILIER : virée.

rang *nom masculin* Suite de personnes, de choses. SYN. chapelet, cordon, enfilade, file, haie, ligne, rangée, succession, suite. ▪ Position dans une hiérarchie. SYN. catégorie, classe, condition, milieu, place, position, poste, situation, statut. – LITTÉRAIRE : état. ▪ Place attribuée à. SYN. étage, grade, niveau, ordre, zone.

rangé *adjectif* Qui a de l'ordre. SYN. ordonné, réglé, sage, sérieux, tenu. CONTR. *débauché, dépravé, dévergondé, dissipé.* – LITTÉRAIRE : *dissolu.* ▪ Qui est en ordre. SYN. ordonné, tenu. CONTR. *dérangé, désordonné, désorganisé.*

rangée *nom féminin* Suite de choses. SYN. chapelet, cordon, enfilade, file, haie, ligne, rang, succession, suite.

rangement *nom masculin* Action de ranger. SYN. agencement, arrangement, classement, disposition, ordonnancement, ordre, placement. CONTR. *confusion, dérangement, désordre, fatras, fouillis.* – FAMILIER : *bazar, chantier, pagaïe, pagaille.*

ranger *verbe* Disposer selon un ordre. SYN. aligner, classer, classifier, disposer, distribuer, étiqueter, répartir. CONTR. *déclasser.* ▪ Mettre à sa place. SYN. caser, entreposer, placer, remiser. – FAMILIER : cataloguer. – LITTÉRAIRE : serrer. CONTR. *déplacer, déranger, sortir.* ▪ Mettre de l'ordre en un lieu. SYN. aménager, arranger, ordonner, organiser, remettre de l'ordre dans, remettre en ordre. CONTR. *bouleverser, brouiller, saccager.* – FAMILIER : *chambarder, chambouler.* ▪ Mettre un véhicule sur le côté. SYN. garer, parquer.

ranger (se) *verbe pronominal* Se mettre en rangs. SYN. s'aligner, se disposer, se former, se grouper, se mettre, se placer. ▪ Se mettre sur le côté. SYN. s'écarter, se garer, laisser la place. ▪ Avoir sa place à tel endroit. SYN. aller, se mettre, se placer. ▪ Revenir à une vie régulière. SYN. s'amender, s'assagir. – FAMILIER : s'acheter une conduite. CONTR. *se dépraver, se dévergonder, se perdre, se pervertir.* ▪ Adopter un point de vue. SYN. adhérer, se rallier, souscrire. – LITTÉRAIRE : s'accommoder. CONTR. *combattre, s'élever contre.*

ranimer *verbe* Redonner de la vigueur. SYN. fortifier, guérir, rajeunir, restaurer, rétablir, revigorer. – FAMILIER : ragaillardir, ravigoter, retaper. – LITTÉRAIRE : revivifier, vivifier. – VIEUX : réconforter. CONTR. *affaiblir, assommer, débiliter.* ▪ Redonner de la force morale. SYN. aiguillonner, attiser, éperonner, réchauffer, réconforter, remonter. CONTR. *abattre, décourager, démoraliser.* ▪ Redonner de l'activité. SYN. aiguiser, attiser, aviver, rallumer, raviver, réactiver, réchauffer, réveiller. – LITTÉRAIRE : renouveler, ressusciter. CONTR. *alanguir, assoupir, endormir, éteindre, étouffer, refroidir.*

ranimer (se) *verbe pronominal* Retrouver une activité normale. SYN. récupérer, revivre. – FAMILIER : se ragaillardir. ▪ Retrouver son intensité. SYN. s'intensifier, se raviver, renaître, se réveiller. – LITTÉRAIRE : ressusciter. CONTR. *s'éteindre.* – LITTÉRAIRE : *s'assoupir.*

rapace *adjectif* LITTÉRAIRE. Avide d'argent. SYN. âpre au gain, avide, insatiable, intéressé. – LITTÉRAIRE : cupide. CONTR. *dépensier, dilapidateur, gaspilleur, prodigue.* – LITTÉRAIRE : *dissipateur, libéral.*

rapacité *nom féminin* LITTÉRAIRE. Caractère rapace. SYN. avidité, voracité. – LITTÉRAIRE : cupidité, vampirisme. CONTR. *générosité, libéralité, prodigalité.* – LITTÉRAIRE : *largesse.*

rapetassage *nom masculin* FAMILIER. Action de rapetasser. SYN. raccommodage, rapiéçage, rapiècement, reprisage, reprise, stoppage. - VIEUX : ravaudage.

rapetasser *verbe* FAMILIER. Raccommoder un vêtement. SYN. faire un point, raccommoder, rapiécer, rapiéceter, recoudre, repriser. - FAMILIER : rafistoler. - VIEUX : ravauder.

rapetissement *nom masculin* Fait de rapetisser. SYN. diminution, raccourcissement, réduction. CONTR. *agrandissement, amplification, extension, grandissement, grossissement.* ■ Diminution de valeur. SYN. abaissement, décadence, déchéance, dégradation. CONTR. *croissance, élévation, ennoblissement, rehaussement.*

rapetisser *verbe* Rendre plus petit. SYN. abréger, amenuiser, diminuer, écourter, raccourcir, réduire. CONTR. *agrandir, allonger, amplifier, élargir, grossir.* ■ Réduire l'importance de. SYN. abaisser, amincir, amoindrir, avilir, dégrader, déprécier, ravaler. - LITTÉRAIRE : rabaisser. CONTR. *élever, ennoblir, grandir, rehausser.* - LITTÉRAIRE : *magnifier.*

rapetisser (se) *verbe pronominal* Devenir plus petit. SYN. s'amenuiser, diminuer, se raccourcir, se réduire. CONTR. *allonger, s'allonger, augmenter, croître.*

râpeux *adjectif* Dont la surface est rude. SYN. calleux, raboteux, rêche, rude, rugueux. CONTR. *doux, lisse, poli, uni.* ■ Qui a une saveur âpre. SYN. âcre, aigre, rêche, vert. - FAMILIER : raide. CONTR. *doux, moelleux, onctueux, velouté.* ■ Se dit d'une voix de gorge. SYN. dur, éraillé, guttural, rauque, rocailleux. CONTR. *harmonieux, mélodieux, suave.*

rapiat *adjectif* FAMILIER. Regardant sur la dépense. SYN. avare, intéressé, parcimonieux, regardant, thésauriseur. - FAMILIER : chiche, chien, pingre, radin, rat. - LITTÉRAIRE : avaricieux, ladre, lésineur. CONTR. *dépensier, dilapidateur, gaspilleur, généreux, large, prodigue.* - LITTÉRAIRE : *dissipateur, libéral.*

rapiat *nom masculin* FAMILIER. Personne avare. SYN. avare, thésauriseur. - FAMILIER : chien, grigou, grippe-sou, pingre, radin, rat. - LITTÉRAIRE : avaricieux, harpagon, ladre, lésineur. CONTR. *dépensier, dilapidateur, gaspilleur.* - FAMILIER : *panier percé.* - LITTÉRAIRE : *dissipateur.*

rapide *adjectif* Très incliné. SYN. abrupt, escarpé, à pic, raide. CONTR. *doux.* ■ Qui a un rythme soutenu. SYN. actif, nerveux, précipité, pressé, preste, vif. - LITTÉRAIRE : diligent, impétueux, véloce. CONTR. *indolent, lent, nonchalant, paresseux, traînant.* - FAMILIER : *lambin.* ■ Qui se produit vite. SYN. accéléré, brusque, brutal, expéditif, fulgurant, hâtif, instantané, soudain, subit. - LITTÉRAIRE : prompt. ■ Qui comprend facilement. SYN. agile, alerte. - LITTÉRAIRE : prompt. CONTR. *épais, mou, obtus, pesant.* - FAMILIER : *lambin, lourd.* ■ Qui dure peu. SYN. bref, court, furtif, sommaire. - LITTÉRAIRE : prompt. CONTR. *long.*

rapidement *adverbe* De façon rapide. SYN. activement, bientôt, bon train, à bride abattue, en catastrophe, comme un bolide, comme une flèche, en coup de vent, en deux temps, trois mouvements, entre deux portes, expéditivement, en flèche, à fond de cale, à fond de train, à la hâte, en hâte, hâtivement, en un instant, en moins de deux, en moins de temps qu'il n'en faut pour le dire, au pas de charge, au pas de course, à pas de géant, au plus vite, précipitamment, prestement, promptement, en un rien de temps, rondement, à la sauvette, sur les chapeaux de roue, tambour battant, à tombeau ouvert, à toute allure, à toute bride, à toute hâte, en toute hâte, à toute vitesse, toutes affaires cessantes, à un train d'enfer, à la va-vite, ventre à terre, vite, en vitesse, vivement. - ARGOTIQUE : à donf. - FAMILIER : en cinq sec, en un clin d'œil, dare-dare, en deux, trois coups de cuiller à pot, à fond la caisse, en quatrième vitesse, rapido presto, rapidos, subito presto, en un temps record, en un tour de main, à toute blinde, à toute vapeur, à toute(s) pompe(s), à la va-comme-je-te-pousse, à la vitesse grand V. - LITTÉRAIRE : diligemment. - POPULAIRE : comme un pet (de lapin) sur une toile cirée, à tout berzingue, à toute barde, à toute berzingue, à toute bitture. - VIEUX : en un tournemain. CONTR. *doucement, insensiblement, interminablement, lentement, longuement, mollement, nonchalamment, posément.*

rapidité *nom féminin* Caractère rapide. SYN. agilité, brusquerie, célérité, hâte, impétuosité, précipitation, soudaineté, vitesse. - LITTÉRAIRE : diligence, prestesse, promptitude, vélocité, vivacité. CONTR. *indolence, lenteur, longueur, mollesse, nonchalance, pesanteur.*

rapido presto *locution adverbiale* FAMILIER. En toute hâte. SYN. à bride abattue, comme une flèche, en deux temps, trois mouvements, entre deux portes, expéditivement, à fond de cale, à fond de train, à la hâte, hâtivement, en un instant, en moins de temps qu'il n'en faut pour le dire, au pas de charge, au pas de course, au plus vite, précipitamment, prestement, promptement, rapidement, en un rien de temps, rondement, sur les chapeaux de roue, tambour battant, à tombeau ouvert, à toute allure, à toute bride, à toute hâte, à toute vitesse, toutes affaires cessantes, ventre à terre, vite, en vitesse, vivement. - ARGOTIQUE : à donf. - FAMILIER : en cinq sec, en un clin d'œil, dare-dare, en deux, trois coups de cuiller à pot, à fond la caisse, en quatrième vitesse, rapidos, subito presto, en un temps record, en un tour de main, à toute blinde, à toute vapeur, à toute(s) pompe(s), à la vitesse grand V. – LITTÉRAIRE : diligemment. – POPULAIRE : à tout berzingue, à toute barde, à toute berzingue, à toute bitture. – VIEUX : en un tournemain. CONTR. *doucement, lentement, longuement, mollement, nonchalamment, posément.*

rapiéçage *nom masculin* Action de rapiécer. SYN. raccommodage, rapiècement, réparation, reprisage, reprise, stoppage. – FAMILIER : rafistolage, rapetassage. – VIEUX : ravaudage.

rapiècement *nom masculin* Action de rapiécer. SYN. raccommodage, rapiéçage, réparation, reprisage, reprise, stoppage. – FAMILIER : rafistolage, rapetassage. – VIEUX : ravaudage.

rapiécer *verbe* Réparer un vêtement. SYN. faire un point, raccommoder, rapiéceter, recoudre, repriser. – FAMILIER : rapetasser. – VIEUX : ravauder.

rapine *nom féminin* LITTÉRAIRE. Action de voler. SYN. brigandage, concussion, filoutage, malversation, pillage, piraterie, rafle, razzia, vol. – FAMILIER : carottage. – LITTÉRAIRE : exaction, sac. – POPULAIRE : fauche. – VIEUX : déprédation. ■ LITTÉRAIRE. Ce qui est volé. SYN. butin, larcin. – POPULAIRE : fauche.

raplapla *adjectif* FAMILIER. Sans énergie. SYN. abattu, accablé, anéanti, à bout de force, à bout de souffle, brisé, épuisé, exténué, fatigué, fourbu, harassé, K.-O., las, mort de fatigue, recru, rendu, rompu, surmené, usé. – FAMILIER : achevé, au bout du rouleau, cassé, claqué, éreinté, esquinté, fini, flagada, flapi, H.S., kaput, lessivé, mort, moulu, à plat, pompé, à ramasser à la petite cuillère, sur les genoux, tué, vanné, vidé. – POPULAIRE : cané, crevé, rétamé, sur les rotules. CONTR. *délassé, dispos, frais, frais et dispos, reposé.* – FAMILIER : *en forme, frais comme un gardon, frais comme une rose, increvable, en pleine forme.* – VIEUX : *gaillard.*

rappareiller *verbe* Assortir de nouveau. SYN. rapparier, réassortir. CONTR. *dépareiller, déparier, désapparier.*

rappariement *nom masculin* Action de rapparier. SYN. réassortiment.

rapparier *verbe* Reformer une paire. SYN. rappareiller, réassortir. CONTR. *dépareiller, déparier, désapparier.*

rappel *nom masculin* Action de faire revenir. SYN. mobilisation. CONTR. *bannissement, éloignement, exil, expatriation, ostracisme, relégation.* ■ Action de faire se souvenir. SYN. allusion, évocation, mention, réminiscence, souvenir. – LITTÉRAIRE : ressouvenir. CONTR. *oubli.*

rappeler *verbe* Remettre en mémoire. SYN. rafraîchir les idées, rebattre les oreilles, redire, répéter, ressasser. ■ Évoquer le souvenir de. SYN. évoquer, remémorer, réveiller, suggérer. ■ Présenter une ressemblance avec. SYN. s'apparenter, faire penser à, faire songer à, figurer, ressembler, tenir de. ■ Faire revenir. SYN. – LITTÉRAIRE : mander. CONTR. *bannir, exiler, expatrier, expulser, ostraciser, reléguer.*

rappeler (se) *verbe pronominal* Évoquer le souvenir de. SYN. évoquer, fouiller dans sa mémoire, interroger sa mémoire, se remémorer, se remettre, revoir, se souvenir. – LITTÉRAIRE : se ressouvenir. CONTR. *oublier.*

rapport *nom masculin* Profit tiré. SYN. bénéfice, fruit, gain, intérêt, produit, profit, rendement, rente, revenu. ■ Compte-rendu d'une question. SYN. bulletin, communication, exposé, mémoire, narration, procès-verbal, récit, relation, témoignage. ■ Point commun. SYN. analogie, concordance, corrélation, correspondance, ressemblance, similitude. CONTR. *opposition.* ■ Relations entre des personnes. SYN. accointance, affinité, attaches, connexion, contact, fréquentation, lien, rapprochement, relations. – LITTÉRAIRE : commerce. ■ Façon de considérer. SYN. angle, aspect, éclairage, point de vue, version. ■ ***Par rapport à,*** en ce qui concerne. SYN. comparativement, proportionnellement, relativement à.

rapporter *verbe* Reposer à sa place. SYN. remettre, replacer, reporter, reposer. ■ Apporter de nouveau. SYN. ramener, redonner, rendre, repasser. ■ Procurer un gain. SYN. donner, produire, profiter, rendre. ■ Faire le récit de. SYN. citer, consigner, conter, dévoiler, dire, mentionner, montrer, raconter, relater, retracer, tracer. – FAMILIER : faire la gazette. – LITTÉRAIRE : narrer. ■ Répéter avec malveillance. SYN. – FAMILIER : cafarder, donner, moucharder. – POPULAIRE : cafter. ■ Rattacher quelque chose à. SYN. attribuer, imputer, prêter, ramener, rattacher.

rapporter (se) *verbe pronominal* Être relatif à. SYN. appartenir, s'appliquer à, avoir rapport à, avoir trait à, concerner, correspondre, intéresser, se rattacher, regarder, toucher, viser. – LITTÉRAIRE : ressortir. ■ Faire confiance à quelqu'un. SYN. en croire, se fier à, se référer à, s'en remettre à, se reposer sur, tabler sur.

rapporteur *nom* Personne qui répète avec malveillance. SYN. délateur, dénonciateur. – FAMILIER : cafard, cafardeur, mouchard. – LITTÉRAIRE : sycophante. – POPULAIRE : balance, cafteur, donneur.

rapproché *adjectif* Qui est proche. SYN. bord à bord, bout à bout, côte à côte, coude à coude, dos à dos, nez à nez, proche. – FAMILIER : à touche-touche. CONTR. *distant, écarté, éloigné.*

rapprochement *nom masculin* Action de rapprocher. SYN. assemblage, jonction, raccordement, réunion. CONTR. *écart, écartement, éloignement.* ■ Fait de rétablir des relations. SYN. accommodement, alliance, association, conciliation, réconciliation. – FAMILIER : rabibochage, raccommodement. CONTR. *brouille, désaccord, division, froid, rupture.* – FAMILIER : *fâcherie.* ■ Fait de comparer. SYN. amalgame, assimilation, comparaison, correspondance, lien, parallèle, rapport.

rapprocher *verbe* Mettre plus près. SYN. approcher, avancer. CONTR. *écarter, éloigner, espacer, isoler, reculer, repousser, retirer, séparer.* ■ Faire paraître plus proche. SYN. agrandir, grossir. CONTR. *diminuer, rapetisser.* ■ Établir de bonnes relations avec. SYN. concilier, lier, réconcilier, remettre, réunir, unir. – FAMILIER : rabibocher, raccommoder. CONTR. *brouiller, désunir, dissocier.* ■ Faire une comparaison. SYN. comparer, confronter, juxtaposer, mettre en balance, mettre en face, mettre en parallèle, mettre en regard. CONTR. *différencier.*

rapprocher (se) *verbe pronominal* Rétablir de bonnes relations. SYN. se lier, se réconcilier, se remettre, renouer. – FAMILIER : se rabibocher, se raccommoder. – LITTÉRAIRE : s'accorder. CONTR. *se brouiller, se détacher, se fâcher, rompre.* ■ Évoluer vers quelque chose. SYN. s'acheminer vers, approcher, converger, gagner, s'orienter. – LITTÉRAIRE : toucher. CONTR. *s'écarter, s'éloigner, reculer, se séparer.* ■ Présenter des similitudes avec. SYN. s'assimiler, se comparer, confiner à, se confondre. – RARE : approximer. CONTR. *se différencier, différer, se distinguer, diverger, s'opposer.*

rapt *nom masculin* Enlèvement d'une personne. SYN. enlèvement, kidnapping.

raquer *verbe* POPULAIRE. Verser ce qu'on doit. SYN. acquitter, s'acquitter, débourser, décaisser, dépenser, financer, payer, régler, rembourser, verser. – FAMILIER : cracher, se fendre, mettre la main à la poche. – POPULAIRE : les aligner, les allonger, casquer, cracher au bassinet, douiller, les lâcher.

rare *adjectif* Qui est très recherché. SYN. curieux, inappréciable, inestimable, introuvable, original, unique. CONTR. *banal, commun, ordinaire, quelconque.* ■ Qui est inhabituel. SYN. étonnant, exceptionnel, extraordinaire, à marquer d'une pierre blanche, sans précédent. CONTR. *continuel, courant, fréquent, habituel, régulier, répandu, usité, usuel.* ■ Qui est peu dense. SYN. clair, clairsemé, pauvre, raréfié. CONTR. *abondant, dense, dru, épais, foisonnant, fourni, luxuriant, serré, touffu.*

raréfaction *nom féminin* Fait de se raréfier. SYN. amenuisement, diminution, réduction. CONTR. *abondance, affluence, augmentation, foisonnement, multiplication, prolifération.*

raréfier (se) *verbe pronominal* Devenir rare. SYN. se clairsemer, diminuer, s'éclaircir, se faire rare, fondre comme neige au soleil. CONTR. *abonder, affluer, foisonner, proliférer.*

rarement *adverbe* Peu souvent. SYN. épisodiquement, exceptionnellement, guère, par intermittence, irrégulièrement, occasionnellement, parfois, peu, quelquefois, sporadiquement. CONTR. *assidûment, beaucoup, communément, constamment, continuellement, couramment, éternellement, fréquemment, généralement, habituellement, immuablement, indéfiniment, invariablement, journellement, ordinairement, en permanence, perpétuellement, quotidiennement, sans arrêt, sans intermission, sans interruption, sans relâche, sans répit, souvent, toujours, à tout bout de champ, volontiers.* – LITTÉRAIRE : *continûment, sempiternellement.*

rareté *nom féminin* Caractère rare. SYN. carence, insuffisance, manque, pauvreté, pénurie. CONTR. *abondance, foisonnement, pléthore, profusion.* ■ LITTÉRAIRE. Caractère peu commun. SYN. originalité, unicité. – LITTÉRAIRE : singularité. ■ Objet précieux. SYN. curiosité, denrée rare, merle blanc, mouton à cinq pattes, pièce de musée.

ras *adjectif* Se dit d'une végétation pauvre. SYN. aride, court, dénudé, nu, pelé, tondu. CONTR. *exubérant, luxuriant, riche, touffu.*

rasant *adjectif* FAMILIER. Qui ennuie profondément. SYN. désagréable, endormant, ennuyeux, fastidieux, fatigant, insipide, lassant, maussade, monotone, mortel, soporifique, terne. – FAMILIER : assommant, barbant, bassinant, casse-pieds, embêtant, empoisonnant, enquiquinant, raseur, rasoir, soûlant, tuant. – POPULAIRE : canulant, chiant, chiatique, emmerdant, suant. CONTR. *amusant, captivant, fascinant, intéressant, palpitant, passionnant, prenant, récréatif.* – FAMILIER : *folichon.*

rascasse *nom féminin* Poisson à tête épineuse. SYN. crapaud de mer, scorpion.

rasenne *adjectif et nom* De l'Étrurie ancienne. SYN. étrusque.

raser *verbe* Abattre complètement. SYN. anéantir, démanteler, démolir, détruire, dévaster. CONTR. *bâtir, construire, édifier, élever, fortifier, relever.* ■ Passer très près de. SYN. caresser, côtoyer, effleurer, friser, frôler. ■ FAMILIER. Ennuyer profondément. SYN. assommer, endormir, ennuyer, fatiguer, lasser, peser. – FAMILIER : barber, bassiner, casser les pieds, embêter, empoisonner, enquiquiner, faire suer, pomper, tanner. – POPULAIRE : canuler, casser les bonbons, cavaler, emmerder, faire braire, faire chier. CONTR. *amuser, captiver, désennuyer, distraire, fasciner, intéresser, passionner.*

raser (se) *verbe pronominal* FAMILIER. Éprouver de l'ennui. SYN. s'ennuyer, errer comme une âme en peine, être comme une âme en peine, se morfondre, trouver le temps long. – FAMILIER : se barber, se casser les pieds, s'embêter à cent sous de l'heure, s'embêter, s'empoisonner, s'ennuyer à cent sous de l'heure, s'enquiquiner, se faire suer. – POPULAIRE : s'emmerder, se faire chier. CONTR. *s'amuser, se distraire, se divertir.*

raseur *nom* FAMILIER. Personne ennuyeuse. SYN. gêneur, trouble-fête. – FAMILIER : casse-pieds, crampon, empêcheur de danser en rond, empêcheur de tourner en rond, empoisonneur, enquiquineur, pot de colle. – LITTÉRAIRE : fâcheux, importun. – POPULAIRE : emmerdeur.

rasoir *adjectif* FAMILIER. Qui cause de l'ennui. SYN. désagréable, endormant, ennuyeux, fastidieux, fatigant, insipide, lassant, maussade, monotone, mortel, soporifique, terne. – FAMILIER : assommant, barbant, bassinant, casse-pieds, embêtant, empoisonnant, enquiquinant, rasant, soûlant, tuant. – POPULAIRE : canulant, chiant, chiatique, emmerdant, suant. CONTR. *agréable, amusant, captivant, distrayant, divertissant, fascinant, intéressant, palpitant, passionnant, prenant.* – FAMILIER : *folichon.*

rassasié *adjectif* Qui a assouvi sa faim. SYN. gavé, nourri. – FAMILIER : calé, gonflé comme une outre, plein comme un œuf, plein comme une outre. – LITTÉRAIRE : repu. CONTR. *affamé, famélique.* ■ Qui a eu à satiété de. SYN. blasé, comblé. CONTR. *insatiable.*

rassasier *verbe* Contenter le besoin de nourriture de. SYN. apaiser, assouvir, combler, contenter, nourrir, satisfaire. CONTR. *affamer.*

rassasier (se) *verbe pronominal* Assouvir sa faim. SYN. s'alimenter, avoir le ventre plein, se gaver, se gorger, manger, se nourrir. – FAMILIER : se sustenter. – LITTÉRAIRE : se repaître. CONTR. *avoir faim, avoir le ventre creux, avoir l'estomac vide, avoir un creux (à l'estomac), avoir une faim de loup, crier famine, mourir de faim, mourir d'inanition, tomber d'inanition.* – FAMILIER : *avoir la fringale, avoir les crocs, avoir l'estomac dans les talons, claquer du bec.* – POPULAIRE : *avoir la dalle, avoir la dent, crever la dalle.* – VIEUX : *crever la faim.*

rassemblement *nom masculin* Action de rassembler. SYN. accumulation, agglutination, concentration, groupement, regroupement, réunion. CONTR. *dispersion, dissémination, éparpillement.* ■ Réunion de personnes. SYN. assemblée, assistance, collection, fédération, formation, front, groupement, organisation, organisme, parti, ralliement, réunion. – FAMILIER : société. ■ Réunion sur la voie publique. SYN. attroupement, manifestation, meeting.

rassembler *verbe* Regrouper des personnes. SYN. ameuter, associer, attrouper, coaliser, concentrer, convoquer, grouper, masser, mobiliser, rallier, regrouper, réunir. – LITTÉRAIRE : assembler. CONTR. *déchirer, disperser, diviser, éparpiller, isoler, séparer.* ■ Réunir des choses dispersées. SYN. accumuler, amasser, assembler, collecter, grouper, ramasser, recueillir. – FAMILIER : collectionner. CONTR. *disperser, disséminer, dissiper, distribuer, éparpiller, fractionner, fragmenter, scinder.*

rassembler (se) *verbe pronominal* Se réunir en un lieu. SYN. s'amasser, s'amonceler, s'assembler, s'attrouper, se coaliser, s'entasser, se grouper, se masser, se regrouper. CONTR. *se débander, se disperser, se disséminer, s'égailler, s'égrener, s'éparpiller.* – LITTÉRAIRE : *essaimer.*

rasséréné *adjectif* LITTÉRAIRE. Qui a retrouvé son calme. SYN. apaisé, confiant, rassuré, serein. CONTR. *affolé, apeuré, désemparé, désorienté, ébranlé, inquiet.*

rasséréner *verbe* LITTÉRAIRE. Rendre sa sérénité. SYN. apaiser, calmer, pacifier, raffermir, rassurer, sécuriser, tranquilliser. – LITTÉRAIRE : lénifier. CONTR. *affoler, agiter, ahurir, alarmer, angoisser, apeurer, déboussoler, déconcerter, décontenancer, effaroucher, effrayer, énerver, exciter, inquiéter, oppresser, paniquer, terrifier, troubler.* – VIEUX : *soucier.*

rassis *adjectif* Qui manque de fraîcheur. SYN. dur. CONTR. *croquant, croustillant, frais.* ■ LITTÉRAIRE. Qui est pondéré. SYN. calme, circonspect, mûr, pondéré, posé, prudent, réfléchi, responsable. CONTR. *étourdi, fou, imprudent, inconséquent, insensé, irréfléchi.*

rassurant *adjectif* Qui rassure. SYN. apaisant, sécurisant, tranquillisant. CONTR. *affolant, alarmant, alarmiste, angoissant, bouleversant, effrayant, grave, inquiétant, menaçant, patibulaire, pessimiste, préoccupant, redoutable, sombre, troublant.*

rassuré *adjectif* Qui a repris confiance. SYN. confiant, réconforté, tranquille, tranquillisé. – LITTÉRAIRE : rasséréné. CONTR. *affolé, apeuré,* *désemparé, désorienté, effrayé, épouvanté, inquiet, terrifié.*

rassurer *verbe* Rendre confiance à. SYN. apaiser, calmer, consoler, raffermir, sécuriser, tranquilliser. – LITTÉRAIRE : rasséréner. CONTR. *affoler, ahurir, alarmer, angoisser, apeurer, atterrer, déboussoler, déconcerter, décontenancer, démonter, effaroucher, effrayer, embarrasser, épouvanter, faire peur, horrifier, inquiéter, intimider, paniquer, terrifier, terroriser, troubler.* – VIEUX : *soucier.*

rat *adjectif* FAMILIER. Qui est très avare. SYN. avare, intéressé, parcimonieux, regardant, thésauriseur. – FAMILIER : chiche, chien, pingre, radin, rapiat. – LITTÉRAIRE : avaricieux, ladre, lésineur. CONTR. *dépensier, dilapidateur, gaspilleur, généreux, large, prodigue.* – LITTÉRAIRE : *dissipateur, libéral.*

rat *nom masculin* Type de rongeur. SYN. – ARGOTIQUE : gaspard. ■ FAMILIER. Personne très avare. SYN. avare, thésauriseur. – FAMILIER : grigou, grippe-sou, pingre, radin, rapiat. – LITTÉRAIRE : avaricieux, harpagon, ladre, lésineur. CONTR. *dépensier, dilapidateur, gaspilleur.* – FAMILIER : *panier percé.* – LITTÉRAIRE : *dissipateur.* ■ ***Rat musqué,*** rongeur d'Amérique du Nord. SYN. ondatra. ■ ***Rat d'église,*** personne dévote. SYN. bigot, bondieusard, croyant, dévot, tartufe. CONTR. *athée, incrédule, incroyant.* ■ ***Rat d'égout,*** rat commun. SYN. surmulot.

ratage *nom masculin* FAMILIER. Action de rater. SYN. déconfiture, échec, faillite, gifle, insuccès, massacre, revers. – FAMILIER : claque, fiasco, four, loupé, pile, piquette, plantage, plongeon, raclée, veste. – POPULAIRE : bide, flop, gamelle, volée.

ratatiné *adjectif* Rapetissé et déformé. SYN. abîmé, flétri, plissé, racorni, ridé, tassé. – FAMILIER : rabougri.

ratatiner *verbe* Rapetisser en déformant. SYN. friper, rabougrir, racornir, recroqueviller. ■ POPULAIRE. Tuer quelqu'un. SYN. abattre, égorger, éliminer, envoyer ad patres, exécuter, massacrer, tuer. – FAMILIER : faire passer le goût du pain, ôter le goût du pain, trucider. – LITTÉRAIRE : faire passer de vie à trépas, occire. – POPULAIRE : buter, descendre, faire la peau, flinguer, rectifier, refroidir, zigouiller. – VIEUX : suriner. ■ POPULAIRE. Endommager gravement. SYN. abîmer, démolir, détruire. – FAMILIER : amocher, esquinter. – POPULAIRE : bousiller.

ratatiner (se) *verbe pronominal* Se tasser en se déformant. SYN. se flétrir, se recroqueviller, se rétracter, se tasser. – FAMILIER : rabougrir, se rabougrir.

raté *adjectif* Mal exécuté. SYN. défectueux, imparfait, mauvais. – POPULAIRE : foireux. CONTR. *parfait, réussi.* ■ Qui n'a pas réussi. SYN. malheureux, manqué, nul. – FAMILIER : loupé.

raté *nom* Personne qui n'a pas réussi. SYN. bon à rien, fruit sec, incapable, nul, nullité. – FAMILIER : minable, nullard, zéro. – POPULAIRE : loser. CONTR. *cerveau, génie.* – FAMILIER : *as, champion, crack.* – LITTÉRAIRE : *lumière.*

râtelier *nom masculin* FAMILIER. Prothèse dentaire amovible. SYN. dentier.

rater *verbe intransitif* FAMILIER. Ne pas réussir. SYN. achopper, avorter, capoter, craquer, échouer, s'écrouler, s'effondrer, faire long feu, manquer, tomber à plat. – FAMILIER : faire chou blanc, faire fiasco, faire un flop, finir en eau de boudin, louper, tomber à l'eau, tomber dans le lac. – POPULAIRE : finir en couille, foirer, merder, partir en couille. CONTR. *aboutir, marcher, réussir, toucher au but.*

rater *verbe transitif* Ne pas mener à bien. SYN. gâcher, manquer. – FAMILIER : louper. CONTR. *atteindre, parvenir à, réussir, toucher au but.* ■ Laisser échapper. SYN. perdre. – FAMILIER : louper. CONTR. *exploiter, profiter.*

ratiboiser *verbe* POPULAIRE. S'emparer de quelque chose. SYN. s'emparer, enlever, extorquer, prendre, voler. – FAMILIER : barboter, carotter, chaparder, chiper, embarquer, piquer, rafler, ratisser, souffler. – POPULAIRE : chauffer, faucher.

ratification *nom féminin* Action de ratifier. SYN. adoption, confirmation, homologation, sanction, validation. CONTR. *annulation, dissolution.*

ratifier *verbe* Reconnaître comme valide. SYN. adopter, approuver, confirmer, consacrer, corroborer, entériner, homologuer, sanctionner, sceller, valider. CONTR. *abroger, annuler, dissoudre, infirmer, invalider, rendre caduc.*

ratiociner *verbe* LITTÉRAIRE. Raisonner subtilement. SYN. ergoter, philosopher, raisonner.

ration *nom féminin* Quantité d'un aliment. SYN. mesure, portion, quantité. ■ Ce que l'on subit. SYN. dose, lot, part.

rationaliser *verbe* Rendre plus rationnel. SYN. codifier, normaliser, standardiser.

rationnel *adjectif* Qui repose sur une méthode. SYN. cohérent, judicieux, méthodique, raisonnable, raisonné, sensé, systématique. CONTR. *aberrant, abracadabrant, anarchique, antirationnel, bizarre, empirique, expérimental, extravagant, fantaisiste, farfelu, illogique, irrationnel.* ■ Qui raisonne avec justesse. SYN. cartésien, conséquent, droit, logique, prudent, rigoureux, scientifique. – VIEUX : géométrique. CONTR. *absurde, aveugle, confus, déraisonnable, fou, illogique, incohérent, inconséquent, saugrenu.* – FAMILIER : *loufoque.*

rationnellement *adverbe* De façon rationnelle. SYN. judicieusement, logiquement, méthodiquement, raisonnablement, rigoureusement, sainement, scientifiquement, systématiquement. – LITTÉRAIRE : sensément. CONTR. *absurdement, déraisonnablement, illogiquement, irrationnellement.*

rationner *verbe* Diminuer la ration. SYN. contingenter, réduire, restreindre.

ratisser *verbe* Nettoyer avec un râteau. SYN. racler, râteler. ■ FAMILIER. Ruiner quelqu'un. SYN. dépouiller, escroquer, étrangler, exploiter, filouter, ruiner. – FAMILIER : déplumer, estamper, étriller, mettre sur la paille, plumer, tondre. – POPULAIRE : ratiboiser. – VIEUX : égorger.

rattachement *nom masculin* Action de rattacher. SYN. annexion, incorporation.

rattacher *verbe* Attacher de nouveau. SYN. accrocher, agrafer, attacher, maintenir, renouer, retenir. CONTR. *dénouer, détacher, libérer.* ■ Établir un rapport entre des choses. SYN. annexer, incorporer, lier, raccorder, rapporter, relier.

rattacher (se) *verbe pronominal* Être lié à quelque chose. SYN. s'apparenter, découler, dériver, émaner, procéder, provenir, se rapporter, résulter, venir.

rat-taupe *nom masculin* Mammifère rongeur fouisseur. SYN. spalax.

rattraper *verbe* Saisir un objet en mouvement. SYN. agripper, arrêter, attraper, ressaisir, saisir. ■ Se retrouver au niveau de. SYN. atteindre, gagner, parvenir, ratteindre, rejoindre, toucher. ■ Corriger une erreur. SYN. effacer, racheter, réparer, replâtrer.

rattraper (se) *verbe pronominal* Se retenir à quelque chose. SYN. s'accrocher, s'agripper, se cramponner, se raccrocher, se retenir. – LITTÉRAIRE : s'agriffer. ■ Combler un déficit. SYN. s'accrocher, s'acharner, réagir, se reprendre, se ressaisir. ■ Trouver une compensation. SYN. compenser, se dédommager, prendre sa revanche.

rature *nom féminin* Trait tracé pour raturer. SYN. biffure, correction, retouche.

raturer *verbe* Tracer un trait sur un écrit. SYN. barrer, biffer, effacer, rayer, retrancher, sabrer.

raubasine *nom féminin* Composé organique tiré du rauwolfia. SYN. ajmalicine.

rauque *adjectif* Se dit d'une voix enrouée. SYN. dur, enroué, éraillé, guttural, râpeux, rocailleux. CONTR. *clair, harmonieux, mélodieux, suave.*

rauquer *verbe intransitif* Pousser son cri (tigre). SYN. feuler.

ravage *nom masculin* Dégât matériel important. SYN. dégât, dégradation, déprédation, destruction, détérioration, dévastation, dommage, pillage, saccage, sinistre. – LITTÉRAIRE : sac. ■ Effet désastreux. SYN. désastre, méfait. CONTR. *avantage, fruit, profit.*

ravagé *adjectif* LITTÉRAIRE. Marqué par les épreuves. SYN. marqué, raviné, ridé, tourmenté. ■ FAMILIER. Qui est fou. SYN. dément, dérangé, désaxé, déséquilibré, fou. – FAMILIER : braque, cinglé, détraqué, dingue, fada, fêlé, frappé, loufoque, maboul, malade, marteau, piqué, tapé, timbré, toc-toc, toqué, zinzin. – POPULAIRE : allumé, azimuté, barge, barjo, barjot, branque, brindezingue, chtarbé, cinoque, cintré, déjanté, dingo, folingue, fondu, frapadingue, givré, jeté, louf, louftingue, ouf, sinoc, sinoque, siphonné, sonné, tordu.

ravager *verbe* Causer des dégâts matériels. SYN. anéantir, dégrader, détruire, dévaster, endommager, mettre à feu et à sang, piller. – LITTÉRAIRE : infester, mettre à sac, ruiner. – VIEUX : saccager. ■ LITTÉRAIRE. Causer de graves troubles. SYN. dévorer, miner, ronger, ruiner, user. – LITTÉRAIRE : consumer, dévaster.

ravageur *adjectif* LITTÉRAIRE. Qui ravage. SYN. déprédateur, destructeur, dévastateur.

ravageur *nom* LITTÉRAIRE. Personne qui ravage. SYN. barbare, déprédateur, destructeur, pillard, vandale. – LITTÉRAIRE : saccageur.

ravaler *verbe* Garder pour soi. SYN. contenir, contrôler, dominer, dompter, étouffer, maîtriser, refouler, refréner, réfréner, rentrer, réprimer, retenir. – LITTÉRAIRE : rabattre. CONTR. *exprimer, extérioriser, manifester, montrer.* ■ Mettre à un niveau inférieur. SYN. abaisser, avilir, dégrader, déprécier, diminuer, humilier, mépriser, mettre plus bas que terre, mortifier, tenir pour moins que rien. – FAMILIER : aplatir. – LITTÉRAIRE : abâtardir, rabaisser, rabattre. CONTR. *apprécier, célébrer, idéaliser.*

ravaudage *nom masculin* VIEUX. Action de ravauder. SYN. raccommodage, rafistolage, rapiéçage, rapiècement, réparation, reprisage, reprise, stoppage. – FAMILIER : rapetassage.

ravauder *verbe* VIEUX. Raccommoder à l'aiguille. SYN. faire un point, raccommoder, rapiécer, rapiéceter, recoudre, repriser. – FAMILIER : rapetasser.

ravenelle *nom féminin* Plante dont les graines donnent une variété de moutarde. SYN. moutarde des champs, sanve, sénevé.

ravi *adjectif* Qui est très content. SYN. aux anges, béat, bienheureux, charmé, comblé, content, enchanté, enthousiasmé, extasié, gai, heureux, satisfait, transporté. – FAMILIER : emballé. CONTR. *chagriné, désenchanté, désolé, insatisfait, malheureux, mécontent, navré, triste.* – FAMILIER : *embêté.* – LITTÉRAIRE : *chagrin.* ■ Qui montre de la joie. SYN. éclatant, épanoui, joyeux, radieux, rayonnant, réjoui, resplendissant.

ravigoter *verbe* FAMILIER. Redonner de la vigueur. SYN. donner un coup de fouet, ranimer, regonfler, remettre, remonter, restaurer, revigorer, stimuler, tonifier. – FAMILIER : ragaillardir, requinquer, retaper. – LITTÉRAIRE : revivifier, vivifier. – VIEUX : réconforter. CONTR. *abattre, accabler, affaiblir, anéantir, atterrer, débiliter, décourager, démonter, démoraliser.* – FAMILIER : *ramollir.*

raviné *adjectif* Creusé de rides. SYN. marqué, plissé, ridé. – LITTÉRAIRE : ravagé. CONTR. *lisse.*

ravir *verbe* LITTÉRAIRE. Enlever quelqu'un aux siens. SYN. arracher, enlever, kidnapper, ôter, prendre, se saisir, voler. – FAMILIER : confisquer. – LITTÉRAIRE : dérober. ■ Procurer un plaisir extrême. SYN. amuser, captiver, charmer, combler de joie, donner des ailes, émerveiller, enchanter, enthousiasmer, exalter, fasciner, flatter, plaire à, réjouir, séduire, subjuguer. – FAMILIER : emballer. – LITTÉRAIRE : transporter. CONTR. *affliger, assombrir, attrister, décevoir, dégoûter, déplaire, mécontenter.* – FAMILIER : *embêter.* – LITTÉRAIRE : *rembrunir.* – POPULAIRE : *emmerder.*

raviser (se) *verbe pronominal* Revenir sur une résolution. SYN. changer d'avis, changer son fusil d'épaule, se dédire, se déjuger, faire machine arrière, se récuser, reprendre sa parole, se reprendre, se rétracter, tourner casaque. – FAMILIER : changer d'avis comme de chemise, donner un coup de canif dans le contrat, retourner sa veste. – LITTÉRAIRE : tourner bride. CONTR. *maintenir.*

ravissant *adjectif* Qui plaît par sa beauté. SYN. admirable, adorable, beau, charmant, enchanteur, gracieux, joli, magnifique, merveilleux, séduisant, superbe. CONTR. *affreux, désagréable, difforme, disgracieux, horrible, laid, vilain.* – FAMILIER : *moche.*

ravissement *nom masculin* État de grande joie. SYN. béatitude, contentement, délice, éblouissement, émerveillement, enchantement, exaltation, extase, fascination, ivresse, joie, volupté. – LITTÉRAIRE : délectation, transport. CONTR. *abattement, affliction, désillusion, désolation, détresse, peine, tristesse.*

ravitaillement *nom masculin* Denrées de consommation. SYN. aliments, approvisionnement, courses, fourniture, provisions. ■ Action de ravitailler. SYN. alimentation, approvisionnement, fourniture.

ravitailler *verbe* Fournir des vivres. SYN. alimenter, approvisionner, fournir, nourrir, pourvoir.

ravivage *nom masculin* Traitement pour raviver les couleurs. SYN. avivage.

raviver *verbe* Rendre un feu plus vif. SYN. attiser, rallumer, ranimer, réactiver. CONTR. *éteindre, étouffer.* ■ Redonner de l'éclat. SYN. aviver, colorer, rafraîchir. CONTR. *atténuer, décolorer, défraîchir, effacer, faner, flétrir.* ■ Faire revivre un sentiment. SYN. exalter, rallumer, ranimer, rappeler, réchauffer, réveiller. – FAMILIER : ravigoter. – LITTÉRAIRE : renouveler, ressusciter, revivifier. CONTR. *affaiblir, assoupir, circonscrire, estomper, étouffer.*

ravoir *verbe* FAMILIER. Reprendre possession de. SYN. reconquérir, recouvrer, récupérer, regagner, reprendre, retrouver. CONTR. *perdre.*

rayer *verbe* Marquer d'une rayure. SYN. hachurer, strier, zébrer. ■ Marquer d'un trait pour annuler. SYN. barrer, biffer, raturer, sabrer. ■ Supprimer d'une liste. SYN. bannir, effacer, ôter, radier, retrancher.

rayon *nom masculin* Étagère d'une bibliothèque. SYN. compartiment, étagère, planche, rayonnage. ■ FAMILIER. Domaine de prédilection. SYN. branche, compétence, domaine, partie, spécialité. – FAMILIER : cordes.

rayonnant *adjectif* Qui est plein d'éclat. SYN. éclatant, épanoui, étincelant, florissant, heureux, irradiant, lumineux, pétillant, radieux, ravi, resplendissant, triomphant. – LITTÉRAIRE : nitescent. CONTR. *maussade, mélancolique, rembruni, sombre, triste.* – LITTÉRAIRE : *chagrin.*

rayonnement *nom masculin* LITTÉRAIRE. Lumière rayonnante. SYN. brillant, chatoiement, éclat, miroitement, scintillement. – LITTÉRAIRE : flamboiement, fulgurance, gloire, splendeur. ■ Influence exercée sur. SYN. expansion, influence, prestige, progression, propagation. – LITTÉRAIRE : aura.

rayonner *verbe* Apparaître chez quelqu'un (sentiment). SYN. se dégager, émaner, pétiller. – LITTÉRAIRE : irradier. ■ Manifester son influence. SYN. s'étendre, marquer, se propager, se répandre. ■ Briller d'un vif éclat. SYN. briller, étinceler, luire, rutiler. – LITTÉRAIRE : flamber, flamboyer, resplendir, ruisseler.

rayure *nom féminin* Ligne qui marque une surface. SYN. hachure, moucheture, raie, strie, trait, zébrure. ■ Entaille laissée sur une surface. SYN. égratignure, éraflure, sillon, strie.

raz de marée *nom masculin* Grand bouleversement. SYN. cataclysme, lame de fond, tornade.

razzia *nom féminin* Entrée en territoire ennemi. SYN. attaque, coup de main, descente, envahissement, incursion, invasion, irruption, pillage, rafle, raid, saccage. – LITTÉRAIRE : rapine, sac.

réaction *nom féminin* Manière de réagir. SYN. attitude, réflexe, réplique, réponse, riposte. ■ Action qui s'oppose à une autre. SYN. choc, contrecoup, défense, opposition, résistance. CONTR. *fatalisme, passivité, résignation.*

réactionnaire *adjectif* Qui prône un retour en arrière. SYN. conservateur, passéiste, rétrograde. CONTR. *futuriste, moderniste, novateur, progressiste, révolutionnaire.*

réactiver *verbe* Activer de nouveau. SYN. rallumer, ranimer, raviver. ■ Redonner une nouvelle vigueur. SYN. relancer, réveiller. – FAMILIER : ravigoter. – LITTÉRAIRE : renouveler, ressusciter, revivifier.

réagir *verbe* S'opposer activement à. SYN. se cabrer, se dresser, s'insurger, lutter, s'opposer, se rebeller, répondre, résister, se révolter. – FAMILIER : se défendre. – LITTÉRAIRE : regimber. ■ Avoir des répercussions sur. SYN. agir sur, faire de l'effet, infléchir, influencer, influer, marquer, peser. ■ Répondre à un événement. SYN. reprendre le dessus, se reprendre. – FAMILIER : remonter la pente, remonter le courant, se secouer.

réalisable *adjectif* Qui peut être réalisé. SYN. exécutable, faisable, possible, praticable. CONTR. *chimérique, illusoire, impossible, impraticable, inaccessible, inexécutable, infaisable, irréalisable, utopique.*

réalisation *nom féminin* Action de réaliser une chose. SYN. accomplissement, application, conclusion, exécution, obtention, pratique. – LITTÉRAIRE : parachèvement. CONTR. *amorce, commencement, ébauche, esquisse.* ■ Ce qui a été réalisé. SYN. création, œuvre, opération, production.

réalisé *adjectif* Devenu réel. SYN. accompli, effectif. CONTR. *inaccompli.* – LITTÉRAIRE : *irréalisé.*

réaliser *verbe* Rendre effectif. SYN. accomplir, appliquer, atteindre, concrétiser, confectionner, créer, donner corps à, effectuer, exécuter, faire, matérialiser, mettre à exécution, objectiver, pratiquer, procéder à, remplir. CONTR. *ébaucher, esquisser, projeter.* ■ Prendre conscience de. SYN. comprendre, concevoir, constater, pénétrer, se rendre compte, se représenter, saisir, visualiser, voir. – LITTÉRAIRE : éprouver. – POPULAIRE : entraver.

réaliser (se) *verbe pronominal* Développer ses qualités. SYN. s'accomplir, arriver, s'épanouir, réussir. ■ Devenir effectif. SYN. avoir lieu, se concrétiser, se faire, s'opérer, prendre corps, se produire.

réalisme *nom masculin* Fait de tenir compte de la réalité. SYN. opportunisme, pragmatisme. CONTR. *idéalisme, irréalisme.* ■ Caractère objectif. SYN. crudité, fidélité, précision. ■ École littéraire groupée autour de Zola. SYN. naturalisme, vérisme. CONTR. *idéalisme, romantisme.*

réaliste *adjectif* Qui relève du réalisme. SYN. naturaliste, vériste. CONTR. *formel, mensonger, subjectif.* ■ Qui a le sens des réalités. SYN. concret, objectif, opportuniste, positif, pragmatique, pratique. CONTR. *chimérique, idéaliste, romanesque, utopiste.*

réalité *nom féminin* Caractère réel. SYN. authenticité, évidence, existence, matérialité, vérité. CONTR. *apparence, doute, fausseté, hypothèse, idéal, idéalité.* ■ Ce qui existe en fait. SYN. fait, vrai. CONTR. *aberration, abstraction, chimère, fantôme, fiction, illusion, mirage, mythe, rêve, utopie, vision.* – LITTÉRAIRE : *songe.* ■ ***En réalité,*** en fait. SYN. effectivement, réellement. CONTR. *apparemment, extérieurement.*

réapparaître *verbe* Apparaître de nouveau. SYN. se rallumer, renaître, se renouveler, reparaître, se reproduire, ressurgir, resurgir, se réveiller, revenir, revivre. – FAMILIER : refaire surface. CONTR. *disparaître.*

rébarbatif *adjectif* Se dit d'une attitude austère. SYN. acariâtre, bourru, dur, hargneux, inhospitalier, maussade, réfrigérant, renfrogné, revêche, sévère. – LITTÉRAIRE : disgracieux. CONTR. *accueillant, affable, aimable, avenant, charmeur, convivial, engageant, gentil, sympathique.* – LITTÉRAIRE : *amène.* ■ Qui manque d'attrait. SYN. aride, ennuyeux, fastidieux, ingrat, inintéressant, rebutant. – POPULAIRE : chiant. CONTR. *amusant, attirant, attractif, attrayant, captivant, distrayant, fascinant, intéressant, plaisant, prenant.*

rebâtir *verbe* Bâtir de nouvreau. SYN. reconstituer, reconstruire, refaire, relever. – LITTÉRAIRE : réédifier.

rebattre *verbe transitif* ***Rebattre les oreilles,*** répéter la même chose. SYN. rabâcher, radoter, rappeler, redire, répéter. – FAMILIER : seriner.

rebattu *adjectif* Répété à satiété. SYN. banal, connu, éculé, rabâché, ressassé, usé, vieux comme le monde, vulgaire. – FAMILIER : réchauffé.

– LITTÉRAIRE : trivial. CONTR. *inconnu, inédit, inouï, neuf, nouveau, original.*

rebelle *adjectif* Qui est hostile à quelque chose. SYN. hostile, récalcitrant, rétif, sourd. CONTR. *attentif, obéissant, ouvert, soumis.* ■ Qui n'a pas de dispositions pour. SYN. fermé, imperméable, insensible, réfractaire. CONTR. *doué, enclin, perméable, porté, prédisposé, sensible.* ■ Qui se prête mal à une action. SYN. désobéissant, factieux, frondeur, indisciplinable, indocile, insoumis, insubordonné, séditieux. CONTR. *discipliné, docile, résigné.* ■ Qui est difficile à guérir. SYN. opiniâtre, tenace. CONTR. *anodin, bénin.*

rebelle *nom* Personne en révolte. SYN. agitateur, contestataire, dissident, factieux, guérillero, hors-la-loi, insoumis, insubordonné, insurgé, maquisard, mutin, résistant, révolté, révolutionnaire, séditieux. – VIEUX : remueur. CONTR. *fidèle.*

rebeller (se) *verbe pronominal* Refuser une autorité. SYN. désobéir, s'insurger, se mutiner, s'opposer, se révolter, se soulever, tenir tête. CONTR. *s'incliner, obéir, se plier, se soumettre.* ■ Manifester son hostilité. SYN. se cabrer, être sourd à, ne rien vouloir entendre, ne rien vouloir savoir, protester, réagir, se récrier, récriminer. – FAMILIER : se défendre, se rebiffer, ruer dans les brancards. – LITTÉRAIRE : regimber. CONTR. *accepter, céder, plier, se résigner, supporter.*

rébellion *nom féminin* Action de se rebeller. SYN. dissidence, guérilla, insurrection, mutinerie, résistance, révolte, sédition, soulèvement. – LITTÉRAIRE : fronde. ■ Attitude d'opposition. SYN. contestation, désobéissance, indocilité, insoumission, insubordination, opposition, protestation, refus. CONTR. *acceptation, docilité, fidélité, loyauté, obéissance, passivité, soumission.*

rebiffer (se) *verbe pronominal* FAMILIER. Se refuser à quelque chose. SYN. se cabrer, être sourd à, s'insurger, ne rien vouloir entendre, ne rien vouloir savoir, s'opposer, protester, se rebeller, refuser, résister, se révolter, se soulever, tenir tête. – FAMILIER : se défendre, ruer dans les brancards. – LITTÉRAIRE : regimber. CONTR. *céder, obéir, plier, se plier, se résigner, se soumettre.*

reboisement *nom masculin* Plantation d'arbres. SYN. reforestation. CONTR. *déboisement, déforestage, déforestation.*

rebondi *adjectif* Qui est bien charnu. SYN. bien en chair, bombé, charnu, gras, gros, plein, potelé, replet, rond. – FAMILIER : dodu, grassouillet, rondelet, rondouillard. – VIEUX : mafflu. CONTR. *creux, efflanqué, maigre, maigrelet, maigriot, squelettique.* – FAMILIER : *maigrichon.* – LITTÉRAIRE : *émacié, étique.*

rebondir *verbe* Faire des rebonds. SYN. bondir, ricocher, sauter. ■ Avoir un développement nouveau. SYN. repartir, reprendre. ■ Rétablir sa position. SYN. recommencer, renaître.

rebondissement *nom masculin* Développement imprévu. SYN. contrecoup, coup de théâtre, péripétie, ricochet.

rebours (à) *locution adverbiale* Dans le sens contraire. SYN. à contre-courant, à contre-poil, à contresens, à l'envers, à l'inverse, à l'opposé, à rebrousse-poil.

rebrousse-poil (à) *locution adverbiale* Dans le sens contraire. SYN. à contre-courant, à contre-poil, à contresens, à l'envers, à l'inverse, à l'opposé, à rebours.

rebuffade *nom féminin* Mauvais accueil. SYN. affront, gifle, rabrouement, refus. – LITTÉRAIRE : camouflet.

rébus *nom masculin* Jeu d'esprit à base de lecture phonétique. SYN. devinette, énigme. ■ Écriture difficile à déchiffrer. SYN. hiéroglyphe. – FAMILIER : pattes de mouche.

rebut *nom masculin* Ce qu'on laisse de côté. SYN. débris, déchet, résidu, restes, rognure. ■ LITTÉRAIRE. Personnes viles. SYN. bas-fonds, pègre, populace, racaille. – LITTÉRAIRE : crapule, déjection, écume, lie, plèbe, tourbe, vermine. – POPULAIRE : raclure. – VIEUX : canaille. CONTR. *élite, fine fleur.* – FAMILIER : *crème, gratin.*

rebutant *adjectif* Qui décourage. SYN. aride, décourageant, fastidieux, ingrat, nauséabond, rébarbatif, répugnant. – FAMILIER : dégoûtant, écœurant. – LITTÉRAIRE : nauséeux. CONTR. *absorbant, agréable, alléchant, amusant, appétissant, attractif, attrayant, captivant, distrayant, divertissant, encourageant, excitant, intéressant, plaisant, prenant, ragoûtant, tentant.* – LITTÉRAIRE : *délectable.* ■ Qui répugne par sa laideur. SYN. antipathique, dégoûtant, déplaisant, désagréable, repoussant, répulsif, revêche. CONTR. *aimable, attirant, avenant, charmant, charmeur, délicieux, gentil, séduisant, sympathique.*

rebuter *verbe* Lasser quelqu'un. SYN. décourager, dégoûter, démoraliser, désespérer, ennuyer, fatiguer, lasser, refroidir. – FAMILIER : doucher, écœurer, enquiquiner. CONTR. *attirer, encourager, enhardir, intéresser, tenter.* ■ Ne pas être attirant. SYN. dégoûter, déplaire, écœurer, répugner. – FAMILIER : révulser. CONTR. *affrioler, allécher, flatter, plaire.*

récalcitrant *adjectif* Qui résiste avec opiniâtreté. SYN. buté, désobéissant, entêté, indocile, insubordonné, rebelle, rétif, têtu. CONTR.

docile, malléable, maniable, obéissant, soumis, souple.

recaler verbe FAMILIER. Refuser à un examen. SYN. ajourner, éliminer, refuser. – FAMILIER : blackbouler, coller. CONTR. *admettre, recevoir.*

récapitulation nom féminin Action de récapituler. SYN. inventaire, résumé, revue, synthèse.

récapituler verbe Rappeler les points essentiels. SYN. parcourir, passer en revue, reprendre, résumer, synthétiser.

receler verbe Contenir en soi. SYN. comprendre, compter, contenir, détenir, renfermer.

récemment adverbe Il y a peu de temps. SYN. depuis peu, dernièrement, fraîchement, nouvellement. – LITTÉRAIRE : naguère. CONTR. *anciennement, autrefois, jadis, dans le passé, par le passé.* – FAMILIER : *il y a belle lurette.*

recensement nom masculin Action de recenser. SYN. dénombrement, énumération, inventaire, revue.

recenser verbe Faire le compte de. SYN. cataloguer, compter, dénombrer, inventorier, répertorier.

récent adjectif Qui existe depuis peu. SYN. jeune, moderne, neuf, nouveau. CONTR. *désuet, usagé, usé, vétuste, vieilli, vieillot, vieux.* – LITTÉRAIRE : *suranné.* ■ Qui appartient à un passé proche. SYN. dernier, de la dernière cuvée, de fraîche date, frais. CONTR. *ancestral, ancien, antique, archaïque, caduc, éloigné, lointain, premier, primitif, reculé, séculaire.* – LITTÉRAIRE : *immémorial.*

récépissé nom masculin Écrit attestant la réception de. SYN. accusé de réception, acquit, décharge, quittance, reçu.

réceptacle nom masculin LITTÉRAIRE. Lieu de rassemblement. SYN. abri, asile, rendez-vous. – LITTÉRAIRE : refuge.

réceptif adjectif Qui se montre ouvert. SYN. accessible, ouvert, sensible. CONTR. *fermé, imperméable, indifférent, insensible, sourd.* ■ Se dit d'un organisme exposé. SYN. fragile, sensible, vulnérable. CONTR. *immunisé, invulnérable, réfractaire, résistant, robuste.*

réception nom féminin Action de recevoir quelqu'un. SYN. accueil, admission. ■ Action de recevoir quelque chose. CONTR. *émission, envoi, expédition, renvoi.*

réceptionner verbe Prendre livraison de. SYN. accueillir, recevoir, toucher.

réceptivité nom féminin Caractère ouvert. SYN. ouverture, sensibilité. CONTR. *indifférence, insensibilité.* – LITTÉRAIRE : *imperméabilité.* ■ Aptitude à contracter une maladie. SYN. fragilité, sensibilité, vulnérabilité. CONTR. *immunité, résistance, robustesse, solidité.*

récession nom féminin Baisse de l'activité économique. SYN. crise, dépression, ralentissement, régression, stagnation, tassement. CONTR. *bond en avant, boom, développement, relèvement, renouveau.*

recette nom féminin Somme reçue. SYN. bénéfice, fruit, gain, produit, profit, rapport. CONTR. *déficit, dépense, frais, perte.* ■ Moyen pour réussir. SYN. ficelle, méthode, procédé, secret, stratagème, système, tactique, technique. – FAMILIER : astuce, truc.

recevable adjectif Qui peut être admis. SYN. acceptable, admissible, plausible, satisfaisant, valable, vraisemblable. CONTR. *inacceptable, inadmissible, irrecevable.*

recevoir verbe Entrer en possession de. SYN. empocher, encaisser, gagner, obtenir, percevoir, prendre, récolter, remporter, toucher. CONTR. *se défaire, donner, envoyer, expédier, offrir.* ■ Subir quelque chose. SYN. éprouver, essuyer. – FAMILIER : écoper, encaisser, prendre. ■ Accueillir quelqu'un chez soi. SYN. accueillir, héberger, traiter. CONTR. *chasser, congédier, éconduire, exclure, excommunier, rejeter.* – FAMILIER : *ficher à la porte, flanquer à la porte, mettre à la porte.* ■ Accueillir de telle façon. SYN. accepter, accueillir, admettre, agréer, enregistrer. CONTR. *présenter, proposer.* ■ Admettre à un examen. SYN. admettre. CONTR. *ajourner, éliminer, refuser.* – FAMILIER : *blackbouler, coller, recaler.*

réchapper verbe Échapper à un danger. SYN. être hors d'affaire, être hors de danger, sortir d'affaire, se tirer d'affaire. – FAMILIER : s'en sortir, s'en tirer à bon compte, s'en tirer.

réchauffé adjectif FAMILIER. Qui est trop connu. SYN. connu, éculé, rabâché, rebattu, ressassé, usé. – LITTÉRAIRE : trivial. CONTR. *inconnu, inédit, inouï, neuf, nouveau, original.*

réchauffer verbe intransitif Devenir chaud. SYN. chauffer, tiédir. CONTR. *fraîchir, rafraîchir, refroidir, se refroidir.*

réchauffer verbe transitif Rendre chaud. SYN. chauffer. CONTR. *glacer, rafraîchir, réfrigérer.* ■ Ranimer un sentiment. SYN. attiser, aviver, exalter, rallumer, ranimer, raviver, réveiller, stimuler. – LITTÉRAIRE : enflammer, renouveler, ressusciter, revivifier. CONTR. *affaiblir, assoupir, circonscrire, estomper, éteindre, étouffer, refroidir.*

rêche adjectif Désagréable au toucher. SYN. calleux, dur, raboteux, râpeux, rude, rugueux. CONTR. *douillet, doux, duveteux, lisse, moelleux, poli, uni, velouté.* – LITTÉRAIRE : *duveté.* ■ LITTÉRAIRE. D'un abord difficile. SYN. acariâtre, âpre, bourru, dur, hargneux, inhospitalier, renfrogné, revêche, rogue, sévère. – LITTÉRAIRE : disgracieux.

recherche *nom féminin* Action de rechercher. SYN. chasse, exploration, fouille, investigation, poursuite, prospection. – LITTÉRAIRE : quête. ■ Souci de se distinguer. SYN. affectation, apprêt, art, maniérisme, mièvrerie, pose, préciosité, raffinement, sophistication. – LITTÉRAIRE : afféterie, affèterie. CONTR. *laisser-aller, naturel, négligence, simplicité, spontanéité.*

recherché *adjectif* Qui est très demandé. SYN. demandé, désiré, réclamé, sollicité. – FAMILIER : couru. – LITTÉRAIRE : prisé. ■ Qui dénote du raffinement. SYN. affecté, alambiqué, apprêté, composé, contourné, étudié, fouillé, maniéré, mièvre, précieux, raffiné, sophistiqué, travaillé. – LITTÉRAIRE : affété. – POPULAIRE : chiadé. CONTR. *banal, naturel, spontané.*

rechercher *verbe* Chercher à connaître. SYN. chercher, s'enquérir, étudier, examiner, s'informer, regarder. ■ Tenter de se procurer. SYN. ambitionner, battre la campagne, briguer, courir après, désirer, être en quête de, se mettre en chasse, se mettre en quête de, poursuivre, quémander, remuer ciel et terre, solliciter, viser à, vouloir. – LITTÉRAIRE : quêter. CONTR. *abominer, éluder, éviter, fuir, mépriser, refuser.*

rechigner *verbe* FAMILIER. Mettre de la mauvaise volonté à. SYN. bouder, faire des difficultés, faire des embarras, faire la sourde oreille, se faire prier, se faire tirer l'oreille, renâcler. CONTR. *accepter, se plaire à.*

rechuter *verbe* Retomber dans. SYN. récidiver, recommencer. – FAMILIER : replonger. CONTR. *s'en tirer.* – FAMILIER : *s'en sortir.*

récidive *nom féminin* Réapparition de. SYN. recommencement, répétition, reprise.

récidiver *verbe* Faire une nouvelle fois. SYN. rechuter, recommencer, réitérer, répéter, reprendre, revenir.

récif *nom masculin* Rocher à fleur d'eau. SYN. brisant, écueil.

réciprocité *nom féminin* Caractère réciproque. SYN. correspondance, retour. CONTR. *univocité.*

réciproque *adjectif* Qui marque un échange. SYN. bilatéral, mutuel, partagé. CONTR. *unilatéral, univoque.*

réciproquement *adverbe* De façon réciproque. SYN. à charge de revanche, en compensation, en contrepartie, donnant donnant, en échange, inversement, mutuellement, en remplacement, respectivement, en retour, vice versa.

récit *nom masculin* Action de raconter. SYN. compte-rendu, description, développement, exposé, exposition, narration, rapport, relation, tableau, version.

réciter *verbe* Dire à haute voix un texte. SYN. débiter, déclamer, dire.

réclamation *nom féminin* Action de réclamer. SYN. demande, desiderata, doléance, exigence, plainte, protestation, récrimination, requête, revendication, souhait. – FAMILIER : jérémiade.

réclame *nom féminin* VIEUX. Article de promotion. SYN. dépliant, prospectus, publicité, tract.

réclamer *verbe intransitif* Faire une réclamation. SYN. s'insurger, se plaindre, pleurer, protester, récriminer, tempêter. – FAMILIER : pleurnicher.

réclamer *verbe transitif* Demander avec fermeté. SYN. demander à cor et à cri, exiger, prétendre à, quémander, redemander, requérir, revendiquer, solliciter. – LITTÉRAIRE : quêter. ■ Avoir besoin de. SYN. appeler, commander, demander, imposer, mériter, nécessiter, vouloir.

réclamer (se) *verbe pronominal* Invoquer la caution de. SYN. invoquer, mettre en avant, se prévaloir, se recommander.

reclure *verbe* LITTÉRAIRE. Isoler totalement. SYN. cadenasser, claquemurer, cloîtrer, confiner, emprisonner, enterrer, isoler. – FAMILIER : boucler.

reclus *adjectif* LITTÉRAIRE. Qui vit enfermé. SYN. barricadé, cantonné, claquemuré, cloîtré, confiné, détenu, enfermé, isolé, muré, prisonnier, retiré, séquestré, solitaire. – FAMILIER : bouclé.

réclusion *nom féminin* LITTÉRAIRE. Fait de vivre isolé. SYN. claustration, confinement, enfermement, isolement. ■ Fait d'être emprisonné. SYN. captivité, détention, emprisonnement, incarcération, séquestration.

recoin *nom masculin* LITTÉRAIRE. Ce qu'il y a de plus caché. SYN. fond, renfoncement, secret. – LITTÉRAIRE : repli, tréfonds.

récolte *nom féminin* Action de récolter. SYN. arrachage, cueillage, cueillette, fenaison, glanage, moisson, ramassage, vendange. ■ Ce qu'on obtient par la recherche. SYN. butin, collecte, gain, profit, quête. – FAMILIER : pêche.

récolter *verbe* Recueillir des produits agricoles. SYN. cueillir, moissonner, ramasser. CONTR. *planter, semer.* ■ Obtenir involontairement. SYN. hériter, recevoir, retirer, tirer. – FAMILIER : écoper, prendre. CONTR. *distribuer.*

recommandable *adjectif* Digne d'estime. SYN. estimable, honorable, louable, respectable. CONTR. *blâmable, condamnable, critiquable,* *inacceptable, indésirable, méprisable, répréhensible.*

recommandation *nom féminin* Action de soutenir quelqu'un. SYN. appui, caution, intervention, parrainage, patronage, protection. – FAMILIER : piston. ■ Conseil insistant. SYN. avertissement, avis, conseil, consigne, directives, exhortation, indication, instruction, leçon.

recommandé *adjectif* Qui est conseillé. SYN. conseillé, indiqué, opportun, préconisé, prôné.

recommander *verbe* Signaler quelqu'un à l'attention de. SYN. appuyer, avoir le bras long, donner un coup de pouce, épauler, favoriser, intervenir, parrainer, patronner, pousser, protéger, soutenir. – FAMILIER : donner un coup d'épaule, pistonner. CONTR. *décrier, dénigrer, discréditer, nuire, perdre.* – FAMILIER : *éreinter, esquinter.* – LITTÉRAIRE : *déchirer.* ■ Conseiller vivement. SYN. conseiller, engager, exhorter, inviter, prêcher, préconiser, prescrire, prier, prôner, souffler, suggérer, vanter. CONTR. *condamner, critiquer, déconseiller, défendre, détourner, dissuader, interdire.*

recommander (se) *verbe pronominal* Invoquer l'appui de quelqu'un. SYN. s'autoriser de, invoquer, mettre en avant, se prévaloir, se réclamer de. ■ Se signaler par une qualité. SYN. briller, se distinguer, émerger, se faire remarquer, se signaler.

recommencement *nom masculin* Fait d'être recommencé. SYN. récidive, redoublement, renouveau, renouvellement, répétition, reprise, retour. – LITTÉRAIRE : réitération. CONTR. *arrêt, cessation, fin.*

recommencer *verbe intransitif* Se produire de nouveau. SYN. rebondir, rechuter, récidiver, redoubler, renaître, se renouveler, reprendre, se reproduire, revenir. CONTR. *s'arrêter, cesser, s'interrompre.*

recommencer *verbe transitif* Faire de nouveau. SYN. continuer, refaire, réitérer, répéter. CONTR. *arrêter, cesser, interrompre, terminer.* ■ Reprendre une action. SYN. se remettre à, repartir de zéro, reprendre. – FAMILIER : remettre ça, remettre les compteurs à zéro. – POPULAIRE : repiquer au truc.

récompense *nom féminin* Ce qui récompense un mérite. SYN. décoration, distinction, honneur. CONTR. *punition, sanction.* – LITTÉRAIRE : *châtiment.* ■ Somme versée contre un service. SYN. gratification, paiement, payement, pourboire, prime, rétribution. ■ Sanction résultant d'une action. SYN. fruit, loyer, prix, rançon, salaire, sanction. – LITTÉRAIRE : tribut.

récompenser *verbe* Accorder une récompense. SYN. couronner, distinguer, primer. CONTR. *corriger, punir, sanctionner.* – FAMILIER : *attraper.* – LITTÉRAIRE : *châtier.*

recomposer *verbe* Composer ce qui a été dérangé. SYN. arranger, rajuster, réajuster, reconstituer, refaire, restaurer, rétablir. ■ Refaire en modifiant. SYN. récrire, réécrire, refondre, remanier, retoucher.

réconciliation *nom féminin* Action de se réconcilier. SYN. fraternisation, rapprochement. – FAMILIER : rabibochage, raccommodement. CONTR. *bouderie, brouille, désaccord, désunion, dispute, froid, mésentente, rupture.* – FAMILIER : *bisbille, fâcherie.* – VIEUX : *brouillerie.*

réconcilier *verbe* Rétablir l'entente. SYN. concilier, mettre d'accord, rapprocher, replâtrer, réunir. – FAMILIER : rabibocher, raccommoder. CONTR. *brouiller, déchirer, désunir, fâcher, opposer, séparer.*

réconcilier (se) *verbe pronominal* Faire cesser un désaccord. SYN. faire la paix, se remettre, renouer, se revoir. – FAMILIER : fumer le calumet de la paix, se rabibocher, se raccommoder. – LITTÉRAIRE : s'accorder. CONTR. *se brouiller, se déchirer, se fâcher, se heurter, s'opposer, se quereller, rompre.*

reconduire *verbe* Ramener quelqu'un chez lui. SYN. raccompagner, ramener. CONTR. *amener, conduire.* ■ Mettre dehors. SYN. chasser, congédier. – FAMILIER : vider, virer. – POPULAIRE : balancer. ■ Accompagner à la frontière. SYN. bannir, chasser, exiler, expulser, refouler, repousser.

réconfort *nom masculin* Ce qui donne de la force. SYN. apaisement, appui, consolation, encouragement, secours, soutien. CONTR. *découragement, désespoir, tourment.*

réconfortant *adjectif* Qui apporte du réconfort. SYN. apaisant, consolant, consolateur, encourageant, exaltant, reconstituant, stimulant, tonique, vivifiant. CONTR. *affligeant, atterrant, attristant, décevant, décourageant, démoralisant, déprimant, désolant, navrant.* – LITTÉRAIRE : *dissolvant.*

réconforter *verbe* VIEUX. Rendre des forces. SYN. enhardir, remettre, remonter, ressusciter, rétablir, revigorer. – FAMILIER : ravigoter, requinquer, retaper. – LITTÉRAIRE : revivifier. CONTR. *affaiblir, débiliter.* ■ Redonner du courage. SYN. assister, conforter, consoler, donner du cœur au ventre, ranimer, remettre, rendre courage, revigorer, soulager, soutenir, stimuler. – FAMILIER : ragaillardir. – LITTÉRAIRE : mettre du baume au cœur, panser, revivifier, vivifier. CONTR. *abattre, accabler, anéantir, atterrer, attrister, avachir, aveulir,* *briser, consterner, décourager, démoraliser, déprimer, désespérer.*

reconnaissable *adjectif* Que l'on peut reconnaître. SYN. identifiable. CONTR. *méconnaissable.*

reconnaissance *nom féminin* Action d'admettre. SYN. aveu, confession. CONTR. *contestation, dénégation, désaveu, négation.* ■ Fait d'être reconnaissant. SYN. gratitude. – LITTÉRAIRE : obligation. CONTR. *ingratitude.* – VIEUX : *méconnaissance.* ■ Action d'identifier. SYN. élucidation, identification.

reconnaissant *adjectif* Qui a de la gratitude. SYN. obligé, redevable. CONTR. *égoïste, ingrat, négligent, oublieux.*

reconnaître *verbe* Juger comme déjà connu. SYN. se rappeler, remettre, retrouver, se souvenir de. CONTR. *oublier.* ■ Nommer d'après un caractère donné. SYN. deviner, différencier, discerner, distinguer, identifier. CONTR. *confondre.* ■ Visiter un lieu. SYN. examiner, explorer, prospecter, visiter. ■ Admettre comme vrai. SYN. affirmer, constater, convenir de, croire à, légitimer. CONTR. *contester, douter, ignorer, méconnaître, nier.* – LITTÉRAIRE : *répudier.* ■ Avouer un méfait. SYN. avouer, confesser. CONTR. *cacher, dissimuler, taire.* ■ Compter à l'actif de quelqu'un. SYN. accorder, attribuer, concéder, prêter. CONTR. *refuser.*

reconnaître (se) *verbe pronominal* Localiser sa position. SYN. se diriger, s'orienter, se repérer, se retrouver.

reconnu *adjectif* Qui est admis pour vrai. SYN. acquis, avéré, établi, incontestable, incontesté, indiscuté, notoire, officiel, public, renommé. CONTR. *apocryphe, douteux, faux, ignoré, inconnu, méconnu, occulte, officieux.*

reconquérir *verbe* Obtenir de nouveau. SYN. recouvrer, récupérer, regagner, reprendre, retrouver. – FAMILIER : ravoir. CONTR. *perdre, reperdre.*

reconsidérer *verbe* Remettre en question. SYN. réétudier, réexaminer, repenser, revenir sur, réviser, revoir.

reconstituant *nom masculin* Ce qui fortifie l'organisme. SYN. cordial, excitant, fortifiant, remontant, stimulant.

reconstituer *verbe* Former de nouveau. SYN. rebâtir, recomposer, reconstruire, refaire, reformer, relever, remonter. – LITTÉRAIRE : réédifier. CONTR. *anéantir, briser, détruire, saper.*

reconstruction *nom féminin* Action de reconstruire. SYN. réfection, relèvement, restauration. – LITTÉRAIRE : réédification. CONTR. *démantèlement, démolition, destruction, renversement.*

reconstruire *verbe* Construire de nouveau. SYN. rebâtir, reconstituer, refaire, relever, remonter. – LITTÉRAIRE : réédifier. CONTR. *anéantir, briser, démanteler, démolir, détruire, renverser, saper.*

recopier *verbe* Mettre par écrit. SYN. consigner, noter, relever, reporter, transcrire. ■ Copier en fraudant. SYN. copier, emprunter. – POPULAIRE : pomper.

recoudre *verbe* Coudre ce qui est décousu. SYN. faire un point, raccommoder, rapiécer, repriser. – FAMILIER : rapetasser. – VIEUX : ravauder. CONTR. *déchirer, découdre.*

recouper *verbe* Coïncider avec. SYN. cadrer, coïncider, concorder, correspondre. CONTR. *diverger.*

recourbé *adjectif* Courbé à son extrémité. SYN. aquilin, arqué, busqué, crochu, tordu. CONTR. *droit.*

recourber *verbe* Courber l'extrémité de. SYN. fléchir, gauchir, incurver, infléchir, plier, tordre. – LITTÉRAIRE : ployer. CONTR. *détordre, redresser.*

recourir *verbe* Faire appel à quelqu'un. SYN. s'adresser à, avoir recours à, faire appel à, mettre à contribution, se retourner, solliciter, se tourner vers. ■ Faire usage de quelque chose. SYN. avoir recours à, employer, emprunter, exploiter, manier, mettre à profit, pratiquer, profiter, se servir de, tirer avantage, tirer parti, tirer profit, user, utiliser.

recours *nom masculin* Action de recourir à. SYN. appel, emploi, usage, utilisation. ■ Ce à quoi l'on recourt. SYN. appui, remède, ressource, secours, soutien. – LITTÉRAIRE : refuge.

recouvrer *verbe* Rentrer en possession de. SYN. reconquérir, récupérer, regagner, reprendre, retrouver. – FAMILIER : ravoir. CONTR. *perdre.* ■ Recevoir un paiement. SYN. encaisser, percevoir, toucher.

recouvrir *verbe* Masquer quelque chose. SYN. abriter, cacher, camoufler, couvrir, dissimuler, escamoter, masquer, occulter. – LITTÉRAIRE : déguiser. CONTR. *dévoiler, montrer.* ■ Couvrir entièrement. SYN. couvrir, envahir, joncher, tapisser, terrer. CONTR. *enlever, retirer.* ■ Pourvoir d'un vêtement. SYN. couvrir, habiller. – LITTÉRAIRE : revêtir, vêtir. CONTR. *découvrir, déshabiller, dévêtir.*

récréatif *adjectif* Qui divertit. SYN. amusant, délassant, distrayant, divertissant, drôle, plaisant, réjouissant. – FAMILIER : folichon. CONTR. *ennuyeux, fastidieux, rébarbatif, rebutant.* – FAMILIER : *assommant, embêtant, enquiquinant, rasant, rasoir, tuant.* – POPULAIRE : *chiant, suant.*

récréation *nom féminin* Moment qui interrompt le travail. SYN. détente, pause, répit, repos.

– LITTÉRAIRE : relâche. CONTR. *activité, besogne, occupation, tâche, travail.* – LITTÉRAIRE : *labeur.* ■ Activité pour se détendre. SYN. amusement, délassement, distraction, divertissement, jeu, loisir, occupation, passe-temps.

récréer (se) *verbe pronominal* LITTÉRAIRE. Prendre du bon temps. SYN. s'amuser, se distraire, se divertir, mener joyeuse vie. – LITTÉRAIRE : s'ébaudir, s'égayer, s'esbaudir.

récrier (se) *verbe pronominal* LITTÉRAIRE. Proférer des exclamations. SYN. clamer, crier, s'écrier, s'exclamer. ■ Manifester son désaccord. SYN. pester, se plaindre, protester, se rebeller, récriminer. – FAMILIER : fumer, maronner, rager, râler, rouspéter. – LITTÉRAIRE : regimber. – POPULAIRE : gueuler.

récrimination *nom féminin* Vive protestation. SYN. doléance, grief, lamentation, plainte, pleurnichement, pleurnicherie, protestation, réclamation, revendication, vitupération. – FAMILIER : criaillerie, grogne, jérémiade.

récriminer *verbe* Élever des protestations contre. SYN. se cabrer, désapprouver, s'élever, geindre, s'indigner, s'insurger, se lamenter, pester, se plaindre, protester, se rebeller, réclamer, se récrier, tempêter, tonner, trouver à redire à. – FAMILIER : pleurer, râler, se rebiffer. – LITTÉRAIRE : regimber.

recroquevillé *adjectif* Replié sur soi. SYN. blotti, lové, pelotonné, ramassé, tassé. CONTR. *allongé, étalé, étendu, étiré.*

recroqueviller (se) *verbe pronominal* Se tordre à cause du froid, etc. SYN. se racornir, se ratatiner, se rétracter. – FAMILIER : se rabougrir. ■ Se replier sur soi. SYN. se blottir, se lover, se pelotonner, se ramasser, se replier, se tasser. – LITTÉRAIRE : se recoquiller. – VIEUX : se bouler. CONTR. *s'allonger, s'étaler, s'étendre, s'étirer.*

recru *adjectif* Très fatigué. SYN. anéanti, à bout de course, à bout de force, à bout de souffle, brisé, épuisé, exténué, fatigué, fourbu, harassé, K.-O., mort de fatigue, à plat, rendu, rompu, surmené, usé. – FAMILIER : achevé, au bout du rouleau, cassé, claqué, éreinté, esquinté, fini, flapi, H.S., lessivé, mort, moulu, pompé, raplapla, sur les genoux, tué, vanné, vidé. – POPULAIRE : crevé, sur les rotules. CONTR. *délassé, dispos, frais, frais et dispos, reposé.* – FAMILIER : *en forme, frais comme un gardon, frais comme une rose, increvable, en pleine forme.* – VIEUX : *gaillard.*

recrudescence *nom féminin* Brusque réapparition. SYN. accélération, accroissement, aggravation, exacerbation, extension, intensification, multiplication, redoublement, regain, renforcement, renouveau, reprise. CONTR. *accalmie, baisse, décroissance, dégression, diminution, rémission, répit, trêve.*

recrue *nom féminin* Jeune militaire. SYN. conscrit, soldat. – FAMILIER : bleu. – POPULAIRE : pioupiou. ■ Nouveau membre d'un groupe. SYN. adepte, adhérent, membre, militant.

recrutement *nom masculin* Action de recruter. SYN. embauchage, embauche, embrigadement, engagement, enrégimentement, enrôlement. CONTR. *débauchage, renvoi.*

recruter *verbe* Enrôler des troupes. SYN. appeler, enrôler, incorporer, lever, mobiliser. CONTR. *démobiliser.* ■ Faire entrer dans un groupe. SYN. embrigader, enrégimenter, racoler. ■ Engager du personnel. SYN. embaucher, employer, prendre. CONTR. *congédier, débaucher, licencier, renvoyer.*

recruteur *nom* Personne qui recrute. SYN. enrôleur.

rectification *nom féminin* Action de rectifier. SYN. correction, modification, rectificatif, remaniement, retouche, révision.

rectifier *verbe* Rendre quelque chose exact. SYN. améliorer, corriger, mettre au point, modifier, redresser, remanier, rétablir, retoucher, réviser. – LITTÉRAIRE : amender. CONTR. *altérer, déformer, gauchir.* ■ POPULAIRE. Tuer quelqu'un. SYN. abattre, assassiner, égorger, éliminer, envoyer ad patres, exécuter, massacrer, supprimer, tuer. – FAMILIER : faire passer le goût du pain, ôter le goût du pain, trucider. – LITTÉRAIRE : faire passer de vie à trépas, occire. – POPULAIRE : buter, descendre, faire la peau, ratatiner, refroidir, zigouiller. – VIEUX : suriner.

rectiligne *adjectif* Qui est en ligne droite. SYN. direct, droit. CONTR. *courbe, oblique, sinueux, tordu, tors, tortueux.* – LITTÉRAIRE : *tortu.*

rectite *nom féminin* Inflammation du rectum. SYN. proctite.

rectitude *nom féminin* Qualité de quelqu'un de droit. SYN. droiture, fermeté, honnêteté, intégrité, justesse, loyauté, moralité, probité, rigueur. CONTR. *déloyauté, dissimulation, duplicité, fausseté, fourberie, hypocrisie.* – LITTÉRAIRE : *tartuferie, tartufferie.*

recto *nom masculin* Première page d'un feuillet. SYN. endroit. CONTR. *envers, revers, verso.*

reçu *adjectif* Admis couramment. SYN. admis, consacré, établi, reconnu.

reçu *nom masculin* Écrit certifiant la réception de. SYN. accusé de réception, acquit, décharge, quittance, récépissé.

recueil *nom masculin* Ouvrage qui réunit des documents. SYN. anthologie, arsenal, catalogue, chrestomathie, collection, florilège, morceaux choisis.

recueillement *nom masculin* Fait de se recueillir. SYN. contemplation, méditation, réflexion. CONTR. *agitation.*

recueilli *adjectif* Qui montre du recueillement. SYN. contemplatif, méditatif, pensif, réfléchi, songeur. CONTR. *agité, dissipé.*

recueillir *verbe* Rassembler des choses. SYN. accumuler, amasser, collecter, ramasser, relever. – LITTÉRAIRE : quêter. CONTR. *distribuer, donner.* ■ Obtenir pour soi. SYN. acquérir, avoir, gagner, obtenir, rassembler, remporter, retirer, réunir.

recueillir (se) *verbe pronominal* S'absorber dans ses pensées. SYN. méditer, penser, réfléchir. – LITTÉRAIRE : songer.

recul *nom masculin* Mouvement en arrière. SYN. reculade, repli, retrait, retraite, rétrogression. CONTR. *approche, avance, progression.* ■ Mouvement de régression. SYN. ralentissement, reflux, régression, rétrogradation. CONTR. *avancée, avancement, croissance, développement, marche, montée, progrès, progression.*

reculade *nom féminin* Action de reculer. SYN. débandade, dérobade, déroute, fuite, recul, repli, retraite.

reculé *adjectif* Qui est à l'écart. SYN. écarté, éloigné, isolé, lointain, perdu, retiré. – POPULAIRE : paumé. CONTR. *adjacent, attenant, avoisinant, limitrophe, mitoyen, proche, voisin.* – LITTÉRAIRE : *jouxtant.* ■ Éloigné dans le temps. SYN. ancien, antique, haut, lointain, millénaire, séculaire. CONTR. *actuel, présent, récent.*

reculement *nom masculin* Pièce du harnais permettant au cheval de reculer. SYN. avaloire.

reculer *verbe intransitif* Aller en arrière. SYN. faire machine arrière, faire marche arrière. CONTR. *aller de l'avant, avancer.* ■ Se retirer devant l'ennemi. SYN. battre en retraite, céder du terrain, décrocher, fuir, refluer, se replier, se retirer. CONTR. *approcher, avancer, s'élancer, gagner du terrain, se rapprocher.* ■ Suivre une évolution négative. SYN. décroître, perdre du terrain, régresser, rétrograder. CONTR. *augmenter, avancer, croître, progresser.* ■ Céder devant un obstacle. SYN. atermoyer, se dérober, faire machine arrière, lâcher pied, plier. – FAMILIER : caler, se dégonfler, flancher. – LITTÉRAIRE : ployer. – POPULAIRE : caner, canner, se déballonner. CONTR. *affronter, braver, se décider, se défendre, se déterminer, résister, tenir.*

reculer *verbe transitif* Placer vers l'arrière. SYN. écarter, éloigner, pousser. CONTR. *approcher, avancer, rapprocher.* ■ Reporter une action. SYN. ajourner, décaler, différer, proroger, remettre, renvoyer, reporter, repousser, retarder, surseoir à, suspendre. CONTR. *avancer.*

récupérer *verbe intransitif* Reprendre des forces. SYN. se ranimer, se refaire une santé, se refaire, se remettre, se remonter, se rétablir, revivre. – FAMILIER : reprendre du poil de la bête, se requinquer, se retaper. CONTR. – LITTÉRAIRE : *faiblir.*

récupérer *verbe transitif* Rentrer en possession de. SYN. reconquérir, recouvrer, regagner, reprendre, retrouver. – FAMILIER : ravoir. CONTR. *perdre.*

récurage *nom masculin* Action de récurer. SYN. astiquage, briquage, décapage, poliissage.

récurer *verbe* Nettoyer en frottant. SYN. décaper, frotter, nettoyer.

récurrence *nom féminin* Caractère récurrent. SYN. réapparition, répétition, retour. – LITTÉRAIRE : réitération.

récurrent *adjectif* Qui revient sans cesse. SYN. fréquent, réitéré, répété. CONTR. *accidentel, exceptionnel, intermittent, rare, sporadique.*

récusable *adjectif* Que l'on peut récuser. SYN. contestable, discutable, douteux, niable, réfutable. CONTR. *certain, inattaquable, incontestable, indéniable, indiscutable, indubitable, irrécusable, irréfutable.* – LITTÉRAIRE : *irréfragable.*

récuser *verbe* Ne pas admettre la valeur de. SYN. combattre, contester, dénier, discuter, infirmer, mettre en doute, refuser, réfuter, rejeter, renier. – LITTÉRAIRE : répudier. CONTR. *accepter, agréer, se charger de, endosser, prendre sur soi, reconnaître.*

récuser (se) *verbe pronominal* Refuser une mission. SYN. changer d'avis, se dérober, se rétracter, se soustraire. – LITTÉRAIRE : se dédire.

rédaction *nom féminin* Action de rédiger. SYN. composition, formulation.

reddition *nom féminin* Action de se rendre. SYN. capitulation. CONTR. *résistance.*

redémarrage *nom masculin* Fait de démarrer de nouveau. SYN. redressement, reprise.

rédempteur *nom masculin* ***Le Rédempteur,*** Jésus-Christ. SYN. le Sauveur.

rédemption *nom féminin* LITTÉRAIRE. Action de se racheter. SYN. rachat, réhabilitation, salut. CONTR. *damnation, perte.*

rédiger *verbe* Produire un texte. SYN. composer, écrire, formuler, libeller. – FAMILIER : pondre.

redire *verbe* Répéter ce qu'on a déjà dit. SYN. rebattre les oreilles, réitérer, reprendre, ressasser, revenir sur. – FAMILIER : seriner. ■ Répéter par indiscrétion. SYN. raconter, rapporter, révéler.

redite *nom féminin* Répétition inutile. SYN. rabâchage, radotage, redondance, répétition, tautologie. – FAMILIER : resucée. – LITTÉRAIRE : superfétation.

redondance *nom féminin* Caractère prolixe. SYN. bavardage, verbiage. – FAMILIER : délayage. – LITTÉRAIRE : prolixité, superfétation, superfluité, verbosité. CONTR. *brièveté, concision, laconisme, sobriété.* ■ Terme superflu. SYN. pléonasme, redite, répétition, tautologie.

redondant *adjectif* Qui présente des redondances. SYN. ampoulé, diffus, emphatique, prolixe, verbeux. – LITTÉRAIRE : enflé. CONTR. *bref, concis, elliptique, laconique, télégraphique.*

redonner *verbe* Rendre ce qui manquait. SYN. ramener, rapporter, remettre, rendre, restituer, rétablir, rétrocéder. CONTR. *conserver, garder, retenir.*

redoublé *adjectif* Dont l'intensité est augmentée. SYN. accéléré, accentué, accusé, décuplé, intensifié, marqué, redondant.

redoublement *nom masculin* Fait de croître en force. SYN. accélération, accroissement, aggravation, déchaînement, exacerbation, exaspération, intensification, multiplication, recrudescence, renforcement.

redoubler *verbe intransitif* Augmenter en intensité. SYN. s'aggraver, augmenter, se compliquer, empirer, s'intensifier, monter, se multiplier. CONTR. *diminuer, se réduire.*

redoubler *verbe transitif* Augmenter l'intensité de. SYN. aggraver, augmenter, doubler, multiplier. CONTR. *diminuer, réduire, relâcher.*

redoutable *adjectif* Qui est à redouter. SYN. dangereux, dommageable, effrayant, grave, inquiétant, malheureux, mauvais, menaçant, sérieux, sinistre, terrible, terrifiant. – POPULAIRE : casse-gueule. CONTR. *anodin, bénin, inoffensif, rassurant, tranquillisant.* – LITTÉRAIRE : *débonnaire.*

redouter *verbe* Craindre vivement. SYN. appréhender, avoir peur, craindre, trembler. CONTR. *attendre, espérer.*

redressement *nom masculin* Retour à un état satisfaisant. SYN. assainissement, redémarrage, relèvement, reprise, restauration, rétablissement. CONTR. *chute, démantèlement, écroulement, renversement, ruine.* – LITTÉRAIRE : *dégénérescence.*

redresser *verbe* Remettre à la verticale. SYN. dresser, ériger, lever, rehausser, relever, remonter, soulever. CONTR. *aplatir, culbuter, renverser.* ■ Redonner sa forme à un objet. SYN. dégauchir, détordre, rectifier, rétablir. CONTR. *courber, déformer, fausser, plier, recourber.* – LITTÉRAIRE : *ployer.* ■ LITTÉRAIRE. Reprendre ce qui semble faux. SYN. corriger, réformer. – LITTÉRAIRE : amender. CONTR. *dénaturer, modifier.* – LITTÉRAIRE : *vicier.*

redresser (se) *verbe pronominal* Se remettre droit. SYN. se lever, se relever. CONTR. *s'affaisser, s'affaler, s'avachir, se baisser, se pencher, plier.* ■ Revenir à un état normal. SYN. se relever, renaître. – LITTÉRAIRE : ressusciter. CONTR. *s'effondrer.*

réduction *nom féminin* Action de réduire. SYN. abaissement, abrègement, allégement, amoindrissement, atténuation, compression, décroissance, diminution, peau de chagrin, raccourcissement, ralentissement, rapetissement, resserrement, restriction. CONTR. *accentuation, accroissement, agrandissement, allongement, amplification, augmentation, élargissement, élévation, relèvement.* ■ Diminution opérée sur un prix. SYN. abattement, baisse, décharge, décompte, déduction, dégrèvement, discount, escompte, rabais, remise, ristourne. CONTR. *supplément.*

réduire *verbe* Diminuer quelque chose. SYN. abaisser, abréger, alléger, amenuiser, amoindrir, baisser, contingenter, diminuer, écourter, minimiser, modérer, raccourcir, rationner, rogner. – LITTÉRAIRE : rabaisser. CONTR. *accroître, aggraver, amplifier, arrondir, augmenter, élargir, élever, exagérer, grossir, hausser, intensifier, maximiser, monter, multiplier, redoubler.* ■ Reproduire en plus petit. SYN. rapetisser. CONTR. *agrandir, allonger, élargir.* ■ Ramener à une expression simple. SYN. borner, circonscrire, comprimer, limiter, resserrer, restreindre, résumer. ■ Amener quelqu'un à. SYN. acculer, assujettir, condamner, conduire, contraindre, forcer, obliger, soumettre. – LITTÉRAIRE : astreindre. CONTR. *délier, libérer, relever.* ■ Vaincre quelque chose. SYN. contenir, contrôler, maîtriser, mater, subjuguer, terrasser, vaincre. – LITTÉRAIRE : dompter.

réduire (se) *verbe pronominal* Se limiter volontairement à. SYN. se borner, se cantonner à, consister, se contenter de, se limiter, se restreindre, se résumer, s'en tenir à. ■ Changer d'état. SYN. se résoudre, tourner en, se transformer.

réduit *adjectif* Qui a subi une réduction. SYN. amoindri, dérisoire, étroit, exigu, faible, limité, maigre, mince, minime, modeste, modique, partiel, pauvre, petit, ralenti, restreint, succinct. CONTR. *abondant, complet, étendu, foisonnant, fort, grand, gros, important, imposant, large, pléthorique, spacieux, volumineux.* – LITTÉRAIRE : *vaste.*

réduit *nom masculin* Petite pièce retirée. SYN. appentis, débarras, mansarde, soupente. – FAMILIER : cagibi. ■ Logement misérable. SYN. bauge, bouge, taudis. – FAMILIER : baraque, bicoque. – LITTÉRAIRE : galetas. – POPULAIRE : gourbi.

réédification *nom féminin* LITTÉRAIRE. Action de réédifier. SYN. reconstruction, réfection, restauration. CONTR. *démantèlement, démolition, destruction, renversement.*

réédifier *verbe* LITTÉRAIRE. Édifier à nouveau. SYN. rebâtir, reconstituer, reconstruire, refaire, relever, remonter, restaurer. CONTR. *anéantir, briser, démanteler, démolir, détruire, renverser, saper.*

rééditer *verbe* Accomplir de nouveau. SYN. recommencer, refaire, réitérer, renouveler, répéter, reproduire.

réel *adjectif* Qui existe ou a existé. SYN. concret, effectif, matériel, objectif, palpable, positif, tangible. CONTR. *abstrait, apparent, arbitraire, fantomatique, fictif, idéal, illusoire, imaginaire, inexistant, irréel, simulé, subjectif, théorique, virtuel.* ■ Qui est tel qu'on le dit. SYN. authentique, historique, indéniable, indubitable, littéral, manifeste, sincère, sûr, véritable, vrai. CONTR. *artificiel, chimérique, discutable, fabriqué, fantasmagorique, fantastique, faux, feint, fictif, forgé, inventé, mensonger, menteur, mythique.* – LITTÉRAIRE : *controuvé, emprunté, fabuleux, postiche.*

réellement *adverbe* D'une manière effective. SYN. bien, effectivement, exactement, matériellement, objectivement, physiquement, tangiblement. – FAMILIER : positivement. CONTR. *apparemment, en apparence, censément, extérieurement.* ■ D'une manière véritable. SYN. décidément, à dire vrai, en fait, au fond, dans le fond, franchement, indéniablement, indiscutablement, indubitablement, proprement, en réalité, sérieusement, sincèrement, tout bonnement, véritablement, en vérité, à vrai dire, vraiment.

réer *verbe* Pousser un cri bref (cerf). SYN. raire.

réétudier *verbe* Étudier à nouveau. SYN. reconsidérer, repenser.

réévaluer *verbe* Évaluer à nouveau. SYN. hausser, revaloriser. CONTR. *baisser, déprécier.*

réexaminer *verbe* Examiner à nouveau. SYN. reconsidérer, repenser, revoir.

réexpédier *verbe* Expédier à nouveau. SYN. renvoyer, retourner.

refaire *verbe* Recommencer une action. SYN. rebâtir, recommencer, recomposer, reconstruire, récrire. – LITTÉRAIRE : réédifier. ■ Essayer d'imiter. SYN. rééditer, réitérer, renouveler, répéter. ■ Remettre en état. SYN. arranger, rafraîchir, reconstituer, repeindre, restaurer, rhabiller. – LITTÉRAIRE : régénérer. ■ FAMILIER. Abuser de la crédulité de quelqu'un. SYN. attraper, berner, duper, escroquer, mystifier, piéger, tromper, voler. – FAMILIER : avoir, écorcher, empiler, estamper, étriller, flouer, pigeonner, posséder, rouler. – LITTÉRAIRE : gruger, jouer. – POPULAIRE : arnaquer, baiser, couillonner, entuber. – VIEUX : filouter.

refaire (se) *verbe pronominal* Reprendre des forces. SYN. récupérer, se remettre, se remonter, ressusciter. – FAMILIER : se remplumer, se requinquer, se retaper.

réfection *nom féminin* Action de refaire. SYN. rafistolage, reconstruction, réparation, restauration. – FAMILIER : retapage. – LITTÉRAIRE : réédification. CONTR. *dégradation, démantèlement, démolition, destruction, renversement.*

référer (se) *verbe pronominal* Se rapporter à ce qui fait autorité. SYN. alléguer, citer, compter sur, en croire, se fier à, invoquer, se rapporter, s'en remettre à, se reporter, se reposer sur, tabler sur.

réfléchi *adjectif* Qui est fait avec réflexion. SYN. calculé, conscient, délibéré, étudié, intentionnel, mesuré, mûri, pensé, pesé, raisonné, sensé. CONTR. *automatique, aventureux, frivole, incohérent, incompréhensible, inconsidéré, instinctif, involontaire, irréfléchi, machinal, réflexe, spontané.* ■ Qui agit avec pondération. SYN. circonspect, concentré, conscient, équilibré, grave, mature, méditatif, méthodique, mûr, philosophe, pondéré, posé, prévoyant, prudent, recueilli, sage, sérieux, vigilant. – LITTÉRAIRE : rassis. CONTR. *déraisonnable, distrait, écervelé, égaré, étourdi, évaporé, fou, imprudent, impulsif, incohérent, inconscient, inconséquent, irresponsable, léger, primesautier, téméraire.* – FAMILIER : *dément.*

réfléchir *verbe transitif* Renvoyer l'image de. SYN. refléter, répercuter, réverbérer.

réfléchir *verbe transitif indirect* Concentrer son attention sur. SYN. approfondir, aviser, calculer, se concentrer, considérer, creuser, étudier, examiner, fixer ses idées, méditer, penser, peser, raisonner, rassembler ses idées, se recueillir, ruminer, songer, suivre le fil de ses idées, se triturer les méninges. – FAMILIER : se casser la nénette, se casser la tête, se casser les méninges, cogiter, faire marcher sa matière grise, phosphorer, se triturer la cervelle. – LITTÉRAIRE : spéculer.

réflecteur *nom masculin* Instrument d'observation des astres composé d'un miroir. SYN. télescope. CONTR. *lunette (astronomique), réfracteur.*

reflet *nom masculin* Nuance variant selon l'éclairage. SYN. chatoiement, marbrure, miroitement, scintillement. - LITTÉRAIRE : moire. ▪ Ce qui reproduit les traits de. SYN. écho, image, réplique, reproduction. - LITTÉRAIRE : miroir. CONTR. *modèle.*

refléter *verbe* Renvoyer la lumière. SYN. réfléchir, répercuter, réverbérer. ▪ Rendre compte de. SYN. figurer, illustrer, incarner, représenter, reproduire, retracer. ▪ Laisser voir un sentiment. SYN. exprimer, indiquer, marquer, montrer, traduire, trahir.

réflexe *adjectif* Qui réagit vite. SYN. automatique, mécanique. CONTR. *réfléchi, volontaire.*

réflexion *nom féminin* Qualité de quelqu'un de réfléchi. SYN. application, attention, circonspection, concentration, méditation, précaution, prévoyance, prudence. - LITTÉRAIRE : délibération. CONTR. *distraction, étourderie, imprévoyance, imprudence, inadvertance, inattention.* ▪ Ce qui résulte de cette activité. SYN. conclusion, considération, élucubration, idée, méditation, pensée. - LITTÉRAIRE : spéculation. ▪ Propos visant à critiquer. SYN. commentaire, observation, remarque.

refluer *verbe* Revenir en arrière (liquide). SYN. remonter, se retirer. CONTR. *affluer, gagner, monter.* ▪ Être ramené dans une direction. SYN. reculer, se replier, rétrograder. - LITTÉRAIRE : régresser.

reflux *nom masculin* Mouvement de recul. SYN. recul, retrait, retraite. CONTR. *afflux.* ▪ Marée descendante. SYN. jusant. CONTR. *flux.*

refondre *verbe* Refaire entièrement un texte. SYN. modifier, recomposer, récrire, réécrire, remanier, reprendre, retoucher.

reforestation *nom féminin* Plantation d'arbres. SYN. reboisement. CONTR. *déboisement, déforestage, déforestation.*

réforme *nom féminin* Changement profond. SYN. changement, modification, remaniement, révision.

réformé *adjectif* ***Religion réformée,*** ensemble des Églises issues de la Réforme. SYN. protestantisme.

reformer *verbe* Regrouper des personnes. SYN. masser, rallier, rassembler, recomposer, reconstituer. CONTR. *débander, disloquer, disperser.*

réformer *verbe* Changer en mieux. SYN. amender, changer, corriger, modifier, remanier, renouveler, rénover, révolutionner. - LITTÉRAIRE : redresser, régénérer.

refouler *verbe transitif* Rejeter quelqu'un. SYN. bannir, chasser, écarter, exclure, exiler, expatrier, expulser, pousser, refuser, rejeter, repousser. - FAMILIER : balayer. - POPULAIRE : balancer. CONTR. *adopter.* ▪ Contenir un sentiment. SYN. brider, cacher, contenir, dissimuler, étouffer, maîtriser, occulter, ravaler, refréner, réfréner, rentrer, réprimer, retenir. - LITTÉRAIRE : contraindre, dompter, renfoncer, taire. CONTR. *assouvir, exprimer, extérioriser, montrer.*

réfractaire *adjectif* Qui refuse d'obéir. SYN. désobéissant, frondeur, indocile, rétif, séditieux. CONTR. *docile, obéissant.* ▪ Qui ne peut s'ouvrir à. SYN. étranger, fermé, imperméable, inaccessible, insensible, rebelle, sourd. CONTR. *accessible, doué, enclin, ouvert, perméable, porté, prédisposé, réceptif, sensible.*

réfracteur *nom masculin* Appareil donnant une image inversée des astres. SYN. lunette (astronomique). CONTR. *réflecteur, télescope.*

refrain *nom masculin* Mélodie vocale. SYN. air, antienne, couplet, ritournelle, romance, scie. ▪ FAMILIER. Ce qu'on répète souvent. SYN. chanson, leitmotiv, rabâchage, rengaine, scie. - FAMILIER : couplet, disque, ritournelle. - LITTÉRAIRE : antienne.

refréner ou **réfréner** *verbe* Mettre un frein à. SYN. brider, comprimer, contenir, endiguer, étouffer, freiner, maîtriser, modérer, ravaler, refouler, réprimer, restreindre, retenir, tenir en bride. - LITTÉRAIRE : contraindre, dompter, renfoncer. CONTR. *assouvir, contenter, exciter, satisfaire.*

réfrigérant *adjectif* Qui refroidit. SYN. figé, froid, glacé, glacial. CONTR. *chaleureux, engageant, liant.*

réfrigéré *adjectif* FAMILIER. Qui a très froid. SYN. gelé, glacé. - FAMILIER : frigorifié. CONTR. *bouillant, brûlant, chaud.* - LITTÉRAIRE : *ardent.*

réfrigérer *verbe* Abaisser la température. SYN. geler, glacer, rafraîchir, refroidir. - FAMILIER : frigorifier. CONTR. *chauffer, réchauffer.*

refroidi *adjectif* Qui est découragé. SYN. abattu, accablé, anéanti, découragé, dégoûté, démonté, démoralisé. - FAMILIER : écœuré. CONTR. *enthousiasmé.* - FAMILIER : *emballé.*

refroidir *verbe* Rendre froid. SYN. congeler, frigorifier, geler, glacer, rafraîchir, réfrigérer. CONTR. *brûler, chauffer, réchauffer.* ▪ Diminuer l'ardeur de. SYN. décourager, dégriser, désillusionner, éteindre, faire l'effet d'une douche froide, freiner, rebuter. - FAMILIER : doucher. CONTR. *aiguillonner, allumer, animer, aviver, échauffer, émouvoir, encourager, enhardir, exalter, fouetter, ranimer, rassurer, stimuler.*

– FAMILIER : *émotionner, émoustiller.* – LITTÉRAIRE : *enflammer.* ■ POPULAIRE. Tuer quelqu'un. SYN. abattre, assassiner, égorger, éliminer, envoyer ad patres, exécuter, massacrer, supprimer, tuer. – FAMILIER : faire passer le goût du pain, ôter le goût du pain, trucider. – LITTÉRAIRE : faire passer de vie à trépas, occire. – POPULAIRE : buter, descendre, faire la peau, flinguer, ratatiner, rectifier, zigouiller. – VIEUX : suriner.

refuge *nom masculin* Lieu où l'on se réfugie. SYN. abri, asile, retraite, sanctuaire. – LITTÉRAIRE : antre. ■ LITTÉRAIRE. Lieu tranquille. SYN. oasis, retraite. – LITTÉRAIRE : havre, port, réceptacle. ■ LITTÉRAIRE. Ce qui réconforte. SYN. protection, recours, remède, ressource, secours, soutien.

réfugier (se) *verbe pronominal* Se retirer en un lieu tranquille. SYN. s'abriter, émigrer, s'exiler, s'expatrier, se nicher, se retirer, se terrer.

refus *nom masculin* Action de refuser. SYN. barrage, contestation, fin de non-recevoir, inacceptation, négation, opposition, rébellion, rebuffade, rejet, veto. – LITTÉRAIRE : répudiation. CONTR. *acceptation, accord, acquiescement, adhésion, admission, agrément, approbation, assentiment, autorisation, consentement, ralliement.* – LITTÉRAIRE : *aveu.*

refusé *adjectif* Qui a échoué à un examen. SYN. ajourné. – FAMILIER : collé, recalé. CONTR. *admis, reçu.*

refuser *verbe* Ne pas accepter ce qui est offert. SYN. décliner, dédaigner, rejeter, repousser. CONTR. *accéder à, accepter, accueillir, agréer, s'attribuer, recevoir.* – LITTÉRAIRE : *s'arroger.* ■ Ne pas adhérer à. SYN. contester, rejeter. – LITTÉRAIRE : répudier. CONTR. *adhérer à, adopter, approuver, assumer, condescendre, endosser, se prêter à.* ■ Ne pas vouloir faire une chose. SYN. se défendre, se rebeller, se révolter. – FAMILIER : se rebiffer. CONTR. *demander, désirer, exiger, implorer, rechercher, vouloir.* ■ Ne pas permettre de. SYN. empêcher, interdire. CONTR. *accorder, acquiescer, autoriser, avouer, concéder, consentir, donner, octroyer.* ■ Ne pas reconnaître. SYN. dénier, nier, récuser. CONTR. *attribuer, conférer, reconnaître.* ■ Rejeter un candidat. SYN. ajourner, écarter, éliminer, refouler, renvoyer. – FAMILIER : blackbouler, étendre, recaler. CONTR. *admettre, choisir, prendre, retenir, sélectionner.*

refuser (se) *verbe pronominal* Ne pas se permettre. SYN. s'abstenir, se garder, s'interdire, se priver. CONTR. *s'accorder, s'autoriser, s'offrir, se permettre, prendre la liberté de.*

réfutable *adjectif* Qui peut être réfuté. SYN. contestable, discutable, douteux, niable, récusable. CONTR. *certain, inattaquable, incontestable, indéniable, indiscutable, indubitable, irrécusable, irréfutable.* – LITTÉRAIRE : *irréfragable.*

réfutation *nom féminin* Action de réfuter. SYN. contradiction, démenti, dénégation, déni, négation, objection. CONTR. *affirmation, assurance, attestation, confirmation.*

réfuter *verbe* Aller à l'encontre d'une idée. SYN. anéantir, combattre, contester, contredire, démentir, démolir, dénier, infirmer, nier, récuser, ruiner. CONTR. *acquiescer, adhérer, admettre, approuver, appuyer, confirmer, croire.*

regagner *verbe* Obtenir de nouveau. SYN. rattraper, reconquérir, recouvrer, récupérer, reprendre, retrouver. – FAMILIER : ravoir. CONTR. *perdre.* ■ Revenir dans un lieu. SYN. rallier, réintégrer, rejoindre, rentrer, retourner, revenir. CONTR. *s'en aller, partir.*

regain *nom masculin* Réapparition de quelque chose. SYN. intensification, recrudescence, renforcement, renouveau, reprise, réveil. CONTR. *accalmie, rémission, trêve.*

régal *nom masculin* Vif plaisir. SYN. bonheur, délice, enchantement, fête, joie, jouissance, ravissement, volupté. – LITTÉRAIRE : délectation, félicité.

régaler *verbe* FAMILIER. Offrir à boire ou à manger. SYN. inviter, offrir, payer, traiter. ■ Offrir un vif plaisir à. SYN. charmer, délecter, émerveiller, enchanter, enivrer. – LITTÉRAIRE : transporter.

régaler (se) *verbe pronominal* Avoir plaisir à manger ou à boire. SYN. banqueter, déguster, festoyer, s'en lécher les babines, mettre les petits plats dans les grands. – FAMILIER : faire bombance, ripailler. – LITTÉRAIRE : faire bonne chère. – POPULAIRE : gueuletonner, se taper la cloche. ■ Éprouver un vif plaisir. SYN. être au septième ciel, faire ses choux gras de, goûter, s'en lécher les babines, se réjouir de, savourer. – FAMILIER : se gargariser. – LITTÉRAIRE : déguster, se délecter. – POPULAIRE : prendre son pied.

regard *nom masculin* Action de regarder. SYN. coup d'œil, œillade, vue, yeux. – FAMILIER : œil.

regardant *adjectif* Qui regarde à la dépense. SYN. avare, économe, mesquin, parcimonieux, thésauriseur. – FAMILIER : chiche, chien, pingre, radin, rapiat, rat. – LITTÉRAIRE : avaricieux, ladre, lésineur. CONTR. *dépensier, désintéressé, dilapidateur, gaspilleur, généreux, insouciant, large, prodigue.* – LITTÉRAIRE : *dissipateur.* ■ Qui apporte de grands soins à. SYN. attentif, méticuleux, minutieux, scrupuleux, serré, soigneux, tatillon, vigilant. – LITTÉRAIRE : vétilleux. CONTR. *négligent.*

regarder *verbe transitif* Porter le regard vers. SYN. braquer les yeux sur, caresser des yeux, caresser du regard, contempler, couver des yeux, dévisager, examiner, fixer, inspecter, lorgner, manger des yeux, observer, parcourir, scruter, toiser, voir. – FAMILIER : jeter un œil, ne pas avoir les yeux dans sa poche, reluquer, viser. – POPULAIRE : zieuter, zyeuter. ■ Examiner avec attention. SYN. analyser, considérer, envisager, étudier, examiner, inventorier, peser, rechercher. ■ Considérer de telle manière. SYN. estimer, juger, prendre, présumer, traiter comme. ■ Être du ressort de quelqu'un. SYN. s'adresser, avoir rapport à, avoir trait à, concerner, intéresser, se rapporter, toucher, viser. – LITTÉRAIRE : ressortir.

regarder *verbe transitif indirect* Porter un intérêt majeur à. SYN. s'inquiéter de, penser à, se préoccuper de, se soucier de, tenir compte de. ■ Être parcimonieux. SYN. compter, économiser, lésiner sur, rogner. – ARGOTIQUE : avoir des oursins dans les poches, avoir un cactus dans le portefeuille, être constipé du morlingue. – FAMILIER : avoir les doigts crochus, gratter, les lâcher au compte-gouttes. – POPULAIRE : les lâcher avec un élastique, mégoter, ne pas attacher son chien avec des saucisses.

régénération *nom féminin* LITTÉRAIRE. Renouvellement moral. SYN. assainissement, purification, reconstitution, renouveau, réparation, restauration, rétablissement. – LITTÉRAIRE : renaissance, résurrection. CONTR. *avachissement, dégradation.* – LITTÉRAIRE : *aveulissement, dégénérescence.*

régénérer *verbe* LITTÉRAIRE. Redonner de la vigueur. SYN. améliorer, assainir, refaire, réformer, relever, renouveler, rénover, revitaliser. – LITTÉRAIRE : amender. CONTR. *avilir, dégrader, détériorer.* – FAMILIER : *ramollir.* – LITTÉRAIRE : *abâtardir, aveulir.*

régenter *verbe* Diriger avec autorité. SYN. administrer, avoir la haute main sur, avoir tous pouvoirs sur, commander, conduire, diriger, dominer, faire la pluie et le beau temps, gérer, gouverner, mener, mener le bal, mener le jeu, mettre au pas, régir, régner sur, tyranniser. – FAMILIER : faire la loi, mener à la baguette, mener la danse. – VIEUX : manier. CONTR. *obéir, suivre.*

regimber *verbe* LITTÉRAIRE. Se montrer récalcitrant. SYN. se cabrer, se dresser contre, se faire tirer l'oreille, s'insurger, s'opposer, protester, réagir, se rebeller, se récrier, récriminer, résister, se révolter, tenir tête. – FAMILIER : montrer les dents, se rebiffer, ruer dans les brancards. CONTR. *céder, obéir, plier, se plier, se soumettre.*

régime *nom masculin* Système politique. SYN. constitution, État, gouvernement, institutions, pouvoir, système.

régiment *nom masculin* FAMILIER. Grand nombre de personnes. SYN. armée, bande, bataillon, flot, foule, horde, kyrielle, légion, masse, meute, multitude, myriade, nuée, pléiade, tas, troupe, troupeau. – FAMILIER : armada, cohorte, flopée, foultitude, peuple, ribambelle, tapée, tripotée. – LITTÉRAIRE : essaim, fourmilière. CONTR. *poignée, quarteron.*

région *nom féminin* Étendue de pays. SYN. coin, contrée, endroit, espace, lieu, pays, terre. ■ LITTÉRAIRE. Secteur propre à une activité. SYN. cercle, champ, domaine, orbite, sphère, zone.

régir *verbe* Gouverner quelque chose. SYN. commander, diriger, dominer, gouverner, piloter, régenter. CONTR. *obéir, se soumettre.* ■ Déterminer l'organisation de. SYN. administrer, conduire, gérer, gouverner, mener, orienter, présider à.

régisseur *nom masculin* Personne qui gère un domaine. SYN. administrateur, gérant, intendant, moteur, ordonnateur, organisateur.

registre *nom masculin* Livre où l'on inscrit des faits. SYN. cahier, catalogue, journal, livre, matricule, répertoire.

règle *nom féminin* Prescription morale. SYN. convention, doctrine, dogme, habitude, ligne, loi, maxime, norme, obligation, précepte, principe, système, usage. ■ ***En règle générale,*** dans la plupart des cas. SYN. communément, couramment, généralement, en général, globalement, d'habitude, habituellement, d'ordinaire, ordinairement, la plupart du temps, souvent, traditionnellement, usuellement. CONTR. *exceptionnellement, rarement.*

réglé *adjectif* Soumis à une discipline. SYN. discipliné, méthodique, ordonné, rangé, régulier, sage, uniforme. CONTR. *bohème, capricieux, changeant, fantaisiste.* – LITTÉRAIRE : *dissolu.* ■ Déterminé à l'avance. SYN. arrêté, déterminé, entendu, fixe, fixé, précisé, résolu, systématique. CONTR. *anarchique, chaotique, désordonné, imprévu, inattendu, inopiné, libre.* ■ Se dit d'un mécanisme en état. SYN. ajusté, exact. CONTR. *déréglé, détraqué.* – FAMILIER : *déglingué.*

règlement *nom masculin* Action de régler. SYN. arbitrage, arrangement, conclusion, dénouement, fin, issue, résolution, solution. – LITTÉRAIRE : terminaison. ■ Action de décider. SYN. arrêt, arrêté, décision, décret, ordonnance. ■ Ensemble de règles. SYN. discipline, norme, réglementation, règlementation, statuts. ■ Action de payer une dette. SYN. acquittement, paiement, payement, versement.

réglementaire *adjectif* Conforme au règlement. SYN. autorisé, légal, licite, permis, régulier, valide. – FAMILIER : jugulaire-jugulaire. CONTR. *frauduleux, illégal.*

réglementairement *adverbe* Conformément au règlement. SYN. légalement, licitement, régulièrement. CONTR. *frauduleusement, illégalement, illicitement.*

réglementation *nom féminin* Ensemble de mesures. SYN. discipline, norme, règlement, statuts.

réglementer *verbe* Soumettre à un règlement. SYN. codifier, contingenter, fixer, normaliser, systématiser.

régler *verbe* Fixer dans les détails. SYN. aménager, arrêter, concerter, décider, établir, ménager, mettre au point, mettre sur pied, mitonner, orchestrer, ordonner, organiser, planifier, préparer. ■ Trouver une solution. SYN. arbitrer, arranger, conclure, dénouer, juger, résoudre, solutionner, terminer, trancher. ■ LITTÉRAIRE. Maîtriser ses sentiments. SYN. discipliner, dominer, maîtriser, mesurer, modérer. – LITTÉRAIRE : commander, dompter, tempérer. ■ Payer ce qu'on doit. SYN. acquitter, s'acquitter, débourser, décaisser, dépenser, financer, payer, rémunérer, rétribuer, verser. – FAMILIER : cracher, se fendre, mettre la main à la poche. – POPULAIRE : les aligner, les allonger, casquer, cracher au bassinet, douiller, les lâcher, raquer. ■ Préparer à fonctionner. SYN. ajuster, doser. CONTR. *dérégler, détraquer.* – FAMILIER : *déglinguer.*

régler (se) *verbe pronominal* Se conformer à quelque chose. SYN. s'aligner, se façonner, imiter, s'inspirer, se modeler, prendre pour modèle, suivre. – LITTÉRAIRE : se mouler.

règles *nom féminin pluriel* Écoulement sanguin périodique chez la femme. SYN. menstruation. – VIEUX : menstrues.

régnant *adjectif* Qui l'emporte. SYN. dominant, majeur, majoritaire, prédominant, prééminent, prépondérant, primordial, principal.

règne *nom masculin* Fait d'exercer un pouvoir. SYN. ascendant, coupe, empire, emprise, influence, pouvoir, prédominance, prééminence, prépondérance, prestige, primauté, puissance.

régner *verbe* Exercer son pouvoir sur. SYN. diriger, dominer, gouverner, mener, régenter. ■ Être bien établi. SYN. exister, prédominer, prévaloir, primer, triompher.

régolite *nom masculin* Roche due à l'altération d'une autre. SYN. altérite.

regonfler *verbe* Redonner courage. SYN. donner du cœur au ventre, réconforter, remettre, remonter, revigorer, stimuler, tonifier. – FAMILIER : ragaillardir, ravigoter, requinquer. CONTR. *abattre, accabler, affaiblir, anéantir, atterrer, débiliter, décourager, démonter, démoraliser.* – FAMILIER : *ramollir.*

regorger *verbe* Avoir en surabondance. SYN. abonder en, déborder de, être plein de, foisonner de, fourmiller, grouiller de, pulluler. – VIEUX : surabonder en. CONTR. *manquer de.*

régresser *verbe* Disparaître peu à peu. SYN. baisser, décroître, diminuer, reculer, refluer. CONTR. *augmenter, avancer, s'avancer, gagner, grandir, s'intensifier, monter, progresser.* ■ Cesser de progresser. SYN. s'atrophier, décliner, dégénérer, dépérir, rétrograder. CONTR. *croître, se développer, s'épanouir, prospérer.* – LITTÉRAIRE : *fleurir.*

régression *nom féminin* Évolution négative. SYN. abaissement, baisse, déclin, décroissance, diminution, ralentissement, récession, recul, rétrogradation. CONTR. *amélioration, avance, développement, expansion, extension, marche, progrès, progression.*

regret *nom masculin* Vif remords. SYN. nostalgie, remords, repentir. – LITTÉRAIRE : contrition, repentance. CONTR. *consolation.* ■ Fait d'être contrarié. SYN. chagrin, contrariété, déception, déplaisir, mécontentement, peine. CONTR. *contentement, plaisir, satisfaction.*

regrettable *adjectif* Qui mérite d'être regretté. SYN. affligeant, déplorable, détestable, ennuyeux, fâcheux, malencontreux, malheureux, navrant, pénible. – FAMILIER : saumâtre. CONTR. *bienfaisant, fructueux, profitable, salutaire.*

regretter *verbe* Ressentir la disparition de. SYN. pleurer sur. – LITTÉRAIRE : déplorer. ■ Se reprocher quelque chose. SYN. déplorer, être navré, se reprocher, s'en vouloir. – FAMILIER : se mordre les doigts. – LITTÉRAIRE : battre sa coulpe. CONTR. *se féliciter, se louer, se réjouir.* – LITTÉRAIRE : *être bien aise de, être fort aise de.*

regroupement *nom masculin* Action de regrouper. SYN. concentration, groupement, ralliement, rassemblement, réunion. CONTR. *débandade, dégroupement, dispersion, dissémination, disséminement, éparpillement.*

regrouper *verbe* Mettre ensemble. SYN. concentrer, grouper, masser, mobiliser, rallier, rassembler, réunir. CONTR. *dégrouper, disséminer, morceler.*

regrouper (se) *verbe pronominal* Se mettre ensemble. SYN. s'assembler, s'attrouper, se fédérer, se rassembler, se réunir, s'unir. CONTR. *se débander, se disperser.*

régularité *nom féminin* Caractère légal. SYN. légalité. CONTR. *anomalie, illégalité, irrégularité.* ■ Caractère harmonieux. SYN. harmonie, homogénéité, symétrie. CONTR. *asymétrie, bizarrerie, dissymétrie.* ■ Caractère régulier. SYN. cadence, continuité, égalité, rythme, uniformité. CONTR. *changement, inégalité, intermittence, irrégularité, variabilité.* – LITTÉRAIRE : *discontinuité.* ■ Caractère assidu. SYN. assiduité, constance, exactitude, ponctualité.

régulier *adjectif* Conforme à la légalité. SYN. autorisé, légal, licite, réglementaire. CONTR. *frauduleux, illégal, illégitime, illicite.* ■ FAMILIER. Qui respecte les usages. SYN. correct, droit, fair-play, honnête, irréprochable, loyal, de parole. – POPULAIRE : réglo. CONTR. *déloyal, malhonnête.* ■ Qui respecte les conventions. SYN. convenable, moral, normal, ordonné, rangé, réglé. CONTR. *débauché, déréglé, désordonné, dévergondé.* – LITTÉRAIRE : *dissolu.* ■ Qui a un rythme égal. SYN. cadencé, constant, continu, égal, fixe, ininterrompu, invariable, mesuré, rythmé, suivi, uniforme. CONTR. *bizarre, capricieux, discontinu, entrecoupé, exceptionnel, fantaisiste, heurté, intermittent, irrégulier, occasionnel, rare, unique, variable.* – LITTÉRAIRE : *capricant.* ■ Qui a de l'harmonie. SYN. géométrique, harmonieux, symétrique. CONTR. *asymétrique, biscornu, difforme, dissymétrique.* ■ Qui montre de l'assiduité. SYN. assidu, constant, ponctuel, précis, réglé comme du papier à musique, réglé comme un métronome, réglé comme une horloge. CONTR. *changeant, inégal, instable.*

régulièrement *adverbe* À des moments fixes. SYN. assidûment, constamment, exactement, fidèlement, habituellement, immanquablement, périodiquement, ponctuellement, systématiquement. CONTR. *par accès, par à-coups, alternativement, épisodiquement, par intermittence, par intervalles, irrégulièrement, par moments, occasionnellement, parfois, quelquefois, sporadiquement, de temps à autre, de temps en temps.* – LITTÉRAIRE : *par occasion.* ■ Conformément à la légalité. SYN. dans les formes, dans les règles, légalement, licitement, réglementairement. – FAMILIER : à la loyale. CONTR. *frauduleusement, illégalement, illégitimement, illicitement, indûment.* ■ D'une manière uniforme. SYN. normalement, uniformément. – LITTÉRAIRE : uniment. CONTR. *inégalement, irrégulièrement, variablement.*

régur *nom masculin* Sol fertile des climats chauds. SYN. vertisol.

réhabiliter *verbe* Faire recouvrer l'estime d'autrui à. SYN. blanchir, décharger, disculper, innocenter, laver, rehausser, relever, revaloriser. CONTR. *accuser, avilir, condamner.*

rehaussement *nom masculin* Action de surélever. SYN. surélévation, surhaussement. CONTR. *abaissement, rapetissement.*

rehausser *verbe* Accroître une hauteur. SYN. élever, hausser, monter, relever, remonter, surélever, surhausser. CONTR. *abaisser, baisser, descendre, surbaisser.* – LITTÉRAIRE : *rabaisser.* ■ Donner plus d'importance. SYN. ennoblir, faire ressortir, faire valoir, glorifier, grandir, ranimer, redresser, réhabiliter, revaloriser. – LITTÉRAIRE : illustrer. CONTR. *anéantir, déconsidérer, déprécier, détruire, dévaloriser, discréditer, ruiner.* – LITTÉRAIRE : *rabaisser, rabattre.* ■ Mettre en relief. SYN. agrémenter, embellir, enrichir. – LITTÉRAIRE : relever. CONTR. *affaiblir, atténuer, diminuer, éteindre, ternir.*

réification *nom féminin* Transformation d'un concept en réalité. SYN. chosification.

réifier *verbe* Opérer une réification. SYN. chosifier.

réincarnation *nom féminin* Passage de l'âme dans un autre corps après la mort. SYN. métempsycose, transmigration.

reine *nom féminin* Femme qui excelle en. SYN. génie. – FAMILIER : as, championne, crack. – LITTÉRAIRE : lumière. ■ Figure du jeu d'échecs ou du jeu de cartes. SYN. dame.

reins *nom masculin pluriel* Parties du corps de chaque côté de la colonne vertébrale. SYN. lombes. ■ ***Tour de reins,*** douleur dans le bas du dos. SYN. lumbago.

réintégrer *verbe* Revenir dans un lieu. SYN. regagner, rejoindre, rentrer, retourner, revenir. CONTR. *ressortir, sortir.*

réitération *adjectif* LITTÉRAIRE. Action de réitérer. SYN. fréquence, recommencement, redoublement, renouvellement, répétition, reproduction, retour.

réitéré *adjectif* Fait de nouveau. SYN. fréquent, perpétuel, récurrent, répété.

réitérer *verbe* Faire de nouveau. SYN. récidiver, recommencer, rééditer, refaire, renouveler, répéter, reproduire. ■ Dire de nouveau. SYN. redire, répéter.

rejaillir *verbe* Jaillir brusquement sur. SYN. couler, fuser, gicler, jaillir. ■ Atteindre quelqu'un en retour. SYN. rebondir, se répercuter, retomber, ricocher.

rejet *nom masculin* Fait de rejeter. SYN. abandon, élimination, expulsion, négation, opposition, refus, veto. – FAMILIER : bannissement, enterrement de première classe. – LITTÉRAIRE : répudiation. CONTR. *acceptation, accord, adhésion, admission, adoption, approbation, assentiment, assimilation, ralliement.*

rejeter *verbe* Envoyer à une certaine distance. SYN. éjecter, lancer, relancer, renvoyer. ■ Ne pas admettre quelqu'un. SYN. bannir, chasser, congédier, éliminer, éloigner, évacuer, exclure, expulser, mettre à l'index, mettre au ban, refouler, renvoyer. – FAMILIER : balayer, éjecter. – LITTÉRAIRE : proscrire. – POPULAIRE : balancer. CONTR. *accepter, accueillir, admettre, adopter, agréger, recevoir, sélectionner.* ■ Expulser de l'organisme. SYN. évacuer, expulser, rendre, restituer. CONTR. *absorber, assimiler, boire, digérer, garder.* ■ Repousser une idée. SYN. balayer, contrer, décliner, dédaigner, nier, s'opposer, récuser, refuser, repousser. – LITTÉRAIRE : répudier. CONTR. *accéder, accepter, adhérer, admettre, adopter, agréer, approuver, concéder, recevoir.* ■ Attribuer la responsabilité de. SYN. se décharger de, déplacer, ramener, reporter. CONTR. *assumer, se charger de, endosser.*

rejeter (se) *verbe pronominal* LITTÉRAIRE. Reporter son attention sur. SYN. se rabattre sur, se tourner vers.

rejeton *nom masculin* FAMILIER. Garçon ou fille de quelqu'un. SYN. descendant, enfant. – FAMILIER : héritier, progéniture.

rejoindre *verbe* Arriver à la hauteur de quelqu'un. SYN. atteindre, rattraper, rencontrer, retrouver. CONTR. *dépasser, distancer, doubler.* – FAMILIER : *semer.* ■ Gagner un lieu. SYN. arriver, gagner, rallier, regagner, réintégrer, rentrer, retourner à.

rejoindre (se) *verbe* Aboutir au même point. SYN. converger, se rencontrer, se retrouver. CONTR. *bifurquer, se séparer.* – VIEUX : *fourcher.*

réjoui *adjectif* Qui exprime la joie. SYN. allègre, content, enjoué, épanoui, gai, guilleret, heureux, jovial, joyeux, radieux, ravi, riant, rieur, satisfait, souriant. CONTR. *affligé, boudeur, désolé, larmoyant, malheureux, maussade, morne, morose, sombre, soucieux, triste.* – LITTÉRAIRE : *chagrin.*

réjouir *verbe* Mettre en joie. SYN. amuser, charmer, combler, dérider, divertir, égayer, enchanter, épanouir, faire plaisir, ravir. – LITTÉRAIRE : délecter, récréer. CONTR. *affliger, atterrer, attrister, chagriner, consterner, contrarier, décevoir, déchirer, désoler, mécontenter, navrer, peiner.* – FAMILIER : *bassiner.* – LITTÉRAIRE : *rembrunir.*

réjouir (se) *verbe pronominal* Éprouver du plaisir. SYN. s'applaudir, boire du petit-lait, exulter, se faire une fête de, se féliciter, se frotter les mains, jubiler, se louer. – LITTÉRAIRE : se délecter, être bien aise de, être fort aise de. CONTR. *s'affliger, s'attrister, déplorer, se désespérer, se désoler, se lamenter, maugréer, regretter, vouloir (s'en).*

réjouissance *nom féminin* Sentiment de joie. SYN. allégresse, contentement, gaieté, joie, jubilation. – LITTÉRAIRE : égaiement, égayement, félicité, liesse. CONTR. *affliction, chagrin, peine, tristesse.*

réjouissances *nom féminin pluriel* Fête qui célèbre un événement. SYN. amusement, attraction, distraction, divertissement, festivités, fête.

réjouissant *adjectif* Qui réjouit. SYN. amusant, divertissant, drôle, égayant, gai, plaisant, récréatif. CONTR. *affligeant, atterrant, attristant, chagrinant, déchirant, déplaisant, désagréable, désolant, navrant.* – FAMILIER : *assommant, barbant, cafardeux.*

relâche *nom féminin* Lieu d'une côte où l'on séjourne. SYN. abri, escale, port, retraite. – LITTÉRAIRE : havre.

relâche *nom féminin* LITTÉRAIRE. Interruption d'une activité. SYN. accalmie, coupure, détente, intermission, interruption, pause, récréation, rémission, répit, repos, trêve. – LITTÉRAIRE : halte. ■ ***Sans relâche,*** sans arrêt. SYN. constamment, continuellement, éternellement, immuablement, indéfiniment, invariablement, à longueur de temps, en permanence, perpétuellement, sans arrêt, sans cesse, sans discontinuer, sans intermission, sans interruption, sans répit, sans trêve, toujours, à tout bout de champ, à tout instant, tout le temps, à tout propos. – LITTÉRAIRE : continûment, sempiternellement. CONTR. *par accès, alternativement, épisodiquement, exceptionnellement, par instants, par intermittence, par intervalles, irrégulièrement, momentanément, occasionnellement, parfois, provisoirement, quelquefois, rarement, sporadiquement, temporairement, de temps à autre, de temps en temps, variablement.* – LITTÉRAIRE : *transitoirement.*

relâché *adjectif* Qui manque de rigueur. SYN. décontracté, souple. CONTR. *rigide, rigoureux, sévère, strict.* – LITTÉRAIRE : *raide.* ■ Qui n'est pas soigné. SYN. négligé. CONTR. *fignolé, soigné.* – LITTÉRAIRE : *châtié.* – VIEUX : *perlé.*

relâchement *nom masculin* Diminution de tension. SYN. distension, élargissement, laxité, ramollissement. CONTR. *compression, contraction, rigidité, tension.* ■ Ralentissement d'activité. SYN. affaiblissement, amollissement. CONTR. *application, ardeur, assiduité, renforcement.* ■ Laisser-aller dans la conduite. SYN. abandon, décadence, incurie, laisser-aller, laxisme, négligence. – LITTÉRAIRE : inapplication. CONTR. *austérité, rigidité, rigorisme, rigueur.*

relâcher *verbe* Rendre plus lâche. SYN. décontracter, desserrer, détendre, lâcher. CONTR. *bander, contracter, étreindre, presser, raidir, serrer, tendre.* ■ Rendre moins intense. SYN. affaiblir, assouplir, atténuer, diminuer. CONTR. *accentuer,* *accroître, augmenter, concentrer, durcir, intensifier, redoubler, renforcer.* ■ Remettre en liberté. **SYN.** délivrer, élargir, libérer, relaxer. **CONTR.** *appréhender, arrêter, attraper, cadenasser, capturer, détenir, écrouer, s'emparer, incarcérer, interner, prendre.* – FAMILIER : *choper, coffrer, cueillir, épingler, ramasser.*

relâcher (se) *verbe pronominal* Se montrer moins appliqué. **SYN.** chanceler, s'endormir, faiblir, fléchir, mollir. **CONTR.** *s'appliquer.* ■ Être moins soigné. **SYN.** se laisser aller, se négliger, s'oublier.

relancer *verbe* Lancer de nouveau. **SYN.** rejeter, renvoyer. ■ Solliciter de nouveau quelqu'un. **SYN.** assaillir, assiéger, harceler, poursuivre, talonner. – LITTÉRAIRE : obséder.

relater *verbe* Raconter en détail. **SYN.** consigner, conter, dévoiler, dire, exposer, mentionner, montrer, raconter, rapporter, remémorer, rendre compte, répéter, retracer, tracer. – FAMILIER : faire la gazette. – LITTÉRAIRE : narrer.

relatif *adjectif* Qui est imparfait. **SYN.** approximatif, borné, insuffisant, limité, partiel, rudimentaire, sommaire. **CONTR.** *absolu, complet, entier, excellent, idéal, illimité, parfait, total.*

relation *nom féminin* Fait de relater. **SYN.** communication, compte-rendu, exposé, exposition, histoire, historique, mémoire, narration, rapport, récit, témoignage, version. ■ Lien d'interaction. **SYN.** accointance, connexion, contact, corrélation, correspondance, dépendance, liaison, lien, rapport. – LITTÉRAIRE : connexité. ■ Personne qu'on connaît. **SYN.** connaissance, contact, fréquentation. **CONTR.** *inconnu.*

relativement à *locution prépositive* Proportionnellement à quelque chose. **SYN.** auprès de, en comparaison de, comparé à, à côté de, eu égard à, en fonction de, à l'instar de, non loin de, en parallèle, près de, en proportion de, par rapport à, en regard de, vis-à-vis de. ■ Au sujet de quelque chose. **SYN.** concernant, à l'égard de, pour, à propos de, quant à, touchant.

relax *adjectif* FAMILIER. Qui est à son aise. **SYN.** décontracté, détendu, tranquille. – FAMILIER : cool. – POPULAIRE : peinard, pénard.

relaxation *nom féminin* Fait de se relaxer. **SYN.** délassement, détente, repos.

relaxe *adjectif* FAMILIER. Qui est à son aise. **SYN.** décontracté, détendu, tranquille. – FAMILIER : cool. – POPULAIRE : peinard, pénard.

relaxer *verbe transitif* Juger un prévenu non coupable. **SYN.** délivrer, élargir, libérer, relâcher. **CONTR.** *appréhender, arrêter, attraper, cadenasser, capturer, détenir, écrouer, s'emparer, incarcérer, interner, prendre.* – FAMILIER : *choper, coffrer, cueillir, épingler, ramasser.*

relaxer *verbe transitif* Détendre quelqu'un. **SYN.** décontracter, délasser, détendre. **CONTR.** *contracter, crisper, tendre.*

relaxer (se) *verbe pronominal* Détendre ses muscles. **SYN.** se décontracter, se délasser, se détendre, se reposer. **CONTR.** *se contracter, se crisper, se raidir.*

relayer *verbe* Prendre la relève de quelqu'un. **SYN.** prendre le relais, relever, remplacer, se substituer à, succéder, suppléer.

relayer (se) *verbe pronominal* Se remplacer les uns les autres. **SYN.** alterner, se succéder.

relégation *nom féminin* Expulsion à l'étranger. **SYN.** bannissement, déportation, exil, expatriation, expulsion, proscription. **CONTR.** *rappel.*

reléguer *verbe* Expulser à l'étranger. **SYN.** bannir, exiler, expatrier, expulser, refouler. **CONTR.** *rappeler.* ■ Mettre à l'écart. **SYN.** cantonner, confiner, remiser.

relent *nom masculin* LITTÉRAIRE. Ce qui reste chez quelqu'un. **SYN.** reste, souvenir. – LITTÉRAIRE : goût, trace, vestige. ■ Odeur qui persiste. **SYN.** miasme, odeur. – LITTÉRAIRE : remugle, senteur.

relevé *adjectif* Tourné vers le haut. **SYN.** dressé, haut, levé, retroussé. **CONTR.** *aplati, baissé, écrasé, rabattu.* ■ LITTÉRAIRE. Qui se distingue. **SYN.** distingué, élevé, noble, soutenu, supérieur. – LITTÉRAIRE : suréminent. **CONTR.** *abject, bas, commun, ignoble, insignifiant, méprisable, ordinaire, vulgaire.* – LITTÉRAIRE : *vil.* ■ Très assaisonné. **SYN.** assaisonné, épicé, fort, pimenté. **CONTR.** *douceâtre, doux, fadasse, fade, insipide.*

relevé *nom masculin* Action de relever par écrit. **SYN.** compte, enregistrement, état, inventaire, liste, note.

relèvement *nom masculin* Action de remettre debout. **SYN.** reconstruction, réfection, restauration. – LITTÉRAIRE : réédification. **CONTR.** *démantèlement, démolition, écroulement, effondrement, renversement.* ■ Action de rétablir une situation. **SYN.** assainissement, redressement, restauration, rétablissement. **CONTR.** *crise, débâcle, dégradation, déroute, effondrement, marasme, récession, ruine.* – LITTÉRAIRE : *dégénérescence.* ■ Action d'augmenter un prix. **SYN.** augmentation, élévation, hausse, majoration, revalorisation. **CONTR.** *abaissement, baisse, chute, dépréciation, dévalorisation, dévaluation, diminution, réduction.*

relever *verbe transitif* Remettre quelqu'un debout. **SYN.** redresser. **CONTR.** *culbuter, étendre, faucher, renverser, terrasser.* – VIEUX : *verser.*

■ Remettre en état. SYN. ériger, rebâtir, reconstruire, remonter, réparer, restaurer. – LITTÉRAIRE : réédifier. CONTR. *abattre, démanteler, démolir, raser.* ■ Amener à une meilleure position. SYN. reconstituer, rétablir, revaloriser. – LITTÉRAIRE : régénérer. CONTR. *affaiblir, avilir.* ■ Porter plus haut. SYN. dresser, élever, hausser, lever, redresser, rehausser, remonter, retrousser, soulever, surélever, surhausser. CONTR. *abaisser, baisser, courber, descendre, incliner, pencher, plier, rabattre, surbaisser.* – LITTÉRAIRE : *ployer.* ■ Accroître la valeur de. SYN. augmenter, hausser, majorer. CONTR. *dévaloriser, dévaluer, diminuer, réduire.* ■ Donner un goût plus fort. SYN. assaisonner, épicer, pimenter. CONTR. *affadir, édulcorer.* ■ LITTÉRAIRE. Mettre en valeur. SYN. agrémenter, exalter, orner, rehausser. – LITTÉRAIRE : illustrer, parer. ■ Remarquer quelque chose. SYN. constater, découvrir, mentionner, noter, observer, souligner. CONTR. *laisser passer, négliger, omettre, oublier, passer sous silence.* ■ Mettre par écrit. SYN. consigner, copier, enregistrer, inscrire, marquer, recopier, recueillir. ■ Priver de son poste. SYN. destituer, licencier, limoger, révoquer. – FAMILIER : sabrer. – POPULAIRE : sacquer, saquer. ■ Libérer d'une tâche. SYN. dégager, délier, exempter, relayer, remplacer. CONTR. *contraindre, forcer, obliger.* – LITTÉRAIRE : *astreindre.*

relever *verbe transitif indirect* Être de la compétence de. SYN. appartenir, concerner, être dans les cordes de, être du domaine de, être du ressort de. ■ S'expliquer par. SYN. être le fait de, participer à, procéder de, tenir de. – LITTÉRAIRE : ressortir à. ■ Être sous l'autorité de. SYN. appartenir, dépendre de, reposer, revenir.

relever (se) *verbe pronominal* Se remettre debout. SYN. se lever, se redresser. CONTR. *s'affaisser, s'affaler, s'effondrer.* ■ Sortir d'une situation pénible. SYN. renaître, se reprendre, se ressaisir, se rétablir. – LITTÉRAIRE : ressusciter. CONTR. *s'affaiblir, s'avachir, s'avilir, baisser, décliner, décroître, dépérir.*

relief *nom masculin* Ce qui est mis en évidence. SYN. caractère, couleur, force, pittoresque.

reliefs *nom masculin pluriel* LITTÉRAIRE. Restes de nourriture. SYN. bribes, restes. – FAMILIER : rogatons. – VIEUX : arlequins, gringuenaude.

relier *verbe* Lier ensemble. SYN. accoler, assembler, attacher, joindre, lier, raccorder, rattacher, réunir. CONTR. *détacher, disjoindre, isoler, séparer.* ■ Établir un lien entre. SYN. associer, enchaîner, rapporter, rattacher, unir.

religieuse *nom féminin* Femme entrée en religion. SYN. sœur. – FAMILIER : bonne sœur. – VIEUX : nonne.

religieusement *adverbe* Dans le respect d'une religion. SYN. mystiquement, pieusement. – LITTÉRAIRE : dévotement. ■ D'une manière scrupuleuse. SYN. consciencieusement, exactement, fidèlement, minutieusement, rigoureusement, scrupuleusement, soigneusement, strictement.

religieux *adjectif* Qui appartient à un ordre. SYN. claustral, conventuel, ecclésiastique, monacal, monastique. CONTR. *civil, laïc, laïque.* ■ Qui fait preuve de piété. SYN. croyant, dévot, mystique, pieux, pratiquant. CONTR. *agnostique, athée, incroyant, irréligieux, païen, profane, sceptique.* – LITTÉRAIRE : *impie.*

religion *nom féminin* Ensemble de croyances religieuses. SYN. confession, culte, Église. – LITTÉRAIRE : communion. ■ Adhésion à une doctrine religieuse. SYN. dévotion, foi, mysticisme, piété, spiritualité. CONTR. *agnosticisme, athéisme, incrédulité, incroyance, irréligion, scepticisme.* ■ LITTÉRAIRE. Engouement pour une activité. SYN. adoration, culte, passion. – LITTÉRAIRE : dévotion, idolâtrie.

reliquaire *nom masculin* Coffre précieux. SYN. châsse.

reliquat *nom masculin* LITTÉRAIRE. Ce qui reste. SYN. excédent, résidu, restant, reste, surcroît, surplus. – LITTÉRAIRE : vestige.

reluire *verbe* Briller en ayant des reflets. SYN. briller, chatoyer, étinceler, luire, scintiller. – LITTÉRAIRE : flamber, flamboyer, fulgurer, resplendir.

reluisant *adjectif* Qui reluit. SYN. brillant, chatoyant, éblouissant, éclatant, étincelant, luisant, rutilant, scintillant. – LITTÉRAIRE : flamboyant, fulgurant.

reluquer *verbe* FAMILIER. Regarder avec curiosité. SYN. dévisager, fixer, lorgner, observer, regarder, scruter. – FAMILIER : guigner. – POPULAIRE : bigler, zieuter, zyeuter. ■ FAMILIER. Considérer avec envie. SYN. ambitionner, convoiter, désirer, envier, jalouser, lorgner. – FAMILIER : guigner, loucher sur. – POPULAIRE : bigler sur. CONTR. *dédaigner, faire fi de, mépriser.*

remâcher *verbe* Revenir sans cesse à une idée. SYN. repasser, repenser, retourner, revenir sur, ruminer. – LITTÉRAIRE : ressasser. CONTR. *enterrer, oublier.*

remaniement *nom masculin* Action de remanier. SYN. changement, correction, modification, rectification, retouche, révision, transformation.

remanier *verbe* Apporter des modifications à. SYN. changer, corriger, modifier, recomposer, rectifier, réformer, reprendre, retoucher, revenir sur, réviser, revoir, transformer.

remarquable *adjectif* Susceptible d'attirer l'attention. SYN. étonnant, étourdissant, extraordinaire, important, intéressant, marquant, marqué, mémorable, notable, prestigieux, saillant, saisissant, singulier, spectaculaire, surprenant. – FAMILIER : magistral, un(e) drôle de. CONTR. *banal, commun, falot, insignifiant, ordinaire, quelconque, vulgaire.* ■ Qui se distingue par ses qualités. SYN. beau, bon, brillant, éblouissant, d'élite, émérite, éminent, étincelant, excellent, d'exception, exceptionnel, exemplaire, extra, extraordinaire, grand, hors classe, hors du commun, hors ligne, hors série, incomparable, insigne, magistral, magnifique, de la plus belle eau, de premier ordre, prestigieux, sans précédent, suffocant, superbe, transcendant. – FAMILIER : décoratif, épatant, reluisant, sensationnel, super. – LITTÉRAIRE : distingué, nonpareil, signalé. – POPULAIRE : au poil. CONTR. *lamentable, minable, nul, piètre, piteux.* – FAMILIER : *déplorable, limité.*

remarquablement *adverbe* De façon remarquable. SYN. admirablement, bien, étonnamment, exceptionnellement, extraordinairement, incomparablement, incroyablement, notablement, prodigieusement, supérieurement. – FAMILIER : épatamment. – LITTÉRAIRE : excellemment.

remarque *nom féminin* Observation critique. SYN. commentaire, critique, observation, réflexion, remontrance, reproche. ■ Opinion personnelle. SYN. considération, constatation, notation, objection, observation, pensée, réflexion. ■ Note destinée au lecteur. SYN. annotation, commentaire, glose, note, scholie, scolie.

remarquer *verbe* Prendre conscience de. SYN. s'apercevoir, s'aviser, constater, discerner, noter, observer, prendre acte, saisir, sentir, voir. – LITTÉRAIRE : déceler, éprouver. CONTR. *n'y voir que du feu.* ■ Distinguer parmi d'autres. SYN. apercevoir, aviser, avoir l'œil (à tout), découvrir, distinguer, observer, repérer, trouver. ■ ***Faire remarquer,*** signaler à l'attention. SYN. appeler l'attention, attirer l'attention, mettre en garde, signaler. ■ ***Se faire remarquer,*** attirer l'attention sur soi. SYN. chercher à se rendre intéressant, faire l'intéressant, se singulariser. – FAMILIER : faire le mariolle, remuer de l'air, taper dans l'œil. CONTR. *se faire oublier, se faire tout petit.* – FAMILIER : *marcher à l'ombre.* – POPULAIRE : *se tenir peinard.*

remballer *verbe* FAMILIER. Mal recevoir quelqu'un. SYN. battre froid, éconduire, envoyer à tous les diables, envoyer au diable, envoyer aux cinq cents diables, faire grise mine à, fermer la porte au nez, houspiller, rabrouer, repousser. – FAMILIER : envoyer au bain, envoyer balader, envoyer bouler, envoyer paître, envoyer promener, envoyer sur les roses, envoyer valser, faire la soupe à la grimace, rembarrer. – LITTÉRAIRE : remiser. – POPULAIRE : envoyer aux pelotes, envoyer chier, envoyer dinguer, envoyer péter, envoyer se faire cuire un œuf, envoyer se faire foutre. – VIEUX : envoyer se faire lanlaire. CONTR. *dérouler le tapis rouge, recevoir à bras ouverts, sauter au cou, tendre les bras.*

rembarquer *verbe* Embarquer de nouveau. SYN. remmener, remporter.

rembarrer *verbe* FAMILIER. Mal recevoir quelqu'un. SYN. battre froid, éconduire, envoyer à tous les diables, envoyer au diable, envoyer aux cinq cents diables, faire grise mine à, fermer la porte au nez, houspiller, rabrouer, repousser. – FAMILIER : envoyer au bain, envoyer balader, envoyer bouler, envoyer paître, envoyer promener, envoyer sur les roses, envoyer valser, faire la soupe à la grimace, remballer. – LITTÉRAIRE : remiser. – POPULAIRE : envoyer aux pelotes, envoyer chier, envoyer dinguer, envoyer péter, envoyer se faire cuire un œuf, envoyer se faire foutre. – VIEUX : envoyer se faire lanlaire. CONTR. *dérouler le tapis rouge, recevoir à bras ouverts, sauter au cou, tendre les bras.*

remblai *nom masculin* Élévation de terre. SYN. chaussée, digue, levée, remblayage, talus.

rembourrage *nom masculin* Matière servant à rembourrer. SYN. bourre, capiton, capitonnage, rembourrure.

rembourrer *verbe* Remplir de bourre. SYN. capitonner, garnir, matelasser.

rembourrure *nom féminin* Matière servant à rembourrer. SYN. bourre, capiton, capitonnage, rembourrage.

remboursement *nom masculin* Action de rembourser. SYN. acquittement, indemnisation, rachat, restitution. CONTR. *déboursement.*

rembourser *verbe* Rendre l'argent emprunté. SYN. acquitter, s'acquitter, débourser, décaisser, dédommager, indemniser, payer, régler, restituer, verser. – FAMILIER : cracher, mettre la main à la poche. – POPULAIRE : les aligner, les allonger, banquer, casquer, douiller, les lâcher, raquer. CONTR. *avancer, débourser, décaisser, emprunter, prêter.*

rembruni *adjectif* Qui est soucieux. SYN. maussade, morose, sombre, triste. CONTR. *radieux, rayonnant, riant, souriant.*

rembrunir *verbe* LITTÉRAIRE. Causer de la peine. SYN. affecter, affliger, assombrir, attrister, chagriner, consterner, désoler, navrer, peiner.

CONTR. *amuser, dérider, distraire, divertir, égayer, enchanter, ravir, réjouir.*

rembrunir (se) *verbe pronominal* LITTÉRAIRE. Devenir sombre. SYN. s'assombrir, se charger, se couvrir, foncer, se gâter, noircir, se noircir, s'obscurcir. CONTR. *s'éclaircir, se lever.* ▪ Devenir triste. SYN. s'assombrir, s'attrister, se renfrogner. CONTR. *se dérider, s'épanouir, s'illuminer.*

remède *nom masculin* Ce qui combat une maladie. SYN. drogue, médicament, médication, thérapeutique, thérapie, traitement. – VIEUX : médecine. ▪ Moyen propre à diminuer un mal. SYN. antidote, expédient, palliatif, recours, ressource, solution, soulagement. – LITTÉRAIRE : refuge.

remédiable *adjectif* À quoi l'on peut remédier. SYN. curable, guérissable, réparable. CONTR. *incurable, inguérissable, irrattrapable, irrécupérable, irrémédiable, irréparable.*

remédier *verbe* Atténuer un mal physique. SYN. apaiser, calmer, guérir, remettre, soulager, traiter. ▪ Apporter un remède à. SYN. combattre, conjurer, faire face, pallier, parer, prévenir, réparer, suppléer. – LITTÉRAIRE : obvier.

remémorer *verbe* Remettre en mémoire. SYN. évoquer, rafraîchir les idées, rappeler, relater, retracer, réveiller. – FAMILIER : rafraîchir la mémoire.

remémorer (se) *verbe pronominal* Évoquer le souvenir de. SYN. évoquer, fouiller dans sa mémoire, interroger sa mémoire, se rappeler, se remettre, revivre, revoir, se souvenir. – LITTÉRAIRE : se ressouvenir. CONTR. *oublier.*

remercier *verbe* Enlever son emploi à. SYN. chasser, congédier, débaucher, se défaire de, démettre, destituer, donner congé, expulser, licencier, limoger, mettre à la porte, renvoyer, révoquer, se séparer de. – FAMILIER : balayer, blackbouler, débarquer, déboulonner, dégommer, ficher à la porte, flanquer à la porte, flanquer dehors, sabrer, vider. – POPULAIRE : balancer, foutre à la porte, lourder, virer. CONTR. *embaucher, employer, engager, prendre.* ▪ Exprimer sa gratitude. SYN. dire merci, être reconnaissant, payer de retour, rendre grâce, savoir gré.

remettre *verbe* Mettre en place. SYN. replacer, reposer. CONTR. *déboîter, démettre, démonter, désarticuler, disloquer.* ▪ Redonner de la vigueur. SYN. guérir, refaire, regonfler, remonter, ressusciter, restaurer, rétablir, revigorer. – FAMILIER : ravigoter, requinquer, retaper. – VIEUX : réconforter. CONTR. *anéantir, briser, déprimer, épuiser, exténuer, fatiguer.* – FAMILIER : *éreinter, tuer.* ▪ Mettre en la possession de. SYN. confier, déposer, donner, laisser, léguer, passer, ramener, rapporter, redonner, rendre, restituer. CONTR. *confisquer, garder, retenir.* ▪ Renvoyer à plus tard. SYN. ajourner, différer, éloigner, proroger, reculer, reporter, repousser, retarder, surseoir à. CONTR. *hâter.* – FAMILIER : *expédier.* – LITTÉRAIRE : *dépêcher, presser.* ▪ Se rappeler quelqu'un. SYN. identifier, reconnaître, se remémorer, retrouver, se souvenir. CONTR. *oublier.*

remettre (se) *verbe pronominal* Reconnaître quelqu'un. SYN. identifier, se rappeler, se remémorer, retrouver, se souvenir. – LITTÉRAIRE : se ressouvenir. ▪ Se réconcilier avec. SYN. se rapprocher, se réconcilier, renouer, revenir. – FAMILIER : se rabibocher, se raccommoder. CONTR. *se brouiller, se déchirer, se fâcher, se heurter, s'opposer, rompre.* ▪ Recouvrer la santé. SYN. guérir, récupérer, se refaire, se remonter, se rétablir, revivre. – FAMILIER : se requinquer, se retaper. CONTR. *s'affaiblir, dépérir.* – LITTÉRAIRE : *défaillir, faiblir.* ▪ Reprendre une action. SYN. recommencer, reprendre, revenir à.

réminiscence *nom féminin* Souvenir vague. SYN. image, mémoire, rappel, souvenir.

remise *nom féminin* Action de remettre à quelqu'un. SYN. délivrance, distribution, livraison, restitution. ▪ Action de différer. SYN. ajournement, atermoiements, délai, renvoi, report, sursis. ▪ Diminution de prix. SYN. abattement, bonification, déduction, défalcation, dégrèvement, diminution, discount, escompte, exonération, rabais, réduction, ristourne. ▪ Lieu couvert. SYN. abri, garage, hangar, resserre.

remiser *verbe* Mettre à l'écart. SYN. caser, emmagasiner, engranger, entreposer, ranger, reléguer, stocker. – LITTÉRAIRE : serrer. ▪ LITTÉRAIRE. Rappeler aux convenances. SYN. éconduire, houspiller, rabrouer, réprimander. – FAMILIER : remballer, rembarrer. – LITTÉRAIRE : tancer.

rémissible *adjectif* LITTÉRAIRE. Qui peut être pardonné. SYN. pardonnable. CONTR. *impardonnable, inadmissible, inexcusable, irrémissible.*

rémission *nom féminin* Action de faire grâce. SYN. absolution, grâce, pardon, remise. CONTR. *punition.* ▪ Atténuation de symptômes. SYN. accalmie, apaisement, intermission, pause, rémittence, répit, trêve. – LITTÉRAIRE : halte, relâche. CONTR. *aggravation, exacerbation, recrudescence, regain.*

rémittence *nom féminin* Atténuation de symptômes. SYN. accalmie, apaisement, pause, rémission, répit.

rémiz *nom masculin* Petite mésange. SYN. penduline.

remmener *verbe* Emmener après avoir amené. SYN. ramener, rapporter, remporter. – FAMILIER : rembarquer. CONTR. *amener.*

remontant *nom masculin* Boisson qui redonne des forces. SYN. cordial, excitant, fortifiant, reconstituant, stimulant.

remonte-pente *nom masculin* Appareil pour tracter les skieurs. SYN. téléski. – FAMILIER : tire-fesses.

remonter *verbe intransitif* Atteindre un niveau supérieur. SYN. refluer. CONTR. *baisser, décliner, descendre, redescendre.* – FAMILIER : *dégringoler.* ■ Trouver son origine dans. SYN. procéder, provenir, résulter, sortir.

remonter *verbe transitif* Mettre plus haut. SYN. exhausser, hausser, monter, redresser, rehausser, relever. CONTR. *baisser, rabattre, surbaisser.* – LITTÉRAIRE : *rabaisser.* ■ Redonner de la vigueur. SYN. consoler, fortifier, ranimer, regonfler, remettre, restaurer, revigorer, soutenir, stimuler, tonifier. – FAMILIER : ragaillardir, ravigoter, requinquer, retaper. – LITTÉRAIRE : revivifier, vivifier. – VIEUX : réconforter. CONTR. *abattre, accabler, affaiblir, anéantir, atterrer, briser, débiliter, décourager, démonter, démoraliser, déprimer.* – FAMILIER : *achever, ramollir, tuer.* ■ Pourvoir de nouveau de. SYN. réapprovisionner, reconstituer, reconstruire, refaire.

remonter (se) *verbe pronominal* Se redonner des forces. SYN. récupérer, se refaire, se remettre, se rétablir. – FAMILIER : se requinquer, se retaper. – VIEUX : se réconforter. CONTR. *s'affaiblir, dépérir.* – LITTÉRAIRE : *faiblir.*

remontrance *nom féminin* Action de réprimander. SYN. avertissement, blâme, critique, gronderie, observation, remarque, réprimande, reproche, semonce. – FAMILIER : savon. – LITTÉRAIRE : admonestation, admonition, objurgation. CONTR. *compliment, félicitation.*

rémora *nom masculin* Poisson qui se fixe aux requins ou aux tortues. SYN. sucet.

remords *nom masculin* Vive douleur morale. SYN. contrition, regret, repentir. – LITTÉRAIRE : repentance.

remorquer *verbe* Tirer derrière soi. SYN. emmener, tirer, tracter. – FAMILIER : traîner.

rémouleur *nom masculin* Celui qui aiguise. SYN. affileur, affûteur, aiguiseur, émouleur, polisseur, repasseur.

remous *nom masculin* Mouvement en sens divers. SYN. agitation, bouleversement, bousculade, convulsion, désordre, effervescence, fermentation, mouvement, remue-ménage, secousse, trouble. – LITTÉRAIRE : tumulte.

rempart *nom masculin* Enceinte d'une ville. SYN. muraille, murs. ■ LITTÉRAIRE. Ce qui sert de défense. SYN. bastion, bouclier, carapace, citadelle, forteresse, protection, ressource. – LITTÉRAIRE : cuirasse.

remplaçable *adjectif* Que l'on peut remplacer. SYN. commutable, échangeable, permutable, substituable. CONTR. *inchangeable, irremplaçable.*

remplaçant *nom* Personne qui remplace. SYN. bouche-trou, intérimaire, substitut, successeur, suppléant. CONTR. *titulaire.*

remplacement *nom masculin* Action de substituer. SYN. changement, renouvellement, substitution. ■ Fait de remplacer quelqu'un. SYN. intérim, succession, suppléance. CONTR. *titularisation.*

remplacer *verbe* Mettre à la place de. SYN. changer, renouveler, substituer, suppléer. ■ Prendre la place de. SYN. détrôner, évincer, faire fonction de, relayer, relever, se substituer à, succéder à, supplanter, suppléer, tenir lieu de.

rempli *adjectif* Plein de choses, de personnes. SYN. bondé, comble, complet, débordant, encombré, farci, fourmillant, garni, gorgé, plein. – FAMILIER : bourré, truffé. CONTR. *vide.* ■ Pénétré d'un sentiment. SYN. pénétré, pétri. – FAMILIER : pourri. CONTR. *dénué, dépourvu, exempt.*

remplir *verbe* Mettre en quantité dans. SYN. bonder, bourrer, farcir, garnir, truffer. – LITTÉRAIRE : emplir, gorger. CONTR. *désemplir, vider.* ■ Occuper l'espace libre. SYN. envahir, inonder, meubler, occuper, peupler. CONTR. *déserter, évacuer.* ■ Pénétrer d'un sentiment. SYN. combler, gonfler, imprégner, pénétrer. – LITTÉRAIRE : inonder. ■ Faire ce que l'on a promis. SYN. accomplir, s'acquitter, exercer, réaliser, respecter, satisfaire à, tenir sa parole, tenir sa promesse. CONTR. *manquer à, manquer à sa promesse.* – LITTÉRAIRE : *se dédire, faillir à.*

remplir (se) *verbe pronominal* Recevoir comme contenu. SYN. se gorger, s'imprégner, se pénétrer.

remplissage *nom masculin* Développement inutile. SYN. longueurs, paraphrase, verbiage. – FAMILIER : délayage. – LITTÉRAIRE : prolixité, superfluité, verbosité.

remplumer (se) *verbe pronominal* FAMILIER. Rétablir sa situation. SYN. se rétablir. – FAMILIER : se refaire. ■ FAMILIER. Reprendre du poids. SYN. engraisser, épaissir, s'étoffer, forcir, grossir. CONTR. *amincir, maigrir, mincir.* – FAMILIER : *fondre.*

remporter *verbe* Reprendre ce qu'on a apporté. SYN. ramener, rapporter, rembarquer, remmener. CONTR. *amener, apporter.* ■ Obtenir à la suite d'une lutte. SYN. acquérir, conquérir, enlever, gagner, obtenir, recevoir, recueillir. – FAMILIER : décrocher.

remuant *adjectif* Toujours en mouvement. SYN. agité, bouillant, impétueux, intenable, mouvant, pétulant, turbulent. CONTR. *calme, éteint, inerte, sage, tranquille.* ■ Qui se plaît dans l'activité. SYN. actif, dynamique, énergique. CONTR. *amorphe, endormi, indolent, lymphatique, passif.* – FAMILIER : *mort.*

remué *adjectif* Profondément ému. SYN. ému, renversé, secoué, touché, troublé. – LITTÉRAIRE : pantelant.

remue-ménage *nom masculin invariable* Agitation bruyante. SYN. agitation, bousculade, branle-bas, confusion, débandade, remous, tintamarre. – FAMILIER : chahut, chambardement, cirque, grabuge, pagaïe, pagaille, tintouin, tohu-bohu.

remue-méninges *nom masculin invariable* Recherche d'idées originales. SYN. brainstorming.

remuement *nom masculin* LITTÉRAIRE. Fait de remuer. SYN. déplacement, mouvement.

remuer *verbe intransitif* Avoir un mouvement d'oscillation. SYN. ballotter, branler, flotter, osciller. ■ Faire des mouvements. SYN. s'agiter, bouger, se déplacer, gesticuler, se mouvoir. – FAMILIER : avoir la bougeotte, gigoter. CONTR. *être immobile, s'immobiliser, rester immobile.* ■ Passer à l'action. SYN. broncher, s'insurger, se mutiner, se rebeller, se révolter, se secouer, se soulever.

remuer *verbe transitif* Faire changer de place. SYN. agiter, bouger, déplacer, manipuler, mouvoir, pousser, soulever, tirer. CONTR. *fixer, immobiliser.* ■ Émouvoir profondément. SYN. apitoyer, atteindre, attendrir, bouleverser, commotionner, ébranler, émouvoir, empoigner, fendre l'âme, fendre le cœur, frapper, impressionner, inquiéter, interpeller, perturber, retourner, secouer, toucher, troubler. – FAMILIER : chambouler, émotionner, prendre aux tripes. – LITTÉRAIRE : prendre aux entrailles. CONTR. *raffermir, soutenir.*

remuer (se) *verbe pronominal* Se mettre en mouvement. SYN. s'activer, s'agiter, avancer, bouger, se mouvoir. – POPULAIRE : se magner, se manier. ■ Faire des efforts pour. SYN. s'activer, s'affairer, agir, se démener, se dépenser, se donner du mal, donner un coup de collier, se donner un mal de chien, s'échiner, s'épuiser, s'escrimer, s'exténuer, faire des pieds et des mains, se fatiguer, se multiplier, ne pas ménager sa peine, ne pas plaindre sa peine, se presser, se réveiller, se secouer. – FAMILIER : s'agiter, se couper en quatre, se décarcasser, se défoncer, s'éreinter, s'esquinter, mettre de l'huile de coude, se mettre en quatre, mettre le paquet, en mettre un bon coup, en mettre un coup, en mettre un vieux coup, n'avoir pas les deux pieds dans le même sabot, ne pas chômer, suer, se tuer. – POPULAIRE : se casser le cul, se fouler, se grouiller. CONTR. *s'amuser, dormir, fainéanter, musarder, paresser, se prélasser, prendre son temps, traîner.* – FAMILIER : *buller, flemmarder, lambiner, lanterner, lézarder, tirer sa flemme.* – LITTÉRAIRE : *muser.* – POPULAIRE : *glander, ne pas en fiche une rame, ne pas se casser, ne pas se casser le bol, ne pas se casser le cul, ne pas se casser le tronc, tirer au cul, tirer au flanc.*

remueur *nom* VIEUX. Personne qui suscite des troubles. SYN. agitateur, factieux, frondeur, rebelle, séditieux.

remugle *nom masculin* LITTÉRAIRE. Odeur de renfermé. SYN. effluve, émanation, miasme, relent. – LITTÉRAIRE : senteur.

rémunérateur *adjectif* Qui procure un bénéfice. SYN. bénéficiaire, bon, fructueux, intéressant, lucratif, payant, productif, profitable, rentable. – POPULAIRE : juteux. CONTR. *mauvais.*

rémunération *nom féminin* Prix d'un travail fourni. SYN. appointements, cachet, émoluments, paiement, payement, rétribution, salaire. – VIEUX : gages.

rémunérer *verbe* Verser une rémunération. SYN. appointer, défrayer, payer, régler, rétribuer.

renâcler *verbe* Mettre de la mauvaise volonté à. SYN. bouder, faire des difficultés, faire des embarras, faire la sourde oreille, se faire prier, se faire tirer l'oreille, montrer les dents, ne pas se laisser faire. – FAMILIER : rechigner à. CONTR. *accepter, se plaire à.*

renaissance *nom féminin* LITTÉRAIRE. Nouvelle vie. SYN. – LITTÉRAIRE : régénération, résurrection. ■ Nouvel essor. SYN. renouveau, renouvellement, rénovation, restauration, retour, réveil. – LITTÉRAIRE : revivification, reviviscence. CONTR. *décadence, déchéance, déclin.*

renaître *verbe* Croître de nouveau. SYN. repousser, se réveiller, reverdir. ■ Recommencer à exister. SYN. se rallumer, réapparaître, rebondir, recommencer, reparaître, repercer, ressurgir, resurgir. ■ Recouvrer ses forces. SYN. se ranimer, récupérer, se redresser, se refaire, se relever, se remettre, se rétablir, revivre. – FAMILIER : se requinquer. – LITTÉRAIRE : ressusciter. – VIEUX : se réconforter.

renchérir *verbe intransitif* Devenir plus cher. SYN. augmenter, croître, grimper, monter. CONTR. *baisser, décroître, diminuer.* – VIEUX : *s'avilir.*

renchérir *verbe transitif* Rendre plus cher. SYN. augmenter, hausser, majorer, relever, revaloriser. CONTR. *baisser, diminuer, réduire.*

rencogner *verbe* VIEUX. Serrer dans un coin. SYN. acculer, coincer.

rencontre *nom féminin* Entrevue concertée. SYN. conférence, confrontation, entrevue, face-à-face, rendez-vous, réunion, sommet. ■ Réunion sportive. SYN. combat, compétition, match, meeting, partie. ■ Fait d'entrer en contact. SYN. choc, collision, conjonction, heurt, interférence, jonction, tamponnage, tamponnement, télescopage. ■ Petit combat. SYN. accrochage, combat, échauffourée, engagement, escarmouche, mêlée.

rencontrer *verbe* Se trouver en présence de. SYN. apercevoir, connaître, contacter, croiser, joindre, rejoindre, tomber sur, trouver, voir. – LITTÉRAIRE : coudoyer. ■ Heurter violemment. SYN. accrocher, achopper, buter, cogner, donner dans, heurter, percuter, toucher.

rencontrer (se) *verbe pronominal* Se réunir au même endroit. SYN. confluer, se joindre, se rejoindre, se retrouver, se réunir. ■ Entrer en collision. SYN. se cogner, se heurter, se tamponner, se télescoper. – FAMILIER : s'emplafonner. – POPULAIRE : se rentrer dedans.

rendement *nom masculin* Efficacité dans le travail. SYN. efficacité, efficience, productivité, puissance, rapport, rentabilité. CONTR. *incapacité, inefficacité.*

rendez-vous *nom masculin* Rencontre prévue. SYN. entrevue, rencontre, tête-à-tête. – POPULAIRE : rancard, rancart, rencard.

rendre *verbe intransitif* Avoir tel rendement. SYN. donner, porter, produire, rapporter.

rendre *verbe transitif* Restituer ce qui appartient. SYN. rapporter, redonner, remettre, renvoyer, restituer, retourner, rétrocéder. CONTR. *confisquer, dépouiller de, détourner, emprunter, garder, prendre, priver, retenir, retirer, soustraire.* – FAMILIER : *barboter, carotter.* – LITTÉRAIRE : *dérober.* ■ Exprimer quelque chose. SYN. exprimer, rapporter, représenter, reproduire, traduire. ■ Prononcer un jugement. SYN. émettre, énoncer, formuler, prononcer. ■ FAMILIER. Expulser par la bouche. SYN. régurgiter, restituer, vomir. – POPULAIRE : dégobiller, dégueuler, gerber. CONTR. *absorber, avaler.*

rendre (se) *verbe pronominal* Cesser de résister. SYN. s'avouer vaincu, battre en retraite, capituler, céder, déposer les armes, hisser le drapeau blanc, se livrer, mettre bas les armes, mettre les pouces, se soumettre. – LITTÉRAIRE : baisser pavillon, mettre pavillon bas. – POPULAIRE : baisser sa culotte, baisser son froc, baisser son pantalon, s'écraser. CONTR. *lutter, résister.* ■ Se laisser persuader. SYN. abandonner, condescendre, se conformer, s'incliner, se résigner. – LITTÉRAIRE : déférer. ■ Aller quelque part. SYN. s'acheminer, aller, arriver, conduire ses pas, diriger ses pas, se diriger, faire route vers, gagner, mettre le cap sur, parvenir, passer, se transporter, venir. – POPULAIRE : se pointer, se radiner.

rendu *adjectif* Épuisé de fatigue. SYN. anéanti, à bout de course, à bout de force, à bout de souffle, brisé, épuisé, exténué, fatigué, fourbu, harassé, K.-O., las, mort de fatigue, recru, rompu, surmené, usé. – FAMILIER : achevé, au bout du rouleau, cassé, claqué, éreinté, esquinté, fini, flapi, H.S., kaput, lessivé, mort, moulu, à plat, pompé, à ramasser à la petite cuillère, raplapla, sur les genoux, tué, vanné, vidé. – POPULAIRE : cané, crevé, rétamé, sur les rotules. CONTR. *délassé, dispos, frais, frais et dispos, reposé.* – FAMILIER : *en forme, frais comme un gardon, frais comme une rose, increvable, en pleine forme.* – VIEUX : *gaillard.*

rêne *nom féminin* Courroie fixée au mors du cheval. SYN. bride, guide, lanière, licol, licou, longe.

renégat *nom* Personne qui trahit ses opinions. SYN. apostat, déserteur, infidèle, parjure, traître. CONTR. *fidèle.*

renfermé *adjectif* Peu communicatif. SYN. dissimulé, distant, fermé, fuyant, impénétrable, insaisissable, introverti, mystérieux, replié, réservé, silencieux, taciturne. – LITTÉRAIRE : secret. CONTR. *communicatif, démonstratif, expansif, extraverti, exubérant, franc, ouvert.* – FAMILIER : *parlant.*

renfermer *verbe* Contenir en soi. SYN. cacher, comporter, comprendre, compter, contenir, impliquer, inclure, posséder, receler. – LITTÉRAIRE : embrasser, enfermer.

renfermer (se) *verbe pronominal* Taire ses sentiments. SYN. se fermer, se murer, se recueillir, se refermer, se replier. CONTR. *se confier, se livrer, s'ouvrir.* – LITTÉRAIRE : *s'abandonner, s'épancher.*

renflé *adjectif* Plus épais en une partie. SYN. bombé, convexe, gonflé, proéminent, protubérant, saillant. CONTR. *concave, creux, incurvé, rentrant.*

renflement *nom masculin* Partie renflée. SYN. convexité, intumescence, protubérance, tumescence, turgescence. CONTR. *concavité, creux.*

renflouement *nom masculin* Action de renflouer. SYN. déséchouage.

renflouer *verbe* Remettre à flot un navire échoué. SYN. déséchouer. ■ Rétablir des finances. SYN. aider, remettre en selle, subventionner. – FAMILIER : remettre à flot.

renfoncement *nom masculin* Partie en retrait. SYN. anfractuosité, creux, recoin, retrait, trou. – LITTÉRAIRE : enfoncement. CONTR. *avancée, avancement.*

renfoncer *verbe* LITTÉRAIRE. Ne pas laisser se manifester. SYN. cacher, contenir, dissimuler, étouffer, refouler, refréner, réfréner, renfermer, rentrer, réprimer. – LITTÉRAIRE : celer, taire.

renforcement *nom masculin* Action de renforcer. SYN. accentuation, affermissement, consolidation, durcissement, élargissement, extension, intensification, raffermissement, recrudescence, redoublement, regain, resserrement. CONTR. *affaiblissement, amollissement, atténuation, chute, émoussement, relâchement.* – LITTÉRAIRE : *fléchissement.*

renforcer *verbe* Rendre plus résistant. SYN. cimenter, consolider, étayer. CONTR. *abattre, démolir, détruire, renverser.* ■ Donner plus d'intensité. SYN. accentuer, accroître, aggraver, augmenter, aviver, exalter, intensifier, radicaliser, souligner. CONTR. *affaiblir, amenuiser, atténuer, diminuer, émousser, estomper, éteindre, étouffer.* ■ Rendre plus évident. SYN. affermir, appuyer, confirmer, corroborer, étayer, fortifier, raffermir. CONTR. *abolir, anéantir, miner, ruiner, saper.* ■ Confirmer dans son opinion. SYN. asseoir, confirmer, conforter, raffermir. – FAMILIER : booster.

renforcer (se) *verbe pronominal* Devenir plus fort. SYN. s'accentuer, s'accuser. CONTR. *s'affaiblir, s'effriter.*

renfort *nom masculin* Ce qui vient soutenir. SYN. aide, appui, assistance, concours, main-forte, secours, soutien.

renfrogné *adjectif* Qui montre son mécontentement. SYN. acariâtre, bilieux, boudeur, bourru, grognon, hargneux, maussade, morose, rébarbatif, revêche. – LITTÉRAIRE : atrabilaire, chagrin, malgracieux, rêche. CONTR. *aimable, avenant, charmant, engageant, épanoui, gracieux.*

renfrogner (se) *verbe pronominal* Montrer son mécontentement. SYN. s'assombrir, bouder, faire la moue, se rembrunir. – FAMILIER : faire la tête. – POPULAIRE : faire la gueule, faire la tronche. CONTR. *se dérider, s'épanouir, s'illuminer.*

rengaine *nom féminin* Paroles répétées à satiété. SYN. chanson, leitmotiv, rabâchage, scie. – FAMILIER : couplet, disque, refrain, ritournelle. – LITTÉRAIRE : antienne.

rengorger (se) *verbe pronominal* Faire l'important. SYN. bomber la poitrine, bomber le torse, faire la roue, parader, paraître, se pavaner. – FAMILIER : crâner, pavoiser, plastronner. – POPULAIRE : rouler des mécaniques.

reniement *nom masculin* Action de renier. SYN. abandon, abjuration, apostasie, désaveu, désertion, renonciation, rétractation. CONTR. *conversion, engagement.*

renier *verbe* Ne plus reconnaître comme sien. SYN. abjurer, apostasier, se dérober à, désavouer, récuser, renoncer, trahir. – LITTÉRAIRE : répudier. CONTR. *accepter, admettre, confesser, ne pas démordre de, reconnaître.*

renifler *verbe* Absorber par le nez. SYN. aspirer, respirer, sentir. – LITTÉRAIRE : humer. ■ FAMILIER. Avoir l'intuition de. SYN. avoir du nez, avoir le nez creux, avoir le nez fin, deviner, se douter de, flairer, pressentir, sentir, soupçonner. – FAMILIER : subodorer.

renom *nom masculin* LITTÉRAIRE. Opinion du public sur. SYN. audience, cote, réputation. – LITTÉRAIRE : renommée. ■ Opinion favorable. SYN. célébrité, faveur, gloire, notoriété, popularité, renommée, vogue. – FAMILIER : cote. – LITTÉRAIRE : crédit. CONTR. *ombre, oubli.* – LITTÉRAIRE : *obscurité.*

renommé *adjectif* De grande réputation. SYN. célèbre, connu, glorieux, historique, illustre, important, marquant, notoire, populaire, prestigieux, proverbial, reconnu, de renom, réputé. – LITTÉRAIRE : fameux. CONTR. *décrié, ignoré, inconnu, méconnu, obscur, oublié.*

renommée *nom féminin* Opinion favorable du public. SYN. célébrité, faveur, gloire, notoriété, popularité, renom, vogue. – FAMILIER : cote. – LITTÉRAIRE : crédit. CONTR. *ombre, oubli.* – LITTÉRAIRE : *obscurité.* ■ LITTÉRAIRE. Opinion publique. SYN. audience, cote, réputation. – LITTÉRAIRE : renom.

renoncement *nom masculin* Action de renoncer à. SYN. abandon, abdication, adieu, démission, désertion, enterrement, privation, sacrifice. – LITTÉRAIRE : renonciation. ■ Sacrifice complet de soi. SYN. abnégation, désintéressement, détachement, résignation, sacrifice. CONTR. *égocentrisme, égoïsme, individualisme, narcissisme.*

renoncer *verbe intransitif* Ne plus poursuivre. SYN. abandonner, abdiquer, s'avouer vaincu, baisser les bras, battre en retraite, capituler, céder, déclarer forfait, démissionner, se désister, donner sa langue au chat, s'écarter, jeter le froc aux orties, jeter le manche après la cognée, jeter l'éponge, lâcher la proie pour l'ombre, lâcher pied, lâcher prise, laisser tomber, mettre les pouces, passer la main, se retirer sous sa tente. – FAMILIER : caler, envoyer tout promener, faire son deuil de, lâcher les pédales, laisse béton, laisser courir, se ranger des voitures, rendre son tablier, reprendre ses billes. – **POPULAIRE** : se déballonner, se grouiller. **CONTR.** *s'accrocher, s'acharner, continuer, s'obstiner, persévérer, persister.* – **FAMILIER** : *se décarcasser.* – **LITTÉRAIRE** : *s'opiniâtrer.*

renoncer *verbe transitif indirect* Se dessaisir de quelque chose. **SYN.** abandonner, abdiquer, céder, se défaire, se départir, se dépouiller, se dessaisir, se détourner, dire adieu à, faire une croix sur, laisser, se passer de, se priver, quitter, renier, sacrifier, tirer un trait sur, tirer une croix sur. **CONTR.** *compter sur, conserver, s'embarquer, s'engager, garder, goûter, jouir, se lancer, profiter, savourer, songer.*

renonciation *nom féminin* LITTÉRAIRE. Fait de renoncer à. **SYN.** abandon, abdication, abjuration, adieu, démission, désertion, enterrement, privation, renoncement, sacrifice.

renoncule *nom féminin* ***Fausse renoncule,*** petite plante voisine du bouton-d'or. **SYN.** ficaire.

renouer *verbe transitif* Reprendre ce qui s'est arrêté. **SYN.** poursuivre, relier, reprendre, rétablir. **CONTR.** *interrompre, rompre.*

renouer *verbe transitif indirect* Rétablir des relations avec. **SYN.** se rapprocher, se réconcilier, se remettre. – **FAMILIER** : se rabibocher, se raccommoder. – **LITTÉRAIRE** : s'accorder. **CONTR.** *se brouiller, dénouer, se fâcher, rompre.*

renouveau *nom masculin* Retour à un état précédent. **SYN.** recommencement, recrudescence, regain, renaissance, renouvellement, rénovation, reprise, retour, réveil. – **LITTÉRAIRE** : régénération, résurrection, revivification, reviviscence. **CONTR.** *baisse, déclin, récession.*

renouvelé *adjectif* Qui se produit à nouveau. **SYN.** perpétuel, répété.

renouveler *verbe* Rendre nouveau en transformant. **SYN.** changer, jeter un jour nouveau, métamorphoser, moderniser, rajeunir, réformer, rénover, transformer. – **LITTÉRAIRE** : infuser un sang neuf, régénérer. ■ LITTÉRAIRE. Faire renaître. **SYN.** ranimer, rappeler, raviver, réactiver, réchauffer, réveiller. – **LITTÉRAIRE** : ressusciter. **CONTR.** *calmer, éteindre, étouffer.* ■ Recommencer une action. **SYN.** rééditer, refaire, réitérer, répéter, reproduire.

renouveler (se) *verbe pronominal* Se produire à nouveau. **SYN.** réapparaître, recommencer, se répéter, reprendre, se reproduire, revenir.

renouvellement *nom masculin* Action de renouveler. **SYN.** changement, réapprovisionnement, reconduction, remplacement. ■ Action de transformer. **SYN.** modernisation, renaissance, renouveau, rénovation, transformation. ■ Fait de se reproduire. **SYN.** recommencement, répétition, reproduction, retour. – **LITTÉRAIRE** : réitération.

rénovation *nom féminin* Action de remettre à neuf. **SYN.** actualisation, changement, modernisation, modification, restauration, transformation. ■ Changement en mieux. **SYN.** métamorphose, renaissance, renouveau, renouvellement. – **LITTÉRAIRE** : résurrection.

rénover *verbe* Remettre à neuf. **SYN.** actualiser, moderniser, rafraîchir, restaurer. – **FAMILIER** : retaper. ■ Transformer en améliorant. **SYN.** améliorer, changer, modifier, rajeunir, réformer, renouveler, transformer. – **LITTÉRAIRE** : régénérer.

renseignement *nom masculin* Ce qui permet de renseigner. **SYN.** donnée, éclaircissement, explication, indication, indice, information, lumière, précision. – **FAMILIER** : tuyau. – **POPULAIRE** : rancard, rancart, rencard.

renseigner *verbe* Donner des informations sur. **SYN.** éclairer, éclairer la lanterne de, faire part, fixer, informer, instruire, mettre au courant, tenir au courant. – **FAMILIER** : briefer, tuyauter. – **POPULAIRE** : affranchir, mettre au parfum, rancarder, rencarder.

renseigner (se) *verbe pronominal* Prendre des informations. **SYN.** demander, se documenter, s'enquérir, enquêter, entendre parler de, s'informer, s'instruire, se mettre au courant.

rentable *adjectif* Qui donne un profit. **SYN.** avantageux, bénéficiaire, bon, fructueux, intéressant, lucratif, productif, profitable, rémunérateur. – **FAMILIER** : payant. – **POPULAIRE** : juteux.

rentrant *adjectif* Qui va vers l'intérieur. **SYN.** concave, creux. **CONTR.** *convexe, proéminent, renflé, saillant.*

rentré *adjectif* Qui demeure intérieur. **SYN.** caché, contenu, dissimulé, maîtrisé, modéré, refoulé, refréné, réfréné, réprimé.

rentrer *verbe intransitif* S'avancer à l'intérieur. **SYN.** arriver, s'enfoncer, s'engager, entrer, s'introduire, pénétrer. – **LITTÉRAIRE** : s'insinuer. ■ Aller de nouveau quelque part. **SYN.** rallier, regagner, réintégrer, rejoindre, retourner. **CONTR.** *ressortir, sortir.* ■ Revenir dans une situation. **SYN.** reconquérir, recouvrer, retrouver, revenir.

rentrer *verbe transitif* Retenir ses sentiments. **SYN.** contenir, dissimuler, étouffer, ravaler, refouler, refréner, réfréner, réprimer, retenir. – **LITTÉRAIRE** : renfoncer, taire. **CONTR.** *afficher, étaler, exhiber, exprimer, faire parade de, manifester, montrer.*

renversant *adjectif* FAMILIER. Qui étonne beaucoup. **SYN.** ahurissant, confondant, effarant, étonnant, extraordinaire, fantastique, fracassant, inouï, sensationnel, stupéfiant, suffocant, surprenant, terrassant. – FAMILIER : ébouriffant, énorme, époustouflant, formidable, sciant, sidérant, soufflant.

renversé *adjectif* Très ému. SYN. bouleversé, ému, remué, retourné, secoué, troublé. ■ Très étonné. SYN. abasourdi, ahuri, coi, ébahi, éberlué, étonné, hébété, interdit, médusé, pantois, stupéfait, suffoqué, tombé de la lune, tombé des nues. – FAMILIER : baba, comme deux ronds de flan, époustouflé, estomaqué, scié, sidéré, soufflé. – LITTÉRAIRE : ébaubi. – POPULAIRE : sur le cul.

renversement *nom masculin* Bouleversement complet. SYN. interversion, inversion, retour en arrière, retournement, revirement, volte-face. – FAMILIER : chambard, chambardement. CONTR. *maintien, rétablissement.* ■ Fait d'être renversé. SYN. anéantissement, chute, démantèlement, démolition, destruction, écroulement, effondrement, ruine. CONTR. *construction, établissement, fondation, reconstruction, redressement, réfection, relèvement.* – LITTÉRAIRE : *réédification.*

renverser *verbe* Mettre à l'envers. SYN. intervertir, inverser, retourner, transposer. CONTR. *disposer, redresser, rétablir.* ■ Rejeter une partie du corps en arrière. CONTR. *baisser, courber, incliner, lever.* ■ Faire tomber quelqu'un. SYN. abattre, bousculer, culbuter, faucher, précipiter, terrasser. – FAMILIER : étendre. – VIEUX : verser. CONTR. *relever.* ■ Réduire à néant. SYN. anéantir, briser, démolir, détruire, ruiner, saper. – FAMILIER : chambarder. CONTR. *asseoir, assurer, conserver, entretenir, fonder, maintenir.* ■ Provoquer la chute de. SYN. abattre, faire tomber. CONTR. *bâtir, édifier, établir, instaurer, instituer, reconstruire, renforcer.* – LITTÉRAIRE : *réédifier.* ■ Plonger dans l'étonnement. SYN. abasourdir, confondre, couper le souffle, ébahir, éberluer, étonner, mettre sens dessus dessous, stupéfier, surprendre. – FAMILIER : asseoir, en boucher un coin, chambouler, couper le sifflet, ébouriffer, épater, estomaquer, faire l'effet d'une bombe, révolutionner, scier, sidérer, souffler. – POPULAIRE : couper la chique.

renverser (se) *verbe pronominal* Se retourner sens dessus dessous. SYN. basculer, capoter, chavirer, se coucher, culbuter, s'écrouler, se retourner, verser.

renvoi *nom masculin* Action de congédier. SYN. congédiement, débauchage, destitution, exclusion, expulsion, licenciement, limogeage, mise à pied, radiation, révocation. – FAMILIER : coup de balai, dégraissage. CONTR. *admission, adoption, embauchage, embauche, engagement, enrôlement, recrutement.* ■ Action de retourner une lettre. SYN. réexpédition, retour. CONTR. *acheminement, envoi, expédition, réception.* ■ Action de différer. SYN. ajournement, atermoiements, délai, prorogation, remise, report, sursis. ■ Rejet bruyant. SYN. éructation. – FAMILIER : rot.

renvoyer *verbe* Faire repartir. SYN. réexpédier, rendre, retourner, transmettre. ■ Ne plus admettre quelqu'un. SYN. chasser, éloigner, exclure, exiler, expulser, refuser, rejeter. CONTR. *admettre, garder.* ■ Demander à quelqu'un de sortir. SYN. congédier, éconduire, envoyer à tous les diables, envoyer au diable, envoyer aux cinq cents diables. – FAMILIER : envoyer au bain, envoyer balader, envoyer bouler, envoyer paître, envoyer promener, envoyer sur les roses, envoyer valser. – POPULAIRE : envoyer aux pelotes, envoyer chier, envoyer péter. ■ Faire quitter son emploi à. SYN. congédier, débaucher, se défaire de, destituer, licencier, limoger, mettre à la porte, mettre à pied, radier, remercier, révoquer, se séparer de. – FAMILIER : balayer, black-bouler, débarquer, déboulonner, dégommer, ficher à la porte, flanquer à la porte, flanquer dehors, sabrer, vider. – POPULAIRE : balancer, foutre à la porte, lourder, virer. CONTR. *affecter, appeler, embaucher, employer, engager, enrôler, prendre, recruter.* ■ Remettre à plus tard. SYN. ajourner, atermoyer, différer, proroger, reculer, reporter, repousser, repousser aux calendes grecques, retarder, surseoir.

repaire *nom masculin* Refuge des bêtes sauvages. SYN. bouge, cachette, gîte, tanière, terrier. – LITTÉRAIRE : antre.

repaître *verbe* LITTÉRAIRE. Fournir un aliment à. SYN. alimenter, assouvir, bourrer, entretenir, gaver, gorger, nourrir, pourvoir.

repaître (se) *verbe pronominal* LITTÉRAIRE. Satisfaire son désir. SYN. s'imprégner, se rassasier, se régaler, savourer. – LITTÉRAIRE : se délecter. ■ LITTÉRAIRE. Satisfaire sa faim. SYN. s'alimenter, avoir le ventre plein, se gorger, manger, se nourrir, se rassasier. – FAMILIER : être plein comme un œuf, être plein comme une outre, se sustenter. CONTR. *avoir faim, avoir le ventre creux, avoir l'estomac vide, avoir un creux (à l'estomac), avoir une faim de loup, crier famine, mourir de faim, mourir d'inanition, tomber d'inanition.* – FAMILIER : *avoir la fringale, avoir les crocs, avoir l'estomac dans les talons, claquer du bec.* – POPULAIRE : *avoir la dalle, avoir la dent, crever la dalle.* – VIEUX : *crever la faim.*

répandre *verbe* Verser sur. SYN. déverser, disperser, disséminer, épandre, éparpiller, étaler, étendre, parsemer, semer, verser. ■ Laisser échapper de soi. SYN. dégager, dégorger, déverser, diffuser, donner, exhaler. ■ Rendre public. SYN. accréditer, colporter, divulguer, ébruiter, éventer, généraliser, introduire, lancer, populariser, propager, publier, révéler, vulgariser. CONTR. *accaparer, garder.*

répandre (se) *verbe pronominal* Se faire connaître. SYN. circuler, courir, s'étendre, faire tache d'huile, gagner, se propager, rayonner, se savoir. CONTR. *se cantonner, se limiter.* ■ Envahir un espace. SYN. déferler, se déverser, s'écouler, envahir, s'étaler, imprégner. – LITTÉRAIRE : emplir.

répandu *adjectif* Communément admis. SYN. accrédité, banal, commun, connu, courant, fréquent, habituel, ordinaire, public, rebattu, usuel. CONTR. *exceptionnel, isolé, rare, sporadique.*

réparable *adjectif* Qui peut être réparé. SYN. arrangeable, remédiable. CONTR. *irrattrapable, irrécupérable, irrémédiable, irréparable.*

reparaître *verbe* Se montrer de nouveau. SYN. réapparaître, renaître, ressurgir, resurgir, revenir.

réparateur *adjectif* Qui rend les forces. SYN. fortifiant, stimulant, vivifiant. – LITTÉRAIRE : roboratif. CONTR. *affaiblissant, amollissant, anémiant, débilitant, épuisant.*

réparation *nom féminin* Action de remettre en état. SYN. dépannage, raccommodage, rafistolage, rapiéçage, rapiècement, réfection, remise en état, restauration. – FAMILIER : retapage. CONTR. *dégradation, destruction.* ■ Fait de se rétablir. SYN. reconstitution. – LITTÉRAIRE : régénération. ■ Ce qui dédommage. SYN. compensation, dédommagement, dommages-intérêts, indemnisation, indemnité. ■ Action de réparer une faute. SYN. expiation, rachat.

réparer *verbe* Remettre en état. SYN. arranger, colmater, consolider, dépanner, raccommoder, rapiécer, relever, repriser, restaurer, réviser. – FAMILIER : rabibocher, rafistoler, retaper. CONTR. *abîmer, briser, casser, démanteler, démolir, détériorer, détraquer, détruire, endommager.* – FAMILIER : *bousiller, déglinguer, esquinter.* ■ Compenser un préjudice. SYN. corriger, effacer, gommer, racheter, rattraper, remédier à. – FAMILIER : payer les pots cassés. – LITTÉRAIRE : suppléer. ■ Se faire pardonner une faute. SYN. expier, racheter.

repartie *nom féminin* Réponse spirituelle. SYN. réplique, riposte. – LITTÉRAIRE : saillie, trait.

repartir *verbe intransitif* Quitter l'endroit où l'on est. SYN. s'en aller, s'en retourner. CONTR. *arriver, faire escale, faire étape, venir.*

repartir *verbe transitif* LITTÉRAIRE. Répondre promptement. SYN. répliquer, répondre, rétorquer, riposter.

répartir *verbe* Classer en plusieurs éléments. SYN. classer, classifier, inventorier, trier. ■ Partager d'après certaines règles. SYN. attribuer, contingenter, dispenser, distribuer, diviser, partager. ■ Placer en différents lieux. SYN. agencer, caser, dispatcher, disperser, disposer, disséminer, éparpiller, installer, ordonner, poster, ranger. ■ Étaler dans le temps. SYN. échelonner, espacer, étaler. CONTR. *concentrer, grouper.*

répartition *nom féminin* Action de répartir. SYN. attribution, dispatching, distribution, division, ordonnance, ordonnancement, partage, ventilation.

repas *nom masculin* Nourriture prise régulièrement. SYN. – ARGOTIQUE : graille. – FAMILIER : casse-croûte. – POPULAIRE : bouffe, croûte, frichti. ■ Ensemble de plats servis. SYN. festin. – POPULAIRE : bouffe, gueuleton.

repassage *nom masculin* Action d'aiguiser une lame. SYN. affilage, affilement, affûtage, aiguisage, aiguisement.

repasser *verbe* Passer de nouveau ou en retour. SYN. ramener, rapporter, redonner. – POPULAIRE : refiler. ■ Aiguiser une lame. SYN. affiler, affûter, aiguiser. – VIEUX : émoudre. ■ Se remettre en mémoire. SYN. rabâcher, remâcher, répéter, ressasser, retourner, réviser, revoir, ruminer. ■ Enlever les plis à l'aide d'un fer. SYN. défriper, défroisser, déplisser. CONTR. *friper, froisser.*

repasseur *nom masculin* Celui qui aiguise. SYN. affileur, affûteur, aiguiseur, émouleur, polisseur, rémouleur.

repenser *verbe* Examiner à nouveau. SYN. reconsidérer, réétudier, réexaminer, remâcher, reprendre, revenir sur, revoir, ruminer. – LITTÉRAIRE : ressasser.

repentance *nom féminin* LITTÉRAIRE. Regret de ses péchés. SYN. regret, remords, repentir.

repentir *nom masculin* Fait de regretter une faute. SYN. attrition, regret, remords. – LITTÉRAIRE : componction, contrition, repentance, résipiscence.

repentir (se) *verbe pronominal* Regretter sincèrement. SYN. demander pardon, faire son mea-culpa, se frapper la poitrine, se reprocher, s'en vouloir. – FAMILIER : se mordre les doigts. – LITTÉRAIRE : battre sa coulpe. CONTR. *s'applaudir, se féliciter, se louer.*

répercussion *nom féminin* Conséquence indirecte. SYN. conséquence, contrecoup, écho, effet, impact, incidence, influence, prolongement, retentissement, retombée, ricochet, suite. CONTR. *cause, explication, origine, raison, source.*

répercuter *verbe* Transmettre un effet. SYN. prolonger, réfléchir, refléter, reproduire.

répercuter (se) *verbe pronominal* Avoir des répercussions sur. SYN. agir sur, influer, peser sur, rejaillir, retentir, retomber, ricocher.

repérer *verbe* Trouver l'emplacement de. SYN. détecter, localiser, situer. ■ Remarquer quelque chose. SYN. découvrir, dénicher, dépister, flairer, trouver. ■ Voir quelqu'un. SYN. apercevoir, discerner, entrevoir, percevoir, sentir.

repérer (se) *verbe pronominal* Déterminer sa position. SYN. se diriger, s'orienter, se reconnaître, se retrouver, se situer. CONTR. *s'égarer, se fourvoyer, se perdre.*

répertoire *nom masculin* Recueil contenant des données. SYN. carnet, catalogue, liste, registre.

répertorier *verbe* Dénombrer des choses. SYN. classifier, inventorier, lister, passer en revue, recenser, sérier, trier. ■ Inscrire dans une liste. SYN. enregistrer, inscrire, mentionner, noter, relever.

répété *adjectif* Qui se renouvelle. SYN. fréquent, perpétuel, récurrent, réitéré, renouvelé. CONTR. *espacé, exceptionnel, intermittent, isolé, rare, sporadique.*

répéter *verbe* Dire par indiscrétion. SYN. dévoiler, raconter, rapporter. – FAMILIER : faire la gazette. ■ Être la reproduction de. SYN. copier, imiter, rappeler, reprendre. ■ Faire une nouvelle fois. SYN. récidiver, recommencer, rééditer, refaire, réitérer, renouveler, repasser, reproduire, revoir. ■ Dire une nouvelle fois. SYN. avoir toujours le même mot à la bouche, rabâcher, radoter, rappeler, rebattre les oreilles, remettre sur le tapis, ressasser. – FAMILIER : seriner. CONTR. *changer de disque.*

répéter (se) *verbe pronominal* Redire les mêmes choses. SYN. rabâcher, radoter. ■ Revenir de la même façon. SYN. se renouveler, se reproduire.

répéteur *nom masculin* Amplificateur de télécommunications. SYN. transpondeur.

répétition *nom féminin* Retour d'une idée, d'un mot. SYN. pléonasme, rabâchage, redite, redondance, tautologie. – LITTÉRAIRE : superfétation. ■ Fait de répéter une action. SYN. fréquence, récidive, recommencement, récurrence, renouvellement, reprise, reproduction, retour. – FAMILIER : resucée. – LITTÉRAIRE : réitération.

repeuplement *nom masculin* Action de repeupler. SYN. repopulation. CONTR. *dépeuplement, dépopulation.*

répit *nom masculin* Arrêt momentané. SYN. accalmie, coupure, délai, entracte, intermission, interruption, pause, récréation, rémission, repos, sursis, trêve. – LITTÉRAIRE : halte, relâche. CONTR. *aggravation, recrudescence, redoublement.* ■ ***Sans répit,*** sans arrêt. SYN. constamment, continuellement, éternellement, immuablement, indéfiniment, invariablement, à longueur de temps, en permanence, perpétuellement, sans cesse, sans discontinuer, sans intermission, sans interruption, sans relâche, sans trêve, toujours, à tout bout de champ, à tout instant, tout le temps, à tout propos. – LITTÉRAIRE : continûment, sempiternellement. CONTR. *par accès, alternativement, épisodiquement, exceptionnellement, par instants, par intermittence, par intervalles, irrégulièrement, momentanément, occasionnellement, parfois, provisoirement, quelquefois, rarement, sporadiquement, temporairement, de temps à autre, de temps en temps, variablement.* – LITTÉRAIRE : *transitoirement.*

replacer *verbe* Remettre à sa place. SYN. rapporter, remettre, reposer. CONTR. *déplacer.* ■ Remettre dans son contexte. SYN. resituer, rétablir.

replâtrage *nom masculin* Remaniement sommaire. SYN. raccommodage, rafistolage, réfection, remise en état, réparation, restauration. – FAMILIER : retapage.

replâtrer *verbe* Tenter de réconcilier. SYN. rapprocher, réconcilier, réunir. – FAMILIER : rabibocher, raccommoder. CONTR. *brouiller, fâcher.*

replet *adjectif* Qui a de l'embonpoint. SYN. charnu, empâté, gras, gros, plantureux, plein, potelé, rebondi. – FAMILIER : dodu, grassouillet, rond, rondelet, rondouillard. CONTR. *décharné, efflanqué, maigre, maigrelet, maigriot, menu, mince, sec, squelettique, svelte.* – FAMILIER : *maigrichon.* – LITTÉRAIRE : *étique.*

réplétion *nom féminin* Augmentation de la gravité d'un astre. SYN. mascon. CONTR. *déplétion.*

repli *nom masculin* LITTÉRAIRE. Partie secrète de. SYN. dédale, détour, fin fond, méandre, secret. – LITTÉRAIRE : recoin, tréfonds. ■ Fait de se retirer. SYN. dérobade, évacuation, recul, reculade, retrait, retraite. CONTR. *approche, avance, avancée.*

replié *adjectif* Qui est plié sur soi. SYN. pelotonné, ramassé, recroquevillé. CONTR. *allongé, déplié, déployé, étendu, étiré.* ■ Qui s'isole des autres. SYN. fermé, impénétrable, insaisissable, introverti, mystérieux, renfermé, réservé, taciturne. – LITTÉRAIRE : secret. CONTR. *communicatif, démonstratif, épanoui, expansif, extraverti, exubérant, ouvert.* – FAMILIER : *parlant.*

replier *verbe* Plier ce qui est déplié. SYN. plier, rabattre. CONTR. *déplier, déployer, développer, étaler, étendre, ouvrir, tendre.*

replier (se) *verbe pronominal* Ramasser son corps. SYN. se pelotonner, se ramasser, se recroqueviller. CONTR. *s'allonger, se déplier, se déployer, s'étendre, s'étirer.* ■ S'isoler du monde extérieur. SYN. se barricader, se concentrer, s'enfermer, se recueillir, se renfermer, se retrancher. CONTR. *se détendre, s'épanouir, s'ouvrir.* – LITTÉRAIRE : *s'épancher.* ■ Opérer une retraite. SYN. battre en retraite, céder du terrain, décrocher, évacuer, faire marche arrière, fuir, reculer, refluer, se retirer, rétrograder. CONTR. *approcher, assiéger, attaquer, avancer, s'avancer, gagner du terrain, se rapprocher.*

réplique *nom féminin* Réponse péremptoire. SYN. réaction, repartie, réponse, riposte. ■ Fait de contester. SYN. critique, objection, rétorsion. ■ Personne qui ressemble à une autre. SYN. copie conforme, double, image, pendant, portrait, reflet, sosie. – FAMILIER : clone. ■ Copie d'une œuvre. SYN. copie, imitation, répétition, reproduction. CONTR. *modèle, original.*

répliquer *verbe* Répondre avec vivacité. SYN. objecter, répondre, répondre du tac au tac, rétorquer, riposter. – LITTÉRAIRE : repartir.

répondre *verbe transitif* Dire en retour. SYN. objecter, opposer, répliquer, rétorquer, riposter. – LITTÉRAIRE : repartir. CONTR. *demander, interroger, questionner.*

répondre *verbe transitif indirect* Prendre sous sa responsabilité. SYN. assurer, cautionner, être garant, garantir, se porter garant. CONTR. *désavouer.* ■ Faire des objections. SYN. protester, récriminer, répliquer, riposter. ■ Agir de telle façon en retour. SYN. payer de retour, réagir, rendre, riposter. ■ Être conforme à une attente. SYN. s'accorder, aller avec, cadrer, coïncider, concorder, convenir, correspondre, obéir, satisfaire.

réponse *nom féminin* Action de répondre à. SYN. objection, réaction, réfutation, réplique, riposte. CONTR. *demande, question.*

repopulation *nom féminin* Accroissement d'une population. SYN. repeuplement. CONTR. *dépeuplement, dépopulation.*

report *nom masculin* Remise à un autre moment. SYN. ajournement, remise, renvoi, sursis.

reporter *verbe* Remettre un objet à sa place. SYN. ramener, rapporter, rejeter, remettre, transporter. ■ Remettre à plus tard. SYN. ajourner, décaler, différer, proroger, reculer, remettre, renvoyer, repousser, retarder, surseoir à. ■ Orienter un sentiment vers. SYN. appliquer, porter, retourner, tourner. ■ Réécrire ailleurs. SYN. recopier, réinscrire, retranscrire, transcrire.

reporter (se) *verbe pronominal* Aller voir un document. SYN. consulter, se référer.

repos *nom masculin* Absence de mouvement. SYN. arrêt, immobilité, inaction, inactivité. – LITTÉRAIRE : halte. CONTR. *agitation, mouvement.* ■ Fait de cesser une activité. SYN. accalmie, cesse, congé, délassement, détente, loisir, pause, récréation, relaxation, répit, trêve. – FAMILIER : farniente. – LITTÉRAIRE : relâche. CONTR. *activité, besogne, exercice, fatigue, occupation, peine, tâche, travail.* – LITTÉRAIRE : *labeur.* ■ LITTÉRAIRE. État de tranquillité. SYN. apaisement, ataraxie, calme, paix, sérénité, silence. – LITTÉRAIRE : quiétude. CONTR. *agacement, angoisse, anxiété, inquiétude, préoccupation, souci, tourment.* – LITTÉRAIRE : *transes.*

reposant *adjectif* Qui repose. SYN. apaisant, calmant, délassant, détendant, tranquille. – POPULAIRE : peinard, pénard. CONTR. *agaçant, agité, énervant, éprouvant, épuisant, esquintant, exaspérant, excédant, exténuant, fatigant, harassant, pénible, rude.* – FAMILIER : *cassant, claquant, crevant, éreintant, tuant, usant.*

reposé *adjectif* Qui a pris du repos. SYN. délassé, détendu, dispos, frais et dispos. – FAMILIER : en forme, frais comme un gardon, frais comme une rose, en pleine forme. CONTR. *à bout de course, à bout de force, à bout de souffle, brisé, défait, épuisé, exténué, fatigué, fourbu, harassé, K.-O., las, mort, recru, rendu, rompu, surmené, usé.* – FAMILIER : *achevé, claqué, éreinté, esquinté, flapi, lessivé, moulu, pompé, raplapla, tué, vanné, vidé.* – POPULAIRE : *crevé.*

reposer *verbe transitif* Poser de nouveau. SYN. appuyer, poser, remettre, replacer.

reposer *verbe transitif* Procurer du repos à. SYN. délasser, détendre, relaxer, remettre, rétablir. CONTR. *énerver, épuiser, excéder, exténuer, fatiguer, harasser, lasser, surmener.* – FAMILIER : *claquer, éreinter, esquinter.*

reposer *verbe transitif indirect* Être fondé sur. SYN. s'appuyer, se baser, dépendre de, se fonder, relever de, résider, siéger. – LITTÉRAIRE : ressortir à.

reposer (se) *verbe pronominal* Faire confiance à quelqu'un. SYN. s'appuyer, compter sur, se fier à, s'en rapporter à, se référer, s'en remettre à, tabler sur. CONTR. *se garder de, se méfier.* – LITTÉRAIRE : *se défier.* ■ S'arrêter pour éliminer la fatigue. SYN. se décontracter, se délasser, se détendre, se relaxer, reprendre haleine, souffler. – FAMILIER : se mettre au vert, recharger ses accus, recharger ses batteries. – LITTÉRAIRE : se ressourcer. CONTR. *s'agiter, s'épuiser, s'exténuer, s'occuper, travailler.* – FAMILIER : *bûcher, s'éreinter, s'esquinter, trimer.* – POPULAIRE : *boulonner, marner, turbiner.*

repose-tête *nom masculin invariable* Dispositif pour protéger la nuque. SYN. appui-tête.

repoussant *adjectif* Qui inspire du dégoût. SYN. affreux, dégoûtant, écœurant, hideux, ignoble, nauséabond, rebutant, répugnant, répulsif, sordide. – FAMILIER : cracra, cra-cra, cradingue. – LITTÉRAIRE : nauséeux. – POPULAIRE : dégueulasse. CONTR. *affriolant, agréable, aguichant, aimable, alléchant, appétissant, attirant, attractif, attrayant, captivant, délicieux, enchanteur, engageant, fascinant, séduisant, tentant.* – LITTÉRAIRE : *délectable.*

repousser *verbe* Pousser en arrière. SYN. écarter, éloigner, pousser, rabattre, refouler. – LITTÉRAIRE : dissiper. CONTR. *approcher, rapprocher.* ■ S'opposer à quelqu'un. SYN. balayer, chasser, éliminer, expulser. – FAMILIER : blackbouler, débarquer, déboulonner. CONTR. *sélectionner, vouloir.* ■ Faire mauvais accueil. SYN. bannir, éconduire, exclure, excommunier, rabrouer. – FAMILIER : remballer, rembarrer. – LITTÉRAIRE : proscrire. CONTR. *accueillir, garder, recevoir.* ■ Ne pas admettre. SYN. contrer, décliner, dédaigner, s'opposer, refuser, rejeter. – LITTÉRAIRE : répudier. CONTR. *accéder, accepter, accorder, adhérer, admettre, adopter, agréer, approuver, assumer, se prêter à, souscrire à, suivre.* ■ Inspirer de l'aversion. SYN. dégoûter, déplaire, écœurer, rebuter, répugner. CONTR. *aguicher, allécher, appâter, charmer, ensorceler, fasciner, plaire, séduire, tenter.* ■ Remettre à plus tard. SYN. ajourner, décaler, différer, proroger, reculer, remettre, renvoyer, renvoyer aux calendes grecques, reporter, retarder, surseoir à, suspendre. CONTR. *anticiper, avancer, hâter.*

répréhensible *adjectif* Qui mérite d'être blâmé. SYN. accusable, blâmable, condamnable, critiquable, délictuel, délictueux, déplorable, punissable. – LITTÉRAIRE : incriminable. – VIEUX : damnable. CONTR. *excusable, inattaquable, irréprochable, louable, pardonnable, recommandable.* – LITTÉRAIRE : *irrépréhensible.*

reprendre *verbe* Rentrer en possession de. SYN. reconquérir, recouvrer, récupérer, retirer, retrouver. – FAMILIER : ravoir. CONTR. *perdre.* ■ Affecter quelqu'un de nouveau. SYN. se rallumer, regagner, ressaisir, revenir. ■ S'adonner de nouveau à. SYN. recommencer, se remettre à, renouer. CONTR. *arrêter, cesser, couper, interrompre.* ■ Apporter des corrections. SYN. changer, corriger, modifier, redire, refondre, remanier, repenser, retoucher, revoir. ■ Réprimander quelqu'un. SYN. blâmer, chapitrer, condamner, corriger, critiquer, gronder, houspiller, morigéner, rappeler à l'ordre, réprimander, sermonner, tirer les oreilles. – FAMILIER : attraper, disputer, enguirlander, sonner les cloches à. – LITTÉRAIRE : admonester, châtier, fustiger, gourmander, quereller, tancer. – POPULAIRE : engueuler, remonter les bretelles. CONTR. *aduler.*

reprendre (se) *verbe pronominal* Retrouver la maîtrise de soi. SYN. se contrôler, se dominer, se maîtriser, réagir, se remettre, reprendre le dessus, se ressaisir, se retrouver. – FAMILIER : remonter la pente, remonter le courant, se secouer. CONTR. *s'affoler, se démonter, se troubler.* ■ Rectifier son propos. SYN. se corriger, se rattraper, se rétracter.

représailles *nom féminin pluriel* Actes pour se venger. SYN. rétorsion, riposte, vengeance. CONTR. *pardon.*

représentant *nom* Ce qui sert de type. SYN. échantillon, exemplaire, spécimen. ■ Personne qui représente quelqu'un. SYN. agent, ambassadeur, délégué, envoyé, interprète, mandataire, organe, parlementaire, porte-parole, responsable, substitut. ■ Intermédiaire du commerce. SYN. courtier, placier, voyageur de commerce, V.R.P. – VIEUX : commis voyageur.

représentatif *adjectif* Considéré comme le modèle. SYN. caractéristique, propre, révélateur, significatif, spécifique, typique.

représentation *nom féminin* Ce qui reproduit quelque chose. SYN. description, illustration, image, incarnation, peinture, portrait, reproduction, symbole. – LITTÉRAIRE : traduction. ■ Ce que l'on imagine. SYN. conception, évocation, figuration, vision. ■ Action de donner un spectacle. SYN. exhibition, numéro, présentation, séance, spectacle.

représenter *verbe* Être le type de. SYN. désigner, équivaloir, évoquer, exprimer, figurer, former, incarner, personnifier, refléter, rendre, symboliser, traduire. ■ Figurer par l'art. SYN. illustrer, imiter, présenter, reproduire, sembler. – LITTÉRAIRE : simuler. ■ Décrire par le langage. SYN. brosser, décrire, dépeindre, dessiner, évoquer, peindre, retracer. ■ Jouer un spectacle. SYN. interpréter, jouer. – FAMILIER : donner.

représenter (se) *verbe pronominal* Voir en imagination. SYN. concevoir, se figurer, imaginer, s'imaginer, juger de, visualiser.

répression *nom féminin* Action de réprimer. SYN. écrasement, étouffement, punition, sanction. – LITTÉRAIRE : châtiment, étranglement.

réprimande *nom féminin* Action de réprimander. SYN. avertissement, blâme, correction, critique, gronderie, observation, remarque, remontrance, reproche, semonce. – FAMILIER : savon. – LITTÉRAIRE : admonestation, admonition, mercuriale, objurgation. – POPULAIRE : engueulade. CONTR. *compliment, félicitations, flatterie.*

réprimander *verbe* Adresser des reproches à. SYN. avertir, chapitrer, corriger, gronder, houspiller, morigéner, rappeler à l'ordre, reprendre, sermonner, tirer les oreilles. – FAMILIER : attraper, disputer, enguirlander, passer un savon, sonner les cloches à. – LITTÉRAIRE : admonester, fustiger, gourmander, moraliser, quereller, remiser, semoncer, tancer. – POPULAIRE : engueuler, remonter les bretelles. CONTR. *complimenter, féliciter, louer.* – LITTÉRAIRE : *congratuler.*

réprimer *verbe* Retenir un geste, un sentiment. SYN. brider, contenir, étouffer, maîtriser, museler, ravaler, refouler, refréner, réfréner, rentrer, retenir. – LITTÉRAIRE : contraindre. ■ Écraser un mouvement. SYN. étouffer, étrangler, maîtriser, mater, noyer dans le sang, punir, sanctionner, sévir contre, stopper. – LITTÉRAIRE : châtier. CONTR. *tolérer.*

reprisage *nom masculin* Action de repriser. SYN. raccommodage, rafistolage, rapiéçage, rapiècement, réparation, reprise, stoppage. – FAMILIER : rapetassage. – VIEUX : ravaudage.

reprise *nom féminin* Continuation après une pause. SYN. continuation, poursuite, redémarrage, redressement. CONTR. *arrêt, cessation, coupure, fin, interruption, pause, suspension.* ■ Fait de réapparaître. SYN. rebondissement, récidive, recommencement, recrudescence, regain, renouveau, répétition, retour. ■ Réparation d'une étoffe. SYN. raccommodage, rafistolage, rapiéçage, rapiècement, réparation, reprisage, stoppage. – FAMILIER : rapetassage. – VIEUX : ravaudage.

repriser *verbe* Raccommoder un vêtement. SYN. faire un point, raccommoder, rapiécer, rapiéceter, recoudre, réparer, stopper. – FAMILIER : rapetasser. – VIEUX : ravauder.

réprobateur *adjectif* Qui exprime la réprobation. SYN. accusateur, critique, désapprobateur. – LITTÉRAIRE : improbateur. CONTR. *approbateur, approbatif, élogieux, flatteur, laudatif.* – LITTÉRAIRE : *flagorneur, louangeur.*

réprobation *nom féminin* Fait de blâmer quelqu'un. SYN. anathème, blâme, condamnation, critique, désapprobation, reproche. – LITTÉRAIRE : improbation. CONTR. *agrément, approbation.*

reproche *nom masculin* Remarque critique. SYN. accusation, critique, désapprobation, grief, gronderie, observation, remarque, remontrance, réprimande, réprobation, semonce. – LITTÉRAIRE : objurgation. CONTR. *compliment, félicitation, flatterie.* – LITTÉRAIRE : *adulation.*

reprocher *verbe* Adresser des reproches à. SYN. accuser, avoir à redire à, avoir une dent contre quelqu'un, blâmer, condamner, critiquer, faire grief de, imputer, réprouver, tenir rigueur, trouver à redire à, en vouloir à.

reprocher (se) *verbe pronominal* Se faire des reproches pour. SYN. faire son mea-culpa, regretter, se repentir, s'en vouloir. – FAMILIER : se mordre les doigts. – LITTÉRAIRE : battre sa coulpe. CONTR. *s'applaudir, se féliciter, se louer.*

reproduction *nom féminin* Fait de se répéter. SYN. fréquence, recommencement, renouvellement, répétition, retour. – LITTÉRAIRE : réitération. ■ Action de reproduire. SYN. calque, double, image, imitation, reflet, réplique, représentation. ■ Imitation d'un original. SYN. copie, fac-similé, simulacre.

reproduire *verbe* Produire de nouveau. SYN. recommencer, reconstituer, rééditer, refaire, réitérer, renouveler, répéter. ■ Restituer fidèlement. SYN. copier, figurer, imiter, incarner, refléter, rendre, représenter, restituer, retracer.

reproduire (se) *verbe pronominal* Se produire de nouveau. SYN. réapparaître, recommencer, se renouveler, se répéter, reprendre, revenir. ■ Engendrer d'autres êtres. SYN. se multiplier, procréer, proliférer.

réprouvé *nom* LITTÉRAIRE. Personne exclue de la société. SYN. exclu, hors-la-loi, paria, pestiféré. – LITTÉRAIRE : damné, maudit. CONTR. *privilégié.* ■ Pécheur exclu du salut. SYN. anathème, damné, maudit.

réprouver *verbe* Rejeter en condamnant. SYN. anathématiser, blâmer, condamner, critiquer, dénoncer, désapprouver, désavouer, reprocher, stigmatiser. – LITTÉRAIRE : censurer, flétrir, maudire, vitupérer. CONTR. *accepter, admettre, applaudir, approuver, louer, prôner, souscrire à, tolérer.* – LITTÉRAIRE : *louanger.*

repu *adjectif* LITTÉRAIRE. Qui a satisfait sa faim. SYN. gavé, nourri, rassasié. – FAMILIER : calé, gonflé comme une outre, plein comme un œuf, plein comme une outre. CONTR. *affamé, famélique.* ■ LITTÉRAIRE. Qui a nourri son esprit de. SYN. assouvi, saoul, satisfait, soûl. CONTR. *assoiffé, avide.*

répudiation *nom féminin* LITTÉRAIRE. Action de répudier. SYN. abandon, négation, opposition, refus, rejet. CONTR. *acceptation, adhésion, admission, adoption, approbation, assentiment, assimilation, ralliement.*

répudier *verbe* LITTÉRAIRE. Rejeter une opinion, etc. SYN. combattre, contester, dénier, discuter, infirmer, récuser, refuser, rejeter, renier, repousser. CONTR. *accepter, admettre, adopter, endosser, favoriser, reconnaître, vouloir.*

répugnance *nom féminin* Vif sentiment d'aversion. SYN. antipathie, aversion, dégoût, écœurement, exécration, haine, horreur, répulsion, révolte. – LITTÉRAIRE : haut-le-cœur. CONTR. *attirance, désir, envie, faible, goût, inclination, penchant, plaisir, prédilection, préférence, propension, sympathie.* – LITTÉRAIRE : *appétit.*

répugnant *adjectif* Qui inspire le dégoût. SYN. affreux, crasseux, dégoûtant, écœurant, fétide, infect, nauséabond, rebutant, repoussant. – FAMILIER : cracra, cra-cra. – POPULAIRE : dégueulasse. CONTR. *affriolant, alléchant, attirant, charmant, séduisant.* ■ Qui inspire du mépris. SYN. abject, abominable, dégoûtant, écœurant, exécrable, hideux, ignoble, immonde, infâme, malpropre, nauséabond, rebutant, répulsif, sordide. – LITTÉRAIRE : ignominieux, nauséeux, turpide. CONTR. *adorable, édifiant, exemplaire, noble, plaisant.*

répugner *verbe* Inspirer du dégoût. SYN. dégoûter, déplaire, donner envie de vomir, donner la nausée, écœurer, être à vomir, faire horreur, lever le cœur, rebuter, révolter, scandaliser, soulever le cœur. – FAMILIER : révulser, sortir par les trous de nez. – POPULAIRE : débecqueter, débecter, être à dégueuler. CONTR. *allécher, attirer, charmer, fasciner, plaire, séduire, tenter.* ■ Ne pas avoir envie d'agir. SYN. abominer, avoir horreur de, détester, exécrer. – LITTÉRAIRE : abhorrer. CONTR. *adorer, aimer, brûler de, convoiter, désirer, se plaire à, rêver de, souhaiter, vouloir.*

répulsif *adjectif* Qui exerce une répulsion. SYN. abject, dégoûtant, écœurant, ignoble, immonde, infâme, nauséabond, rebutant, repoussant, répugnant, sordide. – LITTÉRAIRE : ignominieux, nauséeux. CONTR. *appétissant, attirant, charmant, fascinant, séduisant, subjuguant, tentant.*

répulsion *nom féminin* Vive répugnance pour. SYN. antipathie, aversion, dégoût, désintérêt, écœurement, haine, horreur, hostilité, nausée, répugnance. – LITTÉRAIRE : abomination, exécration, haut-le-cœur. CONTR. *adoration, attachement, attirance, attrait, convoitise, désir, faiblesse, goût, inclination, passion, penchant, propension, sympathie.* – LITTÉRAIRE : *allèchement, appétit.*

réputation *nom féminin* Opinion du public sur. SYN. audience, cote. – LITTÉRAIRE : crédit. ■ Fait d'être connu. SYN. autorité, célébrité, gloire, notoriété, popularité. – LITTÉRAIRE : renom, renommée. CONTR. *anonymat.* – LITTÉRAIRE : *obscurité.*

réputé *adjectif* LITTÉRAIRE. Qui est considéré comme. SYN. dit, jugé, présumé, supposé, tenu pour. ■ Qui a un grand renom. SYN. célèbre, connu, émérite, éminent, glorieux, grand, illustre, insigne, légendaire, marquant, notoire, populaire, prestigieux, proverbial, renommé. – LITTÉRAIRE : fameux. CONTR. *ignoré, inconnu, obscur, petit.*

requérir *verbe* Faire appel à quelqu'un. SYN. appeler, prier, réclamer, solliciter. – LITTÉRAIRE : enjoindre. ■ Avoir absolument besoin de. SYN. commander, demander, exiger, imposer, nécessiter, réclamer, revendiquer, vouloir.

requête *nom féminin* Demande instante. SYN. instance, prière, réclamation, revendication, sollicitation, souhait, supplique, vœu. – LITTÉRAIRE : objurgation.

requin *nom masculin* Homme d'affaires impitoyable. SYN. aigrefin, bandit, forban, gangster, prédateur, vautour. – FAMILIER : margoulin. ■ ***Requin bleu,*** squale de haute mer, très vorace. SYN. bleu, peau-bleue.

requinquer *verbe* FAMILIER. Redonner des forces. SYN. donner un coup de fouet, refaire, regonfler, remettre, remonter, ressusciter, restaurer, rétablir, revigorer. – FAMILIER : ragaillardir, ravigoter, retaper. – VIEUX : réconforter. CONTR. *abattre, accabler, affaiblir, anéantir, atterrer, briser, débiliter, décourager, démonter, démoraliser, déprimer, épuiser, exténuer, fatiguer, ramollir.* – FAMILIER : *éreinter, tuer.*

requinquer (se) *verbe pronominal* FAMILIER. Reprendre des forces. SYN. récupérer, se refaire une santé, se refaire, se remettre, se remonter, renaître, se rétablir, revivre. – FAMILIER : reprendre du poil de la bête, se retaper. – VIEUX : se réconforter. CONTR. *s'affaiblir, dépérir.* – LITTÉRAIRE : *faiblir.*

requin-taupe *nom masculin* Grand requin de l'Atlantique nord. SYN. lamie, touille.

requis *adjectif* Qui est nécessaire à. SYN. exigé, imposé, indispensable, nécessaire, obligatoire, prescrit, réclamé, voulu.

réquisitoire *nom masculin* Discours accusateur. SYN. accusation, attaque, diatribe, pamphlet, satire. – LITTÉRAIRE : catilinaire, philippique. CONTR. *apologie, apothéose, défense, éloge,* *panégyrique, plaidoirie, plaidoyer.* – LITTÉRAIRE : *dithyrambe.*

rescapé *adjectif* Qui est sorti vivant d'un accident. SYN. entier, indemne, intact, miraculé, sauvé, survivant.

rescapé *nom* Personne sauvée d'un danger. SYN. miraculé, survivant.

rescindant *adjectif* Qui rescinde. SYN. rescisoire.

rescinder *verbe* Annuler un acte judiciaire. SYN. annuler, casser, dénoncer, dissoudre.

rescisoire *adjectif* Qui donne lieu à l'annulation d'un acte. SYN. rescindant.

rescrit *nom masculin* Décision du pape. SYN. bref, bulle, constitution, décrétale, encyclique, monitoire.

réseau *nom masculin* Ensemble d'éléments reliés. SYN. enchevêtrement, enlacement, entrecroisement, entrelacement, labyrinthe, lacis. – LITTÉRAIRE : entremêlement.

réserve *nom féminin* Restriction apportée. SYN. critique, observation, remarque, restriction, réticence. ■ Choses mises de côté. SYN. approvisionnement, fourniture, provision, stock. ■ Local de stockage. SYN. dépôt, entrepôt, magasin, resserre. ■ Ensemble de ressources. SYN. disponibilité, potentiel, puissance, ressource. ■ Comportement réservé. SYN. circonspection, décence, discrétion, méfiance, mesure, modération, modestie, prudence, pudeur, quant-à-soi, retenue. – LITTÉRAIRE : effacement. CONTR. *aplomb, audace, bravade, crudité, effronterie, emphase, épanchement, excès, fanfaronnade, front, hardiesse, impudeur, indiscrétion, intempérance, laisser-aller, pétulance.* – FAMILIER : *culot, toupet.* – LITTÉRAIRE : *outrecuidance.*

réservé *adjectif* Qui montre de la retenue. SYN. circonspect, discret, dissimulé, distant, froid, impénétrable, introverti, mesuré, modéré, pondéré, prudent, pudique, renfermé, replié, réticent, silencieux, sobre. – FAMILIER : frais. – LITTÉRAIRE : secret. CONTR. *audacieux, bavard, bouillant, effronté, excentrique, expansif, extraverti, exubérant, familier, faraud, franc, hardi, impudent, indiscret, ouvert, provocant.* – FAMILIER : *crâneur, parlant.* – LITTÉRAIRE : *tumultueux.*

réserver *verbe* Garder pour un usage précis. SYN. affecter, attribuer, consacrer, conserver, destiner, économiser, épargner, garder, laisser, mettre de côté. ■ Préparer à l'insu de quelqu'un. SYN. assurer, laisser prévoir, ménager. – FAMILIER : préparer.

réserver (se) *verbe pronominal* S'accorder quelque chose. SYN. s'assurer, se garder, se ménager. ■ Rester disponible pour. SYN. s'abstenir de tout commentaire, assurer ses arrières, différer sa réponse.

réserves *nom féminin pluriel* Éléments disponibles. SYN. disponibilités, ressources.

résidence *nom féminin* Lieu où l'on habite. SYN. domicile, foyer, habitation, logement, maison, toit. – LITTÉRAIRE : demeure, logis.

résider *verbe* Habiter quelque part. SYN. demeurer, descendre, s'établir, se fixer, habiter, loger, occuper, vivre. – FAMILIER : nicher, percher, rester. – POPULAIRE : crécher. ■ Avoir son origine dans. SYN. reposer, siéger, se trouver.

résidu *nom masculin* Restes d'un traitement. SYN. débris, déchet, détritus, lie, rebut, restant, reste. – LITTÉRAIRE : reliquat.

résignation *nom féminin* Fait de se résigner. SYN. acceptation, fatalisme, passivité, philosophie, renoncement, soumission. CONTR. *contestation, impatience, lutte, protestation, réaction, révolte.*

résigné *adjectif* Qui montre de la résignation. SYN. consentant, fataliste, impassible, philosophe, soumis. CONTR. *contestataire, impatient, indigné, insurgé, opposé, rebelle, révolté.*

résigner *verbe* LITTÉRAIRE. Renoncer à une charge. SYN. abandonner, abdiquer, délaisser, se démettre, démissionner, lâcher, quitter.

résigner (se) *verbe pronominal* Accepter sans protester. SYN. accepter, s'accommoder de, s'arranger de, céder, faire contre mauvaise fortune bon cœur, se faire une raison, s'incliner, en prendre son parti, se rendre, se résoudre, se soumettre, subir, supporter. – FAMILIER : faire son deuil de. – LITTÉRAIRE : faire de nécessité vertu. CONTR. *broncher, contester, s'insurger, lutter, s'opposer, protester, se rebeller, se révolter.* – FAMILIER : *se rebiffer.*

résiliation *nom féminin* Action de résilier. SYN. abolition, annulation, résolution, révocation, rupture.

résilier *verbe* Mettre fin à un contrat. SYN. abolir, abroger, annuler, casser, dissoudre, invalider, révoquer, rompre.

résistance *nom féminin* Action de résister. SYN. acharnement, combativité, défense, lutte, réaction. CONTR. *abandon, abdication, capitulation, docilité, fuite, obéissance, reddition.* ■ Action de s'opposer à. SYN. contestation, désobéissance, mutinerie, obstacle, opposition, rébellion, sédition. CONTR. *acquiescement, adhésion, assentiment, coopération, docilité,* *passivité, réceptivité, soumission.* ■ Capacité à endurer. SYN. endurance, endurcissement, fermeté, force, robustesse. CONTR. *déficience, faiblesse, rachitisme.* ■ Caractère solide de. SYN. dureté, solidité. CONTR. *délicatesse, fragilité, vulnérabilité.*

résistant *adjectif* Qui supporte les épreuves. SYN. aguerri, bâti à chaux et à sable, coriace, endurant, fort, inébranlable, infatigable, puissant, robuste, tenace, vivace. – FAMILIER : increvable. – LITTÉRAIRE : infrangible. CONTR. *chétif, débile, défaillant, déficient, étiolé, faible, frêle, maladif, rachitique, souffreteux.* ■ Qui est solide. SYN. dur, de fer, ferme, incassable, inusable, robuste, solide. CONTR. *cassant, délicat, fragile, tendre.*

résister *verbe* S'opposer par la force à. SYN. se débattre, se défendre, faire face, faire front, lutter, ne pas céder d'un pouce, ne pas céder d'une semelle, réagir, tenir bon. CONTR. *capituler, fuir, lâcher pied, lâcher prise, obéir, reculer, se rendre, suivre.* ■ S'opposer à quelqu'un. SYN. avoir la tête dure, se cabrer, contrarier, désobéir, se dresser, s'insurger, mettre des bâtons dans les roues, ne pas se laisser faire, s'opposer, se révolter, tenir tête. – FAMILIER : freiner des quatre fers, se rebiffer. – LITTÉRAIRE : regimber. CONTR. *acquiescer, consentir, s'incliner, se plier, se soumettre.* ■ Lutter contre ce qui attire. SYN. défier, faire la sourde oreille, repousser, réprimer. CONTR. *s'abandonner, céder, plier, succomber.* – FAMILIER : *caler, flancher.* – POPULAIRE : *caner, canner.* ■ Supporter des épreuves. SYN. affronter, avoir de la défense, avoir l'âme chevillée au corps, combattre, endurer, lutter, se mesurer à, soutenir, supporter. – FAMILIER : ne pas se laisser abattre, tenir le choc, tenir le coup. CONTR. *crouler, dépérir, s'écrouler, s'effondrer, mollir, mourir, n'en pouvoir plus, périr.*

résolu *adjectif* Ferme dans ses projets. SYN. assuré, audacieux, décidé, déterminé, énergique, ferme, hardi, obstiné, opiniâtre, tenace, têtu, volontaire. – LITTÉRAIRE : robuste. CONTR. *amorphe, avachi, capitulard, craintif, embarrassé, flottant, fluctuant, hésitant, incertain, indécis, irrésolu, lymphatique, mou, perplexe, timide.* – LITTÉRAIRE : *pusillanime.*

résolument *adverbe* D'une manière décidée. SYN. arrache-pied (d'), carrément, catégoriquement, délibérément, directement, énergiquement, de face, fermement, fortement, franchement, de front, inébranlablement, obstinément, opiniâtrement, ouvertement. – LITTÉRAIRE : tenacement. ■ Avec courage. SYN. courageusement, intrépidement, vaillamment. – FAMILIER : bravement. – LITTÉRAIRE : crânement, hardiment, valeureusement.

résolution *nom féminin* Fait de décider de. SYN. décision, dessein, détermination, disposition, intention, option, parti, propos. ■ Caractère déterminé. SYN. caractère, courage, détermination, énergie, fermeté, hardiesse, insistance, ressort, volonté. – FAMILIER : cran. – LITTÉRAIRE : opiniâtreté. CONTR. *doute, embarras, hésitation, incertitude, indécision, indétermination, irrésolution, perplexité, peur.* ■ Action de régler un problème. SYN. règlement, résiliation, solution.

résonance *nom féminin* Effet produit dans l'esprit. SYN. écho, retour. – LITTÉRAIRE : retentissement.

résonnant *adjectif* Qui résonne. SYN. retentissant, sonnant, sonore, vibrant.

résonner *verbe* Renvoyer un son. SYN. vibrer. – LITTÉRAIRE : retentir. ■ Produire un son. SYN. retentir, sonner, tinter. – LITTÉRAIRE : tintinnabuler.

résorber *verbe* Faire disparaître peu à peu. SYN. absorber, anéantir, assimiler, éliminer, faire cesser, mettre fin à, supprimer.

résoudre *verbe* Trouver une solution. SYN. débrouiller, déchiffrer, démêler, dénouer, deviner, régler, solutionner, trancher, trouver. ■ Inciter quelqu'un à. SYN. amener, conduire, décider, entraîner, inciter, porter, pousser. ■ Prendre la décision de. SYN. arrêter, convenir, décider, se déterminer à.

résoudre (se) *verbe pronominal* Consentir finalement à. SYN. accepter, consentir, se décider, se déterminer, faire contre mauvaise fortune bon cœur, se faire une raison, en prendre son parti, se résigner, en venir à.

respect *nom masculin* Considération envers quelqu'un. SYN. considération, déférence, égard, estime, politesse, vénération. – LITTÉRAIRE : piété, révérence. CONTR. *audace, dérision, désinvolture, impertinence, insolence.* – LITTÉRAIRE : *irrespect, irrévérence.* ■ Fait de respecter une chose. SYN. culte, égard, observation. – LITTÉRAIRE : observance. CONTR. *dédain, inobservation, manquement, mépris, oubli, profanation, transgression, violation.* – LITTÉRAIRE : *déconsidération, viol.*

respectabilité *nom féminin* Caractère respectable. SYN. dignité, honorabilité, intégrité, probité.

respectable *adjectif* Qui mérite du respect. SYN. digne, estimable, honorable, méritoire, recommandable, vénérable. – FAMILIER : sacro-saint. CONTR. *abject, bas, indigne, infâme, interlope, méprisable, vilain.* – LITTÉRAIRE : *vil.* ■ Qui est d'une importance certaine. SYN. conséquent, considérable, important. – FAMILIER : coquet, joli, rondelet. CONTR. *dérisoire, insignifiant, maigre, mince, modique, négligeable, pauvre.*

respectablement *adverbe* De façon respectable. SYN. dignement. CONTR. *bassement, indignement.* – LITTÉRAIRE : *vilainement, vilement.*

respecter *verbe* Traiter quelqu'un avec respect. SYN. considérer, craindre, écouter, estimer, honorer, ménager, vénérer. – LITTÉRAIRE : révérer. CONTR. *s'amuser, bafouer, blasphémer, bousculer, dédaigner, humilier, narguer, offenser.* – LITTÉRAIRE : *blesser.* ■ Se conformer à quelque chose. SYN. se conformer, obéir, observer, satisfaire à, suivre, tenir parole, tenir sa parole, tenir sa promesse. CONTR. *bafouer, braver, contrevenir, déroger, désobéir, s'éloigner, enfreindre, estropier, fouler aux pieds, ignorer, manquer à, trahir, transgresser, violer.* – LITTÉRAIRE : *outrager.*

respectif *adjectif* Qui concerne chaque élément. SYN. particulier, personnel, propre.

respects *nom masculin pluriel* Marques de civilité. SYN. hommages, salutations. – LITTÉRAIRE : civilités.

respectueusement *adverbe* Avec respect. SYN. humblement, pieusement, poliment. – LITTÉRAIRE : révérencieusement. CONTR. *audacieusement, cavalièrement, impoliment, insolemment.* – LITTÉRAIRE : *irrespectueusement, irrévérencieusement.* – VIEUX : *irrévéremment.*

respectueux *adjectif* Qui éprouve du respect. SYN. déférent, docile, fidèle, humble, poli, soumis. – LITTÉRAIRE : révérencieux, urbain. CONTR. *arrogant, audacieux, cavalier, dédaigneux, désinvolte, effronté, familier, impertinent, insolent, méprisant.* – FAMILIER : *culotté, sans gêne.* – LITTÉRAIRE : *irrespectueux, irrévérencieux.*

respiration *nom féminin* Fait de respirer. SYN. expiration, haleine, souffle.

respirer *verbe intransitif* Récupérer son souffle. SYN. reprendre haleine, souffler. CONTR. *avoir le souffle court, étouffer, être à bout de souffle, être hors d'haleine, haleter, suffoquer.* – FAMILIER : *souffler comme un bœuf, souffler comme un phoque.*

respirer *verbe transitif* Absorber de l'air, etc. SYN. aspirer, humer, inspirer. ■ Percevoir par l'odorat. SYN. flairer, inhaler, renifler, sentir. – LITTÉRAIRE : humer. ■ LITTÉRAIRE. Donner une impression de. SYN. afficher, exhaler, exprimer, manifester, montrer, offrir, présenter, révéler. – LITTÉRAIRE : suer.

resplendir *verbe* LITTÉRAIRE. Briller d'un vif éclat. SYN. briller, étinceler, miroiter, reluire, rutiler, scintiller. – LITTÉRAIRE : flamber, flamboyer, fulgurer, ruisseler. ■ LITTÉRAIRE. Être éclatant sous l'effet de. SYN. s'épanouir, s'illuminer, pétiller, rayonner.

resplendissant *adjectif* Qui brille. SYN. brillant, éclatant, étincelant. – LITTÉRAIRE : flamboyant, nitescent. ■ Qui rayonne de. SYN. florissant, pétillant, prospère, radieux, ravi, rayonnant, splendide.

responsabilité *nom féminin* Fait d'assumer une charge. SYN. charge, devoir, soin.

responsable *adjectif* Qui doit répondre d'un acte. SYN. comptable, garant. CONTR. *irresponsable.* ■ Qui est à l'origine d'un mal. SYN. coupable, fautif. CONTR. *innocent.* ■ Qui est réfléchi. SYN. adulte, mature, mûr, pondéré, posé, prudent, sage, sérieux. – LITTÉRAIRE : rassis.

responsable *nom* Personne qui a la charge de. SYN. artisan, auteur, chef, dirigeant, leader, patron, représentant. – LITTÉRAIRE : ouvrier.

resquiller *verbe* FAMILIER. Se procurer frauduleusement. SYN. escroquer, frauder. – FAMILIER : truander. – VIEUX : filouter.

ressaisir (se) *verbe pronominal* Retrouver ses facultés. SYN. prendre sur soi, se rattraper, reprendre le dessus, se reprendre.

ressassé *adjectif* Répété sans cesse. SYN. éculé, rebattu, usé. – FAMILIER : réchauffé.

ressasser *verbe* Répéter sans cesse. SYN. rabâcher, radoter, redire, repasser, répéter, revenir sur. – FAMILIER : seriner. ■ LITTÉRAIRE. Retourner la même idée. SYN. garder à quelqu'un un chien de sa chienne, rappeler, remâcher, repenser, ruminer.

ressaut *nom masculin* Partie saillante d'un mur. SYN. encorbellement, redan, redent, saillie.

ressemblance *nom féminin* Fait de ressembler à. SYN. analogie, communauté, concordance, conformité, exactitude, identité, parenté, rapport, similarité, similitude. CONTR. *contraste, différence, dissemblance, dissimilitude.*

ressemblant *adjectif* Qui ressemble à. SYN. analogue, approchant, comparable, pareil, semblable, similaire, voisin. – FAMILIER : c'est bonnet blanc et blanc bonnet, c'est du pareil au même, c'est kif-kif (bourricot), c'est tout comme. CONTR. *différent, distinct.*

ressembler *verbe* Avoir des traits communs avec. SYN. s'apparenter, approcher de, correspondre, imiter, rappeler, tenir de. – RARE : approximer. CONTR. *différer, se distinguer, s'opposer à.*

ressembler (se) *verbe pronominal* Présenter une similitude. SYN. se confondre, être tout le portrait de. – FAMILIER : être du même acabit, être du même tonneau, être le portrait craché de. CONTR. *se différencier, différer, se distinguer, s'opposer.*

ressentiment *nom masculin* Désir de se venger de. SYN. aigreur, animosité, aversion, dépit, haine, hostilité, inimitié, rancœur, rancune. - **LITTÉRAIRE** : fiel. **CONTR.** *excuse, indulgence, oubli, pardon.*

ressentir *verbe* Éprouver un sentiment. **SYN.** avoir, connaître, endurer, sentir, subir.

resserre *nom féminin* Lieu de stockage. **SYN.** abri, dépôt, entrepôt, magasin, remise, réserve.

resserré *adjectif* Contenu dans d'étroites limites. **SYN.** compact, encaissé, étranglé, étriqué, étroit, restreint, rétréci. **CONTR.** *aéré, grand, large, spacieux.* - **LITTÉRAIRE** : *vaste.*

resserrement *nom masculin* Fait d'être resserré. **SYN.** constriction, contraction, étranglement, rétrécissement. **CONTR.** *élargissement.* ■ Action de limiter. **SYN.** compression, limitation, réduction, restriction. **CONTR.** *expansion.* ■ Action de renforcer un lien. **SYN.** affermissement, consolidation, durcissement, raffermissement, renforcement.

resserrer *verbe* Rendre plus étroit. **SYN.** borner, cerner, circonscrire, délimiter, encercler, enserrer, envelopper. **CONTR.** *agrandir, dilater, élargir, ouvrir, repousser.* ■ Réduire la taille de. **SYN.** abréger, compresser, comprimer, condenser, diminuer, ramasser, réduire, restreindre, résumer, rétrécir. **CONTR.** *amplifier, développer, étaler.* - **FAMILIER** : *délayer.* ■ Raffermir des relations. **SYN.** cimenter, consolider, raffermir, renforcer. **CONTR.** *distendre, ébranler, saper.*

resserrer (se) *verbe pronominal* Devenir plus étroit. **SYN.** s'étrangler, se rétrécir. **CONTR.** *se dilater, s'élargir.*

ressort *nom masculin* LITTÉRAIRE. Force qui fait agir. **SYN.** cause, mobile, moteur, nerf, raison. ■ Force morale. **SYN.** caractère, énergie, mordant, résolution, ressource, tonus. - **FAMILIER** : cran, punch. - **LITTÉRAIRE** : sève. **CONTR.** *langueur.*

ressort *nom masculin* LITTÉRAIRE. Domaine d'activité. **SYN.** branche, compétence, domaine, partie, secteur, spécialité. - **LITTÉRAIRE** : département. ■ ***En dernier ressort,*** en fin de compte. **SYN.** au bout du compte, bref, en définitive, en dernière analyse, finalement, somme toute, au total, tout compte fait.

ressortir *verbe intransitif* Paraître par contraste. **SYN.** contraster, se découper, se dessiner, se détacher, trancher, transparaître. - **LITTÉRAIRE** : se silhouetter. **CONTR.** *se fondre.* ■ ***Faire ressortir,*** mettre en valeur. **SYN.** appuyer, intensifier, rehausser, souligner, valoriser. **CONTR.** *effacer, gommer.*

ressortir *verbe transitif indirect* LITTÉRAIRE. Se rapporter à tel domaine. **SYN.** s'apparenter à, appartenir, avoir rapport à, concerner, découler de, dépendre, dériver, intéresser, participer de, procéder de, se rapporter, regarder, relever, reposer, résulter, tenir. **CONTR.** *causer.*

ressource *nom féminin* Ce qui tire d'embarras. **SYN.** arme, issue, recours, remède, secours. - **LITTÉRAIRE** : refuge, rempart. ■ Moyens que l'on a en soi. **SYN.** caractère, courage, énergie, réserve, ressort, volonté. - **FAMILIER** : cran.

ressources *nom féminin pluriel* Moyens financiers. **SYN.** argent, avoir, finances, fonds, fortune, gain, richesse, trésorerie. ■ Possibilités d'action. **SYN.** expédient, ingéniosité, moyens, possibilités, potentiel, réserves. - **FAMILIER** : astuce, débrouillardise.

ressouvenir (se) *verbe pronominal* LITTÉRAIRE. Se souvenir de nouveau. **SYN.** se rappeler, se remémorer, se remettre, retrouver, revoir. **CONTR.** *oublier.*

ressurgir *verbe* Revenir à la conscience. **SYN.** se rallumer, réapparaître, renaître, reparaître, revenir, revivre.

ressusciter *verbe intransitif* Retrouver des forces. **SYN.** guérir, récupérer, se refaire, renaître, se rétablir, revivre. - **FAMILIER** : se requinquer, se retaper. ■ LITTÉRAIRE. Manifester une vie nouvelle. **SYN.** se rallumer, se ranimer, se raviver, réapparaître, se redresser, se relever, se réveiller, revivre.

ressusciter *verbe transitif* Redonner des forces. **SYN.** guérir, ranimer, regonfler, remettre, remonter, restaurer, rétablir, revigorer. - **FAMILIER** : ragaillardir, requinquer, retaper. - **LITTÉRAIRE** : revivifier. - **VIEUX** : réconforter. ■ LITTÉRAIRE. Tirer de l'oubli. **SYN.** déterrer, exhumer, rallumer, ramener, raviver, réactiver, réchauffer, ressortir, réveiller, revitaliser. - **LITTÉRAIRE** : renouveler. **CONTR.** *cacher, enfouir.*

restant *nom masculin* Ce qui reste d'un tout. **SYN.** résidu, reste, solde, surplus. - **LITTÉRAIRE** : reliquat.

restaurant *nom masculin* Établissement où l'on sert des repas contre paiement. **SYN.** auberge, brasserie, estaminet, grill-room, rôtisserie, snack, taverne. - **FAMILIER** : bistro, bistrot, boui-boui, gargote, restau, resto, troquet. - **POPULAIRE** : bistroquet, mastroquet.

restaurateur *nom masculin* Personne qui tient un restaurant. **SYN.** aubergiste, gargotier. - **ARGOTIQUE** : fricotier. - **POPULAIRE** : taulier, tôlier.

restauration *nom féminin* Nouvelle vigueur donnée à. **SYN.** renaissance, rénovation, rétablissement. - **LITTÉRAIRE** : régénération. **CONTR.** *altération, ruine.* ■ Remise en état. **SYN.** rafistolage, reconstruction, réfection, réparation, replâtrage. – FAMILIER : retapage. – LITTÉRAIRE : réédification. CONTR. *destruction.*

restaurer *verbe transitif* Remettre en bon état. SYN. arranger, raccommoder, rafraîchir, refaire, rénover, réparer. – FAMILIER : retaper. – LITTÉRAIRE : réédifier. CONTR. *altérer, démanteler, détériorer, détruire.* ■ Remettre en vigueur. SYN. ramener, relever, rétablir. CONTR. *anéantir.* ■ Redonner des forces. SYN. fortifier, ranimer, remettre, remonter, ressusciter, revigorer. – FAMILIER : ravigoter, requinquer. CONTR. *claquer.*

restaurer (se) *verbe pronominal* Se remonter en mangeant. SYN. s'alimenter, manger, se nourrir. – FAMILIER : se sustenter. – POPULAIRE : becqueter, becter. CONTR. *avoir faim, jeûner, mourir de faim, mourir d'inanition, tomber d'inanition.* – FAMILIER : *n'avoir rien à se mettre sous la dent.*

reste *nom masculin* Ce qui vient en plus. SYN. complément, excédent, restant, suite, surplus. – FAMILIER : rab, rabe, rabiot. ■ Ce qui subsiste. SYN. miette, reliefs, résidu. – FAMILIER : rogaton. – LITTÉRAIRE : relent, reliquat, trace, vestige.

rester *verbe* Continuer à séjourner en un lieu. SYN. s'arrêter, s'attarder, s'éterniser, séjourner. – LITTÉRAIRE : demeurer. CONTR. *abandonner, s'absenter, s'en aller, déserter, s'écarter, s'éloigner, s'enfuir, partir, quitter, se retirer, sortir.* – FAMILIER : *décamper, s'éclipser.* – POPULAIRE : *se barrer, décaniller.* ■ Ne pas disparaître. SYN. persister, subsister. – LITTÉRAIRE : demeurer. CONTR. *disparaître, se dissiper, s'effacer, s'estomper.* ■ Ne pas tomber dans l'oubli. SYN. continuer, durer, se maintenir, se perpétuer, persister, subsister, survivre. CONTR. *disparaître, passer.* ■ FAMILIER. ***Y rester,*** perdre la vie. SYN. s'en aller, décéder, disparaître, s'éteindre, mourir, partir, passer de vie à trépas, périr, succomber. – FAMILIER : passer l'arme à gauche. – LITTÉRAIRE : trépasser. – POPULAIRE : casser sa pipe. CONTR. *survivre, vivre.*

restes *nom masculin pluriel* Ce qui reste d'un être humain. SYN. cadavre, cendres, reliques. – LITTÉRAIRE : dépouille, dépouille mortelle, ossements. ■ Ruines de quelque chose. SYN. ruines. – LITTÉRAIRE : décombres, traces, vestiges. ■ Ce qui reste d'un repas. SYN. – FAMILIER : rogatons. – LITTÉRAIRE : reliefs.

restituer *verbe* Donner une représentation de. SYN. rendre, reproduire. CONTR. *métamorphoser, modifier, transformer.* ■ Rétablir dans son état d'origine. SYN. reconstituer, rétablir. CONTR. *altérer, détruire, effacer, estomper.* ■ Rendre ce qui a été pris. SYN. redonner, rembourser, rétrocéder. CONTR. *confisquer, détourner, emprunter, prendre, retirer, soustraire, voler.* – FAMILIER : *barboter, carotter.* – LITTÉRAIRE : *dérober.*

restitution *nom féminin* Action de restituer. SYN. remboursement, remise. CONTR. *confiscation, saisie.*

restreindre *verbe* Diminuer l'étendue de. SYN. amoindrir, borner, circonscrire, comprimer, délimiter, diminuer, limiter, mettre un frein à, minimiser, modérer, rationner, réduire, refréner, resserrer, tenir la bride à. – FAMILIER : donner un tour de vis, serrer la vis, serrer les boulons. – LITTÉRAIRE : rétrécir. CONTR. *accentuer, accroître, agrandir, amplifier, élargir, étendre, généraliser, grossir, maximiser, propager.*

restreindre (se) *verbe pronominal* Se limiter à. SYN. se borner, se confiner, se limiter, se réduire. CONTR. *s'élargir, s'étendre.* ■ Réduire ses dépenses. SYN. garder une poire pour la soif, se limiter, se modérer, se rationner. – FAMILIER : se mettre un cran à la ceinture, se serrer d'un cran, se serrer la ceinture. CONTR. *dilapider, gaspiller.*

restreint *adjectif* Qui est limité. SYN. borné, confidentiel, étroit, exigu, limité, réduit, resserré. – FAMILIER : court. CONTR. *ample, étendu, illimité, large, spacieux.* – LITTÉRAIRE : *vaste.*

restrictif *adjectif* Qui fixe ou constitue une limite. SYN. limitatif.

restriction *nom féminin* Action de restreindre. SYN. amoindrissement, compression, diminution, limitation, peau de chagrin, réduction, resserrement. ■ ***Sans restriction,*** sans condition. SYN. absolument, complètement, entièrement, sans limite, sans réserve, totalement, tout à fait, en toute confiance, très, les yeux fermés.

resucée *nom féminin* FAMILIER. Chose déjà faite ou vue. SYN. rabâchage, redite, redondance, répétition, reprise.

résultat *nom masculin* Ce qui résulte d'un fait. SYN. aboutissement, conclusion, conséquence, dénouement, effet, fruit, issue, produit, rançon, résultante, solution, suite. CONTR. *agent, cause, facteur.*

résulter *verbe* Être la conséquence de. SYN. advenir, découler, dépendre, dériver, descendre, émaner, s'ensuivre, être consécutif à, naître, procéder, provenir, se rattacher, remonter à, venir. – LITTÉRAIRE : ressortir, suivre. CONTR. *causer, provoquer, susciter.*

résumé *nom masculin* Ouvrage qui résume une question. SYN. abrégé, aide-mémoire, digest, épitomé, mémento, précis. – LITTÉRAIRE : vademecum. ■ Exposé succinct. SYN. analyse, récapitulation. CONTR. *amplification, commentaire, développement, exégèse, paraphrase.* ■ Forme abrégée d'un texte. SYN. abrégé, aperçu, esquisse, raccourci, synthèse. ■ ***En résumé,*** en peu de mots. SYN. bref, brièvement, finalement, en raccourci, sommairement, en somme, en substance, succinctement, pour tout dire. – FAMILIER : en un mot comme en cent, en un mot comme en mille, en un mot.

résumer *verbe* Exprimer l'essentiel de. SYN. abréger, condenser, ramasser, récapituler, réduire, resserrer, schématiser, synthétiser. CONTR. *amplifier, développer, étoffer, paraphraser.*

résumer (se) *verbe pronominal* Avoir pour caractère principal. SYN. consister en, se réduire à, résider en, tenir à.

resurgir *verbe* Revenir à la conscience. SYN. se rallumer, réapparaître, renaître, reparaître, revenir, revivre.

résurrection *nom féminin* LITTÉRAIRE. Nouvel essor. SYN. renouveau, rénovation, réveil. – LITTÉRAIRE : régénération, renaissance, revivification, reviviscence.

rétablir *verbe* Remettre en état. SYN. rajuster, réajuster, recomposer, rectifier, redresser, relever, restaurer, restituer, revitaliser. CONTR. *altérer, anéantir, détruire, renverser.* ■ Ramener à la santé. SYN. guérir, ranimer, regonfler, remettre, reposer, ressusciter, restaurer, revigorer. – FAMILIER : ragaillardir, requinquer. – LITTÉRAIRE : revivifier. – VIEUX : réconforter. CONTR. *affaiblir, amoindrir, diminuer.*

rétablir (se) *verbe pronominal* Recouvrer la santé. SYN. guérir, récupérer, se refaire une santé, se relever, se remettre, se remonter, ressusciter, revivre. – FAMILIER : se remplumer, reprendre du poil de la bête, se requinquer, se retaper. CONTR. *s'affaiblir, baisser, décliner, faiblir.*

rétablissement *nom masculin* Fait de recouvrer la santé. SYN. convalescence, guérison. CONTR. *affaiblissement, amoindrissement.* ■ Action de rétablir quelque chose. SYN. redressement, relèvement, rénovation, restauration. – LITTÉRAIRE : régénération, renaissance. CONTR. *interruption, pause, renversement.*

retapage *nom masculin* FAMILIER. Action de retaper. SYN. raccommodage, rafistolage, réfection, remise en état, réparation, replâtrage, restauration.

retaper *verbe* FAMILIER. Remettre en état. SYN. arranger, colmater, raccommoder, rafraîchir, rénover, réparer, restaurer. – FAMILIER : rabibocher, rafistoler. CONTR. *abîmer, casser, détériorer.* – FAMILIER : *bousiller, esquinter.* – LITTÉRAIRE : *ruiner.* ■ FAMILIER. Remettre en forme. SYN. fortifier, ranimer, remettre, remonter, ressusciter, restaurer, revigorer. – FAMILIER : ravigoter, requinquer. – LITTÉRAIRE : revivifier. – VIEUX : réconforter.

retaper (se) *verbe pronominal* FAMILIER. Reprendre des forces. SYN. guérir, récupérer, se refaire une santé, se relever, se remettre, se remonter, ressusciter, se rétablir, revivre. – FAMILIER : se remplumer, reprendre du poil de la bête, se requinquer. CONTR. *s'affaiblir, baisser, décliner, faiblir.*

retard *nom masculin* Fait d'arriver trop tard. SYN. inexactitude. CONTR. *avance, hâte, ponctualité.* ■ ***En retard,*** plus tard que prévu. SYN. inexact. – POPULAIRE : à la bourre. CONTR. *en avance, dans les temps, à l'heure, ponctuel.*

retardataire *adjectif* Qui ne suit pas le progrès. SYN. ancien, antique, archaïque, arriéré, démodé, dépassé, désuet, obsolète, périmé, rétrograde, vieux. – LITTÉRAIRE : suranné.

retardataire *nom* Personne qui arrive en retard. SYN. lanterne rouge, traînard. – FAMILIER : escargot.

retardé *adjectif* FAMILIER. Intellectuellement en retard. SYN. arriéré, attardé. CONTR. *avancé, précoce.*

retarder *verbe transitif* Faire arriver tard. SYN. attarder, entraver, freiner, gêner, paralyser, ralentir. CONTR. *accélérer, activer, bousculer, brusquer, hâter, précipiter.* ■ Remettre à plus tard. SYN. ajourner, décaler, différer, éloigner, faire traîner les choses, reculer, remettre, renvoyer, renvoyer aux calendes grecques, reporter, repousser, repousser aux calendes grecques, surseoir. CONTR. *anticiper, avancer, devancer, rapprocher.* – LITTÉRAIRE : *presser.*

retenir *verbe* Empêcher d'agir. SYN. accaparer, arrêter, bloquer, garder, immobiliser, maintenir, maîtriser, tenir. CONTR. *agiter, animer, déchaîner, engager, entraîner, exciter, inviter, pousser, provoquer.* ■ Garder ce qui est à autrui. SYN. accaparer, capter, conserver, consigner, détenir, garder. CONTR. *redonner, remettre, rendre, restituer.* ■ Dissimuler une réaction. SYN. avaler, brider, comprimer, contenir, endiguer, étouffer, maîtriser, modérer, ravaler, refouler, refréner, réfréner, rentrer, réprimer. CONTR. *exprimer, extérioriser, laisser échapper, manifester.* ■ Fixer dans sa mémoire. SYN. apprendre, enregistrer, fixer, mémoriser, noter, se rappeler, se souvenir. CONTR. *oublier.* ■ Trouver une idée intéressante. SYN. choisir, opter pour, prendre bonne note. CONTR. *écarter, éliminer, exclure, refuser, rejeter.* ■ S'assurer la présence de. SYN. convier, engager, inviter. – VIEUX : prier. ■ Prélever une somme. SYN. décompter, déduire, défalquer, prendre, retrancher, soustraire.

retenir (se) *verbe pronominal* Se rattraper à quelque chose. SYN. s'accrocher, s'agripper, s'arrêter, se cramponner, se raccrocher, se rattraper. – LITTÉRAIRE : s'agriffer. ■ Résister à une envie. SYN.

s'abstenir, se contenir, se contrôler, se dominer, garder ses distances, garder son sang-froid, garder son self-control, se maîtriser, mettre de l'eau dans son vin, se modérer, se posséder, prendre des gants, rester sur son quant-à-soi. – FAMILIER : se mettre un cran à la ceinture. CONTR. *se défouler, donner libre cours à, s'extérioriser, laisser libre cours à, ne pas pouvoir s'empêcher de.* – FAMILIER : *se lâcher.*

retentir *verbe* LITTÉRAIRE. Renvoyer un son puissant. SYN. éclater, s'élever, fuser, résonner, sonner, tonitruer, tonner. ■ Avoir des effets sur. SYN. agir sur, faire du bruit, influer sur, peser sur, se répercuter, tirer à conséquence.

retentissant *adjectif* Qui produit un son puissant. SYN. assourdissant, bruyant, claironnant, criard, perçant, résonnant, sonnant, sonore, tonitruant, vibrant. – LITTÉRAIRE : tonnant. CONTR. *assourdi, calme, doux, étouffé, insonore, silencieux, sourd, voilé.* ■ Qui attire l'attention. SYN. abrutissant, éclatant, fracassant, glorieux. CONTR. *banal, insignifiant.*

retentissement *nom masculin* Effet propagé dans le public. SYN. ampleur, audience, conséquence, contrecoup, développement, effet, impact, incidence, prolongement, répercussion, retombée, ricochet.

retenu *adjectif* Qui manifeste de la retenue. SYN. discret, modeste, pudique. CONTR. *débridé, effréné, fou.* – LITTÉRAIRE : *intempérant.*

retenue *nom féminin* Fait de punir un élève. SYN. consigne, punition. – FAMILIER : colle. CONTR. *gratification, récompense.* ■ Caractère discret. SYN. circonspection, discrétion, honte, mesure, modération, modestie, pudeur, réserve, tempérance. – LITTÉRAIRE : sobriété. CONTR. *aplomb, audace, bravade, cynisme, désinvolture, effronterie, épanchement, exaltation, excès, exubérance, fanfaronnade, frénésie, front, hardiesse, impudeur, indiscrétion, laisser-aller, légèreté, pétulance.* – FAMILIER : *culot, toupet.* – LITTÉRAIRE : *débridement, expansion, immodestie.*

réticence *nom féminin* Omission volontaire. SYN. arrière-pensée, mystère, silence, sous-entendu. CONTR. *franchise.* ■ Attitude hésitante. SYN. embarras, hésitation, réserve. CONTR. *empressement.*

réticent *adjectif* LITTÉRAIRE. Qui dissimule sa pensée. SYN. discret, dissimulé, silencieux. – FAMILIER : cachottier. – LITTÉRAIRE : secret. CONTR. *franc, ouvert, sincère.* ■ Qui montre de la réticence. SYN. circonspect, désapprobateur, hésitant, indécis, irrésolu, perplexe, réservé.

rétif *adjectif* Qui s'oppose à toute discipline. SYN. désobéissant, indiscipliné, indocile, insoumis, insubordonné, rebelle, récalcitrant, réfractaire, têtu. CONTR. *appliqué, discipliné, docile, obéissant, sage, soumis, souple.* ■ LITTÉRAIRE. Se dit d'un esprit indiscipliné. SYN. paresseux. – LITTÉRAIRE : infidèle, vagabond. CONTR. *exact, fidèle.*

rétinite *nom féminin* Type de roche volcanique. SYN. pechstein.

retiré *adjectif* Situé à l'écart. SYN. détourné, écarté, éloigné, isolé, lointain, perdu, reculé. – POPULAIRE : paumé. CONTR. *fréquenté, passant, populeux.* ■ Qui s'est enfermé. SYN. barricadé, cantonné, claquemuré, cloîtré, confiné, muré. – FAMILIER : bouclé. – LITTÉRAIRE : reclus.

retirer *verbe* Tirer hors de. SYN. dégager, extirper, extraire, sortir, tirer. CONTR. *approcher, enfoncer, engager, insérer, introduire, mettre, rapprocher.* – FAMILIER : *fourrer.* ■ Enlever ce qu'on a sur soi. SYN. enlever, ôter, quitter. CONTR. *endosser, passer, recouvrir, revêtir.* – FAMILIER : *enfiler.* – LITTÉRAIRE : *vêtir.* ■ Enlever la possession de. SYN. arracher, confisquer, couper, démettre, déposséder, prélever, prendre, priver, reprendre, soustraire, supprimer. CONTR. *accorder, adjoindre, affecter, ajouter, allouer, appeler, apporter, attribuer, concéder, confier, donner, joindre, octroyer, rendre, restituer.* ■ Tirer un profit de. SYN. obtenir, percevoir, recevoir, récolter, recueillir, toucher. ■ Revenir sur une opinion. SYN. annuler, désavouer, lever, nier. – LITTÉRAIRE : rétracter. CONTR. *avancer, formuler, maintenir, poursuivre, soutenir.*

retirer (se) *verbe pronominal* Quitter le lieu où l'on est. SYN. s'en aller, battre en retraite, déguerpir, déloger, disparaître, s'enfuir, s'esquiver, évacuer, fausser compagnie, filer à l'anglaise, partir, plier bagages, prendre congé, prendre la clef des champs, prendre le large, quitter, se replier. – FAMILIER : débarrasser le plancher, décamper, s'éclipser, ficher le camp, filer, lever le camp, lever le pied, lever le siège, prendre la poudre d'escampette, prendre la tangente, prendre ses cliques et ses claques, se sauver, vider le plancher, vider les lieux. – POPULAIRE : se barrer, se calter, se carapater, se casser, se cavaler, se débiner, décaniller, décarrer, foutre le camp, jouer des flûtes, jouer des jambes, jouer la fille de l'air, mettre les bouts, mettre les voiles, se murger, se tailler, se tirer, se trisser. – VIEUX : s'esbigner. CONTR. *affluer, aller vers, arriver, assiéger, avancer, progresser, rester.* ■ Trouver refuge en un lieu. SYN. se cacher, se cloîtrer, se confiner, s'enterrer, s'isoler, se réfugier, se terrer. – POPULAIRE : se planquer. ■ Cesser de participer à. SYN. déclarer forfait, démissionner, se désister, s'effacer, s'exclure, s'extraire, passer la main. – FAMILIER : se ranger des voitures, rendre son tablier, reprendre ses billes. CONTR. *s'affronter, se présenter.*

retombée *nom féminin* Conséquence de quelque chose. SYN. conséquence, contrecoup, écho, effet, impact, incidence, prolongement, répercussion, retentissement, ricochet, suite.

retomber *verbe* Atteindre par contrecoup. SYN. incomber, rejaillir, se répercuter. ■ Diminuer après une élévation. SYN. baisser, décroître, faiblir, tomber. CONTR. *croître.*

rétorquer *verbe* Répondre vivement. SYN. objecter, répliquer, répondre. - LITTÉRAIRE : repartir.

retors *adjectif* Qui agit avec ruse. SYN. finaud, futé, habile, machiavélique, roué, rusé, tortueux. - FAMILIER : combinard, ficelle, roublard. - LITTÉRAIRE : artificieux, cauteleux, madré, matois, tortu. - VIEUX : finasseur, finassier. CONTR. *direct, droit, fair-play, franc, sincère.* - FAMILIER : *carré.* - LITTÉRAIRE : *probe.* - VIEUX : *rond.*

rétorsion *nom féminin* Action de riposter. SYN. réplique, représailles, revanche, riposte, vengeance.

retouche *nom féminin* Action de retoucher. SYN. amendement, correction, rectification, remaniement, révision.

retoucher *verbe* Apporter des changements à. SYN. corriger, recomposer, rectifier, refondre, remanier, reprendre, revenir sur, réviser, revoir.

retour *nom masculin* Fait d'être réexpédié. SYN. réexpédition, renvoi. CONTR. *envoi, expédition.* ■ Fait de se reproduire. SYN. réapparition, recommencement, récurrence, renaissance, renouveau, renouvellement, répétition, reprise, reproduction, réveil. - LITTÉRAIRE : réitération, revivification, reviviscence. ■ Changement complet. SYN. fluctuation, renversement, retournement, revirement, vicissitude. ■ ***En retour,*** par réciprocité. SYN. à charge de revanche, en compensation, en contrepartie, en échange, inversement, réciproquement, en remplacement, vice versa.

retourné *adjectif* Profondément troublé. SYN. ému, malade, renversé, secoué, touché, troublé. - LITTÉRAIRE : pantelant.

retournement *nom masculin* Bouleversement complet. SYN. pirouette, renversement, retour, revirement, virevolte, volte-face. - FAMILIER : cabriole. - LITTÉRAIRE : palinodie.

retourner *verbe intransitif* Revenir en un lieu. SYN. rallier, rebrousser chemin, regagner, réintégrer, rejoindre, rentrer, repasser, revenir, revenir sur ses pas. ■ Revenir à un état antérieur. SYN. redescendre, retomber.

retourner *verbe transitif* Mettre à l'envers. SYN. inverser, rabattre, renverser, tourner, transposer. ■ Renvoyer à l'expéditeur. SYN. réexpédier, rendre, renvoyer. ■ Troubler profondément. SYN. agiter, bouleverser, chavirer, commotionner, émouvoir, empoigner, fendre l'âme, fendre le cœur, frapper, impressionner, inquiéter, remuer, renverser, saisir, secouer, troubler. - FAMILIER : chambarder, chambouler, émotionner, prendre aux tripes, révolutionner, tournebouler. - LITTÉRAIRE : prendre aux entrailles.

retourner (se) *verbe pronominal* Tomber à la renverse. SYN. chavirer, culbuter, se renverser, verser. ■ Avoir recours à. SYN. se rabattre, recourir à, se tourner. ■ ***S'en retourner (quelque part),*** regagner le lieu d'où l'on vient. SYN. rallier, regagner, réintégrer, rejoindre, rentrer, repartir, revenir.

retracer *verbe* Rappeler à la mémoire. SYN. décrire, dépeindre, évoquer, exposer, figurer, montrer, parler, raconter, rapporter, relater, remémorer, tracer. - LITTÉRAIRE : narrer.

rétractation *nom féminin* Action de se rétracter. SYN. abjuration, autocritique, désaveu, reniement. - LITTÉRAIRE : palinodie. CONTR. *affirmation, aveu, confirmation.*

rétracter *verbe transitif* Tirer un organe en arrière. SYN. contracter, rentrer, retirer.

rétracter *verbe transitif* LITTÉRAIRE. Revenir sur une déclaration. SYN. annuler, désavouer, lever, nier, retirer. CONTR. *confirmer, maintenir.*

rétracter (se) *verbe pronominal* Nier ce qu'on avait dit. SYN. abjurer, se dédire, se déjuger, faire machine arrière, se raviser, se récuser, se renier, reprendre sa parole, se reprendre, tourner casaque. - FAMILIER : donner un coup de canif dans le contrat, retourner sa veste. - LITTÉRAIRE : tourner bride. CONTR. *assumer.*

rétracter (se) *verbe pronominal* Subir une rétractation. SYN. se contracter, se crisper, se ratatiner, se recroqueviller.

retrait *nom masculin* Action de se retirer. SYN. abandon, effacement, évacuation, recul, reflux, repli, repliement, retraite. ■ Action d'ôter la possession de. SYN. annulation, confiscation, suppression. CONTR. *attribution, dépôt.*

retraite *nom féminin* Lieu où l'on se retire. SYN. abri, asile, nid, oasis, réduit, refuge. - LITTÉRAIRE : gîte, havre, port, tanière. ■ Marche en arrière d'une armée. SYN. débâcle, débandade, décrochage, évacuation, fuite, recul, reculade, reflux, repli, retrait. CONTR. *avance, progression.*

retranchement *nom masculin* Action de retrancher. SYN. coupure, défalcation, suppression. CONTR. *addition, adjonction, ajout.*

retrancher *verbe* Enlever une partie d'une quantité. SYN. décompter, déduire, défalquer, enlever, ôter, prélever, rabattre, retenir, soustraire. – LITTÉRAIRE : distraire. CONTR. *additionner, ajouter, arrondir, compléter.* ■ Éliminer des éléments. SYN. amputer, barrer, biffer, couper, expurger, gommer, gratter, raturer, rayer. CONTR. *adjoindre, incorporer, insérer, introduire, joindre.*

retrancher (se) *verbe pronominal* Se mettre à l'abri derrière. SYN. se barricader, se cacher, s'enfermer, se murer, se replier.

rétréci *adjectif* Devenu étroit. SYN. contracté, étranglé, étriqué, étroit, exigu, petit, resserré. CONTR. *ample, élargi, flottant, large, spacieux, vague.* – LITTÉRAIRE : *vaste.*

rétrécir *verbe* Diminuer un tissu. SYN. ajuster, diminuer, raccourcir, reprendre, resserrer. CONTR. *élargir, étirer, évaser.* ■ LITTÉRAIRE. Diminuer la portée de. SYN. amenuiser, borner, limiter, restreindre. CONTR. *amplifier, dilater, épanouir, intensifier.*

rétrécissement *nom masculin* Action de rétrécir. SYN. diminution, raccourcissement, resserrement. CONTR. *élargissement, évasement.*

retremper *verbe* LITTÉRAIRE. Donner une nouvelle vigueur. SYN. aguerrir, cuirasser, durcir, endurcir, fortifier. – FAMILIER : blinder. – LITTÉRAIRE : tremper.

rétribuer *verbe* Donner un salaire. SYN. appointer, défrayer, payer, régler, rémunérer.

rétribution *nom féminin* Argent versé contre un travail. SYN. appointements, cachet, commission, émoluments, honoraires, paie, paiement, paye, payement, rémunération, salaire, vacation. – VIEUX : gages.

rétrocéder *verbe* Rendre quelque chose. SYN. recéder, redonner, rendre, restituer, revendre.

rétrogradation *nom féminin* Action de rétrograder. SYN. recul, régression. CONTR. *avance, développement, progrès, progression.*

rétrograde *adjectif* Opposé au progrès. SYN. arriéré, conservateur, immobiliste, inactuel, obscurantiste, périmé, poussiéreux, réactionnaire, retardataire. – FAMILIER : fossile, réac. – LITTÉRAIRE : suranné. CONTR. *novateur, progressiste, ultramoderne.*

rétrograder *verbe* Revenir en arrière. SYN. faire marche arrière, reculer, refluer, se replier, se retirer. CONTR. *avancer.* ■ Revenir à un niveau inférieur. SYN. aller à reculons, baisser, se déclasser, descendre, marcher à reculons, régresser. – FAMILIER : dégringoler. – LITTÉRAIRE : déchoir. CONTR. *s'améliorer, s'élever, progresser.*

rétrospectif *adjectif* Qui concerne le passé. CONTR. *avant-coureur, prospectif.*

retrousser *verbe* Replier vers le haut. SYN. relever, remonter. – VIEUX : trousser. CONTR. *baisser, rabattre.*

retrouver *verbe* Découvrir quelqu'un en fuite. SYN. rattraper, rejoindre, reprendre. CONTR. *perdre.* ■ Recouvrer un état. SYN. reconquérir, recouvrer, récupérer, regagner. – FAMILIER : ravoir. ■ Trouver ce qui avait disparu. SYN. récupérer. CONTR. *égarer, perdre.*

retrouver (se) *verbe pronominal* Trouver ses repères. SYN. se diriger, s'orienter, se reconnaître, se repérer. ■ Être à nouveau avec quelqu'un. SYN. se rejoindre, se rencontrer, se réunir, se revoir. CONTR. *se manquer.*

réunion *nom féminin* Action de réunir des éléments. SYN. accumulation, amalgame, assemblage, combinaison, concentration, groupement, montage, rassemblement, regroupement, union. – LITTÉRAIRE : conjugaison. CONTR. *dispersion.* ■ Action de rattacher un territoire. SYN. adjonction, annexion, incorporation, jonction, ralliement, rapprochement. CONTR. *disjonction, division, séparation.* ■ Fait de se rassembler. SYN. assemblée, colloque, conférence, congrès, contact, débat, entrevue, manifestation, meeting, rencontre, séance, séminaire, symposium.

réunir *verbe* Mettre des choses en contact. SYN. aboucher, abouter, agglutiner, connecter, épisser, joindre, juxtaposer, lier, rabouter, raccorder, relier, solidariser, souder. CONTR. *couper, désunir, détacher, disjoindre, diviser, écarter, isoler, séparer.* ■ Rassembler des éléments. SYN. accumuler, agréger, collecter, concentrer, fusionner, grouper, incorporer, ramasser, rapprocher, rassembler, recueillir, regrouper, unir. – LITTÉRAIRE : confondre. CONTR. *dépecer, dissocier, distribuer, éparpiller, fractionner, fragmenter, partager, scinder.* ■ LITTÉRAIRE. Rassembler en soi. SYN. allier, associer, combiner, conjuguer, cumuler, mêler. – LITTÉRAIRE : marier. ■ Rassembler des personnes. SYN. assembler, canaliser, coaliser, convoquer, masser, rallier, rassembler. CONTR. *discriminer, disperser, disséminer, dissoudre.* ■ Unir à nouveau des personnes. SYN. rapprocher, réconcilier, replâtrer, solidariser, souder, unir. – FAMILIER : rabibocher, raccommoder. CONTR. *brouiller, désunir, diviser, fâcher, séparer.*

réunir (se) *verbe pronominal* Tendre vers le même point. SYN. confluer, converger, se joindre. CONTR. *bifurquer.* – VIEUX : *fourcher.* ■ Former une assemblée. SYN. s'assembler, se grouper, se masser, se regrouper, se rencontrer, se retrouver. CONTR. *se débander, se disperser, s'égailler, s'égrener.* – LITTÉRAIRE : *essaimer.*

réunisseuse *nom féminin* Machine textile. SYN. assembleuse, doubleuse.

réussi *adjectif* Réalisé avec succès. SYN. abouti, accompli, achevé, excellent, heureux, parfait, remarquable. CONTR. *avorté, malheureux, manqué, mauvais, raté.* – FAMILIER : *loupé.*

réussir *verbe intransitif* Avoir un résultat heureux. SYN. aboutir, emporter le morceau, enlever le morceau, faire mouche, faire recette, faire un carton, marcher, mettre dans le mille, passer la rampe, se réaliser, taper (en plein) dans le mille. – FAMILIER : décrocher la timbale, décrocher le coquetier. – POPULAIRE : cartonner, casser la baraque, faire un malheur, faire un tabac. CONTR. *avorter, capoter, échouer, s'écrouler, s'effondrer, faire long feu, manquer, péricliter, tomber à plat.* – FAMILIER : *faire chou blanc, faire fiasco, faire un flop, finir en eau de boudin, louper, rater, tomber à l'eau, tomber dans le lac.* – POPULAIRE : *finir en couille, foirer, partir en couille.* ■ Croître favorablement. SYN. s'épanouir, pousser, prendre, prospérer, venir. CONTR. *dépérir.* ■ Réaliser ses ambitions. SYN. arriver, arriver à ses fins, briller, s'élever, faire carrière, faire son chemin, faire son trou, se faire un nom, se faire une place au soleil, gagner son bâton de maréchal, s'imposer, parvenir à ses fins, percer, se pousser, toucher au but. – LITTÉRAIRE : parvenir. CONTR. *échouer, sombrer, tomber.* – LITTÉRAIRE : *déchoir.*

réussir *verbe transitif indirect* Parvenir à faire une chose. SYN. arriver, atteindre, finir par, parvenir. CONTR. *manquer, rater.* – FAMILIER : *louper.*

réussite *nom féminin* Résultat favorable. SYN. réalisation, succès, triomphe, victoire. CONTR. *ajournement, banqueroute, chute, débâcle, déboire, échec, faillite, insuccès, revers.* – FAMILIER : *claque, fessée, four, loupé, pile, piquette, plongeon.* – POPULAIRE : *bide.*

revaloir *verbe* Faire subir la même chose. SYN. faire payer, garder à quelqu'un un chien de sa chienne, ne rien perdre pour attendre, payer de retour, rendre la monnaie de sa pièce, rendre la pareille, se venger. – FAMILIER : attendre au tournant, rattraper au tournant, renvoyer l'ascenseur.

revalorisation *nom féminin* Fait de réévaluer une monnaie. SYN. élévation, majoration, relèvement. CONTR. *dépréciation.* – VIEUX : *avilissement.*

revaloriser *verbe* Augmenter les salaires. SYN. hausser, majorer, monter, réévaluer, relever, renchérir, valoriser. CONTR. *baisser.* ■ Redonner du prestige à. SYN. réhabiliter, rehausser. CONTR. *avilir, dévaloriser.*

revanche *nom féminin* Fait de rendre la pareille. SYN. rétorsion, vengeance.

rêvasser *verbe* Se laisser aller à la rêverie. SYN. avoir la tête ailleurs, avoir la tête dans les nuages, avoir l'esprit ailleurs, être absent, être ailleurs, être dans la lune, être dans les nuages, s'évader, n'écouter que d'une oreille, planer, rêver. – FAMILIER : être dans sa bulle. – LITTÉRAIRE : songer.

rêvasserie *nom féminin* LITTÉRAIRE. Fait de rêvasser. SYN. rêve, rêverie, songerie.

rêve *nom masculin* Production de l'esprit pendant le sommeil. SYN. rêverie, songerie. – LITTÉRAIRE : rêvasserie, songe. ■ Représentation idéale d'un désir. SYN. aspiration, chimère, fantasme, fiction, idéal, illusion, mirage, mythe, souhait, utopie. CONTR. *probabilité, réalité, vérité.*

rêvé *adjectif* Qui convient parfaitement. SYN. accompli, idéal, idyllique, parfait.

revêche *adjectif* D'un abord déplaisant. SYN. abrupt, acariâtre, ardu, bilieux, boudeur, bougon, bourru, désagréable, difficile, grincheux, hargneux, ingrat, inhospitalier, rébarbatif, rebutant, renfrogné, rude, sec. – FAMILIER : impossible, ronchon, ronchonneur, rouspéteur. – LITTÉRAIRE : atrabilaire, chagrin, disgracieux, malgracieux, rêche. CONTR. *accueillant, affable, agréable, aimable, avenant, complaisant, enjôleur, exquis, prévenant.* – LITTÉRAIRE : *amène.*

réveil *nom masculin* Retour à l'activité. SYN. regain, renaissance, renouveau, retour. – LITTÉRAIRE : résurrection, revivification, reviviscence. CONTR. *sommeil.* – LITTÉRAIRE : *assoupissement.*

réveiller *verbe* Ramener à l'état de veille. SYN. tirer du sommeil. – LITTÉRAIRE : éveiller. CONTR. *assoupir, endormir.* ■ Ramener à l'activité. SYN. attiser, aviver, dégeler, exciter, rallumer, ranimer, rappeler, raviver, réactiver, réchauffer, remémorer, revitaliser, soutenir, stimuler, vivifier. – FAMILIER : secouer. – LITTÉRAIRE : exalter, renouveler, ressusciter, revivifier. CONTR. *abrutir, amortir, anesthésier, apaiser, atténuer, calmer, engourdir, estomper, éteindre, étouffer, freiner, insensibiliser.*

réveiller (se) *verbe pronominal* Sortir du sommeil. SYN. s'éveiller. – FAMILIER : émerger. CONTR. *s'assoupir, s'endormir.* ■ Reprendre de l'activité. SYN. se ranimer, se raviver, réapparaître, renaître, revenir, revivre. – LITTÉRAIRE : ressusciter. CONTR. *se calmer.* ■ Sortir de sa torpeur. SYN. s'activer, se remuer. – FAMILIER : se secouer. CONTR. *somnoler.*

révélateur *adjectif* Qui est le signe de. SYN. caractéristique, éloquent, évocateur, parlant, représentatif, significatif, symptomatique, typique.

révélateur *nom masculin* Ce qui révèle. SYN. indice, marque, signe, symptôme.

révélation *nom féminin* Action de révéler. SYN. aveu, confession, confidence, déclaration, dévoilement, divulgation, proclamation. CONTR. *dissimulation.*

révéler *verbe* Faire connaître. SYN. annoncer, apprendre, avouer, claironner, communiquer, confier, corner, déclarer, découvrir, démasquer, dénuder, dévoiler, dire, divulguer, éventer, expliquer, exposer, exprimer, faire savoir, livrer, mettre au courant, présenter, proclamer, publier, raconter, renseigner, répandre, signaler, tambouriner, témoigner, vendre la mèche. – FAMILIER : carillonner. – LITTÉRAIRE : déceler. – POPULAIRE : casser le morceau, mettre au parfum. – VIEUX : trompeter. CONTR. *cacher, dissimuler, occulter, taire.* – LITTÉRAIRE : *celer.* ■ Être l'indice de. SYN. accuser, afficher, attester, déceler, démontrer, dénoter, déployer, faire montre de, indiquer, manifester, marquer, montrer, présenter, prouver, signifier, traduire, trahir. – FAMILIER : épingler. – LITTÉRAIRE : respirer, témoigner. CONTR. *cacher, camoufler, déguiser, masquer.* – LITTÉRAIRE : *voiler.*

révéler (se) *verbe pronominal* Se faire connaître. SYN. apparaître, se découvrir, se manifester. ■ Apparaître sous tel aspect. SYN. s'avérer, se dévoiler, se montrer, transparaître.

revenant *nom* Forme d'un mort qui apparaît aux vivants. SYN. apparition, double, esprit, fantôme, ombre, spectre. – VIEUX : lémure.

revendication *nom féminin* Fait de revendiquer. SYN. demande, desiderata, doléance, exigence, prétention, réclamation, récrimination, requête, souhait, vœu.

revendiquer *verbe* Réclamer un dû. SYN. demander, exiger, prétendre, réclamer, requérir, vouloir. – LITTÉRAIRE : s'arroger. ■ Accepter une charge. SYN. assumer, se charger de, endosser, prendre sur soi.

revendre *verbe* Vendre ce qu'on a acheté. SYN. céder, rétrocéder. ■ FAMILIER. ***À revendre,*** en abondance. SYN. abondamment, amplement, beaucoup, colossalement, comme s'il en pleuvait, considérablement, copieusement, à discrétion, énormément, à flots, à foison, généreusement, grandement, largement, massivement, à la pelle, plantureusement, pleinement, à profusion, en quantité, richement, à satiété, à souhait, surabondamment, à tour de bras, en veux-tu en voilà, à volonté. – FAMILIER : à gogo, jusqu'à plus soif, en pagaille, à tire-larigot. – LITTÉRAIRE : à l'envi. CONTR. *chichement, guère, modérément, parcimonieusement, peu.*

revenir *verbe intransitif* Regagner un lieu. SYN. regagner, réintégrer, rentrer, retourner, s'en retourner. CONTR. *s'en aller, partir.* ■ Se présenter de nouveau. SYN. réapparaître, se renouveler, reparaître, se reproduire, ressurgir, resurgir, se réveiller. ■ S'adonner de nouveau à. SYN. se livrer, récidiver, recommencer, se remettre à, reprendre, retourner à. ■ FAMILIER. Inspirer confiance. SYN. agréer, convenir, plaire, satisfaire. ■ Coûter de l'argent. SYN. coûter, s'élever à, se monter à, valoir. ■ Reparler d'un sujet. SYN. rabâcher, radoter, redire, remâcher, repenser, ressasser, ruminer. – FAMILIER : seriner. ■ Changer d'avis. SYN. reconsidérer, remanier, retoucher, réviser, revoir. ■ ***Ne pas en revenir,*** être extrêmement surpris. SYN. ne pas en croire ses oreilles, ne pas en croire ses yeux, tomber de haut, tomber de la lune, tomber des nues. – FAMILIER : en rester baba, en rester comme deux ronds de flan, tomber sur le derrière. – POPULAIRE : en rester sur le cul.

revenir *verbe transitif indirect* Être imposé à quelqu'un. SYN. afférer, appartenir, dépendre de, échoir, incomber, relever de. – LITTÉRAIRE : ressortir.

revenu *nom masculin* Somme perçue. SYN. bénéfice, fruit, gain, rapport, rente.

rêver *verbe* Laisser aller sa pensée. SYN. avoir la tête ailleurs, avoir la tête dans les nuages, avoir l'esprit ailleurs, être absent, être ailleurs, être dans la lune, être dans les nuages, s'évader, méditer, n'écouter que d'une oreille, planer, rêvasser. – FAMILIER : être dans sa bulle. – LITTÉRAIRE : songer. ■ Avoir des idées utopiques. SYN. bâtir des châteaux en Espagne, caresser une chimère, courir après son ombre, délirer, demander la lune, déraisonner, divaguer, s'égarer, se faire des illusions, planer, tirer des plans sur la comète. – FAMILIER : déménager, dérailler, fantasmer. – LITTÉRAIRE : extravaguer. – POPULAIRE : débloquer, être à côté de ses pompes. CONTR. *avoir les pieds sur terre.* ■ Désirer vivement. SYN. aspirer, souhaiter, viser, vouloir. – LITTÉRAIRE : soupirer après. CONTR. *répugner.*

réverbérer *verbe* Renvoyer la lumière, etc. SYN. réfléchir, refléter, renvoyer.

reverdir *verbe* Redevenir vert. SYN. renaître, repousser, ressusciter, se réveiller. CONTR. *dépérir, s'étioler, se faner, se flétrir.*

révéré *adjectif* LITTÉRAIRE. Traité avec respect. SYN. sacré, saint. – FAMILIER : sacro-saint.

révérence *nom féminin* LITTÉRAIRE. Respect profond. SYN. culte, déférence, égard, obséquiosité, respect, vénération. – LITTÉRAIRE : piété. CONTR. *désinvolture, impertinence, insolence. –* LITTÉRAIRE : *irrespect, irrévérence.* ■ Mouvement de salutation. SYN. salut. – FAMILIER : courbette, plongeon. – LITTÉRAIRE : prosternation, prosternement.

révérencieux *adjectif* LITTÉRAIRE. Qui montre du respect. SYN. déférent, humble, obséquieux, poli, rampant, respectueux, stylé. – LITTÉRAIRE : urbain. CONTR. *arrogant, audacieux, cavalier, dédaigneux, désinvolte, effronté, familier, grossier, impertinent, insolent, méprisant. –* FAMILIER : *culotté, sans gêne. –* LITTÉRAIRE : *irrespectueux, irrévérencieux.*

révérer *verbe* LITTÉRAIRE. Traiter avec respect. SYN. adorer, aimer, considérer, craindre, estimer, honorer, idolâtrer, respecter, vénérer. – LITTÉRAIRE : magnifier. CONTR. *braver, défier, humilier, narguer, offenser.*

rêverie *nom féminin* Pensée vague. SYN. évasion, rêve, songerie. – LITTÉRAIRE : rêvasserie. ■ LITTÉRAIRE. Idée chimérique. SYN. billevesée, chimère, divagation, élucubration, impossibilité, irréalité, mirage, utopie. – LITTÉRAIRE : coquecigrue, songe.

revers *nom masculin* Côté opposé. SYN. dos, envers, pile, verso. CONTR. *avers, endroit, face, recto.* ■ Défaite complète. SYN. accident, avatar, catastrophe, coup dur, culbute, débâcle, déconfiture, défaite, déroute, échec, gifle, insuccès, malheur. – FAMILIER : claque, fessée, fiasco, loupé, pile, piquette, plongeon, raclée, ratage, tannée, veste. – LITTÉRAIRE : infortune. – POPULAIRE : bide, déculottée, gamelle, plantage, volée. CONTR. *réussite, succès, triomphe, victoire.*

revêtir *verbe* Mettre un vêtement. SYN. se couvrir, endosser, enfiler, mettre, se mettre, passer, porter. – LITTÉRAIRE : vêtir. CONTR. *enlever, ôter, quitter, retirer.* ■ Recouvrir de. SYN. couvrir, enduire, garnir, habiller, orner, pourvoir, tapisser. ■ LITTÉRAIRE. Être disposé sur. SYN. couvrir, envelopper, gainer, orner, recouvrir, tapisser.

rêveur *adjectif* Perdu dans ses pensées. SYN. absent, contemplatif, dans les nuages, dans sa bulle, distrait, méditatif, pensif, romanesque, songeur, tête en l'air. – LITTÉRAIRE : contemplateur. ■ Qui est déraisonnable. SYN. chimérique, extravagant, idéaliste, utopique. – LITTÉRAIRE : lunaire. CONTR. *pratique.*

rêveur *nom* Personne distraite. SYN. distrait, étourdi. – FAMILIER : étourneau. – LITTÉRAIRE : songeur. ■ Individu extravagant. SYN. idéaliste, illuminé, imaginatif, poète, romantique, utopiste. – LITTÉRAIRE : songe-creux.

revigorant *adjectif* Qui revigore. SYN. fortifiant, remontant, stimulant, tonique. CONTR. *débilitant, épuisant.*

revigorer *verbe* Donner une nouvelle vigueur. SYN. donner un coup de fouet, fortifier, ranimer, regonfler, remettre, remonter, ressusciter, restaurer, rétablir, stimuler. – FAMILIER : ragaillardir, ravigoter, requinquer, retaper. – LITTÉRAIRE : revivifier, vivifier. – VIEUX : réconforter. CONTR. *affaiblir, alanguir, amoindrir, anéantir, anémier, assommer, avachir, débiliter, déprimer, épuiser. –* FAMILIER : *achever, claquer, ramollir. –* LITTÉRAIRE : *aveulir.*

revirement *nom masculin* Changement brusque. SYN. changement, pirouette, renversement, retour, retournement, virevolte, volte-face. – LITTÉRAIRE : palinodie.

réviser *verbe* Examiner pour modifier. SYN. corriger, reconsidérer, rectifier, remanier, retoucher, revenir sur, revoir. ■ Revoir ce qu'on a étudié. SYN. repasser, répéter, reprendre, revoir. ■ Remettre en état de marche. SYN. réparer, vérifier. CONTR. *abîmer. –* FAMILIER : *bousiller, esquinter.*

révision *nom féminin* Action de modifier. SYN. amendement, correction, modification, rectification, réforme, remaniement, retouche.

revitaliser *verbe* Donner une vitalité nouvelle. SYN. ranimer, raviver, réactiver, réchauffer, rétablir, réveiller, revigorer, stimuler, tonifier, vivifier. – FAMILIER : secouer. – LITTÉRAIRE : régénérer, ressusciter, revivifier.

revivification *nom féminin* LITTÉRAIRE. Action de revivifier. SYN. renaissance, renouveau, réveil. – LITTÉRAIRE : résurrection, reviviscence.

revivifier *verbe* LITTÉRAIRE. Redonner des forces. SYN. ranimer, raviver, réactiver, réchauffer, remonter, rétablir, réveiller, revigorer, revitaliser, tonifier. – FAMILIER : ragaillardir, ravigoter, retaper. – LITTÉRAIRE : ressusciter, vivifier. – VIEUX : réconforter.

reviviscence *nom féminin* Réhydratation d'un organisme végétal. SYN. anabiose. ■ LITTÉRAIRE. Réapparition de. SYN. renaissance, renouveau, retour, réveil. – LITTÉRAIRE : résurrection, revivification.

reviviscent *adjectif* Doué de reviviscence. SYN. anabiotique.

revivre *verbe* Revenir à la santé. SYN. guérir, se ranimer, récupérer, se redresser, se refaire, se relever, se remettre, renaître, ressusciter, se rétablir. – FAMILIER : se requinquer, se retaper. ■ Être à nouveau en vigueur. SYN. se rallumer, réapparaître, ressurgir, resurgir, se rétablir, se réveiller. – LITTÉRAIRE : ressusciter.

révocation *nom féminin* Fait d'annuler un acte. SYN. abolition, abrogation, annulation, dissolution, invalidation, résiliation, rupture, suppression.

■ Fait d'ôter ses pouvoirs à. SYN. dégradation, déposition, destitution, exclusion, limogeage, renvoi.

revoir *verbe* Vivre à nouveau un fait. SYN. se rappeler, se remémorer, revivre, se souvenir. – LITTÉRAIRE : se ressouvenir. CONTR. *oublier.* ■ Examiner pour corriger. SYN. corriger, reconsidérer, réexaminer, remanier, repenser, reprendre, retoucher, revenir sur, réviser, vérifier. ■ Étudier de nouveau. SYN. repasser, répéter, reprendre, réviser.

revoir *nom masculin* ***Au revoir !,*** formule pour prendre congé. SYN. adieu ! – FAMILIER : bye !, bye bye !, ciao !, salut !, tchao ! CONTR. *bonjour !*

révoltant *adjectif* Qui révolte. SYN. abject, abominable, affreux, atroce, choquant, criant, dégoûtant, écœurant, épouvantable, honteux, horrible, ignoble, indigne, infâme, laid, odieux, scandaleux, vilain. – LITTÉRAIRE : vil. – POPULAIRE : dégueulasse.

révolte *nom féminin* Soulèvement contre l'autorité. SYN. désordre, dissidence, émeute, insurrection, jacquerie, mutinerie, révolution, sédition, soulèvement. ■ Refus d'obéissance. SYN. contestation, désobéissance, indiscipline, insoumission, insubordination, lutte, opposition, rébellion. CONTR. *acceptation, obéissance, passivité, résignation, soumission.* ■ Sentiment d'indignation. SYN. dégoût, indignation, protestation, réprobation, répugnance, répulsion. – LITTÉRAIRE : haut-le-cœur.

révolté *adjectif* En état de révolte. SYN. contestataire, factieux, indigné, insoumis, insurgé, outré. CONTR. *docile, fidèle, obéissant, résigné, soumis.*

révolté *nom* Personne en rébellion. SYN. contestataire, dissident, émeutier, factieux, insoumis, insurgé, mutin, rebelle, révolutionnaire. CONTR. *conformiste.*

révolter *verbe* Inspirer de l'indignation. SYN. blesser, cabrer, dégoûter, écœurer, fâcher, faire horreur, heurter, horrifier, indigner, mettre hors de ses gonds, mettre hors de soi, offenser, outrer, répugner, scandaliser. – FAMILIER : débecqueter, débecter, révulser.

révolter (se) *verbe pronominal* Aller contre l'autorité. SYN. se cabrer, désobéir, se mutiner, réagir, se rebeller, remuer, résister, se soulever, tenir tête. – FAMILIER : se rebiffer. – LITTÉRAIRE : regimber. CONTR. *céder, écouter, obéir, servir, se soumettre, suivre.* ■ Manifester sa réprobation. SYN. contester, se dresser, s'élever, se fâcher, s'indigner, s'insurger, s'opposer, refuser. – FAMILIER : ruer dans les brancards. CONTR. *accepter, admettre, se résigner, souscrire à.*

révolu *adjectif* Complètement écoulé. SYN. accompli, passé. – FAMILIER : sonné. – LITTÉRAIRE : défunt.

révolution *nom féminin* Changement brusque. SYN. bouleversement, innovation, mutation, nouveauté, tour. – FAMILIER : chambard, chambardement, chamboulement. ■ Agitation soudaine. SYN. agitation, désordre, ébullition, émeute, insurrection, mutinerie, révolte, sédition. CONTR. *calme, soumission.*

révolutionnaire *adjectif* Qui incite à la révolte. SYN. contestataire, factieux, insurgé, insurrectionnel, rebelle, séditieux, subversif. – VIEUX : incendiaire. ■ Qui apporte des changements. SYN. inédit, moderne, nouveau, novateur, original. CONTR. *conservateur, passéiste, réactionnaire, routinier, traditionnel.* – LITTÉRAIRE : *suranné.*

révolutionner *verbe* Apporter des innovations. SYN. bouleverser, changer, métamorphoser, modifier, réformer, renverser. – FAMILIER : chambarder, chambouler. ■ FAMILIER. Troubler violemment. SYN. agiter, bouleverser, bousculer, chavirer, ébranler, émouvoir, frapper, impressionner, retourner, saisir, secouer, traumatiser, troubler. – FAMILIER : émotionner.

revolver *nom masculin* Pistolet à barillet. SYN. colt, pistolet. – ARGOTIQUE : bousin, brûle-gueule, brûle-parfums, calibre, juge de paix, repoussant, ribouldingue, soufflant. – POPULAIRE : feu, flingue, pétard. – VIEUX : crucifix à ressort.

révoquer *verbe* Déclarer nul. SYN. abolir, abroger, annuler, dissoudre, invalider, rapporter, résilier. ■ Ôter à quelqu'un ses fonctions. SYN. bannir, casser, chasser, congédier, démettre, destituer, éliminer, évincer, licencier, limoger, mettre à la porte, radier, remercier, renvoyer. – FAMILIER : balayer, blackbouler, débarquer, déboulonner, dégommer, démissionner, ficher à la porte, flanquer à la porte, flanquer dehors, sabrer, vider. – POPULAIRE : balancer, foutre à la porte, lourder, sacquer, saquer, virer. CONTR. *affecter, nommer.*

revue *nom féminin* Action d'examiner. SYN. bilan, compte, dénombrement, inventaire, récapitulation, recensement. ■ Cérémonie militaire. SYN. défilé, parade.

revue *nom féminin* Publication périodique. SYN. bulletin, cahiers, gazette, magazine, périodique.

révulser *verbe* FAMILIER. Inspirer du dégoût. SYN. donner envie de vomir, écœurer, faire horreur, horrifier, lever le cœur, rebuter, répugner, révolter, scandaliser, soulever le cœur. – POPULAIRE : débecqueter, débecter. CONTR. *allécher, attirer, charmer, fasciner, plaire, séduire, tenter.*

rewriter *verbe transitif* Réécrire un texte. SYN. récrire, réécrire, reprendre.

rewriting *nom masculin* Action de réécrire. SYN. récriture, réécriture.

rhabiller *verbe* Remettre un objet en état. SYN. arranger, refaire, réparer, restaurer, réviser.

rhagionidé *nom masculin* Mouche carnassière. SYN. leptidé.

rhapsode *nom masculin* Poète chanteur. SYN. aède, barde.

rhéteur *nom masculin* LITTÉRAIRE. Personne qui parle avec emphase. SYN. déclamateur, discoureur, phraseur. – LITTÉRAIRE : parleur, péroreur.

rhétorique *nom féminin* LITTÉRAIRE. Style emphatique. SYN. emphase, grandiloquence. – LITTÉRAIRE : faconde, pathos, pompe.

rhexistasie *nom féminin* Phase de grande activité érosive. CONTR. *biostasie.*

rhinanthe *nom masculin* Plante des prairies à fleurs jaunes. SYN. crête-de-coq.

rhinencéphale *nom masculin* Division du système nerveux central. SYN. paléocortex.

rhinolophe *nom masculin* Type de chauve-souris. SYN. fer-à-cheval.

rhinopharynx *nom masculin* Arrière-cavité des fosses nasales. SYN. cavum, nasopharynx.

rhodopsine *nom féminin* Pigment visuel de la rétine. SYN. érythropsine, pourpre rétinien.

rhœadale *nom féminin* Plante telle que le coquelicot. SYN. papavérale.

rhyniale *nom féminin* Plante vasculaire fossile. SYN. psilophytale.

riant *adjectif* Qui annonce la gaieté. SYN. épanoui, gai, joyeux, radieux, réjoui, rieur, souriant. CONTR. *bourru, funèbre, larmoyant, mélancolique, morne, morose, rembruni, sombre, soucieux, triste.* – LITTÉRAIRE : *chagrin.* ■ Se dit d'un cadre agréable. SYN. beau, charmant, joli, plaisant, ravissant. CONTR. *affreux, aride, austère, déprimant, lugubre, sévère.* ■ LITTÉRAIRE. Qui reflète le bonheur. SYN. amusant, enjoué, hilare, insouciant. CONTR. *chagrinant, douloureux, dur, macabre, pénible, sinistre.*

ribambelle *nom féminin* FAMILIER. Grande quantité de. SYN. armée, avalanche, bataillon, cascade, chapelet, collection, cortège, défilé, déluge, file, flot, flux, foule, infinité, kyrielle, légion, masse, monceau, multitude, myriade, pléiade, procession, quantité, série, succession, suite, tas. – FAMILIER : armada, cargaison, flopée, foultitude, pelletée, régiment, tapée, tripotée. – LITTÉRAIRE : averse, essaim, séquelle, théorie. CONTR. *atome, bribe, brin, doigt, goutte, grain, gramme, miette, nuage, once, parcelle, poignée, pointe, soupçon, teinte, trace.* – LITTÉRAIRE : *liard, ombre.*

ribeyrenc *nom masculin* Cépage noir du Languedoc. SYN. aspiran.

riboflavine *nom féminin* Vitamine que l'on trouve dans le lait. SYN. flavine, lactoflavine.

ribouldingue *nom féminin* FAMILIER. Partie de plaisir. SYN. fête. – FAMILIER : bombe, bringue, fiesta, java, noce, nouba. – POPULAIRE : bamboula, foire.

richard *nom masculin* FAMILIER. Personne très riche. SYN. nanti. – LITTÉRAIRE : crésus, nabab. CONTR. *malheureux, pauvre.* – FAMILIER : *sans-le-sou.* ■ Insecte à livrée métallique. SYN. bupreste.

riche *adjectif* Qui a de la fortune. SYN. aisé, cossu, cousu d'or, fortuné, huppé, nanti, privilégié. – FAMILIER : argenté, plein aux as. – POPULAIRE : friqué, rupin. CONTR. *gêné, indigent, malheureux, miséreux, nécessiteux, pauvre.* – FAMILIER : *désargenté, fauché, fauché comme les blés.* – LITTÉRAIRE : *impécunieux.* – POPULAIRE : *raide.* – VIEUX : *besogneux, disetteux.* ■ Qui est d'une grande valeur. SYN. brillant, éclatant, fastueux, luxueux, magnifique, onéreux, ruineux, somptueux, splendide, superbe. – LITTÉRAIRE : dispendieux, pompeux. – POPULAIRE : rupin. CONTR. *austère, dépouillé, humble, misérable, modeste, simple, sobre.* ■ Se dit d'une terre fertile. SYN. fécond, fertile, gras, productif. – LITTÉRAIRE : généreux, opulent, plantureux. CONTR. *aride, infertile, ingrat, maigre, ras, stérile.* ■ Qui a beaucoup de. SYN. abondant, bourré, débordant, foisonnant, nourri, pétri, plein, pourvu. CONTR. *démuni, dénué, dépourvu, exempt.* – FAMILIER : *chiche.*

riche *nom* Personne riche. SYN. capitaliste, parvenu, ploutocrate, possédant, privilégié. – FAMILIER : gros, nanti. – LITTÉRAIRE : crésus, nabab. – POPULAIRE : rupin. CONTR. *déshérité, indigent, malheureux, mendiant, miséreux, nécessiteux, pauvre.* – FAMILIER : *sans-le-sou.* – LITTÉRAIRE : *gueux, misérable.* – VIEUX : *besogneux.* ■ ***Nouveau riche,*** personne qui s'est enrichie rapidement. SYN. parvenu.

richement *adverbe* D'une manière abondante. SYN. abondamment, en abondance, amplement, beaucoup, colossalement, considérablement, copieusement, à discrétion, énormément, à flots, à foison, généreusement, grandement, grassement, largement, massivement, à la pelle, plantureusement, pleinement, en quantité, à satiété, à souhait, surabondamment, à tour de bras, en veux-tu en voilà, à volonté. – FAMILIER : à gogo, jusqu'à plus soif, en pagaille, à revendre, à tire-larigot. – LITTÉRAIRE : à l'envi. CONTR. *faiblement, guère, petitement, peu.* ■ D'une manière coûteuse. SYN. coûteusement, fastueusement, luxueusement, princièrement, royalement, somptueusement. **CONTR.** *chichement, modestement, pauvrement, sobrement.*

richesse *nom féminin* Abondance de biens. **SYN.** aisance, argent, avoir, biens, capital, fortune, opulence, patrimoine, prospérité, ressources, trésor. – POPULAIRE : galette. **CONTR.** *besoin, dénuement, détresse, gêne, indigence, misère, pauvreté.* – POPULAIRE : *débine.* ■ Caractère luxueux. **SYN.** faste, luxe, magnificence. – LITTÉRAIRE : somptuosité. **CONTR.** *austérité, dépouillement, simplicité, sobriété.* ■ Caractère fertile. **SYN.** fertilité, ressources. – LITTÉRAIRE : fécondité. **CONTR.** *aridité, infécondité, maigreur, stérilité.* – LITTÉRAIRE : *infertilité.* ■ Caractère varié. **SYN.** ampleur, foisonnement, profondeur. – LITTÉRAIRE : fécondité, luxuriance. **CONTR.** *carence, inconsistance, insuffisance, médiocrité, pauvreté.*

richissime *adjectif* FAMILIER. Très riche. **SYN.** cousu d'or, riche à millions, riche comme Crésus. – FAMILIER : plein aux as.

ricin *nom masculin* Parasite des animaux. **SYN.** ixode, tique.

ricocher *verbe* Être renvoyé dans une autre direction. **SYN.** rebondir, rejaillir, se répercuter.

ricochet *nom masculin* Ce qui se répercute sur. **SYN.** contrecoup, éclaboussure, incidence, prolongement, rebondissement, répercussion, retentissement, retombée, suite. ■ ***Par ricochet,*** par un effet indirect. **SYN.** par contrecoup, indirectement.

ric-rac *adverbe* FAMILIER. De façon tout juste suffisante. **SYN.** de justesse, tant bien que mal, tout juste. – FAMILIER : couci-couça.

rictus *nom masculin* Contorsion des muscles du visage. **SYN.** grimace, moue.

ridé *adjectif* Couvert de rides. **SYN.** flétri, fripé, marqué, parcheminé, plissé, ratatiné, raviné. – LITTÉRAIRE : ravagé. **CONTR.** *lisse.*

ridectomie *nom féminin* Intervention chirurgicale pour retendre la peau. **SYN.** lifting, lissage.

ridicule *adjectif* Dont on est porté à rire. **SYN.** comique, drôle, inénarrable, risible. – FAMILIER : cocasse. ■ Qui est déraisonnable. **SYN.** absurde, burlesque, caricatural, grotesque, sot. **CONTR.** *logique, sensé.* ■ Qui est insignifiant. **SYN.** dérisoire, infime, maigre, mince, minime. – FAMILIER : rikiki, riquiqui. **CONTR.** *convenable, correct.*

ridiculement *adverbe* De façon grotesque. **SYN.** burlesquement, cocassement, grotesquement. ■ De façon dérisoire. **SYN.** honteusement. – LITTÉRAIRE : dérisoirement.

ridiculiser *verbe* Rendre ridicule. **SYN.** bafouer, caricaturer, faire des gorges chaudes de, se moquer de, railler, rire aux dépens de, rire de, tourner en ridicule. – LITTÉRAIRE : se gausser de.

rien *nom masculin* Ce qui a peu d'importance. **SYN.** bagatelle, baliverne, bricole, broutille, enfantillage, futilité, misère, niaiserie, poussière, vétille. – POPULAIRE : foutaise, peau de balle. ■ LITTÉRAIRE. Néant. **SYN.** absence, inexistence, mort, négativité, nihilisme, non-être, vide, zéro.

rieur *adjectif* Qui exprime la gaieté. **SYN.** enjoué, épanoui, gai, hilare, jovial, radieux, réjoui, riant, souriant. **CONTR.** *grave, sombre, triste.* – LITTÉRAIRE : *chagrin.*

rigide *adjectif* Qui résiste à la torsion. **SYN.** dur, raide, solide. **CONTR.** *élastique, flexible, mou, pliable, souple.* ■ Qui est intransigeant. **SYN.** cassant, entier, implacable, inflexible, intraitable, intransigeant, rigoriste, rigoureux, sévère, strict. – FAMILIER : jugulaire-jugulaire, service-service. – LITTÉRAIRE : raide. **CONTR.** *accommodant, coulant, indulgent, latitudinaire, laxiste.* ■ Qui manque de souplesse. **SYN.** austère, compassé, guindé, puritain, spartiate. **CONTR.** *relâché.* – FAMILIER : *élastique.* – LITTÉRAIRE : *dissolu.*

rigidité *nom féminin* Caractère rigide. **SYN.** dureté. **CONTR.** *élasticité, flexibilité, mollesse, souplesse.* ■ Caractère intransigeant. **SYN.** austérité, inflexibilité, intransigeance, puritanisme, raideur, rigorisme, rigueur, sévérité. – LITTÉRAIRE : implacabilité. **CONTR.** *abandon, bienveillance, indulgence, laisser-aller, laxisme, relâchement, souplesse.* – LITTÉRAIRE : *flexibilité, mansuétude.*

rigolade *nom féminin* FAMILIER. Action de rire. **SYN.** hilarité, rire. ■ FAMILIER. Chose peu sérieuse. **SYN.** bagatelle, baliverne, bricole, broutille, facétie, fadaise, plaisanterie, vétille. – FAMILIER : blague. – POPULAIRE : foutaise.

rigoler *verbe* FAMILIER. Rire beaucoup. **SYN.** éclater de rire, s'esclaffer, pouffer, rire, rire à gorge déployée, rire aux éclats, rire aux larmes. – FAMILIER : se dilater la rate, s'offrir une pinte de bon sang, se payer une pinte de bon sang, rire à ventre déboutonné, rire comme un bossu, rire comme une baleine, se taper le derrière par terre, se tenir les côtes, se tordre de rire, se tordre. – POPULAIRE : se bidonner, se boyauter, se fendre la gueule, se fendre la pêche, se fendre la pipe, se fendre la poire, se gondoler, se marrer, se poiler. **CONTR.** *bouder, pleurer, sangloter.* – FAMILIER : *faire la tête.* ■ FAMILIER. Ne pas être sérieux. **SYN.** s'amuser, badiner, plaisanter, rire. – FAMILIER : blaguer.

rigolo *adjectif* FAMILIER. Qui divertit. SYN. amusant, comique, désopilant, drôle, gai, plaisant. – FAMILIER : cocasse, crevant, folichon, marrant, poilant, roulant, tordant. – POPULAIRE : bidonnant. CONTR. *ennuyeux, funèbre, lugubre, macabre, morne, mortel, navrant, sinistre, tragique, triste.* – FAMILIER : *cafardeux, glauque.* ■ FAMILIER. Qui est curieux. SYN. bizarre, étonnant, étrange.

rigolo *nom* POPULAIRE. Personne peu sérieuse. SYN. comique, fantoche, farceur, marionnette, pantin, plaisantin. – FAMILIER : fumiste, guignol, loustic, polichinelle. – POPULAIRE : charlot. – VIEUX : sauteur.

rigorisme *nom masculin* Attitude rigide. SYN. austérité, puritanisme, raideur, rigidité, rigueur. – LITTÉRAIRE : sévérité. CONTR. *laisser-aller, laxisme, relâchement.*

rigoriste *adjectif* Qui fait preuve de rigorisme. SYN. austère, compassé, dur, guindé, intransigeant, puritain, rigide, rigoureux, sévère, spartiate. CONTR. *latitudinaire, laxiste, tolérant.*

rigoureusement *adverbe* VIEUX. Avec sévérité. SYN. durement, sévèrement. ■ En toute rigueur. SYN. étroitement, exactement, fidèlement, méthodiquement, minutieusement, précisément, religieusement, scrupuleusement, sérieusement, strictement. ■ D'une manière incontestable. SYN. absolument, entièrement, formellement, incontestablement, parfaitement, totalement.

rigoureux *adjectif* Qui fait preuve de sévérité. SYN. dur, impitoyable, implacable, inexorable, inflexible, intraitable, rigide, rigoriste, sévère, spartiate, strict. – LITTÉRAIRE : raide. CONTR. *complaisant, coulant, indulgent, relâché.* – FAMILIER : *élastique.* – LITTÉRAIRE : *débonnaire.* ■ Difficile à supporter. SYN. âpre, austère, draconien, drastique, de fer, rude. – LITTÉRAIRE : implacable, inclément. CONTR. *clément, doux, léger, modéré, tempéré.* ■ Fait avec logique. SYN. étroit, exact, juste, mathématique, minutieux, parfait, précis, rationnel, serré, strict. – LITTÉRAIRE : soigneux. CONTR. *approximatif, fantaisiste, flou.*

rigueur *nom féminin* Caractère inflexible. SYN. cruauté, fermeté, inflexibilité, inhumanité, intolérance, intransigeance, rigidité, rigorisme. – LITTÉRAIRE : implacabilité, inexorabilité, sévérité. CONTR. *bienveillance, bonté, indulgence, relâchement.* – LITTÉRAIRE : *mansuétude.* ■ Caractère difficile. SYN. âpreté, austérité, dureté, rudesse. – LITTÉRAIRE : cruauté, inclémence. CONTR. *douceur, facilité.* – LITTÉRAIRE : *clémence.* ■ Caractère exact. SYN. exactitude, justesse, rationalité, rectitude. CONTR. *fausseté.*

rikiki *adjectif invariable* FAMILIER. Qui est tout petit. SYN. étriqué, étroit, maigre, minuscule, petit, ridicule. – FAMILIER : ratatiné. CONTR. *ample, grand, large.* – LITTÉRAIRE : *vaste.*

riksmål *nom masculin* Une des deux formes du norvégien. SYN. bokmål, dano-norvégien. CONTR. *nynorsk.*

rimer *verbe* LITTÉRAIRE. Composer des vers. SYN. versifier. – FAMILIER : rimailler.

ringard *adjectif* FAMILIER. Qui est dépassé. SYN. anachronique, archaïque, arriéré, démodé, dépassé, désuet, inactuel, périmé, vieux jeu. – ARGOTIQUE : square. – FAMILIER : out. – LITTÉRAIRE : suranné. CONTR. *à la mode, à la page, ultramoderne, dans le vent.* – FAMILIER : *branché, dans le coup, in.*

ripaille *nom féminin* FAMILIER. Excès de table. SYN. festin, orgie. – FAMILIER : bombance, gueuleton. CONTR. *abstinence.* ■ FAMILIER. ***Faire ripaille,*** faire des excès de table. SYN. bambocher, banqueter, faire bonne chère, ripailler. – FAMILIER : s'en donner jusqu'à la garde, s'empiffrer, faire bombance, se goinfrer, manger comme quatre, manger comme un ogre, s'en mettre jusque-là, s'en mettre plein la panse. – POPULAIRE : bâfrer, bouffer, faire un gueuleton, se faire une ventrée, festoyer, s'en fourrer jusque-là, gueuletonner, manger à s'en faire péter la sous-ventrière, manger comme un chancre, s'en mettre plein la gueule, s'en mettre plein la lampe, morfaler.

ripailler *verbe* FAMILIER. Manger énormément. SYN. banqueter, faire bonne chère. – FAMILIER : s'en donner jusqu'à la garde, s'empiffrer, faire bombance, faire ripaille, se goinfrer, manger comme quatre, manger comme un ogre, s'en mettre jusque-là, s'en mettre plein la panse. – POPULAIRE : bâfrer, bouffer, se caler les joues, faire un gueuleton, se faire une ventrée, festoyer, s'en fourrer jusque-là, gueuletonner, manger à s'en faire péter la sous-ventrière, manger comme un chancre, s'en mettre plein la gueule, s'en mettre plein la lampe, morfaler.

riposte *nom féminin* Réponse à une attaque verbale. SYN. repartie, réplique, réponse. ■ Réponse à une agression. SYN. contre-attaque, contre-offensive, défense, réaction, représailles, rétorsion. CONTR. *assaut, attaque.*

riposter *verbe* Répondre vivement. SYN. avoir son mot à dire, jeter, objecter, payer de retour, rendre la monnaie de sa pièce, rendre la pareille, répliquer, répondre, répondre du tac au tac. – FAMILIER : clouer le bec. – LITTÉRAIRE : repartir. CONTR. *assaillir, attaquer.*

ripou *nom* FAMILIER. Policier corrompu. SYN. brigand, canaille, crapule, filou, pourri, vendu.

ripper *nom masculin* Engin servant à défoncer le sol. SYN. défonceuse, rooter.

riquiqui *adjectif invariable* FAMILIER. Qui est tout petit. SYN. étriqué, étroit, maigre, minuscule, petit, ridicule. – FAMILIER : ratatiné. CONTR. *ample, grand, large.* – LITTÉRAIRE : *vaste.*

rire *nom masculin* Action de rire. SYN. hilarité. – FAMILIER : rigolade. CONTR. *sanglot.* – LITTÉRAIRE : *pleur.*

rire *verbe intransitif* Manifester une gaieté soudaine. SYN. s'esclaffer, glousser, pouffer. – FAMILIER : se dilater la rate, s'offrir une pinte de bon sang, se payer une pinte de bon sang, s'en payer une tranche, rigoler, se taper le derrière par terre, se tenir les côtes, se tordre de rire, se tordre. – POPULAIRE : se bidonner, se boyauter, se fendre la gueule, se fendre la pêche, se fendre la pipe, se fendre la poire, se gondoler, se marrer, se poiler. CONTR. *être en larmes, pleurer, sangloter.* ■ Agir sans sérieux. SYN. s'amuser, badiner, se moquer, plaisanter. – FAMILIER : blaguer, rigoler.

rire *verbe transitif indirect* Tourner en ridicule. SYN. s'amuser de, ironiser, se moquer, persifler, railler. – FAMILIER : se ficher de, se payer la tête de. – LITTÉRAIRE : brocarder, se gausser de. – POPULAIRE : se foutre de, se payer la gueule de. ■ Considérer avec mépris. SYN. dédaigner, faire fi de, ignorer, se jouer de, mépriser. – FAMILIER : se ficher de. – POPULAIRE : se foutre de.

rire (se) *verbe pronominal* Ne pas faire cas de. SYN. dédaigner, faire fi de, ignorer, se jouer de, mépriser, se moquer de, narguer, railler. – FAMILIER : se ficher de. – LITTÉRAIRE : se gausser de. – POPULAIRE : se foutre de.

risée *nom féminin* Moquerie collective. SYN. dérision, moquerie, raillerie, sarcasme.

risible *adjectif* Dont on peut se moquer. SYN. amusant, burlesque, caricatural, comique, drôle, grotesque, inénarrable, plaisant, ridicule. – FAMILIER : cocasse, impayable. CONTR. *attristant, dramatique, grave, sérieux, sévère, tragique, triste.*

risque *nom masculin* Ce à quoi l'on s'expose. SYN. danger, inconvénient, menace, nuage, péril. – LITTÉRAIRE : écueil.

risqué *adjectif* Qui présente des risques. SYN. aléatoire, aventuré, aventureux, dangereux, délicat, épineux, hardi, hasardé, hasardeux, imprudent, périlleux, téméraire. – LITTÉRAIRE : chanceux, difficultueux, scabreux. – POPULAIRE : casse-gueule. CONTR. *sûr.* ■ Qui a un caractère osé. SYN. brûlant, choquant, compromettant, osé, scabreux. CONTR. *convenable, correct, digne.*

risquer *verbe* Exposer à un risque. SYN. aventurer, compromettre, engager, exposer, hasarder, jouer à quitte ou double, jouer le tout pour le tout, jouer son va-tout, lâcher la proie pour l'ombre, mettre en jeu. CONTR. *assurer, garantir.* – FAMILIER : *jouer sur du velours.* ■ Avoir une chance de. SYN. faillir, manquer de, pouvoir. ■ S'exposer à un danger. SYN. se compromettre, encourir, s'exposer, jouer avec le feu, marcher sur la corde raide. – FAMILIER : faire entrer le loup dans la bergerie. – LITTÉRAIRE : se commettre.

risquer (se) *verbe pronominal* S'engager dans une voie incertaine. SYN. s'aventurer, s'aviser de, s'engager sur un terrain glissant, s'engager, s'enhardir, s'essayer à, se hasarder, se jeter à l'eau, se jeter dans la gueule du loup, se jeter tête baissée dans, se jeter, jouer à quitte ou double, jouer son va-tout, se lancer, monter au créneau, oser, tenter l'aventure, tenter le coup. – FAMILIER : n'avoir pas froid aux yeux.

risque-tout *nom* FAMILIER. Personne imprudente. SYN. audacieux, imprudent. – FAMILIER : casse-cou. CONTR. *capitulard, lâche, timide.* – FAMILIER : *froussard.* – VIEUX : *capon.*

rissoler *verbe* Faire rôtir un aliment. SYN. dorer, faire revenir, gratiner, griller, sauter.

ristourne *nom féminin* Déduction faite sur un tarif. SYN. abattement, bonification, diminution, discount, escompte, rabais, réduction, remise. ■ Commission versée. SYN. dessous-de-table, gratification, pièce, pot-de-vin, pourboire. – FAMILIER : bakchich.

rite *nom masculin* Manière d'agir codifiée. SYN. cérémonial, cérémonie, coutume, habitude, pratique, protocole, rituel, routine, tradition, usage. CONTR. *innovation, nouveauté.*

ritenuto *adverbe* Indique un élargissement du mouvement. SYN. largando, rallentando.

ritournelle *nom féminin* Air répétitif. SYN. chanson, refrain, rengaine. ■ FAMILIER. Idée ressassée. SYN. chanson, leitmotiv, rabâchage, rengaine, scie. – FAMILIER : couplet, disque, refrain. – LITTÉRAIRE : antienne.

rituel *adjectif* Réglé par une coutume. SYN. accoutumé, classique, consacré, habituel, protocolaire, routinier, traditionnel. – LITTÉRAIRE : coutumier.

rituel *nom masculin* Ensemble de règles. SYN. cérémonial, cérémonie, coutume, pratique, protocole, rite, routine, tradition.

rivage *nom masculin* Bande de terre qui borde la mer. SYN. berge, côte, littoral, plage, rive. – LITTÉRAIRE : grève.

rival *nom* Personne en rivalité. SYN. adversaire, antagoniste, compétiteur, concurrent. CONTR. *allié, ami, associé, camarade, égal, partenaire.*

rivaliser *verbe* Chercher à surpasser quelqu'un. SYN. faire assaut de, lutter, se mesurer. – LITTÉRAIRE : jouter. CONTR. *s'allier, s'associer, se coaliser, se liguer.*

rivalité *nom féminin* Concurrence de personnes. SYN. antagonisme, compétition, duel, émulation, lutte, opposition. – LITTÉRAIRE : joute. CONTR. *camaraderie, coopération.*

rive *nom féminin* Bord de l'eau. SYN. berge, bord, côte, plage, rivage. – LITTÉRAIRE : grève.

rivé *adjectif* Qui est immobilisé. SYN. figé, fixe, immobile.

river *verbe* Fixer avec des rivets. SYN. assembler, joindre, riveter. CONTR. *détacher, disjoindre.* ■ LITTÉRAIRE. Attacher étroitement à. SYN. ancrer, attacher, clouer. – FAMILIER : coller, ficher. – LITTÉRAIRE : enchaîner.

riveter *verbe* Fixer avec des rivets. SYN. assembler, joindre, river. CONTR. *détacher, disjoindre.*

rivière *nom féminin* LITTÉRAIRE. Coulée qui rappelle de l'eau. SYN. flot, flux, torrent. – LITTÉRAIRE : fleuve, ruisseau.

rixe *nom féminin* Querelle violente. SYN. altercation, bagarre, bataille, combat, dispute, échauffourée, escarmouche, mêlée, pugilat. – FAMILIER : accrochage.

robage *nom masculin* Action de rober. SYN. capage.

robe *nom féminin* Pelage d'un mammifère. SYN. fourrure, pelage, poil, toison. ■ Feuille de tabac qui enveloppe un cigare. SYN. cape.

rober *verbe* Entourer un cigare d'une robe. SYN. caper.

robinier *nom masculin* Arbre dont les fleurs donnent le miel d'acacia. SYN. faux acacia.

roboratif *adjectif* LITTÉRAIRE. Qui fortifie. SYN. fortifiant, réparateur, tonifiant, tonique.

robot *nom masculin* Personne déshumanisée. SYN. automate, machine, marionnette. – FAMILIER : pantin.

robuste *adjectif* Capable de résister. SYN. aguerri, bâti à chaux et à sable, fort, infatigable, puissant, résistant, vigoureux. – FAMILIER : costaud, increvable, vaillant. – POPULAIRE : balaise, balèze, baraqué. CONTR. *chétif, croulant, débile, décrépit, défaillant, déficient, étiolé, faible, fluet, frêle, maladif, malingre, rachitique, souffreteux.* – VIEUX : *cacochyme.* ■ Solidement construit. SYN. incassable, indestructible, inusable, résistant, solide. – LITTÉRAIRE : infrangible. CONTR. *délicat, fragile.* ■ LITTÉRAIRE. Qui ne se laisse pas ébranler. SYN. déterminé, énergique, ferme, irréductible, opiniâtre, résolu, tenace. CONTR. *éphémère, instable, précaire.*

robustesse *nom féminin* Caractère robuste. SYN. fermeté, force, puissance, résistance, solidité, vigueur. CONTR. *affaissement, débilité, décrépitude, déficience, délicatesse, faiblesse, fragilité.*

roc *nom masculin* Masse de pierre dure. SYN. pierre, roche, rocher.

rocaille *nom féminin* Amas de pierres sur le sol. SYN. pierraille. – FAMILIER : caillasse.

rocailleux *adjectif* Couvert de pierres. SYN. caillouteux, pierreux. ■ Se dit d'un style sans grâce. SYN. abrupt, dur, heurté, laborieux, rude. – LITTÉRAIRE : raboteux. CONTR. *aisé, coulant, fluide, harmonieux.* ■ Se dit d'une voix rauque. SYN. dur, enroué, éraillé, guttural, râpeux, rauque. CONTR. *mélodieux, suave.*

rocambole *nom féminin* Espèce d'ail. SYN. ail d'Espagne.

rocambolesque *adjectif* Plein de péripéties. SYN. abracadabrant, extravagant, fantastique, farfelu, incroyable. – LITTÉRAIRE : funambulesque.

roche *nom féminin* Matière formée de minéraux. SYN. pierre, roc, rocher.

rocher *nom masculin* Masse de pierre dure. SYN. pierre, roc, roche.

rochier *nom masculin* Petit poisson aux vives couleurs. SYN. roucaou, rouquier.

rocking-chair *nom masculin* Fauteuil à bascule. SYN. berçante, berceuse.

rococo *adjectif invariable* VIEUX. Passé de mode. SYN. antique, démodé, dépassé, désuet, périmé, rétrograde, vieillot, vieux. CONTR. *à la mode, moderne, moderniste, neuf, nouveau, à la page, ultra-moderne, en vogue.* – FAMILIER : *in.* – VIEUX : *up to date.*

rôdailler *verbe* FAMILIER. Rôder çà et là. SYN. déambuler, errer, flâner, rôder, traîner, vagabonder. – FAMILIER : traînailler, traînasser. – LITTÉRAIRE : divaguer, vaguer.

rôder *verbe* Errer çà et là. SYN. errer, flâner, traîner, vagabonder. – FAMILIER : rôdailler, traînailler, traînasser. – LITTÉRAIRE : divaguer, vaguer.

rodomont *nom masculin* LITTÉRAIRE. Personne qui se vante. SYN. bravache, faiseur, fanfaron, faraud, hâbleur, vantard. – FAMILIER : frimeur, olibrius. – LITTÉRAIRE : capitan, fier-à-bras, matamore, pourfendeur.

rodomontade *nom féminin* LITTÉRAIRE. Action de vantard. SYN. bluff, bravade, cabotinage, fanfaronnade, ostentation, vantardise. – LITTÉRAIRE : crânerie, forfanterie, gasconnade, hâblerie, tarasconnade. – VIEUX : fanfaronnerie.

rogaton *nom masculin* FAMILIER. Objet de rebut. SYN. babiole, bibelot, bric-à-brac, bricole, vieillerie. ■ FAMILIER. Bribe d'aliment. SYN. bribe, miette, relief, reste.

rogatons *nom masculin pluriel* FAMILIER. Restes de repas. SYN. bribes, reliefs, restes. – VIEUX : arlequins, gringuenaude.

rogne *nom féminin* FAMILIER. Mauvaise humeur. SYN. acrimonie, bouderie, colère, hargne, humeur de chien, humeur de dogue, indignation, insatisfaction, irritation, mauvaise humeur, mécontentement. – FAMILIER : grogne, humeur massacrante. CONTR. *bonne humeur.*

rogner *verbe intransitif* VIEUX. Être en rogne. SYN. grogner, grommeler, gronder, maugréer. – FAMILIER : bougonner, grognasser, grognonner, maronner, râler, ronchonner, rouspéter. – POPULAIRE : rouscailler. – VIEUX : rognonner.

rogner *verbe transitif* Couper sur le pourtour. SYN. arrondir, couper, désépaissir, diminuer, écourter, élaguer, émonder, mutiler, raccourcir, rafraîchir, réduire. – VIEUX : tronquer.

rogner *verbe transitif indirect* Faire des économies. SYN. économiser, lésiner, regarder à. – ARGOTIQUE : avoir des oursins dans les poches, avoir un cactus dans le portefeuille, être constipé du morlingue. – FAMILIER : avoir les doigts crochus, gratter, les lâcher au compte-gouttes, ne pas attacher son chien avec des saucisses. – POPULAIRE : les lâcher avec un élastique, mégoter.

rognonner *verbe* VIEUX. Montrer sa mauvaise humeur. SYN. grogner, grommeler, gronder, maugréer. – FAMILIER : bougonner, grognasser, grognonner, maronner, râler, ronchonner, rouspéter. – POPULAIRE : rouscailler. – VIEUX : rogner.

rognure *nom féminin* Ce qui reste de quelque chose. SYN. chute, débris, déchet, raclure, rebut, restes.

rogue *adjectif* Qui montre de l'arrogance. SYN. arrogant, cavalier, condescendant, dédaigneux, fier, hautain, méprisant, sec, suffisant. – FAMILIER : teigneux. – LITTÉRAIRE : disgracieux, outrecuidant, rêche. CONTR. *affable, aimable, avenant, caressant, chaleureux, cordial, courtois, déférent, exquis, familier, humble, modeste, obséquieux, simple.*

roi *nom masculin* Celui qui dirige un royaume. SYN. empereur, monarque, potentat, prince, souverain. ■ Homme qui excelle en. SYN. baron, cerveau, magnat, seigneur. – FAMILIER : champion, crack, ponte. – LITTÉRAIRE : lumière.

rôle *nom masculin* Jeu d'un acteur. SYN. emploi, personnage. ■ Fonction exercée. SYN. attribution, devoir, fonction, mandat, métier, mission, tâche, travail, vocation. ■ ***À tour de rôle,*** chacun à son tour. SYN. en alternance, alternativement, chacun à son tour, successivement, tour à tour. CONTR. *ensemble, simultanément.*

roman *nom masculin* Œuvre d'imagination. SYN. fiction, intrigue. ■ Histoire invraisemblable. SYN. affabulation, fabulation, histoire, invention. – FAMILIER : salade.

romance *nom féminin* Mélodie accompagnée. SYN. antienne, chant, refrain, rengaine, scie.

romanesque *adjectif* Qui a les traits du roman. SYN. extraordinaire, extravagant, fantastique, incroyable, merveilleux. – FAMILIER : fabuleux. CONTR. *historique, prosaïque, réaliste.* ■ Qui vit comme dans un roman. SYN. chimérique, exalté, rêveur, romantique, sentimental. – LITTÉRAIRE : lunaire.

romani *nom masculin* Langue parlée par les Tsiganes. SYN. tsigane.

romanichel *nom* Personne nomade. SYN. bohémien, gitan, manouche, tsigane, tzigane.

romantique *adjectif* Qui cède à la sensibilité. SYN. exalté, imaginatif, mélancolique, mystérieux, passionné, poétique, rêveur, romanesque, sentimental. CONTR. *pratique, prosaïque, raisonnable.*

rompre *verbe intransitif* LITTÉRAIRE. Céder brusquement. SYN. se briser, casser, se casser, céder, craquer, lâcher.

rompre *verbe transitif* LITTÉRAIRE. Mettre en morceaux. SYN. briser, casser, fracturer. ■ Faire céder quelque chose. SYN. arracher, crever, emporter, enfoncer, fracasser. ■ Mettre fin à. SYN. anéantir, annuler, défaire, se dégager, dénoncer, déranger, détruire, dissoudre, interrompre, résilier, ruiner, suspendre. – LITTÉRAIRE : trancher. ■ LITTÉRAIRE. Exercer quelqu'un à. SYN. accoutumer, aguerrir, dresser, expérimenter, familiariser, habituer. – LITTÉRAIRE : façonner.

rompre *verbe transitif indirect* Cesser ses relations avec. SYN. abandonner, se brouiller, divorcer, se fâcher, en finir, laisser tomber, quitter. – FAMILIER : plaquer. – POPULAIRE : lâcher. CONTR. *s'allier, rallier, se rapprocher, se réconcilier, se remettre, renouer.* – FAMILIER : *se rabibocher, se raccommoder.* ■ Être très différent de. SYN. s'affranchir, se dégager, se libérer, trahir, trancher avec.

rompre (se) *verbe pronominal* Se casser brusquement. SYN. se briser, se casser, céder, craquer, éclater, se fracturer, lâcher. – FAMILIER : claquer, péter.

rompu *adjectif* Très fatigué. SYN. anéanti, à bout de course, à bout de force, à bout de souffle, brisé, broyé, épuisé, exténué, fatigué, fourbu, harassé, K.-O., las, mort de fatigue, recru, rendu, surmené, usé. – FAMILIER : achevé, au bout du rouleau, cassé, claqué, éreinté, esquinté, fini, flagada, flapi, H.S., kaput, lessivé, mort, moulu, à plat, pompé, à ramasser à la petite cuillère, raplapla, sur les genoux, tué, vanné, vidé. – POPULAIRE : cané, crevé, rétamé, sur les rotules. CONTR. *délassé, dispos, frais, frais et dispos, reposé.* – FAMILIER : *en forme, frais comme un gardon, frais comme une rose, increvable, en pleine forme.* – VIEUX : *gaillard.* ■ Qui a de l'expérience. SYN. entraîné, exercé, expérimenté, expert, habitué, qualifié, versé. – LITTÉRAIRE : façonné. CONTR. *inexpérimenté.* – LITTÉRAIRE : *inexpert.*

ronchon *adjectif* FAMILIER. Qui a l'habitude de râler. SYN. acariâtre, boudeur, bougon, grincheux, grognon, grondeur, de mauvaise humeur, revêche. – FAMILIER : mal luné, de mauvais poil, râleur, ronchonneur, rouspéteur. CONTR. *de bonne humeur, enjoué, gai, guilleret, jovial, réjoui.* – FAMILIER : *bien luné, de bon poil.*

ronchon *nom* FAMILIER. Personne qui râle. SYN. boudeur, bougon, grincheux, grognon. – FAMILIER : râleur, ronchonneur, rouspéteur.

ronchonner *verbe* FAMILIER. Montrer son mécontentement. SYN. être de mauvaise humeur, être d'une humeur de chien, être d'une humeur de dogue, grogner, grommeler, gronder, marmonner, maugréer, murmurer. – FAMILIER : bougonner, être de mauvais poil, s'être levé du pied gauche, être mal luné, grognasser, grognonner, maronner, râler, rouspéter. – POPULAIRE : rouscailler. – VIEUX : rogner, rognonner. CONTR. *être bien disposé, être de bonne humeur, sourire.* – FAMILIER : *être bien luné, être de bon poil.*

ronchonneur *adjectif* FAMILIER. Qui ronchonne. SYN. acariâtre, boudeur, bougon, grincheux, grognon, grondeur, revêche. – FAMILIER : râleur, ronchon, rouspéteur.

ronchonneur *nom* FAMILIER. Personne qui râle. SYN. boudeur, bougon, grincheux, grognon. – FAMILIER : râleur, ronchon, rouspéteur.

rond *adjectif* Qui a la forme d'un cercle. SYN. circulaire, cylindrique, sphérique. – LITTÉRAIRE : orbiculaire. CONTR. *allongé, aplati, carré, long, ovale, plat, pointu, rectangulaire, triangulaire.* ■ Bien en chair. SYN. charnu, plein, potelé, rebondi. – FAMILIER : dodu. CONTR. *creux, décharné, hâve, maigre, maigrelet, maigriot, plat.* – FAMILIER : *maigrichon.* ■ FAMILIER. Petit et corpulent. SYN. gras, gros, replet. – FAMILIER : boulot, grassouillet, rondelet, rondouillard. CONTR. *efflanqué, filiforme, fluet, grêle, menu, mince, svelte.* ■ VIEUX. Qui va droit au but. SYN. carré, direct, franc, loyal. CONTR. *déloyal, machiavélique, retors, rusé, sournois.* – FAMILIER : *roublard.* – LITTÉRAIRE : *madré.* ■ POPULAIRE. Qui est ivre. SYN. aviné, enivré, gris, ivre, pris de boisson. – FAMILIER : éméché, imbibé, parti, plein comme un œuf, plein comme une outre, pompette, saoul, schlass, soûl, soûl comme un Polonais, soûl comme une bourrique, soûl comme une grive. – POPULAIRE : beurré, beurré comme un p'tit Lu, beurré comme une tartine, blindé, bourré, bourré comme une cantine, chargé, cuit, noir, paf, pété, pinté, plein comme une barrique, raide, rétamé, rond comme une barrique, rond comme une queue de pelle, torché. – VIEUX : brindezingue. CONTR. *à jeun, sobre.*

rond *nom masculin* Figure circulaire. SYN. cercle, disque. ■ FAMILIER. Argent. SYN. centime. – FAMILIER : sou. – LITTÉRAIRE : liard. – POPULAIRE : radis.

rond-de-cuir *nom masculin* FAMILIER. Employé de bureau. SYN. bureaucrate. – FAMILIER : gratte-papier, scribe, scribouillard.

rondelet *adjectif* FAMILIER. Qui a de l'embonpoint. SYN. charnu, gras, gros, potelé, rebondi, replet. – FAMILIER : dodu, grassouillet, rond, rondouillard. CONTR. *efflanqué, filiforme, fluet, maigre, maigrelet, maigriot, menu, mince, sec, squelettique.* – FAMILIER : *maigrichon.* ■ FAMILIER. Se dit d'une forte somme. SYN. appréciable, considérable, gentil, important, notable, respectable, substantiel. – FAMILIER : coquet, joli. CONTR. *dérisoire, modique.*

rondement *adverbe* Avec rapidité. SYN. expéditivement, hâtivement, lestement, précipitamment, prestement, promptement, rapidement, tambour battant, toutes affaires cessantes, vite, vivement. – FAMILIER : dare-dare, rapido presto, rapidos, subito. – LITTÉRAIRE : diligemment. CONTR. *lentement.* ■ VIEUX. Avec franchise. SYN. carrément, directement, franchement, nettement, sans détour. – LITTÉRAIRE : sans ambages.

rondeur *nom féminin* Caractère charnu. SYN. adiposité, embonpoint, engraissement, grosseur. – FAMILIER : rotondité. – LITTÉRAIRE : opulence. CONTR. *minceur, sveltesse.* ■ Attitude naturelle. SYN. bonhomie, cordialité, franchise, franc-parler, jovialité, loyauté, naturel, netteté, simplicité. – LITTÉRAIRE : sans-façon. CONTR. – FAMILIER : *chichi.* – LITTÉRAIRE : *compassement.*

rondouillard *adjectif* FAMILIER. Qui a de l'embonpoint. SYN. adipeux, charnu, gras, gros, potelé, rebondi, replet. – FAMILIER : boulot, dodu, grassouillet, rond, rondelet. CONTR. *décharné, efflanqué, filiforme, fluet, maigre, maigrelet,* *maigriot, menu, mince, sec, squelettique, svelte.* – **FAMILIER** : *maigrichon.* – **LITTÉRAIRE** : *émacié.*

rond-point *nom masculin* Carrefour circulaire. **SYN.** carrefour, croisement, étoile.

ronflant *adjectif* Plein d'emphase. **SYN.** ampoulé, boursouflé, déclamatoire, emphatique, grandiloquent, oratoire, pompeux, théâtral. – **LITTÉRAIRE** : enflé. **CONTR.** *modeste, sobre.* ■ Qui fait un bruit sourd. **SYN.** bruyant, sonore, vrombissant. **CONTR.** *silencieux.*

ronflement *nom masculin* Bruit sourd. **SYN.** bourdonnement, grondement, roulement, vrombissement. – **FAMILIER** : ronron. – **RARE** : brondissement.

ronfler *verbe* Produire un bruit sourd. **SYN.** bourdonner, corner, vrombir. – **RARE** : brondir.

ronger *verbe* Entamer à coups de dents. **SYN.** grignoter, manger, mordiller, mordre. ■ User quelque chose. **SYN.** altérer, attaquer, brûler, corroder, éroder, fouir, miner, mordre, ravager, saper. – **LITTÉRAIRE** : caver. ■ Miner quelqu'un. **SYN.** assaillir, bourreler, dévorer, épuiser, hanter, inquiéter, lanciner, obnubiler, tenailler, tourmenter, tracasser, travailler, user. – **FAMILIER** : turlupiner. – **LITTÉRAIRE** : consumer, dévaster, gangrener, posséder, ravager.

rônier *nom masculin* Palmier d'Inde et d'Afrique. **SYN.** borasse, borassus.

ronron *nom masculin* FAMILIER. Bruit sourd et continu. **SYN.** bourdonnement, grondement, ronflement, vrombissement. – **LITTÉRAIRE** : mugissement, rumeur.

rooter *nom masculin* Engin servant à défoncer le sol. **SYN.** défonceuse, ripper.

rorqual *nom masculin* Cétacé à nageoire dorsale. **SYN.** baleinoptère, balénoptère.

rose *nom féminin* ***Rose trémière,*** Très grande plante à fleurs. **SYN.** passerose, primerose.

rosé *adjectif* Faiblement teinté de rose. **SYN.** frais. **CONTR.** *blafard, blême, cadavéreux, cadavérique, hâve, pâle, plombé, verdâtre.* – **FAMILIER** : *pâlichon, pâlot.*

roseau-massue *nom masculin* Grande herbe des marais. **SYN.** massette, quenouille.

rosé-des-prés *nom masculin* Champignon à lames rosées. **SYN.** psalliote des jachères.

roselière *nom féminin* Zone d'un étang bordée de roseaux. **SYN.** phragmitaie.

rosse *adjectif* FAMILIER. Qui est méchant. **SYN.** caustique, mauvais, méchant, mordant, sarcastique, satirique. **CONTR.** *attentionné, bon.* ■ FAMILIER. D'une grande sévérité. **SYN.** dur, exigeant, intransigeant, sévère. – **FAMILIER** : chameau, vache.

rosse *nom féminin* FAMILIER. Mauvais cheval. **SYN.** – **LITTÉRAIRE** : rossinante. – **POPULAIRE** : canasson, tocard, toquard. – **VIEUX** : carcan, carne, haridelle. ■ FAMILIER. Personne dure. **SYN.** peste, vipère. – **FAMILIER** : chameau, gale, poison, teigne. – **POPULAIRE** : charogne, peau de vache, punaise, vache.

rossée *nom féminin* FAMILIER. Volée de coups. **SYN.** correction, volée. – **FAMILIER** : pile, raclée, tabassée, tripotée. – **POPULAIRE** : dégelée, dérouillée, pâtée, peignée, rouste, tannée, tournée, trempe. – **VIEUX** : frottée.

rosser *verbe* FAMILIER. Frapper violemment. **SYN.** abîmer le portrait, arranger le portrait, battre, employer la manière forte, frapper, maltraiter, matraquer, molester, rouer de coups, rudoyer, taper, user de violence. – **FAMILIER** : casser la figure, ne pas y aller avec le dos de la cuillère, passer à tabac, tabasser. – **LITTÉRAIRE** : violenter. – **POPULAIRE** : casser la gueule, cogner, dérouiller, rentrer dans le chou, rentrer dans le lard, rentrer dans le mou, rentrer dedans.

rosserie *nom féminin* FAMILIER. Parole, action blessante. **SYN.** méchanceté. – **FAMILIER** : crasse, entourloupe, entourloupette, saleté, tour de cochon. – **LITTÉRAIRE** : vilenie. – **POPULAIRE** : saloperie, vacherie. **CONTR.** *attention.*

rossinante *nom féminin* LITTÉRAIRE. Cheval maigre. **SYN.** – **FAMILIER** : rosse. – **POPULAIRE** : canasson, tocard, toquard. – **VIEUX** : carcan, carne, haridelle.

rossolis *nom masculin* Herbe insectivore. **SYN.** drosera.

rot *nom masculin* FAMILIER. Émission bruyante. **SYN.** éructation, renvoi.

rotang *nom masculin* Palmier d'Inde et de Malaisie. **SYN.** jonc d'Inde.

rotatif *adjectif* Qui agit en tournant. **SYN.** circulaire, rotatoire, tournant.

rotation *nom féminin* Action de tourner. **SYN.** conversion, demi-tour, giration, roulement, tour, virevolte.

rotatoire *adjectif* Qui agit en tournant. **SYN.** circulaire, rotatif, tournant.

rotengle *nom masculin* Poisson aux yeux et aux nageoires rouges. **SYN.** gardon rouge.

rôtie *nom féminin* Tranche de pain grillée ou frite. **SYN.** toast.

rôtir *verbe* Brûler quelque chose. **SYN.** brûler, cuire, griller. **CONTR.** *glacer, refroidir.*

rotondité *nom féminin* FAMILIER. Formes rondes. SYN. adiposité, embonpoint, engraissement, grosseur, obésité, rondeur. – LITTÉRAIRE : opulence. CONTR. *dessèchement, maigreur, minceur.* – LITTÉRAIRE : *sveltesse.*

roture *nom féminin* Ensemble des roturiers. SYN. masse, peuple. – LITTÉRAIRE : commun. CONTR. *aristocratie, noblesse.*

roturier *adjectif* LITTÉRAIRE. Qui manque de distinction. SYN. bas, commun, grossier, populaire, prosaïque, vulgaire. CONTR. *distingué, élégant, noble.*

roturier *nom* Personne non noble. SYN. prolétaire. – LITTÉRAIRE : plébéien. CONTR. *aristocrate, gentilhomme, noble, patricien.*

roublard *adjectif* FAMILIER. Capable de sournoiserie. SYN. finaud, futé, habile, machiavélique, malin, retors, roué, rusé. – FAMILIER : combinard, ficelle. – LITTÉRAIRE : madré, matois, tortu. – VIEUX : finasseur, finassier. CONTR. *carré, franc.* – VIEUX : *rond.*

roublard *nom* FAMILIER. Personne sournoise. SYN. finaud, malin, renard, rusé. – FAMILIER : combinard, rossard. – LITTÉRAIRE : madré, matois.

roublardise *nom féminin* FAMILIER. Caractère roublard. SYN. dissimulation, fourberie, machiavélisme, rouerie. – LITTÉRAIRE : cautèle, perfidie, scélératesse, sournoiserie, vilenie. – VIEUX : finauderie. CONTR. *ingénuité, innocence, simplicité.* ■ FAMILIER. Acte de roublard. SYN. artifice, finasserie, rouerie, ruse, stratagème. – FAMILIER : astuce, combine, truc. – LITTÉRAIRE : fourberie, scélératesse, sournoiserie, vilenie. – VIEUX : finauderie.

roucaou *nom masculin* Petit poisson aux vives couleurs. SYN. rochier, rouquier.

roucouler *verbe* Être très amoureux. SYN. filer le parfait amour, n'avoir d'yeux que pour.

roué *adjectif* Sans scrupules. SYN. astucieux, finaud, futé, habile, machiavélique, malin, retors, rusé. – FAMILIER : combinard, ficelle, roublard. – LITTÉRAIRE : cauteleux, madré, matois, tortu. – VIEUX : finasseur, finassier. CONTR. *ingénu, innocent, naïf.*

rouer *verbe* ***Rouer de coups,*** battre violemment. SYN. battre, matraquer, molester, rudoyer, taper. – FAMILIER : ne pas y aller avec le dos de la cuillère, passer à tabac, rosser, tabasser. – LITTÉRAIRE : violenter. – POPULAIRE : cogner, rentrer dans le chou, rentrer dans le lard, rentrer dans le mou, rentrer dedans.

rouerie *nom féminin* Action rusée. SYN. artifice, ficelle, finasserie, ruse, stratagème. – FAMILIER : astuce, combine, roublardise, truc. – LITTÉRAIRE : fourberie, sournoiserie. – VIEUX : finauderie. ■ Caractère sournois. SYN. dissimulation, fourberie, machiavélisme. – FAMILIER : roublardise. – LITTÉRAIRE : cautèle, matoiserie, perfidie, scélératesse, sournoiserie, vilenie. – VIEUX : finauderie. CONTR. *ingénuité, innocence, simplicité.*

rouge *adjectif* Dont la peau se colore. SYN. congestionné, cramoisi, écarlate, enflammé, pourpre, rougeaud, sanguin. – LITTÉRAIRE : empourpré, rubicond, rubigineux. CONTR. *blafard, blême, cireux, exsangue, livide, olivâtre, pâle, plombé, terreux.*

rougeaud *adjectif* Qui a le visage rouge. SYN. congestionné, cramoisi, écarlate, enflammé, pourpre, rouge, sanguin. – LITTÉRAIRE : empourpré, rubicond. CONTR. *blafard, blême, cireux, exsangue, livide, olivâtre, pâle, plombé, terreux.*

rougeoyant *adjectif* Qui rougeoie. SYN. rutilant. – LITTÉRAIRE : érubescent. CONTR. *blêmissant.*

rouge-queue *nom masculin* Petit passereau nichant dans les creux des rochers. SYN. rossignol des murailles.

rouget *nom masculin* Acarien piqueur. SYN. aoûtat, trombidion, vendangeon. ■ Poisson marin à barbillons mentonniers. SYN. mulet rouge. ■ ***Rouget de roche,*** poisson marin côtier. SYN. surmulet.

rougir *verbe* Devenir rouge. SYN. avoir le feu aux joues, devenir cramoisi, devenir écarlate, être rouge comme un coq, être rouge comme une écrevisse, être rouge comme une pivoine, être rouge comme une tomate, passer par toutes les couleurs. – FAMILIER : piquer un fard, piquer un soleil. – LITTÉRAIRE : s'empourprer. CONTR. *blêmir, pâlir.*

rouiller *verbe* Ôter à quelqu'un sa souplesse. SYN. ankyloser, émousser, paralyser.

rouiller (se) *verbe pronominal* Perdre de sa vivacité. SYN. s'ankyloser, s'atrophier, s'émousser, s'encroûter, s'endormir, s'engourdir, s'étioler, se ramollir.

roulade *nom féminin* Action de se rouler en boule. SYN. roulé-boulé.

roulant *adjectif* FAMILIER. Qui est très comique. SYN. amusant, comique, désopilant, drôle, gai, hilarant, inénarrable, à mourir de rire, plaisant. – FAMILIER : cocasse, crevant, folichon, impayable, marrant, rigolo, tordant. – POPULAIRE : bidonnant, fendant, gondolant, à pisser de rire, poilant. CONTR. *funèbre, lugubre, macabre, morne, mortel, sinistre, tragique, triste.* – FAMILIER : *cafardeux, glauque.*

roulé-boulé *nom masculin* Action de se rouler en boule. SYN. roulade.

roulement *nom masculin* Bruit sourd et continu. SYN. fracas, grondement, ronflement. – LITTÉRAIRE : rumeur. ▪ Fait de se succéder. SYN. alternance, circulation, périodicité, rotation, succession.

rouler *verbe intransitif* Tomber soudainement. SYN. basculer. – FAMILIER : chuter, dégringoler. ▪ Faire entendre des roulements. SYN. gronder, résonner, retentir, tonner. ▪ Se déplacer (véhicule). SYN. avancer, circuler, fonctionner, marcher. CONTR. – FAMILIER : *bouchonner.* ▪ Avoir pour sujet. SYN. porter, toucher à, traiter de.

rouler *verbe transitif* Emporter dans ses eaux. SYN. charrier, emporter, entraîner. ▪ Envelopper dans quelque chose. SYN. empaqueter, enrouler, entortiller. CONTR. *dérouler, développer, étaler, étendre.* ▪ FAMILIER. Abuser de la crédulité de quelqu'un. SYN. attraper, berner, duper, escroquer, exploiter, leurrer, se moquer, mystifier, piéger, tromper. – FAMILIER : avoir, empaumer, empiler, flouer, mener en bateau, monter un bateau, pigeonner, posséder, refaire. – LITTÉRAIRE : gruger, jouer. – POPULAIRE : baiser, entuber.

roupiller *verbe* FAMILIER. Être plongé dans le sommeil. SYN. dormir, être dans les bras de Morphée. – FAMILIER : faire dodo, faire le tour du cadran, piquer un roupillon. – LITTÉRAIRE : reposer. – POPULAIRE : en écraser, pioncer. CONTR. *veiller.*

rouquier *nom masculin* Petit poisson aux vives couleurs. SYN. rochier, roucaou.

rouquin *adjectif* FAMILIER. Qui a les cheveux roux. SYN. auburn, fauve, roussâtre, roux.

rouscailler *verbe* POPULAIRE. Formuler des protestations. SYN. grogner, gronder, maugréer, murmurer, pester, se plaindre, protester. – FAMILIER : bougonner, grognasser, grognonner, rager, râler, ronchonner, rouspéter. – POPULAIRE : gueuler. – VIEUX : rogner, rognonner.

rouspéter *verbe* FAMILIER. Manifester son mécontentement. SYN. être de mauvaise humeur, être d'une humeur de chien, être d'une humeur de dogue, fulminer, grogner, gronder, maugréer, murmurer, pester, se plaindre, protester. – FAMILIER : bougonner, être de mauvais poil, s'être levé du pied gauche, être mal luné, grognasser, grognonner, râler, ronchonner. – POPULAIRE : gueuler, rouscailler. – VIEUX : rogner, rognonner. CONTR. *être bien disposé, être de bonne humeur, sourire.* – FAMILIER : *être bien luné, être de bon poil.*

rouspéteur *adjectif* FAMILIER. Qui rouspète. SYN. acariâtre, boudeur, bougon, grincheux, grognon, grondeur, revêche. – FAMILIER : râleur, ronchon, ronchonneur. – POPULAIRE : grande gueule, gueulard.

rouspéteur *nom* FAMILIER. Personne qui rouspète. SYN. boudeur, bougon, grincheux, grognon. – FAMILIER : râleur, ronchon, ronchonneur. – POPULAIRE : gueulard.

roussâtre *adjectif* Qui tire sur le roux. SYN. roux. – FAMILIER : rouquin. – LITTÉRAIRE : rubigineux.

rousseau *nom masculin* Poisson de couleur gris-rose. SYN. daurade rose, dorade rose, pageot.

rousserolle *nom féminin* Petite fauvette des roseaux. SYN. effarvatte.

rousseur *nom féminin* ***Tache de rousseur,*** petite tache cutanée. SYN. éphélide.

rouste *nom féminin* POPULAIRE. Volée de coups. SYN. correction, volée. – FAMILIER : pile, raclée, rossée, tabassée, tripotée. – POPULAIRE : dégelée, dérouillée, pâtée, peignée, tannée, tournée, trempe. – VIEUX : frottée.

route *nom féminin* Voie de communication. SYN. artère, autoroute, chemin, passage, voie. – LITTÉRAIRE : sente. ▪ Espace à parcourir. SYN. chemin, itinéraire, parcours, trajet. ▪ Direction de vie. SYN. chemin, ligne, voie. – LITTÉRAIRE : sentier.

routine *nom féminin* Habitude mécanique. SYN. habitude, manie, poncif, rite, rituel, tradition. ▪ Ensemble d'habitudes. SYN. accoutumance, sentiers battus. – FAMILIER : ronron, train-train. CONTR. *apprentissage, innovation, nouveauté.*

routinier *adjectif* Caractérisé par la routine. SYN. classique, conservateur, conventionnel, encroûté, habituel, monotone, protocolaire, rituel, traditionaliste, traditionnel. – LITTÉRAIRE : coutumier. CONTR. *innovateur, novateur, révolutionnaire.*

rouvrir *verbe* Ouvrir à nouveau. SYN. débloquer, décoincer. CONTR. *fermer.*

roux *adjectif* D'une couleur orangée. SYN. auburn, fauve, rouge, roussâtre, rutilant. – FAMILIER : rouquin. – LITTÉRAIRE : rubigineux.

royal *adjectif* Qui est digne d'un roi. SYN. fastueux, grandiose, imposant, magnifique, majestueux, princier, somptueux, splendide, sublime, superbe. – LITTÉRAIRE : pompeux.

royalement *adverbe* D'une manière royale. SYN. fastueusement, luxueusement, magnifiquement, majestueusement, princièrement, richement, somptueusement, splendidement, superbement. – LITTÉRAIRE : pompeusement, sublimement. ▪ FAMILIER. Au plus haut point. SYN. absolument, complètement, entièrement, extrêmement, intégralement, parfaitement, pleinement, prodigieusement, radicalement, souverainement, totalement. – FAMILIER : superlativement.

royalisme *nom masculin* Attachement à la royauté. SYN. monarchisme.

royaliste *adjectif et nom* Partisan de la royauté. SYN. monarchique, monarchiste.

royaume *nom masculin* LITTÉRAIRE. Domaine privilégié de. SYN. domaine, fief, pays, sphère, univers.

ruban *nom masculin* Ornement de tissu. SYN. cordon, cordonnet, faveur, galon, ganse.

rubicond *adjectif* LITTÉRAIRE. Se dit d'un visage rouge. SYN. congestionné, cramoisi, écarlate, enflammé, pourpre, rouge, rougeaud, sanguin. – LITTÉRAIRE : empourpré. CONTR. *blafard, blême, cireux, exsangue, livide, olivâtre, pâle, plombé, terreux.*

rubigineux *adjectif* LITTÉRAIRE. Qui a la couleur de la rouille. SYN. fauve, rouge, roussâtre, roux, rutilant.

ruche *nom féminin* Endroit où de nombreuses personnes s'activent. SYN. fourmilière.

rude *adjectif* Qui est dur au toucher. SYN. granuleux, grenu, raboteux, râpeux, rêche, rugueux. CONTR. *glacé, lisse, moelleux, poli, satiné, soyeux, velouté.* ▪ Qui montre de la sévérité. SYN. abrupt, austère, brutal, revêche, rigoureux, sec, sévère. – FAMILIER : vache. CONTR. *accueillant, agréable, aimable, attentif, avenant, bienveillant, cajoleur, câlin, caressant, doucereux, doux, engageant, gracieux, sensible.* – LITTÉRAIRE : *paterne.* ▪ Se dit d'un son dur. SYN. âpre, dur, enroué, éraillé, guttural, râpeux, rauque, rocailleux. CONTR. *harmonieux, mélodieux, suave.* ▪ Qui manque de délicatesse. SYN. bourru, brut, fruste, grossier, simple. – LITTÉRAIRE : malgracieux, raboteux, rustique. CONTR. *délicat, distingué, précieux, raffiné, sophistiqué.* ▪ Qui est pénible à supporter. SYN. accablant, âpre, cruel, difficile, dur, éprouvant, épuisant, esquintant, exténuant, fatigant, harassant, pénible, rigoureux. – FAMILIER : claquant, éreintant, tuant, usant. CONTR. *agréable, clément, doux, plaisant, reposant.* ▪ Qui est difficile à vaincre. SYN. ardu, chaud, difficile, dur, farouche, redoutable, résistant. CONTR. *aisé, facile.*

rudement *adverbe* De façon brutale. SYN. brutalement, inhumainement, méchamment, sauvagement, violemment. CONTR. *délicatement, doucement, mollement.* ▪ FAMILIER. À un très haut degré. SYN. abominablement, affreusement, beaucoup, bien, effroyablement, énormément, épouvantablement, exceptionnellement, excessivement, extraordinairement, extrêmement, follement, fort, fortement, grandement, hautement, horriblement, immensément, immodérément, incroyablement, infiniment, mortellement, parfaitement, particulièrement, au plus haut degré, au plus haut point, prodigieusement, profondément, puissamment, singulièrement, souverainement, supérieurement, suprêmement, terriblement, tout à fait, très, trop, vertigineusement. – FAMILIER : atrocement, bigrement, bougrement, diablement, drôlement, fameusement, fichtrement, fichûment, formidablement, joliment, méchamment, sacrément. – LITTÉRAIRE : au dernier point, diantrement, furieusement. – POPULAIRE : foutrement, salement, vachement. – VIEUX : fièrement. CONTR. *faiblement, légèrement, peu.* – LITTÉRAIRE : *tièdement.* ▪ Sans ménagement. SYN. abruptement, âprement, brusquement, cruellement, crûment, durement, sèchement, sévèrement, vertement. – FAMILIER : à la baguette. CONTR. *aimablement, câlinement, gentiment, tendrement.*

rudesse *nom féminin* LITTÉRAIRE. Caractère rugueux. SYN. dureté, rugosité. CONTR. *douceur, moelleux, velouté.* – LITTÉRAIRE : *suavité.* ▪ Caractère pénible. SYN. âpreté, dureté, rigueur. – LITTÉRAIRE : cruauté, inclémence. CONTR. *tiédeur.* – LITTÉRAIRE : *clémence.* ▪ LITTÉRAIRE. Manque de délicatesse. SYN. barbarie, crudité, grossièreté. – LITTÉRAIRE : rusticité. CONTR. *délicatesse, préciosité, raffinement, subtilité.* ▪ Comportement brutal. SYN. brusquerie, brutalité, cruauté, dureté, sauvagerie, sécheresse. CONTR. *amabilité, attention, bonté, complaisance, douceur, gentillesse, tendresse.* – LITTÉRAIRE : *aménité, mansuétude.*

rudimentaire *adjectif* Limité aux rudiments. SYN. béotien, élémentaire, embryonnaire, fruste, imparfait, indigent, insuffisant, primaire, primitif, relatif, schématique, simpliste, sommaire. CONTR. *achevé, approfondi, complet, développé, exhaustif, parfait, poussé, subtil.* – LITTÉRAIRE : *soigneux.*

rudiments *nom masculin pluriel* Notions élémentaires. SYN. abc, b.a.-ba, base, fondement, premiers éléments.

rudoyer *verbe* Traiter sans ménagement. SYN. bousculer, brusquer, brutaliser, employer la manière forte, en faire voir de toutes les couleurs, frapper, houspiller, malmener, maltraiter, matraquer, molester, taper, user de violence. – FAMILIER : faire passer un mauvais quart d'heure, ne pas y aller avec le dos de la cuillère, secouer, tabasser, tarabuster. – LITTÉRAIRE : violenter. – POPULAIRE : rentrer dans le chou, rentrer dans le lard, rentrer dans le mou, rentrer dedans. CONTR. *cajoler, câliner, caresser, choyer, couver, dorloter, gâter.* – FAMILIER : *chouchouter, mignoter.*

rue *nom féminin* Voie de circulation. SYN. chaussée, voie.

ruée *nom féminin* Action de se ruer vers. SYN. afflux, rush.

ruelle *nom féminin* Petite rue étroite. SYN. – LITTÉRAIRE : venelle.

ruer (se) *verbe pronominal* Se précipiter avec violence sur. SYN. attaquer, charger, foncer sur, fondre sur, se jeter, piquer vers, se précipiter, sauter sur, tomber sur. ■ Aller rapidement vers. SYN. bondir, déferler, s'élancer, se jeter, se précipiter, voler.

rugby *nom masculin* Sport d'équipe. SYN. – FAMILIER : ballon ovale.

rugir *verbe* Pousser des cris terribles. SYN. crier, hurler, vociférer. – FAMILIER : beugler, brailler, braire. – POPULAIRE : bramer. ■ LITTÉRAIRE. Produire un son grave. SYN. gronder, hurler, vrombir. – LITTÉRAIRE : mugir.

rugissement *nom masculin* Fait de rugir. SYN. braillement, clameur, cri, hurlement, vocifération. – FAMILIER : beuglement. ■ Bruit violent et prolongé. SYN. grondement, vrombissement. – LITTÉRAIRE : hurlement, mugissement.

rugueux *adjectif* Qui présente des aspérités. SYN. âpre, calleux, granuleux, grenu, inégal, raboteux, râpeux, rêche, rude. CONTR. *doux, glacé, lisse, poli, satiné, soyeux, uni, velouté.* – LITTÉRAIRE : *duveté, duveteux.*

ruine *nom féminin* État d'un bâtiment qui s'écroule. SYN. délabrement, démantèlement, démolition, destruction, dévastation, effondrement. CONTR. *relèvement, restauration.* ■ Destruction progressive de. SYN. anéantissement, annihilation, bouleversement, chute, culbute, décadence, déclin, déliquescence, écroulement, fin, renversement. CONTR. *affermissement, établissement, raffermissement, redressement, relèvement.* ■ Fait d'être ruiné. SYN. banqueroute, débâcle, déconfiture, déroute, désastre, faillite, naufrage, perte, précipice. ■ FAMILIER. Personne usée. SYN. épave, larve, loque. – POPULAIRE : débris.

ruiné *adjectif* Qui a subi des dommages. SYN. anéanti, décrépit, délabré, démantelé, démoli, détruit, écroulé, effondré. ■ Qui a perdu sa fortune. SYN. – FAMILIER : fauché, fauché comme les blés, nettoyé, ratissé, sans le sou, sur la paille, sur le sable. – POPULAIRE : raide, raide comme un passe-lacet, sans un rotin. CONTR. *à l'abri du besoin, cousu d'or, fortuné, nanti, riche à millions, riche comme Crésus.* – FAMILIER : *plein aux as.*

ruine-de-Rome *nom féminin* Petite plante commune entre les pierres. SYN. cymbalaire.

ruiner *verbe* LITTÉRAIRE. Faire subir des dégâts. SYN. abîmer, détruire, dévaster, endommager, entamer, piller, ravager. – VIEUX : saccager. CONTR. *bâtir, créer, édifier, fonder, raccommoder.* – FAMILIER : *rabibocher, rafistoler, retaper.* ■ Altérer la santé. SYN. altérer, miner, ronger, user. – LITTÉRAIRE : consumer, dévaster, ravager. ■ Causer la perte de. SYN. anéantir, annihiler, balayer, briser, démolir, désintégrer, fissurer, gâcher, nuire, perdre, phagocyter, renverser, saborder, saboter, saper, torpiller, tuer. – FAMILIER : nettoyer. CONTR. *affermir, asseoir, enrichir, entretenir, renforcer.* ■ Faire perdre sa fortune à. SYN. – FAMILIER : mettre sur la paille, nettoyer, ratisser. – POPULAIRE : ratiboiser. CONTR. *enrichir.*

ruines *nom féminin pluriel* Ce qui reste d'un édifice. SYN. déblais, décombres, gravats, restes, vestiges.

ruineux *adjectif* Qui entraîne des dépenses. SYN. cher, coûteux, exorbitant, hors de prix, inabordable, onéreux, prohibitif. – FAMILIER : salé. – LITTÉRAIRE : dispendieux. CONTR. *économique, modeste, modique, raisonnable.*

ruisseau *nom masculin* LITTÉRAIRE. Ce qui coule abondamment. SYN. flot, flux, torrent. – LITTÉRAIRE : fleuve, rivière.

ruisselant *adjectif* Qui ruisselle. SYN. dégouttant, mouillé, suintant, trempé. – FAMILIER : dégoulinant.

ruisseler *verbe* Être inondé d'un liquide. SYN. couler, dégoutter, suinter. – FAMILIER : dégouliner. ■ LITTÉRAIRE. Être baigné de lumière. SYN. étinceler, rayonner. – LITTÉRAIRE : resplendir.

rumeur *nom féminin* Ensemble confus de voix. SYN. bourdonnement, murmure, tumulte. – FAMILIER : brouhaha. ■ LITTÉRAIRE. Grand bruit indistinct. SYN. fracas, grondement, roulement. – FAMILIER : ronron. ■ Nouvelle qui se répand. SYN. bruit, bruit de couloir, écho, on-dit, ouï-dire, qu'en-dira-t-on. – FAMILIER : bobard, canard, potin, racontar, ragot.

ruminer *verbe* Tourner en tous sens une idée. SYN. machiner, manigancer, méditer, réfléchir, remâcher, repasser, repenser, retourner, revenir sur. – FAMILIER : goupiller. – LITTÉRAIRE : ressasser.

rupestre *adjectif* Peint sur les parois d'un rocher. SYN. pariétal.

rupin *adjectif* POPULAIRE. Très riche. SYN. cossu, riche. – FAMILIER : argenté. – POPULAIRE : friqué.

rupture *nom féminin* Action d'annuler un acte. SYN. abolition, abrogation, annulation, changement, dénonciation, résiliation, révocation. CONTR. *continuité.* ■ Fait de se brouiller. SYN. antagonisme, brouille, désaccord, divorce, froid, séparation. – FAMILIER : fâcherie. – VIEUX : brouillerie. CONTR. *accord, alliance, association, coalition, rapprochement, réconciliation.* – FAMILIER : *raccommodement.*

rural *adjectif* Qui concerne la campagne. SYN. agreste, agricole, bucolique, campagnard, paysan. – LITTÉRAIRE : champêtre, pastoral, rustique. CONTR. *citadin, urbain.*

ruse *nom féminin* Procédé habile. SYN. artifice, biais, ficelle, finasserie, manège, manœuvre, stratagème, subterfuge. – FAMILIER : astuce, feinte, truc. – LITTÉRAIRE : duperie. ■ Adresse de quelqu'un à agir. SYN. adresse, astuce, finesse, fourberie, habileté, machiavélisme, rouerie, subtilité. – FAMILIER : roublardise. – LITTÉRAIRE : sournoiserie.

rusé *adjectif* Qui agit avec ruse. SYN. adroit, astucieux, espiègle, futé, habile, malin, malin comme un singe, retors, roué. – FAMILIER : ficelle. – LITTÉRAIRE : artificieux, cauteleux, madré, matois. – VIEUX : finasseur, finassier. CONTR. *candide, droit, innocent, maladroit, naïf, nigaud.* – FAMILIER : *bébête, bêta.* – POPULAIRE : *nouille.* ■ Qui dénote la ruse. SYN. chafouin, espiègle, futé, malicieux, narquois. – FAMILIER : roublard. CONTR. *ingénu, innocent, simplet.*

rusé *nom* Personne rusée. SYN. futé, malin. – FAMILIER : combinard, roublard. – VIEUX : finasseur, finassier. CONTR. *naïf, niais, nigaud.* – FAMILIER : *bûche, buse, nouille.* – LITTÉRAIRE : *nicodème.* – POPULAIRE : *cornichon.*

ruser *verbe* Employer la ruse. SYN. biaiser, finasser, intriguer, louvoyer, manœuvrer.

rustaud *adjectif* FAMILIER. Qui ignore les usages. SYN. balourd, fruste, grossier, lourdaud, rustre. – FAMILIER : ballot, lourd. – LITTÉRAIRE : rustique.

rustaud *nom* FAMILIER. Homme grossier. SYN. butor, cuistre, goujat, imbécile, lourdaud, malappris, malotru, mufle, ostrogoth, rustre. – FAMILIER : buse, malpoli, paltoquet. – POPULAIRE : pedzouille, petzouille.

rusticité *nom féminin* LITTÉRAIRE. Manières frustes. SYN. barbarie, grossièreté, muflerie, simplicité, verdeur, vulgarité. – LITTÉRAIRE : rudesse. CONTR. *raffinement.* – LITTÉRAIRE : *urbanité.*

rustique *adjectif* LITTÉRAIRE. Qui se rapporte à la campagne. SYN. agreste, agricole, bucolique, campagnard, paysan, rural. – LITTÉRAIRE : champêtre, pastoral. CONTR. *citadin, urbain.* ■ LITTÉRAIRE. Qui est fruste. SYN. balourd, fruste, grossier, inculte, lourdaud, rude, rustre, simple. – FAMILIER : rustaud. CONTR. *affecté, compliqué, délicat, élégant, étudié, maniéré, précieux, raffiné, sophistiqué.* – LITTÉRAIRE : *urbain.*

rustre *adjectif* Qui manque d'éducation. SYN. balourd, barbare, béotien, brut, discourtois, fruste, grossier, indélicat, inéduqué, lourdaud, mal élevé. – FAMILIER : ballot, plouc, rustaud. – LITTÉRAIRE : incivil, malgracieux, rustique. CONTR. *civilisé, courtois, galant, poli, raffiné.* – LITTÉRAIRE : *civil, policé, urbain.*

rustre *nom* Personne indélicate. SYN. béotien, butor, cuistre, goujat, imbécile, lourdaud, malappris, malotru, mufle, ostrogoth, ours mal léché, paysan du Danube, sans-gêne, sauvage. – FAMILIER : buse, malpoli, paltoquet, plouc, rustaud. – LITTÉRAIRE : soudard. – POPULAIRE : jean-foutre, pedzouille, petzouille, pignouf. – VIEUX : bélître. CONTR. *gentleman.* – LITTÉRAIRE : *gentilhomme.*

rutabaga *nom masculin* Plante voisine du navet. SYN. chou-navet.

rutacée *nom féminin* Plante telle que les agrumes. SYN. aurantiacée.

ruthène *nom masculin* VIEUX. Langue du groupe slave parlée en Ukraine. SYN. ukrainien. – VIEUX : petit-russe.

rutilant *adjectif* Qui est d'un rouge vif. SYN. écarlate, pourpre, rouge, rougeoyant, roux. – LITTÉRAIRE : rubigineux. ■ Qui brille d'un vif éclat. SYN. brillant, éblouissant, éclatant, étincelant, pétillant, reluisant. – LITTÉRAIRE : flamboyant, fulgurant.

rutiler *verbe* Briller d'un vif éclat. SYN. briller, étinceler, scintiller. – LITTÉRAIRE : flamber, flamboyer, fulgurer, rayonner, resplendir.

rythme *nom masculin* Succession régulière de sons. SYN. allure, cadence, mesure, mouvement, tempo, vitesse.

rythmé *adjectif* Qui suit un rythme. SYN. cadencé, eurythmique, périodique, régulier.

rythmer *verbe* Donner du rythme. SYN. accentuer, marteler, ponctuer, scander. – LITTÉRAIRE : cadencer.

S

sabbat *nom masculin* VIEUX. Vacarme frénétique. SYN. bruit, charivari, fracas, tapage, tintamarre, tumulte. – FAMILIER : boucan, chahut, chambard, foire, potin, raffut, sarabande, tintouin. – LITTÉRAIRE : hourvari. – POPULAIRE : barouf, baroufe, bastringue, ramdam. – VIEUX : boulevari, bousin.

sabir *nom masculin* Langue difficile à comprendre. SYN. galimatias, phraséologie. – FAMILIER : baragouin, charabia, jargon. – LITTÉRAIRE : amphigouri.

sable *adjectif invariable* De couleur brun très clair. SYN. beige, bis, écru.

sablier *nom masculin* Arbre dont le fruit s'ouvre en projetant les graines. SYN. assacu.

saborder *verbe* Couler volontairement un navire. SYN. couler, torpiller. ■ Faire échouer. SYN. couler, détruire, gâcher, nuire, perdre, phagocyter, renverser, ruiner, saboter, saper, torpiller.

sabotage *nom masculin* Action de saboter. SYN. dégradation, gâchis, malveillance. – FAMILIER : bâclage, massacre. CONTR. – LITTÉRAIRE : *parachèvement*.

saboter *verbe* Mal exécuter un travail. SYN. – FAMILIER : bâcler, cochonner, expédier, massacrer, sabrer, saccager, torcher, torchonner. – POPULAIRE : saloper. CONTR. *fignoler, parachever, parfaire, peaufiner, polir, soigner*. – FAMILIER : *chiader, lécher*. – LITTÉRAIRE : *ciseler*. – VIEUX : *perler*. ■ Détériorer quelque chose. SYN. abîmer, dégrader, détériorer, endommager. – FAMILIER : bousiller, esquinter. ■ Provoquer l'échec d'une action. SYN. couler, démolir, détruire, gâcher, perdre, phagocyter, ruiner, saborder, saper, torpiller.

sabrer *verbe* Marquer de hachures. SYN. barrer, biffer, raturer, raviner, rayer. ■ Réduire un texte. SYN. caviarder, couper, écourter, épurer, raturer, tronquer. ■ FAMILIER. Éliminer quelqu'un. SYN. bannir, casser, chasser, congédier, démettre, déposer, destituer, éliminer, licencier, limoger, mettre à la porte, mettre à pied, radier, relever, remercier, renvoyer, révoquer. – FAMILIER : balayer, blackbouler, débarquer, déboulonner, dégommer, démissionner, ficher à la porte, flanquer à la porte, flanquer dehors, vider. – POPULAIRE : balancer, foutre à la porte, lourder, sacquer, saquer, virer. CONTR. *engager, garder, nommer, promouvoir*. ■ FAMILIER. Faire mal un travail. SYN. gâcher, saboter. – FAMILIER : bâcler, bousiller, cochonner, expédier, massacrer, saccager, torcher, torchonner. – POPULAIRE : saloper. CONTR. *fignoler, peaufiner, polir, soigner*. – FAMILIER : *chiader*. – LITTÉRAIRE : *ciseler*. – VIEUX : *perler*.

sac *nom masculin* LITTÉRAIRE. Pillage d'une ville. SYN. dévastation, pillage, ravage, saccage. – FAMILIER : razzia. – LITTÉRAIRE : rapine. – VIEUX : déprédation. ■ LITTÉRAIRE. ***Mettre à sac,*** voler en causant des dommages. SYN. dévaliser, faire main basse sur, piller, ravager, voler. – FAMILIER : écumer. – LITTÉRAIRE : ruiner. – VIEUX : saccager.

saccade *nom féminin* Mouvement brusque. SYN. à-coup, cahot, secousse, soubresaut.

saccadé *adjectif* Qui se fait par saccades. SYN. convulsif, coupé, discontinu, entrecoupé, haché, haletant, heurté, inégal, irrégulier, sautillant, spasmodique, trépidant. – LITTÉRAIRE : capricant. CONTR. *cadencé, harmonieux, régulier, tranquille*.

saccage *nom masculin* Action de saccager. SYN. bouleversement, dégât, dévastation, pillage, ravage. – FAMILIER : massacre, razzia. – LITTÉRAIRE : sac. – VIEUX : déprédation.

saccager *verbe* FAMILIER. Faire très mal un travail. SYN. gâcher, saboter. – FAMILIER : bâcler, bousiller, cochonner, expédier, massacrer, sabrer, torcher, torchonner. – POPULAIRE : saloper. CONTR. *soigner*. ■ VIEUX. Piller un pays, une ville. SYN. détruire, dévaster, écumer, mettre à feu et à sang, piller, ravager. – LITTÉRAIRE : infester, mettre à sac, ruiner. ■ Mettre un lieu en désordre. SYN. déranger. – FAMILIER : chambarder, chambouler. CONTR. *ordonner, ranger*.

saccharase *nom féminin* Enzyme de la muqueuse de l'intestin grêle. SYN. invertase, sucrase.

saccharate *nom masculin* Combinaison du saccharose avec un oxyde. SYN. sucrate.

sacerdoce *nom masculin* Fonction du prêtre. SYN. prêtrise.

sachet *nom masculin* Petit sac en plastique ou papier. SYN. poche, pochon.

sacquer *verbe* POPULAIRE. Congédier quelqu'un. SYN. bannir, casser, chasser, congédier, démettre, déposer, destituer, éliminer, licencier, limoger, mettre à la porte, mettre à pied, radier, relever, remercier, renvoyer, révoquer. – FAMILIER : balayer, blackbouler, débarquer, débouloner, dégommer, démissionner, ficher à la porte, flanquer à la porte, flanquer dehors, sabrer, vider. – POPULAIRE : balancer, foutre à la porte, lourder, virer.

sacraliser *verbe* Considérer comme sacré. SYN. diviniser. – LITTÉRAIRE : sanctifier.

sacre *nom masculin* Consécration solennelle. SYN. consécration, couronnement, intronisation.

sacré *adjectif* Qui appartient au religieux. SYN. hiératique, intangible, inviolable, liturgique, saint, tabou. CONTR. *profane*. ■ À qui l'on doit le respect. SYN. intouchable, respectable, vénérable. – FAMILIER : sacro-saint, tabou. – LITTÉRAIRE : auguste, révéré. ■ FAMILIER. Indique un très haut degré. SYN. beau, damné, fieffé, fini, grand, incroyable, maudit, un(e) drôle de. – FAMILIER : fameux, fichu, sale, satané. – LITTÉRAIRE : signalé.

sacrément *adverbe* FAMILIER. À un très haut degré. SYN. admirablement, affreusement, énormément, excessivement, extraordinairement, extrêmement, fabuleusement, follement, fortement, grandement, incroyablement, infiniment, mortellement, particulièrement, prodigieusement, singulièrement, vertigineusement, vraiment. – FAMILIER : bigrement, bougrement, diablement, drôlement, fameusement, fichtrement, fichûment, formidablement, joliment, méchamment, rudement. – LITTÉRAIRE : diantrement, furieusement. – POPULAIRE : foutrement, salement, vachement. – VIEUX : fièrement.

sacrer *verbe* Conférer un caractère sacré. SYN. bénir, consacrer, oindre. ■ Attribuer un titre à quelqu'un. SYN. couronner, instituer, introniser, investir, nommer. – FAMILIER : bombarder.

sacrifice *nom masculin* Offrande à une divinité. SYN. holocauste, immolation. ■ Renoncement volontaire à. SYN. abandon, abnégation, dévouement, renoncement. – LITTÉRAIRE : renonciation. CONTR. *égocentrisme, égoïsme*.

sacrifier *verbe* Renoncer de son plein gré à. SYN. abandonner, abdiquer, céder, se défaire, se départir, se dépouiller, se dessaisir, dire adieu à, donner, laisser, livrer, offrir, se passer de, se priver, renier, renoncer, tirer un trait sur, tirer une croix sur. – LITTÉRAIRE : immoler. CONTR. *conserver, garder, goûter, jouir, profiter, savourer*. ■ FAMILIER. Vendre à bas prix. SYN. brader, casser les prix, liquider, solder.

sacrifier (se) *verbe pronominal* Faire le sacrifice de. SYN. se dévouer, faire don de sa personne, se vouer.

sacrilège *adjectif* Qui commet un sacrilège. SYN. blasphémateur, blasphématoire. – LITTÉRAIRE : impie, profanateur.

sacrilège *nom masculin* Acte impie. SYN. blasphème, profanation, violation. – LITTÉRAIRE : impiété. ■ Fait de manquer de respect à. SYN. atteinte, crime, hérésie, manquement, outrage.

sacripant *nom masculin* FAMILIER. Mauvais sujet. SYN. canaille, chenapan, coquin, garnement, vaurien, voyou. – FAMILIER : brigand, diable, filou, fripon, fripouille, galopin, pendard. – VIEUX : galapiat, gredin.

sacro-saint *adjectif* FAMILIER. À quoi on ne peut toucher. SYN. intangible, intouchable, inviolable, respectable, sacré. – FAMILIER : tabou. – LITTÉRAIRE : révéré. CONTR. *touchable*.

sadique *adjectif* Qui montre un esprit cruel. SYN. cruel, diabolique, féroce, malfaisant, mauvais, méchant, odieux, pervers, sauvage, vicieux.

sadisme *nom masculin* Plaisir pris à faire souffrir. SYN. cruauté, férocité, méchanceté, perversité, sauvagerie. – LITTÉRAIRE : diabolisme.

safre *nom masculin* Verre spécial coloré en bleu. SYN. smalt.

sagace *adjectif* Qui a de la sagacité. SYN. avisé, clairvoyant, divinateur, fin, intelligent, lucide, pénétrant, perspicace, pertinent, profond, sage, sensé, subtil, talentueux. CONTR. *balourd, bête, borné, fermé, idiot, naïf, niais, obtus, simple, simplet, stupide*. – FAMILIER : *ballot, bouché, lourd*.

sagacité *nom féminin* Pénétration d'esprit. SYN. clairvoyance, discernement, finesse, intelligence, lucidité, nez, pénétration, perspicacité, pertinence, profondeur, psychologie, sagesse, subtilité. – FAMILIER : jugeote. CONTR. *aveuglement, lourdeur, stupidité*. – LITTÉRAIRE : *cécité*.

sage *adjectif* Qui fait preuve de clairvoyance. SYN. averti, avisé, circonspect, éclairé, équilibré, grave, modéré, philosophe, posé, prévoyant, prudent, raisonnable, réfléchi, responsable, sagace, sensé, sérieux. CONTR. *aventureux*, *écervelé, étourdi, imprévoyant, imprudent, inconscient, inconséquent, irréfléchi, léger, malavisé.* – FAMILIER : *casse-cou.* ■ Qui est conforme au bon sens. SYN. judicieux, logique, pondéré, raisonné, réglé, sûr. CONTR. *absurde, bizarre, délirant, démentiel, déraisonnable, effréné, excessif, extravagant, farfelu, fou, hardi, hasardé, hasardeux, insensé, stupide.* – FAMILIER : *dément, loufoque.* ■ Qui montre de la réserve. SYN. chaste, décent, honnête, pudique, pur, rangé. – LITTÉRAIRE : vertueux. CONTR. *débauché, pervers, vicieux.* – LITTÉRAIRE : *dissolu, impur.* ■ Qui se comporte avec docilité. SYN. calme, discipliné, docile, gentil, obéissant, pacifique, tranquille. CONTR. *agité, capricieux, désobéissant, diable, dur, endiablé, indiscipliné, indocile, insupportable, odieux, remuant, rétif, tapageur, terrible, turbulent.* – LITTÉRAIRE : *tumultueux.*

sagement *adverbe* Avec discernement. SYN. judicieusement, prudemment, raisonnablement, sainement. – LITTÉRAIRE : sensément. CONTR. *aventureusement, follement, imprudemment, à la légère, légèrement.* – LITTÉRAIRE : *témérairement.* ■ Avec tranquillité. SYN. calmement, docilement, doucement, gentiment, modérément, paisiblement, placidement, posément, sereinement, à tête reposée, tranquillement. – POPULAIRE : peinardement, pénardement. CONTR. *fiévreusement, fougueusement, immodérément, impatiemment, nerveusement, précipitamment.* – FAMILIER : *dare-dare.* ■ Sans hardiesse. SYN. sobrement. CONTR. *dangereusement.* – LITTÉRAIRE : *périlleusement.*

sagesse *nom féminin* Caractère avisé. SYN. bon sens, circonspection, clairvoyance, discernement, finesse, gravité, intelligence, lucidité, maturité, mesure, modération, pénétration, perspicacité, pertinence, philosophie, pondération, précaution, profondeur, prudence, raison, sagacité, sens commun, subtilité. – FAMILIER : jugeote. – LITTÉRAIRE : sobriété. – VIEUX : sapience. CONTR. *absurdité, aveuglement, bizarrerie, démesure, égarement, extravagance, folie, frénésie, imprudence, inconscience, inconséquence, légèreté, outrance, témérité.* – LITTÉRAIRE : *déraison.* ■ Comportement docile. SYN. discipline, docilité, obéissance, soumission. CONTR. *désobéissance, dissipation, indocilité, turbulence.*

sagette ou **sagittaire** *nom féminin* Herbe des lieux marécageux. SYN. flèche d'eau.

sagouin *nom masculin* FAMILIER. Personne malpropre. SYN. dégoûtant. – FAMILIER : cochon, porc. – LITTÉRAIRE : soudard.

saï *nom masculin* Petit singe d'Amérique centrale. SYN. capucin.

saignant *adjectif* Qui dégoutte de sang. SYN. ensanglanté, sanglant, sanguinolent. ■ Se dit d'une viande peu cuite. SYN. bleu. CONTR. *cuit, à point.* ■ FAMILIER. Qui est cruel. SYN. acerbe, acéré, blessant, caustique, désobligeant, dur, incisif, mordant, offensant, outrageant. – LITTÉRAIRE : épigrammatique.

saigner *verbe* Vider de son sang. SYN. égorger. ■ Soutirer de l'argent. SYN. grever. – FAMILIER : estamper, rançonner. – VIEUX : égorger.

saillant *adjectif* Qui dépasse. SYN. bombé, proéminent, protubérant, renflé. CONTR. *creux, rentrant.* ■ Qui attire l'attention. SYN. frappant, important, marquant, notable, remarquable, saisissant, significatif. CONTR. *anodin, banal, commun, insignifiant, quelconque.*

saillie *nom féminin* Partie qui dépasse. SYN. aspérité, avancée, avancement, bosse, excroissance, pointe, protubérance. – LITTÉRAIRE : proéminence. CONTR. *cavité, concavité, creux.* ■ LITTÉRAIRE. Trait d'esprit brillant. SYN. boutade, flèche, mot, pointe, repartie. – LITTÉRAIRE : trait. ■ Partie saillante sur une façade. SYN. encorbellement, redan, redent, ressaut.

saillir *verbe intransitif* Faire saillie. SYN. avancer, déborder, dépasser, empiéter, sortir, surplomber.

saillir *verbe transitif* S'accoupler à une femelle. SYN. couvrir, servir.

saïmiri *nom masculin* Petit singe à queue non préhensile. SYN. sapajou.

sain *adjectif* Qui est en bonne santé. SYN. bien portant, dispos, valide. – FAMILIER : vaillant. CONTR. *malade, maladif, mal-en-point, souffrant.* – FAMILIER : *patraque.* – VIEUX : *cacochyme.* ■ Qui demeure intact. CONTR. *avarié, faisandé, gâté, pourri, véreux.* ■ Favorable à la santé. SYN. bon, hygiénique, salubre, salutaire, stimulant, tonifiant, tonique, vivifiant. CONTR. *délétère, insalubre, malsain, mauvais, nocif, nuisible, pernicieux.* ■ Qui a un bon équilibre psychique. SYN. équilibré, normal, sensé, solide. CONTR. *désaxé, déséquilibré, fou, insensé, névrosé, perturbé, traumatisé.* – FAMILIER : *détraqué, fada, frappé.* ■ Conforme à ce qu'on trouve normal. SYN. droit. CONTR. *frelaté, malsain, morbide, pervers, vicieux.* – FAMILIER : *glauque.* – LITTÉRAIRE : *délétère, faisandé, pernicieux.* ■ ***Sain et sauf***, sorti indemne de. SYN. indemne, intact.

sainbois *nom masculin* Arbrisseau à baies toxiques. SYN. bois-gentil, daphné, garou.

sainement *adverbe* De façon saine. SYN. hygiéniquement. ■ De façon judicieuse. SYN. avec à-propos, à bon escient, judicieusement, prudemment, raisonnablement, rationnellement, sagement. – LITTÉRAIRE : sensément. CONTR. *déraisonnablement, illogiquement.*

saint *adjectif* Qui a un caractère sacré. SYN. intangible, sacré, vénérable. – FAMILIER : sacro-saint, tabou. – LITTÉRAIRE : auguste, révéré.

saint-frusquin *nom masculin invariable* VIEUX. Affaires sans valeur. SYN. attirail. – FAMILIER : barda, bataclan, bazar, fourbi, fourniment. – POPULAIRE : bastringue.

saint-pierre *nom masculin invariable* Poisson qui nage couché sur un côté. SYN. dorée, zée.

saisi *adjectif* Paralysé par la surprise. SYN. ému, étonné, secoué, stupéfait, touché, troublé. – FAMILIER : sidéré, soufflé.

saisie *nom féminin* Prise de possession. SYN. confiscation, embargo, mainmise, mise sous séquestre. CONTR. *restitution.*

saisir *verbe* Prendre avec la main. SYN. accrocher, agripper, attraper, colleter, empoigner, happer, intercepter, prendre, rattraper, tenir. – FAMILIER : choper, harponner. ▪ Percevoir par les sens. SYN. déceler, deviner, discerner, distinguer, remarquer. ▪ Comprendre quelque chose. SYN. s'apercevoir, appréhender, assimiler, comprendre, concevoir, découvrir, entendre, pénétrer, réaliser, voir. – POPULAIRE : entraver, piger. ▪ S'emparer de quelqu'un (sensation). SYN. étourdir, étreindre, frapper, pénétrer. – LITTÉRAIRE : transir. ▪ Impressionner fortement. SYN. abasourdir, bouleverser, ébranler, empoigner, étonner, frapper, retourner, secouer, suffoquer, surprendre, toucher. – FAMILIER : révolutionner.

saisir (se) *verbe pronominal* Prendre vivement. SYN. agripper, attraper, capturer, s'emparer, empoigner, prendre. ▪ S'emparer d'un bien. SYN. s'approprier, confisquer, s'emparer, faire main basse sur, intercepter, mettre la main sur.

saisissable *adjectif* LITTÉRAIRE. Qui peut être compris. SYN. perceptible, sensible. – LITTÉRAIRE : pénétrable.

saisissant *adjectif* Qui frappe vivement. SYN. ahurissant, bouleversant, confondant, criant, émouvant, étonnant, extraordinaire, fracassant, frappant, hallucinant, impressionnant, palpitant, percutant, poignant, remarquable, saillant, sensationnel, stupéfiant, surprenant, troublant, vibrant. – FAMILIER : sciant, sidérant, soufflant.

saisissement *nom masculin* Émotion soudaine. SYN. abasourdissement, ahurissement, bouleversement, choc, commotion, coup, ébranlement, émotion, étonnement, frisson, secousse, stupéfaction, stupeur, surprise. – FAMILIER : épatement.

saison *nom féminin* LITTÉRAIRE. Période particulière. SYN. âge, époque, moment, période, temps. ▪ ***De saison,*** qui est approprié. SYN. adapté, adéquat, approprié, opportun. CONTR. *inadapté, inadéquat.*

salace *adjectif* LITTÉRAIRE. Qui a un caractère grivois. SYN. coquin, croustillant, cru, égrillard, gaillard, gaulois, graveleux, grivois, lascif, leste, libre, licencieux, lubrique, luxurieux, obscène, paillard, polisson, salé, vicieux. – FAMILIER : cochon, olé olé. – LITTÉRAIRE : libidineux.

salacité *nom féminin* LITTÉRAIRE. Caractère salace. SYN. grivoiserie, lubricité, luxure, obscénité, paillardise, polissonnerie, truculence. – LITTÉRAIRE : gaillardise, lasciveté, lascivité.

salade *nom féminin* FAMILIER. Discours confus. SYN. fable, histoire, roman, sornettes.

salades *nom féminin pluriel* FAMILIER. Propos mensongers. SYN. balivernes. – FAMILIER : baratin, boniment. ▪ FAMILIER. Affaire confuse. SYN. comédie, histoire. – FAMILIER : embrouillamini, micmac, pastis, sac de nœuds, sac d'embrouilles. – POPULAIRE : bin's, binz.

salaire *nom masculin* Argent versé pour un travail. SYN. appointements, émoluments, mensualité, paie, paye, prix, rémunération, rétribution, solde, traitement. – VIEUX : gages. ▪ Ce qui récompense une action. SYN. fruit, prix, récompense, sanction. – LITTÉRAIRE : loyer.

salangane *nom féminin* Oiseau dont on consomme le nid. SYN. collocale.

salaud *adjectif masculin* POPULAIRE. Moralement répugnant. SYN. abject, ignoble, immonde, indigne, infâme, méprisable, odieux. – LITTÉRAIRE : vil.

salaud *nom masculin* POPULAIRE. Homme méprisable. SYN. canaille, crapule, malpropre, méchant, ordure. – FAMILIER : chameau, poison, sale bête. – POPULAIRE : charogne, fumier, peau de vache, pourriture, saligaud, salopard, salopiau, salopiaud, salopiot.

sale *adjectif* Qui est mal entretenu. SYN. crasseux, dégoûtant, douteux, encrassé, maculé, malpropre, négligé, pollué, pouilleux, sordide, taché. – FAMILIER : cracra, cra-cra, crapoteux. – LITTÉRAIRE : crotté, souillé. – POPULAIRE : crade, cradingue, crado, cradot, craspect, dégueulasse. CONTR. *coquet, éclatant, immaculé, impeccable, limpide, net, nettoyé, pimpant, propre, propret, raffiné, soigné, soigneux.* ▪ Qui offense la pudeur. SYN. dégoûtant, obscène, ordurier. – FAMILIER : cochon. CONTR. *convenable, décent, édifiant, moralisateur.* ▪ FAMILIER. Qui est très désagréable. SYN.

affreux, damné, désagréable, ignoble, infâme, joli, maudit, mauvais, méchant, méprisable, vilain. – FAMILIER : sacré, satané, sinistre. CONTR. *agréable, beau, bon, louable, merveilleux, splendide.* – FAMILIER : *excellent.*

salé *adjectif* Qui a un caractère osé. SYN. coquin, croustillant, cru, égrillard, épicé, gaillard, gaulois, graveleux, grivois, lascif, leste, libre, licencieux, lubrique, luxurieux, obscène, paillard, pimenté. – FAMILIER : cochon, gras, olé olé, raide. – LITTÉRAIRE : libidineux, poivré, salace. ■ FAMILIER. Qui dépasse la mesure. SYN. exorbitant, prohibitif, ruineux, sévère. – FAMILIER : soigné.

salement *adverbe* D'une manière sale. SYN. mal, malproprement. – FAMILIER : comme un cochon. CONTR. *bien, proprement.* ■ D'une manière malhonnête. SYN. abominablement, indélicatement, mal, malhonnêtement. CONTR. *bien, honnêtement.* ■ POPULAIRE. Indique l'intensité. SYN. affreusement, beaucoup, bien, effroyablement, énormément, épouvantablement, exceptionnellement, excessivement, extraordinairement, extrêmement, follement, fort, fortement, grandement, hautement, horriblement, immensément, immodérément, incroyablement, infiniment, mortellement, particulièrement, prodigieusement, profondément, puissamment, terriblement, tout à fait, très, trop, vertigineusement. – FAMILIER : atrocement, bigrement, bougrement, diablement, drôlement, fameusement, fichtrement, fichûment, formidablement, joliment, méchamment, rudement, sacrément. – LITTÉRAIRE : diantrement, furieusement. – POPULAIRE : foutrement, vachement. – VIEUX : fièrement.

saleté *nom féminin* État de ce qui est sale. SYN. crasse, malpropreté. – POPULAIRE : cochonnerie. – VIEUX : pouillerie. CONTR. *netteté, propreté, pureté.* ■ Matière ou chose sale. SYN. immondices, impureté, ordure. – LITTÉRAIRE : souillure. – POPULAIRE : saloperie. ■ FAMILIER. Procédé peu délicat. SYN. malpropreté, méchanceté. – FAMILIER : crasse, entourloupe, entourloupette, rosserie, tour de cochon. – LITTÉRAIRE : vilenie. – POPULAIRE : saloperie, vacherie. ■ FAMILIER. Propos obscène. SYN. grossièreté, obscénité, ordure. – POPULAIRE : cochonnerie, saloperie. – VIEUX : gravelure.

sali *adjectif* Devenu sale. SYN. maculé, noir, taché, terni. – LITTÉRAIRE : souillé. CONTR. *immaculé, net, propre.*

saligaud *nom masculin* POPULAIRE. Homme méprisable. SYN. canaille, crapule, malpropre, ordure. – FAMILIER : chameau, poison, sale bête. – POPULAIRE : charogne, fumier, peau de vache, pourriture, salaud, salopard, salopiau, salopiaud, salopiot.

salin *nom masculin* Bassins et canaux où le sel est récolté. SYN. marais salant.

salir *verbe* Rendre sale. SYN. barbouiller, encrasser, graisser, maculer, polluer, tacher. – FAMILIER : cochonner. – LITTÉRAIRE : crotter, souiller. – POPULAIRE : dégueulasser, saloper. CONTR. *astiquer, blanchir, décrasser, désencrasser, détacher, laver, nettoyer.* ■ Porter atteinte à la réputation de quelqu'un. SYN. avilir, baver sur, calomnier, contaminer, dénigrer, déshonorer, diffamer, éclabousser, entacher, galvauder, ternir, traîner dans la boue. – LITTÉRAIRE : flétrir, souiller, tacher, vilipender. CONTR. *blanchir, disculper, laver.*

salissure *nom féminin* Ce qui salit. SYN. éclaboussure, moucheture, tache. – LITTÉRAIRE : souillure.

saliver *verbe* Avoir très envie de. SYN. avoir l'eau à la bouche. – FAMILIER : baver, baver d'envie.

salle *nom féminin* Ensemble des gens présents. SYN. assistance, auditoire, galerie, public, spectateurs.

salmigondis *nom masculin* FAMILIER. Mélange confus. SYN. chaos, désordre, fatras, imbroglio, magma, mélange. – FAMILIER : brouillamini, embrouillamini, méli-mélo, tohu-bohu. – VIEUX : pêle-mêle.

salopard *nom masculin* POPULAIRE. Individu sans scrupule. SYN. canaille, crapule, malpropre, ordure. – FAMILIER : chameau, poison, sale bête. – POPULAIRE : charogne, fumier, peau de vache, pourriture, salaud, saligaud, salopiau, salopiaud, salopiot.

salope *adjectif féminin* POPULAIRE. Qui est déloyale. SYN. abjecte, ignoble, immonde, indigne, infâme, méprisable, odieuse. – LITTÉRAIRE : vile.

salope *nom féminin* POPULAIRE. Femme méprisable. SYN. peste. – FAMILIER : chameau, poison, rosse, teigne. – POPULAIRE : charogne, garce, peau de vache, punaise, vache.

saloper *verbe* POPULAIRE. Faire très mal un travail. SYN. gâcher, saboter. – FAMILIER : bâcler, bousiller, cochonner, expédier, massacrer, sabrer, saccager, torcher, torchonner. ■ POPULAIRE. Couvrir de taches. SYN. maculer, salir, tacher. – FAMILIER : cochonner. – LITTÉRAIRE : crotter, souiller. – POPULAIRE : dégueulasser.

saloperie *nom féminin* POPULAIRE. Matière sale. SYN. impureté, saleté. – LITTÉRAIRE : souillure. ■ POPULAIRE. Chose sans valeur. SYN. pacotille. – FAMILIER : camelote. – POPULAIRE : cochonnerie, merde. ■ POPULAIRE. Action vile. SYN. indélicatesse, malpropreté, méchanceté. – FAMILIER : crasse, entourloupe, entourloupette, rosserie, saleté. – LITTÉRAIRE : vilenie. – POPULAIRE : vacherie. ■ POPULAIRE. Propos obscène. SYN. grossièreté, obscénité, ordure.

– FAMILIER : saleté. – POPULAIRE : cochonnerie. – VIEUX : gravelure.

salopette *nom féminin* Vêtement à bretelles. SYN. bleu, combinaison, cotte.

salopiaud ou **salopiau** ou **salopiot** *nom masculin* POPULAIRE. Homme méprisable. SYN. canaille, crapule, malpropre, méchant, ordure. – FAMILIER : chameau, poison, sale bête. – POPULAIRE : charogne, fumier, peau de vache, pourriture, salaud, saligaud, salopard.

salsifis *nom masculin* ***Salsifis d'Espagne, salsifis noir,*** plante cultivée pour sa racine noire. SYN. scorsonère.

saltimbanque *nom* Acrobate de plein air. SYN. baladin, banquiste, bateleur, forain.

salubre *adjectif* Favorable à la santé. SYN. bon, hygiénique, sain, salutaire, stimulant, tonifiant, tonique, vivifiant. CONTR. *délétère, insalubre, malsain, mauvais, morbide, nocif, nuisible, pernicieux.* ■ Qui favorise l'harmonie. SYN. bienfaisant, bon, fructueux, profitable, salutaire. CONTR. *dangereux, déplorable, fâcheux, fatal, funeste, malencontreux, regrettable.* – LITTÉRAIRE : *délétère, pernicieux.*

salubrité *nom féminin* Qualité de ce qui est salubre. CONTR. *insalubrité.*

saluer *verbe* Donner une marque de respect. SYN. présenter ses compliments, présenter ses devoirs, présenter ses hommages, présenter ses respects. – LITTÉRAIRE : présenter ses civilités. ■ Rendre hommage à. SYN. donner un coup de chapeau, honorer, tirer son chapeau.

salut *nom masculin* Fait d'être sauvé du péché. SYN. rachat. – LITTÉRAIRE : rédemption. CONTR. *damnation.* ■ Marque extérieure de politesse. SYN. inclination, révérence, salutation. – FAMILIER : courbette. – LITTÉRAIRE : prosternation, prosternement.

salut ! *interjection* FAMILIER. Formule de salutation. SYN. adieu !, bonjour !, bonsoir !, au revoir ! – FAMILIER : bye bye !, tchao !

salutaire *adjectif* Propre à rétablir la santé. SYN. bon, hygiénique, sain, salubre, stimulant, tonique. CONTR. *dangereux, délétère, fatal, funeste, insalubre, malsain, mauvais, morbide, nocif, nuisible, pernicieux.* ■ Qui a un effet positif. SYN. bienfaisant, bon, fructueux, payant, profitable, salubre. CONTR. *déplorable, dommageable, fâcheux, infructueux, inutile, malencontreux, préjudiciable, regrettable.*

salutation *nom féminin* Action de saluer. SYN. salut. – LITTÉRAIRE : prosternation, prosternement.

salutations *nom féminin pluriel* Marques de civilité. SYN. compliments, devoirs, hommages, respects. – LITTÉRAIRE : civilités.

salve *nom féminin* Tir simultané d'armes à feu. SYN. bordée, canonnade, décharge, feu, rafale, volée.

sanctification *nom féminin* Action de sanctifier. SYN. consécration.

sanctifier *verbe* Célébrer selon la loi religieuse. SYN. célébrer, consacrer. ■ LITTÉRAIRE. Attribuer un caractère sacré à. SYN. diviniser, fêter, sacraliser, solenniser.

sanction *nom féminin* Action d'entériner. SYN. adoption, confirmation, consécration, ratification. ■ Conséquence d'un acte. SYN. conséquence, prix, rançon, récompense, salaire. – LITTÉRAIRE : tribut. ■ Mesure répressive. SYN. condamnation, peine, punition, répression. – LITTÉRAIRE : châtiment.

sanctionner *verbe* Apporter une confirmation à. SYN. confirmer, consacrer, entériner, homologuer, ratifier, valider. ■ Prendre une sanction. SYN. condamner, corriger, punir, réprimer, sévir contre. – LITTÉRAIRE : châtier. CONTR. *pardonner, passer, tolérer.*

sanctuaire *nom masculin* Lieu protégé. SYN. abri, asile, bastion, refuge, temple. ■ LITTÉRAIRE. Partie la plus secrète. SYN. fin fond. – LITTÉRAIRE : tréfonds.

sandre *nom masculin* Grand poisson voisin de la perche. SYN. perche-brochet.

sang *nom masculin* LITTÉRAIRE. Ensemble de la lignée. SYN. famille, lignage, lignée, origine, souche. – LITTÉRAIRE : extraction, race.

sang-froid *nom masculin invariable* Maîtrise de soi. SYN. aplomb, assurance, calme, flegme, impassibilité, imperturbabilité, maîtrise, paix, placidité, sérénité. – FAMILIER : cran. – LITTÉRAIRE : quiétude, stoïcisme. CONTR. *anxiété, effarement, effarouchement, effroi, emportement, frayeur, inquiétude.* – LITTÉRAIRE : *alarme.*

sanglant *adjectif* Maculé de sang. SYN. ensanglanté, saignant, sanguinolent. ■ Qui répand le sang. SYN. cruel, meurtrier, sauvage. – LITTÉRAIRE : farouche, sanguinaire. ■ Qui blesse profondément. SYN. acerbe, acéré, blessant, cinglant, cuisant, mordant, navrant, poignant. – FAMILIER : saignant.

sanglé *adjectif* Serré à la taille. SYN. comprimé, étriqué, serré.

sangler *verbe* Serrer fortement à la taille. SYN. brider, comprimer, corseter, engoncer, gainer, gêner, mouler, serrer.

sangloter *verbe* Éclater en sanglots. SYN. être en larmes, fondre en larmes, larmoyer, pleurer, pleurer à chaudes larmes, pleurer toutes les larmes de son corps. – FAMILIER : brailler, chouiner, pleurer comme un veau, pleurer comme une fontaine, pleurer comme une Madeleine, pleurer comme une vache, pleurnicher. – POPULAIRE : chialer. CONTR. *s'esclaffer, pouffer, rire.* – FAMILIER : *rigoler, se tordre.* – POPULAIRE : *se bidonner, se gondoler, se marrer, se poiler.*

sanglots *nom masculin pluriel* Larmes versées. SYN. gémissements, lamentations, larmes. – LITTÉRAIRE : pleurs.

sangsue *nom féminin* LITTÉRAIRE. Personne avide. SYN. exploiteur, parasite, profiteur. – FAMILIER : pique-assiette. – VIEUX : écornifleur.

sanguin *adjectif* Qui est impulsif. SYN. coléreux. – LITTÉRAIRE : colérique. ■ De la couleur du sang. SYN. rouge, rougeaud. – LITTÉRAIRE : rubicond.

sanguinaire *adjectif* Qui répand le sang. SYN. barbare, brutal, cruel, impitoyable, inhumain. – LITTÉRAIRE : farouche. ■ LITTÉRAIRE. Marqué par des effusions de sang. SYN. farouche, féroce, meurtrier, sanglant, sauvage.

sanguinivore *adjectif* Se dit d'un animal qui se nourrit de sang. SYN. hématophage.

sanguinolent *adjectif* Qui est teinté de sang. SYN. ensanglanté, saignant, sanglant.

sanguisorbe *nom féminin* Plante à petites fleurs pourpres. SYN. pimprenelle.

sans-abri *nom invariable* Personne sans logement. SYN. clochard, sans-logis, S.D.F., vagabond.

sans-cœur *adjectif invariable* FAMILIER. Qui est sans pitié. SYN. dur, endurci, impitoyable, indifférent, inflexible, inhumain, insensible, sec. CONTR. *affectueux, doux, hypersensible, sensible, sentimental, tendre.*

sans-emploi *nom invariable* Personne au chômage. SYN. chômeur, demandeur d'emploi, inactif. – ARGOTIQUE : chômdu. CONTR. *actif.*

sans-façon *nom masculin invariable* LITTÉRAIRE. Mépris de la politesse. SYN. aplomb, désinvolture, effronterie, familiarités, goujaterie, impertinence, impolitesse, impudence, inconvenance, incorrection, inélégance, liberté, muflerie, sans-gêne. – FAMILIER : culot. – LITTÉRAIRE : discourtoisie. CONTR. *bienséance, convenances, courtoisie, discrétion, élégance, politesse.* – LITTÉRAIRE : *cérémonie, civilité, urbanité.*

sans-gêne *nom invariable* Personne désinvolte. SYN. butor, cuistre, goujat, impertinent, impoli, impudent, insolent, malappris, malotru, mufle, rustre. – FAMILIER : malpoli. – POPULAIRE : gougnafier, malembouché, pignouf.

sans-gêne *nom masculin invariable* Comportement discourtois. SYN. aplomb, désinvolture, effronterie, familiarités, goujaterie, impertinence, impolitesse, impudence, inconvenance, incorrection, inélégance, liberté, muflerie. – FAMILIER : culot. – LITTÉRAIRE : discourtoisie, sans-façon. CONTR. *bienséance, convenances, courtoisie, discrétion, élégance, politesse.* – LITTÉRAIRE : *cérémonie, civilité, urbanité.*

sans-le-sou *nom invariable* FAMILIER. Personne pauvre. SYN. indigent, malheureux, miséreux, nécessiteux, pauvre. – FAMILIER : crève-la-faim. – LITTÉRAIRE : gueux. – VIEUX : besogneux. CONTR. *nanti, riche.* – FAMILIER : *richard.*

sans-logis *nom invariable* Personne sans domicile. SYN. clochard, sans-abri, S.D.F., vagabond.

sans-souci *nom invariable* Personne insouciante. SYN. insouciant. – FAMILIER : je-m'en-fichiste. – POPULAIRE : je-m'en-foutiste.

santé *nom féminin* État de l'organisme. SYN. constitution, forme, nature, tempérament. – VIEUX : complexion.

sanve *nom féminin* Plante dont les graines donnent une variété de moutarde. SYN. moutarde des champs, ravenelle, sénevé.

sanza *nom féminin* Instrument de musique d'Afrique noire. SYN. lamellophone.

saoul *adjectif* FAMILIER. Qui a bu avec excès. SYN. aviné, enivré, gris, ivre, pris de boisson. – FAMILIER : éméché, imbibé, parti, plein comme un œuf, plein comme une outre, pompette, schlass, soûl, soûl comme un Polonais, soûl comme une bourrique, soûl comme une grive. – POPULAIRE : beurré, beurré comme un p'tit Lu, beurré comme une tartine, blindé, bourré, bourré comme une cantine, chargé, cuit, noir, paf, pété, pinté, plein comme une barrique, raide, rétamé, rond, rond comme une barrique, rond comme une queue de pelle, torché. – VIEUX : brindezingue. CONTR. *à jeun, sobre.* ■ Qui ressent comme une griserie. SYN. enivré, étourdi, grisé, ivre.

saouler *verbe* FAMILIER. Faire boire jusqu'à l'ivresse. SYN. enivrer. CONTR. *dégriser, désenivrer, dessoûler.* ■ Causer une sorte de griserie. SYN. enivrer, entêter, étourdir, griser, monter à la tête, tourner la tête, transporter. ■ LITTÉRAIRE. Fatiguer quelqu'un par un excès de. SYN. agacer, assommer, énerver, ennuyer, exaspérer, fatiguer, indisposer, irriter, lasser, rebuter, saturer. – FAMILIER : barber, barbifier, bassiner, casser les pieds, embêter, empoisonner, enquiquiner, escagasser, faire suer, horripiler, insupporter, prendre la tête , raser, tanner. – LITTÉRAIRE : importuner.

– POPULAIRE : canuler, casser les bonbons, cavaler, emmerder, faire braire, faire chier, gonfler, pomper.

sapajou *nom masculin* Petit singe à queue non préhensile. SYN. saïmiri.

sapé *adjectif* POPULAIRE. Bien habillé. SYN. chic, élégant, habillé, sur son trente-et-un. – FAMILIER : smart. – POPULAIRE : fringué. CONTR. *débraillé, décontracté.*

sapelli *nom masculin* Très grand arbre d'Afrique. SYN. aboudikro.

saper *verbe* Chercher à détruire. SYN. affaiblir, anéantir, corroder, ébranler, éroder, fissurer, miner, phagocyter, renverser, ronger, ruiner, saborder, saboter, torpiller. – LITTÉRAIRE : consumer. CONTR. *affermir, armer, cimenter, édifier, fonder, fortifier, instaurer, instituer, monter, reconstituer, reconstruire, renforcer, resserrer.* – LITTÉRAIRE : *réédifier.*

saper (se) *verbe pronominal* POPULAIRE. Mettre des vêtements. SYN. s'habiller, se vêtir. – POPULAIRE : se fringuer.

saperde *nom féminin* Insecte aux antennes démesurées. SYN. aiguillonnier.

sapes *nom féminin pluriel* POPULAIRE. Vêtements. SYN. effets, habillement, habits, mise, tenue. – FAMILIER : nippes. – POPULAIRE : fringues, frusques.

saphisme *nom masculin* LITTÉRAIRE. Homosexualité féminine. SYN. lesbianisme. – LITTÉRAIRE : tribadisme.

sapide *adjectif* Qui a de la saveur. SYN. goûteux, relevé, savoureux. CONTR. *douceâtre, fadasse, fade, insipide.*

sapidité *nom féminin* Caractère sapide. SYN. goût, saveur. CONTR. *fadeur, insipidité.*

saprophage *adjectif* Qui se nourrit dans la vase. SYN. limivore.

saquer *verbe* POPULAIRE. Congédier quelqu'un. SYN. bannir, casser, chasser, congédier, démettre, déposer, destituer, éliminer, licencier, limoger, mettre à la porte, mettre à pied, radier, relever, remercier, renvoyer, révoquer. – FAMILIER : balayer, blackbouler, débarquer, déboulonner, dégommer, démissionner, ficher à la porte, flanquer à la porte, flanquer dehors, sabrer, vider, virer. – POPULAIRE : balancer, foutre à la porte, lourder.

sarcasme *nom masculin* Paroles railleuses. SYN. flèche, gouaille, gouaillerie, impertinence, lazzi, moquerie, persiflage, pique, plaisanterie, quolibet, raillerie. – LITTÉRAIRE : brocard, épigramme, trait. – POPULAIRE : vanne. CONTR. *compliment, flatterie.*

sarcastique *adjectif* D'une ironie méchante. SYN. acerbe, amer, goguenard, ironique, narquois, persifleur, railleur, sardonique, satirique. – FAMILIER : rosse. – LITTÉRAIRE : poivré.

sarcastiquement *adverbe* LITTÉRAIRE. D'une manière sarcastique. SYN. ironiquement. – LITTÉRAIRE : narquoisement.

sarcoplasme *nom masculin* Substance de la cellule musculaire. SYN. myoplasma.

sardinelle *nom féminin* Poisson voisin de la sardine. SYN. allache, alose.

sardonique *adjectif* Qui se veut méchant. SYN. démoniaque, diabolique, infernal, sarcastique, satanique.

sarigue *nom féminin* Mammifère marsupial d'Amérique. SYN. opossum.

sarrasin *nom masculin* Céréale à tige rougeâtre. SYN. blé noir.

sarrette *nom féminin* Grande plante à fleurs pourpres. SYN. serratule.

sas *nom masculin* Ustensile servant à tamiser. SYN. crible, tamis.

sasser *verbe* Passer au crible. SYN. bluter, cribler, tamiser, trier.

satané *adjectif* FAMILIER. Qui est mauvais. SYN. abominable, affreux, atroce, damné, détestable, épouvantable, fâcheux, horrible, infernal, mauvais, odieux. ■ FAMILIER. Indique un haut degré. SYN. beau, damné, fieffé, fini, grand, maudit, un(e) drôle de. – FAMILIER : fameux, sacré, sale, sinistre.

satanique *adjectif* Propre à Satan. SYN. démoniaque, luciférien. – LITTÉRAIRE : infernal. ■ Qui fait penser à Satan. SYN. démoniaque, diabolique, infernal, pervers, sardonique. – LITTÉRAIRE : luciférien, méphistophélique. CONTR. *angélique, archangélique.* – LITTÉRAIRE : *séraphique.*

satiété *nom féminin* Fait d'être rassasié. SYN. assouvissement, satisfaction. – VIEUX : réplétion. CONTR. *appétit, besoin, faim, insatisfaction.* – LITTÉRAIRE : *insatiabilité.* ■ ***À satiété,*** en abondance. SYN. abondamment, amplement, beaucoup, colossalement, comme s'il en pleuvait, considérablement, copieusement, à discrétion, énormément, à flots, à foison, généreusement, grandement, largement, massivement, à la pelle, pleinement, à profusion, en quantité, richement, à souhait, surabondamment, en veux-tu en voilà, à volonté. – FAMILIER : à gogo, jusqu'à plus soif, en pagaille, à revendre, à tire-larigot. – LITTÉRAIRE : à l'envi, plantureusement. CONTR. *chichement, au compte-gouttes, guère, mesquinement, modérément, moyennement,* *parcimonieusement, pauvrement, petitement, peu.*

satiné *adjectif* Doux comme du satin. SYN. doux, lisse, lustré, poli, soyeux, velouté, velouteux. – LITTÉRAIRE : duveté, vernissé. CONTR. *calleux, rude, rugueux.*

satire *nom féminin* Violente critique. SYN. charge, critique, diatribe, pamphlet, raillerie, réquisitoire. – FAMILIER : chinage. – LITTÉRAIRE : catilinaire, épigramme, factum. CONTR. *apologie, éloge, panégyrique.* – LITTÉRAIRE : *dithyrambe.*

satirique *adjectif* Qui montre de la causticité. SYN. caustique, incisif, moqueur, mordant, railleur, sarcastique. – FAMILIER : rosse. – LITTÉRAIRE : épigrammatique, piquant, poivré. CONTR. *dithyrambique, élogieux, flatteur, laudatif, louangeur.*

satiriser *verbe* LITTÉRAIRE. Exercer sa satire sur. SYN. caricaturer, critiquer, se moquer, persifler, railler, stigmatiser. – FAMILIER : abîmer, chiner. – LITTÉRAIRE : brocarder.

satisfaction *nom féminin* Action de satisfaire un besoin. SYN. assouvissement, satiété. – VIEUX : réplétion. CONTR. *appétit, besoin, faim, insatisfaction.* – LITTÉRAIRE : *inassouvissement, insatiabilité.* ▪ Fait d'être satisfait. SYN. bonheur, complaisance, contentement, euphorie, joie, jouissance, plaisir. – LITTÉRAIRE : aise. CONTR. *affliction, amertume, chagrin, contrariété, déboire, déception, déconvenue, dépit, déplaisir, désappointement, désespoir, embarras, ennui, insatisfaction, mécontentement, peine, regret, tristesse.* – FAMILIER : *enquiquinement.*

satisfaire *verbe transitif* Donner satisfaction à. SYN. agréer, arranger, contenter, convenir, plaire, suffire. – FAMILIER : revenir. CONTR. *chagriner, décevoir, désappointer, désoler, ennuyer, mécontenter.* – FAMILIER : *défriser, enquiquiner.* ▪ Contenter un désir. SYN. accomplir, apaiser, étancher, exaucer. CONTR. *contrarier, manquer à.*

satisfaire *verbe transitif indirect* Remplir une obligation. SYN. s'acquitter de, obéir, observer, pourvoir, remplir, répondre à, respecter, se soumettre à.

satisfaire (se) *verbe pronominal* Considérer comme suffisant. SYN. accepter, s'accommoder, s'arranger, se contenter. CONTR. *pester, se plaindre, récriminer.*

satisfaisant *adjectif* Qui satisfait. SYN. acceptable, admissible, bon, convenable, correct, honnête, honorable, recevable, valable. – FAMILIER : buvable, potable. CONTR. *catastrophique, déplorable, détestable, insuffisant, mauvais, médiocre, piteux.*

satisfait *adjectif* Qui a reçu satisfaction. SYN. béat, comblé, content, enchanté, heureux, radieux, ravi, réjoui. CONTR. *déçu, dégoûté, dépité, désenchanté, désolé, ennuyé, insatisfait, malheureux, mécontent, piteux.* – LITTÉRAIRE : *blessé, chagrin.* ▪ Se dit d'un désir comblé. SYN. apaisé, assouvi, comblé, exaucé. CONTR. *insatiable, insatisfait.* – LITTÉRAIRE : *inapaisé, inassouvi.*

saturation *nom féminin* Fait d'atteindre un degré excessif. SYN. la coupe est pleine, la mesure est comble.

saturé *adjectif* Rempli à l'excès. SYN. engorgé, gorgé, imprégné, inondé. ▪ Très encombré. SYN. envahi, noyé, submergé, surchargé. ▪ Qui ressent de l'écœurement. SYN. blasé, dégoûté. – FAMILIER : écœuré, sursaturé. CONTR. *avide.*

saturer *verbe intransitif* FAMILIER. Arriver à saturation. SYN. avoir son content de, la coupe est pleine, la mesure est comble, n'en pouvoir plus. – FAMILIER : en avoir assez, en avoir jusque-là, en avoir marre, en avoir par-dessus la tête, en avoir plein le dos, en avoir ras la casquette, en avoir ras le bol, en avoir ras le pompon, avoir sa dose de, en avoir soupé, ça me sort par les yeux. – POPULAIRE : en avoir plein le cul, en avoir sa claque, ça me gave !, ça me gonfle !, ça me saoule ! CONTR. *supporter, tolérer.*

saturer *verbe transitif* Fournir trop de. SYN. abreuver, gaver, inonder, rassasier. – LITTÉRAIRE : gorger, soûler.

saturnisme *nom masculin* Intoxication par le plomb. SYN. – VIEUX : colique des peintres.

satyre *nom masculin* Demi-dieu rustique. SYN. faune. ▪ ***Satyre puant,*** champignon à odeur repoussante. SYN. phallus impudique.

saucer *verbe* FAMILIER. Mouiller quelqu'un (pluie). SYN. arroser, asperger, doucher, mouiller, tremper.

saucissonné *adjectif* FAMILIER. À l'étroit dans un vêtement. SYN. bridé, engoncé, gainé, moulé, sanglé, serré, tenu. – FAMILIER : boudiné.

sauf *adjectif* Qui a échappé à. SYN. entier, indemne, intact.

sauf *préposition* Marque l'exception. SYN. abstraction faite de, compte non tenu de, en dehors de, excepté, à l'exception de, exception faite de, à l'exclusion de, hormis, non compris, nonobstant, à part, si ce n'est. – LITTÉRAIRE : fors, hors. CONTR. *compris, inclus.*

saugrenu *adjectif* Qui a un caractère étrange. SYN. aberrant, abracadabrant, absurde, baroque, biscornu, bizarre, burlesque, déraisonnable, étrange, excentrique, extravagant, farfelu, fou, inattendu, incongru, insolite, sans queue ni tête, singulier, sot, stupide, ubuesque. – FAMILIER :

dément, loufoque, tordu. CONTR. *judicieux, raisonnable, raisonné, rationnel, sensé.*

saumâtre *adjectif* FAMILIER. Qui est désagréable. SYN. amer, contrariant, déplaisant, désagréable, ennuyeux, fâcheux, regrettable. – FAMILIER : enquiquinant. – POPULAIRE : chiant.

saumoneau *nom masculin* Jeune saumon. SYN. tacon.

saupoudrer *verbe* Couvrir de poudre. SYN. napper. – LITTÉRAIRE : poudrer. ■ LITTÉRAIRE. Mettre en divers endroits. SYN. agrémenter, émailler, fleurir, joncher, orner, parsemer, tapisser.

saurien *nom masculin* Reptile du type des lézards. SYN. lacertilien.

saurophidien *nom masculin* Reptile au corps recouvert d'écailles. SYN. squamate.

saut *nom masculin* Fait de sauter. SYN. bond, cahot, soubresaut. – LITTÉRAIRE : bondissement, tressautement.

saut-de-lit *nom masculin* VIEUX. Vêtement léger. SYN. peignoir, robe de chambre. – LITTÉRAIRE : négligé.

saut-de-loup *nom masculin* Large fossé. SYN. haha.

sauter *verbe transitif indirect* Se précipiter sur. SYN. agresser, assaillir, attaquer, se jeter, se ruer.

sauter *verbe intransitif* Faire un bond. SYN. bondir, s'élancer, se jeter, se lancer, se précipiter. ■ Être agité de secousses. SYN. cahoter, rebondir, tressaillir. – FAMILIER : bringuebaler. – LITTÉRAIRE : tressauter. ■ Voler en éclats. SYN. détoner, éclater, exploser. – FAMILIER : péter.

sauter *verbe transitif* Omettre quelque chose. SYN. éluder, escamoter, négliger, omettre, oublier, passer.

sauteur *nom* VIEUX. Personne peu fiable. SYN. caméléon, fantoche, marionnette, pantin, plaisantin. – FAMILIER : fumiste, girouette, guignol, polichinelle. – LITTÉRAIRE : protée. – POPULAIRE : charlot, rigolo. – VIEUX : arlequin.

sautiller *verbe* Avancer par petits sauts. SYN. gambader. – LITTÉRAIRE : tressauter.

sauvage *adjectif* Qui n'est pas apprivoisé. SYN. farouche, indompté. CONTR. *apprivoisé, domestique, domestiqué, dressé, familier.* ■ Se dit d'un lieu désert. SYN. désert, désolé, inhabité, inhospitalier. – LITTÉRAIRE : farouche. CONTR. *habité, populeux, urbanisé.* ■ Qui s'organise en dehors des lois. SYN. illégal, illicite, irrégulier. CONTR. *autorisé, codifié, permis, réglementé, régulier.* ■ Se dit d'une action violente. SYN. âpre, atroce, barbare, bestial, cruel, farouche, féroce, méchant, sadique, sanglant. – LITTÉRAIRE : sanguinaire. CONTR. *délicat, doux, humain.* ■ Qui n'est pas civilisé. SYN. barbare, brut, primitif. CONTR. *civilisé, évolué, raffiné, sophistiqué.* – LITTÉRAIRE : *policé.* ■ Qui fuit les contacts. SYN. insociable, ours, solitaire. – LITTÉRAIRE : misanthrope. CONTR. *liant, mondain, sociable.*

sauvage *nom* Personne mal élevée. SYN. béotien, butor, cuistre, goujat, lourdaud, malappris, malotru, mufle, ostrogoth, ours mal léché, rustre. – FAMILIER : malpoli, paltoquet. – LITTÉRAIRE : soudard. – POPULAIRE : pedzouille, petzouille. ■ Personne qui fuit la société. SYN. solitaire. – FAMILIER : ours. – LITTÉRAIRE : misanthrope.

sauvagement *adverbe* De façon sauvage. SYN. atrocement, brutalement, cruellement, férocement, impitoyablement, implacablement, inhumainement, méchamment, rudement. CONTR. *délicatement, doucement, humainement.*

sauvagerie *nom féminin* LITTÉRAIRE. Caractère solitaire. SYN. insociabilité, misanthropie. CONTR. *affabilité, amabilité, sociabilité.* – LITTÉRAIRE : *liant.* ■ Caractère violent. SYN. atrocité, barbarie, bestialité, brutalité, cruauté, férocité, inhumanité, rudesse, sadisme, violence. CONTR. *douceur, gentillesse, humanité.* – LITTÉRAIRE : *aménité.*

sauvegarde *nom féminin* Ce qui protège. SYN. appui, auspice, patronage, protection, soutien, tutelle. ■ Fait de préserver. SYN. défense, garantie, maintien, préservation, protection. CONTR. *anéantissement, destruction.*

sauvegarder *verbe* Mettre à l'abri. SYN. abriter, assurer, conserver, défendre, maintenir, préserver, protéger, sauver.

sauver *verbe* Préserver d'un danger. SYN. arracher à, défendre, préserver, soustraire, tirer. ■ Garder intact. SYN. conserver, préserver, protéger, sauvegarder. CONTR. *perdre.*

sauver (se) *verbe pronominal* Prendre la fuite. SYN. battre en retraite, déguerpir, déloger, disparaître, s'enfuir, fausser compagnie, fuir, partir, plier bagages, prendre la clef des champs, prendre le large, se retirer. – FAMILIER : débarrasser le plancher, décamper, détaler, ficher le camp, gagner le large, lever le camp, lever le pied, lever le siège, prendre la poudre d'escampette, prendre la tangente, prendre ses cliques et ses claques, prendre ses jambes à son cou, vider le plancher, vider les lieux. – POPULAIRE : se barrer, se calter, se carapater, se casser, cavaler, se cavaler, se débiner, décaniller, se faire la malle, se faire la paire, foutre le camp, jouer la fille de l'air, mettre les bouts, mettre les voiles, se tailler, se tirer. – VIEUX : s'esbigner. CONTR. *apparaître, arriver, paraître, réapparaître, rester.* ■ FAMILIER. Partir rapidement de chez quelqu'un. SYN. s'absenter, s'échapper, s'esquiver, filer à l'anglaise, partir, prendre congé, quitter, se retirer. – FAMILIER : s'éclipser, filer. ■ Fuir d'une prison. SYN. s'échapper, s'évader, prendre la clef des champs, sortir. – POPULAIRE : se faire la belle, se faire la malle, se faire la paire, jouer la fille de l'air.

sauvette (à la) *locution adverbiale* Avec hâte et comme en se cachant. SYN. diligemment, entre deux portes, expéditivement, hâtivement, précipitamment, promptement, rapidement, à la va-vite, vite.

sauveur *nom masculin* Personne qui protège quelqu'un. SYN. ange gardien, défenseur, protecteur, providence, soutien. ■ ***Le Sauveur,*** Jésus-Christ. SYN. messie, Le Rédempteur.

savamment *adverbe* De façon savante. SYN. spirituellement. – LITTÉRAIRE : doctement. ■ Avec habileté. SYN. adroitement, astucieusement, habilement, ingénieusement, intelligemment, subtilement.

savant *adjectif* Qui a de grandes connaissances. SYN. cultivé, éclairé, érudit, fort, instruit, lettré. – FAMILIER : calé, ferré, fortiche, trapu. – LITTÉRAIRE : docte, omniscient. CONTR. *barbare, faible, ignare, ignorant, inculte, nul, profane.* – VIEUX : *illettré.* ■ Qui montre des connaissances. SYN. approfondi, astucieux, érudit, ingénieux. – LITTÉRAIRE : docte. CONTR. *élémentaire, rudimentaire, sommaire, superficiel.*

savant *nom masculin* Personne savante. SYN. chercheur, érudit, lettré, scientifique. – LITTÉRAIRE : clerc. CONTR. *âne, profane.* – VIEUX : *illettré.*

saveur *nom féminin* Qualité d'un mets. SYN. bouquet, délicatesse, fumet, goût, sapidité. – LITTÉRAIRE : succulence. CONTR. *fadeur.* ■ Ce qui constitue l'agrément de. SYN. esprit, piment, piquant, sel. CONTR. *banalité, fadeur, insignifiance, insipidité, platitude.*

savoir *nom masculin* Ensemble de connaissances. SYN. acquis, bagage, compétence, connaissances, culture, érudition, instruction, lumières, qualification, science. CONTR. *ignorance, inculture.*

savoir *verbe* Avoir appris quelque chose. SYN. connaître, dominer son sujet, posséder, posséder son sujet. CONTR. *donner sa langue au chat, ignorer.* ■ Être informé de. SYN. avoir la science infuse, être au courant, être au fait de. CONTR. *ignorer.* ■ Avoir la capacité de. SYN. être capable de, être en mesure de, s'y connaître, s'y entendre. – FAMILIER : en connaître un bout, en connaître un rayon, être calé, être ferré en. ■ ***Faire savoir,*** porter à la connaissance de. SYN. apprendre, avertir, aviser, indiquer, informer, instruire, révéler. CONTR. *cacher, taire.*

savoir (se) *verbe pronominal* Être connu. SYN. s'ébruiter, être sur toutes les bouches, se propager, se répandre.

savoir-faire *nom masculin invariable* Compétence acquise. SYN. adresse, art, chic, compétence, dextérité, doigté, entregent, expérience, habileté, ingéniosité, maestria, maîtrise, métier, patte, pratique, talent, technique, tour de main, virtuosité. CONTR. *ignorance, incompétence, inexpérience.* – LITTÉRAIRE : *impéritie.*

savoir-vivre *nom masculin invariable* Connaissance des usages. SYN. bienséance, convenances, correction, décence, éducation, manières, politesse, tact. – LITTÉRAIRE : civilité, urbanité, usage. CONTR. *goujaterie, grossièreté, impolitesse, incorrection, muflerie, sans-gêne.*

savourer *verbe* Goûter un aliment, une boisson. SYN. apprécier, déguster, s'en lécher les babines, se régaler de. – FAMILIER : siroter. – LITTÉRAIRE : se délecter. ■ Prendre plaisir à. SYN. apprécier, goûter, jouir, s'en lécher les babines, se régaler. – FAMILIER : se gargariser. – LITTÉRAIRE : déguster, se délecter, priser, se repaître de.

savoureux *adjectif* Qui a une saveur agréable. SYN. agréable, bon, délicat, délicieux, excellent, exquis, extra, fameux, parfait, sapide, succulent, superfin. – FAMILIER : c'est à se mettre à genoux, c'est à tomber par terre, c'est du nanan, aux petits oignons. – LITTÉRAIRE : délectable. CONTR. *dégoûtant, écœurant, fadasse, fade, infect, insipide.* – POPULAIRE : *dégueulasse.*

saxifrage *nom féminin* Plante qui pousse dans les pierres. SYN. perce-pierre.

saynète *nom féminin* Courte pièce sans prétention. SYN. sketch.

sayyid *nom masculin* Musulman descendant de Mahomet. SYN. chérif.

scabreux *adjectif* LITTÉRAIRE. Qui présente des risques. SYN. brûlant, dangereux, délicat, difficile, épineux, hasardeux, périlleux, risqué. – LITTÉRAIRE : difficultueux. ■ Qui choque la décence. SYN. choquant, cru, embarrassant, gaillard, inconvenant, indécent, leste, libre, licencieux, obscène, osé. – FAMILIER : cochon, olé olé. CONTR. *convenable, correct, décent.*

scald *nom masculin* Maladie des pommes et des poires. SYN. échaudure.

scandale *nom masculin* Querelle bruyante. SYN. éclat, esclandre, scène, tapage. – FAMILIER : chambard, grabuge, pétard, raffut. – POPULAIRE : barouf, baroufe, foin. ■ Fait qui heurte la morale. SYN. honte, infamie. – LITTÉRAIRE : vilenie.

scandaleux *adjectif* Qui choque par son excès. SYN. abject, choquant, dégradant, déplorable, déshonorant, éhonté, épouvantable, honteux, indécent, indigne, infâme, injurieux, intolérable, outrageant, révoltant.

scandaliser *verbe* Susciter l'indignation. SYN. blesser, cabrer, choquer, dégoûter, écœurer, fâcher, heurter, horrifier, indigner, offenser, offusquer, outrer, répugner, révolter. – FAMILIER : en dire de belles, en faire de belles, en raconter de belles, révulser. CONTR. *édifier.*

scandaliser (se) *verbe pronominal* Éprouver de l'indignation. SYN. se choquer, se formaliser, se froisser, se hérisser, s'indigner, s'offusquer, se vexer. – FAMILIER : en apprendre de belles, en entendre de belles. – LITTÉRAIRE : se blesser, s'offenser, se piquer.

scander *verbe* Dire quelque chose en rythme. SYN. accentuer, marteler, ponctuer, rythmer.

scanner *nom masculin* Appareil d'imagerie médicale. SYN. scanographe, tomodensitomètre.

scanographie *nom féminin* Procédé utilisant le scanner. SYN. tomodensitométrie.

scare *nom masculin* Poisson des récifs coralliens. SYN. poisson-perroquet.

scarification *nom féminin* Incision de la peau. SYN. coupure, entaille, incision.

scatophage *nom masculin* Mouche qui abonde sur les excréments. SYN. mouche à merde.

scatophile *adjectif* Qui vit dans les excréments. SYN. coprophile.

sceau *nom masculin* LITTÉRAIRE. Caractère distinctif. SYN. cachet, empreinte, estampille, griffe, marque, signature, signe.

scélérat *adjectif* LITTÉRAIRE. Empreint de perfidie. SYN. démoniaque, diabolique, machiavélique, mauvais, noir, retors, tortueux. – FAMILIER : roublard.

scélérat *nom* Personne malhonnête. SYN. bandit, canaille, crapule, filou, gredin, racaille, truand, vaurien, vermine, voyou. – FAMILIER : fripouille. – VIEUX : misérable.

scélératesse *nom féminin* LITTÉRAIRE. Action scélérate. SYN. crapulerie, déloyauté, forfaiture, ignominie, méchanceté, noirceur, rouerie. – FAMILIER : crasse, entourloupe, entourloupette, roublardise. – LITTÉRAIRE : canaillerie, félonie, fourberie, perfidie, sournoiserie, traîtrise, vilenie.

sceller *verbe* Confirmer solennellement. SYN. cimenter, consacrer, consolider, entériner, ratifier, sanctionner. ▪ Marquer d'un sceau. SYN. cacheter, fermer. CONTR. *décacheter, desceller, ouvrir.*

scénario *nom masculin* Canevas d'une pièce, d'un roman. SYN. action, intrigue, plan, résumé, synopsis. ▪ Canevas d'un film. SYN. script.

scène *nom féminin* Lieu où jouent les acteurs. SYN. plateau, tréteaux. – FAMILIER : planches. ▪ Discussion vive. SYN. algarade, altercation, différend, dispute, esclandre, explication, heurt, prise de bec, querelle. – POPULAIRE : engueulade. ▪ Emportement violent. SYN. sortie. – FAMILIER : cinéma, comédie. – POPULAIRE : cirque.

scénique *adjectif* Propre au théâtre. SYN. dramatique, théâtral.

scepticisme *nom masculin* Fait de douter sur le plan religieux. SYN. incrédulité, incroyance, irréligion. CONTR. *certitude, conviction, crédulité, croyance, foi.* ▪ Attitude de réserve. SYN. défiance, doute, incertitude, incrédulité, méfiance. CONTR. *emballement, enthousiasme.*

sceptique *adjectif* Qui met en doute une croyance. SYN. blasé, incrédule, incroyant, indifférent, irréligieux. CONTR. *convaincu, crédule, croyant, fanatique, mystique.* ▪ Qui doute de quelque chose. SYN. défiant, dubitatif, méfiant. CONTR. *convaincu, enthousiasmé, enthousiaste, sûr.* – FAMILIER : *emballé.*

sceptre *nom masculin* Symbole de l'autorité. SYN. maîtrise, royauté, suprématie.

schéma *nom masculin* Dessin sommaire. SYN. croquis, diagramme, ébauche. ▪ Points principaux. SYN. brouillon, cadre, canevas, carcasse, ébauche, esquisse, plan, projet. – LITTÉRAIRE : crayon, linéaments.

schématique *adjectif* Qui est simplifié. SYN. bref, concis, condensé, court, dense, ramassé, résumé, simplifié, succinct. CONTR. *circonstancié, complet, détaillé.* ▪ Qui simplifie à l'excès. SYN. laconique, lapidaire, rudimentaire, sommaire. – LITTÉRAIRE : succinct. CONTR. *fouillé, nuancé.*

schématisation *nom féminin* Action de schématiser. SYN. simplification.

schématiser *verbe* Représenter succinctement. SYN. abréger, condenser, ramasser, récapituler, résumer, simplifier, synthétiser. CONTR. *broder, détailler, développer.* – FAMILIER : *délayer.*

schisme *nom masculin* LITTÉRAIRE. Fait de se séparer. SYN. dissidence, division, scission, sécession, séparation.

schistosome *nom masculin* Ver parasite du sang de l'homme. SYN. bilharzie.

schistosomiase *nom féminin* Infection parasitaire. SYN. bilharziose.

schlinguer *verbe* POPULAIRE. Sentir mauvais. SYN. empester, puer. – FAMILIER : ne pas sentir la rose.

– POPULAIRE : cocoter, cocotter. CONTR. *embaumer, fleurer, sentir bon.*

schwannome *nom masculin* Tumeur bénigne d'un nerf. SYN. neurinome.

sciant *adjectif* FAMILIER. Qui surprend. SYN. abracadabrant, ahurissant, bizarre, confondant, curieux, déconcertant, drôle, effarant, étonnant, étrange, frappant, inattendu, inconcevable, incroyable, insolite, saisissant, singulier, stupéfiant, surprenant. – FAMILIER : époustouflant, renversant, sidérant, soufflant.

sciaphile *adjectif* Qui craint la lumière solaire. SYN. héliofuge, photophobe. CONTR. *héliophile.*

scie *nom féminin* FAMILIER. Personne, chose ennuyeuse. SYN. ennui, fléau. – FAMILIER : barbe, calamité, plaie. ■ Répétition fastidieuse. SYN. chanson, leitmotiv, rabâchage, rengaine. – FAMILIER : couplet, disque, refrain, ritournelle. – LITTÉRAIRE : antienne.

scié *adjectif* FAMILIER. Qui est stupéfait. SYN. abasourdi, ahuri, atterré, bouche bée, coi, consterné, ébahi, éberlué, étonné, interdit, interloqué, médusé, pantois, renversé, stupéfait, suffoqué, tombé de la lune, tombé des nues. – FAMILIER : assis, baba, comme deux ronds de flan, épaté, époustouflé, estomaqué, sidéré, soufflé. – LITTÉRAIRE : ébaubi. – POPULAIRE : sur le cul.

sciemment *adverbe* En connaissance de cause. SYN. consciemment, délibérément, exprès, intentionnellement, de propos délibéré, volontairement. CONTR. *aveuglément, à l'aveuglette, inconsciemment, innocemment, instinctivement, involontairement, machinalement, mécaniquement, à tâtons.*

science *nom féminin* Ensemble de connaissances. SYN. bagage, connaissances, culture, instruction, savoir. CONTR. *ignorance.*

sciène *nom féminin* Grand poisson marin. SYN. courbine, haut-bar, maigre.

scientifique *adjectif* Qui fait preuve de méthode. SYN. logique, mathématique, méthodique, objectif, rationnel, savant, systématique. CONTR. *illogique, incohérent, irrationnel.*

scientifiquement *adverbe* D'une manière scientifique. SYN. logiquement, méthodiquement, objectivement, rationnellement, systématiquement. CONTR. *subjectivement, tendancieusement.*

scier *verbe* FAMILIER. Remplir d'étonnement. SYN. abasourdir, ahurir, couper le souffle, ébahir, éberluer, effarer, étonner, méduser, pétrifier, renverser, stupéfier, suffoquer, surprendre. – FAMILIER : asseoir, en boucher un coin, couper le sifflet, épater, époustoufler, estomaquer, sidérer, souffler. – POPULAIRE : couper la chique.

scinder *verbe* Opérer une scission. SYN. couper, décomposer, dégrouper, désunir, disjoindre, diviser, fractionner, fragmenter, morceler, partager, ramifier, sectionner, segmenter, séparer, subdiviser. CONTR. *grouper, rassembler, réunir, unir.*

scintillant *adjectif* Qui scintille. SYN. brillant, clignotant, étincelant, luisant, papillotant, pétillant, reluisant. – LITTÉRAIRE : flamboyant.

scintillement *nom masculin* Fait de scintiller. SYN. brillant, chatoiement, éclat, feu, miroitement, papillotement, reflet. – LITTÉRAIRE : pétillement, rayonnement.

scintiller *verbe* Briller par intermittence. SYN. briller, chatoyer, clignoter, étinceler, luire, miroiter, papilloter, reluire, rutiler. – LITTÉRAIRE : brasiller, cligner, flamber, flamboyer, poudroyer, resplendir.

scion *nom masculin* Jeune branche à greffer. SYN. jet, pousse, rejet, surgeon, tendron.

scission *nom féminin* Fait de se diviser. SYN. dichotomie, dissidence, division, sécession, séparation. – LITTÉRAIRE : schisme. CONTR. *alliance, association, coalition, groupement.*

scissionniste *adjectif et nom* Qui provoque une scission. SYN. déviationniste, dissident, hérétique, hétérodoxe, schismatique, sécessionniste.

sclérose *nom féminin* Incapacité à évoluer. SYN. asphyxie, engourdissement, immobilisme, inertie, piétinement, stagnation. CONTR. *développement, essor, progrès.*

sclérosé *adjectif* Qui n'évolue plus. SYN. archaïque, dépassé, engourdi, figé, vieilli, vieux. CONTR. *actif, dynamique, innovateur, vivant.*

scléroser *verbe* Provoquer la sclérose de. SYN. engourdir, paralyser. – FAMILIER : fossiliser.

scléroser (se) *verbe pronominal* Perdre tout dynamisme. SYN. s'ankyloser, s'encroûter, s'engourdir, se figer, se fossiliser, se momifier.

scolopendre *nom féminin* Fougère poussant dans les éboulis calcaires. SYN. langue-de-cerf.

sconse *nom masculin* Petit mammifère à odeur désagréable. SYN. moufette, skunks.

scoop *nom masculin* Information sensationnelle. SYN. exclusivité, information, nouvelle.

scooter *nom masculin* ***Scooter des neiges,*** petit véhicule muni de skis à l'avant. SYN. motoneige.

score *nom masculin* Nombre de points acquis. SYN. marque.

scorpion *nom masculin* Poisson à tête épineuse. SYN. rascasse. ■ ***Scorpion d'eau,*** insecte carnassier. SYN. nèpe.

scorsonère *nom féminin* Plante cultivée pour sa racine noire. SYN. salsifis d'Espagne, salsifis noir.

scoumoune *nom féminin* POPULAIRE. Manque de chance. SYN. malchance, mauvais œil. – FAMILIER : déveine, guigne. – POPULAIRE : poisse. CONTR. *chance.* – FAMILIER : *pot, veine.*

scraper *nom masculin* Engin de terrassement. SYN. décapeuse.

scribe *nom masculin* FAMILIER. Employé aux écritures. SYN. bureaucrate, écrivailleur, écrivaillon, écrivassier. – FAMILIER : gratte-papier, rond-de-cuir, scribouillard.

scribouillard *nom masculin* FAMILIER. Employé aux écritures. SYN. bureaucrate, écrivailleur, écrivaillon, écrivassier. – FAMILIER : gratte-papier, rond-de-cuir, scribe.

script *nom masculin* Canevas d'un film. SYN. scénario.

scrofule *nom féminin* Lésion cutanée au cou. SYN. – VIEUX : écrouelles.

scrupule *nom masculin* Forte exigence morale. SYN. conscience, devoir, exactitude, minutie, sérieux, soin. – LITTÉRAIRE : méticulosité. CONTR. *négligence.*

scrupuleusement *adverbe* De façon scrupuleuse. SYN. étroitement, exactement, fidèlement, à la lettre, littéralement, mathématiquement, méticuleusement, minutieusement, pieusement, religieusement, rigoureusement, sérieusement, soigneusement, strictement. CONTR. *approximativement.*

scrupuleux *adjectif* Qui se montre exigeant. SYN. consciencieux, honnête. – LITTÉRAIRE : probe, véridique. CONTR. *approximatif, hâtif, inexact.* ■ Qui montre un grand soin. SYN. assidu, exact, formaliste, méticuleux, minutieux, ponctuel, sérieux, soigneux, vigilant. – LITTÉRAIRE : sourcilleux. CONTR. *frivole, insouciant, léger.*

scruter *verbe* Examiner quelqu'un. SYN. dévisager, examiner, fixer, inspecter, observer, regarder. – FAMILIER : reluquer. – POPULAIRE : zieuter, zyeuter. ■ Regarder quelque chose. SYN. fouiller, inspecter, interroger, observer, parcourir, pénétrer, regarder, sonder.

sculpter *verbe* Donner une forme à une matière. SYN. ciseler, découper, façonner, modeler, tailler.

scutellum *nom masculin* Cotylédon des graminées. SYN. hypoblaste.

scyphozoaire *nom masculin* Méduse sans voile. SYN. acalèphe, acraspède.

séance *nom féminin* Réunion d'une assemblée. SYN. audience, débats, réunion, session. ■ Projection d'un film. SYN. représentation, spectacle.

séant *adjectif* LITTÉRAIRE. Qui convient à telle situation. SYN. bienséant, bienvenu, convenable, correct, décent, digne, opportun. CONTR. *déplacé, hors de propos, incongru, inopportun, malvenu.* – LITTÉRAIRE : *malséant.*

séant *nom masculin* LITTÉRAIRE. Partie du corps où l'on s'assoit. SYN. derrière, fesses, siège. – FAMILIER : croupe, croupion, fessier, postérieur. – POPULAIRE : arrière-train, cul, popotin.

sec *adjectif* Qui a perdu son eau. SYN. aride, asséché, désertique, desséché, stérile. CONTR. *détrempé, humide, mouillé, pluvieux, trempé, vert.* ■ Dépourvu de sensibilité. SYN. blessant, bourru, bref, brusque, brutal, cassant, cru, déplaisant, désagréable, dur, endurci, froid, glacial, indifférent, insensible, revêche, rogue, rude, sévère, vert. – FAMILIER : sans-cœur. CONTR. *affable, agréable, aimable, attendrissant, avenant, cajoleur, câlin, caressant, compatissant, cordial, doucereux, engageant, expansif, gentil, ouvert, sensible, tendre.* – LITTÉRAIRE : *aimant, amène, onctueux, paterne.* ■ Qui est maigre. SYN. décharné, diaphane, efflanqué, maigre, maigrelet, maigriot, squelettique. – FAMILIER : maigrichon, sécot. – LITTÉRAIRE : émacié, étique. CONTR. *adipeux, charnu, corpulent, gras, plantureux, potelé, replet.* – FAMILIER : *dodu, grassouillet, rondelet, rondouillard.* ■ Qui manque d'ornements. SYN. austère, sévère. CONTR. *agréable, attrayant, coloré, foisonnant, pittoresque.* ■ Qui est desséché (aliment). SYN. desséché. CONTR. *gras, juteux, moelleux, onctueux, suintant.*

sec *nom masculin* FAMILIER. ***Être à sec,*** sans argent. SYN. à court, démuni, désargenté, à fond de cale. – FAMILIER : déplumé, fauché, fauché comme les blés, gêné aux entournures, dans la panade, sans le sou, sur la paille, sur le sable. – LITTÉRAIRE : impécunieux. – POPULAIRE : dans la débine, dans la dèche, dans la mouise, dans la purée, raide, raide comme un passe-lacet, sans un rotin. CONTR. *cousu d'or, fortuné, nanti.* – FAMILIER : *plein aux as.* – POPULAIRE : *friqué.*

sécable *adjectif* Qui peut être divisé. SYN. divisible. CONTR. *indissociable, indivisible, insécable.*

sécession *nom féminin* Action de se séparer d'un groupe. SYN. dissidence, division, scission, sédition, séparation. – LITTÉRAIRE : schisme.

sécessionniste *adjectif et nom* Qui fait sécession. SYN. autonomiste, dissident, indépendantiste, scissionniste, séparatiste.

sèche-cheveux *nom masculin invariable* Appareil pour sécher les cheveux. SYN. séchoir.

sèchement *adverbe* D'une façon brusque. SYN. brièvement, brusquement, brutalement, rapidement. CONTR. *doucement, insensiblement, lentement.* ■ D'une façon brutale. SYN. abruptement, à brûle-pourpoint, brutalement, crûment, durement, froidement, rudement, vertement, violemment. – LITTÉRAIRE : vivement. CONTR. *affectueusement, agréablement, aimablement, câlinement, cordialement, doucement, gentiment, tendrement.*

sécher *verbe* Rendre sec. SYN. assécher, dessécher, faner, flétrir. CONTR. *arroser, asperger, baigner, détremper, humecter, humidifier, imbiber, inonder, mouiller.* ■ FAMILIER. Ne pas aller en cours. SYN. manquer, rater. – FAMILIER : louper.

sécheresse *nom féminin* État de ce qui est sec. SYN. aridité, dessèchement, siccité. CONTR. *fertilité, humidité.* ■ Absence de sensibilité. SYN. brusquerie, brutalité, dureté, froideur, indifférence, insensibilité, morgue, rudesse. CONTR. *affabilité, amitié, apitoiement, ardeur, attendrissement, chaleur, commisération, complaisance, cordialité, douceur, ferveur, gentillesse, pitié, sensibilité.* – LITTÉRAIRE : *aménité, compassion, onction.*

séchoir *nom masculin* Appareil pour sécher les cheveux. SYN. sèche-cheveux.

second *adjectif* De moindre importance. SYN. accessoire, adventice, annexe, épisodique, inférieur, mineur, secondaire, subalterne, subsidiaire. CONTR. *capital, cardinal, central, dominant, essentiel, fondamental, important, maître, premier, primordial, principal, supérieur, vital.* ■ Qui remplace. SYN. autre, nouveau.

second *nom masculin* Personne qui seconde quelqu'un. SYN. adjoint, assistant, auxiliaire, bras droit, collaborateur, lieutenant.

secondaire *nom masculin* Ère géologique entre le paléozoïque et le cénozoïque. SYN. mésozoïque.

secondaire *adjectif* De second ordre. SYN. accessoire, adventice, épisodique, incident, marginal, mineur, second, subsidiaire. CONTR. *capital, cardinal, central, dominant, essentiel, fondamental, important, maître, premier, primordial, principal, supérieur, vital.*

seconde *nom féminin* Temps très court. SYN. instant, minute, moment.

secondement *adverbe* LITTÉRAIRE. En second lieu. SYN. deuxièmement, secundo. – FAMILIER : deusio, deuzio.

seconder *verbe* Assister quelqu'un. SYN. aider, appuyer, assister, épauler, soutenir. CONTR. *abandonner, contrecarrer, délaisser, laisser tomber.* – FAMILIER : *lâcher.* ■ Appuyer une action. SYN. aider, collaborer, concourir à, favoriser, servir. CONTR. *contrarier, contrecarrer, déjouer, desservir, se dresser contre, empêcher, gêner, léser, s'opposer à, paralyser.*

secoué *adjectif* En proie à une vive émotion. SYN. bouleversé, ébranlé, ému, frappé, remué, renversé, retourné, saisi, touché, troublé. – FAMILIER : révolutionné. – LITTÉRAIRE : pantelant.

secouer *verbe* Agiter vivement. SYN. agiter, balancer, ballotter, branler, brimbaler, hocher. ■ Causer un choc. SYN. bouleverser, chavirer, choquer, commotionner, ébranler, émouvoir, empoigner, frapper, impressionner, inquiéter, perturber, remuer, retourner, saisir, traumatiser, troubler. – FAMILIER : chambouler, émotionner, révolutionner. ■ FAMILIER. Mener quelqu'un rudement. SYN. bousculer, harceler, morigéner, réveiller, rudoyer, talonner. – FAMILIER : attraper, enguirlander. – LITTÉRAIRE : gourmander. – POPULAIRE : engueuler.

secouer (se) *verbe pronominal* Se remuer énergiquement. SYN. s'agiter, bouger, s'ébrouer, remuer, se remuer. ■ FAMILIER. Réagir contre l'inertie. SYN. se prendre par la main, réagir, se reprendre, se réveiller. – FAMILIER : s'agiter, se bouger, remonter la pente, remonter le courant.

secourable *adjectif* LITTÉRAIRE. Qui porte secours. SYN. attentif, bienveillant, bon, brave, charitable, empressé, humain, obligeant, prévenant, serviable.

secourir *verbe* Porter secours à. SYN. aider, assister, défendre, épauler, porter assistance, prêter main-forte, prêter une main secourable, protéger, soutenir, tendre la perche, tendre une main secourable, venir à la rescousse, venir en aide. – FAMILIER : dépanner. CONTR. *abandonner, délaisser, desservir, nuire, perdre.*

secours *nom masculin* Action de secourir quelqu'un. SYN. aide, assistance, soutien. CONTR. *abandon, trahison.* – FAMILIER : *lâchage.* – LITTÉRAIRE : *délaissement.* ■ Aide matérielle. SYN. aumône, charité, don, libéralité, obole, offrande, subside, subvention. ■ Ce qui aide. SYN. appoint, appui, assistance, réconfort, recours, renfort, ressource, soutien. – LITTÉRAIRE : refuge. CONTR. *gêne.*

secousse *nom féminin* Mouvement brusque. SYN. à-coup, cahot, frisson, saccade, soubresaut, sursaut. ■ Choc psychologique. SYN. bouleversement, choc, commotion, coup, ébranlement, émotion, saisissement, traumatisme, trouble. ■ Perturbation sociale. SYN. agitation, convulsion, fermentation, perturbation, remous, trouble. – LITTÉRAIRE : commotion, orage, tourmente. CONTR. *calme.*

secret *adjectif* Peu connu. SYN. caché, clandestin, confidentiel, dérobé, inconnu, occulte, sourd, sournois, souterrain, voilé. – LITTÉRAIRE : subreptice. CONTR. *avoué, flagrant, notoire, ostensible, patent, public.* ■ Qui demeure intime. SYN. caché, furtif, intérieur, intime, larvé, latent, profond, sous-jacent. – LITTÉRAIRE : dormant. CONTR. *apparent, évident, manifeste, palpable, perceptible, sensible, tangible, visible.* ■ LITTÉRAIRE. Qui ne fait pas de confidences. SYN. discret, dissimulé, fuyant, impénétrable, insaisissable, mystérieux, renfermé, replié, réservé, silencieux, taciturne. – FAMILIER : cachottier. – LITTÉRAIRE : réticent. CONTR. *bavard, communicatif, démonstratif, expansif, exubérant, indiscret, ouvert, tapageur, volubile.*

secret *nom masculin* Moyen d'obtenir une chose. SYN. clef, ficelle, finesse, procédé, processus, recette, science, technique. – FAMILIER : astuce, combine, truc. ■ Ce qu'il y a de plus intime. SYN. intimité, profondeur. – LITTÉRAIRE : recoin, repli, tréfonds. ■ Silence qui entoure quelque chose. SYN. coulisses, dessous, énigme, ficelles, mystère, ombre. – FAMILIER : cachotterie. – LITTÉRAIRE : arcanes. ■ ***En secret,*** sans témoins. SYN. en confidence, confidentiellement, discrètement, furtivement, officieusement, en privé, secrètement, sous le manteau. – FAMILIER : en douce. – LITTÉRAIRE : sourdement, subrepticement. CONTR. *à découvert, officiellement, ouvertement, en public, publiquement.*

secrétaire *nom masculin* Grand oiseau qui se nourrit surtout de serpents. SYN. serpentaire.

secrètement *adverbe* De façon cachée. SYN. anonymement, en cachette, en catimini, clandestinement, confidentiellement, à la dérobée, discrètement, furtivement, incognito, obscurément, officieusement, en secret, en sourdine, sous le manteau, en sous-main, en tapinois. – FAMILIER : en douce, sans tambour ni trompette. – LITTÉRAIRE : sourdement, subrepticement. CONTR. *à découvert, manifestement, officiellement, ostensiblement, ouvertement, publiquement, au vu et au su de.* ■ Sans rien manifester. SYN. dans son for intérieur, au fond de son cœur, in petto, intérieurement, intimement, à part soi, au plus profond de son être, en soi-même. – FAMILIER : doucement. CONTR. *extérieurement, ostensiblement, ouvertement.*

sécréter *verbe* LITTÉRAIRE. Produire quelque chose. SYN. donner, fabriquer, fournir, produire. – LITTÉRAIRE : distiller.

sectaire *adjectif* Qui montre de l'intolérance. SYN. autoritaire, doctrinaire, exclusif, fanatique, intolérant, intransigeant, partial. CONTR. *complaisant, éclectique, indulgent, large, libéral, tolérant.*

sectaire *nom* Personne intolérante. SYN. doctrinaire, fanatique, intolérant, intransigeant. CONTR. *libéral, tolérant.*

sectarisme *nom masculin* Attitude intransigeante. SYN. fanatisme, intolérance, intransigeance, partialité. CONTR. *complaisance, éclectisme, indulgence, libéralisme, tolérance.*

sectateur *nom* LITTÉRAIRE. Partisan d'une doctrine. SYN. adepte, adhérent, disciple, fidèle, partisan. – VIEUX : sectaire.

secte *nom féminin* Groupe uni de personnes. SYN. cercle, chapelle, clan, coterie, faction, parti. – FAMILIER : clique. – LITTÉRAIRE : camarilla, ligue.

secteur *nom masculin* FAMILIER. Endroit quelconque. SYN. coin, lieu, parages, territoire. ■ Domaine de compétence. SYN. domaine, matière, partie, point. – LITTÉRAIRE : département, ressort.

section *nom féminin* Division d'un écrit. SYN. branche, chapitre, coupure, division, paragraphe, partie, point. ■ Ce qui a été divisé. SYN. bout, fragment, morceau, portion, tronçon.

sectionné *adjectif* Qui a été coupé. SYN. coupé, entaillé, fendu, lacéré, ouvert. CONTR. *fermé, obturé, refermé, suturé.*

sectionner *verbe* Couper net. SYN. couper, faucher, tailler, trancher, tronçonner. ■ Diviser en sections. SYN. découper, diviser, fractionner, fragmenter, morceler, partager, scinder, segmenter, séparer.

séculaire *adjectif* Qui existe depuis longtemps. SYN. ancestral, ancien, antique, archaïque, atavique, centenaire, millénaire, reculé, vieux. – LITTÉRAIRE : immémorial. CONTR. *moderne, nouveau, récent.*

séculier *adjectif* Qui n'appartient pas au clergé. SYN. laïque. CONTR. *confessionnel, congréganiste, ecclésiastique, régulier, religieux.*

secundo *adverbe* En deuxième lieu. SYN. deuxièmement. – FAMILIER : deusio, deuzio. – LITTÉRAIRE : secondement.

sécurisant *adjectif* Qui sécurise. SYN. apaisant, calmant, rassurant, tranquillisant. CONTR. *affolant, alarmant, angoissant, effrayant, inquiétant, préoccupant, terrifiant, terrorisant, troublant.*

sécuriser *verbe* Donner un sentiment de sécurité. SYN. apaiser, calmer, rassurer, tranquilliser. – LITTÉRAIRE : rasséréner. CONTR. *affoler, alarmer, angoisser, effrayer, inquiéter, terrifier, terroriser, troubler.*

sécurité *nom féminin* Situation qui rassure. SYN. calme, paix, tranquillité. – LITTÉRAIRE : sûreté. CONTR. *danger, insécurité, instabilité, péril, précarité.* ▪ État de celui qui est rassuré. SYN. apaisement, ataraxie, calme, confiance, sérénité. – LITTÉRAIRE : quiétude. CONTR. *angoisse, anxiété, appréhension, crainte, défiance, inquiétude, peur, préoccupation.* – LITTÉRAIRE : *alarme.*

sédatif *nom masculin* Substance qui calme la douleur, l'excitation. SYN. analgésique, antalgique, anxiolytique, calmant, tranquillisant. CONTR. *excitant, stimulant.* – VIEUX : *analeptique.*

sédentaire *adjectif* Qui reste au même endroit. SYN. casanier. CONTR. *ambulant, errant, itinérant, mobile, nomade.* – LITTÉRAIRE : *voyageur.*

sédentarisation *nom féminin* Fait de se sédentariser. SYN. enracinement, établissement, implantation, installation. CONTR. *départ, déracinement.*

sédentariser *verbe* Rendre sédentaire. SYN. concentrer, enraciner, établir, fixer, implanter, installer. CONTR. *déraciner.*

séditieux *adjectif* Qui participe à une sédition. SYN. contestataire, factieux, insoumis, insurgé, rebelle, réfractaire, révolutionnaire. ▪ Qui porte à la sédition. SYN. contestataire, factieux, frondeur, insurrectionnel, révolutionnaire, subversif. – VIEUX : incendiaire.

séditieux *nom* Personne en révolte. SYN. agitateur, contestataire, émeutier, factieux, insurgé, mutin, perturbateur, rebelle, révolutionnaire, trublion. – LITTÉRAIRE : fomentateur. – VIEUX : remueur.

sédition *nom féminin* Soulèvement contre l'autorité. SYN. agitation, dissidence, émeute, insurrection, mouvement, mutinerie, rébellion, révolte, révolution, sécession, soulèvement, troubles. – LITTÉRAIRE : fomentation, incendie.

séducteur *adjectif* Qui séduit. SYN. captivant, charmeur, enjôleur, ensorcelant, ensorceleur, envoûtant, fascinant, séduisant.

séducteur *nom masculin* Homme qui séduit les femmes. SYN. bourreau des cœurs, charmeur, coureur, don Juan, enjôleur, homme à femmes. – FAMILIER : dragueur, tombeur.

séduction *nom féminin* Capacité de séduire. SYN. agrément, appât, attirance, attraction, attrait, charme, ensorcellement, envoûtement, fascination, prestige. – LITTÉRAIRE : allèchement.

séductrice *nom féminin* Femme qui use de son charme. SYN. aguicheuse, charmeuse, enjôleuse. – FAMILIER : allumeuse.

séduire *verbe* Attirer fortement. SYN. allécher, amadouer, appâter, attirer, capter, captiver, charmer, conquérir, enchanter, enjôler, ensorceler, envoûter, fasciner, gagner, passionner, plaire, ravir, subjuguer. – ARGOTIQUE : embobiner. – FAMILIER : embobeliner, entortiller, taper dans l'œil. CONTR. *blesser, choquer, dégoûter, déplaire, écœurer, repousser, répugner.* – FAMILIER : *barber, embêter, révulser.* – POPULAIRE : *emmerder.* ▪ Faire la conquête de quelqu'un. SYN. aguicher, attirer dans ses filets, courtiser, faire des avances, faire du charme, faire les yeux doux. – FAMILIER : affrioler, baratiner , draguer, faire du pied, faire du plat, faire du rentre-dedans, tomber, tourner autour de, vamper. – LITTÉRAIRE : faire des agaceries, suborner. – POPULAIRE : emballer, faire du gringue, lever.

séduisant *adjectif* Qui séduit par son charme. SYN. affriolant, aguichant, aimable, appétissant, attachant, attirant, beau, charmant, charmeur, désirable, enchanteur, ensorcelant, envoûtant, fascinant, irrésistible, joli, ravissant, séducteur, seyant. – FAMILIER : craquant, sexy. CONTR. *antipathique, désagréable, repoussant, répugnant.* ▪ Susceptible de tenter. SYN. agréable, alléchant, attirant, attractif, attrayant, captivant, engageant, prenant, tentant. CONTR. *abominable, décourageant, rebutant, répulsif.* – FAMILIER : *barbant.*

sedum *nom masculin* Plante grasse des rocailles. SYN. orpin.

segment *nom masculin* Partie d'un ensemble. SYN. bout, fraction, fragment, morceau, parcelle, portion, tronçon.

segmentation *nom féminin* Division en segments. SYN. division, fractionnement, fragmentation, morcellement, partage, séparation.

segmenter *verbe* Partager en segments. SYN. couper, découper, diviser, fractionner, fragmenter, morceler, partager, scinder, sectionner, séparer, subdiviser, tronçonner.

ségrégation *nom féminin* Action de rejeter quelqu'un. SYN. discrimination, rejet. CONTR. *assimilation, incorporation, intégration.*

séide *nom masculin* LITTÉRAIRE. Homme dévoué à. SYN. adepte, fanatique, fidèle, partisan. – LITTÉRAIRE : suppôt. – POPULAIRE : nervi.

seigneur *nom masculin* Personne qui tient le premier rang. SYN. baron, cerveau, magnat, maître, prince, puissant, roi. – FAMILIER : champion, crack, ponte.

sein *nom masculin* LITTÉRAIRE. Siège de la conception. SYN. flanc, ventre. – LITTÉRAIRE : entrailles.

■ LITTÉRAIRE. Partie interne d'une chose. SYN. cœur, fond, giron. – LITTÉRAIRE : tréfonds.

seins *nom masculin pluriel* Poitrine de la femme. SYN. buste, poitrine. – FAMILIER : rotoplots, tétons. – LITTÉRAIRE : gorge. – POPULAIRE : doudounes, lolos, nénés, nichons, roberts.

séisme *nom masculin* Mouvement de l'écorce terrestre. SYN. cataclysme, secousse tellurique, tremblement de terre.

séjour *nom masculin* Fait de séjourner quelque part. SYN. déplacement, passage. – FAMILIER : saut.

séjourner *verbe* Passer du temps en un lieu. SYN. s'arrêter, s'attarder, descendre, habiter, loger, occuper, se tenir, vivre. – FAMILIER : rester. – LITTÉRAIRE : demeurer. CONTR. *partir.*

sel *nom masculin* Ce qui stimule l'intérêt. SYN. esprit, humour, piment, piquant, saveur. CONTR. *banalité, fadeur, insignifiance, insipidité, platitude.* ■ ***Sel gemme,*** chlorure de sodium. SYN. halite.

sélacien *nom masculin* Poisson cartilagineux. SYN. chondrichtyen, élasmobranche, plagiostome. CONTR. *ostéichtyen.*

sélect *adjectif* FAMILIER. De premier choix. SYN. chic, choisi, distingué, élégant, noble, précieux, raffiné. CONTR. *banal, commun, ordinaire, populaire, vulgaire.*

sélection *nom féminin* Action de choisir. SYN. choix, tri, triage. ■ Éléments choisis. SYN. assortiment, choix, florilège.

sélectionner *verbe* Pratiquer une sélection. SYN. adopter, choisir, écrémer, prendre, trier, trier sur le volet. CONTR. *refuser, rejeter, repousser.*

self-control *nom masculin* Maîtrise de soi. SYN. assurance, calme, contrôle de soi, flegme, impassibilité, imperturbabilité, placidité, sérénité. – FAMILIER : cran.

selles *nom féminin pluriel* Matières fécales de l'homme. SYN. crotte, déjection, étron, excrément, fèces. – FAMILIER : caca. – POPULAIRE : colombin, merde.

selon *préposition* Indique une proportion. SYN. d'après, eu égard à, à proportion de, en proportion de. ■ Indique une conformité à. SYN. conformément à, suivant. ■ Suivant l'opinion de. SYN. d'après les dires de, d'après, au dire de.

semailles *nom féminin pluriel* Action de semer. SYN. ensemencement, semis.

semblable *adjectif* Qui ressemble à. SYN. analogue, comparable, conforme, équivalent, identique, inchangé, même, parallèle, pareil, ressemblant, similaire, tel, uniforme, voisin. – FAMILIER : c'est bonnet blanc et blanc bonnet, c'est du pareil au même, c'est kif-kif (bourricot), c'est tout comme. CONTR. *autre, contraire, différent, disparate, disproportionné, dissemblable, distinct, divergent, divers, hétérogène, incomparable, inégal, opposé, varié.*

semblable *nom masculin* Personne semblable. SYN. alter ego, congénère, homologue, pair, pareil, prochain, proche.

semblablement *adverbe* LITTÉRAIRE. De façon semblable. SYN. à l'avenant, également, identiquement, de la même façon, de la même manière, de même, pareillement. – VIEUX : mêmement. CONTR. *autrement, différemment, diversement.*

semblant *nom masculin* Une apparence de. SYN. apparence, dehors, façade, faux-semblant, simulacre, surface, teinte, vernis. – LITTÉRAIRE : masque. ■ ***Faire semblant,*** feindre. SYN. contrefaire, simuler.

sembler *verbe* Prendre l'apparence de. SYN. avoir l'air, donner l'impression de, paraître, passer pour, représenter. – LITTÉRAIRE : simuler. ■ Donner l'impression de. SYN. apparaître, s'avérer, se montrer, paraître.

semé *adjectif* Qui est parsemé de. SYN. constellé, émaillé, jonché, parsemé.

semence *nom féminin* LITTÉRAIRE. Ce qui fait naître une chose. SYN. germe, graine, origine, source. – LITTÉRAIRE : ferment, levain.

semer *verbe* Mettre une graine en terre. SYN. ensemencer, planter. CONTR. *cueillir, ramasser, récolter.* ■ Jeter çà et là. SYN. consteller, couvrir, disperser, disséminer, éparpiller, joncher, larder, parsemer, répandre. – LITTÉRAIRE : étoiler, piqueter. ■ FAMILIER. Prendre de vitesse. SYN. dépasser, dépister, devancer, distancer. – FAMILIER : gratter. CONTR. *rattraper, rejoindre.*

semi-consonne *nom féminin* Son intermédiaire entre les voyelles et les consonnes. SYN. glide, semi-voyelle.

semi-grossiste *nom* Commerçant en demi-gros. SYN. demi-grossiste.

sémillant *adjectif* D'une vivacité gaie. SYN. actif, alerte, bouillant, fringant, gai, guilleret, leste, pétulant, vif. – LITTÉRAIRE : allant. CONTR. *nonchalant.*

séminaire *nom masculin* Réunion d'étude. SYN. colloque, conférence, congrès, cours, réunion, symposium.

semis *nom masculin* Mise en place des semences. SYN. ensemencement, semailles.

semi-voyelle *nom féminin* Son intermédiaire entre les voyelles et les consonnes. SYN. glide, semi-consonne.

semonce *nom féminin* Avertissement mêlé de reproches. SYN. blâme, critique, observation, remontrance, réprimande, reproche, sermon. – FAMILIER : savon. – LITTÉRAIRE : admonestation, mercuriale, objurgation. CONTR. *compliment, flatterie.*

semoncer *verbe* LITTÉRAIRE. Faire une semonce. SYN. avertir, blâmer, chapitrer, corriger, gronder, houspiller, morigéner, rappeler à l'ordre, reprendre, réprimander, sermonner, tirer les oreilles. – FAMILIER : attraper, disputer, enguirlander, passer un savon, sonner les cloches à. – LITTÉRAIRE : admonester, fustiger, gourmander, moraliser, quereller, tancer. – POPULAIRE : engueuler, remonter les bretelles.

sempervirent *adjectif* Qui a des feuilles vertes toute l'année. CONTR. *caducifolié, décidu.*

sempiternel *adjectif* Répété indéfiniment. SYN. continu, continuel, éternel, impérissable, incessant, infini, interminable, perpétuel. – LITTÉRAIRE : immortel.

sempiternellement *adverbe* LITTÉRAIRE. Sans arrêt. SYN. assidûment, constamment, continuellement, éternellement, immuablement, indéfiniment, interminablement, invariablement, journellement, à longueur de temps, en permanence, perpétuellement, sans cesse, sans discontinuer, sans intermission, sans interruption, sans relâche, sans répit, toujours, à tout bout de champ, à tout propos. – LITTÉRAIRE : continûment. CONTR. *par accès, épisodiquement, exceptionnellement, par instants, par intermittence, par intervalles, irrégulièrement, jamais, momentanément, occasionnellement, parfois, provisoirement, quelquefois, rarement, sporadiquement, temporairement, de temps à autre, de temps en temps, variablement.* – LITTÉRAIRE : *transitoirement.*

séné *nom masculin* Arbuste des régions chaudes. SYN. casse, cassier.

sénevé *nom masculin* Plante dont les graines donnent une variété de moutarde. SYN. moutarde des champs, ravenelle, sanve.

sénile *adjectif* Dû à la vieillesse. SYN. décrépit, déliquescent, diminué, gâteux. – FAMILIER : gaga, ramolli. CONTR. *jeune, juvénile.* – VIEUX : *gaillard.*

sénilité *nom féminin* Fait de devenir sénile. SYN. décrépitude, déliquescence, gâtisme. CONTR. *jeunesse, verdeur.*

senne *nom féminin* Filet pour les fonds sableux. SYN. traîne, traîneau.

sénologie *nom féminin* Médecine du sein. SYN. mastologie.

sens *nom masculin* Connaissance intuitive de. SYN. conscience, don, esprit, instinct, notion, sentiment. ■ Ce que quelque chose signifie. SYN. acception, interprétation, portée, signification, signifié, valeur. ■ Ce que pense quelqu'un. SYN. appréciation, avis, opinion, point de vue, sentiment, vue. ■ Direction prise. SYN. côté, direction, orientation. ■ ***Sens commun, bon sens,*** capacité de juger, d'agir sainement. SYN. discernement, entendement, jugement, justesse, lucidité, raison, sagesse. – FAMILIER : jugeote. CONTR. *aberration, absurdité, égarement, folie, illogisme.*

sens *nom masculin pluriel* Instinct sexuel. SYN. chair, corps, sensualité, volupté.

sensation *nom féminin* Fait de ressentir quelque chose. SYN. choc, effet, impression, perception, sentiment. – FAMILIER : feeling.

sensationnel *adjectif* Qui provoque la surprise. SYN. étonnant, extraordinaire, impressionnant, saisissant, sans précédent, stupéfiant, suffocant, surprenant. – FAMILIER : époustouflant, renversant. ■ FAMILIER. D'une valeur exceptionnelle. SYN. admirable, étourdissant, d'exception, exceptionnel, extraordinaire, fantastique, génial, idéal, inouï, à marquer d'une pierre blanche, merveilleux, miraculeux, phénoménal, prodigieux, remarquable, spectaculaire. – FAMILIER : épatant, fabuleux, formidable, magistral, mirobolant, sensass, super, terrible.

sensé *adjectif* Qui a du bon sens. SYN. avisé, éclairé, lucide, perspicace, prudent, raisonnable, réfléchi, sagace, sage. CONTR. *déraisonnable, dérangé, désaxé, égaré, fou, inconséquent, insensé.* – FAMILIER : *braque, cinglé, détraqué, dingue, fada.* – POPULAIRE : *barge, barjo, branque, dingo.* ■ Conforme au bon sens. SYN. droit, judicieux, juste, logique, raisonnable, raisonné, rationnel, sain. CONTR. *aberrant, abracadabrant, absurde, biscornu, bizarre, démentiel, extravagant, farfelu, faux, illogique, inadmissible, incohérent, insensé, saugrenu, stupide.* – FAMILIER : *bizarroïde, dément, ridicule.*

sensément *adverbe* LITTÉRAIRE. D'une manière sensée. SYN. judicieusement, raisonnablement, rationnellement, sagement, sainement.

senseur *nom masculin* Organe de détection. SYN. capteur, détecteur, palpeur.

sensibiliser *verbe* Rendre sensible à. SYN. atteindre, conscientiser, faire jouer la corde sensible, toucher.

sensibilité *nom féminin* Aptitude à s'émouvoir. SYN. affectivité, cœur, émotivité, humanité, réceptivité, sentiment, susceptibilité. CONTR. *apathie, détachement, dureté, froideur, impassibilité, indifférence, inhumanité, insensibilité, sécheresse.*

sensible *adjectif* Qui est perçu par les sens. SYN. concret, matériel, physique. ■ Physiquement fragile. SYN. délicat, douillet, fragile, vulnérable. CONTR. *endurant, invulnérable, solide.* ■ Facilement touché par. SYN. accessible à, compatissant, émotif, humain, impressionnable, intimidable, ouvert, perméable, réceptif, sentimental. – FAMILIER : émotionnable. CONTR. *blindé, cruel, desséché, dur, endurci, étranger, fermé, froid, impitoyable, inaccessible, indifférent, inhumain, insensible, rebelle, réfractaire, rude, sec, sourd, stoïque.* – FAMILIER : *sans-cœur.* ■ Qu'on remarque facilement. SYN. apparent, appréciable, évident, important, manifeste, marqué, net, notable, palpable, perceptible, tangible, visible. – LITTÉRAIRE : saisissable. CONTR. *inapparent, inappréciable, infime, insaisissable, insignifiant, invisible, minime, négligeable, secret.*

sensiblement *adverbe* D'une manière très perceptible. SYN. beaucoup, considérablement, énormément, notablement, remarquablement, sérieusement, visiblement. ■ À peu de chose près. SYN. approximativement, environ, grosso modo, à peu près, presque. – FAMILIER : dans ces eaux-là, au doigt mouillé, au pifomètre, quasiment. – LITTÉRAIRE : quasi. – POPULAIRE : au pif.

sensiblerie *nom féminin* Sensibilité outrée. SYN. sentimentalisme, sentimentalité.

sensitif *adjectif* D'une grande sensibilité. SYN. émotif, hypersensible, impressionnable, intimidable, susceptible. – FAMILIER : émotionnable.

sensualité *nom féminin* Caractère sensuel. SYN. lubricité, plaisir, volupté. – LITTÉRAIRE : lasciveté, lascivité. CONTR. *ascétisme, austérité, chasteté, puritanisme.*

sensuel *adjectif* Porté vers les plaisirs des sens. SYN. épicurien, jouisseur, lascif, lubrique, luxurieux, voluptueux. – FAMILIER : chaud. – LITTÉRAIRE : libidineux. CONTR. *ascétique, austère, cérébral, chaste, froid, intellectuel, platonique, puritain, sentimental, spirituel.* ■ Qui évoque les plaisirs des sens. SYN. aguichant, charnel, érotique, lascif, lubrique, sexuel. – FAMILIER : sexy. – LITTÉRAIRE : orgiaque.

sensuellement *adverbe* LITTÉRAIRE. Avec sensualité. SYN. lascivement, physiquement, voluptueusement. – LITTÉRAIRE : charnellement.

sente *nom féminin* LITTÉRAIRE. Petit sentier. SYN. chemin, laie, layon, piste, route, sentier.

sentence *nom féminin* LITTÉRAIRE. Phrase à portée générale. SYN. adage, aphorisme, apophtegme, axiome, dicton, maxime, mot, parole, pensée, précepte, proverbe. ■ Énoncé à caractère décisif. SYN. arrêt, décision, jugement, verdict.

sentencieusement *adverbe* D'une manière sentencieuse. SYN. dignement, gravement, pompeusement, sérieusement, solennellement.

sentencieux *adjectif* Qui s'exprime avec gravité. SYN. déclamatoire, doctoral, doctrinaire, dogmatique, emphatique, grandiloquent, grave, pompeux, professoral, solennel. – FAMILIER : pontifiant.

senteur *nom féminin* LITTÉRAIRE. Odeur agréable. SYN. arôme, bouquet, effluves, exhalaison, fumet, odeur, parfum. – LITTÉRAIRE : fragrance, remugle. CONTR. *infection, puanteur.*

sentier *nom masculin* Chemin étroit. SYN. chemin, laie, layon, piste, route, voie. – LITTÉRAIRE : sente.

sentiment *nom masculin* Connaissance immédiate. SYN. conscience, impression, inspiration, instinct, intuition, perception, pressentiment, sensation. ■ Manière de penser. SYN. avis, croyance, idée, jugement, opinion, pensée, point de vue, position, sens, vue. ■ État affectif complexe. SYN. esprit, instinct, notion, sens. ■ Disposition à être ému. SYN. affectivité, émotivité, sensibilité. CONTR. *froideur, indifférence, insensibilité.* ■ LITTÉRAIRE. Inclination pour quelqu'un. SYN. affection, amour, attachement, passion, tendresse. CONTR. *aversion, haine, inimitié.*

sentimental *adjectif* Qui concerne l'amour. SYN. amoureux, galant. ■ Qui relève du sentiment. SYN. affectif, émotif, émotionnel. CONTR. *cérébral, intellectuel, réaliste.* ■ Qui montre de la sensibilité. SYN. fleur bleue, rêveur, romanesque, romantique, sensible, tendre. CONTR. – FAMILIER : *sans-cœur.*

sentimentalisme *nom masculin* Sensibilité exacerbée. SYN. sensiblerie, sentimentalité.

sentimentalité *nom féminin* Abus de la sensibilité. SYN. sensiblerie, sentimentalisme.

sentine *nom féminin* LITTÉRAIRE. Lieu sale et humide. SYN. bourbier, cloaque. – LITTÉRAIRE : égout.

sentinelle *nom féminin* Militaire en faction. SYN. factionnaire, garde, guetteur, planton.

sentir *verbe* Percevoir par l'odorat. SYN. flairer, percevoir, renifler, respirer. – LITTÉRAIRE : humer. ■ Percevoir une impression. SYN. avoir du nez, avoir le nez creux, avoir le nez fin, éprouver, ressentir. ■ Avoir conscience de. SYN. découvrir, deviner, discerner, entendre, flairer, pressentir, remarquer, se rendre compte, repérer, soupçonner. – FAMILIER : renifler.

sentir (se) *verbe pronominal* Éprouver telle sensation. SYN. s'estimer, se juger, se trouver.

seoir *verbe* LITTÉRAIRE. Aller bien à quelqu'un. SYN. aller, avantager, convenir, habiller, s'harmoniser, se prêter à.

séparable *adjectif* Qui peut se séparer. SYN. dissociable, isolable. CONTR. *indissociable, inséparable.*

séparateur *nom masculin* Symbole utilisé en informatique. SYN. délimiteur.

séparation *nom féminin* Action de séparer. SYN. dispersion, fractionnement, fragmentation, scission, segmentation. – LITTÉRAIRE : schisme. CONTR. *agglomération, agglutination, assemblage, concentration, jonction, réunion.* ■ Fait de distinguer. SYN. dichotomie, différenciation, disjonction, dissociation, distinction, division. CONTR. *fusion, union.* ■ Fait de se quitter. SYN. brouille, divorce, éloignement, rupture. CONTR. *accointance, alliance, association, groupement.* ■ Objet, espace qui sépare. SYN. abîme, barrière, borne, cloison, démarcation, écran, fossé, frontière, limite.

séparatisme *nom masculin* Mouvement de séparation politique. SYN. autonomisme, indépendantisme.

séparatiste *nom et adjectif* Partisan du séparatisme. SYN. autonomiste, dissident, indépendantiste, sécessionniste.

séparé *adjectif* Isolé d'un ensemble. SYN. dissocié, distant, distinct, indépendant, à part. CONTR. *accolé, concomitant, conjoint, contigu, simultané, synchrone, synchronique.*

séparément *adverbe* À part l'un de l'autre. SYN. distinctement, indépendamment, individuellement, isolément, à part. CONTR. *concurremment, conjointement, ensemble.*

séparer *verbe* Éloigner des choses. SYN. démembrer, fragmenter, morceler, partager, scinder, sectionner, segmenter, trier. CONTR. *accoler, agglutiner, agréger, assembler, concentrer, englober, fondre, fusionner, grouper, imbriquer, lier, mélanger, mêler, rallier, rassembler, remembrer, réunir, unir.* – LITTÉRAIRE : *confondre.* ■ Considérer à part. SYN. abstraire, détacher, disjoindre, dissocier, distinguer, extraire, isoler. – LITTÉRAIRE : discerner. CONTR. *adjoindre, amalgamer, combiner, joindre, juxtaposer, raccorder, relier.* ■ Éloigner des personnes. SYN. brouiller, déchirer, discriminer, diviser, écarter, éloigner, fâcher, isoler. CONTR. *allier, associer, rapprocher, réconcilier, souder.* – LITTÉRAIRE : *assembler.*

séparer (se) *verbe pronominal* Se passer des services de. SYN. chasser, congédier, se défaire de, dégommer, démettre, destituer, exclure, remercier, renvoyer. – FAMILIER : blackbouler, débarquer, déboulonner, démissionner, vider. – POPULAIRE : balancer. CONTR. *s'adjoindre, s'attacher, engager, prendre.* ■ Ne plus conserver. SYN. se débarrasser, se démunir, se dépouiller, se dessaisir, quitter. ■ Partir vers des endroits différents. SYN. se disjoindre, se disperser, se dissocier, s'éparpiller, se quitter. CONTR. *s'acoquiner, s'assembler, s'associer, se coaliser, se grouper, se rapprocher.* – LITTÉRAIRE : *s'accointer.* ■ Se détacher d'un tout. SYN. bifurquer, se dédoubler, se distinguer, diverger, se diviser.

sépiole *nom féminin* Petite seiche comestible. SYN. souchot.

sépiolite *nom féminin* Silicate de magnésium hydraté. SYN. écume de mer, magnésite.

septentrional *adjectif* Situé au nord. SYN. arctique, boréal, nord, nordique. CONTR. *austral, méridional, sud.*

sépulcral *adjectif* LITTÉRAIRE. Qui se rapporte à un sépulcre. SYN. funéraire, tombal. ■ LITTÉRAIRE. Qui évoque les sépulcres. SYN. funèbre, lugubre, macabre, sinistre, sombre, triste. ■ LITTÉRAIRE. Se dit d'une voix sourde. SYN. bas, caverneux, profond, sourd. CONTR. *aigu, haut, perçant.*

sépulcre *nom masculin* LITTÉRAIRE. Monument funéraire. SYN. caveau, mausolée, sépulture, tombe, tombeau.

sépulture *nom féminin* LITTÉRAIRE. Action d'inhumer un mort. SYN. enterrement, funérailles, inhumation, obsèques. – LITTÉRAIRE : ensevelissement. ■ Lieu où l'on inhume un corps. SYN. caveau, mausolée, nécropole, tombe, tombeau. – LITTÉRAIRE : sépulcre.

séquelle *nom féminin* LITTÉRAIRE. Suite de personnes. SYN. cascade, chapelet, défilé, file, foule, kyrielle, procession, suite. – FAMILIER : ribambelle. – LITTÉRAIRE : théorie. ■ Conséquence d'un événement. SYN. choc en retour, conséquence, contrecoup, effet, retombée, suite.

séquestration *nom féminin* Fait d'être séquestré. SYN. emprisonnement, enfermement, isolement. – LITTÉRAIRE : réclusion.

séquestré *adjectif* Qui est enfermé. SYN. barricadé, claquemuré, cloîtré, détenu, enfermé, isolé, prisonnier, solitaire. – FAMILIER : bouclé. – LITTÉRAIRE : reclus.

séquestrer *verbe* Garder quelqu'un enfermé. SYN. cadenasser, claustrer, emprisonner, enfermer, interner, isoler. – FAMILIER : boucler. – VIEUX : chambrer.

séquoia *nom masculin* Conifère géant de Californie. SYN. wellingtonia.

séraphique *adjectif* LITTÉRAIRE. Qui évoque les séraphins. SYN. angélique, harmonieux, mélodieux, suave. – LITTÉRAIRE : céleste, éthéré. CONTR.

démoniaque, diabolique, satanique. – LITTÉRAIRE : *infernal, mephistophélique.*

serein *adjectif* LITTÉRAIRE. Se dit d'un ciel pur. SYN. limpide, pur, radieux. CONTR. *couvert, gris, nébuleux, nuageux, sombre.* ■ Qui montre du calme. SYN. calme, confiant, flegmatique, imperturbable, pacifique, paisible, patient, philosophe, placide, tranquille. – FAMILIER : cool. – LITTÉRAIRE : limpide, olympien, quiet, rasséréné. – POPULAIRE : peinard, pénard. CONTR. *affolé, agacé, agité, ahuri, anxieux, apeuré, aventureux, déchaîné, effaré, effrayé, égaré, emporté, énervé, épouvanté, exaspéré, fiévreux, fou, fougueux, houleux, impétueux, inquiet, irascible, irrité, rageur, survolté, terrifié, tracassé, troublé, violent.* – LITTÉRAIRE : *effervescent, tempétueux, tumultueux, volcanique.*

sereinement *adverbe* Avec sérénité. SYN. calmement, paisiblement, patiemment, placidement, sagement, en toute quiétude, en toute sérénité, tranquillement. CONTR. *fébrilement, fiévreusement, fougeusement, impétueusement, violemment.* – LITTÉRAIRE : *tumultueusement.*

sérénité *nom féminin* Caractère serein. SYN. apaisement, ataraxie, calme, douceur, équilibre, impassibilité, imperturbabilité, paix, philosophie, placidité, sang-froid, self-control, tranquillité. – LITTÉRAIRE : quiétude, repos. CONTR. *affolement, agitation, angoisse, anxiété, appréhension, bouillonnement, déchaînement, ébullition, effarement, effervescence, égarement, emportement, énervement, exaspération, excitation, impatience, indignation, inquiétude, irascibilité, préoccupation.* – FAMILIER : *horripilation.* – LITTÉRAIRE : *alarme, hérissement, transe.*

serf *adjectif* Relatif à l'état de serf. SYN. esclave, servile. CONTR. *aristocratique, noble.* ■ LITTÉRAIRE. Qui fait preuve de soumission. SYN. obséquieux, plat, rampant, servile, soumis. – LITTÉRAIRE : esclave.

série *nom féminin* Succession de choses. SYN. alternance, cascade, chapelet, collection, file, kyrielle, multitude, myriade, suite. – FAMILIER : ribambelle. ■ Ce qui permet de classer. SYN. catégorie, classe, cours, division, groupe.

sérier *verbe* Classer par séries. SYN. classer, différencier, distinguer, diviser, inventorier, répertorier, trier.

sérieusement *adverbe* Sans plaisanter. SYN. sans déconner, sentencieusement, solennellement. – FAMILIER : blague à part, blague dans le coin. CONTR. *burlesquement, comiquement.* ■ Avec application. SYN. consciencieusement, rigoureusement, scrupuleusement, soigneusement. – FAMILIER : dur. CONTR. *à la légère, négligemment.* ■ D'une manière grave. SYN. grandement, gravement, grièvement. CONTR. *légèrement.* ■ D'une manière décidée. SYN. activement, notablement, profondément, réellement, sensiblement, véritablement, vraiment. – FAMILIER : tout de bon. CONTR. *mollement, nonchalamment, paresseusement, passivement.* – LITTÉRAIRE : *tièdement.*

sérieux *adjectif* Qui montre de la réflexion. SYN. appliqué, assidu, consciencieux, minutieux, posé, réfléchi, responsable, scrupuleux, studieux. – LITTÉRAIRE : diligent. CONTR. *aventureux, badin, désinvolte, distrait, étourdi, facétieux, fantaisiste, frivole, inappliqué, inattentif, inconséquent, irréfléchi, puéril, superficiel.* – FAMILIER : *blagueur.* ■ Qui est fait avec soin. SYN. approfondi, poussé, précis, rigoureux, soigné. – LITTÉRAIRE : soigneux. CONTR. *sommaire.* – FAMILIER : *bâclé.* ■ Sur quoi on peut se fonder. SYN. fiable, grave, important, profond, solide, sûr, valable. CONTR. *douteux, faible, illusoire, infondé, superficiel.* – LITTÉRAIRE : *vain.* ■ Qui se conduit bien. SYN. honnête, rangé, sage. – LITTÉRAIRE : vertueux. CONTR. *débauché, dépravé, dévergondé, leste.* ■ Qui fait appel à la réflexion. SYN. grave, sévère. CONTR. *amusant, burlesque, comique, distrayant, fantaisiste, frivole, futile, léger, plaisant.* ■ Qui a un caractère de gravité. SYN. alarmant, critique, dangereux, dramatique, grave, inquiétant, préoccupant, redoutable, sévère, sombre, tragique. CONTR. *anodin, bénin, superficiel.* – LITTÉRAIRE : *véniel.* ■ Qui est de taille. SYN. bon, gros, important, notable, poussé. – FAMILIER : solide. CONTR. *dérisoire, faible, infime, méprisable, mineur, minime, négligeable, petit, risible.*

sérieux *nom masculin* Qualité de quelqu'un de posé. SYN. application, ardeur, conscience, scrupule, soin, zèle. – LITTÉRAIRE : diligence, méticulosité. CONTR. *badinage, étourderie, frivolité, futilité, légèreté, puérilité.* – LITTÉRAIRE : *dissipation.* ■ Caractère grave de. SYN. gravité. – LITTÉRAIRE : solennité. CONTR. *bouffonnerie, dérision, humour, légèreté.* – FAMILIER : *blague.* – LITTÉRAIRE : *superficialité.*

serin *nom masculin* FAMILIER. Personne niaise. SYN. benêt, naïf, niais, nigaud, sot. – FAMILIER : abruti, ballot, bêta, bûche, buse, cloche, cruche, dadais, gogo, jobard, nunuche, oie, poire. – LITTÉRAIRE : nicodème. – POPULAIRE : cornichon, manche, nouille.

seriner *verbe* FAMILIER. Répéter inlassablement. SYN. rabâcher, radoter, rebattre les oreilles, redire, répéter, ressasser, revenir sur. CONTR. – FAMILIER : *changer de disque.*

serment *nom masculin* Affirmation solennelle. SYN. assurance, engagement, parole, promesse. – LITTÉRAIRE : foi. – VIEUX : jurement.

sermon *nom masculin* Prédication faite à la messe. SYN. homélie, prêche, prédication, prône. ■ Discours moralisateur. SYN. semonce. – LITTÉRAIRE : admonestation, harangue, homélie, mercuriale. – VIEUX : prêche.

sermonner *verbe* Faire des remontrances. SYN. blâmer, chapitrer, corriger, gronder, haranguer, houspiller, morigéner, raisonner, rappeler à l'ordre, reprendre, réprimander, tirer les oreilles. – FAMILIER : attraper, disputer, enguirlander, passer un savon, sonner les cloches à. – LITTÉRAIRE : admonester, fustiger, gourmander, moraliser, quereller, remiser, semoncer, tancer. – POPULAIRE : engueuler, remonter les bretelles. CONTR. *complimenter, féliciter, louer.* – LITTÉRAIRE : *congratuler.*

sermonneur *nom* LITTÉRAIRE. Personne qui sermonne. SYN. moralisateur. – FAMILIER : prêcheur. – LITTÉRAIRE : houspilleur. – VIEUX : harangueur.

serpent *nom masculin* ***Serpent à sonnette,*** vipère d'Amérique du Nord. SYN. crotale. ■ ***Serpent à lunettes,*** cobra des Indes. SYN. naja.

serpentaire *nom masculin* Grand oiseau qui se nourrit surtout de serpents. SYN. secrétaire.

serpentement *nom masculin* LITTÉRAIRE. État de ce qui serpente. SYN. onde, ondulation, sinuosité, zigzag. – LITTÉRAIRE : flexuosité, inflexion.

serpenter *verbe* Décrire des sinuosités. SYN. tourner, zigzaguer. – LITTÉRAIRE : onduler, tournoyer.

serpentiforme *adjectif* Qui a la forme d'un serpent. SYN. anguiforme.

serpentin *adjectif* LITTÉRAIRE. Qui serpente. SYN. sinueux, tortueux, tournant, zigzagant. – LITTÉRAIRE : flexueux, ondé, ondoyant, onduleux.

serpentine *nom féminin* Petit galon tressé. SYN. croquet.

serpillière *nom féminin* Tissu pour laver le sol. SYN. toile à laver. – RÉGIONAL : wassingue.

serran *nom masculin* Poisson voisin du mérou. SYN. perche de mer.

serratule *nom féminin* Grande plante à fleurs pourpres. SYN. sarrette.

serré *adjectif* Qui colle au corps. SYN. ajusté, collant, étroit, juste, moulant. CONTR. *ample, bouffant, flottant, flou, large, vague.* ■ À l'étroit dans un vêtement. SYN. bridé, engoncé, gainé, moulé, sanglé, tenu. – FAMILIER : boudiné, saucissonné. ■ Constitué d'éléments rapprochés. SYN. compact, dense, dru, épais, fourni, impénétrable, nourri, touffu. CONTR. *clairsemé, dispersé, disséminé, éparpillé, épars, rare.* ■ Qui comporte de la rigueur. SYN. méthodique, précis, rigoureux, suivi. CONTR. *flou, lâche.*

serre-livres *nom masculin invariable* Accessoire pour maintenir des livres debout. SYN. appui-livres.

serrer *verbe* Exercer une pression sur. SYN. bloquer, coincer, comprimer, empoigner, presser. CONTR. *desserrer, lâcher, relâcher.* ■ Tenir contre soi. SYN. enlacer, enserrer, étreindre, presser. – LITTÉRAIRE : embrasser. ■ Être trop près du corps. SYN. brider, compresser, écraser, étrangler, gainer, gêner, mouler, sangler. – FAMILIER : boudiner. ■ Maintenir des éléments en contact. SYN. contracter, crisper, pincer. CONTR. *disjoindre, écarter, ouvrir.* ■ Diminuer la distance entre. SYN. entasser, rapprocher, tasser. CONTR. *disperser, disséminer, éparpiller, espacer, étaler.* ■ Approcher au plus près. SYN. effleurer, frôler, raser. CONTR. *s'écarter, s'éloigner.* ■ LITTÉRAIRE. Mettre à l'abri. SYN. enfermer, ranger, remiser, stocker.

serrer (se) *verbe pronominal* Se mettre très près de. SYN. se blottir, se coller, se pelotonner, se presser, se rapprocher, se tasser. CONTR. *s'écarter, s'éloigner.*

sertir *verbe* Mettre un bijou dans une monture. SYN. enchâsser, enchatonner, monter.

servage *nom masculin* État de dépendance. SYN. esclavage, servitude, vassalité. – LITTÉRAIRE : hilotisme, ilotisme.

serval *nom masculin* Grand chat sauvage. SYN. chatpard.

servante *nom féminin* Femme aux ordres de quelqu'un. SYN. bonne, bonne à tout faire, domestique, employée de maison, femme de chambre. – LITTÉRAIRE : camériste, chambrière, soubrette.

serveur *nom* Personne employée dans un café, un restaurant. SYN. barmaid, barman, garçon.

serviabilité *nom féminin* Caractère serviable. SYN. complaisance, empressement, gentillesse, obligeance, prévenance. – LITTÉRAIRE : diligence.

serviable *adjectif* Qui rend volontiers service. SYN. affable, attentif, attentionné, bon, brave, complaisant, empressé, gentil, obligeant, prévenant. – LITTÉRAIRE : secourable.

service *nom masculin* Activité professionnelle. SYN. charge, emploi, fonction, poste, travail. – LITTÉRAIRE : office. ■ Organe d'une entreprise. SYN. bureau, département, office. ■ Ce que l'on fait pour être utile. SYN. aide, appui, bienfait, cadeau, coopération. – LITTÉRAIRE : faveur. CONTR. *dommage, mal, tort.*

serviette *nom féminin* Sac à compartiments. SYN. cartable, porte-documents, sacoche.

servile *adjectif* Qui est trop soumis. SYN. obséquieux, plat, rampant, soumis. – LITTÉRAIRE : esclave, serf.

servilement *adverbe* LITTÉRAIRE. De manière servile. SYN. bassement, platement. – LITTÉRAIRE : obséquieusement, vilement.

servilité *nom féminin* LITTÉRAIRE. Esprit de soumission. SYN. aplatissement, asservissement, bassesse, complaisance, obéissance, obséquiosité, passivité, platitude. – LITTÉRAIRE : vassalité.

servir *verbe transitif* Apporter son aide à. SYN. aider, appuyer, se dévouer, s'inféoder, seconder. CONTR. *commander, se révolter.* ■ Être utile à quelqu'un. SYN. bénéficier à, favoriser, profiter à, sourire. CONTR. *desservir, léser, nuire.*

servir *verbe transitif indirect* Être utilisé en tant que. SYN. faire fonction de, tenir lieu de.

servir (se) *verbe pronominal* Faire usage de. SYN. avoir recours à, employer, manipuler, recourir à, user de, utiliser. ■ Utiliser à son profit. SYN. disposer, exploiter, profiter de, tirer argument de, tirer avantage, tirer parti, tirer profit.

serviteur *nom masculin* VIEUX. Personnel de maison. SYN. domestique. ■ LITTÉRAIRE. Personne au service de. SYN. appui, pilier, soutien. – LITTÉRAIRE : suppôt.

servitude *nom féminin* LITTÉRAIRE. État de dépendance complète. SYN. esclavage, servage, subordination. – LITTÉRAIRE : vassalité. CONTR. *émancipation.* – LITTÉRAIRE : *délivrance.* ■ LITTÉRAIRE. État d'un pays privé de liberté. SYN. asservissement, dépendance. – LITTÉRAIRE : sujétion. CONTR. *affranchissement, indépendance, liberté.* ■ Forte obligation. SYN. contrainte, corvée, sujétion. – LITTÉRAIRE : astreinte, chaînes, joug, tyrannie.

session *nom féminin* Moment où siège une assemblée. SYN. assises, audience, séance, tenue.

seuil *nom masculin* Accès à un lieu. SYN. bord, entrée, lisière. – LITTÉRAIRE : orée. CONTR. *fond, sortie.* ■ Point de commencement. SYN. aube, commencement, début, naissance. – LITTÉRAIRE : aurore, entrée. CONTR. *expiration, fin.*

seul *adjectif* Qui est sans compagnie. SYN. abandonné, comme une âme en peine, délaissé, esseulé, isolé, solitaire. ■ À l'exclusion de. SYN. simple, unique.

seulement *adverbe* À l'exclusion d'autre chose. SYN. exclusivement, purement, simplement, uniquement. ■ Marque la restriction. SYN. cependant, mais, du moins, néanmoins, pourtant, toutefois.

sève *nom féminin* LITTÉRAIRE. Ce qui donne des forces. SYN. ardeur, dynamisme, énergie, force, puissance, ressort, vie, vigueur, vitalité.

sévère *adjectif* Dépourvu d'indulgence. SYN. brutal, dur, exigeant, ferme, froid, impitoyable, implacable, inexorable, inflexible, intransigeant, strict. – FAMILIER : rosse, vache. – LITTÉRAIRE : inclément, raide, rêche. CONTR. *affectueux, bienveillant, bon, bonasse, bonhomme, clément, complaisant, compréhensif, coulant, doux, favorable, gentil, indulgent, tolérant.* – LITTÉRAIRE : *débonnaire.* ■ Se dit d'un système strict. SYN. aride, austère, draconien, drastique, rébarbatif, rigide, rigoriste, rigoureux, rude, spartiate, strict. CONTR. *badin, large, libre, relâché.* – LITTÉRAIRE : *dissolu.* ■ Qui manque d'ornements. SYN. dépouillé, monacal, sec, simple, sobre. CONTR. *chargé, orné, surchargé.* – FAMILIER : *tarabiscoté.* ■ D'une grande ampleur. SYN. âpre, cinglant, cruel, grave, gros, intense, sérieux, terrible. – FAMILIER : salé. CONTR. *bénin, faible, infime, insignifiant, léger, modéré, négligeable, risible.*

sévèrement *adverbe* D'une manière dure. SYN. brutalement, cruellement, durement, froidement, implacablement, inexorablement, inhumainement, rudement. – FAMILIER : à la baguette. – VIEUX : rigoureusement. CONTR. *affectueusement, gentiment, tendrement.* ■ D'une manière grave. SYN. gravement, grièvement. CONTR. *légèrement, superficiellement.*

sévérité *nom féminin* Comportement sévère. SYN. âpreté, dureté, exigence, inflexibilité, inhumanité, intransigeance. – LITTÉRAIRE : inclémence, inexorabilité. CONTR. *compréhension, indulgence, magnanimité, pitié.* – LITTÉRAIRE : *clémence, mansuétude.* ■ LITTÉRAIRE. Caractère sérieux. SYN. austérité, fermeté, froideur, puritanisme, rigidité, rigorisme, rigueur. CONTR. *bienveillance, bonhomie, douceur, gentillesse, tendresse.* ■ Caractère sobre. SYN. austérité, dépouillement, nudité, simplicité, sobriété. CONTR. *fantaisie.* ■ Caractère grave. SYN. ampleur, étendue, gravité, poids, portée.

sévices *nom masculin pluriel* Mauvais traitements. SYN. brutalités, coups, excès, violences. CONTR. *cajolerie, câlin, câlinerie.*

sévir *verbe* Agir avec rigueur. SYN. punir, réprimer, sanctionner. – LITTÉRAIRE : châtier. CONTR. *pardonner, passer.*

sevrer *verbe* Désaccoutumer de quelque chose. SYN. frustrer, priver. CONTR. *gaver, nourrir.* – LITTÉRAIRE : *gorger.*

sexe *nom masculin* La sexualité. SYN. – FAMILIER : la bagatelle, la chose, la gaudriole. – POPULAIRE : le cul, histoires de fesses. ■ Organe sexuel masculin. SYN. membre (viril), pénis, phallus, verge. – ARGOTIQUE : andouille à col roulé, andouille de calcif, anguille, arbalète, braquemart, chandelle, clarinette baveuse, manche, nœud, paf, panais, pinceau, pine, poireau, Popaul, Popol, sabre, trique, vipère broussailleuse, zigouigoui. – FAMILIER : robinet, zizi. – LITTÉRAIRE : dard, vit. – POPULAIRE : biroute, bistouquette, bite, bitte, engin, outil, quéquette, queue, zigounette, zob, zobi. – VIEUX : crayon, mentule. ■ Organe sexuel féminin. SYN. vagin, vulve. – ARGOTIQUE : chaudron. – POPULAIRE : chatte, con, foufoune, foufounette, turlu, zézette.

sexué *adjectif et nom* Qui possède l'un des deux sexes. CONTR. *asexué.*

sexuel *adjectif* Relatif à la sexualité. SYN. charnel, érotique, physique, sensuel.

sexy *adjectif invariable* FAMILIER. Qui attire. SYN. affriolant, aguichant, aguicheur, alléchant, appétissant, désirable, érotique, excitant, séduisant, sensuel, tentant. – FAMILIER : émoustillant. – LITTÉRAIRE : affriandant. – POPULAIRE : bandant.

seyant *adjectif* Qui va bien à quelqu'un. SYN. élégant, séduisant.

si *adverbe* Marque l'intensité. SYN. tant, tellement.

si *conjonction* Exprime la condition. SYN. en admettant que, au cas où, dans le cas où, en supposant que. – LITTÉRAIRE : supposé que. ■ Exprime la répétition. SYN. à chaque fois que, quand, toutes les fois que. ■ ***Si ce n'est,*** indique une restriction. SYN. abstraction faite de, compte non tenu de, excepté, à l'exception de, à l'exclusion de, hormis, à part, sauf.

siamois *nom masculin* Langue parlée en Thaïlande. SYN. thaï.

sibylle *nom féminin* Femme inspirée. SYN. devineresse, pythie, pythonisse.

sibyllin *adjectif* LITTÉRAIRE. Dont le sens est obscur. SYN. abscons, ambigu, cabalistique, confus, difficile, énigmatique, équivoque, ésotérique, fumeux, hermétique, impénétrable, inaccessible, incompréhensible, indéchiffrable, indistinct, inexplicable, inintelligible, insaisissable, insondable, irraisonné, mystérieux, nuageux, obscur, voilé. – LITTÉRAIRE : abstrus, amphigourique, fuligineux, nébuleux, opaque, ténébreux. CONTR. *accessible, clair, compréhensible, distinct, explicite, facile, intelligible, limpide, lumineux, manifeste, net, précis, simple, transparent.*

sicaire *nom masculin* LITTÉRAIRE. Tueur à gages. SYN. assassin, criminel, égorgeur, massacreur, meurtrier, tueur. – LITTÉRAIRE : bravo, homicide, spadassin. – VIEUX : coupe-jarret.

siccité *nom féminin* Qualité de ce qui est sec. SYN. aridité, dessèchement, sécheresse. CONTR. *aquosité, humidité.*

sidérant *adjectif* FAMILIER. Qui étonne beaucoup. SYN. ahurissant, confondant, déconcertant, effarant, étonnant, frappant, marquant, saisissant, stupéfiant, surprenant. – FAMILIER : renversant, sciant, soufflant.

sidéré *adjectif* FAMILIER. Saisi d'étonnement. SYN. abasourdi, ahuri, coi, ébahi, éberlué, étonné, hébété, interdit, interloqué, médusé, pantois, pétrifié, renversé, saisi, stupéfait, suffoqué, surpris, tombé de la lune, tombé des nues. – FAMILIER : baba, comme deux ronds de flan, épaté, époustouflé, estomaqué, scié, soufflé. – LITTÉRAIRE : ébaubi. – POPULAIRE : sur le cul.

sidérer *verbe* FAMILIER. Frapper d'étonnement. SYN. abasourdir, ahurir, couper le souffle, ébahir, éberluer, effarer, étonner, méduser, pétrifier, renverser, stupéfier, suffoquer, surprendre. – FAMILIER : asseoir, en boucher un coin, couper le sifflet, épater, époustoufler, estomaquer, scier, souffler. – POPULAIRE : couper la chique.

siècle *nom masculin* Période marquante. SYN. âge, époque, ère, temps.

siège *nom masculin* Partie arrière du corps humain. SYN. derrière, fesses. – FAMILIER : croupe, croupion, fessier, postérieur. – LITTÉRAIRE : séant. – POPULAIRE : arrière-train, cul, popotin.

siéger *verbe* Avoir son origine dans. SYN. reposer, résider, se trouver.

sifflage *nom masculin* Bruit de respiration difficile du cheval. SYN. cornage.

siffler *verbe* Accueillir par des sifflements. SYN. conspuer, huer. – FAMILIER : chahuter. CONTR. *acclamer, applaudir, bisser, ovationner, rappeler.* ■ FAMILIER. Boire rapidement. SYN. avaler, boire, ingurgiter, vider. – FAMILIER : s'enfiler, lamper, se taper. – POPULAIRE : descendre, écluser, s'envoyer, pomper.

sifflet *nom masculin* FAMILIER. ***Couper le sifflet,*** mettre hors d'état de répondre. SYN. abasourdir, ahurir, couper le souffle, ébahir, éberluer, effarer, étonner, interloquer, méduser, pétrifier, renverser, sidérer, stupéfier, suffoquer, surprendre. – FAMILIER : asseoir, en boucher un coin, ébouriffer, épater, époustoufler, estomaquer, scier, souffler. – POPULAIRE : couper la chique.

sifflets *nom masculin pluriel* Cris de désapprobation. SYN. huées, tollé. – FAMILIER : chahut. CONTR. *acclamation, applaudissement, bravo, hourra, hurrah, ovation, vivat.*

siffleur *adjectif et nom* Atteint de cornage. SYN. cornard, corneur.

sigisbée *nom masculin* LITTÉRAIRE. Celui qui courtise une femme. SYN. amoureux, chevalier servant, prétendant, soupirant. – VIEUX : galant.

signal *nom masculin* Ce qui annonce une chose. SYN. alerte, annonce, indice, présage, signe, symptôme. – LITTÉRAIRE : prodrome.

signalé *adjectif* LITTÉRAIRE. Qui attire l'attention. SYN. éclatant, important, insigne, marquant, notable, remarquable. – FAMILIER : fameux, sacré.

signaler *verbe* Être le signe de. SYN. annoncer, caractériser, déceler, dénoter, indiquer, marquer, montrer, particulariser. ▪ Faire remarquer quelque chose. SYN. attirer l'attention sur, avertir, communiquer, dire, faire part, faire remarquer, informer, instruire, mentionner, mettre en garde, notifier, souligner. ▪ Faire reconnaître quelqu'un. SYN. accuser, dénoncer, désigner, révéler, trahir. – POPULAIRE : balancer, cafter.

signaler (se) *verbe pronominal* Se faire remarquer. SYN. briller, se distinguer, émerger, exceller, s'illustrer, se recommander. CONTR. *ne rien valoir.* – FAMILIER : *ne pas valoir tripette, ne pas valoir un clou, ne rien casser.* – POPULAIRE : *ne pas casser des briques.*

signaliser *verbe* Indiquer par des signaux. SYN. baliser, flécher, jalonner, piqueter.

signature *nom féminin* Ce qui permet d'identifier. SYN. empreinte, estampille, griffe, marque. – LITTÉRAIRE : sceau.

signe *nom masculin* Ce qui permet de prévoir. SYN. alerte, appel, augure, avertissement, présage, signal, symptôme. – LITTÉRAIRE : prodrome. ▪ Phénomène extraordinaire. SYN. miracle, prodige. ▪ Ce qui permet de reconnaître. SYN. attestation, démonstration, indication, indice, manifestation, marque, preuve, révélateur, témoignage. – LITTÉRAIRE : sceau, stigmate.

significatif *adjectif* Qui représente bien une chose. SYN. caractéristique, clair, expressif, marquant, représentatif, saillant, symptomatique, typique. ▪ Qui est lourd de sens. SYN. éloquent, évocateur, parlant, révélateur, suggestif.

signification *nom féminin* Ce que veut dire un mot, etc. SYN. acception, contenu, interprétation, portée, sens, signifié, valeur.

signifier *verbe* Avoir tel sens. SYN. exprimer, traduire, vouloir dire. ▪ Impliquer quelque chose. SYN. dénoter, désigner, équivaloir, figurer, impliquer, indiquer, manifester, marquer, prouver, révéler, vouloir dire. – LITTÉRAIRE : présager, témoigner. CONTR. *n'avoir aucun sens, n'avoir ni queue ni tête, n'avoir ni rime ni raison, ne rimer à rien.* ▪ LITTÉRAIRE. Faire savoir officiellement. SYN. faire part, informer, intimer, notifier, sommer.

silence *nom masculin* Absence de bruit. SYN. calme, paix, tranquillité. CONTR. *agitation, bruit, charivari, clameur, cri, fracas, tapage, tintamarre, tumulte, vacarme.* – FAMILIER : *boucan, chahut, raffut, tintouin.* – LITTÉRAIRE : *turbulence.* – POPULAIRE : *bastringue, bousin.* ▪ Fait de se taire. SYN. mutisme, pause. CONTR. *volubilité.* ▪ Fait de ne pas mentionner. SYN. black-out, confidentialité, discrétion, mutisme, omission, réticence. CONTR. *bavardage, fuite, indiscrétion.* – FAMILIER : *battage.*

silence ! *interjection* Invitation à se taire. SYN. chut !, la paix ! – FAMILIER : motus ! – POPULAIRE : camembert !, la ferme !, ta gueule !, vos gueules !

silencieusement *adverbe* Sans bruit. SYN. doucement, sans mot dire, en sourdine, sur la pointe des pieds. – FAMILIER : piano, sans tambour ni trompette. CONTR. *bruyamment, à cor et à cri, fort, fortement.*

silencieux *adjectif* Qui se tait. SYN. muet. CONTR. *criard, hurleur, tapageur.* – FAMILIER : *braillard, brailleur.* ▪ Qui est peu communicatif. SYN. discret, introverti, renfermé, réservé, taciturne, taiseux. – LITTÉRAIRE : réticent, secret. CONTR. *bavard, causeur, loquace, prolixe, volubile.* – FAMILIER : *causant, jacasseur, jacassier.* – VIEUX : *babillard.* ▪ Qui fait peu de bruit. SYN. insonore. CONTR. *assourdissant, fracassant, retentissant, ronflant, sonore, vrombissant.* ▪ Où l'on n'entend aucun bruit. SYN. assourdi, calme, étouffé, feutré, paisible, tranquille. – LITTÉRAIRE : ouaté. CONTR. *animé, bruyant.*

silhouette *nom féminin* Aspect général du corps. SYN. contour, formes, galbe, ligne, profil. – FAMILIER : gabarit.

silhouetter (se) *verbe pronominal* LITTÉRAIRE. Apparaître en silhouette. SYN. se découper, se dessiner, se détacher, se profiler, ressortir.

sillon *nom masculin* Trace longitudinale. SYN. entaille, ligne, raie, rainure, rayure, strie, zébrure.

sillonner *verbe* Traverser un lieu en tous sens. SYN. arpenter, explorer, faire, parcourir, visiter.

silure *nom masculin* Poisson à la bouche entourée de barbillons. SYN. poisson-chat.

silybe *nom masculin* Chardon cultivé en jardin. SYN. chardon argenté.

simagrée *nom féminin* Manière affectée. SYN. affectation, coquetterie, façons, grâces, manières, maniérisme, minauderie, mines, singerie. – FAMILIER : chichi, chiqué, cinéma, comédie. – LITTÉRAIRE : afféterie. CONTR. *naturel.*

simaruba *nom masculin* Arbre d'Amérique tropicale. SYN. marupa.

similaire *adjectif* Se dit de choses semblables. SYN. analogue, approchant, assimilable, assimilé, comparable, équivalent, même, pareil, proche, ressemblant, semblable, voisin. – FAMILIER : c'est bonnet blanc et blanc bonnet, c'est du pareil au même, c'est kif-kif (bourricot), c'est tout comme. CONTR. *autre, différent, disparate, dissemblable, distinct, divers, incomparable, opposé, varié.*

similarité *nom féminin* Qualité des choses similaires. SYN. analogie, équivalence, parenté, ressemblance, similitude. CONTR. *contraste, différence, dissemblance, distinction, écart, opposition.*

simili *nom masculin* FAMILIER. Ce qui imite une matière. SYN. fac-similé, faux, imitation. – FAMILIER : toc.

similitude *nom féminin* Caractère similaire. SYN. adéquation, analogie, assimilation, concordance, conformité, parenté, rapport, ressemblance, similarité. CONTR. *contraste, différence, disparité, dissemblance, dissimilitude, distinction, écart, opposition.* – LITTÉRAIRE : *disparate.*

simple *adjectif* Formé d'atomes d'un seul élément. SYN. élémentaire, indécomposable, indivisible. CONTR. *combiné, composé, composite.* ■ Qui n'est fait que d'une action. SYN. seul, unique. CONTR. *double, multiple, quadruple, triple.* ■ Qui est facile à comprendre. SYN. accessible, aisé, c'est un jeu d'enfant, clair, commode, compréhensible, courant, élémentaire, enfantin, facile, intelligible, limpide, lumineux, naturel, sommaire. – FAMILIER : bête comme chou, ce n'est pas la mer à boire, c'est de la rigolade, c'est du gâteau, c'est du tout cuit, clair comme de l'eau de roche, clair comme deux et deux font quatre, clair comme le jour, pas sorcier. – POPULAIRE : c'est du billard. CONTR. *alambiqué, ardu, complexe, compliqué, confus, dédaléen, délicat, difficile, dur, embarrassant, embrouillé, épineux, hermétique, inaccessible, incommode, incompréhensible, inextricable, insondable, laborieux, malaisé, nuageux, obscur.* – FAMILIER : *calé, tarabiscoté, trapu.* – LITTÉRAIRE : *difficultueux, labyrinthique, nébuleux, opaque, sibyllin, ténébreux.* ■ Sans apprêt. SYN. dépouillé, frugal, fruste, nu, rude, sévère, sobre, sommaire, strict, uni. – LITTÉRAIRE : rustique. CONTR. *affecté, ampoulé, apprêté, boursouflé, cérémoniel, déclamatoire, doctoral, empesé, emphatique, fastueux, grandiloquent, luxueux, magnifique, noble, oratoire, pompeux, protocolaire, raffiné, riche, solennel, somptueux, théâtral.* – LITTÉRAIRE : *affété.* ■ Qui agit sans prétention. SYN. bonhomme, familier, humble, modeste, ordinaire, quelconque. CONTR. *arrogant, cérémonieux, compassé, contraint, étudié, fanfaron, fier, formaliste, gourmé, guindé, hautain, maniéré, orgueilleux, précieux, prétentieux, rogue, sophistiqué, suffisant, vaniteux.* – FAMILIER : *constipé.* – LITTÉRAIRE : *altier, vain.* ■ Qui est un peu trop naïf. SYN. bonasse, candide, crédule, ingénu, innocent, naïf, niais, primaire, simplet. – POPULAIRE : nouille. CONTR. *ambitieux, astucieux, fin, futé, lucide, malin, perspicace, sagace, subtil.* – FAMILIER : *débrouillard, dégourdi.*

simple *nom* Personne naïve. SYN. benêt, ingénu, innocent, naïf, nigaud, primaire. – FAMILIER : gobe-mouches, gobeur, gogo, poire. – POPULAIRE : nouille. CONTR. *ambitieux, futé, malin, rusé.* – FAMILIER : *dégourdi.*

simple *nom masculin* Ce qui est simple. SYN. facilité, simplicité. CONTR. *complexité, complication, difficulté, subtilité.*

simplement *adverbe* Sans affectation. SYN. discrètement, à la fortune du pot, modestement, naturellement, sans cérémonie, sans façons, sans manières, sobrement. – FAMILIER : à la bonne franquette, sans chichis. CONTR. *fièrement, pompeusement, prétentieusement.* ■ Sans équivoque. SYN. clairement, directement, franchement, ouvertement, sans détour, spontanément, vrai. – FAMILIER : carrément. – LITTÉRAIRE : nuement, nûment, sans ambages, tout uniment. ■ À l'exclusion d'autre chose. SYN. seulement, tout bonnement, uniquement. ■ De manière naïve. SYN. candidement, ingénument, innocemment, naïvement, sincèrement. – FAMILIER : bravement. – LITTÉRAIRE : niaisement.

simples *nom masculin pluriel* VIEUX. Plantes aux propriétés thérapeutiques. SYN. herbes médicinales, plantes médicinales.

simplet *adjectif* Qui se laisse abuser. SYN. benêt, candide, crédule, ingénu, innocent, naïf, niais, nigaud, primaire, simple. – FAMILIER : bêta, jobard, neuneu, nunuche. – POPULAIRE : nouille. CONTR. *fin, futé, lucide, malin, perspicace, rusé, sagace, subtil.* – FAMILIER : *dégourdi.*

simplicité *nom féminin* Caractère peu compliqué. SYN. clarté, facilité, limpidité, netteté. CONTR. *complexité, complication, difficulté, hermétisme, obscurité.* ■ Caractère dépouillé. SYN. austérité, dépouillement, frugalité, nudité, sévérité, sobriété. – LITTÉRAIRE : rusticité. CONTR. *apparat, apprêt, boursouflure, emphase, enflure, faste, grandiloquence, luxe, magnificence, préciosité, raffinement, recherche, solennité.* – LITTÉRAIRE : *bouffissure, somptuosité.* ■ Absence d'affectation. SYN. bonhomie, humilité, modestie, naturel, rondeur, spontanéité. CONTR. *affectation, arrogance, cabotinage, dissimulation, duplicité, fatuité, hauteur, hypocrisie, morgue, orgueil,* *prétention, rouerie, suffisance, vanité.* – FAMILIER : *chichi, esbroufe.* – LITTÉRAIRE : *afféterie, affèterie, cérémonie, compassement, fierté, infatuation, solennité, superbe.* – POPULAIRE : *épate.* – VIEUX : *cérémonial.* ■ Caractère naïf. SYN. candeur, crédulité, ingénuité, innocence, naïveté. – FAMILIER : jobarderie, jobardise. CONTR. *astuce, finesse, lucidité, malice, perspicacité, sagacité.*

simplification *nom féminin* Action de simplifier. SYN. schématisation.

simplifier *verbe* Rendre plus facile. SYN. aplanir, arranger, faciliter. CONTR. *compliquer, entraver, gêner.* ■ Rendre simple. SYN. clarifier, éclaircir, éclairer, schématiser, styliser. CONTR. *complexifier, compliquer, embrouiller, obscurcir.*

simpliste *adjectif* Qui simplifie abusivement. SYN. élémentaire, fruste, primaire, rudimentaire, sommaire, superficiel. CONTR. *approfondi, fouillé, poussé.*

simulacre *nom masculin* Ce qui n'est qu'une apparence. SYN. apparence, caricature, copie, faux-semblant, imitation, mise en scène, représentation, reproduction, semblant, vernis.

simulé *adjectif* Qui n'est pas réel. SYN. affecté, artificiel, de commande, factice, faux, feint, hypocrite. – FAMILIER : bidon. CONTR. *authentique, réel, sincère, véritable, vrai.*

simuler *verbe* Imiter un état. SYN. affecter, contrefaire, faire semblant, feindre, jouer, prétexter. – FAMILIER : frimer. ■ LITTÉRAIRE. Offrir l'apparence de. SYN. faire penser à, imiter, représenter, ressembler, sembler.

simultané *adjectif* Qui se produit en même temps. SYN. coexistant, coïncident, concomitant, synchrone, synchronique. CONTR. *alternatif, séparé, successif.*

simultanéité *nom féminin* Caractère simultané. SYN. coexistence, coïncidence, concomitance, synchronisme. CONTR. *alternance, succession.*

simultanément *adverbe* D'une façon simultanée. SYN. en chœur, de concert, concurremment, conjointement, ensemble, à la fois, de front, au même instant, au même moment, en même temps, à l'unisson. – LITTÉRAIRE : de conserve. CONTR. *alternativement, isolément, successivement, tour à tour, à tour de rôle.*

sincère *adjectif* Qui montre de la franchise. SYN. de bonne foi, carré, cordial, franc, loyal, ouvert. – LITTÉRAIRE : véridique, vrai. CONTR. *captieux, déloyal, dissimulateur, dissimulé, fanfaron, fourbe, hypocrite, menteur, perfide, retors, traître.* – FAMILIER : *cachottier, ficelle.* – LITTÉRAIRE : *artificieux, benoît, cauteleux, fallacieux, patelin, réticent, tortu.* ■ Qui a une authenticité. SYN. authentique, digne de foi, fidèle, réel, spontané, sûr, véridique, véritable, vrai. CONTR. *affecté, apocryphe, artificiel, de commande, conventionnel, factice, falsifié, faux, feint, forcé, inauthentique, mensonger, simulé, surfait, truqué.* – LITTÉRAIRE : *de parade.*

sincèrement *adverbe* D'une manière sincère. SYN. candidement, à cœur ouvert, à découvert, franchement, loyalement, ouvertement, réellement, en toute bonne foi, en toute franchise, vrai, vraiment. – FAMILIER : carrément. – LITTÉRAIRE : nuement, nûment. CONTR. *en dessous, faussement, hypocritement, mensongèrement, sournoisement, tortueusement, traîtreusement.* – LITTÉRAIRE : *artificieusement, fallacieusement, subrepticement.*

sincérité *nom féminin* Attitude franche. SYN. authenticité, bonne foi, droiture, franchise, honnêteté, impartialité, loyauté, probité. – LITTÉRAIRE : véracité. CONTR. *affectation, bluff, cabotinage, comédie, déloyauté, dissimulation, duplicité, fausseté, fourberie, hypocrisie, mauvaise foi, mensonge, tromperie.* – FAMILIER : *cachotterie, chichi.* – LITTÉRAIRE : *flagornerie, insincérité, perfidie.* ■ Absence de trucage. SYN. authenticité, vérité. – LITTÉRAIRE : véridicité. CONTR. *falsification, inauthenticité, maquillage, trucage, truquage.* – LITTÉRAIRE : *imposture.*

sinécure *nom féminin* Emploi très bien payé. SYN. – FAMILIER : filon, fomage. – POPULAIRE : planque.

singe *nom masculin* ***Singe araignée,*** singe arboricole d'Amérique du Sud. SYN. atèle. ■ ***Singe pleureur,*** singe blanc et roux des savanes africaines. SYN. érythrocèbe, patas. ■ ***Singe vert,*** cercopithèque gris verdâtre. SYN. grivet, vervet.

singer *verbe* Imiter de façon grotesque. SYN. calquer, contrefaire, copier, faire, imiter, mimer, parodier. – LITTÉRAIRE : plagier.

singerie *nom féminin* Tour comique. SYN. clownerie, facétie, farce, pitrerie. ■ Manières affectées. SYN. façons, jonglerie, manières, minauderie, mines, simagrée. – FAMILIER : chichi, comédie. – LITTÉRAIRE : afféterie.

singulariser *verbe* Distinguer des autres. SYN. caractériser, différencier, distinguer, individualiser, particulariser. CONTR. *banaliser.*

singulariser (se) *verbe pronominal* Attirer l'attention sur soi. SYN. se démarquer, se différencier, se distinguer, faire l'intéressant, se faire remarquer, ne pas passer inaperçu, se particulariser, sortir du lot. CONTR. *se faire oublier, se faire tout petit.* – FAMILIER : *marcher à l'ombre.*

singularité *nom féminin* LITTÉRAIRE. Caractère unique. SYN. individualité, originalité, particularité, unicité. – LITTÉRAIRE : rareté. ■ Caractère insolite.

SYN. anomalie, bizarrerie, curiosité, étrangeté, excentricité, extravagance, fantaisie, paradoxe. – LITTÉRAIRE : baroquerie. ■ Acte insolite. **SYN.** curiosité, excentricités, exception, extravagance. – LITTÉRAIRE : étrangeté.

singulier *adjectif* LITTÉRAIRE. Qui est unique. **SYN.** différent, distinct, individuel, à part, particulier, personnel. ■ Qui provoque l'étonnement. **SYN.** abracadabrant, baroque, bizarre, curieux, étonnant, étrange, excentrique, extravagant, inhabituel, insolite, paradoxal, saugrenu, spécial, stupéfiant, surprenant. – FAMILIER : bizarroïde, drôle, sciant, unique. **CONTR.** *banal, classique, commun, habituel, naturel, ordinaire.* ■ Qui atteint un degré élevé. **SYN.** exceptionnel, extraordinaire, inhabituel, insigne, parfait, remarquable.

singulièrement *adverbe* LITTÉRAIRE. D'une manière bizarre. **SYN.** bizarrement, curieusement, drôlement, étrangement. ■ À un très haut degré. **SYN.** beaucoup, considérablement, énormément, excessivement, extrêmement, fortement, grandement, incroyablement, monstrueusement, prodigieusement, vertigineusement, vraiment. – FAMILIER : bigrement, bougrement, diablement, drôlement, fameusement, fichtrement, formidablement, joliment, rudement, sacrément. – LITTÉRAIRE : diantrement, furieusement. – POPULAIRE : vachement. – VIEUX : fièrement. ■ En particulier. **SYN.** notamment, par-dessus tout, particulièrement, principalement, spécialement, surtout.

sinisant *nom* Spécialiste de langue et de civilisation chinoises. **SYN.** sinologue.

sinistre *adjectif* Qui annonce un malheur. **SYN.** alarmant, funeste, inquiétant, de mauvais augure. ■ Qui inspire de la crainte. **SYN.** affreux, angoissant, dangereux, effrayant, effroyable, épouvantable, horrible, inquiétant, patibulaire, redoutable, terrible, terrifiant. – LITTÉRAIRE : ténébreux. ■ Qui est triste et ennuyeux. **SYN.** funèbre, lugubre, macabre, morne, mortel, noir, triste. – FAMILIER : cafardeux, glauque. – LITTÉRAIRE : sépulcral. **CONTR.** *amusant, comique, désopilant, égayant, gai.* – FAMILIER : *crevant, marrant, rigolo, roulant, tordant.* – LITTÉRAIRE : *riant.* – POPULAIRE : *poilant.* ■ FAMILIER. Renforce une injure. **SYN.** damné, fieffé, fini, maudit, sombre. – FAMILIER : fameux, sale, satané.

sinistre *nom masculin* Événement catastrophique. **SYN.** avarie, catastrophe, dégradation, déprédation, destruction, détérioration, dévastation, dommage, ravage.

sinoc *adjectif* POPULAIRE. Qui est fou. **SYN.** dément, dérangé, désaxé, déséquilibré, fou. – FAMILIER : braque, cinglé, détraqué, dingue, fada, fêlé, frappé, loufoque, maboul, malade, marteau, piqué, ravagé, tapé, timbré, toc-toc, toqué, zinzin. – POPULAIRE : allumé, azimuté, barge, barjo, barjot, branque, brindezingue, chtarbé, cinoque, cintré, déjanté, dingo, folingue, fondu, frapadingue, givré, jeté, louf, louftingue, ouf, sinoque, siphonné, tordu.

sinologue *nom* Spécialiste de langue et de civilisation chinoises. **SYN.** sinisant.

sinon *conjonction* Exprime une hypothèse négative. **SYN.** autrement, dans le cas contraire, sans quoi. ■ Exprime une concession. **SYN.** excepté, à l'exclusion de, hormis, hors, à part, sauf. ■ ***Sinon que,*** indique une restriction. **SYN.** excepté que, sauf que, si ce n'est que.

sinoque *adjectif* POPULAIRE. Qui est fou. **SYN.** dément, dérangé, désaxé, déséquilibré, fou. – FAMILIER : braque, cinglé, détraqué, dingue, fada, fêlé, frappé, loufoque, maboul, malade, marteau, piqué, ravagé, tapé, timbré, toc-toc, toqué, zinzin. – POPULAIRE : allumé, azimuté, barge, barjo, barjot, branque, brindezingue, chtarbé, cinoque, cintré, déjanté, dingo, folingue, fondu, frapadingue, givré, jeté, louf, louftingue, ouf, sinoc, siphonné, tordu.

sinueux *adjectif* Qui dessine des courbes. **SYN.** tortueux, tournant, zigzagant. – LITTÉRAIRE : flexueux, ondé, ondoyant, onduleux, serpentin. **CONTR.** *droit, rectiligne.* ■ Qui ne va pas droit au but. **SYN.** oblique, retors, tortueux. **CONTR.** *direct, franc.*

sinuosité *nom féminin* Ligne sinueuse. **SYN.** contour, méandre, ondulation, tortuosité, tournant, zigzag. – LITTÉRAIRE : flexuosité, inflexion, serpentement. ■ LITTÉRAIRE. Moyen détourné. **SYN.** biais, détour, faux-fuyant, subterfuge.

siphomycète *nom masculin* Champignon inférieur. **SYN.** phycomycète.

siphonaptère *nom masculin* Insecte tel que les puces. **SYN.** aphaniptère.

siphonné *adjectif* POPULAIRE. Qui n'a plus toute sa raison. **SYN.** dérangé, désaxé, déséquilibré, fou. – FAMILIER : braque, cinglé, détraqué, dingue, fada, fêlé, frappé, loufoque, maboul, marteau, piqué, ravagé, tapé, timbré, toc-toc, toqué, zinzin. – POPULAIRE : allumé, azimuté, barge, barjo, branque, brindezingue, cinoque, cintré, déjanté, dingo, folingue, fondu, frapadingue, givré, jeté, louf, louftingue, sinoc, sinoque, tordu.

sirène *nom féminin* Signal d'un danger imminent. **SYN.** alarme, alerte, avertisseur, tocsin.

siroter *verbe* FAMILIER. Boire lentement. **SYN.** boire, déguster, se régaler, savourer. – FAMILIER : buvoter.

sirupeux *adjectif* De la nature du sirop. SYN. collant, gluant, poisseux, visqueux. ▪ Qui est sans vigueur. SYN. douceâtre, doucereux, mièvre. – FAMILIER : gnangnan, gniangnian.

sismothérapie *nom féminin* Traitement par décharges électriques. SYN. convulsivothérapie, électrochoc.

sisymbre *nom masculin* Plante autrefois utilisée contre l'enrouement. SYN. herbe aux chantres, vélar, vélaret.

site *nom masculin* Lieu pittoresque. SYN. horizon, panorama, paysage, perspective, point de vue.

sitôt *adverbe* ***De sitôt,*** dans un futur proche. SYN. avant longtemps, d'ici longtemps, de longtemps.

situation *nom féminin* Manière dont une chose est placée. SYN. coin, emplacement, exposition, localisation, orientation, position, site. ▪ Emploi stable. SYN. emploi, fonction, place, poste, profession, travail. – FAMILIER : job. ▪ Ensemble de circonstances. SYN. conjoncture, contexte, état de choses, état de fait, événements. ▪ Fonction dans un domaine. SYN. cas, condition, état, place, rang, sort, statut.

situé *adjectif* Qui se situe à tel endroit. SYN. dirigé, exposé, orienté, placé, positionné, tourné.

situer *verbe* Déterminer la place de. SYN. localiser, positionner, repérer.

situer (se) *verbe pronominal* Se définir par rapport à. SYN. avoir lieu, s'inscrire dans, se placer. ▪ Se placer en un lieu. SYN. se positionner, se poster, se repérer, se trouver.

skate ou **skateboard** *nom masculin* Sport sur une planche à roulettes. SYN. planche à roulettes.

sketch *nom masculin* Petit spectacle. SYN. exhibition, numéro, saynète.

ski-bob *nom masculin* Engin en forme de bicyclette, muni de skis. SYN. véloski.

skunks *nom masculin* Petit mammifère à odeur désagréable. SYN. moufette, sconse.

slash *nom masculin* Élément de séparation, en informatique. SYN. barre de fraction, barre oblique.

smalt *nom masculin* Verre spécial coloré en bleu. SYN. safre.

SMS *nom masculin* Bref message alphanumérique par mobile. SYN. minimessage, télémessage.

snob *adjectif* Empreint de snobisme. SYN. pédant, poseur, prétentieux, puant, vaniteux. – FAMILIER : crâneur. – LITTÉRAIRE : minaudier.

snob *nom* Personne maniérée. SYN. cabotin, pédant, poseur, prétentieux, vaniteux. – FAMILIER : bêcheur, crâneur, m'as-tu-vu. – LITTÉRAIRE : fat, paradeur. – VIEUX : esbroufeur.

sobre *adjectif* Qui mange modérément. SYN. – LITTÉRAIRE : frugal, tempérant. CONTR. *glouton, goulu, gourmand, intempérant, vorace.* – FAMILIER : *goinfre.* ▪ Qui boit peu d'alcool. SYN. abstinent. CONTR. *alcoolique, aviné, enivré, intempérant, ivre.* – FAMILIER : *saoul, soûl.* – POPULAIRE : *blindé, bourré, chargé, raide, rond.* ▪ Qui est peu copieux. SYN. frugal, léger. CONTR. *copieux, nourrissant, nutritif, pantagruélique, riche.* ▪ Qui montre de la réserve. SYN. avare, circonspect, discret, mesuré, modeste, réservé. CONTR. *agressif, enthousiaste, exalté, frénétique, prodigue, prolixe.* – FAMILIER : *délirant.* ▪ Sans ornements. SYN. classique, concis, dépouillé, nu, sévère, simple, strict. CONTR. *ampoulé, chamarré, compliqué, emphatique, fastueux, grandiloquent, orné, plantureux, riche, somptueux, sophistiqué, surchargé, tourmenté.* – FAMILIER : *tarabiscoté.*

sobrement *adverbe* D'une manière sobre. SYN. frugalement, légèrement, modérément, peu. CONTR. *beaucoup, copieusement, énormément, excessivement, goulûment, immodérément, outre mesure, richement, somptueusement, voracement.* ▪ Avec retenue. SYN. discrètement, modestement, sagement, simplement.

sobriété *nom féminin* Fait de manger peu. SYN. frugalité, tempérance. CONTR. *gloutonnerie, goinfrerie, gourmandise, intempérance, voracité.* ▪ LITTÉRAIRE. Attitude réservée. SYN. discrétion, ménagement, mesure, modération, modestie, retenue, sagesse, tact, timidité. CONTR. *délire, démesure, enthousiasme, exaltation, frénésie, outrance, violence.* ▪ Absence de fioritures. SYN. austérité, concision, dépouillement, laconisme, nudité, sévérité, simplicité. CONTR. *emphase, enflure, faste, grandiloquence, luxe, redondance, richesse.* – LITTÉRAIRE : *prolixité, somptuosité.* ▪ Fait de boire peu d'alcool. SYN. tempérance. CONTR. *alcoolisme, ébriété, éthylisme, intempérance, ivresse, ivrognerie.* – VIEUX : *enivrement.*

sociabilité *nom féminin* Qualité d'une personne sociable. SYN. affabilité, flexibilité, malléabilité, souplesse. – LITTÉRAIRE : aménité, liant. CONTR. *insociabilité, misanthropie.* – LITTÉRAIRE : *sauvagerie.*

sociable *adjectif* Qui vit en société. SYN. social. CONTR. *asocial, solitaire.* ▪ Qui se lie facilement. SYN. accueillant, affable, agréable, aimable, avenant, engageant, familier, liant, mondain. – LITTÉRAIRE : amène. CONTR. *acariâtre, bourru, farouche, insociable, ours, sauvage, solitaire.* – FAMILIER : *impossible, invivable.* – LITTÉRAIRE : *misanthrope.*

socialisation *nom féminin* Collectivisation des moyens de production. SYN. collectivisation, étatisation. CONTR. *privatisation.*

socialiser *verbe* Opérer la socialisation des moyens de production. SYN. collectiviser, étatiser. CONTR. *privatiser.*

société *nom féminin* Milieu humain où l'on vit. SYN. collectivité, communauté. ■ Groupe social. SYN. cercle, clan, club, colonie, groupe. – LITTÉRAIRE : ligue. ■ FAMILIER. Personnes présentes. SYN. assemblée, assistance, galerie, rassemblement, réunion. ■ Fait d'avoir des relations avec. SYN. compagnie, entourage, fréquentation, milieu. – LITTÉRAIRE : commerce. ■ Affaire commerciale. SYN. entreprise, firme, maison. – FAMILIER : boîte. ■ ***La haute société,*** les personnes les plus en vue. SYN. beau monde, gotha, hautes sphères, jet-set, jet-society. – FAMILIER : beau linge, la haute.

socle *nom masculin* Base d'un objet. SYN. assise, base, piédestal, support, trépied.

sœur *nom féminin* Femme entrée en religion. SYN. religieuse. – FAMILIER : bonne sœur. – VIEUX : nonne.

soffie *nom féminin* Poisson des torrents et des lacs. SYN. blageon. ■ Poisson de la Garonne et du Rhône. SYN. soiffe.

software *nom masculin* Ensemble de programmes informatiques. SYN. logiciel. CONTR. *hardware, matériel.*

soi-disant *adjectif invariable* Qui prétend être tel. SYN. présumé, prétendu, putatif, supposé.

soif *nom féminin* Fait de désirer ardemment. SYN. avidité, besoin, désir, envie, fièvre, souhait. – FAMILIER : fringale. – LITTÉRAIRE : appétit, faim. ■ ***Avoir soif,*** ressentir le besoin de boire. SYN. avoir le gosier sec, tirer la langue. – FAMILIER : avoir la pépie, boire un coup, lever le coude. – POPULAIRE : avoir la dalle en pente, s'en jeter un derrière la cravate, se rincer la dalle, se rincer le gosier. ■ FAMILIER. ***Jusqu'à plus soif,*** sans fin. SYN. abondamment, amplement, beaucoup, colossalement, comme s'il en pleuvait, considérablement, copieusement, à discrétion, énormément, à flots, à foison, généreusement, grandement, largement, massivement, à la pelle, pleinement, à profusion, en quantité, richement, à satiété, à souhait, surabondamment, en veux-tu en voilà, à volonté. – FAMILIER : à gogo, en pagaille, à tire-larigot. – LITTÉRAIRE : à l'envi. CONTR. *chichement, au compte-gouttes, mesquinement, modérément, moyennement, parcimonieusement, pauvrement, petitement, peu.*

soiffard *nom* FAMILIER. Personne qui boit trop. SYN. alcoolique, buveur, dipsomane, éthylique, ivrogne. – ARGOTIQUE : biberonneur. – FAMILIER : boit-sans-soif, éponge, pilier de bar, pilier de cabaret, pochard, sac à vin, soûlographe. – POPULAIRE : alcoolo, picoleur, pochetron, poivrot, soûlard, soûlaud, soûlot. – VIEUX : biberon.

soiffe *nom féminin* Poisson de la Garonne et du Rhône. SYN. soffie.

soigné *adjectif* Dont la tenue est irréprochable. SYN. élégant, impeccable, net, pimpant, présentable, propre, propret, raffiné, tiré à quatre épingles. – FAMILIER : clean, smart. CONTR. *malpropre, négligé, relâché, sale.* ■ Exécuté avec soin. SYN. appliqué, consciencieux, fouillé, minutieux, sérieux, travaillé. – POPULAIRE : chiadé. – VIEUX : perlé. CONTR. *brut, grossier, hâtif.* – FAMILIER : *bâclé, ni fait ni à faire, sabré.* ■ FAMILIER. D'un degré élevé. SYN. achevé, du diable, élevé, d'enfer, grand, poussé, de tous les diables. – FAMILIER : carabiné, fameux, furieux, pas piqué des hannetons, pas piqué des vers. – POPULAIRE : gratiné.

soigner *verbe* Avoir soin de quelqu'un. SYN. choyer, couver, cultiver, dorloter, entourer, entretenir, gâter. – FAMILIER : bichonner, chouchouter, être aux petits soins. ■ Apporter de l'application à. SYN. fignoler, peaufiner, polir, travailler. – FAMILIER : lécher. – LITTÉRAIRE : châtier, ciseler, raffiner. – POPULAIRE : chiader. – VIEUX : perler. CONTR. *gâcher, perdre, saboter, saper.* – FAMILIER : *bâcler, bousiller, sabrer, saccager, torcher.* ■ Essayer d'enrayer une maladie. SYN. guérir, porter remède à, traiter.

soigneusement *adverbe* Avec soin. SYN. attentivement, consciencieusement, délicatement, habilement, impeccablement, méticuleusement, minutieusement, pieusement, précautionneusement, précieusement, proprement, religieusement, scrupuleusement, sérieusement. CONTR. *négligemment, à la va-vite.* – FAMILIER : *à la va-comme-je-te-pousse.*

soigneux *adjectif* Qui prend soin des objets. SYN. appliqué, attentif, consciencieux, méticuleux, minutieux, précautionneux, scrupuleux. CONTR. *désordonné, inappliqué, insouciant, négligent, sale.* ■ Qui veille à préserver une chose. SYN. préoccupé, regardant, soucieux. CONTR. *indifférent, nonchalant.* ■ LITTÉRAIRE. Fait sérieusement. SYN. approfondi, fouillé, poussé, précis, rigoureux, sérieux. CONTR. *élémentaire, imparfait, rapide, rudimentaire, sommaire.*

soin *nom masculin* Application portée à une chose. SYN. attention, exactitude, minutie, ordre, précaution, scrupule, sérieux. – LITTÉRAIRE : méticulosité. CONTR. *incurie, indolence, insouciance, irréflexion, laisser-aller, négligence, nonchalance, paresse.* – LITTÉRAIRE : *inapplication.*

■ Fait de s'occuper de. SYN. charge, mission, responsabilité.

soins *nom masculin pluriel* Actes empreints d'attention. SYN. attention, égards, ménagement, prévenance, sollicitude, vigilance. CONTR. *indifférence.*

soir *nom masculin* Moment de la fin du jour. SYN. crépuscule, soirée. – LITTÉRAIRE : déclin du jour. CONTR. *aube, aurore, jour, matin.*

soirée *nom féminin* Moment qui précède le coucher. SYN. soir. – VIEUX : veillée. CONTR. *matin, matinée.* ■ Fête qui a lieu le soir. SYN. surprise-partie. – FAMILIER : boum. – VIEUX : surboum.

soit *conjonction* Marque l'approbation. SYN. d'accord, assurément, bien, bon, certainement, entendu. ■ Expose un problème. SYN. étant donné, à savoir, supposons.

solarium *nom masculin* Mollusque des mers chaudes. SYN. architectonica.

solaster *nom masculin* Variété d'étoile de mer. SYN. crossaster.

soldat *nom masculin* Homme de profession militaire. SYN. combattant, conscrit, homme du rang, militaire, recrue, troupier. – POPULAIRE : bidasse, pioupiou, troufion. ■ Punaise rouge tachetée de noir. SYN. cherche-midi, gendarme, pyrrhocoris, suisse.

solde *nom masculin* Ce qu'il reste à payer. SYN. complément, reliquat, restant, reste. ■ Différence entre le débit et le crédit d'un compte. SYN. balance.

solder *verbe* Vendre au rabais. SYN. brader, casser les prix, discounter, écouler, laisser, liquider. – FAMILIER : bazarder, sacrifier.

soleil *nom masculin* Plante aux grosses fleurs jaunes. SYN. tournesol.

solennel *adjectif* Qui est célébré avec éclat. SYN. cérémoniel, grandiose, hiératique, imposant, majestueux. – LITTÉRAIRE : auguste, pompeux. CONTR. *familier, simple.* ■ Qui a un air de gravité. SYN. digne, grave, guindé, officiel, protocolaire. – LITTÉRAIRE : prudhommesque. ■ Qui prend des airs d'importance. SYN. cérémonieux, compassé, doctoral, emphatique, pédant, professoral, sentencieux. – FAMILIER : pontifiant. – LITTÉRAIRE : pédantesque.

solennellement *adverbe* De façon solennelle. SYN. dignement, en grande(s) pompe(s), gravement, pompeusement, sentencieusement, sérieusement. CONTR. *simplement.*

solenniser *verbe* Donner un caractère solennel. SYN. célébrer, exalter, fêter, glorifier. – LITTÉRAIRE : magnifier, sanctifier.

solennité *nom féminin* LITTÉRAIRE. Gravité majestueuse. SYN. componction, emphase, grandiloquence, gravité, sérieux. – LITTÉRAIRE : cérémonie, pompe. – VIEUX : cérémonial. CONTR. *simplicité.* ■ Fête solennelle. SYN. cérémonie, fête.

solidaire *adjectif* Qui dépend de. SYN. connexe, dépendant, interdépendant, lié, relié, soudé. CONTR. *désuni, distinct.*

solidariser *verbe* Rendre solidaire. SYN. relier, réunir, unir. CONTR. *déchirer, désolidariser, désunir, partager.*

solidariser (se) *verbe pronominal* Se déclarer solidaire. SYN. s'associer, se donner un coup de main, se fédérer, se grouper, se lier, partager, se prêter main-forte, se serrer les coudes, se soutenir, se tenir les coudes. – LITTÉRAIRE : s'accorder. CONTR. *se désolidariser, se désunir.* – FAMILIER : *ruer dans les brancards.*

solidarité *nom féminin* Fait de s'entraider. SYN. altruisme, camaraderie, charité, entraide, philanthropie, unité.

solide *adjectif* Qui a une consistance ferme. SYN. consistant, dur, ferme, rigide. CONTR. *coulant, fluide, gazeux, liquide, mou.* ■ Qui résiste bien à l'usure. SYN. coriace, de fer, fort, incassable, inusable, résistant, robuste. CONTR. *cassant, délicat, fragile, friable.* ■ Établi sur des bases sûres. SYN. assis, assuré, durable, immuable, impérissable, indéfectible, indestructible, indissoluble, inébranlable, stable, sûr, tenace. – LITTÉRAIRE : infrangible. CONTR. *boiteux, branlant, chancelant, déficient, destructible, flottant, fluctuant, incertain, instable, maigre, pauvre, précaire.* ■ Qui a de la résistance. SYN. bâti à chaux et à sable, endurant, énergique, fort, puissant, râblé, résistant, robuste, vigoureux. – FAMILIER : costaud, increvable, vaillant. – VIEUX : gaillard. CONTR. *chétif, croulant, débile, décrépit, défaillant, faible, flageolant, frêle, las, maigre, maladif, malingre, sensible, souffreteux.* – LITTÉRAIRE : *gracile.* ■ FAMILIER. Qui a de l'ampleur. SYN. bon, gros, important, sérieux, substantiel. CONTR. *dérisoire, faible, minable.*

solidement *adverbe* D'une manière solide. SYN. ferme, fermement, fortement. CONTR. *mollement.*

solidifier (se) *verbe pronominal* Passer à l'état solide. SYN. se durcir, se figer, geler, prendre. CONTR. *fondre, se liquéfier.*

solidité *nom féminin* Qualité de ce qui est robuste. SYN. consistance, dureté, endurance, force, résistance, rigidité, robustesse, vigueur. CONTR. *fragilité, invalidité, vulnérabilité.* ■ Caractère bien établi. SYN. fermeté, stabilité, sûreté. – LITTÉRAIRE : immuabilité. CONTR. *faiblesse,* *fragilité, instabilité, précarité.* – LITTÉRAIRE : *inconstance, versatilité.*

soliloque *nom masculin* Fait de parler tout seul. SYN. monologue. CONTR. *dialogue, discussion.*

soliloquer *verbe* Se parler à soi-même. SYN. monologuer. CONTR. *converser, dialoguer, discuter.*

solitaire *adjectif* Qui est sans compagnie. SYN. esseulé, isolé, séquestré, seul. – LITTÉRAIRE : reclus. ■ Qui fuit les hommes. SYN. farouche, insociable, ours, sauvage. – LITTÉRAIRE : misanthrope. CONTR. *liant, mondain, sociable.* ■ Situé à l'écart. SYN. abandonné, désert, écarté, inhabité, sauvage. – POPULAIRE : paumé. CONTR. *fréquenté, passant.*

solitaire *nom masculin* Personne qui vit à l'écart. SYN. sauvage. – FAMILIER : ours. – LITTÉRAIRE : ermite, misanthrope.

solitude *nom féminin* État d'une personne seule. SYN. isolement, retraite.

sollicitation *nom féminin* Action de solliciter. SYN. adjuration, appel, demande, exhortation, instance, invite, prière, requête, supplique. – LITTÉRAIRE : imploration. ■ Ce qui sollicite quelqu'un. SYN. excitation, incitation, invitation.

sollicité *adjectif* Que l'on sollicite. SYN. demandé, désiré, recherché, réclamé. – FAMILIER : couru. – LITTÉRAIRE : prisé.

solliciter *verbe* Demander avec insistance. SYN. briguer, demander, implorer, quémander, rechercher, réclamer, requérir. – LITTÉRAIRE : quêter. CONTR. *offrir.* ■ Faire appel à quelqu'un. SYN. appeler, avoir recours à, convier, inviter, recourir à, vouloir.

solliciteur *nom* Personne qui sollicite. SYN. mendiant. – LITTÉRAIRE : quémandeur.

sollicitude *nom féminin* Attitude attentionnée. SYN. attention, délicatesse, empressement, gentillesse, intérêt, obligeance, prévenance, soins, vigilance. – LITTÉRAIRE : diligence. CONTR. *indifférence, négligence.*

soluble *adjectif* Qui peut être résolu. SYN. résoluble. CONTR. *impossible, inextricable, insoluble.*

solution *nom féminin* Réponse à un problème. SYN. clé, clef, exutoire, parti, remède, résolution, résultat. ■ Fait de se terminer. SYN. conclusion, dénouement, fin, issue, règlement. – LITTÉRAIRE : terminaison.

solutionner *verbe* Donner une solution à. SYN. arranger, démêler, dénouer, régler, résoudre, trancher.

solvable *adjectif* Qui peut payer ses dettes. CONTR. *insolvable.*

somathormone *nom féminin* Hormone agissant sur la croissance. SYN. hormone de croissance, hormone somatotrope, somatotrophine.

somation *nom féminin* Adaptation d'un organisme à un climat. SYN. acclimatement, accommodat, morphose. CONTR. *inaccoutumance.*

somatique *adjectif* Qui se rapporte au corps. SYN. organique, physiologique, physique. CONTR. *cérébral, mental, psychique.*

somatotrope *adjectif* ***Hormone somatotrope,*** hormone hypophysaire agissant sur la croissance. SYN. hormone de croissance, somathormone, somatotrophine.

somatotrophine *nom féminin* Hormone agissant sur la croissance. SYN. hormone de croissance, hormone somatotrope, somathormone.

sombre *adjectif* Qui est peu éclairé. SYN. noir, obscur, opaque. – LITTÉRAIRE : ténébreux. CONTR. *clair, éclairé, éclatant, illuminé, lumineux.* – LITTÉRAIRE : *flamboyant.* ■ Se dit d'une couleur foncée. SYN. foncé, profond. CONTR. *blanchâtre, clair, décoloré, délavé, pâle, soutenu, vif.* – LITTÉRAIRE : *diapré.* ■ Qui montre de l'inquiétude. SYN. abattu, bilieux, cafardeux, déprimé, funèbre, inquiet, lugubre, macabre, mélancolique, morne, morose, nostalgique, pessimiste, rembruni, sérieux, sinistre, soucieux, triste. – LITTÉRAIRE : chagrin, sépulcral. CONTR. *badin, content, enjoué, épanoui, gai, jovial, joyeux, optimiste, plaisant, radieux, rayonnant, réjoui, riant, rieur, souriant.* – LITTÉRAIRE : *folâtre.* ■ Chargé de menaces. SYN. angoissant, dramatique, grave, inquiétant, menaçant, nuageux, préoccupant, terrible, tragique. – FAMILIER : cafardeux. – LITTÉRAIRE : nébuleux, ténébreux. CONTR. *paisible, plaisant, rassurant, serein, tranquille.*

sombrer *verbe* Être englouti dans l'eau. SYN. s'abîmer, chavirer, couler, s'engloutir, faire naufrage. CONTR. *émerger, flotter, surnager.* ■ Cesser d'exister. SYN. s'anéantir, s'effondrer, faire naufrage, péricliter. CONTR. *marcher, réussir, surnager.* – FAMILIER : *émerger.* ■ Se laisser envahir par. SYN. s'absorber, s'enfoncer, s'engluer, s'enliser, se noyer, se perdre, se plonger, verser. – LITTÉRAIRE : s'abîmer, s'anéantir.

sommaire *adjectif* Exposé en peu de mots. SYN. abrégé, bref, concis, court, expéditif, rapide, résumé, schématique, succinct, superficiel. CONTR. *amplifié, approfondi, détaillé, exhaustif, fouillé, minutieux, poussé, touffu.* – FAMILIER : *délayé.* – LITTÉRAIRE : *soigneux.* ■ Qui est réduit au minimum. SYN. élémentaire, fruste, grossier, imparfait, rudimentaire, simple, simpliste. – FAMILIER : court. CONTR. *complet, raffiné, savant, sérieux, sophistiqué.*

sommairement *adverbe* D'une façon sommaire. SYN. en abrégé, approximativement, brièvement, à demi, fragmentairement, en gros, grossièrement, grosso modo, imparfaitement, incomplètement, insuffisamment, mal, à moitié, en résumé, rudimentairement, en substance, succinctement, superficiellement, vaguement. CONTR. *bien, complètement, entièrement, à fond, intégralement, pleinement.*

sommation *nom féminin* Invitation impérative. SYN. commandement, injonction, mise en demeure, ordre, oukase, ukase, ultimatum.

somme *nom féminin* Quantité d'argent. SYN. chiffre, montant, total. ■ ***En somme, somme toute,*** tout bien considéré. SYN. au bout du compte, bref, en définitive, en fin de compte, finalement, en résumé, au total, tout compte fait, pour tout dire.

sommeil *nom masculin* État de quelqu'un qui dort. SYN. assoupissement, somme, somnolence. – FAMILIER : dodo, roupillon. CONTR. *réveil, veille.* – LITTÉRAIRE : *éveil.* ■ ***Avoir sommeil,*** avoir envie de dormir. SYN. s'assoupir, dormir debout, s'endormir, ne pas tenir debout, sommeiller, somnoler, tomber dans les bras de Morphée. – FAMILIER : piquer du nez.

sommeiller *verbe* Dormir un petit moment. SYN. s'assoupir, dormir, s'endormir, somnoler. CONTR. *veiller.*

sommer *verbe transitif* Effectuer une sommation. SYN. assigner, citer, interpeller, mettre en demeure. ■ Demander impérativement. SYN. acculer, adjurer, commander, dire, exiger, intimer, inviter, ordonner, prescrire, prier. – LITTÉRAIRE : enjoindre, signifier. CONTR. *défendre.*

sommer *verbe transitif* Faire la somme de. SYN. additionner, totaliser. CONTR. *déduire, retrancher, soustraire.*

sommer *verbe transitif* Orner le sommet. SYN. coiffer, dominer, surmonter, surplomber. – LITTÉRAIRE : couronner.

sommet *nom masculin* Point culminant d'un relief. SYN. mont, montagne, pic, point culminant, puy. ■ Partie la plus haute. SYN. cime, crête, extrémité, faîte, front, haut, pointe, tête. CONTR. *bas, base, pied.* ■ Degré suprême de. SYN. apogée, comble, maximum, paroxysme, point culminant, summum, zénith. – LITTÉRAIRE : acmé, extrémité, faîte, période. – VIEUX : pinacle.

sommité *nom féminin* Personne éminente. SYN. baron, célébrité, figure, magnat, notabilité, personnage, personnalité, prince. – FAMILIER : ponte, ténor. – LITTÉRAIRE : lumière.

somnifère *nom masculin* Substance qui endort. SYN. calmant, hypnotique, narcotique. – VIEUX : soporifique. CONTR. *excitant, stimulant.*

somnolence *nom féminin* LITTÉRAIRE. Manque de dynamisme. SYN. apathie, langueur, léthargie, marasme, paralysie, piétinement, sommeil, stagnation, torpeur. – LITTÉRAIRE : assoupissement, prostration.

somnolent *adjectif* LITTÉRAIRE. Qui manque d'activité. SYN. assoupi, endormi, figé, mort. – LITTÉRAIRE : dormant. ■ Dont l'esprit fonctionne au ralenti. SYN. épais, lourd. – FAMILIER : ramolli. – LITTÉRAIRE : ensommeillé, torpide.

somnoler *verbe* Être en état de demi-sommeil. SYN. s'assoupir, dormir, s'endormir, sommeiller. CONTR. *dormir à poings fermés, dormir comme un loir, dormir comme une marmotte.* – POPULAIRE : *en écraser.*

somptueusement *adverbe* De façon somptueuse. SYN. fastueusement, luxueusement, magnifiquement, princièrement, richement, royalement, splendidement, superbement. – LITTÉRAIRE : sublimement. CONTR. *modestement, pauvrement, petitement, sobrement.*

somptueux *adjectif* Qui a nécessité des dépenses. SYN. cossu, fastueux, luxueux, princier, royal. CONTR. *humble, maigre, modeste, pauvre, petit.* ■ Qui est superbe. SYN. éblouissant, fabuleux, féerique, magnifique, riche, splendide, superbe, triomphal. CONTR. *simple, sobre.*

somptuosité *nom féminin* LITTÉRAIRE. Caractère somptueux. SYN. beauté, décorum, éclat, faste, luxe, magnificence, richesse. – LITTÉRAIRE : pompe, splendeur. CONTR. *dépouillement, modestie, simplicité, sobriété.*

sonal *nom masculin* Bref thème musical. SYN. indicatif, jingle.

sondage *nom masculin* Enquête statistique. SYN. consultation, enquête d'opinion.

sonder *verbe* Explorer quelque chose. SYN. examiner, explorer, fouiller, inspecter, passer au peigne fin, prospecter, scruter, visiter. ■ Soumettre à un sondage. SYN. consulter, enquêter. ■ Interroger pour en savoir plus. SYN. approfondir, interroger, prendre la température de, prendre le pouls de, questionner, tâter le pouls de, tâter le terrain. – FAMILIER : confesser.

songe *nom masculin* LITTÉRAIRE. Vues de l'esprit. SYN. billevesée, chimère, fantôme, fiction, illusion, irréalité, mirage, rêve, songerie, utopie. – LITTÉRAIRE : rêverie. CONTR. *probabilité, réalité.*

songe-creux *nom masculin invariable* LITTÉRAIRE. Homme qui nourrit des chimères. SYN. idéaliste, idéologue, illuminé, rêveur, utopiste.

songer *verbe intransitif* LITTÉRAIRE. Laisser errer sa pensée. SYN. être absent, être ailleurs, être dans la lune, être dans les nuages, méditer, penser, planer, se recueillir, rêvasser, rêver. – **FAMILIER** : gamberger.

songer *verbe transitif indirect* Avoir à l'esprit. SYN. s'inquiéter de, s'intéresser, s'occuper de, se préoccuper de, réfléchir, se soucier de, veiller à. CONTR. *oublier.* ■ Avoir l'intention de. SYN. compter, se disposer, envisager, méditer, se mettre en tête de, penser, se préparer à, projeter, se proposer de. CONTR. *renoncer.*

songerie *nom féminin* Pensée vague. SYN. chimère, divagation, imagination, rêve, rêverie. – **LITTÉRAIRE** : rêvasserie, songe.

songeur *adjectif* Perdu dans une rêverie. SYN. absorbé, contemplatif, méditatif, pensif, préoccupé, recueilli, rêveur. – **LITTÉRAIRE** : contemplateur.

sonnailler *verbe* Faire entendre un bruit de cloche. SYN. carillonner, sonner, tinter. – **LITTÉRAIRE** : tintinnabuler.

sonnant *adjectif* Se dit d'une heure juste. SYN. battant, juste, précis, tapant. – **FAMILIER** : pétant.

sonné *adjectif* FAMILIER. Qui est accompli. SYN. accompli, passé, révolu. ■ FAMILIER. Qui a reçu un coup. SYN. abasourdi, assommé, étourdi, hébété. – **FAMILIER** : groggy, K.-O. ■ POPULAIRE. Qui a l'esprit dérangé. SYN. dérangé, désaxé, déséquilibré. – **FAMILIER** : braque, cinglé, détraqué, dingue, fada, fêlé, frappé, loufoque, maboul, malade, piqué, ravagé, tapé, timbré, toc-toc, toqué, zinzin. – **POPULAIRE** : barge, barjo, branque, brindezingue, cinoque, cintré, déjanté, dingo, folingue, fondu, frapadingue, givré, louf, loufingue, sinoc, sinoque, siphonné.

sonner *verbe* Produire des sons. SYN. carillonner, résonner, sonnailler, tinter. – **LITTÉRAIRE** : retentir, tintinnabuler.

sonore *adjectif* Qui sonne fort. SYN. bruyant, claironnant, éclatant, fort, perçant, résonnant, retentissant, ronflant, strident, tonitruant, vibrant. – **LITTÉRAIRE** : tonnant. CONTR. *assourdi, caverneux, doux, étouffé, insonore, mat, muet, silencieux, sourd, voilé.*

sonorité *nom féminin* Qualité sonore d'un lieu, etc. SYN. acoustique, résonance. ■ Caractère d'un son. SYN. consonance, timbre.

sophistication *nom féminin* Raffinement excessif. SYN. affectation, apprêt, maniérisme, préciosité, recherche, subtilité. – **FAMILIER** : chichi. – **LITTÉRAIRE** : afféterie.

sophistiqué *adjectif* Qui montre du raffinement. SYN. affecté, artificiel, délicat, distingué, étudié, maniéré, raffiné, recherché, travaillé. CONTR. *authentique, naturel, primaire, primitif, rude, vulgaire.* – **LITTÉRAIRE** : *rustique.* ■ D'une grande complication. SYN. alambiqué, complexe, compliqué, recherché, subtil, tourmenté. CONTR. *simple, sobre, sommaire.*

soporifique *adjectif* Qui donne envie de dormir. SYN. assoupissant, endormant, ennuyeux, mortel. – **FAMILIER** : assommant, barbant, dormitif, enquiquinant, léthargique, rasant, rasoir, soûlant. – **POPULAIRE** : chiant, suant. CONTR. *amusant, captivant, excitant, fascinant, intéressant, palpitant, passionnant, prenant, stimulant.* – **FAMILIER** : *folichon.*

soporifique *nom masculin* VIEUX. Substance qui fait dormir. SYN. calmant, hypnotique, narcotique, somnifère. CONTR. *excitant, stimulant.*

sorabe *nom masculin* Langue slave. SYN. wende.

sorbe *nom féminin* Fruit du cormier. SYN. corme.

sorbier *nom masculin* Arbre au bois très dur. SYN. cormier.

sorcellerie *nom féminin* Pratique magique. SYN. diablerie, divination, envoûtement, magie, maléfice, satanisme, sortilège.

sorcier *nom* Celui qui pratique la sorcellerie. SYN. chaman, devin, enchanteur, ensorceleur, magicien.

sorcière *nom féminin* Femme méchante. SYN. furie, harpie, mégère, vipère. – **FAMILIER** : chameau, harengère, poison, rosse. – **LITTÉRAIRE** : gorgone, tigresse.

sordide *adjectif* D'une saleté sans nom. SYN. crasseux, dégoûtant, écœurant, galeux, immonde, infect, malpropre, nauséabond, repoussant, sale. – **POPULAIRE** : dégueulasse. CONTR. *propre.* ■ Qui fait preuve de bassesse. SYN. abject, atroce, crapuleux, hideux, ignoble, immonde, immoral, infâme, infect, innommable, inqualifiable, répugnant, répulsif, vilain. – **FAMILIER** : glauque. – **LITTÉRAIRE** : ignominieux, nauséeux, turpide, vil. CONTR. *noble.*

sordidement *adverbe* De façon sordide. SYN. abjectement, bassement, hideusement, honteusement, ignoblement, petitement. – **LITTÉRAIRE** : ignominieusement, vilainement, vilement. CONTR. *dignement, fièrement, grandement, majestueusement, noblement.*

sornette *nom féminin* Propos frivole. SYN. absurdité, baliverne, billevesée, calembredaine, chanson, fadaise, histoire, sottise. – **FAMILIER** : baratin, boniment, faribole, fichaise, salade.

sort *nom masculin* Puissance surnaturelle. SYN. destin, destinée, fatalité, hasard. – **LITTÉRAIRE** : fortune. ■ Conditions de vie. SYN. existence, position, situation. ■ Avenir réservé à. SYN. avenir, dénouement, destin, destinée, fin. – LITTÉRAIRE : étoile, lot. ■ Influence maléfique. SYN. charme, ensorcellement, maléfice, sortilège. – LITTÉRAIRE : enchantement.

sortable *adjectif* FAMILIER. Que l'on peut montrer en public. SYN. convenable, correct, décent, montrable, présentable. – FAMILIER : possible.

sorte *nom féminin* Catégorie d'êtres ou de choses. SYN. catégorie, espèce, genre, nature, type, variété. ■ ***Une sorte de,*** indique une approximation. SYN. une espèce de, une façon de, une manière de.

sortie *nom féminin* Somme dépensée. SYN. débit, dépense. ■ Endroit par où l'on sort. SYN. issue, porte. CONTR. *accès, entrée, seuil.* ■ Fin d'une période. SYN. fin, issue. CONTR. *apparition, commencement, début, entrée, rentrée.* ■ Fait de se promener. SYN. promenade, tour. – FAMILIER : balade, virée. ■ Fait de lancer un produit. SYN. lancement, parution, publication. ■ Brusque emportement. SYN. algarade, esclandre, invective, querelle, scène.

sortilège *nom masculin* Force d'origine magique. SYN. charme, diablerie, ensorcellement, envoûtement, fascination, magie, sort. – FAMILIER : sorcellerie. – LITTÉRAIRE : enchantement.

sortir *verbe intransitif* Quitter le lieu où l'on est. SYN. s'absenter, s'en aller, s'esquiver, partir, prendre la porte, quitter, se retirer, se sauver. – FAMILIER : s'éclipser. CONTR. *accéder, arriver, demeurer, entrer, s'introduire, pénétrer, se rendre, rentrer, rester.* ■ Aller dehors pour se divertir. SYN. être de sortie, se faire une sortie, se montrer, paraître. CONTR. *se barricader, se calfeutrer, se cloîtrer, s'enfermer.* ■ Se répandre au dehors. SYN. couler, déborder, s'échapper, émaner, s'exhaler, jaillir. – LITTÉRAIRE : sourdre. ■ Franchir les limites de. SYN. se détacher, dévier, s'écarter, s'éloigner, enfreindre, outrepasser, transgresser. CONTR. *conserver, garder, suivre, tenir.* ■ Être issu de tel milieu. SYN. descendre, être né de, naître, provenir, remonter à. ■ Faire saillie. SYN. affleurer, apparaître, déborder, émerger, passer, percer, saillir. ■ Avoir comme résultat. SYN. découler, se dégager, dériver, s'ensuivre, résulter.

sortir *verbe transitif* Mettre à l'extérieur. SYN. dégager, exhiber, extirper, extraire, retirer, tirer. CONTR. *enfouir, engager, glisser, introduire, ranger, réintégrer, rentrer.* ■ Tirer quelqu'un d'embarras. SYN. débarrasser, dépêtrer, libérer, retirer. CONTR. *enfoncer, mettre, plonger, précipiter.* – FAMILIER : *fourrer.* ■ FAMILIER. Mettre quelqu'un dehors. SYN. chasser, déloger, évacuer, expulser. – FAMILIER : vider, virer. CONTR. *cadenasser, enfermer.* – FAMILIER : *boucler.* ■ Mettre en vente un produit. SYN. commercialiser, éditer, faire paraître, promouvoir, publier. ■ FAMILIER. Tenir des propos étonnants. SYN. débiter, lâcher, proférer, prononcer, raconter.

sortir (se) *verbe pronominal* Se tirer d'une situation délicate. SYN. se dégager, se dépêtrer, se libérer, réchapper, se tirer d'affaire, tirer son épingle du jeu, s'en tirer. – FAMILIER : se débrouiller, se dépatouiller. – POPULAIRE : se démerder. CONTR. *s'embourber, s'embrouiller, s'empêtrer, s'enchevêtrer, s'enferrer, s'enliser, être dans le pétrin, être dans une mauvaise passe, patauger.* – FAMILIER : *s'enfoncer, être dans de beaux draps, être dans la panade, ne pas être sorti de l'auberge.* – POPULAIRE : *être dans la merde.* ■ FAMILIER. ***S'en sortir,*** recouvrer la santé. SYN. guérir, en réchapper, se remettre, reprendre le dessus, ressusciter, se rétablir, se tirer d'affaire, s'en tirer. – FAMILIER : reprendre du poil de la bête. CONTR. *rechuter.* – FAMILIER : *replonger.*

sosie *nom masculin* Personne qui ressemble à une autre. SYN. copie conforme, double, image, pendant, portrait, reflet, réplique. – FAMILIER : clone.

sot *adjectif* LITTÉRAIRE. Qui manifeste de l'embarras. SYN. déconcerté, embarrassé, gêné, honteux, penaud. – LITTÉRAIRE : contrit. ■ Qui manque d'intelligence. SYN. balourd, benêt, bête, idiot, inintelligent, niais, nigaud, stupide. – FAMILIER : ballot, bêta, cruche, godiche, tarte. – POPULAIRE : cloche, nouille. CONTR. *brillant, intelligent, malin, spirituel.* ■ Qui est regrettable. SYN. aberrant, absurde, déraisonnable, inepte, insensé, ridicule, saugrenu.

sot *nom masculin* Homme peu dégourdi. SYN. âne, balourd, benêt, idiot, imbécile, niais, nigaud. – FAMILIER : abruti, andouille, ballot, bêta, bûche, buse, crétin, cruche, noix, serin. – POPULAIRE : con, cornichon, couillon, nouille.

sotte *nom féminin* Femme peu dégourdie. SYN. idiote, imbécile. – FAMILIER : abrutie, andouille, bécasse, bécassine, bêtasse, bûche, crétine, cruche, dinde, empotée, godiche, gourde, noix, oie. – POPULAIRE : nouille.

sottement *adverbe* D'une manière sotte. SYN. bêtement, idiotement, inintelligemment, stupidement. – LITTÉRAIRE : imbécilement, niaisement. CONTR. *brillamment, intelligemment, spirituellement.*

sottise *nom féminin* Manque de jugement. SYN. bêtise, idiotie, imbécillité, ineptie, inintelligence, insanité, naïveté, niaiserie, nullité, stupidité. – FAMILIER : crétinerie, crétinisme, débilité. – LITTÉRAIRE : nigauderie. – POPULAIRE : connerie. CONTR. *finesse, intelligence.* ■ Propos ou acte stupide. SYN. absurdité, ânerie, balourdise, bavure, bêtise, bévue, billevesée, calembredaine, fadaise, imbécillité, impair, ineptie, insanité, niaiserie, sornette, stupidité. – FAMILIER : blague, bourde, crétinerie, faribole, gaffe, idiotie. – POPULAIRE : connerie.

sottisier *nom masculin* Recueil d'erreurs comiques. SYN. bêtisier.

sou *nom masculin* FAMILIER. Petite somme. SYN. centime, denier, obole, penny. – FAMILIER : rond. – LITTÉRAIRE : liard. – POPULAIRE : kopeck, radis, rotin.

soubassement *nom masculin* Partie inférieure d'une construction. SYN. assiette, assise, base, fondation, fondement.

soubresaut *nom masculin* Mouvement brusque. SYN. à-coup, haut-le-corps, saccade, saut, secousse, sursaut, tressaillement. – LITTÉRAIRE : tressautement. ■ Trouble violent. SYN. bouleversement, cahot, convulsion, secousse.

souche *nom féminin* Origine de quelqu'un. SYN. ascendance, essence, famille, lignage, lignée, origine, racine. – LITTÉRAIRE : extraction, parents, race, sang.

souchette *nom féminin* Champignon qui pousse sur les souches d'arbres. SYN. collybie.

souchot *nom masculin* Petite seiche comestible. SYN. sépiole.

souci *nom masculin* Fleur des jardins d'un jaune vif. SYN. calendula. ■ ***Souci d'eau, souci des marais,*** herbe vivace toxique. SYN. populage.

souci *nom masculin* Fait d'être inquiet. SYN. angoisse, anxiété, inquiétude, préoccupation, tracas. – FAMILIER : bile. – LITTÉRAIRE : alarme. CONTR. *paix, sérénité.* – LITTÉRAIRE : *quiétude, repos.* ■ Ce qui préoccupe. SYN. affaire, contrariété, désagrément, ennui, problème, tracas. – FAMILIER : embêtement, empoisonnement, enquiquinement, ombre au tableau. – POPULAIRE : emmerdement.

soucier *verbe* VIEUX. Être une source d'inquiétude. SYN. agiter, angoisser, causer du souci, effrayer, faire peur, inquiéter, préoccuper, tourmenter, tracasser. – FAMILIER : causer du tintouin, turlupiner. CONTR. *calmer, rassurer, tranquilliser.* – LITTÉRAIRE : *rasséréner.*

soucier (se) *verbe pronominal* Porter intérêt à. SYN. s'embarrasser de, faire attention à, faire cas de, s'intéresser, s'occuper, se pencher sur, penser à, se préoccuper de, regarder, songer, veiller à. CONTR. *se désintéresser, faire peu de cas de, ignorer, ne pas s'occuper de, négliger.* – FAMILIER : *se ficher.* – LITTÉRAIRE : *n'avoir cure de.* – POPULAIRE : *se foutre.* ■ Être très préoccupé par. SYN. se faire du mauvais sang, se faire du souci, se faire du tracas, s'en faire, s'inquiéter, se tourmenter, se tracasser. – FAMILIER : se biler, se faire de la bile, se faire des cheveux (blancs), se mettre martel en tête. – POPULAIRE : se faire de la mousse, se faire du mouron. CONTR. *prendre à la légère.* – FAMILIER : *prendre à la rigolade.* – LITTÉRAIRE : *n'avoir cure de.*

soucieux *adjectif* Qui se fait du souci. SYN. angoissé, anxieux, assombri, ennuyé, inquiet, pensif, perplexe, sombre, tourmenté, tracassé. – FAMILIER : bileux. – LITTÉRAIRE : chagrin. CONTR. *insouciant, paisible, placide, réjoui, riant.* – LITTÉRAIRE : *insoucieux, quiet.* ■ Qui a grand soin de. SYN. attentif, jaloux, obnubilé, obsédé, réoccupé, soigneux.

soucoupe *nom féminin* Petite assiette placée sous une tasse. SYN. sous-tasse. ■ ***Soucoupe volante,*** objet volant de nature inconnue. SYN. ovni, UFO.

soudain *adjectif* Qui se produit tout à coup. SYN. brusque, foudroyant, fulgurant, immédiat, imprévu, inattendu, inopiné, instantané, rapide, subit. – LITTÉRAIRE : prompt. CONTR. *attendu, graduel, insensible, lent, long, préparé, prévu.*

soudain *adverbe* Dans l'instant même. SYN. à brûle-pourpoint, brusquement, brutalement, de but en blanc, au dépourvu, ex abrupto, fortuitement, par hasard, immédiatement, à l'improviste, inopinément, instantanément, au pied levé, précipitamment, sans crier gare, soudainement, subitement, par surprise, tout à coup, tout d'un coup. – FAMILIER : subito, tout de go. – LITTÉRAIRE : au débotté. – POPULAIRE : aussi sec. – VIEUX : impromptu, tout à trac. CONTR. *par degrés, graduellement, lentement, pas à pas, petit à petit, peu à peu, pied à pied, progressivement.*

soudainement *adverbe* De façon soudaine. SYN. à brûle-pourpoint, brusquement, brutalement, de but en blanc, au dépourvu, ex abrupto, fortuitement, par hasard, immédiatement, à l'improviste, inopinément, instantanément, au pied levé, précipitamment, sans crier gare, soudain, subitement, par surprise, tout à coup, tout d'un coup. – FAMILIER : subito, tout de go. – LITTÉRAIRE : au débotté. – POPULAIRE : aussi sec. – VIEUX : impromptu, tout à trac. CONTR. *par degrés, graduellement, lentement, pas à pas, petit à petit, peu à peu, pied à pied, progressivement.*

soudaineté *nom féminin* Qualité de ce qui est soudain. SYN. brusquerie, brutalité, instantanéité, précipitation, rapidité. – LITTÉRAIRE : immédiateté, promptitude, vivacité. CONTR. *lenteur.*

soudard *nom masculin* LITTÉRAIRE. Individu grossier. SYN. butor, cuistre, goujat, malappris, malotru, mufle, ostrogoth, rustre, sauvage. – FAMILIER : malpoli, paltoquet, sagouin. – LITTÉRAIRE : faquin. – VIEUX : maraud, maroufle.

souder *verbe* Joindre une chose à une autre. SYN. accoler, agglutiner, assembler, attacher, coller, conglomérer, joindre, lier, réunir, unir. CONTR. *disjoindre, dissocier, séparer.*

soudoyer *verbe* Payer le soutien de quelqu'un. SYN. acheter, payer, suborner. – FAMILIER : arroser, graisser la patte. – LITTÉRAIRE : corrompre, stipendier.

soudure *nom féminin* Action de souder. SYN. assemblage, jonction. CONTR. *cassure, fracture.*

soufflant *adjectif* FAMILIER. Qui stupéfie. SYN. abracadabrant, ahurissant, déconcertant, effarant, étonnant, frappant, inattendu, inconcevable, incroyable, insolite, saisissant, stupéfiant, surprenant. – FAMILIER : époustouflant, renversant, sciant, sidérant.

souffle *nom masculin* Air exhalé en respirant. SYN. expiration, haleine, respiration. ▪ Courant d'air léger. SYN. air, bise, bouffée, brise, courant d'air, vent. – LITTÉRAIRE : frisson, zéphyr. ▪ LITTÉRAIRE. Faculté d'imagination. SYN. créativité, enthousiasme, exaltation, inspiration, lyrisme, veine. – LITTÉRAIRE : verve.

soufflé *adjectif* FAMILIER. Très étonné. SYN. abasourdi, ahuri, atterré, bouche bée, coi, ébahi, éberlué, étonné, hébété, interdit, interloqué, médusé, pantois, renversé, saisi, stupéfait, suffoqué, surpris, tombé de la lune, tombé des nues. – FAMILIER : assis, baba, comme deux ronds de flan, épaté, époustouflé, estomaqué, scié, sidéré. – LITTÉRAIRE : ébaubi. – POPULAIRE : sur le cul. ▪ Anormalement gonflé. SYN. bouffi, boursouflé, enflé, gonflé, gros.

souffler *verbe intransitif* Respirer avec difficulté. SYN. s'essouffler, haleter, suffoquer. ▪ En parlant de l'air, se déplacer. SYN. se déchaîner, déferler, s'épandre. ▪ Chasser de l'air. SYN. expirer. CONTR. *aspirer, inspirer.* ▪ Retrouver son souffle. SYN. se reposer, reprendre haleine, respirer.

souffler *verbe transitif* Dire discrètement. SYN. chuchoter, glisser, glisser à l'oreille, murmurer, susurrer. ▪ Faire une suggestion à. SYN. conseiller, dicter, exhorter, inciter, insinuer, inspirer, inviter, proposer, recommander, suggérer. ▪ FAMILIER. Prendre par ruse. SYN. s'emparer, extorquer, prendre. – FAMILIER : barboter, carotter, chiper, piquer, rafler. – LITTÉRAIRE : dérober. – POPULAIRE : ratiboiser. ▪ FAMILIER. Causer un vif étonnement. SYN. abasourdir, ahurir, couper le souffle, ébahir, éberluer, effarer, étonner, méduser, renverser, stupéfier, suffoquer, surprendre. – FAMILIER : asseoir, en boucher un coin, couper le sifflet, ébouriffer, épater, époustoufler, estomaquer, scier, sidérer. – POPULAIRE : couper la chique.

soufflet *nom masculin* LITTÉRAIRE. Coup donné sur la joue. SYN. claque, gifle. – ARGOTIQUE : mornifle. – FAMILIER : calotte, taloche. – POPULAIRE : baffe, beigne, mandale, tarte, torgnole. ▪ LITTÉRAIRE. Acte offensant. SYN. affront, brimade, humiliation, mortification, offense, outrage. – LITTÉRAIRE : avanie, camouflet.

souffleter *verbe* LITTÉRAIRE. Donner un soufflet. SYN. claquer, gifler. – FAMILIER : calotter. – VIEUX : talocher.

souffrance *nom féminin* Fait de souffrir. SYN. détresse, douleur, épreuve, peine, supplice, tourment, tracas. CONTR. *bien-être, plaisir.*

souffrant *adjectif* Qui n'est pas en bonne santé. SYN. fatigué, incommodé, indisposé, malade, mal-en-point. – FAMILIER : mal fichu, patraque. – LITTÉRAIRE : dolent. – POPULAIRE : mal foutu. CONTR. *sain, valide.* – VIEUX : *gaillard.*

souffre-douleur *nom invariable* Personne qu'on maltraite. SYN. bouc émissaire, cible, jouet, proie. – FAMILIER : tête de Turc.

souffreteux *adjectif* De santé délicate. SYN. chétif, débile, déficient, faible, fragile, maladif, malingre, rabougri, rachitique. – LITTÉRAIRE : dolent. – VIEUX : cacochyme. CONTR. *fort, résistant, robuste, solide, vigoureux.* – VIEUX : *gaillard.*

souffrir *verbe intransitif* Être endommagé. SYN. s'abîmer, s'altérer, se détériorer, s'étioler. – LITTÉRAIRE : pâtir. ▪ Ressentir une souffrance. SYN. avoir mal, endurer, grimacer de douleur, hurler de douleur. – FAMILIER : encaisser. – POPULAIRE : déguster.

souffrir *verbe transitif* LITTÉRAIRE. Endurer un mal. SYN. endurer, éprouver, essuyer, subir, supporter, tolérer. – FAMILIER : digérer, encaisser. CONTR. *bénéficier, jouir.* ▪ Admettre une modification. SYN. admettre, permettre, supporter, tolérer. CONTR. *exclure, refuser.* ▪ ***Ne pas pouvoir souffrir quelqu'un, quelque chose,*** éprouver de l'aversion pour. SYN. abominer, avoir horreur de, détester, exécrer, haïr. – FAMILIER : ne pas pouvoir encaisser, ne pas pouvoir sentir, ne pas pouvoir voir en peinture, vomir. – LITTÉRAIRE : abhorrer, avoir en abomination, honnir. – POPULAIRE : ne pas pouvoir blairer, ne pas pouvoir encadrer, ne pas pouvoir piffer, ne pas pouvoir sa(c)quer. CONTR. *adorer, aimer, bénir, chérir, se complaire, s'éprendre, estimer, goûter, idolâtrer, se plaire à, raffoler, supporter.* – LITTÉRAIRE : *affectionner, se délecter.*

souhait *nom masculin* Fait d'avoir envie de. SYN. ambition, aspiration, attente, desiderata, désir, envie, requête, rêve, revendication, soif, vœu, volonté. – LITTÉRAIRE : faim. ▪ ***À souhait,*** autant qu'on puisse le souhaiter. SYN. amplement, considérablement, généreusement, grandement, largement.

souhaitable *adjectif* Que l'on peut souhaiter. SYN. désirable, enviable. CONTR. *indésirable.*

souhaiter *verbe* Former le souhait de. SYN. ambitionner, appeler, appeler de tous ses vœux, aspirer à, attendre, avoir à cœur de, avoir envie de, brûler de, convoiter, demander, désirer, espérer, lorgner, rêver de, viser, vouloir. – FAMILIER : guigner, loucher sur. – LITTÉRAIRE : soupirer après. CONTR. *craindre, répugner.*

souillé *adjectif* LITTÉRAIRE. Qui n'est plus intact. SYN. gâté, impur, sale, sali, taché, vicié. CONTR. *intact, net, propre, pur, stérile, vierge.*

souiller *verbe* LITTÉRAIRE. Couvrir de taches. SYN. barbouiller, maculer, salir, tacher. – FAMILIER : cochonner. – LITTÉRAIRE : crotter. – POPULAIRE : saloper. CONTR. *blanchir, décrasser, désencrasser, laver.* ■ LITTÉRAIRE. Altérer ce qui était pur. SYN. avilir, contaminer, dégrader, déshonorer, éclabousser, entacher, gâter, ternir. – LITTÉRAIRE : flétrir, tacher, vicier. CONTR. *assainir.*

souillure *nom féminin* LITTÉRAIRE. Ce qui tache. SYN. impureté, saleté, salissure, tache. – POPULAIRE : saloperie. ■ LITTÉRAIRE. Tache morale. SYN. corruption, dégradation, ignominie. – FAMILIER : saleté. – LITTÉRAIRE : flétrissure, impureté, stigmate, tare.

souk *nom masculin* FAMILIER. Grand désordre. SYN. capharnaüm, chantier, désordre, fatras, fouillis. – FAMILIER : bazar. – POPULAIRE : bordel, foutoir.

soûl *adjectif* FAMILIER. Qui a bu avec excès. SYN. aviné, enivré, gris, ivre, pris de boisson. – FAMILIER : éméché, imbibé, parti, plein comme un œuf, plein comme une outre, pompette, saoul, schlass. – POPULAIRE : beurré, beurré comme un p'tit Lu, beurré comme une tartine, blindé, bourré, bourré comme une cantine, chargé, cuit, noir, paf, pété, pinté, plein comme une barrique, raide, rétamé, rond, rond comme une barrique, rond comme une queue de pelle, torché. – VIEUX : brindezingue. CONTR. *à jeun, sobre.* ■ Qui ressent comme une griserie. SYN. enivré, étourdi, grisé.

soulagement *nom masculin* Diminution d'une charge. SYN. adoucissement, allégement, apaisement, consolation, décharge. CONTR. *aggravation, charge.* – LITTÉRAIRE : *atterrement.* ■ Ce qui soulage. SYN. antidote, bien, délivrance, détente, palliatif, remède.

soulager *verbe* Débarrasser d'un poids. SYN. alléger, délester. CONTR. *alourdir, charger, surcharger.* ■ Décharger d'une obligation. SYN. débarrasser, décharger, délivrer, ôter une épine du pied. CONTR. *accabler, écraser, grever.* ■ Délivrer d'une souffrance. SYN. adoucir, aider, apaiser, atténuer, calmer, consoler, détendre, endormir, guérir, réconforter, remédier. – LITTÉRAIRE : mettre du baume au cœur, panser. CONTR. *accentuer, accroître, affliger, aggraver, aviver, intensifier.*

soûlant *adjectif* FAMILIER. Qui ennuie. SYN. endormant, ennuyeux, fatigant, lassant, monotone, mortel, soporifique. – FAMILIER : assommant, barbant, bassinant, casse-pieds, embêtant, empoisonnant, enquiquinant, rasant, raseur, rasoir, tannant, tuant. – POPULAIRE : chiant, emmerdant, suant. CONTR. *amusant, captivant, fascinant, intéressant, palpitant, passionnant, prenant.* – FAMILIER : *folichon.*

soûlard *nom* POPULAIRE. Personne qui boit trop. SYN. alcoolique, buveur, dipsomane, ivrogne. – ARGOTIQUE : biberonneur. – FAMILIER : boit-sans-soif, éponge, pilier de bar, pilier de cabaret, pochard, sac à vin, soiffard, soûlographe. – POPULAIRE : alcoolo, picoleur, pochetron, poivrot, soûlaud, soulôt. – VIEUX : biberon.

soûlaud *nom* POPULAIRE. Personne qui boit. SYN. alcoolique, buveur, dipsomane, ivrogne. – ARGOTIQUE : biberonneur. – FAMILIER : pilier de bar, pilier de cabaret, pochard, sac à vin, soiffard, soûlographe. – POPULAIRE : alcoolo, picoleur, pochetron, poivrot, soûlard, soûlot. – VIEUX : biberon.

soûler *verbe* FAMILIER. Faire boire jusqu'à l'ivresse. SYN. enivrer. CONTR. *dégriser, désenivrer, dessoûler.* ■ Causer une sorte de griserie. SYN. enivrer, entêter, étourdir, griser, monter à la tête, tourner la tête, transporter. ■ LITTÉRAIRE. Fatiguer quelqu'un par un excès de. SYN. agacer, assommer, énerver, ennuyer, exaspérer, fatiguer, indisposer, irriter, lasser, rebuter, saturer. – FAMILIER : barber, barbifier, bassiner, casser les pieds, embêter, empoisonner, enquiquiner, escagasser, faire suer, faire tourner en bourrique, horripiler, insupporter, prendre la tête , raser, tanner. – LITTÉRAIRE : importuner. – POPULAIRE : canuler, casser les bonbons, cavaler, emmerder, faire braire, faire chier, gonfler, pomper.

soûler (se) *verbe pronominal* FAMILIER. Boire jusqu'à l'ivresse. SYN. boire, s'enivrer, se griser, noyer son chagrin (dans l'alcool). – FAMILIER : boire comme un Polonais, boire comme un trou, boire comme une éponge, s'imbiber, se pocharder, rouler sous la table. – POPULAIRE : s'arsouiller, se beurrer, se bitturer, se bourrer, se charger, se cuiter, se péter la gueule, picoler, se pinter, se piquer le nez, se poivrer, prendre une bitture, prendre une cuite. – VIEUX : se noircir.

soûlerie *nom féminin* FAMILIER. État d'ivresse. SYN. beuverie, ivresse.

soulèvement *nom masculin* Action de se soulever. SYN. agitation, désordre, émeute, insurrection, mutinerie, rébellion, révolte, sédition, troubles.

soulever *verbe* Porter vers le haut. SYN. élever, enlever, haler, hausser, hisser, lever, monter, redresser, relever. CONTR. *abaisser, rabattre.* ■ Susciter une réaction. SYN. amener, causer, déclencher, déterminer, engendrer, éveiller, faire naître, provoquer, réveiller. – LITTÉRAIRE : allumer. ■ Pousser à la révolte. SYN. agiter, ameuter, déchaîner, dresser, exciter, remuer. CONTR. *apaiser, calmer, pacifier.*

soulever (se) *verbe pronominal* Entrer en rébellion. SYN. se cabrer, contester, se dresser, s'élever contre, s'insurger, se mutiner, s'opposer, se rebeller, remuer, se révolter. – FAMILIER : se rebiffer.

soulier *nom masculin* Chaussure basse. SYN. chaussure. – POPULAIRE : godasse, pompe, tatane.

souligné *adjectif* Qui ressort. SYN. accentué, accusé, marqué, prononcé.

souligner *verbe* Border d'un trait. SYN. accuser, border, dessiner, liserer, lisérer, marquer. – LITTÉRAIRE : ourler. ■ Mettre en valeur. SYN. accentuer, accuser, appuyer, dessiner, faire ressortir, faire valoir, intensifier, mettre en avant, mettre en évidence, mettre en relief, mettre en valeur, mettre l'accent sur, ponctuer, relever, renforcer, signaler, valoriser.

soûlot *nom* POPULAIRE. Personne qui boit. SYN. alcoolique, buveur, dipsomane, ivrogne. – ARGOTIQUE : biberonneur. – FAMILIER : boit-sans-soif, éponge, pilier de bar, pilier de cabaret, pochard, sac à vin, soiffard, soûlographe. – POPULAIRE : alcoolo, picoleur, pochetron, poivrot, soûlard, soûlaud. – VIEUX : biberon.

soumettre *verbe* Mettre sous sa domination. SYN. asservir, conquérir, dominer, inféoder, opprimer, réduire, subordonner, tyranniser. – LITTÉRAIRE : assujettir, domestiquer. CONTR. *affranchir, délivrer, émanciper.* ■ Faire suivre une règle. SYN. assujettir, contraindre, plier. – LITTÉRAIRE : astreindre. CONTR. *décharger, dispenser, exempter.* ■ Proposer au jugement de. SYN. exposer, présenter, proposer, suggérer.

soumettre (se) *verbe pronominal* Cesser de résister. SYN. abandonner, s'agenouiller, s'aligner, capituler, céder, courber le dos, courber le front, courber l'échine, être à la solde de, faire profil bas, filer doux, fléchir, s'incliner, s'inféoder, se livrer, mettre les pouces, obtempérer, plier, plier le genou, plier l'échine, se rendre, trouver son maître. – FAMILIER : s'aplatir, caler. – LITTÉRAIRE : baisser pavillon, se courber, mettre pavillon bas, ployer. – POPULAIRE : baisser sa culotte, baisser son froc, baisser son pantalon, s'écraser. CONTR. *se cabrer, se dresser, s'insurger, s'opposer, se rebeller, résister, se révolter, tenir tête.* – FAMILIER : *se rebiffer.* – LITTÉRAIRE : *regimber.* ■ Se conformer à quelque chose. SYN. accepter, admettre, s'astreindre, se conformer, consentir, obéir, se plier, se résigner, subir, suivre. CONTR. *braver, contrevenir, désobéir, échapper, enfreindre, manquer, se soustraire, transgresser.*

soumis *adjectif* Qui montre de la soumission. SYN. discipliné, docile, malléable, maniable, obéissant, rampant, résigné, respectueux, servile, souple. – LITTÉRAIRE : serf. CONTR. *désobéissant, dissident, frondeur, indépendant, indiscipliné, indocile, insoumis, insubordonné, rebelle, récalcitrant, rétif, révolté.*

soumission *nom féminin* Fait de s'en remettre à une autorité. SYN. allégeance, assujettissement, dépendance, esclavage, inféodation. – LITTÉRAIRE : sujétion. CONTR. *autonomie, contestation, indépendance, insurrection, liberté, mutinerie, opposition, rébellion, résistance, révolte, révolution, transgression, violation.* – LITTÉRAIRE : *viol.* ■ État de quelqu'un de docile. SYN. acceptation, asservissement, docilité, maniabilité, obéissance, résignation, souplesse, subordination. CONTR. *affranchissement, désobéissance, impatience, indiscipline, indocilité, insoumission, insubordination.* – LITTÉRAIRE : *fronde.*

soupçon *nom masculin* Opinion défavorable. SYN. défiance, doute, méfiance, suspicion. CONTR. *confiance.* ■ Idée vague. SYN. conjecture, hypothèse. CONTR. *assurance, certitude.* ■ Très faible quantité de. SYN. atome, bribe, brin, doigt, filet, goutte, grain, gramme, larme, lueur, miette, nuage, once, parcelle, pointe, teinte, trace. – FAMILIER : lichette. – LITTÉRAIRE : liard, ombre, trait. – POPULAIRE : chouia. CONTR. *armée, avalanche, cascade, déluge, flot, foule, infinité, kyrielle, masse, monceau, montagne, multitude, myriade, nuée, pléiade, pluie, tas, torrent.* – FAMILIER : *armada, cargaison, flopée, foultitude, paquet, pelletée, ribambelle, tapée.* – LITTÉRAIRE : *averse, océan.*

soupçonner *verbe* Avoir des soupçons sur. SYN. douter de, se méfier, mettre en doute, suspecter. – LITTÉRAIRE : se défier. ■ Avoir la présomption de. SYN. conjecturer, deviner, se douter, entrevoir, flairer, imaginer, pressentir, présumer, sentir. – FAMILIER : renifler, subodorer.

soupçonneux *adjectif* Enclin à soupçonner. SYN. défiant, jaloux, méfiant, ombrageux, possessif, suspicieux. CONTR. *confiant, crédule, naïf, niais.*

soupe *nom féminin* FAMILIER. ***Soupe au lait,*** qui est sujet à de brusques colères. SYN. bilieux, coléreux, emporté, excitable, irascible, irritable, sanguin. – LITTÉRAIRE : atrabilaire, colérique, fulminant, tempétueux.

soupente *nom féminin* Pièce en hauteur. SYN. combles, réduit. – FAMILIER : cagibi.

soupeser *verbe* Estimer la valeur de. SYN. apprécier, estimer, évaluer, jauger, peser.

soupirant *nom masculin* Personne qui fait la cour. SYN. amoureux, chevalier servant, prétendant. – FAMILIER : flirt. – LITTÉRAIRE : sigisbée. – VIEUX : galant.

soupirer *verbe* LITTÉRAIRE. Désirer vivement. SYN. aspirer à, convoiter, désirer, envier, lorgner, rêver, souhaiter. – FAMILIER : languir.

souple *adjectif* Qui se plie aisément. SYN. flexible, plastique, pliable, pliant. CONTR. *cassant, dur, rigide.* ■ Qui se meut facilement. SYN. adroit, agile, élastique, léger. – LITTÉRAIRE : délié. CONTR. *ankylosé, engourdi, gourd, raide, raidi.* – FAMILIER : *raide comme un piquet.* ■ Susceptible d'être modifié. SYN. flexible, relâché. – FAMILIER : élastique. ■ Capable de s'adapter. SYN. accommodant, de bonne composition, bonne pâte, conciliant, coulant, diplomate, docile, facile à vivre, flexible, malléable, maniable, manœuvrable, obéissant, soumis, vivable. – LITTÉRAIRE : traitable. CONTR. *buté, entêté, entier, étroit, ferme, indocile, inflexible, intraitable, intransigeant, obstiné, récalcitrant, rétif, rigide, têtu, volontaire.* – FAMILIER : *cabochard.*

souplement *adverbe* En souplesse. SYN. agilement, lestement.

souplesse *nom féminin* Agilité corporelle. SYN. adresse, agilité, doigté, élasticité, flexibilité, mobilité. CONTR. *ankylose, engourdissement, raideur.* ■ Facilité à s'adapter. SYN. adaptabilité, aisance, diplomatie, docilité, facilité, habileté, maniabilité, plasticité, sociabilité. – FAMILIER : élasticité. – LITTÉRAIRE : flexibilité. CONTR. *entêtement, fermeté, indocilité, intransigeance, obstination, raideur, rigidité.*

source *nom féminin* Origine de quelque chose. SYN. cause, fondement, foyer, germe, naissance, origine, provenance, racine. – LITTÉRAIRE : commencement, levain, principe, semence. CONTR. *fin, répercussion, suite.*

sourcier *nom masculin* Homme censé découvrir les sources. SYN. baguettisant.

sourciller *verbe* Manifester sa perplexité. SYN. broncher, ciller. – FAMILIER : tiquer. CONTR. *ne pas broncher, ne pas ciller.*

sourcilleux *adjectif* LITTÉRAIRE. Qui montre de la minutie. SYN. consciencieux, exigeant, maniaque, méticuleux, minutieux, pointilleux, scrupuleux. – LITTÉRAIRE : vétilleux.

sourd *adjectif* Qui n'entend pas. SYN. – POPULAIRE : dur de la feuille, sourdingue. ■ Se dit d'un son étouffé. SYN. amorti, assourdi, caverneux, cotonneux, étouffé, mat, voilé. – LITTÉRAIRE : sépulcral. CONTR. *clair, éclatant, retentissant, sonore, tonitruant, vibrant.* – LITTÉRAIRE : *cristallin, tonnant.* ■ Se dit d'une sensation diffuse. SYN. diffus, fuyant, indistinct, insaisissable, latent, mystérieux, sournois, vague. CONTR. *aigu, net, vif, violent.* ■ Qui se fait dans le secret (action). SYN. caché, clandestin, larvé, occulte, secret, souterrain. CONTR. *déclaré, manifeste, notoire, patent, public.* ■ Qui ne se laisse pas fléchir. SYN. fermé, imperméable, inaccessible, indifférent, inexorable, insensible, rebelle, réfractaire. CONTR. *accessible, accueillant, disponible, ouvert, perméable, réceptif, sensible.*

sourdement *adverbe* LITTÉRAIRE. En secret. SYN. en cachette, en catimini, clandestinement, confidentiellement, à la dérobée, discrètement, officieusement, secrètement, en sourdine, sous le manteau, en sous-main, en tapinois. – FAMILIER : sans tambour ni trompette. CONTR. *à découvert, effrontément, officiellement, ostensiblement, ouvertement.*

sourdine *nom féminin* ***En sourdine,*** de façon discrète. SYN. en cachette, en catimini, à la dérobée, discrètement, furtivement, officieusement, secrètement, sur la pointe des pieds, en tapinois. – FAMILIER : en douce, sans tambour ni trompette. – LITTÉRAIRE : sourdement. CONTR. *à découvert, effrontément, officiellement, ostensiblement, ouvertement.*

sourdre *verbe* LITTÉRAIRE. Jaillir, en parlant d'un liquide. SYN. couler, fuir, fuser, gicler, jaillir, sortir. – LITTÉRAIRE : surgir. ■ LITTÉRAIRE. Se manifester peu à peu. SYN. apparaître, se dégager, émaner, émerger, naître, percer, ressortir, survenir. – LITTÉRAIRE : éclore, poindre, pointer. CONTR. *disparaître.*

souriant *adjectif* Qui montre de la bonne humeur. SYN. épanoui, gai, réjoui, riant, rieur. CONTR. *bourru, funèbre, mélancolique, morne, morose, rembruni, sombre, soucieux, triste.* – LITTÉRAIRE : *chagrin.*

souricière *nom féminin* Piège tendu par la police. SYN. chausse-trape, chausse-trappe, embuscade, guêpier, guet-apens, piège, traquenard.

sourire *verbe intransitif* Avoir le sourire. SYN. être bien disposé, être de bonne humeur. – FAMILIER : être bien luné, être de bon poil. CONTR. *être* *de mauvaise humeur, être d'une humeur de chien, être d'une humeur de dogue, maugréer.* – FAMILIER : *bougonner, être de mauvais poil, ronchonner, rouspéter.*

sourire *verbe transitif indirect* Être agréable à quelqu'un. SYN. agréer, convenir, plaire. – FAMILIER : aller, chanter. CONTR. *assommer, ennuyer.* – FAMILIER : *barber, embêter, raser.* ■ Considérer avec ironie. SYN. ironiser, se moquer, plaisanter, rire de. – LITTÉRAIRE : se gausser.

souris *nom féminin* ***Souris de mer,*** ver marin au corps ovale et bombé. SYN. aphrodite, taupe de mer.

sournois *adjectif* Qui dénote de l'hypocrisie. SYN. chafouin, déloyal, dissimulateur, dissimulé, doucereux, faux, fourbe, fuyant, hypocrite, traître. – LITTÉRAIRE : benoît, cauteleux, félon, insinuant, patelin, subreptice. CONTR. *candide, cordial, direct, droit, fair-play, franc, innocent, loyal, ouvert.* – LITTÉRAIRE : *vrai.* – VIEUX : *rond.* ■ Qui se manifeste peu à peu. SYN. indistinct, insidieux, latent, sourd. CONTR. *aigu, manifeste, net, vif, violent.*

sournoisement *adverbe* D'une manière sournoise. SYN. en cachette, en dessous, par en dessous, hypocritement, insidieusement, obliquement, tortueusement, traîtreusement. – LITTÉRAIRE : perfidement. CONTR. *candidement, directement, franchement, net, nettement, ouvertement.*

sournoiserie *nom féminin* LITTÉRAIRE. Caractère sournois. SYN. déloyauté, dissimulation, fourberie, hypocrisie, machiavélisme, rouerie. – FAMILIER : roublardise. – LITTÉRAIRE : cautèle, matoiserie, perfidie, vilenie. – VIEUX : finauderie. CONTR. *candeur, droiture, franchise, loyauté.* – LITTÉRAIRE : *véracité.* ■ LITTÉRAIRE. Action sournoise. SYN. comédie, déloyauté, ficelle, ruse. – FAMILIER : combine, feinte, roublardise. – LITTÉRAIRE : fourberie, perfidie, scélératesse.

sous *nom masculin pluriel* FAMILIER. Somme possédée par quelqu'un. SYN. argent, espèces, espèces sonnantes et trébuchantes, liquidités, numéraire. – ARGOTIQUE : braise, grisbi, pèze, thune, tune. – FAMILIER : blé, ferraille, mitraille, ronds. – POPULAIRE : flouse, flouze, fraîche, fric, galette, oseille, pépettes, picaillons, pognon.

sous *préposition* Désigne une période. SYN. durant, pendant. ■ Indique une position inférieure. SYN. au-dessous de, dessous. CONTR. *dedans, dessus, sur.*

sous-alimentation *nom féminin* Insuffisance d'apport alimentaire. SYN. sous-nutrition. CONTR. *suralimentation.*

sous-alimenté *adjectif* Qui souffre de sous-alimentation. CONTR. *suralimenté.*

souscrire *verbe* Donner son adhésion. SYN. accéder à, accepter, acquiescer, adhérer, admettre, agréer, approuver, consentir, épouser le parti de, se plier, se rallier à, se ranger à. CONTR. *combattre, s'opposer, repousser, réprouver, se révolter.*

sous-cutané *adjectif* Situé sous la peau. SYN. hypodermique.

sous-développement *nom masculin* Développement qui reste en deçà de la moyenne. CONTR. *surdéveloppement.*

sous-entendre *verbe* Faire comprendre indirectement. SYN. faire allusion à, faire entendre, insinuer, laisser deviner, laisser entendre, laisser supposer, suggérer, vouloir dire.

sous-entendu *adjectif* Qui n'est pas exprimé. SYN. allusif, caché, implicite, inexprimé, informulé, tacite. – RARE : allusionnel. CONTR. *énoncé, explicite, exprès, exprimé, formel, formulé.*

sous-entendu *nom masculin* Ce qu'on fait comprendre. SYN. allusion, arrière-pensée, insinuation, réticence.

sous-équiper *verbe* Équiper en deçà de ses besoins. CONTR. *suréquiper.*

sous-estimation *nom féminin* Action de sous-estimer. SYN. sous-évaluation. CONTR. *surestimation, surévaluation.*

sous-estimer *verbe* Juger au-dessous de sa valeur. SYN. déprécier, méconnaître, mésestimer, minimiser, minorer, sous-évaluer. – LITTÉRAIRE : dépriser, méjuger. CONTR. *grossir, surcoter, surestimer, surévaluer.* – LITTÉRAIRE : *enfler, surfaire.*

sous-évaluation *nom féminin* Action de sous-évaluer. SYN. sous-estimation. CONTR. *surestimation, surévaluation.*

sous-évaluer *verbe* Mal juger la valeur d'une chose. SYN. déprécier, méconnaître, mésestimer, minimiser, sous-estimer. – LITTÉRAIRE : dépriser, méjuger. CONTR. *surcoter, surestimer, surévaluer.* – LITTÉRAIRE : *surfaire.*

sous-fifre *nom masculin* FAMILIER. Personne subalterne. SYN. inférieur, sous-ordre, subalterne, subordonné. – FAMILIER : sous-verge. CONTR. *chef, patron, supérieur.*

sous-jacent *adjectif* Qui ne se manifeste pas clairement. SYN. caché, larvé, latent, occulte, officieux, secret, souterrain. CONTR. *clair, évident, manifeste, notoire, officiel, patent, public.*

souslik *nom masculin* Animal voisin de l'écureuil. SYN. spermophile.

sous-liminaire *adjectif* Qui n'entraîne pas de réponse de l'organisme. SYN. infraliminaire, subliminal.

sous-nutrition *nom féminin* Nutrition insuffisante. SYN. malnutrition, sous-alimentation.

sous-orbital *adjectif* Qui n'a pas atteint la vitesse de satellisation. SYN. suborbital.

sous-ordre *nom masculin* Personne qui est sous les ordres de. SYN. inférieur, subalterne, subordonné. – FAMILIER : sous-fifre, sous-verge. CONTR. *chef, patron, supérieur.*

sous-peuplé *adjectif* Peuplé insuffisamment. CONTR. *surpeuplé.*

sous-peuplement *nom masculin* Peuplement insuffisant. CONTR. *surpeuplement.*

sous-tasse *nom féminin* Petite assiette placée sous une tasse. SYN. soucoupe.

sous-tension *nom féminin* Tension électrique inférieure à la normale. CONTR. *surtension.*

soustraction *nom féminin* Action de soustraire. SYN. abattement, décompte, déduction, défalcation, réduction, remise. CONTR. *addition, adjonction, ajout.*

soustraire *verbe* Retrancher une quantité. SYN. déduire, défalquer, ôter, retenir, retirer, retrancher. – LITTÉRAIRE : distraire. CONTR. *additionner, ajouter, sommer.* ■ Dérober quelque chose. SYN. arracher, confisquer, détourner, escamoter, escroquer, extorquer, prendre, voler. – FAMILIER : barboter, chaparder, chiper, choper, écornifler, kidnapper, piquer, subtiliser. – LITTÉRAIRE : dérober, distraire. CONTR. *donner, rendre, restituer.* ■ Faire échapper à quelque chose. SYN. dispenser, épargner, éviter, exempter, libérer, préserver, protéger de.

soustraire (se) *verbe pronominal* Échapper à quelque chose. SYN. s'affranchir, se dérober à, se dispenser, échapper à, éluder, escamoter, esquiver, éviter, fuir, se libérer, se récuser. – FAMILIER : couper à. CONTR. *s'accommoder de, affronter, se conformer à, se forcer, obéir à, se résigner à, se soumettre à.*

sous-verge *nom masculin invariable* FAMILIER. Subordonné immédiat. SYN. aide, inférieur, sous-ordre, subalterne, subordonné. – FAMILIER : sous-fifre. CONTR. *chef, patron, supérieur.*

soutenable *adjectif* Qui peut être soutenu. SYN. défendable, explicable, justifiable. CONTR. *indéfendable, injustifiable, insoutenable.* ■ Qui peut être enduré. SYN. endurable, supportable, tolérable, vivable. CONTR. *insoutenable, insupportable, intenable, intolérable.*

souteneur *nom masculin* LITTÉRAIRE. Personne qui défend une idée. SYN. apôtre, avocat, champion, défenseur, partisan, soutien, tenant. – LITTÉRAIRE : mainteneur. ■ Individu qui vit de la prostitution. SYN. entremetteur, proxénète. – ARGOTIQUE : mac. – POPULAIRE : barbeau, maquereau, marlou, taulier, tôlier.

soutenir *verbe* Maintenir en place. SYN. étayer, maintenir, porter, supporter, tenir. ■ Procurer un réconfort. SYN. appuyer, conforter, encourager, épauler, fortifier, raffermir, réconforter, remonter, stimuler. CONTR. *abattre, agresser, assaillir, attaquer.* ■ Empêcher de s'effondrer. SYN. aider, aiguillonner, allumer, appuyer, attiser, exciter, financer, ranimer, réchauffer, réveiller, stimuler. CONTR. *boycotter, délaisser.* ■ Apporter son appui à. SYN. approuver, appuyer, assister, défendre, être aux côtés de, être derrière quelqu'un, favoriser, porter assistance, prêter assistance, prêter main-forte, seconder, venir à la rescousse. CONTR. *contrecarrer, contredire, desservir, trahir.* – FAMILIER : *bêcher.* – LITTÉRAIRE : *censurer.* ■ LITTÉRAIRE. Supporter sans faiblir. SYN. faire face, résister, subir, supporter. ■ Affirmer une opinion. SYN. affirmer, assurer, attester, avancer, certifier, dire, parier, prétendre, professer. CONTR. *contester, s'élever contre.*

soutenir (se) *verbe pronominal* Se prêter assistance. SYN. se défendre, se donner un coup de main, s'entraider, se prêter main-forte, se serrer les coudes, se solidariser, se tenir les coudes. CONTR. *se désolidariser.* – FAMILIER : *ruer dans les brancards.*

soutenu *adjectif* Qui ne se relâche pas. SYN. assidu, constant, continu, ferme, incessant, ininterrompu, régulier, suivi. CONTR. *désordonné, fantaisiste, intermittent, irrégulier.* ■ Se dit d'une couleur intense. SYN. vif. CONTR. *délavé, déteint, foncé, pâle, sombre.*

souterrain *adjectif* Qui se trame secrètement. SYN. caché, clandestin, larvé, latent, occulte, secret, sourd, sous-jacent. – LITTÉRAIRE : dormant, subreptice. CONTR. *clair, évident, manifeste, notoire, officiel, patent, public.*

soutien *nom masculin* Action d'aider quelqu'un. SYN. appui, assistance, coopération, défense, encouragement, intervention, parrainage, patronage, protection, réconfort, recours, renfort, sauvegarde, secours. – LITTÉRAIRE : refuge. CONTR. *gêne.* – FAMILIER : *lâchage.* – LITTÉRAIRE : *délaissement.* ■ Action de soutenir quelque chose. SYN. aide, allocation, secours, subside, subvention. ■ Personne qui apporte son appui. SYN. auxiliaire, champion, défenseur, partisan, pilier, pivot, protecteur, tenant. – LITTÉRAIRE : mainteneur, souteneur, tuteur. CONTR. *adversaire, opposant.*

soutirer *verbe* Obtenir par ruse. SYN. arracher, capter, escroquer, extorquer.

souvenir *nom masculin* Ce qui reste dans la mémoire. SYN. évocation, pensée, rappel, réminiscence. – LITTÉRAIRE : relent, souvenance. ■ Objet qui rappelle quelque chose. SYN. image, témoin. – LITTÉRAIRE : relique, trace, vestige. CONTR. *avant-goût.*

souvenir (se) *verbe pronominal* Garder le souvenir de. SYN. chérir la mémoire de, enregistrer, fouiller dans sa mémoire, interroger sa mémoire, mémoriser, se rappeler, se remémorer, se remettre, retenir, revoir. CONTR. *oublier.*

souvent *adverbe* Un grand nombre de fois. SYN. beaucoup, fréquemment, maintes fois, volontiers. – VIEUX : souventes fois. CONTR. *exceptionnellement, guère, jamais, parfois, quelquefois, rarement.* ■ Dans de nombreux cas. SYN. communément, couramment, généralement, habituellement, d'ordinaire, la plupart du temps, en règle générale, usuellement.

souverain *adjectif* LITTÉRAIRE. Qui atteint le plus haut degré. SYN. absolu, extrême, idéal, idyllique, infaillible, merveilleux, parfait, radical, royal, supérieur, suprême, total. – FAMILIER : magistral. ■ Qui détient le pouvoir. SYN. absolu, maître, suprême, tout-puissant.

souverainement *adverbe* Au suprême degré. SYN. exceptionnellement, excessivement, extrêmement, immensément, incroyablement, parfaitement, au plus haut degré, au plus haut point, prodigieusement, puissamment, supérieurement, suprêmement. – FAMILIER : bigrement, diablement, formidablement, royalement, rudement, superlativement. – LITTÉRAIRE : au dernier point, diantrement, furieusement. – VIEUX : fièrement.

souveraineté *nom féminin* Pouvoir supérieur. SYN. autorité, domination, empire, maîtrise, omnipotence, pouvoir, supériorité, suprématie, toute-puissance.

soyeux *adjectif* Qui a les caractères de la soie. SYN. doux, lustré, poli, satiné, velouté. – LITTÉRAIRE : duveté, vernissé. CONTR. *calleux, rude, rugueux.*

spacieusement *adverbe* De façon spacieuse. SYN. amplement, grandement, largement. – LITTÉRAIRE : vastement. CONTR. *étroitement, petitement.*

spacieux *adjectif* Où l'on dispose d'espace. SYN. ample, étendu, grand, immense, large. – LITTÉRAIRE : vaste. CONTR. *étriqué, exigu, petit, réduit, resserré, restreint, rétréci.*

spadassin *nom masculin* LITTÉRAIRE. Tueur à gages. SYN. – LITTÉRAIRE : bravo, sicaire. – VIEUX : coupe-jarret. ■ VIEUX. Amateur de duels. SYN. bretteur, ferrailleur.

spalax *nom masculin* Mammifère rongeur fouisseur. SYN. rat-taupe.

spart ou **sparte** *nom masculin* Herbe d'Afrique du Nord et d'Espagne. SYN. alfa.

spartiate *adjectif* Qui montre de la rigueur. SYN. ascétique, austère, rigide, rigoriste, rigoureux, sévère, stoïque, strict. – LITTÉRAIRE : frugal. ■ De Lacédémone (Sparte). SYN. lacédémonien.

spasme *nom masculin* Contraction des muscles. SYN. contracture, convulsion, crispation.

spasmodique *adjectif* Relatif au spasme. SYN. convulsif, nerveux, saccadé.

spasmolytique *adjectif et nom masculin* Qui calme les spasmes. SYN. antispasmodique.

spasmophilie *nom féminin* Excitabilité neuromusculaire. SYN. tétanie.

spationaute *nom* Occupant d'un engin spatial. SYN. astronaute, cosmonaute, taïkonaute.

spécial *adjectif* Approprié à une certaine fin. SYN. exclusif, extraordinaire, original, particulier, propre. – LITTÉRAIRE : singulier. CONTR. *commun, courant, général, ordinaire.* ■ Qui s'écarte de la norme. SYN. bizarre, curieux, drôle, étrange, extravagant, farfelu, à part, singulier. – LITTÉRAIRE : fantasque. CONTR. *normal.*

spécialement *adverbe* Dans une intention spéciale. SYN. exprès, expressément, spécifiquement. ■ En particulier. SYN. notamment, par-dessus tout, particulièrement, principalement, singulièrement, surtout.

spécialiste *nom* Personne compétente. SYN. expert, professionnel, technicien. CONTR. *amateur, dilettante.* ■ Médecin qui exerce une spécialité. CONTR. *généraliste, omnipraticien.*

spécialité *nom féminin* Activité favorite. SYN. compétence, domaine, fief, partie. – FAMILIER : cordes, rayon. – LITTÉRAIRE : ressort. ■ Domaine de la connaissance. SYN. branche, discipline.

spécieux *adjectif* Susceptible de tromper. SYN. artificiel, captieux, faux, illusoire, insidieux, trompeur. – FAMILIER : tordu. – LITTÉRAIRE : artificieux, fallacieux, perfide.

spécification *nom féminin* Action de spécifier. SYN. caractérisation, détermination, indication, particularisation, précision.

spécifier *verbe* Donner des précisions sur. SYN. caractériser, définir, déterminer, fixer, indiquer, mentionner, particulariser, préciser, stipuler.

spécifique *adjectif* Qui appartient en propre à. SYN. caractéristique, distinctif, exclusif, particulier, propre, représentatif, typique. CONTR. *commun, général.*

spécifiquement *adverbe* De façon spécifique. SYN. exclusivement, particulièrement, en particulier, à proprement parler, spécialement, typiquement, uniquement.

spécimen *nom masculin* Être, objet représentatif. SYN. archétype, échantillon, exemplaire, exemple, idéal, image, modèle, prototype, représentant, type.

spectacle *nom masculin* Ce qui se présente au regard. SYN. représentation, scène, tableau, vision, vue.

spectaculaire *adjectif* Qui frappe la vue. SYN. exceptionnel, extraordinaire, impressionnant, incroyable, inimaginable, prodigieux, remarquable, stupéfiant, surprenant. – FAMILIER : fabuleux, sensationnel. CONTR. *banal, commun, ordinaire, quelconque.*

spectateur *nom* Personne qui assiste à un spectacle. SYN. assistant, auditeur, auditoire, public. ▪ Personne qui observe. SYN. curieux, observateur, témoin. CONTR. *acteur, protagoniste.*

spectral *adjectif* LITTÉRAIRE. Qui tient du fantôme. SYN. fantastique, fantomatique, irréel, mythique. – LITTÉRAIRE : fantomal.

spectre *nom masculin* Forme d'un mort qui apparaît aux vivants. SYN. apparition, esprit, fantôme, ombre, revenant. – LITTÉRAIRE : mort.

spéculateur *nom* Personne qui se livre à la spéculation financière. SYN. boursicoteur. – VIEUX : agioteur.

spéculatif *adjectif* Qui relève de la réflexion. SYN. abstrait, fondamental, théorique. CONTR. *appliqué, concret, empirique, expérimental, pratique.*

spéculation *nom féminin* LITTÉRAIRE. Pensée abstraite. SYN. abstraction, contemplation, méditation, pensée, réflexion, théorie. ▪ Commentaire invérifiable. SYN. calcul, fabulation, hypothèse, invention, supposition, supputation. ▪ Opération financière. SYN. boursicotage. – VIEUX : agiotage.

spéculer *verbe* LITTÉRAIRE. Réfléchir sur une question. SYN. se concentrer, considérer, étudier, méditer, penser, réfléchir, rêver. ▪ Faire des opérations financières. SYN. boursicoter. – VIEUX : agioter. ▪ Compter sur quelque chose. SYN. jouer sur, miser sur, parier sur, tabler sur.

speech *nom masculin* FAMILIER. Bref discours solennel. SYN. allocution, discours. – FAMILIER : baratin, harangue, laïus, topo. – LITTÉRAIRE : homélie.

speedé *adjectif* FAMILIER. Qui est pressé. SYN. excité, impatient, nerveux, pressé.

speeder *verbe* FAMILIER. Faire très vite. SYN. courir, se dépêcher, galoper, se hâter, passer la surmultipliée, passer la vitesse supérieure, se presser. – ARGOTIQUE : tracer. – FAMILIER : filer, foncer, gazer. – POPULAIRE : avoir le feu aux fesses, bomber, bourrer, cavaler, se grouiller, se magner, se manier. CONTR. *atermoyer, s'attarder, avoir le temps, avoir tout son temps, prendre son temps, tarder, temporiser, traîner.* – FAMILIER : *lambiner, lanterner, traînailler, traînasser.*

spermaphyte ou **spermatophyte** *nom masculin* Plante à graines. SYN. phanérogame.

spermophile *nom masculin* Animal voisin de l'écureuil. SYN. souslik.

sphalérite *nom féminin* Sulfure naturel de zinc. SYN. blende.

sphène *nom masculin* Silicotitanate de calcium. SYN. titanite.

sphère *nom féminin* Surface circulaire. SYN. boule, globe. ▪ Étendue d'action. SYN. cadre, cercle, champ, domaine, fief, orbite, univers. – LITTÉRAIRE : région, royaume.

sphérique *adjectif* Qui a la forme d'une sphère. SYN. arrondi, circulaire, rond. – LITTÉRAIRE : orbiculaire.

sphygmomanomètre *nom masculin* Appareil pour mesurer la pression artérielle. SYN. tensiomètre.

spicilège *nom masculin* Recueil d'extraits d'œuvres. SYN. analectes, anthologie, choix, chrestomathie, extraits, florilège, sélection.

spilonote *nom masculin* Papillon dont la chenille est nuisible. SYN. penthine.

spirante *nom féminin* VIEUX. Consonne caractérisée par un bruit de friction. SYN. constrictive, fricative.

spiritualiser *verbe* LITTÉRAIRE. Donner de l'élévation. SYN. exalter, glorifier, idéaliser, rehausser. – LITTÉRAIRE : magnifier, sublimer, transcender.

spiritualité *nom féminin* Ce qui concerne la vie spirituelle. SYN. dévotion, foi, mysticisme, piété, religion.

spirituel *adjectif* Qui est de la nature de l'esprit. SYN. immatériel. – LITTÉRAIRE : incorporel. CONTR. *charnel, corporel, matériel, sensuel, temporel.* – LITTÉRAIRE : *terrestre.* ▪ Qui relève de la pensée. SYN. abstrait, intellectuel, mental.

CONTR. *concret, physique.* ■ Relatif à la religion. SYN. moral, mystique, religieux. ■ Qui a de l'esprit. SYN. brillant, fin, intelligent, intéressant, pétillant. CONTR. *balourd, béotien, bête, fruste, lourdaud, niais, nigaud, sot, stupide.* – FAMILIER : *ballot, bébête, lourd.* ■ Qui est amusant. SYN. amusant, badin, humoristique, piquant, plaisant. CONTR. *plat.*

spirituellement *adverbe* Avec esprit. SYN. astucieusement, finement, ingénieusement, intelligemment. CONTR. *bêtement, idiotement, pesamment, sottement, stupidement.* – LITTÉRAIRE : *imbécilement, niaisement.* ■ LITTÉRAIRE. Par la pensée. SYN. intellectuellement, moralement, savamment. CONTR. *matériellement, physiquement.*

spiritueux *nom masculin* Boisson à fort pourcentage d'alcool. SYN. alcool, liqueur.

spitz *nom masculin* Chien à tête triangulaire pointue. SYN. loulou.

spleen *nom masculin* LITTÉRAIRE. État dépressif. SYN. dépression, ennui, mélancolie, neurasthénie, vague à l'âme. – FAMILIER : cafard, déprime. – POPULAIRE : bourdon.

splendeur *nom féminin* LITTÉRAIRE. Grand éclat de lumière. SYN. clarté, éclat, lumière, luminosité. – LITTÉRAIRE : fulguration, rayonnement. ■ LITTÉRAIRE. Très grande beauté. SYN. beauté, féerie, magnificence. – LITTÉRAIRE : somptuosité. ■ LITTÉRAIRE. Grand éclat de gloire. SYN. apparat, brillant, faste, prestige, rayonnement. – LITTÉRAIRE : gloire, lustre, pompe.

splendide *adjectif* D'un éclat lumineux. SYN. beau, magnifique, merveilleux, paradisiaque, radieux, superbe. ■ Qui provoque l'admiration. SYN. admirable, brillant, éblouissant, fastueux, magnifique, merveilleux, princier, resplendissant, royal, somptueux, sublime, superbe. – FAMILIER : c'est à se mettre à genoux, fabuleux. – LITTÉRAIRE : pompeux. CONTR. *affreux, hideux, laid, modeste, pauvre.*

splendidement *adverbe* D'une manière splendide. SYN. admirablement, divinement, merveilleusement, parfaitement, princièrement, royalement, somptueusement, superbement. – LITTÉRAIRE : sublimement. CONTR. *modestement, pauvrement.*

spoliation *nom féminin* LITTÉRAIRE. Action de spolier. SYN. dépossession, frustration, privation. – LITTÉRAIRE : dépouillement.

spolier *verbe* LITTÉRAIRE. Priver quelqu'un de. SYN. déposséder, dépouiller, dessaisir, frustrer, léser, priver.

sponsor *nom masculin* Celui qui sponsorise. SYN. commanditaire, parrain, parraineur.

sponsoring *nom masculin* Activité du sponsor. SYN. parrainage publicitaire.

sponsoriser *verbe transitif* Financer une manifestation, etc. SYN. commanditer, parrainer, patronner, soutenir.

spontané *adjectif* Qui se produit de soi-même. SYN. automatique, impromptu, improvisé, impulsif, inconscient, instinctif, irréfléchi, libre, naturel. CONTR. *calculé, composé, concerté, conscient, contraint, délibéré, dicté, étudié, exigé, factice, feint, forcé, formel, imposé, préfabriqué, prémédité, protocolaire, provoqué, recherché, réfléchi, théâtral, volontaire, voulu.* ■ Qui agit ou s'exprime sans détour. SYN. authentique, direct, familier, franc, impulsif, primesautier, sincère. – LITTÉRAIRE : vrai. CONTR. *affecté, alambiqué, ampoulé, apprêté, artificiel, calculateur, cérémonieux, de commande, compassé, conventionnel, embarrassé, empesé, emphatique, formaliste, gourmé, maniéré, pincé, pompeux, précieux.* – LITTÉRAIRE : *affété, artificieux, fallacieux.*

spontanéité *nom féminin* Caractère spontané. SYN. aisance, décontraction, facilité, franchise, naturel, simplicité, vérité. – LITTÉRAIRE : fraîcheur. CONTR. *affectation, apprêt, cabotinage, calcul, préciosité, raideur, recherche.* – FAMILIER : *chichi, esbroufe.* – LITTÉRAIRE : *cérémonie, compassement.* – POPULAIRE : *épate.*

spontanément *adverbe* Sans réfléchir. SYN. impulsivement, inconsciemment, instinctivement, machinalement, mécaniquement, naturellement. ■ D'une manière directe. SYN. directement, franchement, sans façons, sans manières, simplement. CONTR. – LITTÉRAIRE : *artificieusement.*

sporadique *adjectif* Qui existe de temps en temps. SYN. épars, irrégulier, isolé. CONTR. *continu, continuel, endémique, fréquent, ininterrompu, permanent, récurrent, répandu, répété.*

sporadiquement *adverbe* D'une manière sporadique. SYN. par accès, par à-coups, alternativement, épisodiquement, inégalement, par instants, par intermittence, par intervalles, irrégulièrement, par moments, occasionnellement, rarement, de temps à autre, de temps en temps, variablement. CONTR. *constamment, continuellement, éternellement, fréquemment, immuablement, indéfiniment, invariablement, à longueur de temps, en permanence, quotidiennement, régulièrement, sans arrêt, sans cesse, sans discontinuer, sans intermission, sans interruption, sans relâche, sans répit, sans* *souffler, sans trêve, toujours, à tout instant, à tout propos.* – LITTÉRAIRE : *continûment.*

sporange *nom masculin* Organe contenant les spores chez les mousses. SYN. capsule, urne.

sport *adjectif invariable* Qui agit avec loyauté. SYN. carré, droit, équitable, fair-play, honnête, juste, loyal. – FAMILIER : chic. – LITTÉRAIRE : probe.

sportivement *adverbe* Avec loyauté. SYN. équitablement, franchement, honnêtement, loyalement, sincèrement, vrai.

sportivité *nom féminin* Caractère loyal. SYN. droiture, fair-play, honnêteté, probité, sincérité.

sprat *nom masculin* Poisson voisin du hareng. SYN. harenguet, melette, menuise.

spray *nom masculin* Appareil qui vaporise un liquide. SYN. atomiseur, bombe, pulvérisateur, vaporisateur.

sprinkler *nom masculin* Petit arroseur rotatif. SYN. asperseur.

sprue *nom féminin* Maladie surtout tropicale. SYN. psilosis.

spumeux *adjectif* Qui a l'apparence de l'écume. SYN. écumant, écumeux. – RARE : spumescent.

squamate *nom masculin* Reptile au corps recouvert d'écailles. SYN. saurophidien.

squelette *nom masculin* Ensemble des os. SYN. charpente, ossature. – LITTÉRAIRE : carcasse. ▪ Structure d'une œuvre. SYN. architecture, armature, canevas, charpente, esquisse, ossature, plan, structure. – LITTÉRAIRE : texture, trame.

squelettique *adjectif* D'une excessive maigreur. SYN. décharné, efflanqué, maigre, maigrelet, maigriot, osseux, sec. – FAMILIER : maigrichon. – LITTÉRAIRE : diaphane, émacié, étique. CONTR. *adipeux, bouffi, boursouflé, charnu, corpulent, empâté, énorme, fort, gras, gros, obèse, plantureux, potelé, rebondi, replet, rond, ventru.* – FAMILIER : *bedonnant, dodu, grassouillet, rondelet, rondouillard, ventripotent.*

stabilisation *nom féminin* Action de stabiliser. SYN. affermissement, consolidation, raffermissement, renforcement. CONTR. *affaiblissement.*

stabiliser *verbe* Rendre stable. SYN. consolider, équilibrer, fixer, raffermir. CONTR. *affaiblir, ébranler.* ▪ Empêcher de varier. SYN. bloquer, figer, geler, immobiliser.

stabilité *nom féminin* Qualité de ce qui est stable. SYN. aplomb, assiette, équilibre, solidité. CONTR. *déséquilibre, instabilité, vacillement.* ▪ Caractère continu. SYN. continuité, durabilité, invariabilité, pérennité, permanence. – LITTÉRAIRE : fixité, immuabilité. CONTR. *changement, évolution, fluctuation, fragilité, fugacité, instabilité, précarité, variabilité.* – LITTÉRAIRE : *inconstance, vacillation, versatilité.*

stable *adjectif* Qui est fixé solidement. SYN. d'aplomb, assis, équilibré, solide. CONTR. *boiteux, branlant, brimbalant, chancelant, déséquilibré, flageolant, fragile, instable, mouvant.* – LITTÉRAIRE : *vacillant.* ▪ Qui reste dans le même état. SYN. durable, ferme, fixe, immuable, inchangeable, invariable, permanent. CONTR. *éphémère, fluctuant, fragile, fugace, fugitif, passager, précaire, temporaire, transitoire, variable.* – LITTÉRAIRE : *ondoyant.* ▪ Qui manifeste de la constance. SYN. constant, inaltérable. – LITTÉRAIRE : invariable. CONTR. *changeant, flottant, hésitant, incertain, volage.*

stade *nom masculin* Degré d'un développement. SYN. échelon, étape, niveau, palier, partie, phase, point, temps.

stagnant *adjectif* Qui ne s'écoule pas. SYN. dormant, figé, fixe, immobile. CONTR. *courant.* ▪ Qui ne progresse pas. SYN. stationnaire, statique.

stagnation *nom féminin* Absence de progrès. SYN. ankylose, asphyxie, engourdissement, immobilisme, immobilité, inertie, langueur, léthargie, marasme, paralysie, piétinement, récession, sclérose. – LITTÉRAIRE : somnolence. CONTR. *avancement, changement, développement, évolution, progrès, progression.*

stagner *verbe* En parlant d'un fluide, être stagnant. SYN. séjourner. CONTR. *couler, s'écouler.* ▪ Ne faire aucun progrès. SYN. piétiner, végéter, vivoter. – LITTÉRAIRE : somnoler. CONTR. *avancer, se développer, fructifier, prospérer.* ▪ LITTÉRAIRE. Se complaire dans un état médiocre. SYN. croupir, s'encroûter, s'engluer, s'enliser, moisir. – FAMILIER : pourrir.

stance *nom féminin* Groupe de vers. SYN. strophe.

standardisation *nom féminin* Action de standardiser. SYN. normalisation, rationalisation, uniformisation.

standardiser *verbe* Ramener à une norme. SYN. niveler, normaliser, rationaliser, unifier, uniformiser.

standing *nom masculin* Position sociale. SYN. catégorie, classe, condition.

staphisaigre *nom féminin* Delphinium très toxique. SYN. herbe aux poux.

staphylier *nom masculin* Arbuste aux fleurs blanchâtres. SYN. faux pistachier.

staphylin *adjectif* Qui a rapport à la luette. SYN. uvulaire.

star *nom féminin* Personne célèbre. SYN. célébrité, étoile, gloire, vedette.

start-up *nom féminin invariable* Jeune entreprise innovante. SYN. jeune pousse.

station *nom féminin* Façon de se tenir. SYN. attitude, pose, position, posture. ■ Fait de s'arrêter. SYN. arrêt, halte, pause, repos.

stationnaire *adjectif* Se dit d'un temps qui ne change pas. SYN. étale, fixe, immobile. CONTR. *mobile.* ■ Qui reste dans le même état. SYN. figé, stagnant, statique. CONTR. *changeant, évolutif.*

stationner *verbe* Demeurer au même endroit. SYN. s'arrêter, se garer, se parquer. CONTR. *circuler, partir, passer.*

statique *adjectif* Qui n'évolue pas. SYN. figé, immobile, stagnant, stationnaire. CONTR. *changeant, évolutif.*

statuer *verbe* Prendre une décision. SYN. arbitrer, décider, départager, juger, prendre parti, prononcer, se prononcer, régler, solutionner, trancher. CONTR. *balancer, hésiter, tergiverser.* – FAMILIER : *se tâter.*

statufier *verbe* LITTÉRAIRE. Rendre immobile. SYN. clouer, figer, foudroyer, glacer, méduser, paralyser, pétrifier, suffoquer. – FAMILIER : sidérer.

stature *nom féminin* Caractère de quelqu'un. SYN. carrure, classe, envergure, niveau, poids, valeur. ■ Hauteur d'une personne. SYN. corpulence, taille. – FAMILIER : gabarit.

statut *nom masculin* Situation de fait. SYN. condition, position, rang, situation. – LITTÉRAIRE : état.

statuts *nom masculin pluriel* Acte constitutif d'une société. SYN. règlement, réglementation.

steak *nom masculin* Tranche de bœuf à griller. SYN. bifteck.

stéganopode *nom masculin* VIEUX. Oiseau aquatique palmipède. SYN. pélécaniforme.

stellaire *nom féminin* Petite herbe à fleurs blanches. SYN. alsine.

sténohalin *adjectif* Qui vit dans des eaux à salinité constante. CONTR. *euryhalin.*

sténotherme *adjectif* Qui vit dans un milieu dont la température varie peu. CONTR. *eurytherme.*

stercoraire *nom masculin* Grand oiseau marin prédateur. SYN. labbe.

stéréotype *nom masculin* Formule banale. SYN. banalité, cliché, lieu commun, poncif, truisme.

stéréotypé *adjectif* Qui obéit à une convention. SYN. artificiel, automatique, de circonstance, de commande, conventionnel, figé, formel.

stérile *adjectif* Inapte à la reproduction. SYN. infécond, infertile. CONTR. *fécond, fertile, prolifique.* ■ Qui ne produit pas. SYN. aride, désertique, déshérité, desséché, improductif, infertile, ingrat, maigre, pauvre, sec. CONTR. *abondant, exubérant, fertile, foisonnant, productif, riche.* – LITTÉRAIRE : *fécond, généreux, gras, plantureux.* ■ Qui manque d'inventivité. SYN. infécond, infertile. – LITTÉRAIRE : impuissant. CONTR. *créateur, créatif, fécond, fertile, inventif, prolifique, puissant.* ■ Qui ne sert à rien. SYN. byzantin, futile, inefficace, infructueux, inopérant, inutile, négatif, oiseux, vide. – LITTÉRAIRE : vain. CONTR. *constructif, efficace, efficient, fructueux, utile.* ■ Qui est exempt de germe. SYN. aseptique, désinfecté. CONTR. *contaminé, infecté, pollué, septique.* – LITTÉRAIRE : *souillé.*

stérilement *adverbe* LITTÉRAIRE. D'une manière vaine. SYN. inutilement, en pure perte, pour rien, vainement, en vain. – LITTÉRAIRE : infructueusement. CONTR. *efficacement, fructueusement, utilement.*

stérilet *nom masculin* Appareil contraceptif placé dans l'utérus. SYN. dispositif intra-utérin.

stérilisation *nom féminin* Action de détruire les microbes. SYN. antisepsie, asepsie, désinfection. – RARE : aseptisation.

stériliser *verbe* Rendre un sol stérile. CONTR. *amender, fertiliser.* – LITTÉRAIRE : *féconder.* ■ Rendre un être stérile. SYN. castrer, châtrer, couper, émasculer. CONTR. – LITTÉRAIRE : *féconder.* ■ Détruire les microbes. SYN. désinfecter, pasteuriser. – RARE : aseptiser. – VIEUX : antiseptiser. CONTR. *contaminer, infecter, polluer.* – LITTÉRAIRE : *souiller.* ■ Inhiber l'imagination. SYN. appauvrir, dessécher, épuiser, tarir, tuer.

stérilité *nom féminin* État de ce qui est stérile. SYN. aridité, improductivité, pauvreté. – LITTÉRAIRE : infertilité. CONTR. *fertilité, richesse.* – LITTÉRAIRE : *fécondité.* ■ Impossibilité de se reproduire. SYN. infécondité, infertilité. CONTR. *fécondité, fertilité.* ■ Manque d'imagination. SYN. improductivité, indigence, pauvreté. – LITTÉRAIRE : infertilité. CONTR. *abondance, créativité, exubérance, fertilité, foisonnement, productivité, richesse.* – LITTÉRAIRE : *fécondité.* ■ LITTÉRAIRE. Caractère inutile. SYN. inanité, inefficacité, inutilité, pauvreté, vide. – LITTÉRAIRE : vanité. CONTR. *action, efficacité.*

sternbergie *nom féminin* Amaryllidacée bulbeuse. SYN. vendangeuse.

sternbergite *nom féminin* Sulfure naturel de fer et d'argent. SYN. argentopyrite.

sterne *nom féminin* Oiseau voisin des mouettes. SYN. hirondelle de mer.

stigmate *nom masculin* LITTÉRAIRE. Marque durable de. **SYN.** cicatrice, empreinte, marque, signe, souvenir, symptôme, témoignage, témoin, vestige.

stigmatiser *verbe* Critiquer publiquement. **SYN.** anathématiser, blâmer, condamner, critiquer, dénoncer, maltraiter, réprouver. – **FAMILIER** : démolir. – **LITTÉRAIRE** : flageller, flétrir, fustiger, satiriser, vitupérer. **CONTR.** *complimenter, féliciter, glorifier.* – **LITTÉRAIRE** : *congratuler.*

stimulant *adjectif* Qui tonifie l'esprit, le corps. **SYN.** excitant, fortifiant, reconstituant, réparateur, revigorant, sain, salubre, salutaire, tonifiant, tonique, vivifiant. **CONTR.** *amollissant, assoupissant, calmant, débilitant, hypnotique, soporifique.* ■ Qui donne du courage. **SYN.** encourageant, entraînant, exaltant, porteur, prometteur, réconfortant. **CONTR.** *atterrant, décevant, déprimant, triste.* – **FAMILIER** : *écœurant.* – **LITTÉRAIRE** : *dissolvant.*

stimulant *nom masculin* Substance qui stimule l'organisme. **SYN.** cordial, excitant, fortifiant, reconstituant, remontant. **CONTR.** *hypnotique, somnifère.* – **VIEUX** : *soporifique.* ■ Ce qui redonne du courage. **SYN.** coup de fouet, encouragement, éperon. – **LITTÉRAIRE** : adjuvant, aiguillon.

stimulateur *nom masculin* ***Stimulateur cardiaque,*** appareil qui soutient le rythme du cœur. **SYN.** pacemaker.

stimulation *nom féminin* Action de stimuler. **SYN.** encouragement, exhortation, incitation, invitation.

stimuler *verbe* Donner du tonus. **SYN.** aiguillonner, aiguiser, animer, donner un coup de fouet, doper, encourager, enhardir, éperonner, éveiller, exalter, exciter, faciliter, fortifier, fouetter, rallumer, réchauffer, regonfler, remonter, revigorer, revitaliser, soutenir, tonifier. – **FAMILIER** : booster, ragaillardir, ravigoter. – **LITTÉRAIRE** : vivifier. – **VIEUX** : réconforter. **CONTR.** *anéantir, assoupir, briser, calmer, décourager, diminuer, empêcher, engourdir, étouffer, modérer, ralentir, refroidir.* – **FAMILIER** : *achever, ramollir.* – **LITTÉRAIRE** : *rabattre.* ■ Inciter à poursuivre. **SYN.** animer, encourager, enhardir, exalter, fouetter, inciter, réchauffer, regonfler. **CONTR.** *décourager, empêcher.*

stipendier *verbe* LITTÉRAIRE. Acheter la complicité de. **SYN.** acheter, payer, soudoyer, suborner. – **FAMILIER** : arroser, graisser la patte. – **LITTÉRAIRE** : corrompre.

stipulation *nom féminin* Mention dans un contrat. **SYN.** clause, condition, convention, disposition, formule, modalité.

stipuler *verbe* Préciser expressément. **SYN.** mentionner, préciser, spécifier.

stock *nom masculin* Grande quantité de choses. **SYN.** lot, provision, réserve.

stocker *verbe* Mettre en stock. **SYN.** emmagasiner, engranger, entasser, entreposer, ranger, remiser. – **LITTÉRAIRE** : serrer. **CONTR.** *débiter, écouler.*

stoïcisme *nom masculin* LITTÉRAIRE. Caractère stoïque. **SYN.** austérité, courage, fermeté, impassibilité, imperturbabilité, indifférence, patience, sang-froid. – **FAMILIER** : cran.

stoïque *adjectif* Qui se montre impassible. **SYN.** dur, ferme, impassible, indifférent, inébranlable, insensible, patient, philosophe, rigide, spartiate. – **LITTÉRAIRE** : impavide. **CONTR.** *douillet, sensible.*

stoïquement *adverbe* D'une manière stoïque. **SYN.** fermement, impassiblement, inébranlablement, patiemment.

stomacal *adjectif* Relatif à l'estomac. **SYN.** gastrique.

stomocordé *nom masculin* Invertébré marin vermiforme. **SYN.** hémicordé.

stoppage *nom masculin* Action de réparer une déchirure. **SYN.** raccommodage, rafistolage, rapiéçage, rapiècement, réparation, reprisage, reprise. – **FAMILIER** : rapetassage. – **VIEUX** : ravaudage.

stopper *verbe intransitif* Cesser d'avancer. **SYN.** s'arrêter, s'immobiliser, s'interrompre. **CONTR.** *démarrer, s'ébranler, se mettre en branle, se mettre en marche.*

stopper *verbe transitif* Arrêter définitivement. **SYN.** arrêter, asphyxier, barrer la route à, barrer le chemin à, cesser, circonscrire, contenir, endiguer, enrayer, étouffer, immobiliser, juguler, maîtriser, mater, mettre un frein à, obstruer, paralyser, réprimer, suspendre. **CONTR.** *déclencher, hâter.*

strabique *adjectif et nom* Qui louche. **SYN.** loucheur. – **POPULAIRE** : bigleux. – **VIEUX** : bigle.

strabisme *nom masculin* Déviation de l'axe d'un œil par rapport à l'autre. **SYN.** hétérotropie, louchement. – **VIEUX** : loucherie.

stratagème *nom masculin* Combinaison habile. **SYN.** acrobatie, artifice, ficelle, manège, ruse, subterfuge, tour, tour de passe-passe. – **FAMILIER** : astuce, combine, roublardise, truc. – **LITTÉRAIRE** : habileté.

stratégie *nom féminin* Art de diriger une action. **SYN.** méthode, plan, tactique.

stratégique *adjectif* Qui relève d'une stratégie. SYN. diplomatique, politique, tactique.

stratifié *adjectif et nom masculin* Constitué de couches (de bois, papier) superposées. SYN. lamifié.

stratiome *nom masculin* Mouche robuste, assez plate. SYN. mouche armée.

stressant *adjectif* Qui cause du stress. SYN. angoissant, inquiétant. – FAMILIER : crispant. CONTR. *apaisant, calmant.*

stressé *adjectif* Qui éprouve du stress. SYN. agité, angoissé, contracté, crispé, nerveux, tendu. CONTR. *calme, détendu, paisible.*

strict *adjectif* Se dit d'une règle rigoureuse. SYN. assujettissant, astreignant, austère, draconien, drastique, étroit, précis, rigoureux. CONTR. *approximatif, capricieux, fantaisiste, lâche, relâché.* – FAMILIER : *élastique.* ■ Qui constitue un minimum. SYN. juste, suffisant. CONTR. *large, spacieux.* – LITTÉRAIRE : *vaste.* ■ Qui est sans ornement. SYN. austère, classique, dépouillé, simple, sobre. CONTR. *excentrique, indécent, osé, provocant.* ■ Qui n'admet aucun écart. SYN. dur, exigeant, impitoyable, inflexible, intraitable, maniaque, pointilleux, rigide, rigoureux, sévère, spartiate. – FAMILIER : jugulaire-jugulaire, service-service. – LITTÉRAIRE : implacable, raide. CONTR. *accommodant, complaisant, coulant, large.*

strictement *adverbe* D'une manière rigoureuse. SYN. étroitement, exactement, parfaitement, religieusement, rigoureusement, scrupuleusement. CONTR. *approximativement, grosso modo.* ■ D'une manière totale. SYN. absolument, complètement, entièrement, formellement, purement, totalement, uniquement.

stricto sensu *locution adverbiale* Au sens propre du mot. SYN. à la lettre, littéralement, précisément, proprement, à proprement parler, au sens strict, textuellement. CONTR. *lato sensu, au sens large.*

strident *adjectif* Se dit d'un son perçant. SYN. aigu, criard, éclatant, perçant, sonore, suraigu. CONTR. *caverneux, mat, profond.*

strie *nom féminin* Entaille laissée sur une surface. SYN. rayure, sillon, zébrure.

strier *verbe* Marquer de stries. SYN. hachurer, rayer, vermiculer, zébrer.

stripping *nom masculin* Ablation de la veine saphène. SYN. éveinage.

strip-teaseuse *nom féminin* FAMILIER. Femme qui effectue un strip-tease. SYN. – FAMILIER : effeuilleuse.

strombe *nom masculin* Grand mollusque des mers chaudes. SYN. lambi.

strongyloïdose *nom féminin* Maladie parasitaire. SYN. anguillulose.

strophe *nom féminin* Groupe de vers. SYN. stance.

structure *nom féminin* Agencement des parties d'un tout. SYN. architecture, armature, canevas, charpente, composition, contexture, disposition, ossature, plan, squelette. – LITTÉRAIRE : linéaments, texture, trame. ■ Forme extérieure d'un ensemble. SYN. configuration, constitution, économie, forme, ordonnance, ordonnancement, organisation, système.

structuré *adjectif* Qui présente une structure. SYN. composé, ordonnancé, ordonné, organisé, réglé.

structurer *verbe* Donner une structure. SYN. agencer, charpenter, composer, ordonnancer, ordonner, organiser.

studieux *adjectif* Qui étudie avec application. SYN. appliqué, sérieux, travailleur. – FAMILIER : bûcheur. – LITTÉRAIRE : laborieux. – POPULAIRE : polard. CONTR. *fainéant, inappliqué, oisif, paresseux.* – FAMILIER : *cossard, flemmard.*

stupéfaction *nom féminin* État de quelqu'un qui est stupéfait. SYN. abasourdissement, ahurissement, ébahissement, effarement, étonnement, saisissement, stupeur, surprise. – FAMILIER : épatement.

stupéfait *adjectif* Frappé d'étonnement. SYN. abasourdi, ahuri, bouche bée, coi, ébahi, éberlué, effaré, étonné, hébété, interdit, interloqué, médusé, pétrifié, renversé, saisi, suffoqué, surpris, tombé de la lune, tombé des nues. – FAMILIER : baba, comme deux ronds de flan, épaté, époustouflé, estomaqué, scié, sidéré, soufflé. – LITTÉRAIRE : ébaubi. – POPULAIRE : sur le cul.

stupéfiant *nom masculin* Substance psychotrope. SYN. drogue. – FAMILIER : came.

stupéfiant *adjectif* Qui provoque la stupéfaction. SYN. abracadabrant, ahurissant, bizarre, confondant, curieux, déconcertant, drôle, effarant, effrayant, étonnant, étrange, extraordinaire, fantastique, formidable, fracassant, frappant, inattendu, inconcevable, incroyable, inouï, insolite, saisissant, sensationnel, singulier, spectaculaire, suffocant, surprenant. – FAMILIER : énorme, époustouflant, faramineux, fort de café, invraisemblable, renversant, sciant, sidérant, soufflant, terrible, unique.

stupéfier *verbe* Remplir de stupéfaction. SYN. abasourdir, ahurir, confondre, couper le souffle, ébahir, éberluer, effarer, étonner, interloquer, méduser, pétrifier, renverser, suffoquer, surprendre. – FAMILIER : asseoir, en boucher un coin, couper le sifflet, ébouriffer, épater, époustoufler, estomaquer, faire l'effet d'une bombe, scier, sidérer, souffler. – POPULAIRE : couper la chique.

stupeur *nom féminin* État d'immobilité. SYN. abrutissement, hébétement, hébètement, torpeur. – LITTÉRAIRE : assoupissement, hébétude. ■ Extrême étonnement. SYN. abasourdissement, ahurissement, ébahissement, effarement, étonnement, saisissement, stupéfaction, surprise. – FAMILIER : épatement.

stupide *adjectif* Qui manque d'intelligence. SYN. abruti, balourd, bête, bête à manger du foin, borné, idiot, inintelligent, lourdaud, obtus, rustre, sot. – FAMILIER : bête comme ses pieds, bouché, bouché à l'émeri, cruche, gaffeur, godiche, rustaud. – POPULAIRE : con comme la lune, con comme un balai, nouille, taré. CONTR. *astucieux, brillant, doué, éveillé, finaud, futé, génial, intelligent, lucide, malin, perspicace, sagace.* ■ Qui dénote la sottise. SYN. bête à pleurer, crétin, idiot, imbécile, inintelligent, niais, pesant, plat. – FAMILIER : bébête, bêta, tarte. – POPULAIRE : cucul. CONTR. *fin, judicieux, malicieux, spirituel, subtil.* ■ Qui n'a aucun sens. SYN. aberrant, absurde, déraisonnable, illogique, incohérent, inepte, saugrenu. CONTR. *judicieux, raisonnable, sage, sensé.*

stupidement *adverbe* De façon stupide. SYN. bêtement, inintelligemment, sottement. – LITTÉRAIRE : niaisement. CONTR. *astucieusement, finement, intelligemment, spirituellement, subtilement.*

stupidité *nom féminin* Caractère stupide. SYN. bêtise, idiotie, imbécillité, ineptie, inintelligence, niaiserie, nullité, sottise. – FAMILIER : crétinerie, crétinisme, jobarderie, jobardise. CONTR. *finesse, intelligence, perspicacité, sagacité.* – VIEUX : *finauderie.* ■ Parole, action stupide. SYN. aberration, balourdise, bêtise, imbécillité, ineptie, niaiserie, sottise. – FAMILIER : ânerie, bourde, crétinerie, idiotie.

stupre *nom masculin* LITTÉRAIRE. Débauche honteuse. SYN. corruption, débauche, dépravation, dérèglement, dévergondage, inconduite, libertinage, luxure, orgie, vice. – LITTÉRAIRE : dissipation, dissolution, impureté, licence. CONTR. *chasteté, continence, pureté, vertu.*

style *nom masculin* Façon particulière de s'exprimer. SYN. écriture, forme, genre, langage, langue, parler, plume, ton, tournure. ■ Forme de langage fonctionnel. SYN. jargon, langue, parler, phraséologie, vocabulaire. ■ Qualités esthétiques. SYN. allure, art, cachet, caractère, chic, classe, esthétique. ■ Manière propre à un artiste. SYN. griffe, manière, marque, patte, trempe. – LITTÉRAIRE : facture, faire, langue, touche.

stylé *adjectif* Qui a des manières élégantes. SYN. courtois, délicat, distingué, élégant, raffiné. – LITTÉRAIRE : policé.

stylicien *nom* Créateur spécialisé dans le design. SYN. designer, désigneur.

stylique *nom féminin* Style d'un modernisme fonctionnel. SYN. design.

styrax *nom masculin* Arbrisseau fournissant le benjoin. SYN. aliboufier.

suaire *nom masculin* LITTÉRAIRE. Pièce de toile dans laquelle on ensevelit un mort. SYN. linceul.

suant *adjectif* POPULAIRE. Qui ennuie profondément. SYN. désagréable, endormant, ennuyeux, lassant, monotone, mortel, soporifique. – FAMILIER : assommant, barbant, bassinant, embêtant, enquiquinant, rasant, rasoir, soûlant, tuant. – POPULAIRE : canulant, chiant, emmerdant. CONTR. *agréable, amusant, charmant, distrayant, divertissant, drôle, intéressant, passionnant, plaisant, récréatif.* – FAMILIER : *folichon.*

suave *adjectif* D'une grande douceur. SYN. agréable, caressant, délicieux, doux, enchanteur, exquis, harmonieux, mélodieux, moelleux, tendre. – LITTÉRAIRE : amène, délectable, séraphique. CONTR. *âcre, aigre, amer, âpre, râpeux, rauque, rocailleux, rude, rugueux.*

suavité *nom féminin* LITTÉRAIRE. Caractère suave. SYN. charme, délicatesse, douceur, grâce, harmonie. – LITTÉRAIRE : joliesse. CONTR. *âcreté, aigreur, amertume, âpreté, rugosité.* – LITTÉRAIRE : *rudesse.*

subalterne *adjectif* Qui dépend d'un autre. SYN. inférieur, second, subordonné. CONTR. *premier, supérieur.* ■ Qui a peu d'importance. SYN. accessoire, annexe, humble, mineur, modeste, obscur, petit. CONTR. *capital, essentiel, fondamental, important, primordial, principal, vital.*

subalterne *nom* Personne qui dépend d'une autre. SYN. inférieur, sous-ordre, subordonné. – FAMILIER : sous-fifre, sous-verge. CONTR. *chef, directeur, patron, supérieur.*

subdiviser *verbe* Diviser une nouvelle fois. SYN. dégrouper, diviser, fractionner, morceler, ramifier, scinder, segmenter.

suber *nom masculin* Matériau fourni par l'écorce du chêne-liège. SYN. liège.

suberaie *nom féminin* Forêt de chênes-lièges. SYN. surrède, suveraie.

subir *verbe* Supporter une chose pénible. SYN. endurer, éprouver, essuyer, payer, supporter, en voir de toutes les couleurs. – FAMILIER : digérer, trinquer. – LITTÉRAIRE : pâtir, souffrir. – POPULAIRE : déguster, morfler. CONTR. *échapper, éviter.* ■ Avoir une attitude passive. SYN. obéir, se résigner, se soumettre, tolérer. – LITTÉRAIRE : soutenir. CONTR. *gouverner.* – LITTÉRAIRE : *commander.* ■ Être l'objet de. SYN. accuser, connaître, voir.

subit *adjectif* Qui se produit inopinément. SYN. brusque, brutal, foudroyant, fulgurant, immédiat, inopiné, instantané, rapide, soudain. CONTR. *graduel, lent, progressif.*

subitement *adverbe* D'une façon subite. SYN. à brûle-pourpoint, brusquement, brutalement, de but en blanc, au dépourvu, ex abrupto, fortuitement, immédiatement, à l'improviste, inopinément, instantanément, sans crier gare, soudain, soudainement, tout à coup, tout d'un coup. – FAMILIER : subito, tout de go. – LITTÉRAIRE : au débotté. – POPULAIRE : aussi sec. – VIEUX : impromptu, tout à trac. CONTR. *par degrés, graduellement, lentement, pas à pas, petit à petit, peu à peu, pied à pied, progressivement.*

subito *adverbe* FAMILIER. Sans prévenir. SYN. à brûle-pourpoint, brusquement, brutalement, de but en blanc, au dépourvu, ex abrupto, fortuitement, immédiatement, à l'improviste, inopinément, instantanément, sans crier gare, soudain, soudainement, subitement, tout à coup, tout d'un coup. – FAMILIER : tout de go. – LITTÉRAIRE : au débotté. – VIEUX : impromptu, tout à trac. CONTR. *par degrés, graduellement, lentement, pas à pas, petit à petit, peu à peu, pied à pied, progressivement.* ■ FAMILIER. ***Subito presto,*** en toute hâte. SYN. à bride abattue, comme une flèche, en deux temps, trois mouvements, entre deux portes, expéditivement, à fond de cale, à fond de train, à la hâte, hâtivement, en un instant, en moins de temps qu'il n'en faut pour le dire, au pas de charge, au pas de course, au plus vite, précipitamment, prestement, promptement, rapidement, en un rien de temps, rondement, sur les chapeaux de roue, tambour battant, à tombeau ouvert, tout de suite, à toute allure, à toute bride, à toute hâte, à toute vitesse, toutes affaires cessantes, ventre à terre, vite, en vitesse, vivement. – ARGOTIQUE : à donf. – FAMILIER : en cinq sec, en un clin d'œil, dare-dare, en deux, trois coups de cuiller à pot, à fond la caisse, illico, illico presto, en quatrième vitesse, rapidos, subito presto, en un temps record, en un tour de main, à toute blinde, à toute vapeur, à toute(s) pompe(s), à la vitesse grand V. – LITTÉRAIRE : diligemment. – POPULAIRE : à tout berzingue, à toute barde, à toute berzingue, à toute bitture. – VIEUX : en un tournemain. CONTR. *après, plus tard, par la suite, ultérieurement.*

subjectif *adjectif* Qui est le fait d'un individu. SYN. individuel, particulier, personnel, propre. CONTR. *réel, vrai.* ■ Qui montre de la partialité. SYN. arbitraire, exclusif, partial, partisan, prévenu, tendancieux. CONTR. *équitable, impartial, intègre, juste, neutre, objectif, réaliste.*

subjectivement *adverbe* De façon subjective. SYN. arbitrairement, aveuglément, partialement, tendancieusement. – LITTÉRAIRE : inéquitablement. CONTR. *équitablement, froidement, impartialement, objectivement, scientifiquement, scrupuleusement.*

subjectivité *nom féminin* Caractère subjectif. SYN. aveuglement, partialité. CONTR. *équité, impartialité, justice, objectivité, probité.*

subjuguant *adjectif* Qui subjugue. SYN. captivant, éblouissant, enchanteur, ensorcelant, envoûtant, fascinant, magique, magnétique, palpitant, passionnant, prenant, troublant. – LITTÉRAIRE : fascinateur. CONTR. *inintéressant, rébarbatif, repoussant, répulsif, soporifique.* – FAMILIER : *rasant, rasoir, soûlant.*

subjuguer *verbe* Forcer l'admiration. SYN. captiver, charmer, conquérir, dominer, ensorceler, envoûter, fasciner, en imposer, impressionner, ravir, séduire. – LITTÉRAIRE : enchanter. – POPULAIRE : en jeter.

sublimation *nom féminin* LITTÉRAIRE. Fait de sublimer un sentiment. SYN. élévation, ennoblissement, exaltation, glorification, idéalisation.

sublime *adjectif* D'une haute valeur morale. SYN. beau, divin, élevé, noble, pur, supérieur, suprême, transcendant. – LITTÉRAIRE : éthéré, sublimé, suréminent. CONTR. *bas, commun, petit, prosaïque, vulgaire.* – LITTÉRAIRE : *vil.* ■ Parfait en son genre. SYN. admirable, extraordinaire, génial, grandiose, héroïque, idéal, idyllique, inouï, magnifique, merveilleux, monumental, royal, splendide, superbe.

sublimé *adjectif* LITTÉRAIRE. Porté à un très haut degré. SYN. divin, élevé, pur, sublime, supérieur, transcendant. – LITTÉRAIRE : éthéré, suréminent.

sublimement *adverbe* LITTÉRAIRE. D'une façon sublime. SYN. admirablement, divinement, magnifiquement, merveilleusement, princièrement, royalement, somptueusement, splendidement, superbement. – LITTÉRAIRE : excellemment. CONTR. *abjectement, abominablement, affreusement, atrocement, épouvantablement, hideusement, horriblement, ignoblement, monstrueusement, odieusement.*

sublimer *verbe* LITTÉRAIRE. Porter à un haut degré. SYN. exalter, idéaliser, purifier. – LITTÉRAIRE : magnifier, spiritualiser, transcender. CONTR. *rabaisser, rabattre.*

subliminal *adjectif* Qui n'entraîne pas de réponse de l'organisme. SYN. infraliminaire, subliminaire.

sublimité *nom féminin* LITTÉRAIRE. Caractère sublime. SYN. grandeur, magnanimité, noblesse. – LITTÉRAIRE : élévation. CONTR. *bassesse*. – LITTÉRAIRE : *vilenie*.

submerger *verbe* Recouvrir entièrement d'eau. SYN. engloutir, ensevelir, inonder, noyer. ■ Envahir, en parlant d'un sentiment. SYN. dévorer, envahir, hanter, miner, obséder, pénétrer, ronger. ■ Mettre dans une situation où on ne peut faire face. SYN. accabler, déborder, écraser, surcharger. CONTR. *débarrasser, décharger*.

subodorer *verbe* FAMILIER. Avoir l'intuition de. SYN. deviner, se douter, entrevoir, flairer, pressentir, soupçonner. – FAMILIER : renifler.

suborbital *adjectif* Qui n'a pas atteint la vitesse de satellisation. SYN. sous-orbital.

subordination *nom féminin* Situation de dépendance. SYN. aliénation, allégeance, asservissement, assujettissement, coupe, dépendance, inféodation, obédience, obéissance, soumission. – LITTÉRAIRE : servitude, sujétion. CONTR. *désobéissance, émancipation, indépendance, insubordination, liberté*. – LITTÉRAIRE : *fronde*.

subordonné *adjectif* Qui dépend de quelque chose. SYN. dépendant, soumis, suspendu, tributaire. CONTR. *dissocié, distinct, indépendant*.

subordonné *nom* Personne aux ordres d'une autre. SYN. inférieur, sous-ordre, subalterne. – FAMILIER : sous-fifre, sous-verge. CONTR. *chef, directeur, patron, supérieur*.

subordonner *verbe* Mettre sous l'autorité de. SYN. assujettir, attacher, inféoder, soumettre.

suborner *verbe* Inciter à un faux témoignage. SYN. acheter, soudoyer. – FAMILIER : arroser. – LITTÉRAIRE : corrompre, stipendier.

subreptice *adjectif* LITTÉRAIRE. Qui se fait furtivement. SYN. caché, clandestin, furtif, secret, sournois, souterrain. CONTR. *légal, licite, loyal, ostensible*.

subrepticement *adverbe* LITTÉRAIRE. D'une façon furtive et illicite. SYN. en cachette, en catimini, clandestinement, à la dérobée, en dessous, furtivement, hypocritement, in petto, incognito, insidieusement, officieusement, secrètement, en secret, sous le manteau, en sous-main, en tapinois. – FAMILIER : en douce. CONTR. *à découvert, manifestement, officiellement, ostensiblement, ouvertement, publiquement, au vu et au su de*.

subséquent *adjectif* LITTÉRAIRE. Qui vient à la suite de. SYN. postérieur, suivant, ultérieur. CONTR. *antécédent, antérieur, précédent, préexistant*.

subside *nom masculin* Soutien financier. SYN. aide, allocation, don, indemnité, secours, soutien, subvention.

subsidiaire *adjectif* Donné accessoirement. SYN. accessoire, annexe, complémentaire, contingent, mineur, second, secondaire. CONTR. *capital, cardinal, élémentaire, essentiel, fondamental, primordial, principal, vital*.

subsistance *nom féminin* Nourriture et entretien. SYN. le vivre et le couvert. – LITTÉRAIRE : pitance.

subsister *verbe* Continuer d'exister. SYN. se conserver, demeurer, durer, se maintenir, persister, rester, surnager, tenir. – LITTÉRAIRE : perdurer. CONTR. *changer, disparaître, passer, sombrer dans l'oubli, tomber dans l'oubli*. ■ Rester en vie. SYN. survivre, végéter, vivoter, vivre. CONTR. *mourir*. – LITTÉRAIRE : *périr*.

subsonique *adjectif* Dont la vitesse est inférieure à celle du son. CONTR. *supersonique*.

substance *nom féminin* Essentiel du contenu. SYN. contenu, essentiel, fond, matière, objet, substrat, sujet. – LITTÉRAIRE : essence, moelle, quintessence, substantifique moelle, suc. CONTR. *apparence, forme*. ■ ***En substance,*** en se tenant à l'essentiel. SYN. brièvement, en résumé, sommairement.

substantiel *adjectif* Se dit d'un aliment riche. SYN. consistant, copieux, nourrissant, nutritif, riche. ■ Dont le contenu est riche. SYN. abondant, concret, matériel. CONTR. *pauvre*. ■ Qui est important. SYN. appréciable, consistant, foncier, fondamental, majeur, nourri, primordial, vital. – FAMILIER : rondelet, solide.

substantifique *adjectif* LITTÉRAIRE. ***La substantifique moelle,*** ce qu'il y a d'essentiel. SYN. substance. – LITTÉRAIRE : élixir, essence, quintessence, suc.

substituable *adjectif* Qui peut être substitué. SYN. commutable, remplaçable. CONTR. *irremplaçable*.

substituer *verbe* Mettre à la place de. SYN. changer, remplacer, renouveler. – LITTÉRAIRE : suppléer.

substituer (se) *verbe pronominal* Prendre la place de. SYN. détrôner, évincer, faire fonction de, relayer, relever, remplacer, succéder à, supplanter, suppléer, tenir lieu de.

substitut *nom masculin* Personne qui remplace. SYN. remplaçant, représentant, successeur.

substitution *nom féminin* Action de substituer. SYN. changement, permutation, remplacement.

substrat *nom masculin* Ce qui sert de base à. SYN. essence, fond, substance.

subterfuge *nom masculin* Moyen rusé de se tirer d'ennui. **SYN.** biais, dérobade, échappatoire, faux-fuyant, finasserie, manège, pirouette, prétexte, ruse, stratagème. – **FAMILIER** : truc. – **LITTÉRAIRE** : artifice, habileté.

subtil *adjectif* Qui a de la finesse. **SYN.** adroit, aigu, astucieux, clairvoyant, fin, futé, habile, ingénieux, lucide, malin, pénétrant, perspicace, raffiné, sagace, sophistiqué. – **LITTÉRAIRE** : délié. – **VIEUX** : perçant. **CONTR.** *balourd, béotien, bête, borné, épais, simplet, stupide.* – **FAMILIER** : *ballot, bouché, lourd.* ■ Difficile à comprendre. **SYN.** abstrait, alambiqué, délicat, difficile, impénétrable, imperceptible, impondérable, insaisissable, mystérieux. – **FAMILIER** : coton. **CONTR.** *c'est un jeu d'enfant, clair, compréhensible, élémentaire, évident, fruste, grossier, limpide, net, rudimentaire, simple.* – **FAMILIER** : *ce n'est pas la mer à boire, c'est de la rigolade, c'est du gâteau, c'est du tout cuit.* – **POPULAIRE** : *c'est du billard.*

subtilement *adverbe* D'une manière subtile. **SYN.** astucieusement, finement, habilement, ingénieusement, intelligemment, savamment. **CONTR.** *bêtement, gauchement, grossièrement, stupidement.*

subtiliser *verbe* FAMILIER. Dérober adroitement. **SYN.** escamoter, extorquer, prendre, rafler, soustraire, voler. – **FAMILIER** : barboter, carotter, chaparder, chiper, choper, écornifler, kidnapper, piquer. – **LITTÉRAIRE** : dérober, ravir. – **POPULAIRE** : chauffer, faucher.

subtilité *nom féminin* Caractère subtil. **SYN.** adresse, délicatesse, finesse, lucidité, pénétration, perspicacité, pertinence, profondeur, raffinement, sagacité, sagesse. **CONTR.** *balourdise, bêtise, épaisseur, grossièreté, lourdeur, pesanteur.* – **LITTÉRAIRE** : *rudesse.* ■ Raffinement excessif. **SYN.** argutie, complication, ergotage, finasserie, maniérisme, pointillerie, préciosité, ruse, sophistication. – **FAMILIER** : chinoiserie, pinaillage. – **VIEUX** : finauderie.

subvenir *verbe* Donner ce qui est nécessaire. **SYN.** assurer, pourvoir, procurer.

subvention *nom féminin* Aide financière. **SYN.** aide, allocation, don, indemnité, secours, soutien, subside.

subventionner *verbe* Fournir une subvention. **SYN.** aider, financer, secourir, soutenir.

subversif *adjectif* Qui critique l'ordre établi. **SYN.** destructeur, factieux, immoral, perturbateur, révolutionnaire, séditieux. – **LITTÉRAIRE** : dissolvant. – **VIEUX** : incendiaire.

suc *nom masculin* LITTÉRAIRE. Le meilleur de quelque chose. **SYN.** substance. – **LITTÉRAIRE** : élixir, moelle, quintessence, substantifique moelle.

succédané *nom masculin* Produit qui en remplace un autre. **SYN.** ersatz, produit de remplacement, produit de substitution, substitut.

succéder *verbe* Prendre une fonction après quelqu'un. **SYN.** prendre le relais, relayer, relever, remplacer, reprendre le flambeau, se substituer, supplanter, suppléer. **CONTR.** *devancer, précéder.* ■ Venir après quelque chose. **SYN.** alterner avec, suivre. **CONTR.** *précéder.*

succéder (se) *verbe pronominal* Venir l'un après l'autre. **SYN.** alterner, s'enchaîner, se relayer, se suivre.

succès *nom masculin* Résultat heureux. **SYN.** exploit, performance, réussite, triomphe, victoire, vogue. **CONTR.** *banqueroute, chute, culbute, débâcle, déboire, déconfiture, défaite, échec, faillite, insuccès, revers.* – **FAMILIER** : *claque, fessée, fiasco, four, loupé, pile, piquette, plongeon, raclée.* – **POPULAIRE** : *bide.* ■ Ce qui plaît au public. **SYN.** best-seller. – **FAMILIER** : tube.

successeur *nom masculin* Personne qui prend la suite. **SYN.** continuateur, dauphin, héritier, remplaçant, substitut, suivant, suppléant. **CONTR.** *devancier, prédécesseur.*

successif *adjectif* Qui se succèdent. **SYN.** alternatif, périodique. **CONTR.** *concomitant, continu, simultané, synchrone, synchronique.*

succession *nom féminin* Personnes, choses qui se succèdent. **SYN.** alternance, cascade, chapelet, cours, déroulement, enchaînement, enfilade, kyrielle, ordonnance, procession, rangée, roulement, suite. – **FAMILIER** : ribambelle. – **LITTÉRAIRE** : théorie. **CONTR.** *simultanéité.* ■ Fait de succéder à quelqu'un. **SYN.** remplacement, suite, suppléance. ■ Transmission de biens. **SYN.** filiation, héritage.

successivement *adverbe* L'un après l'autre. **SYN.** d'affilée, en alternance, alternativement, en cascade, chacun à son tour, au coup par coup, coup sur coup, en série, de suite, en suivant, tour à tour, à tour de rôle. **CONTR.** *ensemble, simultanément.* ■ L'un à la suite de l'autre. **SYN.** à la chaîne, en enfilade, en file indienne, à la file, en file, à la queue leu leu, en rang. – **FAMILIER** : en rang d'oignons. **CONTR.** *en ordre dispersé.*

succin *nom masculin* Résine fossile. **SYN.** ambre jaune.

succinct *adjectif* Énoncé en peu de mots. **SYN.** bref, concis, condensé, court, elliptique, lapidaire, ramassé, resserré, résumé. ■ LITTÉRAIRE. Qui s'exprime avec brièveté. **SYN.** bref, concis, laconique. – **LITTÉRAIRE** : compendieux. **CONTR.** *prolixe.* ■ Qui est peu fourni. **SYN.** léger, maigre, modeste, pauvre, réduit, schématique, sommaire.

– FAMILIER : court. CONTR. *approfondi, touffu.* – LITTÉRAIRE : *vaste.*

succinctement *adverbe* D'une manière succincte. SYN. en abrégé, en bref, brièvement, laconiquement, en raccourci, en résumé, sommairement. CONTR. *longuement.*

succomber *verbe* Mourir des suites de blessures. SYN. décéder, disparaître, expirer, mourir, perdre la vie, périr. – FAMILIER : y rester. – LITTÉRAIRE : trépasser. CONTR. *survivre.* ■ Cesser de résister à. SYN. s'abandonner à, céder, se livrer. CONTR. *résister, tenir.* ■ LITTÉRAIRE. Être accablé sous un fardeau. SYN. capituler, s'effondrer, fléchir, s'incliner, plier. – LITTÉRAIRE : ployer.

succube *nom masculin* Démon qui prend l'apparence d'une femme. CONTR. *incube.*

succulence *nom féminin* LITTÉRAIRE. Caractère succulent. SYN. délicatesse, finesse, saveur.

succulent *adjectif* Qui a une saveur délicieuse. SYN. agréable, délicat, délicieux, excellent, exquis, fameux, savoureux. – FAMILIER : c'est à se mettre à genoux, c'est à tomber par terre !, c'est du nanan, le petit Jésus en culotte de velours. – LITTÉRAIRE : délectable. CONTR. *abominable, exécrable, horrible, immangeable, mauvais.*

succursale *nom féminin* Établissement dépendant d'un autre. SYN. agence, annexe, comptoir, filiale.

sucepin *nom masculin* Plante parasite du pin. SYN. monotrope.

sucer *verbe* Aspirer une substance. SYN. pomper, téter. – FAMILIER : suçoter.

sucet *nom masculin* Poisson qui se fixe aux requins ou aux tortues. SYN. rémora.

sucrage *nom masculin* Ajout de sucre au moût de raisin. SYN. chaptalisation.

sucrase *nom féminin* Enzyme de la muqueuse de l'intestin grêle. SYN. invertase, saccharase.

sucrate *nom masculin* Combinaison du saccharose avec un oxyde. SYN. saccharate.

sucre *nom masculin* Substance au rôle énergétique. SYN. glucide. – VIEUX : hydrate de carbone. ■ FAMILIER. ***Casser du sucre sur,*** dire du mal de. SYN. baver sur, critiquer, décrier, dénigrer, déprécier, descendre en flammes, dire pis que pendre, matraquer, médire de, pourfendre, s'en prendre à, stigmatiser, tirer à boulets rouges sur, tomber à bras raccourcis sur. – ARGOTIQUE : dézinguer. – FAMILIER : abîmer, assaisonner, cracher sur, débiner, déblatérer contre, démolir, éreinter, esquinter, étriller, habiller pour l'hiver, tailler un costard, tailler une veste, taper sur, voler dans les plumes. – LITTÉRAIRE : clabauder, dauber sur, déchirer, flétrir, fronder, fustiger, rompre en visière, satiriser, vitupérer contre. – POPULAIRE : cartonner, flinguer. – VIEUX : tympaniser. CONTR. *admirer, aduler, apprécier, approuver, célébrer, exalter, féliciter, flatter, louer, prôner, recommander, vanter.* – LITTÉRAIRE : *chanter, congratuler, encenser, flagorner, louanger, magnifier.*

sucré *adjectif* Qui contient du sucre. SYN. doux, sirupeux. CONTR. *acide, aigre, amer, âpre, piquant.* ■ D'une amabilité affectée. SYN. douceâtre, doucereux, mielleux, sirupeux. – LITTÉRAIRE : onctueux, patelin.

sucrerie *nom féminin* Gourmandise à base de sucre. SYN. confiserie, douceur, friandise, gâterie.

sud *adjectif invariable* Situé dans la diection opposée au nord. SYN. austral, méridional. CONTR. *arctique, boréal, nord, septentrional.*

sudation *nom féminin* Élimination de la sueur par la peau. SYN. transpiration.

suer *verbe intransitif* Exhaler de la sueur par la peau. SYN. être en eau, être en nage, ne plus avoir un poil de sec, transpirer. – FAMILIER : attraper une suée. ■ FAMILIER. Fournir un gros effort. SYN. se battre, se démener, se dépenser, se donner du mal, se donner un mal de chien, s'échiner, s'épuiser, s'escrimer, s'exténuer, se fatiguer, se multiplier, peiner, se remuer. – FAMILIER : en avoir plein les bottes, en avoir plein les jambes, en avoir plein les pattes, se bagarrer, se claquer, se couper en quatre, se décarcasser, se défoncer, s'éreinter, s'esquinter, se mettre en quatre, se tuer. – POPULAIRE : en baver (des ronds de chapeau), se casser le cul, se crever, ramer. ■ Se couvrir de gouttes d'humidité. SYN. dégoutter, exsuder, ruisseler, suinter. – FAMILIER : dégouliner.

suer *verbe transitif* LITTÉRAIRE. Produire telle impression. SYN. exhaler, sentir. – LITTÉRAIRE : respirer.

suffire *verbe* Répondre au désir de quelqu'un. SYN. agréer, arranger, contenter, convenir, faire l'affaire, plaire, satisfaire. – FAMILIER : revenir. ■ ***Suffit !, ça suffit !,*** en voilà assez. SYN. assez ! – FAMILIER : la barbe ! – POPULAIRE : basta !

suffisamment *adverbe* En quantité suffisante. SYN. assez, passablement. CONTR. *insuffisamment, peu.*

suffisance *nom féminin* Sentiment de supériorité. SYN. arrogance, condescendance, cuistrerie, fanfaronnade, fatuité, gloriole, insolence, morgue, orgueil, présomption, prétention, supériorité. – LITTÉRAIRE : fierté, infatuation, outrecuidance, vanité. CONTR. *humilité, modestie, simplicité.*

suffisant *adjectif* Qui correspond au nécessaire. SYN. acceptable, convenable, correct, honnête. CONTR. *exagéré, excessif.* ■ De nature à produire un résultat. SYN. actif, efficace, efficient. CONTR. *déficient, insuffisant, juste.* – FAMILIER : *jeune.* ■ Qui montre de la suffisance. SYN. arrogant, avantageux, fier, infatué, orgueilleux, pédant, présomptueux, prétentieux, puant, rogue, satisfait, supérieur, vaniteux. – FAMILIER : bêcheur, crâneur, fiérot. – LITTÉRAIRE : crâne, fat, outrecuidant, vain. CONTR. *bonhomme, modeste, simple.*

suffit ! *interjection* FAMILIER. Exprime l'agacement. SYN. – FAMILIER : assez !, la barbe !, ça suffit ! – POPULAIRE : basta !

suffocant *adjectif* Qui gêne la respiration. SYN. asphyxiant, étouffant, oppressant, pantelant. ■ Qui stupéfie. SYN. accablant, ahurissant, bouleversant, effarant, étonnant, extraordinaire, frappant, impressionnant, inimaginable, inouï, remarquable, sensationnel, stupéfiant, surprenant. – FAMILIER : renversant.

suffocation *nom féminin* Fait de suffoquer. SYN. dyspnée, essoufflement, étouffement, étranglement, oppression.

suffoqué *adjectif* Frappé d'étonnement. SYN. abasourdi, ahuri, bouche bée, coi, consterné, ébahi, éberlué, effaré, étonné, hébété, interdit, interloqué, médusé, outré, pantois, renversé, stupéfait, surpris, tombé de la lune, tombé des nues. – FAMILIER : assis, baba, épaté, époustouflé, estomaqué, groggy, scié, sidéré, soufflé. – LITTÉRAIRE : ébaubi.

suffoquer *verbe intransitif* Avoir du mal à respirer. SYN. s'essouffler, étouffer, s'étrangler, haleter. – LITTÉRAIRE : panteler. CONTR. *respirer.*

suffoquer *verbe transitif* Gêner la respiration. SYN. asphyxier, étouffer, étrangler, oppresser. ■ Causer une vive surprise. SYN. abasourdir, ahurir, couper le souffle, étonner, méduser, pétrifier, saisir, stupéfier, surprendre. – FAMILIER : asseoir, en boucher un coin, couper le sifflet, époustoufler, estomaquer, scier, sidérer, souffler. – LITTÉRAIRE : statufier. – POPULAIRE : couper la chique.

suffrage *nom masculin* Avis exprimé lors d'une élection. SYN. opinion, voix, vote. ■ LITTÉRAIRE. Action d'approuver. SYN. accord, acquiescement, adhésion, agrément, approbation, assentiment, consentement.

suggérer *verbe* Inspirer une action à quelqu'un. SYN. conseiller, dicter, prêcher, préconiser, prôner, proposer, recommander, souffler, soumettre. ■ Faire naître une pensée. SYN. évoquer, faire allusion à, faire penser à, figurer, insinuer, rappeler, sous-entendre, symboliser.

suggestif *adjectif* Qui produit une suggestion. SYN. éloquent, évocateur, expressif, parlant, significatif. ■ Qui inspire des idées érotiques. SYN. agaçant, aguichant, excitant, provocant, provocateur. – FAMILIER : émoustillant.

suggestion *nom féminin* Action de suggérer. SYN. allusion, évocation, insinuation, inspiration. ■ Ce qui est suggéré. SYN. avertissement, avis, conseil, incitation, indication, invitation, offre, proposition.

suggestionner *verbe* Faire agir par suggestion. SYN. agir sur, influencer, influer, manipuler, manœuvrer, mener, peser sur. – VIEUX : manier.

suicider (se) *verbe pronominal* Se donner la mort. SYN. se détruire, mettre fin à ses jours, se supprimer, se tuer.

suiforme *nom masculin* Mammifère tel que le porc. SYN. porcin.

suintant *adjectif* Qui suinte. SYN. dégouttant, humide, moite, mouillé, ruisselant. – FAMILIER : dégoulinant. CONTR. *sec.*

suintement *nom masculin* Fait de suinter. SYN. écoulement, exsudation, extravasion.

suinter *verbe* En parlant d'un liquide, s'écouler. SYN. couler, dégoutter, exsuder, ruisseler, suer, transsuder. – FAMILIER : dégouliner. ■ Laisser s'écouler un liquide. SYN. couler, fuir, perdre, suer.

suisse *nom masculin* Punaise rouge tachetée de noir. SYN. cherche-midi, gendarme, pyrrhocoris, soldat.

suite *nom féminin* Ce qui vient après. SYN. cours, déroulement, enchaînement, reste. CONTR. *début.* ■ Personnes, choses qui se suivent. SYN. alternance, chaîne, collection, enfilade, file, kyrielle, rangée, série, succession. – FAMILIER : ribambelle. – LITTÉRAIRE : séquelle. ■ Personnes qui escortent. SYN. cortège, cour, escorte. – LITTÉRAIRE : équipage. ■ Ce qui résulte de quelque chose. SYN. aboutissement, conséquence, continuation, contrecoup, développement, effet, fruit, impact, incidence, prolongement, rançon, répercussion, résultat, retombée, ricochet, séquelle. CONTR. *cause, origine, source.* ■ Liaison logique. SYN. cohérence, fil, liaison, lien. CONTR. *incohérence.* ■ ***De suite,*** à la file et sans interruption. SYN. d'affilée, successivement. ■ ***Par la suite,*** plus tard. SYN. ensuite, postérieurement, puis, ultérieurement. CONTR. *immédiatement, instantanément, sur-le-champ, tout de suite.* ■ ***Tout de suite,*** à l'instant même. SYN. aussitôt, d'emblée, immédiatement, à l'instant, instantanément, promptement, sans attendre, sans délai, sans retard, sans tarder, séance tenante, sur l'heure, sur-le-champ, toutes affaires cessantes. – FAMILIER : illico, illico presto, subito, subito presto. – LITTÉRAIRE : incontinent. – POPULAIRE : aussi sec. CONTR. *après, plus tard, par la suite, ultérieurement.*

suivant *adjectif* Qui vient après. SYN. futur, postérieur, prochain, successeur, ultérieur. – LITTÉRAIRE : subséquent. CONTR. *antérieur, précédent.*

suivant *préposition* Indique une direction. SYN. conformément à, selon. ▪ Indique une proportion. SYN. d'après, eu égard à, en fonction de, en proportion de, proportionnellement à, selon.

suiveur *nom masculin* Personne qui prend exemple sur. SYN. disciple, imitateur. – LITTÉRAIRE : épigone.

suivi *adjectif* Qui a lieu de manière continue. SYN. assidu, constant, continu, ininterrompu, régulier, soutenu. CONTR. *discontinu, entrecoupé, intermittent, interrompu, irrégulier, variable.* ▪ Qui s'enchaîne logiquement. SYN. cohérent, logique, méthodique, serré. CONTR. *absurde, décousu, illogique, incohérent.*

suivre *verbe* Rester derrière. SYN. accompagner, emboîter le pas, escorter, filer, marcher sur les pas de, marcher sur les talons de, poursuivre, talonner. – FAMILIER : s'accrocher aux basques, ne pas quitter d'une semelle, se pendre aux basques, pister. CONTR. *dépasser, devancer, diriger, s'échapper, mener, précéder.* ▪ Aller dans telle direction. SYN. côtoyer, emprunter, longer, parcourir, prendre. ▪ Prendre comme modèle. SYN. s'aligner, se conformer, copier, imiter, s'inféoder, s'inspirer, marcher sur les talons de, se régler. – LITTÉRAIRE : plagier. CONTR. *écarter, ignorer, mépriser, négliger, rejeter, repousser.* ▪ Comprendre quelque chose. SYN. comprendre, saisir. – POPULAIRE : entraver, piger. ▪ Se livrer à une activité. SYN. s'abandonner, s'adonner, se consacrer, se donner, s'intéresser. – LITTÉRAIRE : embrasser. CONTR. *abandonner, changer, se désintéresser, renoncer.* ▪ LITTÉRAIRE. Avoir pour résultat. SYN. découler de, dériver, résulter de. ▪ Obéir à un conseil. SYN. adhérer, adopter, se conformer, écouter, épouser, obéir, observer, respecter, se soumettre. CONTR. *contrevenir, déroger, désobéir, discuter, enfreindre, s'opposer à, résister, se révolter, transgresser, violer.*

suivre (se) *verbe pronominal* Venir les uns après les autres. SYN. s'enchaîner, se succéder. CONTR. *s'échelonner, s'espacer, s'étaler.*

sujet *nom masculin* Ce qui fournit matière à. SYN. cause, fondement, matière, motif, objet, occasion, point, prétexte, problème, question, terrain. ▪ Ce sur quoi on parle, écrit, etc. SYN. cœur, fond, objet, propos, substance, thème. ▪ ***Au sujet de,*** en ce qui concerne. SYN. pour, à propos de, relativement à, sur, touchant.

sujétion *nom féminin* LITTÉRAIRE. Fait d'être soumis à. SYN. allégeance, asservissement, assujettissement, carcan, dépendance, esclavage, inféodation, soumission, subordination. – LITTÉRAIRE : joug, servitude, vassalité. CONTR. *autorité, domination, libération.* ▪ Fait d'obéir à une nécessité. SYN. aliénation, contrainte, gêne, servitude. – LITTÉRAIRE : assujettissement, astreinte, chaînes, incommodité.

summum *nom masculin* Le plus haut degré. SYN. apogée, apothéose, comble, maximum, pinacle, point culminant, sommet, zénith. – LITTÉRAIRE : acmé, cime, faîte, période.

super *adjectif invariable* FAMILIER. Qui suscite l'enthousiasme. SYN. extraordinaire, fantastique, génial, remarquable. – FAMILIER : chic, chouette, extra, fabuleux, formidable, magistral, sensationnel.

superbe *adjectif* D'une beauté éclatante. SYN. admirable, beau, grandiose, imposant, magnifique, majestueux, merveilleux, princier, ravissant, royal, somptueux, splendide. CONTR. *hideux, horrible, ingrat, laid, vilain.* – FAMILIER : *moche.* ▪ Se dit d'un temps agréable. SYN. lumineux, paradisiaque, radieux, splendide. CONTR. *affreux, lamentable, mauvais.* ▪ Parfait en son genre. SYN. admirable, magnifique, remarquable, sublime. CONTR. *lamentable, pitoyable, plat.* – FAMILIER : *minable.*

superbe *nom féminin* LITTÉRAIRE. Assurance orgueilleuse. SYN. arrogance, condescendance, cuistrerie, fatuité, hauteur, insolence, orgueil, présomption, prétention. – LITTÉRAIRE : fierté, infatuation, outrecuidance, vanité. CONTR. *humilité, modestie, simplicité.*

superbement *adverbe* De façon superbe. SYN. admirablement, magnifiquement, merveilleusement, princièrement, royalement, somptueusement, splendidement. – LITTÉRAIRE : sublimement. CONTR. *modestement, pauvrement.*

supercherie *nom féminin* Ce qui constitue une tromperie. SYN. facétie, mystification, pot aux roses, tour, tromperie. – FAMILIER : canular, fumisterie. – LITTÉRAIRE : imposture.

superfécondation *nom féminin* Pénétration de plusieurs spermatozoïdes dans l'ovule. SYN. polyspermie.

superfétation *nom féminin* LITTÉRAIRE. Répétition inutile. SYN. redite, redondance, répétition. – LITTÉRAIRE : superfluité.

superfétatoire *adjectif* LITTÉRAIRE. Qui s'ajoute inutilement. SYN. accessoire, futile, inutile, oiseux, superflu, surérogatoire, vain. **CONTR.** *capital, essentiel, nécessaire, utile.*

superficialité *nom féminin* LITTÉRAIRE. Caractère superficiel. **SYN.** futilité, légèreté, vide. – **LITTÉRAIRE** : inanité, vanité. **CONTR.** *force, gravité, importance, intérêt, poids, profondeur, sérieux.*

superficie *nom féminin* Mesure de surface d'un corps. **SYN.** aire, espace, étendue, grandeur, surface. ■ LITTÉRAIRE. Aspect extérieur. **SYN.** apparence, dehors, écorce, extérieur, façade, vernis. – **LITTÉRAIRE** : enveloppe.

superficiel *adjectif* Qui reste à la surface. **SYN.** apparent, léger. **CONTR.** *pénétrant, profond.* ■ Qui ne va pas au fond des choses. **SYN.** formel, frivole, futile, illusoire, incomplet, plaqué, simpliste, sommaire, spécieux, trompeur, vide. – **LITTÉRAIRE** : vain. **CONTR.** *approfondi, complet, foncier, fouillé, intime, poussé, profond, savant, sérieux, véritable.*

superficiellement *adverbe* En n'atteignant que la surface. **SYN.** extérieurement, légèrement. **CONTR.** *grièvement, profondément, sévèrement.* ■ Sans approfondir. **SYN.** en gros, grosso modo, à la légère, sommairement. **CONTR.** *foncièrement, à fond, intimement, longuement, profondément.* – **LITTÉRAIRE** : *tenacement.*

superfin *adjectif* Qui est de très bonne qualité. **SYN.** excellent, extra, fameux, fin, magnifique, supérieur. **CONTR.** *médiocre, nul.*

superflu *adjectif* FAMILIER. Qui est en trop. **SYN.** en excédent, excessif, pléthorique, surabondant, en surnombre, en trop. ■ Qui n'apporte rien d'important. **SYN.** accessoire, futile, inutile, oiseux. – **LITTÉRAIRE** : superfétatoire, vain. **CONTR.** *capital, essentiel, indispensable, intéressant, nécessaire, utile, vital.*

superflu *nom masculin* Ce qui est en trop. **SYN.** excédent, excès, surplus, trop-plein. **CONTR.** *indispensable, nécessaire.*

superfluité *nom féminin* LITTÉRAIRE. Caractère superflu. **SYN.** frivolité, futilité, inutilité, redondance, remplissage. – **LITTÉRAIRE** : inanité, superfétation, vanité. ■ LITTÉRAIRE. Chose superflue. **SYN.** bagatelle, baliverne, fadaise, frivolité, futilité. – **FAMILIER** : faribole, fichaise. – **POPULAIRE** : foutaise.

supérieur *adjectif* Qui surpasse les autres. **SYN.** beau, brillant, dominant, élevé, émérite, éminent, excellent, d'exception, exceptionnel, extra, extraordinaire, fin, grand, haut, incomparable, inégalé, magistral, meilleur, noble, prééminent, de premier ordre, prépondérant, sublime, suprême, transcendant, unique. – **LITTÉRAIRE** : distingué, relevé, souverain, suréminent. **CONTR.** *banal, commun, infect, inférieur, mauvais, médiocre, mineur, ordinaire, pauvre, petit, quelconque, secondaire, subalterne.* – **FAMILIER** : *minable.* ■ Qui montre de l'arrogance. **SYN.** arrogant, condescendant, dédaigneux, doctoral, fier, grand, hautain, méprisant, prétentieux, puant, suffisant. – **LITTÉRAIRE** : outrecuidant, pédantesque. **CONTR.** *déférent, effacé, falot, humble, modeste, respectueux.*

supérieur *nom* Personne dont d'autres dépendent. **SYN.** chef, patron. **CONTR.** *sous-ordre, subalterne, subordonné.* – **FAMILIER** : *sous-fifre, sous-verge.*

supérieurement *adverbe* À un très haut degré. **SYN.** abominablement, affreusement, bien, effroyablement, éminemment, épouvantablement, exceptionnellement, excessivement, extraordinairement, extrêmement, follement, fort, fortement, grandement, hautement, horriblement, immensément, immodérément, incroyablement, infiniment, mortellement, parfaitement, particulièrement, prodigieusement, profondément, puissamment, souverainement, terriblement, tout à fait, très, trop, vertigineusement. – **FAMILIER** : atrocement, bigrement, bougrement, diablement, drôlement, fichtrement, fichûment, formidablement, joliment, méchamment, rudement, superlativement. – **LITTÉRAIRE** : diantrement, furieusement. – **POPULAIRE** : foutrement, salement, vachement. – **VIEUX** : fièrement. **CONTR.** *légèrement, médiocrement, moyennement.* ■ D'une manière excellente. **SYN.** admirablement, divinement, incomparablement, merveilleusement, parfaitement, prodigieusement, remarquablement, suprêmement. **CONTR.** *imparfaitement, mal, passablement.*

supériorité *nom féminin* Caractère supérieur. **SYN.** excellence, finesse, prééminence, prépondérance, primauté, priorité, souveraineté. – **LITTÉRAIRE** : précellence, préexcellence. **CONTR.** *dessous, infériorité, insuffisance.* ■ Situation avantageuse. **SYN.** avantage, domination, grandeur, hégémonie, suprématie. **CONTR.** *désavantage, faiblesse, handicap.* ■ Attitude arrogante. **SYN.** arrogance, condescendance, cuistrerie, fatuité, hauteur, insolence, morgue, orgueil, présomption, prétention, suffisance. – **LITTÉRAIRE** : fierté, infatuation, outrecuidance, vanité. **CONTR.** *humilité, modestie.* – **LITTÉRAIRE** : *effacement.*

superlatif *nom masculin* Ce qui exprime un haut degré. **CONTR.** *comparatif, positif.*

superlativement *adverbe* FAMILIER. Au plus haut point. **SYN.** éminemment, exceptionnellement, extrêmement, follement, immodérément, infiniment, parfaitement, au plus haut degré, au plus haut point, prodigieusement, souverainement, supérieurement, suprêmement, terriblement, tout à fait, très, vertigineusement.

- LITTÉRAIRE : au dernier point. CONTR. *aucunement, guère, pas du tout, pas le moins du monde.*

superposer *verbe* Poser l'un au-dessus de l'autre. SYN. accumuler, ajouter, amasser, amonceler, empiler, entasser, étager.

superposition *nom féminin* Action de superposer. SYN. accumulation, amas, amoncellement, empilement, entassement, étagement, stratification.

supersonique *adjectif* Dont la vitesse est supérieure à celle du son. CONTR. *subsonique.*

superviser *verbe* Exercer un contrôle sur. SYN. coiffer, contrôler, diriger. - FAMILIER : chapeauter.

superviseur *nom masculin* Personne qui supervise. SYN. contrôleur, surveillant, vérificateur.

supervision *nom féminin* Action de superviser. SYN. contrôle, surveillance.

supplanter *verbe* Écarter quelqu'un d'un poste. SYN. déposséder, détrôner, évincer, remplacer, se substituer à. ■ Remplacer quelque chose. SYN. éclipser, remplacer, succéder.

suppléance *nom féminin* Fait de suppléer quelqu'un. SYN. remplacement, succession.

suppléant *nom* Personne qui remplace. SYN. intérimaire, remplaçant, successeur. CONTR. *titulaire.*

suppléer *verbe transitif* LITTÉRAIRE. Apporter ce qui manque. SYN. adjoindre, ajouter, compléter. ■ LITTÉRAIRE. Remplacer ce qui fait défaut. SYN. compenser, contrebalancer, corriger, pallier, racheter, remédier à, réparer, substituer. ■ Exercer les fonctions de quelqu'un. SYN. faire fonction de, relayer, relever, remplacer, se substituer à, succéder à.

suppléer *verbe transitif indirect* Remédier à l'absence de. SYN. compenser, compléter, contrebalancer, corriger, pallier, racheter, remédier à, remplacer, réparer, substituer.

supplément *nom masculin* Ce qu'on ajoute. SYN. addition, adjonction, ajout, appoint, complément, extra, surcroît, surplus. - FAMILIER : rab, rabe, rabiot, rallonge. CONTR. *réduction.* ■ Ce qu'on ajoute à un livre. SYN. addenda, appendice, complément.

supplémentaire *adjectif* Qui constitue un supplément. SYN. accessoire, additionnel, adventice, complémentaire.

supplication *nom féminin* LITTÉRAIRE. Prière insistante. SYN. adjuration, invocation, prière. - LITTÉRAIRE : conjuration, imploration, objurgation.

supplice *nom masculin* Châtiment corporel. SYN. peine, question, torture. ■ Violente douleur physique. SYN. martyre, souffrance, torture. ■ Chose moralement pénible. SYN. calvaire, enfer, martyre, souffrance, torture, tourment. - LITTÉRAIRE : croix, géhenne. CONTR. *paradis.*

supplicier *verbe* LITTÉRAIRE. Faire souffrir moralement. SYN. bourreler, martyriser, mortifier, persécuter, ronger, tenailler, torturer. - LITTÉRAIRE : crucifier.

supplier *verbe* Demander avec insistance. SYN. adjurer, se jeter aux genoux de, se jeter aux pieds de, prier. - FAMILIER : pleurer après. - LITTÉRAIRE : conjurer, implorer.

supplique *nom féminin* Demande faite à une autorité. SYN. instance, prière, requête, sollicitation, vœu.

support *nom masculin* Ce qui assure la stabilité. SYN. appui, soutien.

supportable *adjectif* Que l'on peut endurer. SYN. endurable, tenable, tolérable, vivable. CONTR. *atroce, épouvantable, insoutenable, insupportable, intenable, intolérable, invivable, pénible.* ■ Que l'on peut admettre. SYN. acceptable, admissible, passable, soutenable. - FAMILIER : potable. CONTR. *inacceptable, inadmissible, inexcusable, insupportable, intolérable.* - FAMILIER : *imbuvable, impossible.*

supporter *verbe* Servir de support. SYN. étançonner, étayer, maintenir, porter, soutenir. ■ Subir en faisant face. SYN. accepter, endosser, endurer, essuyer, se résigner, résister, subir, vivre. - FAMILIER : encaisser. - LITTÉRAIRE : souffrir, soutenir. - POPULAIRE : déguster. CONTR. *échapper.* ■ Accepter quelque chose. SYN. accepter, s'accommoder de, admettre, endurer, tolérer. - FAMILIER : digérer. - LITTÉRAIRE : souffrir. CONTR. *en avoir par-dessus la tête, n'en pouvoir plus, protester, se rebeller.* - FAMILIER : *en avoir assez, en avoir jusque-là, en avoir marre, en avoir plein le dos, en avoir ras la casquette, en avoir ras le bol, en avoir ras le pompon, en avoir soupé.* - POPULAIRE : *en avoir plein le cul, en avoir sa claque.* ■ Apprécier quelqu'un. SYN. subir, tolérer. CONTR. *détester, ne pas pouvoir souffrir.* - FAMILIER : *ne pas pouvoir encaisser, ne pas pouvoir sentir, ne pas pouvoir voir, ne pas pouvoir voir en peinture.* - POPULAIRE : *ne pas pouvoir blairer, ne pas pouvoir encadrer, ne pas pouvoir piffer, ne pas pouvoir sa(c)quer.*

supposé *adjectif* Qui est présumé tel. SYN. censé, présumé, prétendu, putatif, soi-disant. - LITTÉRAIRE : réputé. CONTR. *authentique, avéré, certain.*

supposer *verbe* Admettre comme hypothèse. SYN. admettre, conjecturer, imaginer, poser, postuler. ▪ Juger probable que. SYN. augurer, concevoir, croire, penser, se perdre en conjectures, présumer. ▪ Avoir pour corollaire. SYN. impliquer, imposer, induire, présupposer, prêter à.

supposition *nom féminin* Action d'admettre par hypothèse. SYN. conjecture, hypothèse, induction, préconception, présomption, pronostic, spéculation, supputation. CONTR. *preuve.*

suppôt *nom masculin* LITTÉRAIRE. Complice de quelqu'un. SYN. agent, fidèle, partisan. – LITTÉRAIRE : satellite, séide, serviteur.

suppression *nom féminin* Action de supprimer. SYN. abolition, abrogation, annulation, extirpation, privation, résiliation, révocation. CONTR. *promulgation.* ▪ Ce qui est supprimé. SYN. coupure, déduction, retrait. – LITTÉRAIRE : retranchement. CONTR. *addition, adjonction, ajout.* ▪ Cessation d'un état. SYN. cessation, destruction, disparition, enlèvement, extinction. CONTR. *accroissement, intensification.* ▪ Action de tuer quelqu'un. SYN. assassinat, crime, homicide, meurtre.

supprimer *verbe* Faire disparaître. SYN. aplanir, biffer, couper, élaguer, émonder, enlever, extirper, ôter, priver, résorber, retirer. CONTR. *accentuer, accroître, augmenter.* ▪ Faire cesser. SYN. abandonner, abattre, abolir, abroger, anéantir, annihiler, annuler, bannir, casser, détruire, dissoudre, résilier, révoquer. CONTR. *créer, fonder, instaurer, instituer, promulguer.* ▪ Se débarrasser de quelqu'un. SYN. abattre, assassiner, éliminer, envoyer ad patres, exécuter, exterminer, massacrer, tuer. – ARGOTIQUE : dézinguer. – FAMILIER : faire passer le goût du pain, liquider, ôter le goût du pain, trucider. – LITTÉRAIRE : faire passer de vie à trépas, occire, raidir. – POPULAIRE : buter, descendre, faire la peau, flinguer, ratatiner, rectifier, refroidir, zigouiller. – VIEUX : suriner.

supprimer (se) *verbe pronominal* Se donner la mort. SYN. se détruire, mettre fin à ses jours, se suicider, se tuer.

supputation *nom féminin* Action de supputer. SYN. appréciation, calcul, estimation, évaluation, hypothèse, induction, spéculation, supposition.

supputer *verbe* Évaluer une quantité. SYN. calculer, chiffrer, estimer, évaluer. – LITTÉRAIRE : nombrer. ▪ Prévoir une évolution. SYN. apprécier, calculer, déterminer, escompter, espérer, examiner, jauger, mesurer, peser, présumer.

supra *adverbe* Plus haut dans le texte. SYN. ci-dessus. CONTR. *ci-dessous, infra.*

suprématie *nom féminin* Situation dominante. SYN. avantage, domination, force, hégémonie, maîtrise, omnipotence, prédominance, prééminence, prépondérance, primauté, priorité, sceptre, souveraineté, supériorité, toute-puissance. – LITTÉRAIRE : précellence, préexcellence.

suprême *adjectif* Qui est au-dessus de tout. SYN. absolu, omnipotent, prééminent, souverain, supérieur, tout-puissant. – LITTÉRAIRE : suréminent. CONTR. *inférieur.* ▪ Qui ne saurait être dépassé. SYN. achevé, consommé, divin, extraordinaire, génial, idéal, infini, magistral, parfait, prodigieux, sublime, total. – FAMILIER : fabuleux. – LITTÉRAIRE : souverain. CONTR. *dérisoire, infime, mineur.* ▪ Qui vient après tout le reste. SYN. dernier, désespéré, extrême, final, terminal, ultime. CONTR. *initial, premier.*

suprêmement *adverbe* Au suprême degré. SYN. beaucoup, divinement, effroyablement, énormément, exceptionnellement, excessivement, extraordinairement, fabuleusement, follement, fortement, hautement, horriblement, immensément, immodérément, incroyablement, infiniment, jusqu'au bout des ongles, merveilleusement, monstrueusement, mortellement, parfaitement, particulièrement, au plus haut degré, au plus haut point, prodigieusement, profondément, puissamment, souverainement, supérieurement, terriblement, tout à fait, très, trop, vertigineusement. – FAMILIER : diablement, drôlement, formidablement, joliment, rudement, superlativement. – LITTÉRAIRE : au dernier point, diantrement, furieusement. – POPULAIRE : foutrement, salement, vachement. CONTR. *aucunement, guère, pas du tout, pas le moins du monde.*

sur *adjectif* Qui a une saveur acidulée. SYN. acide, âcre, aigre, aigre-doux, aigrelet, suret.

sur *préposition* Indique la position supérieure. SYN. au-dessus de. CONTR. *au-dessous de, sous.* ▪ Indique la direction. SYN. du côté de, en direction de, vers. ▪ Indique l'élément de référence. SYN. d'après, conformément à, selon, suivant. ▪ Indique le point considéré. SYN. concernant, à propos de, quant à, relativement à, au sujet de, touchant. ▪ Indique la proximité dans le temps. SYN. autour de, aux environs de, vers.

sûr *adverbe* ***Bien sûr,*** sert à appuyer une réponse. SYN. assurément, bien entendu, certainement, évidemment, oui, parbleu !, pardi !, parfaitement. – FAMILIER : comme de bien entendu, dame !, pour sûr. – LITTÉRAIRE : certes – POPULAIRE : affirmatif !

sûr *adjectif* Qui n'offre aucun danger. SYN. inattaquable, paisible, à toute épreuve, tranquille. CONTR. *aventuré, aventureux, dangereux,* *périlleux, risqué.* ■ Qui remplit bien son office. SYN. éprouvé, fiable, infaillible, de père de famille, sérieux, solide. CONTR. *aléatoire, boiteux, faillible, fantaisiste, insensé, précaire.* – POPULAIRE : *casse-gueule.* ■ Sur qui on peut compter. SYN. bon, de confiance, dévoué, fiable, fidèle, loyal, sincère, véritable. CONTR. *déloyal, faux, hypocrite, mauvais, perfide.* ■ Qui ne tremble pas. SYN. exercé, expert, ferme, habile, précis. CONTR. *flottant, hésitant, maladroit, oscillant, tremblant.* – LITTÉRAIRE : *vacillant.* ■ Qui ne peut être mis en doute. SYN. authentique, avéré, certain, crédible, établi, évident, incontestable, indéfectible, indubitable, irrécusable, palpable, patent, positif, réel, vrai – FAMILIER : officiel ! CONTR. *contestable, douteux, erroné, inauthentique, inexact, présumé, prétendu, suspect.* ■ Qui ne peut manquer d'arriver. SYN. assuré, certain, fatal, immanquable, inéluctable, inévitable, obligatoire, prévisible. – FAMILIER : couru (d'avance). CONTR. *aléatoire, casuel, contingent, éventuel, hasardé, hasardeux, hypothétique, illusoire, impossible, improbable, incertain.* – LITTÉRAIRE : *chanceux.* ■ Qui sait avec certitude. SYN. assuré, certain. CONTR. *défiant, dubitatif, embarrassé, hésitant, méfiant, perplexe, sceptique.*

surabondance *nom féminin* Grande abondance. SYN. abondance, débauche, débordement, excès, exubérance, foisonnement, luxe, orgie, pléthore, profusion, surcharge. – LITTÉRAIRE : luxuriance, prodigalité. CONTR. *absence, carence, manque, pauvreté, pénurie, privation.* – LITTÉRAIRE : *disette.*

surabondant *adjectif* En trop grande quantité. SYN. débordant, envahissant, excessif, extraordinaire, exubérant, luxuriant, pléthorique, superflu, surchargé. CONTR. *dérisoire, insuffisant, maigre, pauvre.*

surabonder *verbe* Exister en quantité. SYN. abonder, déborder, foisonner, fourmiller, grouiller, pulluler, regorger. CONTR. *manquer.*

suraigu *adjectif* Se dit d'un son très aigu. SYN. aigu, criard, perçant, strident.

suranné *adjectif* LITTÉRAIRE. Passé de mode. SYN. anachronique, ancien, antédiluvien, antique, archaïque, arriéré, caduc, démodé, désuet, obsolète, vétuste, vieillot, vieux. – FAMILIER : ringard. – LITTÉRAIRE : obsolescent. CONTR. *d'avant-garde, à la mode, nouveau, à la page, récent, en vogue.* – FAMILIER : *branché, in, ultramoderne.* ■ LITTÉRAIRE. Qui s'accroche au passé. SYN. dépassé, inactuel, périmé, poussiéreux, retardataire, rétrograde. – FAMILIER : fossile. CONTR. *actuel, contemporain, inédit, moderne, moderniste, révolutionnaire.*

surbaisser *verbe* Réduire la hauteur de. SYN. abaisser, baisser, rabattre, rapetisser, réduire. CONTR. *dresser, élever, hausser, hisser, lever, monter, rehausser, relever, remonter, surélever, surhausser.*

surbooking *nom masculin* Réservation de places en surnombre. SYN. surréservation.

surboum *nom féminin* VIEUX. Réunion où l'on danse. SYN. – FAMILIER : boum. – VIEUX : surprise-partie.

surcharge *nom féminin* Excès de charge. SYN. excédent, supplément, surabondance, surcroît, surplus. CONTR. *allégement, décharge, diminution.* ■ Mot écrit sur un autre. SYN. correction, rajout.

surchargé *adjectif* Qui a trop de travail. SYN. accablé, affairé, débordé, occupé, pris. CONTR. *désœuvré, inoccupé, oisif.* ■ Se dit d'un mot recouvert. SYN. barré, biffé, corrigé, raturé. ■ Qui est trop rempli. SYN. bondé, bourré, comble, plein, saturé, surabondant. – FAMILIER : truffé. CONTR. *vide.*

surcharger *verbe* Imposer un poids trop lourd. SYN. alourdir, charger, embouteiller, encombrer. CONTR. *décharger, soulager.* ■ Fixer une tâche trop dure. SYN. abrutir, accabler, déborder, écraser, grever, submerger. CONTR. *débarrasser, dégrever, délivrer.*

surchauffé *adjectif* Qui est trop chaud. SYN. accablant, brûlant, caniculaire, étouffant, suffocant, torride. CONTR. *frais, froid, gelé, glacé, refroidi, tiède.* – FAMILIER : *réfrigéré.* ■ En proie à l'exaltation. SYN. bouillonnant, déchaîné, exalté, fébrile, fougueux, frénétique, surexcité, survolté, véhément. – LITTÉRAIRE : enflammé. CONTR. *endormi, flegmatique, impassible, indifférent, insensible, tiède.*

surclasser *verbe* Se montrer supérieur aux autres. SYN. battre, dépasser, devancer, distancer, dominer, éclipser, écraser, surpasser, triompher, vaincre. – FAMILIER : enfoncer, piler.

surcoter *verbe* Donner une cote trop élevée. SYN. surestimer, surévaluer. – LITTÉRAIRE : surfaire. CONTR. *mésestimer, sous-estimer, sous-évaluer.*

surcroît *nom masculin* Ce qui s'ajoute à ce que l'on a. SYN. adjonction, augmentation, complément, excédent, excès, supplément, surcharge, surplus. – LITTÉRAIRE : reliquat. ■ ***De surcroît,*** en plus du fait que. SYN. par ailleurs, d'autre part, et puis, en outre, de plus, en plus.

surdéveloppement *nom masculin* Développement qui dépasse la moyenne. CONTR. *sous-développement.*

surdose *nom féminin* Dose excessive d'un stupéfiant. SYN. overdose.

surélévation *nom féminin* Action de surélever. SYN. exhaussement, rehaussement, surhaussement. CONTR. *abaissement, surbaissement.*

surélever *verbe* Accroître la hauteur de. SYN. exhausser, hausser, rehausser, relever, surhausser. CONTR. *abaisser, baisser, descendre, surbaisser.*

sûrement *adverbe* D'une manière certaine. SYN. assurément, certainement, à coup sûr, évidemment, fatalement, forcément, immanquablement, indubitablement, inéluctablement, inévitablement, inexorablement, infailliblement, nécessairement, obligatoirement, à tous les coups. CONTR. *éventuellement, peut-être, probablement.*

suréminent *adjectif* LITTÉRAIRE. Qui est très éminent. SYN. dominant, élevé, éminent, excellent, extraordinaire, incomparable, prééminent, sublime, supérieur, suprême, transcendant. – LITTÉRAIRE : relevé.

surenchère *nom féminin* Action d'aller encore plus loin qu'auparavant. SYN. escalade. ■ Action de proposer un prix supérieur. SYN. suroffre.

suréquipement *nom masculin* Action de suréquiper. CONTR. *sous-équipement.*

suréquiper *verbe* Équiper au-delà de ses besoins. CONTR. *sous-équiper.*

surérogatoire *adjectif* LITTÉRAIRE. Qui s'ajoute inutilement. SYN. accessoire, futile, inutile, oiseux, superfétatoire, superflu, vain. CONTR. *capital, essentiel, nécessaire, utile.*

surestimation *nom féminin* Action de surestimer. SYN. majoration, surévaluation. CONTR. *sous-estimation, sous-évaluation.* ■ Trop grande importance accordée à. SYN. exagération, idéalisation.

surestimer *verbe* Estimer au-dessus de sa valeur. SYN. majorer, surcoter, surévaluer. CONTR. *capital, essentiel, nécessaire, utile.* ■ Attribuer une trop grande importance. SYN. enfler, exagérer, gonfler. – LITTÉRAIRE : magnifier, surfaire. CONTR. *mésestimer.* – LITTÉRAIRE : *dépriser, méjuger.*

suret *adjectif* Qui est un peu acide. SYN. acide, acidulé, âcre, aigre, aigre-doux, aigrelet, sur.

sûreté *nom féminin* LITTÉRAIRE. Fait de n'avoir rien à craindre. SYN. sécurité. CONTR. *danger, insécurité, péril.* ■ Caractère précis. SYN. acuité, clairvoyance, fidélité, infaillibilité, justesse, lucidité, précision, solidité. CONTR. *hésitation.* – LITTÉRAIRE : *vacillation.*

surévaluation *nom féminin* Action de surévaluer. SYN. surestimation. CONTR. *sous-estimation, sous-évaluation.*

surévaluer *verbe* Évaluer au-dessus de sa valeur. SYN. surcoter, surestimer. CONTR. *sous-estimer, sous-évaluer.* ■ Accorder un mérite excessif à. SYN. exagérer, idéaliser, mythifier. – LITTÉRAIRE : magnifier, surfaire. CONTR. *dépriser, mésestimer.* – LITTÉRAIRE : *méjuger.*

surexcitation *nom féminin* Très vive excitation. SYN. agitation, bouillonnement, ébullition, effervescence, énervement, exaltation, excitation, fermentation, fièvre, frénésie, hystérie, nervosité. – LITTÉRAIRE : flamme. CONTR. *apaisement, assouvissement, ataraxie, calme.* – LITTÉRAIRE : *quiétude.*

surexcité *adjectif* En proie à la surexcitation. SYN. agité, bouillonnant, déchaîné, délirant, énervé, enragé, exalté, excité, fiévreux, frénétique, hystérique, impatient, surchauffé, survolté, véhément. – FAMILIER : sous pression, speedé. – LITTÉRAIRE : effervescent. CONTR. *calme, impassible, inerte, paisible, tranquille.*

surexciter *verbe* Mettre dans un état d'excitation. SYN. déchaîner, énerver, enfiévrer, enthousiasmer, exalter, survolter. – LITTÉRAIRE : transporter. CONTR. *apaiser, calmer.* ■ Stimuler un sentiment. SYN. aiguillonner, aiguiser, aviver, éperonner, exaspérer, fouetter, piquer, stimuler. – LITTÉRAIRE : enflammer.

surface *nom féminin* Étendue plane. SYN. aire, espace, étendue, superficie. ■ Apparence des choses. SYN. dehors, écorce, extérieur, façade, semblant, vernis. – LITTÉRAIRE : enveloppe. CONTR. *fond, intérieur, profondeur.*

surfaire *verbe* LITTÉRAIRE. Accorder une valeur imméritée. SYN. exagérer, gonfler, grandir, surcoter, surestimer, surévaluer. CONTR. *minorer, sous-estimer, sous-évaluer.*

surfait *adjectif* Qui n'a pas les qualités qu'on lui prête. SYN. artificiel, exagéré, excessif, surestimé, surévalué. CONTR. *authentique, véritable, vrai.*

surfin *adjectif* De qualité supérieure. SYN. extrafin.

surgeon *nom masculin* Jeune pousse d'un arbre. SYN. drageon, pousse, scion, talle.

surgir *verbe* LITTÉRAIRE. S'élever d'un lieu. SYN. s'échapper, s'élever, émerger, jaillir, naître. – LITTÉRAIRE : sourdre. ■ Venir dans le champ visuel. SYN. accourir, apparaître, déboucher, débouler, faire irruption, se montrer, paraître, sortir, tomber. – LITTÉRAIRE : survenir. CONTR. *disparaître.* ■ Se manifester subitement. SYN. apparaître, germer, se manifester, naître, s'offrir, percer, prendre corps, prendre forme, se présenter, se produire, survenir, venir, voir le jour. – LITTÉRAIRE : poindre, pointer, sourdre.

surhaussement *nom masculin* Action de surhausser. SYN. exhaussement, rehaussement, surélévation. CONTR. *abaissement, surbaissement.*

surhausser *verbe* Augmenter la hauteur de. SYN. élever, exhausser, hausser, rehausser, relever, surélever. CONTR. *abaisser, baisser, descendre, surbaisser.*

surhomme *nom masculin* Être exceptionnel. SYN. hercule, héros. – LITTÉRAIRE : géant, titan.

surhumain *adjectif* Qui dépasse les moyens humains. SYN. extraordinaire, fantastique, inouï, merveilleux, phénoménal, prodigieux. – FAMILIER : fabuleux. – LITTÉRAIRE : surnaturel.

suri *adjectif* Devenu acide. SYN. aigre, aigrelet, sur.

surimposer *verbe* Frapper d'un surcroît d'impôt. SYN. surtaxer.

surimposition *nom féminin* Surcroît d'impôt. SYN. surtaxe.

suriner *verbe* VIEUX. Tuer avec un couteau. SYN. assassiner, égorger, exécuter, poignarder, tuer. – LITTÉRAIRE : occire. – POPULAIRE : buter, descendre, ratatiner, rectifier, refroidir.

surir *verbe intransitif* Devenir sur. SYN. aigrir.

surjeu *nom masculin* Interprétation mimée d'un son enregistré. SYN. play-back, présonorisation.

sur-le-champ *locution adverbiale* Sans délai. SYN. aussitôt, brusquement, brutalement, d'emblée, d'extrême urgence, immédiatement, incessamment, à l'instant, instantanément, promptement, sans attendre, sans retard, sans tarder, séance tenante, soudain, soudainement, subitement, sur l'heure, tout de suite, de toute urgence, urgemment, d'urgence. – FAMILIER : illico, illico presto, subito, subito presto. – LITTÉRAIRE : incontinent. – POPULAIRE : aussi sec. CONTR. *plus tard, par la suite, ultérieurement.*

surmenage *nom masculin* Fait d'être surmené. SYN. abattement, accablement, épuisement, fatigue. – FAMILIER : éreintement. – LITTÉRAIRE : exténuation, harassement.

surmené *adjectif* Extrêmement fatigué. SYN. anéanti, à bout de course, à bout de force, à bout de souffle, brisé, épuisé, exténué, fatigué, fourbu, harassé, K.-O., las, mort de fatigue, recru, rendu, rompu, usé. – FAMILIER : achevé, au bout du rouleau, cassé, claqué, éreinté, esquinté, fini, flapi, H.S., kaput, lessivé, mort, moulu, à plat, pompé, à ramasser à la petite cuillère, raplapla, tué, vanné, vidé. – POPULAIRE : cané, crevé, rétamé. CONTR. *dispos, frais, frais et dispos, reposé.* – FAMILIER : *en forme, frais comme un gardon, frais comme une rose, increvable, en pleine forme.* – VIEUX : *gaillard.*

surmener *verbe* Imposer un effort excessif. SYN. anéantir, briser, écraser, épuiser, exténuer, fatiguer. – FAMILIER : claquer, crever, éreinter, esquinter, lessiver, tuer, vanner. CONTR. *délasser, détendre, remettre d'aplomb, remettre sur pied, reposer.*

surmontable *adjectif* Qu'on peut surmonter. SYN. contrôlable, domptable, maîtrisable. CONTR. *infranchissable, insurmontable.*

surmonter *verbe* Être placé au-dessus de. SYN. coiffer, dominer, sommer, surplomber. – LITTÉRAIRE : couronner. ■ Vaincre un obstacle. SYN. contenir, contrôler, dominer, maîtriser, triompher de, vaincre. – LITTÉRAIRE : dompter.

surmulet *nom masculin* Poisson marin côtier. SYN. rouget de roche.

surmulot *nom masculin* Rat commun. SYN. rat d'égout.

surnager *verbe* Rester à la surface d'un liquide. SYN. flotter, nager. CONTR. *couler, sombrer.* ■ Ne pas tomber dans l'oubli. SYN. demeurer, se maintenir, subsister, survivre, vivre. CONTR. *sombrer dans l'oubli, tomber dans l'oubli.*

surnaturel *adjectif* Qui échappe aux lois de la nature. SYN. extraordinaire, fantastique, magique, miraculeux. – LITTÉRAIRE : prodigieux. CONTR. *naturel.* ■ LITTÉRAIRE. Qui est hors du commun. SYN. divin, extraordinaire, fantastique, féerique, idéal, idyllique, magique, merveilleux, miraculeux, surhumain. – FAMILIER : fabuleux. – LITTÉRAIRE : prodigieux.

surnom *nom masculin* Nom donné à quelqu'un. SYN. petit nom, pseudonyme, sobriquet.

surnommer *verbe* Donner un surnom. SYN. appeler, baptiser, nommer.

suroffre *nom féminin* Action de proposer un prix supérieur. SYN. surenchère.

surpassement *nom masculin* Action de se surpasser. SYN. dépassement.

surpasser *verbe* Faire mieux que quelqu'un. SYN. avoir la haute main sur, avoir le dessus, battre, battre à plate(s) couture(s), coiffer au poteau, dépasser, devancer, distancer, dominer, éclipser, écraser, l'emporter, surclasser, triompher, vaincre. – FAMILIER : damer le pion à, enfoncer, griller. – LITTÉRAIRE : effacer, ne le céder en rien à, transcender. – POPULAIRE : faire la pige à. CONTR. *égaler.*

surpasser (se) *verbe pronominal* Faire mieux qu'à l'ordinaire. SYN. se dépasser.

surpeuplé *adjectif* Trop peuplé. SYN. populeux. CONTR. *abandonné, dépeuplé, désert, inhabité, sous-peuplé, vide.*

surpeuplement *nom masculin* Peuplement excessif. SYN. surpopulation. CONTR. *sous-peuplement.*

surplombant *adjectif* Qui surplombe. SYN. culminant, dominant, supérieur.

surplomber *verbe* Faire saillie au-dessus de. SYN. avancer, coiffer, déborder, dépasser, dominer, saillir, sommer, surmonter. – LITTÉRAIRE : couronner.

surplus *nom masculin* Ce qui est en plus. SYN. complément, excédent, excès, rallonge, restant, reste, supplément, surcharge, surcroît. – FAMILIER : rab, rabe, rabiot. – LITTÉRAIRE : reliquat.

surpoids *nom masculin* Excès de poids. SYN. surcharge pondérale.

surpopulation *nom féminin* Population excessive. SYN. surpeuplement.

surprenant *adjectif* Qui cause de la surprise. SYN. ahurissant, anormal, bizarre, confondant, curieux, déconcertant, drôle, étonnant, étrange, imprévu, inattendu, paradoxal, saisissant, singulier, stupéfiant, suffocant. – FAMILIER : raide, renversant, sciant, sidérant, soufflant. CONTR. *attendu, conventionnel, prévu.* ■ Qui est remarquable. SYN. d'exception, exceptionnel, extraordinaire, fantastique, incroyable, inouï, prodigieux, remarquable, sensationnel, spectaculaire. – FAMILIER : fabuleux. CONTR. *banal, ordinaire.*

surprendre *verbe* Prendre sur le fait. SYN. attraper, capter, prendre. – FAMILIER : choper, coincer, épingler, pincer, piquer. ■ Découvrir ce qui n'aurait pas dû l'être. SYN. s'apercevoir, arracher, capter, dépister, extorquer, intercepter, obtenir, soutirer. ■ Causer une vive surprise. SYN. abasourdir, ahurir, confondre, couper le souffle, déconcerter, ébahir, éberluer, effarer, étonner, faire l'effet d'une bombe, faire sensation, frapper, interloquer, intriguer, méduser, pétrifier, prendre au dépourvu, prendre de court, renverser, saisir, stupéfier, suffoquer. – FAMILIER : asseoir, en boucher un coin, couper le sifflet, ébouriffer, épater, époustoufler, estomaquer, faire l'effet d'une bombe, scier, sidérer, souffler. – POPULAIRE : couper la chique.

surpris *adjectif* Étonné de quelque chose. SYN. ahuri, bouche bée, coi, déconcerté, ébahi, éberlué, étonné, médusé, stupéfait, suffoqué. – FAMILIER : assis, comme deux ronds de flan, épaté, époustouflé, estomaqué, scié, sidéré, soufflé. – LITTÉRAIRE : ébaubi. – POPULAIRE : sur le cul.

surprise *nom féminin* État de quelqu'un qui est surpris. SYN. abasourdissement, ahurissement, ébahissement, effarement, étonnement, saisissement, stupéfaction, stupeur. – FAMILIER : épatement. ■ Événement inattendu. SYN. coup de théâtre. ■ ***Par surprise,*** de façon inattendue. SYN. à brûle-pourpoint, brusquement, brutalement, de but en blanc, au dépourvu, ex abrupto, fortuitement, par hasard, à l'improviste, inopinément, au pied levé, sans crier gare, soudain, soudainement, subitement, du tac au tac, tout à coup. – FAMILIER : subito, tout de go. – LITTÉRAIRE : au débotté. – VIEUX : impromptu.

surprise-partie *nom féminin* Réunion où l'on danse. SYN. bal, soirée. – FAMILIER : boum, surpatte. – VIEUX : surboum.

surrède *nom masculin* Forêt de chênes-lièges. SYN. suberaie, suveraie.

surréservation *nom féminin* Réservation de places en surnombre. SYN. surbooking.

sursaut *nom masculin* Mouvement brusque. SYN. convulsion, frisson, haut-le-corps, secousse, soubresaut, tressaillement. – LITTÉRAIRE : tressautement.

sursauter *verbe* Avoir un sursaut. SYN. bondir, sauter, tressaillir. – LITTÉRAIRE : tressauter.

surseoir *verbe* Différer une action. SYN. ajourner, atermoyer, décaler, différer, éloigner, proroger, reculer, remettre, renvoyer, reporter, repousser, retarder, suspendre.

sursis *nom masculin* Fait de remettre à plus tard. SYN. ajournement, délai, prorogation, remise, renvoi, répit, report.

surtaxe *nom féminin* Surcroît d'impôt. SYN. surimposition.

surtaxer *verbe* Frapper d'un surcroît d'impôt. SYN. surimposer.

surtout *adverbe* Par-dessus tout. SYN. essentiellement, notamment, particulièrement, en particulier, principalement, spécialement.

surveillance *nom féminin* Action de surveiller. SYN. contrôle, garde, observation, œil, supervision, vigilance. – POPULAIRE : flicage.

surveillant *nom* Personne qui surveille. SYN. contrôleur, garde, gardien, superviseur, veilleur.

surveiller *verbe* Prendre soin de. SYN. chaperonner, garder, veiller. ■ Être attentif à. SYN. contrôler, vérifier. ■ Observer pour contrôler. SYN. avoir à l'œil, avoir l'œil sur, épier, espionner, filer, guetter, inspecter, ne pas quitter des yeux. – FAMILIER : avoir dans le collimateur, ouvrir l'œil, pister. – POPULAIRE : fliquer, planquer.

surveiller (se) *verbe pronominal* Être attentif à ce qu'on fait. SYN. se dominer, garder ses distances, s'observer, rester sur son quant-à-soi.

survenir *verbe* LITTÉRAIRE. Arriver à l'improviste. SYN. apparaître, arriver, déboucher, débouler, faire irruption, paraître, surgir, venir. ■ Se produire brusquement. SYN. advenir, apparaître, se déclarer, se déclencher, éclater au grand jour, se faire jour, intervenir, se manifester, se passer, percer, se présenter, se produire. – LITTÉRAIRE : poindre, pointer, sourdre.

survêtement *nom masculin* Vêtement de sport. SYN. jogging, training. – FAMILIER : survêt.

survie *nom féminin* Prolongement de la vie. SYN. immortalité. – LITTÉRAIRE : survivance.

survivance *nom féminin* LITTÉRAIRE. Fait de continuer à vivre. SYN. immortalité, survie.

survivant *nom* Personne qui a survécu. SYN. miraculé, rescapé.

survivre *verbe* Continuer à exister. SYN. durer, s'éterniser, persister, rester, subsister, surnager. CONTR. *succomber.* – FAMILIER : *y rester.*

survoler *verbe* Examiner rapidement. SYN. effleurer, glisser sur, parcourir. CONTR. *analyser, approfondir, s'arrêter, disséquer, éplucher, étudier.*

survolté *adjectif* En proie à une vive excitation. SYN. bouillonnant, déchaîné, électrisé, enthousiasmé, exalté, fébrile, fougueux, frénétique, galvanisé, hystérique, surchauffé, surexcité, véhément. – LITTÉRAIRE : enflammé, tumultueux. CONTR. *calme, impassible, inerte, languissant, mou, paisible, serein, tranquille.* – FAMILIER : *cool.* – LITTÉRAIRE : *olympien.*

survolter *verbe* Mettre dans un état d'excitation. SYN. chauffer, déchaîner, électriser, enfiévrer, enthousiasmer, exalter, exciter, galvaniser, surexciter. – LITTÉRAIRE : enflammer.

susceptibilité *nom féminin* Disposition à se vexer. SYN. hypersensibilité, irritabilité, sensibilité.

susceptible *adjectif* Qui se vexe facilement. SYN. chatouilleux, excitable, hypersensible, irritable, ombrageux, pointilleux, sensitif. ■ Qui est en mesure de. SYN. apte à, capable de, en état de, fait pour, de force à, à même de, en mesure de, propre à, sujet à, de taille à.

susciter *verbe* Être la cause directe de. SYN. amener, apporter, attirer, causer, coûter, créer, déchaîner, déclencher, déterminer, donner, engendrer, entraîner, éveiller, faire naître, fomenter, impliquer, induire, occasionner, procurer, produire, provoquer, valoir. CONTR. *découler, s'ensuivre, procéder, résulter.*

susnommé *nom et adjectif* La personne dont il a été question. SYN. ledit, susdit.

suspect *adjectif* Qui éveille des soupçons. SYN. douteux, équivoque, inquiétant, interlope, louche, marron, trouble. CONTR. *certain, évident, fiable, net, sûr, visible.*

suspecter *verbe* Mettre en cause. SYN. accuser, incriminer, soupçonner. CONTR. *se fier, s'en remettre à.*

suspendre *verbe* Fixer en haut et laisser pendre. SYN. accrocher, attacher, fixer, pendre. CONTR. *décrocher, dépendre.* ■ Mettre un terme à. SYN. abandonner, arrêter, cesser, fermer, figer, immobiliser, interrompre, rompre, stopper. CONTR. *continuer, poursuivre, reprendre.* ■ Remettre à plus tard. SYN. ajourner, décaler, différer, proroger, reculer, remettre, renvoyer, reporter, repousser, retarder, surseoir à. CONTR. *anticiper, avancer, précipiter, rapprocher.* ■ Retirer ses fonctions à quelqu'un. SYN. dégrader, démettre, destituer, mettre en disponibilité, radier, relever. CONTR. *maintenir, réintégrer.*

suspendu *adjectif* Maintenu par le haut. SYN. accroché, pendu. ■ Qui dépend de. SYN. dépendant, soumis, subordonné, tributaire. CONTR. *dissocié, distinct, indépendant.*

suspension *nom féminin* Action d'interrompre. SYN. abolition, accalmie, arrêt, cessation, fermeture, fin, interruption, trêve. CONTR. *continuation, continuité, poursuite, reprise.*

suspente *nom féminin* Tige de suspension d'un faux plafond. SYN. aiguille, pendart.

suspicieux *adjectif* Qui manifeste de la suspicion. SYN. défiant, méfiant, soupçonneux. CONTR. *confiant, crédule, naïf, niais.*

suspicion *nom féminin* Fait de tenir pour suspect. SYN. défiance, doute, méfiance, soupçon. CONTR. *confiance.*

sustenter *verbe* VIEUX. Donner à manger à. SYN. alimenter, nourrir. – LITTÉRAIRE : restaurer. CONTR. *affaiblir, affamer.*

sustenter (se) *verbe pronominal* FAMILIER. Prendre de la nourriture. SYN. s'alimenter, manger, se nourrir, se rassasier, se restaurer. – LITTÉRAIRE : se repaître. – POPULAIRE : becqueter, becter. CONTR. *avoir faim, jeûner, mourir de faim, mourir d'inanition, tomber d'inanition.* – FAMILIER : *n'avoir rien à se mettre sous la dent.*

susurrement *nom masculin* LITTÉRAIRE. Fait de susurrer. SYN. chuchotement, marmonnement, marmottage, marmottement, murmure. – LITTÉRAIRE : chuchotis. CONTR. *cri, hurlement, vocifération.*

susurrer *verbe* Dire à voix basse. SYN. chuchoter, marmonner, marmotter, murmurer, souffler. – LITTÉRAIRE : gazouiller. CONTR. *crier, hurler.* – FAMILIER : *beugler, brailler.* – POPULAIRE : *bramer, gueuler.*

suveraie *nom féminin* Forêt de chênes-lièges. SYN. suberaie, surrède.

svelte *adjectif* Qui est élancé. SYN. élancé, fin, fluet, fuselé, grêle, menu, mince. – LITTÉRAIRE : délié, gracile. CONTR. *corpulent, épais, gras, gros, lourd, massif, puissant, râblé, replet, trapu.* – FAMILIER : *bedonnant, boulot, mastoc, rond, rondouillard.*

sveltesse *nom féminin* LITTÉRAIRE. Caractère svelte. SYN. élégance, finesse, minceur. – LITTÉRAIRE : gracilité. CONTR. *corpulence, embonpoint, épaisseur, rondeur.* – FAMILIER : *rotondité.*

sybarite *nom* LITTÉRAIRE. Personne qui jouit de la vie. SYN. bon vivant, épicurien, jouisseur. – VIEUX : viveur. CONTR. *ascète, puritain.*

sycomore *nom masculin* Érable d'une espèce à feuilles palmées. SYN. faux platane.

sycophante *nom* LITTÉRAIRE. Personne qui dénonce. SYN. calomniateur, délateur, dénonciateur, indicateur, rapporteur. – FAMILIER : cafard, mouchard. – POPULAIRE : donneur.

sylvestre *adjectif* LITTÉRAIRE. Relatif aux forêts. SYN. forestier.

symbole *nom masculin* Ce qui représente un concept. SYN. allégorie, attribut, emblème, figure, image, incarnation, insigne, personnification, représentation.

symbolique *adjectif* Qui a le caractère d'un symbole. SYN. allégorique, emblématique, évocateur, figuratif, métaphorique, suggestif.

symboliquement *adverbe* De façon symbolique. SYN. allégoriquement, figurativement, métaphoriquement.

symboliser *verbe* Être le symbole de. SYN. désigner, évoquer, figurer, illustrer, incarner, personnifier, rendre, représenter, suggérer.

symétrie *nom féminin* Aspect équilibré. SYN. équilibre, harmonie, régularité. CONTR. *asymétrie, dissymétrie, irrégularité.*

symétrique *adjectif* Caractérisé par la symétrie. CONTR. *asymétrique, dissymétrique.* ■ Qui a de l'équilibre. SYN. équilibré, harmonieux, régulier. CONTR. *boiteux, déséquilibré, difforme, irrégulier.*

sympathicolytique *adjectif et nom masculin* Qui bloque l'action du système nerveux. SYN. adrénolytique, sympatholytique. CONTR. *adrénergique, sympathicomimétique, sympathomimétique.*

sympathicomimétique *adjectif et nom masculin* Qui stimule le système nerveux. SYN. adrénergique, sympathomimétique. CONTR. *adrénolytique, sympathicolytique, sympatholytique.*

sympathie *nom féminin* Penchant naturel vers quelqu'un. SYN. affection, affinité, amitié, attachement, attirance, cordialité. – LITTÉRAIRE : inclination. CONTR. *allergie, animosité, antipathie, aversion, dégoût, écœurement, haine, hostilité, inimitié, répugnance, répulsion.* – LITTÉRAIRE : *animadversion.* ■ Participation à la peine d'autrui. SYN. compréhension, pitié. – LITTÉRAIRE : compassion. CONTR. *dureté, froideur, impassibilité, indifférence, insensibilité.* ■ Disposition favorable. SYN. bienveillance, complaisance, faveur, intérêt. CONTR. *défaveur, désintérêt, prévention.*

sympathique *adjectif* Qui inspire de la sympathie. SYN. accueillant, affable, aimable, attirant, avenant, chaleureux, charmant, engageant, gentil. – LITTÉRAIRE : amène. CONTR. *abominable, agaçant, antipathique, bilieux, déplaisant, désagréable, désobligeant, exécrable, haïssable, odieux.* – FAMILIER : *impossible.* ■ Qui dénote de la sympathie. SYN. amical, cordial, exquis, favorable, fraternel. CONTR. *détestable, hostile, inamical, malveillant, mauvais, rébarbatif, rebutant.*

sympathisant *nom* Personne qui soutient une idée. SYN. adepte, militant, partisan, prosélyte, tenant. – LITTÉRAIRE : séide. CONTR. *adversaire, détracteur, ennemi, opposant.*

sympathiser *verbe* Éprouver de la sympathie pour. SYN. s'entendre, faire bon ménage, fraterniser, trouver chaussure à son pied. – FAMILIER : avoir des atomes crochus, être sur la même longueur d'onde. CONTR. *se battre, se brouiller, se déchirer, se quereller.*

sympatholytique *adjectif et nom masculin* Qui bloque l'action du système nerveux. SYN. adrénolytique, sympathicolytique. CONTR. *adrénergique, sympathicomimétique, sympathomimétique.*

sympathome *nom masculin* Tumeur de la glande médullosurrénale. SYN. neuroblastome.

sympathomimétique *adjectif et nom masculin* Qui stimule le système nerveux. SYN. adrénergique, sympathicomimétique. CONTR. *adrénolytique, sympathicolytique, sympatholytique.*

symphonie *nom féminin* LITTÉRAIRE. Ensemble harmonieux. SYN. harmonie, unité. CONTR. *cacophonie, discordance.* – LITTÉRAIRE : *dissonance.*

symposium *nom masculin* Réunion de spécialistes. SYN. colloque, conférence, congrès, débat, réunion, séminaire.

symptomatique *adjectif* Qui révèle un état de choses. SYN. caractéristique, éloquent, parlant, révélateur, significatif, typique.

symptôme *nom masculin* Ce qui présage de. SYN. alerte, annonce, indice, manifestation, marque, présage, révélateur, signal, signe. – LITTÉRAIRE : prodrome, stigmate.

synchrone *adjectif* Qui se produit en même temps. SYN. concomitant, simultané, synchronique. CONTR. *alternatif, asynchrone, séparé, successif.*

synchronie *nom féminin* Simultanéité de faits. CONTR. *diachronie.*

synchronique *adjectif* Qui se passe en même temps. SYN. concomitant, simultané, synchrone. CONTR. *alternatif, indépendant, séparé, successif.*

synchronisme *nom masculin* État de ce qui est synchrone. SYN. coïncidence, concomitance, concordance, simultanéité.

synclinal *nom masculin* Pli dont la convexité est tournée vers le bas. CONTR. *anticlinal.*

syncope *nom féminin* Perte de connaissance. SYN. défaillance, évanouissement, malaise, pâmoison. – LITTÉRAIRE : faiblesse.

syndesmie *nom féminin* Mollusque bivalve. SYN. abra.

syndic *nom masculin* Celui qui est chargé d'un syndicat de copropriété. SYN. gérant, mandataire, représentant.

synérèse *nom féminin* Fusion de deux voyelles contiguës en une seule syllabe. CONTR. *diérèse.*

syngame *nom masculin* Ver parasite de la trachée des oiseaux. SYN. ver fourchu.

syngnathiforme *nom masculin* Poisson marin au corps filiforme. SYN. syngnathe. – VIEUX : lophobranche.

synonyme *adjectif* Se dit de mots qui ont un sens analogue. SYN. équivalent, similaire, voisin. CONTR. *antonyme, différent.*

synonyme *nom masculin* Mot, expression synonyme. SYN. équivalent, substitut. CONTR. *antonyme, contraire.*

synopsis *nom masculin* Résumé d'un film. SYN. canevas, plan, scénario.

synovie *nom féminin* ***Épanchement de synovie,*** augmentation du liquide séreux dans une articulation. SYN. hydarthrose.

synthèse *nom féminin* Exposé qui résume un point. SYN. récapitulation, reprise, résumé.

synthétase *nom féminin* Enzyme qui réalise une synthèse. SYN. ligase.

synthétique *adjectif* Qui procède par synthèse. CONTR. *analytique.* ■ Qui est produit par synthèse. SYN. artificiel. CONTR. *naturel.*

synthétiser *verbe* Faire une synthèse. SYN. abréger, récapituler, reprendre, résumer, schématiser.

syntoniseur *nom masculin* Récepteur de radio. SYN. tuner.

syphilis *nom féminin* Maladie sexuellement transmissible. SYN. – ARGOTIQUE : chtouille. – POPULAIRE : vérole.

syrah *nom féminin* Cépage rouge. SYN. marsanne noire.

systématique *adjectif* Qui est fait avec méthode. SYN. logique, méthodique, ordonné, organisé, rationnel, réglé, scientifique. CONTR. *empirique.* ■ Qui se fait invariablement. SYN. automatique, machinal, mécanique.

systématiquement *adverbe* D'une manière réglée. SYN. logiquement, méthodiquement, rationnellement, régulièrement, scientifiquement. CONTR. *inégalement, irrégulièrement, variablement.* ■ D'une manière constante. SYN. automatiquement, immanquablement, par principe.

systématiser *verbe* Organiser en système. SYN. codifier, généraliser, normaliser, réglementer, règlementer.

système *nom masculin* Ensemble ordonné d'idées. SYN. doctrine, école, philosophie, théorie, thèse. ■ Ensemble de pratiques organisées. SYN. méthode, organisation, structure. ■ Ce qui sert à obtenir un résultat. SYN. formule, moyen, plan, procédé, processus, recette, stratégie, tactique, technique. ■ Mode d'organisation politique. SYN. gouvernement, institution, régime.

T

tabassée *nom féminin* FAMILIER. Volée de coups. SYN. volée. – FAMILIER : pile, raclée, rossée, tripotée. – POPULAIRE : dégelée, dérouillée, pâtée, peignée, rouste, tannée, tournée, trempe. – VIEUX : frottée.

tabasser *verbe* FAMILIER. Frapper quelqu'un. SYN. abîmer le portrait, arranger le portrait, battre, brutaliser, frapper, maltraiter, molester, rouer de coups, rudoyer, taper, user de violence. – FAMILIER : casser la figure, passer à tabac, rosser, talocher. – LITTÉRAIRE : fouailler, violenter. – POPULAIRE : casser la gueule, cogner, dérouiller, envoyer dinguer, rentrer dans le chou, rentrer dans le lard, rentrer dans le mou, rentrer dedans.

tableau *nom masculin* Description d'une situation. SYN. description, peinture, portrait, récit. ▪ Ce qui s'offre à la vue. SYN. scène, spectacle, vision.

tabler *verbe* Fonder ses calculs sur. SYN. s'appuyer, attendre, compter sur, escompter, espérer, se fier à, s'imaginer, se promettre, se rapporter, se référer, s'en remettre à, se reposer sur, spéculer.

tabou *adjectif* Frappé d'une interdiction. SYN. défendu, interdit, intouchable, inviolable, sacré, saint. – FAMILIER : sacro-saint.

tac *nom masculin* ***Du tac au tac,*** en ripostant aussitôt. SYN. à brûle-pourpoint, brusquement, de but en blanc, ex abrupto, au pied levé, sans crier gare, soudain, soudainement, subitement, sur-le-champ, tout d'un coup. – FAMILIER : bille en tête, subito, tout de go. – LITTÉRAIRE : au débotté. – POPULAIRE : aussi sec. – VIEUX : impromptu, tout à trac.

tache *nom féminin* Marque laissée par ce qui salit. SYN. éclaboussure, marque, moucheture, salissure, trace, traînée. – LITTÉRAIRE : souillure. ▪ Ce qui atteint l'honneur. SYN. défaut. – LITTÉRAIRE : flétrissure, souillure, tare. ▪ ***Tache jaune,*** dépression de la rétine. SYN. macula.

tâche *nom féminin* Travail fixé. SYN. activité, besogne, fonction, occupation, œuvre, ouvrage, travail. – LITTÉRAIRE : labeur, office. – POPULAIRE : boulot. CONTR. *récréation, repos.* ▪ Ce qu'on doit faire. SYN. corvée, devoir, mission, obligation, pensum, rôle.

taché *adjectif* Marqué de taches. SYN. maculé, noir, pollué, sale, sali. – LITTÉRAIRE : souillé. CONTR. *blanc, immaculé, net, propre.*

tachelhit *nom masculin* Dialecte berbère. SYN. chleuh.

tacher *verbe* Faire des taches. SYN. barbouiller, marquer, salir. – FAMILIER : cochonner. – LITTÉRAIRE : crotter, souiller. – POPULAIRE : saloper. CONTR. *blanchir, décrasser, détacher, laver, nettoyer.* ▪ LITTÉRAIRE. Marquer d'une tache morale. SYN. éclabousser, entacher, salir, ternir, traîner dans la boue. – LITTÉRAIRE : flétrir, souiller.

tâcher *verbe* Faire des efforts pour. SYN. s'appliquer à, chercher à, s'efforcer de, s'employer à, s'escrimer à, essayer, s'essayer, s'évertuer à, se forcer, s'ingénier à, œuvrer pour, prendre garde de, tenter de, travailler à.

tacheté *adjectif* Qui présente un semis de taches. SYN. bariolé, bigarré, chamarré, moucheté, ocellé, panaché, tavelé, truité. – LITTÉRAIRE : diapré, marqueté, piqueté.

tacheter *verbe* Marquer de petites taches. SYN. bigarrer, moucheter, pointiller. – LITTÉRAIRE : diaprer, marqueter, piqueter.

tachycardie *nom féminin* Accélération des battements du cœur. CONTR. *bradycardie.*

tacite *adjectif* Implicitement admis. SYN. implicite, inexprimé, informulé, sous-entendu. CONTR. *énoncé, explicite, exprès, exprimé, formel, formulé, manifeste, public.*

tacitement *adverbe* De façon tacite. SYN. implicitement. CONTR. *explicitement, expressément.*

taciturne *adjectif* Qui garde le silence. SYN. impénétrable, introverti, morne, morose, muet, ours, renfermé, replié, silencieux. – LITTÉRAIRE : chagrin, secret. CONTR. *bavard, causeur, communicatif, démonstratif, discoureur, expansif, extraverti, exubérant, loquace, ouvert, volubile.* – FAMILIER : *causant.* – VIEUX : *babillard.*

taciturnité *nom féminin* LITTÉRAIRE. Caractère taciturne. SYN. morosité. CONTR. *bavardage, volubilité.* – FAMILIER : *bagou, bagout.* – LITTÉRAIRE : *loquacité, prolixité, verbosité.*

tacon *nom masculin* Jeune saumon. SYN. saumoneau.

tacot *nom masculin* FAMILIER. Vieille voiture. SYN. – FAMILIER : guimbarde, tape-cul, veau. – POPULAIRE : chignole, poubelle, tas de boue.

tact *nom masculin* Sentiment des convenances. SYN. adresse, décence, délicatesse, diplomatie, discrétion, doigté, formes, manières, politesse, savoir-vivre. – LITTÉRAIRE : civilité, sobriété, usage. CONTR. *désinvolture, goujaterie, grossièreté, impertinence, incorrection, indélicatesse, muflerie.* – LITTÉRAIRE : *irrespect, irrévérence.*

tactique *adjectif* Relatif à la tactique. SYN. adroit, astucieux, diplomatique, politique, stratégique.

tactique *nom féminin* Stratégie utilisée. SYN. marche, méthode, plan, politique, recette, stratégie, système.

tagal *nom masculin* Langue des Philippines. SYN. pilipino.

taïkonaute *nom* Occupant d'un engin spatial. SYN. astronaute, cosmonaute, spationaute.

taillade *nom féminin* Entaille dans les chairs. SYN. balafre, blessure, coupure, entaille, estafilade, incision.

taillader *verbe* Faire des entailles dans. SYN. balafrer, blesser, buriner, couper, déchiqueter, déchirer, entailler, entamer, inciser, labourer, lacérer, raviner.

taille *nom féminin* Hauteur du corps humain. SYN. grandeur, hauteur, stature. – FAMILIER : gabarit. ■ Dimension de quelque chose. SYN. calibre, dimension, envergure, format, gabarit, grandeur, grosseur, hauteur, importance, mesure, proportions. ■ Action de tailler. SYN. coupe, élagage, émondage.

taillé *adjectif* Qui a telle carrure. SYN. bâti, charpenté, découplé, proportionné. – LITTÉRAIRE : membré. ■ Qui a les aptitudes pour. SYN. apte à, capable de, fait pour, de force à, propre à.

tailler *verbe* Couper pour donner une forme. SYN. cisailler, couper, ébrancher, élaguer, émonder, étêter, sectionner, trancher.

tailler (se) *verbe pronominal* POPULAIRE. Prendre la fuite. SYN. battre en retraite, déguerpir, déloger, disparaître, s'enfuir, s'esquiver, fausser compagnie, filer à l'anglaise, fuir, partir, plier bagages, prendre la clef des champs, prendre la fuite, prendre le large, se retirer, se sauver. – FAMILIER : débarrasser le plancher, décamper, détaler, ficher le camp, filer, filer comme un zèbre, gagner le large, prendre la poudre d'escampette, prendre la tangente, prendre ses cliques et ses claques, prendre ses jambes à son cou, vider le plancher, vider les lieux. – POPULAIRE : se barrer, se calter, se carapater, se casser, cavaler, se cavaler, se débiner, décaniller, se faire la malle, se faire la paire, foutre le camp, jouer la fille de l'air, mettre les bouts, mettre les voiles, se tirer.

taillis *nom masculin* Ensemble d'arbustes. SYN. broussaille, buisson, fourré, hallier.

taire *verbe* Ne pas dire quelque chose. SYN. cacher, dissimuler, faire le black-out sur, occulter, omettre, passer sous silence. – LITTÉRAIRE : celer. CONTR. *affirmer, apprendre, aviser, communiquer, confesser, confier, débiter, déclarer, dévoiler, dire, divulguer, ébruiter, éventer, faire part, faire savoir, informer, proférer, raconter, révéler.* – FAMILIER : *déballer.* ■ LITTÉRAIRE. Cacher un sentiment. SYN. contenir, garder, refouler, rentrer. – LITTÉRAIRE : renfoncer. CONTR. *afficher, étaler, exhiber, exprimer, extérioriser, montrer.*

taire (se) *verbe pronominal* S'abstenir ou cesser de parler. SYN. s'abstenir de tout commentaire, avoir avalé sa langue, avoir la langue liée, avoir perdu sa langue, être muet comme une carpe, être muet comme une tombe, faire le black-out sur, fermer sa bouche, garder le silence, ne dire mot, ne pas broncher, ne pas ciller, ne pas desserrer les dents, ne pas dire un mot, ne pas piper, ne souffler mot, rester bouche cousue, rester coi, se tenir coi. – FAMILIER : avoir un bœuf sur la langue, fermer son bec, tenir sa langue. – POPULAIRE : la boucler, s'écraser, fermer sa boîte, fermer sa gueule. CONTR. *bavarder, causer, conférer, converser, crier, discourir, s'exprimer, intervenir, les langues se délient, ne pas avoir peur des mots, ouvrir la bouche, parler, prendre la parole, retrouver sa langue, rompre le silence.* – FAMILIER : *avoir du bagou, avoir la langue bien affilée, avoir la langue bien déliée, avoir la langue bien pendue, avoir une sacrée tapette, bavasser, la langue lui démange, ne pas avoir sa langue dans sa poche, ouvrir le bec, en placer une, tenir la jambe à, tenir le crachoir.* – LITTÉRAIRE : *s'épancher.* – POPULAIRE : *l'ouvrir.*

talent *nom masculin* Aptitude particulière. SYN. adresse, aptitude, art, capacité, chic, dextérité, disposition, don, faculté, génie, habileté, ingéniosité, instinct, maestria, patte, savoir-faire. CONTR. *faiblesse, inhabileté.*

talentueusement *adverbe* Avec talent. SYN. brillamment, haut la main, magistralement, de main de maître. – LITTÉRAIRE : expertement.

talentueux *adjectif* Qui a du talent. SYN. brillant, doué, génial, habile, ingénieux. CONTR. *nul.*

taler *verbe* Abîmer un fruit. SYN. cotir, meurtrir.

talisman *nom masculin* Objet ayant une action protectrice. SYN. amulette, fétiche, gri-gri, grigri, mascotte, porte-bonheur.

talitre *nom masculin* Petit crustacé sauteur. SYN. puce de mer.

talle *nom féminin* Nouvelle pousse. SYN. drageon, pousse, rejeton, scion, surgeon.

taloche *nom féminin* FAMILIER. Coup donné sur la figure. SYN. claque, gifle, tape. – ARGOTIQUE : mornifle. – FAMILIER : calotte. – LITTÉRAIRE : soufflet. – POPULAIRE : baffe, beigne, mandale, tarte.

talocher *verbe* VIEUX. Donner une gifle. SYN. claquer, gifler. – FAMILIER : calotter. – LITTÉRAIRE : souffleter.

talonner *verbe* Tourmenter quelqu'un. SYN. assaillir, assiéger, hanter, harceler, poursuivre, relancer. – FAMILIER : secouer. – LITTÉRAIRE : importuner, obséder, presser.

talus *nom masculin* Terrain en pente. SYN. chaussée, pente, remblai.

tamanoir *nom masculin* Mammifère à la longue langue visqueuse. SYN. grand fourmilier.

tamazight *nom masculin* Langue berbère parlée par les Kabyles. SYN. kabyle.

tambouille *nom féminin* POPULAIRE. Cuisine médiocre. SYN. cuisine, mangeaille. – FAMILIER : fricot. – POPULAIRE : bouffe, frichti.

tambour *nom masculin* ***Tambour battant,*** sans laisser de répit. SYN. activement, expéditivement, fougueusement, hâtivement, impétueusement, lestement, précipitamment, prestement, promptement, rapidement, rondement, vite, vivement. – LITTÉRAIRE : diligemment. ■ FAMILIER. ***Sans tambour ni trompette,*** en secret. SYN. confidentiellement, discrètement, furtivement, obscurément, officieusement, secrètement, silencieusement, en sourdine, sous le manteau, en sous-main, en tapinois. – FAMILIER : en douce. – LITTÉRAIRE : sourdement, subrepticement. CONTR. *à découvert, manifestement, officiellement, ostensiblement, ouvertement, publiquement.*

tambourinage ou **tambourinement** *nom masculin* Action de tambouriner. SYN. battement, frappement, martèlement, tapotage, tapotement.

tambouriner *verbe transitif* Annoncer bruyamment. SYN. annoncer, apprendre, avertir de, aviser de, claironner, clamer, corner, crier sur les toits, déclarer, dire, faire part, informer, instruire, notifier, révéler, signaler. – FAMILIER : carillonner. – LITTÉRAIRE : emboucher la trompette de, proclamer. – VIEUX : trompeter.

tambouriner *verbe transitif indirect* Donner des coups répétés sur. SYN. cogner, frapper, marteler, taper, tapoter.

tamis *nom masculin* Ustensile servant à tamiser. SYN. blutoir, crible, sas, van.

tamisé *adjectif* Se dit d'une lumière douce. SYN. diffus, pâle, voilé. CONTR. *cru, éblouissant, éclatant, vif, violent.*

tamiser *verbe* Passer à travers un crible. SYN. bluter, cribler, filtrer, passer, sasser, trier. ■ Diminuer l'intensité de la lumière. SYN. estomper, filtrer, modérer. – LITTÉRAIRE : ouater, tempérer, voiler. CONTR. *accentuer, aviver.*

tamponnement *nom masculin* Rencontre brutale de véhicules. SYN. accrochage, choc, collision, heurt, rencontre, télescopage.

tamponner *verbe* Heurter violemment. SYN. accrocher, cogner, emboutir, percuter, télescoper. – POPULAIRE : bigorner, emplafonner.

tamponner (se) *verbe pronominal* Entrer en collision. SYN. se caramboler, se heurter, se rencontrer, se rentrer dedans, se télescoper.

tam-tam *nom masculin* FAMILIER. Publicité tapageuse. SYN. bruit, campagne, matraquage, pilonnage. – FAMILIER : battage.

tancer *verbe* LITTÉRAIRE. Réprimander sévèrement. SYN. avertir, chapitrer, corriger, gronder, houspiller, morigéner, rappeler à l'ordre, reprendre, réprimander, sermonner, tirer les oreilles. – FAMILIER : attraper, disputer, enguirlander, passer un savon, sonner les cloches à. – LITTÉRAIRE : admonester, flageller, fustiger, gourmander, moraliser, quereller, remiser, semoncer. – POPULAIRE : engueuler, remonter les bretelles.

tandis que *locution conjonctive* Marque la simultanéité. SYN. comme, pendant que. ■ Marque l'opposition. SYN. alors que, bien que, pendant que, quoique. – LITTÉRAIRE : cependant que.

tangage *nom masculin* Balancement d'un navire. SYN. ballottement, brimbalement, oscillation.

tangent *adjectif* FAMILIER. Qui est à la limite. SYN. juste. – FAMILIER : ric-rac.

tangible *adjectif* Qu'on peut toucher. SYN. apparent, matériel, palpable, réel, sensible. CONTR. *impalpable, inexistant, irréel.* ■ Qu'on ne peut mettre en doute. SYN. certain, concret, effectif, évident, incontestable, indubitable, irrécusable, manifeste. CONTR. *contestable, discutable, douteux, incertain.*

tangiblement *adverbe* De manière tangible. SYN. concrètement, effectivement, matériellement, physiquement, réellement.

tanguer *verbe* Être soumis au tangage. SYN. se balancer, bringuebaler, brinquebaler, cahoter, osciller. ■ FAMILIER. Osciller dans sa marche. SYN. chanceler, flageoler, tituber, trébucher, vaciller, zigzaguer. – FAMILIER : avoir du vent dans les voiles. ■ FAMILIER. Bouger en tous sens. SYN. ballotter, branler, dodeliner. – LITTÉRAIRE : baller.

tanière *nom féminin* Abri naturel pour les animaux. SYN. bauge, caverne, terrier. – LITTÉRAIRE : antre. ■ LITTÉRAIRE. Habitation misérable. SYN. bauge, bouge, cahute, masure, nid à rats, taudis. – FAMILIER : baraque, écurie, porcherie. – LITTÉRAIRE : chenil, galetas. – POPULAIRE : gourbi. ■ LITTÉRAIRE. Lieu où quelqu'un vit retiré. SYN. cache, cachette, repaire, retraite. – LITTÉRAIRE : antre. – POPULAIRE : planque.

tank *nom masculin* Réservoir contenant un liquide. SYN. bassin, citerne, cuve.

tanker *nom masculin* Navire pour le transport des hydrocarbures. SYN. navire-citerne, pétrolier.

tannant *adjectif* FAMILIER. Qui importune. SYN. ennuyeux, fatigant. – FAMILIER : assommant, barbant, casse-pieds, embêtant, enquiquinant, soûlant, tuant. – POPULAIRE : canulant, chiant, emmerdant, suant.

tanné *adjectif* Qui a la peau brunie. SYN. basané, bistre, bronzé, bruni, doré, hâlé. – LITTÉRAIRE : boucané.

tannée *nom féminin* POPULAIRE. Volée de coups. SYN. volée. – FAMILIER : pile, raclée, rossée, tabassée, tripotée. – POPULAIRE : dégelée, dérouillée, pâtée, peignée, rouste, tournée, trempe. – VIEUX : frottée.

tanner *verbe* Donner un aspect hâlé. SYN. bistrer, bronzer, brunir, dorer, hâler. ■ FAMILIER. Harceler de demandes. SYN. assommer, ennuyer, fatiguer. – FAMILIER : barber, bassiner, casser les pieds, embêter, empoisonner, enquiquiner, escagasser, faire suer, raser. – LITTÉRAIRE : saouler, soûler. – POPULAIRE : canuler, cavaler, emmerder, faire chier.

tant *adverbe* Indique une grande quantité. SYN. autant, tellement. – FAMILIER : comme ce n'est pas permis. ■ ***En tant que,*** en qualité de. SYN. comme, à titre de.

tante *nom féminin* FAMILIER. ***Ma tante,*** établissement de prêts sur gage. SYN. crédit municipal. – FAMILIER : clou. – VIEUX : mont-de-piété.

tantinet *nom masculin* FAMILIER. ***Un tantinet,*** un peu. SYN. légèrement. – POPULAIRE : un chouia. CONTR. *foncièrement, profondément, puissamment.*

tapage *nom masculin* Bruit confus. SYN. brouhaha, charivari, tintamarre, tumulte, vacarme. – FAMILIER : boucan, chahut, chambard, pétard, potin, raffut, tintouin, tohu-bohu. – LITTÉRAIRE : hourvari. – POPULAIRE : barouf, baroufe, bastringue, ramdam. – VIEUX : bacchanal, boulevari, sabbat. CONTR. *calme, silence.*

tapageur *adjectif* Qui fait du tapage. SYN. bruyant, criard, turbulent. CONTR. *muet, sage, silencieux, tranquille.* ■ Qui cherche à attirer l'attention. SYN. fracassant, voyant. – FAMILIER : tape-à-l'œil. – LITTÉRAIRE : tumultueux. CONTR. *discret.* – LITTÉRAIRE : *secret.*

tapant *adjectif* Se dit d'une heure pile. SYN. battant, juste, précis, sonnant. – FAMILIER : pétant.

tape *nom féminin* Coup donné avec la main. SYN. chiquenaude, claque, gifle, pichenette. – FAMILIER : calotte, taloche. – POPULAIRE : baffe, tarte.

tapé *adjectif* FAMILIER. Qui a l'esprit dérangé. SYN. dément, dérangé, désaxé, déséquilibré, fou. – FAMILIER : braque, cinglé, détraqué, dingue, fada, fêlé, frappé, loufoque, maboul, malade, marteau, piqué, ravagé, timbré, toc-toc, toqué, zinzin. – POPULAIRE : allumé, azimuté, barge, barjo, barjot, branque, brindezingue, chtarbé, cinoque, cintré, déjanté, dingo, folingue, fondu, frapadingue, givré, jeté, louf, louftingue, ouf, sinoc, sinoque, siphonné, sonné, tordu.

tape-à-l'œil *adjectif invariable* FAMILIER. Destiné à éblouir. SYN. clinquant, criard, tapageur, voyant. CONTR. *discret, modeste.*

tapée *nom féminin* FAMILIER. Grande quantité. SYN. armée, avalanche, bataillon, déluge, flot, flux, foule, infinité, masse, monceau, montagne, multitude, myriade, quantité, tas. – FAMILIER : cargaison, flopée, foultitude, paquet, pelletée, régiment, ribambelle, tripotée. – LITTÉRAIRE : essaim. CONTR. *atome, bribe, brin, doigt, goutte, grain, gramme, miette, nuage, once, parcelle, poignée, pointe, soupçon, teinte, trace.* – LITTÉRAIRE : *liard, ombre.*

taper *verbe* Frapper à la porte, etc. SYN. frapper, tambouriner, tapoter. ■ Venir heurter quelque chose. SYN. battre, choquer, claquer, cogner, heurter. ■ Donner des coups à quelqu'un. SYN. battre, brutaliser, claquer, corriger, frapper, maltraiter, rouer de coups, rudoyer. – FAMILIER : rosser, tabasser, talocher. – LITTÉRAIRE : fouailler, violenter. – POPULAIRE : cogner, dérouiller.

taper (se) *verbe pronominal* POPULAIRE. Prendre en charge. SYN. se charger. – FAMILIER : s'appuyer, se coltiner, s'enfiler. – POPULAIRE : s'envoyer, se farcir. ■ FAMILIER. S'offrir une chose agréable. SYN. – FAMILIER : s'enfiler, siffler. – POPULAIRE : s'envoyer.

tapette *nom féminin* Petite tape. SYN. chiquenaude, pichenette.

tapi *adjectif* LITTÉRAIRE. Qui est comme caché. SYN. blotti, caché, camouflé, réfugié. – POPULAIRE : planqué.

tapiner *verbe* POPULAIRE. Se livrer à la prostitution. SYN. se prostituer. – ARGOTIQUE : michetonner. – POPULAIRE : faire le tapin, faire le trottoir.

tapinois (en) *locution adverbiale* En se cachant. SYN. en cachette, en catimini, à la dérobée, discrètement, furtivement, secrètement, en secret, sournoisement, sous le manteau. – FAMILIER : en douce. – LITTÉRAIRE : sourdement, subrepticement. CONTR. *à découvert, franchement, officiellement, ouvertement.*

tapir (se) *verbe pronominal* Se mettre à l'abri. SYN. se blottir, se cacher, se camoufler, se dérober, se dissimuler. – POPULAIRE : se planquer.

tapis *nom masculin* LITTÉRAIRE. Ce qui couvre une surface. SYN. couche, lit, litière. – LITTÉRAIRE : jonchée, linceul.

tapisser *verbe* Couvrir une surface. SYN. joncher, parsemer, recouvrir, revêtir, saupoudrer.

tapotement ou **tapotage** *nom masculin* Action de tapoter. SYN. battement, frappement, martèlement, tambourinage, tambourinement, tapotage.

tapoter *verbe* Donner de petits coups sur. SYN. cogner, frapper, marteler, tambouriner, taper.

taquin *adjectif* Qui aime taquiner. SYN. coquin, espiègle, facétieux, gouailleur, malicieux, railleur. – FAMILIER : blagueur, chineur. – LITTÉRAIRE : moqueur.

taquiner *verbe* S'amuser à contrarier quelqu'un. SYN. faire marcher, mettre en boîte, se moquer de, plaisanter. – FAMILIER : asticoter, blaguer, chambrer, chatouiller, chiner, titiller. – POPULAIRE : charrier.

tarabiscoté *adjectif* FAMILIER. Exagérément recherché. SYN. alambiqué, compliqué, contourné, farfelu, maniéré, tourmenté. CONTR. *simple, sobre.*

tarabuster *verbe* FAMILIER. Tourmenter en paroles. SYN. harceler, houspiller, persécuter, rudoyer. – FAMILIER : asticoter, chicaner. – LITTÉRAIRE : importuner. – POPULAIRE : canuler. ■ FAMILIER. Être un sujet de préoccupation. SYN. causer du souci, hanter, inquiéter, miner, obnubiler, obséder, poursuivre, préoccuper, tracasser, travailler. – FAMILIER : causer du tintouin, chiffonner, turlupiner.

tarasconnade *nom féminin* LITTÉRAIRE. Action, parole de fanfaron. SYN. bravade, cabotinage, fanfaronnade, galéjade, vantardise. – LITTÉRAIRE : crânerie, forfanterie, gasconnade, hâblerie, rodomontade.

tarauder *verbe* Creuser un trou dans. SYN. forer, percer, perforer. ■ Causer du tourment à. SYN. hanter, inquiéter, miner, obnubiler, obséder, préoccuper, tenailler, tracasser, travailler. – FAMILIER : turlupiner.

tard *adverbe* Longtemps après le temps normal. SYN. tardivement. CONTR. *prématurément, tôt.* – LITTÉRAIRE : *précocement.*

tarder *verbe* Être lent à agir. SYN. musarder, traîner. – FAMILIER : lambiner, lanterner, traînailler, traînasser. – LITTÉRAIRE : muser. CONTR. *accourir, se dépêcher, se hâter.* – FAMILIER : *s'activer.* – POPULAIRE : *se dégrouiller, se grouiller, se magner, se manier.*

tardif *adjectif* Qui arrive tard. SYN. tard venu. CONTR. *anticipé, hâtif, précoce, prématuré.*

tardivement *adverbe* De manière tardive. SYN. à une heure avancée, tard. – FAMILIER : à pas d'heure. CONTR. *avant l'heure, bientôt, prématurément, tôt.* – LITTÉRAIRE : *précocement.*

tare *nom féminin* Défaut physique ou psychique. SYN. défaut, déficience, faiblesse, imperfection, maladie, malformation. CONTR. *qualité.* ■ LITTÉRAIRE. Ce qui nuit à un groupe. SYN. tache, vice. – LITTÉRAIRE : flétrissure, souillure.

taré *adjectif* POPULAIRE. Dépourvu d'intelligence. SYN. bête, bête à manger du foin, borné, débile, dégénéré, demeuré, idiot, imbécile, nul, sot, stupide. – FAMILIER : bête comme ses pieds, bouché, crétin. – POPULAIRE : con, con comme la lune, con comme un balai, couillon. ■ Gâté par un défaut. SYN. avarié, pourri.

targuer (se) *verbe pronominal* Tirer vanité de. SYN. s'enorgueillir, se faire fort de, se faire gloire de, se flatter, se glorifier, s'honorer, se piquer, prétendre, se prévaloir, tirer gloire de, se vanter.

tarif *nom masculin* Ce que coûte quelque chose. SYN. coût, montant, prix, taux.

tarin *nom masculin* POPULAIRE. Nez. SYN. – ARGOTIQUE : nase. – FAMILIER : appendice, patate, truffe. – POPULAIRE : blair, blase, blaze, pif, quart de brie.

tarir *verbe intransitif* S'épuiser progressivement. SYN. s'arrêter, cesser, disparaître, prendre fin.

tarir *verbe transitif* Mettre à sec. SYN. assécher, dessécher, épuiser. ■ Épuiser la source de quelque chose. SYN. anéantir, consumer, engloutir, éteindre, ruiner, stériliser. – LITTÉRAIRE : dissiper.

tarissable *adjectif* Qui peut se tarir. SYN. épuisable. CONTR. *inépuisable, intarissable.* – LITTÉRAIRE : *inexhaustible.*

tarissement *nom masculin* Fait de se tarir. SYN. assèchement, épuisement.

tarte *adjectif* FAMILIER. Qui est un peu ridicule. SYN. idiot, sot, stupide. – FAMILIER : bébête. – POPULAIRE : cucul (la praline), lourdingue, nouille, tartignole.

tarte *nom féminin* POPULAIRE. Coup sur la joue. SYN. claque, gifle, tape. – FAMILIER : calotte, taloche. – LITTÉRAIRE : soufflet. – POPULAIRE : baffe, beigne, torgnole.

tartine *nom féminin* FAMILIER. Long développement. SYN. développement, discours, dissertation. – FAMILIER : harangue, laïus.

tartufe ou **tartuffe** *nom masculin* LITTÉRAIRE. Faux dévot. SYN. bigot. – FAMILIER : bondieusard, calotin, grenouille de bénitier, punaise de sacristie, rat d'église. – LITTÉRAIRE : cafard, cagot, pharisien. ■ Personne fourbe. SYN. comédien, fourbe, hypocrite, imposteur, jésuite, traître. – FAMILIER : faux jeton. – POPULAIRE : faux cul, faux derche.

tartuferie ou **tartufferie** *nom féminin* LITTÉRAIRE. Comportement fourbe. SYN. dissimulation, duplicité, fausseté, fourberie, hypocrisie. – LITTÉRAIRE : insincérité, pharisaïsme. – VIEUX : jésuitisme. ■ LITTÉRAIRE. Dévotion excessive. SYN. – FAMILIER : bigoterie, bigotisme, bondieuserie. – LITTÉRAIRE : cagoterie.

tas *nom masculin* Accumulation de choses. SYN. agglomération, amas, amoncellement, empilement, entassement, masse, monceau, montagne, pile. ■ Grande quantité de. SYN. armée, avalanche, bataillon, cascade, collection, déluge, flot, flux, foule, infinité, kyrielle, multitude, myriade, nuée, paquet, pléiade, quantité, ramassis. – FAMILIER : armada, cargaison, flopée, foultitude, pelletée, régiment, ribambelle, tapée, tripotée. – LITTÉRAIRE : averse, essaim. CONTR. *atome, bribe, brin, doigt, goutte, grain, gramme, miette, nuage, once, parcelle, poignée, pointe, soupçon, teinte, trace.* – LITTÉRAIRE : *liard, ombre.*

tassé *adjectif* Resserré dans un petit espace. SYN. compact, dense, dru, pressé. CONTR. *épars.* ■ Courbé par l'âge. SYN. cassé, rabougri, ramassé, ratatiné, recroquevillé, voûté.

tassement *nom masculin* Cessation d'une évolution. SYN. affaissement, baisse, engourdissement, récession, sclérose. CONTR. *croissance, hausse.*

tasser *verbe* Resserrer dans un petit espace. SYN. compresser, comprimer, empiler, entasser, serrer. CONTR. *espacer.*

tasser (se) *verbe pronominal* Être recroquevillé. SYN. se rabougrir, se recroqueviller, se voûter. – FAMILIER : se ratatiner. ■ Se serrer dans un espace réduit. SYN. s'entasser, se presser, se serrer. – FAMILIER : s'empiler. CONTR. *se débander, se disperser, s'éparpiller.* – LITTÉRAIRE : *essaimer.* ■ FAMILIER. Revenir à la normale. SYN. s'arranger, se calmer. CONTR. *s'aggraver, aller de mal en pis, se compliquer, dégénérer, empirer.*

tâter *verbe transitif* Toucher avec la main. SYN. manier, manipuler, palper. ■ ***Tâter le terrain,*** s'informer par avance. SYN. approfondir, interroger, prendre la température de, questionner, sonder.

tâter *verbe transitif indirect* FAMILIER. Faire l'expérience de. SYN. éprouver, essayer, s'essayer, expérimenter, goûter, tester.

tâter (se) *verbe pronominal* FAMILIER. Être indécis. SYN. atermoyer, balancer, dire tantôt blanc tantôt noir, flotter, hésiter, s'interroger, ne pas savoir ce qu'on veut, ne pas savoir sur quel pied danser, peser le pour et le contre, tergiverser, y regarder à deux fois. – POPULAIRE : avoir le cul entre deux chaises. – VIEUX : barguigner, être entre le zist et le zest. CONTR. *agir, choisir, décider, se décider, se déterminer, se lancer, opter, oser, se prononcer, trancher.* – FAMILIER : *ne faire ni une ni deux.*

tatillon *adjectif* Attaché aux petits détails. SYN. maniaque, méticuleux, minutieux, pointilleux, regardant. – LITTÉRAIRE : vétilleux.

tâtonnement *nom masculin* Fait de tâtonner. SYN. hésitation, oscillation.

tâtonner *verbe* Procéder par essais successifs. SYN. avancer sur la pointe des pieds, hésiter, osciller, tergiverser.

tâtons (à) *locution adverbiale* Sans vraie méthode. SYN. en aveugle, à l'aveuglette, au hasard. CONTR. *lucidement, sciemment.* ■ Dans l'obscurité. SYN. à l'aveuglette.

taudis *nom masculin* Logement misérable. SYN. bauge, bouge, cahute, masure, nid à rats. – FAMILIER : baraque, écurie, porcherie. – LITTÉRAIRE : chenil, galetas, tanière. – POPULAIRE : gourbi.

taupe *nom féminin* ***Taupe de mer,*** ver marin au corps ovale et bombé. SYN. aphrodite, souris de mer.

taupe-grillon *nom masculin* Insecte orthoptère fouisseur. SYN. courtilière.

tautologie *nom féminin* Répétition d'une même idée. SYN. lapalissade, pléonasme, redite, redondance, répétition, truisme, vérité de la Palice.

taux *nom masculin* Prix fixé par une convention. SYN. barème, montant, prix, tarif.

tavelé *adjectif* Marqué de petites taches. SYN. moucheté, tacheté, tigré.

taverne *nom féminin* Restaurant rustique. SYN. estaminet, gargote. – FAMILIER : bistro, bistrot, boui-boui, troquet. – POPULAIRE : bistroquet, bousin, mastroquet. – VIEUX : cabaret.

taxable *adjectif* Qui peut être taxé. SYN. imposable.

taxer *verbe* Soumettre à un impôt. SYN. charger, grever, imposer. CONTR. *dégrever, détaxer, exempter, exonérer.* ■ Qualifier quelqu'un de. SYN. accuser, imputer, traiter de.

taxidermie *nom féminin* Art d'empailler les animaux. SYN. empaillage, naturalisation.

taxidermiste *nom* Personne qui empaille les animaux. SYN. empailleur, naturaliste.

tchao ! *interjection* FAMILIER. Formule de salutation. SYN. adieu !, bonsoir !, au revoir ! – FAMILIER : bye bye !, salut !

tchatche *nom féminin* FAMILIER. Facilité de parole. SYN. verbiage, verve, volubilité. – FAMILIER : bagou, bagout. – LITTÉRAIRE : faconde, loquacité, prolixité, verbosité. – POPULAIRE : jactance.

tchatcher *verbe* FAMILIER. Parler beaucoup. SYN. babiller, bavarder, caqueter, causer, chatter, converser, dialoguer, discourir, discuter, disserter, palabrer, parler, tchatter. – FAMILIER : avoir du bagou, avoir la langue bien affilée, avoir la langue bien déliée, avoir la langue bien pendue, avoir une sacrée tapette, bavasser, discutailler, discuter le bout de gras, discuter le coup, disputailler, faire la causette, faire un brin de causette, jacasser, papoter, piapiater, potiner, tailler une bavette. – LITTÉRAIRE : deviser, s'entretenir, jaboter. – POPULAIRE : dégoiser. – VIEUX : pépier. CONTR. *avoir avalé sa langue, avoir perdu sa langue, fermer sa bouche, ne dire mot, ne pas desserrer les dents, ne pas dire un mot, ne pas piper, ne souffler mot, se taire.* – FAMILIER : *fermer son bec.* – POPULAIRE : *fermer sa boîte, fermer sa gueule.*

tchatter *verbe intransitif* Participer à un chat. SYN. bavarder, causer, chatter, communiquer, converser, dialoguer, discourir, discuter, disserter, parler. – FAMILIER : discuter le bout de gras, discuter le coup, faire la causette, faire un brin de causette, papoter, potiner, tailler une bavette, tchatcher. – LITTÉRAIRE : deviser, s'entretenir.

teaser *nom masculin* Accroche publicitaire. SYN. aguiche.

teasing *nom masculin* Procédé publicitaire. SYN. aguichage.

technicien *nom* Personne qualifiée. SYN. expert, professionnel, spécialiste. CONTR. *amateur, dilettante.*

technique *nom féminin* Ensemble de procédés. SYN. art, métier, pratique. – LITTÉRAIRE : faire. ■ Caractère habile. SYN. brio, habileté, maestria, maîtrise, savoir-faire, tour de main, virtuosité. ■ Façon de procéder. SYN. mécanisme, méthode, procédé, recette, secret, système. – FAMILIER : combine, truc.

tefillin *nom masculin pluriel* Dans la religion juive, étui porté lors de la prière. SYN. phylactère.

teigne *nom féminin* Herbe au fruit muni de crochets. SYN. bardane. ■ Petit papillon dont la chenille ronge la laine. SYN. mite. ■ FAMILIER. Personne méchante. SYN. peste. – FAMILIER : chameau, poison, rosse. – POPULAIRE : charogne, peau de vache, punaise, vache.

teigneux *adjectif* FAMILIER. Qui montre de la hargne. SYN. agressif, bilieux, hargneux, méchant, mordant, querelleur, rageur, rogue. – LITTÉRAIRE : acrimonieux.

teindre *verbe* LITTÉRAIRE. Donner une couleur à. SYN. colorer, teinter. CONTR. *blanchir, décolorer, pâlir.*

teint *nom masculin* Coloration du visage. SYN. carnation, couleur.

teinte *nom féminin* Couleur nuancée. SYN. coloration, coloris, couleur, nuance, ton. ■ Petite dose de. SYN. atome, bribe, brin, doigt, goutte, grain, gramme, nuage, once, parcelle, pointe, soupçon, touche, trace. – LITTÉRAIRE : ombre, trait. – POPULAIRE : chouia. CONTR. *infinité, masse, monceau, tas, torrent.*

teinter *verbe* Donner une teinte. SYN. colorer, colorier, peindre. – LITTÉRAIRE : teindre. CONTR. *blanchir, décolorer, pâlir.* ■ LITTÉRAIRE. Donner tel caractère à. SYN. accompagner, imprégner, nuancer. – LITTÉRAIRE : colorer.

teinture *nom féminin* Préparation servant à teindre. SYN. colorant, couleur. ■ Connaissance superficielle. SYN. notion, vernis.

tel *adjectif* De cette nature. SYN. pareil, semblable.

télamon *nom masculin* Statue masculine soutenant un entablement. SYN. atlante.

télécommande *nom féminin* Commande à distance. SYN. – FAMILIER : zappette.

télécommander *verbe* Commander à distance. SYN. téléguider.

télécopie *nom féminin* Envoi d'un document par téléphonie. SYN. fax.

télécopier *verbe* Envoyer par fax. SYN. faxer.

télécopieur *nom masculin* Appareil de télécopie. SYN. fax.

télédistribution *nom féminin* Transmission par réseau câblé. SYN. câblodistribution.

télégraphique *adjectif* Se dit d'un style très concis. SYN. elliptique, laconique, lapidaire. CONTR. *bavard, diffus, prolixe, redondant, verbeux.*

téléguider *verbe* Conduire à distance. SYN. télécommander.

télékinésie *nom féminin* Faculté paranormale d'action par la pensée. SYN. psychokinésie.

télémessage *nom masculin* Bref message alphanumérique par mobile. SYN. minimessage, SMS.

téléphone *nom masculin* Appareil téléphonique. SYN. – ARGOTIQUE : grelot. – FAMILIER : bigophone, fil. – POPULAIRE : biniou.

téléphoner *verbe* Communiquer par le téléphone. SYN. appeler. – FAMILIER : bigophoner, donner un coup de fil, passer un coup de fil.

télescopage *nom masculin* Action de se télescoper. SYN. accrochage, choc, collision, heurt, rencontre, tamponnage, tamponnement.

télescoper *verbe* Heurter violemment un véhicule. SYN. accrocher, emboutir, percuter, tamponner. – POPULAIRE : emplafonner.

télescoper (se) *verbe pronominal* Entrer en collision. SYN. se caramboler, se rencontrer, se tamponner. – POPULAIRE : s'emplafonner, se rentrer dedans. ■ LITTÉRAIRE. Empiéter l'un sur l'autre. SYN. s'interpénétrer, se rencontrer.

téléski *nom masculin* Appareil pour tracter les skieurs. SYN. remonte-pente. – FAMILIER : tire-fesses.

télévision *nom féminin* Poste récepteur d'images et de sons. SYN. petit écran, T.V. – FAMILIER : étrange lucarne, télé. – POPULAIRE : téloche.

tellement *adverbe* Marque l'intensité. SYN. si, tant. – FAMILIER : comme ce n'est pas permis.

téméraire *adjectif* Qui montre de la témérité. SYN. audacieux, brave, hardi, intrépide. – FAMILIER : casse-cou. CONTR. *capitulard, circonspect, craintif, pleutre, poltron, timoré.* – FAMILIER : *froussard.* – LITTÉRAIRE : *couard, pusillanime.* – VIEUX : *capon.* ■ Inspiré par une audace extrême. SYN. aventuré, aventureux, hasardeux, imprudent, osé, périlleux, risqué. CONTR. *prudent, raisonnable, réfléchi.*

témérairement *adverbe* LITTÉRAIRE. De façon téméraire. SYN. imprudemment, intrépidement. – LITTÉRAIRE : crânement, hardiment. CONTR. *prudemment, sagement.*

témérité *nom féminin* Hardiesse inconsidérée. SYN. audace, hardiesse, imprudence, intrépidité. – FAMILIER : cran. CONTR. *circonspection, crainte, lâcheté, poltronnerie, prudence, sagesse.* – LITTÉRAIRE : *caponnerie, couardise, pleutrerie, pusillanimité.*

témoignage *nom masculin* Action de relater un fait. SYN. déposition, rapport, récit, relation. ■ Acte qui témoigne d'un sentiment. SYN. démonstration, gage, manifestation, marque, preuve, protestation, signe. ■ Ce qui témoigne de. SYN. attestation, document, indice, témoin. – LITTÉRAIRE : stigmate.

témoigner *verbe transitif* Faire connaître ses sentiments. SYN. afficher, faire montre de, manifester, marquer, porter, prodiguer. ■ LITTÉRAIRE. Être la preuve de. SYN. accuser, attester, démontrer, dénoter, dire, indiquer, prouver, révéler, signifier, trahir.

témoigner *verbe transitif indirect* Servir de preuve à. SYN. accuser, assurer, attester, démontrer, faire foi, garantir, indiquer, manifester, marquer, montrer, prouver, révéler, signifier, trahir.

témoin *nom masculin* Personne qui assiste à. SYN. assistant, auditeur, spectateur. CONTR. *acteur, protagoniste.* ■ Ce qui rappelle quelque chose. SYN. preuve, souvenir, témoignage. – LITTÉRAIRE : stigmate, vestige.

tempérament *nom masculin* Façon d'être. SYN. caractère, constitution, esprit, humeur, nature, naturel, personnalité, trempe. – VIEUX : complexion.

tempérance *nom féminin* Fait de maîtriser ses désirs. SYN. chasteté, mesure, retenue. CONTR. *débauche, dépravation, dévergondage, excès.* – LITTÉRAIRE : *dissolution, licence.* ■ Caractère tempérant. SYN. ascétisme, frugalité, sobriété. CONTR. *gloutonnerie, goinfrerie, gourmandise, intempérance, ivresse.*

tempérant *adjectif* LITTÉRAIRE. Qui montre de la sobriété. SYN. ascétique, sobre, spartiate. – LITTÉRAIRE : frugal. CONTR. *glouton, goulu, intempérant.* – FAMILIER : *goinfre.*

tempérer *verbe* LITTÉRAIRE. Affaiblir l'intensité de. SYN. adoucir, arrondir les angles, atténuer, calmer, corriger, émousser, freiner, limiter, modérer, nuancer, tamiser. – LITTÉRAIRE : attiédir, régler. CONTR. *aiguillonner, déchaîner, exaspérer, exciter, intensifier.*

tempête *nom féminin* Perturbation atmosphérique. SYN. bourrasque, cyclone, ouragan, tornade, typhon. – FAMILIER : coup de tabac. – LITTÉRAIRE : tourmente. ■ Violente agitation. SYN. bouillonnement, cataclysme, débordement, déchaînement, déferlement, explosion, frénésie, ouragan, tumulte. – LITTÉRAIRE : bourrasque, commotion, tourbillon, tourmente, turbulence. CONTR. *calme, tranquillité.*

tempêter *verbe* Manifester sa colère. SYN. crier, se déchaîner, se fâcher, fulminer, hurler, invectiver, maudire, pester, protester, récriminer, tonitruer, tonner, vitupérer. – FAMILIER : déblatérer, exploser, fumer, rager. – POPULAIRE : gueuler, pousser un coup de gueule, pousser une gueulante.

tempétueux *adjectif* LITTÉRAIRE. Caractérisé par de l'agitation. SYN. agité, houleux, mouvementé, orageux, tourmenté, troublé. – LITTÉRAIRE : tourbillonnant, tumultueux. CONTR. *paisible, serein, tranquille.* ■ LITTÉRAIRE. Sujet à des colères. SYN. coléreux, emporté, irascible, irritable, rageur. – FAMILIER : soupe au lait. – LITTÉRAIRE : atrabilaire, colérique.

tempo *nom masculin* Vitesse d'exécution d'une œuvre. SYN. cadence, mesure, mouvement, rythme.

temporaire *adjectif* Qui ne dure qu'un temps. SYN. discontinu, éphémère, fugace, fugitif, intérimaire, momentané, passager, provisoire, transitoire. CONTR. *constant, définitif, durable, éternel, permanent, perpétuel, persévérant, stable.*

temporairement *adverbe* De façon temporaire. SYN. fugitivement, momentanément, parfois, passagèrement, provisoirement, quelquefois. – LITTÉRAIRE : transitoirement. CONTR. *assidûment, constamment, définitivement, durablement, inébranlablement, irrévocablement, obstinément, opiniâtrement, en permanence, perpétuellement, sans arrêt, sans discontinuer, sans relâche, sans répit, toujours, à tout bout de champ, à tout propos.* – LITTÉRAIRE : *sempiternellement.*

temporel *adjectif* Qui a une durée limitée. SYN. éphémère, fini, mortel, passager. CONTR. *infini, perpétuel, sempiternel.* – LITTÉRAIRE : *éternel.* ■ Qui concerne la matière. SYN. concret, matériel. – LITTÉRAIRE : terrestre. CONTR. *spirituel.* – LITTÉRAIRE : *immatériel.*

temporiser *verbe* Gagner du temps. SYN. atermoyer, attendre, balancer, tergiverser. CONTR. *agir, se dépêcher, se hâter.* – FAMILIER : *s'activer.* – POPULAIRE : *se grouiller.*

temps *nom masculin* Durée mesurable. SYN. délai, durée, marge, répit, sursis. ■ Phase d'une action. SYN. échelon, étape, palier, point, stade. ■ Époque particulière. SYN. date, époque, instant, jour, moment. ■ Moment favorable à. SYN. heure, moment, occasion, période. – LITTÉRAIRE : saison. ■ ***Dans le temps, au temps jadis,*** il y a longtemps. SYN. anciennement, autrefois, jadis. ■ ***De temps en temps,*** à des moments plus ou moins éloignés. SYN. par accès, par à-coups, alternativement, épisodiquement, inégalement, par instants, par intermittence, par intervalles, irrégulièrement, par moments, occasionnellement, parfois, quelquefois, sporadiquement, de temps à autre, variablement. CONTR. *assidûment, constamment, continuellement, éternellement, fréquemment, immuablement, indéfiniment, invariablement, journellement, à longueur de temps, en permanence, quotidiennement, régulièrement, sans arrêt, sans cesse, sans discontinuer, sans interruption, sans relâche, sans souffler, sans trêve, toujours, à tout instant, à tout propos.* – LITTÉRAIRE : *continûment.* ■ ***En même temps,*** dans le même instant. SYN. en chœur, d'un commun accord, en commun, de concert, ensemble, à la fois, de front, simultanément, à l'unisson. – LITTÉRAIRE : concomitamment, de conserve. CONTR. *alternativement, isolément, successivement.* ■ ***Tout le temps,*** sans arrêt. SYN. constamment, continuellement, invariablement, en permanence, sans cesse, sans répit, toujours. – LITTÉRAIRE : continûment. CONTR. *exceptionnellement, par intermittence, par intervalles, irrégulièrement, parfois, quelquefois.*

temps *nom masculin pluriel* Période historique. SYN. âges, époque, ère, siècles. – LITTÉRAIRE : jours.

tenable *adjectif* Que l'on peut supporter. SYN. acceptable, supportable, tolérable, vivable. CONTR. *impossible, insupportable, intenable, intolérable, pénible.* – FAMILIER : *invivable.* ■ Qu'on peut faire tenir en place. SYN. disciplinable, obéissant, sage. CONTR. *indiscipliné, intenable.* – FAMILIER : *impossible.*

tenace *adjectif* Qui est difficile à enlever. SYN. adhérent, indélébile, ineffaçable, rebelle. ■ Qui se maintient. SYN. chronique, dur, durable, indéracinable, inébranlable, inextirpable, résistant, solide, vivace. – LITTÉRAIRE : robuste. CONTR. *délicat, éphémère, extirpable, fragile, fugace, fugitif, momentané, passager, précaire.* ■ Très attaché à ses idées. SYN. acharné, buté, coriace, entêté, farouche, ferme, inlassable, obstiné, opiniâtre, patient, persévérant, résolu, têtu, volontaire. – FAMILIER : accrocheur, cabochard. CONTR. *capricieux, changeant, frêle, velléitaire, volage.* – LITTÉRAIRE : *ondoyant.*

tenacement *adverbe* LITTÉRAIRE. De façon tenace. SYN. durablement, farouchement, fermement, inébranlablement, obstinément, opiniâtrement, résolument. CONTR. *à la légère, légèrement, superficiellement.*

ténacité *nom féminin* Caractère tenace de quelqu'un. SYN. acharnement, détermination, entêtement, fermeté, insistance, obstination, patience, persévérance, persistance, volonté. – LITTÉRAIRE :

opiniâtreté, pugnacité. CONTR. *abandon, capitulation, découragement, renoncement, renonciation.* – LITTÉRAIRE : *versatilité.*

tenailler *verbe* Faire subir une vive souffrance. SYN. bourreler, étreindre, hanter, harceler, lanciner, miner, obnubiler, obséder, poursuivre, ronger, tarauder, torturer, tourmenter. – LITTÉRAIRE : posséder, supplicier.

tenant *nom masculin* Personne qui soutient une idée. SYN. adepte, apôtre, avocat, champion, défenseur, partisan, soutien, sympathisant. – LITTÉRAIRE : souteneur.

tendance *adjectif invariable* FAMILIER. À la mode. SYN. dernier cri, dernière mode, moderne, dans le vent, en vogue. – FAMILIER : branché, câblé, dans le coup, in. CONTR. *arriéré, démodé, dépassé, vieux jeu.* – FAMILIER : *out, ringard.* – LITTÉRAIRE : *suranné.* – VIEUX : *rococo.*

tendance *nom féminin* Disposition qui pousse à agir. SYN. disposition, facilité, inclination, instinct, penchant, pente, prédisposition, propension. ■ Orientation particulière. SYN. orientation, tournure.

tendancieusement *adverbe* De façon tendancieuse. SYN. arbitrairement, aveuglément, partialement, subjectivement. – LITTÉRAIRE : inéquitablement. CONTR. *équitablement, impartialement, objectivement, scientifiquement, scrupuleusement.*

tendancieux *adjectif* Qui manque d'objectivité. SYN. de parti pris, partial, partisan, prévenu, subjectif. CONTR. *équitable, impartial, neutre, objectif.* – LITTÉRAIRE : *véridique.*

tendre *adjectif* Qu'on entame facilement. SYN. délicat, moelleux, mou. CONTR. *coriace, dur, ferme, résistant.* ■ LITTÉRAIRE. Se dit d'un végétal nouveau. SYN. frais, jeune. CONTR. *desséché, fané, flétri.* ■ Qui manifeste de l'affection. SYN. affectueux, cajoleur, câlin, caressant, doux, enjôleur, humain, sentimental, suave. – LITTÉRAIRE : aimant. CONTR. *cruel, dur, féroce, froid, indifférent, insensible, méchant, sec.* – FAMILIER : *sans-cœur.* ■ Se dit d'une couleur peu marquée. SYN. pâle, pastel. CONTR. *cru, éclatant, vif.*

tendre *verbe transitif* Soumettre à une traction. SYN. contracter, raidir, tirer. CONTR. *décontracter, détendre, relâcher.* ■ Revêtir un mur de tissu. SYN. habiller, poser, tapisser. ■ Allonger une partie du corps. SYN. allonger, déplier, étendre, étirer. CONTR. *contracter, plier, replier.* ■ Présenter un objet à quelqu'un. SYN. approcher, avancer, passer, présenter.

tendre *verbe transitif indirect* Essayer d'atteindre un but. SYN. s'acheminer, aspirer à, chercher à, contribuer, s'efforcer, pencher vers, prétendre à, viser à. ■ Évoluer vers. SYN. avoir tendance à, se diriger, être enclin à, être porté à, incliner.

tendrement *adverbe* D'une façon tendre. SYN. affectueusement, amoureusement, câlinement. CONTR. *durement, froidement, rudement, sèchement, sévèrement.*

tendresse *nom féminin* Sentiment tendre. SYN. affection, amour, attachement, douceur, passion. – LITTÉRAIRE : sentiment. CONTR. *cruauté, dureté, froideur, indifférence, rudesse, sévérité.* – LITTÉRAIRE : *endurcissement.*

tendu *adjectif* Qui montre de la tension. SYN. angoissé, contracté, crispé, gêné, stressé. CONTR. *décontracté, dégagé, détendu.*

ténèbres *nom féminin pluriel* LITTÉRAIRE. Obscurité profonde. SYN. noir, nuit, obscurcissement, obscurité, ombre. – LITTÉRAIRE : noirceur, opacité. CONTR. *clarté, jour, lumière.* ■ LITTÉRAIRE. Ce qui est difficile à comprendre. SYN. brouillard, mystère. – LITTÉRAIRE : nuit, opacité.

ténébreux *adjectif* LITTÉRAIRE. Plongé dans les ténèbres. SYN. nébuleux, noir, obscur, opaque, sombre. – LITTÉRAIRE : crépusculaire. CONTR. *clair, éclairé, lumineux, radieux.* ■ LITTÉRAIRE. Dont l'intention est malveillante. SYN. funèbre, lugubre, noir, sinistre, sombre. ■ LITTÉRAIRE. Qui reste obscur. SYN. abscons, cabalistique, embrouillé, fumeux, hermétique, impénétrable, inaccessible, incompréhensible, inintelligible, insondable, mystérieux. – LITTÉRAIRE : fuligineux, nébuleux, opaque, sibyllin. CONTR. *accessible, clair, compréhensible, distinct, explicite, facile, intelligible, limpide, lumineux, manifeste, net, précis, raisonné, réfléchi, simple, transparent.*

teneur *nom féminin* Ce que contient un propos. SYN. composition, contenu.

tenir *verbe intransitif* Se maintenir dans une position. SYN. durer, se maintenir, persister, subsister. CONTR. *céder, crouler, s'écrouler.* ■ Se maintenir dans un état. SYN. continuer, durer, s'obstiner, persévérer, résister. CONTR. *reculer, succomber.* – FAMILIER : *caler, flancher.* – LITTÉRAIRE : *s'enfuir.*

tenir *verbe transitif* Avoir quelque chose à la main. SYN. maintenir, saisir, serrer. CONTR. *lâcher.* ■ Maintenir en place. SYN. attacher, fixer, immobiliser, lier, retenir. ■ Garder occupé. SYN. absorber, accaparer, occuper, prendre. – LITTÉRAIRE : posséder. ■ Avoir en sa possession. SYN. conserver, détenir, garder, posséder.

tenir *verbe transitif indirect* Être le résultat de. SYN. découler, dépendre, émaner, procéder, provenir, relever, résulter, se résumer à. – LITTÉRAIRE : ressortir à. ■ Avoir la ferme volonté de. SYN. désirer, exiger, prétendre, souhaiter, vouloir. ■ Avoir de l'attachement pour. SYN. aimer, s'attacher, chérir.

– LITTÉRAIRE : affectionner. ■ Avoir des points communs avec. SYN. s'apparenter, évoquer, participer, procéder, rappeler, relever, ressembler.

tenir (se) *verbe pronominal* Saisir avec les mains. SYN. s'accrocher, s'agripper, se cramponner, se raccrocher. – LITTÉRAIRE : s'agriffer. ■ Avoir une conduite décente. SYN. se comporter, se conduire, se contrôler, se dominer, se maîtriser. ■ Se considérer comme. SYN. se croire, s'estimer.

tennis *nom masculin* ***Tennis de table,*** sport de balle. SYN. ping-pong.

ténor *nom masculin* FAMILIER. Personne éminente. SYN. célébrité, gloire, maître, sommité.

tensiomètre *nom masculin* Appareil pour mesurer la pression artérielle. SYN. sphygmomanomètre.

tension *nom féminin* Situation conflictuelle. SYN. crise, désaccord, dissension, division, friction, frottement, malaise, tiraillement, trouble. – LITTÉRAIRE : discorde. CONTR. *détente, distraction, relâchement.*

tentant *adjectif* Qui suscite le désir. SYN. affriolant, alléchant, attirant, attractif, attrayant, captivant, engageant, enviable, séduisant. CONTR. *décourageant, rebutant, repoussant, répulsif.* – FAMILIER : *barbant.*

tentation *nom féminin* Ce qui tente quelqu'un. SYN. appât, attrait, charme, désir, envie, séduction. – LITTÉRAIRE : allèchement, blandices. CONTR. *aversion, répulsion.*

tentative *nom féminin* Action de tenter de. SYN. démarche, effort, essai, expérience, test.

tenter *verbe* Entreprendre une action. SYN. s'aviser, chercher, s'efforcer, essayer, s'évertuer, hasarder, s'ingénier, se jeter à l'eau, monter au créneau, risquer le coup, risquer le tout pour le tout, tâcher de, travailler à. ■ Exciter le désir de quelqu'un. SYN. allécher, appâter, attirer, engager, séduire. CONTR. *dégoûter, déplaire, écœurer, rebuter, repousser, répugner.* – FAMILIER : *barber, révulser.*

tenu *adjectif* Maintenu dans un état de propreté. SYN. entretenu, impeccable, propre, rangé, soigné. ■ Soumis à une discipline stricte. SYN. serré. – FAMILIER : vissé. ■ Dans l'obligation de. SYN. censé, obligé.

ténu *adjectif* Qui est très mince. SYN. filiforme, fin, fluet, frêle, grêle, menu, mince. – LITTÉRAIRE : arachnéen. CONTR. *compact, épais, fort, gros.* – LITTÉRAIRE : *trapu.* ■ À peine perceptible. SYN. délicat, faible, infime, insensible, insignifiant, léger, mince, négligeable, petit. CONTR. *fort, violent.*

tenue *nom féminin* Fait de se réunir. SYN. audience, séance, session. ■ Action de diriger une maison, etc. SYN. administration, conduite, direction, entretien, gérance, gestion. ■ Manière dont quelqu'un se tient. SYN. allure, attitude, comportement, conduite, contenance, maintien, port, présentation. – FAMILIER : touche. ■ Manière dont quelqu'un est habillé. SYN. costume, extérieur, habillement, habit, mise, toilette, vêtement. – POPULAIRE : sapes.

ténuité *nom féminin* LITTÉRAIRE. Qualité de ce qui est ténu. SYN. exiguïté, finesse, minceur.

tephillin *nom masculin pluriel* Dans la religion juive, étui porté lors de la prière. SYN. phylactère.

tératome *nom masculin* Tumeur à partir de cellules embryonnaires. SYN. dysembryome.

térébinthacée *nom féminin* Arbre ou arbuste tropical. SYN. anacardiacée.

tergiversation *nom féminin* Action de tergiverser. SYN. atermoiements, dérobade, détour, échappatoire, finasserie, fuite, hésitation, oscillation. – VIEUX : barguignage. CONTR. *choix, décision.*

tergiverser *verbe* User de faux-fuyants. SYN. atermoyer, balancer, biaiser, finasser, hésiter, louvoyer, osciller, temporiser, tourner autour du pot. – FAMILIER : se tâter. – VIEUX : barguigner. CONTR. *décider, se décider, se déterminer, opter, se prononcer, trancher.* – FAMILIER : *ne faire ni une ni deux.*

terme *nom masculin* Point d'aboutissement. SYN. aboutissement, achèvement, borne, bout, conclusion, dénouement, expiration, fin. CONTR. *commencement, début, naissance.* – LITTÉRAIRE : *aurore.* ■ Limite fixée dans le temps. SYN. date, délai, échéance, limite. ■ Mot précis. SYN. énoncé, expression, mot, parole, vocable. ■ ***Mettre un terme à,*** faire cesser quelque chose. SYN. achever, arrêter, cesser, conclure, finir, mettre un point final à, parachever, régler, terminer, tirer le rideau, tourner la page.

terminaison *nom féminin* LITTÉRAIRE. Action de se terminer. SYN. aboutissement, achèvement, bout, conclusion, dénouement, extrémité, fin, issue, règlement, solution. CONTR. *commencement, début.*

terminal *adjectif* Qui constitue le dernier élément. SYN. dernier, extrême, final, suprême, ultime. CONTR. *initial, préliminaire, premier.*

terminé *adjectif* Qui a pris fin. SYN. accompli, achevé, consommé, fait, fini. CONTR. *inachevé.*

terminer *verbe* Mener à sa fin. SYN. accomplir, achever, compléter, conclure, finir, en finir, mener à bien, mener à bonne fin, mener à son terme, mettre la dernière main à, mettre un point final à, mettre un terme à, régler, tirer le rideau, tourner la page. CONTR. *amorcer, attaquer, commencer, ébaucher, engager, entamer, entreprendre, esquisser.* – FAMILIER : *débuter.*

▪ Constituer la fin de. SYN. borner, clôturer, couronner, limiter, sonner le glas de. - LITTÉRAIRE : clore. CONTR. *continuer, recommencer.*

terminer (se) *verbe pronominal* Prendre fin de telle façon. SYN. aboutir, s'achever, s'arrêter, cesser, se conclure, expirer, finir, prendre fin. CONTR. *s'amorcer, commencer, débuter, démarrer.*

terminologie *nom féminin* Ensemble de termes. SYN. jargon, langage, langue, nomenclature, vocabulaire.

terne *adjectif* Sans luminosité. SYN. fadasse, fade, grisâtre, pâle. CONTR. *aveuglant, brillant, coloré, éblouissant, éclatant, étincelant, lumineux, radieux.* - LITTÉRAIRE : *fulgurant.* ▪ Qui manque de relief. SYN. anodin, banal, effacé, ennuyeux, falot, fastidieux, impersonnel, inconsistant, inintéressant, inodore et sans saveur, insignifiant, insipide, maussade, monotone, neutre, plat, prosaïque, quelconque, triste. - FAMILIER : fadasse, rasant, rasoir. - LITTÉRAIRE : incolore. CONTR. *attachant, brillant, captivant, caractérisé, excitant, intéressant, passionnant, piquant, pittoresque, prenant.* ▪ Se dit d'un regard vide. SYN. atone, éteint, fade, froid, inexpressif, morne, vide. CONTR. *aigu, ardent, luisant, parlant, pétillant, vif, vivant.* - LITTÉRAIRE : *flamboyant.*

terni *adjectif* Devenu terne. SYN. décoloré, défraîchi, délavé, fané, pâle. CONTR. *brillant, éclatant, étincelant, luisant.*

ternir *verbe* Rendre terne. SYN. affadir, décolorer, délaver, faner, pâlir. CONTR. *agrémenter, aviver, colorer, éclaircir, illuminer, rehausser.* - LITTÉRAIRE : *brillanter, éclairer.* ▪ Déprécier quelque chose. SYN. altérer, compromettre, déparer, galvauder, gâter, noircir, salir. - LITTÉRAIRE : flétrir, souiller, tacher. CONTR. *laver.*

ternir (se) *verbe pronominal* Perdre son brillant. SYN. se décolorer, se délaver, se faner, se flétrir, pâlir, passer. CONTR. *se colorer.*

terrain *nom masculin* Espace de terre. SYN. sol, terre, territoire. ▪ Endroit réservé à une activité. SYN. emplacement, fonds, lotissement, parcelle. ▪ Objet d'étude. SYN. chapitre, domaine, matière, sujet, thème. ▪ ***Céder du terrain,*** se replier sur ses positions. SYN. battre en retraite, décrocher, évacuer, faire marche arrière, fuir, reculer, refluer, se replier, se retirer, rétrograder. CONTR. *approcher, attaquer, avancer, s'avancer, gagner du terrain, se rapprocher.*

terrassant *adjectif* Qui terrasse. SYN. accablant, écrasant, foudroyant, oppressant. - FAMILIER : renversant.

terrasser *verbe* Faire tomber violemment. SYN. culbuter, écraser, maîtriser, renverser. - FAMILIER : étendre. CONTR. *redresser, relever.* ▪ Priver quelqu'un de ses forces. SYN. abattre, accabler, anéantir, briser, faucher, foudroyer.

terre *nom féminin* Surface terrestre. SYN. globe, machine ronde, monde, planète. ▪ Étendue de terrain. SYN. bien, domaine, fonds, parcelle, propriété, sol, terrain.

terre à terre *adjectif* En contact avec la réalité. SYN. matérialiste, pratique, prosaïque, réaliste. CONTR. *idéaliste.*

terrer *verbe* Couvrir de terre. SYN. enfouir, enterrer, recouvrir.

terrer (se) *verbe pronominal* Se mettre à l'abri d'un danger. SYN. se calfeutrer, se claquemurer, s'isoler, se réfugier, se retirer. - LITTÉRAIRE : se bauger. - POPULAIRE : se planquer.

terrestre *adjectif* Qui vit sur la terre. CONTR. *aquatique, marin.* ▪ Qui est sur le sol. CONTR. *aérien, fluvial, maritime.* ▪ Qui concerne la vie sur terre. SYN. concret, matériel, temporel. CONTR. *spirituel.*

terreur *nom féminin* Peur violente. SYN. affolement, effroi, épouvante, frayeur, horreur, panique, peur bleue, peur panique, phobie.

terreux *adjectif* Se dit d'une couleur terne. SYN. blafard, blanc, blême, cadavéreux, cadavérique, cendreux, cireux, hâve, livide, olivâtre, pâle, plombé, verdâtre, vert. CONTR. *rouge, rougeaud.* - LITTÉRAIRE : *rubicond.*

terrible *adjectif* Qui inspire de la terreur. SYN. affolant, catastrophique, dantesque, dramatique, effrayant, effroyable, épouvantable, horrible, horrifiant, redoutable, sinistre, sombre, terrifiant, tragique. - FAMILIER : cauchemardesque, cauchemardeux. - LITTÉRAIRE : horrifique. ▪ Qui est d'un grande violence. SYN. acharné, âpre, déchaîné, fou, intense, monstrueux, puissant, violent. - FAMILIER : furieux. ▪ Qui est très désagréable. SYN. affreux, atroce, cruel, dur, féroce, implacable, infernal, insupportable, intenable, odieux. - FAMILIER : pénible. CONTR. *gentil, sage.* ▪ Indique une grande quantité. SYN. extraordinaire, incomparable, inouï, prodigieux, stupéfiant. - FAMILIER : faramineux, sensationnel. ▪ FAMILIER. Qui suscite l'étonnement. SYN. admirable, étonnant, étourdissant, fantastique, formidable, merveilleux, prodigieux. - FAMILIER : épatant.

terriblement *adverbe* Indique une grande intensité. SYN. abominablement, affreusement, beaucoup, bien, considérablement, effroyablement, énormément, épouvantablement, exceptionnellement, excessivement, extraordinairement, extrêmement, fabuleusement, follement, fort, fortement, grandement, gravement, hautement, horriblement, immensément, immodérément, incroyablement, infiniment, monstrueusement, mortellement, outrageusement, parfaitement, particulièrement, au plus haut degré, au plus haut point, prodigieusement, profondément, puissamment, supérieurement, suprêmement, tout à fait, très, trop, vertigineusement. - FAMILIER : atrocement, bigrement, bougrement, diablement, drôlement, fameusement, fichtrement, fichûment, formidablement, joliment, méchamment, rudement, superlativement, tout plein. - LITTÉRAIRE : au dernier point, diantrement, furieusement. - POPULAIRE : foutrement, salement, vachement. - VIEUX : fièrement. CONTR. *aucunement, faiblement, légèrement, médiocrement, moyennement, nullement, à peine, peu.*

terrier *nom masculin* Abri creusé par les animaux. SYN. bauge, caverne, repaire, tanière. - LITTÉRAIRE : antre.

terrifiant *adjectif* Qui terrifie. SYN. affolant, apocalyptique, dantesque, dramatique, effarant, effrayant, effroyable, épouvantable, horrible, horrifiant, menaçant, monstrueux, redoutable, sinistre, terrible. - FAMILIER : cauchemardesque, cauchemardeux. - LITTÉRAIRE : horrifique. CONTR. *sécurisant.*

terrifié *adjectif* Frappé de terreur. SYN. affolé, apeuré, effaré, épouvanté, terrorisé, tremblant. - LITTÉRAIRE : épeuré, pantelant. CONTR. *rassuré, serein.*

terrifier *verbe* Frapper de terreur. SYN. affoler, apeurer, atterrer, donner la chair de poule, effarer, effrayer, épouvanter, faire froid dans le dos, faire peur, figer le sang dans les veines, glacer le sang (dans les veines), horrifier, intimider, paniquer, terroriser. CONTR. *apaiser, calmer, rassurer, sécuriser, tranquilliser.* - LITTÉRAIRE : *rasséréner.*

terril *nom masculin* Monticule de déchets miniers. SYN. crassier.

territoire *nom masculin* Étendue de pays. SYN. circonscription, nation, pays. ■ Espace que quelqu'un s'attribue. SYN. fief, terrain. - FAMILIER : secteur.

terrorisé *adjectif* Frappé d'épouvante. SYN. affolé, apeuré, bouleversé, épouvanté, mort de peur, terrifié, tremblant. - LITTÉRAIRE : épeuré, pantelant. - POPULAIRE : mort de trouille.

terroriser *verbe* Frapper d'épouvante. SYN. affoler, apeurer, atterrer, donner la chair de poule, effarer, effrayer, épouvanter, faire peur, glacer le sang (dans les veines), horrifier, intimider, paniquer, terrifier. CONTR. *apaiser, calmer, rassurer, sécuriser, tranquilliser.* - LITTÉRAIRE : *rasséréner.*

tertre *nom masculin* Petite élévation de terre. SYN. butte, colline, éminence, hauteur, monticule.

tessiture *nom féminin* Amplitude d'une voix. SYN. étendue, registre. - LITTÉRAIRE : clavier.

tesson *nom masculin* Morceau cassé d'un objet. SYN. débris, éclat, fragment, morceau, pièce.

test *nom masculin* Ce qui permet d'expérimenter. SYN. essai, examen, expérience, expérimentation, tentative.

tester *verbe* Soumettre à un test. SYN. éprouver, essayer, expérimenter, mettre au banc d'essai, vérifier. - FAMILIER : tâter. - LITTÉRAIRE : exercer.

testicule *nom masculin* Glande génitale mâle. SYN. - FAMILIER : partie. - POPULAIRE : burette, burne, coucougnette, couille, joyeuse, roubignolle, roupette, valseuse.

tétanie *nom féminin* Excitabilité neuromusculaire. SYN. spasmophilie.

tête *nom féminin* Visage expressif. SYN. face, faciès, figure, mine, physionomie, visage. - FAMILIER : bille, binette, bouille, pomme, tirelire, trogne. - POPULAIRE : bobine, fiole, gueule, portrait, trombine, tronche. ■ Facultés intellectuelles. SYN. bon sens, cervelle, esprit, intelligence, jugement, perspicacité, raison. - FAMILIER : caboche, intellect. - POPULAIRE : boule, bourrichon, ciboulot, coloquinte. ■ Personne qui dirige. SYN. cerveau, chef, leader, meneur, porte-drapeau. - FAMILIER : aigle. ■ Partie supérieure d'une chose. SYN. cime, faîte, haut, sommet. CONTR. *bas, pied.* ■ Partie antérieure. SYN. avant, début, devant. CONTR. *arrière, fin, queue.* ■ Boîte crânienne. SYN. crâne. - FAMILIER : caillou. - POPULAIRE : cafetière, calebasse, carafe, carafon, cassis, citron, citrouille. - VIEUX : cabèche. ■ ***Tenir tête,*** s'opposer à. SYN. avoir la tête dure, se cabrer, camper sur ses positions, se dresser, s'insurger, mettre des bâtons dans les roues, ne pas se laisser faire, s'opposer, résister, se révolter. - FAMILIER : freiner des quatre fers, se rebiffer. - LITTÉRAIRE : regimber. CONTR. *acquiescer, consentir, s'incliner, se plier, se soumettre.*

tête-à-tête *nom masculin* Entretien entre deux personnes. SYN. aparté, conversation, dialogue, entrevue, face-à-face.

tête-de-loup *nom féminin* Balai à long manche garni d'une touffe de fibres. SYN. - VIEUX : houssoir.

téter *verbe* Sucer un objet. SYN. sucer. - FAMILIER : suçoter.

tétraplégie *nom féminin* Paralysie touchant les quatre membres. SYN. quadriplégie.

tétraplégique *adjectif et nom* Atteint de tétraplégie. SYN. quadriplégique.

tétras *nom masculin* Oiseau des forêts de conifères. SYN. coq de bruyère.

tétrodon *nom masculin* Poisson qui peut se gonfler d'eau ou d'air. SYN. poisson-globe.

têtu *adjectif* Très attaché à ses idées. SYN. acharné, buté, entêté, obstiné, opiniâtre, persévérant, résolu, tenace, volontaire. – FAMILIER : cabochard. CONTR. *accommodant, arrangeant, conciliant, coulant, malléable, mou, souple, versatile, volage.* ■ Se dit d'un animal rétif. SYN. indocile, rebelle, récalcitrant, réfractaire, rétif. CONTR. *docile, obéissant.*

têtu *nom* Personne attachée à ses idées. SYN. – FAMILIER : cabochard, tête de cochon, tête de mule, tête de pioche. – POPULAIRE : tête de lard.

teuf *nom féminin* FAMILIER. Réjouissance collective. SYN. fête. – FAMILIER : bombe, bringue, fiesta, java, noce, nouba. – POPULAIRE : bamboula, foire.

texte *nom masculin* Ce qui constitue un écrit. SYN. contenu, énoncé, libellé, teneur.

textuel *adjectif* Conforme à un texte. SYN. authentique, exact, littéral, propre. CONTR. *approximatif.*

textuellement *adverbe* De façon textuelle. SYN. littéralement, mot pour mot, précisément, proprement, à proprement parler, au sens strict, stricto sensu. – FAMILIER : texto. CONTR. *lato sensu, au sens large.*

texture *nom féminin* LITTÉRAIRE. Disposition des parties d'un tout. SYN. architecture, armature, canevas, charpente, composition, contexture, disposition, ossature, plan, squelette, structure. – LITTÉRAIRE : linéaments, trame.

thaï *nom masculin* Langue parlée en Thaïlande. SYN. siamois.

thaïs *nom féminin* Papillon méditerranéen. SYN. zerynthia.

thalassotoque *adjectif* Qui descend en mer pour se reproduire. SYN. catadrome. CONTR. *anadrome, potamotoque.*

thanatopraxie *nom féminin* Procédé pour embaumer les cadavres. SYN. embaumement.

théâtral *adjectif* Relatif au théâtre. SYN. dramatique, scénique. ■ Qui est très outré. SYN. affecté, ampoulé, boursouflé, déclamatoire, emphatique, enflé, grandiloquent, pompeux, ronflant. CONTR. *humble, naturel, simple, spontané.*

théâtralisme *nom masculin* Trait de personnalité hystérique. SYN. histrionisme.

théâtre *nom masculin* L'art dramatique. SYN. scène. – FAMILIER : planches. – VIEUX : tréteaux. ■ ***Coup de théâtre,*** événement inattendu. SYN. péripétie, rebondissement.

thème *nom masculin* Ce sur quoi porte une réflexion. SYN. chapitre, fond, idée, matière, motif, objet, question, sujet, terrain.

théobromine *nom féminin* Médicament du groupe des xanthines. SYN. diméthylxanthine.

théoricien *nom* Auteur d'une théorie. SYN. idéologue, penseur. – VIEUX : doctrinaire.

théorie *nom féminin* LITTÉRAIRE. Long défilé. SYN. chapelet, cortège, défilé, file, kyrielle, procession, succession. – FAMILIER : ribambelle. – LITTÉRAIRE : séquelle.

théorie *nom féminin* Ensemble organisé d'idées. SYN. conception, doctrine, dogme, hypothèse, idéologie, opinion, philosophie, système, thèse. ■ Connaissance spéculative. SYN. abstraction, idée. – LITTÉRAIRE : spéculation. CONTR. *application, expérience, expérimentation, fait, pratique.*

théorique *adjectif* Relatif à la théorie. SYN. abstrait, fictif, imaginaire, spéculatif. CONTR. *appliqué, empirique, expérimental, pratique.* ■ Conçu de manière abstraite. SYN. formel, idéal, virtuel. CONTR. *concret, matériel, réel, tangible, vrai.*

théoriquement *adverbe* Selon une hypothèse. SYN. censément, en principe, sur le papier, en théorie, virtuellement. CONTR. *en pratique, pratiquement.*

thérapeutique *nom féminin* Manière de traiter une maladie. SYN. médication, remède, thérapie, traitement.

thérapie *nom féminin* Traitement médical. SYN. médication, remède, thérapeutique, traitement.

thermocolorimètre *nom masculin* Appareil pour mesurer l'intensité de la lumière. SYN. kelvinomètre.

thermolyse *nom féminin* Décomposition chimique par chauffage. SYN. pyrolyse.

thermonucléaire *adjectif* ***Bombe thermonucléaire,*** qui produit un dégagement considérable d'énergie. SYN. bombe à hydrogène, bombe H.

théromorphe *nom masculin* Type de reptile fossile. SYN. pélycosaurien.

thésauriser *verbe* Amasser de l'argent. SYN. accumuler, amasser, capitaliser, économiser, entasser, épargner, mettre de côté. – FAMILIER : collectionner. CONTR. *dépenser, dilapider, gaspiller, prodiguer.*

thésauriseur *adjectif* Qui thésaurise. SYN. avare, regardant. – FAMILIER : chiche, chien, pingre, radin, rapiat, rat. – LITTÉRAIRE : avaricieux, ladre, lésineur. CONTR. *dépensier, dilapidateur, gaspilleur, prodigue.* – LITTÉRAIRE : *dissipateur.*

thésauriseur *nom* Personne qui thésaurise. SYN. avare. – FAMILIER : chien, grigou, grippe-sou, pingre, radin, rapiat, rat. – LITTÉRAIRE : avaricieux, harpagon, ladre, lésineur. CONTR. *dépensier,* *dilapidateur, gaspilleur, prodigue.* – FAMILIER : *panier percé.* – LITTÉRAIRE : *dissipateur.*

thèse *nom féminin* Proposition théorique. SYN. allégation, croyance, doctrine, idée, opinion, philosophie, position, système, théorie.

théurgie *nom féminin* Pratique occultiste faisant appel aux bons esprits. SYN. magie blanche. CONTR. *goétie, magie noire.*

thiamine *nom féminin* Vitamine présente dans les levures, les céréales. SYN. vitamine antinévritique. – VIEUX : aneurine.

thrombocyte *nom masculin* Cellule sanguine sans noyau. SYN. plaquette.

thrombophlébite *nom féminin* Caillot dans une veine. SYN. phlébite.

thuriféraire *nom masculin* LITTÉRAIRE. Personne qui fait l'apologie de. SYN. adorateur, bénisseur, flatteur, panégyriste. – LITTÉRAIRE : adulateur, caudataire, encenseur, flagorneur, laudateur, louangeur, prôneur. CONTR. *critique, dénigreur, dépréciateur, détracteur, médisant.* – LITTÉRAIRE : *censeur.*

thyiade *nom féminin* Prêtresse de Dionysos. SYN. bacchante, ménade.

thyrocalcitonine *nom féminin* Hormone qui fixe le calcium. SYN. calcitonine.

tic *nom masculin* Habitude bizarre. SYN. habitude, idée fixe, manie, obsession. – FAMILIER : dada, marotte.

tichodrome *nom masculin* Petit passereau au bec long et fin. SYN. échelette.

ticket *nom masculin* Ce qui permet l'admission à. SYN. billet, bulletin, contremarque, coupon, titre.

tiède *adjectif* Qui est à une température moyenne. SYN. doux. CONTR. *bouillant, brûlant, caniculaire, chaud, frais, froid, glacial.* – LITTÉRAIRE : *ardent.* ■ Qui manque d'enthousiasme. SYN. apathique, endormi, flegmatique, indifférent, mou, nonchalant, velléitaire. CONTR. *acharné, âpre, ardent, chaleureux, enragé, enthousiaste, fanatique, fervent, passionné, violent.*

tiède *nom* Personne qui manque d'ardeur. SYN. indifférent, modéré. – FAMILIER : chiffe molle, emplâtre, mou. – POPULAIRE : lavette. CONTR. *acharné, enragé, fanatique, fervent, passionné.* – FAMILIER : *mordu.*

tièdement *adverbe* LITTÉRAIRE. Sans entrain. SYN. mollement. CONTR. *activement, ardemment, d'arrache-pied, courageusement, durement, énergiquement, farouchement, fermement, fortement, rudement, sérieusement, violemment.* – VIEUX : *gaillardement.* ■ LITTÉRAIRE. Sans ferveur. SYN. fraîchement, froidement. CONTR. *chaleureusement, chaudement.*

tiédeur *nom féminin* Température tiède. SYN. douceur. – LITTÉRAIRE : clémence. CONTR. *chaleur, fraîcheur.* ■ Manque d'ardeur. SYN. apathie, atonie, inertie, mollesse, nonchalance, torpeur. CONTR. *âpreté, ardeur, chaleur, dynamisme, énergie, enthousiasme, entrain, ferveur, fraîcheur, rudesse, vie, violence, vitalité.*

tiédir *verbe* Rendre tiède. SYN. attiédir, chauffer, réchauffer. CONTR. *glacer, rafraîchir.*

tige *nom féminin* Axe portant la fleur. SYN. hampe, pédicule, pédoncule, queue.

tignasse *nom féminin* FAMILIER. Chevelure abondante. SYN. – FAMILIER : crinière, toison.

tigré *adjectif* Marqué de taches. SYN. bariolé, bigarré, moucheté, ocellé, tavelé. – LITTÉRAIRE : diapré, marqueté.

tigresse *nom féminin* LITTÉRAIRE. Femme agressive. SYN. furie, harpie, mégère, sorcière.

timarche *nom féminin* Insecte qui crache un liquide rouge. SYN. crache-sang.

timbre *nom masculin* Marque d'une administration. SYN. cachet, estampille, sceau, tampon. ■ Qualité d'un son. SYN. accent, bruit, voix.

timbré *adjectif* FAMILIER. Un peu fou. SYN. dérangé, désaxé, déséquilibré. – FAMILIER : braque, cinglé, détraqué, dingue, fada, fêlé, frappé, loufoque, maboul, marteau, piqué, ravagé, tapé, toc-toc, toqué, zinzin. – POPULAIRE : allumé, azimuté, barge, barjo, branque, brindezingue, cinoque, cintré, déjanté, dingo, folingue, fondu, frapadingue, givré, jeté, louf, louftingue, sinoc, sinoque, siphonné, sonné, tordu.

timbrer *verbe* Apposer un timbre sur. SYN. estampiller, tamponner.

timide *adjectif* Qui se fait sans grand éclat. SYN. discret, imperceptible, indiscernable, insensible, subtil. CONTR. *audacieux, éclatant, important, osé, voyant.* ■ Qui manque d'assurance. SYN. circonspect, craintif, effarouché, farouche, gauche, gêné, hésitant, intimidé, mal à l'aise, modeste, timoré. – LITTÉRAIRE : pusillanime. CONTR. *assuré, audacieux, cynique, décidé, désinvolte, dynamique, effronté, entreprenant, fanfaron, fier, hardi, impertinent, impudent, insolent, intrépide, résolu.* – FAMILIER : *crâneur.*

timidement *adverbe* De façon timide. SYN. craintivement, peureusement. CONTR. *audacieusement, carrément, courageusement, effrontément, intrépidement, sans vergogne.* – LITTÉRAIRE : *bravement, crânement, hardiment.* – VIEUX : *gaillardement.*

timidité *nom féminin* Manque d'assurance. SYN. embarras, gaucherie, gêne. – LITTÉRAIRE : pusillanimité. CONTR. *aplomb, assurance, confiance, cynisme, désinvolture, front, hardiesse, impudence, insolence.* – FAMILIER : *culot.* – LITTÉRAIRE : *crânerie, intrépidité.* ■ Manque d'audace dans une action. SYN. circonspection, prudence. – LITTÉRAIRE : sobriété. CONTR. *audace, hardiesse, intrépidité.*

timoré *adjectif* D'une prudence excessive. SYN. circonspect, craintif, prudent, timide. – LITTÉRAIRE : couard, pusillanime. – POPULAIRE : trouillard. CONTR. *audacieux, brave, courageux, hardi, imprudent, intrépide, téméraire.* – FAMILIER : *casse-cou.*

tintamarre *nom masculin* Bruit assourdissant. SYN. boulevari, cacophonie, charivari, concert, remue-ménage, tapage, tumulte, vacarme. – ARGOTIQUE : barnum. – FAMILIER : boucan, chahut, chambard, foire, pétard, raffut, tintouin. – LITTÉRAIRE : hourvari. – POPULAIRE : bastringue, ramdam. – VIEUX : bacchanal, sabbat. CONTR. *calme, silence.*

tintamarresque *adjectif* Qui tient du tintamarre. SYN. assourdissant, fracassant, retentissant, tonitruant.

tinter *verbe* Produire un son aigu. SYN. carillonner, résonner, sonnailler, sonner. – LITTÉRAIRE : tintinnabuler.

tintinnabuler *verbe* LITTÉRAIRE. Produire un son léger. SYN. carillonner, résonner, sonnailler, sonner, tinter.

tintouin *nom masculin* FAMILIER. Vacarme assourdissant. SYN. bruit, charivari, remue-ménage, tapage, tintamarre, tumulte, vacarme. – ARGOTIQUE : barnum. – FAMILIER : boucan, chahut, chambard, foire, pétard, raffut. – LITTÉRAIRE : hourvari. – POPULAIRE : bastringue, ramdam. – VIEUX : bacchanal, boulevari, sabbat. CONTR. *calme, silence.*

tique *nom féminin* Parasite des animaux. SYN. ixode, ricin.

tiquer *verbe* FAMILIER. Se montrer étonné. SYN. hausser les sourcils, sourciller, sursauter. CONTR. *ne pas broncher, ne pas ciller, rester de marbre.*

tir *nom masculin* Manière de lancer. SYN. jet, lancement, lancer. ■ Décharge d'une arme. SYN. bordée, canonnade, feu, rafale, salve, volée.

tirade *nom féminin* Suite continue de paroles. SYN. cascade, chapelet, développement, kyrielle, série. – FAMILIER : litanie.

tirage *nom masculin* FAMILIER. Difficultés entre des personnes. SYN. conflit, désaccord, désunion, différend, difficulté, friction, heurt, tension, tiraillement, zizanie. – FAMILIER : anicroche.

tiraillement *nom masculin* Tension née d'un désaccord. SYN. conflit, désaccord, désunion, différend, difficulté, friction, heurt, tension, zizanie. – FAMILIER : anicroche, tirage.

tirailler *verbe* Solliciter de divers côtés. SYN. ballotter, déchirer, écarteler, tirer.

tirant *nom masculin* Pièce d'une charpente. SYN. entrait. ■ ***Tirant d'eau,*** enfoncement d'un bateau dans l'eau. SYN. calaison.

tire-au-cul *nom masculin* POPULAIRE. Celui qui échappe aux corvées. SYN. fainéant, paresseux. – FAMILIER : cossard, faignant, feignant, flemmard, tire-au-flanc. – POPULAIRE : glandeur.

tire-au-flanc *nom masculin* FAMILIER. Celui qui échappe aux corvées. SYN. fainéant, paresseux. – FAMILIER : cossard, faignant, feignant, flemmard. – POPULAIRE : glandeur, tire-au-cul.

tire-bourre *nom masculin invariable* Outil crochu pour enlever la bourre. SYN. débourroir.

tire-larigot (à) *locution adverbiale* FAMILIER. En grande quantité. SYN. abondamment, amplement, beaucoup, colossalement, comme s'il en pleuvait, considérablement, à discrétion, énormément, à flots, à foison, généreusement, grandement, largement, massivement, à la pelle, à profusion, à satiété, à souhait, à tour de bras, trop, en veux-tu en voilà, à volonté. – FAMILIER : à gogo, jusqu'à plus soif, en pagaille, à revendre. – LITTÉRAIRE : à l'envi. CONTR. *chichement, guère, modérément, parcimonieusement, peu.*

tirer *verbe transitif* Exercer une force sur. SYN. distendre, étirer, tendre, tirailler. ■ Ramener vers soi. SYN. entraîner, haler, ramener, remorquer, tracter, traîner. CONTR. *pousser, repousser.* ■ Retirer de quelque part. SYN. arracher, dégager, extirper, extraire, retirer, sortir.

tirer *verbe transitif indirect* Lancer un projectile sur. SYN. faire feu, mitrailler, ouvrir le feu. – FAMILIER : canarder.

tirer (se) *verbe pronominal* Se sortir d'une situation. SYN. se dépêtrer, se libérer, en réchapper, sortir d'affaire, se sortir, se tirer d'affaire, tirer son épingle du jeu. – FAMILIER : se dépatouiller. – POPULAIRE : se démerder. CONTR. *aller de mal en pis, rechuter.* – FAMILIER : *replonger.* ■ POPULAIRE. Quitter brusquement un lieu. SYN. battre en retraite, claquer la porte, déguerpir, déloger, disparaître, s'échapper, s'enfuir, s'envoler, s'esquiver, s'évader, fausser compagnie, filer à l'anglaise, fuir, partir, plier bagages, prendre la clef des champs, prendre la fuite, prendre le large, se retirer, se sauver. – FAMILIER : débarrasser le plancher, décamper, détaler, s'éclipser, s'évaporer, ficher le camp, filer, filer comme un zèbre, gagner le large, lever le camp, lever le pied, lever le siège, prendre la poudre d'escampette, prendre la tangente, prendre ses cliques et ses claques, prendre ses jambes à son cou, vider le plancher, vider les lieux. - POPULAIRE : se barrer, se calter, se carapater, se casser, cavaler, se cavaler, se débiner, déblayer le terrain, décaniller, se faire la malle, se faire la paire, foutre le camp, jouer la fille de l'air, mettre les bouts, mettre les voiles, se tailler.

tireur *nom* Personne qui tire avec une arme à feu. SYN. - FAMILIER : gâchette.

tisane *nom féminin* Boisson à partir de substances végétales. SYN. décoction, infusion.

tison *nom masculin* Morceau de bois brûlé. SYN. braise, braisette, brandon.

tisonnier *nom masculin* Tige métallique pour attiser le feu. SYN. pique-feu.

tisser *verbe* Agencer habilement. SYN. arranger, combiner, machiner, manigancer, mijoter, mitonner, monter, orchestrer, préparer, tramer. - FAMILIER : concocter, goupiller. - LITTÉRAIRE : nouer, ourdir.

tisserin *nom masculin* Petit passereau. SYN. euplecte.

tissu *nom masculin* Assemblage de fils. SYN. texture, tissure. ■ Enchevêtrement de choses. SYN. cocktail, composé, magma, mélange, pot-pourri, ramassis. - FAMILIER : salmigondis. - VIEUX : pêle-mêle.

titan *nom masculin* LITTÉRAIRE. Personne surhumaine. SYN. colosse, géant, hercule, surhomme.

titanesque *adjectif* LITTÉRAIRE. Extrêmement grand. SYN. colossal, démesuré, éléphantesque, énorme, géant, gigantesque, herculéen, immense, monstrueux, monumental, phénoménal. - LITTÉRAIRE : cyclopéen.

titanite *nom féminin* Silicotitanate de calcium. SYN. sphène.

titi *nom masculin* FAMILIER. Gamin de Paris. SYN. poulbot. - LITTÉRAIRE : gavroche.

titi *nom masculin* Petit singe d'Amérique du Sud. SYN. callicèbe.

titiller *verbe* Exciter agréablement. SYN. allécher, chatouiller la curiosité, intriguer. ■ FAMILIER. Taquiner quelqu'un. SYN. agacer, énerver, harceler, piquer au vif, pousser à bout, taquiner, tarabuster. - FAMILIER : asticoter, chatouiller, chatouiller l'épiderme. - LITTÉRAIRE : importuner.

titre *nom masculin* Appellation particulière. SYN. nom, qualité. ■ ***À juste titre,*** avec un motif légitime. SYN. justement, légitimement. CONTR. *abusivement, indûment, injustement.*

titubant *adjectif* Qui titube. SYN. branlant, chancelant, flageolant, oscillant, trébuchant, tremblant, tremblotant. - LITTÉRAIRE : vacillant. CONTR. *d'aplomb, en équilibre, stable.*

tituber *verbe* Ne pas tenir sur ses jambes. SYN. branler, chanceler, flageoler, trébucher, vaciller. - FAMILIER : avoir du vent dans les voiles, tanguer. CONTR. *tenir debout, tenir sur ses jambes.*

titulaire *nom* Personne qui occupe une charge. SYN. détenteur, possesseur, propriétaire. CONTR. *intérimaire, remplaçant, suppléant.*

titularisation *nom féminin* Fait d'être titularisé. SYN. accession. CONTR. *intérim, remplacement, suppléance.*

tjäle *nom masculin* Sol gelé en hiver. SYN. merzlota.

T.N.T. *nom masculin* Explosif puissant. SYN. trinitrotoluène.

toast *nom masculin* Tranche de pain grillée. SYN. rôtie.

toasteur *nom masculin* Appareil pour griller les tranches de pain. SYN. grille-pain.

toc *nom masculin* FAMILIER. Imitation sans valeur. SYN. faux, imitation, pacotille. - FAMILIER : camelote, simili.

tocade *nom féminin* FAMILIER. Engouement soudain pour quelque chose. SYN. caprice, engouement, fantaisie, folie, lubie, marotte. - LITTÉRAIRE : foucade. ■ FAMILIER. Goût vif et passager pour quelqu'un. SYN. amour, amourette, idylle, passade, passion. - FAMILIER : béguin, flirt. - LITTÉRAIRE : bluette, entichement.

tocard *nom masculin* POPULAIRE. Piètre cheval. SYN. - FAMILIER : rosse. - LITTÉRAIRE : rossinante. - POPULAIRE : canasson. - VIEUX : carcan, carne, haridelle.

tocsin *nom masculin* Signal avertisseur. SYN. alarme, alerte, sirène.

tohu-bohu *nom masculin* FAMILIER. Agitation bruyante. SYN. branle-bas, cacophonie, charivari, concert, magma, remue-ménage, tapage, tumulte. - FAMILIER : chahut, chambard, salmigondis. - LITTÉRAIRE : hourvari. - POPULAIRE : bastringue, bousin, foire. - VIEUX : bacchanal, boulevari. CONTR. *ordre, paix, tranquillité.*

toilette *nom féminin* Ce qu'on utilise pour s'habiller. SYN. costume, habillement, habits, mise, robe, tenue, vêtement.

toilettes *nom féminin pluriel* Lieu réservé aux besoins naturels. SYN. cabinets, lavabos, petit(s) coin(s), waters, W.-C. - FAMILIER : pipi-room, tinette, vécés. - POPULAIRE : chiottes, goguenots, gogues. - VIEUX : cabinets d'aisances, commodités, lieux d'aisances, water-closets.

toiser *verbe* Regarder avec dédain. SYN. dévisager, examiner, jauger, regarder de (son) haut, regarder du haut de sa grandeur.

toison *nom féminin* Laine des moutons. SYN. fourrure, pelage, robe, soie. ■ FAMILIER. Chevelure épaisse. SYN. – FAMILIER : crinière, tignasse.

toit *nom masculin* Ce qui isole un bâtiment par le haut. SYN. couverture, toiture. ■ Lieu où on habite. SYN. abri, asile, foyer, habitation, home, logement, maison, nid, résidence. – LITTÉRAIRE : logis.

tôle *nom féminin* POPULAIRE. Établissement pénitentiaire. SYN. maison centrale, maison d'arrêt, pénitencier, prison. – ARGOTIQUE : ballon. – FAMILIER : cage, clou, violon. – POPULAIRE : bloc, cabane, trou.

tolérable *adjectif* Qu'on peut tolérer. SYN. acceptable, admissible, endurable, excusable, soutenable, supportable, tenable. – FAMILIER : possible. CONTR. *dangereux, inacceptable, inadmissible, inexcusable, insoutenable, insupportable, intolérable, nocif.*

tolérance *nom féminin* Attitude compréhensive. SYN. compréhension, largeur d'esprit, libéralisme. CONTR. *fanatisme, intolérance, sectarisme.* ■ Attitude bienveillante. SYN. bienveillance, bonté, facilité, indulgence. – LITTÉRAIRE : mansuétude.

tolérant *adjectif* Qui fait preuve de libéralisme. SYN. laxiste, libéral. CONTR. *absolu, doctrinaire, exclusif, fanatique, intolérant, sectaire.* ■ Qui fait preuve de bienveillance. SYN. accommodant, complaisant, compréhensif, coulant, facile, indulgent. CONTR. *austère, autoritaire, incompréhensif, rigoriste, sévère.* – LITTÉRAIRE : *raide.*

toléré *adjectif* Que l'on autorise. SYN. autorisé, loisible, permis. CONTR. *défendu, interdit.*

tolérer *verbe* Permettre quelque chose. SYN. autoriser, permettre. – LITTÉRAIRE : souffrir. CONTR. *défendre, empêcher, interdire, réprimer, sanctionner.* – LITTÉRAIRE : *contraindre.* ■ Considérer avec indulgence. SYN. accepter, admettre, excuser, pardonner, supporter. CONTR. *blâmer, condamner, désapprouver, réprouver.* ■ Supporter avec patience. SYN. endurer, subir, supporter. CONTR. *en avoir par-dessus la tête.* – FAMILIER : *en avoir assez, en avoir jusque-là, en avoir marre, en avoir plein le dos, en avoir ras la casquette, en avoir ras le bol, en avoir ras le pompon, en avoir soupé.* – POPULAIRE : *en avoir plein le cul, en avoir sa claque.*

tollé *nom masculin* Cri d'indignation. SYN. clameur, cri, huée, protestation, sifflet. CONTR. *acclamation, applaudissement, bravo, hourra, hurrah, ovation, vivat.*

toluène *nom masculin* Hydrocarbure utilisé comme solvant. SYN. méthylbenzène.

tombe *nom féminin* Lieu où un mort est enterré. SYN. caveau, fosse, mausolée, sépulture, tombeau, tumulus. – LITTÉRAIRE : sépulcre.

tombeau *nom masculin* Monument funéraire. SYN. caveau, mausolée, monument, sépulture, tombe, tumulus. – LITTÉRAIRE : sépulcre. ■ ***À tombeau ouvert,*** à très grande vitesse. SYN. à bride abattue, comme une flèche, expéditivement, en flèche, à fond de cale, à fond de train, à fond la caisse, à la hâte, hâtivement, au pas de course, au plus vite, précipitamment, promptement, rapidement, rondement, sur les chapeaux de roue, tambour battant, à toute allure, à toute bride, à toute hâte, en toute hâte, à toute vitesse, toutes affaires cessantes, à un train d'enfer, ventre à terre, vite, en vitesse, vivement. – FAMILIER : dare-dare, en quatrième vitesse, rapido presto, rapidos, subito presto, en un temps record, à toute vapeur, à toute(s) pompe(s). – LITTÉRAIRE : diligemment. – POPULAIRE : à tout berzingue, à toute barde, à toute berzingue. CONTR. *doucement, lentement, mollement, nonchalamment, posément.*

tomber *verbe intransitif* Faire une chute. SYN. s'abattre, s'affaisser, s'affaler, s'aplatir, s'écrouler, glisser, verser. – FAMILIER : se casser la figure, chuter, dégringoler, s'étaler, prendre un gadin, prendre une bûche, prendre une gamelle, prendre une pelle, ramasser une bûche, ramasser une gamelle, ramasser une pelle, se ramasser. – POPULAIRE : se casser la gueule, ramasser un gadin, se rétamer. – VIEUX : choir. ■ Être écarté. SYN. disparaître, se dissiper, s'envoler, s'évanouir. ■ Perdre de sa force. SYN. s'affaiblir, s'apaiser, s'atténuer, baisser, se calmer, décliner, décroître, s'éteindre, faiblir, se modérer, mollir, péricliter. – FAMILIER : s'enfoncer. CONTR. *croître, s'envoler, monter.* ■ Coïncider avec tel jour, etc. SYN. survenir, se trouver. ■ Arriver à l'improviste. SYN. arriver, surgir, survenir, venir. ■ Se précipiter sur quelqu'un. SYN. attaquer, fondre, frapper, se jeter, se ruer. ■ Atteindre par hasard. SYN. croiser, dénicher, rencontrer, trouver.

tomber *verbe transitif* Vaincre quelqu'un à la lutte. SYN. écraser, maîtriser, renverser, terrasser. – FAMILIER : étendre.

tombereau *nom masculin* Véhicule à benne basculante. SYN. dumper.

tombeur *nom masculin* FAMILIER. Type de séducteur. SYN. bourreau des cœurs, charmeur, coureur, don Juan, enjôleur, homme à femmes, séducteur. – FAMILIER : dragueur.

tomodensitomètre *nom masculin* Appareil d'imagerie médicale. SYN. scanner, scanographe.

ton *nom masculin* Manière de parler particulière. SYN. accent, expression, inflexion, intonation, tonalité, voix. ■ Façon particulière d'écrire. SYN. écriture, manière, plume, style. – LITTÉRAIRE : facture. ■ Qualité d'un coloris. SYN. couleur, nuance, teinte, tonalité. ■ ***De bon ton,*** en accord avec les goûts d'un milieu donné. SYN. de bon goût, chic, choisi, distingué, élégant, raffiné.

tonalité *nom féminin* Couleur dominante. SYN. caractère, coloration, coloris, couleur, nuance, ton.

tondaison *nom féminin* Époque où l'on tond les troupeaux. SYN. tonte.

tondre *verbe* FAMILIER. Prendre de l'argent à. SYN. déposséder, dépouiller, détrousser, escroquer, filouter, voler. – FAMILIER : délester, étriller, lessiver, nettoyer, plumer, ratisser. – VIEUX : égorger.

tondu *adjectif* Se dit d'une végétation rase. SYN. nu, pelé, ras. CONTR. *dense, dru, fourni, luxuriant, touffu.*

tonicardiaque *adjectif et nom masculin* Médicament renforçant les contractions du cœur. SYN. cardiotonique.

tonifiant *adjectif* Qui tonifie. SYN. fortifiant, stimulant, tonique, vivifiant. – LITTÉRAIRE : roboratif. CONTR. *accablant, affaiblissant, amollissant, anémiant, débilitant.*

tonifier *verbe* Donner de la vigueur. SYN. donner un coup de fouet, fortifier, raffermir, regonfler, remonter, revitaliser, stimuler. – FAMILIER : ragaillardir, ravigoter. – LITTÉRAIRE : revivifier, vivifier. CONTR. *affaiblir, anémier, débilter, étioler.*

tonique *adjectif* Qui donne de l'énergie. SYN. excitant, fortifiant, réconfortant, reconstituant, revigorant, stimulant, tonifiant, vivifiant. – LITTÉRAIRE : roboratif. CONTR. *amollissant, anémiant, débilitant, déprimant, lénifiant.* – LITTÉRAIRE : *dissolvant, lénitif.*

tonitruant *adjectif* Qui retentit comme le tonnerre. SYN. abrutissant, assourdissant, bruyant, claironnant, fracassant, retentissant, sonore, tintamarresque, vibrant. – LITTÉRAIRE : tonnant. CONTR. *bas, sourd.*

tonitruer *verbe* S'exprimer d'une voix puissante. SYN. crier, s'égosiller, s'époumoner, hurler, tempêter, tonner. – FAMILIER : aboyer. – LITTÉRAIRE : retentir. – POPULAIRE : gueuler. CONTR. *frémir, murmurer, susurrer.* – LITTÉRAIRE : *bruire.*

tonnage *nom masculin* Capacité d'un bateau de commerce. SYN. jauge.

tonnant *adjectif* LITTÉRAIRE. Se dit d'une voix forte. SYN. abrutissant, assourdissant, bruyant, claironnant, éclatant, fracassant, retentissant, sonore, tonitruant, vibrant. CONTR. *faible, sourd.*

tonneau *nom masculin* Récipient en bois pour conserver des boissons. SYN. barrique, fût, futaille.

tonner *verbe intransitif* Produire un grondement sourd. SYN. gronder, rouler. – LITTÉRAIRE : retentir.

tonner *verbe transitif indirect* S'emporter violemment contre. SYN. clamer, se déchaîner, exploser, fulminer, hurler, s'indigner, invectiver, pester, protester, récriminer, tempêter, tonitruer, vitupérer. – FAMILIER : fumer, rager. – POPULAIRE : gueuler.

tonnerre *nom masculin* Bruit important et soudain. SYN. fracas, grondement, roulement, vrombissement. – LITTÉRAIRE : mugissement.

tonsille *nom féminin* Organe situé dans le pharynx. SYN. amygdale.

tonsillite *nom féminin* Inflammation des amygdales. SYN. amygdalite.

tonte *nom féminin* Époque où l'on tond les troupeaux. SYN. tondaison.

tonus *nom masculin* État de dynamisme. SYN. dynamisme, énergie, nerf, ressort, vigueur, vitalité. CONTR. *abattement, faiblesse.*

topique *adjectif* Qui se rapporte au sujet dont on parle. SYN. adapté, adéquat, pertinent. – FAMILIER : idoine. – LITTÉRAIRE : congruent.

topo *nom masculin* FAMILIER. Petit développement. SYN. allocution, discours, exposé, exposition. – FAMILIER : baratin, laïus, speech.

toquade *nom féminin* FAMILIER. Engouement soudain pour quelque chose. SYN. caprice, engouement, fantaisie, folie, lubie, marotte. – LITTÉRAIRE : foucade. ■ FAMILIER. Goût vif et passager pour quelqu'un. SYN. amour, amourette, idylle, passade, passion. – FAMILIER : béguin, flirt. – LITTÉRAIRE : bluette, entichement.

toquard *nom masculin* POPULAIRE. Piètre cheval. SYN. – FAMILIER : rosse. – LITTÉRAIRE : rossinante. – POPULAIRE : canasson. – VIEUX : carcan, carne, haridelle.

toqué *adjectif* FAMILIER. Qui est un peu fou. SYN. dément, dérangé, désaxé, déséquilibré, fou. – FAMILIER : braque, cinglé, détraqué, dingue, fada, fêlé, frappé, loufoque, maboul, malade, marteau, piqué, ravagé, tapé, timbré, toc-toc, zinzin. – POPULAIRE : allumé, azimuté, barge, barjo, barjot, branque, brindezingue, chtarbé, cinoque, cintré, déjanté, dingo, folingue, fondu, frapadingue, givré, jeté, louf, louftingue, ouf, sinoc, sinoque, siphonné, sonné, tordu. ■ FAMILIER. Qui se passionne pour. SYN.

amoureux, engoué, enragé, entiché, épris, fanatique, féru, fou, passionné. – FAMILIER : fana, mordu. – POPULAIRE : accro. CONTR. *détaché, indifférent.*

toquer (se) *verbe pronominal* Avoir un vif engouement pour. SYN. s'amouracher, s'attacher, s'engouer, s'enticher, s'éprendre, se passionner. – FAMILIER : se coiffer de, s'emballer.

torbernite *nom féminin* Minéral de couleur verte. SYN. chalcolite.

torché *adjectif* POPULAIRE. Qui a trop bu. SYN. aviné, enivré, gris, ivre, pris de boisson. – FAMILIER : éméché, imbibé, parti, plein comme un œuf, plein comme une outre, pompette, saoul, schlass, soûl, soûl comme un Polonais, soûl comme une bourrique, soûl comme une grive. – POPULAIRE : beurré, beurré comme un p'tit Lu, beurré comme une tartine, blindé, bourré, bourré comme une cantine, chargé, cuit, noir, paf, pété, pinté, plein comme une barrique, raide, rétamé, rond, rond comme une barrique, rond comme une queue de pelle. – VIEUX : brindezingue.

torcher *verbe* FAMILIER. Exécuter à la hâte. SYN. gâcher, saboter. – FAMILIER : bâcler, expédier, massacrer, sabrer, saccager, torchonner. – POPULAIRE : saloper. CONTR. *fignoler, parachever, parfaire, peaufiner, polir, soigner.* – FAMILIER : *chiader.* – LITTÉRAIRE : *ciseler.* – VIEUX : *perler.*

torchère *nom féminin* Grand candélabre. SYN. chandelier, flambeau, guéridon, torche.

torchonner *verbe* FAMILIER. Exécuter sans soin. SYN. gâcher, saboter. – FAMILIER : bâcler, cochonner, expédier, massacrer, sabrer, saccager, torcher. – POPULAIRE : saloper. CONTR. *fignoler, parachever, peaufiner.*

tordant *adjectif* FAMILIER. Très amusant. SYN. comique, désopilant, drôle, hilarant, inénarrable, à mourir de rire. – FAMILIER : crevant, impayable, marrant, rigolo, roulant. – POPULAIRE : bidonnant, fendant, gondolant, à pisser de rire, poilant. CONTR. *funèbre, lugubre, macabre, morne, mortel, sinistre, tragique, triste.* – FAMILIER : *cafardeux, glauque.*

tord-boyaux *nom masculin* FAMILIER. Alcool fort. SYN. alcool, eau-de-vie. – FAMILIER : goutte.

tordre *verbe* Déformer quelque chose. SYN. courber, déformer, gauchir, plier, recourber, voiler. – LITTÉRAIRE : ployer. CONTR. *défausser, détordre, redresser.*

tordre (se) *verbe pronominal* FAMILIER. Rire très fort. SYN. éclater de rire, mourir de rire, rire à gorge déployée, rire aux éclats, rire aux larmes. – FAMILIER : rire à ventre déboutonné, rire comme un bossu, rire comme une baleine. – POPULAIRE : se bidonner, se gondoler, se marrer, se poiler. CONTR. *pleurer, sangloter.*

tordu *adjectif* Qu'on tord en tous sens. SYN. bosselé, cabossé, courbé, gauche, plié, recourbé. – LITTÉRAIRE : flexueux. ■ Qui est déformé. SYN. cagneux, difforme, disproportionné, tors. – LITTÉRAIRE : tortu. CONTR. *droit, rectiligne.* ■ FAMILIER. Qui ne semble pas logique. SYN. abracadabrant, bizarre, étrange, farfelu, saugrenu, spécieux, tortueux, vicieux. – FAMILIER : biscornu. ■ POPULAIRE. Qui est fou. SYN. dément, dérangé, désaxé, déséquilibré, fou. – FAMILIER : braque, cinglé, détraqué, dingue, fada, fêlé, frappé, loufoque, maboul, malade, marteau, piqué, ravagé, tapé, timbré, toc-toc, toqué, zinzin. – POPULAIRE : allumé, azimuté, barge, barjo, barjot, branque, brindezingue, chtarbé, cinoque, cintré, déjanté, dingo, folingue, fondu, frapadingue, givré, jeté, louf, louftingue, ouf, sinoc, sinoque, siphonné.

torgnole *nom féminin* POPULAIRE. Gifle violente. SYN. claque, gifle. – FAMILIER : calotte. – LITTÉRAIRE : soufflet. – POPULAIRE : baffe, beigne, châtaigne, dégelée, tarte.

tornade *nom féminin* Phénomène orageux violent. SYN. bourrasque, cataclysme, cyclone, ouragan, raz de marée, tempête, trombe, typhon. – LITTÉRAIRE : tourmente.

torpeur *nom féminin* État d'abattement. SYN. abrutissement, accablement, apathie, atonie, engourdissement, hébétement, hébètement, langueur, léthargie, stupeur. – LITTÉRAIRE : alanguissement, assoupissement, hébétude, prostration, somnolence. CONTR. *agitation, animation, ardeur, chaleur, excitation.*

torpide *adjectif* LITTÉRAIRE. Qui est comme hébété. SYN. abruti, amorphe, anéanti, hébété, languissant, lymphatique, prostré. – LITTÉRAIRE : alangui, languide, somnolent. CONTR. *agité, excité.*

torpiller *verbe* Faire échouer quelque chose. SYN. anéantir, couler, démolir, ruiner, saborder, saboter, saper.

torrent *nom masculin* Écoulement abondant. SYN. avalanche, cascade, débordement, déluge, flot, flux, masse, monceau. – LITTÉRAIRE : averse, fleuve, rivière, ruisseau. CONTR. *atome, doigt, filet, goutte, grain, larme, nuage, pointe, soupçon, teinte.* – LITTÉRAIRE : *ombre.*

torrentiel *adjectif* Très abondant. SYN. diluvien.

torride *adjectif* Extrêmement chaud. SYN. accablant, brûlant, caniculaire, chaud, écrasant, étouffant, surchauffé. – LITTÉRAIRE : ardent. CONTR. *clément, doux, frais, froid, glacé, glacial.*

tors *adjectif* Qui est tordu. SYN. arqué, cagneux, contourné, courbé, difforme, tordu. – LITTÉRAIRE : tortu. CONTR. *droit, rectiligne.*

torse *nom masculin* Partie du corps entre la taille et le cou. SYN. buste, poitrine, thorax, tronc.

torsion *nom féminin* Action de tordre quelque chose. SYN. déformation, déviation, gauchissement.

tort *nom masculin* Responsabilité d'un acte. SYN. défaut, faute, travers. CONTR. *droit, raison.* ■ Action blâmable. SYN. atteinte, coup, dommage, mal, perte, préjudice. – LITTÉRAIRE : détriment. CONTR. *aide, bien, bienfait, service.* ■ ***À tort,*** pour de mauvaises raisons. SYN. abusivement, faussement, illégitimement, illicitement, inconsidérément, indûment, injustement, inopportunément, intempestivement, irrégulièrement. CONTR. *à bon droit, à juste titre, légalement, légitimement, régulièrement.* ■ ***À tort et à travers,*** n'importe comment. SYN. inconsidérément, intempestivement, mal à propos. – LITTÉRAIRE : inopportunément. CONTR. *posément, précautionneusement, prudemment.*

tortillement *nom masculin* Fait de se tortiller. SYN. balancement, dandinement, déhanchement, trémoussement.

tortiller (se) *verbe pronominal* S'agiter en tous sens. SYN. se balancer, se dandiner, frétiller, se trémousser. – FAMILIER : gigoter.

tortu *adjectif* LITTÉRAIRE. Qui n'est pas droit. SYN. arqué, bancal, difforme, tordu, tors. – VIEUX : bancroche. CONTR. *droit, rectiligne.* ■ LITTÉRAIRE. Qui manque de franchise. SYN. faux, fourbe, hypocrite, perfide, retors, roué, tortueux. – FAMILIER : ficelle, roublard. – LITTÉRAIRE : cauteleux, madré, matois. CONTR. *authentique, carré, droit, fair-play, franc, honnête, loyal, sincère.*

tortueusement *adverbe* De façon sournoise. SYN. en cachette, en coin, en dessous, par en dessous, hypocritement, insidieusement, obliquement, sournoisement, traîtreusement. – LITTÉRAIRE : perfidement. CONTR. *directement, franchement, loyalement, ouvertement.*

tortueux *adjectif* Qui tourne. SYN. contourné, sinueux, tordu, tors, tournant, zigzagant. – LITTÉRAIRE : flexueux, onduleux, serpentin, tortu. CONTR. *droit, rectiligne.* ■ Qui manque de loyauté. SYN. contourné, fourbe, hypocrite, machiavélique, oblique, retors, sinueux. – FAMILIER : tordu. – LITTÉRAIRE : scélérat, tortu. – VIEUX : finasseur, finassier. CONTR. *direct, franc, loyal.*

torture *nom féminin* Souffrance extrême. SYN. calvaire, enfer, épreuve, mal, martyre, supplice, tourment. – LITTÉRAIRE : croix, géhenne.

torturer *verbe* Soumettre à la torture. SYN. martyriser, persécuter. – LITTÉRAIRE : supplicier. ■ Causer une souffrance morale. SYN. affliger, bourreler, déchirer, obnubiler, obséder, poursuivre, tenailler, tourmenter, tracasser, travailler. – FAMILIER : turlupiner. – LITTÉRAIRE : crucifier, supplicier. ■ Altérer profondément un texte. SYN. défigurer, déformer, dénaturer, fausser.

torulose *nom féminin* Type de mycose. SYN. cryptococcose.

torve *adjectif* Se dit d'un regard en biais. SYN. en coin, en dessous, oblique. CONTR. *droit, franc.*

tôt *adverbe* De bonne heure. SYN. avec les poules, au chant du coq, à la première heure. – FAMILIER : aux aurores, dès potron-minet. CONTR. *tard, tardivement.* ■ Avant le moment prévu. SYN. avant l'heure, prématurément. – LITTÉRAIRE : précocement. CONTR. *tard, tardivement.* – FAMILIER : *dernier carat.*

total *adjectif* Qui est absolument tel. SYN. absolu, entier, illimité, parfait, plein, suprême. – LITTÉRAIRE : souverain. CONTR. *relatif.* ■ Qui affecte la totalité de. SYN. complet, général, global, intégral, radical. CONTR. *fragmentaire, partiel.*

total *nom masculin* Réunion de toutes les parties. SYN. bloc, ensemble, somme, totalité, tout. CONTR. *bribe, morceau, partie.* ■ ***Au total,*** tout bien considéré. SYN. au bout du compte, bref, en définitive, enfin, en fin de compte, finalement, en résumé, somme toute, en somme, tout compte fait, pour tout dire. – FAMILIER : en un mot comme en cent, en un mot comme en mille, en un mot.

totalement *adverbe* De manière absolue. SYN. (à) cent pour cent, absolument, comme pas deux, comme tout, complètement, diamétralement, entièrement, éperdument, foncièrement, franchement, jusqu'à la garde, jusqu'au bout des ongles, jusqu'aux dents, on ne peut plus, parfaitement, pleinement, au plus haut degré, au plus haut point, plutôt deux fois qu'une, profondément, purement, radicalement, rigoureusement, sans restriction, strictement, tout à fait, du tout au tout, en tout point. – FAMILIER : fin, à mort, royalement. CONTR. *en partie, presque.* ■ Dans sa totalité. SYN. de A à Z, de A jusqu'à Z, en bloc, de bout en bout, complètement, en entier, de fond en comble, à fond, in extenso, intégralement, jusqu'au bout, de part en part, en totalité. CONTR. *incomplètement, en partie, partiellement.*

totaliser *verbe* Faire le total de. SYN. additionner, sommer. CONTR. *déduire, retrancher, soustraire.*

totalitaire *adjectif* Qui applique le totalitarisme. SYN. absolu, arbitraire, autoritaire, despotique, dictatorial, omnipotent, tyrannique. CONTR. *démocratique, libéral.*

totalitarisme *nom masculin* Système politique dictatorial. SYN. autoritarisme, caporalisme, césarisme, despotisme, dictature, tyrannie.

totalité *nom féminin* Ensemble de toutes les parties. SYN. ensemble, globalité, intégralité, total, tout. - LITTÉRAIRE : plénitude. CONTR. *bout, bribes, brin, fraction, fragment, morceau, part, partie.* ■ ***En totalité,*** de manière intégrale. SYN. de A à Z, de A jusqu'à Z, en bloc, de bout en bout, complètement, dans son entier, en entier, de fond en comble, à fond, in extenso, intégralement, jusqu'au bout, de part en part, totalement, à l'unanimité. CONTR. *incomplètement, en partie, partiellement.*

touchant *adjectif* Qui touche le cœur. SYN. attendrissant, bouleversant, désarmant, émouvant, empoignant, pathétique, poignant, prenant, vibrant.

touchant *préposition* En ce qui concerne. SYN. concernant, à propos de, quant à, relativement à, au sujet de, sur.

touche *nom féminin* LITTÉRAIRE. Manière propre à un artiste. SYN. cachet, griffe, manière, marque, patte, plume, style. - LITTÉRAIRE : facture. ■ Détail caractéristique. SYN. note, nuance, pointe, teinte, trace. ■ FAMILIER. Aspect extérieur. SYN. air, allure, apparence, aspect, contenance, genre, style, tenue. - FAMILIER : dégaine. - LITTÉRAIRE : tournure.

touché *adjectif* Qui ressent de l'émotion. SYN. bouleversé, ému, frappé, impressionné, remué, retourné, saisi, secoué, troublé.

toucher *verbe transitif* Mettre sa main au contact de. SYN. caresser, effleurer, frôler, manipuler. ■ Arriver en un lieu. SYN. aborder, accoster, arriver, atteindre, gagner. ■ Concerner quelqu'un. SYN. affecter, atteindre, concerner, intéresser, interpeller, regarder, viser. ■ Émouvoir quelqu'un. SYN. apitoyer, attendrir, bouleverser, chavirer, désarmer, ébranler, émouvoir, empoigner, faire jouer la corde sensible, faire mouche, faire vibrer, fendre l'âme, fendre le cœur, frapper, impressionner, marquer, perturber, remuer, sensibiliser, troubler. - FAMILIER : chambouler, émotionner, prendre aux tripes. - LITTÉRAIRE : prendre aux entrailles. CONTR. *indifférer, laisser froid, laisser indifférent.* ■ Recevoir une somme. SYN. empocher, encaisser, se faire, gagner, percevoir, prendre, ramasser, recevoir, recouvrer. - FAMILIER : palper. CONTR. *débourser, décaisser, payer, verser.*

toucher *verbe transitif indirect* Mettre la main sur. SYN. prendre, saisir. - FAMILIER : tripoter. ■ Être relatif à. SYN. avoir rapport à, avoir trait à, concerner, porter sur, se rapporter à, regarder, relever de, rouler sur, traiter de. ■ Examiner une question. SYN. aborder, parler, traiter de. ■ LITTÉRAIRE. Arriver en un lieu. SYN. arriver, gagner, parvenir. ■ LITTÉRAIRE. Être proche de quelque chose. SYN. avoisiner, confiner à, friser, frôler, se rapprocher, tenir de.

touffeur *nom féminin* LITTÉRAIRE. Atmosphère chaude. SYN. chaleur, lourdeur, moiteur. CONTR. *fraîcheur.*

touffu *adjectif* Formé de nombreux végétaux. SYN. boisé, branchu, broussailleux, buissonneux, compact, dense, dru, épais, feuillu, impénétrable, luxuriant. - LITTÉRAIRE : profus. CONTR. *clair, clairsemé, nu, pelé, rare, tondu.* - LITTÉRAIRE : *chauve.* ■ Chargé de détails. SYN. abondant, compliqué, filandreux, foisonnant, fourni, indigeste, inextricable, serré. CONTR. *bref, concis, court, dépouillé, laconique, maigre, ramassé, sommaire, succinct.*

toujours *adverbe* Indique la permanence. SYN. éternellement, immuablement, indéfiniment, perpétuellement, de tout temps. CONTR. *jamais, provisoirement, temporairement.* ■ Marque la répétition. SYN. constamment, continuellement, à longueur de temps, en permanence, perpétuellement, régulièrement, sans arrêt, sans cesse, sans discontinuer, sans intermission, sans interruption, sans relâche, sans répit, sans souffler, sans trêve, à tout bout de champ, à tout instant, tout le temps, à tout propos. - LITTÉRAIRE : continûment, sempiternellement. CONTR. *par accès, épisodiquement, exceptionnellement, par instants, par intermittence, par intervalles, irrégulièrement, occasionnellement, parfois, provisoirement, quelquefois, rarement, sporadiquement, de temps à autre, de temps en temps, variablement.* ■ S'emploie comme intensif. SYN. cependant, de toute façon.

toupet *nom masculin* Touffe de cheveux. SYN. houppe, houppette. ■ FAMILIER. Attitude effrontée. SYN. aplomb, assurance, audace, effronterie, front, hardiesse, impertinence, impudence. - FAMILIER : culot. CONTR. *discrétion, réserve, retenue.*

tour *nom masculin* Action de tourner sur soi-même. SYN. révolution, rotation. ■ Déplacement rapide. SYN. circuit, excursion, marche, promenade, randonnée, ronde, sortie, voyage. - FAMILIER : balade, virée. ■ Action destinée à tromper. SYN. attrape, facétie, farce, stratagème, supercherie. - FAMILIER : blague, entourloupe, entourloupette, fumisterie, niche. ■ Évolution de quelque chose. SYN. allure, configuration, couleur, façon, forme, physionomie, tournure. ■ Bord de quelque chose. SYN. circonférence, contour, périphérie, pourtour. ■ FAMILIER. ***En un tour de main,*** très rapidement. SYN. activement, aisément, expéditivement, immédiatement, instantanément, prestement, promptement, rapidement, en un rien de temps, rondement, tambour battant, à toute vitesse, toutes affaires cessantes, vite, en vitesse, vivement. – FAMILIER : en un clin d'œil, en deux temps, trois mouvements, en deux, trois coups de cuiller à pot, illico, illico presto, rapido presto, rapidos, subito presto, en un temps record. – LITTÉRAIRE : diligemment. – VIEUX : en un tournemain. CONTR. *lentement, petit à petit, peu à peu.* ■ ***Tour à tour,*** l'un après l'autre. SYN. en alternance, alternativement, chacun à son tour, successivement, à tour de rôle. CONTR. *ensemble, simultanément.* ■ ***Tour de force,*** action difficile. SYN. exploit, performance.

tourbe *nom féminin* LITTÉRAIRE. Foule méprisable. SYN. populace, racaille, ramassis. – LITTÉRAIRE : lie, plèbe, rebut, vermine. – POPULAIRE : raclure.

tourbillon *nom masculin* LITTÉRAIRE. Ce qui emporte. SYN. agitation, bouillonnement, tempête, tumulte, vertige. – LITTÉRAIRE : enivrement, turbulence. ■ Masse d'air en déplacement. SYN. bourrasque, cyclone, ouragan, tempête, tornade, typhon. – LITTÉRAIRE : tourmente.

tourbillonnant *adjectif* LITTÉRAIRE. Qui entraîne vivement. SYN. agité, mouvementé, trépidant. – LITTÉRAIRE : tempétueux, tumultueux. ■ Qui a un mouvement circulaire. SYN. tournoyant.

tourbillonnement *nom masculin* Mouvement de ce qui tourbillonne. SYN. agitation, tourbillon, trépidation. – LITTÉRAIRE : tournoiement.

tourbillonner *verbe* Être animé d'un mouvement rapide. SYN. tourner, virevolter. – LITTÉRAIRE : tournoyer, voleter.

tourment *nom masculin* Vive souffrance morale. SYN. agitation, cauchemar, contrariété, désespoir, douleur, ennui, martyre, souffrance, supplice, torture. – FAMILIER : enquiquinement. – LITTÉRAIRE : affres, croix, plaie. CONTR. *béatitude, bien-être, paix, plaisir.* – LITTÉRAIRE : *repos.*

tourmente *nom féminin* LITTÉRAIRE. Tempête violente. SYN. bourrasque, cyclone, ouragan, tempête, tornade, tourbillon, typhon. ■ LITTÉRAIRE. Troubles sociaux. SYN. perturbation, secousse, tempête, tourbillon, tumulte, vertige. – LITTÉRAIRE : bourrasque, commotion, orage. CONTR. *calme, paix, tranquillité.*

tourmenté *adjectif* Prédisposé à l'inquiétude. SYN. affligé, angoissé, anxieux, inquiet, préoccupé, soucieux, torturé, tracassé. – FAMILIER : bileux. – LITTÉRAIRE : ravagé. CONTR. *serein.* – LITTÉRAIRE : *quiet.* ■ Marqué par des perturbations. SYN. agité, houleux, mouvementé, orageux, troublé. – LITTÉRAIRE : tempétueux, tumultueux. CONTR. *paisible, tranquille.* ■ Qui manque de simplicité. SYN. alambiqué, compliqué, contourné, sophistiqué. – FAMILIER : tarabiscoté. CONTR. *simple, sobre.*

tourmenter *verbe* Causer une souffrance. SYN. affliger, agiter, alarmer, chagriner, déchirer, désespérer, désoler, hanter, harceler, inquiéter, lanciner, miner, obnubiler, obséder, persécuter, poursuivre, préoccuper, ronger, tenailler, torturer, tracasser, travailler. – FAMILIER : chicaner, chiffonner, embêter, turlupiner. – POPULAIRE : emmerder. – VIEUX : soucier. CONTR. *consoler, tranquilliser.* – LITTÉRAIRE : *lénifier.*

tourmenter (se) *verbe pronominal* Être inquiet pour. SYN. s'alarmer, se faire du mauvais sang, se faire du souci, se faire du tracas, se faire un sang d'encre, s'en faire, s'inquiéter, se manger les sangs, se miner, se préoccuper, se ronger les sangs, se soucier, se tracasser. – FAMILIER : s'arracher les cheveux, se biler, être aux cent coups, se faire de la bile, se faire des cheveux (blancs), se frapper, se mettre martel en tête. – POPULAIRE : se faire de la mousse, se faire du mouron, se faire vieux. CONTR. *ne pas se soucier de, prendre à la légère.* – FAMILIER : *prendre à la rigolade.* – LITTÉRAIRE : *n'avoir cure de.*

tournailler *verbe* FAMILIER. Tourner sans but. SYN. tourner. – FAMILIER : tournicoter, tourniquer.

tournant *adjectif* Qui suit une direction courbe. SYN. sinueux, tortueux. – LITTÉRAIRE : flexueux, serpentin.

tournant *nom masculin* Endroit où une voie tourne. SYN. angle, coude, courbe, lacet, méandre, sinuosité, virage, zigzag.

tournebouler *verbe* FAMILIER. Troubler fortement quelqu'un. SYN. bouleverser, ébranler, perturber, retourner, troubler. – FAMILIER : chambouler, détraquer.

tournée *nom féminin* Déplacement de quelqu'un. SYN. circuit, voyage. ■ POPULAIRE. Volée de coups. SYN. volée. – FAMILIER : pile, raclée, rossée, tabassée, tripotée. – POPULAIRE : dégelée, dérouillée, pâtée, peignée, rouste, tannée, trempe. – VIEUX : frottée.

tourner *verbe intransitif* Se déplacer autour de. SYN. graviter, tourbillonner. – LITTÉRAIRE : tournoyer. ■ Aller et venir dans un espace. SYN. virevolter, zigzaguer. – FAMILIER : tournailler, tournicoter, tourniquer. ■ Changer de direction. SYN. braquer, obliquer, partir, pirouetter, pivoter, se rabattre, serpenter, virer. ■ Évoluer vers tel état. SYN. incliner à, tendre à.

tourner *verbe transitif* Déplacer quelque chose. SYN. braquer, diriger, exposer, incliner, obliquer, orienter, présenter. ■ Éviter un obstacle. SYN. contourner, se dérober à, doubler, éluder, escamoter, esquiver.

tourner (se) *verbe pronominal* Changer d'orientation. SYN. se braquer, se diriger, s'orienter, se placer, se porter. ■ Faire appel à quelqu'un. SYN. s'adresser, recourir à.

tournesol *nom masculin* Plante aux grosses fleurs jaunes. SYN. soleil.

tournicoter *verbe* FAMILIER. Tourner dans tous les sens. SYN. tourner, zigzaguer. – FAMILIER : tournailler, tourniquer.

tourniquer *verbe* FAMILIER. Aller dans tous les sens. SYN. tourner, zigzaguer. – FAMILIER : tournailler, tournicoter.

tournis *nom masculin* Affection parasitaire des animaux. SYN. cœnurose.

tournoi *nom masculin* LITTÉRAIRE. Lutte où l'on rivalise. SYN. compétition, duel, lutte. – LITTÉRAIRE : joute.

tournoyant *adjectif* LITTÉRAIRE. Qui a un mouvement circulaire. SYN. tourbillonnant.

tournoyer *verbe* LITTÉRAIRE. Tourner plusieurs fois. SYN. pirouetter, pivoter, serpenter, tourbillonner, tourner, virevolter. – LITTÉRAIRE : onduler, voleter.

tournure *nom féminin* LITTÉRAIRE. Aspect général de quelqu'un. SYN. air, allure, apparence, aspect, contenance, extérieur, maintien, mine, physionomie, physique, port, prestance. – FAMILIER : touche. ■ Évolution d'une situation. SYN. allure, côté, couleur, cours, direction, évolution, orientation, tendance, tour. ■ Manière d'exprimer une idée. SYN. construction, expression, formule, locution, style, tour.

tour-opérateur *nom masculin* Organisateur de voyages. SYN. voyagiste.

tourteau *nom masculin* Gros crabe à large carapace brun-rouge. SYN. dormeur.

tout *nom masculin* Ensemble pris dans son entier. SYN. bloc, ensemble, globalité, intégralité, total, totalité. CONTR. *brin, fraction, morceau.* ■ ***Du tout au tout,*** dans son entier. SYN. complètement, entièrement. CONTR. *partiellement, pas du tout, pas le moins du monde, peu.*

tout à coup *adverbe* De façon soudaine. SYN. à brûle-pourpoint, brusquement, brutalement, de but en blanc, ex abrupto, à l'improviste, inopinément, sans crier gare, soudain, soudainement, subitement. – FAMILIER : subito, tout de go. – LITTÉRAIRE : au débotté. – POPULAIRE : aussi sec. – VIEUX : impromptu, tout à trac.

tout à fait *adverbe* Indique un degré extrême. SYN. (à) cent pour cent, absolument, affreusement, complètement, diamétralement, effroyablement, entièrement, épouvantablement, exceptionnellement, excessivement, extraordinairement, extrêmement, follement, foncièrement, fortement, grandement, hautement, horriblement, immensément, immodérément, incroyablement, infiniment, mortellement, parfaitement, particulièrement, pleinement, prodigieusement, puissamment, sans restriction, supérieurement, suprêmement, terriblement, totalement, très, vertigineusement. – FAMILIER : atrocement, bigrement, bougrement, diablement, drôlement, fichtrement, formidablement, joliment, méchamment, positivement, rudement, superlativement, tout plein. – LITTÉRAIRE : furieusement. – POPULAIRE : salement, vachement. CONTR. *faiblement, guère, nullement, peu.* ■ De façon exacte. SYN. absolument, exactement, réellement, vraiment.

tout à trac *adverbe* VIEUX. Sans réfléchir. SYN. à brûle-pourpoint, brusquement, de but en blanc, ex abrupto, inopinément, précipitamment, sans crier gare, soudain, soudainement, subitement, du tac au tac, tout à coup, tout d'un coup. – FAMILIER : bille en tête, subito, tout de go. – VIEUX : impromptu.

tout de go *adverbe* FAMILIER. Sans préambule. SYN. à brûle-pourpoint, brusquement, de but en blanc, directement, ex abrupto, inopinément, précipitamment, sans crier gare, soudain, soudainement, subitement, du tac au tac, tout à coup, tout d'un coup. – FAMILIER : bille en tête, subito. – POPULAIRE : aussi sec. – VIEUX : impromptu, tout à trac.

tout de suite *adverbe* Sans délai. SYN. aussitôt, d'emblée, d'extrême urgence, immédiatement, incessamment, à l'instant, instantanément, promptement, sans attendre, sans retard, sans tarder, séance tenante, soudain, soudainement, subitement, sur l'heure, sur-le-champ, de toute urgence, urgemment, d'urgence. – FAMILIER : illico, illico presto, subito, subito presto. – LITTÉRAIRE : incontinent. – POPULAIRE : aussi sec. CONTR. *après, plus tard, par la suite, ultérieurement.*

toutefois *adverbe* Marque une réserve. SYN. cependant, mais, du moins, néanmoins, pourtant, seulement.

toute-puissance *nom féminin singulier* Pouvoir sans bornes. SYN. despotisme, hégémonie, omnipotence, puissance, souveraineté, suprématie.

Tout-Paris *nom masculin* ***Le Tout-Paris,*** les personnalités connues. SYN. gotha, jet-set.

tout-petit *nom masculin* Très jeune enfant. SYN. bébé, enfant, gamin, nourrisson, poupon. – FAMILIER : marmot, mioche. – POPULAIRE : môme, mouflet. – VIEUX : marmouset.

tout-puissant *adjectif* Qui a un pouvoir sans bornes. SYN. dominateur, impérialiste, impérieux, influent, omnipotent, puissant, souverain, totalitaire, tyrannique.

toxicité *nom féminin* Caractère toxique. SYN. nocivité, nocuité. CONTR. *innocuité.*

toxicomane *nom* Personne qui se drogue. SYN. cocaïnomane, drogué, héroïnomane. – FAMILIER : junkie, junky, toxico.

toxique *adjectif* Qui nuit à la santé. SYN. dangereux, délétère, mauvais, nocif, pernicieux. CONTR. *bénéfique, bienfaisant, bon.*

trac *nom masculin* FAMILIER. Peur irraisonnée. SYN. angoisse, crainte, inquiétude, peur. – FAMILIER : frousse.

tracas *nom masculin* Ce qui donne du souci. SYN. désagrément, difficulté, ennui, inquiétude, préoccupation, souci. – FAMILIER : embêtement, empoisonnement, enquiquinement. – LITTÉRAIRE : aria.

tracassant *adjectif* Qui donne du tracas. SYN. ennuyeux, fâcheux, harcelant, inquiétant, lancinant, obsédant, préoccupant. – FAMILIER : embêtant, empoisonnant, enquiquinant. – LITTÉRAIRE : importun. – POPULAIRE : emmerdant.

tracassé *adjectif* Qui se fait du souci. SYN. affligé, angoissé, anxieux, inquiet, préoccupé, soucieux, torturé, tourmenté. – FAMILIER : bileux. – LITTÉRAIRE : ravagé. CONTR. *serein.* – LITTÉRAIRE : *quiet.*

tracasser *verbe* Causer une inquiétude. SYN. agiter, alarmer, causer du souci, chagriner, ennuyer, harceler, inquiéter, lanciner, miner, obnubiler, obséder, préoccuper, ronger, tarauder, torturer, tourmenter, travailler. – FAMILIER : causer du tintouin, chicaner, chiffonner, embêter, tarabuster, turlupiner. – POPULAIRE : emmerder. – VIEUX : soucier.

tracasser (se) *verbe pronominal* Avoir des inquiétudes pour. SYN. s'alarmer, se faire du mauvais sang, se faire du souci, se faire du tracas, se faire un sang d'encre, s'en faire, s'inquiéter, se manger les sangs, se miner, se préoccuper, se ronger les sangs, se soucier, se tourmenter. – FAMILIER : se biler, être aux cent coups, se faire de la bile, se faire des cheveux (blancs), se frapper, se mettre martel en tête. – POPULAIRE : se faire de la mousse, se faire du mouron, se faire vieux. CONTR. *ne pas se soucier de, prendre à la légère.* – FAMILIER : *prendre à la rigolade.* – LITTÉRAIRE : *n'avoir cure de.*

tracasserie *nom féminin* Cause de contrariété. SYN. désagrément, difficulté, ennui, ergotage, vexation. – FAMILIER : chinoiserie, embêtement, empoisonnement, enquiquinement, pinaillage. – LITTÉRAIRE : aria, chicane. – VIEUX : ergoterie.

trace *nom féminin* Marque laissée au sol. SYN. empreinte, foulée, traînée. ■ LITTÉRAIRE. Ce qui subsiste du passé. SYN. écho, marque, reste, souvenir. – LITTÉRAIRE : relent, vestige. ■ Petite quantité de. SYN. atome, bribe, brin, doigt, filet, goutte, grain, gramme, larme, miette, nuage, once, parcelle, pointe, soupçon, teinte, touche. – FAMILIER : lichette. – LITTÉRAIRE : liard, ombre. – POPULAIRE : chouia. CONTR. *armée, avalanche, cascade, déluge, flot, foule, infinité, kyrielle, masse, monceau, montagne, multitude, myriade, nuée, pléiade, pluie, tas, torrent.* – FAMILIER : *armada, cargaison, flopée, foultitude, paquet, pelletée, ribambelle, tapée.* – LITTÉRAIRE : *averse, océan.*

tracé *nom masculin* Ligne formant un contour. SYN. contour, dessin, forme, ligne.

tracer *verbe transitif* Faire la description de. SYN. décrire, dépeindre, dresser, faire, figurer, peindre, rapporter, relater, représenter, retracer.

traceur *nom masculin* Substance permettant d'étudier une molécule. SYN. marqueur.

tractation *nom féminin* Discussion difficile. SYN. agissements, combinaison, machination, manœuvre, menées, négociation, pourparlers.

tracter *verbe* Tirer au moyen d'un véhicule. SYN. entraîner, haler, remorquer, tirer, traîner.

tractochargeur *nom masculin* Engin de chargement. SYN. chargeur-transporteur.

tractopelle *nom féminin* Engin automoteur. SYN. chargeuse-pelleteuse.

tradition *nom féminin* Ce que transmet une génération. SYN. coutume, habitude, héritage, pratique, rite, rituel, routine, usage. – LITTÉRAIRE : mode.

traditionalisme *nom masculin* Attachement aux traditions. SYN. conformisme, conservatisme, passéisme. CONTR. *anticonformisme, modernisme, modernité, originalité.*

traditionaliste *adjectif et nom* Partisan du traditionalisme. SYN. conformiste, conservateur, passéiste. CONTR. *anticonformiste, contestataire, moderniste, non conformiste, non-conformiste.*

traditionnel *adjectif* Fondé sur la tradition. SYN. classique, conventionnel, coutumier, ordinaire, orthodoxe, rituel. CONTR. *moderne, nouveau,* *novateur, original, révolutionnaire.* ▪ Passé dans les habitudes. SYN. consacré, habituel, routinier, usuel. – LITTÉRAIRE : coutumier. CONTR. *inaccoutumé, inédit, inhabituel, insolite.*

traditionnellement *adverbe* D'une manière habituelle. SYN. communément, couramment, fréquemment, généralement, d'habitude, habituellement, invariablement, normalement, d'ordinaire, ordinairement, en règle générale, rituellement, usuellement.

traduction *nom féminin* LITTÉRAIRE. Fait d'exprimer une chose. SYN. expression, figuration, représentation, transcription.

traduire *verbe* Exprimer un sentiment, etc. SYN. désigner, exprimer, figurer, manifester, montrer, refléter, rendre, représenter, révéler, signifier, trahir. ▪ Appeler à comparaître. SYN. assigner, citer, convoquer.

traduire (se) *verbe pronominal* Avoir pour résultat. SYN. équivaloir à, se manifester.

traduisible *adjectif* Qui peut être traduit. SYN. communicable, exprimable. CONTR. *incommunicable, indicible, inexprimable, intraduisible.* – LITTÉRAIRE : *ineffable.*

trafic *nom masculin* FAMILIER. Activité mystérieuse. SYN. agissements, complot, cuisine, intrigue, manigance. – FAMILIER : combine, fricotage, grenouillage, traficotage, tripotage. – POPULAIRE : magouillage, magouille. ▪ Mouvement de véhicules. SYN. circulation, mouvement, passage, va-et-vient.

traficoter *verbe* FAMILIER. Préparer secrètement quelque chose. SYN. combiner, comploter, machiner, manigancer, mijoter, mitonner, tramer. – FAMILIER : concocter, cuisiner, fabriquer, ficher, fricoter, goupiller, trafiquer. – LITTÉRAIRE : ourdir. – POPULAIRE : foutre, magouiller.

trafiquant *nom* Commerçant malhonnête. SYN. maquignon, mercanti. – FAMILIER : margoulin.

trafiquer *verbe* FAMILIER. Dénaturer un produit. SYN. falsifier, frelater, maquiller, tripatouiller, truquer. ▪ FAMILIER. Préparer secrètement quelque chose. SYN. agir en sous-main, combiner, comploter, machiner, manigancer, mijoter, mitonner, tramer. – FAMILIER : concocter, cuisiner, fabriquer, ficher, fricoter, goupiller, traficoter. – LITTÉRAIRE : ourdir. – POPULAIRE : foutre, magouiller.

tragédie *nom féminin* Événement funeste. SYN. accident, calamité, catastrophe, coup du sort, coup dur, drame, malheur.

tragique *adjectif* Qui provoque la pitié. SYN. bouleversant, déchirant, difficile, dramatique, pathétique, poignant, terrible. ▪ Qui exprime l'angoisse. SYN. alarmant, grave, inquiétant, mauvais, menaçant, sérieux, sombre. CONTR. *burlesque, comique, désopilant, drôle, gai, hilarant, inénarrable, risible.* – FAMILIER : *cocasse, marrant, rigolo, roulant, tordant.*

tragiquement *adverbe* De façon tragique. SYN. dramatiquement. CONTR. *burlesquement, comiquement.*

trahir *verbe* Cesser d'être fidèle à quelqu'un. SYN. abandonner, décevoir, renier, rompre, tromper. – FAMILIER : cocufier, lâcher. CONTR. *soutenir.* ▪ Donner une idée fausse de. SYN. altérer, déformer, dénaturer, fausser. ▪ Laisser voir quelque chose. SYN. accuser, déceler, démasquer, démontrer, dénoncer, dénoter, dévoiler, dire, divulguer, indiquer, livrer, manifester, marquer, montrer, prouver, révéler, signaler, traduire. – LITTÉRAIRE : témoigner. CONTR. *cacher, dissimuler, étouffer, masquer, taire.* – LITTÉRAIRE : *celer.* ▪ Ne pas respecter un engagement. SYN. changer son fusil d'épaule, dénoncer, manquer à, reprendre sa parole, tourner casaque, vendre la mèche, violer. – FAMILIER : donner un coup de canif dans le contrat, doubler, faire une crasse, retourner sa veste. – LITTÉRAIRE : faillir. – POPULAIRE : cafter, donner, faire un enfant dans le dos. CONTR. *observer, respecter.* ▪ Faire défaut brusquement. SYN. abandonner, lâcher. ▪ S'allier à l'ennemi. SYN. changer de camp, passer à l'ennemi.

trahir (se) *verbe pronominal* Laisser voir ce qu'on voulait cacher. SYN. apparaître sous son vrai jour, se dévoiler, se montrer, se révéler.

trahison *nom féminin* Action de trahir une cause, etc. SYN. baiser de Judas, déloyauté, forfaiture, traîtrise, violation. – LITTÉRAIRE : félonie, fourberie, infidélité, perfidie, viol. ▪ Manquement à un engagement. SYN. abandon, coup bas, coup de Jarnac, coup (de pied) en vache, coup de poignard dans le dos, défection, démission, désertion. – FAMILIER : lâchage. – LITTÉRAIRE : délaissement. CONTR. *constance, dévouement, fidélité.*

traille *nom féminin* Filet de pêche. SYN. chalut.

train *nom masculin* Rythme de progression. SYN. allure, marche, mouvement, pas, vitesse. ▪ Suite de voitures de chemin de fer. SYN. – VIEUX : convoi. ▪ Enchaînement de faits. SYN. courant, cours, déroulement, développement, mouvement.

traînailler *verbe* FAMILIER. Ne pas se dépêcher. SYN. paresser, prendre son temps, tarder, traîner. – FAMILIER : lambiner, lanterner, traînasser. CONTR. *se dépêcher, s'empresser, galoper, se hâter, se presser.* – FAMILIER : *s'activer, speeder.* – POPULAIRE : *se grouiller, se magner, se manier.* ▪ FAMILIER. Se promener à l'aventure. SYN. errer, flâner, musarder, rôder, traîner, vagabonder.

– **FAMILIER** : se baguenauder, rôdailler, traînasser. – **LITTÉRAIRE** : vaguer. – **POPULAIRE** : vadrouiller.

traînant *adjectif* Se dit d'une élocution lente. **SYN.** languissant, lent, monotone, nonchalant, terne. **CONTR.** *énergique, rapide, vif.*

traînard *nom* Personne qui agit avec lenteur. **SYN.** lanterne rouge, retardataire. – **FAMILIER** : escargot, lambin.

traînasser *verbe* FAMILIER. Errer longuement. **SYN.** errer, flâner, musarder, prendre son temps, rôder, traîner, vagabonder. – **FAMILIER** : se baguenauder, rôdailler, traînailler. – **LITTÉRAIRE** : vaguer. – **POPULAIRE** : vadrouiller. ■ FAMILIER. Être à la traîne. **SYN.** paresser, tarder, traîner. – **FAMILIER** : lambiner, lanterner, traînailler. **CONTR.** *se dépêcher, s'empresser, galoper, se hâter, se presser.* – **FAMILIER** : *s'activer, speeder.* – **POPULAIRE** : *se grouiller, se magner, se manier.*

traîne *nom féminin* Filet pour les fonds sableux. **SYN.** senne, traîneau.

traîneau *nom masculin* Filet pour les fonds sableux. **SYN.** senne, traîne.

traînée *nom féminin* Trace laissée sur une surface. **SYN.** bavure, marque, trace, zébrure. – **FAMILIER** : dégoulinade.

traîner *verbe intransitif* Pendre sans ordre. **SYN.** pendre, retomber, tomber. ■ Aller sans but. **SYN.** errer, flâner, musarder, se promener, rôder, vagabonder. – **FAMILIER** : se baguenauder, rôdailler, traînailler, traînasser. – **LITTÉRAIRE** : vaguer. – **POPULAIRE** : vadrouiller. ■ S'attarder inutilement. **SYN.** s'attarder, dormir, fainéanter, paresser, prendre son temps, tarder. – **FAMILIER** : buller, lambiner, lanterner, traînailler, traînasser. – **VIEUX** : clampiner. **CONTR.** *se dépêcher, s'empresser, galoper, se hâter, se presser.* – **FAMILIER** : *s'activer.* – **POPULAIRE** : *se grouiller, se magner, se manier.* ■ Se prolonger inutilement. **SYN.** continuer, durer, s'éterniser, se prolonger.

traîner *verbe transitif* Déplacer quelque chose. **SYN.** entraîner, remorquer, tirer, tracter. **CONTR.** *pousser.*

traîne-savates *nom* FAMILIER. Personne démunie. **SYN.** malheureux, miséreux. – **LITTÉRAIRE** : misérable.

training *nom masculin* Vêtement de sport. **SYN.** jogging, survêtement. – **FAMILIER** : survêt.

trait *nom masculin* Ligne tracée sur une surface. **SYN.** barre, droite, ligne, raie, rayure. ■ Marque distinctive. **SYN.** attribut, caractère, caractéristique, disposition, particularité, propriété, qualité. ■ Signe d'une qualité. **SYN.** éclair, étincelle, manifestation, marque. ■ LITTÉRAIRE. Propos mordant. **SYN.** flèche, lazzi, moquerie, mot, pique, plaisanterie, pointe, quolibet, raillerie, sarcasme. – **LITTÉRAIRE** : brocard, épigramme, saillie. – **POPULAIRE** : vanne. ■ LITTÉRAIRE. Petite quantité de liquide. **SYN.** doigt, filet, goutte, larme, nuage, once, pointe, soupçon, teinte. – **LITTÉRAIRE** : ombre. **CONTR.** *cascade, déluge, flot, foule, pluie, torrent.* – **FAMILIER** : *flopée, foultitude.* – **LITTÉRAIRE** : *averse, océan, rivière, ruisseau.* ■ Gorgée d'une boisson. **SYN.** gorgée. – **FAMILIER** : lampée. – **VIEUX** : goulée.

traitable *adjectif* LITTÉRAIRE. Qu'on peut influencer. **SYN.** accommodant, arrangeant, complaisant, conciliant, coulant, facile, malléable, manœuvrable, souple, vivable. **CONTR.** *ferme, inflexible, intraitable, intransigeant.*

traite *nom féminin* VIEUX. Étendue de chemin. **SYN.** course, étape, parcours, trajet. ■ Effet de commerce transmissible. **SYN.** lettre de change. ■ Action de traire. **SYN.** mulsion.

traité *nom masculin* Ouvrage didactique. **SYN.** cours, discours, essai, étude, manuel, ouvrage, précis.

traité *nom masculin* Accord écrit. **SYN.** accord, arrangement, contrat, convention, entente, marché, pacte.

traitement *nom masculin* Rémunération d'un fonctionnaire. **SYN.** appointements, émoluments, paie, paye, salaire. ■ Ce qui traite une maladie. **SYN.** médicament, médication, remède, thérapeutique, thérapie.

traiter *verbe transitif* Soigner un malade, un mal. **SYN.** s'occuper de, remédier à, soigner.

traiter *verbe transitif indirect* Passer un accord avec. **SYN.** composer, conclure, discuter, négocier, pactiser, parlementer, transiger. ■ Prendre pour objet d'étude. **SYN.** aborder, agiter, délibérer de, discourir de, disserter sur, étudier, examiner, parler de. ■ Avoir pour sujet. **SYN.** porter, rouler, toucher. ■ Appeler quelqu'un de telle manière. **SYN.** qualifier, taxer. ■ Accueillir chez soi. **SYN.** accueillir, s'occuper de, recevoir.

traître *adjectif* Qui trahit quelqu'un, une cause. **SYN.** déloyal, parjure. – **LITTÉRAIRE** : félon, infidèle. **CONTR.** *fair-play, fidèle, loyal, sincère.* ■ Qui trompe. **SYN.** dangereux, fourbe, insidieux, sournois, trompeur. – **LITTÉRAIRE** : perfide.

traître *nom* Personne qui commet une trahison. **SYN.** délateur, espion, imposteur, Judas, parjure, renégat. – **LITTÉRAIRE** : félon. ■ LITTÉRAIRE. Personne perfide. **SYN.** comédien, fourbe, hypocrite, imposteur, jésuite, tartufe, tartuffe. – **FAMILIER** : faux jeton. – **POPULAIRE** : faux cul, faux derche.

traîtreusement *adverbe* En traître. **SYN.** derrière le dos, dans le dos, par-derrière, sournoisement. – LITTÉRAIRE : déloyalement, perfidement. CONTR. *loyalement, ouvertement.*

traîtrise *nom féminin* Comportement perfide. SYN. déloyauté, forfaiture, fourberie, mauvaise foi, trahison. – LITTÉRAIRE : félonie, perfidie, scélératesse, vilenie. CONTR. *fidélité, franchise, loyauté.*

traits *nom masculin pluriel* Lignes caractéristiques du visage. SYN. faciès, figure, mine, tête, visage.

trajectoire *nom féminin* Trajet d'un corps en mouvement. SYN. chemin, circuit, course, itinéraire, mouvement, parcours, route.

trajet *nom masculin* Fait de parcourir un espace. SYN. course, étape, parcours, route. – VIEUX : traite. ■ Espace entre deux points. SYN. chemin, distance, itinéraire, route, voie.

tralala *nom masculin* FAMILIER. Luxe voyant. SYN. apparat, cérémonie, faste, luxe, magnificence. – LITTÉRAIRE : pompe.

trame *nom féminin* LITTÉRAIRE. Ce qui constitue le fond de. SYN. architecture, armature, cadre, canevas, carcasse, charpente, contexture, fil, matière, ossature, plan, squelette, structure. – LITTÉRAIRE : linéaments, texture.

tramer *verbe* Préparer une mauvaise action. SYN. agir en sous-main, combiner, comploter, conspirer, machiner, manigancer, mijoter, mitonner, préméditer, préparer. – FAMILIER : concocter, fabriquer, fricoter, goupiller, grenouiller, traficoter, trafiquer. – LITTÉRAIRE : cabaler, conjurer, nouer, ourdir. – POPULAIRE : magouiller.

tranchant *adjectif* Qui coupe net. SYN. acéré, affilé, affûté, aigu, aiguisé, coupant, effilé. CONTR. *émoussé.* ■ Qui dénote de l'autorité. SYN. absolu, autoritaire, cassant, catégorique, décidé, dur, impératif, impérieux, incisif, péremptoire. CONTR. *accommodant.*

tranché *adjectif* Qui a un caractère marqué. SYN. distinct, net, séparé. CONTR. *composite, confus, indistinct, vague.* ■ Affirmé catégoriquement. SYN. absolu, catégorique, franc, impératif, péremptoire. CONTR. *diplomatique, habile, prudent.*

trancher *verbe transitif* Séparer en deux. SYN. cisailler, couper, découper, faucher, fendre, sectionner, tailler, tronçonner. – LITTÉRAIRE : rompre. ■ Régler une difficulté. SYN. arbitrer, décider, départager, juger, prendre parti, prononcer, se prononcer, régler, résoudre, solutionner, statuer. CONTR. *atermoyer, hésiter, tergiverser.*

trancher *verbe transitif indirect* Former un contraste avec. SYN. contraster, se détacher, détonner, jurer, s'opposer, ressortir. CONTR. *s'accorder, aller avec, s'appareiller, s'apparenter, s'harmoniser.*

tranquille *adjectif* Que rien ne vient troubler. SYN. calme, doux, paisible, reposant. – LITTÉRAIRE : limpide. – POPULAIRE : peinard, pénard. CONTR. *agité, aventureux, brutal, bruyant, dangereux, déchaîné, endiablé, fatigant, hasardeux, houleux, mouvementé, orageux, périlleux, trépidant.* – LITTÉRAIRE : *impétueux, tempétueux, tumultueux.* ■ Qui respecte le repos des autres. SYN. pacifique, paisible, sage, silencieux. CONTR. *délirant, énervé, exalté, excité, fou, impétueux, infernal, insupportable, irascible, remuant, surexcité, survolté, tapageur, turbulent, violent.* – LITTÉRAIRE : *effervescent.* ■ Qui se sent en sécurité. SYN. confiant, flegmatique, rassuré, serein, sûr. – FAMILIER : cool, pépère, relax, relaxe. – LITTÉRAIRE : quiet. – POPULAIRE : peinard, pénard. CONTR. *affolé, angoissé, anxieux, apeuré, contrarié, inquiet, tourmenté, troublé.*

tranquillement *adverbe* D'une manière réfléchie. SYN. calmement, froidement, gentiment, paisiblement, posément, sagement. – POPULAIRE : peinardement, pénardement. CONTR. *fébrilement, fiévreusement, nerveusement.* ■ Sans se presser. SYN. lentement, mollement, patiemment, placidement, sereinement. CONTR. *activement, bon train, à bride abattue, brusquement, brutalement, en catastrophe, en un clin d'œil, comme un bolide, comme une flèche, en coup de vent, en deux temps, trois mouvements, expéditivement, à fond de cale, à fond de train, à fond la caisse, à la hâte, hâtivement, impatiemment, en un instant, nerveusement, au pas de charge, au pas de course, précipitamment, prestement, promptement, en un rien de temps, rondement, soudain, soudainement, subitement, sur les chapeaux de roue, tambour battant, à tombeau ouvert, à toute allure, à toute bride, à toute hâte, en toute hâte, à toute vitesse, toutes affaires cessantes, à un train d'enfer, ventre à terre, vite, en vitesse, vivement.* – ARGOTIQUE : *à donf.* – FAMILIER : *en cinq sec, dare-dare, en deux, trois coups de cuiller à pot, en quatrième vitesse, rapido presto, rapidos, subito, subito presto, en un temps record, en un tour de main, à toute blinde, à toute vapeur, à toute(s) pompe(s), à la vitesse grand V.* – LITTÉRAIRE : *diligemment.* – POPULAIRE : *comme un pet (de lapin) sur une toile cirée, à tout berzingue, à toute barde, à toute berzingue, à toute bitture.* – VIEUX : *en un tournemain.*

tranquillisant *nom masculin* Substance qui calme la douleur, l'excitation. SYN. anxiolytique, calmant, sédatif. CONTR. *excitant, stimulant.* – VIEUX : *analeptique.*

tranquillisant *adjectif* Qui tranquillise. SYN. apaisant, calmant, délassant, rassurant, sécurisant. CONTR. *affolant, alarmant, angoissant,* *bouleversant, effrayant, grave, inquiétant, menaçant, patibulaire, préoccupant, redoutable, sombre, troublant.*

tranquilliser *verbe* Délivrer d'une inquiétude. SYN. apaiser, calmer, pacifier, rassurer, sécuriser. – LITTÉRAIRE : rasséréner. CONTR. *affoler, agiter, alarmer, angoisser, déconcerter, décontenancer, effrayer, faire peur, horrifier, inquiéter, obséder, paniquer, terrifier, terroriser, tourmenter, troubler.* – VIEUX : *soucier.*

tranquilliser (se) *verbe pronominal* Cesser de s'inquiéter. SYN. dormir sur ses deux oreilles, se rassurer. – LITTÉRAIRE : se rasséréner. CONTR. *s'alarmer, s'inquiéter.*

tranquillité *nom féminin* État de ce qui est calme. SYN. accalmie, calme, équilibre, ordre, sécurité, silence. CONTR. *activité, agitation, bouillonnement, déchaînement, désordre, effervescence, perturbation, tempête, trouble.* – LITTÉRAIRE : *bourrasque, orage, tourmente, turbulence.* ■ Absence d'inquiétude. SYN. apaisement, paix, placidité, sérénité. – LITTÉRAIRE : quiétude. CONTR. *affolement, angoisse, anxiété, appréhension, crainte, désarroi, effroi, énervement, inquiétude.*

transaction *nom féminin* Contrat qui termine un conflit. SYN. accommodement, arrangement, compromis, conciliation.

transalpin *adjectif* Au-delà des Alpes. SYN. – LITTÉRAIRE : ultramontain. CONTR. *cisalpin.*

transbordeur *nom masculin* Navire pour le transport des passagers et des voitures. SYN. car-ferry, ferry. ■ Navire pour le transport des trains ou des voitures. SYN. ferry, ferry-boat.

transcendance *nom féminin* Caractère supérieur. SYN. achèvement, excellence, perfection, prééminence. CONTR. *imperfection, médiocrité, nullité.*

transcendant *adjectif* Qui excelle. SYN. élevé, d'exception, exceptionnel, extraordinaire, incomparable, remarquable, sublime, supérieur. – LITTÉRAIRE : suréminent.

transcender *verbe* LITTÉRAIRE. Dépasser quelque chose. SYN. exalter, idéaliser, purifier. – LITTÉRAIRE : magnifier, spiritualiser, sublimer.

transcriptase *nom féminin* Enzyme permettant la synthèse de l'A.R.N. SYN. A.R.N.-polymérase.

transcrire *verbe* Mettre par écrit. SYN. copier, écrire, enregistrer, inscrire, marquer, noter, recopier, reporter.

transcutané *adjectif* Absorbé à travers la peau. SYN. percutané, transdermique.

transdermique *adjectif* Absorbé à travers la peau. SYN. percutané, transcutané.

transe *nom féminin* LITTÉRAIRE. État d'exaltation. SYN. exaltation, ravissement. – LITTÉRAIRE : extase, transport. ■ LITTÉRAIRE. Vive inquiétude. SYN. angoisse, anxiété, tourment, tracas. – LITTÉRAIRE : affres. CONTR. *paix, sérénité.* – LITTÉRAIRE : *quiétude, repos.*

transférable *adjectif* Qui peut être transféré. SYN. cessible, transmissible. CONTR. *incessible, incommunicable, intransmissible.*

transfèrement *nom masculin* Action de transférer. SYN. acheminement, déplacement, transfert, transmission, transport. – LITTÉRAIRE : translation.

transférer *verbe* Faire passer d'un lieu en un autre. SYN. acheminer, amener, déplacer, transplanter, transporter. ■ Donner un bien à quelqu'un. SYN. céder, confier, déléguer, léguer, passer, transmettre.

transfert *nom masculin* Action de transférer. SYN. acheminement, déplacement, transfèrement, transmission, transport. – LITTÉRAIRE : translation.

transformable *adjectif* Qui peut être transformé. SYN. changeable, modifiable. CONTR. *immuable, inchangeable.*

transformation *nom féminin* Action de transformer. SYN. avatar, changement, évolution, innovation, modification, rénovation. – LITTÉRAIRE : transmutation. – VIEUX : conversion. ■ Action de se transformer. SYN. métamorphose.

transformé *adjectif* Qui n'est plus le même. SYN. altéré, changé, différent, méconnaissable, métamorphosé, modifié. CONTR. *identique, inaltéré, inchangé, intact.*

transformer *verbe* Rendre une chose différente. SYN. arranger, changer, remanier, renouveler, rénover, transmuer, transmuter. – LITTÉRAIRE : convertir. ■ LITTÉRAIRE. Faire changer quelqu'un. SYN. changer, métamorphoser, modifier. – LITTÉRAIRE : pétrir.

transformer (se) *verbe pronominal* Changer d'aspect. SYN. changer, évoluer, se métamorphoser, se modifier, varier. CONTR. *se conserver, se fixer, se maintenir.* ■ Passer à un nouvel état. SYN. se changer, devenir.

transformisme *nom masculin* Théorie de l'évolution. SYN. darwinisme, évolutionnisme, lamarckisme, mutationnisme. CONTR. *fixisme.*

transfuser *verbe* LITTÉRAIRE. Communiquer un sentiment. SYN. inspirer, insuffler, passer, souffler, transmettre. – LITTÉRAIRE : infuser, inoculer, instiller.

transgresser *verbe* Ne pas respecter une loi. SYN. contrevenir, déroger, désobéir, enfreindre, franchir, mépriser, outrepasser, piétiner, tourner, violer. – LITTÉRAIRE : pécher contre. CONTR. *se conformer, observer, se plier, respecter, se soumettre, suivre.*

transgression *nom féminin* Action de violer une loi. SYN. désobéissance, entorse, inobservation, manquement, violation. – LITTÉRAIRE : viol. CONTR. *observation, respect, soumission.* – LITTÉRAIRE : *observance.*

transi *adjectif* Saisi par le froid. SYN. frissonnant, gelé, glacé, grelottant. ■ Paralysé par un sentiment. SYN. cloué, figé, médusé, paralysé, pétrifié.

transiger *verbe* Conclure un arrangement. SYN. amener à composition, s'arranger, composer, discuter, négocier, pactiser, parlementer, traiter.

transillumination *nom féminin* Procédé d'examen d'une tuméfaction. SYN. diaphanoscopie.

transir *verbe* LITTÉRAIRE. Engourdir, en parlant du froid. SYN. geler, glacer, paralyser, pénétrer, saisir, transpercer.

transitif *adjectif et nom masculin* Qui se construit avec un complément d'objet. CONTR. *intransitif.*

transition *nom féminin* Passage à une autre idée. SYN. enchaînement, liaison, lien.

transitoire *adjectif* Qui ne dure pas. SYN. caduc, éphémère, momentané, passager, précaire. CONTR. *chronique, durable, éternel, immuable, interminable, perpétuel.* ■ Qui sert de transition. SYN. intérimaire, intermédiaire, provisoire, temporaire. CONTR. *définitif, irrévocable, permanent, stable.*

transitoirement *adverbe* LITTÉRAIRE. De façon transitoire. SYN. momentanément, passagèrement, provisoirement, temporairement. CONTR. *constamment, définitivement, durablement, en permanence, perpétuellement, sans arrêt, sans relâche, sans répit.* – LITTÉRAIRE : *sempiternellement.*

transjuran *adjectif* Au-delà du Jura. CONTR. *cisjuran.*

translation *nom féminin* LITTÉRAIRE. Action de déplacer une chose. SYN. acheminement, déplacement, transfèrement, transfert, transport.

translucide *adjectif* Qui laisse passer la lumière. SYN. diaphane, transparent. – LITTÉRAIRE : cristallin. CONTR. *opaque, trouble.*

translucidité *nom féminin* Caractère translucide. SYN. transparence. – LITTÉRAIRE : diaphanéité. CONTR. *opacité.*

transmettre *verbe* Faire passer à quelqu'un. SYN. aliéner, céder, déléguer, laisser, léguer, passer, perpétuer, transférer. CONTR. *acquérir, hériter.* ■ Faire parvenir. SYN. adresser, communiquer, renvoyer, transférer. ■ Faire passer d'un organisme à un autre. SYN. communiquer, contaminer, propager, transfuser, véhiculer. CONTR. *immuniser.*

transmettre (se) *verbe pronominal* Passer de l'un à l'autre. SYN. se propager, se répandre.

transmigration *nom féminin* LITTÉRAIRE. Action de transmigrer. SYN. émigration, exil, exode, migration, transplantation. ■ Passage de l'âme dans un autre corps après la mort. SYN. métempsycose, réincarnation.

transmigrer *verbe* LITTÉRAIRE. Aller vivre dans un autre pays. SYN. émigrer, s'exiler, s'expatrier. CONTR. *immigrer.*

transmissible *adjectif* Qui peut être transmis. SYN. cessible, transférable. CONTR. *incessible, incommunicable, intransmissible.* ■ Qui se transmet par contagion. SYN. contagieux. – LITTÉRAIRE : épidémique.

transmission *nom féminin* Action de transmettre. SYN. cession, circulation, communication, diffusion, passation, propagation, transfert, translation.

transmuer *verbe* Transformer totalement. SYN. changer, convertir, métamorphoser, transformer.

transmutation *nom féminin* LITTÉRAIRE. Fait de changer une chose. SYN. changement, métamorphose, modification, mutation, transformation. – VIEUX : conversion.

transmuter *verbe* Transformer totalement. SYN. changer, convertir, métamorphoser, transformer.

transpadan *adjectif* Au-delà du Pô. CONTR. *cispadan.*

transparaître *verbe* Devenir visible. SYN. apparaître, se montrer, paraître, percer. – LITTÉRAIRE : poindre, pointer. ■ Devenir perceptible. SYN. se manifester, ressortir, se révéler, se voir. – LITTÉRAIRE : pointer.

transparence *nom féminin* Caractère translucide. SYN. translucidité. – LITTÉRAIRE : diaphanéité. CONTR. *opacité.* ■ Accessibilité d'une information. SYN. clarté, évidence, intelligibilité, limpidité, netteté. CONTR. *hermétisme, impénétrabilité, obscurité.* – LITTÉRAIRE : *opacité.*

transparent *adjectif* Qui laisse passer la lumière. SYN. diaphane, limpide, translucide. – LITTÉRAIRE : cristallin. CONTR. *opaque, trouble.* ■ Dont le sens se laisse deviner. **SYN.** clair, évident, limpide, manifeste. **CONTR.** *brumeux, caché, hermétique, inaccessible, incompréhensible, insaisissable, insondable, obscur.* – LITTÉRAIRE : *nébuleux, opaque, sibyllin, ténébreux.*

transpercer *verbe* Passer au travers de. **SYN.** cribler, perforer, traverser, trouer. ■ Atteindre profondément (sensation). **SYN.** frapper, glacer, mouiller, pénétrer. – LITTÉRAIRE : transir.

transpiration *nom féminin* Élimination de la sueur par la peau. **SYN.** sudation.

transpirer *verbe* Exhaler de la sueur par la peau. **SYN.** avoir des vapeurs, être en eau, être en nage, être en sueur, ne plus avoir un poil de sec, suer. – FAMILIER : attraper une suée.

transplantation *nom féminin* Action de s'établir ailleurs. **SYN.** émigration, exil, migration. – LITTÉRAIRE : transmigration.

transplanter *verbe* Changer un végétal de place. **SYN.** dépoter, rempoter, repiquer. ■ Établir quelqu'un ailleurs. **SYN.** déplacer, déporter, transférer.

transplantoir *nom masculin* Outil de jardinage. **SYN.** déplantoir.

transpondeur *nom masculin* Amplificateur de télécommunications. **SYN.** répéteur.

transport *nom masculin* Action de transporter. **SYN.** acheminement, déplacement, expédition, transfert. – LITTÉRAIRE : translation. ■ LITTÉRAIRE. Émotion vive. **SYN.** chaleur, effusion, élan, emballement, exaltation, griserie, ivresse, ravissement. – LITTÉRAIRE : enivrement, transe. **CONTR.** *désenchantement, désillusion.*

transportable *adjectif* Qui peut être transporté. **SYN.** déplaçable, portable. **CONTR.** *intransportable.*

transporté *adjectif* Sous le coup d'une émotion. **SYN.** aux anges, comblé, enchanté, enthousiasmé, extasié, fou, ivre, ravi, au septième ciel. – FAMILIER : emballé.

transporter *verbe* Faire passer d'un lieu à un autre. **SYN.** acheminer, amener, bouger, camionner, charrier, conduire, déménager, emporter, entraîner, porter, transférer, véhiculer. – VIEUX : voiturer. ■ Placer dans un autre contexte. **SYN.** adapter, replacer, transposer. ■ LITTÉRAIRE. Provoquer un sentiment vif. **SYN.** charmer, combler de joie, électriser, enivrer, enthousiasmer, galvaniser, ravir, régaler, surexciter. – FAMILIER : emballer. – LITTÉRAIRE : enflammer. **CONTR.** *décevoir.*

transporter (se) *verbe pronominal* Se déplacer quelque part. **SYN.** aller, faire route vers, se rendre.

transposer *verbe* Changer l'ordre de. **SYN.** intervertir, inverser, permuter, renverser, retourner. ■ Situer dans un autre milieu. **SYN.** adapter, replacer, transporter.

transposition *nom féminin* Action de transposer. **SYN.** déplacement, interversion, inversion, permutation.

transrhénan *adjectif* Au-delà du Rhin. **CONTR.** *cisrhénan.*

transsubstantiation *nom féminin* Transformation du pain et du vin en corps et sang du Christ. **CONTR.** *consubstantiation, impanation.*

transtarse *nom masculin* Extrémité de la patte des crustacés. **SYN.** dactylopodite.

trappage *nom masculin* Capture d'animaux avec des pièges. **SYN.** piégeage.

trapu *adjectif* Qui est court et large. **SYN.** épais, massif, râblé, ramassé. – FAMILIER : boulot, courtaud. **CONTR.** *allongé, délicat, élancé, filiforme, fin, fluet, grêle, longiligne, svelte, ténu.* – LITTÉRAIRE : *délié.* ■ FAMILIER. Qui a des connaissances. **SYN.** fort, instruit, savant. – FAMILIER : calé, ferré, fortiche. **CONTR.** *ignare, ignorant, inculte, nul.* – VIEUX : *illettré.* ■ FAMILIER. Se dit d'un problème ardu. **SYN.** coton, délicat, difficile, dur, pointu. – FAMILIER : calé, vache. **CONTR.** *facile, simple.*

traquenard *nom masculin* Machination contre quelqu'un. **SYN.** chausse-trape, chausse-trappe, coup monté, embûche, embuscade, guêpier, guet-apens, piège, souricière. – LITTÉRAIRE : écueil.

traquer *verbe* Poursuivre sans relâche. **SYN.** harceler, pourchasser, presser.

traumatiser *verbe* Provoquer un choc. **SYN.** choquer, commotionner, ébranler, perturber, secouer, troubler. – FAMILIER : révolutionner.

traumatisme *nom masculin* Émotion violente. **SYN.** choc, commotion, coup, ébranlement, secousse.

travail *nom masculin* Activité professionnelle. **SYN.** emploi, fonction, métier, occupation, place, poste, profession, situation. – FAMILIER : business, job. – POPULAIRE : boulot, turbin. **CONTR.** *chômage, liberté, loisir, repos.* ■ Effort visant à produire. **SYN.** besogne, œuvre, opération, tâche. – FAMILIER : ouvrage. – LITTÉRAIRE : labeur. **CONTR.** *désœuvrement, inaction, inactivité, inoccupation, oisiveté.* ■ Manière de travailler un objet. **SYN.** confection, exécution, façon, technique. – LITTÉRAIRE : facture.

travaillé *adjectif* Élaboré avec soin. **SYN.** affecté, apprêté, étudié, façonné, fignolé, fini, fouillé, ouvragé, précieux, recherché, soigné, sophistiqué. – FAMILIER : léché. – LITTÉRAIRE : ciselé, ouvré.

– VIEUX : perlé. CONTR. *brut, grossier, sobre.* – FAMILIER : *ni fait ni à faire.*

travailler *verbe intransitif* Effectuer un travail. SYN. abattre de la besogne. – FAMILIER : bûcher, cravacher, mettre de l'huile de coude, en mettre un coup, trimer. – POPULAIRE : bosser, boulonner, marner, turbiner. CONTR. *chômer, se croiser les bras, dormir, fainéanter, musarder, paresser, se prélasser, se reposer, se rouler les pouces, se tourner les pouces.* – FAMILIER : *buller, se la couler douce, flemmarder, tirer sa flemme.* – LITTÉRAIRE : *muser.* – POPULAIRE : *glander, ne pas en fiche une rame, se les rouler, tirer au cul, tirer au flanc.* ■ Avoir une profession. SYN. gagner sa vie. – FAMILIER : gagner sa croûte, gagner son bifteck. – POPULAIRE : bosser. CONTR. *être au chômage.* – FAMILIER : *être sur le sable.* ■ Ne plus être droit. SYN. se déformer, gauchir, gondoler, jouer.

travailler *verbe transitif* Chercher à perfectionner. SYN. façonner, fignoler, fouiller, polir, soigner. – FAMILIER : lécher. – LITTÉRAIRE : châtier. ■ Approfondir la connaissance de. SYN. étudier. – FAMILIER : bosser, bûcher, potasser. – LITTÉRAIRE : cultiver. – VIEUX : piocher. ■ Exercer une influence sur. SYN. agir sur, agiter, exciter, influencer, peser sur. ■ Faire souffrir quelqu'un. SYN. hanter, inquiéter, lanciner, obnubiler, obséder, occuper, poursuivre, préoccuper, ronger, tarauder, torturer, tourmenter, tracasser, troubler. – FAMILIER : tarabuster. – LITTÉRAIRE : habiter.

travailler *verbe transitif indirect* Faire tous ses efforts pour. SYN. s'appliquer à, s'attacher à, se donner un mal de chien, s'efforcer de, s'employer à, s'escrimer à, s'évertuer à, s'ingénier à, s'occuper, œuvrer, préparer, tâcher de, tenter de. – FAMILIER : se couper en quatre, se mettre en quatre.

travailleur *adjectif* et *nom* Qui aime travailler. SYN. appliqué, consciencieux, courageux, studieux. – FAMILIER : bûcheur. – LITTÉRAIRE : laborieux. – POPULAIRE : bosseur, chiadeur, polard. CONTR. *fainéant, paresseux.* – FAMILIER : *cossard, faignant, feignant, flemmard.* – POPULAIRE : *glandeur.*

travers *nom masculin* Imperfection morale. SYN. défaut, tort, vice. CONTR. *qualité, vertu.* ■ ***De travers,*** de façon oblique. SYN. de biais, en biais, de côté, en diagonale. – FAMILIER : de guingois. – POPULAIRE : de traviole. CONTR. *droit.*

traverse *nom féminin* LITTÉRAIRE. Ce qui fait obstacle. SYN. danger, difficulté, entrave, épreuve, obstacle, pierre d'achoppement. – LITTÉRAIRE : écueil.

traversée *nom féminin* Action de traverser. SYN. franchissement, passage.

traverser *verbe* Aller d'un bord à l'autre. SYN. couper, croiser, franchir. ■ Pénétrer de part en part. SYN. pénétrer, percer, perforer, transpercer, trouer.

traversin *nom masculin* Coussin long. SYN. – FAMILIER : polochon.

travestir *verbe* Revêtir d'un déguisement. SYN. affubler, costumer, déguiser. ■ Fausser quelque chose. SYN. contrefaire, défigurer, déformer, falsifier, fausser, maquiller, masquer. – LITTÉRAIRE : déguiser, farder, habiller. CONTR. *démasquer, montrer.*

travestisme *nom masculin* Adoption des vêtements et des habitudes du sexe opposé. SYN. éonisme.

travestissement *nom masculin* Manière de se déguiser. SYN. accoutrement, déguisement, travesti. ■ Action de fausser quelque chose. SYN. altération, camouflage, déformation, dénaturation, falsification, maquillage. – LITTÉRAIRE : masque.

trébuchant *adjectif* Qui perd l'équilibre. SYN. chancelant, flageolant, incertain, titubant, tremblant, tremblotant, zigzagant. – LITTÉRAIRE : vacillant.

trébucher *verbe intransitif* Perdre l'équilibre. SYN. chanceler, flageoler, tituber, vaciller. – FAMILIER : tanguer.

trébucher *verbe transitif indirect* Être arrêté par une difficulté. SYN. achopper sur, buter sur, hésiter, se heurter à. – LITTÉRAIRE : chopper contre.

trébuchet *nom masculin* Petite balance à plateaux. SYN. ajustoir.

tréfonds *nom masculin* LITTÉRAIRE. Ce qu'il y a de plus intime. SYN. arrière-fond, fin fond, secret. – LITTÉRAIRE : recoin, repli, sanctuaire, sein.

tremblant *adjectif* Qui tremble d'émotion. SYN. affolé, apeuré, chevrotant, craintif, effrayé, épouvanté, frémissant, palpitant, terrifié, terrorisé. ■ Agité d'un tremblement. SYN. défaillant, flageolant, oscillant, titubant, trébuchant, tremblotant. – LITTÉRAIRE : trémulant, vacillant. CONTR. *ferme, sûr.*

tremblement *nom masculin* Agitation de ce qui tremble. SYN. frémissement, frisson, trépidation, vacillement, vibration. – LITTÉRAIRE : branle, frissonnement, vacillation.

trembler *verbe* Avoir le corps agité de frissons. SYN. frémir, frissonner, grelotter, trembloter. – LITTÉRAIRE : tressauter, vibrer. – POPULAIRE : sucrer les fraises. ■ Être agité de mouvements. SYN. chanceler, osciller, palpiter, vaciller, vibrer. – LITTÉRAIRE : trémuler, trépider, tressauter. ■ Éprouver une grande peur. SYN. s'affoler, s'alarmer, avoir des sueurs froides, avoir froid dans le dos, avoir la chair de poule, avoir peur, craindre, s'effrayer, redouter. – FAMILIER : avoir la colique, avoir la frousse, ne plus avoir un poil de sec, serrer les fesses. - **POPULAIRE** : les avoir à zéro, avoir la chiasse, avoir la pétoche, avoir la trouille, avoir le trouillomètre à zéro, avoir les chocottes, avoir les foies, avoir les grelots, avoir les jetons, baliser, faire dans sa culotte, faire dans son froc, fouetter.

tremblotant *adjectif* Qui tremblote. **SYN.** chevrotant, flageolant, frissonnant, trébuchant, tremblant. - **LITTÉRAIRE** : trémulant, vacillant.

trembloter *verbe* Trembler légèrement. **SYN.** chanceler, osciller, palpiter, papilloter, trembler, vaciller. - **LITTÉRAIRE** : trémuler, vibrer.

trémoussement *nom masculin* Action de se trémousser. **SYN.** dandinement, frétillement, gigotement, tortillement.

trémousser (se) *verbe pronominal* Bouger en tous sens. **SYN.** s'agiter, bouger, se dandiner, frétiller, gesticuler, se tortiller. - **FAMILIER** : gigoter.

trempe *nom féminin* Caractère propre à quelqu'un. **SYN.** envergure, nature, style, tempérament, type, valeur. ■ POPULAIRE. Vigoureuse correction. **SYN.** volée. - **FAMILIER** : pile, raclée, rossée, tabassée, tripotée. - **POPULAIRE** : dégelée, pâtée, peignée, rouste, tannée, tournée. - **VIEUX** : frottée.

trempé *adjectif* Imbibé d'eau. **SYN.** dégouttant, humide, mouillé, ruisselant. - **FAMILIER** : dégoulinant. **CONTR.** *sec.* ■ Qui a du caractère. **SYN.** cuirassé, endurci, fort. - **FAMILIER** : blindé.

tremper *verbe intransitif* Être plongé dans un liquide. **SYN.** baigner, macérer, mariner. ■ Participer à une affaire louche. **SYN.** se compromettre. - **FAMILIER** : se mouiller.

tremper *verbe transitif* Plonger dans un liquide. **SYN.** baigner, imbiber, imprégner, noyer, plonger. **CONTR.** *assécher, dessécher, essuyer.* ■ Mouiller abondamment (liquide). **SYN.** arroser, asperger, doucher, inonder, mouiller. - **FAMILIER** : saucer. **CONTR.** *sécher.* ■ LITTÉRAIRE. Donner de la force à. **SYN.** aguerrir, cuirasser, durcir, endurcir, fortifier. - **FAMILIER** : blinder. - **LITTÉRAIRE** : retremper. **CONTR.** *amollir, ramollir.*

trémulant *adjectif* LITTÉRAIRE. Agité de tremblements. **SYN.** flageolant, frémissant, frissonnant, tremblant, tremblotant. - **LITTÉRAIRE** : vacillant.

trémuler *verbe* LITTÉRAIRE. Être agité d'un tremblement. **SYN.** frémir, frissonner, grelotter, palpiter, trembler, trembloter. - **LITTÉRAIRE** : vibrer.

trépang *nom masculin* Animal invertébré des mers chaudes. **SYN.** bêche-de-mer, biche-de-mer, tripang.

trépas *nom masculin* LITTÉRAIRE. Fin de la vie. **SYN.** décès, disparition, fin, mort. - **LITTÉRAIRE** : dernier sommeil, repos éternel, sommeil éternel. **CONTR.** *naissance, vie.*

trépassé *nom* LITTÉRAIRE. Personne morte. **SYN.** décédé, défunt, disparu, mort. **CONTR.** *vivant.*

trépasser *verbe* LITTÉRAIRE. Cesser de vivre. **SYN.** s'en aller, décéder, disparaître, s'endormir, s'éteindre, expirer, faire le grand voyage, finir, mourir, partir, passer de vie à trépas, périr, quitter la scène, rendre l'âme, succomber. - **FAMILIER** : passer l'arme à gauche, y rester. - **LITTÉRAIRE** : exhaler le dernier soupir, rendre le dernier soupir. - **VIEUX** : passer. **CONTR.** *être en vie, vivre.*

trépidant *adjectif* Plein d'agitation. **SYN.** agité, animé, mouvementé, orageux, saccadé. - **LITTÉRAIRE** : effervescent, tourbillonnant, tumultueux. **CONTR.** *doux, paisible, tranquille.*

trépidation *nom féminin* Vive agitation. **SYN.** animation, bouillonnement, mouvement, perturbation, tourbillonnement. - **LITTÉRAIRE** : turbulence. ■ Fait de trembler. **SYN.** frémissement, frisson, tremblement, vibration. - **LITTÉRAIRE** : frissonnement.

trépider *verbe* LITTÉRAIRE. Être agité de secousses. **SYN.** frémir, palpiter, trembler. - **LITTÉRAIRE** : vibrer.

trépignement *nom masculin* Action de trépigner. **SYN.** piaffement, piétinement.

trépigner *verbe* Frapper nerveusement le sol. **SYN.** bouillir, piaffer, piétiner.

très *adverbe* Indique l'intensité absolue. **SYN.** (à) cent pour cent, abominablement, absolument, admirablement, affreusement, au-delà de toute expression, bien, complètement, diamétralement, effroyablement, énormément, épouvantablement, exceptionnellement, excessivement, exclusivement, extraordinairement, extrêmement, à la folie, follement, foncièrement, fort, fortement, grandement, hautement, horriblement, immensément, immodérément, incroyablement, infiniment, littéralement, monstrueusement, mortellement, parfaitement, particulièrement, pleinement, au plus haut degré, au plus haut point, à un point inimaginable, prodigieusement, profondément, puissamment, radicalement, sans limite, sans réserve, sans restriction, strictement, supérieurement, suprêmement, terriblement, totalement, tout à fait, du tout au tout, trop, vertigineusement, vraiment, les yeux fermés. - **FAMILIER** : atrocement, bigrement, bougrement, carrément, diablement, drôlement, éperdument, fameusement, fichtrement, fichûment, formidablement, joliment, méchamment, rudement, superlativement, tout plein. - **LITTÉRAIRE** : au dernier point, diantrement, furieusement. - **POPULAIRE** : foutrement, salement, vachement. – VIEUX : fièrement. CONTR. *faiblement, guère, légèrement, pas, peu.*

trésor *nom masculin* Chose précieuse. SYN. chef-d'œuvre, merveille, richesse.

tressaillement *nom masculin* Fait de tressaillir. SYN. frisson, haut-le-corps, mouvement, soubresaut, sursaut. – LITTÉRAIRE : tressautement.

tressaillir *verbe* Avoir un brusque sursaut. SYN. bondir, frissonner, sauter, sursauter. – LITTÉRAIRE : tressauter.

tressautement *nom masculin* LITTÉRAIRE. Fait de tressauter. SYN. frisson, haut-le-corps, mouvement, saut, soubresaut, sursaut, tressaillement.

tressauter *verbe* LITTÉRAIRE. Avoir un sursaut. SYN. bondir, frissonner, sauter, sursauter, tressaillir. ■ LITTÉRAIRE. Être agité de secousses. SYN. osciller, sautiller, trembler, trembloter, vaciller. – LITTÉRAIRE : vibrer.

tresse *nom féminin* Mèches de cheveux entrelacées. SYN. natte.

tresser *verbe* Entrelacer des brins. SYN. croiser, enchevêtrer, entrecroiser, natter, nouer. ■ Entrelacer des mèches de cheveux. SYN. natter.

trêve *nom féminin* Cessation des hostilités. SYN. accalmie, armistice, cessez-le-feu, suspension d'armes. CONTR. *guerre, hostilités.* ■ Temps d'arrêt. SYN. coupure, intermission, pause, rémission, répit, repos, suspension. – LITTÉRAIRE : halte, relâche. CONTR. *recrudescence, regain.* ■ ***Sans trêve,*** sans interruption. SYN. constamment, continuellement, éternellement. CONTR. *épisodiquement, irrégulièrement, occasionnellement, sporadiquement, variablement.*

tri *nom masculin* Action de trier. SYN. choix, classement, sélection, triage.

triage *nom masculin* Action de classer. SYN. choix, classement, sélection, tri.

trialle *nom féminin* Petit mollusque bivalve comestible. SYN. donax, flion, olive, pignon.

triazène *nom masculin* Composé comportant trois atomes d'azote. SYN. diazoamine.

tribadisme *nom masculin* LITTÉRAIRE. Homosexualité féminine. SYN. lesbianisme. – LITTÉRAIRE : saphisme.

tribord *nom masculin* Côté droit d'un navire. CONTR. *bâbord.*

tribu *nom féminin* Groupement de familles. SYN. clan, ethnie, peuplade.

tribulations *nom féminin pluriel* Suite de déboires. SYN. aléas, aventure, difficulté, épreuve, hasards, mésaventure, vicissitudes. – LITTÉRAIRE : misère.

tribun *nom masculin* Personne qui parle en public. SYN. conférencier, orateur, prédicateur.

tribut *nom masculin* LITTÉRAIRE. Conséquence regrettable. SYN. prix, rançon, récompense, sanction.

tributaire *nom masculin* Cours d'eau qui se jette dans un autre. SYN. affluent.

tributaire *adjectif* Qui dépend de. SYN. asservi, dépendant, prisonnier, soumis, subordonné, suspendu.

tricher *verbe* Enfreindre des règles. SYN. frauder. – FAMILIER : resquiller, truander.

tricherie *nom féminin* Fait de tricher. SYN. escroquerie, fraude, tromperie, trucage, truquage. – FAMILIER : embrouille.

tricheur *nom* Personne qui triche. SYN. escroc, fraudeur, imposteur, mystificateur, truqueur. – FAMILIER : resquilleur. – POPULAIRE : maquilleur.

trichlorométhane *nom masculin* Anesthésique général. SYN. chloroforme.

tricholome *nom masculin* ***Tricholome nu,*** variété de champignon. SYN. pied-bleu. ■ ***Tricholome de la Saint-Georges,*** petit champignon comestible. SYN. meunier, mousseron.

trichomonadale *nom féminin* Protozoaire parasite. SYN. polymastigine.

trichonymphine *nom féminin* Protozoaire flagellé. SYN. hypermastigine.

tricot *nom masculin* Vêtement qui couvre le buste. SYN. chandail, gilet, lainage, laine, pull, pull-over.

trié *adjectif* Qui a fait l'objet d'un tri. SYN. choisi, sélectionné.

trier *verbe* Répartir selon des critères. SYN. classer, classifier, inventorier, passer au crible, répartir, répertorier, séparer, sérier. CONTR. *mélanger, mêler.* ■ Retenir une chose parmi d'autres. SYN. adopter, choisir, écrémer, filtrer, sélectionner.

trifouiller *verbe* FAMILIER. Fouiller sans méthode. SYN. fouiller, fureter, tripatouiller. – FAMILIER : farfouiller, fouiner, fourgonner, fourrager, tripoter.

trigle *nom masculin* Poisson marin des fonds vaseux. SYN. grondin.

trigonocéphale *nom masculin* Crotale sans sonnette. SYN. bothrops, fer-de-lance.

trilatéral *adjectif* Qui a trois côtés. SYN. triangulaire.

trimer *verbe* FAMILIER. Travailler dur. SYN. abattre de la besogne, se donner un mal de chien, peiner. – FAMILIER : en baver (des ronds de chapeau), bûcher, cravacher, mettre de l'huile de coude, en mettre un bon coup, en mettre un coup, en mettre un vieux coup. - POPULAIRE : bosser, boulonner, marner, turbiner. CONTR. *chômer, fainéanter, musarder, paresser, se prélasser, se reposer, se rouler les pouces, se tourner les pouces.* - FAMILIER : *buller, se la couler douce, flemmarder, tirer sa flemme.* - LITTÉRAIRE : *muser.* - POPULAIRE : *glander, ne pas en fiche une rame, se les rouler, tirer au cul, tirer au flanc.*

trinitrotoluène *nom masculin* Explosif puissant. SYN. T.N.T.

trinquer *verbe* FAMILIER. Subir un désagrément. SYN. endurer, subir, supporter. - FAMILIER : écoper, encaisser, essuyer les plâtres, payer les pots cassés, prendre. - LITTÉRAIRE : souffrir. - POPULAIRE : déguster, morfler.

triomphal *adjectif* Qui constitue un triomphe. SYN. éclatant, fastueux, glorieux, magnifique, somptueux, splendide. ■ Qui se fait avec chaleur. SYN. chaleureux, déchaîné, délirant, enthousiaste, fervent, frénétique.

triomphalement *adverbe* D'un air triomphant. SYN. victorieusement. CONTR. *lamentablement, piteusement, pitoyablement.* - FAMILIER : *minablement.* - LITTÉRAIRE : *piètrement.*

triomphant *adjectif* Qui a remporté le succès. SYN. gagnant, vainqueur, victorieux. - LITTÉRAIRE : triomphateur. CONTR. *perdant.* ■ Qui marque l'exultation. SYN. conquérant, content, heureux, radieux, rayonnant. - LITTÉRAIRE : triomphateur, vainqueur. CONTR. *penaud, piteux, pitoyable.* - FAMILIER : *minable.*

triomphateur *nom* Personne qui a remporté une victoire. SYN. gagnant, vainqueur. CONTR. *perdant, vaincu.*

triomphateur *adjectif* LITTÉRAIRE. Qui triomphe. SYN. gagnant, triomphant, vainqueur, victorieux. CONTR. *perdant.* ■ LITTÉRAIRE. Qui montre de la fierté. SYN. avantageux, conquérant, triomphant, vaniteux. - LITTÉRAIRE : vainqueur.

triomphe *nom masculin* Succès décisif. SYN. apothéose, consécration, réussite, succès, victoire. CONTR. *banqueroute, chute, culbute, débâcle, déconfiture, défaite, échec, faillite, insuccès, revers.* - FAMILIER : *fiasco, four, pile, piquette, plongeon, raclée.*

triompher *verbe intransitif* Remporter une victoire. SYN. décrocher le coquetier, dominer, l'emporter, gagner, prédominer, prévaloir, primer, réussir son coup, vaincre. - FAMILIER : décrocher la timbale, emporter le morceau, enlever le morceau. - LITTÉRAIRE : récolter les lauriers de. CONTR. *capituler, s'incliner, perdre.* ■ Être au-dessus des autres. SYN. avoir le monde à ses pieds, briller, se distinguer, émerger, être à l'apogée de, être au (à son) zénith, être au sommet de la vague, être en haut de l'échelle, exceller, faire un carton, se faire un nom, se faire une place au soleil, gagner son bâton de maréchal, s'illustrer. - POPULAIRE : cartonner, casser la baraque, faire un malheur, faire un tabac. ■ Manifester de la fierté. SYN. boire du petit-lait, exulter, jubiler, se réjouir. - FAMILIER : pavoiser.

triompher *verbe transitif indirect* Remporter un succès sur. SYN. anéantir, battre, défaire, dominer, écraser, l'emporter, franchir, primer, régner sur, surclasser, surmonter, surpasser, terrasser, vaincre. - FAMILIER : avoir. - LITTÉRAIRE : dompter.

tripaille *nom féminin* Amas de tripes. SYN. boyaux, entrailles, intestins.

tripang *nom masculin* Animal invertébré des mers chaudes. SYN. bêche-de-mer, biche-de-mer, trépang.

tripatouiller *verbe transitif* FAMILIER. Manipuler en tous sens. SYN. manier, manipuler, triturer. - FAMILIER : tripoter.

tripatouiller *verbe transitif indirect* Modifier frauduleusement. SYN. falsifier, maquiller. - FAMILIER : trafiquer, trifouiller.

tripe *nom féminin* FAMILIER. Intestin humain. SYN. boyaux, entrailles, viscères.

triplet *nom masculin* Unité formée par trois molécules biologiques. SYN. codon.

tripotage *nom masculin* FAMILIER. Opération malhonnête. SYN. agissements, manigances, maquignonnage. - FAMILIER : fricotage, grenouillage, trafic. - POPULAIRE : combine, magouillage, magouille.

tripotée *nom féminin* FAMILIER. Grande quantité de. SYN. armée, bande, bataillon, flot, foule, horde, kyrielle, légion, masse, meute, multitude, myriade, nuée, pléiade, tas, troupe, troupeau. - FAMILIER : armada, cohorte, flopée, foultitude, peuple, régiment, ribambelle, tapée. - LITTÉRAIRE : essaim, fourmilière. CONTR. *poignée.* ■ FAMILIER. Volée de coups. SYN. volée. - FAMILIER : pile, raclée, rossée, tabassée. - POPULAIRE : dégelée, dérouillée, pâtée, peignée, rouste, tannée, tournée, trempe. - VIEUX : frottée.

tripoter *verbe intransitif* FAMILIER. Fouiller sans soin. SYN. fouiller, fureter. - FAMILIER : farfouiller, fouiner, fourgonner, fourrager, trifouiller, tripatouiller. ■ FAMILIER. Agir malhonnêtement. SYN. comploter, manigancer, mijoter, trafiquer. - FAMILIER : fabriquer, fricoter. - POPULAIRE : magouiller.

tripoter *verbe transitif* FAMILIER. Toucher sans délicatesse. SYN. manier, manipuler, toucher, triturer. - FAMILIER : tripatouiller.

trique *nom féminin* Gros bâton. SYN. gourdin, massue, matraque.

trisomie *nom féminin* ***Trisomie 21,*** aberration chromosomique. SYN. – VIEUX : mongolisme.

trisomique *adjectif et nom* Atteint de la trisomie 21. SYN. mongolien.

triste *adjectif* Qui éprouve du chagrin. SYN. abattu, accablé, au bord des larmes, cafardeux, chagriné, nostalgique, peiné. – LITTÉRAIRE : chagrin. CONTR. *allègre, badin, enjoué, euphorique, gai, heureux, hilare, jovial, joyeux, radieux, ravi, réjoui, riant, rieur, souriant.* – LITTÉRAIRE : *folâtre.* ■ Qui n'est pas porté à rire. SYN. funèbre, macabre, mélancolique, morne, morose, pessimiste, rembruni, sinistre, sombre. CONTR. *content, optimiste.* ■ Qui fait naître la peine. SYN. affligeant, angoissant, attristant, déplorable, déprimant, désolant, dramatique, funeste, lamentable, malheureux, navrant, pitoyable. – FAMILIER : cafardeux. CONTR. *agréable, amusant, comique, désopilant, divertissant, drôle, hilarant, inénarrable, optimiste, plaisant, risible, stimulant, tonique.* – FAMILIER : *cocasse, crevant, marrant, rigolo, roulant, tordant.* ■ Qui est sans éclat. SYN. gris, lugubre, maussade, noir, piteux, terne. – FAMILIER : tristounet. – LITTÉRAIRE : sépulcral. CONTR. *animé, brillant, coloré, enchanteur, rayonnant.*

tristement *adverbe* Avec tristesse. SYN. mélancoliquement. CONTR. *allègrement, gaiement, jovialement, joyeusement.* ■ De façon terne. SYN. lugubrement. – LITTÉRAIRE : sinistrement. CONTR. *burlesquement.* ■ Pour des raisons fâcheuses. SYN. déplorablement, désagréablement, fâcheusement. CONTR. *avantageusement.*

tristesse *nom féminin* État de quelqu'un qui a du chagrin. SYN. abattement, affliction, chagrin, déchirement, mélancolie, neurasthénie, peine. – FAMILIER : cafard. – LITTÉRAIRE : navrement. CONTR. *allégresse, contentement, enjouement, entrain, euphorie, gaieté, hilarité, joie, jubilation, ravissement, réjouissance, satisfaction.* – LITTÉRAIRE : *exultation.* ■ Caractère d'une chose triste. SYN. grisaille, monotonie, morosité.

triturer *verbe* Réduire en poudre. SYN. broyer, malaxer, moudre, pulvériser. ■ Tordre en tous sens. SYN. manipuler. – FAMILIER : tripatouiller, tripoter.

trivial *adjectif* D'une crudité choquante. SYN. choquant, cru, graveleux, grossier, obscène, ordurier, vulgaire. CONTR. *élevé, haut, noble.* ■ LITTÉRAIRE. Qui relève du bon sens. SYN. banal, commun, évident, rebattu, usé. – FAMILIER : réchauffé.

trivialement *adverbe* De façon triviale. SYN. crûment, effrontément, grossièrement, vulgairement.

trivialité *nom féminin* Caractère grossier. SYN. grossièreté, incorrection, obscénité, verdeur, vulgarité. CONTR. *grandeur, noblesse.* – LITTÉRAIRE : *élévation.*

trochée *nom féminin* Touffe de jeunes pousses d'un arbre. SYN. cépée.

trochoïde *nom féminin* Courbe plane. SYN. cycloïde.

trogne *nom féminin* FAMILIER. Visage. SYN. figure, tête. – FAMILIER : bille, binette, bouille. – POPULAIRE : bobine, gueule, trombine, tronche.

trombe *nom féminin* Phénomène orageux violent. SYN. tornade. ■ ***Trombe d'eau,*** averse brutale. SYN. cataracte, déluge.

trombidion *nom masculin* Acarien piqueur. SYN. aoûtat, rouget, vendangeon.

trombine *nom féminin* POPULAIRE. Visage. SYN. figure, tête. – FAMILIER : bille, binette, bouille, trogne. – POPULAIRE : bobine, gueule, tronche.

trompe-l'œil *nom masculin invariable* Apparence trompeuse. SYN. dehors, façade, faux-semblant.

tromper *verbe* Abuser de la confiance de. SYN. abuser, bercer de paroles, berner, duper, emberlificoter, escroquer, filouter, induire en erreur, leurrer, mystifier, piéger, rouler dans la farine. – FAMILIER : avoir, blouser, bluffer, cocufier, embobiner, empaumer, empiler, feinter, ficher dedans, flouer, mener en bateau, mettre dedans, monter un bateau, pigeonner, posséder, promener, refaire, rouler. – LITTÉRAIRE : amuser, en faire accroire, gruger, illusionner, se jouer de. – POPULAIRE : arnaquer, baiser, bidonner, bourrer le mou, couillonner, entôler, entuber, faire un enfant dans le dos, foutre dedans, jobarder, niquer. CONTR. *détromper.* – LITTÉRAIRE : *désabuser.* ■ Échapper à l'attention de. SYN. déjouer, donner le change, endormir. – FAMILIER : feinter. ■ Ne pas répondre à un espoir. SYN. décevoir, frustrer, trahir.

tromper (se) *verbe pronominal* Commettre une erreur. SYN. s'abuser, s'aveugler, s'égarer, faire erreur, faire fausse route, s'illusionner, se leurrer, se méprendre, miser sur le mauvais cheval, ne pas avoir les yeux en face des trous, prendre des vessies pour des lanternes. – FAMILIER : être à côté de la plaque, se ficher dedans, se ficher le doigt dans l'œil, se fourrer le doigt dans l'œil. – LITTÉRAIRE : se fourvoyer. – POPULAIRE : se foutre dedans, se foutre le doigt dans l'œil, se gourer, se mettre le doigt dans l'œil, se planter. CONTR. *avoir raison, être dans le vrai.*

tromperie *nom féminin* Ce qui vise à tromper. SYN. bluff, fraude, hypocrisie, leurre, mystification, supercherie, tour de passe-passe, tricherie.

– FAMILIER : feinte, fumisterie. – LITTÉRAIRE : duperie, fourberie, imposture. CONTR. *franchise, sincérité.*

trompeter *verbe* VIEUX. Annoncer à grand bruit. SYN. annoncer, apprendre, avertir de, aviser de, claironner, clamer, corner, crier, crier sur les toits, déclarer, dire, faire part, informer, instruire, notifier, révéler, signaler, tambouriner. – FAMILIER : carillonner. – LITTÉRAIRE : emboucher la trompette de, proclamer.

trompette-de-la-mort *nom féminin* Champignon comestible noir, de forme évasée. SYN. craterelle.

trompeur *adjectif* Qui induit en erreur. SYN. captieux, fourbe, hypocrite, illusoire, insidieux, mensonger, menteur, perfide, spécieux, traître. – LITTÉRAIRE : artificieux, fallacieux. CONTR. *droit, franc, vrai.* – LITTÉRAIRE : *véridique.*

tronc *nom masculin* Partie supérieure du corps. SYN. buste, torse.

tronche *nom féminin* POPULAIRE. Expression du visage. SYN. figure, tête, visage. – FAMILIER : bille, binette, bouille, trogne. – POPULAIRE : bobine, gueule, poire, portrait, trombine.

tronçon *nom masculin* Morceau d'un objet. SYN. bout, division, fraction, partie, portion, section, segment. CONTR. *bloc, tout.*

tronçonner *verbe* Couper en tronçons. SYN. couper, débiter, découper, diviser, fragmenter, sectionner, segmenter, trancher.

trôner *verbe* Occuper la place d'honneur. SYN. parader, se pavaner, présider. – FAMILIER : plastronner.

tronqué *adjectif* Dont on a retranché une partie. SYN. abrégé, amputé, dénaturé, écourté, mutilé, raccourci. CONTR. *entier, intégral.*

tronquer *verbe* VIEUX. Retrancher l'extrémité de. SYN. amputer, couper, raccourcir, rogner. ■ Altérer un texte, etc. SYN. abréger, dénaturer, écourter, estropier, mutiler, sabrer.

trop *adverbe* À un haut degré. SYN. abominablement, affreusement, énormément, exceptionnellement, extraordinairement, extrêmement, follement, fort, fortement, grandement, hautement, immensément, incroyablement, infiniment, mortellement, particulièrement, prodigieusement, puissamment, très. – FAMILIER : bigrement, bougrement, diablement, drôlement, fameusement, fichtrement, formidablement, joliment, méchamment, rudement. – LITTÉRAIRE : furieusement. – POPULAIRE : salement, vachement. CONTR. *légèrement, moyennement, passablement, peu.* ■ Avec excès. SYN. abusivement, démesurément, énormément, exagérément, excessivement, immodérément, monstrueusement, outrageusement, terriblement. CONTR. *assez, chichement, au compte-gouttes, insuffisamment, légèrement, modérément, parcimonieusement, peu, raisonnablement.*

trophée *nom masculin* Ce qui témoigne d'une victoire. SYN. butin, capture, prise. – LITTÉRAIRE : dépouilles.

trop-plein *nom masculin* Quantité qui se déverse au-dehors. SYN. excédent, excès.

troquer *verbe* Donner un bien en échange. SYN. changer, échanger. CONTR. *conserver, garder.*

troquet *nom masculin* FAMILIER. Petit café. SYN. bar, café, estaminet. – FAMILIER : bistro, bistrot, zinc. – POPULAIRE : bistroquet, caboulot, mastroquet. – VIEUX : cabaret, taverne.

trotter *verbe* FAMILIER. Marcher vite. SYN. courir, galoper, voler. – FAMILIER : filer, foncer. – POPULAIRE : cavaler.

trottinette *nom féminin* Jouet d'enfant. SYN. patinette.

trou *nom masculin* Creux dans une surface. SYN. anfractuosité, brèche, cavité, creux, crevasse, enfoncement, excavation, faille, fosse, interstice, niche, orifice, ouverture, renfoncement, trouée. ■ Endroit usé d'une étoffe. SYN. accroc, déchirure. ■ Ce qui manque. SYN. défaillance, faille, hiatus, lacune, manque, omission, vide. ■ FAMILIER. Localité isolée. SYN. pays. – FAMILIER : patelin. – POPULAIRE : bled. ■ POPULAIRE. Cellule d'une prison. SYN. cachot. – ARGOTIQUE : ballon, gnouf. – POPULAIRE : bloc, cabane, mitard, placard, taule, tôle. ■ ***Faire son trou,*** se créer une situation sociale. SYN. arriver, se distinguer, s'élever, émerger, faire carrière, faire son chemin, se faire un nom, se faire une place au soleil, gagner son bâton de maréchal, s'imposer, monter, percer, réussir. – LITTÉRAIRE : parvenir. ■ ***Trou (de mémoire),*** brusque défaillance de la mémoire. SYN. absence, amnésie, oubli.

troublant *adjectif* Qui rend perplexe. SYN. bouleversant, déconcertant, déroutant, embarrassant, fascinant, frappant, inquiétant, saisissant, subjuguant. CONTR. *calmant, rassurant, sécurisant, tranquillisant.* ■ Qui provoque le désir sexuel. SYN. affolant, affriolant, aguichant, ensorcelant, excitant, provocant, provocateur.

trouble *nom féminin* Petit filet de pêche. SYN. bignon, troubleau, truble.

trouble *adjectif* Qui n'est pas limpide. CONTR. *clair, limpide, pur, transparent.* – LITTÉRAIRE : *cristallin.* ■ Qui manque de netteté. SYN. flou, voilé. CONTR. *net, translucide.* ■ Qui ne s'explique pas nettement. SYN. brumeux, confus, douteux, indécis, indéfini, indistinct, inquiétant, louche, obscur, suspect, vague. CONTR. *clair, limpide, net.*

trouble *nom masculin* État d'inquiétude. SYN. affolement, bouleversement, confusion, désarroi, ébranlement, effarouchement, embarras, gêne, indisposition, malaise. – LITTÉRAIRE : alarme, émoi. CONTR. *ataraxie, béatitude, calme, tranquillité.* – LITTÉRAIRE : *quiétude.* ■ Anomalie de fonctionnement. SYN. affection, altération, dérangement, dérèglement, détraquement, perturbation. ■ Altération des relations. SYN. désaccord, désordre, dissension, ébullition, fermentation, tension, zizanie. – LITTÉRAIRE : discorde, dissentiment.

troublé *adjectif* Qui éprouve un trouble. SYN. affolé, bouleversé, confus, démonté, ébranlé, égaré, ému, gêné, inquiet, préoccupé, remué, retourné, saisi, secoué, touché. – LITTÉRAIRE : pantelant. CONTR. *équilibré, impassible, imperturbable, indifférent, lucide, placide, posé, serein.* – LITTÉRAIRE : *quiet.* ■ Qui traverse des troubles. SYN. agité, houleux, mouvementé, orageux, tourmenté. – LITTÉRAIRE : tempétueux, tumultueux. CONTR. *calme, pacifique, paisible, tranquille.*

troubleau *nom masculin* Petit filet de pêche. SYN. bignon, trouble, truble.

trouble-fête *nom* Personne importune. SYN. gêneur, rabat-joie. – FAMILIER : casse-pieds, éteignoir, pisse-froid, raseur. – LITTÉRAIRE : importun. – POPULAIRE : pisse-vinaigre. – RARE : ardélion. CONTR. *boute-en-train, joyeux luron.* – FAMILIER : *joyeux drille.*

troubler *verbe* Altérer la limpidité de. SYN. altérer, brouiller, obscurcir, pervertir. – LITTÉRAIRE : corrompre. CONTR. *clarifier, filtrer, purifier.* ■ Causer du désordre. SYN. déranger, désagencer, désorganiser, perturber. – LITTÉRAIRE : accidenter. CONTR. *arranger, discipliner, ordonner, organiser, pacifier, tenir.* ■ Susciter l'inquiétude. SYN. affecter, affoler, agiter, ébranler, effaroucher, embarrasser, émouvoir, frapper, préoccuper, remuer, retourner, secouer, toucher, traumatiser, travailler. – FAMILIER : émotionner, révolutionner, tournebouler. CONTR. *raffermir, rassurer, sécuriser, tranquilliser.* – LITTÉRAIRE : *rasséréner.* ■ Faire perdre le fil de ses idées. SYN. déconcerter, démonter, dérouter, désarçonner, désorienter, gêner, impressionner, intimider, intriguer. – FAMILIER : chambouler. ■ Éveiller la sensualité. SYN. aguicher, ensorceler, envoûter, exciter, fasciner. CONTR. *indifférer, laisser froid, laisser indifférent.*

troubler (se) *verbe pronominal* Perdre contenance. SYN. se démonter, s'émouvoir. CONTR. *se calmer, se maîtriser, se reprendre.*

troubles *nom masculin pluriel* Agitation sociale grave. SYN. agitation, convulsions, effervescence, émeute, remous, secousse, sédition, soulèvement. – FAMILIER : grabuge. – LITTÉRAIRE : fomentation. CONTR. *ordre, paix.*

trouée *nom féminin* Large ouverture. SYN. brèche, ouverture, passage, percée, trou.

trouer *verbe* Faire un trou dans. SYN. déchirer, percer, perforer, transpercer, traverser.

trouillard *adjectif* POPULAIRE. Qui a la trouille. SYN. craintif, inquiet, lâche, pleutre, poltron, timoré, tremblant. – FAMILIER : froussard. – LITTÉRAIRE : couard, pusillanime. – POPULAIRE : foireux, péteux, pétochard. CONTR. *assuré, audacieux, brave, courageux, effronté, hardi, héroïque, intrépide.* – LITTÉRAIRE : *impavide, valeureux.*

trouillard *nom* POPULAIRE. Personne qui a la trouille. SYN. lâche, peureux, pleutre, poltron. – FAMILIER : femmelette, froussard, mauviette, poule mouillée. – LITTÉRAIRE : couard. – POPULAIRE : couille molle, dégonflé, foireux, pétochard. – VIEUX : capon. CONTR. *audacieux, brave, courageux.* – FAMILIER : *casse-cou.*

trouille *nom féminin* POPULAIRE. Peur intense. SYN. peur. – FAMILIER : frousse. – POPULAIRE : pétoche. CONTR. *bravoure, courage, intrépidité.*

troupe *nom féminin* Réunion de militaires. SYN. bataillon, détachement, escouade, forces, formation, patrouille, régiment, unité. ■ Groupe de personnes. SYN. armée, bande, bataillon, cortège, foule, groupe, pléiade, troupeau. – FAMILIER : armada, cohorte, régiment, tripotée. – LITTÉRAIRE : essaim. CONTR. *poignée.*

troupeau *nom masculin* Grand nombre de personnes. SYN. armée, bande, bataillon, colonie, foule, horde, multitude, myriade, pléiade, troupe. – FAMILIER : armada, cohorte, foultitude, régiment, tripotée. – LITTÉRAIRE : essaim. CONTR. *poignée.*

trouvaille *nom féminin* Chose heureusement trouvée. SYN. découverte, idée, innovation, invention.

trouver *verbe* Découvrir par hasard. SYN. découvrir, dénicher, mettre la main sur, mettre le doigt sur, rencontrer, tomber sur. – FAMILIER : dégoter, dégotter. CONTR. *chercher, égarer, perdre.* ■ Repérer quelque chose. SYN. déceler, découvrir, dépister, détecter, distinguer, remarquer, repérer, voir. ■ Être le créateur de. SYN. concevoir, créer, imaginer, inventer. ■ Être d'avis que. SYN. considérer, estimer, juger, penser.

trouver (se) *verbe pronominal* Estimer qu'on est tel. SYN. se croire, s'estimer, se juger, se sentir. ■ Être à tel endroit. SYN. résider, siéger, se situer.

truand *nom masculin* Personne malhonnête. SYN. bandit, brigand, canaille, crapule, gangster, malfaiteur, scélérat, vaurien, voyou. – POPULAIRE : malfrat.

truander *verbe* FAMILIER. Ne pas respecter les règles. SYN. escroquer, frauder, tricher, voler. – FAMILIER : flouer, resquiller. – POPULAIRE : arnaquer.

truble *nom féminin* Petit filet de pêche. SYN. bignon, trouble, troubleau.

trublion *nom masculin* Individu qui sème le trouble. SYN. agitateur, émeutier, factieux, mutin, perturbateur, provocateur, séditieux. – LITTÉRAIRE : excitateur, fomentateur.

truc *nom masculin* FAMILIER. Procédé ingénieux. SYN. artifice, combinaison, ficelle, moyen, procédé, recette, ruse, secret, stratagème, subterfuge, technique, tour de passe-passe. – FAMILIER : astuce, combine, roublardise. – LITTÉRAIRE : habileté. ■ FAMILIER. Ce dont on ignore le nom. SYN. chose. – FAMILIER : bidule, bitoniau, engin, machin, trucmuche.

trucage *nom masculin* Fait de truquer quelque chose. SYN. falsification, fraude, tricherie.

truchement *nom masculin* Fait de servir d'intermédiaire. SYN. biais, intermédiaire, voie. – LITTÉRAIRE : entremise.

trucider *verbe* FAMILIER. Faire périr violemment. SYN. abattre, assassiner, éliminer, envoyer ad patres, exécuter, massacrer, supprimer, tuer. – ARGOTIQUE : dézinguer. – FAMILIER : faire passer le goût du pain, ôter le goût du pain. – LITTÉRAIRE : faire passer de vie à trépas, occire, raidir. – POPULAIRE : buter, descendre, faire la peau, flinguer, ratatiner, rectifier, refroidir, zigouiller. – VIEUX : suriner.

truculence *nom féminin* Caractère truculent. SYN. crudité, gauloiserie, paillardise, polissonnerie, réalisme, verdeur. – LITTÉRAIRE : gaillardise, impudicité, salacité.

truffe *nom féminin* POPULAIRE. Personne stupide. SYN. âne, idiot, imbécile. – FAMILIER : abruti, andouille, ballot, bêta, bûche, buse, crétin, cruche, empaillé, noix. – POPULAIRE : cloche, cornichon, nouille. ■ FAMILIER. Gros nez. SYN. nez. – POPULAIRE : pif, tarin.

truffé *adjectif* FAMILIER. Qui est plein de. SYN. bondé, comble, débordant, encombré, farci, foisonnant, fourmillant, grouillant, rempli, surchargé. – FAMILIER : bourré, pourri. CONTR. *exempt, vide.*

truffer *verbe* Remplir à l'excès. SYN. bonder, bourrer, farcir, larder, remplir.

truisme *nom masculin* Vérité évidente. SYN. banalité, cliché, évidence, lapalissade, stéréotype, tautologie, vérité de la Palice.

truquage *nom masculin* Fait de truquer quelque chose. SYN. falsification, fraude, tricherie.

truqué *adjectif* Modifié habilement. SYN. contrefait, factice, falsifié, faux, simulé. – FAMILIER : bidon. CONTR. *conforme, sincère, vrai.*

truquer *verbe* Modifier frauduleusement. SYN. altérer, contrefaire, falsifier, fausser, maquiller, piper les dés. – FAMILIER : trafiquer.

trust *nom masculin* Groupement d'entreprises. SYN. association, cartel, consortium, entente, pool.

tsigane *nom masculin* Langue des Tsiganes. SYN. romani.

tsigane *nom* Personne du peuple de ce nom. SYN. bohémien, gitan, romanichel.

tuant *adjectif* FAMILIER. Qui fatigue à l'excès. SYN. accablant, affaiblissant, éprouvant, épuisant, esquintant, exténuant, fatigant, harassant, rude. – FAMILIER : cassant, claquant, crevant, éreintant, usant. CONTR. *délassant, reposant.* ■ FAMILIER. Qui ennuie profondément. SYN. ennuyeux, mortel, pénible. – FAMILIER : assommant, barbant, casse-pieds, embêtant, empoisonnant, enquiquinant, rasant, rasoir, soûlant, tannant. – POPULAIRE : canulant, chiant, emmerdant, suant. CONTR. *agréable, amusant, charmant, distrayant, divertissant, drôle, intéressant, passionnant, plaisant, récréatif.* – FAMILIER : *folichon.*

tubage *nom masculin* Revêtement étanche d'un puits. SYN. cuvelage.

tuberculeux *adjectif et nom* Atteint de tuberculose. SYN. – VIEUX : phtisique, poitrinaire, pulmonaire, tubard.

tué *adjectif* FAMILIER. Extrêmement fatigué. SYN. abattu, accablé, anéanti, à bout de course, à bout de force, à bout de souffle, brisé, épuisé, exténué, fatigué, fourbu, harassé, K.-O., las, mort de fatigue, recru, rendu, rompu, surmené, usé. – FAMILIER : achevé, au bout du rouleau, cassé, claqué, éreinté, esquinté, fini, flapi, H.S., kaput, lessivé, mort, moulu, à plat, pompé, à ramasser à la petite cuillère, raplapla, sur les genoux, vanné, vidé. – POPULAIRE : cané, crevé, rétamé, sur les rotules. CONTR. *dispos, frais, frais et dispos, reposé.* – FAMILIER : *en forme, frais comme un gardon, frais comme une rose, increvable, en pleine forme.* – VIEUX : *gaillard.*

tue-chien *nom masculin invariable* Plante des prés. SYN. colchique.

tuer *verbe* Causer la mort de. SYN. abattre, achever, assassiner, éliminer, envoyer ad patres, exécuter, massacrer, supprimer. – ARGOTIQUE : dézinguer. – FAMILIER : bousiller, estourbir, faire passer le goût du pain, liquider, ôter le goût du pain, trucider. – LITTÉRAIRE : faire passer de vie à trépas, immoler, occire, raidir. – POPULAIRE : buter, descendre, faire la peau, flinguer, ratatiner, rectifier, refroidir, zigouiller. – VIEUX : suriner. ■ FAMILIER. Épuiser quelqu'un. SYN. anéantir, épuiser, exténuer, fatiguer, harasser, miner, user. – FAMILIER : achever, claquer, crever, éreinter, esquinter, lessiver, vanner. CONTR. *remettre, remonter.* – FAMILIER : *ragaillardir, ravigoter, requinquer.* ■ Faire cesser quelque chose. SYN. anéantir, détruire, éradiquer, ruiner, saper, supprimer. CONTR. *épargner, sauver.* ■ Être la cause de la mort de. SYN. emporter, faucher, foudroyer, prendre, renverser.

tuer (se) *verbe pronominal* Se donner la mort. SYN. se détruire, mettre fin à ses jours, se suicider, se supprimer. – FAMILIER : se brûler la cervelle, se faire hara-kiri, se faire sauter la cervelle. ■ FAMILIER. S'épuiser de fatigue à. SYN. s'acharner, se battre, se démener, se dépenser, se donner un mal de chien, s'échiner, s'épuiser, s'escrimer, s'évertuer à, s'exténuer, faire des pieds et des mains, se multiplier, se remuer, s'user. – FAMILIER : se bagarrer, se claquer, se couper en quatre, se décarcasser, se défoncer, s'éreinter, s'esquinter, se mettre en quatre, mettre le paquet, suer, suer sang et eau. – POPULAIRE : se casser le cul, se crever, se fouler. CONTR. *fainéanter, musarder, paresser, se prélasser.* – FAMILIER : *buller, flemmarder, lambiner, lanterner, lézarder, tirer sa flemme.* – LITTÉRAIRE : *muser.* – POPULAIRE : *glander, ne pas en fiche une rame, tirer au cul, tirer au flanc.*

tuerie *nom féminin* Extermination massive. SYN. boucherie, carnage, extermination, hécatombe, massacre.

tueur *nom masculin* Personne qui commet un meurtre. SYN. assassin, criminel, massacreur, meurtrier. – LITTÉRAIRE : homicide, sicaire.

tuile *nom féminin* FAMILIER. Événement fâcheux. SYN. accident, avatar, catastrophe, déboire, ennui, incident, malchance, malheur, mésaventure. – FAMILIER : enquiquinement, os, pépin. – LITTÉRAIRE : infortune. – POPULAIRE : emmerdement.

tuméfaction *nom féminin* Gonflement d'une partie du corps. SYN. bosse, bouffissure, boursouflure, enflure, gonflement, intumescence, œdème.

tuméfier *verbe* Causer une tuméfaction. SYN. ballonner, bouffir, boursoufler, enfler, gonfler. CONTR. *désenfler.*

tumescence *nom féminin* Gonflement d'un organe. SYN. bouffissure, boursouflure, enflure, intumescence, renflement, turgescence.

tumescent *adjectif* En état de tumescence. SYN. bouffi, boursouflé, enflé, gonflé, intumescent, turgescent.

tumulte *nom masculin* Grand désordre bruyant. SYN. brouhaha, charivari, clameur, tapage, tintamarre, vacarme. – FAMILIER : boucan, chahut, raffut, tintouin, tohu-bohu. – POPULAIRE : bousin, ramdam. – VIEUX : boulevari, sabbat. CONTR. *silence.* ■ Grande agitation. SYN. agitation, bouillonnement, chaos, effervescence, fièvre, remous, tempête. – LITTÉRAIRE : bourrasque, orage, tourbillon, tourmente, turbulence. CONTR. *calme, paix.*

tumultueusement *adverbe* LITTÉRAIRE. Dans une grande agitation. SYN. bruyamment, fébrilement, fiévreusement. CONTR. *calmement, paisiblement, placidement, posément, sereinement.*

tumultueux *adjectif* LITTÉRAIRE. Marqué par l'agitation. SYN. bruyant, fracassant, houleux, impétueux, tapageur. CONTR. *calme, passif.* ■ LITTÉRAIRE. Se dit d'une eau agitée. SYN. bouillonnant, démonté. – LITTÉRAIRE : impétueux. CONTR. *apaisé, calmé, dormant, immobile.* ■ LITTÉRAIRE. Marqué par les passions. SYN. agité, fiévreux, frénétique, mouvementé, orageux, tourmenté, trépidant, troublé. – LITTÉRAIRE : tempétueux, tourbillonnant. CONTR. *discret, doux, impassible, muet, paisible, placide, réservé, sage, serein, tranquille.*

tuner *nom masculin* Récepteur de radio. SYN. syntoniseur.

tungstate *nom masculin* Sel d'un acide tungstique. SYN. wolframate.

tunicier *nom masculin* Animal marin enveloppé d'une tunique. SYN. urocordé.

turbin *nom masculin* POPULAIRE. Travail rémunéré. SYN. travail. – POPULAIRE : boulot, turf.

turbiner *verbe* POPULAIRE. Travailler dur. SYN. abattre de la besogne, se donner un mal de chien, peiner. – FAMILIER : en baver (des ronds de chapeau), bûcher, cravacher, mettre de l'huile de coude, en mettre un bon coup, en mettre un coup, en mettre un vieux coup, trimer. – POPULAIRE : bosser, boulonner, marner. CONTR. *chômer, fainéanter, musarder, paresser, se prélasser, se reposer, se rouler les pouces, se tourner les pouces.* – FAMILIER : *buller, se la couler douce, flemmarder, tirer sa flemme.* – LITTÉRAIRE : *muser.* – POPULAIRE : *glander, ne pas en fiche une rame, se les rouler, tirer au cul, tirer au flanc.*

turbulence *nom féminin* Caractère turbulent. SYN. dispersion, dissipation, fougue, impétuosité, pétulance, véhémence. – LITTÉRAIRE : vivacité. CONTR. *apathie, indolence, nonchalance, passivité, placidité, sagesse, tranquillité.* ■ LITTÉRAIRE. Agitation bruyante. SYN. agitation, bouillonnement, ébullition, effervescence, frénésie, tempête, trépidation, tumulte. – LITTÉRAIRE : bourrasque, orage, tourbillon, tourmente. CONTR. *calme, paix, silence.*

turbulent *adjectif* Qui ne tient pas en place. SYN. agité, diable, dissipé, intenable, remuant, tapageur. CONTR. *calme, discipliné, docile, paisible, sage, tranquille.*

turgescence *nom féminin* Gonflement d'un organe. SYN. bouffissure, boursouflure, congestion, enflure, intumescence, renflement, tumescence.

turgescent *adjectif* En état de turgescence. SYN. bouffi, boursouflé, enflé, gonflé, intumescent, tumescent.

turlupiner *verbe* FAMILIER. Créer une inquiétude. SYN. agiter, alarmer, causer du souci, chagriner, ennuyer, inquiéter, lanciner, miner, obnubiler, obséder, préoccuper, ronger, tarauder, torturer, tourmenter, tracasser, travailler. – **FAMILIER** : causer du tintouin, chicaner, chiffonner, embêter, enquiquiner, tarabuster. – **POPULAIRE** : emmerder. – **VIEUX** : soucier.

turpide *adjectif* LITTÉRAIRE. Qui fait preuve de laideur morale. SYN. abject, atroce, ignoble, immonde, immoral, infâme, répugnant, sordide, vilain. – **LITTÉRAIRE** : ignominieux, nauséeux, vil.

turpitude *nom féminin* LITTÉRAIRE. Laideur morale. SYN. abjection, avilissement, bassesse, dégradation, déshonneur, honte, ignominie, indignité, infamie, laideur. – **LITTÉRAIRE** : opprobre, vilenie. CONTR. *honneur.*

tutélaire *adjectif* LITTÉRAIRE. Qui prend sous sa protection. SYN. attentif, attentionné, bon, protecteur, soucieux de.

tuteur *nom masculin* Longue pièce de bois pour attacher des plantes. SYN. échalas, perche, pieu.

tuteur *nom* LITTÉRAIRE. Ce qui sert de protection. SYN. appui, défenseur, gardien, protecteur, soutien. – **LITTÉRAIRE** : mainteneur.

tuyau *nom masculin* Axe creux d'une plume d'oiseau. SYN. calamus. ■ FAMILIER. Information confidentielle. SYN. avis, conseil, indication, information, nouvelle, renseignement.

tuyauter *verbe* FAMILIER. Renseigner secrètement. SYN. éclairer, éclairer la lanterne de, fixer, informer, instruire, mettre au courant, renseigner. – **FAMILIER** : briefer. – **POPULAIRE** : affranchir, mettre au parfum.

twi *nom masculin* Langue africaine. SYN. akan.

tympanon *nom masculin* Instrument de musique à cordes. SYN. cymbalum.

type *nom masculin* Modèle générique. SYN. archétype, canon, échantillon, exemplaire, exemple, idéal, modèle, prototype, spécimen. – **LITTÉRAIRE** : parangon. ■ Catégorie de choses, d'individus. SYN. classe, espèce, genre, ordre, sorte. ■ FAMILIER. Individu quelconque. SYN. bonhomme, bougre, homme, individu, personnage, quidam. – **FAMILIER** : citoyen, gaillard, gars, oiseau, particulier, pistolet, zèbre. – **POPULAIRE** : gazier, gus, gusse, mec, zig, zigue.

typé *adjectif* Qui correspond à un type. SYN. accusé, caractéristique, marqué.

typhon *nom masculin* Cyclone tropical. SYN. cyclone, ouragan, tempête, tornade. – **LITTÉRAIRE** : tourmente.

typique *adjectif* Qui caractérise quelque chose. SYN. caractérisé, caractéristique, distinctif, représentatif, révélateur, significatif, spécifique, symptomatique.

typiquement *adverbe* De façon typique. SYN. particulièrement, spécifiquement, symptomatiquement.

tyran *nom masculin* Souverain despotique. SYN. autocrate, despote, dictateur, oppresseur. – **LITTÉRAIRE** : dominateur. CONTR. *faible, opprimé, persécuté.*

tyrannie *nom féminin* Pouvoir exercé par un tyran. SYN. absolutisme, autocratie, césarisme, despotisme, dictature, totalitarisme. ■ LITTÉRAIRE. Autorité oppressive. SYN. arbitraire, autoritarisme, caporalisme, despotisme, dictature, domination, oppression. CONTR. *faiblesse.* ■ LITTÉRAIRE. Contrainte violente. SYN. asservissement, carcan, esclavage, servitude. – **LITTÉRAIRE** : assujettissement, chaînes, joug. CONTR. *affranchissement.*

tyrannique *adjectif* Qui tient de la tyrannie. SYN. absolu, autocratique, despotique, omnipotent, oppressif, totalitaire, tout-puissant. CONTR. *démocratique, libéral.* ■ Qui agit en tyran. SYN. arbitraire, autoritaire, despotique, dictatorial, dominateur, exigeant, impérieux. CONTR. *bon, juste.* ■ Qui a une influence contraignante. SYN. asservissant, assujettissant, astreignant, coercitif, contraignant, oppressif.

tyranniser *verbe* Exercer son autorité sur. SYN. dominer, mener, opprimer, persécuter, régenter, soumettre. – **LITTÉRAIRE** : assujettir. ■ Soumettre à une contrainte. SYN. asservir, assujettir, astreindre, contraindre, hanter, obséder, subjuguer. – **LITTÉRAIRE** : enchaîner. CONTR. *affranchir.*

tyroglyphe *nom masculin* VIEUX. Acarien du fromage. SYN. ciron.

tzigane *nom* Personne du peuple de ce nom. SYN. bohémien, gitan, romanichel.

U

ubac *nom masculin* Versant montagneux à l'ombre. SYN. envers, ombrée. CONTR. *adret.*

ubiquiste *adjectif* Répandue dans le monde entier (espèce). SYN. cosmopolite. CONTR. *endémique.*

ubuesque *adjectif* D'une bizarrerie grotesque. SYN. aberrant, abracadabrant, absurde, démentiel, extravagant, farfelu, fou, insensé, sans queue ni tête, saugrenu. – FAMILIER : délirant, dément.

UFO *nom masculin* Objet volant de nature inconnue. SYN. ovni, soucoupe volante.

ukase *nom masculin* Décision autoritaire. SYN. commandement, injonction, mise en demeure, ordre, prescription, sommation, ultimatum.

ukrainien *nom masculin* Langue du groupe slave parlée en Ukraine. SYN. – VIEUX : petit-russe, ruthène.

ulcéré *adjectif* Atteint dans son amour-propre. SYN. blessé, froissé, mortifié, offensé, outragé, vexé.

ulcérer *verbe* Irriter la sensibilité de. SYN. aigrir, blesser, énerver, impatienter, indisposer, irriter. – LITTÉRAIRE : poindre. CONTR. *adoucir, calmer.*

ulna *nom féminin* Os de l'avant-bras. SYN. cubitus.

ultérieur *adjectif* Qui intervient après. SYN. futur, postérieur, suivant. – LITTÉRAIRE : subséquent. CONTR. *antécédent, antérieur, passé, précédent, préexistant.* ■ VIEUX. Au-delà d'une autre région. CONTR. – VIEUX : *citérieur.*

ultérieurement *adverbe* Plus tard. SYN. après, à l'avenir, ensuite, postérieurement, par la suite. CONTR. *antérieurement, auparavant, avant, immédiatement, instantanément, précédemment, présentement, sur-le-champ, tout de suite.*

ultimatum *nom masculin* Injonction pressante. SYN. commandement, injonction, mise en demeure, ordre, oukase, prescription, sommation, ukase.

ultime *adjectif* Qui vient en dernier lieu. SYN. définitif, dernier, extrême, final, suprême, terminal. CONTR. *initial, préalable, préliminaire, premier.*

ultra *nom* Partisan de l'Ancien Régime. SYN. ultraroyaliste.

ultramoderne *adjectif* Extrêmement moderne. SYN. d'avant-garde, dernier cri, à la mode, à la page, en vogue. – VIEUX : up to date. CONTR. *anachronique, ancien, antédiluvien, archaïque, démodé, désuet, rétrograde, vieillot.* – FAMILIER : *ringard.* – LITTÉRAIRE : *suranné.* – VIEUX : *rococo.*

ultramontain *adjectif* LITTÉRAIRE. Qui est situé au-delà des Alpes. SYN. transalpin. CONTR. *cisalpin.*

ultraroyaliste *nom* Partisan de l'Ancien Régime. SYN. ultra.

un *adjectif numéral* ***Un à un, un par un,*** pas plus d'un à la fois. SYN. individuellement, isolément. CONTR. *plusieurs.*

unanime *adjectif* Qui exprime un avis commun. SYN. collectif, commun, général. CONTR. *discordant, divisé, partagé.*

unanimement *adverbe* De façon unanime. SYN. en chœur, collectivement, d'un commun accord, de concert, ensemble, à l'unanimité. – LITTÉRAIRE : de conserve. CONTR. *individuellement, en particulier.*

unanimité *nom féminin* Accord complet des opinions. SYN. ensemble, totalité. CONTR. *minorité, partie.* ■ ***À l'unanimité,*** de façon unanime. SYN. en chœur, collectivement, d'un commun accord, de concert, ensemble, unanimement. – LITTÉRAIRE : de conserve. CONTR. *individuellement, en particulier.*

unau *nom masculin* Mammifère arboricole édenté. SYN. aï, bradype, paresseux.

uni *adjectif* Sans aspérités. SYN. égal, homogène, lisse, plan, plat. CONTR. *accidenté, caho-*

teux, inégal, raboteux, râpeux, rêche, rugueux. ■ D'une seule couleur. SYN. monochrome, unicolore. CONTR. *bariolé, bigarré, chamarré, moucheté, multicolore, panaché, polychrome.* – LITTÉRAIRE : *diapré, versicolore.* ■ LITTÉRAIRE. Qui s'écoule sans à-coups. SYN. monotone, morne, simple, uniforme. CONTR. *divers, mouvementé, pittoresque, trépidant, varié.* ■ Qui vit dans la concorde. SYN. allié, indissociable, lié, soudé. CONTR. *brouillé, désuni, séparé.* ■ Qui se mêle à. SYN. conjoint, conjugué, lié, mêlé. CONTR. *disjoint, dissocié.*

unicellulaire *nom masculin* Être vivant constitué d'une seule cellule. SYN. protiste.

unicité *nom féminin* Caractère unique. SYN. originalité, particularité. – LITTÉRAIRE : rareté, singularité. CONTR. *banalité, platitude.*

unicolore *adjectif* D'une seule couleur. SYN. monochrome, uni. CONTR. *bariolé, bigarré, chamarré, moucheté, multicolore, panaché, polychrome.* – LITTÉRAIRE : *diapré, versicolore.*

unification *nom féminin* Action d'unifier. SYN. fusion, intégration. CONTR. *démembrement.* – LITTÉRAIRE : *dépeçage, dépècement.*

unifier *verbe* Réunir des éléments. SYN. fusionner, réunir, unir. CONTR. *démembrer, désagréger, désunir, fractionner, fragmenter, opposer, séparer.* ■ Rendre uniforme. SYN. égaliser, normaliser, standardiser, uniformiser. CONTR. *barioler, bigarrer, différencier, diversifier, varier.*

uniforme *adjectif* Qui ne change pas de forme. SYN. égal, homogène, plat, réglé, régulier. – LITTÉRAIRE : uni. CONTR. *accidenté, animé, capricieux, changeant, fantaisiste, hétéroclite, hétérogène, hybride, irrégulier, mouvementé, multiforme, varié.* ■ Qui reste identique. SYN. analogue, identique, même, pareil, semblable. CONTR. *différent, disparate, dissemblable, divers.*

uniformément *adverbe* De façon uniforme. SYN. constamment, régulièrement. – LITTÉRAIRE : uniment.

uniformisation *nom féminin* Action d'uniformiser. SYN. nivellement, normalisation, standardisation.

uniformiser *verbe* Rendre uniforme. SYN. niveler, normaliser, standardiser, unifier. CONTR. *barioler, bigarrer, différencier, diversifier, varier.*

uniformité *nom féminin* Caractère homogène. SYN. égalité, homogénéité, identité, régularité. – LITTÉRAIRE : immuabilité. CONTR. *contraste, dissemblance, diversité, hétérogénéité, inégalité.* ■ Caractère monotone. SYN. monotonie, platitude. CONTR. *caprice, fantaisie, variété.*

unilatéral *adjectif* Qui engage une seule des parties en présence. CONTR. *bilatéral, multilatéral, réciproque.* ■ Qui ne voit qu'un côté des choses. SYN. partial, sectaire.

unilingue *adjectif* Qui ne concerne qu'une seule langue. SYN. monolingue. CONTR. *bilingue, multilingue, plurilingue.*

unilinguisme *nom masculin* Situation d'une personne unilingue. SYN. monolinguisme. CONTR. *bilinguisme, multilinguisme, plurilinguisme.*

uniment *adverbe* LITTÉRAIRE. De façon égale. SYN. régulièrement, uniformément. ■ LITTÉRAIRE. ***Tout uniment,*** sans façons. SYN. naturellement, simplement, spontanément.

unimodal *adjectif* Qui fonctionne avec un seul mode électromagnétique. SYN. monomodal.

unio *nom masculin* Moule dont la nacre servait à faire des boutons. SYN. moule de rivière, mulette.

union *nom féminin* Lien conjugal. SYN. mariage. – VIEUX : épousailles. ■ Lien entre des choses, des personnes. SYN. alliance, association, combinaison, conjonction, connexion, réunion. – LITTÉRAIRE : conjugaison. ■ Conformité de vues. SYN. communion, concorde, entente, fraternité, harmonie, unité. – LITTÉRAIRE : concert. CONTR. *antagonisme, désaccord, désunion, dissension, divorce, mésentente, opposition, zizanie.* – LITTÉRAIRE : *discorde, dissentiment, dissonance, mésintelligence.* ■ Action de réunir des éléments. SYN. amalgame, fusion, fusionnement. CONTR. *désagrégation, disjonction, dislocation, division, séparation.* ■ Groupement de personnes. SYN. fédération, formation, groupement, parti, rassemblement. – LITTÉRAIRE : ligue. ■ ***Union libre,*** fait de vivre ensemble maritalement. SYN. concubinage. – POPULAIRE : collage.

unipare *adjectif* Dont la femelle n'a qu'un petit par portée. CONTR. *multipare.*

unique *adjectif* Seul en son genre. SYN. isolé, seul, simple. CONTR. *double, multiple, nombreux, plusieurs.* ■ Qui est le même pour tous. SYN. exclusif, identique. CONTR. *différent, divers, varié.* ■ Qui se distingue des autres. SYN. d'exception, exceptionnel, extraordinaire, idéal, incomparable, inégalable, inoubliable, à marquer d'une pierre blanche, mémorable, parfait, rare, sans égal, sans précédent, supérieur. – LITTÉRAIRE : nonpareil. CONTR. *banal, classique, fréquent, habituel, médiocre, minable, quelconque.* ■ FAMILIER. Qui étonne. SYN. exceptionnel, extravagant, incroyable, inouï, phénoménal, singulier, stupéfiant. CONTR. *banal, classique.*

uniquement *adverbe* De façon unique. **SYN.** exclusivement, purement, seulement, simplement, spécifiquement, strictement.

unir *verbe* Mettre des choses ensemble. **SYN.** accoler, adapter, adjoindre, agglutiner, agréger, ajouter, combiner, conjuguer, coordonner, fondre, fusionner, grouper, joindre, mélanger, raccorder, relier, réunir, unifier. **CONTR.** *désagréger, désolidariser, désunir, détacher, discriminer, disjoindre, disloquer, dissocier, diviser, isoler, scinder, séparer.* ■ Lier des personnes. **SYN.** allier, associer, lier, liguer, marier, rapprocher, souder. – LITTÉRAIRE : confondre. **CONTR.** *brouiller, déchirer, désunir, diviser, fâcher, séparer.*

unir (s') *verbe pronominal* Faire cause commune avec. **SYN.** s'allier, se coaliser, être d'intelligence avec, être liés comme les doigts de la main, faire bloc, faire cause commune, se grouper, se lier, ne faire qu'un, se regrouper, vivre en bonne intelligence. – LITTÉRAIRE : s'accorder. **CONTR.** *diverger.* ■ Se combiner avec. **SYN.** s'allier, s'associer, se combiner, se conjuguer, se joindre.

unisexuel *adjectif* Dont toutes les fleurs sont d'un seul sexe. **SYN.** dicline.

unisson *nom masculin* ***À l'unisson,*** en parfait accord de pensées. **SYN.** en accord, en chœur, de concert, en harmonie. – LITTÉRAIRE : de conserve.

unité *nom féminin* Accord entre des personnes. **SYN.** communauté, communion, fraternité, solidarité, union. **CONTR.** *antagonisme, désaccord, désunion, dissension, divorce, mésentente, opposition.* – LITTÉRAIRE : *discorde, dissentiment, dissonance, mésintelligence.* ■ Caractère homogène. **SYN.** accord, adéquation, cohérence, cohésion, harmonie, homogénéité. – LITTÉRAIRE : symphonie. **CONTR.** *ambivalence, diversité, dualité, multiformité, variété.*

uniovulaire *adjectif* Se dit de jumeaux issus d'un même œuf. **SYN.** monozygote, univitellin. **CONTR.** *biovulaire, bivitellin, dizygote.*

univalent *adjectif* Qui a une valence chimique égale à 1. **SYN.** monovalent.

univers *nom masculin* LITTÉRAIRE. La terre habitée. **SYN.** cosmos, création, monde, nature, planète. ■ Milieu propre à quelqu'un. **SYN.** domaine, fief, monde, sphère. – LITTÉRAIRE : royaume.

universalisation *nom féminin* Stratégie à l'échelle planétaire. **SYN.** globalisation, mondialisation, planétarisation. **CONTR.** *localisation.*

universaliser *verbe* Rendre universel. **SYN.** généraliser, populariser, propager, véhiculer, vulgariser.

universel *adjectif* Qui concerne tous les hommes. **SYN.** commun, général, international, mondial, planétaire, public. **CONTR.** *individuel, particulier, personnel, propre.*

universellement *adverbe* De façon universelle. **SYN.** internationalement, mondialement, planétairement. **CONTR.** *localement.*

univitellin *adjectif* Se dit de jumeaux issus d'un même œuf. **SYN.** monozygote, uniovulaire. **CONTR.** *biovulaire, bivitellin, dizygote.*

univoque *adjectif* Qui garde le même sens. **CONTR.** *ambigu, ambivalent, amphibologique, double, équivoque.*

uranisme *nom masculin* LITTÉRAIRE. Pratique homosexuelle entre hommes. **SYN.** homosexualité, pédérastie. **CONTR.** *hétérosexualité.*

uranite *nom féminin* Phospahate d'uranium et de calcium. **SYN.** autunite.

uranoscope *nom masculin* Poisson osseux méditerranéen. **SYN.** rascasse blanche.

urbain *adjectif* LITTÉRAIRE. Qui fait preuve d'urbanité. **SYN.** affable, bien élevé, courtois, déférent, poli, respectueux. – LITTÉRAIRE : civil, policé, révérencieux. – VIEUX : bien éduqué. **CONTR.** *discourtois, impoli, inconvenant, incorrect, mal élevé, malappris, rustre.* – FAMILIER : *malpoli.* – LITTÉRAIRE : *incivil, irrespectueux, irrévérencieux, malséant, rustique.* – VIEUX : *mal éduqué.* ■ Relatif à la ville. **SYN.** citadin. **CONTR.** *agreste, campagnard, paysan, rural.* – LITTÉRAIRE : *champêtre, rustique.*

urbanité *nom féminin* LITTÉRAIRE. Grande courtoisie. **SYN.** affabilité, bienséance, bonnes manières, correction, courtoisie, déférence, éducation, politesse, savoir-vivre. – LITTÉRAIRE : civilité, usage. **CONTR.** *grossièreté, impolitesse, inconvenance, incorrection, muflerie, sans-gêne, vulgarité.* – LITTÉRAIRE : *discourtoisie, incivilité, irrespect, irrévérence, rusticité, sans-façon.*

urbec *nom masculin* Insecte qui roule les feuilles de vigne. **SYN.** cigarier.

urée *nom féminin* Substance formée dans le foie. **SYN.** carbamide.

urémie *nom féminin* Augmentation du taux d'azote dans le sang. **SYN.** hyperazotémie.

urgemment *adverbe* D'une manière urgente. **SYN.** d'emblée, d'extrême urgence, immédiatement, impérativement, impérieusement, instamment, à l'instant, instantanément, sans attendre, sans délai, sans faute, sans retard, sans tarder, séance tenante, sur l'heure, sur-le-champ, tout de suite, de toute urgence, toutes affaires cessantes, d'urgence. – FAMILIER : illico, illico presto, subito presto. – LITTÉRAIRE : incontinent. – POPULAIRE : aussi sec.

urgence *nom féminin* ***D'urgence, de toute urgence, d'extrême urgence,*** sans le moindre retard. SYN. d'emblée, immédiatement, impérativement, impérieusement, instamment, à l'instant, instantanément, sans attendre, sans délai, sans faute, sans retard, sans tarder, séance tenante, sur l'heure, sur-le-champ, tout de suite, toutes affaires cessantes, urgemment. – FAMILIER : illico, illico presto, subito presto. – LITTÉRAIRE : incontinent. – POPULAIRE : aussi sec.

urgent *adjectif* Dont on doit s'occuper vite. SYN. impératif, impérieux, pressant, pressé. – LITTÉRAIRE : instant.

urne *nom féminin* Organe contenant les spores chez les mousses. SYN. capsule, sporange.

urocordé *nom masculin* Animal marin enveloppé d'une tunique. SYN. tunicier.

urogénital *adjectif* Relatif aux appareils reproducteur et urinaire. SYN. génito-urinaire.

urolagnie *nom féminin* Érotisation des fonctions urinaires. SYN. ondinisme.

uropode *nom masculin* Appendice pair des crustacés décapodes. SYN. patte-nageoire.

usage *nom masculin* Fait de se servir de. SYN. emploi, expérience, jouissance, maniement, manœuvre, possession, recours, utilisation. ■ Fonction de quelque chose. SYN. affectation, destination, emploi, rôle, service. ■ Pratique commune à un groupe. SYN. convention, coutume, habitude, ordinaire, règle, rite, tradition. ■ LITTÉRAIRE. Attitude courtoise. SYN. bienséance, correction, courtoisie, déférence, éducation, politesse, savoir-vivre, tact. – LITTÉRAIRE : civilité, urbanité.

usagé *adjectif* Qui a beaucoup servi. SYN. défraîchi, éculé, usé, vétuste, vieux. – FAMILIER : fatigué. CONTR. *neuf, nouveau, récent.*

usages *nom masculin pluriel* Comportements d'un groupe. SYN. convenances, formes, mœurs, us et coutumes. – LITTÉRAIRE : mode.

usant *adjectif* FAMILIER. Qui use la santé. SYN. éprouvant, épuisant, esquintant, exténuant, fatigant, harassant, rude. – FAMILIER : cassant, claquant, crevant, éreintant, tuant. CONTR. *délassant, reposant.*

usé *adjectif* Qu'on a trop répété. SYN. banal, éculé, rebattu, ressassé. – FAMILIER : réchauffé. CONTR. *dernier, inconnu, inédit, moderne, nouveau, original, récent.* ■ Très abîmé. SYN. à bout de course, décrépit, défraîchi, élimé, râpé, usagé, vétuste, vieillot, vieux. – FAMILIER : fatigué, mangé aux mites. CONTR. *neuf.* ■ Très affaibli. SYN. abattu, anéanti, à bout de force, à bout de souffle, brisé, épuisé, exténué, fatigué, fourbu, harassé, K.-O., las, mort de fatigue, recru, rendu, rompu, surmené. – FAMILIER : achevé, au bout du rouleau, cassé, claqué, éreinté, esquinté, fini, flapi, H.S., kaput, lessivé, mort, moulu, à plat, pompé, à ramasser à la petite cuillère, raplapla, sur les genoux, tué, vanné, vidé. – POPULAIRE : cané, crevé, rétamé, sur les rotules. CONTR. *dispos, frais, frais et dispos, reposé.* – FAMILIER : *en forme, frais comme un gardon, frais comme une rose, increvable, en pleine forme, vaillant.* – VIEUX : *gaillard.*

user *verbe transitif* Faire perdre ses forces à. SYN. affaiblir, briser, épuiser, exténuer, fatiguer, harasser, miner, ronger, ruiner, vider. – FAMILIER : claquer, crever, éreinter, esquinter, pomper, tuer, vanner. – LITTÉRAIRE : consumer, ravager. ■ Détériorer par l'usage. SYN. corroder, élimer, éroder.

user *verbe transitif indirect* Se servir de quelque chose. SYN. bénéficier, disposer, employer, manier, pratiquer, prendre, recourir à, se servir, utiliser. CONTR. *s'abstenir.*

user (s') *verbe pronominal* Perdre ses forces. SYN. se donner un mal de chien, s'échiner, s'épuiser, s'escrimer, s'exténuer, se fatiguer, se multiplier. – FAMILIER : se claquer, s'éreinter, s'esquinter, se mettre en quatre, suer, se tuer. – LITTÉRAIRE : se consumer. – POPULAIRE : se crever. ■ Se détériorer par l'usage. SYN. s'abîmer, se détériorer.

usité *adjectif* Se dit d'un mot en usage. SYN. courant, répandu, usuel, utilisé. CONTR. *abandonné, désuet, inusité, rare.*

ustensile *nom masculin* Objet qui sert dans la vie courante. SYN. appareil, article, engin, instrument, outil.

usuel *adjectif* Qui est d'un usage courant. SYN. banal, classique, commun, courant, habituel, ordinaire, répandu, traditionnel, usité, utilisé. – LITTÉRAIRE : coutumier. CONTR. *abandonné, archaïque, déconcertant, désuet, exceptionnel, inaccoutumé, inédit, inhabituel, paradoxal, rare.*

usuellement *adverbe* De façon usuelle. SYN. communément, couramment, fréquemment, généralement, en général, d'habitude, habituellement, d'ordinaire, ordinairement, la plupart du temps, en règle générale, souvent, traditionnellement. CONTR. *exceptionnellement, rarement.*

usure *nom féminin* Détérioration progressive. SYN. décrépitude, dégradation, délabrement, érosion.

usurpatoire *adjectif* Qui constitue un délit. SYN. abusif, délictuel, délictueux, frauduleux, illégal, illégitime, illicite, irrégulier.

usurper *verbe* S'attribuer une chose indûment. SYN. s'adjuger, s'approprier, s'attribuer, voler. – LITTÉRAIRE : s'arroger.

ut *nom masculin invariable* VIEUX. Note de musique. SYN. do.

utérus *nom masculin* Organe génital féminin. SYN. – VIEUX : matrice.

utile *adjectif* Qui peut servir à quelqu'un. SYN. commode, pratique, précieux, profitable. CONTR. *inutile, stérile, superflu, vain.* – LITTÉRAIRE : *superfétatoire.* ▪ Qui a un rôle efficace. SYN. bénéfique, bon, fructueux, indispensable, nécessaire, payant, salutaire. CONTR. *infructueux, nuisible, préjudiciable.*

utilement *adverbe* De façon utile. SYN. avantageusement, avec profit, efficacement, valablement. CONTR. *inutilement, en pure perte, pour rien, vainement, en vain.* – FAMILIER : *pour des prunes.* – LITTÉRAIRE : *infructueusement, stérilement.*

utilisable *adjectif* Qui peut être utilisé. SYN. employable, exploitable. CONTR. *inemployable, inexploitable, inutilisable.*

utilisation *nom féminin* Ce à quoi une chose est utilisée. SYN. application, destination, emploi, recours, usage. ▪ Action d'utiliser. SYN. exercice, maniement, manœuvre, possession.

utilisé *adjectif* Qu'on utilise facilement. SYN. banal, commun, courant, habituel, ordinaire, répandu, usité, usuel. CONTR. *inemployé, inusité, inutilisé, rare.*

utiliser *verbe* Avoir recours à. SYN. adopter, appliquer, consacrer, disposer de, employer, emprunter, manier, manipuler, pratiquer, prendre, recourir à, se servir de, user de. ▪ Tirer avantage de. SYN. bénéficier, exploiter, mettre à profit, profiter, recourir à, tirer parti, tirer profit.

utilitaire *adjectif* Dont le but est l'utilité. SYN. concret, pragmatique, pratique.

utilité *nom féminin* Fait de servir à quelque chose. SYN. avantage, bienfait, intérêt, nécessité, profit. CONTR. *inanité, inutilité.* – LITTÉRAIRE : *superfluité, vanité.*

utopie *nom féminin* Projet irréalisable. SYN. chimère, idéal, illusion, impossibilité, mirage, rêve. – LITTÉRAIRE : rêverie, songe. CONTR. *certitude, réalité.*

utopique *adjectif* Qui a le caractère d'une utopie. SYN. chimérique, illusoire, imaginaire, irréalisable, irréel, mythique. CONTR. *concret, faisable, pragmatique, pratique, réalisable.*

utopiste *nom* Personne attachée à une utopie. SYN. idéaliste, idéologue, illuminé, rêveur. – LITTÉRAIRE : songe-creux.

utraquiste *nom* Partisan de la communion sous les deux espèces. SYN. calixtin.

uvulaire *adjectif* Qui a rapport à la luette. SYN. staphylin.

uvule *nom féminin* Appendice du fond de la cavité buccale. SYN. luette.

uxorilocal *adjectif* Se dit d'un couple résidant chez la femme. SYN. matrilocal. CONTR. *patrilocal, virilocal.*

V

vacant *adjectif* Se dit d'une place libre. SYN. disponible, inoccupé, libre, vide. CONTR. *occupé, pris, retenu.*

vacarme *nom masculin* Bruit assourdissant. SYN. bruit, cacophonie, charivari, tapage, tintamarre, tumulte. – FAMILIER : boucan, chahut, raffut, tintouin. – LITTÉRAIRE : hourvari. – POPULAIRE : barouf, baroufe, ramdam. – VIEUX : boulevari. CONTR. *calme, murmure, silence.*

vaccine *nom féminin* Infection virale des bovins. SYN. cow-pox.

vacciner *verbe* Mettre à l'abri d'une peine. SYN. aguerrir, guérir, immuniser, prémunir, préserver, protéger.

vache *adjectif* FAMILIER. Qui est très pénible. SYN. désagréable, difficile, dur, mauvais, rude, sévère. – FAMILIER : moche, rosse. CONTR. *chic, chouette, extra, super.* ■ FAMILIER. Qui est très sévère. SYN. mauvais, méchant, sévère. – FAMILIER : rosse. CONTR. *commode.* – FAMILIER : *chic.* ■ FAMILIER. Très difficile. SYN. ardu, complexe, compliqué, difficile, dur, subtil. – FAMILIER : calé, coton, trapu. – POPULAIRE : duraille.

vache *nom féminin* POPULAIRE. Personne sans pitié. SYN. méchant, peste, vipère. – FAMILIER : chameau, poison, rosse, teigne. – POPULAIRE : charogne, peau de vache, punaise. ■ ***Maladie de la vache folle,*** maladie mortelle des bovins. SYN. encéphalopathie spongiforme.

vachement *adverbe* POPULAIRE. Indique un très haut degré. SYN. bien, colossalement, considérablement, énormément, épouvantablement, exceptionnellement, excessivement, extraordinairement, extrêmement, follement, fort, fortement, grandement, hautement, horriblement, immensément, immodérément, incroyablement, infiniment, monstrueusement, mortellement, parfaitement, particulièrement, au plus haut degré, au plus haut point, prodigieusement, profondément, puissamment, singulièrement, supérieurement, suprêmement, terriblement, tout à fait, très, trop, vertigineusement, vraiment. – FAMILIER : bigrement, bougrement, diablement, drôlement, fameusement, fichtrement, fichûment, formidablement, joliment, méchamment, rudement, sacrément, superlativement, tout plein. – LITTÉRAIRE : au dernier point, diantrement, furieusement. – POPULAIRE : foutrement, salement. – VIEUX : fièrement. CONTR. *aucunement, faiblement, guère, légèrement, nullement.*

vacher *nom* Personne qui s'occupe des bovins. SYN. bouvier.

vacherie *nom féminin* POPULAIRE. Parole, action méchante. SYN. méchanceté. – FAMILIER : crasse, entourloupe, entourloupette, rosserie, saleté. – POPULAIRE : cochonnerie, saloperie.

vacillant *adjectif* LITTÉRAIRE. Qui n'est pas stable. SYN. branlant, chancelant, flageolant, titubant, trébuchant, tremblant, tremblotant. – LITTÉRAIRE : trémulant. CONTR. *ferme, stable.* ■ LITTÉRAIRE. Qui est incertain. SYN. changeant, flottant, hésitant, incertain, instable, oscillant. CONTR. *certain, sûr.* ■ LITTÉRAIRE. Qui faiblit. SYN. déclinant, faiblissant.

vacillation *nom féminin* LITTÉRAIRE. Mouvement de ce qui vacille. SYN. balancement, oscillation, tremblement, va-et-vient. CONTR. *fixité, immobilité, stabilité.* ■ LITTÉRAIRE. Fait d'hésiter. SYN. flottement, fluctuation, hésitation, indécision, irrésolution, oscillation, vacillement. CONTR. *assurance, constance, fermeté, invariabilité, stabilité, sûreté.* – LITTÉRAIRE : *immuabilité.*

vacillement *nom masculin* État de ce qui vacille. SYN. balancement, oscillation, tremblement. – LITTÉRAIRE : vacillation. CONTR. *fixité, immobilité, stabilité.* ■ Fait d'hésiter. SYN. flottement, fluctuation, hésitation, incertitude, indécision, irrésolution, oscillation. – LITTÉRAIRE : vacillation. CONTR. *assurance, constance, fermeté,* *invariabilité, stabilité, sûreté.* – LITTÉRAIRE : *fixité, immuabilité.*

vaciller *verbe* Manquer de stabilité. SYN. branler, chanceler, chavirer, flageoler, tituber, trébucher, trembler, trembloter. – FAMILIER : tanguer. – LITTÉRAIRE : tressauter. ▪ LITTÉRAIRE. Manquer d'assurance. SYN. balancer, flotter, fluctuer, hésiter, osciller.

vade-mecum *nom masculin invariable* LITTÉRAIRE. Manuel que l'on a avec soi. SYN. aide-mémoire, guide, mémento, précis, résumé.

vadrouille *nom féminin* POPULAIRE. Fait de se promener sans but. SYN. flânerie, promenade. – FAMILIER : balade. – LITTÉRAIRE : errance.

vadrouiller *verbe* POPULAIRE. Partir en vadrouille. SYN. déambuler, errer, flâner, musarder, se promener, traîner, vagabonder. – FAMILIER : se baguenauder, traînailler, traînasser. – LITTÉRAIRE : vaguer.

va-et-vient *nom masculin invariable* Déplacement d'un point à un autre. SYN. allées et venues, course, navette, voyage. ▪ Mouvement confus. SYN. circulation, passage, trafic.

vagabond *nom* Personne sans domicile. SYN. clochard, mendiant, pouilleux, rôdeur, sans-abri, sans-logis, S.D.F. – FAMILIER : clodo. – LITTÉRAIRE : gueux. – VIEUX : chemineau.

vagabonder *verbe* Errer sans but précis. SYN. déambuler, errer, rôder, traîner, voyager. – FAMILIER : se baguenauder, rôdailler, traînailler, traînasser. – LITTÉRAIRE : badauder, divaguer, vaguer. – POPULAIRE : vadrouiller. ▪ LITTÉRAIRE. Passer d'une chose à une autre. SYN. divaguer. – FAMILIER : gamberger. – LITTÉRAIRE : vaguer.

vague *adjectif* Qu'on identifie mal. SYN. brouillé, brumeux, flou, indéfinissable, indéterminable, indiscernable, indistinct, sourd, trouble, voilé. CONTR. *arrêté, distinct, évident, ferme, marqué, net, tranché, vigoureux.* ▪ Qui manque de précision. SYN. ambigu, approximatif, confus, douteux, évasif, général, hésitant, imprécis, incertain, indécis, nuageux. – FAMILIER : vaseux, vasouillard. – LITTÉRAIRE : nébuleux. CONTR. *circonstancié, clair, défini, détaillé, déterminé, exact, explicite, formel, précis.* ▪ Se dit d'un vêtement ample. SYN. flottant, lâche, large. CONTR. *ajusté, collant, juste, moulant, serré.*

vague *nom féminin* Phénomène de grande ampleur. SYN. épidémie, mouvement. ▪ Masse de personnes. SYN. afflux, déferlement, flot, flux, marée, ruée, rush.

vague *nom masculin* LITTÉRAIRE. Caractère imprécis. SYN. brouillard, flou, imprécision, incertitude, indétermination, obscurité. CONTR. *précision.* ▪ **Vague à l'âme,** sentiment de tristesse. SYN. langueur, mélancolie, neurasthénie, nostalgie, rêverie. – FAMILIER : cafard. – LITTÉRAIRE : spleen.

vaguement *adverbe* De façon confuse. SYN. confusément, évasivement, imparfaitement, indistinctement, mal, obscurément. CONTR. *bien, clairement, distinctement, formellement, nettement, précisément.* ▪ De façon peu marquée. SYN. faiblement, grosso modo, légèrement, à peine, peu, sommairement. CONTR. *carrément, expressément, fortement, franchement, intensément, véritablement, violemment, visiblement, vivement.*

vaguer *verbe* LITTÉRAIRE. Errer à l'aventure. SYN. déambuler, errer, flâner, rôder, traîner, vagabonder. – FAMILIER : se baguenauder, rôdailler, traînailler, traînasser. – LITTÉRAIRE : badauder, divaguer. – POPULAIRE : vadrouiller. ▪ LITTÉRAIRE. Flotter d'un objet à l'autre. SYN. divaguer. – LITTÉRAIRE : vagabonder.

vaillamment *adverbe* De façon vaillante. SYN. chèrement, courageusement, héroïquement, intrépidement, résolument. – LITTÉRAIRE : bravement, crânement, hardiment, valeureusement. – VIEUX : gaillardement. CONTR. *craintivement, lâchement, peureusement.*

vaillance *nom féminin* LITTÉRAIRE. Qualité d'une personne brave. SYN. audace, bravoure, cœur, courage, héroïsme, intrépidité. – FAMILIER : cran. – LITTÉRAIRE : valeur. CONTR. *lâcheté, peur, poltronnerie.* – LITTÉRAIRE : *couardise, pleutrerie, pusillanimité.*

vaillant *adjectif* LITTÉRAIRE. Qui montre du courage. SYN. audacieux, brave, courageux, héroïque, intrépide. – LITTÉRAIRE : valeureux. CONTR. *lâche, poltron, timoré.* – LITTÉRAIRE : *couard, pusillanime.* – VIEUX : *capon.* ▪ LITTÉRAIRE. Qui travaille avec énergie. SYN. actif, dynamique, travailleur, zélé. – LITTÉRAIRE : laborieux. CONTR. *mou.* ▪ FAMILIER. Qui a une santé robuste. SYN. fort, inusable, robuste, sain, solide, vert, vigoureux. – VIEUX : gaillard. CONTR. *croulant, déclinant, faiblissant, indisposé, malade, mal-en-point, usé.*

vain *adjectif* Qui est sans effet. SYN. avorté, byzantin, inefficace, infécond, infertile, infructueux, inopérant, inutile, oiseux, stérile, superflu. – LITTÉRAIRE : superfétatoire, surérogatoire. CONTR. *agissant, bon, efficace, efficient, fructueux, utile.* ▪ Qui est sans fondement. SYN. chimérique, faux, illusoire. CONTR. *fondé, justifié, légitime, motivé.* ▪ LITTÉRAIRE. Qui est sans valeur. SYN. creux, dérisoire, frivole, futile, insignifiant, superficiel, vide. CONTR. *authentique, profond, sérieux.* – LITTÉRAIRE : *vrai.* ▪ LITTÉRAIRE. Qui est plein de suffisance. SYN. fier, infatué, orgueilleux, présomptueux, prétentieux, puant, suffisant, vaniteux. – LITTÉRAIRE : fat, outrecuidant. CONTR. *humble, modeste, simple.* ■ ***En vain,*** en pure perte. SYN. inutilement, pour rien, stérilement, vainement. – FAMILIER : pour des prunes. CONTR. *utilement.*

vaincre *verbe* Soumettre un ennemi. SYN. anéantir, battre à plate(s) couture(s), défaire, écraser. – FAMILIER : réduire en bouillie. ■ L'emporter sur quelqu'un. SYN. battre, éclipser, surclasser, surpasser, triompher de. – FAMILIER : enfoncer. CONTR. *perdre.* ■ Venir à bout de. SYN. brider, contrôler, dominer, maîtriser, surmonter, triompher de. – LITTÉRAIRE : dompter. CONTR. *céder.*

vaincu *nom* Personne qui a subi une défaite. SYN. perdant. CONTR. *gagnant, triomphateur, vainqueur.*

vainement *adverbe* En pure perte. SYN. inutilement, pour rien, en vain. – FAMILIER : pour des prunes. – LITTÉRAIRE : infructueusement, stérilement. CONTR. *efficacement, utilement, valablement.*

vainqueur *adjectif* LITTÉRAIRE. Qui marque la victoire. SYN. conquérant, glorieux, orgueilleux, triomphant, victorieux. – LITTÉRAIRE : triomphateur. ■ Qui remporte une victoire. SYN. conquérant, gagnant, triomphant, victorieux. – LITTÉRAIRE : triomphateur. CONTR. *vaincu.*

vainqueur *nom* Personne qui l'emporte. SYN. champion, gagnant, triomphateur. CONTR. *perdant, vaincu.*

valable *adjectif* Qui garde sa valeur. SYN. bon, effectif, valide. CONTR. *périmé.* ■ Qu'on ne conteste pas. SYN. acceptable, admissible, plausible, recevable, satisfaisant. CONTR. *contestable, inacceptable, inadmissible, irrecevable.* ■ Qui a un certain mérite. SYN. bon, capable, compétent, efficient, notable, qualifié, sérieux.

valablement *adverbe* D'une manière valable. SYN. avantageusement, avec profit, efficacement, utilement. CONTR. *inutilement, en pure perte, pour rien, vainement, en vain.* – FAMILIER : *pour des prunes.* – LITTÉRAIRE : *infructueusement, stérilement.*

valet *nom masculin* Homme au service d'une personne. SYN. domestique. – FAMILIER : larbin. – VIEUX : majordome, serviteur.

valetaille *nom féminin* Ensemble de la domesticité. SYN. domesticité, gens, personnel.

valeur *nom féminin* Ce que vaut un objet. SYN. cote, cours, prix. ■ Ce qui rend quelqu'un estimable. SYN. capacités, carrure, classe, envergure, mérite, niveau, qualité, stature, trempe. ■ Caractère valable d'un acte. SYN. authenticité, validité. CONTR. *invalidité, nullité.* ■ Prix attaché à quelque chose. SYN. force, grandeur, importance, intérêt, poids, portée, sens. ■ LITTÉRAIRE. Caractère courageux. SYN. audace, bravoure, cœur, courage, héroïsme, intrépidité. – FAMILIER : cran. – LITTÉRAIRE : vaillance. CONTR. *faiblesse, lâcheté, peur, poltronnerie.* – LITTÉRAIRE : *couardise, pleutrerie, pusillanimité.*

valeureusement *adjectif* LITTÉRAIRE. Avec vaillance. SYN. chèrement, courageusement, héroïquement, intrépidement, résolument, vaillamment. – LITTÉRAIRE : bravement, crânement, hardiment. – VIEUX : gaillardement. CONTR. *lâchement, peureusement.*

valeureux *adjectif* LITTÉRAIRE. Qui a du courage. SYN. audacieux, brave, courageux, héroïque, intrépide. – LITTÉRAIRE : vaillant. CONTR. *lâche, peureux, poltron, timoré.* – LITTÉRAIRE : *couard, pusillanime.* – POPULAIRE : *trouillard.*

validation *nom féminin* Action de valider. SYN. confirmation, consécration, entérinement, homologation, ratification. CONTR. *annulation, invalidation.*

valide *adjectif* Qui est en bonne santé. SYN. bien portant, dispos, ingambe, sain. – FAMILIER : en forme. – VIEUX : gaillard. CONTR. *éclopé, impotent, infirme, invalide, malade, mal-en-point, paralysé, perclus, souffrant.* – VIEUX : *cacochyme.* ■ Qui a une validité juridique. SYN. effectif, réglementaire, règlementaire, valable.

valider *verbe* Déclarer valide. SYN. accréditer, approuver, attester, confirmer, consacrer, entériner, homologuer, ratifier, sanctionner, vérifier. CONTR. *anéantir, annihiler, annuler, casser, dissoudre, invalider.*

validité *nom féminin* Caractère valable. SYN. authenticité, valeur. CONTR. *invalidité, nullité.*

vallonné *adjectif* Dont la surface est ondulée. SYN. accidenté. – LITTÉRAIRE : onduleux. CONTR. *plat.*

valoir *verbe intransitif* Avoir telle valeur vénale. SYN. coûter, s'élever à, se monter à, revenir à. ■ Être applicable à. SYN. concerner, intéresser, se rapporter à, regarder, toucher, viser. ■ ***Faire valoir,*** mettre en valeur. SYN. accentuer, appuyer, donner du poids à, faire ressortir, mettre en avant, mettre en évidence, mettre en relief, mettre en valeur, mettre l'accent sur, rehausser, renforcer, souligner, valoriser. CONTR. *déconsidérer, déprécier, dévaloriser, galvauder.*

valoir *verbe transitif* Être la cause de. SYN. assurer, attirer, causer, coûter, entraîner, occasionner, procurer, provoquer, susciter.

valorisation *nom féminin* Augmentation de la valeur de. SYN. élévation, hausse, montée. CONTR. *baisse, dépréciation, dévalorisation, dévaluation.* ■ Fait d'être valorisé. SYN. mise en valeur.

CONTR. *dépréciation, dévalorisation.* – LITTÉRAIRE : *déconsidération.*

valoriser *verbe* Donner de la valeur à. SYN. accentuer, appuyer, donner du poids à, faire ressortir, faire valoir, intensifier, mettre en avant, mettre en évidence, mettre en relief, mettre en valeur, mettre l'accent sur, renforcer, revaloriser, souligner. CONTR. *déconsidérer, déprécier, dévaloriser, galvauder.*

vandale *nom* Personne qui se livre au vandalisme. SYN. barbare, déprédateur, destructeur, dévastateur. – LITTÉRAIRE : ravageur, saccageur.

vandalisme *nom masculin* Comportement destructeur. SYN. barbarie, destruction, dévastation, ravage, sauvagerie.

vanité *nom féminin* Sentiment d'autosatisfaction. SYN. fatuité, gloriole, morgue, orgueil, présomption, prétention, suffisance, supériorité. – LITTÉRAIRE : fierté, infatuation, outrecuidance, superbe. CONTR. *humilité, modestie, simplicité.* ■ LITTÉRAIRE. Caractère futile. SYN. fragilité, frivolité, futilité, inconsistance, inutilité, vide. – LITTÉRAIRE : inanité, stérilité, superficialité, superfluité. CONTR. *efficacité, utilité.*

vaniteux *adjectif* Qui s'admire soi-même. SYN. avantageux, faraud, fier, imbu de soi-même, infatué, orgueilleux, poseur, présomptueux, prétentieux, puant, snob, suffisant. – FAMILIER : crâneur, fiérot, m'as-tu vu. – LITTÉRAIRE : crâne, fat, outrecuidant, triomphateur, vain. CONTR. *humble, modeste, simple.*

vaniteux *nom* Personne pleine de vanité. SYN. cuistre, poseur, présomptueux, prétentieux, snob. – FAMILIER : m'as-tu. – LITTÉRAIRE : fat.

vanne *nom féminin* POPULAIRE. Plaisanterie méchante. SYN. lazzi, moquerie, persiflage, pique, quolibet, raillerie, sarcasme. – LITTÉRAIRE : brocard, trait.

vanné *adjectif* FAMILIER. Extrêmement fatigué. SYN. anéanti, à bout de course, à bout de force, à bout de souffle, brisé, épuisé, exténué, fatigué, fourbu, harassé, K.-O., las, mort de fatigue, recru, rendu, rompu, surmené, usé. – FAMILIER : achevé, au bout du rouleau, cassé, claqué, éreinté, esquinté, fini, flapi, H.S., kaput, lessivé, mort, moulu, à plat, pompé, à ramasser à la petite cuillère, raplapla, sur les genoux, tué, vidé. – POPULAIRE : cané, crevé, rétamé, sur les rotules. CONTR. *dispos, frais, frais et dispos, reposé.* – FAMILIER : *en forme, frais comme un gardon, frais comme une rose, increvable, en pleine forme.* – VIEUX : *gaillard.*

vannelle *nom féminin* Petite vanne d'écluse. SYN. vantelle.

vannellerie *nom féminin* Dispositif de vidange d'écluse. SYN. vantellerie.

vanner *verbe* FAMILIER. Fatiguer à l'extrême. SYN. anéantir, briser, épuiser, exténuer, fatiguer, harasser, surmener, user, vider. – FAMILIER : achever, claquer, crever, éreinter, esquinter, lessiver, pomper, tuer.

vantard *nom* Personne qui se vante. SYN. bluffeur, fabulateur, faiseur, fanfaron, faraud, hâbleur, menteur, mythomane, prétentieux. – FAMILIER : bêcheur, crâneur, frimeur. – LITTÉRAIRE : matamore, paradeur, rodomont. – VIEUX : esbroufeur.

vantardise *nom féminin* Action de se vanter. SYN. bluff, bravade, cabotinage, cuistrerie, fanfaronnade, fanfaronnerie. – LITTÉRAIRE : forfanterie, gasconnade, hâblerie, rodomontade. ■ Propos de vantard. SYN. – FAMILIER : baratin, frime. – POPULAIRE : craque.

vantelle *nom féminin* Petite vanne d'écluse. SYN. vannelle.

vantellerie *nom féminin* Dispositif de vidange d' écluse. SYN. vannellerie.

vanter *verbe* Faire l'éloge de. SYN. célébrer, exalter, glorifier, louer, porter au pinacle, porter aux nues, préconiser, prôner, recommander. – LITTÉRAIRE : encenser, magnifier. CONTR. *anathématiser, blâmer, critiquer, décrier, dénigrer, discréditer, médire.* – FAMILIER : *éreinter, esquinter.* – LITTÉRAIRE : *censurer, dauber, déchirer, noircir, vilipender, vitupérer.*

vanter (se) *verbe pronominal* Étaler son propre mérite. SYN. bluffer, broder, se croire sorti de la cuisse de Jupiter, exagérer, faire le fanfaron, faire le malin, faire l'intéressant, se faire valoir, en mettre plein la vue, ne douter de rien, se parer des plumes du paon. – FAMILIER : se croire, s'envoyer des fleurs, se faire mousser, frimer, ne pas se moucher du coude, ne pas se moucher du pied, se pousser du col, se prendre pour le nombril du monde, raconter des bobards, raconter des histoires, raconter des salades, tirer la couverture à soi. – POPULAIRE : se la jouer, ne pas se prendre pour de la merde, ne plus se sentir pisser, péter plus haut que son cul, raconter des craques, ramener sa fraise, la ramener. CONTR. *s'humilier, se rabaisser.* – FAMILIER : *s'aplatir.* ■ Se déclarer capable de. SYN. s'enorgueillir de, se flatter de, se glorifier, se piquer de, prétendre, se prévaloir de, se targuer.

va-nu-pieds *nom masculin invariable* Personne qui vit misérablement. SYN. clochard, déguenillé, malheureux, miséreux, pouilleux. – FAMILIER : crève-la-faim. – LITTÉRAIRE : gueux, misérable.

vapeur *nom féminin* Gaz issu de la vaporisation. SYN. émanation, exhalaison, fumée, nébulosité.

vaporeux *adjectif* Rempli de brume. SYN. brumeux, nébuleux, nuageux, voilé. – LITTÉRAIRE : fumeux. ■ D'une grande légèreté. SYN. immatériel, léger. – LITTÉRAIRE : aérien, éthéré.

vaporisateur *nom masculin* Appareil pour vaporiser. SYN. atomiseur, bombe, pulvérisateur, spray.

vaporiser *verbe* Disperser en fines gouttelettes. SYN. pulvériser.

vaquer *verbe* Consacrer du temps à. SYN. s'adonner à, s'appliquer à, se consacrer à, se livrer à, s'occuper de.

varech *nom masculin* Algues brunes du bord de mer. SYN. goémon.

variabilité *nom féminin* Caractère variable. SYN. fluctuation, incertitude, instabilité, mobilité, précarité. – LITTÉRAIRE : inconstance. CONTR. *constance, invariabilité, permanence, régularité, stabilité.* – LITTÉRAIRE : *immuabilité.* ■ LITTÉRAIRE. Disposition à changer d'avis. SYN. frivolité, inconstance, légèreté. – LITTÉRAIRE : versatilité. CONTR. *constance, fidélité, persévérance.*

variable *adjectif* Qui peut varier. SYN. capricieux, changeant, flottant, fluctuant, incertain, instable, irrégulier, mobile, papillonnant. – LITTÉRAIRE : inconstant, ondoyant. CONTR. *continu, fixe, immuable, inaltérable, inébranlable, régulier, stable.* ■ Qui est différent selon les cas. SYN. différent, discontinu, divers, inégal. CONTR. *constant, égal, identique, invariable, suivi.*

variablement *adverbe* De façon variable. SYN. par accès, par à-coups, alternativement, épisodiquement, inégalement, par instants, par intermittence, par intervalles, irrégulièrement, par moments, occasionnellement, rarement, sporadiquement, de temps à autre, de temps en temps. CONTR. *constamment, continuellement, fréquemment, immuablement, indéfiniment, invariablement, à longueur de temps, en permanence, quotidiennement, régulièrement, sans arrêt, sans cesse, sans discontinuer, sans intermission, sans interruption, sans relâche, sans répit, sans souffler, sans trêve, toujours, à tout instant.* – LITTÉRAIRE : *continûment.*

variation *nom féminin* État de ce qui varie. SYN. alternance, changement, différence, écart, fluctuation, inégalité, modification, oscillation.

varié *adjectif* Composé d'éléments différents. SYN. changeant, composite, disparate, éclectique, hétéroclite, hétérogène, hybride, mélangé, multiforme, multiple. CONTR. *homogène, monocorde, monotone, uniforme.* – LITTÉRAIRE : *uni.* ■ Se dit de choses différentes. SYN. différent, dissemblable, divers. CONTR. *identique, semblable, similaire, unique.*

varier *verbe intransitif* Présenter des aspects divers. SYN. changer, évoluer, se métamorphoser, se modifier, se transformer. ■ Changer facilement d'opinion. SYN. changer son fusil d'épaule, flotter, fluctuer, osciller. – FAMILIER : changer d'avis comme de chemise, retourner sa veste.

varier *verbe transitif* Apporter de la variété dans. SYN. changer, diversifier, modifier, multiplier, nuancer, transformer. CONTR. *unifier, uniformiser.*

variété *nom féminin* Caractère varié. SYN. bigarrure, disparité, dissemblance, diversité, hétérogénéité, multiplicité, pluralité. CONTR. *unité.* ■ Espèce d'un même ensemble. SYN. espèce, forme, genre, sorte. ■ Diversité dans quelque chose. SYN. changement, différence, fantaisie. CONTR. *monotonie, uniformité.*

vascularite *nom féminin* Inflammation de la paroi des vaisseaux sanguins. SYN. angéite.

vase *nom féminin* Sédiment meuble à forte teneur en eau. SYN. boue, bourbe, limon. – FAMILIER : gadoue. – LITTÉRAIRE : fange.

vaseux *adjectif* Qui contient de la vase. SYN. boueux, bourbeux, envasé, limoneux. – LITTÉRAIRE : fangeux. ■ FAMILIER. Qui est confus. SYN. brumeux, confus, fumeux, obscur, vague. – FAMILIER : vasouillard. – LITTÉRAIRE : fuligineux, nébuleux. CONTR. *clair, défini, détaillé, déterminé, exact, explicite, formel, précis.*

vasicole *adjectif* Qui vit dans la vase. SYN. limicole.

vasière *nom féminin* Réservoir d'un marais salant. SYN. jas.

vasouillard *adjectif* FAMILIER. Qui manque de netteté. SYN. brumeux, confus, fumeux, obscur, vague. – FAMILIER : vaseux. – LITTÉRAIRE : fuligineux, nébuleux. CONTR. *clair, défini, détaillé, déterminé, exact, explicite, formel, précis.*

vassaliser *verbe* Réduire à la condition de sujet. SYN. asservir, bâillonner, inféoder, museler. – LITTÉRAIRE : assujettir, enchaîner, garrotter. CONTR. *délivrer, libérer.*

vassalité *nom féminin* LITTÉRAIRE. État de dépendance. SYN. allégeance, asservissement, assujettissement. – LITTÉRAIRE : hilotisme, ilotisme, servilité, servitude, sujétion. CONTR. *indépendance, liberté.*

vaste *adjectif* LITTÉRAIRE. Qui a une grande étendue. SYN. démesuré, énorme, gigantesque, grand, immense, large, spacieux. CONTR. *borné,* *étriqué, étroit, exigu, menu, minuscule, petit.* - FAMILIER : *rikiki, riquiqui.* ■ LITTÉRAIRE. De grande ampleur. SYN. ample, considérable, étendu, gros, important, imposant. CONTR. *limité, réduit, resserré, restreint, strict, succinct.*

vastitude *nom féminin* LITTÉRAIRE. Caractère vaste. SYN. énormité, taille. - LITTÉRAIRE : immensité.

va-t-en-guerre *adjectif invariable et nom invariable* FAMILIER. Qui est toujours prêt à se battre. SYN. batailleur, belliciste, belliqueux, guerrier, militariste, querelleur. CONTR. *non violent, pacifiste.*

vaticinateur *nom* Personne qui prédit l'avenir. SYN. devin, oracle, prophète, visionnaire, voyant. - FAMILIER : augure.

vaticination *nom féminin* LITTÉRAIRE. Prophétie pompeuse. SYN. prédiction, prophétie. - LITTÉRAIRE : oracle.

vaticiner *verbe* LITTÉRAIRE. Annoncer la volonté divine. SYN. jouer les Cassandre, prédire, prophétiser.

vaurien *nom* Personne malhonnête. SYN. bandit, brigand, canaille, crapule, filou, gibier de potence, ordure, racaille, scélérat, vermine, voyou. - FAMILIER : fripouille, pendard. - POPULAIRE : arsouille, frappe. - VIEUX : coquin, fripon, gredin. ■ Enfant malicieux. SYN. chenapan, coquin, drôle, garnement, mauvais sujet, polisson, voyou. - FAMILIER : affreux jojo, bandit, brigand, diable, filou, fripon, fripouille, galopin, lascar, (petite) peste, poison, sacripant. - VIEUX : galapiat, mâtin.

vautour *nom masculin* ***Vautour d'Egypte,*** petit vautour à plumage blanchâtre. SYN. percnoptère.

vautrer (se) *verbe pronominal* S'étendre avec laisser-aller. SYN. s'étaler, s'étendre, se rouler.

va-vite (à la) *locution adverbiale* Trop rapidement. SYN. brusquement, de chic, entre deux portes, expéditivement, grossièrement, à la hâte, hâtivement, impulsivement, inconsidérément, inopinément, précipitamment, promptement. - FAMILIER : à la six-quatre-deux, à la va-comme-je-te-pousse. CONTR. *soigneusement.*

vécés *nom masculin pluriel* FAMILIER. Lieu réservé aux besoins naturels. SYN. cabinets, latrines, lavabos, petit(s) coin(s), toilettes, waters, W.-C. - FAMILIER : pipi-room, tinette. - POPULAIRE : chiottes, goguenots, gogues. - VIEUX : cabinets d'aisances, commodités, lieux d'aisances, water-closets.

vedette *nom féminin* Artiste célèbre. SYN. célébrité, étoile, gloire, star.

végétation *nom féminin* Espèces végétales d'un milieu donné. SYN. flore.

végéter *verbe* Rester à un niveau médiocre. SYN. croupir, dépérir, dormir, s'encroûter, s'étioler, languir, piétiner, stagner, vivoter. - FAMILIER : moisir, pourrir. CONTR. *se développer, s'épanouir, être florissant, fructifier, progresser, prospérer.*

véhémence *nom féminin* Caractère véhément. SYN. ardeur, chaleur, élan, enthousiasme, exaltation, fougue, frénésie, impétuosité, pétulance, turbulence, vigueur, violence, virulence. - LITTÉRAIRE : furie, passion, vivacité. CONTR. *calme, flegme, froideur, impassibilité, indifférence.*

véhément *adjectif* Qui s'exprime avec fougue. SYN. ardent, bouillant, débordant, emporté, énergique, enflammé, éperdu, farouche, fougueux, frénétique, impétueux, intense, passionné, surchauffé, surexcité, survolté, vif, violent. - LITTÉRAIRE : volcanique. CONTR. *endormi, flegmatique.*

véhiculer *verbe* Permettre la diffusion de. SYN. colporter, diffuser, divulguer, propager, répandre, transmettre, universaliser, vulgariser.

veiller *verbe intransitif* Être en état d'éveil. SYN. être sur la défensive, être sur le qui-vive, être sur ses gardes, ne dormir que d'un œil. CONTR. *dormir, sommeiller, somnoler.* - FAMILIER : *roupiller.*

veiller *verbe transitif indirect* Faire attention à. SYN. s'assurer, avoir soin de, contrôler, s'occuper, prendre garde à, prendre soin de, songer, se soucier, surveiller, vérifier. - FAMILIER : ouvrir l'œil. ■ Exercer une surveillance. SYN. avoir à l'œil, avoir l'œil sur, garder, s'occuper, protéger, surveiller.

veilleuses *nom féminin pluriel* Feux de position. SYN. lanternes.

veinard *adjectif* FAMILIER. Qui a de la chance. SYN. aimé des dieux, heureux, né sous une bonne étoile. - FAMILIER : chanceux, verni. - LITTÉRAIRE : fortuné. - POPULAIRE : chançard. CONTR. *malchanceux, malheureux.* - FAMILIER : *guignard.* - LITTÉRAIRE : *infortuné.*

veine *nom féminin* Ressources de l'esprit. SYN. inspiration. - LITTÉRAIRE : souffle, verve. ■ FAMILIER. Heureux hasard. SYN. bonheur, chance. - FAMILIER : baraka, bol, pot. CONTR. *malchance.* - FAMILIER : *déveine, guigne.* - POPULAIRE : *poisse, scoumoune.* - VIEUX : *guignon.*

veiner *verbe* LITTÉRAIRE. Dessiner des lignes sur. SYN. jasper, marbrer, marquer.

vélar ou **vélaret** *nom masculin* Plante autrefois utilisée contre l'enrouement. SYN. herbe aux chantres, sisymbre.

véliplanchiste *nom* Personne qui pratique la planche à voile. SYN. planchiste.

velléitaire *adjectif* Qui n'arrive pas à agir. SYN. faible, flottant, fluctuant, hésitant, inconsistant, inconstant, indécis, instable, versatile. – LITTÉRAIRE : ondoyant. CONTR. *décidé, ferme, fort, obstiné, opiniâtre, persévérant, tenace.*

velléitaire *nom* Personne qui change d'avis. SYN. faible, indécis, instable, Jean qui rit et Jean qui pleure. – FAMILIER : girouette.

velléité *nom féminin* Volonté de principe. SYN. aspiration, désir, envie, intention. CONTR. *acharnement, détermination, obstination, persévérance, résolution, ténacité.* – LITTÉRAIRE : *opiniâtreté.*

vélo *nom masculin* FAMILIER. Véhicule à deux roues. SYN. bicyclette, cycle, deux-roues, vélocipède, V.T.T. – FAMILIER : bécane, clou. ■ LITTÉRAIRE. Sport de la bicyclette. SYN. la petite reine.

véloce *adjectif* LITTÉRAIRE. Qui se déplace très vite. SYN. agile, rapide, vif, vite. – LITTÉRAIRE : prompt. CONTR. *lent.*

vélocité *nom féminin* LITTÉRAIRE. Caractère véloce. SYN. agilité, célérité, hâte, rapidité, vitesse. – LITTÉRAIRE : prestesse, promptitude, vivacité. CONTR. *indolence, lenteur, nonchalance.*

véloski *nom masculin* Engin en forme de bicyclette, muni de skis. SYN. ski-bob.

velouté *adjectif* Agréable au toucher. SYN. cotonneux, doux, duveteux, moelleux, satiné, soyeux, velouteux. – LITTÉRAIRE : duveté. CONTR. *râpeux, rêche, rude, rugueux.*

velouteux *adjectif* Qui a le toucher du velours. SYN. cotonneux, doux, duveteux, moelleux, satiné, soyeux, velouté. – LITTÉRAIRE : duveté.

velu *adjectif* Couvert de poils. SYN. poilu. CONTR. *glabre, imberbe, lisse, nu.*

velvote *nom féminin* Plante herbacée à fleurs en grappes. SYN. linaire.

vénal *adjectif* Qui est prêt à se vendre. SYN. corruptible, mercantile, véreux. CONTR. *droit, honnête, incorruptible, intègre.* – LITTÉRAIRE : *probe.*

vénalité *nom féminin* Caractère vénal. SYN. bassesse, corruptibilité. – LITTÉRAIRE : mercantilisme. CONTR. *droiture, honnêteté, incorruptibilité, intégrité, probité.*

vendable *adjectif* Qui peut être vendu. SYN. cessible. CONTR. *incessible, invendable.*

vendangeon *nom masculin* Acarien piqueur. SYN. aoûtat, rouget, trombidion.

vendangeuse *nom féminin* Amarylidacée bulbeuse. SYN. sternbergie.

vendeur *nom* Personne qui procède à une vente. SYN. cédant. CONTR. *acheteur, acquéreur, cessionnaire, client, preneur.*

vendre *verbe* Échanger contre de l'argent. SYN. céder, laisser, liquider. – POPULAIRE : fourguer. CONTR. *acheter, acquérir, s'offrir.* ■ Faire le commerce de. SYN. débiter, écouler. CONTR. *garder, stocker.* ■ Sacrifier à prix d'argent. SYN. monnayer. – LITTÉRAIRE : prostituer. ■ FAMILIER. Dénoncer par intérêt. SYN. dénoncer, livrer, nommer, trahir. – FAMILIER : donner. – POPULAIRE : balancer.

vendu *adjectif* Qui s'est laissé corrrompre. SYN. dépravé, immoral, pourri, véreux, vilain. – FAMILIER : ripou. – LITTÉRAIRE : corrompu, vil. CONTR. *honnête, incorruptible, intègre.* – LITTÉRAIRE : *probe.*

vendu *nom* Personne qui se laisse acheter. SYN. pourri. – FAMILIER : ripou. – LITTÉRAIRE : corrompu. CONTR. *incorruptible.*

venelle *nom féminin* LITTÉRAIRE. Petite rue étroite. SYN. ruelle.

vénéneux *adjectif* LITTÉRAIRE. Empreint de méchanceté. SYN. acerbe, calomnieux, empoisonné, haineux, malintentionné, malveillant, mauvais, méchant, médisant, mordant, perfide, virulent. – LITTÉRAIRE : acrimonieux, fielleux, venimeux.

vénérable *adjectif* Digne d'être respecté. SYN. antique, estimable, honorable, respectable, sacré, saint. – LITTÉRAIRE : auguste. CONTR. *bas, indigne, méprisable.* – LITTÉRAIRE : *vil.*

vénération *nom féminin* Respect pour quelqu'un. SYN. considération, culte, déférence, déification, égard, estime, fétichisme, respect. – LITTÉRAIRE : dévotion, idolâtrie, piété, révérence. CONTR. *dédain, désinvolture, mépris.* – LITTÉRAIRE : *déconsidération, irrespect, irrévérence, mésestime.* ■ Sentiment de piété. SYN. adoration, culte, dévotion, idolâtrie, piété.

vénérer *verbe* Rendre un culte à Dieu, à un saint. SYN. adorer. – LITTÉRAIRE : révérer. CONTR. *profaner.* – LITTÉRAIRE : *blasphémer.* ■ Éprouver du respect pour. SYN. admirer, chérir, estimer, honorer, idolâtrer, respecter. – LITTÉRAIRE : révérer. CONTR. *dédaigner, mésestimer.* – LITTÉRAIRE : *honnir.*

vengeance *nom féminin* Action de se venger. SYN. représailles, rétorsion, revanche. CONTR. *oubli, pardon.*

venger *verbe* Réparer une offense. SYN. faire payer, laver un affront, punir un affront, réparer. CONTR. *absoudre, pardonner, remettre.*

venger (se) *verbe pronominal* Punir d'une offense. SYN. faire payer, garder à quelqu'un un chien de sa chienne, laver un affront, payer de retour, rendre la monnaie de sa pièce, rendre la pareille, revaloir. – FAMILIER : attendre au tournant, rattraper au tournant, renvoyer l'ascenseur. CONTR. *pardonner.*

véniel *adjectif* LITTÉRAIRE. Qui a peu de gravité. SYN. anodin, bénin, excusable, insignifiant, léger, minime, négligeable, pardonnable. CONTR. *grave, gros, important, sérieux.*

venimeux *adjectif* LITTÉRAIRE. Qui est malveillant. SYN. acerbe, calomnieux, empoisonné, haineux, malintentionné, malveillant, mauvais, méchant, médisant, mordant, perfide, virulent. – LITTÉRAIRE : acrimonieux, fielleux, vénéneux. CONTR. *bienveillant, bon, gentil, indulgent, obligeant.*

venin *nom masculin* LITTÉRAIRE. Attitude malveillante. SYN. haine, hostilité, malveillance, méchanceté, noirceur. – LITTÉRAIRE : perfidie. ■ LITTÉRAIRE. Propos malveillants. SYN. poison. – LITTÉRAIRE : bave, fiel.

venir *verbe* Se déplacer en direction de. SYN. aborder, approcher, s'approcher, se rendre. – FAMILIER : montrer le bout de son nez, montrer son nez. – LITTÉRAIRE : survenir. – POPULAIRE : se pointer, se radiner, rappliquer. CONTR. *s'en aller, s'éloigner, partir.* ■ Avoir lieu. SYN. apparaître, arriver, intervenir, naître, se présenter, se produire, surgir, survenir, tomber. ■ Croître, en parlant de végétaux. SYN. croître, se développer, grandir, pousser. ■ Avoir pour origine. SYN. être issu, se rattacher, sortir. ■ Découler de quelque chose. SYN. dépendre, dériver, émaner, s'ensuivre, procéder, provenir, résulter. CONTR. *causer, provoquer.*

vent *nom masculin* Mouvement de l'air. SYN. air, bise, brise, souffle. – ARGOTIQUE : zef. – LITTÉRAIRE : zéphyr. ■ ***Dans le vent,*** à la mode. SYN. (à la) dernière mode, dernier cri, moderne, en vogue. – FAMILIER : branché, câblé, dans le coup, in, tendance. CONTR. *arriéré, démodé, dépassé, vieux jeu.* – FAMILIER : *out, ringard.* – LITTÉRAIRE : *suranné.* – VIEUX : *rococo.* ■ ***En coup de vent,*** très rapidement. SYN. brusquement, en catastrophe, expéditivement, à la hâte, en hâte, hâtivement, précipitamment, prestement, promptement, rapidement, sans crier gare, soudainement, tambour battant, à toute hâte, en toute hâte, à toute vitesse, toutes affaires cessantes, vite, en vitesse, vivement. – FAMILIER : dare-dare, en quatrième vitesse, rapido presto, rapidos, subito presto. – LITTÉRAIRE : diligemment. – VIEUX : tout à trac. CONTR. *calmement, doucement, lentement, paisiblement, placidement, posément, tranquillement.*

vente *nom féminin* Action de vendre. SYN. cession. CONTR. *achat, acquisition.*

venté *adjectif* Où le vent n'est pas freiné. SYN. éventé, venteux. CONTR. *abrité, couvert.*

venteux *adjectif* Où il fait du vent. SYN. éventé, venté. CONTR. *abrité, couvert.*

ventre *nom masculin* Siège de la gestation. SYN. flanc. – LITTÉRAIRE : entrailles, sein. ■ Partie inférieure du tronc. SYN. abdomen. – FAMILIER : bedaine, bedon, brioche, panse. – POPULAIRE : bide, bidon, buffet.

ventripotent *adjectif* FAMILIER. Qui a un gros ventre. SYN. gras, gros, obèse, ventru. – FAMILIER : bedonnant, pansu. CONTR. *effilé, élancé, fin, grêle, maigre, menu, mince, squelettique.*

ventru *adjectif* Qui a un gros ventre. SYN. gras, gros, obèse. – FAMILIER : bedonnant, pansu, ventripotent. CONTR. *effilé, élancé, fin, grêle, maigre, menu, mince, squelettique.*

venue *nom féminin* Action d'arriver en un lieu. SYN. arrivée, introduction. CONTR. *départ.* ■ Fait de survenir. SYN. apparition, approche, avènement, imminence, proximité. – LITTÉRAIRE : survenance.

vénus *nom féminin* LITTÉRAIRE. Très belle femme. SYN. beauté, déesse. CONTR. *laideron.* – FAMILIER : *guenon.* – POPULAIRE : *mocheté.*

ver *nom masculin* ***Ver blanc,*** larve du hanneton. SYN. man. ■ ***Ver fourchu,*** ver parasite de la trachée des oiseaux. SYN. syngame. ■ ***Ver plat,*** ver à corps aplati. SYN. plathelminthe, platode. ■ ***Ver de terre,*** ver qui creuse des galeries dans le sol. SYN. lombric.

véracité *nom féminin* LITTÉRAIRE. Habitude de dire le vrai. SYN. droiture, franchise, franc-parler, loyauté, rondeur, sincérité, spontanéité. CONTR. *déloyauté, dissimulation, duplicité, fausseté, fourberie, hypocrisie, mensonge, traîtrise.* – LITTÉRAIRE : *insincérité, sournoiserie.* ■ Qualité de ce qui est vrai. SYN. authenticité, exactitude, fidélité, objectivité, sincérité, vérité. – LITTÉRAIRE : véridicité. CONTR. *fausseté, inauthenticité, inexactitude.* – LITTÉRAIRE : *imposture.*

verbal *adjectif* Qui se fait de vive voix. SYN. oral, parlé. CONTR. *écrit.*

verbalement *adverbe* De vive voix. SYN. oralement. CONTR. *par écrit.*

verbeux *adjectif* Qui use de paroles superflues. SYN. bavard, diffus, discoureur, filandreux, loquace, prolixe, volubile. – FAMILIER : jacasseur, jacassier. – VIEUX : babillard. CONTR. *bref, concis, condensé, elliptique, laconique, lapidaire, ramassé, télégraphique.* – LITTÉRAIRE : *compendieux.*

verbiage *nom masculin* Flot de paroles superflues. SYN. bavardage, remplissage, verbalisme.

– FAMILIER : bagou, bagout, baratin, bla-bla, caquet, délayage, parlote, parlotte, tchatche. – LITTÉRAIRE : faconde, prolixité, verbosité. – POPULAIRE : jactance. CONTR. *brièveté, concision, laconisme.*

verbicruciste *nom* Auteur de grilles de mots croisés. SYN. mots-croisiste. CONTR. *cruciverbiste.*

verbosité *nom féminin* LITTÉRAIRE. Caractère verbeux. SYN. bavardage, remplissage, verbalisme, verbiage, volubilité. – FAMILIER : bagou, bagout, baratin, bla-bla, caquet, délayage, parlote, parlotte, tchatche. – LITTÉRAIRE : logomachie, loquacité. – POPULAIRE : jactance. CONTR. *brièveté, concision, laconisme.*

verdâtre *adjectif* Qui tire sur le vert. SYN. blafard, blême, cireux, livide, olivâtre, pâle, plombé, terreux, vert. CONTR. *coloré, frais, rosé.* – LITTÉRAIRE : *vermeil.*

verdeur *nom féminin* Ardeur propre à la jeunesse. SYN. énergie, force, jeunesse, robustesse, solidité, vigueur. – LITTÉRAIRE : juvénilité. CONTR. *décrépitude, gâtisme, sénilité.* ■ Caractère osé. SYN. âpreté, crudité, gauloiserie, grivoiserie, grossièreté, paillardise, trivialité, truculence. – LITTÉRAIRE : gaillardise, rusticité.

verdict *nom masculin* Décision sans appel. SYN. arrêt, arrêté, jugement, sentence. – LITTÉRAIRE : décret.

verdir *verbe* Devenir très pâle. SYN. blêmir, bleuir, pâlir.

verdunisation *nom féminin* Ajout d'eau de Javel à une eau. SYN. javellisation.

verdure *nom féminin* Végétation d'un lieu. SYN. feuillage, frondaison. – LITTÉRAIRE : feuillée.

véreux *adjectif* Qui est malhonnête. SYN. douteux, indélicat, louche, malhonnête, pourri, suspect, vénal. – LITTÉRAIRE : corrompu. CONTR. *honnête, incorruptible, intègre, net, propre, sain.* – LITTÉRAIRE : *probe.*

verge *nom féminin* Organe génital masculin. SYN. membre (viril), pénis, phallus, sexe. – ARGOTIQUE : andouille à col roulé, andouille de calcif, anguille, arbalète, braquemart, chandelle, clarinette baveuse, manche, nœud, paf, panais, pinceau, pine, poireau, Popaul ou Popol, sabre, trique, vipère broussailleuse, zigouigoui. – FAMILIER : robinet, zizi. – LITTÉRAIRE : dard, vit. – POPULAIRE : biroute, bistouquette, bite, bitte, engin, outil, quéquette, queue, zob, zobi. – VIEUX : crayon, mentule.

vergerette *nom féminin* Plante aux fleurs ressemblant à des pâquerettes. SYN. érigéron.

vergogne *nom féminin* ***Sans vergogne,*** sans scrupule. SYN. cavalièrement, crûment, cyniquement, effrontément, hardiment, impertinemment, impoliment, impudemment, insolemment. – LITTÉRAIRE : irrespectueusement, irrévérencieusement. – VIEUX : irrévéremment. CONTR. *pudiquement.*

véridicité *nom féminin* LITTÉRAIRE. Caractère véridique. SYN. authenticité, exactitude, fidélité, objectivité, sincérité, véracité, vérité. CONTR. *fausseté, inauthenticité, inexactitude.* – LITTÉRAIRE : *imposture.*

véridique *adjectif* LITTÉRAIRE. Qui dit la vérité. SYN. consciencieux, scrupuleux, sincère. – LITTÉRAIRE : vrai. CONTR. *faux, menteur, perfide, tendancieux, trompeur.* ■ Conforme à la vérité. SYN. authentique, avéré, établi, exact, fidèle, historique, indubitable, véritable, vrai. CONTR. *captieux, faux, inexact, mensonger, présumé, prétendu.* – LITTÉRAIRE : *fallacieux.*

vérifiable *adjectif* Qui peut être vérifié. SYN. constatable, prouvable. CONTR. *improuvable, incontrôlable, indémontrable, invérifiable.*

vérification *nom féminin* Action de vérifier. SYN. contrôle, essai, examen, expertise, inspection.

vérifié *adjectif* Qui est confirmé. SYN. attesté, authentique, certifié, confirmé, démontré, établi, prouvé, validé. CONTR. *présumé, prétendu.*

vérifier *verbe* Soumettre à un examen. SYN. contrôler, essayer, expérimenter, mettre au banc d'essai, réviser, surveiller, tester. ■ S'assurer que. SYN. s'assurer, constater, contrôler, veiller à. ■ Être la preuve de la véracité de. SYN. appuyer, confirmer, corroborer, démontrer, justifier, prouver, valider.

vérisme *nom masculin* École littéraire groupée autour de Zola. SYN. naturalisme, réalisme.

véritable *adjectif* Conforme à la réalité. SYN. authentique, avéré, établi, exact, historique, indubitable, réel, véridique, vrai. CONTR. *factice, faux, forgé, illusoire, imaginaire, inventé, postiche.* – LITTÉRAIRE : *controuvé.* ■ Conforme à sa nature. SYN. authentique, fidèle, réel, sincère, vrai. CONTR. *affecté, apparent, artificiel, simulé, superficiel.*

véritablement *adverbe* D'une manière véritable. SYN. absolument, effectivement, franchement, indubitablement, proprement, réellement, sérieusement, vraiment. CONTR. *faussement, obscurément, vaguement.*

vérité *nom féminin* Idée partagée par tous. SYN. axiome, certitude, conviction, dogme, loi, principe. CONTR. *bluff, contrevérité.* ■ Faits réels. SYN. fait, réalité, vrai. CONTR. *conte, fiction, histoire, mensonge.* – FAMILIER : *blague, bobard, boniment, canard.* ■ Expression fidèle de la nature. SYN. authenticité, exactitude, fidélité, justesse, naturel, vraisemblance. CONTR. *apparence, fiction, illusion, inexactitude, infidélité, invraisemblance, mirage, rêve.* ▪ Bonne foi. SYN. franchise, sincérité, spontanéité. – LITTÉRAIRE : véracité, véridicité. CONTR. *dissimulation, duplicité, fausseté.* – LITTÉRAIRE : *insincérité.*

verlion *nom masculin* VIEUX. Mouche orthoraphe allongée. SYN. lampromyie.

vermeil *adjectif* LITTÉRAIRE. D'un rouge vif. SYN. carmin, grenat, incarnat, vermillon. CONTR. *blafard, blanchâtre, blême, cadavéreux, cadavérique, hâve, pâle, verdâtre.* – FAMILIER : *pâlichon, pâlot.*

vermiforme *adjectif* Qui a la forme d'un ver. SYN. helminthoïde.

vermine *nom féminin* LITTÉRAIRE. Ramassis d'individus vils. SYN. pègre, racaille. – LITTÉRAIRE : crapule, rebut, tourbe. – POPULAIRE : raclure. – VIEUX : canaille. ▪ Personne malhonnête. SYN. bandit, brigand, canaille, crapule, filou, gredin, ordure, racaille, scélérat, vaurien. – FAMILIER : fripouille, pendard. – POPULAIRE : arsouille, frappe. – VIEUX : coquin, fripon, misérable.

vermineux *adjectif* LITTÉRAIRE. Couvert de vermine. SYN. pouilleux.

verminose *nom féminin* Maladie parasitaire due à des vers. SYN. helminthiase.

vernalisation *nom féminin* Traitement des graines par le froid. SYN. printanisation. ▪ Transformation due au froid. SYN. jarovisation.

verni *adjectif* FAMILIER. Qui a de la chance. SYN. heureux, né sous une bonne étoile. – FAMILIER : chanceux, veinard. – LITTÉRAIRE : fortuné. – POPULAIRE : chançard. CONTR. *malchanceux, malheureux.* – FAMILIER : *guignard.* – LITTÉRAIRE : *infortuné.*

vernir *verbe* Étaler du vernis sur. SYN. badigeonner, vernisser, vitrifier. ▪ LITTÉRAIRE. Rendre brillant. SYN. briquer, glacer, lustrer, polir, satiner.

vernis *nom masculin* Apparence trompeuse. SYN. brillant, clinquant, façade, faux-semblant, semblant, simulacre, surface, teinte, teinture. – LITTÉRAIRE : masque, superficie. ▪ ***Vernis du Japon,*** arbre des régions tropicales. SYN. ailante.

vernissé *adjectif* LITTÉRAIRE. Qui brille comme du vernis. SYN. brillant, glacé, luisant, lustré, poli, satiné, soyeux, verni.

vernisser *verbe* Recouvrir de vernis. SYN. glacer, lustrer, satiner, vernir, vitrifier.

vérole *nom féminin* POPULAIRE. Maladie sexuellement transmissible. SYN. syphilis.

véronal *nom masculin* VIEUX. Barbiturique hypnotique. SYN. barbital.

verrerie *nom féminin* Objets en verre. SYN. cristallerie, verroterie.

verrouiller *verbe* Bloquer l'accès d'un lieu. SYN. boucler, cadenasser, fermer. CONTR. *déverrouiller, ouvrir.*

vers *préposition* Indique la direction. SYN. aux alentours de, du côté de, en direction de, aux environs de, sur.

versant *nom masculin* Face latérale d'un relief. SYN. côté, paroi, pente. – LITTÉRAIRE : pan.

versatile *adjectif* Qui change facilement d'avis. SYN. capricieux, changeant, divers, fantasque, flottant, fluctuant, inconstant, inégal, léger, lunatique, papillonnant, velléitaire. – LITTÉRAIRE : ondoyant. – VIEUX : mobile. CONTR. *buté, conséquent, constant, entêté, ferme, obstiné, opiniâtre, persévérant, têtu.* – LITTÉRAIRE : *invariable.*

versatilité *nom féminin* LITTÉRAIRE. Caractère versatile. SYN. fluctuation, inconsistance, inconstance, instabilité, légèreté, mobilité. – LITTÉRAIRE : variabilité. CONTR. *constance, entêtement, fermeté, fidélité, obstination, persévérance, stabilité, ténacité.* – LITTÉRAIRE : *opiniâtreté.*

versé *adjectif* Qui a la connaissance de. SYN. compétent, expérimenté, expert, maître, qualifié, rompu. CONTR. *ignorant, incompétent.*

versement *nom masculin* Somme versée. SYN. acquittement, dépôt, paiement, payement, règlement. CONTR. *retrait.*

verser *verbe intransitif* Tomber sur le côté. SYN. basculer, chavirer, culbuter, se renverser, se retourner. ▪ Évoluer dans un sens fâcheux. SYN. s'enliser, sombrer, tomber. – FAMILIER : s'enfoncer.

verser *verbe transitif* VIEUX. Faire tomber sur le côté. SYN. jeter, projeter, renverser. CONTR. *redresser, relever.* ▪ Faire couler un liquide. SYN. déverser, épandre, répandre. ▪ Affecter quelqu'un à. SYN. déplacer, muter, nommer. ▪ Remettre de l'argent à. SYN. acquitter, s'acquitter, débourser, décaisser, déposer, payer, régler, rembourser. – FAMILIER : cracher, se fendre de, mettre la main à la poche. – POPULAIRE : banquer, casquer, douiller, raquer. CONTR. *encaisser, percevoir, toucher.* – FAMILIER : *palper.* ▪ Apporter quelque chose en plus. SYN. adjoindre, ajouter, déposer, incorporer, placer.

versicolore *adjectif* LITTÉRAIRE. Qui a plusieurs couleurs. SYN. bariolé, bigarré, chamarré, multicolore, polychrome. – LITTÉRAIRE : diapré. CONTR. *monochrome, uni, unicolore.*

versificateur *nom* Personne qui fait des vers. SYN. poète, rimeur. – FAMILIER : rimailleur.

version *nom féminin* Chacun des états d'un texte. SYN. leçon, mouture, variante. ■ Manière de raconter un fait. SYN. compte rendu, interprétation, rapport, récit, relation.

verso *nom masculin* Seconde page d'une feuille. SYN. dos, envers. CONTR. *endroit, recto.*

vert *adjectif* Qui n'a pas atteint la maturité. SYN. frais, jeune. CONTR. *mûr, vieux.* ■ Se dit de propos cinglants. SYN. acerbe, acide, blessant, brutal, cruel, dur, mordant, sec, vif, violent. ■ D'une couleur pâle. SYN. blafard, blême, cireux, livide, olivâtre, pâle, plombé, terreux, verdâtre. ■ Qui est resté en forme. SYN. alerte, dispos, ingambe. – FAMILIER : vaillant. – VIEUX : gaillard. CONTR. *croulant, déclinant, décrépit, déliquescent, faiblissant.*

vertébré *adjectif et nom* Qui a des vertèbres. CONTR. *invertébré.*

vertébrothérapie *nom féminin* Manipulation des vertèbres. SYN. chiropractie, chiropratique.

vertement *adverbe* D'une manière rude. SYN. abruptement, brusquement, brutalement, durement, méchamment, rudement, sèchement, violemment. – LITTÉRAIRE : vivement. CONTR. *affectueusement, agréablement, aimablement, câlinement, cordialement, doucement, gentiment, tendrement.*

vertical *adjectif* Qui suit la direction du fil à plomb. CONTR. *horizontal, oblique.*

verticalement *adverbe* Selon la direction du fil à plomb. CONTR. *horizontalement, obliquement.*

vertige *nom masculin* Intense exaltation. SYN. étourdissement, exaltation, griserie, ivresse. – LITTÉRAIRE : enivrement, fumées, tourbillon, tourmente.

vertigineusement *adverbe* Indique un degré extrême. SYN. abominablement, affreusement, beaucoup, bien, démesurément, effroyablement, énormément, épouvantablement, exagérément, exceptionnellement, excessivement, extraordinairement, extrêmement, fabuleusement, follement, fortement, grandement, horriblement, immensément, immodérément, incroyablement, infiniment, monstrueusement, mortellement, parfaitement, particulièrement, au plus haut degré, au plus haut point, prodigieusement, profondément, puissamment, singulièrement, supérieurement, suprêmement, terriblement, tout à fait, très, trop. – FAMILIER : atrocement, bigrement, bougrement, diablement, drôlement, fichtrement, fichûment, formidablement, joliment, méchamment, rudement, sacrément, superlativement, tout plein. – LITTÉRAIRE : au dernier point, diantrement, furieusement. – POPULAIRE : foutrement, salement, vachement. CONTR. *faiblement, guère, légèrement, modérément, moyennement, peu.*

vertigineux *adjectif* Qui donne le vertige. SYN. démesuré, effréné, exagéré, excessif, fabuleux, fou, immodéré. – FAMILIER : délirant.

vertisol *nom masculin* Sol fertile des climats chauds. SYN. régur.

vertu *nom féminin* Disposition à faire le bien. SYN. intégrité, mérite, morale, moralité, sagesse. CONTR. *débauche.* – LITTÉRAIRE : *vice.* ■ Chasteté féminine. SYN. chasteté, continence, pureté. – LITTÉRAIRE : honneur, pudicité. CONTR. *débauche, dévergondage, inconduite, libertinage.* – LITTÉRAIRE : *licence, stupre.* ■ Caractéristique propre à. SYN. capacité, effet, efficacité, faculté, pouvoir, propriété, qualité. CONTR. *défaut, travers.*

vertueusement *adverbe* De façon vertueuse. SYN. honnêtement, intègrement, moralement, proprement, pudiquement. – LITTÉRAIRE : purement.

vertueux *adjectif* LITTÉRAIRE. Qui manifeste de la vertu. SYN. décent, droit, honnête, intègre, irréprochable, méritant, moral, sage, sérieux. – LITTÉRAIRE : probe. CONTR. *douteux, louche, mauvais.* ■ Qui est chaste. SYN. chaste, continent, pudique. CONTR. *débauché, dépravé, dévergondé, libertin, vicieux.* – LITTÉRAIRE : *dissolu.*

verve *nom féminin* Éloquence brillante. SYN. éloquence, esprit, volubilité. – FAMILIER : bagou, bagout, tchatche. – LITTÉRAIRE : faconde, loquacité, prolixité. – POPULAIRE : jactance.

vervet *nom masculin* Cercopithèque gris verdâtre. SYN. grivet, singe vert.

verveux *adjectif* LITTÉRAIRE. Plein de verve. SYN. brillant, éloquent, loquace, prolixe, volubile.

vespéral *adjectif* LITTÉRAIRE. Relatif au soir. CONTR. *matinal.* – LITTÉRAIRE : *matutinal.*

vesse-de-loup *nom féminin* Champignon en forme de poire retournée. SYN. lycoperdon.

veste *nom féminin* FAMILIER. Échec cuisant. SYN. avatar, catastrophe, culbute, déconfiture, défaite, échec, gifle, insuccès, revers. – FAMILIER : claque, fessée, fiasco, loupé, pile, piquette, plongeon, raclée, ratage, tannée. – LITTÉRAIRE : infortune. – POPULAIRE : bide, déculottée, dégelée, gamelle, plantage, volée.

vestiaire *nom masculin* Petite pièce pour ranger des vêtements. SYN. dressing, penderie. – VIEUX : garde-robe.

vestibule *nom masculin* Pièce par laquelle on entre. SYN. antichambre, entrée, galerie, hall.

vestige *nom masculin* Trace laissée par quelque chose. SYN. décombre, reste, ruine, souvenir. – LITTÉRAIRE : stigmate. ■ LITTÉRAIRE. Ce qui reste du passé. SYN. impression. – LITTÉRAIRE : relent, reliquat, trace.

vêtement *nom masculin* Pièce de l'habillement. SYN. costume, effets, habit, mise, tenue, toilette. – FAMILIER : nippe. – POPULAIRE : fringue, frusques. ■ LITTÉRAIRE. Ce qui recouvre quelque chose. SYN. parure. – LITTÉRAIRE : manteau, masque, voile.

vétéran *nom masculin* LITTÉRAIRE. Personne experte. SYN. aîné, ancien, briscard, brisquard, vieux. – FAMILIER : vieux de la vieille. CONTR. *commençant, débutant, nouveau, novice.* – FAMILIER : *bizut, bizuth, bleu.*

vétille *nom féminin* Chose insignifiante. SYN. bagatelle, baliverne, bricole, broutille, enfantillage, misère, rien. – FAMILIER : faribole, rigolade. – POPULAIRE : foutaise.

vétiller *verbe* LITTÉRAIRE. Critiquer sur des riens. SYN. chercher la petite bête, chercher midi à quatorze heures, chicaner, couper les cheveux en quatre, discuter, ergoter. – FAMILIER : chinoiser, chipoter, discutailler, pinailler.

vétilleux *adjectif* LITTÉRAIRE. Qui s'attache à des vétilles. SYN. formaliste, maniaque, méticuleux, minutieux, pointilleux, regardant, tatillon. – FAMILIER : pinailleur. – LITTÉRAIRE : sourcilleux. – VIEUX : chicaneur, chicanier.

vêtir *verbe* LITTÉRAIRE. Habiller quelqu'un de. SYN. accoutrer, affubler, costumer, couvrir, habiller. – FAMILIER : attifer, fagoter, ficeler. – LITTÉRAIRE : revêtir. – POPULAIRE : fringuer. CONTR. *déshabiller, dévêtir, retirer.* ■ LITTÉRAIRE. Mettre sur soi. SYN. endosser, enfiler, mettre, se mettre, passer, porter, revêtir.

vêtir (se) *verbe pronominal* S'habiller d'une certaine façon. SYN. s'accoutrer, s'affubler, se couvrir, s'endimancher, s'habiller. – FAMILIER : s'attifer, se mettre sur son trente-et-un. – POPULAIRE : se fringuer, se saper. CONTR. *se découvrir, se dénuder, se déshabiller, se dévêtir.*

veto *nom masculin invariable* Fait de s'opposer à. SYN. barrage, désapprobation, opposition, refus, rejet, résistance. CONTR. *acceptation, accord, agrément, approbation, assentiment, autorisation, consentement.* – LITTÉRAIRE : *aveu.*

vêtu *adjectif* Habillé d'une certaine façon. SYN. accoutré, arrangé, habillé. – FAMILIER : attifé, fagoté, ficelé.

vétuste *adjectif* Détérioré par le temps. SYN. ancien, archaïque, branlant, croulant, décrépit, délabré, désuet, obsolète, périmé, usagé, usé, vieillot, vieux. – FAMILIER : fossile. – LITTÉRAIRE : suranné. CONTR. *actuel, moderne, neuf, nouveau, récent.*

vétusté *nom féminin* État de détérioration. SYN. ancienneté, antiquité, délabrement. – LITTÉRAIRE : vieillesse. CONTR. *actualité, nouveauté.*

veule *adjectif* Qui manque d'énergie. SYN. amorphe, apathique, faible, indolent, languissant, lymphatique, mou, pleutre. CONTR. *décidé, déterminé, énergique, ferme, volontaire.*

veulerie *nom féminin* Caractère veule. SYN. apathie, avachissement, faiblesse, inconsistance, mollesse, nonchalance, paresse. – LITTÉRAIRE : pleutrerie. CONTR. *courage, dynamisme, énergie, fermeté, hardiesse, volonté.* – FAMILIER : *cran.*

veuvage *nom masculin* État de veuve. SYN. – VIEUX : viduité.

veuve *nom féminin* ***Veuve noire,*** araignée venimeuse. SYN. latrodecte.

vexant *adjectif* Qui vexe. SYN. blessant, cinglant, désagréable, désobligeant, dur, humiliant, mortifiant, offensant, outrageant, vexatoire. ■ FAMILIER. Qui contrecarre une action. SYN. agaçant, énervant, exaspérant, insupportable, irritant. – FAMILIER : horripilant, rageant.

vexation *nom féminin* Action, parole qui vexe. SYN. brimade, froissement, gifle, humiliation, mortification, offense, outrage, sarcasme, tracasserie. – LITTÉRAIRE : avanie, brocard, camouflet. CONTR. *flatterie.*

vexatoire *adjectif* Qui a le caractère de la vexation. SYN. abaissant, accablant, avilissant, blessant, dégradant, déshonorant, humiliant, infamant, mortifiant, offensant, outrageant, rabaissant, vexant.

vexé *adjectif* Atteint dans son amour-propre. SYN. froissé, humilié, indigné, mortifié, outragé, outré, scandalisé, ulcéré. – LITTÉRAIRE : blessé, offensé.

vexer *verbe* Blesser l'amour-propre. SYN. blesser, contrarier, désobliger, froisser, heurter, humilier, indisposer, mortifier, offenser, outrager. – LITTÉRAIRE : piquer. CONTR. *consoler, flatter, réconforter.*

vexer (se) *verbe pronominal* Être contrarié. SYN. se formaliser, se froisser, se scandaliser. – LITTÉRAIRE : s'offenser, se piquer.

vexillologie *nom féminin* Étude des pavillons et des drapeaux. SYN. pavillonnerie.

viable *adjectif* Susceptible de durer. SYN. durable, fort, impérissable, solide, stable. CONTR. *délicat, fragile, menacé, périssable, précaire.*

vibrant *adjectif* Qui émet des vibrations. SYN. éclatant, perçant, retentissant, sonore, tonitruant. – LITTÉRAIRE : tonnant. CONTR. *étouffé, sourd.* ■ Qui manifeste de l'émotion. SYN. ardent, émouvant, frémissant, palpitant, pathétique, poignant, prenant, saisissant, touchant.

vibration *nom féminin* Modulation d'un son. SYN. tremblement, vibrato. ■ Fait de vibrer. SYN. frémissement, frisson, tremblement, trépidation. – LITTÉRAIRE : frissonnement.

vibrer *verbe* Être soumis à une série d'oscillations. SYN. trémuler, trépider, tressauter. ■ LITTÉRAIRE. Frémir sous l'effet d'une émotion. SYN. frémir, palpiter, trembler, trembloter, tressaillir. – LITTÉRAIRE : tressauter.

vibrisses *nom féminin pluriel* Longs poils tactiles sur la lèvre des animaux. SYN. moustaches.

vice *nom masculin* LITTÉRAIRE. Disposition à faire le mal. SYN. amoralité, immoralité, lubricité, perversité. – LITTÉRAIRE : impureté, scélératesse. CONTR. *intégrité, morale, moralité, vertu.* ■ Penchant pour quelque chose. SYN. faible, inclination, penchant, pente. – FAMILIER : péché mignon. ■ État de débauche. SYN. corruption, débauche, dépravation, dévergondage, inconduite, libertinage, perversion, pourriture. – LITTÉRAIRE : licence, stupre. CONTR. *candeur, chasteté, ingénuité, innocence, pureté.* ■ Ce qui rend une chose inutilisable. SYN. défaut, défectuosité, imperfection, malfaçon, travers. – LITTÉRAIRE : tare. CONTR. *perfection, qualité.*

vice versa *locution adverbiale* D'une manière inverse. SYN. inversement, mutuellement, réciproquement.

viciation *nom féminin* LITTÉRAIRE. Action de vicier. SYN. altération, dégradation, dénaturation, pollution. – LITTÉRAIRE : corruption.

vicié *adjectif* Rendu malsain. SYN. impur, pollué. – LITTÉRAIRE : corrompu, souillé. CONTR. *pur, sain.*

vicier *verbe* LITTÉRAIRE. Rendre l'air impur. SYN. empoisonner, polluer. – LITTÉRAIRE : souiller. CONTR. *assainir, épurer, filtrer, purifier.* – VIEUX : *dépurer.* ■ LITTÉRAIRE. Pervertir quelque chose. SYN. altérer, dégrader, dénaturer, dépraver, pervertir, pourrir. – LITTÉRAIRE : corrompre, dévoyer, empester, gangrener. CONTR. *corriger, élever.* – LITTÉRAIRE : *amender, redresser.*

vicieux *adjectif* Inspiré par le vice. SYN. amoral, dévergondé, immoral, impudique, lubrique, pervers, sadique. – FAMILIER : cochon. – LITTÉRAIRE : libidineux, salace. – VIEUX : luxurieux. CONTR. *candide, chaste, ingénu, innocent, pur, sain, vertueux.* ■ Qui contient un défaut. SYN. fautif, impropre, incorrect, inexact. – FAMILIER : tordu. CONTR. *châtié, correct, normal.*

vicieux *nom* Personne perverse. SYN. débauché, obsédé, pervers. – FAMILIER : vicelard.

vicissitude *nom féminin* Événement heureux ou malheureux. SYN. aléa, caprice, fluctuation, hasard, tribulations.

victime *nom féminin* Personne blessée ou tuée. SYN. martyr, supplicié. CONTR. *agresseur, bourreau, offenseur, tortionnaire.* ■ Personne qui a subi une chose. SYN. cible, dupe, jouet, proie.

victoire *nom féminin* Issue favorable d'une bataille. CONTR. *capitulation, débâcle, débandade, déconfiture, défaite, déroute.* ■ Succès remporté dans une lutte. SYN. réussite, succès, triomphe. CONTR. *banqueroute, culbute, échec, faillite, insuccès, revers.* – FAMILIER : *claque, fessée, fiasco, pile, piquette, plongeon, raclée, veste.* – POPULAIRE : *bide.*

victorieusement *adverbe* De façon victorieuse. SYN. heureusement, triomphalement.

victorieux *adjectif* Qui remporte la victoire. SYN. conquérant, gagnant, triomphant, vainqueur. – LITTÉRAIRE : triomphateur. CONTR. *vaincu.* ■ Qui manifeste de l'orgueil. SYN. conquérant, glorieux, orgueilleux, triomphant. – LITTÉRAIRE : triomphateur, vainqueur.

victuailles *nom féminin pluriel* Denrées alimentaires. SYN. aliments, nourriture, provisions, vivres.

vidanger *verbe transitif* Opérer une vidange. SYN. évacuer, vider.

vide *adjectif* Qui ne contient rien. SYN. démuni, dénué, dépourvu, exempt, pauvre, privé, à sec. CONTR. *débordant, farci, fourmillant, garni, gorgé, plein, rempli, surchargé.* – FAMILIER : *bourré, truffé.* ■ Où il n'y a pas d'occupant. SYN. dépeuplé, désert, déserté, infréquenté, inhabité, inoccupé, libre, vacant. CONTR. *bondé, comble, complet, encombré, occupé, passant, peuplé, populeux, pris, surpeuplé.* ■ Qui est sans intérêt. SYN. creux, frivole, futile, inconsistant, inintéressant, insignifiant, inutile, médiocre, morne, mort, plat, stérile, superficiel, terne. – LITTÉRAIRE : vain. CONTR. *agité, animé, éminent, exaltant, intelligent, intéressant, mouvementé, passionnant, profond.*

vide *nom masculin* Espace inoccupé. SYN. cavité, creux, excavation, ouverture. ■ Absence d'idées. SYN. lacune, manque, omission, trou. ■ Caractère insignifiant. SYN. futilité, inconsistance, insignifiance, inutilité, légèreté, néant. – LITTÉRAIRE : inanité, stérilité, superficialité, superfluité, vacuité, vanité. CONTR. *plénitude.*

vidé *adjectif* FAMILIER. Sans force. SYN. anéanti, à bout de course, à bout de force, à bout de souffle, brisé, épuisé, exténué, fatigué, fourbu, harassé, K.-O., las, mort de fatigue, recru, rendu, rompu, surmené, usé. – FAMILIER : achevé, au bout du rouleau, cassé, claqué, éreinté, esquinté, fini, flagada, flapi, H.S., kaput, lessivé, mort, moulu, à plat, pompé, à ramasser à la petite cuillère, raplapla, sur les genoux, tué, vanné. – POPULAIRE : cané, crevé, rétamé, sur les rotules. CONTR. *dispos, frais, frais et dispos, reposé.* – FAMILIER : *en forme, frais comme un gardon, frais comme une rose, increvable, en pleine forme.* – VIEUX : *gaillard.*

vidéoclip *nom masculin* Petit film qui illustre une chanson. SYN. clip.

vider *verbe* Retirer un contenu. SYN. débarrasser, évacuer. CONTR. *bourrer, combler, remplir.* – LITTÉRAIRE : *emplir, gorger.* ■ Avaler rapidement. SYN. boire, ingurgiter. – FAMILIER : s'enfiler, siffler. – POPULAIRE : écluser, s'envoyer, pomper. ■ Surmener quelqu'un. SYN. anéantir, épuiser, exténuer, fatiguer, harasser. – FAMILIER : claquer, éreinter, esquinter, lessiver, pomper, vanner. – POPULAIRE : crever. ■ FAMILIER. Chasser d'un groupe. SYN. chasser, congédier, débaucher, se défaire de, destituer, éconduire, exclure, excommunier, expulser, licencier, limoger, mettre à la porte, mettre à pied, radier, reconduire, remercier, renvoyer, révoquer, se séparer de. – FAMILIER : balayer, blackbouler, débarquer, déboulonner, dégommer, ficher à la porte, flanquer à la porte, flanquer dehors, sabrer, sortir. – POPULAIRE : balancer, foutre à la porte, lourder, virer.

vider (se) *verbe pronominal* Couler d'un lieu dans un autre. SYN. se déverser, s'échapper, s'écouler, se jeter, se répandre.

viduité *nom féminin* VIEUX. État de veuve. SYN. veuvage.

vie *nom féminin* Fait d'exister. SYN. destin, destinée, existence. CONTR. *mort.* – LITTÉRAIRE : *trépas.* ■ Caractère dynamique. SYN. activité, allant, animation, ardeur, élan, énergie, entrain, mouvement, pétulance, santé, vigueur, vitalité. – LITTÉRAIRE : sève. CONTR. *tiédeur.*

vieillerie *nom féminin* Objet ancien. SYN. – FAMILIER : antiquaille, antiquité.

vieillesse *nom féminin* Fait d'être âgé. SYN. âge avancé, âge canonique, âge certain, âge vénérable, grand âge, quatrième âge, sénescence, vieux jours. – FAMILIER : le crépuscule de la vie. – LITTÉRAIRE : arrière-saison. CONTR. *le bel âge, fleur de l'âge, les jeunes années, jeunesse, le printemps de la vie.* – LITTÉRAIRE : *le matin de la vie.* ■ Ensemble des personnes âgées. SYN. anciens, vieux. CONTR. *jeunes, jeunes gens, jeunesse.* ■ LITTÉRAIRE. Grand âge d'une chose. SYN. ancienneté, antiquité, vétusté. CONTR. *actualité, nouveauté.*

vieilli *adjectif* Qui n'est plus en usage. SYN. archaïque, démodé, dépassé, désuet, obsolète, périmé, poussiéreux, sclérosé, vieillot, vieux. – LITTÉRAIRE : suranné. CONTR. *actuel, moderne, nouveau, récent.*

vieillir *verbe* Devenir plus vieux. SYN. avancer en âge, se faire vieux, prendre de l'âge. – FAMILIER : ne plus être de la première fraîcheur, prendre un coup de vieux. CONTR. *se maintenir, rajeunir.* – FAMILIER : *être bien conservé.*

vieillissant *adjectif* Qui commence à devenir vieux. SYN. désuet, suranné, usé, vieillot. CONTR. *actuel, moderne, nouveau.*

vieillot *adjectif* Passé de mode. SYN. ancien, antique, archaïque, arriéré, attardé, démodé, dépassé, désuet, périmé, poussiéreux, usé, vétuste, vieilli, vieux. – LITTÉRAIRE : suranné. – VIEUX : rococo. CONTR. *actuel, inédit, moderne, nouveau, récent, ultramoderne.*

vierge *adjectif* Qui n'a jamais eu de relation sexuelle. SYN. chaste, innocent, pur. – FAMILIER : puceau, pucelle. ■ Qui n'a pas encore servi. SYN. blanc, brut, immaculé, intact, net, pur. CONTR. – LITTÉRAIRE : *corrompu, impur, souillé.* ■ Qui n'a pas été exploré. SYN. inexploré, intact.

vieux *adjectif* Très avancé en âge. SYN. âgé, d'un âge avancé, d'un certain âge. CONTR. *dans la fleur de l'âge, jeune, juvénile.* ■ Qui existe depuis longtemps. SYN. ancestral, antique, millénaire, poussiéreux, séculaire. – LITTÉRAIRE : immémorial. CONTR. *moderne, nouveau, récent.* ■ Qui est tel depuis longtemps. SYN. endurci, impénitent, invétéré. CONTR. *nouveau, novice.* ■ Qui a beaucoup servi. SYN. défraîchi, délabré, élimé, usagé, usé, vétuste, vieillot. CONTR. *frais, neuf, nouveau, vert.* ■ Qui n'est plus en usage. SYN. ancien, archaïque, démodé, dépassé, désuet, obsolète, périmé, vieilli. – LITTÉRAIRE : suranné. – VIEUX : rococo. CONTR. *actuel, contemporain, moderne.*

vieux *nom* Personne d'un grand âge. SYN. ancien, géronte, vieillard. – ARGOTIQUE : vioque. – LITTÉRAIRE : barbon, patriarche, vétéran. – POPULAIRE : croulant. CONTR. *jeune.* – FAMILIER : *jeunesse.*

vif *adjectif* Prompt à s'emporter. SYN. bouillant, brusque, emporté, expéditif, explosif, impulsif. – LITTÉRAIRE : prompt, volcanique. CONTR. *bienveillant, conciliant, délicat, doux, patient, tendre.* ■ D'une grande intensité. SYN. chaleureux, chaud, intense, profond. CONTR. *atténué, douceâtre, froid, morne.* ■ Qui saisit. SYN. aigu, cuisant, glacial, mordant, pénétrant, perçant, piquant. CONTR. *sourd, sournois.* ■ Qui est plein de vie. SYN. actif, agile, allègre, énergique, leste, nerveux, pétillant, preste, rapide, sémillant, vivant. – LITTÉRAIRE : allant, véloce. CONTR. *abruti, alangui, amorphe, apathique, atone, déclinant, endormi, faiblissant, indolent, inerte, laborieux, lymphatique, mou, nonchalant, paresseux, traînant.* – FAMILIER : *lambin.* – LITTÉRAIRE : *ensommeillé.* ■ Exprimé avec mordant. SYN. acerbe, acéré, brusque, caustique, dur, incisif, véhément. – LITTÉRAIRE : épigrammatique, piquant. ■ Qui est éclatant. SYN. soutenu, violent, voyant. CONTR. *blafard, blanchâtre, blême, diffus, fadasse, fade, faible, pâle, passé, sombre, tamisé, terne.*

vif-argent *nom masculin* VIEUX. Métal blanc. SYN. mercure.

vigilance *nom féminin* Caractère vigilant. SYN. application, attention, circonspection, œil, précaution, prévoyance, prudence, soins, sollicitude, surveillance. CONTR. *distraction, étourderie, imprudence, inattention, négligence.* – LITTÉRAIRE : *inapplication.*

vigilant *adjectif* Qui montre de l'attention. SYN. assidu, attentif, circonspect, dévoué, précautionneux, prévoyant, prudent, réfléchi, regardant, scrupuleux. CONTR. *distrait, étourdi, inappliqué, inattentif, négligent.*

vigne *nom féminin* Terrain planté de vigne cultivée. SYN. clos, vignoble.

vigneau *nom masculin* Petit mollusque à coquille noire pointue. SYN. bigorneau, littorine, vignot.

vigneron *nom* Personne qui cultive la vigne. SYN. viticulteur.

vignoble *nom masculin* Territoire planté de vignes. SYN. vigne.

vignot *nom masculin* Petit mollusque à coquille noire pointue. SYN. bigorneau, littorine, vigneau.

vigoureusement *adverbe* Avec vigueur. SYN. énergiquement, ferme, fermement, fort, fortement, nettement, puissamment, violemment. – LITTÉRAIRE : vivement. CONTR. *doucement, faiblement, légèrement.*

vigoureux *adjectif* Plein d'énergie, de force. SYN. athlétique, bâti à chaux et à sable, fort, fort comme un bœuf, fort comme un Turc, infatigable, robuste. – FAMILIER : costaud, vaillant. – POPULAIRE : balaise, balèze, baraqué. – VIEUX : gaillard. CONTR. *anémique, asthénique, chétif, débile, déclinant, décrépit, défaillant, délicat, faible, fluet, impotent, invalide, maladif, malingre, rachitique, souffreteux.* – VIEUX : *cacochyme.* ■ Fait avec vigueur. SYN. énergique, mâle, puissant, solide. CONTR. *déficient, faible, faiblissant, fragile, frêle, léger, mou.* ■ Qui manifeste de la fermeté. SYN. de fer, ferme, inébranlable, net. CONTR. *flou, hésitant, pleutre, timide, timoré, trouble, vague.* – LITTÉRAIRE : *pusillanime.*

vigueur *nom féminin* Énergie physique ou morale. SYN. ardeur, dynamisme, énergie, mordant, nerf, pétulance, puissance, robustesse, solidité, tonus, véhémence, verdeur, vie, vitalité. – LITTÉRAIRE : sève, vivacité. CONTR. *abattement, affaissement, asthénie, atonie, décrépitude, faiblesse, fragilité, inconsistance, langueur.* ■ Aptitude des plantes à croître. SYN. exubérance, foisonnement. – LITTÉRAIRE : luxuriance. CONTR. *étiolement.* ■ ***En vigueur,*** en application. SYN. actuel, existant, présent, en usage. CONTR. *passé.*

vil *adjectif* LITTÉRAIRE. Qui suscite le mépris. SYN. abaissant, abject, affreux, bas, honteux, ignoble, immonde, indigne, infâme, innommable, laid, méprisable, nauséabond, rabaissant, révoltant, sordide, vendu, vilain. – LITTÉRAIRE : ignominieux, impur, nauséeux, turpide. CONTR. *beau, digne, édifiant, élevé, estimable, exemplaire, haut, honorable, noble, pur, respectable, sublime, vénérable.* – LITTÉRAIRE : *relevé.*

vilain *adjectif* Désagréable à voir. SYN. affreux, difforme, disgracieux, hideux, horrible, ingrat, laid. – FAMILIER : laid comme un pou, moche. CONTR. *beau, charmant, gracieux, joli, ravissant, superbe.* ■ Moralement laid. SYN. abaissant, abject, affreux, bas, honteux, ignoble, immonde, indigne, infâme, innommable, laid, malsain, méchant, méprisable, nauséabond, rabaissant, révoltant, sordide, vendu. – LITTÉRAIRE : corrompu, ignominieux, impur, nauséeux, turpide, vil. CONTR. *beau, digne, édifiant, élevé, estimable, exemplaire, haut, honorable, noble, pur, respectable, sublime, vénérable.* – LITTÉRAIRE : *relevé.* ■ Qui est désagréable (temps). SYN. affreux, désagréable, fâcheux, horrible, mauvais. – FAMILIER : sale. CONTR. *beau, magnifique, superbe.*

vilainement *adverbe* LITTÉRAIRE. D'une façon vilaine. SYN. abjectement, affreusement, bassement, désagréablement, hideusement, honteusement, horriblement, indignement, laidement, mal, sordidement. – LITTÉRAIRE : ignominieusement, vilement. CONTR. *bien, honorablement, noblement, respectablement.* – LITTÉRAIRE : *vénérablement.*

vilement *adverbe* LITTÉRAIRE. De façon vile. SYN. abjectement, affreusement, bassement, désagréablement, hideusement, honteusement, horriblement, indignement, lâchement, laidement, mal, sordidement. – LITTÉRAIRE : ignominieusement, servilement, vilainement. CONTR.

bien, honorablement, noblement, respectablement. - LITTÉRAIRE : *vénérablement.*

vilenie *nom féminin* LITTÉRAIRE. Caractère vil. SYN. abjection, avilissement, bassesse, dégradation, déshonneur, honte, ignominie, indignité, infamie, lâcheté, laideur. - LITTÉRAIRE : opprobre, turpitude. CONTR. *beauté, noblesse, pureté.* - LITTÉRAIRE : *sublimité.* ■ LITTÉRAIRE. Action, parole vile. SYN. crapulerie, déloyauté, forfaiture, ignominie, méchanceté, rouerie. - FAMILIER : crasse, rosserie, roublardise, saleté. - LITTÉRAIRE : félonie, fourberie, perfidie, scélératesse, sournoiserie, traîtrise. - POPULAIRE : saloperie.

vilipender *verbe* LITTÉRAIRE. Traiter avec mépris. SYN. attaquer, bafouer, décrier, dénigrer, déprécier, diffamer, discréditer, fouler aux pieds, malmener, maltraiter, matraquer, mépriser, rabaisser, salir, traîner dans la boue. - FAMILIER : débiner, démolir, vomir. - LITTÉRAIRE : honnir, noircir. CONTR. *célébrer, exalter, louer, prôner, vanter.* - LITTÉRAIRE : *encenser, flagorner.*

village *nom masculin* Groupement d'habitations. SYN. agglomération, bourg, bourgade, hameau, localité, pays. - FAMILIER : patelin.

ville-dortoir *nom féminin* Agglomération suburbaine. SYN. cité-dortoir.

vin *nom masculin* Boisson tirée du raisin. SYN. - LITTÉRAIRE : jus de la treille. - POPULAIRE : jaja, pinard.

vinasse *nom féminin* FAMILIER. Mauvais vin. SYN. piquette. - FAMILIER : bibine. - POPULAIRE : gros qui tache, picrate.

vindicatif *adjectif* Qui est porté à se venger. SYN. haineux, malveillant, méchant, rancunier. - LITTÉRAIRE : fielleux. CONTR. *conciliant, coulant, indulgent, oublieux.*

viol *nom masculin* LITTÉRAIRE. Action de transgresser. SYN. entorse, infraction, inobservation, manquement, trahison, transgression, violation. CONTR. *observation, respect, soumission.* - LITTÉRAIRE : *observance.*

violateur *nom* LITTÉRAIRE. Personne qui transgresse. SYN. contrevenant, sacrilège. - LITTÉRAIRE : transgresseur.

violation *nom féminin* Action d'enfreindre une loi. SYN. contrevenance, désobéissance, entorse, infraction, inobservation, manquement, trahison, transgression. - LITTÉRAIRE : viol. CONTR. *observation, respect, soumission.* - LITTÉRAIRE : *observance.* ■ Action de profaner un lieu sacré. SYN. profanation, sacrilège. - LITTÉRAIRE : impiété.

violemment *adverbe* Avec de la violence. SYN. agressivement, à bras raccourcis, brutalement, crûment, durement, furieusement, manu militari, puissamment, rudement, sèchement, à tour de bras, vertement. - FAMILIER : dur. CONTR. *doucement, mollement, paisiblement, sereinement.* ■ Avec une grande vigueur. SYN. énergiquement, farouchement, fort, fortement, fougueusement, intensément, passionnément, vigoureusement. - LITTÉRAIRE : furieusement, vivement. CONTR. *délicatement, faiblement, légèrement, vaguement.* - LITTÉRAIRE : *tièdement.*

violence *nom féminin* Caractère puissant. SYN. déchaînement, déferlement, férocité, rage. - LITTÉRAIRE : fureur, furie, impétuosité. ■ Caractère extrême de. SYN. âpreté, ardeur, chaleur, déchaînement, démesure, fougue, frénésie, fureur, intensité, outrance, puissance, véhémence, virulence. - LITTÉRAIRE : vivacité. CONTR. *mesure, modération, mollesse, tiédeur.* - LITTÉRAIRE : *sobriété.* ■ Comportement violent. SYN. agressivité, brutalité, férocité, force, sauvagerie, véhémence. CONTR. *bienveillance, cajolerie, câlinerie, calme, douceur, gentillesse.*

violences *nom féminin pluriel* Actes violents. SYN. brutalité, excès, sévices.

violent *adjectif* Qui a de la puissance. SYN. effrayant, effroyable, énergique, extrême, fort, frénétique, furieux, grand, gros, puissant, terrible. - LITTÉRAIRE : impétueux. CONTR. *anodin, bénin, faible, léger, petit.* ■ Qui a une grande intensité. SYN. aigre, criard, cru, éclatant, intense, outré, vif. CONTR. *atténué, diffus, pâle, sourd, sournois, tamisé, ténu.* ■ Qui montre de la brutalité. SYN. agressif, belliqueux, brusque, brutal, coléreux, emporté, féroce, impétueux, impulsif, irascible, véhément. - LITTÉRAIRE : martial. CONTR. *calme, doucereux, doux, impassible, imperturbable, lymphatique, modéré, mou, pacifique, paisible, patient, placide, pondéré, posé, serein, tiède, tranquille.* - LITTÉRAIRE : *paterne.*

violenter *verbe* LITTÉRAIRE. Faire violence à quelqu'un. SYN. battre, brutaliser, frapper, malmener, maltraiter, matraquer, mettre à mal, molester, rouer de coups, rudoyer, taper. - FAMILIER : passer à tabac, rosser, tabasser. - POPULAIRE : cogner, rentrer dans le chou, rentrer dans le lard, rentrer dans le mou, rentrer dedans.

violer *verbe* Transgresser une règle. SYN. contrevenir, déroger, désobéir, enfreindre, fouler aux pieds, manquer à, mépriser, outrepasser, piétiner, trahir, transgresser. - LITTÉRAIRE : blesser, pécher contre. CONTR. *obéir, observer, respecter, suivre.*

violet *nom masculin* Animal marin comestible. SYN. figue de mer.

violet *adjectif* De la couleur de la violette. SYN. aubergine, lie-de-vin, lilas, mauve, parme, prune, violacé, violine.

violier *nom masculin* Plante à fleurs parfumées. SYN. bâton-d'or, giroflée, matthiole, quarantaine.

violon *nom masculin* ***Violon d'Ingres,*** activité pratiquée pour le plaisir. SYN. délassement, dérivatif, distraction, hobby, loisir, occupation, passe-temps, passion. – FAMILIER : dada.

vipère *nom féminin* Personne médisante. SYN. peste. – FAMILIER : chameau, choléra, gale, poison, rosse. – POPULAIRE : charogne, peau de vache, vache.

virage *nom masculin* Partie courbe d'une route. SYN. angle, coude, courbe, tournant, zigzag.

virée *nom féminin* FAMILIER. Petit voyage. SYN. circuit, excursion, marche, promenade, randonnée, sortie, tour. – FAMILIER : balade.

virer *verbe intransitif* Changer de direction. SYN. braquer, obliquer, pirouetter, pivoter, tourner.

virer *verbe transitif* FAMILIER. Faire partir brutalement. SYN. chasser, congédier, démettre, déposer, destituer, éconduire, évincer, exclure, expulser, licencier, limoger, remercier, renvoyer, révoquer. – FAMILIER : blackbouler, débarquer, déboulonner, dégommer, démissionner, sabrer, sortir, vider. – POPULAIRE : balancer, lourder, sacquer, saquer.

virevolte *nom féminin* Changement d'opinion. SYN. pirouette, retournement, revirement, volte-face. – FAMILIER : cabriole. – LITTÉRAIRE : palinodie.

virevolter *verbe* Tourner sur soi-même. SYN. pirouetter, pivoter, tourbillonner, tourner. – LITTÉRAIRE : tournoyer, voleter.

virginal *adjectif* LITTÉRAIRE. D'une grande pureté. SYN. blanc comme neige, candide, immaculé, ingénu, pur. – LITTÉRAIRE : lilial.

viril *adjectif* Qui concerne le sexe masculin. SYN. mâle, masculin. CONTR. *féminin.* ■ LITTÉRAIRE. Relatif à l'homme adulte. SYN. adulte, mûr. CONTR. *enfantin, puéril.*

virilisant *adjectif* Qui rend masculin. SYN. masculinisant. CONTR. *féminisant.*

viriliser *verbe* Donner un air viril. SYN. masculiniser. CONTR. *déviriliser, féminiser.* – LITTÉRAIRE : *efféminer.*

virilité *nom féminin* Ce qui constitue le sexe masculin . SYN. masculinité. CONTR. *féminité.*

virilocal *adjectif* Se dit d'un couple résidant chez le mari. SYN. patrilocal. CONTR. *matrilocal, uxorilocal.*

virola *nom masculin* Arbre d'Amérique tropicale. SYN. baboen, yayamadou.

virtualité *nom féminin* Caractère virtuel. SYN. éventualité, possibilité, potentialité, probabilité. – LITTÉRAIRE : possible.

virtuel *adjectif* Qui existe en puissance. SYN. latent, possible, potentiel, théorique. CONTR. *actuel, effectif, formel, réel.*

virtuellement *adverbe* De façon virtuelle. SYN. potentiellement, en puissance, par supposition, théoriquement.

virtuose *nom* Personne très habile. SYN. cerveau, génie, prodige, roi. – FAMILIER : aigle, as, champion, crack. – LITTÉRAIRE : lumière, phénix. CONTR. *nul, nullité.* – FAMILIER : *nullard.*

virtuosité *nom féminin* Grande habileté. SYN. adresse, brio, dextérité, doigté, habileté, maestria, maîtrise, métier, patte, savoir-faire, technique. CONTR. *gaucherie, inhabileté, maladresse.*

virulence *nom féminin* Caractère virulent. SYN. acharnement, animosité, âpreté, causticité, dureté, impétuosité, véhémence, violence. – LITTÉRAIRE : fureur, furie, vivacité.

virulent *adjectif* Qui altère gravement la santé. SYN. dangereux, fatal, funeste, grave, mauvais, nocif, nuisible, pernicieux. ■ Qui a un caractère mordant. SYN. âpre, caustique, dur, empoisonné, haineux, malveillant, méchant, médisant, perfide. – LITTÉRAIRE : acrimonieux, corrosif, épigrammatique, fielleux, vénéneux, venimeux. – VIEUX : incendiaire.

visage *nom masculin* Partie antérieure de la tête. SYN. face, faciès, figure, minois. – FAMILIER : frimousse, museau. – POPULAIRE : fraise, margoulette, poire, portrait. – VIEUX : hure. ■ Expression de quelqu'un. SYN. mine, physionomie, tête, traits. – FAMILIER : bille, binette, bouille, frimousse, trogne. – LITTÉRAIRE : masque. – POPULAIRE : trombine, tronche. ■ LITTÉRAIRE. Aspect de quelque chose. SYN. caractère, couleur, face, facette, image, physionomie.

vis-à-vis *nom masculin* Double fauteuil en forme d'S. SYN. confident.

vis-à-vis de *préposition* En ce qui concerne. SYN. avec, à l'égard de, envers, eu égard à, pour, quant à, par rapport à, en regard de, relativement à.

viscache *nom féminin* Gros rongeur de la pampa argentine. SYN. lagostome.

visée *nom féminin* But assigné à une action. SYN. ambition, aspiration, dessein, fin, intention, objectif, objet, prétention, projet, propos, vues.

viser *verbe transitif* Avoir un objectif en vue. SYN. ambitionner, briguer, chercher, convoiter, désirer, lorgner, poursuivre, rechercher, rêver de, souhaiter, vouloir. – FAMILIER : guigner. ■ Concerner de près. SYN. s'appliquer à, avoir rapport à, avoir trait à, concerner, intéresser, se rapporter à, regarder, toucher, valoir pour. ■ FAMILIER. Porter le regard sur. SYN. aviser, regarder.

viser *verbe transitif indirect* Poursuivre tel résultat. SYN. aspirer à, prétendre à, rechercher, tendre à. CONTR. *négliger, renoncer.*

visible *adjectif* Que l'on voit à l'œil nu. SYN. apercevable, apparent, discernable, distinct, net, observable, perceptible. CONTR. *caché, imperceptible, indécelable, indiscernable, inobservable, invisible.* ■ Que l'on peut constater. SYN. apparent, clair, constatable, évident, flagrant, manifeste, net, ostensible, perceptible, sensible. CONTR. *douteux, équivoque, faux, hypothétique, improbable, inapparent, occulte, secret, suspect.*

visiblement *adverbe* D'une façon évidente. SYN. apparemment, clairement, distinctement, évidemment, indéniablement, manifestement, nettement, ostensiblement, sensiblement. CONTR. *confusément, imperceptiblement, obscurément, vaguement.*

vision *nom féminin* Fait de voir quelque chose. SYN. scène, spectacle, tableau, vue. ■ Manière de penser. SYN. appréhension, compréhension, conception, impression, optique, perception, perspective, représentation. ■ Perception imaginaire. SYN. apparition, fantasme, illusion, mirage, phantasme. – FAMILIER : hallucination.

visionnaire *nom* Personne qui prédit l'avenir. SYN. devin, mage, oracle, prophète, vaticinateur, voyant. ■ Personne qui anticipe. SYN. précurseur. – LITTÉRAIRE : prophète.

visite *nom féminin* Action d'examiner. SYN. contrôle, inspection.

visiter *verbe* Parcourir un lieu. SYN. explorer, prospecter, reconnaître, sillonner. ■ Regarder attentivement. SYN. explorer, fouiller, inspecter, sonder.

visqueux *adjectif* Couvert d'un enduit gluant. SYN. collant, glaireux, gluant, gras, huileux, poisseux, sirupeux. ■ Qui n'inspire pas confiance. SYN. doucereux, fourbe, mielleux. – LITTÉRAIRE : onctueux, papelard, patelin.

visualiser *verbe* Se représenter mentalement. SYN. entrevoir, se figurer, imaginer, réaliser, se représenter, voir.

visuellement *adverbe* Par la vue. SYN. de visu.

vitacée *nom féminin* Arbrisseau tel que la vigne. SYN. ampélidacée.

vital *adjectif* Indispensable à quelqu'un. SYN. capital, cardinal, crucial, décisif, dominant, essentiel, fondamental, important, indispensable, maître, majeur, prédominant, prééminent, premier, prépondérant, primordial, principal, profond, substantiel. CONTR. *accessoire, adventice, annexe, auxiliaire, incident, marginal, mineur, petit, second, secondaire, subalterne, subsidiaire, superflu.*

vitalité *nom féminin* Caractère dynamique. SYN. allant, ardeur, dynamisme, énergie, entrain, joie de vivre, pétulance, tonus, vie, vigueur. – LITTÉRAIRE : sève, vivacité. CONTR. *atonie, étiolement, faiblesse, fragilité, langueur, lassitude, léthargie, mollesse, morosité, tiédeur.*

vite *adjectif* Qui est très rapide. SYN. actif, preste, rapide, vif. – LITTÉRAIRE : diligent, véloce. CONTR. *lent, paresseux, traînant.* – FAMILIER : *lambin.*

vite *adverbe* À une grande vitesse. SYN. bon train, à bride abattue, en un clin d'œil, comme une flèche, entre deux portes, à fond de cale, à fond de train, à fond la caisse, en moins de deux, au pas de charge, au pas de course, promptement, quatre à quatre, rapidement, en un rien de temps, sur les chapeaux de roue, tambour battant, à tombeau ouvert, à toute allure, à toute bride, à toute hâte, en toute hâte, à toute vitesse, toutes affaires cessantes, à toutes jambes, à un train d'enfer, ventre à terre, en vitesse. – ARGOTIQUE : à donf. – FAMILIER : en cinq sec, dare-dare, en deux temps, trois mouvements, en deux, trois coups de cuiller à pot, en quatrième vitesse, rapido presto, rapidos, subito presto, en un temps record, en un tour de main, tout schuss, à toute vapeur. – LITTÉRAIRE : diligemment. – POPULAIRE : à tout berzingue, à toute barde, à toute berzingue, à toute(s) pompe(s). CONTR. *lentement, tranquillement.* ■ D'ici peu de temps. SYN. bientôt, incessamment, prochainement, sous peu. CONTR. *normalement.* ■ En se dépêchant. SYN. en catastrophe, en coup de vent, expéditivement, en hâte, hâtivement, précipitamment, promptement, en quatrième vitesse, rondement, à la sauvette, à la va-vite, vivement. CONTR. *doucement, mollement, nonchalamment, posément.*

vitesse *nom féminin* Rythme d'exécution. SYN. allure, cadence, élan, rythme, train. ■ Fait d'aller vite. SYN. célérité, hâte, précipitation, rapidité. – LITTÉRAIRE : diligence, prestesse, promptitude, vélocité. CONTR. *indolence, lenteur, mollesse, nonchalance.*

viticulteur *nom* Personne qui cultive la vigne. SYN. vigneron.

vitre *nom féminin* Plaque de verre. SYN. carreau, glace, vitrage.

vitreux *adjectif* Se dit d'un regard sans éclat. SYN. embrumé, noyé.

vitrine *nom féminin* Partie exposée d'un magasin. SYN. devanture, étalage, éventaire.

vitupération *nom féminin* Fait de récriminer. SYN. grief, injure, insulte, invective, plainte, protestation, réclamation, récrimination, revendication. – FAMILIER : criaillerie.

vitupérer *verbe transitif* LITTÉRAIRE. Attaquer par des injures. SYN. anathématiser, blâmer, condamner, critiquer, invectiver, maudire, réprouver, stigmatiser. – LITTÉRAIRE : admonester, flétrir, fustiger. CONTR. *louer.* – LITTÉRAIRE : *chanter, louanger.*

vitupérer *verbe transitif indirect* Proférer des injures contre. SYN. fulminer, s'indigner, invectiver, pester, tempêter, tonner. – FAMILIER : aboyer, déblatérer. CONTR. *approuver, défendre, encourager, excuser, féliciter, justifier, vanter.* – LITTÉRAIRE : *applaudir à.*

vivable *adjectif* Où l'on peut vivre. SYN. agréable, commode, confortable, habitable. CONTR. *incommode, inconfortable, inhabitable, invivable.* ■ Qui a bon caractère. SYN. accommodant, arrangeant, complaisant, conciliant, coulant, doux, facile, malléable, manœuvrable, souple. – FAMILIER : possible. – LITTÉRAIRE : traitable. CONTR. *ferme, inflexible, intraitable, intransigeant.* – FAMILIER : *invivable.* ■ Qu'on peut supporter. SYN. acceptable, soutenable, supportable, tenable. CONTR. *impossible, insoutenable, insupportable, intenable, intolérable, pénible.* – FAMILIER : *invivable.*

vivace *adjectif* Qui subsiste longtemps. SYN. coriace, durable, enraciné, impérissable, indestructible, persistant, présent, résistant, tenace, vivant.

vivacité *nom féminin* LITTÉRAIRE. Rapidité à agir. SYN. agilité, allant, célérité, dynamisme, hâte, précipitation, rapidité, vitalité. – LITTÉRAIRE : prestesse, promptitude, vélocité. CONTR. *apathie, atonie, calme, faiblesse, flegme, indolence, inertie, langueur, mollesse, nonchalance.* – LITTÉRAIRE : *alanguissement.* ■ LITTÉRAIRE. Caractère brusque d'une action. SYN. âpreté, ardeur, brusquerie, brutalité, entrain, exubérance, fougue, impétuosité, pétulance, soudaineté, turbulence, véhémence, vigueur, violence, virulence. CONTR. *lenteur, lourdeur, pesanteur.* ■ LITTÉRAIRE. Caractère intense. SYN. acuité, animation, éclat, intensité. CONTR. *fadeur, monotonie, platitude.*

vivandière *nom féminin* Femme qui tenait la cantine d'un régiment. SYN. cantinière.

vivant *nom masculin* ***Bon vivant,*** personne qui aime les plaisirs de la vie. SYN. épicurien, jouisseur. – LITTÉRAIRE : sybarite.

vivant *adjectif* Qui est en vie. SYN. – VIEUX : vif. CONTR. *décédé, inanimé, inerte, mort.* – LITTÉRAIRE : *trépassé.* ■ Qui persiste. SYN. ancré, durable, enraciné, persistant, présent, résistant, tenace, vivace. CONTR. *ancien, archaïque, vieilli, vieux.* ■ Qui est plein de vie. SYN. actif, dynamique, énergique, gai, vif. CONTR. *amorphe, apathique, atone, endormi, engourdi, indolent, inerte, lymphatique, mou, nonchalant, passif.* ■ Se dit d'un lieu animé. SYN. animé, fréquenté, passant. CONTR. *mort, sclérosé.* ■ Qui exprime la vie. SYN. expressif, parlant, pittoresque. CONTR. *éteint, fade, figé, froid, inexpressif, morne, plat, terne.* – FAMILIER : *fadasse.*

vivat *nom masculin* Fait d'acclamer quelqu'un. SYN. acclamation, applaudissement, bravo, hourra, hurrah, ovation. CONTR. *huée, sifflet, tollé.*

vive-eau *nom féminin* Marée d'amplitude maximale. CONTR. *morte-eau.*

vivement *adverbe* Avec rapidité. SYN. activement, en coup de vent, expéditivement, fougueusement, hâtivement, immédiatement, impétueusement, instantanément, lestement, précipitamment, prestement, promptement, rapidement, en un rien de temps, rondement, tambour battant, à toute allure, à toute bride, à toute hâte, à toute vitesse, toutes affaires cessantes, vite, en vitesse. – FAMILIER : en un clin d'œil, dare-dare, en deux temps, trois mouvements, en deux, trois coups de cuiller à pot, illico, illico presto, rapido presto, rapidos, subito presto, en un temps record, en un tour de main, à toute blinde, à toute vapeur, à toute(s) pompe(s). – LITTÉRAIRE : diligemment. – POPULAIRE : à toute barde, à toute berzingue, à toute bitture. – VIEUX : en un tournemain. CONTR. *lentement, lourdement, pesamment.* ■ LITTÉRAIRE. D'une manière brusque. SYN. abruptement, amèrement, brutalement, crûment, durement, énergiquement, sèchement, vertement, vigoureusement, violemment. CONTR. *doucement, posément.* ■ Avec intensité. SYN. ardemment, beaucoup, bien, chaudement, courageusement, fortement, fougueusement, infiniment, intensément, à mourir, passionnément, au plus haut degré, au plus haut point, à un point inimaginable, profondément. CONTR. *faiblement, légèrement, moyennement, vaguement.*

viveur *nom masculin* VIEUX. Personne qui jouit de la vie. SYN. épicurien, jouisseur, libertin. – FAMILIER : bambochard, bambocheur, fêtard, noceur. – LITTÉRAIRE : sybarite. – VIEUX : bringueur, cascadeur.

vivifiant *adjectif* Qui vivifie. SYN. fortifiant, réparateur, salubre, stimulant, tonifiant, tonique. CONTR. *accablant, amollissant, anémiant, débilitant, déprimant, épuisant, étouffant, mauvais.* – LITTÉRAIRE : *dissolvant.*

vivifier *verbe* LITTÉRAIRE. Donner des forces à quelqu'un. SYN. donner un coup de fouet, fortifier, remonter, revigorer, stimuler, tonifier. – FAMILIER : ragaillardir, ravigoter, retaper. – LITTÉRAIRE : revivifier. – VIEUX : réconforter. CONTR. *abattre, anéantir, assommer, avachir, débiliter, étioler.* – FAMILIER : *ramollir.* – LITTÉRAIRE : *aveulir.* ■ Donner du tonus à un secteur. SYN. raffermir, ranimer, réveiller, revitaliser. CONTR. *appauvrir, dégrader, détruire, ramollir.*

vivoter *verbe* Vivre avec peine. SYN. avoir la bourse plate, avoir le gousset vide, être à court d'argent, être dans le besoin, subsister, survivre, tirer le diable par la queue. – ARGOTIQUE : être dans la panade. – FAMILIER : avoir du mal à joindre les deux bouts, être à fond de cale, être fauché (comme les blés), être gêné aux entournures, être sans le sou, être sur la paille, être sur le sable. – POPULAIRE : être dans la débine, être dans la dèche, être dans la mouise, être dans la purée, être raide comme un passe-lacet. CONTR. *avoir le portefeuille bien garni, s'enrichir, gagner des mille et des cents, rouler carrosse, rouler sur l'or, vivre comme un prince, vivre dans l'opulence, vivre sur un grand pied.* – FAMILIER : *gagner de la thune.* – POPULAIRE : *avoir de la galette, se faire des couilles en or.* ■ Fonctionner au ralenti. SYN. croupir, dormir, s'encroûter, s'étioler, languir, piétiner, stagner, végéter. – FAMILIER : moisir, pourrir. – LITTÉRAIRE : somnoler. CONTR. *se développer, s'épanouir, être florissant, fructifier, progresser, prospérer.*

vivre *verbe intransitif* Être en vie. SYN. exister, respirer. CONTR. *s'en aller, décéder, s'éteindre, expirer, faire le grand voyage, mourir, partir, passer de vie à trépas, périr, rendre l'âme.* – FAMILIER : *monter au ciel, passer l'arme à gauche, y rester.* – LITTÉRAIRE : *rendre le dernier soupir, trépasser.* – POPULAIRE : *casser sa pipe, clamecer, clamser, claquer, crever.* ■ Habiter quelque part. SYN. demeurer, se fixer, habiter, résider, séjourner. – FAMILIER : nicher. ■ Tirer sa subsistance de. SYN. se nourrir. – LITTÉRAIRE : se repaître.

vivre *verbe transitif* Subir des événements. SYN. endurer, essuyer, subir, supporter, traverser. – LITTÉRAIRE : soutenir.

vivres *nom masculin pluriel* Ce qui assure la subsistance. SYN. alimentation, denrée, nourriture, provisions, victuailles.

vocable *nom masculin* Mot d'une langue. SYN. appellation, énoncé, expression, mot, parole, terme.

vocabulaire *nom masculin* Ensemble des mots d'une langue. SYN. glossaire, langue, lexique. ■ Termes propres à une science, etc. SYN. argot, jargon, langage, langue, nomenclature, style, terminologie.

vocation *nom féminin* Destination naturelle de. SYN. but, destination, destinée, mission, objectif, rôle. ■ Penchant pour. SYN. disposition, goût, inclination, passion, pente, prédisposition, propension.

vocifération *nom féminin* Parole dite en criant. SYN. braillement, clameur, cri, hurlement, rugissement. – FAMILIER : beuglement. CONTR. *murmure.* – LITTÉRAIRE : *susurrement.*

vociférer *verbe intransitif* Parler en criant. SYN. crier, s'égosiller, s'époumoner, hurler, rugir. – FAMILIER : beugler, brailler. – POPULAIRE : bramer, gueuler.

vociférer *verbe transitif* Dire quelque chose en criant. SYN. clamer, crier, hurler, rugir. – FAMILIER : beugler, brailler. – LITTÉRAIRE : éructer. – POPULAIRE : gueuler.

vœu *nom masculin* Désir ardent. SYN. ambition, aspiration, attente, désir, envie, souhait, visée, volonté. ■ Fait de demander. SYN. demande, desiderata, prière, requête, revendication, sollicitation, supplique.

vogue *nom féminin* Succès déterminé par la mode. SYN. célébrité, cote, faveur, notoriété, popularité, renom, renommée, succès. – LITTÉRAIRE : crédit. CONTR. *déconsidération, défaveur, discrédit.* – LITTÉRAIRE : *disgrâce.* ■ ***En vogue,*** qui a du succès. SYN. célèbre, dernier cri, populaire, prisé, dans le vent. – FAMILIER : branché, dans le coup, in, tendance. CONTR. *abandonné, démodé, désuet, out, rococo, suranné.*

voguer *verbe* LITTÉRAIRE. Avancer sur l'eau. SYN. cingler, faire voile, naviguer.

voie *nom féminin* Ce qui permet de circuler. SYN. artère, chaussée, chemin, itinéraire, passage, piste, route, rue, sentier. ■ Ce qui conduit d'un état à un autre. SYN. chemin, direction, ligne, orientation, trajet. – LITTÉRAIRE : sentier. ■ Ce qui permet d'arriver à une fin. SYN. biais, canal, instrument, intermédiaire, moyen, truchement. – LITTÉRAIRE : entremise.

voile *nom masculin* LITTÉRAIRE. Tout ce qui cache. SYN. parure. – LITTÉRAIRE : manteau, masque, vêtement.

voilé *adjectif* Qui manque de clarté. SYN. allusif, discret, dissimulé, énigmatique, flou, indirect, mystérieux, obscur, secret, vague. – LITTÉRAIRE : nébuleux, sibyllin. CONTR. *catégorique, clair, compréhensible, direct, évident, explicite, franc,* *limpide, lumineux, précis.* ■ Couvert de nuages. **SYN.** brumeux, couvert, embrumé, nébuleux, nuageux, trouble, vaporeux. **CONTR.** *ensoleillé, lumineux, radieux.* ■ Qui manque de netteté. **SYN.** pâle, sourd, tamisé, trouble. **CONTR.** *claironnant, éblouissant, éclatant, retentissant, sonore.*

voilement *nom masculin* Déformation d'une surface. **SYN.** fléchissement, gauchissement, gondolage, torsion.

voiler *verbe transitif* LITTÉRAIRE. Cacher quelque chose. **SYN.** cacher, camoufler, couvrir, dissimuler, éclipser, envelopper, masquer. – LITTÉRAIRE : dérober, farder. – POPULAIRE : planquer. **CONTR.** *afficher, démasquer, dévoiler, montrer, révéler.* ■ LITTÉRAIRE. Atténuer l'éclat de. **SYN.** amortir, atténuer, estomper, filtrer, noyer, tamiser. – LITTÉRAIRE : ouater.

voiler *verbe transitif* Déformer une roue, etc. **SYN.** déformer, fausser, gauchir, gondoler, tordre.

voiler (se) *verbe pronominal* Devenir moins net. **SYN.** se brouiller, se couvrir, s'obscurcir.

voir *verbe* Percevoir par les yeux. **SYN.** apercevoir, découvrir, discerner, distinguer, entrevoir, examiner, observer, percevoir, regarder. **CONTR.** *ne pas avoir les yeux en face des trous.* ■ Être en relation avec. **SYN.** contacter, croiser, fréquenter, rencontrer. – LITTÉRAIRE : frayer avec. ■ Se représenter mentalement. **SYN.** apercevoir, entrevoir, se figurer, imaginer, réaliser, visualiser. ■ Être le témoin de. **SYN.** connaître, subir, supporter. ■ Percevoir par l'esprit. **SYN.** s'apercevoir, concevoir, constater, découvrir, envisager, estimer, juger, percevoir, remarquer, se rendre compte, trouver. – LITTÉRAIRE : embrasser. ■ Saisir les données d'un problème. **SYN.** comprendre, embrasser, pénétrer, saisir. – POPULAIRE : entraver.

voir (se) *verbe pronominal* Percevoir sa propre image. **SYN.** se contempler, s'observer, se regarder. ■ Avoir conscience de son état. **SYN.** se considérer, s'estimer, se juger, se remarquer, se représenter, se sentir, se trouver. ■ Avoir des relations suivies. **SYN.** se fréquenter, se rencontrer. – LITTÉRAIRE : frayer, voisiner. ■ Se produire. **SYN.** advenir, arriver, avoir lieu, exister, se passer, se présenter, se rencontrer, survenir. ■ Être apparent. **SYN.** apparaître, paraître, transparaître.

voisin *adjectif* Situé à côté de. **SYN.** adjacent, attenant, avoisinant, contigu, environnant, limitrophe, mitoyen, proche. – LITTÉRAIRE : circonvoisin, jouxtant. **CONTR.** *distant, écarté, éloigné, lointain, reculé.* ■ Qui présente une analogie avec. **SYN.** analogue, apparenté, approchant, comparable, connexe, parallèle, ressemblant, semblable, similaire. **CONTR.** *autre, différent, dissemblable, opposé.*

voisinage *nom masculin* LITTÉRAIRE. Proximité dans le temps. **SYN.** approche, arrivée, imminence, proximité. **CONTR.** *éloignement.* ■ Lieux environnants. **SYN.** abords, alentours, environnement, environs, parages. – LITTÉRAIRE : approches.

voisiner *verbe* LITTÉRAIRE. Entretenir des relations avec. **SYN.** se fréquenter, se rencontrer, se voir. – LITTÉRAIRE : cousiner, frayer.

voiture *nom féminin* Véhicule de transport. **SYN.** auto, automobile. – FAMILIER : bagnole, clou, guimbarde, pot de yaourt, tacot, tape-cul, teuf-teuf, trottinette, veau. – POPULAIRE : bahut, caisse, chignole, chiotte, poubelle, tas de boue, tire.

voix *nom féminin* Suite de sons émis par l'homme. **SYN.** accent, inflexion, intonation, timbre, ton. ■ Expression d'une opinion. **SYN.** avis, jugement, opinion, pensée, point de vue, sentiment.

vol *nom masculin* Déplacement dans l'air. **SYN.** envol, envolée, essor. – LITTÉRAIRE : volée.

vol *nom masculin* Action de soustraire frauduleusement. **SYN.** cambriolage, détournement, escroquerie, filoutage, grivèlerie, hold-up, larcin, maraudage, maraude, pillage, piraterie, racket, rafle. – FAMILIER : carottage, chapardage, gratte. – LITTÉRAIRE : rapine. – POPULAIRE : arnaque, barbotage, fauche. – VIEUX : filouterie.

volage *adjectif* Peu fidèle en amour. **SYN.** capricieux, changeant, fantasque, frivole, inconstant, infidèle, instable, léger. **CONTR.** *constant, fidèle, opiniâtre, persévérant, sérieux, stable, tenace, têtu.*

volatilisation *nom féminin* Fait de se volatiliser. **SYN.** disparition, évasion, fugue, fuite.

volatiliser (se) *verbe pronominal* Se transformer en vapeur. **SYN.** s'évaporer, se sublimer, se vaporiser. ■ Disparaître brusquement. **SYN.** s'en aller, déguerpir, déloger, se dérober, disparaître, se dissiper, s'échapper, s'enfuir, s'envoler, s'esquiver, s'évanouir, fausser compagnie, filer à l'anglaise, partir, prendre la fuite, se retirer, se sauver. – FAMILIER : décamper, détaler, s'éclipser, s'évaporer, ficher le camp, filer, prendre la poudre d'escampette, prendre ses cliques et ses claques, vider le plancher, vider les lieux. – POPULAIRE : se barrer, se calter, se carapater, se casser, se cavaler, se débiner, décaniller, se faire la malle, se faire la paire, foutre le camp, jouer la fille de l'air, se tailler, se tirer.

volcanique *adjectif* LITTÉRAIRE. Plein de fougue. **SYN.** ardent, bouillant, chaud, explosif, fougueux, frénétique, impétueux, impulsif, passionné, tout feu tout flammes, véhément, vif. – LITTÉRAIRE : inflammable. **CONTR.** *apathique,* *calme, flegmatique, indolent, lymphatique, mou, nonchalant, patient, placide, serein.*

volée *nom féminin* LITTÉRAIRE. Action de voler. SYN. élan, envol, envolée, essor, vol. ■ Tir simultané. SYN. bordée, canonnade, décharge, feu, rafale, salve. ■ Série de gifles. SYN. – FAMILIER : pile, raclée, rossée, tabassée, tripotée. – POPULAIRE : dégelée, dérouillée, pâtée, peignée, rouste, tannée, tournée, trempe. – VIEUX : frottée. ■ POPULAIRE. Défaite cuisante. SYN. culbute, débâcle, déconfiture, défaite, déroute, échec, faillite, gifle, insuccès, malheur, revers. – FAMILIER : claque, fessée, fiasco, loupé, pile, piquette, plongeon, raclée, ratage, tannée, veste. – LITTÉRAIRE : infortune. – POPULAIRE : bide, déculottée, dégelée, gamelle, plantage.

voler *verbe intransitif* Se déplacer dans l'air. SYN. s'envoler, flotter, voltiger. – LITTÉRAIRE : ondoyer. ■ Se déplacer rapidement. SYN. bondir, courir, s'élancer, se précipiter, se ruer. – FAMILIER : filer, foncer.

voler *verbe transitif* Prendre par un vol. SYN. confisquer, détourner, dévaliser, s'emparer, escamoter, extorquer, faire main basse sur, piller, prendre, soustraire. – FAMILIER : barboter, carotter, chaparder, chiper, choper, délester, embarquer, gratter, piquer, rafler, subtiliser. – LITTÉRAIRE : dérober, détrousser, ravir. – POPULAIRE : chouraver, chourer, faucher. – VIEUX : filouter. CONTR. *rendre, restituer.* ■ S'approprier indûment. SYN. s'approprier, copier, détourner, s'emparer, emprunter, piller, plagier, usurper. ■ Léser sciemment quelqu'un. SYN. dépouiller, escroquer, exploiter, filouter. – FAMILIER : écorcher, estamper, étriller, matraquer, plumer, rançonner, refaire, tondre, truander. – LITTÉRAIRE : gruger. – POPULAIRE : arnaquer, ratiboiser. – VIEUX : égorger.

volet *nom masculin* Panneau qu'on rabat sur une fenêtre. SYN. contrevent, persienne. – VIEUX : jalousie.

voleter *verbe* LITTÉRAIRE. Être animé de petits mouvements. SYN. virevolter. – LITTÉRAIRE : tourbillonner, tournoyer.

voleur *nom* Personne qui vit du vol. SYN. aigrefin, bandit, brigand, cambrioleur, escroc, filou, forban, fraudeur, malfaiteur, maraudeur, pickpocket, pillard. – FAMILIER : chapardeur, empileur, estampeur, faisan, fripouille, margoulin, rat d'hôtel. – LITTÉRAIRE : dévaliseur, pirate, tire-laine. – POPULAIRE : arnaqueur. – VIEUX : fripon, malandrin, monte-en-l'air, vide-gousset.

volontaire *adjectif* Qui résulte d'un choix. SYN. bénévole, consentant, consenti, délibéré, intentionnel, libre, prémédité, voulu. CONTR. *contraint, forcé, imposé, obligatoire.* ■ Qui procède de la volonté. CONTR. *automatique, instinctif, involontaire, irréfléchi, réflexe, spontané.* ■ Qui marque de la fermeté. SYN. décidé, énergique, entêté, ferme, obstiné, opiniâtre, résolu, tenace, têtu. CONTR. *entraînable, faible, falot, inconsistant, mou, veule.*

volontairement *adverbe* De façon intentionnelle. SYN. consciemment, délibérément, à dessein, exprès, de gaieté de cœur, intentionnellement, de plein gré, de propos délibéré, sciemment. CONTR. *accidentellement, automatiquement, contraint et forcé, par erreur, par hasard, par inadvertance, incidemment, inconsciemment, instinctivement, involontairement, machinalement, mécaniquement, par mégarde.* ■ Avec énergie. SYN. autoritairement, énergiquement, fermement. CONTR. *faiblement, mollement.*

volonté *nom féminin* Faculté de se déterminer à. SYN. acharnement, caractère, courage, détermination, énergie, fermeté, force, résolution, ténacité. – LITTÉRAIRE : opiniâtreté. CONTR. *faiblesse, paresse, peur, veulerie.* ■ Ce que veut quelqu'un. SYN. choix, décision, désir, dessein, exigence, intention, propos, souhait, vœu. ■ ***À volonté,*** autant qu'on le désire. SYN. abondamment, amplement, beaucoup, comme s'il en pleuvait, considérablement, copieusement, à discrétion, énormément, à flots, à foison, généreusement, grandement, grassement, largement, massivement, notablement, à la pelle, pleinement, à profusion, en quantité, richement, à satiété, à souhait, surabondamment, à tour de bras, en veux-tu en voilà. – FAMILIER : à gogo, jusqu'à plus soif, en pagaille, à revendre, à tire-larigot. – LITTÉRAIRE : à l'envi, plantureusement. CONTR. *chichement, au compte-gouttes, mesquinement, parcimonieusement, pauvrement, petitement.* – RARE : *avarement.*

volontiers *adverbe* Avec plaisir. SYN. de bon cœur, de bon gré, de bonne grâce, de gaieté de cœur, de plein gré. CONTR. *du bout des dents, du bout des lèvres, contraint et forcé, à contrecœur, de mauvaise grâce, à regret.* ■ Par habitude. SYN. couramment, facilement, fréquemment, généralement, d'habitude, habituellement, d'ordinaire, souvent. CONTR. *jamais, rarement.*

voltamètre *nom masculin* Appareil destiné à faire une électrolyse. SYN. électrolyseur.

volte-face *nom féminin* Mouvement de rotation. SYN. cabriole, demi-tour, pirouette. ■ Brusque changement d'opinion. SYN. caprice, changement, conversion, pirouette, renversement, retournement, revirement, virevolte. – FAMILIER : cabriole. – LITTÉRAIRE : palinodie.

voltiger *verbe* Être emporté au gré du vent. SYN. s'envoler, flotter, papillonner, voler. – LITTÉRAIRE : ondoyer.

volubile *adjectif* Qui parle avec aisance. SYN. bavard, causeur, loquace, prolixe. – FAMILIER : causant, jacasseur, jacassier. – LITTÉRAIRE : disert, verveux. – VIEUX : babillard. CONTR. *discret, silencieux, taciturne.* – LITTÉRAIRE : *secret.*

volubilis *nom masculin* Plante grimpante ornementale. SYN. belle-de-jour, liseron.

volubilité *nom féminin* Aisance de la parole. SYN. éloquence, verve. – FAMILIER : bagou, bagout, tchatche. – LITTÉRAIRE : faconde, loquacité, prolixité, verbosité. – POPULAIRE : jactance. CONTR. *discrétion, silence.* – LITTÉRAIRE : *taciturnité.*

volume *nom masculin* Livre broché ou relié. SYN. livre, ouvrage, tome. – FAMILIER : bouquin. ■ Espace occupé par un corps. SYN. calibre, encombrement, épaisseur, grosseur, place, proportions. ■ Intensité d'un son. SYN. ampleur, force, puissance. ■ Masse de quelque chose. SYN. capacité, contenance, débit, quantité.

volumineux *adjectif* Qui occupe de la place. SYN. embarrassant, encombrant, épais, gros. CONTR. *petit.* ■ Fait de nombreux éléments. SYN. abondant, ample, fort, fourni, important, large, massif, riche. CONTR. *mince, modeste, réduit, restreint.*

volupté *nom féminin* Plaisir intense. SYN. bien-être, bonheur, délice, enchantement, ivresse, joie, jouissance, plaisir, ravissement, régal. – LITTÉRAIRE : délectation, lasciveté, lascivité. ■ Caractère sensuel. SYN. lubricité, sensualité. – LITTÉRAIRE : lasciveté, lascivité.

voluptueux *adjectif* Qui inspire le plaisir. SYN. aguichant, charnel, érotique, excitant, lascif, lubrique. – FAMILIER : sexy. ■ Qui recherche le plaisir. SYN. épicurien, jouisseur, lascif, lubrique, luxurieux, sensuel. – FAMILIER : chaud. – LITTÉRAIRE : libidineux, orgiaque. CONTR. *ascétique, austère, chaste, froid, platonique, puritain.*

volute *nom féminin* Spirale sur le manche d'un instrument de musique. SYN. crosse.

vomi *nom masculin* FAMILIER. Ce qui est vomi. SYN. vomissure. – POPULAIRE : dégueulis.

vomir *verbe* Expulser des aliments. SYN. régurgiter, restituer. – FAMILIER : rendre. – POPULAIRE : dégobiller, dégueuler, gerber. CONTR. *absorber, avaler.* ■ FAMILIER. Avoir du dégoût pour. SYN. abominer, avoir en horreur, avoir horreur de, détester, exécrer, haïr. – FAMILIER : cracher sur. – LITTÉRAIRE : abhorrer, avoir en abomination, honnir, vilipender. CONTR. *adorer, aimer.*

vomissure *nom féminin* Matières rejetées de l'estomac. SYN. – FAMILIER : vomi. – POPULAIRE : dégueulis.

vomitif *adjectif et nom masculin* Qui fait vomir. SYN. émétique.

vorace *adjectif* Qui mange avec appétit. SYN. boulimique, glouton, goulu, gourmand, intempérant. – FAMILIER : goinfre. – POPULAIRE : gueulard. CONTR. *sobre, spartiate.* – LITTÉRAIRE : *frugal.* ■ Qui montre de l'avidité. SYN. insatiable, insatisfait. – LITTÉRAIRE : dévorant, inapaisé, inassouvi. CONTR. *assouvi, exaucé, satisfait.*

voracement *adverbe* D'une manière vorace. SYN. avidement, gloutonnement, goulûment, insatiablement. CONTR. *frugalement, sobrement.*

voracité *nom féminin* Caractère vorace. SYN. avidité, boulimie, gloutonnerie, goinfrerie. CONTR. *appétit d'oiseau, frugalité, sobriété.* – FAMILIER : *chipotage.*

vote *nom masculin* Fait de consulter un groupe. SYN. consultation, élection, scrutin. ■ Avis exprimé lors d'une réunion. SYN. opinion, suffrage, voix.

voter *verbe* Exprimer son opinion sur. SYN. se déclarer, se prononcer, trancher.

voué *adjectif* Fatalement destiné à. SYN. condamné, prédestiné, promis.

vouer *verbe* Employer son temps à. SYN. consacrer, dédier, donner, offrir. ■ Désigner quelqu'un pour. SYN. appeler, condamner, destiner, orienter, prédestiner, promettre.

vouer (se) *verbe pronominal* S'appliquer de façon assidue à. SYN. s'adonner, se consacrer, se dévouer, se donner, s'employer, se livrer, se sacrifier.

vouloir *verbe transitif indirect* ***En vouloir à,*** avoir de la rancune. SYN. avoir à redire à, avoir une dent contre quelqu'un, faire grief de, reprocher, tenir rigueur, trouver à redire à.

vouloir *verbe transitif* Appliquer sa volonté à. SYN. avoir l'intention de, désirer, entendre, prétendre, souhaiter, tenir à. CONTR. *refuser.* ■ Avoir pour ambition. SYN. ambitionner, aspirer à, briguer, brûler de, espérer, prétendre, rechercher, rêver de, tendre vers, viser. CONTR. *chasser, rejeter.* – LITTÉRAIRE : *répudier.* ■ Demander avec autorité. SYN. demander, exiger, réclamer, revendiquer, solliciter. ■ Rendre nécessaire une action. SYN. exiger, impliquer, nécessiter, requérir. ■ Dire quelque chose. SYN. affirmer, alléguer, prétendre. CONTR. *contester, nier.* ■ Accepter quelque chose. SYN. accepter, condescendre, consentir, daigner, être d'accord. CONTR. *décliner, dédaigner, repousser.*

vouloir (s'en) *verbe pronominal* Manifester ses regrets. SYN. regretter, se repentir, se reprocher. CONTR. *s'applaudir, se féliciter, se louer, se réjouir.*

voulu *adjectif* Fait avec intention. SYN. délibéré, intentionnel, prémédité, volontaire. CONTR. *instinctif, involontaire, irréfléchi, spontané.* ■ Imposé par les circonstances. SYN. convenable, exigé, fixé, nécessaire, prescrit, requis.

voussoir *nom masculin* Pierre en forme de coin. SYN. claveau.

voûté *adjectif* Dont le dos se courbe. SYN. arqué, cassé, courbé, tassé. – FAMILIER : déjeté. CONTR. *droit.*

voyage *nom masculin* Fait de se rendre en un autre lieu. SYN. circuit, croisière, déplacement, excursion, pérégrination, périple, tour, tournée.

voyager *verbe* Faire un voyage. SYN. circuler, courir le monde, se déplacer, être par monts et par vaux, parcourir le monde, vagabonder, voir du pays. – FAMILIER : bourlinguer, changer d'air, rouler sa bosse. CONTR. *rester dans son coin.* – FAMILIER : *rester dans sa coquille.*

voyageur *adjectif* LITTÉRAIRE. Qui se déplace. SYN. ambulant, errant, itinérant, mobile, nomade. – LITTÉRAIRE : vagabond. CONTR. *casanier, fixe, immobile, sédentaire.*

voyagiste *nom masculin* Organisateur de voyages. SYN. tour-opérateur.

voyance *nom féminin* Don de prédire l'avenir. SYN. clairvoyance, cryptesthésie, divination, extralucidité.

voyant *adjectif* Qui attire l'œil. SYN. criard, éclatant, tapageur, vif. – FAMILIER : tape-à-l'œil. CONTR. *discret, modeste, timide.*

voyant *nom* Personne qui a le don de voyance. SYN. clairvoyant, devin, prophète, vaticinateur, visionnaire.

voyou *adjectif* Propre aux voyous. SYN. canaille, cavalier, coquin, dévergondé, effronté, indélicat, populaire, sans vergogne. CONTR. *de bonne compagnie, comme il faut.*

voyou *nom masculin* Individu de mœurs crapuleuses. SYN. bandit, brigand, canaille, crapule, filou, gibier de potence, ordure, racaille, scélérat, truand, vaurien. – FAMILIER : fripouille, pendard. – POPULAIRE : arsouille, frappe, gouape, malfrat. – VIEUX : coquin, fripon, gredin. ■ Enfant terrible. SYN. chenapan, coquin, garnement, polisson, vaurien. – FAMILIER : bandit, brigand, filou, fripon, fripouille, galopin, lascar, sacripant. – VIEUX : galapiat.

vrai *adjectif* Conforme à la vérité. SYN. authentique, avéré, établi, exact, fidèle, fondé, incontestable, indéniable, indubitable, irrécusable, irréfutable, juste, sûr, véridique. CONTR. *apocryphe, captieux, contestable, douteux, erroné, fantaisiste, fantasmagorique, faux, inexact, mensonger, présumé, prétendu.* – LITTÉRAIRE : *fallacieux.* ■ Qui appartient à la réalité. SYN. concret, consistant, existant, matériel, réel, véritable. CONTR. *apparent, arbitraire, chimérique, forcé, illusoire, imaginaire, irréel, mythique, subjectif, théorique.* – LITTÉRAIRE : *fabuleux.* ■ Conforme à son apparence. SYN. authentique, conforme, naturel. CONTR. *affecté, artificiel, de commande, contrefait, d'emprunt, fabriqué, factice, feint, fictif, forgé, inventé, préfabriqué, simulé, truqué.* – LITTÉRAIRE : *controuvé, emprunté, de parade, postiche.* ■ Qui convient le mieux à. SYN. adapté, adéquat, approprié, bon, convenable, parfait. – FAMILIER : idoine. CONTR. *impropre, inadéquat, incongru, mauvais.* ■ LITTÉRAIRE. Qui agit avec franchise. SYN. authentique, chaleureux, cordial, droit, franc, loyal, profond, sincère, spontané. – LITTÉRAIRE : véridique. CONTR. *dissimulé, faux, fourbe, hypocrite, menteur, perfide, poseur, sournois, trompeur.* – LITTÉRAIRE : *vain.*

vrai *adverbe* De façon franche. SYN. directement, franchement, loyalement, ouvertement, simplement, sincèrement. – LITTÉRAIRE : nuement, nûment. CONTR. *faussement, hypocritement, mensongèrement.* – LITTÉRAIRE : *artificieusement, fallacieusement.*

vrai *nom masculin* Ce qui est vrai. SYN. vérité. CONTR. *erreur, faux.* – LITTÉRAIRE : *mensonge.* ■ Ce qui existe effectivement. SYN. réalité, réel. CONTR. *clinquant, illusion, invention, mirage.*

vraiment *adverbe* D'une manière réelle. SYN. effectivement, exactement, indubitablement, matériellement, proprement, réellement, sérieusement, sincèrement, véritablement. CONTR. *faussement, mensongèrement.* ■ Marque l'intensité. SYN. absolument, admirablement, assurément, décemment, franchement, proprement, singulièrement, tout à fait, très. – FAMILIER : positivement, sacrément, tout plein. – POPULAIRE : vachement. CONTR. *aucunement, nullement.*

vraisemblable *adjectif* Qui a les apparences du vrai. SYN. acceptable, admissible, crédible, croyable, plausible, recevable. CONTR. *inacceptable, inadmissible, incroyable, invraisemblable.* ■ Qui a des chances d'arriver. SYN. envisageable, plausible, possible, probable. CONTR. *aléatoire, douteux, impossible, improbable.*

vraisemblablement *adverbe* Selon toute vraisemblance. SYN. apparemment, censément, certainement, peut-être, possiblement, probablement, sans doute.

vraisemblance *nom féminin* Caractère crédible. SYN. cohérence, crédibilité, fiabilité, validité. CONTR. *incohérence, invraisemblance.* ■ Caractère probable. SYN. possibilité, présomption, probabilité.

vrombir *verbe* Produire un son vibrant. SYN. bourdonner, gronder, ronfler. – LITTÉRAIRE : mugir, rugir. – RARE : brondir.

vrombissant *adjectif* Qui vrombit. SYN. assourdissant, bruyant, grondant, ronflant. – LITTÉRAIRE : mugissant, rugissant. CONTR. *silencieux.*

vrombissement *nom masculin* Bruit de ce qui vrombit. SYN. bourdonnement, grondement, ronflement, rugissement, tonnerre. – FAMILIER : ronron. – LITTÉRAIRE : mugissement. – RARE : brondissement.

vu *préposition* Étant donné. SYN. à cause de, compte tenu de, considérant, eu égard à, face à, du fait de, en fonction de, en présence de, en raison de, en tenant compte de. ■ ***Vu que,*** étant donné que. SYN. attendu que, parce que, puisque.

vue *nom féminin* Faculté de voir. SYN. œil, regard, vision, yeux. ■ Ce qui se présente au regard. SYN. échappée, horizon, panorama, paysage, perspective, point de vue, spectacle, vision. ■ Manière de penser. SYN. appréciation, avis, conception, idée, impression, jugement, opinion, optique, pensée, perception, point de vue, sentiment.

vues *nom féminin pluriel* Ce qu'on veut atteindre. SYN. ambition, but, dessein, intention, objectif, projet, visée.

vulgaire *adjectif* Qui manque d'élévation. SYN. bas, commun, courant, ordinaire, prosaïque, terre à terre. CONTR. *digne, élevé, idéal, noble, poétique, sublime.* – LITTÉRAIRE : *auguste, fier, relevé.* ■ Qui fait preuve de grossièreté. SYN. canaille, choquant, cru, grossier, ignoble, ordurier, populacier, trivial. – LITTÉRAIRE : plébéien, roturier. – VIEUX : poissard. CONTR. *aristocratique, chic, délicat, distingué, élégant, précieux, raffiné, sophistiqué.* – FAMILIER : *sélect.* ■ Qui est quelconque. SYN. banal, modeste, ordinaire, quelconque, simple. CONTR. *brillant, choisi, éminent, haut, remarquable.* – FAMILIER : *fabuleux.* ■ Qui appartient à la langue courante. SYN. commun, populaire. CONTR. *scientifique.*

vulgairement *adverbe* De façon courante. SYN. banalement, communément, couramment, fréquemment, généralement, d'habitude, habituellement, normalement, d'ordinaire, ordinairement. CONTR. *exceptionnellement, rarement.* ■ De façon grossière. SYN. bassement, crûment, effrontément, grossièrement, prosaïquement, trivialement. CONTR. *élégamment.*

vulgarisation *nom féminin* Action de vulgariser. SYN. démocratisation, diffusion, popularisation, propagation, universalisation.

vulgariser *verbe* Faire connaître au grand public. SYN. démocratiser, diffuser, généraliser, populariser, propager, répandre, universaliser, véhiculer.

vulgarité *nom féminin* Parole, action grossière. SYN. gauloiserie, grivoiserie, grossièreté, inconvenance, incorrection, muflerie, obscénité, ordure, trivialité. – FAMILIER : saleté. – LITTÉRAIRE : canaillerie, gaillardise. – POPULAIRE : cochonnerie. ■ Caractère vulgaire. SYN. goujaterie, impolitesse, inconvenance, incorrection, indécence, indélicatesse, insolence, lourdeur, muflerie, rusticité. CONTR. *bienséance, correction, délicatesse, distinction, éducation, élégance, finesse, grâce, noblesse, politesse, raffinement, subtilité.* – LITTÉRAIRE : *civilité, urbanité.*

vulgum pecus *nom masculin invariable* FAMILIER. Le commun des mortels. SYN. foule, masse, peuple, populace, profanes, troupeau. – LITTÉRAIRE : multitude, plèbe. – POPULAIRE : populo.

vulnérabilité *nom féminin* Caractère vulnérable. SYN. faiblesse, fragilité, précarité. CONTR. *fermeté, invulnérabilité, résistance, solidité, stabilité.*

vulnérable *adjectif* Susceptible d'être blessé. SYN. chancelant, délicat, faible, fragile, précaire, réceptif, sensible. CONTR. *cuirassé, endurci, fort, inaccessible, insensible, invulnérable.* – FAMILIER : *blindé.* ■ Qui donne prise à une attaque. SYN. attaquable, imparfait, insuffisant. CONTR. *imbattable, inattaquable, invincible, parfait.*

vulpin *nom masculin* Plante ornementale aux fleurs rouges. SYN. amarante, passe-velours, queue-de-renard.

W X Y

wallaby *nom masculin* Petit kangourou d'Australie. SYN. pétrogale.

warning *nom masculin* Dispositif d'alarme automobile. SYN. feux de détresse.

wasabi *nom masculin* Condiment tiré de la racine du raifort. SYN. raifort.

wassingue *nom féminin* Tissu pour laver le sol. SYN. serpillière, toile à laver.

waters *nom masculin pluriel* Lieu réservé aux besoins naturels. SYN. cabinets, latrines, lavabos, W.-C. – FAMILIER : petit(s) coin(s), pipi-room, tinette, vécés. – POPULAIRE : chiottes, goguenots, gogues. – VIEUX : cabinets d'aisances, commodités, lieux d'aisances, water-closets.

W.-C. *nom masculin pluriel* Lieu réservé aux besoins naturels. SYN. cabinets, latrines, lavabos, petit(s) coin(s), waters. – FAMILIER : pipi-room, tinette, vécés. – POPULAIRE : chiottes, goguenots, gogues. – VIEUX : cabinets d'aisances, commodités, lieux d'aisances, water-closets.

Web *nom masculin* Système hypermédia permettant d'accéder à Internet. SYN. la Toile, www.

webcam *nom féminin* Caméra numérique miniaturisée. SYN. cybercaméra, netcam.

wellingtonia *nom masculin* Conifère géant de Californie. SYN. séquoia.

welter *nom masculin et adjectif* Boxeur de poids mi-moyen. SYN. mi-moyen.

wende *nom masculin* Langue slave. SYN. sorabe.

williams *nom féminin* Variété de poire. SYN. bon-chrétien.

witloof *nom féminin* Bourgeon de la chicorée. SYN. chicon, endive.

wolframate *nom masculin* Sel d'un acide tungstique. SYN. tungstate.

wuchéreriose *nom féminin* Maladie due à une infestation par des filaires. SYN. bancroftose.

x *nom* ARGOTIQUE. Élève, ancien élève de l'École polytechnique. SYN. polytechnicien.

xanthelle *nom féminin* Algue brune. SYN. zooxanthelle.

xénogreffe *nom féminin* Greffe entre deux espèces différentes. SYN. hétérogreffe. CONTR. *allogreffe, homogreffe.*

xénophile *adjectif* LITTÉRAIRE. Qui manifeste de la sympathie pour les étrangers. CONTR. *xénophobe.*

xénophilie *nom féminin* LITTÉRAIRE. Sympathie pour les étrangers. CONTR. *xénophobie.*

xénophobe *adjectif* Qui est hostile aux étrangers. CONTR. *xénophile.*

xénophobie *nom féminin* Hostilité à l'égard des étrangers. CONTR. *xénophilie.*

xiphophore *nom masculin* Petit poisson mexcain. SYN. porte-glaive.

xiphosure *nom masculin* Arthropode marin fouisseur des rivages. SYN. crabe des Moluques, limule.

xylophage *adjectif et nom* Qui se nourrit de bois. SYN. lignivore.

yayamadou *nom masculin* Arbre d'Amérique tropicale. **SYN.** baboen, virola.

yeux *nom masculin pluriel* Organe pair de la vue. **SYN.** regard, vue. – **FAMILIER** : boules de loto. – **POPULAIRE** : mirettes.

yi *nom masculin* Langue tibéto-birmane. **SYN.** lolo.

yiddish *nom masculin invariable* Langue parlée par les Juifs ashkénazes. **SYN.** judéo-allemand.

youyou *nom masculin* Embarcation non pontée. **SYN.** canot.

yoyo *nom masculin* Drain placé dans la membrane du tympan. **SYN.** diabolo.

yue *nom masculin* Dialecte chinois. **SYN.** cantonais.

Z

zaglossus *nom masculin* Mammifère de Nouvelle-Guinée. **SYN.** proéchidné.

zappette *nom féminin* FAMILIER. Commande à distance. **SYN.** télécommande.

zèbre *nom masculin* FAMILIER. Individu bizarre. **SYN.** énergumène, phénomène. – **FAMILIER** : citoyen, coco, gaillard, lascar, loustic, numéro, oiseau, pistolet, type. – **POPULAIRE** : mec, zigoto.

zébrer *verbe* Marquer une surface de raies. **SYN.** hachurer, marquer, rayer, strier.

zébrure *nom féminin* Marque de forme allongée. **SYN.** marque, raie, rayure, sillon, strie, traînée.

zée *nom masculin* Poisson qui nage couché sur un côté. **SYN.** dorée, saint-pierre.

zélateur *nom* LITTÉRAIRE. Personne trop zélée. **SYN.** enragé, exalté, fanatique, mystique, passionné. – **FAMILIER** : mordu.

zèle *nom masculin* Ardeur au service de. **SYN.** application, ardeur, assiduité, dévouement, empressement, ferveur, sérieux. – **LITTÉRAIRE** : diligence. **CONTR.** *fainéantise, indolence, laisser-aller, nonchalance, paresse.* – **FAMILIER** : *flemme.* – **LITTÉRAIRE** : *inapplication.*

zélé *adjectif* Qui montre du zèle. **SYN.** actif, agissant, appliqué, ardent, attentif, consciencieux, dévoué, fervent, sérieux. – **LITTÉRAIRE** : diligent, vaillant. **CONTR.** *distrait, fainéant, inappliqué, indolent, nonchalant, paresseux.* – **FAMILIER** : *faignant, feignant, flemmard.*

zénith *nom masculin* Le plus haut point de. **SYN.** apogée, comble, pinacle, point culminant, sommet, summum. – **LITTÉRAIRE** : acmé, cime, faîte, période.

zéphyr *nom masculin* LITTÉRAIRE. Vent doux. **SYN.** brise, souffle, vent.

zéro *nom masculin* FAMILIER. Personne incompétente. **SYN.** bon à rien, fruit sec, incapable, nul, nullité, raté. – **FAMILIER** : cancre, fumiste, ganache, nullard. – **POPULAIRE** : rigolo. **CONTR.** *cerveau, génie.* – **FAMILIER** : *aigle, as, champion, crack.* – **LITTÉRAIRE** : *lumière.*

zerynthia *nom féminin* Papillon méditéerranéen. **SYN.** thaïs.

zézaiement *nom masculin* Défaut de prononciation. **SYN.** – **FAMILIER** : zozotement.

zézayer *verbe* Avoir un défaut de prononciation. **SYN.** zozoter.

zidovudine *nom féminin* Médicament antiviral. **SYN.** azidothymidine, Azt.

zieuter *verbe* POPULAIRE. Regarder avec insistance. **SYN.** admirer, braquer les yeux sur, contempler, dévisager, fixer, lorgner, observer, regarder, scruter. – **FAMILIER** : loucher sur, ne pas avoir les yeux dans sa poche, reluquer. – **POPULAIRE** : se rincer l'œil.

zig *nom masculin* POPULAIRE. Individu quelconque. **SYN.** bonhomme, homme. – **FAMILIER** : particulier, pistolet, type.

zigoto *nom masculin* POPULAIRE. Individu bizarre. **SYN.** énergumène, phénomène. – **FAMILIER** : citoyen, coco, gaillard, lascar, loustic, numéro, oiseau, pistolet, zèbre.

zigouiller *verbe* POPULAIRE. Tuer quelqu'un. **SYN.** abattre, assassiner, égorger, éliminer, exécuter, supprimer, tuer. – **ARGOTIQUE** : dézinguer. – **FAMILIER** : bousiller, descendre, liquider, trucider. – **LITTÉRAIRE** : occire. – **POPULAIRE** : buter, faire la peau, flinguer, ratatiner, rectifier, refroidir.

zigue *nom masculin* POPULAIRE. Individu quelconque. **SYN.** bonhomme, homme. – **FAMILIER** : particulier, pistolet, type.

zigzag *nom masculin* Ligne formant des angles. **SYN.** courbe, lacet, méandre, sinuosité, tournant, virage. – **LITTÉRAIRE** : inflexion, serpentement. ■ Évolution sinueuse de quelqu'un. **SYN.**

retournement, revirement, virevolte, volte-face. – **LITTÉRAIRE** : sinuosité.

zigzagant *adjectif* Qui fait des zigzags. **SYN.** sinueux, tortueux. – **LITTÉRAIRE** : flexueux, ondoyant, onduleux, serpentin.

zigzaguer *verbe* Former des zigzags. **SYN.** serpenter, tourner. – **FAMILIER** : tournailler, tournicoter, tourniquer. – **LITTÉRAIRE** : onduler.

zinc *nom masculin* FAMILIER. Petit bar. **SYN.** bar, buvette, café, estaminet. – **FAMILIER** : bistro, bistrot, troquet. – **POPULAIRE** : bistroquet, caboulot, mastroquet. – **VIEUX** : cabaret.

zinzin *adjectif* FAMILIER. Un peu fou. **SYN.** dément, dérangé, désaxé, déséquilibré, fou. – **FAMILIER** : braque, cinglé, détraqué, dingue, fada, fêlé, frappé, loufoque, maboul, malade, marteau, piqué, ravagé, tapé, timbré, toc-toc, toqué. – **POPULAIRE** : allumé, azimuté, barge, barjo, barjot, branque, brindezingue, chtarbé, cinoque, cintré, déjanté, dingo, folingue, fondu, frapadingue, givré, jeté, louf, louftingue, ouf, sinoc, sinoque, siphonné, sonné, tordu.

zizanie *nom féminin* Mauvaise entente. **SYN.** antagonisme, brouille, conflit, désaccord, désunion, dissension, division, heurt, mésentente, tiraillement. – **LITTÉRAIRE** : discorde, mésintelligence. – **VIEUX** : brouillerie. **CONTR.** *concorde, entente, harmonie, paix, union.*

zizi *nom masculin* FAMILIER. Sexe masculin. **SYN.** membre (viril), pénis, phallus, pine, verge. – **ARGOTIQUE** : braquemart. – **POPULAIRE** : biroute, bistouquette, bite, bitte, engin, quéquette, queue, zigounette, zob.

zonabris *nom masculin* Insecte coléoptère vésicant. **SYN.** mylabre.

zone *nom féminin* Étendue de terrain. **SYN.** espace, étendue, périmètre, région, terre.

zooxanthelle *nom féminin* Algue brune. **SYN.** xanthelle.

zoroastrisme *nom masculin* Religion dualiste de l'Iran ancien. **SYN.** mazdéisme.

zouave *nom masculin* POPULAIRE. Individu qui fait le pitre. **SYN.** bouffon, clown, farceur, pitre. – **FAMILIER** : guignol, polichinelle.

zozotement *nom masculin* FAMILIER. Défaut de prononciation. **SYN.** zézaiement.

zozoter *verbe* FAMILIER. Avoir un défaut de prononciation. **SYN.** zézayer.

zyeuter *verbe* POPULAIRE. Regarder avec insistance. **SYN.** admirer, braquer les yeux sur, contempler, dévisager, fixer, lorgner, observer, regarder, scruter. – **FAMILIER** : loucher sur, ne pas avoir les yeux dans sa poche, reluquer. – **POPULAIRE** : se rincer l'œil.

zygocactus *nom masculin* Cactacée aux fleurs blanches et rouges. **SYN.** épiphyllum, phyllocactus.

zygophycée *nom féminin* Algue verte d'eau douce. **SYN.** conjuguée.

Index

a

à armes égales SYN. plain-pied (de)

à aucun prix SYN. aucunement CONTR. *absolument*

abattre de la besogne SYN. bosser, boulonner, cravacher, marner, travailler, trimer, turbiner CONTR. *chômer*

abîmer le portrait SYN. battre, cogner, dérouiller, frapper, rosser, tabasser

abonder dans le sens de SYN. approuver CONTR. *désapprouver*

à bon droit SYN. justement, légitimement CONTR. *abusivement, illégalement, illégitimement, illicitement, indûment*

à bon escient SYN. intentionnellement, opportunément, pertinemment, sainement

à bouche que veux-tu SYN. goulûment

à bout de course SYN. cassé, claqué, crevé, élimé, épuisé, éreinté, esquinté, exténué, fatigué, fini, flapi, fourbu, harassé, lessivé, mort, moulu, pompé, recru, rendu, rompu, surmené, tué, usé, vanné, vidé CONTR. *reposé*

à bout de force SYN. achevé, anéanti, brisé, cassé, claqué, crevé, épuisé, éreinté, esquinté, exténué, fatigué, fini, flapi, fourbu, harassé, lessivé, mort, moulu, pompé, raplapla, recru, rendu, rompu, surmené, tué, usé, vanné, vidé CONTR. *reposé*

à bout de nerfs SYN. énervé, exaspéré

à bout de souffle SYN. achevé, anéanti, brisé, cassé, claqué, crevé, épuisé, éreinté, esquinté, exténué, fatigué, fini, flapi, fourbu, lessivé, mort, moulu, pompé, raplapla, recru, rendu, rompu, surmené, tué, usé, vanné, vidé CONTR. *reposé*

à bras ouverts SYN. chaleureusement, cordialement

à bras raccourcis SYN. violemment

à bride abattue SYN. dare-dare, expéditivement, promptement, rapidement, rapido presto, subito presto, vite CONTR. *lentement, tranquillement*

abstraction faite de SYN. excepté, hormis, hors, sauf

à cause de SYN. en raison de, grâce à, vu

accompagner de ses vœux SYN. encourager

accorder la main de SYN. marier

accorder ses violons SYN. accorder (s'), arranger (s'), concerter (se), entendre (s')

à ce moment-là SYN. alors

(à) cent pour cent SYN. bougrement, complètement, diamétralement, entièrement, exclusivement, intégralement, pleinement, totalement, tout à fait, très CONTR. *aucunement, nullement*

à ce sujet SYN. à cet égard

à cette époque SYN. alors

à chaque fois que SYN. si

à chaque instant CONTR. *jamais*

à charge de revanche SYN. inversement, réciproquement

à chier SYN. affreux, horrible

à cœur joie SYN. gaiement

à cœur ouvert SYN. sincèrement

à compter de SYN. depuis

a contrario SYN. inversement

à contrecœur CONTR. *volontiers*

à contre-courant SYN. rebours (à), rebrousse-poil (à)

à contre-poil SYN. rebours (à), rebrousse-poil (à)

à contresens SYN. envers (à l'), contre-poil (à), rebours (à), rebrousse-poil (à)

à contretemps SYN. inopportunément, intempestivement, malencontreusement CONTR. *opportunément, pile, précisément*

à cor et à cri SYN. bruyamment CONTR. *silencieusement*

à corps perdu SYN. éperdument, follement, fougueusement, impétueusement

à côté SYN. contigu, près, proche CONTR. *loin*

à côté de SYN. auprès de, près de, relativement à

à côté de la plaque SYN. inapproprié, incongru

à couper au couteau SYN. dense

à coup sûr SYN. assurément, certainement, évidemment, fatalement, forcément, immanquablement, inéluctablement, inévitablement, inexorablement, infailliblement, mathématiquement, nécessairement, sûrement

à court SYN. démuni, désargenté, fauché, gêné, pauvre

à cran SYN. énervé, irrité

à crédit CONTR. *cash, comptant*

action d'éclat SYN. geste, performance, prouesse CONTR. *bassesse*

à dater de SYN. depuis, dès

à découvert SYN. carrément, franchement, nûment, ostensiblement, ouvertement, sincèrement CONTR. *confidentiellement, discrètement, furtivement, hypocritement, incognito, officieusement, secrètement, sourdement, subrepticement, tapinois (en)*

à dégueuler SYN. affreux, horrible

à demi SYN. imparfaitement, insuffisamment, sommairement CONTR. *complètement, entièrement, fin, intégralement, pleinement, profondément*

à des années-lumière SYN. loin

à dessein SYN. consciemment, exprès, intentionnellement, volontairement

à deux doigts de SYN. près de

à deux pas SYN. près CONTR. *loin*

ad hoc SYN. adapté, adéquat, approprié, conforme, convenable, correspondant, idoine, pertinent, positif CONTR. *impropre, inadapté, inadéquat*

à dire vrai SYN. réellement

à discrétion SYN. abondamment, amplement, beaucoup, considérablement, copieusement, énormément, généreusement, gogo (à), grandement, largement, massivement, plantureusement, richement, tire-larigot (à) CONTR. *chichement, guère, modérément, parcimonieusement, peu*

à distance SYN. loin

ad libitum SYN. facultatif

à donf SYN. rapidement, rapido presto, subito presto, vite CONTR. *lentement, tranquillement*

adopter un profil bas SYN. modérer (se)

à dormir debout SYN. absurde

à double tranchant SYN. ambivalent

ad vitam aeternam SYN. éternellement, perpétuellement

affreux jojo SYN. brigand, chenapan, coquin, diable, diablotin, filou, fripon, fripouille, galapiat, galopin, garnement, lascar, mâtin, polisson, vaurien

à flots SYN. abondamment, amplement, beaucoup, considérablement, copieusement, énormément, généreusement, gogo (à), grandement, largement, massivement, plantureusement, richement, tire-larigot (à) CONTR. *chichement, modérément, parcimonieusement, peu*

à foison SYN. abondamment, amplement, beaucoup, considérablement, copieusement, énormément, généreusement, gogo (à), grandement, largement, massivement, plantureusement, richement, tire-larigot (à) CONTR. *chichement, modérément, parcimonieusement, peu*

à fond SYN. complètement, entièrement, foncièrement, in extenso, pleinement, profondément, totalement CONTR. *incidemment, sommairement, superficiellement*

à fond de cale SYN. dare-dare, démuni, désargenté, expéditivement, fauché, gêné, pauvre, promptement, rapidement, rapido presto, subito presto, vite CONTR. *lentement, tranquillement*

à fond de train SYN. dare-dare, expéditivement, promptement, rapidement, rapido presto, subito presto, vite CONTR. *lentement, tranquillement*

à fond la caisse SYN. dare-dare, expéditivement, promptement, rapidement, rapido presto, subito presto, vite CONTR. *lentement, tranquillement*

âge avancé SYN. vieillesse CONTR. *jeunesse*

âge canonique SYN. vieillesse CONTR. *jeunesse*

âge certain SYN. vieillesse CONTR. *jeunesse*

âge mûr SYN. maturité CONTR. *jeunesse*

à genoux CONTR. *debout*

âge tendre SYN. jeunesse

âge vénérable SYN. vieillesse CONTR. *jeunesse*

agir à sa guise CONTR. *aligner (s')*

agir de concert SYN. accorder (s')

agir en sous-main SYN. cabaler, combiner, comploter, conspirer, grenouiller, intriguer, machiner, magouiller, manigancer, ourdir, trafiquer, tramer

agité du bocal SYN. cinglé, dément, fou

agiter le spectre de SYN. menacer

agonir de sottises SYN. invectiver

agonir d'injures SYN. invectiver

à grands frais SYN. chèrement, coûteusement CONTR. *gracieusement, gratis*

aimé des dieux SYN. veinard

aimer à la folie SYN. adorer, raffoler

aimer mieux SYN. préférer

à intervalles rapprochés SYN. fréquemment

à jamais SYN. perpétuellement

à jeun CONTR. *aviné, blindé, bourré, chargé, cuit, éméché, enivré, gai, ivre, raide, rond, saoul, soûl*

à jour SYN. actuel

à juste titre SYN. justement, légitimement CONTR. *abusivement, indûment, injustement*

à la baguette SYN. rudement, sévèrement

à la bonne franquette SYN. modestement, simplement

à la bourre SYN. pressé CONTR. *lent, ponctuel*

à l'abri du besoin CONTR. *gêné, ruiné*

à la chaîne SYN. successivement

à la dérobée SYN. catimini (en), discrètement, furtivement, secrètement, sourdement, subrepticement, tapinois (en) CONTR. *franchement, ostensiblement, ouvertement*

à la différence de SYN. contrairement à

à la faveur de SYN. grâce à CONTR. *malgré*

à la fin SYN. enfin CONTR. *d'abord*

à la fois SYN. ensemble, simultanément

à la folie SYN. beaucoup, complètement, passionnément, très

à la fortune du pot SYN. à l'aveuglette, simplement

à la gomme SYN. mauvais, médiocre, nul

à la hâte SYN. dare-dare, diligemment, expéditivement, hâtivement, précipitamment, promptement, rapidement, rapido presto, subito presto, va-vite (à la) CONTR. *lentement, tranquillement*

à l'aide de SYN. grâce à

à l'aise SYN. aisément, facilement, grassement

à la légère SYN. à l'aveuglette, étourdiment, follement, imprudemment, inconsidérément, légèrement, superficiellement CONTR. *arrache-pied (d'), durablement, inébranlablement, obstinément, opiniâtrement, prudemment, sagement, sérieusement, tenacement*

à la lettre SYN. formellement, littéralement, scrupuleusement, stricto sensu CONTR. *lato sensu*

à la loyale SYN. loyalement, régulièrement

à la manque SYN. mauvais, nul

à la minute près SYN. précisément

à la mode SYN. moderne, ultramoderne CONTR. *antédiluvien, antique, archaïque, arriéré, attardé, démodé, dépassé, obsolète, ringard, rococo, suranné*

à la noix (de coco) SYN. mauvais, nul

à la page SYN. moderne, ultramoderne CONTR. *antédiluvien, antique, archaïque, arriéré, attardé, démodé, dépassé, moyenâgeux, obsolète, ringard, rococo, suranné*

à la pelle SYN. abondamment, amplement, beaucoup, considérablement, copieusement, énormément, généreusement, gogo (à), grandement, largement, massivement, plantureusement, richement, tire-larigot (à) CONTR. *chichement, guère, modérément, parcimonieusement, peu*

à la place de SYN. pour

à la première heure SYN. tôt

à la queue leu leu SYN. successivement

à la réserve de SYN. excepté

à l'arrière SYN. derrière CONTR. *devant*

à la six-quatre-deux SYN. expéditivement, hâtivement, précipitamment, va-vite (à la)

à la suite SYN. bout à bout CONTR. *avant*

à la suite de SYN. derrière

à la va-comme-je-te-pousse SYN. hâtivement, précipitamment, rapidement, va-vite (à la) CONTR. *soigneusement*

à l'avance SYN. prématurément

à la va-vite SYN. expéditivement, grossièrement, hâtivement, précipitamment, promptement, rapidement, sauvette (à la), vite CONTR. *soigneusement*

à la veille de SYN. près de

à l'avenant SYN. aussi, également, pareillement, semblablement

à l'avenir SYN. désormais, dorénavant, ultérieurement CONTR. *actuellement, présentement*

à l'aventure SYN. à l'aveuglette

à la verticale SYN. debout CONTR. *obliquement*

à l'aveuglette SYN. à tâtons , aveuglément, CONTR. *lucidement, objectivement, prudemment, sciemment*

à la vitesse grand V SYN. rapidement, rapido presto, subito presto CONTR. *lentement, tranquillement*

à l'écart CONTR. *publiquement*

à l'égard de SYN. avec, envers, pour, relativement à, vis-à-vis de

à l'emporte-pièce SYN. acerbe, acéré, caustique, épigrammatique, incisif, mordant, piquant

à l'endroit CONTR. *contresens (à), envers (à l')*

à l'envers SYN. rebours (à), rebrousse-poil (à)

à l'envi SYN. abondamment, amplement, beaucoup, considérablement, copieusement, énormément, généreusement, gogo (à), largement, massivement, plantureusement, richement, tire-larigot (à)

à l'époque actuelle SYN. aujourd'hui

à l'estime SYN. intuitivement

à l'étroit SYN. étroitement, petitement

à l'évidence SYN. certainement, conteste (sans), évidemment, incontestablement, indiscutablement, indubitablement, inéluctablement, inévitablement, inexorablement, infailliblement, irréfutablement, manifestement, positivement

à l'exception de SYN. hormis, hors, nonobstant, sauf

à l'excès SYN. exagérément, outrageusement

à l'exclusion de SYN. excepté, fors, hormis, nonobstant, sauf, sinon

à l'exemple de SYN. à l'instar de

à l'extérieur CONTR. *dedans, intérieurement*

à l'heure SYN. ponctuel CONTR. *inexact*

à l'heure actuelle SYN. actuellement, aujourd'hui, présentement

à l'heure dite SYN. ponctuellement, précisément

à l'heure H SYN. précisément

à l'heure pétante SYN. ponctuellement, précisément

à l'heure qu'il est SYN. actuellement, aujourd'hui, présentement

à l'horizontale CONTR. *debout*

aliénation mentale SYN. démence, folie

à l'image de SYN. comme, à l'instar de

à l'imitation de SYN. à l'instar de

à l'instant SYN. aussitôt, d'emblée, illico, immédiatement, incontinent, instantanément, sur-le-champ, tout de suite, urgemment

à l'instar de SYN. comme, relativement à

à l'intérieur SYN. intérieurement

à l'inverse SYN. inversement, rebours (à), rebrousse-poil (à)

à l'inverse de SYN. contrairement à

allées et venues SYN. navette, passage, va-et-vient

aller à la selle SYN. crotter, déféquer

aller à l'encontre de SYN. entraver

aller à Pétaouchnock SYN. enterrer (s'), exiler (s')

aller à reculons SYN. rétrograder CONTR. *progresser*

aller au casse-pipe SYN. attaquer, combattre

aller au-devant SYN. devancer, prévenir

aller aux nouvelles SYN. enquérir (s')

aller çà et là SYN. errer

aller chercher SYN. pêcher

aller crescendo SYN. accroître (s'), augmenter, monter

aller croissant SYN. augmenter, monter

aller de l'avant SYN. avancer, progresser CONTR. *reculer*

aller de mal en pis SYN. aggraver (s'), altérer (s'), compliquer (se), corser (se), dégénérer, détériorer (se), empirer, envenimer (s') CONTR. *arranger (s'), tasser (se), tirer (se)*

aller de mieux en mieux SYN. arranger (s') CONTR. *aggraver (s'), altérer (s'), compliquer (se), corser (se), dégénérer, détériorer (se), empirer, envenimer (s')*

aller de pair avec SYN. accompagner

aller de soi SYN. imposer (s')

aller droit au but CONTR. *biaiser*

aller droit au cœur SYN. attendrir

aller ensemble SYN. assortir (s')

aller en sens inverse SYN. détourner (se)

aller jusqu'au bout SYN. persévérer

aller par monts et par vaux SYN. bourlinguer

aller sans dire SYN. imposer (s')

aller trop loin SYN. exagérer, pousser

aller un peu loin SYN. exagérer, pousser

allonger le pas SYN. hâter (se), presser (se)

à l'occasion SYN. incidemment

à l'œil SYN. gracieusement, gratis, gratuitement

à loisir SYN. librement

à longueur de temps SYN. assidûment, constamment, continuellement, continûment, éternellement, indéfiniment, journellement, perpétuellement, sempiternellement, toujours CONTR. *alternativement, irrégulièrement, occasionnellement, parfois, quelquefois, sporadiquement, variablement*

à l'opposé SYN. contre-poil (à), rebours (à), rebrousse-poil (à)

à l'opposé de SYN. contrairement à

à l'origine SYN. initialement

alouette sans tête SYN. paupiette

à l'unanimité SYN. collectivement, unanimement CONTR. *individuellement*

à l'unisson SYN. ensemble, simultanément CONTR. *alternativement*

à maintes reprises SYN. fréquemment

à marquer d'une pierre blanche SYN. exceptionnel, mémorable, rare, sensationnel, unique

amateur de bonne chère SYN. gastronome

à même de SYN. capable, susceptible

amener à composition SYN. composer, transiger

à moindre frais CONTR. *chèrement, coûteusement*

à moitié SYN. imparfaitement, insuffisamment, sommairement CONTR. *complètement, entièrement, fin, profondément*

à mort SYN. beaucoup, bougrement, considérablement, diablement, excessivement, extrêmement, fichtrement, foutrement, hautement, méchamment, particulièrement, profondément, totalement

à mots couverts SYN. obscurément

à mourir SYN. ardemment, beaucoup, fougueusement, passionnément, vivement

à mourir de rire SYN. crevant, désopilant, drôle, fendant, hilarant, impayable, inénarrable, roulant, tordant CONTR. *mortel*

andouille à col roulé SYN. pénis, sexe, verge

andouille de calcif SYN. pénis, sexe, verge

âne bâté SYN. abruti, andouille, âne, ballot, bêta, bûche, buse, cloche, con, cornichon, couillon, crétin, cruche, empaillé, idiot, ignorant, imbécile, niais, nigaud, noix, nouille, nul, oie

ange gardien SYN. protecteur, providence, sauveur

annoncer la couleur SYN. prévenir

à notre époque SYN. aujourd'hui

à option SYN. facultatif

à outrance SYN. outrageusement

à part SYN. différent, excepté, fors, hormis, hors, indépendamment, sauf, séparé, séparément, singulier, sinon, spécial

à partir de SYN. depuis, dès

à partir de maintenant SYN. désormais

à part soi SYN. in petto, intérieurement, secrètement

à pas de géant SYN. rapidement

à pas d'heure SYN. tardivement

à peine SYN. faiblement, médiocrement, vaguement CONTR. *beaucoup, carrément, complètement, entièrement, exceptionnellement, extraordinairement, extrêmement, fameusement, grandement, grièvement, intégralement, largement, massivement, mortellement, notablement, pleinement, profondément, puissamment, terriblement*

à perpète SYN. distance (à), loin

à perpette SYN. distance (à), loin

à Pétaouchnock SYN. distance (à), loin

à peu de choses près SYN. presque

à peu de frais CONTR. *chèrement, coûteusement*

à peu près SYN. approximativement, autour de, couci-couça, grosso modo, passablement, près de, presque, quasi, quasiment, quelque, sensiblement CONTR. *mathématiquement, précisément*

à pic SYN. abrupt, debout, escarpé, opportunément, pile, raide, rapide CONTR. *inopportunément, intempestivement, plat*

à pile ou face SYN. à l'aveuglette, au hasard,

à pisser de rire SYN. crevant, désopilant, drôle, fendant, hilarant, impayable, inénarrable, roulant, tordant

à plat SYN. achevé, anéanti, brisé, cassé, claqué, crevé, épuisé, éreinté, esquinté, exténué, fatigué, fini, flagada, flapi, fourbu, harassé, K.-O., lessivé, mort, moulu, pompé, raplapla, recru, rendu, rompu, surmené, tué, usé, vanné, vidé

à plat ventre CONTR. *debout*

à plomb SYN. debout

à poil SYN. dénudé, dévêtu, nu

à point SYN. mûr, opportunément, pile CONTR. *bleu, inopportunément, intempestivement, saignant*

à point nommé SYN. opportunément, pile CONTR. *inopportunément, intempestivement*

à portée de main SYN. près CONTR. *loin*

a posteriori CONTR. *a priori*

apparaître sous son vrai jour SYN. dévoiler (se), trahir (se)

appeler de tous ses vœux SYN. aspirer, souhaiter

appétit d'oiseau CONTR. *voracité*

applaudir des deux mains à SYN. approuver, bénir CONTR. *désapprouver*

apporter sa pierre à SYN. coopérer, participer

apporter son tribut à SYN. coopérer, participer

apporter un souffle nouveau SYN. innover

appuyer sur le champignon SYN. accélérer, bomber

âpre au gain SYN. cupide, rapace

à première vue SYN. au premier abord

après coup SYN. ensuite, puis

à présent SYN. actuellement, aujourd'hui, maintenant, présentement CONTR. *anciennement, autrefois*

après quoi SYN. ensuite, puis

a priori SYN. parti pris, préconception, préjugé CONTR. *a posteriori*

à prix d'or SYN. cher

à profusion SYN. abondamment, amplement, beaucoup, considérablement, copieusement, énormément, généreusement, grandement, largement, massivement, plantureusement, tire-larigot (à) CONTR. *chichement, modérément, parcimonieusement, peu*

à proportion de SYN. selon

à propos SYN. bienvenu, opportun, opportunément, pile CONTR. *inopportun, inopportunément, intempestif, intempestivement, malencontreux, malvenu*

à propos de SYN. concernant, pour, relativement à, sur, touchant

à proprement parler SYN. exactement, littéralement, précisément, spécifiquement, stricto sensu, textuellement CONTR. *lato sensu*

à proximité SYN. près

à proximité de SYN. autour de, près de

à ramasser à la petite cuillère SYN. achevé, anéanti, brisé, cassé, claqué, crevé, épuisé, éreinté, esquinté, exténué, fatigué, fini, flagada, flapi, fourbu, harassé, lessivé, mort, moulu, pompé, raplapla, rendu, rompu, surmené, tué, usé, vanné, vidé

à rebours SYN. contre-poil (à), rebrousse-poil (à)

à rebrousse-poil SYN. contre-poil (à), rebours (à)

à regret CONTR. *volontiers*

à revendre SYN. abondamment, amplement, beaucoup, considérablement, copieusement, énormément, généreusement, gogo (à), grandement, largement, massivement, plantureusement, richement, tire-larigot (à) CONTR. *chichement, modérément, parcimonieusement, peu*

argent comptant SYN. liquide, liquidités, numéraire

armoire à glace SYN. hercule

arranger le portrait SYN. battre, cogner, dérouiller, frapper, rosser, tabasser

arriération mentale SYN. idiotie, imbécillité

arriéré mental SYN. idiot

arriver à composition SYN. arranger (s'), composer

arriver à ses fins SYN. réussir

arriver en trombe SYN. débouler

arrondir les angles SYN. adoucir, calmer, tempérer CONTR. *exacerber*

artiste capillaire SYN. coiffeur

à satiété SYN. abondamment, amplement, beaucoup, considérablement, copieusement, énormément, généreusement, gogo (à), grandement, largement, massivement, plantureusement, richement, tire-larigot (à) CONTR. *chichement, modérément, parcimonieusement, peu*

à savoir SYN. soit

à sec SYN. démuni, désargenté, fauché, gêné, pauvre, raide, vide

à souhait SYN. abondamment, amplement, beaucoup, considérablement, copieusement, énormément, généreusement, gogo (à), grandement, largement, massivement, plantureusement, richement, tire-larigot (à) CONTR. *chichement, modérément, parcimonieusement, peu*

assurer ses arrières SYN. méfier (se), réserver (se)

à succès SYN. célèbre, populaire

à tâtons SYN. aveuglément, à l'aveuglette CONTR. *lucidement, sciemment*

à temps SYN. pile

à tête reposée SYN. calmement, sagement

à titre de SYN. comme

à titre gracieux SYN. gracieusement, gratis, gratuitement

à titre gratuit SYN. franco

à tombeau ouvert SYN. dare-dare, expéditivement, promptement, rapidement, rapido presto, subito presto, vite CONTR. *lentement, tranquillement*

à torrents SYN. beaucoup

à tort SYN. faussement, indûment, injustement

à tort et à travers SYN. inconsidérément, inopportunément, intempestivement

à touche-touche SYN. près, rapproché CONTR. *loin*

à tour de bras SYN. abondamment, amplement, beaucoup, considérablement, énormément, généreusement, gogo (à), largement, massivement, plantureusement, richement, tire-larigot (à), violemment CONTR. *chichement, modérément, parcimonieusement*

à tour de rôle SYN. successivement CONTR. *simultanément*

à tous les coins de rues SYN. partout

à tous les coups SYN. fatalement, forcément, immanquablement, inévitablement, infailliblement, sûrement

à tout berzingue SYN. dare-dare, expéditivement, hâtivement, promptement, rapidement, rapido presto, subito presto, vite CONTR. *lentement, tranquillement*

à tout bout de champ SYN. constamment, continuellement, continûment, fréquemment, journellement, perpétuellement, sempiternellement, toujours CONTR. *irrégulièrement, momentanément, occasionnellement, parfois, provisoirement, quelquefois, rarement, temporairement*

à toute allure SYN. dare-dare, expéditivement, hâtivement, promptement, rapidement, rapido presto, subito presto, vite, vivement CONTR. *lentement, tranquillement*

à toute barde SYN. dare-dare, expéditivement, hâtivement, promptement, rapidement, rapido presto, subito presto, vite, vivement CONTR. *lentement, tranquillement*

à toute berzingue SYN. dare-dare, expéditivement, hâtivement, promptement, rapidement, rapido presto, subito presto, vite, vivement CONTR. *lentement, tranquillement*

à toute bitture SYN. dare-dare, expéditivement, hâtivement, promptement, rapidement, rapido presto, subito presto, vivement CONTR. *lentement, tranquillement*

à toute blinde SYN. dare-dare, expéditivement, hâtivement, promptement, rapidement, rapido presto, subito presto, vivement CONTR. *lentement, tranquillement*

à toute bride SYN. dare-dare, expéditivement, hâtivement, promptement, rapidement, rapido presto, subito presto, vite, vivement CONTR. *lentement, tranquillement*

à toute épreuve SYN. sûr

à toute force SYN. absolument, intensément, nécessairement, obstinément

à toute hâte SYN. dare-dare, expéditivement, hâtivement, précipitamment, promptement, rapidement, rapido presto, subito presto, vite, vivement CONTR. *lentement, tranquillement*

à toutes jambes SYN. vite

à toute(s) pompe(s) SYN. dare-dare, expéditivement, hâtivement, précipitamment, promptement, rapidement, rapido presto, subito presto, vite, vivement CONTR. *lentement, tranquillement*

à toute vapeur SYN. dare-dare, expéditivement, hâtivement, promptement, rapidement, rapido presto, subito presto, vite, vivement CONTR. *lentement, tranquillement*

à toute vitesse SYN. dare-dare, expéditivement, hâtivement, précipitamment, promptement, rapidement, rapido presto, subito presto, vite, vivement CONTR. *lentement, tranquillement*

à tout instant SYN. constamment, continuellement, continûment, journellement, perpétuellement, toujours CONTR. *irrégulièrement, occasionnellement, sporadiquement, variablement*

à tout moment SYN. fréquemment

à tout prix SYN. absolument, nécessairement, obstinément

à tout propos SYN. constamment, continuellement, continûment, invariablement, journellement, perpétuellement, sempiternellement, toujours CONTR. *épisodiquement, irrégulièrement, momentanément, occasionnellement, parfois, provisoirement, quelquefois, sporadiquement, temporairement*

attendre au tournant SYN. défier, revaloir, venger (se)

attendre de pied ferme SYN. braver

attendre un heureux événement SYN. être enceinte

attirer dans ses filets SYN. piéger, séduire

attirer l'attention sur SYN. avertir, signaler

au bon moment SYN. opportunément, pile CONTR. *inopportunément, intempestivement*

au bon vieux temps SYN. autrefois

au bout du compte SYN. décidément, finalement

au bout du monde SYN. loin CONTR. *près*

au bout du rouleau SYN. achevé, anéanti, brisé, cassé, claqué, crevé, épuisé, éreinté, esquinté, exténué, fatigué, fini, flapi, fourbu, harassé, lessivé, mort, moulu, pompé, raplapla, recru, rendu, rompu, surmené, tué, usé, vanné, vidé

au chant du coq SYN. tôt

au commencement SYN. initialement, primitivement

au compte-gouttes SYN. chichement, modérément, parcimonieusement CONTR. *abondamment, beaucoup, énormément, généreusement, largement, massivement, trop*

au coup par coup SYN. successivement

au courant SYN. averti

au débotté SYN. à brûle-pourpoint, brusquement, brutalement, ex abrupto, fortuitement, impromptu, à l'improviste, inopinément, soudain, soudainement, subitement, subito, tout à coup

au début SYN. initialement, primitivement

au-delà de SYN. derrière

au-delà de toute expression SYN. beaucoup, complètement, très

au dépourvu SYN. ex abrupto, fortuitement, impromptu, à l'improviste, inopinément, soudain, soudainement, subitement, subito

au dernier point SYN. extraordinairement, extrêmement, follement, immodérément, infiniment, mortellement, prodigieusement, rudement, souverainement, superlativement, suprêmement, terriblement, très, vachement, vertigineusement CONTR. *aucunement, nullement*

au-dessous de SYN. sous CONTR. *avant, sur*

au-dessus de SYN. avant, sur

au diable SYN. loin CONTR. *près*

au diable vauvert SYN. loin CONTR. *près*

au diable vert SYN. loin CONTR. *près*

au dire de SYN. selon

au doigt mouillé SYN. approximativement, intuitivement, sensiblement

au fait de SYN. informé, instruit

au feeling SYN. intuitivement

au fin fond de SYN. loin CONTR. *près*

au flan SYN. à l'aveuglette , au hasard

au fond SYN. dedans, réellement

au fond de son cœur SYN. secrètement

au fur et à mesure SYN. crescendo, doucement, graduellement, progressivement

au hasard SYN. à tâtons, à l'aventure , à l'aveuglette

au jour d'aujourd'hui SYN. actuellement, présentement

au jour J SYN. précisément

au jugé SYN. intuitivement

au même instant SYN. simultanément

au même moment SYN. simultanément

au même titre SYN. également

au mépris de SYN. malgré

au mieux CONTR. *mal*

au milieu SYN. intermédiaire

au moment où SYN. comme, quand

au moment où je vous parle SYN. actuellement, aujourd'hui, présentement

au moment voulu SYN. opportunément, pile CONTR. *inopportunément, intempestivement*

au moyen de SYN. grâce à

à une heure avancée SYN. tardivement

à un jet de pierre SYN. près CONTR. *loin*

à un poil près SYN. presque

à un point inimaginable SYN. ardemment, beaucoup, complètement, fougueusement, passionnément, très, vivement

à un train d'enfer SYN. expéditivement, hâtivement, rapidement, vite CONTR. *lentement, tranquillement*

au pas de charge SYN. dare-dare, hâtivement, rapidement, rapido presto, subito presto, vite CONTR. *lentement, tranquillement*

au pas de course SYN. dare-dare, hâtivement, rapidement, rapido presto, subito presto, vite CONTR. *lentement, tranquillement*

au passage SYN. incidemment

au petit bonheur (la chance) SYN. à l'aventure, à l'aveuglette, au hasard

au pied levé SYN. à brûle-pourpoint, brusquement, brutalement, impromptu, à l'improviste, soudain, soudainement

au pif SYN. à l'aveuglette, approximativement, au hasard, intuitivement, sensiblement

au pifomètre SYN. à l'aveuglette approximativement, au hasard, intuitivement, sensiblement

au plus haut degré SYN. ardemment, beaucoup, chaudement, complètement, éminemment, extraordinairement, extrêmement, follement, fougueusement, immodérément, infiniment, mortellement, passionnément, prodigieusement, rudement, souverainement, superlativement, suprêmement, terriblement, totalement, très, vachement, vertigineusement, vivement CONTR. *aucunement, nullement*

au plus haut point SYN. ardemment, beaucoup, chaudement, complètement, éminemment, extraordinairement, extrêmement, follement, fougueusement, immodérément, infiniment, mortellement, passionnément, prodigieusement, rudement, souverainement, superlativement, suprêmement, terriblement, totalement, très, vachement, vertigineusement, vivement CONTR. *aucunement, nullement*

au plus profond de son être SYN. secrètement

au plus vite SYN. dare-dare, diligemment, expéditivement, hâtivement, précipitamment, promptement, rapidement, rapido presto, subito presto

au poil SYN. achevé, excellent, impeccable, remarquable

au point SYN. prêt

au préalable SYN. auparavant, avant, d'abord, préalablement, premièrement CONTR. *après, ensuite, puis*

au premier chef SYN. essentiellement, prioritairement

au premier plan CONTR. *lointain*

au prix de SYN. moyennant

au prix fort SYN. cher

au profit de SYN. pour

au reste SYN. d'ailleurs

au revoir SYN. adieu

au revoir ! SYN. adieu !, bonsoir !, bye bye !, salut !, tchao ! CONTR. *bonjour !*

au sens large SYN. lato sensu CONTR. *littéralement, proprement, stricto sensu, textuellement*

au sens propre SYN. littéralement

au sens strict SYN. littéralement, stricto sensu, textuellement CONTR. *lato sensu*

au septième ciel SYN. transporté

aussi sec SYN. aussitôt, brusquement, immédiatement, instantanément, soudain, soudainement, subitement, sur-le-champ, tout à coup, tout de go, tout de suite, urgemment

au sujet de SYN. concernant, pour, sur, touchant

autant qu'il faut SYN. assez

au temps jadis SYN. anciennement, autrefois

au total SYN. décidément, finalement

au vu et au su de SYN. ostensiblement, ouvertement, publiquement CONTR. *discrètement, furtivement, incognito, officieusement, secrètement, subrepticement*

aux alentours de SYN. approximativement, auprès de, autour de, aux environs de, près de, vers

aux anges SYN. comblé, ravi, transporté

aux antipodes SYN. loin CONTR. *près*

aux aurores SYN. tôt

aux cent coups SYN. inquiet

aux côtés de SYN. près de

aux environs SYN. près

aux environs de SYN. auprès de, autour de, aux alentours de, près de, sur, vers

aux petits oignons SYN. délicieux, excellent, exquis, fameux, savoureux

aux portes de SYN. près CONTR. *loin*

aux prises avec SYN. confronté

avaler des couleuvres SYN. gober, marcher

avaler la mer et les poissons SYN. bâfrer, bouffer, bourrer (se), dévorer, empiffrer (s'), enfourner, engloutir, engouffrer, gaver (se), goinfrer (se), ingurgiter

avaler sa chique SYN. claquer, décéder, mourir

avaler ses mots SYN. baragouiner, marmonner

avaler son bulletin de naissance SYN. claquer, décéder, mourir

avancer clopin-clopant SYN. boiter, boitiller, claudiquer, clopiner

avancer d'un cran SYN. progresser

avancer en âge SYN. vieillir

avancer sur la pointe des pieds SYN. tâtonner

avant la lettre SYN. d'avant-garde, en pointe, de pointe

avant l'heure SYN. prématurément, tôt CONTR. *tardivement*

avant longtemps SYN. de sitôt

avant peu SYN. bientôt, incessamment, prochainement

avant terme SYN. prématurément

avant tout SYN. d'abord, essentiellement, prioritairement

avec à-propos SYN. sainement

avec l'appui de SYN. grâce à, sous l'égide de

avec le concours de SYN. grâce à

avec le secours de SYN. sous l'égide de

avec le soutien de SYN. sous l'égide de

avec les poules SYN. tôt

avec profit SYN. utilement, valablement

à voile et à vapeur SYN. bisexuel

avoir à cœur de SYN. aspirer, souhaiter

avoir à la bonne SYN. apprécier, estimer

avoir à l'œil SYN. guetter, méfier (se), surveiller, veiller

avoir à redire à SYN. contester, protester, reprocher

avoir avalé sa langue SYN. taire (se) CONTR. *bavarder, papoter, parler, piapiater, tchatcher*

avoir besoin de SYN. dépenser, exiger

avoir bien en main SYN. dominer

avoir bon cœur SYN. donner

avoir bonne opinion de SYN. considérer

avoir bon pied bon œil SYN. être en (grande, pleine) forme CONTR. *dépérir*

avoir chaud aux fesses SYN. avoir peur, baliser

avoir confiance CONTR. *défier (se), méfier (se)*

avoir cours SYN. exister

avoir dans la peau SYN. aimer, amouracher (s'), enticher (s'), éprendre (s')

avoir dans le collimateur SYN. surveiller

avoir dans le nez SYN. haïr CONTR. *adorer, aimer, chérir*

avoir dans l'idée SYN. penser

avoir de la branche SYN. distinguer (se)

avoir de la classe SYN. distinguer (se)

avoir de la défense SYN. résister

avoir de la galette SYN. enrichir (s') CONTR. *vivoter*

avoir de la gueule SYN. distinguer (se)

avoir de l'allure SYN. distinguer (se)

avoir de la suite dans les idées SYN. ambitionner, obstiner (s'), persévérer

avoir de l'esprit comme quatre SYN. briller

avoir de l'esprit jusqu'au bout des ongles SYN. briller

avoir de l'estomac SYN. oser

avoir de qui tenir SYN. hériter

avoir des atomes crochus SYN. sympathiser

avoir des attaches avec SYN. lier (se)

avoir des œillères SYN. aveugler (s'), illusionner (s')

avoir des oursins dans les poches SYN. économiser, lésiner, regarder, rogner

avoir des sueurs froides SYN. angoisser (s'), avoir peur, baliser, effrayer (s'), inquiéter (s'), trembler

avoir des vapeurs SYN. avoir chaud, transpirer

avoir des visées SYN. ambitionner

avoir du bagou SYN. bavarder, papoter, piapiater, tchatcher CONTR. *taire (se)*

avoir du chien SYN. distinguer (se)

avoir du cœur au ventre SYN. oser CONTR. *avoir peur*

avoir du coffre SYN. oser CONTR. *avoir peur*

avoir du courage SYN. oser CONTR. *avoir peur*

avoir du goût pour SYN. attirer

avoir du mal à joindre les deux bouts SYN. vivoter CONTR. *enrichir (s')*

avoir du nez SYN. discerner, distinguer, flairer, percevoir, prédire, pressentir, renifler, sentir

avoir du plomb dans l'aile SYN. chanceler

avoir du vent dans les voiles SYN. cuver, tanguer, tituber

avoir en abomination SYN. abhorrer, abominer, détester, exécrer, haïr, vomir CONTR. *adorer, aimer*

avoir en horreur SYN. abhorrer, abominer, détester, exécrer, haïr, vomir CONTR. *adorer, aimer*

avoir envie de SYN. aspirer, désirer, griller, souhaiter

avoir en vue de SYN. penser, projeter

avoir faim CONTR. *manger, nourrir (se), rassasier (se), repaître (se), restaurer (se), sustenter (se)*

avoir fait Pâques avant les Rameaux SYN. être enceinte

avoir foi en SYN. fier (se)

avoir froid dans le dos SYN. avoir peur, baliser, effrayer (s'), trembler

avoir grand air SYN. distinguer (se)

avoir hâte de SYN. brûler, griller

avoir horreur de SYN. abhorrer, abominer, détester, exécrer, haïr, répugner, vomir CONTR. *adorer, aimer*

avoir la bougeotte SYN. bouger, frétiller, gesticuler, gigoter, remuer

avoir la bourse plate SYN. vivoter CONTR. *enrichir (s')*

avoir la chair de poule SYN. avoir froid, avoir peur, baliser, effrayer (s'), grelotter, trembler

avoir la chiasse SYN. avoir peur, baliser, effrayer (s'), trembler

avoir la colique SYN. avoir peur, baliser, effrayer (s'), trembler

avoir la cosse SYN. buller, fainéanter, flemmarder, glander, lézarder, paresser

avoir la dalle SYN. avoir faim CONTR. *rassasier (se), repaître (se)*

avoir la dalle en pente SYN. avoir soif

avoir la dent SYN. avoir faim CONTR. *rassasier (se), repaître (se)*

avoir la fringale SYN. avoir faim CONTR. *rassasier (se), repaître (se)*

avoir la frite SYN. être de bonne humeur, être en (grande, pleine) forme CONTR. *cafarder, dépérir, déprimer*

avoir la frousse SYN. avoir peur, baliser, effrayer (s'), trembler

avoir la haute main sur SYN. assujettir, commander, contrôler, diriger, dominer, gagner, gouverner, présider, régenter, surpasser

avoir l'air SYN. apparaître, paraître, sembler

avoir la langue bien affilée SYN. bavarder, bavasser, cancaner, caqueter, causer, commérer, jacasser, papoter, parler, piapiater, potiner, tchatcher CONTR. *taire (se)*

avoir la langue bien déliée SYN. bavarder, bavasser, cancaner, caqueter, causer, commérer, jacasser, papoter, parler, piapiater, potiner, tchatcher CONTR. *taire (se)*

avoir la langue bien pendue SYN. bavarder, bavasser, cancaner, caqueter, causer, commérer, jacasser, papoter, parler, piapiater, potiner, tchatcher CONTR. *taire (se)*

avoir la langue liée SYN. taire (se) CONTR. *parler*

avoir la larme à l'œil SYN. attendrir (s'), émouvoir (s')

avoir l'âme chevillée au corps SYN. résister

avoir la mémoire courte SYN. oublier

avoir la mémoire qui flanche SYN. oublier

avoir la pêche SYN. être de bonne humeur, être en (grande, pleine) forme CONTR. *cafarder, dépérir, déprimer*

avoir la pépie SYN. avoir soif

avoir la pétoche SYN. alarmer (s'), avoir peur, baliser, effrayer (s'), trembler

avoir la peur au ventre SYN. angoisser (s'), baliser

avoir la possibilité de SYN. pouvoir

avoir la puce à l'oreille SYN. méfier (se)

avoir la science infuse SYN. savoir

avoir la tchatche SYN. parler

avoir la tête ailleurs SYN. planer, rêvasser, rêver CONTR. *écouter*

avoir la tête comme une passoire SYN. oublier

avoir la tête dans les nuages SYN. gamberger, rêvasser, rêver

avoir la tête dure SYN. acharner (s'), résister

avoir la trouille SYN. avoir peur, baliser, effrayer (s'), trembler

avoir l'audace de SYN. enhardir (s'), oser

avoir l'autorisation SYN. pouvoir

avoir l'avantage SYN. dominer, gagner

avoir l'eau à la bouche SYN. saliver

avoir le blues SYN. assombrir (s'), barber (se), cafarder, déprimer, embêter (s'), emmerder (s'), empoisonner (s'), ennuyer (s'), enquiquiner (s')

avoir le bourdon SYN. assombrir (s'), barber (se), cafarder, déprimer, embêter (s'), emmerder (s'), empoisonner (s'), ennuyer (s'), enquiquiner (s')

avoir le bras long SYN. favoriser, pistonner, recommander

avoir le cœur battant SYN. émouvoir (s')

avoir le cœur qui bat la chamade SYN. émouvoir (s')

avoir le cœur sur la main SYN. donner

avoir le coup de foudre pour SYN. aimer, engouer (s')

avoir le cul entre deux chaises SYN. balancer, hésiter, interroger (s'), tâter (se) CONTR. *choisir, décider (se), déterminer (se)*

avoir le culot de SYN. enhardir (s'), oser

avoir le dessous SYN. perdre

avoir le dessus SYN. battre, dominer, gagner, surpasser

avoir le droit de SYN. pouvoir

avoir le feu aux fesses SYN. cavaler, courir, speeder

avoir le feu aux joues SYN. rougir

avoir le front de SYN. enhardir (s'), oser

avoir le geste large SYN. donner

avoir le gîte et le couvert SYN. loger

avoir le gosier sec SYN. avoir soif

avoir le gousset vide SYN. vivoter CONTR. *enrichir (s')*

avoir le monde à ses pieds SYN. triompher

avoir le moral CONTR. *cafarder, déprimer*

avoir le moral à zéro SYN. assombrir (s'), cafarder, déprimer

avoir le moral dans les baskets SYN. assombrir (s'), cafarder, déprimer

avoir le moral dans les chaussettes SYN. assombrir (s'), cafarder, déprimer

avoir le nez creux SYN. discerner, distinguer, flairer, percevoir, prédire, pressentir, renifler, sentir

avoir le nez fin SYN. discerner, distinguer, flairer, percevoir, prédire, pressentir, renifler, sentir

avoir le pompon SYN. gagner

avoir le portefeuille bien garni SYN. enrichir (s') CONTR. *vivoter*

avoir le sang qui se glace dans les veines SYN. paniquer

avoir les cheveux qui se dressent sur la tête SYN. avoir peur

avoir les chocottes SYN. avoir peur, baliser, effrayer (s'), trembler

avoir les côtes en long SYN. buller, fainéanter, flemmarder, glander, lézarder, paresser CONTR. *fouler (se)*

avoir les crocs SYN. avoir faim CONTR. *rassasier (se), repaître (se)*

avoir les dents longues SYN. ambitionner

avoir les dents qui raclent (rayent) le parquet (le plancher) SYN. ambitionner

avoir les doigts crochus SYN. économiser, lésiner, regarder, rogner

avoir les doigts de pied en éventail SYN. buller, fainéanter, flemmarder, glander, lézarder, paresser

avoir les foies SYN. avoir peur, baliser, effrayer (s'), trembler

avoir les grelots SYN. avoir peur, baliser, effrayer (s'), trembler

avoir les jambes en coton SYN. chanceler, flageoler

avoir les jetons SYN. avoir peur, baliser, effrayer (s'), trembler

avoir les larmes aux yeux SYN. attendrir (s'), émouvoir (s')

avoir les moyens de SYN. pouvoir

avoir le souffle court SYN. anhéler, étouffer, haleter CONTR. *respirer*

avoir les pieds nickelés SYN. buller, fainéanter, flemmarder, glander, lézarder, paresser CONTR. *fouler (se)*

avoir les pieds sur terre CONTR. *planer, rêver*

avoir l'esprit ailleurs SYN. dissiper (se), gamberger, planer, rêvasser, rêver

avoir l'esprit dérangé SYN. déménager, dérailler, déraisonner, divaguer

avoir l'esprit de suite SYN. persévérer

avoir l'estomac dans les talons SYN. avoir faim CONTR. *rassasier (se), repaître (se)*

avoir l'estomac noué SYN. angoisser (s'), émouvoir (s')

avoir l'estomac vide SYN. avoir faim CONTR. *rassasier (se), repaître (se)*

avoir le temps SYN. attarder (s') CONTR. *dépêcher (se), hâter (se), presser (se), speeder*

avoir le toupet de SYN. enhardir (s'), oser

avoir le trouillomètre à zéro SYN. avoir peur, baliser, effrayer (s'), trembler

avoir le (un) béguin pour SYN. aimer, amouracher (s'), enticher (s'), éprendre (s')

avoir le ventre creux SYN. avoir faim CONTR. *rassasier (se), repaître (se)*

avoir le ventre plein SYN. rassasier (se), repaître (se)

avoir lieu SYN. advenir, opérer (s'), passer (se), produire (se), réaliser (se), situer (se), voir (se)

avoir l'intention de SYN. projeter, vouloir

avoir l'œil (à tout) SYN. observer, remarquer

avoir l'œil sur SYN. guetter, surveiller, veiller

avoir mal SYN. souffrir

avoir mauvaise conscience SYN. pécher

avoir part à SYN. contribuer, participer

avoir perdu sa langue SYN. taire (se) CONTR. *bavarder, papoter, parler, piapiater, tchatcher*

avoir peur SYN. alarmer (s'), appréhender, baliser, craindre, effrayer (s'), inquiéter (s'), redouter, trembler CONTR. *oser*

avoir prise sur CONTR. *dépendre*

avoir quelque chose dans le ventre SYN. oser

avoir quelque chose sur la conscience SYN. pécher

avoir quelqu'un à l'usure SYN. persister

avoir quelqu'un dans le nez SYN. détester

avoir raison CONTR. *tromper (se)*

avoir rapport à SYN. concerner, intéresser, rapporter (se), regarder, ressortir, toucher, viser

avoir recours à SYN. adresser (s'), exploiter, recourir, servir (se), solliciter

avoir sa dose de SYN. saturer

avoir ses entrées chez SYN. fréquenter

avoir ses vapeurs SYN. défaillir, évanouir (s'), faiblir

avoir soin de SYN. occuper (s'), prendre garde, veiller

avoir son content de SYN. saturer

avoir son mot à dire SYN. riposter

avoir tendance à SYN. tendre

avoir toujours le même mot à la bouche SYN. répéter

avoir tous pouvoirs sur SYN. assujettir, régenter

avoir tout son temps SYN. attarder (s') CONTR. *dépêcher (se), hâter (se), presser (se), speeder*

avoir trait à SYN. concerner, intéresser, rapporter (se), regarder, toucher, viser

avoir un appétit d'oiseau SYN. chipoter, grignoter, mangeotter, picorer, pignocher CONTR. *dévorer, empiffrer (s'), enfourner, engloutir, gaver (se), goinfrer (se), ingurgiter*

avoir un bandeau sur les yeux SYN. aveugler (s'), illusionner (s')

avoir un bœuf sur la langue SYN. taire (se) CONTR. *parler*

avoir un bon coup de fourchette SYN. bâfrer, bouffer, bourrer (se), dévorer, empiffrer (s'), enfourner, engloutir, engouffrer, gaver (se), goinfrer (se), ingurgiter CONTR. *chipoter, grignoter, mangeotter, picorer, pignocher*

avoir un cactus dans le portefeuille SYN. économiser, lésiner, regarder, rogner

avoir un cafard dans la tirelire SYN. déménager, dérailler, déraisonner, divaguer

avoir un coup dans l'aile SYN. cuver

avoir un coup dans le nez SYN. cuver

avoir un creux (à l'estomac) SYN. avoir faim CONTR. *rassasier (se), repaître (se)*

avoir une araignée dans le plafond SYN. déménager, dérailler, déraisonner, divaguer

avoir une bonne descente SYN. boire

avoir une boule sur l'estomac SYN. angoisser (s')

avoir une case en moins SYN. déménager, dérailler, déraisonner, divaguer

avoir une chauve-souris dans le beffroi SYN. déménager, dérailler, déraisonner, divaguer

avoir une coquetterie dans l'œil SYN. loucher

avoir une dent contre quelqu'un SYN. reprocher

avoir une faim de loup SYN. bouffer, dévorer, empiffrer (s'), enfourner, engloutir, goinfrer (se), ingurgiter CONTR. *rassasier (se), repaître (se)*

avoir une haute idée de SYN. considérer

avoir une idée derrière la tête SYN. ambitionner, calculer, projeter

avoir une mémoire d'éléphant CONTR. *oublier*

avoir une poussée d'adrénaline SYN. éclater, emballer (s'), emporter (s'), énerver (s'), enrager, exploser, fâcher (se), fulminer, irriter (s'), maronner, monter (se), rager

avoir une sacrée tapette SYN. bavarder, papoter, piapiater, tchatcher CONTR. *taire (se)*

avoir un estomac d'autruche SYN. bâfrer, bouffer, bourrer (se), dévorer, empiffrer (s'), enfourner, engloutir, engouffrer, gaver (se), goinfrer (se), ingurgiter

avoir une tête de cochon SYN. acharner (s'), braquer (se), buter (se), entêter (s')

avoir un faible pour SYN. affectionner, attendrir (s'), attirer, chérir, craquer

avoir un grain SYN. déménager, dérailler, déraisonner, divaguer

avoir un œil à Paris et l'autre à Pontoise SYN. loucher

avoir un œil de lynx SYN. distinguer

avoir un œil neuf SYN. innover

avoir un œil qui dit merde à l'autre SYN. loucher

avoir un penchant pour la bouteille SYN. boire, picoler

avoir un pied dans la tombe SYN. agoniser, aller (s'en)

avoir un poids sur la conscience SYN. pécher

avoir un poil dans la main SYN. buller, fainéanter, flemmarder, glander, lézarder, paresser CONTR. *fouler (se)*

avoir un pois chiche dans le cerveau SYN. oublier

avoir un polichinelle dans le tiroir SYN. être enceinte

avoir un regard neuf SYN. innover

à volonté SYN. abondamment, amplement, beaucoup, considérablement, copieusement, énormément, généreusement, gogo (à), largement, massivement, plantureusement, richement, tire-larigot (à)

à vrai dire SYN. réellement

à vue de nez SYN. approximativement, intuitivement

b

baguette de tambour SYN. cheveu

baiser de Judas SYN. trahison

baisser d'un cran CONTR. *progresser*

baisser le front SYN. aplatir (s'), avilir (s'), courber (se), humilier (s')

baisser les bras SYN. abandonner, abdiquer, caler, capituler, désister (se), flancher, fléchir, renoncer CONTR. *accrocher (s')*

baisser pavillon SYN. agenouiller (s'), aplatir (s'), capituler, céder, courber (se), humilier (s'), incliner (s'), perdre, plier (se), rendre (se), soumettre (se)

baisser sa culotte SYN. agenouiller (s'), aplatir (s'), avouer, écraser (s'), humilier (s'), incliner (s'), rendre (se), soumettre (se)

baisser son froc SYN. agenouiller (s'), aplatir (s'), avouer, écraser (s'), humilier (s'), incliner (s'), rendre (se), soumettre (se)

baisser son pantalon SYN. agenouiller (s'), aplatir (s'), avouer, écraser (s'), humilier (s'), incliner (s'), rendre (se), soumettre (se)

barbouiller du papier SYN. écrire

barreau de chaise SYN. cigare

barrer la route à SYN. combattre, contrecarrer, empêcher, stopper

barrer le chemin à SYN. combattre, contrecarrer, empêcher, stopper

bas de laine SYN. économies, épargne, magot, pécule

bâti à chaux et à sable SYN. résistant, robuste, solide, vigoureux

bâtir des châteaux en Espagne SYN. bercer (se), délirer, illusionner (s'), rêver

battre à plate(s) couture(s) SYN. gagner, surpasser, vaincre

battre de l'aile SYN. aggraver (s'), altérer (s'), chanceler, détériorer (se)

battre en retraite SYN. abandonner, barrer (se), calter (se), capituler, carapater (se), casser (se), cavaler, décamper, décaniller, déguerpir, détaler, enfuir (s'), filer, fuir, reculer, rendre (se), renoncer, replier (se), retirer (se), sauver (se), tailler (se), tirer (se) CONTR. *assiéger, gagner*

battre froid SYN. remballer, rembarrer CONTR. *accueillir*

battre la campagne SYN. rechercher

battre sa coulpe SYN. regretter, repentir (se), reprocher (se)

baver d'envie SYN. jalouser, saliver

bayer aux corneilles SYN. buller, fainéanter, flemmarder, glander, lézarder, paresser CONTR. *claquer (se), crever (se), décarcasser (se), défoncer (se), démener (se), épuiser (s'), éreinter (s'), escrimer (s'), esquinter (s'), exténuer (s'), fatiguer (se)*

beaucoup plus SYN. autrement

beau linge SYN. fleur, gotha, gratin, jet-set

beau monde SYN. fleur, gotha, gratin, jet-set

beau parleur SYN. baratineur, déclamateur, hâbleur, palabreur, péroreur, phraseur

béni oui-oui SYN. flagorneur, flatteur CONTR. *détracteur*

bercer de paroles SYN. avoir, baiser, berner, couillonner, duper, embobiner, empaumer, encenser, enjôler, entuber, flagorner, flatter, leurrer, posséder, tromper

bête à concours SYN. bûcheur

bête à manger du foin SYN. idiot, stupide, taré

bête à pleurer SYN. idiot, stupide

bête comme chou SYN. compréhensible, facile, limpide, simple

bête comme ses pieds SYN. idiot, stupide, taré

beurré comme une tartine SYN. aviné, blindé, bourré, chargé, cuit, enivré, imbibé, ivre, noir, paf, pété, pinté, raide, rond, saoul, soûl, torché

beurré comme un p'tit Lu SYN. aviné, blindé, bourré, chargé, cuit, enivré, imbibé, ivre, noir, paf, pété, pinté, raide, rond, saoul, soûl, torché

bien balancé SYN. bien découplé, bien proportionné CONTR. *contrefait, difforme, disgracieux, disproportionné*

bien bâti SYN. bien balancé, bien découplé, bien proportionné CONTR. *contrefait, difforme, disgracieux, disproportionné*

bien découplé SYN. bien balancé, bien proportionné CONTR. *contrefait, difforme, disgracieux, disproportionné*

bien disposé SYN. commode

bien éduqué SYN. civilisé, poli, policé, urbain CONTR. *grossier, impoli, malappris, malpoli, mufle*

bien élevé SYN. civilisé, courtois, poli, policé, urbain CONTR. *grossier, impoli, incivil, inconvenant, malappris, malpoli, mufle*

bien en chair SYN. gras, grassouillet, gros, rebondi

bien entendu SYN. assurément, certainement, certes, parfaitement

bien luné SYN. enjoué CONTR. *ronchon*

bien plus SYN. autrement

bien portant SYN. sain, valide CONTR. *impotent, malade, mal-en-point*

bien proportionné SYN. bien balancé, bien découplé CONTR. *contrefait, difforme, disgracieux, disproportionné*

bien sûr SYN. assurément, certainement, certes, dame !, évidemment, oui, parbleu !, pardi !, parfaitement

bille en tête SYN. à brûle-pourpoint, brusquement, brutalement, carrément, tout à trac, tout de go

blague à part SYN. sérieusement

blague dans le coin SYN. sérieusement

blanc comme neige SYN. innocent, virginal CONTR. *coupable, infâme*

boire comme une éponge SYN. bourrer (se), charger (se), enivrer (s'), picoler, pinter (se), soûler (se)

boire comme un Polonais SYN. bourrer (se), charger (se), enivrer (s'), picoler, pinter (se), soûler (se)

boire comme un trou SYN. bourrer (se), charger (se), enivrer (s'), picoler, pinter (se), soûler (se)

boire du petit-lait SYN. jubiler, pâmer (se), pavoiser, réjouir (se), triompher

boire les paroles de SYN. écouter

boire un coup SYN. avoir soif

bomber la poitrine SYN. cabotiner, crâner, parader, pavaner (se), plastronner, poser, rengorger (se)

bomber le torse SYN. cabotiner, crâner, parader, pavaner (se), plastronner, poser, rengorger (se)

bon à rien SYN. ganache, incapable, incompétent, jean-foutre, minable, nul, nullard, nullité, propre-à-rien, raté, zéro

bon chic bon genre SYN. distingué

bond en avant CONTR. *récession*

bon marché SYN. abordable, avantageux, économique CONTR. *cher, onéreux*

bon mot SYN. astuce

bonne étoile SYN. chance

bonne foi SYN. droiture, honnêteté, loyauté, probité, sincérité CONTR. *déloyauté, duplicité, fausseté, fourberie, hypocrisie, malhonnêteté, perfidie*

bonne fortune SYN. bonheur, chance CONTR. *infortune, malchance*

bonne humeur SYN. enjouement, entrain CONTR. *bouderie, rogne*

bonnes manières SYN. civilité, convenances, formes, politesse, urbanité CONTR. *discourtoisie, goujaterie, grossièreté, impolitesse, muflerie*

bonnet de nuit SYN. éteignoir, pisse-froid, pisse-vinaigre, rabat-joie CONTR. *amuseur, boute-en-train*

bon nombre de SYN. beaucoup, plein de

bon pour SYN. mûr CONTR. *impropre*

bon sens SYN. discernement, entendement, jugement, jugeote, justesse, lucidité, raison, sagesse, tête CONTR. *aberration, absurdité, égarement, folie, illogisme*

bons offices SYN. aide, arbitrage, intercession, intervention, médiation

bon train SYN. dare-dare, diligemment, expéditivement, hâtivement, rapidement, vite CONTR. *lentement, tranquillement*

bon vivant SYN. épicurien, jouisseur, sybarite

bord à bord SYN. contigu, rapproché CONTR. *écarté*

bord de mer SYN. littoral

bouc émissaire SYN. proie, souffre-douleur

bouché à l'émeri SYN. stupide

bouche bée SYN. abasourdi, ahuri, assis, baba, coi, ébahi, éberlué, épaté, époustouflé, estomaqué, interdit, interloqué, médusé, pantois, scié, soufflé, stupéfait, suffoqué, surpris

bouffer comme un chancre SYN. bâfrer, bourrer (se), dévorer, empiffrer (s'), enfourner, engloutir, engouffrer, gaver (se), goinfrer (se), ingurgiter CONTR. *chipoter, mangeotter, picorer, pignocher*

bouffi d'orgueil SYN. infatué

bouger son cul SYN. efforcer (s'), ingénier (s')

boules de loto SYN. yeux

boulevard des allongés SYN. cimetière

bourrage de crâne SYN. endoctrinement, intoxication, matraquage, propagande

bourreau des cœurs SYN. coureur, don juan, dragueur, séducteur, tombeur

bourré comme une cantine SYN. aviné, beurré, blindé, chargé, cuit, enivré, imbibé, ivre, paf, pété, pinté, raide, rond, saoul, soûl, torché

bourrer le crâne SYN. baratiner, influencer, intoxiquer, mystifier

bourrer le mou SYN. bluffer, duper, influencer, intoxiquer, mystifier, posséder, tromper

bout à bout SYN. rapproché

bout de chou SYN. bambin, bébé, enfant, gamin, gosse, lardon, loupiot, marmot, marmouset, mioche, môme, mouflet, moustique, moutard, petiot, petit, poussin

bout de zan SYN. bambin, bébé, enfant, gamin, gosse, lardon, loupiot, marmot, marmouset, mioche, môme, mouflet, moustique, moutard, petiot, petit, poussin

braquer les yeux sur SYN. dévisager, regarder, zieuter, zyeuter

bras cassé SYN. incapable, propre-à-rien

bras droit SYN. adjoint, aide, alter ego, lieutenant, second

brasser de l'air SYN. agiter (s')

briser le cœur SYN. attrister, chagriner, désoler, navrer, peiner

broyer du noir SYN. assombrir (s'), cafarder, déprimer

bruit de couloir SYN. indiscrétion, potin, rumeur

brûler d'envie de SYN. avoir hâte de

brûler la chandelle par les deux bouts SYN. dilapider, gaspiller, manger CONTR. *priver (se)*

brûler la politesse à SYN. abandonner, quitter

C

cabinets d'aisances SYN. lavabos, toilettes, vécés, W.-C., waters

ça fait deux ! SYN. différent

ça me gave ! SYN. saturer

ça me gonfle ! SYN. saturer

ça me saoule ! SYN. saturer

ça me sort par les yeux SYN. saturer

camper sur ses positions SYN. braquer (se), buter (se), entêter (s'), obstiner (s'), opiniâtrer (s')

caresser dans le sens du poil SYN. courtiser, encenser, flagorner, flatter

caresser des yeux SYN. guigner, lorgner, loucher, regarder

caresser du regard SYN. guigner, lorgner, loucher, regarder

caresser l'espoir de SYN. projeter

caresser une chimère SYN. rêver

cartes sur table SYN. loyalement

ça se bouscule au portillon SYN. bégayer

casser du sucre sur (le dos de) SYN. abîmer, assaisonner, attaquer, bavasser, baver, calomnier, cancaner, causer, clabauder, cracher, critiquer, dauber, débiner, déblatérer, démolir, dénigrer, dézinguer, éreinter, esquinter, étriller, médire

casser la baraque SYN. réussir, triompher

casser la croûte SYN. alimenter (s'), becqueter, bouffer, manger, nourrir (se)

casser la figure SYN. battre, cogner, dérouiller, écharper, frapper, rosser, tabasser

casser la graine SYN. alimenter (s'), becqueter, bouffer, manger, nourrir (se)

casser la gueule SYN. battre, cogner, dérouiller, écharper, frapper, rosser, tabasser

casser le morceau SYN. dire, révéler

casser les bonbons SYN. agacer, assommer, barber, bassiner, canuler, cavaler, embêter, emmerder, ennuyer, enquiquiner, escagasser, exaspérer, fatiguer, gonfler, importuner, insupporter, irriter, pomper, raser, saouler, soûler

casser les oreilles SYN. abasourdir, assourdir, crier, gueuler

casser les pieds SYN. agacer, assommer, barber, bassiner, canuler, cavaler, embêter, emmerder, ennuyer, enquiquiner, escagasser, exaspérer, excéder, fatiguer, gonfler, importuner, insupporter, irriter, lasser, pomper, raser, saouler, soûler, tanner

casser les prix SYN. bazarder, brader, discounter, liquider, sacrifier, solder

casser sa pipe SYN. claquer, décéder, mourir, périr CONTR. *vivre*

ça suffit ! SYN. assez, basta !, suffit !

causer du souci SYN. chicaner, préoccuper, soucier, tarabuster, tracasser, turlupiner

causer du tintouin SYN. chicaner, préoccuper, soucier, tarabuster, tracasser, turlupiner

ça vaut un coup de chapeau ! SYN. admirable

céder de guerre lasse SYN. plier (se)

céder du terrain SYN. reculer, replier (se)

céder la place SYN. changer

ce jour SYN. aujourd'hui

ce n'est pas la mer à boire SYN. aisé, facile, simple CONTR. *ardu, calé, complexe, compliqué, coton, difficile, dur, obscur, pénible, subtil*

cependant que SYN. alors que, quoique, tandis que

cervelle de moineau SYN. écervelé, étourdi, étourneau, tête de linotte

cervelle d'oiseau SYN. écervelé, étourdi, étourneau, tête de linotte

c'est à se mettre à genoux SYN. admirable, délicieux, excellent, exquis, fameux, formidable, magnifique, merveilleux, savoureux, splendide, succulent

c'est à tomber par terre SYN. délicieux, excellent, exquis, fameux, savoureux

c'est à tomber par terre ! SYN. succulent

c'est bonnet blanc et blanc bonnet SYN. analogue, équivalent, identique, pareil, ressemblant, semblable, similaire CONTR. *différent*

c'est comme si on crachait en l'air SYN. inutile

c'est comme si on pissait dans un violon SYN. inutile

c'est de l'algèbre SYN. incompréhensible

c'est de la rigolade SYN. aisé, enfantin, facile, simple CONTR. *ardu, calé, complexe, compliqué, coton, difficile, dur, obscur, pénible, subtil*

c'est de l'hébreu SYN. incompréhensible

c'est du billard SYN. aisé, facile, simple CONTR. *ardu, calé, complexe, compliqué, coton, difficile, dur, obscur, pénible, subtil*

c'est du chinois SYN. incompréhensible

c'est du gâteau SYN. aisé, facile, simple CONTR. *ardu, calé, complexe, compliqué, coton, difficile, dur, obscur, pénible, subtil*

c'est du nanan SYN. délicieux, excellent, exquis, fameux, savoureux, succulent

c'est du pareil au même SYN. analogue, équivalent, identique, pareil, ressemblant, semblable, similaire

c'est du tout cuit SYN. aisé, facile, simple CONTR. *ardu, calé, complexe, compliqué, coton, difficile, dur, obscur, pénible, subtil*

c'est kif-kif (bourricot) SYN. analogue, équivalent, identique, pareil, ressemblant, semblable, similaire

c'est le jour et la nuit SYN. différent

c'est tout comme SYN. analogue, équivalent, identique, pareil, ressemblant, semblable, similaire

c'est un jeu d'enfant SYN. aisé, facile, simple CONTR. *ardu, calé, complexe, compliqué, coton, difficile, dur, obscur, pénible, subtil*

chacun à son tour SYN. successivement

changer d'air SYN. aérer (s'), balader (se), oxygéner (s'), promener (se), voyager

changer d'avis SYN. dédire (se), déjuger (se), raviser (se), récuser (se)

changer d'avis comme de chemise SYN. dédire (se), raviser (se), varier

changer de camp SYN. trahir

changer de crémerie SYN. déménager

changer de disque CONTR. *rabâcher, radoter, répéter, seriner*

changer de paroisse SYN. aller (s'en), partir

changer les idées SYN. délasser

changer son fusil d'épaule SYN. raviser (se), trahir, varier

chanter les louanges SYN. complimenter, féliciter, louanger, louer

chanter sur tous les tons SYN. crier

chaque fois que SYN. quand

charger la barque SYN. abuser, attiger, charrier, exagérer, pousser

charger la mule SYN. abuser, attiger, charrier, exagérer, pousser

charrier dans les bégonias SYN. abuser, attiger, charrier, exagérer, pousser

chasser les mouches SYN. agoniser, aller (s'en)

chatouiller la curiosité SYN. titiller

chatouiller l'amour-propre SYN. encenser, flagorner, flatter CONTR. *blesser, heurter*

chatouiller l'épiderme SYN. asticoter, titiller

chaud devant ! SYN. alerte !

chef de file SYN. porte-drapeau

chercher des crosses à SYN. accrocher (s'), bagarrer (se), chicaner, disputer (se), quereller (se)

chercher des noises à SYN. accrocher (s'), bagarrer (se), chicaner, disputer (se), quereller (se)

chercher des poux dans la tête SYN. accrocher (s'), bagarrer (se), chicaner, disputer (se), quereller (se)

chercher la petite bête SYN. chicaner, chinoiser, contester, pinailler, vétiller

chercher midi à quatorze heures SYN. chicaner, chinoiser, complexifier, pinailler, vétiller

chercher noise à SYN. accrocher (s'), bagarrer (se), chicaner, disputer (se), quereller (se)

chérir la mémoire de SYN. souvenir (se)

chevalier d'industrie SYN. aigrefin, aventurier, faisan, fricoteur, intrigant

chevalier servant SYN. amoureux, cavalier, galant, sigisbée, soupirant

cheville ouvrière SYN. agent, âme, centre, pivot

chier dans la colle SYN. abuser, attiger, charrier, exagérer, pousser

chiffe molle SYN. emplâtre, loque, mou, moule, tiède

choc en retour SYN. conséquence, contrecoup, séquelle

cirer les bottes SYN. aplatir (s'), courtiser, encenser, flagorner, flatter

cirer les pompes SYN. aplatir (s'), courtiser, encenser, flagorner, flatter

clair comme de l'eau de roche SYN. compréhensible, limpide, simple

clair comme deux et deux font quatre SYN. compréhensible, limpide, simple

clair comme le jour SYN. compréhensible, limpide, simple

claquer des dents SYN. cailler, grelotter

claquer du bec SYN. avoir faim CONTR. *rassasier (se), repaître (se)*

claquer la porte SYN. partir, quitter, tirer (se)

clarinette baveuse SYN. pénis, sexe, verge

classer X SYN. censurer

clef de voûte SYN. centre, pivot

clouer au pilori SYN. mépriser

clouer le bec SYN. riposter

clouer sur place SYN. paniquer

coiffer au poteau SYN. battre, dépasser, devancer, gagner, surpasser

coincer la bulle SYN. buller, fainéanter, flemmarder, glander, lézarder, paresser, prélasser (se)

coller au mur SYN. fusiller

collet monté SYN. affecté, coincé, guindé, prude, pudibond CONTR. *coquin, croustillant, gaulois*

combler de joie SYN. ravir, transporter

comme cela SYN. ainsi

comme ce n'est pas permis SYN. beaucoup, tant, tellement

comme ci comme ça SYN. cahin-caha, clopin-clopant, difficilement, grand-peine (à), laborieusement, malaisément, péniblement

comme dans du beurre SYN. aisément, facilement

comme de bien entendu SYN. évidemment, naturellement

comme deux ronds de flan SYN. abasourdi, ahuri, assis, atterré, baba, coi, consterné, ébahi, ébaubi, éberlué, épaté, époustouflé, estomaqué, étonné, interdit, interloqué, médusé, pantois, renversé, scié, sidéré, soufflé, stupéfait, surpris

comme il faut SYN. civil, convenablement CONTR. *voyou*

comme jamais SYN. beaucoup

comme par enchantement SYN. aisément, facilement

comme pas deux SYN. beaucoup, totalement

comme quatre SYN. abondamment, beaucoup, considérablement, copieusement, énormément, largement CONTR. *peu*

comme s'il en pleuvait SYN. abondamment, amplement, beaucoup, considérablement, copieusement, énormément, généreusement, gogo (à), largement, massivement, tire-larigot (à) CONTR. *chichement, parcimonieusement*

comme sur des roulettes SYN. aisément, facilement CONTR. *cahin-caha*

comme tout SYN. totalement

comme un bolide SYN. rapidement CONTR. *lentement, tranquillement*

comme un cochon SYN. malproprement, salement

comme une âme en peine SYN. esseulé, seul

comme une bête SYN. beaucoup

comme une flèche SYN. expéditivement, hâtivement, rapidement, rapido presto, subito presto, vite CONTR. *lentement, tranquillement*

comme un manche SYN. gauchement, maladroitement, malhabilement

comme un pet (de lapin) sur une toile cirée SYN. rapidement CONTR. *lentement, tranquillement*

compte non tenu de SYN. hormis, sauf

compte tenu de SYN. à cause de, en raison de, vu

con comme la lune SYN. stupide, taré

con comme un balai SYN. stupide, taré

conduire à l'autel SYN. marier

conduire à son terme SYN. achever

conduire ses pas SYN. diriger (se), rendre (se)

conter fleurette SYN. courtiser

conteste (sans) SYN. assurément, notoirement

contraint et forcé CONTR. *délibérément, volontairement, volontiers*

contre vents et marées SYN. obstinément

convoler en justes noces SYN. marier (se)

copie conforme SYN. réplique, sosie

corps et âme SYN. complètement, entièrement

costume de sapin SYN. bière, cercueil

côte à côte SYN. rapproché

coude à coude SYN. rapproché

couille molle SYN. femmelette, foireux, froussard, lâche, peureux, poltron, trouillard

couler à flots SYN. abonder CONTR. *manquer*

couler de source SYN. imposer (s')

couleur locale SYN. pittoresque

coup bas SYN. injure, trahison

coup de balai SYN. congédiement, dégraissage, épuration, lessivage, lessive, licenciement, limogeage, nettoyage, purge, renvoi

coup de bambou SYN. fatigue, note

coup de barre SYN. défaillance, fatigue

coup de boutoir SYN. attaque, critique, éreintement, méchanceté, médisance

coup de chance CONTR. *infortune*

coup de corne SYN. attaque, critique, éreintement, méchanceté, médisance

coup de dent SYN. attaque, critique, éreintement, médisance

coup de dés SYN. hasard

coup de filet SYN. capture, guêpier, piège, rafle

coup de foudre SYN. amour

coup de fouet SYN. stimulant

coup de fusil SYN. note

coup de gueule SYN. algarade

coup de Jarnac SYN. trahison

coup de main SYN. accrochage, action, aide, combat, engagement, escarmouche, expédition, incursion, patte, raid, razzia

coup d'encensoir SYN. courtisanerie, flagornerie, lèche, pommade

coup de patte SYN. attaque, critique, éreintement, méchanceté, médisance

coup de pied de réparation SYN. penalty

coup (de pied) en vache SYN. crasse, trahison

coup de poignard dans le dos SYN. trahison

coup de pompe SYN. défaillance, fatigue

coup de pot SYN. chance CONTR. *infortune*

coup de pouce SYN. aide, piston

coup de semonce SYN. admonestation, admonition

coup de tabac SYN. tempête

coup de tête SYN. caprice, lubie, passade

coup de théâtre SYN. péripétie, rebondissement, surprise

coup de torchon SYN. rafle

coup de Trafalgar SYN. déroute, désastre

coup de veine SYN. chance CONTR. *infortune*

coup d'œil SYN. aperçu, perspective, point de vue, regard

coup dur SYN. avatar, catastrophe, déveine, épreuve, infortune, malheur, revers, tragédie

coup du sort SYN. déveine, malheur, tragédie

couper court à SYN. arrêter, bâillonner, briser, cesser, conclure, interrompre

couper la chique SYN. abasourdir, ahurir, asseoir, ébahir, éberluer, éblouir, ébouriffer, épater, époustoufler, estomaquer, étonner, impressionner, méduser, renverser, scier, sidérer, souffler, stupéfier, suffoquer, surprendre

couper la poire en deux SYN. arranger (s'), composer

couper le cordon SYN. éloigner (s')

couper les ailes à SYN. empêcher

couper les cheveux en quatre SYN. chicaner, chinoiser, chipoter, complexifier, pinailler, vétiller

couper le sifflet SYN. abasourdir, ahurir, asseoir, ébahir, éberluer, éblouir, ébouriffer, épater, époustoufler, estomaquer, étonner, impressionner, méduser, renverser, scier, sidérer, souffler, stupéfier, suffoquer, surprendre

couper le souffle SYN. abasourdir, ahurir, ébahir, éberluer, éblouir, ébouriffer, épater, époustoufler, estomaquer, étonner, impressionner, méduser, renverser, scier, sidérer, souffler, stupéfier, suffoquer, surprendre

couper les ponts SYN. brouiller (se)

coupeur de cheveux en quatre SYN. pinailleur

coup monté SYN. traquenard

coup sur coup SYN. d'affilée, successivement

courber l'échine SYN. abaisser (s'), agenouiller (s'), aplatir (s'), courber (se), écraser (s'), fléchir, incliner (s'), obéir, plier (se), ramper, soumettre (se)

courber le dos SYN. abaisser (s'), agenouiller (s'), aplatir (s'), courber (se), écraser (s'), fléchir, incliner (s'), obéir, plier (se), ramper, soumettre (se)

courber le front SYN. abaisser (s'), agenouiller (s'), aplatir (s'), avilir (s'), courber (se), écraser (s'), fléchir, humilier (s'), incliner (s'), obéir, plier (se), ramper, soumettre (se)

courir après son ombre SYN. illusionner (s'), rêver

courir la galipote SYN. draguer

courir la gueuse SYN. draguer

courir la prétantaine SYN. draguer

courir le cotillon SYN. draguer

courir le guilledou SYN. amouracher (s'), draguer, enticher (s')

courir le monde SYN. bourlinguer, voyager

courir les filles SYN. draguer

courir les rues SYN. banaliser (se)

courir sur le haricot SYN. agacer, emmerder, énerver, ennuyer, enquiquiner, exaspérer, excéder, horripiler, insupporter, pomper

courir sur le système SYN. agacer, emmerder, énerver, ennuyer, enquiquiner, exaspérer, excéder, horripiler, insupporter, pomper

court sur pattes SYN. petit

couru (d'avance) SYN. certain, inéluctable, prévisible, sûr

cousu d'or SYN. argenté, fortuné, friqué, nanti, riche, richissime CONTR. *désargenté, ruiné*

coûte que coûte SYN. absolument, obstinément

coutumier du fait SYN. habitué

couver des yeux SYN. adorer, aduler, convoiter, regarder

couver du regard SYN. adorer, aduler, convoiter

couvrir de boue SYN. abîmer, démolir

couvrir de fleurs SYN. complimenter, congratuler, courtiser, encenser, féliciter, flagorner, flatter, louanger, louer

cracher au bassinet SYN. acquitter, casquer, dépenser, payer, raquer, régler

cracher le marmot SYN. accoucher

cracher le morceau SYN. avouer

crédit municipal SYN. ma tante, mont-de-piété

creuser sa fosse avec ses dents SYN. empiffrer (s')

crever de chaud CONTR. *cailler, geler*

crever d'envie de SYN. brûler, griller

crever la dalle SYN. avoir faim CONTR. *rassasier (se), repaître (se)*

crever la faim CONTR. *rassasier (se), repaître (se)*

crever la paillasse SYN. étriper

crever la peau SYN. étriper

crever le cœur SYN. apitoyer

crever le tympan SYN. assourdir

crier (au) miracle SYN. admirer, émerveiller (s'), extasier (s')

crier comme un damné SYN. beugler

crier comme un putois SYN. beugler

crier comme un sourd SYN. beugler

crier comme un veau SYN. beugler

crier famine SYN. avoir faim, pauvreté CONTR. *rassasier (se), repaître (se)*

crier grâce SYN. attendrir, fléchir

crier haro sur SYN. huer, indigner (s')

crier miséricorde SYN. attendrir, fléchir

crier sur les toits SYN. annoncer, carillonner, claironner, corner, déclarer, tambouriner, trompeter

croire au Père Noël SYN. abuser (s'), aveugler (s'), illusionner (s')

croiser les doigts SYN. espérer

croquer le marmot SYN. attendre

croqueuse de diamants SYN. dépensier

crotte (de bique) ! SYN. assez, basta !

crucifix à ressort SYN. pistolet, revolver

cucul (la praline) SYN. benêt, bêta, démodé, désuet, niais, out, tarte

cul béni SYN. bigot

cul de plomb SYN. bureaucrate, faignant, fainéant, feignant, flemmard, glandeur, paresseux

culte du moi SYN. narcissisme

d

dame de petite vertu SYN. courtisane, margoton, prostituée, putain

damer le pion à SYN. dépasser, devancer, distancer, surpasser

d'année en année SYN. progressivement

dans ces conditions SYN. alors

dans ces eaux-là SYN. approximativement, environ, sensiblement

danser devant le buffet SYN. avoir faim, jeûner

danseur de corde SYN. acrobate, équilibriste, funambule

dans la conjoncture actuelle SYN. aujourd'hui

dans la débine SYN. démuni, désargenté, fauché, gêné, pauvre

dans la dèche SYN. démuni, désargenté, fauché, gêné, pauvre

dans la fleur de l'âge SYN. jeune CONTR. *vieux*

dans la foulée SYN. ensuite

dans la gêne SYN. misérablement

dans la lune SYN. absent, distrait, écervelé, étourdi

dans la même mesure SYN. aussi

dans la mesure où SYN. attendu que, parce que, puisque

dans la mouise SYN. démuni, désargenté, fauché, gêné, pauvre

dans la panade SYN. démuni, désargenté, fauché, gêné, pauvre

dans la purée SYN. démuni, désargenté, fauché, gêné, pauvre

dans l'avenir CONTR. *autrefois*

dans le but de SYN. pour

dans le cas contraire SYN. sinon

dans le cas où SYN. si

dans le cirage SYN. abruti

dans le coup SYN. branché, in, moderne, tendance CONTR. *arriéré, démodé, dépassé, obsolète, out, ringard*

dans le dos SYN. traîtreusement

dans le fond SYN. réellement

dans le futur SYN. demain

dans le moment même SYN. aussitôt, d'emblée, dès l'abord

dans l'ensemble SYN. globalement, grosso modo

dans le passé SYN. anciennement, autrefois, jadis CONTR. *aujourd'hui, demain, récemment*

dans le plus simple appareil SYN. dénudé, dévêtu, nu

dans les SYN. approximativement

dans les formes SYN. régulièrement

dans les grandes lignes SYN. globalement

dans les nuages SYN. absent, distrait, rêveur

dans les règles SYN. régulièrement

dans les temps SYN. ponctuel CONTR. *inexact*

dans les vapes SYN. abruti

dans l'état actuel des choses SYN. aujourd'hui, présentement

dans le temps SYN. anciennement, autrefois, jadis

dans le vent SYN. branché, in, moderne, tendance CONTR. *arriéré, démodé, dépassé, obsolète, out, ringard*

dans le voisinage SYN. à proximité, autour de, aux alentours de, aux environs de, près

dans l'immédiat SYN. actuellement, aujourd'hui

dans l'intention de SYN. pour

dans l'intérêt de SYN. pour

dans peu de temps SYN. prochainement

dans sa bulle SYN. absent, rêveur

dans son entier SYN. en bloc, en totalité

dans son for intérieur SYN. secrètement

dans un fauteuil SYN. facilement

dans un instant SYN. prochainement

d'après les dires de SYN. selon

d'autre part SYN. de surcroît

de A à Z SYN. accompli, complètement, entièrement, intégralement, totalement

de A jusqu'à Z SYN. accompli, complètement, entièrement, intégralement, totalement

débarrasser le plancher SYN. aller (s'en), barrer (se), calter (se), carapater (se), casser (se), cavaler, décamper, décaniller, déguerpir, déloger, détaler, disparaître, enfuir (s'), évader (s'), filer, fuir, partir, retirer (se), sauver (se), tailler (se), tirer (se)

de biais SYN. de travers, en diagonale, obliquement

débile mental SYN. idiot

débiter son chapelet SYN. abandonner (s'), déballer, déboutonner (se), dévider, épancher (s')

déblayer le terrain SYN. aller (s'en), partir, tirer (se)

de bois SYN. blindé, insensible

de bon cœur SYN. délibérément, généreusement, volontiers

de bon goût SYN. chic, distingué, élégant, raffiné

de bon gré SYN. délibérément, librement, volontiers

de bonne compagnie CONTR. *voyou*

de bonne composition SYN. accommodant, souple

de bonne foi SYN. sincère

de bonne grâce SYN. délibérément, volontiers

de bonne heure SYN. précocement

de bonne humeur CONTR. *ronchon*

de bon poil SYN. enjoué CONTR. *ronchon*

de bon ton SYN. chic, choisi, civil, distingué, élégant, raffiné

de bout en bout SYN. accompli, complètement, entièrement, intégralement, totalement

de bric et de broc SYN. dépareillé, hétéroclite, hétérogène

de but en blanc SYN. brusquement, ex abrupto, fortuitement, impromptu, à l'improviste, inopinément, soudain, soudainement, subitement, subito, tout à coup, tout à trac, tout de go

de ce point de vue SYN. à cet égard

de cette façon SYN. ainsi

de cette manière SYN. ainsi

décharger sa bile SYN. éclater, emballer (s'), emporter (s'), exploser, fâcher (se), fulminer, irriter (s'), maronner, monter (se)

décharger sa conscience SYN. avouer

de chic SYN. va-vite (à la)

de choix SYN. de qualité

de circonstance SYN. adapté, adéquat, approprié, opportun, stéréotypé CONTR. *déplacé*

déclarer forfait SYN. abandonner, abdiquer, caler, capituler, désister (se), renoncer, retirer (se) CONTR. *accrocher (s'), persévérer*

déclarer nul et non avenu SYN. abolir, abroger, annuler

déclin du jour SYN. crépuscule, soir CONTR. *aube, aurore, matin*

de commande SYN. artificiel, factice, faux, feint, simulé, stéréotypé CONTR. *authentique, sincère, spontané, vrai*

de compagnie SYN. ensemble

de concert SYN. collectivement, concurremment, conjointement, conserve (de), ensemble, simultanément, unanimement

de confiance SYN. fiable, sûr

de conserve SYN. collectivement, concurremment, conjointement, ensemble, simultanément, unanimement

de côté SYN. de travers, obliquement

décrocher la timbale SYN. gagner, réussir, triompher

décrocher le coquetier SYN. gagner, réussir, triompher

de face SYN. directement, ouvertement, résolument

de fait SYN. effectivement

de fantaisie SYN. artificiel, imaginaire, inventé

de fer SYN. ferme, fort, inébranlable, inflexible, résistant, rigoureux, solide, vigoureux CONTR. *faible, mou*

déficience mentale SYN. idiotie, imbécillité, oligophrénie

de fil en aiguille SYN. progressivement

de fond en comble SYN. complètement, entièrement, intégralement, totalement

de force à SYN. capable, susceptible, taillé CONTR. *infichu, infoutu*

de fortune SYN. provisoire

de fraîche date SYN. récent

de front SYN. conjointement, conserve (de), directement, ensemble, ouvertement, résolument, simultanément

dégager sa parole CONTR. *promettre*

de gaieté de cœur SYN. délibérément, volontairement, volontiers

de glace SYN. blindé, froid, glacé, glacial, insensible

de grand papa SYN. désuet

de guingois SYN. de travers, obliquement CONTR. *droit*

de haut en bas SYN. complètement, entièrement, intégralement

de jais SYN. noir

déjeuner de soleil SYN. caprice

de jour en jour SYN. progressivement

de justesse SYN. ric-rac

de la cave au grenier SYN. complètement, entièrement, intégralement

de la dernière cuvée SYN. jeune, récent

de la même façon SYN. identiquement, pareillement, semblablement

de la même façon que SYN. ainsi que, comme

de la même manière SYN. identiquement, pareillement, semblablement

de la même manière que SYN. ainsi que, comme

de la plus belle eau SYN. de qualité, remarquable

de la sorte SYN. ainsi

de l'heure SYN. actuel

de longtemps SYN. de sitôt

de main de maître SYN. magistralement, talentueusement

demander à cor et à cri SYN. réclamer

demander conseil SYN. consulter

demander grâce SYN. attendrir, fléchir

demander la lune SYN. rêver

demander la main de SYN. courtiser

demander pardon SYN. battre sa coulpe, faire son mea-culpa, repentir (se)

demandeur d'emploi SYN. chômeur, sans-emploi

de manière à SYN. pour

de marbre SYN. blindé, froid, glacé, glacial, insensible

de mauvais augure SYN. sinistre

de mauvaise grâce CONTR. *délibérément, volontiers*

de mauvaise humeur SYN. ronchon CONTR. *enjoué*

de mauvais goût SYN. indécent CONTR. *chic*

de mauvais poil SYN. ronchon CONTR. *enjoué*

de même SYN. aussi, également, identiquement, pareillement, semblablement

de même que SYN. ainsi que, comme

de minute en minute SYN. progressivement

de niveau SYN. plain-pied (de)

de nos jours SYN. actuellement, aujourd'hui, maintenant CONTR. *hier*

denrée rare SYN. curiosité, rareté

d'entrée de jeu SYN. aussitôt, d'abord, d'emblée, dès l'abord, illico

de parade SYN. faux CONTR. *sincère, vrai*

de parole SYN. régulier

de part en part SYN. totalement

de parti pris SYN. tendancieux

dépasser la mesure SYN. abuser, attiger, charrier, exagérer, outrepasser, pousser CONTR. *limiter (se)*

dépasser les bornes SYN. abuser, attiger, charrier, exagérer, outrepasser, pousser CONTR. *limiter (se)*

dépasser les limites SYN. abuser, attiger, charrier, exagérer, outrepasser, pousser CONTR. *limiter (se)*

dépenser sans compter CONTR. *priver (se)*

dépenser sa salive SYN. parler

de père de famille SYN. sûr

de pied en cap SYN. complètement

déplacer des montagnes SYN. défoncer (se)

de plein gré SYN. délibérément, librement, volontairement, volontiers

de plomb SYN. ardent

de plus SYN. aussi, d'ailleurs, de surcroît

de pointe SYN. d'avant-garde

déposer les armes SYN. abandonner, arrêter (s'), capituler, perdre, rendre (se)

dépouille mortelle SYN. cadavre, corps, restes

de prédilection SYN. bien-aimé, chéri, favori, préféré CONTR. *abhorré, détesté*

de premier ordre SYN. de qualité, excellent, extra, remarquable, supérieur

de prime abord SYN. au premier abord

de proche en proche SYN. progressivement

de propos délibéré SYN. délibérément, intentionnellement, sciemment, volontairement

depuis peu SYN. fraîchement, récemment

de quelle façon SYN. comment

de quelle manière SYN. comment

de renom SYN. renommé

de rigueur SYN. incontournable, indispensable, obligatoire

dernier asile SYN. cimetière

dernier carat SYN. dernier délai CONTR. *tôt*

dernier cri SYN. branché, in, moderne, tendance, ultramoderne CONTR. *antédiluvien, antique, démodé, désuet, obsolète*

dernière demeure SYN. cimetière

dernier sommeil SYN. mort, trépas

dérouler le tapis rouge CONTR. *remballer, rembarrer*

derrière le dos SYN. traîtreusement

de saison SYN. adapté, adéquat, approprié, opportun

descendre d'un cran CONTR. *progresser*

descendre en flammes SYN. abîmer, assaisonner, attaquer, cracher, critiquer, débiner, démolir, dénigrer, dézinguer, éreinter, esquinter, étriller, exécuter, matraquer

des heures SYN. longtemps

dès l'abord SYN. aussitôt, d'emblée, illico

des masses SYN. beaucoup

des pieds à la tête SYN. complètement, entièrement, intégralement

dès potron-minet SYN. tôt

dès que possible SYN. bientôt, prochainement

dessiller les yeux à SYN. détromper

dessus du panier SYN. aristocratie, crème, élite, fleur, gotha CONTR. *bas-fonds*

de suite SYN. d'affilée, successivement

de surcroît SYN. aussi

de taille à SYN. capable, susceptible

de temps à autre SYN. alternativement, épisodiquement, irrégulièrement, occasionnellement, quelquefois, sporadiquement, variablement CONTR. *assidûment, constamment, continuellement, continûment, éternellement, immuablement, indéfiniment, invariablement, perpétuellement, quotidiennement, régulièrement, sempiternellement, toujours*

de temps en temps SYN. alternativement, épisodiquement, irrégulièrement, parfois, quelquefois, sporadiquement, variablement CONTR. *assidûment, constamment, continuellement, continûment, éternellement, immuablement, indéfiniment, invariablement, perpétuellement, quotidiennement, régulièrement, sempiternellement, toujours*

déterrer la hache de guerre SYN. attaquer, combattre CONTR. *pactiser*

de toujours SYN. héréditaire

de tous côtés SYN. partout

de tous les diables SYN. fameux, soigné

de toute évidence SYN. certainement, conteste (sans), évidemment, incontestablement, indiscutablement, indubitablement, inéluctablement, inévitablement, inexorablement, infailliblement, irréfutablement, manifestement, positivement

de toute façon SYN. toujours

de toutes parts SYN. partout

de toute urgence SYN. immédiatement, impérativement, impérieusement, instamment, instantanément, sur-le-champ, tout de suite, urgemment

de tout temps SYN. toujours

de travers SYN. à contresens, à l'envers, obliquement CONTR. *droit*

de traviole SYN. de travers, obliquement CONTR. *droit*

devenir chèvre SYN. énerver (s'), impatienter (s')

devenir gaga SYN. ramollir (se)

devenir gâteux SYN. ramollir (se)

déverser sa bile SYN. éclater, emporter (s'), exploser, fâcher (se), fulminer

de visu SYN. visuellement

dévorer des yeux SYN. désirer, envier

d'extrême urgence SYN. immédiatement, impérativement, impérieusement, instamment, instantanément, sur-le-champ, tout de suite, urgemment

d'heure en heure SYN. progressivement

d'ici longtemps SYN. de sitôt

d'ici peu SYN. incessamment

dicter sa loi SYN. assujettir, dominer

Dieu merci SYN. heureusement

Dieu soit loué SYN. heureusement

différer sa réponse SYN. réserver (se)

digne de foi SYN. fiable, sincère

dindon de la farce SYN. cocu, dupe, jocrisse, pigeon

dire adieu à SYN. arrêter, départir (se), renoncer, sacrifier

dire à mi-voix CONTR. *crier*

dire au revoir SYN. aller (s'en)

dire du bien de SYN. complimenter, congratuler, louer

dire du mal de CONTR. *complimenter, congratuler, louer*

dire la bonne aventure SYN. prédire

dire merci SYN. remercier

dire oui SYN. accepter

dire pis que pendre SYN. abîmer, assaisonner, attaquer, baver, causer, clabauder, cracher, critiquer, débiner, démolir, dénigrer, dézinguer, éreinter, esquinter, étriller, exécuter, médire

dire tantôt blanc tantôt noir SYN. balancer, hésiter, interroger (s'), osciller, tâter (se) CONTR. *choisir, décider (se)*

diriger ses pas SYN. rendre (se)

disciple d'Esculape SYN. médecin

discuter le bout de gras SYN. bavarder, causer, chatter, converser, deviser, dialoguer, disputailler, entretenir, entretenir (s'), palabrer, papoter, parler, piapiater, tchatcher, tchatter

discuter le coup SYN. bavarder, causer, chatter, converser, deviser, dialoguer, disputailler, entretenir, entretenir (s'), palabrer, papoter, parler, piapiater, tchatcher, tchatter

dominer son sujet SYN. savoir

don Juan SYN. coureur, dragueur, lovelace, séducteur, tombeur

donnant donnant SYN. réciproquement

donner asile SYN. abriter

donner avis SYN. aviser

donner carte blanche SYN. approuver, appuyer, autoriser, consentir, permettre

donner congé SYN. congédier, remercier

donner contre SYN. cogner, heurter, heurter (se), porter

donner corps à SYN. concrétiser, exécuter, réaliser

donner dans SYN. communiquer, déboucher, rencontrer

donner dans le panneau SYN. gober, marcher

donner de la confiture aux cochons SYN. gâcher

donner des ailes SYN. enchanter, ravir

donner des boutons SYN. énerver, exaspérer, excéder, horripiler, insupporter, irriter

donner des gages SYN. promettre

donner des noms d'oiseaux SYN. injurier

donner des sueurs froides SYN. inquiéter

donner du...gros comme le bras SYN. flatter

donner du cœur au ventre SYN. conforter, encourager, réconforter, regonfler

donner du grain à moudre à SYN. argumenter

donner du poids à SYN. valoriser

donner envie de vomir SYN. débecter, dégoûter, écœurer, horrifier, répugner, révulser

donner la chair de poule SYN. apeurer, effrayer, épouvanter, terrifier, terroriser

donner la nausée SYN. dégoûter, répugner

donner la pépie SYN. altérer, assoiffer

donner l'assaut SYN. assiéger, attaquer

donner la touche finale SYN. parachever

donner le change SYN. abuser, mentir, tromper

donner le coup de grâce SYN. achever

donner le coup d'envoi SYN. amorcer, commencer, débuter, déclencher, démarrer, ébaucher, entamer, inaugurer

donner le feu vert SYN. approuver, autoriser, permettre

donner le frisson SYN. glacer

donner le jour SYN. accoucher, engendrer, générer

donner les pleins (tous) pouvoirs SYN. autoriser

donner l'exemple SYN. enseigner

donner libre cours à CONTR. *dominer (se), retenir (se)*

donner lieu à SYN. causer, induire, occasionner, permettre, prêter, procurer

donner l'impression de SYN. sembler

donner l'occasion de SYN. permettre

donner mandat à SYN. autoriser

donner matière à SYN. causer, occasionner, permettre, prêter, procurer

donner naissance SYN. engendrer

donner prise à SYN. exposer (s')

donner raison SYN. approuver

donner sa bénédiction SYN. acquiescer

donner sa langue au chat SYN. abandonner, renoncer CONTR. *connaître, savoir*

donner sa main à couper SYN. affirmer, parier

donner sa parole SYN. jurer, promettre

donner sa tête à couper SYN. affirmer, parier

donner sa voix à SYN. choisir

donner son accord SYN. agréer, approuver

donner son aval SYN. agréer, approuver

donner son suffrage à SYN. choisir

donner suite à SYN. continuer

donner tous pouvoirs SYN. permettre

donner un aperçu de SYN. camper, décrire, dépeindre, peindre

donner un blanc-seing à SYN. approuver, appuyer, autoriser, consentir, permettre

donner un coup de canif dans le contrat SYN. dédire (se), raviser (se), rétracter (se), trahir CONTR. *promettre*

donner un coup de chapeau SYN. complimenter, congratuler, féliciter, louanger, louer, saluer

donner un coup de collier SYN. dépenser (se), remuer (se) CONTR. *buller, fainéanter, flemmarder, glander, lézarder, paresser*

donner un coup de fil SYN. appeler, téléphoner

donner un coup de fouet SYN. booster, ravigoter, requinquer, revigorer, stimuler, tonifier, vivifier

donner un coup de main SYN. aider, assister

donner un coup d'épaule SYN. aider, assister, recommander

donner un coup de peigne SYN. coiffer

donner un coup de pouce SYN. aider, pistonner, recommander

donner une leçon SYN. corriger

donner un tour de vis SYN. discipliner, restreindre

dormir à poings fermés CONTR. *somnoler*

dormir comme une marmotte CONTR. *somnoler*

dormir comme un loir CONTR. *somnoler*

dormir debout SYN. avoir sommeil

dormir sur ses deux oreilles SYN. tranquilliser (se)

dos à dos SYN. rapproché

double jeu SYN. imposture

double sens SYN. ambiguïté, amphibologie

dresser l'oreille SYN. écouter

droit comme un i SYN. raide

du bout des dents CONTR. *volontiers*

du bout des lèvres CONTR. *volontiers*

du coin de l'œil SYN. furtivement CONTR. *ostensiblement*

du côté de SYN. aux alentours de, aux environs de, près de, sur, vers

du début à la fin CONTR. *fragmentairement, incomplètement*

du diable SYN. fameux, soigné

du fait de SYN. à cause de, en raison de, grâce à, vu

du fait que SYN. attendu que, comme, parce que

du jour SYN. actuel, frais

du matin au soir SYN. continuellement, continûment, d'affilée, journellement, perpétuellement

du moins SYN. enfin, néanmoins, seulement, toutefois

du moment que SYN. puisque

d'un âge avancé SYN. vieux

d'un bout à l'autre SYN. complètement

d'un certain âge SYN. vieux CONTR. *jeune*

d'un commun accord SYN. collectivement, conjointement, conserve (de), ensemble, unanimement

d'un coup CONTR. *graduellement, progressivement*

d'une traite SYN. non-stop

d'un instant à l'autre SYN. bientôt, incessamment, prochainement

d'un moment à l'autre SYN. bientôt, incessamment, prochainement

d'un poil SYN. presque

dur de la feuille SYN. sourd

du reste SYN. d'ailleurs

du tac au tac SYN. brusquement, impromptu, tout à trac, tout de go

du tonnerre SYN. formidable

du tout au tout SYN. complètement, entièrement, totalement, très

e

écart de langage SYN. grossièreté, incorrection

échanges de vues SYN. débats, pourparlers

échauffer la bile SYN. agacer, courroucer, énerver, exaspérer, excéder, gonfler, horripiler, insupporter, irriter, pomper

échauffer la tête SYN. agacer, courroucer, énerver, exaspérer, excéder, gonfler, horripiler, insupporter, irriter, pomper

échauffer le sang SYN. agacer, courroucer, énerver, exaspérer, excéder, gonfler, horripiler, insupporter, irriter, pomper

échauffer les oreilles SYN. agacer, courroucer, énerver, exaspérer, excéder, gonfler, horripiler, insupporter, irriter, pomper

éclabousser l'honneur de SYN. calomnier

éclairer la lanterne de SYN. briefer, informer, renseigner, tuyauter

éclater au grand jour SYN. déclarer (se), survenir

éclater de rire SYN. bidonner (se), esclaffer (s'), rigoler, tordre (se)

éclater en sanglots SYN. chialer, pleurer

écouter aux portes SYN. fouiner

écouter de toutes ses oreilles SYN. être tout ouïe

égalité d'humeur CONTR. *irascibilité*

élever la voix SYN. fâcher (se), menacer, protester

élever le ton SYN. fâcher (se), menacer, protester

élire domicile SYN. établir (s'), fixer (se), habiter, installer (s'), loger

emboîter le pas SYN. imiter, suivre CONTR. *précéder*

emboucher la trompette de SYN. carillonner, claironner, corner, déclarer, tambouriner, trompeter

empêcheur de danser en rond SYN. casse-pieds, emmerdeur, empoisonneur, enquiquineur, gêneur, pisse-froid, rabat-joie, raseur

empêcheur de tourner en rond SYN. casse-pieds, emmerdeur, empoisonneur, enquiquineur, gêneur, pisse-froid, rabat-joie, raseur

emploi du temps SYN. programme

employé(e) de maison SYN. domestique

employée de maison SYN. bonne, servante

employer la manière forte SYN. brutaliser, molester, rosser, rudoyer

employés de maison SYN. personnel

emporter le morceau SYN. gagner, réussir, triompher

en abondance SYN. abondamment, amplement, beaucoup, considérablement, copieusement, énormément, généreusement, grandement, largement, massivement, plantureusement, richement CONTR. *parcimonieusement*

en abrégé SYN. brièvement, sommairement, succinctement CONTR. *in extenso*

en accord SYN. approprié, plain-pied (de)

en admettant que SYN. si

en alternance SYN. successivement

en apparence SYN. apparemment, extérieurement CONTR. *effectivement, intimement, réellement*

en application SYN. existant

en apprendre de belles SYN. choquer (se), offusquer (s'), scandaliser (se)

en arrière SYN. derrière

en attendant SYN. provisoirement

en aucun cas SYN. jamais CONTR. *absolument*

en aucune façon SYN. jamais CONTR. *absolument*

en avance SYN. précocement, prématurément CONTR. *en retard*

en avant SYN. devant CONTR. *après*

en aveugle SYN. aveuglément, à l'aveuglette, à tâtons

en avoir assez SYN. énerver (s'), impatienter (s'), saturer CONTR. *supporter, tolérer*

en avoir gros sur la patate SYN. affliger (s'), larmoyer

en avoir gros sur le cœur SYN. affliger (s'), larmoyer

en avoir jusque-là SYN. énerver (s'), impatienter (s'), saturer CONTR. *supporter, tolérer*

en avoir marre SYN. énerver (s'), impatienter (s'), saturer CONTR. *supporter, tolérer*

en avoir par-dessus la tête SYN. énerver (s'), impatienter (s'), saturer CONTR. *supporter, tolérer*

en avoir plein le cul SYN. énerver (s'), impatienter (s'), saturer CONTR. *supporter, tolérer*

en avoir plein le dos SYN. énerver (s'), impatienter (s'), saturer CONTR. *supporter, tolérer*

en avoir plein les bottes SYN. peiner, suer

en avoir plein les jambes SYN. peiner, suer

en avoir plein les pattes SYN. peiner, suer

en avoir ras la casquette SYN. énerver (s'), impatienter (s'), saturer CONTR. *supporter, tolérer*

en avoir ras le bol SYN. énerver (s'), impatienter (s'), saturer CONTR. *supporter, tolérer*

en avoir ras le pompon SYN. énerver (s'), impatienter (s'), saturer CONTR. *supporter, tolérer*

en avoir sa claque SYN. énerver (s'), impatienter (s'), saturer CONTR. *supporter, tolérer*

en avoir soupé SYN. énerver (s'), impatienter (s'), saturer CONTR. *supporter, tolérer*

en baver (des ronds de chapeau) SYN. bosser, boulonner, défoncer (se), échiner (s'), marner, peiner, ramer, suer, trimer, turbiner

en biais SYN. de travers, en diagonale, oblique, obliquement

en bisbille SYN. brouillé

en bloc SYN. globalement, in extenso, totalement CONTR. *fragmentairement, incomplètement, individuellement, isolément, partiellement*

en bonne et due forme SYN. dûment

en boucher un coin SYN. abasourdir, ahurir, ébahir, éberluer, éblouir, ébouriffer, épater, époustoufler, estomaquer, étonner, impressionner, renverser, scier, sidérer, souffler, stupéfier, suffoquer, surprendre

en bouillie SYN. écrasé, en capilotade, en compote, en marmelade

en bref SYN. brièvement, succinctement

en broussaille SYN. pêle-mêle

en butte à SYN. confronté

en cachette SYN. catimini (en), clandestinement, discrètement, furtivement, incognito, officieusement, secrètement, sourdement, sournoisement, subrepticement, tapinois (en), tortueusement CONTR. *franchement, officiellement, ouvertement, publiquement*

en capilotade SYN. écrasé, en bouillie, en compote, en marmelade

en cascade SYN. successivement

en catastrophe SYN. dare-dare, expéditivement, hâtivement, précipitamment, promptement, rapidement, vite CONTR. *lentement, tranquillement*

en catimini SYN. clandestinement, discrètement, furtivement, officieusement, secrètement, sourdement, subrepticement, tapinois (en) CONTR. *franchement, ouvertement*

en ce cas SYN. alors

en ce moment SYN. actuellement, aujourd'hui, présentement

en ce qui concerne SYN. pour

en ce temps-là SYN. alors

en chœur SYN. collectivement, ensemble, simultanément, unanimement CONTR. *individuellement*

en cinq sec SYN. diligemment, expéditivement, hâtivement, rapidement, rapido presto, subito presto, vite CONTR. *lentement, tranquillement*

en coin SYN. oblique, obliquement, tortueusement, torve

en colère SYN. fulminant, furax, furibard, furibond, furieux

en commun SYN. ensemble

en compagnie de SYN. avec

en comparaison avec SYN. comparativement, proportionnellement

en comparaison de SYN. relativement à

en compensation SYN. en contrepartie, en retour, réciproquement

en compote SYN. écrasé, en bouillie, en capilotade, en marmelade

en confidence SYN. confidentiellement

en connaître un bout SYN. savoir

en connaître un rayon SYN. savoir

en contrebas CONTR. *contrehaut (en)*

en contrehaut CONTR. *contrebas (en)*

en contrepartie SYN. inversement, réciproquement

en contrepartie de SYN. moyennant

encore moins CONTR. *davantage*

encore plus SYN. davantage

encore que SYN. quoique

en costume d'Adam SYN. dénudé, dévêtu, nu

en costume d'Ève SYN. dénudé, dévêtu, nu

en coup de vent SYN. expéditivement, hâtivement, précipitamment, promptement, rapidement, vite, vivement CONTR. *lentement, tranquillement*

en cours SYN. actuel, courant CONTR. *démodé, dépassé, obsolète*

en croire SYN. rapporter (se), référer (se)

enculer des mouches SYN. pinailler

enculeur de mouches SYN. pinailleur

en-deçà de SYN. avant

en découdre SYN. affronter (s'), bagarrer (se), batailler, battre (se), colleter (se), empoigner (s'), lutter

en définitive SYN. décidément, enfin, finalement

en dehors de SYN. excepté, hormis, hors, sauf

en demeurer là SYN. arrêter, arrêter (s')

en dépit de SYN. malgré, nonobstant

en dépit du bon sens CONTR. *convenablement*

en dernière analyse SYN. finalement

en dernier lieu CONTR. *prioritairement*

en dernier ressort SYN. finalement

en désaccord SYN. brouillé

en dessous SYN. hypocritement, oblique, sournoisement, subrepticement, tortueusement, torve CONTR. *loyalement, sincèrement*

en détail CONTR. *en bloc*

en deux, trois coups de cuiller à pot SYN. diligemment, expéditivement, hâtivement, promptement, rapidement, rapido presto, subito presto, vite, vivement CONTR. *lentement, tranquillement*

en deux temps, trois mouvements SYN. diligemment, expéditivement, hâtivement, promptement, rapidement, rapido presto, subito presto, vite, vivement CONTR. *lentement, tranquillement*

en diagonale SYN. de travers, oblique, obliquement

en direction de SYN. sur, vers

en dire de belles SYN. déconner, dénigrer, scandaliser

en douce SYN. catimini (en), confidentiellement, discrètement, furtivement, hypocritement, insidieusement, officieusement, secrètement, subrepticement, tapinois (en) CONTR. *ostensiblement*

en douceur SYN. aisément, facilement

en échange SYN. inversement, réciproquement

en échange de SYN. contre, moyennant, pour

en écraser SYN. dormir, pioncer, roupiller CONTR. *somnoler*

en effet SYN. assurément, effectivement

en enfilade SYN. bout à bout, successivement

en entendre de belles SYN. choquer (se), offusquer (s'), scandaliser (se)

en entier SYN. complètement, intégralement, totalement

en équilibre SYN. d'aplomb CONTR. *déséquilibré, titubant*

en état de SYN. capable, prêt, susceptible CONTR. *incapable, infichu, infoutu*

en être baba SYN. étonner (s')

en être de sa poche SYN. payer

en être réduit aux hypothèses SYN. douter

en excédent SYN. superflu

en excluant SYN. excepté

en face SYN. devant, directement, ouvertement

en faire accroire SYN. abuser, avoir, baiser, berner, bluffer, couillonner, duper, égarer, embobiner, empaumer, entuber, feinter, jouer (se), leurrer, mentir, mystifier, piéger, promener, tromper

en faire de belles SYN. déconner, scandaliser

en faire (tout) un fromage SYN. amplifier, dramatiser, exagérer, grossir

en faire tout un plat SYN. amplifier, dramatiser, exagérer, grossir

en faire trop SYN. pousser

en faire une pendule SYN. amplifier, dramatiser, exagérer, grossir

en faire une piscine SYN. amplifier, dramatiser, exagérer, grossir

en faire voir de toutes les couleurs SYN. brutaliser, maltraiter, molester, rudoyer

en fait SYN. concrètement, effectivement, pratiquement, proprement, réellement

enfant de chœur SYN. naïf

en faveur de SYN. pour CONTR. *contre*

en file SYN. successivement

en file indienne SYN. successivement

en fin de compte SYN. décidément, enfin, finalement

en fin de course SYN. déclinant, faiblissant

en finir SYN. conclure, rompre, terminer

en flèche SYN. expéditivement, hâtivement, rapidement

en fonction de SYN. relativement à, suivant, vu

en forme SYN. dispos, reposé, valide CONTR. *achevé, anéanti, brisé, claqué, crevé, diminué, épuisé, éreinté, esquinté, exténué, fatigué, fini, flagada, flapi, fourbu, harassé, K.-O., lessivé, malade, mal-en-point, mort, moulu, patraque, pompé, raplapla, recru, rendu, rompu, surmené, tué, usé, vanné, vidé*

en foule SYN. massivement

en friche SYN. inculte

engager les hostilités SYN. assiéger, attaquer, combattre

engager sa parole SYN. engager (s'), promettre

en général SYN. communément, couramment, généralement, usuellement

en grande(s) pompe(s) SYN. solennellement

en (grand) nombre SYN. abondamment, en foule, en masse, énormément, largement, massivement

en griller une SYN. fumer

en gros SYN. approximativement, globalement, grossièrement, grosso modo, sommairement, superficiellement

en harmonie SYN. à l'unisson

en hâte SYN. dare-dare, hâtivement, précipitamment, rapidement, vite

en herbe SYN. jeune, novice CONTR. *chevronné, expérimenté*

en humeur de SYN. disposé

en imposer SYN. éblouir, épater, impressionner, intimider, subjuguer

en intégralité SYN. intégralement

en jachère SYN. inculte

en jeter SYN. distinguer (se), épater, impressionner, maintenir (se), subjuguer

en lame de couteau SYN. anguleux

enlever le morceau SYN. gagner, réussir, triompher

en lieu et place de SYN. pour

en lutte contre SYN. confronté

en marmelade SYN. écrasé, en bouillie, en capilotade, en compote

en masse SYN. massivement

en même temps SYN. ensemble, simultanément CONTR. *isolément*

en mesure de SYN. prêt, susceptible

en mettre à gauche SYN. économiser

en mettre plein la vue SYN. crâner, éblouir, épater, fanfaronner, impressionner, plastronner, vanter (se)

en mettre un bon coup SYN. activer (s'), agiter (s'), bosser, boulonner, cravacher, décarcasser (se), défoncer (se), démener (se), marner, remuer (se), trimer, turbiner CONTR. *buller, fainéanter, flemmarder, glander, lézarder, paresser, prélasser (se)*

en mettre un coup SYN. activer (s'), agiter (s'), bosser, boulonner, cravacher, décarcasser (se), défoncer (se), démener (se), marner, remuer (se), travailler, trimer, turbiner CONTR. *buller, fainéanter, flemmarder, glander, lézarder, paresser, prélasser (se)*

en mettre un vieux coup SYN. activer (s'), agiter (s'), bosser, boulonner, cravacher, décarcasser (se), défoncer (se), démener (se), marner, remuer (se), trimer, turbiner CONTR. *buller, fainéanter, flemmarder, glander, lézarder, paresser, prélasser (se)*

en moins de deux SYN. diligemment, expéditivement, hâtivement, rapidement, vite

en moins de temps qu'il n'en faut pour le dire SYN. hâtivement, rapidement, rapido presto, subito presto

en morceaux SYN. écrasé, en bouillie, en compote, en marmelade

en moudre SYN. pédaler

en ordre CONTR. *pêle-mêle*

en ordre dispersé CONTR. *successivement*

en outre SYN. aussi, de surcroît

en pagaille SYN. abondamment, amplement, beaucoup, considérablement, copieusement, énormément, généreusement, gogo (à), grandement, largement, massivement, plantureusement, richement, tire-larigot (à) CONTR. *chichement, modérément, parcimonieusement, peu*

en parallèle SYN. relativement à

en particulier SYN. notablement, notamment, particulièrement, principalement, spécifiquement, surtout CONTR. *collectivement, unanimement*

en partie SYN. partiellement CONTR. *entièrement, fin, in extenso, totalement*

en passant SYN. incidemment

en passe de SYN. près de, prêt

en permanence SYN. assidûment, constamment, continuellement, continûment, immuablement, indéfiniment, invariablement, journellement, perpétuellement, sempiternellement, toujours CONTR. *alternativement, guère, irrégulièrement, momentanément, occasionnellement, parfois, provisoirement, quelquefois, rarement, sporadiquement, temporairement, transitoirement, variablement*

en personne SYN. personnellement

en pétard SYN. courroucé, fulminant, furax, furibard, furibond, furieux

en petite tenue SYN. dénudé, dévêtu, nu

en pièces SYN. écrasé, en bouillie, en compote, en marmelade

en pincer pour SYN. aimer, amouracher (s'), enticher (s'), éprendre (s')

en placer une SYN. exprimer (s'), parler CONTR. *taire (se)*

en plein air CONTR. *couvert*

en pleine forme SYN. dispos, reposé CONTR. *achevé, anéanti, brisé, claqué, crevé, diminué, épuisé, éreinté, esquinté, exténué, fatigué, fini, flagada, flapi, fourbu, harassé, K.-O., lessivé, malade, mort, moulu, patraque, pompé, raplapla, recru, rendu, rompu, surmené, tué, usé, vanné, vidé*

en plus SYN. aussi, de surcroît

en plus de SYN. outre

en plus petit SYN. en raccourci

en pointe SYN. d'avant-garde, pointu

en pratique SYN. pratiquement CONTR. *théoriquement*

en préambule SYN. d'abord

en premier SYN. préalablement, premièrement

en premier lieu SYN. d'abord, préalablement, prioritairement CONTR. *puis*

en prendre à son aise CONTR. *contraindre (se), forcer (se), obliger (s')*

en prendre de la graine SYN. imiter

en prendre son parti SYN. accommoder (s'), accoutumer (s'), résigner (se), résoudre (se)

en présence de SYN. vu

en principe SYN. normalement, théoriquement

en priorité SYN. d'abord, prioritairement

en privé SYN. confidentiellement, officieusement CONTR. *officiellement, publiquement*

en proportion de SYN. auprès de, comparativement, proportionnellement, relativement à, selon, suivant

en public SYN. officiellement, publiquement CONTR. *confidentiellement, officieusement*

en puissance SYN. potentiellement, virtuellement

en pure perte SYN. inutilement, stérilement CONTR. *utilement, valablement*

en quantité SYN. abondamment, amplement, beaucoup, considérablement, copieusement, énormément, généreusement, gogo (à), grandement, largement, massivement, plantureusement, richement CONTR. *chichement, modérément, parcimonieusement, peu*

en quatrième vitesse SYN. dare-dare, expéditivement, hâtivement, précipitamment, promptement, rapidement, rapido presto, subito presto, vite CONTR. *lentement, tranquillement*

en rabattre SYN. déchanter

en raccourci SYN. brièvement, en bref, en résumé, succinctement

en raconter de belles SYN. déconner, dénigrer, scandaliser

en raison de SYN. à cause de, eu égard à, vu

en rajouter SYN. amplifier, broder, dramatiser, exagérer, grossir, outrer

en rang d'oignons SYN. successivement

en réalité SYN. effectivement, réellement CONTR. *apparemment, extérieurement*

en réchapper SYN. guérir, s'en sortir, tirer (se)

en regard de SYN. auprès de, comparativement, proportionnellement, relativement à, vis-à-vis de

en règle générale SYN. communément, couramment, généralement, habituellement, souvent, traditionnellement, usuellement CONTR. *exceptionnellement*

en remplacement SYN. réciproquement

en rester baba SYN. étonner (s')

en rester comme deux ronds de flan SYN. étonner (s')

en rester sur le cul SYN. étonner (s')

en résumé SYN. brièvement, décidément, finalement, sommairement, succinctement

en retard SYN. inexact CONTR. *ponctuel*

en retour SYN. inversement, réciproquement

en revanche SYN. inversement, par contre

en rien CONTR. *absolument*

en ruine SYN. délabré

en secret SYN. confidentiellement, furtivement, in petto, officieusement, secrètement, subrepticement, tapinois (en) CONTR. *ouvertement, publiquement*

en série SYN. successivement

en situation de SYN. prêt

en soi-même SYN. secrètement

en somme SYN. bref, décidément, enfin, finalement

en son for intérieur SYN. au-dedans, doucement, intérieurement

en souplesse SYN. aisément, facilement

en sourdine SYN. clandestinement, discrètement, officieusement, secrètement, silencieusement, sourdement CONTR. *bruyamment, ostensiblement, ouvertement*

en sous-main SYN. clandestinement, irrégulièrement, officieusement, secrètement, sourdement, subrepticement CONTR. *ouvertement, publiquement*

en substance SYN. brièvement, grosso modo, sommairement

en suffisance CONTR. *insuffisamment*

en suivant SYN. successivement

en supposant que SYN. si

en surnombre SYN. superflu

en sus de SYN. outre

en tant que SYN. comme

en tapinois SYN. catimini (en), clandestinement, discrètement, furtivement, officieusement, secrètement, sourdement, subrepticement CONTR. *franchement, officiellement, ouvertement*

en temps et en heure SYN. pile, ponctuellement

en temps utile SYN. opportunément, pile CONTR. *inopportunément, intempestivement*

en temps voulu SYN. opportunément, pile, ponctuellement CONTR. *inopportunément, intempestivement*

en tenant compte de SYN. vu

entendre parler de SYN. informer (s'), renseigner (se)

en tenir pour SYN. aimer, amouracher (s'), enticher (s'), éprendre (s')

enterrement de première classe SYN. abandon, rejet

enterrer la hache de guerre SYN. pactiser CONTR. *attaquer, combattre*

en tête SYN. premier

en théorie SYN. théoriquement

en titre SYN. attitré

en totalité SYN. complètement, in extenso, intégralement, totalement CONTR. *fragmentairement, incomplètement, partiellement*

en toute bonne foi SYN. franchement, sincèrement

en toute confiance SYN. entièrement, pleinement

en toute connaissance de cause SYN. consciemment

en toute franchise SYN. loyalement, sincèrement

en toute hâte SYN. dare-dare, diligemment, expéditivement, hâtivement, précipitamment, promptement, rapidement, vite CONTR. *lentement, tranquillement*

en toute logique SYN. naturellement

en toute quiétude SYN. paisiblement, sereinement

en toute sérénité SYN. paisiblement, sereinement

en tout point SYN. totalement

entre autres SYN. notamment

entre deux portes SYN. expéditivement, hâtivement, promptement, rapidement, rapido presto, sauvette (à la), subito presto, va-vite (à la), vite

entrée en matière SYN. début, introduction

entre les deux SYN. intermédiaire

entre parenthèses SYN. incidemment

entre quatre murs SYN. enfermé

entrer dans la combine SYN. participer

entrer dans la danse SYN. atteler (s'), débuter, lancer (se), participer

entrer dans le jeu SYN. participer

entrer dans une rage folle SYN. éclater, emballer (s'), emporter (s'), exploser, fâcher (se), irriter (s')

entrer en action SYN. amorcer (s'), commencer, débuter, ébaucher (s')

entrer en jeu SYN. intervenir, jouer

entrer en lice SYN. participer

entrer en ligne de compte SYN. intervenir, peser

entrer en piste SYN. débuter, lancer (se)

en trombe SYN. brusquement

en trompe-l'œil SYN. artificiel

en trop SYN. superflu

en un clin d'œil SYN. diligemment, expéditivement, hâtivement, promptement, rapidement, rapido presto, subito presto, vite, vivement CONTR. *lentement, tranquillement*

en un instant SYN. hâtivement, rapidement, rapido presto, subito presto CONTR. *lentement, tranquillement*

en un mot SYN. brièvement, décidément, finalement

en un mot comme en cent SYN. brièvement, décidément, finalement

en un mot comme en mille SYN. brièvement, décidément, finalement

en un rien de temps SYN. diligemment, expéditivement, hâtivement, promptement, rapidement, rapido presto, subito presto, vite, vivement CONTR. *lentement, tranquillement*

en un temps record SYN. expéditivement, hâtivement, promptement, rapidement, rapido presto, vite, vivement CONTR. *lentement, tranquillement*

en un tour de main SYN. aisément, expéditivement, facilement, hâtivement, promptement, rapidement, rapido presto, subito presto, vite, vivement CONTR. *lentement, tranquillement*

en un tournemain SYN. aisément, facilement, hâtivement, rapidement, rapido presto, subito presto, vivement CONTR. *lentement, tranquillement*

en vain SYN. inutilement, stérilement, vainement CONTR. *utilement, valablement*

en venir à SYN. aborder, porter (se), résoudre (se)

en venir aux mains SYN. bagarrer (se), battre (se), colleter (se), lutter

en vérité SYN. réellement

envers et contre tout SYN. obstinément

en veux-tu en voilà SYN. abondamment, amplement, beaucoup, considérablement, copieusement, énormément, généreusement, gogo (à), largement, massivement, plantureusement, richement, tire-larigot (à)

en vigueur SYN. actuel, existant, présent

en vitesse SYN. dare-dare, diligemment, expéditivement, hâtivement, précipitamment, promptement, rapidement, rapido presto, subito presto, vite, vivement CONTR. *lentement, tranquillement*

en vogue SYN. branché, célèbre, in, populaire, prisé, tendance, ultramoderne CONTR. *abandonné, démodé, dépassé, désuet, obsolète, out, rococo, suranné*

en voie de SYN. prêt

en voir de toutes les couleurs SYN. endurer, subir

en vouloir SYN. accrocher (s'), acharner (s'), ambitionner, démener (se)

en vouloir à SYN. reprocher

envoyer ad patres SYN. assassiner, bousiller, buter, descendre, éliminer, exécuter, faucher, flinguer, liquider, occire, ratatiner, rectifier, refroidir, supprimer, trucider, tuer

envoyer à tous les diables SYN. anathématiser, balancer, chasser, congédier, débarquer, déboulonner, dégommer, démettre, déposer, éconduire, exclure, flétrir, maudire, remballer, rembarrer, renvoyer

envoyer au bain SYN. congédier, débarquer, déboulonner, dégommer, démettre, déposer, éconduire, exclure, remballer, rembarrer, renvoyer

envoyer au diable SYN. anathématiser, balancer, chasser, congédier, débarquer, déboulonner, dégommer, démettre, déposer, éconduire, exclure, flétrir, maudire, remballer, rembarrer, renvoyer

envoyer au poteau SYN. fusiller

envoyer aux cinq cents diables SYN. anathématiser, balancer, chasser, congédier, débarquer, déboulonner, dégommer, démettre, déposer, éconduire, exclure, flétrir, maudire, remballer, rembarrer, renvoyer

envoyer aux pelotes SYN. balancer, blackbouler, chasser, congédier, débarquer, déboulonner, dégommer, démettre, déposer, éconduire, exclure, rabrouer, remballer, rembarrer, renvoyer

envoyer balader SYN. congédier, débarquer, déboulonner, dégommer, démettre, déposer, éconduire, exclure, rabrouer, remballer, rembarrer, renvoyer

envoyer bouler SYN. balancer, blackbouler, chasser, congédier, débarquer, déboulonner, dégommer, démettre, déposer, éconduire, exclure, rabrouer, remballer, rembarrer, renvoyer

envoyer chier SYN. balancer, chasser, congédier, débarquer, déboulonner, dégommer, démettre, déposer, éconduire, exclure, rabrouer, remballer, rembarrer, renvoyer

envoyer des fleurs à SYN. complimenter, congratuler

envoyer dinguer SYN. balancer, blackbouler, chasser, congédier, débarquer, déboulonner, dégommer, démettre, déposer, éconduire, exclure, rabrouer, remballer, rembarrer, tabasser

envoyer la monnaie SYN. payer

envoyer paître SYN. balancer, blackbouler, chasser, congédier, débarquer, déboulonner, dégommer, démettre, déposer, éconduire, exclure, rabrouer, remballer, rembarrer, renvoyer

envoyer péter SYN. balancer, blackbouler, chasser, congédier, débarquer, déboulonner, dégommer, démettre, déposer, éconduire, exclure, rabrouer, remballer, rembarrer, renvoyer

envoyer promener SYN. congédier, débarquer, déboulonner, dégommer, démettre, déposer, éconduire, exclure, rabrouer, remballer, rembarrer, renvoyer

envoyer se faire cuire un œuf SYN. congédier, débarquer, déboulonner, dégommer, démettre, déposer, éconduire, exclure, rabrouer, remballer, rembarrer

envoyer se faire foutre SYN. congédier, débarquer, déboulonner, dégommer, démettre, déposer, éconduire, exclure, rabrouer, remballer, rembarrer

envoyer se faire lanlaire SYN. blackbouler, chasser, congédier, débarquer, déboulonner, dégommer, démettre, déposer, éconduire, exclure, rabrouer, remballer, rembarrer

envoyer sur les roses SYN. congédier, débarquer, déboulonner, dégommer, démettre, déposer, éconduire, exclure, rabrouer, remballer, rembarrer, renvoyer

envoyer tout promener SYN. abandonner, lâcher, larguer, planter, renoncer

envoyer valser SYN. balancer, blackbouler, chasser, congédier, débarquer, déboulonner, dégommer, démettre, déposer, éconduire, exclure, expulser, rabrouer, remballer, rembarrer, renvoyer

en vrac SYN. pêle-mêle

en vue de SYN. pour

épouser le parti de SYN. souscrire

errer comme une âme en peine SYN. barber (se), embêter (s'), emmerder (s'), empoisonner (s'), ennuyer (s'), enquiquiner (s'), raser (se)

espèces sonnantes et trébuchantes SYN. argent, blé, fric, liquide, liquidités, numéraire, oseille, pognon, sous

esprit de clocher SYN. patriotisme

esprit de finesse SYN. jugement

esprit de subordination SYN. obéissance

esprit de suite SYN. obstination, persistance

esprit follet SYN. farfadet, kobold, lutin

esprit fort SYN. athée, impie, incrédule

essuyer les plâtres SYN. établir (s'), installer (s'), trinquer

étaler au grand jour SYN. livrer

étancher sa soif SYN. boire, consommer, désaltérer (se)

étant donné SYN. soit

étant donné que SYN. attendu que, parce que, puisque

état de choses SYN. cas, conjoncture, situation

état de fait SYN. situation

état d'esprit SYN. humeur

et aussi SYN. comme

et comment ! SYN. assurément, certes, évidemment

et puis SYN. d'ailleurs, de surcroît

étrange lucarne SYN. télévision

être à bout SYN. énerver (s'), impatienter (s')

être à bout de course SYN. écrouler (s')

être à bout de force SYN. écrouler (s')

être à bout de nerfs SYN. énerver (s'), impatienter (s')

être à bout de souffle SYN. anhéler, écrouler (s'), haleter CONTR. *respirer*

être absent SYN. planer, rêvasser, rêver, songer CONTR. *écouter*

être à côté de la plaque SYN. abuser (s'), fourvoyer (se), leurrer (se), planter (se), tromper (se)

être à côté de ses pompes SYN. égarer (s'), planer, rêver

être à court d'argent SYN. vivoter CONTR. *enrichir (s')*

être à court de SYN. manquer

être à couteaux tirés avec SYN. détester, haïr CONTR. *adorer, aimer, chérir*

être à dégueuler SYN. dégoûter, répugner

être à fond de cale SYN. vivoter CONTR. *enrichir (s')*

être à genoux devant SYN. admirer, adorer, idolâtrer

être ailleurs SYN. planer, rêvasser, rêver, songer CONTR. *écouter*

être à la barre SYN. administrer, commander, conduire

être à la botte de SYN. aplatir (s')

être à la dernière extrémité SYN. agoniser, aller (s'en)

être à la diète SYN. jeûner

être à l'affût SYN. guetter, guigner, lorgner, loucher

être à l'apogée de SYN. triompher

être à l'article de la mort SYN. agoniser, aller (s'en)

être à la solde de SYN. agenouiller (s'), soumettre (se)

être à l'ouest SYN. planer

être amateur de SYN. adonner (s')

être à même de SYN. pouvoir

être à part SYN. démarquer (se), différer

être à plat ventre SYN. agenouiller (s'), aplatir (s'), avilir (s'), humilier (s'), incliner (s')

être à ramasser à la petite cuillère SYN. écrouler (s')

être à sec SYN. manquer CONTR. *enrichir (s')*

être à tu et à toi SYN. entendre (s')

être au (à son) zénith SYN. triompher

être au bout du rouleau SYN. écrouler (s')

être au courant SYN. connaître, savoir CONTR. *ignorer*

être au diapason SYN. cadrer, communier, entendre (s')

être au fait de SYN. savoir

être au garde-à-vous SYN. prosterner (se)

être au nombre de SYN. figurer

être au septième ciel SYN. exulter, jubiler, pâmer (se), régaler (se)

être au sommet de la vague SYN. triompher

être autorisé à SYN. pouvoir

être au trente-sixième dessous SYN. angoisser (s'), cafarder, déprimer

être aux aguets SYN. épier, méfier (se)

être aux anges SYN. exulter, jubiler

être aux cent coups SYN. affoler (s'), alarmer (s'), angoisser (s'), biler (se), émouvoir (s'), faire (s'en), frapper (se), inquiéter (s'), miner (se), paniquer, tourmenter (se), tracasser (se)

être aux commandes SYN. diriger, piloter

être aux côtés de SYN. soutenir

être aux petits soins SYN. ménager, soigner

être aux portes de la mort SYN. agoniser, aller (s'en)

être aux prises avec SYN. bagarrer (se), lutter

être à vomir SYN. dégoûter, répugner

être bien aise de SYN. délecter (se), féliciter (se), réjouir (se) CONTR. *déplorer, regretter*

être bien conservé SYN. maintenir (se) CONTR. *vieillir*

être bien dans ses baskets CONTR. *frimer*

être bien disposé SYN. sourire CONTR. *bougonner, maugréer, ronchonner, rouspéter*

être bien luné SYN. sourire CONTR. *bougonner, maugréer, ronchonner, rouspéter*

être blanc comme la mort SYN. blêmir, pâlir

être blanc comme un linge SYN. blêmir, pâlir

être capable de SYN. pouvoir, savoir

être comme cul et chemise SYN. entendre (s')

être comme une âme en peine SYN. barber (se), embêter (s'), emmerder (s'), empoisonner (s'), ennuyer (s'), enquiquiner (s'), raser (se)

être comme un ours en cage SYN. bouillonner, énerver (s'), impatienter (s')

être consécutif à SYN. résulter

être constipé du morlingue SYN. économiser, lésiner, regarder, rogner

être copains comme cochons SYN. entendre (s')

être d'accord SYN. approuver, vouloir

être dans de beaux draps SYN. embourber (s'), ramer CONTR. *débrouiller (se), démerder (se), dépatouiller (se), dépêtrer (se), sortir (se)*

être dans la débine SYN. manquer, vivoter CONTR. *enrichir (s')*

être dans la dèche SYN. manquer, vivoter CONTR. *enrichir (s')*

être dans la lune SYN. planer, rêvasser, rêver, songer CONTR. *écouter*

être dans la merde SYN. embourber (s'), ramer CONTR. *débrouiller (se), démerder (se), dépatouiller (se), dépêtrer (se), sortir (se)*

être dans la mouise SYN. manquer, vivoter CONTR. *enrichir (s')*

être dans la note SYN. assortir (s'), harmoniser (s')

être dans la panade SYN. embourber (s'), ramer, vivoter CONTR. *débrouiller (se), démerder (se), dépatouiller (se), dépêtrer (se), enrichir (s'), sortir (se)*

être dans la purée SYN. manquer, vivoter CONTR. *enrichir (s')*

être dans le besoin SYN. manquer, vivoter CONTR. *enrichir (s')*

être dans le cirage SYN. planer

être dans le pétrin SYN. embourber (s'), ramer CONTR. *débrouiller (se), démerder (se), dépatouiller (se), dépêtrer (se), sortir (se)*

être dans les bras de Morphée SYN. dormir, pioncer, roupiller

être dans les choux SYN. échouer

être dans les cordes de SYN. aller, relever

être dans le secret SYN. participer

être dans les nuages SYN. planer, rêvasser, rêver, songer CONTR. *écouter*

être dans les vapes SYN. planer

être dans les vignes du Seigneur SYN. cuver

être dans le vrai CONTR. *tromper (se)*

être dans l'expectative SYN. hésiter

être dans l'obligation de SYN. devoir

être dans sa bulle SYN. abstraire (s'), planer, rêvasser, rêver

être dans ses meubles SYN. établir (s'), fixer (se), installer (s')

être dans tous ses états SYN. angoisser (s'), bouillonner

être dans une mauvaise passe SYN. embourber (s'), ramer CONTR. *débrouiller (se), démerder (se), dépatouiller (se), dépêtrer (se), sortir (se)*

être dans une situation intéressante SYN. être enceinte

être dans un état intéressant SYN. être enceinte

être de bois SYN. dessécher (se), endurcir (s')

être de bonne humeur SYN. sourire CONTR. *bougonner, maugréer, ronchonner, rouspéter*

être de bon poil SYN. sourire CONTR. *bougonner, maugréer, ronchonner, rouspéter*

être de glace SYN. dessécher (se), endurcir (s')

être de la partie SYN. participer

être de mauvaise humeur SYN. bougonner, maugréer, ronchonner, rouspéter CONTR. *sourire*

être de mauvais poil SYN. bougonner, maugréer, ronchonner, rouspéter CONTR. *sourire*

être de mèche avec SYN. associer (s'), coaliser (se), participer

être dénué de SYN. manquer

être dépouillé de SYN. perdre

être dépourvu de SYN. manquer

être derrière quelqu'un SYN. soutenir

être de sortie SYN. absenter (s'), sortir

être d'humeur baladeuse SYN. promener (se)

être digne de SYN. mériter

être d'intelligence avec SYN. communier, entendre (s'), lier (se), unir (s')

être domicilié SYN. loger

être du domaine de SYN. relever

être du même acabit SYN. apparenter (s'), ressembler (se)

être du même tonneau SYN. apparenter (s'), ressembler (se)

être d'une humeur de chien SYN. bougonner, maugréer, ronchonner, rouspéter CONTR. *sourire*

être d'une humeur de dogue SYN. bougonner, maugréer, ronchonner, rouspéter CONTR. *sourire*

être du ressort de SYN. aller, relever

être égal SYN. indifférer CONTR. *préoccuper*

être en boule SYN. éclater, emballer (s'), emporter (s'), exploser, fâcher (se), irriter (s'), maronner

être enclin à SYN. tendre

être en cloque SYN. être enceinte

être en colère SYN. éclater, emballer (s'), emporter (s'), enrager, exploser, fâcher (se), fulminer, irriter (s'), rager

être en droit de SYN. pouvoir

être en eau SYN. suer, transpirer

être en état de SYN. pouvoir

être en grande forme CONTR. *dépérir*

être en haut de l'échelle SYN. triompher

être en larmes SYN. pleurer, sangloter CONTR. *rire*

être en mesure de SYN. pouvoir, savoir

être en nage SYN. suer, transpirer

être en pétard SYN. éclater, emballer (s'), emporter (s'), enrager, exploser, fâcher (se), fulminer, irriter (s'), maronner, rager

être en pleine forme CONTR. *cafarder, dépérir, déprimer*

être en quête de SYN. rechercher

être en rade SYN. être, tomber en panne

être en rage SYN. enrager, fulminer, maronner

être en rogne SYN. éclater, emballer (s'), emporter (s'), exploser, fâcher (se), fulminer, irriter (s'), rager

être en situation de SYN. pouvoir

être en sueur SYN. transpirer

être entre le zist et le zest SYN. balancer, barguigner, douter, hésiter, interroger (s'), osciller, tâter (se) CONTR. *choisir, décider (se), déterminer (se)*

être en veine SYN. imaginer

être en veine de SYN. abandonner (s'), confier (se), épancher (s')

être en vie CONTR. *décéder, disparaître, mourir, périr, trépasser*

être en voie de SYN. progresser

être en voie de guérison SYN. guérir

être épris de SYN. aimer

être fauché (comme les blés) SYN. vivoter CONTR. *enrichir (s')*

être ferré en SYN. connaître, savoir

être féru de SYN. aimer, engouer (s')

être fichu comme l'as de pique SYN. attifer (s')

être florissant SYN. prospérer CONTR. *languir, végéter, vivoter*

être fort aise de SYN. délecter (se), féliciter (se), réjouir (se) CONTR. *déplorer, regretter*

être fou de SYN. adorer, raffoler

être fou de rage SYN. éclater, emballer (s'), emporter (s'), enrager, exploser, fâcher (se), fulminer, irriter (s'), maronner, rager

être fou furieux SYN. éclater, emballer (s'), emporter (s'), enrager, exploser, fâcher (se), fulminer, irriter (s'), maronner, rager

être frais comme un gardon SYN. être en (grande, pleine) forme

être frais et dispos SYN. être en (grande, pleine) forme

être furieux SYN. écumer

être gagné à SYN. adhérer

être garant SYN. répondre

être gêné aux entournures SYN. manquer, vivoter CONTR. *enrichir (s')*

être grosse SYN. être enceinte

être heureux comme un pape SYN. complaire (se), délecter (se), jubiler, plaire (se)

être heureux comme un poisson dans l'eau SYN. complaire (se), délecter (se), jubiler, plaire (se)

être heureux comme un roi SYN. complaire (se), délecter (se), jubiler, plaire (se)

être hors d'affaire SYN. guérir, réchapper

être hors de danger SYN. guérir, réchapper

être hors de soi SYN. bouillir, éclater, écumer, emballer (s'), emporter (s'), enrager, exploser, fâcher (se), fulminer, irriter (s'), maronner, rager

être hors d'haleine SYN. anhéler, haleter CONTR. *respirer*

être immobile CONTR. *bouger, frétiller, gesticuler, gigoter, remuer*

être la proie des flammes SYN. flamber

être le fait de SYN. relever

être le portrait craché de SYN. ressembler (se)

être liés comme les doigts de la main SYN. entendre (s'), unir (s')

être loin de CONTR. *confiner*

être mal luné SYN. bougonner, maugréer, ronchonner, rouspéter

être mauvaise langue SYN. baver, causer, cracher

être mordu de SYN. aimer, enthousiasmer (s'), passionner (se), raffoler

être morgane de SYN. aimer

être mort de fatigue SYN. écrouler (s')

être mou du genou SYN. buller, fainéanter, flemmarder, glander, lézarder, paresser

être muet comme une carpe SYN. taire (se) CONTR. *parler*

être muet comme une tombe SYN. taire (se) CONTR. *parler*

être navré SYN. regretter

être né de SYN. sortir

être pâle comme la mort SYN. blêmir, pâlir

être pâle comme un cachet d'aspirine SYN. blêmir, pâlir

être pâle comme une endive SYN. blêmir, pâlir

être pâle comme un linge SYN. blêmir, pâlir

être par monts et par vaux SYN. voyager

être partie prenante SYN. participer

être plein comme une outre SYN. repaître (se)

être plein comme un œuf SYN. repaître (se)

être plein de SYN. regorger

être plus mort que vif SYN. avoir peur, baliser, paniquer

être porté à SYN. tendre

être raide comme un passe-lacet SYN. vivoter CONTR. *enrichir (s')*

être raplapla devant SYN. agenouiller (s'), aplatir (s'), avilir (s'), humilier (s'), incliner (s')

être redevable SYN. devoir

être rendu SYN. arriver

être rouge comme un coq SYN. rougir CONTR. *pâlir*

être rouge comme une écrevisse SYN. rougir CONTR. *pâlir*

être rouge comme une pivoine SYN. rougir CONTR. *pâlir*

être rouge comme une tomate SYN. rougir CONTR. *pâlir*

être sans le sou SYN. vivoter CONTR. *enrichir (s')*

être sorti d'affaire SYN. guérir

être sourd à SYN. rebeller (se), rebiffer (se)

être sous la coupe de SYN. dépendre

être sous le charme SYN. attirer, craquer

être sous pression SYN. agiter (s'), bouillir, bouillonner, écumer, énerver (s'), impatienter (s'), piaffer

être sur des charbons ardents SYN. agiter (s'), bouillir, bouillonner, écumer, énerver (s'), impatienter (s'), inquiéter (s'), piaffer

être sur la défensive SYN. défier (se), méfier (se), veiller

être sur la même longueur d'onde SYN. communier, entendre (s'), sympathiser

être sur la paille SYN. vivoter CONTR. *enrichir (s')*

être sur la réserve SYN. méfier (se)

être sur le coup SYN. participer

être sur le gril SYN. bouillir, écumer, impatienter (s'), piaffer

être sur le qui-vive SYN. défier (se), méfier (se), veiller

être sur le sable SYN. vivoter CONTR. *enrichir (s'), travailler*

être sur les dents SYN. agiter (s'), bouillonner, inquiéter (s')

être sur les genoux SYN. écrouler (s')

être sur les rotules SYN. écrouler (s')

être sur pied SYN. guérir

être sur ses gardes SYN. défier (se), méfier (se), veiller CONTR. *abandonner (s')*

être sur toutes les bouches SYN. banaliser (se), ébruiter (s'), savoir (se)

être tenu de SYN. devoir

être tiré d'affaire SYN. guérir

être tout à la joie de SYN. complaire (se), délecter (se), plaire (se)

être tout feu tout flammes SYN. déchaîner (se), emballer (s'), embraser (s'), enflammer (s'), engouer (s'), enthousiasmer (s'), exciter (s'), passionner (se), raffoler

être tout le portrait de SYN. ressembler (se)

être tout ouïe SYN. écouter

être une lavette SYN. dégonfler (se)

être une poule mouillée SYN. dégonfler (se)

être un paillasson SYN. aplatir (s'), avilir (s'), humilier (s')

être un signe avant-coureur SYN. précéder

eu égard à SYN. pour, relativement à, selon, suivant, vis-à-vis de, vu

exception faite de SYN. excepté, sauf

exécuteur des hautes œuvres SYN. bourreau

exhaler le dernier soupir SYN. décéder, éteindre (s'), expirer, mourir, trépasser

expédier les affaires courantes SYN. gérer

f

facile à vivre SYN. souple

facile comme bonjour SYN. enfantin

façon de penser SYN. avis, opinion, optique, point de vue, position

faire abstraction SYN. écarter, éliminer, exclure, négliger, omettre

faire acte de SYN. agir

faire admettre SYN. inculquer

faire affront SYN. offenser, offusquer, outrager

faire allusion à SYN. évoquer, insinuer, parler, sous-entendre, suggérer

faire antichambre SYN. attendre

faire appel à SYN. adresser (s'), recourir

faire assaut de SYN. rivaliser

faire attention SYN. défier (se), être sur le qui-vive, méfier (se)

faire attention à SYN. soucier (se)

faire augurer SYN. prédire, promettre, pronostiquer

faire avaler des couleuvres SYN. abuser, avoir, baiser, berner, bluffer, égarer, embobiner, empaumer, jouer (se), mystifier, promener

faire battre des montagnes SYN. diviser, fâcher

faire bloc SYN. lier (se), unir (s')

faire bombance SYN. bâfrer, bambocher, banqueter, festoyer, gaver (se), goinfrer (se), gueuletonner, régaler (se), ripailler

faire bon ménage SYN. accorder (s'), entendre (s'), sympathiser

faire bonne chère SYN. banqueter, bouffer, goberger (se), gueuletonner, manger, régaler (se), ripailler

faire braire SYN. assommer, barber, canuler, cavaler, embêter, emmerder, énerver, ennuyer, enquiquiner, escagasser, exaspérer, excéder, fatiguer, horripiler, importuner, insupporter, irriter, pomper, raser, saouler, soûler

faire caca SYN. crotter, déféquer

faire cadeau SYN. offrir

faire carrière SYN. arriver, monter, parvenir, percer, réussir

faire cas de SYN. soucier (se)

faire cause commune SYN. accorder (s'), entraider (s'), lier (se), unir (s')

faire cavalier seul SYN. isoler (s') CONTR. *joindre (se)*

faire ceinture SYN. abandonner, passer (se), priver (se)

faire cesser SYN. endiguer, résorber CONTR. *perpétuer*

faire chanter SYN. menacer

faire chier SYN. agacer, assommer, barber, bassiner, canuler, cavaler, embêter, emmerder, empoisonner, énerver, ennuyer, enquiquiner, escagasser, exaspérer, excéder, fatiguer, horripiler, importuner, insupporter, irriter, lasser, pomper, raser, saouler, soûler, tanner

faire chou blanc SYN. avorter, capoter, échouer, foirer, louper, manquer, ramasser (se), rater CONTR. *aboutir, marcher, réussir*

faire confiance SYN. compter

faire connaître SYN. briefer, éclairer, informer, instruire

faire contre mauvaise fortune bon cœur SYN. accommoder (s'), résigner (se), résoudre (se)

faire cul sec SYN. boire, écluser

faire damner SYN. exaspérer, horripiler

faire dans sa culotte SYN. avoir peur, baliser, effrayer (s'), trembler

faire dans son froc SYN. avoir peur, baliser, effrayer (s'), trembler

faire date SYN. dater, importer, marquer

faire défaut SYN. manquer

faire de la lèche SYN. encenser, flagorner, flatter

faire de la retape SYN. raccrocher, racoler

faire de l'effet SYN. agir, opérer, réagir

faire de l'épate SYN. affecter, afficher (s'), bluffer, cabotiner, crâner, fanfaronner, frimer, poser

faire de l'esbroufe SYN. affecter, afficher (s'), bluffer, cabotiner, crâner, fanfaronner, frimer, poser

faire de nécessité vertu SYN. résigner (se)

faire des agaceries SYN. draguer, séduire

faire des avances SYN. aborder, draguer, séduire

faire des câlins SYN. cajoler, dorloter

faire des courbettes SYN. agenouiller (s'), courtiser, encenser, flagorner, flatter

faire des difficultés SYN. rechigner, renâcler CONTR. *accepter*

faire des embarras SYN. cabotiner, rechigner, renâcler CONTR. *accepter*

faire des entourloupettes SYN. duper

faire des façons SYN. cabotiner, minauder

faire des folies SYN. gaspiller, prodiguer

faire des gorges chaudes de SYN. blaguer, brocarder, chambrer, charrier, chiner, moquer (se), ridiculiser

faire des grâces SYN. minauder

faire des mamours SYN. cajoler, dorloter

faire des manières SYN. cabotiner, minauder

faire des mines SYN. cabotiner, minauder

faire des pieds et des mains SYN. claquer (se), crever (se), décarcasser (se), défoncer (se), démener (se), dépenser (se), échiner (s'), efforcer (s'), épuiser (s'), éreinter (s'), escrimer (s'), esquinter (s'), exténuer (s'), fatiguer (se), ingénier (s'), multiplier (se), remuer (se), tuer (se)

faire des ronds de jambe SYN. cabotiner, courtiser, encenser, flagorner, plastronner

faire des sacrifices SYN. priver (se)

faire des siennes SYN. déconner

faire des vocalises SYN. chanter

faire devenir chèvre SYN. énerver, exaspérer, excéder, horripiler, insupporter, pomper

faire diligence SYN. dépêcher (se), hâter (se), magner (se), manier (se), presser (se) CONTR. *atermoyer*

faire dodo SYN. coucher (se), dormir, pieuter (se), pioncer, roupiller

faire don de sa personne SYN. sacrifier (se)

faire donner les grandes orgues SYN. pontifier

faire du bruit SYN. retentir

faire du charme SYN. courtiser, draguer, séduire

faire du chemin SYN. avancer, progresser

faire du chiqué SYN. affecter, bluffer, cabotiner, fanfaronner, frimer

faire du foin SYN. protester

faire du genre SYN. cabotiner

faire du gringue SYN. draguer, séduire

faire du lard SYN. buller, fainéanter, flemmarder, glander, lézarder, paresser

faire du lèche-vitrines SYN. flâner

faire du mal SYN. nuire

faire du pied SYN. draguer, séduire

faire du plat SYN. courtiser, draguer, encenser, flagorner, flatter, séduire

faire du rentre-dedans SYN. courtiser, draguer, encenser, flagorner, flatter, séduire

faire du surplace SYN. bouchonner CONTR. *accélérer*

faire du tort SYN. discréditer, nuire

faire écran SYN. obstruer

faire entendre deux sons de cloche SYN. contredire (se)

faire entrer le loup dans la bergerie SYN. exposer (s'), risquer

faire erreur SYN. abuser (s'), fourvoyer (se), gourer (se), illusionner (s'), méprendre (se), planter (se), tromper (se)

faire escale SYN. arrêter (s') CONTR. *repartir*

faire étape SYN. arrêter (s') CONTR. *repartir*

faire état de SYN. alléguer, arguer, citer, évoquer, mentionner

faire face SYN. affronter, combattre, défendre (se), obvier, pallier, parer, pourvoir, remédier, résister, soutenir

faire fausse route SYN. égarer (s'), fourvoyer (se), gourer (se), méprendre (se), tromper (se)

faire faux bond SYN. abandonner, décommander (se), dérober (se) CONTR. *promettre*

faire feu SYN. tirer

faire feu de tout bois SYN. jeter (se), lancer (se) CONTR. *hésiter*

faire fiasco SYN. avorter, capoter, échouer, foirer, louper, rater CONTR. *aboutir, marcher, réussir*

faire fi de SYN. braver, dédaigner, ignorer, méconnaître, mépriser, rire, rire (se) CONTR. *ambitionner, aspirer, brûler, griller, prêter (se), profiter, reluquer*

faire fissa SYN. dégrouiller (se), dépêcher (se), grouiller (se), hâter (se), magner (se), manier (se), presser (se)

faire flèche de tout bois SYN. jeter (se), lancer (se) CONTR. *hésiter*

faire foi SYN. attester, montrer, témoigner

faire fonction de SYN. remplacer, servir, substituer (se), suppléer

faire froid dans le dos SYN. apeurer, effrayer, épouvanter, glacer, terrifier

faire front SYN. affronter, combattre, contrer, défendre (se), opposer (s'), résister

faire gaffe SYN. défier (se), être sur le qui-vive, méfier (se)

faire grâce SYN. pardonner

faire grâce de SYN. dispenser, épargner, éviter, exempter

faire grand bruit SYN. marquer

faire grand cas de SYN. apprécier, considérer, estimer, honorer CONTR. *désintéresser (se), détourner (se), ficher (se), foutre (se)*

faire grief de SYN. accuser, blâmer, reprocher

faire grise mine SYN. déchanter

faire grise mine à SYN. remballer, rembarrer CONTR. *accueillir*

faire halte SYN. arrêter (s') CONTR. *passer*

faire honneur à SYN. illustrer

faire honneur à un plat SYN. bâfrer, bouffer, bourrer (se), dévorer, empiffrer (s'), enfourner, engloutir, engouffrer, gaver (se), goinfrer (se), ingurgiter

faire horreur SYN. débecter, dégoûter, écœurer, horrifier, répugner, révolter, révulser

faire image SYN. parler

faire irruption SYN. arriver, débouler, surgir, survenir

faire jouer la corde sensible SYN. attendrir, émouvoir, sensibiliser, toucher

faire la bamboula SYN. amuser (s'), bambocher, éclater (s')

faire la bête à deux dos SYN. baiser

faire la bombe SYN. amuser (s'), bambocher, festoyer

faire la bouffe SYN. cuisiner

faire la bringue SYN. amuser (s'), bambocher, éclater (s')

faire la causette SYN. bavarder, causer, chatter, converser, deviser, dialoguer, discuter, entretenir (s'), papoter, parler, piapiater, tchatcher, tchatter

faire la cuisine SYN. cuisiner

faire la cuistance SYN. cuisiner

faire la culbute SYN. doubler

faire la fête SYN. amuser (s'), éclater (s'), marrer (se)

faire l'affaire SYN. suffire

faire la fiesta SYN. amuser (s'), bambocher

faire la foire SYN. amuser (s'), bambocher, éclater (s')

faire la gazette SYN. bavarder, raconter, rapporter, relater, répéter

faire la grosse commission SYN. crotter, déféquer

faire la gueule SYN. bouder, renfrogner (se)

faire la java SYN. amuser (s'), bambocher, éclater (s')

faire la joie de SYN. contenter

faire la loi SYN. diriger, gouverner, régenter

faire la manche SYN. quêter

faire la moue SYN. renfrogner (se)

faire l'amour SYN. accoupler (s'), baiser, copuler

faire la noce SYN. amuser (s'), bambocher, éclater (s')

faire la nouba SYN. amuser (s'), bambocher, éclater (s')

faire la paix SYN. réconcilier (se)

faire la part belle à SYN. avantager

faire la peau SYN. assassiner, bousiller, buter, descendre, éliminer, étriper, exécuter, flinguer, liquider, occire, ratatiner, rectifier, refroidir, supprimer, trucider, tuer, zigouiller

faire la pige à SYN. battre, dépasser, devancer, distancer, surpasser

faire la pluie et le beau temps SYN. gouverner, régenter

faire la popote SYN. cuisiner

faire la roue SYN. cabotiner, crâner, pavaner (se), plastronner, poser, rengorger (se)

faire la soupe à la grimace SYN. remballer, rembarrer CONTR. *accueillir*

faire la sourde oreille SYN. rechigner, renâcler, résister

faire la sucrée SYN. minauder

faire la tambouille SYN. cuisiner

faire la tête SYN. bouder, renfrogner (se) CONTR. *bidonner (se), rigoler*

faire la teuf SYN. amuser (s'), éclater (s'), marrer (se)

faire la tronche SYN. bouder, renfrogner (se)

faire l'aumône SYN. donner

faire la vie SYN. amuser (s'), éclater (s'), marrer (se)

faire le black-out sur SYN. bâillonner, taire, taire (se)

faire le compte de SYN. compter

faire le décompte de SYN. compter

faire le fanfaron SYN. bluffer, frimer, vanter (se)

faire l'effet d'une bombe SYN. renverser, stupéfier, surprendre

faire l'effet d'une douche froide SYN. refroidir

faire le forcing SYN. contraindre

faire le fricot SYN. cuisiner

faire le grand voyage SYN. décéder, mourir, trépasser CONTR. *vivre*

faire le lézard SYN. buller, fainéanter, flemmarder, glander, lézarder, paresser, prélasser (se)

faire le malin SYN. bluffer, fanfaronner, frimer, vanter (se)

faire le mariolle SYN. faire l'intéressant, se faire remarquer

faire le mur SYN. évader (s')

faire le (petit) fou SYN. batifoler, dissiper (se), folâtrer

faire le pied de grue SYN. attendre, patienter, poireauter

faire le planton SYN. attendre, patienter, poireauter

faire le poireau SYN. attendre, patienter, poireauter

faire le saut SYN. décider (se), déterminer (se)

faire les cent pas SYN. agiter (s'), arpenter, patienter, poireauter

faire les frais de SYN. payer

faire les honneurs de la maison SYN. accueillir

faire les quatre cents coups SYN. bambocher, dévergonder (se)

faire les yeux doux SYN. draguer, séduire

faire le tapin SYN. prostituer (se), tapiner

faire le tour de SYN. contourner CONTR. *approcher*

faire le tour du cadran SYN. dormir, pioncer, roupiller

faire le trottoir SYN. prostituer (se), tapiner

faire l'important SYN. bêcher, bluffer, cabotiner, crâner, fanfaronner, frimer, parader, plastronner, poser

faire l'intéressant SYN. bluffer, fanfaronner, frimer, singulariser (se), vanter (se)

faire litière de SYN. mépriser

faire long feu SYN. avorter, capoter, échouer, foirer, louper, manquer, rater CONTR. *aboutir, marcher, réussir*

faire machine arrière SYN. dédire (se), raviser (se), reculer, rétracter (se)

faire maigre SYN. jeûner

faire main basse sur SYN. piller, saisir (se), voler

faire marche arrière SYN. détourner (se), reculer, replier (se), rétrograder

faire marcher SYN. abuser, attraper, avoir, baiser, berner, blaguer, bluffer, charrier, chiner, égarer, embobiner, empaumer, ficher (se), jouer (se), leurrer, moquer (se), mystifier, promener, taquiner

faire marcher à la baguette SYN. dominer

faire marcher sa matière grise SYN. aviser, cogiter, concentrer (se), creuser, gamberger, penser, réfléchir

faire mine de SYN. affecter

faire monter SYN. embarquer

faire montre de SYN. affecter, afficher, étaler, exhiber, manifester, prouver, révéler, témoigner

faire mouche SYN. atteindre, réussir, toucher

faire mousser SYN. encenser

faire naître SYN. amener, appeler, apporter, causer, créer, engendrer, entraîner, éveiller, générer, inspirer, instiller, insuffler, procurer, provoquer, soulever, susciter

faire naufrage SYN. péricliter, sombrer

faire obstacle SYN. combattre, entraver

faire parade de SYN. affecter, étaler, exhiber CONTR. *rentrer*

faire paraître SYN. publier, sortir

faire part SYN. annoncer, aviser, briefer, carillonner, claironner, communiquer, confier, corner, déclarer, éclairer, informer, instruire, notifier, ouvrir (s'), parler, prévenir, renseigner, signaler, signifier, tambouriner, trompeter CONTR. *dissimuler, taire*

faire partie de SYN. appartenir, entrer, participer

faire passer de vie à trépas SYN. assassiner, bousiller, buter, descendre, éliminer, exécuter, flinguer, liquider, occire, ratatiner, rectifier, refroidir, supprimer, trucider, tuer

faire passer le goût du pain SYN. assassiner, bousiller, buter, descendre, éliminer, exécuter, flinguer, liquider, occire, ratatiner, rectifier, refroidir, supprimer, trucider, tuer

faire passer un mauvais quart d'heure SYN. brutaliser, maltraiter, molester, rudoyer

faire payer SYN. revaloir, venger, venger (se)

faire pencher la balance SYN. arbitrer, décider

faire penser à SYN. rappeler, simuler, suggérer

faire peu de cas de SYN. désintéresser (se), détourner (se), ficher (se), foutre (se) CONTR. *soucier (se)*

faire peur SYN. affoler, alarmer, angoisser, effrayer, épouvanter, inquiéter, paniquer, soucier, terrifier, terroriser CONTR. *rassurer, tranquilliser*

faire plaisir SYN. réjouir CONTR. *mécontenter*

faire popo SYN. crotter, déféquer

faire profil bas SYN. aplatir (s'), incliner (s'), plier (se), soumettre (se)

faire rage CONTR. *apaiser (s')*

faire recette SYN. réussir

faire remarquer SYN. signaler

faire ressortir SYN. appuyer, intensifier, rehausser, souligner, valoriser CONTR. *effacer, gommer*

faire revenir SYN. griller, rissoler

faire ripaille SYN. bambocher, banqueter, festoyer, gueuletonner, ripailler

faire route vers SYN. aller, diriger (se), rendre (se), transporter (se) CONTR. *arrêter (s')*

faire sa cour SYN. courtiser, encenser, flagorner, flatter

faire sa mijaurée SYN. minauder

faire sa pelote SYN. enrichir (s')

faire sa toilette SYN. laver (se)

faire savoir SYN. apprendre, avertir, aviser, briefer, dire, éclairer, indiquer, informer, instruire, révéler CONTR. *cacher, taire*

faire semblant SYN. affecter, feindre, simuler

faire sensation SYN. surprendre

faire ses ablutions SYN. baigner (se), laver (se)

faire ses besoins SYN. crotter, déféquer

faire ses choux gras de SYN. régaler (se)

faire ses classes SYN. apprendre

faire ses délices de SYN. délecter (se)

faire son beurre SYN. enrichir (s')

faire son chemin SYN. arriver, avancer, cheminer, monter, parvenir, percer, progresser, réussir

faire son choix SYN. décider

faire son deuil de SYN. abandonner, renoncer, résigner (se)

faire songer à SYN. rappeler

faire son mea-culpa SYN. r epentir (se), reprocher (se)

faire son trou SYN. arriver, monter, parvenir, percer, réussir

faire souffler un vent nouveau sur SYN. innover

faire suer SYN. agacer, barber, bassiner, cavaler, embêter, emmerder, empoisonner, énerver, ennuyer, enquiquiner, escagasser, exaspérer, excéder, fatiguer, horripiler, impatienter, importuner, insupporter, irriter, lasser, pomper, raser, saouler, soûler, tanner

faire suer le burnous SYN. exploiter

faire table rase de SYN. détruire, effacer

faire tache d'huile SYN. accroître (s'), augmenter, propager (se), répandre (se)

faire taire SYN. bâillonner

faire tomber SYN. renverser

faire tort SYN. blesser, préjudicier

faire tourner en bourrique SYN. énerver, exaspérer, horripiler, pomper, soûler

faire tout un cinéma de SYN. amplifier, dramatiser, exagérer, grossir

faire traîner les choses SYN. atermoyer, retarder

faire trempette SYN. baigner (se)

faire tutu-panpan SYN. baiser

faire un barouf du diable SYN. protester

faire un bisou SYN. embrasser

faire un brin de causette SYN. bavarder, causer, chatter, converser, deviser, dialoguer, discuter, entretenir (s'), papoter, parler, piapiater, tchatcher, tchatter

faire un caca nerveux SYN. énerver (s'), impatienter (s'), piaffer

faire un carton SYN. réussir, triompher

faire une crasse SYN. trahir

faire une croix sur SYN. abandonner, départir (se), laisser, priver (se), quitter, renoncer

faire une entourloupe SYN. duper

faire une fin SYN. marier (se)

faire une grosse tête SYN. battre, cogner, frapper

faire une impasse SYN. négliger, omettre

faire un enfant dans le dos SYN. avoir, baiser, couillonner, duper, empaumer, entuber, piéger, posséder, promener, trahir, tromper

faire une pause SYN. arrêter (s')

faire un état des lieux SYN. présenter

faire une tentative SYN. essayer

faire une tête au carré SYN. battre, cogner, frapper

faire un exemple SYN. punir

faire un flop SYN. échouer, foirer, louper, rater CONTR. *marcher, réussir*

faire un gueuleton SYN. festoyer, ripailler

faire un malheur SYN. réussir, triompher

faire un parallèle SYN. comparer

faire un point SYN. raccommoder, rapetasser, rapiécer, ravauder, recoudre, repriser

faire un saut SYN. passer

faire un tabac SYN. réussir, triompher

faire un triomphe SYN. acclamer, ovationner

faire valoir SYN. alléguer, illustrer, rehausser, souligner, valoriser CONTR. *abaisser, galvauder*

faire valser l'argent SYN. dilapider, gaspiller, manger, prodiguer

faire venir SYN. amener

faire vibrer SYN. émouvoir, toucher

faire vinaigre SYN. dégrouiller (se), dépêcher (se), grouiller (se), hâter (se), magner (se), manier (se), presser (se)

faire voile SYN. cingler, naviguer, voguer

faire voir SYN. exhiber, présenter

faire voir la lune en plein midi SYN. abuser, berner, jouer (se), mystifier

faire zizi-panpan SYN. baiser

fait d'armes SYN. exploit, geste

fait pour SYN. capable, mûr, susceptible, taillé

fauché comme les blés SYN. démuni, désargenté, gêné, pauvre, ruiné CONTR. *argenté, fortuné, friqué, riche*

fausse note SYN. couac

fausser compagnie SYN. abandonner, absenter (s'), aller (s'en), barrer (se), calter (se), carapater (se), casser (se), cavaler, décamper, décaniller, défiler (se), déguerpir, dérober (se), détaler, disparaître, échapper (s'), éclipser (s'), enfuir (s'), esquiver (s'), évader (s'), filer, fuir, partir, quitter, retirer (se), sauver (se), tailler (se), tirer (se), volatiliser (se)

fauteur de troubles SYN. excitateur, incitateur, provocateur

faut voir comme SYN. beaucoup

faux comme un jeton SYN. hypocrite

faux cul SYN. hypocrite, imposteur, jésuite, pharisien, tartufe, traître

faux derche SYN. hypocrite, imposteur, jésuite, pharisien, tartufe, traître

faux jeton SYN. chafouin, fourbe, hypocrite, jésuite, pharisien, tartufe, traître

faux pas SYN. bavure, bévue, maladresse

fée aux yeux verts SYN. absinthe

fée blanche SYN. cocaïne

femme de chambre SYN. domestique, servante

femme de lettres SYN. auteur, écrivain, gendelettre

femme galante SYN. courtisane, margoton, prostituée, putain

fendre la bise SYN. courir, hâter (se)

fendre l'air SYN. courir, hâter (se)

fendre l'âme SYN. apitoyer, attendrir, attrister, bouleverser, chagriner, ébranler, émotionner, émouvoir, empoigner, navrer, peiner, remuer, retourner, toucher

fendre le cœur SYN. apitoyer, attendrir, attrister, bouleverser, chagriner, ébranler, émotionner, émouvoir, empoigner, navrer, peiner, remuer, retourner, toucher

fendre le vent SYN. courir, hâter (se)

fermer la parenthèse SYN. arrêter (s')

fermer la porte à SYN. défendre

fermer la porte au nez SYN. congédier, remballer, rembarrer CONTR. *accueillir*

fermer les yeux sur SYN. autoriser, excuser, pardonner

fermer sa boîte SYN. taire (se) CONTR. *bavarder, papoter, parler, piapiater, tchatcher*

fermer sa bouche SYN. taire (se) CONTR. *bavarder, papoter, parler, piapiater, tchatcher*

fermer sa gueule SYN. taire (se) CONTR. *bavarder, papoter, parler, piapiater, tchatcher*

fermer son bec SYN. taire (se) CONTR. *bavarder, papoter, parler, piapiater, tchatcher*

feu de paille SYN. caprice

feuille de chou SYN. canard, journal

feu vert SYN. accord

fiche les jetons SYN. apeurer, effrayer, épouvanter

ficher à la porte SYN. balancer, balayer, blackbouler, chasser, congédier, débarquer, déboulonner, dégommer, démettre, démissionner, déposer, exclure, expulser, limoger, remercier, renvoyer, révoquer, sabrer, sacquer, saquer, vider CONTR. *loger, recevoir*

ficher dedans SYN. avoir, baiser, berner, couillonner, duper, embobiner, empaumer, empiler, entuber, feinter, jouer (se), leurrer, piéger, promener, tromper

ficher le camp SYN. aller (s'en), barrer (se), calter (se), carapater (se), casser (se), cavaler, décamper, décaniller, déguerpir, déloger, détaler, disparaître, enfuir (s'), évader (s'), filer, fuir, partir, retirer (se), sauver (se), tailler (se), tirer (se), volatiliser (se)

fiche son billet que SYN. garantir

fichu comme l'as de pique CONTR. *chic, élégant*

figer le sang dans les veines SYN. effrayer, épouvanter, terrifier

figurer au nombre de SYN. participer

filer à l'anglaise SYN. barrer (se), calter (se), casser (se), cavaler, décamper, décaniller, déguerpir, déloger, disparaître, enfuir (s'), esquiver (s'), évader (s'), filer, fuir, retirer (se), sauver (se), tailler (se), tirer (se), volatiliser (se)

filer comme un zèbre SYN. calter (se), carapater (se), cavaler, courir, débiner (se), décamper, déguerpir, détaler, enfuir (s'), fuir, tailler (se), tirer (se)

filer doux SYN. obéir, plier (se), soumettre (se)

filer le parfait amour SYN. roucouler

fille de joie SYN. prostituée, putain

fille des rues SYN. prostituée, putain

fille galante SYN. courtisane, margoton, prostituée, putain

fille perdue SYN. prostituée, putain

fille publique SYN. prostituée, putain

fille soumise SYN. prostituée, putain

fin de non-recevoir SYN. refus

fin du fin SYN. fleur

fine bouche SYN. gastronome, gourmet

fine fleur SYN. aristocratie, crème, élite, fleur, gratin CONTR. *bas-fonds, écume, lie, masse, rebut*

fine gueule SYN. gastronome, gourmet

fin fond SYN. confins, repli, sanctuaire, tréfonds

finir en couille SYN. avorter, capoter, échouer, foirer, louper, rater CONTR. *aboutir, marcher, réussir*

finir en eau de boudin SYN. avorter, capoter, dégénérer, dégrader (se), échouer, foirer, gâter (se), louper, rater CONTR. *aboutir, marcher, réussir*

finir par SYN. arriver, parvenir, réussir

fin mot SYN. pourquoi

fixer ses idées SYN. concentrer (se), réfléchir

flamber sa fortune SYN. dilapider, gaspiller, manger, prodiguer

flanquer à la porte SYN. balancer, balayer, blackbouler, chasser, congédier, débarquer, déboulonner, dégommer, démettre, démissionner, déposer, exclure, expulser, limoger, remercier, renvoyer, révoquer, sabrer, sacquer, saquer, vider CONTR. *loger, recevoir*

flanquer dehors SYN. balancer, balayer, blackbouler, chasser, congédier, débarquer, déboulonner, dégommer, démettre, démissionner, déposer, exclure, limoger, remercier, renvoyer, révoquer, sabrer, sacquer, saquer, vider

fleur bleue SYN. sentimental

fleur de l'âge SYN. jeunesse CONTR. *vieillesse*

folie des grandeurs SYN. mégalomanie

fonder une famille SYN. marier (se)

fonder un foyer SYN. marier (se)

fondre comme neige au soleil SYN. amaigrir (s'), amenuiser (s'), diminuer, dissiper (se), raréfier (se)

fondre en larmes SYN. chialer, pleurer, sangloter

force de l'âge SYN. maturité

force de la nature SYN. colosse, géant

forcer l'admiration SYN. épater, impressionner

forcer la dose SYN. amplifier, exagérer, grossir, outrer

forcer la main SYN. imposer (s'), incruster (s')

forcer la note SYN. amplifier, exagérer, grossir, outrer

forgé de toutes pièces SYN. imaginaire

for intérieur SYN. âme, cœur

fort aise SYN. comblé

fort comme un bœuf SYN. puissant, vigoureux

fort comme un Turc SYN. puissant, vigoureux

fort de café SYN. incroyable, invraisemblable, stupéfiant

fort en thème SYN. cacique, crack

fou furieux SYN. dément, énergumène, furieux

fouiller dans sa mémoire SYN. rappeler (se), remémorer (se), souvenir (se)

fouler aux pieds SYN. bafouer, humilier, mépriser, outrager, piétiner, vilipender, violer CONTR. *respecter*

fourrer son nez dans SYN. immiscer (s'), ingérer (s'), mêler (se)

foutre à la porte SYN. balancer, balayer, blackbouler, chasser, congédier, débarquer, déboulonner, dégommer, démettre, démissionner, déposer, exclure, expulser, limoger, remercier, renvoyer, révoquer, sabrer, sacquer, saquer, vider

foutre dedans SYN. avoir, baiser, berner, couillonner, duper, embobiner, empaumer, empiler, entuber, feinter, jouer (se), leurrer, piéger, promener, tromper

foutre en l'air SYN. bousiller, briser, casser, déglinguer, démolir, détériorer, endommager, esquinter, fusiller, péter

foutre la merde SYN. désorganiser, perturber

foutre le bordel SYN. désorganiser, perturber

foutre le camp SYN. aller (s'en), barrer (se), calter (se), carapater (se), casser (se), cavaler, débiner (se), décamper, décaniller, déguerpir, déloger, détaler, disparaître, enfuir (s'), évader (s'), filer, fuir, partir, retirer (se), sauver (se), tailler (se), tirer (se), volatiliser (se)

foutre les boules SYN. apeurer, effrayer, épouvanter

foutre les jetons SYN. apeurer, effrayer, épouvanter

frais comme une rose SYN. délassé, reposé CONTR. *achevé, anéanti, brisé, claqué, crevé, épuisé, éreinté, esquinté, exténué, fatigué, fini, flagada, flapi, fourbu, harassé, K.-O., lessivé, malade, mal-en-point, mort, moulu, patraque, pompé, raplapla, recru, rendu, rompu, surmené, tué, usé, vanné, vidé*

frais comme un gardon SYN. délassé, reposé CONTR. *achevé, anéanti, brisé, claqué, crevé, épuisé, éreinté, esquinté, exténué, fatigué, fini, flagada, flapi, fourbu, harassé, K.-O., lessivé, malade, mal-en-point, mort, moulu, patraque, pompé, raplapla, recru, rendu, rompu, surmené, tué, usé, vanné, vidé*

frais émoulu SYN. nouveau

frais et dispos SYN. délassé, reposé CONTR. *achevé, anéanti, brisé, claqué, crevé, épuisé, éreinté, esquinté, exténué, fatigué, fini, flagada, flapi, fourbu, harassé, K.-O., lessivé, malade, mal-en-point, mort, moulu, patraque, pompé, raplapla, recru, rendu, rompu, surmené, tué, usé, vanné, vidé*

franc de port SYN. franco

franc du collier SYN. carré, direct

franchir le cap SYN. dépasser

franchir le pas SYN. décider (se), déterminer (se), lancer (se)

franchir les bornes SYN. pousser

franchir les limites SYN. pousser

frapper de nullité SYN. abolir, abroger

freiner des quatre fers SYN. désolidariser (se), résister

fruit sec SYN. nul, raté, zéro

fumer le calumet de la paix SYN. réconcilier (se)

g

gagner de la thune SYN. enrichir (s') CONTR. *vivoter*

gagner des mille et des cents SYN. enrichir (s') CONTR. *vivoter*

gagner du terrain SYN. accroître (s'), avancer, progresser, propager (se) CONTR. *reculer, replier (se)*

gagner le large SYN. aller (s'en), appareiller, barrer (se), carapater (se), décamper, décaniller, déguerpir, déloger, détaler, disparaître, enfuir (s'), filer, fuir, partir, sauver (se), tailler (se), tirer (se)

gagner sa croûte SYN. travailler

gagner sa vie SYN. travailler

gagner son bâton de maréchal SYN. parvenir, percer, réussir, triompher

gagner son bifteck SYN. travailler

gai comme un pinson SYN. joyeux

gai luron SYN. joyeux drille

galant homme SYN. gentilhomme, gentleman

garder à quelqu'un un chien de sa chienne SYN. ressasser, revaloir, venger (se)

garder en mémoire CONTR. *oublier*

garder la tête froide SYN. contrôler (se), maîtriser (se), posséder (se)

garder le silence SYN. taire (se) CONTR. *parler*

garder ses distances SYN. défier (se), méfier (se), retenir (se), surveiller (se)

garder son sang-froid SYN. contrôler (se), dominer (se), maîtriser (se), posséder (se), retenir (se) CONTR. *affoler (s'), paniquer*

garder son self-control SYN. contrôler (se), dominer (se), maîtriser (se), posséder (se), retenir (se) CONTR. *affoler (s'), paniquer*

garder une poire pour la soif SYN. économiser, épargner, restreindre (se)

gêné aux entournures SYN. démuni, désargenté, fauché, gêné, pauvre

gens de maison SYN. personnel

gens du commun SYN. peuple

gibier de potence SYN. crapule, pendard, vaurien, voyou

giroflée à cinq feuilles SYN. claque, gifle

glacer le sang (dans les veines) SYN. apeurer, effrayer, épouvanter, terrifier, terroriser

glisser à l'oreille SYN. chuchoter, murmurer, souffler CONTR. *crier*

gonflé comme une outre SYN. calé, gavé, rassasié, repu CONTR. *affamé*

grâce à Dieu SYN. heureusement

graisser la patte SYN. acheter, arroser, payer, soudoyer, stipendier

grand âge SYN. vieillesse CONTR. *jeunesse*

grand de ce monde SYN. puissant

grande gueule SYN. gueulard, rouspéteur

grande personne SYN. adulte

grandeur d'âme SYN. magnanimité CONTR. *rancune*

grand manitou SYN. caïd

grand seigneur SYN. gentilhomme, gentleman

gras à lard SYN. gros

gras comme un cochon SYN. gros

gras comme un moine SYN. gros

gratter du papier SYN. écrire

grenouille de bénitier SYN. bigot, bondieusard, croyant, dévot, tartufe CONTR. *athée, incrédule, incroyant*

grimacer de douleur SYN. souffrir

grimper au cocotier SYN. éclater, emballer (s'), emporter (s'), exploser, fâcher (se), irriter (s')

grimper aux rideaux SYN. éclater, emballer (s'), emporter (s'), exploser, fâcher (se), irriter (s')

gros bonnet SYN. caïd, gros, huile, légume, notable, puissant CONTR. *petit*

gros cul SYN. camion

gros lard SYN. éléphant

gros mot SYN. invective, obscénité

gros patapouf SYN. éléphant

gros plein de soupe SYN. éléphant

gros qui tache SYN. bibine, picrate, vinasse

grosse dondon SYN. éléphant

grosse légume SYN. caïd, gros, huile, légume, notable CONTR. *petit*

grosse tête SYN. aigle, cerveau

grosso modo SYN. approximativement, environ, grossièrement, imparfaitement, sensiblement, sommairement, superficiellement, vaguement CONTR. *exactement, strictement*

groupe de pression SYN. lobby

h

habiller pour l'hiver SYN. abîmer, assaisonner, attaquer, baver, causer, clabauder, cracher, critiquer, débiner, déblatérer, démolir, dénigrer, dézinguer, éreinter, esquinter, étriller, exécuter, médire

halte-là ! SYN. qui vive ?

hausser les épaules SYN. dédaigner

hausser les sourcils SYN. tiquer

hausser le ton SYN. crier, fâcher (se)

haut comme trois pommes SYN. petit

haut de gamme SYN. de qualité

haute société SYN. gotha, jet-set

hautes sphères SYN. gotha, jet-set

haut fait SYN. exploit, geste, performance, prouesse CONTR. *bassesse*

haut la main SYN. aisément, facilement, talentueusement

heureux hasard SYN. chance

hisser le drapeau blanc SYN. capituler, rendre (se)

histoire à dormir debout SYN. conte

histoires de fesses SYN. sexe

homme à femmes SYN. séducteur, tombeur

homme à tout faire SYN. factotum

homme de l'art SYN. médecin

homme de lettres SYN. auteur, écrivain, gendelettre, littérateur

homme de mer SYN. marin, matelot

homme d'État SYN. politicien, politique

homme du monde SYN. gentilhomme, gentleman

homme du rang SYN. soldat

hors classe SYN. exceptionnel, remarquable CONTR. *quelconque*

hors d'âge SYN. archaïque, obsolète CONTR. *jeune*

hors de pair SYN. incomparable, inégalé, nonpareil

hors de prix SYN. cher, inabordable, onéreux, prohibitif, ruineux

hors de propos SYN. déplacé, inapproprié, incongru, indu, inopportun, intempestif, malvenu CONTR. *adapté, approprié, bienvenu, judicieux, opportun, pertinent, séant*

hors d'état SYN. fichu, foutu, inemployable, inutilisable, mort

hors d'haleine SYN. essoufflé

hors du commun SYN. exceptionnel, remarquable CONTR. *quelconque*

hors ligne SYN. exceptionnel, remarquable CONTR. *quelconque*

hors pair SYN. incomparable, inégalé, nonpareil

hors série SYN. exceptionnel, remarquable CONTR. *quelconque*

huile de coude SYN. énergie

humeur de chien SYN. rogne CONTR. *enjouement*

humeur de dogue SYN. rogne CONTR. *enjouement*

humeur massacrante SYN. rogne CONTR. *enjouement*

hurler de douleur SYN. souffrir

i

idée derrière la tête SYN. arrière-pensée

idée fixe SYN. hantise, maladie, manie, marotte, obsession, préoccupation, rage, tic

idée préconçue SYN. préjugé, prévention

idée reçue SYN. préjugé, prévention

idée toute faite SYN. cliché, préjugé

il appartient de SYN. il convient de, que

il convient de SYN. il faut

il est nécessaire de SYN. il faut

il est souhaitable SYN. il convient de, que

il faut SYN. il convient de, que

illico presto SYN. aussitôt, d'emblée, illico, immédiatement, incontinent, instantanément, promptement, subito presto, sur-le-champ, tout de suite, urgemment, vivement

illusion d'optique SYN. hallucination

il sied de SYN. il convient de, que, il faut

il y a belle lurette SYN. autrefois CONTR. *dernièrement, naguère, nouvellement, récemment*

il y a lieu de SYN. il convient de, que, il faut

imbu de soi-même SYN. crâne, prétentieux, vaniteux

implorer miséricorde SYN. attendrir, fléchir

incessamment sous peu SYN. bientôt, prochainement

induire en erreur SYN. abuser, avoir, baiser, berner, couillonner, duper, embobiner, empaumer, entuber, feinter, jouer (se), leurrer, piéger, posséder, tromper

infiniment plus SYN. autrement

infuser un sang neuf SYN. innover, renouveler

inodore et sans saveur SYN. impersonnel, inconsistant, inintéressant, insipide, pâle, quelconque, terne

inspecteur des travaux finis SYN. faignant, fainéant, feignant, flemmard, glandeur, paresseux

interroger sa mémoire SYN. rappeler (se), remémorer (se), souvenir (se)

j

jardin des allongés SYN. cimetière

Jean qui rit et Jean qui pleure SYN. velléitaire

jeter à la rue SYN. expulser CONTR. *héberger*

jeter au rebut SYN. balancer, débarrasser (se)

jeter bas SYN. abattre, précipiter

jeter de la poudre aux yeux SYN. bluffer, éblouir, fanfaronner, frimer, leurrer

jeter des perles aux pourceaux SYN. gâcher

jeter l'ancre SYN. ancrer, arriver CONTR. *appareiller, partir*

jeter la pierre SYN. blâmer

jeter l'argent par les fenêtres SYN. dilapider, gaspiller, manger, prodiguer CONTR. *compter, priver (se)*

jeter le froc aux orties SYN. abjurer, renoncer

jeter le manche après la cognée SYN. abandonner, arrêter, désister (se), renoncer

jeter l'éponge SYN. abandonner, abdiquer, arrêter, désister (se), renoncer CONTR. *accrocher (s')*

jeter les bases de SYN. édifier

jeter sa gourme SYN. dévergonder (se)

jeter son bonnet par-dessus les moulins SYN. bambocher, dévergonder (se)

jeter son dévolu sur SYN. choisir, élire, opter

jeter un jour nouveau SYN. renouveler

jeter un œil SYN. regarder

jeu de mots SYN. plaisanterie

jeune fille SYN. adolescent, demoiselle

jeune homme SYN. adolescent

jeune loup SYN. ambitieux, arriviste, opportuniste

jeune pousse SYN. start-up

jeunes gens SYN. jeunesse CONTR. *vieillesse*

joie de vivre SYN. enjouement, entrain, gaieté, vitalité

jouer à quitte ou double SYN. hasarder (se), lancer (se), oser, risquer, risquer (se)

jouer au petit soldat SYN. crâner

jouer avec le feu SYN. aventurer (s'), exposer (s'), hasarder (se), risquer

jouer cartes sur table SYN. engager (s'), promettre

jouer des flûtes SYN. courir, enfuir (s'), fuir, retirer (se)

jouer des jambes SYN. courir, enfuir (s'), fuir, retirer (se)

jouer la couverture SYN. bétonner

jouer la fille de l'air SYN. absenter (s'), aller (s'en), barrer (se), calter (se), carapater (se), casser (se), cavaler, décamper, décaniller, déguerpir, déloger, déserter, détaler, disparaître, enfuir (s'), esquiver (s'), évader (s'), filer, fuir, partir, retirer (se), sauver (se), tailler (se), tirer (se), volatiliser (se)

jouer la grande scène du deux SYN. cabotiner

jouer le béton SYN. bétonner

jouer le jeu SYN. accepter, participer

jouer les Cassandre SYN. prédire, prophétiser, vaticiner

jouer le tout pour le tout SYN. risquer

jouer son va-tout SYN. lancer (se), oser, risquer, risquer (se)

jouer sur du velours CONTR. *risquer*

jouer sur les deux tableaux SYN. profiter

jouer sur les mots SYN. chinoiser, pinailler

jouer un rôle dans SYN. intervenir, participer

jour et nuit SYN. continuellement, continûment, d'affilée, journellement, perpétuellement

joute oratoire SYN. algarade, discussion, dispute

joyeux drille SYN. blagueur, boute-en-train, loustic, plaisantin CONTR. *éteignoir, rabat-joie, trouble-fête*

joyeux luron SYN. blagueur, boute-en-train, loustic, plaisantin CONTR. *éteignoir, rabat-joie, trouble-fête*

juge de paix SYN. pistolet, revolver

julie du Brésil SYN. cocaïne

jurer ses grands dieux que SYN. affirmer

jus de chaussette SYN. café

jus de la treille SYN. vin

jusqu'à la garde SYN. complètement, entièrement, totalement

jusqu'à plus soif SYN. abondamment, amplement, beaucoup, considérablement, copieusement, énormément, généreusement, gogo (à), grandement, largement, massivement, plantureusement, richement, tire-larigot (à)

jusqu'au bout SYN. complètement, entièrement, totalement

jusqu'au bout des ongles SYN. profondément, suprêmement, totalement

jusqu'aux dents SYN. totalement

juste à temps SYN. pile

l

la bagatelle SYN. sexe

la barbe ! SYN. assez, basta !, suffit !

la Blafarde SYN. mort

la boucler SYN. taire (se) CONTR. *parler*

la bride sur le cou SYN. librement

la Camarde SYN. mort

la Carrière SYN. diplomatie

lâcher la proie pour l'ombre SYN. abandonner, renoncer, risquer

lâcher le morceau SYN. avouer, parler

lâcher le paquet SYN. avouer, parler

lâcher les pédales SYN. abandonner, renoncer

lâcher pied SYN. abandonner, céder, reculer, renoncer CONTR. *résister*

lâcher prise SYN. abandonner, renoncer CONTR. *résister*

la chose SYN. sexe

la cinquième compagnie SYN. mort

la coupe est pleine SYN. saturation, saturer

la crème SYN. mieux

la Faucheuse SYN. mort

la ferme ! SYN. assez, basta !, chut !, silence !

la fine fleur SYN. gotha, gratin, jet-set

la gaudriole SYN. sexe

la gueule enfarinée SYN. hypocritement

la haute SYN. gotha, jet-set , noblesse

laid comme un pou SYN. vilain

laisse béton SYN. abandonner, renoncer

laisser à désirer SYN. clocher

laisser couler CONTR. *intervenir*

laisser courir SYN. abandonner, désister (se), renoncer

laisser de côté SYN. omettre

laisser derrière soi SYN. dépasser

laisser des traces SYN. dater, marquer

laisser deviner SYN. annoncer, prédire, sous-entendre

laisser échapper SYN. lâcher CONTR. *profiter, retenir*

laisser en friche CONTR. *défricher*

laisser en plan SYN. abandonner, lâcher, larguer, planter, plaquer

laisser en rade SYN. abandonner, lâcher, larguer, planter, plaquer

laisser entendre SYN. insinuer, sous-entendre

laisser errer SYN. promener

laisser faire CONTR. *intervenir*

laisser filer SYN. lâcher

laisser froid CONTR. *impressionner, toucher, troubler*

laisser indifférent CONTR. *impressionner, toucher, troubler*

laisser la place SYN. ranger (se)

laisser libre cours à SYN. abandonner (s') CONTR. *dominer (se), retenir (se)*

laisser pantois SYN. déconcerter

laisser paraître SYN. afficher, déployer, étaler, manifester, montrer

laisser passer CONTR. *relever*

laisser place à SYN. permettre

laisser prévoir SYN. préparer, réserver

laisser supposer SYN. insinuer, sous-entendre

laisser sur le carreau SYN. assommer, faucher

laisser terminer CONTR. *interrompre*

laisser tomber SYN. abandonner, arrêter (s'), caler, dégonfler (se), désister (se), lâcher, larguer, omettre, oublier, planter, plaquer, quitter, renoncer, rompre CONTR. *accrocher (s'), appuyer, assumer, débattre (se), décarcasser (se), occuper (s'), ramasser, seconder*

laisser voir SYN. présenter

la jaquette flottante SYN. pédérastie

la langue lui démange CONTR. *taire (se)*

la majorité SYN. généralité, plupart (la)

lame de fond SYN. raz de marée

la mesure est comble SYN. saturation, saturer

la moutarde me (lui) monte au nez SYN. éclater, emballer (s'), emporter (s'), exploser, fâcher (se), irriter (s')

langue d'oc SYN. occitan, provençal CONTR. *langue d'oïl*

langue d'oïl CONTR. *langue d'oc*

langue verte SYN. argot, jargon

lanterne rouge SYN. dernier, retardataire, traînard CONTR. *champion, gagnant, premier*

la nuit des temps SYN. passé

la paix ! SYN. motus !, silence !

la petite reine SYN. bicyclette, vélo

la plupart SYN. généralité CONTR. *quelques*

la plupart du temps SYN. communément, couramment, fréquemment, généralement, habituellement, ordinairement, souvent, usuellement

la ramener SYN. bêcher, bluffer, crâner, croire (se), fanfaronner, frimer, plastronner, vanter (se)

l'Architecte du monde SYN. dieu

largeur d'esprit SYN. tolérance

larguer les amarres SYN. partir

la rousse SYN. police

la sauter SYN. avoir faim

la Toile SYN. web

laver un affront SYN. venger, venger (se)

l'avoir dans le baba SYN. échouer

l'avoir dans le cul SYN. échouer

l'avoir dans l'os SYN. échouer

le bec enfariné SYN. hypocritement

le bel âge SYN. jeunesse CONTR. *vieillesse*

le bon vieux temps SYN. passé

lécher le cul SYN. encenser, flagorner, flatter

lécher les bottes SYN. encenser, flagorner, flatter

le commun SYN. généralité

le Créateur SYN. dieu

le crépuscule de la vie SYN. vieillesse CONTR. *jeunesse*

le cul SYN. sexe

le dessus du panier SYN. gotha, gratin, jet-set, mieux

le fin du fin SYN. mieux

Le Grand Architecte (de l'univers) SYN. dieu

le (la) faire à l'influence SYN. intimider

le Malin SYN. diable

le matin de la vie SYN. jeunesse CONTR. *vieillesse*

le Maudit SYN. diable

le nec plus ultra SYN. mieux

le Père céleste SYN. dieu

le petit Jésus en culotte de velours SYN. délicieux, succulent

le plus grand nombre SYN. plupart (la)

le prendre de haut SYN. dédaigner, fanfaronner

le printemps de la vie SYN. jeunesse CONTR. *vieillesse*

Le Rédempteur SYN. le sauveur

les aligner SYN. acquitter, casquer, cracher, débourser, décaisser, dépenser, fendre (se), payer, raquer, régler, rembourser

les allonger SYN. acquitter, casquer, cracher, débourser, décaisser, dépenser, fendre (se), payer, raquer, régler, rembourser

le Sauveur SYN. le rédempteur

les avoir à zéro SYN. baliser, effrayer (s'), trembler

les doigts dans le nez SYN. aisément, commodément, encombre (sans), facilement CONTR.

difficilement, grand-peine (à), laborieusement, malaisément, péniblement

les jeunes années SYN. jeunesse CONTR. *vieillesse*

les lâcher SYN. acquitter, casquer, cracher, débourser, décaisser, dépenser, fendre (se), payer, raquer, régler, rembourser

les lâcher au compte-gouttes SYN. économiser, lésiner, regarder, rogner

les lâcher avec un élastique SYN. économiser, lésiner, regarder, rogner

les langues se délient CONTR. *taire (se)*

les nerfs à cran SYN. énervé, exaspéré

les nerfs à fleur de peau SYN. énervé, exaspéré

les nerfs en boule SYN. énervé, exaspéré

les nerfs en pelote SYN. énervé, exaspéré

les yeux fermés SYN. complètement, entièrement, pleinement, très

le Tout-Paris SYN. gotha, jet-set

le Tout-Puissant SYN. dieu

le Très-Haut SYN. dieu

lever l'ancre SYN. appareiller, partir CONTR. *aborder, accoster, ancrer, arriver*

lever le camp SYN. absenter (s'), aller (s'en), barrer (se), calter (se), carapater (se), casser (se), débiner (se), décamper, déguerpir, détaler, disparaître, enfuir (s'), esquiver (s'), filer, partir, retirer (se), sauver (se), tirer (se)

lever le cœur SYN. débecter, dégoûter, écœurer, horrifier, répugner, révulser

lever le coude SYN. boire, picoler

lever le pied SYN. absenter (s'), aller (s'en), barrer (se), calter (se), carapater (se), casser (se), débiner (se), décamper, déguerpir, détaler, disparaître, enfuir (s'), esquiver (s'), filer, partir, ralentir, retirer (se), sauver (se), tirer (se) CONTR. *accélérer*

lever le siège SYN. absenter (s'), aller (s'en), barrer (se), calter (se), carapater (se), casser (se), débiner (se), décamper, déguerpir, détaler, disparaître, enfuir (s'), esquiver (s'), filer, partir, retirer (se), sauver (se), tirer (se) CONTR. *assiéger*

lever son verre SYN. boire

le vivre et le couvert SYN. subsistance

lieu commun SYN. banalité, cliché, généralité, poncif, stéréotype

lieux d'aisances SYN. cabinets, latrines, lavabos, toilettes, vécés, W.-C., waters

ligne de conduite SYN. direction

ligne de démarcation SYN. frontière

lire dans le marc de café SYN. prédire, prophétiser

livrer bataille SYN. combattre

livrer les clefs de la ville SYN. capituler

loin de là SYN. au contraire

long comme un jour sans pain SYN. ennuyeux, interminable

loup de mer SYN. marin

l'un après l'autre SYN. alternativement

m

maintes fois SYN. fréquemment, souvent

maison centrale SYN. prison, tôle

maison d'arrêt SYN. prison, tôle

maison poulaga SYN. police

maître d'école SYN. instituteur

maître de maison SYN. hôte

maître queux SYN. cuisinier

maîtresse de maison SYN. hôte

maîtrise de soi SYN. fermeté

mal à l'aise SYN. gauche, gêné, timide

mal à propos SYN. inconsidérément, inopportunément, intempestivement, légère (à la) CONTR. *opportunément, pile, précisément*

mal de mer SYN. naupathie

mal éduqué SYN. grossier, impoli, indélicat, malembouché, malpoli, mufle CONTR. *civilisé, poli, policé, urbain*

mal élevé SYN. cavalier, grossier, impoli, incivil, inconvenant, incorrect, indélicat, malappris, malembouché, malpoli, mufle, rustre CONTR. *civilisé, poli, policé, urbain*

mal fichu SYN. incommodé, indisposé, malade, mal-en-point, patraque, souffrant

mal foutu SYN. incommodé, indisposé, malade, mal-en-point, patraque, souffrant

malin comme un singe SYN. rusé

mal luné SYN. ronchon CONTR. *enjoué*

mangé aux mites SYN. usé

manger à s'en faire péter la sous-ventrière SYN. bâfrer, bouffer, bourrer (se), dévorer, empiffrer (s'), enfourner, engloutir, engouffrer, gaver (se), goinfrer (se), ingurgiter, ripailler CONTR. *chipoter, grignoter, mangeotter, picorer, pignocher*

manger comme quatre SYN. bâfrer, bouffer, bourrer (se), dévorer, empiffrer (s'), enfourner, engloutir, engouffrer, gaver (se), goinfrer (se), ingurgiter, ripailler CONTR. *chipoter, grignoter, mangeotter, picorer, pignocher*

manger comme un chancre SYN. bâfrer, bouffer, bourrer (se), dévorer, empiffrer (s'), enfourner, engloutir, engouffrer, gaver (se), goinfrer (se), ingurgiter, ripailler CONTR. *chipoter, grignoter, mangeotter, picorer, pignocher*

manger comme un moineau SYN. chipoter, grignoter, mangeotter, picorer, pignocher CONTR. *dévorer, gaver (se), goinfrer (se), ingurgiter*

manger comme un ogre SYN. bâfrer, bouffer, bourrer (se), dévorer, empiffrer (s'), enfourner, engloutir, engouffrer, gaver (se), goinfrer (se), ingurgiter, ripailler CONTR. *chipoter, grignoter, mangeotter, picorer, pignocher*

manger de la vache enragée CONTR. *enrichir (s')*

manger des yeux SYN. regarder

manger du bout des dents SYN. chipoter, grignoter, mangeotter, picorer, pignocher CONTR. *dévorer, gaver (se), goinfrer (se), ingurgiter*

manger la consigne SYN. désobéir

manger la grenouille SYN. carotter, dérober, détourner, escroquer, filouter

manger le morceau SYN. avouer, parler

manger les pissenlits par la racine SYN. claquer, décéder, mourir

manger son blé en herbe SYN. dilapider, gaspiller, manger, prodiguer

manger sur le pouce SYN. pique-niquer

manger un morceau SYN. alimenter (s'), becqueter

manière de voir SYN. optique

manier l'encensoir SYN. courtiser, encenser, flagorner, flatter

manquer à l'appel SYN. absenter (s')

manquer à sa promesse SYN. dédire (se) CONTR. *remplir*

manquer son coup SYN. échouer

manu militari SYN. brutalement, violemment

marche à suivre SYN. méthode

marcher à la baguette SYN. obéir

marcher à l'ombre CONTR. *singulariser (se)*

marcher à reculons SYN. rétrograder CONTR. *progresser*

marcher au doigt et à l'œil SYN. obéir

marcher dans le sillage de SYN. imiter

marcher la main dans la main SYN. allier (s'), entendre (s')

marcher sur la corde raide SYN. risquer

marcher sur les pas de SYN. imiter, suivre

marcher sur les plate-bandes SYN. empiéter

marcher sur les talons de SYN. imiter, suivre

marquer le pas SYN. piétiner, ralentir

marquer une pause SYN. interrompre

marquer un temps d'arrêt SYN. interrompre

masses laborieuses SYN. peuple, prolétariat

masses populaires SYN. peuple, prolétariat

ma tante SYN. mont-de-piété

matière grise SYN. cerveau, cervelle, intelligence

mauvaise étoile SYN. malchance, poisse

mauvaise foi SYN. déloyauté, duplicité, fausseté, fourberie, hypocrisie, malhonnêteté, perfidie, traîtrise CONTR. *droiture, honnêteté, loyauté, probité, sincérité*

mauvaise grâce CONTR. *gentillesse*

mauvaise humeur SYN. rogne CONTR. *enjouement*

mauvais œil SYN. déveine, fatalité, guigne, malchance, malédiction, poisse, scoumoune CONTR. *chance*

mauvais pas SYN. bourbier, guêpier, impasse

mauvais sujet SYN. fripon, fripouille, galapiat, galopin, garnement, vaurien

mener à bien SYN. accomplir, achever, acquitter (s'), finir, terminer

mener à bonne fin SYN. accomplir, achever, acquitter (s'), finir, terminer

mener à la baguette SYN. dominer, gouverner, régenter

mener à son terme SYN. accomplir, finir, terminer

mener en bateau SYN. abuser, attraper, avoir, baiser, berner, couillonner, duper, égarer, embobiner, empaumer, entuber, feinter, jouer (se), leurrer, mystifier, piéger, pigeonner, posséder, promener, rouler, tromper

mener grand train CONTR. *lésiner, priver (se)*

mener joyeuse vie SYN. amuser (s'), marrer (se), récréer (se)

mener la danse SYN. administrer, commander, conduire, diriger, gouverner, régenter

mener la vie à grandes guides SYN. dilapider, gaspiller, manger, prodiguer

mener le bal SYN. administrer, commander, conduire, diriger, gouverner, régenter

mener le jeu SYN. administrer, commander, conduire, diriger, gouverner, régenter

mener par le bout du nez SYN. manipuler

mener une vie de patachon SYN. bambocher, dévergonder (se)

menu fretin CONTR. *élite*

mériter considération SYN. compter, importer

merle blanc SYN. curiosité, rareté

messe basse SYN. aparté, chuchoterie, conciliabule

mettre à contribution SYN. recourir

mettre à couvert SYN. garantir

mettre à exécution SYN. agir, appliquer, exécuter, procéder, réaliser

mettre à feu et à sang SYN. ravager, saccager

mettre à gauche SYN. amasser, épargner

mettre à jour SYN. actualiser, moderniser

mettre à l'abri SYN. préserver

mettre à la porte SYN. balancer, balayer, blackbouler, chasser, congédier, débarquer, débaucher, déboulonner, dégommer, démettre, démissionner, déposer, exclure, expulser, licencier, limoger, remercier, renvoyer, révoquer, sabrer, sacquer, saquer, vider CONTR. *loger, recevoir*

mettre à la rue SYN. expulser CONTR. *héberger, loger*

mettre à l'écart SYN. éloigner

mettre à l'index SYN. bannir, boycotter, censurer, condamner, défendre, interdire, prohiber, proscrire, rejeter

mettre à l'ombre SYN. boucler, coffrer, écrouer, emprisonner, incarcérer

mettre à mal SYN. malmener, matraquer, violenter

mettre à pied SYN. débaucher, licencier, limoger, renvoyer, sabrer, sacquer, saquer, vider CONTR. *embaucher, employer*

mettre à profit SYN. exploiter, recourir, utiliser

mettre à sac SYN. broyer, détruire, écraser, infester, piller, ravager, saccager

mettre au ban SYN. anathématiser, bannir, fustiger, maudire, rejeter

mettre au banc d'essai SYN. éprouver, essayer, expérimenter, tester, vérifier

mettre au courant SYN. avertir, briefer, dire, éclairer, fixer, informer, renseigner, révéler, tuyauter

mettre au défi SYN. provoquer

mettre au fait SYN. avertir, briefer, éclairer, fixer, informer

mettre au frais SYN. écrouer, emprisonner, incarcérer

mettre au même niveau SYN. aligner

mettre au monde SYN. accoucher

mettre au nombre de SYN. cataloguer

mettre au parfum SYN. dire, informer, renseigner, révéler, tuyauter

mettre au pas SYN. régenter

mettre au pied du mur SYN. astreindre, coincer, contraindre, défier, obliger

mettre au point SYN. arranger, combiner, concerter, concocter, échafauder, élaborer, goupiller, mijoter, mitonner, orchestrer, organiser, préparer, rectifier, régler

mettre au rancart SYN. balancer, débarrasser (se), écarter, jeter

mettre au rebut SYN. balancer, débarrasser (se), jeter

mettre au secret SYN. écrouer, emprisonner, incarcérer

mettre au trou SYN. écrouer, emprisonner, incarcérer

mettre bas les armes SYN. capituler, rendre (se)

mettre d'accord SYN. réconcilier

mettre dans la tête SYN. baratiner, inculquer, persuader

mettre dans le même sac SYN. confondre

mettre dans le mille SYN. atteindre, gagner, réussir

mettre dans l'obligation de SYN. astreindre, commander

mettre de côté SYN. amasser, économiser, épargner, préserver, réserver, thésauriser CONTR. *boulotter, claquer, croquer, dilapider, engloutir, manger*

mettre dedans SYN. avoir, baiser, berner, couillonner, duper, embobiner, empaumer, empiler, entuber, feinter, jouer (se), leurrer, piéger, posséder, promener, tromper

mettre dehors SYN. expulser CONTR. *loger*

mettre de l'eau dans son vin SYN. adoucir (s'), assouplir (s'), contraindre (se), modérer (se), plier (se), retenir (se)

mettre de l'huile de coude SYN. activer (s'), agiter (s'), bosser, boulonner, cravacher, décarcasser (se), démener (se), dépenser (se), fatiguer (se), marner, remuer (se), travailler, trimer, turbiner CONTR. *buller, fainéanter, flemmarder, glander, lézarder, paresser, prélasser (se)*

mettre des bâtons dans les roues SYN. contrarier, empêcher, gêner, résister

mettre du baume au cœur SYN. consoler, panser, réconforter, soulager

mettre du beurre dans les épinards SYN. enrichir (s')

mettre en avant SYN. accentuer, invoquer, opposer, réclamer (se), recommander (se), souligner, valoriser

mettre en balance SYN. comparer, confronter, opposer, rapprocher

mettre en boîte SYN. blaguer, brocarder, chambrer, charrier, chiner, ficher (se), foutre (se), moquer (se), taquiner

mettre en branle SYN. actionner, agir, amorcer, commencer, débuter, déclencher, démarrer, ébaucher, engager, entamer, inaugurer

mettre en cabane SYN. coffrer

mettre en chantier SYN. agir, amorcer, commencer, débuter, déclencher, démarrer, ébaucher, entamer

mettre en charpie SYN. broyer, détruire, écraser

mettre en cloque SYN. féconder

mettre en demeure SYN. astreindre, commander, contraindre, dicter, exiger, intimer, obliger, ordonner, sommer

mettre en disponibilité SYN. suspendre

mettre en doute SYN. récuser, soupçonner CONTR. *croire*

mettre en émoi SYN. alarmer

mettre en évidence SYN. accentuer, souligner, valoriser

mettre en face SYN. comparer, confronter, opposer, rapprocher

mettre en forme SYN. composer

mettre en garde SYN. avertir, signaler

mettre en jeu SYN. risquer

mettre en joie SYN. dérider, égayer

mettre en lieu sûr SYN. planquer, préserver

mettre en marche SYN. actionner CONTR. *arrêter*

mettre en miettes SYN. broyer, détruire, écraser

mettre en morceaux SYN. broyer, détruire, écraser

mettre en œuvre SYN. agir, amorcer, commencer, débuter, déclencher, démarrer, ébaucher, entamer

mettre en parallèle SYN. comparer, confronter, opposer, rapprocher

mettre en pièces SYN. broyer, déchirer, détruire, écraser, hacher

mettre en place SYN. agencer, arranger, établir, organiser

mettre en pratique SYN. agir

mettre en quarantaine SYN. bannir, exclure, isoler

mettre en regard SYN. comparer, confronter, opposer, rapprocher

mettre en relief SYN. accentuer, souligner, valoriser

mettre en route SYN. amorcer, commencer, débuter, déclencher, démarrer, ébaucher, entamer

mettre en train SYN. amorcer CONTR. *achever, boucler*

mettre en valeur SYN. accentuer, illustrer, souligner, valoriser CONTR. *galvauder*

mettre fin à SYN. arrêter, résorber

mettre fin à ses jours SYN. suicider (se), supprimer (se), tuer (se)

mettre hors de ses gonds SYN. révolter

mettre hors de soi SYN. révolter

mettre la bague au doigt SYN. marier (se)

mettre l'accent sur SYN. accentuer, appesantir (s'), souligner, valoriser

mettre la clé sous la porte SYN. déménager

mettre la corde au cou SYN. marier (se)

mettre la dernière main à SYN. achever, finir, parachever, terminer

mettre la main à la pâte SYN. agir, coopérer, participer

mettre la main à la poche SYN. acquitter, casquer, cracher, débourser, décaisser, dépenser, fendre (se), payer, raquer, régler, rembourser, verser

mettre la main à l'ouvrage SYN. coopérer, participer

mettre la main sur SYN. saisir (se), trouver

mettre la zizanie SYN. diviser

mettre le cap sur SYN. cingler, diriger (se), rendre (se)

mettre le couteau sous la gorge SYN. contraindre, forcer, obliger

mettre le doigt dans l'engrenage SYN. attaquer (s'), atteler (s'), coopérer, débuter, embarquer (s'), lancer (se), participer

mettre le doigt sur SYN. découvrir, dégoter ou dégotter, pêcher, trouver

mettre le grappin sur SYN. harponner

mettre le holà SYN. modérer

mettre le paquet SYN. agiter (s'), claquer (se), décarcasser (se), défoncer (se), démener (se), dépenser (se), épuiser (s'), exténuer (s'), fatiguer (se), remuer (se), tuer (se) CONTR. *buller, fainéanter, flemmarder, glander, lézarder, paresser, prélasser (se)*

mettre le pied à l'étrier SYN. attaquer (s'), atteler (s'), débuter, lancer (se)

mettre le pied au plancher SYN. accélérer, bomber

mettre les bouchées doubles SYN. accélérer, activer (s'), cravacher, dépêcher (se), foncer, hâter (se), magner (se), manier (se)

mettre les bouts SYN. aller (s'en), barrer (se), calter (se), carapater (se), casser (se), cavaler, décamper, décaniller, déguerpir, déloger, détaler, disparaître, enfuir (s'), évader (s'), filer, fuir, partir, retirer (se), sauver (se), tailler (se), tirer (se)

mettre les gaz SYN. accélérer, bomber

mettre les petits plats dans les grands SYN. régaler (se)

mettre les pouces SYN. agenouiller (s'), aplatir (s'), courber (se), incliner (s'), plier (se), rendre (se), renoncer, soumettre (se)

mettre les voiles SYN. aller (s'en), barrer (se), calter (se), carapater (se), casser (se), cavaler, décamper, décaniller, déguerpir, déloger, détaler, disparaître, enfuir (s'), évader (s'), filer, fuir, partir, retirer (se), sauver (se), tailler (se), tirer (se)

mettre mal à l'aise SYN. gêner

mettre pavillon bas SYN. agenouiller (s'), aplatir (s'), capituler, céder, courber (se), incliner (s'), perdre, rendre (se), soumettre (se)

mettre pied à terre SYN. arriver

mettre plus bas que terre SYN. mépriser, ravaler

mettre sa main au feu SYN. affirmer, parier

mettre sens dessus dessous SYN. bouleverser, chambarder, chambouler, renverser

mettre son nez dans SYN. fouiner, fureter, immiscer (s'), ingérer (s'), mêler (se)

mettre sous les verrous SYN. coffrer, écrouer, emprisonner, incarcérer

mettre sur la paille SYN. nettoyer, ratisser, ruiner CONTR. *enrichir*

mettre sur la sellette SYN. cuisiner, interroger, questionner

mettre sur la voie SYN. guider

mettre sur le même plan SYN. aligner

mettre sur pied SYN. arranger, calculer, combiner, concerter, concocter, échafauder, élaborer, goupiller, mijoter, mitonner, orchestrer, organiser, ouvrir, préparer, régler

mettre sur un piédestal SYN. admirer, adorer, estimer, idolâtrer

mettre (toute) la gomme SYN. accélérer, bomber

mettre un bémol SYN. modérer, modérer (se)

mettre une sourdine à SYN. modérer

mettre un frein à SYN. arrêter, cesser, enrayer, étouffer, interrompre, limiter (se), modérer, restreindre, stopper

mettre un point final à SYN. achever, acquitter (s'), arrêter, cesser, clore, conclure, finir, terminer CONTR. *attaquer (s')*

mettre un terme à SYN. achever, arrêter, cesser, conclure, finir, terminer

mine de rien SYN. hypocritement

miroir aux alouettes SYN. leurre

mise à jour SYN. actualisation

mise à l'index SYN. censure, interdit, prohibition, proscription

mise à pied SYN. congédiement, débauchage, dégraissage, licenciement, renvoi

mise de fonds SYN. placement

mise en demeure SYN. convocation, injonction, interpellation, ordre, oukase, sommation, ukase, ultimatum

mise en garde SYN. alerte, avertissement, conseil

mise en place SYN. agencement, aménagement, ordonnancement, placement, pose

mise en route SYN. démarrage

mise en scène SYN. simulacre

mise en service SYN. ouverture

mise en valeur SYN. valorisation

miser sur le mauvais cheval SYN. échouer, planter (se), tromper (se)

mise sous séquestre SYN. saisie

mode d'emploi SYN. instructions, notice

modus vivendi SYN. accommodement, accord, arrangement, compromis, consensus

montée en puissance SYN. poussée

monter à la tête SYN. griser, saouler, soûler

monter au ciel SYN. décéder, mourir CONTR. *vivre*

monter au créneau SYN. enhardir (s'), essayer, hasarder (se), lancer (se), oser, risquer (se), tenter

monter d'un cran SYN. progresser

monter en épingle SYN. amplifier, broder, exagérer, grossir

monter en flèche SYN. augmenter

monter en ligne SYN. attaquer, combattre

monter la tête SYN. baratiner, déteindre, entortiller, influencer, intoxiquer, persuader

monter le bourrichon SYN. baratiner, déteindre, entortiller, influencer, intoxiquer, persuader

monter sur ses grands chevaux SYN. éclater, emballer (s'), emporter (s'), enrager, exploser, fâcher (se), fulminer, irriter (s'), maronner

monter un bateau SYN. avoir, baiser, berner, couillonner, duper, égarer, embobiner, empaumer, entuber, jouer (se), leurrer, mystifier, piéger, pigeonner, promener, rouler, tromper

montrer la voie SYN. diriger, enseigner, guider

montrer le bout de son nez SYN. paraître, pointer (se), présenter (se), venir

montrer le chemin SYN. diriger, enseigner, guider

montrer les dents SYN. regimber, renâcler

montrer son nez SYN. paraître, pointer (se), présenter (se), venir

morceaux choisis SYN. analectes, anthologie, chrestomathie, florilège, recueil

mordre à l'appât SYN. gober, marcher

mordre à l'hameçon SYN. gober, marcher

mort de fatigue SYN. achevé, anéanti, brisé, cassé, claqué, crevé, épuisé, éreinté, esquinté, exténué, fatigué, fini, flapi, fourbu, harassé, K.-O., las, lessivé, mort, moulu, pompé, raplapla, recru, rendu, rompu, surmené, tué, usé, vanné, vidé

mort de peur SYN. effrayé, terrorisé

mort de trouille SYN. effrayé, terrorisé

mot d'ordre SYN. consigne, directive, instructions, prescription

mot pour mot SYN. littéralement, textuellement

motu proprio SYN. librement

mouiller sa chemise SYN. efforcer (s'), ingénier (s')

mouiller son maillot SYN. efforcer (s'), ingénier (s')

moulin à paroles SYN. bavard, pie, pipelette

mourir de faim CONTR. *alimenter (s'), manger, nourrir (se), rassasier (se), repaître (se), restaurer (se), sustenter (se)*

mourir d'envie de SYN. aspirer, brûler, convoiter, griller

mourir de peur SYN. paniquer

mourir de rire SYN. tordre (se)

mourir d'inanition CONTR. *alimenter (s'), manger, nourrir (se), rassasier (se), repaître (se), restaurer (se), sustenter (se)*

mouton à cinq pattes SYN. curiosité, rareté

n

nager dans la joie SYN. exulter

n'avoir aucun sens CONTR. *signifier*

n'avoir cure de SYN. désintéresser (se), détourner (se), ficher (se) CONTR. *biler (se), faire (s'en), frapper (se), miner (se), peiner, préoccuper (se), soucier (se), tourmenter (se), tracasser (se)*

n'avoir d'yeux que pour SYN. adorer, roucouler

n'avoir jamais été à pareille fête SYN. exulter

n'avoir ni queue ni tête CONTR. *signifier*

n'avoir ni rime ni raison CONTR. *signifier*

n'avoir ni sou ni maille CONTR. *enrichir (s')*

n'avoir pas froid aux yeux SYN. oser, risquer (se)

n'avoir pas les deux pieds dans le même sabot SYN. activer (s'), agiter (s'), démener (se), remuer (se)

n'avoir pas sucé que des glaçons SYN. cuver

n'avoir pas un centime CONTR. *enrichir (s')*

n'avoir pas un kopeck CONTR. *enrichir (s')*

n'avoir pas un radis CONTR. *enrichir (s')*

n'avoir pas un rotin CONTR. *enrichir (s')*

n'avoir pas un sou vaillant CONTR. *enrichir (s')*

n'avoir plus de jambes SYN. chanceler, flageoler

n'avoir qu'une parole SYN. engager (s'), promettre

n'avoir rien à cirer de SYN. désintéresser (se), détourner (se), ficher (se), mépriser, moquer (se)

n'avoir rien à faire de SYN. désintéresser (se), détourner (se), ficher (se), mépriser, moquer (se)

n'avoir rien à foutre de SYN. désintéresser (se), détourner (se), ficher (se), mépriser, moquer (se)

n'avoir rien à se mettre sous la dent CONTR. *alimenter (s'), manger, nourrir (se), restaurer (se), sustenter (se)*

né coiffé SYN. chanceux

ne consulter que SYN. écouter

n'écouter que d'une oreille SYN. dissiper (se), planer, rêvasser, rêver CONTR. *écouter*

ne dire mot SYN. taire (se) CONTR. *bavarder, papoter, parler, piapiater, tchatcher*

ne dormir que d'un œil SYN. méfier (se), veiller

ne douter de rien SYN. croire (se), vanter (se)

ne faire aucun doute SYN. imposer (s')

ne faire ni chaud ni froid SYN. indifférer CONTR. *impressionner, préoccuper*

ne faire ni une ni deux CONTR. *hésiter, interroger (s'), tâter (se), tergiverser*

ne faire qu'un SYN. lier (se), unir (s')

ne le céder en rien à SYN. dépasser, devancer, égaler, surpasser

ne manquer de rien CONTR. *passer (se), priver (se)*

n'en déplaise à SYN. malgré

n'en faire qu'à sa tête SYN. désobéir CONTR. *aligner (s'), contraindre (se), forcer (se), obliger (s')*

n'en jetez plus ! SYN. assez

n'en pas revenir SYN. étonner (s') CONTR. *attendre (s')*

n'en pouvoir plus SYN. écrouler (s'), saturer CONTR. *endurer, résister, supporter*

ne pas attacher son chien avec des saucisses SYN. économiser, lésiner, regarder, rogner

ne pas avoir de couilles (au cul) SYN. dégonfler (se)

ne pas avoir de plomb dans la cervelle SYN. oublier

ne pas avoir de plomb dans la tête SYN. oublier

ne pas avoir de tête SYN. oublier

ne pas avoir le moral SYN. assombrir (s'), cafarder, déprimer

ne pas avoir les yeux dans sa poche SYN. fouiller, fouiner, fureter, observer, regarder, zieuter, zyeuter

ne pas avoir les yeux en face des trous SYN. tromper (se) CONTR. *voir*

ne pas avoir peur des mots SYN. parler CONTR. *taire (se)*

ne pas avoir sa langue dans sa poche SYN. bavarder, bavasser, cancaner, causer CONTR. *taire (se)*

ne pas avoir toute sa tête SYN. débloquer, délirer, déménager, dérailler, déraisonner, divaguer, halluciner

ne pas broncher SYN. taire (se) CONTR. *s ourciller, tiquer*

ne pas casser des briques CONTR. *briller, distinguer (se), exceller, signaler (se)*

ne pas céder d'une semelle SYN. résister

ne pas céder d'un pouce SYN. résister

ne pas chômer SYN. activer (s'), remuer (se)

ne pas ciller SYN. taire (se) CONTR. *sourciller, tiquer*

ne pas cracher sur SYN. apprécier, estimer

ne pas décolérer SYN. éclater, emballer (s'), emporter (s'), enrager, exploser, fâcher (se), fulminer, irriter (s'), maronner, maudire, rager

ne pas démordre de SYN. braquer (se), buter (se), entêter (s'), insister, obstiner (s'), opiniâtrer (s') CONTR. *abdiquer, dédire (se), déjuger (se), renier*

ne pas desserrer les dents SYN. taire (se) CONTR. *bavarder, papoter, parler, piapiater, tchatcher*

ne pas dire un mot SYN. taire (se) CONTR. *bavarder, papoter, parler, piapiater, tchatcher*

ne pas en croire ses oreilles SYN. étonner (s')

ne pas en croire ses yeux SYN. étonner (s')

ne pas en fiche une rame SYN. buller, fainéanter, flemmarder, glander, lézarder, paresser, prélasser (se) CONTR. *activer (s'), affairer (s'), agiter (s'), bosser, boulonner, bûcher, claquer (se), crever (se), décarcasser (se), défoncer (se), démener (se), dépenser (se), échiner (s'), épuiser (s'), éreinter (s'), escrimer (s'), esquinter (s'), exténuer (s'), fatiguer (se), marner, remuer (se), travailler, trimer, tuer (se), turbiner*

ne pas être extraordinaire SYN. banaliser (se)

ne pas être le dernier des imbéciles SYN. briller

ne pas être sorti de l'auberge SYN. embourber (s'), ramer CONTR. *débrouiller (se), démerder (se), dépatouiller (se), dépêtrer (se), sortir (se)*

ne pas faire grand cas de SYN. mésestimer

ne pas lâcher le morceau SYN. braquer (se), buter (se), entêter (s'), insister, opiniâtrer (s')

ne pas le céder en SYN. égaler

ne pas l'entendre de cette oreille-là SYN. protester

ne pas manger de ce pain-là SYN. engager (s'), promettre

ne pas manquer d'air SYN. aviser (s'), oser

ne pas manquer de souffle SYN. aviser (s'), oser

ne pas mélanger les torchons et les serviettes SYN. distinguer

ne pas ménager sa peine SYN. activer (s'), affairer (s'), agiter (s'), décarcasser (se), démener (se), dépenser (se), efforcer (s'), fatiguer (se), ingénier (s'), remuer (se)

ne pas mettre tous ses œufs dans le même panier SYN. dispatcher, diversifier, méfier (se)

ne pas passer inaperçu SYN. différencier (se), distinguer (se), marquer, singulariser (se)

ne pas perdre la tête SYN. contrôler (se), maîtriser (se), posséder (se)

ne pas piper SYN. taire (se) CONTR. *bavarder, papoter, parler, piapiater, tchatcher*

ne pas plaindre sa peine SYN. activer (s'), affairer (s'), agiter (s'), décarcasser (se), démener (se), dépenser (se), efforcer (s'), fatiguer (se), ingénier (s'), remuer (se) CONTR. *lézarder, prélasser (se)*

ne pas pouvoir blairer SYN. abhorrer, détester, exécrer, haïr CONTR. *adorer, aimer, chérir, supporter*

ne pas pouvoir encadrer SYN. abhorrer, détester, exécrer, haïr CONTR. *adorer, aimer, chérir, supporter*

ne pas pouvoir encaisser SYN. abhorrer, détester, exécrer, haïr CONTR. *adorer, aimer, chérir, supporter*

ne pas pouvoir piffer SYN. abhorrer, détester, exécrer, haïr CONTR. *adorer, aimer, chérir, supporter*

ne pas pouvoir sa(c)quer SYN. abhorrer, détester, exécrer, haïr CONTR. *adorer, aimer, chérir, supporter*

ne pas pouvoir s'empêcher de CONTR. *abstenir (s'), défendre (se), éviter, garder (se), interdire (s'), retenir (se)*

ne pas pouvoir sentir SYN. abhorrer, détester, exécrer, haïr CONTR. *adorer, aimer, chérir, supporter*

ne pas pouvoir souffrir SYN. abhorrer, détester, exécrer, haïr CONTR. *adorer, aimer, chérir, supporter*

ne pas pouvoir voir SYN. abhorrer, détester, exécrer, haïr CONTR. *adorer, aimer, chérir, supporter*

ne pas pouvoir voir en peinture SYN. abhorrer, détester, exécrer, haïr CONTR. *adorer, aimer, chérir, supporter*

ne pas quitter des yeux SYN. épier, surveiller

ne pas quitter d'une semelle SYN. accompagner, escorter, suivre

ne pas s'arranger SYN. altérer (s'), détériorer (se)

ne pas savoir ce qu'on veut SYN. balancer, barguigner, hésiter, interroger (s'), osciller, tâter (se)

ne pas savoir sur quel pied danser SYN. balancer, barguigner, hésiter, interroger (s'), osciller, tâter (se)

ne pas se casser CONTR. *claquer (se), crever (se), décarcasser (se), défoncer (se), épuiser (s'), éreinter (s'), escrimer (s'), esquinter (s'), exténuer (s'), fatiguer (se), fouler (se), remuer (se)*

ne pas se casser le bol CONTR. *claquer (se), crever (se), décarcasser (se), défoncer (se), épuiser (s'), éreinter (s'), escrimer (s'), esquinter (s'), exténuer (s'), fatiguer (se), fouler (se), remuer (se)*

ne pas se casser le cul CONTR. *claquer (se), crever (se), décarcasser (se), défoncer (se), épuiser (s'), éreinter (s'), escrimer (s'), esquinter (s'), exténuer (s'), fatiguer (se), fouler (se), remuer (se)*

ne pas se casser le tronc CONTR. *claquer (se), crever (se), décarcasser (se), défoncer (se), épuiser (s'), éreinter (s'), escrimer (s'), esquinter (s'), exténuer (s'), fatiguer (se), fouler (se), remuer (se)*

ne pas se départir de son calme SYN. maîtriser (se), posséder (se)

ne pas se fouler CONTR. *claquer (se), crever (se), décarcasser (se), défoncer (se), démener (se), épuiser (s'), éreinter (s'), escrimer (s'), esquinter (s'), exténuer (s'), fatiguer (se)*

ne pas se fouler la rate CONTR. *claquer (se), crever (se), décarcasser (se), défoncer (se), démener (se), épuiser (s'), éreinter (s'), escrimer (s'), esquinter (s'), exténuer (s'), fatiguer (se)*

ne pas se gêner CONTR. *contraindre (se), forcer (se), obliger (s')*

ne pas se laisser abattre SYN. bâfrer, bouffer, bourrer (se), défendre (se), dévorer, empiffrer (s'), enfourner, engloutir, engouffrer, gaver (se), goinfrer (se), ingurgiter, manger, résister

ne pas se laisser faire SYN. renâcler, résister

ne pas se le faire dire deux fois SYN. écraser (s'), exécuter (s'), obéir, obtempérer

ne pas se moucher du coude SYN. croire (se), vanter (se) CONTR. *rabaisser (se)*

ne pas se moucher du pied SYN. croire (se), vanter (se) CONTR. *rabaisser (se)*

ne pas sentir la rose SYN. cocoter, empester, puer, schlinguer CONTR. *embaumer*

ne pas se prendre pour de la merde SYN. bêcher, cabotiner, croire (se), vanter (se) CONTR. *rabaisser (se)*

ne pas se soucier de CONTR. *biler (se), faire (s'en), frapper (se), miner (se), préoccuper (se), tourmenter (se), tracasser (se)*

ne pas s'occuper de SYN. désintéresser (se), détourner (se) CONTR. *préoccuper (se), soucier (se)*

ne pas sucer que des glaçons SYN. boire

ne pas tarir sur SYN. complimenter, congratuler, féliciter, louanger, louer

ne pas tenir debout SYN. avoir sommeil

ne pas tenir en place SYN. agiter (s'), dissiper (se), gigoter

ne pas valoir tripette CONTR. *briller, distinguer (se), exceller, signaler (se)*

ne pas valoir un clou CONTR. *briller, distinguer (se), exceller, signaler (se)*

ne pas voir plus loin que le bout de son nez SYN. abuser (s'), aveugler (s'), illusionner (s') CONTR. *flairer, percevoir*

ne pas vouloir la mort du pécheur SYN. excuser, pardonner

ne pas y aller avec le dos de la cuillère SYN. abuser, attiger, brutaliser, charrier, exagérer, maltraiter, molester, pousser, rosser, rudoyer

ne plus avoir un poil de sec SYN. baliser, effrayer (s'), paniquer, suer, transpirer, trembler

ne plus être de la première fraîcheur SYN. vieillir CONTR. *maintenir (se)*

ne plus savoir à quel saint se vouer SYN. cafouiller, enliser (s'), patauger

ne plus sentir ses jambes SYN. chanceler, flageoler

ne plus se sentir pisser SYN. croire (se), vanter (se)

ne plus tenir sur ses jambes SYN. chanceler, flageoler

ne plus vivre SYN. inquiéter (s')

ne rien casser CONTR. *briller, distinguer (se), exceller, signaler (se)*

ne rien faire de ses dix doigts SYN. buller, fainéanter, flâner, flemmarder, glander, lézarder, paresser CONTR. *claquer (se), crever (se), décarcasser (se), défoncer (se), démener (se), épuiser (s'), éreinter (s'), escrimer (s'), esquinter (s'), exténuer (s'), fatiguer (se)*

ne rien laisser au hasard SYN. gérer

ne rien perdre pour attendre SYN. revaloir

ne rien valoir CONTR. *briller, distinguer (se), exceller, signaler (se)*

ne rien vouloir entendre SYN. braquer (se), buter (se), entêter (s'), insister, opiniâtrer (s'), rebeller (se), rebiffer (se)

ne rien vouloir savoir SYN. braquer (se), buter (se), entêter (s'), insister, opiniâtrer (s'), rebeller (se), rebiffer (se)

ne rimer à rien CONTR. *signifier*

ne souffler mot SYN. taire (se) CONTR. *bavarder, papoter, parler, piapiater, tchatcher*

né sous une bonne étoile SYN. chanceux, veinard, verni

né sous une mauvaise étoile SYN. malchanceux

n'est-ce pas ? SYN. hein ?, non ?

n'être pas à prendre avec des pincettes SYN. être de mauvaise humeur

ne voir que le revers de la médaille SYN. cafarder, déprimer

nez à nez SYN. rapproché

nid à rats SYN. baraque, bauge, bouge, tanière, taudis

ni fait ni à faire SYN. bâclé, hâtif CONTR. *consciencieux, fignolé, fini, minutieux, soigné, travaillé*

noircir du papier SYN. écrire

noir de monde SYN. bondé, bourré, comble, plein

nom de baptême SYN. prénom

nom d'oiseau SYN. injure

non compris SYN. excepté, exclusivement, outre, sauf CONTR. *inclusivement*

non conformiste SYN. bohème, contestataire, déviationniste, dissident, hérétique, hétérodoxe, individualiste, original CONTR. *conformiste, conservateur, traditionaliste*

non loin de SYN. relativement à

non moins que SYN. comme

nourrir de folles espérances SYN. aspirer

nouveau riche SYN. parvenu

noyer dans le sang SYN. réprimer

noyer le poisson SYN. bluffer, mentir

noyer son chagrin (dans l'alcool) SYN. boire, soûler (se)

nu comme un ver SYN. dévêtu

nulle part CONTR. *partout*

n'y plus tenir SYN. énerver (s'), impatienter (s')

n'y voir que du feu SYN. gober, marcher CONTR. *remarquer*

O

offrir l'hospitalité SYN. loger

oie blanche SYN. bécassine

oiseau de nuit SYN. couche-tard

oiseau rare SYN. perle, phénomène

oiseau sans tête SYN. paupiette

olé olé SYN. cochon, coquin, croustillant, cru, égrillard, gaillard, gaulois, graveleux, grivois, leste, libre, licencieux, osé, paillard, polisson, raide, salace, salé, scabreux CONTR. *chaste, prude, pudibond, pudique, puritain*

ombre au tableau SYN. souci

on ne peut plus SYN. totalement

opiner de la tête SYN. acquiescer, approuver

opiner du bonnet SYN. acquiescer, approuver

opiner du chef SYN. acquiescer, approuver

Oraison dominicale SYN. pater

oraison jaculatoire SYN. prière

ôter le goût du pain SYN. assassiner, bousiller, buter, descendre, éliminer, exécuter, flinguer, liquider, occire, ratatiner, rectifier, refroidir, supprimer, trucider, tuer

ôter une épine du pied SYN. soulager

oubli de soi SYN. abnégation

ou plutôt SYN. enfin

ours mal léché SYN. butor, cuistre, goujat, malappris, malotru, malpoli, mufle, ostrogoth, paltoquet, pignouf, rustre, sauvage

outre mesure SYN. démesurément, exagérément, excessivement, outrageusement CONTR. *chichement, modérément, parcimonieusement, raisonnablement, sobrement*

ouvrir la bouche SYN. exprimer (s'), parler CONTR. *taire (se)*

ouvrir la lumière SYN. allumer

ouvrir la voie SYN. lancer, précéder

ouvrir le bec SYN. parler CONTR. *taire (se)*

ouvrir le feu SYN. tirer

ouvrir le parapluie SYN. prémunir (se), protéger (se)

ouvrir les yeux à SYN. détromper, informer CONTR. *circonvenir*

ouvrir l'œil SYN. guetter, surveiller, veiller

ouvrir son cœur SYN. abandonner (s'), confier (se), dévider, épancher (s')

P

pâlir d'envie SYN. convoiter, jalouser

panier percé SYN. dilapidateur, dissipateur, gâcheur, gaspilleur CONTR. *avare, grigou, grippe-sou, harpagon, ladre, lésineur, pingre, radin, rapiat, rat, thésauriseur*

papillons noirs SYN. cafard, mélancolie

par accès SYN. alternativement, épisodiquement, irrégulièrement, occasionnellement, parfois, quelquefois, sporadiquement, variablement CONTR. *assidûment, constamment, continuellement, fréquemment, perpétuellement, quotidiennement, régulièrement, sempiternellement, toujours*

par à-coups SYN. alternativement, épisodiquement, irrégulièrement, occasionnellement, parfois, quelquefois, sporadiquement, variablement CONTR. *régulièrement*

par ailleurs SYN. de surcroît

par bonheur SYN. heureusement

par chance SYN. heureusement

par contre SYN. inversement

parcourir le monde SYN. voyager

par degrés SYN. crescendo, graduellement, insensiblement, progressivement CONTR. *à brûle-pourpoint, brusquement, brutalement, soudain, soudainement, subitement, subito*

par-dessus le marché SYN. aussi

par-dessus tout SYN. particulièrement, principalement, singulièrement, spécialement

par-devers soi SYN. in petto, intérieurement

par écrit CONTR. *oralement, verbalement*

par en dessous SYN. sournoisement, tortueusement CONTR. *loyalement*

par énigmes SYN. ambigument

par erreur SYN. faussement, involontairement CONTR. *délibérément, exprès, intentionnellement, volontairement*

par étapes SYN. progressivement

par hasard SYN. fortuitement, impromptu, à l'improviste, incidemment, soudain, soudainement CONTR. *délibérément, exprès, intentionnellement, volontairement*

par inadvertance SYN. involontairement CONTR. *délibérément, exprès, intentionnellement, volontairement*

par instants SYN. alternativement, épisodiquement, irrégulièrement, occasionnellement, parfois, quelquefois, sporadiquement, variablement CONTR. *assidûment, constamment, continuellement, continûment, éternellement, immuablement, indéfiniment, invariablement, perpétuellement, quotidiennement, sempiternellement, toujours*

par intermittence SYN. alternativement, épisodiquement, guère, irrégulièrement, occasionnellement, parfois, quelquefois, rarement, sporadiquement, variablement CONTR. *arrache-pied (d'), assidûment, constamment, continuellement, durablement, éternellement, fréquemment, immuablement, indéfiniment, inébranlablement, invariablement, obstinément, opiniâtrement, périodiquement, perpétuellement, quotidiennement, régulièrement, sempiternellement, toujours*

par intervalles SYN. alternativement, épisodiquement, irrégulièrement, occasionnellement, parfois, quelquefois, sporadiquement, variablement CONTR. *assidûment, constamment, continuellement, éternellement, fréquemment, immuablement, indéfiniment, invariablement, périodiquement, perpétuellement, quotidiennement, régulièrement, sempiternellement, toujours*

par la bande SYN. indirectement, irrégulièrement

par l'affirmative SYN. positivement

par la force des choses SYN. immanquablement

par la négative SYN. négativement

par la suite SYN. ensuite, postérieurement, puis, ultérieurement CONTR. *illico, immédiatement, instantanément, préalablement, subito presto, sur-le-champ, tout de suite*

par le passé SYN. anciennement, autrefois, jadis CONTR. *aujourd'hui, demain, récemment*

parler à voix basse CONTR. *crier*

parler dans sa barbe SYN. baragouiner, marmonner

par les temps qui courent SYN. aujourd'hui

par mégarde SYN. involontairement CONTR. *délibérément, exprès, intentionnellement, volontairement*

par mesure de précaution SYN. précautionneusement

par moments SYN. alternativement, épisodiquement, irrégulièrement, occasionnellement, parfois, quelquefois, sporadiquement, variablement CONTR. *périodiquement, régulièrement*

par occasion SYN. occasionnellement, parfois, quelquefois CONTR. *périodiquement, quotidiennement, régulièrement*

par paliers SYN. crescendo, doucement, progressivement

par principe SYN. automatiquement, systématiquement

par raccroc SYN. heureusement

par rapport à SYN. auprès de, comparativement, proportionnellement, relativement à, vis-à-vis de

par ricochet SYN. indirectement

par suite de SYN. grâce à

par supposition SYN. virtuellement

par surprise SYN. impromptu, à l'improviste, soudain, soudainement

parti pris SYN. a priori, œillères, préjugé, prévention CONTR. *objectivité*

partir au quart de tour SYN. gober, marcher

partir en couille SYN. altérer (s'), avorter, capoter, dégénérer, dégrader (se), détériorer (se), échouer, foirer, gâter (se), louper, rater CONTR. *aboutir, marcher, réussir*

partir en fumée SYN. disparaître, dissiper (se), évanouir (s')

partir en vadrouille SYN. balader (se), promener (se)

partisan du moindre effort SYN. faignant, fainéant, feignant, flemmard, glandeur, paresseux

par touches SYN. insensiblement

parvenir à ses fins SYN. réussir

pas à pas SYN. crescendo, doucement, graduellement, insensiblement, progressivement CONTR. *à brûle-pourpoint, brusquement, brutalement, soudain, soudainement, subitement, subito*

pas beaucoup SYN. guère, peu CONTR. *plein de*

pas du tout SYN. aucunement, nullement CONTR. *absolument, complètement, énormément, entièrement, extrêmement, grandement, hautement, infiniment, intégralement, notablement, pleinement, prodigieusement, puissamment, superlativement, suprêmement*

pas le moins du monde SYN. aucunement, nullement CONTR. *absolument, complètement, énormément, entièrement, extrêmement, grandement, hautement, infiniment, intégralement, notablement, pleinement, prodigieusement, puissamment, superlativement, suprêmement*

pas loin de SYN. presque

pas mal SYN. assez, bien

pas mal de SYN. beaucoup

pas piqué des hannetons SYN. fameux, soigné

pas piqué des vers SYN. fameux, soigné

passe d'armes SYN. algarade, bagarre, discussion

passer à (au) travers SYN. échapper

passer à l'acte SYN. agir

passer à la moulinette SYN. broyer, détruire, écraser

passer à l'ennemi SYN. trahir

passer à l'offensive SYN. assiéger, attaquer, combattre

passer à tabac SYN. battre, cogner, dérouiller, écharper, frapper, matraquer, rosser, tabasser, violenter

passer au bleu SYN. camoufler, dissimuler, escamoter, occulter

passer au crible SYN. analyser, approfondir, contrôler, décortiquer, disséquer, éplucher, examiner, inspecter, trier

passer au peigne fin SYN. approfondir, contrôler, décortiquer, examiner, fouiller, inspecter, sonder

passer aux aveux SYN. accuser (s') CONTR. *nier*

passer de la pommade SYN. complimenter, courtiser, encenser, flagorner, flatter

passer devant Monsieur le maire SYN. marier (se)

passer de vie à trépas SYN. claquer, décéder, éteindre (s'), mourir, périr, trépasser CONTR. *vivre*

passer en revue SYN. analyser, éplucher, étudier, examiner, inspecter, inventorier, récapituler, répertorier

passer la brosse à reluire SYN. complimenter, courtiser, encenser, flagorner, flatter

passer la main SYN. abandonner, changer, désister (se), renoncer, retirer (se)

passer la main dans le dos SYN. complimenter, courtiser, encenser, flagorner, flatter

passer la rampe SYN. marcher, réussir

passer l'arme à gauche SYN. claquer, décéder, éteindre (s'), mourir, périr, trépasser CONTR. *vivre*

passer la surmultipliée SYN. accélérer, activer (s'), bomber, dégrouiller (se), dépêcher (se), foncer, grouiller (se), hâter (se), magner (se), manier (se), presser (se), speeder

passer la vitesse supérieure SYN. accélérer, activer (s'), bomber, dégrouiller (se), dépêcher (se), foncer, grouiller (se), hâter (se), magner (se), manier (se), presser (se), progresser, speeder

passer le cap de SYN. dépasser, franchir

passer l'éponge SYN. excuser, oublier, pardonner CONTR. *punir*

passer les bornes SYN. exagérer, outrepasser

passer le temps SYN. divertir (se)

passer outre SYN. désobéir, négliger CONTR. *aligner (s'), buter*

passer par les armes SYN. fusiller

passer par toutes les couleurs SYN. rougir

passer pour SYN. avérer (s'), paraître, sembler

passer sous silence SYN. cacher, celer, occulter, omettre, taire CONTR. *apprendre, dire, relever*

passer un coup de fil SYN. appeler, téléphoner

passer un savon SYN. admonester, attraper, chapitrer, disputer, engueuler, enguirlander, gourmander, gronder, morigéner, quereller, réprimander, semoncer, sermonner, tancer

pas sorcier SYN. aisé, enfantin, facile, simple CONTR. *ardu, calé, complexe, compliqué, coton, difficile, dur*

pas souvent SYN. guère

pas très SYN. guère

pas très catholique SYN. douteux

pattes de mouche SYN. barbouillis, gribouillage, griffonnage, rébus

pauvre diable SYN. épave, malheureux

pauvre hère SYN. épave, malheureux

payer de retour SYN. remercier, répondre, revaloir, riposter, venger (se)

payer les pots cassés SYN. dédommager, réparer, trinquer

paysan du Danube SYN. butor, cuistre, goujat, malappris, malotru, malpoli, mufle, ostrogoth, paltoquet, rustre

pays de cocagne SYN. éden, eldorado, paradis

pays natal SYN. patrie

peau d'âne SYN. parchemin

peau de balle SYN. rien

peau de chagrin SYN. diminution, réduction, restriction

peau (de chien) SYN. gourgandine

peau de vache SYN. chameau, charogne, garce, méchant, peste, poison, punaise, rosse, salaud, saligaud, salopard, salope, salopiaud, teigne, vache, vipère

péché mignon SYN. passion, vice

pécher contre SYN. enfreindre, forfaire, transgresser, violer

peindre à grands traits SYN. brosser, camper, décrire, esquisser

peler de froid SYN. cailler, geler, grelotter

pencher pour SYN. préférer

pendre au nez SYN. guetter, menacer

percer à jour SYN. découvrir, pêcher

perdre connaissance SYN. évanouir (s'), faiblir, pâmer (se)

perdre contenance SYN. affoler (s'), démonter (se)

perdre du terrain SYN. reculer

perdre espoir SYN. déchanter

perdre la boule SYN. affoler (s'), débloquer, délirer, déménager, dérailler, déraisonner, divaguer, égarer (s'), halluciner, paniquer CONTR. *contrôler (se), dominer (se), maîtriser (se), posséder (se)*

perdre la boussole SYN. affoler (s'), débloquer, délirer, déménager, dérailler, déraisonner, divaguer, égarer (s'), halluciner, paniquer CONTR. *contrôler (se), dominer (se), maîtriser (se), posséder (se)*

perdre la mémoire SYN. oublier

perdre la raison SYN. affoler (s'), débloquer, délirer, déménager, dérailler, déraisonner, divaguer, égarer (s'), halluciner, paniquer CONTR. *contrôler (se), dominer (se), maîtriser (se), posséder (se)*

perdre la tête SYN. affoler (s'), débloquer, délirer, déménager, dérailler, déraisonner, divaguer, égarer (s'), halluciner, paniquer CONTR. *contrôler (se), dominer (se), maîtriser (se), posséder (se)*

perdre la tramontane SYN. affoler (s'), débloquer, délirer, déménager, dérailler, déraisonner, divaguer, égarer (s'), halluciner, paniquer CONTR. *contrôler (se), dominer (se), maîtriser (se), posséder (se)*

perdre la vie SYN. décéder, éteindre (s'), mourir, périr, succomber

perdre le nord SYN. affoler (s'), débloquer, délirer, déménager, dérailler, déraisonner, divaguer, égarer (s'), halluciner, paniquer CONTR. *contrôler (se), dominer (se), maîtriser (se), posséder (se)*

perdre les pédales SYN. affoler (s'), débloquer, délirer, déménager, dérailler, déraisonner, divaguer, égarer (s'), halluciner, paniquer CONTR. *contrôler (se), dominer (se), maîtriser (se), posséder (se)*

perdre patience SYN. impatienter (s') CONTR. *patienter*

perdre pied SYN. nager, noyer (se), perdre (se)

perdre son sang-froid SYN. affoler (s'), paniquer CONTR. *contrôler (se), dominer (se), maîtriser (se), posséder (se)*

perdre son self-control SYN. affoler (s'), paniquer CONTR. *contrôler (se), dominer (se), maîtriser (se), posséder (se)*

persévérer dans SYN. poursuivre

perte de connaissance SYN. évanouissement

peser le pour et le contre SYN. barguigner, examiner, hésiter, interroger (s'), tâter (se)

peser un âne mort SYN. alourdir (s')

péter le feu CONTR. *cafarder, dépérir, déprimer*

péter les plombs SYN. débloquer, délirer, déménager, dérailler, déraisonner, divaguer, halluciner

péter plus haut que son cul SYN. bêcher, croire (se), fanfaronner, vanter (se) CONTR. *rabaisser (se)*

petit ami SYN. amant, ami, compagnon, copain, flirt, jules

petit à petit SYN. crescendo, doucement, graduellement, insensiblement, lentement, progressivement CONTR. *à brûle-pourpoint, brusquement, brutalement, soudain, soudainement, subitement, subito*

petit copain SYN. flirt, jules

petite amie SYN. ami, compagne, copine, flirt

petit écran SYN. télévision

petite main SYN. midinette

(petite) peste SYN. brigand, chenapan, coquin, diable, diablotin, fripouille, galopin, garnement, lascar, polisson, vaurien

petites gens SYN. peuple

petit jour SYN. aube

petit noir SYN. café

petit nom SYN. prénom, surnom

petit(s) coin(s) SYN. cabinets, latrines, lavabos, toilettes, vécés, W.-C., waters

petits soins SYN. prévenance

peu à peu SYN. crescendo, doucement, graduellement, insensiblement, lentement, progressivement CONTR. *à brûle-pourpoint, brusquement, brutalement, diligemment, expéditivement, hâtivement, soudain, soudainement, subitement, subito*

peur bleue SYN. effroi, terreur

peur panique SYN. effroi, terreur

phrase toute faite SYN. cliché

piano du pauvre SYN. accordéon

pièce à pièce SYN. progressivement

pièce de musée SYN. rareté

pied à pied SYN. crescendo, doucement, graduellement, insensiblement, progressivement CONTR. *à brûle-pourpoint, brusquement, brutalement, soudain, soudainement, subitement, subito*

pierre angulaire SYN. base, centre, fondement, nœud, noyau

pierre à pierre SYN. progressivement

pierre d'achoppement SYN. difficulté, écueil, entrave, obstacle, os, traverse

pilier de bar SYN. alcoolique, buveur, éponge, ivrogne, pochard, poivrot, soiffard, soûlard, soûlaud, soûlot

pilier de cabaret SYN. alcoolique, buveur, éponge, ivrogne, pochard, poivrot, soiffard, soûlard, soûlaud, soûlot

piper les dés SYN. truquer

piquer au truc SYN. essayer

piquer au vif SYN. blesser, chatouiller, titiller

piquer du nez SYN. endormir (s')

piquer un cent mètres SYN. courir

piquer une crise SYN. éclater, emballer (s'), emporter (s'), exploser, fâcher (se), irriter (s'), monter (se)

piquer une tête SYN. plonger

piquer un fard SYN. rougir

piquer un galop SYN. courir

piquer un roupillon SYN. dormir, pioncer, roupiller

piquer un soleil SYN. rougir

piquer un sprint SYN. courir

pisseur de copie SYN. journaliste

placer un mot SYN. exprimer (s'), parler

plaît-il ? SYN. comment, hein ?, pardon ?, quoi ?

planter le décor SYN. brosser, camper, décrire, peindre, présenter

plein aux as SYN. argenté, fortuné, friqué, nanti, riche, richissime CONTR. *désargenté, ruiné*

plein comme une barrique SYN. aviné, beurré, blindé, bourré, chargé, cuit, enivré, imbibé, ivre, noir, paf, pété, pinté, pompette, raide, rond, saoul, soûl, torché

plein comme une outre SYN. aviné, beurré, blindé, bourré, calé, chargé, cuit, enivré, gavé, imbibé, ivre, paf, pété, pinté, raide, rassasié, repu, rond, saoul, soûl, torché CONTR. *affamé*

plein comme un œuf SYN. aviné, beurré, blindé, bourré, calé, chargé, cuit, enivré, gavé, imbibé, ivre, paf, pété, pinté, raide, rassasié, repu, rond, saoul, soûl, torché CONTR. *affamé*

pleurer à chaudes larmes SYN. chialer, sangloter

pleurer après SYN. implorer, supplier

pleurer comme une fontaine SYN. chialer, sangloter

pleurer comme une Madeleine SYN. chialer, sangloter

pleurer comme une vache SYN. chialer, sangloter

pleurer comme un veau SYN. chialer, sangloter

pleurer misère SYN. attendrir, fléchir CONTR. *enrichir (s')*

pleurer toutes les larmes de son corps SYN. chialer, sangloter

plier bagages SYN. barrer (se), calter (se), carapater (se), casser (se), cavaler, décamper, décaniller, déguerpir, déloger, détaler, disparaître, enfuir (s'), filer, fuir, retirer (se), sauver (se), tailler (se), tirer (se)

plier l'échine SYN. abaisser (s'), agenouiller (s'), aplatir (s'), courber (se), fléchir, incliner (s'), obéir, plier (se), ramper, soumettre (se)

plier le genou SYN. abaisser (s'), agenouiller (s'), aplatir (s'), courber (se), fléchir, incliner (s'), obéir, plier (se), ramper, soumettre (se)

plonger dans l'oubli CONTR. *exhumer*

plus loin SYN. après, ensuite

plus longtemps SYN. davantage

plus près que SYN. avant

plus que de raison SYN. outrageusement

plus tard SYN. après, puis CONTR. *illico, immédiatement, incessamment, instantanément, maintenant, présentement, subito presto, sur-le-champ, tout de suite*

plus tôt SYN. auparavant, avant

plus tôt que SYN. avant

plus tôt que prévu SYN. prématurément

plutôt deux fois qu'une SYN. totalement

poignée d'amour SYN. bourrelet

point culminant SYN. acmé, apogée, cime, faîte, haut, paroxysme, sommet, summum, zénith

point de départ SYN. mère, origine, principe, provenance CONTR. *but*

point de jonction SYN. confluent, croisée, interférence

point de mire SYN. but, cible

point de vue SYN. angle, aspect, avis, conception, côté, échappée, éclairage, face, horizon, idée, impression, jour, jugement, opinion, optique, panorama, paysage, pensée, perspective, position, rapport, sens, sentiment, site, voix, vue

point du jour SYN. aube, aurore, matin

pointe du jour SYN. aube, aurore, matin

pointer son nez SYN. arriver

point faible SYN. faiblesse, lacune

point névralgique SYN. cœur, nœud

point sensible SYN. cœur, nœud

porte de sortie SYN. échappatoire, faux-fuyant

porter à la connaissance de SYN. briefer, éclairer, informer

porter assistance SYN. appuyer, assister, secourir, soutenir

porter atteinte à SYN. desservir, léser, nuire, préjudicier

porter au pinacle SYN. admirer, adorer, aduler, estimer, féliciter, glorifier, louanger, louer, vanter CONTR. *rabaisser*

porter aux nues SYN. admirer, adorer, aduler, estimer, féliciter, glorifier, louanger, louer, vanter CONTR. *rabaisser*

porter beau SYN. distinguer (se), maintenir (se)

porter préjudice à SYN. discréditer, léser, nuire

porter remède à SYN. soigner

porter secours SYN. aider

porter ses fruits SYN. aboutir, concrétiser (se)

porter sur les nerfs SYN. agacer, courroucer, énerver, exaspérer, excéder, horripiler, insupporter, irriter, pomper

porter un coup SYN. frapper

porter un toast SYN. boire

poser la première pierre SYN. amorcer, commencer, débuter, ébaucher, inaugurer

poser sa candidature SYN. présenter (se)

posséder son sujet SYN. savoir

pot à tabac SYN. éléphant

pot aux roses SYN. supercherie

pot de colle SYN. casse-pieds, collant, crampon, emmerdeur, empoisonneur, enquiquineur, gêneur, importun, raseur

pot de yaourt SYN. automobile, bagnole, voiture

poudre aux yeux SYN. leurre

poudre de perlimpinpin SYN. leurre

poule mouillée SYN. femmelette, foireux, froussard, lâche, mauviette, peureux, pleutre, poltron, trouillard

pour ainsi dire SYN. pratiquement

pour ce qui est de SYN. quant à

pour commencer CONTR. *enfin*

pour conclure SYN. enfin

pour couronner le tout SYN. enfin

pour des prunes SYN. inutilement, vainement CONTR. *utilement, valablement*

pour de vrai CONTR. *mensongèrement*

pour finir SYN. enfin CONTR. *d'abord*

pour la raison que SYN. attendu que, parce que

pour le mieux CONTR. *mal*

pour le moment SYN. actuellement, présentement

pour l'essentiel SYN. grosso modo

pour l'heure SYN. actuellement, aujourd'hui, présentement

pour l'instant SYN. actuellement, aujourd'hui, présentement

pour pas un rond SYN. gracieusement, gratis, gratuitement

pour rien SYN. gracieusement, gratis, gratuitement, inutilement, stérilement, vainement CONTR. *utilement, valablement*

pour rien au monde CONTR. *absolument*

pour sûr SYN. évidemment, parbleu !, pardi !

pour tout dire SYN. bref, décidément, finalement

pour tout l'or du monde CONTR. *absolument*

pour une longue durée SYN. longtemps

pousser à bout SYN. asticoter, chatouiller, énerver, exaspérer, excéder, horripiler, insupporter, irriter, pomper, titiller

pousser dans ses derniers retranchements SYN. coincer

pousser des cris d'orfraie SYN. hurler

pousser des (les) hauts cris SYN. protester

pousser la chansonnette SYN. chanter

pousser (trop loin) le bouchon SYN. abuser, attiger, charrier, exagérer

pousser un coup de gueule SYN. aboyer, crier, éclater, emballer (s'), emporter (s'), enrager, exploser, fâcher (se), fulminer, gueuler, irriter (s'), maronner, monter (se), protester, tempêter

pousser une gueulante SYN. aboyer, crier, éclater, emballer (s'), emporter (s'), enrager, exploser, fâcher (se), fulminer, gueuler, irriter (s'), maronner, monter (se), protester, tempêter

premier jet SYN. brouillon, ébauche, esquisse, projet

premiers éléments SYN. abc, b.a.-ba, rudiments

premiers pas SYN. commencement, début

prendre acte SYN. constater, remarquer

prendre à la gorge SYN. oppresser

prendre à la légère SYN. badiner CONTR. *biler (se), faire (s'en), frapper (se), miner (se), soucier (se), tourmenter (se), tracasser (se)*

prendre à la rigolade SYN. badiner CONTR. *biler (se), faire (s'en), frapper (se), miner (se), soucier (se), tourmenter (se), tracasser (se)*

prendre à partie SYN. agresser, attaquer, attaquer (s'), atteindre

prendre au dépourvu SYN. déconcerter, décontenancer, démonter, dérouter, désarçonner, désorienter, embarrasser, interloquer, surprendre

prendre au sérieux CONTR. *badiner*

prendre aux entrailles SYN. apitoyer, bouleverser, ébranler, émotionner, émouvoir, empoigner, remuer, retourner, toucher

prendre aux tripes SYN. apitoyer, bouleverser, ébranler, émotionner, émouvoir, empoigner, remuer, retourner, toucher

prendre bonne note SYN. enregistrer, noter, retenir

prendre congé SYN. abandonner, absenter (s'), aller (s'en), éclipser (s'), filer, partir, quitter, retirer (se), sauver (se)

prendre conseil SYN. consulter

prendre corps SYN. amorcer (s'), réaliser (se), surgir

prendre dans le sens du poil SYN. courtiser, encenser, flagorner, flatter

prendre d'assaut SYN. assiéger

prendre de court SYN. déconcerter, démonter, dérouter, désarçonner, désorienter, interloquer, surprendre

prendre de grands airs SYN. bêcher, cabotiner, crâner, fanfaronner, minauder, parader, poser

prendre de l'âge SYN. vieillir

prendre de l'ampleur SYN. accroître (s'), amplifier (s'), augmenter

prendre des airs de grandeur SYN. bêcher, crâner, fanfaronner, parader

prendre des gants SYN. ménager, retenir (se) CONTR. *brusquer, froisser*

prendre des risques SYN. oser

prendre des vessies pour des lanternes SYN. aveugler (s'), confondre, illusionner (s'), tromper (se)

prendre du bon temps SYN. distraire (se), divertir (se), égayer (s'), marrer (se)

prendre du champ SYN. détacher (se), éloigner (s')

prendre du galon SYN. arriver, hausser (se), parvenir

prendre du poids SYN. alourdir (s'), épaissir, grossir

prendre du recul SYN. détacher (se), éloigner (s')

prendre du volume SYN. augmenter

prendre effet SYN. amorcer (s'), commencer, débuter, ébaucher (s')

prendre en compte SYN. considérer, envisager CONTR. *dédaigner, négliger*

prendre en considération SYN. intéresser (s'), pencher (se) CONTR. *désintéresser (se)*

prendre en grippe SYN. détester, haïr CONTR. *adorer, aimer, chérir*

prendre femme SYN. marier (se)

prendre fin SYN. achever (s'), arrêter (s'), cesser, finir, tarir, terminer (se) CONTR. *amorcer (s'), commencer, continuer*

prendre forme SYN. aboutir, concrétiser (se), dessiner (se), matérialiser (se), préciser (se), surgir

prendre garde à SYN. méfier (se), prémunir (se), préserver (se), veiller

prendre garde de SYN. tâcher

prendre la clef des champs SYN. aller (s'en), barrer (se), calter (se), carapater (se), casser (se), cavaler, décamper, décaniller, déguerpir, déloger, déserter, détaler, disparaître, éloigner (s'), enfuir (s'), évader (s'), filer, fuir, partir, retirer (se), sauver (se), tailler (se), tirer (se)

prendre la fuite SYN. aller (s'en), barrer (se), calter (se), carapater (se), casser (se), cavaler, débiner (se), décamper, décaniller, déguerpir, déloger, détaler, disparaître, enfuir (s'), filer, fuir, partir, tailler (se), tirer (se), volatiliser (se)

prendre l'air SYN. aérer (s'), balader (se), oxygéner (s'), promener (se)

prendre la liberté de SYN. autoriser (s'), permettre (se) CONTR. *interdire (s'), refuser (se)*

prendre la mer SYN. appareiller

prendre la mouche SYN. éclater, emballer (s'), emporter (s'), exploser, fâcher (se), irriter (s')

prendre la parole SYN. exprimer (s'), parler CONTR. *taire (se)*

prendre la plume SYN. écrire

prendre la porte SYN. sortir

prendre la poudre d'escampette SYN. aller (s'en), barrer (se), calter (se), carapater (se), casser (se), cavaler, débiner (se), décamper, décaniller, déguerpir, déloger, détaler, disparaître, enfuir (s'), évader (s'), filer, fuir, partir, retirer (se), sauver (se), tailler (se), tirer (se), volatiliser (se)

prendre la route SYN. partir

prendre la tangente SYN. barrer (se), caner, canner, carapater (se), cavaler, décamper, décaniller, dégonfler (se), déguerpir, déloger, détaler, disparaître, enfuir (s'), esquiver (s'), évader (s'), filer, fuir, retirer (se), sauver (se), tailler (se), tirer (se)

prendre la température de SYN. sonder

prendre la tête SYN. assommer, bassiner, canuler, cavaler, dépasser, embêter, emmerder, énerver, ennuyer, enquiquiner, exaspérer, excéder, fatiguer, gonfler, horripiler, insupporter, irriter, pomper, saouler, soûler

prendre l'avantage SYN. gagner

prendre la vie du bon côté CONTR. *cafarder, déprimer*

prendre le contre-pied de SYN. contredire

prendre le frais SYN. aérer (s'), balader (se), oxygéner (s'), promener (se)

prendre le large SYN. aller (s'en), appareiller, barrer (se), calter (se), carapater (se), casser (se), cavaler, décamper, décaniller, déguerpir, déloger, détaler, disparaître, enfuir (s'), évader (s'), filer, fuir, partir, retirer (se), sauver (se), tailler (se), tirer (se)

prendre le mors aux dents SYN. éclater, emballer (s'), emporter (s'), exploser, fâcher (se), irriter (s')

prendre le parti de SYN. décider

prendre le pli SYN. accoutumer (s'), habituer (s')

prendre le pouls de SYN. sonder

prendre le relais SYN. relayer, succéder

prendre le risque de SYN. enhardir (s'), oser

prendre les choses du bon côté CONTR. *cafarder, déprimer*

prendre les commandes SYN. commander, diriger

prendre mauvaise tournure SYN. aggraver (s'), empirer

prendre part à SYN. associer (s'), contribuer, joindre (se), mêler (se) CONTR. *abstenir (s')*

prendre parti SYN. arbitrer, mouiller (se), prononcer, prononcer (se), statuer, trancher

prendre patience CONTR. *impatienter (s')*

prendre peur SYN. effrayer (s'), inquiéter (s')

prendre pied SYN. implanter (s')

prendre plaisir à SYN. aimer, mordre

prendre pour argent comptant SYN. gober, marcher

prendre pour épouse SYN. marier (se)

prendre pour époux SYN. marier (se)

prendre pour modèle SYN. imiter, régler (se)

prendre racine SYN. implanter (s')

prendre sa revanche SYN. rattraper (se)

prendre ses cliques et ses claques SYN. aller (s'en), barrer (se), calter (se), carapater (se), casser (se), cavaler, débiner (se), décamper, décaniller, déguerpir, déloger, détaler, disparaître, enfuir (s'), filer, fuir, partir, retirer (se), sauver (se), tailler (se), tirer (se), volatiliser (se)

prendre ses dispositions SYN. organiser (s')

prendre ses distances SYN. détacher (se), éloigner (s')

prendre ses jambes à son cou SYN. barrer (se), calter (se), carapater (se), casser (se), cavaler, débiner (se), décamper, décaniller, déguerpir, déloger, détaler, disparaître, enfuir (s'), filer, fuir, sauver (se), tailler (se), tirer (se)

prendre ses précautions SYN. méfier (se)

prendre ses quartiers d'hiver SYN. éloigner (s')

prendre soin de SYN. occuper (s'), protéger, veiller CONTR. *immoler*

prendre son courage à deux mains SYN. enhardir (s'), oser

prendre son envol SYN. envoler (s')

prendre son essor SYN. lancer (se)

prendre son mal en patience SYN. patienter, persévérer

prendre son parti de SYN. accepter, faire (se)

prendre son pied SYN. amuser (s'), éclater (s'), pâmer (se), plaire (se), régaler (se)

prendre son temps SYN. attarder (s'), traînailler, traînasser, traîner CONTR. *activer (s'), affairer (s'), agiter (s'), claquer (se), crever (se), décarcasser (se), défoncer (se), démener (se), dépêcher (se), dépenser (se), épuiser (s'), éreinter (s'), escrimer (s'), esquinter (s'), exténuer (s'), fatiguer (se), hâter (se), presser (se), remuer (se), speeder*

prendre sur soi SYN. endosser, ressaisir (se), revendiquer CONTR. *récuser*

prendre tournure SYN. concrétiser (se), dessiner (se), matérialiser (se), préciser (se)

prendre un air entendu SYN. bluffer, fanfaronner, frimer, poser

prendre un bain SYN. baigner (se)

prendre un bide SYN. échouer, ramasser (se)

prendre un carton SYN. échouer, perdre, ramasser (se)

prendre un coup de vieux SYN. vieillir CONTR. *maintenir (se)*

prendre une bitture SYN. boire, bourrer (se), charger (se), enivrer (s'), pinter (se), soûler (se)

prendre une bûche SYN. chuter, dégringoler, ramasser (se), tomber

prendre une cuite SYN. boire, bourrer (se), charger (se), enivrer (s'), pinter (se), soûler (se)

prendre une culotte SYN. perdre, ramasser (se)

prendre une gamelle SYN. chuter, dégringoler, échouer, ramasser (se), tomber

prendre une mauvaise tournure SYN. altérer (s'), compliquer (se), corser (se), détériorer (se), envenimer (s'), gâter (se)

prendre une part active à SYN. coopérer, participer

prendre une pelle SYN. chuter, dégringoler, échouer, ramasser (se), tomber

prendre une pilule SYN. échouer, perdre, ramasser (se)

prendre une piquette SYN. échouer, perdre, ramasser (se)

prendre une veste SYN. échouer, perdre, ramasser (se)

prendre un gadin SYN. chuter, dégringoler, ramasser (se), tomber

prendre un mauvais tour SYN. aggraver (s'), empirer

prendre un pot SYN. boire

préparer le frichti SYN. cuisiner

préparer le repas SYN. cuisiner

présence d'esprit SYN. à-propos

présenter ses civilités SYN. saluer

présenter ses compliments SYN. saluer

présenter ses devoirs SYN. saluer

présenter ses hommages SYN. saluer

présenter ses respects SYN. saluer

presque tous SYN. plupart (la)

presser le mouvement SYN. activer (s'), dégrouiller (se), dépêcher (se), grouiller (se), hâter (se), magner (se), manier (se), presser (se) CONTR. *atermoyer, ralentir*

presser le pas SYN. accélérer, dégrouiller (se), dépêcher (se), galoper, grouiller (se), hâter (se), magner (se), manier (se), presser (se) CONTR. *atermoyer, ralentir*

prêter assistance SYN. aider, appuyer, assister, dépanner, épauler, soutenir

prêter la main à SYN. aider, assister, coopérer, participer

prêter le flanc à SYN. exposer (s')

prêter l'oreille SYN. écouter

prêter main-forte SYN. aider, appuyer, assister, dépanner, épauler, secourir, soutenir CONTR. *desservir, nuire*

prêter serment SYN. jurer

prêter une main secourable SYN. aider, assister, dépanner, secourir

prêter une oreille attentive SYN. écouter

prêt pour SYN. mûr

prince des démons SYN. diable

prince des ténèbres SYN. diable

pris de boisson SYN. aviné, blindé, bourré, chargé, cuit, enivré, imbibé, ivre, noir, paf, pété, pinté, raide, rond, saoul, soûl, torché

prise de bec SYN. algarade, altercation, attrapade, bagarre, discussion, dispute, empoignade, engueulade, explication, polémique, querelle, scène

prise de poids CONTR. *amaigrissement*

prise de possession SYN. occupation

proclamer haut et fort SYN. affirmer

produit de remplacement SYN. succédané

produit de substitution SYN. succédané

profession de foi SYN. manifeste, proclamation

protéger ses arrières SYN. méfier (se)

punaise de sacristie SYN. bigot, bondieusard, croyant, dévot, tartufe CONTR. *athée, incrédule, incroyant*

punir un affront SYN. venger

q

quart de brie SYN. nez, pif, tarin

quatre à quatre SYN. vite

quatre heures SYN. goûter

quatrième âge SYN. vieillesse

qui plus est SYN. aussi, d'ailleurs

qui pue SYN. camembert

quitter la scène SYN. éteindre (s'), mourir, trépasser

quitter le froc SYN. abjurer

quitter l'habit SYN. abjurer

qui va là ? SYN. qui vive ?

quoi qu'il en coûte SYN. absolument

r

raconter des bobards SYN. affabuler, inventer, mentir, vanter (se)

raconter des craques SYN. affabuler, inventer, mentir, vanter (se)

raconter des histoires SYN. affabuler, inventer, mentir, vanter (se)

raconter des salades SYN. affabuler, inventer, mentir, vanter (se)

rafraîchir la mémoire SYN. remémorer

rafraîchir les idées SYN. rappeler, remémorer

raide comme un passe-lacet SYN. démuni, désargenté, fauché, gêné, pauvre, ruiné

raide comme un piquet CONTR. *souple*

raison d'être SYN. pourquoi

ramasser un carton SYN. échouer, perdre, ramasser (se)

ramasser une bûche SYN. chuter, dégringoler, ramasser (se), tomber

ramasser une gamelle SYN. chuter, dégringoler, échouer, ramasser (se), tomber

ramasser une pelle SYN. chuter, dégringoler, échouer, ramasser (se), tomber

ramasser une piquette SYN. échouer, perdre, ramasser (se)

ramasser une veste SYN. échouer, perdre, ramasser (se)

ramasser un gadin SYN. chuter, dégringoler, ramasser (se), tomber

ramener sa fraise SYN. bêcher, bluffer, crâner, fanfaronner, frimer, parader, plastronner, vanter (se)

rapido presto SYN. dare-dare, diligemment, expéditivement, hâtivement, précipitamment, promptement, rapidement, rondement, vite, vivement CONTR. *insensiblement, lentement, tranquillement*

rappel à l'ordre SYN. admonestation, admonition

rappeler à l'ordre SYN. admonester, attraper, chapitrer, disputer, gourmander, gronder, morigéner, quereller, reprendre, réprimander, semoncer, sermonner, tancer

rassembler ses idées SYN. concentrer (se), réfléchir

rat d'église SYN. bigot, bondieusard, croyant, dévot, tartufe CONTR. *athée, incrédule, incroyant*

rat d'hôtel SYN. voleur

rattraper au tournant SYN. revaloir, venger (se)

raz de marée SYN. cataclysme, tornade

rebattre les oreilles SYN. rabâcher, radoter, rappeler, redire, répéter, seriner

rebrousser chemin SYN. détourner (se), retourner

recevoir à bras ouverts SYN. accueillir CONTR. *remballer, rembarrer*

recharger ses accus SYN. délasser (se), détendre (se), reposer (se)

recharger ses batteries SYN. délasser (se), détendre (se), reposer (se)

récolter les lauriers de SYN. triompher

reculer pour mieux sauter SYN. ajourner, atermoyer

redingote de sapin SYN. bière, cercueil

redonner du courage SYN. conforter

redorer son blason SYN. enrichir (s')

réduire à néant SYN. annihiler

réduire au silence SYN. maîtriser, mater

réduire en bouillie SYN. broyer, détruire, écraser, vaincre

refaire sa vie SYN. marier (se)

refaire surface SYN. réapparaître

regarder à la dépense SYN. compter, économiser CONTR. *gaspiller*

regarder de (son) haut SYN. dédaigner, parader, pavaner (se), toiser

regarder du haut de sa grandeur SYN. dédaigner, parader, pavaner (se), toiser

réglé comme du papier à musique SYN. ponctuel, régulier

réglé comme une horloge SYN. ponctuel, régulier

réglé comme un métronome SYN. ponctuel, régulier

régulariser la situation SYN. marier (se)

reine de beauté SYN. déesse

relations épistolaires SYN. correspondance

relever le gant SYN. braver, défier

remettre à flot SYN. aider, renflouer

remettre à sa place SYN. rabrouer

remettre ça SYN. recommencer

remettre d'aplomb CONTR. *fatiguer, surmener*

remettre de l'ordre dans SYN. ranger

remettre en ordre SYN. ranger

remettre en selle SYN. renflouer

remettre les compteurs à zéro SYN. recommencer

remettre sur le tapis SYN. répéter

remettre sur pied SYN. guérir CONTR. *fatiguer, surmener*

remise en état SYN. rafistolage, réparation, replâtrage, retapage

remonter au vent SYN. louvoyer

remonter la pente SYN. défendre (se), réagir, reprendre (se), secouer (se)

remonter le courant SYN. défendre (se), réagir, reprendre (se), secouer (se)

remonter les bretelles SYN. admonester, attraper, chapitrer, disputer, engueuler, enguirlander, gourmander, gronder, morigéner, quereller, reprendre, réprimander, semoncer, sermonner, tancer

remplir son office SYN. exécuter

remuer ciel et terre SYN. activer (s'), agiter (s'), décarcasser (se), démener (se), rechercher CONTR. *prélasser (se)*

rendre caduc SYN. abolir, abroger CONTR. *ratifier*

rendre compte SYN. commenter, dépeindre, narrer, raconter, relater

rendre courage SYN. conforter, réconforter

rendre grâce SYN. louer, remercier

rendre l'âme SYN. agoniser, aller (s'en), claquer, décéder, éteindre (s'), expirer, mourir, périr, trépasser CONTR. *vivre*

rendre la monnaie de sa pièce SYN. revaloir, riposter, venger (se)

rendre la pareille SYN. revaloir, riposter, venger (se)

rendre le dernier soupir SYN. agoniser, aller (s'en), claquer, décéder, éteindre (s'), expirer, mourir, périr, trépasser CONTR. *vivre*

rendre les armes SYN. capituler

rendre nul SYN. abolir, invalider

rendre service SYN. aider

rendre son tablier SYN. abandonner, démissionner, quitter, renoncer, retirer (se)

rendre visite SYN. passer

rentrer dans SYN. emboutir, emplafonner

rentrer dans le chou SYN. agresser, assaillir, attaquer, brutaliser, cogner, frapper, molester, rosser, rudoyer, tabasser, violenter

rentrer dans le lard SYN. agresser, assaillir, attaquer, brutaliser, cogner, frapper, molester, rosser, rudoyer, tabasser, violenter

rentrer dans le mou SYN. agresser, assaillir, attaquer, brutaliser, cogner, frapper, molester, rosser, rudoyer, tabasser, violenter

rentrer dedans SYN. agresser, assaillir, attaquer, brutaliser, cogner, frapper, molester, rosser, rudoyer, tabasser, violenter

renvoyer aux calendes grecques SYN. repousser, retarder

renvoyer l'ascenseur SYN. entraider (s'), revaloir, venger (se)

repartir de zéro SYN. recommencer

repiquer au truc SYN. recommencer

répondre du tac au tac SYN. répliquer, riposter

repos éternel SYN. mort, trépas

repousser aux calendes grecques SYN. renvoyer, retarder

reprendre du poil de la bête SYN. guérir, récupérer, requinquer (se), rétablir (se), retaper (se)

reprendre haleine SYN. reposer (se), respirer, souffler CONTR. *anhéler, étouffer, haleter*

reprendre le dessus SYN. défendre (se), guérir, réagir, reprendre (se), ressaisir (se)

reprendre le flambeau SYN. succéder

reprendre sa parole SYN. dédire (se), raviser (se), rétracter (se), trahir CONTR. *promettre*

reprendre ses billes SYN. abandonner, renoncer, retirer (se)

respecter la parole donnée SYN. engager (s'), promettre

rester bouche cousue SYN. taire (se) CONTR. *exprimer (s'), parler*

rester coi SYN. taire (se) CONTR. *exprimer (s'), parler*

rester dans l'expectative SYN. douter, hésiter, interroger (s')

rester dans sa coquille SYN. isoler (s') CONTR. *voyager*

rester dans son coin SYN. isoler (s') CONTR. *joindre (se), voyager*

rester de glace SYN. dessécher (se), endurcir (s')

rester de marbre SYN. dessécher (se), endurcir (s') CONTR. *tiquer*

rester immobile CONTR. *remuer*

rester maître de soi SYN. dominer (se), maîtriser (se), posséder (se)

rester sur ses positions SYN. braquer (se), buter (se), entêter (s'), insister, obstiner (s'), opiniâtrer (s')

rester sur son quant-à-soi SYN. défier (se), méfier (se), retenir (se), surveiller (se)

retombé en enfance SYN. gâteux

retourner sa veste SYN. dédire (se), raviser (se), rétracter (se), trahir, varier

retrouver sa langue SYN. parler CONTR. *taire (se)*

réussir son coup SYN. triompher

revenir à soi CONTR. *défaillir, évanouir (s')*

revenir sur sa parole SYN. dédire (se), déjuger (se)

revenir sur ses pas SYN. retourner

rêver en couleurs SYN. bercer (se), illusionner (s')

revers de la médaille SYN. désavantage, inconvénient CONTR. *avantage*

riche à millions SYN. richissime CONTR. *ruiné*

riche comme Crésus SYN. richissime CONTR. *ruiné*

rire à gorge déployée SYN. bidonner (se), gondoler (se), marrer (se), poiler (se), rigoler, tordre (se)

rire aux dépens de SYN. blaguer, brocarder, chambrer, charrier, chiner, ridiculiser

rire aux éclats SYN. bidonner (se), gondoler (se), marrer (se), poiler (se), rigoler, tordre (se)

rire aux larmes SYN. bidonner (se), gondoler (se), marrer (se), poiler (se), rigoler, tordre (se)

rire à ventre déboutonné SYN. bidonner (se), gondoler (se), marrer (se), poiler (se), rigoler, tordre (se)

rire comme un bossu SYN. bidonner (se), gondoler (se), marrer (se), poiler (se), rigoler, tordre (se)

rire comme une baleine SYN. bidonner (se), gondoler (se), marrer (se), poiler (se), rigoler, tordre (se)

risquer le coup SYN. enhardir (s'), essayer, hasarder (se), lancer (se), oser, tenter

risquer le tout pour le tout SYN. oser, tenter

robinet d'eau tiède SYN. bavard

rogner les ailes à SYN. empêcher

rompre des lances avec SYN. causer, converser, deviser, dialoguer, discuter, entretenir (s'), jouter, parler

rompre en visière SYN. affronter, assaisonner, attaquer, contredire, critiquer, débiner, démolir, dénigrer

rompre le silence CONTR. *taire (se)*

rond comme une barrique SYN. aviné, beurré, blindé, bourré, chargé, cuit, enivré, imbibé, ivre, noir, paf, pété, pinté, raide, rond, saoul, soûl, torché

rond comme une queue de pelle SYN. aviné, beurré, blindé, bourré, chargé, cuit, enivré, imbibé, ivre, noir, paf, pété, pinté, raide, rond, saoul, soûl, torché

ronds de jambe SYN. courbette, manières

ronger son frein SYN. contenir (se), impatienter (s'), piaffer

rouer de coups SYN. battre, cogner, dérouiller, écharper, frapper, matraquer, molester, rosser, tabasser, taper, violenter

rouler carrosse CONTR. *vivoter*

rouler dans la farine SYN. abuser, avoir, baiser, berner, couillonner, duper, égarer, embobiner, empaumer, empiler, entuber, escroquer, feinter, flouer, jouer (se), leurrer, mystifier, piéger, pigeonner, posséder, promener, tromper

rouler des mécaniques SYN. parader, rengorger (se)

rouler des miches SYN. dandiner (se), déhancher (se)

rouler sa bosse SYN. bourlinguer, naviguer, voyager

rouler sous la table SYN. charger (se), enivrer (s'), soûler (se)

rouler sur l'or CONTR. *vivoter*

rouler une galoche SYN. embrasser

rouler une pelle SYN. embrasser

rouler un palot SYN. embrasser

rouler un patin SYN. embrasser

roupie de sansonnet SYN. pacotille

royaume des cieux SYN. ciel

rubis sur l'ongle SYN. cash, comptant

ruer dans les brancards SYN. cabrer (se), désolidariser (se), insurger (s'), protester, rebeller (se), rebiffer (se), regimber, révolter (se) CONTR. *solidariser (se), soutenir (se)*

S

s'abstenir de tout commentaire SYN. réserver (se), taire (se)

sac à vin SYN. alcoolique, buveur, éponge, ivrogne, pochard, poivrot, soiffard, soûlard, soûlaud, soûlot

s'accrocher aux basques SYN. accompagner, coller, suivre CONTR. *abandonner, planter, plaquer, quitter*

sac d'embrouilles SYN. bourbier, désordre, embrouillamini, guêpier, imbroglio, micmac, salades

sac de nœuds SYN. bourbier, désordre, embrouillamini, guêpier, imbroglio, micmac, salades

s'acheter une conduite SYN. ranger (se)

sa dernière heure est arrivée SYN. agoniser, aller (s'en)

sain et sauf SYN. indemne, intact

sale bête SYN. salaud, saligaud, salopard, salopiaud

sale tour SYN. méchanceté

salir la réputation de SYN. calomnier

sans âge CONTR. *jeune*

sans ambages SYN. franchement, franco, haut, net, nettement, rondement, simplement

sans appel SYN. définitif, irrémédiable, irrévocable

sans arrêt SYN. assidûment, constamment, continuellement, continûment, d'affilée, directement, éternellement, immuablement, indéfiniment, invariablement, journellement, perpétuellement, toujours CONTR. *alternativement, épisodiquement, irrégulièrement, momentanément, occasionnellement, parfois, provisoirement, quelquefois, rarement, sporadiquement, temporairement, transitoirement, variablement*

sans attendre SYN. immédiatement, instantanément, sur-le-champ, tout de suite, urgemment

sans aucun doute SYN. assurément, conteste (sans), évidemment, incontestablement, indéniablement, indiscutablement, indubitablement, inéluctablement, inévitablement, inexorablement, infailliblement, irréfutablement, manifestement, mathématiquement, nécessairement, positivement

sans avoir l'air d'y toucher SYN. hypocritement

sans barguigner SYN. franchement, nettement

sans bourse délier SYN. gracieusement, gratis, gratuitement

sans cérémonie SYN. simplement

sans cesse SYN. assidûment, constamment, continuellement, continûment, d'affilée, éternellement, immuablement, indéfiniment, invariablement, journellement, perpétuellement, sempiternellement, toujours CONTR. *alternativement, épisodiquement, irrégulièrement, occasionnellement, parfois, quelquefois, sporadiquement, variablement*

sans chichis SYN. modestement, simplement

sans conteste SYN. certainement, évidemment, incontestablement, indéniablement, indiscutablement, indubitablement, inéluctablement, inévitablement, inexorablement, infailliblement, irréfutablement, manifestement, nettement, positivement

sans contredit SYN. assurément, certainement, conteste (sans), évidemment, incontestablement, indéniablement, indiscutablement, indubitablement, inéluctablement, inévitablement, inexorablement, infailliblement, irréfutablement, manifestement, nettement, notoirement, positivement

sans crier gare SYN. à brûle-pourpoint, brusquement, brutalement, ex abrupto, fortuitement, impromptu, à l'improviste, inopinément, précipitamment, soudain, soudainement, subitement, subito, tout à coup, tout à trac, tout de go

sans déconner SYN. sérieusement

sans défense SYN. impuissant

sans délai SYN. aussitôt, d'emblée, illico, immédiatement, incessamment, instantanément, urgemment

sans détour SYN. franchement, franco, haut, net, nettement, rondement, simplement

sans difficulté SYN. aisément, commodément, couramment, encombre (sans), facilement CONTR. *difficilement, grand-peine (à), laborieusement, malaisément, péniblement*

sans discontinuer SYN. assidûment, constamment, continuellement, continûment, d'affilée, éternellement, immuablement, indéfiniment, invariablement, journellement, non-stop, perpétuellement, sempiternellement, toujours CONTR. *alternativement, épisodiquement, irrégulièrement, momentanément, occasionnellement, parfois, provisoirement, quelquefois, sporadiquement, temporairement, variablement*

sans distinction SYN. indifféremment, indistinctement

sans doute SYN. apparemment, assurément, censément, peut-être, probablement, vraisemblablement

sans effort SYN. aisément, commodément, encombre (sans), facilement

sans égal SYN. incomparable, unique

sans en avoir l'air SYN. discrètement, hypocritement CONTR. *ostensiblement, ouvertement*

sans encombre SYN. aisément, commodément, facilement CONTR. *difficilement, grand-peine (à), laborieusement, malaisément, péniblement*

sans façons SYN. familier, naturellement, simplement, spontanément CONTR. *affété, formaliste, maniéré*

sans faute SYN. impérativement, instamment, urgemment

sans fin SYN. complètement, entièrement, éternellement, intégralement

sans fondement SYN. gratuitement, injustement

sans frein SYN. librement

sans gêne SYN. cavalier, culotté, désinvolte, discourtois, effronté, familier, gênant, impertinent, impoli, impudent, incorrect, indélicat, insolent, irrévérencieux, libre, malpoli CONTR. *discret, respectueux, révérencieux*

sans hésitation SYN. carrément

sans intérêt SYN. inconsistant

sans intermission SYN. assidûment, constamment, continuellement, continûment, d'affilée, éternellement, immuablement, indéfiniment, invariablement, journellement, non-stop, perpétuellement, sempiternellement, toujours CONTR. *alternativement, épisodiquement, guère, irrégulièrement, occasionnellement, parfois, quelquefois, rarement, sporadiquement, variablement*

sans interruption SYN. assidûment, constamment, continuellement, continûment, d'affilée, éternellement, immuablement, indéfiniment, invariablement, journellement, non-stop, perpétuellement, sempiternellement, toujours CONTR. *alternativement, épisodiquement, guère, irrégulièrement, occasionnellement, parfois, quelquefois, rarement, sporadiquement, variablement*

sans le sou SYN. démuni, déplumé, désargenté, fauché, gêné, pauvre, ruiné CONTR. *argenté, friqué*

sans limite SYN. complètement, entièrement, pleinement, très

sans manières SYN. simplement, spontanément

sans manquer SYN. forcément, immanquablement, impérativement

sans mot dire SYN. silencieusement

sans pareil SYN. incomparable, inégalable, inégalé, nonpareil, phénoménal CONTR. *égalable*

sans peine SYN. aisément, commodément, encombre (sans), facilement

sans précédent SYN. exceptionnel, extraordinaire, mémorable, prodigieux, rare, remarquable, sensationnel, unique

sans prévenir SYN. insidieusement

sans queue ni tête SYN. aberrant, absurde, insensé, saugrenu, ubuesque

sans quoi SYN. autrement, sinon

sans raison SYN. gratuitement, injustement

sans recours SYN. irrémédiable, irrévocable

sans relâche SYN. activement, alternativement, assidûment, constamment, continuellement, continûment, d'affilée, éternellement, immuablement, indéfiniment, invariablement, journellement, perpétuellement, sempiternellement, toujours CONTR. *alternativement, épisodiquement, irrégulièrement, momentanément, occasionnellement, parfois, provisoirement, quelquefois, rarement, sporadiquement, temporairement, transitoirement, variablement*

sans répit SYN. activement, alternativement, assidûment, constamment, continuellement, continûment, d'affilée, éternellement, immuablement, indéfiniment, invariablement, journellement, perpétuellement, sempiternellement, toujours CONTR. *épisodiquement, irrégulièrement, momentanément, occasionnellement, parfois, provisoirement, quelquefois, rarement, sporadiquement, temporairement, transitoirement, variablement*

sans réserve SYN. complètement, entièrement, pleinement, très

sans ressort SYN. abattu, accablé, anéanti

sans restriction SYN. intégralement, pleinement, totalement, tout à fait, très

sans retard SYN. aussitôt, d'emblée, illico, immédiatement, incessamment, instantanément, sur-le-champ, tout de suite, urgemment

sans se lasser SYN. infatigablement

sans souffler SYN. assidûment, constamment, continuellement, continûment, d'affilée, éternellement, indéfiniment, perpétuellement, toujours CONTR. *épisodiquement, irrégulièrement, occasionnellement, parfois, quelquefois, sporadiquement, variablement*

sans tambour ni trompette SYN. discrètement, officieusement, secrètement, silencieusement, sourdement CONTR. *bruyamment, publiquement*

sans tarder SYN. aussitôt, bientôt, d'emblée, immédiatement, incessamment, instantanément, prochainement, sur-le-champ, tout de suite, urgemment

sans trêve SYN. assidûment, constamment, continuellement, continûment, d'affilée, éternellement, indéfiniment, journellement, perpétuellement, toujours CONTR. *épisodiquement, irrégulièrement, occasionnellement, parfois, quelquefois, sporadiquement, variablement*

sans un rotin SYN. démuni, désargenté, fauché, gêné, pauvre, ruiné

sans vergogne SYN. cavalièrement, cyniquement, effrontément, impertinemment, impoliment, impudemment, insolemment, irrespectueusement, irrévérencieusement, voyou CONTR. *pudiquement, timidement*

s'armer de courage SYN. enhardir (s'), oser

s'arracher les cheveux SYN. peiner, tourmenter (se)

s'arranger pour SYN. débrouiller (se)

s'asseoir à la table des négociations SYN. pactiser

s'asseoir dessus SYN. désobéir

sauf que SYN. excepté, sinon que

saute d'humeur SYN. caprice, instabilité

sauter au cou CONTR. *remballer, rembarrer*

sauter le pas SYN. décider (se), déterminer (se), lancer (se)

sauve qui peut ! SYN. alerte !

s'aventurer sur un terrain glissant SYN. exposer (s')

savoir gré SYN. remercier

savoir s'y prendre SYN. débrouiller (se), démerder (se) CONTR. *cafouiller, embrouiller (s'), patauger*

savoir y faire SYN. débrouiller (se), démerder (se) CONTR. *cafouiller, embrouiller (s'), patauger*

s'avouer vaincu SYN. rendre (se), renoncer

séance tenante SYN. aussitôt, d'emblée, illico, immédiatement, instantanément, sur-le-champ, tout de suite, urgemment

se bouffer le nez SYN. bagarrer (se), chamailler (se), disputer (se), engueuler (s'), quereller (se)

se bourrer la gueule SYN. charger (se), enivrer (s')

se brûler la cervelle SYN. tuer (se)

se cailler les miches SYN. cailler, geler, grelotter

se caler les joues SYN. gueuletonner, ripailler

se casser la figure SYN. chuter, dégringoler, échouer, ramasser (se), tomber

se casser la gueule SYN. chuter, dégringoler, échouer, ramasser (se), tomber

se casser la nénette SYN. creuser, efforcer (s'), éreinter (s'), ingénier (s'), peiner, réfléchir

se casser la tête SYN. creuser, efforcer (s'), éreinter (s'), ingénier (s'), peiner, réfléchir

se casser le cul SYN. claquer (se), crever (se), décarcasser (se), défoncer (se), démener (se), dépenser (se), échiner (s'), efforcer (s'), épuiser (s'), éreinter (s'), exténuer (s'), fatiguer (se), ingénier (s'), remuer (se), suer, tuer (se) CONTR. *lézarder, prélasser (se)*

se casser les dents SYN. échouer, ramasser (se)

se casser les méninges SYN. creuser, réfléchir

se casser les pieds SYN. barber (se), embêter (s'), emmerder (s'), empoisonner (s'), ennuyer (s'), enquiquiner (s'), raser (se)

se changer les idées SYN. aérer (s')

se constituer prisonnier SYN. livrer (se)

se couper en quatre SYN. activer (s'), affairer (s'), agiter (s'), claquer (se), crever (se), décarcasser (se), défoncer (se), démener (se), dépenser (se), dévouer (se), échiner (s'), épuiser (s'), éreinter (s'), escrimer (s'), esquinter (s'), exténuer (s'), fatiguer (se), remuer (se), suer, travailler, tuer (se)

se crêper le chignon SYN. bagarrer (se), batailler, colleter (se)

se creuser la cervelle SYN. ingénier (s')

se creuser la tête SYN. ingénier (s')

se croire sorti de la cuisse de Jupiter SYN. bêcher, crâner, vanter (se)

se croiser les bras SYN. chômer CONTR. *travailler*

se déguiser en courant d'air SYN. esquiver (s')

se demander si c'est du lard ou du cochon SYN. hésiter, interroger (s')

se dilater la rate SYN. bidonner (se), gondoler (se), rigoler, rire

se donner corps et âme SYN. dévouer (se)

se donner du bon temps SYN. amuser (s'), éclater (s')

se donner du mal SYN. activer (s'), affairer (s'), agiter (s'), claquer (se), crever (se), décarcasser (se), défoncer (se), démener (se), dépenser (se), échiner (s'), efforcer (s'), épuiser (s'), éreinter (s'), escrimer (s'), esquinter (s'), exténuer (s'), fatiguer (se), ingénier (s'), peiner, remuer (se), suer

se donner le mot SYN. accorder (s'), concerter (se), entendre (s')

se donner un coup de main SYN. solidariser (se), soutenir (se)

se donner une contenance SYN. frimer

se donner un mal de chien SYN. activer (s'), affairer (s'), agiter (s'), bosser, boulonner, claquer (se), cravacher, crever (se), décarcasser (se), défoncer (se), démener (se), dépenser (se), échiner (s'), épuiser (s'), éreinter (s'), escrimer (s'), esquinter (s'), exténuer (s'), fatiguer (se), ingénier (s'), marner, remuer (se), suer, travailler, trimer, tuer (se), turbiner, user (s')

se dresser contre SYN. agresser, combattre, contrer, désapprouver, heurter, opposer (s'), regimber CONTR. *approuver, rallier (se), seconder*

se fâcher tout rouge SYN. éclater, emballer (s'), emporter (s'), enrager, exploser, fâcher (se), fulminer, irriter (s'), monter (se), rager

se faire chier SYN. barber (se), embêter (s'), emmerder (s'), empoisonner (s'), ennuyer (s'), enquiquiner (s'), morfondre (se), raser (se)

se faire connaître SYN. manifester (se)

se faire de la bile SYN. alarmer (s'), appréhender, biler (se), faire (s'en), frapper (se), inquiéter (s'), miner (se), soucier (se), tourmenter (se), tracasser (se)

se faire de la mousse SYN. alarmer (s'), appréhender, biler (se), faire (s'en), frapper (se), inquiéter (s'), miner (se), soucier (se), tourmenter (se), tracasser (se)

se faire des cheveux (blancs) SYN. alarmer (s'), appréhender, biler (se), faire (s'en), frapper (se), inquiéter (s'), miner (se), soucier (se), tourmenter (se), tracasser (se)

se faire des couilles en or SYN. enrichir (s') CONTR. *vivoter*

se faire des idées SYN. bercer (se), illusionner (s'), imaginer (s')

se faire des illusions SYN. aveugler (s'), délirer, rêver

se faire du mauvais sang SYN. alarmer (s'), appréhender, biler (se), faire (s'en), frapper (se), inquiéter (s'), miner (se), soucier (se), tourmenter (se), tracasser (se)

se faire du mouron SYN. alarmer (s'), appréhender, biler (se), faire (s'en), frapper (se), inquiéter (s'), miner (se), soucier (se), tourmenter (se), tracasser (se)

se faire du souci SYN. appréhender, biler (se), faire (s'en), frapper (se), inquiéter (s'), miner (se), soucier (se), tourmenter (se), tracasser (se)

se faire du tracas SYN. appréhender, biler (se), faire (s'en), frapper (se), inquiéter (s'), miner (se), soucier (se), tourmenter (se), tracasser (se)

se faire étendre SYN. échouer, ramasser (se)

se faire hara-kiri SYN. tuer (se)

se faire jeter SYN. ramasser (se)

se faire jour SYN. apparaître, déclarer (se), former (se), poindre, profiler (se), survenir

se faire la belle SYN. évader (s'), sauver (se)

se faire la main SYN. apprendre, exercer (s')

se faire la malle SYN. aller (s'en), barrer (se), calter (se), carapater (se), casser (se), cavaler, débiner (se), décamper, décaniller, déguerpir, déloger, déserter, détaler, disparaître, enfuir (s'), filer, fuir, partir, sauver (se), tailler (se), tirer (se), volatiliser (se)

se faire la paire SYN. aller (s'en), barrer (se), calter (se), carapater (se), casser (se), cavaler, débiner (se), décamper, décaniller, déguerpir, déloger, déserter, détaler, disparaître, enfuir (s'), évader (s'), filer, fuir, partir, sauver (se), tailler (se), tirer (se), volatiliser (se)

se faire les dents SYN. apprendre, entraîner (s'), exercer (s')

se faire mousser SYN. crâner, croire (se), fanfaronner, plastronner, vanter (se) CONTR. *aplatir (s'), humilier (s')*

se faire oublier CONTR. *singulariser (se)*

se faire prier SYN. rechigner, renâcler

se faire rare SYN. raréfier (se) CONTR. *abonder*

se faire remarquer SYN. distinguer (se), recommander (se), singulariser (se)

se faire sauter la cervelle SYN. tuer (se)

se faire suer SYN. barber (se), embêter (s'), emmerder (s'), empoisonner (s'), ennuyer (s'), enquiquiner (s'), morfondre (se), raser (se)

se faire tirer l'oreille SYN. rechigner, regimber, renâcler

se faire tout petit CONTR. *singulariser (se)*

se faire une place au soleil SYN. arriver, monter, parvenir, percer, réussir, triompher

se faire une raison SYN. accommoder (s'), résigner (se), résoudre (se)

se faire une sortie SYN. sortir

se faire une ventrée SYN. ripailler

se faire un nom SYN. monter, parvenir, percer, réussir, triompher

se faire un rail SYN. droguer (se)

se faire un sang d'encre SYN. alarmer (s'), biler (se), faire (s'en), frapper (se), inquiéter (s'), miner (se), tourmenter (se), tracasser (se)

se faire valoir SYN. vanter (se) CONTR. *aplatir (s'), humilier (s')*

se faire vieux SYN. alarmer (s'), biler (se), faire (s'en), frapper (se), inquiéter (s'), miner (se), tourmenter (se), tracasser (se), vieillir

se faire voir SYN. afficher (s')

se fendre la gueule SYN. bidonner (se), gondoler (se), marrer (se), poiler (se), rigoler, rire

se fendre la pêche SYN. bidonner (se), gondoler (se), marrer (se), poiler (se), rigoler, rire

se fendre la pipe SYN. bidonner (se), gondoler (se), marrer (se), poiler (se), rigoler, rire

se fendre la poire SYN. bidonner (se), gondoler (se), marrer (se), poiler (se), rigoler, rire

se ficher dedans SYN. tromper (se)

se ficher le doigt dans l'œil SYN. abuser (s'), illusionner (s'), leurrer (se), planter (se), tromper (se)

se fourrer le doigt dans l'œil SYN. abuser (s'), illusionner (s'), leurrer (se), planter (se), tromper (se)

se foutre dedans SYN. planter (se), tromper (se)

se foutre le doigt dans l'œil SYN. abuser (s'), illusionner (s'), leurrer (se), planter (se), tromper (se)

se frapper la poitrine SYN. repentir (se)

se fricasser le museau SYN. embrasser (s')

se frotter les mains SYN. réjouir (se)

se glisser dans les toiles SYN. coucher (se)

se jeter à corps perdu dans SYN. déchaîner (se), emballer (s'), enthousiasmer (s'), passionner (se)

se jeter à l'eau SYN. enhardir (s'), essayer, hasarder (se), lancer (se), oser, risquer (se), tenter

se jeter dans la gueule du loup SYN. exposer (s'), risquer (se)

se jeter tête baissée dans SYN. enhardir (s'), essayer, hasarder (se), lancer (se), oser, précipiter (se), risquer (se)

se la couler douce SYN. buller, fainéanter, flemmarder, glander, lambiner, lézarder, paresser, prélasser (se) CONTR. *bosser, boulonner, bûcher, marner, travailler, trimer, turbiner*

se laisser aller SYN. négliger (se), oublier (s'), porter (se), relâcher (se) CONTR. *apprêter (s')*

se la jouer SYN. affecter, cabotiner, crâner, croire (se), plastronner, vanter (se) CONTR. *rabaisser (se)*

se lancer dans SYN. atteler (s'), embarquer (s'), mettre (se)

se les geler SYN. cailler, geler, grelotter

se les rouler SYN. buller, fainéanter, flemmarder, glander, lézarder, paresser, prélasser (se) CONTR. *bosser, boulonner, bûcher, fouler (se), marner, travailler, trimer, turbiner*

se le tenir pour dit SYN. écraser (s'), plier (se)

selon toute vraisemblance SYN. probablement

se magner le cul (le popotin) SYN. accélérer, activer (s'), dégrouiller (se), dépêcher (se), grouiller (se), hâter (se), manier (se), presser (se)

se manger les sangs SYN. alarmer (s'), biler (se), faire (s'en), frapper (se), miner (se), tourmenter (se), tracasser (se)

se manier le cul (le popotin) SYN. accélérer, activer (s'), dégrouiller (se), dépêcher (se), grouiller (se), hâter (se), magner (se), presser (se)

s'embêter à cent sous de l'heure SYN. barber (se), emmerder (s'), empoisonner (s'), enquiquiner (s'), raser (se)

se ménager une porte de sortie SYN. prétexter

semer la discorde SYN. diviser

semer la merde SYN. désorganiser, perturber

semer la zizanie SYN. désorganiser, diviser, perturber

se mettre à couvert SYN. garantir (se)

se mettre à dos SYN. aliéner (s'), indisposer

se mettre à l'œuvre SYN. agir

se mettre à plat ventre SYN. aplatir (s'), avilir (s'), courber (se), humilier (s'), prosterner (se), ramper

se mettre à poil SYN. dénuder (se)

se mettre à table SYN. avouer, dénoncer, donner, manger, parler

se mettre au courant SYN. enquérir (s'), informer (s'), instruire (s'), renseigner (se)

se mettre au diapason SYN. adapter (s')

se mettre au vert SYN. aérer (s'), détendre (se), oxygéner (s'), reposer (se)

se mettre dans le bain SYN. accoutumer (s'), apprendre, habituer (s')

se mettre dans ses meubles SYN. loger (se)

se mettre de la partie SYN. coopérer, participer

se mettre en accord SYN. accommoder (s')

se mettre en avant CONTR. *effacer (s')*

se mettre en boule SYN. éclater, emballer (s'), emporter (s'), énerver (s'), enrager, exploser, fâcher (se), fulminer, irriter (s'), monter (se), rager

se mettre en branle SYN. avancer, démarrer CONTR. *stopper*

se mettre en chasse SYN. rechercher

se mettre en colère SYN. éclater, emballer (s'), emporter (s'), énerver (s'), enrager, exploser, fâcher (se), fulminer, irriter (s'), monter (se), rager CONTR. *posséder (se)*

se mettre en marche SYN. avancer, démarrer, partir CONTR. *stopper*

se mettre en ménage SYN. marier (se)

se mettre en pétard SYN. éclater, emballer (s'), emporter (s'), énerver (s'), exploser, fâcher (se), irriter (s'), monter (se)

se mettre en quatre SYN. activer (s'), affairer (s'), agiter (s'), battre (se), claquer (se), crever (se), décarcasser (se), défoncer (se), démener (se), dépenser (se), échiner (s'), efforcer (s'), épuiser (s'), éreinter (s'), escrimer (s'), esquinter (s'), exténuer (s'), fatiguer (se), ingénier (s'), multiplier (se), remuer (se), suer, travailler, tuer (se), user (s') CONTR. *buller, fainéanter, flemmarder, glander, lézarder, paresser, prélasser (se)*

se mettre en rang SYN. aligner (s')

se mettre en rogne SYN. éclater, emballer (s'), emporter (s'), énerver (s'), exploser, fâcher (se), irriter (s'), monter (se)

se mettre en route SYN. démarrer, partir

se mettre en travers du chemin SYN. contrarier, empêcher

se mettre le doigt dans l'œil SYN. abuser (s'), illusionner (s'), leurrer (se), planter (se), tromper (se)

se mettre martel en tête SYN. biler (se), faire (s'en), frapper (se), miner (se), soucier (se), tourmenter (se), tracasser (se)

se mettre quelque chose dans le cornet SYN. alimenter (s'), becqueter, bouffer

se mettre quelque chose sous la dent SYN. alimenter (s'), becqueter, manger

se mettre sur son trente-et-un SYN. apprêter (s'), endimancher (s'), habiller (s'), pomponner (se), vêtir (se)

se mettre un cran à la ceinture SYN. modérer (se), priver (se), restreindre (se), retenir (se)

s'emmêler les crayons SYN. cafouiller, confondre, embarrasser (s'), emberlificoter (s'), embrouiller (s'), empêtrer (s'), mélanger

s'emmêler les pédales SYN. cafouiller, confondre, embarrasser (s'), emberlificoter (s'), embrouiller (s'), empêtrer (s'), mélanger

s'emmêler les pieds SYN. cafouiller, confondre, embarrasser (s'), emberlificoter (s'), embrouiller (s'), empêtrer (s'), mélanger

s'emmêler les pinceaux SYN. cafouiller, confondre, embarrasser (s'), emberlificoter (s'), embrouiller (s'), empêtrer (s'), mélanger

se monter la tête SYN. exalter (s'), exciter (s')

se monter le bourrichon SYN. exalter (s'), exciter (s')

se mordre les doigts SYN. regretter, repentir (se), reprocher (se) CONTR. *féliciter (se), louer (se)*

s'en aller SYN. bouger, claquer, décamper, décéder, disparaître, éloigner (s'), éteindre (s'), expirer, mourir, ôter (s'), partir, passer, quitter, repartir, retirer (se), sortir, trépasser, volatiliser (se) CONTR. *arriver, attendre, entrer, regagner, rester, revenir, venir, vivre*

s'en balancer SYN. désintéresser (se), détourner (se), ficher (se), foutre (se), moquer (se)

s'en battre l'œil SYN. désintéresser (se), détourner (se), ficher (se), foutre (se), moquer (se)

s'en branler SYN. désintéresser (se), détourner (se), ficher (se), foutre (se), mépriser, moquer (se)

s'en donner à cœur joie SYN. amuser (s'), bambocher, délecter (se), dépenser (se), éclater (s'), marrer (se), plaire (se)

s'en donner jusqu'à la garde SYN. bâfrer, bouffer, boulotter, bourrer (se), dévorer, empiffrer (s'), enfourner, engloutir, engouffrer, gaver (se), goinfrer (se), gueuletonner, ingurgiter, ripailler CONTR. *chipoter, grignoter, mangeotter, picorer, pignocher*

s'en faire SYN. alarmer (s'), biler (se), frapper (se), inquiéter (s'), miner (se), soucier (se), tourmenter (se), tracasser (se)

s'enfermer dans sa tour d'ivoire SYN. enterrer (s'), exiler (s'), isoler (s')

s'enfermer dans son cocon SYN. enterrer (s'), exiler (s'), isoler (s')

s'en fourrer jusque-là SYN. bâfrer, bouffer, boulotter, bourrer (se), dévorer, empiffrer (s'), enfourner, engloutir, engouffrer, gaver (se), goinfrer (se), gueuletonner, ingurgiter, ripailler CONTR. *chipoter, grignoter, mangeotter, picorer, pignocher*

s'en foutre SYN. désintéresser (se), détourner (se), ficher (se)

s'engager sur un terrain glissant SYN. aventurer (s'), embarquer (s'), hasarder (se), risquer (se)

s'en jeter un derrière la cravate SYN. boire

s'en lécher les babines SYN. délecter (se), régaler (se), savourer

s'en mêler SYN. intervenir

s'en mettre jusque-là SYN. bâfrer, bouffer, boulotter, bourrer (se), dévorer, empiffrer (s'), enfourner, engloutir, engouffrer, gaver (se), goinfrer (se), gueuletonner, ingurgiter, ripailler CONTR. *chipoter, grignoter, mangeotter, picorer, pignocher*

s'en mettre plein la gueule SYN. bâfrer, bouffer, boulotter, bourrer (se), dévorer, empiffrer (s'), enfourner, engloutir, engouffrer, gaver (se), goinfrer (se), gueuletonner, ingurgiter, ripailler CONTR. *chipoter, grignoter, mangeotter, picorer, pignocher*

s'en mettre plein la lampe SYN. bâfrer, bouffer, boulotter, bourrer (se), dévorer, empiffrer (s'), enfourner, engloutir, engouffrer, gaver (se), goinfrer (se), gueuletonner, ingurgiter, ripailler CONTR. *chipoter, grignoter, mangeotter, picorer, pignocher*

s'en mettre plein la panse SYN. bâfrer, bouffer, boulotter, bourrer (se), dévorer, empiffrer (s'), enfourner, engloutir, engouffrer, gaver (se), goinfrer (se), gueuletonner, ingurgiter, ripailler CONTR. *chipoter, grignoter, mangeotter, picorer, pignocher*

s'en mettre plein les poches SYN. enrichir (s')

s'en moquer comme de colin-tampon SYN. désintéresser (se), détourner (se), ficher (se), moquer (se)

s'en moquer comme de l'an quarante SYN. désintéresser (se), détourner (se), ficher (se), moquer (se)

s'ennuyer à cent sous de l'heure SYN. barber (se), emmerder (s'), empoisonner (s'), enquiquiner (s'), raser (se)

se noyer dans un verre d'eau SYN. démonter (se), patauger

s'en payer une tranche SYN. amuser (s'), bambocher, éclater (s'), gondoler (se), rire

s'en prendre à SYN. assaisonner, attaquer, attaquer (s'), critiquer, débiner, démolir, dénigrer, élever (s'), frotter (se)

s'en remettre à SYN. appeler, compter, fier (se), rapporter (se), référer (se), reposer (se), tabler CONTR. *défier (se), garder (se), méfier (se), suspecter*

s'en retourner SYN. repartir, revenir

sens commun SYN. discernement, jugement, jugeote, raison, sagesse

sens dessus dessous SYN. pêle-mêle

s'en sortir SYN. débrouiller (se), démerder (se), dépatouiller (se), dépêtrer (se), guérir, réchapper CONTR. *cafouiller, embourber (s'), embrouiller (s'), empêtrer (s'), enchevêtrer (s'),* *enferrer (s'), enfoncer (s'), patauger, ramer, rechuter*

s'en soucier comme de l'an quarante SYN. désintéresser (se), détourner (se), ficher (se), foutre (se), moquer (se)

s'en soucier comme de sa première chemise SYN. désintéresser (se), détourner (se), ficher (se), foutre (se), moquer (se)

s'en soucier comme d'une guigne SYN. désintéresser (se), détourner (se), ficher (se), foutre (se), moquer (se)

s'en tamponner le coquillard SYN. désintéresser (se), détourner (se), ficher (se), foutre (se), moquer (se)

s'en taper SYN. désintéresser (se), détourner (se), ficher (se), foutre (se), mépriser, moquer (se)

s'en tenir à SYN. borner (se), cantonner (se), contenter (se), limiter (se), observer, réduire (se)

sentiers battus SYN. cliché, poncif, routine

sentir bon SYN. embaumer, fleurer CONTR. *cocoter, empester, puer, schlinguer*

s'en tirer SYN. débrouiller (se), démerder (se), dépatouiller (se), dépêtrer (se), réchapper CONTR. *cafouiller, embourber (s'), embrouiller (s'), empêtrer (s'), enchevêtrer (s'), enferrer (s'), enfoncer (s'), patauger, ramer, rechuter*

s'en tirer à bon compte SYN. réchapper

sentir le brûlé SYN. aggraver (s'), altérer (s'), détériorer (se)

sentir le fauve SYN. cocoter, empester

sentir le roussi SYN. aggraver (s'), altérer (s'), détériorer (se)

sentir le sapin SYN. agoniser, aller (s'en)

s'en vouloir SYN. regretter, repentir (se), reprocher (se) CONTR. *applaudir (s'), féliciter (se), louer (se)*

s'envoyer des fleurs SYN. flatter (se), vanter (se)

s'envoyer en l'air SYN. accoupler (s'), baiser, copuler

se parer des plumes du paon SYN. croire (se), vanter (se)

séparer le bon grain de l'ivraie SYN. différencier, distinguer

se passer le mot SYN. accorder (s'), concerter (se), entendre (s')

se payer du bon temps SYN. amuser (s'), bambocher, divertir (se), éclater (s'), marrer (se)

se payer une pinte de bon sang SYN. bidonner (se), gondoler (se), rigoler, rire

se pendre aux basques SYN. accompagner, coller, suivre CONTR. *abandonner, planter, plaquer, quitter*

se perdre dans les détails SYN. étendre (s')

se perdre en conjectures SYN. supposer

se péter la gueule SYN. boire, bourrer (se), charger (se), enivrer (s'), picoler, pinter (se), soûler (se)

se piquer le nez SYN. boire, bourrer (se), charger (se), enivrer (s'), picoler, pinter (se), soûler (se)

se porter candidat SYN. présenter (se)

se porter comme un charme CONTR. *dépérir*

se porter garant SYN. répondre

se poudrer le nez SYN. droguer (se)

se pousser du col SYN. bêcher, crâner, croire (se), fanfaronner, vanter (se)

se prendre aux cheveux SYN. bagarrer (se), batailler, colleter (se)

se prendre les pieds dans le tapis SYN. embarrasser (s'), emberlificoter (s'), embrouiller (s'), empêtrer (s')

se prendre par la main SYN. secouer (se)

se prendre pour le nombril du monde SYN. crâner, vanter (se)

se pressurer le cerveau SYN. cogiter, gamberger, penser

se pressurer les méninges SYN. cogiter, gamberger, penser

sept jours sur sept SYN. continuellement, continûment, d'affilée, journellement, perpétuellement

se ranger des voitures SYN. abandonner, renoncer, retirer (se)

se ravaler la façade SYN. maquiller (se)

se réduire en fumée SYN. flamber

se refaire une santé SYN. guérir, récupérer, requinquer (se), rétablir (se), retaper (se)

se remplir les poches SYN. enrichir (s')

se rendre compte SYN. apercevoir, apercevoir (s'), aviser (s'), constater, éprouver, percevoir, réaliser, sentir, voir

se retirer dans sa tour d'ivoire SYN. enterrer (s'), exiler (s'), isoler (s')

se retirer dans son cocon SYN. enterrer (s'), exiler (s'), isoler (s')

se retirer sous sa tente SYN. abandonner, arrêter (s'), renoncer

se rincer la dalle SYN. boire, consommer, désaltérer (se)

se rincer le gosier SYN. boire, consommer, désaltérer (se)

se rincer l'œil SYN. zieuter, zyeuter

se ronger les sangs SYN. alarmer (s'), biler (se), faire (s'en), frapper (se), inquiéter (s'), miner (se), tourmenter (se), tracasser (se)

se rouler les pouces SYN. buller, fainéanter, flemmarder, glander, lézarder, paresser, prélasser (se) CONTR. *bosser, boulonner, bûcher, fouler (se), marner, travailler, trimer, turbiner*

serrement de cœur SYN. navrement, pincement

serrer la vis SYN. discipliner, restreindre

serrer les boulons SYN. discipliner, restreindre

serrer les fesses SYN. baliser, trembler

se saigner aux quatre veines SYN. dévouer (se), priver (se)

se serrer d'un cran SYN. modérer (se), priver (se), restreindre (se)

se serrer la ceinture SYN. passer (se), priver (se), restreindre (se)

se serrer les coudes SYN. entraider (s'), solidariser (se), soutenir (se)

se sucer la couenne SYN. embrasser (s')

se sucer la pomme SYN. embrasser (s')

se sucer le museau SYN. embrasser (s')

se tailler la part du lion SYN. abuser, attiger, attribuer (s'), charrier, exagérer, pousser

se taper la cloche SYN. empiffrer (s'), festoyer, gueuletonner, manger, régaler (se)

se taper le derrière par terre SYN. bidonner (se), gondoler (se), rigoler, rire

se tenir à carreau SYN. défier (se), méfier (se)

se tenir à l'écart SYN. éloigner (s') CONTR. *frotter (se), joindre (se)*

se tenir coi SYN. calmer (se), taire (se) CONTR. *exprimer (s'), parler*

se tenir les côtes SYN. bidonner (se), gondoler (se), rigoler, rire

se tenir les coudes SYN. entraider (s'), solidariser (se), soutenir (se)

se tenir sur ses gardes SYN. défier (se), méfier (se) CONTR. *abandonner (s')*

se tenir sur son quant-à-soi SYN. défier (se), méfier (se)

se tirer d'affaire SYN. débrouiller (se), démerder (se), dépatouiller (se), dépêtrer (se), réchapper, tirer (se) CONTR. *cafouiller, embourber (s'), embrouiller (s'), empêtrer (s'), enferrer (s'), ramer*

se tordre de rire SYN. bidonner (se), gondoler (se), rigoler, rire

se tourner les pouces SYN. buller, chômer, fainéanter, flemmarder, glander, lézarder, paresser, prélasser (se) CONTR. *bosser, boulonner, bûcher, fouler (se), marner, travailler, trimer, turbiner*

s'être levé du pied gauche SYN. ronchonner, rouspéter

se triturer la cervelle SYN. cogiter, creuser, gamberger, penser, réfléchir

se triturer les méninges SYN. cogiter, creuser, gamberger, penser, réfléchir

se trouver mal SYN. défaillir, évanouir (s'), faiblir, pâmer (se)

si ce n'est SYN. excepté, hormis, sauf

signe avant-coureur SYN. messager

signe précurseur SYN. annonce

signer des deux mains SYN. accepter, agréer, approuver

simple d'esprit SYN. idiot

s'inscrire en faux SYN. combattre, contester, nier

sixième sens SYN. intuition

s'offrir du bon temps SYN. amuser (s'), éclater (s')

s'offrir une pinte de bon sang SYN. bidonner (se), gondoler (se), rigoler, rire

sombrer dans l'oubli SYN. oublier (s') CONTR. *durer, persister, subsister, surnager*

sommeil éternel SYN. mort, trépas

somme toute SYN. bref, décidément, enfin, finalement

sonner le glas de SYN. finir, terminer

sonner les cloches à SYN. admonester, attraper, chapitrer, disputer, engueuler, enguirlander, gourmander, gronder, morigéner, quereller, reprendre, réprimander, semoncer, sermonner, tancer

sortir d'affaire SYN. dépanner, dépêtrer, guérir, réchapper, tirer (se)

sortir de l'ordinaire SYN. différencier (se) CONTR. *banaliser (se)*

sortir de l'ornière SYN. différencier (se) CONTR. *banaliser (se)*

sortir de ses gonds SYN. éclater, emballer (s'), emporter (s'), enrager, exploser, fâcher (se), fulminer, irriter (s'), maronner, monter (se), rager CONTR. *posséder (se)*

sortir des sentiers battus SYN. différencier (se) CONTR. *banaliser (se)*

sortir du commun SYN. différencier (se) CONTR. *banaliser (se)*

sortir du lot SYN. différencier (se), illustrer (s'), singulariser (se) CONTR. *banaliser (se)*

sortir par les trous de nez SYN. débecter, dégoûter, écœurer, répugner

souffler comme un bœuf SYN. anhéler, haleter CONTR. *respirer*

souffler comme un phoque SYN. anhéler, haleter CONTR. *respirer*

souffler un peu SYN. délasser (se), détendre (se)

soufflet à punaises SYN. accordéon

souhaiter la bienvenue SYN. accueillir

soûl comme une bourrique SYN. aviné, beurré, blindé, bourré, chargé, cuit, enivré, imbibé, ivre, noir, paf, pété, pinté, raide, rond, saoul, torché

soûl comme une grive SYN. aviné, beurré, blindé, bourré, chargé, cuit, enivré, imbibé, ivre, noir, paf, pété, pinté, raide, rond, saoul, torché

soûl comme un Polonais SYN. aviné, beurré, blindé, bourré, chargé, cuit, enivré, imbibé, ivre, noir, paf, pété, pinté, raide, rond, saoul, torché

soulever des montagnes SYN. défoncer (se)

soulever le cœur SYN. débecter, dégoûter, écœurer, horrifier, répugner, révulser

soulever un tollé SYN. indigner (s')

soupape de sûreté SYN. exutoire

soupe au lait SYN. bilieux, coléreux, colérique, emporté, excitable, irascible, irritable, tempétueux

souple comme un gant SYN. accommodant

souple comme un verre de lampe SYN. raide

souris d'hôtel SYN. cambrioleur

sous influence SYN. conditionné

sous la protection de SYN. sous l'égide de

sous le manteau SYN. clandestinement, confidentiellement, officieusement, secrètement, sourdement, subrepticement, tapinois (en)

sous les auspices de SYN. sous l'égide de

sous peu SYN. bientôt, incessamment, prochainement, vite

sous pression SYN. énervé, fébrile, impatient, nerveux, surexcité

soutenir mordicus SYN. affirmer, entêter (s'), opiniâtrer (s')

souventes fois SYN. souvent

sponte sua SYN. librement

stricto sensu SYN. littéralement, précisément, proprement, textuellement CONTR. *lato sensu*

subito presto SYN. aussitôt, dare-dare, d'emblée, diligemment, expéditivement, hâtivement, illico, immédiatement, instantanément, précipitamment, promptement, rapidement, rapido presto, sur-le-champ, tout de suite, urgemment, vite, vivement CONTR. *lentement, tranquillement*

substantifique moelle SYN. quintessence, substance, suc

succomber à la tentation SYN. faillir

sucer la pomme SYN. embrasser

sucrer les fraises SYN. trembler

suer sang et eau SYN. claquer (se), crever (se), défoncer (se), éreinter (s'), esquinter (s'), exténuer (s'), peiner, tuer (se)

suite dans les idées SYN. obstination, persistance

suite de couches SYN. post-partum, puerpéralité

suivre des yeux SYN. observer

suivre le fil de ses idées SYN. réfléchir

suivre les brisées de SYN. imiter

suivre les traces de SYN. imiter

suivre son cours SYN. cheminer CONTR. *arrêter (s')*

sujet à caution SYN. contestable CONTR. *incontestable*

supposé que SYN. si

suppôt de Satan SYN. méchant

sur ce SYN. ensuite

sur ces entrefaites SYN. ensuite

sûr de soi SYN. affirmé, confiant

sur la paille SYN. démuni, désargenté, fauché, gêné, pauvre, ruiné CONTR. *fortuné*

sur la pointe des pieds SYN. catimini (en), discrètement, silencieusement

sur le coup SYN. immédiatement, net

sur le cul SYN. abasourdi, ahuri, atterré, consterné, éberlué, effaré, estomaqué, étonné, interdit, interloqué, médusé, pantois, renversé, scié, sidéré, soufflé, stupéfait, surpris

sur le même pied SYN. plain-pied (de)

sur le moment SYN. immédiatement

sur le papier SYN. théoriquement

sur le point de SYN. près de, prêt

sur le sable SYN. démuni, désargenté, fauché, gêné, pauvre, ruiné

sur les chapeaux de roue SYN. dare-dare, expéditivement, hâtivement, promptement, rapidement, rapido presto, subito presto, vite CONTR. *lentement, tranquillement*

sur les genoux SYN. achevé, anéanti, brisé, cassé, claqué, crevé, épuisé, éreinté, esquinté, exténué, fatigué, fini, flagada, flapi, fourbu, harassé, K.-O., lessivé, mort, moulu, pompé, raplapla, recru, rendu, rompu, tué, usé, vanné, vidé

sur les nerfs SYN. énervé, exaspéré

sur les rotules SYN. achevé, anéanti, brisé, cassé, claqué, crevé, épuisé, éreinté, esquinté, exténué, fatigué, fini, flagada, flapi, fourbu, harassé, K.-O., lessivé, mort, moulu, pompé, raplapla, recru, rendu, rompu, tué, usé, vanné, vidé

sur l'heure SYN. aussitôt, d'emblée, illico, immédiatement, instantanément, sur-le-champ, tout de suite, urgemment

sur pied CONTR. *debout*

sur son trente-et-un SYN. chic, élégant, sapé

sur un pied d'égalité SYN. plain-pied (de)

suspension d'armes SYN. armistice, cessez-le-feu, trêve

s'y connaître SYN. savoir

s'y entendre SYN. savoir

s'y prendre SYN. agir, opérer

système D SYN. débrouille

t

ta gueule ! SYN. assez, chut !, motus !, silence !

taillé à la serpe SYN. anguleux

taillé au rasoir SYN. anguleux

tailler des croupières à SYN. contester

tailler en pièces SYN. abîmer, battre, pulvériser

tailler un costard SYN. abîmer, assaisonner, attaquer, baver, causer, clabauder, cracher, critiquer, débiner, déblatérer, démolir, dénigrer, dézinguer, éreinter, esquinter, étriller, exécuter, médire

tailler une bavette SYN. bavarder, causer, chatter, converser, deviser, dialoguer, discuter, entretenir (s'), papoter, parler, piapiater, tchatcher, tchatter

tailler une veste SYN. abîmer, assaisonner, attaquer, baver, causer, clabauder, cracher, critiquer, débiner, déblatérer, démolir, dénigrer, dézinguer, éreinter, esquinter, étriller, exécuter, médire

talon d'Achille SYN. faiblesse

tambour battant SYN. dare-dare, diligemment, expéditivement, hâtivement, impétueusement, précipitamment, promptement, rapidement, rapido presto, rondement, subito presto, vite, vivement CONTR. *lentement, tranquillement*

tant bien que mal SYN. difficilement, grand-peine (à), laborieusement, péniblement, ric-rac

tant s'en faut SYN. au contraire

taper à la machine SYN. dactylographier

taper dans l'œil SYN. plaire, séduire

taper (en plein) dans le mille SYN. atteindre, gagner, réussir

taper l'incruste SYN. imposer (s'), incruster (s')

taper sur les nerfs SYN. agacer, courroucer, énerver, exaspérer, excéder, horripiler, insupporter, irriter, pomper

taper sur le système SYN. agacer, courroucer, énerver, exaspérer, excéder, horripiler, insupporter, irriter, pomper

tard venu SYN. tardif

tas de boue SYN. automobile, bagnole, chignole, guimbarde, tacot, voiture

tâter le pouls de SYN. sonder

tâter le terrain SYN. sonder

temps d'arrêt SYN. pause

tendre la main SYN. aider, assister, mendier

tendre la perche SYN. aider, assister, secourir

tendre les bras SYN. accueillir CONTR. *remballer, rembarrer*

tendre l'oreille SYN. écouter

tendre une main secourable SYN. aider, assister, secourir

tenir à l'écart SYN. éloigner

tenir au courant SYN. éclairer, instruire, renseigner

tenir bon SYN. entêter (s'), insister, obstiner (s'), opiniâtrer (s'), résister CONTR. *céder, effondrer (s'), fuir*

tenir compte de SYN. considérer, regarder CONTR. *mépriser*

tenir debout CONTR. *tituber*

tenir en bride SYN. refréner

tenir en estime SYN. estimer

tenir la barre SYN. commander

tenir la bride à SYN. restreindre

tenir la jambe à SYN. entretenir, parler CONTR. *taire (se)*

tenir le choc SYN. résister CONTR. *céder, effondrer (s')*

tenir le coup SYN. résister CONTR. *céder, effondrer (s')*

tenir le crachoir SYN. entretenir, parler CONTR. *taire (se)*

tenir le haut du pavé SYN. dominer

tenir lieu de SYN. remplacer, servir, substituer (se)

tenir maison ouverte SYN. accueillir

tenir parole SYN. engager (s'), promettre, respecter

tenir pour certain SYN. affirmer

tenir pour moins que rien SYN. avilir, déprécier, diminuer, mésestimer, rabaisser, ravaler

tenir rigueur SYN. reprocher CONTR. *pardonner*

tenir sa langue SYN. taire (se) CONTR. *parler*

tenir salon SYN. converser, deviser

tenir sa parole SYN. remplir, respecter CONTR. *dédire (se)*

tenir sa promesse SYN. remplir, respecter CONTR. *dédire (se)*

tenir sous sa coupe CONTR. *dépendre*

tenir sur ses jambes CONTR. *tituber*

tenir table ouverte SYN. accueillir

tenir tête SYN. braquer (se), buter (se), défendre (se), entêter (s'), insister, opiniâtrer (s'), rebeller (se), rebiffer (se), regimber, résister, révolter (se) CONTR. *agenouiller (s'), écraser (s'), soumettre (se)*

tenir un double langage SYN. contredire (se)

tension d'esprit SYN. attention

tenter l'aventure SYN. enhardir (s'), essayer, hasarder (se), lancer (se), oser, risquer (se)

tenter le coup SYN. enhardir (s'), essayer, hasarder (se), lancer (se), oser, risquer (se)

tenter le diable SYN. aventurer (s')

tenu pour SYN. présumé, réputé

terre à terre SYN. bourgeois, pratique, prosaïque, vulgaire

tête blonde SYN. enfant, gamin, gosse, lardon, marmot, mioche, môme, mouflet

tête de cochon SYN. buté, cabochard, entêté, opiniâtre, têtu

tête de lard SYN. buté, cabochard, entêté, opiniâtre, têtu

tête de linotte SYN. écervelé, étourdi, étourneau

tête de moineau SYN. écervelé, étourdi, étourneau

tête de mule SYN. entêté, têtu

tête de nœud SYN. andouille, cloche, con, crétin, idiot, imbécile

tête de piaf SYN. écervelé, étourdi, étourneau

tête de pioche SYN. buté, cabochard, entêté, opiniâtre, têtu

tête de Turc SYN. proie, souffre-douleur

tête d'oiseau SYN. écervelé, étourdi, étourneau

tête en l'air SYN. absent, distrait, étourdi, irréfléchi, rêveur

tête pensante SYN. cerveau

tête sans cervelle SYN. écervelé, étourdi, étourneau

têtu comme un âne SYN. buté, cabochard, entêté, opiniâtre

têtu comme une mule SYN. buté, cabochard, entêté, opiniâtre

tiré à quatre épingles SYN. chic, élégant, soigné

tirer à boulets rouges sur SYN. assaisonner, attaquer, critiquer, débiner, démolir, dénigrer, dézinguer, éreinter, esquinter, étriller, exécuter, matraquer

tirer à conséquence SYN. compter, retentir

tirer argument de SYN. servir (se)

tirer au cul SYN. buller, fainéanter, flemmarder, glander, lambiner, lézarder, paresser, prélasser (se) CONTR. *activer (s'), affairer (s'), agiter (s'), bosser, boulonner, bûcher, claquer (se), crever (se), décarcasser (se), défoncer (se), démener (se), dépenser (se), échiner (s'), épuiser (s'), éreinter (s'), escrimer (s'), esquinter (s'), exténuer (s'), fatiguer (se), marner, remuer (se), travailler, trimer, tuer (se), turbiner*

tirer au flanc SYN. buller, fainéanter, flemmarder, glander, lambiner, lézarder, paresser, prélasser (se) CONTR. *activer (s'), affairer (s'), agiter (s'), bosser, boulonner, bûcher, claquer (se), crever (se), décarcasser (se), défoncer (se), démener (se), dépenser (se), échiner (s'), épuiser (s'), éreinter (s'), escrimer (s'), esquinter (s'), exténuer (s'), fatiguer (se), marner, remuer (se), travailler, trimer, tuer (se), turbiner*

tirer avantage SYN. exploiter, profiter, recourir, servir (se)

tirer des bordées SYN. louvoyer

tirer des plans sur la comète SYN. délirer, rêver

tirer du sommeil SYN. réveiller

tirer en longueur CONTR. *passer*

tirer gloire de SYN. targuer (se)

tirer la couverture à soi SYN. vanter (se)

tirer la langue SYN. manquer

tirer la sonnette SYN. alerter

tirer le diable par la queue SYN. vivoter CONTR. *enrichir (s')*

tirer le rideau SYN. conclure, finir, terminer

tirer les cartes SYN. prédire

tirer le signal d'alarme SYN. alerter

tirer les oreilles SYN. attraper, chapitrer, disputer, engueuler, enguirlander, gourmander, gronder, morigéner, quereller, reprendre, réprimander, semoncer, sermonner, tancer

tirer les vers du nez SYN. cuisiner, interroger, questionner

tirer parti SYN. bénéficier, profiter, recourir, servir (se), utiliser

tirer profit SYN. exploiter, profiter, recourir, servir (se), utiliser

tirer sa flemme SYN. buller, fainéanter, flâner, flemmarder, glander, lambiner, lézarder, paresser, prélasser (se) CONTR. *activer (s'), affairer (s'), bosser, boulonner, bûcher, claquer (se), crever (se), décarcasser (se), défoncer (se), démener (se), dépenser (se), échiner (s'), épuiser (s'), éreinter (s'), escrimer (s'), esquinter (s'), exténuer (s'), fatiguer (se), marner, remuer (se), travailler, trimer, tuer (se), turbiner*

tirer son chapeau SYN. saluer

tirer son épingle du jeu SYN. débrouiller (se), démerder (se), dépatouiller (se), dépêtrer (se), sortir (se), tirer (se)

tirer une croix sur SYN. arrêter, laisser, passer (se), priver (se), quitter, renoncer, sacrifier

tirer un trait sur SYN. arrêter, laisser, passer (se), priver (se), quitter, renoncer, sacrifier

tombé dans la marmite SYN. chanceux

tombé de la lune SYN. abasourdi, ahuri, assis, atterré, baba, coi, consterné, ébahi, ébaubi, éberlué, épaté, époustouflé, estomaqué, étonné, interdit, interloqué, médusé, pantois, pétrifié, renversé, scié, sidéré, soufflé, stupéfait, suffoqué

tombé des nues SYN. abasourdi, ahuri, assis, atterré, baba, coi, consterné, ébahi, ébaubi, éberlué, épaté, époustouflé, estomaqué, étonné, interdit, interloqué, médusé, pantois, pétrifié, renversé, scié, sidéré, soufflé, stupéfait, suffoqué

tombée du jour CONTR. *aurore*

tomber à bras raccourcis sur SYN. agresser, assaillir, assaisonner, attaquer, critiquer, débiner, démolir, dénigrer

tomber à la renverse SYN. basculer, chuter, dégringoler

tomber à l'eau SYN. avorter, capoter, échouer, foirer, louper, manquer, rater CONTR. *aboutir, marcher, réussir*

tomber à plat SYN. capoter, échouer, foirer, louper, manquer, rater CONTR. *aboutir, marcher, réussir*

tomber aux genoux de SYN. attendrir, fléchir

tomber dans le lac SYN. avorter, capoter, échouer, foirer, louper, rater CONTR. *aboutir, marcher, réussir*

tomber dans le panneau SYN. gober, marcher

tomber dans les bras de Morphée SYN. dormir, endormir (s')

tomber dans les pommes SYN. défaillir, évanouir (s'), faiblir, pâmer (se)

tomber dans les vapes SYN. défaillir, évanouir (s'), faiblir, pâmer (se)

tomber dans l'oubli SYN. oublier (s') CONTR. *durer, persister, subsister, surnager*

tomber de haut SYN. déchanter, étonner (s')

tomber de la lune SYN. étonner (s')

tomber des nues SYN. étonner (s')

tomber de tout son long SYN. chuter, dégringoler

tomber d'inanition CONTR. *alimenter (s'), manger, nourrir (se), rassasier (se), repaître (se), restaurer (se), sustenter (se)*

tomber en désuétude SYN. oublier (s')

tomber en pâmoison SYN. défaillir, évanouir (s'), faiblir, pâmer (se)

tomber la veste SYN. dévêtir (se)

tomber les quatre fers en l'air SYN. chuter, dégringoler

tomber malade CONTR. *guérir*

tomber sur le derrière SYN. étonner (s')

tomber sur le paletot SYN. agresser, assaillir, attaquer, jeter (se)

tomber sur le poil SYN. agresser, assaillir, attaquer, jeter (se)

tomber sur un bec SYN. buter

tomber sur un os SYN. buter

top secret SYN. confidentiel

tortiller des fesses SYN. dandiner (se), déhancher (se)

tortiller des hanches SYN. dandiner (se), déhancher (se)

tortiller du popotin SYN. dandiner (se), déhancher (se)

toucher à sa fin SYN. achever (s'), arrêter (s')

toucher au but SYN. réussir CONTR. *louper, rater*

toucher du doigt SYN. comprendre, entraver

toucher le fond SYN. abaisser (s'), déprimer CONTR. *émerger*

toucher terre SYN. arriver

toucher un mot SYN. parler

tour à tour SYN. alternativement, successivement CONTR. *simultanément*

tour de cochon SYN. crasse, méchanceté, rosserie, saleté

tour de force SYN. exploit, performance

tour de main SYN. adresse, patte, savoir-faire, technique

tour de passe-passe SYN. acrobatie, astuce, stratagème, tromperie, truc

tourner à l'aigre SYN. aggraver (s'), altérer (s'), compliquer (se), dégénérer, dégrader (se), détériorer (se), envenimer (s'), gâter (se)

tourner autour de SYN. draguer, séduire

tourner autour du pot SYN. biaiser, interroger (s'), louvoyer, tergiverser

tourner au vinaigre SYN. aggraver (s'), altérer (s'), compliquer (se), dégénérer, dégrader (se), détériorer (se), envenimer (s'), gâter (se)

tourner bride SYN. dédire (se), raviser (se), rétracter (se)

tourner casaque SYN. dédire (se), raviser (se), rétracter (se), trahir

tourner de l'œil SYN. défaillir, évanouir (s'), faiblir, pâmer (se)

tourner en ridicule SYN. ridiculiser

tourner en rond SYN. hésiter, piétiner CONTR. *avancer, progresser*

tourner la page SYN. achever, arrêter (s'), clore, conclure, finir, terminer

tourner la tête SYN. griser, saouler, soûler

tous les jours SYN. journellement

tout à coup SYN. à brûle-pourpoint, brusquement, brutalement, ex abrupto, fortuitement, impromptu, à l'improviste, inopinément, soudain, soudainement, subitement, subito, tout à trac, tout de go

tout à fait SYN. absolument, admirablement, atrocement, au plus haut point, bigrement, complètement, diamétralement, entièrement, exactement, excessivement, extraordinairement, extrêmement, fichtrement, follement, foncièrement, formidablement, fortement, franchement, furieusement, hautement, horriblement, immensément, immodérément, infiniment, joliment, littéralement, méchamment, mortellement, parfaitement, particulièrement, pleinement, positivement, prodigieusement, rudement, salement, sans restriction, supérieurement, superlativement, suprêmement, terriblement, totalement, tout plein, très, vachement, vertigineusement, vraiment CONTR. *nullement, presque*

tout à trac SYN. brusquement, brutalement, dare-dare, ex abrupto, impromptu, inopinément, précipitamment, soudain, soudainement, subitement, subito, tout à coup, tout de go

tout bonnement SYN. franchement, indéniablement, manifestement, réellement, simplement

tout compte fait SYN. bref, décidément, enfin, finalement

tout contre SYN. près

tout cru SYN. franchement

tout d'abord SYN. d'abord, premièrement, primitivement

tout de bon SYN. sérieusement

tout de go SYN. brusquement, directement, ex abrupto, fortuitement, impromptu, à l'improviste, inopinément, soudain, soudainement, subitement, subito, tout à coup, tout à trac

tout de suite SYN. aussitôt, d'emblée, illico, immédiatement, incontinent, instantanément, subito presto, sur-le-champ, urgemment CONTR. *après, ultérieurement*

tout d'un coup SYN. à brûle-pourpoint, brusquement, brutalement, ex abrupto, fortuitement, impromptu, à l'improviste, inopinément, soudain, soudainement, subitement, subito, tout à trac, tout de go

tout entier SYN. complètement, entièrement, intégralement

toutes affaires cessantes SYN. dare-dare, diligemment, expéditivement, hâtivement, illico, immédiatement, instantanément, précipitamment, promptement, rapidement, rapido presto, rondement, subito presto, urgemment, vite, vivement CONTR. *lentement, tranquillement*

toutes les fois que SYN. si

tout feu tout flammes SYN. ardent, bouillant, chaud, enflammé, fougueux, passionné, volcanique

tout haut SYN. franchement

tout juste SYN. difficilement, grand-peine (à), laborieusement, péniblement, ric-rac

tout le temps SYN. assidûment, constamment, continuellement, continûment, journellement, perpétuellement, toujours CONTR. *irrégulièrement, quelquefois*

tout net SYN. franchement, franco, nettement

tout plein SYN. abominablement, affreusement, atrocement, beaucoup, bougrement, complètement, diablement, diantrement, drôlement, effroyablement, épouvantablement, exceptionnellement, excessivement, extraordinairement, extrêmement, fameusement, fichtrement, fichûment, follement, formidablement, fort, fortement, foutrement, furieusement, horriblement, immensément, immodérément, incroyablement, infiniment, joliment, méchamment, mortellement, particulièrement, prodigieusement, terriblement, tout à fait, très, vachement, vertigineusement, vraiment CONTR. *guère*

tout schuss SYN. vite

tout uniment SYN. simplement

train direct (pour Charenton) SYN. absinthe

traîner dans la boue SYN. abaisser, abîmer, assaisonner, baver, calomnier, causer, clabauder, cracher, débiner, décrier, démolir, dénigrer, dézinguer, diffamer, discréditer, éclabousser, médire, noircir, offenser, salir, tacher, vilipender

traîner en longueur SYN. éterniser (s')

traîner la jambe SYN. boiter, boitiller, claudiquer, clopiner

traîner la patte SYN. boiter, boitiller, claudiquer, clopiner

traîner les pieds SYN. buller, fainéanter, flemmarder, glander, lézarder, paresser

traîner ses bottes SYN. badauder, baguenauder (se), errer, flâner, pointer (se), présenter (se)

traîner ses guêtres SYN. badauder, baguenauder (se), errer, flâner, pointer (se), présenter (se)

traiter de (son) haut SYN. dédaigner

traiter de tous les noms SYN. injurier, insulter, offenser

travailler du chapeau SYN. déménager, dérailler, déraisonner, divaguer

travailler sans filet SYN. aventurer (s'), hasarder (se), oser

trembler comme une feuille SYN. baliser

tresser des couronnes à SYN. glorifier

trier sur le volet SYN. écrémer, sélectionner

trombe d'eau SYN. déluge

tromper son monde SYN. mentir, mystifier

trou de balle SYN. anus, cul, derrière

trou de mémoire SYN. absence, amnésie, oubli

trou du cul SYN. andouille, anus, cloche, con, crétin, idiot, imbécile

trouver à redire à SYN. contester, protester, récriminer, reprocher

trouver asile SYN. loger (se)

trouver à son goût SYN. attirer

trouver chaussure à son pied SYN. marier (se), sympathiser

trouver le gîte et le couvert SYN. loger (se)

trouver le pot aux roses SYN. découvrir

trouver le temps long SYN. barber (se), embêter (s'), emmerder (s'), empoisonner (s'), ennuyer (s'), enquiquiner (s'), raser (se)

trouver son maître SYN. agenouiller (s'), soumettre (se)

trouver une porte de sortie SYN. prétexter

trouver un terrain d'entente SYN. accorder (s'), arranger (s'), céder, composer

tueur à gages SYN. bravo

u

un à un SYN. individuellement, isolément

un bail SYN. longtemps

un(e) drôle de SYN. joli, remarquable, sacré, satané

une fois n'est pas coutume SYN. parfois, quelquefois

une masse de SYN. beaucoup

une oasis de SYN. paradis

un peu CONTR. *foncièrement, profondément, puissamment*

un tantinet CONTR. *foncièrement, profondément, puissamment*

un tas de SYN. beaucoup, maint, plupart (la) CONTR. *peu*

up to date SYN. moderne, ultramoderne CONTR. *rococo*

usé jusqu'à la corde SYN. élimé

user de violence SYN. brutaliser, molester, rosser, rudoyer, tabasser

us et coutumes SYN. mode, mœurs, usages

utiliser le système D SYN. débrouiller (se), démerder (se)

v

vague à l'âme SYN. cafard, ennui, mélancolie, neurasthénie, nostalgie, spleen

valoir la peine SYN. compter, importer

valoir la peine de SYN. gagner, mériter

vanter les mérites SYN. complimenter, congratuler, féliciter, louanger, louer

veiller au grain SYN. méfier (se)

vendre la mèche SYN. révéler, trahir

venir à bout de SYN. achever, parvenir

venir à composition SYN. arranger (s'), composer

venir à la rescousse SYN. aider, assister, dépanner, favoriser, secourir, soutenir

venir au monde SYN. naître

venir en aide SYN. dépanner, secourir

ventre à terre SYN. dare-dare, expéditivement, hâtivement, rapidement, rapido presto, subito presto, vite CONTR. *lentement, tranquillement*

venue au monde SYN. naissance

vérité de La Palice SYN. lapalissade, tautologie, truisme

vice versa SYN. inversement, mutuellement, réciproquement

vider le plancher SYN. aller (s'en), barrer (se), calter (se), carapater (se), casser (se), décamper, décaniller, déguerpir, déloger, détaler, disparaître, enfuir (s'), filer, fuir, partir, retirer (se), sauver (se), tailler (se), tirer (se), volatiliser (se)

vider les lieux SYN. aller (s'en), barrer (se), calter (se), carapater (se), casser (se), décamper, décaniller, déguerpir, déloger, détaler, disparaître, enfuir (s'), filer, fuir, partir, retirer (se), sauver (se), tailler (se), tirer (se), volatiliser (se)

vider son sac SYN. abandonner (s'), déballer, déboutonner (se), dévider

vieille fille SYN. célibataire

vieille France SYN. désuet

vieille toupie SYN. chipie

vieux comme Hérode SYN. antique

vieux comme le monde SYN. antique, rebattu

vieux comme Mathusalem SYN. antique

vieux croûton SYN. barbon

vieux débris SYN. barbon, épave

vieux de la vieille SYN. vétéran CONTR. *nouveau, novice*

vieux garçon SYN. célibataire

vieux jeu SYN. démodé, dépassé, désuet, inactuel, out, ringard CONTR. *branché, in, moderne, tendance*

vieux jours SYN. vieillesse

vif du sujet SYN. centre, cœur, nœud

vingt-deux ! SYN. alerte !

vingt-quatre heures sur vingt-quatre SYN. continuellement, continûment, d'affilée, journellement, perpétuellement

violon d'Ingres SYN. dada, hobby, marotte, passe-temps, passion

vipère broussailleuse SYN. pénis, sexe, verge

virer de bord SYN. détourner (se)

vis-à-vis de SYN. avec, envers, pour, quant à, relativement à

vivre comme un prince CONTR. *vivoter*

vivre dans l'opulence CONTR. *lésiner, priver (se), vivoter*

vivre en bonne intelligence SYN. entendre (s'), unir (s')

vivre sur un grand pied CONTR. *lésiner, priver (se), vivoter*

voir du pays SYN. voyager

voir le bout SYN. émerger

voir le bout du tunnel SYN. émerger, guérir

voir le jour SYN. amorcer (s'), commencer, débuter, ébaucher (s'), émerger, former (se), naître, surgir

voir rouge SYN. éclater, emballer (s'), emporter (s'), enrager, exploser, fâcher (se), fulminer, irriter (s'), maronner, monter (se), rager

voir tout en noir SYN. assombrir (s'), cafarder, déprimer

voir tout en rose CONTR. *cafarder, déprimer*

voler dans les plumes SYN. agresser, assaillir, assaisonner, attaquer, critiquer, débiner, démolir, dénigrer, éreinter, esquinter, étriller, exécuter, jeter (se)

vol plané SYN. dégringolade

vos gueules ! SYN. assez, chut !, motus !, silence !

vouer aux gémonies SYN. mépriser

vouer un culte à SYN. idolâtrer

vouloir bien SYN. accepter, daigner

vouloir dire SYN. signifier, sous-entendre

vouloir le beurre et l'argent du beurre SYN. désirer, profiter

voûte azurée SYN. ciel, nue

voûte céleste SYN. ciel, nue

voûte éthérée SYN. ciel, nue

voûte étoilée SYN. ciel

vulgum pecus SYN. foule, masse, peuple, plèbe, populace

vu que SYN. attendu que, parce que, puisque

y

y aller à l'estomac SYN. oser

y aller à reculons SYN. forcer (se)

y aller fort SYN. abuser, attiger, charrier, exagérer, pousser

y a pas photo ! SYN. différent

y compris SYN. inclusivement CONTR. *exclusivement, hormis, outre*

yoyoter de la touffe SYN. débloquer, délirer, déménager, dérailler, déraisonner, divaguer, halluciner

y perdre son latin CONTR. *comprendre*

y regarder à deux fois SYN. barguigner, hésiter, interroger (s'), méfier (se), tâter (se)

y rester SYN. claquer, décéder, disparaître, éteindre (s'), expirer, mourir, périr, succomber, trépasser CONTR. *survivre, vivre*

Imprimé en Italie par Rotolito Lombarda
Dépôt légal : septembre 2009. 302674
N° projet : 11015376. Avril 2011